DICCIONARI
pocket

English-Catalan
Català-Anglès

DICCIONARI
pocket

English-Catalan
Català-Anglès

Disseny coberta: ᴍ℞ **MIQUEL ROIG** DISSENY I COMUNICACIÓ

© BIBLOGRAF, S.A.
Calàbria, 108
08015 BARCELONA
e-mail: vox@vox.es

Segona edició
Reimpressió: setembre de 1997

Imprès a Espanya - Printed in Spain

ISBN: 84-7153-941-1
Dipòsit Legal: B. 37.391-1997

Imprès per Romanyà Valls, S.A.
Pl. Verdaguer, 1
08786 CAPELLADES (Barcelona)

PRÒLEG

Aquest nou diccionari VOX anglès-català, català-anglès no ha volgut ésser un llibre massa exhaustiu, poc convenient per a l'usuari que no té un coneixement suficient de l'altra llengua, ni tampoc un simple llistat de vocabulari; és per això que se situa en un terme mitjà, i cobreix d'aquesta manera un buit important en la lexicografia bilingüe d'ambdues llengües.

El format, el nombre d'entrades (18 000 a cada banda), l'estructura dels articles i el contingut d'aquests fan del nou VOX un instrument de treball molt útil per als estudiants, catalanoparlants i angloparlants, que s'inicien en l'aprenentatge de l'altra llengua, i també per a qualsevol persona que necessiti una eina de consulta.

Les paraules que s'han seleccionat per a aquest diccionari són d'ús general; s'ha evitat d'incloure-hi mots massa formals o obsolets, terminologia especialitzada i argot sempre que no formin part de la llengua estàndard. Així mateix, de cada entrada se n'ha donat la traducció o traduccions més corrents i, mitjançant etiquetes especials, se n'ha indicat, quan ha estat necessari, el camp d'especialitat o el nivell de llenguatge. Exemples i fraseologia en general ens han ajudat a il·lustrar millor algunes de les accepcions, alhora que ens han permès de donar els usos figurats i idiomàtics més corrents de certes paraules.

En el cos del diccionari hi ha també noms propis de persona, topònims, sigles, els verbs irregulars anglesos, algunes variants de l'anglès americà i, el que és un dels elements més innovadors d'aquesta obra, una quantitat considerable de veus del valencià, del baleàric, del rossellonès i del català nord-occidental.

Totes les entrades, tret d'algunes sigles, van acompanyades de la corresponent transcripció fonètica.

PREFACE

The new VOX English-Catalan/Catalan-English dictionary is not intended to be an exhaustive treatment of the languages; this would make it inappropriate for beginners in either of the two. Nor is it a mere list of words and equivalents. Instead, we have situated the dictionary mid-way between these two extremes, so that it fills a significant gap in the lexicography of English and Catalan.

The new VOX dictionary's general layout, its number of entries (18 000 in each section), the internal structure and content of its entries, combine to make it a very useful tool for both English-speaking and Catalan-speaking students, whether as a guide at the outset of their studies of the other language, or as a constant source of reference.

The words selected for inclusion in this dictionary are in common use. We have avoided either excessively formal or obsolete words; neither have we included slang and technical or other specialized terminology where this is not part of standard English or Catalan. Every headword has been translated into the equivalent or equivalents in most common use, whilst with the aid of special labels we have indicated register and special fields of use and meaning. We have used examples and phraseology in general to illustrate better certain meanings and to present the most common figurative and idiomatic senses of certain words.

Included in this dictionary are: personal names, place names, acronyms and common abbreviations, English irregular verbs and American English equivalents, where they differ from British English. We have also included a sizeable number of words drawn from Valencian and North-Western Catalan as well as from Catalan spoken in the Balearic Islands and Rousillon.

Headwords, with the exception of a few abbreviations, are given with their phonetic transcription using IPA symbols.

ÍNDEX/CONTENTS

ANGLÈS-CATALÀ

Abreviatures usades en aquest diccionari

a.: adjectiu
abrev., *abrev.*: abreviatura
ACÚST.: acústica
adj.: adjectiu
adv., *adv.*: adverbi
AERON.: aeronàutica
AGR.: agricultura
ALIM.: alimentació; indústries alimentàries
ANAT.: anatomia
(ANG.): Anglaterra
angl.: anglicisme
ant.: antic, antigament
ANTROP.: antropologia
arg.: argot
ARIT.: aritmètica
ARM.: armament
ARQ.: arquitectura
ARQUEOL.: arqueologia
art.: article
ASTR.: astronomia; astrologia
AUTO.: automòbil; automobilisme
aux.: verb auxiliar
AVIA.: aviació

(BAL.): Illes Balears
B. ART.: belles arts
BIB.: Biblia
BIOL.: biologia
BOT.: botànica

CARN.: carnisseria
cast.: castellanisme
CINEG.: cinegètica
CINEM.: cinematografia
CLIMAT.: climatologia
col·loq. | coq.: col·loquial
COM.: comerç
compar.: comparatiu
COND.: condicional
conj.: conjunció
CONJUG.: conjugació
CONSTR.: construcció
contr.: contracció
cop.: copulatiu
COSM.: cosmètica
COST.: costura
CUI.: cuina

def.: definit
defec.: defectiu
DIB.: dibuix
dim.: diminutiu
DISS.: disseny

ECLES.: eclesiàstic; església
ECO.: economia
ELECT.: electricitat
ENOL.: enologia
ENSENY.: ensenyament
ENT.: entomologia
EQUIT.: equitació
(ESC.): Escòcia
ESGR.: esgrima
esp.: especialment
(EUA): Estats Units d'Amèrica

f.: femení; nom femení
FERROC.: ferrocarrils
fig.: figurat
FIL.: filosofia
FÍS.: física
FISIOL.: fisiologia
form.: formal
FORT.: fortificació
FOT.: fotografia
FUST.: fusteria
Fut., *fut.*: futur

(GAL·LES): País de Gal·les
gal·lic: gal·licisme
GASTR.: gastronomia
(GB): Gran Bretanya
GEMM.: gemmologia
GENEAL.: genealogia
GEOGR.: geografia
GEOL.: geologia
GEOM.: geometria
ger.: gerundi
GRÀF.: arts gràfiques
gralnt.: generalment
GRAM.: gramàtica

HERÀLD.: ciència heràldica
HIST.: història
HOST.: hosteleria

i., *i.*: verb intransitiu
ICT.: ictiologia
IMPER.: imperatiu
imperf.: imperfet
impers.: verb impersonal
IMPR.: impremta
IND.: indústria
indef.: indefinit
INDIC., *indic.*: indicatiu
inf.: infinitiu
INFORM.: informàtica

interj.: interjecció
interrog.: interrogatiu
iròn.: usat irònicament
irreg.: irregular

JOI.: joieria

LING.: lingüística
LIT.: literatura
liter.: literari
LITÚRG.: litúrgia
LOC.: locució
loc. adv.: locució adverbial
loc. conj.: locució conjuntiva
loc. prep.: locució prepositiva
LÒG.: lògica

m.: masculí; nom masculí
MAR.: marina; marítim
MAT.: matemàtiques
MEC.: mecànica
MED.: medicina
METAL.: metal·lúrgia
METEOR.: meteorologia
MÈTR.: mètrica
MIL.: militar; milícia
MIN.: mineria
MINER.: mineralogia
MIT.: mitologia
MOBL.: mobiliari
MÚS.: música

NÀUT.: nàutica
neg.: negatiu
NEG.: negocis
n. pr.: nom propi

ODONT.: odontologia
(OCC.): català occidental
ORN.: ornitologia
ÒPT.: òptica

p.: verb pronominal
PART. PASS.: participi passat
pej.: pejoratiu
PERIOD.: periodisme
pers.: persona, persones; personal
pl.: plural

poèt.: poètic
POL.: política
pop.: popular
poss.: possessiu
p. p.: participi passat
pref.: prefix
prep.: preposició
Pres.: present
Pret.: pretèrit
pron.: pronom
PSICOL.: psicologia

QUÍM.: química

RADIO.: radiotelefonia, radiotelegrafia
RAMA.: ramaderia
ref.: verb reflexiu
REL.: religió
(ROSS.): Rosselló

s.: substantiu
SAN.: sanitat
sing.: singular
SUBJ.: subjuntiu
superl.: superlatiu

t., *t.*: verb transitiu
TEAT.: teatre
TECNOL.: tecnologia
TELEF.: telefonia
TELEGR.: telegrafia
TELEV.: televisió
TEOL.: teologia
TÈXT.: tèxtil
TIPOGR.: tipografia

us.: usat

(VAL.): País Valencià
VET.: veterinària
vulg.: vulgar

ZOOL.: zoologia

■   canvi de categoria gramatical
▲   explicació gramatical
‖   introdueix fraseologia
~   substitueix la paraula de l'entrada

Gramàtica anglesa

Fonètica

Les entrades angleses d'aquest diccionari porten una transcripció fonètica basada en el sistema de l'Associació Fonètica Internacional (AFI). Aquesta és una relació dels símbols emprats.

Les consonants

[p]	pan [pæn], happy ['hæpi], slip [slip].
[b]	big [big], habit ['hæbit], stab [stæb].
[t]	top [tɔp], sitting ['sitiŋ], bit [bit].
[d]	drip [drip], middle ['midl], rid [rid].
[k]	card [kɑːd], maker ['meikəʳ], sock [sɔk].
[g]	god [gɔd], mugger ['mʌgəʳ], dog [dɔg].
[tʃ]	chap [tʃæp], hatchet ['hætʃit], beach [biːtʃ].
[dʒ]	jack [dʒæk], digest [dai'dʒest], wage [weidʒ].
[f]	wish [wiʃ], coffee ['kɔfi], wife [waif].
[v]	very [veri], never ['nevəʳ], give [giv].
[θ]	thing [θiŋ], cathode ['kæθoud], filth [filθ].
[ð]	they [ðei], father ['fɑːðəʳ], loathe [louð].
[s]	spit [spit], spaces ['speisiz], niece [niːs].
[z]	zoo ['zuː], weasel ['wiːzl], buzz [bʌz].
[ʃ]	show [ʃou], fascist [fæ'ʃist], gush [gʌʃ].
[ʒ]	gigolo ['ʒigəlou], pleasure ['pleʒəʳ], massage ['mæsɑːʒ].
[h]	help [help], ahead [ə'hed].
[m]	moon [muːn], common ['kɔmən], came [keim].
[n]	nail [neil], counter ['kauntəʳ], shone [ʃɔn].
[ŋ]	finger ['fʌŋgəʳ], sank [sæŋk], thing [θiŋ].
[l]	light [lait], illness ['ilnis], bull [bul].
[r]	rug [rʌg], merry ['meri].
[j]	joung [jʌŋ], university [juːni'vɔːsiti], Europe ['juərəp].
[w]	want [wɔnt], rewind [riː'waind].
[x]	loch [lɔx].
[ʳ]	se l'anomena *linking r* i es troba únicament a final de paraula. Només es pronuncia quan la paraula següent comença per una vocal: mother and father ['mʌðərən'fɑːðəʳ].

Les vocals i els diftongs

[iː]	sheep [ʃiːp], sea [siː], scene [siːn], field [fiːld].
[i]	ship [ʃip], pity ['piti], roses ['rouziz], babies ['beibiz], college ['kɔlidʒ].
[e]	shed [ʃed], instead [in'sted], any ['eni], bury ['beri], friend [frend].

[æ]   fat [fæt], thank [θæŋk], plait [plæt].

[ɑː]   rather ['rɑːðəʳ], car [kɑː], heart [hɑːt], clerk [klɑːk], palm [pɑːm], aunt [ɑːnt].

[ɔ]   lock [lɔk], wash [wɔʃ], trough [trɔf], because [bi'kɔz].

[ɔː]   horse [hɔːs], straw [strɔː], fought [fɔːt], cause [kɔːz], fall [fɔːl], boar [bɔːʳ], door [dɔːʳ].

[u]   look [luk], pull [pul], woman ['wumən], should [ʃud].

[uː]   loop [luːp], do [duː], soup [suːp], elude [i'luːd], true [truː], shoe [ʃuː], few [fjuː].

[ʌ]   cub [kʌb], ton [tʌn], young [jʌŋ], flood [flʌd], does [dʌz].

[əː]   third [θəːd], herd [həːd], heard [həːd], curl [kəːl], word [wəːd], journey ['dʒəːni].

[ə]   actor ['æktəʳ], honour ['ɔnəʳ], about [ə'baut].

[ei]   cable ['keibl], way [wei], plain [plein], freight [freit], prey [prei], great [greit].

[ou]   go [gou], toad [toud], toe [tou], though [ðou], snow [snou].

[ai]   lime [laim], thigh [θai], height [hait], lie [lai], try [trai], either ['aiðəʳ].

[au]   house [haus], cow [kau].

[ɔi]   toy [tɔi], soil [sɔil].

[iə]   near [niəʳ], here [hiəʳ], sheer [ʃiəʳ], idea [ai'diə], museum [mju:'ziəm], weird [wiəd], pierce [piəs].

[eə]   hare [heəʳ], hair [heəʳ], wear [weəʳ].

[uə]   pure [pjuəʳ], during ['djuərin], tourist ['tuərist].

[']   indica accent tònic primari a la síl·laba següent.

[ˌ]   indica accent tònic secundari a la síl·laba següent.

Ortografia

1. El sufix -s/-es segons la forma de la rel.

   a) Per formar la tercera persona del singular del present d'indicatiu s'afegeix s a l'infinitiu, però si l'infinitiu acaba en -sh, -ch, -s, -x, -z i, de vegades, -o, s'afegeix es. Idènticament quan s'afegeix s per formar el plural dels substantius. Vegeu també l'apartat sobre els substantius.

wish	- wishes	fix	- fixes
teach	- teaches	buzz	- buzzes
kiss	- kisses	go	- goes

   b) Si la rel acaba en qualsevol consonant + y, aquesta es converteix en i s'afegeix -es. Però si la y va precedida d'una vocal no experimenta cap canvi.

	fry	- fries	worry	- worries
però			
	play	- plays		

2. Canvis ortogràfics a la rel quan hi afegim certs sufixos.

   a) Per formar el gerundi o participi present afegim -ing a l'infinitiu, però si l'infinitiu acaba en qualsevol consonant + e, aquesta desapareix. Si acaba en -ie aquesta combinació es converteix en y.

give	- giving	die	- dying
move	- moving	lie	- lying

   b) Si es tracta d'una rel monosíl·laba que acaba en una sola consonant precedida d'una sola vocal, la consonant es duplica als següents casos: en afegir

-*ing* al verb per formar el gerundi o participi present
-*ed* al verb per formar el passat simple
-*er* al verb per formar l'agent,
-*er* o -*est* a l'adjectiu per formar el comparatiu i superlatiu

	stab	- *stabbing*	*trek*	- *trekked*
	swim	- *swimming*	*clap*	- *clapped*
	run	- *runner*	*grin*	- *grinned*
però				
	sleep	- *sleeping*	*look*	- *looked*
	pant	- *panting*	*grasp*	- *grasped*
	sad	- *sadder, saddest*	*hot*	- *hotter, hottest*
	wet	- *wetter, wettest*	*big*	- *bigger, biggest*
però				
	cold	- *colder, coldest*	*cool*	- *cooler, coolest*
	dear	- *dearer, dearest*	*fast*	- *faster, fastest*

NB   Les consonants *y*, *w* i *x* no es dupliquen.

c) També es duplica la consonant final dels verbs de més d'una síl·laba si l'accent tònic recau a l'última síl·laba.

	begin	- *beginning*	*admit*	- *admitted*
	refer	- *referring*		
però				
	offer	- *offering*	*open*	- *opened*

Tot i així, si la consonant final és *l*, aquesta es duplica independentment d'on recaigui l'accent tònic. Vegeu també l'apartat 4f.

travel	- *travelling*	*model*	- *modelled*

d) Si la rel acaba en qualsevol consonant + *y*, en afegir -*ed* a la rel del verb o -*er* o -*est* a la de l'adjectiu, la *y* es converteix en *i*.

spy	- *spied*	*carry*	- *carried*
pretty	- *prettier, prettiest*		

e) Si un adjectiu acaba en -*y*, en formar l'adverbi afegint -*ly* la *y* es converteix en *i*.

happy	- *happily*	*gay*	- *gaily*

3. Les contraccions

En anglès familiar és molt freqüent l'ús de les formes contretes de certs verbs a les quals un apòstrof ocupa el lloc d'una lletra suprimida. Aquesta és una llista de les més usuals:

'*s*	is, has	'*re*	are
'*ve*	have	'*d*	would, had
'*m*	am	'*ll*	will, shall
-*n't*	not	*can't*	cannot
won't	will not		

4. Diferències ortogràfiques entre l'anglès britànic i l'americà.

Hi ha certes diferències regulars entre l'ortografia britànica i l'americana. El punt de referència és sempre l'anglès britànic.

a) Algunes paraules que acaben en -*tre* s'escriuen amb -*ter* en l'anglès americà.

centre	- *center*	*mitre*	- *miter*
theatre	- *theater*		

b) Algunes paraules que acaben en *-our* s'escriuen amb *-or* en l'anglès americà.

harbour	- *harbor*	*vapour*	- *vapor*
colour	- *color*		

c) Algunes paraules que contenen el dígraf *ae* en l'anglès americà s'escriuen amb *e*.

mediaeval	- *medieval*	*gynaecology*	- *gynecology*

d) Algunes paraules que contenen el dígraf *oe* en l'anglès americà s'escriuen amb *eu*.

manoeuvre	- *maneuver*	*oestrogen*	- *estrogen*

e) Algunes paraules que acaben en *-ogue* acaben en *-og* en l'anglès americà.

catalogue	- *catalog*	*dialogue*	- *dialog*

f) Malgrat el que queda expressat a l'apartat 2c), mentre que en l'anglès britànic una *l* final sol duplicar-se independentment d'on recaigui l'accent tònic, en l'anglès americà aquesta *l* només es duplica si l'accent recau a l'última síl·laba:

travel	- *traveled, traveling*
rebel	- *rebelled, rebelling.*

L'article

L'article indefinit
L'article indefinit és *a* i és invariable: *a man, a young woman, a boy a girl, a big dog, a tree, a planet.*
Davant de les paraules que comencin per vocal, *a* es converteix en *an*: *an apple, an eagle, an easy test, an Indian, an untidy room.*
Tot i això, una palabra pot començar per una vocal escrita i no començar per un so vocàlic: això passa amb les paraules que comencen per *eu-* i algunes de les que comencen per *u-* (vegeu les transcripcions fonètiques al diccionari). En aquests casos s'empra *a* per comptes de *an*: *a European, a euphemistic expression; a union, a university professor.*
De la mateixa manera, si una *h* inicial es pronuncia s'emprarà *a*, i si és muda *an*: *a house, a helpful person*, però *an hour, an honest man*.

L'article indefinit només es posa davant dels substantius en singular.

a dog	un gos	*dogs*	uns gossos
an eel	una angula	*eels*	unes angules
an old house	una casa antiga	*old houses*	cases antigues

L'article definit
L'article definit és *the* i és invariable. Serveix tant per al singular com per al plural: *the man, the men, the woman, the women, the children, the earth, the sea.* Es pronuncia [ðə], però davant les paraules que comencin per un so vocàlic la seva pronunciació és [ði].

El substantiu

Gènere
En anglès, a diferència del català, els substantius manquen de gènere gramatical i els articles i adjectius són invariables. Només alguns noms referents a les persones tenen forma femenina i en alguns casos existeixen paraules diferents per a designar masculí i femení:

actor	- *actress*	*prince*	- *princess*	*host*	- *hostess*
king	- *queen*	*boy*	- *girl*	*son*	- *daughter*
cock	- *hen*	*bull*	- *cow*	*ram*	- *ewe*

El genitiu saxó

Per indicar la relació de posseïdor/possessió en anglès s'utilitza l'anomenat genitiu saxó, que consisteix en afegir 's al posseïdor col·locant-lo davant d'allò que és posseït. S'aplica per a persones i també per als animals:

Lawrence's mother	la mare de Lawrence
the boy's bicycle	la bicicleta del noi
my teacher's glasses	les ulleres del meu professor
the government's policies	la política del govern
our dog's tail	la cua del nostre gos

Si el posseïdor està en plural i acaba en -*s*, per comptes d'afegir 's afegim únicament l'apòstrof, però si es tracta de un plural irregular que no acaba en -*s* s'afegeix 's:

the boys' bicycles	les bicicletes dels nois
my parents' car	el cotxe dels meus pares
your children's toys	els juguets dels teus nens
men's trousers	pantalons d'home

Si el posseïdor acaba en -*s* al singular es sol afegir 's, encara que hi afegim només l'a-pòstrof a alguns noms estrangers, antics o clàssics:

Charles's wife	la dona de Charles
Mrs Jones's house	la casa de la Sra. Jones
Cervantes' novels	les novel·les de Cervantes
Aristophanes' plays	les obres d'Aristòfanes

Substantius comptables i incomptables

En anglès els substantius són comptables o incomptables. Els primers poden ser comptats i, per tant, poden optar a tenir singular i plural: *boy, boys*; *knife, knives*; *pencil, pencils*. És evident que els nois, ganivets i llapis es poden comptar. En canvi, *electricity* és incomptable, l'electricitat no es pot comptar.

Mentre que els comptables poden tenir singular i plural, els incomptables només tenen forma singular: *furniture, advice, news, information, health, chaos, honesty, peace*. Tot i així, alguns d'aquests substantius incomptables poden comptar-se mitjançant l'ús de *a piece of*:

furniture	els mobles	*a piece of furniture*	un moble
advice	els consells	*two pieces of advice*	dos consells
news	les notícies	*three pieces of news*	tres notícies

Plurals irregulars

La majoria de substantius en anglès són regulars i el plural es forma afegint -*s* (o -*es*, vegeu l'apartat 1 de la secció d'ortografia) a la forma del singular. Existeixen plurals ir-regulars i formes invariables, però també hi ha el que podríem anomenar "irregularitats regulars".

Els substantius que acaben en -*o* poden formar el plural afegint-hi -*s*, -*es*, o bé qualsevol de les dues terminacions.

Formen el plural afegint -*s*: *albino, avocado, bingo, cameo, casino, cello, concerto, contralto, duo, dynamo, ego, embryo, giro, hairdo, igloo, impresario, inferno, jumbo, nuncio, patio, photo, piano, pimento, pistachio, poncho, portfolio, radio, ratio, rodeo, scenario, shampoo, silo, solo, soprano, stereo, studio, taboo, tango, tattoo, tempo, to-do, torso, trio, tuxedo, two, ufo, video, violoncello, virtuoso, voodoo, zoo*.

Formen el plural afegint -*es*: *buffalo* (també invariable), *commando, domino, echo, embargo, go, hero, negro, potato, tomato, torpedo, vertigo, veto, weirdo*.

Formen el plural de totes dues maneres: *archipelago, banjo, calico, cargo, fiasco, flamingo, fresco, ghetto, halo, indigo, innuendo, lasso, mango, manifesto, memento, mosquito, motto, proviso, tobacco, tornado, volcano, zero*.

Els substantius que acaben en -*f* poden formar el plural afegint -*s*, canviant la *f* per *v* i afegint -*es*, o bé de qualsevol de les dues maneres. Els que acaben en -*ff* sempre (excepció feta del cas de *staff*, que també té un plural irregular) formen el plural afegint-hi una sola *s*.

El plural acaba en -*fs* a: *aperitif, belief, brief, chef, chief, clef, gulf, handkerchief, motif, oaf, poof, proof, reef, reproof, roof, spoof, surf, waif*.

El plural acaba en -*ves* en: *calf, elf, half, knife, leaf, loaf, scarf, self, sheaf, shelf, thief, wolf, yourself*.

El plural acaba de qualsevol de les dues formes en: *dwarf, hoof, turf, wharf*.

Els substantius que acaben en -*fe* solen formar el plural en -*ves* com en el cas de: *housewife, jack-knife, knife, life, midwife, penknife* i *wife*, mentre que *safe* i els acabats en -*ffe* només afegeixen una -*s*.

El pronom

Quadre de pronoms i adjectius possessius

pronom subjecte	pronom complement directe/indirecte	adjectiu possessiu	pronom possessiu	pronom reflexiu
I	me	my	mine	myself
you	you	your	yours	yourself
he	him	his	his	himself
she	her	her	hers	herself
it	it	its	—	itself
we	us	our	ours	ourselves
you	you	your	yours	yourselves
they	them	their	theirs	themselves

Els pronoms subjecte
En anglès el pronom subjecte ha de figurar sempre:
I was very pleased to see him there,
encara que en una mateixa frase no és necessari repetir el pronom si el subjecte no canvia:
She locked the door and then put the key in her pocket.

Els pronoms de complement directe/indirecte
El pronom de complement directe es col·loca darrera del verb que complementa:
She shot him; I washed and dried it.

El pronom de complement indirecte, si acompanya un complement directe que és un substantiu, es col·loca també darrera del verb que complementa:
She made me a cake; I gave him the keys,

però quan acompanya un complement directe que és pronom és més habitual emprar les preposicions *to* o *for*. Fixeu-vos també en el canvi d'ordre:
She made it for me; I gave them to him.

El pronom amb funció de complement també s'empra:
1 - darrera d'una preposició:
She goes out with him; Look at them.
2 - darrera de *than* i as ... as ... en els comparatius:
He's taller than her; She's as quick as him.
3 - en anglès informal, darrera del verb *to be*:
It's me, John; It wasn't me, it was him.
4 - per a respostes curtes com ara:
Who's got my pencil? —Me!

Els adjectius possessius

Els adjectius possessius no varien segons allò que és posseït, sinó segons el posseïdor: *my sister, my sisters; their friend, their friends.*

Els pronoms possessius

Els pronoms possessius s'empren per substituir l'estructura adjectiu possessiu + nom: *This is my car. Where's yours?* (= your car); *His family is bigger than mine.* (= my family).

Els pronoms reflexius

Els pronoms reflexius s'empren:

1 - quan el subjecte i el complement del verb són els mateixos:
   I've hurt myself; Please help yourselves!

2 - quan volem remarcar que és una persona i no una altra qui realitza l'acció:
   If nobody will do it for me, I'll have to do it myself.

El pronom impersonal

En anglès col·loquial emprem *you* com pronom impersonal, mentre que en anglès formal s'empra *one*:
   You push this button if you want tea; You can't drive a car if you're under 17.
   One must be sure before one makes such serious accusations.

L'adjectiu

General

Els adjectius en anglès són invariables i quasi sempre van davant dels substantius: *an old man, an old woman; old men, old women.*

Poden anar després dels següents verbs: *be, look, seem, appear, feel, taste, smell, sound.*

Si un substantiu en una expressió numèrica s'empra com adjectiu, sempre va en singular: *a two-mile walk; an eight-hour day.*

El comparatiu i el superlatiu

Els comparatius s'empren per comparar una o dues persones, coses, etc., amb una altra o unes altres. Els superlatius els utilitzem per comparar una persona o cosa d'un grup amb dues o més persones o coses del mateix grup.

Afegeixen per a la rel -*er* per al comparatiu i -*est* per al superlatiu:
- els adjectius d'una sola síl·laba:

big	*bigger*	*biggest*
cold	*colder*	*coldest.*

- els de dues síl·labes que acaben en -*y*:

pretty	*prettier*	*prettiest.*

Formen el comparatiu amb *more* i el superlatiu amb *most*:
- la majoria de la resta d'adjectius de dues síl·labes:

boring	*more boring*	*the most boring.*

- els de tres i més síl·labes:

beautiful	*more beautiful*	*the most beautiful.*

Poden formar el comparatiu i superlatiu de qualsevol de les dues maneres els adjectius de dues síl·labes acabats en -*er*, -*ure*, -*le* i -*ow*, així com (entre d'altres) *common, quiet, tired, pleasant, handsome, stupid, cruel, wicked* i *polite*, encara que és més habitual la forma amb *more* i *most*.

Són irregulars els següents:

good	*better*	*best*
bad	*worse*	*worst*
far	*farther/further*	*farther/furthest.*

L'adverbi

General

Els adverbis poden formar-se molt sovint a partir dels adjectius afegint-hi -*ly*: *sad - sadly*, *quick - quickly*, *happy - happily*, *beautiful - beautifully*.

Si l'adjectiu acaba en -*ly* això no és possible: els adjectius *lovely*, *friendly*, *ugly*, *lonely* i *silly*, entre d'altres, no tenen adverbi corresponent.

En alguns casos aquesta formació d'un adverbi comporta canvis ortogràfics. Vegeu l'apartat d'ortografia.

Alguns adverbis tenen la mateixa forma que l'adjectiu corresponent: *hard*, *late*, *early*, *fast*, *far*, *much*, *little*, *high*, *low*, *near*.

Alguns adverbis canvien de sentit respecte de l'adjectiu al qual corresponen:

hard	= dur/durament	*hardly*	= a penes
late	= tard	*lately*	= últimament
near	= proper	*nearly*	= gairebé
high	= alt	*highly*	= molt o molt favorablement

Posició

Encara que els adverbis poden anar al començament de la frase, la posició més freqüent és després del verb i del complement. Tot i així hi ha certs adverbis que solen anar davant del verb (després del primer auxiliar si és un temps compost) i després del verb *be*. Els més freqüents d'aquest grup són *always*, *usually*, *generally*, *normally*, *often*, *sometimes*, *occasionally*, *seldom*, *rarely*, *never*, *almost*, *just*, *still*, *already* i *only*.

El comparatiu i el superlatiu

La regla general és com la dels adjectius; els adverbis de dues o més síl·labes anteposen sempre *more* per a la comparació i *most* per al superlatiu, i els d'una sola síl·laba afegeixen els sufixos -*er* per al comparatiu i -*est* per al superlatiu:

quickly	*more quickly*	*most quickly*
beautifully	*more beautifully*	*most beautifully*
fast	*faster*	*fastest*
hard	*harder*	*hardest*
near	*nearer*	*nearest*
però		
early	*earlier*	*earliest*

Són irregulars:

well	*better*	*best*
badly	*worse*	*worst*
little	*less*	*least*
much	*more*	*most*
far	*farther/further*	*farthest/furthest*
late	*later*	*last*

El verb

Conjugació

La conjugació del verb anglès és senzilla. La majoria dels verbs anglesos són regulars i passat simple i participi passat es formen afegint-hi -*ed* a la rel, i només -*d* si la rel ja té -*e* final. El participi present es forma afegint -*ing* a la rel. Vegeu també la secció d'ortografia.

Infinitiu	Passat simple	Participi passat	Participi present
sail	*sailed*	*sailed*	*sailing*
grab	*grabbed*	*grabbed*	*grabbing*
kiss	*kissed*	*kissed*	*kissing*
waste	*wasted*	*wasted*	*wasting*

Pronunciació del passat i participi passat regulars

El sufix *-ed* sempre s'escriu igual, però es pronuncia de tres maneres diferents segons la pronunciació (fixeu-vos en la transcripció fonètica) de la rel a la qual s'afegeix.

Es pronuncia [d] si la rel acaba en una consonant sonora [b], [g], [dʒ], [v], [ð], [z], [ʒ], [m], [n] i [l] o qualsevol vocal:
- *stabbed* [stabd], *begged* [begd], *opened* ['əupənd], *filled* [fild], *vetoed* ['viːtəud].

Es pronuncia [t] si la rel acaba en una consonant sorda [p], [k], [tʃ], [f], [θ], [s], [ʃ]:
- *clapped* [klapt], *licked* [likt], *kissed* [kʌst], *wished* [wiʃt].

Es pronuncia [id] si la rel acaba en [t] o [d];
- *tasted* ['teistid], *defended* [diˈfendid].

Per als verbs irregulars vegeu la taula al final d'aquesta secció i les respectives entrades.

Phrasal verbs

Els *phrasal verbs* o verbs preposicionals són molt nombrosos en anglès. En afegir una partícula adverbial o una preposició a un verb, el significat original del verb es modifica o canvia totalment.

put (posar)	*put out* (apagar)
turn (girar)	*turn on* (encendre)

La formació dels temps verbals

Present simple

Té la mateixa forma que l'infinitiu del verb per a totes les persones excepte a la tercera persona del singular, a la qual s'afegeix la terminació *-s* o *-es* (vegeu l'apartat d'ortografia):

I sail	*we sail*
you sail	*you sail*
he/she/it sails	*they sail*

Els verbs *to be* i *to have* són irregulars:

I am	*we are*	*I have*	*we have*
you are	*you are*	*you have*	*you have*
he/she/it is	*they are*	*he/she/it has*	*they have*

Present continu

Es forma amb el present del verb *to be* + el participi present:

I am resting, you are painting, etc.

Pretèrit perfet

Es forma amb el present del verb *to have* + el participi passat:

He has arrived, they have just left, etc.

Pretèrit perfet continu

Es forma amb el present del verb *to have* + *been* + el participi present:

I have been dreaming, we have been riding, etc.

Passat simple

Vegeu el començament d'aquesta secció i la taula de verbs irregulars. El verb *to be* és irregular:

I was	*we were*
you were	*you were*
he/she/it was	*they were*

Passat continu

Es forma del passat simple de *to be* + el participi present:

It was raining, they were laughing, etc.

Plusquamperfet
Es forma del passat simple de *to have* + el participi passat:

> *I had lost my slippers, the dog had taken them,* etc.

Plusquamperfet continu
Es forma del passat simple de *to have* + *been* + el participi passat:

> *He had been repairing his motorbike,* etc.

Futur
Es forma de *will/shall* + l'infinitiu. (Com a norma general *will* s'empra per a totes les persones, encara que, en el llenguatge formal, *shall* el substitueix en la primera primera persona tant del singular com del plural):

> *It will be here next week,* etc.

Futur continu
Es forma de *will/shall* + *be* + el participi present:

> *They will be lying on the beach,* etc.

Futur perfet
Es forma de *will/shall* + *have* + participi passat:

> *I will have finished in ten minutes, etc.*

Futur perfet continu
Es forma de *will/shall* + *have* + *been* + participi present:

> *We will have been living here for forty years,* etc.

Les oracions condicionals
Aquí mencionarem els tres tipus bàsics d'oracions condicionals de l'anglès, les anomenades reals, irreals i impossibles. Les construccions 1) i 2) fan referència al present i futur, mentre que 3) descriu situacions en el passat.

1) Condicional real (first conditional)
        If + present simple   *will/shall* + infinitiu
        If it snows this week,   *we will go skiing on Saturday*
2) Condicional irreal (second conditional)
        If + passat simple   *would* + infinitiu
        If we had a corkscrew,   *we would be able to open the bottle*
3) Condicional impossible (third conditional)
        If + plusquamperfet   *would have* + participi passat
        If you had run a little faster, *you would have caught the train.*

La veu passiva
La veu passiva és freqüent en anglès. Es forma de la següent manera: s'inverteixen el subjecte i el complement directe, i es posa el verb *be* en el mateix temps que el verb de la frase activa, seguit del participi passat del verb, i es col·loca la partícula *by* davant del subjecte:

John broke the window	-	*The window was broken by John*
Leeds United have beaten Stoke City	-	*Stoke City have been beaten by Leeds United*

Sovint s'utilitza per donar més èmfasi al complement directe o quan el subjecte no es coneix o no té gaire importància:

The police will tow away your car	-	*Your car will be towed away (by the police)*
Someone has stolen my pen	-	*My pen has been stolen.*

L'imperatiu

Tant en singular com en plural, l'imperatiu es forma amb l'infinitiu sense *to*:

Shut up!; Open this door!; Give me my umbrella!

Les oracions negatives es formen amb *do not (don't)* + infinitiu:

Do not feed the animals!; Don't put your feet on the chair!

Emprem *let's (let us)* + infinitiu (sense *to*) com imperatiu per a la primera persona del plural o per fer suggerències:

Let's watch the other channel; Let's not quarrel o *Don't let's quarrel.*

La construcció de les frases negatives i interrogatives

Negatives

Els temps compostos formen les frases negatives intercalant *not* després del verb auxiliar:

He has finished	*He has not finished*
It is raining	*It is not raining*
She will see you later	*She will not see you later*

En el present simple la negació es forma emprant l'infinitiu del verb (que és invariable) junt amb el verb auxiliar *do* (*does* per a la tercera persona singular) seguit de *not*:

He works on Saturdays	*He does not work on Saturdays*
You make a lot of mistakes	*You do not make a lot of mistakes*

Per al passat simple l'auxiliar *do/does* pren la forma del passat *did*, mentre que el verb principal es manté en infinitiu:

He worked last Saturday	*He did not work last Saturday*
You made a lot of mistakes	*You did not make a lot of mistakes*

Interrogatives

En els tiemps compostos es formen les frases interrogatives anteposant el verb auxiliar al subjecte:

She is having a shower	*Is she having a shower?*
We shall come to help you	*Shall we come to help you?*

En el present simple es formen emprant l'infinitiu del verb (que és invariable) junt amb el verb auxiliar *do* (*does* per a la tercera persona singular), el qual es col·loca abans del subjecte:

He works on Saturdays	*Does he work on Saturdays?*
They eat fish	*Do they eat fish?*

Per al passat simple l'auxiliar *do/does* pren la forma del passat *did*:

He worked last Saturday	*Did he work last Saturday?*
They ate all of it	*Did they eat all of it?*

Taula de verbs irregulars

Infinitiu	Passat simple	Participi passat
arise	arose	arisen
awake	awoke	awaked/awoken
be	was, were	been
bear	bore	borne/born
beat	beat	beaten

become	became	become
begin	began	begun
behold	beheld	beheld
bend	bent	bent
beseech	besought/beseeched	besought/beseeched
beset	beset	beset
bid	bid	bid
bid	bid/bade	bid/bidden
bide	bode/bided	bided
bind	bound	bound
bite	bit	bitten
bleed	bled	bled
blow	blew	blown
break	broke	broken
breed	bred	bred
bring	brought	brought
broadcast	broadcast	broadcast
build	built	built
burn	burnt/burned	burnt/burned
burst	burst	burst
buy	bought	bought
can	could	-
cast	cast	cast
catch	caught	caught
choose	chose	chosen
cleave	cleft/cleaved/clove	cleft/cleaved/cloven
cling	clung	clung
clothe	clothed/clad	clothed/clad
come	came	come
cost	cost	cost
creep	crept	crept
crow	crowed/crew	crowed
cut	cut	cut
deal	dealt	dealt
do	did	done
dig	dug	dug
draw	drew	drawn
dream	dreamed/dreamt	dreamed/dreamt
drink	drank	drunk
drive	drove	driven
dwell	dwelt	dwelt
eat	ate	eaten
fall	fell	fallen
feed	fed	fed
feel	felt	felt
fight	fought	fought
find	found	found
flee	fled	fled
fling	flung	flung
fly	flew	flown
forbear	forbore	forborne
forbid	forbade	forbidden
forecast	forecast/forecasted	forecast/forecasted
for(e)go	for(e)went	for(e)gone
foresee	foresaw	foreseen
foretell	foretold	foretold
forget	forgot	forgotten
forgive	forgave	forgiven
forsake	forsook	forsaken
freeze	froze	frozen

get	got	got, USA gotten
give	gave	given
go	went	gone
grind	ground	ground
grow	grew	grown
have	had	had
hang	hung/hanged[1]	hung/hanged[1]
hear	heard	heard
hide	hid	hidden/hid
hit	hit	hit
hold	held	held
hurt	hurt	hurt
input	input	input
keep	kept	kept
kneel	knelt	knelt
knit	knit/knitted	knit/knitted
know	knew	known
lay	laid	laid
lead	led	led
lean	leant/leaned	leant/leaned
leap	leapt/leaped	leapt/leaped
learn	learnt/learned	learnt/learned
leave	left	left
lend	lent	lent
let	let	let
lie	lay	lain
light	lighted/lit	lighted/lit
lose	lost	lost
make	made	made
may	might	-
mean	meant	meant
meet	met	met
mislead	misled	misled
misread	misread	misread
misspell	misspelled/misspelt	misspelled/misspelt
mistake	mistook	mistaken
mow	mowed	mowed/mown
offset	offset	offset
outdo	outdid	outdone
outgrow	outgrew	outgrown
overcome	overcame	overcome
overdo	overdid	overdone
overhear	overheard	overheard
override	overrode	overridden
overrun	overran	overrun
oversee	oversaw	overseen
oversleep	overslept	overslept
overtake	overtook	overtaken
overthrow	overthrew	overthrown
pay	paid	paid
prove	proved	proved/proven
put	put	put
read	read	read
rebuild	rebuilt	rebuilt
rend	rent	rent
rid	rid/ridded	rid/ridded
ride	rode	ridden
ring	rang	rung
rise	rose	risen
run	ran	run

saw	sawed	sawed/sawn
say	said	said
see	saw	seen
seek	sought	sought
sell	sold	sold
send	sent	sent
set	set	set
sew	sewed	sewed/sewn
shake	shook	shaken
shear	sheared	sheared/shorn
shed	shed	shed
shine	shone	shone
shoe	shod	shod
shoot	shot	shot
show	showed	showed/shown
shrink	shrank	shrunk
shut	shut	shut
sing	sang	sung
sink	sank	sunk
sit	sat	sat
slay	slew	slain
sleep	slept	slept
slide	slid	slid
sling	slung	slung
slink	slunk	slunk
slit	slit	slit
smell	smelled/smelt	smelled/smelt
sow	sowed	sown
speak	spoke	spoken
speed	speeded/sped	speeded/sped
spell	spelled/spelt	spelled/spelt
spend	spent	spent
spill	spilled/spilt	spilled/spilt
spin	spun/span	spun
spit	spat	spat
split	split	split
spoil	spoiled/spoilt	spoiled/spoilt
spread	spread	spread
spring	sprang	sprung
stand	stood	stood
steal	stole	stolen
stick	stuck	stuck
sting	stung	stung
stink	stank/stunk	stunk
strew	strewed	strewed/strewn
stride	strode	stridden
strike	struck	struck
string	strung	strung
strive	strove	striven
sublet	sublet	sublet
swear	swore	sworn
sweep	swept	swept
swell	swelled	swollen
swim	swam	swum
swing	swung	swung
take	took	taken
teach	taught	taught
tear	tore	torn
tell	told	told
think	thought	thought

thrive	throve/thrived	thrived/thriven
throw	threw	thrown
tread	trod	trodden/trod
undercut	undercut	undercut
undergo	underwent	undergone
understand	understood	understood
undertake	undertook	undertaken
underwrite	underwrote	underwritten
undo	undid	undone
unwind	unwound	unwound
uphold	upheld	upheld
upset	upset	upset
wake	woke	woken
waylay	waylaid	waylaid
wear	wore	worn
wed	wedded/wed	wedded/wed
weep	wept	wept
win	won	won
withdraw	withdrew	withdrawn
withhold	withheld	withheld
withstand	withstood	withstood
wring	wrung	wrung
write	wrote	written

[1] Vegeu l'entrada.

Principals sufixos de la llengua anglesa

-able, -ible: corresponen als catalans **-able, -ible**: *acceptable* (accept*able*); *impossible* (impossible); *responsible* (respons*able*)

-dom: denota domini, càrrec, conjunt, condició: *kingdom* (regne); *freedom* (llibertat); *martyrdom* (martiri)

-ed: correspon a **-ut/-uda, -at/-ada**: *bearded* (barbut); *explained* (explic*at*)

-ee: indica la persona que és objecte de l'acció: *employee* (empleat)

-eer: indica ocupació o ofici: *engineer* (enginyer)

-er: 1) correspon a **-dor/-dora, -er/-era**: *buyer* (compra*dor*); *baker* (forn*er*)
2) és la terminació del comparatiu: *smaller* (més petit); *faster* (més de pressa)

-ess: forma el femení d'alguns substantius; a vegades correspon a **-essa**: *poetess* (poet*essa*), però *actress* (actriu)

-est: és la terminació del superlatiu: *shortest* (el més curt)

-fold: significa «vegades»: *tenfold* (deu vegades)

-ful: correspon a **-ós/-osa, -at/ada** amb el sentit de «ple» o «que té»: *spoonful* (cullerada); *brimful* (ple fins dalt), *heedful* (cautelós)

-hood: correspon a **-esa, -ència/-ància, -itat** amb el sentit de condició, caràcter, estat: *childhood* (infant*esa*), *widowhood* (viduïtat)

-ie: veure **-y 1**

-ing: és la terminació de gerundi, de participi actiu, del verb substantivat i d'adjectiu. Correspon a **-ant, -ent, -int, -dor/-dora**: *becoming* (convenient); *coming* (venint, vinent)

-ish: 1) adjectiu de nacionalitat: *British* (britànic)
2) correspon a **-ós/-osa, -enc/-enca**: *reddish* (vermellós, rogenc)

-less: indica manca o absència: *endless* (inacabable), *jobless* (sense feina)

-let: terminació de diminutiu: *piglet* (porquet)

-like:	significa «de», «propi de», «que sembla de»: *deathlike* (mortal), *gentlemanlike* (de cavaller)
-ly:	1) correspon a **-ment**: *quickly* (ràpida*ment*) 2) correspon a **-al, -ari/-ària**: *brotherly* (fratern*al*); *daily* (di*ari*)
-ment, -tion:	correspon a **-ment, -ció**: *organization* (organitza*ció*); *shipment* (embarca*ment*)
-ness:	correspon a **-esa, -ència/-ància, -or/-ió**: *blackness* (negr*or*), *doggedness* (obstina*ció*)
-ship:	1) correspon a **-at, -esa, -ció**: *friendship* (amist*at*); *relationship* (rela*ció*) 2) indica art, destressa: *craftsmanship* (artesania) 3) indica títol, càrrec, ocupació: *apprenticeship* (aprenentatge)
-some:	correspon a **-at/-ada, -dor/-dora**: *wearisome* (cans*at*, cansa*dor*)
-ty:	correspon a **-itat, -etat, -itud, -esa**: *beauty* (belle*sa*); *receptivity* (receptiv*itat*)
-ward, -wards:	significa «cap a»: *upwards* (cap amunt)
-ways, -wise:	indica manera, direcció, posició: *likewise* (de la mateixa manera); *sideways* (de costat)
-y:	1) és terminació de diminutiu 2) correspon a **-ia**: *memory* (memòr*ia*); *geology* (geolog*ia*) 3) significa «ple de», «que sembla» i sovint correspon a **-ut/-uda, -ós/-osa, -at/-ada**: *hairy* (pel*ut*); *rosy* (ros*at*)

A

a [ei, ə], **an** [ən, æn] *art. indef.* un *m.*, una *f.*

AA [ei 'ei] *s.* (*Automobile Association*) associació *f.* de l'automòbil.

Aachen ['ɑːkən] *n. pr.* GEOGR. Aquisgrà.

aback [ə'bæk] *adv.* cap enrera [esp. nàutica]. ‖ *to be taken* ~, quedar-se parat, desconcertat. 2 NÀUT. en fatxa.

abandon (to) [ə'bændən] *t.* abandonar. ■ 2 *p. to* ~ *oneself*, abandonar-se.

abandonment [ə'bændənmənt] *s.* abandó *m.*, abandonament *m.* 2 impulsivitat *f.*, irreflexió *f.*

abase (to) [ə'beis] *t.* humiliar, avergonyir, rebaixar.

abash (to) [ə'bæʃ] *t.* avergonyir. 2 *to be abashed,* quedar confós.

abate (to) [ə'beit] *t.* reduir, disminuir [violència]. ■ 2 *i.* minvar, amainar, afluixar [el vent, la pluja, etc.].

abbey ['æbi] *s.* abadia *f.*

abbot ['æbət] *s.* abat *m.*

abbreviate (to) [ə'briːvieit] *t.* abreujar, abreviar.

abbreviation [əbriːvi'eiʃən] *s.* abreviació *f.* 2 abreviatura *f.*

ABC [eibiː'siː] *s.* abecé *m.*

abdicate (to) ['æbdikeit] *t.-i.* abdicar *t.*

abdication [æbdi'keiʃən] *s.* abdicació *f.*

abdomen ['æbdəmen] *s.* ANAT. abdomen *m.*

abdominal [æb'dɔminl] *a.* abdominal.

abduct (to) [æb'dʌkt] *t.* liter. raptar.

abduction [æb'dʌkʃən] *s.* liter. rapte *m.*

aberration [æbə'reiʃən] *s.* aberració *f.*

abet (to) [ə'bet] *t.* incitar. 2 LOC. DRET *to aid and* ~, ésser còmplice de.

abeyance [ə'beiəns] LOC. DRET *to be in* ~, estar en suspens.

abhor (to) [əb'hɔː] *t.* avorrir, detestar.

abhorrence [əb'hɔrəns] *s.* avorriment *m.*, odi *m.*

abhorrent [əb'hɔrənt] *a.* detestable, odiós.

abide (to) [ə'baid] *i.* ant. habitar. 2 romandre. 3 *to* ~ *by*, atenir-se *p. a.* ■ 4 *t.* suportar, aguantar. ▲ Pret. i p. p.: *abode* [ə'boud] o *abided* [ə'baidid].

abiding [ə'baidiŋ] *a.* permanent; perdurable.

ability [ə'biliti] *s.* capacitat *f.*, aptitud *f.* 2 talent *m.*

abject ['æbdʒekt] *a.* abjecte, roí.

abjection [æb'dʒekʃən] *s.* abjecció *f.*

abjure (to) [əb'dʒuə] *t.* abjurar.

ablaze [ə'bleiz] *adv.-a.* abrandat *a.* 2 *a.* fig. resplendent.

able ['eibl] *a.* capaç, apte. ‖ *to be* ~ *to,* saber [fer alguna cosa]: *I'll buy you a car when you are* ~ *to drive,* et compraré un cotxe quan sàpigues conduir; poder: *will you be* ~ *to come?,* podràs venir?

ABM [eibiː'em] *s.* (*anti-ballistic missile*) míssil *m.* antibalístic.

abnegation [æbni'geiʃən] *s.* renúncia *f.*, abnegació *f.*

abnormal [æb'nɔːməl] *a.* anormal. 2 insòlit.

abnormality [æbnɔː'mæliti] *s.* anomalia *f.* 2 monstruositat *f.*

aboard [ə'bɔːd] *prep.* dalt de [tren, avió, vaixell, etc.]. ■ 2 *adv.* a bord.

abode [ə'boud] Vegeu ABIDE (TO) ■ 2 *s.* habitacle *m.*, domicili *m.*

abolish (to) [ə'bɔliʃ] *t.* abolir, suprimir.

abolition [æbə'liʃən] *s.* abolició *f.*, supressió *f.*

A-bomb ['eibɔm] *s.* (*atomic bomb*) bomba *f.* atòmica.

abominate (to) [ə'bɔmineit] *t.* abominar.

abomination [əbɔmi'neiʃən] *s.* abominació *f.*

aboriginal [æbə'ridʒənəl] *a.-s.* aborigen, indígena.

aborigines [æbə'ridʒiniːz] *s. pl.* aborígens *m. pl.*, indígenes *m. pl.*

abort (to) [ə'bɔːt] *i.* avortar.

abortion [əˈbɔːʃən] s. avortament m.

abound (to) [əˈbaund] i. abundar.

about [əˈbaut] prep. per, en: to travel ~ the world, viatjar pel món. 2 prop de, pels volts de, al voltant de: ~ the park, prop del parc. 3 quant a, sobre, relatiu a: to speak ~, parlar de. 4 how o what ~ that?, què et sembla? [per demanar informació i fer suggeriments]. ■ 5 adv. aproximadament, cap allà, entorn de: she came ~ 10 o'clock, va venir cap allà les deu. 6 loc. adv. ~ to, a punt de.

above [əˈbʌv] prep. dalt (de), damunt (de). 2 superior a, major de, més de [números]. 3 loc. prep. ~ all, sobretot adv. ■ 4 adv. (a) dalt; (al) damunt. 5 més amunt [text]. ■ 6 a. anterior: the ~ paragraph, el paràgraf anterior.

abrasion [əˈbreiʒən] s. abrasió f.; encetament m. [de la pell].

abreast [əˈbrest] adv. de costat: four ~, quatre de costat.

abridge (to) [əˈbridʒ] t. abreviar; resumir; compendiar.

abridg(e)ment [əˈbridʒmənt] s. resum m.; compendi m.

abroad [əˈbrɔːd] adv. a fora, a l'estranger: to go ~, anar a l'estranger. 2 there is a rumour ~, corren rumors de.

abrogate (to) [ˈæbrəugeit] t. abrogar.

abrupt [əˈbrʌpt] a. abrupte. 2 rost [terreny]. 3 inconnex [estil]. ■ 4 -ly adv. sobtadament; precipitadament.

abruptness [əˈbrʌptnəs] s. brusquedat f. 2 rost m.

abscess [ˈæbses] s. MED. abscés m.

abscond (to) [əbˈskɔnd] i. fugir; escapolir-se p.

absence [ˈæbsəns] s. absència f. 2 falta f. d'assistència. 3 ~ of mind, distracció f.

absent [ˈæbsənt] a. absent.

absent-minded [ˌæbsəntˈmaindid] a. distret.

absent (to) [ˈæbsənt] p. absentar-se.

absentee [ˌæbsənˈtiː] s. absent.

absinth(e) [ˈæbsinθ] s. absenta f.

absolute [ˈæbsəluːt] a. absolut; complet; total. 2 pur: ~ alcohol, alcohol pur. ■ 3 s. the ~, l'absolut m.

absolution [ˌæbsəˈluːʃən] s. absolució f.

absolutism [ˈæbsəluːtizəm] s. absolutisme m.

absolve (to) [əbˈzɔlv] t. absoldre.

absorb (to) [əbˈsɔːb] t. absorbir. ‖ to be absorbed in (by), estar absort en. ‖ to become absorbed in, abstreure's p. en.

absorbent [əbˈsɔːbənt] a. absorbent. ■ 2 s. absorbent m.

absorbing [əbˈsɔːbiŋ] a. absorbent. 2 interessant [treball, etc.].

absorption [əbˈsɔːpʃən] s. absorció f., absorbiment m. 2 abstracció f. [mental].

abstain (to) [əbˈstein] i. abstenir-se p.

abstemious [æbˈstiːmjəs] a. abstemi.

abstention [æbˈstenʃən] s. abstenció f.

abstinence [ˈæbstinəns] s. abstinència f.

abstinent [ˈæbstinənt] a. abstinent.

abstract [ˈæbstrækt] a. abstracte. 2 s. extracte m., resum m.

abstract (to) [æbˈstrækt] t. extreure. 2 sostreure [robar]. 3 resumir; compendiar. 4 p. to ~ oneself, abstreure's.

abstraction [æbˈstrækʃən] s. abstracció f.

abstruse [æbˈstruːs] a. abstrús, difícil.

absurd [əbˈsɔːd] a. absurd, ridícul.

absurdity [əbˈsɔːditi] s. absurd m., absurditat f.

abundance [əˈbʌndəns] s. abundància f.

abundant [əˈbʌndənt] a. abundant.

abuse [əˈbjuːs] s. abús m. 2 maltractament m.; insult m.

abuse (to) [əˈbjuːz] t. abusar de i. 2 maltractar.

abusive [əˈbjuːsiv] a. abusiu. 2 injuriós. ■ 3 -ly adv. de manera insultant.

abyss [əˈbis] s. abisme m.

AC [ˈeisiː] s. ELECT. (alternating current) corrent m. altern.

acacia [əˈkeiʃə] s. BOT. acàcia f.

academic [ˌækəˈdemik] a.-s. acadèmic m.

academy [əˈkædəmi] s. acadèmia f.

accede (to) [ækˈsiːd] i. accedir. 2 prendre possessió [càrrec]. 3 pujar [al tron].

accelerate (to) [əkˈseləreit] t.-i. accelerar.

acceleration [əkˌseləˈreiʃən] s. acceleració f.

accelerator [əkˈseləreitəʳ] s. accelerador m.

accent [ˈæksənt] s. accent m.

accent (to) [ækˈsent] t. accentuar.

accentuate (to) [əkˈsentjueit] t. fig. intensificar. 2 accentuar.

accentuation [əkˌsentjuˈeiʃən] s. accentuació f.

accept (to) [əkˈsept] t. acceptar. 2 admetre.

acceptable [əkˈseptəbl] a. acceptable. 2 adequat.

acceptance [əkˈseptəns] s. acceptació f.; acolliment m.

acceptation [æksep'teiʃən] s. accepció f.

accesible [æk'sesibl] a. accessible. 2 assequible.

access ['ækses] s. accés m.

accession [æk'seʃən] s. accessió f. 2 adveniment m. [al tron]. 3 augment m. 4 adquisició f.

accessory [æk'sesəri] a. accessori. ■ 2 s. accessori m.: *car accessories,* accessoris de cotxe.

accident ['æksidənt] s. accident m. 2 LOC. *by* ~, per casualitat f. 3 contratemps m.

accidental [æksi'dentl] a. accidental, fortuït. ■ 2 -ly adv. accidentalment; casualment.

acclaim (to) [ə'kleim] t. aclamar.

acclamation [æklə'meiʃən] s. aclamació f.

acclimatize (to) [ə'klaimətaiz] t. aclimatar. ■ 2 i. aclimatar-se p.

accolade ['ækəleid] s. bescollada f. [investidura de cavallers]. 2 elogi m.; guardó m.

accommodate (to) [ə'kɔmədeit] t. adaptar. 2 allotjar. ■ 3 i. adaptar-se p.; acomodar-se p.

accommodating [ə'kɔmədeitiŋ] a. servicial, atent.

accommodation [əkɔmə'deiʃən] s. allotjament m. 2 ~ *loan,* préstec m.; pagaré m. de favor.

accompaniment [ə'kʌmpənimənt] s. acompanyament m.

accompany (to) [ə'kʌmpəni] t. acompanyar (*with, by,* de). ■ 2 i. MÚS. acompanyar (*on,* amb).

accomplice [ə'kɔmplis] s. còmplice.

accomplish (to) [ə'kɔmpliʃ] t. acomplir; dur a terme.

accomplished [ə'kɔmpliʃt] a. complet, consumat. 2 distingit; cultivat.

accomplishment [ə'kɔmpliʃmənt] s. realització f. 2 assoliment m. 3 pl. qualitats f. pl.

accord [ə'kɔːd] s. acord m.; pacte m.; conveni m. ‖ *with one* ~, unànimement adv. 2 acord m., harmonia f. ‖ *of one's own* ~, de bon grat adv.

accord (to) [ə'kɔːd] t. concedir. ■ 2 i. harmonitzar; concordar (*with,* amb).

according [ə'kɔːdiŋ] loc. prep. ~ *to,* segons.

accordingly [ə'kɔːdiŋli] adv. en conseqüència, conseqüentment. 2 per tant.

accordion [ə'kɔːdjən] s. acordió m.

accost (to) [ə'kɔst] t. abordar, adreçar-se p. a.

account [ə'kaunt] s. compte m. ‖ COM. *current* ~, compte corrent; *deposit* ~, compte a terme fix; *joint* ~, compte indistint; *savings* ~, compte d'estalvis. ‖ *profit and loss* ~, balanç m. de guanys i pèrdues; *statement of* ~, estat m. de comptes. 2 informe m., relació f. (*of,* de). 3 MÚS. versió f., interpretació f. 4 *to take into* ~, tenir en compte. 5 LOC. *by* o *from all accounts,* segons sembla, pel que es diu. ‖ *of no* ~, sense importància. ‖ *on* ~ *of,* a causa de. ‖ *on no* ~, de cap de les maneres.

account (to) [ə'kaunt] i. *to* ~ *for,* respondre (a; de); explicar t.; justificar t.: *that accounts for his attitude,* això justifica la seva actitud. ‖ *there is no accounting for tastes,* sobre gustos no hi ha res escrit. 2 destruir, matar. ■ 3 t. considerar.

accountable [ə'kauntəbl] a. responsable (*for,* de; *to,* davant).

accountancy [ə'kauntənsi] s. comptabilitat f.

accountant [ə'kauntənt] s. comptable.

accounting [ə'kauntiŋ] s. Vegeu ACCOUNTANCY.

accredit (to) [ə'kredit] t. acreditar. 2 reconèixer. 3 atribuir.

accrue (to) [ə'kruː] i. ECON. augmentar; acumular-se p. ‖ *accrued interest,* interès m. acumulat ‖ *accrued income,* renda f. acumulada.

accumulate (to) [ə'kjuːmjuleit] t. acumular; apilar. ■ 2 i. acumular-se p.; apilar-se p.

accumulation [əkjuːmju'leiʃən] s. acumulació f.

accumulator [ə'kjuːmjuleitə] s. ELECT., INFORM. acumulador m.

accuracy ['ækjurəsi] s. precisió f.; exactitud f.

accurate ['ækjurit] a. precís; exacte.

accusation [ækjuː'zeiʃən] s. acusació f. ‖ *to bring an* ~, presentar una denúncia. 2 imputació f., càrrec m.

accusative [ə'kjuːzətiv] a.-s. GRAM. acusatiu m.

accuse (to) [ə'kjuːz] t. acusar: *to* ~ *somebody of theft,* acusar algú de robatori; *to be accused of something,* ésser acusat d'alguna cosa.

accused [ə'kjuːzd] s. DRET acusat. Vegeu també DEFENDANT.

accuser [ə'kjuːzə] s. acusador.

accusing [əˈkjuːziŋ] *a.* acusatori. ■ 2 **-ly** *adv.* d'una manera acusatòria.

accustom (to) [əˈkʌstəm] *t.* acostumar. ■ 2 *p.* to become accustomed o to ~ oneself to, acostumar-se a.

accustomed [əˈkʌstəmd] *a.* acostumat.

ace [eis] *s.* as *m.*

ache [eik] *s.* dolor *m.* (i *f.*), mal *m.*: **head ~**, mal de cap; **tooth ~**, mal de queixal.

ache (to) [eik] *i.* fer mal, tenir mal (de): *my head haches,* em fa mal el cap.

achieve (to) [əˈtʃiːv] *t.* dur a terme, realitzar: *he will never ~ anything,* no farà mai res de bo. 2 aconseguir [un fi]; arribar a *i.*

achievement [əˈtʃiːvmənt] *s.* realització *f.* 2 consecució *f.* 3 èxit *m.* [resultat]. 4 proesa *f.*

acid [ˈæsid] *a.* àcid. ■ 2 *s.* àcid *m.*

acidity [əˈsiditi], **acidness** [ˈæsidnis] *s.* acidesa *f.*

acid rain [ˈæsidˈrein] *s.* pluja *f.* àcida.

acid test [ˈæsidˌtest] *s.* fig. prova *f.* de foc.

acknowledge (to) [əkˈnɔlidʒ] *t.-p.* reconèixer; confessar. 2 *t.* agrair [exterioritzar agraïment]. 3 to ~ receipt, acusar recepció, rebuda.

acknowledgment [əkˈnɔlidʒmənt] *s.* reconeixement *m.,* confessió *f.* 2 agraïment *m.* 3 acusament *m.* de recepció.

acme [ˈækmi] *s.* acme *f.,* súmmum *m.,* cim *m.*

acne [ˈækni] *s.* MED. acne *f.*

acolyte [ˈækəlait] *s.* acòlit *m.*

acorn [ˈeikɔːn] *s.* BOT. gla. *f.* (i *m.*).

acoustic [əˈkuːstik] *a.* acústic.

acoustics [əˈkuːstiks] *s.* acústica *f.*

acquaint (to) [əˈkweint] *t.-p.* assabentar (with, de); informar; posar al corrent: *to be acquainted with,* conèixer; tenir tracte amb.

acquaintance [əˈkweintəns] *s.* coneixença *f.* 2 tracte *m.,* relació *f.* 3 conegut [pers.].

acquiesce (to) [æqwi'es] *i.* consentir (in, a). 2 acceptar *t.* 3 sotmetre's *p.* (in, a).

acquiescence [ækwi'esəns] *s.* aquiescència *f.,* conformitat *f.*

acquire (to) [əˈkwaiə] *t.* adquirir. ‖ to ~ a taste for, agafar gust a. 2 obtenir, aconseguir.

acquirement [əˈkwaiəmənt] *s.* adquisició *f.* 2 *pl.* coneixements *m.* *pl.*

acquisition [ækwi'ziʃən] *s.* adquisició *f.*

acquisitive [əˈkwizitiv] *a.* cobdiciós; acaparador.

acquit (to) [əˈkwit] *t.* absoldre; exculpar. ■ 2 *p.* to ~ oneself, comportar-se. ‖ to ~ oneself well, sortir-se'n bé.

acquittal [əˈkwitl] *s.* DRET absolució *f.,* exculpació *f.* 2 descàrrec *m.* [un deute].

acquittance [əˈkwitəns] *s.* liquidació *f.,* pagament *m.* [un deute].

acre [ˈeikə] *s.* MÈTR. acre *m.* [40, 47 àrees].

acreage [ˈeikəridʒ] *s.* superfície *f.,* extensió *f.* [en acres].

acrimonious [ˈækriˈmounjəs] *a.* acrimoniós. 2 agre. 3 agre. 4 mordaç.

acrimoniousness [ˈæˈkriˈmounjəsnis], **acrimony** [ˈækriməni] *s.* acritud *f.* 2 acrimònia *f.* 3 aspresa *f.*

acrobat [ˈækrəbæt] *s.* acròbata *f.*

acrobatics [ækrəˈbætiks] *s.* acrobàcia *f.*

across [əˈkrɔs] *prep.* a través: *to walk ~ the street,* travessar el carrer ‖ a l'altre costat, a l'altra banda: *my mother lives ~ the street,* la meva mare viu a l'altra banda del carrer. ■ 2 *adv.* de través; en creu; pel mig; d'un costat a l'altre.

act [ækt] *s.* acte *m.,* fet *m.,* acció *f.* ‖ in the (very) ~ of, en el moment de, in fraganti, mentre. 2 ~ of God, força *f.* major. 3 TEAT. acte *m.* 4 DRET llei *f.* 5 número *m.* [món de l'espectacle]. 6 col·loq. fingiment *m.,* comèdia *f.*: *to put on an ~,* fer comèdia.

act (to) [ækt] *i.* obrar, actuar, comportar-se *p.,* fer de: to ~ as referee, fer d'àrbitre. 2 TEAT. actuar. ■ 3 *t.* fer, representar, interpretar [un paper]. ‖ *don't ~ the fool,* no facis el ruc.

acting [ˈæktiŋ] *a.* interí, suplent. ■ 2 *s.* TEAT. representació *f.* 3 professió *f.* d'actor.

action [ˈækʃən] *s.* acció *f.* 2 DRET. acció *f.;* demanda *f.* ‖ to bring an ~ against somebody, presentar una demanda contra algú.

activate (to) [ˈæktiveit] *t.* activar.

active [ˈæktiv] *a.* actiu. 2 viu, enèrgic, vigorós. 3 en activitat. ■ 4 **-ly** *adv.* activament, enèrgicament.

activity [ækˈtiviti] *s.* activitat *f.*

actor [ˈæktə] *s.* actor *m.*

actress [ˈæktrəs] *s.* actriu *f.*

actual [ˈæktjuəl] *f.* real, veritable, concret. ‖ LOC. *in ~ fact,* de fet, en realitat.

actually [ˈæktʃuəli] *adv.* de fet, en efecte, efectivament, realment. 2 fins i tot: *he not only insulted me; he ~ hit me!,* no tan sols em va insultar; fins i tot em va pegar!

actuary ['æktʃuəri] s. actuari m. d'assegurances.

actuate (to) ['æktʃueit] t. MEC. accionar, impulsar.

acumen [ə'kju:men] s. perspicàcia f. ‖ *business* ~, bona vista pels negocis.

acute [ə'kju:t] a. agut. 2 greu, crític [malaltia]. ■ 3 -**ly** adv. agudament, amb agudesa.

acuteness [ə'kju:tnis] s. agudesa f.

AD [ei'di:] (Anno Domini) dC (després de Crist).

Adam ['ædəm] n. pr. Adam m. 2 ANAT. *Adam's apple*, nou f. [del coll].

adamant ['ædəmənt] a. inexorable, inflexible. ■ 2 s. diamant m.

adapt (to) [ə'dæpt] t.-p. adaptar.

adaptable [ə'dæptəbl] a. adaptable.

adaptation [ædæp'teiʃən] s. adaptació f., versió f.

add (to) [æd] t. afegir, agregar, sumar, addicionar. ‖ *to* ~ *in*, afegir, incloure; *to* ~ *together*, *to* ~ *up*, sumar. 2 MAT. sumar. ■ 3 i. augmentar, acréixer t., engrandir t.: *to* ~ *to*, augmentar, engrandir; *to* ~ *up to*, sumar t., pujar a. 4 fig. voler dir, venir a ésser. ‖ *it doesn't* ~ *up to much*, no té gaire importància.

adder ['ædə'] s. ZOOL. vibra f., escurçó m.

addict ['ædikt] s. partidari, entusiasta. 2 *drug* ~, toxicòman.

addict (to) [ə'dikt] t.-p. tornar o fer addicte. ‖ *to be addicted to*, ésser addicte a. ▲ esp. passiva.

addicted [ə'diktid] a. afeccionat; entusiasta; addicte.

addiction [ə'dikʃən] s. inclinació f., afecció f. 2 *drug* ~, toxicomania f.

addition [ə'diʃən] s. addició f., afegidura f., afegit m. 2 MAT. addició f., suma f. 3 *loc. adv. in* ~, a més a més; *in* ~ *to*, a més de.

additional [ə'diʃənl] a. addicional, suplementari, de més.

additionally [ə'diʃənəli] adv. a més a més.

addle-brained ['ædlbreind] a. cap m. buit, capsigrany m.

addled ['ædld] a. podrit [ou].

address [ə'dres] s. adreça f. 2 *form of* ~, tractament m. [verbal i escrit]. 3 discurs m. 4 *public* ~ *system*, sistema m. de megafonia.

address (to) [ə'dres] t. parlar, adreçar-se p., dirigir-se p. 2 trametre, enviar [correspondència].

addressee [ædre'si:] s. destinatari m.

adduce (to) [ə'dju:s] t. adduir.

adept ['ædept] a. expert, hàbil. ■ 2 s. expert.

adequacy ['ædikwəsi] s. suficiència f., adequació f.

adequate ['ædikwit] a. adequat, suficient, satisfactori. ■ 2 -**ly** adv. adequadament.

adhere (to) [əd'hiə'] i. adherir i.-t. adherir-se p., enganxar-se p., enganxar t.

adherence [əd'hiərəns] s. adhesió f., adherència f.

adherent [əd'hiərənt] a. adherent, adhesiu. ■ 2 s. partidari, simpatitzant.

adhesion [əd'hi:ʒən] s. adherència f. 2 adhesió f.

adhesive [əd'hi:siv] a. adhesiu.

adjacent [ə'dʒeisənt] a. adjacent, contigu, del costat: ~ *room*, l'habitació del costat.

adjective ['ædʒiktiv] a. adjectiu. ■ 2 s. adjectiu m.

adjoining [ə'dʒɔiniŋ] a. contigu, del costat: ~ *bedrooms*, habitacions contígües.

adjourn (to) [ə'dʒə:n] t. ajornar, interrompre, suspendre [la sessió]. ■ 2 i. ajornar-se p. 3 traslladar-se p. [persones].

adjournment [ə'dʒə:nmənt] s. ajornament m.

adjudge (to) [ə'dʒʌdʒ] t. adjudicar. 2 jutjar [un assumpte]. ■ 3 i. dictar t. [sentència]; decidir t. de donar [un premi].

adjunct ['ædʒʌŋkt] s. adjunt m., accessori m.

adjure (to) [ə'dʒuə'] t. implorar, adjurar.

adjust (to) [ə'dʒʌst] t.-p. ajustar; adaptar. 2 t. arranjar. 3 modificar.

adjustment [ə'dʒʌstmənt] s. ajust m.; arranjament m. 2 canvi m., modificació f.

adman ['ædmæn] s. professional de la publicitat.

admass ['ædmæs] s. part f. de la població influïda pels mitjans de publicitat.

administer (to) [əd'ministə] t.-i. administrar t. 2 t. donar. 3 aplicar.

administration [əd,minis'treiʃən] s. govern m., administració f. 2 administració [sacrament, jurament, càstig, etc.].

administrator [əd'ministreitə'] s. administrador; governant.

admirable ['ædmərəbl] a. admirable.

admiral ['ædmərəl] s. almirall m.

admiralty ['ædmərəlti] *s.* almirallat *m.* 2 Ministeri *m.* de la Marina.

admiration [,ædmə'reiʃən] *s.* admiració *f.*

admire (to) [əd'maiə'] *t.* admirar.

admirer [əd'maiərə'] *s.* admirador.

admission [əd'miʃən] *s.* admissió *f.,* entrada *f.,* accés *m.:* ~ *free,* entrada lliure; *no* ~, prohibida l'entrada. 2 reconeixement *m.;* acceptació *f.:* ~ *of guilt,* reconeixement *m.* de culpabilitat.

admit (to) [əd'mit] *t.* admetre, deixar entrar [a un local, a una festa, etc.]. 2 reconèixer, confessar.

admittance [əd'mitəns] *s.* admissió *f.,* entrada *f.: no* ~, prohibida l'entrada.

admittedly [əd'mitidli] *adv.* sens dubte: *he is* ~ *a great writer,* és, sens dubte, un gran escriptor. 2 ~, *she is very pretty,* s'ha de reconèixer que és molt bonica.

admonish (to) [əd'mɔniʃ] *t.* amonestar, reprendre. 2 prevenir, avisar. 3 aconsellar.

admonition [,ædmə'niʃən] *s.* reprensió *f.,* amonestació *f.* 2 advertència *f.* 3 consell *m.*

adolescence [,ædə'lesəns] *s.* adolescència *f.*

adolescent [,ædə'lesənt] *a.-s.* adolescent.

adopt (to) [ə'dɔpt] *t.* adoptar; acceptar [un suggeriment]. 2 aprovar [una moció, un informe].

adoption [ə'dɔpʃən] *s.* adopció *f.* ‖ *country of* ~, país *m.* adoptiu.

adoptive [ə'dɔptiv] *a.* adoptiu: ~ *son,* fill adoptiu.

adorable [ə'dɔːrəbl] *a.* adorable.

adoration [,ædɔː'reiʃən] *s.* adoració *f.*

adore (to) [ə'dɔː'] *t.* adorar. 2 col·loq. encantar: *I* ~ *London,* m'encanta Londres.

adorn (to) [ə'dɔːn] *t.* adornar.

adornment [ə'dɔːnmənt] *s.* adorn *m.,* adornament *m.*

adrift [ə'drift] *adv.-a.* a la deriva, sense direcció. ‖ fig. *to turn somebody* ~, deixar algú desemparat.

adulation [,ædju'leiʃən] *s.* adulació *f.*

adult [ædʌlt] *a.* adult: ~ *education,* educació d'adults. ■ 2 *s.* adult.

adulterate (to) [ə'dʌltəreit] *t.* adulterar, desnaturalitzar.

adulteration [ə,dʌltə'reiʃən] *s.* adulteració *f.*

adulterer [ə'dʌltərə'] *s.* adúlter *m.*

adulteress [ə'dʌltəris] *s.* adúltera *f.*

adulterous [ə'dʌltərəs] *a.* adúlter.

adultery [ə'dʌltəri] *s.* adulteri *m.*

advance [əd'vɑːns] *s.* avanç *m.,* avançament *m.,* avenç *m.* ‖ *to book in* ~, reservar anticipadament. 2 COM. avançament *m.,* pagament *m.* anticipat.

advance (to) [əd'vɑːns] *t.* avançar. 2 proposar, exposar [idees, etc.]. 3 anticipar, avançar [diners]. 4 ascendir [persones]. ■ 5 *i.* avançar, avançar-se *p.* 6 pujar, apujar-se *p.* [preus].

advanced [əd'vɑːnst] *a.* avançat.

advancement [əd'vɑːnsmənt] *s.* avenç *m.,* progrés *m.*

advantage [əd'vɑːntidʒ] *s.* avantatge *m.* 2 profit *m.,* benefici *m.* ‖ *to take* ~ *of,* aprofitar, aprofitar-se *p.* de.

advantageous [,ædvən'teidʒəs] *a.* avantatjós; profitós. ■ 2 *-ly adv.* avantatjosament, d'una manera avantatjosa; amb profit.

advent ['ædvənt] *s.* adveniment *m.* 2 ECLES. *Advent,* advent *m.*

adventure [əd'ventʃə'] *s.* aventura *f.*

adventure (to) [əd'ventʃə'] *t.* Vegeu VENTURE (TO).

adventurer [əd'ventʃərə'] *s.* aventurer *m.*

adventuress [əd'ventʃəris] *s.* aventurera *f.*

adventurous [əd'ventʃərəs] *a.* aventurer, emprenedor.

adverb ['ædvəːb] *s.* adverbi *m.*

adversary ['ædvəsəri] *s.* adversari.

adverse ['ædvəːs] *a.* advers; contrari. 2 desfavorable, negatiu: ~ *balance,* balanç negatiu. ■ 3 *-ly adv.* adversament.

adversity [əd'vəːsiti] *s.* adversitat *f.;* desgràcia *f.;* infortuni *m.*

advertise, advertize (to) ['ædvətaiz] *t.* anunciar, publicar [anuncis]. ■ 2 *i.* fer publicitat o propaganda 3 *to* ~ *for,* posar un anunci per .

advertisement [əd'vəːtismənt], (EUA) [,ædvər'taizmənt] *s.* anunci *m.*

advertiser, advertizer ['ædvətaizə'] *s.* anunciant.

advertising ['ædvətaiziŋ] *s.* publicitat *f.,* propaganda *f.*

advice [əd'vais] *s.* consell *m.: to ask for* ~ o *to seek* ~, demanar consell.

advisable [əd'vaizəbl] *a.* aconsellable, recomanable, prudent.

advisability [əd,vaizə'biliti] *s.* conveniència *f.*

advise (to) [əd'vaiz] *t.* aconsellar, recomanar. 2 NEG. assessorar. 3 COM. notificar. ■ 4 *i. to* ~ *against,* desaconsellar *t.; to* ~ *on,* assessorar *t.* sobre.

adviser [ədˈvaizəˈ] s. conseller. 2 NEG. assessor. 3 *legal ~*, advocat. 4 *spiritual ~*, confessor.

advisory [ədˈvaizəri] a. consultiu; assessor: *~ board* o *~ committee*, comitè consultiu.

advocate [ˈædvəkət] s. defensor, partidari. 2 DRET (ESC.) advocat.

advocate (to) [ˈædvəkeit] t. advocar per i.; defensar. 2 recomanar.

aerial [ˈɛəriəl] a. aeri: *~ cablecar,* funicular aeri. ■ 2 s. RADIO. antena f.

aerodrome [ˈɛərədroum] s. aeròdrom m.

aerodynamics [ˌɛəroudaiˈnæmiks] s. aerodinàmica f.

aeronautics [ˌɛərəˈnɔːtiks] s. aeronàutica f.

aeroplane [ˈɛərəplein] s. avió m., aeroplà m.

aesthetic [iːsˈθetik] a. estètic.

aesthetics [iːsˈθetiks] s. estètica f.

affability [ˌæfəˈbiliti] s. afabilitat f.

affable [ˈæfəbl] a. afable.

affair [əˈfɛəˈ] s. afer m., assumpte m. ‖ *business affairs*, negocis m. pl.; *current affairs*, actualitats f. pl.; *love ~*, aventura f. amorosa.

affect (to) [əˈfekt] t. afectar. 2 alterar [la salut]. 3 commoure, impressionar. 4 MED. afectar, atacar.

affectation [ˌæfekˈteiʃən] s. afectació f.

affected [əˈfektid] a. afectat.: *~ manners*, comportament afectat, cursi. ■ 2 -ly adv. afectadament.

affection [əˈfekʃən] s. afecte m. 2 afecció f.

affectionate [əˈfekʃənit] a. afectuós. ■ 2 -ly adv. afectuosament, amb afecte.

affidavit [ˌæfiˈdeivit] s. declaració f. jurada, afidàvit m.

affiliate [əˈfilieit] a.-s. afiliat. 2 Vegeu també MEMBER.

affiliate (to) [əˈfilieit] t. afiliar. ■ 2 i. afiliar-se p.

affiliation [əˌfiliˈeiʃən] s. afiliació f.

affinity [əˈfiniti] s. afinitat f.

affirm (to) [əˈfəːm] t. afirmar.

affirmation [ˌæfəˈmeiʃən] s. afirmació f.

affirmative [əˈfəːmətiv] a. afirmatiu.

affix (to) [əˈfiks] t. posar, afegir [la firma, etc.]. 2 enganxar [segell, cartell, etc...].

afflict (to) [əˈflikt] t. afligir. ‖ *to be afflicted with,* patir de.

affliction [əˈflikʃən] s. aflicció f. 2 desgràcia f. 3 dolor m. (i f.), mal m.

affluence [ˈæfluəns] s. afluència f. 2 abundància f. 3 riquesa f.

affluent [ˈæfluənt] a. abundós, abundant. 2 opulent: *the ~ society,* la societat opulenta. ■ 3 s. GEOGR. afluent m.

afford (to) [əˈfɔːd] t. poder-se p. permetre, tenir els mitjans [econòmics] per: *I can't ~ to go on holiday,* no em puc permetre d'anar de vacances. 2 disposar de o tenir temps: *I can't ~ the time to go to the cinema,* no disposo de temps per anar al cinema. 3 córrer el risc, permetre's p. el luxe: *I can't ~ to neglect my work,* no em puc permetre el luxe de desatendre la meva feina. 4 form. proporcionar, oferir: *the trees afforded shade,* els arbres proporcionaven ombra. ▲ gralnt. amb **can, could, able to.**

affront [əˈfrʌnt] s. afront m., insult m., ofensa f.

aflame [əˈfleim] a.-adv. abrandat a.

afloat [əˈflout] a.-adv. a flor d'aigua, flotant a.

aforesaid [əˈfɔːsed] a. abans esmentat.

afraid [əˈfreid] a. *to be ~,* tenir por: *he's ~ of the dark,* té por de la foscor. 2 *to be ~ of* + ger., tenir por de + inf.: *he was ~ of hurting her feelings,* tenia por de ferir els seus sentiments. 3 *to be ~ to* + inf., no atrevir-se. ‖ *don't be ~ to ask for my help,* no dubtis en demanar-me ajut. 4 *I'm ~ he's out,* ho sento, però no hi és; *I'm ~ I have to go now,* ho lamento, però haig de marxar; *I'm ~ so!,* ho sento però és així.

afresh [əˈfreʃ] adv. de nou, una altra vegada.

aft [ɑːft] adv. MAR. a popa.

after [ˈɑːftəˈ] prep. després de [temps]. 2 després de, darrera (de) [ordre, lloc]. 3 segons [indicant estil, imitació]: *a painting ~ Picasso,* un quadre en o segons l'estil de Picasso. ‖ loc. prep. *~ all,* després de tot, malgrat tot. ‖ *day ~ day,* un dia darrera l'altre. ‖ *time ~ time,* molt sovint. ■ 4 adv. després [temps]. ‖ loc. adv. *long ~,* molt després; *soon ~,* poc després. 5 darrera [lloc]. 6 conj. després que. ■ 7 a. posterior: *in ~ years,* en els anys posteriors.

afterbirth [ˈɑːftəbəːθ] s. placenta f., secundines f. pl.

aftercare [ˈɑːftəkɛəˈ] s. assistència f. postoperatòria.

after-dinner [ˌɑːftəˈdinəˈ] a. de sobretaula.

after-effect [ˈɑːftərifekt] s. conseqüència f.; efecte m. secundari.

afternoon [ɑːftə'nuːn] s. tarda f.

aftertaste ['aːftəteist] s. regust m.

afterthought ['aːftəθɔːt] s. segon pensament m., idea f. addicional.

afterwards ['aːftəwədz] adv. després, més tard.

again [ə'gen] adv. una altra vegada; de nou. ‖ LOC. ~ and ~, repetidament; as many ~, as much ~, el mateix; every now and ~, de tant en tant; never ~, mai més. 2 and ~, it may not be true, a més, és possible que no sigui veritat.

against [ə'gənst] prep. contra: ~ time, contra rellotge. 2 en contra (de). ‖ LOC. ~ that, as ~ that, contrastant amb això.

agape [ə'geip] a.-adv. bocabadat.

age [eidʒ] s. edat f. ‖ to come of ~, arribar a la majoria d'edat f. 2 old ~, vellesa f. ‖ over ~, massa vell ‖ under ~, menor d'edat. 3 època f.; segle m.; era f.

age (to) [eidʒ] t. envellir. ■ 2 i. envellir-se p.

aged ['eidʒid], a. vell, gran [persona]. 2 [eidʒd] de [tants anys de] edat: a boy ~ ten, un xicot de deu anys. ■ 3 s. the ~, els vells m.

ageless ['eidʒlis] a. sempre jove, etern.

agency ['eidʒənsi] s. agència f.: advertising ~, agència de publicitat; travel ~, agència de viatges. 2 mediació f.: through the ~ of, mitjançant prep.

agenda [ə'dʒendə] s. ordre m. del dia.

agent ['eidʒənt] s. agent; representant; delegat.

agglomerate (to) [ə'glɔməreit] t. aglomerar. ■ 2 i. aglomerar-se p.

agglomeration [əglɔmə'reiʃən] s. aglomeració f.

aggravate (to) ['ægrəveit] t. agreujar. 2 col·loq. irritar, exasperar ‖ how aggravating!, què empipador!

aggravation [ægrə'veiʃən] s. agreujament m. 2 col·loq. exasperació f.

aggregate (to) ['ægrigeit] t. agregar, ajuntar. ■ 2 i. pujar [quantitat total].

aggression [ə'greʃən] s. agressió f.

aggressive [ə'gresiv] a. agressiu. 2 emprenedor, dinàmic.

aggressor [ə'gresə'] s. agressor.

aggrieved [ə'griːvd] a. ofès: he was much ~, es va ofendre molt.

aghast [ə'gɑːst] a. horroritzat, esgarrifat. ‖ to be ~, to stand ~, quedar(se) horroritzat. ‖ to be ~ at, to stand ~ at, horroritzar-se de.

agile ['ædʒail] a. àgil.

agility [ə'dʒiliti] s. agilitat f.

agitate (to) ['ædʒiteit] t. agitar. 2 inquietar, pertorbar. ■ 3 i. to ~ for, fer campanya a favor de.

agitation [ædʒi'teiʃən] s. agitació f. 2 nerviositat f., excitació f. 3 discussió f. 4 campanya f. [per alguna qüestió sociopolítica].

agitator ['ædʒiteitə'] s. agitador [esp. polític]. 2 QUÍM. agitador m.

ago [ə'gou] a. two years ~, fa dos anys. ■ 2 adv. long ~, fa molt de temps; not long ~, no fa gaire [temps] ‖ how long ~ is it that you last saw her?, quant fa que no la veus?; quan fa que la vas veure per última vegada?

agonized ['ægənaizd] a. angoixós.

agonizing ['ægənaiziŋ] a. atroç, agut [dolor]. 2 angoixant.

agony ['ægəni] s. dolor m. agut [físic]. 2 angoixa f. [mental].

agrarian [ə'grɛəriən] a. agrari.

agree (to) [ə'griː] i. to ~ (to), assentir, consentir t. 2 acordar t.; posar-se p. d'acord, estar d'acord (on, en), (with, amb): I ~ with you, estic d'acord amb tu. 3 avenir-se p., congeniar [persones]. 4 avenir-se p., concordar [coses]. 5 to ~ with, anar bé, provar [clima, menjar, etc.]. 6 GRAM. concordar (with, amb). ■ 7 t. acceptar, aprovar [xifres, comptes, ofertes, etc.].

agreeable [ə'griːəbl] a. agradable. 2 simpàtic, agradable [persones]. 3 conforme. 4 disposat; (estar) d'acord: is that ~ to you?, hi estàs d'acord? ■ 5 -ly adv. agradablement.

agreement [ə'griːmənt] s. acord m. ‖ to come to an ~ arribar a un acord 2 conveni m., pacte m., contracte m. 3 GRAM. concordança f.

agricultural [ægri'kʌltʃərəl] a. agrícola.

agriculture ['ægrikʌltʃə'] s. agricultura f.

aground [ə'graund] adv. MAR. encallat ‖ to run ~, encallar-se, embarrancar-se.

ahead [ə'hed] adv. davant, al davant. ‖ go ~ !, endavant!; straight ~, tot recte. 2 to be ~ of the times, anticipar-se al temps.

aid [eid] s. ajuda f., ajut m., auxili. m. 2 in ~ of, en benefici m. de.

aid (to) [eid] t. ajudar, socórrer, auxiliar.

AIDS [eidz] s. MED. *(acquired immune deficiency syndrome)* SIDA *f.* (síndrome d'immunodeficiència adquirida).

ail (to) [eil] *t.* ant. afligir. ▪ 2 *i.* estar malalt.

ailing ['eiliŋ] *a.* malalt.

ailment ['eilmənt] *s.* malaltia *f.,* indisposició *f.*

aim [eim] *s.* punteria *f.* ‖ *to take ~ at,* apuntar. 2 fig. objectiu *m.,* propòsit *m.*

aimless ['eimlis] *a.* sense objecte.

aim (to) [eim] *t.* apuntar [pistola, etc.], dirigir [míssil, etc.]. ▪ 2 *i.* aspirar a.

ain't [eint] contr. col·loq. de *am not, is not, are not, has not* i *have not.*

air [ɛə'] *s.* aire *m.* 2 aspecte *m.,* aire *m.* [aparença]. ‖ *to put on airs,* donar-se aires. 3 *in the ~,* incert, dubtós [plans, idees, etc.]. 4 RADIO. *on the ~,* en antena *f.*

air (to) [ɛə'] *t.* airejar, ventilar. [també fig.] 2 exhibir.

air-conditioned ['ɛəkən'diʃənd] *a.* refrigerat, amb aire condicionat.

air-conditioning ['ɛəkən'diʃəniŋ] *s.* aire *m.* condicionat.

aircraft ['ɛəkrɑːft] *s.* avió *m.*

aircraft carrier ['ɛəkrɑːft,kæriə'] *s.* portaavions *m.*

air force ['ɛəfɔːs] *s.* aviació *f.,* forces *f. pl.* aèries.

air gun ['ɛəgʌn] *s.* escopeta *f.* d'aire comprimit.

air hostess ['ɛə'houstis] *s.* hostessa *f.* d'avió.

airing ['ɛəriŋ] *s.* aireig *m.,* ventilació *f.*

airlift ['ɛəlift] *s.* pont *m.* aeri.

airline ['ɛəlain] *s.* línia *f.* aèria.

airmail ['ɛəmeil] *s.* correu *m.* aeri.

airman ['ɛəmən] *s.* aviador *m.*

airplane ['ɛəplein] *s.* (EUA) avió *m.*

airport ['ɛəpɔːt] *s.* aeroport *m.*

air raid ['ɛəreid] *s.* atac *m.* aeri.

airship ['ɛəʃip] *s.* aeronau *m.,* dirigible *m.*

airstrip ['ɛəstrip] *s.* pista *f.* d'aterratge.

airtight ['ɛətait] *a.* hermètic.

airway ['ɛəwei] *s.* línia *f.* aèria. 2 ruta *f.* aèria.

airy ['ɛəri] *a.* airejat, ventilat. 2 eteri, immaterial. 3 superficial. 4 despreocupat.

aisle [ail] *s.* corredor *m.,* passadís *m.* [teatre, avió, autocar, etc.]. 2 ARQ. nau *f.*

ajar [ə'dʒɑː] *a.* entreobert, ajustat: *the door is ~,* la porta està ajustada.

akimbo [ə'kimbou] *a. with arms ~,* amb les mans a les caderes.

akin [ə'kin] *a.* semblant, anàleg.

alabaster ['æləbɑːstə'] *s.* alabastre *m.*

alarm [ə'lɑːm] *s.* alarma *f.;* alerta *f.* 2 inquietud *f.,* temor *m.*

alarm (to) [ə'lɑːm] *t.* alarmar ‖ *to be alarmed,* alarmar-se *p.* (*at,* de). 2 espantar, inquietar.

alarm clock [ə'lɑːmklɔk] *s.* despertador *m.*

alarming [ə'lɑːmiŋ] *a.* alarmant.

albatross ['ælbətrɔs] *s.* ORN. albatros *m.*

albino [æl'biːnou] *s.* albí. *s.-a.*

ALBM ['eielbi:'em] *s. (air launched ballistic missile)* míssil *m.* balístic aire-aire.

album ['ælbəm] *s.* àlbum *m.*

albumen ['ælbjumin] *s.* albumen *m.* 2 BIOL. albúmina *f.*

alchemist ['ælkimist] *s.* alquimista.

alchemy ['ælkimi] *s.* alquímia *f.*

alcohol ['ælkəhɔl] *s.* alcohol *m.*

alcoholic [ælkə'hɔlik] *s.-a.* alcohòlic.

alderman ['ɔːldəmən] *s.* regidor *de certa antiguitat.*

ale [eil] *s.* (G.B.) tipus de cervesa *f.*

Alec ['ælik] *n. pr. m.* fam. Àlex. 2 *smart ~,* set-ciències.

alert [ə'lɔːt] *a.* alerta, vigilant. 2 viu, llest, espavilat. ▪ 3 *s.* alerta *f.,* alarma *f.* ‖ *on the ~,* en alerta.

alert (to) [ə'lɔːt] *t.* alertar, avisar.

Alexander [ælig'zɑːndə'] *n. pr. m.* Alexandre.

alga ['ælgə] *s.* BOT. alga *f.* ▲ *pl.* algae ['ældʒiː].

algebra ['ældʒibrə] *s.* àlgebra *f.*

Algeria [æl'dʒiəriə] *n. pr.* Algèria.

Algiers [æl'dʒiəz] *n. pr.* Alger.

alias ['eiliəs] *adv.* àlias. ▪ 2 *s.* àlias *m.*

alibi ['ælibai] *s.* coartada *f.* 2 col·loq. excusa *f.*

Alice ['ælis] *n. pr. f.* Alícia.

alien ['eiljən] *a.* aliè, estrany. 2 *~ to,* contrari, oposat. 3 DRET estranger.

alienate (to) ['eiljəneit] *t.* alienar. 2 apartar [amics, etc.]. 3 perdre simpatia.

alienation [eiljə'neiʃən] *s.* alienació *f.* 2 allunyament *m.* [d'un amic].

alight [ə'lait] *a.* encès. ‖ *to be ~,* estar encès. ‖ *to set ~,* encendre, calar foc.

alight (to) [ə'lait] *i.* baixar *(from,* de) [un tren, un cavall, etc.]. 2 aterrar, posar-se *p.* [un ocell, etc.].

align (to) [ə'lain] *t.* alinear. ■ *2 p. to ~ oneself with,* posar-se al costat de. ■ *3 i.* alinear-se *p.*

alignment [ə'lainmənt] *s.* alineació *f.*

alike [ə'laik] *a.* igual; semblant. ■ *2 adv.* igual, de la mateixa manera.

alimentary [æli'mentəri] *a.* alimentós, alimentari.

alimony ['æliməni] *s.* pensió *f.* alimentària. 2 DRET. aliments *m. pl.*

alive [ə'laiv] *a.* viu. 2 actiu, enèrgic. 3 ~ *with,* ple de.

all [ɔːl] *a.* tot. || *on ~ fours,* de quatre grapes || *you, of ~ people,* tu, precisament! 2 qualsevol: *at ~ hours,* a qualsevol hora. ■ *3 adv.* totalment, completament || col·loq. *she was ~ excited,* estava completament entusiasmada. 4 LOC. col·loq. ~ *for,* a favor de. 5 *all -out,* al màxim, a fons. 6 ~ *over,* arreu. 7 ~ *right,* (EUA) *alright,* satisfactori, bé; sí, d'acord. 8 ~ *the same,* malgrat tot. 9 ~ *told,* tot plegat. 10 ESPORT *three ~,* empat a tres. ■ *11 s.* tot *m. to stake one's ~* jugar-s'ho tot. ■ *12 pron.* tot. 13 LOC. *above ~,* sobretot; *after ~,* després de tot, al final; ~ *in ~,* fet i fet; *at ~,* en absolut; *not at ~,* en absolut, gens; no es mereixen.

Allah ['ælə] REL. *n. pr.* Alà *m.*

allegation [ælə'geiʃən] *s.* al·legat *m.* 2 DRET. al·legació *f.*

allege (to) [ə'ledʒ] *t.* al·legar; declarar.

allegiance [ə'liːdʒəns] *s.* lleialtat *f.;* fidelitat *f.* [a un govern o governant].

allegory ['æligəri] *s.* al·legoria *f.*

allergy ['ælədʒi] *s.* al·lèrgia *f.*

alleviate (to) [ə'liːvieit] *t.* alleujar, mitigar.

alley ['æli] *s.* carreró *m.* || *blind ~,* atzucac *m.* 2 camí *m.*

alliance [ə'laiəns] *s.* aliança *f.*

allied ['ælaid] *a.* aliat. 2 semblant.

alligator ['æligeitə] *s.* ZOOL. caiman *m.*

allocate (to) ['æləkeit] *t.* assignar. 2 repartir, distribuir.

allocation [ælə'keiʃən] *s.* assignació *f.;* repartiment *m.*

allot (to) [ə'lɔt] *t.* assignar; repartir, distribuir.

allotment [ə'lɔtmənt] *s.* assignació *f.* 2 (G.B.) parcel·les *f. pl.* municipals cultivables.

allow (to) [ə'lau] *t.* permetre. 2 donar, concedir. 3 admetre. ■ *4 i. to ~ for,* tenir *t.* en compte.

allowance [ə'lauəns] *s.* pensió *f.* 2 subsidi *m.* 3 COM. descompte *m.,* rebaixa *f.* 4 *to make allowances for,* tenir en compte, en consideració.

alloy ['ælɔi] *s.* QUÍM. aliatge *m.*

allude (to) [ə'luːd] *i.* al·ludir; referir-se *p. (to, a).*

alluring [ə'ljuəriŋ] *a.* seductor, encantador.

allusion [ə'luːʒən] *s.* al·lusió *f.*

ally ['ælai] *s.* aliat.

ally (to) [ə'lai] *t.-p. to ~ (oneself) with* o *to,* aliar-se *p.* amb. 2 *allied to,* connectat amb.

almighty [ɔːl'maiti] *a.* omnipotent, totpoderós. ■ *2 s. the Almighty,* el Totpoderós *m.*

almond ['ɑːmənd] *s.* ametlla *f.*

almond tree ['ɑːməndtriː] *s.* ametller *m.*

almanac ['ɔːlmənæk] *s.* almanac *m.*

almost ['ɔːlmoust] *adv.* quasi, gairebé.

alms [ɑːmz] *s.* almoina *f.*

alone [ə'loun] *a.* sol. 2 únic. 3 *let ~,* ni molt menys, encara menys. ■ *4 adv.* només, únicament: *that ~ can help us,* només això ens pot ajudar.

along [ə'lɔŋ] *prep.* per; al llarg de.: *I was walking ~ the street,* anava pel carrer. 2 LOC. ~ *here,* per aquí [direcció]. ■ *3 adv.* LOC. *all ~,* sempre, des del començament || ~ *with,* amb, conjuntament amb. ■ *4 interj. come ~,* vinga!

aloof [ə'luːf] *adv.* a part: *to keep (oneself) ~ (from),* mantenir-se al marge de. ■ *2 a.* reservat [caràcter].

aloud [ə'laud] *adv.* en veu alta.

alphabet ['ælfəbet] *s.* alfabet *m.*

alpine ['ælpain] *a.* alpí.

already [ɔːl'redi] *adv.* ja.

alright [ɔːl'rait] (EUA) Vegeu ALL 7.

also ['ɔːlsou] *adv.* també; a més a més.

altar ['ɔːltə] *s.* altar *m.*

altarpiece ['ɔːltəpiːs] *s.* retaule *m.*

alter (to) ['ɔːltə] *t.* alterar, canviar, modificar. 2 MAR. ~ *course,* canviar la direcció. ■ *3 i.* canviar.

alteration [ɔːltə'reiʃən] *s.* alteració *f.,* canvi *m.,* modificació *f.*

alternate [ɔːl'təːnit] *a.* altern, alternatiu: *on ~ days,* cada dos dies, un dia sí un dia no.

alternate (to) ['ɔːltəːneit] *t.-i.* alternar.

alternating ['ɔːltəːneitiŋ] *a.* ELECT. alterna [corrent].

11 amplifier

alternative [ɔːˈtɜːnətiv] *a.* alternatiu. 2 GRAM. disjuntiva. [conjunció] ∎ 3 *s.* alternativa *f.* [opció]. ∎ 4 **-ly** *adv.* alternativament.

although [ɔːlˈðou] *conj.* encara que; si bé.

altitude [ˈæltitjuːd] *s.* altitud *f.,* altura *f.,* elevació *f.*

altogether [ɔːltəˈgeðəʳ] *adv.* del tot, enterament. 2 en total, tot plegat, en conjunt.

altruism [ˈæltruizəm] *s.* altruisme *m.*

aluminium [ˌæljuˈminiəm], (EUA) [əˈluːminəm] *s.* QUÍM. alumini *m.*

always [ˈɔːlweiz] *adv.* sempre ‖ *loc. adv. as ~,* com sempre.

a.m. [ˈeiem] (*ante meridiem*) a la matinada, al matí: *at 9 a.m.,* a les 9 del matí.

amalgam [əˈmælgəm] *s.* amalgama *f.*

amalgamate (to) [əˈmælgəmeit] *t.* amalgamar. ∎ 2 *i.* amalgamar-se *p.*

amass (to) [əˈmæs] *t.* acumular, apilar.

amateur [ˈæmətəʳ] *a.-s.* aficionat, afeccionat.

amaze (to) [əˈmeiz] *t.* sorprendre; esbalair. 2 *to be amazed at,* admirar-se *p.* de.

amazement [əˈmeizmənt] *s.* sorpresa *f.;* esbalaïment *m.;* admiració *f.*

amazing [əˈmeiziŋ] *a.* sorprenent; esbalaïdor; admirable.

Amazon [ˈæməzən] *s.* MIT. amazona *f.* 2 *n. pr.* GEOGR. Amazones *m.*

ambassador [æmˈbæsədəʳ] *s.* ambaixador *m.*

ambassadress [æmˈbæsədris] *s.* ambaixadriu *f.*

amber [ˈæmbəʳ] *s.* ambre *m.*

ambergris [ˈæmbəgriːs] *s.* ambre *m.* gris.

ambiguity [ˌæmbiˈgjuːəti] *s.* ambigüitat *f.*

ambiguous [æmˈbigjuəs] *a.* ambigu. ∎ 2 **-ly** *adv.* ambiguament.

ambition [æmˈbiʃən] *s.* ambició *f.*

ambitious [æmˈbiʃəs] *a.* ambiciós.

ambivalent [æmˈbivələnt] *a.* ambivalent.

amble (to) [ˈæmbl] *i.* amblar. 2 caminar a poc a poc [una persona].

ambulance [ˈæmbjuləns] *s.* ambulància *f.*

ambush [ˈæmbuʃ] *s.* emboscada *f.*

ambush (to) [ˈæmbuʃ] *t.* parar o preparar una emboscada. 2 emboscar. ‖ *to be ambushed,* caure en una emboscada. ∎ 3 *i.* posar-se *p.* a l'aguait.

ameliorate (to) [əˈmiːljəreit] *t.-i.* millorar.

amelioration [əˌmiːljəˈreiʃən] *s.* millora *f.,* millorament *m.*

amenable [əˈmiːnəbl] *a.* dòcil; submís.

amend (to) [əˈmend] *t.* esmenar. 2 rectificar, corregir. ∎ 3 *i.* esmenar-se *p.*

amendment [əˈmendmənt] *s.* esmena *f.* 2 rectificació *f.,* correcció *f.*

amends [əˈmendz] *s. pl.* reparació; *f.;* compensació *f.* ‖ *to make ~ for,* compensar.

amenity [əˈmiːnəti] *s.* amenitat *f.* 2 afabilitat *f.* 3 *pl.* comoditats *f. pl.;* equipaments *m. pl.* [de cultura i esbarjo].

American [əˈmerikən] *a.-s.* americà. 2 nord-americà.

amethyst [ˈæmiθist] *s.* ametista *f.*

amiable [ˈeimiəbl] *a.* amable.

amicable [ˈæmikəbl] *a.* amistós.

amid [əˈmid], **amidst** [-st] *prep.* poèt. enmig de, entre.

amiss [əˈmis] *adv.* malament ‖ *to take something ~,* agafar-se una cosa malament. ∎ 2 *a.* impropi.

ammeter [ˈæmitəʳ] *s.* ELECT. amperímetre *m.*

ammoniac [əˈmouniæk] *s.* amoníac *m.*

ammunition [ˌæmjuˈniʃən] *s.* MIL. munició *f.,* municions *f. pl.*

amnesia [æmˈniːziə] *s.* amnèsia *f.*

amnesty [ˈæmnisti] *s.* amnistia *f.*

amoeba [əˈmiːbə] *s.* ameba *f.*

among (st) [əˈmʌŋ, -st] *prep.* entre, enmig de.

amoral [eiˈmɔːrəl] *a.* amoral.

amorous [ˈæmərəs] *a.* amorós; enamoradís.

amorphous [əˈmɔːfəs] *a.* amorf.

amortize (to) [əˈmɔːtaiz] *t.* amortitzar.

amount [əˈmaunt] *s.* total *m.,* suma *f.* 2 quantitat *f.* 3 import *m.*

amount (to) [əˈmaunt] *i. to ~ to,* pujar; equivaler a.

amp [æmp], **ampere** [ˈæmpɛəʳ] *s.* ELECT. amper *m.*

amphibian [æmˈfibiən] *s.* amfibi *m.* 2 AERON. amfibi *m.,* vehicle *m.* amfibi ∎ 3 *a.* amfibi.

amphibious [æmˈfibiəs] *a.* amfibi: *~ vehicles,* vehicles *m.* amfibis; *~ operation,* operació *f.* amfíbia [militar].

amphitheatre, (EUA) **amphitheater** [ˈæmfiˌθiətəʳ] *s.* amfiteatre *m.*

ample [ˈæmpl] *a.* ampli, espaiós. 2 abundant. 3 suficient. 4 de sobra.

amplification [ˌæmplifiˈkeiʃən] *s.* amplificació *f.* 2 ampliació *f.*

amplifier [ˈæmplifaiəʳ] *s.* amplificador *m.*

amplify (to) ['æmplifai] *t.* ampliar, amplificar.

amplitude ['æmplitjuːd] *s.* amplitud *f.*

amply ['æmpli] *adv.* ben; àmpliament.

amputate (to) ['æmpjuteit] *t.* amputar.

amputation [ˌæmpju'teiʃən] *s.* amputació *f.*

amulet ['æmjulit] *s.* amulet *m.*

amuse (to) [ə'mjuːz] *t.-p.* entretenir; divertir.

amusement [ə'mjuːzmənt] *s.* diversió *f.;* entreteniment *m.;* passatemps *m.*

amusing [ə'mjuːziŋ] *a.* divertit; graciós; entretingut.

an [ən, æn] *art. indef.* Vegeu A.

anachronism [ə'nækrənizəm] *s.* anacronisme *m.*

anaemic [ə'niːmik] *a.* anèmic.

anagram ['ænəgræm] *s.* anagrama *m.*

analogous [ə'næləgəs] *a.* anàleg.

analogy [ə'nælədʒi] *s.* analogia *f.*, semblança *f.* || *on the ~ of,* per analogia amb.

analyse, -ze (to) ['ænəlaiz] *t.* analitzar.

analysis [ə'nælisis] *s.* anàlisi *f.*

analyst ['ænəlist] *s.* analista.

anarchic(al [æ'nɑːkik, -əl] *a.* anàrquic.

anarchist ['ænəkist] *s.* anarquista.

anarchy ['ænəki] *s.* anarquia *f.*

anathema [ə'næθəmə] *s.* anatema *m.*

anatomy [ə'nætəmi] *s.* anatomia *f.*

ancestor ['ænsestə'] *s.* avantpassat *m.*, antecessor.

ancestral [æn'sestrəl] *a.* ancestral. || *~ home,* casa *f.* pairal.

ancestry ['ænsestri] *s.* ascendència *f.;* llinatge *m.*

anchor ['æŋkə'] *s.* àncora *f.*

anchor (to) ['æŋkə'] *t.* ancorar. ■ *2 i.* tirar l'àncora, ancorar.

anchorage ['æŋkəridʒ] *s.* ancoratge *m.*

anchovy ['æntʃəvi] *s.* ICT. anxova *f.;* seitó *m.*

ancient ['einʃənt] *a.* antic.: *the ancients,* els antics. *2* vell.

ancillary [æn'siləri] *a.* auxiliar; secundari. *2* subordinat.

and [ænd, ənd] *conj.* i.

andiron ['ændaiən] *s.* capfoguer *m.*

Andrew ['ændruː] *n. pr. m.* Andreu.

anecdote ['ænikdout] *s.* anècdota *f.*

anemone [ə'neməni] *s.* BOT. anemone *f.: sea ~,* anemone de mar.

angel ['eindʒəl] *s.* àngel *m.*

angelic(al) [æn'dʒelik(əl)] *a.* angèlic, angelical.

anger ['æŋgə'] *s.* còlera *f.,* ira *f.,* enuig *m.*

anger (to) ['æŋgə'] *t.* enutjar, enfurir.

angle ['æŋgl] *s.* angle *m.* 2 fig. punt *m.* de vista.

angle (to) ['æŋgl] *i.* pescar *t.* amb canya. ■ *2 t.* enfocar [un informe, les notícies, etc. gralnt. de forma parcial].

angler ['æŋglə'] *s.* pescador *m.* [de canya].

angler fish ['æŋgləfiʃ] *s.* ICT. rap *m.*

angling ['æŋgliŋ] *s.* pesca *f.* [amb canya].

Anglo-Saxon [ˌæŋglou'sæksən] *a.-s.* anglosaxó.

angry ['æŋgri] *a.* enfadat, enrabiat, irritat.

anguish ['æŋgwiʃ] *s.* angoixa *f.* [mental]. *2* dolor *m.* agut [corporal].

angular ['æŋgjulə'] *a.* angular. 2 angulós.

animadversion [ˌænimæd'vəːʃən] *s.* (EUA) crítica *f.,* animadversió *f.*

animadvert (to) [ˌænimæd'vəːt] *i. to ~ on someone's action,* criticar *t.* l'acció d'algú.

animal ['æniməl] *a.* animal. ■ *2 s.* animal *m.*

animate ['ænimit] *a.* animat.

animate (to) ['ænimeit] *t.* animar. *2* estimular.

animated ['ænimeitid] *a.* animat: *~ cartoons,* dibuixos *m. pl.* animats.

animation [ˌæni'meiʃən] *s.* animació *f.*

animosity [ˌæni'mɔsiti] *s.* animositat *f.*

ankle ['æŋkl] *s.* ANAT. turmell *m.*

annals ['ænəlz] *s. pl.* annals *m. pl.*

annex ['ænəks] *s.* annex *m.*

annex (to) [ə'neks] *t.* annexar, annexionar.

annexation [ˌænek'seiʃən] *s.* annexió *f.*

annihilate (to) [ə'naiəleit] *t.* anihilar; aniquilar.

annihilation [əˌnaiə'leiʃən] *s.* anihilament *m.;* aniquilament *m.*

anniversary [ˌæni'vəːsəri] *s.* aniversari *m.*

Anno Domini [ˌænou'dɔminai] *s.* Vegeu AD.

annotate (to) ['ænouteit] *t.* anotar; postil·lar.

annotation [ˌænou'teiʃən] *s.* anotació *f.*

announce (to) [ə'nauns] *t.* anunciar, fer saber, declarar.

announcement [ə'naunsmənt] *s.* anunci *m.,* avís *m.,* declaració *m.*

announcer [ə'naunsə'] *s.* locutor [de ràdio i televisió]. *2* anunciador.

annoy (to) [ə'nɔi] t. fer enfadar, molestar.

annoyance [ə'nɔiəns] s. molèstia f.

annoying [ə'nɔiiŋ] a. molest.

annual ['ænjuəl] a. anual, anyal.

annuity [ə'nju:iti] s. anualitat f., renda f. anual. ‖ *life ~,* renda f. vitalícia.

annul (to) [ə'nʌl] t. anul·lar. 2 DRET revocar.

annulment [ə'nʌlmənt] s. anul·lació f.

anodyne ['ænədain] a.-s. anodí a.

anoint (to) [ə'nɔint] t. untar, ungir [esp. en una ceremònia religiosa].

anomalous [ə'nɔmələs] a. anòmal.

anomaly [ə'nɔməli] s. anomalia f.

anon [ə'nɔn] adv. ant. aviat; després.

anonymity [ænə'niməti] s. anonimat m.

anonymous [ə'nɔniməs] a. anònim.

anorak ['ænəræk] s. anorac m.

another [ə'nʌðə] a.-pron. un altre.

answer ['ɑːnsə] s. resposta f. (to, a). ‖ *in ~ to,* en resposta a. 2 solució f. (to, a).

answer (to) ['ɑːnsə] t.-i. respondre (a), contestar (a). ‖ *to ~ the door,* obrir la porta. 2 *to ~ back,* replicar. 3 *to ~ for,* respondre de.

answerable ['ɑːnsərəbl] a. que té resposta. 2 responsable (to, davant o for, de).

ant [ænt] s. ENT. formiga f.

antagonism [æn'tægənizəm] s. antagonisme m.

antagonist [æn'tægənist] s. antagonista, adversari.

antagonize (to) [æn'tægənaiz] t. contrariar, enemistar-se p. amb.

antarctic [ænt'ɑːktik] a. antàrtic. ■ 2 GEOGR. Antàrtic.

antecedent [ænti'siːdənt] a. antecedent. ■ 2 s. antecedent m.

antechamber ['ænti,tʃeimbə] s. antecambra f.

antedate to [ænti'deit] t. antedatar. 2 ser anterior.

antelope ['æntiloup] s. ZOOL. antílop m.

antenatal [ænti'neitl] a. prenatal.

antenna [æn'tenə] s. ZOOL., RADIO. antena f. ▲ pl. **antennae** [æn'teniː], **antennas** [æn'tenas].

anterior [æn'tiəriə] a. anterior.

anteroom ['æntirum] s. antesala f. 2 sala f. d'espera.

anthem ['ænθəm] s. REL. antífona f. 2 *national ~,* himne m. nacional.

ant-hill ['ænthil] s. formiguer m.

anthology [æn'θɔlədʒi] s. antologia f.

Anthony ['æntəni] n. pr. m. Antoni.

anthracite ['ænθrəsait] s. antracita f.

anthrax ['ænθræks] s. àntrax m.

anthropology [ænθrə'pɔlədʒi] s. antropologia f.

anti-aircraft [ænti'eəkrɑːft] a. antiaeri.

antibiotic [æntibai'ɔtik] a. antibiòtic. ■ 2 s. antibiòtic m.

antibody ['ænti,bɔdi] s. anticòs m.

anticipate (to) [æn'tisipeit] t. comptar amb. 2 gastar per endavant. 3 anticiparse p. (a). 4 prevenir, preveure. 5 esperar.

anticipation [æn,tisi'peiʃən] s. previsió f. 2 anticipació f. ‖ LOC. *in ~,* per endavant. 3 esperança.

anti-climax [ænti'klaimæks] s. anticlímax m.

anti-clockwise [ænti'klɔkwaiz] a.-adv. en sentit contrari a les agulles del rellotge. 2 TECNOL. *~ movement,* moviment m. sinistrors.

anticyclone [ænti'saikloun] s. anticicló m.

antidepressant [æntidi'prəsnt] a. antidepressiu. ■ 2 s. antidepressiu m.

antidote ['æntidout] s. MED. antídot m.

antifreeze ['æntifriːz] s. anticongelant m.

Antilles [æn'tiliːz] n. pr. GEOGR. Antilles.

antinomy ['æntinəmi] s. antinòmia f.

antipathy [æn'tipəθi] s. antipatia f., aversió f.

Antipodes [æn'tipədiːz] s. pl. GEOGR. Antípodes pl.

antiquarian [ænti'kwɛəriən] s. antiquari.

antiquary ['æntikwəri] s. antiquari.

antiquated ['æntikweitid] a. antiquat.

antique [æn'tiːk] a. antic. 2 s. antiguitat f., antigalla f.

antiquity [æn'tikwiti] s. antiguitat f. 2 pl. antiguitats f. pl.

antiseptic [ænti'septik] a. MED. antisèptic. ■ 2 s. antisèptic m.

antisocial [ænti'souʃl] a. antisocial.

antitank [ænti'tæŋk] a. MIL. antitanc.

antithesis [æn'tiθəsis] s. antítesi f.

antler ['æntlə] s. banya f.; banyam m.

antonym ['æntənim] s. antònim m.

Antwerp ['æntwəːp] n. pr. Anvers.

anus ['einəs] s. ANAT. anus m.

anvil ['ænvil] s. enclusa f.

anxiety [æŋ'zaiəti] s. ansietat f., inquietud f.; ànsia f.; desfici m.; fal·lera f.

anxious ['æŋkʃəs] *a.* preocupat, inquiet, ansiós. 2 angoixós: *an ~ moment,* un moment angoixós. 3 desitjós, desficiós.

any ['eni] *a.* qualsevol, algun: *you can come ~ day,* pots venir qualsevol dia. ‖ LOC. *in ~ case,* en qualsevol cas. 2 *interrog.* algun, cap: *have you had ~ letters lately?,* has rebut alguna carta últimament?; *have you got ~ money?,* tens diners? 3 *neg.* cap. 4 LOC. *at ~ rate,* de totes maneres, sigui com sigui. ■ *5 adv.* *are you ~ better?,* et trobes (una mica) millor?; *she isn't ~ too well,* no es troba gens bé; *do you want ~ more?,* en vols més? ▲ gralnt. no es tradueix. ■ *6 pron.* algú, algun: *if there are ~ who can swim,* si hi ha algú que sàpiga nadar. 7 cap, ningú: *I haven't got ~,* no en tinc cap. 8 qualsevol: *~ of those would do,* qualsevol d'aquests aniria bé.

anybody ['eni,bɔdi] *pron.* algú, qualsevol, tothom. 2 *neg.* ningú. 3 algú [persona important].

anyhow ['enihau] *adv.* de qualsevol manera. 2 sense ordre, de qualsevol manera [descuidat]. 3 de totes maneres.

anyone ['eniwan] *pron.* Vegeu ANYBODY.

anyplace ['enipleis] *adv.* (esp. EUA) Vegeu ANYWHERE.

anything ['eniθiŋ] *pron.* alguna cosa, quelcom. 2 qualsevol cosa, tot. ‖ LOC. *~ but,* tot menys. ‖ col·loq. *(as) easy as ~,* molt fàcil.

anyway ['eniwei] *adv.* de totes maneres. ■ *2 interj.* en fi.

anywhere ['eniwɛə'] *adv.* a qualsevol lloc, a algun lloc, on sigui. 2 *neg.* enlloc.

aorta [ei'ɔːtə] *s.* ANAT. aorta *f.*

AP [ei'piː] *s.* (Associated Press) premsa *f.* associada.

apart [ə'paːt] *adv.* a part. ‖ *~ from,* a part de. 2 per separat. 3 separat *a.*

apartheid [ə'paːteit] *s.* apartheid *m.,* segregació *f.* racial [a Sud-Àfrica].

apartment [ə'paːtmənt] *s.* apartament *m.,* pis *m.* 2 cambra *f.* 3 (EUA) *~ house,* bloc *m.* de pisos.

apathetic [æpə'θetik] *a.* apàtic.

apathy ['æpəθi] *s.* apatia *f.*

ape [eip] *s.* ZOOL. simi *m.* ‖ fig. *to play the ~,* imitar algú.

ape (to) [eip] *t.* imitar.

aperture ['æpətʃə'] *s.* obertura *f.*

apex ['eipeks] *s.* àpex *m.* 2 fig. cim *m.*

aphorism ['æfərizəm] *s.* aforisme *m.*

apiary ['eipjəri] *s.* abellar *m.*

apiece [ə'piːs] *adv.* cada un. 2 per persona.

apologetic(al) [ə,pɔlə'dʒeti(əl)] *a.* contrit, ple de disculpes.

apologize (to) [ə'pɔlədʒaiz] *i.* disculparse *p.* (*for,* de; *to,* a).

apology [ə'pɔlədʒi] *s.* disculpa *f.,* excusa *f.* 2 apologia *f.*

apoplexy ['æpəpleksi] *s.* MED. apoplexia *f.*

apostate [ə'pɔsteit] *a.-s.* apòstata.

apostatize (to) [ə'pɔstətaiz] *i.* apostatar.

apostle [ə'pɔsl] *s.* apòstol *m.*

apostleship [ə'pɔslʃip], **apostolate** [ə'pɔstəlit] *s.* apostolat *m.*

apostolic [æpəs'tɔlik] *a.* apostòlic.

apostrophe [ə'pɔstrəfi] *s.* GRAM. apòstrof *m.*

apostrophize [ə'pɔstrəfaiz] *t.* apostrofar.

apotheosis [ə'pɔθi'ousis] *s.* apoteosi *f.*

appal(l) (to) [ə'pɔːl] *t.* horroritzar. 2 consternar.

appalling [ə'pɔːliŋ] *a.* espantós, horrorós.

apparatus [æpə'reitəs] *s.* aparell *m.*

apparent [ə'pærənt] *a.* evident. 2 aparent. ■ 3 *-ly adv.* aparentment; sembla ser que. 4 evidentment.

apparition [æpə'riʃən] *s.* aparició *f.*

appeal [ə'piːl] *s. an ~ for,* una crida *f.* per. 2 DRET apel·lació *f.* 3 reclamació *f.* [esp. esports]. 4 atractiu *m.,* encant *m.* 5 súplica *f.,* petició *f.*

appeal (to) [ə'piːl] *i.* fer una crida. 2 DRET apel·lar. 3 recórrer; apel·lar. 4 atreure *t.,* agradar.

appealing [ə'piːliŋ] *a.* commovedor. 2 atraient, atractiu.

appealingly [ə'piːliŋli] *adv.* d'una manera suplicant.

appear (to) [ə'piə'] *i.* aparèixer. 2 TEAT. sortir, actuar. 3 publicar-se *p.* [un llibre, etc.]. 4 semblar. 5 comparèixer.

appearance [ə'piərəns] *s.* aparició *f.* ‖ *to make an ~,* aparèixer. ‖ *to make one's first ~,* debutar [teatre, etc.]. 2 aparença *f.,* aspecte *m.* ‖ *to keep up appearances,* salvar les aparences. 3 DRET compareixença *f.*

appease (to) [ə'piːz] *t.* apaivagar, calmar.

appendage [ə'pendidʒ] *s.* afegidura *f.,* afegit *m.,* addició *f.*

appendicitis [ə,pendi'saitis] *s.* MED. apendicitis *f.*

appendix [ə'pendiks] *s.* apèndix *m.*

appetite ['æpitait] s. gana f., apetit m.; dcsig m.

appetizer ['æpitaizə'] s. aperitiu m.

appetizing ['æpitaiziŋ] a. apetitós.

applaud (to) [ə'plɔːd] t. aplaudir. 2 alabar. ■ 3 i. aplaudir.

applause [ə'plɔːz] s. aplaudiment(s) m. (pl.).

apple ['æpl] s. BOT. poma f. 2 ~ of one's eye, nineta f. dels ulls.

apple pie ['æpl'pai] s. pastís m. de poma.

apple tree ['æpl,triː] s. pomer m.

appliance [ə'plaiəns] s. aparell m., instrument m., estri m. ‖ house-hold appliances, electrodomèstics m. pl.

applicable [ə'plikəbl] a. aplicable (to, a); apropiat (to, a).

applicant ['æplikənt] s. sol·licitant, aspirant.

application [æpli'keiʃən] s. sol·licitud f.; petició f. 2 aplicació f.

application form [æpli'keiʃnfɔːm] s. imprès m. de sol·licitud.

apply (to) [ə'plai] i. to ~ for, sol·licitar t., demanar t.; to ~ to, adreçar-se p. a. ■ 2 t. aplicar. 3 t.-i. to ~ to, concernir t., afectar t. 4 i.-p. to ~ (oneself) to, aplicar-se a, esforçar-se a.

appoint (to) [ə'pɔint] t. fixar [hora, lloc, etc.]. 2 nomenar.

appointment [ə'pɔintmənt] s. cita f., compromís m., hora f. [amb el metge, etc.]. 2 lloc m. de treball. 3 pl. mobiliari m. sing.; equip m. sing.

apportion (to) [ə'pɔːʃən] t. prorratejar, repartir.

appraisal [ə'preizəl] s. apreciació f., estimació f., taxació f.

appreciable [ə'priːʃəbl] a. apreciable, sensible.

appreciate (to) [ə'priːʃieit] t. apreciar, estimar, avaluar. 2 agrair. ■ 3 i. augmentar de valor.

appreciation [ə,priːʃi'eiʃən] s. apreciació f., avaluació f. 2 reconeixement m. 3 augment m. de valor.

apprehend (to) [æpri'hend] t. arrestar, capturar. 2 form. témer. 3 ant. comprendre.

apprehension [æpri'henʃən] s. temor m. 2 comprensió f. 3 captura f.

apprehensive [æpri'hensiv] a. aprensiu, recelós.

apprentice [ə'prentis] s. aprenent.

apprenticeship [ə'prentiʃip] s. aprenentatge m. [esp. d'un ofici].

approach [ə'proutʃ] s. aproximació f., apropament m. 2 entrada f., accés m. 3 enfocament m., plantejament m.

approach (to) [ə'proutʃ] i.-t. apropar-se p. (a); aproximar-se p. (a). 2 t. fig. enfocar; abordar. 3 dirigir-se p. a [algú per alguna qüestió].

approachable [ə'proutʃəbl] a. accessible, abordable.

approaching [ə'proutʃiŋ] a. proper, pròxim.

appropriate [ə'proupriət] a. apropiat, adient.

appropriate (to) [ə'prouprieit] t. destinar [a un ús]; assignar [una quantitat]. 2 apropiar-se p.

appropriation [əproupri'eiʃən] s. apropiació f.; assignació f. [esp. de diners].

approval [ə'pruːvəl] s. aprovació f.; consentiment m.; vist-i-plau m. 2 COM. on ~, a prova f.

approve (to) [ə'pruːv] t.-i. to ~ of, aprovar t. 2 t. aprovar, confirmar.

approximate [ə'prɔksimət] a. aproximat. ■ 2 -ly adv. aproximadament.

approximate (to) [ə'prɔksimeit] i. aproximar-se p. (to, a).

approximation [əprɔksi'meiʃən] s. aproximació f.

apricot ['eiprikɔt] s. BOT. albercoc m.

apricot tree ['eiprikɔt,triː] s. albercoquer m.

April ['eipril] s. abril m.

apron ['eiprən] s. davantal m.

apropos ['æprəpou] a. oportú. ■ 2 adv. a propòsit.

apse [æps] s. ARQ. àbsida f.

apt [æpt] a. apropiat. 2 llest; apte. 3 propens.

aptitude ['æptitjuːd] s. aptitud f. ‖ ~ test, prova f. d'aptitud. 2 capacitat f., facilitat f.

aptness ['æptnis] s. justesa f. 2 tendència f.

aquarium [ə'kwɛəriəm] s. aquàrium m. ▲ pl. aquaria [ə,kwɛəriə] aquariums [ə,kwɛəriəms].

aquatic [ə'kwætik] a. aquàtic. 2 aquatics, esports m. pl. aquàtics.

aqueduct ['ækwidʌkt] s. aqüeducte m.

Arab ['ærəb] a. -s. àrab.

arable ['ærəbl] a. cultivable, de conreu [terra].

arbiter ['ɑːbitə'] s. àrbitre [no esports].

arbitrary ['ɑːbitrəri] a. arbitrari. 2 despòtic. ■ 3 -ly adv. arbitràriament.

arbitrate (to) [ˈɑːbitreit] *t.-i.* arbitrar *t.*

arbitration [ɑːbiˈtreiʃən] *s.* arbitratge *m.*, arbitrament *m.* 2 DRET *to go to* ~, recórrer a l'arbitratge.

arc [ɑːk] *s.* arc *m.*

arcade [ɑːˈkeid] *s.* ARQ. arcada *f.* 2 porxos *m. pl.* ‖ *shopping* ~, galeria *f.* comercial.

arch [ɑːtʃ] *s.* ARQ. arc *m.;* volta *f.* ▪ 2 *a.* ~ *smile*, somriure *m.* murri. 3 gran, principal: ~ *enemies*, eterns rivals.

arch (to) [ɑːtʃ] *t.* arquejar. ▪ 2 *i.* arquejar-se *p.*

archaeology [ɑːkiˈɔlədʒil] *s.* arqueologia *f.*

archaic [ɑːˈkeiik] *a.* arcaic.

archaism [ˈɑːkeiizəm] *s.* arcaisme *m.*

archbishop [ɑːtʃˈbiʃəp] *s.* arquebisbe *m.*

archduke [ɑːtʃˈdjuːk] *s.* arxiduc *m.*

archer [ˈɑːtʃəʳ] *s.* arquer.

archery [ˈɑːtʃəri] *s.* ESPORT tir *m.* amb arc.

archetype [ˈɑːkitaip] *s.* arquetipus *m.*

archipielago [ɑːkiˈpeləgou] *s.* arxipèlag *m.*

architect [ˈɑːkitekt] *s.* arquitecte.

architecture [ˈɑːkitektʃəʳ] *s.* arquitectura *f.*

archives [ˈɑːkaivz] *s. pl.* arxiu *m. sing.* [de documents històrics].

archivist [ˈɑːkivist] *s.* arxiver.

archway [ˈɑːtʃwei] *s.* arc *m.* d'entrada; arcada *f.*

Arctic [ˈɑːktik] *a.* GEOGR. àrtic. ▪ 2 *s.* Àrtic *m.*

Arctic Circle [ɑːktikˈsəːkl] *s.* GEOGR. Cercle *m.* Polar Àrtic.

ardent [ˈɑːdənt] *a.* ardent; apassionat; fervorós.

arduous [ˈɑːdjuəs] *a.* laboriós, difícil [treball]. 2 ardu [un camí, etc.].

are [ɑːʳ] Vegeu BE (TO).

area [ˈɛəriə] *s.* GEOM. àrea *f.*, superfície *f.* 2 GEOGR. regió *f.*, zona *f.*, àrea *f.*

arena [əˈriːnə] *s.* arena *f.*, cercle *m.* 2 fig. esfera *f.*, terreny *m.*

argue (to) [ˈɑːgjuː] *i.* discutir *t.* (*with*, amb; *about*, sobre), barallar-se *p.* ▪ 2 *i.-t.* argüir *i.*, argumentar *i.* ▪ 3 *t.* persuadir [mitjançant arguments]. 4 debatre.

argument [ˈɑːgjumənt] *s.* discussió *f.*, disputa *f.* 2 argument *m.;* raonament *m.* 3 argument *m.* [d'un llibre, etc.].

argumentation [ɑːgjumenˈteiʃən] *s.* argumentació *f.* 2 discussió *f.*

arid [ˈærid] *a.* àrid [també fig.].

aridity [æˈriditi] *s.* aridesa *f.*

arise (to) [əˈraiz] *i.* aparèixer, sorgir, presentar-se *p.* 2 originar-se *p.* (*from*, en), resultar (*from*, de). 3 ant. llevar-se *p.*, aixecar-se *p.* ▲ Pret.: *arose* [əˈrouz]; p. p.: *arisen* [əˈrizn].

aristocracy [ærisˈtɔkrəsi] *s.* aristocràcia *f.*

aristocrat [ˈæristəkræt] *s.* aristòcrata.

aristocratic [æristəˈkrætik] *a.* aristocràtic.

arithmetic [əˈriθmətik] *s.* aritmètica *f.*

ark [ɑːk] *s.* arca *f.* ‖ *Ark of the Covenant*, Arca de l'Aliança. ‖ *Noah's Ark*, Arca de Noè.

arm [ɑːm] *s.* braç *m.* ‖ ~ *in* ~, de bracet. 2 fig. braç [del mar, cadira, etc.]. 3 MIL. arma *f.* [cossos en què es divideix un exèrcit].

arm (to) [ɑːm] *t.* armar. ▪ 2 *i.-p.* armar-se.

armament [ˈɑːməmənt] *s.* MIL. armament *m.*

armband [ˈɑːmbænd] *s.* braçal *m.*

armchair [ˈɑːmtʃɛəʳ] *s.* butaca *f.*, cadira *f.* de braços.

Armenia [ɑːˈmiːniə] *n. pr.* Armènia *f.*

armful [ˈɑːmful] *s.* braçat *m.*, braçada *f.*

armistice [ˈɑːmistis] *s.* armistici *m.*

armour, (EUA) **armor** [ˈɑːmə] *s.* armadura *f.* 2 blindatge *m.*

armourer, (EUA) **armorer** [ˈɑːmərə] *s.* armer *m.*

armoury, (EUA) **armory** [ˈɑːməri] *s.* armeria *f.*

armpit [ˈɑːmpit] *s.* ANAT. aixella *f.*

army [ˈɑːmi] *s.* exèrcit *m.:* ~ *corps*, cos *m.* de l'exèrcit.

Arnold [ˈɑːnəld] *n. pr. m.* Arnau.

aroma [əˈroumə] *s.* aroma *f.*

aromatic [ærəˈmætik] *a.* aromàtic.

around [əˈraund] *adv.* al voltant, a l'entorn. ‖ *all* ~, per tot arreu. 3 col·loq. a prop [lloc]. ▪ 4 *prep.* al voltant de; cap: ~ *nine o'clock*, cap a les nou.

arouse (to) [əˈrauz] *t.* despertar. 2 excitar, estimular.

arrange (to) [əˈreindʒ] *t.* arranjar; organitzar; posar en ordre. 2 MÚS. arranjar, adaptar. ▪ 3 *i.* posar-se *p.* d'acord, acordar *t.*, quedar [en alguna cosa].

arrangement [əˈreindʒmənt] *s.* arranjament *m.;* ordre *m.* 2 MÚS. arranjament *m.*, adaptació *f.* 3 acord *m.*, entesa *f.*

arrant [ˈærənt] *a.* acabat, consumat.

array [ə'rei] s. MIL. ordre m., formació f. 2 ornament m., gala f.

array (to) [ə'rei] t. formar [les tropes]. 2 abillar, vestir: *arrayed like a queen,* vestida com una reina.

arrears [ə'riəz] s. pl. endarreriments m. pl., endarreriatges m. pl. [esp. ús econòmic].

arrest [ə'rest] s. arrest m., detenció f.

arrest (to) [ə'rest] t. arrestar, detenir. 2 aturar [un procés, etc.]. 3 cridar [l'atenció].

arrival [ə'raivəl] s. arribada f. [també s'utilitza per persones].

arrive (to) [ə'raiv] i. arribar (*in* o *at,* a) [lloc]. 2 *to ~ at,* arribar a [una conclusió, un objectiu].

arrogance ['ærəgəns] s. arrogància f.

arrogant ['ærəgənt] a. arrogant.

arrow ['ærou] s. fletxa f., sageta f.

arsenal ['ɑːsənl] s. arsenal m.

arsenic ['ɑːsənik] s. arsènic m.

arson ['ɑːsn] s. DRET incendi m. provocat [delicte].

art [ɑːt] s. art m.: *arts and crafts,* arts i oficis m. pl. 2 *black ~,* màgia f. negra.

artery ['ɑːteri] s. ANAT. artèria f. 2 fig. artèria f. [carretera, etc.].

artful ['ɑːtful] a. arter, astut. 2 hàbil, destre.

Arthur ['ɑːθə] n. pr. m. Artur.

artichoke ['ɑːtiʃouk] s. carxofa f.

article ['ɑːtikl] s. objecte m. 2 PERIOD. article m. ‖ *leading ~,* article m. de fons, editorial m. 3 GRAM. *article m.*

articulate [ɑː'tikjulit] a. articulat. 2 clar [discurs].

articulate (to) [ɑː'tikjuleit] t.-i. articular t.

articulation [ɑːˌtikjuˈleiʃən] s. articulació f.

artifice ['ɑːtifis] s. artifici m.

artificial [ɑːtiˈfiʃəl] a. artificial. 2 postís. 3 artificial, afectat [persona].

artillery [ɑːˈtiləri] s. artilleria f.

artilleryman [ɑːˈtilərimən] s. artiller m.

artist ['ɑːtist] s. artista.

artistic [ɑːˈtistik] a. artístic.

artless ['ɑːtlis] a. natural, senzill, ingenu.

as [æz, əz] conj.-adv. com (que), ja que. 2 quan, mentre. 3 (tal) com; el que. 4 com, igual que. 5 *compar. ~ ... ~,* tan... com. 6 LOC. *~ for* o *to,* quant a.; *~ from,* a partir de.; *~ well,* també.; *~ yet,* encara. ■ 7 prep. com. ■ 8 pron. que: *the same*

friend ~ I have, el mateix amic que jo tinc.

ascend (to) [ə'send] t. pujar [muntanya]. 2 remuntar [riu]. ■ 3 i. pujar, ascendir.

ascendancy, ascendency [əˈsendənsi] s. domini m.; ascendent m.

ascendant, ascendent [əˈsendənt] a. ascendent. 2 predominant. ■ 3 s. ascendent m.

ascension [əˈsenʃən] s. ascensió f.

ascent [əˈsent] s. pujada f., ascensió f.

ascertain (to) [æsəˈtein] t. esbrinar; encertir t.-p.

ascetic [əˈsetik] a. ascètic. ■ 2 s. asceta.

ascribe (to) [əˈskraib] t. atribuir (*to,* a).

ash [æʃ] s. cendra f. 2 BOT. freixe m.

ashamed [əˈʃeimd] a. avergonyit. ‖ *to be ~,* avergonyir-se p. (*of,* de).

ashen ['æʃən] a. pàl·lid.

ashtray ['æʃtrei] s. cendrer m.

ashore [əˈʃɔː] adv. NÀUT. en terra. ‖ *to go ~,* desembarcar t.-i.; *to run ~,* encallar-se p.

Ash Wednesday ['æʃˈwenzdi] s. REL. Dimecres m. de cendra.

Asia ['eiʃə] n. pr. Àsia f.

aside [əˈsaid] adv. a part, de costat, de banda. ■ 2 s. TEAT. apart m.

ask (to) [ɑːsk] t. preguntar. 2 *to ~ for* o *of,* demanar, sol·licitar. ‖ *don't ~ me!,* no ho sé!, a mi què m'expliques! 3 convidar, invitar. ‖ *to ~ someone in,* fer passar algú, dir-li que entri. ■ 4 i. *to ~ after, about* o *for,* preguntar per, demanar per. 5 *to ~ for trouble,* col·loq. *to ~ for it,* buscar-se p. problemes.

askance [əsˈkæns] adv. *to look ~ at,* mirar amb desconfiança.

askew [əsˈkjuː] adv. al o de biaix. ■ 2 a. esbiaixat.

aslant [əˈslɑːnt] adv. obliquament, de través. ■ 2 prep. a través de.

asleep [əˈsliːp] a.-adv. adormit. ‖ *to be fast ~,* dormir profundament. ‖ *to fall ~,* adormir-se p.

ASM ['eiesˈem] s. (*air-to-surface missile*) míssil m. aire-terra.

asp [æsp] s. ZOOL. àspid m.

asparagus [əˈspærəgəs] s. BOT. espàrrec m.

aspect ['æspekt] s. aspecte m. 2 orientació f. [d'una casa]. 3 GRAM. aspecte m.

aspen ['æspən] s. BOT. trèmol m.

aspersions [əˈspəːʃnz] s. pl. *to cast ~ on somebody,* calumniar t. algú.

asphalt ['æsfælt] s. asfalt m.

asphalt (to) ['æsfælt] *t.* asfaltar.

asphyxia [æs'fiksiə] *s.* asfíxia *f.*

asphyxiate (to) [æs'fiksieit] *t.* asfixiar.

aspirant [əs'paiərənt] *s.* aspirant, candidat (*to* o *after,* a).

aspiration [,æspə'reiʃən] *s.* aspiració *f.* 2 anhel *m.,* desig *m.*

aspire (to) [əs'paiə'] *i.* aspirar (*to* o *after,* a).

aspirin ['æsprin] *s.* aspirina *f.*

ass [æs] *s.* ZOOL. ase *m.,* ruc *m.* 2 fig. ruc. 3 (EUA) pop. cul *m.*

assail (to) [ə'seil] *t.* assaltar; atacar. 2 emprendre [una tasca]. 3 importunar, enutjar [amb preguntes, etc.].

assailant [ə'seilənt] *s.* assaltador.

assassin [ə'sæsin] *s.* assassí.

assassinate (to) [ə'sæsineit] *t.* assassinar.

assassination [ə,sæsi'neiʃən] *s.* assassinat *m.*

assault [ə'sɔːlt] *s.* assalt *m.,* assaltament *m.*

assault (to) [ə'sɔːlt] *t.* assaltar.

assemble (to) [ə'sembl] *t.* ajuntar, reunir, agrupar. 2 MEC. muntar. ■ 3 *i.* ajuntar-se *p.,* reunir-se *p.*

assembly [ə'sembli] *s.* assemblea *f.,* (ROSS.) assemblada *f.,* reunió *f.* 2 MEC. muntatge *m.*

assembly hall [ə'semblihɔːl] *s.* sala *f.* d'actes.

assembly line [ə'semblilain] *s.* MEC. cadena *f.* de muntatge.

assert (to) [ə'sɔːt] *t.* asseverar, afirmar. 2 mantenir, defensar. 3 fer valer [drets]. ■ 4 *p. to* ~ *oneself,* reafirmar-se.

assertion [ə'sɔːʃən] *s.* asseveració *f.,* afirmació *f.* 2 reivindicació *f.*

assess (to) [ə'ses] *t.* avaluar; preuar. 2 taxar. 3 DRET. acensar.

assessment [ə'sesmənt] *s.* avaluació *f.* 2 taxació *f.*

assessor [ə'sesə'] *s.* assessor; taxador.

asset ['æset] *s. pl.* béns *m. pl.: personal assets,* béns mobles. 2 COM. haver *m. sing.,* actiu *m. sing.* 3 avantatge *m.*

assiduity [æsi'djuːəti] *s.* assiduïtat *f.*

assiduous [ə'sidjuəs] *a.* assidu.

assign (to) [ə'sain] *t.* assignar. 2 atribuir. 3 cedir [propietat, etc.]. 4 nomenar.

assignment [ə'sainmənt] *s.* assignació *f.* 2 atribució *f.* 3 DRET cessió *f.* [d'una propietat, etc.]. 4 tasca *f.,* missió *f.*

assimilate (to) [ə'simileit] *t.* assimilar. ■ 2 *i.* assimilar-se *p.*

assimilation [ə,simi'leiʃən] *s.* assimilació *f.*

assist (to) [ə'sist] *t.-i.* assistir *t.;* ajudar.

assistance [ə'sistəns] *s.* assistència *f.;* ajut *m.;* auxili *m.* || *to be of* ~ *(to),* ajudar a.

assistant [ə'sistənt] *a.* ajudant; auxiliar. || *shop-assistant,* dependent. ■ 2 *s.* ajudant.

associate [ə'souʃiət] *a.* associat. 2 (EUA) adjunt [professor]. ■ 3 *s.* soci. 4 còmplice [d'un crim].

associate (to) [ə'souʃieit] *t.-p.* associar (*with,* amb). ■ 2 *i.* relacionar-se *p.* (*with,* amb), fer-se *p.* (*with,* amb).

association [ə,sousi'eiʃən] *s.* associació *f.* 2 COM. societat *f.*

assonance ['æsənəns] *s.* assonància *f.*

assorted [ə'sɔːtid] *a.* assortit, variat. 2 avingut: *an ill-assorted couple,* un matrimoni mal avingut.

assortment [ə'sɔːtmənt] *s.* assortiment *m.;* varietat *f.* 2 classificació *f.*

assuage (to) [ə'sweidʒ] *t.* calmar, suavitzar, assuaujar, mitigar.

assume (to) [ə'sjuːm] *t.* suposar. || LOC. *assuming that,* suposant que; considerant que. 2 assumir. 3 prendre, adoptar: ~ *a new name,* adoptar un nom nou.

assumption [ə'sʌmpʃən] *s.* suposició *f.* || LOC. *on the* ~ *that,* suposant que. 2 assumpció *f.* [d'una responsabilitat, etc.]; presumpció *f.;* fingiment *m.* || ECLES. *The Assumption,* L'Assumpció *f.*

assurance [ə'ʃuərəns] *s.* seguretat *f.* [confiança en un mateix]. 2 garantia *f.;* promesa *f.* 3 COM. assegurança *f.* 4 desvergonyiment *m.*

assure (to) [ə'ʃuə'] *t.* assegurar.

asterisk ['æstərisk] *s.* asterisc *m.*

astern [əs'tɔːn] *adv.* NÀUT. a la popa. 2 NÀUT. cap enrera.

asthma ['æsmə] *s.* MED. asma *f.*

astonish (to) [əs'tɔniʃ] *t.* sorprendre, deixar parat. || *to be astonished,* sorprendre's *p.,* quedar-se *p.* parat.

astonishing [əs'tɔniʃiŋ] *a.* sorprenent, xocant.

astonishment [əs'tɔniʃmənt] *s.* sorpresa *f.,* estupefacció *f.*

astound (to) [əs'taund] *t.* esbalair, deixar estupefacte.

astray [ə'strei] *adv*. esp. fig. pel mal camí. ■ *2 a*. extraviat. ‖ *to go* ~, extraviar-se. ‖ *to lead* ~, despistar, desencaminar.

astride [ə'straid] *adv.-a*. cama ací, cama allà *loc. adv*. ■ *2 prep*. sobre.

astringent [əs'trindʒənt] *a*. astringent. 2 fig. dur, sever. ■ *3 s*. astringent *m*.

astrologer [əs'trɔlədʒə'] *s*. astròleg.

astrology [əs'trɔlədʒi] *s*. astrologia *f*.

astronaut ['æstrənɔ:t] *s*. astronauta.

astronomer [əs'trɔnəmə'] *s*. astrònom.

astronomy [əs'trɔnəmi] *s*. astronomia *f*.

astute [əs'tju:t] *a*. astut.

astuteness [əs'tju:tnis] *s*. astúcia *f*.

asunder [ə'sʌndə'] *adv*. liter. separats [dues o més coses]. ‖ *to tear* ~, trossejar.

asylum [ə'sailəm] *s*. asil *m*., refugi *m*. ‖ *political* ~, asil polític. 2 ant. manicomi *m*.

at [æt, ət] *prep*. a, en, per [lloc, posició, direcció]. ‖ ~ *the top of the page*, dalt de la pàgina. 2 a, per [temps]: ~ *Christmas*, per Nadal; ~ *two o'clock*, a les dues. ‖ LOC. ~ *once*, immediatament. 3 a [valor, cost]: ~ *12 p. each*, a 12 penics cadascun. 4 [indicant activitat, manera o condició]: *to be bad* ~ *something*, no valer per a alguna cosa.

ate [et, eit] Vegeu EAT (TO).

A-team ['eiti:m] *s*. equip *m*. A [grup d'experts].

atheism ['eiθiizəm] *s*. ateisme *m*.

atheist ['eiθiist] *s*. ateu.

Athens ['æθənz] *n. pr*. Atenes.

athlete ['æθli:t] *s*. ESPORT atleta.

athletic [æθ'letik] *a*. atlètic.

athletics [æθ'letiks] *s*. ESPORT atletisme *m*.

Atlantic [ət'læntik] *a*. atlàntic. ■ *2 n. pr*. GEOGR. Atlàntic *m*.

atlas ['ætləs] *s*. GEOGR. atlas *m*.

atmosphere ['ætməsfiə'] *s*. atmosfera *f*. 2 ambient *m*.

atoll ['ætɔl] *s*. atol *m*., atol·ló *m*.

atom ['ætəm] *s*. àtom *m*.

atom bomb ['ætəm,bɔm] *s*. bomba *f*. atòmica.

atone (to) [ə'toun] *i. to* ~ *(for)*, expiar *t*., reparar *t*.

atonement [ə'tounmənt] *s*. expiació *f*., reparació *f*. ‖ *to make* ~ *for a fault*, reparar una falta.

atrocious [ə'trouʃəs] *a*. atroç. 2 col·loq. espantós, terrible.

atrocity [ə'trɔsiti] *s*. atrocitat *f*.

atrophy ['ætrəfi] *s*. atròfia *f*. [també fig.]

atrophy (to) ['ætrəfi] *t*. atrofiar. ■ *2 i*. atrofiar-se *p*.

attach (to) [ə'tætʃ] *t*. lligar, fermar. 2 enganxar. 3 incloure, adjuntar [documents, etc.]. 4 donar [importància, valor, etc.]. 5 DRET confiscar, embargar. ■ *6 i. to* ~ *to*, correspondre a, pertànyer a. ■ *7 p. to* ~ *oneself*, entrar a formar part de; enganxar-se *p*. a [pejoratiu].

attaché [ə'tæʃei] *s*. agregat.

attaché case [ə'tæʃi,keis] *s*. maletí *m*. [per a documents].

attachment [ə'tætʃmənt] *s*. unió *f*.; lligament *m*.; col·locació *f*. 2 accesori *m*., peça *f*. 3 acoblament *m*. 4 afecte *m*., estimació *f*. 5 DRET confiscació *f*., embargament *m*.

attack [ə'tæk] *s*. atac *m*.

attack (to) [ə'tæk] *t*. atacar.

attain (to) [ə'tein] *t*. aconseguir, assolir. ■ *2 i. to* ~ *to*, arribar a.

attainment [ə'teinmənt] *s*. assoliment *m*., aconseguiment *m*., consecució *f*. 2 *pl*. coneixements *m. pl*.

attempt [ə'tempt] *s*. temptativa *f*., intent *m*., prova *f*.

attempt (to) [ə'tempt] *t*. intentar, provar. 2 emprendre. 3 ant. atemptar i.

attend (to) [ə'tend] *t*. assistir a *i*., anar a *i*. [una reunió, classes, etc.]. 2 assistir [una persona], servir, atendre. 3 form. acompanyar. ■ *4 i. to* ~ *to*, atendre, fer atenció a, ocupar-se de. 5 *to* ~ *(on* o *upon)*, atendre (a).

attendance [ə'tendəns] *s*. assistència *f*., concurrència *f*.; presència *f*. 2 MED. assistència *f*. ‖ *to be in* ~, estar al servei *m*. de.

attendant [ə'tendənt] *a*. concomitant. 2 assistent. ■ *3 s*. acompanyant. 4 servidor. 5 assistent.

attention [ə'tenʃən] *s*. atenció *f*. ‖ *to pay* ~, fer atenció. 2 *pl*. atencions *f. pl*., detalls *m. pl*. 3 MIL. ~*!*, ferms!

attentive [ə'tentiv] *a*. atent.

attenuate (to) [ə'tenjueit] *t*. form. atenuar, disminuir.

attenuating [ə'tenjueitiŋ] *a*. atenuant.

attic ['ætik] *s*. golfes *f. pl*. [habitables].

attire [ə'taiə'] *s*. liter.-poèt. vestit *m*.

attire (to) [ə'taiə'] *t*. ant. vestir.

attitude ['ætitju:d] *s*. postura *f*. [del cos]. 2 actitud *f*.

attorney [ə'tə:ni] *s*. apoderat. 2 (EUA) advocat; fiscal, procurador. 3 *Attorney*

General, (G.B.) fiscal del Tribunal Suprem; (EUA) ministre *m.* de Justícia.

attract (to) [ə'trækt] *t.* atreure.

attraction [ə'trækʃən] *s.* atracció *f.* 2 atractiu *m.*

attractive [ə'træktiv] *a.* atractiu; atraient.

attribute ['ætribjuːt] *s.* atribut *m.*

attribute (to) [ə'tribjuːt] *t.* atribuir.

attribution [ætri'bjuːʃən] *s.* atribució *f.*

ATV [ˌeitiː'viː] *s. (Associated Television)* televisió *f.* associada.

auburn ['ɔːbən] *a.* castany rogenc. [esp. cabells].

auction ['ɔːkʃən] *s.* subhasta *f.,* encant *m.* ‖ *to put up for* ~, posar en subhasta *f.,* subhastar *t.*

audacious [ɔː'deiʃəs] *a.* audaç, atrevit. 2 desvergonyit, descarat.

audacity [ɔː'dæsiti] *s.* audàcia *f.* 2 pej. atreviment *m.,* barra *f.*

audible ['ɔːdibl] *a.* oïble, audible.

audience ['ɔːdjəns] *s.* públic *m.:* ~ *ratings,* nivells *m. pl.* d'audiència [ràdio, TV]. 2 lectors *m. pl.* [d'un escriptor]. 3 form. audiència *f.* [entrevista].

audio-visual [ˌɔːdiou'vizjuəl] *a.* àudio-visual.

audit ['ɔːdit] *s.* ECON. intervenció *f.,* revisió *f.* [de comptes].

audit (to) ['ɔːdit] *t.* ECON. intervenir, verificar [comptes].

audition [ɔː'diʃən] *s.* audició *f.* 2 prova *f.* de veu, dansa, etc.

audition (to) [ɔː'diʃən] *t.* fer una audició.

auditor ['ɔːditəʳ] *s.* interventor; auditor.

auditorium [ˌɔːdi'tɔːriəm] *s.* auditori *m.*

augur (to) ['ɔːgəʳ] *t.-i.* augurar *t.*

August ['ɔːgəst] *s.* agost *m.*

aunt [ɑːnt] *s.* tia *f.*

au pair [ou'pɛəʳ] *s.* au pair.

aura ['ɔːrə] *s.* aurèola *f.* 2 emanació *f.* [de les flors, etc.]. 3 ambient *m.*

aurora [ɔː'rɔːrə] *s.* aurora *f.* ‖ ~ *australis,* aurora astral. ‖ ~ *borealis,* aurora boreal.

auscultate (to) ['ɔːskəlteit] *t.* MED. auscultar.

auspice ['ɔːspisiz] *s.* auspici *m.*

auspicious [ɔːs'piʃəs] *a.* propici; favorable.

austere [ɔs'tiəʳ] *a.* auster.

austerity [ɔs'teriti] *s.* austeritat *f.*

Australia [ɔs'treiliə] *n. pr.* GEOGR. Austràlia.

Austrian ['ɔstriən] *a.-s.* austríac.

authentic [ɔː'θentik] *a.* autèntic.

authentically [ɔː'θentikli] *adv.* autènticament.

authenticity [ˌɔːθen'tisiti] *s.* autenticitat *f.*

author ['ɔːθəʳ] *s.* autor, escriptor.

authoritarian [ɔːˌθɔri'tɛəriən] *a.* autoritari.

authoritative [ɔː'θɔritətiv] *a.* autoritzat, amb autoritat. ‖ *from an* ~ *source,* de bona font.

authority [ɔː'θɔriti] *s.* autoritat *f.* 2 *the authorities pl.,* les autoritats.

authorize (to) [ɔː'θəraiz] *t.* autoritzar.

autobiography [ˌɔːtoubai'ɔgrəfi] *s.* autobiografia *f.*

autocracy [ɔː'tɔkrəsi] *s.* autocràcia *f.*

autocrat ['ɔːtəkræt] *s.* autòcrata.

autocrime ['ɔːtəkraim] *s.* DRET robatori *m.* de cotxes o el que contenen.

autograph ['ɔːtəgrɑːf] *a.-s.* autògraf *m.*

automatic [ˌɔːtə'mætik] *a.* automàtic.

automatically [ˌɔːtə'mætikli] *adv.* automàticament.

automaton [ɔː'tɔmətən] *s.* autòmat *m.*

automobile ['ɔːtəməbiːl], (EUA) [ˌɔːtəmə'biːl] *s.* automòbil *m.*

autonomous [ɔː'tɔnəməs] *a.* autònom.

autonomy [ɔː'tɔnəmi] *s.* autonomia *f.*

autopsy ['ɔːtɔpsi] *s.* autòpsia *f.*

autumn ['ɔːtəm] *s.* tardor *f.*

autumnal [ɔː'tʌmnəl] *a.* tardorenc.

auxiliary [ɔːg'ziljəri] *a.-s.* auxiliar.

AV [ei'viː] *a.-s. (audio-visual)* audio-visual *m.*

Av. [ei'viː] *s. (avenue)* avda., av. (avinguda).

av [ei'viː] *s. (average)* mitjana *f.*

avail [ə'veil] *s. it is of no* ~, no serveix de res; *it is of little* ~, serveix de poca cosa; *to no* ~, en va, sense cap resultat.

avail (to) [ə'veil] *p. to* ~ *oneself,* aprofitar-se, valer-se *(of,* de). ▪ 2 *i.* liter. servir.

available [ə'veiləbl] *a.* disponible. ‖ *are you* ~ *tomorrow?,* estàs lliure demà? 2 assequible. 3 vàlid [bitllet].

avalanche ['ævəlɑːnʃ] *s.* allau *f.* 2 fig. devessall *m.*

avant-garde [ævɔn'gɑːd] *s.* avantguarda *f.*

avarice ['ævəris] *s.* avarícia *f.*

avaricious [ˌævə'riʃəs] *a.* avar, avariciós.

avenge (to) [ə'vendʒ] *t.-p.* venjar.

avenger [ə'vendʒəʳ] *s.* venjador.

avenue [ˈævənjuː] s. avinguda f. 2 fig. camí m.

average [ˈævəridʒ] s. mitjana f., terme m. mitjà. ‖ on an o the ~, de mitjana, per terme mitjà. ■ 2 a. mitjà, normal, corrent.

average (to) [ˈævəridʒ] t. calcular la mitjana de. ■ 2 i. fer una mitjana de: we ~ 200 miles a day, fem una mitjana de 200 milles per dia.

averse [əˈvəːs] a. oposat, contrari. ‖ he is ~ to work, no li agrada gens treballar.

aversion [əˈvəːʃən] s. aversió f., repugnància f.

avert [əˈvəːt] t. apartar (from, de) [ulls, pensaments, etc.]. 2 esquivar, impedir [un accident, etc.].

aviary [ˈeivjəri] s. gabial m.

aviation [ˌeiviˈeiʃən] s. aviació f.

aviator [ˈeivieitəʳ] s. aviador.

avid [ˈævid] a. àvid.

avocado [ˌævəˈkɑːdou] s. BOT. alvocat m.

avoid (to) [əˈvɔid] t. evitar; esquivar; eludir; defugir: to ~ meeting someone, evitar o esquivar algú. 2 DRET invalidar.

avoidable [əˈvɔidəbl] a. evitable, eludible.

avoidance [əˈvɔidəns] s. evitació f. 2 DRET invalidació f.

avow (to) [əˈvau] t. form. admetre, confessar, reconèixer.

avowal [əˈvauəl] s. form. confessió f., declaració f.

await (to) [əˈweit] t. esperar. ‖ good times ~ us, ens esperen bons temps.

awake [əˈweik] a. despert.

awake (to) [əˈweik] i. despertar-se p. 2 fig. adonar-se p., (BAL.) témer-se p. (to, de). ■ 3 t. despertar: the noise awoke me, el soroll em va despertar. ▲ Pret.: awoke [əˈwouk]; p. p. awoken [əˈwoukn].

awaken (to) [əˈweikən] t. despertar. 2 fig. espavilar. ‖ to ~ someone to something, fer adonar algú d'alguna cosa. ■ 3 i. despertar-se p. 4 fig. espavilar-se p.

awakening [əˈweiknin] s. despertar m. ‖ a rude ~, una sorpresa desagradable.

award [əˈwɔːd] s. DRET sentència f. 2 premi m. 3 adjudicació f.

award (to) [əˈwɔːd] t. concedir, atorgar. 2 DRET adjudicar.

aware [əˈwɛəʳ] a. to be ~ of o that, conscient de o que: are you ~ of the situation?, ets conscient de la situació? 2 assabentat, coneixedor.

awareness [əˈwɛənis] s. consciència f., coneixement m.

away [əˈwei] adv. lluny: the house is two miles ~, la casa està a dues milles. ‖ LOC. far ~, molt lluny [d'aquí]. ‖ far and ~, de molt, de lluny. ‖ from far ~, de lluny. 2 fora: are you playing at home or ~?, jugueu a casa o fora? ‖ ~ with, fora: ~ with you!, ves-te'n! 3 contínuament, sense parar: he is working ~, no para de treballar. 4 right o straight ~, immediatament. ▲ us. amb verbs indica pèrdua, disminució, exhauriment.

awe [ɔː] s. temor m. (i f.). 2 respecte m. temerós.

awful [ˈɔːful] a. espantós, terrible. 2 col·loq. lleig, horrorós.

awfully [ˈɔːfuli] adv. espantosament, terriblement. ‖ I'm ~ sorry, ho sento moltíssim.

awhile [əˈwail] adv. durant una estona. ‖ stay ~, queda't una estona.

awkward [ˈɔːkwəd] a. difícil; perillós; delicat; violent; incòmode; inadequat; inoportú. ‖ col·loq. an ~ customer, un pesat. 2 maldestre, graponer.

awl [ɔːl] alena f.

awning [ˈɔːnin] s. vela f., tendal m.

awoke [əˈwouk] Vegeu AWAKE (TO).

awry [əˈrai] adv. de través, mal posat. ‖ to go ~, sortir malament, fracassar. ■ 2 a. tort.

ax, axe [æks] s. destral f. ‖ col·loq. to get the ~, ésser acomiadat d'una feina.

ax, axe (to) [æks] t. col·loq. reduir, retallar [els costos, el pressupost]. 2 acomiadar.

axiom [ˈæksiəm] s. axioma m.

axiomatic [ˌæksiəˈmætik] a. axiomàtic.

axis [ˈæksis] s. eix m. 2 ANAT. axis m.

axle [ˈæksl] s. eix m. [d'una roda]; arbre m. [d'una màquina].

axle-box [ˈækslbɔks] s. TECNOL. caixa f. de l'eix.

azure [ˈæʒəʳ] a. poèt. blau cel. ■ 2 s. atzur m.

B

B, b [biː] s. b f. [lletra]. 2 MÚS. si m. ‖ *B flat*, si bemol.

BA [ˈbiːˈei] s. *(Bachelor of Arts)* llicenciat en filosofia i lletres. 2 *(British Academy)* acadèmia f. britànica. 3 *(British Airways)* companyia f. aèria britànica.

baa [baː] s. bel m.

baa (to) [baː] i. belar.

babble [ˈbæbl] s. murmuri m., remor f., barbull m. 2 balboteig m.; barboteig m.

babble (to) [ˈbæbl] i. balbotejar; barbotejar. 2 murmurejar, murmurar [d'un rierol, etc.]. ■ 3 t. barbollar, xerrar. 4 revelar [un secret].

babbler [ˈbæblə] s. xerraire; bocamoll.

babel [ˈbeibəl] s. babel f., xivarri m. 2 *Tower of Babel*, torre f. de Babel.

baboon [bəˈbuːn] s. ZOOL. babuí m., papió m.

baby [ˈbeibi] s. criatura f., nen, bebè m. 2 benjamí m. 3 pop. nena f., monada f.

babyish [ˈbeibiiʃ] a. pej. infantil, de nen, pueril.

baby-sit (to) [ˈbeibisit] i. fer de cangur [de nens].

baby-sitter [ˈbeibiˌsitə] s. cangur [de nens].

baby-sitting [ˈbeibiˌsitiŋ] s. tenir cura de nens.

bachelor [ˈbætʃələ] s. solter m., celibatari ‖ ~ *girl*, soltera f. 2 llicenciat [universitat].

bacillus [bəˈsiləs] s. bacil m. ▲ pl. *bacilli* [bəˈsilai].

back [bæk] s. ANAT. esquena f. 2 llom m. [d'un animal, d'un llibre]. 3 respatller m. 4 dors m., revers m. 5 darrera m.; fons m. 6 ESPORTS defensa f. ■ 7 a. de darrera, posterior. 8 endarrerit.

back (to) [bæk] t. reforçar. 2 *to* ~ *(up)*, donar suport a [cavalls, etc.]. 4 tirar enrera, fer anar enrera [un cotxe, un cavall, etc.]. ■ 5 i. retrocedir. 6 fig. *to* ~ *out*, fer-se enrera [en una promesa].

back [bæk] adv. endarrera, enrera, (VAL.) arrere. 2 enrera, en el passat: *years* ~, anys enrera. 3 de tornada: *journey* ~, viatge de tornada. ‖ *when will she be* ~?, quan tornarà? 4 [sentit de tornar, retornar]: *don't answer* ~!, no contestis!

backbencher [ˈbækbentʃə] s. diputat que no forma part del consell de ministres.

backbite (to) [ˈbækbait] i.-t. criticar t. [a l'esquena]. ▲ Pret.: *backbit*; p. p.: *backbit* o *-bitten* [bækbit, -n].

backbone [ˈbækboun] s. ANAT. espinada f., columna f. vertebral. 2 fig. puntal m., pal m. de paller.: *such men are the* ~ *of the country*, homes com aquests són els puntals del país. 3 fig. caràcter m., nervi m.

back-breaking [ˈbækbreikiŋ] a. esgotador, extenuant [un treball].

backchat [ˈbæktʃæt] s. col·loq. rèplica f., comentari m. impertinent.

backer [ˈbækə] s. apostador. 2 partidari. 3 COM. avalador.

background [ˈbækgraund] s. fons m. [d'una vista, escena, etc.]. ‖ *the political and social* ~, el rerafons m. polític i social. 2 bagatge m. [cultural, etc., d'una persona]. 3 origen m., antecedents m. pl. [d'una persona, una situació].

backhand [ˈbækˌhænd] a. ESPORT amb el dors de la mà: ~ *shot* o *stroke*, revés m. ■ 2 s. revés m.

backhanded [ˈbækˈhændid] a. amb el dors de la mà. 2 fig. ambigu; sarcàstic.

backing [ˈbækiŋ] s. suport m., recolzament m. [moral i físic]. 2 seguidors pl.

backlog [ˈbæklɔg] s. endarreriments m. pl.; acumulació f. de feina.

back number [ˈbækˈnʌmbə] s. número m. endarrerit [d'una publicació, etc.].

back pay [ˈbækpei] s. pagaments m. pl. endarrerits, endarreriatges m. pl.

backside [ˈbækˌsaid] f. col·loq. cul m.

backslide (to) ['bæk,slaid] *i.* reincidir, recaure. 2 fig. desencaminar-se *p.*

backward ['bækwəd] *a.* retrògrad: *a ~ movement,* un moviment endarrera. 2 endarrerit, retardat [un país, un nen, etc.]. 3 tímid.

backwards ['bækwədz] *adv.* (cap) enrera, (VAL.) arrere. 2 al revés. 3 ~ *and forward(s),* d'un cantó a l'altre. 4 *to know something ~,* conèixer una cosa perfectament.

backwater ['bæk,wɔːtə'] *s.* rabeig *m.* 2 fig. recés *m.*

bacon ['beikən] *s.* cansalada *f.* viada; bacó *m.*

bacterium [bæk'tiəriəm] *s.* bacteri *m.* ▲ *pl.* **bacteria** [bæk'tiəriə].

bad [bæd] *a.* dolent, (VAL.) roín; mal [davant de substantiu]. 2 desagradable. 3 greu, seriós. 4 podrit. 5 malalt. 6 col·loq. *to feel ~ about,* saber greu. 7 *not (so) ~,* força bé: *how are you? not (so) ~,* com estàs? anar fent. ■ 8 *s.* dolent: *from ~ to worse,* com més va pitjor. ■ 9 -ly *adv.* mal, malament. 10 per molt. 11 de totes, totes.

bade [beid] Vegeu BID (TO).

badge [bædʒ] *s.* insígnia *f.,* distintiu *m.* 2 símbol *m.*

badger ['bædʒə'] *s.* ZOOL. teixó *m.*

badger (to) ['bædʒə'] *t.* empipar [esp. per aconseguir alguna cosa].

badminton ['bædmintən] *s.* ESPORT bàdminton *m.*

badness ['bædnis] *s.* maldat *f.*

bad-tempered [,bæd'tempəd] *a.* malhumorat, geniüt.

baffle (to) ['bæfl] *t.* desconcertar, confondre.

bag [bæg] *s.* bossa *f.* 2 sac *m.,* saca *f.* 3 CINEG. cacera *f.*

bag (to) [bæg] *t.* posar dins una bossa, ensacar. 2 col·loq. embutxacar-se *p.* 3 caçar. ■ 4 *i.* fer bossa [els pantalons, etc.].

baggage ['bægidʒ] *s.* equipatge *m.* 2 bagatge *m.* [d'un exèrcit].

baggy ['bægi] *a.* folgat, que fa bossa.

bagpipe ['bægpaip] *s.* MÚS. gaita *f.*

Bahamas [bə'hɑːməz] *n. pr.* GEOGR. Bahames [les illes].

bail [beil] *s.* DRET fiança *f.* || *to be out on ~,* estar en llibertat sota fiança.

bail (to) [beil] *t. to ~ somebody out,* aconseguir la llibertat d'algú sota fiança.

■ 2 *t.-i.* NÀUT. treure l'aigua d'una embarcació.

bailiff ['beilif] *s.* DRET agutzil *m.,* algutzir *m.* 2 administrador [d'un terratinent].

bait [beit] *s.* esquer *m.,* esca *f.,* carnada *f.* 2 fig. esquer *m.,* cimbell *m.,* reclam *m.*

bait (to) [beit] *t.* esquerar, posar un esquer. 2 fig. fer la guitza, turmentar.

baize [beiz] *s.* tapet *m.* verd.

bake (to) [beik] *t.* coure [en el forn]. || *baked potatoes,* patates *f. pl.* al forn. 2 fig. torrar-se *p.* [al sol]. ■ 3 *i.* coure, coure's *p.*

baker ['beikə'] *s.* forner. || *baker's,* forn *m.* [de pa], fleca *f.*

baker's dozen [,beikəz'dʌzn] *s.* dotzena *f.* de frare, tretze.

bakery ['beikəri] *s.* forn *m.* [de pa], fleca *f.*

baking ['beikiŋ] *s.* cocció *f.: baking-time,* temps de cocció. ■ 2 *a. baking-hot,* molt calurós.

baking powder ['beikiŋ,paudə] *s.* llevat *m.* en pols.

balance ['bæləns] *s.* balança *f.,* balances *f. pl.* 2 balanç *m.,* equilibri *m.* [físic, mental, etc.]: *to keep one's ~,* mantenir l'equilibri. 3 COM. saldo *m.*

balance (to) ['bæləns] *t.* sospesar [un problema, etc.]. 2 comparar, contrastar. 3 equilibrar. 4 COM. saldar. ■ 5 *i.* equilibrar-se *p.* 6 COM. anivellar-se *p.*

balanced ['bælənst] *a.* equilibrat: *a ~ diet,* una dieta *f.* equilibrada.

balance sheet ['bælənsʃiːt] *s.* COM. balanç *m.*

balcony ['bælkəni] *s.* balcó *m.* 2 TEAT. amfiteatre *m.*

bald [bɔːld] *a.* calb. || *to go ~,* quedar-se calb. 2 fig. pelat [un paisatge, etc.]. 3 fig. sobri [estil]. ■ 4 -ly *adv.* fig. de manera directa.

baldness ['bɔːldnis] *s.* calvície *f.,* calbesa *f.*

bale [beil] *s.* bala *f.,* paca *f.* [de llana, palla, etc.].

bale (to) [beil] *t.* embalar, empacar.

Balearic Islands [,bæli'ærik 'ailəndz] *n. pr.* GEOGR. Illes Balears.

baleful ['beilful] *a.* perniciós, funest, sinistre.

balk [bɔːk] *s.* biga *f.* 2 contratemps *m.*

balk (to) [bɔːk] *t.* obstaculitzar, impedir [intencionadament]. ■ 2 *i. to ~ (at),* negar-se *p.* a anar endavant; vacil·lar.

Balkan ['bɔːlkən] *a.* balcànic. ■ 2 *n. pr.* GEOGR. *the Balkans,* els Balcans.

ball [bɔːl] s. pilota f. 2 bola f. ‖ *to be on the ~*, ésser espavilat. 3 ball m. de gala. 4 *pl. pop.* ous m. *pl.*, collons m. *pl.*

ballad ['bæləd] s. LIT.-MÚS. balada f.

ballast ['bæləst] s. llast m. [també fig.], balast m.

ballast (to) ['bæləst] t. llastar.

ballet ['bælei] s. ballet m.

ballistic [bə'listik] a. balístic.

ballistics [bə'listiks] s. balística f.

balloon [bə'luːn] s. globus m.

ballot ['bælət] s. papereta f. [per votar]. 2 votació f. ‖ *to take a ~ on*, posar a votació.

ballot (to) ['bælət] i. votar.

ballot box ['bælətbɔks] s. urna f.

balm [baːm] s. bàlsam m.

balmy ['baːmi] a. balsàmic. 2 fig. suau, reconfortant.

balsam ['bɔːlsəm] s.bàlsam m.

Baltic Sea ['bɔːltik'siː] n. *pr.* GEOGR. mar f. Bàltica.

baluster ['bæləstə'] s. ARQ. balustre m.

balustrade [bæləs'treid] s. ARQ. balustrada f.

bamboo [bæm'buː] s. BOT. bambú m.

ban [bæn] s. prohibició f., interdicció f., proscripció f.

ban (to) [bæn] t. prohibir, interdir, proscriure.

banal [bə'naːl] a. banal.

banality [bə'næləti] s. banalitat f.

banana [bə'naːnə] s. plàtan m., banana f.

banana tree [bə'nænətriː] s.platener m., bananer m.

band [bænd] s. banda f., tira f., cinta f. 2 sanefa f. 3 MÚS. banda f., orquestra f. 4 colla f., banda f. ‖ *to climb* o *to jump on the ~ wagon*, posar-se p. al costat del més fort, seguir el corrent.

band (to) [bænd] t. lligar, fermar. 2 *to ~ together* o *with*, ajuntar. ■ 3 i. ajuntar-se p.

bandage ['bændidʒ] s. bena f., embenat m.

bandage (to) ['bændidʒ] t. embenar.

bandit ['bændit] s. bandit m., bandoler m.

bandoleer [bændə'liə'] s. bandolera f.

bandy (to) ['bændi] t. intercanviar [paraules, insults, etc.]. ‖ *to ~ a story about*, passar-ho de boca en boca.

bandy-legged ['bændi,legd] a. garrell.

bane [bein] s. verí m. [només en paraules compostes]. 2 fig. perdició f., ruïna f.

baneful ['beinful] a. funest, perniciós, nociu.

bang [bæŋ] s. cop m., trompada f. 2 soroll m., estrèpit m. 3 explosió f., detonació f. ■ 4 *adv.* col·loq. justament, exactament: *he arrived ~ on time*, va arribar a l'hora exacta. ■ 5 *interj.* pam!, patapam! [cop, caiguda], paf! [bofetada].

bang (to) [bæŋ] t.-i. donar cops, copejar t. [amb soroll], donar-se p. cops. 2 *to ~ about*, malmetre. 3 *to ~ down*, llançar amb fúria. ■ 4 i. espetegar.

bangle ['bæŋgl] s. braçalet m., polsera f., anella f.

banish (to) ['bæniʃ] t. desterrar (*from*, de). 2 deixar de banda.

banishment ['bæniʃmənt] s. desterrament m., exili m.

banister ['bænistə'] s. barana f., passamà m. ▲ *esp.* pl.

banjo ['bændʒou] s. MÚS. banjo m. ▲ pl. *banjoes, banjos*.

bank [bæŋk] s. COM. banc m. 2 banca f. [en el joc]. 3 riba f., vora f., marge m. 4 terraplè m. 5 *sand ~*, banc m. de sorra. 6 piló [de neu]. 7 peralt m. [carretera].

bank (to) [bæŋk] t. amuntegar [terra, etc.]. 2 canalitzar [un riu, etc.]. 3 COM. dipositar [en un banc]. 4 decantar [un avió]. ■ 5 i. decantar-se p. 6 *to ~ on*, comptar amb. 7 *to ~ up*, amuntegar-se p.

banker ['bæŋkə'] s. COM. banquer.

bank holiday [bæŋk'hɔlədei] s. dia m. festiu.

banking ['bæŋkiŋ] s. COM. banca f.

bankrupt ['bæŋkrʌpt] a. insolvent, fallit. ‖ *to go ~*, anar a la bancarrota. 2 *~ in* o *of*, mancat de. ■ 3 s. ECON. bancarrota f.

bankruptcy ['bæŋkrʌptsi] s. fallida f., crac m., bancarrota f.

bank switching [bæŋk,switʃiŋ] s. INFORM. commutació f. de bancs.

banner ['bænə'] s. pancarta f. 2 esp. fig. senyera f., bandera f. 3 REL. pendó m. 4 PERIOD. *~ headlines*, grans titulars m. pl.

banns [bænz] s. amonestacions f. pl.

banquet ['bæŋkwit] s. banquet m.

banter ['bæntə'] s. burla f., broma f. simpàtica.

banter (to) ['bæntə'] t. burlar-se p. de, fer burla f. ■ 2 i. bromejar.

baptism ['bæptizəm] s. baptisme m. [sagrament]. 2 bateig m.

baptismal [bæp'tizməl] a. baptismal.

baptize (to) [bæp'taiz] t. batejar.

bar [ba:ʳ] s. barra f. [ús. general]. 2 barrot m. 3 barrera f. 4 fig. obstacle m. 5 MÚS. compàs m.; línia f. divisòria. 6 franja f., raig m. [de color, llum]. 7 DRET tribunal m. 8 cocteleria f. [establiment]. ∎ *9 prep.* col·loq. llevat de, tret de. ‖ ~ *none,* sense excepció.

bar (to) [ba:ʳ] t. barrar [una porta]. 2 obstruir. 3 excloure *(from,* de). 4 col·loq. impedir; prohibir.

barb [ba:b] s. llengüeta f. [d'una sageta, d'un ham].

Barbados [ba:'beidɔs] n. pr. GEOGR. Barbados.

barbarian [ba:'bɛəriən] a.-s. bàrbar m.

barbarism [ba:'barizəm] s. barbàrie f. 2 GRAM. barbarisme m.

barbarity [ba:'bæriti] s. barbaritat f.

barbarous ['ba:bərəs] a. bàrbar, cruel.

barbecue ['ba:bikju:] s. barbacoa f.

barbed [ba:bd] a. proveist de pues.

barbed wire [ba:bd'waiəʳ] s. filferro m. de punxes o espinós.

barber ['ba:bəʳ] s. barber m.: *barber's shop,* barberia f.

bar code [ba:'koud] s. codi m. de barres.

bard [ba:d] s. bard m.

bare [bɛəʳ] a. descobert; despullat. 2 pelat [paisatge]. 3 gastat [per l'ús]. 4 senzill, sense ornaments [estil]. 5 buit. 6 escàs.

bare (to) [bɛəʳ] t. despullar; descobrir.

barefaced ['bɛəfeist] a. descarat, pocavergonya.

barefoot ['bɛəfut], **barefooted** ['bɛəfutid] adv.-a. descalç a.

bareheaded [.bɛə'hedid] a. amb el cap descobert.

barely ['bɛəli] adv. a penes, gairebé no. 2 escassament, pobrament.

bareness ['bɛənis] s. nuesa f.

bargain ['ba:gin] s. tracte m. [de negocis]; pacte m.; acord m. [laboral]. 2 *into the* ~, a més a més. 3 COM. ganga f., ocasió f.: ~ *price,* preu m. de saldo; ~ *sale,* venda f. de saldos, liquidació f.

bargain (to) ['ba:gin] i. negociar. 2 *to* ~ *for,* esperar t., comptar amb. ∎ 3 t. negociar; regatejar. 4 *to* ~ *away,* sacrificar.

barge [ba:dʒ] s. NÀUT. barcassa f., gavarra f. 2 MIL. falua f.

bark [ba:k] s. BOT. escorça f. 2 ZOOL. lladruc m. ‖ *his* ~ *is worse than his bite,* crida molt però no mossega. 3 tos f. forta. 4 poèt. barca f.

bark (to) [ba:k] t. escorçar, pelar. 2 fig. *to* ~ *(out) an order,* donar una ordre cridant. ∎ 3 i. bordar *(at,* a). 4 *to* ~ *up the wrong tree,* equivocar-se p.

barley ['ba:li] s. BOT. ordi m.

barm [ba:m] s. llevat m. de cervesa.

barmaid ['ba:meid] s. cambrera f.

barmy ['ba:mi] a. col·loq. (G.B.) sonat, guillat.

barman ['ba:mən] s. bàrman m., cambrer m.

barn [ba:n] graner m., paller m. 2 (EUA) estable m.

barnacle ['ba:nəkl] s. cast. ZOOL. percebe m., peu m. de cabra.

barn yard ['ba:n ja:d] s. corral m.

barometer [bə'rɔmitəʳ] s. baròmetre m.

baron ['bærən] s. baró m. 2 fig. (EUA) magnat m., potentat m.

baroness ['bærənis] s. baronessa f.

baronet ['bærənit] s. baronet m.

baroque [bə'rɔk] a. barroc. ∎ 2 s. barroc m.

barracks ['bærəks] s. pl. quarter m., caserna f.

barrage ['bæra:ʒ] s. resclosa f., presa f. 2 MIL. línia f. de foc.

barrel ['bærəl] s. barril m., bóta f. 2 canó m. [d'artilleria]. 3 MEC. cilindre m. 4 MÚS. ~ *organ,* orgue m. de maneta.

barrel (to) ['bærəl] t. embotar.

barren ['bærən] a. estèril, eixorc, infecund: ~ *land,* terra f. improductiva.; ~ *of,* mancat de. 2 fig. infructuós; estèril.

barricade [.bæri'keid] s. barricada f.

barricade (to) [bæri'keid] t. *to* ~ *(in* o *off),* aixecar barricades. ∎ 2 p. *to* ~ *oneself,* parapetar-se.

barrier ['bæriəʳ] s. barrera f. 2 fig. obstacle m.

barring ['ba:riŋ] prep. excepte.

barrister ['bæristəʳ] s. (G.B.) advocat.

barrow ['bærou] s. carretó m.

barrow-boy ['bæroubɔi] s. venedor m. ambulant de fruita, etc.

Bart [ba:t] m. (abrev. *baronet)* baronet m.

barter ['ba:təʳ] canvi m., permuta f., barata f.

barter (to) ['ba:təʳ] t.-i. canviar t., permutar t. 2 fig. *to* ~ *away,* malvendre t.

Bartholomew [ba:'θɔləmju:] n. pr. m. Bartomeu.

basalt ['bæsɔlt] s. MINER. basalt m.

base [beis] a. baix, infame. ∎ 2 s. base f.

base (to) [beis] t. basar, fundar *(on,* en). ∎ 2 p. *to* ~ *(oneself),* basar-se.

baseball ['beisbɔ:l] s. ESPORT beisbol m.

baseless ['beislis] *a.* sense fonament.

basement ['beismənt] *s.* soterrani *m.*

bash [bæʃ] *s.* cop *m.* violent. ‖ col·loq. *to have a ~ at something*, intentar alguna cosa.

bash [bæʃ] *t.* col·loq. etzibar, descarregar un cop [contra algú o algun objecte].

bashful ['bæʃful] *a.* vergonyós, tímid. ■ 2 **-ly** *adv.* tímidament.

bashfulness ['bæʃfulnis] *s.* vergonya *f.*, timidesa *f.*

basic ['beisik] *a.* bàsic, fonamental, elemental.

Basil [bæzl] *n. pr. m.* Basili.

basilica [bə'zilikə] *s.* basílica *f.*

basilisk ['bæzilisk] *s.* ZOOL., MITOL. basilisc *m.*

basin ['beisn] *s.* palangana *f.*; gibrell *m.* 2 lavabo *m.* 3 bol *m.* 4 GEOG. conca *f.* 5 dàrsena *f.*

basis ['beisis] *s.* base *f.*, fonament *m.* ‖ *on the ~ of*, partint de. ▲ *pl.* **bases** ['beisiːz].

bask (to) [baːsk] *i.* *to ~ in the sunshine*, prendre el sol. 2 fig. gaudir (*in*, de).

basket ['baːskit] *s.* cistell *m.*, cabàs *m.* 2 cistella *f.*; cove *m.* ‖ *waste-paper ~*, paperera *f.* 3 ESPORT *cistella f.*

basket ball ['baːskitbɔːl] *s.* ESPORT bàsquet *m.*

Basle [baːl] *n. pr.* GEOGR. Basilea.

Basque ['bæsk], ['bːsk] *a.-s.* basc: ~ *Country*, País *m.* Basc.

bas-relief [bæsri'liːf] *s.* ART baix relleu *m.*

bass [bæs] *s.* ICT. llobarro *m.*, llobina *f.*

bass [beis] *a.* MÚS. baix. ■ 2 *s.* MÚS. baix *m.* [cantant, instrument] ‖ *double ~*, contrabaix *m.*

bassoon [bə'suːn] *s.* MÚS. fagot *m.*, baixó *m.*

bastard ['baːstəd] *a.-s.* bastard. 2 *s.* pop. fill de puta.

baste (to) [beist] *t.* embastar. 2 CUI. enllardar. 3 apallissar, estomacar.

bat [bæt] *s.* ZOOL. rat-penat *m.* 2 *to have bats in the belfy*, estar tocat de l'ala. 3 ESPORT pal *m.* [criquet, etc.], pala *f.* [ping-pong]. 4 *off one's own ~*, pel propi compte, sense cap ajuda.

bat (to) [bæt] *t.-i.* ESPORT pegar, copejar [amb la pala]. 2 fig. *not to ~ an eyelid*, no immutar-se *p.;* no poder aclucar els ulls.

batch [bætʃ] *s.* fornada *f.* 2 sèrie *f.*, remesa *f.* [de béns]. 3 piló *m.* [de cartes]. 4 grup *m.* [de persones].

bath [baːθ] *s.* bany *m.* ‖ *to have a ~*, banyar-se. 2 banyera *f.* 3 *pl.* banys *m. pl.* [turcs, públics, etc.].

bathe (to) [beið] *t.* banyar [una ferida, els ulls, etc.]. ‖ *to be bathed in*, estar banyat en. ■ 3 *i.* banyar-se *p.*

bather ['beiðə'] *s.* banyista.

bathing ['beiðiŋ] *s.* bany *m.*

bathing costume ['beiðiŋˌkɔstjuːm], **bathing suit** ['beiðiŋˌsuːt] *s.* vestit *m.* de bany.

bathrobe ['baːθroub] *s.* barnús *m.*

bathroom ['baːθrum] *s.* lavabo *m.;* cambra *f.* de bany *m.*

bathtub ['baːθtʌb] *s.* banyera *f.*

baton ['bætən] *s.* porra *f.* [policia]. 2 MÚS. batuta *f.* 3 bastó *m.* de comandament. 4 ESPORT testimoni *m.* [cursa de relleus].

batsman ['bætsmən] *s.* ESPORT jugador de criquet o beisbol.

battalion [bə'tæljən] *s.* batalló *m.*

batten ['bætn] *s.* llistó *m.*, travesser *m.*

batten (to) ['bætn] *i.* *to ~ on* o *upon*, engreixar-se *p.;* fig. viure a costa de.

batter ['bætə'] *s.* CUI. pasta *f.* [per arrebossar].

batter (to) ['bætə'] *t.* apallissar. 2 batre [del vent, les onades]. 3 masegar. 4 *to ~ down*, tirar a terra [una porta, etc.]. 5 *to ~ about*, maltractar.

battered ['bætəd] *a.* espatllat, fet malbé. 2 maltractat: ~ *child*, nen maltractat.

battery ['bætəri] *s.* MIL., ELECT., CUI. bateria *f.* 2 ELECT. pila *f.*

battle ['bætl] *s.* batalla *f.*, combat *m.* 2 fig. batalla *f.* ‖ *to do ~ for*, lluitar per. ‖ *to fight a losing ~*, lluitar per una causa perduda. ‖ *to give* o *offer ~*, moure guerra.

battle (to) ['bætl] *i.* combatre (*with* o *against*, contra), (*for*, per).

battlefield ['bætlfiːld] *s.* camp *m.* de batalla.

battlements ['bætlmənts] *s. pl.* ARQ. merlets *m. inv.*

battleship ['bætlʃip] *s.* MIL. cuirassat *m.*

bauble ['bɔːbl] *s.* galindaina *f.;* quincalla *f.*

Bavaria [bə'veəriə] *n. pr.* GEOGR. Baviera.

Bavarian [bə'veəriən] *a.* GEOGR. bavarès.

bawdy ['bɔːdi] *a.* obscè, indecent. ‖ ~ *talk*, conversa *f.* picant.

bawl (to) [bɔːl] *i.-t.* cridar. ‖ *to ~ out*, vociferar. ‖ *to ~ someone out*, esbroncar *t.* algú.

beat

bay [bei] s. BOT. llorer m.: ~ *wreath*, corona de llorer. 2 GEOGR. badia f.; golf m. [gran]. 3 ARQ. nau f. [trens; industrial]. 4 ARQ. intercolumni m. 5 lladruc m. 6 *at* ~, acorralat ‖ *to keep someone at* ~, tenir algú a ratlla.

bay (to) [bei] i. lladrar, udolar [esp. gos de caça].

bayonet [ˈbeiənit] s. baioneta f.

bay window [ˌbeiˈwindou] s. ARQ. finestra f. balconera.

bazaar [bəˈzɑːʳ] s. basar m. 2 venda f. benèfica.

bazooka [bəˈzuːkə] s. MIL. bazooka m., llançagranades m.

BBC [ˈbiːbiːˈsiː] s. (*British Broadcasting Corporation*) corporació f. britànica de radiotelevisió.

BC [ˈbiːˈsiː] (*before Christ*) aC (abans de Crist).

be (to) [biː] i. ésser, ser. 2 estar. 3 tenir: *he is ten*, té deu anys; *I'm cold*, tinc fred; *she's right*, té raó. 4 fer: *it's hot*, fa calor; *it's sunny*, fa sol. 5 *impers.* (amb *there*) haver-hi: *there is*, hi ha *sing.*; *there are*, hi ha *pl.* 6 *aux.* (passiva) *he is hated*, l'odien; (pres. continu) *I'm studying*, estic estudiant; (fut. immediat) *we are coming*, venim, vindrem; (indicant obligació) *I am to go out*, he de marxar. ■ *to* ~ *after*, perseguir; buscar; *to* ~ *at*, estar fent; *to* ~ *away*, ser fora [per alguns dies]; *to* ~ *in*, ser-hi [a casa, a l'oficina, etc.]; *to* ~ *off*, anar-se'n *p.*, començar; cancel·lar; acabar-se *p.*; passar-se *p.* [el menjar]; *to* ~ *up*, haver-se o estar llevat. ▲ CONJUG. INDIC. Pres. *I am* [æm, əm, m], *you are* [ɑːʳ, əʳ, əʳ], *he is* [iz], *we are*, etc. | Pret.: *I, he was* [wɔz, wəz], *you, we, they were* [wəːʳ, wəʳ]. ‖ SUBJ. Pres.: *be*. | Pret.: *were*. ‖ Part. Pas.: *been* [biːn, bin]. ‖ GER.: *being* [ˈbiːiŋ].

beach [biːtʃ] s. platja f.

beach (to) [biːtʃ] t. treure una embarcació del mar.

beachwear [ˈbiːtʃwɛəʳ] s. vestits m. pl. de platja.

beacon [ˈbiːkən] s. alimara f. 2 far m. 3 MAR., AVIA. balisa f.

bead [biːd] s. gra m. [de rosari; collaret]. 2 gota f. 3 *pl.* collaret m. *sing.*; rosari m. *sing.*

beadle [ˈbiːdl] s. bidell m. 2 REL. ant. macer m.

beak [biːk] s. bec m. [de l'au, etc.]. 2 nas m. ganxut. 3 col·loq. magistrat.

beam [biːm] s. biga f., travesser m. 2 raig m. [de llum, de sol]. 3 NÀUT. bau m.; mànega f. 4 fig. somriure m. 5 camastró m. [de balança]. 6 timó m. [de l'arada].

beam (to) [biːm] t. emetre [llum, calor, senyals ràdio]. ■ 2 i. brillar. 3 fig. somriure.

beaming [ˈbiːmiŋ] a. somrient; radiant.

bean [biːn] s. mongeta f., (VAL.) fesol m.: *broad* ~, fava f.; *French* ~, mongeta f. verda. 2 mongetera f.

bear [bɛəʳ] s. ZOOL. ós, (ROSS.) urs. 2 ASTR. *the Great and Little Bear*, L'Ossa f. Major i Menor. 3 COM. baixista [en borsa].

bear (to) [bɛəʳ] t. portar. 2 tenir. 3 suportar, aguantar. 4 donar; proporcionar. 5 donar a llum: *she was born in Liverpool*, va néixer a Liverpool. 6 sentir (*against* o *towards*, envers o cap a). 7 merèixer. 8 *to* ~ *in mind*, tenir present. ■ 9 i. dirigir-se *p.* a. 10 tombar. 11 suportar, sostenir. ■ *to* ~ *down*, vèncer; córrer (*on* o *upon*, cap a); *to* ~ *out*, confirmar, corroborar; *to* ~ *up*, resistir, aguantar (*against*, ~). ▲ Pret.: *bore* [bɔːʳ]; p. p. *borne*; *born* [bɔːn] [nascut].

bearable [ˈbɛərəbl] a. suportable, tolerable, passable.

beard [biəd] s. barba f.: *he has a* ~, porta barba f. 2 BOT. aresta f.

bearded [ˈbiədid] a. barbut, amb barba.

beardless [ˈbiədlis] a. imberbe, barbamec.

bearer [ˈbɛərəʳ] s. portador. 2 mosso m. [per encàrrecs]. 3 arbre m. fructífer: *a poor* ~, un arbre de pocs fruits.

bearing [ˈbɛəriŋ] s. comportament m.; conducta f.; maneres f. pl. 2 aspecte(s) m. (*pl.*) [d'una qüestió]. 3 relació f., connexió f. 4 aguant m.: *beyond all* ~, insuportable, intolerable. 5. pl. orientació f. *sing.*: *to lose one's bearings*, desorientar-se. [també fig.]. 6 MEC. coixinet m.

beast [biːst] s. bèstia f., animal m. [també persona]. ‖ fig. *it is a* ~ *of a job*, és una feina espantosa.

beastly [ˈbiːstli] a. bestial. 2 col·loq. horrible, desagradable. ■ 3 adv. de manera desagradable.

beat [biːt] s. batec m. [del cor]; pulsació f. [cops o sons regulars]. 2 toc m. [de tambor]. 3 MÚS. ritme m. 4 ronda f.: *policemen on the* ~, policies fent la ronda pel carrer. 5 fig. *to be off* (o *out of*) *one's* ~, no ser el fort [d'algú].

beat (to) [biːt] t. copejar o picar repetidament [esp. amb un pal]; pegar, (ROSS.)

trucar. ‖ *to ~ somebody up,* apallissar algú. 2 MÚS. marcar el temps. 3 batre [les ales, els ous]. 4 derrotar, guanyar. 5 confondre, deixar perplex. ■ *6 i.* batre, donar cops *(against,* contra) [del vent, etc.]. 7 bategar [del cor, etc.]. ▲ Pret.: *beat* [biːt]; p. p. *beaten* [biːtn].

beatify (to) [biˈætifai] *t.* REL. beatificar.

beating [biːtiŋ] *s.* pallissa *f.* [de cops]. 2 derrota *f.* 3 batec *m.* [del cor]; pulsació *f.*

beatitude [biˈætitjuːd] *s.* beatitud *f.* 2 REL. *pl. the Beatitudes,* les Benaurances *f. pl.*

beatnik [biːtnik] *s.* beatnik.

Beatrice [biːtris] *n. pr. f.* Beatriu.

beautician [bjuːˈtiʃn] *s.* esteticista.

beautiful [bjuːtiful] *a.* bonic, cast. maco. 2 preciós, meravellós. ■ 3 *-ly, adv.* meravellosament.

beautify (to) [bjuːtifai] *t.* embellir.

beauty [bjuːti] *s.* bellesa *f.*

beauty spot [bjuːtispɔt] *s.* piga *f.* 2 contrada *f.* de gran bellesa.

beaver [biːvə'] *s.* ZOOL. castor *m.*

became [biˈkeim] Vegeu BECOME (TO).

because [biˈkɔz] *conj.* perquè: *I did it ~ they asked me to do it,* ho vaig fer perquè m'ho van demanar. ■ 2 *prep. ~ of,* a causa de.

beckon (to) [bekən] *t.* cridar gesticulant, fer signes. ■ 2 *i. to ~ to,* cridar fent signes a, fer signes a.

become (to) [biˈkʌm] *i.* esdevenir, fer-se *p.,* tornar-se *p.;* convertir-se *p.;* posar-se *p.* ‖ *to ~ angry,* empiparse *p.* ‖ *to ~ of,* fer-se'n *p.: what has ~ of your brother?,* què se n'ha fet del teu germà? ■ 2 *t.* afavorir; escaure *i.: this behaviour doesn't ~ you,* aquesta conducta no t'escau. ▲ Pret.: *became* [biˈkeim]; p. p.: *become* [biˈkʌm].

becoming [biˈkʌmiŋ] *a.* que cau bé, escaient; apropiat.

bed [bed] *s.* llit *m.* ‖ *to go to ~,* anar a dormir. 2 GEOGR. llit *m.* [d'un riu], llera *f.* 3 GEOL. estrat *m.* 4 JARD. massís *m.,* parterre *m.*

bed (to) [bed] *t.* fixar, col·locar, encastar. 2 *to ~ down,* fer un jaç per a 3 *to ~ out* o *to ~ in,* plantar.

bedaubed [biˈdɔːbd] *a. ~ (with),* empastifat [amb fang, guix, etc.].

bedbug [bedbʌg] *s.* ENT. xinxa *f.*

bedcover [bedkʌvə'] *s.* vànova *f.,* cobrellit *m.*

bedding [bediŋ] *s.* roba *f.* de llit, llençols *m. pl.* 2 jaç *m.* de palla [per a animals].

bedecked [biˈdekt] *a. ~ (with),* decorat, adornat [amb flors, joies, etc.].

bedhead [bedhed] *s.* capçal *m.,* capçalera *f.*

bedlam [bedləm] *s.* fig. rebombori *m.* 2 ant. manicomi *m.*

bed linen [bedlinin] *s.* llençols *m. pl.,* roba *f.* de llit.

Bedouin [beduin] *a.-n. pr.* GEOGR. beduí.

bedpan [bedpæn] *s.* orinal *m.,* gibrelleta *f.*

bedraggled [biˈdrægld] *a.* brut; moll [esp. roba].

bedridden [bedˌridn] *a.* obligat a fer llit per debilitat o vellesa.

bedroom [bedrum] *s.* dormitori *m.,* habitació *f.,* cambra *f.*

bedside [bedsaid] *s.* capçal *m.,* capçalera *f.*

bedside table [bedsaidˈteibl] *s.* tauleta *f.* de nit.

bedside manner [bedsaidˈmænə] *s.* tracte *m.* amb un malalt.

bedstead [bedsted] *s.* carcassa *f.* del llit.

bee [biː] *s.* abella. 2 *to have a ~ in one's bonnet,* tenir una dèria. 3 (EUA) reunió *f.* social.

beech [biːtʃ] *s.* BOT. faig *m.*

beechnut [biːtʃnʌt] *s.* faja *f.*

beef [biːf] *s.* carn *f.* de bou i de vaca. 2 múscul *m.* [de l'home].

beef (to) [biːf] *i.* col·loq. queixar-se *p.*

beef cattle [biːfkætl] *s.* bestiar *m.* boví.

beefsteak [biːfsteik] *s.* bistec *m.*

beehive [biːhaiv] *s.* rusc *m.*

bee-line [biːlain] *s.* línia *f.* recta. ‖ *to make a ~ for,* anar de dret a.

been [biːn, bin] Vegeu BE (TO).

beer [biə'] *s.* cervesa *f.: draught ~,* cervesa de barril. 2 *he thinks no small ~ of himself,* té una opinió molt elevada de si mateix.

beeswax [biːzwæks] *s.* cera *f.* d'abella.

beet [biːt] *s.* BOT. planta *f.* d'arrel dolça: *red ~,* remolatxa *f., white ~,* bleda-rave *f.*

beetle [biːtl] *s.* ENT. escarabat *m.*

beetroot [biːtruːt] *s.* BOT. remolatxa *f.*

beetle-browed [biːtlbraud] *a.* cellut.

befall (to) [biˈfɔːl] *t.-i.* passar *i.,* passar a *i.,* ocórrer *i.* ▲ només s'usa en tercera persona. Pret.: *befell* [biˈfel] p. p.: *befallen* [biˈfɔːlən].

bellicose

befit (to) [biˈfit] t. form. correspondre a i.; venir bé a i. ▲ només s'usa en tercera persona.

befitting [biˈfitiŋ] a. convenient.

before [biˈfɔːr] adv. abans. ʼ2 (per) endavant [espai i temps]. ■ 3 prep. abans de. ‖ ~ long, aviat. 4 davant de [ordre]. 5 en presència de, davant de. 6 abans que [indicant preferència]. ■ 7 conj. abans que.

beforehand [biˈfɔːhænd] adv. per endavant. ‖ loc. adv., anticipadament: I made preparations ~, vaig fer els preparatius amb antelació.

befriend (to) [biˈfrend] t. socórrer, ajudar; fer-se p. amic [esp. d'algú necessitat].

beg (to) [beg] t. pregar, demanar, suplicar. ■ 2 i. demanar caritat. 3 gosar. ‖ I ~ to inform you that, tinc el gust de fer-li saber que.

began [biˈgæn] Vegeu BEGIN (TO).

beget (to) [biˈget] t. engendrar. 2 fig. engendrar, ocasionar. ▲ Pret.: begot [biˈgɔt]; p. p.: begotten [biˈgɔtn].

beggar [ˈbegər] s. captaire, mendicant. 2 col·loq. you lucky ~!, quina sort que tens, paio!; poor ~!, pobre home!

beggar (to) [ˈbegər] t. arruïnar, empobrir.

beggarly [ˈbegəli] a. pobre, miserable; mesquí.

begin (to) [biˈgin] t.-i. començar, iniciar. 2 t. to ~ to [+ inf.] o to ~ [+ ger.], començar a i. 3 to ~ at, començar a partir de, des de; to ~ with, per començar, en primer lloc. ▲ Pret.: began [biˈgæn]; p. p.: begun [biˈgʌn]; ger.: beginning [biˈginiŋ].

beginner [biˈginər] s. principiant.

beginning [biˈginiŋ] s. començament m., principi m. ‖ at the ~ of the book, al començament del llibre. ‖ in the ~ I was lost, al principi anava perdut.

begone [biˈgɔn] interj. fora! ▲ només s'usa com imperatiu.

begot [biˈgɔt], **begotten** [biˈgɛtn] Vegeu BEGET (TO).

begrimed [biˈgraimd] a. brut.

beguile (to) [biˈgail] t. enganyar; ensibornar; seduir. 2 entretenir-se p., distreure's p.

begun [biˈgʌn] Vegeu BEGIN (TO).

behalf [biˈhɑːf] s. on ~ of, en nom m. de, en representació f. de.

behave (to) [biˈheiv] i. comportar-se p., portar-se p.: ~ yourself!, porta't bé! 2 funcionar [un cotxe, etc.].

behaviour [biˈheivjər] s. conducta f., comportament m.

behead (to) [biˈhed] t. decapitar.

beheading [biˈhediŋ] s. decapitació f.

beheld [biˈheld] Vegeu BEHOLD (TO).

behind [biˈhaind] adv. darrera, per darrera. ‖ to fall o lag ~, quedar-se enrera. ‖ to leave ~, deixar, deixar enrera. ■ 2 prep. darrera (de). ‖ to be o lie ~, ésser la causa o explicació de. 3 per sota [inferior].

behindhand [biˈhaind,hænd] adv.-a. endarrerit a., amb retard adv.

behold (to) [biˈhould] t. ant. liter. esguardar. ▲ Pret. i p. p.: beheld [biˈheld].

beige [beiʒ] s. beix m. ■ 2 a. beix, de color m. beix.

being [ˈbiːiŋ] s. ésser m., ser m.: human ~, ésser humà; The Supreme Being, l'ésser suprem. ‖ to bring into ~, crear, engendrar. ‖ to come into ~, néixer, començar a existir. ▲ ger. de BE (TO).

belated [biˈleitid] a. tardà: a ~ greeting card, una felicitació tardana. ■ 2 -ly adv. tardanament.

belch [beltʃ] s. eructe m., rot m.

belch (to) [beltʃ] i. eructar, fer rots. ■ 2 t. to ~ out, vomitar foc o flames [un volcà, etc.].

beleaguer (to) [biˈliːgər] t. assetjar.

belfry [ˈbelfri] s. campanar m.

Belgian [ˈbeldʒən] a.-s. GEOGR. belga.

Belgium [ˈbeldʒəm] n. pr. GEOGR. Bèlgica.

Belgrade [belˈgreid] n. pr. GEOGR. Belgrad.

belie (to) [biˈlai] t. desmentir, contrariar. 2 defraudar [una promesa, una esperança, etc.].

belief [biˈliːf] s. creença f. ‖ beyond ~, increïble a. 2 confiança f. ‖ in the ~ that, amb el convenciment m. que. 3 fe f.

believe (to) [biˈliːv] t. creure; pensar t.-p. ■ 2 i. creure; confiar (in, en). ‖ to make ~, fer t. creure, fingir t.

believer [biˈliːvər] s. REL. creient. 2 partidari.

belittle (to) [biˈlitl] t. menysprear, donar poca importància.

bell [bel] s. campana f.; campaneta f.; cascavell m.; esquella f. 2 timbre m.: to ring the ~, tocar el timbre ‖ col·loq. fig. it rings a ~, em sona.

bellboy [ˈbelbɔi] s. mosso m., grum m.

belle [bel] s. beutat f.

bell hop [ˈbelhɔp] s. (EUA) mosso m., grum m.

bellicose [ˈbelikous] a. bel·licós.

bellied

bellied ['belid] *a.* esp. *pot-bellied*, panxut.

belligerent [bi'lidʒərənt] *a.-s.* bel·ligerant.

bellow (to) ['belou] *i.* bramar, bramular, rugir. ■ 2 *t.* *to ~ (out)*, dir o cantar cridant.

bellows ['belouz] *s. pl.* manxa *f.*

belly ['beli] *s.* col·loq. ventre *m.*, panxa *f.* 2 panxa [d'animals i coses]: *the ~ of a plane*, la panxa de l'avió.

belly (to) ['beli] *t.* inflar [les veles]. ■ 2 *i.* inflar-se *p.* [les veles].

belly-ache ['belieik] *s.* mal *m.* d'estómac.

belly-ache (to) ['belieik] *t.* col·loq. queixar-se *p.*

belly button ['beli,bʌtn] *s.* col·loq. melic *m.*

bellylanding ['belilændiŋ] *s.* AERON. aterratge *m.* de panxa.

belong (to) [bi'lɔŋ] *i.* pertànyer (*to*, a), ser (*to*, de). 2 ser de [nadiu, resident]. 3 ser soci, ser membre (*to*, de). 4 anar [lloc apropiat]: *this book belongs on that shelf*, aquest llibre va en aquell prestatge. 5 adir-se *p.*, combinar *t.* bé.

belongings [bi'lɔŋiŋz] *s. pl.* béns *m. pl.*, objectes *m. pl.* personals: *my ~*, les meves coses.

beloved [bi'lʌvd] *a.* estimat. ■ 2 *a.-s.* [bi'lʌvid] estimat: *my ~*, el meu estimat.

below [bi'lou] *adv.* sota, davall, dessota. ■ 2 *prep.* sota, per sota. 3 inferior, per sota. ‖ *~ zero*, sota zero.

belt [belt] *s.* cinturó *m.*, cinyell *m.* faixa *f.* 2 GEOGR. cinturó *m.*, zona *f.* 3 MEC. corretja *f.* de transmissió.

bemoan (to) [bi'moun] *t.* liter. lamentar, plorar.

Ben [ben] *n. pr. m.* (dim. *Benjamin*) Benjamí.

bench [bentʃ] *s.* banc *m.* [de pedra, de fusta, etc.]. 2 DRET *The Bench*, tribunal *m.* 3 banc *m.* de fuster.

bend [bend] *s.* corba *f.*; revolt *m.*: *a sharp ~*, una corba *f.* tancada. 2 meandre *m.* [d'un riu]. 3 inclinació *f.* [del cos].

bend (to) [bend] *t.* corbar, doblegar, torçar. 2 inclinar. 3 dirigir; concentrar [esforç, atenció, etc.]. ■ 4 *i.* inclinar-se *p.* 5 sotmetre('s). ▲ Pret. i p. p.: *bent* [bent].

bending ['bendiŋ] *s.* corba *f.*; flexió *f.*

Benedict ['benidikt] *n. pr. m.* Benet.

Benedictine [,beni'diktin] *a.-s.* REL. benedictí.

benediction [,beni'dikʃən] *s.* benedicció *f.*

beneath [bi'niːθ] *adv.-prep.* lit. sota, baix. *adv.* 2 indigne *a.* de. 3 inferior *a.* a.

benefaction [,beni'fækʃən] *s.* bona obra *f.* 2 almoina *f.*, donació *f.*

benefactor ['benifæktə'] *s.* benefactor.

beneficial [,beni'fiʃəl] *a.* form. beneficiós, profitós.

beneficiary [,beni'fiʃəri] *s.* beneficiari.

benefit ['benifit] *s.* benefici *m.*, profit *m.*, utilitat *f.* ‖ *for the ~ of*, en benefici de. 2 subsidi *m.*: *unemployment ~*, subsidi *m.* d'atur.

benefit (to) ['benifit] *t.* beneficiar. ■ 2 *i.* beneficiar-se *p.* (*from* o *by*, de).

benevolence [bi'nevələns] *s.* benevolència *f.*, generositat *f.*

benevolent [bi'nevələnt] *a.* benèvol (*to* o *towards*, amb). ■ 2 *-ly adv.* benèvolament.

benign [bi'nain] *a.* benigne. 2 favorable.

benignant [bi'nignənt] *a.* form. benigne, bondadós.

bent [bent] Vegeu BEND (TO). ■ 2 *a.* tort. 3 pop. deshonest. 4 *to be ~ on*, estar fermament disposat a. ■ 5 *s.* inclinació *f.*, tendència *f.*

benumb (to) [bi'nʌm] *t.* entumir.

benzine ['benziːn] *s.* QUÍM. benzina *f.*

bequeath (to) [bi'kwiːð] *t.* llegar, deixar.

bequest [bi'kwest] *s.* llegat *m.*, donació *f.*

bereave (to) [bi'riːv] *t.* privar, desposseir de. ▲ Pret. i p. p.: *bereaved* [bi'riːvd] o *bereft* [bi'reft].

bereavement [bi'riːvmənt] *s.* pèrdua *f.* [d'una persona]. 2 dol *m.*

bereft [bi'reft] Vegeu BEREAVE (TO).

beret ['berei] *s.* boina *f.*

Berlin [bəː'lin] *n. pr.* GEOGR. Berlín.

Berliner [bəː'linə'] *s.* GEOGR. berlinès.

Bermuda [bəː'mjuːdə] *n. pr.* GEOGR. Bermudes [les illes].

Bernard ['bəːnəd] *n. pr. m.* Bernat.

Berne [bəːn] *n. pr.* GEOGR. Berna.

berry ['beri] *s.* baia *f.*; gra *m.*

berserk [bə'səːk] *a.* fig. *to go ~*, perdre els estreps.

Bert [bəːt] *n. pr. m.* fam. (abrev. *Albert, Herbert*, etc.)

berth [bəːθ] *s.* llitera *f.* [tren, vaixell, etc.]. 2 NÀUT. cabina *f.* 3 NÀUT. amarrador *m.*

berth (to) [bəːθ] *t.-i.* NÀUT. donar *t.* cabina. 2 *t.* amarrar.

beseech (to) [bi'siːtʃ] *t.* liter. implorar, suplicar. ▲ Pret. i p. p.: *besought* [bi'sɔːt].

beset (to) [bi'set] t. assetjar; acorralar; encerclar. ▲ Pret. i p. p.: *beset;* ger.: *be-setting.*

beside [bi'said] *prep.* al costat de; prop de. 2 al costat de, en comparació de. 3 ~ *oneself,* fora de si. 4 ~ *the point,* que no fa al cas.

besides [bi'saidz] *adv.* a més; d'altra banda. ■ 2 *prep.* a més de, a més a més de.

besiege (to) [bi'si:dʒ] t. assetjar. 2 fig. ~ *with,* acorralar, estrènyer.

besmear (to) [bi'smiə'] t. embrutar; empastifar; untar.

besought [bi'sɔ:t] Vegeu BESEECH (TO).

bespattered [bi'spætəd] a. ~ *with,* esquitxat [de fang, etc.].

bespeak (to) [bi'spi:k] t. encarregar, reservar, emparaular.

bespoke [bi'spouk] a. fet a mida [roba]: ~ *tailor,* sastre que fa vestits a mida.

Bess [bes] *n. pr. f.* fam. Isabel, Elisabet.

best [best] a. *superl.* (el o la) millor. 2 LOC. *the ~ part of,* la major part de [temps]. ■ 3 *adv. superl.* millor. 4 més: *the painting I like ~,* el quadre que més m'agrada. ■ 5 *pron.* el millor, la cosa millor. ‖ *to do one's ~,* fer el màxim que es pot. ‖ LOC. *at ~,* en el millor dels casos. ▲ *a. superl.* de GOOD; *adv. superl.* de WELL.

bestial ['bestjəl] a. bestial.

best man [best'mæn] *s.* amic *m.* del nuvi que fa de padrí de boda.

best seller ['best'selə] *s.* llibre *m.* d'èxit comercial; best seller *m.*

bestow (to) [bi'stou] t. *to ~ (on* o *upon),* atorgar, conferir.

bestowal [bi'stouəl] *s.* atorgament *m.,* donació *f.,* concessió *f.*

bestride (to) [bi'straid] t. muntar *i.* [eixarrancat]. ▲ Pret.: *bestrode* [bi'stroud]; p. p.: *bestridden* [bi'stridn].

bet [bet] *s.* aposta *f.*

bet (to) [bet] t. apostar *(on,* a); jugar-se *p.* ■ 2 *i.* fer una aposta. ▲ Pret. i p. p.: *bet* o *betted* [ɢbetid].

Bethlehem ['beθlihem] *n. pr.* GEOGR. Betlem.

betray (to) [bi'trei] t. trair. 2 revelar; delatar, (ROSS.) decelar.

betrayal [bi'treiəl] *s.* traïció *f.*

betroth (to) [bi'trouð] t. ant. prometre's *p.* en matrimoni.

betrothal [bi'trouðel] *s.* ant. esposalles *f. pl.*

betrothed [bi'trouðd] *s.* ant. promès.

better ['betə'] a. millor, més bé, més bo: *this brand is ~,* aquesta marca és més bona. ■ 2 *adv.* millor. ‖ ~ *off,* més acomodat, més ric; més bé. ‖ *so much the ~,* molt millor. 3 *had ~,* millor que [consell, suggeriment, etc.]. ■ 4 *s. for ~ or for worse,* en el bé i en el mal. 5 *pl.* superiors.

better (to) ['betə'] t. millorar. 2 *to ~ oneself,* millorar de posició [socio-econòmica, laboral].

betterment ['betəmənt] *s.* millora *f.,* millorament *m.*

betting ['betiŋ] *s.* aposta *f.*

bettor, better [betə'] *s.* apostador.

Betty ['beti] *n. pr. f.* fam. Elisabet.

between [bi'twi:n] *adv. (in)* ~, enmig, al mig. ■ 2 *prep.* entre [indicant connexió entre dos].

bevel ['bevəl] *s.* bisel *m.*

bevel (to) ['bevəl] t. bisel·lar.

beverage ['bevəridʒ] *s.* beguda *f.* [excepte l'aigua].

bewail (to) [bi'weil] t. poet. lamentar, plorar.

beware (to) [bi'wɛə'] *i.* guardar-se *p. (of,* de), anar amb compte *(of,* amb).

bewilder (to) [bi'wildə'] t. desconcertar, atordir, deixar perplex.

bewilderment [bi'wildəmənt] *s.* desconcert *m.,* atordiment *m.*

bewitch (to) [bi'witʃ] t. embruixar, encisar, encantar.

bewitchment [bi'witʃmənt] *s.* embruix *m.,* encís *m.* 2 fascinació *f.,* encant *m.*

beyond [bi'ɔnd] *adv.* més enllà, més lluny. ■ 2 *prep.* més enllà de. 3 fig. per sobre de [ultrapassant]. ■ 4 *s. the ~,* el més enllà *m.*

BHP, bhp [bi:eitʃ'pi:] *(brake horsepower)* potència *f.* de frenada.

bias ['baiəs] *s.* tendència *f.,* inclinació *f.* 2 parcialitat *f.,* prejudici *m.* 3 COST. biaix *m.: to cut on the ~,* tallar al biaix.

bias (to) ['baiəs] t. influir. ‖ *to be biased,* ser parcial.

bib [bib] *s.* pitet *m.*

Bible ['baibl] *s.* REL. Bíblia *f.*

biblical ['biblikəl] a. REL. bíblic.

bibliography [bibli'ɔgrəfi] *s.* bibliografia *f.*

biceps ['baisəps] *s.* ANAT. bíceps *m.*

bicker (to) ['bikə'] *i.* barallar-se *p.*

bicycle ['baisikl] *s.* bicicleta *f.*

bid [bid] *s.* oferta *f.,* postura *f.* [en una subhasta]. 2 aposta *f.* [cartes].

bid (to) [bid] *t.* licitar; oferir. 2 ordenar, manar. 3 ant. dir. 4 ant. convidar. ■ *5 i.* fer una oferta. ▲ Pret.: *bade* [bæd]; p. p.: *bidden* ['bidn].

bidden ['bidn] Vegeu BID (TO).

bidding ['bidiŋ] *s.* ordre *f.* 2 licitació *f.* 3 aposta *f.* [cartes].

bide (to) [baid] *t. to ~ one's time,* esperar el moment oportú.

biennial [bai'eniəl] *a.* biennal.

bier [biə'] *s.* fèretre *m.*

bifocal [,bai'foukl] *a.* bifocal. ■ *2 s. pl.* ulleres *f. pl.* bifocals.

big [big] *a.* gran, gros. 2 voluminós, corpulent.

bigamy ['bigəmi] *s.* bigàmia *f.*

bight [bait] *s.* MAR. cala *f.* 2 NÀUT. baga *f.* 3 recolze *m.* [riu, camí].

bigot ['bigət] *s.* fanàtic.

bigoted ['bigətid] *a.* fanàtic.

bigotry ['bigətri] *s.* fanatisme *m.,* intolerància *f.*

bigwig ['bigwig] *s.* fam. peix *m.* gros.

bile [bail] *s.* bilis *f.* [també fig.].

bilge [bildʒ] *s.* MAR. sentina *f.* 2 col·loq. bajanada *f.*

bilingual [bai'liŋgwəl] *a.* bilingüe.

bill [bil] *s.* factura *f.,* compte *m.* 2 nota *f.,* llista *f.* ‖ ~ *of fare,* menú *m.;* ~ *of lading,* coneixement *m.* d'embarcament. 3 ORN. bec *m.* 4 COM. ~ *of exchange,* lletra *f.* de canvi. 5 (EUA) bitllet *m.* de banc. 6 certificat *m.* 7 TEAT. cartell *m.,* programa *m.* 8 POL. projecte *m.* de llei.

bill (to) [bil] *t.* presentar factura. 2 anunciar [en programes i cartells].

Bill ['bil] *n. pr. m.* (*dim. William*) Guillem.

billboard ['bilbɔːd] *s.* (EUA) tanca *f.* publicitària.

billet ['bilit] *s.* MIL. allotjament *m.* 2 col·loq. lloc *m.* de treball.

billet (to) [bilit] *t.* MIL. allotjar.

billiards ['biljədz] *s.* JOC billar *m.*

billion ['biljən] *s.* (G.B.) bilió *m.* 2 (EUA) mil milions *m. pl.*

billow ['bilou] *s.* liter. ona *f.,* onada *f.* 2 *pl.* poèt. mar *m.* (i *f.*). 3 fig. onada *f.*

billow (to) ['bilou] *i.* ondular.

billowy ['biloui] *a.* ondulant.

billy-goat ['biligout] *s.* ZOOL. cabró *m.,* boc *m.*

bin [bin] *s.* recipient *m.* esp. amb tapadora; galleda *f.*

bind [baind] *s.* llaç *m.* 2 fig. llauna *f.,* murga *f.* 3 MÚS. lligadura *f.*

bind (to) [baind] *t.* lligar, unir [també fig.]. 2 enribetar. 3 ~ *(up),* embenar, lligar. 4 enquadernar. 5 endurir. 6 obligar. ■ *7 i.* endurir-se *p.* ■ *8 p. to ~ oneself,* comprometre's (*to,* a). ▲ Pret. i p. p.: *bound* [baund].

binder ['baində'] *s.* enquadernador. 2 AGR. màquina *f.* d'agarbonar.

binding ['baindiŋ] *a.* obligatori. ■ *2 s.* enquadernació *f.* 3 ribet *m.*

bindweed ['baindwiːd] *s.* BOT. correjola *f.;* enfiladissa *f.*

binnacle ['binəkl] *s.* NÀUT. bitàcola *f.*

binoculars [bi'nɔkjuləz] *s.* ÒPT. binocle(s) *m. (pl.);* prismàtics *m. pl.*

biography [bai'ɔgrəfi] *s.* biografia *f.*

biology [bai'ɔlədʒi] *s.* biologia *f.*

biped ['baiped] *s.* bípede *m.*

birch [bəːtʃ] *s.* BOT. bedoll *m.,* beç *m.* 2 vara *f.* [de bedoll].

birch (to) [bəːtʃ] *t.* fustigar.

bird [bəːd] *s.* ocell *m.* (OCC.) moixó *m.,* (VAL.) pardal *m.* 2 col·loq. (G.B.) nena *f.,* noia *f.*

bird-lime ['bəːdlaim] *s.* CINEG. vesc *m.*

birth [bəːθ] *s.* naixement *m.* 2 MED. part *m.* ‖ *by* o *from ~,* de naixement. ‖ *give ~ to,* donar a llum. 3 fig. començament *m.;* origen *m.* 4 llinatge *m.*

birth-control ['bəːθkəntroul] *s.* control *m.* de natalitat.

birthday ['bəːθdei] *s.* aniversari *m.*

birthmark ['bəːθmaːk] *s.* marca *f.* de naixement.

birthplace ['bəːθpleis] *s.* lloc *m.* de naixement; poble *m.* natal.

biscuit ['biskit] *s.* galeta *f.,* (BAL.) (VAL.) galleta *f.* 2 CERÀM. bescuit *m.*

bisect (to) [bai'sekt] *t.* bisecar.

bishop ['biʃəp] *s.* ECLES. bisbe *m.* 2 JOC alfil *m.* [escacs].

bishopric ['biʃəprik] *s.* ECLES. bisbat *m.*

bison ['baisn] *s.* ZOOL. bisó *m.* ▲ *pl.* bison.

bit [bit] *s.* tros *m.,* trosset *m.* 2 mica *f.* ‖ ~ *by ~,* de mica en mica; *not a ~,* gens ni mica. 3 bocí *m.,* mos *m.* [de menjar]. 4 fre *m.,* mos *m.* [de brida]. 5 MEC. broca *f.;* barrina *f.* 6 INFORM. bit *m.*

bit [bit] Vegeu BITE (TO).

bitch [bitʃ] *s.* ZOOL. gossa *f.;* guilla *f.;* lloba *f.* 2 col·loq. bruixa *f.* ‖ vulg. *son of a ~,* fill *m.* de puta *f.*

bite [bait] *s.* mossegada *f.* 2 picada *f.* [d'insecte]. 3 mos *m.* 4 aferrament *m.* [d'una serra, dels pneumàtics, etc.]. 5 fig. mordacitat *f.*

bite (to) [bait] *t.* mossegar. 2 picar [insecte, etc.]. 3 tallar: *the cold bit into his hands,* el fred li va tallar les mans. 4 MEC. aferrar-se *p.* 5 MEC. corroir. ■ *6 i.* mossegar. ▲ Pret.: *bit* [bit]; p. p.: *bit* o *bitten* [ˈbitn].

biting [ˈbaitiŋ] *a.* mordaç. 2 que talla [vent, etc.].

bitten [ˈbitn] Vegeu BITE (TO).

bitter [ˈbitə'] *a.* amarg; agre. 2 fig. cruel, amarg. 3 penetrant, punyent. ■ *4 s.* cervesa *f.* amarga.

bitterness [ˈbitənis] *s.* amargor *f.,* amargura *f.* 2 agror *f.* 3 crueltat *f.* 4 rancor *m.,* rancúnia *f.*

bitter-sweet [ˈbitəswi:t] *a.* agredolç [també fig.].

bitumen [ˈbitjumin] *s.* betum *m.*

bivouac [ˈbivuæk] *s.* bivac *m.*

bizarre [biˈzɑ:'] *a.* estrany, rar. 2 estrafolari.

blab (to) [blæb] *t.* revelar, divulgar. ■ *2 i.* xafardejar.

black [blæk] *a.* negre: ~ *art* o *magic,* màgia negra. 2 morè, bru, negre: ~ *man,* negre *m.* [home]; ~ *woman,* negra *f.* [dona]. 3 pur [cafè]. 4 fig. negre, funest, malcarat. ■ *5 s.* negre *m.* 6 dol *m.*

black (to) [blæk] *t.* ennegrir. 2 enllustrar [les sabates]. 3 boicotejar. ■ *4 to ~ out,* desmaiar-se *p.*

black-and-blue [ˌblæk-ən-ˈblu:] *a.* ple de blaus.

blackberry [ˈblækbəri] *s.* BOT. móra *f.*

blackbird [ˈblækbɑ:d] *s.* ORN. merla *f.*

blackboard [ˈblækbɔ:d] *s.* pissarra *f.*

black box [ˌblækˈbɔks] *s.* AERON. caixa *f.* negra.

blacken (to) [ˈblækən] *t.* ennegrir. 2 difamar. ■ *3 i.* ennegrir-se *p.*

blackguard [ˈblægɑ:d] *s.* poca-vergonya, canalla *m.*

blackhead [ˈblækhed] *s.* MED. barb *m.*

blackmail [ˈblækmeil] *s.* xantatge *m.*

blackmail (to) [ˈblækmeil] *t.* fer xantatge a.

Black Maria [ˌblækməˈraiə] *n. pr.* arg. camioneta *f.* de la bòfia; cotxe *m.* cel·lular.

black market [ˌblækˈmɑ:kit] *s.* mercat *m.* negre, estraperlo *m.*

blackness [ˈblæknis] *s.* negror *f.;* foscor *f.*

black-out [ˈblækaut] *s.* ELECT. apagada *f.* 2 pèrdua *f.* de coneixement.

black pudding [ˌblækˈpudiŋ] *s.* botifarra *f.* negra.

Black Sea [ˌblækˈsi:] *n. pr.* GEOGR. mar Negra.

black sheep [ˌblækˈʃi:p] *s.* ovella *f.* negra.

blacksmith [ˈblæksmiθ] *s.* ferrer *m.,* ferrador *m.*

bladder [ˈblædə'] *s.* ANAT. bufeta *f.,* veixiga *f.*

blade [bleid] *s.* fulla *f.* [d'un ganivet, etc.]. 2 pala *f.* [d'un rem]. 3 BOT. bri *m.*

blame [bleim] *s.* culpa *f.: to bear the ~,* tenir la culpa *f.* 2 censura *f.,* blasme *m.,* retret *m.*

blame (to) [bleim] *t.* culpar; blasmar; censurar.

blanch (to) [blɑ:ntʃ] *t.* emblanquir, blanquejar; empal·lidir. ■ *2 i.* empal·lidir.

bland [blænd] *a.* afable. 2 suau, fluix.

blandish (to) [ˈblændiʃ] *t.* afalagar. 2 llagotejar, ensibornar.

blandishment [ˈblændiʃmənt] *s.* afalac *m.,* falagueria *f.* 2 llagoteria *f.*

blank [blæŋk] *a.* en blanc [xec, paper, etc.]. 2 buit, sense interès o expressió. 3 perplex. 4 MIL. ~ *cartridge,* cartutx *m.* sense bala. ■ *5 s.* espai *m.* en blanc. 6 fig. llacuna *f.* ‖ *my mind was a complete ~,* em vaig quedar en blanc.

blanket [ˈblæŋkit] *s.* manta *f.* 2 col·loq. *wet ~,* esgarriacries.

blare [bleə'] *s.* trompetada *f.* 2 estrèpit *m.*

blare (to) [bleə'] *i.* sonar; ressonar [una trompeta]. ■ *2 t.* dir cridant.

blaspheme (to) [blæsˈfi:m] *i.-t.* blasfemar.

blasphemous [ˈblæsfəməs] *a.* blasfem.

blasphemy [ˈblæsfəmi] *s.* blasfèmia *f.*

blast [blɑ:st] *s.* ràfega *f.* [de vent]. 2 explosió *f.* 3 buf *m.,* bufada *f.* [d'aire]. 4 col·loq. *at full ~,* a tota marxa *f.* 5 MÚS. toc *m.* [d'un instrument]. 6 MIL. barrinada *f.*

blast (to) [blɑ:st] *t.* volar [fer explotar]. 2 MIL. bombardejar. 3 marcir. ■ *4 i.* continuar disparant.

blatant [ˈbleitənt] *a.* estrepitós; cridaner. 2 descarat. 3 evident.

blaze [bleiz] *s.* flamarada *f.* 2 foc *m.* 3 resplendor *m.* 4 fig. atac *m.* 5 clapa *f.* blanca [en el front d'un cavall o un bou]. 6 senyal *m.* [en un arbre]. 7 vulg. *go to blazes!,* vés a fer punyetes!

blaze (to) [bleiz] *i.* cremar. 2 brillar, resplandir. 3 fig. estar encès. ■ *4 i.-t. to ~ away,* disparar *t.* sense parar. ■ *5 t.* senyalar [un arbre]. 6 proclamar; fer córrer.

blazer ['bleizə'] s. jaqueta f. d'esport.

blazon ['bleizn] s. HERÀLD. blasó m.

bleach ['bli:tʃ] s. lleixiu m.

bleach (to) [bli:tʃ] t. posar en lleixiu; blanquejar. ■ 2 i. blanquejar.

bleak [bli:k] a. METEOR. fred, trist [el temps]. 2 desolat [un indret]. 3 fig. monòton, trist.

bleary ['bliəri] a. lleganyós [ull]. 2 borrós.

bleat [bli:t] s. ZOOL. bel m.

bleat (to) [bli:t] i. belar. ■ 2 t. to ~ (out), dir amb veu gemegosa.

bled [bled] Vegeu BLEED (TO).

bleed [bli:d] i. sagnar [també fig.]. 2 exsudar [plantes]. ■ 3 t. sagnar, treure sang. 4 fig. fam. treure diners de. ▲ Pret. i p. p.: *bled* [bled].

bleeder ['bli:də'] s. MED. hemofílic.

bleep [bli:p] s. RADIO. so m. agut.

bleep (to) [bli:p] i. RADIO. emetre t. senyals.

bleeper ['bli:pə'] s. RADIO. buscapersones m.

blemish ['blemiʃ] s. defecte m.; fig. tatxa f. || *without* ~, perfecte a.

blemish (to) ['blemiʃ] t. tacar [també fig.], fer malbé.

blend [blend] s. barreja f., combinació f.

blend (to) [blend] t. barrejar, combinar, (BAL.) (VAL.) mesclar. ■ 2 i. barrejar-se p., combinar-se p. 3 avenir-se p., combinar, casar [esp. colors]. ▲ Pret. i p. p.: *blended* ['blendid] o liter. *blent* [blent].

blent [blent] Vegeu BLEND (TO).

bless (to) [bles] t. beneir. || ~ *you!*, Jesús! [quan algú esternuda].

blessed ['blesid] a. REL. beneit; sant; benaventurat. 2 col·loq. maleït.

blessing ['blesiŋ] s. REL. benedicció f.; gràcia f. 2 benefici m., avantatge m. 3 fam. *what a* ~!, quina sort! f.

blew [blu:] Vegeu BLOW (TO).

blight [blait] s. BOT. rovell m.; neula f. 2 fig. plaga f.

blight (to) [blait] t. BOT. rovellar-se p.; neular-se p. 2 fig. arruïnar; frustrar.

Blighty ['blaiti] n. pr. MIL. arg. Anglaterra.

blind [blaind] a. cec, orb. 2 fig. cec, encegat. 3 ocult. 4 arg. borratxo. ■ 5 s. persiana f. 6 tendal m. 7 fig. pretext m., excusa f. ■ 8 -ly adv. cegament.

blind (to) [blaind] t. encegar; enlluernar [també fig.].

blindfold ['blaindfould] a. amb els ulls embenats o tapats. ■ 2 s. MED. bena f. [pels ulls].

blindfold (to) ['blaindfould] t. embenar o tapar els ulls.

blindness ['blaindnis] s. MED. ceguetat f., ceguesa f., orbetat f.

blink [bliŋk] s. pestanyeig m., parpalleig m. 2 llampada f.

blink (to) [bliŋk] i. parpellejar, pestanyejar. ■ 2 t. fer l'ullet. 3 fig. eludir.

blinkers ['bliŋkəz], (EUA) **blinders** ['blaindz] s. aclucalls m. pl. [de cavall].

bliss [blis] s. benaurança f.; benaventurança f.

blissful ['blisful] a. benaurat, feliç.

blister ['blistə'] s. MED. butllofa f., (BAL.) bòfega f., (VAL.) bambolla f.

blister (to) ['blistə'] t. embutllofar, fer butllofes. ■ 2 i. cobrir-se p. de butllofes.

blizzard ['blizəd] s. METEOR. borrufada f.

bloated ['bloutid] a. inflat [també fig.].

block [blɔk] s. bloc m. 2 piló m.; tallador m. 3 illa f. [de cases]. 4 MEC. politja f., corriola f. 5 MAR. bossell m. 6 talòs. 7 COM. lot m. 8 bloc m. de paper. 9 obstacle m.

block (to) [blɔk] t. obstruir; destorbar; bloquejar. 2 donar forma [a un barret, etc.]. ■ 3 i. tancar-se p., bloquejar-se p.

blockade [blɔ'keid] s. MIL. bloqueig m.

blockade (to) [blɔ'keid] t. MIL. bloquejar; blocar.

blockhead ['blɔkhed] s. gamarús, totxo, pallús.

bloke [blouk] s. col·loq. individu m., tipus m.

blond [blɔnd] a.-s. ros m.

blonde [blɔnd] a.-s. rossa f.

blood [blʌd] s. sang f. || fig. *in cold* ~, a sang f. freda. 2 fig. sang f. [temperament]. 3 llinatge m., sang f.

bloodcurdling ['blʌd,kə:dliŋ] a. horripilant, esborronador.

bloodhound ['blʌdhaund] s. gos m. coniller.

bloodless ['blʌdlis] a. exsangüe, sense sang. 2 esblanqueït. 3 insensible, fred.

blood pressure ['blʌd,preʃə'] s. MED. pressió f. arterial.

bloodshed ['blʌdʃəd] s. matança f., carnisseria f.

bloodthirsty ['blʌd,θə:sti] a. sanguinari.

bloody ['blʌdi] a. sagnant, sangonós; sangonent. 2 pop. maleït, cony de... ■ 3 adv. pop. molt. 4 *not* ~ *likely!*, ni pensar-hi, ni en broma!

bloom [blu:m] s. BOT. flor f.: *in* ~, en flor. 2 floració f. 3 frescor f., ufanor f. 4 fig.

flor *f.: the* ~ *of youth,* la flor de la joven-
tut.

bloom (to) [bluːm] *i.* BOT. florir [també
fig.].

blossom [ˈblɔsəm] *s.* BOT. flor *f.* [esp. d'un
arbre fruiter]: *in* ~, en flor, florit.

blossom (to) [ˈblɔsəm] *i.* BOT. florir. 2 fig.
to ~ *out,* desenvolupar-se *p.;* prosperar.

blot [blɔt] *s.* esborrall *m.,* taca *f.* [de tinta].
2 fig. taca *f.*

blot (to) [blɔt] *t.* esborrallar, tacar [amb
tinta]. 2 assecar [amb paper assecant]. 3
to ~ *out,* esborrar, ratllar; tapar; anihi-
lar, destruir [l'enemic].

blotch [blɔtʃ] *s.* taca *f.* [de tinta, etc.]. 2
MED. erupció *f.;* pústula *f.*

blotchy [ˈblɔtʃi] *a.* tacat. 2 vermellós [la
pell].

blotter [ˈblɔtəʳ] *s.* assecador *m.,* asse-
cant *m.*

blotting-paper [ˈblɔtiŋˌpeipəʳ] *s.* paper
m. assecant.

blouse [blauz] *s.* brusa *f.*

blow [blou] *s.* cop *m.,* (VAL.) colp *m.* [tam-
bé fig.]. ‖ *at a (single)* ~, *at one* ~, d'un
(sol) cop. 2 bufada *f.* 3 *to go for a* ~, anar
a prendre l'aire.

blow (to) [blou] *i.* bufar [el vent, etc.]. 2
sonar [una sirena, etc.]. 3 esbufegar. 4
fondre's *p.* [fusibles]. 5 rebentar. ■ *6 t.*
emportar-se *p.* [el vent, etc.]. 7 bufar
[foc, vidre, instrument musical, xiulet,
etc.]. 8 treure [aire, fum]. *9 to* ~ *one's
nose,* mocar-se *p.* 10 rebentar. 11 fondre
[fusibles]. *12 to* ~ *out,* apagar; inflar [les
galtes]; rebentar; buidar [una caldera].
13 to ~ *up,* inflar; volar [un pont, etc.];
ampliar [una foto]. ▲ Pret.: *blew* [bluː];
p. p.: *blown* [bloun].

blowfly [ˈblouflai] *s.* ZOOL. mosca *f.* viro-
nera.

blowlamp [ˈbloulæmp] *s.* soldador *m.*

blown [bloun] Vegeu BLOW (TO).

blowout [ˈblouaut] *s.* rebentada *f.* 2
ELECT. fusió *f.* 3 fam. tec *m.*

blowpipe [ˈbloupaip] *s.* sarbatana *f.*

blowtorch [ˈblouːtʃ] *s.* bufador *m.*

blubber [ˈblʌbəʳ] *s.* greix *m.* de balena.

blubber (to) [ˈblʌbəʳ] *i.* ploriquejar, so-
micar. ■ *2 t. to* ~ *out,* dir plorant.

bludgeon [ˈblʌdʒən] *s.* porra *f.*

blue [bluː] *a.* blau. 2 moradenc. 3 col·loq.
trist; deprimit; depriment. 4 POL. con-
servador. 5 verd [acudit, pel·lícula]. ■ *6
s.* blau *m.* [color]. 7 fig. poét. mar *f.* 8 fig.

cel *m.* ‖ *out of the* ~, inesperadament
adv., com caigut del cel.

blueprint [ˈbluːprint] *s.* FOT. cianografiat
m., fotocalc *m.* 2 fig. avantprojecte *m.*

bluestocking [ˈbluːstɔkiŋ] *s.* sàvia *f.,* sa-
beruda *f.,* setciències *f.*

bluff [blʌf] *a.* escarpat. 2 brusc [persona].
■ *3 s.* GEOGR. cingle *m.,* penyal *m.* 4 angl.
bluf *m.;* fanfarronada *f.* 5 JOC catxa *f.*

bluff (to) [blʌf] *i.* fer un bluf; fanfar-
ronejar. ■ *2 t.* enganyar.

blunder (to) [ˈblʌndəʳ] *i.* espifiar *t.*

blunder [ˈblʌndəʳ] *s.* fig. relliscada *f.,*
planxa *f.*

blunderbuss [ˈblʌndəbʌs] *s.* trabuc *m.*

blunt [blʌnt] *a.* esmussat. 2 brusc [per-
sona]. ■ *3 -ly adv.* francament, clara-
ment.

blunt (to) [blʌnt] *t.* esmussar; espuntar,
despuntar.

blur [bləːʳ] *s.* taca *f.* 2 esborrall *m.*

blur (to) [bləːʳ] *t.* entelar; desdibuixar; fer
borrós. ■ *2 i.* entelar-se *p.;* desdibuixar-
se *p.*

blurt (to) [bləːt] *t. to* ~ *out,* fig. deixar
anar [un secret, etc.].

blush [blʌʃ] *s.* vermellor *f.,* enrojola-
ment *m.*

blush (to) [blʌʃ] *i.* posar-se *p.* vermell;
enrojolar-se *p.* 2 avergonyir-se *p.*

bluster (to) [ˈblʌstəʳ] *i.* METEOR. ratxar,
ratxejar. 2 faronejar; vociferar. ■ *3 t. to*
~ *out,* proferir.

BMA [biːemˈei] *s. (British Medical As-
sociation)* associació *f.* britànica de met-
ges.

BMC [biːemˈsiː] *s. (British Motor Corpora-
tion)* corporació *f.* britànica del motor.

boa [bouə] *s.* ZOOL. boa *f.* 2 boà *m.*

boar [bɔːʳ] *s.* ZOOL. verro *m.*

board [bɔːd] *s.* post *f.;* tauló *m.* [de fusta].
2 tauler *m.* [d'anuncis]. 3 taula *f.* 4 NÀUT.
bord *m.: on* ~, a bord. 5 consell *m.,* junta
f. 6 pensió *f.: full* ~, pensió completa. 7
TEAT. *the boards,* les taules, l'escenari *m.*

board (to) [bɔːd] *t.* entaular, entarimar.
2 NÀUT. embarcar-se *p.;* pujar a [un tren,
etc.]. 3 tenir a dispesa. ■ *4 i.* estar a dis-
pesa [*with,* a].

boarder [ˈbɔːdəʳ] *s.* hoste. 2 intern [a una
escola].

boarding [ˈbɔːdiŋ] *s.* empostissat *m.,* en-
taulat *m.*

boarding card [ˈbɔːdiŋˌkaːd] *s.* targeta *f.*
d'embarcament.

boarding house ['bɔ:diŋ,haus] s. pensió f., dispesa f.

boarding school ['bɔ:diŋ,sku:l] s. internat m.

boast [boust] s. jactància f. 2 orgull m.

boast (to) [boust] i. jactar-se p., vanagloriar-se p. 2 presumir de.

boaster ['boustə'] s. fanfarró.

boastful ['boustful] a. jactanciós, faroner.

boat [bout] s. vaixell m., nau f. 2 barca f. [petita]. ‖ *cargo* ~, vaixell de càrrega. ‖ *sailing* ~, veler m.

boating ['boutiŋ] s. passeig m. en barca [esp. de rems].

boatman ['boutmən] s. barquer m.

boatswain ['bousn] s. MAR. contramestre m.

Bob [bɔb] n. pr. m. (dim. *Robert*) Robert.

bob [bɔb] s. llentilla f. [de pèndol]. 2 ant. xelí m.

bob (to) [bɔb] i. balancejar-se p.; moure's p. [amunt i avall]. 2 fig. *to* ~ *up*, sorgir de nou, reaparèixer. ■ 3 t. ant. tallar [els cabells per damunt les espatlles].

bobbin ['bɔbin] s. MEC. bobina f., rodet m.

Bobby ['bɔbi] n. pr. m. (dim. *Robert*) Robert. 2 s. (G.B.) policia m.

bobsled ['bɔbsled], **bobsleigh** ['bɔbslei] s. ESPORT angl. bobsleigh m.

bobtail ['bɔbteil] s. ZOOL. cua f. tallada.

Boche [bɔʃ] a.-s. col·loq. alemany.

bode (to) [boud] t.-i. ant., poèt. presagiar t. 2 pronosticar t.

bodice ['bɔdis] s. cosset m.

bodily ['bɔdili] a. corporal; físic. ■ 2 adv. en persona. 3 en pes.

body ['bɔdi] s. cos m. 2 part f. principal. 3 AUTO. carrosseria f. 4 grup m.; conjunt m.; massa f. ‖ LOC. *in a* ~, en bloc. 5 col·loq. individu m., persona f. 6 entitat f., societat f.

bodyguard ['bɔdiga:d] s. guàrdia personal.

bog [bɔg] s. pantà m., aiguamoll m. 2 pop. wàter m.

bogey ['bougi] s. follet m.; espectre m.

boggy ['bɔgi] a. pantanós.

boil [bɔil] s. bull m.: *to come to the* ~, arrencar el bull. 2 MED. furóncol m.

boil (to) [bɔil] i. bullir [també fig.]. ■ 2 t. fer bullir. ■ *to* ~ *away*, estar bullint, evaporar t.-p.; *to* ~ *down*, reduir t.-p.; *to* ~ *over*, vessar t.-p.

boiler ['bɔilə'] s. caldera f.

boiling ['bɔiliŋ] a. bullent. ‖ col·loq. *it's* ~ *hot*, fa molta calor. ■ 2 s. ebullició f.

boisterous ['bɔistərəs] a. borrascós, violent, mogut [el vent, etc.]. 2 bulliciós, esvalotat.

bold [bould] a. valent, intrèpid. 2 atrevit. 3 descarat.

boldness ['bouldnis] s. valentia f., coratge m. 2 gosadia f., atreviment m. 3 fam., fig. barra f., penques f. pl.

Bolshevik ['bɔlʃəvik] a.-s. bolxevic.

Bolshevism ['bɔlʃəvizm] s. bolxevisme m.

bolster (to) ['boulstə'] t. *to* ~ *up*, recolzar; animar.

bolt [boult] s. baldó m.; forrellat m. 2 pany m. [d'un rifle]. ■ 3 adv. ~ *upright*, dret com un ciri.

bolt (to) [boult] t. tancar amb baldó; passar el forrellat. 2 *to* ~ *in*, tancar a dins. 3 *to* ~ *out*, tancar a fora. 4 empassar-se p., engolir. ■ 5 i. sortir disparat, fugir; desbocar-se p. [un cavall].

bomb [bɔm] s. ARM. bomba f.

bomb (to) [bɔm] t. ARM. bombardejar.

bombard (to) [bɔm'ba:d] t. ARM. bombardejar [amb projectils]. 2 fig. bombardejar [amb preguntes, etc.].

bombardier [,bɔmbə'diə'] s. ARM. bombarder m. [soldat].

bombardment [bɔm'ba:dmənt] s. ARM. bombardeig m.

bombast ['bɔmbæst] s. ampul·lositat f.

bombastic [bɔm'bæstik] a. ampul·lós, inflat.

bomber ['bɔmə'] s. ARM. bombarder m.

bombing ['bɔmiŋ] s. ARM. bombardeig m.

bombproof ['bɔmpru:f] a. a prova de bombes.

bombshell ['bɔmʃel] s. fig. bomba f.

bonanza [bə'nænzə] s. (EUA) fig. mina f. [font de riquesa]. ■ 2 s. pròsper.

bond [bɔnd] s. lligam m.; vincle m.; llaç m. 2 pacte m., compromís m. 3 COM. bo m. 4 pl. fig. cadenes f. pl., captivitat f. sing.

bondage ['bɔndidʒ] s. esclavitud f., servitud f.

bone [boun] s. ANAT. os m. 2 espina f. [de peix].

bone (to) [boun] t. desossar. 2 fam. pispar.

bonfire ['bɔnfaiə'] s. foguera f., fogata f.

bonnet ['bɔnit] s. casquet m. [de dona]. 2 gorra f. escocesa. 3 AUTO. capot m.

bonny ['bɔni] a. (ESC.) bonic, formós.

bonus ['bounəs] s. ECON. prima f., plus m., gratificació f.

bony ['bouni] a. ossat, ossut. 2 fig. esquelètic.

booby ['bu:bi] s. babau, talòs.

book [buk] s. llibre m. 2 llibret m.

book (to) [buk] t. reservar [entrades, etc.]. ‖ *to be booked up,* estar complet, no haver-hi [entrades], exhaurit. 2 fitxar [la policia]. 3 anotar.

bookbinding ['buk̩baindiŋ] s. enquadernació f.

bookcase ['bukkeis] s. prestatge m. per llibres, llibreria f.

booking office ['bukiŋ̩ɔfis] s. taquilla f.

book-keeper ['buk̩ki:pə'] s. COM. tenidor de llibres.

book-keeping ['buk̩ki:piŋ] s. COM. tenidoria f. de llibres.

booklet ['buklit] s. fullet m.

bookmaker ['bukmeikə] s. (G.B.) corredor d'apostes.

bookseller ['buk̩selə'] s. llibreter.

bookshop ['bukʃɔp], **bookstore** [-stɔ:'] s. llibreria f. [botiga].

bookstall ['bukstɔ:l] s. quiosc m.; parada f. de llibres.

bookworm ['bukwə:m] s. ZOOL. arna f. 2 fig. rata f. de biblioteca.

boom [bu:m] s. espetec m.; retrò m. 2 fig. auge m., boom m. 3 NÀUT. botavara f.; botaló m. 4 *sonic ~,* bang m. sònic.

boom (to) [bu:m] i. ressonar. 2 prosperar, estar en el moment àlgid.

boon [bu:n] s. liter. mercè f., favor m. 2 avantatge m.; benefici m. ■ 3 a. alegre: *a ~ companion,* un company alegre.

boor [buə'] s. fig. pagerol.

boorish ['buəriʃ] a. tosc, groller.

boost [bu:st] s. propulsió f. 2 fig. estímul m.

boost (to) [bu:st] t. propulsar. 2 fig. estimular. 3 apujar, augmentar.

boot [bu:t] s. bota f. ‖ fig. *to get the ~,* ésser acomiadat; *to give someone the ~,* acomiadar. 2 AUTO. (G.B.) portaequipatge m. 3 *to ~,* a més adv.; a més a més adv.

bootblack ['bu:tblæk] s. enllustrador.

booth [bu:ð], (EUA) [bu:θ] s. parada f. [esp. d'un mercat]. 2 *polling ~,* cabina f. electoral.

bootleg [bu:tleg] a. de contraban. ‖ *a ~ edition,* una edició pirata.

booty ['bu:ti] s. botí m.

booze [bu:z] s. beguda f. [alcohòlica].

booze (to) [bu:z] i. col·loq. beure t. [begudes alcohóliques].

border ['bɔ:də'] s. vora f., vorera f. 2 COST. ribet m. 3 POL. frontera f. ■ 4 a. fronterer.

border (to) ['bɔ:də'] t. vorejar. 2 COST. ribetejar. ■ 3 i. *to ~ on* o *upon,* afrontar; estar tocant a; fer frontera amb. 4 ranejar.

border line ['bɔ:dəlain] s. frontera f. [també fig.].

borderline ['bɔ:dəlain] a. fig. dubtós.

bore [bɔ:'] Vegeu BEAR (TO).

bore [bɔ:'] s. forat m., barrinada f. 2 ànima f. [d'una arma de foc]. 3 pesat, fig. corcó m. [persona]. 4 llauna f., avorriment m.

bore (to) [bɔ:'] t. perforar. 2 barrinar [obrir forats]. 3 avorrir, donar la llauna.

boredom ['bɔ:dəm] s. avorriment m.

boring ['bɔ:riŋ] a. avorrit, pesat.

born [bɔ:n] Vegeu BEAR (TO). 2 *to be ~,* néixer i., (VAL.) nàixer i. ■ 3 a. nat.

borne [bɔ:n] Vegeu BEAR (TO).

borough ['bʌrə] s. (G.B.) municipi m. 2 districte m.

borrow (to) ['bɔrou] t. manllevar, demanar: *can I ~ your pen?,* em deixes el bolígraf? 2 apropiar-se p. [d'una idea, etc.].

borrower ['bɔrouə'] s. manllevador.

Bosnia-Herzegovina [bɔzniəhə:tsəgə'vi:nə] n. pr. GEOGR. Bòsnia-Hercegovina.

bosom ['buzəm] s. ANAT. ant. pit m. 2 COST. pitrera f. 3 fig. si m. ■ 4 a. *a ~ friend,* un amic íntim.

boss [bɔs] s. col·loq. cap m., patró, director, capitost m.

boss (to) [bɔs] t.-i. manar.

bossy ['bɔsi] a. manaire.

botanist ['bɔtənist] s. botànic.

botany ['bɔtəni] s. botànica f.

botch [bɔtʃ] s. barroeria f.; nyap m.; fig. bunyol m.

botch (to) [bɔtʃ] t. potinejar; fer barroerament.

both [bouθ] a.-pron. ambdós, els dos, tots dos: *~ of us,* nosaltres dos; *~ of them,* els dos, ambdós. ■ 2 adv. a la vegada, alhora.

bother ['bɔðə'] s. preocupació f. 2 empipament m.; molèstia f.

bother (to) ['bɔðə'] t. preocupar, amoïnar. 2 empipar. ‖ *I can't be bothered to do it,* no tinc humor per fer-ho. ■ 3 i. *to ~ about,* amoïnar-se p. per.

bothersome ['bɔðəsəm] *a.* empipador, molest.

bottle ['bɔtl] *s.* ampolla *f.*, botella *f.*

bottle (to) ['bɔtl] *t.* embotellar. 2 fig. *to ~ up*, reprimir [sentiment, etc.].

bottleneck ['bɔtlnek] *s.* fig. embús *m.* [a la carretera].

bottom ['bɔtəm] *s.* fons *m.;* cul *m.* [d'ampolla, etc.]. ‖ fig. *at ~*, en el fons. 2 base *f.,* fonament *m.* 3 peu *m.* [de muntanya, de pàgina, etc.]. 4 seient *m.* [de cadira, etc.]. 5 NÀUT. quilla *f.* 6 ANAT. col·loq. cul *m.,* (ROSS.) pompill *m.* ■ 7 *a.* inferior, més baix. 8 darrer, últim.

bottom (to) ['bɔtəm] *i. to ~ (out)*, tocar fons.

bottomless ['bɔtəmlis] *a.* sense fons, sense límits. 2 fig. insondable.

boudoir ['bu:dwɑ:'] *s.* tocador *m.,* lligador *m.* [cambra].

bough [bau] *s.* BOT. branca *f.* [d'un arbre].

bought [bɔ:t] Vegeu BUY (TO).

boulder ['bouldə'] *s.* GEOL. còdol *m.,* palet *m.,* cantal *m.*

boulevard ['bu:ləvɑ:d] *s.* bulevard *m.*

bounce [bauns] *s.* bot *m.* [pilota]. 2 vitalitat *f.* [persona].

bounce (to) [bauns] *t.* fer botar. ■ 2 *i.* botar. 3 saltar. 4 col·loq. ser retornat [un xec bancari]. 5 fig. *to ~ back*, recuperar-se *p.*

bound [baund] Vegeu BIND (TO). 2 *a.* destinat. 3 obligat. 4 *~ for*, en direcció a, cap a. 5 fig. *~ up in*, absorbit per; *~ up with*, molt lligat amb. ■ 6 *s.* límit *m.* 7 salt *m.;* bot *m.*

bound (to) [baund] *t.* limitar. 2 afrontar *i.* ■ 2 *i.* saltar; botar.

boundary ['baundəri] *s.* límit *m.,* frontera *f.*

boundless ['baundlis] *a.* il·limitat, infinit. ■ 2 -**ly** *adv.* il·limitadament, infinitament.

bounteous ['bauntiəs], **bountiful** ['bauntiful] *a.* liter. generós. 2 abundant.

bounty ['baunti] *s.* form. generositat *f.,* liberalitat *f.* 2 form. regal *m.* 3 subsidi *m.* 4 gratificació *f.,* recompensa *f.*

bouquet ['bukei] *s.* ram *m.,* pom *m.,* toia *f.* [de flors]. 2 bouquet *m.* [de vi].

Bourbon ['buəbən] *n. pr.* HIST. Borbó. 2 (EUA) whisky *m.*

bourgeois ['buəʒwɑ:] *a.-s.* burgès.

bout [baut] *s.* torn *m.,* tanda *f.* 2 ESPORT combat *m.;* assalt *m.* [boxa]. 3 MED. accés *m.,* atac *m.*

1) bow [bou] *s.* arc *m.* [arma]. 2 MÚS. arquet *m.* 3 llaç *m.,* llaçada *f.*

2) bow [bau] *s.* inclinació *f.,* reverència *f.* 2 MAR. proa *f.*

1) bow (to) [bou] *t.* MÚS. passar l'arquet.

2) bow (to) [bau] *t.* inclinar [el cap, el cos]. ‖ *to ~ (somebody) in/out*, rebre/acomiadar (algú) amb una reverència. 2 doblegar. ▲ gralnt. en passiva. ■ 3 *i.* inclinar-se *p.*

bowel ['bauəl] *s.* ANAT. budell *m.,* intestí *m.* 2 *pl.* fig. entranyes *f. pl.*

bower ['bauə'] *s.* glorieta *f.;* pèrgola *f.*

bowl [boul] *s.* bol *m.* 2 cassoleta *f.* 3 (EUA) amfiteatre *m.* 4 JOC bola *f.*

bowl (to) [boul] *t.* fer rodar. 2 fig. *to ~ over*, aixafar; deixar bocabadat. ■ 3 *i.* jugar a bowling. 4 *to ~ along*, lliscar [un cotxe].

bow-legged ['bou,legd] *a.* garrell.

bowler ['boulə'] *s.* ESPORT jugador de bowling o bitlles; llançador [criquet]. 2 *~ (hat)*, barret *m.* fort.

bowling alley ['bouliŋæli:] *s.* pista *f.* de bitlles.

bowman ['boumən] *s.* arquer *m.*

bow window [,bou'windou] *s.* ARQ. mirador *m.*

box [bɔks] *s.* capsa *f.* [receptacle petit]; caixa *f.* [receptacle gran]. 2 apartat *m.* de correus. 3 TEAT. llotja *f.* 4 BOT. boix *m.* 5 mastegot *m.* 6 *~ post office*, apartat *m.* de correus.

box (to) [bɔks] *t.* encaixonar, embalar. 2 *to ~ up*, tancar. ■ 3 ESPORT *i.* boxar.

boxer ['bɔksə'] *s.* ESPORT boxador, boxejador.

boxing ['bɔksiŋ] *s.* ESPORT boxa *f.*

Boxing Day ['bɔksiŋ dei] *s.* el vint-i-sis de desembre, dia de Sant Esteve.

box office ['bɔks,ɔfis] *s.* TEAT. taquilla *f.*

boxwood ['bɔkswud] *s.* BOT. boix *m.*

boy [bɔi] *s.* noi *m.,* xicot *m.,* (BAL.) al·lot *m.,* (VAL.) xic *m.,* (ROSS.) nin *m.*

boycott ['bɔikɔt] *s.* angl. boicot *m.*

boycott (to) ['bɔikɔt] *t.* boicotejar.

boyfriend ['bɔifrend] *s.* amic *m.* [íntim], xicot *m.*

boyhood ['bɔihud] *s.* infantesa *f.,* joventut *f.* [d'un home].

boyish ['bɔiiʃ] *a.* pueril.

BP [bi:'pi:] *s.* (*British Petroleum*) petrolis *m. pl.* britànics.

Br. [bi:'ɑ:'] *a.* (*British*) britànic.

bra [brɑ:] *s.* col·loq. sostenidors *m. pl.*

brace [breis] s. abraçadora f., grapa f. 2 filaberquí m. 3 parell m. 4 ARQ. trava f., tirant m. 5 MAR. braça f. 6 pl. elàstics m. pl. 7 pl. ODONT. ferros m. pl. [per les dents].

brace (to) [breis] t. lligar; assegurar. 2 to ~ *up*, animar, encoratjar. ■ 3 p. to ~ *oneself*, preparar-se [per una adversitat].

bracelet ['breislit] s. braçalet m.

bracing ['breisiŋ] a. fortificant.

bracken ['brækən] s. BOT. falguera f.

bracket ['brækit] s. TIPOGR. parèntesi m., claudàtor m. 2 ARQ. mènsula f. 3 suport m. 4 abraçadora. 5 fig. grup m., classe f.

bracket (to) [brækit] t. TIPOGR. posar entre parèntesis. 2 fixar amb mènsules. 3 agrupar.

brackish ['brækiʃ] a. salabrós.

brag [bræg] s. fanfarronada f.; jactància f.

brag (to) [bræg] i. fanfarronejar, vanar-se p.

braggart ['brægət] s. fanfarró, cregut.

braid [breid] s. trena f. 2 galó m. [d'un uniforme, etc.].

braid (to) [breid] t. trenar. 2 galonejar.

brain [brein] s. ANAT. cervell m. 2 pl. GASTR. cervell m. sing. 3 ANAT. col·loq. cap m. 4 fig. intel·ligència f. 5 cervell m. [persona brillant].

brain-child ['breintʃaild] s. idea f., invenció f. [genial].

brainless ['breinlis] a. tonto, tòtil.

brainstorm ['breinstɔːm] s. atac m. de bogeria.

brainstorming [breinstɔːmiŋ] s. brainstorming m.

Brains Trust ['breinz,trʌst] s. grup m. consultiu d'experts.

brainwash ['breinwɔʃ] f. rentar el cervell.

brainwashing ['brein,wɔʃiŋ] s. rentat m. de cervell.

brake [breik] s. fre m. [també fig.].

brake (to) [breik] t. frenar.

bramble ['bræmbl] s. BOT. esbarzer m.

bran [bræn] s. AGR. segó m.

branch [braːntʃ] s. BOT. branca f. 2 fig. branca f.; secció f. 3 sucursal f. 4 braç m. [d'un riu]. 5 bifurcació f.

branch (to) [braːntʃ] i. BOT. treure branca. 2 ramificar-se p., bifurcar-se p. 3 to ~ *off*, desviar-se p. 4 to ~ *out*, expandir-se p.

brand [brænd] s. COM. marca f. 2 RAMA. marca f., senyal m. 3 teia f. 4 ferro m. de marcar.

brand (to) [brænd] t. RAMA. marcar [amb un ferro]. 2 estigmatitzar.

brandish (to) ['brændiʃ] t. brandar, brandir, brandejar.

brand-new [,brænd'njuː] a. nou de trinca, flamant.

brandy ['brændi] s. conyac m., brandi m.

brass [braːs] s. llantó m. 2 MÚS. metall m. [instruments]. 3 desvergonyiment m., barra f. 4 col·loq. *top* ~, peixos m. pl. grossos.

brass band [,braːs'bænd] s. xaranga f.

brass hat ['braːs'hæt] s. MIL. fam. capitost m.

brassière ['bræsiɛə] s. sostenidors m. pl.

brat [bræt] s. mocós.

bravado [brə'vaːdou] s. bravata f., fanfarronada f.

brave [breiv] a. valent, brau. ■ 2 s. valent m.

brave (to) [breiv] t. afrontar. 2 desafiar.

bravery ['breivəri] s. valentia f.

bravo [bra:'vou] interj. bravo!

brawl [brɔːl] s. baralla f., batussa f.

brawl (to) [brɔːl] i. barallar-se p., esbatussar-se p.

brawn [brɔːn] s. múscul m. 2 força f. muscular. 3 GASTR. carn f. de porc adobada.

brawny ['brɔːni] a. musculós, musculat.

bray [brei] s. bram m. 2 so m.; ronc m. [de trompeta, etc.].

bray (to) [brei] i. bramar. ■ 2 t. to ~ *(out)*, dir o tocar [la trompeta] de manera estrident. 3 triturar, picar.

braze (to) [breiz] t. soldar amb llautó.

brazen ['breizn] a. de llautó. 2 com llautó. 3 ronc [so]. 4 descarat.

brazier ['breizjə] s. braser m.

Brazil [brə'zil] n. pr. GEOGR. Brasil.

breach [briːtʃ] s. infracció f.; incompliment m.; ruptura f. 2 bretxa f. 3 obertura f., forat m.

breach (to) [briːtʃ] t. obrir una bretxa. 2 trencar, violar [un acord, etc.].

bread [bred] s. pa m. [també fig.]. 2 col·loq. peles f. pl.

bread-and-butter [,bredən'bʌtə] s. pa m. amb mantega f. 2 fig. col·loq. mitjans m. pl. de vida. ■ 3 a. corrent, normal. || ~ *letter*, carta d'agraïment.

breadcrumb ['bredkrʌm] s. engruna f. de pa. 2 pl. pa m. sing. ratllat.

breadth [bredθ] s. amplada f. 2 fig. llarguesa f., liberalitat f.

breadwinner ['bredwinə'] s. el qui guanya el pa.

break [breik] s. ruptura f., trencament m. 2 descans m.; interrupció f.; pausa f.; esbarjo m. [a l'escola]. 3 començament m.: ~ of day, alba f. 4 canvi m. 5 METEOR. clariana f. 6 ELECT. interrupció f. [en un circuit]. 7 oportunitat f. 8 fuga f., evasió f.

break (to) [breik] t. trencar, rompre. 2 esmorteir. 3 interrompre. 4 fer fracassar. 5 dominar; domar. 6 arruïnar. 7 divulgar, comunicar, donar [una notícia]. 8 violar [la llei, etc.]. 9 ESPORT to ~ the record, batre el rècord. ■ 10 i. trencarse p., rompre's p., partir-se p. 11 debilitar-se p., malmetre's p. [la salut]. 12 irrompre; prorrompre. 13 dissoldre's p.; dissipar-se p. 14 trencar t. [relacions]. 15 fallar, fallir; espatllar-se p. 16 aparèixer, sortir; trencar [l'alba]. 17 divulgar-se p. [una notícia, etc.]. ■ to ~ away, deslligar-se p., escapar-se p.; to ~ down, destruir, desballestar; avariar-se p. [una màquina, etc.], ressentir-se p., esfondrar-se p. [la salut]; fracassar; to ~ into, entrar a robar; trencar; començar; to ~ off, trencar [un pacte, una relació, etc.]; parar [de treballar, etc.]; to ~ out, esclatar, desencadenar-se p.; escapar-se p.: to ~ through, aparèixer; descobrir; travessar; to ~ up, rompre, trencar, esmicolar; acabar.

breakage ['breikidʒ] s. ruptura f.; trencament m. 2 pl. objectes m. pl. trencats; indemnització f. sing. per objectes trencats.

breakdown ['breikdaun] s. MEC. avaria f., pana f. 2 MED. col·lapse m., depressió f. nerviosa. 3 QUÍM. descomposició f. 4 anàlisi f. 5 fracàs m.; ruptura f.

breaker ['breikə'] s. MAR. rompent m. [ona].

breakfast ['brekfəst] s. esmorzar m., (BAL.) berenar m., (VAL.) desdejuni m.: to have ~, esmorzar.

breakneck ['breiknek] a. perillós, suïcida [velocitat].

break-up ['breik,ʌp] s. ruptura f., separació f. 2 METEOR. empitjorament m. [del temps].

breakwater ['breik,wɔːtə'] s. escullera f.

bream [briːm] s. ICT. sea ~, besuc m.

breast [brest] s. ANAT. pit m. 2 mama f., mamella f., pit m. [dona i femella]. 3 pit m. [animals]. 4 pitrera f.

breast (to) [brest] t. resoldre amb decisió; afrontar; plantar cara.

breastbone ['brestboun] s. ANAT. estèrnum m. 2 ORN. barca f.

breast-feed (to) ['brest,fiːd] t. donar el pit, donar mamar.

breastplate ['brest,pleit] s. pitet m. 2 ARM. plastró m.

breaststroke ['brest,strouk] s. ESPORT braça f.

breastwork ['brestwɔːk] s. FORT. parapet m.

breath [breθ] s. alè m.; respiració f.: out of ~, desalenat; panteixant a. 2 bufada f.

breathalyse (to) ['breθəlaiz] t. fer la prova de l'alcohol.

breathe (to) [briːð] i. respirar. 2 bufar. 3 esbufegar. 4 to ~ in, aspirar. 5 to ~ out, exhalar t., expirar t. ■ 6 t. inhalar. 7 insuflar. 8 respirar.

breathing ['briːðiŋ] s. respiració f.

breathing space ['briːðiŋ,speis] s. descans m., respir m.

breathless ['breθlis] a. sense alè. 2 panteixant, esbufegant.

bred [bred] Vegeu BREED (TO).

breech [briːtʃ] s. ARM. recambra f.

breeches ['britʃiz] s. pl. pantalons m. pl.

breed [briːd] s. casta f., raça f.

breed (to) [briːd] t. criar [animals]. 2 fig. engendrar; produir. 3 criar, educar. ■ 4 i. reproduir-se p. ▲ Pret. i p. p.: bred [bred].

breeding ['briːdiŋ] s. cria f.; reproducció f. 2 educació f.; criança f.

breeze [briːz] s. METEOR. brisa f., airet m.

breviary ['briːvjəri] s. REL. breviari m.

brevity ['breviti] s. brevetat f.

brew [bruː] s. infusió f. [beguda]; beuratge m.

brew (to) [bruː] t. per, preparar [cervesa, te, etc.]. 2 tramar, ordir. ■ 3 i. fabricar t. cervesa. 4 preparar-se p., formar-se p., amenaçar t. [una tempesta].

brewery ['bruəri] s. cerveseria f. [fàbrica].

Brian ['braiən] n. pr. m. Bernardí.

bribe [braib] s. suborn m., subornació f.

bribe (to) [braib] t. subornar.

bribery ['braibəri] s. suborn m.

bric-a-brac ['brik ə bræk] s. curiositats f. pl.

brick [brik] s. CONSTR. totxo m., maó m. 2 fig. un tros de pa [persona].

brick (to) [brik] t. CONSTR. posar totxos. ‖ to ~ up o in, tapar amb totxos. 2 enrajolar.

bricklayer ['brik‚leiə'] *s.* CONSTR. paleta *m.,* (BAL.) picapedrer *m.,* (VAL.) obrer *m.*

bridal ['braidl] *a.* nupcial.

bride [braid] *s.* núvia *f.: the ~ and the groom,* els nuvis *m. pl.*

bridegroom ['braidgrum] *s.* nuvi *m.,* (BAL.) novii *m.*

bridesmaid ['braidzmeid] *s.* dama *f.* d'honor [de la núvia].

bridge [bridʒ] *s.* CONSTR. pont *m.* 2 ANAT. os *m.* del nas. 3 ODONT. pont *m.* 4 JOC bridge *m.*

bridge (to) [bridʒ] *t.* fer un pont sobre. 2 fig. omplir.

Bridget ['bridʒit] *n. pr. f.* Brígida.

bridle ['braidl] *s.* EQUIT. brida *f.* 2 fig. fre *m.*

bridle (to) ['braidl] *t.* embridar. 2 fig. refrenar. ■ 3 *i.* engallar-se *p.,* molestar-se *p.*

bridle path ['braidlpæθ] *s.* camí *m.* de ferradura.

brief [bri:f] *a.* breu, concís. 2 fugaç. ■ 3 *s.* resum *m.* 4 DRET expedient *m.* 5 ECLES. breu *m.* 6 *pl.* calçotets *m. pl.;* calces *f. pl.*

brief (to) ['bri:f] *t.* informar. 2 contractar, donar instruccions. 3 resumir.

brier, briar ['braiə'] *s.* BOT. esbarzer *m.;* bruc *m.*

brig [brig] *s.* MAR. bergantí *m.*

brigade [bri'geid] *s.* brigada *f.*

brigand ['brigənd] *s.* bandit *m.;* bergant *m.*

brigantine ['brigəntiːn] *s.* MAR. bergantí-goleta *m.*

bright [brait] *a.* brillant. 2 lluminós. 3 radiant [somriure, etc.]. 4 intel·ligent, brillant. 5 viu, animat. ■ 6 -ly, *adv.* brillantment. 7 enginyosament.

brighten (to) ['braitn] *t.* abrillantar. 2 animar, avivar. ■ 3 *i.* esclarir-se *p.* [el temps]. 4 animar-se *p.,* avivar-se *p.*

brightness ['braitnis] *s.* brillantor *f.* 2 claredat *f.,* lluminositat *f.* 3 alegria *f.,* vivesa *f.* 4 intel·ligència *f.,* enginy *m.*

brine [brain] *s.* salmorra *f.*

brilliance, -cy ['briljəns, -si] *s.* brillantor *f.;* resplendor *m.* 2 fig. brillantor *f.*

brilliant ['briljənt] *a.* brillant [també fig.]. ■ 2 *s.* GEMM. brillant *m.*

brim [brim] *s.* vora *f.* [d'un got, etc.]. 2 ala *f.* [d'un barret].

brimful ['brim‚ful] *a.* fins a dalt, a vessar.

brimstone ['brimstoun] *s.* ant. QUÍM. sofre *m.*

brindled ['brindld] *a.* clapejat [en fons gris o marró].

bring (to) [briŋ] *t.* portar, (ROSS.) aportar, dur; conduir. 2 causar, produir. 3 induir, persuadir. 4 adduir. 5 posar [en un estat, condició, etc.]. 6 DRET. iniciar. ■ *to ~ about,* ocasionar, provocar; *to ~ back,* tornar; *to ~ down,* baixar; enderrocar, abatre; *to ~ forth,* donar a llum, donar [fruit]; *to ~ in,* entrar; recollir [la collita]; donar, produir, rendir [diners, etc.]; introduir; *to ~ out,* treure; publicar; fer palès; *to ~ round,* portar [una persona]; convèncer; fer tornar en si; desviar [una conversa, etc.]; *to ~ up,* pujar; educar, criar; treure [un tema]; vomitar, treure. ▲ Pret. i p. p.: **brought** [brɔːt].

brink [briŋk] *s.* vora *f.* 2 fig. caire *m.* ‖ *on the ~ of,* al caire de, a punt de.

brisk [brisk] *a.* viu, actiu, animat. 2 àgil, lleuger.

brisket ['briskit] *s.* GASTR. carn *f.* [del pit]. 2 pit *m.* [d'animal].

briskness ['brisknis] *s.* vivesa *f.,* activitat *f.*

bristle ['brisl] *s.* cerra *f.*

bristle (to) ['brisl] *i.* eriçar-se *p.* 2 fig. enfurismar-se *p.* 3 *to ~ with,* estar ple de. ■ 4 *t.* eriçar. 5 proveir de cerres.

Brit ['brit] *s.* (Britain) Gran Bretanya. 2 (Britannia) Britània. ■ 3 *a.* (British) britànic.

Britain ['britn] *n. pr.* GEOGR. *Great ~,* Gran Bretanya.

British ['britiʃ] *a.-s.* britànic.

Briton ['britn] *a.-s.* HIST. britá, britó. 2 liter. britànic.

Brittany ['britəni] *n. pr.* GEOGR. Bretanya.

brittle ['britl] *a.* trencadís. 2 fig. irritable.

broach (to) [broutʃ] *t.* posar aixeta; foradar. 2 portar a col·lació, treure [un tema].

broad [brɔːd] *a.* ample. 2 ampli, extens, lat. 3 general. 4 clar. 5 comprensiu, tolerant, obert. 6 atrevit, groller. 7 *in ~ daylight,* en ple dia.

broadcast ['brɔːdkaːst] *s.* RADIO. emissió *f.*

broadcast (to) ['brɔːdkaːst] *t.* RADIO. emetre, radiar; televisar. 2 escampar, difondre. 3 AGR. sembrar a eixams. ■ 4 *i.* parlar, cantar, etc. per ràdio o televisió. ▲ Pret. i p. p.: **broadcast.**

broadcaster ['brɔːdkaːstə'] *s.* locutor.

broadcasting ['brɔːdkaːstiŋ] *s.* RADIO. radiodifusió *f.: ~ station,* emissora *f.*

broaden (to) ['brɔːdn] *t.* eixamplar. ■ 2 *i.* eixamplar-se *p.*

broad-minded [ˌbrɔːd'maindid] *a.* liberal, tolerant, obert.

broadside ['brɔːdsaid] *s.* MAR. costat *m.*, andana *f.* ‖ ~ *on,* de costat. 2 andanada *f.*

broadways ['brɔːdweiz], **broadwise** [-waiz] *adv.* a l'ample; lateralment.

brocade [brə'keid] *s.* TÈXT. brocat *m.*

broccoli ['brɔkəli] *s.* BOT. bròquil *m.*

brochure ['brouʃə'] *s.* fullet *m.*, prospecte *m.*

broil (to) [brɔil] *t.* rostir [en unes graelles]. 2 fig. rostir, torrar. ■ 3 *i.* rostir-se *p.* 4 fig. torrar-se *p.*

broken ['broukən] Vegeu BREAK (TO). ■ 2 *a.* trencat; fracturat. 3 crebantat. 4 trencada [línia]. 5 accidental [terreny]. 6 interromput. 7 arruïnat. 8 fig. trencat, partit.

broker ['broukə'] *s.* COM. corredor, agent. 2 borsista.

bronchitis [brɔŋ'kaitis] *s.* MED. bronquitis *f.*

bronze [brɔnz] *s.* METAL. bronze *m.*

brooch [broutʃ] *s.* agulla *f.* [de pit].

brood [bruːd] *s.* cria *f.;* llocada *f.;* niuada *f.* 2 fig. progènie *f.,* prole *f.* 3 casta *f.*

brood (to) [bruːd] *i.* covar *t.,* incubar *t.* 2 fig. *to ~ on* o *over,* rumiar *t.,* cavil·lar *t.*

broody ['bruːdi] *a.* lloca *f.,* cloca *f.* 2 fig. melangiós.

brook [bruk] *s.* rierol *m.,* rieró *m.*

broom [bruːm] *s.* escombra *f.,* (BAL.) (VAL.) granera *f.* 2 BOT. ginesta *f.*

bronze (to) [brɔnz] *t.* bronzejar, embrunir. ■ 2 *i.* embrunir-se *p.*

Bros ['brɔs] *s. pl.* COM. *(Brothers)* germans *m. pl.*

broth [brɔθ] *s.* GASTR. brou *m.*

brothel ['brɔθl] *s.* bordell *m.*

brother ['brʌðə'] *s.* germà *m.* ‖ *pl.* **brothers and sisters,** germans *m. pl.*

brotherhood ['brʌðəhud] *s.* germandat *f.* 2 REL. confraria *f.*

brother-in-law ['brʌðərinlɔː] *s.* cunyat *m.,* germà *m.* polític.

brotherly ['brʌðəli] *a.* fraternal.

brought [brɔːt] Vegeu BRING (TO).

brow [brau] *s.* ANAT. cella *f.* 2 ANAT. front *m.* 3 cim *m.*

browbeat (to) ['braubiːt] *t.* intimidar [amb amenaces]. ▲ Pret.: *browbeat;* p. p.: *browbeaten.*

brown [braun] *a.* marró [color]. ‖ ~ *paper,* paper *m.* d'estrassa. ‖ ~ *bread,* pa *m.* integral. 2 castany [cabells]. 3 morè, bru [pell].

brown (to) [braun] *t.* torrar. 2 GASTR. daurar.

browse (to) [brauz] *i.* brostejar, pasturar. 2 fullejar *t.* [un llibre].

bruise [bruːz] *s.* morat *m.,* blau *m.,* contusió *f.* 2 macadís *m.,* macadura *f.* [la fruita].

bruise (to) [bruːz] *t.* fer un blau o morat, masegar, contusionar. 2 macar [la fruita]. ■ 3 *i.* fer-se *p.* un blau o morat, contusionar-se *p.* 4 macar-se *p.*

brunch [brʌntʃ] *s.* col·loq. esmorzar-dinar *m.*

brunette [bruː'net] *a.-s.* morena *f.*

brunt [brʌnt] *s.* allò més fort, allò més violent: *to bear the ~ of the attack,* aguantar allò més violent de l'atac.

brush [brʌʃ] *s.* raspall *m.,* (BAL.) espalmador *m.* 2 pinzell *m.;* brotxa *f.* 3 raspallada *f.;* pinzellada *f.* 4 BOT. bardissa *f.,* brossa *f.* 5 fig. cua *f.* peluda [de guineu, etc.].

brush (to) [brʌʃ] *t.* raspallar. ‖ *to ~ up,* repassar, refrescar.

brushwood ['brʌʃwud] *s.* BOT. brossa *f.,* bardissa *f.*

brusque [bruːsk] *a.* brusc.

Brussels [brʌslz] *n. pr.* GEOGR. Brussel·les.

Brussels sprouts [ˌbrʌslz'sprauts] *s. pl.* BOT. cols *f. pl.* de Brussel·les.

brutal ['bruːtl] *a.* brutal; cruel.

brutality [bruː'tæliti] *s.* brutalitat *f.;* crueltat *f.*

brute [bruːt] *a.* brutal. 2 brut [pes, força, etc.]. ■ 3 *s.* bèstia *f.* 4 fig. bèstia *f.,* salvatge [persona].

brutish ['bruːtiʃ] *a.* abestiat, brutal. 2 estúpid.

BSc [biːes'siː] *s. (Bachelor of Science)* llicenciat en ciències.

bubble ['bʌbl] *s.* bombolla *f.* 2 fig. il·lusió *f.*

bubble (to) ['bʌbl] *i.* bombollejar, borbollejar. 2 fig. *to ~ with joy,* desbordar d'alegria.

bubble gum ['bʌblgʌm] *s.* xiclet *m.*

bubonic [bjuː'bɔnik] *a.* MED. ~ *plague,* pesta *f.* bubònica.

buccaneer [ˌbʌkə'niə'] *s.* bucaner *m.*

buck [bʌk] *s.* ZOOL. mascle *m.* [del cèrvol, la llebre i el conill]. 2 fig. petimetre *m.* 3 fam. (EUA) dòlar *m.* 4 fam. *to pass the ~*

to (somebody), carregar el mort a (algú). ■ 5 a. mascle.

buck (to) [bʌk] i. saltar amb les anques arquejades [un cavall]. 2 to ~ up, animar-se p. 3 ~ up! afanya't!, afanyeu-vos!. ■ 4 t. desmuntar, boleiar. 5 to ~ up, animar.

bucket [bʌkit] s. galleda f.; (BAL.) (VAL.) poal m. 2 catúfol m.

buckle [bʌkl] s. sivella f.

buckle (to) [bʌkl] t. cordar, ensivellar. ■ 2 i. to ~ o down to, esforçar-se p. a. 3 corbar-se p., torçar-se p. [metall, etc.].

buckshot [bʌkʃɔt] s. perdigó m.

buckskin [bʌkskin] s. pell f. d'ant.

bucktooth [bʌktuːθ] s. dent f. sortint.

bucolic [bjuːkɔlik] a. bucòlic.

bud [bʌd] s. BOT. brot m.; botó m., gemma f. 2 poncella f.: in ~, treure brot o poncella. 3 fig. nip in the ~, tallar de soca-rel.

bud (to) [bʌd] i. BOT. brotar, borronar.

Buddha [buda] n.pr. m. REL. Buda.

budding [bʌdin] a. en flor. 2 fig. en potència, en embrió.

budge (to) [bʌdʒ] t. moure. 2 fig. fer canviar [una actitud, etc.]. ■ 3 i. moure's. p. 4 fig. canviar [d'actitud, etc.].

budgerigar [bʌdʒərigaːr] s. ORN. periquito m.

budget [bʌdʒit] s. ECON. pressupost m.

budget (to) [bʌdʒit] i. to ~ for, pressupostar, fer el pressupost.

buff [bʌf] a. de color d'ant. ■ 2 s. pell f. d'ant.

buffalo [bʌfəlou] s. ZOOL. búfal m.

buffer [bʌfə] s. MEC. amortidor m. 2 FERROC. topall m.

buffer state [bʌfəsteit] s. estat m. tampó.

buffet [bufei] s. bar m., cantina f.; (G.B.) ~ car, vagó-bar m. 2 cold ~, sopar m. fred. 3 MOBL. bufet m., trinxant m.

buffet [bʌfit] s. bufetada f. 2 fig. bufetada f., cop m., desgràcia f.

buffet (to) [bʌfit] t. copejar. 2 bufetejar. 3 sacsejar.

buffoon [bʌfuːn] s. bufó m.

buffoonery [bʌfuːnəri] s. bufonada f.

bug [bʌg] s. ZOOL. xinxa f.; cuca f.; bestiola f. 2 col·loq. microbi m. 3 col·loq. defecte m.; fallada f. 4 petit micròfon m. ocult. 5 col·loq. **big** ~, peix m. gros.

bug (to) [bʌg] t. col·loq. intervenir [mitjançant un micròfon ocult]. 2 col·loq. (EUA) empipar.

bugbear [bʌgbeə] s. fig. malson m. 2 espantall m.

bugger [bʌgə] s. sodomita. 2 col·loq. ximple.

bugger (to) [bʌgə] t. vulg. donar pel sac. ■ 2 i. vulg. to ~ off, fotre el camp; tocar el dos. 3 to ~ up, fer malbé.

bugle [bjuːgl] s. MÚS. clarí m., corneta f.

build [bild] s. estructura f. 2 forma f., figura f., complexió f.

build (to) [bild] t. construir, calificar. 2 fundar, fonamentar. ■ 3 i. construir-se p. ■ to ~ in, encastar, incorporar; to ~ on, edificar en; fig. basar, fonamentar; to ~ up, urbanitzar, muntar; fig. elaborar, crear, fer; augmentar; enfortir. ▲ Pret. i p. p.: **built** [bilt].

builder [bildə] s. constructor. 2 mestre m. de cases. 3 fig. creador, fundador.

building [bildin] s. construcció f., edificació f. 2 edifici m., casa f.

building society [bildinsəsaiəti] s. societat f. especialitzada en préstecs per l'habitatge.

built [bilt] Vegeu BUILD (TO).

bulb [bʌlb] s. BOT. bulb m. 2 ELECT. bombeta f.

bulge [bʌldʒ] s. protuberància f. 2 bombament m. 3 increment m. 4 MIL. sortint.

bulge (to) [bʌldʒ] i. fer panxa; bombar-se p.; sobresortir. ■ 2 t. engrossir; inflar.

bulk [bʌlk] s. volum m., tossa f. 2 mola f. 3 la major part f. 4 loc. adv. in ~, a l'engròs.

bulk-buying [bʌlkbaiin] s. compra f. a l'engròs.

bulky [bʌlki] a. voluminós.

bull [bul] s. ZOOL. toro m. 2 ECLES. butlla f. 3 COM. alcista.

bulldog [buldɔg] s. angl. ZOOL. buldog m.

bulldozer [buldouzə] s. bulldozer m., excavadora f.

bullet [bulit] s. bala f.

bulletin [bulitin] s. butlletí m. [publicació]. 2 comunicat m., anunci m.

bullet-proof [bulitpruːf] a. a prova de bales.

bullfight [bulfait] s. cursa f. de braus.

bullfighter [bulfaitə] s. cast. torero m.

bullfighting [bulfaitin] s. tauromàquia f., toreig m., toros m. pl.

bullion [buljən] s. or i plata en lingots m. pl.

bullock [bulək] s. ZOOL. jònec m., bravatell m. 2 bou m.

bullring [bulrin] s. plaça f. de toros.

bull's eye ['bulzai] s. fitó m. 2 ARQ. MAR. ull m. de bou.

bullshit ['bulʃit] s. vulg. bestieses f. pl., collonades f. pl.

bully ['buli] s. pinxo m., perdonavides m. ■ 2 a. excel·lent.

bully (to) ['buli] t. intimidar.

bulwark ['bulwək] s. baluard m., [també fig.]. 2 MAR. escullera f. 3 MAR. macarró m.

bum [bʌm] a. inútil; dolent; fumut. ■ 2 s. col·loq. cul m. 3 col·loq. (EUA) dropo, gandul, vague.

bum [bʌm] i. vagar, vagabundejar. ■ 2 t. gorrejar i.

bumble-bee ['bʌmbl,biː] s. ENT. abellot m., borinot m.

bump [bʌmp] s. xoc m., patacada f., trompada f. 2 nyanyo m., bony m. 3 sot m., clot m.

bump (to) [bʌmp] t. donar un cop, copejar; xocar amb. 2 col·loq. to ~ off, pelar, carregar-se p. [algú]. ■ 3 i. donar-se p. un cop, xocar (against, into, amb, contra). 4 fig. to ~ into (someone), topar-se p. amb (algú).

bumper ['bʌmpə'] a. abundant. ■ 2 s. AUTO. para-xocs m. 3 FERROC. topall m. 4 got m. ple.

bumpkin ['bʌmpkin] s. fig. pagès, pagerol.

bumptious ['bʌmpʃəs] a. presumptuós, pretensiós.

bun [bʌn] s. ALIM. brioix m., pasta f. 2 castanya f., cast. monyo m.

bunch [bʌntʃ] s. ram m., pom m. [de flors]. 2 manat m., manoll m., grapat m. 3 carràs m. 4 grup m., colla f.

bunch (to) [bʌntʃ] t. to ~ up o together, ajuntar, agrupar. ■ 2 i. to ~ up o together, ajuntar-se p., agrupar-se p.

bundle ['bʌndl] s. lligall m., [de papers]. 2 feix m. [de llenya]. 3 farcell m. [de roba]. 4 paquet m.

bundle (to) ['bʌndl] t. to ~ up o together, lligar, empaquetar. 2 ficar [de qualsevol manera].

bungalow ['bʌŋgəlou] s. bungalow m., caseta f.

bungle ['bʌŋgl] s. barroeria f., nyap m., bunyol m.

bungle (to) ['bʌŋgl] t. potinejar, fer barroerament. ■ 2 i. potinejar.

bungler ['bʌŋglə'] s. potiner, barroer.

bunion ['bʌnjən] s. galindó m.

bunk [bʌŋk] s. llitera f.

bunker ['bʌŋkə'] s. carbonera f.

bunny ['bʌni] s. col·loq. conillet m.

bunting ['bʌntiŋ] s. TÈXT. estam m. 2 banderetes f. pl., gallarets m. pl.

buoy [bɔi] s. MAR. boia f.; balisa f.

buoy (to) [bɔi] t. abalisar, senyalar amb boies. 2 aboiar. 3 to ~ up, fer flotar; fig. animar.

buoyancy ['bɔiənsi] s. flotabilitat f. 2 fig. animació f., optimisme m.

buoyant ['bɔiənt] a. flotant. 2 fig. animat, optimista, puixant.

BUP [biːyuːpiː] s. (British United Press) premsa f. britànica unida.

burden (to) ['bəːdn] t. carregar; aclaparar.

burden ['bəːdn] s. càrrega f., pes m. [gralnt. fig.]. || beast of ~, bèstia f. de càrrega. 2 NÀUT. tonatge m. 3 tornada f. [d'una cançó]. 4 tema m., idea f. principal.

burdensome ['bəːdnsəm] a. feixuc, carregós, pesat, molest.

bureau ['bjuərou] s. MOBL. (G.B.) escriptor; m., taula f. 2 departament m., oficina f.: Tourist Bureau, Oficina f. de Turisme. 3 (EUA) MOBL. calaixera f.

bureaucracy [bjuə'rɔkrəsi] s. burocràcia f.

burglar ['bəːglə'] s. lladre.

burglar alarm ['bəːglərə,lɑːm] s. alarma f. antirobatòria.

burglarproof ['bəːgləpruːf] a. a prova de lladres.

burglary ['bəːgləri] s. robatori m.

burgle (to) ['bəːgl] t.-i. robar t.

burial ['beriəl] s. enterrament m.

burial ground ['beriəlgraund] s. cementiri m.

Burial Service ['beriəl,səːvis] s. ECLES. funerals m. pl., exèquies f. pl.

burlap ['bəːlæp] s. xarpellera f., arpillera f.

burlesque [bəː'lesk] a. burlesc.

burly ['bəːli] a. corpulent.

Burma ['bəːmə] n. pr. GEOGR. Birmània.

Burmese [bəː'miːz] a.-s. GEOGR. birmà.

burn [bəːn] s. cremada f.

burn (to) [bəːn] t. cremar; abrasar. 2 escaldar [la llengua, etc.]. 3 torrar, coure. ■ 4 i. cremar, cremar-se p. 5 incendiar-se p. 6 fig. cremar, estar encès. ■ to ~ away, no parar de cremar; cremar-se p. del tot; to ~ down, consumir-se p., apagar-se p.; incendiar-se p.; to ~ out, extingir-se p., apagar-se p.; cremar;

fondre's *p.;* fig. acabar-se *p.* [una persona]; *to ~ up,* cremar de nou, cremar; fig. enfurir, enfurir-se *p.* ▲ Pret. i p. p.: *burned* [bəːnd] o *burnt* [bəːnt].

burner [ˈbəːnəʳ] *s.* cremador *m.* 2 blener *m.,* blenera *f.*

burning [ˈbəːniŋ] *a.* ardent, roent, cremós. 2 fig. candent [qüestió, tema, etc.]. 3 fig. fervent.

burnish (to) [ˈbəːniʃ] *t.* brunyir.

burnt [bəːnt] Vegeu BURN (TO).

burp [bəːp] *s.* col·loq. rot *m.*

burp (to) [bəːp] *i.* col·loq. rotar, eructar. ■ 2 *t.* fer eructar [un nen].

burrow [ˈbʌrou] *s.* cau *m.,* lloriguera *f.,* llodriguera *f.*

burrow (to) [ˈbʌrou] *t.* fer un cau, excavar. ■ 2 *i.* encauar-se *p.*

burst [bəːst] *s.* explosió *f.,* esclat *m.,* rebentada *f.*

burst (to) [bəːst] *i.* rebentar, esclatar, explotar; trencar-se *p.* 2 prorrompre. 3 fig. desbordar. ■ 4 *t.* rebentar; fer esclatar. ■ *to ~ in* o *into,* irrompre. || fig. *to ~ into tears* o *laughter,* posar-se a plorar o riure; *to ~ out,* saltar, esclatar. || *to ~ out laughing* o *crying,* esclatar de riure o plorar. ▲ Pret. i p. p. *burst.*

bury (to) [ˈberi] *t.* enterrar.

bus [bʌs] *s.* autobús *m.:* fig. *to miss the ~,* perdre una oportunitat, perdre el tren.

bush [buʃ] *s.* BOT. arbust *m.* 2 *the ~,* bosc *m.* baix [Austràlia i Àfrica]. 3 fig. *to beat about the ~,* anar amb embuts.

bushel [ˈbuʃl] *s.* AGR. mesura *f.* d'àrids [G.B. 36,36 l., EUA 35,24 l.].

bushy [ˈbuʃi] *a.* cobert de mates. 2 espès, pelut.

busily [ˈbizili] *adv.* diligentment; activament.

business [ˈbiznis] *s.* negocis *m. pl.* 2 negoci *m.;* empresa *f.;* establiment *m.* 3 ofici *m.,* treball *m.* 4 assumpte *m.,* qüestió *f.: it's my ~,* és cosa meva; *to mean ~,* parlar o actuar de debò. 5 dret *m.* 6 feinada *f.,* embolic *m.*

bus stop [ˈbʌsstɔp] *s.* parada *f.* de l'autobús.

bust [bʌst] *s.* bust *m.*

bust (to) [bʌst] *t.* trencar. 2 arrestar. 3 COM. causar fallida. ■ 4 *i.* COM. fer fallida.

bustle [ˈbʌsl] *s.* moviment *m.,* bullícia *f.,* enrenou *m.*

bustle (to) [ˈbʌsl] *i.* afanyar-se *p.,* apressar-se *p.,* atrafegar-se *p.;* bellugar-se *p.* ■ 2 *t.* apressar, cuitar.

bust-up [ˈbʌstʌp] *s.* pop. baralla *f.: they had a ~,* han trencat.

busy [ˈbizi] *a.* ocupat; enfeinat; atrafegat. 2 actiu. 3 concorregut, ple [lloc, etc.].

busy (to) [ˈbizi] *t.-p.* ocupar; enfeinar.

busybody [ˈbiziˌbɔdi] *s.* manefla, tafoner.

but [bʌt, bət] *conj.* però, mes, (ROSS.) mè; sinó, sinó que; sense; sense que. || *I can't write ~ I get tied in knots,* no puc escriure sense fer-me un embolic. ■ 2 *adv.* només, no més que, solament. 3 *all ~,* gairebé. ■ 4 *prep.-conj.* menys, tret de, llevat de. || *~ for,* ~ *that,* si no fos per; sense. || *~ then,* d'altra banda. || *the last ~ one,* el penúltim.

but [bʌt, bət] *n.* però *m.,* objecció *f.*

butane [ˈbjuːtein] *s.* butà *m.*

butcher [ˈbutʃəʳ] *s.* carnisser. || COM. *the butcher's,* la carnisseria *f.* 2 fig. carnisser.

butcher (to) [ˈbutʃəʳ] *t.* matar [animals]. 2 fig. matar, fer una carnisseria.

butchery [ˈbutʃəri] *s.* carnisseria *f.* [també fig.].

butler [ˈbʌtləʳ] *s.* majordom *m.*

butt [bʌt] *s.* bóta *f.,* tona *f.,* tonell *m.* 2 aljub *m.* 3 extrem *m.;* ARM. culata *f.* [d'un fusell]. 4 burilla *f.* [d'un cigarret]. 5 *pl.* camp *m.* de tir. 6 blanc *m.,* fitó *m.* 7 fig. objecte *m.* 8 tossada *f.*

butt (to) [bʌt] *t.* tossar *i.* ■ 2 *i.* col·loq. *to ~ in,* ficar-hi cullerada. 3 *to ~ into,* xocar amb.

butter [ˈbʌtəʳ] *s.* ALIM. mantega *f.*

butter (to) [ˈbʌtəʳ] *t.* posar mantega a. 2 *to ~ somebody up,* afalagar.

butterfly [ˈbʌtəflai] *s.* ENT. papallona *f.* || fig. *to have butterflies (in one's stomach),* tenir un nus a l'estómac.

buttery [ˈbʌtəri] *a.* mantegós.

buttock [ˈbʌtək] *s.* ANAT. natja *f.,* anca *f.,* galta *f.* del cul. 2 *pl.* darreres *m. pl.,* cul *m. sing.*

button [ˈbʌtn] *s.* botó *m.*

button (to) [ˈbʌtn] *t.* cordar, botonar. ■ 2 *i.* cordar-se *p.*

buttonhole [ˈbʌtnhoul] *s.* trau *m.*

buttress [ˈbʌtris] *s.* ARQ. contrafort *m.* 2 fig. suport *m.*

buxom [ˈbʌksəm] *a. f.* pleneta; de bon any.

buy (to) [bai] *t.* comprar. ▲ Pret. i p. p.: *bought* [bɔːt].

buyer ['baiə] s. comprador.

buyer's market ['baiəz,mɑːkit] s. mercat m. del comprador.

buzz [bʌz] s. brunzit m., bonior f. 2 murmuri m.

buzz (to) [bʌz] i. bonir, brunzir. 2 murmurar. 3 fer el baliga-balaga. ‖ col·loq. *to ~ off,* tocar el pirandó. ■ 4 t. AVIA. intimidar, passar molt a prop.

buzzard ['bʌzəd] s. ORN. aligot m.

by [bai] *prep.* prop de, a prop de, al costat de. 2 segons, d'acord amb. 3 a, amb, de, en, per. ‖ *~ day,* de dia; *~ far,* de bon tros, de molt.; *~ heart,* de memòria; *~ now,* a hores d'ara, ja.; *~ oneself,* sol, tot sol, sense ajut. 4 *~ the way,* a propòsit. ■ *5 adv.* prop, al costat, davant. *6 ~ and ~,* més tard, després. *7 ~ and large,* en general.

by-election ['baiilək∫n] s. POL. elecció f. parcial.

Byelorussia [baieləu'rʌ∫ə] n. pr. GEOGR. Bielorrússia.

by-gone ['baigɔn] a. passat. ■ 2 s. pl. el passat: *let by-gones be by-gones,* deixem-ho córrer, no en parlem més.

by-law ['bailɔː] s. DRET ordenança f., estatut m., reglament m. [municipal].

by-pass ['baipɑːs] s. cinturó m. [de trànsit]. 2 MEC., ELECT. derivació f., desviació f.

by-pass (to) ['baipɑːs] t. evitar. 2 desviar. 3 fig. negligir.

bypath ['baipɑːθ] s. sendera f., caminoi m., viarany m.

by-product ['bai,prɔdəkt] s. subproducte m., derivat m.

by-road ['bairoud] s. carretera f. secundària.

bystander ['bai,stændə] s. espectador, curiós.

byte [bait] s. INFORM. byte m.

byword ['baiwəːd] s. *to be a ~ for,* ser famós per.

Byzantine [bai'zæntain] a.-s. HIST. bizantí.

C

C, c [siː] *s.* c *f.* [lletra]. 2 MÚS. do *m.*

C [siː] *s.* QUÍM. *(carbon)* C (carboni).

c [siː] *(Celsius)* Celsius. 2 *(centigrade)* centígrad. 3 *(Centum)* centum. 4 POL. *(conservative)* conservador.

ca. [siːˈei] *(circa)* als volts de, cap a: *ca. 1789,* cap al 1789.

cab [kæb] *s.* taxi *m.* 2 cabina *f.* [de conductor de tren, camió, etc.].

cabal [kəˈbæl] *s.* facció *f.* de conspiradors [esp. política].

cabaret [ˈkæbərei] *s.* cabaret *m.*

cabbage [ˈkæbidʒ] *s.* BOT. col *f.*: *red ~,* col llombarda.

cabin [ˈkæbin] *s.* MAR.-AERON. cabina *f.* 2 cabanya *f.*

cabin boy [ˈkæbinbɔi] *s.* grumet *m.*

cabin cruiser [ˈkæbinˌkruːzə] *s.* iot *m.* d'esbargiment.

cabinet [ˈkæbinit] *s.* MOBL. armari *m.;* consola *f.;* vitrina *f.* 2 POL. consell *m.* de ministres, govern *m.*

cabinetmaker [ˈkæbinitˌmeikə] *s.* FUST. ebenista.

cable [ˈkeibl] *s.* cable *m.* 2 telegrama *m.,* cablegrama *m.*

cable (to) [ˈkeibl] *t.-i.* TELECOM. cablegrafiar *t.*

cable car [ˈkeiblkɑː] *s.* telefèric *m.*

cablegram [ˈkeiblgræm] *s.* TELECOM. cablegrama *m.*

cable railway [ˈkeiblˈreilwei] *s.* funicular *m.*

cabman [ˈkæbmən] *s.* taxista.

caboose [kəˈbuːs] *s.* NÀUT. cuina *f.* 2 FERROC. (EUA) furgó *m.* de cua.

cackle [ˈkækl] *s.* cloqueig *m.* 2 riallada *f.* 3 garla *f.,* garleria *f.*

cackle (to) [ˈkækl] *i.* cloquejar. 2 garlar.

cactus [ˈkæktəs] *s.* BOT. cactus *m.* ▲ *pl.* **cactuses** o **cacti** [ˈkæktai].

cad [kæd] *s.* canalla *m.,* brètol *m.*

cadaver [kəˈdeivə] *s.* cadàver *m.*

cadaverous [kəˈdævərəs] *a.* cadavèric; pàl·lid.

caddy [ˈkædi] *s.* capseta *f.* per a te. 2 ESPORT el qui porta els pals de golf.

cadence [ˈkeidəns] *s.* LING., MÚS. cadència *f.*

cadet [kəˈdet] *s.* MIL. cadet *m.*

cadge [kædʒ] *t.-i.* gorrejar *i.*

cadger [ˈkædʒə] *s.* gorrer.

Caesar [ˈsiːzə] *n. pr. m.* Cèsar.

CAF [siːeiˈef] *s.* *(cost and freight)* cost *m.* i càrrega *f.*

café [ˈkæfei] *s.* cafè *m.* [establiment].

cafeteria [ˌkæfiˈtiəriə] *s.* restaurant *m.* d'autoservei.

caffeine [ˈkæfiːn] *s.* cafeïna *f.*

cage [keidʒ] *s.* gàbia *f.*

cage (to) [keidʒ] *t.* engabiar.

cagey [ˈkeidʒi] *a.* col·loq. cautelós; reservat. ■ 2 **cagily** *adv.* cautelosament.

cajole (to) [kəˈdʒoul] *t.* entabanar, ensarronar, afalagar.

cajolery [kəˈdʒouləri] entabanament *m.;* ensabonada *f.;* llagoteria *f.*

cake [keik] *s.* pastís *m.,* (ROSS.) gató *m.* ‖ *sponge ~,* mena de pa *m.* de pessic. 2 pastilla *f.* [de sabó, cera, etc.]. 3 col·loq. *a piece of ~,* bufar i fer ampolles. 4 *(selling) like hot cakes,* (vendre's) com pa *m.* beneït.

cake (to) [keik] *i.* endurir-se *p.;* incrustar-se *p.;* coagular-se *p.*

calabash [ˈkæləbæʃ] *s.* BOT. carbassa *f.* [assecada i buidada].

calamitous [kəˈlæmitəs] *a.* calamitós, desastrós.

calamity [kəˈlæmiti] *s.* calamitat *f.,* desgràcia *f.*

calcify [ˈkælsifai] *t.* calcificar. ■ 2 *i.* calcificar-se *p.*

calcium [ˈkælsiəm] *s.* QUÍM. calci *m.*

calculable [ˈkælkjuləbl] *a.* calculable.

calculate (to) ['kælkjuleit] *t.* calcular. *2*
fig. to be calculated to, fer amb una in-
tenció o finalitat. ■ *3 i.* fer càlculs.

calculating ['kælkju‚leitiŋ] *a.* calculador,
astut.

calculating machine ['kælkjuleitiŋmə‚
‚ʃi:n] *s.* màquina *f.* calculadora.

calculation [‚kælkju'leiʃn] *s.* càlcul *m.* 2
astúcia *f.*

calculus ['kælkjuləs] *s.* càlcul *m.: diffe-
rential* o *integral* ~, càlcul diferencial o
integral. 2 MED. càlcul *m.* [pedra]. ▲ *pl.*
calculi ['kælkjulai], *calculuses.*

calendar ['kælində'] *s.* calendari *m.*

calender ['kælində'] *s.* TECNOL. calandra *f.*

calf [ka:f] *s.* ZOOL. vedell *m.* ‖ *cow in* o
with ~, vaca prenyada. 2 ANAT. panxell
m., tou *m.* de la cama. ▲ *pl.* *calves.*

calfskin ['ka:fskin] *s.* pell *f.* de vedell.

calibrate (to) ['kælibreit] *t.* calibrar; gra-
duar.

calibre, (EUA) **caliber** ['kælibə] *s.* cali-
bre *m.*

calico ['kælikou] *s.* TÈXT. calicó *m.*

caliph ['keilif] *s.* califa *m.*

call [kɔ:l] *s.* crit *m.;* crida *f.* 2 trucada *f.* [te-
lefònica]. 3 visita *f.* curta; parada *f.* cur-
ta. 4 demanda *f.;* exigència *f.* 5 fig.
motiu, necessitat. 6 vocació *f.*

call (to) [kɔ:l] *t.* cridar. 2 anomenar, dir.
3 convocar. 4 considerar. 5 COM. de-
manar el reembors. ■ *6 i.* cridar, donar
veus. 7 fer *t.* una trucada [telefònica]. 8
fer una visita, passar. 9 parar [tren], fer
escala [vaixell]. ■ *to ~ at,* passar per, fer
una visita; *to ~ back,* tornar a trucar
[per telèfon]; recordar; fer tornar; *to ~
down,* fer baixar; invocar; renyar; *to ~
for,* demanar; cridar (a), *to ~ forth,* pro-
vocar; fer sorgir; *to ~ in,* demanar el re-
torn; *to ~ off,* suspendre, cancel·lar; *to
~ on,* visitar; *to ~ together,* reunir; *to ~
up,* trucar per telèfon; evocar; cridar al
servei militar; *to ~ upon,* exhortar.

call box ['kɔ:lbɔks] *s.* cabina *f.* telefònica.

caller ['kɔlə'] *s.* visitant.

calling ['kɔliŋ] *s.* professió *f.* 2 vocació *f.;*
crida *f.*

callosity [kæ'lɔsiti] *s.* callositat *f.,* durí-
cia *f.*

callous ['kæləs] *a.* callós. 2 fig. ~ *to* in-
sensible, indiferent.

callousness ['kæləsnis] *s.* callositat *f.,*
durícia *f.* 2 fig. insensibilitat, indiferèn-
cia.

calm [ka:m] *a.* calmat, tranquil. ‖ *keep* ~,
tranquil, calma't. ■ *2 s.* calma *f.,* assos-
sec *m.*

calm (to) [ka:m] *t.* calmar, assossegar,
tranquilitzar. ■ *2 i. to ~ down,* calmar-
se *p.,* tranquil·litzar-se *p.*

calmness ['ka:mnis] *s.* tranquil·litat *f.,*
calma *f.*

calorie ['kæləri] *s.* caloria *f.*

calorific [‚kælə'rifik] *a.* calorífic: ~ *value,*
poder *m.* calorífic.

calumniate (to) [kə'lʌmnieit] *t.* calum-
niar.

calumny ['kæləmni] *s.* calúmnia *f.*

calyx ['keiliks] *s.* BOT. calze *m.* ▲ *pl. ca-
lyxes* o *calyces* ['keilisi:z].

cam [kæm] *s.* MEC. lleva *f.*

came [keim] Vegeu COME (TO).

camel ['kæməl] *s.* ZOOL. camell *m.*

camellia [kə'mi:liə] *s.* BOT. camèlia *f.*

cameo ['kæmiou] *s.* camafeu *m.*

camera ['kæmərə] *s.* càmera *f.* cambra *f.*
fotogràfica, màquina *f.* de fotografiar. 2
càmera *f,* cambra *f.* cinematogràfica,
màquina *f.* de filmar [TV, vídeo].

cameraman ['kæmərəmæn] *s.* CINEM. ca-
meraman, segon operador.

camomile ['kæməmail] *s.* BOT. camamilla
f., camamil·la *f.*

camouflage ['kæməfla:ʒ] *s.* camufla-
ment *m.*

camouflage (to) ['kæməfla:ʒ] *t.* camu-
flar.

camp [kæmp] *s.* campament *m.* ‖ *holiday*
~, campament o colònies *f.* *pl.* d'estiu;
summer ~, colònies d'estiu. 2 grup *m.,*
facció *f.*

camp [kæmp] *a.* col·loq. cursi, afectat,
amanerat. ■ *2 s.* amanerament *m.,* afec-
tació *f.*

camp (to) [kæmp] *i.-t.* acampar. ■ *2 i. to
~ (it up),* fer comèdia; actuar de manera
exagerada.

campaign [kæm'pein] *s.* campanya *f.:*
advertising ~, campanya publicitària.

campaign (to) [kæm'pein] *i.* fer campa-
nya [a favor de].

campaigner [kæm'peinə'] *s.* lluitador,
batallador; paladí *m.* 2 *old* ~, veterà.

camphor ['kæmfə'] *s.* QUÍM., FARM. càm-
fora *f.*

camping ['kæmpiŋ] *s.* càmping *m.:* ~
site, càmping *m.*

camshaft ['kæmʃa:ft] *s.* MEC. arbre *m.* de
lleves.

can [kæn] s. llauna f., (BAL.) (VAL.) llanda f. ‖ ~ *opener,* obrellaunes m. 2 bidó m. [de metall]. 3 fig. *to carry the* ~, carregar les culpes, carregar-se-la.

can [kæn, kən] *aux.* poder: *I* ~ *wait for it,* puc esperar. 2 saber: *he* ~ *swim very well,* sap nedar molt bé. ▲ Pret. i cond.: *could* [kud, kəd].

can (to) [kæn] t. enllaunar, envasar en llauna.

Canada ['kænədə] n. pr. GEOGR. Canadà.

Canadian [kə'neidjən] a.-s. pr. GEOGR. canadenc.

canal [kə'næl] s. canal m.

canalize (to) ['kænəlaiz] t. canalitzar.

canapé ['kænəpei] s. canapè m.

canary [kə'nɛəri] s. ORN. canari m.

Canary Islands [kə'nɛəri 'ailəndz] n. pr. GEOGR. Illes f. pl. Canàries.

cancel (to) ['kænsəl] t. cancel·lar; anul·lar; invalidar. 2 ratllar, passar ratlla. 3 marcar [un segell]. 4 *to* ~ *out,* neutralitzar-se mútuament.

cancer ['kænsə'] s. MED. càncer m.

Cancer ['kænsə'] s. ASTR. Càncer m. o Cranc m. 2 GEOGR. *Tropic of* ~, Tròpic m. de Càncer.

cancerous ['kænsərəs] a. cancerós, cancerígen.

candelabrum [kændi'lɑːbrəm] s. canelobre m. ▲ pl. **candelabra** [kændi'lɑbrə].

candid ['kændid] a. sincer, franc. ‖ ~ *camera,* càmera f. indiscreta.

candidate ['kændidət] s. candidat; aspirant. 2 examinand, opositor.

candied ['kændid] a. ensucrat, confitat, garapinyat.

candle ['kændl] s. espelma f.

candlestick ['kændlstik] s. candeler m.; portabugia m.

candour, (EUA) **candor** ['kændə] s. sinceritat f., franquesa f.

candy ['kændi] s. sucre candi. 2 (EUA) caramel.

candy (to) ['kændi] t. ensucrar, confitar, garapinyar.

cane [kein] s. BOT. canya f.: *sugar* ~, canya de sucre. 2 pal m., bastó m., vara f.

canine ['keinain] a. caní.

canine tooth [keinain'tuːθ] s. ODONT. ullal m.

canister ['kænistə'] s. pot m., capseta f. de llauna [per a te, tabac, etc.].

canker ['kæŋkə'] s. MED. úlcera f. [bucal]. 2 fig. càncer m.

canker (to) ['kæŋkə'] t. corrompre; ulcerar. ■ 2 i. corrompre's p.; ulcerar-se p.

cannabis ['kænəbis] s. cànem m. indi.

canned [kænd] a. enllaunat. 2 col·loq. pre-enregistrat: ~ *music,* música pre-enregistrada, fil musical. 3 col·loq. (EUA) trompa, borratxo.

cannery ['kænəri] s. fàbrica f. de conserves.

cannibal ['kænibəl] a.-s. caníbal.

cannibalize ['kænibəlaiz] f. fer servir les peces d'un cotxe o màquina.

cannon ['kænən] s. canó m. 2 carambola.

cannonball ['kænənbɔːl] s. bala f. de canó.

cannonade [kænə'neid] s. canoneig m.

cannon fodder ['kænən,fɔdə'] s. carn f. de canó.

cannon shot ['kænənʃɔt] s. canonada f.

cannot ['kænɔt] forma composta de *can* i *not.*

canoe [kə'nuː] s. NÀUT. canoa f.; piragua f.

canon ['kænən] s. cànon m. 2 canonge m.

canonical [kə'nɔnikəl] a. canònic.

canonize (to) ['kænənaiz] t. canonitzar.

canopy ['kænəpi] s. dosser m., baldaquí m. [fix]; pal·li m., tàlem m. [mòbil].

can't [kɑːnt, kænt] *contr.* de *can* i *not.*

cant [kænt] s. hipocresia f. 2 argot m. 3 inclinació f.

cant (to) [kænt] t. inclinar, decantar.

cantankerous [kən'tæŋkərəs] a. intractable, malhumorat.

canteen [kæn'tiːn] s. cantina f. 2 cantimplora f.

canter ['kæntə'] s. mig galop m.

canter (to) ['kæntə'] i. anar a mig galop.

canticle ['kæntikl] s. BIB. càntic m.

cantilever ['kæntiliːvə'] s. CONSTR. suport m., biga f. voladissa.

canvas ['kænvəs] s. lona f. 2 ART tela f., llenç m.

canvass (to) ['kænvəs] t.-i. sol·licitar t. vots (*to, for;* de, per a). 2 COM. buscar t. comandes o clients. ■ 3 t. examinar en detall, discutir.

canyon ['kænjən] s. vall f. profunda, gorja f.

cap [kæp] s. gorra f.; casquet m. 2 còfia f. ‖ fig. ~ *in hand,* barret m. en mà, humilment *adv.* 3 tap m., tapadora f. [d'un bolígraf, etc.].

cap (to) [kæp] t. cobrir t.-p. [el cap]; tapar. 2 superar, millorar.

capability [keipə'biliti] *s.* capacitat *f.*, aptitud *f.*

capable ['keipəbl] *a.* capaç, apte, dotat. 2 ~ *of*, capaç de.

capacious [kə'peiʃəs] *a.* espaiós, gran.

capacity [kə'pæsiti] *s.* capacitat *f.* cabuda *f.*, 2 competència *f.*, capacitat *f.* [persones]. 3 posició *f.*, condició *f.*

cape [keip] *s.* esclavina *f.*, capa *f.* curta. 2 GEOGR. cap *m.*

caper ['keipə'] *s.* cabriola *f.*; entremaliadura *f.* 2 BOT. tàpera *f.*

caper (to) ['keipə'] *i.* cabriolar.

capital ['kæpitl] *a.* capital: DRET ~ *punishment*, pena *f.* capital. 2 *a.-s.* GRAM. majúscula *a.-f.* ■ 3 *s.* capital *f.* [ciutat]. 4 ECON. capital *m.*: *fixed* ~, capital fix; *floating* ~, capital circulant. 5 ARQ. *capitell m.*

capitalism ['kæpitəlizəm] *s.* ECON. capitalisme *m.*

capitalist ['kæpitəlist] *a.-s.* capitalista.

capitulate (to) [kə'pitʃuleit] *i.* capitular, rendir-se *p.*

capitulation [kə,pitʃu'leiʃən] *s.* capitulació *f.*

caprice [kə'pri:s] *s.* caprici *m.*; rampell *m.*

capricious [kə'priʃəs] *a.* capritxós, inconstant. ■ 2 -ly, *adv.* capritxosament.

capsize (to) [kæp'saiz] *t.* NÀUT. bolcar. ■ 2 *i.* NÀUT. bolcar-se *p.*, sot-sobrar.

capstan [kæpstən] *s.* cabrestant *m.*, argue *m.*

capsule ['kæpsju:l] *s.* càpsula *f.*

Capt. [si:eipi'ti:] *s.* *(Captain)* capità.

captain ['kæptin] *s.* capità.

caption ['kæpʃən] *s.* encapçalament *m.*, títol *m.* 2 peu *m.* [de fotografia o il·lustració]. 3 CINEM. peu *m.*

captious ['kæpʃəs] *a.* criticaire, mastegatatxes.

captivate (to) ['kæptiveit] *t.* captivar, fascinar.

captivating ['kæptiveitiŋ] *a.* captivador, fascinador, seductor.

captive ['kæptiv] *a.-s.* captiu.

captivity [kæp'tiviti] *s.* captivitat *f.*

capture ['kæptʃə'] *s.* captura *f.*, presa *f.*

capture (to) ['kæptʃə'] *t.* capturar, empresonar.

car [ka:'] *s.* cotxe *m.* 2 FERROC. vagó *m.*; cotxe *m.*: *sleeping* ~, vagó-llit.

caramel ['kærəmel] *s.* caramel *m.*

carapace ['kærəpeis] *s.* ZOOL. closca *f.*

carat ['kærət] *s.* quirat *m.*

caravan [kærə'væn] *s.* caravana *f.* [sentit de corrua i de remolc].

caraway ['kærəwei] *s.* BOT. comí *m.*

carbide ['ka:baid] *s.* QUÍM. carbur *m.*

carbine ['ka:bain] *s.* ARM. carrabina *f.*

carbon ['ka:bən] *s.* QUÍM. carboni *m.*

carbonate ['ka:bənit] *s.* QUÍM. carbonat *m.*

carbon dating ['ka:bən,deitiŋ] *s.* mètode *m.* del carboni catorze.

carbonic [ka:'bɔnik] *a.* carbònic.

carbonize (to) ['ka:bənaiz] *t.* carbonitzar.

carbon paper ['ka:bən,peipə] *s.* paper *m.* carbó.

carbuncle ['ka:bʌŋkl] *s.* MINER. carboncle *m.* 2 MED. carboncle *m.*

carburettor, (EUA) **carburetor** ['k,:bjuretə] *s.* carburador *m.*

carcass, carcase ['ka:kəs] *s.* cos *m.* d'animal *m.* mort. 2 cos *m.* humà. 3 carcassa *f.*, carcamada *f.*

card [ka:d] *s.* targeta *f.* [postal]: *Christmas* ~, targeta de felicitació de Nadal. 2 targeta *f.*; carnet *m.* 3 fitxa *f.* 4 JOC carta *f.* naip *m.* 5 TÈXT. carda *f.*

card (to) [ka:d] *t.* TÈXT. cardar.

cardboard ['ka:dbɔ:d] *s.* cartó *m.*, cartró *m.*

cardigan ['ka:digən] *s.* jersei *m.* obert, jaqueta *f.* de punt.

cardinal ['ka:dinl] *a.* cardinal. ‖ ~ *numbers*, nombres *m. pl.* cardinals. ‖ *the* ~ *points*, els punts cardinals. ■ 2 *s.* REL. cardenal *m.*

care [kɛə'] *s.* compte *m.*, cura *f.* ‖ *take* ~*!*, fes bondat!, ves amb compte! ‖ col·loq. *to take* ~ *of*, tenir cura de, encarregar-se. ‖ ~ *of*, *c/o*, a casa de [en una carta]. 2 preocupació *f.*, inquietud *f.*

care (to) [kɛə'] *i.* preocupar-se *p.*, inquietar-se *p.* ‖ *he doesn't* ~ *a damn*, l'importa un rave. 2 *to* ~ *about*, interessar-se *p.*, ésser important [per a algú]. 3 *to* ~ *for*, tenir cura, fer-se *p.* càrrec; sentir afecte; voler, agradar.

careen (to) [kə'ri:n] *t.* MAR. carenar.

career [kə'riə'] *s.* carrera *f.*; professió *f.* 2 curs *m.*, decurs *m.* [de la vida, d'una idea]. 3 carrera *f.* [moviment *m.* ràpid].

career (to) [kə'riə'] *i.* *to* ~ *about* o *along*, córrer com un llamp.

careful ['kɛəful] *a.* cautelós, prudent. 2 acurat. 3 *to be* ~, anar amb compte (*of* o *to*; amb o en) ‖ *be* ~*!*, vés amb compte! ■ 4 -ly, *adv.* prudentment; amb cura.

carefulness ['kɛəfulnis] s. cura f., atenció f. 2 prudència f., cautela f.

careless ['kɛəlis] a. descurós, negligent. 2 imprudent, irreflexiu. 3 liter. ~ of, indiferent, insensible.

carelessness ['kɛəlisnis] s. falta f. de cura, negligència f. 2 imprudència f.

caress [kə'res] s. carícia f. 2 afalac m.

caress (to) [kə'res] t. acariciar.

caretaker ['kɛəˌteikə'] s. conserge, porter.

caretaker government ['kɛəteikə-ˌgʌvənmənt] s. govern m. provisional.

cargo ['kɑːgou] s. MAR., AERON. càrrega f., carregament m. ▲ pl. **cargoes**.

caricature ['kærikətjuə'] s. caricatura f.

caricature (to) ['kærikə'tjuə'] t. caricaturar, ridiculitzar.

caricaturist ['kærikətjuərist] s. caricaturista.

caries ['kɛəriːz] s. MED. càries f.

carmine ['kɑːmain] a. carmí. ■ 2 s. carmí m.

carnage ['kɑːnidʒ] s. matança f., carnatge m., carnisseria f.

carnal ['kɑːnl] a. carnal. ■ 2 -ly, adv. carnalment.

carnation [kɑː'neiʃən] s. BOT. clavell m. [flor]. 2 BOT. clavellina f. [planta].

carnival ['kɑːnivəl] s. festa f. [al carrer], carnaval m.

carnivore ['kɑːnivɔː'] s. ZOOL. carnívor m.

carnivorous [kɑː'nivərəs] a. carnívor.

carol ['kærəl] s. nadala f.

carp [kɑːp] s. ICT. carpa f. ▲ pl. **carp**.

carp (to) [kɑːp] i. to ~ (at), queixar-se p., rondinar [per bajanades].

carpenter ['kɑːpintə'] s. fuster.

carpentry ['kɑːpintri] s. fusteria f.

carpet ['kɑːpit] s. catifa f. 2 fig. to call somebody on the ~, demanar explicacions.

carpet (to) ['kɑːpit] t. encatifar. 2 arg. renyar.

carriage ['kæridʒ] s. carruatge m. 2 FERROC. vagó m. 3 ~ way, carretera f., calçada f.: dual ~ way, carretera de doble direcció. 4 transport m. 5 carro m. [de màquina d'escriure]. 6 port m., aire m. [d'una persona]. 7 ARTILL. curenya f.

carrier ['kæriə'] s. transportista, missatger. 2 empresa f. de transports. 3 portador [de malaltia]. 4 AERON. aircraft-~, portaavions m. 5 ~ bag, bossa f. [per a queviures, etc.].

carrion ['kæriən] s. carronya f.

carrot ['kærət] s. BOT. pastanaga f.

carry (to) ['kæri] t. portar, (ROSS.) aportar, transportar, dur. 2 implicar, portar implícit. 3 tenir, contenir. 4 guanyar. ‖ to ~ the day, guanyar, sortir-se'n bé. ■ 5 i. arribar. 6 sentir-se p. ■ to ~ away, endur-se p., emportar-se p.; fig. exaltar-se p.; to ~ back, fer recordar; to ~ forward, sumar i seguir; to ~ off, emportar-se p., guanyar [premis]; to ~ on, continuar; mantenir; dirigir; tenir un embolic [amorós]; to ~ out, dur a terme, executar; to ~ through, ajudar; acomplir.

cart [kɑːt] s. carro m., carreta f.

cart (to) [kɑːt] t. carretejar, carrejar.

cartage ['kɑːtidʒ] s. carretatge m.

carte blanche [ˌkɑːt 'blɒnʃ] s. carta f. blanca.

cartel [kɑː'tel] s. ECON. càrtel m.

carter ['kɑːtə'] s. carreter m.

cartilage ['kɑːtilidʒ] s. ANAT. cartílag m.

cartilaginous [ˌkɑːti'lædʒinəs] a. cartilaginós.

cart-load ['kɑːtloud] s. carretada f.

carton ['kɑːtn] s. capsa f. o caixa f. de cartró. ‖ a ~ of cigarettes, un cartró de tabac.

cartoon [kɑː'tuːn] s. caricatura f., còmic m. [dibuix]. ‖ animated ~, pel·lícula f. de dibuixos animats. 3 B. ART. cartró m., cartó m.

cartridge ['kɑːtridʒ] s. ARM. cartutx m.

cartridge belt ['kɑːtridʒbelt] s. canana f.

cartridge box ['kɑːtridʒbɔks] s. cartutxera f.

carve (to) [kɑːv] t. esculpir, cisellar, entallar, gravar [pedra, marbre, etc.]. 2 trinxar, tallar [la carn].

carver ['kɑːvə'] s. B. ART. entallador, tallista, escultor. 2 trinxador [persona]. 3 trinxant m. [forquilla].

carving ['kɑːviŋ] s. entalladura f., talla f., escultura f.

carving knife ['kɑːviŋnaif] s. ganivet m. per trinxar.

cascade [kæsk'keid] s. cascada f.

case [keis] s. cas m., assumpte m. ‖ LOC. in any ~, en qualsevol cas; in ~, si és cas que, si de cas. 2 DRET plet m., procés m. 3 estoig m.; funda f.; maleta f.

case (to) [keis] t. embalar, enfundar.

case history ['keis'histri] s. historial m. mèdic.

casein ['keisiːn] s. caseïna f.

casement ['keismənt] s. finestra f. de frontissa.

case study [keis'stʌdi] s. estudi m. d'un cas.

cash [kæʃ] s. ECON. efectiu m., diners m. pl. comptants || ~ *down*, al comptat; ~ *on delivery*, entrega f. contra reemborsament; *in* ~, en metàl·lic; *to be out of* ~, no tenir-ne ni cinc; *to pay* ~, pagar al comptat.

cash (to) [kæʃ] t. cobrar, pagar, fer efectiu [un xec]. 2 *to* ~ *in (on) something*, aprofitar-se p. de.

cashier [kæ'ʃiə] s. caixer.

cashmere [kæʃ'miə] s. TÈXT. caixmir m.

cash register ['kæʃˌredʒistə] s. caixa f. enregistradora.

cash point ['kæʃpɔint] s. caixer m. automàtic.

casing ['keisiŋ] s. coberta f., folre m., embolcall m.

cask [kɑːsk] s. barril m., bóta f., tona f.

casket ['kɑːskit] s. arqueta f., cofre m., capseta f. 2 taüt m., bagul m.

casserole ['kæsəroul] s. cassola f.

cassette [kə'set] s. cassette f. [de cinta magnètica]. 2 FOT. rodet m.

cassock ['kæsək] s. sotana f.

cast [kɑːst] s. llançament m., tirada f. 2 motlle m.; màscara f. 3 peça f. fosa. 4 TEAT. repartiment m. 5 tipus m. || ~ *of mind*, mentalitat f. 6 ÒPT. lleuger estrabisme m.

cast (to) [kɑːst] t. llançar, tirar. *cast-off clothes, cast-offs*, vestits per llençar. 2 dirigir, girar [els ulls]. 3 projectar [una ombra, llum, etc.]. 4 emmotllar. 5 assignar, donar [un paper]. 6 NÀUT. *to* ~ *off*, desamarrar; abandonar, llançar. 7 *to* ~ *lots*, fer-ho a la sort. ■ 8 i. *to* ~ *about for*, buscar t. [excuses, etc.]. ▲ Pret. i p. p.: *cast*.

castanets [kæstə'nets] s. pl. MÚS. castanyoles f. pl., castanyetes f. pl.

castaway ['kɑːstəwei] a.-s. nàufrag.

caste [kɑːst] s. casta f.; classe f.

castellated ['kæsteleitid] a. emmerletat.

castigate (to) ['kæstigeit] t. castigar.

casting ['kɑːstiŋ] s. peça f. fosa. 2 TEAT. repartiment m. 3 llançament m. || COM. ~ *director*, cap de promoció i llançament.

casting vote ['kɑːstiŋˌvout] s. vot m. decisiu.

castle ['kɑːsl] s. castell m. || fig. *castles in the air* o *in Spain*, castells en l'aire. 2 torre f. [escacs].

castor, caster ['kæstə] s. rodeta f. [de butaca, moble, etc.]. 2 saler m., sucrera f.

castoroil ['kɑːstərˌɔil] s. oli m. de ricí.

castor sugar ['kɑːstəˌʃugə] s. sucre m. en pols.

castrate (to) [kæs'treit] t. castrar, capar.

casual ['kæʒjuəl] a. casual, fortuït. 2 despreocupat. || ~ *clothes*, roba f. d'esport o d'estar per casa. 3 ~ *labour*, feina eventual, temporal.

casually ['kæʒjuəli] adv. casualment. 2 despreocupadament.

casualty ['kæʒjuəlti] s. accident m. [amb desgràcies personals]. 2 MIL. baixa f. 3 víctima f. [d'un accident].

cat [kæt] s. ZOOL. gat.

cataclysm ['kætəklizəm] s. cataclisme m.

catacombs ['kætəkuːmz] s. pl. catacumbes f. pl.

catafalque ['kætəfælk] s. cadafal m.

Catalan ['kætələn] a.-s. GEOGR. català. 2 s. català m. [llengua].

catalogue ['kætələg], (EUA) **catalog** ['kætələːg] s. catàleg m.

catalogue (to) ['kætələg], (EUA) **catalog (to)** ['kætələːg] t. catalogar.

Catalonia [kætəlounjə] n. pr. GEOGR. Catalunya.

catalysis [kə'tæləsis] s. QUÍM.-FÍS. catàlisi f.

catalyst ['kætəlist] s. catalitzador m.

catamaran [ˌkætəmə'ræn] s. MAR. catamarà m.

catapult ['kætəpʌlt] s. ARM., AERON. catapulta f. 2 tirador m. [joguina].

cataract ['kætərækt] s. GEOGR. cascada f. 2 ÒPT. cataracta f.

catarrh [kə'tɑː'] s. MED. catarro m.

catastrophe [kə'tæstrəfi] s. catàstrofe f. GEOL. cataclisme m.

catcall ['kætkɔːl] s. xiulada f.

catch [kætʃ] s. agafada f. 2 pesca f., xarxada f. 3 partit m.: *he's a good* ~, és un bon partit. 4 parany m., trampa f. 5 balda f., baldó m. 6 MÚS. cànon m.

catch (to) [kætʃ] t. agafar, (ROSS.) hajar. 2 agafar, arreplegar [una malaltia]. 3 atrapar, sorprendre, enxampar. 4 copsar, sentir. 5 *to* ~ *one's breath*, contenir la respiració. 6 *to* ~ *up*, encalçar. ■ 7 i. enredar-se p., enganxar-se p. 8 *to* ~ *fire*, encendre's *p.* ▲ Pret. i p. p.: *caught* [kɔːt].

catching ['kætʃiŋ] *a.* MED. contagiós. 2 fig. encomanadís [una cançó, un hàbit].

catchment ['kætʃmənt] *s.* captació *f.* ‖ *catchment-area*, àrea *f.* de captació; *catchment-basin*, conca de captació [d'un riu].

catchphrase ['kætʃfreiz] *s.* eslògan *m.;* frase *f.* de reclam.

catchword ['kætʃwəːd] *s.* lema *m.*, eslògan *m.*

catchy ['kætʃi] *a.* encomanadís [melodia]. 2 enganyós, capciós.

catechism ['kætikizəm] *s.* catecisme *m.*

categorical [,kæti'gɔrikəl] *a.* categòric.

categorize ['kætigəraiz] *t.* classificar.

category ['kætigəri] *s.* categoria *f.*

cater (to) ['kəitə'] *i. to ~ for*, fornir, proveir, subministrar [queviures, menjar]. 2 *to ~ for* o *to*, complaure *t.*, satisfer *t.*

caterer ['keitərə'] *s.* proveïdor, abastador.

caterpillar ['kætəpilə'] *s.* ZOOL. eruga *f.*

catgut ['kætgʌt] *s.* catgut *m.* [corda de tripa].

cathedral [kə'θiːdrəl] *s.* catedral *f.*

Catherine ['kæθrin] *n. pr. f.* Caterina.

cathode ['kæθoud] *s.* ELECT. càtode *m.* ‖ *~ ray*, raig *m.* catòdic.

catholic ['kæθəlik] *a.-s.* catòlic.

Catholicism [kə'θɔlisizəm] *s.* catolicisme *m.*

catkin ['kætkin] *s.* BOT. ament *m.*, candela *f.*

catnap ['kætnæp] *s.* becaina *f.*

cat sleep ['kætsliːp] *s.* becaina *f.*

cattle ['kætl] *s.* bestiar *m.* [boví].

cattle cake ['kætlkeik] *s.* pinso *m.*

cattleman ['kætlmən] *s.* ramader *m.*

cattle raiser ['kætl,reizə'] *s.* ramader *m.*

cattle raising ['kætl,reiziŋ] *s.* ramaderia *f.*

catwalk ['kætwɔːk] *s.* passarel·la *f.*

caucus ['kɔːkəs] *s.* comitè *m.* [d'un partit polític]. 2 reunió *f.* del comitè.

caught [kɔːt] Vegeu CATCH (TO).

cauldron ['kɔːldrən] *s.* calder *m.*, calderó *m.*

cauliflower ['kɔliflauə'] *s.* BOT., CUI. col-i-flor *f.*

caulk (to) [kɔːk] *t.* MAR. calafatar.

causal ['kɔːzəl] *a.* causal.

cause [kɔːz] *s.* causa *f.*, raó *f.*, motiu *m.*

cause (to) [kɔːz] *t.* causar, motivar. 2 fer (amb inf.); fer que, impel·lir a.

causeless ['kɔːzlis] *a.* sense motiu, sense fonament.

causeway ['kɔːzwei] *s.* pas *m.* elevat [esp. sobre aiguamolls].

caustic ['kɔːstik] *a.* càustic [també fig.].

caustic soda [,kɔːstik'soudə] *s.* QUÍM. sosa *f.* càustica [hidròxid de sodi].

cauterize (to) ['kɔːtəraiz] *t.* cauteritzar.

caution ['kɔːʃən] *s.* cautela *f.*, precaució *f.* 2 advertència *f.*, avís *m.*

caution (to) ['kɔːʃən] *t.* advertir, avisar. 2 amonestar.

cautious ['kɔːʃəs] *a.* caut, cautelós, prudent. ■ 2 **-ly** *adv.* cautament.

cautiousness ['kɔːʃəsnis] *s.* cautela *f.*, precaució *f.*, prudència *f.*

cavalcade [,kævəl'keid] *s.* cavalcada *f.*, desfilada *f.*

cavalier [,kævə'liə'] *a.* alegre, espavilat. 2 descortès, groller.

cavalry ['kævəlri] *s.* MIL. cavalleria.

cave [keiv] *s.* cova *f.*, caverna *f.*, gruta *f.*

cave (to) [keiv] *i. to ~ in*, enfonsar-se *p.*, ensorrar-se *p.* [un túnel, el terra etc.], esfondrar-se *p.*

caveman ['keivmæn] *s.* troglodita *m.*

cavern ['kævən] *s.* liter. caverna *f.*

caviar ['kæviɑː'] *s.* caviar *m.*

cavil (to) ['kævil] *i. to ~ (at)*, posar dificultats o entrebancs.

cavity ['kæviti] *s.* cavitat *f.*: *nasal cavities*, cavitats nasals.

caw [kɔː] *s.* ORN. grall *m.* [del corb, la gralla]; cucleig *m.* [de la cornella].

caw (to) [kɔː] *i.* ORNIT. grallar, cuclejar.

CBS [,siːbiː'es] *s.* (EUA) *(Columbia Broadcasting System)* sistema *m.* de radiotelevisió de Columbia.

c.c. [,siː'siː] *s.* *(cubic centimetre)* centímetre *m.* cúbic.

CC [,siː'siː] *s.* *(City Council)* consell *m.* municipal. 2 *(Consular Corps)* cos *m.* consular. 3 *(County Council)* consell *m.* del comtat.

cease (to) [siːs] *i.-t.* parar, cessar, deixar de.

cease-fire [,siːs'faiə'] *s.* MIL. alto *m.* el foc.

ceaseless ['siːslis] *a.* continu, incessant, persistent, constant. ■ 2 **-ly** *adv.* constantment, sense parar.

Cecil ['sesil] *n. pr. m.* Cecili.

Cecilia [sə'siːljə] *n. pr. f.* Cecília.

cedar ['siːdə'] *s.* BOT. cedre *m.*

cede (to) [siːd] *t.* cedir, transferir *(to,* a).

ceiling ['siːliŋ] s. sostre m. 2 fig. màxim m. límit m. ‖ to fix a price ~, fixar un límit de preus.

celebrate (to) ['selibreit] t. celebrar; commemorar. ■ 2 i. divertir-se p., passar-s'ho p. bé.

celebrated ['selibreitid] a. cèlebre, famós.

celebration [ˌseliˈbreiʃən] s. celebració f. 2 festa f.

celebrity [siˈlebrəti] s. celebritat f.; fama f.

celery ['seləri] s. BOT. api m.

celestial [siˈlestjəl] a. celestial, celest. ‖ ~ body, astre m. 2 fig. celestial, diví.

celibacy ['selibəsi] s. REL. celibat m.

celibate ['selibət] a.-s. cèlibe s.

cell [sel] s. cel·la f. [de presó, convent, etc.]. 2 ZOOL. cel·la f. [d'abelles]. 3 ELECT. cel·la f. 4 BIOL. cèl·lula f.

cellar ['selə'] s. celler m.; soterrani m.

cellist ['tʃelist] s. MÚS. violoncel·lista.

cello ['tʃelou] s. MÚS. violoncel m.

cellophane ['seləfein] s. cel·lofana f. [paper].

cellular ['seljulə'] a. cel·lular.

celluloid ['seljulɔid] s. QUÍM. cel·luloide m.

cellulose ['seljulous] s. QUÍM.-BOT. cel·lulosa f.

Celt [kelt], (EUA) [selt] s. celta.

Celtic ['keltik], (EUA) [seltik] a.-s. cèltic: ~ languages, llengües f. pl. cèltiques.

cement [siˈment] s. ciment m.

cement (to) [siˈment] t. cimentar, unir amb ciment. 2 fig. consolidar, afermar, reforçar.

cemetery ['semətri] s. cementiri m.

cenotaph ['senətɑːf] s. cenotafi m.

censor ['sensə'] s. censor.

censor (to) ['sensə'] t. censurar.

censorious [senˈsɔːriəs] a. censurador, sever, rígid.

censorship ['sensəʃip] s. censura f.

censure ['senʃə'] s. censura f.; crítica f.

censure (to) ['senʃə'] t. censurar, criticar, reprovar.

census ['sensəs] s. cens m., padró m.

cent [sent] s. cèntim m., centèssima part f. [moneda]. 2 cent: per ~, per cent.

centenarian [ˌsentiˈnɛəriən] s.-a. centenari [una persona].

centenary [senˈtiːnəri] a.-s. centenari.

centennial [senˈteniəl] a.-s. centenari.

centigrade ['sentigreid] a. centígrad.

centipede ['sentipiːd] s. ENT. centpeus m.

central ['sentrəl] a. central; cèntric: a ~ location, una localització cèntrica.

Central America ['sentrəl əˈmerikə] n. pr. GEOGR. Amèrica Central.

central heating ['sentrəlˈhiːtiŋ] s. calefacció f. central.

centralization [ˌsentrəlaiˈzeiʃən] s. centralització f.

centralize (to) ['sentrəlaiz] t. centralitzar.

centre, (EUA) **center** ['sentə] s. centre m. [tots els sentits].

centre (to) ['sentə'] t. centrar. 2 concentrar. ■ 3 i. concentrar-se p., centrar-se p.

century ['sentʃəri] s. segle m., centúria f.

ceramic [siˈræmik] a. ceràmic.

ceramics [siˈræmiks] s. ceràmica f.

cereal ['siəriəl] s. cereal m. ▲ gralnt. s'usa en plural.

cerebral ['seribrəl], (EUA) [səˈriːbrəl] a. cerebral [també fig.].

ceremonial [ˌseriˈmounjəl] a. cerimonial. ■ 2 s. cerimonial m.

ceremonious [ˌseriˈmounjəs] a. cerimoniós.

ceremony ['seriməni] s. cerimònia f. ‖ please don't stand on ~, si et plau, no facis compliments.

certain ['sɔːtn] a. cert, segur, indubtable. ‖ ~ of o about, o to, segur, convençut (de o que). ‖ for ~, sens dubte, de ben segur. ‖ to make ~, assegurar-se, confirmar. ■ 2 -ly adv. certament, naturalment.

certainty ['sɔːtnti] s. certesa f., seguretat f., convenciment m.

certificate [səˈtifikit] s. certificat m.: COM. ~ of origin, certificat m. d'origen. ‖ birth ~, partida f. de naixement. 2 diploma m., títol m.

certificate (to) [səˈtifikeit] t. certificar.

certify (to) ['sɔːtifai] t. certificar, assegurar. 2 to ~ to something, atestar, donar fe d'alguna cosa.

cessation [seˈseiʃən] s. cessació f., acabament m., suspensió f.

cession ['seʃən] s. cessió f., traspàs m.

cesspit ['sespit], **cesspool** ['sespuːl] s. pou m. mort, pou m. sec. 2 fig. sentina f.

ch. ['tʃæptə'] s. (chapter) cap. m. (capítol).

chafe (to) [tʃeif] t. fregar [per escalfar]. 2 encetar, irritar. ■ 3 i. encetar-se p., irritar-se p. ‖ fig. to ~ at o under, impacientar-se p., irritar-se p. (amb o per).

chaff [tʃɑːf] s. BOT. boll m.; pellofa f., pellerofa f. 2 palla f. menuda [pinso].

chaffinch [tʃæfintʃ] s. ORN. pinsà m.

chafing dish [tʃeifiŋ diʃ] s. fogonet m., escalfador m.

chagrin [ʃægrin] s. disgust m., enuig m., contrarietat f.

chain [tʃein] s. cadena f. 2 pl. cadenes f. pl. [de presoner]. ‖ in chains, empresonat; captiu. 3 he's a ~ smoker, fuma com un carreter.

chain (to) [tʃein] t. encadenar.

chain reaction [tʃeinriækʃn] s. QUÍM. reacció f. en cadena.

chain store [tʃeinstɔːr] s. botiga f. [d'una cadena d'establiments].

chair [tʃeər] s. cadira f.: folding ~, cadira f., plegable. 2 the ~, presidència f.: to take the ~, presidir. 3 càtedra.

chairman [tʃeəmən] s. president [d'una reunió, d'una empresa].

chalet [ʃælei] s. xalet m.

chalice [tʃælis] s. calze m.

chalk [tʃɔːk] s. guix m. ‖ as different as ~ from cheese, tan diferent com la nit i el dia. 2 creta f.

chalk (to) [tʃɔːk] t. guixar, escriure o dibuixar amb guix.

chalkpit [tʃɔːkpit] s. pedrera f. de creta.

challenge [tʃælindʒ] s. repte m., desafiament m.

challenge (to) [tʃælindʒ] t. reptar, desafiar. 2 DRET recusar. 3 MIL. donar l'alto.

challenger [tʃælindʒər] s. reptador, desafiador. 2 aspirant [a un títol].

chamber [tʃeimbər] s. POL., COM. cambra f. Chamber of Commerce, Cambra de Comerç. 2 ant. cambra f., sala f.

chamber music [tʃeimbəˌmjuːzik] s. música f. de cambra.

chameleon [kəˈmiːljən] s. ZOOL. camaleó m. [també fig.].

chamois [ʃæmwɑː] s. ZOOL. camussa f., isard m.

chamois leather [ʃæmiˌleðər] s. camussa f. [pell].

champ (to) [tʃæmp] t. mastegar [fent soroll]. 2 fig. to ~ (at the bit), impacientar-se p.

champagne [ʃæmˈpein] s. xampany m., cava m.

champion [tʃæmpjən] s. defensor, paladí. 2 ESPORT campió.

champion (to) [tʃæmpjən] t. defensar, advocar.

championship [tʃæmpjənʃip] s. campionat m.

chance [tʃɑːns] s. sort f., atzar m.; casualitat f. ‖ loc. adv. by ~, per casualitat. 2 possibilitat f. 3 oportunitat f.

chance (to) [tʃɑːns] i. to ~ (on o upon), trobar t.; veure t. [casualment]. ‖ it chanced that, va passar que. ■ 3 t. to ~ it, arriscar-s'hi p.

chancel [tʃɑːnsəl] s. presbiteri m.

chancellery [tʃɑːnsələri] s. cancelleria f.

chancellor [tʃɑːnsələr] s. canceller. 2 rector [d'universitat]. 3 (G.B.) Chancellor of the Exchequer, Ministre d'Hisenda.

chancy [tʃɑːnsi] a. col·loq. arriscat; incert.

chandelier [ʃændiˈliər] s. llum m., aranya f. [llum].

change [tʃeindʒ] s. canvi m., modificació f., alteració f. ‖ LOC. for a ~, per variar. 2 muda f. [de roba; de pell]. 3 canvi m., permuta f. 4 COM. canvi m. [d'un bitllet; d'un pagament]. 5 COM. moneda f. menuda, xavalla f.

change (to) [tʃeindʒ] t. canviar, alterar, modificar, transformar. ‖ to ~ colour, canviar de color. ‖ to ~ one's mind, canviar d'opinió. ‖ to ~ one's tune, baixar de to. ■ 2 i. canviar, mudar. 3 fer transbord [de trens, etc.].

changeable [tʃeindʒəbl] a. variable [temps, caràcter, etc.], canviant. 2 canviable.

changeless [tʃeindʒlis] a. immutable, invariable.

channel [tʃænl] s. canal m. [braç de mar]: the English Channel, el Canal de la Mànega. 2 llit m. [un riu, etc.], llera f. 3 RADIO., TELEV. canal m. 4 fig. canal m. [d'informació, transmissió, etc.].

channel (to) [tʃænl] t. acanalar. 2 canalitzar.

chant [tʃɑːnt] s. MÚS. salmòdia f., monodia f., cant m.

chant (to) [tʃɑːnt] t. salmodiar, cantar.

chaos [keiɔs] s. caos m.

chaotic [keiˈɔtik] a. caòtic.

chap [tʃæp] s. col·loq. tipus m., individu m., home m.: poor old ~, pobre home. 2 tall m., clivella f. [a la pell, als llavis].

chap (to) [tʃæp] i. tallar-se p., encetar-se p. [la pell, els llavis].

chapel [tʃæpəl] s. capella f.

chaperon [ʃæpəroun] s. acompanyant; dama f. de companyia [d'una noia].

chapfallen [tʃæpfɔːlən] a. desanimat, desmoralitzat, moix.

chaplain [tʃæplin] s. REL. capellà m.

chapter ['tʃæptəʳ] s. capítol m. 2 ECLES. capítol m.

char (to) [tʃɑːʳ] t. socarrar. ■ 2 i. socarrar-se p. 3 fer feines de neteja a hores.

character ['kærəktə] s. caràcter m. [tots els sentits]. 2 LIT., TEAT. personatge m. 3 fama f.

characteristic [ˌkærəktəˈristik] a. característic. ■ 2 s. característica f.

characterize (to) ['kærəktəraiz] t. caracteritzar.

charade [ʃəˈrɑːd], (EUA) [ʃəˈreid] s. xarada f.

charcoal ['tʃɑːkoul] s. carbó m. vegetal. 2 DIB. carbonet m.

charcoal burner ['tʃɑːkoulˌbəːnəʳ] s. carboner m.

charge [tʃɑːdʒ] s. ARM., ELECT. càrrega f. 2 càrrec m.; responsabilitat f.; encàrrec m. ‖ to be in ~ of, tenir la responsabilitat de, ser l'encarregat de; to take ~ of, fer-se càrrec de. 3 DRET acusació f., càrrec m. 4 COM. preu m., cost m. 5 MIL., ESP. càrrega f., atac m.

charge (to) [tʃɑːdʒ] t. ARM., ELECT. carregar. 2 to ~ with, encarregar de, responsabilitzar de. 3 acusar (with, de). 4 manar; exhortar. 5 COM. carregar [en compte]. 6 t.-i. COM. cobrar t. (for, per). 7 t.-i. MIL. carregar.

chargeable ['tʃɑːdʒəbl] a. acusable. 2 COM. a càrrec m. de.

charger ['tʃɑːdʒəʳ] s. ant. corser m.

chariot ['tʃæriət] s. HIST. carro m., quadriga f.

charisma [kəˈrizmə] s. carisma m.

charitable ['tʃæritəbl] a. caritatiu. ‖ ~ institutions, institucions benèfiques.

charity ['tʃæriti] s. caritat f.; compassió f. 2 institució f. benèfica.

charivari [ˌʃɑːriˈvɑːri], (EUA) [ˌʃivəˈriː] s. xivarri m.

charlatan ['ʃɑːlətən] s. engalipador, ensibornador, xarlatà. 2 cast. curandero m.

Charles ['tʃɑːlz] n. pr. m. Carles.

Charley, Charlie ['tʃɑːli] n. pr. m. (dim. Charles) Carles.

charm [tʃɑːm] s. encant m., atractiu m., encís m. 2 amulet m. ‖ to work like a ~, funcionar de meravella.

charm (to) [tʃɑːm] t. encantar, encisar, embadalir.

charming ['tʃɑːmiŋ] a. encantador, encisador. ‖ how ~ of you!, quin detall!

chart [tʃɑːt] s. carta f. nàutica. 2 diagrama m.; gràfic m.; taula f.

chart (to) [tʃɑːt] t. fer un diagrama o un gràfic; dibuixar un mapa.

charter ['tʃɑːtəʳ] s. carta f., fur m., privilegi m. 2 lloguer m. [d'un vaixell, d'un avió].

charter (to) ['tʃɑːtəʳ] t. concedir una carta o un privilegi. 2 llogar [un vaixell, un avió, etc.].

charter flight ['tʃɑːtəflait] s. vol m. charter.

chary ['tʃɛəri] a. cautelós, prudent, caut (of, en).

chase [tʃeis] s. caça f., persecució f.

chase (to) [tʃeis] t. perseguir, empaitar, (BAL.) encalçar, (VAL.) acaçar. 2 cisellar. ■ 3 i. córrer, precipitar-se p.

chasm ['kæzəm] s. abisme m. [també fig.].

chassis ['ʃæsi] s. xassís m., bastidor m.

chaste [tʃeist] a. cast. 2 simple, senzill, sobri [l'estil, el gust].

chasten (to) ['tʃeisn] t. castigar. 2 polir; simplificar [l'estil, etc.].

chastise (to) [tʃæsˈtaiz] t. castigar severament.

chastisement ['tʃæˈaizmənt] s. càstig m.

chastity ['tʃæstiti] s. castedat f.

chasuble ['tʃæzjubl] s. ECLES. casulla f.

chat [tʃæt] s. xerrada f., taba f.

chat (to) [tʃæt] i. xerrar, (BAL.) ratllar. 2 col·loq. to ~ somebody up, lligar-se p. algú.

chattels ['tʃætlz] s. béns m. pl. mobles.

chatter ['tʃætəʳ] s. xerrameca f., (ROSS.) rall m. 2 petament m. [de dents]. 3 piulada f.; refilet m. [d'un ocell].

chatter (to) ['tʃætəʳ] i. xerrar, garlar. 2 petar, batre [les dents]. 3 piular [els ocells].

chatterbox ['tʃætəbɔks] s. xerraire.

chatty ['tʃæti] a. xerraire.

chauffeur ['ʃoufəʳ] s. xofer.

chauvinism ['ʃouvinizm] s. xovinisme m.

cheap [tʃiːp] a. barat, econòmic. 2 baix, menyspreable. 3 superficial; poc sincer.

cheapen (to) ['tʃiːpən] t. abaratir. 2 menysprear. ■ 3 i. abaratir-se.

cheapness ['tʃiːpnis] s. barator f. 2 baixesa f.

cheat [tʃiːt] s. estafa f., estafada f., trampa f. 2 estafador.

cheat (to) [tʃiːt] t. estafar. ■ 2 i. fer trampa.

check [tʃek] s. comprovació f., verificació f., inspecció f. 2 fre m., control m. 3 COM. (EUA) xec m., taló m. 4 disseny m. a quadres: ~ tablecloth, estovalles f. pl. de quadres. 5 *in* ~, escac *m*. al rei. 6 *check-in (desk)*, taulell *m*. de facturació. 7 ~ *out*, caixa *f*. [en un supermercat, grans magatzems, etc.].

check (to) [tʃek] *t*. comprovar, verificar, inspeccionar. 2 frenar, aturar. 3 obstaculitzar. 4 refrenar. 5 fer escac al rei. 6 (EUA) marcar. ■ 7 *i*. aturar-se *p*. 8 correspondre, ésser conforme. ■ *to* ~ *in*, facturar, consignar; *to* ~ *out*, retirar; pagar el compte [d'un hotel, etc.]; *to* ~ *with*, preguntar, mirar: ~ *with your father*, pregunta-li al teu pare.

checkbook [ˈtʃekbuk] (EUA) *s*. talonari *m*. de xecs.

checker (to) [ˈtʃekəʳ] *t*. (EUA) Vegeu CHEQUER (TO).

checkers [ˈtʃekəz] *s*. *pl*. (EUA) JOC dames *f*. *pl*.

checkmate [ˈtʃekmeit] *s*. escac *m*. i mat.

checkmate (to) [ˈtʃekmeit] *t*. fer escac i mat.

checkup [ˈtʃekʌp] *s*. MED. reconeixement *m*., revisió *f*. mèdica.

cheek [tʃiːk] *s*. galta *f*. 2 fig. barra *f*., galtes *f*. *pl*.

cheekbone [ˈtʃiːkboun] *s*. ANAT. pòmul *m*.

cheeky [ˈtʃiːki] *s*. descarat, barrut.

cheep [tʃiːp] *s*. piulet *m*., piu *m*. [de pollet, d'ocell].

cheep (to) [tʃiːp] *i*. piular.

cheer [tʃiəʳ] *s*. ànim *m*.; alegria *f*. 2 ant. *good* ~, bon menjar i beure. 3 visca *m*., víctor *m*. 4 *interj*. *cheers!*, salut!

cheer (to) [tʃiəʳ] *t*. *to* ~ *(up)*, animar, alegrar. 2 aclamar, cridar visques, victorejar. ■ 3 *i*. animar-se *p*., alegrar-se *p*. ‖ *cheer up!*, ànim, anima't.

cheerful [ˈtʃiəful] *a*. animat, alegre, jovial.

cheer leader [ˈtʃiəliːdəʳ] *s*. (EUA) animador *m*. [de grup, de festa].

cheerless [ˈtʃiəlis] *a*. trist, malenconiós.

cheese [tʃiːz] *s*. formatge *m*.

cheesecake [ˈtʃiːzkeik] *s*. pastís *m*. de formatge.

cheetah [ˈtʃiːtə] *s*. ZOOL. guepard *m*.

chef [ʃef] *s*. xef *m*., cuiner en cap.

chemical [ˈkemikəl] *a*. químic. ■ 2 *s*. producte *m*. químic.

chemist [ˈkemist] *s*. químic. 2 farmacèutic: *chemist's (shop)*, farmàcia *f*.

chemistry [ˈkemistri] *s*. química *f*.

chemotherapy [ˌkemouˈθerəpi] *s*. quimioteràpia *f*.

cheque [tʃek] *s*. (G.B.) COM. xec *m*., taló *m*.: *cheque-book*, talonari *m*. de xecs; *crossed* ~, taló *m*. barrat.

chequer (to), (EUA) **checker (to)** [ˈtʃekəʳ] *t*. fer o marcar amb quadres [un teixit, etc.]. 2 fig. variar.

cherish (to) [ˈtʃeriʃ] *t*. acariciar. 2 fig. acariciar, nodrir, alimentar [una idea, una esperança].

cherry [ˈtʃeri] *s*. BOT. cirera *f*.

cherry tree [ˈtʃeritriː] *s*. cirerer *m*.

cherub [ˈtʃerəb] *s*. querubí *m*.

chess [tʃes] *s*. escacs *m*. *pl*.

chessboard [ˈtʃesbɔːd] *s*. taulell *m*., escaquer *m*.

chessman [ˈtʃesmæn] *s*. peça *f*., escac *m*.

chest [tʃest] *s*. cofre *m*., arca *f*. ‖ ~ *of drawers*, calaixera *f*. 2 ANAT. pit *m*. 3 col·loq. (EUA) *the community* ~, fons d'una institució *f*. pública. 4 fig. col·loq. *to get something off one's* ~, desfogar-se.

chestnut [ˈtʃesnʌt] *s*. BOT. castanya *f*. ■ 2 *a*. castany [color].

chestnut tree [ˈtʃesnʌttriː] *s*. BOT. castanyer *m*.

chew (to) [tʃuː] *t*. *to* ~ *(up)*, mastegar. 2 col·loq. *to* ~ *on something* o *to* ~ *something over*, rumiar, meditar, considerar.

chewing-gum [ˈtʃuːiŋɡʌm] *s*. xiclet *m*.

chiaroscuro [kiˌɑːrəˈskuərou] *s*. clar-obscur *m*.

chic [ʃiːk] *a*. distingit, elegant. ■ 2 *s*. gràcia *f*., estil *m*., distinció *f*.

chicanery [ʃiˈkeinəri] *s*. enredada *f*., tracamanya *f*., argúcia *f*.

chick [tʃik] *s*. pollet *m*. 2 pop. mossa *f*.

chicken [ˈtʃikin] *s*. pollastre *m*.

chicken feed [ˈtʃikinfiːd] *s*. minúcies *f*. *pl*., menuderies *f*. *pl*.

chicken-hearted [ˈtʃikinˈhɑːtid] *a*. covard, cagat, poruc.

chicken run [ˈtʃikinrʌn] *s*. galliner *m*., corral *m*.

chick-pea [ˈtʃikpiː] *s*. BOT. cigró *m*.

chicken-pox [ˈtʃikinpɔks] *s*. MED. varicel·la *f*.

chicory [ˈtʃikəri] *s*. BOT. xicoira *f*.

chief [tʃiːf] *a*. principal, major. ■ 2 *s*. cap *m*., director *m*. ‖ *-in-chief*, en cap, suprem.

chiefly [ˈtʃiːfli] *adv*. principalment; sobretot.

chieftain [ˈtʃiːftən] *s*. cap *m*. de clan, cap *m*. de tribu.

chiffon ['ʃifɔn] s. gasa f. [tela].

chilblain ['tʃilblein] s. MED. penelló m.

child [tʃaild] s. nen m., nena f., (OCC.) (BAL.) nin m., nina f., (VAL.) (ROSS.) xiquet m., xiqueta f. 2 infant m., criatura f. 2 fill m., filla f. ▲ pl. **children**.

childbirth ['tʃaildbəːθ] s. FISIOL. part m.

childhood ['tʃaildhud] s. infantesa f., infància f. 2 fig. infància f.

childish ['tʃaildiʃ] a. pueril, infantil.

childless ['tʃaildlis] a. sense fills.

childlike ['tʃaildlaik] a. infantil. 2 fig. innocent.

children ['tʃildrən] s. pl. de CHILD.

Chile ['tʃili] n. pr. GEOGR. Xile.

Chilean ['tʃilian] a.-s. GEOGR. xilè.

chill [tʃil] s. fred m. [sensació]. 2 esgarrifança f., calfred m. 3 refredat m., constipat m. ■ 4 a. desplaent, desagradable.

chill (to) [tʃil] t. refredar; glaçar. ■ 2 i. refredar-se p.; glaçar-se p.

chilli, chile, chili ['tʃili] s. AGR. bitxo m.

chilly ['tʃili] a. fred; glaçat. 2 fig. fred, distant.

chime [tʃaim] s. joc m. de campanes [del carilló], campaneig m.

chime (to) [tʃaim] t. tocar, fer sonar [campanes]. ■ 2 i. sonar, tocar [campanes]. 3 harmonitzar.

chimney ['tʃimni] s. xemeneia f. 2 tub m. de vidre [de làmpada]. 3 GEOL. xemeneia f., goleró m.

chimney sweep ['tʃimniswiːp] s. escura-xemeneies m.

chimpanzee [ˌtʃimpænˈziː] s. ZOOL. ximpanzé m.

chin [tʃin] s. ANAT. barbeta f., mentó m. ‖ fig. **to keep one's ~ up**, no desanimar-se.

China ['tʃainə] n. pr. GEOGR. Xina.

china ['tʃainə] s. porcellana f., pisa f.

chinaware ['tʃainəwɛə] s. porcellana f., pisa f.

Chinese [ˌtʃaiˈniːz] a.-s. GEOGR. xinès. 2 s. xinès [llengua].

chink [tʃiŋk] s. esquerda f.; escletxa f.; clivella f. 2 dring m., so m. metàl·lic o de vidre.

chink (to) [tʃiŋk] i. dringar. ■ 2 t. fer dringar.

chip [tʃip] s. estella f., esberla f., tros m. ‖ fig. **a ~ off the old block**, si el pare és músic el fill és ballador. 2 escantell m. 3 fitxa f. [de joc]. 4 grill m. ‖ **potato chips**, patates f. pl. fregides. 5 INFORM. xip m.

chip (to) [tʃip] t. estellar, esberlar, escantellar. 2 obrir a grills. ■ 3 i. estellar-se p., esberlar-se p., escantellar-se p. 4 col·loq. **to ~ in**, participar [en una conversa]; contribuir [amb diners].

chiropodist [kiˈrɔpədist] s. callista.

chirp [tʃəːp] s. refilet m., piular m. [dels ocells]; carrisqueig m., xerric m. [dels grills].

chirp (to) [tʃəːp] i. refilar; xerricar; carrisquejar.

chisel ['tʃizl] s. cisell m.

chisel (to) ['tʃizl] t. cisellar. 2 col·loq. enganyar; fer trampa.

chit [tʃit] s. pej. marrec m., criatura f., nena f. consentida. 2 nota f., carteta f. 3 nota f., compte m. [d'un hotel, d'un bar].

chit-chat ['tʃittʃæt] s. xerrada f., xerradeta f.

chivalrous ['ʃivəlrəs] a. cavallerós. 2 cavalleresc.

chivalry ['ʃivəlri] s. HIST. cavalleria f. [institució]. 2 cavallerositat f.

chlorine ['klɔːriːn] s. QUÍM. clor m.

chloroform ['klɔrəfɔːm] s. QUÍM. cloroform m.

chlorophyll ['klɔrəfil] s. BOT. clorofil·la f.

chock [tʃɔk] s. falca f.

chock-full ['tʃɔkful] a. col·loq. ple, atapeït.

chocolate ['tʃɔklət] s. xocolata f.

choice [tʃɔis] s. elecció f., tria f., selecció f. 2 alternativa f., opció f. 3 varietat f. 4 persona f. o cosa f. escollida. ■ 5 a. escollit; selecte.

choir ['kwaiə] s. MÚS. cor m., coral f.

choke (to) [tʃouk] i. ofegar-se p., sufocar-se p., ennuegar-se p. ■ 2 t. **to ~ (with)**, ofegar, sufocar. 3 **to ~ up**, obturar, embussar.

cholera ['kɔlərə] s. MED. còlera m.

choleric ['kɔlərik] a. colèric.

choose (to) [tʃuːz] t. escollir, triar, seleccionar. ▲ Pret.: **chose** [tʃouz]; p. p.: **chosen** ['tʃouzn].

chop [tʃɔp] s. tall m., cop m. tallant. 2 costella f. [tros de carn].

chop (to) [tʃɔp] t. podar; tallar; picar [carn, etc.]. ‖ **to ~ off**, tallar [separant].

choppy ['tʃɔpi] a. mogut, agitat, picat [mar].

chopsticks ['tʃɔpstiks] s. bastonets m. pl. [per al menjar xinès, etc.].

choral ['kɔːrəl] a. MÚS. coral.

chord [kɔːd] s. MÚS. acord m. 2 GEOM. corda f.

chore [tʃɔːʳ] s. feina f. domèstica.

choreography [ˌkɔriˈɔɡrəfi] s. coreografia f.

chorus [ˈkɔːrəs] a.-s. MÚS., TEAT. cor m. 2 tornada f. [poesia i música] 3 LOC. in ~, a l'uníson.

chorus girl [ˈkɔːrəsɡəːl] s. TEAT. corista f.

chose [tʃouz] Vegeu CHOOSE (TO).

chosen [ˈtʃouzn] Vegeu CHOOSE (TO).

Christ [kraist] n. pr. REL. Crist m.

christen (to) [ˈkrisn] t. REL. batejar. 2 batejar, posar nom.

Christendom [ˈkrisndəm] s. REL. cristiandat f.

christening [ˈkrisniŋ] s. bateig m.

Christian [ˈkristjən] n. pr. m. Cristià.

Christian [ˈkristjən] a.-s. cristià.

christian name [ˈkristjənneim] s. nom m. de pila.

Christine [ˈkristiːn] n. pr. f. Cristina.

Christmas [ˈkrisməs] s. Nadal m. ‖ *Father* ~, Papà m. Noel.

Christmas carol [ˌkrisməˈkærəl] s. nadala f.

Christmas Day [ˈkrisməsˈdei] s. dia m. de Nadal.

Christmas Eve [ˈkrisməsˈiːv] s. nit f. de Nadal.

Christopher [ˈkristəfəʳ] n. pr. m. Cristòfol, Cristòfor.

chronic [ˈkrɔnik] a. crònic. 2 col·loq. dolent, terrible.

chronicle [ˈkrɔnikl] s. crònica f.

chronicle (to) [ˈkrɔnikl] t. fer la crònica de, narrar.

chronicler [ˈkrɔniklaʳ] s. cronista f.

chronology [krəˈnɔlədʒi] s. cronologia f.

chrysalis [ˈkrisəlis] s. ZOOL. crisàlide f.

chubby [ˈtʃʌbi] a. grassonet, rodanxó.

chuck [tʃʌk] s. MEC. mandrí m. 2 *to get the* ~, ser acomiadat.

chuck (to) [tʃʌk] t. col·loq. *to* ~ *(away)*, llençar [escombraries]. 2 col·loq. *to* ~ *(out)*, expulsar, foragitar [una persona]. 3 *to* ~ *(up)*, abandonar, renunciar a. 4 *to* ~ *somebody under the chim*, fer moixaines al sotabarba.

chum [tʃʌm] s. fam. amic, company [esp. entre nois]. ‖ *to be great chums*, ser molt amics.

chump [tʃʌmp] s. soc m., talòs m. 2 fam. talòs; boig. 3 fam. cap m.

church [tʃəːtʃ] s. església f.

churchgoer [ˈtʃəːtʃɡouəʳ] s. missaire.

churchyard [ˈtʃəːtʃjɑːd] s. cementiri m. [al costat de l'església].

churl [tʃəːl] s. taujà s. 2 ant. pagès.

churlish [ˈtʃəːliʃ] a. rude.

churn [tʃəːn] s. manteguera f. 2 lletera f. [grossa i de metall].

churn (to) [tʃəːn] t. batre [per fer mantega]. 2 remenar, agitar, sacsejar. ■ 3 i. agitar-se p.

CIA [siːaiˈei] s. *(Central Intelligence Agency)* agència f. central d'intel·ligència.

cicada [siˈkɑːdə] s. ENT. cigala f.

CID [siːaiˈdiː] s. *(Criminal Investigation Department)* departament m. d'investigació criminal.

cider [ˈsaidəʳ] s. sidra f.

cif. [siːaiˈef] s. *(cost, insurance and freight)* cost m., assegurança f. i càrrega f.

cigar [siˈɡɑːʳ] s. cigar m.

cigarette [ˌsiɡəˈret] s. cigarret m., cigarreta f.

cigarette case [ˈsiɡəretˌkeis] s. portacigarretes m.

cigarette holder [ˈsiɡəretˌhouldəʳ] s. broquet m.

cm [siːˈem] s. *(centimetre)* cm (centímetre) m.

CND [siːenˈdiː] s. *(Campaign for Nuclear Disarmament)* campanya f. per al desarmament nuclear.

cinder [ˈsindəʳ] s. carbonissa f., terregada f. 2 pl. cendres f. pl.

cinema [ˈsinəmə] s. cinema m., cine m.

cinnamon [ˈsinəmən] s. canyella f.

cipher [ˈsaifəʳ] s. MAT. zero m. 2 MAT. xifra f. 3 clau f., codi m.

cipher (to) [ˈsaifəʳ] t. xifrar, escriure en clau. 2 col·loq. fer càlculs, sumar.

circle [ˈsəːkl] s. GEOM. cercle m. 2 TEAT. amfiteatre m.; primer m. pis. 3 cercle m., ambient m.

circle (to) [ˈsəːkl] t. envoltar, encerclar. 2 circumdar. ■ 3 i. donar t. voltes, giravoltar.

circuit [ˈsəːkit] s. circuit m.; recorregut m. 2 gira f. [viatge]. 3 cadena f. [de cinemes, teatres]. 4 ELECT. circuit m.

circuitous [səːˈkjuːitəs] a. indirecte, tortuós.

circular [ˈsəːkjulə] a. circular. ■ 2 s. circular f. [carta].

circulate (to) [ˈsəːkjuleit] t. fer circular; posar en circulació; divulgar. ■ 2 i. circular.

circulation [ˌsəːkjuˈleiʃən] s. circulació f. 2 tirada f. [d'un diari].

circumcision [sə:kəm'siʒən] s. MED. circumcisió f.

circumference [sə'kʌmfərəns] s. GEOM. circumferència f.

circumflex ['sə:kəmfleks] a.. circumflex. ■ 2 circumflex m.

circumlocution [sə:kəmlə'kju:ʃən] s. circumlocució f.

circumscribe (to) ['sə:kəmskraib] t. circumscriure.

circumspect ['sə:kəmspekt] a. circumspecte, prudent.

circumstance ['sə:kəmstəns] s. circumstància f. ‖ DRET *extenuating circumstances,* circumstàncies atenuants. 2 detall m. 3 pl. posició f. sing. o situació f. sing. econòmica.

circumstantial [sə:kəm'stænʃəl] a. circumstancial. 2 DRET ~ *evidence,* prova conjectural.

circumvent (to) [sə:kəm'vent] t. form. frustrar [els plans d'algú]. 2 eludir; trampejar [una llei, una dificultat].

circus ['sə:kəs] s. circ m. 2 plaça f. circular.

cistern ['sistən] s. cisterna f.

citadel ['sitədl] s. ciutadella f.

citation [sai'teiʃən] s. citació f.

cite (to) [sait] t. citar, esmentar. 2 DRET citar, convocar [en procediments legals].

citizen ['sitizn] s. ciutadà; habitant.

citizenship ['sitiznʃip] s. ciutadania f.

citron ['sitrən] s. BOT. poncemer m. [arbre]. 2 poncem m., poncir m. [fruita].

citrus ['sitrəs] s. pl. BOT. ~ *fruits,* cítrics m. pl.

city ['siti] s. ciutat f. ‖ *city council,* ajuntament m., consell m. municipal. ‖ *the City,* centre financer de Londres.

civet ['sivit] s. ZOOL. civeta f., gat m. d'algàlia. 2 algàlia f.

civic ['sivik] a. cívic.

civil ['sivil] a. civil.

civil servant [sivil'sə:vənt] s. funcionari m. de l'estat.

civilian [si'viljən] a. civil, de paisà. ■ 2 s. civil m., paisà m.

civility [si'viliti] s. cortesia f., urbanitat f.

civilization [sivilai'zeiʃən] s. civilització f.

civilize (to) ['sivilaiz] t. civilitzar.

clad [klæd] ant. Vegeu CLOTHE (TO). ■ 2 a. poèt. vestit (in, de).

claim [kleim] s. demanda f., reclamació f., reivindicació f. 2 dret m., pretensió f. 3

claim (to) [kleim] t. exigir, demanar; reclamar, reivindicar. 2 afirmar, declarar.

claimant ['kleimənt] s. demandant. 2 pretendent [al tron].

clairvoyance [klɛə'vɔiəns] s. clarividència f.

clairvoyant [klɛə'vɔiənt] a. clarivident.

clam [klæm] s. ZOOL. cloïssa f.

clamber (to) ['klæmbə'] i. enfilar-se p., pujar de quatre grapes.

clammy ['klæmi] a. humit; fred i enganxós.

clamour, (EUA) **clamor** ['klæmə'] s. clamor m., cridòria f.

clamour, (EUA) **clamor (to),** ['klæmə'] i. clamar; vociferar, cridar.

clamorous ['klæmərəs] a. clamorós, sorollós.

clamp [klæmp] s. MEC. abraçadora f., armella f.

clamp (to) [klæmp] t. subjectar [amb una abraçadora]. ■ 2 i. col·loq. *to ~ down (on),* fer pressió per aturar; suprimir t.

clandestine [klænd'destin] a. form. clandestí.

clang (to) [klæŋ] t. fer sonar o tocar ■ 2 i. tocar, sonar [les campanes].

clank (to) [klæŋk] t. fer sonar. ■ 2 i. sonar, tocar.

clap [klæp] s. espetec m. [d'un tro]. 2 palmellada f., aplaudiment m.

clap (to) [klæp] t. aplaudir, picar de mans. 2 copejar [l'esquena, etc.].

clapper ['klæpə'] s. batall m. [d'una campana]. 2 xerrac m., carrau m.

clapping ['klæpiŋ] s. aplaudiments m. pl., picaments m. pl. de mans.

claptrap ['klæptræp] s. bestieses f. pl.

claret ['klærət] a.-s. claret m. [vi].

clarify (to) ['klærifai] t. aclarir. ■ 2 i. aclarir-se.

clarinet [klæri'net] s. MÚS. clarinet m.

clarion ['klæriən] s. clarí m.

clash [klæʃ] s. soroll m. [de metall]. 2 estrèpit m. 3 conflicte m.; desacord m.

clash (to) [klæʃ] i. xocar, topar. 2 estar en desacord. 3 sonar [en xocar]. 4 coincidir [dates]. 5 desentonar [colors]. ■ 6 t. fer xocar. 7 fer sonar.

clasp [klɑ:sp] s. afiblall m.; tanca f.; gafet m. 2 encaixada f. [de mà].

clasp (to) [klɑːsp] *t.* cordar [un gafet, un collaret, etc.]. 2 encaixar [les mans]. 3 agafar, aferrar. 4 abraçar.

class [klɑːs] *s.* classe *f.* [grup, categoria]. 2 classe *f.* [a l'ensenyament]. 3 (EUA) EDUC. promoció *f.* 4 col·loq. estil *m.*, distinció *f.*

class (to) [klɑːs] *t.* classificar.

classic [ˈklæsik] *a.* clàssic. ■ 2 *s.* clàssic *m.* [obra literària, etc.]. 3 *the classics,* literatura i llengües clàssiques [llatí, grec].

classical [ˈklæsikəl] *a.* clàssic.

classification [ˌklæsifiˈkeiʃən] *s.* classificació *f.*

classify (to) [ˈklæsifai] *t.* classificar.

class-mate [ˈklɑːsmeit] *s.* company de classe.

classroom [ˈklɑːsrum] *s.* aula *f.*

clatter [ˈklætə] *s.* soroll *m.;* enrenou *m.* 2 martelleig *m.* 3 guirigall *m.*

clatter (to) [ˈklætə] *t.* fer sonar; fer xocar [plats, forquilles]. ■ 2 *i.* sonar, fer *soroll.*

clause [klɔːz] *s.* clàusula *f.* 2 GRAM. frase *f.* simple, oració *f.*

claw [klɔː] *s.* ZOOL. urpa *f.;* ungla *f.* 2 arpa *f.* [del gat, lleó, etc.]. 3 pinces *f. pl.* [de l'escamarlà]. 4 TECNOL. garfi *m.*

claw (to) [klɔː] *t.-i.* esgarrapar; esquinçar.

clay [klei] *s.* argila *f.*

clean [kliːn] *a.* net. ‖ *to make something ~,* netejar una cosa. 2 net, pur. 3 ben format, proporcionat. 4 hàbil; fi. 5 decent. ■ *6 adv.* completament, totalment.

clean (to) [kliːn] *t.* netejar, rentar, (VAL.) llavar. ‖ *to ~ one's teeth,* rentar-se *p.* les dents. 2 col·loq. *to be cleaned out,* quedar-se *p.* sense ni cinc. 3 *to ~ up,* endreçar, netejar. ■ 4 *i. to ~ (up),* fer neteja.

cleaner [ˈkliːnə] *s.* persona que neteja. 2 netejador *m.,* detergent *m.* 3 *(dry) cleaner's,* tintoreria *f.*

cleanliness [ˈklenlinis] *s.* neteja *f.*

cleanly [ˈklenli] *a.* net, polit.

cleanly [ˈkliːnli] *adv.* netament, amb netedat. 2 clarament.

cleanse (to) [klenz] *t.* form.-ant. netejar, rentar. 2 purificar.

clear [kliə] *a.* clar. ‖ *~ about,* segur, confiat. ‖ *~ of,* lliure [d'obstacles]. ‖ *to make oneself ~,* fer-se entendre. 2 net, pur. 3 tranquil. 4 ampli. ■ *5 adv.* clar. ‖ *to keep ~ of,* evitar, mantenir-se lluny.

clear (to) [kliə] *t.* aclarir, dissipar [també fig.]. 2 netejar, arranjar, treure [des-

torbs, etc.]. 3 desparar [la taula]. 4 liquidar, pagar [un compte, etc.]. 5 absoldre. 6 salvar, saltar per sobre. 7 COM. compensar. 8 ESPORT allunyar. ■ *to ~ away,* treure; dissipar-se *p.; to ~ off* o *out,* allunyar-se *p.,* tocar el dos; *to ~ up,* allunyar-se *p.;* aclarir.

clearance [ˈkliərəns] *s.* espai *m.* lliure. 2 MAR. despatx *m.* de duanes. 3 COM. *~ sale,* liquidació *f.*

clear-cut [kliəˈkʌt] *adj.* ben definit, clar.

clear-headed [kliəˈhedid] *a.* intel·ligent, lúcid.

clearing [ˈkliəriŋ] *s.* clariana *f.* [en un bosc]. 2 COM. compensació *f.;* liquidació *f.*

clearing-house [ˈkliəriŋhaus] *s.* COM. cambra *f.* de compensació.

clearness [ˈkliənis] *s.* claredat *f.*

clear-sighted [kliəˈsaitid] *a.* clarivident, lúcid.

cleavage [ˈkliːvidʒ] *s.* escletxa *f.* 2 divisió *f.,* partició *f.* 3 col·loq. escot *m.*

1) cleave (to) [kliːv] *i.* adherir-se *p.,* enganxar-se *p.* 2 fig. ser fidel. ▲ Pret. i p. p.: *cleaved* [kliːvd].

2) cleave (to) [kliːv] *t.* esquerdar, clivellar; partir. ■ 2 *i.* esquerdar-se *p.,* clivellar-se *p.,* partir-se *p.* ▲ Pret.: *cleft* [kleft], *cleaved* [kliːvd] o *clove* [klouv]; p. p.: *cleft, cleaved* o *cloven* [klouvn].

clef [klef] *s.* MÚS. clau *f.*

cleft [kleft] *a.* clivellat. ■ 2 *s.* clivella *f.,* escletxa *f.* (BAL.) retxillera *f.,* (VAL.) badall *m.* ▲ Vegeu CLEAVE (TO).

clemency [ˈklemənsi] *s.* clemència *f.*

clench (to) [klentʃ] *t.* estrènyer [els punys, les dents]. 2 agafar; aferrar.

clergy [ˈklɔːdʒi] *s.* ECLES. clericat *m.,* clerecia *f.*

clergyman [ˈklɔːdʒimən] *s.* ECLES. clergue *m.;* pastor *m.* protestant.

cleric [ˈklerik] *s.* clergue *m.*

clerical [ˈklerikəl] *a.* clerical. 2 d'oficina; d'oficinista: *~ error,* error de còpia.

clerk [klɑːk], (EUA) [klɔːk] *s.* oficinista, administratiu. 2 recepcionista [d'hotel]. 3 (EUA) dependent. 4 clergue *m.*

clever [ˈklevə] *a.* llest, espavilat, intel·ligent. 2 hàbil, destre. 3 enginyós.

cleverness [ˈklevənis] *s.* intel·ligència *f.* 2 habilitat *f.* 3 enginy *m.*

click [klik] *s.* cop *m.* sec.

click (to) [klik] *i.* fer *t.* clic, sonar. 2 col·loq. agradar-se *p.*

client [ˈklaiənt] *s.* client.

cliff [klif] *s.* GEOL. espadat *m.,* penya-segat *m.*

climate ['klaimit] *s.* METEOR. clima *m.* 2 fig. clima *m.,* ambient *m.*

climax ['klaimæks] *s.* clímax *m.,* punt *m.* culminant.

climb [klaim] *s.* pujada *f.,* escalada *f.,* ascensió *f.*

climb (to) [klaim] *t.* pujar, escalar, ascendir *i.* 2 pujar *i.* a, enfilar-se *p.* a. ∎ 3 *i.* pujar, enfilar-se *p.* 4 *to* ~ *down,* baixar; fig. fer-se *p.* enrera; desdir-se *p.*

climber ['klaimə'] *s.* escalador; alpinista. 2 BOT. enfiladissa *f.* 3 fig. *(social)* ~, arribista.

clinch [klintʃ] *s.* TECNOL. reblada *m.* [d'un clau]. 2 conclusió *f.,* resolució *f.* [d'un tracte, etc.]. 3 col·loq. abraçada *m.*

clinch (to) [klintʃ] *t.* reblar [un clau]. 2 concloure, resoldre [un tracte]. 3 estrènyer [les dents, els punys]. ∎ 4 *i.* ESPORT lluitar cos a cos. 5 col·loq. abraçar-se, *p.*

cling [kliŋ] *i. to* ~ *to,* agafar-se *p.,* aferrar-se *p.* [també fig.]. ▲ Pret. i p. p.: *clung* [klʌŋ].

clinic ['klinik] *s.* clínica *f.*

clink (to) [kliŋk] *t.* fer dringar, fer sonar. ∎ 2 *i.* dringar.

clip [klip] *s.* clip *m.* [de papers, etc.]. 2 grapa *f.* 3 agafador [de bolígraf]. 4 esquilada *f.;* estisorada *f.*

clip (to) [klip] *t.* subjectar, ajuntar [amb un clip, grapa, etc.]. 2 esquilar; tallar; retallar.

clipper ['klipə'] *s.* NÀUT. clíper *m.* 2 esquilador. 3 *pl.* maquineta *f. sing.* per tallar cabells.

clipping ['klipiŋ] *s.* retall *m.* [de roba, de diari, etc.]. 2 tallat *f.* [dels cabells]. 3 esquilada *m.*

clique [kliːk] *s.* colla *f.,* camarilla *f.* [esp. d'art].

cloak [klouk] *s.* capa *f.* 2 fig. capa *f.,* pretext *m.*

cloak (to) [klouk] *t.* encapotar, cobrir. 2 encobrir, dissimular.

cloak and dagger [kloukən'dægə'] *s.* LIT. de capa *f.* i espasa *f.*

cloak-room ['kloukrum] *s.* guarda-roba *m.* [teatre, etc.].

clock [klɔk] *s.* rellotge *m.* [de paret o taula]. 2 fig. *round the* ~, dia i nit.

clockwise ['klɔkwaiz] *adv.* en el sentit de les agulles del rellotge.

clockwork ['klɔkwəːk] *s.* mecanisme *m.* de rellotgeria.

clod [klɔd] *s.* terròs *m.* [de terra]. 2 pej. tanjà, pagesot.

clog [klɔg] *s.* esclop *m.* 2 fig. obstacle *m.;* càrrega *f.*

clog (to) [klɔg] *t.* obstruir. ∎ 2 *i.* obstruir-se *p.*

cloister ['klɔistə'] *s.* claustre *m.*

1) close [klouz] *s.* fi *f.,* final *m.* conclusió *f.*

2) close [klous] *a.* proper, pròxim [a prop]. 2 tancat. 3 íntim [amic]. 4 premut; molt junt, compacte. 5 detallat, minuciós [examen]. 6 precís [argument]. 7 exacte, fidel [traducció]. 8 carregat [ambient]; mal ventilat [habitació]; feixuc, xafogós [clima]. 9 GRAM. tancat [vocal]. 10 avar. ∎ 11 *s.* clos *m.,* recinte *m.* ∎ 12 *adv.* prop de.

close (to) [klouz] *t.* tancar. 2 tapar, obstruir. 3 estrènyer [una fila, etc.]. 4 acabar, concloure. 5 clausurar. 6 COM. saldar [un compte]. ∎ 7 *i.* tancar-se *p.* 8 apropar-se *p.* ∎ *to* ~ *down,* tancar [definitivament]; *to* ~ *in,* escurçar-se *p.* [els dies]; acostar-se *p.,* envoltar; *to* ~ *up,* tancar; tancar-se *p.* [les flors]; ajuntar-se *p.*

closeness ['klousnis] *s.* proximitat *f.* 2 intimitat *f.* 3 detall *m.,* minuciositat *f.* 4 fidelitat *f.* [traducció]. 5 avarícia *f.* 6 inaccessibilitat *f.* [d'un grup, etc.].

closet ['klɔzit] *s.* (EUA) armari *m.,* guarda-roba *m.* 2 ant. lavabo *m.,* wàter *m.*

closure ['klouʒə'] *s.* tancament *m.,* closa *f.* 2 clausura *f.*

clot [klɔt] *s.* grumoll *m.,* coàgul *m.*

clot (to) [klɔt] *t.* coagular, guallar. ∎ 2 *i.* coagular-se *p.*

cloth [klɔθ] *s.* TÈXT. teixit *m.,* roba *f.,* tela *f.,* drap *m.* 2 eixugamà *m.,* drap *m.* de cuina. 3 *table-cloth,* estovalles *f. pl.*

clothe (to) [klouð] *t.* vestir. 2 fig. revestir. ▲ Pret. i p. p.: *clothed* [klouðd] o (ant.) *clad* [klæd].

clothes [klouðz] *s.* roba *f. sing.;* vestits *m. pl.*

clothes brush ['klouðzbrʌʃ] *s.* raspall *m.* de la roba, (BAL.) (VAL.) espalmador *m.*

clothes hanger ['klouðzhæŋə'] *s.* penjador *m.*

clothing ['klouðiŋ] *s.* roba *f.,* vestits *m. pl.*

cloud [klaud] *s.* METEOR. núvol *m.,* (BAL.) nígul *m.* [també fig.] ‖ fig. *to have one's head in the clouds,* estar als núvols.

cloud (to) [klaud] *t.* METEOR. ennuvolar [també fig.]. ∎ 2 *i.* ~ *(over),* ennuvolar-se *p.* [també fig.].

cloud-burst ['klaudbəːst] *s.* METEOR. xàfec *m.*

cloudy ['klaudi] *a.* METEOR. ennuvolat, nuvolós. 2 tèrbol [líquids].

clove [klouv] *s.* clau *m.*, clavell *m.* [d'espècia]. 2 gra *m.* [d'all].

cloven ['klouvn] Vegeu CLEAVE (TO). 2 *a.* ZOOL. forcat: ~ *hoof*, peülla forcada.

clover ['klouvə'] *s.* BOT. trèvol *m.* ‖ fig. *to live in* ~, viure com un rei.

clown [klaun] *s.* pallasso. 2 taujà.

clownish ['klauniʃ] *a.* de pallasso. 2 rústec, grosser.

cloy (to) [klɔi] *t.-i.* embafar *t.*

club [klʌb] *s.* club *m.*, centre *m.* social. 2 clava *f.*, porra *f.* 3 ESPORT bat *m.*; pal *m.* [de golf]. 4 trèvol *m.* [joc de cartes].

club (to) [klʌb] *t.* bastonejar, garrotejar. ■ 2 *i. to* ~ *together*, reunir-se *p.*, unir-se *p.* [amb una finalitat].

club-foot [klʌb'fut] *s.* peu *m.* esguerrat.

cluck [klʌk] *s.* cloqueig *m.*

cluck (to) [klʌk] *i.* cloquejar.

clue [kluː] *s.* indici *m.*, pista *f.* ‖ *I haven't got a* ~, no en tinc ni idea.

clump [klʌmp] *s.* BOT. grup *m.* [d'arbres]. 2 BOT. mata *f.* [de planta].

clump (to) [klʌmp] *t.* agrupar [plantes, etc.]. ■ 2 *i.* caminar pesadament.

clumsiness ['klʌmzinis] *s.* matusseria *f.*; malaptesa *f.*; poca traça *f.*

clumsy ['klʌmzi] *a.* maldestre; matusser.

clung [klʌŋ] Vegeu CLING (TO).

cluster ['klʌstə'] *s.* grup *m.* 2 ram *m.*; raïm *m.*; carràs *m.*; penjoll *m.* [de fruita, etc.].

cluster (to) ['klʌstə'] *i.* arraïmar-se *p.*, agrupar-se *p.*; apinyar-se *p.*

clutch [klʌtʃ] *s.* agarrada *f.* 2 *pl.* fig. urpes *f. pl.* 3 MEC. embragatge *m.* 4 ORN. niuada *f.*

clutch (to) [klʌtʃ] *t.* agarrar, agafar fortament. ■ 2 *i. to* ~ *(at)*, mirar d'agafar-se *p.*, aferrar-se *p.*

Co. ['cou] *s.* *(Company)* Cia. *f.* (companyia).

c/o [siː'ou] (abrev. *care of*) a casa de.

coach [koutʃ] *s.* (G.B.) autocar *m.* 2 FERROC. vagó *m.* 3 carruatge *m.*, cotxe *m.* 4 carrossa *f.* 5 professor particular. 6 ESPORT entrenador.

coach (to) [koutʃ] *t.-i.* fer classes particulars. 2 *t.* ESPORT entrenar.

coachman ['koutʃmən] *s.* cotxer *m.*

coagulate (to) [kou'ægjuleit] *t.* coagular. ■ 2 *i.* coagular-se *p.*

coal [koul] *s.* MINER. carbó *m.*, hulla *f.*

coal (to) [koul] *t.* proveir de carbó. ■ 2 *i.* proveir-se *p.* de carbó, carbonejar.

coalesce (to) [ˌkouə'les] *i.* unir-se *p.*; fondre's *p.*

coalfield ['koulfiːld] *s.* conca *f.* minera.

coalition [ˌkouə'liʃən] *s.* POL. coalició *f.*

coalman ['koulmæn] *s.* carboner *m.* ▲ *pl.* *coalmen.*

coalmine ['koulmain] *s.* mina *f.* de carbó.

coalpit ['koulpit] *s.* mina *f.* de carbó.

coarse [kɔːs] *a.* bast, groller [caràcter, etc.]. 2 vulgar, groller [llengua, etc.]. 3 aspre, gruixut [material, etc.].

coast [koust] *s.* costa *f.*; litoral *m.*

coast (to) [koust] *i.* costerejar. 2 AUTO. lliscar, anar en punt mort.

coastal ['koustl] *a.* costaner, costenc.

coaster ['koustə'] *s.* vaixell *m.* de cabotatge. 2 sotacopa *f.* o *m.*

coastline ['koustlain] *s.* litoral *m.*

coat [kout] *s.* abric *m.*, (ROSS.) manto *m.* 2 jaqueta *f.* 3 ZOOL. pelatge *m.*; ORN. plomatge *m.* 4 capa *f.* [de pintura]. 5 coberta *f.*; revestiment *m.* 6 ~ *of arms*, escut *m.* d'armes.

coat (to) [kout] *t.* cobrir.

coating ['koutiŋ] *s.* capa *f.*, mà *f.* [de pintura, etc.].

coax (to) [kouks] *t.* fig. esperonar, estimular.

cob [kɔb] *s.* ZOOL. cigne *m.* 2 ZOOL. haca *f.* 3 *corn-cob*, panotxa *f.*

cobalt ['koubɔːlt] *s.* QUÍM. cobalt *m.*

cobble ['kɔbl] *s.* còdol *m.*, palet *m.*

cobble (to) ['kɔbl] *t.* empedrar amb còdols. 2 adobar [sabates].

cobbler ['kɔblə'] *s.* ant. sabater. 2 barroer. 3 fig. *a load of (old) cobblers*, bajanades *f. pl.*

cobweb ['kɔbweb] *s.* teranyina *f.*

cocaine [kou'kein] *s.* cocaïna *f.*

cock [kɔk] *s.* ZOOL. gall *m.* ‖ *fighting* ~, gall de baralla. 2 mascle *m.* d'un ocell. 3 aixeta *f.*, clau *f.* 4 percussor *m.* [d'una pistola]. 5 vulg. titola *f.*, cigala *f.*

cock (to) [kɔk] *t.* alçar, dreçar. 2 muntar [una pistola]. 3 col·loq. *to* ~ *up*, fúmer enlaire.

cockade [kɔ'keid] *s.* escarapel·la *f.*

cockatoo [ˌkɔkə'tuː] *s.* ORN. cacatua *f.*

cockchafer ['kɔktʃeifə'] *s.* ENT. borinot *m.*

cockerel ['kɔkərəl] *s.* ZOOL. gall *m.* jove, pollastre *m.*

cock-fighting ['kɔkfaitiŋ] s. baralla f. de galls.

cockle ['kɔkl] s. ZOOL. escopinya f. de gallet. 2 vaixell m. petit.

cockney ['kɔkni] a. propi dels nadius de certes àrees de Londres. ■ 2 s. nadiu de certes àrees de Londres; parla f. característica d'aquestes àrees.

cockpit ['kɔkpit] s. gallera f. 2 AERON. carlinga f., cabina f.

cockroach ['kɔkrout∫] s. ENT. cuca f. panera, cuca f. molla.

cocktail ['kɔkteil] s. còctel m.

cocky ['kɔki] a. col·loq. pressumptuós.

coco ['koukou] s. BOT. cocoter m.

cocoa ['koukou] s. cacau m.

coconut ['koukənʌt] s. coco m.

cocoon [kə'ku:n] s. capoll m., capell m.

cod [kɔd] s. ICT. bacallà m.

COD [si:ou'di:] COM. *(cash on delivery)*, (EUA) *(collect on delivery)* lliurament m. contra reemborsament.

coddle (to) ['kɔdl] t. tractar amb una cura excessiva. 2 bullir a poc a poc.

code [koud] s. codi m. 2 xifra f.

codify (to) ['koudifai] t. codificar.

coerce (to) [kou'ə:s] t. constrènyer, coercir, obligar (*into*, a).

coercion [kou'ə:ʃən] s. coerció f.

coffee ['kɔfi] s. cafè m.: *black* ~, cafè sol; *white* ~, cafè amb llet, tallat m.

coffeepot ['kɔfipɔt] s. cafetera f.

coffer ['kɔfə'] s. cofre m., arca f.

coffin ['kɔfin] s. caixa f. de morts, taüt m., bagul m.

cog [kɔg] s. dent f. [d'engranatge].

cogency ['koudʒənsi] s. força f., pes m. [d'un argument].

cogent ['koudʒənt] a. convincent.

cogitate (to) ['kɔdʒiteit] t.-i. meditar, reflexionar t.

cognate ['kɔgneit] a. cognat. 2 anàleg [llengua, etc.]. ■ 3 s. cognació f. 4 analogia f.

cognizance ['kɔgnizəns] s. DRET coneixement m. 2 DRET competència f.

cohabit (to) [kou'hæbit] i. form. cohabitar.

cohere (to) [kou'hiə'] i. form. adherir-se p. 2 ésser coherent [arguments, etc.].

coherence [kou'hiərəns], **coherency** [kou'hiərənsi] s. adherència f. 2 coherència f.

coherent [kou'hiərənt] a. adherent, adhesiu. 2 coherent.

cohesion [kou'hi:ʒən] s. cohesió f. [també fig.].

coil [kɔil] s. rotlle m. [de corda, etc.]. 2 ELECT. bobina f. 3 MED. col·loq. espiral f. [anticonceptiu].

coil (to) [kɔil] t. enrotllar, cargolar. ■ 2 i. enrotllar-se p., cargolar-se p.

coin [kɔin] s. moneda f.

coin (to) [kɔin] t. encunyar, amonedar. 2 fig. encunyar, crear, inventar [mots, etc.].

coinage ['kɔinidʒ] s. encunyació f. 2 moneda f. 3 invenció f. [de mots, etc.].

coincide (to) [kouin'said] i. coincidir.

coincidence [kou'insidəns] s. coincidència f.

coke [kouk] s. coc m. [carbó]. 2 col·loq. *Coke*, Coca-Cola f. 3 col·loq. coca f. [cocaïna].

colander, cullender ['kʌləndə'] s. escorredora f., colador m.

cold [kould] a. fred: *to be* ~, ser fred [cosa]; fer fred [temps]; tenir fred [persona]. 2 fig. fred, indiferent [caràcter]. 3 fig. fred [situació, etc.]. 4 frígid. ■ 5 s. fred m. 6 constipat m., refredat m.: *to catch a* ~, constipar-se p.; *to have a* ~, estar constipat.

cold-blooded [kould'blʌdid] a. fig. insensible. 2 ZOOL. de sang freda.

coldness ['kouldnis] s. fredor f.

collaborate (to) [kə'læbəreit] t. col·laborar.

collaboration [kə,læbə'reiʃən] s. col·laboració f.

collaborator [kə'læbəreitə'] s. col·laborador. 2 col·laboracionista.

collapse [kə'læps] s. esfondrament m., ensorrament m., enderrocament m. 2 fig. fracàs m., ruina f. 3 MED. col·lapse m.

collapse (to) [kə'læps] i. esfondrar-se p., ensorrar-se p., enderrocar-se p. 2 fig. fracassar. 3 MED. tenir un col·lapse.

collapsible, -able [kə'læpsibl] a. plegable, desmuntable.

collar ['kɔlə'] s. coll m. [d'una peça de vestir]. 2 collar m.

collar (to) ['kɔlə'] t. agafar pel coll. 2 ant. col·loq. pispar.

collarbone ['kɔləboun] s. ANAT. clavícula f.

collate [kɔ'leit] t. acarar, confrontar.

collateral [kɔ'lætərəl] a. col·lateral.

collation [kɔ'leiʃən] s. confrontació f., col·lació f. 2 àpat m. lleuger.

colleague ['kɔliːg] s. col·lega, company [de feina, etc.].

collect (to) [kəˈlekt] t. recollir, aplegar. 2 recaptar [diners, etc.]. 3 col·leccionar. 4 anar a buscar. 5 posar en ordre [les idees, etc.]. ■ *6 p. to ~ oneself,* asserenar-se *p.* ■ *7 i.* congregar-se *p.,* aglomerar-se *p.,* acumular-se *p.*

collected [kəˈlektid] a. complet: ~ *works,* obres completes. 2 fig. assossegat, tranquil.

collection [kəˈlekʃən] s. recollida *f.* 2 col·lecta *f.;* recaptació *f.* 3 col·lecció *f.*

collective [kəˈlektiv] a. col·lectiu.

collectivize (to) [kəˈlektivaiz] t. col·lectivitzar.

collector [kəˈlektə'] s. col·leccionista. 2 recaptador: *tax ~,* recaptador d'impostos.

college ['kɔlidʒ] s. escola *f.,* institut *f.* [d'ensenyament superior i professional]. 2 col·legi *m.* [d'advocats, metges, etc.]. 3 universitat *f.;* facultat *f.* universitària.

collide (to) [kəˈlaid] i. xocar [també fig.], col·lidir.

collie ['kɔli] s. ZOOL. gos *m.* pastor escocès.

collier ['kɔliə'] s. miner [de carbó]. 2 MAR. vaixell *m.* carboner.

colliery [ˈkɔljəri] s. mina *f.* de carbó.

collision [kəˈliʒən] s. col·lisió *f.,* xoc *m.* 2 conflicte *m.*

colloquial [kəˈloukwiəl] a. col·loquial, familiar.

colloquialism [kəˈloukwiəlizəm] s. expressió *f.* o frase *f.* col·loquial.

collusion [kəˈluːʒən] s. col·lusió *f.,* confabulació *f.*

colonel ['kəːnl] s. MIL. coronel *m.*

colonist ['kɔlənist] s. colonitzador. 2 colon *m.*

colonize (to) ['kɔlənaiz] t. colonitzar.

colony ['kɔləni] s. colònia *f.*

colossal [kəˈlɔsl] a. colossal.

colour, (EUA) **color** ['kʌlə'] s. color *m.* (i *f.*). ‖ *to lose ~,* empal·lidir. 2 *pl.* ART colorit *m. sing.,* tons *m. pl.*‖ *water-colours,* aquarel·la *f.* 3 MIL. *pl.* colors *m. pl.,* bandera *f.* ‖ *to hoist the colours,* hissar la bandera. 4 *pl.* colors *m. pl.,* distintiu *m. sing.* [d'un club, etc.].

colour (to), (EUA) **color (to)** ['kʌlə'] acolorir; pintar; tenyir. 2 alterar [les notícies, etc.]. ■ *3 i. to ~ (up),* verolar

[fruits, etc.], canviar de color; enrojolar-se *p.* [persones].

colour bar ['kʌləbɑː'] s. barrera *f.* racial.

colour-blind ['kʌləblaind] a. daltònic.

colourful ['kʌləfl] a. ple de color. 2 animat, viu.

colouring ['kʌləriŋ] s. coloració *f.* 2 colorit *m.*

colourless ['kʌləlis] a. incolor. 2 descolorit. 3 pàl·lid. 4 fig. insípid.

colt [koult] s. ZOOL. poltre *m.* 2 fig. xitxarel·lo *m.*

column ['kɔləm] s. columna *f.*

columnist ['kɔləmnist] s. articulista, periodista.

comb [koum] s. pinta *f.* 2 carda *f.* 3 bresca *f.* 4 ZOOL. cresta *f.*

comb (to) [koum] t. pentinar. 2 cardar [la llana, etc.]. 3 col·loq. fer una batuda. 4 fig. *to ~ out,* fer neteja. ■ *5 i. to ~ over,* rompre's *p.* [les ones].

combat ['kɔmbæt] s. combat *m.*

combat (to) ['kɔmbæt] t.-i. combatre.

combatant ['kɔmbətənt] a.-s. combatent.

combative ['kɔmbətiv] a. combatiu.

combativeness ['kɔmbətivnis] s. combativitat *f.*

combination [kɔmbiˈneiʃən] s. combinació *f.*

combine ['kɔmbain] s. COM. associació *f.* 2 AGR. ~ o ~ *harvester,* segadora-batedora *f.,* recol·lectora *f.*

combine (to) [kəmˈbain] t. combinar. 2 fusionar, unir. 3 QUÍM. combinar(se). ■ *4 i.* combinar-se *p.* 5 fusionar-se *p.,* unir-se *p.*

combustible [kəmˈbʌstibl] a. combustible. 2 fig. explosiu [persones]. ■ *3 s. pl.* combustible *m. sing.*

combustion [kəmˈbʌstʃən] s. combustió *f.*

come (to) [kʌm] i. venir, arribar. 2 provenir, procedir. 3 aparèixer, surtir. 4 passar, ocórrer. 5 entrar [en contacte, en acció, etc.]. 6 col·loq. escórrer-se *p.* [ejacular]. 7 *to ~ true,* acomplir-se *p.,* esdevenir-se *p.* ■ *to ~ about,* passar, succeir, *to ~ across,* topar *t.,* trobar *t.* per casualitat; *to ~ apart* o *asunder,* desmuntar-se *p.,* trencar-se *p.;* dividir-se *p.; to ~ back,* tornar; recordar, tornar a la memòria; *to ~ by,* aconseguir, obtenir; *to ~ down,* esfondrar-se *p.,* caure; baixar; *to ~ forth,* sortir, aparèixer; *to ~ forward,* presentar-se *p.,* oferir-se *p.; to ~ in,* entrar; *to ~ of,* provenir. ‖ *to ~ of* *age,* arribar a la majoria d'edat; *to ~ off,* tenir lloc; tenir èxit; despendre's *p.,* desenganxar-se *p.; to ~ on,* seguir; desenvolupar-se *p.,* progressar; arribar; *to ~ out,* sortir, aparèixer; desaparèixer; *to ~ round,* visitar, deixar-se *p.* caure; entendre, assentir; *to ~ to,* tornar en si; pujar a; arribar a; *to ~ together,* ajuntar-se *p.; to ~ up,* pujar, aparèixer, sortir, sorgir; ser discutit; acostar-se *p.; to ~ upon,* caure sobre, sorprendre. ‖ Pret.: *came* [keim]; p. p.: *come* [kʌm].

comedian [kə'miːdjən] *s.* comediant *m.*

comedienne [kə,miːdj'en] *s.* comedianta *f.*

comedy ['kɔmidi] *s.* comèdia *f.*

comeliness ['kʌmlinis] *s.* ant. gentilesa *f.* 2 gràcia *f.,* encís *m.*

comely ['kʌmli] *a.* ant. gentil; ben plantat. 2 decent.

comet ['kɔmit] *s.* ASTR. cometa *m.*

comfort ['kʌmfət] *s.* comoditat *f.,* benestar *m.* [físic]. 2 consol *m.*

comfort (to) ['kʌmfət] *t.* consolar. 2 alleujar. 3 animar, reconfortar.

comfortable ['kʌmftəbl] *a.* còmode. ‖ *make yourself ~!,* posa't còmode! 2 confortable. 3 *a ~ income,* uns bons ingressos; *a ~ life,* una vida folgada.

comforter ['kʌmfətə'] *s.* consolador. 2 (G.B.) bufanda *f.* 3 (G.B.) xumet *m.* 4 (EUA) edredó *m.*

comfortless ['kʌmfətlis] *a.* incòmode. 2 trist, gris.

comfort station ['kʌmfət,steiʃn] *s.* (EUA) lavabo *m.* públic.

comic ['kɔmik] *a.* còmic, graciós. ■ 2 *s.* TEAT. comèdia *f.* 3 còmic *m.* [publicació].

comical ['kɔmikəl] *a.* graciós, còmic, divertit.

coming ['kʌmiŋ] *a.* proper, vinent. ■ 2 *s.* arribada *f.,* vinguda *f.*

command [kə'maːnd] *s.* ordre *f.,* mandat *m.* 2 comandament *m.;* domini *m.* 3 MIL. comandància *f.*

command (to) [kə'maːnd] *t.* manar, ordenar, comandar. 2 dominar. 3 disposar *i.* de ■ 4 *i.* manar *t.*

commandant [,kɔmən'dænt] *s.* MIL. comandant *m.*

commander [kə'maːndə'] *s.* MIL. comandant *m.* 2 MAR. capità *m.* de fragata.

commandment [kə'maːndmənt] *s.* manament *m.* ‖ REL. *The Ten Commandments,* Els Deu Manaments.

commando [kə'maːndou] *s.* MIL. comando *m.*

commemorate (to) [kə'meməreit] *t.* commemorar.

commemoration [kə,memə'reiʃən] *s.* commemoració *f.*

commence (to) [kə'mens] *t.-i.* form. començar.

commencement [kə'mensmənt] *s.* form. començament *m.*

commend (to) [kə'mend] *t.* recomanar. 2 encomanar.

commensurate [kə'menʃərit] *a.* proporcional, correspondent.

comment ['kɔmənt] *s.* comentari *m.* ‖ *no ~!,* sense comentaris!

comment (to) ['kɔment] *i.* comentar *t.,* opinar *(on* o *upon,* sobre).

commentary ['kɔmentəri] *s.* comentari *m.* ‖ *running ~,* retransmissió *f.* en directe.

commentator ['kɔmenteit'ə'] *s.* comentarista; locutor.

commerce ['kɔmə:s] *s.* comerç *m.*

commercial [kə'mə:ʃəl] *a.* comercial. ■ 2 *s.* RADIO., TELEV. anunci *m.*

commercial traveller [kə,mə:ʃəl'trævlə'] *s.* viatjant *m.*

commiserate (to) [kə'mizəreit] *i.* apiadar-se *p.* (*with,* de).

commiseration [kə,mizə'reiʃən] *s.* commiseració *f.*

commissariat [,kɔmi'seəriət] *s.* comissariat *m.* 2 MIL. intendència.

commissary ['kɔmisəri] *s.* comissari *m.* 2 MIL. intendent *m.*

commission [kə'miʃən] *s.* comissió *f.* [encàrrec]. 2 COM. comissió *f.: on ~,* a comissió. 3 MIL. despatx *m.,* nomenament *m.* 4 comissió *f.,* delegació *f.*

commission (to) [kə'miʃən] *t.* comissionar, encarregar.

commissioner [kə'miʃənə'] *s.* comissari. 2 enviat, propi.

commit (to) [kə'mit] *t.* cometre, perpetrar. 2 confiar, entregar. 3 comprometre: *to ~ oneself,* comprometre's *(to,* a). 4 tancar, empresonar; internar.

commitment [kə'mitmənt] *s.* compromís *m.,* obligació *f.* 2 empresonament *m.,* internament *m.,* reclusió *f.*

committee [kə'miti] *s.* comitè *m.,* comissió *f.*

commodious [kə'moudjəs] *a.* espaiós.

commodity [kə'mɔditi] *s.* article *m.* [de consum], producte *m.*

common ['kɔmən] *a.* comú. 2 corrent, ordinari. 3 col·loq. vulgar [persona]. 4

DRET consuetudinari. *5 the Common Market,* el Mercat Comú. ■ *6 s.* empriu *m.,* terra *f.* comunal. *7 loc. adv. in ~,* en comú. *8 pl.* POL. *the House of Commons,* la Cambra dels Comuns.

commoner ['kɔmənəʳ] *s.* plebeu.

commonplace ['kɔmənpleis] *a.* comú, vulgar. ■ *2 s.* tòpic *m.,* lloc *m.* comú. *3* cosa *f.* corrent.

commonsense [ˌkɔmən'sens] *s.* sentit *m.* comú.

commonwealth ['kɔmənwelθ] *s.* estat *m.* *2* comunitat *f.* de nacions. *3 the Commonwealth,* la Commonwealth.

commotion [kə'mouʃən] *s.* rebombori *m.,* tumult *m.,* disturbi *m.* *2* commoció *f.*

commune ['kɔmju:n] *s.* comuna *f.* *2* comunitat *f.*

communicate (to) [kə'mju:nikeit] *t.* comunicar. *2 i.* comunicar-se *p.* (*with,* amb). *3* REL. combregar.

communication [kəˌmju:ni'keiʃən] *s.* comunicació. *2 official ~,* comunicat *m.* oficial.

communion [kə'mju:njən] *s.* comunió *f.*

communism ['kɔmjunizəm] *s.* comunisme *m.*

communist ['kɔmjunist] *a.-s.* comunista.

community [kə'mju:niti] *s.* comunitat *f.* ‖ *~ centre,* centre *m.* o local *m.* social; centre *m.* cívic.

commutation [ˌkɔmju:'teiʃən] *s.* commutació *f.*

commutation ticket [ˌkɔmju:teiʃn,tikit] *s.* (EUA) abonament *m.*

commute (to) [kə'mju:t] *t.* commutar. ■ *2 i.* viatjar diàriament de casa a la feina.

commuter [kə'mju:təʳ] *s.* persona *f.* que viatja diàriament de casa a la feina.

compact ['kɔmpækt] *s.* pacte *m.,* conveni *m.* *2* COSM. polvorera *f.*

compact [kəm'pækt] *a.* compacte, dens. *2* breu, concís [estil].

compact (to) [kəm'pækt] *t.* estrènyer, comprimir, condensar.

companion [kəm'pænjən] *s.* company. *2* persona *f.* de companyia.

companionship [kəm'pænjənʃip] *s.* companyonia *f.*

company ['kʌmpəni] *s.* companyia *f.* *2* visita *f.,* convidats *m. pl.*

comparable ['kɔmpərəbl] *a.* comparable.

comparative [kəm'pærətiv] *a.* comparatiu. *2* relatiu. *3* comparat. ■ *4 s.* GRAM. comparatiu *m.*

compare [kəm'pɛəʳ] *s.* poèt. *beyond* o *past ~,* sens parió.

compare (to) [kəm'pɛəʳ] *t.* comparar. *2* acarar, confrontar. ■ *3 i.* comparar-se *p.: this cannot ~ with that,* no es poden comparar; *how do they ~?,* en què es diferencien?

comparison [kəm'pærisn] *s.* comparació *f.: by* o *in ~,* en comparació *f.*

compartment [kəm'pɑːtmənt] *s.* compartiment *m.,* departament *m.*

compass ['kʌmpəs] *s.* brúixola *f.* *2 ~* o *compasses,* compàs *m.* *3* abast *m.;* extensió *f.*

compass (to) ['kʌmpəs] *t.* Vegeu ENCOMPASS (TO).

compassion [kəm'pæʃən] *s.* compassió *f.*

compassionate [kəm'pæʃənit] *a.* compassiu.

compatibility [kəm'pætə'biliti] *s.* compatibilitat *f.*

compatible [kəm'pætəbl] *a.* compatible.

compatriot [kəm'pætriət] *s.* compatriota.

compel (to) [kəm'pel] *t.* compel·lir, obligar. *2* imposar.

compendium [kəm'pendiəm] *s.* compendi *m.,* resum *m.*

compensate (to) ['kɔmpenseit] *t.* compensar. *2* indemnitzar. ■ *3 i. to ~ for,* compensar *t.*

compensation [ˌkɔmpen'seiʃən] *s.* compensació *f.*

compete (to) [kəm'pi:t] *i.* competir.

competence ['kɔmpitəns] *s.* competència *f.,* aptitud *f.,* aptesa *f.* *2* DRET competència *f.*

competent ['kɔmpitənt] *a.* competent, capaç. *2* adequat, idoni.

competition [ˌkɔmpi'tiʃən] *s.* competició *f.* *2* competència *f.* *3* certamen *m.,* concurs *m.*

competitive [kəm'petitiv] *a.* de competència. ‖ *~ examination,* concurs *m.,* oposicions *f. pl.*

compilation [ˌkɔmpi'leiʃən] *s.* compilació *f.,* recopilació *f.*

compile (to) [kəm'pail] *t.* compilar, recopilar.

complacence [kəm'pleisəns], **complacency** [kəm'pleisənsi] *s.* autosatisfacció *f.* *2* complaença *f.*

complacent [kəm'pleisənt] *a.* satisfet de si mateix.

complain (to) [kəm'plein] *i.* queixar-se *p.*

complaint [kəm'pleint] s. queixa f. 2 MED. mal m., malaltia f.

complaisance [kəm'pleizəns] s. complaença f., amabilitat f.

complaisant [kəm'pleizənt] a. complaent, amable.

complement ['kɔmplimənt] s. complement m. 2 GRAM. atribut m., complement m. 3 MAR. dotació f.

complete [kəm'pliːt] a. complet. 2 acabat. 3 total. 4 consumat.

complete (to) [kəm'pliːt] t. completar; acabar.

completion [kəm'pliːʃən] s. acabament m., terminació f. 2 realització f.

complex ['kɔmpleks] a. complex; complicat. ■ 2 s. complex m. 3 PSICOL. complex m.

complexion [kəm'plekʃən] s. cutis m., color m. de la cara. 2 fig. aspecte m., caire m.

complexity [kəm'pleksiti] s. complexitat f.

compliance [kəm'plaiəns] s. condescendència f., submissió f. 2 conformitat f.

compliant [kəm'plaiənt] a. condescendent. 2 dòcil; submís.

complicate (to) ['kɔmplikeit] t. complicar.

complicated ['kɔmplikeitid] a. complicat.

complication [ˌkɔmpli'keiʃən] s. complicació f.

complicity [kəm'plisiti] s. complicitat f.

compliment ['kɔmplimənt] s. compliment m. 2 atenció f., detall m. 3 pl. salutacions f. pl.

compliment (to) ['kɔmpliment] t. complimentar; felicitar.

complimentary ['kɔmpli'mentəri] a. elogiós, afalagador. 2 de favor, gratuït.

comply (to) [kəm'plai] i. condescendir, accedir (with, a). 2 to ~ with, complir t., obeir t.

compose (to) [kəm'pouz] t.-i. compondre. ■ 2 t.-p. calmar, asserenar.

composed [kəm'pouzd] a. asserenat, assossegat.

composer [kəm'pouzə'] s. compositor.

composite ['kɔmpəzit] a.-s. compost.

composition [ˌkɔmpə'ziʃən] s. composició f. 2 redacció f. [exercici].

compositor [kəm'pɔzitə'] s. IMPR. caixista m.

compost ['kɔmpɔst] s. AGR. adob m., compost m.

composure [kəm'pouʒə'] s. calma f., serenitat f.

compound ['kɔmpaund] a. compost. ■ 2 s. compost m., barreja f. 3 GRAM. paraula f. composta.

compound (to) [kəm'paund] t. combinar, barrejar. 2 compondre, arranjar. 3 agreujar [un insult, una ofensa]. ■ 4 i. arribar a un acord, pactar.

comprehend (to) [kɔmpri'hend] t. comprendre. 2 contenir.

comprehensible [ˌkɔmpri'hensəbl] a. comprensible.

comprehension [ˌkɔmpri'henʃən] s. comprensió f.

comprehensive [ˌkɔmpri'hensiv] a. extens, ampli. 2 comprensiu.

comprehensiveness [ˌkɔmpri'hensivnis] s. comprensió f. 2 amplitud.

comprehensive school [kɔmpri'hensiv-skuːl] s. institut m. d'ensenyament mitjà.

compress ['kɔmpres] s. compresa f.

compress (to) [kəm'pres] t. comprimir. 2 condensar.

compression [kəm'preʃən] s. compressió f.; condensació f.

compressor [kəm'presə'] s. compressor m.

comprise (to) [kəm'praiz] t. comprendre, incloure.

compromise ['kɔmprəmaiz] s. avinença f., transacció f. 2 DRET compromís m. 3 terme m. mitjà.

compromise (to) ['kɔmprəmaiz] t. acordar. 2 comprometre. ■ 3 i. arribar a un acord. 4 transigir.

compulsion [kəm'pʌlʃən] s. compulsió f., coacció f. ‖ under ~, per força.

compulsory [kəm'pʌlsəri] a. obligatori, forçat.

compunction [kəm'pʌŋkʃən] s. compunció f., remordiment m.

compute (to) [kəm'pjuːt] t. computar, calcular.

computer [kəm'pjuːtə'] s. computador m., computadora f. 2 calculador m., calculadora f. 3 ordinador m.

comrade ['kɔmreid] s. company, camarada.

comradeship ['kɔmreidʃip] s. companyonia f.

con (to) [kɔn] t. col·loq. fig. ensarronar.

con [kɔn] s. contra m.: *the pros and cons*, els pros i contres. 2 col·loq. estafa f.

concave ['kɔnkeiv] a. còncau, concavat. ■ 2 s. concavitat f.

conceal (to) [kən'siːl] *t.* ocultar, amagar, encobrir, tapar.

concealment [kon'siːlment] *s.* ocultació *f.* 2 amagatall *m.*

concede (to) [kən'siːd] *t.* concedir, atorgar. 2 admetre, reconèixer.

conceit [kən'siːt] *s.* vanitat *f.*, presumpció *f.* 2 idea *f.* enginyosa.

conceited [kən'siːtid] *a.* vanitós, presumptuós, envanit.

conceivable [kən'siːvəbl] *a.* concebible.

conceive (to) [kən'siːv] *t. -i.* concebre *t.*

concentrate (to) ['kɔnsentreit] *t.* concentrar. ■ 2 concentrar-se *p.*

concentration [ˌkɔnsen'treiʃən] *s.* concentració *f.*

concept ['kɔnsept] *s.* concepte *m.*

conception [kən'sepʃən] *s.* concepció *f.* 2 idea *f.*, concepció *f.*

concern [kən'səːn] *s.* assumpte *m.*, cosa *f.*: *it's no ~ of mine,* no és cosa meva. 2 negoci *m.*; empresa *f.* 3 interès *m.*, part *f.* 4 preocupació *f.*, inquietud *f.*

concern (to) [kən'səːn] *t.* afectar, concernir. ‖ *as far as I'm concerned,* quant a mi. 2 tractar. 3 preocupar. ■ 4 *p.* interessar-se.

concerning [kən'səːniŋ] *prep.* pel que fa a; sobre.

concert ['kɔnsəːt] *s.* MÚS. concert *m.* 2 concert *m.*, acord *m.*

concert (to) [kən'səːt] *t.* concertar.

concerted [kən'səːtid] *a.* concertat; conjunt. ‖ *~ effort,* esforç *m.* conjunt.

concession [kən'seʃən] *s.* concessió *f.*

conch [kɔntʃ] *s.* ZOOL. cargol *m.* de mar.

conciliate (to) [kən'silieit] *t.* conciliar, propiciar.

conciliation [kənˌsili'eiʃən] *s.* conciliació *f.*

conciliatory [kən'siliətəri] *a.* conciliatori.

concise [kən'sais] *a.* concís.

conciseness [kən'saisnis] *s.* concisió *f.*

conclave ['kɔnkleiv] *s.* conclave *m.*

conclude (to) [kən'kluːd] *t.* concloure, acabar. 2 concertar (*with,* amb) [un tractat]. 3 concloure, inferir. 4 decidir, determinar. ■ 5 *i.* concloure *t.*

conclusion [kən'kluːʒən] *s.* conclusió *f.*; final *m.*: *in ~,* en conclusió. 2 *a foregone ~,* un resultat inevitable.

conclusive [kən'kluːsiv] *a.* conclusiu. 2 concloent.

concoct (to) [kən'kɔkt] *t.* confeccionar. 2 mesclar, inventar [sopa, beguda, etc.]. 3 fig. ordir, tramar.

concoction [kən'kɔkʃən] *s.* mescla *f.;* beuratge *m.* 2 fig. trama *f.*

concomitant [kən'kɔmitənt] *a.* form. concomitant. ■ 2 *s.* form. cosa *f.* concomitant.

concord ['kɔŋkɔːd] *s.* concòrdia *f.* 2 GRAM. concordança *f.*

concordance [kən'kɔːdəns] *s.* concordança *f.,* acord *m.* 2 concordances *f. pl.* [índex].

concordant [kən'kɔːdənt] *a.* concordant.

concourse ['kɔŋkɔːs] *s.* concurrència *f.* 2 (EUA) vestíbul *m.* [d'una estació de tren].

concrete ['kɔŋkriːt] *a.* concret. ■ 2 *s.* CONSTR. formigó *m.,* ciment *m.*

concrete (to) ['kɔŋkriːt] *t.* recobrir de formigó i ciment. ■ 2 *i.* solidificar-se *p.*

concur (to) [kən'kəː'] *i.* assentir, estar d'acord. 2 concórrer; coincidir; cooperar.

concurrence [kən'kʌrəns] *s.* acord *m.* 2 concurrència *f.*

concussion [kən'kʌʃən] *s.* MED. commoció *f.* cerebral. 2 convulsió *f.,* espasme *m.*

condemn (to) [kən'dem] *t.* condemnar. 2 confiscar.

condemnation [ˌkɔndem'neiʃən] *s.* condemnació *f.*

condensation [ˌkɔnden'seiʃən] *s.* condensació *f.*

condense (to) [kən'dens] *t.* condensar. 2 condensar, abreujar [discurs, etc.]. ■ 3 *i.* condensar-se *p.*

condescend (to) [ˌkɔndi'send] *i.* condescendir, dignar-se *p.*

condescension [ˌkɔndi'senʃən] *s.* condescendència *f.*

condiment ['kɔndimənt] *s.* ALIM. condiment *m.*

condition [kən'diʃən] *s.* condició *f.* ‖ *on ~ (that),* a (o amb) la condició de (o que).

condition (to) [kən'diʃən] *t.* condicionar.

conditional [kən'diʃənl] *a.* condicional.

condole (to) [kən'doul] *i.* condoldre's *p.*

condolence [kən'douləns] *s.* condol *m.,* condolença *f.*

condone (to) [kən'doun] *t.* condonar, perdonar.

conduce (to) [kən'djuːs] *i. to ~ to* o *towards,* conduir a; contribuir a.

conducive [kən'djuːsiv] *a.* conduent.

conduct ['kɔndʌkt] *s.* conducta *f.*

conduct (to) [kən'dʌkt] *t.* conduir, guiar. 2 dirigir, controlar. 3 QUÍM. conduir.

conductor [kən'dʌktəʳ] *s.* MÚS. director. 2 cobrador [d'autobús]. 3 (EUA) revisor [de tren].

cone [koun] *s.* GEOM., BOT. con *m.*

confection [kən'fekʃən] *s.* dolços *m. pl.* 2 confecció *f.*

confectioner [kən'fekʃənəʳ] *s.* confiter, pastisser.

confectionery [kən'fekʃənəri] *s.* confits *m. pl.*, caramels *m. pl.*, bombons *m. pl.* 2 confiteria *f.*, pastisseria *f.*

confederacy [kən'fedərəsi] *s.* confederació *f.*

confer (to) [kən'fəʳ] *t.* conferir, concedir. ■ 2 *i.* conferir, conferenciar.

conference ['kɔnfərəns] *s.* congrés *m.*, conferència *f.* [reunió].

confess (to) [kən'fes] *t.* confessar. ■ 2 *i.* confessar-se *p.*

confessed [kən'fest] *a.* confessat, declarat, reconegut.

confession [kən'feʃən] *s.* confessió *f.: ~ of faith,* confessió *f.* de fe. 2 credo *m.*

confessional [kən'feʃənl] *a.* confessional. ■ 2 *s.* confessionari *m.*

confidant [kɔnfi'dænt] *s.* confident.

confide (to) [kən'faid] *t.-i.* confiar.

confidence ['kɔnfidəns] *s.* confiança *f.*, fe *f.* 2 confidència *f.*

confident ['kɔnfidənt] *a.* confiat, segur.

confidential [kɔnfi'denʃəl] *a.* confidencial. 2 de confiança *f.*

confines ['kɔnfainz] *s. pl.* límits *m. pl.*, fronteres *f. pl.*

confine (to) [kən,fain] *t.* confinar. 2 limitar, restringir.

confinement [kən'fainmənt] *s.* confinament *m.* 2 presó *f.*, reclusió *f.* 3 part *m.*, infantament *m.*

confirm (to) [kən'fəːm] *t.* confirmar, corroborar, ratificar. 2 REL. confirmar.

confirmation [kɔnfə'meiʃən] *s.* confirmació *f.* 2 REL. confirmació *f.*

confirmed [kən'fəːmd] *a.* confirmat. 2 inveterat.

confiscate (to) ['kɔnfiskeit] *t.* confiscar.

confiscation [kɔnfis'keiʃən] *s.* confiscació *f.*

conflagration [kɔnflə'greiʃən] *s.* incendi *m.*

conflict ['kɔnflikt] *s.* conflicte *m.*

conflict (to) [kən'flict] *i.* entrar en conflicte, estar en conflicte.

confluence ['kɔnfluəns] *s.* confluència *f.*

conform (to) [kən'fɔːm] *t.* conformar. ■ 2 *i.* conformar-se *p.*

conformist [kən'fɔːmist] *s.* conformista.

conformity [kən'fɔːmiti] *s.* conformitat *f.*, concordança *f.*, consonància *f.*

confound (to) [kən'faund] *t.* confondre, desconcertar ■ 2 interj. ant. ~ *it!*, ostres!

confounded [kən'faundid] *a.* confús. 2 fam. maleït.

confraternity [kɔnfrə'təːniti] *s.* confraria *f.*, confraternitat *f.*

confront (to) [kən'frʌnt] *t.* confrontar, acarar. 2 afrontar.

confuse (to) [kən'fjuːz] *t.* confondre.

confusion [kən'fjuːʒən] *s.* confusió *f.*

congeal (to) [kən'dʒiːl] *t.* congelar, quallar, coagular. ■ 2 *i.* congelar-se *p.*, quallar-se *p.*, coagular-se *p.*

congenial [kən'dʒiːnjəl] *a.* congenial. 2 simpàtic, agradable.

congenital [kən'dʒenitl] *a.* congènit.

conger ['kɔŋgəʳ] *s.* ICT. ~ *eel,* congre *m.*

congest (to) [kən'dʒest] *t.* congestionar, aglomerar. ■ 2 *i.* congestionar-se *p.*, aglomerar-se *p.*

congestion [kən'dʒestʃən] *s.* congestió *f.* 2 aglomeració *f.*

conglomerate [kən'glɔmərit] *a.-s.* conglomerat *s.* [també fig.].

conglomerate (to) [kən'glɔməreit] *t.* conglomerar. ■ 2 *i.* conglomerar-se *p.*

congratulate (to) [kən'grætjuleit] *t.* congratular, felicitar. ■ 2 *p. to ~ oneself,* felicitar-se.

congratulation [kəngrætju'leiʃən] *s.* congratulació *f.*, felicitació *f.*

congregate (to) ['kɔŋgrigeit] *t.* congregar, aplegar, ajuntar. ■ 2 *i.* congregar-se *p.*, aplegar-se *p.*, ajuntar-se *p.*

congregation [kɔŋgri'geiʃən] *s.* congregació *f.*, reunió *f.*

congress ['kɔŋgres] *s.* congrés *m.*

congruent ['kɔŋgruənt], **congruous** ['kɔŋgruəs] *a.* congruent.

conic ['kɔnik], **conical** ['kënikəl] *a.* cònic.

conifer ['kɔnifəʳ] *s.* BOT. conífera *f.*

conjecture [kən'dʒektʃəʳ] *s.* conjectura *f.*, presumpció *f.*

conjecture (to) [kən'dʒektʃəʳ] *t.-i.* conjecturar *t.*, presumir *t.*

conjoin (to) [kən'dʒɔin] *t.* unir, ajuntar. ■ 2 *i.* unir-se *p.*, ajuntar-se *p.*

conjoint ['kɔndʒɔint] *a.* unit, associat.

conjugal ['kɔndʒugəl] *a.* conjugal.

conjugate (to) ['kɔndʒugeit] *t.* conjugar. ■ 2 *i.* conjugar-se *p.*

conjugation [ˌkɔndʒu'geiʃən] *s.* conjugació *f.*

conjunction [kən'dʒʌŋkʃən] *s.* GRAM. conjunció *f.* 2 conjunció *f.*, unió *f.*

conjuncture [kən'dʒʌŋktʃəˈ] *s.* conjuntura *f.*, circumstàncies *f. pl.*

conjure (to) [kən'dʒuəˈ] *t.* conjurar, implorar, suplicar. 2 ['kʌndʒəˈ] *t.* conjurar, evocar [un esperit, etc.]. 3 fer alguna cosa com per art de màgia. *4 to ~ up*, evocar [imatges, etc.]. ■ *5 i.* fer jocs de mans.

conjurer, conjuror ['kʌndʒərəˈ] *s.* prestidigitador.

con man ['kɔnmaen] *s.* estafador *m.*

connect (to) [kə'nekt] *t.* connectar. 2 unir, enllaçar; comunicar. 3 relacionar, associar. ■ *4 i.* unir-se *p.*, enllaçar-se *p.*, comunicar, comunicar-se *p.* 5 FERROC. enllaçar.

connection, connexion [kə'nekʃən] *s.* connexió *f.*, enllaç *m.* 2 relació *f.* 3 comunicació *f.* 4 FERROC. enllaç *m.*, correspondència *f.*

connivance [kə'naivəns] *s.* connivència *f.*, consentiment *m.*, complicitat *f.*

connive (to) [kə'naiv] *i.* fer els ulls grossos. 2 confabular-se *p.*

conquer (to) ['kɔŋkəˈ] *t.* conquerir. 2 vèncer, derrotar; dominar.

conqueror ['kɔŋkərəˈ] *s.* conqueridor. 2 vencedor.

conquest ['kɔŋkwest] *s.* conquesta *f.*

Conrad ['kɔnræd] *n. pr. m.* Conrad.

consanguinity [ˌkɔnsæn'gwiniti] *s.* consanguinitat *f.*

conscience ['kɔnʃəns] *s.* consciència *f.: a matter of ~*, una qüestió *f.* de consciència.

conscientious [ˌkɔnʃi'enʃəs] *a.* conscienciós, de consciència.

conscientiousness [ˌkɔnʃi'enʃəsnis] *s.* consciència *f.*, rectitud *f.*, escrupolositat *f.*

conscious ['kɔnʃəs] *a.* conscient.

consciousness ['kɔnʃəsnis] *s.* consciència *f.* 2 MED. coneixement.

conscript ['kɔnskript] *a.* reclutat. ■ *2 s.* recluta *m.*

conscript (to) [kən'skript] *t.* reclutar.

conscription [kən'skripʃən] *s.* reclutament *m.*

consecrate (to) ['kɔnsikreit] *t.* consagrar.

consecration [ˌkɔnsi'kreiʃən] *s.* consagració *f.* 2 dedicació *f.*

consecutive [kən'sekjutiv] *a.* consecutiu, successiu.

consensus [kən'sensəs] *s.* consens *m.*

consent [kən'sent] *s.* consentiment *m.*, assentiment *m.: all with one ~*, unànimement.

consent (to) [kən'sent] *i.* consentir, accedir.

consequence ['kɔnsikwəns] *s.* conseqüència *f.*, resultat *m.* 2 conclusió *f.* 3 importància *f.*

consequent ['kɔnsikwənt] *a.* conseqüent, lògic. 2 LÒG. conseqüent.

consequential [ˌkɔnsi'kwenʃəl] *a.* conseqüent. 2 important, significatiu.

consequently ['kɔnsikwəntli] *adv.* conseqüentment, en conseqüència, per conseqüent.

conservation [ˌkɔnsə'veiʃən] *s.* conservació *f.*

conservative [kən'sə:vətiv] *a.* conservador. 2 moderat. ■ *3 s.* POL. conservador.

conservatoire [kən'sə:vətwɑ:ˈ] *s.* conservatori *m.*

conservatory [kən'sə:vətri] *s.* hivernacle *m.*

conserve [kən'sə:v] *s.* conserva *f.*, confitura *f.*

conserve (to) [kən'sə:v] *t.* conservar, mantenir. 2 confitar.

consider (to) [kən'sidəˈ] *t.* considerar.

considerable [kən'sidərəbl] *a.* considerable.

considerate [kən'sidərit] *a.* considerat [envers els altres].

consideration [kənˌsidə'reiʃən] *s.* consideració *f.* 2 retribució *f.*, paga *f.*, diners *m. pl.*

considering [kən'sidəriŋ] *prep.* tenint en compte.

consign (to) [kən'sain] *t.* consignar, confiar, dipositar.

consignment [kən'sainmənt] *s.* consignació *f.* 2 COM. tramesa *f.*, remesa *f.*

consist (to) [kən'sist] *i.* consistir. 2 constar (*of*, de).

consistence [kən'sistəns], **consistency** [kən'sistənsi] *s.* conseqüència *f.*, lògica *f.* [en el comportament, etc.]. 2 consistència *f.*

72

consistent [kən'sistənt] *a.* conseqüent. 2 consistent, sòlid.

consolation [ˌkɔnsə'leiʃən] *s.* consolació *f.*, consol *m.*, conhort *m.*

console ['kɔnsoul] *s.* *console-table,* consola *f.*

console (to) [kən'soul] *t.* consolar.

consolidate (to) [kən'sɔlideit] *t.* consolidar. ■ 2 *i.* consolidar-se *p.*

consonance ['kɔnsənəns] *s.* consonància *f.*; conformitat *f.*, acord *m.*

consonant ['kɔnsənənt] *a.-s.* consonant *f.*

consort ['kɔnsɔːt] *s.* consort.

consort (to) [kən'sɔːt] *i.* anar amb, ajuntar-se *p.* 2 concordar, correspondre's *p.*

conspicuous [kən'pikjuəs] *a.* conspicu, eminent. 2 sobresortint, singular.

conspiracy [kən'spirəsi] *s.* conspiració *f.*

conspirator [kən'spirətəʳ] *s.* conspirador.

conspire (to) [kən'paiəʳ] *i.* conspirar, conjurar-se *p.* ■ 2 *t.* tramar, ordir.

constable ['kʌnstəbl] *s.* agent de policia. 2 conestable *m.*

constancy ['kɔnstənsi] *s.* constància *f.*, fermesa *f.*, perseverança *f.*

constant ['kɔnstənt] *a.* constant. 2 lleial. 3 continu.

constellation [ˌkɔnstə'leiʃən] *s.* ASTR. constel·lació *f.* [també fig.].

consternation [ˌkɔnstə'neiʃən] *s.* consternació *f.*

constipate (to) ['kɔnstipeit] *t.* restrènyer.

constipation [ˌkɔnsti'peiʃən] *s.* restrenyiment *m.*

constituency [kən'stitjuənsi] *s.* districte *m.* electoral. 2 electors *pl.*

constituent [kən'stitjuənt] *a.* constitutiu, constituent. 2 POL. constituent. ■ 3 *s.* constituent *m.* 4 POL. elector.

constitute (to) ['kɔnstitjuːt] *t.* constituir.

constitution [ˌkɔnsti'tjuːʃən] *s.* constitució *f.*

constrain (to) [kən'strein] *t.* constrènyer, obligar.

constraint [kən'streint] *s.* constrenyiment *m.*, coacció *f.* 2 repressió *f.*

constrict (to) [kən'strikt] *t.* estrènyer, prémer, comprimir. 2 MED. estrangular [una vena, etc.].

construct (to) [kən'strʌkt] *t.* construir, fabricar, fer.

construction [kən'strʌkʃən] *s.* construcció *f.* 2 edificació *f.*

construe (to) [kən'struː] *t.* GRAM. construir. 2 interpretar; analitzar. 3 traduir. 4 explicar.

consul ['kɔnsəl] *s.* cònsol.

consular ['kɔnsjuləʳ] *a.* consular.

consulate ['kɔnsjulit] *s.* consolat *m.*

consult (to) [kən'sʌlt] *t.* consultar. ■ 2 *i.* deliberar.

consultation [ˌkɔnsəl'teiʃən] *s.* consulta *f.* 2 junta *f.*

consultative [kən'sʌltətiv] *a.* consultiu.

consume (to) [kən'sjuːm] *t.* consumir. ■ 2 *i.* consumir-se.

consumer [kən'sjuːməʳ] *s.* consumidor.

consummate [kən'sʌmit] *a.* consumat, perfecte.

consummate (to) ['kɔnsəmeit] *t.* consumar.

consummation [ˌkɔnsə'meiʃən] *s.* consumació *f.*

consumption [kən'sʌmpʃən] *s.* consum *m.*, consumpció *f.* 2 MED. pop. tisi *f.*

contact ['kɔntækt] *s.* contacte *m.*

contact (to) ['kɔntækt] *t.* posar-se *p.* en contacte amb, estar en contacte amb.

contagion [kən'teidʒən] *s.* contagi *m.*

contagious [kən'teidʒəs] *a.* contagiós, encomanadís.

contagiousness [kən'teidʒəsnis] *s.* contagiositat *f.*

contain (to) [kən'tein] *t.* contenir; tenir cabuda. 2 comprendre, incloure. 3 reprimir, refrenar.

container [kən'teinəʳ] *s.* contenidor *m.*, continent *m.*, recipient *m.*, envàs *m.*

contaminate (to) [kən'tæmineit] *t.* contaminar.

contamination [kənˌtæmi'neiʃən] *s.* contaminació *f.*

contemplate (to) ['kɔntempleit] *t.* contemplar. 2 proposar-se *p.*, considerar. ■ 3 *i.* meditar.

contemplation [ˌkɔntem'pleiʃən] *s.* contemplació *f.* 2 projecte *m.* 3 meditació *f.*

contemplative [kən'templətiv] *a.* contemplatiu.

contemporaneous [kənˌtempə'reinjəs] *a.* **contemporary** [kən'tempərəri] *a.-s.* contemporani *a.-m.*

contempt [kən'tempt] *s.* menyspreu *m.*, menyspreament *m.*, desdeny *m.*

contemptible [kən'temptəbl] *a.* menyspreable. 2 desdenyós.

contend (to) [kən'tend] *i.* contendre, contendir. 2 competir, rivalitzar. 3 llui-

control

tar, pugnar, esforçar-se. ■ *4 t.* mantenir, afirmar.

1) content ['kɔntent] *s.* contingut *m.*

2) content [kən'tent] *a.* content, satisfet. ■ *2 s.* contentació *f.,* satisfacció *f.*

content (to) [kən'tent] *t.* acontentar, satisfer.

contented [kən'tentid] *a.* content, satisfet.

contention [kən'tenʃən] *s.* disputa *f.,* baralla *f.* 2 argument *m.,* afirmació *f.*

contentious [kən'tenʃəs] *a.* contenciós. 2 litigiós.

contentment [kən'tentmənt] *s.* satisfacció *f.,* contentació *f.*

contest ['kɔntest] *s.* lluita *f.,* contesa *f.,* disputa *f.;* litigi *m.* 2 competició *f.,* concurs *m.,* certamen *m.,* torneig *m.,* combat *m.* [boxa].

contest (to) [kən'test] *t.* disputar, lluitar per *i.,* pugnar per *i.* 2 impugnar. ■ *3 i.* contendre, contendir, competir.

contestant [kən'testənt] *s.* contrincant, contendent, participant.

context ['kɔntekst] *s.* context *m.*

contiguous [kən'tigjuəs] *a.* contigu, immediat, proper.

continence ['kɔntinəns] *s.* continència *f.*

continent ['kɔntinənt] *a.* que es conté [persona]. ■ *2 s.* GEOGR. continent *m.*

contingency [kən'tindʒənsi] *s.* contingència *f.* 2 eventualitat *f.*

contingent [kən'tindʒent] *a.* contingent. ■ *2 s.* contingent *m.*

continual [kən'tinjuəl] *a.* continu, incessant.

continuance [kən'tinjuəns] *s.* duració *f.,* continuació *f.* 2 permanència *f.*

continuation [kən,tinju:'eiʃən] *s.* continuació *f.*

continue (to) [kən'tinju:] *t.* continuar. ■ *2 i.* durar, continuar.

continuity [,kɔnti'nju:əti] *s.* continuïtat *f.*

continuous [kən'tinjuəs] *a.* continu. ■ *2 -ly adv.* contínuament.

contort (to) [kən'tɔ:t] *t.* retòrcer, retorçar, tòrcer, torçar.

contortion [kən'tɔ:ʃən] *s.* contorsió *f.*

contour ['kɔntuə'] *s.* contorn *m.*

contraband ['kɔntrəbænd] *s.* contraban *m.*

contraception [,kɔntrə'sepʃn] *s.* contracepció *f.,* anticoncepció *f.*

contraceptive [,kɔntrə'septiv] *a.* anticonceptiu. ■ *2 s.* anticonceptiu *m.*

contract ['kɔntrækt] *s.* contracte *m.*

contract (to) [kən'trækt] *t.* contractar, pactar. 2 contreure, contraure, encongir. 3 contreure [matrimoni, etc.]. ■ *4 i.* contreure's *p.,* contraure's *p.,* encongir-se *p.* 5 comprometre's *p.* per contracte.

contraction [kən'trækʃən] *s.* contracció *f.*

contractor [kən'træktə'] *s.* contractant. 2 contractista *m.*(i *f*).

contradict (to) [,kɔntrə'dikt] *t.* contradir. 2 desmentir, negar.

contradiction [,kɔntrə'dikʃən] *s.* contradicció *f.*

contradictory [,kɔntrə'diktəri] *a.* contradictori.

contraption [kən'træpʃən] *s.* col·loq. artefacte *m.*

contrarily [kən'trεərəli] *adv.* obstinadament, tossudament.

contrariness ['kɔntrərinis] *s.* oposició *f.* 2 obstinació *f.,* tossuderia *f.*

contrary ['kɔntrəri] *a.* contrari, oposat. 2 advers, desfavorable. 3 tossut, obstinat. ■ *4 s. the ~,* el contrari. ■ *5 prep. ~ to,* contràriament. *6 on the ~,* al contrari; *to the ~,* en contra.

contrast ['kɔntra:st] *s.* contrast *m.*

contrast (to) [kən'tra:st] *t.* fer contrast, comparar. ■ *2 i.* contrastar.

contravene (to) [,kɔntrə'vi:n] *t.* contravenir. 2 contradir.

contravention [,kɔntrə'venʃən] *s.* contravenció *f.,* infracció *f.*

contribute (to) [kən'tribju:t] *t.* contribuir *i.* amb, aportar. ■ *2 i.* contribuir, col·laborar.

contribution [,kɔntri'bju:ʃən] *s.* contribució *f.,* col·laboració *f.,* aportació *f.* 2 contribució *f.,* taxa *f.*

contributor [kən'tribju:tə'] *s.* contribuïdor. 2 col·laborador.

contrite ['kɔntrait] *a.* contrit.

contrition [kən'triʃən] *s.* contrició *f.*

contrivance [kən'traivəns] *s.* inventiva *f.* 2 traça *f.,* enginy *m.* 3 invenció *f.,* aparell *m.* 4 pla *m.,* idea *f.*

contrive (to) [kən'traiv] *t.* idear, enginyar, inventar. 2 maquinar, tramar. 3 aconseguir. ■ *4 i.* enginyar-se *p.*

control [kən'troul] *s.* control *m.,* autoritat *f.* 2 govern *m.,* direcció *f.* 3 fre *m.,* aturador *m.* 4 inspecció *f.,* comprovació *f.* 5 MEC. comandament *m.,* control *m.*

control (to) [kən'troul] *t.* controlar. 2 reprimir. 3 governar, dirigir.

controversial [ˌkɔntrəˈvəːʃəl] a. controvertible, discutible.

controversy [ˈkɔntrɔvəsi] s. controvèrsia f.

controvert (to) [ˌkɔntrəˈvəːt] t. controvertir i. 2 negar; discutir.

contumacious [ˌkɔntjuˈmeiʃəs] a. form. contumaç.

contumacy [ˈkɔntjuməsi] s. contumàcia f., rebel·lia f.

contumely [ˈkɔntjuːmli] s. form. injúria f.

contusion [kənˈtjuːʒən] s. MED. contusió f.

conundrum [kəˈnʌndrəm] s. endevinalla f.

conurbation [ˌkɔnəːˈbeiʃn] s. conurbació f.

convalescence [ˌkɔnvəˈlesns] s. convalescència f.

convalescent [ˌkɔnvəˈlesnt] a. convalescent.

convene (to) [kənˈviːn] t. convocar. 2 citar. ■ 3 i. reunir-se p.

convenience [kənˈviːnjəns] s. conveniència f., comoditat f. 2 (G.B.) *public conveniences*, lavabos m. pl. públics.

convenient [kənˈviːnjənt] a. convenient. 2 oportú. 3 còmode.

convent [ˈkɔnvənt] s. convent m.

convention [kənˈvenʃən] s. convenció f. 2 congrés m., assemblea f., reunió f., convenció f.

conventional [kənˈvenʃənəl] a. convencional.

converge (to) [kənˈvəːdʒ] i. convergir. ■ 2 t. fer convergir.

convergence [kənˈvəːdʒəns] s. convergència f.

convergent [kənˈvəːdʒənt] a. convergent.

conversant [kənˈvəːsənt] a. ~ *with*, versat en.

conversation [ˌkɔnvəˈseiʃən] s. conversa f., conversació f.

converse [ˈkɔnvəːs] a. oposat, contrari. ■ 2 s. inversa f.

converse (to) [kənˈvəːs] i. conversar.

conversion [kənˈvəːʃən] s. conversió f.

convert [ˈkɔnvəːt] s. convers a.-s.

convert (to) [kənˈvəːt] t. convertir. ■ 2 i. convertir-se p.

convex [ˈkɔnveks] a. convex.

convexity [kənˈveksiti] s. convexitat f.

convey (to) [kənˈvei] t. portar, transportar. 2 transmetre. 3 DRET traspassar.

conveyance [kənˈveiəns] s. transport m. 2 transmissió f. 3 DRET traspàs m.

convict [ˈkɔnvikt] s. presidiari, convicte.

convict (to) [kənˈvikt] t. condemnar. 2 DRET declarar culpable.

conviction [kənˈvikʃən] s. convicció f., convenciment m. 2 DRET declaració f. de culpabilitat, condemna f.

convince (to) [kənˈvins] t. convèncer.

convivial [kənˈviviəl] a. sociable, jovial.

convocation [ˌkɔnvəˈkeiʃən] s. convocació f., convocatòria f. 2 assemblea f.

convoke (to) [kənˈvouk] t. convocar, reunir.

convoy [ˈkɔnvɔi] s. comboi m.; escorta f., protecció f.

convoy (to) [ˈkɔnvɔi] t. acomboiar, escortar.

convulse (to) [kənˈvʌls] t. crispar. ‖ *to be convulsed with laughter*, trencar-se p. de riure.

convulsion [kənˈvʌlʃən] s. convulsió f.

convulsive [kənˈvʌlsiv] a. convulsiu.

coo [kuː] s. parrup m. [dels coloms].

coo (to) [kuː] i. parrupejar [els coloms].

cook [kuk] s. cuiner.

cook (to) [kuk] t. cuinar; guisar; coure. 2 fig. falsificar. 3 fig. *to* ~ *up*, tramar; inventar. ■ 4 i. cuinar; coure's p.

cooker [ˈkukə] s. cuina f. [electrodomèstic]. 2 fruita f. per cuinar [poma, pera, etc.].

cookery [ˈkukəri] s. GASTR. cuina f.: *Indian* ~, cuina f. índia.

cooking [ˈkukiŋ] s. GASTR. cuina f. ‖ *to do the* ~, cuinar. ■ 2 a. de cuina, culinari.

cool [kuːl] a. fresc; fred; tebi. 2 tranquil; fresc. 3 agosarat. 4 fig. fred [comportament]. ■ 5 s. fresca f. 6 frescor f. 7 fig. col·loq. sang f. freda: *keep your* ~!, no perdis els estreps!

cool (to) [kuːl] t. refrescar; refredar. 2 calmar. ■ 3 i. refrescar-se p.; refredar-se p. 4 fig. *to* ~ *down*, calmar-se p.

coolness [ˈkuːlnis] s. fresca f. 2 frescor f. 3 fredor f. 4 serenitat f.

coop [kuːp] s. galliner m.

co-op [ˈkouɔp] s. col·loq. cope f.

cooper [ˈkuːpə] s. boter m.

co-operate (to) [kouˈɔpəreit] i. cooperar.

co-operation [kouˌɔpəˈreiʃən] s. cooperació f.

co-operative [kouˈɔpərətiv] a. cooperatiu. ■ 2 s. cooperativa f.

cop [kɔp] *s.* pop. bòfia, policia.

cop (to) [kɔp] *t.* pop. *to ~ it,* tocar el rebre. 2 *to ~ out (of),* abandonar.

cope (to) [koup] *i. to ~ (with),* poder amb; sortir-se'n *p.;* enfrontar-se *p.* amb.

copious ['koupjəs] *a.* copiós, abundant. 2 prolífic [un escriptor].

copper ['kɔpə'] *s.* QUÍM. coure *m.* 2 ant. moneda *f.* 3 pop. bòfia, policia.

coppice ['kɔpis] *s. ~ (woods),* bosquina *f.,* bosquet *m.*

copulate (to) ['kɔpjuleit] *i.* copular (*with,* amb).

copulation [kɔpju'leiʃən] *s.* copulació *f.*

copulative ['kɔpjulətiv] *a.* copulatiu. ■ 2 *s.* GRAM. còpula *f.*

copy ['kɔpi] *s.* còpia *f.;* imitació *f.;* reproducció *f.* 2 exemplar *m.* [de llibre, de diari]. 3 IMPR. original *m.* 4 *rough ~,* esborrany *m.*

copy (to) ['kɔpi] *t.* copiar. 2 imitar.

copyright ['kɔpirait] *s.* drets *m. pl.* de propietat literària, musical, artística, etc.

copywriter ['kɔpiraitə'] *s.* escriptor *m.* de material publicitari.

coquetry ['kɔkitri] *s.* coqueteria *f.,* flirteig *m.*

coquette [kɔ'ket] *s.* coqueta *f.*

coquettish [kɔ'ketiʃ] *a.* coqueta.

coral ['kɔrəl] *s.* coral *m.*

corbel ['kɔːbəl] *s.* ARQ. mènsula *f.*

cord [kɔːd] *s.* cordill *m.* gruixut. 2 *vocal cords,* cordes *f. pl.* vocals.

cordage ['kɔːdidʒ] *s.* NÀUT. cordam *m.*

cordial ['kɔːdjəl] *a.* cordial. ■ 2 *s.* cordial *m.*

cordiality [kɔːdi'æliti] *s.* cordialitat *f.*

cordon ['kɔːdn] *s.* cordó *m.*

corduroy ['kɔːdərɔi] *s.* pana *f.* 2 *pl.* pantalons *m.* de pana.

core [kɔː'] *s.* centre *m.,* nucli *m.;* ànima *f.* 2 cor *m.* [d'una fruita].

core (to) [kɔː] *t.* espinyolar.

cork [kɔːk] *s.* suro *m.* 2 tap *m.* de suro.

cork (to) [kɔːk] *t.* tapar [amb suro].

cork oak ['kɔːkouk] *s.* alzina *f.* surera.

cork-screw ['kɔːkskruː] *s.* gal·lic. tirabuixó *m.,* llevataps *m.: ~ curl,* tirabuixó *m.*

cormorant ['kɔːmərənt] *s.* ORN. cormorà *m.*

corn [kɔːn] *s.* gra *m.;* cereal *m.* 2 blat *m.,* (EUA) blat *m.* de moro. 3 durícia *f.*

corn (to) [kɔːn] *t.* salar, assaonar, adobar.

corncob ['kɔːnkɔb] *s.* (EUA) panotxa *f.*

corned beef [kɔːnd'biːf] *s.* carn *f.* salada i fumada.

corner ['kɔːnə'] *s.* angle *m.;* cantonada *f.;* racó *m.;* cantell *m.‖ ~ shelf,* cantonera *f.* 2 fig. atzucac *m.* 3 lloc *m.* aïllat, remot. 4 punta *f.* [d'un barret]. 5 COM. acaparament *m.* 6 ESPORT corner *m.*

corner (to) [kɔːnə'] *t.* arraconar; abordar [també fig.]. 2 col·loq. posar entre l'espasa i la paret. ■ 3 *i.* girar una cantonada. 4 COM. acaparar.

corner-stone ['kɔːnəstoun] *s.* pedra *f.* angular. 2 fig. part *f.* fonamental.

cornet ['kɔːnit] *s.* corneta *f.;* cornetí *m.* 2 cucurutxo *m.*

corn exchange ['kɔːnik,stʃeindʒ] *s.* llotja *f.* de gra.

cornice ['kɔːnis] *s.* ARQ. cornisa *f.*

coronation [kɔrə'neiʃən] *s.* coronació *f.*

coroner ['kɔrənə'] *s.* DRET mena de jutge de primera instància.

coronet ['kɔrənet] *s.* corona *f.* [de noble]. 2 diadema *f.*

corporal ['kɔːpərəl] *a.* corporal. ■ 2 *s.* MIL. corporal *m.*

corporation [kɔːpə'reiʃən] *s.* corporació *f.;* gremi *m.* 2 COM. companyia *f.* 3 *municipal ~,* ajuntament *m.* 4 (EUA) societat *f.* anònima.

corporeal [kɔː'pɔːriəl] *a.* corpori. 2 tangible.

corps [kɔː', *pl]* [kɔːz] *s.* MIL. cos *m.* 2 cos *m.: the Diplomatic ~,* el cos diplomàtic. 3 ▲ *pl. corps.*

corpse [kɔːps] *s.* cadàver *m.*

corpulence ['kɔːpjuləns] *s.* corpulència *f.*

corpulent ['kɔːpjulənt] *a.* corpulent.

corpuscle ['kɔːpʌsl] *s.* ANAT. corpuscle *m.;* glòbul *m.* 2 FÍS. corpuscle *m.*

correct [kə'rekt] *a.* correcte. 2 vàlid. 3 exacte.

correct (to) [kə'rekt] *t.* corregir. 2 reformar. 3 ajustar.

correction [kə'rekʃən] *s.* correcció *f.,* esmena *f.* 2 càstig *m.*

correctness [kə'rektnis] *s.* correcció *f.* 2 exactitud *f.*

correspond (to) [kɔris'pɔnd] *i.* correspondre, correspondre's *p.* (*to,* a; *with,* amb). 2 escriure's *p.* (*with,* amb).

correspondence [kɔris'pɔndəns] *s.* correspondència *f.*

correspondent [kɔris'pɔndənt] *s.* corresponsal *m.* ■ 2 *a.* correspondent.

corresponding [kɔris'pɔndiŋ] *a.* corresponent.

corridor ['kɔridɔː] *s.* corredor *m.,* passadís *m.*

corroborate (to) [kə'rɔbəreit] *t.* corroborar, confirmar.

corroboration [kərɔbə'reiʃən] *s.* corroboració *f.*

corrode (to) [kə'roud] *t.* corroir.

corrosion [kə'rouʒən] *s.* corrosió *f.*

corrosive [kə'rousiv] *a.* corrosiu. ■ 2 *s.* corrosiu *m.*

corrugate (to) ['kɔrəgeit] *t.* corrugar.

corrupt [kə'rʌpt] *a.* corromput, corrupte.

corrupt (to) [kə'rʌpt] *t.* corrompre, degradar; adulterar. ■ 2 *i.* corrompre's *p.*

corruptible [kə'rʌptəbl] *a.* corruptible.

corruption [kə'rʌpʃən] *s.* corrupció *f.*

corsair ['kɔːseə] *s.* corsari *m.*

corset ['kɔːsit] *s.* cotilla *f.* 2 faixa *f.* ortopèdica.

cortege [kɔː'teiʒ] *s.* seguici *m.;* acompanyament *m.*

corvette [kɔː'vet] *s.* NÀUT. corbeta *f.*

cosily ['kouzili] *adv.* confortablement; còmodament.

cosmetic [kɔz'metik] *a.* cosmètic. ■ 2 *s.* cosmètic *m.* ▲ gralnt. plural.

cosmic ['kɔzmik] *a.* ASTR. còsmic.

cosmonaut ['kɔzmə'nɔːt] *s.* cosmonauta, astronauta.

cosmopolitan [kɔzmə'pɔlitən] *a.-s* cosmopolita.

cost [kɔst] *s.* ECON. cost *m.,* preu *m.* ‖ ~ *of living,* cost de vida; *running costs,* despeses *f. pl.* 2 fig. cost *m.,* preu *m.: at all costs,* a qualsevol preu, costi el que costi. 3 *pl.* DRET costes *f. pl.*

cost (to) [kɔst] *i.* costar, valer [també fig.]. ■ 2 *t.* calcular el cost de. ▲ no en passiva. ▲ Pret. i p. p.: *cost* [kɔst].

cosy ['kouzi] *a.* acollidor, còmode.

costliness ['kɔstlinis] *s.* preu *m.* elevat. 2 fig. sumptuositat *f.*

costly ['kɔstli] *a.* costós, car [també fig.].

costume ['kɔstjuːm] *s.* vestit *m.* ‖ *historical* ~, vestit històric; *swimming* ~, vestit *m.* de bany. ‖ ~ *jewellery,* bijuteria *f.*

cot [kɔt] *s.* llit *m.* de baranes. 2 catre *m.,* llitera *f.*

coterie ['koutəri] *s.* tertúlia *f.;* cercle *m.*

cottage ['kɔtidʒ] *s.* casa *f.* de camp.

cottage cheese [kɔtidz'tʃiːz] *s.* mató *m.*

cotton ['kɔtn] *s.* cotó *m.* ‖ BOT. *cotton-plant,* cotoner *m.*

cotton wool [kɔtən'wul] *s.* cotó *m.* fluix.

couch [kautʃ] *s.* MOBL. sofà *m.* 2 MOBL. canapè *m.*

couch (to) [kautʃ] *t.* form. expressar. ■ 2 *i.* ajupir-se *p.;* estar a l'aguait [animals].

cough [kɔf] *s.* tos *f.*

cough (to) [kɔf] *i.* tossir. ■ 2 *t.* expel·lir [tossint]. 3 fig. pop. *to ~ up,* deixar anar [esp. diners].

could [kud] Vegeu CAN.

council ['kaunsil] *s.* consell *m.;* junta *f.* 2 assemblea *f.* 3 *city* ~, ajuntament *m.*

councillor, (EUA) **councilor** ['kaunsilə] *s.* regidor.

counsel ['kaunsəl] *s.* form. consell *m.* 2 advocat, conseller legal.

counsel (to) ['kaunsəl] *t.* form. aconsellar.

counsellor, (EUA) **counselor** ['kaunsələ] *s.* conseller. 2 (EUA), (IRL.) advocat.

count [kaunt] *s.* compte *m.* 2 càlcul *m.* 3 còmput *m.;* recompte *m.* 4 comte *m.* [títol nobiliari].

count (to) [kaunt] *t.* MAT. comptar. 2 comptar, incloure. 3 considerar, tenir per. ■ 4 *i.* comptar. 5 comptar, tenir valor. *6 to ~ on,* comptar amb.

countdown ['kauntdaun] *s.* compte *m.* a l'inrevés.

countenance ['kauntinəns] *s.* rostre *m.;* semblant *m.: to change* ~, trasmudar *t.; to put out of* ~, desconcertar *t.* 2 suport *m.;* aprovació *f.*

countenance (to) ['kauntinəns] *t.* donar suport, recolzar.

counter ['kauntə] *s.* fitxa *f.* [de joc]. 2 taulell *m.* 3 comptador *m.* ■ 4 *a.* contrari; hostil. ■ 5 *adv.* ~ *to,* en oposició a, contrari a.

counter (to) ['kauntə] *t.* contrarestar; contestar; oposar. ■ 2 *i.* tornar-s'hi *p.* 3 oposar-se *p.*

counteract (to) [kauntə'rækt] *t.* contrarestar.

counter-attack ['kauntərə'tæk] *s.* contraatac *m.*

counter-attack (to) ['kauntərə'tæk] *t.-i.* contraatacar.

counterbalance ['kauntə'bæləns] *s.* contrapès *m.*

counterfeit ['kauntəfit] *a.* falsificat, fals. ■ 2 *s.* falsificació *f.*

counterfeit (to) ['kauntəfit] *t.* falsificar.

counterfoil [ˈkauntəfɔil] s. matriu f. [d'un talonari].

counterpane [ˈkauntəpein] s. cobrellit m., vànova f.

counterpart [ˈkauntəpaːt] s. duplicat m. 2 complement m.; part f. complementària.

counterpoint [ˈkauntəpɔint] s. MÚS. contrapunt m. 2 contraposició f.

counterpoise [ˈkauntəpɔiz] s. contrapès m. 2 equilibri m.

counterpoise (to) [ˈkauntəpɔiz] t. equilibrar.

countersign [ˈkauntəsain] s. contrasenya f.

countersign (to) [ˈkauntəsain] t. refrendar, visar, ratificar. 2 contrasignar.

countess [ˈkauntis] s. comtessa f.

countless [ˈkauntlis] a. incomptable, innombrable.

country [ˈkʌntri] s. pàtria f.; país m.; nació f. 2 regió f., comarca f. ‖ ~ dance, ball m. popular. 3 ~ (side), terra f., camp m.; zona f. rural: ~ house, casa f. de camp.

countryman [ˈkʌntrimən] s. pagès m. 2 compatriota m.

county [ˈkaunti] s. (G.B.) comtat m. 2 (EUA) districte m.

couple [ˈkʌpl] s. parell m. 2 parella f.

couple (to) [ˈkʌpl] t. unir, connectar, aparellar. 2 apariar. 3 casar. ■ 2 i. unir-se p. sexualment.

courage [ˈkʌridʒ] s. coratge m., valentia f.

courageous [kəˈreidʒəs] a. coratjós, valent.

courier [ˈkuriə] s. missatger. 2 guia turístic. 3 contrabandista. 4 correu [diplomàtic].

course [kɔːs] s. trajectòria f.; curs m. [dels esdeveniments]. 2 fig. direcció f.; camí m.; rumb m. 3 línia f. [de conducta]. 4 curs m. [d'estudis], carrera f. [universitària]. 5 ARQ. filada f. 6 plat m. [d'un menjar]. 7 ESPORT camp m., pista f. ■ 8 loc. adv. of ~, és clar, naturalment adv.

course (to) [kɔːs] t. caçar [amb gossos]. ■ 2 i. lliscar, córrer.

court [kɔːt] s. DRET tribunal m.; jutjat m. 2 pista f. [de tennis]. 3 pati m. ‖ inside ~, celobert. 4 cort f. [d'un sobirà]. 5 pay ~ to (a woman), fer la cort f.

court (to) [kɔːt] t. cortejar, galantejar. 2 sol·licitar, buscar.

courteous [ˈkəːtjəs] a. cortès, educat.

courtesan [kɔːtiˈzæn] s. HIST. cortesana f.

courtesy [ˈkəːtisi] s. cortesia f.

courtier [ˈkɔːtjə] s. cortesà m. palatí.

courtly [ˈkɔːtli] a. cortès; elegant, refinat.

court-martial [kɔːtˈmaːʃəl] s. MIL. consell m. de guerra.

courtship [ˈkɔːtʃip] s. galanteig m. 2 prometatge m.

courtyard [ˈkɔːtjaːd] s. pati m.; atri m., placeta f. interior.

cousin [ˈkʌzn] s. cosí.

cove [kouv] s. cala f., ansa f.

covenant [ˈkʌvənənt] s. DRET conveni m., pacte m.

covenant (to) [ˈkʌvənənt] t. acordar, estipular. ■ 2 i. pactar.

cover [ˈkʌvə] s. tapadora f. 2 coberta f. [d'un llibre, etc.]. 3 embolcall m. 4 cobert m. [estar a]. 5 GASTR. cobert m. 6 ECON. cobertura f. 7 under ~ of, sota pretext m. 8 PERIOD. crònica f.

cover (to) [ˈkʌvə] t. cobrir. 2 protegir. 3 amagar. 4 incloure. 5 abastar. 6 PERIOD. cobrir.

covering [ˈkʌvəriŋ] s. CONSTR. cobert m. 2 cobertor m. 3 pretext m., aparença f.

coverlet [ˈkʌvəlit] s. cobrellit m.

covert [ˈkʌvət] a. encobert, dissimulat. ■ 2 s. [ˈkʌvə] amagatall m.

covet (to) [ˈkʌvit] t. cobejar.

covetous [ˈkʌvitəs] a. cobejós.

covetousness [ˈkʌvitəsnis] s. cobdícia f.

covey [ˈkʌvi] s. ORN. bandada f. 2 grup m.

cow [kau] s. ZOOL. vaca f.

cow (to) [kau] t. intimidar, acovardir.

coward [ˈkauəd] a.-s. covard.

cowardice [ˈkauədis] s. covardia f.

cowardly [ˈkauədli] a. covard; menyspreable. ■ 2 adv. covardament.

cowboy [ˈkaubɔi] s. vaquer m.

cower (to) [ˈkauə] i. ajupir-se p.; arraulir-se p.

cowl [kaul] s. cogulla f.; caputxa f. 2 barret m. [de xemeneia].

cowling [ˈkauliŋ] s. AERON. coberta f. [del motor].

cowpox [ˈkaupɔks] s. MED. vacuna f.

cowslip [ˈkauslip] s. BOT. primavera f.

coxcomb [ˈkɔkskoum] s. petimetre m.

coxswain [ˈkɔkswein, ˈkɔksn] s. NÀUT. timoner, patró.

coy [kɔi] a. púdic, tímid [falsament].

coyness [ˈkɔinis] s. timidesa f., modèstia f. [simulada].

cozen (to) [ˈkʌzn] t. liter. enganyar.

crab [kræb] s. ZOOL. cranc *m.* 2 BOT. poma *f.* borda. 3 col·loq. queixa *f.*

crack [kræk] s. esquerda *f.*, escletxa *f.*, (BAL.) retxillera *f.*, (VAL.) badell *m.* 2 cruixit *m.* 3 espetec *m.* ■ 4 *a.* expert, molt bo.

crack (to) [kræk] *t.* esquerdar, esbotzar, esberlar. 2 trencar [una nou]. 3 QUÍM. desfer [hidrats de carbó, etc.]. ■ 4 *i.* cruixir, esclafir. 5 esquerdar-se *p.*, esberlar-se. 6 *to* ~ *up*, embogir. 7 trencar-se *p.* [la veu].

crack-brained ['krækbreind] *a.* sonat, boig.

cracker ['krækə'] s. galeta *f.* 2 correcames *m.* 3 sorpresa *f.* 4 *pl.* trencanous *m.* 5 *pl.* col·loq. sonat.

crackle ['krækl] s. cruixit *m.*, esclafit *m.*, crepitació *f.*

crackle (to) ['krækl] *i.* espetegar, esclafir, crepitar.

cradle ['kreidl] s. bressol *m.* [també fig.]. 2 NÀUT. bastida *f.* [de drassana]. 3 suport *m.* [del telèfon].

cradle (to) ['kreidl] *t.* bressar, bressolar.

craft [krɑːft] s. art *m.* 2 destresa *f.*, habilitat *f.* 3 ofici *m.*; gremi *m.* 4 astúcia *f.*, artifici *m.* 5 NÀUT. embarcació *f.* 6 nau *f.*

craftiness ['krɑːftinis] s. manya *f.*, traça *f.* 2 arteria *f.*, astúcia *f.*

craftsman ['krɑːftsmən] s. artesà *m.*

craftsmanship ['krɑːftsmənʃip] s. artesania *f.*

craftswoman ['krɑːftswʌmən] s. artesana *f.*

crafty ['krɑːfti] *a.* astut, arterós.

crag [kræg] s. cingle *m.*, estimball *m.*, precipici *m.*

cragged ['krægid] **craggy** ['krægi] *a.* abrupte, escabrós, dur, sever.

cram (to) [kræm] *t.* atiborrar. 2 col·loq. estudiar de valent. ■ 3 *i.* atiborrar-se *p.*

crammer ['kræmə'] s. professor particular. 2 col·loq. molt estudiós.

cramp [kræmp] s. MED. rampa *f.* 2 CONSTR. abraçadora *f.*, armella *f.*

cramp (to) [kræmp] *t.* restringir, obstaculitzar. 2 MED. agafar rampa. 3 faixar, arrapinyar.

crane [krein] s. ORN. grua *f.* 2 CONSTR. grua *f.*

crane (to) [krein] *t.* aixecar com amb grua. ■ 2 *i.* estirar el coll.

cranium ['kreinjəm] s. crani *m.*

crank [kræŋk] s. MEC. manubri *m.*, manovella *f* ■ *a.* maniàtic, excèntric.

crankshaft ['kræŋkʃɑːft] s. AUTO. cigonyal *m.*

cranky ['kræŋki] *a.* guillat. 2 guerxo. 3 MEC. poc ferm, inestable.

cranny ['kræni] s. esquerda *f.*, escletxa *f.*

crape [kreip] s. crespó *m.*

crash [kræʃ] s. trencadissa *f.*, terrabastall *m.* 2 XOC *m.*, topada *f.* 3 COM. fallida *f.*

crash (to) [kræʃ] *t.* trencar [plats, etc.]. ■ 2 *i.* estrellar-se *p.* [cotxe, avió]. 3 COM. fer fallida.

crass [kræs] *a.* cras, molt estúpid.

crater ['kreitə'] s. cràter *m.*

cravat [krəˈvæt] s. corbata *f.*

crave (to) [kreiv] *t.* desitjar, implorar, anhelar. ■ 2 *i.* antullar-se *p.*, tenir un desig.

craven ['kreivən] *a.-s.* covard.

craving ['kreiviŋ] s. desig *m.*; anhel *m.*, antull *m.*

crawfish ['krɔːfiʃ] s. ZOOL. llagosta *f.*

crawl [krɔːl] s. reptació *f.* 2 ESPORT crol *m.*

crawl (to) [krɔːl] *i.* reptar; arrossegar-se *p.*; anar de quatre grapes. 2 sentir formigueig. 3 *to* ~ *with*, estar infestat de.

crayfish ['kreifiʃ] s. Vegeu CRAWFISH.

crayon ['kreiən] s. ART llapis *m.* de cera, carbó o guix.

craze [kreiz] s. mania *f.*; moda *f.*; ceba *f.*

crazy ['kreizi] *a.* esbojarrat; insensat. 2 boig; dement. 3 extravagant. 4 ruïnós.

creak (to) [kriːk] *i.* cruixir, grinyolar.

creaking ['kriːkiŋ] s. cruixit *m.*, carrisqueig *m.*

cream [kriːm] s. ALIM. crema *f.* de llet; *whipped* ~, nata *f.* 2 ALIM. crema *f.* [sopa]. 3 COSM. crema *f.* 4 fig. la flor *f.* i nata *f.*

crease [kriːs] s. plec *m.*, doblec *m.* 2 séc *m.*, arruga *f.* 3 ratlla *f.* dels pantalons.

crease (to) [kriːs] *t.* doblegar. 2 arrugar. ■ 3 *i.* arrugar-se *p.*

create (to) [kriːˈeit] *t.* crear. 2 produir, causar.

creation [kriːˈeiʃən] s. creació *f.*

creative [kriːˈeitiv] *a.* creador; creatiu.

creator [kriːˈeitə'] s. creador.

creature ['kriːtʃə'] s. criatura *f.*

credence ['kriːdəns] s. creença *f.*

credentials [kriˈdenʃəlz] s. *pl.* credencials *f. pl.*

credible ['kredəbl] *a.* creïble.

credit ['kredit] s. COM. crèdit *m.*; haver *m.* ‖ *on* ~, a crèdit. 2 honor *m.*; reputació *f.*:

that does you ~, això t'honra. 3 CINEM. *credits*, títols m. pl. de crèdit.

credit (to) ['kredit] t. creure. 2 fig. donar crèdit. 3 COM. acreditar, abonar.

creditable ['kreditəbl] a. fidel, honest, lloable.

creditor ['kreditə'] s. creditor.

credulity [kri'dju:liti] s. credulitat f.

credulous ['kredjuləs] a. crèdul.

creed [kri:d] s. REL. creença f., credo m.

creek [kri:k] s. GEOGR. ançó m.; rada f., cala f. 2 (EUA) rierol m.

creep [kri:p] s. arrossegament m., arrossegada f. 2 GEOL. lliscament m. 3 formigueig m. [a la pell]. 4 horror m. 5 fam. desgraciat. ■ 6 *to give the creeps*, posar la pell de gallina.

creep (to) [kri:p] i. arrossegar-se p.; lliscar 2 enfilar-se p. [les plantes]. 3 obeir servilment. 4 sentir formigueig. 5 tenir calfreds. ▲ Pret. i p. p. *crept* [krept].

creeper ['kri:pə'] s. ZOOL. grimpaire. 2 BOT. planta f. enfiladissa.

cremate (to) [kri'meit] t. incinerar.

cremation [kri'meiʃən] s. incineració f.

crematorium [kremə'tɔ:riəm], **crematory** [,kremətəri] s. crematori m., forn m. crematori.

Creole ['kri:oul] a.-s. crioll.

crept [krept] Vegeu CREEP (TO).

crescent ['kresnt] a. creixent. ■ 2 s. mitja lluna f. 3 carrer m. corbat.

crest [krest] s. ORN. cresta f.; plomall m. 2 MIL. plomall m. 3 HERÀLD. emblema m. 4 cim m.; cresta f. [d'onada].

crestfallen ['krest,fɔːlən] a. abatut, descoratjat.

crevice ['krevis] s. escletxa f., esquerda f. [en una roca, etc.].

crew [kru:] s. MAR., AVIA. tripulació f. 2 equip m.; escamot m.; colla f. ▲ Vegeu CROW (TO).

crib [krib] s. menjadora f. 2 bressol m. 3 REL. (USA) pessebre m. 4 traducció f. literal.

crib (to) [krib] t. confinar. 2 encaixonar. 3 plagiar.

crick [krik] s. MED. torticoli f.

cricket ['krikit] s. ENT. grill m. 2 ESPORT cricquet m.

crier ['kraiə'] s. nunci, pregoner. 2 ploraner.

crime [kraim] s. delicte m.; crim m. 2 delinqüència f.; criminalitat f. 3 fig. crim m.

criminal ['kriminl] a.-s. criminal.

crimp (to) [krimp] t. arrissar; ondular.

crimson ['krimzn] a. carmesí. ■ 2 s. carmesí m.

cringe (to) [krindʒ] i. arraulir-se p. [de por]. 2 comportar-se p. servilment.

crinkle ['kriŋkl] s. plec m.; ris m. [en un paper, etc.].

crinkle (to) ['kriŋkl] t. arrissar, arrugar. ■ 2 i. arrissar-se p., arrugar-se p.

crinoline ['krinəlin] s. TÈXT. crinolina f.

cripple ['kripl] s. coix i esguerrat.

cripple (to) ['kripl] t. mutilar; esguerrar [també fig.].

crippled ['kripld] a. esguerrat; mutilat.

crisis ['kraisis] s. crisi f. ▲ pl. *crises* ['kraisi:s].

crisp [krisp] a. GASTR. sec, torrat, cruixent. 2 encrespat. 3 glaçat, sec [aire]. 4 precís; decidit. ■ 5 s. pl. patates f. pl. fregides de bossa.

crisp (to) [krisp] t. encrespar, arrissar. 2 torrar. 3 fer cruixir. ■ 4 i. encrespar-se p., arrissar-se f.

criss-cross ['kriskrɔs] a. encreuat. ■ 2 adv. en creu.

criterion [krai'tiəriən] s. criteri m. ▲ pl. *criteria* [krai'tiəriə].

critic ['kritik] s. crític.

critical ['kritikəl] a. crític.

criticism ['kritisizəm] s. crítica f.; opinió f.; judici m. 2 pej. crítica f.

criticize (to) ['kritisaiz] t. criticar. ■ 2 i. fer crítica.

croak [krouk] s. grall m. [de corb]. 2 ranc m. [de la granota].

croak (to) [krouk] i. grallar; rancar. 2 rondinar. ■ 3 t. augurar [males notícies]. 4 col·loq. matar.

Croatia ['kroueiʃə] n. pr. GEOGR. Croàcia.

crochet ['krouʃei] s. ganxet m. [labor].

crockery ['krɔkəri] s. terrissa f.

crocodile ['krɔkədail] s. ZOOL. cocodril m.

crocus ['kroukəs] s. BOT. safrà m.

crone [kroun] s. vellota f.; harpia f.

crony ['krouni] s. camarada.

crook [kruk] s. gaiato m. 2 ganxo m.; garfi m. 3 corba f. 4 ANAT. sofraja f. 5 col·loq. malfactor.

crook (to) [kruk] t. forçar; encorbar; doblegar. ■ 2 i. forçar-se p.; encorbar-se p.; doblegar-se p.

crooked ['krukid] a. torçat. 2 tortuós. 3 poc honrat, dolent.

crookedness ['krukidnis] s. sinuositat f. 2 maldat f.

crop [krɔp] s. AGR. collita f. 2 cabells m. pl. molt curts. 3 ORN. pap m. 4 munt m., grapat m. [també fig.].

crop (to) [krɔp] AGR. collir; recol·lectar; fer la collita i. 2 AGR. plantar; cultivar. 3 tallar; retallar. ■ 4 i. AGR. donar rendiment [la terra].

croquet ['kroukei] s. ESPORT croquet m.

crosier ['krouʒiə'] s. REL. bàcul m.

cross [krɔs] s. creu f. 2 senyal m. de la creu f. 3 encreuament m. 4 fig. creu f.; sofriment m. 5 BOT. creuament m., hibridació f. ■ 6 a. transversal. 7 oposat; recíproc. 8 enfadat; malhumorat.

cross (to) [krɔs] t. travessar; creuar [un carrer, etc.]. 2 creuar [races]. 3 encreuar. 4 contrariar, frustrar. 5 to ~ off o out, esborrar; cancel·lar. 6 barrar [xecs]. ■ 7 i. creuar-se p. [correspondència, etc.]. 8 to ~ over, creuar, passar a l'altre costat ■ 9 p. to ~ oneself, senyar-se.

crossbar ['krɔsbɑːʹ] s. travesser m.

crossbones ['krɔsbounz] s. pl. ossos m. pl. encreuats [senyal de perill].

crossbow ['krɔsbou] s. MIL. ballesta f.

crossbred ['krɔsbred] a.-s. híbrid.

cross-country [krɔs'kʌntri] a. camp m. a través.

cross-examine (to) ['krɔsig'zæmin] t. DRET interrogar minuciosament; repreguntar.

cross-eyed [krɔsaid] a. guenyo.

cross-grained ['krɔsgreind] a. de gra m. encreuat [fusta]. 2 fig. intractable; irritable.

crossing ['krɔsiŋ] s. MAR. travessia f. 2 encreuament m. 3 pas m. [de peatons]. 4 gual m. 5 level ~, pas m. a nivell.

crosspiece ['krɔspiːs] s. travesser m.

crossroads ['krɔsroudz] s. encreuament m.; cruïlla f.

crosswise ['krɔswaiz] adv. transversalment. 2 de biaix; en creu.

cross-word (puzzle) ['krɔswəːd'pʌzl] s. mots m. pl. encreuats.

crotch [krɔtʃ] s. forqueta f. [dels arbres]. 2 entrecuix m. [dels pantalons].

crotchet ['krɔtʃit] s. MÚS. negra f. 2 mania f.; capric i m.

crotchety ['krɔtʃiti] a. de mala lluna; irritable.

crouch (to) [krautʃ] i. ajupir-se p.; arraulir-se p. 2 fig. rebaixar-se p.

crow [krou] s. ORN. corb m., gralla f. 2 cock's ~, cant m. del gall.

crow (to) [krou] i. cantar [el gall]. 2 jactar-se p.; vantar-se p. ▲ Pret.: crowed o crew [kruː].

crowbar ['kroubɑːʹ] s. palanca f.

crowd [kraud] s. multitud f., gentada f.

crowd (to) [kraud] t. reunir; aplegar; amuntegar. ■ 2 i. reunir-se p.; aplegar-se p.; amuntegar-se p.

crown [kraun] s. corona f. 2 ANAT. coroneta f. 3 cim m.; cimera f. 4 copa f. [d'arbre, de barret].

crown (to) [kraun] t. coronar.

crow's foot ['krouzfut] s. pota f. de gall.

crucial ['kruːʃəl] a. crucial.

crucifix ['kruːsifiks] s. crucifix m.

crucifixion [kruːsi'fikʃən] s. crucifixió f.

crucify (to) ['kruːsifai] t. crucificar. 2 tormentar.

crude [kruːd] a. cru [materials]. 2 tosc. 3 vulgar; rude. ■ 3 s. material m. cru, sense processar.

crudity ['kruːditi] s. cruesa f. 2 tosquedat. f. 3 vulgaritat f.

cruel [kruəl] a. cruel.

cruelty ['kruəlti] s. crueltat f.

cruet ['kruːit] s. setrill m.: ~ stand, setrilleres f. pl.

cruise [kruːz] s. NÀUT. creuer m.

cruise (to) [kruːz] t. NÀUT. fer un creuer. 2 MIL. patrullar.

cruiser ['kruːzə'] s. MIL. creuer m.

crumb [krʌm] s. engruna f. [també fig.]. 2 molla f.

crumble (to) ['krʌmbl] t. esmicolar; esbocinar; desfer. ■ 2 i. decaure; esfondrar-se p. enfonsar-se p. [també fig.].

crumple (to) ['krʌmpl] t. arrugar; rebregar. ■ 2 i. arrugar-se p.; rebregar-se p.

crunch (to) [krʌntʃ] t. fer cruixir [el menjar]. 2 fer cruixir. ■ 3 i. cruixir.

crusade [kruː'seid] s. croada f.

crusader [kruː'seidə'] s. croat m.

crush [krʌʃ] s. esclafamenta f. 2 atapeïment m.; aglomeració f. 3 suc m. de fruita.

crush (to) [krʌʃ] t. esclafar, (ROSS.) nyafar; matxucar. 2 oprimir. 3 anihilar. 4 prémer. 5 esprémer.

crust [krʌst] s. MED., ALIM., GEOL. crosta f. 2 rosegó m.

crustacean [krʌs'teiʃən] s. ZOOL. crustaci m. ■ 2 a. crustaci.

crusty ['krʌsti] a. crostós, crostat. 2 rude. 3 aspre, tosc.

crutch [krʌʃ] s. MED. crossa f. 2 forqueta f., bifurcació f.

cry [krai] s. exclamació f.; crit m. 2 lament m. 3 plor m. 4 crida f., pregó m.

cry (to) [krai] i. exclamar; fer un crit. 2 plorar. 3 udolar. ■ 4 t. proclamar. 5 demanar [ajuda, etc.]. *6 to ~ down,* desacreditar. *7 t.-i. to ~ out,* cridar, fer un crit.

crying ['kraiiŋ] a. escandalós; atroç. ■ 2 s. plor m.

crypt [kript] s. cripta f.

cryptic ['kriptik] a. críptic, secret, ocult.

crystal ['kristl] s. cristall m. ■ 2 a. cristal·lí.

crystalline ['kristəlain] a. cristal·lí.

crystallize (to) [kristəlaiz] t.-i cristal·litzar.

cub [kʌb] s. cadell m.

cube [kju:b] s. GEOM., MAT. cub m. ‖ *~ root,* arrel cúbica.

cube (to) [kju:b] t. cubicar.

cubic(al ['kju:bik(nəl] a. cúbic.

cubicle ['kju:bikl] s. cubiculum m.

cubism ['kju:bizəm] s. ART cubisme f.

cubist ['kju:bist] a.-s. cubista.

cuckoo ['kuku:] s. ORN. cucut m.

cucumber ['kju:kʌmbə'] s. BOT. cogombre m.

cuddle (to) ['kʌdl] t. abraçar; acaronar. ■ 2 i. estar abraçat.

cudgel ['kʌdʒəl] s. ant. garrot m.; porra f.

cudgel (to) ['kʌdʒəl] t. bastonejar; garrotejar. *2 to ~ one's brains,* escalfar-se p. el cap.

cue [kju:] s. senyal m.; indicació f. 2 TEAT. peu m.; entrada f. 3 ESPORT tac m. [de billar].

cuff [kʌf] s. COST. puny m.

cuff (to) [kʌf] t. bufetejar.

cuff links ['kʌfliŋks] s. pl. botons m. pl. de puny.

cuirass [kwi'ræs] s. cuirassa f.

cull (to) [kʌl] t. escollir. 2 triar; destriar; seleccionar.

culminate (to) ['kʌlmineit] i. culminar.

culpability [ˌkʌlpə'biliti] s. DRET culpabilitat f.

culpable ['kʌlpəbl] a. DRET culpable.

culprit ['kʌlprit] s. DRET culpable, reu.

cult [kʌlt] s. culte m.

cultivate (to) ['kʌltiveit] t. AGR. cultivar. 2 civilitzar. 3 refinar, educar.

cultivation [ˌkʌltiveiʃən] s. AGR. cultiu m.

cultivator ['kʌltiveitə'] s. AGR. agricultor; cultivador. 2 AGR. aixada f.

culture ['kʌltʃə'] s. cultura f.

cultured ['kʌltʃəd] a. cultivat; culte.

cumbersome ['kʌmbəsəm] a. voluminós; pesat.

cumulative ['kju:mjulətiv] a. acumulatiu.

cunning [kʌniŋ] a. astut; sagaç. 2 ant. habilidós; enginyós. 3 (EUA) atractiu. ■ 4 s. sornegueria f.; dissimulació f.; sagacitat f.

cup [kʌp] s. tassa f. 2 REL. calze m. 3 ESPORT copa f. [trofeu].

cupboard ['kʌbəd] s. armari m.; rebost m. [moble].

cupidity [kju:'piditi] s. avarícia f.

cupola ['kju:pələ] s. ARQ. cúpula f.

cur [kəː'] s. pej. gos bastard. 2 canalla m.

curable ['kjuərəbl] a. curable.

curate ['kjuərit] s. REL. coadjutor.

curator [kjuə'reitə'] s. conservador [d'un museu, etc.].

curb [kəːb] s. ZOOL. barbada f. 2 fig. fre m.; repressió f. 3 ARQ. vorada f.

curb (to) [kəːb] t. posar la barbada [a un cavall]. 2 fig. refrenar; reprimir; delimitar.

curd [kəːd] s. ALIM. quallada m. 2 mató m.

curdle (to) ['kəːdl] t. ALIM. quallar; coagular. ■ 2 ALIM. quallar-se p.; coagular-se p. 3 fig. gelar-se p. [d'horror].

cure [kjuə'] s. remei m.; cura f. 2 curació f.; guariment m. 3 REL. tasca m. pastoral.

cure (to) [kjuə'] t. MED. curar; guarir. 2 ALIM. assaonar; adobar. ■ 3 i. MED. guarir-se p.

curfew ['kəːfju:] s. MIL. toc m. de queda.

curio ['kjuəriou] s. ART curiositat f.; antiguitat f. [objecte].

curiosity [kjuəri'ɔsiti] s. curiositat f. [per saber]; objecte m. rar.

curious ['kjuəriəs] a. investigador, inquiridor. 2 tafaner. 3 rar; original.

curl [kəːl] s. ris m.; rínxol m.; rull m. 2 remolí m.

curl (to) [kəːl] t. arrissar. 2 caragolar. 3 encrespar [la mar]. ■ 4 i. arrissar-se p. 5 caragolar-se p. 6 encrespar-se p. [la mar].

curlew ['kəːlju:] s. ORN. corriol.

curling tongs ['kəːliŋtɔŋz] s. pl. molls m.

curmudgeon [kəː'mʌdʒən] a. geniüt.

currant ['kʌrənt] s. ALIM. pansa f. de Corint. 2 BOT. grosella f.

currency ['kʌrənsi] s. circulació f.; ús m. corrent; acceptació f. general. 2 ECON. moneda f. corrent; moneda f. en circulació.

current ['kʌrənt] a. corrent; actual. 2 en moviment. ■ 3 s. METEOR. corrent m. [d'aigua, d'aire]. 4 curs m. [dels esdeveniments]. 5 FÍS. corrent m. elèctric.

curry ['kʌri] s. ALIM. curry m. [condiment].

curry (to) ['kʌri] t. estrijolar [cavalls]. 2 adobar, assaonar [pells]. 3 adular.

curse [kəːs] s. maledicció f. 2 imprecació f. 3 calamitat f.

curse (to) [kəːs] t. imprecar. 2 maleir. 3 jurar; renegar.

cursed ['kəːsid] a. damnable. 2 maleït.

cursory ['kəːsəri] a. superficial; fet amb presses; imprecís.

curt [kəːt] a. sobtat; brusc; curt.

curtail (to) [kəːˈteil] t. escurçar. 2 limitar; restringir.

curtain ['kəːtn] s. cortina f.: *to draw the ~*, córrer la cortina. 2 TEAT. teló m.

curtness ['kəːtnis] s. brusquetat f.; rudesa f.

curtsy ['kəːtsi] s. reverència f.

curtsy (to) ['kəːtsi] i. fer una reverència.

curvature ['kəːvətʃəʳ] s. curvatura f.

curve [kəːv] s. corba f.

curve (to) [kəːv] t. corbar; arquejar. ■ 2 i. corbar-se p.; arquejar-se p.

cushion ['kuʃən] s. coixí m.

custard ['kʌstəd] s. ALIM. crema f.

custodian [kʌsˈtoudjən] s. guardià; conservador [d'un museu, etc.].

custody ['kʌstədi] s. custòdia f., vigilància f. 2 detenció f.; empresonament m.: *to take into ~*, detenir. 3 DRET custòdia f.

custom ['kʌstəm] s. costum m.; hàbit m. 2 COM. clientela f. ■ 3 pl. duana f.; drets m. pl. de duana.

customary ['kʌstəməri] a. acostumat; habitual; usual.

customer ['kʌstəməʳ] s. COM. client; parroquià.

custom-made ['kʌstəmˌmeid] a. fet a mida, fet per encàrrec.

cut [kʌt] s. tall m.; incisió f. 2 ganivetada f. 3 reducció f.; escurçada f.; supressió f.

4 ALIM. llesca f.; toll m.; tallada f. 5 COST. tall. 6 desdeny m.; rebuf m. 7 *short ~*, drecera f.

cut (to) [kʌt] t. tallar; separar; partir. 2 tallar [roba; el gas; l'aigua]. 3 ALIM. llescar. 4 retallar, escapçar. 5 ferir [també fig.]. 6 segar. 7 reduir, escurçar. 8 intersectar; interrompre. 9 diluir; adulterar [un líquid, etc.]. 10 desdenyar. ■ 11 i. desviar-se p.; marrar. 12 CINEM. deixar de filmar. 13 poder-se p. tallar. ■ ~ *away*, tallar; ~ *back*, reduir; podar; ~ *down*, talar; escurçar; rebatre; disminuir, minvar; ~ *into*, interrompre; dividir; bescanviar; ~ *off*, tallar; aïllar; ~ *out*, retallar; suprimir, excloure; reemplaçar; espatllar-se p.; desconnectar-se p.; ~ *it* o *that out!*, interj. prou!; ~ *up*, capolar, esmicolar; afligir-se p. ▲ Pret. i p. p.: *cut*.

cute [kjuːt] a. llest, viu. 2 (EUA) bonic.

cuticle ['kjuːtikl] s. FISIOL. cutícula f.

cutlass ['kʌtləs] s. HIST. simitarra f.

cutlery ['kʌtləri] s. coberteria f.

cutlet ['kʌtlit] s. GASTR. costella f.

cut-throat ['kʌtθrout] s. assassí m. ■ 2 a. assassí; cruel; despietat.

cutting ['kʌtiŋ] s. retall m. [de diari]. 2 CONSTR. rasa f. 3 AGR. esqueix m.; estaca f. ■ 4 a. tallant. 5 fig. feridor.

cuttlefish ['kʌtlfiʃ] s. ZOOL. sèpia f.

cycle (to) ['saikl] i. anar en bicicleta.

cycling ['saikliŋ] s. ESPORT ciclisme m.

cyclist ['saiklist] s. ESPORT ciclista.

cyclone ['saikloun] s. METEOR. cicló m.

cylinder ['silindəʳ] s. GEOM. cilindre m.

cymbal ['simbəl] s. MÚS. plateret m.

cynic ['sinik] s. cínic.

cynical ['sinikəl] a. cínic.

cynicism ['sinisizəm] s. cinisme m.

cynosure [ˌsinəzˈjuəʳ] s. (EUA) centre m. d'atracció.

cypress ['saipris] s. BOT. xiprer m.

Cyril ['sirəl] n. pr. m. Ciril.

czar [zɑːʳ] s. tsar m.

Czeck [tʃek] a., n. txec. ‖ *Czech Republic*, República Txeca.

Czechoslovakia [ˌtʃekəsləˈvækiə] n. pr. GEOGR. Txecoslovàquia.

D

D, d [diː] *s.* d [lletra]. 2 MÚS. re *m.* 3 xifra romana per 500. ▲ 4 *'d* abreviatura per **would, had, should.**

dab [dæb] *s.* copet *m.*, brotxada *f.* 2 expert. 3 ICT. palaia *f.*

dab (to) [dæb] *t.* tustar. 2 eixugar [els ulls]. ■ 3 *i.* fer pinzellades.

dabble (to) [dæbl] *t.* sucar. 2 ruixar; humitejar, esquitxar. 3 *to ~ in*, interessar-se *p.* per; afeccionar-se *p.* a.

dad [dæd], **daddie, daddy** [dædi] *s.* col·loq. pare *m.*; papà *m.*

dado [deidou] *s.* ARQ. dau *m.* 2 ARQ. fris *m.*

daffodil [dæfədil] *s.* BOT. narcís *m.*

daft [daːft] *a.* liró; beneit.

dagger [dægəʳ] *s.* daga *f.*

dahlia [deiljə] *s.* BOT. dàlia *f.*

daily [deili] *a.* diari. ■ 2 *adv.* diàriament.

dainty [deinti] *a.* exquisit; elegant; refinat. ■ 2 *s.* GASTR. llepolia *f.*, llaminadura *f.*

dairy [dɛəri] *s.* IND. indústria *f.* làctia; formatgeria *f.* 2 COM. lleteria *f.*

dairymaid [dɛərimeid] *s.* lletera *f.* [persona].

dairyman [dɛərimən] *s.* lleter *m.*

dais [deiis] *s.* tarima *f.*; estrada *f.*

daisy [deizi] *s.* BOT. margarida *f.*

dale [deil] *s.* poèt. GEOL. vall *f.*

dalliance [dæliəns] *s.* flirteig *m.*; frivolitat *f.*

dally (to) [dæli] *i.* jugar; joguinejar, entretenir-se *p.* 2 perdre el temps.

dam [dæm] *s.* CONSTR. dic *m.*; presa *f.* 2 mare *m.* [en ramaderia].

dam (to) [dæm] *t.* embassar. 2 estancar, deturar; bloquejar. 3 reprimir [sentiments].

damage [dæmidʒ] *s.* dany *m.*; perjudici *m.* ▲ 2 *pl.* DRET indemnització *f.*

damage (to) [dæmidʒ] *t.* danyar; perjudicar. ■ 2 *i.* avariar-se *p.*

damaging [dæmidʒin] *a.* perjudicial; nociu.

damask [dæməsk] *a.* adomassat. ■ 2 *s.* domàs *m.*

dame [deim] *s.* dama *f.* 2 ant., poèt., iròn. dona *f.*

damn [dæm] *s.* col·loq., fig. rave *m.: I don't give a ~*, m'importa un rave. 2 TEOL. maledicció *f.*, damnació *f.*

damn (to) [dæm] *t.* TEOL. damnar; condemnar; maleir. 2 desaprovar; desacreditar. ■ 3 *interj. ~ it*, merda!; ~ *you!*, maleït siguis!

damnable [dæmnəbl] *a.* damnable; condemnable; execrable.

damnation [dæmneiʃən] *s.* TEOL. damnació *f.*, condemna *f.*; perdició *f.* 2 crítica *f.* mordaç.

damp [dæmp] *a.* humit. ■ 2 *s.* humitat *f.*

damp (to) [dæmp] *t.* humitejar, humectar. 2 descoratjar, entristir. ■ 3 *i.* humitejar-se *p.*

dampen (to) [dæmpən] *t.* Vegeu DAMP (TO).

dampness [dæmpnis] *s.* humitat *f.*

Dan [dæn] *n. pr. m. (dim. Daniel)* Daniel.

dance [daːns] *s.* dansa *f.*; ball *m.*

dance (to) [daːns] *t.-i.* dansar; ballar. ‖ fig. *to ~ attendance on*, ser molt amable amb.

dancer [daːnsəʳ] *s.* ballador. 2 ballarí. 3 dansador; dansaire.

dancing [daːnsin] *s.* dansa *f.*, ball *m.* ■ 2 *a.* de dansa *f.*, que dansa.

dandelion [dændilaiən] *s.* BOT. dent *f.* de lleó.

dandle (to) [dændl] *t.* fer saltar [un nen] damunt els genolls.

dandruff [dændrʌf] *s.* caspa *f.*

dandy [dændi] *a.* col·loq. excel·lent. ■ 2 *s.* dandi *m.*

Dane [dein] *s.* GEOGR. danès.

danger [deindʒəʳ] *s.* perill *m.*; risc *m.*

dangerous ['deindʒərəs] *a.* perillós; insegur.

dangle (to) ['dæŋgl] *t.* fer ballar [en l'aire]; dur penjant [les claus, etc.]. ■ 2 *i.* penjar, estar penjat.

Daniel ['dæniəl] *n. pr. m.* Daniel.

Danish ['deiniʃ] *a.* GEOGR. danès.

dank [dæŋk] *a.* rellent; humit.

dapper ['dæpə'] *a.* eixerit. 2 pulcre, net.

dapple(d ['dæpld] *a.* clapejat. 2 clapat [cavall, etc.].

dare [dɛə'] *s.* repte *m.;* desafiament *m.;* provocació *f.*

dare (to) [dɛə'] *i.* gosar, atrevir-se *p.: do I ~ to ask her?*, li ho pregunto? ■ 2 *t.* reptar, desafiar: *he dared me to jump from the bridge*, em va desafiar a saltar des del pont. ■ 3 *aux.* gosar, atrevir-se *p.: ~ he tell them what he knows?*, gosarà dir-los què sap? ▲ Pret. **dared** [dɛəd] o *durst* [dəːst]; p. p. **dared.**

daring ['dɛəriŋ] *s.* coratge *m.;* gosadia *f.* ■ 2 *a.* coratjós; agosarat.

dark [daːk] *a.* fosc; obscur, negrós. 2 morè. 3 fig. amagat; misteriós. 4 fig. trist, melangiós. 5 HIST. *the Dark Ages,* Alta Edat Mitjana. ■ 6 *s.* fosca *f.;* foscor *f.;* negror *f.: in the ~,* a les fosques. 7 fig. ignorància *f.*

darken (to) ['daːkən] *t.* enfosquir. ■ 2 *i.* enfosquir-se *p.;* entristir-se *p.*

darkness ['daːknis] *s.* foscor *f.* 2 tenebra *f.* 3 fig. ignorància *f.*

dark room ['daːkrum] *s.* FOT. cambra *f.* obscura.

darling ['daːliŋ] *a.* estimat.

darn [daːn] *s.* COST. sargit *m.*

darn (to) [daːn] *t.* sargir.

darnel ['daːnl] *s.* BOT. zitzània *f.;* jull *m.*

darning ['daːniŋ] COST. sargit *m.* 2 roba *f.* per sargir.

dart [daːt] *s.* dard *m.* 2 ZOOL. fibló *m.* 3 moviment *m.* brusc.

dart (to) [daːt] *t.* llançar. ■ 2 *i.* llançar-se *p.;* precipitar-se *p.*

dash [dæʃ] *s.* arremesa *f.;* escomesa *f.* 2 embat *m.* 3 IMPR. guió *m.* 4 tret *m.* [d'escriptura]. 5 *to cut a ~,* fer un gran paper. 6 una mica.

dash (to) [dæʃ] *t.* llançar. 2 trencar; estavellar. 3 esquitxar. 4 diluir. 5 frustrar. 6 confondre; enredar. 7 fer depressa [un dibuix, etc.]. ■ 8 *i.* xocar. 9 llançar-se *p.*

dashboard ['dæʃbɔːd] *s.* AUTO. quadre *m.* de comandament.

dashing ['dæʃiŋ] *a.* vigorós, enèrgic; desimbolt. 2 ostentós; vistós.

DAT ['dæt] *s.* (*Digital Audio Tape*) cinta *f.* àudio digital.

data ['deitə] *s. pl.* dades *f. pl.*

date [deit] *s.* data *f.* ‖ *out of ~,* antiquat; *up to ~,* fins avui; al dia. 2 cita *f.* 3 BOT. dàtil *m.*

date (to) [deit] *t.* datar. 2 citar. ■ 3 *i. to ~ from* o *back to,* datar de.

dative ['deitiv] *a.* datiu. ■ 2 *s.* GRAM. datiu *m.*

daub [dɔːb] *s.* pastitxo *m.,* taca *f.*

daub (to) [dɔːb] *t.* empastifar.

daughter ['dɔːtə'] *s.* filla *f.*

daughter-in-law ['dɔːtərinlɔː] *s.* jove *f.,* nora *f.*

daunt (to) [dɔːnt] *t.* intimidar; acovardir, descoratjar.

dauntless ['dɔːntlis] *a.* coratjós, impàvid.

dauphin ['dɔːfin] *s.* HERÀLD. delfí *m.*

David ['deivid] *n. pr. m.* David. 2 *St. David's Day.*

Davy ['deivi] *n. pr. m.* (*dim. David*) David.

Davy lamp ['deivi,læmp] *s.* MIN. llum *m.* de davy.

daw [dɔː] *s.* ORN. cornella *f.*

dawdle (to) ['dɔːdl] *i.* romancejar. ■ 2 *t.* malgastar [el temps, etc.].

dawn [dɔːn] *s.* alba *f.*

dawn (to) [dɔːn] *i.* llostrejar, clarejar. 2 acudir-se *p.* [quelcom a algú].

dawning ['dɔːniŋ] *s.* albada *f.* 2 albors *m. pl.;* inicis *m. pl.*

day [dei] *s.* dia *m.;* jorn *m.* 2 jornada *f.* ‖ *~ off,* dia lliure; *by ~,* de dia; *the ~ after tomorrow,* demà passat, (BAL.) passat demà, (VAL.) després demà; *the ~ before yesterday,* abans d'ahir.

day-book ['deibuk] *s.* COM. diari *m.*

daybreak ['deibreik] *s.* alba *f.*

daylight ['deilait] *s.* llum *f.* de dia. 2 fig. *~ robbery,* estafa *f.* 3 alba *f.*

daze [deiz] *s.* desconcert *m.;* atordiment *m.,* estupefacció *f.*

daze (to) [deiz] *t.* desconcertar; atordir.

dazzle ['dæzl] *s.* enlluernament *m.*

dazzle (to) ['dæzl] *t.* enlluernar.

dazzling ['dæzliŋ] *a.* enlluernador; llampant.

DBS [diːbiːˈes] *s.* (*Direct Broadcasting by Satellite*) transmissió *f.* directa per satèl·lit.

decamp

DC [di:'si:] s. ELECT. *(direct current)* corrent *m.* directe. 2 (EUA) *(District of Columbia)* districte *m.* de Colúmbia.

DDT [di:di:'ti:] s. *(dichloro-diphenyl-trichloroethane)* D.D.T. (diclorodifeniltricloroetà).

deacon ['di:kən] s. REL. diaca *m.*

dead [ded] a. mort. 2 difunt. 3 inert. 4 insensible [pel fred, etc.]. 5 sord [soroll]. 6 mat [color]. 7 exacte. 8 col·loq. molt: ~ *easy,* facilíssim. ■ 9 adv. totalment. ■ *10 s. the ~,* els morts.

deaden (to) ['dedn] t. esmorteir, alleujar [el dolor, etc.].

dead end [,ded'end] s. carreró *m.* sense sortida [també fig.].

deadline ['dedlain] s. termini *m.* màxim.

deadlock ['dedlɔk] s. punt *m.* mort; situació *f.* irreversible.

deadly ['dedli] a. mortal. ‖ REL. *the seven ~ sins,* els set pecats capitals. ■ 2 adv. mortalment; excessivament.

deaf [def] a. sord. ‖ ~ *and dumb,* sordmut; *to turn a ~ ear to,* fer-se el sord.

deafen (to) ['defn] t. eixordar. 2 ensordir.

deafmute [,def'mju:t] s. sord-mut.

deafness ['defnis] s. sordesa *f.*

deal [di:l] s. COM. tracte *m.;* pacte *m.* 2 tracte *m.* 3 quantitat *f.* ‖ *a great ~ (of),* molt. 4 JOC repartiment *m.* [de cartes].

deal (to) [di:l] t. dividir, distribuir, repartir. 2 donar [un cop, etc.]. ■ 3 i. COM. *to ~ with o at,* fer negocis amb, tenir tractes amb. 4 COM. *to ~ in,* vendre, dedicar-se *p.* a. 5 *to ~ with,* tractar [una persona, un problema], tenir relacions amb. ▲ Pret. i p. p.: *dealt* [delt].

dealer ['di:lə'] s. comerciant; tractant; traficant. 2 JOC el qui reparteix les cartes.

dealing ['di:liŋ] s. capteniment *m.;* conducta *f.* ■ 2 pl. COM. negocis *m. pl.;* transaccions *f. pl.*

dealt [delt] Vegeu DEAL (TO).

dean [di:n] s. degà.

dear [diə'] a. estimat. 2 encantador. 3 car. ‖ *Dear Sir,* benvolgut Senyor. ■ 4 interj. ~ *me!,* mare meva!; oh! ■ 5 adv. car.

dearly ['diəali] adv. moltíssim. 2 tendrament. 3 molt car.

dearth [da:θ] s. carestia *f.;* mancança *f.;* escassetat *f.*

death [deθ] s. mort *f.* ‖ *to put to ~,* executar. 2 fig. *sick to ~,* fart.

death duty ['deθ,dju:ti] s. drets *m. pl.* de successió.

deathless ['deθlis] a. immortal; imperible.

deathly ['deθli] a. mortal; de mort *f.*

death rate ['deθreit] s. taxa *f.* de mortalitat.

death roll ['deθroul] s. llista *f.* de baixes [en una guerra etc.].

death-trap ['deθtræp] s. lloc *m.* perillós, insegur.

debar (to) [di'ba:'] t. excloure. 2 prohibir; impedir.

debase (to) [di'beis] t. rebaixar; degradar; adulterar.

debasement [di'beismənt] s. degradació *f.;* alteració *f.*

debatable [di'beitəbl] a. discutible.

debate [di'beit] s. debat *m.;* discussió *f.*

debate (to) [di'beit] t. debatre; discutir. 2 reflexionar. ■ 3 i. participar en un debat.

debauch [di'bɔ:tʃ] s. corrupció *f.;* llibertinatge *m.*

debauch (to) [di'bɔ:tʃ] t. corrompre, seduir.

debauchee [,debɔ:'tʃi:] s. llibertí.

debauchery [di'bɔ:tʃəri] s. llibertinatge *m.;* intemperància *f.*

debenture [di'bentʃə'] s. ECON. obligació *f.*

debilitate (to) [di'biliteit] t. debilitar, enervar.

debility [di'biliti] s. debilitat *f.;* llanguiment *m.*

debit ['debit] s. COM. deure *m.* 2 COM. dèbit *m.*

debit (to) ['debit] t. COM. deure. 2 afegir a un compte.

debouch (to) [di'bautʃ] i. desembocar, emergir. ■ 2 t. fer desembocar; fer emergir.

debris ['debri:] s. runa *f.;* enderroc *m.*

debt [det] s. deute *m.* 2 deure *m.*

debtor ['detə'] s. deutor.

debunk (to) [di:'bʌŋk] t. desacreditar. 2 col·loq. fig. desemmascarar.

début ['deibju:] s. TEAT. debut *m.;* estrena *f.* 2 presentació *f.* en societat.

débutante [,deibju'ta:nt] s. noia *f.* presentada en societat. 2 debutant.

decade ['dekeid] s. dècada *f.*

decadence ['dekədəns] s. decadència *f.*

decadent ['dekədənt] a. decadent.

Decalogue ['dekəlɔg] s. REL. els deu manaments.

decamp (to) [di'kæmp] i. MIL. decampar. 2 fugir en secret.

decant 86

decant (to) [di'kænt] *t.* decantar [líquids, etc.]. 2 trafegar, trascolar.

decanter [di'kæntəʳ] *s.* ampolla *f.;* brocal *m.*

decapitate (to) [di'kæpiteit] *t.* decapitar.

decay [di'kei] *s.* decadència *f.;* ruïna *f.* 2 podridura *f.* 3 MED. càries *f.*

decay (to) [di'kei] *i.* decaure; disminuir. 2 esfondrar-se *p.* 3 podrir-se *p.* 4 marcir-se *p.* 5 MED. corcar-se *p.*

decease [di'si:s] *s.* form. decés *m.;* defunció *f.*

decease (to) [di'si:s] *i.* form. morir.

deceased [di'si:st] *a.-s.* form. difunt.

deceit [di'si:t] *s.* engany *m.;* frau *m.* 2 mentida *f.;* superxeria *f.*

deceitful [di'si:tful] *a.* fals; fraudulent. 2 enganyador.

deceive (to) [di'si:v] *t.* enganyar, (BAL.) enganar. 2 defraudar.

deceiver [di'si:vəʳ] *s.* impostor.

December [di'sembəʳ] *s.* desembre *m.*

decency ['di:nsi] *s.* decència *f.* 2 decòrum *m.*

decent ['di:snt] *a.* decent. 2 passador; satisfactori.

decentralize [di:'sentrəlaiz] *t.* POL. descentralitzar.

deception [di'sepʃən] *s.* engany *m.*

deceptive [di'septiv] *a.* enganyós; fal·laç.

decide (to) [di'said] *t.* decidir; acabar; determinar. ■ 2 *i.* decidir-se *p.*

decided [di'saidid] *a.* decidit. 2 clar; definit. ■ 3 *adv.* decididament; indubtablement.

deciduous [di'sidjuəs] *a.* BOT. de fulla *f.* caduca.

decimal ['desiməl] *a.* decimal.

decimate (to) ['desimeit] *t.* delmar.

decimeter, -tre ['desi,mi:təʳ] *s.* decímetre *m.*

decipher (to) [di'saifəʳ] *t.* desxifrar.

decision [di'siʒən] *s.* decisió *f.*

decisive [di'saisiv] *a.* decidit. 2 decisiu.

deck [dek] *s.* MAR. coberta *f.;* 2 imperial *m.* [d'un autobús]. 3 JOC baralla *f.* [de cartes].

deck (to) [dek] *t.* engalanar; adornar.

declaim (to) [di'kleim] *t.* declamar; recitar. ■ 2 *i.* declamar.

declamation [deklə'meiʃən] *s.* declamació *f.* 2 discurs *m.*

declaration [deklə'reiʃən] *s.* declaració *f.* 2 manifest *m.*

declare (to) [di'klɛəʳ] *t.* declarar. 2 manifestar. ■ 3 *i.* fer una declaració. 4 *to ~ for* o *against,* declarar-se *p.* a favor o en contra.

decline [di'klain] *s.* declinació *f.,* decadència *f.* 2 decaïment *m.* 3 minva *f.*

decline (to) [di'klain] *t.* declinar; refusar. 2 inclinar. 3 GRAM. declinar. ■ 4 *i.* minvar. 5 decaure.

declivity [di'kliviti] *s.* GEOGR. declivi *m.;* pendís *m.*

decoction [di'kokʃən] *s.* decocció *f.*

décolleté [dei'kɔltei] *a.* escotat.

decompose (to) [di:kəm'pouz] *t.* descomposar. ■ 2 *i.* descomposar-se *p.*

decomposition [di:kɔmpə'ziʃən] *s.* descomposició *f.*

decorate (to) ['dekəreit] *t.* decorar; ornamentar. 2 condecorar.

decoration [dekə'reiʃən] *s.* decoració *f.;* ornament *m.* 2 condecoració *f.*

decorative ['dekərətiv] *a.* decoratiu; ornamental.

decorous ['dəkərəs] *a.* decorós; correcte; decent. ■ 2 *-ly adv.* decorosament; correctament.

decorum [di'kɔ:rəm] *s.* decòrum *m.*

decoy ['dikɔi] *s.* ORN. reclam *m.;* enze *m.* 2 fig. ensarronada *f.;* fig. esquer *m.*

decoy (to) ['dikɔi] *t.* atraure amb reclam. 2 ensarronar; seduir.

decrease ['di:kri:s] *s.* decreixement *m.;* disminució *f.*

decrease (to) [di:'kri:s] *i.* decréixer; disminuir. ■ 2 *t.* fer decréixer; disminuir.

decree [di'kri:] *s.* DRET decret *m.;* edicte *m.;* ordre *f.*

decree (to) [di'kri:] *t.* decretar.

decrepit [di'krepit] *a.* decrèpit.

decrepitude [di'krepitju:d] *s.* decrepitud *f.*

decry (to) [di'krai] *t.* desacreditar, rebaixar. 2 depreciar [una moneda *f.,* etc.].

dedicate (to) ['dedikeit] *t.* dedicar. 2 consagrar.

dedication [dedi'keiʃən] *s.* dedicació *f.* 2 dedicatòria *f.*

deduce (to) [di'dju:s] *t.* deduir; inferir.

deduct (to) [di'dʌkt] *t.* deduir; restar; descomptar.

deduction [di'dʌkʃən] *s.* deducció *f.;* descompte *m.* 2 inferència *f.*

deed [di:d] *s.* fet *m.;* acció *f.* 2 gesta *f.;* proesa *f.* 3 DRET escriptura *f.*

deem (to) [di:m] *t.* considerar; judicar; creure.

deep [diːp] *a.* profond; fons. 2 obscur; complicat. 3 greu [un so]. 4 intens [un color]. ■ 5 *adv.* a fons; profundament. ■ 6 *s.* pèlag *m.;* abisme *m.;* profunditat *f.*

deepen (to) ['diːpən] *t.* aprofundir; profunditzar; intensificar. ■ 2 *i.* fer-se *p.* profund; intensificar-se *p.*

deepness ['diːpnis] *s.* profunditat *f.;* intensitat *f.*

deer [diəʳ] *s.* ZOOL. cérvol *m.*

deface (to) [di'feis] *t.* desfigurar; mutilar.

defacement [di'feismənt] *s.* desfiguració *f.;* mutilació *f.*

defamation [,defə'meiʃən] *s.* difamació *f.*

defamatory [di'fæmətəri] *a.* difamatori; calumniós.

defame (to) [di'feim] *t.* difamar; calumniar.

default [di'fɔːlt] *s.* incompliment *m.* 2 omissió *m.* 3 negligència *f.* 4 DRET rebel·lia *f.*

default (to) [di'fɔːlt] *i.* faltar [a un deure, etc.]. 2 DRET no comparèixer.

defeat [di'fiːt] *s.* derrota *f.;* desfeta *f.*

defeat (to) [di'fiːt] *t.* derrotar; vèncer. 2 frustrar.

defeatist [di'fiːtist] *s.* derrotista.

defect ['difekt] *s.* defecte *m.*

defection [di'fekʃən] *s.* defecció *f.*

defective [di'fektiv] *a.* defectuós. 2 GRAM. defectiu. 3 PSICOL. deficient.

defence, (EUA) **defense** [di'fens] *s.* defensa *f.*

defenceless, (EUA) **defenseless** [di'fenslis] *a.* indefens.

defend (to) [di'fend] *t.* defensar.

defendant [di'fendənt] *s.* DRET demandat; acusat.

defender [di'fendəʳ] *s.* ESPORT defensor.

defensible [di'fensəbl] *a.* defensable.

defensive [di'fensiv] *a.* defensiu. ■ 2 *s.* defensiva *f.*

defer (to) [di'fəːʳ] *t.* ajornar; diferir. ■ 2 *i.* deferir.

deference ['defərəns] *s.* deferència *f.;* consideració *f.*

deferential [,defə'renʃəl] *a.* ant. deferent; respectuós.

defiance [di'faiəns] *s.* desafiament *m.;* repte *m.* ‖ *in ~ of,* a despit de.

defiant [di'faiənt] *a.* desafiador; reptador.

deficiency [di'fiʃənsi] *s.* deficiència *f.* 2 insuficiència *f.*

deficient [di'fiʃənt] *a.* deficient. 2 insuficient.

deficit ['defisit] *s.* dèficit *m.*

defile ['diːfail] *s.* GEOL. congost *m.;* gorja *f.*

defile (to) [di'fail] *t.* embrutar. 2 profanar. 3 MIL. desfilar.

defilement [di'failmənt] *s.* embrutament *m.;* pol·lució *f.* 2 profanació *f.*

definable [di'fainəbl] *a.* definible.

define (to) [di'fain] *t.* definir. 2 delimitar. 3 caracteritzar.

definite ['definit] *a.* definit. 2 clar; terminant. ■ 3 -**ly** *adv.* definitivament; certament.

definiteness ['definitnis] *s.* exactitud *f.;* precisió *f.*

definition [,defi'niʃən] *s.* definició *f.* 2 precisió *f.,* nitidesa *f.*

definitive [di'finitiv] *a.* definitiu.

deflate (to) [di'fleit] *t.* desinflar [també fig.]. ■ 2 *i.* desinflar-se *p.* [també fig.].

deflation [di'fleiʃən] *s.* ECON., GEOL. deflació *f.*

deflect (to) [di'flekt] *t.* desviar. ■ 2 *i.* desviar-se *p.*

deflection [di'flekʃən] *s.* desviació *f.;* desviament *m.*

deflower (to) [diːˈflauəʳ] *t.* desflorar. 2 saquejar; destrossar.

deform (to) [di'fɔːm] *t.* deformar; alterar. 2 degradar; envilir.

deformation [difɔːˈmeiʃən] *s.* deformació *f.*

deformed [di'fɔːmd] *a.* deformat. 2 deforme.

deformity [di'fɔːmiti] *s.* deformitat *f.*

defraud (to) [di'frɔːd] *t.* defraudar; estafar.

defrauder [di'frɔːdəʳ] *s.* defraudador.

defraudation [difrɔːˈdeiʃn] *s.* defraudació *f.*

defray (to) [di'frei] *t.* sufragar.

deft [deft] *a.* destre; llest; hàbil.

defunct [di'fʌŋkt] *a.* difunt.

defy (to) [di'fai] *t.* desafiar; reptar.

degeneracy [di'dʒenərəsi] *s.* degeneració *f.*

degenerate [di'dʒenərit] *a.-s.* degenerat.

degenerate (to) [di'dʒenəreit] *i.* degenerar.

degeneration [di,dʒenə'reiʃən] *s.* degeneració *f.*

degradation [degrə'deiʃən] *s.* degradació *f.* 2 degeneració *f.*

degrade (to) [di'greid] *t.* degradar; rebaixar. ■ 2 *i.* rebaixar-se *p.*

degrading [di'greidiŋ] *a.* degradant.

degree [di'griː] *s.* grau *m.* 2 nivell *m.* 3 EN-SENY. títol *m.: to take a ~,* llicenciar-se *p.* 4 *by degrees,* gradualment.

dehydrate (to) [diː'haidreit] *t.* deshidratar ■ 2 *i.* deshidratar-se *p.*

deification [diːifi'keiʃən] *s.* deïficació *f.;* divinització *f.*

deify (to) ['diːifai] *t.* deïficar; divinitzar.

deign [dein] *i.* dignar-se *p.*

deism ['diːizəm] *s.* REL. deisme *m.*

deist ['diːist] *s.* deista.

deity ['diːiti] *s.* deïtat *f.;* divinitat *f.*

deject (to) [di'dʒekt] *t.* desanimar; deprimir; abatre.

dejected [di'dʒektid] *a.* desanimat; deprimit; abatut.

dejection [di'dʒekʃən] *s.* abatiment *m.*

delay [di'lei] *s.* dilació *f.;* retard *m.*

delay (to) [di'lei] *t.* diferir; ajornar. 2 retardar. ■ 3 *i.* tardar.

delegate ['deligit] *s.* delegat.

delegate (to) ['deligeit] *t.* delegar; comissionar.

delegation [deli'geiʃən] *s.* delegació *f.*

delete (to) [di'liːt] *t.* esborrar.

deliberate [di'libərit] *a.* deliberat, premeditat, intencionat. 2 cautelós, caut.

deliberate (to) [di'libəreit] *t.* reflexionar, considerar, rumiar. ■ 2 *i.* deliberar.

deliberation [di,libə'reiʃən] *s.* deliberació *f.;* reflexió *f.*

delicacy ['delikəsi] *s.* delicadesa *f.* 2 finesa *f.;* sensibilitat *f.* 3 mirament *m.* 4 refinament *m.* 5 llaminadura *f.*

delicate ['delikit] *a.* delicat. 2 considerat, primmirat. 3 exquisit.

delicatessen [,delikə'tesn] *s.* productes *m. pl.* de xarcuteria selecta. 2 xarcuteria *f.* selecta.

delicious [di'liʃəs] *a.* deliciós. 2 saborós.

delight [di'lait] *s.* delit *m.*, plaer *m.*, delícia *f.*, satisfacció *f.*

delight (to) [di'lait] *t.* delectar, encantar. ■ 2 *i.* delectar-se *p.*, complaure's *p.*

delightful [di'laitful] *a.* delectable; deliciós, encantador, exquisit.

delimit [diː'limit], **delimitate** [diː'limiteit] *t.* delimitar.

delimitation [di,limi'teiʃən] *s.* delimitació *f.*

delineate (to) [di'linieit] *t.* delinear, esbossar.

delineation [di,lini'eiʃən] *s.* delineació *f.*, esbós.

delinquency [di'liŋkwənsi] *s.* delinqüència *f.* 2 culpa *f.*, falla *f.*

delinquent [di'liŋkwənt] *a.-s.* delinqüent, culpable.

delirious [di'liriəs] *a.* delirant.

delirium [di'liriəm] *s.* deliri *m.;* desvariejament *m.,* frenesí *m.*

deliver (to) [di'livəʳ] *t.* lliurar, repartir [correu, comandes]. 2 alliberar, deslliurar, salvar *(from,* de). 3 pronunciar [un discurs, etc.]. 4 *to ~ (up* o *over)* lliurar, donar; rendir, retre. 5 MED. assistir un part: *the doctor delivered her baby,* el metge va assistir-la en el part. ‖ *to be delivered of a child,* donar a llum, deslliurar.

deliverance [di'livərəns] *s.* alliberament *m.,* deslliurament *m.*

deliverer [di'livərəʳ] *s.* llibertador, salvador, alliberador.

delivery [di'livəri] *s.* lliurament *m.,* repartiment *m.* [correu, comandes, etc.]. 2 alliberament *m.* 3 presentació *f.,* execució *f.* [d'un discurs, etc.]. 4 MED. part *m.*

dell [del] *s.* vall *f.* petita, sot *m.*

delta ['deltə] *s.* delta *m.*

delude (to) [di'luː] *t.* enganyar.

deluge ['deljuːdʒ] *s.* diluvi *m.* 2 inundació *f.* 3 fig. diluvi *m.*

deluge (to) ['deljuːdʒ] *t.* inundar [també fig.].

delusion [di'luːʒən] *s.* engany *m.*

delusive [di'luːsiv] *a.* enganyós, il·lusori.

delve (to) [delv] *t.-i.* ant. cavar *t.* 2 *i.* fig. *to ~ into,* aprofundir *t.,* buscar a fons.

demagogic [demə'gɔgik] *a.* demagògic.

demagogue ['deməgɔg] *s.* demagog.

demagogy ['deməgɔgi] *s.* demagògia *f.*

demand [di'maːnd] *s.* demanda *f.,* petició *f.* ‖ *law of supply and ~,* llei de l'oferta i la demanda.

demand (to) [di'maːnd] *t.* exigir, reclamar, demanar.

demarcate (to) ['diːmaːkeit] *t.* demarcar, delimitar.

demarcation [,diːmaː'keiʃən] *s.* demarcació *f.,* delimitació *f.*

demean [di'miːn] *t.-p.* rebaixar(se), degradar(se).

demeanour, (EUA) **demeanor** [di'miːnə] *s.* comportament; *m.;* posat *m.*

demented [di'mentid] *a.* dement.

demerit [diː'merit] *s.* demèrit *m.*

depopulate

demesne [di'mein] s. DRET propietat f., possessió f., heretat f.
demigod ['demigɔd] m. MIT. semidéu.
demilitarize (to) ['di:'militəraiz] t. desmilitaritzar.
demise [di'maiz] s. DRET defunció f.
demobilize (to) [di:'moubilaiz] t. MIL. desmobilitzar.
democracy [di'mɔkrəsi] s. democràcia f.
democrat ['deməkræt] s. demòcrata.
democratic [demə'krætik] a. democràtic.
demolish (to) [di'mɔliʃ] t. enderrocar. 2 fig. enfonsar, ensorrar, destruir.
demon ['di:mən] s. dimoni m. 2 esperit m.
demonstrate (to) ['demənstreit] t. demostrar. ■ 2 i. manifestar-se p.
demonstration [demøns'treiʃøn] s. demostració f. 2 manifestació f. pública.
demonstrative [di'mɔnstrətiv] a. demostratiu.
demonstrator ['demønstreitəʳ] s. manifestant. 2 demostrador, mostrador.
demoralization [di,mɔrəlai'zeiʃøn] s. desmoralització f.
demoralize (to) [di'mɔrəlaiz] t. desmoralitzar, descoratjar.
demoralizing [di'mɔrəlaizin] a. desmoralitzador.
demur [di'məːʳ] s. vacil·lació f., indecisió f. 2 objecció f.
demur (to) [di'məːʳ] i. to ~ (to o at), objectar t., posar inconvenients (a). 2 vacil·lar.
demure [di'mjuəʳ] a. seriós, formal. 2 pudorós, púdic. 3 melindrós.
den [den] s. ZOOL. cau m. [també fig.].
denial [di'naiəl] s. negació f. 2 negativa f., denegació f.
denigrate (to) ['denigreit] t. denigrar.
denizen ['denizn] s. habitant.
denominate (to) [di'nɔmineit] t. denominar, anomenar.
denomination [di,nɔmi'neiʃøn] s. denominació f. 2 ECLES. confessió f., secta f. 3 classe f., categoria f.
denominator [di'nɔmineitəʳ] s. MAT. denominador m.
denote (to) [di'nout] t. denotar, indicar, assenyalar.
dénouement [dei'nu:maːŋ] s. desenllaç m.
denounce (to) [di'nauns] t. denunciar. 2 DRET denunciar [un tractat].
dense [dens] a. dens, espès. 2 fig. espès.

density ['densiti] s. densitat f.
dent [dent] s. bony m., abonyec m., osca f.
dent (to) [dent] t. oscar, abonyegar. ■ 2 i. abonyegar-se p.
dental ['dentl] a. dental.
dentifrice ['dentifris] s. dentifrici a.-m.
dentist ['dentist] s. dentista.
denture ['dentʃəʳ] s. dentadura f. postissa.
denude (to) [di'nju:d] t. GEOL. denudar. 2 despullar (of, de).
denunciation [di,nʌnsi'eiʃøn] s. denúncia f.
deny (to) [di'nai] t. negar, denegar.
deodorant [di:'oudərønt] s. desodorant a.-m.
depart (to) [di'paːt] i. marxar, sortir. 2 allunyar-se p.; fugir. 3 ant. morir. || the departed, els difunts.
department [di'paːtmønt] s. departament m. 2 districte m. 3 secció f. [grans magatzems].
department store [di'paːtmønt,stɔː] s. grans magatzems m. pl.
departure [di'paːtʃøʳ] s. sortida f. 2 fig. orientació f.
depend (to) [di'pend] i. dependre (on o upon, de).
dependable [di'pendøbl] a. formal, fiable, segur.
dependant [di'pendønt] s. persona f. a càrrec.
dependence [di'pendøns] s. dependència f. 2 confiança f.
dependency [di'pendønsi] s. protectorat m. [territori].
dependent [di'pendønt] a. dependent. || to be ~ on, dependre de. ■ 2 s. persona f. a càrrec.
depict (to) [di'pikt] t. dibuixar, representar, descriure.
deplete (to) [di'pliːt] t. esgotar, exhaurir.
depletion [di'pliːʃøn] s. esgotament m., exhauriment m.
deplorable [di'plɔːrøbl] a. deplorable, lamentable.
deplore (to) [di'plɔːʳ] t. deplorar, lamentar.
deploy (to) [di'plɔi] t. MIL. desplegar. 2 fig. desplegar [arguments, energia, etc.].
deployment [di'plɔimønt] s. desplegament m.
depopulate (to) [di:'pɔpjuleit] t. despoblar. ■ 2 i. despoblar-se p.

deport (to) [di'pɔːt] *t.* deportar, desterrar.

deportation [ˌdiːpɔː'teiʃən] *s.* deportació *f.*

deportment [di'pɔːtmənt] *s.* conducta *f.*, comportament *m.;* maneres *f. pl.*

depose (to) [di'pouz] *t.* destituir, deposar. ■ 2 *i.* DRET declarar *t.*

deposit [di'pɔzit] *s.* COM. dipòsit *m.* 2 GEOL. dipòsit *m.*, (BAL.) (VAL.) depòsit *m.;* sediment *m.;* jaciment *m.*

deposit (to) [di'pɔzit] *t.* COM. dipositar, posar. 2 GEOL. dipositar, sedimentar.

deposition [depə'ziʃən] *s.* destitució *f.*, deposició *f.* 2 DRET deposició *f.*, testimoni *m.*

depository [di'pɔzitəri] *s.* magatzem *m.;* guardamobles *m.*

depot ['depou], (EUA) ['diːpou] *s.* dipòsit *m.*, magatzem *m.* [esp. militar]. 2 cotxera *f.* 3 (EUA) estació *f.* [d'autobús o de tren].

deprave (to) [di'preiv] *t.* depravar, corrompre, pervertir, viciar.

depravity [di'præviti] *s.* depravació *f.*, perversió *f.* 2 acció *f.* depravada.

deprecate (to) ['deprikeit] *t.* desaprovar.

deprecation [ˌdepri'keiʃən] *s.* desaprovació *f.*

depreciate (to) [di'priːʃieit] *t.* depreciar. 2 menysprear, desestimar. ■ 3 *i.* depreciar-se *p.*

depreciation [diˌpriːʃi'eiʃən] *s.* depreciació *f.* 2 desestimació *f.*

depredation [depri'deiʃən] *s.* depredació *f.* 2 *pl.* estralls *m. pl.*

depress (to) [di'pres] *t.* deprimir, enfonsar. 2 deprimir, desanimar. 3 fer baixar [preus].

depressed [di'prest] *a.* desanimat; deprimit [persona]. ‖ ~ *area,* zona deprimida.

depressing [di'presin] *a.* depriment.

depression [di'preʃən] *s.* depressió *f.* 2 abatiment *m.*, desànim. 3 COM. crisi *f.* 4 CLIMAT. depressió *f.* atmosfèrica.

depressive [di'presiv] *a.* depressiu; depriment. ■ 2 *s.* PSICOL. depressiu [persona].

deprivation [depri'veiʃən] *s.* privació *f.*

deprive (to) [di'praiv] *t.* privar, desposseir. 2 obstaculitzar, impedir. 3 destituir.

depth [depθ] *s.* profunditat *f.*, fondària *f.* 2 cor *m.*, fons *m.* [també fig.]. 3 intensitat *f.* [de color, pensament, etc.].

deputation [ˌdepju'teiʃən] *s.* diputació *f.*, delegació *f.*

depute (to) [di'pjuːt] *t.* delegar, diputar.

deputy [di'pjuti] *s.* delegat, representant, comissari *m.* 2 diputat.

derail (to) [di'reil] *t.* fer descarrilar. ■ 2 *i.* descarrilar.

derailment [di'reilmənt] *s.* descarrilament *m.*

derange (to) [di'reindʒ] *t.* desarreglar, trastornar. 2 destorbar, interrompre.

derangement [di'reindʒmənt] *s.* trastorn *m.*, alteració *f.*, desordre *m.* 2 PSICOL. pertorbació *f.* mental.

derelict ['derilikt] *a.* abandonat, deixat. 2 negligent. ■ 3 *s.* NÀUT. derelicte *m.*

dereliction [deri'likʃən] *s.* abandó *m.*, deixadesa *f.* 2 negligència *f.*

deride (to) [di'raid] *t.* burlar-se *p.*, riure's *p.*, fer riota.

derision [di'riʒən] *s.* riota *f.*, mofa *f.*, escarn *m.*

derisive [di'raisiv] *a.* burlesc; risible, ridícul.

derisory [di'raisəri] *a.* irrisori.

derivation [deri'veiʃən] *s.* derivació *f.* 2 origen *m.*, procedència *f.*

derive (to) [di'raiv] *t.* obtenir; treure; deduir; derivar. ■ 2 *i.* derivar, derivar-se *p.*

derogate (to) ['derəgeit] *i.* *to* ~ *from,* detractar *t.*, detreure *t.*

derrick ['derik] *s.* grua *f.*, càbria *f.* 2 torre *f.* de perforació.

dervish ['dəːviʃ] *s.* REL. dervix *m.*

descend (to) [di'send] *i.* descendir, baixar *(from,* de). 2 rebaixar-se *p.* *(to,* a). 3 *to* ~ *on* o *upon,* caure sobre, atacar *t.*, sorprendre *t.* ■ 4 *t.* descendir, baixar.

descendant [di'sendənt] *a.* descendent. ■ 2 *s.* GENEAL. descendent.

descent [di'sent] *s.* baixada *f.;* descens *m.* 2 GENEAL. llinatge *m.*, descendència *f.* 3 pendent *m.* 4 MIL. *incursió f.*

describe (to) [dis'kraib] *t.* descriure.

description [dis'kripʃən] *s.* descripció *f.*

descriptive [dis'kriptiv] *a.* descriptiu.

desecrate (to) ['desikreit] *t.* profanar.

desert ['dezət] *a.* desèrtic, desert. ■ 2 *s.* desert *m.*

desert (to) [di'zəːt] *t.* abandonar, deixar, desertar. ■ 2 *i.* MIL. desertar *t.*

deserter [di'zəːtə'] *s.* desertor.

desertion [di'zə:ʃən] s. abandó m. 2 MIL. deserció f.

deserts [di'zə:ts] s. pl. mèrits m. pl.‖ to get one's (just) ~, obtenir el que hom mereix, obtenir una recompensa justa.

deserve (to) [di'zə:v] t.-i. merèixer t., merèixer-se p.

deserving [di'zə:viŋ] a. mereixedor. 2 meritori.

desiccate (to) ['desikeit] t. dessecar, deshidratar. ■ 2 i. dessecar-se p., deshidratar-se p.

design [di'zain] s. disseny m., dibuix m., projecte m. 2 intenció f., propòsit m.

design (to) [di'zain] t. concebre, enginyar, ordir, idear, projectar. ■ 2 i. dissenyar t. projectar t.

designate (to) ['dezigneit] t. indicar, assenyalar. 2 designar, anomenar. 3 nomenar.

designation [,dezig'neiʃən] s. nomenament m., designació f.

designedly [di'zainidli] adv. expressament, a posta.

designer [di'zainə'] s. dissenyador, delineant.

designing [di'zainiŋ] a. arter, insidiós, intrigant. ■ 2 s. disseny m.

desirable [di'zaiərəbl] a. desitjable.

desire [di'zaiə'] s. desig m. 2 anhel m., ànsia f.

desire (to) [di'zaiə'] t. desitjar, anhelar. 2 demanar, pregar.

desirous [di'zaiərəs] a. desitjós, anhelós.

desist [di'zist] i. desistir.

desk [desk] s. escriptori m., pupitre m., taula f.

desolate ['desəlit] a. desolat, desert, solitari, sol, trist.

desolate (to) ['desəleit] t. assolar, devastar. 2 desolar, afligir, entristir.

desolation [,desə'leiʃən] s. desolació f., devastació f. 2 aflicció f., tristor f.

despair [dis'pɛə'] s. desesperació f.; desesperança f.

despair (to) [dis'pɛə'] i. desesperar(se); desesperançar(se).

despairingly [dis'pɛəriŋli] adv. desesperadament.

despatch [dis'pætʃ] Vegeu DISPATCH (TO).

desperado [,despə'ra:dou] s. malfactor, criminal.

desperate ['despərit] a. desesperat. 2 arriscat, temerari. ■ 3 -ly adv. desesperadament.

desperation [,despə'reiʃən] s. desesperació f., furor m.

despicable ['despikəbl] a. menyspreable, baix.

despise (to) [dis'paiz] t. menysprear, menystenir.

despite [dis'pait] prep. malgrat, tot i, amb tot.

despoil (to) [dis'pɔil] t. despullar, privar (of, de).

despond (to) [dis'pɔnd] i. desanimar-se p., abatre's p.

despondence, despondency [dis-'pɔndəns, -i] s. desànim m., abatiment m.

despondent [dis'pɔndənt] a. desanimat, abatut.

despot ['despɔt] s. dèspota.

despotic [de'spɔtik] a. despòtic.

despotism ['despətizəm] s. despotisme m.

dessert [di'zə:t] s. postres f. pl.

destination [,desti'neiʃən] s. destinació f.

destine (to) ['destin] t. destinar. ‖ to be destined, estar destinat.

destiny ['destini] s. destí m., fat m.

destitute ['destitju:t] a. indigent, necessitat. 2 desproveït.

destitution [,desti'tju:ʃən] s. misèria f., indigència f.

destroy (to) [dis'trɔi] t. destruir. 2 trencar, destrossar, anihilar. 3 matar, sacrificar [animals].

destroyer [dis'trɔiə'] s. destructor. 2 MAR. destructor m.

destruction [dis'trʌkʃən] s. destrucció f. 2 ruïna f., perdició f.

destructive [dis'trʌktiv] a. destructiu. 2 danyós [animal].

desuetude [di'sjuːitjuːd] s. desús m.

desultory ['desəltəri] a. intermitent, irregular, discontinu.

detach (to) [di'tætʃ] t. separar, desenganxar. 2 MIL. destacar.

detachable [di'tætʃəbl] a. separable. 2 MEC. desmuntable.

detached [di'tætʃt] a. separat. ‖ ~ house, torre f. [casa]. 2 imparcial.

detachment [di'tætʃmənt] s. separació f. 2 objectivitat f.; despreocupació f.; despreniment m. 3 MIL. destacament m.

detail ['diːteil] s. detall m., particularitat f. 2 MIL. destacament m.

detail (to) ['diːteil] t. detallar, especificar. 2 MIL. destacar.

detain (to) [di'tein] *t.* retenir, deturar. 2 retardar-se *p.* 3 DRET arrestar, detenir.

detect (to) [di'tekt] *t.* descobrir; advertir, percebre. 2 RADIO. detectar.

detection [di'tekʃən] *s.* descobriment *m.;* investigació *f.* 2 RADIO detecció *f.*

detective [di'tektiv] *a.* ~ *novel* o *story,* novel·la policíaca. ■ 2 *s.* detectiu.

detector [di'tektə'] *s.* detector *m.*

déteute ['dei'ta:nt] *s.* distensió *f.*

detention [di'tenʃən] *s.* DRET detenció *f.,* arrest *m.* ‖ ~ *barracks,* calabós *m.*

deter (to) [di'tə:'] *t.* dissuadir, impedir, desanimar.

detergent [di'tə:dʒənt] *a.* detergent. ■ 2 *s.* detergent *m.*

deteriorate (to) [di'tiəriəreit] *t.* deteriorar, empitjorar. ■ 2 *i.* deteriorar-se *p.,* empitjorar-se *p.*

deterioration [di,tiəriə'reiʃən] *s.* deteriorament *m.,* empitjorament *m.*

determinate [di'tə:minit] *a.* determinat, fixe, definit. 2 definitiu.

determination [di,tə:mi'neiʃən] *s.* determinació *f.* 2 decisió *f.* 3 DRET resolució *f.,* veredicte *m.*

determine [di'tə:min] *t.* determinar, establir, fixar. 2 calcular. 3 DRET anul·lar, rescindir. ■ 4 *i.* decidir-se *p.* (on, per).

deterrent [di'terənt] *a.* dissuasiu. ■ 2 *s.* impediment *m.,* fre *m.*

detest (to) [di'test] *t.* detestar, avorrir, odiar.

detestable [di'testəbl] *a.* detestable, odiós.

detestation [di:tes'teiʃən] *s.* odi *m.,* aversió *f.*

dethrone (to) [di'θroun] *t.* destronar [també fig.].

dethronement [di'θrounmənt] *s.* destronament *m.*

detonate (to) ['detouneit] *i.* esclatar, detonar. ■ 2 *t.* fer esclatar, fer detonar.

detonation [detə'neiʃən] *s.* detonació *f.,* explosió *f.*

detonator ['detəneitə'] *s.* detonador *m.*

detour ['di:tuə'] *s.* desviació *f.;* marrada *f.*

detoxify (to) [di:'tɔksifai] *t.* desintoxicar.

detract (to) [di'trækt] *t.* treure. 2 denigrar, detractar, detreure. ■ 3 *i.* to ~ *from,* treure; rebaixar.

detraction [di'trækʃən] *s.* detracció *f.,* denigració *f.,* maldiença *f.*

detriment ['detrimənt] *s.* detriment *m.,* dany *m.,* perjudici *m.*

detrimental [detri'mentl] *a.* perjudicial, nociu.

deuce [dju:s] *s.* JOC dos *m.* 2 empat a 40, 40 iguals [tennis]. 3 col·loq. dimoni *m.*

devaluation [di:vælju'eiʃən] *s.* devaluació *f.,* desvaloració *f.*

devalue [di:'vælju:], **devaluate (to)** [di:'væljueit] *t.* devaluar, desvalorar.

devastate (to) ['devəsteit] *t.* devastar, assolar.

devastation [devəs'teiʃən] *s.* devastació *f.,* assolament *m.*

develop (to) [di'veləp] *t.* desenvolupar, desenrotllar. 2 fer créixer, fomentar. 3 millorar, perfeccionar. 4 urbanitzar. 5 agafar, contraure. 6 explotar [una mina, etc.]. 7 mostrar, manifestar. 8 FOT. revelar. 9 MIL. desplegar. ■ 10 *i.* desenvolupar-se *p.,* evolucionar. 11 augmentar, créixer. 12 aparèixer.

development [di'veləpmənt] *s.* desenvolupament *m.,* evolució *f.* 2 foment *m.,* explotació *f.,* urbanització *f.* 3 esdeveniment *m.* 4 FOT. revelat *m.*

deviate (to) ['di:vieit] *i.* desviar-se *p.;* allunyar-se *p.*

deviation [di:vi'eiʃən] *s.* desviació *f.,* allunyament *m.*

device [di'vais] *s.* ardit *m.,* estratagema *f.* 2 artifici *m.* 3 aparell *m.,* artefacte *m.,* dispositiu *m.* 4 divisa *f.,* emblema *m.*

devil ['devl] *s.* diable *m.,* dimoni *m.*

devilish ['deviliʃ] *a.* diabòlic. 2 endimoniat.

devilment ['devilmənt], **devilry** ['devlri] *s.* entremaliadura *f.,* malesa *f.* 2 perversitat *f.,* malignitat *f.*

devious ['di:vjəs] *a.* desviat. 2 enrevessat, tortuós.

devise (to) [di'vaiz] *t.* inventar, concebre. 2 enginyar, ordir. 3 DRET llegar.

devoid [di'vɔid] *a.* mancat, faltat.

devolution [di:və'lu:ʃən] *s.* lliurament *m.,* traspàs *m.* [de poder, competències, etc.]. 2 delegació *f.,* descentralització *f.*

devolve (to) [di'vɔlv] *t.* traspassar, transferir. ■ 2 *i.* recaure.

devote (to) [di'vout] *t.* consagrar, dedicar, destinar. 2 *p.* to ~ *oneself,* consagrar-se, dedicar-se.

devoted [di'voutid] *a.* consagrat, dedicat, destinat. 2 devot, lleial.

devotee [devou'ti:] *s.* devot, beat. 2 fanàtic.

devotion [di'vouʃən] s. devoció f., lleial-
tat f. 2 dedicació f.

devour (to) [di'vauəʳ] t. devorar [també
fig.].

devout [di'vaut] a. devot, piadós, beat. 2
fervorós, sincer.

dew [djuː] s. rosada f.

dew (to) [djuː] t. enrosar, humitejar de
rosada, enrellentir. 2 fig. banyar. ■ 3 i.
rosar.

dewlap ['djuːlæp] s. papada f.

dewy ['djuːi] a. enrosat, mullat de rosada.

dexterity [deks'teriti] s. destresa f., ha-
bilitat f., manya f.

dexterous ['dekstərəs] a. destre, hàbil,
manyós.

diabolic(al) [daiə'bɔlik(əl)] a. diabòlic.

diadem ['daiədəm] s. diadema f.

diaeresis [dai'iərisis] s. dièresi f.

diagnose (to) ['daiəgnouz] t. diagnosti-
car.

diagnosis [daiəg'nousis] s. diagnosi f.

diagnostic [daiəg'nɔstik] a. diagnòstic. ■
2 s. diagnòstic m.

diagonal [dai'ægənl] a. diagonal. ■ 2 s.
diagonal f.

diagram ['daiəgræm] s. diagrama m., es-
quema m.

dial [daiəl] s. esfera f. [de rellotge]. 2 disc
m. [de telèfon]. 3 rellotge m. de sol, qua-
drant m.

dial (to) ['daiəl] t. TELEF. marcar.

dialect ['daiəlekt] s. dialecte m.

dialectics [daiə'lektiks] s. dialèctica f.

dialogue ['daiəlɔg] s. diàleg m.

diameter [dai'æmitəʳ] s. diàmetre m.

diamond ['daiəmənd] s. GEMM. diamant
m. 2 GEOM. rombe m. 3 JOC diamant [car-
tes].

Diana [dai'ænə] n. pr. f. Diana.

diaper ['daiəpəʳ] s. (EUA) bolquer m.

diaphanous [dai'æfənəs] a. diàfan.

diaphragm ['daiəfræm] s. diafragma m.

diarrhoea [daiə'riːə] s. diarrea f.

diary ['daiəri] s. diari m. [d'experiències
personals]. 2 agenda f., dietari m.

diatribe ['daiətraib] s. diatriba f.

dice [dais] s. pl. de DIE.

dice-box ['daisbɔks] s. gobelet m.

Dick [dik] n. pr. m. (dim. *Richard*) Ricard.

dickens ['dikinz] s. col·loq. dimoni m.,
diantre m.

dictaphone ['diktəfoun] s. dictàfon m.

dictate ['dikteit] s. ordre f. ▲ gralnt. pl.

dictate (to) [dik'teit] t. dictar. 2 i. ma-
nar t.

dictation [dik'teiʃən] s. dictat m.

dictator [dik'teitəʳ] s. dictador.

dictatorial [diktə'tɔːriəl] a. dictatorial.

dictatorship [dik'teitəʃip] s. dictadura f.

diction ['dikʃən] s. dicció f., estil m.

dictionary ['dikʃənri] s. diccionari m.

dictum ['diktəm] s. dita f., aforisme m.

did [did] Vegeu DO (TO).

didactic [dai'dæktik] a. didàctic.

didn't [didnt] contr. de *did* i *not*.

die [dai] s. JOC dau m. 2 pl. daus m. pl. [de
formatge] ▲ pl. *dice* [dais].

die [dai] s. ARQ. dau m. 2 MEC. encuny m.
3 TECNOL. matriu f. ▲ pl. *dies* [daiz].

die (to) [dai] i. morir(-se). ‖ fig. *to be
dying to* o *for,* morir-se p. per. ‖ *I'm
dying to start,* em moro de ganes de co-
mençar. ■ *to ~ down,* apagar-se p. [foc,
soroll, passió]; *to ~ out,* extingir-se p.,
desaparèixer. ■ Pret. i p. p.: *died* [daid];
ger.: *dying* ['daiiŋ].

diet ['daiət] s. ALIM. dieta f. 2 HIST. dieta f.

diet (to) ['daiət] t. posar a dieta, tenir a
dieta. ■ 2 i. estar a dieta.

differ (to) ['difəʳ] i. diferir, diferenciar-se
p. 2 *to ~ from,* discrepar, dissentir.

difference ['difrəns] s. diferència f. 2 de-
sigualtat f. 3 desacord m.

different ['difrənt] a. diferent. ■ 2 -ly
adv. diferentment.

differentiate (to) [difə'renʃieit] t. dife-
renciar. ■ 2 i. diferenciar-se p.

difficult ['difikəlt] a. difícil.

difficulty ['difikəlti] s. dificultat f. 2 obs-
tacle m., objecció f. 3 problema m.

diffidence ['difidəns] s. timidesa f., man-
ca f. de confiança f. en un mateix.

diffident ['difidənt] a. tímid.

diffuse [di'fjuːs] a. prolix. 2 difús.

diffuse (to) [di'fjuːz] t. difondre. ■ 2 i.
difondre's p.

diffusion [di'fjuːʒən] s. difusió f.

dig [dig] s. cop m. de colze. 2 indirecta f.
3 ARQUEOL. excavació f. 4 pl. col·loq.
(G.B.) allotjament m.

dig (to) [dig] t. cavar, excavar, remoure.
‖ *to ~ out* o *up,* desenterrar. 3 col·loq.
agradar i. ■ 4 i. cavar t., excavar t. ▲ Pret.
i p. p.: *dug* [dʌg].

digest ['daidʒest] s. compendi m., com-
pilació f., resum m.

digest (to) [di'dʒest] t. digerir, pair,
(ROSS.) acotxar [també fig.]. 2 resumir,

compilar. ■ 3 *i*. digerir-se *p*., pair-se *p*. [també fig.].

digestible [di'dʒestəbl] *a*. digerible.

digestion [di'dʒestʃən] *s*. digestió *f*.

digestive [di'dʒestiv] *a*. digestiu.

digger [digə'] *s*. cavador. 2 ARQUEOL. excavador.

digging ['digiŋ] *s*. excavació *f*.

dignified ['dignifaid] *a*. dignificat. 2 digne, solemne, elegant, majestuós.

dignify (to) ['dignifai] *t*. dignificar, lloar.

dignitary ['dignitəri] *s*. dignatari.

dignity ['digniti] *s*. dignitat *f*. 2 honor *m*. 3 rang *m*.

digress (to) [dai'gres] *i*. divagar.

digression [dai'greʃən] *s*. digressió *f*.

dike [daik] *s*. dic *m*. 2 escorranc *m*.

dilapidated [di'læpideitid] *a*. ruinós, espatllat, vell, malmès.

dilapidation [di,læpi'deiʃən] *s*. ruïna *f*., decadència *f*.

dilate (to) [dai'leit] *t*. dilatar. ■ 2 *i*. dilatar-se *p*.

dilation [dai'leiʃən] *s*. dilatació *f*.

dilatory ['dilətəri] *a*. dilatori. 2 lent, triganer.

dilemma [di'lemə] *s*. dilema *m*.

dilettante [,dili'tænti] *s*. aficionat.

diligence ['dilidʒəns] *s*. diligència *f*., aplicació *f*.

diligent ['dilidʒənt] *a*. diligent.

dilly-dally (to) ['dili,dæli] *i*. perdre el temps, entretenir-se *p*. 2 vacil·lar, titubejar.

dilute (to) [dai'lju:t] *t*. diluir, deixatar [també fig.]. ■ 2 *i*. diluir-se *p*., deixatar-se *p*.

dilution [dai'lju:ʃən] *s*. dilució *f*.

dim [dim] *a*. confús, desdibuixat, boirós. 2 obscur, fosc. 3 feble, imprecís. 4 fig. pessimista. 5 col·loq. curt.

dim (to) [dim] *t*. enfosquir, obscurir, esmorteir. ■ 2 *i*. enfosquir-se *p*., esmorteir-se *p*.

dime [daim] *s*. (EUA) deu *m*. centaus.

dimension [di'menʃən] *s*. dimensió *f*.

diminish (to) [di'miniʃ] *t.-i.* disminuir.

diminution [,dimi'nju:ʃən] *s*. disminució *f*.

diminutive [di'minjutiv] *a*. diminut. ■ 2 *s*. GRAM. diminutiu *m*.

dimness ['dimnis] *s*. penombra *f*., mitja llum *f*. 2 obscuritat *f*., foscor *f*. 3 pal·lidesa *f*. [llum].

dimple ['dimpl] *s*. clotet *m*.

din [din] *s*. xivarri *m*., rebombori *m*., enrenou *m*.

dine (to) [dain] *i*. form. sopar. ■ 2 *t*. fer un sopar.

diner ['dainə'] *s*. comensal. 2 FERROC. vagó-restaurant *m*.

dinghy ['diŋgi] *s*. barqueta *f*. 2 llanxa *f*. de goma.

dinginess ['dindʒinis] *s*. brutícia *f*., sordidesa *f*.

dingy ['dindʒi] *a*. brut, sòrdid.

dining-car ['dainiŋkɑ:'] *s*. FERROC. vagó-restaurant *m*.

dining-room ['dainiŋrum] *s*. menjador *m*.

dinner ['dinə'] *s*. sopar *m*.; dinar *m*. [l'àpat més fort del dia].

dinner jacket ['dinə,dʒækit] *s*. angl. smoking *m*.

dinner service ['dinə,sə:vis] *s*. vaixella *f*.

dinner set ['dinəset] *s*. vaixella *f*.

dint [dint] *s*. ant. escantell *m*., abonyec *m*. ■ 2 LOC. *by ~ of*, a força de.

diocese ['daiəsis] *s*. ECLES. diòcesi *f*.

dip [dip] *s*. fam. remullada *f*., bany *m*. 2 pendent *m*.

dip (to) [dip] *t*. submergir, banyar, mullar. 2 abaixar [els llums]. 3 MAR. saludar [amb banderes]. ■ 4 *i*. submergir-se *p*., remullar-se *p*. 5 baixar *t*., inclinar-se *p*. 6 fig. *to ~ into a book*, fullejar un llibre. *to ~ into one's pocket*, gastar-se'ls; *to ~ into the future*, preveure el futur.

Dip. Ed. [dip'ed] *s*. *(Diploma of Education)* diploma *m*. d'educació.

diphthong ['difθɔŋ] *s*. diftong *m*.

diploma [di'ploumə] *s*. diploma *m*.

diplomacy [di'plouməsi] *s*. diplomàcia *f*.

diplomat ['dipləmæt], **diplomatist** [di'ploumətist] *s*. diplomàtic *m*.

diplomatic [diplə'mætik] *a*. diplomàtic.

dipper ['dipə'] *s*. culler *m*., culleró *m*. 2 ORN. merla *f*. d'aigua. 3 *big ~*, muntanyes *f*. *pl*. russes.

dipstick ['dipstik] *s*. AUTO. vareta *f*. de l'oli.

dire ['daiə'] *a*. terrible, espantós. 2 extrem.

direct [di'rekt] *a*. directe, dret: *~ object*, complement *m*. directe. 2 recte. 3 clar [resposta]. 4 obert [caràcter].

direct (to) [di'rekt] *t*. dirigir, manar, ordenar. 2 encaminar, adreçar. ■ 3 *i*. dirigir *t*., encarregar-se *p*.

direction [di'rekʃən] *s*. direcció *f*., orientació *f*. 2 *pl*. instruccions *f*. *pl*., indicació *f*.

directly [di'rektli] *adv.* directament. 2 de seguida. 3 exactament; just. ■ *4 conj.* tan aviat com, tan bon punt.

directness [di'rektnis] *s.* franquesa *f.,* rectitud *f.*

director [di'rektə'] *s.* director. 2 gerent.

directorate [di'rektərit] *s.* direcció *f.* [càrrec]. 2 junta *f.* directiva.

directory [di'rektəri] *s.* directori *m.* 2 guia *f.* [telefònica, etc.].

direful ['daiəful] *a.* terrible, espantós, horrible.

dirge [də:dʒ] *s.* cant *m.* fúnebre.

dirt [də:t] *s.* brutícia *f.;* greix *m.* 2 fang *m.*

dirty ['də:ti] *a.* brut, tacat. 2 indecent, fastigós. 3 vil, baix. ∥ ~ *trick,* marranada *f.;* ~ *old man,* vell *m.* verd.

dirty (to) ['də:ti] *t.* embrutar, tacar. ■ *2 i.* embrutar-se *p.,* tacar-se *p.* [també fig.].

disability [disə'biliti] *s.* impotència *f.,* incapacitat *f.,* impediment *m.,* impossibilitat *f.*

disable (to) [dis'eibl] *t.* inutilitzar, impossibilitar. 2 esguerrar. 3 DRET incapacitar.

disabled [dis'eibld] *a.* mutilat, esguerrat, invàlid.

disablement [dis'eiblmənt] *s.* incapacitat *f.,* invalidesa *f.* 2 mutilació *f.* 3 impediment *m.,* impossibilitat *f.*

disabuse (to) [disə'bju:z] *t.* desenganyar, treure de l'error.

disadvantage [disədva:ntidʒ] *s.* desavantatge *m.* 2 inconvenient *m.*

disadvantageous [disædva:n'teidʒəs] *a.* desavantatjós.

disaffected [disə'fektid] *a.* desafecte.

disaffection [disə'fekʃən] *s.* descontentament *m.,* deslleialtat *f.*

disagree (to) [disə'gri:] *i.* discrepar, dissentir, no estar d'acord. 2 no provar.

disagreeable [disə'griəbl] *a.* desagradable. 2 malagradós, antipàtic.

disagreement [disə'gri:mənt] *s.* discrepància *f.,* desacord *m.,* discordança *f.* 2 dissentiment *m.*

disallow (to) [disə'lau] *t.* denegar, rebutjar. 2 ESPORT anul·lar.

disappear (to) [disə'piə'] *i.* desaparèixer.

disappearance [disə'piərəns] *s.* desaparició *f.*

disappoint (to) [disə'pɔint] *t.* defraudar, decebre, desenganyar, desil·lusionar.

disappointment [disə'pɔintmənt] *s.* desil·lusió *f.,* desengany *m.,* desencant *m.* 2 escarment *m.*

disapproval [disə'pru:vəl] *s.* desaprovació *f.,* censura *f.*

disapprove (to) [disə'pru:v] *t.* desaprovar. ■ *2 i.* desaprovar *t. (of, –).*

disarm (to) [dis'a:m] *t.* desarmar [també fig.]. ■ *2 i.* desarmar-se *p.,* deposar les armes.

disarmament [dis,a:məmənt] *s.* desarmament *m.*

disarrange (to) ['disə'reindʒ] *t.* desordenar, desarranjar. 2 pertorbar, desbaratar, desorganitzar.

disarray ['disə'rei] *s.* desordre *m.,* confusió *f.* 2 deixadesa *f.*

disarray (to) ['disə'rei] *t.* desendreçar, desordenar.

disaster [di'za:stə'] *s.* desastre *m.*

disastrous ['disa:strəs] *a.* desastrós.

disavow (to) ['disə'vau] *t.* form. repudiar, renegar, denegar. 2 desaprovar.

disband (to) [dis'bænd] *t.* dissoldre [organització]. 2 dispersar [manifestació, etc.]. 3 llicenciar [tropes]. ■ *4 i.* dispersar-se *p.,* dissoldre's *p.*

disbelief [disbi'li:f] *s.* incredulitat *f.*

disbelieve (to) [disbi'li:v] *t.-i.* descreure *t.,* no creure *t. (in,* en).

disburse (to) [dis'bə:s] *t.* desemborsar, pagar.

disbursement [dis'bə:smənt] *s.* desembors *m.,* pagament *m.*

disc, (EUA) **disk** [disk] *s.* disc *m.*

discard (to) [di'ka:d] *t.* descartar, rebutjar, llençar. ■ *2 i.* descartar-se *p.*

discern (to) [di'sə:n] *t.* discernir, distingir. 2 percebre, copsar.

discerning [di'sə:niŋ] *a.* perspicaç.

discernment [di'sə:nmənt] *s.* discerniment *m.,* perspicàcia *f.* 2 bon criteri *m.*

discharge ['distʃa:dʒ] *s.* descàrrega *f.* 2 tret *m.* 3 fuita *f.* [d'un gas]. 4 sortida *f.* [d'un líquid]. 5 pagament *m.* 6 acompliment *m.,* realització *f.* 7 rebut *m.,* quitança *f.* 8 destitució *f.,* acomiadament *m.* 9 DRET absolució *f.,* alliberament *m.* [d'un pres] 10 MED. supuració *f.* 11 MED. alta *f.* 12 MIL. llicenciament *m.*

discharge (to) [dis'tʃa:dʒ] *t.* descarregar. 2 ARM. disparar. 3 saldar [un deute]. 4 realitzar [una tasca, etc.]. 5 acomiadar, destituir. 6 MED. donar d'alta. 7 DRET absoldre, exonerar; alliberar. 8 MIL.

llicenciar. ■ *9 i.* desguassar [un riu]. *10* descarregar-se *p. 11* MED. supurar.

disciple [di'saipl] *s.* deixeble.

discipline ['disiplin] *s.* disciplina *f.* 2 càstig *m.*

discipline (to) ['disiplin] *t.* disciplinar. 2 castigar.

disc jockey ['diskdʒɔki] *s.* disc-jòquei.

disclaim (to) [dis'kleim] *t.* negar, rebutjar, repudiar. 2 DRET renunciar.

disclose (to) [dis'klouz] *t.* revelar.

disclosure [dis'klouʒəʳ] *s.* revelació *f.;* descobriment *m.*

discolour, (EUA) **discolor (to)** [dis-'kʌləʳ] *t.* descolorir, destenyir. ■ *2 i.* descolorir-se *p.*, destenyir-se *p.*

discomfit (to) [dis'kʌmfit] *t.* desconcertar, confondre.

discomfiture [dis'kʌmfitʃəʳ] *s.* desconcert *m.*

discomfort [dis'kʌmfət] *s.* incomoditat *f.*, malestar *m.* 2 molèstia *f.*

discompose (to) [diskəm'pouz] *t.* torbar, pertorbar; desconcertar.

discomposure [diskəm'pouʒəʳ] *s.* torbació *f.*, pertorbació *f.*, desconcert *m.*

disconcert (to) [diskən'sə:t] *t.* desconcertar, confondre. 2 pertorbar, trastornar.

disconnect (to) [diskə'nekt] *t.* desconnectar.

disconnected [diskə'nektid] *a.* desconnectat. 2 incoherent, inconnex.

disconsolate [dis'kɔnsəlit] *a.* desconsolat.

discontent [diskən'tent] *s.* descontentament *m.*, disgust *m.*

discontent (to) [diskən'tent] *t.* descontentar, disgustar.

discontinuance [diskən'tinjuəns] *s.* discontinuitat *f.*, interrupció *f.*, cessament *m.*

discontinue (to) [diskən'tinju:] *t.* interrompre, cessar, suspendre. ■ *2 i.* interrompre's *p.*, suspendre's *p.*, acabar.

discontinuous [diskən'tinjues] *a.* discontinu.

discord ['diskɔ:d] *s.* discòrdia *f.* 2 MÚS. dissonància *f.*

discordant [dis'kɔ:dənt] *a.* discordant. 2 MÚS. dissonant.

discount ['diskaunt] *s.* descompte *m.*, rebaixa *f.*

discount (to) [dis'kaunt] *t.* descomptar, rebaixar. 2 rebutjar; no fer cas.

discourage (to) [dis'kʌridʒ] *t.* descoratjar, desanimar. 2 dissuadir.

discouragement [dis'kʌridʒmənt] *s.* descoratjament *m.*, desànim *m.* 2 dissuasió *f.*

discourse ['diskɔ:s] *s.* discurs *m.*, conferència *f.*, conversa *f.*, dissertació *f.;* tractat *m.*

discourse (to) [dis'kɔ:s] *i.* dissertar, discórrer, exposar. ‖ *to ~ upon*, parlar de.

discourteous [dis'kə:tjəs] *a.* descortès.

discourtesy [dis'kə:tisi] *s.* descortesia *f.*

discover (to) [dis'kʌvəʳ] *t.* descobrir, trobar.

discoverable [dis'kʌvərəbl] *a.* esbrinadís.

discoverer [dis'kʌvərəʳ] *s.* descobridor.

discovery [dis'kʌvəri] *s.* descobriment *m.*, troballa *f.*

discredit [dis'kredit] *s.* descrèdit *m.*, desprestigi *m.* 2 dubte *m.*

discredit (to) [dis'kredit] *t.* desacreditar, desprestigiar, deshonrar. 2 posar en dubte; no creure.

discreet [dis'kri:t] *a.* discret, prudent, assenyat, seriós.

discrepancy [dis'krepənsi] *s.* discrepància *f.*, diferència *f.*

discretion [dis'kreʃən] *s.* discreció *f.*, prudència *f.*, sensatesa *f.*, seny *m.*

discriminate (to) [dis'krimineit] *t.* distingir, diferenciar, discernir, discriminar. ■ *2 i.* discriminar *t.*

discriminating [dis'krimineitiŋ] *a.* perspicaç, sagaç. 2 discriminant.

discrimination [diskrimi'neiʃən] *s.* discerniment *m.* 2 discriminació *f.*

discursive [dis'kə:siv] *a.* divagador. 2 discursiu.

discus ['diskəs] *s.* ESPORT disc *m.*

discuss (to) [dis'kʌs] *t.* parlar; tractar; discutir.

discussion [dis'kʌʃən] *s.* discussió *f.*, debat *m.*

disdain [dis'dein] *s.* desdeny *m.*, menyspreu *m.*

disdain (to) [dis'dein] *t.* desdenyar, menysprear. ‖ *to ~ to*, no dignar-se *p.* a.

disdainful [dis'deinful] *a.* desdenyós.

disease [di'zi:z] *s.* malaltia *f.*, afecció *f.*

diseased [di'zi:zd] *a.* malalt. 2 morbós, malalt [ment]. 3 MED. contagiat [teixit].

disembark (to) [disim'ba:k] *t.-i.* desembarcar.

disembarkation [disemba:'keiʃən] *s.* desembarcament *m.*

disembodied [‚disim'bɔdid] a. incorpori, immaterial.

disembowel (to) [‚disim'bauəl] t. esbudellar, estripar.

disenchant (to) [‚disin'tʃɑːnt] t. desencantar, desencisar, desil·lusionar.

disenchantment [‚disin'tʃɑːntmənt] s. desencant m., desencís m.; desengany m., desil·lusió f.

disencumber (to) [‚disin'kʌmbəˈ] t. desembarassar.

disengage (to) ['disin'geidʒ] t. deslligar, deslliurar; desembarassar. 2 AUTO. desembragar. 3 MEC. desenclavar, desenganxar. 4 MIL. retirar. ■ 5 i. MIL. retirar-se p.

disengaged [‚disin'geidʒd] a. lliure; desocupat.

disentangle (to) [‚disin'tæŋgl] t. desenredar, desembrollar; aclarir. ■ 2 i. desenredar-se p.

disentanglement [‚disin'tæŋglmənt] s. desembolic m., desembrollament m., desembullament m.

disestablishment [‚disis'tæblifmənt] s. separació f. de l'Església i l'Estat.

disfavour, (EUA) **disfavor** [dis'feivəˈ] s. desfavor m., desaprovació f.; desgràcia f.

disfigure (to) [dis'figəˈ] t. desfigurar, enlletgir, deformar.

disfranchise (to) [dis'fræntʃaiz] t. privar dels drets civils. 2 privar del dret de vot.

disgorge (to) [dis'gɔːdʒ] t. vomitar, gitar. 2 retornar, tornar, restituir.

disgrace [dis'greis] s. desgràcia f., infortuni m. 2 deshonra f., vergonya f.

disgrace (to) [dis'greis] t. deshonrar, desacreditar. ■ 2 p. to ~ oneself, deshonrar-se, desacreditar-se.

disgraceful [dis'greisful] a. deshonrós, vergonyós, escandalós.

disgruntled [dis'grʌntld] a. descontent, malhumorat.

disguise [dis'gaiz] s. disfressa f.

disguise (to) [dis'gaiz] t. disfressar. 2 amagar, ocultar, dissimular.

disgust [dis'gʌst] s. aversió f., fàstic m., repugnància f., repulsió f.

disgust (to) [dis'gʌst] t. repugnar, fer fàstic, fastiguejar.

disgusting [dis'gʌstiŋ] a. repugnant, fastigós. ‖ how ~!, quin fàstic!

dish [diʃ] s. plat m. 2 plata f. 3 pop. bombó m. [persona atractiva].

dish (to) [diʃ] t. to ~ up, posar en una plata, servir. 2 fig. presentar [arguments, etc.]. 3 to ~ out, distribuir. 4 col·loq. frustrar.

dish-cloth ['diʃklɔθ] s. drap m. de cuina.

dishearten (to) [dis'hɑːtn] t. descoratjar, desanimar.

dishevel (to) [di'ʃevəl] t. despentinar, descabellar; desendreçar.

dishevelled [di'ʃevəld] a. despentinat, descabellat; deixat, descurat.

dishonest [dis'ɔnist] a. deshonest, fals, poc honrat. 2 fraudulent. ■ 3 -ly adv. deshonestament; fraudulentament.

dishonesty [dis'ɔnisti] s. deshonestedat f., falsedat f., manca f., d'honradesa.

dishonour, (EUA) **dishonor** [dis'ɔnəˈ] s. deshonor m., deshonra f., vergonya f. 2 afront m.

dishonour (to), (EUA) **dishonor (to)** [dis'ɔnə] t. deshonrar. 2 afrontar. 3 refusar de pagar [un xec, un deute, etc.].

dishonourable, (EUA) **dishonorable** [dis'ɔnərəbl] a. deshonrós. 2 poc honrat.

dishwasher ['diʃwɔʃəˈ] s. rentaplats m. pl.

disillusion [disi'luːʒən] s. desil·lusió f., desengany m., desencant m.

disillusion (to) [disi'luːʒən] t. desil·lusionar.

disinclination [disinkli'neiʃən] s. aversió f.; resistència f.

disincline (to) ['disin'klain] t. to be disinclined, estar o sentir-se poc disposat, poc inclinat.

disinfect (to) [disin'fekt] t. desinfectar.

disinfectant [disin'fektənt] a. desinfectant. ■ 2 s. desinfectant m.

disinfection [disin'fekʃən] s. desinfecció f.

disingenuous [disin'dʒenjuəs] a. fals, enganyós, simulat.

disinherit (to) [disin'herit] t. desheretar.

disintegrate (to) [dis'intigreit] t. desintegrar, disgregar. ■ 2 i. desintegrar-se p., disgregar-se p.

disinter (to) [disin'təːˈ] s. desenterrar, exhumar.

disinterested [dis'intristid] a. desinteressat. 2 imparcial.

disinterment [disin'təːmənt] s. desenterrament m., exhumació f.

disinvestment [disin'vestmənt] s. ECON. desinversió f.

disjoin (to) [dis'dʒɔin] t. separar, desjuntar, desunir. ■ 2 i. separar-se p., desjuntar-se p., desunir-se p.

disjoint (to) [dis'dʒɔint] *t.* desarticular, desencaixar, desllorigar, desengranar, desmembrar.

disjointed [dis'dʒɔintid] *a.* inconnex, incoherent [un discurs, etc.].

dislike [dis'laik] *s.* aversió *f.*, antipatia *f.*

dislike (to) [dis'laik] *t.* desagradar, no agradar. 2 tenir antipatia, sentir aversió.

dislocate (to) [dis'ləkeit] *t.* dislocar, desllorigar, desconjuntar, desencaixar.

dislodge (to) [dis'lɔdʒ] *t.* desallotjar, desocupar, fer fora.

disloyal [dis'lɔiəl] *a.* deslleial.

disloyalty [dis'lɔiəlti] *s.* deslleialtat *f.*

dismal ['dizməl] *a.* trist, melangiós, depriment.

dismantle (to) [dis'mæntl] *t.* desmantellar, desguarnir. 2 desmuntar.

dismay [dis'mei] *s.* descoratjament *m.*, desànim *m.* 2 consternació *f.*, desconcert *m.*, abatiment *m.*

dismay (to) [dis'mei] *t.* descoratjar, desanimar, espantar, consternar, abatre.

dismember (to) [dis'membə'] *t.* desmembrar.

dismiss (to) [dis'mis] *t.* acomiadar, expulsar, despatxar. 2 destituir, llicenciar. 3 deixar marxar. 4 dissoldre [una junta, etc.]. 5 rebutjar, allunyar [un pensament, etc.].

dismissal [dis'misəl] *s.* acomiadament *m.*, expulsió *f.* 2 destitució *f.* 3 dissolució *f.*

dismount (to) ['dis'maunt] *t.* desmuntar. ■ 2 *i.* descavalcar, baixar.

disobedience [.disə'bi:djəns] *s.* desobediència *f.*

disobedient [.disə'bi:djənt] *a.* desobedient, malcreient.

disobey (to) [.disə'bei] *t.-i.* desobeir *t.*

disorder [dis'ɔ:də'] *s.* desordre *m.*, confusió *f.*, garbuix *m.*, tumult *m.* 2 malaltia *f.*, trastorn *m.*

disorder (to) [dis'ɔ:də'] *t.* desordenar, trastornar. 2 trastocar, pertorbar.

disorderly [dis'ɔ:dəli] *a.* desordenat. 2 esvalotat, tumultuós.

disorganization [dis.ɔ:gənai'zei:ʃən] *s.* desorganització *f.*

disorganize (to) [dis'ɔ:gənaiz] *t.* desorganitzar.

disown (to) [dis'oun] *t.* repudiar, rebutjar, negar, renegar.

disparage (to) [dis'pæridʒ] *t.* detractar, denigrar. 2 menystenir, menysprear, rebaixar.

disparagement [dis'pæridʒmənt] *s.* detracció *f.*, menyspreu *m.*

disparagingly [dis'pæridʒiŋli] *adv.* amb desdeny, desdenyosament.

disparity [dis'pæriti] *s.* disparitat *f.*

dispassionate [dis'pæʃənit] *a.* desapassionat, fred. 2 imparcial.

dispatch [dis'pætʃ] *s.* despatx *m.* [acció]. 2 despatx *m.*, comunicat *m.*, comunicació *f.* 3 celeritat *f.*, promptitud *f.*

dispatch (to) [dis'pætʃ] *t.* despatxar, enviar, expedir. 2 enllestir.

dispel (to) [dis'pel] *t.* dissipar, esvair.

dispensary [dis'pensəri] *s.* dispensari *m.*

dispensation [.dispen'seiʃən] *s.* dispensació *f.*, distribució *f.* 2 designi *m.* diví, providència *f.* divina. 3 exempció *f.*, dispesa *f.* 4 REL. llei *f.* 5 DRET administració *f.*

dispense (to) [dis'pens] *t.* dispensar, distribuir, concedir. 2 dispensar, eximir. 3 DRET administrar. ■ 4 *i.* *to ~ with*, prescindir de.

dispersal [dis'pə:səl] *s.* dispersió *f.*

disperse (to) [dis'pə:s] *t.* dispersar. 2 FÍS. descompondre [la llum]. ■ 3 *i.* dispersar-se *p.* 4 FÍS. descompondre's *p.*

dispirit (to) [di'spirit] *t.* descoratjar, desanimar.

displace (to) [dis'pleis] *t.* desplaçar. 2 traslladar, canviar de lloc. || *displaced person*, exiliat. 3 reemplaçar, substituir. 4 QUÍM. desplaçar.

displacement [dis'pleismənt] *s.* desplaçament *m.* 2 trasllat *m.* 3 reemplaçament *m.*, substitució *f.*

display [dis'plei] *s.* exposició *f.*; exhibició *f.*; demostració *f.*; manifestació *f.* 2 ostentació *f.* 3 pompa *f.*, cerimònia *f.* 4 TECNOL. representació *f.* visual.

display (to) [dis'plei] *t.* desplegar. 2 exposar, mostrar. 3 exhibir, ostentar, lluir.

display artist [dis'plei.ɑ:tist] *s.* aparadorista.

displease (to) [dis'pli:z] *t.* desagradar, disgustar, ofendre, enutjar.

displeasure [dis'pleʒə'] *s.* desgrat *m.*, desplaer *m.*, disgust *m.*

disposable [dis'pouzəbl] *a.* disponible. 2 no retornable, per llençar.

disposal [dis'pouzəl] *s.* disposició *f.*, arranjament *m.*, col·locació *f.* [acció]. 2 destrucció *f.*, eliminació *f.*: *waste ~*, destrucció *f.* d'escombraries. 3 neutralització *f.* [d'una bomba]. 4 evacuació *f.* 5 disposició *f.*, resolució *f.* || *at the ~ of*, a la disposició de. 6 COM. venda *f.*

dispose (to) [dis'pouz] *t.* disposar, col·locar, arranjar. 2 decidir, determinar. 3 inclinar, moure, persuadir. ■ *4 i. to ~ of,* disposar de; desfer-se *p.* de, llençar *t.* 5 cedir *t.,* alienar *t.* [els drets, etc.]. *6* resoldre *t.* [un problema]. 7 despatxar *t.* [un negoci]. *8* COM. vendre *t.*

disposition [dispə'ziʃən] *s.* disposició *f.,* arranjament *m.* 2 caràcter *m.,* temperament *m.* 3 inclinació *f.,* tendència *f.,* propensió *f.,* predisposició *f.* 4 traspàs *m.* [propietat].

disposses (to) [dispə'zes] *t.* desposseir. 2 DRET desnonar.

disproportion [disprə'pɔːʃən] *s.* desproporció *f.*

disproportionate [disprə'pɔːʃənit] *a.* desproporcionat.

disproval ['dis'pruːvəl] *s.* refutació *f.*

disprove (to) [dis'pruːv] *t.* refutar, confutar.

disputable [dis'pjuːtəbl] *a.* disputable, discutible, controvertible, qüestionable.

dispute [dis'pjuːt] *s.* disputa *f.,* discussió *f.: in ~,* a debat *m.* 2 DRET plet *m.,* litigi *m.: under ~,* en litigi *m.*

dispute (to) [dis'pjuːt] *t.* discutir, disputar. ■ *2 i.* controvertir, disputar.

disqualify (to) [dis'kwɔlifai] *t.* inhabilitar, incapacitar. 2 ESPORT desqualificar.

disqualification [dis,kwɔlifi'keiʃən] *s.* inhabilitació *f.,* incapacitació *f.* 2 ESPORT desqualificació *f.*

disquiet [dis'kwaiət] *s.* inquietud *f.,* ànsia *f.,* preocupació *f.,* intranquil·litat *f.*

disquiet (to) [dis'kwaiət] *t.* inquietar, desassossegar, preocupar, intranquil·litzar.

disquieting [dis'kwaiətiŋ] *a.* inquietant, preocupant.

disregard ['disri'gaːd] *s.* desatenció *f.;* indiferència *f.;* despreocupació *f.;* desdeny *m.* 2 DRET desacatament *m.*

disregard (to) [disri'gaːd] *t.* desatendre, descurar, desdenyar. 2 DRET desacatar.

disrepair [disri'pɛəʳ] *s.* mal estat *m.,* deteriorament *m.,* ruïna *f.* ‖ *to fall into ~,* deteriorar-se *p.,* amenaçar ruïna.

disreputable [dis'repjutəbl] *a.* desacreditat. 2 deshonrós, vergonyós. 3 de mala reputació.

disrepute [disri'pjuːt] *s.* descrèdit *m.,* desprestigi *m.,* deshonra *f.* 2 mala reputació *f.,* mala fama *f.* ‖ *to fall into ~,* desprestigiar-se *p.,* desacreditar-se *p.*

disrespect [disris'pekt] *s.* manca *f.* de respecte, desacatament *m.*

disrespectful [disris'pektful] *a.* irrespectuós.

disrobe (to) [dis'roub] *t.* despullar, desvestir. ■ *2 i.* despullar-se *p.,* desvestir-se *p.*

disrupt (to) [dis'rʌpt] *t.* trencar, dividir. 2 desbaratar, alterar; interrompre.

disruption [dis'rʌpʃən] *s.* trencament *m.,* ruptura *f.,* divisió *f.* 2 trastorn *m.;* interrupció *f.;* desbaratament *m.;* desorganització *f.* [plans].

disruptive [dis'rʌptiv] *a.* destructiu. 2 trastornador. 3 perjudicial, nociu. 3 ELECT. disruptiu.

dissatisfaction [dis,sætis'fækʃən] *s.* insatisfacció *f.,* descontentament *m.*

dissatisfy (to) [di'sætisfai] *t.* descontentar, no satisfer.

dissect (to) [di'sekt] *t.* dissecar. 2 fig. dissecar, examinar detalladament.

dissection [di'sekʃən] *s.* dissecció *f.,* dissecació *f.*

dissemble (to) [di'sembl] *t.* simular, fingir. ■ *2 i.* dissimular *t.*

dissembler [di'sembləʳ] *s.* simulador, fingidor, hipòcrita.

disseminate (to) [di'semineit] *t.* disseminar. 2 difondre, divulgar, propagar. ■ *3 i.* disseminar-se *p.* 4 difondre's *p.,* divulgar-se *p.,* propagar-se *p.*

dissension [di'senʃən] *s.* dissensió *f.,* discòrdia *f.*

dissent [di'sent] *s.* dissentiment *m.*

dissent (to) [di'sent] *i.* dissentir, diferir, discrepar.

dissertation [disə'teiʃən] *s.* dissertació *f.*

disservice [dis'səːvis] *s.* perjudici *m.*

dissever (to) [dis'sevəʳ] *t.* partir, dividir, separar, desunir. 2 partir, dividir. 3 trencar [relacions]. ■ *4 i.* separar-se *p.,* desunir-se *p.*

dissidence ['disidəns] *s.* dissidència *f.* 2 dissentiment *m.,* desacord *m.*

dissimilar [di'similəʳ] *a.* diferent, desigual, distint.

dissimilarity [disimi'læriti] *s.* diferència *f.,* dissemblança *f.,* desigualtat *f.*

dissimulate (to) [di'simjuleit] *t.-i.* dissimular, fingir.

dissimulation [di,simju'leiʃən] *s.* dissimulació *f.,* fingiment *m.,* simulació *f.* 2 hipocresia *f.*

dissipate (to) ['disipeit] *t.* dissipar. 2 esvair. ■ *3 i.* dissipar-se *p.,* esvair-se *p.*

dissipation [disi'peiʃən] *s.* dissipació *f.* 2 diversió *f.* 3 dissolució *f.*

dissociate (to) [di'souʃieit] *t.* dissociar. ■ 2 *i.* dissociar-se *p.*

dissociation [diˌsousi'eiʃən] *s.* dissociació *f.*

dissoluble [di'sɔljubl] *a.* dissoluble.

dissolute ['disəljuːt] *a.* dissolut, dissipat.

dissoluteness [disəlju:tnis] *s.* dissolució *f.*, dissipació *f.*

dissolution [disə'luːʃən] *s.* dissolució *f.* [acció de dissoldre o dissoldre's]. 2 DRET dissolució *f.*

dissolve (to) [di'zɔlv] *t.* dissoldre. 2 fig. desfer. 3 CINEM. fondre, encadenar. ■ 4 *i.* dissoldre's *p.* 5 fig. desfer-se *p.* 6 CINEM. fondre's *p.*, encadenar-se *p.*

dissonance ['disənəns] *s.* discòrdia *f.*, dissensió *f.* 2 MÚS. dissonància *f.*

dissuade (to) [di'sweid] *t.* dissuadir, desaconsellar.

dissuasion [di'sweiʒən] *s.* dissuasió *f.*

distaff ['distɑːf] *s.* filosa *f.*

distance ['distəns] *s.* distància *f.* 2 llunyania *f.*, llunyària *f.*: *in the* ~, lluny, al lluny. 3 MÚS. interval *m.* 4 ESPORT *long* ~ *race*, cursa *f.* de fons; *middle* ~ *race*, cursa *f.* de mig fons.

distance (to) ['distəns] *t.* distanciar. 2 allunyar.

distant ['distənt] *a.* distant, llunyà. 2 fig. distant, fred.

distaste [dis'teist] *s.* aversió *f.*, odi *m.*, repugnància *f.*

distasteful [dis'teistful] *a.* desagradable, repugnant.

distemper [dis'tempə'] *s.* VET. brom *m.* 2 fig. malaltia *f.*, malestar *m.* 3 B. ART. trempa *f.*, pintura *f.* al tremp. 4 DRET desordre *m.*

distemper (to) [dis'tempə'] *t.* pintar al tremp.

distend (to) [dis'tend] *t.* inflar, dilatar, distendre. ■ 2 *i.* inflar-se *p.*, dilatar-se *p.*, distendre's *p.*

distil, (EUA) **distill (to)** [dis'til] *t.-i.* destil·lar *t.*

distillation [disti'leiʃən] *s.* destil·lació *f.* 2 extret *m.*, essència *f.*

distillery [dis'tiləri] *s.* destil·leria *f.*

distinct [dis'tiŋkt] *a.* distint, clar. 2 diferent: *as* ~ *from*, a diferència de. 3 marcat, assenyalat.

distinction [dis'tiŋkʃən] *s.* distinció *f.* 2 diferència *f.* ǁ *of* ~, distingit *a.*, eminent *a.*; *with* ~, amb distinció, amb menció.

distinctive [dis'tiŋktiv] *a.* distintiu.

distinguish (to) [dis'tiŋgwiʃ] *t.* distingir. 2 discernir. ■ 3 *i.* distingir-se *p.*

distinguished [dis'tiŋgwiʃt] *a.* distingit. 2 famós, eminent, notable.

distorsion [dis'tɔːʃən] *s.* distorsió *f.*, deformació *f.* 2 fig. tergiversació *f.*, falsejament *f.*, desnaturalització *f.* 3 FÍS., FOT. distorsió *f.*

distort (to) [dis'tɔːt] *t.* torçar, deformar. 2 fig. tergiversar, falsejar.

distract (to) [dis'trækt] *t.* distreure. 2 pertorbar, enfollir. 3 atordir, confondre.

distracted [dis'træktid] *a.* distret. 2 pertorbat, enfollit, trastornat.

distraction [dis'trækʃən] *s.* distracció *f.* 2 pertorbació *f.*, confusió *f.* 3 bogeria *f.* 4 diversió *f.*, entreteniment *m.*

distraught [dis'trɔːt] *a.* boig, enfollit.

distress [dis'tres] *s.* pena *f.*, aflicció *f.* 2 misèria *f.*, pobresa *f.*, necessitat *f.* 3 tràngol *m.* 4 MED. cansament *m.*, esgotament *m.* 5 DRET embargament *m.*

distress (to) [dis'tres] *t.* afligir, entristir. 2 preocupar, neguitejar.

distressed [dis'trest] *a.* afligit, neguitós, engoixat. 2 en perill. 3 MED. esgotat.

distressing [dis'tresiŋ] *a.* penós.

distribute (to) [dis'tribjuːt] *t.* distribuir, repartir. 2 classificar.

distribution [distri'bjuːʃən] *s.* distribució *f.*, repartiment *m.* 2 classificació *f.* [estadística].

distributive [dis'tribjutiv] *a.* distributiu. ■ 2 *s.* GRAM. adjectiu distributiu.

distributor [dis'tribjutə'] *s.* distribuïdor.

district ['distrikt] *s.* districte *m.* 2 partit *m.*, comarca *f.*, regió *f.* 3 barri *m.*

distrust [dis'trʌst] *s.* desconfiança *f.*, recel *m.*

distrust (to) [dis'trʌst] *t.* desconfiar, recelar, malfiar-se *p.*

disturb (to) [dis'təːb] *t.* torbar, pertorbar, trastornar, preocupar. 2 agitar. 3 distreure, destorbar, molestar. ǁ *Do not* ~, no molesteu.

disturbance [dis'təːbəns] *s.* torbació *f.*, pertorbació *f.*, trastorn *m.* 2 agitació *f.*, alteració *f.* 3 destorb *m.*, molèstia *f.*, malestar *m.*

disturbing [dis'təːbiŋ] *a.* pertorbador, torbador. 2 molest, preocupant.

disunion [dis'juːnjən] *s.* desunió *f.* 2 dissensió *f.*

disunite (to) [disju'nait] *t.* desunir. ■ 2 *i.* desunir-se *p.*

disuse [dis'juːs] *s.* desús *m.*, abandó *m.*

disuse (to) [dis'juːz] *t.* desusar, deixar d'usar.

ditch [ditʃ] *s.* rasa *f.*, fossat *m.*, cuneta *f.*, canal *m.*, sèquia *f.*, rec *m.*, reguer *m.* 2 ESPORT fossat *m.*

ditch (to) [ditʃ] *t.* fer rases o sèquies en. 2 col·loq. abandonar, deixar, llençar, desfer-se *p.* de. ■ 3 *i.* obrir rases o sèquies. 2 AVIA. amarar per força.

dither [diðə'] *s. to be all of a ~*, estar fet un embolic.

dither (to) [diðə'] *i.* vacil·lar, dubtar.

ditto [ditou] *s.* ídem *adv.*

ditto mark [ditou,maːk] *s.* cometes *f. pl.*

ditty [diti] *s.* cançó *f.*, corranda *f.*

diurnal [dai'əːnl] *a.* diürn.

divagate (to) [daivəgeit] *i.* divagar.

divagation [daivə'geiʃən] *s.* divagació *f.*

divan [di'væn] *s.* divan *m.*

dive [daiv] *s.* capbussada *f.*, immersió *f.*, submersió *f.* 2 salt *m.* [a l'aigua]. 3 col·loq. taverna *f.*, timba *f.* 4 AVIA. picat *m.* 5 ESPORT estirada *f.* [del porter].

dive (to) [daiv] *i.* cabussar-se *p.*, capbussar-se *p.*, submergir-se *p.* 2 nedar sota l'aigua. 3 tirar-se *p.* de cap. 4 AVIA. baixar en picat. 5 ESPORT estirar-se *p.*, tirar-se *p.* [el porter]. ■ 6 *t.* cabussar, submergir.

diver [daivə'] *s.* bus.

diverge (to) [dai'vəːdʒ] *i.* divergir. 2 separar-se *p.*, allunyar-se *p.* 3 dissentir, divergir, discrepar. ■ 4 *t.* desviar.

divergence [dai'vəːdʒəns] *s.* divergència *f.*

divergent [dai'vəːdʒənt] *a.* divergent.

diverse [dai'vəːs] *a.* divers, diferent, distint, vari.

diversify (to) [dai'vəːsifai] *t.* diversificar, variar.

diversion [dai'vəːʃən] *s.* desviació *f.*, desviament *m.* 2 diversió *f.*, entreteniment *m.*, distracció *f.*

diversity [dai'vəːsiti] *s.* diversitat *f.*

divert (to) [dai'vəːt] *t.* desviar, allunyar. 2 divertir, entretenir. 3 distreure.

diverting [dai'vəːtiŋ] *a.* divertit.

divest (to) [dai'vest] *t.* desvestir, despullar. 2 desposseir. ■ 3 *p. to ~ oneself*, desfer-se, desembarassar-se, desempallegar-se.

divide (to) [di'vaid] *t.* dividir, separar. ■ 2 *i.* dividir-se *p.*, separar-se *p.*; bifurcar-se *p.*

dividend [dividend] *s.* COM., MAT. dividend *m.*

divider [di'vaidə'] *s.* partidor. 2 MAT. divisor *m.* 3 *pl.* compàs *m.*

divination [divi'neiʃən] *s.* endevinació *f.*

divine [di'vain] *a.* diví. 2 fig. sublim, meravellós. ■ 2 *s.* teòleg, eclesiàstic.

divine (to) [di'vain] *t.-i.* endevinar *t.* 2 predir *t.*

diviner [di'vainə'] *s.* endevinador, endevinaire.

diving [daiviŋ] *s.* immersió *f.* 2 cabussada *f.* 3 AVIA. picat *m.* 4 ESPORT salt *m.*

diving bell [daiviŋbel] *s.* campana *f.* de bus.

diving board [daiviŋbɔːd] *s.* trampolí *m.*

diving suit [daiviŋsuːt] *s.* vestit *m.* de bus.

divining [di'vainiŋ] *a.* endevinatori.

divining rod [di'vainiŋrɔd] *s.* vareta *f.* de saurí.

divinity [di'viniti] *s.* divinitat *f.* 2 teologia *f.*

divisibility [di,vizi'biliti] *s.* divisibilitat *f.*

divisible [di'vizəbl] *a.* divisible.

division [di'viʒən] *s.* divisió *f.* 2 separació *f.* 3 secció *f.*, departament *m.* 4 desacord *m.*, discrepància *f.* 5 votació *f.* [Parlament Britànic]. 6 MAT. divisió *f.*

divisor [di'vaizə'] *s.* MAT. divisor *m.*

divorce [di'vɔːs] *s.* divorci *m.*

divorce (to) [di'vɔːs] *t.* divorciar. ■ 2 *i.* divorciar-se *p.*

divorcee [di,vɔːr'siː] *s.* divorciat.

divulge (to) [dai'vʌldʒ] *t.* divulgar, fer públic.

DIY [diːai'wəi] *s. (do-it-yourself)* bricolatge *m.*

dizziness [dizinis] *s.* vertigen *m.*, mareig *m.*, rodament *m.* de cap.

dizzy [dizi] *a.* vertiginós. 2 marejat, atordit.

DNA [diːen'ei] *s. (deoxyribonucleic acid)* ADN *m.* (àcid deoxiribonucleic).

do (to) [duː] *t.* fer [sentit general]. 2 concloure, acabar. 3 complir [un deure, etc.]. || *to ~ one's best*, esforçar-se *p.*, mirar-s'hi *p.* 4 produir. 5 preparar, arranjar. || *to ~ one's hair*, pentinar-se *p.* 6 guisar, coure. ■ 7 *i.* obrar, actuar. 8 portar-se *p.*, comportar-se *p.*, estar. || *how ~ you ~ ?*, molt de gust, encantat. 9 *well to ~*, ric. ■ *to ~ away with*, abolir; *to ~ by*, tractar; *to ~ for*, treballar per a; espavilar-se *p.*; destruir, acabar; *to ~ out*, netejar, arranjar; *to ~ up*, restaurar, reparar; lligar, embolicar; cordar; *to ~ with*, fer amb; aguantar, tolerar; neces-

docile

sitar, estar satisfet amb; **to ~ without,** passar sense, prescindir de; ▲ a) auxiliar en frases negatives [*he did not go,* no hi va anar] i interrogatives [*does he go?* ell hi va?]; b) per emfatitzar [*I do like it,* m'agrada de veritat]; c) per substituir un verb que no es vol repetir [*she plays the piano better now than she did last year,* toca el piano millor ara que no [el tocava] l'any passat]. ▲ INDIC. Pres., 3.ª pers.: *does* [dʌz, dəz]. | Pret.: *did* [did]. | P. p.: *done* [dʌn].

docile ['dousail] *a.* dòcil.

docility [dou'siliti] *s.* docilitat *f.*

dock [dɔk] *s.* dic *m.,* dàrsena *f.* 2 desambarcador *m.;* moll *m.* 3 banc *m.* dels acusats. 4 BOT. paradella *f.* 5 *pl.* port *m.*

dock (to) [dɔk] *t.* escuar. 2 tallar, retallar. 3 descomptar, deduir. 4 acoblar [naus espacials]. 5 NÀUT. *fer entrar un vaixell en un dic.* ■ 6 *i.* acoblar-se *p.* [naus espacials]. 7 entrar en un dic.

docker ['dɔkə'] *s.* estibador, carregador o descarregador del moll.

dockyard ['dɔkjɑːd] *s.* drassana *f.*

doctor ['dɔktə'] *m.* doctor. 2 metge, facultatiu.

doctor (to) ['dɔktə'] *t.* doctorar. 2 MED. tractar. 3 reparar, esmenar. 4 adulterar [menjar, etc.]. 5 trucar, falsejar.

doctorate ['dɔktərit] *s.* doctorat *m.*

doctrine ['dɔktrin] *s.* doctrina *f.*

document ['dɔkjumənt] *s.* document *m.*

document (to) ['dɔkjumənt] *t.* documentar.

documentary [dɔkju'mentəri] *a.* documental: ~ *proof,* prova documental. ■ 2 *s.* CINEM. documental *m.*

dodder (to) ['dɔdə'] *i.* tentinejar, fer tentines.

dodge [dɔdʒ] *s.* esquivament *m.,* esquivada *f.,* finta *f.* 2 truc *m.,* astúcia *f.,* argúcia *f.*

dodge (to) [dɔdʒ] *i.* esquitllar-se *p.,* escapolir-se *p.,* esmunyir-se *p.;* enretirar-se *p.* 2 amagar-se *p.* 3 anar amb embuts. ■ 4 *t.* defugir, eludir, esquivar. 5 col·loq. fer campana.

dodgems ['dɔdʒemz] *s.* autos *m.* de xoc.

dodger ['dɔdʒə'] *s.* trampós, murri.

doe [dou] *s.* ZOOL. daina *f.;* conilla *f.,* llebre *f.*

doer ['duːə'] *s.* agent, persona *f.* activa.

does [dʌz, dəz] Vegeu DO (TO).

doff (to) [dɔf] *t.* ant. treure's *p.* [el barret, l'abric, etc.].

dog [dɔg] *s.* ZOOL. gos *m.,* (BAL.) ca *m.* ‖ *stray ~,* gos vagabund. ‖ col·loq. *the dogs,* cursa de llebrers. 2 mascle *m.* [de la guineu, del llop, etc.]. 3 pop., pej. gos *m.: dirty ~,* malparit *m.* 4 ASTR. ca *m.* 5 TECNOL. capçal *m.* 6 ~ *in the manger,* que no fa ni deixa fer. **hot ~,** frankfurt *m.* 7 *to go to the dogs,* arruinar-se *p.*

dog (to) [dɔg] *t.* perseguir, seguir, empaitar.

dog days ['dɔgdeiz] *s. pl.* canícula *f.*

doge [doudʒ] *s.* dux *m.* [de Venècia i de Gènova].

dog-ear ['dɔgiə'] *s.* punta *f.* doblegada d'una pàgina. ■ 2 *a.* *dog-eared,* gastat [un llibre, una revista, etc.].

dogfight ['dɔgfait] *s.* baralla *f.* de gossos. 2 col·loq. brega *f.,* batussa *f.* 3 AVIA. combat *m.* aeri.

dogfish ['dɔgfiʃ] *s.* ICT. gat *m.*

dogged ['dɔgid] *a.* tossut, obstinat. ■ 2 -ly *adv.* obstinadament.

doggedness ['dɔgidnis] *s.* tossuderia *f.,* obstinació *f.,* tenacitat *f.*

doggerel ['dɔgərəl] *s.* vers *m.* dolent o vulgar. 2 pej. rodolí *m.*

doggish ['dɔgiʃ] *a.* semblant al gos, caní. 2 fig. esquerb.

dogma ['dɔgmə] *s.* dogma *m.*

dogmatic(al [dɔg'mætik(əl] *a.* dogmàtic.

do-gooder [duːˈgudə'] *s.* benefactor.

dogsbody ['dɔgsbɔdi] *s.* fig. bèstia *f.* de càrrega.

dog tired [dɔgˈtaiəd] *a.* esgotat.

doing ['duːiŋ] *ger.* de TO DO. ■ 2 *s.* obra *f.,* acció *f.* 3 esforç *m.* 4 *pl.* esdeveniments *m.,* fets *m.*

doldrums ['dɔldrəmz] *s. pl.* MAR. zona *f. sing.* de calmes equatorials. 2 *in the ~,* abatut, afligit; en calma [borsa]; ECON. estancat; NEG. aturat.

dole [doul] *s.* col·loq. subsidi *m.* de l'atur: *to be on the ~,* cobrar de l'atur. 2 distribució *f.,* repartiment *m.* [de menjar, vestits, etc.].

doleful ['doulful] *a.* trist, dolorós, lúgubre. 2 afligit.

doll [dɔl] *s.* nina *f.* 2 col·loq. nena *f.,* noia *f.*

dollar ['dɔlə'] *s.* dòlar *m.*

dolly ['dɔli] *s.* nineta *f.* 2 picador *m.* [per rentar roba]. 3 bolquet *m.,* carretó *m.* 4 CINEM. travelling *m.*

Dolly ['dɔli] *n. pr. f.* (*dim. Dorothy*) Dorotea.

dolphin ['dɔlfin] *s.* ZOOL. dofí *m.*

dolt [doult] s. talós, toix.

domain [dǝ'mein] s. domini m. 2 finca f., propietat f. 3 camp m., àrea f., terreny m. [de coneixements, de ciència].

dome [doum] s. ARQ. cúpula f.

domestic [dǝ'mestik] a. domèstic. 2 casolà. 3 nacional, interior. ■ 4 s. domèstic, criat.

domesticate (to) [dǝ'mestikeit] t. domesticar. 2 civilitzar. 3 aclimatar [plantes].

domicile ['dǝmisail] s. domicili m.

dominance ['dɔminǝns] s. dominació f., predomini m.

dominant ['dɔminǝnt] a. dominant. ■ 2 s. MÚS. dominant f.

dominate (to) ['dɔmineit] t. dominar. ■ 2 i. dominar. 3 predominar.

domination [ˌdɔmi'neiʃǝn] s. dominació f.

domineer (to) [ˌdɔmi'niǝʳ] i. dominar, tiranitzar t.

domineering [ˌdɔmi'niǝriŋ] a. dominant, autoritari.

dominion [dǝ'minjǝn] s. dominació f., govern m. 2 senyoria f. 3 pl. REL. *dominions,* dominacions f.

domino ['dɔminou] s. dominó m. [vestit]. 2 JOC dòmino m. [fitxa]. 3 pl. *dominoes.* JOC dòmino m.

don [dɔn] s. don m. [tractament espanyol]. 2 (G.B.) professor m., catedràtic m.

don (to) [dɔn] t. ant. vestir-se p.

donate (to) [dou'neit] t. donar.

donation [dou'neiʃǝn] s. donatiu m. 2 DRET donació f.

done [dʌn] Vegeu DO (TO). 2 acabat, enllestit. 3 esgotat, extenuat. 3 CUI. fet [carn]. 4 gastat. 5 ~!, fet!

donkey ['dɔŋki] s. ase m., burro m. 2 pl. col·loq. *donkey's years,* segles m.

donor ['dounǝʳ] s. donant.

doodle ['du:dl] s. gargot m.

doodle (to) ['du:dl] i. gargotejar, empastifar t.

doom [du:m] s. sentència f., condemna f. 2 destí m., sort f. 3 ruïna f., perdició f., condemnació f. 4 mort f. 5 REL. judici m. final.

doom (to) [du:m] t. destinar. 2 REL., DRET condemnar.

doomsday ['du:mzdei] s. REL. dia m. del judici m. final.

door [dɔːʳ, dɔǝʳ] s. porta f. ǁ *front ~,* porta d'entrada, porta principal. ǁ *next ~,* casa del costat. ǁ *out of doors,* a l'aire lliure. 2 portal m.

door bell [dɔːbel] s. timbre m. [de la porta].

door case ['dɔːkeis] s. marc m. de la porta.

door keeper ['dɔːˌkiːpǝʳ] s. porter, conserge.

doorknob ['dɔːˌnɔb] s. pom m. [de la porta].

doorman ['dɔːmǝn] s. porter, conserge.

door plate ['dɔːpleit] s. placa f. [a la porta].

doorstepping ['dɔːstepiŋ] s. el porta a porta m.

doorway ['dɔːwei] s. entrada f., portal m. 2 fig. porta f.

dope [doup] s. col·loq. droga f., narcòtic m. 2 col·loq. informació f. 3 col·loq. idiota.

dope (to) [doup] t. drogar, narcotitzar.

dormant ['dɔːmǝnt] a. adormissat, endormiscat, letàrgic. 2 inactiu, latent, secret. 3 DRET desusat.

dormitory ['dɔːmitri] s. dormitori m. [per varies persones en internats, etc.].

dormouse ['dɔːmaus] s. ZOOL. linó m. ▲ pl. *dormice* ['dɔːmais].

Dorothy ['dɔrǝθi] n. pr. f. Dorotea.

dorsal ['dɔːsǝl] a. ANAT. dorsal.

dosage ['dousidʒ] s. dosificació f. 2 administració f. [d'un fàrmac]. 3 fig. dosi f.

dose [dous] s. dosi f.

dose (to) [dous] t. medicar. 2 dosificar.

doss house ['dɔshaus] s. col·loq. fonda f. de mala mort.

dot [dɔt] s. punt m., senyal m. ǁ *on the ~,* a l'hora en punt. ǁ *three dots,* punts suspensius. ǁ *to pay on the ~,* pagar bitllo-bitllo, al comptat.

dot (to) [dɔt] t. posar el punt a [la i]. 2 escampar, sembrar. 3 MÚS. puntejar.

dotage ['doutidʒ] s. repapieg m.

dotard ['doutǝd] s. vell xaruc.

dote (to) [dout] i. repapiejar. 2 *to ~ on,* adorar t., estar boig per, perdre el seny per.

double ['dʌbl] a. doble, duple. 2 doble [de dues parts]. 3 doble [ambigu, insincer]: ~ *dealing,* doble joc, joc brut. 3 COM. ~ *entry,* partida doble. ■ 4 s. doble m. 5 duplicat m., còpia f. 6 plec m., doblec m. 7 pl. ESPORT dobles m. [tennis]. ■ 8 adv. doblement.

double (to) ['dʌbl] t. doblar, duplicar, redoblar; repetir. 2 doblegar, plegar. ■ 3 i. doblar-se p., duplicar-se p., redoblar. 4 *to ~ back,* tornar [algú] sobre els seus passos. *5 to* ~ *up,* doblegar(se), cargolar-se; compartir [habitació].

double-cross [dʌbl'krɔs] *t.* trair.

double-decker [dʌbl'dekə'] *s.* autobús *m.* de dos pisos. 2 (EUA) entrepà *m.* doble. 3 MAR. vaixell *m.* amb dues cobertes.

doubt [daut] *s.* dubte *m.* ‖ *no* ~, sens dubte. 2 incertesa *f.*

doubt (to) [daut] *t.* dubtar, (ROSS.) hesitar: *I* ~ *it,* ho dubto. ■ 2 *i.* dubtar, desconfiar.

doubtful [dautful] *a.* dubtós. 2 indecís. 3 incert. 4 sospitós.

doubtless [dautlis] *adv.* indubtablement, sens dubte.

dough [dou] *s.* pasta *f.,* massa *f.* [del pa]. 2 pop. pasta *f.* [diners].

doughnut [dounʌt] *s.* bunyol *m.*

doughty [dauti] *a.* poèt. valent, valerós.

doughy [doui] *a.* pastós, tou.

dour [duə'] *a.* auster, sever, rígid. 2 tossut, obstinat.

Douro [dourou] *s. n. pr.* GEOGR. Duero.

douse (to) [daus] *t.* ficar a l'aigua. 2 mullar, remullar, ruixar. 3 col·loq. apagar [un llum]. 4 MAR. arriar.

dove [dʌv] *s.* ORN. colom.

dovecote [dʌvkɔt] *s.* colomar *m.*

dowager [dauədʒə'] *s.* vídua *f.* rica.

dowdy [daudi] *a.* deixat, malforjat.

dower [dauə'] *s.* viduïtat *f.* 2 dot *m.* 3 do *m.*

down [daun] *s.* plomissol *m.,* plomissa *f.* 2 borrisol *m.,* pèl *m.,* moixí. 3 pelussa *f.* 4 duna *f.,* turó *m.* 6 *pl. ups and downs,* alts *m.* i baixos *m.* ■ 7 *adv.-prep.* avall, cap avall: ~ *the street,* carrer avall. 8 a baix, per baix. 9 de dalt a baix. ■ 10 *a.* baix. ‖ 11 pendent, descendent. 12 deprimit, afligit, malalt. 13 *a.-adv.* COM. al comptat. ■ 14 *interj.* a baix!

down (to) [daun] *t.* abaixar. 2 abatre, tombar. 3 derrotar. 4 empassar, beure [d'un glop].

down-and-out [daunən'aut] *a.* indigent, que no té diners.

downcast [daunkɑːst] *a.* afligit, trist, deprimit. 2 baix [els ulls, la mirada].

downfall [daunfɔːl] *s.* ruixat *m.* [d'aigua]. 2 fig. daltabaix *m.,* ruïna *f.,* esfondrament *m.*

downhearted [daun'hɑːtid] *a.* afligit, deprimit, desanimat.

downhill [daun'hil] *s.* pendent *m.,* baixada *f.* ■ 2 *a.* inclinat. ‖ ESPORT ~ *race,* cursa *f.* de descens *m.* [esquí]. ■ 3 *adv.* costa avall.

downpour [daunpɔː'] *s.* xàfec *m.,* ruixat *m.*

downright [daunrait] *a.* sincer, franc. 2 clar, categòric. 3 evident, manifest. 4 absolut, total. ■ 4 *adv.* clarament, categòricament, totalment, rotundament.

downstairs [daun'stɛəz] *adv.* a baix [al pis de sota].

downstream [daunstriːm] *a.-adv.* riu avall.

down-to-earth [dauntuˈɔːθ] *a.* pràctic, realista.

downtown [dauntaun] *adv.* (EUA) al centre de la ciutat. ■ 2 *a.* cèntric. ■ 3 *s.* centre *m.*

downward [daunwəd] *a.* descendent. 2 COM. a la baixa, de baixa. ■ 3 *adv.* cap avall.

downwards [daunwədz] *adv.* cap avall. ‖ *face* ~, de bocaterrossa.

downy [dauni] *a.* pelut. 2 suau, tou.

dowry [dauəri] *s.* dot *m.*

doz. [dʌz] *s.* (abrev. *dozen*) dotzena *f.*

doze [douz] *s.* becaina *f.*

doze (to) [douz] *i.* dormisquejar. 2 ‖ *to* ~ *off,* adormir-se *p.,* fer una becaina.

dozen [dʌzn] *s.* dotzena *f.* ‖ *baker's* ~, dotzena de frares.

dozy [douzi] *a.* endormiscat. 2 ensopit.

drab [dræb] *s.* castany *m.* terrós. ■ 2 *a.* castany, terrós. 4 monòton, trist, gris.

drabble (to) [dræbl] *t.* enfangar(se), enllodar(se).

draft [drɑːft] *s.* esborrany *m.* 2 esbós *m.,* apunt *m.* 3 redacció *f.,* versió *f.* 4 tiratge *m.* [d'una xemeneia]. 5 glop *m.* 6 COM. lletra *f.* de canvi, xec *m.,* gir *m.* 7 DRET minuta *f.,* projecte *m.* 8 *pl.* JOC dames *f. pl.* 9 MIL. quinta *f.,* lleva *f.* 10 ~ *bill,* avantprojecte *m.* de llei. 11 *on* ~, a pressió *f.*

draft (to) [drɑːft] *t.* esbossar. 2 fer un esborrany. 3 fer un projecte. 4 redactar. 5 MIL. reclutar, quintar.

draftsman [drɑːftsmən] *s.* dibuixant, delineant, projectista. 2 redactor. 3 JOC dama *f.* [peça].

draftsmanship [drɑːftsmənʃip] *s.* dibuix *m.* lineal, disseny *m.*

drag [dræg] *s.* fig. obstacle *m.,* impediment *m.* 2 col·loq. pipada *f.,* xuclada *f.* 3 . col·loq. llauna *f.: what a* ~!, quina llauna! 4 AGR. rascle *m.,* romàs *m.* 5 AVIA. re-

dream

sistència f. aerodinàmica. 6 TEAT. *disfressa f.* de dona: *in* ~, disfressat de dona.

drag (to) [dræg] t. arrossegar. 2 dragar. 3 rastrejar. 4 col·loq. donar la llauna. 5 AGR. rastellar, rasclar. 6 fig. *to* ~ *down,* enfonsar. ■ *7 i.* arrossegar-se *p.* 8 endarrerir-se *p.* 9 fer-se *p.* llarg, allargar-se *p. 10 to* ~ *on,* anar per llarg, haver-n'hi per temps.

draggle (to) ['drægl] t. enfangar, enllotar. ■ 2 *i.* enfangar-se *p.,* enllotar-se *p.* 3 endarrerir-se *p.,* ressagar-se *p.*

dragon ['drægən] s. MIT. drac m. 2 fig. fera f., fura f.

dragonfly ['drægənflai] s. ENT. libèl·lula f.

dragoon [drə'guːn] s. MIL. dragó m.

dragoon (to) [drə'guːn] t. perseguir, intimidar. 2 tiranitzar. 3 forçar, obligar [a fer alguna cosa].

drain [drein] s. desguàs m., cuneta f. escorranc m. 2 claveguera f. 3 pl. clavegueram m. 4 fig. sangonera f. 5 MED. drenatge m. 6 TECNOL. purgador m.

drain (to) [drein] t. desguassar, buidar, escórrer. 2 dessecar. 3 fig. esprémer, exhaurir, empobrir, esgotar. 4 beure d'un glop. 5 AGR. drenar. 6 MED. drenar. 7 TECNOL. purgar. ■ 8 *i.* buidar-se *p.,* escórre's *p.,* dessecar-se *p.* 9 exhaurir-se *p.,* empobrir-se *p.,* esgotar-se *p.*

drainage ['dreinidʒ] s. desguàs m. 2 assecament m., dessecació f. 3 clavegueram m. 4 AGR., MED. drenatge m.

drainage basin ['dreinidʒbeisn] s. GEOGR. conca f.

draining board ['dreiniŋbɔːd] s. escorredora f., escorreplats m.

drake [dreik] s. ORN. ànec m. [mascle].

drama ['drɑːmə] s. TEAT. drama m. [també fig.].

dramatic [drə'mætik] a. dramàtic.

dramatist ['dræmətist] s. TEAT. dramaturg.

dramatize (to) ['dræmətaiz] t. dramatitzar [també fig.].

drank [dræŋk] Vegeu DRINK (TO).

drape [dreip] s. caient m. [d'un vestit]. 2 domàs m. 3 (EUA) cortina f.

drape (to) [dreip] t. drapar. 2 penjar [cortines, etc.]. 3 entapissar. 4 adornar, guarnir, cobrir [amb tapissos, banderes, etc.].

draper ['dreipə'] s. draper.

drapery ['dreipəri] s. draperia f. 2 tapisseria f. 3 domàs m., guarniment m., parament m.

drastic ['dræstik] a. dràstic. 2 enèrgic, sever. 3 important.

draught [drɑːft] s. corrent m. [d'aire]. 2 tiratge m. [d'una xemeneia]. 3 xarxada f., pescada f. 4 esbós m. 5 glop m. 6 JOC dames f. pl. 7 MAR. calat m.

draught (to) [drɑːft] t. Vegeu DRAFT (TO).

draughtsman ['drɑːftsmæn] s. JOC dama f. [fitxa]. 2 Vegeu DRAFTSMAN.

draw [drɔː] s. tracció f., arrossegament m., tirada f., remolc m. 2 atracció f. 3 sorteig m.; premi m. [de la loteria]. 4 col·loq. pipada f. 5 ESPORT empat m.

draw (to) [drɔː] t. arrossegar, tirar. 2 treure, (VAL.) traure. 3 extreure. 4 atreure. 5 estirar, allargar. 6 desenfundar, desembeinar. 7 aconseguir, guanyar, cobrar. 8 aspirar, inspirar, inhalar. 9 fer parlar. 10 esbossar, traçar. 11 redactar, estendre [un xec]. 12 contreure, deformar. 13 córrer [les cortines]. 14 COM. girar. 15 JOC sortejar, fer-ho a sorts. ■ 16 *i.* tirar [una xemeneia]. 17 dibuixar. 18 empatar. ■ *to* ~ *away,* allunyar-se *p.; to* ~ *back,* fer-se *p.* enrere; *to* ~ *in,* acabar-se *p.;* encongir-se *p.; to* ~ *on,* acostar-se *p.; to* ~ *out,* allargar(se), estirar(se); *to* ~ *up,* aturar-se *p.* ▲ Pret.: *drew* [druː]; p. p.: *drawn* [drɔːn].

drawback ['drɔːbæk] s. inconvenient m.; desavantatge m.

drawbridge ['drɔːbridʒ] s. pont m. llevadís.

drawee [drɔ'iː] s. COM. lliurat m.

drawer [drɔː', drɔə'] s. calaix m. 2 dibuixant. 3 pl. calçotets m. pl., bragues f. pl.

drawing ['drɔːiŋ] s. dibuix m. 2 tracció f., arrossegament m. 3 sorteig m.

drawing pin ['drɔːiŋpin] s. xinxeta f.

drawing room ['drɔːiŋrum] s. saló m.

drawing up [drɔːiŋ'ʌp] redacció f., el·laboració f.

drawl [drɔːl] s. parla f. lenta i pesada.

drawl (to) [drɔːl] t. pronunciar lentament. ■ 2 *i.* parlar lentament.

drawn [drɔːn] Vegeu DRAW (TO). ■ 2 *a.* arrossegat. 3 empatat. 4 cansat, ullerós.

dread [dred] s. por f., temor m. ■ 2 *a.* temible, terrible, espantós.

dread (to) [dred] t. témer, tenir por (de).

dreadful ['dredful] a. terrible, espantós. 2 dolentíssim, fatal. 3 fig. horrible, repugnant. ‖ *how* ~!, quin horror! ■ 4 *-ly, adv.* terriblement.

dream [driːm] s. somni m. 2 quimera f., il·lusió f.

dream (to) [dri:m] *t.* somiar. 2 imaginar, pensar. 3 *to ~ up,* idear, enginyar. ■ 4 *i.* somiar. 5 somiejar. ▲ Pret. i p. p.: *dreamed* o *dreamt* [dremt].

dreamer ['dri:mə'] *s.* somiador.

dreamt [dremt] Vegeu DREAM (TO).

dreariness ['driərinis] *s.* tristesa *f.,* melangia *f.* 2 monotonia *f.,* avorriment *m.*

dreary ['driəri] *a.* trist, melangiós. 2 monòton, avorrit.

dredge [dredʒ] *s.* draga *f.,* rossegall *m.*

dredge (to) [dredʒ] *t.* dragar. 2 empolvorar, enfarinar. ■ 3 *i.* utilitzar una draga.

dredging ['dredʒiŋ] *s.* dragatge *m.*

dregs [dregz] *s. pl.* baixos *m.,* pòsit *m. sing.,* solatge *m. sing.,* sediment *m. sing.* 2 mare *f.* [del vi]. 3 fig. escòria *f.,* púrria *f.*

drench (to) [drentʃ] *t.* mullar, calar, amarar, xopar. 2 VET. administrar una poció.

dress [dres] *s.* vestit *m.* [de dona]. 2 vestit *m.,* vestimenta *f.* 3 indumentària *f.,* roba *f.*

dress (to) [dres] *t.* vestir. || *to get dressed,* vestir(se). 2 preparar, adobar, amanir. 3 pentinar, arreglar [els cabells]. 4 adornar, guarnir. 5 MED. curar, embenar [ferides]. 6 MIL. arrenglar, alinear. ■ 7 *i.* vestir-se *p.* 8 MIL. arrenglar-se *p.,* alinear-se *p.* ■ *to ~ up,* mudar(se). || *to ~ up as,* disfressar(se) de.

dresser ['dresə'] *s.* bufet *m.* de cuina. 2 calaixera *f.* amb un mirall. 3 (EUA) lligador *m.,* tocador *m.* 4 TECNOL. adobador *m.*

dressing ['dresiŋ] *s.* vestiment *m.* [acció de vestir(se)]. 2 adorn *m.,* guarniment *m.* 3 CUI. amaniment *m.,* condiment *m.* 4 MED. cura *f.,* bena *f.* 5 ~ o ~ *down,* allisada *f.,* reny *m.*

dressing gown ['dresiŋgaun] *s.* bata *f.*

dressing room ['dresiŋrum] *s.* TEAT. camerino *m.*

dressing table ['dresiŋˌteibl] *s.* lligador *m.,* tocador *m.*

dressmaker ['dresˌmeikə'] *s.* modista.

dressmaking ['dresmeikiŋ] *s.* costura *f.*

dress rehearsal ['dresri'hə:səl] *s.* assaig *m.* general.

drew [dru:] Vegeu DRAW (TO).

dribble ['dribl] *s.* degoteig *m.,* regalim *m.* 2 bava *f.* 3 angl. ESPORT dribbling *m.*

dribble (to) ['dribl] *i.* degotar, regalimar. 2 bavejar. 3 ESPORT esquivar. ■ 4 *t.* degotar, regalimar. 5 ESPORT fer un dribbling.

dried [draid] Vegeu DRY (TO). ■ 2 *a.* sec.

drier ['draiə'] *s.* assecador *m.* 2 eixugador *m.*

drift [drift] *s.* arrossegament *m.* 2 corrent *m.* [d'aigua, d'aire]. 3 rumb *m.,* direcció *f.,* intenció *f.,* sentit *m.,* tendència *f.* 4 impuls *m.* 5 ARQ. càrrega *f.* 6 AVIA., NÀUT. deriva *f.*

drift (to) [drift] *t.* arrossegar, empényer. 2 amuntegar. ■ 3 *i.* deixar-se *p.* arrossegar, ser arrossegat. 4 amuntegar-se *p.* 5 AVIA., NÀUT. anar a la deriva, derivar.

drill [dril] *s.* trepant *m.,* barrina *f.* 2 exercici *m.* 3 AGR. solc *m.,* rega *f.;* sembradora *f.* 4 MIL. instrucció *f.* 5 TÈXT. dril *m.* 6 ZOOL. mandril *m.*

drill (to) [dril] *t.* trepar, foradar, perforar, barrinar. 2 entrenar, exercitar. 3 AGR. sembrar a solc. 4 MIL. fer instrucció. ■ 5 *i.* entrenar-se *p.,* exercitar-se *p.* 6 MIL. fer instrucció.

drink [driŋk] *s.* beguda *f.* 2 glop *m.* 3 copa *f.* || *soft ~,* beguda no alcohòlica. || *to have a ~,* fer una copa. || *to take to ~,* donar-se a la beguda.

drink (to) [driŋk] *t.* beure('s). || *to ~ to someone's health,* brindar a la salut d'algú. 2 fig. absorbir, xuclar. ■ 3 *i.* emborratxar-se *p.* ▲ Pret.: *drank* [draŋk]; p. p.: *drunk* [drʌŋk].

drinkable ['driŋkəbl] *a.* potable.

drinker ['driŋkə'] *s.* bevedor. || *hard ~,* bevedor recalcitrant.

drinking ['driŋkiŋ] *s.* beguda *f.,* beure *m.*

drinking bout ['driŋkiŋbaut] *s.* gresca *f.,* borratxera *f.*

drinking trough ['driŋkiŋtrɔf] *s.* abeurador *m.*

drinking water ['driŋkiŋˌwɔ:tə] *s.* aigua *f.* potable.

drip [drip] *s.* degoteig *m.,* degotament *m.* 2 degotall *m.* 3 col·loq. corcó *m.* tanoca, sòmines.

drip (to) [drip] *i.* degotar, degotejar, gotejar. ■ 2 *t.* deixar caure gota a gota.

drive [draiv] *s.* passeig *m.* o viatge *m.* en cotxe. 2 camí *m.,* carrer *m.,* avinguda *m.* [privat]. 3 energia *f.,* esforç *m.,* empenta *f.* 4 campanya *f.* 5 AUTO. tracció *f.,* transmissió *f.* 6 ESPORT cop *m.,* impuls *m.,* drive *m.* [tennis]. 7 *drive-in,* parador *m.* [de carretera]; autocinema *m.*

drive (to) [draiv] *t.* conduir. 2 portar, dur, menar. 3 guiar, dirigir. 4 empényer, impulsar. 5 *to ~ away,* allunyar, foragitar. 6 *to ~ back,* rebutjar, fer retrocedir. 7 *to ~ mad,* fer tornar boig. ■ 8 *i.*

conduir *t. 9* anar en cotxe. *10 to ~ back,* tornar en cotxe. *11 to ~ off,* anar-se'n en cotxe, arrencar i marxar. ▲ Pret.: *drove* [drouv]; p. p.: *driven* ['drivn].

drivel (to) ['drivl] *i.* dir bestieses. 2 bavejar.

driven ['drivn] Vegeu DRIVE (TO).

driver ['draivə'] *s.* conductor. 2 cotxer; carreter; xofer; camioner; taxista. 3 AUTO. corredor, pilot *m. 4* FERROC. maquinista. *5* TECNOL. roda *f.* motriu.

driving ['draivin] *s.* conducció *f.* 2 impuls *m.* ■ 3 *a.* motriu. 4 de conducció *f.*

driving licence ['draivin,laisəns] *s.* permís *m.* o carnet *m.* de conduir.

driving school ['draivinsku:l] *s.* auto-escola *f.*

driving test ['draivintest] *s.* examen *m.* de conducció.

drizzle ['drizl] *s.* plugim *m.,* xim-xim *m.*

drizzle (to) ['drizl] *i.* plovisquejar, caure gotes.

droll [droul] *a.* estrany, peculiar. 2 còmic, divertit.

dromedary ['drʌmədəri] *s.* ZOOL. dromedari *m.*

drone [droun] *s.* ENT. abellot *m.* 2 fig. dropo, gandul. 3 brunzit *m.,* bonior *f.*

drone (to) [droun] *t.* murmurar. ■ 2 *i.* murmurar, xiuxiuejar. 3 brunzir.

droop [dru:p] *s.* inclinació *f.,* caiguda *f.*

droop (to) [dru:p] *t.* inclinar, abaixar. ■ 2 *i.* inclinar-se *p.,* abaixar-se *p.* 3 fig. pansir-se *p.,* enspoir-se *p.*

drop [drɔp] *s.* gota *f.* 2 baixa *f.,* disminució *f.* 3 descens *m.,* caiguda *f.,* baixada *f.* 4 declivi *m.,* inclinació *f.,* desnivell *m. 5* JOI. arracada *f. 6* MIL. aprovisionament *m.* aeri.

drop (to) [drɔp] *t.* deixar caure, deixar anar, llençar. ∥ *to ~ a hint,* llençar una indirecta. 2 fer caure, abatre. 3 disminuir, minvar. 4 ometre. *5* deixar, deixar córrer, abandonar. *6 to ~ a line,* escriure quatre ratlles. ■ *7 i.* caure, descendir. 8 degotar, gotejar. *9* disminuir, baixar. *10* acabar-se *p.,* cessar. ■ fig. *to ~ by, to ~ in,* deixar-se *p.* caure, visitar; *to ~ off,* decaure, disminuir; adormir-se *p.,* endormiscar-se *p.; to ~ out,* plegar, retirar-se *p.*

dropper ['drɔpə'] *s.* MED., QUÍM. comptagotes *m.*

dropsy ['drɔpsi] *s.* MED. hidropesia *f.*

dross [drɔs] *s.* METAL. escòria *f.* [també fig.].

drought [draut] *s.* sequera *f.,* secada *f.*

drove [drouv] Vegeu DRIVE (TO). 2 *s.* ramat, *m.,* ramada *f.* 3 munió *f.,* gentada *f.,* multitud *f.*

drover ['drouvə'] *s.* ramader.

drown (to) [draun] *t.* negar, ofegar. 2 fig. inundar; amarar. ■ 3 *i.* negar-se *p.,* ofegar-se *p.*

drowse (to) [drauz] *t.-i.* endormiscar-se *p.*

drowsiness ['drauzinis] *s.* somnolència *f.,* sopor *m.* 2 fig. apatia *f.,* ensopiment *m.,* nyonya *f.*

drowsy ['drauzi] *a.* somnolent. 2 soporífer.

drub (to) [drʌb] *t.* bastonejar, apallissar.

drubbing ['drʌbin] *s.* bastonada *f.,* pallissa *f.*

drudge [drʌdʒ] *s.* escarràs *m.,* esdernec *m.*

drudge (to) [drʌdʒ] *i.* escarrassar-se *p.,* esdernegar-se *p.*

drudgery ['drʌdʒəri] *s.* treball *m.* dur, treballada *f.* 2 feina *f.* monòtona.

drug [drʌg] *s.* droga *f.* 2 MED. medecina *f.,* medicament *m.*

drug (to) [drʌg] *t.* drogar(-se). 2 narcotitzar.

drug addict ['drʌgædikt] *s.* toxicòman, drogaaddicte.

drug addiction ['drʌgədikʃən] *s.* toxicomania *f.,* drogaaddicció *f.*

druggist ['drʌgist] *s.* (G.B.) adroguer, farmacèutic. 2 (EUA) propietari *m.* d'un DRUGSTORE.

drugstore ['drʌgstɔ:'] *s.* (EUA) drugstore *m.,* botiga *f.* amb serveis múltiples [farmàcia, perfumeria, adrogueria, etc.].

drum [drʌm] *s.* MÚS. tambor *m.,* timbal *m.* ∥ *bass ~,* bombo *m.* 2 bidó *m.* 3 *pl.* bateria *f. 4* ANAT. *timpà m. 5* MEC. cilindre *m. 6* MIL. *major ~,* tambor *m.* major.

drum (to) [drʌm] *i.* tocar el tambor, tamborinejar. 2 fig. tamborinar.

drumbeat ['drʌmbi:t] *s.* toc *m.* de tambor, toc *m.* de timbal.

drummer ['drʌmə'] *s.* tambor, timbaler. 2 bateria. 3 (EUA) viatjant de comerç.

drumstick ['drʌmstik] *s.* MÚS. baqueta *f.* [de tambor]. 2 CUI. cuixa *f.* [de pollastre, d'ànec, etc.].

drunk [drʌŋk] Vegeu DRINK (TO). ■ 2 *a.* begut, embriac, borratxo. ∥ *to get ~,* emborratxar-se. 3 fig. ebri. ■ 4 *s.* embriac, borratxo.

drunkard ['drʌŋkəd] *s.* embriac, borratxo.

drunken ['drʌŋkən] a. bebedor, embriac, borratxo. ‖ ~ *state*, estat m. d'embriaguesa.

drunkenness ['drʌŋkənnis] s. embriaguesa f.

dry [drai] a. sec, eixut. 2 sòlid. 3 avorrit.

dry (to) [drai] t. assecar, eixugar, (VAL.) torcar. ■ 2 i. assecar-se p., eixugar-se p., (VAL.) torcar-se p. 3 col·loq. ~ *up!*, calla!

dry cleaning [drai'kli:niŋ] s. rentat m. en sec.

dry ice [drai'ais] s. neu f. carbònica.

dry land [drai'lænd] s. terra f. ferma.

dry law ['drailɔː] s. (EUA) llei f. seca.

dryness ['drainis] s. sequedat f., eixutesa f. 2 aridesa f.

dry nurse ['drainəːs] s. dida f. seca.

dubious ['dju:bjəs] a. dubtós. 2 sospitós, equívoc, ambigu. ■ 3 -ly adv. dubtosament.

dubiousness ['dju:bjəsnis] s. dubte m., incertesa f.

ducal ['dju:kəl] a. ducal.

ducat ['dʌkət] s. ducat m. [moneda].

duchess ['dʌtʃis] s. duquessa f.

duchy ['dʌtʃi] s. ducat m. [territori].

duck [dʌk] s. ORN. ànec m., ànega f. 2 capbussada f., esquivament m. 3 TÈXT. dril m.

duck (to) [dʌk] t. capbussar, cabussar. 2 esquivar, ajupir. 3 fig. eludir. 4 col·loq. *to* ~ *a class*, fer campana. ■ 5 i. capbussar-se p., cabussar-se p. 6 ajupir-se p.

duct [dʌkt] s. conducte m.

ductile ['dʌktail] a. dúctil [també fig.].

due [dju:] a. degut. ‖ ~ *to*, degut a. 2 convenient, oportú. 3 previst. ‖ *in* ~ *time*, a l'hora prevista, quan sigui l'hora. 4 COM. pagable. ‖ ~ *date*, data f. de venciment, data f. de pagament. ‖ ~ *payment*, pagament m. pendent. ■ 5 s. *to give someone his* ~, castigar algú com es mereix. 6 COM. deute m. 7 pl. drets m. pl. [per pagar]; quota f. ■ 8 adv. exactament; directament.

duel ['dju:əl] s. duel m.

duenna [dju:'enə] s. senyora f. de companyia [per a noies].

duet [dju:'et] s. MÚS. duo m.

duffer ['dʌfə'] s. col·loq. talós, toix, estúpid.

dug [dʌg] Vegeu DIG (TO). 2 mamella f.

dug-out ['dʌgaut] s. NÀUT. piragua f. 2 MIL. trinxera f., refugi m. subterrani.

duke [dju:k] s. duc m.

dukedom ['dju:kdəm] s. ducat m.

dull [dʌl] a. apagat, mat, esmorteït, somort. 2 ennuvolat, boirós [temps]. 3 talós, obtús, espès. 4 avorrit, monòton. 5 trist. 6 esmussat.

dull (to) [dʌl] t. esmorteir, mitigar. 2 alleugerir, alleujar. 3 deslluir, enfosquir. 4 esmussar [també fig.]. 5 fig. refredar. ■ 6 i. esmorteir-se p. 7 alleujar-se p. 8 deslluir-se p., enfosquir-se p. 9 esmussar-se p. [també fig.]. 10 fig. refredar.

dullness ['dʌlnis] s. esmorteïment m., pal·lidesa f. 2 alleujament m. 3 deslluïment m., opacitat f., grisor f. 4 avorriment m. 5 bestiesa f.

duly ['dju:li] adv. degudament. 2 puntualment, a l'hora.

dumb [dʌm] a. mut [també fig.]. 2 (EUA) enze, soca, talós.

dumbbell ['dʌmbel] s. halters m. pl.

dumbfound (to) [dʌm'faund] t. sorprendre, esbalair, deixar parat.

dumbness ['dʌmnis] s. mudesa f. 2 mutisme m., silenci m.

dumb show ['dʌmʃou] s. pantomima f.

dummy ['dʌmi] a. fals, postís, d'imitació. ■ 2 s. maniquí m., figurí m. 3 maqueta f. 4 xumet m. 5 mort m. [cartes].

dump [dʌmp] s. abocador m. 2 pl. abatiment m., aflicció f. 3 MIL. dipòsit m. [d'armes, etc.].

dump (to) [dʌmp] t. abocar, descarregar, buidar [de cop]. 2 desfer-se p. de, desempallegar-se p. de. 3 COM. inundar el mercat.

dumpy ['dʌmpi] a. rabassut.

dun [dʌn] a. marró grisenc. ■ 2 s. marró m. grisenc. 3 persona que persegueix morosos.

dun (to) [dʌn] t. perseguir morosos.

dunce [dʌns] s. beneit, talós.

dune [dju:n] s. duna f.

dung [dʌŋ] s. AGR. fems m. pl., (ROSS.) aixer m.

dung (to) [dʌŋ] t. femar.

dungaress [dʌŋgə'ri:z] s. pl. granota f. sing. [vestit].

dungeon ['dʌndʒən] s. calabós m., masmorra f.

dunghill ['dʌŋhil] s. femer m.

duo ['dju:ou] s. MÚS. duo m.

dupe [dju:p] s. pau m., taujà., ingenu.

dupe (to) [dju:p] t. enredar, entabanar, ensarronar.

duplicate ['dju:plikit] a. duplicat. ■ 2 s. duplicat m., còpia f.

duplicate (to) ['dju:plikeit] t. duplicar.

duplicity [djuːˈpliciti] s. duplicitat f.

durability [djuərəˈbiliti] s. durabilitat f., durada f., duració f.

durable [ˈdjuərəbl] a. durable, durador.

duration [djuəˈreiʃən] s. duració f., durada f.

duress [djuəˈres] s. coacció f. 2 empresonament m.

during [ˈdjuəriŋ] prep. durant.

durst [dəːst] Vegeu DARE (TO).

dusk [dʌsk] s. vespre m., crepuscle m. 2 fosca f., foscor f.

dusky [ˈdʌski] a. fosc, obscur, ombrívol. 2 bru, morè.

dust [dʌst] s. pols f. 2 col·loq. merder m., confusió f. 3 liter., ant. cendres f. pl., restes f. pl. mortals.

dust (to) [dʌst] t. treure la pols, espolsar. 2 empolsar, enfarinar.

dustbin [ˈdʌstbin] s. galleda f. de les escombraries.

dust cloud [ˈdʌstklaud] s. polseguera f.

duster [ˈdʌstəʳ] s. drap m. de la pols. 2 espolsadors m. pl. 3 esborrador m.

dustman [ˈdʌstmən] s. escombriaire.

dusty [ˈdʌsti] a. polsós, empolsinat.

Dutch [dʌtʃ] a.-s. holandès.

dutiful [ˈdjuːtiful] a. obedient, respectuós.

duty [djuːti] s. deure m., obligació f. ‖ to do one's ~, complir algú el seu deure. 2 obediència f., respecte m. 3 funció f., feina f., tasca f. 4 servei m. ‖ on ~, de servei ‖ to be off ~, estar lliure de servei. 5 impost m. (on, sobre). 6 pl. drets m. pl. ‖ customs duties, aranzels m. pl., drets m. pl. de duana.

dwarf [dwɔːf] a.-s. nan.

dwarf (to) [dwɔːf] t. no deixar créixer. 2 empetitir, fer semblar petit.

dwarfish [ˈdwɔːfiʃ] a. nan, diminut.

dwell (to) [dwel] i. liter. habitar, viure, residir. 2 estar-se p. 3 fig.: to ~ on o upon, allargar-se p., estendre's p. ▲ Pret. i p. p.: dwelt [dwelt] o dwelled.

dweller [ˈdweləʳ] s. habitant.

dwelling [ˈdweliŋ] s. casa f., morada f., vivenda f.

dwelt [dwelt] Vegeu DWELL (TO).

dwindle (to) [ˈdwindl] i. minvar, disminuir.

dye [dai] s. tintura f., tint m., color m.

dye (to) [dai] t. tenyir, tintar. ■ 2 i. tenyir-se p.

dyer [ˈdaiəʳ] s. tintorer.

dying [ˈdaiiŋ] Vegeu DIE (TO). ■ 2 a. moribund, agonitzant. 3 final, darrer.

dynamic [daiˈnæmik] a. dinàmic.

dynamics [daiˈnæmiks] s. FÍS. dinàmica f.

dynamite [ˈdainəmait] s. dinamita f.

dynamo [ˈdainəmou] s. ELECT. dinamo f.

dynastic [diˈnæstik] a. dinàstic.

dynasty [ˈdinəsti] s. dinastia f.

dysentery [ˈdisəntri] s. disenteria f.

dyspepsia [disˈpepsiə] s. dispèpsia f.

dyspeptic [disˈpeptik] a. dispèptic.

E

E, e [iː] *s.* e [lletra]. 2 MÚS. mi *m.*

each [iːtʃ] *a.* cada, cadascun. ■ 2 *pron.* cada u, cadascú. ‖ ~ *other,* l'un a l'altre, mútuament, entre ells, entre si. 3 *the apples cost 15 p.* ~, les pomes costen 15 penics cada una.

eager [ˈiːgəʳ] *a.* frisós, ansiós, bascós. ■ 2 -**ly** *adv.* ansiosament.

eagerness [ˈiːgənis] *s.* frisança *f.,* ànsia *f.,* afany *m.*

eagle [ˈiːgl] *s.* ORN. àguila *f.,* àliga *f.*

ear [iəʳ] *s.* orella *f.* ‖ fig. *up to the ears,* fins el capdamunt. 2 oïda *f.,* orella *f.* ‖ *to give* ~ *to,* donar o prestar orella. ‖ *to play by* ~, tocar d'oïda; fig. improvisar. 3 BOT. espiga *f.*

ear-ache [ˈiəreik] *s.* mal *m.* d'orella.

eardrum [ˈiədrʌm] *s.* ANAT. timpà *m.*

earl [əːl] *s.* comte *m.*

earldom [ˈəːldəm] *s.* comtat *m.*

early [ˈəːli] *a.* primitiu, antic, primer. 2 pròxim [en el futur]. 3 primerenc. 4 precoç. 5 *to be* ~, arribar d'hora. ■ 6 *adv.* al principi. 7 aviat, (BAL.) prest, (VAL.) prompte. 8 d'hora, (VAL.) enjorn.

earn (to) [əːn] *t.* guanyar(se), cobrar, percebre. 2 merèixer(se), aconseguir.

earnest [ˈəːnist] *a.* seriós, formal. 2 sincer, franc. 3 constant, ferm, diligent. ■ 4 *s.* seriositat *f.,* formalitat *f.* ‖ *in* ~, seriosament, amb seriositat. 5 COM. paga i senyal *f.* 6 penyora *f.* ■ 7 -**ly** *adv.* seriosament, de veritat.

earnestness [ˈəːnistnis] *s.* seriositat *f.,* formalitat. 2 fermesa *f.,* constància *f.,* tenacitat *f.*

earnings [ˈəːniŋz] *s. pl.* ingressos *m. pl.,* guanys *m. pl.,* beneficis *m. pl.* sou *m. sing.,* salari *m. sing.*

earphones [ˈiəfounz] *s. pl.* auriculars *m. pl.*

earpiece [ˈiəpiːs] *s.* TELEF. auricular *m.*

earring [ˈiəriŋ] *s.* arracada *f.*

earshot [ˈiəʃɔt] *s.* abast de l'orella *f.* ‖ *to be within* ~, estar a l'abast de l'orella.

earth [əːθ] *s.* terra *f.* [planeta, etc.]. 2 terra *m.,* sòl *m.* 3 TECNOL. terra *f.* 4 ZOOL. cau *m.*

earthen [ˈəːθen] *a.* de fang, de terrissa.

earthenware [ˈəːθənwɛəʳ] *s.* terrissa *f.,* ceràmica *f.* ■ 2 *a.* de fang.

earthly [ˈəːθli] *a.* terrenal, terrestre. 2 carnal, mundà.

earthquake [ˈəːθkweik] *s.* terratrèmol *m.,* moviment *m.* sísmic.

earthwork [ˈəːθwəːk] *s.* terraplè *m.*

earthworm [ˈəːθwəːm] *s.* ZOOL. cuc *m.,* llambric *m.*

earthy [ˈəːθi] *a.* terrós, terri, terrenc. 2 fig. groller, vulgar.

earwig [ˈiəwig] *s.* ENT. papaorelles *f.,* tisoreta *f.*

ease [iːz] *s.* alleujament *m.,* descans *m.* 2 tranquil·litat *f.,* serenitat *f.* 3 comoditat *f.,* benestar *m.,* assossec *m.* 4 facilitat *f.* 5 MIL. *at* ~, descans *m.* [posició].

ease (to) [iːz] *t.* alleujar, alleugerir. 2 mitigar, apaivagar. 3 descarregar. 4 assossegar, tranquil·litzar. 5 facilitar. 6 afluixar, relaxar. ■ 7 *i.* afluixar, disminuir. 8 *to* ~ *off,* o *up,* relaxar-se *p.,* tranquil·litzar-se *p.,* moderar-se *p.*

easel [ˈiːzl] *s.* cavallet *m.* [de pintor].

easily [ˈiːzili] *adv.* fàcilment, tranquil·lament. 2 amb tranquil·litat, amb calma.

easiness [ˈiːzinis] *s.* facilitat *f.,* desimboltura *f.* 2 comoditat *f.,* tranquil·litat *f.*

east [iːst] *s.* est *m.,* orient *m.,* llevant *m.* ■ 2 *a.* de l'est, oriental. ‖ *Far East,* Extrem Orient. ‖ *Middle East,* Orient Mitjà. ‖ *Near East,* Pròxim Orient.

Easter [ˈiːstəʳ] *s.* Pasqua *f.* de Resurrecció *f.,* Setmana *f.* Santa.

easterly [ˈiːstəli] *a.* oriental, de l'est. ■ 2 *adv.* cap a l'est, a l'est.

eastern [ˈiːstən] *a.* oriental, de l'est.

easy ['i:zi] *a.* fàcil, senzill. 2 còmode, confortable. || ~ *chair,* butaca *f.* 3 desimbolt, tranquil, natural. *4 take it* ~!, calma't!, pren-t'ho amb calma! ■ *5 adv.* fàcilment, tranquil·lament.

easy-going [ˌiːziˈɡouiŋ] *a.* tranquil, indolent. 2 tolerant, condescendent. 3 lent. 4 deixat. 5 afable, simpàtic.

eat (to) [i:t] *t.* menjar(se). 2 consumir, gastar. ■ 3 *i.* menjar(se). ■ *to* ~ *away* o *into,* corroir, gastar, menjar-se; *to* ~ *up,* menjar-se, acabar-se. ▲ Pret.: *ate* [et, eit]; p. p.: *eaten* [i:tn].

eatable ['i:təbl] *a.* comestible. ■ 2 *s. pl.* comestibles *m. pl.*

eaten ['i:tn] Vegeu EAT (TO).

eating-house ['i:tiŋhaus] *s.* restaurant *m.*

eau-de-Cologne [oudəkə'loun] *s.* aigua *f.* de Colònia.

eaves [i:vz] *s. pl.* ARQ. ràfec *m. sing.,* volada *f. sing.*

eavesdrop (to) ['i:vzdrɔp] *i.* escoltar d'amagat.

ebb [eb] *s.* reflux *m.* || *the* ~ *and flow,* el flux i el reflux. 2 fig. decadència *f.,* caiguda *f.,* disminució *f.*

ebb (to) [eb] *i.* minvar, baixar [la marea]. 2 fig. decaure, disminuir.

ebb tide ['ebtaid] *s.* marea *f.* minvant.

ebony ['ebəni] *s.* BOT. banús *m.* ■ 2 *a.* de banús.

ebullience [i'bʌljəns] *s.* exuberància *f.,* exaltació *f.,* entusiasme *m.,* animació *f.*

ebullient [i'bʌljənt] *a.* exuberant, exaltat, entusiasmat.

eccentric [ik'sentrik] *a.* excèntric. ■ 2 *s.* excèntric. 3 MEC. excèntrica *f.*

eccentricity [ˌeksen'trisiti] *s.* excentricitat *f.*

ecclesiastic [iˌkliːziˈæstik] *a.-s.* eclesiàstic.

echo ['ekou] *s.* eco *m.*

echo (to) ['ekou] *t.* repetir, imitar. 2 ferse *p.* eco de. ■ 2 *i.* ressonar, fer eco.

eclectic [i'klektik] *a.-s.* eclèctic.

eclipse [i'klips] *s.* eclipsi *m.*

eclipse (to) [i'klips] *t.* eclipsar.

eclogue ['eklɔg] *s.* LIT. ègloga *f.*

ecological [ˌi:kə'lɔdʒikəl] *a.* ecològic.

ecologist [i'kɔlədʒist] *s.* ecologista.

ecology [i'kɔlədʒi] *s.* ecologia *f.*

economic [ˌi:kə'nɔmik] *a.* econòmic. || ~ *crisis,* crisi econòmica.

economical [ˌi:kənɔmikəl] *a.* econòmic, barat. || *an* ~ *holiday,* unes vacances econòmiques.

economics [ˌi:kə'nɔmiks] *s.* economia *f.* [ciència].

economist [i'kɔnəmist] *s.* economista.

economize (to) [i:'kɔnəmaiz] *t.-i.* economitzar *t.,* estalviar *t.*

economy [i'kɔnəmi] *s.* economia *f.*

ecosystem ['i:kousistəm] *s.* ecosistema *m.*

ecstasy ['ekstəsi] *s.* èxtasi *m.*

Ecuador [ˌekwə'dɔ:'] *n. pr.* GEOGR. l'Equador.

ecumenic [ˌi:kju:'menik] *a.* ecumènic.

ed. [ed] *s.* (abrev. *edition, editor, education*) edició *f.,* editor, educació *f.*

Ed [ed] *n. pr. m.* (dim. *Edgar, Edward*) Edgar, Eduard.

eddy ['edi] *s.* remolí *m.*

eddy (to) ['edi] *i.* arremolinar-se *p.*

edge [edʒ] *s.* tall *m.,* fil *m.* 2 vora *f.,* cantó *m.* || *on* ~, de cantó; fig. impacient. 3 marge *m.,* riba *f.* 4 extrem *m.,* límit *m.,* afores *f. pl. 5 to set the teeth on* ~, fer esgarrifar.

edge (to) [edʒ] *t.* enribetar, ribetejar, orlar. 2 vorellar. 3 esmolar. 4 moure a poc a poc. ■ 5 *i.* moure's *p.* a poc a poc.

edgeways ['edʒweiz], **edgewise** [-waiz] *adv.* de cantó. 2 fig. *not get a word in* ~, no poder obrir la boca, no poder dir la seva [en una conversa].

edging ['edʒiŋ] *s.* ribet *m.,* vorell *m.*

edible ['edibl] *a.* comestible. ■ 2 *s. pl.* comestibles *m. pl.*

edict ['i:dikt] *s.* edicte *m.,* decret *m.*

edification [ˌedifi'keiʃən] *s.* edificació *f.* [moral, etc.].

edifice ['edifis] *s.* edifici *m.* [també fig.].

edify (to) ['edifai] *t.* edificar [sentit moral].

Edinburgh ['edimbərə] *n. pr.* GEOGR. Edimburg.

edit (to) ['edit] *t.* revisar, corregir, preparar l'edició [d'un diari, un llibre, etc.]. 2 redactar, dirigir [un diari].

edition [i'diʃən] *s.* edició *f.* || *paperback* ~, edició de butxaca. 2 tirada *f.* 3 fig. versió *f.*

editor ['editə'] *s.* director, redactor [d'una publicació].

editorial [ˌedi'tɔ:riəl] *a.* de direcció, de redacció: ~ *staff,* redacció *f.* [d'un diari]. ■ 2 *s.* editorial *m.,* article *m.* de fons.

educate (to) ['edjukeit] *t.* educar. 2 instruir, formar, ensenyar.

educated ['edjukeitid] *a.* culte, instruït.

education [,edju:'keiʃən] s. educació f., ensenyament m. 2 instrucció f., formació f., cultura f.

educational [,edjukeiʃənl] a. educacional, relatiu a l'ensenyament. 2 docent. 3 cultural.

educator ['edju:keitəˈ] s. educador, pedagog.

Edward ['edwəd] n. pr. m. Eduard.

EEC ['i:i:'si:] s. (European Economic Community) CEE (Comunitat Econòmica Europea).

eel [i:l] s. ICT. anguila f.

eerie, eery ['iəri] a. misteriós, esgarrifós, fantàstic, terrible.

efface (to) [i'feis] t. esborrar.

effect [i'fekt] s. efecte m. || in ~, de fet. || to take ~, fer efecte; posar en vigor. || to the ~ that, en el sentit que. 2 resultat m., conseqüència f. 3 impressió f. 4 pl. efectes m. pl.

effect (to) [i'fekt] t. efectuar, dur a terme, realitzar.

effective [i'fektiv] a. efectiu, eficaç, eficient. 2 DRET vigent. || to become ~, entrar en vigor. 3 MIL., TECNOL. útil.

effectual [i'fektjuəl] a. eficaç; adequat.

effectuate (to) [i'fektjueit] t. efectuar, realitzar.

effeminacy [i'feminəsi] s. efeminació f.

effeminate [i'feminit] a. efeminat.

effervesce (to) [,efəˈves] i. estar en efervescència.

effervescence [,efəˈvesns] s. efervescència f.

effervescent [,efəˈvesənt] a. efervescent.

effete [i'fi:t] a. esgotat. 2 decadent.

efficacious [,efi'keiʃəs] a. eficaç; adequat.

efficacy ['efikəsi] s. eficàcia f.

efficiency [i'fiʃənsi] s. eficiència f., eficàcia f., rendiment m.

efficient [e'fiʃənt] a. eficient. 2 capaç; competent. 3 eficaç.

effigy ['efidʒi] s. efígie f., imatge f.

effort ['efət] s. esforç m. 2 col·loq. obra f., intent m.

effortless ['efətlis] a. fàcil, sense esforç.

effrontery [e'frʌntəri] s. afrontament m. 2 desvergonyiment m.

effulgence ['efʌldʒəns] s. fulgor m.; resplendor m.

effulgent [e'fʌldʒənt] a. resplendent.

effusion [i'fju:ʒən] s. efusió f. [també fig.]. 2 MED. vessament m.

effusive [i'fju:siv] a. efusiu.

e.g. ['i:'dʒi: ,fərig'za:mpl] (abrev. *exempli gratia, for example*) per exemple.

egg [eg] s. ou m. || boiled ~, ou passat per aigua. || fried ~, ferrat. || hard-boiled ~, ou dur. || new-laid ~, ou fresc. 2 fig. to put all one's eggs in one basket, jugar-s'ho tot a una sola carta.

egg (to) [eg] t. to ~ on, instigar, incitar.

egg-cup ['egkʌp] s. ouera f.

eggplant ['egpla:nt] s. BOT. albergínia. 2 alberginiera.

eggshell ['egʃəl] s. closca f. d'ou.

egg-whisk ['egwisk] s. batidora f. d'ous.

egg white ['egwait] s. clara f. d'ou.

ego ['i:gou, 'egou] s. FIL., PSICOL. jo m. || col·loq. he's on an ~ tip, només pensa en ell mateix.

egoist ['əgouist] s. egoista.

egotism ['egoutizəm] s. egotisme m.

egregious [i'gri:dʒiəs] a. egregi; insigne.

Egypt ['i:dʒipt] n. pr. GEOGR. Egipte.

Egyptian [i'dʒipʃən] a.-s. egipci.

eiderdown ['aidədaun] s. edredó m.

eight [eit] a. vuit, (VAL.) huit. ■ 2 s. vuit m., (VAL.) huit m.

eighteen [,ei'ti:n] a. divuit, (BAL.) devuit, (VAL.) dèvuit, (ROSS.) desavuit. ■ 2 s. divuit m., (BAL.) devuit m., (VAL.) dèvuit m., (ROSS.) desavuit m.

eighteenth ['ei'ti:nθ] a. divuitè.

eighth [eitθ] a. vuitè. ■ 2 s. vuitè.

eightieth ['eitiiθ] a. vuitantè. ■ 2 s. vuitantè m.

eighty ['eiti] a. vuitanta. ■ 2 s. vuitanta m.

Eire ['eərə] n. pr. GEOGR. República f. d'Irlanda.

either ['aiðəˈ, 'i:ðəˈ] a.-pron. l'un o l'altre. 2 qualsevol [dels dos]. 3 cap. ■ 4 adv. tampoc. ■ 5 conj. ~... or, o... o.

ejaculate (to) [i'dʒækjuleit] t. FISIOL. ejacular. 2 exclamar.

eject (to) [i'dʒekt] t. expel·lir. 2 expulsar; fer fora.

eke out (to) [i:k aut] t. augmentar [amb dificultat]; suplir [insuficiències].

elaborate [i'læbərit] a. elaborat; detallat; complicat.

elaborate (to) [i'læbəreit] t. elaborar; desenvolupar. ■ 3 i. elaborar-se p. 4 aprofundir.

elapse (to) [i'læps] i. passar; transcórrer [temps].

elastic [i'læstik] a. elàstic, flexible [també fig.]. ■ 2 s. elàstic m.

elate(d) [i'leit(id)] *a.* alegre, joiós.

elation [i'leiʃən] *s.* elació *f.;* joia *f.,* gaubança *f.*

elbow ['elbou] *s.* colze *m.* ‖ *at one's ~,* al costat. 3 MEC. colze *m.*

elbow (to) ['elbou] *t.* donar colzades. ‖ *~ one's way,* obrir-se pas a colzades [també fig.].

elder ['eldə'] *a.* gran, (VAL.) major [en edat]: *~ sister,* germana gran. ■ *2 s.* gran [persona]. 3 BOT. saüc *m.*

elderly ['eldəli] *a.* d'edat avançada; ancià.

eldest ['eldist] *a. superl.* més gran [d'edat]. 2 primogènit.

elect [i'lekt] *a.* escollit. 2 electe. ■ *3 s.* TEOL. *the ~,* els escollits.

elect (to) [i'lekt] *t.* elegir, escollir.

election [i'lekʃən] *s.* elecció *f.*

elective [i'lektiv] *a.* electiu; electoral.

elector [i'lektə'] *s.* elector.

electric [i'lektrik] *a.* elèctric. ‖ *~ chair,* cadira elèctrica. ‖ *~ guitar,* guitarra elèctrica. 2 fig. molt tens.

electrical [i'lektrikl] *a.* elèctric. ‖ *~ engineer,* enginyer electrotècnic. 2 fig. electritzant.

electrician [ilek'triʃən] *s.* electricista.

electricity [ilek'trisiti] *s.* electricitat *f.*

electrify (to) [i'lektrifai] *t.* electritzar [també fig.]. 2 TECNOL. electrificar.

electrocute (to) [i'lektrəkju:t] *t.* electrocutar.

electrode [i'lektroud] *s.* FÍS. elèctrode *m.*

electron [i'lektrɔn] *s.* FÍS. electró *m.*

electronic [ilek'trɔnik] *a.* electrònic.

electroplate (to) [i'lektroupleit] *t.* FÍS. galvanitzar.

elegance ['eligəns] *s.* elegància *f.*

elegant ['eligənt] *a.* elegant.

elegy ['elidʒi] *s.* LIT. elegia *f.*

element ['elimənt] *s.* element *m.*, part *f.*, constituent *m.*, factor *m.* 3 *pl.* forces *f. pl.* de la natura.

elementary [ˌeli'mentəri] *a.* elemental. ‖ *~ education,* ensenyament primari.

Eleanor ['elinə'] *n. pr. f.* Elionor.

elephant ['elifənt] *s.* ZOOL. elefant.

elephantine [ˌeli'fæntain] *a.* fig. elefantí, mastodòntic, gegantí.

elevate (to) ['eliveit] *t.* elevar, aixecar. 2 fig. millorar.

elevated ['eliveitid] *a.* elevat. 2 aeri. 3 col·loq. alegre.

elevation [ˌeli'veiʃən] *s.* elevació *f.* 2 dignitat *f.,* grandiositat *f.* 3 GEOGR. altitud *f.* 4 ARQ. alçat *m.*

elevator ['eliveitə'] *s.* elevador *m.* 2 muntacàrregues *m.* 3 (EUA) ascensor *m.* 4 (G.B.) escala *f.* mecànica. 5 AGR. magatzem *m.* de gra.

eleven [i'levn] *a.* onze. ■ *2 s.* onze *m.*

elicit (to) [i'lisit] *t.* treure; arrencar; fer sortir.

eleventh [i'levnθ] *a.-s.* onzè. 2 *at the ~ hour,* al darrer moment.

elf [elf] *s.* MIT. elf *m.*

elide (to) [i'laid] *t.* GRAM. elidir.

eligible ['elidʒəbl] *a.* elegible, adequat. ‖ *an ~ young man,* un bon partit. 2 *~ for a pension,* tenir dret a una pensió.

eliminate (to) [i'limineit] *t.* eliminar.

elimination [iˌlimi'neiʃən] *s.* eliminació *f.*

elision [i'liʒən] *s.* GRAM. elisió *m.*

élite [ei'liːt] *s.* gal·lic. èlite *f.*

elixir [i'liksə'] *s.* elixir *m.*

Elizabeth [i'lizəbəθ] *n. pr. f.* Isabel, Elisabet.

elk [elk] *s.* ZOOL. ant *m.*

ellipse [i'lips] *s.* GEOM. el·lipse *f.*

ellipsis [i'lipsis] *s.* GRAM. el·lipsi *f.*

elliptic [i'liptik], **elliptical** [i'liptikəl] *a.* el·líptic.

elm [elm] *s.* BOT. om *m.*

elocution [ˌelə'kjuːʃən] *s.* elocució *f.;* declamació *f.;* dicció *f.*

elongate (to) [i'lɔŋgeit] *t.* allargar; estendre [en l'espai]. ■ *2 i.* allargar-se *p.;* estendre's *p.*

elongation [ˌiːlɔŋ'geiʃən] *s.* elongació *f.* 2 allargament *m.*, extensió *f.*

elope (to) [i'loup] *i.* escapar-se *p.* [amb un amant].

elopement [i'loupmənt] *s.* fuga *f.* [amb un amant].

eloquence ['eləkwəns] *s.* eloqüència *f.*

eloquent ['eləkwənt] *a.* eloqüent.

else [els] *adv.* més: *did you see anybody ~?,* vas veure algú més? 2 d'una altra manera: *how ~ would you do it?,* de quina altra manera ho faries? ■ *3 conj.* si no: *run or ~ you'll be late,* corre, si no faràs tard.

elsewhere ['els'wɛə'] *adv.* en (qualsevol) altre lloc.

elucidate (to) [i'luːsideit] *t.* elucidar; dilucidar.

elude (to) [i'luːd] *t.* eludir, fugir, evitar: *the answer eludes me,* la resposta se m'escapa. 2 desfer-se *p., desempallegar-se *p.*

elusive [iˈluːsiv] *a.* elusiu. 2 difícil de retenir [a la memòria].

emaciate (to) [iˈmeiʃieit] *t.* emaciar; demacrar.

emaciation [i,meisiˈeiʃən] *s.* emaciació *f.;* demacració *f.*

email [ˈiːmeiəl] *s.* INFORM. correu *m.* electrònic.

emanate (to) [ˈeməneit] *i.* emanar.

emanation [eməˈneiʃən] *s.* emanació *f.*

emancipate (to) [iˈmænsipeit] *t.* emancipar.

emancipation [i,mænsiˈpeiʃən] *s.* emancipació *f.*

emasculate (to) [iˈmæskjuleit] *t.* emascular; capar.

embalm (to) [imˈbɑːm] *t.* embalsamar.

embankment [imˈbæŋkmənt] *s.* CONSTR. terraplè *m.;* dic *m.*

embargo [emˈbɑːgou] *s.* COM. prohibició *f.;* restricció *f.* [també fig.]. 2 DRET embarg *m.,* embargament *m.*

embark (to) [imˈbɑːk] *t.* embarcar. ■ 2 *i.* embarcar-se *p.* 3 fig. *to ~ on,* emprendre *t.,* embarcar-se *p.* [en un negoci, etc.].

embarkation [emba:ˈkeiʃən] *s.* embarcament *m.*

embarrass (to) [imˈbærəs] *t.* torbar; desconcertar. 2 embarassar; fer nosa. 3 ECON. crear problemes econòmics.

embarrassing [imˈbærəsiŋ] *a.* violent, molest, tens, desagradable.

embarrassment [imˈbærəsmənt] *s.* torbació *f.;* desconcert *m.* 2 embaràs *m.;* nosa *f.* 3 ECON. problemes *m. pl.* econòmics.

embassy [ˈembəsi] *s.* ambaixada *f.*

embattle (to) [imˈbætl] *t.* MIL. formar en batalla. 2 fortificar. 3 emmerletar.

embed (to) [imˈbed] *t.* encaixar; encastar; incrustar. 2 fig. ficar, fixar.

embellish (to) [imˈbeliʃ] *t.* embellir; adornar.

embellishment [imˈbeliʃmənt] *s.* embelliment *m.;* adornament *m.*

ember [ˈembə] *s.* brasa *f.*

embezzle (to) [imˈbezl] *t.* ECON. desfalcar. 2 malversar.

embezzlement [imˈbezlmənt] *s.* ECON. peculat *m.* 2 malversació *f.*

embitter (to) [imˈbitə] *t.* exasperar. 2 amargar [una persona]. 3 enverinar [una discussió].

emblem [ˈembləm] *s.* emblema *m.* 2 símbol *m.*

embodiment [imˈbɔdimənt] *s.* encarnació *f.* 2 incorporació *f.* 3 personificació *f.*

embody (to) [imˈbɔdi] *t.* expressar, exposar. 2 incloure, incorporar. 3 encarnar, personificar, materialitzar.

embolden (to) [imˈbouldən] *t.* encoratjar.

embolism [ˈembəlizəm] *s.* MED. embòlia *f.*

emboss (to) [imˈbɔs] *t.* repussar; estampar en relleu. 2 gofrar.

embrace [imˈbreis] *s.* abraçada *f.*

embrace (to) [imˈbreis] *t.* abraçar. 2 comprendre; abastar. 3 acceptar; fer ús de. ■ 4 *i.* abraçar-se *p.*

embrasure [imˈbreiʒə] *s.* MIL. canonera *f.,* tronera *f.* 2 ARQ. ampit; rebaix.

embrocation [embrəˈkeiʃən] *s.* MED. embrocació *f.*

embroider (to) [imˈbrɔidə] *t.* COST. brodar. 2 fig. embellir.

embroidery [imˈbrɔidəri] *s.* COST. brodat *m.*

embroil (to) [imˈbrɔil] *t.* embrollar; enredar; embolicar.

embryo [ˈembriou] *s.* BOT., ZOOL. embrió *m.* [també fig.]. ‖ lit. fig. *in ~,* en embrió.

embryonic [embriˈɔnik] *a.* embrionari.

emend (to) [iˈmend] *t.* esmenar; corregir.

emendation [i:menˈdeiʃən] *s.* esmena *f.;* correcció *f.*

emerald [ˈemərəld] *s.* GEMM. maragda *f.* ■ 2 *a.* de color de maragda.

emerge (to) [iˈmɔːdʒ] *i.* emergir; sortir; aparèixer; sorgir. ‖ *it emerges that,* resulta que. 2 treure's *p.* 3 DRET deduir *t.*

emergence [iˈmɔːdʒəns] *s.* emergència *f.,* sortida *f.;* aparició *f.*

emergency [iˈmɔːdʒənsi] *s.* emergència *f.* ‖ *~ brake,* fre *m.* de seguretat. ‖ *~ exit,* sortida d'emergència. ‖ *~ landing,* aterratge forçós o d'emergència. 2 MED. urgència *f.*

emergent [iˈmɔːdʒənt] *a.* emergent. 2 inesperat. 3 jove. ‖ *~ country,* país *m.* jove.

emery [ˈeməri] *s.* MINER. esmeril *m.*

emery board [ˈeməri,bɔːd] *s.* llima *f.* de les ungles.

emery paper [ˈeməri,peipər] *s.* paper *m.* de vidre.

emigrant [ˈemigrənt] *s.* emigrant, emigrat.

emigrate (to) [ˈemigreit] *i.* emigrar.

emigration [ˌemiˈɡreiʃən] s. emigració f.

Emily [ˈeməli] n. pr. f. Emília.

eminence [ˈeminəns] s. eminència f., distinció f. 2 GEOGR. eminència f. 3 REL. *His Eminence,* S'Eminència.

eminent [ˈeminənt] a. eminent; distingit. 2 manifest.

emir [eˈmiə] s. emir m.

emissary [ˈemisəri] s. emissari.

emission [iˈmiʃən] s. emissió f. [no de ràdio]; descàrrega f., expulsió f.

emit (to) [iˈmit] t. emetre [no un programa de ràdio]; expulsar.

emolument [iˈmɔljumənt] s. emolument m.

emotion [iˈmouʃən] s. emoció f.

emotional [iˈmouʃənl] a. emocional, emotiu.

emperor [ˈempərə] s. emperador m.

emphasis [ˈemfəsis] s. èmfasi m.; insistència f. 2 GRAM. èmfasi m.

emphasize (to) [ˈemfəsaiz] t. emfasitzar; recalcar. 2 GRAM. emfasitzar.

emphatic [imˈfætik] a. remarcat, enèrgic.

empire [ˈempaiə] s. imperi m.

empiric [imˈpirik], **empirical** [imˈpirikəl] a.-s. empíric.

empiricism [imˈpirisizəm] s. empirisme m.

emplacement [imˈpleismənt] s. MIL. emplaçament m.

employ (to) [imˈplɔi] t. col·locar; donar feina. 2 esmerçar [el temps, etc.].

employee [ˌemplɔiˈiː] s. empleat; treballador.

employer [imˈplɔiə] s. patró; amo.

employment [imˈplɔimənt] s. col·locació f., treball m. 2 ocupació f.

emporium [imˈpɔːriəm] s. empori m.; centre m. comercial.

empower (to) [imˈpauə] t. autoritzar, donar poder.

empress [ˈempris] s. emperadriu f.

emptiness [ˈemptinis] s. buidor f. [també fig.]. 2 fatuïtat f.

empty [ˈempti] a. buit. 2 vacant; desocupat. 3 fatu. ■ 4 s.pl. cascs m. pl. o envasos m. pl. buits.

empty (to) [ˈempti] t. buidar. 2 abocar, descarregar. 3 treure de. ■ 4 i. buidar-se p. 5 GEOGR. desembocar.

empty-headed [ˌemptiˈhedid] a. cap de trons; eixelebrat.

emulate (to) [ˈemjuleit] t. emular, rivalitzar amb.

emulation [ˌemjuˈleiʃən] s. emulació f., rivalitat f.

emulsion [iˈmʌlʃən] s. QUÍM. emulsió f.

enable (to) [iˈneibl] t. habilitar; facultar. 2 facilitar. 3 permetre.

enact (to) [iˈnækt] t. DRET aprovar, decretar; promulgar. 2 TEAT. fer [un paper]; representar [un personatge].

enactment [iˈnæktmənt] s. DRET promulgació f.; llei f.; estatut m.

enamel [iˈnæməl] s. esmalt m.

enamel (to) [iˈnæməl] t. esmaltar.

enamour, (EUA) **enamor (to)** [iˈnæmə] t. enamorar. 2 fig. captivar, seduir.

encaged [inˈkeidʒd] a. engabiat.

encamp (to) [inˈkæmp] t. acampar. ■ 2 i. acampar, plantar una tenda.

encampment [inˈkæmpmənt] s. campament m.

encase (to) [inˈkeis] t. encaixonar. 2 ficar [dins].

enchain (to) [inˈtʃein] t. encadenar.

enchant (to) [inˈtʃɑːnt] t. encantar; embruixar. 2 captivar, encisar.

enchanter [inˈtʃɑːntə] s. encantador m.; fetiller m.

enchanting [inˈtʃɑːntiŋ] a. encantador; encisador.

enchantment [inˈtʃɑːntmənt] s. encantament m.; fetilleria f. 2 encant m.; encís m.

enchantress [inˈtʃɑːntris] s. encantadora f.; fetillera f.

encircle (to) [inˈsəːkl] t. encerclar; envoltar.

enclose (to) [inˈklouz] t. envoltar [amb una tanca]. 2 confinar. 3 adjuntar [a una carta].

enclosure [inˈklouʒə] s. encerclament m. 2 tancat m.; clos m. 3 tanca f., barrera f. 4 document m. adjunt.

encode (to) [inˈkoud] t. codificar.

encomium [enˈkoumiəm] s. encomi m.; lloança f. calorosa.

encompass (to) [inˈkʌmpəs] t. encerclar; envoltar. 2 abastar.

encore [ˈɔŋkɔː] interj. un altre! ■ 2 s. MÚS., TEAT. bis m.; repetició f.

encounter [inˈkauntə] s. encontre m.; xoc m. 2 fig. topada f.

encounter (to) [inˈkauntə] t. encontrar. 2 combatre. 3 fig. topar [pel carrer, etc.].

encourage (to) [inˈkʌridʒ] t. encoratjar; animar. 2 incitar. 3 estimular; fomentar; promoure.

encouragement [inˈkʌridʒmənt] s. encoratjament m., ànim m. 2 estímul m.

encroach (to) [inˈkroutʃ] i. to ~ on o upon, ultrapassar [límits]; abusar; usurpar; envair.

encroachment [inˈkroutʃmənt] s. abús m.; usurpació f.; intromissió f.

encumber (to) [inˈkʌmbəʳ] t. destorbar. 2 tenir [deutes]. 3 omplir.

encumbrance [inˈkʌmbrəns] s. obstacle m.; destorb m. 2 DRET càrrega f., gravamen m.

encyclop(a)edia [en,saiklouˈpiːdjə] s. enciclopèdia f.

end [end] s. fi m. 2 final m., límit m., extrem m. ‖ at the ~ of, a finals de. ‖ in the ~, al final. 3 cap m., punta f., cabota f. 4 burilla f. 5 conclusió f., acabament m., mort f. ‖ to come to an ~, acabar-se. ‖ to make an ~ of, acabar amb. 6 finalitat f., objectiu m. ‖ to the ~ that, a fi que, a fi i efecte que. ‖ the ~ justifies the means, a bon fi, tot li és camí. 7 col·loq. to go off the deep ~, perdre els estreps.

end (to) [end] t. acabar, donar fi, terminar. ‖ to ~ by saying, acabar tot dient. ■ 2 i. acabar, terminar. 3 morir. ■ to ~ in, acabar en; to ~ off, concloure; to ~ up, acabar.

endanger (to) [inˈdeindʒəʳ] t. posar en perill; comprometre.

endear (to) [inˈdiəʳ] t. fer estimar; fer admirar.

endearing [inˈdiəriŋ] a. atractiu.

endearment [inˈdiəmənt] s. expressió f. afectuosa.

endeavour, (EUA) **endeavor** [inˈdevə] s. form. esforç m.; afany m.; temptativa f.

endeavour, (EUA) **endeavor (to)** [inˈdevə] i. form. esforçar-se p.; intentar t.

ending [ˈendiŋ] s. final m.; conclusió f. 2 GRAM. terminació f.

endive [ˈendiv] s. BOT. endívia f.

endless [ˈendlis] a. inacabable; interminable, sense fi. 2 continu.

endorse (to) [inˈdɔːs] t. COM. endossar [un xec, etc.]. 2 aprovar; recolzar.

endorsee [,endɔːˈsiː] s. COM. endossatari.

endorsement [inˈdɔːsmənt] s. COM. endossament m. 2 inhabilitació f. [per conduir]. 3 fig. aprovació f., confirmació f.

endow (to) [inˈdau] t. dotar [també fig.]. 2 subvencionar.

endowment [inˈdaumənt] s. dotació f., donació f., subvenció f. 2 dot m. 3 fig. do m. qualitat f.

endurable [inˈdjuərəbl] a. suportable, tolerable, aguantable.

endurance [inˈdjuərəns] s. resistència f., aguant m., fortalesa f. ‖ ~ race, cursa f. de resistència.

endure (to) [inˈdjuəʳ] t. suportar, aguantar, tolerar, resistir. ■ 2 i. durar, perdurar.

enduring [inˈdjuəriŋ] a. durable, resistent, sofert.

endways [ˈendweiz], **endwise** [-waiz] adv. de punta. 2 de cantó. 3 dret. 4 longitudinalment.

enemy [ˈenimi] s.-a. enemic.

energetic [enəˈdʒetik] a. energètic.

energize (to) [ˈenədʒaiz] t. vigoritzar, donar energia. 2 fig. activar, estimular. 3 ELECT. excitar. ■ 4 i. actuar amb energia, amb vigor.

energy [ˈenədʒi] s. energia f.

enervate (to) [ˈenəveit] t. enervar, debilitar, deprimir.

enervating [ˈenəveitiŋ] a. enervant; depriment.

enfeeble (to) [inˈfiːbl] t. debilitar, afeblir.

enfold (to) [inˈfould] t. embolicar. 2 abraçar.

enforce (to) [inˈfɔːs] t. fer complir; posar en vigor [una llei, etc.]. 2 imposar [obediència, etc.]. 3 fer respectar [disciplina, etc.]. 4 reforçar [un argument, etc.].

enfranchise (to) [inˈfræntʃaiz] t. concedir drets polítics. 2 DRET manumetre. 3 fig. alliberar, emancipar.

Eng. [iŋ] s. (abrev. England, English) Anglaterra, anglès.

engage (to) [inˈgeidʒ] t. contractar, agafar, llogar. 2 reservar [una habitació, etc.]. 3 comprometre, garantir. 4 ocupar, atreure [l'atenció]. 5 encetar [una conversa]. 6 MIL. atacar. ■ 7 i. comprometre's p. 8 ocuparse p. en, dedicar-se p. a. 9 MEC. engranar, encaixar, embragar.

engaged [inˈgeidʒd] a. promès, compromès. 2 ocupat. 3 MEC. engranat, encaixat, ficat. 4 TELEF. comunicant. ‖ ~ tone, senyal m. de comunicar.

engagement [inˈgeidʒmənt] s. compromís m., contracte m., obligació f. 2 prometatge m. 3 cita f. 4 MIL. atac m., acció f.

engaging [in'geidʒiŋ] *a.* atractiu, simpàtic.

engender (to) [in'dʒendə'] *t.* engendrar, produir, causar.

engine ['endʒin] *s.* motor *m.* 2 màquina *f.* ‖ **steam ~,** màquina de vapor. 3 FERROC. locomotora *f.*

engine driver ['endzin'draivə'] *s.* FERROC. maquinista.

engineer [‚endʒi'niə'] *s* (G.B.) enginyer. 2 mecànic *m.*

engineer (to) [‚endʒi'niə'] *t.* construir. 2 projectar, dissenyar. 3 fig. enginyar, ordir, assolir.

engineering ['endʒi'niəriŋ] *s.* enginyeria *f.* 2 maneig *m.,* manejament *m.* [d'un aparell, d'una màquina, etc.].

England ['iŋglənd] *n. pr.* GEOGR. Anglaterra.

English ['iŋgliʃ] *a.-s.* anglès.

English Channel [‚iŋgliʃ'tʃænl] *s.* GEOGR. canal *m.* de la Mànega.

Englishman ['iŋgliʃmən] *s.* anglès *m.*

Englishwoman ['iŋgliʃ‚wumən] *s.* anglesa *f.*

engrave (to) [in'greiv] *t.* gravar, cisellar [també fig.].

engraver [in'greivə'] *s.* gravador.

engraving [in'greiviŋ] *s.* gravat *m.* 2 làmina *f.,* estampa *f.*

engross (to) [in'grous] *t.* fig. absorbir, encativar. ‖ **to be engrossed in,** estar absort en. 2 DRET copiar.

engulf (to) [in'gʌlf] *t.* englotir, engolir. 2 submergir, sumir.

enhance (to) [in'ha:ns] *t.* realçar, destacar. 2 incrementar, encarir [preus, etc.].

enigma [i'nigmə] *s.* enigma *m.*

enigmatic [‚enig'mætik] *a.* enigmàtic.

enjoin (to) [in'dʒɔin] *t.* manar, ordenar, prescriure, encarregar. 2 imposar. 3 DRET prohibir.

enjoy (to) [in'dʒɔi] *t.* gaudir de, fruir de. 2 agradar. 3 tenir, posseir. 4 *p. to ~ oneself,* divertir-se, passar-s'ho bé.

enjoyable [in'dʒɔiəbl] *a.* agradable, divertit.

enjoyment [in'dʒɔimənt] *s.* plaer *m.,* delectació *f.,* gust *m.* 2 possessió *f.,* gaudi *m.* 3 divertiment *m.*

enlarge (to) [in'la:dʒ] *t.* augmentar, engrandir, estendre. 2 allargar, eixamplar. 3 FÍS., MED. dilatar. 4 FOT. ampliar. ■ 5 *i.* estendre's *p.,* engrandir-se *p.* 6 allargar-se *p.,* eixamplar-se *p.* 7 FOT. ampliar-se

p. 8 to ~ upon, allargar-se *p.* [un discurs, etc.].

enlargement [in'la:dʒmənt] *s.* augment *m.,* engrandiment *m.,* extensió *f.* 2 allargament *m.,* eixamplament *m.* 3 FÍS., MED. dilatació *f.* 4 FOT. ampliació *f.*

enlighten (to) [in'laitn] *t.* aclarir, il·luminar, il·lustrar. 2 informar, instruir.

enlightened [in'laitənd] *a.* il·lustrat, culte.

enlightening [in'laitniŋ] *a.* informatiu; instructiu.

enlightenment [in'laitnmənt] *s.* il·lustració *f.,* cultura *f.* 2 aclariment *m.* 3 HIST. *The Age of Enlightenment,* Segle *m.* de les Llums.

enlist (to) [in'list] *t.* MIL. allistar, reclutar. 2 fig. aconseguir. ■ 3 *i.* allistar-se *p.*

enliven (to) [in'laivn] *t.* avivar, animar, alegrar.

enmesh (to) [in'meʃ] *t.* enxarxar, enredar.

enmity ['enmiti] *s.* enemistat *f.*

ennoble (to) [i'noubl] *t.* ennoblir [també fig.].

ennumerate (to) [i'nju:məreit] *t.* enumerar. 2 numerar, comptar.

enormity [i'nɔ:miti] *s.* enormitat *f.* 2 atrocitat *f.,* monstruositat *f.*

enormous [i'nɔ:məs] *a.* enorme. ■ 2 -ly *adv.* enormement.

enough [i'nʌf] *a.* prou, suficient, bastant. ■ 2 *adv.* prou, suficientment. ‖ *sure ~,* sens dubte. ■ 3 *interj. that's ~!,* prou! ■ 4 *s. there's ~ for everyone,* n'hi ha prou per a tots.

enquire (to) [in'kwaiə'] Vegeu INQUIRE (TO).

enquiry [in'kwaiəri] *s.* Vegeu INQUIRY.

enrage (to) [in'reidʒ] *t.* enrabiar, enfurismar, exasperar.

enrapture (to) [in'ræptʃə'] *t.* encisar, entusiasmar, extasiar.

enrich (to) [in'ritʃ] *t.* enriquir [també fig.]. 2 AGR. fertilitzar.

enrichment [in'ritʃmənt] *s.* enriquiment *m.* [també fig.]. 2 AGR. fertilització *f.*

enrol(l) (to) [in'roul] *t.* inscriure, registrar, matricular. 2 MIL. allistar, reclutar. ■ 3 *i.* inscriure's *p.,* matricular-se *p.* 4 MIL. allistar-se *p.*

enrol(l)ment [in'roulmənt] *s.* inscripció *f.,* registre *m.,* matriculació *f.* 2 MIL. allistament *m.*

ensemble [ɔn'sɔmbl] s. conjunt m. 2 MÚS. conjunt m., grup m.; orquestra f. de cambra. 3 TEAT. companyia f.

enshrine (to) [in'ʃrain] t. REL. ficar en un reliquiari. 2 tancar, ficar. 3 fig. conservar religiosament.

enshroud (to) [in'ʃraud] t. embolcallar, embolicar.

ensign ['ensain: in the navy, ensn] s. insígnia f., estendard m., ensenya f., bandera f. ∥ ~ *bearer*, banderer. 2 (EUA) MIL. alferes [de la marina].

enslave (to) [in'sleiv] t. esclavitzar.

enslavement [in'sleivmənt] s. esclavitud f., esclavatge m.

ensnare (to) [in'snɛə'] t. entrampar, agafar en una trampa.

ensue (to) [in'sjuː] i. seguir t., seguir-se p., resultar.

ensure (to) [in'ʃuə'] t. assegurar, garantitzar. ■ 2 p. to ~ *oneself*, assegurar-se.

entail [in'teil] s. DRET vinculació f.

entail (to) [in'teil] t. comportar, ocasionar. 2 implicar, suposar. 3 DRET vincular.

entangle (to) [in'tæŋgl] t. enredar(se), embolicar(se). ∥ *to get entangled*, ficar-se en un embolic.

enter (to) ['entə'] t. entrar i. a.: to ~ *a house*, entrar a una casa. 2 ingressar i. 3 registrar, anotar. 4 inscriure, matricular. 5 DRET entaular; interposar. ■ 6 i. entrar. 7 inscriure's p. 8 començar.

enterprise ['entəpraiz] s. empresa f. 2 iniciativa f., empenta f.

enterprising ['entəpraiziŋ] a. emprenedor. 2 decidit.

entertain (to) [ˌentə'tein] t. entretenir, divertir. 2 convidar. 3 atendre, complimentar [convidats]. 4 considerar, prendre en consideració. 5 nodrir, tenir [idees, sentiments]. ■ 6 i. tenir convidats; oferir àpats o festes.

entertainer [ˌentə'teinə'] s. artista, actor, músic. 2 animador. 3 amfitrió.

entertaining [ˌentə'teiniŋ] a. divertit, entretingut.

entertainment [ˌentə'teinmənt] s. entreteniment m., diversió f., distracció f. 2 funció f., espectacle m. 3 hospitalitat f., acolliment m.

enthral, (EUA) **enthrall (to)** [in'θrɔːl] t. captivar, fascinar, seduir.

enthrone (to) [in'θroun] t. entronitzar [també fig.].

enthuse (to) [in'θjuːz] i. col·loq. to ~ *over*, entusiasmar-se p. per.

enthusiasm [in'θjuːziæzəm] s. entusiasme m.

enthusiast [in'θjuːziæst] s. entusiasta.

enthusiastic [in'θjuːzi'æstik] a. entusiàstic.

entice (to) [in'tais] t. atreure, temptar. 2 seduir.

enticement [in'taismənt] s. atractiu m., temptació f. 2 seducció f.

entire [in'taiə'] a. enter, complet. 2 tot, total. ■ 3 -ly adv. totalment, del tot, completament.

entirety [in'taiərəti] s. totalitat f.

entitle (to) [in'taitl] t. titular. 2 autoritzar, donar el dret a. ∥ *to be entitled to*, tenir dret a.

entity ['entiti] s. entitat f. ∥ DRET *legal* ~, persona jurídica. 2 FIL. ens m.

entomology [ˌentə'mɔlədʒi] s. entomologia f.

entourage [ˌɔntu'rɑːʒ] s. seguici m., acompanyament m. 2 ambient m.

entrails ['entreilz] s. pl. entranyes f. pl., vísceres f. pl.

entrance ['entrəns] s. entrada f. ∥ *no* ~, prohibida l'entrada. 2 accés m., ingrés m. 3 porta f., portal m. 4 boca f., obertura f.

entrance (to) [in'trɑːns] t. captivar, extasiar.

entreat (to) [in'triːt] t. suplicar, pregar, implorar.

entreaty [in'triːti] s. súplica f., petició f., prec m.

entrench (to) [in'trentʃ] t. atrinxerar. ■ 2 i. atrinxerar-se p.

entrenchment [in'trentʃmənt] s. atrinxerament m.

entrepreneur [ˌɔntrəprə'nə:'] s. empresari.

entrust (to) [in'trʌst] t. confiar. 2 encarregar.

entry ['entri] s. entrada f., ingrés m., accés m. ∥ *no* ~, direcció prohibida; prohibida l'entrada f. 2 porta f., portal m., vestíbul m. 3 anotació f., nota f. 4 article m. [de diccionari]. 5 COM. partida f. 6 DRET presa f. de possessió. 7 ESPORT participant.

entwine (to) [in'twain] t. entrellaçar, entrelligar. ■ 2 i. entrellaçar-se p., entrelligar-se p.

enumeration [iˌnjuːmə'reiʃən] s. enumeració f.

enunciate (to) [i'nʌnsieit] t. enunciar. 2 pronunciar. 3 formular. ■ 4 i. articular t.

enunciation [i,nʌnsi'eiʃən] s. enunciació f. 2 pronunciació f., articulació f. 3 proclamació f., declaració f.

envelop (to) [in'veləp] t. embolicar, embolcar, cobrir.

envelope ['enviloup] s. sobre m. [de carta]. 2 embolcall m., coberta f. 3 MAT. envolupant.

envelopment [in'veləpmənt] s. embolcallament m. 2 embolcall m.

enviable ['enviəbl] a. envejable.

envious ['enviəs] a. envejós. ‖ to be ~ of, envejar, tenir enveja de.

environment [in'vaiərənmənt] s. ambient m., medi ambient m., condicions f. pl. ambientals.

environmental [in,vaiərənmentəl] a. ambiental.

environs [in'airənz] s. pl. voltants m. pl., entorns m.pl., rodalies f.pl.

envisage (to) [in'vizidʒ] t. imaginar(-se), concebre. 2 veure, enfocar [idees, pensaments]. 3 preveure, projectar.

envoy ['envɔi] s. missatger. 2 ambaixador, enviat.

envy ['envi] s. enveja f.

envy ['envi] t. envejar, tenir enveja.

epaulet ['epoulet] s. MIL. xarretera f.

ephemeral [i'femərəl] a. efímer.

epic ['epik] a. èpic. ■ 2 s. epopeia f., poema m. èpic.

epicure ['epikjuə'] s. epicuri. 2 gastrònom, sibarita.

epidemic [,epi'demik] a. MED. epidèmic. ■ 2 s. MED. epidèmia f. [també fig.].

epigram ['epigræm] s. epigrama m.

epigrammatic [,epigrə'mætik] a. epigramàtic.

epilepsy ['epilepsi] s. MED. epilèpsia f.

epileptic [,epi'leptik] a.-s. MED. epilèptic.

epilogue, (EUA) **epilog** ['epilēg] s. epíleg m.

episcopal [i'piskəpəl] a. ECLES. episcopal.

episode ['episoud] s. episodi m.

episodic(al [,epi'sɔdik, -əl] a. episòdic. 2 esporàdic, circumstancial, incidental.

epistle [i'pisl] s. epístola f.

epitaph ['epitɑ:f] s. epitafi m.

epithet ['epiθet] s. epítet m.

epitome [i'pitəmi] s. epítom m. 2 resum m., compendi m. 3 fig. personificació f., model m.

epitomize (to) [i'pitəmaiz] t. resumir, compendiar. 2 fig. personificar.

epoch ['i:pɔk] s. època f., edat.

epoch-making ['i:pɔk,meikiŋ] a. que fa època.

equable ['ekwəbl] a. igual, uniforme, regular, invariable. 2 tranquil, reposat.

equal ['i:kwəl] a. igual. 2 equitatiu. 3 to be ~ to, tenir forces per; estar a l'altura de ■ 4 s. igual. ■ 5 -ly adv. igualment, a parts iguals.

equal (to) [i:kwəl] t. igualar, ser igual a.

equality [i:'kwɔliti] s. igualtat f.

equalize (to) ['i:kwəlaiz] t. igualar.

equanimity [i:kwə'nimiti] s. equanimitat f.

equation [i'kweiʒən] s. MAT. equació f.

equator [i'kweitə'] s. equador m.

equatorial [,ekwə'tɔ:rial] a. equatorial.

equestrian [i'kwestriən] a. eqüestre.

equidistant [,i:kwi'distənt] a. equidistant.

equilateral [,i:kwi'lætərəl] a. GEOM. equilàter.

equilibrium [i:kwi'libriəm] s. equilibri m.

equinoctial [,i:kwi'nɔkʃəl] a. ASTR. equinoccial.

equinox [i:kwinɔks] s. ASTR. equinocci m.

equip (to) [i'kwip] t. equipar, proveir, fornir.

equipment [i'kwipmənt] s. equip m., equipament m. 2 material m., estris m. pl., eines f.pl.

equitable ['ekwitəbl] a. just, equitatiu, imparcial.

equity ['ekwiti] s. equitat f. 2 justícia f. 3 pl. COM. accions f. pl. ordinàries. ‖ ~ capital, capital en accions ordinàries.

equivalence [i'kwivələns] s. equivalència f.

equivalent [i'kwivələnt] a. equivalent. ■ 2 s. equivalent m.

equivocal [i'kwivəkəl] a. equívoc. 2 sospitós, dubtós.

equivocate (to) [i'kwivəkeit] i. parlar amb ambigüitat.

equivocation [i,kwivə'keiʃən] s. equívoc m. 2 ambigüitat f.

era ['iərə] s. era f. [de temps]. ‖ to mark an ~, fer època.

eradicate (to) ['irædikeit] t. AGR. desarrelar. 2 fig. eradicar, extirpar.

eradication [i,rædi'keiʃən] s. AGR. desarrelament m. 2 fig. eradicació f., extirpació f.

erase (to) [i'reiz] t. esborrar. 2 ratllar, guixar.

eraser [i'reizə'] s. esborrador m. 2 goma f. d'esborrar.

erasure [i'reiʒə'] s. esborrament m. 2 rascada f.

erect [i'rekt] a. erecte, dret, eret. 2 eriçat, de punta [els cabells].

erect (to) [i'rekt] t. erigir, aixecar. 2 construir, edificar. 3 muntar, armar.

erection [i'rekʃən] s. erecció f. 2 estructura f. 3 construcció f., edifici m. 4 MEC. muntatge m.

ermine ['əːmin] s. ZOOL. armini m.

Ernest ['əːrnist] n. pr. m. Ernest.

erode (to) [i'roud] t. erosionar. 2 corroir, desgastar. ■ 3 i. desgastar-se p.

erosion [i'rouʒən] s. erosió f. 2 corrosió f., desgast m.

erotic [i'rɔtik] a. eròtic.

eroticism [e'rɔtisizəm] s. erotisme m.

err (to) [əː'] i. errar, equivocar-se p. 2 pecar.

errand ['erənd] s. encàrrec m. ‖ ~ boy, noi m. dels encàrrecs.

errant ['erənt] a. errant. ‖ knight-errant, cavaller m. errant.

erratic [i'rætik] a. erràtic. 2 variable, inconstant. 3 irregular, desigual.

erratum [e'rɑːtəm] s. errata f. ▲ pl. errata [e'rɑːtə].

erroneus [i'rounjəs] a. erroni, equivocat. ■ 2 -ly adv. erròniament.

error ['erə'] s. error m., errada f., equivocació f.

eructate (to) [i'rʌkteit] t. eructar.

eructation [iːrʌk'teiʃən] s. eructe m.

erudite ['eruːdait] a. erudit.

erudition [ˌeruː'diʃən] s. erudició f., coneixements m. pl.

erupt (to) [i'rʌpt] t. expulsar, expel·lir. ■ 2 i. estar en erupció, entrar en erupció [un volcà]. 3 brollar, sorgir. 4 esclatar [una guerra, etc.]. 5 MED. fer erupció.

eruption [i'rʌpʃən] s. erupció f. 2 esclat m., explosió f.

escalade [ˌeskə'leid] s. MIL. escalada f.

escalate (to) ['eskəleit] t. incrementar, augmentar, intensificar, estendre. 2 COM. apujar. ■ 3 i. incrementar-se p., intensificar-se p., estendre's p.

escalation [ˌeskə'leiʃən] s. escalada f. 2 increment m., augment m. 3 puja f.

escalator ['eskəleitə'] s. escala f. mecànica.

escapade [ˌeskə'peid] s. aventura f.; escapada f.

escape [is'kip] s. fuga f., fugida f. 2 fuita f. 3 evasió f. 4 escapatòria f. 5 fire ~, sortida f. d'incendis.

escape (to) [is'keip] t. evitar, eludir. 2 defugir, esquivar. ■ 3 i. escapar-se p. 4 escapolir-se p., fugir.

escape clause [is'keip,klɔːz] s. DRET clàusula f. d'excepció.

escapee [eskei'piː] s. fugitiu.

escapism [is'keipizm] s. fig. evasió f.

escarpment [is'kɑːpmənt] s. GEOL. escarpament m., escarpa f.

eschew (to) [is'tʃuː] t. form. abstenir-se p. de, evitar.

escort ['eskɔːt] s. escorta f., seguici m. 2 comboi m. 3 acompanyant.

escort (to) [is'kɔːt] t. escortar, acomboiar, acompanyar.

escutcheon [is'kʌtʃən] s. HERÀLD. escut m. d'armes, blasó m.

Eskimo ['eskimou] a.-s. esquimal.

especial [is'peʃəl] a. especial, peculiar, particular.

especially [is'peʃəli] adv. especialment, particularment, sobretot.

espionage [ˌespiə'nɑːʒ] s. espionatge m.

esplanade [ˌesplə'neid] s. passeig m. 2 passeig m. marítim.

espousal [is'pauzəl] s. adhesió f. 2 fig. adopció f.

espouse (to) [is'pauz] t. amullerar-se p., casar-se p. 2 adherir-se p. 3 adoptar.

espy (to) [is'pai] t. albirar, entreveure, percebre.

Esquire [is'kwaiə'] s. (**Esq.**) títol posat darrera del cognom a les cartes; equival a Sr. o En.

essay ['esei] s. intent m., temptativa f., esforç m. 2 assaig m., redacció f., composició f.

essay (to) ['esei] t.-i. assajar t., intentar t., provar t.

essence ['esns] s. essència f. ‖ in ~, en essència, essencialment. 2 fons m.

essential [i'senʃəl] a. essencial. 2 indispensable, primordial, fonamental. ■ 2 s. l'essencial m. 3 pl. fonaments m. pl., coses f. pl. essencials. ■ 4 -ly, adv. essencialment, fonamentalment.

establish (to) [is'tæbliʃ] t. establir, fundar, instal·lar. 2 provar, demostrar.

established [is'tæbliʃt] a. establert. 2 oficial. 3 sabut, conegut.

establishment [is'tæbliʃmənt] t. establiment m., fundació f. 2 demostració f., comprovació f. 3 personal m., servei m.

4 MIL. forces *f.pl.* *5 the Establishment,* la classe dominant.

estate [is'teit] *s.* propietat *f.,* finca *f.* ‖ ~ *agent,* corredor de finques, agent immobiliari. ‖ *housing* ~, urbanització *f.* ‖ *industrial* ~, polígon *m.* industrial. 2 béns *m. pl.* ‖ ~ *car,* cotxe familiar. ‖ *personal* ~, béns *m. pl.* mobles. ‖ *real* ~, béns *m. pl.* ents. 3 estat *m.* [estament social]. 4 herència *f.*

estate duty [i'steit,dju:ti] *s.* DRET drets *m. pl.* de successió.

esteem [is'ti:m] *s.* estima *f.,* estimació *f.,* afecte *m.*

esteem (to) [is'ti:m] *t.* estimar, apreciar. 2 considerar.

Esther ['estə'] *n. pr. f.* Ester.

estimate ['estimit] *s.* estimació *f.,* càlcul *m.* 2 pressupost *m.* [d'una obra].

estimate (to) ['estimeit] *t.* estimar, avaluar, jutjar [també fig.]. ■ 2 *i.* *to ~ for,* calcular o fer un pressupost.

estimation [,esti'meiʃən] *s.* opinió *f.,* judici *m.* ‖ *in my* ~, segons el meu parer. 2 estimació *f.,* apreci *m.* 3 avaluació *f.*

Estonia [i'stouniə] *n. pr.* GEOGR. Estònia.

estrange (to) [is'treindʒ] *t.* estranyar, allunyar, alienar, fer perdre l'amistat.

estrangement [is'treindʒmənt] *s.* allunyament *m.,* separació *f.* 2 desavinença *f.,* enemistat *f.*

estuary ['estʃuəri] *s.* estuari *m.*

etch (to) [etʃ] *t.* gravar a l'aiguafort.

etching ['etʃiŋ] *s.* gravat *m.* a l'aiguafort, aiguafort *m.*

eternal [i'tə:nl] *a.* etern, perpetu, sempitern.

eternity [i'tə:niti] *s.* eternitat *f.*

ether ['i:θə'] *s.* èter *m.*

ethereal [i'θiəriəl] *a.* eteri. 2 subtil, vaporós, incorpori.

ethic(al) ['eθik,-əl] *a.* ètic. 2 honrat. 3 moral.

ethic ['eθik] *s.* ètica *f.,* moralitat *f.* 3 *pl.* FIL. ètica *f.*

Ethiopia [i:θi'oupiə] *n. pr.* GEOGR. Etiòpia.

ethnic(al) ['eθnik,-əl] *a.* ètnic.

etiquette ['etiket] *s.* etiqueta *f.,* protocol *m.* 2 normes *f. pl.* professionals, ètica *f.* professional. 3 bones maneres *f. pl.*

etymology [,eti'mɔlədʒi] *s.* etimologia *f.*

eucalyptus [,ju:kə'liptəs] *s.* BOT. eucaliptus *m.*

Eucharist ['ju:kərist] *s.* REL. Eucaristia *f.*

eucharistic [,ju:kə'ristik] *a.* eucarístic.

eugenics [ju:'dʒeniks] *s.* eugenèsia *f.*

eulogize (to) ['ju:lədʒaiz] *t.* elogiar, lloar, encomiar.

eulogy ['ju:lədʒi] *s.* elogi *m.,* lloança *f.,* encomi *m.*

eunuch ['ju:nək] *s.* eunuc *m.*

euphemism ['ju:fimizəm] *s.* eufemisme *m.*

Europe ['juərəp] *n. pr.* GEOGR. Europa.

European [,juərə'pi:ən] *a.-s.* europeu.

Eurovision ['juərəviʒn] *s.* TELEV. Eurovisió *f.*

euthanasia [,ju:θə'neiziə] *s.* eutanàsia *f.*

evacuate (to) [i'vækjueit] *t.* evacuar. 2 desocupar, buidar.

evacuation [i'vækju'eiʃən] *s.* evacuació *f.* 2 deposició *f.*

evade (to) [i'veid] *t.* evadir, eludir, defugir, evitar.

evaluate (to) [i'væljueit] *t.* avaluar, valorar, apreuar [també fig.].

evaluation [i'vælju'eiʃən] *s.* avaluació *f.,* valoració *f.* [també fig.].

evanescent [,i:və'nesnt] *a.* evanescent; fugaç, efímer.

evangelize (to) [i'vændʒilaiz] *t.* evangelitzar.

evaporate (to) [i'væpəreit] *t.* evaporar. 2 deshidratar. ■ 3 *i.* evaporar-se *p.* 4 esvair-se *p.*

evasion [i'veiʒən] *s.* evasió *f.* 2 evasiva *f.* 3 COM. evasió *f.* [fiscal].

evasive [i'veisiv] *a.* evasiu.

Eve [i:v] *n. pr. f.* Eva.

eve [i:v] *s.* vigília *f.* ‖ *Christmas Eve,* nit *f.* de Nadal. ‖ *New Year's Eve,* cap *m.* d'any. ‖ fig. *on the ~ of,* en vigílies de.

even [i:vən] *a.* pla, llis. 2 regular, uniforme, constant. 3 igual, igualat, equilibrat. ‖ ~ *odds,* les mateixes possibilitats a favor i en contra. ‖ col·loq. *to break ~,* quedar-se igual, no guanyar ni perdre. ‖ fig. *to get ~ with,* passar comptes amb. 4 parell. *5* tranquil, reposat, serè. ■ *6 adv.* fins i tot, àdhuc. ‖ ~ *as,* en el precís moment que. ‖ ~ *if,* encara que, tot i que. ‖ ~ *so,* tot i així. *7 not* ~, ni tan sols. *8 -ly adv.* uniformement; equitativament. *9* plàcidament, serenament.

even (to) ['i:vən] *t.* aplanar, allisar, igualar.

evening ['i:vniŋ] *s.* vespre *m.,* nit *f.*

evening dress ['i:vniŋdres] *s.* vestit *m.* de nit.

evening star ['i:vniŋ,stɑ:'] *s.* estel *m.* vespertí.

event [i'vent] *s.* esdeveniment *m.* 2 succés *m.,* cas *m.,* fet *m.* ‖ *at all events,* en tot cas. ‖ *current events,* actualitat *f.* 3 ESPORT *prova f.*

eventful [i'ventful] *a.* ple d'esdeveniments, agitat, accidentat.

eventual [i'ventʃuəl] *a.* final; conseqüent. ■ 2 -**ly** *adv.* finalment, conseqüentment, posteriorment.

ever ['evə'] *adv.* sempre. ‖ *for ~,* per sempre. 2 alguna vegada. 3 (després de negació) mai. ‖ *hardly ~,* gairebé mai. ‖ *more than ~,* més que mai. 4 ~ *since,* des d'aleshores; des que. 5 ~ *so,* ~ *so much,* molt.; ~ *so little,* molt poc.

evergreen ['evəgri:n] *a.* BOT. de fulla perenne. ■ 2 *s.* BOT. semprevivo *f.*

evergreen oak [,evəgri:n'ouk] *s.* BOT. alzina *f.*

everlasting [,evə'lɑ:stiŋ] *a.* etern, perpetu, sempitern. 2 incessant, constant.

evermore ['evə'mɔ:'] *adv.* eternament, sempre. ‖ *for ~,* per sempre més.

every ['evri] *a.* cada, tot, tots. ‖ ~ *day,* cada dia. ‖ ~ *other day,* dia sí dia no, dia per altre. ‖ *his ~ word,* cada paraula que deia. ‖ ~ *now and then,* de tant en tant. ‖ ~ *time,* sempre, sempre que. 2 ~ *bit,* igual que, tant: *he is ~ bit as intelligent as his brother,* és tant intel·ligent com el seu germà.

everybody ['evribɔdi] *pron.* tothom, tots; cadascun.

everyday ['evridei] *a.* diari, quotidià. 2 corrent, ordinari.

everyone ['evriwʌn] *pron.* Vegeu EVERYBODY.

everything ['evriθiŋ] *pron.* tot.

everywhere ['evriwɛə'] *adv.* a tot arreu; pertot arreu, arreu.

evict (to) [i'vikt] *t.* desnonar, desallotjar.

evidence ['evidəns] *s.* evidència *f.* 2 prova *f.,* demostració *f.* 3 DRET testimoni *m.,* declaració *f.* ‖ *to give ~,* prestar declaració.

evident ['evidənt] *a.* evident, clar, manifest. ■ 2 -**ly** *adv.* evidentment, naturalment.

evil [i:vl] *a.* dolent, perniciós. 2 malvat, pervers, maligne. ‖ ~ *eye,* mal *m.* d'ull. 3 infaust, malastruc. ■ 3 *s.* mal *m.,* desastre *m.,* desgràcia *f.* 4 -**ly** *adv.* malignament, perversament.

evil-doer ['i:vl'du:ə'] *s.* malfactor.

evil-minded [,i:vl'maindid] *a.* malintencionat; malpensat.

evocation [i:vou'keiʃən] *s.* evocació *f.*

evocative [i'vɔkətiv] *a.* evocador, suggestiu.

evoke (to) [i'vouk] *t.* evocar.

evolution [,i:və'lu:ʃən] *s.* evolució *f.* 2 desenvolupament *m.*

evolve (to) [i'vɔlv] *t.* desenvolupar, desenrotllar. ■ 2 *i.* evolucionar, desenvolupar-se *p.*

ewe [ju:] *s.* ZOOL. ovella *f.,* (ROSS.) feda *f.*

ex [eks] *prep.* sense; fora de. 2 ~ *works price,* preu de fàbrica. ■ 3 *pref.* ex-, antic: *ex-president,* ex-president. ■ 4 *s.* col·loq. *my ex,* el meu o la meva ex [marit, dona, etc.].

exacerbate (to) [eks'æsəbeit] *t.* form. exacerbar.

exact [ig'zækt] *a.* exacte. 2 precís, rigorós. ■ 3 -**ly,** *adv.* exactament.

exact (to) [ig'zækt] *t.* exigir, imposar.

exacting [ig'zæktiŋ] *a.* exigent. 2 sever, rigorós.

exaction [ig'zækʃən] *s.* DRET exacció *f.*

exactness [ig'zæktnis] *s.* exactitud *f.*

exaggerate (to) [ig'zædʒəreit] *t.* exagerar.

exaggeration [ig,zædʒə'reiʃən] *s.* exageració *f.*

exalt (to) [ig'zɔ:lt] *t.* exaltar, elevar. 2 lloar.

exaltation [,egzɔ:l'teiʃən] *s.* exaltació *f.*

exam [ig'zæm] *s.* (abrev. col·loq. *d'examination)* examen *m.*

examination [ig,zæmi'neiʃən] *s.* examen *m.* ‖ *entrance ~,* examen d'ingrés. 2 DRET interrogatori *m.;* instrucció *f.;* sumari *m.* 3 MED. reconeixement *m.,* investigació *f.*

examine (to) [ig'zæmin] *t.* examinar. 2 DRET interrogar, instruir. 3 MED. reconèixer.

examinee [ig,zæmi'ni:] *s.* examinand. 2 candidat.

examiner [ig'zæminə'] *s.* examinador.

example [ig'zɑ:mpl] *s.* exemple *m.* ‖ *for ~,* per exemple. 2 model *m.* 3 representant. 4 mostra *f.,* exemplar *m.*

exasperate (to) [ig'zɑ:spəreit] *t.* exasperar, irritar.

exasperation [ig,zɑ:spə'reiʃən] *s.* exasperació *f.*

excavate (to) ['ekskəveit] *t.* excavar.

excavation [,ekskə'veiʃən] *s.* excavació *f.*

excavator ['ekskəveitə'] *s.* excavació. 2 MEC. excavadora *f.*

execrable ['eksikrəbl] *a.* execrable, abominable.

exceed (to) [ik'si:d] *t.* excedir(se), ultrapassar, depassar.

exceeding [ik'si:diŋ] *a.* excessiu. 2 superior. ■ 3 **-ly** *adv.* extremadament.

excel (to) [ik'sel] *t.* avantatjar, sobrepassar, superar. ■ 2 *i.* excel·lir, distingir-se *p.,* sobresortir.

excellence ['eksələns] *s.* excel·lència *f.*

Excellency ['eksələnsi] *s.* excel·lència. || *His* ~, Sa excel·lència.

excellent ['eksələnt] *a.* excel·lent.

except [ik'sept] *prep.* excepte, llevat de, tret de. ■ 2 *conj.* a menys que, si no és que.

except (to) [ik'sept] *t.* exceptuar, excloure.

exception [ik'sepʃən] *s.* excepció *f.* 2 objecció *f.* || *to take* ~, objectar; ofendre's.

exceptionable [ik'sepʃənəbl] *a.* objectable, recusable.

exceptional [ik'sepʃənl] *a.* excepcional, extraordinari, desusat.

excerpt ['eksə:pt] *s.* cita *f.,* fragment *m.,* extracte *m.*

excess [ik'ses] *s.* excés *m.* || ~ *luggage,* excés d'equipatge. 2 abús *m.* 3 COM. excedent *m.*

excessive [ik'sesiv] *a.* excessiu.

exchange [iks'tʃeindʒ] *s.* canvi *m.,* bescanvi *m.* || *in* ~ *for,* a canvi de. 2 COM. borsa *f.;* llotja *f.* 3 *bill of* ~, lletra *f.* de canvi. || *foreign* ~, divises *f. pl.* 4 TELEF. *central f.* telefònica.

exchange (to) [iks'tʃeindʒ] *t.* canviar, bescanviar. || *to* ~ *greetings,* saludar-se 2 creuar [mirades]. 3 donar, propinar [cops].

exchange rate [iks'tʃeindz,reit] *s.* taxa *f.* de canvi.

Exchequer [iks'tʃekə'] *s.* (G.B.) ministeri *m.* d'hisenda *f.* || *Chancellor of the* ~, ministre d'hisenda. 2 tresor *m.* o erari *m.* públic.

excise ['eksaiz] *s.* COM. impost *m.* indirecte.

excise (to) [ik'saiz] *t.* gravar amb l'impost indirecte. 2 extirpar. 3 suprimir.

excision [ik'siʒən] *s.* excisió *f.* 2 extirpació *f.* 3 supressió *f.*

excitability [ik,saitə'biliti] *s.* excitabilitat *f.*

excitable [ik'saitəbl] *a.* excitable, nerviós.

excite (to) [ik'sait] *t.* emocionar, entusiasmar. 2 excitar, provocar. 3 despertar, suscitar [emocions, sentiments, etc.].

excited [ik'saitid] *a.* entusiasmat, emocionat, excitat, nerviós. || *to get* ~, emocionar-se, entusiasmar-se, excitar-se. ■ 2 **-ly** *adv.* amb entusiasme, amb emoció, amb excitació.

excitement [ik'saitmənt] *s.* excitació *f.,* emoció *f.,* agitació *f.,* entusiasme *m.*

exciting [ik'saitiŋ] *a.* excitant. 2 emocionant, apassionant.

exclaim (to) [iks'kleim] *t.-i.* exclamar.

exclamation [,eksklə'meiʃən] *s.* exclamació *f.*

exclamation mark [,eksklə'meiʃnmɑ:k] *s.* GRAM. signe *m.* d'admiració.

exclude (to) [iks'klu:d] *t.* excloure. 2 evitar.

excluding [iks'klu:diŋ] *prep.* excepte, exceptuant, llevat de, tret de.

exclusion [iks'klu:ʒən] *s.* exclusió *f.*

exclusive [iks'klu:siv] *a.* exclusiu, selecte. || ~ *interview,* entrevista *f.* en exclusiva *f.* || ~ *of,* exceptuant. ■ 2 **-ly** *adv.* exclusivament.

excommunicate (to) [,ekskə'mju:nikeit] *t.* REL. excomunicar.

excruciating [iks'kru:ʃieitiŋ] *a.* terrible, insoportable; agut [dolor].

exculpate (to) ['ekskʌlpeit] *t.* form. exculpar.

excusable [iks'kju:zəbl] *a.* excusable, disculpable.

excursion [iks'kə:ʃən] *s.* excursió *f.* || ~ *ticket,* tarifa *f.* d'excursió.

excuse [iks'kju:s] *s.* excusa *f.,* (ROSS.) desencusa *f.*

excuse (to) [iks'kju:z] *t.* excusar. 2 perdonar, dispensar: *excuse me!,* dispensi!, perdoni!

execrate (to) ['eksikreit] *t.* execrar, abominar.

execration [,eksi'kreiʃən] *s.* execració *f.,* abominació *f.*

execute (to) ['eksikju:t] *t.* executar, complir, dur a terme. 2 executar, ajusticiar. 3 atorgar [un document]. 4 TEAT. fer [un paper].

execution [,eksi'kju:ʃən] *s.* execució *f.* 2 DRET execució *f.*

executioner [,eksi'kju:ʃənə'] *s.* executor, botxí *m.*

executive [ig'zekjutiv] *a.* executiu. ■ 2 *s.* executiu. 3 executiu *m.* [poder]. 4 directiva *f.,* executiva *f.* [junta].

executor [ig'zekjutə'] s. DRET executor, marmessor.

exemplary [ig'zempləri] a. exemplar. 2 il·lustratiu.

exemplify (to) [ig'zemplifai] t. exemplificar.

exempt [ig'zempt] a. exempt, lliure, franc.

exempt (to) [ig'zempt] t. eximir, dispensar, alliberar.

exemption [ig'zempʃən] s. exempció f.

exercise ['eksəsaiz] s. exercici m. 2 pràctica f.

exercise (to) ['eksəsaiz] t. exercitar. 2 exercir, fer ús. 3 preocupar, amoïnar. ■ 4 i. exercitar-se p.

exert (to) [ig'zəːt] t. exercir, utilitzar. ■ 2 p. to ~ oneself, esforçar-se.

exertion [ig'zeːʃən] s. esforç m. 2 exercici m.

exhalation [ˌekshə'leiʃən] s. exhalació.

exhale (to) [eks'heil] t. exhalar. ■ 2 i. exhalar-se p.

exhaust [ig'zɔːst] s. MEC. escapament m. ‖ ~ pipe, tub m. d'escapament.

exhaust (to) [ig'zɔːst] t. exhaurir, esgotar. 2 buidar.

exhaustion [ig'zɔːstʃən] s. exhaustió f., esgotament m.

exhaustive [ig'zɔːstiv] a. exhaustiu.

exhibit [ig'zibit] s. objecte m., exposat, peça f. de museu. 2 DRET prova f.

exhibit (to) [ig'zibit] t. exhibir, exposar. 2 mostrar, evidenciar. ■ 3 i. fer una exposició.

exhibition [ˌeksi'biʃən] s. exhibició f., exposició f. 2 demostració f.

exhibitionist [eksi'biʃənist] s. exhibicionista.

exhibitor [ig'zibitə'] s. expositor.

exhilarate (to) [ig'ziləreit] t. alegrar, animar.

exhilarating [ig'ziləreitiŋ] a. estimulant, vivificant.

exhilaration [igzilə'reiʃən] s. alegria f., animació f.

exhort (to) [ig'zɔːt] t. form. exhortar.

exhortation [ˌeksɔː'teiʃən] s. exhortació f.

exhume (to) [eks'hjuːm] t. exhumar. 2 fig. desenterrar.

exigence, -cy ['eksidʒens, -i] s. exigència f. 2 necessitat f., urgència f.

exile ['eksail] s. exili m., desterrament m. ‖ to go into ~, exiliar-se. 2 exiliat, desterrat [persona].

exile (to) ['eksail] t. exiliar, desterrar.

exist (to) [ig'zist] i. existir. 2 viure.

existence [ig'zistəns] s. existència f. ‖ to come into ~, néixer.

exit ['eksit] s. sortida f. 2 TEAT. mutis m.

exodus ['eksədəs] s. èxode m.

exonerate (to) [ig'zɔnəreit] t. exonerar, eximir. 2 exculpar.

exoneration [igzɔnə'reiʃən] s. exoneració f., disculpació f.

exorbitant [ig'zɔːbitənt] a. exorbitant, excessiu.

exorcise (to) ['eksɔːsaiz] t. exorcitzar.

exorcism ['eksɔːsizəm] s. exorcisme m.

exordium [ek'sɔːdjəm] s. exordi m.

exotic [ig'zɔtik] a. exòtic.

expand (to) [iks'pænd] t. estendre, dilatar, eixamplar, ampliar. 2 obrir, desplegar. ■ 3 i. estendre's p., dilatar-se p., eixamplar-se p., ampliar-se p. 4 desplegar-se p. 5 expansionar-se p.

expandable [ik'spændəbl] a. expansible, dilatable, extensible.

expanse [iks'pæns] s. extensió f.

expansion [iks'pænʃən] s. expansió f. 2 dilatació f. 3 extensió f.

expansive [ik'spænsiv] a. expansiu. 2 comunicatiu.

expatiate (to) [ek'speiʃieit] i. form. estendre's p. [parlant, etc.].

expatriate [eks'pætriət] s. expatriat.

expatriate (to) [eks'pætrieit] t.-p. expatriar(se).

expect (to) [iks'pekt] t. esperar. ‖ to be expecting, esperar una criatura. 2 suposar.

expectancy [ik'spektənsi] s. expectació f., expectativa f. 2 esperança f. ‖ life ~, esperança de vida.

expectant [ik'spektənt] a. expectant. ‖ ~ mother, dona embarassada.

expectation [ˌekspek'teiʃən] s. expectació f., espera f. 2 perspectiva f., esperança f.

expedient [ik'spiːdjənt] a. convenient, oportú. ■ 2 s. expedient m., recurs m.

expedite (to) ['ekspidait] t. accelerar, facilitar. 2 despatxar, expedir.

expedition [ˌekspi'diʃən] s. expedició f. [militar, científica].

expeditious [ˌekspi'diʃəs] a. expeditiu, prompte.

expel (to) [ik'spel] t. expel·lir. 2 expulsar.

expend (to) [iks'pend] t. gastar. 2 esgotar, exhaurir. 3 passar, dedicar [el temps].

extend

expenditure [ik'spenditʃəʳ] s. despesa f., desembors m. 2 dedicació f., utilització f.

expense [iks'pens] s. despesa f., desembors m.: *legal expenses*, despeses judicials; *overhead* ~, despeses generals. 2 fig. *at my* ~, a expenses f. pl. meves.

expensive [ik'spensiv] a. car, costós.

experience [ik'spiəriəns] s. experiència f.

experience (to) [ik'spiəriəns] t. experimentar. 2 tenir l'experiència. 3 patir l'experiència.

experiment [ik'sperimənt] s. experiment m.

experiment (to) [ik'speriment] i. experimentar, fer experiments.

expert ['ekspəːt] a. expert, destre. 2 DRET pericial. ■ 3 s. expert, perit.

expertise [ˌekspəːˈtiːz] s. COM. peritatge m.

expertness ['ekspəːtnis] s. perícia f., habilitat f.

expiate (to) ['ekspieit] t. expiar.

expiation [ˌekspiˈeiʃən] s. expiació f.

expiration [ˌekspaiəˈreiʃən] s. expiració f. 2 mort f. 3 terminació f. 4 COM. venciment m.

expire (to) [ik'spaiəʳ] i. expirar, morir. 2 fig. expirar, acabar. 3 COM. véncer [un termini, etc.]. ■ 4 t. expirar, expel·lir.

expiry [ik'spaiəri] s. expiració f. 2 COM. venciment m.

explain (to) [ik'splein] t. explicar. 2 exposar, aclarir. 3 *to* ~ *away,* justificar. ■ 4 p. *to* ~ *oneself,* explicar-se.

explanation [ˌekspləˈneiʃən] s. explicació f. 2 aclariment m.

explanatory [ik'splænətri] a. explicatiu, aclaridor.

expletive [ik'spliːtiv] s. exclamació f., interjecció f. 2 renec m. 3 expletiu a.

explicit [ik'splisit] a. explícit.

explode (to) [iks'ploud] t. fer explotar, volar. 2 desmentir. 3 refutar, rebatre, impugnar. ■ 4 i. volar, explotar.

exploit ['eksplɔit] s. proesa f., gesta f.

exploit (to) [iks'plɔit] t. explotar [també fig.].

exploitation [ˌeksplɔiˈteiʃən] s. explotació f., aprofitament m. 2 abús m.

exploration [ˌeksplɔˈreiʃən] s. exploració f.

explore (to) [iks'plɔːʳ] t. explorar. 2 examinar, analitzar, investigar.

explorer [iks'plɔːrəʳ] s. explorador.

explosion [iks'plouʒən] s. explosió f., esclat m.

explosive [iks'plousiv] a.-s. explosiu.

expo ['ekspou] s. (abrev. d'*exposition*) exposició f. universal.

exponent [iks'pounənt] s. representant, exponent. 2 MAT. exponent m.

export ['ekspɔːt] s. COM. exportació f.

export (to) [eks'pɔːt] t. COM. exportar.

exportation [ˌekspɔːˈteiʃən] s. COM. exportació f.

exporter [eks'pɔːtəʳ] s. exportador.

expose (to) [iks'pouz] t. exposar. 2 descobrir, revelar, desemmascarar. 3 FOT. exposar. ■ 4 p. *to* ~ *oneself,* exposar-se.

expostulate (to) [iks'pɔstjuleit] i. protestar. 2 *to* ~ *with,* discutir amb; reconvenir t. a; intentar convèncer t.

expostulation [iks,pɔstjuˈleiʃən] s. protesta f., reconvenció f.

exposure [iks'pouʒəʳ] s. exposició f. 2 orientació f. [d'una casa]. 3 revelació f., desemmascarament m., descobriment m. 4 FOT. exposició.

exposure meter [iks'pouzəˌmiːtəʳ] s. FOT. fotòmetre m.

express [iks'pres] a. exprés, clar, explícit. 2 especial, urgent [correu, servei, etc.]. 3 FERROC. exprés, ràpid. ■ 4 s. FERROC. exprés m., ràpid m.

express (to) [iks'pres] t. expressar. 2 esprémer, premsar. ■ 3 p. *to* ~ *oneself,* expressar-se, explicar-se.

expressive [iks'presiv] a. expressiu. ■ 2 -ly adv. explícitament, clarament, terminantment. 2 expressament, a posta.

expressway [iks'preswei] s. (EUA) autopista f.

expropriate (to) [eks'prouprieit] t. DRET expropiar. 2 desposseir.

expropriation [eks,proupriˈeiʃən] s. expropiació f.

expulsion [iks'pʌlʃən] s. expulsió f.

exquisite ['ekskwizit] a. exquisit. 2 delicat, refinat. 3 intens, viu, agut [dolor, etc.].

extant [eks'tænt] a. existent, que queda.

extempore [eks'tempəri] a. extemporari, improvisat. ■ 2 adv. extemporàriament, improvisadament.

extemporize (to) [iks'tempəraiz] t.-i. improvisar t.

extend (to) [iks'tend] t. estendre. 2 allargar, perllongar. 3 engrandir, eixamplar. 4 donar, oferir [la mà, les gràcies, etc.].

5 fig. abraçar, incloure. ■ 6 i. estendre's p. 7 allargar-se p., perllongar-se p.

extension [iks'tenʃən] s. extensió f. 2 prolongació f., allargament m. 3 annex m. 4 COM. pròrroga f.

extensive [iks'tensiv] a. extens, ample, vast. 2 freqüent, general [ús]. ■ 3 -ly adv. extensament. ‖ to travel ~, viatjar molt.

extent [iks'tent] s. extensió f.; magnitud f.; longitud f. 2 abast m. ‖ to a certain ~, fins a cert punt.

extenuate (to) [iks'tenjueit] t. atenuar, pal·liar, mitigar.

extenuating [iks'tenjueitiŋ] a. atenuat: ~ circumstance, circumstància atenuant.

exterior [iks'tiəriə'] a. exterior, extern. ■ 2 s. exterior m.

exterminate (to) [iks'tə:mineit] t. exterminar.

external [iks'tə:nl] a. extern, exterior. ■ 2 -ly adv. exteriorment, externament, per fora.

extinct [iks'tiŋkt] a. extint, extingit. 2 apagat [foc, volcà, etc.].

extinction [iks'tiŋkʃən] s. extinció f.

extinguish (to) [iks'tiŋgwiʃ] t. extingir, apagar, (ROSS.) atudar [també fig.]. 2 saldar, liquidar [un compte, un deute].

extinguisher [iks'tiŋgwiʃə'] s. extintor m.

extirpate (to) ['ekstəpeit] t. fig. extirpar, eradicar.

extol (to) [iks'toul] t. lloar, exalçar, enaltir.

extort (to) [iks'tɔ:t] t. extorquir, arrabassar, obtenir alguna cosa per la força.

extortion [iks'tɔ:ʃən] s. extorsió f. 2 exacció f.

extortionate [iks'tɔ:ʃənit] a. excessiu, exorbitant.

extra ['ekstrə] a. addicional, de més. 2 extra, extraordinari [pagament, etc.]. 3 suplementari [despeses, serveis, etc.]. ■ 4 adv. especialment, extraordinàriament. ■ 5 s. extra m. 6 suplement m. [en una factura, etc.]. 7 CINEM., TEAT. extra, comparsa, figurant. 8 PERIOD. edició f. extraordinària [d'un diari].

extract ['ekstrækt] s. LIT. extracte m., selecció f. 2 CUI. concentrat m. 3 QUÍM. extret m.

extract (to) [iks'trækt] t. extreure. 2 treure, arrancar.

extraction [iks'trækʃən] s. extracció f. 2 origen m., ascendència f.

extracurricular [,ekstrəkə'rikjulə'] a. extraacadèmic.

extradite ['ekstrədait] t. concedir l'extradició. 2 obtenir l'extradició.

extradition [,ekstrə'diʃən] s. extradició f.

extramural ['ekstrə'mjuərəl] a. extraacadèmic. 2 extramurs.

extraneous [eks'treinjəs] a. aliè. 2 form. estrany, no relacionat.

extraordinary [iks'trɔ:dnri] a. extraordinari. ‖ envoy ~, enviat especial. 2 rar.

extravagance [iks'trævəgəns] s. malbaratament m., balafiament m. 2 extravagància f.

extravagant [iks'trævəgənt] a. malgastador, malbaratador. 2 extravagant. ■ 3 -ly adv. amb extravagància, excessivament.

extreme [iks'tri:m] a. extrem. 2 extremat. 3 extremista. ■ 4 s. extrem m., extremitat f. ■ 5 -ly adv. extremadament, summament.

extremity [iks'tremiti] s. extremitat f., punta f. 2 necessitat f., tràngol m. 3 pl. ANAT. extremitats f. pl.

extricate (to) ['ekstrikeit] t. alliberar, deslliurar, deslligar [també fig.]. ■ 2 p. to ~ oneself, alliberar-se, deslliurar-se, deslligar-se.

extrinsic [eks'trinsik] a. extrínsec.

extrovert ['ekstrəvə:t] a.-s. extravertit.

exuberance [ig'zu:bərəns] s. exuberància f. 2 eufòria f., exultació f.

exuberant [ig'zu:bərənt] a. exuberant. 2 eufòric, exultant.

exude (to) [ig'zju:d] t. traspuar. ■ 2 i. regalar.

exult (to) [ig'zʌlt] i. exultar. 2 to ~ in o at, alegrar-se p. de o per. 3 to ~ over, triomfar sobre.

exultant [ig'zʌltənt] a. exultant. 2 triomfant.

exultation [,egzʌl'teiʃən] s. exultació f., alegria f., entusiasme m.

eye [ai] s. ull m. ‖ black ~, ull de vellut. ‖ evil ~, mal m. d'ull. ‖ to catch the ~ of, cridar l'atenció. ‖ to keep an ~ on, no perdre d'ull, no perdre de vista. ‖ to set eyes on, posar els ulls en. ‖ to turn a blind ~ to, fer els ulls grossos.

eye (to) [ai] t. fitar, mirar, observar.

eyeball ['aibɔ:l] s. ANAT. globus m. ocular.

eye brow ['aibrau] s. ANAT. cella f.

eyecatcher ['ai,kætʃə'] s. persona o cosa vistosa.

eyecatching ['ai,kætʃiŋ] *a.* vistós.

eyelash ['ailæʃ] *s.* ANAT. pestanya *f.*

eyelet ['ailit] *s.* COST. ullet *m.*

eyelid ['ailid] *s.* ANAT. parpella *f.*

eye-opener ['ai,oupnə'] *s.* fig. sorpresa *f.,* revelació *f.*

eye-shade ['aiʃeid] *a.* visera *f.*

eye-shadow ['ai,ʃædou] *s.* COSM. ombrejador *m.,* ombra *f.* d'ulls.

eyesight ['aisait] *s.* vista *f.* [sentit].

eyesore ['aisɔː'] *s.* monstruositat *f.*

eye-tooth ['aituːθ] *s.* ullal *m.*

eye-witness ['ai,witnis] *s.* testimoni ocular o presencial.

F

F, f [ef] *s.* f. f. [lletra]. 2 MÚS. fa *m.*

FA [ˈeˈei] *s.* *(Football Association)* federació f. de futbol.

fable [ˈfeibl] *s.* LIT. faula f. [també fig.].

fabric [ˈfæbrik] *s.* TÈXT. teixit *m.*, roba f., tela f., (ROSS.) estofa f. 2 ARQ. fàbrica f. 3 CONST. estructura f. [també fig.].

fabricate (to) [ˈfæbrikeit] *t.* falsificar, falsejar. 2 inventar.

fabrication [ˌfæbriˈkeiʃən] *t.* falsificació f., falsejament *m.* 2 invenció f., mentida f.

fabulous [ˈfæbjuləs] *a.* fabulós. 2 increïble. 3 col·loq. magnífic, esplèndid.

façade [fəˈsɑːd] *s.* ARQ. façana f. 2 fig. aparença f.

face [feis] *s.* cara f., rostre *m.*, semblant *m.* ‖ fig. *in the ~ of,* malgrat; davant de, en presència de. 2 expressió f., gest *m.*, ganyota f. ‖ *to go about with a long ~,* fer cara llarga. ‖ *to make faces,* fer ganyotes. 3 barra f., atreviment *m.* ‖ *to have the ~ to,* tenir la barra de. 4 prestigi *m.*, aparences f. *pl.* ‖ *to lose ~,* perdre prestigi. ‖ *to save ~,* salvar les aparences. 5 aspecte *m.*, aparença f. ‖ *on the ~ of it,* a primera vista, segons les aparences. 6 superfície f., façana f. [d'un edifici]. 7 esfera f. [d'un rellotge].

face (to) [feis] *t.* estar de cara a, posar-se *p.* de cara a. 2 donar a, mirar cap. 3 enfrontar, afrontar, fer front. 4 CONSTR. revestir. ■ 5 *i.* estar encarat cap a. 6 *to ~ up to,* reconèixer *t.*, acceptar *t.*

face-cream [ˈfeiskriːm] *s.* COSM. crema f. de bellesa.

face-flannel [ˈfeisˌflænl] *s.* manyopla f., tovalloleta f. [per la cara].

face-lifting [ˈfeisliftiŋ] *s.* operació f. de cirugia estètica [de la cara], estirada f. de pell [de la cara].

face-powder [ˈfeisˌpaudəʳ] *s.* COSM. pólvores f. *pl.*

facet [ˈfæsit] *s.* faceta [també fig.].

facetious [fəˈsiːʃəs] *a.* faceciós, graciós.

face value [ˈfeisˌvalju:] *s.* COM. valor nominal; fig. valor *m.* aparent.

facile [ˈfæsail] *a.* fàcil. 2 superficial.

facilitate (to) [fəˈsiliteit] *t.* facilitar, possibilitar.

facility [fəˈsiliti] *s.* facilitat f.

facing [ˈfeisiŋ] *prep.-adv.* davant de, de cara a. ■ 2 *s.* CONSTR. revestiment *m.*, parament.

facsimile [fækˈsimili] *s.* facsímil *m.*

fact [fækt] *s.* fet *m.* ‖ *in ~,* de fet. 2 realitat f., veritat f. ‖ *as a matter of ~,* en realitat. 3 dada f.

faction [ˈfækʃən] *s.* facció f.; bàndol *m.*

factious [ˈfækʃəs] *a.* facciós.

factitous [ˈfæktiʃəs] *a.* form. factici, artificial.

factor [ˈfæktəʳ] *s.* factor *m.*, element *m.* 2 COM. agent.

factory [ˈfæktəri] *s.* fàbrica f.

factotum [fækˈtoutəm] *s.* factòtum *m.*

factual [ˈfæktjuəl] *a.* objectiu, basat en fets.

faculty [ˈfækəlti] *s.* facultat f.

fad [fæd] *s.* mania f., caprici *m.*

fade (to) [feid] *t.* marcir, pansir. 2 descolorir, destenyir. 3 afeblir. ■ 4 *i.* marcir-se *p.*, pansir-se *p.* 5 descolorir-se *p.*, destenyir-se *p.* 6 apagar-se *p.*, desaparèixer [gradualment]. 7 *to ~ away,* esvanir-se *p.*

fag [fæg] *s.* col·loq. feinada f., feina f. pesada. 2 pop. cigarret *m.*

fag (to) [fæg] *t.* col·loq. cansar, fatigar. ■ 2 *i.* col·loq. pencar.

fail [feil] *s.* *without ~,* sens falta f.

fail (to) [feil] *t.* decebre, fallar. 2 suspendre. ■ 3 *i.* suspendre *t.* 4 fracassar, fallar, fallir. 5 debilitar-se *p.*, decaure. 6 exhaurir-se *p.*, acabar-se *p.* 7 *to ~ to,* deixar de.

failing [ˈfeiliŋ] *s.* falta f., defecte *m.*, flaquesa f. ■ 2 *prep.* a falta de.

failure ['feiljə'] s. suspens m. 2 fracàs m. 3 avaria f. [d'un motor, etc.]. 4 aturada f. [del cor]. 5 COM. fallida f.

faint [feint] a. feble. 2 borrós, desdibuixat. 3 pàl·lid. 4 imperceptible, fluix, vague. 5 *to feel ~,* estar marejat. ■ *6 s.* desmai m.

faint (to) [feint] i. desmaiar-se p. 2 defallir.

faint-hearted [,feint'haːtid] a. poruc, covard.

fair [fɛə'] a. just, imparcial, equitatiu. 2 honest, honrat. ‖ ~ *play,* joc net. 3 bo, serè [el temps, el cel, etc.]. 4 pàl·lid, blanc [pell, etc.]. 5 ros [cabells]. 6 net, clar. ‖ ~ *copy,* còpia neta. 7 bonic, formós. ■ *8 adv.* imparcialment, equitativament. 9 ~ *enough,* molt bé, d'acord. *10* -ly *adv.* amb imparcialitat, honestament. *11* col·loq. completament, totalment. *12* força, bastant: ~ *good,* força bo; ~ *well,* bastant bé. ■ *13 s.* fira f., mercat m.

fairground [feəgraund] s. parc m. d'atraccions. 2 recinte m. firal. 3 emplaçament m. d'una fira.

fairness ['fɛənis] s. justícia f., imparcialitat f. ‖ *in all* ~, per ser justos. 2 blancor f., pal·lidesa f., claror f. 3 bellesa f.

fairy ['fɛəri] s. fada f. 2 pop. marieta m.

fairy tale ['fɛəriteil] s. conte m. de fades.

fait accompli [,feitə'kɔpli] s. fet m. consumat.

faith [feiθ] s. fe f. ‖ *in good* ~, de bona fe. ‖ *to keep* ~, complir la paraula donada. 2 religió f., creença f., confessió f.

faithful ['feiθful] a. fidel, lleial. ■ *2* -ly *adv.* fidelment, lleialment. 3 *yours faithfully,* el saluda atentament. ■ *4 s. pl. the* ~, els fidels m. *pl.*

faithfulness ['feiθfulnis] s. fidelitat f., lleialtat f. 2 exactitud f.

faith healing ['feiθ,hiːliŋ] s. curació f., per la fe.

faithless ['feiθlis] a. deslleial, pèrfid. 2 descregut.

fake [feik] a. fals. ■ *2 s.* imitació f., falsificació f. 3 impostor.

fake (to) [feik] t. falsificar. 2 fingir. 3 inventar.

fakir ['feikiə'] s. faquir m.

falcon ['fɔːlkən] s. ORN. falcó m.

Falkland ['fɔːklənd] n. pr. GEOGR. *the ~ Islands,* Illes Malvines.

fall [fɔːl] s. caiguda f. 2 decadència f. 3 baixa f., descens m. 4 declini m., desni-

vell m. 5 cascada f., saltant m. 6 MIL. rendició f. 7 (EUA) tardor f.

fall (to) [fɔːl] i. caure [també fig.]. 2 baixar, descendir. 3 recaure, correspondre. 4 *to ~ asleep,* adormir-se p. 5 fig. *to ~ flat,* no tenir èxit. 6 *to ~ in love,* enamorar-se p. 7 *to ~ short,* fer curt, no arribar. ■ *to ~ back,* retirar-se, retrocedir; *to ~ back on,* recórrer a; *to ~ down,* caure, esfondrar-se; fig. fracassar; *to ~ for,* enamorar-se de; deixar-se enredar; *to ~ in with,* estar d'acord amb; coincidir; *to ~ out with,* barallar-se renyir; *to ~ through,* fracassar; *to ~ upon,* caure sobre. ▲ Pret.: **fell** [fel]; p. p.: **fallen** [fɔːlən].

fallacious [fə'leiʃəs] a. fal·laç, fal·laciós.

fallen ['fɔːlən] Vegeu FALL (TO).

fall guy ['fɔːlgai] s. (EUA) col·loq. cap m. de turc.

fallibility [,fæli'biliti] s. fal·libilitat f.

fallible ['fæləbl] a. fal·lible.

falling star ['fɔːliŋ'staː'] s. estel m. fugaç, estrella f. fugaç.

fallow ['fæləu] a.-s. AGR. guaret m.

fallow deer ['fæləu'diə'] s. ZOOL. daina f.

false [fɔːls] a. fals. 2 postís [dents, cabells, etc.]. ■ *3* -ly *adv.* falsament.

falsehood ['fɔːlshud] s. falsedat f.

falsification [,fɔːlsifi'keiʃən] s. falsificació f. 2 falsejament m.

falsify (to) ['fɔːlsifai] t. falsificar. 2 falsejar.

falter (to) ['fɔːltə'] t. dir amb veu tremolosa, balbucejar. ■ *2* i. vacil·lar, titubejar. 3 balbucejar, vacil·lar.

fame [feim] s. fama f., reputació f. ■ *2 a. famed* famós.

familiar [fə'miliə'] a. familiar, conegut. ‖ *to be ~ with,* estar familiaritzat amb. 2 corrent, comú. 3 íntim. 4 fig. fresc.

familiarity [fə,mili'æriti] s. familiaritat f. 2 coneixement m. 3 intimitat. 4 excessiva familiaritat.

familiarize (to) [fə'miliəraiz] t. familiaritzar, acostumar. ■ *2* p. *to ~ oneself,* familiaritzar-se.

family ['fæmili] s. família f. 2 llinatge m. ■ *3 a.* familiar, de família.

family name ['fæmili,neim] s. cognom m.

family planning ['fæmili,plæniŋ] s. planificació f. familiar.

famine ['fæmin] s. fam f. 2 misèria f., penúria f.

famished ['fæmiʃt] a. famèlic, afamat.

famous ['feiməs] a. famós, cèlebre.

fan [fæn] s. ventall m. 2 ventilador m. 3 col·loq. fan, admirador.

fan (to) [fæn] t. ventar. 2 atiar [també fig.]. ■ 3 p. *to ~ oneself,* ventar-se. ■ 4 i. *to ~ out,* obrir-se p. com un ventall.

fanatic [fə'nætik] a.-s. fanàtic.

fanatical [fə'nætikəl] a. fanàtic.

fanaticism [fə'nætisizəm] s. fanatisme m.

fanciful ['fænsiful] a. capriciós. 2 fantàstic. 3 irreal, imaginari.

fancy ['fænsi] s. imaginació f., fantasia f. 2 quimera f., il·lusió f. 3 caprici m., antull m. ■ 4 a. de fantasia, d'adorn. 5 extravagant, excessiu.

fancy (to) ['fænsi] t. imaginar(se), afigurar-se p. 2 suposar, creure. 3 col·loq. encapritxar-se p.; agradar; venir de gust. 4 *~ that!,* imagina't!, fixa't!

fancy dress [,fænsi'dres] s. disfressa f.

fanfare ['fænfɛə] s. MÚS. fanfara f.

fang [fæŋ] s. ullal m. [d'animal]. 2 dent f. [de serp].

fantasize ['fæntə,saiz] i.-t. fantasiar i., fantasiejar i.

fantastic(al [fæn'tæstik, -əl] a. fantàstic, imaginari. 2 extravagant, absurd. 3 pop. extraordinari, magnífic.

fantasy ['fæntəsi] s. fantasia f., imaginació f.

FAO [,efei'ou] s. *(Food and Agricultural Organization)* FAO f. (Organització per a l'agricultura i l'alimentació).

far [fɑːʳ] adv. lluny, al lluny. ‖ *~ and wide,* pertot arreu. ‖ *as ~ as,* fins, tan lluny com. ‖ *as ~ as I know,* pel que jo sé. ‖ *in so ~ as,* pel que fa. ‖ *so ~,* fins ara.

farce [fɑːs] s. farsa f.

farcical ['fɑːsikəl] a. absurd, ridícul. 2 burlesc.

fare [fɛəʳ] s. preu m. [d'un viatge]. 2 bitllet m. 3 client m., passatger. 4 menú m., menjar m.

fare (to) [fɛəʳ] i. passar-ho [bé o malament]. ‖ *how did you ~?* com t'ha anat? 2 *to ~ alike,* córrer la mateixa sort.

farewell ['fɛə'wel] interj. adéu-siau! ■ 2 s. comiat m., adéu m. ‖ *to say ~ to,* acomiadar(se).

farm [fɑːm] s. granja f. 2 hisenda f., masia f. 3 viver m.

farm (to) [fɑːm] t. conrear, llaurar. ■ 2 i. tenir terres, conrear la terra, fer de pagès. 2 *to ~ out,* arrendar, donar feina.

farmer ['fɑːməʳ] s. granger. 2 pagès, (VAL.) llaurador.

farmhand ['fɑːmhænd] s. bracer m.

farmhouse ['fɑːmhaus] s. granja f. 2 mas m., masia f.

farming ['fɑːmiŋ] s. conreu m., cultiu m. 2 agricultura f.

farmyard ['fɑːmjɑːd] s. corral m.

fart [fɑːt] s. vulg. pet m.

farther ['fɑːðəʳ] adv. més lluny, més enllà. 2 a més. ■ 3 a. més llunyà, més distant.

farthest ['fɑːðist] a. superl. el més llunyà, extrem. ■ 2 adv. més lluny.

farthing ['fɑːðiŋ] s. ant. quart de penic, m. ‖ *it's not worth a brass ~,* no val ni cinc.

fascinate (to) ['fæsineit] t. fascinar, captivar.

fascination [,fæsi'neiʃən] s. fascinació f., suggestió f.

fascism ['fæʃizəm] s. feixisme m.

fascist ['fæʃist] a.-s. feixista.

fashion ['fæʃən] s. manera f., forma f. ‖ *after a ~,* en certa manera. 2 moda f. ‖ *in ~,* de moda. ‖ *out of ~,* passat de moda. 3 bon gust m., elegància f.

fashion (to) ['fæʃən] t. donar forma, modelar. 2 emmotllar.

fashionable ['fæʃnəbl] a. de moda. 2 elegant. ■ 3 *-ly* adv. elegantment, a la moda.

fast [fɑːst] s. dejuni m.

fasten (to) ['fɑːsn] t. assegurar, fermar, lligar, subjectar. 2 enganxar. 3 tancar [amb baldó, etc.]. 4 cordar. ■ 5 i. subjectar-se p., afermar-se p. 6 cordar-se p.

fastener ['fɑːsnəʳ] s. balda f. 2 gafet m., cremallera f. 3 clip m., grapa f. [de papers].

fastidious [fæs'tidiəs] a. delicat. 2 exigent. 3 primmirat.

fat [fæt] a. gras. 2 gruixut. 3 magre [carn]. 4 gran: *~ profits,* grans beneficis. 5 fèrtil [terra]. ■ 6 s. greix m. 7 llard m. [per cuinar]. ‖ *to live on the ~ of the land,* viure a cor què vols, com desitges.

fatal ['feitl] a. fatal; mortal. 2 funest.

fatalism ['feitəlizəm] s. fatalisme m.

fatalist ['feitəlist] s. fatalista.

fatality [fə'tæliti] s. fatalitat f. 2 víctima f., mort.

fate [feit] s. fat m., destí m. 2 sort f.

fast [fɑːst] a. ràpid, veloç. 2 fix [color, nus, etc.]. ‖ *to make ~,* subjectar, fermar; MAR. amarrar. 3 avançat [rellotge]. 4 profund [son]: *~ asleep,* completament adormit. 5 FOT. ràpid. 6 col·loq. *to pull a ~ one on someone,* fer una mala

feed

passada a algú. ■ 7 *adv.* ràpid, ràpidament, veloçment, de pressa. 8 fermament. ‖ *stuck* ~, ben enganxat.

fated ['feitid] *a.* destinat, predestinat.

fateful ['feitful] *a.* fatal, fatídic. 2 decisiu.

father (to) ['fɑ:ðəʳ] *s.* pare *m.* 2 REL. *Our Father,* Pare *m.* nostre.

father (to) ['fɑ:ðəʳ] *t.* engendrar.

fatherhood ['fɑ:ðəhud] *s.* paternitat *f.*

father-in-law ['fɑ:ðərinlɔ:] *s.* sogre *m.,* pare *m.* polític.

fatherland ['fɑ:ðəlænd] *s.* pàtria *f.*

fatherly ['fɑ:ðəli] *a.* paternal.

fathom ['fæðəm] *s.* MAR. braça *f.* [mesura].

fathom (to) ['fæðəm] *t.* MAR. sondar, sondejar. 2 comprendre, entendre.

fatigue ['fə'ti:g] *s.* fatiga *f.,* cansament *m.*

fatigue (to) ['fə'ti:g] *t.* fatigar, cansar.

fatness ['fætnis] *s.* grassor *f.,* grassesa *f.,* obesitat *f.*

fatten (to) ['fætn] *t.* engreixar, encebar [animals].

fatty ['fæti] *a.* gras; greixós.

fatuous ['fætjuəs] *a.* fatu, neci.

fault [fɔ:lt] *s.* culpa *f.: it's my* ~, és culpa meva. 2 defecte *m.* [també fig.]. 3 error. 4 GEOL., MIN. falla *f.*

fault-finding ['fɔ:lt,faindiŋ] *a.* criticaire.

faultless ['fɔ:ltlis] *a.* impecable, perfecte. 2 irreprotxable.

faulty ['fɔ:lti] *a.* defectuós.

fauna ['fɔ:nə] *s.* fauna *f.*

favour, (EUA) **favor** ['feivə] *s.* favor. ‖ *do me the* ~ *of,* fes el favor de; *to be in* ~ *of,* estar a favor, donar suport a; *to be in* ~ *with,* gaudir del favor [d'algú]; *to curry* ~ *with,* intentar congraciar-se amb.

favour, (EUA) **favor (to)** ['feivə] *t.* afavorir. 2 donar suport, recolzar.

favourable, (EUA) **favorable** ['feivər-əbl] *a.* favorable, propici.

favoured, (EUA) **favored** ['feivəd] *a.* afavorit. ‖ ~ *by nature,* dotat per la natura, ben plantat.

favourite, (EUA) **favorite** ['feivərit] *a.* favorit, preferit, predilecte. ■ 2 *s.* favorit.

fawn [fɔ:n] *s.* ZOOL. cervatell *m.*

fawn (to) [fɔ:n] *i.* fig. *to* ~ *on* o *upon,* adular, afalagar.

FBI ['efbiː'ai] *s. (Federal Bureau of Investigation)* FBI *m.* (oficina federal d'investigació).

fear [fiəʳ] *s.* por *f.,* temor *m.*

fear (to) [fiəʳ] *t.* tenir por de, témer. ■ 2 *i. to* ~ *for,* témer per.

fearful ['fiəful] *a.* aprensiu. 2 espantós, esfereïdor. 3 col·loq. terrible, horrible. 4 poruc, (VAL.) poregós.

fearless ['fiəlis] *a.* intrèpid, agosarat, audaç, que no té por. ‖ ~ *of,* sense por de.

fearlessness ['fiəlisnis] *s.* intrepidesa *f.*

fearsome ['fiəsəm] *a.* temible, espantós.

feasibility [,fiːzə'biliti] *s.* viabilitat *f.,* plausibilitat *f.*

feasible ['fiːzəbl] *a.* factible, possible, viable.

feast [fiːst] *s.* festí *m.,* banquet *m.,* tiberi *m.* 2 REL. ~, ~ *day,* festa *f.*

feast (to) [fiːst] *t.* festejar, celebrar. 2 complimentar. 3 oferir un banquet. 4 fig. *to* ~ *one's eyes on,* regalar-se *p.* la vista. ■ 5 *i.* banquetejar.

feat [fiːt] *s.* proesa *f.,* gesta *f.*

feather ['feðəʳ] *s.* ploma *f.* [d'au]. ‖ fig. *that's a* ~ *in his cap,* això és un triomf per a ell.

feather (to) [feðəʳ] *t.* emplomallar. 2 cobrir amb plomes. 3 fig. *to* ~ *one's nest,* procurar per un mateix.

feather bed ['feðə,bed] *s.* matalàs *m.* de plomes.

feather duster ['feðə,dʌstə] *s.* plomall *m.*

feature ['fiːtʃə] *s.* tret *m.,* facció *f.* [de la cara]. 2 *pl.* cara *f.* 3 forma *f.,* figura *f.* 4 característica *f.,* tret *m.* distintiu. 5 CINEM. ~, ~ *film,* pel·lícula *f.* principal.

feature (to) ['fiːtʃə] *t.* presentar [un actor en una pel·lícula]. 2 descriure. 3 representar. 4 caracteritzar. 5 actuar *i.,* treballar *i.* ■ 6 *i.* figurar, constar.

February ['februəri] *s.* febrer *m.*

fecundity [fi'kʌnditi] *s.* fecunditat *f.* 2 fertilitat *f.*

fed [fed] Vegeu FEED (TO).

federal ['fedərəl] *a.* federal.

federate (to) ['fedəreit] *t.* federar. ■ 2 *i.* federar-se *p.*

federation [,fedə'reiʃən] *s.* federació *f.,* lliga *f.*

fee [fiː] *s.* honoraris *m. pl.,* drets *m. pl.,* quota *f.* ‖ *membership* ~, quota *f.* de soci. ‖ *registration* ~, drets de matrícula.

feeble ['fiːbl] *a.* feble, dèbil.

feeble-minded ['fiːbl'maindid] *a.* deficient mental.

feed [fiːd] *s.* menjar *m.,* aliment *m.* 2 pinso *m.* [dels animals].

feed (to) [fiːd] *t.* alimentar, nodrir, donar menjar a. 2 subministrar. 3 *to ~ up,* encebar, sobrealimentar. 4 *to be fed up (with),* estar fart (de). ■ 5 *i.* menjar. 6 pasturar. 7 *to ~ on* o *upon,* alimentar-se *p.* de ▲ Pret. i p. p.: *fed* [fed].

feedback ['fiːdbæk] *s.* ELECT. realimentació *f.* 2 reacció *f.,* resposta *f.,* comentaris *m. pl.*

feel [fiːl] *s.* tacte *m.* 2 sensació *f.*

feel (to) [fiːl] *t.* tocar, palpar. ‖ *to ~ one's way,* anar a les palpentes. 2 prendre [el pols]. 3 examinar, sondejar. 4 sentir, experimentar. 5 creure, pensar. ■ 6 *i.* sentir-se *p.,* estar, tenir. ‖ *I ~ sorry for you,* ho sento per tu. ‖ *to ~ bad,* sentir-se *p.* malament; *to ~ cold,* tenir fred; *to ~ hot,* tenir calor. 7 ser sensible, sentir *t.* 8 *it feels cold,* ho trobo fred. 9 *to ~ for,* buscar a les palpentes; condoldre's *p.* 10 *to ~ like,* tenir ganes de. 11 *to ~ up to,* sentir-se *p.* capaç de. ▲ Pret. i p. p.: *felt* [felt].

feeling ['fiːliŋ] *s.* sentiment *m.* 2 sensació *f.,* percepció *f.* 3 tacte *m.* [sentit]. 4 calor *f.,* passió *f.,* tendresa *f.,* compassió *f.* 5 pressentiment *m.* ■ 6 *a.* sensible. ■ 7 *-ly adv.* amb emoció, amb sensibilitat.

feet [fiːt] *s. pl.* de FOOT.

feign (to) [fein] *t.* fingir, aparentar, fer veure que. 2 inventar [una excusa]. ■ 3 *i.* fingir *t.*

felicity [fiˈlisiti] *s.* form. felicitat *f.* 2 *to express oneself with ~,* expressar-se amb facilitat, amb desimboltura.

feline ['fiːlain] *a.* felí.

fell [fel] Vegeu FALL (TO). ■ 2 *a.* poèt. cruel; funest. ■ 3 *s.* tala *f.* [d'arbres]. 4 pell *m.,* cuir *m.* 5 turó *m.,* pujol *m.*

fell (to) [fel] *t.* tombar, abatre. 2 tallar [arbres].

fellow ['felou] *s.* col·loq. xicot *m.,* tio *m.,* tipus *m.* ‖ *good ~,* bon noi. 2 igual. 3 soci *m.,* membre *m.* [d'una acadèmia, etc.]. ■ 4 *a. ~ being, ~ creature,* proïsme; *~ citizen,* conciutadà; *~ student,* condeixeble; *~ traveller,* company de viatge.

fellowship ['felouʃip] *s.* companyerisme *m.* 2 comunicat *f.* 3 companyia *f.,* associació *f.* 4 cos *m.,* societat *f.* 5 beca *f.*

felony ['feləni] *s.* crim *m.,* delicte *m.* greu.

felt [felt] Vegeu FEEL (TO). ■ 2 *s.* feltre *m.*

female ['fiːmeil] *s.* femella *f.* 2 dona *f.* ■ 3 *a.* femení. 4 femella.

feminine ['feminin] *a.* femení. femení *m.*

feminism ['feminizm] *s.* feminisme *m.*

fen [fen] *s.* pantà *m.,* aiguamoll *m.*

fence [fens] *s.* tanca *f.,* clos *m.,* closa *f.,* estacada *f.*

fence (to) [fens] *t.* tancar [amb una tanca]. 2 protegir. 3 fig. esquivar. ■ 4 *i.* esgrimir.

fencing ['fensiŋ] *s.* ESPORT esgrima *f.* 2 material *m.* per a tanques.

fend (to) [fend] *t. to ~ off,* defensar-se de, parar [un cop]. ■ 2 *i. to ~ for oneself,* espavilar-se *p.* sol, defensar-se *p.* sol.

fender ['fendəʳ] *s.* guardafoc *m.* 2 AUTO. para-xocs *m.* 3 MAR. defensa *f.*

fennel ['fenl] *s.* BOT. fonoll *m.*

ferment ['fəːmənt] *s.* ferment *m.* 2 fermentació *f.* 3 fig. agitació *f.*

ferment (to) [fəˈment] *i.-t.* fermentar. 2 agitar(se).

fern [fəːn] *s.* BOT. falguera *f.*

ferocious [fəˈrouʃəs] *a.* feroç, ferotge, terrible.

ferocity [fəˈrɔsiti] *s.* ferocitat *f.,* feresa *f.*

ferret ['ferit] *s.* ZOOL. fura *f.,* furó *m.*

ferret (to) ['ferit] *i.* furar, furonar. 2 fig. *to ~ about,* furetejar, remenar. ■ 3 *t.* fig. *to ~ out,* esbrinar.

ferroconcrete [ˌferouˈkɔŋkriːt] *s.* formigó *m.* armat.

ferrous ['ferəs] *a.* ferrós.

ferrule ['feruːl] *s.* guaspa *f.,* virolla *f.* 2 abraçadora *f.*

ferry ['feri] *s.* transbordador *m.* 2 embarcador *m.*

ferry (to) ['feri] *t.* transportar. ■ 2 *i.* creuar [un vaixell].

ferryman ['ferimæn] *s.* barquer *m.*

fertile ['fəːtail] *a.* fèrtil. 2 fecund.

fertilize (to) ['fəːtilaiz] *t.* fertilitzar. 2 fecundar. 3 adobar.

fertilizer ['fəːtilaizəʳ] *s.* fertilitzant *m.,* adob *m.*

fervent ['fəːvənt] *a.* fervent, fervorós, vehement.

fervour, (EUA) fervor ['fəːvəʳ] *s.* fervor *m.,* ardor *m.*

festal ['festl] *a.* festiu, alegre.

fester (to) ['festəʳ] *i.* MED. supurar. 2 podrir-se *p.* 3 fig. enverinar-se *p.* exasperar-se *p.*

festival ['festəvəl] *s.* festa *f.,* festivitat *f.* ‖ *Christmas is a Church ~,* el Nadal és una festa religiosa. 2 festival *m.*

festivity [fesˈtiviti] *s.* animació *f.,* alegria *f.* 2 festa *f.,* festivitat *f.*

festoon [fesˈtuːn] *s.* festó *m.* [adorn].

fetch (to) [fetʃ] t. anar a buscar. 2 portar. 3 vendre's p. a o per. 4 col·loq. clavar, ventar [un cop].

fête [feit] s. festa f., celebració f. [generalment al carrer, a l'aire lliure].

fetid ['fetid] a. fètid, pestilent.

fetish ['fetiʃ] s. fetitxe m.

fetter ['fetə'] s. grilló m. [d'un pres]. 2 trava f. [d'un cavall]. 3 pl. fig. traves f. pl., obstacles m. pl.

fetter (to) ['fetə'] t. encadenar. 2 fig. posar traves.

fettle ['fetl] s. estat m., condició f.: in fine ~, en bones condicions; de bon humor m.

fetus ['fi:təs] s. Vegeu FOETUS.

feud [fju:d] s. renyida f., enemistat f.

feudal ['fju:dl] a. feudal.

feudalism ['fju:dəlizəm] s. feudalisme m.

fever ['fi:və'] s. MED. febre f. [també fig.].

feverish ['fi:vəriʃ] a. febril.

few [fju:] a.-pron. pocs, alguns. ‖ a ~, uns quants. ‖ quite a ~, bastants.

fewer ['fju:ə'] a.-pron. comp. de FEW; menys: the ~ the better, quants menys millor.

fiancé [fi'ɑ:nsei] s. promès m.

fiancée [fi'ɑ:nsei] s. promesa f.

fiasco [fi'æskou] s. fracàs m.

fib [fib] s. col·loq. bola f., mentida f.

fibre, (EUA) **fiber** ['faibə] s. fibra f. 2 fig. nervi m., caràcter m.

fibre-glass, (EUA) **fiberglass** ['faibəglɑːs] s. fibra f. de vidre.

fibrous ['faibrəs] a. fibrós.

fickle ['fikl] a. inconstant, voluble, veleïtós.

fickleness ['fiklnis] s. inconstància f.

fiction ['fikʃən] s. ficció f.

fiddle ['fidl] s. MÚS. col·loq. violí m. 2 col·loq. trampa f. 3 tax ~, defraudació f. fiscal.

fiddle (to) ['fidl] t. col·loq. falsificar. 2 obtenir amb trampes. 3 defraudar [taxes]. ■ 4 i. col·loq. tocar el violí. 5 to ~ about, perdre el temps. 6 to ~ with, tocar, remenar.

fiddling ['fidliŋ] a. col·loq. fútil, trivial.

fidelity [fi'deliti] s. fidelitat f.

fidget (to) ['fidʒit] i. moure's p.; estar nerviós; agitar-se p. 2 to ~ with, tocar, remenar.

fidgety ['fidʒiti] a. inquiet, nerviós, impacient.

field [fi:ld] s. camp m. [de terra]. 2 camp m. [de batalla]. 3 fig. camp m., domini m. 4 ESPORT competidors pl., participants pl. 5 MIN. jaciment m.

field artillery ['fi:ldɑ:,tilə'i] s. artilleria f. de campanya.

field glasses ['fi:ldglɑ:siz] pl. binocles m. pl., prismàtics m. pl. de campanya.

fieldwork ['fi:ldwə:k] s. treball m. sobre el terreny.

fiend [fi:nd] s. dimoni m., diable m.

fiendish ['fi:ndiʃ] a. diabòlic.

fierce [fiəs] a. feroç, ferotge. 2 furiós. 3 intens.

fierceness ['fiəsnis] s. ferocitat f.

fieriness ['faiərinis] s. ardor m., calor f. 2 fogositat f., passió f.

fiery ['faiəri] a. igni. 2 ardent, encès. 3 fogós, apassionat. 4 irascible, soberbi.

fifteen [fif'ti:n] a. quinze. ■ 2 s. quinze m.

fifteenth [,fif'ti:nθ] a.-s. quinzè.

fifth [fifθ] a.-s. cinquè.

fiftieth ['fiftiəθ] a.-s. cinquantè.

fifty ['fifti] a. cinquanta. ■ 2 s. cinquanta m.

fig [fig] s. BOT. figa f. 2 fig. rave m.: I don't care a ~, m'importa un rave.

fight [fait] s. lluita f., combat m. 2 baralla f., disputa f.

fight (to) [fait] i. lluitar. 2 barallar-se p. ■ 3 t. lluitar amb o contra. 4 combatre, resistir. 5 entaular [una batalla]. 6 torejar. 7 to ~ down, reprimir. 8 to ~ off, rebutjar, treure's p. de sobre. ▲ Pret. i p. p.: fought [fɔːt].

fighter ['faitə'] s. lluitador. 2 combatent. 3 guerrer. 4 AVIA. avió m. de caça. 5 ESPORT boxador.

fighting ['faitiŋ] a. lluitador, combatiu. ‖ ~ spirit, combativitat f., ànim m. de lluita. ■ 2 s. combat m., lluita f., baralla f. ‖ street ~, baralles al carrer.

fig leaf ['figliːf] s. fulla f. de cep.

figment ['figmənt] s. ficció f., invenció f. ‖ ~ of the imagination, quimera f.

fig tree ['figtri:] s. figuera f.

figurative ['figjurətiv] a. figurat. 2 ART figuratiu.

figure ['figə'] s. ARIT. xifra f., número m. 2 figura f. 3 tipus m., figura f., cos m. 4 preu m., valor m. 5 quantitat f., suma f. 6 dibuix m.; estàtua f.

figure (to) ['figə'] t. figurar-se p., imaginar. 2 calcular. 3 representar. 4 to ~ out, resoldre; desxifrar; entendre; calcular. ■ 5 i. figurar, constar. 6 to ~ (in), figurar, aparèixer. 7 (EUA) *to* ~ *(on),* projectar, calcular.

figurehead ['figəhed] *s.* mascaró *m.* de proa. 2 fig. figura *f.* decorativa.

filament ['filəmənt] *s.* filament *m.*

filch (to) [filtʃ] *t.* pispar, robar.

file [fail] *s.* llima *f.* 2 carpeta *f.,* arxivador *m.,* fitxer *m.* ‖ *police files,* arxius *m. pl.* policials. 3 expedient *m.* 4 fila *f.,* filera *f.*

file (to) [fail] *t.* llimar(se). 2 arxivar, registrar, classificar. 3 *to* ~ *a claim,* presentar una reclamació. ■ 4 *i. to* ~ *past,* desfilar davant de.

filibuster ['filibʌstə'] *s.* POL. obstruccionista, filibuster. 2 maniobra *f.* obstruccionista.

filigree ['filigri:] *s.* filigrana *f.*

filing ['failiŋ] *s.* llimada *f.,* llimadura *f.* [acció]. 2 acció *f.* d'arxivar. 3 *pl.* llimadures *f. pl.*

filing cabinet ['failiŋ,kæbint] *s.* fitxer *m.,* arxivador *m.*

filing card ['failiŋka:d] *s.* fitxa *f.* [de fitxer].

fill [fil] *s.* afartament *m.,* atipament *m.* ‖ *I've had my* ~ *of him,* estic tip d'ell.

fill (to) [fil] *t.* omplir. 2 afegir, completar. 3 ocupar [un lloc]. 4 tapar, cobrir. 5 empastar [un queixal]. 6 dur a terme. 7 CUI. *farcir.* ■ 8 *i.* omplir-se *p.* ■ *to* ~ *in,* omplir [un imprès]; *to* ~ *out,* eixamplar(se), engreixar(se); *to* ~ *up,* omplir, tapar.

fillet ['filit] *s.* cinta *f.* [pel cabell]. 2 CARN. filet *m.*

fillet (to) ['filit] *t.* tallar en filets.

filling ['filiŋ] *s.* farcit *m.;* ompliment *m.* 2 envàs *m.* 3 empastat *m.*

filling station ['filiŋ,steiʃn] *s.* estació *f.* de servei.

fillip ['filip] *s.* ditada *f.,* closquet *m.* 2 fig. estímul *m.*

filly ['fili] *s.* ZOOL. poltra *f.*

film [film] *s.* pel·lícula *f.,* capa *f.* 2 pel·lícula *f.,* film *m.*

film (to) [film] *t.* CINEM. filmar, rodar. 2 entelar, cobrir [amb una capa o una pel·lícula]. ■ 3 *i.* filmar *t.* 4 cobrir-se *p.* [amb una capa o una pel·lícula].

film star ['filmsta:] *s.* estrella *f.* del cine.

filter ['filtə'] *s.* filtre *m.*

filter (to) ['filtə'] *t.* filtrar [també fig.]. ■ 2 *i.* filtrar-se *p.* [també fig.].

filth [filθ] *s.* brutícia *f.,* porqueria *f.* 2 corrupció *f.,* obscenitat *f.*

filthiness ['filθinis] *s.* brutícia *f.* 2 obscenitat *f.*

filthy ['filθi] *a.* brut, llardós. 2 corromput, impur. 3 col·loq. ~ *rich,* fastigosament ric.

fin [fin] *s.* aleta *f.* [de peix].

final ['fainl] *a.* últim, darrer, final. 2 conclusiu. 3 definitiu, decisiu; determinant. ■ 4 *s.* ESPORT final *f.* 5 *pl.* exàmens *m. pl.* finals. ■ 6 -ly *adv.* finalment, per fi.

finance [fai'næns] (EUA) [fi'næns] *s.* finances *f. pl.* 2 *pl.* fons *m.*

finance (to) [fai'næns] (EUA) [fi'næns] *t.* finançar.

financial [fai'nænʃəl] (EUA) [fi'nænʃəl] *a.* financer. ‖ ~ *year,* any econòmic.

financier [fai'nænsiə'] (EUA) [fi'nænsiə'] *s.* financer.

finch [fintʃ] *s.* ORN. pinzà *m.*

find [faind] *s.* troballa *f.,* descobriment *m.*

find (to) [faind] *t.* trobar. ‖ *to* ~ *fault with,* trobar defectes, censurar. 2 descobrir. 3 proporcionar. 4 *to* ~ *one's feet,* començar a caminar; fig. independitzar-se *p.* 5 DRET *to* ~ *guilty,* declarar culpable. ■ 6 *p. to* ~ *oneself,* trobar-se. ■ 7 *i.* fallar. ■ *to* ~ *for,* fallar a favor de; *to* ~ *out,* esbrinar; *to* ~ *out about,* informar-se sobre, esbrinar sobre. ▲ Pret. i p. p.: *found* [faund].

finding ['faindiŋ] *s.* descobriment *m.* 2 *pl.* troballes *f. pl.* 3 DRET sentència *f.,* veredicte *m.,* resolució *f.*

fine [fain] *a.* fi. 2 maco, bonic. ‖ ~ *arts,* belles arts. 3 bo, excel·lent. 4 primorós. 5 elegant. 6 petit, menut. 7 esmolat. 8 refinat, pur [metalls]. 9 elevat, noble. ■ 10 *s.* multa *f.* ■ 11 *adv.* col·loq. molt bé.

fine (to) [fain] *t.* multar.

fineness ['fainnis] *s.* finor *f.,* finesa *f.* 2 delicadesa *f.* 3 excel·lència *f.*

finery ['fainəri] *s.* arreus *m. pl.,* guarniments *m. pl.*

finesse [fi'nes] *s.* astúcia *f.,* subtilesa *f.* 2 tacte *m.,* diplomàcia *f.* 3 discerniment *m.;* discriminació *f.*

finger ['fiŋgə'] *s.* dit *m.* ‖ *index* ~, dit índex. ‖ *little* ~, dit petit. ‖ *midde* ~, dit del mig. ‖ *ring* ~, dit anular. ‖ *to burn one's fingers,* picar-se els dits.

finger (to) ['fiŋgə'] *t.* tocar, grapejar. 2 teclejar. 3 pispar, robar.

fingernail ['fiŋgəneil] *s.* ungla *f.* [dels dits de la mà].

fingerprint ['fiŋgəprint] *s.* empremta *f.* digital.

fingertip ['fiŋgətip] *s.* punta *f.* del dit.

finicky ['finiki] *a.* primmirat, punyeter.

finish ['finiʃ] s. fi m., final m. 2 acabat m. 3 ESPORT arribada f., meta f.

finish (to) ['finiʃ] t. acabar, terminar, concloure. 2 donar l'acabat a. 3 vèncer, matar, acabar amb. ■ 4 i. acabar(se).

finite ['fainait] a. finit.

Finland ['finlənd] n. pr. GEOGR. Finlàndia.

Finn [fin] s. finlandès.

Finnish ['finiʃ] a.-s. finlandès. ■ 2 s. finlandès m. [llengua].

fir [fəː'] s. BOT. avet m.

fir cone ['fəːkoun] s. pinya f. d'avet.

fire ['faiə'] s. foc m. ‖ to be on ~, cremar, estar cremant; to catch ~, encendre's; to set on ~ o to ~, calar foc a, incendiar. 2 foc m., incendi m. 3 foc m. [trets]. ‖ to miss ~, fallar el tret. 4 estufa f. 5 fig. ardor m., passió f., inspiració f.

fire (to) ['faiə'] t. encendre, calar foc, incendiar, cremar. 2 disparar [una arma de foc]. 3 acomiadar [un treballador]. 4 fig. despertar, inspirar, excitar. ■ 5 i. encendre's p. 6 disparar-se p. 7 enardir-se p., excitar-se p.

fire alarm ['faiərə,lɑːm] s. alarma f. d'incendis.

firearm ['faiərɑːm] s. arma f. de foc.

firebrigade ['faiəbri,geid] s. bombers m. pl.

fire engine ['faiər,endʒin] s. cotxe m. de bombers.

fireman ['faiəmən] s. bomber. 2 FERROC. fogoner.

fireplace ['faiəpleis] s. llar f., xemeneia f.

fireproof ['faiəpruːf] a. incombustible, a prova de foc.

fire raiser ['faiə,reizə'] s. incendiari m.

fireside ['faiəsaid] s. lloc m. al costat de la llar de foc.

firewood ['faiəwud] s. llenya f.

fireworks ['faiəwəːks] s. pl. focs m. pl. artificials.

firing ['faiərin] s. cuita f. [de totxos]. 2 AUTO. encesa f. 3 MIL. tret m.; tiroteig m.; canonades f. pl.

firm [fəːm] a. ferm. 2 dur, consistent. ■ 3 s. firma f., empresa f., casa f.

firmness ['fəːmnis] s. fermesa f. [també fig.].

first [fəːst] a. primer. 2 primitiu original. 3 anterior. 4 primerenc. ■ 5 adv. primer. 6 abans, al principi. 7 per primer cop, per primera vegada. ■ 8 s. primer. 9 principi m.: at ~, al principi; from the ~, des del principi. ■ 10 -ly adv. primer, en primer lloc, primerament.

first aid ['fəːst'eid] s. primers auxilis m. pl.

first-born ['fəːst'bɔːn] a.-s. primogènit.

first-hand ['fəːst'hænd] a. de primera mà.

first name ['fəːst'neim] s. nom m. de pila.

first night ['fəːst'nait] s. TEAT. nit f. d'estrena.

first-rate ['fəːst'reit] a. excel·lent, de primera classe. ■ 2 adv. molt bé.

firth [fəːθ] s. ria f., estuari m.

fiscal ['fiskəl] a. ECON. fiscal. ‖ ~ year, any m. fiscal.

fish [fiʃ] s. ICT. peix m.; (ROSS.) pei m. 2 fig. a queer ~, un tipus o un individu estrany.

fish (to) [fiʃ] t. pescar. ■ 2 i. anar a pescar, fer pesca.

fisherman ['fiʃəmən] s. pescador, (ROSS.) pescaire.

fishing ['fiʃin] s. pesca f.

fishing rod ['fiʃinrɔd] s. canya f. de pescar.

fishing tackle ['fiʃin,tækl] s. ormeig m. de pescar.

fishhook ['fiʃhuk] s. ham m.

fishmonger ['fiʃ,mʌngə'] s. peixater. ‖ fishmonger's shop, peixateria f.

fishpond ['fiʃpɔnd] s. viver m., piscina f.

fission ['fiʃən] s. FÍS. fissió f.

fissure ['fiʃə'] s. fissura f., escletxa f.

fist [fist] s. puny m.

fisticuffs ['fistikʌfs] s. pl. cops m. pl. de puny.

fit [fit] a. apte, capaç, apropiat, convenient. 2 bé de salut, sà. 3 llest, preparat. ■ 4 s. atac m., rampell m. 5 MED. atac m., accés m. 6 ajustatge m., reglatge m., encaixament m. 7 by fits and starts, a empentes.

fit (to) [fit] t. ajustar, encaixar. 2 capacitar. 3 escaure a, anar bé a. 4 proveir, equipar. 5 disposar, preparar. 6 ficar, posar, col·locar. ■ 7 i. encaixar. 8 correspondre a. 9 ser propi o adequat o per a. 10 adaptar-se p., ajustar-se p. 11 escaure, anar bé o malament.

fitful ['fitful] a. variable. 2 capritxós. 3 espasmòdic.

fitness ['fitnis] s. aptitud f., conveniència f. 2 salut f.

fitting ['fitin] a. propi, adequat, convenient. ■ 2 s. ajustatge m., encaixament m. 3 emprova f., entallament m. [d'un vestit]. 4 pl. accesoris m. pl., guarniments m. pl.; mobles m. pl. 5 MEC. muntatge m.

five [faiv] a. cinc. ■ 2 s. cinc m.

fiver ['faivə'] s. col·loq. bitllet m. de cinc lliures.

fix [fiks] s. mal tràngol m., compromís m., embolic m. 2 col·loq. punxada f. [de droga].

fix (to) [fiks] t. fixar, assegurar. 2 assenyalar; posar, establir. 3 gravar [a la memòria]. 4 atreure, cridar [l'atenció]. 5 arranjar, arreglar. 6 col·loq. manejar, trucar; passar comptes amb algú. ■ 7 i. fixar-se p., solidificar-se p. 8 to ~ on, decidir-se p. per, escollir.

fixture ['fikstfə'] s. cosa f., moble m., fix a un lloc. 2 persona f. que viu fixa en un lloc. 3 pl. instal·lació f. [de gas, etc.]. 4 ESPORT partit m.

fizz (to) [fiz] i. bombollejar. 2 fer un soroll sibilant.

fizzle (to) ['fizl] i. xiuxiuejar. 2 to ~ out, apagar-se p.; fig. fracassar.

flabbergast (to) ['flæbəga:st] t. col·loq. confondre, desconcertar.

flabbiness ['flæbinis] s. flacciditat f. 2 fluixesa f.

flabby ['flæbi] a. flàccid, fluix, flonjo.

flaccid ['flæksid] a. flàccid, fluix.

flaccidity [flæk'siditi] s. flacciditat f.

flag [flæg] s. bandera f., senyera f., bandereta f., estendard m. 2 llosa f.

flag (to) [flæg] i. afluixar, decaure, flaquejar. 2 fig. desanimar-se p.

flagellate (to) ['flædʒəleit] t. flagel·lar.

flagging ['flægiŋ] a. fluix, esmaperdut.

flagon ['flægən] s. gerra f. 2 ampolla f. [de dos litres].

flagrant ['fleigrənt] a. flagrant, notori, escandalós.

flagship ['flægʃip] s. vaixell m. o nau f. almirall.

flair [flɛə'] s. instint m., disposició f. natural.

flake [fleik] s. floc m. [de neu]. 2 escama f., lamel·la f.

flaky ['fleiki] a. escamós. 2 col·loq. inestable; excèntric, extravagant. 3 CUI. fullat, fullada.

flamboyant [flæm'bɔiənt] a. cridaner. 2 vistós, extremat. 3 ARQ. flamejant.

flame [fleim] s. flama f.; foc m. 2 passió f.

flame (to) [fleim] i. flamejar, encendre's p., inflamar-se p.

flamingo [flə'miŋgou] s. ORN. flamenc m.

flange [flændʒ] s. MEC. brida f., pestanya f., vorell m.

flank [flæŋk] s. illada f. 2 costat m. 3 MIL. flanc m.

flank (to) [flæŋk] t. vorejar. 2 MIL. flanquejar.

flannel ['flænl] s. TÈXT. franel·la f.

flap [flæp] s. tapeta f. [de butxaca]. 2 tapa f. [de vestit]. 3 peça f. plegable [de taula]. 4 cop m. d'ala. 5 to get into a ~, posar-se nerviós.

flap (to) [flæp] t. moure, batre [les ales]. ■ 2 i. aletejar, esbategar.

flare [flɛə'] s. flamarada f.; llampada f. 2 espurneig m., llampurneig m. 3 vol m. [d'una faldilla]. 4 fig. rampell m., llampec m. [d'ira, d'inspiració, etc.]. 5 MIL. bengala f.

flare (to) [flɛə'] t. acampanar [una faldilla, etc.]. ■ 2 i. acampanar-se p. 3 flamejar, resplendir, brillar. 4 fig. to ~ up, encendre's p., enutjar-se p.

flash [flæʃ] s. flamarada f., fogonada f., llampec m. 2 ostentació f.

flash (to) [flæʃ] t. encendre. 2 deixar anar [llum, flamarades, etc.]. 3 RADIO. radiar. 4 TELEGR. telegrafiar. ■ 5 i. flamejar, brillar, resplendir.

flashlight ['flæʃlait] s. llanterna f. 2 FOT. flash m.

flashy ['flæʃi] a. cridaner, extremat.

flask [fla:sk] s. flascó m. 2 QUÍM. matràs m.

flat [flæt] a. pla, llis, ras. 2 esmussat, xato. 3 positiu, categòric. 4 fig. monòton, avorrit, insuls. 5 MÚS. desafinat. 6 MÚS. bemoll. ■ 7 s. plana f., pla m. 8 palmell m. [de la mà]. 9 pis m., apartament. 10 MÚS. bemoll m. ■ 11 adv. planerament; completament; terminantment.

flatness ['flætnis] s. planor f. 2 planura f. 3 fig. monotonia f., insipidesa f.

flatten (to) ['flætn] t. aplanar, allisar. 2 abatre. 3 aixafar, aplastar. ■ 4 i. allisar-se p. 5 perdre el gust.

flatter (to) ['flætə'] t. adular, llagotejar. 2 afalagar.

flattering ['flætəriŋ] a. falaguer, afalagador.

flattery ['flætəri] s. adulació f., llagoteria f. 2 afalac m.

flatulent ['flætjulent] s. flatulent.

flaunt (to) [flɔ:nt] t. fer onejar. 2 lluir, ostentar. ■ 3 p. to ~ oneself, gallejar. ■ 4 i. onejar, ondejar.

flautist ['flɔ:tist] s. flautista f.

flavour, (EUA) **flavor** ['fleivə] s. gust m., sabor m. 2 aroma m. 3 assaonament m.

flavour, (EUA) **flavor (to)** ['fleivə] t. condimentar, assaonar.

flaw [flɔ:] s. esquerda f. 2 defecte m., imperfecció f., desperfecte m.

flawless ['flɔ:lis] a. impecable, perfecte.

flax [flæks] s. lli m.

flaxen ['flæksən] a. de lli. 2 ros clar [cabell].

flay (to) [flei] t. escorxar. 2 fig. renyar; deixar com un drap brut.

flea [fli:] s. puça f.

flea market ['fli:mɑ:kit] s. encants m. pl.

fleck [flek] s. taca f., placa f.

fled [fled] Vegeu FLEE (TO).

fledged ['fledʒd] a. plomat. 2 fig. **fully-fledged**, de cap a peus, del tot.

flee (to) [fli:] i. fugir, (ROSS.) fúger. 2 fugir de, evitar. ▲ Pret. i p. p.: **fled** [fled].

fleece [fli:s] s. velló m. 2 llana f.

fleece (to) [fli:s] t. esquilar. 2 fig. plomar, deixar pelat, robar.

fleecy ['fli:si] a. llanós, llanut.

fleet [fli:t] s. armada f. 2 flota f., esquadra f. ■ 2 a. poèt. veloç, lleuger.

fleeting ['fli:tiŋ] a. fugaç, passatger, efímer.

Flemish ['flemiʃ] a. flamenc [de Flandes]. ■ 2 s. flamenc m. [llengua].

flesh [fleʃ] s. carn f. [també fig.]. || **to lose** ~, aprimar-se. || **to put on** ~, engreixar-se.

fleshy ['fleʃi] a. carnós. 2 gras [persones].

flew [flu:] Vegeu FLY (TO).

flex [fleks] s. ELECT. cable m. flexible.

flex (to) [fleks] t. doblar, plegar.

flexibility [ˌfleksi'bility] s. flexibilitat f.

flexible ['fleksəbl] a. flexible.

flexitime ['fleksitaim] s. horari m. flexible.

flick [flik] s. copet m. 2 col·loq. pel·lícula f. 3 col·loq. **the flicks**, el cine m.

flicker ['flikə] s. centelleig m. 2 fig. mica f., bocí m.

flicker (to) ['flikə] i. vacil·lar, tremolar. 2 vibrar.

flight [flait] s. vol m. 2 trajectòria f. [d'un projectil]. 3 bandada f. [d'ocells]. 4 esquadrilla f. [d'avions]. 5 fuga f., fugida f. 6 tram m. [d'escala].

flighty ['flaiti] a. frívol, capritxós, voluble.

flimsiness ['flimzinis] s. feblesa f. 2 fragilitat f.

flimsy ['flimzi] a. feble, dèbil. 2 futil, trivial. ■ 3 s. paper m. de ceba.

flinch (to) [flintʃ] i. acovardir-se p., recular, fer-se p. enrera (from, davant).

fling [fliŋ] s. tir m. 2 intent m., temptativa f. 3 bot m. 4 pulla f. 5 ball m. escocès.

fling (to) [fliŋ] t. llençar, llançar, tirar. || **to ~ open**, obrir de cop. ■ 2 i. llençar-se p., llançar-se p., tirar-se p. ▲ Pret. i p. p.: **flung** [flʌŋ].

flint [flint] s. pedrenyal m., pedra f. foguera. 2 pedra f. d'encenedor.

flip [flip] s. closquet m., copet m. 2 col·loq. **the ~ side**, la segona cara f. d'un disc. 3 AVIA. vol m. curt.

flip (to) [flip] t. llançar, tirar enlaire [amb els dits].

flippancy ['flipənsi] s. frivolitat f. 2 lleugeresa f.

flippant ['flipənt] a. lleuger, frívol. 2 impertinent, petulant.

flirt [flə:t] s. coqueta f. [noia].

flirt (to) [flə:t] i. flirtejar, coquetejar. 2 fig. **to ~ with**, acariciar [una idea].

flirtation [flə:'teiʃən] s. flirteig m., coqueteig m., festeig m.

flit (to) [flit] i. volar, voletejar.

float [flout] s. flotador m., boia f. 2 rai m., barca f. 3 carrossa f.

float (to) [flout] i. flotar, surar [també fig.]. ■ 2 t. fer flotar. 3 COM. emetre.

flock [flɔk] s. ramat m. [de cabres, bens, etc.]. 2 estol m., bandada f. [d'ocells]. 3 multitud f., gentada f. 4 REL. ramat m.

flock (to) [flɔk] i. reunir-se p., congregar-se p., ajuntar-se p.

floe [flou] s. panna f. de glaç.

flog (to) [flɔg] t. fuetejar, assotar. 2 col·loq. vendre.

flogging ['flɔgiŋ] s. pallissa f., atupada f.

flood [flʌd] s. inundació f. 2 torrent m. 3 abundància f.

flood (to) [flʌd] t. inundar [també fig.]. 2 desbordar. ■ 3 i. desbordar-se p. 4 **to ~ in**, arribar a grapats. 5 **to ~ out**, desallotjar; fig. inundar.

flood-light ['flʌdlait] s. focus m.

flood tide ['flʌdtaid] s. plenamar f.

floor [flɔ:ʳ] s. terra m., sòl m. 2 fons [del mar]. 3 paviment m. [d'una casa]. 4 **ground ~**, planta f. baixa.

floor (to) [flɔ:ʳ] t. posar el terra [d'una casa]. 2 tombar, tirar a terra. 3 fig. tombar, vèncer. 4 fig. desconcertar.

flooring ['flɔ:riŋ] s. paviment m., sòl m. [interior]. 2 enrajolat m.

flop (to) [flop] i. deixar-se p. caure amb tot el pes. 2 col·loq. fracassar.

flora ['flɔ:rə] s. BOT. flora f.

Florence ['flɔrəns] *n. pr.* GEOGR. Florèn-cia.

florid ['flɔrid] *a.* florit [estil]. 2 vermell [cara].

florin ['flɔrin] *s.* florí *m.*

florist ['flɔrist] *s.* florista.

flotsam ['flɔtsəm] *s.* restes *f. pl.*, despulles *f. pl.* [d'un naufragi].

flounce [flauns] *s.* volant *m.*, farbalà *m.* 2 estremiment *m.*

flounce (to) [flauns] *t.* posar volants o farbalans. ■ 2 *i.* moure's *p.* bruscament.

flounder ['flaundə'] *s.* ICT. palaia *f.*

flounder (to) [flaundə'] *i.* debatre's *p.* 2 equivocar-se *p.*, entrebancar-se *p.; va-cil·lar.

flour ['flauə'] *s.* farina *f.*

flour (to) ['flauə'] *t.* enfarinar.

flourish ['flʌriʃ] *s.* floreig *m.* [amb l'espa-sa]. 2 cop *m.* de ploma. 3 toc *m.* de trom-peta. 4 MÚS. fanfara *f.*

flourish (to) ['flʌriʃ] *i.* florir, prosperar. ■ 2 *t.* adornar. 3 brandir [l'espasa, etc.].

flourishing ['flʌriʃiŋ] *a.* pròsper, florent.

floury ['flauəri] *a.* farinós. 2 enfarinat.

flout (to) [flaut] *t.* mofar-se *p.* de, burlar-se *p.* de, insultar.

flow [flou] *s.* corrent *m.* 2 flux *m.* 3 doll *m.* 4 torrent *m.*

flow (to) [flou] *i.* fluir, córrer. 2 rajar, brollar. 3 procedir, provenir. 4 *to ~ away,* esmunyir-se *p.* 5 *to ~ into,* de-sembocar.

flower ['flauə'] *s.* BOT. flor *f.* ‖ *~ vase,* ger-ro *m.*, florera *f.* 2 fig. *the ~ of,* la flor i la nata de.

flower (to) ['flauə'] *i.* florir.

flowerpot ['flauəpɔt] *s.* test *m.*

flowery ['flauəri] *a.* florit [també fig.].

flowing ['flouiŋ] *a.* fluid, fluent. 2 deixat anar [cabell]. 3 ample, folgat [roba].

flown [floun] Vegeu FLY (TO).

flu [flu:] *s.* MED. col·loq. (*abrev.* de *influ-enza*) grip *f.*

fluctuate (to) ['flʌktjueit] *i.* fluctuar.

fluctuation [flʌktju'eiʃən] *s.* fluctuació *f.*

flue [flu:] *s.* fumeral *m.*, tub *m.*, conduc-te *m.*

fluency ['fluənsi] *s.* fluïdesa *f.* 2 facilitat *f.*, domini *m.* [d'una llengua].

fluent ['fluənt] *a.* fluid. 2 bo. ■ 3 **-ly** *adv.* amb fluïdesa, bé.

fluff [flʌf] *s.* borrissol *m.*, llaneta *f.*

fluff (to) [flʌf] *t.* estufar, estovar, espon-jar. 2 suspendre [un examen]. 3 col·loq.

TEAT. dir malament, equivocar-se *p.* ■ 4 *i.* esponjar-se *p.*

fluffy ['flʌfi] *a.* tou, esponjat.

fluid ['flu:id] *a.* fluid. 2 inestable. ■ 3 *s.* fluid *m.*

fluidity [fluːˈiditi] *s.* fluïdesa *f.*

fluke [fluːk] *s.* col·loq. xamba *f.*, sort *f.* 2 MAR. ungla *f.* [d'una àncora]. 3 ZOOL. tre-matode *m.*

flung [flʌŋ] Vegeu FLING (TO).

fluorescent [fluə'resnt] *a.* fluorescent.

flurry ['flʌri] *s.* agitació *f.*, neguit *m.* 2 rà-fega *f.* [de vent, de pluja, etc.].

flurry (to) ['flʌri] *t.* posar nerviós, negui-tejar.

flush [flʌʃ] *a.* ple, ric, abundant. 2 ver-mell, encès. 3 anivellat, ras. ■ 4 *s.* broll *m.* [d'aigua]. 5 rubor *m.*, enrojolament *m.*

flush (to) [flʌʃ] *i.* posar-se *p.* vermell, en-rojolar-se *p.* 2 sortir, brollar. ■ 3 *t.* ne-tejar [amb aigua]. 4 fer posar vermell, fer enrojolar. 5 animar. 6 inundar. 7 igualar. 8 *to ~ the toilet,* tirar la cadena del wàter.

fluster ['flʌstə'] *s.* neguit *m.*, nerviosisme *m.*, confusió *f.*

fluster (to) ['flʌstə'] *t.* posar nerviós, ne-guitejar, atordir. ‖ *to get flustered,* posar-se *p.* nerviós.

flute [fluːt] *s.* flauta *f.* 2 ARQ. estria *f.* 3 plec *m.*

flutter ['flʌtə'] *s.* aleteig *m.* 2 vibració *f.*, palpitació *f.* 3 fig. agitació *f.*, conmo-ció *f.*

flutter (to) ['flʌtə'] *i.* aletejar, moure [les ales]. 2 onejar. 3 agitar-se *p.* ■ 4 *t.* agitar, bellugar.

fluvial ['fluːvjəl] *a.* fluvial.

flux [flʌks] *s.* flux *m.* 2 fundent *m.*

fly [flai] *s.* ENT. mosca *f.* 2 bragueta *f.*

fly (to) [flai] *i.* volar. 2 anar amb avió. 3 hissar [una bandera]. 4 fugir, escapar-se *p.* 5 llançar-se *p.* contra, precipitar-se *p.* sobre. 6 saltar, esclatar. 7 *to ~ into a passion,* encendre's *p.* d'indignació. ■ 8 *t.* portar, pilotar [un avió]. 9 fer onejar [una bandera]. 10 evitar, fugir de. ▲ Pret.: *flew* [fluː]; p. p.: *flown* [floun].

flying ['flaiiŋ] *a.* volador, volant. ‖ *~ club,* club *m.* d'aviació. 2 ràpid, veloç. ‖ *~ visit,* visita *f.* breu, fugitiu. 3 onejant [bandera].

flying buttress ['flaiiŋ'bʌtris] *s.* ARQ. arc-botant *m.*

flying saucer ['flaiiŋ'sɔːsə'] *s.* platet *m.* volant.

flyleaf ['flailiːf] s. guarda f. [d'un llibre].

flywheel ['flaiwiːl] s. MEC. volant m.

foal [foul] s. ZOOL. poltre m.

foam [foum] s. escuma f.

foam (to) [foum] i. fer escuma; treure escuma.

f.o.b. [fɔb, 'efou'biː] (abrev. *free on board*) franc a bord.

focus ['foukəs] s. focus m. 2 fig. centre m.

focus (to) ['foukəs] t. enfocar. 2 centrar, fixar [l'atenció, etc.].

fodder ['fɔdə'] s. pinso m., farratge m.

foe [fou] s. poèt. enemic.

foetus, (EUA) **fetus** ['fiːtəs] s. fetus m.

fog [fɔg] s. boira f., broma f. ‖ fig. *to be in a ~*, sumit en un mar de dubtes.

foggy ['fɔgi] a. boirós, bromós. 2 FOT. velat.

foible ['fɔibl] s. punt m. flac, debilitat f. 2 mania f.

foil [fɔil] s. *aluminium ~*, paper m. d'alumini. 2 ESGR. floret m. 3 làmina f. [de metall].

foil (to) [fɔil] t. frustrar. 2 fig. realçar, fer destacar.

foist (to) [fɔist] t. *to ~ something on somebody*, endossar, encolomar [una mercaderia, etc.] amb engany.

fold [fould] s. plec m., séc m. 2 pleta f., cleda f. [pels bens]. 3 REL. ramat m.

fold (to) [fould] t. doblar, doblegar, plegar. 2 creuar [els braços]. ■ 3 i. doblarse p., doblegar-se p., plegar-se p. 4 *to ~ up*, fracassar, tancar [un negoci].

folder ['fouldə'] s. carpeta f.

folding ['fouldiŋ] a. plegable: *~ chair*, cadira plegable.

foliage ['fouliidʒ] s. fullatge m.

folio ['fouliou] s. foli m.

folk [foulk] s. gent f., poble m. 2 pl. col·loq. família f. ■ 3 a. popular.

folklore ['fouklɔː'] s. folklore m.

folk song ['fouksɔŋ] s. cançó f. popular.

follow (to) ['fɔlou] t. seguir. ‖ *as follows*, tal com segueix. 2 perseguir. 3 *to ~ on* o *up*, prosseguir. 4 *to ~ out*, dur a terme.

follower ['fɔlouə'] s. seguidor. 2 partidari. 3 deixeble.

following ['fɔlouiŋ] a. següent. ■ 2 s. seguidors m. pl., partidaris m. pl.

folly ['fɔli] s. bestiesa f. 2 bogeria f.

foment (to) [fou'mənt] t. MED. fomentar [també fig.].

fond [fɔnd] a. afectuós. 2 *to be ~ of*, estimar; ser afeccionat a. ■ 3 *-ly*, adv. afectuosament.

fondle (to) ['fɔndl] t. acariciar, acaronar.

fondly ['fɔndli] adv. afectuosament. 2 ingènuament.

fondness ['fɔndnis] s. afecció f. 2 tendresa f.

font [fɔnt] s. pila f. baptismal.

food [fuːd] s. menjar m., aliment m. ‖ *food-stuffs*, comestibles m. pl., productes m. pl. alimentaris.

fool [fuːl] s. ximplet, enze. 2 boig. 3 pallasso. ‖ *to make a ~ of*, ridiculitzar, posar en ridícul.

fool (to) [fuːl] t. enganyar. 2 entabanar, ensarronar. ■ 3 i. fer broma, fer el ximple.

foolhardy ['fuːlhaːdi] a. temerari.

foolish ['fuːliʃ] a. ximple, ximplet, neci. 2 absurd, ridícul.

foolishness ['fuːliʃnis] s. bestiesa f., ximpleria f.

foot [fut] s. ANAT. peu m. ‖ *on ~*, a peu. 2 pota f., peu m. [d'animal, moble, etc.]. 3 peu m., base f. 4 peu m. [mesura]. 5 fig. *to get back on one's feet*, restablir-se, aixecar el cap; *to get cold feet*, espantarse, tenir por; *to put one's ~ in it*, ficarse de peus a la galleda. ▲ pl. *feet* [fiːt].

footage ['futidʒ] s. longitud f. en peus. 2 CINEM. metratge m.

football ['futbɔːl] s. ESPORT futbol m. 2 pilota f. [de futbol].

footfall ['futfɔːl] s. trepitjada f., passa f., pas m.

footing ['futiŋ] s. peu m., base f., fonament m.

footlights ['futlaits] s. pl. TEAT. bateria f. sing. [de llums].

footman ['futmən] s. lacai m.

footpath ['futpaːθ] s. viarany m., camí m., sendera f.

footprint ['futprint] s. petjada f., petja f.

footsore ['futsɔː'] a. espeuat, amb els peus cansats.

footstep ['futstep] s. pas m., passa f.

footwear ['futweə'] s. calçat m.

fop [fɔp] s. petimetre m.

for [fɔː', fə'] prep. per; per a; a causa de; durant; contra; a favor de; [amb destinació a]. ‖ *as ~ me*, pel que fa a mi; *but ~*, si no fos per; sense; *~ all that*, no obstant això, malgrat tot; *~ ever*, *~ good*, per sempre; *~ sale*, en venda, es ven; *the flight* ~ *Barcelona,* el vol de Barcelona. ■ *2 conj.* ja que, perquè.

forage ['fɔridʒ] *s.* farratge *m.*

forage (to) ['fɔridʒ] *i.* farratjar. 2 fig. furgar. ■ *3 t.* fig. saquejar, pillar.

forasmuch as [fərəz'mʌtʃæz] *conj.* ja que, atès que [legal].

foray ['fɔrei] *s.* incursió *f.,* ràtzia *f.,* irrupció *f.* 2 saqueig *m.*

forbade [fə'beid] Vegeu FORBID (TO).

forbear, (EUA) **forebear** ['fɛːbɛə] *s. pl.* avantpassats *m. pl.*

forbear (to) [fɔː'bɛə] *t.* form. evitar, deixar de. 2 sofrir amb paciència. ■ *3 i.* abstenir-se *p.* ▲ Pret.: *forbore* [fɔː'bɔː]; p. p.: *forborne* [fɔː'bɔːn].

forbearance [fɔː'bɛərəns] *s.* abstenció *f.,* contenció *f.* 2 paciència *f.,* indulgència *f.*

forbid (to) [fə'bid] *t.* prohibir, vedar, privar. ‖ *God* ~*!,* Déu no ho vulgui! ▲ Pret.: *forbade* [fə'beid] o *forbad* [fə'bæd]; p. p.: *forbidden* [fə'bidn].

forbidding [fə'bidin] *a.* inhòspit, amenaçador, terrible. 2 formidable, impressionant. 3 sever [persona].

forbore [fɔː'bɔː] Vegeu FORBEAR (TO).

forborne [fɔː'bɔːn] Vegeu FORBEAR (TO).

force [fɔːs] *s.* força *f.: by* ~, per força, per la força. 2 vigor *m.,* energia *f.* 3 virtut *f.,* eficàcia *f.* 4 *in* ~, en vigor, vigent.

force (to) [fɔːs] *t.* forçar. 2 obligar. 3 imposar. 4 obtenir, treure, ficar, etc. [per la força]. ‖ *to* ~ *one's way,* obrir-se *p.* pas a empentes.

forceful ['fɔːsful] *a.* fort, poderós, eficaç; violent.

forcemeat ['fɔːsmiːt] *s.* farciment *m.*

forceps ['fɔːsəps] *s. pl.* fòrceps *m.*

forcible ['fɔːsəbl] *a.* violent, forçat. 2 eficaç, convincent [persona].

ford [fɔːd] *s.* gual *m.*

ford (to) [fɔːd] *t.* travessar, passar a gual.

fore [fɔː, fɔə] *a.* davanter. ■ *2 s.* davantera *f.* 3 MAR. proa *f.* ■ *4 adv.* a proa.

forearm ['fɔːraːm] *s.* avantbraç *m.*

forebode (to) [fɔː'boud] *t.* presagiar, predir. 2 pressentir.

foreboding [fɔː'boudin] *s.* presagi *m.,* predicció *f.* 2 pressentiment *m.*

forecast ['fɔkaːst] *s.* pronòstic *m.,* previsió *f.* ‖ *weather* ~*,* previsió meteorològica.

forecast (to) ['fɔːkaːst] *t.* pronosticar, preveure. ▲ Pret. i p. p.: *forecast* o *-ted* [-tid].

foredoomed [fɔː'duːmd] *a.* condemnat o destinat d'entrada.

forefather ['fɔːfaːðə] *s.* avantpassat *m.*

forefinger ['fɔːfingə] *s.* dit *m.,* índex.

forefoot ['fɔfut] *s.* pota *f.* davantera.

forefront ['fɔːfrʌnt] *s.* avantguarda *f.;* primer pla *m.* 2 MIL. primera línia *f.*

foregoing [fɔː'gouin] *a.* anterior, precedent.

foreground ['fɔːgraund] *s.* primer terme *m.,* primer pla *m.* [també fig.].

forehead ['fɔrid] *s.* ANAT. front *m.*

foreign ['fɔrin] *a.* estranger, exterior. ‖ (G.B.) *Foreign Office,* ministeri *m.* d'afers estrangers. 2 foraster, estrany. 3 aliè.

foreigner ['fɔrinə] *s.* estranger [persona]. 2 foraster.

foreknowledge ['fɔː'nɔlidʒ] *s.* presciència *f.*

foreland ['fɔːlənd] *s.* cap *m.,* promontori *m.*

foreleg ['fɔːleg] *s.* pota *f.* davantera.

forelock ['fɔːlɔk] *s.* tupè *m.*

foreman ['fɔːmən] *s.* capataç *m.,* encarregat *m.*

foremost ['fɔːmoust] *a.* primer, principal, capdavanter. ■ *2 adv. first and* ~, primer que res, abans de tot.

forensic [fə'rensik] *a.* forense.

forerunner ['fɔːrʌnə] *s.* precursor. 2 anunci *m.,* presagi *m.*

foresee (to) [fɔː'siː] *t.* preveure. ▲ Pret.: *foresaw* [fɔː'sɔː]; p. p.: *foreseen* [fɔː'siːn].

foreshadow (to) [fɔː'ʃædou] *t.* prefigurar, presagiar.

foreshortening [fɔː'ʃɔːtnin] *s.* escorç *m.*

foresight ['fɔːsait] *s.* previsió *f.,* perspicàcia *f.* 2 prudència *f.*

foreskin ['fɔːskin] *s.* ANAT. prepuci *m.*

forest ['fɔrist] *s.* bosc *m.* 2 fig. selva *f.*

forestall (to) [fɔː'stɔːl] *t.* anticipar(se). 2 prevenir, impedir.

forestry ['fɔristri] *s.* silvicultura *f.* ‖ ~ *expert,* silvicultor.

foretell (to) [fɔː'tel] *t.* predir. ▲ Pret. i p. p.: *foretold* [fɔː'tould].

forethought ['fɔːθɔːt] *s.* previsió *f.,* prudència *f.* 2 premeditació *f.*

forever [fə'revə] *adv.* sempre, per sempre.

forewarn (to) [fɔː'wɔːn] *t.* prevenir, advertir, avisar.

foreword ['fɔːwəːd] *s.* prefaci *m.*

forfeit ['fɔːfit] *s.* pena *f.*, multa *f.* 2 *pl.* joc *m.* de penyores. 3 DRET pèrdua *f.* [també fig.].

forfeit (to) ['fɔːfit] *t.* DRET perdre [també fig.]. 2 confiscar, comissar, decomissar.

forgave [fə'geiv] Vegeu FORGIVE (TO)

forge [fɔːdʒ] *s.* farga *f.*, forja *f.*, foneria *f.*

forge (to) [fɔːdʒ] *t.* forjar, fargar [també fig.]. 2 falsificar [documents]. ■ 3 *i.* to ~ ahead, progressar, avançar.

forgery ['fɔːdʒəri] *s.* falsificació *f.*

forget (to) [fə'get] *t.* oblidar(se), descuidar-se *p.* || ~ *it,* oblida-ho, no t'amoïnis. ■ 2 *i.* oblidar-se *p.* ▲ Pret.: *forgot* [fə'gēt]; p. p.: *forgotten* [fə'gɔtn].

forgetful [fə'getful] *a.* oblidadís.

forgive (to) [fə'giv] *t.* perdonar, dispensar. ▲ Pret.: *forgave* [fə'geiv]; p. p.: *forgiven* [fə'givn].

forgiveness [fə'givnis] *s.* perdó *m.*, remissió *f.* 2 misericòrdia *f.* 3 indulgència *f.*

forgo (to) [fɔː'gou] *t.* renunciar a, privar-se *p.* de, estar-se *p.* de. ▲ Pret.: *forwent* [fɔː'went]; p. p.: *forgone* [fɔː'gɔn].

forgot [fə'gɔt], **forgotten** [fə'gɔtn] Vegeu FORGET (TO).

fork [fɔːk] *s.* forquilla *f.*, (BAL.), (VAL.) forqueta *f.* 2 forca *f.*, forquilla *f.* 3 bifurcació *f.*, enforcall *m.*

fork (to) [fɔːk] *t.* agafar amb la forca, enforcar. ■ 2 *i.* bifurcar-se *p.*

forlorn [fə'lɔːn] *a.* poèt. abandonat. 2 trist, desolat. 3 desesperat.

form [fɔːm] *s.* forma *f.* 2 manera *f.* 3 classe *f.*, tipus *m.* 4 imprès *m.*, formulari *m.* 5 banc, *m.* [seient]. 6 (G.B.) curs *m.*, grau *m.*

form (to) [fɔːm] *t.* formar. 2 fer. 3 modelar. 4 pronunciar, dir. 5 crear. 6 fer-se *p.*, formar-se *p.* 7 concebre, idear. 8 MIL. formar. ■ 9 *i.* formar-se *p.*, prendre forma.

formal ['fɔːməl] *a.* formal. 2 solemne, formalista. 3 cerimoniós, protocolari. 4 oficial. 5 d'etiqueta. 6 correcte. 7 COM. en ferm.

formality [fɔː'mæliti] *s.* formalitat *f.*, tràmit *m.*, requisit. 2 cerimònia *f.*, etiqueta *f.*

formation [fɔː'meiʃən] *s.* MIL. formació [també fig.]. 2 disposició *f.*, estructura *f.*

former ['fɔːmə] *a.* anterior, precedent, antic. ■ 2 *pron.* el primer [de dos]. 3 *the* ~..., *the latter*..., aquest..., aquell...

formerly ['fɔːməli] *adv.* abans, anteriorment. 2 antigament.

formidable ['fɔːmidəbl] *a.* formidable. 2 fig. impressionant.

formula ['fɔːmjulə] *s.* fórmula *f.* ▲ *pl. formulas* o *formulae* ['fɔːmjuliː].

formulate (to) ['fɔːmjuleit] *t.* formular.

fornicate (to) ['fɔːnikeit] *i.* fornicar.

fornication [fɔːni'keiʃən] *s.* fornicació *f.*

forsake (to) [fə'seik] *t.* abandonar, desempar. 2 renunciar a. ▲ Pret.: *forsook* [fə'suk]; p. p.: *forsaken* [fə'seikən].

forswear (to) [fɔː'swɛə'] *t.* abjurar, renunciar a. ▲ Pret.: *forswore* [fɔː'swɔː']; p. p.: *forsworn* [fɔː'swɔːn].

fort [fɔːt] *s.* fort *m.*, fortalesa *f.*

forth [fɔːθ] *adv.* endavant; en endavant. || *and so* ~, i així successivament.

forthcoming [fɔːθ'kʌmiŋ] *a.* proper, pròxim, vinent. 2 disponible. 3 amable.

forthwith [ˌfɔːθ'wiθ] *adv.* immediatament, de seguida.

fortieth ['fɔːtiəθ] *a.* -*s.* quarantè.

fortification [ˌfɔːtifi'keiʃən] *s.* fortificació *f.*

fortify (to) ['fɔːtifai] *t.* MIL. fortificar. 2 enfortir, reforçar. 3 preparar.

fortitude ['fɔːtitjuːd] *s.* fermesa *f.*, valor *m.*, coratge *m.*

fortnight ['fɔːtnait] *s.* quinzena *f.*

fortnightly ['fɔːtˌnaitli] *a.* quinzenal, bimensual. ■ 2 *adv.* cada quinze dies.

fortress ['fɔːtris] *s.* fortalesa *f.*

fortuitous [fɔː'tjuːitəs] *a.* fortuït, casual.

fortunate ['fɔːtʃənit] *a.* afortunat, feliç. 2 oportú.

fortune ['fɔːtʃən] *s.* fortuna *f.*, sort *f.* || *fortune-teller,* endevinaire. 2 fortuna *f.*, riquesa *f.*

forty ['fɔːti] *a.* quaranta. ■ 2 *s.* quaranta *m.*

forum ['fɔːrəm] *s.* fòrum *m.* 2 fig. tribunal *m.*

forward ['fɔːwəd] *a.* davanter. 2 precoç, avançat. 3 atrevit, descarat. 4 avançat, primerenc. ■ 5 *s.* ESPORT davanter.

forward (to) ['fɔːwəd] *t.* enviar, expedir, trametre. 2 promoure, afavorir, fer avançar.

forward(s) ['fɔːwəd(z)] *adv.* endavant, (VAL.) avant. || *We look forward to hearing from you,* esperem notícies seves.

forwardness ['fɔːwədnis] *s.* progrés *m.* 2 promptitud *f.* 3 precocitat *f.* 4 audàcia *f.* 5 barra *f.*, desvergonyiment *m.*

fossil ['fɔsil] *a.* fòssil. ■ 2 *s.* fòssil *m.* [també fig.].

fossilize (to) ['fɔsilaiz] *t.* fossilitzar [també fig.]. ■ 2 *i.* fossilitzar-se *p.* [també fig.].

foster ['fɔstəʳ] *a.* de llet. ‖ *foster-brother*, germà de llet. ‖ *foster-child*, fill adoptiu. ‖ *foster-mother*, mare adoptiva.

foster (to) ['fɔstəʳ] *t.* criar [una criatura]. 2 fomentar, promoure.

fought [fɔːt] Vegeu FIGHT (TO).

foul [faul] *a.* brut, fastigós. 2 fètid, pudent. 3 viciat [aire]. 4 dolent, lleig [temps]. 5 obscè. 6 embussat. ■ 7 *adv.* brut. ■ 8 *s.* ESPORT falta *f.*

foul (to) [faul] *t.* embrutar, enllardar, tacar. 2 embussar. 3 encallar-se *p.* amb. 4 topar amb, xocar amb. 5 ESPORT fer una falta. ■ 6 *i.* embrutar-se *p.*, enllardar-se *p.*, tacar-se *p.* 7 embussar-se *p.* 8 encallar-se *p.* 9 ESPORT fer una falta.

foul play ['faul'plei] *s.* DRET crim *m.* violent. 2 ESPORT joc *m.* brut.

found [faund] Vegeu FIND (TO).

found (to) [faund] *t.* fundar. 2 basar, fonamentar. 3 TECNOL. fondre.

foundation [faun'deiʃən] *s.* fundació *f.* [acció; institució]. 2 fig. fonament *m.*, base *f.* 3 ARQ. fonaments *m. pl.*

foundation cream ['faundeiʃn̩kriːm] *s.* COSM. maquillatge *m.* base.

foundation stone ['faundeiʃn̩stoun] *s.* ARQ. primera pedra *f.* 2 fig. pedra *f.* angular.

founder ['faundəʳ] *s.* fundador. 2 TECNOL. fonedora *f.*

founder (to) ['faundəʳ] *t.* NÀUT. fer anar a pic, enfonsar. 2 fer caure [un cavall]. ■ 3 *i.* NÀUT. enfonsar-se *p.*, anar a pic. 2 ensopegar, caure [un cavall]. 3 ensorrar-se *p.*, enfonsar-se *p.* [un negoci, etc.]. 4 fracassar.

foundling ['faundliŋ] *s.* expòsit, bord.

foundry ['faundri] *s.* foneria *f.*

fount [faunt] *s.* brollador *m.*

fountain ['fauntin] *s.* font *f.*, brollador *m.*

fountain pen ['fauntin̩pen] *s.* ploma *f.* estilogràfica.

four [fɔːʳ, fɔəʳ] *a.* quatre. ‖ *on all fours,* de quatre grapes. ■ 2 *s.* quatre *m.*

fourteen [ˌfɔːˈtiːn] *a.* catorze. ■ 2 *s.* catorze *m.*

fourteenth [ˌfɔːˈtiːnθ] *a.* catorzè.

fourth [fɔːθ] *a.-s.* quart.

fowl [faul] *s.* ocell *m.* o au *f.* de corral.

fox [fɔks] *s.* ZOOL. guineu *f.*, guilla *f.*, guillot *m.*

foxy ['fɔksi] *a.* astut, murri.

fraction ['frækʃən] *s.* fragment *m.*, tros *m.* 2 MAT. fracció *f.*

fractious ['frækʃəs] *a.* repelós, susceptible, malgeniüt.

fracture ['fræktʃəʳ] *s.* fractura *f.*

fracture (to) ['fræktʃəʳ] *t.* fracturar, trencar. ■ 2 *i.* fracturar-se *p.*, trencar-se *p.*

fragile ['frædʒail] *a.* fràgil. 2 trencadís, delicat.

fragment ['frægmənt] *s.* fragment *m.*, tros *m.*

fragmentary ['frægməntəri] *a.* fragmentari.

fragrance ['freigrəns] *s.* fragància *f.*

fragrant ['freigrənt] *a.* fragant, olorós.

frail [freil] *a.* fràgil. 2 dèbil, feble.

frame [freim] *s.* carcassa *f.*, carcanada *f.*, bastiment *m.* 2 cos *m.* 3 bastidor *m.*, marc *m.* 4 ~ *of mind,* estat *m.* d'ànim.

frame (to) [freim] *t.* formar, construir. 2 emmarcar, enquadrar. 3 idear. 4 expressar.

framework ['freimwəːk] *s.* carcassa *f.*, estructura *f.*

franc [fræŋk] *s.* franc *m.* [moneda].

France [frɑːns] *n. pr.* GEOGR. França.

franchise ['fræntʃaiz] *s.* privilegi *m.* 2 dret *m.* polític.

Francis ['frɑːnsis] *n. pr. m.* Francesc.

frank [fræŋk] *a.* franc, sincer.

Frank [fræŋk] *n. pr. m.* (dim. *Francis*) Cesc.

frankfurter ['fræŋkˌfɔːtəʳ] *s.* salsitxa *f.* de Frankfurt.

frankincense ['fræŋkin̩sens] *s.* encens *m.*

frankness ['fræŋknis] *s.* franquesa *f.*, sinceritat *f.*

frantic ['fræntik] *a.* frenètic, furiós, desesperat.

fraternal [frəˈtəːnl] *a.* fraternal.

fraternity [frəˈtəːniti] *s.* germanor *f.*, fraternitat *f.*

fraternize (to) ['frætənaiz] *i.* fraternitzar.

fratricide ['frætrisaid] *s.* fratricidi *m.* 2 fratricida.

fraud [frɔːd] *s.* frau *m.*, engany *m.*, dol *m.* 2 farsant, impostor.

fraudulent ['frɔːdjulənt] *a.* fraudulent.

fraught [frɔːt] *a.* ple, carregat, proveït.

fray [frei] *s.* baralla *f.*, batussa *f.*

fray (to) [frei] *t.* gastar, desgastar, esfilagarsar. ■ 2 *i.* gastar-se *p.*, desgastar-se *p.*, esfilagarsar-se *p.*

freak [fri:k] *s.* caprici *m.,* antull *m.* 2 raresa *f.* 3 monstre *m.,* monstruositat *f.*

freakish ['fri:kiʃ] *a.* monstruós. 2 estrany. 3 capriciós.

freckle ['frekl] *s.* piga *f.*

Fred [fred], **Freddy** [fredi] *n. pr. m.* (dim. *Frederick*) Frederic.

Frederick ['fredrik] *n. pr. m.* Frederic.

free [fri:] *a.* lliure. ‖ ~ *and easy,* despreocupat. 2 franc, exempt. 3 gratuït, de franc. 4 espontani, voluntari. 5 liberal, generós. 6 desfermat, fàcil. 7 atrevit, desvergonyit. 8 desocupat, vacant. ■ *9 adv.* lliurement. 10 **-ly** *adv.* lliurement. 11 francament. 12 voluntàriament.

free (to) [fri:] *t.* deslliurar, alliberar. 2 eximir. 3 desembarassar. 4 deixar anar.

freebooter ['fri:bu:tə'] *s.* filibuster *m.* 2 Vegeu FILIBUSTER.

freedom ['fri:dəm] *s.* llibertat *f.* 2 facilitat *f.,* desimboltura *f.*

freehand ['fri:hænd] *a.* fet a pols [dibuix].

freehold ['fri:hould] *s.* propietat *f.* absoluta.

freemason ['fri:,meisn] *s.* francmaçó *m.*

freemasonry ['fri:,meisnri] *s.* francmaçoneria *f.*

freer [friə'] *s.* llibertador.

free trade [,fri:'treid] *s.* lliure canvi *m.*

free will [,fri:'wil] *s.* lliure arbitri *m.*

freeze [fri:z] *s.* glaçada *f.,* gelada *f.*

freeze (to) [fri:z] *t.* glaçar, gelar, congelar. ■ 2 *i.* glaçar-se *p.,* gelar-se *p.,* congelar-se *p.* ▲ Pret.: *froze* [frouz]; p. p.: *frozen* [frouzn].

freezing ['fri:ziŋ] *a.* glacial. ‖ ~ *point,* punt *m.* de congelació. 2 frigorífic.

freight [freit] *s.* càrrega *f.* 2 noli *m.,* nòlit *m.*

French [frentʃ] *a.-s.* GEOGR. francès. 2 *s.* francès *m.* [llengua].

French bean [,frentʃ'bi:n] *s.* mongeta *f.* verda.

Frenchman ['frentʃmən] *s.* francès *m.* [home].

French window [,frentʃ'windou] *s.* porta *f.* finestra [d'un balcó o un jardí].

Frenchwoman ['frentʃ,wumən] *s.* francesa *f.* [dona].

frenzied ['frenzid] *a.* frenètic.

frenzy ['frenzi] *s.* frenesí *m.,* bogeria *f.,* deliri *m.*

frequency ['fri:kwənsi] *s.* freqüència *f.*

frequent ['fri:kwənt] *a.* freqüent. 2 habitual, regular.

frequent (to) [fri'kwent] *t.* freqüentar.

fresco ['freskou] *s.* B. ART. fresc *m.*

fresh [freʃ] *a.* fresc, nou, recent. 2 fresc, tou [pa]. 3 pur [aire]. 4 descansat [tropa]. 5 fresc, barrut. 6 dolça [aigua]. ■ 7 **-ly** *adv.* recentment.

freshen (to) ['freʃn] *t.-i.* refrescar.

freshman ['freʃmən] *s.* estudiant de primer curs a la universitat.

freshness ['freʃnis] *s.* frescor *f.* 2 verdor *f.* 3 novetat *f.* 4 desvergonyiment *m.,* barra *f.*

fret [fret] *s.* frec *m.,* fregament *m.* 2 raspadura *f.,* rosec *m.* 3 irritació *f.*

fret (to) [fret] *t.* fregar, gastar, desgastar, rosegar. 2 amoïnar, neguitejar, irritar. ■ 3 *i.* fregar-se *p.,* gastar-se *p.,* desgastar-se *p.* 4 amoïnar-se *p.,* neguitejar-se *p.,* irritar-se *p.*

fretful ['fretful] *a.* irritable, irascible. 2 nerviós, impacient.

friar ['fraiə'] *s.* frare *m.,* monjo *m.*

friction ['frikʃən] *s.* fricció *f.,* frec *m.,* rosec *m.*

Friday ['fraidi] *s.* divendres *m.* ‖ *Good* ~, Divendres Sant.

fried [fraid] Vegeu FRY (TO). 2 *a.* fregit.

friend [frend] *s.* amic. ‖ *bosom* ~, amic íntim; amic de l'ànima. ‖ *to make friends with,* fer amistat amb, fer-se amic de.

friendless ['frendlis] *a.* sense amics.

friendly ['frendli] *a.* amistós, amical; simpàtic. 2 benèvol, favorable.

friendship ['frendʃip] *s.* amistat *f.*

frieze [fri:z] *s.* ARQ. fris *m.*

frigate ['frigit] *s.* fragata *f.*

fright [frait] *s.* por *f.,* terror *m.* 2 esglai *m.,* ensurt *m.* 3 espantall *m.*

frighten (to) ['fraitn] *t.* espantar. 2 esverar, esglaiar. ‖ *to* ~ *away,* espantar, fer fugir.

frightful ['fraitful] *a.* espantós, terrible, esfereïdor. 2 horrorós, molt lleig. ■ 3 **-ly** *adv.* terriblement.

frightfulness ['fraitfulnis] *s.* horror *m.,* espant *m.*

frigid ['fridʒid] *a.* frígid. 2 fred.

frigidity [fri'dʒiditi] *s.* frigidesa *f.* 2 fredor *f.,* indiferència *f.*

frill [fril] *s.* COST. punta *f.,* volant *m.,* farbalà *f.*

fringe [frindʒ] *s.* serrell *m.,* flocadura *f.,* orla *f.* 2 serrell *m.* [de cabell]. 3 vora *f.*

fringe (to) [frindʒ] *t.* orlar, posar serrells o flocadures.

frippery ['fripəri] s. penjolls m. pl. ■ 2 a. frívol.

frisk (to) [frisk] i. saltar, saltironar, guimbar. ■ 2 t. escorcollar.

frisky ['friski] a. juganer, alegre, bellugadís.

fritter ['fritə'] s. bunyol m. 2 fragment m.

fritter (to) ['fritə'] t. esmicolar. 2 to ~ away, malgastar, fer malbé.

frivolity [fri'vɔliti] a. frivolitat f.

frivolous ['frivələs] a. frívol.

frizzle (to) ['frizl] t. arrissar, crespar.

fro [frou] adv. to and ~, endavant i endarrera; amunt i avall; d'aquí cap allà.

frock [frɔk] s. hàbit m. [monacal]. 2 vestit m. [de dona]. 3 ~ coat, levita f. [peça de vestir].

frog [frɔg] s. granota f.

frolic ['frɔlik] s. joc m., diversió f. 2 gresca f., gatzara f.

frolic (to) ['frɔlik] i. jugar, divertir-se p., fer gatzara.

frolicsome ['frɔliksəm] a. juganer, entremaliat, esbojarrat.

from [frɔm, frəm] prep. de, des de. 2 a partir de. 3 de part de. 4 pel que, segons. 5 per, a causa de.

front [frʌnt] s. front m. 2 façana f. 3 davantera f. 4 pitrera f. [de camisa]. 5 in ~ of, davant de. ■ 6 a. davanter; principal; frontal.

front (to) [frʌnt] t. fer front a. 2 donar a, mirar cap a.

frontier ['frʌntiə'] s. frontera f. ■ 2 a. fronterer.

frontispiece ['frʌntispi:s] s. frontispici m. 2 portada f. [d'un llibre].

frost [frɔst] s. gebre m. 2 gelada f., glaçada f.

frost-bitten ['frɔst,bitn] a. gelat, glaçat; cremat [per la glaçada].

frosty ['frɔsti] a. gelat, glaçat, glacial.

froth [frɔθ] s. escuma f.

froth (to) [frɔθ] t. escumar.

frothy ['frɔθi] a. escumós. 2 frívol.

frown [fraun] s. celles f. pl. arrufades.

frown (to) [fraun] i. arrufar les celles o el nas.

frowning ['frauniŋ] a. malcarat, amb les celles arrufades.

froze [frouz] Vegeu FREEZE (TO).

frozen ['frouzn] Vegeu FREEZE (TO).

frugal ['fru:gəl] a. frugal.

frugality [fru'gæliti] s. frugalitat f.

fruit [fru:t] s. fruit m. 2 fruita f. [fruits comestibles].

fruit (to) [fru:t] i. fructificar.

fruiterer ['fru:tərə'] s. fruiter. || fruiterer's shop, fruiteria f.

fruitful ['fru:tful] a. fructífer, fructuós. 2 fèrtil; abundant.

fruition [fru'iʃən] s. fruïció f.

fruitless ['fru:tlis] a. infructuós, va, estèril.

fruit tree ['fru:ttri:] s. arbre m. fruiter.

frump [frʌmp] s. persona f. amb roba vella i antiquada.

frustrate (to) [frʌs'treit] t. frustrar. 2 fer fracassar.

frustration [frʌs'treiʃən] s. frustració f.

fry [frai] s. fresa f., peixet m. || fig. small ~, xusma f.

fry (to) [frai] t. fregir. ■ 2 i. fregir-se p.

frying ['fraiiŋ] s. fregida f.

frying pan ['fraiiŋpæn] s. paella f.

fuck [fʌk] s. vulg. clau m., cardada f. 2 fuck-all, res de res. 3 fucker, idiota, imbècil. ■ 4 a. fucking that ~ guy!, aquest cony de paio!

fuck (to) [fʌk] t.-i. vulg. cardar i., fotre. || ~ it!, merda! || ~ off!, ves-te'n a la merda! || to ~ something up, fer malbé una cosa.

fuel [fjuəl] s. combustible m. 2 fig. pàbul m.

fugitive ['fju:dʒitiv] a. fugitiu. 2 fugaç, fugisser. ■ 3 s. fugitiu.

fulfil, (EUA) **fulfill (to)** [ful'fil] t. complir, realitzar. 2 satisfer. 3 executar, dur a terme.

fulfilment [ful'filmənt] s. execució f., realització f. 2 satisfacció f., acompliment m.

full [ful] a. ple, curull, replet, atapeït. || TEAT. ~ house, ple. || ~ moon, lluna plena. 2 íntegre, complet, tot. || at ~ speed, a tota velocitat. 3 plenari [sessió]. 4 abundant, copiós. 5 extens, detallat. || in ~, detalladament, sense abreujar. 6 exacte. ■ 7 adv. justament, en ple, de ple. 8 pel cap baix.

full-back ['fulbæk] s. ESPORT defensa.

full dress [ful'dres] s. vestit m. de gala, vestit m. d'etiqueta.

full-grown [,ful'groun] a. adult, madur.

full-length [ful'leŋθ] a. de tot el cos, dret [retrat].

fullness ['fulnis] s. plenitud f., totalitat f. 2 abundància f. 3 afartament m., atipament m.

full stop [ful'stɔp] s. punt m. [puntuació].

full-time [,ful'taim] *a.* de jornada plena, de dedicació exclusiva [treball, activitat, etc.]. ■ 2 *adv.* **to work** ~, treballar a jornada plena. ■ 3 *s.* ESPORT **full time**, final *m.* [del partit].

fully ['fuli] *adv.* plenament. 2 totalment, completament, del tot. 3 de ple. 4 àmpliament.

fulminate (to) ['fʌlmineit] *t.* fulminar. ■ 2 *i.* **to** ~ **against,** clamar, cridar contra.

fumble (to) ['fʌmbl] *i.* buscar a les palpentes. ■ 2 *t.* toquejar, grapejar.

fumbler ['fʌmblə'] *s.* poca-traça.

fume [fjuːm] *s. pl.* fum *m.,* fumarada *f.* 2 vapor *m.,* gas *m.* 3 còlera *f.,* enrabiada *f.*

fume (to) [fjuːm] *t.* fumar. ■ 2 *i.* fumar, fumejar. 3 estar empipat o enrabiat.

fumigate (to) ['fjuːmigeit] *t.* fumigar.

fuming ['fjuːmiŋ] *a.* enutjat, furiós.

fumigation [,fjuːmi'geiʃən] *s.* fumigació *f.*

fun [fʌn] *s.* broma *f.* || *in o for* ~, de broma; *to be* ~, ser divertit; *to have some* ~, divertir-se. 2 diversió *f.* 3 burla *f.* || *to make* ~ *of,* burlar-se de.

function ['fʌŋkʃən] *s.* funció *f.* 2 festa *f.,* reunió *f.,* acte *m.*

function (to) ['fʌŋkʃən] *i.* funcionar.

functional ['fʌŋkʃənl] *a.* funcional.

fund [fʌnd] *s.* COM. fons *m.,* capital *m.* 2 provisió *f.,* reserva *f.* 3 *pl.* fons *m.* 4 fig. font *f.*

fund (to) [fʌnd] *t.* consolidar [el deute públic]. 2 col·locar. 3 invertir. 4 proveir fons.

fundamental [,fʌndə'mentl] *a.* fonamental. ■ 2 *s. pl.* fonaments *m. pl.,* principis *m. pl.* ■ 3 **-ly** *adv.* fonamentalment.

fundamentalism [,fʌndə'mentlizm] *s.* fonamentalisme *m.*

fundamentalist [,fʌndə'mentlist] *s.* fonamentalista.

funeral ['fjuːnərəl] *s.* enterrament *m.* 2 funeral *m.,* exèquies *f. pl.* ■ 3 *a.* fúnebre, funeral, funerari.

funereal [fjuː'niəriəl] *a.* fúnebre.

funfair ['fʌnfeə] *s.* parc *m.* d'atraccions.

fungus ['fʌŋgəs] *s.* BOT. fongs *m.*

funk [fʌŋk] *s.* covardia *f.,* por *f.*

funnel ['fʌnl] *s.* embut *m.* 2 xemeneia *f.* [de vapor].

funny ['fʌni] *a.* còmic, graciós, divertit. 2 curiós, estrany.

fur [fəː'] *s.* pell *f.* || ~ *coat,* abric *m.* de pell. 2 saburra *f.*

furbish (to) ['fəːbiʃ] *t.* brunyir, polir. 2 netejar.

furious ['fjuəriəs] *a.* furiós, furibund, irat.

furl (to) [fəːl] *t.* plegar [banderes]. 2 MAR. aferrar [veles]. 3 enrotllar.

furlong ['fəːlɔŋ] *s.* estadi *m.* [mesura].

furlough ['fəːlou] *s.* MIL. permís *m.*

furnace ['fəːnis] *s.* forn *m.* || **blast** ~, alt forn.

furnish (to) ['fəːniʃ] *t.* proveir, fornir. 2 equipar, amoblar. 3 subministrar, proporcionar.

furnishings ['fəːniʃiŋ] *s. pl.* mobiliari *m. sing.,* parament *m. sing.*

furniture ['fəːnitʃə'] *s.* mobiliari *m.,* mobles *m. pl.* || *piece of* ~, moble *m.*

furrier ['fʌriə'] *s.* pellisser *m.*

furrow ['fʌrou] *s.* solc *m.* 2 arruga *f.*

furrow (to) ['fʌrou] *t.* solcar, fer solcs.

further ['fəːðə'] *a.* addicional, ulterior, nou, altre. || ~ *education,* educació *f.* superior no universitària. 2 més llunyà. 3 COM. ~ *to my letter,* en relació amb la meva carta.

further (to) ['fəːðə'] *t.* afavorir, fomentar, donar suport, promoure.

furthermore ['fəːðəmɔː'] *adv.* a més.

furthest ['fəːðist] *a.-adv.* Vegeu FARTHEST.

furtive ['fəːtiv] *a.* furtiu.

fury ['fjuəri] *s.* furor *m.,* fúria *f.* 2 entusiasme *m.,* exaltació *f.* 3 fig. fúria *f.* [nena, dona].

furze [fəːz] *s.* BOT. gatosa *f.*

fuse [fjuːz] *s.* espoleta *f.,* enceb *m.,* metxa *f.* 2 ELECT. fusible *m.*

fuse (to) [fjuːz] *t.* fondre. 2 fig. fusionar. ■ 3 *i.* fondre's *p.* 4 fig. fusionar-se *p.*

fuselage ['fjuːzilaːʒ] *s.* buc *m.,* fusellatge *m.*

fusilier [,fjuːzi'liə'] *s.* MIL. fuseller *m.*

fusillade [,fjuːzi'leid] *s.* descàrrega *f.* [d'armes].

fusion ['fjuːʒən] *s.* fusió *f.* [també fig.].

fuss [fʌs] *s.* esvalot *m.,* enrenou *m.,* commoció *f.* || *to make a* ~, fer escàndol, fer mullader; queixar-se enèrgicament. || *to make a* ~ *of,* contemplar [algú]. ■ 2 *a.* col·loq. ~ *pot,* perepunyetes.

fuss (to) [fʌs] *t.* molestar, amoïnar. ■ 2 *i.* neguitejar-se *p.,* amoïnar-se *p.;* queixar-se *p.* [per bestieses].

fussy ['fʌsi] *a.* inquiet. 2 primmirat, perepunyetes, exigent.

fustian ['fʌstiən] *a.* de fustany. 2 altisonant, grandiloqüent. ■ 3 *s.* TÈXT. fustany *m.*

fusty ['fʌsti] *a.* ranci, passat. 2 que fa pudor de resclosit. 3 fig. antiquat.

futile ['fjuːtail] *a.* fútil. 2 frívol. 3 va, inútil.

futility [fjuː'tiliti] *s.* futilitat *f.*

future ['fuːtʃəʳ] *a.* futur. 2 proper; a venir.

■ 3 *s.* futur *m.,* esdevenidor *m.* 4 *pl.* COM. futurs *m. pl.*

fuzz [fʌz] *s.* borrissol *m.,* pelussa *f.* 2 col·loq. policia *f.*

fuzzy ['fʌzi] *a.* pilós, pelut. 2 arrissat, crespat. 3 borrós.

G

G, g [dʒiː] s. g f. [lletra]. 2 (EUA) col·loq. mil dòlars m. pl. 3 MÚS. sol m.

gab [gæb] s. loquacitat f., xerrameca f.

gabardine [ˌgæbəˈdiːn] s. TÈXT. gavardina f. [roba].

gabble [ˈgæbl] s. xerrameca f., garla f. 2 barboteig m.

gabble (to) [ˈgæbl] t. xampurrejar, murmurar. ■ 2 i. barbotejar. 3 xerrar.

gable [ˈgeibl] s. ARQ. frontó m.

Gabriel [ˈgeibriəl] n. pr. m. Gabriel.

gad (to) [gæd] i. to ~ about, rondar, vagar, anar d'un cantó a l'altre.

gadabout [ˈgædəbaut] s. rondaire.

gadfly [ˈgædflai] s. ENT. tàvec m., tavà m.

gadget [ˈgædʒit] s. col·loq. dispositiu m., mecanisme m.

gaff [gæf] s. arpó m., garfi m. 2 col·loq. to blow the ~, destapar un assumpte, xerrar-ho tot. 3 MAR. pic m. d'aurica. 4 MAR. ~ sail, cangrea f., aurica f.

gag [gæg] s. mordassa f. [també fig.]. 2 gag m., acudit m. 3 TEAT. improvisació f.

gag (to) [gæg] t. amordassar [també fig.]. 2 TEAT. improvisar. ■ 3 i. tenir nàusees. 4 fer broma, dir acudits.

gage [geidʒ] s. Vegeu GAUGE.

gage (to) [geidʒ] t. Vegeu GAUGE (TO).

gaiety [ˈgeiəti] s. alegria f., diversió f. 2 pl. gaieties, diversions f. pl.

gain [gein] s. guany m., benefici m. 2 augment m. 3 avantatge m.

gain (to) [gein] t. guanyar. 2 aconseguir. 3 recuperar. 4 avançar [el rellotge]. ■ 5 i. guanyar, millorar. 6 progressar, avançar. 7 augmentar, pujar. 8 to ~ on, apropar-se p. a; guanyar terreny.

gainful [ˈgeinful] a. profitós, lucratiu, remunerat.

gainings [ˈgeiniŋz] s. pl. guanys m. pl.

gainsay (to) [geinˈsei] t. liter. contradir, negar.

gait [geit] s. form. pas m., manera f. de caminar.

gaiter [ˈgeitə] s. polaina f.

gala [ˈgɑːlə] s. gala f., festa f.

galaxy [ˈgæləksi] s. galàxia f. 2 fig. constel·lació f., plèiade f.

gale [geil] s. vendaval m. 2 tempestat f.

gall [gɔːl] s. bilis f. 2 fig. fel m., amargura f. 3 fig. barra f. 4 VET. matadura f.

gall (to) [gɔːl] t. rascar, irritar. 2 humiliar, ferir l'amor propi i fer la guitza.

gallant [ˈgælənt] a. ant. galà. 2 gallard, valent. 3 galant, cortès. ■ 4 s. galant m.

gallantry [ˈgæləntri] s. valentia f. 2 galanteria f.

gall bladder [ˈgɔːlˌblædə] s. ANAT. vesícula f. biliar.

galleon [ˈgæliən] s. MAR. galió m.

gallery [ˈgæləri] s. galeria f. 2 passadís m., corredor m. 3 tribuna f. 4 TEAT. galliner m.

galley [ˈgæli] s. MAR. galera f. 2 MAR. cuina f.

galley proof [ˈgælipruːf] s. IMPR. galerada f.

galley slave [ˈgælisleiv] s. galiot m.

gallicism [ˈgælisizəm] s. gal·licisme m.

gallivant (to) [ˈgæliˈvænt] i. to ~ about off, vagar, rondar, anar d'un cantó a l'altre.

gallon [ˈgælən] s. galó m. [mesura].

gallop [ˈgæləp] s. EQUIT. galop m.

gallop (to) [ˈgæləp] t. fer galopar. ■ 2 i. galopar. 3 anar o fer a corre-cuita. || he galloped through the lecture, va fer la conferència molt depressa.

galloping [ˈgæləpiŋ] a. MED. galopant [també fig.].

gallows [ˈgælouz] s. forca f., patíbul m., cadafal m.

gallows bird [ˈgælouzˌbəːd] s. fig. carn f. de canó.

gallstone ['gɔːlstoun] s. MED. càlcul m. biliar.

galore [gə'lɔːʳ] adv. en abundància.

galoshes [gə'lɔʃiz] s. pl. xancles m. pl.

galvanize (to) ['gælvənaiz] t. galvanitzar. 2 fig. fer moure.

gambit ['gæmbit] s. JOC gambit m. [escacs]. 2 fig. tàctica f.

gamble ['gæmbl] s. jugada f. 2 risc m., empresa f. arriscada.

gamble (to) ['gæmbl] t.-i. jugar(-se) [diners]. 2 to ~ away, perdre en el joc [diners].

gambling ['gæmbliŋ] s. joc m.

gambling den ['gæmbliŋ,den], **gamblinghouse** ['gæmbliŋ,haus] s. casa f. de joc.

gambol ['gæmbəl] s. salt m., bot m., saltiró m., cabriola f.

gambol (to) ['gæmbəl] i. saltar, botar, saltironar, fer cabrioles.

game [geim] s. joc m., diversió f. 2 caça f. [animals]. || big ~, caça major. 3 burla f., broma f. 4 fig. embolic m. 5 COM. dedicació f., ofici m. 6 ESPORT partit m. 7 JOC partida f.

game (to) [geim] Vegeu GAMBLE (TO).

gamecock ['geimkɔk] s. gall m. de combat.

gamekeeper ['geim,kiːpəʳ] s. guardabosc.

gamester ['geimstəʳ] s. jugador.

gammon ['gæmən] s. tipus de pernil m. que es menja cuit.

gamut ['gæmət] s. gama f., escala f.

gander ['gændəʳ] s. ZOOL. oc m.

gang [gæŋ] s. grup m., quadrilla f., brigada f., colla f.

gangplank ['gæŋplæŋk] s. MAR. palanca f., passarel·la f.

gangrene ['gæŋgriːn] s. MED. gangrena f.

gangster ['gæŋstəʳ] s. gàngster m., pistoler m.

gangway ['gæŋwei] s. corredor m., passadís m. 2 pasarel·la f. 3 MAR. portaló m.

gaol [dʒeil] s. presó f.

gap [gæp] s. portell m., bretxa f. 2 esvoranc m., forat m. 3 buit m., buidat m. [també fig.]. || generation ~, buit generacional. 4 llacuna f. 5 barranc m., congost m.

gape [geip] s. badall m. 2 mirada f. atònita.

gape (to) [geip] i. badallar. 2 quedar-se p. bocabadat.

garage ['gærɑːʒ], (EUA) [gə'rɑːʒ] s. garatge m.

garb [gɑːb] s. vestit m., indumentària f.

garbage ['gɑːbidʒ] s. (EUA) escombraries f. pl. || (EUA) ~ can, galleda f. de les escombraries. 2 (G.B.) rebuigs m. pl., deixalles f. pl. [també fig.].

garble (to) ['gɑːbl] t. falsificar, falsejar.

garden ['gɑːdn] s. jardí m., hort m. 2 pl. parc m., jardins m. pl. ■ 3 a. de jardí; de l'hort.

gardener ['gɑːdnəʳ] s. jardiner. 2 hortolà.

gardenia [gɑː'diːnjə] s. BOT. gardènia f.

gardening ['gɑːdnin] s. jardineria f., horticultura f. ■ 2 a. de jardineria, d'horticultura.

garden party ['gɑːdn,pɑːti] s. festa f. a l'aire lliure.

gargle (to) ['gɑːgl] t.-i. gargaritzar i., fer gàrgares.

gargoyle ['gɑːgɔil] s. ARQ. gàrgola f.

garish ['gɛəriʃ] a. cridaner, llampant.

garland ['gɑːlənd] s. garlanda f.

garlic ['gɑːlik] s. BOT. all m.

garment ['gɑːmənt] s. vestit m., peça f. [de vestir].

garnet ['gɑːnit] s. MIN. granat m.

garnish ['gɑːniʃ] s. adorn m. 2 CUI. guarnició f.

garnish (to) ['gɑːniʃ] t. adornar. 2 CUI. guarnir, amanir.

garret ['gærət] s. golfes f. pl.

garrison ['gærisn] s. MIL. guarnició f.

garrison (to) ['gærisn] t. MIL. posar una guarnició, guarnir.

gar(r)otte [gə'rɔt] s. garrot m. [collar].

gar(r)otte (to) [gə'rɔt] t. donar garrot.

garrulity [gə'ruːliti] s. xerrameca f., garla f.

garrulous ['gærələs] a. loquaç, xerraire.

garter ['gɑːtəʳ] s. lligacama f.

gas [gæs] s. gas m. 2 (EUA) abrev. col·loq. gasolina f.

gasbag ['gæsbæg] s. AERON. bossa f. del gas 2 col·loq. xerraire.

gas cooker ['gæs,kukəʳ] s. cuina f. de gas.

gaseous ['gæsiəs] a. gasós.

gas fire ['gæs,faiəʳ] s. estufa f. de gas.

gas fitter ['gæs,fitəʳ] s. treballador m. del gas.

gash [gæʃ] s. ganivetada f., ferida f.

gash (to) [gæʃ] t. acoltellar, apunyalar, ferir [amb un ganivet].

gasket ['gæskit] s. MEC. junta f., juntura f.

gaslight ['gæslait] s. llum f. de gas.

gas mask ['gæsmɑːsk] s. màscara f. de gas.

gas meter ['gæs,miːtə'] s. comptador m. del gas.

gasoline, gasolene ['gæsəliːn] s. (EUA) gasolina f.

gasp [gɑːsp] s. esbufec m. 2 crit m. de sorpresa.

gasp (to) [gɑːsp] i. esbufegar. 2 quedar-se p. parat, sense respiració. ■ 3 t. dir amb la veu mig nuada.

gas station ['gæs,steiʃn] s. (EUA) gasolinera. f.

gastric ['gæstrik] a. ANAT. gàstric.

gastritis [gæs'traitis] s. MED. gastritis f.

gastronomy [gæs'trɔnəmi] s. gastronomia f.

gasworks ['gæswɔːks] s. fàbrica f. de gas.

gate [geit] s. porta f. [d'una ciutat, muralla, etc.]. 2 entrada f. 3 reixat m., barrera f. 4 comporta f. [d'un canal, etc.].

gatecrash (to) ['geitkræʃ] t. entrar sense pagar o sense estar convidat.

gatekeeper ['geit,kiːpə'] s. porter. 2 FERROC. guardabarrera.

gate-legged table [geitlegd'teobl] s. taula f. plegable.

gate money ['geit,mʌni] s. recaptació f., taquilla f.

gateway ['geitwei] s. porta f., entrada f. [també fig.].

gather (to) ['gæðə'] t. recollir, collir, reunir. 2 acumular, arreplegar. 3 recollectar, recabdar. 4 deduir, inferir. 5 agafar [aire, color, etc.]. 6 augmentar, guanyar. 7 COST. arrugar. ■ 8 i. reunir-se p., ajuntar-se p. 9 acumular-se p., amuntegar-se p.

gathering ['gæðərin] s. assemblea f., reunió f. 2 recol·lecció f. 3 recaptació f. 4 acumulació f. 5 COST. plec m., arruga f. 6 MED. abscés m.

gaudily ['gɔːdili] adv. ostentosament.

gaudy ['gɔːdi] a. cridaner, llampant; ostentós.

gauge, (EUA) gage [geidʒ] s. mesura f. 2 indicació f., mostra f. 3 ARM. calibre m. 4 FERROC. entrevia f., ample m. de via. 5 MAR. calat m. 6 MAR. **weather** ~, sobrevent m. 7 TECNOL. indicador m., manòmetre m.

gauge (to) [geidʒ] t. mesurar, calibrar. 2 fig. jutjar, calcular, estimar. 3 MAR. arquejar.

gaunt [gɔːnt] a. prim, demacrat. 2 fig. lúgubre, tètric.

gauntlet ['gɔːntlit] s. guantellet m., manyopla f. 2 guant m. ‖ fig. *to take up the* ~, recollir el guant, acceptar un repte.; fig. *to throw down the* ~, llançar el guant, desafiar.

gauze [gɔːz] s. gasa f., glassa f. ‖ *wire-gauze*, tela f. metàl·lica.

gauzy ['gɔːzi] a. transparent.

gave [geiv] Vegeu GIVE (TO).

gawky ['gɔːki] a. beneit, espès, maldestre.

gay [gei] a. alegre. 2 vistós, llampant. 3 col·loq. gai, homosexual. ■ 4 s. col·loq. gai, homosexual.

gaze [geiz] s. mirada f. fixa. 2 contemplació f.

gaze (to) [geiz] i. mirar t. fixament. 2 contemplar t.

gazelle [gə'zel] s. ZOOL. gasela f.

gazette [gə'zet] s. gaseta f. [periòdica].

gazetteer [gæzi'tiə'] s. índex m. geogràfic.

GB ['dʒiː'biː] s. *(Great Britain)* Gran Bretanya f.

gear [giə'] s. vestits m. pl., equip m. 2 estris m. pl., eines f. pl. 3 arreus m. pl., ormeig m. [del cavall]. 4 AUTO., MEC. velocitat f., marxa f. ‖ *neutral* ~, punt mort. 5 MEC. engranatge m., mecanisme m. [de transmissió, etc.]. ‖ *to put into* ~, engranar, posar una marxa. 6 MAR. aparell m.

gear (to) [giə'] t. engranar i. 2 abillar, guarnir, arrear. ■ 3 i. engranar. 4 *to* ~ *to*, adaptar, ajustar.

gear lever ['giə,liːvə'] s. palanca f. del canvi de marxes.

gear shift ['giəʃift] s. Vegeu GEAR LEVER.

geese [giːs] s. pl. de GOOSE.

gelatine [dʒelə'tiːn] s. gelatina f.

gelatinous [dʒi'lætinəs] a. gelatinós.

geld (to) [geld] t. castrar, capar.

gelding ['geldin] s. cavall m. castrat.

gem [dʒem] s. JOI. gemma f., pedra f. preciosa. 2 fig. joia f.

gender ['dʒendə'] s. GRAM. gènere m. 2 sexe m.

general ['dʒenərəl] a. general. ‖ *as a* ~ *rule*, per regla general. ‖ *in* ~, en general. ■ 2 s. general m. ■ 3 -ly adv. generalment.

general delivery [dʒenərəldi'livəri] s. (EUA) llista f. de correus.

generality [dʒenə'ræliti] s. generalitat f.

generalization [dʒenrəlai'zeiʃən] s. generalització f.

generalize (to) ['dʒenrəlaiz] *t.-i.* generalitzar(-se).

generate (to) ['dʒenəreit] *t.* generar, produir.

generation [,dʒenə'reiʃən] *s.* generació *f.*

generator ['dʒenəreitə'] *s.* TECNOL. generador. 2 (EUA) dinamo *m.*

generic [dʒi'nerik] *a.* genèric.

generosity [,dʒenə'rɔsiti] *s.* generositat *f.,* noblesa *f.*

generous ['dʒenərəs] *a.* generós. 2 noble. 3 ampli.

genetic [dʒi'netik] *a.* genètic. || ~ *code,* codi genètic. || ~ *engineering,* enginyeria genètica. ■ 2 *s. pl.* genètica *f.*

genial ['dʒi:njəl] *a.* afable, alegre, simpàtic. 2 suau, moderat [clima]. 3 reconfortant. 4 genial.

geniality [dʒi:ni'æliti] *s.* cordialitat *f.,* afabilitat *f.,* simpatia *f.* 2 alegria *f.* 3 clemència *f.,* suavitat *f.* [del clima].

genie ['dʒi:ni] *s.* geni *m.* [dels contes àrabs]. ▲ *pl.* **genies** ['dʒi:niz] o **genii** ['dʒi:niai].

genius ['dʒi:njəs] *s.* geni *m.* [poder creatiu; caràcter d'un poble, època, etc.]. ▲ *pl.* **geniuses** ['dʒi:nəsiz]. 2 *pl.* **genii** ['dʒi:niai] geni *m.* [ésser sobrenatural].

genre ['ʒɑːnrə] *s.* gènere *m.,* classe *f.,* tipus *m.*

genteel [dʒen'ti:l] *a.* cortès, gentil. 2 iròn. cursi.

gentile ['dʒentail] *a.-s.* gentil, pagà.

gentle ['dʒentl] *a.* de bona posició social. 2 amable, afable. 3 dòcil. 4 bondadós, generós. 5 lleuger. 6 lent. 7 suau, moderat.

gentleman ['dʒentlmən] *s.* cavaller *m.,* senyor *m.* || *gentleman's agreement,* pacte *m.* entre cavallers. || *ladies and gentlemen!,* senyores i senyors!

gentlemanliness ['dʒentlmənlinis] *s.* cavallerositat *f.*

gentlemanly ['dʒentlmənli] *a.* cavallerós.

gentleness ['dʒentlnis] *s.* amabilitat *f.* 2 bondat *f.* 3 afabilitat *f.* 4 dolçor *f.,* suavitat *f.* 5 distinció *f.* 6 docilitat *f.*

gentlewoman ['dʒentl,wumən] *f.* ant. senyora *f.,* dama *f.*

gently ['dʒentli] *adv.* amablement. 2 suaument. 3 poc a poc, lentament.

gentry ['dʒentri] *s.* *the ~,* petita noblesa *f.,* alta burgesia *f.* 2 iròn. gent *f.*

genuflection, genuflexion [dʒenju-'flekʃən] *s.* genuflexió *f.*

genuine ['dʒenjuin] *a.* genuí, autèntic, veritable. 2 sincer. ■ 3 **-ly** *adv.* veritablement; sincerament.

genuineness ['dʒenjuinnis] *s.* autenticitat *f.* 2 sinceritat *f.*

geographer [dʒi'ɔgrəfə'] *s.* geògraf.

geography [dʒi'ɔgrəfi] *s.* geografia *f.*

geology [dʒi'ɔlədʒi] *s.* geologia *f.*

geometry [dʒi'ɔmitri] *s.* geometria *f.*

George [dʒɔ:dʒ] *n. pr. m.* Jordi.

Georgia ['dʒɔ:dʒiə] *n. pr.* Geòrgia.

geranium [dʒi'reinjəm] *s.* BOT. gerani *m.*

germ [dʒə:m] *s.* BIOL., BOT. germen *m.* [també fig.]. 2 microbi *m.,* bactèria *f.* || ~ *warfare,* guerra bacteriològica.

German ['dʒə:mən] *a.* alemany. 2 MED. col·loq. ~ *measles,* rubèola *f.,* rosa *f.* ■ 3 *s.* alemany [persona]. 4 alemany *m.* [llengua].

germane [dʒə:'mein] *a.* ~ *to,* relacionat amb, pertinent.

Germany ['dʒə:məni] *n. pr.* GEOGR. Alemanya.

germicide [dʒə:'misaid] *s.* germicida *m.*

germinate (to) ['dʒə:mineit] *i.* germinar. ■ 2 *t.* fer germinar.

germination [,dʒə:mi'neiʃən] *s.* germinació *f.*

gesticulate (to) [dʒes'tikjuleit] *i.* gesticular, fer gests.

gesticulation [dʒes,tikju'leiʃən] *s.* gesticulació *f.* 2 gests *m. pl.*

gesture ['dʒestʃə'] *s.* gest *m.,* moviment *m.* 2 fig. detall *m.,* mostra *f.*

get (to) [get] *t.* obtenir, aconseguir. 2 proporcionar. 3 agafar, atrapar. 4 posar [en un estat], fer tornar. || *to ~ ready,* preparar(se). 5 comprendre. 6 *to ~ hold of,* agafar, aferrar. 7 *to ~ the better of,* avantatjar. 8 *to ~ wind of,* assebentarse *p.* de. ■ 9 *i.* estar [a un lloc]. 10 anar, arribar. 11 fer-se *p.,* tornar-se *p.,* posarse *p.* || *to ~ better,* millorar. || *to ~ old,* envellir, fer-se *p.* vell. 12 *to ~ rid of,* desfer-se *p.* de. 13 *to ~ near,* apropar-se *p.* ■ *to ~ about,* desplaçar-se, moure's; difondre's, escampar-se; viatjar molt; *to ~ along,* avenir-se; progressar, fer progressos; millorar; anar; anar fent; espavilar-se; marxar; *to ~ away,* allunyar-se; marxar; escapar-se; *to ~ back,* recobrar; tornar; *to ~ by,* defensar-se, espavilar-se; *to ~ down,* baixar; desanimar-se; empassar-se; *to ~ in,* entrar; arribar; pujar, muntar; tornar; *to ~ into,* ficar-se a; entrar a; pujar a; muntar a; posar a; posar-se; *to ~ off,* baixar de; escapar-se; marxar; arrencar; sortir; desempellegar-se; *to ~ on,* muntar a, pujar a; armonitzar; avançar; progressar; ferse vell; fer-se tard. || *to ~ on one's nerves,* emprenyar-se; *to ~ out,* sortir, escapar-se; baixar; sortir; publicar; fer-se públic. || *~ out!,* fora!, marxa!; *to ~ over,* millorar; refer-se; superar [un obstacle]; passar a l'altra banda, travessar; passar per sobre; acabar amb; *to ~ through,* aconseguir; passar per; acabar; aprovar; comunicar; ficar al cap; col·loq. gastar; DRET fer aprovar; ser aprovat; *to ~ to,* arribar a; aprendre a; *to ~ up,* llevar-se, (BAL.) aixecar-se, (VAL.) alçar-se ▲ Pret. i p. p.: *got* [gɔt], (EUA) p. p. *gotten* [gɔtn].

get-up ['getʌp] s. col·loq. indumentària *f.,* vestits *m. pl.*

gewgaw ['gju:gɔ:] s. fotesa *f.,* bagatel·la *f.*

geyser ['gi:zə'], (EUA) ['gaizə'] s. GEOL. guèiser *m.* 2 (G.B.) escalfador *m.* d'aigua.

ghastliness ['gɑ:stlinis] s. pal·lidesa *f.* 2 horror *m.*

ghastly ['gɑ:stli] *a.* horrible. 2 fantasmal. 3 lívid, cadavèric. 4 col·loq. espantós, terrible. ■ *5 adv.* horriblement, terriblement.

gherkin ['gə:kin] s. cogombre *m.* petit.

ghetto ['getou] s. ghetto *m.*

ghost [goust] s. esperit *m.,* ànima *f.* || *the Holy Ghost,* l'Esperit Sant. 2 espectre *m.,* fantasma *m.*

ghost writer ['goust,raitə'] s. escriptor a sou.

ghoul [gu:l] s. esperit *m.* necròfag, vampir. 2 col·loq. persona *f.* macabra.

giant ['dʒaiənt] *a. -s.* gegant.

gibber (to) ['dʒibə'] *i.* farfollar, embarbollar-se *p.*

gibberish ['gibəri∫] s. xerrameca *f.,* xerroteig *m.*

gibbet ['dʒibit] s. forca *f.* 2 cadafal *m.,* patíbul *m.*

gibe [dʒaib] s. mofa *f.,* escarn *m.,* burla *f.*

gibe (to) [dʒaib] *i.* mofar-se *p.,* burlarse *p.*

giblets ['dʒiblits] s. *pl.* CUI. menuts *m. pl.*

giddiness ['gidinis] s. vertigen *m.* 2 mareig *m.*

giddy ['gidi] *a.* vertiginós. 2 marejat, que pateix vertigen. 3 eixelebrat, frívol. ■ *4* **-ly** *adv.* vertiginosament.

gift [gift] s. regal *m.,* obsequi *m.* 2 do *m.,* talent *m.* 3 DRET donació *f.*

gifted [giftid] *a.* dotat.

gig [gig] s. calessa *f.* 2 bot *m.,* llanxa *f.* 3 col·loq. actuació *f.*

gigantic [dʒai'gæntik] *a.* gegantí.

giggle ['gigl] s. rialleta *f.* nerviosa, rialleta *f.* ximple.

giggle (to) ['gigl] *i.* riure nerviosament, riure per no res.

gild (to) [gild] *t.* daurar. ▲ Pret. i p. p.: *gilded* o *gilt* [gilt].

gill [gil] s. ganya *f.* [de peix]. 2 *pl.* papada *f.,* sotabarba *f.* || *to look green about the ~,* fer mala cara. 3 [dʒil] quart *m.* de pinta [mesura].

gilt [gilt] *a.* daurat. ■ *2* s. daurat *m.* Vegeu GILD (TO).

gimmick ['gimik] s. col·loq. artefacte *m.,* giny *m.* 2 truc *m.*

gin [dʒin] s. ginebra *f.* [licor]. 2 trampa *f.* 3 esborradora *f.* [de cotó].

ginger ['dʒindʒə'] s. BOT. gingebre *m.* 2 ros *m.* vermellós [color].

gingerly ['dʒindʒəli] *a.* cautelós, caute. ■ *2 adv.* cautelosament, amb precaució.

gipsy ['dʒipsi] s. gitano.

giraffe [dʒi'rɑ:f] s. girafa *f.*

gird (to) [gə:d] *t.* cenyir. 2 envoltar. 3 fig. preparar-se *p.;* investir. ▲ Pret. i p. p.: *girded* [gə:did] o *girt* [gə:t].

girdle ['gə:dl] s. cenyidor *m.* 2 faixa *f.* 3 cinturó *m.*

girdle (to) ['gə:dl] *t.* cenyir. 2 envoltar.

girl [gə:l] s. noia *f.,* nena *f.*

girlfriend ['gə:lfrend] s. xicota *f.,* amiga *f.*

girlhood ['gə:lhud] s. joventut *f.,* infantesa *f.* [de la dona].

girlish ['gə:li∫] *a.* juvenil, de nena.

girt [gə:t] Vegeu GIRD (TO).

girth [gə:θ] s. cingla *f.,* faixa *f.* 2 grassor *f.,* obesitat. 3 circumferència *f.,* perifèria *f.,* contorn *m.*

gist [dʒist] s. *the ~,* el quid *m.,* l'essència *f.,* el fons *m.*

give (to) [giv] *t.* donar; regalar; lliurar; concedir. 2 proveir de. 3 encomanar. 4 pronunciar [un discurs]. 5 comunicar. 6 dedicar. 7 *to ~ birth to,* donar a llum, parir. 8 MED. posar [una injecció]. 9 DRET pronunciar [una sentència], condemnar a. ■ *10 i.* fer regals. 11 cedir; donar-se *p.* 12 donar a [una finestra, etc.]. ■ *to ~ away,* regalar; repartir; lliurar; revelar [un secret]; *to ~ back,* tornar, retornar; *to ~ off,* treure, llançar [fum, etc.]; *to ~ out,* repartir, distribuir; publicar; emetre; exhaurir-se [mercaderies, etc.]; difondre; *to ~ over,* lliurar; deixar de, desistir de; *to ~ up,* renunciar a; lliurar; dimitir; deixar de; deixar còrrer; cedir. ▲ Pret.: *gave* [geiv]; p. p.: *given* ['givn].

gizzard ['gizəd] *s.* pedrer *m.* 2 fig. *that sticks in my ~,* això no m'ho empasso.

glacial ['gleisjəl] *a.* glacial.

glacier ['glæsjəʳ] *s.* GEOL. glacera *f.*

glad [glæd] *a.* alegre, content, feliç. ‖ *to be ~ of,* alegrar-se de. ■ 2 *-ly adv.* amb molt de gust.

gladden (to) ['glædn] *t.* alegrar.

glade [gleid] *s.* clariana *f.* [en un bosc].

gladness ['glædnis] *s.* alegria *f.,* satisfacció *f.*

gladsome ['glædsəm] *a.* lit. alegre, content.

glamorous ['glæmərəs] *a.* encantador, fascinador, atractiu.

glamour, (EUA**) glamor** ['glæmə] *s.* encant *m.,* atractiu *m.,* encís *m.*

glance [glɑːns] *s.* mirada *f.* 2 cop *m.* d'ull, ullada *f.* ‖ *at first ~,* a primera vista. 3 besllum *m.* 4 centelleig *m.,* llampurneig *m.*

glance (to) [glɑːns] *t.* donar un cop d'ull, mirar. ■ 2 *i.* donar un cop d'ull, donar una ullada. 3 mirar. 4 mirar de reüll. 5 centellejar, llampurnejar. *6 to ~ off,* rebotar, desviar-se *p.*

gland [glænd] *s.* ANAT., BOT. glàndula *f.*

glare [glɛəʳ] *s.* resplendor *f.,* llum *f.* intensa. 2 enlluernament *m.* 3 mala mirada *f.*

glare (to) [glɛəʳ] *i.* brillar. 2 enlluernar. 3 mirar malament.

glaring ['glɛəriŋ] *a.* brillant, enlluernador. 2 cridaner. 3 evident. 4 irat, feroç.

glass [glɑːs], (EUA) [glæs] *s.* vidre *m.,* cristall *m.* ‖ *~ case,* aparador *m.* 2 got *m.,* vas *m.,* (BAL.) tassó *m.* 3 cristalleria *f.* 4 mirall *m.* 5 *pl.* ulleres *f. pl.;* binocles *m. pl.*

glass-house ['glɑːshaus] *s.* hivernacle *m.* 2 col·loq. presó *f.* militar.

glassware ['glɑːswɛəʳ] *s.* cristalleria *f.,* objectes *m. pl.* de vidre.

glassy ['glɑːsi] *a.* vidriós, vitri; llis.

glaze [gleiz] *s.* vernís *m.,* llustre *m.*

glaze (to) [gleiz] *t.* vernissar, esmaltar. 2 posar vidres. ■ 3 *i.* envidriar-se *p.* [els ulls].

GLC ['dʒiːel'siː] *s. (Greater London Council)* Corporació *f.* Metropolitana de Londres.

gleam [gliːm] *s.* raig *m.,* resplendor *f.* 2 llampada *f.,* guspira *f.* 3 fig. besllum *m.,* raig *m.* [de llum, d'esperança].

gleam (to) [gliːm] *i.* brillar, llampurnar, resplendir.

glean (to) [gliːn] *t.-i.* espigolar [també fig.]. 2 fig. arreplegar.

glee [gliː] *s.* alegria *f.,* joia *f.*

gleeful ['gliːful] *a.* alegre, joiós.

glen [glen] *s.* vall *f.* estreta, sot *m.,* clotada *f.*

glib [glib] *a.* garlaire, xerraire.

glide [glaid] *s.* lliscament *m.* 2 AVIA. planatge *m.*

glide (to) [glaid] *i.* lliscar, relliscar. 2 AVIA. planar.

glider ['glaidəʳ] *s.* AVIA. planador *m.*

glimmer ['glimə] *s.* besllum *m.,* resplendor *m.,* poca llum *f.* 2 fig. raig *m.*

glimmer (to) ['glimə] *i.* brillar amb poca llum.

glimpse [glimps] *s.* visió *f.* ràpida, visió *f.* momentània.

glimpse (to) [glimps] *i.* donar una ullada. 2 brillar amb llum trèmula. ■ 3 *t.* entreveure.

glint [glint] *s.* centelleig *m.,* espurneig *m.*

glint (to) [glint] *i.* brillar, centellejar, espurneig *m.* ■ 2 *t.* reflectir [la llum].

glisten (to) ['glisn] *i.* brillar, centellejar, relluir.

glitter ['glitə] *s.* resplendor *f.* 2 lluentor *f.,* brillantor *f.*

glitter (to) ['glitə] *i.* brillar, lluir, centellejar.

gloaming ['gloumiŋ] *s.* capvespre *m.,* crepuscle *m.*

gloat (to) [glout] *i. to ~ over,* recrear-se *p.* amb, complaure's *p.* en.

globe [gloub] *s.* globus *m.,* bola *f.* 2 esfera *f.* [terrestre].

globe-trotter ['gloubtrɔtəʳ] *s.* rodamón *m.*

globular ['glɔbjuləʳ] *a.* globular.

globule ['glɔbjuːl] *s.* glòbul *m.*

gloom [gluːm] *s.* foscor *f.* 2 fosca *f.* 3 tristesa *f.,* malenconia *f.,* pessimisme *m.*

gloomy ['gluːmi] *a.* fosc, llòbreg, obscur. 2 trist, pessimista, malencònic.

Gloria ['glɔːriə] *n. pr. f.* Glòria.

glorification [glɔːrifi'keiʃən] *s.* glorificació *f.*

glorify (to) ['glɔːrifai] *t.* glorificar. 2 lloar.

glorious ['glɔːriəs] *a.* gloriós. 2 esplèndid, magnífic. 3 enorme, colossal.

glory ['glɔːri] *s.* glòria *f.* 2 grandesa *f.* 3 B. ART. aurèola *f.*

glory (to) ['glɔːri] *t.* gloriar-se *p.* de, vanagloriar-se *p.* de.

gloss [glɔs] *s.* brillantor *f.*, lluentor *f.* 2 glossa *f.*, comentari *m.* 3 fig. oripell *m.*

gloss (to) [glɔs] *t.* enllustrar, polir. 2 pal·liar. 3 glossar. 4 *to ~ over,* encobrir, disfressar. ■ 5 *i.* fer glosses.

glossary ['glɔsəri] *s.* glossari *m.*

glossy ['glɔsi] *a.* brillant, llustrós. 2 llis. 3 satinat. 4 FOT. brillant.

glove [glʌv] *s.* guant *m.*

glove compartment [glʌvkəmˌpɑːtmənt] *s.* AUTO. guantera. *f.*

glow [glou] *s.* fulgor *m.*, llum *f.*, resplendor *f.* 2 vermellor *f.*, color *m.* viu. 3 calor *f.*, escalfor *f.*

glow (to) [glou] *i.* fer llum o calor; cremar; brillar, resplenir. 2 tenir colors vius. 3 envermellir. 4 encendre's *p.*, enrogir-se.

glower (to) ['glauə'] *i.* mirar amb les celles arrufades. 2 llançar una mirada furiosa.

glowing ['glouiŋ] *a.* resplendent, incandescent. 2 ardent, encès. 3 viu [color]. 4 entusiasta. 5 càlid. 6 *~ with health,* ple de salut.

glow-worm ['glouwəːm] *s.* ZOOL. cuca *f.* de llum.

glucose ['gluːkous] *s.* QUÍM. glucosa *f.*

glue [gluː] *s.* cola *f.*, goma *f.* [d'enganxar].

glue (to) [gluː] *t.* encolar, enganxar [amb cola].

gluey ['gluːi] *a.* enganxós.

glum [glʌm] *a.* malenconiós, trist.

glut [glʌt] *s.* sobreabundància *f.*, excés *m.* 2 societat *f.*

glut (to) [glʌt] *t.* afartar, atipar. 2 omplir, abarrotar. 3 COM. inundar [el mercat].

glutinous ['gluːtinəs] *a.* glutinós, viscós, enganxós.

glutton ['glʌtn] *s.* golafre, fart, voraç. ‖ *to be a ~ for,* ser insaciable per a, no tenir-ne mai prou de.

gluttony ['glʌtəni] *s.* golafreria *f.*, gula *f.*, voracitat *f.*

glycerine ['glisəriːn], (EUA) **glycerin** ['glisərin] *s.* QUÍM. glicerina *f.*

gnarl [nɑːl] *s.* nus *m.* [de la fusta].

gnarled [nɑːld] *a.* nuós, nodós.

gnash (to) [næʃ] *t.* fer carrisquejar, fer cruixir [les dents]. ■ 2 *i.* carrisquejar, cruixir [les dents].

gnat [næt] *s.* ENT. mosquit *m.*

gnaw (to) [nɔː] *t.* rosegar. 2 ratar, mossegar. 3 fig. *~ at,* rosegar, turmentar. ■ Pret.: *gnawed* [nɔːd]; p. p.: *gnawed* [nɔːd] o *gnawn* [nɔːn].

gnome [noum] *s.* gnom *m.*, nan *m.*

GNP ['dʒiːenˈpiː] *s. (Gross National Product)* producte *m.* nacional brut.

go [gou] *s.* energia *f.* 2 empenta *f.* 3 temptativa *f.* 4 moda *f.: it is all the ~,* està de moda.

go (to) [gou] *i.* anar. 2 anar-se'n *p.*, marxar. ‖ *to ~ abroad,* anar a l'estranger; *to ~ astray,* perdre's *p.; to let ~,* deixar anar. 3 anar, funcionar. 4 caure bé [un vestit]. 5 decaure; morir. 6 sortir, (VAL.) eixir, (ROSS.) sàller. 7 desaparèixer, perdre's *p.* 8 quedar-se *p.*, tornar-se *p.* ‖ *to ~ bad,* fer-se *p.* malbé: *to ~ mad,* tornar-se *p.* boig. 9 sonar. 10 dir; fer. 11 cedir, trencar-se *p.* 12 caure. 13 fondre's *p.* 14 vendre's *p.* 15 transcórrer. 16 cabre. 17 valer. 18 *to ~ ahead,* avançar. 19 *to ~ to sleep,* adormir-se *p.* 20 *to ~ wrong,* sortir malament. ■ 21 *t.* seguir. ‖ *to ~ one's way,* fer el seu camí. 22 caminar, recórrer. 23 jugar-se *p.*, apostar. 24 *to ~ halves,* anar a mitges. ■ *to ~ about,* anar d'un costat a l'altre; circular, córrer; recórrer; empendre; *to ~ after,* seguir, perseguir; anar darrera; *to ~ along,* continuar; passar per; estar d'acord. ‖ *to ~ along with,* acompanyar; *to ~ at,* atacar, escometre; *to ~ away,* anar-se'n, marxar; desaparèixer; *to ~ back,* tornar; recular; *to ~ between,* interposar-se, mitjançar; *to ~ by,* passar [de llarg]; transcórrer; atenir-se a; *to ~ down,* baixar; enfonsar-se; amagar-se [el sol]; disminuir; decaure; *to ~ for,* anar a buscar; escometre; valer per a; votar per; *to ~ in* o *into,* entrar; *to ~ off,* anar-se'n, marxar; disparar-se; fer-se malbé; explotar; sonar; adormir-se; *to ~ on,* continuar; avançar, progressar; *to ~ out,* sortir, (VAL.) eixir, (ROSS.) sàller; publicar-se, passar de moda; apagar-se [la llum]; *to ~ over,* repassar; travessar, passar [per sobre; a l'altre costat]; recórrer; anar; assajar; *to ~ through,* travessar; sofrir, patir; examinar a fons; ser aprovat; gastar. ‖ *to ~ through with,* dur a terme; *to ~ up,* pujar. ‖ *to ~ up to,* apropar-se a; *to ~ without,* passar sense. ▲ Pres. 3.ª pers.: *goes* [gouz], pret.: *went* [went], p. p.: *gone* [gɔn].

goad [goud] *s.* agulló *m.*, agullada *f.* 2 fig. agulló *m.*, estímul *m.*

goad (to) [goud] *t.* agullonar, punxar, picar. 2 fig. agullonar, estimular.

goal [goul] *s.* ESPORT meta *f.*, porteria *f.*, gol *m.* ‖ *to score a ~,* fer un gol. 2 fig. finalitat *f.*, objectiu *m.*, propòsit *m.*

goalkeeper ['goulˌkiːpə'] *s.* ESPORT porter.

goat [gout] *s.* ZOOL. cabró *m.*, boc *m.* [mascle]. 2 cabra *f.* [femella]. 2 fig. col·loq. *to get one's* ~, emprenyar.

goatee [gou'ti:] *s.* pera *f.*, barba *f.* de cabra.

goat-herd ['gouthə:d] *s.* cabrer.

gob [gɔb] *s.* vulg. gargall *m.*, escopinada *f.* 2 col·loq. boca *f.* 3 (EUA) col·loq. mariner.

gobble (to) ['gɔbl] *t. to* ~ *up*, engolir-se *p.* ■ *2 i. to* ~ *up*, endrapar. 3 escatainar [el gall d'indi].

go-between ['goubi,twi:n] *s.* intermediari, mitjancer. 2 missatger.

goblet ['gɔblit] *s.* copa *f.*

goblin ['gɔblin] *s.* follet *m.*, esperit *m.* dolent.

God, god [gɔd] *m.* Déu, déu. || col·loq. *for God's sake!*, per l'amor de Déu!; *Good God*, Déu meu senyor!; *God willing*, si Déu vol. 2 *s.* déu *m.*

godchild ['gɔdtʃaild] *s.* fillol.

goddess ['gɔdis] *s.* deessa *f.*, dea *f.*

godfather ['gɔd,fɑ:ðə'] *s.* padrí *m.*

godforsaken ['gɔdfə,seikn] *a.* deixat de la mà de Déu, abandonat. 2 trist, desert, desolat.

godless ['gɔdlis] *a.* descregut, impiu, ateu.

godlessness ['gɔdlisnis] *s.* impietat *f.*

godliness ['gɔdlinis] *s.* pietat *f.*, devoció *f.*

godly ['gɔdli] *a.* pietós, devot.

godmother ['gɔd,mʌðə'] *f.* padrina *f.*

goggle ['gɔgl] *a.* *goggle-eyed*, d'ulls sortits. 2 *s. pl.* ulleres *f. pl.* submarines.

goggle (to) ['gɔgl] *i.* fer girar els ulls, obrir molt els ulls. 2 *to* ~ *at*, mirar amb els ulls molt oberts.

goggle-box ['gɔglbɔks] *s.* col·loq. televisió *f.*

going ['gouin] *s.* camí *m.* 2 pas *m.* 3 fig. manera *f.* de fer, conducta *f.* 4 fig. progrés *m.* 5 fig. liter. *the goings and comings*, les anades *f.* i vingudes. ■ *6 a. a* ~ *concern*, una empresa que va bé. 7 existent. 8 corrent [preu].

going-over ['gouin'ouvə'] *s.* inspecció *f.* 2 fig. pallissa *f.*

goings-on ['gouinz'ən] *s. pl.* col·loq. tripijocs *m. pl.*

go-kart ['goukaːt] *s.* ESPORT kart *m.*

gold [gould] *s.* or *m.* [també fig.]. || ~ *leaf*, pa *m.* d'or. ■ *2 a.* d'or, daurat.

golden ['gouldən] *a.* d'or, daurat, auri. || *Golden Age*, Edat *f.* d'Or. || ZOOL. ~ *ea-*

gle, àguila *f.* daurada o reial. 2 fig. excel·lent, d'or.

goldfinch ['gouldfintʃ] *s.* cadernera *f.*

goldsmith ['gouldsmiθ] *s.* orfebre.

golf [gɔlf] *s.* ESPORT golf *m.*

golf course ['gɔlfkɔːs] *s.*, **golf links** ['gɔlfliŋks] *s. pl.* camp *m. sing.* de golf.

gone [gɔn] Vegeu GO (TO). ■ *2 a.* passat. || *to be* ~, ser fora. || *to be far* ~, estar passat [menjar]; estar begut; estar molt malalt. 3 fig. boig. || *to be* ~ *on*, estar boig per. 4 fig. acabat, mort.

goner ['gɔnə'] *s.* col·loq. malalt desnonat; persona *f.* arruïnada, acabada.

gong [gɔn] *s.* MÚS. gong *m.*

good [gud] *a.* bo; amable; agradable; vàlid. || *good-for-nothing*, inútil, bo per a res; *Good Friday*, Divendres Sant; ~ *morning*, bon dia; ~ *night*, bona nit; ~ *time*, bona estona; diversió; ~ *turn*, favor; *a* ~ *deal*, molt; *a* ~ *while*, una bona estona. ■ *2 interj.* molt bé! ■ *3 s.* bé *m.* || *to feel* ~, trobar-se bé. 4 utilitat *f.* || *what is the* ~ *of it?*, per què serveix? *5 for* ~, per sempre.

good-bye [gud'bai] *s.* adéu *m.* || *to say* ~ *to*, dir adéu a, acomiadar. ■ *2 interj.* adéu!

goodly ['gudli] *a.* agradable. 2 bonic, maco. 3 considerable.

goodness ['gudnis] *s.* bondat *f.* 2 virtut *f.* 3 substància *f.* 4 qualitat *f.* ■ *5 interj.* ~ *gracious!* Déu meu! || *for* ~ *sake!*, per l'amor de Déu!

goods [gudz] *s. pl.* béns *m. pl.*, efectes *m. pl.* || ~ *and chattels*, efectes personals. 2 COM. gènere *m. sing.*, articles *m. pl.*, mercaderies *f. pl.* || *consumer* ~, articles de consum.

goody ['gudi] *s.* llaminadura *f.* 2 *goody-goody*, beat; hipòcrita. ■ *3 interj.* ~!, que bé!

goof [gu:f] *s.* col·loq. beneit, babau. 2 (EUA) col·loq. espifiada *f.*, pifia *f.*

goon [gu:n] *s.* col·loq. beneit, babau.

goose [gu:s] *s.* ORN. oca *f.* ▲ *pl.* geese [gi:s].

gooseberry ['guzbəri] *s.* BOT. riber *m.* espinós, agrassó *m.* 2 grosella *f.*, riba *f.*

gooseflesh ['gu:sfleʃ] *s.* pell *f.* de gallina.

goose pimples ['gu:s,pimplz] *s. pl.* Veure GOOSEFLESH.

gore [gɔ:'] *s.* liter. sang *f.* [quallada, vessada]. 2 COST. gaia *f.* [d'un vestit].

gore (to) [gɔ:'] *t.* posar una gaia a. 2 banyegar, cornar. 3 ferir amb els ullals.

gorge [gɔːdʒ] s. gorja f., gola f. 2 gorja f., call m.

gorge (to) [gɔːdʒ] t. engolir, empassar-se p. ■ 2 i.-p. afartar-se p., atipar-se p.

gorgeous [ˈgɔːdʒəs] a. magnífic, esplèn-did. 2 col·loq. bonic.

gorilla [gəˈrilə] s. ZOOL. goril·la m.

gory [ˈgɔːri] a. ensangonat, sangonós, sagnant.

go-slow [ˈgouˈslou] s. ~ **strike**, vaga f. de zel.

gospel [ˈgɔspəl] s. BIB. **the Gospel**, evan-geli m. [també fig.].

gossamer [ˈgɔsəməˈ] s. teranyina f. 2 gasa f. ■ 3 a. fi, molt prim.

gossip [ˈgɔsip] s. xafarderia f., comareig m. ‖ **piece of** ~, una xafarderia. 2 rumor. 3 xafarder, murmurador.

gossip (to) [ˈgɔsip] i. xafardejar, coma-rejar. 2 xerrar, murmurar.

gossip column [ˈgɔsipˌkɔləm] s. notes f. pl. de societat [d'un diari o revista].

got [gɔt] Vegeu GET (TO).

Gothic [ˈgɔθik] a. gòtic.

gouge [gaudʒ] s. TECNOL. gúbia f., badai-ne m.

gouge (to) [gaudʒ] t. foradar amb el ba-daine. 2 col·loq. arrencar, treure.

gourd [guəd] s. BOT. carbassa f., (BAL.), (VAL.) carabassa f.

gourmet [ˈguəmei] s. gastrònom.

gout [gaut] s. MED. gota f.

gouty [ˈgauti] a. MED. gotós.

govern (to) [ˈgʌvən] t. governar. 2 diri-gir, administrar. 3 guiar. 4 dominar. 5 GRAM. regir. ■ 6 i. governar t.

governance [ˈgʌvənəns] s. form. govern m., governació f.

governess [ˈgʌvənis] s. institutriu f.

government [ˈgʌvənmənt] s. govern m. 2 direcció f., autoritat f., administració f., gestió f. 3 fig. domini m., control m. 4 GRAM. règim m. ■ 5 a. del govern, go-vernamental, administratiu.

governor [ˈgʌvənəˈ] s. governador. 2 di-rector, administrador. 3 col·loq. cap m. 4 TECNOL. regulador m.

gown [gaun] s. vestit m. de dona. 2 túnica f., toga f.

GP [ˈdʒiːˈpiː] s. (General Practitioner) metge de capçalera.

GPO [ˈdʒiːpiːˈou] s. (General Post Office) central f. de Correus.

grab (to) [græb] t. agafar, aferrar. 2 apro-piar-se p. 3 col·loq. **to** ~ **a bite**, fer un mos. ■ 4 i. **to** ~ **at**, intentar d'agafar(se).

grace [greis] s. gràcia f. [física, espiritual]. 2 amabilitat f. 3 elegància f., encant m. 4 disposició f. [d'ànim]: **with bad** ~, a desgrat, de mala gana f. 5 cortesia f. 6 pl. **good graces**, favor m. sing. 7 **Your Grace** Excel·lència f. [duc]; Il·lustrís-sim(a) [bisbe]. 8 MIT. pl. **The Graces**, les gràcies.

grace (to) [greis] t. adornar, ornar. 2 agraciar. 3 honorar.

graceful [ˈgreisful] a. graciós, agraciat, ai-rós, elegant.

gracefulness [ˈgreisfulnis] s. gràcia f., gentilesa f., desimboltura f.

gracious [ˈgeiʃəs] a. graciós, atractiu. 2 afable, cortès. 3 bondadós, gentil. ■ 4 interj. ~! valga'm Déu! ■ 5 -ly, adv. gra-ciosament, agradablement.

graciousness [ˈgreiʃəsnis] s. gràcia f., be-nevolència f. 2 afabilitat f., bondat f., amabilitat f. 3 REL. misericòrdia f.

gradation [grəˈdeiʃən] s. gradació f.

grade [greid] s. grau m. 2 classe f., qualitat f. 3 pendent m. 4 nivell m. ‖ **to make the** ~, arribar al nivell desitjat. 5 nota f. 6 (EUA) curs m. [escolar].

grade (to) [greid] t. graduar. 2 degradar [un color]. 3 classificar. 4 anivellar, apla-nar. 5 (EUA) qualificar, posar nota.

gradient [ˈgreidjənt] s. pendent m., des-nivell m.

gradual [ˈgrædjuəl] a. gradual, progres-siu. ■ 2 -ly adv. gradualment.

graduate [ˈgrædjuit] a. graduat, llicen-ciat, diplomat [a la universitat].

graduate (to) [ˈgrædjueit] t. graduar. 2 donar un títol, un diploma. ■ 3 i. gra-duar-se p., aconseguir un títol.

graft [grɑːft] s. AGR., MED. empelt m. 2 (EUA) tripijoc m., corrupció f. 3 col·loq. treball m.

graft (to) [grɑːft] t. AGR., MED. empeltar. ■ 2 i. fer tripijocs, ser corrupte.

grain [grein] s. gra m. [de blat, raïm, etc.]. 2 cereals m. pl. 3 fibra f., veta f. ‖ fig. **against the** ~, a repèl. 4 fig. mica f. 5 FOT. gra m.

gram, gramme [græm] s. gram m.

grammar [ˈgræməˈ] s. gramàtica f.

grammar school [ˈgræməˌskuːl] s. (G.B.) institut m. d'ensenyament secundari; (EUA) escola f. primària.

granary [ˈgrænəri] s. graner m.

grand [grænd] a. gran, gros. 2 impres-sionant, fabulós. 3 complet, general. ■ 4 s. (EUA) col·loq. mil dòlars m. pl.

grandchild ['grændtʃaild] s. nét m., néta f.

granddaughter ['grændɔːtəʳ] s. néta f.

grandeur ['grændʒəʳ] s. grandesa f., grandiositat f., magnificència f.

grandfather ['grænd,fɑːðəʳ] s. avi m.

grandiloquent [græn'diləkwənt] a. grandiloqüent.

grandiose ['grændious] a. grandiós [també fig.]. 2 pompós, pretensiós.

grandmother ['græn,mʌðəʳ] s. àvia f.

grandparents ['græn,pɛərənts] s. pl. avis m. pl.

grand piano [grændpi'ænou] s. MÚS. piano m. de cua.

grandson ['grænsʌn] s. nét m.

grandstand ['grændstænd] s. tribuna f.

grange [greindʒ] s. granja f., casa f. de camp. 2 casa f. pairal.

granite ['grænit] s. granit m.

granny, -nie ['græni] s. iaia f.

grant [grɑːnt] s. concessió f., donació f., atorgament m. 2 subvenció f. 3 beca f. 4 DRET donació f., cessió f.

grant (to) [grɑːnt] t. concedir, atorgar, donar. 2 admetre. 3 to take for granted, donar per descomptat. 4 granted that, en el cas que; donat que. 5 DRET cedir.

granulated ['grænjuleitid] a. granulat.

grape [greip] s. BOT. raïm m.

grapefruit ['greipfruːt] s. BOT. aranja f., naronja .

grape-vine ['greipvain] s. vinya f., cep m., parra f.

graph [græːf] s. gràfic m.

graphic(al ['græfik(əl] a. gràfic.

graphite ['græfait] s. MINER. grafit m.

grapple (to) ['græpl] t. agafar, aferrar. ■ 2 i. lluitar, abraonar-se p. 3 fig. intentar resoldre [un problema].

grasp [grɑːsp] s. agafament m. 2 encaixada f. [de mans]. 3 domini m., poder m. 4 comprensió f.

grasp (to) [grɑːsp] t. agafar, subjectar. 2 abraçar, abastar. 3 estrènyer. 4 comprendre, entendre. ■ 5 i. to ~ at, intentar agafar; aprofitar [una oportunitat].

grasping ['grɑːspiŋ] a. avar, gasiu.

grass [grɑːs] s. herba f., gespa f., pastura f.

grasshopper ['grɑːshɔpəʳ] s. ENT. llagosta f., saltamartí m.

grassland ['grɑːslænd] s. prat m., prada f.

grassy ['grɑːsi] a. cobert d'herba, herbós.

grate [greit] s. graelles f. pl. [d'una llar de foc].

grate (to) [greit] t. ratllar. 2 fer grinyolar. ■ 3 i. to ~ (on), carrisquejar, grinyolar; molestar t.

grateful ['greitful] a. agraït. 2 grat, agradable.

gratification [grætifi'keiʃən] s. satisfacció f. 2 gratificació f.

gratify (to) ['grætifai] t. satisfer, complaure. 2 gratificar.

grating ['greitiŋ] a. aspre. 2 estrident. 3 irritant. ■ 4 s. reixa f., enreixat. 5 graella f., engraellat m.

gratis ['greitis] adv. gratis.

gratitude ['grætitjuːd] s. gratitud f., agraïment m.

gratuitous [grə'tjuːitəs] a. gratuït. 2 injustificat.

gratuity [grə'tjuiti] s. gratificació f. 2 propina f.

grave [greiv] a. greu. ■ 2 s. tomba f., sepulcre m.

gravel ['grævəl] s. grava f.

gravestone ['greivstoun] s. làpida f. sepulcral.

graveyard ['greivjɑːd] s. cementiri m., (BAL.), (VAL.) cementeri m.

gravitate (to) ['græviteit] i. gravitar. 2 to ~ towards, tenir tendència a, sentir-se p. atret per.

gravitation [grævi'teiʃən] s. gravitació f.

gravity ['græviti] s. FÍS. física f.

gravy ['greivi] s. CUI. suc m. [de la carn], salsa f. [feta amb el suc de la carn].

gray [grei] a. Vegeu GREY.

graze [greiz] s. fregament m. 2 rascada f. 3 pastura f.

graze (to) [greiz] t. fregar. 2 rascar. ■ 3 i. pasturar.

grazing ['greiziŋ] s. pasturatge m. 2 pastura f. || grazing-land, devesa f.

grease [griːs] s. greix m. 2 sèu m.

grease (to) [griːz] t. engreixar, untar.

greasy ['griːsi] a. greixós.

great [greit] a. gran, gros, major, magne. 2 ~ age, edat avançada. 3 important, destacat. 4 magnífic, fantàstic. ■ 5 -ly adv. molt, altament.

greatness ['greitnis] s. grandesa f. 2 amplitud f. 3 esplendor f.

Grecian ['griːʃən] a. grec [art, arquitectura, trets, etc.].

greed, greediness [griːd, -inis] s. cobdícia f. 2 ànsia f. 3 voracitat f., golafreria f.

ground

greedy ['griːdi] *a.* ansiós, cobdiciós. 2 golafre, voraç.

Greek [griːk] *a.-s.* grec. GEOGR. grec. 2 grec *m.* [llengua].

green [griːn] *a.* verd [color, fruita]. 2 càndid, inexpert. 3 fig. ufanós. ■ 4 *s.* verd *m.* [color]. 5 verdor *f.* 6 prat *m.* 7 *pl.* verdures *f. pl.*, hortalises *f. pl.*

greengrocer ['griːnˌɡrousəʳ] *s.* verdulaire.

greenhouse ['griːnhaus] *s.* hivernacle *m.*

Greenland ['griːnlənd] *n. pr.* GEOGR. Groenlàndia.

greet (to) [griːt] *t.* saludar.

greeting ['griːtiŋ] *s.* salutació *f.* 2 *pl.* salutacions *f. pl.*, records *m. pl.* [en una carta].

gregarious [greˈɡɛəriəs] *a.* gregari.

grenade [griˈneid] *s.* granada *f.*

grew [gruː] Vegeu GROW (TO).

grey, gray [grei] *a.* gris. ■ 2 *s.* gris *m.*

greyhound ['greihaund] *s.* llebrer *m.*

grid [grid] *s.* reixa *f.*, enreixat *m.* 2 CUI. graelles *f. pl.*, graella *f. sing.* 3 ELECT. xarxa *f.* 4 RADIO. reixa *f.*

grief [griːf] *s.* dolor *m.*, pena *f.*, aflicció *f.* 2 dany *m.*, mal *m.*, desgràcia *f.* ‖ *to come to* ~, patir una desgràcia, sofrir un dany.

grievance [ˈɡriːvəns] *s.* greuge *m.*, ofensa *f.*, agravi *m.*

grieve (to) [griːv] *t.* afligir, entristir. ■ 2 *i.* afligir-se *p.*, entristir-se *p.*

grievous [ˈɡriːvəs] *a.* dolorós, penós. 2 sever, atroç.

grill [gril] *s.* CUI. graella *f.*, graelles *f. pl.*

grill (to) [gril] *t.* fer a la brasa. 2 col·loq. interrogar [la policia]. ■ 3 *i.* fer-se *p.* a la brasa.

grille [gril] *s.* reixa *f.*, enreixat *m.*

grim [grim] *a.* sorrut, malcarat. 2 lleig. 3 horrible, sinistre.

grimace [griˈmeis] *s.* ganyota *f.*, (BAL.) carussa *f.*, (VAL.) carassa *f.*

grimace (to) [griˈmeis] *i.* fer ganyotes, (BAL.) fer carusses, (VAL.) fer carasses.

grime [graim] *s.* engrut *m.*, greix *m.*, brutícia *f.*

grime (to) [graim] *t.* embrutar, enllardar.

grimy [ˈɡraimi] *a.* brut, llardós.

grin [grin] *s.* ganyota *f.* 2 somriure *m.* obert.

grin (to) [grin] *i.* somriure. 2 fer ganyotes. ■ 3 *t.* expressar amb un somriure o una ganyota.

grind (to) [graind] *t.* moldre, triturar. 2 esmolar, afilar. 3 fer carrasquejar [les dents]. 4 molestar, oprimir. ■ 5 *i.* moldre's *p.*, triturar-se *p.* 6 preparar-se *p.* ▲ Pret. i p. p.: *ground* [graund].

grindstone [ˈɡraindstoun] *s.* mola *f.*, pedra *f.* d'esmolar.

grip [grip] *s.* agafament *m.* 2 poder *m.*, domini *m.* 3 agafador *m.*, puny *m.* 4 *to come to grips*, atacar de valent. 5 (EUA) maletí *m.* 6 fig. comprensió *f.* [d'un problema].

grip (to) [grip] *t.* agafar, empunyar, estrènyer. ■ 2 *i.* agafar-se *p.*, arrapar-se *p.*

gripes [graips] *s. pl.* col·loq. recargolament *m. sing.* de ventre.

grisly [ˈɡrizli] *a.* horrorós, terrible.

gristle [ˈɡrisl] *s.* cartílag *m.*

grit [grit] *s.* sorra *f.*, arena *f.* 2 fermesa *f.*

grizzle (to) [ˈɡrizl] *t.* somicar, ploriquejar.

groan [groun] *s.* gemec *m.*, queixa *f.*

groan (to) [groun] *t.* dir gemegant. ■ 2 *i.* gemegar.

groats [grouts] *s. pl.* civada *f. sing.* trossejada.

grocer [ˈɡrousəʳ] *s.* adroguer, botiguer [de comestibles].

grocery [ˈɡrousəri] *s.* adrogueria *f.*, botiga *f.* de comestibles. 2 *pl.* comestibles *m. pl.*

groggy [ˈɡrɔɡi] *a.* vacil·lant, estabornit, atordit. 2 dèbil.

groin [grɔin] *s.* ANAT. engonal *m.* 2 ARQ. aresta *f.*

groom [grum] *s.* mosso *m.* d'estable. 2 nuvi *m.* 3 lacai *m.*

groom (to) [grum] *t.* tenir cura de [cavalls]. 2 empolainar, arreglar. 3 col·loq. preparar.

groove [gruːv] *s.* ranura *f.*, solc *m.* 2 fig. rutina *f.*

groove (to) [gruːv] *t.* acanalar.

grope (to) [group] *t.* buscar a les palpentes, tocar a les palpentes. ■ 2 *i.* caminar a les palpentes.

gross [grous] *a.* gros, gras. 2 gruixut. 3 dens. tosc, vulgar. 4 groller, obscè. 5 cras [error, engany, etc.]. 6 COM. total, brut. ■ 7 *s.* grossa *f.* ■ 8 **-ly** *adv.* grollerament, toscament.

grossness [ˈɡrousnis] *s.* grolleria *f.* 2 enormitat *f.*

grotto [ˈɡrɔtou] *s.* gruta *f.*, cova *f.*

grotesque [grouˈtesk] *a.* grotesc.

ground [graund] *s.* terra *m.*, (BAL.) trespol *m.*, (VAL.) pis *m.* 2 terreny *m.* 3 camp *m.* [de batalla; d'esports]. 4 àrea *f.* 5 terme *m.* [perspectiva]. *6* raó *f.*, motiu *m.*, causa *f.*, fonament *m.* 7 *pl.* terrenys *m. pl.* 8 *pl.* pòsit *m. sing.*, sediment *m. sing.* 9 B. ART. fons *m.*, primera capa *f.* ■ *10* Vegeu GRIND (TO).

ground (to) [graund] *t.* MAR. encallar, fer encallar. 2 AVIA. obligar a quedar-se a terra. 3 ELECT. connectar amb terra. 4 basar, fonamentar. 5 ensenyar les bases. ■ *6 i.* MAR. encallar(se). 7 AVIA. quedar-se *p.* a terra. 8 ELECT. connectar-se *p.* amb terra. 9 basar-se *p.*, fonamentar-se *p.*

ground floor [graund'flɔː'] *s.* (G.B.) planta *f.* baixa.

groundless ['graundlis] *a.* sense fonament, sense base.

group [gruːp] *s.* grup *m.*, conjunt *m.*

group (to) [gruːp] *t.-i.* agrupar(se).

grouse [graus] *s.* gall *m.* de bosc, gall *m.* fer, gall *m.* salvatge. 2 col·loq. queixa *f.*

grove [grouv] *s.* bosquet *m.*

grovel (to) ['grɔvl] *i.* arrossegar-se *p.*, humiliar-se *p.*, rebaixar-se *p.*

grow (to) [grou] *i.* créixer, desenvolupar-se *p.* 2 néixer, sortir [el cabell, etc.]. 3 fer-se *p.*, posar-se *p.*, tornar-se *p.* || *to* ~ *old*, envellir, fer-se *p.* vell. ■ *4 t.* conrear, cultivar. 5 fer créixer, deixar créixer. *6* criar. ■ *to* ~ *on/upon*, arrelar [un costum, etc.]; arribar a agradar; *to* ~ *out of*, quedar petit, fer-se petit; deixar, abandonar; venir de, derivar-se; *to* ~ *to*, arribar a [estimar, etc.]; *to* ~ *up*, créixer, fer-se gran; desenvolupar-se. ▲ Pret.: *grew* [gruː]; p. p.: *grown* [groun].

grower ['grouə'] *s.* conreador, cultivador.

growl [graul] *s.* grunyit *m.*

growl (to) [graul] *i.* grunyir. ■ *2 t.* to ~ *(out)*, dir rondinant.

grown [groun] Vegeu GROW (TO). ■ *2 a.* adult, madur.

grown-up ['grounʌp] *a.-s.* adult.

growth [grouθ] *s.* creixement *m.* 2 desenvolupament *m.*, augment *m.* 3 conreu *m.*, cultiu *m.* 4 vegetació *f.* 5 MED. tumor *m.*

grub [grʌb] *s.* larva *f.*, cuc *m.* 2 col·loq. teca *f.*

grudge [grʌdʒ] *s.* ressentiment *m.*, rancúnia *f.*

grudge (to) [grʌdʒ] *t.* regatejar, escatimar. 2 envejar.

grudgingly ['grʌdʒiŋli] *adv.* de mala gana, a contracor.

gruel [gruəl] *s.* CUI. farinetes *f. pl.*

gruesome ['gruːsəm] *a.* horrible, horripilant. 2 repugnant.

gruff [grʌf] *a.* brusc, malhumorat, aspre.

gruffness ['grʌfnis] *s.* aspror *f.*, mala cara *f.*, mal humor *m.*

grumble ['grʌmbl] *s.* queixa *f.*, remugament *m.* 2 soroll *m.* sord.

grumble (to) ['grʌmbl] *i.* rondinar, remugar. 2 fer un soroll sord. ■ *3 t.* dir remugant.

grunt [grʌnt] *s.* grunyit *m.*, gardeny *m.*

grunt (to) [grʌnt] *i.* grunyir, gardenyar.

guarantee [gærən'tiː] *s.* garantia *f.*, fiança *f.* 2 DRET fiador, fiançador.

guarantee (to) [gærən'tiː] *t.* garantir. 2 fer-se *p.* responsable.

guarantor [gærən'tɔː'] *s.* garant. 2 fiador, fiançador.

guaranty ['gærənti] *s.* DRET garantia *f.*, fiança *f.*

guard [gaːd] *s.* guàrdia *f.* 2 vigilància *f.*, protecció *f.* 3 guardià, guarda, vigilant. 4 guarda *f.* [de l'espasa]. 5 FERROC. cap de tren.

guard (to) [gaːd] *t.* guardar, protegir, vigilar. ■ *2 i.* guardar-se *p.* de.

guardian ['gaːdjən] *s.* guarda, guardià, custodi. || ~ *angel*, àngel *m.* custodi, àngel *m.* de la guarda. 2 DRET tutor.

guardianship ['gaːdjənʃip] *s.* protecció *f.* 2 DRET tutela *f.*

guarded [gaːdid] *a.* cautelós. ■ *2* -ly *adv.* cautelosament.

gudgeon ['gʌdʒən] *s.* ICT. gòbit *m.*, gobi *m.*, cabot *m.* 2 MEC. piu *m.*, pern *m.*

guerrilla, guerilla [gə'rilə] *s.* guerriller. 2 guerrilla *f.*

guess [ges] *s.* conjectura *f.* 2 suposició *f.* 3 parer *m.*, opinió *f.*

guess (to) [ges] *t.-i.* endevinar. 2 encertar. 3 suposar, conjecturar, creure.

guest [gest] *s.* hoste, invitat, convidat.

guffaw [gʌ'fɔː] *s.* riallada *f.*, rialla *f.*

guffaw (to) [gʌ'fɔː] *i.* petar-se *p.* de riure.

guidance ['gaidəns] *s.* guia *f.*, govern *m.*, direcció *f.*

guide [gaid] *s.* guia [persona]. 2 guia *f.* [llibre]. 3 guia, conseller. 4 MEC., MIL. guia.

guide (to) [gaid] *t.* guiar. 2 governar, dirigir.

guild [gild] *s.* gremi *m.*, cofradia *f.*

guile [gail] *s.* astúcia *f.* 2 engany *m.*

guileful ['gailful] *a.* astut.

guileless ['gailliss] *a.* senzill, innocent, ingenu.

guilt [gilt] *s.* culpa *f.* 2 culpabilitat *f.*

guiltless ['giltlis] *a.* innocent, lliure de culpa.

guilty ['gilti] *a.* culpable.

guinea ['gini] *s.* guinea *f.* [moneda].

guinea fowl ['ginifaul] *s.* ZOOL. gallina *f.* de Guinea.

guinea pig ['ginipig] *s.* ZOOL. conillet *m.* d'Índies.

guise [gaiz] *s.* ant. guisa *f.,* manera *f.* ‖ *under the ~ of,* disfressat de, amb el pretext de.

guitar [gi'tɑːʳ] *s.* MÚS. guitarra *f.*

gulch [gʌlʃ] *s.* (EUA) barranc *m.*

gulf [gʌlf] *s.* GEOGR. golf *m.* ‖ *Gulf Stream,* Corrent del Golf. 2 abisme *m.,* avenc *m.*

gull [gʌl] *s.* ORN. gavina *f.* 2 fig. beneit, babau, crèdul.

gull (to) [gʌl] *t.* estafar, enganyar.

gullet ['gʌlit] *s.* gargamella *f.,* gola *f.* 2 ANAT. esòfag *m.*

gullibility [gʌli'biliti] *s.* credulitat *f.*

gullible ['gʌlibl] *a.* babau, crèdul.

gully ['gʌli] *s.* barranc *m.* 2 regueró *m.*

gulp [gʌlp] *s.* glop *m.,* tirada *f.*

gulp (to) [gʌlp] *t.* empassar-se *p.,* englotir.

gum [gʌm] *s.* ANAT. geniva *f.* 2 goma *f.* ‖ *chewing ~,* xiclet *m.*

gum (to) [gʌm] *t.* engomar, encolar. 2 enganxar, (BAL.) aferrar; (VAL.) espigar.

gumboot ['gʌmbuːt] *s.* bota *f.* de goma.

gumption ['gʌmpʃən] *s.* col·loq. seny *m.,* sentit *m.* comú, iniciativa *f.*

gum tree ['gʌmtriː] *s.* BOT. eucaliptus *m.*

gun [gʌn] *s.* ARTILL. arma *f.* de foc. 2 pistola *f.*

gunboat ['gʌnbout] *s.* canoner *m.* [vaixell].

gunman ['gʌnmən] *s.* pistoler *m.*

gunner ['gʌnəʳ] *s.* MIL. artiller *m.*

gunnery ['gʌnəri] *s.* artilleria *f.*

gunpowder ['gʌn,paudəʳ] *s.* pólvora *f.*

gunshot ['gʌnʃɔt] *s.* tret *m.* [d'arma de foc].

gunwale ['gʌnl] *s.* MAR. borda *f.,* regala *f.*

gurgle ['gəːgl] *s.* gloc-gloc *m.,* clapoteig *m.* 2 xerroteig *m.* [de les criatures].

gurgle (to) ['gəːgl] *i.* clapotejar, fer glocgloc. 2 xerrotejar [una criatura].

gush [gʌʃ] *s.* raig *m.,* doll *m.* 2 fig. efusió *f.,* efusivitat *f.*

gush (to) [gʌʃ] *i.* rajar, brollar. 2 ser efusiu.

gushing ['gʌʃiŋ] *a.* efusiu.

gust [gʌst] *s.* ràfega *f.,* ratxa *f.* 2 explosió *f.,* rauxa *f.*

gusto [gʌstou] *s.* gust *m.,* afecció *f.*

gusty ['gʌsti] *a.* borrascós.

gut [gʌt] *s.* ANAT. intestí *m.,* budell *m.* 2 corda *f.,* tripa *f.* [d'un instrument]. 3 *pl.* col·loq. pebrots *m. pl.* [valor].

gut (to) [gʌt] *t.* estripar, esbudellar, treure les tripes.

gutter ['gʌtəʳ] *s.* regueró *m.,* escorranc *m.* 2 cuneta *f.* 3 canal *m.,* canaló *m.* 4 rasa *f.*

gutter (to) ['gʌtəʳ] *i.* fondre's *p.,* consumir-se *p.* [una espelma].

guttersnipe ['gʌtəsnaip] *s.* trinxeraire *m.*

guttural ['gʌtərəl] *a.* gutural.

guy [gai] *s.* individu *m.,* paio *m.* 2 mamarratxo *m.* 3 corda *f.,* vent *m.*

guy (to) [gai] *t.* ridiculitzar.

guzzle (to) ['gʌzl] *t.-i.* col·loq. empassar-se *p.,* englotir.

gymnasium [dʒim'neizjəm] *s.* gimnàs *m.*

gymnast ['dʒimnæst] *s.* gimnasta.

gymnastic [dʒim'næstik] *a.* gimnàstic.

gymnastics [dʒim'næstiks] *s.* gimnàstica *f.*

gypsum ['dʒipsəm] *s.* guix *m.*

gypsy ['dʒipsi] *a.-s.* Vegeu GIPSY.

gyrate (to) [dʒai'reit] *i.* girar, giravoltar.

gyration [dʒai'reiʃən] *s.* gir *m.,* volt *m.*

H

H, h [eitʃ] s. h f. [lletra].

haberdashery ['hæbədæʃəri] s. articles m. pl. de merceria. 2 (EUA) roba f. de senyors.

habit ['hæbit] s. hàbit m., costum m. ‖ *a bad ~,* un mal costum. ‖ *to be in the ~ of,* tenir costum de. 2 hàbit m. [vestit].

habitable ['hæbitəbl] a. habitable.

habitation [,hæbi'teiʃən] s. habitació f., habitatge m.

habitual [hə'bitjuəl] a. habitual, acostumat. 2 empedreït, inveterat: *a ~ drunkard,* un bebedor empedreït.

habituate (to) [hə'bitjueit] t.-p. habituar-se (*to,* a).

habitué [hə'bitjuei] s. persona f. assídua, parroquià.

hack [hæk] s. cavall m. de lloguer. 2 escriptor a sou. 3 tall m., trau m.

hack (to) [hæk] t. tallar, trinxar. ■ 2 i. *to ~ at,* donar cops [de destral, matxet, etc.].

hacking ['hækiŋ] a. seca [tos]. ‖ *~ cough,* tos f. de gos.

hackney ['hækni] s. cavall m., euga f. ‖ *~ carriage,* cotxe m. de lloguer. ■ 2 a. *hackneyed,* suat, gastat [en sentit fig.].

hacksaw ['hæksɔ:] s. serra f. d'arquet [per tallar metalls].

had [hæd, həd] Vegeu HAVE (TO).

haddock ['hædək] s. ICT. eglefí m. ▲ pl. invariable.

haft [hɑ:ft] s. mànec m., puny m.

hag [hæg] s. fig. bruixa f., vella f.

haggard ['hægəd] a. ullerós, macilent, cansat.

haggle (to) ['hægl] i. regatejar t. 2 discutir t.-i.

Hague [heig] n. pr. GEOGR. *the ~,* La Haia.

hail [heil] s. calamarsa f., granissa f., pedra f. 2 fig. pluja f.: *a ~ of blows,* una pluja de cops. 3 salutació f., crit m. ■ 4 interj. salve!

hail (to) [heil] i. pedregar, calamarsejar, granissar. 2 fig. *to ~ down on,* ploure sobre. 3 *to ~ from,* ser de, venir de. ■ 4 t. ploure [also fig.]. 5 saludar, cridar.

hair [hɛə] s. cabell m., cabells m. pl.; pèl m., pèls m. pl. ‖ *against the ~,* a contrapèl. ‖ *to cut one's ~,* tallar-se els cabells [un mateix]. ‖ *to have one's ~ cut,* tallar-se els cabells, fer-se tallar els cabells.

hairbreadth ['hɛəbreθ] s. fig. pèl m.; *by a ~,* pels pèls, per un pèl.

hairbrush ['hɛəbrʌʃ] s. raspall m. [dels cabells].

haircut ['hɛəkʌt] s. tallat m. de cabells, pentinat m.

hair-do ['hɛədu:] s. col·loq. pentinat m.

hairdresser ['hɛə,dresə] s. perruquer.

hairdresser's ['hɛə,dresəz] s. perruqueria f.

hairless ['hɛəlis] a. sense cabells, calb. 2 sense pèls, pelat.

hairpin ['hɛəpin] s. agulla f. dels cabells, agulla f. de ganxo.

hair-raising ['hɛə,reiziŋ] a. esgarrifós, horripilant.

hairy ['hɛəri] a. pelut, pilós, vellós.

hake [heik] s. ICT. lluç m. ▲ pl. invariable.

halberd ['hælbəd] s. alabarda f.

halberdier [,hælbə'diə] s. alabarder m.

hale [heil] a. sa, robust. ‖ *~ and hearty,* sa com un roure.

half [hɑ:f] s. meitat f. mig m. ‖ *better ~,* meitat [cònjuge]. ‖ *to go halves,* anar a mitges ‖ *too clever by ~,* fer massa el viu. ▲ pl. *halves* [hɑ:vz]. ■ 2 a. mig. ■ 3 adv. mig; a mitges: *~ crying,* mig plorant.

half-back ['hɑ:fbæk] s. defensa m, mig m. [futbol, etc.].

half-breed ['hɑ:fbri:d] s. mestís.

half-caste ['hɑ:fkɑ:st] s. Vegeu HALF-BREED.

half-length ['hɑ:fleŋθ] a. de mig cos [retrat].

halfpenny ['heipni] s. mig penic m.

half-time ['hɑːftaim] s. mitja jornada f. 2 ESPORT mitja part f.

halfway ['hɑːfwei] adv. al mig; a mig camí [també fig.]. ■ 2 a. a mig camí.

half-witted ['hɑːfwitid] a. imbècil, babau.

hall [hɔːl] s. vestíbul m., rebedor m. 2 sala f. 3 paranimf m., saló m. d'actes [de la universitat]. 4 residència f. universitària, col·legi m. major. 5 Town Hall o City Hall, ajuntament m.

hallmark ['hɔːlmɑːk] s. contrast m. [segell oficial de garantia]. 2 fig. segell m.

hallo [hə'lou] interj. Vegeu HULLO.

halloo [hə'luː] interj. busca!, au! [als gossos]. ■ 2 s. crit.

halloo (to) [hə'luː] t. cridar. 2 aquissar, atiar [els gossos].

hallow ['hælou] s. All Hallow's Day, dia m. de Tots Sants.

hallow (to) ['hælou] t. santificar; reverenciar.

Halloween [ˌhælou'wiːn] s. vigília f. de Tots Sants.

hallucinate [hə'luːsineit] i. al·lucinar t.

hallucination [həˌluːsi'neiʃən] s. al·lucinació f.

halo ['heilou] s. ASTR. halo m. 2 REL. aurèola f., nimbe m., halo m.

halogen ['hælədʒən] s. QUÍM. halogen m.

halt [hɔːlt] s. alto m., parada f. ‖ fig. to call a ~ (to), posar fre (a). 2 FERROC. baixador m.

halt (to) [hɔːlt] i. aturar-se p., parar-se p., fer un alto. 2 vacil·lar. ■ 3 t. aturar, parar.

halter ['hɔːltə'] s. cabestre m. 2 dogal m.

halting ['hɔːltiŋ] a. vacil·lant. 2 coix, defectuós [un vers].

halve (to) [hɑːv] t. partir pel mig, dividir en dos. 2 reduir a la meitat.

halves [hɑːvz] Vegeu HALF.

ham [hæm] s. pernil m.: a slice of ~, un tall m. de pernil. 2 col·loq. amateur, afeccionat.

hamburger ['hæmbɛːgə'] s. hamburguesa f.

hamlet ['hæmlit] s. llogarret m., poblet m.

hammer ['hæmə'] s. martell m. 2 ARM. percussor m. 3 MÚS. martellet m.

hammer (to) ['hæmə'] t. martellejar, donar cops de martell. ‖ to ~ a nail, clavar un clau. 2 batre [metall]. 3 fig. insistir. 4 ESPORT apallissar, derrotar.

hammock ['hæmək] s. hamaca f. 2 NÀUT. coi m.

hamper ['hæmpə'] s. cistell m., cistella f., panera f.: a Christmas ~, una panera de Nadal.

hamper (to) ['hæmpə'] t. destorbar, fer nosa, obstaculitzar.

hand [hænd] s. mà f. ‖ at first ~, de primera mà. ‖ at ~, a mà, a prop. ‖ by ~, a mà. ‖ to hold hands, agafar-se de les mans. ‖ to lend a ~, donar un cop de mà, ajudar. ‖ hands off!, fora les mans!, les mans quietes! ‖ hands up!, mans enlaire! 2 pam m. 3 mà d'obra f., operari; tripulant. 4 lletra f., escriptura f. 5 JOC mà f. [de cartes]. 6 to be ~ in glove, ser carn f. i ungla f.; to get the upper ~, tenir avantatge m.; on ~, disponible; on the one ~ ... on the other ~, per una banda f. ... per l'altra banda f.; second ~, de segona mà.

hand (to) [hænd] t. donar; atansar; passar. ■ to ~ down, transmetre, deixar; to ~ in, lliurar, presentar; to ~ out, donar, repartir; to ~ over, lliurar.

handbag ['hændbæg] s. bossa f. [de mà].

handball ['hændbɔːl] s. handbol m.

handbarrow ['hændˌbærou] s. carreta f.

handbill ['hændbil] s. prospecte m.

handbook ['hændbuk] s. guia f., manual m.

handbrake ['hændbreik] s. fre m. de mà.

handcart ['hændkɑːt] s. carretó m.

handcuffs ['hændkʌfs] pl. manilles f. pl.

handful ['hændful] s. grapat m.

handicap ['hændikæp] s. fig. obstacle m., desavantatge m., destorb m. 2 ESPORT handicap m.

handicap (to) ['hændikæp] t. perjudicar; destorbar. 2 ESPORT handicapar.

handicapped ['hændikæpt] a. MED., PSICOL. disminuït a.-s.

handicraft ['hændikrɑːft] s. artesania f. 2 habilitat f. manual.

handiwork ['hændiwəːk] s. obra f. 2 treball m. manual.

handkerchief ['hæŋkətʃif] s. mocador m.

handle ['hændl] s. mànec m.; ansa f., nansa f.; maneta f.; pom m., agafador m.

handle (to) ['hændl] t. tocar. 2 toquejar, palpejar. 3 manipular. 4 portar, manejar. 5 dirigir, controlar. ■ 6 i. apanyar-se p., espavilar-se p.

handlebar ['hændlbɑː] s. manillar m.

handling ['hændliŋ] s. maneig m., manipulació f., tracte m. 2 govern m., direcció f.

hand luggage ['hænd,lʌgidʒ] s. equipatge m. de mà.

handmade ['hændmeid] a. fet a mà.

handout ['hændaut] s. fullet m., prospecte m. 2 comunicat m.

handshake ['hændʃeik] s. encaixada f. [de mans].

handsome ['hændsəm] a. bonic, atractiu. 2 generós, liberal.

handwork ['hændwə:k] s. treball m. manual.

handwriting ['hænd,raitiŋ] s. lletra f.

handy ['hændi] a. destre, hàbil. 2 a mà, proper. 3 pràctic, útil.

handyman ['haendi,mæn] s. home m. traçut.

hang [hæŋ] s. caient m. [d'un vestit, etc.]. 2 inclinació f., pendent m. 3 col·loq. *I don't give a ~,* m'importa un rave m.

1) hang (to) [hæŋ] t. penjar, enforcar [persones]. ▲ Pret. i p. p.: *hanged* ['hæŋd].

2) hang (to) [hæŋ] t. penjar, suspendre. 2 estendre [la roba]. 3 abaixar [el cap]. 4 posar, enganxar. ■ 5 i. penjar. 6 dependre, descansar. ■ *to ~ on,* agafar-se, aferrar-se ‖ col·loq. *~ on a minute!,* espera un moment!; *to ~ up,* penjar [el telèfon]. ‖ col·loq. *to be hung up,* estar penjat [emocionalment]. ▲ Pret. i p. p.: *hung* [hʌŋ].

hangar ['hæŋəʳ] s. hangar m.

hanger ['hæŋəʳ] s. ganxo m.; penjador m., perxa f.

hanging ['hæŋiŋ] a. suspès. ■ 2 s. execució f. a la forca. 3 pl. draperia f. sing.

hangman ['hæŋmən] s. botxí m.

hangover ['hæŋ,ouvəʳ] s. caparra f. [després d'una borratxera].

hang-up ['hæŋʌp] s. fig. dificultat f., obstacle m. 2 inhibició f., obsessió f.

hank [hæŋk] s. cabdell m., troca f.

hanker (to) ['hæŋkəʳ] i. *to ~ after,* anhelar, desitjar.

hankering ['hæŋkəriŋ] s. desig m., anhel m.

haphazard [hæp'hæzəd] a. casual, fortuït. ■ 2 s. casualitat f., atzar m. ■ 3 adv. a l'atzar.

happen (to) ['hæpən] i. passar, ocórrer. ‖ *whatever happens,* passi el que passi. 2 *I happened to be there,* per casualitat jo era allà. 3 *to ~ on,* trobar, ensopegar.

happening ['hæpəniŋ] s. esdeveniment m., succés m. 2 espectacle m. improvisat.

happily ['hæpili] adv. feliçment, afortunadament.

happiness ['hæpinis] s. felicitat f. 2 alegria f.

happy ['hæpi] a. feliç. 2 content, alegre, satisfet. ‖ *to be ~ to,* alegrar-se, estar content. 3 *happy-go-lucky,* despreocupat.

harangue [hə'ræŋ] s. arenga f.

harangue (to) [hə'ræŋ] t. arengar. ■ 2 i. fer una arenga.

harass (to) ['hærəs] t. turmentar. 2 fustigar, encalçar, assetjar.

harbour, (EUA) **harbor** ['hɑ:bə] s. MAR. port m. 2 fig. abric m., refugi m., recer m.

harbour, (EUA) **harbor (to)** ['hɑ:bə] t. acollir, hostatjar. 2 protegir, amagar, encobrir. 3 fig. alimentar, acariciar [una idea, etc.]. ■ 4 i. ancorar en un port.

hard [hɑ:d] a. dur. ‖ *~ of hearing,* dur d'orella. 2 fort, ferm, massís. ‖ *~ facts,* fets m. pl. indiscutibles. 3 difícil, ardu ‖ *~ labour,* treballs m. pl. forçats. 4 dolent, sever, rigorós. 5 COM. estable [preu]. ■ 6 adv. durament, rigorosament. 7 fort, molt. 8 *~ by,* molt a prop de. 9 *~ up,* escurat [de diners].

hard cash [,hɑ:d'kæʃ] s. diners m. pl. comptants.

hard feelings [,hɑ:d'fi:liŋz] s. ressentiment m.

harden (to) ['hɑ:dn] t. endurir, enfortir [també fig.]. 2 fig. avesar. ■ 3 i. endurir-se p., enfortir-se p. 4 avesar-se p.

hardheaded [,hɑ:d'hedid] a. pràctic, realista, calculador.

hardhearted [,hɑ:d'hɑ:tid] a. insensible, de cor dur.

hardiness ['hɑ:dinis] s. força f., vigor m. 2 fig. audàcia f., atreviment m.

hardly ['hɑ:dli] adv. difícilment. 2 a penes, gairebé no. ‖ *~ anybody,* gairebé ningú. ‖ *~ ever,* gairebé mai. 3 durament.

hardness ['hɑ:dnis] s. duresa f. 2 dificultat f. 3 rigor m., severitat f.

hardship ['hɑ:dʃip] s. dificultat f., penalitat f. 2 sofriment m., desgràcia f.

hardware ['hɑ:dwɛəʳ] s. ferreteria f., quincalla f. ‖ *hardware-shop,* ferreteria f. 2 INFORM. hardware m., sistema m. físic.

hardy ['hɑ:di] a. fort, robust, resistent. 2 fig. valent, audaç.

hare [hɛəʳ] s. ZOOL. llebre f.

hare-brained ['hɛəbreind] a. capfluix. 2 insensat.

harehound ['hɛəhaund] s. llebrer m.

haricot ['hærikou] s. monjeta f.

hark (to) [hɑːk] i. escoltar, sentir. ■ 2 interj. escolta!, escolti!

harlot ['hɑːlət] s. meuca f., bagassa f.

harm [hɑːm] s. mal m., dany m., perjudici m.

harm (to) [hɑːm] t. fer mal, danyar, perjudicar.

harmful ['hɑːmful] a. perjudicial, nociu, dolent.

harmless ['hɑːmlis] a. inofensiu.

harmonic [hɑːˈmɔnik] a. MÚS. harmònic. ■ 2 s. MÚS. harmònic m.

harmonica ['hɑːˈmɔnikə] s. MÚS. harmònica f.

harmonious [hɑːˈmounjəs] s. harmoniós.

harmonize (to) ['hɑːmənaiz] t. harmonitzar. ■ 2 i. harmonitzar, concordar.

harmony ['hɑːməni] s. harmonia f.

harness ['hɑːnis] s. arnès m., guarniments m. pl., arreus m. pl.

harness (to) ['hɑːnis] t. arrear, guarnir [un cavall]. 2 aprofitar [l'energia d'un riu, etc.].

harp [hɑːp] s. MÚS. arpa f.

harp (to) [hɑːp] i. tocar l'arpa. 2 fig. to ~ on, insistir, amaçar.

harpoon [hɑːˈpuːn] s. arpó m.

harpoon (to) [hɑːˈpuːn] t. arponar.

harpsichord ['hɑːpsikɔːd] s. MÚS. clavicordi m.

harpy ['hɑːpi] s. harpia f. [també fig.].

harrow ['hærou] s. AGR. rascle m.

harrow (to) ['hærou] t. AGR. rasclar. 2 fig. esquinçar, turmentar.

harrowing ['hærouiŋ] a. punyent, commovedor.

Harry ['hæri] n. pr. m. (dim. *Henry*) Enric.

harry (to) ['hæri] t. soquejar, assolar. 2 empaitar, molestar.

harsh [hɑːʃ] a. aspre. 2 discordant, cridaner. 3 dur, cruel. ■ 4 **-ly** adv. durament, amb aspresa.

harshness ['hɑːʃnis] s. aspresa f. 2 duresa f., severitat f. 3 discordància f.

hart [hɑːt] s. ZOOL. cérvol m.

harum-scarum ['hɛərəmˈskɛərəm] a.-s. eixelebrat, cap m. de trons.

harvest [hɑːvist] s. collita f., anyada f. [també fig.]. ‖ ~ *festival*, festa f. de la collita. 2 sega f. 3 verema f.

harvest (to) ['hɑːvist] t. collir, recollir, recol·lectar, segar. ■ 2 i. fer la collita.

harvester ['hɑːvistəʳ] s. segador. 2 segadora f. [màquina].

has [hæz, həz] 3.ª pers. pres. ind. de HAVE (TO).

hash [hæʃ] s. CUI. picada f., xixina f. 2 embolic m., garbuix m. 3 col·loq. haixix m.

hash (to) [hæʃ] t. picar, trossejar [carn]. 2 col·loq. embullar, embolicar.

hashish [hæʃiːʃ] s. haixix m.

hassle ['hæsl] s. col·loq. dificultat f., problema m. 2 baralla f., discussió f.

hassle (to) ['hæsl] i. discutir, barallar-se p. ■ 2 t. empipar, molestar.

haste [heist] s. pressa f., rapidesa f. ‖ *to be in* ~, tenir pressa. ‖ *to make* ~, afanyar-se p., apressar-se p.

hasten (to) [heisn] t. donar pressa, accelerar. ■ 2 i. afanyar-se p., apressar-se p.

hastily ['heistili] adv. de pressa, apressadament. 2 precipitadament, a la lleugera.

hasty ['heisti] a. precipitat. 2 ràpid, prest. 3 irreflexiu.

hat [hæt] s. barret m., (BAL.) capell m. 2 fig. *to keep it under one's* ~, mantenir-ho en secret; *to take one's* ~ *off to*, treure's el barret, descobrir-se [davant d'alguna cosa].

hatband ['hætbænd] s. cinta f. de barret.

hatbox ['hætbɔks] s. capellera f.

hatch [hætʃ] s. comporta f., finestreta f., trapa f., portella. 2 niuada f., covada f. 3 MAR. escotilla f.

hatch (to) [hætʃ] t. incubar, covar. 2 fig. idear, ordir. ■ 3 i. sortir de l'ou, trencar-se p. [l'ou]. 4 fig. madurar.

hatchet ['hætʃit] s. destral f. ‖ fig. *to bury the* ~, fer les paus.

hatchway ['hætʃwei] s. MAR. escotilla f.

hate [heit] s. odi m., aversió f.

hate (to) [heit] t. odiar, detestar. 2 sentir, lamentar.

hateful ['heitful] a. odiós, detestable.

hatred ['heitrid] s. odi m., aversió f., repugnància f.

hatter ['hætəʳ] s. barreter, barretaire. ‖ fig. *mad as a* ~, boig com una cabra, boig rematat.

haughtiness ['hɔːtinis] s. arrogància f., altivesa f.

haughty ['hɔːti] a. altiu, arrogant. ■ 2 **-ly** adv. altivament, de manera arrogant.

haul [hɔːl] *s.* estirada *f.*, estrebada *f.* 2 trajecte, recorregut. 3 botí *m.* 3 xarxada *f.*, pescada *f.*

haul (to) [hɔːl] *t.-i.* arrossegar, estirar. 2 transportar, corretejar. 3 *to ~ down*, arriar. 4 *to ~ somebody over the coals*, renyar, clavar un esbronc.

haulage [ˈhɔːlidʒ] *s.* transport *m.*, carreteig *m.*

haunch [hɔːntʃ] *s.* anca *f.*, cuixa *f.* ‖ *to sit on one's haunches*, asseure's a la gatzoneta. 2 CUI. cuixa *f.*

haunt [hɔːnt] *s.* lloc *m.* freqüentat. 2 cau *m.*, amagatall *m.*

haunt (to) [hɔːnt] *t.* freqüentar, rondar. 2 turmentar, obsessionar [una idea, etc.].

haunted [ˈhɔːntid] *a.* obsessionat. 2 *~ house*, casa encantada.

Havana [həˈvænə] *n. pr.* GEOGR. l'Havana. ‖ *~ cigar*, havà *m.*

have (to) [hæv o həv] *aux.* haver. 2 *I had rather go home*, preferiria anar a casa; *we had better do it*, més val que ho fem. ■ 3 *t.* tenir, posseir. 4 saber, tenir coneixements: *he has no latin*, no sap llatí. 5 prendre, agafar. 6 beure, menjar. 7 rebre, acceptar, obtenir. 8 permetre, consentir. 9 fer que, fer fer. 10 passar. 11 trobar. 12 dir [un rumor, etc.]. ■ *to ~ against*, tenir en contra; *to ~ on*, portar, vestir. ‖ col·loq. *to ~ somebody on*, enredar; *to ~ to*, haver de. ‖ *to ~ a mind to*, estar temptat de. ‖ *to ~ to do with*, tenir a veure amb. ▲ 3.ª pers. pres. ind.: *has* [hæz, həz]; pret. i p. p.: *had* [hæd, həd].

haven [ˈheivn] *s.* MAR. port *m.* 2 fig. refugi *m.*, recer *m.*

haversack [ˈhævəsæk] *s.* motxilla *f.*

havoc [ˈhævək] *s.* destrucció *f.*, estralls *m. pl.* ‖ *to play ~ with*, fer estralls.

hawk [hɔːk] *s.* ORN. falcó *m.*

hawk (to) [hɔːk] *t.* vendre a domicili o pel carrer. 2 ESPORT caçar amb falcó. ■ 3 *i.* escurar-se *p.* el coll.

hawker [ˈhɔːkəʳ] *s.* falconer. 2 venedor ambulant, quincallaire.

hay [hei] *s.* palla *f.*, fenc *m.* ‖ fig. *to make ~ while the sun shines*, aprofitar l'ocasió, fer l'agost.

hay fever [ˈheiˌfiːvəʳ] *s.* MED. febre *f.* del fenc.

hayloft [ˈheilɔft] *s.* AGR. pallissa *f.*, herbera *f.*

hayrick [ˈheirik], **haystack** [-stæk] *s.* paller *m.*, pallera *f.* ‖ *to look for a needle in a ~*, cercar una agulla en un paller.

haywire [ˈheiwaiəʳ] *a.* col·loq. desorganitzat, desordenat. 2 fet malbé. 3 boig. ‖ *to go ~*, fer-se malbé; desorganitzarse; tornar-se boig. ■ 4 *s.* filferro *m.* per lligar pallers.

hazard [ˈhæzəd] *s.* risc *m.*, perill *m.* 2 atzar *m.* 3 *~ lights*, llums *f.* d'avaria *f.*

hazard (to) [ˈhæzəd] *t.* arriscar, posar en perill. 2 aventurar.

hazardous [ˈhæzədəs] *a.* arriscat, perillós. 2 aventurat.

haze [heiz] *s.* boirina *f.*, boirim *m.* 2 fig. confusió *f.*, incertitud *f.*

hazel [ˈheizl] *s.* avellaner *m.* ■ 2 *a.* de color avellana.

hazelnut [ˈheizlnʌt] *s.* avellana *f.*

hazy [ˈheizi] *a.* boirós, bromós. 2 fig. vague, confús.

H-bomb [ˈeitʃbɔm] *s.* bomba *f.* d'hidrogen.

he [hiː] *pron. pers.* ell. 2 *pron. indef.* el, aquell. ■ 3 *a.* mascle: *he-bear*, ós *m.* [mascle].

head [hed] *s.* cap *m.* ‖ *~ of hair*, cabellera *f.* ‖ *~ over heels*, de cap a peus, de cap a cap. 2 seny *m.*, intel·ligència *f.* ‖ *to keep one's ~*, no perdre el cap. 3 *~* [d'una moneda]: *heads or tails*, cara *f. sing.* o creu *f. pl.* 4 capçalera *f.*, capçal *m.* 5 cim *m.*; cimal *m.* 5 *~* [d'un arbre]. 6 puny *m.* [de bastó]. 7 títol *m.*, encapçalament *m.* 8 promontori *m.*, punta *f.* 9 capça *f.*, cabdell *m.* [de col, etc.]. 10 escuma *f.* [d'un líquid]; crema *f.* [de la llet]. 11 crisi *f.* ‖ *to come to a ~*, arribar a un moment crític. 12 cap, encarregat, director. 13 NÀUT. proa *f.*

head (to) [hed] *t.* encapçalar, dirigir. 2 anar al davant. 3 donar un cop de cap [a la pilota]. 4 fig. *to ~ off*, evitar. ■ 5 *i.* anar, dirigir-se *p.*

headache [ˈhedeik] *s.* mal *m.* de cap.

heading [ˈhediŋ] *s.* títol *m.*, encapçalament *m.*, capçalera *f.*

headland [ˈhedlənd] *s.* GEOGR. promontori *m.*, punta *f.*

headlight [ˈhedlait] *s.* far *m.*, llum *m.* [de vehicle].

headline [ˈhedlain] *s.* titular *m.* [de diari]. 2 títol *m.* 3 *pl.* resum *m. sing.* de les notícies.

headlong [ˈhedlɔŋ] *a.* precipitat, impetuós. 2 de cap [caure].

headmaster [ˌhedˈmɑːstəʳ] *s.* director [d'un col·legi].

headmistress [ˌhedˈmistris] *s.* directora *f.* [d'un col·legi].

headquarters [ˌhedˈkwɔːtəz] s. MIL. quarter m. general. 2 prefectura f. de policia. 3 seu f., direcció f., centre m. [d'una entitat, etc.].

headstrong [ˈhedstrɒŋ] a. obstinat, tossut.

heal (to) [hiːl] t. guarir, curar. ■ 2 i. guarir, sanar.

health [helθ] s. salut f. 2 sanitat f.

healthy [ˈhelθi] a. sa, bo. 2 saludable.

heap [hiːp] s. munt m., pila f., pilot m., (ROSS.) petadissa f.

heap (to) [hiːp] t. apilonar, amuntegar. 2 omplir, curullar.

hear (to) [hiə] t. sentir. 2 escoltar. 3 sentir a dir. ■ 4 i. to ~ about, saber t., assabentar-se p., sentir parlar de. || I won't ~ of it, no en vull sentir parlar. 5 to ~ from, tenir notícies de, rebre una carta de. 6 to ~ out, escoltar fins el final. 7 Hear! Hear!, molt bé! ▲ Pret. i p. p.: heard [hɜːd].

hearer [ˈhiərə] s. oient.

hearing [ˈhiəriŋ] s. oïda f., orella f. [sentit]. || ~ aid, audífon m. , aparell m. de sordera. || hard of ~, dur d'orella. || to be out of ~, no poder sentir, fora de l'abast de l'orella. || to be within ~, a l'abast de l'orella. 2 DRET audiència.

hearsay [ˈhiəsei] s. rumor m. || from ~, de nom, d'haver-ho sentit.

hearse [hɜːs] s. cotxe m. funerari.

heart [hɑːt] s. cor m. [també fig.]. || ~ and soul, en cos i ànima. || to lose ~, desanimar-se. || to take to ~, prendre's a la valenta. || at ~, en el fons. || by ~, de memòria, de cor. || to one's heart's content, a cor què vols. || to wear one's ~ on one's sleeve, anar amb el cor a la mà. 2 cor m., moll m. [d'una fruita, etc.]. 3 centre m. 4 cors m. pl. [de la baralla].

heartache [ˈhɑːteik] s. aflicció f., pena f., angoixa f.

heart attack [ˈhɑːtətæk] s. atac m. de cor.

heartbeat [ˈhɑːtbiːt] s. batec m. [del cor].

heartbreak [ˈhɑːtbreik] s. pena f., angoixa f.

hearten (to) [ˈhɑːtn] t. animar, encoratjar.

heart failure [ˈhɑːtˌfeiljə] s. fallida f. cardíaca.

heartfelt [ˈhɑːtfelt] a. sincer, cordial.

hearth [hɑːθ] s. llar f., xemeneia f.

heartless [ˈhɑːtlis] a. despietat, cruel.

heart-rending [ˈhɑːtˌrendiŋ] a. punyent, angoixós, penós.

hearty [ˈhɑːti] a. cordial, sincer. 2 sa, robust. 3 gran, abundant.

heat [hiːt] s. calor f., calda f. 2 fig. passió f., vehemència f., ardor f. 3 ZOOL. zel m.: in o on ~, en zel.

heat (to) [hiːt] t. escalfar, acalorar [també fig.]. ■ 2 i. escalfar-se p., acalorar-se p. [també fig.].

heat barrier [ˈhiːtˌbæriə] s. barrera f. tèrmica.

heater [ˈhiːtə] s. escalfador m.

heathen [ˈhiːðən] a.-s. pagà. 2 fig. bàrbar, salvatge.

heather [ˈheðə] s. BOT. bruc m.

heating [ˈhiːtiŋ] s. calefacció f. || central ~, calefacció central.

heatstroke [ˈhiːtstrouk] s. MED. insolació f.

heatwave [ˈhiːtweiv] s. onada f. de calor.

heave [hiːv] s. esforç m. [per aixecar]. 2 moviment m., agitació f. 3 esbufec m. 4 palpitació f.

heave (to) [hiːv] t. aixecar, estirar, empènyer. 2 exhalar [un sospir, etc.]. 3 inflar [el pit]. ■ 4 i. pujar i baixar regularment. 5 esbufegar. 6 bategar. ▲ Pret. i p. p.: heaved [hiːvd] o hove [houv].

heaven [hevn] s. cel m., glòria f., paradís m. || ~ knows!, Déu ho sap! || for heavens sake!, per l'amor de Déu! || thank ~!, gràcies a Déu! 2 cel m., firmament m.

heavenly [ˈhevnli] a. celestial, diví. 2 ASTR. celest: ~ body, cos celest.

heaven-sent [ˌhevnˈsent] a. fig. providencial.

heavily [ˈhevili] adv. pesadament. 2 molt, profundament. 3 amb dificultat. 4 durament, amb força.

heaviness [ˈhevinis] s. pesadesa f. 2 letargia f., abaltiment m. 3 força f., pes m.

heavy [ˈhevi] a. pesat. 2 opressiu, sever. 3 fort, violent. 4 profund, intens. 5 ensopit, abaltit. 6 aclaparat, oprimit. 7 espès, atapeït. 8 tapat, fosc. ■ 9 adv. pesadament.

heavy-duty [ˌheviˈdjuːti] a. resistent, d'alta resistència.

heavy-handed [ˌheviˈhændid] a. maldestre.

heavyweight [ˈheviweit] s. pes m. pesat.

Hebrew [ˈhiːbruː] a.-s. hebreu. 2 s. hebreu m. [llengua].

heckle (to) [ˈhekl] t. interrogar, interrompre, interpel·lar.

hectare ['hektɑ:ʳ] s. hectàrea f.

hectic ['hektik] a.-s. MED. hèctic, tísic. 2 a. febril, agitat.

hedge [hedʒd] s. tanca f., clos m., closa f.

hedge (to) [hedʒ] t. tancar, envoltar, encerclar [amb una tanca, etc.]. 2 fig. protegir; posar obstacles. ■ 3 i. contestar amb evasives. 4 AVIA. to ~ hop, volar baix.

hedgehog ['hedʒhɔg] s. ZOOL. eriçó m.

heed [hi:d] s. atenció f., cas m.

heed (to) [hi:d] t. fer atenció, fer cas. 2 notar.

heedful ['hi:dful] a. cautelós, prudent, caut.

heedless ['hi:dlis] a. despreocupat, imprudent.

heehaw ['hi:hɔ:] s. bram m. 2 fig. riallada f.

heel [hi:l] s. taló m. ‖ Achilles' ~, taló d'Aquil·les. ‖ to take to one's heels, fugir, escapar-se.

heel (to) [hi:l] t. posar talons [a les sabates]. 2 ESPORT xutar amb el taló. 3 MAR. fer escorar. ■ 4 i. estalonar t. 5 MAR. escorar.

hefty ['hefti] a. massís, corpulent.

hegemony ['hi:'geməni] s. hegemonia f.

heifer ['hefəʳ] s. vedella f.

height [hait] s. alçada f., alçària. 2 altitud f., altura f. 3 estatura f. 4 cim m., puig m. 5 fig. extrem m., súmmum m.

heighten (to) ['haitn] t. aixecar, alçar. 2 augmentar, acréixer. 3 intensificar, realçar. ■ 4 i. elevar-se p. 5 créixer, augmentar. 6 intensificar-se p.

heinous ['heinəs] a. odiós, atroç.

heir [ɛəʳ] s. hereu m. ‖ DRET. ~ apparent, hereu forçós.

heiress ['ɛəris] s. hereva f.

heirloom [ɛəlu:m] s. relíquia f. familiar. 2 fig. herència f.

held [held] Vegeu HOLD (TO).

Helen ['helən] n. pr. f. Helena, Elena.

helicopter ['helikɔptəʳ] s. AERON. helicòpter m.

heliport ['helipɔ:t] s. AERON. heliport m.

helix ['hi:liks] s. hèlix f., hèlice f. ▲ pl. helices ['hi:lisi:z].

he'll [hi:l] contr. de HE SHALL i HE WILL.

hell [hel] s. infern m. ‖ fig. a ~ of a, infernal, fatal; fantàstic. ‖ fig. for the ~ of it, perquè sí. ‖ fig. to go through ~, passar-ho molt malament.

hello [hə'lou] interj. Vegeu HULLO.

helm [helm] s. MAR. timó m. [també fig.].

helmet ['helmit] s. casc m. 2 carota.

helmsman ['helmzmən] s. timoner m.

help [help] s. ajuda f., ajut m., auxili m.: help! auxili!, ajut! 2 remei m.: there is no ~ for it, no hi ha remei, no té remei. 3 dona f. de fer feines.

help (to) [help] t. ajudar, auxiliar, socórrer. 2 facilitar, fomentar. 3 evitar: I can't ~ crying, no puc evitar de plorar. 4 servir [menjar, etc.].

helper ['helpəʳ] s. ajudant, auxiliar, assistent, col·laborador.

helpful ['helpful] a. útil, profitós. 2 amable, servicial.

helping ['helpiŋ] a. to lend someone a ~ hand, donar un cop de mà. ■ 2 s. ració f., porció f. [de menjar].

helpless ['helplis] a. desvalgut, indefens. 2 incapaç, inútil, inepte. 3 impotent, dèbil. ■ 4 -ly adv. en va, inútilment. 5 sense esperança.

helplessness ['helplisnis] s. desemparança f. 2 impotència f. 3 incapacitat f.

helpmate ['helpmeit], **helpmeet** ['helpmi:t] bon company. 2 marit m.; muller f.

helter-skelter [,heltə'skeltəʳ] a. atrafegat. ■ 2 adv. a corre-cuita, precipitadament. ■ 3 s. desori m., aldarull m. 4 desbandada f.

hem [hem] s. COST. vora f. ‖ to lower o raise the ~, escurçar o allargar [una peça de roba]. 2 voraviu m., orla f.

hem (to) [hem] t. COST. fer la vora. 2 envoltar, encerclar.

hemline ['hemlain] s. repunt m.

hemp [hemp] s. cànem m. ‖ Indian ~, haixix m. ; marihuana f.

hen [hen] s. ORN. gallina f. 2 femella f. d'au.

hence [hens] adv. des d'aquí, d'aquí. 2 des d'ara, d'aquí a. 3 per això.

henceforth [hens'fɔ:θ] adv. d'ara en endavant.

henchman ['hentʃmən] s. sequaç (EUA), partidari. 2 home m. de confiança.

hen-coop ['henku:p] s. galliner m.

hen-house ['henhaus] s. Vegeu HEN-COOP.

hen party ['henpɑ:ti] s. col·loq. festa f. o reunió f. de dones.

henpecked ['henpekt] a. ~ husband, calçasses m.

Henry ['henri] n. pr. m. Enric.

her [hər, ər, hə, ə] *pron. f.* (acusatiu o datiu) la, li. 2 (amb prep.) ella. ■ 3 *a. poss. f.* el seu, la seva, els seus, les seves.

herald ['herəld] *s.* herald *m.* 2 *fig.* capdavanter, precursor.

herald (to) ['herəld] *t.* anunciar.

heraldry ['herəldri] *s.* heràldica *f.*

herb [həːb] *s.* herba *f.* 2 *pl.* CUI. herbes *f. pl.* fines.

herbalist ['həːbəlist] *s.* herbolari.

Herbert ['həːbət] *n. pr. m.* Heribert.

herbivore ['həːbivɔː] *s.* ZOOL. herbívor *m.*

herbivorous [həːˈbivərəs] *a.* herbívor.

herd [həːd] *s.* ramat *m.*, ramada *f.* [també fig.].

herd (to) [həːd] *t.* arramadar, aplegar. ■ 2 *i.* arramadar-se *p.*, aplegar-se *p.*

herdsman ['həːdzmən] *s.* pastor *m.*

here [hiə] *adv.* aquí, (VAL.) ací. ‖ ~ *it is*, mi(ra)-te'l. ‖ col·loq. *neither ~ nor there*, no ve al cas.

hereabouts ['hiərəˌbauts] *adv.* per aquí a prop.

hereafter [hiərˈɑːftə] *adv.* d'ara en endavant, en el futur. 2 seguidament, a continuació. ■ 3 *s.* l'altra vida *f.*, l'altre món *m.* 4 futur *m.*, esdevenidor *m.*

hereby [hiəˈbai] *adv.* amb aquests mitjans. 2 amb aquesta carta.

heredity [hiˈrediti] *s.* herència *f.*

hereditary [hiˈrəditəri] *a.* hereditari.

heresy ['herəsi] *s.* heretgia *f.*

heretic ['herətik] *s.* heretge.

heritage ['heritidʒ] *s.* herència *f.*, heretatge *m.* 2 *fig.* patrimoni *m.*

hermetic(al) [həːˈmetik, -əl] *a.* hermètic.

hermit ['həːmit] *s.* eremita, ermità.

hermitage ['həːmitidʒ] *s.* ermita *f.*

hero ['hiərou] *s.* heroi *m.* 2 personatge *m.* principal, protagonista *m.* [masculí].

heroic(al) [hiˈrouik(əl)] *a.* heroic. ‖ ~ *verse*, decasíl·lab *m.* 2 *pl.* grandiloqüència *f. sing.*

heroin ['herouin] *s.* heroïna *f.* [estupefaent].

heroine ['herouin] *s.* heroïna *f.* 2 personatge *m.* principal, protagonista *f.* [femenina].

heroism ['herouizəm] *s.* heroisme *m.*

heron ['herə] *s.* ORN. bernat *m.* pescaire.

herring ['heriŋ] *s.* ICT. areng *m.* 2 CUI. arengada *f.* ‖ *smoked* ~, arengada fumada. 3 *fig.* *red-herring,* pista *f.* falsa.

herringbone ['heriŋboun] *a.* d'espiga [disseny].

hers [həːz] *pron. poss. f.* el seu, la seva, els seus, les seves.

herself [həːˈself] *pron. pers. f.* d'ella, d'ella mateixa, es. 2 ella, ella mateixa. 3 ella sola [sense ajut].

he's [hiːz] contr. de HE IS i HE HAS.

hesitate (to) ['heziteit] *i.* dubtar, titubejar, (ROSS.) hesitar.

hesitation [ˌheziˈteiʃən] *s.* vacil·lació *f.*, dubte *m.*, titubeig *m.*

heterodox ['hetərədɔks] *a.* heterodox.

heterogeneous [ˌhetərəˈdʒiːniəs] *a.* heterogeni.

hew (to) [hjuː] *t.* tallar. 2 talar. 3 cisellar. ▲ Pret.: *hewed* [hjuːd]; p. p.: *hewn* [hjuːn] o *hewed* [hjuːd].

hexagon ['heksəgən] *s.* hexàgon *m.*

hexagonal [hekˈsægənl] *a.* hexagonal.

hey [hei] *interj.* eh!, escolta!, escolti!, ep!, ei!

heyday ['heidei] *s. fig.* apogeu *m.*

hi [hai] *interj.* hola!, ei!

hiccough, hiccup ['hikʌp] *s.* singlot *m.*

hiccough, hiccup (to) ['hikʌp] *i.* singlotar, tenir singlot.

hid [hid] Vegeu HIDE (TO).

hidden ['hidn] *a.* amagat. 2 *fig.* ocult, secret. ■ 3 Vegeu HIDE (TO).

hide [haid] *s.* pell *f.*, cuiro *m.*

hide (to) [haid] *t.* amagar, ocultar, tapar; encobrir. ■ 2 *i.* amagar-se *p.*, ocultar-se *p.* 3 emparar-se *p.* ▲ Pret.: *hid* [hid]; p. p.: *hidden* ['hidn] o *hid.*

hide-and-seek ['haid ənd 'siːk] *s.* acuit *m.* i amagar [joc].

hideaway ['haidəwei], **hideout** ['haidaut] *s.* col·loq. amagatall *m.*

hideous ['hidiəs] *a.* espantós, horrible. 2 terrible, monstruós.

hiding ['haidiŋ] *s.* ocultació *f.* 2 DRET encobriment *m.* 3 col·loq. pallissa *f.*, llenya *f.*

hiding place ['haidiŋpleis] *s.* amagatall *m.*, refugi *m.*

hierarchy ['haiərɑːki] *s.* jerarquia *f.*

hieroglyph ['haiərəglif] *s.* jeroglífic *m.*

hi-fi ['haiˌfai] *s.* (abrev. *high-fidelity*) alta fidelitat *f.*

high [hai] *a.* alt [cosa]. ‖ ~ *seas,* alta mar; ~ *water,* marea alta. 2 elevat. 3 il·lustre, noble. 4 altiu, altívol. 5 fort. 6 agut. 7 suprem. 8 car [preu]. 9 major [altar, missa]; gran [carrer]. 10 grossa [mar]. ■ 11 *adv.* alt, enlaire. 12 ~ *and low,* per tot arreu. 13 **-ly,** *adv.* altament; fort; molt.

■ *14 s.* altura *f.;* extrem *m.* 15 (EUA) col·loq. rècord *m.*

high-born ['haibɔːn] *a.* noble, aristòcrata.

highbrow ['haibrau] *a.-s.* intel·lectual.

high-class [.hai'klæs] *a.* de categoria. 2 de primera classe.

high-flown ['haifloun] *a.* altisonant, ampul·lós, pretensiós.

high-flying [.hai'flaiiŋ] *a.* ambiciós.

high-handed [.hai'hændid] *a.* arbitrari, despòtic, tirànic.

highland ['hailənd] *s.* terres *f. pl.* altes.

high-minded [.hai'maindid] *a.* noble, generós, magnànim.

highness ['hainis] *s.* altesa *f.*

highway ['haiwei] *s.* carretera *f.* 2 (EUA) autopista *f.* 3 fig. via *f.* directa.

highwayman ['haiweimən] *s.* saltejador *m.,* bandoler *m.* ▲ *pl.* **highwaymen.**

hike ['haik] *s.* col·loq. excursió *f.,* caminada *f.* ‖ *to go on a ~,* anar d'excursió, fer una caminada.

hiker ['haikə'] *s.* excursionista.

hilarious [hi'lɛəriəs] *a.* alegre, divertit.

hill [hill] *s.* pujol *m.,* puig *m.,* turó *m.;* tossal *m.* 2 pendent *m.,* costa *f.*

hillock ['hilək] *s.* monticle *m.,* altell *m.*

hillside ['hilsaid] *s.* vessant *m.*

hilly ['hili] *a.* muntanyós.

hilt [hilt] *s.* empunyadura *f.,* puny *m.* 2 *(up) to the ~,* fins el fons, totalment.

him [him, im] *pron. m.* (acusatiu) el; (datiu) li. 2 (amb preposició) ell: *to ~,* a ell.

himself [him'self] *pron. pers. m.* ell, ell mateix, si mateix, se: *he did it ~,* ho va fer ell sol o ell mateix.

hind [haind] *a.* posterior, del darrera. ■ 2 *s.* cérvola *f.*

hinder (to) ['hində'] *t.* obstaculitzar, destorbar, impedir.

hindrance ['hindrəns] *s.* destorb *m.,* obstacle *m.,* impediment.

hinge [hindʒ] *s.* frontissa *f.,* xarnera *f.* 2 fig. eix *m.*

hinge (to) [hindʒ] *t.* engolfar, posar xarneres. ■ 2 *i. to ~ on* o *upon,* dependre de.

hint [hint] *s.* insinuació *f.,* suggeriment *m.,* indirecta *f.,* indicació *f.*

hint (to) [hint] *t.* indicar, suggerir, insinuar. ■ 2 *i. to ~ at,* al·ludir a, fer al·lusió a.

hinterland ['hintəlænd] *s.* interior *m.* [d'un país].

hip [hip] *s.* maluc *m.*

hire (to) ['haiə'] *t.* llogar, arrendar.

hire ['haiə'] *s.* lloguer *m.*

his [hiz, iz] *a.-pron. poss. m.* el seu, la seva, els seus, les seves [d'ell].

hiss [his] *s.* xiuxiueig *m.* 2 xiulada *f.*

hiss (to) [his] *i.-t.* xiuxiuejar, xiular.

historian [his'tɔːriən] *s.* historiador.

historic [his'tɔrik] *a.* històric.

historical [his'tɔrikəl] *a.* històric.

history ['histri] *s.* història *f.*

hit [hit] *s.* cop *m.,* (VAL.) colp *m.* 2 èxit *m.,* sensació *f.* ‖ *~ parade,* llista *f.* d'èxits.

hit (to) [hit] *t.* pegar, copejar, donar cops a, ferir; encertar. ‖ *to ~ the mark,* fer blanc, encertar en el blanc. ‖ *to ~ the nail on the head,* encertar-la. ■ 2 *i.* atacar *t.* 2 ensopegar amb, pensar en. ▲ Pret. i p. p.: *hit* [hit].

hitch [hitʃ] *s.* obstacle *m.,* entrebanc *m.,* dificultat *m.* 2 estrebada *f.,* sacsejada *f.,* sotrac *m.*

hitch (to) [hitʃ] *t.* pujar-se *p.* [els pantalons, etc.]. 2 lligar, enganxar. ■ 3 *i.* lligar-se *p.,* enganxar-se *p.*

hitch-hike (to) ['hitʃhaik] *i.* fer autostop.

hitch-hiking ['hitʃhaikiŋ] *s.* autostop *m.*

hither ['hiðə'] *adv.* ant. aquí, cap aquí: *~ and thither,* aquí i allà.

hitherto [.hiðə'tuː] *adv.* fins aquí, fins ara.

hive [haiv] *s.* rusc *m.;* arna *f.,* buc *m.* 2 fig. formiguer *m.*

H.M.S. ['eitʃem'es] *s. (His/Her Majesty's Service)* servei *m.* de Sa Majestat (govern, exèrcit). 2 *(His/Her Majesty's Ship)* vaixell *m.* de guerra britànic.

hoard [hɔːd] *s.* tresor *m.,* acumulació *f.,* dipòsit *m.*

hoard (to) [hɔːd] *t.* acumular, guardar, tresorejar, atresorar.

hoarding ['hɔːdiŋ] *s.* tresorejament *m.* 2 tanca *f.* de construcció. 3 taula *f.* d'anuncis, llista *f.* d'espectacles.

hoarfrost ['hɔːfrɔst] *s.* gebre *m.*

hoarse [hɔːs] *a.* ronc, aspre.

hoary ['hɔːri] *a.* canut, canós. 2 fig. vell.

hoax [houks] *s.* broma *f.,* jugada *f.,* parany *m.*

hoax (to) [houks] *t.* enganyar, enredar.

hobble ['hɔbl] *s.* coixesa *f.* 2 trava *f.* [també fig.].

hobble (to) ['hɔbl] *i.* coixejar. ■ 2 *t.* travar, posar traves [també fig.].

hobble skirt ['hɔblskəːt] *s.* faldilla *f.* de tub.

hobby ['hɔbi] s. entreteniment m., passatemps m.

hobgoblin ['hɔbgɔblin] s. follet m. [dolent].

hockey ['hɔki] s. ESPORT hoquei m.

hoe [hou] s. aixada f., aixadella f., aixadell m.

hoe (to) [hou] t. treballar amb l'aixada.

hog [hɔg] s. porc m., marrà m.

hogshead ['hɔgzhed] s. bocoi m. 2 mesura aprox. equivalent a 240 litres.

hoist [hɔist] s. grua f., muntacàrregues m. 2 col·loq. empenta f. [cap amunt].

hoist (to) [hɔist] t. pujar, alçar, aixecar. 2 hissar, enarborar.

hold [hould] s. presa f., agafada f. 2 agafador m., agafall m., sostenidor m.; suport m. 3 refugi m., fortalesa f. 4 receptacle m. 5 fig. domini m., influència f., poder m. 6 AVIA. cabina f. de càrrega f. 7 ESPORT clau f. [de lluita]. 8 MAR. bodega f. 9 to take o lay ~ of, agafar, apoderar-se p. de.

hold (to) [hould] t. tenir, posseir. 2 agafar, (ROSS.) hajar, subjectar. 3 aguantar, suportar, sostenir. 4 sostenir, defensar. 5 detenir, aturar. 6 ocupar, absorbir. 7 tenir capacitat per a. 8 celebrar [una reunió, etc.]; mantenir, tenir [una conversa]. 9 considerar, tenir por. 10 to ~ good, valer o servir per a. ■ 11 i. agafar-se p. 12 mantenir-se p., sostenir-se p. 13 valer, estar o seguir en vigor. 14 durar, continuar. ■ to ~ back, vacil·lar, contenir(se), refrenar; to ~ down, subjectar, aguantar; oprimir; to ~ forth, predicar, perorar; presentar, oferir; to ~ in, contenir(se); to ~ out, resistir, allargar, durar; to ~ over, ajornar, diferir; to ~ up, retardar, retenir; sostenir, aixecar; presentar, mostrar; atracar; to ~ with, estar d'acord amb. ▲ Pret. i p. p.: held [held].

holdall ['houldɔːl] s. bossa f. de viatge; maleta f.

holder ['houldə'] s. tenidor, posseïdor. ‖ ESPORT record-holder, posseïdor d'un rècord. 2 mànec m., agafador m. ‖ cigarette-holder, broquet m. 3 titular. 4 FOT. xassís m.

holding ['houldiŋ] s. possessió f. [esp. de terra].

hold-up ['houldʌp] s. atracament m. a mà armada. 2 interrupció f. [de serveis]. 3 embussament m. [de trànsit].

hole [houl] s. forat m., esvoranc m. 2 buit m., clot m., fossa f., sot m. 3 cova f., cau m. 4 defecte m. 5 col·loq. destret m. 6 fig. cofurna f.

hole (to) [hoult] t. foradar, perforar. 2 ESPORT ficar en el forat [golf]. ■ 3 i. to ~ out, ficar la pilota al forat [golf]. 4 col·loq. to ~ up, amagar-se p., encofurnar-se.

holiday ['hɔlədi, -lid-, -dei] s. festa f., dia m. de festa, festivitat f. 2 pl. vacances f. pl., vacacions f. pl. ■ 3 a. festiu.

holiness ['houlinis] s. santedat f.

hollow ['hɔlou] a. buit [també fig.]. 2 enfonsat [ulls, galtes]. 3 fals, poc sincer. ■ 4 s. buit m., clot m. 5 fondalada f., vall f.

holly ['hɔli] s. BOT. grèvol m.

holm-oak ['houmouk] s. alzina f.

holocaust ['hɔləkɔːst] s. holocaust m.

holster ['houlstə'] s. pistolera f.

holy ['houli] a. sant; sagrat.

homage ['hɔmidʒ] s. homenatge m.: to do o to pay ~ to, retre homenatge a.

home [houm] s. casa f., llar f. ‖ at ~, a casa; make yourself at ~, com si fossis a casa teva. 2 asil m., hospici m. 3 pàtria f., país m. natal. ■ 4 a. casolà. 5 domèstic. 6 nacional, del país. ‖ Home Office, ministeri m. de l'interior. ‖ Home Rule, autonomia f., autogovern m. ■ 7 adv. a casa: I'm going ~, me'n vaig a casa.

homeland ['houmlænd] s. pàtria f., terra f. natal.

homeless ['houmlis] a. sense casa.

homely ['houmli] a. simple, senzill, casolà. 2 rústec, inculte. 3 (EUA) lleig, vulgar.

homemade [,houm'meid] a. fet a casa.

homesick ['houmsik] a. enyorat, nostàlgic.

homesickness ['houmsiknis] s. enyorança f., enyor m., nostàlgia f.

homespun ['houmspʌn] a. teixit a casa, fet a casa. 2 fig. bast, senzill.

homicidal [,hɔmi'saidl] a. homicida.

homicide ['hɔmisaid] s. homicidi m. ‖ (EUA) ~ squad, brigada f. d'homicidis. 2 homicida [persona].

homily ['hɔmili] s. homilia f.

homonym ['hɔmənim] s. homònim m. 2 LING. homònim m.

homosexual [,houmə'seksjuəl] a.-s. homosexual.

hone (to) [houn] t. esmolar.

honest ['ɔnist] a. honrat, probe. 2 just, recte. 3 sincer. 4 honest. ■ 5 -ly adv. sincerament.

honesty ['ɔnisti] s. honradesa f., rectitud f. 2 sinceritat f.

honey ['hʌni] s. mel m. [també fig.]. 2 dolçor f., dolcesa f. 3 ~!, amor!

honey bee ['hʌnibiː] s. abella f. obrera.

honeycomb ['hʌnikoum] s. rusc m.

honeyed ['hʌnid] a. melós, dolç, melat.

honeymoon ['hʌnimuːn] s. lluna f. de mel.

honeysuckle ['hʌni,sʌkl] s. BOT. xuclamel m.

honorary ['ɔnərəri] a. honorari, d'honor: ~ member, membre honorari. 2 honorífic: ~ secretary, secretari honorífic.

honour, (EUA) **honor** ['ɛnə] s. honor m., honra f. ‖ guard of ~, guàrdia d'honor; maid of ~, dama f. d'honor. 2 honradesa f. 3 glòria f., llorer m. 4 Your Honour, Vostra Senyoria f., Senyor Jutge. 5 pl. honors m. pl.

honour, (EUA) **honor** ['ɛnə] t. honorar, honrar, retre honors. 2 condecorar, llorejar. 3 COM. fer honor a; acceptar, pagar.

honourable, (EUA) **honorable** ['ɛnərəbl] a. honorable. 2 honrat. 3 honrós.

hood [hud] s. caputxa f., caputxó m., caperutxa f., caperulla f., capirot m. 2 capota f. [de cotxe]; (EUA) capot m.

hoodwink (to) ['hudwiŋk] t. enganyar, enredar.

hoof [huːf] s. casc m., peülla f. ▲ pl. hoofs [huːfs] o hooves [huːvz].

hook [huk] s. ganxo m., croc m., garfi m. ‖ ~ and eye, gafet m. i gafeta f. ‖ by ~ or by crook, a les bones o a les dolentes. 2 escàrpia m. 3 ham m. 4 fig. col·loq. his father got him off the ~, el seu pare li va solucionar els problemes, el va treure d'un mal pas. 5 ESPORT ganxo m. [boxa]. 6 TELEF. off the ~, despenjat.

hook (to) [huk] t. enganxar. 2 pescar, atrapar. 3 penjar. 4 corbar, encorbar. 5 ESPORT fer un ganxo [boxa]. ■ 6 i. enganxar-se p.

hooked [hukt] a. ganxut. ‖ a ~ nose, nas m. aguilenc. ‖ ~ on drugs, drogaddicte. ‖ to get ~ on, aviciar-se a.

hookup ['hukʌp] s. TECNOL. connexió f. 2 xarxa f. de comunicacions.

hoop [huːp] s. rutlla f., cèrcol m. 2 anell m., anella f., argolla f.

hoot [huːt] s. crit m., udol m. 2 crit m. [del mussol]. 3 xiulet m. [de la locomotora]; botzinada f.

hoot (to) [huːt] i. udolar, ulular. 2 cridar [mussol]. 3 xiular [persona]. ■ 4 t. xiular.

hooter ['huːtə] s. sirena f. [d'una fàbrica, etc.]. 2 AUTO. botzina f.

hop [həp] s. salt m., bot m. 2 AERON. vol m. 3 BOT. llúpol m., esparga f.

hop (to) [həp] i. saltar, botar. 2 col·loq. ~ it!, toca el dos!

hope [houp] s. esperança f., confiança f. 2 promesa f.

hope (to) [houp] t. esperar. ‖ I ~ so!, espero que sí. ■ 2 i. esperar, tenir esperança. 3 confiar.

hopeful ['houpful] a. esperançat. 2 esperançador, prometedor. ■ 3 s. promesa f.: young hopefuls, joves promeses.

hopeless ['houplis] a. desesperat, irremeiable. 2 MED. incurable.

horde [hɔːd] s. horda f. 2 fig. multitud f.

horizon [hə'raizn] s. horitzó m. [també fig.].

horizontal [,hɔri'zɔntl] a. horitzontal.

horn [hɔːn] s. banya f., corn m. ‖ ~ of plenty, corn de l'abundància. 2 botzina f. 3 MÚS. corn m., trompa f.

hornet ['hɔːnit] s. ENT. vespa f.

horny ['hɔːni] a. corni. 2 callós.

horrible ['hɔribl] a. horrible.

horrid ['hɔrid] a. horrorós, horripilant.

horrify (to) ['hɔrifai] t. horroritzar.

horror ['hɔrə] s. horror m.

horse [hɔːs] s. ZOOL. cavall m. ‖ ~ race, cursa f. de cavalls. 2 cavallet m. 3 cavall m. [de gimnàstica]. 4 MIL. cavalleria f.

horseback ['hɔːsbæk] adv. on ~, a cavall.

horsefly ['hɔːsflai] s. ENT. tàvec m., tavà m.

horsehair ['hɔːshɛə] s. crinera f.

horseman ['hɔːsmən] s. genet m. ▲ pl. horsemen.

horsemanship ['hɔːsmənʃip] s. equitació f.

horsepower ['hɔːs,pauə] s. cavall m. de vapor: this is a 60 ~ engine, és un motor de 60 cavalls.

horseshoe ['hɔːsʃuː] s. ferradura f.

horse-sense ['hɔːssens] s. sentit m. comú.

horsewoman ['hɔːs,wumən] s. amazona f. ▲ pl. horsewomen.

horticulture ['hɔːtikʌltʃə] s. horticultura f.

hose [houz] s. mànega f. 2 ant. mitges f. pl.; mitjons m. pl. 3 ant. calces f. pl., calçons m. pl.

hosier ['houʒiə] s. calceter, mitger.

hosiery ['houʒiəri] s. calceteria f., gènere m. de punt.

hospice ['hɔspis] s. hospital m. [per a malalts terminals]. 2 hostalatge m.

hospitable [hɔ'spitəbl] a. hospitalari, acollidor.

hospital ['hɔspitl] s. hospital m.

hospitality [hɔspi'tæliti] s. hospitalitat f.

host [houst] s. amfitrió, hoste. 2 fondista, hostaler, dispeser. 3 host f. 4 multitud f. 5 BIOL. hoste m. 6 REL. hòstia f.

hostage ['hɔstidʒ] s. ostatge m.

hostel ['hɔstəl] s. residència f. [d'estudiants]. 2 alberg m.: youth ~, alberg m. de la joventut.

hostess ['houstis] s. amfitriona f. 2 hostalera f., dispesera f. 3 AVIA. air ~, hostessa f.

hostile ['hɔstail] a. hostil.

hostility [hɔs'tiliti] s. hostilitat f.

hot [hɔt] a. calent. || to be ~, tenir calor. || it is ~, fa calor. 2 càlid, calorós. 3 acalorat, enardit. 4 fogós, vehement. 5 enèrgic. 6 fort [geni]. 7 recent [notícia, etc.]. 8 CUI. picant. ■ 9 -ly adv. calorosament, acaloradament. 10 violentament.

hotbed ['hɔtbed] s. planter m. [també fig.].

hot-dog ['hɔtdɔg] s. frankfurt m.

hotel [hou'tel] s. hotel m.

hothead ['hɔthed] s. cap m. calent, exaltat.

hothouse ['hɔthaus] s. hivernacle m.

hound [haund] s. gos m. de caça, gos m. perdiguer, gos m. coniller.

hour ['auə'] s. hora f. || ~ hand, agulla f. de les hores. || per ~, per hora. 2 fig. moment m., temps m.

hourglass [auəglɑːs] s. rellotge m. de sorra.

hourly ['auəli] a. de cada hora, continu. ■ 2 adv. (un cop) cada hora.

house [haus] s. casa f. 2 cambra f.: House of Commons, Cambra dels Comuns. 3 MEC. encaix m., encaixament m. 4 TEAT. sala f.; públic m.

household ['haushould] s. casa f., família f., llinatge m. ■ 2 a. domèstic; casolà.

householder ['haushouldə'] s. cap m. de casa. 2 llogater.

housekeeper ['haus,kiːpə'] s. majordoma f., casera f.

housemaid ['haus,meid] s. criada f., minyona f.

housewife ['haus,waif] s. mestressa f. de casa.

housework ['hauz,wəːk] s. feines f. pl. de la casa.

housing ['hauzin] s. allotjament m., habitatge m. 2 MEC. tapadora f., cobertora f.

hove [houv] Vegeu HEAVE (TO).

hovel ['hɔvl] s. casot m., casull m.

hovercraft ['hɔuəkrɑːft] s. aerolliscador m.

how [hau] adv. com, de quina manera. || ~ about...?, què et sembla si...? || ~ are you?, com estàs? || ~ come...?, com és que...? || ~ do you do?, encantat, molt de gust. 2 que [admiratiu]: ~ nice!, que bonic! 3 quant: ~ old are you?, quants anys tens? || ~ long, quant de temps. || ~ many, quants. || ~ much, quant.

however [hau'evə'] adv. per més que, per molt que. 2 ~ that may be, sigui com sigui; ~ I do it, ho faci com ho faci. ■ 3 conj. tanmateix, però, no obstant, de totes maneres.

howitzer ['hauitsə'] s. MIL. obús m.

howl [haul] s. udol m. 2 crit m.

howl (to) [haul] i. cridar, udolar. ■ 2 t. to ~ (down), aücar, esbroncar; fer callar a crits.

HP, h.p. ['eitʃ'piː] s. (hire purchase) compra f. a terminis. 2 (horse-power) cavalls m. pl. de vapor.

HQ [eitʃ'kjuː] s. (Headquarters) quarter m. general.

hub [hʌb] s. botó m. [de roda]. 2 fig. centre m., eix m.

hubbub ['hʌbʌb] s. xivarri m., cridòria f., gatzara f.

huckster ['hʌkstə'] s. quincallaire, quincaller.

huddle ['hʌdl] s. munió f., tropell m., gentada f., confusió f.

huddle (to) ['hʌdl] t. apilonar, amuntegar. ■ 2 i. amuntegar-se p., apilotar-se p., ajuntar-se p. 3 arraulir-se p., arrupir-se p.

hue [hjuː] s. color m., matís m., to m.

huff [hʌf] s. enrabiada f., empipament m., enuig m.

huffy ['hʌfi] a. enfadadís. 2 enutjat, enrabiat.

hug [hʌg] s. abraçada f.

hug (to) [hʌg] t. abraçar. 2 fig. aferrar-se p. a.

huge [hjuːdʒ] a. enorme, immens.

hulk [hʌlk] s. buc *m*. 2 fig. baluerna *f*., galiassa *f*. ■ 3 *a*. *hulking*, feixuc, graponer.

hull [hʌl] s. clofolla *f*., closca *f*.; pell *f*., pela *f*. [de la fruita]; beina *f*. [del llegum]. 2 buc *m*. [d'un vaixell].

hull (to) [hʌl] *t*. pelar.

hullo [hə'lou] *interj*. hola!; digui! [telèfon].

hum [hʌm] s. brunzit *m*., brunziment *m*., remor *f*.

hum (to) [hʌm] *i*. brunzir. 2 cantussejar. 3 to ~ *and haw*, titubejar, titubar. ■ 4 *t*. cantussejar *i*.

human ['hju:mən] *a*. humà: ~ *being*, ésser humà; ~ *nature*, naturalesa humana. ■ 2 humanament.

humane [hju:'mein] *a*. humà, humanitari.

humanism ['hju:mənizm] s. humanisme *m*.

humanity [hju:'mæniti] s. humanitat *f*. 2 gènere *m*. humà. 3 *pl*. humanitats *f*. *pl*.

humanize (to) ['hju:mənaiz] *t*. humanitzar.

humankind [,hju:mən'kaind] s. humanitat *f*.

humble ['hʌmbl] *a*. humil. 2 modest, senzill. ■ 3 -**ly** *adv*. humilment; modestament.

humble (to) ['hʌmbl] *t.-p*. humiliar(se).

humbleness ['hʌmblnis] s. humilitat *f*.

humbug ['hʌmbʌg] s. engany *m*., mentida *f*., bola *f*.■ 2 *a*. farsant, trampós. ■ 3 *interj*. ximpleries!, bestieses!

humbug (to) ['hʌmbʌg] *t*. enganyar, entabanar.

humdrum ['hʌmdrʌm] *a*. monòton, avorrit, rutinari. ■ 2 s. monotonia *f*., rutina *f*.

humerus ['hju:mərəs] s. ANAT. húmer *m*.

humid ['hju:mid] *a*. humit.

humidify [hju:'midifai] *t*. humitejar.

humidity [hju:'miditi] s. humitat *f*.

humiliate (to) [hju:'milieit] *t*. humiliar.

humiliation [hju:,mili'eiʃən] s. humiliació *f*.

humility [hju:'militi] s. humilitat *f*.

humming ['hʌmiŋ] *a*. brunzent, brunzaire. 2 molt actiu, intens. ■ 3 s. cantussol *m*., taral·la *f*. 4 brunzit *m*., brunziment *m*. 5 murmuri *m*., mormoleig *m*.

hummingbird ['hʌmiŋbəːd] s. colibrí *m*.

hummock ['hʌmək] s. altell *m*., montitjol *m*. 2 monticle *m*. de gel.

humorist ['hju:mərist] s. humorista. 2 graciós, faceciós, bromista [persona].

humorous ['hju:mərəs] *a*. humorístic. 2 graciós, divertit. ■ 3 *adv*. humorísticament, amb gràcia.

humorousness ['hju:mərəsnis] s. humorisme *m*., gràcia *f*.

humour, (EUA) **humor** ['hju:mə] s. humor *m*., gràcia *f*. ‖ *sense of* ~, sentit *m*. de l'humor. 2 ANAT. ant. humor *m*.

humour, (EUA) **humor (to)** ['hju:mə] *t*. complaure, amanyagar.

hump [hʌmp] s. gep *m*., gepa *f*.

humpback ['hʌmpbæk] s. geperut.

humbacked ['hʌmpbækt], **humped** [hʌmpt] *a*. geperut. 2 arquejat.

humpy ['hʌmpi] *a*. desigual [terreny].

hunch [hʌntʃ] s. gep *m*., gepa *f*. 2 fig. pressentiment *m*.

hunch (to) [hʌntʃ] *t*. corbar, encorbar.

hundred ['hʌndrəd] *a*. cent. ■ 2 s. cent *m*. 3 centena *f*.

hundredfold ['hʌndredfould] *adv*. cèntuple.

hundredth ['hʌndredθ] *a*. centèsim. ■ 2 s. centèsima *f*. part; centèsim *m*.

hundredweight ['hʌndrədweit] s. quintar *m*. [(G.B.) 58.8 kg; (EUA) 45.36 kg].

hung [hʌŋ] Vegeu HANG (to).

hunger ['hʌŋgə] s. gana *f*., fam *f*., (VAL.) fam *f*. 2 fig. set *f*.

hunger (to) ['hʌŋgə] *i*. tenir gana, (VAL.) tenir fam. 2 fig. to ~ *for* o *after*, tenir set de.

hunger strike ['hʌŋgəstraik] s. vaga *f*. de fam.

hungrily ['hʌŋgrili] *adv*. àvidament, amb ànsia.

hungry ['hʌŋgri] *a*. famolenc, afamat. ‖ *to be* ~, tenir gana, (VAL.) tenir fam.

hunk [hʌŋk] s. col·loq. tros *m*.

hunt [hʌnt] s. caça *f*. [també fig.]. 2 cacera.

hunt (to) [hʌnt] *t.-i*. caçar. ‖ *to go hunting*, anar de caça. 2 buscar, cercar. 3 perseguir.

hunter ['hʌntəʳ] s. caçador, (ROSS.) caçaire [també fig.].

hunting ['hʌntiŋ] s. cacera *f*., munteria *f*., caça *f*. [també fig.]. ■ 2 *a*. de caça, de cacera.

huntsman ['hʌntsmən] s. caçador *m*., (ROSS.) caçaire ▲ *pl*. **huntsmen**.

hurdle ['həːdl] s. tanca *f*. 2 ESPORT obstacle *m*. [també fig.].

hurdle (to) ['həːdl] *t*. tancar, barrar [amb tanques]. 2 fig. salvar, vèncer [els obstacles, etc.]. 3 ESPORT saltar [obstacles].

■ **4** *i.* saltar obstacles. **5** fer una cursa d'obstacles.

hurdler ['hə:dlə'] *s.* ESPORT corredor d'obstacles.

hurdy-gurdy ['hə:digə:di] *s.* MÚS. orguenet *m.,* orgue *m.* de maneta.

hurl [hə:l] *s.* tir *m.,* llançament *m.*

hurl (to) [hə:l] *t.* llançar, tirar. **2** *p. to ~ oneself,* llançar-se.

hurrah! [hu'ra:] *interj.* hurra!

hurricane ['hʌrikən] *s.* huracà *m.*

hurried ['hʌrid] *a.* precipitat, ràpid, fet amb presses.

hurry ['hʌri] *s.* pressa *f.,* precipitació *f.* ‖ *to be in a ~,* tenir pressa.

hurry (to) ['hʌri] *t.* apressar, acuitar. **2** accelerar, activar. **3** precipitar. ■ **4** *i.* afanyar-se *p.,* apressar-se *p.* donar-se *p.* pressa.

hurt [hə:t] *s.* ferida *f.,* lesió *f.* **2** fig. dany *m.,* perjudici *m.*

hurt (to) [hə:t] *t.* ferir, encetar. **2** fer mal. **3** perjudicar. **4** afligir, causar pena. ‖ *to ~ someone's feelings,* ofendre algú, ferir-li els sentiments. **5** ESPORT lesionar. ■ **6** *p. to ~ oneself,* fer-se mal, ferir-se. ■ **7** *i.* fer mal. ▲ Pret. i p. p.: *hurt.*

hurtful ['hə:tful] *a.* perjudicial, danyós, nociu.

hurtle (to) ['hə:tl] *t.* llançar, tirar. ■ **2** *i.* volar, caure [amb violència]. **3** esfondrar-se *p.,* ensorrar-se *p.*

husband ['hʌzbənd] *s.* marit *m.;* col·loq. home *m.;* form. espòs *m.*

husband (to) [hʌzbənd] *t.* administrar, economitzar.

husbandry ['hʌzbəndri] *s.* agricultura *f.,* conreu *m.* **2** administració *f.*

hush [hʌʃ] *s.* silenci *m.;* tranquil·litat *f.,* calma *f.* ■ **2** *interj.* ~! calla! ■ **3** *a. hush-hush,* molt secret.

hush (to) [hʌʃ] *i.* callar. ■ **2** *t.* fer callar. **3** assossegar, calmar. **4** *to ~ up,* tirar terra damunt [d'un assumpte, etc.].

husk [hʌsk] *s.* closca *f.,* pellofa *f.,* beina *f.*

husk (to) ['hʌsk] *t.* despellofar. **2** pelar.

huskiness ['hʌskinis] *s.* ronquera *f.*

husky ['hʌski] *a.* ronc, rogallós. **2** amb closca, amb pellofa. **3** col·loq. fort, cepat, fornit. ■ **4** *s.* ZOOL. gos *m.* esquimal. ■ **5** *adv.* **huskily,** amb veu ronca.

hussy ['hʌsi] *s.* fresca *f.,* desvergonyida *f.,* impertinent. **2** dona *f.* perduda.

hustle ['hʌsl] *s.* activitat *f.,* bullícia *f.* ‖ *the ~ and bustle of life,* el vaivé de la vida. **2** empenta *f.;* pressa *f.* **3** col·loq. estafa *f.,* estafada *f.*

hustle (to) ['hʌsl] *t.* empènyer, acuitar. **2** (EUA) col·loq. estafar, robar; prostituir. ■ **3** *i.* afanyar-se *p.,* obrir-se *p.* pas a cops de colze. **4** (EUA) col·loq. prostituir-se *p.*

hustler ['hʌslə'] *s.* (EUA) pinxo *m.* **2** prostituta *f.*

hut [hʌt] *s.* barraca *f.,* cabanya *f.,* cabana. ‖ *mountain ~,* refugi *m.* de muntanya.

hutch [hʌtʃ] *s.* arca *f.,* cofre *m.* **2** conillera *f.*

hyacinth ['haiəsinθ] *s.* BOT., MIN. jacint *m.*

hyaena [hai'i:nə] *s.* Vegeu HYENA.

hybrid ['haibrid] *a.-s.* híbrid.

hydrangea [hai'dreindʒə] *s.* BOT. hortènsia *f.*

hydrant ['haidrənt] *s.* boca *f.* d'aigua. **2** *fire ~,* boca *f.* d'incendis.

hydraulic [hai'drɔ:lik] *a.* hidràulic.

hydraulics [hai'drɔ:liks] *s.* hidràulica *f.*

hydrogen ['haidridʒən] *s.* QUÍM. hidrogen *m.*

hydroplane ['haidrəplein] *s.* AERON. hidroavió *m.*

hyena [hai'i:nə] *s.* ZOOL. hiena *f.*

hygiene ['haidʒi:n] *s.* higiene *f.*

hygienic [hai'dʒi:nik] *a.* higiènic.

hymen ['haimən] *s.* ANAT. himen *m.*

hymn [him] *s.* himne *m.*

hyperbole [hai'pə:bəli] *s.* hipèrbole *f.*

hyphen ['haifən] *s.* guió *m.,* guionet *m.*

hypnosis [hip'nousis] *s.* hipnosi *f.*

hypnotism ['hipnətizəm] *s.* hipnotisme *m.*

hypnotize (to) ['hipnətaiz] *t.* hipnotitzar.

hypocrisy [hi'pɔkrəsi] *s.* hipocresia *f.*

hypocrite ['hipəkrit] *s.* hipòcrita.

hypocritical [hipə'kritikəl] *a.* hipòcrita.

hypotenuse [hai'pɔtinju:z] *s.* GEOM. hipotenusa *f.*

hypothesis [hai'pɔθisis] *s.* hipòtesi *f.*

hypothetic(al [haipə'θetik, -əl] *a.* hipotètic.

hysteria [his'tiəriə] *s.* histèria *f.*

hysterical [his'terikəl] *a.* histèric.

hysterics [his'teriks] *s. pl.* atac *m. sing.* d'histèria.

I

I, i [ai] *s.* i *f.* [lletra]. 2 xifra romana per 1.

I [ai] *pron. pers.* jo. ■ 2 *s.* FIL. jo *m.*, ego *m.*

ice [ais] *s.* gel *m.*, glaç *m.* ‖ fig. *break the* ~, trencar el gel. 2 QUÍM. *dry* ~, neu *f.* carbònica.

ice (to) [ais] *t.* gelar, glaçar, congelar. 2 refredar, refrescar. 3 *to* ~ *over* o *up*, gelar, glaçar. ■ 4 *i. to* ~ *over* o *up*, gelar-se *p.*, glaçar-se *p.*, congelar-se *p.*

iceberg ['aisbə:g] *s.* iceberg *m.* 2 fig. glaç *m.* [persona].

icebox ['aisbɔks] *s.* nevera *f.* [de gel].

icebreaker ['aisbreikə'] *s.* MAR. trenca-glaç *m.* [vaixell].

ice cream ['aiskri:m] *s.* gelat *m.*

ice floe ['aisflou] *s.* panna *f.* de glaç.

Iceland ['aisland] *n. pr.* GEOGR. Islàndia.

ice rink ['aisriŋk] *s.* pista *f.* de patinatge sobre gel.

ice skating ['aisskeitiŋ] *s.* ESPORT patinatge *m.* sobre gel.

icicle ['aisikl] *s.* caramell *m.*

icing ['aisiŋ] *s.* AVIA. formació *f.* de gel. 2 CUI. pasta *f.* de sucre.

icing sugar ['aisiŋʃugə'] *s.* CUI. sucre *m.* de llustre, sucre *m.* en pols.

icy ['aisi] *a.* gelat, glaçat, fred, glacial [també fig.].

I'd [aid] *contr.* de I HAD i I WOULD.

idea [ai'diə] *s.* idea *f.* ‖ *to get an* ~, fer-se una idea. ‖ *to get used to the* ~, fer-se a la idea. ‖ *what an* ~!, quina bestiesa!, quina ximpleria! 2 projecte *m.*, pla *m.* 3 intenció *f.* 4 opinió *f.*, impressió *f.*, concepte *m.*

ideal [ai'diəl] *a.* ideal. ■ 2 *s.* ideal *m.* ■ 3 - ly *adv.* idealment, perfectament.

idealism [ai'diəlizəm] *s.* idealisme *m.*

idealist [ai'diəlist] *s.* idealista.

idealize (to) ['aidiəlaiz] *t.* idealitzar.

identical [ai'dəntikəl] *a.* idèntic.

identification [ai,dentifi'keiʃən] *s.* identificació *f.*

identify (to) [ai'dentifai] *t.* identificar. ■ 2 *i.* identificar-se *p.*

identikit [ai'dentikit] *s.* ~ *picture*, retrat *m.* robot.

identity [ai'dentiti] *s.* identitat *f.* ‖ ~ *card*, carnet *m.* d'identitat. ‖ *mistaken* ~, identitat errònia.

idiocy ['idiəsi] *s.* idiotesa *f.*, estupidesa *f.*, imbecilitat *f.*

idiom ['idiəm] *s.* idioma *m.*, llengua *f.* 2 locució *f.*, idiotisme *m.*, modisme *m.* 3 estil *m.* [d'un escriptor, etc.].

idiot ['idiət] *s.* idiota [també fig.].

idiotic [idi'ɔtik] *a.* idiota, imbècil.

idle ['aidl] *a.* ociós, inactiu. 2 desocupat, aturat. 3 inútil, frívol. 4 dropo, gandul. 5 COM. improductiu. 6 MEC. alentit.

idle (to) ['aidl] *i.* estar ociós, perdre el temps, mandrejar. ‖ *he idled away the afternoon*, va estar perdent el temps tota la tarda. 2 MEC. funcionar a l'alentit.

idleness ['aidlnis] *s.* inactivitat *f.*, ociositat *f.* 2 futilesa *f.* 3 atur *m.*, desocupació *f.* 4 mandra *f.*, (BAL.) peresa *f.*, (VAL.) gos *m.*

idol ['aidl] *s.* ídol *m.*

idolatry [ai'dɔlətri] *s.* idolatria *f.*

idolize (to) ['aidəlaiz] *t.* idolatrar *t.-i.*

idyll ['idil] *s.* idil·li *m.*

idyllic [ai'dilk] *a.* idíl·lic.

i.e. [ai'i:] *(id est, that is)* és a dir, a saber.

if [if] *conj.* si. ‖ *as* ~, com si; *even* ~, encara que; ~ *only*, si tan sols; ~ *so*, si és així. 2 encara que, tot i que.

ignite (to) [ig'nait] *t.* encendre. ■ 2 *i.* encendre's *p.*, inflamar-se *p.*

ignition [ig'niʃən] *s.* ignició *f.* 2 encesa *f.*, contacte *m.* [d'un motor].

ignoble [ig'noubl] *a.* innoble.

ignominious [ignə'miniəs] *a.* ignominiós.

ignorance ['ignərəns] *s.* ignorància *f.*

ignorant ['ignərənt] *a.* ignorant.

ignore (to) [ig'nɔːʳ] t. ignorar, no fer cas.

iguana [iˈgwɑːnə] s. ZOOL. iguana f.

I'll [ail] contr. de I SHALL i I WILL.

ill [il] a. malalt. ‖ to fall ~, posar-se malalt. 2 marejat. 3 dolent, mal. ‖ ill-breeding, mala educació. ‖ ~ health, mala salut. ■ 4 s. mal m., desgràcia f. ■ 5 adv. malament.

illegal [iˈliːgəl] a. il·legal.

illegality [iliˈgæliti] s. il·legalitat f.

illegible [iˈledʒibl] a. il·legible.

illegitimate [iliˈdʒitimit] a. il·legítim.

illicit [iˈlisit] a. il·lícit.

illiteracy [iˈlitərəsi] s. analfabetisme m. 2 ignorància f.

illiterate [iˈlitərit] a. analfabet. 2 il·letrat.

ill-mannered [ilˈmænəd] a. mal educat.

illness [ˈilnis] s. malaltia f.

illogical [iˈlɔdʒikəl] a. il·lògic.

ill-timed [ilˈtaimd] a. inoportú, intempestiu.

ill-treat (to) [ilˈtriːt] t. maltractar.

illuminate (to) [iˈljuːmineit] t. il·luminar. 2 aclarir.

illumination [iluːmiˈneiʃən] s. il·luminació f. 2 pl. enllumenat m. sing.

illusion [iˈluːʒən] s. il·lusió f.; miratge m.

illusory [iˈluːsəri] a. il·lusori, enganyós.

illustrate (to) [ˈiləstreit] t. il·lustrar [amb dibuixos, etc.].

illustration [iləsˈtreiʃən] s. il·lustració f. [d'un llibre, etc.]. 2 il·lustració f., exemple m.

illustrious [iˈlʌstriəs] a. il·lustre.

ILO [ˈaielˈou] s. (International Labour Organization) OIT f. (Organització Internacional del Treball).

I'm [aim] contr. de I AM.

image [ˈimidʒ] s. imatge f. 2 representació f., efígie m. 3 semblança f.

imaginable [iˈmædʒinəbl] a. imaginable.

imaginary [iˈmædʒinəri] a. imaginari.

imagination [imædʒiˈneiʃən] s. imaginació f.

imagine (to) [iˈmædʒin] t. imaginar.

imbecile [ˈimbəsiːl] a.-s. imbècil.

imbecility [imbiˈsiliti] s. imbecil·litat f.

imbibe (to) [imˈbaib] t. form. absorbir, assimilar. 2 embeure's p.

imbroglio [imˈbrouliou] s. embolic m., embull m.

imbue (to) [imˈbjuː] t. form. saturar, impregnar. 2 imbuir, infondre.

imitate (to) [ˈimiteit] t. imitar.

imitation [imiˈteiʃən] s. imitació f.

immaculate [iˈmækjulit] a. immaculat.

immaterial [iməˈtiəriəl] a. immaterial. 2 indiferent, poc important: it is ~, no importa.

immature [iməˈtjuəʳ] a. immadur.

immeasurable [iˈmeʒərəbl] a. immesurable.

immediate [iˈmiːdjət] a. immediat.

immediately [iˈmiːdjətli] adv. immediatament. ■ 2 conj. tan aviat com.

immense [iˈmens] a. immens.

immensity [iˈmensiti] s. immensitat f.

immerse (to) [iˈməːs] t. submergir. 2 absorbir.

immersion [iˈməːʃən] s. immersió f.

immigrant [ˈimigrənt] a.-s. immigrant.

immigration [imiˈgreiʃən] s. immigració f.

imminent [ˈiminənt] a. imminent.

immobile [iˈmoubail] a. immòbil.

immobilize (to) [iˈmoubilaiz] t. immobilitzar.

immoderate [iˈmɔdərit] a. immoderat, excessiu.

immoderation [imɔdəˈreiʃən] s. immoderació f.

immodest [iˈmɔdist] a. immodest. 2 indecent.

immodesty [iˈmɔdisti] s. immodèstia f. 2 indecència f.

immolate (to) [ˈiməleit] t. immolar.

immoral [iˈmɔrəl] a. immoral.

immorality [iməˈræliti] s. immoralitat f.

immortal [iˈmɔːtl] a. immortal.

immortality [imɔːˈtæliti] s. immortalitat f.

immortalize (to) [iˈmɔːtəlaiz] t. immortalitzar.

immovable [iˈmuːvəbl] a. inamovible, immòbil, fix. 2 inalterable, inflexible.

immune [iˈmjuːn] a. immune.

immunity [iˈmjuːniti] s. immunitat f. 2 privilegi m., exempció f.

immunize (to) [ˈimjunaiz] t. immunitzar.

immure (to) [iˈmjuəʳ] t. form. emparedar, aparedar.

immutable [iˈmjuːtəbl] a. immutable.

imp [imp] s. dimoniet m., diablet m. [també fig.].

impact [ˈimpækt] s. impacte m., xoc m., cop m.

impair (to) [imˈpɛəʳ] t. danyar, deteriorar. 2 debilitar, afeblir.

impale (to) [im'peil] *t.* empalar.

impalpable [im'pælpəbl] *a.* impalpable.

impart (to) [im'pɑːt] *t.* form. donar, comunicar. 2 fer saber.

impartial [im'pɑːʃəl] *a.* imparcial.

impartiality [ˌimpɑːʃi'æliti] *s.* imparcialitat *f.*

impassable [im'pɑːsəbl] *a.* impracticable, intransitable.

impasse ['æmpɑːs] *s.* atzucac *m.* 2 fig. punt *m.* mort.

impassible [im'pæsibl] *a.* impassible, impàvid.

impassioned [im'pæʃənd] *a.* apassionat.

impassive [im'pæsiv] *a.* impassible, insensible.

impatience [im'peiʃəns] *s.* impaciència *f.* 2 ànsia *f.*

impatient [im'peiʃənt] *a.* impacient.

impeach (to) [im'piːtʃ] *t.* posar en dubte, posar en qüestió. 2 DRET acusar.

impeccable [im'pəkəbl] *a.* form. impecable.

impede (to) [im'piːd] *t.* impedir, destorbar.

impediment [im'pedimənt] *s.* impediment *m.,* destorb *m.*

impel (to) [im'pel] *t.* obligar, forçar. 2 impel·lir, impulsar.

impending [im'pendiŋ] *a.* imminent. 2 amenaçador.

impenetrable [im'penitrəbl] *a.* impenetrable.

impenitent [im'penitənt] *a.* form. impenitent.

imperative [im'perativ] *a.* imperatiu. ■ 2 *s.* imperatiu *m.*

imperfect [im'pəːfikt] *a.* imperfecte. 2 GRAM. imperfet. ■ 3 *s.* GRAM. ~, ~ *tense,* imperfet *m.*

imperfection [ˌimpəˈfekʃən] *s.* imperfecció *f.*

imperial [im'piəriəl] *a.* imperial.

imperialism [im'piəriəlizəm] *s.* imperialisme *m.*

imperialist [im'piəriəlist] *s.* imperialista.

imperialistic [imˌpiəriə'listik] *a.* imperialista.

imperil (to) [im'peril] *t.* posar en perill.

imperious [im'piəriəs] *a.* imperiós. ■ 2 -**ly** *adv.* imperiosament.

imperishable [im'periʃəbl] *a.* imperible.

impersonal [im'pəːsənl] *a.* impersonal.

impersonate (to) [im'pəːsəneit] *t.* imitar. 2 personificar. 3 fer-se *p.* passar per. 4 TEAT. representar, fer el paper de.

impertinence [im'pəːtinəns] *s.* impertinència *f.*

impertinent [im'pəːtinənt] *a.* impertinent.

impervious [im'pəːvjəs] *a.* impenetrable, impermeable. 2 insensible, impertèrrit.

impetuosity [imˌpetju'ɔsiti] *s.* impetuositat *f.*

impetuous [im'petjuəs] *a.* impetuós. ■ 2 -**ly** *adv.* impetuosament.

impetus ['impitəs] *s.* ímpetu *m.,* impuls *m.*

impinge (to) [im'pindʒ] *i.* form. ~ *on* o *upon,* xocar amb, topar amb.

impious ['impiəs] *a.* impiu.

impish ['impiʃ] *a.* entremaliat, maliciós.

implacable [im'plækəbl] *a.* form. implacable.

implant (to) [im'plɑːnt] *t.* implantar.

implement ['implimənt] *s.* eina *f.,* instrument *m.* 2 *pl.* estris *m. pl.*

implicate (to) ['implikeit] *t.* form. implicar. 2 embolicar, ficar, comprometre.

implication [ˌimpli'keiʃən] *s.* form. implicació *f.*

implicit [im'plisit] *a.* form. implícit. 2 absolut, incondicional.

implore (to) [im'plɔːʳ] *t.* implorar.

imply [im'plai] *t.* implicar, comportar. 2 significar, voler dir.

impolite [ˌimpə'lait] *a.* mal educat, descortès, groller.

imponderable [im'pɔndərəbl] *a.* imponderable. ■ 2 *s.* imponderable *m.*

import ['impɔːt] *s.* importació *f.* 2 *pl.* articles *m. pl.* d'importació. 3 form. importància *f.* 4 significat *m.*

import (to) [im'pɔːt] *t.* importar. 2 voler dir, significar.

importance [im'pɔːtəns] *s.* importància *f.*

important [im'pɔːtənt] *a.* important.

importation [ˌimpɔː'teiʃən] *s.* importació *f.*

importer [im'pɔːtəʳ] *s.* importador.

importunate [im'pɔːtjunit] *a.* form. importú, pesat, insistent.

importune (to) [im'pɔːtjuːn] *t.* form. importunar.

importunity [ˌimpɔː'tjuːniti] *s.* importunitat *f.*

impose (to) [im'pouz] *t.* taxar, posar un impost sobre. ■ *2 i. to* ~ *on* o *upon,* enganyar; aprofitar-se *p.* de.

imposing [im'pouziŋ] *a.* imponent, impressionant.

imposition [,impə'ziʃən] *s.* imposició *f.* 2 impost *m.* 3 engany *m.*

impossibility [im,pɔsə'biliti] *s.* impossibilitat *f.*

impossible [im'pɔsibl] *a.* impossible.

impostor [im'pɔstə'] *s.* impostor.

imposture [im'pɔstʃə'] *s.* impostura *f.*

impotence ['impətəns] *s.* impotència *f.*

impotent ['impətənt] *a.* impotent.

impound (to) [im'paund] *t.* confiscar. 2 tancar.

impoverish (to) [im'pɔvəriʃ] *t.* form. empobrir.

impracticable [im'præktikəbl] *a.* impracticable. 2 intransitable.

impregnable [im'pregnəbl] *a.* inexpugnable.

impregnate (to) ['impregneit] *t.* fecundar. 2 impregnar.

impresario [,imprə'sɑːriou] *s.* TEAT. empresari.

impress ['impres] *s.* impressió *f.*, senyal *f.*, marca *f.*

impress (to) [im'pres] *t.* imprimir, gravar. 2 inculcar. 3 impressionar.

impression [im'preʃən] *s.* impressió *f.* 2 senyal *m.*, empremta *f.* 3 edició *f.* [d'un llibre, etc.].

impressive [im'presiv] *a.* impressionant, emocionant.

imprint ['imprint] *s.* impressió *f.*, empremta *f.* 2 IMPR. peu *m.* d'impremta.

imprint (to) [im'print] *t.* imprimir, estampar. 2 gravar.

imprison (to) [im'prizn] *t.* empresonar.

imprisonment [im'priznmənt] *s.* empresonament *m.* 2 presó *f.*

improbability [im,prɔbə'biliti] *s.* improbabilitat *f.*

improbable [im'prɔbəbl] *s.* improbable. 2 inversemblant.

impromptu [im'prɔmptjuː] *a.* improvisat. ■ *2 adv.* de sobte; improvisadament. ■ *3 s.* MÚS. improvisació *f.*

improper [im'prɔpə'] *a.* impropi. 2 incorrecte. 3 indecorós.

impropriety [,imprə'praiətli] *s.* impropietat *f.* 2 incorrecció *f.* 3 indecència *f.*

improvidence [im'prɔvidəns] *s.* imprevisió *f.*

improvident [im'prɔvidənt] *a.* form. imprevisor. 2 malgastador.

improve (to) [im'pruːv] *t.* millorar, perfeccionar. 2 aprofitar. ■ *3 i.* millorar, progressar, perfeccionar-se *p.*

improvement [im'pruːvmənt] *s.* millora *f.* 2 progrés *m.* 3 aprofitament *m.*

improvisation [,imprəvai'zeiʃən] *s.* improvisació *f.*

improvise (to) ['imprəvaiz] *t.-i.* improvisar *t.*

imprudence [im'pruːdəns] *s.* imprudència *f.*

imprudent [im'pruːdənt] *a.* imprudent.

impudence ['impjudəns] *s.* impudència *f.*, insolència *f.*, desvergonyiment *m.*

impudent ['impjudənt] *a.* impudent, insolent, desvergonyit.

impugn (to) [im'pjuːn] *t.* form. impugnar.

impulse ['impʌls] *s.* impuls *m.* 2 impulsió *f.*, ímpetu *m.*

impulsion [im'pʌlʃən] *s.* impulsió *f.*, ímpetu *m.*

impulsive [im'pʌlsiv] *a.-s.* impulsiu.

impunity [im'pjuːniti] *s.* impunitat *f.*

impure [im'pjuə'] *a.* impur.

impurity [im'pjuəriti] *s.* impuresa *f.*; deshonestedat *f.*

imputation [,impju'teiʃən] *s.* imputació *f.*

impute (to) [im'pjuːt] *t.* imputar, atribuir.

in [in] *prep.* a, amb, de, dins, dintre, durant, en, sota. || *dressed* ~ *black,* vestit de negre. || ~ *the morning,* al matí. || ~ *that,* perquè, ja que. 2 ~ *so far as,* pel que fa. ■ *3 adj.* interior, de dins, de dintre. 4 de moda, modern. ■ *5 adv.* dins, dintre: ~ *here,* aquí dins. *6* a casa. || *is Anne* ~*?,* que hi és l'Anna? 7 en el poder. ■ *8 s. ins and outs,* l'entrellat *m.*, detalls *m. pl.*

inability [,inə'biliti] *s.* incapacitat *f.*, impotència *f.*

inaccessible [,inæk'sesəbl] *a.* form. inaccessible.

inaccuracy [in'ækjurəsi] *s.* inexactitud, incorrecció.

inaccurate [in'ækjurit] *a.* inexacte, imprecís.

inaction [in'ækʃən] *s.* inacció *f.*

inactive [in'æktiv] *a.* inactiu.

inactivity [,inæk'tiviti] *s.* inactivitat *f.*

inadequacy [in'ædikwəsi] *s.* insuficiència *f.*, incapacitat *f.*

inadequate [in'ædikwit] *a.* inadequat. 2 insuficient.

inadmissible [ˌinəd'misəbl] *a.* inadmissible.

inadvertence [ˌinəd'vɜːtəns] *s.* inadvertència *f.*

inadvertent [ˌinəd'vɜːtənt] *a.* form. inadvertit, distret. ■ 2 -ly *adv.* inadvertidament.

inalienable [in'eiljənəbl] *a.* inalienable.

inane [i'nein] *a.* neci, estúpid.

inanimate [in'ænimit] *a.* inanimat. 2 exànime.

inanition [ˌinə'niʃən] *s.* inanició *f.*

inanity [i'næniti] *s.* inanitat *f.*, estupidesa *f.*, neciesa *f.*

inapplicable [in'æplikəbl] *a.* inaplicable.

inapposite [in'æpəzit] *a.* inadequat, poc apropiat.

inappreciable [ˌinə'priːʃəbl] *a.* inapreciable.

inappropriate [ˌinə'proupriit] *a.* impropi.

inappropriateness [ˌinə'proupriitnis] *s.* impropietat *f.*

inapt [in'æpt] *a.* inepte.

inaptitude [in'æptitjuːd] *a.* ineptitud *f.*

inarticulate [ˌinɑː'tikjulit] *a.* inarticulat.

inasmuch as [inez'mʌtʃ æz] *adv.* form. ja que, donat que.

inattention [ˌinə'tenʃən] *s.* inatenció *f.*, inadvertència *f.*

inattentive [ˌinə'tentiv] *a.* desatent, distret.

inaudible [in'ɔːdibl] *a.* imperceptible [so].

inaugurate (to) [i'nɔːgjureit] *t.* prendre possessió. 2 inaugurar.

inauguration [ˌinɔːgju'reiʃən] *s.* presa *f.* de possessió. 2 inauguració *f.*

inauspicious [ˌinɔːs'piʃəs] *a.* poc propici, desfavorable.

inborn [in'bɔːn] *a.* innat, ingènit.

inbred [in'bred] *a.* innat. 2 engendrat per endogàmia.

Inc. [iŋk] *s.* (EUA) (*Incorporated*) SA *f.* (societat anònima).

incalculable [in'kælkjuləbl] *a.* incalculable. 2 imprevisible.

incandescent [ˌinkæn'desnt] *a.* incandescent.

incantation [ˌinkæn'teiʃən] *s.* conjur *m.*, encanteri *m.*, sortilegi *m.*

incapability [inˌkeipə'biliti] *s.* incapacitat *f.*

incapable [in'keipəbl] *a.* incapaç.

incapacitate (to) [ˌinkə'pæsiteit] *t.* incapacitar; inhabilitar.

incapacity [ˌinkə'pæsiti] *s.* incapacitat *f.*

incarcerate (to) [in'kɑːsəreit] *t.* form. empresonar.

incarnate [in'kɑːnit] *a.* encarnat.

incarnation [ˌinkɑː'neiʃən] *s.* encarnació *f.*, personificació *f.*

incautious [in'kɔːʃəs] *a.* incaut, imprudent.

incendiary [in'sendjəri] *a.* incendiari [també fig.].

incense ['insens] *s.* encens *m.*

incense (to) [in'sens] *t.* irritar, enutjar.

incentive [in'sentiv] *s.* incentiu *m.*

inception [in'sepʃən] *s.* form. principi *m.*, començament *m.*

incertitude [in'sɜːtitjuːd] *s.* incertitud *f.*, incertesa *f.*

incessant [in'sesnt] *a.* incessant. ■ 2 -ly *adv.* incessantment, sense cessar.

incest ['insest] *s.* incest *m.*

incestuous [in'sestjuəs] *a.* incestuós.

inch [intʃ] *s.* polzada *f.* [2.54 cm]. ‖ *inch by inch,* pam a pam, gradualment. ‖ *by inches,* per un pèl. ‖ *every ~,* totalment, completament.

incidence ['insidəns] *s.* incidència *f.*

incident ['insidənt] *a.* incident. ■ 2 *s.* incident *m.*

incidental [ˌinsi'dentl] *a.* incidental. 2 imprevist; accesori, fortuït. 3 ~ *to,* propi de, inherent a. ■ 4 -ly *adv.* incidentalment, per cert.

incinerate (to) [in'sinəreit] *t.* incinerar, cremar.

incinerator [in'sinəreitər] *s.* cremador *m.*, incinerador *m.*

incipient [in'sipiənt] *a.* incipient.

incise (to) [in'saiz] *t.* tallar, fer una incisió.

incision [in'siʒən] *s.* incisió *f.*

incisive [in'saisiv] *a.* incisiu, tallant, mordaç.

incisor [in'saizər] *s.* dent *f.* incisiva.

incite (to) [in'sait] *t.* incitar.

incitement [in'saitmənt] *s.* incitació *f.*, estímul *m.*, incentiu *m.*

incivility [ˌinsi'viliti] *s.* incivilitat *f.*, descortesia *f.*

inclemency [in'klemənsi] *s.* inclemència *f.* 2 intempèrie *f.*

inclination [ˌinkli'neiʃən] s. inclinació f., pendent m. 2 fig. inclinació f., tendència f.

incline ['inklain] s. pendent m.; pujada f.; baixada f.

incline (to) [in'klain] t. inclinar [també fig.]. 2 abaixar [el cap]. ■ 3 i. inclinar-se p. 4 tendir. 5 MED. ser propens.

include (to) [in'klu:d] t. incloure. 2 comprendre, contenir. 3 adjuntar.

included [in'klu:did] a. inclòs. 2 fins i tot.

inclusion [in'klu:ʒən] s. inclusió f.

inclusive [in'klu:siv] a. inclusiu.

incoherence [ˌinkou'hiərəns] s. incoherència f.

incoherent [ˌinkou'hiərənt] a. incoherent.

incombustible [ˌinkəm'bʌstəbl] a. incombustible.

income ['inkəm] s. ingressos m. pl., guany m., renda f.

income tax ['inkʌmtæks] s. impost m. sobre la renda.

incommensurate [ˌinkə'menʃərit] a. incommensurable. 2 desproporcionat.

incomparable [in'kɔmprəbl] a. incomparable.

incompatible [ˌinkəm'pætəbl] a. incompatible.

incompetent [in'kɔmpitənt] a. incompetent.

incomplete [ˌinkəm'pli:t] a. incomplet, inacabat.

incomprehensible [ˌinkɔmpri'hensəbl] a. incomprensible.

inconceivable [ˌinkən'si:vəbl] a. inconcebible. 2 increïble.

incongruous [in'kɔŋgruəs] a. incongruent. 2 inadequat.

inconsequent [in'kɔnsikwənt] a. inseqüent, incongruent.

inconsiderate [ˌinkən'sidərit] a. inconsiderat, desconsiderat. 2 irreflexiu.

inconsistency [ˌinkən'sistənsi] s. inconseqüència f., contradicció f. 2 inconsistència f.

inconsistent [ˌinkən'sistənt] a. incompatible, contradictori. 2 inconseqüent. 3 inconsistent.

inconstancy [in'kɔnstənsi] s. inconstància f.

inconstant [in'kɔnstənt] a. inconstant. 2 inestable.

incontestable [ˌinkən'stestəbl] a. indiscutible.

incontinence [in'kɔntinəns] s. incontinència f.

inconvenience [ˌinkən'vi:njəns] t. inconveniència f., inconvenient m. 2 incomoditat f., molèstia f.

inconvenience (to) [ˌinkən'vi:njəns] t. incomodar, molestar.

inconvenient [ˌinkən'vi:njənt] a. inconvenient, impropi, inoportú. 2 incòmode, molest.

incorporate (to) [in'kɔ:pəreit] t. incorporar, unir. 2 contenir, incloure. 3 constituir [una societat, etc.]. ■ 4 i. incorporar-se p., unir-se p.

incorrect [ˌinkə'rekt] a. incorrecte. 2 inexacte.

incorrectness [ˌinkə'rektnis] s. incorrecció f. 2 inexactitud f.

incorruptible [ˌinkə'rʌptəbl] a. incorruptible; íntegre.

increase [iŋ'kri:s] s. augment m., increment m., creixement m. 2 pujada f. alça f.

increase (to) [in'kri:s] t. augmentar, acréixer; engrandir. 2 apujar, alçar. ■ 3 i. créixer, augmentar. 4 apujar-se p., pujar.

incredible [in'kredəbl] a. increïble. 2 col·loq. sorprenent.

incredulous [in'kredjuləs] a. incrèdul.

increment ['inkrəmənt] s. augment m., increment m. ‖ *unearned* ~, plusvàlua f.

incriminate (to) [in'krimineit] t. incriminar.

incubate (to) ['iŋkjubeit] t.-i. covar, incubar.

inculcate (to) ['inkʌlkeit] t. inculcar.

incumbent [iŋ'kʌmbənt] a. incumbent: *to be* ~ *on*, incumbir a. ■ 2 s. titular [d'un càrrec]. 3 ECLES. beneficiat m.

incur (to) [in'kə:'] t. incórrer en. 2 contraure [un deute, etc.].

incurable [in'kjuərəbl] a. incurable. 2 fig. irremeiable. ■ 3 s. malalt desnonat.

incursion [in'kə:ʃən] s. incursió f., invasió f. [també fig.].

indebted [in'detid] a. endeutat. 2 fig. agraït, obligat.

indecency [in'di:snsi] s. indecència f.

indecent [in'di:snt] a. indecent. 2 indecorós. ■ 3 **-ly** adv. indecentment.

indecision [ˌindi'siʒən] s. indecisió f., irresolució f.

indecisive [ˌindi'saisiv] a. indecís, irresolut.

indecorous [in'dekərəs] *a.* indecorós, impropi. ■ **2 -ly** *adv.* indecorosament.

indeed [in'diːd] *adv.* realment, de veritat; en efecte, efectivament, naturalment.

indefatigable [ˌindi'fætigəbl] *a.* infatigable, incansable.

indefensible [ˌindi'fensəbl] *a.* indefensable, insostenible, injustificable.

indefinite [in'definit] *a.* indefinit. 2 indeterminat. 3 vague, poc precís.

indelible [in'delibl] *a.* indeleble, inesborrable [també fig.].

indelicacy [in'delikəsi] *s.* indelicadesa *f.* 2 grolleria *f.*

indelicate [in'delikit] *a.* indelicat. 2 indecorós. 3 groller.

indemnification [inˌdemnifi'keiʃən] *s.* indemnització *f.*

indemnify (to) [in'demnifai] *t.* indemnitzar. 2 assegurar(se).

indemnity [in'demniti] *s.* indemnitat *f.*, indemnització *f.* 2 reparació *f.*

indent ['indent] *s.* osca *f.*, mossa *f.* 2 COM. comanda *f.*; requisa *f.*

indent (to) [in'dent] *t.* dentar, oscar. 2 IMPR. entrar. ■ **3** *i.* COM. **to ~ for**, demanar; requisar.

indenture [in'dentʃə'] *s.* contracte *m.*

independence [ˌindi'pendəns] *s.* independència *f.*

independent [ˌindi'pendənt] *a.* independent. ‖ **to become ~**, independitzar-se.

indescribable [ˌindis'kraibəbl] *a.* indescriptible.

indestructible [ˌindis'trʌktəbl] *a.* indestructible.

indeterminate [ˌindi'təːminit] *a.* indeterminat, indefinit.

indetermination ['indiˌtəːmi'neiʃən] *s.* indeterminació *f.*, indecisió *f.*, irresolució *f.*

index ['indeks] *s.* índex *m.* 2 senyal *m.*, indici *m.*

index card ['indekskɑːd] *s.* fitxa *f.*

index finger ['indeksˌfiŋgə'] *s.* índex *m.* [dit].

index number ['indeksˌnʌmbə'] *s.* MAT. índex *m.*, exponent *m.*

Indian ['indjən] *a.-s.* indi. ‖ **in ~ file**, en fila índia.

Indian club ['indjən klʌb] *s.* ESPORT. maça *f.* [de gimnàstica].

Indian ink [ˌindjən'iŋk] *s.* tinta *f.* xina.

Indian summer [ˌindjən'sʌmə'] *s.* estiuet *m.* de sant Martí.

india-rubber [ˌindjə'rʌbə'] *s.* cautxú *m.* 2 goma *f.* d'esborrar.

indicate (to) ['indikeit] *t.* indicar.

indication [ˌindi'keiʃən] *s.* indicació *f.*, senyal *m.*, indici *m.*

indict (to) [in'dait] *t.* acusar. 2 processar.

indictment [in'daitmənt] *s.* acusació *f.* 2 processament *m.*

Indies ['indiz] *s. pl.* GEOGR. Índies *pl.* 2 **West ~**, Antilles *pl.*

indifference [in'difrəns] *s.* indiferència *f.*

indifferent [in'difrəns] *s.* indiferent. 2 desinteressat.

indigence ['indidʒəns] *s.* indigència *f.*, pobresa *f.*

indigenous [in'didʒinəs] *a.* indígena.

indigestible [ˌindi'dʒestəbl] *a.* indigest, indigerible.

indigestion [ˌindi'dʒestʃən] *s.* indigestió *f.*, empatx *m.*

indignant [in'dignənt] *a.* indignat.

indignation [ˌindig'neiʃən] *s.* indignació *f.*

indignity [in'digniti] *s.* indignitat *f.* 2 ultratge *m.*, afront *m.*

indigo ['indigo] *s.* anyil *m.*, indi *m.*

indirect [ˌindi'rekt] *a.* indirecte. ‖ ECON. ~ **tax**, impost *m.* indirecte. ‖ GRAM. ~ **object**, complement *m.* indirecte.

indiscipline [in'disiplin] *s.* indisciplina *f.*

indiscreet [ˌindis'kriːt] *a.* indiscret. 2 imprudent, poc hàbil.

indiscretion [ˌindis'kreʃən] *s.* indiscreció *f.* 2 imprudència *f.*, error *m.*

indiscriminate [ˌindis'kriminit] *a.* indiscriminat, indistint.

indispensable [ˌindis'pensəbl] *a.* indispensable, imprescindible.

indisposed [ˌindis'pouzd] *a.* indisposat.

indisposition [ˌindispə'ziʃən] *s.* indisposició *f.*, malestar *m.*

indisputable [ˌindis'pjuːtəbl] *a.* indisputable, incontestable, inqüestionable.

indissoluble [ˌindis'sɔljubl] *a.* indissoluble.

indistinct [ˌindis'tiŋkt] *a.* indistint. 2 confús.

indistinguishable [ˌindis'tiŋgwiʃəbl] *a.* indistingible.

individual [ˌindi'vidjuəl] *a.* individual. 2 propi, particular, personal. ■ **3** *s.* individu.

indivisible [ˌindi'vizəbl] *a.* indivisible.

indoctrinate (to) [in'dɔktrineit] *t.* adoctrinar.

indolence ['indələns] s. indolència f., mandra f.

indolent ['indələnt] a. indolent.

indomitable [in'dɔmitəbl] a. indomable, indòmit.

indoor ['indɔː'] a. interior. 2 ESPORT en pista coberta. ‖ ~ *swimming pool,* piscina f. coberta.

indoors [in'dɔːz] adv. a casa, (a) dins: *he stayed ~ all week,* es va quedar a casa tota la setmana.

induce (to) [in'djuːs] t. induir, instigar, persuadir. 2 produir, ocasionar. 3 MED. provocar.

inducement [in'djuːsmənt] s. mòbil m., motiu m. 2 incentiu m., al·licient m.

induct (to) [in'dʌkt] t. ECLES. instal·lar [en un càrrec]. 2 iniciar [un nou membre].

induction [in'dʌkʃən] n. introducció f., iniciació f. 2 ECLES. instal·lació f. 3 FIL., FÍS. inducció f.

indulge (to) [in'dʌldʒ] t. satisfer [passions, etc.]. 2 complaure, acontentar. 3 consentir, malcriar. ■ 4 i. complaure's p., delectar-se p. 5 permetre's p. [un luxe, etc.].

indulgence [in'dʌlʒəns] s. satisfacció f., gratificació f. 2 complaença f., acontentament m. 3 tolerància f. 4 abandó m., rebaixament m. 5 ECLES. indulgència f.

indulgent [in'dʌldʒənt] a. indulgent.

industrial [in'dʌstriəl] a. industrial. ‖ ~ *accident,* accident m. de treball.

industrial action [in'dʌstriəl'ækʃn] s. vaga f. laboral.

industrial estate [in'dʌstriəli'steit] s. polígon m. industrial.

industrious [in'dʌstriəs] a. industriós, treballador, diligent.

industry ['indəstri] s. indústria f. 2 diligència f., laboriositat f.

inebriated [i'niːbrieitid] a. ebri, embriac, borratxo.

inedible [in'edibl] a. immenjable, no comestible.

ineffable [in'efəbl] a. inefable.

ineffaceable [,ini'feisəbl] a. inesborrable.

ineffective [,ini'fektiv] a. ineficaç, inútil. ‖ *to prove ~,* no fer efecte.

ineffectual [,ini'fektjuəl] a. ineficaç. 2 inútil.

inefficiency [,ini'fiʃənsi] s. ineficàcia f., incapacitat f., incompetència f.

inefficient [,ini'fiʃənt] a. ineficient, ineficaç. 2 incapaç, incompetent.

inept [i'nept] a. inepte, incapaç, incompetent.

inequality [,ini'kwɔliti] s. desigualtat f. 2 desproporció f.

inert [i'nɔːt] a. inert. 2 inactiu.

inertia [i'nɔːʃə] s. inèrcia f. 2 inacció f., inactivitat f.

inescapable [,inis'keipəbl] a. ineludible.

inevitable [in'evitəbl] a. inevitable, ineludible. 2 col·loq. de costum, de sempre.

inexact [,inig'zækt] a. inexacte.

inexhaustible [,inig'zɔːstəbl] a. inexhaurible, inesgotable.

inexorable [in'eksərəbl] a. inexorable; inflexible, implacable.

inexpedient [,iniks'piːdjənt] a. inoportú, inconvenient.

inexpensive [,iniks'pensiv] a. barat, econòmic, bé de preu.

inexperience [,iniks'piəriəns] s. inexperiència f., imperícia f.

inexperienced [,iniks'piəriənst] a. inexpert.

inexpressive [,iniks'presiv] a. inexpressiu.

inextricable [in'ekstrikəbl] a. inextricable, intrincat.

infallibility [in'fælə'biliti] s. infal·libilitat f.

infallible [in'fæləbl] a. infal·lible.

infamous ['infəməs] a. infame, detestable.

infamy ['infəmi] s. infàmia f.

infancy ['infənsi] s. infància f., infantesa f. 2 minoria f. d'edat. 3 fig. principi m., començament m.

infant ['infənt] s. infant m., criatura f., nen. ■ 2 a. infantil. 3 de pàrvuls. 4 fig. naixent.

infantile ['infəntail] a. infantil.

infantry ['infəntri] s. MIL. infanteria f.

infatuate (to) [in'fætjueit] t. encantar, enterbolir. 2 encapritxar-se p., enamorar-se p. follament.

infatuated [in'fætjueitid] a. follament enamorat. 2 *to be ~ with,* estar boig per, haver-se begut l'enteniment per [algú].

infatuation [in'fætju'eiʃən] s. encaterinament m., caprici m. 2 enamorament m., passió f., bogeria f.

infect (to) [in'fekt] t. infectar, (ROSS.) emmalignar. 2 contaminar; encomanar. 3 fig. corrompre, aviciar.

infection [in'fekʃən] s. infecció f. 2 contaminació f. 3 contagi m. [també fig.].

infectious [inˈfekʃəs] *a.* infecciós. 2 contagiós [també fig.].

infer (to) [inˈfəːʳ] *t.* inferir, deduir.

inference [ˈinfərəns] *s.* inferència *f.*, deducció *f.*, conclusió *f.*

inferior [inˈfiəriəʳ] *a.* inferior. ■ 2 *s.* inferior *m.*

inferiority [inˈfiəriˈɔriti] *s.* inferioritat *f.* ‖ ~ **complex**, complex *m.* d'inferioritat.

infernal [inˈfəːnl] *a.* infernal.

infest (to) [inˈfest] *t.* infestar.

infidel [ˈinfidəl] *a.-s.* REL. infidel.

infiltrate (to) [ˈinfiltreit] *t.* infiltrar. ■ 2 *i.* infiltrar-se *p.*

infinite [ˈinfinit] *a.* infinit. ■ 2 *s.* infinit *m.*

infinitive [inˈfinitiv] *s.* GRAM. infinitiu *m.*

infinity [inˈfiniti] *s.* infinitat *f.* 2 MAT. infinit *m.*

infirm [inˈfəːm] *a.* dèbil, feble. 2 insegur, inestable. 3 malaltís, malalt. 4 DRET nul.

infirmary [inˈfəːməri] *s.* hospital *m.* 2 infermeria *f.*

infirmity [inˈfəːmiti] *s.* malaltia *f.* 2 debilitat *f.*, afebliment *m.* 3 fig. flaquesa *f.*

inflame (to) [inˈfleim] *t.* inflamar. 2 enutjar, enfurir. 3 encendre, escalfar [els ànims, etc.]. 4 MED. inflamar. ■ 5 *i.* inflamar-se *p.* 6 enutjar-se *p.*, enfurir-se *p.* 7 encendre's *p.*, escalfar-se *p.* 8 MED. inflamar-se *p.*

inflammable [inˈflæməbl] *a.* inflamable. 2 irascible.

inflammation [ˌinfləˈmeiʃən] *s.* MED. inflamació [també fig.]

inflate (to) [inˈfleit] *t.* inflar.

inflated [inˈfleitid] *a.* inflat. 2 envanit, cregut. 3 fig. pompós, altisonant. 4 COM. inflacionista.

inflation [inˈfleiʃən] *s.* inflor *f.*, infladura *f.* 2 fig. fums *m. pl.*; pomposidat *f.* 3 ECON. inflació *f.*

inflect (to) [inˈflekt] *t.* torçar, doblegar. 2 GRAM. declinar, conjugar. 3 MÚS. modular [la veu].

inflection [inˈflekʃən] *s.* inflexió *f.*

inflexibility [inˌfleksəˈbiliti] *s.* inflexibilitat *f.*

inflexible [inˈfleksəbl] *a.* inflexible.

inflict (to) [inˈflikt] *t.* inflingir. 2 donar, clavar [un cop, etc.]. 3 provocar, causar [una ferida, etc.]. 4 imposar, aplicar.

infliction [inˈflikʃən] *s.* inflicció *f.* 2 pena *f.*, càstig *m.*

inflow [ˈinflou] *s.* afluència *f.*

influence [ˈinfluəns] *s.* influència *f.*, influx *m.*, ascendent *m.* ‖ **under the ~ of**

drink, sota la influència o els efectes de l'alcohol. 2 ELECT. inducció *f.*

influence (to) [ˈinfluəns] *t.* influir *i.*

influential [ˌinfluˈenʃəl] *a.* influent.

influenza [ˌinfluˈenzə] *s.* MED. influença *f.*, grip *f.*

influx [ˈinflʌks] *s.* afluència *f.*, entrada *f.*

inform (to) [inˈfɔːm] *t.* informar, fer saber. 2 comunicar. ■ 3 *i.* **to ~ against,** delatar, denunciar, (ROSS.) decelar.

informal [inˈfɔːml] *a.* informal. 2 senzill, sense cerimònia. 3 oficiós. 4 desimbolt, natural.

informality [ˌinfɔːˈmæliti] *s.* informalitat *f.*, manca *f.* de compliments.

informally [inˈfɔːməli] *adv.* informalment, de manera informal. 2 sense cerimònia, sense compliments. 3 oficiosament.

informant [inˈfɔːmənt] *s.* informador, informant.

information [ˌinfəˈmeiʃən] *s.* informació *f.* 2 notícies *f. pl.*, informes *m. pl.* 3 coneixements *m. pl.*, dades *f. pl.* 4 DRET acusació *f.*, denúncia *f.*

informer [inˈfɔːməʳ] *s.* denunciant. 2 delator. 3 confident, informador.

infraction [inˈfrækʃən] *s.* infracció *f.*

infringe (to) [inˈfrindʒ] *t.* infringir, violar. ■ 2 *i.* **to ~ on** o **upon,** trepitjar *t.*, violar *t.* [drets, etc.].

infringement [inˈfrindʒmənt] *s.* infracció *f.*, violació *f.*

infuriate (to) [inˈfjuərieit] *t.* enfurismar, irritar, exasperar.

infuse (to) [inˈfjuːz] *t.* infondre. 2 fer una infusió.

ingenious [inˈdʒiːnjəs] *a.* enginyós, hàbil, llest.

ingenuity [ˌindʒiˈnjuːiti] *s.* enginy *m.*, inventiva *f.* 2 habilitat *f.*, genialitat *f.*

ingenuous [inˈdʒenjuəs] *a.* ingenu, càndid, innocent. 2 sincer, franc.

ingenuousness [inˈdʒenjuəsnis] *s.* ingenuïtat *f.*, candidesa *f.*, sinceritat *f.*

inglorious [inˈglɔːriəs] *a.* ignominiós, vergonyós.

ingot [ˈingət] *s.* llingot *m.*

ingratiate (to) [inˈgreiʃieit] *p.* **to ~ one-self with,** congraciar-se amb.

ingratitude [inˈgrætitjuːd] *s.* ingratitud *f.*

ingredient [inˈgriːdjənt] *s.* ingredient *m.*

inhabit (to) [inˈhæbit] *t.* habitar, viure a.

inhabitant [inˈhæbitənt] *s.* habitant.

inhale (to) [inˈheil] *t.* respirar, aspirar. 2 MED. inhalar.

inherent [in'hiərənt] *a.* inherent. 2 innat.

inherit (to) [in'herit] *t.-i.* heretar *t.*

inheritance [in'heritəns] *s.* herència *f.* [també fig.]. 2 successió *f.*

inhibit (to) [in'hibit] *t.* reprimir, inhibir. 2 impedir. 3 prohibir.

inhibition [inhi'biʃən] *s.* inhibició *f.* 2 prohibició *f.*

inhospitable [in'hɔspitəbl] *a.* inhòspit, inhospitalari.

inhuman [in'hju:mən] *a.* inhumà, cruel.

inimical [i'nimikəl] *a.* form. hostil, contrari.

iniquitous [i'nikwitəs] *a.* inic.

iniquity [i'nikwiti] *s.* iniquitat *f.*

initial [i'niʃəl] *a.* inicial, primer. ■ 2 *s. pl.* inicials *f. pl.*, sigles *f. pl.*

initiate (to) [i'niʃieit] *t.* iniciar, començar. 2 introduir, promoure. 3 admetre.

initiative [i'niʃiətiv] *s.* iniciativa *f.*

inject (to) [in'dʒekt] *t.* injectar [també fig.].

injection [in'dʒekʃən] *s.* injecció *f.*

injudicious [indʒu:'diʃəs] *a.* form. imprudent.

injunction [in'dʒʌŋkʃən] *s.* injunció *f.* 2 ordre *f.*, manament *m.* 3 DRET requeriment *m.*

injure (to) [indʒə'] *t.* danyar, perjudicar. 2 ferir, fer mal [també fig.]. 3 DRET causar perjudici. 4 ESPORT lesionar.

injurious [in'dʒuəries] *a.* dolent, perjudicial. 2 lesiu. 3 injuriós, ofensiu.

injury [indʒəri] *s.* mal *m.*, perjudici *m.* 2 ferida *f.*, lesió *f.* 3 injúria *f.*, ofensa *f.*

injury time [indʒəritaim] *s.* ESPORT temps *m.* descomptat [per lesions].

injustice [in'dʒʌstis] *s.* injustícia *f.*

ink [iŋk] *s.* tinta *f.* ‖ *in ~,* amb tinta.

inkling [iŋkliŋ] *s.* indici *m.* 2 sospita *f.* 3 idea *f.*, impressió *f.*

inlaid [in'leid] Vegeu INLAY (TO).

inland [in'lənd] *a.* interior, de l'interior, de terra endins. ‖ *~ navigation,* navegació *f.* fluvial. ■ 2 *adv.* [in'lænd] terra endins, a l'interior. ■ 3 *s.* interior *m.* [del país].

Inland Revenue [inlənd'revinju:] *s.* (G.B.) contribució *f.* 2 hisenda *f.*

in-laws [inlɔ:z] *s. pl.* parents *m. pl.* polítics.

inlay (to) [in'lei] *t.* incrustar, encastar, embotir. ▲ Pret. i p. p.: *inlaid* [in'leid].

inlet [inlet] *s.* cola *f.*, badia *f.*, ansa *f.*, ria *f.* 2 MEC. admissió *f.*, entrada *f.*

inmate [inmeit] *s.* habitant, ocupant, inquilí, resident. 2 malalt. 3 internat. 4 pres, presoner.

inmost [inmoust] *a.* més interior, més íntim, més profund.

inn [in] *s.* fonda *f.*, posada *f.*, alberg *m.*

innate [i'neit] *a.* innat.

inner [inə'] *a.* interior, íntern. 2 fig. secret, íntim. 3 MED. intern.

inner tube [inətju:b] *s.* cambra *f.* d'aire [d'un pneumàtic].

innkeeper [in,ki:pə'] *s.* dispeser, fondista, hosteler.

innocence [inəsns] *s.* innocència *f.*

innocent [inəsnt] *a.-s.* innocent.

innocuous [i'nɔkjuəs] *a.* innocu, inofensiu.

innovation [inə'veiʃən] *s.* innovació *f.*, novetat *f.*

innuendo [inju'endou] *s.* indirecta *f.*, insinuació *f.*

inoculate (to) [i'nɔkjuleit] *t.* MED. inocular.

inoffensive [inə'fensiv] *a.* inofensiu.

inoperative [in'ɔpərətiv] *a.* inoperant.

inopportune [in'ɔpətju:n] *a.* inoportú.

inordinate [i'nɔːdinit] *a.* immoderat, excessiu, desmesurat.

inorganic [inɔː'gænik] *a.* inorgànic.

inpatient [impeiʃənt] *s.* malalt intern en un hospital.

input [input] *s.* entrada *f.* 2 MEC. potència *f.* d'entrada. 3 INFORM. entrada *f.*

inquest [inkwest] *s.* DRET investigació *f.*, judicial. 2 enquesta *f.*, indagació *f.*

inquire (to) [in'kwaiə'] *t.* preguntar, demanar, informar-se *p.* sobre. ■ 2 *i.* preguntar *t.* 3 *to ~ after,* preguntar per. 4 *to ~ into,* investigar, esbrinar, indagar.

inquiry [in'kwaiəri] *s.* pregunta *f.*, enquesta *f.* 2 investigació *f.*, indagació *f.* 3 *pl.* **inquiries,** informació *f. sing.*

inquiry office [in,kwaiəri'ɔfis] *s.* oficina *f.* d'informació.

inquisition [inkwi'ziʃən] *s.* inquisició *f.*, investigació *f.*, recerca *f.* 2 HIST. *the Inquisition* la Inquisició.

inquisitive [in'kwizitiv] *a.* curiós, xafarder.

inroad [inroud] *s.* MIL. incursió *f.*, invasió *f.* 2 fig. intrusió *f.*, violació *f.*

inrush [inrʌʃ] *s.* irrupció *f.*, invasió *f.* 2 afluència *f.*, entrada *f.*

insane [in'sein] *a.* insà, boig, foll. ‖ ant. *~ asylum,* manicomi *m.* 2 fig. insensat.

insanitary [in'sænitəri] a. antihigiènic, malsà, insalubre.

insanity [in'sæniti] s. bogeria f., demència f., insanitat f.

insatiable [in'seiʃəbl] a. insaciable.

inscribe (to) [in'skraib] t. inscriure. 2 gravar. 3 COM. registrar, enregistrar. ‖ *inscribed stock,* existències f. pl. registrades. 4 MAT. inscriure.

inscription [in'skripʃən] s. inscripció f. 2 rètol m. 3 dedicatòria f. 4 COM. registre m.

inscrutable [in'skru:təbl] a. inescrutable.

insect ['insekt] s. ZOOL. insecte m.

insecure [ˌinsi'kjuəˈ] a. insegur, inestable.

insecurity [ˌinsi'kjuəriti] s. inseguretat f. 2 perill m., risc m.

insensible [in'sensibl] a. insensible. 2 imperceptible. 3 MED. inconscient.

insensitive [in'sensitiv] a. insensible.

insert (to) [in'sə:t] t. inserir, introduir. 2 intercalar. 3 ficar, posar.

insertion [in'sə:ʃən] s. inserció f., introducció f. 2 anunci m. 3 COST. entredós m.

inside [in'said] s. interior m. 2 pl. entranyes f. pl., budells m. pl., estómac m. sing. ■ 3 a. interior, intern. 4 confidencial, secret. ■ 5 adv. (a) dins, a l'interior. ‖ ~ out, de dalt a baix, a fons. 6 col·loq. en menys de, abans de: *he can't do it ~ of a week,* no pot fer-ho en menys d'una setmana. ■ 7 prep. dins de.

insidious [in'sidiəs] a. insidiós.

insight ['insait] s. perspicàcia f., penetració f., intuïció f. 2 *to get an ~ into,* fer-se una idea de.

insignificance [ˌinsig'nifikəns] s. insignificància f.

insincere [ˌinsin'siəˈ] a. poc sincer, hipòcrita, fals.

insinuate (to) [in'sinjueit] t. insinuar. 2 p. to ~ oneself, insinuar-se.

insinuation [inˌsinju'eiʃən] s. insinuació f.

insipid [in'sipid] a. insípid, insuls [també fig.].

insipidity [ˌinsi'piditi] s. insipidesa f., insipiditat f.

insist (to) [in'sist] i. insistir, persistir, obstinar-se p. a. ■ 2 t. sostenir. 3 insistir i. en.

insistence [in'sistəns] s. insistència f., persistència f. obstinació f.

insistent [in'sistənt] a. insistent, persistent. ‖ *to be ~,* obstinar-se a.

insole ['insoul] s. plantilla f. [de sabata].

insolence ['insələns] s. insolència f. 2 descarament m., atreviment m.

insolent ['insələnt] a. insolent. 2 descarat, atrevit.

insoluble [in'sɔljubl] a. insoluble.

insolvency [in'sɔlvənsi] a. DRET insolvència f.

insolvent [in'sɔlvənt] a. DRET insolvent.

insomnia [in'sɔmniə] s. MED. insomni m.

insomuch [ˌinsou'mʌtʃ] adv. ~ that, fins el punt que. 2 ~ as, ja que, donat que.

inspect (to) [ins'pekt] t. inspeccionar, examinar. 2 registrar. 3 MIL. passar revista a.

inspection [ins'pekʃən] s. inspecció f., examen m. 2 registre m. 3 MIL. revista f.

inspector [ins'pektəˈ] s. inspector. 2 FERROC. revisor, interventor.

inspiration [ˌinspi'reiʃən] s. inspiració f.

inspire (to) [ins'paiəˈ] t. inspirar. 2 infondre. 3 suggerir. 4 MED. inspirar; aspirar. ■ 5 i. MED. inspirar, aspirar, respirar.

install (to) [ins'tɔ:l] t. instal·lar.

instalment, (EUA) **installment** [in'stɛ:lmənt] s. termini m. [de pagament]. 2 fascicle m. 3 instal·lació f., muntatge m.

instance ['instəns] s. exemple m., cas m.: *for ~,* per exemple. 2 instància f.

instant ['instənt] s. instant m., moment m. ■ 2 a. instant, urgent. 3 immediat, imminent. 4 instantani. 5 corrent, present: *the 10th ~,* el deu del mes corrent, del present mes.

instantaneous [ˌinstən'teinjəs] a. instantani.

instantly ['instəntli] adv. instantàniament, immediatament, de seguida.

instead [ins'ted] adv. en o per comptes de, en lloc de. ‖ ~ of, en lloc de, per comptes de.

instep ['instep] s. empenya f. [del peu, de la sabata].

instigate (to) ['instigeit] t. instigar, incitar. 2 fomentar.

instil, (EUA) **instill (to)** [in'stil] t. instil·lar. 2 fig. infondre, inculcar.

instinct ['instiŋkt] s. instint m.

institute ['institju:t] s. institut m., institució f. 2 associació f. 3 centre m. social.

institute (to) ['institju:t] t. instituir, establir. 2 començar, iniciar.

institution [ˌinsti'tju:ʃən] s. institució f. 2 associació f. 3 hospici m. 4 establiment m., creació f.

instruct (to) [in'strʌkt] t. instruir, ensenyar. 2 ordenar, manar. 3 donar instruccions.

instruction [in'strʌkʃən] s. instrucció f., ensenyament m. 3 pl. instruccions f. pl., ordres f. pl., indicacions f. pl.

instrument ['instrumənt] s. instrument. 2 MED. pl. instrumental m.

insubordination [ˌinsəˌbɔːdi'neiʃən] s. insubordinació f.

insubstantial [ˌinsəbs'tænʃəl] a. insubstancial, immaterial. 2 sense fonament.

insufferable [in'sʌfərəbl] a. insofrible, insuportable.

insufficient [ˌinsə'fiʃənt] a. insuficient.

insular ['insjulə] a. insular, illenc. 2 fig. tancat, d'esperit estret.

insult ['insʌlt] s. insult m.

insult (to) [in'sʌlt] t. insultar.

insurance [in'ʃuərəns] s. COM. assegurança f. ‖ ~ policy, pòlissa f. d'assegurances. ‖ life ~, assegurança de vida. 2 garantia f., seguretat f.

insure (to) [in'ʃuə'] t. COM. assegurar. 2 garantir. ■ 3 i. fer-se p. una assegurança.

insurgent [in'sɜːdʒənt] a.-s. insurgent, insurrecte.

insurmountable [ˌinsə'mauntəbl] a. insuperable, infranquejable.

insurrection [ˌinsə'rekʃən] s. insurrecció f.

intact [in'tækt] a. intacte, íntegre.

intake ['inteik] s. presa f., entrada f. 2 admissió f. 3 consum m. 4 quantitat f. de persones admeses [en una escola, etc.].

intangible [in'tændʒibl] a. intangible, impalpable.

integer ['intidʒə'] s. MAT. (nombre) enter m.

integral ['intigrəl] a. integrant, essencial. 2 integral, sencer. ■ 3 s. MAT. integral f.

integrate (to) ['intigreit] t. integrar. ■ 2 i. integrar-se p.

integrity [in'tegriti] s. integritat f., honradesa f. 2 totalitat f.

intellect ['intilekt] s. intel·lecte m., intel·ligència f. ■ 2 s. fig. intel·lectual.

intellectual [ˌinti'lektjuəl] s.-a. intel·lectual.

intelligence [in'telidʒəns] s. intel·ligència f., enteniment m. ‖ ~ quotient, quocient m. intel·lectual. 2 notícia f. 3 informació f. secreta.

intelligent [in'telidʒənt] a. intel·ligent.

intemperance [in'tempərəns] s. intemperància f.

intemperate [in'tempərit] a. intemperant, intemperat. 2 immoderat, excessiu.

intend (to) [in'tend] t. proposar-se p., tenir l'atenció de, pensar. 2 destinar. 3 voler dir, voler fer.

intended [in'tendid] a. proposat, desitjat. 2 fet (for, per a) . 3 destinat (for, per a). ■ 4 s. col·loq. promès m.; futur m.

intense [in'tens] a. intens. 2 pujat, viu. 2 punyent, agut. 3 gran, enorme. 4 fort, penetrant, violent. 5 FOT. contrastat.

intensify (to) [in'tensifai] t. intensificar. 2 augmentar. 3 FOT. contrastar. ■ 4 i. intensificar-se p., créixer.

intensive [in'tensiv] a. intensiu. ‖ MED. ~ care unit, unitat f. de vigilància intensiva. 2 intens. 3 profund. 4 GRAM. intensiu.

intent [in'tent] a. absort, profund [pensament, mirada]. ‖ ~ on, atent a, dedicat a, absort en; dedicat a. ■ 2 s. propòsit m., intenció f.

intention [in'tenʃən] s. intenció f.

intentional [in'tenʃənl] a. intencionat, intencional.

inter (to) [in'tɜː'] t. form. enterrar, sepultar.

interact (to) [ˌintər'ækt] i. actuar recíprocament.

intercede (to) [ˌintə'siːd] i. intercedir.

intercept (to) [ˌintə'sept] t. interceptar. 2 aturar. 3 tallar. 4 MAT. interceptar.

interchange ['intətʃeindʒ] s. intercanvi m., canvi m.

interchange (to) [ˌintə'tʃeindʒ] t. canviar, intercanviar, bescanviar. 2 alternar. ■ 3 i. alternar-se p.

intercom ['intəkɔm] s. col·loq. intercomunicador m., porter m. automàtic.

intercourse ['intəkɔːs] s. tracte m., relació f. ‖ sexual ~, coit m. 2 comerç m.; intercanvi m.

interdict (to) [ˌintə'dikt] t. form. prohibir, interdir. 2 REL. entredir, posar entredit.

interest ['intrəst] s. interès m. 2 profit m., benefici m. 3 pl. indústria f. sing. , negocis m. pl. 4 escreix m. 5 COM. interès m.; participació f.

interest (to) ['intrəst] t. interessar.

interesting ['intrəstiŋ] a. interessant.

interface ['intəfeis] s. interfície f. 2 fig. àrea comú de dos sistemes.

interfere (to) [ˌintəˈfiəʳ] *i.,* interferir, entremetre's *p.,* ficar-s'hi *p.* ‖ *to ~ with,* remenar *t.,* grapejar *t.;* destorbar *f.,* dificultar *t.*

interference [ˌintəˈfiərəns] *s.* interferència *f.* 2 RÀDIO paràsits *m. pl.* 3 ingerència *f.,* intromissió *f.* 4 obstacle *m.,* destorb *m.*

interim [ˈintərim] *a.* ínterim. 2 interí, provisional. ■ 3 *s.* entremig *m.* ‖ *in the ~,* mentrestant.

interior [inˈtiəriəʳ] *a.* interior, intern. ■ 2 *s.* interior *m.*

interjection [ˌintədˈʒekʃən] *s.* GRAM. interjecció *f.,* exclamació *f.*

interlace [ˌintəˈleis] *t.* entrellaçar, entreteixir. ■ 2 *i.* entrellaçar-se *p.,* entreteixir-se *p.*

interlock (to) [ˌintəˈlɔk] *t.* travar, entrellaçar. 2 engranar, encaixar. ■ 3 *i.* travarse *p.,* entrellaçar-se *p.* 4 encaixar, engranar.

interloper [ˈintəloupəʳ] *s.* intrús, aprofitat.

interlude [ˈintəluːd] *s.* TEAT. entreacte *m.* 2 MÚS. interludi *m.* 3 interval *m.*

intermarriage [ˌintəˈmæridʒ] *s.* matrimoni *m.* mixt. 2 matrimoni *m.* entre parents.

interment [inˈtəːmənt] *s.* form. enterrament *m.*

intermission [ˌintəˈmiʃən] *s.* intermissió *f.,* interrupció *f.* 2 CINEM. descans *m.* 3 TEAT. entreacte *m.*

intermittent [ˌintəˈmitənt] *a.* intermitent.

intern [inˈtəːn] *s.* (EUA) intern [metge].

internal [inˈtəːnl] *a.* intern. 2 interior.

international [ˌinteˈnæʃnəl] *a.* internacional.

interplay [ˈintəplei] *s.* interacció *f.*

interpose (to) [ˌintəˈpouz] *t.* interposar. ■ 2 *i.* interposar-se *p.,* intervenir.

interpret (to) [inˈtəːprit] *t.* interpretar. ■ 2 *i.* fer d'intèrpret.

interpretation [inˌtəːpriˈteiʃən] *s.* interpretació *f.*

interpreter [inˈtəːpritəʳ] *s.* intèrpret.

interrelate (to) [ˌintəriˈleit] *t.* interrelacionar.

interrelation [ˌintəriˈleiʃn] *s.* interrelació *f.,* correlació *f.,* relació *f.*

interrogate (to) [inˈterəgeit] *t.* interrogar.

interrupt (to) [ˌintəˈrʌpt] *t.* interrompre. ■ 2 *i.* interrompre's *p.*

interruption [ˌintəˈrʌpʃən] *s.* interrupció *f.*

intersect (to) [ˌintəˈsekt] *t.* tallar, encreuar [una línia, etc., amb una altra]. ■ 2 *i.* encreuar-se *p.* 3 MAT. intersecarse *p.*

intersperse [ˌintəˈspəːs] *t.* escampar, sembrar, mesclar.

interstice [inˈtəːstis] *s.* interstici *m.,* escletxa *f.*

interval [ˈintəvəl] *s.* interval *m.* ‖ *at short ~,* freqüentment. 2 descans *m.* 3 TEAT. entreacte *m.*

intervene (to) [ˌintəˈviːn] *i.* intervenir. 2 ocórrer, sorgir. 3 interposar-se *p.*

intervening [ˌintəˈviːniŋ] *a.* que intervé. 2 intermediari. 3 intermedi.

interview [ˈintəvjuː] *s.* entrevista *f.* 2 interviu *f.* [periodística].

interview (to) [ˈintəvjuː] *t.* entrevistar(se), interviuar.

interweave (to) [ˌintəˈwiːv] *t.* entreteixir [també fig.]. ▲ Pret. *interwove* [ˌintəˈwouv]; p. p. *interwoven* [ˌintəˈwouvn].

intestine [inˈtestin] *a.* intestí, intern. ■ 2 *s.* ANAT. intestí *m.: large ~,* intestí gros; *small ~,* intestí prim.

intimate [ˈintimit] *a.* íntim, personal. 2 de confiança. 3 profund. ■ 4 *s.* amic íntim. ■ 5 **-ly** *adv.* íntimament.

intimate (to) [ˈintimeit] *t.* notificar, anunciar. 2 indicar.

intimation [ˌintiˈmeiʃən] *s.* notificació *f.,* anunci *m.* 2 indicació *f.*

intimidate (to) [inˈtimideit] *t.* intimidar.

into [ˈintu] *prep.* a, (a) dins, en [moviment, transformació, penetració]. ‖ *he worked late ~ the night,* va treballar fins ben entrada la nit. ‖ col·loq. *he's very much ~ sport,* té la febre de l'esport, està molt ficat en l'esport.

intolerable [inˈtɔlərəbl] *a.* intolerable, insuportable, inadmissible.

intonation [ˌintəˈneiʃən] *s.* entonació *f.*

intoxicate (to) [inˈtɔksikeit] *t.* embriagar(se) [també fig.].

intoxication [inˌtɔksiˈkeiʃən] *s.* embriaguesa *f.* [també fig.].

intractable [inˈtræktəbl] *a.* intractable, rebel, indòcil [persona]. 2 difícil de resoldre [problema, etc.].

intransigent [inˈtrænsidʒent] *s.* intransigent.

intra-uterine [ˌintrəˈjuːtərain] *a.* MED. intrauterí. *~ device,* dispositiu intrauterí, esterilet.

intrepid [in'trepid] *a.* intrèpid.

intricacy ['intrikəsi] *s.* embolic *m.,* complicació *f.*

intricate ['intrikit] *a.* intricat, complicat, confús.

intrigue [in'triːg] *s.* intriga *f.,* conspiració *f.* 2 intriga *f.* amorosa. 3 LIT. novel·la *f.* d'embolics.

intrigue (to) [in'triːg] *t.-i.* intrigar.

introduce (to) [,intrə'djuːs] *t.* introduir. 2 presentar [una persona; un projecte de llei].

introduction [,intrə'dʌkʃən] *s.* introducció *f.* 2 presentació *f.*

introductory [,intrə'dʌktəri] *a.* introductiu, introductori.

intrude (to) [in'truːd] *t.* imposar [presència, opinions, etc.]. ■ 2 *i.* destorbar, molestar.

intruder [in'truːdə'] *s.* intrús.

intuition [,intjuːi'ʃən] *s.* intuició *f.*

intuitive [in'tjuːitiv] *a.* intuitiu.

inundate (to) ['inʌndeit] *t.* inundar [també fig.].

inundation [,inʌn'deiʃən] *s.* inundació *f.*

inure (to) [i'njuə'] *t.* acostumar, habituar, avesar.

inured [i'njued] *a.* avesat, acostumat, habituat.

invade (to) [in'veid] *t.* envair. 2 usurpar; violar [drets, etc.].

invader [in'veidə'] *s.* invasor.

invalid [in'vælid] *a.* invàlid, nul. 2 ['invəlid] invàlid. 3 xacrós. ■ 4 *s.* invàlid. 5 persona xacrosa.

invalidate (to) [in'vælideit] *t.* invalidar, anul·lar.

invaluable [in'væljuəbl] *a.* inestimable, incalculable. 2 sense valor.

invariable [in'vɛəriəbl] *a.* invariable.

invasion [in'veiʒən] *s.* invasió *f.* 2 usurpació *f.,* violació *f.*

invective [in'vektiv] *s.* invectiva *f.*

invent (to) [in'vent] *t.* inventar. 2 imaginar, pensar.

invention [in'venʃən] *s.* invenció *f.,* invent *m.* 2 inventiva *f.*

inventor [in'ventə'] *s.* inventor.

inventory ['invəntri] *s.* inventari *m.*

invert (to) [in'vəːt] *t.* invertir, capgirar.

inverted [in'vəːtid] *a.* invertit. ‖ ~ *commas,* cometes *f. pl.*

invest (to) [in'vest] *t.* invertir [diners]. 2 investir, conferir. 3 *to* ~ *with,* revestir,

cobrir. 4 MIL. assetjar. ■ 5 *i.* fer una inversió.

investigate (to) [in'vestigeit] *t.* investigar. 2 indagar. 3 examinar, estudiar.

investigation [in,vesti'geiʃən] *s.* investigació *f.* 2 indagació *f.*

investment [in'vestmənt] *s.* investidura *f.* 2 inversió *f.* [de diners]. 3 MIL. setge *m.*

inveterate [in'vetərit] *a.* inveterat. 2 reconsagrat, pertinaç. 3 arrelat.

invidious [in'vidiəs] *a.* irritant, odiós. ■ 2 -ly *adv.* odiosament.

invigorate (to) [in'vigəreit] *t.* vigoritzar, enfortir. 2 animar, estimular.

invigorating [in'vigəreitiŋ] *a.* vigoritzant, estimulant, vivificant.

invincible [in'vinsibl] *a.* invencible.

inviolable [in'vaiələbl] *a.* inviolable; sagrat.

invisible [in'vizəbl] *a.* invisible; ~ *ink,* tinta *f.* simpàtica.

invitation [,invi'teiʃən] *s.* invitació *f.* 2 crida *f.*

invite (to) [in'vait] *t.* invitar, convidar. 2 demanar, sol·licitar. 3 temptar.

inviting [in'vaitiŋ] *a.* temptador. 2 atractiu, seductor. ■ 3 -ly *adv.* temptadorament, d'una manera atractiva.

invoice ['invɔis] *s.* COM. factura *f.*

invoice (to) ['invɔis] *t.* COM. facturar.

invoke (to) [in'vouk] *t.* invocar. 2 implorar. 3 conjurar. 4 recórrer a. 5 demanar.

involve (to) [in'vɔlv] *t.* concernir. 2 afectar. 3 exigir. 4 comprendre. 5 embolicar, enrotllar. 6 embolicar, complicar, comprometre. 7 enredar.

involved [in'vɔlvd] *a.* embolicat, enredat, complicat, compromès. 2 intrincat. 3 absort.

inward ['inwəd] *a.* interior, intern, íntim.

inwardness ['inwədnis] *s.* espiritualitat *f.* 2 essència *f.* 3 naturalesa *f.* íntima.

inwards ['inwədz] *adv.* cap a dins.

IOU [,ai ou 'juː] *s. (I owe you)* pagaré *m.*

IPA ['aipiː'ei] *s. (International Phonetic Alphabet)* AFI *m.* (Alfabet Fonètic Internacional). 2 *(International Press Association)* associació *f.* internacional de premsa.

irate [ai'reit] *a.* aïrat, colèric, enutjós.

ire ['aiə'] *s.* form. ira *f.,* còlera *f.*

Ireland ['aiələnd] *n. pr.* GEOGR. Irlanda. 2 *Northern* ~, Irlanda del Nord.

Irene [ai'riːni, 'airiːn] *n. pr. f.* Irene.

Irish ['aiəri∫] *a.-s.* irlandès.

irksome [ˈɔːksəm] a. pesat, carregós, enutjós.

iron [ˈaiən] s. MIN. ferro m. 2 planxa f. 3 ferro m. roent. 3 pl. manilles f. pl., grillons m. pl. 4 ESPORT pal m. de golf. ■ 5 a. de ferro, ferri. || fig. ~ will, voluntat f. de ferro.

iron (to) [ˈaiən] t. planxar [la roba]. || fig. to ~ out a difficulty, aplanar una dificultat.

Iron Age [ˈaiəneidʒ] s. Edat f. de ferro.

Iron Curtain [ˈaiənˈkɔːtn] s. teló m. d'acer.

ironic(al) [aiˈrɔnik, -əl] a. irònic. ■ 2 -ly adv. irònicament.

irony [ˈaiərəni] s. ironia f.

irradiate (to) [iˈreidieit] t. irradiar, radiar. 2 fig. aclarir, il·luminar. ■ 3 i. brillar, resplendir.

irrational [iˈræʃənəl] a. irracional. 2 absurd, il·lògic.

irreconciliable [iˈrekənsailəbl] a. irreconciliable. 2 inconciliable.

irrecoverable [ˌiriˈkʌvərəbl] a. irrecuperable. 2 incobrable. 3 fig. irreparable.

irredeemable [ˌiriˈdiːməbl] a. irredimible. 2 fig. irremeiable; incorregible. 3 COM. no amortitzable.

irregular [iˈregjuləʳ] a. irregular. 2 desigual. ■ 2 -ly adv. irregularment.

irrelevant [iˈrelivənt] a. irrellevant, no pertinent, aliè a la qüestió. 2 DRET improcedent.

irreligious [ˌiriˈlidʒəs] a. irreligiós.

irrepressible [ˌiriˈpresəbl] a. irreprimible, incontrolable, irrefrenable.

irresistible [ˌiriˈzistəbl] a. irresistible.

irresolute [iˈrezəluːt] a. irresolut, indecís.

irrespective [ˌirisˈpektiv] a. ~ of, sense tenir en compte, prescindint de, independentment de.

irresponsible [ˌirisˈpɔnsəbl] a. irresponsable. 2 irreflexiu.

irreverent [iˈrevərənt] a. irreverent.

irrigate (to) [ˈirigeit] t. AGR. irrigar, regar. 2 MED. irrigar.

irrigation [ˌiriˈgeiʃən] s. irrigació f. 2 regatge m.

irritable [ˈiritəbl] a. irritable.

irritate (to) [ˈiriteit] t. irritar.

irritation [ˌiriˈteiʃən] s. irritació f.

Isabel [ˈizəbel] n. pr. f. Isabel.

ISBN [ˈaiesbiːˈen] s. (International Standard Book Number) ISBN m. (número estàndard internacional per a llibres).

island [ˈailənd] s. illa f.

islander [ˈailəndəʳ] s. illenc.

isle [ail] s. illot m. 2 illa f. || The Isle of Wight, l'Illa de Wight. || The British Isles, les Illes Britàniques.

isolate (to) [ˈaisəleit] t. aïllar. 2 separar, incomunicar.

isolation [ˌaisəˈleiʃən] s. aïllament m.

issue (to) [ˈiʃuː] t. distribuir, repartir. 2 publicar, emetre, posar en circulació. 3 assignar, concedir. 4 donar, expedir [una ordre]. 5 DRET pronunciar. ■ 6 i. sortir; néixer; vessar. 7 desprendre's p. 8 acabar, resoldre's p. 9 publicar-se p.

issue [ˈiʃuː] s. sortida f. 2 vessament m.; flux m. 3 publicació f., edició f., tiratge m., emissió f. 4 venda f., distribució f. 5 resultat m., solució f. 6 punt m., tema m., qüestió f. || at ~, a debat. || to avoid the ~, anar amb embuts. 7 beneficis m. pl., renda f. 8 DRET prole f., fillada f.

it [it] pr. neutre ell, ella, allò, això, el, la, li. ■ 2 s. atractiu m.

italic [iˈtælik] a. en cursiva. ■ 2 s. pl. IMPR. cursiva f. sing.

Italy [ˈitəli] n. pr. GEOGR. Itàlia.

itch [itʃ] s. MED. sarna f.; picor f., coïssor f. 2 fig. pruïja f., ganes f. pl. || col·loq. to have an ~, tenir la pruïja de.

itch (to) [itʃ] i. tenir picor. 2 picar, fer picor. 3 tenir pruïja, desitjar.

item [ˈaitem] s. article m. 2 punt m., assumpte m. 3 detall m. 4 notícia f. 5 COM. partida f. 6 TEAT. número m. ■ 7 adv. així mateix, a més.

itemize (to) [ˈaitəmaiz] t. detallar, especificar.

iterate (to) [ˈitəreit] t. repetir, reiterar.

itinerant [aiˈtinərənt] a. itinerant, ambulant.

itinerary [aiˈtinərəri] a. itinerari. ■ 2 s. itinerari m. 3 guia f. [de viatge].

it'll [itl] contr. de IT WILL, IT SHALL.

its [its] a. poss. el seu, la seva, els seus, les seves.

it's [its] contr. de IT IS i IT HAS.

itself [itˈself] pron. se, es. 2 ell mateix, ella mateixa, si mateix. 3 by ~, sol, aïllat.

ITV [ˈaitiːˈviː] s. (G.B.) (Independent Television) televisió f. independent.

I've [aiv] contr. de I HAVE.

ivory [ˈaivəri] s. ivori m., vori m. 2 color m. de l'ivori. ■ 3 a. d'ivori. || fig. ~ tower, torre f. d'ivori. 4 de color de l'ivori.

ivy [ˈaivi] s. BOT. heura f.

J

J, j [dʒeɪ] s. j f. [lletra].

jab [dʒæb] s. cop m., punxada f. 2 col·loq. injecció f.

jab (to) [dʒæb] t. copejar; punxar, donar un cop de puny. ■ 2 i. *to ~ at someone with a knife*, atacar algú amb un ganivet.

jabber ['dʒæbə] s. xerrameca f., barboteig m., guirigall m.

jabber (to) ['dʒæbə] t. balbucejar, murmurar. ■ 2 i. xerrar, garlar, barbollar.

Jack ['dʒæk] n. pr. m. (dim. *John*) Joan.

jack [dʒæk] s. col·loq. home m., noi m. 2 sota f., valet m. [cartes]. 3 pl. joc m. sing. del botxí. 4 ELECT. endoll m., clavilla f. [femella]. 5 ESPORT bolig m. [joc de botxes]. 6 MAR. mariner. m. 7 NÀUT. pavelló m., bandera f. 8 MEC. gat m., cric m.

jack (to) ['dʒæk] t. aixecar amb el gat. 2 augmentar, apujar [preus]. 3 col·loq. *to ~ something in*, deixar córrer, abandonar.

jackal ['dʒækɔːl], (EUA) ['dʒækl] s. ZOOL. xacal m.

jackass ['dʒækæs] s. ase m. [també fig.].

jackdaw ['dʒækdɔː] s. ORN. gralla f.

jacket ['dʒækɪt] s. jaqueta f., americana f., caçadora f. 2 sobrecoberta f. [d'un llibre]. 3 pell f. [de patata]. 4 MEC. camisa f.

jack-in-the-box ['dʒækɪnðəbɔks] s. caixa f. sorpresa.

jack-knife ['dʒæk naɪf] s. navalla f.

jackpot ['dʒækpɔt] s. grossa f. [premi]. ‖ *to hit the ~*, tocar la grossa; fig. tenir sort o èxit.

jade [dʒeɪd] s. MINER. jade m. 2 rossí m. [cavall] 3 meuca f. [dona].

jaded ['dʒeɪdɪd] a. fart. 2 esgotat, exhaust.

jagged ['dʒægɪd] a. dentat, oscat, descantellat. 2 irregular, desigual.

jaguar ['dʒægjuə] s. ZOOL. jaguar m.

jail [dʒeɪl] s. presó f.

jail (to) [dʒeɪl] t. empresonar.

jailbird ['dʒeɪlbəːd] s. ant. pres reincident.

jailbreak ['dʒeɪlbreɪk] s. evasió f., fugida f., fuga f. [de la presó].

jailer ['dʒeɪlə] s. carceller.

jalopy [dʒə'lɔpi] s. col·loq. carraca f., cafetera f., tartana f. [cotxe o avió].

jam [dʒæm] s. melmelada f., confitura f. 2 embús m., embussament m. [de trànsit]. 3 col·loq. embolic m., tràngol m. 4 col·loq. *money for ~*, diners m. pl. fàcils. 5 MÚS. *~ session*, sessió f. informal de jazz.

jam (to) [dʒæm] t. comprimir, apilotar, apinyar. 2 travar, encallar. 3 embussar, obstruir. 4 encabir, fer cabre. 5 agafarse p. [els dits]. 6 RADIO. interferir. ■ 7 i. apilotar-se p., apinyar-se p. 8 travar-se p., encallar-se p. 9 embussar-se p.

jamboree [dʒæmbə'riː] s. festa f., tabola f., barrila f. 2 jambori f.

James ['dʒeɪmz] n. pr. m. Jaume.

Jane ['dʒeɪn] n. pr. f. Joana.

jangle (to) ['dʒæŋgl] t. fer sonar. ■ 2 i. esquellotejar, xerricar. 3 renyir, discutir.

janitor ['dʒænɪtə] s. porter.

January [d'ʒænjuəri] s. gener m.

Japan [dʒə'pæn] n. pr. GEOGR. Japó.

Japanese [dʒæpə'niːz] a.-s. japonès. 2 s. japonès m. [llengua].

jar [dʒɑː'] s. gerra f., pot m. 2 xerric m., grinyol m. 3 desavinença f., desacord m. 4 fig. xoc m., sotrac m., esgarrifament m. 5 *the door is on the ~*, la porta és entreoberta.

jar (to) [dʒɑː'] t. irritar, crispar. 2 fer mal d'orella [un so]. ■ 3 i. xerricar, grinyolar. 4 desentonar. 5 fig. renyir, discutir. 6 fig. *to ~ on*, irritar t., molestar t.

jargon ['dʒɑːgən] s. argot m. 2 xerroteig m.

jarring ['dʒɑːrɪŋ] a. discordant, estrident [també fig.].

jasmin ['dʒæsmɪn] s. BOT. gessamí m., llessamí m.

jasper ['dʒæspə'] *s.* MINER. jaspi *m.*, diaspre *m.*

jaundice ['dʒɔːndis] *s.* MED. icterícia *f.* 2 fig. enveja *f.*, gelosia *f.*, despit *m.* ■ 3 *a.* MED. ictèric; groc, groguenc. 4 envejós, gelós.

jaunt [dʒɔːnt] *s.* passeig *m.*, excursió *f.*

jaunt (to) [dʒɔːnt] *i.* passejar, fer una excursió.

jauntiness ['dʒɔːntinis] *s.* vivacitat *f.*, gràcia *f.* 2 seguretat *f.*, confiança *f.*

jaunty ['dʒɔːnti] *a.* vivaç, airós, graciós.

javelin ['dʒævəlin] *s.* ESPORT javelina *f.* ‖ *throwing the ~,* llançament *m.* de javelina.

jaw [dʒɔː] *s.* ANAT. mandíbula *f.*, barra *f.* 2 ANAT. maixella *f.* [d'animal]. 3 MEC. mordassa *f.* 4 *pl.* fig. boca *f. sing.*, entrada *f. sing.*, portes *f. pl.* 5 col·loq. xerrameca *f.*, garla *f.* 6 col·loq. sermó *m.*, discurs *m.*

jawbreaker ['dʒɔːbreikə'] *s.* col·loq. paraula *f.* difícil de pronunciar.

jazz [dʒæz] *s.* MÚS. jazz *m.*

jealous ['dʒeləs] *a.* gelós, envejós. 2 zelós. ■ 3 -ly *adv.* gelosament.

jealousy ['dʒeləsi] *s.* gelosia *f.* 2 enveja *f.* 3 zel *m.*

Jean ['dʒiːn] *n. pr. f.* Joana.

jean [dʒiːn] *s.* TÈXT. dril *m.* 2 *pl.* pantalons *m. pl.* texans.

jeep [dʒiːp] *s.* AUTO. jeep *m.*

jeer [dʒiə'] *s.* burla *f.*, mofa *f.*, escarn *m.*

jeer (to) [dʒiə'] *t.-i.* burlar-se *p.*, mofar-se *p.*, fer escarn, escarnir *t.*

jeering ['dʒiːriŋ] *a.* burlaner, burlesc. ■ 2 *s.* burla *f.*, escarni *m.* 3 esbronc *m.*, aülls *m. pl.*

jell (to) [dʒel] *t.* col·loq. modelar, donar forma. ■ 2 *i.* quallar. 3 fig. agafar forma, cristal·litzar.

jelly ['dʒeli] *s.* gelatina *f.* 2 CUI. gelea *f.*

jellyfish ['dʒelifiʃ] *s.* ZOOL. medusa *f.*

jeopardize (to) ['dʒepədaiz] *t.* arriscar, exposar, posar en perill.

jeopardy ['dʒepədi] *s.* risc *m.*, perill *m.*, exposició *f.*

jerk [dʒɔːk] *s.* sotregada *f.*, estrebada *f.*, batzegada *f.* 2 empenta *f.*, estirada *f.* 3 espasme *m.*, contracció *f.* 4 (EUA) col·loq. idiota; corcó *m.* 5 CUI. carn *f.* salada.

jerk (to) [dʒɔːk] *t.* sotragar, batzegar. 2 estrebar, estirar. 3 sacsejar. 4 obrir de cop. 5 salar [la carn]. ■ 6 *i.* moure's *p.* a batzegades. 7 obrir-se *p.* de cop.

Jerry ['dʒeri] *n. pr. m.* (dim. *Gerald*) Gerard. 2 (dim. *Jeremy*) Jeremies.

jerry ['dʒeri] *s.* col·loq. orinal *m.* 2 col·loq. MIL. *Jerry,* soldat *m.* alemany. 3 MIL. bidó *m.*

jerry-builder ['dʒeri,bildə'] *s.* mal constructor.

jerry-building ['dʒeri,bildiŋ] *s.* construcció *f.* de mala qualitat.

jersey ['dʒəːzi] *s.* jersei *m.* 2 teixit *m.* de punt.

jest [dʒest] *s.* broma *f.*, mofa *f.*, burla *f.* 2 cosa *f.* per riure. ‖ *in ~,* de broma.

jest (to) [dʒest] *i.* bromejar, fer broma. 2 mofar-se *p.*, burlar-se *p.*

jester ['dʒestə'] *s.* burler, mofeta. 2 HIST. bufó *m.*

Jesuit ['dʒezjuit] *s.* ECLES. jesuïta *m.*

Jesus ['dʒiːzəs] *n. pr. m.* Jesús.

jet [dʒet] *s.* doll *m.*, raig *m.* 2 sortidor *m.* 3 avió *m.* a reacció, jet *m.*, reactor *m.* 4 cremador *m.* 5 MINER. atzabeja *f.*

jet (to) [dʒet] *t.* fer rajar a dolls. ■ 2 *i.* rajar a dolls.

jet lag ['dʒetlæg] *s.* transtorn *m.* fisiològic després d'un viatge llarg amb avió.

jetty ['dʒeti] *s.* espigó *m.*, dic *m.* 2 moll *m.*, desembarcador *m.*

Jew [dʒuː] *s.* jueu.

jewel ['dʒuːəl] *s.* joia *f.*, joiell *m.* 2 pedra *f.* preciosa. 3 fig. joia *f.*, perla *f.*

jeweller, (EUA) **jeweler** ['dʒuːələ] *s.* joier. ‖ *jeweller's (shop),* joieria *f.*

jewellery, (EUA) **jewelry** ['dʒuːəlri] *s.* joies *f. pl.*

Jewess ['dʒuːis] *f.* jueva.

Jewish ['dʒuːiʃ] *a.* jueu.

jib [dʒib] *s.* MAR. floc *m.*

jib (to) [dʒib] *i.* plantar-se *p.* [un cavall]. 2 resistir-se *p.*

jig [dʒig] *s.* giga *f.*

jig (to) [dʒig] *i.-t.* caminar o moure's *p.* fent saltets. 2 saltar amunt i avall.

jilt (to) [dʒilt] *t.* donar carbassa, carbassejar, rebutjar [un noi].

Jim ['dʒim] *n. pr. m.* (dim. *James*) Jaume.

jingle ['dʒiŋgl] *s.* dring *m.*, dringadissa *f.*, cascavelleig *m.* 2 cançoneta *f.*

jingle (to) ['dʒiŋgl] *i.* dringar, cascavellejar. 2 rimar. ■ 3 *t.* fer sonar.

jingo ['dʒiŋgou] *s.* patrioter *a.-s.*

jingoism ['dʒiŋgouizəm] *s.* patrioterisme *m.*

jinx [dʒiŋks] *s.* col·loq. persona *f.* o cosa *f.* que porta mala sort. 2 mala sort *f.*

jitter (to) ['dʒitəʳ] *i.* estar nerviós. 2 moure's *p.* nerviosament.

jitters ['dʒitəz] *s. pl.* col·loq. nervis *m. pl.,* por *f.,* cangueli *m.* ‖ *to have the* ~, tenir por, passar cangueli.

Joan [dʒoun] *n. pr. f.* Joana.

job [dʒɔb] *s.* obra *f.,* tasca *f.,* treball *m.* 2 feina *f.,* ocupació *f.* 3 assumpte *m.,* negoci *m.* 4 col·loq. *just the* ~, just el que volia. 5 col·loq. *to do a* ~, fer una feina [entre delinqüents].

job (to) [dʒɔb] *t.* donar feina a escarada o a preu fet. 2 COM. comprar; vendre [accions]. 3 col·loq. recomanar, apadrinar. ■ 4 *i.* treballar a preu fet. 5 treballar d'agent de borsa.

jockey ['dʒɔki] *s.* ESPORT joquei *m.,* genet *m.*

jockstrap ['dʒɔkstræp] *s.* suspensori *m.*

jocose [dʒəˈkous] *a.* jocós, humorístic.

jocular ['dʒɔkjulə] *a.* jocós. 2 bromista. 3 alegre, jovial.

jocund ['dʒɔkənd] *a.* jocund, jocós.

Joe [dʒou] *n. pr. m.* (dim. *Joseph*) Josep.

jog [dʒɔg] *s.* empenteta *f.,* copet *m.* 2 trot *m.,* pas *m.* curt. 3 fig. estímul *m.*

jog (to) [dʒɔg] *t.* donar una empenta. 2 refrescar [la memòria]. 3 sacsejar. ■ 4 *i. to* ~ *along,* avançar a poc a poc [també fig.].

jogging ['dʒɔgiŋ] *s.* ESPORT footing *m.,* jogging *m.*

John ['dʒɔn] *n. pr. m.* Joan. 2 fig. - *Bull,* Anglaterra; un anglès típic.

join [dʒɔin] *s.* unió *f.* 2 junta *f.,* juntura *f.* 3 costura *f.,* cosit *m.*

join (to) [dʒɔin] *t.* unir, ajuntar, connectar. 2 ingressar *i.* a, entrar *i.* a; fer-se *p.* soci de. 3 reunir-se *p.* amb, anar *i.* amb 4 començar [una batalla]. 5 MEC. empalmar. 6 MIL. allistar-se *p.,* enrolar-se *p.* ■ 7 *i.* unir-se *p.,* ajuntar-se *p.* 8 convergir, concórrer. 9 *to* ~ *in,* participar en.

joiner ['dʒɔinəʳ] *s.* ebenista, fuster.

joinery ['dʒɔinəri] *s.* ebenisteria *f.,* fusteria *f.*

joining ['dʒɔiniŋ] *s.* unió *f.,* junta *f.,* juntura *f.*

joint [dʒɔint] *s.* junta *f.,* juntura *f.* 2 unió *f.,* connexió *f.* 3 xarnera *f.,* frontissa *f.* 4 porció [de carn]; quart [de pollastre]. 5 col·loq. cau *m.,* antre *m.* 6 arg. porro *m.* 7 ANAT. articulació *f.* ‖ *out of* ~, dislocat. 8 BOT. nus *m.,* entrenús *m.* ■ 9 *a.* unit, mixt. 10 comú, conjunt. ‖ ~ *author,* coautor. ■ 11 **-ly** *adv.* conjuntament, en comú.

jointed [dʒɔintid] *a.* articulat. 2 BOT. nuós.

joint stock ['dʒɔint'stɔk] *s.* COM. capital *m.* social. ‖ ~ *company,* companyia *f.* anònima.

joke [dʒouk] *s.* broma *f.;* acudit *m.* ‖ *as a* ~, de broma. ‖ *practical* ~, broma pesada, mala passada *f.* ‖ *to play a* ~ *on,* fer una broma.

joke (to) [dʒouk] *i.* bromejar, fer broma. ‖ *no joking,* seriosament, sense bromes. ‖ *you must be joking!* no ho deus dir seriosament!, ho dius en broma!

joker ['dʒoukəʳ] *s.* faceciós, graciós, bromista. 2 jòquer *m.* [de cartes]. 3 col·loq. paio *m.,* individu *m.*

joking ['dʒoukiŋ] *a.* humorístic; graciós. ■ 2 **-ly** *adv.* de broma.

jolly ['dʒɔli] *a.* alegre, divertit. 2 bo; bonic. ■ 3 *adv.* col·loq. molt, la mar de: ~ *good!,* la mar de bo.

jolt [dʒoult] *s.* estrebada *f.,* sacsejada *f.,* sotragada *f.* 2 xoc *m.* 3 fig. sorpresa *f.,* ensurt *m.*

jolt (to) [dʒoult] *i.* trontollar, botar. 2 moure's *p.* a estrebades. ■ 3 *t.* donar una empenta, estirar de cop.

Jordan ['dʒɔːdən] *n. pr.* GEOGR. Jordà.

Joseph ['dʒouzif] *n. pr. m.* Josep.

jostle (to) ['dʒɔsl] *t.-i.* empentar, arrossegar. 2 donar empentes. 3 obrir-se *p.* pas a empentes.

jot (to) [dʒɔt] *t. to* - *down,* apuntar, prendre nota.

journal ['dʒɔːnl] *s.* diari *m.*

journey ['dʒɔːni] *s.* viatge *m.,* trajecte *m.,* camí *m.*

journey (to) ['dʒɔːni] *i.* viatjar.

joust [dʒaust] *s.* HIST. justa *f.,* torneig *m.*

joust (to) [dʒaust] *i.* HIST. justar.

jovial ['dʒouvjəl] *a.* jovial, alegre.

jowl [dʒaul] *s.* queix *m.,* barra *f.* 2 galta *f.* 3 pap *m.,* papada *f.*

joy [dʒɔi] *s.* joia *f.,* alegria *f.,* felicitat *f.* 2 AVIA., JOC col·loq. *joy-stick,* palanca *f.* de govern.

joyful ['dʒɔiful] *a.* joiós, alegre. ■ 2 **-ly** *adv.* joiosament, alegrement.

JP ['dʒei'piː] *s. (Justice of the Peace)* jutge de pau.

jubilant ['dʒuːbilənt] *a.* form. joiós, content.

jubilation [dʒuːbiˈleiʃən] *s.* alegria *f.,* joia *f.*

judge [dʒʌdʒ] *s.* jutge, magistrat. 2 expert, perit.

judge (to) [dʒʌdʒ] *t.-i.* jutjar *t.* 2 fer de jutge. 3 creure *t.*, considerar *t.*

judg(e)ment [ˈdʒʌdʒment] *s.* decisió *f.*, resolució *f.* 2 sentència *f.*, veredicte *m.* 3 judici *m.*, criteri *m.*

judicious [dʒuːˈdiʃəs] *a.* form. judiciós, assenyat. ■ 2 -**ly** *adv.* judiciosament, assenyadament.

jug [dʒʌg] *s.* gerra *f.*, gerro *m.*, (BAL.), (VAL.) pitxer *m.* 2 col·loq. garjola *f.*, presó *f.*

juggle [ˈdʒʌgl] *s.* joc *m.* de mans. 2 truc *m.*, trampa *f.*

juggle (to) [ˈdʒʌgl] *i.* fer jocs de mans. ■ 2 *t.* enganyar, enredar.

Jugoslavia [ˈjuːgəslaːvjə] *n. pr.* GEOGR. Iugoslàvia.

juice [dʒuːs] *s.* suc *m.*

juicy [ˈdʒuːsi] *a.* sucós. 2 col·loq. picant, divertit.

Julia [ˈdʒuːljə] *n. pr. f.* Júlia.

July [dʒuːˈlai] *s.* juliol *m.*

jumble [ˈdʒʌmbl] *s.* barreja *f.*, poti-poti *m.*, malendreç *m.*

jumble (to) [ˈdʒʌmbl] *t. to ~ (up)*, amuntegar, apilonar, barrejar.

jumble sale [ˈdʒʌmblseil] *s.* mercat *m.* benèfic d'objectes usats.

jump [dʒʌmp] *s.* salt *m.*, bot *m.* 2 augment *m.* brusc [dels preus]. 3 ensurt *m.*, sobresalt *m.*

jump (to) [dʒʌmp] *i.* saltar, botar. 2 augmentar, apujar-se *p.* [preus]. ■ 3 *t.* saltar, salvar. ‖ ESPORT. *to ~ the gun,* fer una sortida en fals; fig. precipitar-se *p.* ‖ *to ~ the queue,* passar davant [en una cua]. ‖ *to ~ the track,* descarrilar. ‖ *to ~ to conclusions,* precipitar-se *p.* a treure conclusions. ‖ *to ~ at,* agafar [oportunitat].

jumpy [ˈdʒʌmpi] *a.* saltador, excitable. 2 nerviós, excitable.

junction [ˈdʒʌŋkʃən] *s.* unió *f.* 2 junta *f.* 3 confluència *f.* 4 ELECT. empalmament *m.* 5 FERROC. enllaç *m.*, entroncament *m.*

juncture [ˈdʒʌŋktʃəʳ] *s.* form. junta *f.*, juntura *f.* 2 articulació *f.*, connexió *f.* 3 conjuntura *f.*, moment *m.* crític. ‖ *at this ~,* en aquests moments, en la conjuntura actual.

June [dʒuːn] *s.* juny *m.*

jungle [ˈdʒʌŋgl] *s.* jungla *f.*, selva *f.* 2 fig. garbuix *m.*, embull *m.*

junior [ˈdʒuːnjəʳ] *a.* menor, més jove, més petit. 2 fill: *X X ~, X.X.* fill. ■ 3 *s.* jove, menor.

junk [dʒʌnk] *s.* andròmines *f. pl.*, trastos *m. pl.* 2 MAR. jonc *m.*

junkie, junky [ˈdʒʌŋki] *s.* col·loq. drogaaddicte.

jurisdiction [dʒuərisˈdikʃən] *s.* jurisdicció *f.*

jury [ˈdʒuəri] *s.* DRET jurat *m.*

jurisprudence [ˌdʒuərisˈpruːdəns] *s.* jurisprudència *f.*

jurist [ˈdʒuərist] *s.* jurista.

juror [ˈdʒuərəʳ] *s.* membre *m.* d'un jurat.

just [dʒʌst] *a.* just, recte. 2 merescut. 3 fidel, exacte. 4 justificat, ben fonamentat. ■ 5 *adv.* (G.B.) *I've ~ had dinner,* (EUA) *I ~ had dinner,* acabo de sopar. 6 *~ as,* alhora que, quan; tal com, igual que. 7 *~ about,* gairebé, quasi. 8 *~ as well,* sort que. 9 *~ in case,* en cas de, donat el cas, si de cas. 10 *~ now,* ara mateix; fa poc. 11 *~ the same,* no obstant, tanmateix. 12 -**ly** *adv.* justament, amb rectitud, exactament.

justice [ˈdʒʌstis] *s.* justícia *f.* 2 veritat *f.*, exactitud *f.* 3 DRET jutge, magistrat: *~ of the peace,* jutge de pau.

justification [dʒʌstifiˈkeiʃən] *s.* justificació *f.*

justify (to) [ˈdʒʌstifai] *t.* justificar. ■ 2 *p. to ~ oneself,* justificar-se.

justness [ˈdʒʌstnis] *s.* justícia *f.*, equitat *f.* 2 exactitud *f.*, precisió *f.*

jut (to) [dʒʌt] *i. to ~ (out),* sortir, sobresortir.

jute [dʒuːt] *s.* BOT. jute *m.*

juvenile [ˈdʒuːvinail] *a.* juvenil, jove. 2 *~ court,* tribunal de menors. ■ 3 DRET *s.* menor.

juxtapose (to) [dʒʌkstəˈpouz] *t.* juxtaposar.

K

K, k [kei] s. k f. [lletra].

kaleidoscope [kəˈlaidəskoup] s. calidoscopi m. [també fig.].

kangaroo [ˌkæŋɡəˈruː] s. ZOOL. cangur m.

Katharine, Katherine [ˈkæθrin], **Kathleen** [ˈkæθliːn] n. pr. f. Caterina.

keel [kiːl] s. quilla f.

keel (to) [kiːl] i. to ~ over, capgirar-se p., bolcar, tombar-se p.

keen [kiːn] a. agut, esmolat, afilat. 2 intens, profund. 3 agut, perspicaç. 4 mordaç, punyent. 5 vehement. 6 ansiós. 7 to be ~ on, ser afeccionat a; estar interessat per; agradar molt. ■ 8 -ly adv. amb entusiasme; profundament.

keenness [ˈkiːnnis] s. agudesa f., vivacitat f. 2 perspicàcia f. 3 entusiasme m., vehemència f. 4 interès m., afecció f.

keep [kiːp] s. menjar m., subsistència f. 2 torre f. [d'un castell]. 3 col·loq. for keeps, per sempre.

keep (to) [kiːp] t. guardar, conservar. 2 tenir, mantenir. 3 tenir cura de, custodiar, guardar. 4 dirigir, portar [un establiment]. 5 portar [els llibres]. 6 contenir, dominar. 7 mantenir, sostenir, defensar. 8 aturar, impedir. 9 callar, amagar. 10 guardar [silenci]. 11 seguir, continuar. 12 tenir, celebrar [una reunió, etc.]. ■ 13 i. mantenir-se p., conservar-se p. 14 seguir, continuar. 15 romandre, quedar-se p. 16 limitar-se p. a, complir. ■ to ~ at, persistir en; to ~ away, mantenir(se) allunyat; evitar; to ~ back, mantenir a ratlla; contenir, amagar; to ~ down, oprimir; dominar; limitar; retenir; to ~ from, abstenir-se p. de, impedir; evitar; amagar; to ~ off, no acostar-se p., no tocar, no trepitjar; to ~ on, continuar, seguir; continuar portant [una peça de roba]; insistir; prosseguir; to ~ out, no deixar entrar; to ~ to, limitar-se p. a; complir; continuar; to ~ up, mantenir, sostenir; no endarrerir-se p.; aixecar; continuar. ▲ Pret. i p. p.: kept [kept].

keeper [ˈkiːpə] s. guardià, guàrdia. 2 custodi, vetllador. 3 conservador; arxiver. 4 alcaid m. 5 propietari [de certs establiments]. 6 ~, game ~, guardabosc.

keeping [ˈkiːpiŋ] s. atenció f., manteniment m. 2 tenidoria f. 3 DRET observança f., compliment m. 4 LOC. in ~ with, d'acord amb.

keepsake [ˈkiːpseik] s. record m., memòria f.

keg [keg] s. bóta f., barril m.

Kelt [kelt] s. celta.

kennel [ˈkenl] s. canera f. 2 gossada f. 3 pl. lloc m. sing. on guarden gossos.

Kenya [ˈkenjə] n. pr. GEOGR. Kènia.

kept [kept] Vegeu KEEP (TO).

kerb [kəːb] s. vorada f. [de la vorera]. ‖ ~ stone, pedra f. de la vorada.

kerchief [ˈkəːtʃif] s. ant. mocador m. [pel cap].

kernel [ˈkəːnl] s. gra m. [de blat]. 2 BOT. bessó m., moll m. [també fig.].

kettle [ˈketl] s. bullidor m. [en forma de tetera].

kettledrum [ˈketldrʌm] s. MÚS. timbala f.

key [kiː] s. clau f. [també fig.]. 2 tecla f. [de piano, etc.]. 3 skeleton ~, rossinyol m. 4 GEOGR. illot m., farell m. 5 MEC. xaveta f., clavilla f. 6 MÚS. to m. 7 MÚS. afinador m., temprador m.

keyboard [ˈkiːbɔːd] s. teclat m.

keyhole [ˈkiːhoul] s. forat m. del pany.

keynote [ˈkiːnout] s. tònica f. 2 idea f. clau.

keystone [ˈkiːstoun] s. ARQ. clau f. 2 fig. pedra f. clau.

kibbutz [kiˈbutʃ] s. kibbutz m.

kick [kik] s. puntada f., cop m. [de peu]. 2 guitza f., potada f. 3 col·loq. diversió f., gràcia f.: to get a ~ out of, sentir-se atret, fer gràcia [alguna cosa]. ESPORT free ~, cop m. franc. 5 MEC. pedal m. o palanca f. d'engegada.

kick (to) [kik] *t.* donar una puntada de peu, ventar una guitza. 2 ESPORT ficar, marcar [un gol]. 3 col·loq. *to ~ the bucket,* anarse'n *p.* al calaix, anar-se'n *p.* a l'altre barri. ■ 4 *i.* ventar una guitza, donar una puntada de peu. 5 xutar. ■ *to ~ against,* oposar-se a, protestar per; *to ~ back,* retrocedir, tenir retrocés; *to ~ down,* tombar, fer caure; *to ~ off,* començar; *to ~ out,* fer fora a cops de peu; *to ~ up,* aixecar amb el peu. ‖ *to ~ up a fuss,* fer merder.

kickback ['kikbæk] *s.* culatada *f.* 2 (EUA) col·loq. comissió *f.,* percentatge *m.*

kick-off ['kikɔf] *s.* ESPORT sacada *f.* inicial. 2 fig. començament *m.,* principi *m.*

kid [kid] *s.* ZOOL. cabrit *m.* 2 cabritilla *f.* 3 cria *f.* 4 col·loq. criatura *f.,* nen *m.,* noi *m.* ‖ *kid's stuff,* joc *m.* de criatures. 5 *pl.* canalla *f. sing.,* mainada *f. sing.*

kid (to) [kid] *t.* col·loq. enganyar, prendre el pèl: *you're kidding me,* em prens el pèl. ■ 2 *i.* fer broma, bromejar. 3 parir *t.* [cries]. 4 *no kidding!,* i ara!

kidnap (to) ['kidnæp] *t.* segrestar, raptar [persones].

kidney ['kidni] *s.* ANAT. ronyó *m.* 2 fig. tipus *m.,* classe *f.*

kidney bean [kidni'bi:n] *s.* mongeta *f.*

kidney machine ['kidniməʃi:n] *s.* ronyó *m.* artificial.

kidney stone ['kidniˌstoun] *s.* MED. càlcul *m.* renal.

kill [ki] *s.* peça *f.* [de caça, etc.]. 2 caça *f.*

kill (to) [kil] *t.* matar. ‖ *to ~ off,* exterminar. ‖ fig. *to ~ time,* matar el temps. 2 assassinar. 3 sacrificar [animals]. 4 fig. fer caure, carregar-se *p.*

killer ['kilə'] *s.* assassí.

killer whale ['kiləˈweil] *s.* ZOOL. orca *f.*

killing ['kiliŋ] *a.* mortal. 2 assassí. 3 col·loq. esgotador, aclaparador. 4 col·loq. molt divertit. ■ 5 *s.* assassinat *m.* 6 carnisseria *f.,* matança *f.*

killjoy ['kildʒɔi] *s.* esgarriacries.

kiln [kiln] *s.* forn *m.* [per assecar, etc.].

kilogram ['kiləgræm] *s.* quilogram *m.*

kilometre, (EUA) **kilometer** ['kiləˌmi:tə'] *s.* quilòmetre *m.*

kilowatt ['kiləwɔt] *s.* ELECT. quilovat *m.*

kilt [kilt] *s.* faldilla *f.* [escocesa].

kin [kin] *s.* parents *m. pl.,* parentela *f.,* família *f.* ‖ *next of ~,* parent més pròxim. ■ 2 *a.* relacionat; emparentat.

kind [kaind] *a.* amable, considerat. 2 bo; afectuós. 3 dòcil, mans. ■ 4 *s.* espècie *f.,* mena *f.,* classe *f.: a ~ of,* una mena *f.* de.

kindergarten ['kindəgɑːtn] *s.* parvulari *m.,* jardí *m.* d'infància.

kind-hearted [ˌkaind'hɑːtid] *a.* bondadós, de bon cor.

kindle (to) ['kindl] *t.* encendre [també fig.]. 2 fig. despertar. ■ 3 *i.* encendre's *p.* [també fig.].

kindliness ['kaindlinis] *s.* bondat *f.,* benevolència *f.* 2 favor *m.,* amabilitat *f.*

kindling ['kindliŋ] *s.* encenalls *m. pl.* 2 fig. encesa *f.*

kindly ['kaindli] *a.* bondadós, amable. 2 favorable, amable, benigne. ■ 3 *adv.* bondadosament, amablement. 4 *to take ~ to,* acceptar de bon grat.

kindness ['kaindnis] *s.* bondat *f.,* benevolència *f.* 2 amabilitat *f.,* atenció *f.* 3 delicadesa *f.,* finesa *f.*

kindred ['kindrid] *a.* relacionat, emparentat. 2 semblant, afí. ■ 3 *s.* parentiu *m.* 4 parents *m. pl.,* família *f.*

kinetics [kai'netiks] *s.* cinètica *f.*

king [kiŋ] *s.* rei *m.,* monarca *m.* ‖ *the Three Kings,* els tres reis d'orient. 2 rei *m.* [d'escacs]; dama *f.* [de dames].

kingdom ['kindəm] *s.* regne *m.* 2 col·loq. *kingdom-come,* l'altra vida *f.* ‖ *till ~ come,* fins el dia del judici.

kingly ['kiŋli] *a.* reial, regi.

king-size ['kinsaiz] *a.* extragran, extrallarg: *~ cigarettes,* cigarretes extrallargues. 2 fig. enorme, gegant.

kink [kiŋk] *s.* nus *m.,* remolí *m.,* cargol *m.* [d'un cabell, un fil, etc. quan es dobleguen o s'entortolliguen].

kink (to) [kiŋk] *t.* cargolar, entortolligar, arrissar. ■ 2 *i.* cargolar-se *p.,* entortolligar-se *p.,* arrissar-se *p.*

kinky [kiŋki] *a.* cargolat, entortolligat, arrissat. 2 col·loq. guillat, estrany.

kinship ['kinʃip] *s.* parentiu *m.* 2 afinitat *f.*

kiosk ['kiɔːsk] *s.* quiosc *m.* 2 cabina *f.* telefònica.

kip [kip] *s.* (G.B.) col·loq. jaç *m.,* catre *m.* 2 allotjament *m.,* dispesa *f.* 3 *to have a ~,* fer un son.

kipper [kipə'] *s.* areng *m.* fumat i salat.

kiss [kis] *s.* petó *m.,* (BAL.) besada *f.,* (VAL.) bes *m.* ‖ *give me a ~,* fes-me un petó. 2 *~ of life,* respiració *f.* boca a boca.

kiss (to) [kis] *t.* besar, fer un petó a. 2 fig. *to ~ something goodbye,* acomiadar(-se) (d')alguna cosa. 3 fig. *to ~ the dust* o *the* *ground,* ser assassinat; arrossegar-se *p.* per terra, ser humiliat. ■ 4 *i.* besar-se *p.,* fer-se *p.* petons.

kit [kit] *s.* equip *m.,* equipament *m.* 2 estris *m. pl.,* eines *f. pl.* 3 equipatge *m.* 4 maqueta *f.* 5 *first-aid ~,* farmaciola *f.*

kitbag ['kitgæg] *s.* motxil·la *f.,* farcell *m.*

kitchen ['kitʃin] *s.* cuina *f.*

kitchen-boy ['kitʃinbɔi] *s.* marmitó *m.*

kitchen garden [kitʃin'gɑːdn] *s.* hort *m.*

kitchen range [kitʃin'reindʒ] *s.* fogó *m.*

kitchen sink ['kitʃin'siŋk] *s.* aigüera *f.*

kitchenware ['kitʃinwɛə] *s.* bateria *f.* de cuina.

kite [kait] *s.* estel *m.,* (VAL.) milotxa *f.* 2 fig. *fly a ~,* sondejar, llançar una idea. 3 ORN. milà *m.*

kitten ['kitn] *s.* gatet *m.,* moix *m.* 2 fig. *to have kittens,* espantar-se.

kitty [kiti] *s.* bossa *f.,* fons *m.* comú. 2 mix, moix, gatet.

knack [næk] *s.* habilitat *f.,* traça *f.,* manya *f.* 2 truc *m.,* desllorigador *m.*

knapsack ['næpsæk] *s.* motxil·la *f.,* sarró *m.*

knave [neiv] *s.* ant. truà *m.,* bergant *m.* 2 valet *m.;* sota *f.* [cartes].

knavish ['neiviʃ] *a.* bergant. 2 astut. 3 entremaliat. ■ 2 **-ly** *adv.* astutament.

knead (to) [niːd] *t.* pastar. 2 fer una massa.

knee [niː] *s.* ANAT. genoll *m.* ‖ *~ breeches,* pantalons *m. pl.* curts. ‖ *on one's knees,* de genolls, agenollat. 2 MEC. colze *m.*

kneecap ['niːkæp] *s.* ANAT. ròtula *f.*

kneel (to) [niːl] *i.* agenollar-se *p.,* posar-se *p.* de genolls. 2 estar agenollat. ■ Pret. i p. p.: *knelt* [nelt] o *kneeled* ['niːld].

knell [nel] *s.* toc *m.* de difunts. 2 fig. final *m.*

knelt [nelt] Vegeu KNEEL (TO).

knew [njuː] Vegeu KNOW (TO).

knickerbockers ['nikəbɔkəz] *s.* bombatxos *m. pl.,* pantalons *m. pl.* de golf.

knickers ['nikəz] *s.* calces *f. pl.*

knick-knack ['niknæk] *s.* galindaina *f.,* bagatel·la *f.*

knife [naif] *s.* ganivet *m.,* navalla *f.,* fulla *f.* [de tallar]. ▲ *pl.* **knives** [naivz].

knight [nait] *s.* cavaller *m.* 2 cavall *m.* [d'escacs].

knight (to) [nait] *t.* armar cavaller.

knight-errant [,nait'erənt] *s.* cavaller *m.* errant.

knit (to) [nit] *t.* teixir, tricotar. 2 adjuntar, unir. 3 *to ~ one's brows,* arrugar les celles. ■ 4 *i.* fer mitja. ▲ Pret. i p. p.: *knit* [nit] o *knitted* ['nitid].

knob [nɔb] *s.* pom *m.* [de la porta, etc.]. 2 botó *m.* [de la ràdio, etc.]. 3 bony *m.,* protuberància *f.* 4 terròs *m.,* tros *m.*

knock [nɔk] *s.* cop *m.* (VAL.) colp *m.* 2 col·loq. crítica *f.*

knock (to) [nɔk] *t.* picar, copejar, donar cops. ‖ fig. *to ~ one's head against a brick wall,* donar-se cops de cap a la paret. 2 xocar [també fig.]. 3 col·loq. criticar, deixar com un drap brut. ■ 4 *i.* picar *t.,* petar [motor]. ■ *to ~ about,* rondar, vagar; *to ~ down,* enderrocar; atropellar; rebaixar, abaixar [preus]; *to ~ off,* plegar; rebaixar; col·loq. robar; *to ~ out,* estabornir, deixar fora de combat; eliminar [d'una competició]; *to ~ up,* pilotejar; (G.B.) col·loq. despertar.

knocker ['nɔkə] *s.* picaporta *f.* 2 persona *f.* o cosa que dóna cops.

knock-out ['nɔkaut] *s.* ESPORT fora de combat *m.,* KO *m.* 2 col·loq. espaterrant *a.,* impressionant *a.* [persona, cosa].

knoll [noul] *s.* turó *m.,* pujol *m.*

knot (to) [nɔt] *s.* nus *m.* 2 llaç *m.* 3 fig. dificultat *f.,* problema *m.* 4 *tie oneself in knots,* fer-se un embolic *m.*

knot (to) [nɔt] *t.* lligar, fer un nus, fer nusos. 2 arrugar [les celles]. ■ 3 *i.* fer-se *p.* un nus. 4 embolicar-se *p.*

knotty ['nɔti] *a.* nuós, nodós. 2 difícil, espinós. 3 aspre, rugós.

know (to) [nou] *t.* conèixer: *to ~ by sight,* conèixer de vista; *to get to ~ someone,* conèixer algú. 2 saber: *to ~ how to, to ~ to,* saber [fer]; *for all I ~,* pel que jo sé; al meu entendre. 3 reconèixer. 4 veure, comprendre. 5 distingir, discernir. ■ 6 *i.* saber *t.: to ~ best,* saber-ho millor. ▲ Pret.: *knew* [njuː]; p. p.: *known* [noun].

know-how ['nouhau] *s.* habilitat *f.,* destresa *f.* 2 coneixements *m. pl.*

knowing ['nouiŋ] *a.* intel·ligent, llest. 2 astut, enginyós. 3 d'intel·ligència. ■ 4 **-ly** *adv.* expressament. 5 hàbilment. 6 astutament.

knowledge ['nɔlidʒ] *s.* coneixement *m.* ‖ *to the best of my ~,* pel que jo sé. ‖ *without my ~,* sense saber-ho jo. 2 saber *m.,* coneixements *m. pl.*

knowledgeable ['nɔlidʒəbl] *a.* entès, erudit.

known [noun] Vegeu KNOW (TO). ‖ *to make ~*, fer saber.

knuckle ['nʌkl] *s.* ANAT. artell *m.* 2 jarret [d'un animal].

knuckle (to) ['nʌkl] *t.* copejar amb els artells. ■ 2 *i. to ~ down to*, posar-s'hi

p. [a fer una cosa]; *to ~ under*, sotmetre's *p.*

knuckle-bone ['nʌklboun] *s.* taba *f.*, astràgal *m.* [os].

Korea [kɔ'riə] *n. pr.* GEOGR. Corea.

Kuwait [ku'weit] *n. pr.* GEOGR. Kuwait.

L

L, l [el] s. l f. [lletra]. 2 *L-plate*, placa f. de conductor novell. 3 xifra romana per 50.

lab [læb] s. col·loq. (abrev. *laboratory*) laboratori m.

Lab ['læb] s. POL. (abrev. *Labour*) laborista.

label ['leibl] s. etiqueta f., rètol m.

label (to) ['leibl] t. etiquetar [també fig.], retolar, posar etiquetes, posar rètols.

laboratory [lə'bɔrətri] s. laboratori m.

laborious [lə'bɔːriəs] a. treballador. 2 laboriós. 3 difícil, penós.

labour, (EUA) **labor** ['leibə] s. treball m. ‖ *Labour Exchange,* institut m. nacional d'ocupació. ‖ *hard ~,* treballs forçats. 2 tasca f., feina f. 3 mà f. d'obra. 4 MED. part m. ■ 5 a. laborista: *Labour Party,* Partit Laborista. 6 laboral.

labour (to), (EUA) **labor (to)** ['leibə] i. treballar. 2 esforçar-se p. 3 *to ~ under,* patir t., sofrir t. [una malaltia, un error, etc.]. ■ 4 t. insistir en. 5 polir, perfilar. 6 AGR. treballar, conrear.

labourer, (EUA) **laborer** ['leibərə] s. treballador m., obrer m., jornaler m., bracer m.

labyrinth ['læbərinθ] s. laberint m. [també fig.].

lace [leis] s. cinta f., cordó m. 2 galó m. [d'or o plata]. 3 punta f., blonda f.

lace (to) [leis] t. cordar. 2 posar puntes o blondes. ■ 3 i. cordar-se p.

lacerate (to) ['læsəreit] t. lacerar. 2 estripar. 3 fig. ferir [els sentiments, etc.].

lachrymose ['lækrimous] a. lacrimogen.

lack [læk] s. falta f., manca f. 2 necessitat f.

lack (to) [læk] t. no tenir, mancar. 2 necessitar. ■ 3 i. faltar.

lackey ['læki] s. lacai m. [també fig.].

lacking ['lækiŋ] a. mancat de, desproveït de. ‖ ~ *in,* sense.

laconic [lə'kɔnik] a. lacònic.

lacquer ['lækə] s. laca f.

lacquer (to) ['lækə] t. lacar, envernissar amb laca.

lad [læd] s. noi m., xicot m., (BAL.) al·lot m., (VAL.) xic m.

ladder ['lædə] s. escala f. de mà. 2 carrera f. [a les mitges]. 3 fig. escala f., jerarquia f. [social]. 4 fig. esglaó m., graó m.

laden ['leidn] a. ~ *with,* carregat de. 2 fig. aclaparat, desbordat.

lading ['leidiŋ] s. NÀUT. càrrega f., carregament m. ‖ *bill of ~,* coneixement m.

ladle ['leidl] s. culler m., cullerot m.

lady ['leidi] s. senyora f., dama f. ‖ *lady-in-waiting,* dama [d'una reina, princesa, etc.]. 2 *Ladies,* senyores f. pl. [lavabos]. 3 (G.B.) Lady f. [títol nobiliari]. 4 REL. *Our Lady,* Nostra Senyora f. ■ 5 a. ~ *doctor,* doctora; ~ *lawyer,* advocadessa. 6 ~ *killer,* don Joan. 7 REL. *Lady Day,* dia de l'Anunciació. 8 ZOOL. ~ *bird,* marieta.

ladylike ['leidilaik] a. elegant, distingit. 2 pej. efeminat, amanerat.

lag [læg] s. retard m. 2 col·loq. presoner, presidiari.

lag (to) [læg] t. revestir, aïllar [amb materials termoaïllants]. 2 col·loq. empresonar. ■ 3 i. anar a poc a poc; retardar-se p.; trigar.

laggard ['lægəd] s. endarrerit a.; lent a. gandul, dropo.

lagging ['lægiŋ] s. revestiment m. termoaïllant. 2 folre m.

lagoon [lə'guːn] s. llacuna f., albufera f.

laid [leid] Vegeu LAY (TO).

lain [lein] Vegeu LIE (TO) 2.

lair [lɛə] s. cau m. [també fig.].

lake [leik] s. llac m. 2 *ornamental ~,* estany m., bassa f. 3 laca f. ■ 4 a. lacustre, de llac.

lamb [læm] s. be m., (BAL.) xot m., (VAL.) corder m. 2 xai m., anyell m. ‖ ~ *chops,* costelles f. pl. de be. 3 fig. xai m.

lame [leim] a. coix, esguerrat. 2 fig. fluix, poc convincent. 3 LIT. ~ *verse,* vers coix.

lame (to) [leim] *t.* deixar coix, esguerrar, incapacitar.

lameness ['leimnis] *s.* coixera *f.,* coixesa *f.* 2 fig. falta de solidesa *f.,* falta de convicció *f.*

lament [lə'ment] *s.* lament *m.,* queixa *f.* 3 MÚS. complanta *f.*

lament (to) [lə'ment] *t.* lamentar. 2 plorar. ■ 3 *i.* lamentar-se *p.*

lamentable ['læməntəbl] *a.* lamentable, deplorable. 2 planyívol, lamentós.

laminate (to) ['læmineit] *t.* laminar. 2 aplacar, contraplacar, contraxapar. 3 dividir en làmines. ■ 4 *i.* dividir-se *p.* en làmines.

lamp [læmp] *s.* llum *m.* ‖ ~ *holder,* portallànties *m. sing.,* portalàmpada *m. sing.; wall* ~, aplic; ~ *light,* llum *f.* d'un fanal, claror *f.* d'un llum; ~ *shade,* pantalla *f.; street* ~, fanal *m.* 2 llanterna *f.* 3 llàntia *f.* 4 far *m.*

lamp-post ['læmpoust] *s.* pal *m.* d'un fanal. 2 fanal *m.*

lance [lɑːns] *s.* llança *f.* 2 MED. llanceta *f.*

lance (to) [lɑːns] *t.* llancejar, ferir amb una llança. 2 MED. obrir amb una llanceta.

land [lænd] *s.* terra *m.,* sòl *m.* 2 terreny *m.,* tros *m.,* terra *f.* [conreada]. 3 terra *f.,* país *m.,* nació *f.,* pàtria *f.*

land (to) [lænd] *t.* aterrar [un avió]. 2 desembarcar. 3 agafar, pescar [un peix]. 4 aconseguir, obtenir. ■ 5 *i.* aterrar. 6 desembarcar. 7 baixar. 8 posar-se *p.* 9 anar a parar, caure. ‖ fig. *to* ~ *on one's feet,* tenir sort. 10 col·loq. *to* ~ *up,* arribar, anar a parar.

landing ['lændin] *s.* aterratge *m.* 2 desembarcament *m.* 3 desembarcador *m.* 4 replà *m.* 5 AVIA. *landing-gear,* tren *m.* d'aterratge.

landlady ['lænd,leidi] *s.* mestressa *f.;* propietària *f.* 2 dispesera *f.*

landlord ['lændlɔːd] *s.* propietari *m.* [de terres], amo *m.* 2 dispeser *m.*

landmark ['lændmɑːk] *s.* molló *m.,* fita *f.* 2 fig. punt *m.* decisiu. 3 MAR. marca *f.,* senyal *m.*

landowner ['lænd,ounəʳ] *s.* terratinent, hisendat.

landscape ['lændskeip] *s.* paisatge *m.* ‖ ~ *architect,* arquitecte paisagista.

landslide ['lændslaid] *s.* esllavissament *m.* de terres.

lane [lein] *s.* senda *f.,* camí *m.,* caminoi *m.* 2 carreró *m.* 3 AVIA., MAR. ruta *f.* 4 ESPORT banda *f.*

language ['læŋgwidʒ] *s.* llenguatge *m.* 2 llengua *f.,* idioma *m.* [d'un país].

languid ['læŋgwid] *a.* lànguid, decandit. 2 fluix; lent.

languish (to) ['læŋgwiʃ] *i.* esllanguir-se *p.* 2 consumir-se *p.*

lank [læŋk] *a.* llis, estirat [cabells]. 2 llarg i prim, esprimatxat.

lanky ['læŋki] *a.* llargarut [persona].

lanolin ['lænəlin] *s.* lanolina *f.*

lantern ['læntən] *s.* llanterna *f.,* fanal *m.,* llàntia *f.*

lap [læp] *s.* falda *f.* ‖ ~ *dog,* gos de falda. 2 genolls *m. pl.* 3 llepada *f.* 4 clapoteig [de l'aigua]. 5 *over* ~, solapa *f.* 6 ESPORT volta *f.*

lap (to) [læp] *t.* encavalcar, cavalcar. 2 embolicar, envoltar. 3 llepar. ■ 4 *i.* encavallar-se *p.* 5 clapotejar. 6 fig. *to* ~ *up,* absorbir fàcilment o amb entusiasme. 7 ESPORT fer una volta.

lapel [lə'pel] *s.* solapa *f.* [d'un vestit, etc.].

lapse [læps] *s.* lapsus *m.,* error *m.,* equivocació *f.* 2 lapse *m.,* interval *m.* 3 DRET prescripció *f.,* caducitat *f.*

lapse (to) [læps] *i.* passar, transcórrer. 2 caure, relliscar. 3 recaure, reincidir [en un error, etc.]. 4 DRET caducar.

larceny ['lɑːsəni] *s.* DRET robatori *m.,* furt *m.*

larch [lɑːtʃ] *s.* BOT. làrix *m.*

lard [lɑːd] *s.* llard *m.*

larder ['lɑːdəʳ] *s.* rebost *m.*

large [lɑːdʒ] *a.* gran, gros. ‖ *on a* ~ *scale,* a gran escala. 2 important. 3 abundant, nombrós. 4 ampli. 5 extens. 6 *largehearted,* magnànim, generós. 7 *largeminded,* tolerant. ■ 8 loc. adv. *at* ~, extensament; en general; en llibertat. ■ 9 *-ly* adv. àmpliament, en gran part.

lark [lɑːk] *s.* ORN. alosa *f.* 2 col·loq. diversió *f.,* disbauxa *f.,* xerinola *f.*

lark (to) [lɑːk] *i.* fer gresca, fer sarau. 2 divertir-se *p.* 3 *to* ~ *about,* fer bestieses.

larynx ['læriŋks] *s.* ANAT. laringe *f.*

lascivious [lə'siviəs] *a.* lasciu.

laser [leizəʳ] *s.* làser *m.*

lash [læʃ] *s.* fuet *m.,* tralla *f.* 2 fuetada *f.,* assot *m.* 3 ANAT. pestanya *f.*

lash (to) [læʃ] *t.* fuetejar, assotar. 2 lligar. 3 fustigar. ■ 4 *i.* espetegar [el fuet].

lass [læs] *s.* noia *f.,* xicota *f.*

lasso ['læsuː] *s.* llaç *m.* escorredor.

lassitude ['læsitjuːd] *s.* lassitud *f.,* fluixesa *f.*

last [lɑːst] *a.* últim, darrer. ‖ ~ *but one,* penúltim. 2 passat: ~ *Sunday,* diumenge passat; ~ *night,* ahir a la nit. ■ 3 *s.* fi *f.,* final *m.,* últim. ‖ *at* ~, per fi. ‖ *to the* ~, fins el final. 4 forma *f.* [de la sabata]. ■ 5 *adv.* finalment, en darrer lloc.

last (to) [lɑːst] *i.* durar. 2 romandre, perdurar. 3 aguantar, resistir.

lasting [ˈlɑːstiŋ] *a.* durable, perdurable. 2 sòlid, permanent.

latch [lætʃ] *s.* balda *f.,* baldó *m.*

late [leit] *a.* que arriba, passa o es fa tard, endarrerit. ‖ *to be* ~, fer tard. 2 tardà, de finals de. 3 anterior; últim, darrer. 4 difunt. 5 recent. ■ 6 *adv.* tard. 7 recentment. 8 *of* ~, últimament. 9 ~ *in,* a finals de.

lately [ˈleitli] *adv.* últimament, darrerament, recentment.

latent [ˈleitənt] *a.* latent. 2 amagat, dissimulat.

later [ˈleitə] *a.-adv. comp.* de LATE: ~ *on,* més tard, després.

lateral [ˈlætərəl] *a.* lateral.

latest [ˈleitist] *a.-adv. superl.* de LATE.

lathe [leið] *s.* MEC. torn *m.*

lather [ˈlɑːðə] *s.* escuma *f.* [de sabó, etc.]. 2 suor *f.* [d'un cavall].

lather (to) [ˈlɑːðə] *t.* ensabonar. ■ 2 *i.* fer escuma.

Latin [ˈlætin] *a.* llatí. ■ 2 llatí *m.* [llengua].

latitude [ˈlætitjuːd] *s.* latitud *f.*

latter [ˈlætə] *a.* més recent, darrer, últim. 2 *latter-day,* modern. 3 *the* ~, aquest, aquest darrer.

lattice [ˈlætis] *s.* reixa *f.,* enreixat. *m.* ■ 2 *a.* reixat.

Latvia [ˈlætviə] *pr. n.* GEOGR. Letònia.

laugh [lɑːf] *s.* riure *m.,* rialla *f.*

laugh (to) [lɑːf] *i.* riure('s). ‖ *to* ~ *at,* riure's *p.* de, burlar-se *p.* de. ■ 2 *t.* dir rient.

laughing [ˈlɑːfiŋ] *a.* rialler. 2 ~ *matter,* cosa de riure. 3 ~ *gas,* gas hilarant. ■ 4 *adv.* (tot) rient: *she said* ~, va dir tot rient. 5 *-ly* rient.

laughing-stock [ˈlɑːfiŋstɔk] *s.* riota *f.,* befa *f.*

laughter [ˈlɑːftə] *s.* rialla *f.,* riure *m.,* hilaritat *f.*

launch [lɔːntʃ] *s.* MAR. avarada *f.* 2 MAR. llanxa *f.,* faluga *f.*

launch (to) [lɔːntʃ] *t.* llançar. 2 MAR. varar. ■ 3 *i.* llançar-se *p.*

launching [ˈlɔːntʃiŋ] *s.* llançament *m.* 2 MAR. avarada *f.* 3 fundació *f.,* creació *f.*

launderette [lɔːnˈdret] *s.* bugaderia *f.* automàtica.

laundress [ˈlɔːndris] *s.* bugadera *f.*

laundry [ˈlɔːndri] *s.* safareig *m.* 2 bugaderia *f.* 3 *the* ~, la bugada *f.*

laurel [ˈlɔrəl] *s.* BOT. llorer *m.* 2 *pl.* fig. llorers *m. pl.*

lavatory [ˈlævətri] *s.* lavabo *m.,* wàter *m.*

lavender [ˈlævəndə] *s.* espígol *m.* 2 ~ *water,* lavanda *f.*

lavish [ˈlæviʃ] *a.* pròdig, generós. 2 abundant, copiós.

lavish (to) [ˈlæviʃ] *t.* prodigar. 2 malgastar.

law [lɔː] *s.* DRET, FÍS. llei *f.* 2 dret *m.,* jurisprudència *f.* ‖ *to read* ~, estudiar dret. 3 dret *m.,* codi *m.,* legislació *f.* ‖ *commercial* ~, dret mercantil. 4 advocacia *f.,* fur *m.* 5 justícia *f.* ‖ *to take the* ~ *into one's own hands,* agafar-se la justícia pel seu compte.

law-abiding [ˈlɔːəbaidiŋ] *a.* observant de la llei.

lawful [ˈlɔːful] *a.* legal, legítim, lícit. 2 ~ *age,* majoria d'edat. ■ 3 *-ly adv.* legalment.

lawless [ˈlɔːlis] *a.* sense llei. 2 il·legal, il·legítim, il·lícit. 3 ingovernable, caòtic. ■ 4 *-ly adv.* il·legalment.

lawn [lɔːn] *s.* gespa *f.* ‖ *lawn-mower,* màquina *f.* de tallar la gespa. ‖ ESPORT ~ *tennis,* tennis *m.* sobre herba.

lawsuit [ˈlɔːsuːt] *s.* DRET acció *f.,* plet *m.,* procés *m.*

lawyer [ˈlɔːjə] *s.* advocat, lletrat.

lax [læks] *a.* lax, relaxat. 2 negligent, descurat. 3 MED. fluix [d'estómac].

laxity [ˈlæksiti] *s.* laxitud *f.* 2 negligència *f.* 3 imprecisió *f.*

lay [lei] *a.* laic, seglar. 2 llec, no professional. ■ 3 *s.* situació *f.,* configuració *f.,* posició *f.* 4 LIT. troba *f.,* balada *f.*

lay [lei] *pret.* de LIE (TO) 2.

lay (to) [lei] *t.* ajeure, ajaure. 2 posar, col·locar, deixar. 3 assentar, establir. 4 estendre [un fil, etc.]. 5 cobrir, aplicar (sobre). 6 preparar, disposar. 7 imposar [càrregues]. 8 pondre [ous]. 9 parar [taula]. 10 assossegar, tranquil·litzar. 11 culpar, donar la culpa a: *to* ~ *the blame on someone,* donar la culpa a algú. 12 presentar, exposar. 13 apostar, jugar-se *p.* [diners]. 14 *to* ~ *hold of,* agafar, apoderar-se *p.* 15 *to* ~ *bare,* descobrir, despullar. ■ 16 *i.* pondre [les gallines]. ■ *to* ~ *aside,* guardar; deixar, deixar a un costat; rebutjar, arraconar; *to* ~ *by,* guardar; *to ~ down,* ajeure, tombar; retre, deixar; apostar [diners]; ordir, projectar; dictar [la llei]; *to ~ in,* proveir-se *p.; to ~ on,* instal·lar [aigua, gas, etc.]; col·loq. proveir, proporcionar; *to ~ out,* preparar, disposar, desplegar; projectar, organitzar, invertir [diners]. ▲ Pret. i p. p.: *laid* [leid].

layer ['leiə'] *s.* capa *f.* 2 ARQ. filada *f.* 3 GEOL. estrat *m.* 4 ZOOL. gallina *f.* ponedora.

layman ['leimən] *s.* seglar *m.,* laic. *m.* 2 fig. llec *m.,* profà *m.*

laziness ['leizinis] *s.* mandra *f.,* (BAL.) peresa *f.,* (VAL.) gos *m.*

lazy ['leizi] *a.* gandul, mandrós, (ROSS.) gansola. 2 lent, pesat.

L/C ['el'si:] *s.* (*Letter of Credit*) carta *f.* de crèdit.

1) lead [led] *s.* plom *m.* 2 mina *f.* [de llapis].

2) lead [li:d] *s.* corretja *f.* [de gos]. 2 direcció *f.,* comandament *m.,* guia *f.* 3 JOC sortida *f.,* joc *m.* 4 avantatge *m.* 5 davantera *f.,* primer lloc *m.* 6 MEC., ELECT. cable *m.* 7 TEAT. primer paper *m.,* paper *m.* protagonista.

lead (to) [li:d] *t.* conduir, guiar, dirigir, impulsar, induir. 2 fer passar [un fil, etc.]. 3 aconduir [aigua, etc.]. 4 portar, (ROSS.) aportar [un tipus de vida]. 5 avantatjar, anar el primer. *6 to ~ astray,* desviar, desencaminar. ■ *7 i.* guiar *t.,* dirigir *t.* 8 dirigir *t.,* encapçalar *t.* ▲ Pret. i p. p.: *led* [led].

leaden ['ledn] *a.* de plom. 2 plomós. 3 fig. pesat.

leader [li:də'] *s.* líder, dirigent. 2 conductor; guia. 3 cap, cabdill. 4 editorial *m.,* article *m.* de fons. ∥ *leader-writer,* editorialista. 5 MÚS. primer violí *m.*

leadership ['li:dəʃip] *s.* direcció *f.,* comandament *m.* ∥ *under the ~ of,* sota la direcció de. 2 comandament *m.,* liderat *m.* ∥ *to have powers of ~,* tenir do de comandament.

leading ['li:diŋ] *a.* principal, primer: *~ man,* primer actor; *~ lady,* primera actriu. 2 destacat, eminent. 3 *~ question,* pregunta intencionada. 4 fig. dominant.

leaf [li:f] *s.* BOT. fulla *f.,* pètal. 2 full *m.,* plana *f.,* pàgina *f.* 3 ala *f.* [de taula]. 4 TECNOL. fulla *f.* ▲ *pl. leaves* [li:vz].

leafy ['li:fi] *a.* frondós. 2 fullós.

league [li:g] *s.* lliga *f.,* unió *f.* 2 ant. llegua *f.* 3 ESPORT lliga *f.*

league (to) [li:g] *t.* lligar, unir. ■ *2 i.* lligar-se *p.,* aliar-se *p.,* unir-se *p.*

leak [li:k] *s.* fuga *f.* [de gas, líquid, etc.]. 2 gotera *f.* 3 escletxa *f.* 4 pèrdua *f.* 5 fig. filtració *f.* [d'informació, etc.].

leak (to) [li:k] *i.* perdre *t.,* tenir pèrdues, estar foradat [un recipient]. 2 gotejar [un sostre]. 3 filtrar-se *p.,* escapar-se *p.* [també fig.]. ■ *4 t.* vessar, deixar sortir, deixar escapar. 5 fig. filtrar [notícies, secrets, etc.].

leaky ['li:ki] *a.* que vessa, que fa aigua.

lean [li:n] *a.* prim, xuclat. 2 magre. ■ *3 s.* carn *f.* magra.

lean (to) [li:n] *t.* inclinar, reclinar, recolzar. ■ *2 i.* inclinar-se *p.* [també fig.]. 3 recolzar-se *p.,* reclinar-se *p.* ■ *to ~ back,* recolzar-se [cap enrera]; *to ~ on something,* recolzar-se en alguna cosa [també fig.]; *to ~ out,* abocar-se *p.* ▲ Pret. i p. p.: *leant* [lent] o *leaned* [li:nd].

leaning [li:niŋ] *s.* inclinació *f.* [també fig.]. 2 propensió *f.,* tendència *f.*

leant [lent] Vegeu LEAN (TO).

lean-to ['li:ntu:] *s.* cobert *m.,* rafal *m.*

leap [li:p] *s.* salt *m.,* bot *m.,* saltiró *m.* ∥ *by leapss and bounds,* a passes de gegant. 2 canvi *m.,* tomb *m.* 3 fig. salt *m.* ∥ *a ~ in the dark,* un salt en el buit. ■ *4 a. leap-frog,* saltar i parar [joc]. 5 *~ year,* any de traspàs.

leap (to) [li:p] *i.* saltar, botar. 2 fig. saltar, fer un salt: *my heart leapt,* em va fer un salt el cor. ■ *3 i.* saltar. 4 fer saltar. ▲ Pret. i p. p.: *leapt* [lept] o *leaped* [li:pt].

learn (to) [lə:n] *t.* aprendre. ∥ *to ~ by heart,* aprendre de memòria. 2 assabentar-se *p.,* saber. ■ *3 i.* aprendre *t.* ▲ Pret. i p. p.: *learned* [lə:nd] o *learnt* [lə:nt].

learned ['lə:nid] *a.* docte, erudit, savi, versat en. 2 culte [estil]. 3 *~ profession,* professió liberal.

learner ['lə:nə'] *s.* principiant. 2 aprenent. 3 estudiant.

learning ['lə:niŋ] *s.* instrucció *f.,* saber *m.,* coneixements *m. pl.*

learnt [lə:nt] Vegeu LEARN (TO).

lease ['li:s] *s.* arrendament *m.* 2 contracte *m.* d'arrendament. 3 fig. *to get a new ~ of life,* recobrar la vitalitat, agafar noves forces per continuar.

lease (to) [li:s] *t.* arrendar; llogar. 2 donar o agafar una cosa en arrendament.

leash [li:ʃ] *s.* ronsal *m.,* corretja *f.* 2 fig. *to strain at the ~,* tenir moltes ganes. 3 fig. *to hold in ~,* dominar, controlar.

least [liːst] a. (superl. de LITTLE.) més petit, menor; mínim. ■ 3 s. the ~, el més petit, el menor, el mínim. ‖ at ~, almenys, com a mínim; not in the ~, gens ni mica, en absolut. ■ 4 adv. menys. ‖ ~ of all, sobretot; menys que res; when you ~ expect it, quan menys t'ho esperes.

leather [ˈleðəʳ] s. cuiro m., pell f. 2 patent ~, xarol m. ■ 3 a. de cuiro, de pell. 4 a. leathery adobat. 5 fig. dur.

leave [liːv] s. permís m., llicència f. ‖ by your ~, amb el vostre permís. 2 comiat m. ‖ to take ~, acomiadar-se.

leave (to) [liːv] t. deixar. 2 marxar i. 3 quedar i., sobrar i. ■ 4 i. marxar, anar-se'n p., sortir, (VAL.) eixir, (ROSS.) sàller. ■ to ~ behind, deixar enrera; to ~ for, marxar cap a; to ~ off, deixar de [fer una cosa]; deixar [la feina, un costum, etc.]. ▲ Pret. i p. p.: left [left].

leaven [ˈlevn] s. llevat m. 2 fig. estímul m.

leaves [liːvz] s. pl. de LEAF.

leavings [ˈliːviŋz] s. pl. sobres f. pl., deixalles f. pl.

lecherous [ˈletʃərəs] a. luxuriós, lasciu.

lectern [ˈlektən] s. faristol m.

lecture [ˈlektʃəʳ] s. conferència f., discurs m. 2 classe f. [universitat]. 3 reprensió f., sermó m. 4 ~ hall, aula f.; sala f. de conferències.

lecture (to) [ˈlektʃəʳ] i. fer una conferència. 2 donar una classe ■ 3 t. sermonejar, renyar.

lecturer [ˈlektʃərəʳ] s. conferenciant. 2 professor [universitat]. ‖ assistant ~, professor adjunt.

led [led] Vegeu LEAD (TO).

ledge [ledʒ] s. lleixa f., represa f., prestatge m. 2 ARQ. repeu m. 3 MAR. escull m.

ledger [ˈledʒəʳ] s. COM. llibre m. mestre.

leech [liːtʃ] s. ZOOL. sangonera f. [també fig.].

leek [liːk] s. BOT. porro m.

leer [liəʳ] s. mirada f. de reüll; mirada f. lasciva; mirada f. maliciosa.

lees [liːz] s. pl. pòsit m. sing., solatge m. sing. [també fig.]. ‖ to drink to the ~, beure-s'ho tot.

leeward [ˈliːwəd] s. MAR. sotavent m. ■ 2 adv. a sotavent.

left [left] Vegeu LEAVE (TO). ‖ to be ~ over, quedar, sobrar. ■ 2 a. esquerre. ■ 3 s. esquerra f.: on the ~, a l'esquerra. 4 POL. esquerrà. ■ 5 adv. a l'esquerra, cap a l'esquerra.

left-handed [ˌleftˈhændid] a. esquerrà.

leg [leg] s. cama f. [persona]. 2 pota f. 3 suport m., peu m. 4 camal m. 5 CUI. cuixa f. [de pollastre]. 6 col·loq. to pull someone's ~, prendre el pèl m. a algú.

legacy [ˈlegəsi] s. llegat m., herència f. [també fig.].

legal [ˈliːgəl] a. legal. 2 legítim, lícit. 3 jurídic. ■ 4 -ly adv. legalment.

legate [ˈlegit] s. llegat m.

legation [liˈgeiʃən] s. legació f. 2 ambaixada f.

legend [ˈledʒənd] s. llegenda f.

legion [ˈliːdʒən] s. legió f.

legionary [ˈliːdʒənəri] a. legionari. ■ 2 s. legionari m.

legislate (to) [ˈledʒisleit] i. legislar.

legislation [ˌledʒisˈleiʃən] s. legislació f.

legislature [ˈledʒisleitʃəʳ] s. cos m. legislatiu.

legitimacy [liˈdʒitiməsi] s. legitimitat f.

legitimate [liˈdʒitimit] a. legítim.

legitimize (to) [liˈdʒitimaiz] t. legitimar.

leisure [ˈleʒəʳ] s. lliure m., temps m. lliure, oci m. ‖ ~ hours, temps lliure. ‖ at one's ~, quan es pugui, quan es tingui temps.

lemon [ˈlemən] s. BOT. llimona f., (OCC.) llimó m., (VAL.) llima f. ‖ ~ tree, llimoner m., (VAL.) llimera f.

lemonade [ˌleməˈneid] s. llimonada f.

lend (to) [lend] t. deixar [diners, etc.]. ‖ to ~ a hand, donar un cop de mà. 2 to ~ oneself o itself, prestar-se p. a. ▲ Pret. i p. p.: lent [lent].

lender [ˈlendəʳ] s. prestador.

length [leŋθ] s. longitud f., llargada f., llargària f. ‖ at ~, finalment, extensament, detalladament. ‖ at full ~, sense abreujar, in extenso. ‖ to go to any ~, fer tot el que calgui. 2 espai m., extensió f., tros m.

lengthen (to) [ˈleŋθən] t. allargar, perllongar. ■ 2 i. allargar-se p., perllongar-se p.

lengthy [ˈleŋθi] a. llarg, extens. 2 massa llarg.

leniency [ˈliːnjənsi] s. lenitat f., indulgència f., benevolència f.

lenient [ˈliːnjənt] a. indulgent, benevolent, fluix.

lens [lenz] s. ÒPT. lent f. 2 ANAT. cristal·lí m.

Lent [lent] s. REL. Quaresma f.

lent [lent] Vegeu LEND (TO).

lentil [ˈlentil] s. BOT. llentia f.

leper [ˈlepəʳ] s. leprós.

leprosy ['leprəsi] *s.* MED. lepra *f.*

less [les] *a.-adv.-prep.* menys. 2 menor. ‖ *to grow* ~, minvar.

lessen (to) ['lesn] *t.* reduir, disminuir, rebaixar. ■ 2 *i.* minvar, disminuir, empetitir-se *p.*

lesser ['lesə] *a.* (*comp.* de LITTLE) menor.

lesson ['lesn] *s.* lliçó [també fig.]. 2 classe *f.*

lest [lest] *conj.* per por de, per por que, per tal de no.

let [let] *s.* DRET destorb *m.*, obstacle *m.* 2 ESPORT ~ *ball,* let *m.* [tennis].

let (to) [let] *t.* llogar, arrendar: *I'm going to* ~ *my flat,* llogaré el meu pis. 2 deixar, permetre. 3 MED. treure [sang]. 4 *to* ~ *alone,* deixar en pau, no tocar; *to* ~ *loose,* deixar anar, deslligar, afluixar. 5 *to* ~ *know,* fer saber, avisar. ■ 6 *i.* llogar-se *p.* ■ 7 *aux.* ~ *B equal C,* posem que B és igual a C; ~ *him come,* que vingui; ~ *us run,* correm. ■ *to* ~ *down,* abaixar, allargar; deixar anar; desinflar; fig. decebre, fallar; ~ *in,* deixar o fer entrar; *to* ~ *off,* disparar; deixar sortir; *to* ~ *on,* dir; fingir(se); *to* ~ *out,* deixar sortir o escapar; deixar anar; afluixar; eixamplar [un vestit]; arrendar, llogar; *to* ~ *up,* disminuir, amainar, minvar; moderar-se *p.* ▲ Pret. i p. p.: *let* [let]. ■ 8 *adv.* ~ *alone,* no diguem de, i encara menys.

lethal ['li:θəl] *a.* letal, mortal.

lethargy ['leθədʒi] *s.* letargia *f.*

let's [lets] *aux.* (*contr. let us*) ~ *go!,* anem!, anem-nos-en!

letter ['letə] *s.* lletra *f.* ‖ *to the* ~, al peu de la lletra. 2 carta *f.;* document *m.* ‖ ~ *of credit,* carta *f.* de crèdit. ‖ ~ *box,* bústia *f.* 3 *pl.* lletres *f. pl.* [estudis, etc.].

lettering ['letəriŋ] *s.* rètol *m.*, inscripció *f.*, lletres *f. pl.*

lettuce ['letis] *s.* BOT. enciam *m.* (VAL.) encisam *m.*

level ['levl] *a.* llis, pla. 2 ras, uniforme. 3 horitzontal; anivellat. ‖ FERROC. ~ *crossing,* pas *m.* a nivell. 4 igual, igualat. 5 equilibrat; imparcial. 6 assenyat. ■ 7 *adv.* a nivell. 8 horitzontalment. ■ 9 *s.* nivell *m.* 10 plana *f.* 11 alçada *f.;* índex *m.* 12 *on the* ~, honrat, seriós.

level (to) ['levl] *t.* anivellar. 2 aplanar. 3 desmuntar, enderrocar. 4 apuntar [una arma]. 5 fig. dirigir. ■ 6 *i.* anivellar-se *p.* 7 COM. estabilitzar-se *p.*

lever ['li:və] *s.* palanca *f.*, alçaprem *m.*

levity ['leviti] *s.* form. frivolitat *f.* 2 vel·leitat *f.*

levy ['levi] *s.* recaptació *f.* [d'impostos]. 2 MIL. lleva *f.*

levy (to) ['levi] *t.* recabdar [impostos]. 2 MIL. reclutar. ■ 3 *i.* DRET *to* ~ *on,* embargar *t.*

lewd [lu:d] *a.* indecent, lasciu.

liability [ˌlaiə'biliti] *s.* responsabilitat *f.* 2 risc *m.,* tendència *f.* 3 *pl.* COM. obligacions *f. pl.* 4 *pl.* COM. passiu *m. sing.*

liable ['laiəbl] *a.* responsable. 2 exposat, subjecte, susceptible. 3 propens.

liar ['laiə] *s.* mentider.

Lib ['lib] *s.* POL. (abrev. *Liberal*) liberal.

libel ['laibəl] *s.* libel *m.* 2 calumnia *f.,* difamació *f.*

liberal ['libərəl] *a.* liberal. ‖ *the* ~ *arts,* les lletres. ‖ ~ *education,* educació *f.* humanista. 2 generós; abundant. ■ 3 *s.* POL. liberal.

liberality [ˌlibə'ræliti] *s.* liberalitat *f.,* generositat *f.* 2 mentalitat *f.* oberta.

liberate (to) ['libəreit] *t.* alliberar, llibertar, posar en llibertat.

libertine ['libətin] *a.-s.* lliberti.

liberty ['libəti] *s.* llibertat *f.* ‖ *at* ~, en llibertat, lliure. 2 *pl.* privilegis *m. pl.*

librarian [lai'breəriən] *s.* bibliotecari.

library ['laibrəri] *s.* biblioteca *f.*

licence, (EUA) **license** ['laisəns] *s.* llicència *f.,* permís *m.* ‖ *driving* ~, carnet *m.* de conduir. 2 autorització *f.* 3 patent *f.,* concessió *f.* 4 llibertinatge *m.* 5 AUTO. *licence-plate,* matrícula *f.* 6 LIT. llicència *f.* poètica.

licence, (EUA) **license (to)** ['laisəns] *t.* autoritzar, donar permís.

licentious [lai'senʃəs] *a.* llicenciós.

lick [lik] *s.* llepada *f.*

lick (to) [lik] *t.* llepar. ‖ fig. *to* ~ *someone's boots,* llepar el cul a algú. 2 col·loq. apallissar, donar una pallissa.

licorice ['likəris] *s.* BOT. regalèssia *f.*

lid [lid] *s.* tapa *f.,* tapadora *f.* 2 *eye* ~, parpella *f.*

lie [lai] *s.* mentida *f.* ‖ *white* ~, mentida pietosa. 2 posició *f.* 3 fig. *the* ~ *of the land,* l'estat *m.* de les coses.

1) lie (to) [lai] *i.* mentir. ▲ Pret. i p. p. *lied* [laid]; ger. *lying* ['laiiŋ].

2) lie (to) [lai] *i.* ajeure's *p.,* ajaure's *p.,* estirar-se *p.* 2 estar estirat, estar ajagut. 3 estar enterrat, descansar. 4 estar, trobar-se *p.,* estar situat. 5 consistir, basar-se *p.,* raure. 6 estendre's *p.,* ocupar. 7

quedar-se *p. 8* dependre. *9* MAR. estar ancorat. ■ *to ~ about,* estar escampat, estar per tot arreu; *to ~ in,* quedar-se al llit; *to ~ low,* ajupir-se; estar quiet, amagar-se: *to ~ on,* dependre de; pesar sobre; *to ~ up,* no fer-se servir; estar-se al llit; MAR. desarmar. ▲ Pret.: *lay* [lei]; p. p.: *lain* [lein]; ger. *lying* ['laiiŋ].

lieutenant [leftnənt], (EUA) [luː'tenənt] *s.* lloctinent. m. *2* MIL. tinent *m.* ‖ *~ colonel,* tinent coronel.

life [laif] *s.* vida *f.* ‖ *~ belt,* cinturó *m.* salvavides; *~ sentence,* cadena *f.* perpètua; *a matter of ~ and/or death,* qüestió *f.* de vida o mort; *as large as ~,* de tamany *m.* natural; *for ~,* per tota la vida; *come to ~,* ressuscitar; reanimar-se; *low ~,* gentussa *f.,* xusma *f.;* B. ART. *still ~,* natura *f.* morta. *2* durada *f.,* duració *f. 3* animació *f.* ■ *4 a.* de la vida, vital. ‖ *~ force,* força *f.* vital. *5* vitalici.

life-boat ['laifbout] *s.* MAR. bot *m.* salvavides.

lifeless ['laiflis] *a.* mort, sense vida. *2* inanimat, inert. *3* fig. fluix, insípid.

lifelong ['laiflɔŋ] *a.* de tota la vida, de sempre.

lifelike ['laiflaik] *a.* que sembla viu, natural, realista.

lifetime ['laiftaim] *s.* vida *f.* [duració]. ‖ *the chance of a ~,* l'oportunitat d'una vida. ■ *2 a.* perpetu, vitalici, de tota una vida.

lift [lift] *s.* elevació *f.,* aixecament *m.* ‖ *lift-off,* enlairament *m.* [d'un coet]. ‖ *air-lift,* pont *m.* aeri. *2* augment *m.,* pujada *f. 3* empenta *f.,* força *f. 4 to give someone a ~,* portar algú amb el cotxe. *5* fig. animació *f.,* exaltació *f. 6* (G.B.) ascensor *m.*

lift (to) [lift] *t.* aixecar, elevar. *2* suprimir, aixecar [restriccions, etc.]. *3* transportar [en avió]. *4* fig. exaltar, animar. *5* col·loq. *to shop-lift,* robar, pispar. ■ *6 i.* aixecar-se *p.,* elevar-se *p. 7* AVIA. enlairar-se *p.*

lifting ['liftiŋ] *s.* Vegeu FACE-LIFTING.

light [lait] *s.* llum *f.* ‖ *to see the ~,* veure la llum; néixer. *2* foc *m.* [per encendre]. *3* llum *m.,* llanterna *f.,* far *m.* ‖ *traffic-light,* semàfor *m.* ‖ TEAT. *foot-light,* bateria *f. 4* claror *f.,* brillantor *f. 5* lluerna *f.,* claraboia *f. 6* fig. llumenera *f. 7* fig. aspecte *m.,* aparença. *f. 8* pl. fig. llums *f. pl.,* enteniment *m.,* intel·ligència *f.* ■ *9 a.* de llum. *10* ros; pàl·lid. *11* clar [color]. *12* lleuger, lleu. *13* fi, suau. *14* alegre, content. ■ *15 adv. to travel ~,* viatjar amb poc equipatge.

light (to) [lait] *t.* encendre, (ROSS.) allumar. *2* il·luminar. ■ *3 i.* topar, trobar-se *p.* amb. *4* il·luminar-se *p.* [també fig.]. ▲ Pret. i p. p.: *lighted* ['laitid] o *lit* [lit].

lighten (to) ['laitn] *t.* il·luminar. *2* aclarir, avivar [un color]. *3* alegrar. *4* alleujar. ■ *5 i.* il·luminar-se *p.* aclarir-se *p.,* avivar-se *p.* [un color]. *7* alegrar-se *p. 8* alleugerir-se *p. 9* llampegar.

lighter ['laitə] *s.* encenedor *m.* *2* MAR. gavarra *f.,* barcassa *f.*

light-headed [lait'hedid] *a.* capverd, frívol. *2* marejat. *3* delirant.

lighthouse ['laithaus] *s.* MAR. far *m.*

lighting ['laitiŋ] *s.* il·luminació *f. 2* enllumenat *m. 3* encesa *f.*

lightness ['laitnis] *s.* lleugeresa *f. 2* agilitat *f. 3* claredat, lluminositat *f.*

lightning ['laitniŋ] *s.* llamp *m.,* llampec *m.* ‖ *~ rod,* parallamps *m.*

likable, likeable ['laikəbl] *a.* simpàtic, agradable, amable.

like [laik] *a.* igual; semblant; equivalent, anàleg, tal. ‖ *~ father ~ son,* tal el pare, tal el fill. *2* probable. ■ *3 adv.* probablement. ‖ *~ enough, very ~,* possiblement, probablement. *4 ~ this,* així. ■ *5 prep.* com, igual que, tal com. *6 what's it ~?,* què tal és?, com és? ■ *7 conj.* com, de la mateixa manera. ■ *8 s.* semblant. ‖ col·loq. *the likes of,* persones o coses com. *9 pl.* gustos *m. pl.,* simpaties *f. pl.*

like (to) [laik] *t.* agradar *i: I ~ your flat,* m'agrada el teu pis. *2* apreciar, sentir simpatia per. *3* voler.

likelihood ['laiklihud] *s.* probabilitat *f.;* versemblança *f.*

likely ['laikli] *a.* probable, possible. *2* versemblant, creïble. *3* apropiat, adequat. *4* prometedor. ■ *5 adv.* probablement.

liken (to) ['laikən] *t.* assemblar-se *p.,* comparar.

likeness ['laiknis] *s.* semblança *f. 2* aparença *f.,* forma *f. 3* retrat *m.*

likewise ['laikwaiz] *adv.* igualment, de la mateixa manera. *2* a més, també.

liking ['laikiŋ] *s.* inclinació *f.,* afecte *m.,* simpatia *f. 2* gust *m.,* afecció *f.*

lilac ['lailək] *s.* BOT. lila *f.,* lilà *m.* ■ *2 a.* lila, de color lila.

lily ['lili] *s.* BOT. lliri *m.;* assutzena *f. 2* *water ~,* nenúfar *m. 3* HERÀLD. flor *f.* de lis. ■ *4 a. lily-white,* pàl·lid o blanc com un lliri; pur, innocent.

limb [limb] *s.* ANAT. membre *m. 2* BOT. branca *f.*

limber ['limbə] *a.* flexible, àgil.

lime [laim] s. calç f. ‖ ~ *pit*, pedrera f. de calcària. 2 calcària f. 3 BOT. llima f.; til·ler m.

limelight ['laimlait] s. TEAT. llum m., bateria f. 2 fig. *to be in the* ~, ser dalt de tot, atreure l'interès de tothom.

limestone ['laimstoun] s. pedra f. calcària.

limit ['limit] s. límit m. 2 col·loq. súmmum m.: *to be the* ~, ser el súmmum.

limit (to) ['limit] t. limitar.

limitation [ˌlimi'teiʃən] s. limitació f. 2 restricció f.

limited ['limitid] a. limitat. 2 reduït, escàs. 3 COM. ~ *company*, societat anònima.

limp [limp] s. coixesa f. ■ 2 a. tou, flàcid. 3 fluix, flexible. 4 dèbil.

limp (to) [limp] i. coixejar.

limpid ['limpid] a. límpid, clar, transparent.

linden ['lindən] s. BOT. til·ler m.

line [lain] s. línia f., ratlla f., (BAL.) retxa f. 2 fila f., filera f., cua f. 3 línia f. [aèria, fèrria, etc.]. 4 TELEF. línia f. ‖ *hold the* ~!, no pengis! 5 LIT. vers m. [línia]. 6 TEAT. paper m. 7 fig. actitud f. ‖ ~ *of conduct*, línia f. de conducta. 8 conducció f., canonada f. 9 arruga f. [de la cara]. 10 branca f. [negocis, especialitat]. 11 corda f., cordill m., sedal m. 12 pl. línies f. pl., contorns m. pl., trets m. pl.

line (to) [lain] t. ratllar. 2 arrugar [la cara]. 3 alinear(se). 4 fig. omplir. 5 TECNOL. folrar, revestir. ■ 6 i. *to* ~ *up*, alinear-se p., posar-se p. en fila; fer cua; MIL. formar.

lineage ['liniidʒ] s. llinatge m.

lineaments ['liniəmənts] s. pl. form. trets m. pl., fesomia f.

linen ['linin] s. lli m., fil m., llenç m. 2 roba f. blanca [de llit, interior, etc.], (ROSS.) llinge f. ‖ *table-linen*, joc m. de taula. 3 fig. *to wash one's dirty* ~ *in public*, treure els draps bruts. ■ 4 a. de fil, de lli.

liner ['lainə'] s. AVIA. avió m. de línia. 2 MAR. transatlàntic m., vaixell m.

linesman ['lainzmən] s. ESPORT línier m., jutge m. de línia.

line-up ['lainʌp] s. alineació f. 2 ESPORT alineació f., formació f. 3 RADIO., TELEV. programació f.: *today's* ~ *includes a political debate*, la programació d'avui inclou un debat polític.

linger (to) ['liŋgə'] i. romancejar, entretenir-se p. 2 trigar, endarrerir-se p. 3 persistir, subsistir [dubtes, etc.].

lingerie ['lænʒeriː] s. roba f. interior femenina [nom comercial].

lingering ['liŋgəriŋ] a. lent. 2 romancer. 3 perllongat; persistent. 4 MED. crònic.

lingo ['liŋgou] s. col·loq. pej. llengua f., idioma m.

linguistics [liŋ'gwistiks] s. lingüística f.

lining ['lainiŋ] s. folre m., folro m. 2 TECNOL. revestiment m., folre m. 3 *every cloud has a* ~, Déu escanya però no ofega.

link [liŋk] s. anella f., baula f. ‖ fig. *missing* ~, graó m. perdut. 2 fig. vincle m., llaç m. 3 connexió f., relació f. 4 *cuff-links*, botons m. de puny. 5 ESPORT camp m. de golf.

link (to) [liŋk] t. encadenar. 2 unir, connectar. 3 acoblar. 4 fig. unir, relacionar. ■ 5 i. enllaçar-se p., unir-se p. [també fig.]. 6 acoblar-se p., empalmar.

linoleum [li'nouljəm] s. linòleum m.

lion ['laiən] s. ZOOL. lleó m. [també fig.]. ‖ fig. *the lion's share*, la part del lleó.

lioness ['laiənis] s. ZOOL. lleona f.

lip [lip] s. llavi m., (BAL.) morro m. ‖ *lip-reading*, llegir els llavis. 2 broc m. 3 col·loq. insolència f., impertinència f.

lipstick ['lipstik] s. pintallavis m.

liquefy (to) ['likwifai] t. liquar. ■ 2 i. liquar-se p.

liqueur [li'kjuə'] s. licor m.

liquid ['likwid] a. líquid. 2 clar. 3 transparent, cristal·lí. ■ 4 s. líquid m.

liquor ['likə'] s. (G.B.) beguda f. alcohòlica. 2 licor m.

liquorice, (EUA) **licorice** ['likəris] s. BOT. regalèssia f.

Lisbon ['lizbən] n. pr. GEOGR. Lisboa.

lisp ['lisp] s. parlar m. papissot. 2 balboteig m., balbuceig m. 3 fig. murmuri m., xiuxiueig m.

lisp (to) [lisp] i. papissotejar, parlar papissot. ■ 2 t. dir papissotejant.

lissom, (EUA) **lissome** ['lisəm] a. àgil. 2 flexible.

list [list] s. llista f., catàleg m., relació f. ‖ *wine* ~, carta f. de vins. ‖ COM. *price* ~, llista f. de preus. 2 voraviu m. 3 MAR. inclinació f., escora f. 4 MIL. escalafó m.

list (to) [list] t. fer una llista, posar en una llista; registrar. 2 enumerar. 3 COM. cotitzar. ■ 4 i. escorar, inclinar-se p.

listen (to) ['lisn] i. *to* ~ *(to)*, escoltar, sentir; posar atenció a.

listener ['lisnə'] s. oient, radioient.

listless ['listlis] *a.* distret, indiferent, apàtic, abatut. ■ 2 **-ly** *adv.* sense interès.

lit [lit] Vegeu LIGHT (TO).

literal ['litərəl] *a.* literal. 2 prosaic. ■ 3 **-ly** *adv.* literalment. ■ 4 *s.* IMPR. errata *f.*

literate ['litərit] *a.* instruït, culte. ■ 2 *s.* persona *f.* culta.

literature ['litrətʃə'] *s.* literatura *f.* 2 fullets *m. pl.*, opuscles *m. pl.* [publicitaris]. 3 documentació *f.*

lithe [laið], **lithesome** [-səm] *a.* flexible, àgil, vincladís.

lithography [li'θɔɡrəfi] *s.* litografia *f.*

Lithuania [liθju'einiə] *n. pr.* GEOGR. Lituània.

litigate (to) ['litigeit] *t.-i.* litigar *t.*

litre, (EUA) **liter** ['li:tə] *s.* litre *m.*

litter ['litə'] *s.* llitera *f.* 2 jaç *m.*, pallat *m.* 3 escombraries *f. pl.,* porqueria *f.* ‖ **litter-bin/basket,** paperera *f.* ‖ **litter-lout,** persona *f.* que embruta el carrer. 4 fig. desordre *m.,* confusió *f.* 5 ZOOL. ventrada *f.,* llodrigada *f.*

litter (to) ['litə'] *t.* escampar porqueria, embrutar, desordenar. 2 preparar un jaç de palla [per a animals]. ■ 3 *i.* parir [animals].

little ['litl] *a.* petit, (VAL.) xicotet. ‖ ~ *finger,* dit *m.* petit. 2 poc, mica. 3 fig. estret. ■ 4 *adv.* poc, mica. ‖ 5 *s.* una mica. 6 una estona.

littleness ['litlnis] *s.* petitesa *f.* [també fig.]. 2 mesquinesa *f.*

live [laiv] *a.* viu [que viu; enèrgic; actiu]. 2 ardent, encès. ‖ ~ *coals,* brases *f. pl.* ‖ ~ *bomb,* bomba *f.* sense explotar. 3 d'actualitat, candent. 4 ELECT. amb corrent. 5 RADIO., TELEV. en directe.

live (to) [liv] *t.* viure; portar, tenir [un tipus de vida, etc.]. ■ 2 *i.* viure. ‖ *to* ~ *together,* viure junts. ‖ ~ *and let* ~, viu i deixa viure. ■ *to* ~ *by,* viure de; *to* ~ *in,* viure a, habitar, ocupar; *to* ~ *on o upon,* viure de o a costa de, *to* ~ *out,* acabar; *to* ~ *through,* sobreviure, anar fent; *to* ~ *it up,* viure sense estar-se de res.

livelihood ['laivlihud] *s.* vida *f.,* mitjans *m. pl.* de vida.

liveliness ['laivlinis] *s.* vida *f.,* vivacitat *f.,* animació *f.*

lively [laivli] *a.* viu. 2 animat. 3 alegre, brillant. 4 ràpid, enèrgic. 5 realista, gràfic [una descripció, etc.]. ■ 6 *adv.* vivament.

liver ['livə'] *s.* ANAT., CUI. fetge *m.* 2 *good* ~, persona *f.* que sap viure.

livery ['livəri] *s.* lliurea *f.* 2 ~ *stable,* quadra *f.* de cavalls de lloguer. 3 poèt. vestidura *f.,* plomatge *m.*

livestock ['laivstɔk] *s.* ramaderia *f.,* bestiar *m.*

livid ['livid] *a.* lívid, pàlid. 2 col·loq. furiós.

living ['liviŋ] *a.* viu, vivent; de vida, vital. 2 *living-room,* sala d'estar. ■ 3 *s.* vida *f.* [manera de viure, mitjans de vida]. ‖ *to make a* ~, guanyar-se la vida. 4 *the* ~, els vius. 5 ~ *wage,* sou *m.* mínim. 6 ~ *allowance,* dietes *f. pl.*

Liz [liz] *n. pr. f.* (dim. *Elisabeth*) Elisabet.

lizard ['lizəd] *s.* ZOOL. llangardaix *m.,* sargantana *f.*

llama ['lɑːmə] *s.* ZOOL. llama *f.*

load [loud] *s.* càrrega *f.* 2 pes *m.* [també fig.]. 3 carregament *m.* 4 *pl.* col·loq. munt *m.* [molts], (ROSS.) petadissa *f.* 5 MEC. rendiment *m.*

load (to) [loud] *t.* carregar [un vaixell, una arma, una filmadora, etc.]. 2 cobrir, omplir [d'honors, etc.]. 3 fig. aclaparar, oprimir. 5 INFORM. carregar. ■ 6 *i.* carregar-se *p.,* agafar càrrega.

loaf [louf] *s.* pa *m.,* barra *f.* de pa. 2 col·loq. cap *m.: use your* ~!, fes servir el cap! ▲ *pl.* **loaves** [louvz].

loaf (to) [louf] *i.* gandulejar. 2 *to* ~ *about,* fer el dropo, perdre el temps.

loafer ['loufə'] *s.* gandul, dropo.

loan [loun] *s.* préstec *m.* 2 COM. emprèstit *m.* 3 LING. ~ *word,* préstec *m.*

loan (to) [loun] *t.* form. deixar [diners].

loath [louθ] *a.* refractari, poc disposat.

loathe (to) [louð] *t.* odiar, detestar, sentir repugnància.

loathing ['louðiŋ] *s.* aversió *f.,* fàstic *m.,* odi *m.,* repugnància *f.*

loathsome ['louðsəm] *a.* fastigós, repugnant. 2 odiós.

lobby ['lɔbi] *s.* corredor *m.; sala f.* d'espera [de cambra legislativa]; vestíbul. 2 grup *m.* de pressió.

lobby (to) ['lɔbi] *t.* pressionar [políticament]. ■ 2 *i.* fer pressió [política].

lobe [loub] *s.* lòbul *m.*

lobster ['lɔbstə'] *s.* ZOOL. llagosta *f.*

local ['loukəl] *a.* local. ‖ ~ *news,* notícies *f. pl.* locals. 2 limitat, restringit. 3 urbà, interior. 4 municipal, regional, comarcal. 5 de rodalies. ■ 6 *s.* gent *f.* del poble; natiu. 7 secció *f.* local.

locality [lou'kæliti] *s.* localitat *f.* 2 lloc *m.* 3 regió *f.* 4 situació *f.* 5 orientació *f.*

localize (to) ['loukəlaiz] *t.* localitzar, fer local. 2 limitar.

locate (to) [lou'keit] *t.* localitzar, situar. 2 trobar. 3 posar, col·locar.

location [lou'keiʃən] *s.* localització *f.* 2 situació *f.*, posició *f.* 3 CINEM. exteriors *m. pl.* ‖ *the film was shot on ~ in Almeria,* la pel·lícula es va rodar a Almeria.

lock [lɔk] *s.* rínxol *m.,* rull *m.* 2 floc *m.* [de cabells]. 3 *pl.* cabells *m. pl.* 4 pany *m.* 5 clau *f.* [d'una arma; de lluita]. 6 resclosa *f.*

lock (to) [lɔk] *t.* tancar [amb clau]. 2 abraçar [fort]. 3 empresonar. 4 MEC. travar, enclavillar, clavillar. ■ 5 *i.* tancar-se *p.,* quedar-se *p.* tancat. 6 MEC. travar-se *p.* ■ *to ~ away,* guardar amb pany i clau; *to ~ in,* tancar amb clau; *to ~ out,* tancar a fora; *to ~ up,* guardar amb pany i clau; deixar tancat; tancar [algú].

locker ['lɔkə'] *s.* armari *m.,* armariet *m.* [tancat amb clau que serveix per guardar coses en un lloc públic].

locket ['lɔkit] *s.* medalló *m.,* relíquia *f.*

lockout ['lɔkaut] *s.* locaut *m.*

locksmith ['lɔksmiθ] *s.* manyà.

locomotion [loukə'mouʃən] *s.* locomoció *f.*

locomotive ['loukə'moutiv] *a.* locomotor, locomotriu. ■ 2 *s.* FERROC. locomotora *f.*

locust ['loukəst] *s.* ENT. llagosta *f.;* cigala *f.* 2 BOT. *~ tree,* garrofer *m.*

locution [lou'kju:ʃən] *s.* locució *f.*

lode [loud] *s.* MIN. filó *m.,* veta *f.* 2 *~ star,* estel *m.* polar; fig. nord *m.,* guia.

lodge [lɔdʒ] *s.* casa *f.* del guarda. 2 pavelló *m.* 3 lògia *f.*

lodge (to) [lɔdʒ] *t.* allotjar. 2 ficar, col·locar. 3 dipositar. 4 presentar [una denúncia, etc.]. ■ 5 *i.* allotjar-se *p.* 6 ficar-se *p.*

lodging ['lɔdʒiŋ] *s.* allotjament *m.* ‖ *~ house,* pensió *f.*

loft [lɔft] *s.* golfes *f. pl.* 2 altell *m.* d'un paller.

log [lɔg] *s.* tronc *m.* ‖ *to sleep like a ~,* dormir com un tronc. 2 NAUT. diari *m.* de bord; quadern *m.* de bitàcola. 3 AVIA. diari *m.* de vol.

logarithm ['lɔgəriðəm] *s.* MAT. logaritme *m.*

loggerheads ['lɔgəhədz] *s. pl.* *to be at ~,* estar en desacord *m. sing.*

loggia ['lɔdʒiə] *s.* ARQ. pòrtic *m.,* galeria *f.*

logic ['lɔdʒik] *s.* lògica *f.*

logical ['lɔdʒikəl] *a.* lògic. ■ 2 **-ly** *adv.* lògicament.

loin [lɔin] *s.* illada *f.* 2 CARN. llom *m.,* rellom *m.* 3 *pl.* lloms *m. pl.* 4 *loin-cloth,* tapall *m.*

loiter (to) ['lɔitə'] *i.* endarrerir-se *p.,* entretenir-se *p.;* gandulejar. ■ 2 *t. to ~ away,* perdre el temps.

loll (to) [lɔl] *i.* escarxofar-se *p.,* arrepapar-se *p.* 2 *to ~ out,* penjar [la llengua]. ■ 3 *t. to ~ out,* portar penjant [la llengua].

lollipop ['lɔlipɔp] *s.* pirulí *m.,* piruleta *f.* 2 *ice ~,* pol *m.* [gelat].

London ['lʌndən] *n. pr.* GEOGR. Londres. ■ 2 *a.* londinenc.

Londoner ['lʌndənə'] *s.* londinenc.

lone [loun] *a.* sol [sense companyia; únic]. 2 solitari.

loneliness ['lounlinis] *s.* soledat *f.,* solitud *f.* 2 tristesa *f.* [del qui està sol].

lonely ['lounli] *a.* sol, solitari. 2 que se sent sol.

long [lɔŋ] *a.* llarg. ‖ *in the ~ run,* a la llarga. 2 extens, perllongat. 3 que triga: *to be ~ in coming,* trigar a venir. ■ 4 *adv.* durant [un temps]; molt temps. ‖ *as ~ as,* mentre; sempre que. ‖ *~ ago,* fa molt de temps. ‖ *so ~!,* fins ara!, a reveure! ■ 5 *s.* llarg *m.,* llargària *f.,* longitud *f.*

long (to) [lɔŋ] *i. to ~ (after, for, to),* anhelar *t.,* tenir moltes ganes de, enyorar *t.*

longhand ['lɔŋhænd] *s.* escriptura *f.* normal [no taquigràfica].

longing ['lɔŋiŋ] *s.* ànsia *f.,* anhel *m.* 2 enyorament *m.* ■ 3 *a.* ansiós, delerós.

longitude ['lɔndʒitjuːd] *s.* GEOGR., ASTR. longitud *f.,* llargària *f.*

long-sighted ['lɔŋ'saitid] *a.* MED. prèsbita. 2 previsor. 3 fig. perspicaç, astut.

long-suffering [.lɔŋ'sʌfəriŋ] *a.* sofert, pacient.

long-term [.lɔŋ'tə:m] *a.* a llarg termini.

longways ['lɔŋweiz], (EUA) **longwise** ['lɔŋwaiz] *adv.* pel llarg, longitudinalment.

long-winded [.lɔŋ'windid] *a.* llarg i avorrit. 2 interminable.

look [luk] *s.* mirada *f.,* ullada *f.,* cop *m.* d'ull. 2 cara *f.,* aspecte *m.* 3 aparença *f.,* aire *m.* 4 *pl.* *good looks,* bellesa *f.*

look (to) [luk] *i.* mirar. 2 considerar. 3 donar a, caure; estar situat. 4 semblar: *he looked tired,* semblava cansat. 5 aparèixer, manifestar-se *p.* 6 anar, escaure, caure [bé o malament]. 7 *to ~ alike,* assemblar-se *p.* 8 *to* ~ *alive,* cuitar, donar-se *p.* pressa. 9 *to* ~ *like,* semblar. ■ *10 t.* mirar. *11 to* ~ *daggers (at),* mirar malament, fulminar amb la mirada. ■ *to* ~ *about,* mirar al voltant; *to* ~ *after,* tenir cura de; *to* ~ *back,* mirar enrera; fig. ferse enrera; *to* ~ *down on,* menysprear; *to* ~ *for,* buscar, (BAL.) cercar; *to* ~ *forward to,* esperar amb il·lusió; *to* ~ *into,* investigar; *to* ~ *out,* abocar-se; anar amb compte. ‖ ~ *out!,* ves amb compte!; *to* ~ *over,* repassar, examinar; fullejar [un llibre]; *to* ~ *through,* donar una ullada; tenir cura de; registrar; fullejar; *to* ~ *to,* ocupar-se; mirar per; *to* ~ *up,* buscar [en un diccionari, etc.], consultar; *to* ~ *upon,* mirar, considerar.

looker-on [ˌlukərˈɔn] *s.* badoc; espectador.

looking-glass [ˈlukiŋgluːs] *s.* ant. mirall *m.*

lookout [ˈlukaut] *s.* talaia *f.* 2 mirador *m.* 3 guaita, vigia, sentinella. 4 vigilància *f.,* guaita *f.* ‖ *to be on the* ~ *for,* estar a l'expectativa de. 5 perspectiva *f.;* responsabilitat *f.*

loom [luːm] *s.* TÈXT. teler *m.*

loom (to) [luːm] *i.* aparèixer, sorgir. 2 perfilar-se *p.,* dibuixar-se *p.* [d'una manera confusa o impressionant]. 3 amenaçar *t.*

loony [ˈluːni] *a.* col·loq. sonat, guillat.

loop [luːp] *s.* baga *f.,* llaç *m.* 2 revolt *m.,* corba *f.* 3 baqueta *f.* 4 AVIA. ris *m.* 5 INFORM. bucle *m.*

loop (to) [luːp] *t.* fer una baga o un llaç. 2 cordar amb una bagueta. ■ 3 *i.* fer una baga. 4 serpentejar. 5 AVIA. *to* ~ *the loop,* fer un ris.

loophole [ˈluːphoul] *s.* MIL. espitllera *f.,* respitllera *f.* 2 fig. sortida *f.,* escapatòria *f.*

loose [luːs] *a.* solt, deslligat, descordat. 2 fluix [una dent; un cargol, etc.], ample, balder [un vestit, etc.]. 3 desmanegat, malgirbat. 4 tou, flonjo. 5 lliure; deslligat. ‖ *to break* ~, escapar-se, deslligar-se. ‖ *to let* ~, deixar anar. 6 lax, dissolut. 7 fig. imprecís, indeterminat; lliure [traducció]. 8 ELECT. desconnectat. 9 TECNOL. ~ *pulley,* politja boja. ‖ *10 s.* llibertat *f.* ‖ *on the* ~, en llibertat, lliure. ■ *11 -ly adv.* balderament; folgadament; aproximadament; dissolutament.

loose (to) [luːs] *t.* deixar anar, deslligar, afluixar. 2 deixar en llibertat. 3 fig. deslligar [la llengua, etc.].

loose end [luːsˈend] *s.* cap per a lligar [també fig.]. 2 fig. *to be at a* ~, no tenir res per fer.

loosen (to) [ˈluːsn] *t.* deixar anar, deslligar, afluixar. 2 esponjar, estovar. 3 *to* ~ *up,* relaxar, desentumir [els muscles]. 4 fig. fer parlar, fer córrer [la llengua]. 5 MED. descarregar, afluixar [la panxa]. ■ 6 *i.* deixar-se *p.* anar, deslligar-se *p.,* afluixar-se *p.* 7 ESPORT escalfar *t.* [els muscles]. 8 MED. descarregar, afluixar-se *p.* [la panxa].

loot [luːt] *s.* botí *m.,* presa *f.* 2 *looting,* saqueig *m.* 3 col·loq. guanys *m. pl.,* peles *f. pl.*

loot [luːt] *t.-i.* saquejar *t.,* pillar *t.*

lop (to) [lɔp] *t. to* ~ *(away/off),* podar, esmotxar, tallar. ■ 2 *i.* penjar, caure: *lop-ears,* orelles caigudes.

loquacious [louˈkweiʃəs] *a.* loquaç.

lord [lɔːd] *s.* lord *m.* ‖ *Lord Mayor of London,* alcalde *m.* de Londres. ‖ *House of Lords,* cambra *f.* dels Lords. 2 senyor *m.,* amo *m.* 3 REL. *the Lord,* el Senyor *m.*

lordship [ˈlɔːdʃip] *s.* senyoria *f.* 2 senyoriu *m.* ‖ *his* o *your* ~, Sa o Vostra senyoria *f.*

lorry [ˈlɔri] *s.* camió *m.* ‖ ~ *driver,* camioner.

lose (to) [luːz] *t.* perdre. ‖ *to* ~ *one's temper,* perdre la paciència, enfadar-se *p.* ‖ *to* ~ *one's way,* perdre's *p.,* no trobar el camí. 2 fer perdre. ■ 3 *i.* perdre, no guanyar. 4 *to* ~ *out,* sortir perdent. ▲ Pret. i *p. p.: lost* [lɔst].

loser [ˈluːsəʳ] *s.* perdedor.

loss [lɔs, lɔːs] *s.* pèrdua *f.* 2 dany *m.* 3 MED. pèrdua *f.* 4 *to be a dead* ~, ser un desastre *m.* [una persona]. 5 col·loq. *to be at a* ~, estar perplex, indecís.

lost [lɔst] Vegeu LOSE (TO). ■ 2 *a.* perdut. ‖ ~ *property office,* oficina *f.* d'objectes perduts. ‖ *to get* ~, perdre's. ‖ *get* ~!, ves a fer punyetes! 3 arruïnat. 4 oblidat. 5 perplex, parat. 6 ~ *in thought,* abstret, pensatiu. 7 fig. ~ *to,* insensible a, perdut per a.

lot [lɔt] *s.* lot *m.,* part *f.* 2 solar *m.,* terreny *m.* 3 sort *f.: to cast lots,* fer-ho a la sort. 4 destí *m.* 5 grup *m.,* col·lecció *f.* 6 individu, persona *f.* 7 *a* ~ *of, lots of,* un munt *m.,* de, (ROSS.) petadissa *f.* ‖ *quite a* ~, bastants. ‖ *the* ~, la totalitat. ‖ *What a* ~ *of noise!,* quin soroll! ■ 8 *adv. a* ~, molt.

lottery [ˈlɔtəri] *s.* loteria *f.,* rifa *f.* [també fig.].

loud [laud] *a.* fort, alt [so, crit, etc.]. 2 sorollós, estrepitós. 3 cridaner. 4 vulgar, ordinari. ■ *5* **-ly** *adv.* en veu alta. *6* sorollosament.

loud-speaker [,laud'spiːkə'] *s.* RADIO. altaveu *m.*

Louise [luːɪz] *n. pr. f.* Lluïsa.

lounge [laundʒ] *s.* sala *f.* d'estar, saló *m.* 2 *lounge-chair,* gandula *f.* 3 *lounge-suit,* vestit *m.* de carrer.

lounge (to) [laundʒ] *i.* passejar, gandulejar. 2 estar escarxofat o arrepapat.

louse [laus] *s.* ENT. poll *m.* 2 col·loq. pocavergonya, trinxeraire. ▲ *pl. lice* [laɪs].

lousy ['lauzi] *a.* pollós. 2 dolent. 3 col·loq. fastigós. 4 fig. *to be ~ with,* estar folrat.

lout [laut] *s.* rústec *a.*, taujà.

lovable ['lʌvəbl] *a.* adorable, encantador.

love [lʌv] *s.* amor *m.*, afecció *f.*, estimació *f.*, passió *f.* ‖ *~ affair,* aventura *f.* amorosa; *~ at first sight,* amor a primera vista; *for ~,* per amor; gratis; *not for ~ or money,* per res del món; *to be in ~ with,* estar enamorat de; *to fall in ~ with,* enamorar-se de; *to make ~,* fer l'amor. 2 amor *m.* [persona estimada]. 3 col·loq. rei, nen, maco. 4 ESPORT zero *m.* ‖ *~ game,* joc *m.* en blanc [tennis].

love (to) [lʌv] *t.* estimar. 2 agradar molt, encantar: *I'd love it,* m'encantaria!

lovely ['lʌvli] *a.* preciós, encantador, adorable, deliciós, bonic. ‖ *that's ~!,* que bonic! что bo bé!

lover ['lʌvə'] *s.* amant *m.* 2 amant, afeccionat: *he is a ~ of ballet,* és un amant del ballet.

lovesick ['lʌvsik] *a.* malalt d'amor.

loving ['lʌviŋ] *a.* afectuós, tendre, manyac. 2 bondadós. ■ *3* **-ly** *adv.* afectuosament, tendrament, bondadosament.

low [lou] *a.* baix. ‖ *low-necked,* escotat [un vestit]; *~ relief,* baix relleu; *~ trick,* mala passada, cop baix; *~ water,* baixamar, estiatge. 2 pobre, escàs, insuficient. 3 dèbil, malalt, abatut. ‖ *~ spirits,* abatiment, desànim. 4 groller, maleducat. 5 humil, submís. *6* AUTO. *~ gear,* primera [marxa]. 7 CUI. lent. *8* MÚS. baix, greu. *9* **-ly** *a.* humil, modest. ■ *10* *adv.* baix. *11* poc. *12* submisament. *13* **-ly,** humilment, modestament. ■ *14 s.* mugit *m.*, bramul *m.*

lower (to) ['louə'] *t.* abaixar, fer baixar. 2 arribar [una bandera]. 3 llançar. 4 rebaixar, reduir. 5 fig. humiliar, abatre. ■ *6 p. to ~ oneself,* rebaixar-se. ■ *7 i.* baixar. *8* disminuir.

lowering ['lauəriŋ] *a.* corrugant, amenaçador. 2 tapat, ennuvolat [el cel].

loyal [lɔiəl] *a.* lleial, fidel.

loyalty ['lɔiəlti] *s.* lleialtat *f.*, fidelitat *f.*

lozenge ['lɔzindʒ] *s.* GEOM. romb *m.* 2 HERALD. losange *m.* 3 pastilla *f.* [de menta, etc.].

Ltd. ['limitid] *s.* (abrev. *Limited*) SA *f.* (societat anònima).

lubricant ['luːbrikənt] *a.* lubricant, lubrificant. ■ *2 s.* lubricant *m.*, lubrificant *m.*

lubricate ['luːbrikeit] *t.* lubricar, lubrificar, greixar.

lucid ['luːsid] *a.* lúcid.

lucidity [luːˈsiditi] *s.* lucidesa *f.*

luck [lʌk] *s.* sort *f.*, fortuna *f.* [bona o dolenta]. ‖ *just my ~!,* estic de pega.

luckily ['lʌkili] *adv.* per sort, afortunadament.

lucky ['lʌki] *a.* afortunat. 2 feliç.

lucrative ['luːkrətiv] *a.* lucratiu.

ludicrous ['luːdikrəs] *a.* còmic, ridícul, absurd.

luggage ['lʌgidʒ] *s.* equipatge *m.* ‖ *~ rack,* portaequipatges *m.*

lugubrious [ləˈguːbriəs] *a.* lúgubre.

lukewarm [luːkˈwɔːm] *a.* tebi, temperat [també fig.].

lull [lʌl] *s.* respir *m.*, treva *f.*, moment *m.* de calma o de silenci.

lull (to) [lʌl] *t.* adormir. 2 calmar. ■ *3 i.* amainar, calmar-se *p.*

lullaby ['lʌləbai] *s.* cançó *f.* de bressol.

lumbago [lʌmˈbeigou] *s.* MED. lumbago *m.*

lumber ['lʌmbə'] *s.* fusta *f.* [serrada], fusta *f.* de construcció. ‖ *~ jack,* llenyataire. 2 andròmines *f. pl.* ‖ *~ room,* cambra *f.* dels mals endreços.

luminous ['luːminəs] *a.* lluminós.

lump [lʌmp] *s.* tros *m.* 2 terròs [de sucre]. 3 bony *m.*, protuberància *f.* 4 col·loq. corcó *m.*, pesat. 5 TÈXT. nus *m.* [també fig.]. *6 in the ~,* tot plegat; *~ sum,* suma *f.* global.

lunacy ['luːnəsi] *s.* bogeria *f.*, demència *f.*

lunar ['luːnə'] *a.* lunar.

lunatic ['luːnətik] *a.-s.* llunàtic, boig, dement.

lunch [lʌntʃ], **luncheon** ['lʌntʃən] *s.* dinar *m.* ‖ *~ time,* hora *f.* de dinar.

lunch (to) [lʌntʃ] *i.* dinar. ■ *2 t.* convidar a dinar.

lung [lʌŋ] *s.* pulmó *m.*

lunge [lʌndʒ] *s.* estocada *f.* 2 embestida *f.*

lurch [ləːtʃ] s. sacsejada f., sotrac m., tomb m. 2 batzegada f., bandada f. 3 **to leave in the ~,** deixar plantat.

lure [ljuə] s. cimbell m., reclam m. 2 esquer m. 3 fig. al·licient.

lure (to) [ljuə] t. atreure [amb un reclam]. 2 seduir, temptar.

lurid ['ljuərid] a. rogent, vermell. 2 fosc. 3 fig. horripilant, horrorós.

lurk (to) [ləːk] i. estar a l'aguait, estar amagat. 2 fig. rondar.

luscious ['lʌʃəs] a. deliciós, exquisit. 2 dolç; saborós. 3 embafador. ■ 4 **-ly** adv. saborosament, exquisitament.

lush [lʌʃ] a. fresc, ufanós. 2 fig. exuberant. ■ 3 s. (EUA) col·loq. borratxo.

lust [lʌst] s. luxúria f. 2 anhel m., ànsia f.

lust (to) [lʌst] i. to ~ **after** o **for,** cobejar, desitjar [amb luxúria].

lustful ['lʌstful] a. luxuriós, libidinós.

lustre ['lʌstə] s. llustre m., lluentor f. 2 reflex m. 3 aranya f. [llum]. 4 fig. glòria f., esplendor m.

lustrous ['lʌstrəs] a. llustrós, lluent.

lusty ['lʌsti] a. ufanós, fort, robust. 2 vigorós, enèrgic.

lute [luːt] s. MÚS. llaüt m.

Luxembourg ['lʌksəmbəːg] n. pr. GEOGR. Luxemburg.

luxuriant [lʌg'zuəriənt] a. luxuriant, exuberant, frondós.

luxurious [lʌg'zuəriəs] a. luxós, fastuós.

luxury ['lʌkʃəri] s. luxe m., fast m.

lyceum [lai'siːəm] s. liceu m. 2 (EUA) auditori m., sala f. de conferències.

Lydia ['lidiə] n. pr. f. Lídia.

lye [lai] s. QUÍM. lleixiu f.

lying ['laiiŋ] Vegeu LIE (TO). ■ 2 a. mentider. 3 estirat. 4 situat.

lynch (to) [lintʃ] t. linxar.

lynx [liŋks] s. ZOOL. linx m. ▲ pl. **lynxes** o **lynx.**

lyre ['laiə] s. MÚS. lira f.

lyric ['lirik] a. líric. ■ 2 s. ~ **poem,** poema m. líric. 3 pl. lletra f. [d'una cançó].

M

M, m [em] *s. m.* [lletra]. 2 xifra romana
per 1.000.

M [em] *s.* (G.B.) *(Motorway)* A *f.* (autopista).

M.A. [‘em’ei] *s.* *(Master of Arts)* llicenciat
amb grau de filosofia i lletres.

ma [maː] *s.* col·loq. (abrev. de *mamma*)
mama *f.*

macaroni [ˌmækəˈrouni] *s.* macarrons *m.*
pl.

macaroon [ˌmækəˈruːn] *s.* GASTR. amet-
llat *m.* [pastís].

mace [meis] *s.* maça *f.* [arma; insígnia]. ‖
~ *bearer*, macer *m.*

Macedonia [ˌmæsiˈdouniə] *n. pr.* GEOGR.
Macedònia.

machination [ˌmækiˈneiʃən] *s.* maquina-
ció *f.*

machine [məˈʃiːn] *s.* màquina *f.*

machine-code [məˈʃiːnkoud] *s.* INFORM.
codi *m.* màquina.

machine-gun [məˈʃiːngʌn] *s.* metralle-
ta *f.*

machinery [məˈʃiːnəri] *s.* maquinària *f.* 2
mecanisme *m.*, sistema *m.* [també fig.].

mackerel [‘mækrəl] *s.* ICT. cavalla *f.*, ve-
rat *m.* 2 ~ *sky*, cel *m.* aborrallonat.

mackintosh [‘mækintɔʃ] *s.* (G.B.) imper-
meable *m.*

macrobiotic [ˌmækroubaiˈɔtik] *a.* macro-
biòtic.

mad [mæd] *a.* boig. ‖ col·loq. fig. *like* ~,
com un boig; *to be* ~ *about*, estar boig
per; *to drive somebody* ~, fer tornar
boig algú; fig. *to go* ~, tornar-se boig. 2
insensat, desbaratat. 3 furiós. 4 rabiós
[animal]. ■ *5* -*ly adv.* bojament, furio-
sament.

madam [‘mædəm] *s.* senyora *f.* 2 *to be a
bit of a* ~, ser molt manaire. 3 mestressa
f. [d’un bordell].

madden (to) [‘mædn] *t.* embogir, fer tor-
nar boig. ■ *2 i.* embogir, tornar-se *p.*
boig.

maddening [‘mædniŋ] *a.* exasperant.

made [meid] Vegeu MAKE (TO). ■ *2 a.* fet,
compost, confeccionat, fabricat.

made-up [‘meidʌp] *a.* fet, confeccionat
[vestit, roba]. 2 maquillat, pintat [cara].
3 artificial, fictici, inventat [història,
etc.].

madhouse [‘mædhaus] *s.* col·loq. mani-
comi *m.* 2 fig. casa *f.* de bojos.

madman [‘mædmən] *s.* boig *m.*

madness [‘mædnis] *s.* bogeria *f.*, demèn-
cia *f.* 2 fúria *f.*, ràbia *f.*

Madrid [məˈdrid] *n. pr.* GEOGR. Madrid.

maelstrom [‘meilstrəm] *s.* vòrtex [també
fig.]. 2 fig. remolí *m.*

magazine [ˌmægəˈziːn] *s.* revista *f.* [periò-
dica]. 2 dipòsit *m.* [d’armes]. 3 polvorí
m. 4 recambra *f.*

Magi [‘meidʒai] *s. pl. the* ~, els tres Reis
d’Orient.

magic [‘mædʒik] *s.* màgia *f.* [també fig.].
‖ *as if by* ~, com per art de màgia. ■
a. màgic. ‖ CINEM. ~ *lantern*, llanterna *f.*
màgica.

magical [‘mædʒikəl] *a.* màgic; encantat.

magician [məˈdʒiʃən] *s.* mag, màgic,
bruixot. 2 prestidigitador.

magistrate [‘mædʒistreit] *s.* magistrat. 2
jutge de pau.

magnanimous [mægˈnæniməs] *a.* mag-
nànim. ■ *2* -*ly adv.* magnànimament.

magnate [‘mægneit] *s.* magnat, potentat.

magnet [‘mægnit] *s.* ELECT. imant *m.*

magnetic [mægˈnetik] *a.* magnètic. ‖ ~
needle, brúixola *f.* 2 fig. magnètic, atrac-
tiu.

magnificence [mægˈnifisns] *s.* magnifi-
cència *f.*

magnificent [mægˈnifisnt] *a.* magnífic,
esplèndid. ■ *2* -*ly adv.* magníficament.

magnify (to) [‘mægnifai] *t.* augmentar,
amplificar, engrandir. 2 exagerar. 3
magnificar.

magnifying glass [‘mægnifaiiŋglaːs] *s.*
lent *f.* d’augment, lupa *f.*

magpie ['mægpai] s. ORN. garsa f. 2 fig. cotorra f., barjaula f., (ROSS.) llorma f.

mahogany [mə'hɔgəni] s. BOT. caoba f.

maid [meid] s. ant., liter. donzella f. ‖ ~ of honour, dama f. d'honor. 2 criada f., minyona f., cambrera f. 3 old ~, conca f.

maiden ['meidn] s. donzella f. ■ 2 a. de soltera: ~ name, nom m. de soltera. 3 virginal. 4 primer, inicial, inaugural.

maid-servant ['meid,sə:vənt] s. criada f., minyona f.

mail [meil] s. malla f., cota f. de malles. 2 correu m., correspondència f. ‖ ~ boat, vaixell m. correu. ‖ air ~, correu m. aeri.

mail (to) [meil] t. tirar al correu, enviar per correu.

mailbox ['meilbɔks] s. (EUA) bústia f.

maim (to) [meim] t. mutilar, esguerrar.

main [mein] a. principal, primer, major, més important. ‖ ~ body, gros m. [de l'exèrcit]. ■ 2 s. allò principal o essencial. ‖ in the ~, en la major part, principalment. 3 canonada f., conducció f. [de gas, d'aigua, etc.]. 4 ELECT. gralnt. mains, xarxa f. elèctrica.

mainland ['meinlənd] s. continent m., terra f. ferma.

main-spring ['meinspriŋ] s. molla f. principal [rellotge]. 2 fig. causa f. principal, origen m.

mainstay ['meinstei] s. MAR. estai m. major. 2 fig. pilar m., fonament m.

maintain (to) [mein'tein] t. mantenir. 2 afirmar, sostenir. 3 conservar, guardar.

maintenance ['meintinəns] s. manteniment m., conservació f. 2 sosteniment m., suport m. 3 manutenció f.

maize [meiz] s. BOT. blat m. de moro.

majestic [mə'dʒestik] a. majestuós.

majesty ['mædʒisti] s. majestat f. 2 majestuositat f.

major ['meidʒə] a. major, principal, màxim. ■ 2 s. DRET major d'edat. 3 especialitat f. [universitària]. 4 MIL. comandant m.

Majorca [mə'dʒɔːkə] n. pr. GEOGR. Mallorca.

majority [mə'dʒɔriti] s. majoria f. ‖ one's ~, majoria d'edat.

make [meik] s. marca f., tipus m., model m. 2 fabricació f., factura f. 3 to be on the ~, fer-se ric o progressar al preu que sigui.

make (to) [meik] t. fer [crear, elaborar; fabricar; formar; causar; produir; efectuar; etc.]. ‖ to ~ a mistake, equivocar-se p. ‖ to ~ a noise, fer soroll. ‖ to ~ fun of, burlar-se p. de. 2 fer [que algú faci alguna cosa]. 3 to ~ angry, fer enfadar; to ~ clear, aclarir; to ~ good, complir, dur a terme; mantenir; justificar [amb el resultat]; to ~ haste, donar-se p. pressa; to ~ known, fer saber; to ~ much of, donar molta importància a; apreciar; to ~ the most of, treure profit. ■ 4 i. anar, dirigir-se p. a. 5 contribuir a. 6 to ~ merry, divertir-se p. ■ to ~ away, anar-se'n p.; to ~ away with, emportar-se p.; suprimir, destruir; to ~ for, anar cap a, dirigir-se p. a; to ~ into, transformar en, convertir en; to ~ off, marxar corrents; to ~ out, fer; escriure; comprendre; desxifrar; entreveure, estendre; omplir; creure; imaginar-se p.; to ~ over, canviar, transformar; cedir; to ~ up, inventar; maquillar(se); muntar; embolicar; constituir; composar; arreglar; compaginar; confeccionar; recuperar; compensar; fer les paus; to ~ up for, suplir, compensar. ▲ Pret. i p. p.: made [meid].

maker ['meikə] s. fabricant. 2 constructor. 3 autor, artífex. 4 DRET signant. 5 REL. the Maker, el Creador.

makeshift ['meikʃift] a. provisional. 2 improvisat. ■ 2 s. recurs m., arranjament m. provisional.

make-up ['meikʌp] s. caràcter m., temperament m. 2 construcció f., estructura f. 3 COM. maquillatge m. 4 TÈXT. confecció f. 5 TIPOGR. compaginació f.

making ['meikiŋ] s. confecció f., formació f., fabricació f. ‖ in the ~, en vies de fer-se; en potència. ‖ his many setbacks were the ~ of him, els molts revessos de la vida el van anar formant. 2 preparació f., composició f., creació f. 3 pl. guanys m. pl.; fig. qualitats f. pl., fusta f. sing.

maladjustment [,mælə'dʒʌstmənt] s. fig. inadaptació f. 2 TECNOL. mal ajustatge m., ajustatge m. defectuós.

maladroit ['mælədrɔit] a. maldestre; espès.

malady ['mælədi] s. MED. mal m., malaltia f. [també fig.].

malcontent ['mælkɔntent] a.-s. malcontent, descontent a.

male [meil] a. mascle. 2 baró: ~ child, fill baró. 3 masculí. ■ 4 s. home m. 5 mascle m. [animal, etc.].

malefactor ['mælifæktə] s. malfactor.

maleficent [mə'lefisnt] a. malèfic.

malevolence [mə'levələns] s. malvolença f.

malice ['mælis] *s.* mala voluntat *f.* 2 malícia *f.*, malignitat *f.* 3 rancor *m.*, rancúnia *f.*

malicious [mə'liʃəs] *a.* malèvol, rancorós. 2 entremaliat, bergant. ■ 3 **-ly** *adv.* malèvolament, malignament.

malign [mə'lain] *a.* maligne, malèvol. 2 danyós, nociu.

malign (to) [mə'lain] *t.* difamar, calumniar.

malignant [mə'lignənt] *a.* maligne. 2 malèfic. 3 malèvol.

mallard ['mæləd] *s.* ORN. ànec *m.* coll-verd.

malleable ['mæliəbl] *a.* mal·leable.

mallet ['mælit] *s.* maça *f.*, mall *m.*

mallow ['mælou] *s.* BOT. malva *f.*

malt [mɔ:lt] *s.* malt *m.*

maltreat (to) [mæl'tri:t] *t.* maltractar.

mammal ['mæməl] *s.* ZOOL. mamífer *m.*

mammoth ['mæməθ] *s.* mamut *m.*

mammy ['mæmi] *s.* mama *f.* 2 (EUA) mainadera *f.* negra.

man [mæn] *s.* home *m.*, baró *m.* 2 ésser *m.* humà. ‖ *the ~ in the street*, l'home del carrer. ‖ *to a ~*, tots, tothom [sense excepció]. 3 el gènere *m.* humà. ▲ *pl.* **men** [men].

man (to) [mæn] *t.* NÀUT. tripular. 2 proveir d'homes, guarnir d'homes.

manacle (to) ['mænəkl] *t.* emmanillar, posar les manilles. 2 fig. reprimir, controlar.

manacles ['mænəklz] *s. pl.* manilles *f. pl.*, grillons *m. pl.*

manage (to) ['mænidʒ] *t.* manejar. 2 dirigir, governar, administrar. 3 manipular amb compte. 4 aconseguir. 5 col·loq. poder menjar o beure: *can you ~ another drink?*, podries beure-te'n una altra?

manageable ['mænidʒəbl] *a.* manejable. 2 dòcil.

management ['mænidʒmənt] *s.* maneig *m.*, govern *m.*, administració *f.*; cura *f.* 2 gerència *f.* 3 habilitat *f.*

manager ['mænidʒə'] *s.* gerent, director, administrador.

mandate ['mændeit] *s.* mandat *m.*, ordre *m.*

mane [mein] *s.* crinera *f.* [de cavall]. 2 cabellera *f.*

manful ['mænful] *a.* brau, valent, decidit.

manganese ['mæŋgəni:z] *s.* QUÍM. manganès *m.*

mange [meindʒ] *s.* MED. ronya *f.*, sarna *f.*

manger ['meindʒə'] *s.* pessebre *m.*, menjadora *f.*

mangle (to) ['mæŋgl] *t.* planxar amb màquina. 2 destrossar, mutilar. 3 fig. fer malbé.

mango ['mæŋgou] *s.* mango *m.*

mangy ['meindʒi] *a.* sarnós.

manhood ['mænhud] *s.* virilitat *f.* 2 valor *m.* 3 homes *m. pl.*

mania ['meinjə] *s.* mania *f.*, fal·lera *f.*, bogeria *f.*

maniac ['meiniæk] *s.* maníac.

maniacal [mə'naiəkl] *a.* maníac. 2 fig. fanàtic.

manicure ['mænikjuə'] *s.* manicura *f.*

manifest ['mænifest] *a.* manifest, patent, evident.

manifest (to) ['mænifest] *t.-p.* manifestar(se).

manifestation [,mænifes'teiʃən] *s.* manifestació *f.*

manifesto [,mæni'festou] *s.* manifest *m.* [polític, etc.].

manifold ['mænifould] *a.* múltiple, divers, variat. ■ 2 *s.* col·lector *m.*

manipulate (to) [mə'nipjuleit] *t.* manipular, manejar.

manipulation [mə,nipju'leiʃən] *s.* manipulació *f.*

mankind [mæn'kaind] *s.* humanitat *f.*, gènere *m.* humà. 2 els homes *m. pl.*

manlike ['mænlaik] *a.* viril, masculí.

manliness ['mænlinis] *s.* virilitat *f.*, masculinitat *f.*

manly ['mænli] *a.* viril, masculí.

mannequin ['mænikin] *s.* maniquí *f.*

manner ['mænə'] *s.* manera *f.*, mode *m.* ‖ *by no ~ of means*, de cap manera. ‖ *in a ~*, en certa manera; fins a cert punt. 2 costum *m.*, hàbit *m.* 3 aire *m.*, port *m.* 4 *pl.* maneres *f. pl.*, modes *m. pl.*

mannerly ['mænəli] *a.* cortès, ben educat.

manoeuvre, (EUA) maneuver [mə'nu:və] *s.* MIL., MAR. maniobra *f.* 2 maneig *m.*

manoeuvre, (EUA) maneuver (to) [mə'nu:və] *t.* maniobrar. 2 induir, manipular. ■ 3 *i.* maniobrar.

manor ['mænə'] *s.* casa *f.* senyorial al camp, casa *f.* pairal. 2 *manor-house*, residència *f.*

manservant ['mæn,sə:vənt] *s.* criat *m.*

mansion ['mænʃən] *s.* casa *f.* gran, mansió *f.*

manslaughter ['mæn,slɔ:tə'] *s.* homicidi *m.*

mantelpiece ['mæntlpi:s] s. lleixa f. de la llar de foc.

mantle ['mæntl] s. mantell m. 2 fig. capa f.

mantle (to) ['mæntl] t. cobrir, tapar, embolicar.

manual ['mænjuəl] a. manual. ■ 2 s. manual m.

manufacture [ˌmænju'fæktʃə'] s. manufactura f. [fabricació; producte fabricat].

manufacture (to) [ˌmænju'fæktʃə'] t. manufacturar, fabricar.

manufacturer [ˌmænju'fæktʃərə'] s. fabricant.

manure [mə'njuə'] s. AGR. fems m. pl., (ROSS.) aixer m., adob m.

manure (to) [mə'njuə'] t. adobar, femar.

manuscript ['mænjuskript] a. manuscrit. ■ 2 s. manuscrit m.

many ['meni] a. molts. 2 (en composició): poli-, multi-: **many-coloured**, multicolor, policrom. ■ 3 pron. molts. || as ~ as, tants com || as ~ as you want, tants com en vulguis. || fins, no menys que: as ~ as six passed the exam, sis van aconseguir passar l'examen. || as ~ times as, tantes vegades com. || how ~?, quants? || one too ~, un de més. || so ~, tants. || too ~, massa. || twice as ~, el doble. ■ 4 s. majoria f. || a great ~, un gran nombre m.

map [mæp] s. mapa m., plànol m. 2 carta f.

maple ['meipl] s. BOT. auró m.

marathon ['mærəθən] s. ESPORT marató f.

marble ['maːbl] s. marbre m. 2 JOC bala f. ■ 3 a. de marbre.

March [maːtʃ] s. març m.

march [maːtʃ] s. marxa f. [caminada; curs; progrés]. 2 MÚS., MIL. marxa f.

march (to) [maːtʃ] i. marxar, caminar. 2 avançar, progressar. ■ 3 t. fer anar [a algun lloc].

mare [meə'] s. ZOOL. euga f.

Margaret ['maːgərit] n. pr. f. Margarida.

margarine [ˌmaːdʒə'riːn] s. margarina f.

margin ['maːdʒin] s. marge m. 2 vora f. 3 COM., ECON. marge m.

marginal ['maːdʒinəl] a. marginal.

marijuana, marihuana [ˌmæriˈwaːnə] s. marihuana f.

marine [mə'riːn] a. MAR. marí, mariner. ■ 2 s. marina f. 3 soldat m. de marina. 4 pl. infanteria f. sing. de marina.

marionette [ˌmæriə'net] s. titella f., putxinel·li m.

marital ['mæritəl] a. marital. 2 matrimonial. 3 ~ status, estat civil.

marjoram ['maːdʒərəm] s. BOT. marduix m., majorana f.

Mark ['maːk] n. pr. m. Marc.

mark [maːk] s. marca f., senyal m. 2 taca f. 3 empremta f. 4 signe m., indici m. 5 importància f., distinció f. 6 nota f., qualificació f., punt m. 7 blanc m., fi m., propòsit m. || to miss the ~, errar el tret. || beside the ~, irrellevant, que no fa al cas. 8 marc m. [moneda].

mark (to) [maːk] t. marcar, senyalar. 2 indicar. 3 delimitar. 4 advertir, observar, notar. || ~ my words!, fixa't en què dic! 5 puntuar, qualificar. 6 MIL. to ~ time, marcar el pas. 7 to ~ down, posar per escrit; COM. rebaixar. 8 to ~ out, traçar; amollonar [un camp, una propietat, etc.].

market ['maːkit] s. mercat m. || ~ price, preu m. del mercat. || ~ town, població f. amb mercat. 2 borsa f.

marketing ['maːkitiŋ] s. COM. màrqueting m.

marksman ['maːksmən] s. bon tirador.

marmalade ['maːməleid] s. melmelada f.

marmot ['maːmət] s. ZOOL. marmota f.

marquetry ['maːkitri] s. marqueteria f.

marquis, marquess ['maːkwis] s. marquès m.

marriage ['mæridʒ] s. matrimoni m. || by ~, polític [parent]. 2 casament m., boda f.

marriageable ['mæridʒəbl] a. casador.

married ['mærid] a. casat. || ~ couple, matrimoni m. || to get ~, casar-se.

marrow ['mærou] s. medul·la f., moll m. de l'os.

marry (to) ['mæri] t. casar. 2 casar-se p. amb. 3 fig. unir, ajuntar. ■ 4 i. casar-se p.

marsh [maːʃ] s. pantà m., maresme m.

marshal ['maːʃəl] s. MIL. mariscal m. 2 mestre de cerimònies.

marshy ['maːʃi] a. pantanós.

mart [maːt] s. empori m.; centre m. comercial.

marten ['maːtin] s. ZOOL. marta f.

Martha ['maːθə] n. pr. f. Marta.

martial ['maːʃəl] a. marcial, militar: ~ law, llei marcial.

Martin ['maːtin] n. pr. m. Martí.

martin ['maːtin] s. oreneta f. || house-martin, oreneta cuablanca.

martyr ['maːtə'] s. màrtir.

martyr (to) ['maːtə'] t. martiritzar.

martyrdom ['maːtədəm] s. martiri m.

marvel ['mɑːvəl] s. meravella f., prodigi m.

marvel (to) ['mɑːvəl] i. meravellar-se p., admirar-se p.

marvellous ['mɑːviləs] a. meravellós, prodigiós. 2 sorprenent.

Mary ['mɛəri] n. pr. f. Maria.

marzipan ['mɑːzipæn] s. massapà m.

mascot ['mæskət] s. mascota f.

masculine ['mɑːskjulin] a. masculí, viril. 2 homenenc.

mask (to) [mɑːsk] t. emmascarar. ■ 2 i. posar-se p. una màscara. 3 disfressar-se p. ‖ *masked ball*, ball m. de màscares.

mason ['meisn] s. paleta, (BAL.) picapedrer, (VAL.) obrer. 2 maçó m., francmaçó m.

masonry ['meisnri] s. obra f., pedra f. i morter m., maçoneria f. 2 *Masonry*, francmaçoneria f.

masquerade [,mɑːskə'reid] s. mascarada f., ball m. de màscares. 2 màscara f. [disfressa]. 3 fig. farsa f.

masquerade (to) [,mɑːskə'reid] i. disfressar-se p.

mass [mæs] s. massa f., embalum m., mola f. 2 munt m., (ROSS.) petadissa f., gran quantitat f. ‖ ~ *production*, producció f. en sèrie. 3 *the masses*, les masses.

Mass [mæs] s. ECLES. missa f.

mass (to) [mæs] t. reunir o ajuntar en massa. ■ 2 i. ajuntar-se p. o reunir-se p. en massa.

massacre ['mæsəkə'] s. carnisseria f., matança f.

massacre (to) ['mæsəkə'] t. fer una matança. 2 assassinar en massa.

massage ['mæsɑːʒ] s. massatge m.

massive ['mæsiv] a. massís. 2 voluminós. 3 dures [faccions]. 4 imponent.

mass media [,mæs'miːdjə] s. mitjans m. pl. de comunicació de masses.

mast [mɑːst] s. asta f. [d'una bandera]. 2 MAR. pal m., arbre m. 3 RADIO. torre f.

master ['mɑːstə'] s. amo m., propietari m. 2 senyor m., senyoret m. 3 cap m., director m. 4 *school* ~, mestre m., professor m. [d'institut]; llicenciatura f. amb grau. 5 MAR. patró m., capità m. ■ 6 a. mestre, magistral. ‖ ~ *builder*, mestre m. d'obra. ‖ *master-key*, clau f. mestra.

master (to) ['mɑːstə'] t. dominar, vèncer, subjugar. 2 dominar [un idioma, un art, etc.].

masterful ['mɑːstəful] a. dominant, autoritari. 2 hàbil, destre. 3 magistral.

masterly ['mɑːstəli] a. magistral, genial.

masterpiece ['mɑːstəpiːs] s. obra f. mestra.

mastery ['mɑːstəri] s. domini m. [poder; coneixement]. 2 mestria f.

masticate (to) ['mæstikeit] t. mastegar.

mastication [,mæsti'keiʃən] s. masticació f.

mastiff ['mæstif] s. mastí m.

masturbate (to) ['mæstəbeit] t. masturbar. ■ 2 i. masturbar-se p.

masturbation [,mæstər'beiʃən] s. masturbació f.

mat [mæt] s. estora f. 2 estoreta f., pallet m. 3 individual m. [tovalles]; estalvis m. pl. 4 grenya f., nus m. [cabells]. ■ 5 a. mat.

mat, matt [mæt] a. mat.

mat (to) [mæt] t. embolicar, embullar. ■ 2 i. embolicar-se p., embullar-se p.

match [mætʃ] s. llumí m., misto m. 2 parella f., igual. 3 casament m. 4 partit m.: *he's a good* ~, és un bon partit [per casar-s'hi]. 5 ESPORT partit m., encontre m.

match (to) [mætʃ] t. aparellar, casar. 2 equiparar, igualar a. 4 adaptar. 5 fer lligar. ■ 6 i. fer joc, lligar.

matchless ['mætʃlis] a. incomparable, sense parió.

mate [meit] s. col·loq. company. 2 col·loq. xicot. 3 col·loq. consort, cònjuge. 4 ajudant. 5 JOC mat m., escac m. al rei. 6 MAR. segon de bord.

mate (to) [meit] t. acoblar, apariar [animals]. ■ 2 i. acoblar-se p.

material [mə'tiəriəl] a. material. 2 físic, corpori. 3 important, essencial. 4 DRET pertinent. ■ 5 s. material m., matèria f. 6 roba f., gènere m. 7 pl. materials m. pl., ingredients m. pl.; fig. fets m. pl., dades f. pl.

materialism [mə'tiəriəlizm] s. materialisme m.

materialize (to) [mə'tiəriəlaiz] t. materialitzar. 2 fer visible. ■ 3 i. materialitzar-se p.

maternal [mə'təːnəl] a. matern, maternal.

maternity [mə'təːniti] s. maternitat f.

mathematics [,mæθi'mætiks] s. pl. matemàtiques f. pl.

maths [mæθs], (EUA) **math** [mæθ] s. col·loq. (abrev. de *mathematics*) mates f. pl.

matriculate (to) [mə'trikjuleit] *t.* matricular. ■ *2 i.* matricular-se *p.* [a la universitat].

matrimony ['mætriməni] *s.* matrimoni *m.*

matrix ['meitriks] *s.* matriu *f.*

matron ['meitrən] *s.* matrona *f.*

matter ['mætə'] *s.* matèria *f.*, substància *f.* 2 assumpte *m.*, qüestió *f.*, tema *m.* ‖ ~ *of course*, fet *m.* lògic, natural. ‖ *as a ~ of fact*, de fet, en realitat. 3 motiu *m.*, ocasió *f.* 4 cosa *f.*: *a ~ of ten years*, cosa de deu anys. 5 importància *f.* 6 *printed* ~, impresos *m. pl.* 7 *what's the* ~?, què passa?; *what's the* ~ *with you?*, què et passa?

matter (to) ['mætə'] *t.* importar: *it doesn't* ~, no importa.

matting ['mætiŋ] *s.* estora *f.*

mattock ['mætək] *s.* aixadella *f.*

mattress ['mætris] *s.* matalàs *m.*, (VAL.) matalaf *m.*

mature [mə'tjuə'] *a.* madur. 2 adult; assenyat. 3 COM. vençut.

mature (to) [mə'tjuə'] *t.* madurar. ■ *2 i.* madurar. 2 COM. vèncer.

maturity [mə'tjuəriti] *s.* maduresa *f.* 2 COM. venciment *m.* [d'un deute, un termini, etc.].

maul (to) [mɔːl] *t.* destrossar, ferir.

mawkish ['mɔːkiʃ] *a.* apegalós, carrincló.

maxim ['mæksim] *s.* màxima *f.*, sentència *f.*

maximize ['mæksimaiz] *t.* portar al màxim.

May [mei] *s.* maig *m.* 2 BOT. arç *m.* blanc.

may [mei] *v. aux.* poder [tenir facultat, llibertat, oportunitat, propòsit o permís; ser possible]: ~ *I go?*, puc marxar?; *come what* ~, pasi el que passi; *she* ~ *be late*, potser arribarà tard, és possible que arribi tard. 2 (expressió de desig): ~ *it be so*, tant de bo sigui així. ▲ Pret.: *might* [mait] [només té pres. i pret.].

maybe ['meibiː] *adv.* potser, tal vegada, (BAL.) per ventura.

mayonnaise [ˌmeiə'neiz] *s.* CUI. maionesa *f.*

mayor [mɛə'] *s.* alcalde *m.*, batlle *m.*, (BAL.) batlle *m.*

maypole ['meipoul] *s.* maig *m.*, arbre *m.* de maig.

maze [meiz] *s.* laberint *m.*, dèdal *m.* 2 confusió *f.*, perplexitat *f.* ‖ *to be in a* ~, estar perplex.

me [miː, mi] *pron. pers.*, em, me, mi, jo: *she looked at* ~, em va mirar; *it's* ~, sóc jo; *with* ~, amb mi.

meadow ['medou] *s.* prat *m.*, prada *f.*

meagre, (EUA) meager ['miːgə] *a.* magre, prim. 2 pobre, escàs.

meal [miːl] *s.* menjar *m.*, àpat *m.* ‖ ~ *time*, hora *f.* de menjar. 2 farina *f.* [de blat, etc.].

mean [miːn] *a.* mitjà, intermedi. ‖ ~ *term*, terme mitjà. 2 baix, humil. 3 roí, vil. 4 (EUA) desagradable. ■ *5 s.* terme *m.* mitjà, mitjana *f.* 6 *pl.* mitjà *m.*, mitjans *m. pl.* [de fer, aconseguir, etc.]. ‖ *by all means*, naturalment, és clar que sí; *by means of*, per mitjà de, mitjançant; *by no means*, de cap manera. 7 *pl.* mitjans *m. pl.*, recursos *m. pl.* econòmics.

mean (to) [miːn] *t.* significar, voler dir. ‖ *what do you* ~ *by that?*, què vols dir amb això? 2 pensar, proposar-se *p.*, tenir intenció de. 3 destinar, servir: *clothes are meant for use*, els vestits serveixen per portar-los. 4 col·loq. *to* ~ *business*, parlar seriosament. ■ *5 i.* tenir intenció [bona o dolenta]. ▲ Pret. i p. p.: *meant* [ment].

meander [mi'ændə'] *s.* meandre *m.*

meander (to) [mi'ændə'] *i.* serpejar. 2 errar, vagar.

meaning ['miːniŋ] *s.* significat *m.*, sentit *m.*, accepció *f.* 2 intenció *f.*

meanness ['miːnnis] *s.* humilitat *f.*, pobresa *f.* 2 mala qualitat *f.* 3 vilesa *f.* 4 mesquinesa *f.* 5 gasiveria *f.*

meant [ment] Vegeu MEAN (TO).

meantime ['miːntaim], **meanwhile** ['miːnwail] *adv.* mentre. ‖ *in the* ~, mentrestant.

measles ['miːzlz] *s. pl.* MED. xarampió *m. sing.* 2 MED. *German* ~, rubèola *f. sing.*

measure ['meʒə'] *s.* mesura *f.*, mida *f.* ‖ *beyond* ~, sobre manera, en gran manera. ‖ *to take measures*, prendre les mesures o les disposicions necessàries. 2 quantitat *f.*, grau *m.*, extensió *f.* ‖ *in some* ~, fins a cert punt *m.*, en certa manera. 3 ritme *m.* 4 MÚS. compàs *m.*

measure (to) ['meʒə'] *t.* mesurar, amidar, prendre mides. ‖ *she measured her length*, va caure a terra tan llarga com era. 2 ajustar, proporcionar. ■ *3 i.* mesurar *t.*, tenir *t.*, fer *t.*

measured ['meʒəd] *a.* mesurat. 2 rítmic, compassat. 3 moderat.

measurement ['meʒəmənt] *s.* mesurament *m.* 2 mesura *f.* 3 *pl.* mides *f. pl.*, dimensions *f. pl.*

meat [miːt] *s.* carn *f.* [aliment]. 2 menjar *m.*, teca *f.* 3 fig. suc *m.*, substància *f.*

meatball ['miːtbɔːl] *s.* mandonguilla *f.*, pilota *f.*

meat safe ['miːtseif] *s.* carner *m.*, rebost *m.*

mechanic [mi'kænik] *a.* mecànic. ■ 2 *s.* mecànic *m.*

mechanical [mi'kænikəl] *a.* mecànic. 2 fig. mecànic, maquinal.

mechanics [mi'kæniks] *s.* mecànica *f.* [ciència]. 2 mecanisme *m.*

mechanism ['mekənizəm] *s.* mecanisme *m.*

medal ['medl] *s.* medalla *f.*

medallion [mi'dæljən] *s.* medalló *m.*

meddle (to) ['medl] *i.* entremetre's *p.*, ficar-se *p.* (*in*, en).

meddlesome ['medlsəm] *a.* xafarder, que es fica on no el demanen.

media ['miːdiə] *s.* mitjans *m. pl.* de comunicació de massa.

mediate (to) ['miːdieit] *i.* mitjançar, intercedir. ■ 2 *t.* fer de mitjancer en [un conflicte, acord, etc.].

mediation [ˌmiːdi'eiʃən] *s.* mediació *f.*

mediator ['miːdieitəʳ] *s.* mediador, mitjancer.

medical ['medikəl] *a.* mèdic, de medicina.

medicament [mi'dikəmənt] *s.* medicament *m.*

medicate (to) ['medikeit] *t.* medicar.

medicine ['medsin] *s.* medicina *f.* [ciència]. 2 medecina *f.*, medicament *m.* 3 fig. càstig *m.* merescut, conseqüències *f. pl.*

mediocre [ˌmiːdi'oukəʳ] *a.* mediocre.

meditate (to) ['mediteit] *t.* meditar. 2 projectar, pensar. ■ 3 *i.* meditar, reflexionar (*up/upon*, sobre).

meditation [ˌmedi'teiʃən] *s.* meditació *f.*; reflexió *f.*

Mediterranean [ˌmeditə'reinjən] *a.* GEOGR. mediterrani. ‖ ~ *Sea*, mar *m.* Mediterrània.

medium ['miːdjəm] *s.* mitjà *m.* 2 terme *m.* mitjà. 3 medi *m.*, conducte *m.* 4 mèdium [espiritisme]. ▲ *pl.* *mediums* o *media*. ■ 5 *a.* mitjà, intermedi.

medlar ['medləʳ] *s.* BOT. nespra *f.*, nespla *f.* 2 nesprer *m.*, nespler *m.*

medley ['medli] *s.* barreja *f.*, mescla *f.* 2 MÚS. popurri *m.*

meek [miːk] *a.* mans, mansoi, dòcil.

meekness [miːknis] *s.* mansuetud *f.*, docilitat *f.*

meet (to) [miːt] *t.* trobar. ‖ *to go to* ~, anar a esperar o rebre. 2 topar(se) *p.* amb. 3 enfrontar-se *p.* amb. 4 conèixer, ser presentat a. 5 reunir-se *p.*, entrevistar-se *p.* amb. 6 fer front a [les despeses, etc.]. 7 satisfer, omplir, complir, cobrir [necessitats; requisits, etc.]. 8 refutar, respondre. ■ 9 *i.* reunir-se *p.*, trobar-se *p.*, veure's *p.* 10 oposar-se *p.*, barallar-se *p.* 11 conèixer-se *p.* 12 confluir. 13 batre's *p.*, enfrontar-se *p.* 14 *to* ~ *with*, trobar *t.*, trobar-se *p.* amb; sofrir *t.*, tenir *t.*, ensopegar amb. ▲ Pret. i p. p.: *met* [met].

meeting ['miːtiŋ] *s.* reunió *f.* 2 junta *f.*, sessió *f.*, assemblea *f.*, (ROSS.) assemblada *f.* 3 míting *m.* 4 trobada *f.*, aplec *m.* 5 cita *f.* 6 conferència *f.*, entrevista *f.*

megaphone ['megəfoun] *s.* megàfon *m.*

melancholic [ˌmelən'kɔlik] *a.* malenconiós, melangiós.

melancholy ['melənkəli] *s.* malenconia *f.*, melangia *f.* ■ 2 *a.* malenconiós. 3 depriment, trist.

mellifluous [me'liflues] *a.* mel·liflu.

mellow ['melou] *a.* madur, dolç [fruit]. 2 tou, tendre, pastós, melós. 3 suau, vell [vi]. 4 pur, suau, dolç [veu, so, color, llum]. 5 col·loq. alegre [begut]. ■ 6 -*ly* *adv.* dolçament, suaument, tendrament.

mellow (to) ['melou] *t.* madurar. 2 suavitzar. ■ 3 *i.* madurar. 3 suavitzar-se *p.*

melodious [mi'loudjəs] *a.* melodiós.

melody ['melədi] *s.* MÚS. melodia *f.*

melon ['melən] *s.* BOT. meló *m.*

melt (to) [melt] *t.* fondre, desfer, dissoldre. 2 dissipar, esvair. 3 ablanir, estovar. ■ 4 *i.* fondre's *p.*, desfer-se *p.*, dissoldre's *p.* 5 dissipar-se *p.*, esvair-se *p.* 6 ablanir-se *p.*, estovar-se *p.* 7 fig. *to* ~ *into tears*, desfer-se *p.* en llàgrimes. ▲ Pret: *melted*; p. p.: *melted* o *molten* ['moultən].

member ['membəʳ] *s.* membre *m.* 2 soci. 3 diputat, membre *m.* [d'una cambra]. 4 ANAT. membre *m.*

membership ['membəʃip] *s.* qualitat *f.* de membre o soci. ‖ ~ *dues*, ~ *fee*, quota *f.* de soci.

memoir ['memwɑːʳ] *s.* memòria *f.*, informe *m.* 2 *pl.* memòries *f. pl.*

memorable ['memərəbl] *a.* memorable.

memo ['memou] *s.* (abrev. de *memorandum*) memoràndum *m.*

memorandum [ˌmemə'rændəm] *s.* memoràndum *m.* 2 nota *f.*, apunt *m.* ▲ *pl.*

memorandums o **memoranda** [ˌmem-əˈrændə].

memorial [miˈmɔːriəl] a. commemoratiu. ■ 2 s. monument m. commemoratiu. ‖ *war* ~, monument als caiguts. 3 (EUA) memorial m.

memorize (to) [ˈmeməraiz] t. aprendre de memòria, memoritzar.

memory [ˈmeməri] s. memòria f., retentiva f. 2 record m. ‖ *within living* ~, que es recorda.

men [men] s. pl. de MAN.

menace [ˈmenəs] s. amenaça f.

menace (to) [ˈmenəs] t. amenaçar.

mend (to) [mend] t. adobar, reparar, apariar. 2 repassar, sargir. 3 corregir, esmenar. 4 millorar. ■ 5 i. corregir-se p., esmenar-se p. 6 millorar, restablir-se p.

menial [ˈmiːnjəl] a. domèstic. 2 pej. servil. ■ 2 s. criat, servent.

meningitis [ˌmeninˈdʒaitis] s. MED. meningitis f.

menopause [ˈmenəpɔːz] s. menopausa f.

Menorca [miˈnɔːkə] n. pr. GEOGR. Menorca.

menstruation [ˌmenstruˈeiʃn] s. menstruació f.

mental [ˈmentl] a. mental, intel·lectual. ■ 2 -ly adv. mentalment.

mentality [ˌmenˈtæliti] s. mentalitat f.

mention [ˈmenʃən] s. menció f., esment m.

mention (to) [ˈmenʃən] t. esmentar, mencionar. ‖ *don't* ~ *it*, de res.

menu [ˈmenju:] s. menú m.

mercantile [ˈmɜːkəntail] a. mercantil, mercant.

mercenary [ˈmɜːsinəri] a. mercenari. 2 interessat. ■ 3 s. MIL. mercenari.

merchandise [ˈmɜːtʃəndaiz] s. mercaderia f., gènere m.

merchant [ˈmɜːtʃənt] s. mercader, comerciant. ■ 2 a. mercant, mercantil.

merciful [ˈmɜːsiful] a. misericordiós, clement, compassiu. ■ 2 -ly adv. amb misericòrdia, compassivament.

mercifulness [ˈmɜːsifulnis] s. misericòrdia f., clemència f., compassió f.

merciless [ˈmɜːsilis] a. implacable, despietat, cruel.

mercury [ˈmɜːkjuri] s. QUÍM. mercuri m.

mercy [ˈmɜːsi] s. misericòrdia f., clemència f., compassió f. 2 mercè f., gràcia f. ‖ *at the* ~ *of*, a la mercè de.

mere [miə'] a. mer, simple. 2 només. ■ 2 s. estany m., llac m.

merge (to) [mɔːdʒ] t. ajuntar, combinar, fusionar, unir. ■ 2 i. ajuntar-se p., combinar-se p., fusionar-se p., unir-se p.

meridian [məˈridiən] s. meridià m.

meridional [məˈridiənl] a. meridional.

meringue [məˈræŋ] s. CUI. merenga f.

merit [ˈmerit] s. mèrit m., mereixement m.

merit (to) [ˈmerit] t. merèixer, ser digne de.

meritorius [ˌmeriˈtɔːriəs] a. meritori.

mermaid [ˈmɔːmeid] s. MIT. sirena f.

merrily [ˈmerili] adv. alegrement.

merriment [ˈmerimənt] s. alegria f., joia f. 2 festa f., diversió f.

merry [ˈmeri] a. alegre, divertit, festiu. ‖ *to make* ~, divertir-se. 2 content, rialler.

merry-go-round [ˈmerigouˌraund] s. cavallets m. pl.

mesh [meʃ] s. malla f., xarxa f. 2 MEC. engranatge m. 3 pl. parany m. sing., trampa f. sing.

mesmerize (to) [ˈmezməraiz] t. hipnotitzar.

mess [mes] s. confusió f. 2 desordre m., brutícia f. ‖ *to make a* ~ *of*, desordenar, enredar, embrutar. 2 embolic m.; enrenou m. ‖ *to set into a* ~, ficar-se en un embolic, embolicar-se. 3 MIL. menjador m. d'oficials.

mess (to) [mes] t. desarreglar, desendreçar. 2 embrutar. 3 desbaratar, fer malbé. 4 *to* ~ *about*, empipar. ■ 5 i. *to* ~ *about*, perdre el temps; fer el ximple.

message [ˈmesidʒ] s. missatge m. 2 encàrrec m.

messenger [ˈmesindʒə'] s. missatger. 2 propi m. 3 herald m.

Messiah [miˈsaiə] s. Messies m.

met [met] Vegeu MEET (TO).

metal [ˈmetl] s. metall m. 2 pl. FERROC. raïls m. pl.

metallic [miˈtælik] a. metàl·lic.

metamorphosis [ˌmetəˈmɔːfəsis] s. metamorfosi f.

metaphor [ˈmetəfə'] s. metàfora f.

metaphysics [ˌmetəˈfiziks] s. metafísica f.

meter [ˈmiːtə'] s. comptador m. [del gas, de l'aigua, etc.].

methane [ˈmiːθein] s. metà m.

method [ˈmeθəd] s. mètode m. 2 tècnica f.

methodical [miˈθɔdikəl] a. metòdic.

meticulous [miˈtikjuləs] a. meticulós.

metre, (EUA) **meter** [ˈmiːtə'] s. metre m.

metropolis [mi'trɔpəlis] *s.* metròpoli *f.*

metropolitan [ˌmetrə'pɔlitən] *a.* metropolità. ■ 2 *s.* ECLES. *Metropolitan,* metropolita *m.*

mettle ['metl] *s.* ànim *m.,* tremp *m.,* empenta *f.*

Mexican ['meksikən] *a.-s.* mexicà.

Mexico ['meksikou] *n. pr.* GEOGR. Mèxic.

mica ['maikə] *s.* MINER. mica *f.*

mice [mais] Vegeu MOUSE.

Michael ['maikl] *n. pr. m.* Miquel.

microbe ['maikroub] *s.* microbi *m.*

microphone ['maikrəfoun] *s.* micròfon *m.*

mid [mid] *a.* mig, mitjan.

midday [ˌmid'dei] *s.* migdia *m.,* (VAL.) migjorn *m.*

midget ['midʒit] *s.* nan, lil·liputenc. ■ 2 *a.* molt petit. 3 de butxaca.

middle ['midl] *a.* del mig, mig, mitjà; central. ■ 2 *s.* mig *m.,* meitat *f.,* centre *m.* ‖ *in the ~ of,* a mitjan, al mig de, enmig de. 3 col·loq. cintura *f.*

middle-aged [ˌmidl'eidʒd] *a.* de mitjana edat.

Middle Ages [ˌmidl'eidʒiz] *s.* HIST. Edat *f.* Mitjana.

middle-class [ˌmidl'klɑːs] *s.* classe *f.* mitjana.

Middle East [ˌmidl'iːst] *n. pr.* GEOGR. Orient Mitjà.

midnight ['midnait] *s.* mitjanit *f.* ‖ *Midnight Mass,* missa *f.* del gall.

midst [midst] *s.* centre *m.,* mig *m.* ‖ *in the ~ of,* entre, enmig de.

midsummer ['midˌsʌmə'] *s.* ple estiu *m.;* solstici *m.* d'estiu.

midway [ˌmid'wei] *a.-adv.* a mig camí, a la meitat del camí.

midwife ['midwaif] *s.* llevadora *f.* ▲ *pl. midwives.*

mien [miːn] *s.* liter. semblant *m.,* aire *m.,* capteniment *m.*

might [mait] Vegeu MAY. ■ 2 *s.* poder *m.,* força *f.* ‖ *with ~ and main,* a més no poder, amb totes les forces.

mighty ['maiti] *a.* poderós. 2 vigorós, potent. 3 enorme, gran, inmens. ■ 4 *adv.* col·loq. molt.

migraine ['miːgrein] *s.* migranya *f.*

migrate (to) [mai'greit] *i.* emigrar. 2 ZOOL. migrar.

migration [mai'greiʃən] *s.* emigració *f.* 2 ZOOL. migració *f.*

Mike [maik] *n. pr. m.* (dim. de *Michael*) Miquel.

mike [maik] *s.* (abrev. de *microphone*) micro *m.* (micròfon).

mild [maild] *a.* plàcid, tranquil. 2 pacífic, mansoi. 3 suau, benigne, bonancenc. 4 poc sever. 5 fluix, suau [menjar, beure, etc.]. ■ 6 **-ly** *adv.* plàcidament, tranquil·lament.

mildew ['mildjuː] *s.* AGR. florit *m.,* verdet *m.* [orgànic]. 2 AGR. míldiu *m.;* neula *f.,* rovell *m.*

mildness ['maildnis] *s.* suavitat *f.,* benignitat *f.* 2 indulgència *f.,* lenitat *f.* 3 docilitat *f.* 4 dolçor *f.*

mile [mail] *s.* milla *f.* ‖ *it is miles away,* és molt lluny.

mileage ['mailidʒ] *s.* quilometratge *m.* [en milles]. ‖ *~ indicator,* comptador *m.* de milles. ‖ FERROC. *~ ticket,* bitllet *m.* quilomètric. 2 recorregut *m.,* distància *f.* 3 despeses *f. pl.* [de viatge]. 4 cost *m.* [del transport].

milestone ['mailstoun] *s.* fita *f.* 2 fig. punt *m.* decisiu [de la història].

militancy ['militənsi] *s.* bel·licositat *f.,* combativitat *f.* 2 militància *f.* [política, sindical].

military ['militri] *a.* militar. 2 castrense. ■ 3 *s. the ~,* els militars.

militate (to) ['militeit] *i.* militar.

militia [mi'liʃə] *s.* milícia *f.*

milk [milk] *s.* llet *f.*

milk (to) [milk] *t.* munyir. ■ 2 *i.* donar llet.

milk can ['milkkæn] *s.* lletera *f.*

milk churn ['milktʃəːn] *s.* lletera *f.*

milkman ['milkmən] *s.* lleter *m.* ▲ *pl. milkmen.*

milk shake ['milkʃeik] *s.* batut *m.*

milksop ['milksɔp] *s.* col·loq. gallina *m.,* marieta *m.*

milk tooth ['milktuːθ] *s.* dent *f.* de llet. ▲ *pl. milk teeth.*

milky ['milki] *a.* lletós, lacti. ‖ ASTR. *Milky Way,* Via *f.* Làctia.

mill [mil] *s.* molí *m.* 2 molinet *m.* [de cafè, etc.]. 3 fàbrica *f.,* taller *m.*

mill (to) [mil] *t.* moldre, triturar. 2 fresar. ■ 3 *i. to ~ about* o *around,* arremolinar-se *p.,* apinyar-se *p.* [la gent].

miller ['milə'] *s.* moliner.

million ['miliən] *s.* milió *m.*

millionaire [miliə'neə'] *s.* milionari.

mime [maim] *s.* TEAT. mim *m.* [teatre; persona].

mimic ['mimik] *a.* mimic. 2 mimètic. 3 imitatiu. 4 dissimulat, fictici. ■ *5 s.* imitador.

mimic (to) ['mimik] *t.* imitar; escarnir. ▲ Pret. i p. p.: **mimicked** ['mimiked]; ger.: **mimicking** ['mimikiŋ].

mimosa [mi'mouzə] *s.* BOT. mimosa *f.*

mince [mins] *t.* esmicolar. 2 trinxar [carn]. || fig. *without mincing words*, sense pèls a la llengua. ■ *3 i.* parlar, caminar d'una manera amanerada.

mincing ['minsiŋ] *a.* afectat, amanerat.

mind [maind] *s.* ment *f.*, esperit *m.*, enteniment *m.*, seny *m.*, intel·ligència *f.*, cervell *m.*, ànim *m.* || *presence of* ~, presència *f.* d'ànim; *state of* ~, estat *m.* d'ànim; *to go out of one's* ~, perdre el seny. 2 mentalitat *f.* 3 intenció *f.*, propòsit *m.*, desig *m.*, voluntat *f.* || *to know one's* ~, saber el que es vol. || *to set one's* ~ *on*, estar decidit a. 4 pensament *m.*, memòria *f.*, record *m.* || *to bear* o *to keep in* ~, tenir present; *to bring to* ~, recordar, fer recordar; *out of* ~, oblidat. 5 opinió *f.*, idea *f.*, parer *m.* || *of one* ~, unànimes; *to change one's* ~, canviar d'idea, canviar d'opinió; *to my* ~, segons el meu parer.

mind's eye ['maindz'ai] *s.* imaginació *f.*

mind (to) [maind] *t.* tenir en compte, fer cas de, posar atenció. 2 tenir inconvenient a; molestar-se *p.* per, importar: *do you* ~ *the smoke?*, el molesta el fum? 3 tenir cura de, ocupar-se *p.* de, vigilar, pensar en. 4 anar amb compte amb. || ~ *your language*, compte que dius. 5 recordar(se). *6* ~ *you*, en realitat, la veritat és que. ■ *7 i.* preocupar-se *p.* || *I don't* ~, no em fa res, no m'importa. || *never* ~, és igual, no s'amoïni, no en faci cas. *8 mind!*, compte!

mindful ['maindful] *a.* atent, prudent, conscient. ■ *2 -ly adv.* atentament, prudentment, conscientment.

1) mine [main] *pron. poss.* meu, meva, meus, meves: *a friend of* ~, un amic meu.

2) mine [main] *s.* MIL., MIN., MAR. mina *f.* || MIN. *coal* ~, mina de carbó. 2 fig. mina *f.*, pou *m.*

mine (to) [main] *t.* minar [també fig.]. 2 volar, destruir [amb mines]. 3 posar mines. ■ *4 i.* obrir una mina. 5 extreure minerals.

miner ['mainə'] *s.* miner.

mineral ['minərəl] *a.* mineral. 2 *s.* mineral *m.*

mingle (to) ['miŋgl] *t.* barrejar, mesclar. ■ *2 i.* barrejar-se *p.*, mesclar-se *p.*

miniature ['minitʃə'] *s.* miniatura *f.* ■ *2 a.* en miniatura.

minimize (to) ['minimaiz] *t.* minimitzar; treure importància.

minimum ['miniməm] *a.* mínim. ■ *2 s.* mínim *m.*

minister ['ministə'] *s.* ministre. 2 ECLES. pastor *m.*

minister (to) ['ministə'] *i. to* ~ *to*, atendre *t.* 2 auxiliar *t.*, ajudar *t.*

ministry ['ministri] *s.* ministeri *m.* 2 ECLES. sacerdoci *m.*, ministeri *m.*

mink [miŋk] *s.* ZOOL. visó *m.*

Minorca [mi,nɔ:kə] *n. pr.* GEOGR. Menorca.

minor ['mainə'] *a.* menor. 2 secundari. 3 menut. || ~ *expenses*, despeses *f. pl.* menudes. 4 MÚS. menor. || ~ *key*, to *m.* menor. ■ *5 s.* menor d'edat.

minority [mai'nɔriti] *s.* minoria *f.* 2 minoria *f.* d'edat.

minstrel ['minstrəl] *s.* joglar *m.*, trobador *m.* 2 cantant còmic.

mint [mint] *s.* BOT. menta *f.* 2 caramel *m.* de menta. 3 casa *f.* de la moneda. ■ *4 a.* nou. || *in* ~ *condition*, com nou; en perfecte estat.

mint (to) [mint] *t.* encunyar [també fig.].

minus ['mainəs] *a.* negatiu. ■ *2 prep.* menys. 3 col·loq. sense. ■ *4 s.* signe *m.* menys. 5 quantitat *f.* negativa.

1) minute [mai'nju:t] *a.* menut, petit. 2 minuciós.

2) minute ['minit] *s.* minut *m.* 2 minuta *f.* 3 nota *f.* 4 *pl.* actes *f. pl.* [d'una reunió, etc.]. 5 fig. moment *m.*, instant *m.*

minute hand ['minithænd] *s.* minutera *f.*

miracle ['mirəkl] *s.* miracle *m.*

miracle play ['mirəklplei] *s.* TEAT. miracle *m.*, auto *m.* sacramental.

miraculous [mi'rækjuləs] *a.* miraculós. 2 meravellós.

mirage ['mirɑːʒ] *s.* miratge *m.* [també fig.].

mire ['maiə'] *s.* fang *m.*, llot *m.*

mirror ['mirə'] *s.* mirall *m.*, (OCC.), (VAL.) espill *m.* 2 fig. mirall *m.*, reflex *m.*

mirror (to) ['mirə'] *t.* liter. reflectir.

mirth [mə:θ] *s.* alegria *f.*, joia *f.* 2 riallada *f.*, rialla *f.*

miry ['maiəri] *a.* llotós, fangós.

misadventure [misəd'ventʃə'] *s.* desgràcia *f.*, contratemps *m.*

misanthropy [mɪˈzænθrəpi] s. misantropia f.

misapply (to) [ˌmɪsəˈplai] t. aplicar malament. 2 fer mal ús.

misapprehend (to) [ˌmɪsæpriˈhend] t. comprendre malament.

misbehave (to) [ˌmɪsbiˈheiv] i. portar-se p. malament.

misbehaviour, (EUA) **misbehavior** [ˌmɪsbiˈheivjə] s. mal comportament m. 2 descortesia f.

misbelief [ˌmɪsbiˈliːf] s. falsa creença f.; opinió f. equivocada; error m. 2 REL. heretgia f.

miscarry (to) [mɪsˈkæri] i. MED. avortar [involuntàriament]. 2 perdre's p. [una carta]. 3 sortir malament.

miscarriage [ˌmɪsˈkæridʒ] s. MED. avortament m. [natural]. 2 error m. ‖ ~ of justice, error judicial. 3 pèrdua f. 4 fig. fracàs m.

miscellaneous [ˌmɪsəˈleinjəs] a. miscellani, variat, divers.

miscellany [mɪˈseləni] s. miscel·lània f.

mischange [ˌmɪsˈtʃɑːns] s. desgràcia f., infortuni m.

mischief [ˈmɪstʃif] s. mal m., dany m., perjudici m. ‖ to make ~, embolicar, armar embolics. 2 entremaliadura f.

mischievous [ˈmɪstʃivəs] a. dolent, nociu. 2 maliciós. 3 entremaliat. ■ 4 -ly adv. maliciosament, amb malícia.

misconduct [mɪsˈkɔndəkt] s. mala conducta f. 2 mala gestió f.

misconduct (to) [ˌmɪskənˈdʌkt] t. to ~ oneself, portar-se malament. 2 dirigir o administrar malament.

misconstrue (to) [ˌmɪskənˈstruː] t. interpretar malament.

misdeed [ˌmɪsˈdiːd] s. malifeta f., delicte m.

misdemeanour, (EUA) **misdemeanor** [ˌmɪsdiˈmiːnə] s. DRET falta f., delicte m. menor. 2 mala conducta f.

misdirect (to) [ˌmɪsdiˈrekt] t. dirigir malament. 2 posar malament l'adreça [en una carta]. 3 DRET instruir malament.

miser [ˈmaizə] s. avar, gasiu, miserable.

miserable [ˈmizrəbl] a. desgraciat. 2 trist. 3 miserable.

miserly [ˈmaizəli] a. avar, gasiu, rata.

misery [ˈmizəri] s. misèria f., pobresa f. 2 desgràcia f., tristesa f., infortuni m. 3 pena f., dolor m., sofriment m.

misfire (to) [ˌmɪsˈfaiə] i. fallar [un tret, un motor, etc.].

misfit [ˈmɪsfit] s. vestit m. que no cau bé. 2 fig. inadaptat, marginat.

misfortune [mɪsˈfɔːtʃuːn] s. infortuni m., desventura f., desgràcia f.

misgiving [mɪsˈgivin] s. dubte m., sospita f., recel m., temor m.

misgovernment [mɪsˈgʌvənmənt] s. desgovern m., mala administració f.

misguide (to) [mɪsˈgaid] t. dirigir malament, aconsellar malament.

misguided [ˌmɪsˈgaidid] a. mal aconsellat, desencaminat; poc afortunat.

mishandle [ˌmɪsˈhændl] t. tractar malament. 2 manejar malament.

mishap [ˈmɪshæp] s. desgràcia f., accident m., contratemps m.

misjudge (to) [ˌmɪsˈdʒʌdʒ] t.-i. jutjar malament; calcular malament.

mislay (to) [ˌmɪsˈlei] t. extraviar, perdre. ▲ Pret. i p. p.: **mislaid** [ˌmɪsˈleid].

mislead (to) [ˌmɪsˈliːd] t. desencaminar, desencarrilar. 2 despistar. 3 enganyar, seduir. ▲ Pret. i p. p.: **misled** [ˌmɪsˈled].

mismanagement [ˌmɪsˈmænidʒmənt] s. mala administració f., mala gestió f.

misplace (to) [ˌmɪsˈpleis] t. posar fora de lloc, col·locar malament. 2 extraviar. 3 fig. atorgar immerescudament [afecció, confiança, etc.].

misprint [ˈmɪsprint] s. errata f., error m. d'impremta, falta f. tipogràfica.

misrepresent (to) [ˌmɪsrepriˈzent] t. descriure malament. 2 desfigurar, tergiversar.

Miss [mɪs] s. senyoreta f.

miss [mɪs] s. errada f., error m. 2 falta f., pèrdua f. 3 fracàs m.

miss (to) [mɪs] t. errar. 2 perdre [un tren, etc.]. 3 perdre's p. [un esdeveniment, etc.]. 4 ometre. 5 no assistir i., faltar i. 6 equivocar-se p. 7 trobar a faltar. 8 no entendre, no sentir, perdre's: I missed what you said, no he entès què has dit, no he pogut sentir què has dit. ■ 9 i. errar el tret, errar el fitó. 10 fallar, no fer efecte. 11 equivocar-se p.

misshapen [mɪsˈʃeipən] a. deforme.

missile [ˈmisail], (EUA) [ˈmisl] s. míssil m., projectil m.

missing [ˈmisin] a. extraviat, perdut, que falta. ‖ to be ~, faltar, estar extraviat o perdut. 2 absent. 3 desaparegut.

mission [ˈmiʃən] s. missió f.

missive [ˈmisiv] s. missiva f. [carta].

misspend [ˌmisˈspend] t. malgastar. ▲ Pret. i p. p.: **misspent** [ˌmisˈspent].

mist [mist] s. boira f., vapor m., tel m. 2 fig. vel m.

mistake [mis'teik] s. equivocació f., error m., confusió f. ‖ to make a ~, equivocar-se.

mistake (to) [mis'teik] t. equivocar, confondre, prendre per una altra [persona o cosa]. ■ 2 i. equivocar-se p. ▲ Pret.: *mistook* [mis'tuk]; p. p.: *mistaken* [mis'teiken].

mistaken [mis'teiken] Vegeu MISTAKE (TO). ■ 2 a. equivocat, errat. 3 erroni, incorrecte.

mister ['mistə'] s. senyor m.

mistletoe ['misltou] s. BOT. vesc m.

mistook [mis'tuk] Vegeu MISTAKE (TO).

mistress ['mistris] s. mestressa f., senyora f. [d'escola]. 3 amant f., amistançada f.

mistrust [ˌmis'trʌst] s. desconfiança f., recel m.

mistrust (to) [ˌmis'trʌst] t. desconfiar de, recelar de.

mistrustful [ˌmis'trʌstful] a. desconfiat, recelós.

misty ['misti] a. boirós, nebulós. 2 entelat. 3 confús, vague.

misunderstand (to) [ˌmisˌʌndə'stænd] t. entendre malament. ▲ Pret. i p. p.: *misunderstood* [misˌ'ndə'stu:d].

misunderstanding [misˌʌndə'stændiŋ] s. equivocació f., error m., mala interpretació f. 2 malentès m. 3 desavinença f.

misunderstood [ˌmisˌʌndə'stu:d] Vegeu MISUNDERSTAND (TO).

misuse [ˌmis'ju:s] s. mal ús m., ús m. impropi.

misuse (to) [ˌmis'ju:z] t. maltractar. 2 usar malament, fer ús impropi.

mite [mait] s. petitesa f. 2 mica f., bocí m. 3 criatura f. [nen petit].

mitigate (to) ['mitigeit] t. mitigar, disminuir, atenuar.

mitigation [ˌmiti'geiʃən] s. mitigació f., mitigament m.

mitre ['maitə'] s. ECLES. mitra f.

mitten ['mitn] s. manyopla f. 2 mitena f.

mix [miks] s. mescla f., barreja f.

mix (to) [miks] t. mesclar, barrejar. 2 to ~ up, mesclar; confondre. ■ 3 i. barrejar-se p., mesclar-se p. 4 ajuntar-se p.

mixed [mikst] a. mesclat, barrejat. 2 mixt. 3 assortit, variat.

mixed-up ['mikstʌp] a. confús, atabalat.

mixture ['mikstʃə'] s. mescla f.; mixtura f.

mix-up ['miksʌp] s. embolic m., confusió f.

moan [moun] s. gemec m., queixa f., lament m.

moan (to) [moun] i. gemegar, queixar-se p. ■ 2 t. dir gemegant.

moat [mout] s. FORT. fossat m.

mob [mɔb] s. populatxo m., xusma f., turba f. 2 multitud f., gentada f.

mob (to) [mɔb] t. amuntegar-se p. o aplegar-se p. per a admirar o atacar.

mobile ['moubail] a. mòbil. 2 inconstant, variable.

mobilize (to) ['moubilaiz] t. mobilitzar. ■ 2 i. mobilitzar-se p.

moccasin ['mɔkəsin] s. mocassí m.

mock [mɔk] a. fictici, fals. 2 fingit, simulat. 3 burlesc. ■ 4 s. ant. burla f., mofa f. ‖ to make a ~ of, burlar-se de, mofar-se de.

mock (to) [mɔk] t. mofar-se p. de, burlar-se p. de, riure's p. de. 2 imitar. ■ 3 i. to ~ at, burlar-se p. de.

mockery ['mɔkəri] s. burla f., mofa f., escarn m. 2 imitació f., paròdia f.

mock-up ['mɔkʌp] s. maqueta f.

model ['mɔdl] s. model m. 2 maqueta f. 3 disseny m., mostra f. 4 figurí m. 5 model m., exemple m. ■ 5 a. model, modèlic. ‖ ~ school, escola f. modèlica.

model (to) ['mɔdl] t. modelar. ■ 2 i. fer de model, servir de model.

moderate ['mɔdərit] a. moderat. 2 temperat. 3 mòdic. 4 mitjà, regular. ■ 5 -ly adv. moderadament.

moderate (to) ['mɔdəreit] t. moderar. 2 temperar. ■ 3 i. moderar-se p.; calmar-se p.

moderation [ˌmɔdə'reiʃən] s. moderació f. 2 temperància f. 3 sobrietat f. 4 mesura f.

modern ['mɔdən] a. modern.

modest ['mɔdist] a. modest. 2 moderat. 3 púdic.

modesty ['mɔdisti] s. modèstia f. 2 pudor m., decència f.

modify (to) ['mɔdifai] t. modificar. 2 moderar, temperar, suavitzar.

modulate (to) ['mɔdjuleit] t. modular. ■ 2 i. MÚS. modular.

Mohammed [mou'hæmed] n. pr. m. REL. Mahoma.

Mohammedan [mou'hæmidən] a.-s. REL. mahometà.

moiety ['mɔiəti] s. meitat f.

moist [mɔist] a. humit, moll, mullat.

moisten (to) ['mɔisn] *t.* humitejar, mullar. ■ 2 *i.* humitejar-se *p.*, mullar-se *p.*

moisture ['mɔistʃə'] *s.* humitat *f.*

mole [moul] *s.* piga *f.* 2 NÀUT. moll *m.* 3 ZOOL. talp *m.*

molecule ['mɔlikju:l] *s.* mol·lècula *f.*

molest (to) [mə'lest] *t.* molestar, importunar. 2 molestar, agredir [sexualment].

mollify (to) ['mɔlifai] *t.* moderar; calmar, apaivagar.

molten ['moultən] Vegeu MELT (TO). ■ 2 *a.* fos [metall].

moment ['moumənt] *s.* moment *m.* 2 instant *m.*, estona *f.* 3 importància *f.*

momentarily ['moumentrili] *adv.* momentàniament.

momentous [mou'mentəs] *a.* important, greu, transcendental.

momentum [mou'mentəm] *s.* FÍS. moment *m.* 2 fig. ímpetu *m.*

Monaco ['mɔnəkou] *n. pr.* GEOGR. Mónaco.

monarch ['mɔnək] *s.* monarca *m.*

monarchy ['mɔnəki] *s.* monarquia *f.*

monastery ['mɔnəstri] *s.* monestir *m.*, convent *m.*

monastic [mə'næstik] *a.* monàstic.

Monday ['mʌndi, -dei] *s.* dilluns *m.*

Monegasque ['mɔnəɡɑːsk] *a.-s.* monegasc.

money ['mʌni] *s.* diners *m. pl.*, cèntims *m. pl.*, (BAL.) doblers *m. pl.*, (ROSS.) sous *m. pl.*

money-box ['mʌnibɔks] *s.* guardiola *f.*, (BAL.) (VAL.) vidriola *f.*, (ROSS.) denieirola *f.*

money-lender ['mʌniˌlendə'] *s.* prestador.

money order ['mʌniˌɔːdə'] *s.* gir *m.* postal.

mongol ['mɔŋɡɔl] *a.* mongol. ■ 2 *s.* mongol. 3 mongol *m.* [llengua].

mongoose ['mɔŋɡuːs] *s.* ZOOL. mangosta *f.*, icnèumon *m.*

mongrel ['mʌŋɡrəl] *a.* mestís [planta o animal]. 2 petaner [gos]. ■ 3 *s.* mestís. 4 petaner *m.*

Monica ['mɔnikə] *n. pr. f.* Mònica.

monitor ['mɔnitə'] *s.* monitor. 2 RADIO. monitor *m.*

monk [mʌŋk] *s.* monjo *m.*, frare *m.*

monkey ['mʌŋki] *s.* ZOOL. mona *f.*, mico *m.*

monkey wrench ['mʌŋkirenʃ] *s.* MEC. clau *f.* anglesa.

monograph ['mɔnəɡrɑːf] *s.* monografia *f.*

monologue ['mɔnəlɔɡ] *s.* monòleg *m.*

monopolize (to) [mə'nɔpəlaiz] *t.* monopolitzar.

monopoly [mə'nɔpəli] *s.* monopoli *m.*

monotonous [mə'nɔtənəs] *a.* monòton.

monotony [mə'nɔtəni] *s.* monotonia *f.*

monsoon [mɔn'suːn] *s.* CLIMAT. monsó *m.*

monster ['mɔnstə'] *s.* monstre *m.* ■ 2 *a.* monstruós, enorme.

monstrosity [mɔns'trɔsiti] *s.* monstruositat *f.*

monstruous ['mɔnstrəs] *a.* monstruós. ■ 2-ly *adv.* monstruosament.

month [mʌnθ] *s.* mes *m.*

monthly ['mʌnθli] *a.* mensual. ■ 2 *adv.* mensualment. ■ 3 *s.* publicació *f.* mensual.

monument ['mɔnjumənt] *s.* monument *m.*

mood [muːd] *s.* humor *m.*, disposició *f.* [d'ànim]. ‖ *to be in no ~ for* o *to,* no tenir ganes de.

moody ['muːdi] *a.* malhumorat, trist, melanconiós. 2 estrany, variable, caprixós.

moon [muːn] *s.* ASTR. lluna *f.* ‖ *full ~,* lluna plena; *new ~,* lluna nova. ‖ col·loq. *once in a blue ~,* de tant en tant.

moonlight ['muːnlait] *s.* llum *f.* de la lluna.

Moor [muə'] *s.* moro.

moor [muə'] *s.* erm *m.*, ermàs *m.*

moor (to) [muə'] *t.* MAR. amarrar.

mop [mɔp] *s.* baieta *f.*, borràs *m.* 2 grenya *f.*

mop (to) [mɔp] *t.* fregar, netejar. 2 eixugar, assecar [la suor, etc.].

mope (to) [moup] *i.* estar abatut, estar deprimit, estar trist.

moral ['mɔrəl] *a.* moral. 2 virtuós. ■ 3 *s.* moral *f.*, moralitat *f.* 4 *pl.* moral *f. sing.*, ètica *f sing.* 5 moral *f.* [costums].

morale [mɔ'rɑːl] *s.* moral *f.* [estat d'ànim].

morality [mə'ræliti] *s.* moralitat *f.*

moralize (to) ['mɔrəlaiz] *t.-i.* moralitzar *t.*

morass [mə'ræs] *s.* pantà *m.*, maresma *f.* 2 fig. empantanegament *m.*, embolic *m.*

morbid ['mɔːbid] *a.* mòrbid, morbós.

morbidity [mɔː'biditi] *s.* morbositat *f.*

more [mɔːr] *a.-adv.* més. ‖ *do you want any ~?,* en vols més?; *~ or less,* més o menys; *once ~,* un cop més, una altra vegada; *she can't come any ~,* no pot venir més; *the ~ the merrier,* com més serem, més riurem. ■ 2 *s.-pron.* més. ‖ *we can't spend* ~, no podem gastar més.

moreover [mɔːˈrouvə] *adv.* a més, a més a més; d'altra banda.

mordant [ˈmɔːdənt] *a.* mordaç. 2 corrosiu. ■ 3 *s.* mordent *m.*

Moresque [məˈresk] *a.* moresc, àrab.

morgue [mɔːg] *s.* dipòsit *m.* de cadàvers.

morning [ˈmɔːniŋ] *s.* matí *m.* 2 matinada *f.* 3 alba *f.,* albada *f.* ■ 4 *a.* matinal, matutí, del matí, de l'alba.

morning star [ˈmɔːniŋˈstaː] *s.* estel *m.* del matí.

Moroccan [məˈrɔkən] *a.-s.* marroquí.

Morocco [məˈrɔkou] *n. pr.* GEOGR. Marroc.

morose [məˈrous] *a.* malhumorat, taciturn, brusc. ■ 2 **-ly** *adv.* amb mal humor.

morphia [ˈmɔːfjə], **morphine** [ˈmɔːfiːn] *s.* morfina *f.*

morrow [ˈmɔrou] *s.* liter. demà *m.*

morsel [ˈmɔːsəl] *s.* mos *m.* 2 trosset *m.,* bocí *m.*

mortal [ˈmɔːtl] *a.* mortal. ‖ ~ *sin,* pecat *m.* mortal. ■ 2 *s.* mortal. ■ 3 **-ly** *adv.* mortalment [també fig.].

mortality [mɔːˈtæliti] *s.* mortalitat *f.* 2 mortals *pl.,* humanitat *f.*

mortar [ˈmɔːtə] *s.* morter *m.*

mortgage [ˈmɔːgidʒ] *s.* hipoteca *f.*

mortgage (to) [ˈmɔːgidʒ] *t.* hipotecar.

mortify (to) [ˈmɔːtifai] *t.* mortificar [també fig.]. ■ 2 MED. gangrenar-se *p.*

mortuary [ˈmɔːtjuəri] *a.* mortuori. ■ 2 *s.* dipòsit *m.* de cadàvers.

mosaic [məˈzeiik] *a.* mosaic.

Moscow [ˈmɔskou] (EUA) [ˈmɔskau] *n. pr.* GEOGR. Moscou.

Moslem [ˈmɔzlem] *a.-s.* musulmà.

mosque [mɔsk] *s.* mesquita *f.*

mosquito [məsˈkiːtou] *s.* ENT. mosquit *m.*

mosquito net [məsˈkitounet] *s.* mosquitera *f.*

moss [mɔs] *s.* BOT. molsa *f.*

most [moust] *adj. superl.* de MORE, MUCH i MANY. 2 molts, gairebé tots, la majoria. 3 *for the* ~ *part,* majoritàriament *adv.,* en gran part. ■ 4 *adv.* summament; molt; més. ‖ *Most Reverend,* reverendíssim. ■ 5 *s. pron.* el màxim. ‖ *at the* ~, com a màxim, com a molt. ‖ ~ *of them,* gairebé tots, la majoria.

mostly [ˈmoustli] *adv.* en la major part, en general; principalment, sobretot.

MOT [ˌæmouˈtiː] *s.* (*Ministry of Transport*) ministeri *m.* de transports. ‖ *MOT-test,* ITV *f.* (inspecció tècnica de vehicles).

motel [mouˈtel] *s.* motel *m.*

moth [mɔθ] *s.* ENT. arna *f.; papallona f.* nocturna.

mother [ˈmʌðə] *s.* mare *f.*

motherhood [ˈmʌðəhud] *s.* maternitat *f.*

mother-in-law [ˈmʌðərinˌlɔː] *s.* sogra *f.* ▲ *pl. mothers-in-law.*

motherly [ˈmʌðəli] *a.* maternal, matern. ■ 2 *adv.* maternalment.

mother-of-pearl [ˌmʌðərəvˈpɔːl] *s.* nàcar *m.*

mother ship [ˈmʌðəʃip] *s.* MAR. vaixell *m.* escola.

mother tongue [ˈmʌðətʌŋ] *s.* llengua *f.* materna.

motif [mouˈtiːf] *s.* MÚS., ART. motiu *m.*

motion [ˈmouʃən] *s.* moviment *m.,* moció *f.* 2 senyal *m.,* gest *m.* 3 moció *f.,* proposició *f.*

motion (to) [ˈmouʃən] *i.-t.* fer un gest, fer un senyal.

motionless [ˈmouʃənlis] *a.* immòbil.

motion picture [ˌmouʃnˈpiktʃə] *s.* CINEM. form. pel·lícula *f.,* film *m.*

motive [ˈmoutiv] *s.* motiu *m.,* mòbil *m.,* causa *f.,* raó *f.* ‖ *ulterior* ~, motiu ocult. ■ 2 *a.* motor, motriu. ‖ ~ *power,* força *f.* motriu.

motor [ˈmoutə] *s.* motor *m.* ■ 2 *a.* motor. 3 de motor; automòbil.

motorbike [ˈmoutəbaik] *s.* col·loq. moto *f.*

motorcar [ˈmoutəkaː] *s.* ant. cotxe *m.*

motorcycle [ˈmoutəsaikl] *s.* motocicleta *f.*

motorcycling [ˈmoutəsaikliŋ] *s.* motociclisme *m.*

motorcyclist [ˈmoutəsaiklist] *s.* motorista.

motorist [ˈmoutərist] *s.* automobilista.

motor racing [ˈmoutəreisiŋ] *s.* ESPORT automobilisme *m.*

motorway [ˈmoutəwei] *s.* autopista *f.*

mottle [ˈmɔtl] *s.* taca *f.,* pinta *f.,* clapa *f.* [de color].

mottle (to) [ˈmɔtl] *t.* clapar, clapejar.

motto [ˈmɔtou] *s.* lema *m.,* divisa *f.,* consigna *f.* ▲ *pl. mottos* o *mottoes.*

mould, (EUA) **mold** [mould] *s.* floridura *f.,* florit *m.,* verdet *m.,* rovell *m.* 2 terra *f.* vegetal; fem *m.* 3 motlle *m.,* matriu *f.* 4 forma *f.,* figura *f.,* factura *f.*

mould, (EUA) **mold (to)** [mould] *t.* emmotllar, motllurar. 2 modelar. 3 buidar. ■ 4 *i.* florir-se *p.*

moulder, (EUA) **molder (to)** ['mouldə] *i.* consumir-se *p.*, esfondrar-se *p.*, ensorrar-se *p.* [també fig.].

moulding, (EUA) **molding** ['mouldiɾ] *s.* ARQ., FUST. motllura *f.* 2 buidat *m.* 3 emmotllament *m.* 4 fig. emmotllament *m.*, formació *f.*

mouldy, (EUA) **moldy** ['mouldi] *a.* florit, rovellat.

moult, (EUA) **molt (to)** [moult] *t.* mudar [la ploma, la veu, etc.]. ■ 2 *i.* mudar, fer la muda [un animal].

moulting, (EUA) **molting** ['moultiɾ] *s.* muda *f.* [dels animals].

mound [maund] *s.* pujol *m.* 2 túmul *m.* 3 terraplè *m.*

mount [maunt] *s.* liter. muntanya *f.*, turó *m.*, pujol *m.* 2 muntura *f.*, cavall *m.* 3 muntura *f.* [d'un objecte].

mount (to) [maunt] *t.* pujar [pendent, etc.]. 2 pujar, aixecar. 3 pujar, enfilar-se *p.*, muntar *i.* 4 muntar, armar; organitzar. 5 MAR., MIL. muntar [canons; la guàrdia]. 6 TEAT. posar en escena, muntar. ■ 7 *i.* pujar, enfilar-se *p.* 2 elevar-se *p.*

mountain ['mauntin] *s.* muntanya *f.* 2 fig. munt *m.*, pilot *m.*

mountain climber ['mauntin‚klaimə] *s.* alpinista *m.*, muntanyenc *m.*

mountain dew ['mauntin'dju:] *s.* colloq. whisky *m.* escocès.

mountain range ['mauntin'reindʒ] *s.* serralada *f.*

mountaineer [‚maunti'niə] *s.* muntanyenc. 2 alpinista.

mountaineering ['mauntin‚iəriŋ] *s.* muntanyisme *m.*, alpinisme *m.*

mountainous ['mauntinəs] *a.* muntanyós. 2 enorme.

mounting ['mauntiŋ] *s.* pujada *f.* 2 muntatge *m.* 3 muntura *f.*, marc *m.* suport *m.*

mourn (to) [mɔːn] *t.* deplorar, lamentar, plorar. ■ 2 *i.* lamentar-se *p.*, doldre's *p.* 3 portar dol, anar de dol.

mournful ['mɔːnful] *a.* trist, llòbrec, fúnebre. 2 afligit.

mourning ['mɔːniŋ] *s.* dolor *m.*, pena *f.* 2 plor *m.*, lamentació *f.* 3 dol *m.* ‖ *to be in* ~, portar dol.

mouse [maus] *s.* ZOOL. rata *f.*, ratolí *m.* 2 fig. persona *f.* tímida. ▲ *pl.* **mice** [mais].

mousetrap ['maustræp] *s.* ratera *f.*

moustache [məs'tɑː‚ʃ], (EUA) **mustache** ['mʌstæʃ] *s.* bigoti *m.*

mouth [mauθ] *s.* ANAT. boca *f.* ‖ *down in the* ~, trist, de cara llarga. 2 boca *f.* [entrada, forat]. 3 boca *f.*, desembocadura *f.* [riu].

mouthful ['mauθful] *s.* mos *m.*, queixalada *f.* [de menjar]. 2 glopada *f.* [aire, fum, etc.].

mouth-organ ['mauθ‚ɔːgn] *s.* MÚS. harmònica *f.*

mouthpiece ['mauθpiːs] *s.* MÚS. broc *m.*, embocadura *f.* 2 portaveu.

movable ['muːvəbl] *a.* movible, mòbil. ■ 2 *s. pl.* mobles *m. pl.*, mobiliari *m. sing.*

move [muːv] *s.* moviment *m.* ‖ *on the* ~, en moviment, en marxa. ‖ fam. *to get a* ~ *on*, apressar-se, anar de pressa. 2 jugada *f.* 3 canvi *m.* de lloc, trasllat *m.*, mudança *f.* 4 pas *m.*, diligència *f.*

move (to) [muːv] *t.* moure. 2 induir, persuadir. 3 remenar. 4 traslladar, mudar. 5 commoure, entendrir, impressionar. 6 despertar, excitar [sentiments]. 7 proposar [en una reunió]. 8 JOC moure [peça]. ■ 9 *i.* moure's *p.*, caminar. 10 traslladar-se *p.* 11 circular. 12 anar-se'n, marxar. 13 mudar-se *p.* 14 jugar, fer una jugada. 15 fer gestions, prendre mesures. ■ *to* ~ *about*, anar i venir; moure's; *to* ~ *along*, avançar per; *to* ~ *aside*, posar-se en un costat, sortir del mig; *to* ~ *away*, anar-se'n; allunyar-se; *to* ~ *back*, moure's cap enrera; ajornar; *to* ~ *in*, instal·lar-se en una casa; *to* ~ *off*, allunyarse; marxar; posar-se en camí; *to* ~ *on*, fer circular [gent]; continuar; reprendre el viatge; *to* ~ *out*, desallotjar; traslladar; abandonar [lloc]; sortir; *to* ~ *round*, donar voltes; *to* ~ *up*, pujar, ascendir.

movement ['muːvmənt] *s.* moviment *m.* 2 mecanisme *m.* [rellotge, etc.]. 3 joc *m.* 4 circulació *f.* 4 activitat *f.*

movie ['muːvi] *s.* CINEM. col·loq. pel·lícula *f.* 2 *pl. the movies,* el cine.

moving ['muːviŋ] *a.* mòbil, que es mou. ‖ ~ *picture*, pel·lícula *f.* [cine]. 2 motor. 3 fig. commovedor, patètic. ■ 4 *-ly adv.* commovedorament, patèticament.

mow (to) [mou] *t.* segar, tallar. 2 *to* ~ *down*, segar [també fig.]. ▲ Pret. **mowed** [moud]; p. p.: **mown** [moun].

mown [moun] Vegeu MOW (TO).

MP ['em'piː] *s.* (G.B.) *(Member of Parliament)* membre *m.* del parlament, diputat.

Mr ['mistəʳ] *s.* (abrev. *Mister*) Sr. *m.* (Senyor).

Mrs ['misis] *s.* (abrev. *Mistress*) Sra. *f.* (Senyora).

MSc [‚emes'si:] *s. (Master of Science)* llicenciat en ciències amb grau.

much [mʌtʃ] *a.* molt. ■ 2 *adv.* molt. ‖ *as ~ as,* tant com; *how ~?,* quant?; *so ~ the better,* molt millor. ■ 3 *s.* molt, *pron.* gran part *f.,* gran cosa *f.* 4 *to make ~ of,* comprendre; donar importància, exagerar.

muck [mʌk] *s.* fems *m. pl.* 2 brutícia *f.* 3 col·loq. porqueria *f.*

mud [mʌd] *s.* fang *m.,* llot *m.* ‖ *to sling ~ at,* enfangar, difamar.

muddle ['mʌdl] *s.* embolic *m.,* confusió *f.,* desordre *m.*

muddle (to) ['mʌdl] *t.* embolicar, desordenar. 2 enterbolir. 3 atordir, confondre. ■ 4 *i. to ~ through,* sortir-se'n *p.*

muddy ['mʌdi] *a.* fangós, enfangat, enllotat. 2 tèrbol. 3 confús.

mudguard ['mʌdgɑːd] *s.* AUTO. parafang *m.*

muesli ['mjuːzli] *s.* ALIM. muesli *m.* [cereals].

muezzin [muː'ezin] *s.* muetzí *m.*

muffle (to) ['mʌfl] *t.* tapar, cobrir, embolicar, emboçar. 2 esmorteir, apagar [so].

muffler ['mʌflə⁽ʳ⁾] *s.* bufanda *f.* 2 (EUA) MEC. silenciador *m.*

mug [mʌg] *s.* tassa *f.,* gerra *f.* [per beure]. 2 col·loq. babau, enze.

mug (to) [mʌg] *t.* col·loq. atracar, assaltar, robar.

mulatto [mjuː'lætou] *a.-s.* mulat.

mulberry ['mʌlbərri] *s.* BOT. morera *f.* 2 mòra *f.*

mule [mjuːl] *s.* ZOOL. mul *m.* ‖ *she-mule,* mula *f.*

multiple ['mʌltipl] *a.* múltiple. ■ 2 *s.* múltiple *m.*

multiply (to) ['mʌltiplai] *t.* multiplicar. ■ 2 *i.* multiplicar-se *p.*

multitude ['mʌltitjuːdœ] *s.* multitud *f.*

multitudinous [‚mʌlti'tjuːdinəs] *a.* nombrós. 2 multitudinari.

mum [mʌm] *s.* col·loq. mama *f.* 2 *interj.* silenci *m.* ■ 3 *a.* callat.

mumble (to) ['mʌmbl] *t.* mussitar. ■ 2 *i.* remugar.

mummy ['mʌmi] *s.* mòmia *f.* 2 mamà *f.*

mumps [mʌmps] *s.* MED. galteres *f. pl.*

munch (to) [mʌntʃ] *t.* mastegar.

mundane [mʌn'dein] *a.* mundà.

Munich ['mjuːnik] *n. pr.* GEOGR. Múnic.

municipal [mjuː'nisipl] *a.* municipal.

municipality [mjuː‚nisi'pæliti] *s.* municipalitat *f.,* municipi *m.*

munificent [mjuː'nifisnt] *a.* form. munífic, munificent.

munitions [mjuː'niʃənz] *s. pl.* municions *f. pl.*

murder (to) ['mɔːdə⁽ʳ⁾] *t.* assassinar, matar.

murder ['mɔːdə⁽ʳ⁾] *s.* assassinat *m.* 2 DRET homicidi *m.*

murderer ['mɔːdərə⁽ʳ⁾] *s.* assassí. 2 DRET homicida.

murderous ['mɔːdərəs] *a.* assassí, homicida. 2 sanguinari, cruel.

murky ['mɔːki] *a.* obscur, llòbrec, fosc.

murmur ['mɔːmə⁽ʳ⁾] *s.* murmuri *m.,* xiuxiueig *m.,* remor *f.* 2 queixa *f.*

murmur (to) ['mɔːmə⁽ʳ⁾] *t.* murmurar. ■ 2 *i.* xiuxiuejar. 3 remugar.

muscle ['mʌsl] *s.* ANAT. muscle *m.*

muscular ['mʌskjulə⁽ʳ⁾] *a.* muscular. 2 musculós, musculat, cepat.

Muse [mjuːz] MIT. musa *f.* [també fig.].

muse (to) [mjuːz] *i.* meditar, reflexionar. 2 estar distret, estar encantat.

museum [mjuː'ziəm] *s.* museu *m.*

mushroom ['mʌʃrum] *s.* BOT. bolet *m.,* xampinyó *m.*

music ['mjuːzik] *s.* música *f.* ‖ fig. *to face the ~,* afrontar les conseqüències; afrontar les crítiques.

musical ['mjuːzikəl] *a.* musical, músic. ‖ *~ comedy,* comèdia *f.* musical, opereta *f.* 2 harmoniós, melodiós.

musician [mjuː'ziʃən] *s.* músic.

music stand ['mjuːzikstænd] *s.* faristol *m.*

musk [mʌsk] *s.* mesc *m.,* almesc *m.* ‖ *~ melon,* meló *m.*

musket ['mʌskit] *s.* ARM. mosquet *m.,* fusell *m.*

musketeer [‚mʌski'tiə⁽ʳ⁾] *s.* mosqueter *m.,* fuseller *m.*

musketry ['mʌskitri] *s.* mosqueteria *f.,* fselleria *f.*

muskrat ['mʌskræt] *s.* ZOOL. rata *f.* mesquera.

muslin ['mʌzlin] *s.* TÈXT. mussolina *f.* 2 percala *f.*

must [mʌst, məst] *s.* most *m.* 2 col·loq. *his latest film is a ~,* tothom hauria de veure la seva darrera pel·lícula.

must [mʌst, məst] *aux.* haver de, caldre [només en present]. 2 deure: *you ~ be joking!,* deus estar de broma, oi? 3 ser necessari.

mustard ['mʌstəd] *s.* mostassa *f.*

muster ['mʌstə'] *s.* reunió *f.* 2 MIL. llista *f.*, revista *f.*

muster (to) ['mʌstə'] *t.* ajuntar, reunir. 2 MIL. cridar a revista. ■ 3 *i.* reunir-se *p.*, ajuntar-se *p.*

musty ['nʌsti] *a.* florit. 2 ranci. 3 fig. vell, antiquat.

mute [mju:t] *a.* mut. 2 GRAM. mut. ■ 3 *s.* mut. 4 MÚS. sordina *f.* ■ 5 **-ly** *adv.* amb sordina; silenciosament.

mutilate (to) ['mju:tileit] *t.* mutilar.

mutilation [ˌmju:ti'leiʃən] *s.* mutilació *f.*

mutineer [ˌmju:ti'niə'] *s.* amotinat.

mutinous ['mju:tinəs] *a.* rebel, indòmit. 2 amotinat, amotinador, subversiu. ■ 3 **-ly** *adv.* sediciosament.

mutiny ['mju:tini] *s.* motí *m.*, insubordinació *f.*, sublevació *f.*

mutiny (to) ['mju:tini] *i.* amotinar-se *p.*, insubordinar-se *p.*, sublevar-se *p.*

mutter ['mʌtə'] *s.* murmuri *m.*

mutter (to) ['mʌtə'] *t.* murmurar. ■ 2 *i.* murmurar, xiuxiuejar.

mutton ['mʌtn] *s.* carn *f.* de be. ‖ ~ *chop,* costella *f.* de be.

mutual ['mju:tjuəl] *a.* mutu, mutual; recíproc. 2 comú.

muzzle ['mʌzl] *s.* morro *m.*, musell *m.* 2 boç *m.*, morrió *m.* 3 boca *f.* [d'una arma de foc].

muzzle (to) ['mʌzl] *t.* emboçar, posar el morrió. 2 fig. tapar la boca.

my [mai] *a. poss.* el meu, la meva, els meus, les meves: ~ *book,* el meu llibre. ■ 2 *interj.* oh, ~!, carai!

myopia [mai'opjə] *s.* MED. miopia *f.*

myrrh [mə:'] *s.* mirra *f.*

myrtle ['mə:tl] *s.* BOT. murta *f.*, murtra *f.*

myself [mai'self] *pron.* jo, jo mateix. 2 em, me. 3 mi, meu.

mysteri ['mistəri] *s.* misteri *m.*

mysterious [mis'tiəriəs] *a.* misteriós.

mystery play ['mistəriˌplei] *s.* TEAT. acte *m.* sacramental.

mystic ['mistik] *a.-s.* místic.

mysticism ['mistisizəm] *s.* misticisme *m.*, mística *f.*

mystify (to) ['mistifai] *t.* confondre, desconcertar, desorientar.

mystique [mis'ti:k] *s.* caràcter *m.* esotèric. 2 misteri *m.*

myth [miθ] *s.* mite *m.*

mythological [ˌmiθəlɔdʒikəl] *a.* mitològic.

mythology [mi'θɔlədʒi] *s.* mitologia *f.*

N

N, n [en] *s.* n *f.* [lletra].

nacre ['neikə'] *s.* nacre *m.*

nadir ['neidiə'] *s.* ASTR. nadir *m.* 2 fig. punt *m.* més baix.

nag [næg] *s.* rossí *m.*, róssa *f.*

nag (to) [næg] *t.-i.* renyar *t.;* empipar *t.;* criticar *t.*

nail [neil] *s.* ANAT. ungla *f.* 2 ZOOL. unglot *m.*, urpa *f.* 3 clau *m.* 4 **on the ~**, a l'acte *m.*

nail (to) [neil] *t.* clavar, subjectar amb claus.

nail clippers ['neil‚klipəz] *s. pl.* tallaungles *m.*

naïve, naive [naɪ'i:v] *a.* senzill, ingenu. ■ 2 **-ly** *adv.* ingènuament.

naked ['neikid] *a.* despullat, nu. ‖ **with the ~ eye**, a simple vista. 2 descobert, sense protecció. ■ 3 **-ly** *adv.* clarament.

name [neim] *s.* nom *m.* ‖ **in the ~ of**, en nom de; **nick ~**, sobrenom *m.*, malnom *m.; what is your ~?*, com et dius? 2 fama *f.*, reputació *f.*

name (to) [neim] *t.* dir, denominar, anomenar. 2 esmentar, fer esment. 3 designar, indicar.

name day ['neimdei] *s.* sant *m.* [dia].

nameless ['neimlis] *a.* anònim. 2 innominat. 3 sense nom. 4 indescriptible.

namely ['neimli] *adv.* és a dir, a saber.

namesake ['neimseik] *s.* homònim.

nanny ['næni] *s.* mainadera *f.*

nap [næp] *s.* becaina *f.*, migdiada *f.* 2 borrissol *m.*, pelussa *f.*

nap [næp] *i.* fer una becaina, fer la migdiada. 2 **to catch napping**, agafar desprevingut.

nape [neip] *s.* **~ of the neck**, clatell *m.*, (BAL.) clotell *m.*, (VAL.) bescoll *m.*

napkin ['næpkin] *s.* tovalló *m.* 2 bolquer *m.*, gasa *f.*

Naples ['neiplz] *n. pr.* GEOGR. Nàpols.

narcissus [naː'sisəs] *s.* BOT. narcís *m.*

narcotic [naː'kɔtik] *a.* MED. narcòtic. ■ 2 *s.* MED. narcòtic *m.*

nard [naːd] *s.* BOT. nard *m.*, vara *f.* de Jessè.

narrate (to) [næ'reit] *t.* narrar.

narration [næ'reiʃən] *s.* narració *f.*

narrative ['nærətiv] *a.* narratiu. ■ 2 *s.* narració *f.*, relat *m.* 3 narrativa *f.*

narrow ['nærou] *a.* estret, angost. ‖ **~ gauge**, de via estreta. 2 escàs, reduït, limitat. ‖ **~ circumstances**, pobresa *f.*, estretor *f.* 3 amb poc marge. ‖ **I had a ~ escape**, vaig escapar pels pèls. 4 intolerant. ■ 5 **-ly** *adv.* estretament, de prop; per poc; minuciosament; mesquinament.

narrow (to) ['nærou] *t.* estrènyer, fer estret, reduir. ■ 2 *i.* estrènyer-se *p.*, fer-se *p.* estret, reduir-se *p.*

narrow-minded [‚nærou'maindid] *a.* estret de mires, mesquí, intolerant.

narrowness ['nærounis] *s.* estretor *f.*, estretesa *f.*

NASA ['næsə] *s.* (EUA) *(National Aeronautics and Space Administration)* NASA *f.* (administració nacional aeronàutica i espacial).

nasal ['neizəl] *a.* nasal. ■ 2 *s.* so *m.* nasal.

nasty ['naːsti] *a.* brut, porc. 2 fastigós, repugnant. 3 indecent, groller. 4 desagradable. 5 dolent.

nation ['neiʃən] *s.* nació *f.*

national ['næʃnəl] *a.* nacional.

national anthem [‚næʃnəl'ænθəm] *s.* himne *m.* nacional.

National Debt [‚næʃnəl'det] *s.* COM. deute *m.* públic.

nationalism ['næʃnəlizm] *s.* nacionalisme *m.*

nationalist ['næʃnəlist] *s.* nacionalista.

nationality [‚næʃə'næliti] *s.* nacionalitat *f.*

nationalize (to) ['næʃnəlaiz] *t.* nacionalitzar [la indústria, etc.]. 2 nacionalitzar, naturalitzar. 3 esdevenir una nació.

national service [ˌnæʃnəl'səːvis] *s.* servei *m.* militar.

nationwide ['neiʃənˌwaid] *a.* a tota la nació, per tota la nació, a escala nacional.

native ['neitiv] *a.* natural, nadiu. 2 originari, oriünd. 3 indígena. 4 natal; matern. ■ 5 *s.* natural *m.*, nadiu, indígena.

nativity [nə'tiviti] *s.* nativitat *f.*, naixença *f.*, naixement *m.*

NATO ['neitou] *s. (North Atlantic Treaty Organization)* OTAN *f.* (Organització del Tractat de l'Atlàntic Nord).

natter (to) ['nætə'] *i.* col·loq. xerrar, xerrotejar. 2 queixar-se *p.*, remugar.

natty ['næti] *a.* col·loq. elegant. 2 destre, hàbil.

natural ['nætʃrəl] *a.* natural. 2 nat, innat, de naixement. 3 instintiu. ■ 4 *s.* MÚS. nota *f.* natural; becaire *m.* 5 imbècil. *6* col·loq. persona *f.* amb dots naturals.

naturalize (to) ['nætʃrəlaiz] *t.* naturalitzar. 2 BOT., ZOOL. aclimatar. ■ 3 *i.* naturalitzar-se *p.* 4 BOT., ZOOL. aclimatar-se *p.*

nature ['neitʃə'] *s.* natura *f.*, naturalesa *f.* 2 caràcter *m.*, temperament *m.* ‖ *good ~*, amabilitat *f.*, bon caràcter. 3 tipus *m.*, classe *f.*, gènere *m.* 4 essència *f.* 5 B. ART *from ~*, del natural.

naught [nɔːt] *s.* zero *m.* 2 res: *to come to ~*, anar a parar a res, frustrar-se.

naughty ['nɔːti] *a.* entremaliat, desobedient, dolent, (VAL.) roín.

nausea ['nɔːsjə] *s.* nàusea *f.*, basca *f.*

nauseate (to) ['nɔːsieit] *t.* fer venir nàusea, fer fàstic.

nauseous ['nɔːsiəs] *a.* nauseabund.

nautical ['nɔːtikəl] *a.* nàutic.

naval ['neivəl] *a.* naval.

nave [neiv] *s.* ARQ. nau *f.*

navel ['neivəl] *s.* ANAT. melic *m.*, llombrígol *m.*

navigate (to) ['nævigeit] *t.* governar, portar [un vaixell, etc.]. 2 fig. guiar. ■ 3 *i.* navegar.

navigation [ˌnævi'geiʃən] *s.* navegació *f.*; nàutica *f.*

navigator ['nævigeitə'] *s.* navegant.

navy ['neivi] *s.* armada *f.*, flota *f.*, marina *f.* de guerra.

N.B. [ˌen'biː] *(Nota Bene, note well)* N.B. (Nota Bene, noteu bé).

NBC [ˌenbi'siː] *s.* (EUA) *(National Broadcasting Company)* NBC *f.* (societat nacional de radiodifusió).

near [niə'] *a.* pròxim, proper, immediat, a prop. ‖ COM. *~ offer*, preu *m.* a discutir. 2 estret, íntim. ■ 3 *adv.* prop. ‖ *to come ~*, apropar-se, acostar-se. 4 gairebé, a punt de. ■ 5 *prep.* a prop de. *6* gairebé. ‖ *~ the end of the year*, a finals d'any.

near (to) [niə'] *t.* apropar, acostar. ■ 2 *i.* apropar-se *p.*, acostar-se *p.*

nearby ['niəbai] *a.* proper, pròxim. ■ 2 *adv.* prop, a prop.

Near East [ˌniə'iːst] *s.* GEOGR. Pròxim Orient.

nearly ['niəli] *adv.* quasi, gairebé; per poc. 2 prop; aproximadament.

neat [niːt] *a.* polit, pulcre. 2 net, endreçat. 3 acurat. 4 elegant. 5 hàbil, destre. *6* pur, sol.

neatness ['niːtnis] *s.* pulcritud *f.*, cura *f.* 2 habilitat *f.*; elegància *f.*

nebula ['nebjulə] *s.* ASTR. nebulosa *f.* ▲ *pl.:* **nebulae** ['nebjuliː], **nebulas** ['nebjuləz].

nebulous ['nebjuləs] *a.* ASTR. nebulós [també fig.].

necessary ['nesisəri] *a.* necessari. ■ 2 *s. pl.* necessitats *f. pl.*

necessitate (to) [ni'sesiteit] *t.* necessitar; fer necessari, exigir.

necessitous [ni'sesitəs] *a.* form. necessitat, pobre.

necessity [ni'sesiti] *s.* necessitat *f.*, requisit *m.* 2 *pl.* articles *m. pl.* de primera necessitat.

neck [nek] *s.* ANAT. coll *m.* 2 coll *m.*, broc *m.* 3 istme *m.*, estret *m.* 4 part *f.* estreta. 5 fig. *to get it in the ~*, carregar els neulers, carregar-se-les. *6* fig. *to stick one's ~ out*, arriscar-se. 7 COST. *V-neck*, coll *m.* de punxa. 8 ESPORT coll *m.*: *to win by a ~*, guanyar per un coll. 9 MED. *stiff ~*, torticoli *f.*

neck (to) [nek] *i.* col·loq. petonejar-se *p.*; abraçar-se *p.*; acaronar-se *p.*

necklace ['neklis] *s.* collaret *m.*

need [niːd] *s.* necessitat *f.*, manca *f.* 2 necessitat *f.*, pobresa *f.*, indigència *f.*

need (to) [niːd] *t.* necessitar, haver de menester, requerir. ■ 2 *i.* tenir necessitat. 3 caldre.

needful ['niːdful] *a.* necessari. 2 necessitat. ■ 3 *s.* col·loq. *do the ~*, fer tot el que calgui.

needle ['niːdl] *s.* agulla *f.* ‖ *magnetic ~*, agulla nàutica.

needless ['niːdlis] *a.* innecessari, inútil. ‖ *~ to say*, no cal dir que.

needlework ['niːdlwəːk] *s.* costura *f.* 2 brodat *m.*

needy ['ni:di] *a.* necessitat, indigent. ■ 2 *s. the* ~, els necessitats.

nefarious [ni'fɛəriəs] *a.* nefand, vil, infame.

negation [ni'geiʃən] *s.* negació *f.*

negative ['negətiv] *a.* negatiu. ■ 2 *s.* negativa *f.*, negació *f.* 3 FOT., ELECT. negatiu *m.*

neglect [ni'glekt] *s.* descuit *m.*, negligència *f.* 2 deixadesa *f.*, abandonament. 3 incompliment *m.*, inobservància *f.*

neglect (to) [ni'glekt] *t.* abandonar, descurar, deixar. 2 no complir, no observar. 3 no fer cas de, menysprear.

neglectful [ni'glektful] *a.* descurat, negligent. 2 abandonat, deixat. ■ 3 **-ly** *adv.* negligentment.

negligence ['neglidʒəns] *s.* negligència *f.*, descuit *m.*, deixadesa *f.*

negotiate (to) [ni'gouʃieit] *t.* negociar. 2 col·loq. travessar, saltar, salvar. ■ 3 *i.* negociar amb.

negotiation [nigouʃi'eiʃən] *s.* negociació *f.*

Negress ['ni:gres] *s.* negra *f.* [dona].

Negro ['ni:grou] *s.* negre *m.* [home].

neigh [nei] *s.* renill *m.*

neigh (to) [nei] *i.* renillar.

neighbour, (EUA) **neighbor** ['neibə] *s.* veí. 2 REL. proïsme.

neighbourhood, (EUA) **neighborhood** ['neibəhud] *s.* veïnat *m.* 2 voltants *m. pl.*, rodalies *f. pl.*

neighbouring, (EUA) **neighboring** ['neibəriɛ] *a.* veí, proper, immediat.

neither ['naiðə', 'ni:ðə'] *a.* cap [dels dos]. ■ 2 *conj.* ni. ■ 3 *adv.* tampoc, ni tan sols. ■ 4 *pron.* cap, ni l'un ni l'altre.

neologism [ni:'blədʒizəm] *s.* neologisme *m.*

nephew ['nevju:] *s.* nebot *m.*

nerve [nə:v] *s.* ANAT.,BOT. nervi *m.* [també fig.]. 2 sang *f.* freda, valor *m.*; barra *f.*: *what a* ~!, quina barra! 3 *pl.* nervis *m. pl.*

nervous ['nə:vəs] *a.* nerviós. 2 vigorós, enèrgic. 3 tímid, poruc.

nest [nest] *s.* niu *m.* [també fig.]. 2 covador *m.*, ponedor *m.*

nest (to) [nest] *i.* fer el niu, niar. 2 buscar nius.

nestle (to) ['nesl] *t.* abraçar. ■ 2 *i.* acotxar-se *p.*, escarxofar-se *p.* 3 arrupir-se *p.*

net [net] *s.* xarxa *f.* 2 malla *f.* [teixit]. 3 fig. parany *m.*, trampa *f.* ■ 4 *a.* COM. net.

Netherlands ['neðərləndz] *n. pr.* GEOGR. *the* ~, els Països Baixos.

nettle ['netl] *s.* BOT. ortiga *f.*

nettle (to) ['netl] *t.* picar-se *p.* [amb una ortiga]. 2 fig. irritar, molestar.

network ['netwə:k] *s.* xarxa *f.* [telegràfica, telefònica, etc.].

neuter ['nju:tə'] *a.* neutre. ■ 2 *s.* gènere *m.* neutre.

neutral ['njutrəl] *a.* neutral; neutre. ■ 2 *s.* país *m.* neutral, persona *f.* neutral. 3 AUTO. *in* ~, en punt mort.

never ['nevə'] *adv.* mai. ‖ ~ *again,* mai més. 2 de cap manera; no. ‖ ~ *fear,* no t'amoïnis. ‖ ~ *mind,* és igual. 3 col·loq. *on the never-never,* a terminis.

nevertheless [,nevəðə'les] *adv.-conj.* tanmateix, no obstant.

new [nju:] *a.* nou. ‖ ~ *look,* nova imatge. 2 tou [pa]. 3 modern. 4 fresc, recent. ‖ ~ *arrival,* nouvingut. ■ 5 **-ly** *adv.* novament; recentment.

newborn ['nju:bɔ:n] *a.* a ~ *baby,* un nen acabat de néixer, un nadó.

new-comer ['nju:,kʌmə'] *s.* nouvingut.

New Delhi ['nju:'deli] *n. pr.* GEOGR. Nova Delhi.

new-laid ['nju:leid] *a. a* ~ *egg,* un ou fresc, acabat de pondre.

news [nju:z] *s.* notícia *f.*, notícies *f. pl.*, nova *f.*, noves *f. pl.* ‖ *a piece of* ~, una notícia *f.* 2 premsa *f.*, diaris *m. pl.*, telenotícies *m.*

newscaster ['nju:zkæstər] *s.* locutor de telenotícies.

newspaper ['nju:s,peipə'] *s.* periòdic *m.*, diari *m.*

newspaperman ['nju:speipəmæn] *s.* periodista *m.*

newspaperwoman ['nju:speipəwumən] *s.* periodista *f.*

newt [nju:t] *s.* ZOOL. tritó *m.*

New York [,nju:'jɔ:k] *n. pr.* GEOGR. Nova York.

New Zealand [,nju:'zi:lənd] *n. pr.* GEOGR. Nova Zelanda. ■ 2 *a.* neozelandès.

New Zealander [,nju:'zi:ləndə'] *s.* GEOGR. neozelandès.

next [nekst] *a.* pròxim, proper, immediat, contigu, del costat, veí; següent, successiu; futur, vinent. ‖ ~ *door,* del costat, de la casa del costat. ‖ ~ *life,* vida *f.* futura. ■ 2 *adv.* després, més tard, a continuació. ‖ ~ *to,* al costat de; després de; fig. gairebé, quasi. ■ 3 *prep.* al costat de. 4

després de, immediatament, la pròxima vegada.

nib [nib] s. plomí m., tremp m. [d'una ploma]. 2 MEC. punta f., pua f. dent f.

nibble ['nibl] s. mossegada f., picada f.

nibble (to) ['nibl] t. mossegar, rosegar. 2 picar [un peix]. ■ 3 i. fig. to ~ at, sentir-se p. temptat, interessar-se p. per.

Nicaragua [nikə'rægjuə], (EUA) [nikæ'rægwæ] n. pr. GEOGR. Nicaragua.

Nicaraguan [nikə'rægjuə], (EUA) [nikæ'rægwn] a.-s. nicaragüenc.

nice [nais] a. maco, bonic. 2 bo, agradable, deliciós, exquisit. 3 elegant, refinat. 4 amable, simpàtic. 5 subtil, fi; exacte, precís. 6 acurat, meticulós. 7 delicat, exigent. ■ 8 **-ly** adv. subtilment; amablement, agradablement; elegantment; molt bé.

niche [nitʃ] s. nínxol m., fornícula f. 2 fig. forat m.

Nicholas ['nikələs] n. pr. m. Nicolau.

Nick ['nik] n. pr. m. (dim. Nicholas) Nicolau.

nick [nik] s. incisió f., tall m., osca f. ‖ in the ~ of time, en el moment precís.

nickel ['nikl] s. QUÍM. níquel m. 2 (EUA) col·loq. moneda f. de cinc centaus.

nickname ['nikneim] s. sobrenom m., malnom m.

niece [ni:s] s. neboda f.

niggard ['nigəd] s. avar, gasiu.

niggardly ['nigədli] a. avar, gasiu. ■ 2 adv. amb gasiveria, amb avaricia.

night [nait] s. nit f. ‖ at ~, by ~, de nit, a la nit. ‖ last ~, ahir m. a la nit, anit. ■ 2 a. de nit, nocturn.

nightfall ['naitfɔ:l] s. vespre m., cap al tard m.

nightgown ['naitgaun] s. camisa f. de dormir; bata f. de nit.

nightingale ['naitiŋgeil] s. ORN. rossinyol m.

nightly ['naitli] adv. cada nit. ■ 2 a. de cada nit.

nightmare ['naitmɛə'] s. malson m.

night-time ['naittaim] s. nit f. ‖ in the ~, de nit, a la nit.

night-watchman [,neit'wɔtʃmən] s. sereno m., vigilant m. nocturn.

nil [nil] s. ESPORT zero m., res m.

nimble ['nimbl] a. àgil, lleuger. 2 viu, actiu.

nincompoop ['ninkəmpu:p] s. babau, talòs.

nine [nain] a. nou. ■ 2 s. nou m. ‖ ~ o'clock, les nou.

ninepins ['nainpinz] s. joc m. de bitlles.

nineteen [,nain'ti:n] a. dinou, (BAL.) denou, (VAL.) dèneu, (ROSS.) desanou. ■ 2 s. dinou m., (BAL.) denou m., (VAL.) dèneu m., (ROSS.) desanou m.

nineteenth [,nain'ti:nθ] a. dinovè. ■ 2 s. dinovè m.

ninetieth ['naintiəθ] a. norantè. ■ 2 s. norantè m.

ninety ['nainti] a. noranta. ■ 2 s. noranta m.

ninny ['nini] s. babau, talòs.

ninth [nainθ] a. novè. ■ 2 s. novè m.

nip [nip] s. pessigada f.; mossegada f. 2 glop m. [d'una beguda].

nip (to) [nip] t. pessigar. 2 glaçar, gelar [una planta]. 3 tallar: to ~ in the bud, tallar en sec, tallar d'arrel. ■ 4 i. picar t., espicossar t. 5 col·loq. córrer, anar de pressa.

nipper ['nipə'] s. pinces f. pl. [de crustaci]. 2 pl. pinces f. pl., alicates f. pl. 3 (G.B.) col·loq. criatura, nen.

nipple ['nipl] s. ANAT. mugró m. 2 tetina f. 3 protuberància f.

nit [nit] s. ZOOL. llémena f. 2 imbècil, idiota.

nitrogen ['naitridʒən] s. QUÍM. nitrogen.

no [nou] adv. no. ‖ I have ~ more money, no tinc més diners; ~ more, mai més; she ~ longer lives here, ja no viu aquí. ■ 2 a. cap, ningú: ~ one, ningú. ‖ with ~ money, sense diners. ■ 3 s. no m. ▲ pl.: noes ['nouz].

nobility [nou'biliti] s. noblesa f.

noble ['noubl] a.-s. noble.

nobleman ['noublmən] s. noble m., aristòcrata m.

nobleness ['noublnis] s. noblesa f. [moral].

nobody ['noubədi] pron. ningú. ■ 2 s. ningú m., no ningú m.

nod [nɔd] s. cop m. de cap, moviment m. del cap [senyal d'assentiment; salutació, etc.]. 2 capcinada f., cop m. de cap [quan es dorm assegut].

nod (to) [nɔd] t. inclinar el cap. 2 assentir [amb el cap]. 3 saludar [amb el cap]. ■ 4 i. fer cops de cap, pesar figues.

noise [nɔiz] s. soroll m., so m. 2 soroll m., rebombori m., estrèpit m. 3 col·loq. big ~, peix m. gros.

noise (to) [nɔiz] t. to ~ abroad, divulgar, difondre, fer córrer.

231

noiseless ['nɔizlis] *a.* silenciós, apagat, tranquil.

noisome ['nɔisəm] *a.* fètid, repugnant, ofensiu [olor]. 2 nociu, perniciós.

noisy ['nɔizi] *a.* sorollós, estrepitós, escandalós.

nomad ['noumæd] *a.-s.* nòmada.

nominate (to) ['nɔmineit] *t.* nomenar. 2 anomenar. 3 proposar.

nomination [nɔmi'neiʃən] *s.* nominació *f.*, nomenament *m.*, proposta *f.*

non-aligned [nɔnə'laind] *a.* neutral, no alineat.

nonchalance ['nɔnʃələns] *s.* indiferència *f.*, indolència *f.*

nonconformist [nɔnkən'fɔːmist] *a.-s.* inconformista, dissident.

nondescript ['nɔndiskript] *a.-s.* indefinit, estrany, difícil de classificar.

none [nʌn] *pron.* ningú, cap. ‖ ~ *but*, només. ■ 2 *adv.* no, de cap manera. ‖ ~ *the less*, tanmateix, no obstant.

nonentity [nɔ'nentiti] *s.* no res *m.*, no existència *f.* 2 zero *m.* a l'esquerra, nul·litat *f.* [persona].

non-payment [nɔn'peimənt] *s.* manca *f.* de pagament.

nonplus (to) [nɔn'plʌs] *t.* deixar parat, deixar perplex.

nonsense ['nɔnsəns] *s.* absurditat *f.*, disbarat *m.*, (BAL.) doi *m.*, desbarat *m.*, (VAL.) destrellat *m.* 2 bestieses *f. pl.* ■ 3 *interj.* quina bestiesa!

non-skid [nɔn'skid] *a.* antilliscant.

noodle ['nuːdl] *s.* tallarina *f.*, fideu *m.* 2 fig. babau, talòs.

nook [nuk] *s.* racó *m.* 2 fig. amagatall *m.*, cau *m.*

noon [nuːn] *s.* migdia *m.*, (VAL.) migjorn *m.*

noose [nuːs] *s.* nus *m.* o llaç *m.* escorredor. 2 *hangman's* ~, dogal *m.*

nor [nɔː] *conj.* ni: *neither you* ~ *I*, ni tu ni jo. 2 tampoc: ~ *I*, jo tampoc.

norm [nɔːm] *s.* norma *f.*, pauta *f.*, model *m.*; tipus *m.*

normal ['nɔːməl] *a.* normal. ■ 2 *s.* nivell *m.* normal, estat *m.* normal, grau *m.* normal. 3 normalitat *f.* ■ 4 *-ly adv.* normalment.

Norman ['nɔːmən] *a.-s.* normand.

Norse [nɔːs] *a.* noruec, escandinau. ■ 2 *s.* noruec *m.* [llengua].

north [nɔːθ] *s.* nord *m.* ■ 2 *a.* del nord, nòrdic, septentrional. ■ 3 *adv.* cap al nord, al nord.

northern ['nɔːðən] *a.* del nord, septentrional.

North Pole ['nɔːθ‚poul] *s.* GEOGR. Pol *m.* Nord.

Norwegian [nɔː'wiːdʒən] *a.* noruec. ■ 2 *s.* noruec [persona]. 3 noruec *m.* [llengua].

Norway ['nɔːwei] *n. pr.* GEOGR. Noruega.

nose [nouz] *s.* ANAT. nas *m.* 2 nas *m.*, olfacte *m.* 3 morro *m.*, musell *m.* 4 AVIA. morro *m.* 5 MAR. proa *f.*

nose (to) [nouz] *t.* olorar, ensumar, flairar. 2 rastrejar. ■ 3 *i.* tafanejar, xafardejar.

nose bag ['nouzbæg] *s.* morral *m.*, civadera *f.*

nosegay ['nouzgei] *s.* ram *m.*, pom *m.* [de flors].

nosey ['nouzi] *a.* col·loq. tafaner, xafarder.

nostalgia [nɔs'tældʒiə] *s.* nostàlgia *f.*

nostril ['nɔstril] *s.* nariu *f.*

not [nɔt] *adv.* no. ‖ *absolutely* ~*!*, de cap manera; ~ *a few*; no pas pocs; ~ *anymore*, ja no, prou; ~ *at all*, gens; de cap manera; de res; ~ *likely!*, ni parlar-ne!

notable ['noutəbl] *a.* notable. 2 memorable. ■ 3 *s.* persona *f.* notable.

notary (public) ['noutəri] *s.* notari.

notation [nou'teiʃən] *s.* notació *f.* 2 anotació *f.*

notch [nɔtʃ] *s.* osca *f.*, mossa *f.*

notch (to) [nɔtʃ] *t.* oscar, escantellar. 2 dentar.

note [nout] *s.* nota *f.*, apunt *m.* 2 nota *f.*, comunicació *f.* 3 nota *f.*, observació *f.*, anotació *f.* ‖ *to take* ~ *of*, observar. 4 importància *f.* 5 senyal *m.*, marca *f.* 6 bitllet *m.* [de banc]. 7 MÚS. nota *f.*

note (to) [nout] *t.* notar, observar, advertir. 2 fer notar. 3 anotar, registrar, apuntar. ‖ *to* ~ *down*, apuntar.

notebook ['noutbuk] *s.* agenda *f.*, llibreta *f.*, quadern *m.*

noted ['noutid] *a.* conegut, famós.

nothing ['nʌθiŋ] *s.* res *pron.* ‖ *for* ~, gratis, en va, per a res, inútilment. 2 bestiesa *f.* 3 MAT. zero *m.* ■ 4 *adv.* res *pron.*; de cap manera; no.

notice ['noutis] *s.* avís *m.*, advertència *f.* 2 anunci *m.*, cartell *m.* 3 coneixement *m.*; observació *f.*; cas *m.* ‖ *to take* ~ *of*, notar; fer cas de. 4 atenció *f.*, interès *m.*, cortesia *f.* 5 acomiadament *m.*: ‖ *to give* ~, acomiadar. 6 ressenya *f.* [literària, etc.].

notice (to) ['noutis] t. notar, observar, remarcar. 2 adonar-se p., fixar-se p. 3 esmentar, ressenyar, fer la ressenya [d'un llibre]. 4 reconèixer, veure.

noticeable ['noutisəbl] a. evident, obvi. 2 perceptible, notable.

notify (to) ['noutifai] t. notificar, comunicar, fer saber. 2 informar, avisar.

notion ['nouʃən] s. noció f. 2 idea f., concepte m. 3 intenció f. 4 caprici m. 5 pl. (EUA) articles m. pl. de merceria.

notorious [nou'tɔːriəs] a. notori, molt conegut, famós [gralnt. pej.].

notwithstanding [ˌnɔtwiθ'stændiŋ] adv. tanmateix, no obstant. ■ 2 prep. malgrat. ■ 3 conj. tot i que, per més que.

nougat ['nuːgaː] s. mena de torró m. d'avellanes, nogat m.

nought [nɔːt] s. res pron. 2 MAT. zero m.

noughts-and-crosses ['nɔːtsən'krɔsiz] s. JOC marro m.

noun [naun] s. GRAM. nom m., substantiu m.

nourish (to) ['nʌriʃ] t. nodrir, alimentar [també fig.].

nourishing ['nʌriʃiŋ] a. nutritiu.

nourishment ['nʌriʃmənt] s. aliment m. 2 nutrició f.

novel ['nɔvəl] a. nou; original. ■ 2 s. LIT. novel·la f.

novelist ['nɔvəlist] s. LIT. novel·lista.

novelty ['nɔvəlti] s. novetat f.

November [nou'vembə'] s. novembre m.

novice ['nɔvis] s. principiant. 2 ECLES. novici.

now [nou] adv. ara; avui, actualment. ∥ *from ~ on*, des d'ara, d'ara (en) endavant; *just/right ~*, ara mateix; fa un moment; *~ and then*, de tant en tant. 2 aleshores. 3 ara, ara bé. 4 *now... now*, ara... ara, tan aviat... com. ■ 5 conj. ara. ■ 6 interj. vinga!, va!

nowadays ['nauədeiz] adv. avui dia, avui en dia, actualment.

nowhere ['nouwɛə'] adv. enlloc. 2 fig. ni de bon tros.

noxious ['nɔkʃəs] a. nociu, perniciós.

NT [en'tiː] s. *(New Testament)* Nou Testament m.

nth [enθ] a. col·loq. enèsim; màxim, extrem.

nuance ['njuːɑːns] s. matís m.

nuclear ['njuːkliə'] a. nuclear.

nucleus ['njuːkliəs] s. nucli m.

nude [njuːd] a. nu, despullat [també fig.]. ■ 2 s. B. ART nu m.

nudge [nʌdʒ] s. cop m. de colze.

nudge (to) [nʌdʒ] t. donar un cop de colze.

nugget ['nʌgit] s. MIN. palleta f.

nuisance ['njuːsns] s. molèstia f., incomoditat f. 2 llauna f.: *to be a ~*, donar la llauna; ser una llauna. 3 pesat, corcó m.

null [nʌl] a. nul, invàlid. ∥ *~ and void*, nul i sense efecte.

nullify (to) ['nʌlifai] t. anul·lar, invalidar.

numb [nʌm] a. entumit, enravenat, encarcarat, adormit.

numb (to) [nʌm] t. entumir, enravenar, encarcarar.

number ['nʌmbə'] s. número m. 2 nombre m. 3 *a ~ of*, diversos, alguns: *any ~ of*, la mar f. de.

number (to) ['nʌmbə'] t. numerar. 2 comptar. ■ 3 i. pujar a, sumar. 4 *to ~ off*, numerar-se p.

numberless ['nʌmbəlis] a. innombrable, innumerable.

numbness ['nʌmnis] s. entumiment m., encarcarament m. 2 fig. insensibilitat f.

numeral ['njuːmərəl] a. numeral. ■ 2 s. número m., xifra f.

numerator ['njuːməreitə'] s. numerador m.

numerous ['njuːmərəs] a. nombrós. 2 molts.

numskull ['nʌmskʌl] s. tanoca, totxo, pallús.

nun [nʌn] s. monja f., religiosa f.

nuncio ['nʌnsiou] s. ECLES. nunci m. [apostòlic].

nunnery ['nʌnəri] s. convent m. [de monges].

nuptial ['nʌpʃəl] a. nupcial.

nurse [nɔːs] s. infermera f. 2 dida f. 3 mainadera f.

nurse (to) [nɔːs] t. donar el pit, criar. 2 assistir, tenir cura de [un nen, un malalt, etc.]. 3 bressolar, acaronar. 4 alimentar [també fig.]. 5 fomentar.

nursery ['nɔːsri] s. habitació f. dels nens. ∥ *day ~*, jardí m. d'infants, escola f. bressol. 2 AGR. criador m., planter m.

nursery rhyme ['nɔːsri,raim] s. cançó f. de criatures.

nursery school ['nɔːsri,skuːl] s. jardí m. d'infants.

nursing ['nɔːsiŋ] s. criança f., alletament m., lactància f. 2 assistència f. [de malalts]. 3 professió f. d'infermera.

nursing home ['nɔːsiŋ,houm] s. clínica f. de repòs.

nurture [ˈnəːtʃəˊ] s. alimentació f., nutrició f. 2 criança f., educació f.

nurture (to) [ˈnəːtʃəˊ] t. alimentar, nodrir. 2 criar, educar.

nut [nʌt] s. BOT. nou f. 2 MEC. femella f., rosca f. 3 pl. col·loq. sonat, guillat. ‖ to be nuts about, estar/anar boig per.

nut-brown [nʌtbraun] a. castany, torrat.

nutcrackers [ˈnʌtˌkrækəz] s. pl. trencanous m.

nutrition [njuːˈtriʃən] s. form. nutrició f.

nutritious [njuːˈtriʃəs] a. form. nutritiu, alimentós.

nutshell [ˈnʌtʃəl] s. closca f. de nou. 2 fig. in a ~, amb poques paraules.

nuzzle (to) [ˈnʌzl] t. fregar amb el morro, furgar amb el morro. ■ 2 i. to ~ up (to/against), fregar o empènyer amb el morro.

nymph [nimf] s. MIT. nimfa f.

O

O, o [ou] s. o f. [lletra]. 2 zero m. [telèfon].
oak [ouk] s. BOT. roure m.
oar [ɔːʳ, ɔəʳ] s. rem m.
oarsman ['ɔːzmən] s. remer m.
oasis [ou'eisis] s. oasi m.
oat [out] s. BOT. civada f. [gralnt. pl.].
oath [ouθ] s. jurament m., jura f. ‖ *to take* ~, prestar jurament. 2 renec m., blasfèmia f.
oatmeal ['outmiːl] s. farina f. de civada.
obduracy ['ɔbdjurəsi] s. obstinació f., tossuderia f., obduració f.
obedience [ə'biːdjəns] s. obediència f.
obedient [ə'biːdiənt] a. obedient. 2 dòcil.
obeisance [ou'beisəns] s. reverència f. [salutació]. 2 respecte m., homenatge m.
obelisk ['ɔbilisk] s. obelisc m.
obesity [ou'biːsiti] s. obesitat f.
obey [ə'bei] t.-i. obeir.
obituary [ə'bitjuəri] a. necrològic. ■ 2 s. obituari m., necrologia f., nota f. necrològica.
object ['ɔbdʒikt] s. objecte m. 2 objecte m., objectiu m. 3 GRAM. objecte m.
object (to) [əb'dʒekt] i. oposar-se p., tenir objeccions. ■ 2 t. objectar.
objection [əb'dʒekʃən] s. objecció f., inconvenient m.
objectionable [əb'dʒekʃənəbl] a. objectable, censurable. 2 molest, inconvenient.
objective [ɔb'dʒektiv, əb-] a. objectiu. ■ 2 s. objectiu m.
objector [əb'dʒektəʳ] s. objector. ‖ *conscientious* ~, objector m. de consciència.
obligate (to) ['ɔbligeit] t. obligar.
obligation [ɔbli'geiʃən] s. obligació f., deure m., compromís m. 2 *to be under* ~ *to,* deure favors a.
oblige (to) [ə'blaidʒ] t. obligar. 2 complaure, servir. ‖ *much obliged,* molt agraït.
obliging [ə'blaidʒiŋ] a. atent, servicial, cortès. ■ 2 **-ly** adv. cortesament, atentament, amablement.
oblique [ə'bliːk] a. oblic. 2 indirecte.
obliterate (to) [ə'blitəreit] t. esborrar, fer desaparèixer, obliterar.
oblivion [ə'bliviən] s. oblit m.
oblivious [ə'bliviəs] a. oblidós. 2 desmemoriat. 3 inconscient.
oblong ['ɔblɔŋ] a. oblong.
obnoxious [ɔb'nɔkʃəs] a. ofensiu, detestable, odiós, obnoxi.
oboe ['oubou] s. MÚS. oboè m.
obscene [ɔb'siːn] a. obscè; indecent.
obscure [əbs'kjuəʳ] a. obscur. 2 fosc. 3 borrós, vague.
obscure (to) [əbs'kjuəʳ] t. obscurir, enfosquir. 2 amagar.
obscurity [əb'skjuəriti] s. obscuritat f., fosca f. 2 confusió f., vaguetat f.
obsequies ['ɔbsikwiz] s. pl. exèquies f. pl., funerals m. pl.
obsequious [əb'siːkwiəs] a. obsequiós, servil.
observance [əb'zəːvəns] s. observança f. 2 cerimònia f., ritus m., pràctica f.
observant [əb'zəːvənt] a. atent, vigilant. 2 observador. 3 escrupulós.
observation [ɔbzə(ː)'veiʃən] s. observació f.
observatory [əb'zəːvətri] s. observatori m.
observe (to) [əb'zəːv] t. observar. 2 complir. 3 celebrar [una festa]. 4 dir, fer notar. ■ 5 i. observar t.
observer [əb'zəːvəʳ] s. observador.
obsess (to) [əb'ses] t. obsessionar.
obsession [əb'seʃən] s. obsessió f.
obsolete ['ɔbsəliːt] a. obsolet.
obstacle ['ɔbstəkl] s. obstacle m. 2 impediment m., inconvenient m.
obstinacy ['ɔbstinəsi] s. obstinació f. 2 tossuderia f., persistència f.

obstinate ['ɔbstinit] a. obstinat. 2 tossut. 3 persistent.

obstruct (to) [əbs'trʌkt] t. obstruir. 2 obturar, embossar. 3 destorbar, impedir.

obstruction [əbs'trʌkʃən] s. obstrucció f. 2 obstacle m., destorb m.

obtain (to) [əb'tein] t. obtenir, aconseguir. ■ 2 i. ser general, prevaler, regir.

obtrude (to) [əb'truːd] t. imposar. ■ 2 i. imposar-se p.

obtrusive [əb'truːsiv] a. intrús, molest, inoportú.

obtuse [əb'tjuːs] a. obtús. 2 adormit [sentit]. 3 apagat [dolor]. ■ 4 -ly adv. obtusament.

obverse ['ɔbvəːs] s. anvers m.

obviate (to) ['ɔbvieit] t. obviar, prevenir, evitar.

obvious ['ɔbviəs] a. obvi, evident, patent. 2 senzill, fàcil de descobrir. ■ 3 -ly adv. òbviament, evidentment.

occasion [ə'keiʒən] s. ocasió f., oportunitat f., cas m., circumstància f. || on ~, de tant en tant, de vegades. 2 ocasió f., vegada f. 3 motiu m., raó f. || on the ~ of, amb motiu de.

occasion (to) [ə'keiʒən] t. ocasionar, causar, motivar.

occasional [ə'keiʒənl] a. ocasional. 2 casual. 3 poc freqüent. ■ 4 -ly adv. de tant en tant, ocasionalment.

Occident ['ɔksidənt] s. occident m.

occlude (to) [ɔ'kluːd] t. cloure, tancar. ■ 2 i. encaixar [les dents].

occult [ɔ'kʌlt] a. ocult, secret, misteriós.

occupant ['ɔkjupənt] s. ocupant, inquilí.

occupation [ɔkju'peiʃən] s. ocupació f. 2 possessió f., tinença f. 3 ocupació f., passatemps m.

occupy (to) ['ɔkjupai] t. ocupar. 2 passar, invertir. 3 to ~ oneself in, ocupar-se de, dedicar-se a.

occur (to) [ə'kəːr] i. esdevenir, ocórrer, succeir. 2 trobar-se p., ser. 3 ocórre's p.

occurrence [ə'kʌrəns] s. esdeveniment m., cas m., incident m.

ocean ['ouʃən] s. oceà m.

Oceania [ousi'aːniə] n. pr. GEOGR. Oceania.

Oceanian [ousi'aːniən] a.-s. oceànic.

ochre, (EUA) **ocher** ['oukə] s. ocre m.

o'clock [ə'klɔk] adv. at seven ~, a les set. || he left at six ~, va marxar a les sis.

October [ɔk'toubə] s. octubre m.

octopus ['ɔktəpəs] s. ZOOL. pop m.

ocular ['ɔkjulə] a. ocular. ■ 2 s. ocular m.

oculist ['ɔkjulist] s. oculista.

odd [ɔd] a. imparell, senar [números]. 2 desparellat, de més. || col·loq. ~ man out, que sobra, que no encaixa, que hi està de més [persona o cosa]. 3 ocasional. || ~ job, feina f. ocasional. || ~ times, estones f. pl. perdudes. 4 i escaig: ten pounds ~, deu lliures i escaig. 5 rar, estrany, curiós. ■ 6 -ly adv. estranyament.

oddity ['ɔditi] s. raresa f., singularitat f. 2 persona f. estranya.

odds [ɔdz] s. desigualtat f.; superioritat f. || to fight against ~, lluitar contra forces superiors. 2 avantatge m. [en el joc, en l'esport]. 3 probabilitats f. pl. [a favor o en contra]. 4 desavinença f. || to be at ~ with, estar renyits. 5 ~ and ends, bagatel·les f. pl., fòtils m. pl. 6 it makes no ~, és igual. ▲ pl.: odds [ɔdz].

ode [oud] s. LIT. oda f.

odious ['oudiəs] a. odiós, repugnant.

odium ['oudiəm] s. odi m.

odour, (EUA) **odor** ['oudə] s. olor f. 2 fragància f., perfum m. 3 pudor f. 4 aprovació f. || to be in good/bad ~ with, estar en bones o males relacions amb, gaudir o no del favor o aprovació de.

odourless, (EUA) **odorless** ['oudəlis] a. inodor.

of [ɔv, əv] prep. en molts casos es tradueix per de; en d'altres per a, en, amb, per, etc. || ~ himself, sol, per ell mateix. || ~ late, darrerament, últimament.

off [ɔːf, ɔf] adv. lluny, fora; totalment, del tot [indica allunyament, absència, separació, privació, cessament]: from far ~, de lluny; I'm ~, me'n vaig. 2 on and ~, a temporades. ■ 3 prep. de; des de; fora de; lluny de. 4 MAR. a l'altura de. 5 a. dolent, passat: the meat is ~, la carn s'ha fet malbé. 6 allunyat, absent. 7 lateral [carrer, etc.]. 8 lliure: I'm ~ on Thursday, tinc els dijous lliures. 9 cancel·lat, interromput, suspès. 10 tret, desconnectat. 11 tancat, tallat, apagat [gas, aigua, etc.].

offal ['ɔfəl] s. corada f., freixura f., tripes f. pl. 2 deixalles f. pl.

offence, (EUA) **offense** [ə'fens] s. ofensa f., greuge m. 2 ofensiva f., atac m. 3 pecat m. 4 infracció f., delicte m.

offend (to) [ə'fend] t. ofendre. 2 molestar. ■ 3 i. to ~ against, pecar contra.

offender [ə'fendə] s. ofensor. 2 pecador. 3 infractor, delinqüent.

offensive [ə'fensiv] a. ofensiu. 2 perjudicial. ■ 3 s. ofensiva f.

offer [ˈɔfə] s. oferta f., oferiment m. 2 proposta f., proposició f. 3 COM. oferta f.

offer (to) [ˈɔfə] t. oferir. 2 brindar. 3 fer [un comentari, etc.]. ■ 4 i. presentar-se p., donar-se p. 5 oferir-se p.

offering [ˈɔfəriŋ] s. oferta f. 2 oferiment m.

off-hand [ˈɔfːˈhænd] a. brusc. 2 improvisat. ■ 2 adv. improvisadament; sense pensar-s'hi; de cop.

office [ˈɔfis] s. oficina f., despatx m., agència f., departament m. ‖ *booking* ~, taquilla f. 2 càrrec m., feina f. [esp. públic, d'autoritat]. 3 ofici m., funció f., ministeri m. 4 pl. oficis m. pl.: *good offices*, bons oficis. 5 ECLES. ofici m.

officer [ˈɔfisə] s. MAR., MIL. oficial m. 2 funcionari.

official [əˈfiʃəl] a. oficial. ■ 2 s. persona f. que té un càrrec públic. 3 funcionari.

officiate (to) [əˈfiʃieit] i. oficiar.

officious [əˈfiʃəs] a. oficiós. 2 obsequiós.

offing [ˈɔfiŋ] s. MAR. *in the* ~, a la llunyania; fig. en perspectiva f.

offset [ˈɔːfset] s. compensació f. 2 IMPR. offset m.

offside [ˈɔfsaid] adv. fora de joc [futbol].

offspring [ˈɔːfspriŋ] s. descendent, fill, fills pl., descendència f. ▲ pl. invariable.

oft [ɔft] adv. poèt. Vegeu OFTEN.

often [ˈɔ(ː)fn] adv. sovint, freqüentment, molt, moltes vegades. ‖ *as* ~ *as*, tan sovint com, tantes vegades com; *every so* ~, de tant en tant; *how* ~?, quantes vegades?

ogle (to) [ˈougl] t.-i. mirar amb insinuació.

ogre [ˈougə] s. ogre m.

oil [ɔil] s. oli m. 2 petroli m. 3 ART oli m., color m. o pintura f. a l'oli. ‖ ~ *painting*, pintura f. a l'oli.

oilcloth [ˈɔilklɔθ] s. hule m. 2 linòleum m.

oily [ˈɔili] a. oliós. 2 greixós, llardós. 3 llagoter, llepa, hipòcrita.

ointment [ˈɔintmənt] s. ungüent m., untura f.

O.K. [ˌouˈkei] dim. d'OKAY.

okay [ˌouˈkei] a. correcte, aprovat. ■ 2 adv. d'acord, molt bé. 3 vist i plau.

old [ould] a. vell, antic. ‖ *how* ~ *are you?*, quants anys tens?; ~ *boy*, antic alumne; ~ *man*, vell m.; ~ *salt*, llop m. de mar; BIB. *Old Testament*, Antic Testament.

old-fashioned [ˌouldˈfæʃənd] a. antiquat, passat de moda.

oldster [ˈouldstə] s. col·loq. vell.

oleander [ˌouliˈændə] s. BOT. baladre m.

oligarchy [ˈɔligɑːki] a. oligarquia f.

olive [ˈɔliv] s. BOT. olivera f., oliver m. 2 oliva f.

olive grove [ˈɔlivgrouv] s. oliverar m., oliveda f.

olive oil [ˌɔlivˈɔil] s. oli m. d'oliva.

olive tree [ˈɔlivtriː] s. olivera f., oliver m.

omelette, omelet [ˈɔmlit] s. truita f. [d'ous].

omen [ˈoumən] s. auguri m., averany m., presagi m.

ominous [ˈɔminəs] a. ominós; amenaçador; de mal averany.

omission [əˈmiʃən] s. omissió f. 2 oblit m., descuit m.

omit (to) [əˈmit] t. ometre. 2 descuidar-se p., oblidar.

omnibus [ˈɔmnibəs] s. òmnibus m. ■ 2 a. general, complet.

omnipotent [ɔmˈnipətənt] a. omnipotent.

omniscient [ɔmˈnisiənt] a. omniscient.

omnivorous [ɔmˈnivərəs] a. omnívor. ‖ fig. *an* ~ *reader*, un lector insaciable.

on [ɔn] prep. a, en, sobre, a sobre, de; amb; per; sota. ‖ ~ *all sides*, per tot arreu; ~ *arrival* o *arriving*, en arribar, quan arribi; ~ *board*, a bord; ~ *credit*, a crèdit; ~ *duty*, de servei; de guàrdia; ~ *foot*, a peu; ~ *pain of*, sota pena de; ~ *the table*, a la taula, sobre la taula; ~ *this condition*, amb aquesta condició; *what's* ~ *TV tonight?*, què fan aquesta nit a la tele? 2 ~ *Monday*, el dilluns. ■ 3 adv. posat: *to have one's hat* ~, portar el barret posat. 4 endavant. ‖ *and so* ~, i així successivament. ■ ‖ *to go* ~, continuar. 5 ~ *and* ~, sense parar. 6 més: *later* ~, més tard, posteriorment. ■ 7 a. que funciona; encès; obert: *the light is* ~, el llum és encès o obert.

once [wʌns] adv. una vegada, un cop. ‖ *all at* ~, de cop, de sobte; *at* ~, ara mateix, de seguida, (BAL.) (VAL.) tot d'una; ~ *a week*, un cop per setmana; ~ *and again*, una altra vegada; ~ *and for all*, una vegada per sempre; ~ *in a blue moon*, molt de tant en tant; ~ *upon a time there was*, hi havia una vegada. 2 antigament, abans. ■ 3 conj. tan aviat com.

one [wʌn] a. un. ‖ ~ *hundred*, cent. 2 sol, únic. ‖ *his* ~ *chance*, la seva única oportunitat. 3 idèntic, mateix. ‖ *it is all* ~ *to me*, és el mateix, m'és igual. 4 *the last but* ~, el penúltim. ■ 5 pron. un. ‖ *no* ~, ningú; ~ *another*, l'un a l'altre; *the* ~

who, el que, aquell que; *this* ~, aquest. ■ *6 s.* u *m.* [número].

onerous [ˈɔnərəs] *a.* onerós.

oneself [wʌnˈself] *pron.* se, es, si mateix, un mateix. ‖ *by* ~, sol; *to hurt* ~, fer-se mal; *within* ~, dins un mateix.

one-way [wʌnˈwei] *a.* direcció única. 2 d'anada [bitllet].

onion [ˈʌnjən] *s.* BOT. ceba *f.*

only [ounli] *a.* sol, únic. ■ 2 *adv.* només, sols, solament, únicament. ‖ *not* ~ ... *but ...,* no només... sinó que... 3 *if* ~, tant de bo: *if* ~ *I could go,* tant de bo pogués anar-hi. ■ 4 *conj.* només que, però.

onrush [ˈɔnrʌʃ] *s.* envestida *f.,* arremesa *f.* 2 força *f.,* ímpetu *m.*

onset [ˈɔnset] *s.* atac *m.,* arremesa *f.* 2 principi *m.,* començament *m.*

onslaught [ˈɔnslɔːt] *s.* atac *m.* violent, assalt *m.*

onto [ˈɔntə,ɔntuː] *prep.* cap a, sobre.

onward [ˈɔnwəd] *a.* cap endavant, (VAL.) avant: *the* ~ *movement,* el moviment cap endavant. ■ 2 *adv.* Vegeu ONWARDS.

onwards [ˈɔnwədz] *adv.* cap endavant. 2 *from then* ~, des d'aleshores; *from the 18th century* ~, des del segle XVIII, a partir del segle XVIII.

ooze [uːz] *s.* llacor *f.,* llot *m.,* fang *m.*

ooze (to) [uːz] *i.* traspuar, filtrar-se *p.* 2 rajar, brollar [lentament]. ■ 3 *t.* traspuar [també fig.].

opal [ˈoupəl] *s.* MINER. òpal *m.*

opaque [ouˈpeik] *a.* opac. 2 obscur [estil]. 3 obtús, espès.

open [ˈoupən] *a.* obert. ‖ *in the* ~ *air,* a l'aire lliure. ‖ *the Open University,* universitat *f.* a distància. 2 ras, descobert. 3 destapat, descobert [un cotxe, etc.]. 4 exposat a. 5 visible, públic, conegut: ~ *secret,* secret de domini públic. 6 franc, sincer. ■ 7 -ly *adv.* obertament, públicament, francament.

open (to) [ˈoupən] *t.* obrir. 2 desplegar, estendre, destapar, desembolicar. 3 *to* ~ *up,* descobrir, obrir, fer accesible. ■ 4 *i.* obrir(se). 5 confiar-se *p.,* obrir el cor a. 6 començar. 7 *to* ~ *into, on, upon,* donar accés, sortir a, donar a.

opening [ˈoupəniŋ] *s.* obertura *f.;* entrada *f.;* portell *m.;* clariana *f.* 2 començament *m.,* inici *m.* 3 inauguració *f.* 4 oportunitat *f.* 5 TEAT. estrena *f.*

open-minded [ˌoupənˈmaindid] *a.* de mentalitat oberta, sense prejudicis.

openness [ˈoupənnəs] *s.* franquesa *f.*

opera [ˈɔprə] *s.* MÚS. òpera *f.*

opera glasses [ˈɔprəglɑːsiz] *s. pl.* binocles *m. pl.* de teatre.

operate (to) [ˈɔpəreit] *t.* fer funcionar, fer anar, moure, manejar, dirigir. 2 efectuar. ■ 3 *i.* obrar. 4 funcionar. 5 fer efecte. 6 COM., MED., MIL. operar.

operation [ɔpəˈreiʃən] *s.* operació *f.* 2 funcionament *m.*

operator [ˈɔpəreitə] *s.* operador. ‖ *telephone* ~, telefonista. 2 operari, maquinista.

opinion [əˈpinjən] *s.* opinió *f.,* parer *m.*

opinionated [əˈpinjəneitid] *a.* tossut, entestat.

opium [ˈoupjəm] *s.* opi *m.* ‖ ~ *poppy,* cascall *m.*

opossum [əˈpɔsəm] *s.* ZOOL. opòssum *m.,* sariga *f.*

opponent [əˈpounənt] *s.* oponent, contrari, adversari, contrincant.

opportune [ˈɔpətjuːn] *a.* oportú.

opportunity [ɔpəˈtjuːniti] *s.* oportunitat *f.,* ocasió *f.*

oppose (to) [əˈpouz] *t.* oposar(se). 2 resistir(se).

opposed [əˈpouzd] *a.* oposat, contrari.

opposite [ˈɔpəzit] *a.* oposat: ~ *angles,* angles oposats. 2 del costat, del davant. 3 contrari. ■ 4 *prep.* davant de. ■ 5 *prep.* al davant. ■ 6 *s.* el contrari.

opposition [ɔpəˈziʃən] *s.* oposició *f.;* resistència *f.*

oppress (to) [əˈpres] *t.* oprimir. 2 tiranitzar. 3 aclaparar, afeixugar, abatre.

oppression [əˈpreʃən] *s.* opressió *f.,* tirania *f.*

oppressor [əˈpresə] *s.* opressor.

opprobious [əˈproubiəs] *a.* oprobiós. 2 injuriós, ultratjant.

opt (to) [ɔpt] *i.* optar.

optic [ˈɔptik] *a.* òptic.

optician [ɔpˈtiʃən] *s.* òptic.

optimist [ˈɔptimist] *s.* optimista.

optimistic [ɔptiˈmistik] *a.* optimista.

option [ˈɔpʃən] *s.* opció *f.* 2 alternativa *f.*

optional [ˈɔpʃənl] *a.* opcional, facultatiu.

opulence [ˈɔpjuləns] *s.* opulència *f.*

opulent [ˈɔpjulənt] *a.* opulent.

or [ɔːʳ] *conj.* o. ‖ *two hours* ~ *so,* unes dues hores, dues hores més o menys. ‖ *50* ~ *so,* uns 50. 2 ni.

oracle [ˈɔrəkl] *s.* oracle *m.*

oral [ˈɔːrəl] *a.* oral.

orange [ˈɔrindʒ] *s.* BOT. taronja *f.*

orange blossom ['ɔrindʒblɔsəm] s. BOT. tarongina f., flor f. del taronger.

orange tree ['ɔrindʒtri:] s. BOT. taronger.

oration [ɔ'reiʃən] s. discurs m.

orator ['ɔrətə'] s. orador.

oratory ['ɔrətəri] s. oratòria f. 2 oratori m., capella f.

orb [ɔːb] s. orbe m. 2 esfera f.

orbit ['ɔːbit] s. ASTR. òrbita f.

orchard ['ɔːtʃəd] s. hort m. [d'arbres fruiters].

orchestra ['ɔːkistrə] s. orquestra f. 2 TEAT. platea f.

orchid ['ɔːkid] s. BOT. orquídia f.

ordain (to) [ɔː'dein] t. ECLES. ordenar. 2 ordenar, decretar, disposar.

ordeal [ɔː'diːl] s. HIST. ordalia f. 2 prova f. [penosa].

order ['ɔːdə'] s. ordre m. [disposició o arranjament regular]. ‖ *in ~*, en ordre. ‖ *out of ~*, desordenat, desendreçat. 2 condecoració f. 3 ordre m., manament m., precepte m. 4 ordre m., classe f., grau m., classificació f. 5 *in ~ to*, per, a fi de. 6 COM. comanda f. 7 ECLES., MIL. orde m.

order (to) ['ɔːdə'] t. ordenar. 2 demanar. 3 COM. demanar, fer una comanda. 4 ECLES. ordenar. 5 MED. prescriure. 6 MIL. *~ arms!*, descanseu!

orderly ['ɔːdəli] a. ordenat, metòdic. 2 obedient, tranquil. ■ 3 s. MED. practicant, infermer. 4 MIL. ordenança m., assistent m. ■ 5 adv. ordenadament.

ordinal ['ɔːdinl] a. ordinal. ■ 2 s. número m. ordinal, ordinal m.

ordinary ['ɔːdin(ə)ri] a. ordinari, corrent. 2 *in ~*, en funcions, en activitat. ■ 3 s. ECLES. ordinari m. [de la missa].

ordnance ['ɔːdnəns] s. artilleria f., canons m. pl.

ordure ['ɔːdjuə'] s. brutícia f.

ore [ɔː', ɔə'] s. MIN. mineral m., mena f.

organ ['ɔːgən] s. òrgan m. [d'un animal, una planta, un partit, etc.]. 2 MÚS. orgue m. ‖ *barrel ~*, orgue m. de maneta, orguenet m.

organ grinder ['ɔːgəngraində'] s. tocador m. d'organet.

organism ['ɔːgənizəm] s. BIOL., FIL., organisme m.

organization [ˌɔːgənai'zeiʃən] s. organització f.

organize (to) ['ɔːgənaiz] t. organitzar. ■ 2 i. organitzar-se p.

orgasm ['ɔːgæzəm] s. orgasme m.

orgy ['ɔːdʒi] s. orgia f.

Orient ['ɔːriənt] s. GEOGR. orient m.

orient (to) ['ɔːrient] t. Vegeu ORIENTATE (TO).

orientate (to) ['ɔːrienteit] t. orientar. 2 *to ~ oneself*, orientar-se.

orifice ['ɔrifis] s. orifici m.

origin ['ɔridʒin] s. origen m. 2 procedència f.

original [ə'ridʒənl] a. original: *~ sin*, pecat original. 2 primitiu, primer. ■ 3 s. original m.

originate (to) [ə'ridʒineit] t. originar, crear, produir. ■ 2 i. originar-se p., néixer, venir de.

ornament ['ɔːnəmənt] s. ornament m., adorn m.

ornament (to) ['ɔːnəment] t. ornamentar, adornar.

ornamental [ˌɔːnə'mentl] a. ornamental, decoratiu.

ornate [ɔː'neit] a. molt adornat, enfarfegat. 2 florit [estil].

ornithology [ˌɔːni'θɔlədʒi] s. ornitologia f.

orography [ɔ'rɔgrəfi] s. orografia f.

orphan ['ɔːfən] a.-s. orfe.

orphanage ['ɔːfənidʒ] s. orfanat m., hospici m. 2 orfandat f.

orthodox ['ɔːθədɔks] a. ortodox.

orthodoxy ['ɔːθədɔksi] s. ortodòxia f.

orthography [ɔː'θɔgrəfi] s. ortografia f.

oscillate (to) ['ɔsileit] i. oscil·lar [també fig.]. ■ 2 t. fer oscil·lar.

osier ['ouʒiə'] s. BOT. vimetera f. 2 vim m., vímet m.

Oslo ['ɔzlou] n. pr. GEOGR. Oslo.

ostensible [ɔs'tensibl] a. ostensible. 2 aparent.

ostentation [ˌɔsten'teiʃən] s. ostentació f.

ostentatious [ˌɔsten'teiʃəs] a. ostentós.

ostler ['ɔslə'] s. mosso m. d'estable, palafrener m.

ostracism ['ɔstrəsizəm] s. ostracisme m.

ostrich ['ɔstritʃ] s. ORN. estruç f.

other ['ʌðə'] a. altre. ‖ *every ~ day*, dies alterns; *on the ~ hand*, per altra banda; *the ~ one*, l'altre. ■ 2 pron. -s. *the ~*, l'altre; *the others*, els altres; *no ~ than*, cap altre, només. ■ 3 adv. *~ than*, altra cosa que.

otherwise ['ʌðəwaiz] adv. d'altra manera, altrament. 2 per altra part, per la resta. ■ 3 conj. si no, altrament. ■ 4 a. diferent.

otiose ['ouʃious] a. form. ociós.

otter ['ɔtə'] s. ZOOL. llúdria f., llúdriga f.

ought [ɔːt] *def.* i *aux.* haver de, caldre: *I ~ to write,* he d'escriure, hauria d'escriure, cal que escrigui.

ounce [auns] *s.* unça *f.* [mesura].

our ['auə^r] *a. poss.* (el) nostre, (la) nostra, (els) nostres, (les) nostres: *Our Lady,* Nostra Senyora; *~ brothers,* els nostres germans.

ours ['auəz] *pron. poss.* (el) nostre, (la) nostra, (els) nostres, (les) nostres: *a friend of ~,* un amic nostre.

ourselves [auə'selvz] *pron.* nosaltres mateixos. ‖ *by ~,* nosaltres sols [sense ajuda]; nosaltres sols [sense ningú més]. *2* ens,-nos, a nosaltres mateixos.

oust (to) [aust] *t.* desallotjar, treure, fer fora.

out [aut] *adv.* fora, a fora, enfora. ‖ *to go ~,* sortir. *2* clar, sense embuts: *speak ~,* parla clar. *3* completament, fins el final. *4 ~ and away,* de bon tros, de molt; *~ for,* a la recerca de; *~ of favour,* en desgràcia; *~ on strike,* en vaga; *~ to win,* decidit a vèncer. ■ *5 a.* absent, fora de casa. *6* tancat, apagat; expirat. *7* publicat, que ha sortit. *8 ~ and ~,* completament; acèrrim, empedreït; *~ of place,* fora de lloc; incongruent; *~ of this world,* extraordinari, fantàstic. ■ *9 prep.* fora de: *~ of danger,* fora de perill. *10* per: *~ of pity,* per pietat. *11* de: *~ of a bottle,* d'una ampolla; *one ~ of ten,* un de cada deu; un sobre deu [nota]. *12* entre: *one book ~ of many,* un llibre entre molts. *13* sense: *~ of money,* sense diners. ■ *14 interj. ~!,* fora!

outbreak ['autbreik] *s.* erupció *f.* *2* rampell *m.,* rauxa *f.* *3* començament *m.,* declaració *f.* [d'una guerra, etc.]. *4* epidèmia *f.,* passa *f.* *5* onada *f.* [de crims, violència, etc.].

outbuilding ['autbildiŋ] *s.* dependència *f.* [d'un edifici].

outburst ['autbəːst] *s.* rampell *m.,* atac *m.,* explosió *f.:* *~ of laughter,* atac de riure.

outcast ['autkɑːst] *a.-s.* proscrit, pària.

outcome ['autkʌm] *s.* resultat *m.,* conseqüència *f.,* desenllaç *m.*

outcry ['autkrai] *s.* crit *m.* *2* clam *m.,* protesta *f.,* clamor *f.*

outdo (to) [aut'duː] *t.* excedir, superar, sobrepassar. *2* to *~ oneself,* superar-se. ▲ Pret. *outdid* [aut'did]; p. p.: *outdone* [aut'dʌn].

outdoor [aut'dɔː] *a.* a l'aire lliure. *2* de carrer.

outdoors [aut'dɔːz] *adv.* fora de casa; a l'aire lliure.

outer ['autə^r] *a.* exterior, extern. ‖ ASTR. *~ space,* espai *m.* exterior.

outfit ['autfit] *s.* equip *m.* *2* eines *f. pl.,* joc *m.* d'eines. *3* conjunt *m.* [de vestir].

outfit (to) ['autfit] *t.* equipar.

outflow ['autflou] *s.* efusió *f.,* fluix *m.,* pèrdua *f.* *2* desaiguament *m.*

outing ['autiŋ] *s.* sortida *f.,* excursió *f.*

outlaw ['autlɔː] *s.* bandit, bandoler. *2* proscrit.

outlet ['autlet] *s.* sortida *f.* [també fig.]. *2* desaiguament *m.* *3* COM. sortida *f.* [també fig.], mercat *m.* *4* ELECT. presa *f.* [de corrent].

outline ['autlain] *s.* contorn *m.,* perfil *m.* *2* esbós *m.* *3* esquema *m.,* resum *m.;* idea *f.* general.

outlook ['autluk] *s.* vista *f.,* perspectiva *f.* *2* perspectives *f. pl.,* pronòstic *m.* *3* actitud *f.* mental.

outlying ['autlaiiŋ] *a.* allunyat, llunyà. *2* aïllat. *3* exterior, dels afores.

out-of-date ['autəvdeit] *a.* passat de moda, antiquat.

out-of-print [autəv'print] *a.* exhaurit [una edició, un llibre, etc.].

outpost ['autpoust] *s.* MIL. avançada *f.*

output ['autput] *s.* producció *f.,* rendiment *m.* *2* INFORM. sortida *f.*

outrage ['autreidʒ] *s.* ultratge *m.,* abús *m.,* excés *m.*

outrage (to) ['autreidʒ] *t.* ultratjar, abusar de, violar.

outrageous [aut'reidʒəs] *a.* ultratjant. *2* violent. *3* enorme, atroç. ■ *4 -ly adv.* d'una manera ultratjant, violentament, atroçment.

outright ['autrait] *a.* sincer, franc, directe. *2* complet, absolut. ■ *3 adv.* completament. *4* obertament, francament. *5* d'un cop, d'una vegada.

outset ['autset] *s.* principi *m.,* començament *m.*

outside [aut'said] *s.* exterior *m.,* part *f.* externa; superfície *f.* *2* aparença *f.,* aspecte *m.* *3 at the ~,* pel cap alt. *4* ESPORT extrem *m.* ■ *5 a.* exterior, extern. *6* remot. *7* màxim. *8* forà, aliè. ■ *9 adv.* fora, a fora; al carrer, a l'aire lliure. ■ *10 prep.* a fora de, mes enllà de.

outsider [aut'saidə^r] *s.* foraster. *2* estrany, intrús. *3* cavall *m.* no favorit [en una cursa]; candidat sense possibilitats [en unes eleccions].

outskirts ['autskɔːts] *s. pl.* afores *m. pl.*

outstanding [aut'stændin] *a.* sortint, prominent. 2 rellevant, notable, excel·lent. 3 pendent, per pagar o cobrar.

outstretched [aut'stretʃt] *a.* estès, allargat, estirat.

outstrip (to) [aut'strip] *t.* avantatjar, deixar enrera.

outward ['autwəd] *a.* exterior, extern. 2 aparent, superficial. 3 que surt cap enfora, que surt. 4 d'anada.

outwards ['autwədz] *adv.* cap enfora.

outwit (to) [aut'wit] *t.* enganyar, ser més llest que.

oval ['ouvəl] *a.* oval, ovalat. ■ 2 *s.* figura *f.* ovalada, objecte *m.* ovalat.

ovary ['ouvəri] *s.* ANAT. ovari *m.*

oven ['ʌvn] *s.* forn *m.*

over ['ouvə'] *adv.* a sobre, per sobre. 2 a l'altra banda. 3 davant. 4 completament. ‖ *all* ~, a tot arreu, pertot arreu. 5 més, de més. ‖ *take the food that is left* ~, agafa el menjar que ha sobrat; 6 ~ *again,* una altra vegada. 7 *to be* ~, estar acabat, acabar-se. 8 *to run* ~, desbordar-se, vessar-se. ■ 9 *prep.* per sobre de, a sobre de. 10 a l'altra banda, de l'altra banda, de l'altre costat. 11 més de. 12 durant. 13 per, a. 14 amb: *he stumbled* ~ *the stone,* va ensopegar amb la pedra. 15 de, a propòsit de. 16 superior, més alt. 17 que cobreix. 18 excessiu, de més.

overalls ['ouvərɔːlz] *s.* granota *f.* [vestit]. 2 guardapols *m.*

overawe (to) [ouvər'ɔː] *t.* intimidar, fer por.

overbear (to) [ouvə'bɛə'] *t.* dominar, imposar(se). 2 aclaparar. 3 fig. intimidar. ▲ Pret.: *overbore* [ouvə'bɔː']; p. p.: *overborne* [ouvə'bɔːn].

overbearing [ouvə'bɛərin] *a.* dominador, despòtic, altiu.

overbore Vegeu OVERBEAR (TO).

overborne Vegeu OVERBEAR (TO).

overcame Vegeu OVERCOME (TO).

overcast [ouvəka:st] *a.* ennuvolat, tapat. 2 fig. obscur; trist.

overcharge (to) [ouvə'tʃɑːdʒ] *t.* sobrecarregar, recarregar. 2 cobrar massa. ■ 3 *i.* cobrar *t.* massa.

overcoat ['ouvəkout] *s.* abric *m.,* sobretot *m.,* gavany *m.*

overcloud (to) [ouvə'klaud] *t.* ennuvolar. ■ 2 *i.* ennuvolar-se *p.*

overcome (to) [ouvə'kʌm] *t.* vèncer, triomfar sobre. 2 vèncer, superar, salvar [obstacles, dificultats, etc.]. 3 superar, sobreposar-se *p.* 4 rendir, esgotar. ▲ Pret.: *overcame* [ouvə'keim]; p. p. *overcome* [ouvə'kʌm].

overcrowd (to) [ouvə'kraud] *t.* abarrotar, omplir, atapeir.

overdo (to) [ouvə'duː] *t.* fer massa, excedir-se *p.,* exagerar. 2 fer caure massa. ▲ Pret.: *overdid* [ouvə'did]; p. p.: *overdone* [ouvə'dʌn].

overdress (to) [ouvə'dres] *t.* mudar, empolainar excessivament. ■ 2 *i.* anar massa mudat o empolainat, mudar-se *p.* excessivament.

overflow ['ouvəflou] *s.* inundació *f.,* desbordament *m.,* vessament *m.* 2 excés *m.*

overflow (to) [ouvə'flou] *t.* inundar. 2 desbordar. ■ 3 *i.* desbordar-se *p.* [també fig.]. 4 vessar.

overgrown [ouvə'groun] *a.* massa alt [per a la seva edat]. 2 cobert de plantes, d'herbes.

overhang (to) [ouvə'hæŋ] *t.* projectar(se) sobre. 2 amenaçar. ■ 3 *i.* penjar per sobre de. ▲ Pret. i p. p.: *overhung* [ouvə'hʌŋ].

overhaul ['ouvəhɔːl] *s.* repàs *m.,* revisió *f.*

overhaul (to) [ouvə'hɔːl] *t.* repassar, revisar, examinar. 2 atrapar.

overhead [ouvə'hed] *adv.* per sobre [del cap]. ■ 2 *a.* ['ouvəhed] de dalt. 2 aeri.

overhear (to) [ouvə'hiə'] *t.* sentir per casualitat, sentir sense voler. ▲ Pret. i p. p.: *overheard* [ouvə'həːd].

overhung Vegeu OVERHANG (TO).

overjoyed [ouvə'dʒɔid] *a.* molt content, ple d'alegria.

overland ['ouvəlænd] *a.* terrestre. ■ 2 *adv.* [ouvə'lænd] per terra, per via terrestre.

overlap (to) [ouvə'læp] *t.-i.* encavalcar, encavallar(se), sobreposar-se *p.* 2 fig. coincidir parcialment.

overlook (to) [ouvə'luk] *t.* mirar des de dalt. 2 dominar [amb la vista]. 3 donar a, tenir vista a. 4 inspeccionar, vigilar. 5 repassar, revisar. 6 passar per alt, no veure, oblidar. 7 tolerar, perdonar.

overnight [ouvə'nait] *adv.* anit, a la nit anterior. 2 a la nit, durant la nit. ‖ *to stay* ~, passar la nit. ■ 3 *a.* ['ouvənait] de nit, nocturn, d'una nit. ‖ ~ *success,* èxit de la nit al dia.

overpower (to) [ouvə'pauə'] *t.* vèncer, dominar. 2 aclaparar, afeixugar. 3 provocar massa polèmica.

overpowering [ouvə'pauərin] *a.* dominador, dominant. 2 aclaparador, irresistible.

overran Vegeu OVERRUN (TO).

overrate (to) [ouvə'reit] *t.* valorar excessivament.

overrun (to) [ouvə'rʌn] *t.* cobrir totalment, invadir, ocupar. 2 excedir, sobrepassar. ▲ Pret. *overran* [ouvə'ran]; p. p. *overrun* [ouvə'rʌn].

oversaw Vegeu OVERSEE (TO).

oversea [ouvə'si:] *a.* d'ultramar.

overseas [ouvə'si:z] *adv.* a ultramar, a l'altra banda del mar.

oversee (to) [ouvə'si:] *t.* vigilar, inspeccionar, supervisar. ▲ Pret.: *oversaw* [ouvə'sɔ:]; p. p.: *overseen* [ouvə'si:n].

overseer [ouvəsiə'] *s.* inspector, supervisor. 2 capataç.

overshadow (to) [ouvə'ʃædou] *t.* fer ombra [també fig.].

overshoe [ouvə'ʃu:] *s.* xancle *m.*

oversight [ouvəsait] *s.* descuit *m.*, omissió *f.*, distracció *f.* 2 vigilància *f.*, cura *f.*

overstate (to) [ouvə'steit] *t.* exagerar.

overstep (to) [ouvə'step] *t.* anar més enllà de, ultrapassar.

overtake (to) [ouvə'teik] *t.* atrapar. 2 passar, deixar enrera. 3 sorprendre. ▲ Pret.: *overtook* [ouvə'tuk]; p. p.: *overtaken* [ouvə'teikən].

overthrow (to) [ouvə'θrou] *t.* bolcar, tombar. 2 derrocar, enderrocar. 3 destruir. 4 vèncer. ▲ Pret. *overthrew* [ouvə'θru:]; p. p.: *overthrown* [ouvə'θroun].

overtime [ouvətaim] *s.* hores *f. pl.* extres o extraordinàries. ■ 2 *adv.* en hores extres o extraordinàries.

overtook Vegeu OVERTAKE (TO).

overture [ouvətjuə'] *s.* insinuació *f.*, proposició *f.*, proposta *f.* [de pau, etc.]. 2 MÚS. obertura *f.*

overturn (to) [ouvə'tə:n] *t.* bolcar. 2 enderrocar. 3 transtornar. ■ 4 *i.* bolcar.

overweening [ouvə'wi:nin] *a.* presumptuós, pretensiós.

overwhelm (to) [ouvə'welm] *t.* inundar. 2 aclaparar, afeixugar. 3 confondre, desconcertar.

overwhelming [ouvə'welmin] *a.* aclaparador, irresistible, poderós.

owe (to) [ou] *t.* deure: *he owes £50 to his brother*, deu 50 lliures al seu germà. ■ 2 *i.* deure *t.*, tenir deutes.

owing [ouin] *ger.* de OWE (TO). ■ 2 *a.* que es deu. ■ 3 *prep.* ~ *to*, per causa de, degut a.

owl [aul] *s.* ORN. mussol *m.*, òliba *f.*, gamarús *m.*

own [oun] *a.* propi, seu: *his* ~ *mother*, la seva pròpia mare; *this car is my* ~, aquest cotxe és meu. ■ 2 *pron.* on one's ~, sol; pel seu compte; únic.

own (to) [oun] *t.* posseir, tenir. 2 reconèixer, confessar. ■ 3 *i.* reconèixer *t.*, confessar *t.*

owner [ounə'] *s.* amo, propietari, posseïdor.

ox [ɔks] *s.* ZOOL. bou *m.* 2 BOT. *ox-eye*, margarida *f.* ▲ *pl.* oxen [ɔksən].

oxide [ɔksaid] *s.* QUÍM. òxid *m.*

oxygen [ɔksidʒən] *s.* oxigen *m.*

oyster [ɔistə'] *s.* ostra *f.*

P

P, p [piː] s. p f. [lletra]. 2 *to mind one's p's and q's,* anar amb compte amb el que es diu.

pa [paː] s. col·loq. (abrev. de *papa*) papa *m.*

pace [peis] s. pas *m.,* passa *f.* [marxa, manera de caminar; mesura]. 2 ritme *m.,* velocitat *f.* 3 ambladura *f.,* portant *m.* [d'un cavall].

pace (to) [peis] *i.* passejar, caminar. 2 amblar [un cavall]. ■ 3 *t.* apassar, mesurar a passes.

pacemaker ['peismeikəʳ] s. MED. marcapàs *m.* 2 ESPORT el qui marca el pas [en una cursa].

pacific [pə'sifik] *a.* pacífic.

Pacific Ocean [pə'sifik'ouʃn] *n. pr.* GEOGR. Oceà *m.* Pacífic.

pacify (to) ['pæsifai] *t.* pacificar, apaivagar, calmar, assossegar.

pack [pæk] s. farcell *m.,* fardell *m.,* bolic *m.,* bala *f.,* paquet *m.,* càrrega *f.* 2 baralla *f.* [de cartes]. 3 reguitzell *m.,* enfilall *m.* 4 quadrilla *f.,* colla *f.* 5 ramat *m.* 6 gossada *f.,* canilla *f.*

pack (to) [pæk] *t.* empaquetar, embolicar; envasar. 2 fer [una maleta, etc.]. 3 entaforar, encabir, entatxonar. 4 CUI. conservar, fer conserves. ■ 5 *i.* entaforar-se *p.,* encabir-se *p.,* entatxonar-se *p.* 6 *to ~ up,* fer la maleta; col·loq. plegar; fer-se *p.* malbé.

package ['pækidʒ] s. paquet *m.,* farcell *m.,* fardell *m.*

package holiday ['pækidʒ'hɔlidei], **package tour** ['pækidʒ'tuə] s. vacances *f. pl.* organitzades, viatge *m.* organitzat.

pack animal ['pæk'æniml] s. animal *m.* de càrrega.

packet ['pækit] s. paquet *m.* 2 paquet *m.* de tabac [cigarretes].

packet boat ['pækit'bout] s. MAR. paquebot *m.*

packing ['pækiŋ] s. embalatge *m.;* envàs *m.*

packsaddle ['pæk,sædl] s. albarda *f.,* bast *m.*

pact [pækt] s. pacte *m.,* acord *m.*

pad [pæd] s. coixí *m.,* coixinet *m.* 2 postís *m.* 3 farciment *m.* 4 musclera *f.;* genollera *f.;* plastró *m.* 5 bloc *m.,* llibreta *f.* 6 tampó *m.* [de tinta]. 7 *launching ~,* plataforma *f.* de llançament [d'un coet]. 8 tou *m.* [de la pota d'un animal].

pad (to) [pæd] *t.* encoixinar, farcir, folrar [amb un material tou]. 2 *to ~ out,* posar palla [en un discurs, etc.]. ■ 3 *i.* caminar.

padding ['pædiŋ] s. farciment *m.,* farcit *m.,* coixí *m.* 2 fig. palla *f.* [en un discurs, etc.].

paddle ['pædl] s. platós *m.* [rem]. 2 paleta *f.* [d'una roda].

paddle (to) ['pædl] *t.* impulsar amb platós. ■ 2 *i.* remar amb platós. 3 xipollejar, mullar-se *p.* els peus.

paddle boat ['pædlbout] s. vaixell *m.* de rodes.

paddock ['pædək] s. devesa *f.,* clos *m.,* cleda *f.* 2 clos *m.* [per a cavalls de cursa].

padlock ['pædlɔk] s. cadenat *m.*

pagan ['peigən] *a.-s.* pagà.

page [peidʒ] s. pàgina *f.,* plana *f.* 2 patge *m.* 3 grum *m.*

pageant ['pædʒənt] s. cavalcada *f.,* desfilada *f.* 2 espectacle *m.,* festa *f.*

paid [peid] Vegeu PAY (TO).

pail [peil] s. galleda *f.,* (BAL.) (VAL.) poal *m.* 2 MAR. bujol *m.*

pain [pein] s. dolor *m.,* sofriment *m.,* mal *m.;* aflicció *f.* 2 pena *f.* [càstig]: *on/under ~ of,* sota pena de. 3 treball *m.,* esforç *m.,* molèstia *f.* ‖ *to take pains to,* esforçar-se a, fer tot el possible per. 4 col·loq. *to be a ~ in the neck,* ser un pesat, ser una llauna.

pain (to) [pein] *t.* fer mal. 2 doldre, saber greu.

pantry

painful ['peinful] *a.* dolorós. 2 penós, angoixós, desagradable. 3 ardu. 4 dolorit. ■ *5* **-ly** *adv.* dolorosament, penosament.

painstaking ['peinz,teikiŋ] *a.* afanyat, industriós, polit, diligent, curós.

paint [peint] *s.* pintura *f.* 2 COSM. coloret *m.*

paint (to) [peint] *t.-i.* pintar *t.* [també fig.].

paintbrush ['peintbrʌʃ] *s.* brotxa *f.*, pinzell *m.*

painter ['peintə'] *s.* pintor. 2 MAR. amarra *f.*

painting ['peintiŋ] *s.* pintura *f.* [acció, art; color]. 2 pintura *f.*, quadre *m.*, retrat *m.*

pair [pɛə'] *s.* parell *m.* || ~ *of scissors*, unes tisores. || ~ *of trousers*, uns pantalons. 2 parella *f.* 3 tronc *m.*

pair (to) [pɛə'] *t.* aparellar. 2 aparionar, acoblar. 3 casar. ■ *4 i.* aparellar-se *p.*, aparionar-se *p.* 5 fer parella.

pajamas [pə'dʒɑːməz] *s. pl.* pijama *m.* *sing.*

pal [pæl] *s.* col·loq. company, camarada, amic.

palace ['pælis] *s.* palau *m.*

palatable ['pælətəbl] *a.* saborós, suculent. 2 agradable, acceptable.

palate ['pælit] *s.* paladar *m.*

pale [peil] *a.* pàl·lid. 2 descolorit. 3 esblanqueït. ■ *4 s.* pal *m.*, estaca *f.* 5 fig. límit *m.*, frontera *f.* ■ *6* **-ly** *adv.* pàl·lidament

pale (to) [peil] *i.* empal·lidir.

palette ['pælit] *s.* B. ART paleta *f.* [de pintor].

palfrey ['pɔːlfri] *s.* poèt. palafrè *m.*

paling ['peiliŋ] *s.* palissada *f.*, estacada *f.*

palisade [,pæli'seid] *s.* palissada *f.*, estacada *f.*, tanca *f.*

pall [pɔːl] *s.* drap *m.* fúnebre. 2 fig. cortina *f.* [de fum]. 3 ECLES. pal·li *m.*

pall (to) [pɔːl] *i. to ~ (on/upon),* avorrir *t.*, embafar *t.*, cansar *t.*

palliate (to) ['pælieit] *t.* pal·liar, mitigar. 2 atenuar, excusar.

pallid ['pælid] *a.* pàl·lid, desmaiat, esmorteït.

palm [pɑːm] *s.* palmell *m.*, palma *f.* [de la mà]. 2 BOT. palma *f.*, palmera *f.* 3 fig. victòria *f.*, palma *f.*

palm (to) [pɑːm] *t.* escamotejar. 2 *to ~ off on,* encolomar, endossar.

palmist ['pɑːmist] *s.* quiromàntic.

palmistry ['pɑːmistri] *s.* quiromància *f.*

Palm Sunday [,pɑːm'sʌndei] *s.* diumenge *m.* de rams.

palm tree ['pɑːmtriː] *s.* BOT. palmera *f.*

palpable ['pælpəbl] *a.* palpable, evident.

palpitate (to) ['pælpiteit] *i.* palpitar, bategar.

paltry ['pɔːltri] *a.* mesquí, miserable. 2 insignificant, fútil.

pampas ['pæmpəs] *s. pl.* pampa *f. sing.*

pamper (to) ['pæmpə'] *t.* consentir, malacostumar.

pamphlet ['pæmflit] *s.* fullet *m.*, opuscle *m.*

pan [pæn] *s.* cassola *f.*, cassó *m.* || *frying ~,* paella *f.* 2 balançó *m.*, plat *m.* [d'una balança]. 3 cassoleta *f.* [d'una arma de foc].

panacea [,pænə'siə] *s.* panacea *f.*

Panama [,pænə'mɑː] *n. pr.* GEOGR. Panamà.

Panamian [,pænə'meiniən] *a.-s.* panameny.

pancake ['pænkeik] *s.* crêpe *f.*, crespell *m.*, bunyol *m.*

pane [pein] *s.* vidre *m.* [de finestra, etc.].

panegyric [,pæni'dʒirik] *s.* panegíric *m.*

panel ['pænl] *s.* ARQ., CONSTR. plafó *m.*, entrepilastra *f.*, cassetó *m.*, cassetonat *m.* 2 tauler *m.* [de control, de comandament, etc.]. 3 llista *f.* [de jurats]. 4 jurat *m.*

panelling, (EUA) **paneling** ['pænəliŋ] *s.* revestiment *m.* 2 cassetonat *m.* 3 plafons *m. pl.*

pang [pæŋ] *s.* punxada *f.*, fiblada *f.* [també fig.].

panic ['pænik] *s.* pànic *m.*

panic ['pænik] *i.* espantar-se *p.*, atemorir-se. 2 esverar-se *p.*: *don't ~!* no t'esveris!

pannier ['pæniə'] *s.* sàrria *m.*, sarrió *m.* 2 cistella *f.* [d'una bicicleta, etc.]. 3 mirinyac *m.*

panorama [,pænə'rɑːmə] *s.* panorama *m.*

pansy ['pænzi] *s.* BOT. pensament *m.* 2 fig. col·loq. marieta *m.*

pant [pænt] *s.* esbufec *m.*, bleix *m.*, panteix *m.* 2 batec *m.*

pant (to) [pænt] *i.* esbufegar, panteixar. 2 bategar. ■ *3 i.* dir esbufegant.

pantheist ['pænθiist] *s.* panteista.

panther ['pænθə'] *s.* ZOOL. pantera *f.* 2 (EUA) puma *m.*

panties ['pæntiz] *s. pl.* calces *f. pl.*, calcetes *f. pl.*

pantomime ['pæntəmaim] *s.* pantomima *f.*

pantry ['pæntri] *s.* rebost *m.*

pants [pænts] *s. pl.* (G.B.) calçotets *m. pl.* 2 (EUA) pantalons *m. pl.*

papa [pə'pɑː] *s.* col·loq. papà *m.*

papacy ['peipəsi] *s.* papat *m.*, pontificat *m.*

papal ['peipəl] *a.* papal, pontifical.

paper ['peipə'] *s.* paper *m.* || ~ *currency*, ~ *money*, paper moneda. 2 document *m.* 3 full *m.* d'examen. 3 diari *m.*

paper (to) ['peipə'] *t.* empaperar.

paperback ['peipəbæk] *s.* llibre *m.* de butxaca. ■ 2 *a.* en rústica.

paper clip ['peipəklip] *s.* clip *m.* per a papers.

paper knife ['peipənaif] *s.* tallapapers *m.*

paper-weight ['peipəweit] *s.* petjapapers *m.*

par [pɑː'] *s.* paritat *f.*, igualtat *f.* 2 COM. par *f.* || *at* ~, a la par. || *to be on a* ~ *with*, ser igual a.

parable ['pærəbl] *s.* BIB., LIT. paràbola *f.*

parabola [pə'ræbələ] *s.* GEOM. paràbola *f.*

parachute ['pærəʃuːt] *s.* paracaigudes *m.*

parade [pə'reid] *s.* MIL. parada *f.*, revista *f.* 2 desfilada *f.*, cavalcada *f.*, seguici *m.* 3 ostentació *f.*, gala *f.* 4 passeig *m.*, avinguda *f.*

parade (to) [pə'reid] *t.* ostentar, fer gala de. 2 fer formar. ■ 3 *i.* formar, posar-se *p.* en formació. 4 desfilar.

paradise ['pærədais] *s.* paradís *m.*

paradox ['pærədɔks] *s.* paradoxa *f.*

paragon ['pærəgən] *s.* model *m.*, exemple *m.*

paragraph ['pærəgrɑːf] *s.* paràgraf *m.* 2 PERIOD. entrefilet *m.*

Paraguay ['pærəgwai] *n. pr.* GEOGR. Paraguai.

Paraguayan [,pærə'gwaiən] *a.-s.* paraguaià.

parakeet ['pærəkiːt] *s.* ORN. periquito *m.*

paralyse (to) ['pærəlaiz] *t.* paralitzar.

parallel ['pærəlel] *a.* paral·lel. ■ 2 *s.* paral·lelisme *m.*, semblança *f.* 3 paral·lel *m.* 4 ELECT. *in* ~, en paral·lel *m.* 5 GEOGR. paral·lel *m.*

parallel (to) ['pærəlel] *t.* establir un paral·lelisme. 2 ser paral·lel a [també fig.].

parallelogram [,pærə'leləgræm] *s.* GEOM. paral·lelògram *m.*

paralysis [pə'rælisis] *s.* paràlisi *f.*

paralytic [,pærə'litik] *a.-s.* paralític.

paramount ['pærəmaunt] *a.* superior, suprem, màxim.

parapet ['pærəpit] *s.* ampit *m.*, barana *f.* 2 MIL. parapet *m.*

parasite ['pærəsait] *s.* paràsit *m.* 2 gorrer, gorrista.

parasol [,pærə'sɔl] *s.* ombrel·la *f.*, parasol *m.*

paratrooper ['pærətruːpə'] *s.* paracaigudista.

parcel ['pɑːsl] *s.* paquet *m.*; farcell *m.* 2 parcel·la *f.*

parcel (to) ['pɑːsl] *t. to* ~ *out*, parcel·lar; dividir. 2 *to* ~ *up*, empaquetar, embalar.

parch (to) [pɑːtʃ] *t.* torrar. 2 cremar. 3 agostejar, agostar, ressecar.

parchment ['pɑːtʃmənt] *s.* pergamí *m.*; vitel·la *f.*

pardon ['pɑːdn] *s.* perdó *m.* || *I beg your* ~, perdoni. 2 DRET indult *m.*, amnistia *f.*

pardon (to) ['pɑːdn] *t.* perdonar, disculpar. || ~ *me*, perdoni. 2 DRET indultar, amnistiar.

pare (to) [peə'] *t.* tallar. 2 pelar [fruita, etc.]. 2 retallar, rebaixar. 3 fig. reduir.

parent ['peərənt] *s.* pare *m.*, mare *m.* 2 *pl.* pares *m. pl.*

parentage ['peərəntidʒ] *s.* família *f.*, llinatge *m.*, origen *m.*

parish ['pæriʃ] *s.* (G.B.) parròquia *f.*

parishioner [pə'riʃənə'] *s.* parroquià, feligrès.

Paris ['pæris] *n. pr.* GEOGR. París.

Parisian [pə'rizjən] *a.-s.* parisenc.

park [pɑːk] *s.* parc *m.* 2 jardí *m.*

park (to) [pɑːk] *t.* aparcar. 2 col·loq. deixar, posar [coses]; instal·lar-se *p.* [persones]. ■ 3 *i.* aparcar t.

parking ['pɑːkiŋ] *s.* aparcament *m.*

parley ['pɑːli] *s.* conferència *f.*, debat *m.*, discussió *f.*

parley (to) ['pɑːli] *i.* discutir, debatre, conferenciar, parlamentar.

parliament ['pɑːləmənt] *s.* parlament *m.*, corts *f. pl.*

parlour, (EUA) **parlor** ['pɑːlə'] *s.* sala *f.* 2 saló *m.* d'audiències. 3 (EUA) saló *m.* [de bellesa]; sala *f.* [de billar]. 4 ECLES. locutori *m.*

parochial [pə'roukjəl] *a.* parroquial. 2 fig. limitat, reduït, estret.

parody ['pærədi] *s.* paròdia *f.*

parole [pə'roul] *s.* paraula *f.*, paraula *f.* d'honor. 2 llibertat *f.* sota paraula. 3 MIL. sant *m.* i senya.

paroxysm ['pærəksizəm] *s.* paroxisme *m.*, rampell *m.*

parrot ['pærət] *s.* ORN. lloro *m.*, cotorra *f.*, papagai *m.*

parry ['pæri] *s.* parada *f.* 2 fig. elusió *f.*

parry (to) ['pæri] t. parar, aturar [un cop, etc.]. 2 fig. evitar, eludir.

parsimonious [paːsi'mounjəs] a. parsimoniós, estalviador.

parsley ['paːsli] s. BOT. julivert m.

parsnip ['paːsnip] s. BOT. xirivia f.

parson ['paːsn] s. ECLES. rector m., vicari m. 2 col·loq. sacerdot m.

parsonage ['paːsənidʒ] s. rectoria f.

part [paːt] s. part f. [tros; divisió; participació; participants]. ‖ *to take the ~ of*, posar-se de part de. 2 pl. llocs m. pl., parts f. pl. 3 MEC. peça f., recanvi m. 4 MÚS. part f. 5 TEAT. papers m. pl. ■ 6 a. parcial. ■ 7 adv. parcialment.

part (to) [paːt] t. dividir, separar. ‖ *to ~ one's hair*, fer-se p. la clenxa. ■ 2 i. separar-se p. 3 apartar-se p. 3 despendre's p., saltar. 4 morir. 5 *to ~ with*, despendre's p.

partake (to) [paːteik] i. *to ~ in*, participar en. 2 *to ~ of*, participar de. ▲ Pret.: *partook*; p. p.: *partaken*.

partial ['paːʃəl] a. parcial. 2 afeccionat. ■ 3 -ly adv. parcialment.

partiality [paːʃi'æliti] s. parcialitat f., favoritisme m. 2 afecció f., inclinació f.

participate (to) [paːtisipeit] i. *to ~ (in)*, participar (en), prendre part.

participle ['paːtisipl] s. GRAM. participi m.

particle ['paːtikl] s. partícula f. 2 mica f., engruna f. 3 GRAM. partícula f.

particular [pəˈtikjulə] a. particular, concret. 2 minuciós, detallat. 3 escrupulós, exigent. ■ 4 s. detall m. ‖ *in ~*, amb detall.

particularize (to) [pəˈtikjuləraiz] t.-i. particularitzar t., detallar t., especificar t.

parting ['paːtiŋ] s. separació f., divisió f. ‖ fig. *~ of the ways*, moment de separació. 2 marxa f., comiat m. 3 clenxa f., ratlla f.

partisan [paːti'zæn] s. partidari. 2 guerriller, partisà. ■ 3 a. partidari, partidista.

partition [paːˈtiʃən] s. partició f., fragmentació f. 2 divisió f. 3 envà m.

partly ['paːtli] adv. en part, en certa manera.

partner ['paːtnə] s. soci [en un negoci]. 2 company [de joc]. 3 parella f. [de ball]. 4 cònjuge m.

partook Vegeu PARTAKE (TO).

partridge ['paːtridʒ] s. ORN. perdiu f.

party ['paːti] s. partit m. [polític]; bàndol m. 2 festa f., reunió f. 3 grup m. de persones [en un viatge, a la feina, etc.]. 4

part f. [en un contracte; una disputa]. 5 tipus m., individu m. 6 MIL. destacament m. ■ 7 a. de partit, partidista. 8 de festa, de gala.

pass [paːs] s. pas m., port m. de muntanya, gorja f., congost m. 2 passi m., salconduit m. 3 carnet m. [de soci]. 4 situació f. 5 aprovat m. 6 ESPORT passada f.

pass (to) [paːs] i. passar. 2 oblidar-se p., desaparèixer. 3 ser acceptable. 4 aprovar t. ■ 5 t. passar. 6 travessar, deixar enrera. 7 sobrepassar, passar de. 8 sofrir, tolerar. 9 passar [temps]. 10 aprovar [un examen, una llei, etc.]. 11 fer córrer [coses falses]. 12 deixar passar. 13 fer marxar, fer passar. 14 DRET dictar, pronunciar [sentència]. ■ *to ~ away*, passar, desaparèixer, oblidar-se; morir; *to ~ by*, deixar de banda, deixar córrer; passar prop de; passar de llarg; *to ~ out*, deixar, graduar-se [el col·legi, la universitat, etc.]; col·loq. desmainar-se; *to ~ round*, passar de l'un a l'altre. ▲ Pret. i p. p.: *passed* o *past* [paːst].

passable ['paːsəbl] a. transitable, practicable. 2 tolerable, passable, acceptable.

passage ['pæsidʒ] s. pas m., passatge m., trànsit m. 2 passatge m., entrada f. 3 passatge m. [d'un vaixell, etc.]. 4 passatge m. [d'un llibre]. 5 pl. encontre m. sing., baralla f. sing.

passenger ['pæsindʒə] s. passatger, viatger.

passer-by ['paːsəˈbai] s. transeünt, vianant.

passing ['paːsiŋ] s. pas m. 2 trànsit m., mort f. ■ 3 a. que passa. 4 passatger, transitori.

passion ['pæʃən] s. passió f. 2 còlera f., ira f. 3 REL. *the Passion*, la Passió.

passionate ['pæʃənit] a. apassionat. 2 irat, encès. ■ 3 -ly adv. apassionadament, acaloradament.

passive ['pæsiv] a. passiu, inactiu. 2 GRAM. passiu. ■ 3 s. GRAM. veu f. passiva.

passport ['paːspɔːt] s. passaport m.

password ['paːswəːd] s. sant m. i senya, contrasenya. f.

past [paːst] a. passat, propassat. 2 anterior. 3 consumat. 4 GRAM. passat. ■ 5 s. passat m. ■ 6 prep. més de. 7 per davant de; més enllà de. 8 *it's ~ 11*, són les onze tocades. ■ 9 Vegeu PASS (TO).

paste [peist] s. pasta f., massa f. 2 engrut m., pastetes f. pl.

paste (to) [peist] t. enganxar amb engrut. 2 col·loq. apallissar, atonyinar.

pasteboard ['peistbɔːd] s. cartró m.

pastel ['pæstəl] s. ART pastel m. [pintura]. ■ 2 a. al pastel.

pastime ['paːstaim] s. passatemps m.

pastor ['paːstə'] s. pastor m. [de l'església].

pastoral ['paːstərəl] a. pastoral. ■ 2 s. pastoral f.

pastry ['peistri] s. pasta f. 2 pastisseria f., pastissos m. pl., pastes f. pl.

pastrycook ['peistrikuk] s. pastisser.

pasturage ['paːstjuridʒ] s. pastura f.

pasture ['paːstʃə'] s. pastura f., past m.

pasture (to) ['paːstʃə'] t. pasturar, portar a pasturar. ■ 2 i. pasturar.

pat [pæt] a. exacte, convenient, oportú. ■ 2 adv. oportunament. ■ 3 s. copet m., closquet m.

pat (to) [pæt] t.-i. donar copets.

patch [pætʃ] s. pedaç m., sargit m. 2 pegat m. 3 taca f. [de color]. 4 tros m., parcel·la f. 5 piga f. postissa.

patch (to) [pætʃ] t. apedaçar, posar pedaços, apparracar. 2 to ~ up, arreglar; fig. posar pau.

patent ['peitənt] a. patent, manifest. 2 patentat. 3 ~ leather, xarol m. ■ 4 s. patent f., llicència f.

patent (to) ['peitənt] t. patentar.

paternity [pə'təːniti] s. paternitat f.

path [paːθ] s. camí m., caminet m., senda f., viarany m. 2 ruta f., itinerari m., curs m.

pathetic [pə'θetik] a. patètic. 2 llastimós, penós.

pathos ['peiθɔs] s. patetisme m., sentiment m., emoció f.

pathway ['paːθwei] s. camí m., caminet m., viarany m.

patience ['peiʃəns] s. paciència f. 2 (G.B.) JOC solitari m.

patient ['peiʃənt] a. pacient, sofert. ■ 2 s. MED. pacient, malalt. ■ 3 -ly adv. pacientment.

patriarch ['peitriaːk] s. patriarca m.

patrimony ['pætrimənı] s. patrimoni m.

patriot ['peitriət] s. patriota.

patriotism ['pætriətizəm] s. patriotisme m.

patrol [pə'troul] s. patrulla f., ronda f.

patrol (to) [pə'troul] t.-i. patrullar i., rondar i.

patron ['peitrən] a. patró. ■ 2 s. patró m. [sant]. 3 patrocinador m., protector m. 4 parroquià m., client m.

patronage ['pætrənidʒ] s. protecció f., patrocini m. 2 clientela f. 3 REL. patronat m.

patroness ['peitrənis] s. patrona f. [santa]. 2 patrocinadora f., protectora f. 3 parroquiana f., clienta f.

patronize (to) ['pætrənaiz] t. protegir, patrocinar. 2 tractar de manera condescendent.

patten ['pætn] s. esclop m., xancle m.

pattern ['pætən] s. model m. 2 mostra f. 3 exemplar m., tipus m. 4 patró m., plantilla f. 5 dibuix m., disseny m.

paunch ['pɔːntʃ] s. panxa f., ventre m.

pauper ['pɔːpə'] s. pobre [persona].

pause ['pɔːz] s. pausa f. 2 interrupció f. 3 vacil·lació f. 4 descans m., treva f. 5 MÚS. calderó m.

pause (to) [pɔːz] i. fer una pausa, aturar-se p. 2 vacil·lar, dubtar.

pave (to) [peiv] t. pavimentar. 2 empedrar.

pavement ['peivmənt] s. (G.B.) vorera f. 2 paviment m.

pavillion [pə'viljən] s. pavelló m. 2 envelat m.

paw [pɔː] s. pota f. 2 grapa f., arpa f.

paw (to) [pɔː] t. toquejar, grapejar. ■ 2 i. potejar.

pawn [pɔːn] s. peó m. [d'escacs]. 2 fig. ninot m. 3 garantia f., dipòsit m., penyora f. || in ~, com a penyora.

pawn (to) [pɔːn] t. empenyorar.

pawnbroker ['pɔːn,broukə'] s. prestador.

pawnshop ['pɔːnʃɔp] s. casa f. d'empenyorament.

pay [pei] s. paga f., pagament m. 2 sou m., salari m. 3 gratificació f.

pay (to) [pei] t. pagar. 2 ingressar [diners al banc]. 3 compensar. 4 parar, prestar [atenció]. 5 rendir, donar. 6 fer [cumpliments]; retre [homenatge]. ■ 7 i. pagar. 8 ser rendible, profitós. ■ to ~ back, tornar [diners], reemborsar; to ~ for, pagar per [també fig.]; to ~ off, liquidar, saldar; to ~ out, pagar, abonar; NÀUT. amollar; to ~ up, saldar. ▲ Pret. i p. p.: paid [peid].

payable ['peiəbl] a. pagable, pagador.

payer ['peiə'] s. pagador.

paymaster ['peimaːstə'] s. pagador. 2 habilitat f.

payment ['peimənt] s. pagament m. 2 retribució f., recompensa f.

pea [piː] s. BOT. pèsol m.

peace [piːs] s. pau f. 2 ordre m. públic. 3 tranquil·litat f.

peaceful ['piːsful] a. pacífic, tranquil. ■ 2-ly adv. pacíficament.

peacemaker ['piːs,meikə'] s. pacificador.

peach [piːtʃ] s. BOT. préssec m., (BAL.) melicotó m., (VAL.) bresquilla f.

peach tree ['piːtʃtriː] s. BOT. presseguer m.

peacock ['piːkɔk] s. ORN. paó m.

peahen ['piːhen] s. ORN. paona f.

peak [piːk] s. cim m., cúspide f. [també fig.]. 2 punta f. || off ~, fora de l'hora punta. 3 cresta f. [d'una onada]. 4 visera f. [de gorra].

peal [piːl] s. repic m., repicada f., toc m. [de campanes]. 2 esclat m., estrèpit m.

peal (to) [piːl] t. repicar, tocar [les campanes]. 2 fer sonar, fer ressonar. ■ 3 i. sonar.

peanut ['piːnʌt] s. BOT. cacauet m. 2 pl. col·loq. poques peles f. pl.

pear [peə'] s. BOT. pera f.

pearl [pəːl] s. perla f. 2 nacre m.

pearly ['pəːli] a. perlat, perlí, nacrat. 2 de perla, de perles, amb perles.

pear tree ['peətriː] s. BOT. perera f.

peasant ['pezənt] s. camperol, pagès, (VAL.) llaurador.

peasantry ['pezəntri] s. gent f. del camp, pagesia f.

peat [piːt] s. GEOL. torba f.

pebble ['pebl] s. còdol m., palet m.

peck [pek] s. mesura d'àrids [aprox. 9 litres]. 2 becarrada f., picada f. 3 fig. pila f., munt m.

peck (to) [pek] t. picar [amb el bec]. 2 espicassar. 3 col·loq. fer petons per rutina. ■ 4 i. picotejar.

pectoral ['pektərəl] a. pectoral.

peculiar [pi'kjuːliə'] a. peculiar, propi. 2 particular, especial. 3 estrany, singular.

peculiarity [pi,kjuːli'æriti] s. peculiaritat f.

pecuniary [pi'kjuːnjəri] a. pecuniari.

pedagogue ['pedəgɔg] s. pedagog. 2 col·loq. professor pedant.

pedal ['pedl] s. pedal m. ■ 2 a. del peu.

pedant ['pedənt] s. pedant.

pedantry ['pedəntri] s. pedanteria f.

peddle (to) ['pedl] i. vendre per les cases. ■ 2 t. escampar, fer córrer la veu.

peddler ['pedlə'] s. venedor ambulant; firaire.

pedestal ['pedistl] s. pedestal m., peu m., base f.

pedestrian [pi'destriən] a. pedestre. ■ 2 s. vianant.

pedigree ['pedigriː] s. genealogia f., llinatge m. 2 arbre m. genealògic.

peel [piːl] s. pell f., pellofa f., pela f., escorça f.

peel (to) [piːl] t. to ~ (off), pelar, esclofollar. ■ 2 i. to ~ (off), saltar, despendre's p. [la pell, etc.].

peelings ['piːliŋz] s. pl. peles f. pl., peladures f. pl., pellofes f. pl.

peep [piːp] s. ullada f., cop m. d'ull, mirada f. 2 alba f., albada f. 3 piu m., piulet m. [d'ocell].

peep (to) [piːp] i. donar un cop d'ull, donar una ullada. 2 mirar d'amagat. 3 treure el cap, treure el nas. 4 piular.

peep-hole ['piːphoul] s. espiera f., espiell m.

peer [piə'] s. igual m. 2 par m. [noble].

peer (to) [piə'] i. mirar atentament, fitar, clavar els ulls. 2 sortir, aparèixer.

peerage ['piəridʒ] s. dignitat f. de par. 2 noblesa f. 3 guia f. de la noblesa.

peerless ['piəlis] a. sense parió, incomparable.

peevish ['piːviʃ] a. malcarat, brusc, sorrut, irritable.

peg [peg] s. agulla f. [d'estendre roba]. 2 penjador m., penja-robes m. 3 clavilla f. 4 estaca f., pal m. 4 fig. pretext m., tema m.

peg (to) [peg] t. clavar, clavillar.

Peking [piː'kin] n. pr. GEOGR. Pequín.

pelican ['pelikən] s. ORN. pelicà m.

pellet ['pelit] s. piloteta f., boleta f. 2 píndola f. 3 perdigó m.

pell-mell [,pel'mel] adv. amb presses, desordenadament.

pellucid [pe'luːsid] a. diàfan, transparent.

pelota [pə'loutə] s. ESPORT pilota f. basca.

pelt [pelt] s. pell m., cuir m.

pelt (to) [pelt] t. llançar, tirar. ■ 2 i. ploure a bots i barrals. 3 xocar contra, caure amb força sobre. 4 anar a tota velocitat.

pen [pen] s. ploma f. [per escriure]. 2 bolígraf m. 3 corral m., galliner m.

pen (to) [pen] t. escriure. 2 tancar [el bestiar]. ▲ Pret. i p. p.: penned o pent.

penal ['piːnl] a. penal. 2 penable.

penalize (to) ['piːnəlaiz] t. penar, castigar, penalitzar.

penalty ['penəlti] s. pena f., càstig m. 2 ESPORT penal m. [futbol].

penance ['penəns] s. penitència f.

penchant ['pɑːnʃɑːn] s. tendència f., inclinació f.

pence [pens] s. Vegeu PENNY.

pencil ['pensl] s. llapis m. 2 pinzell m. fi.

pendant, pendent ['pendənt] s. penjoll m.; penjarella f., arracada f. 2 ARQ. penjant m.

pendent ['pendənt] a. penjant. 2 pendent.

pendulum ['pendjuləm] s. pèndol m.

penetrate (to) ['penitreit] t.-i. penetrar, entrar, travessar t.

penetrating ['penitreitiŋ] a. penetrant. 2 perspicaç.

penetration [,peni'treiʃən] s. penetració f.

penfriend ['penfrend] s. amic per correspondència.

penguin ['pengwin] s. ORN. pingüí m.

penholder ['pen,houldə'] s. portaploma m.

peninsula [pə'ninsjulə] s. península f.

peninsular [pə'ninsjulə'] a. peninsular.

penis ['piːnis] s. ANAT. penis m.

penitence ['penitəns] s. penitència f.; contricció f., penediment m.

penitent ['penitənt] a.-s. penitent, penedit.

penitential [,peni'tenʃəl] a. penitencial.

penitentiary [,peni'tenʃəri] s. penitenciari m., presó f. ■ 2 a. penitenciari.

penknife ['pennaif] s. trempaplomes m., navalla f.

pennant ['penənt] s. MAR. gallardet m. 2 flàmula f., banderí m.

penniless ['penilis] a. pobre, que no té diners.

penny ['peni] s. penic m. ▲ pl. **pennies** ['peniz].

pension ['penʃən] s. pensió f., retir m., jubilació f. 2 ['pɑːnsiɔːn] pensió f., dispesa f.

pension (to) ['penʃən] t. pensionar, retirar, jubilar.

pensioner ['penʃənə'] s. pensionista.

pensive ['pensiv] a. pensatiu, pensarós; trist.

pent Vegeu PEN (TO).

pentagon ['pentəgən] s. GEOM. pentàgon m.

Pentecost ['pentikɔst] s. REL. pentecosta f.

penthouse ['penthaus] s. rafal m., cobert m. 2 àtic m.

pent-up ['pentʌp] a. reprimit.

penultimate [pi'nʌltimit] a. penúltim.

penury ['penjuri] s. penúria f., estretor f. 2 pobresa f. 3 manca f., mancança f.

people ['piːpl] s. gent f., persones f. pl.: the young ~, la gent jove; two ~, dues persones. 2 poble m., raça f., nació f. 3 poble m. [ciutadans; no nobles, etc.]. 4 col·loq. família f., parents m. pl.

people (to) ['piːpl] t. poblar.

pep [pep] s. col·loq. empenta f., vigor m.

pepper ['pepə'] s. pebre m. 2 pebrotera f.; pebrot m. ‖ red ~, pebrot vermell.

pepper (to) ['pepə'] t. amanir amb pebre. 2 assetjar [amb preguntes, etc.].

peppermint ['pepəmint] s. BOT. menta f.

per [pə(ː)'] prep. per: ~ cent, per cent. 2 col·loq. as ~, segons.

perambulate (to) [pə'ræmbjuleit] t. liter. recórrer. ■ 2 i. caminar, passejar, voltar.

perambulator [pə'ræmbjuleitə'] s. Vegeu PRAM.

perceivable [pə'siːvəbl] a. perceptible.

perceive (to) [pə'siːv] t. percebre; veure; compendre.

percentage [pə'sentidʒ] s. percentatge m.

perceptible [pə'septibl] a. perceptible, visible.

perception [pə'sepʃən] s. percepció f.

perch [pəːtʃ] s. ICT. perca f. 2 mesura f. de longitud [aprox. 5 metres]. 3 perxa f., pal m., barra f. 4 col·loq. bona posició f.

perch (to) [pəːtʃ] t. penjar, enfilar. ■ 2 i. posar-se p. [en una branca, etc.]. 3 enfilar-se p.

perchance [pə'tʃɑːns] adv. ant. per atzar, per ventura.

percolate (to) ['pəːkəleit] t. colar, filtrar. ■ 2 i. colar-se p., filtrar-se p.

percolator ['pəːkəleitə'] s. cafetera f. russa, cafetera f. de filtre.

percussion [pəː'kʌʃən] s. percussió f.

perdition [pəː'diʃən] s. perdició f.

peregrination [,perigri'neiʃən] s. peregrinació f., viatge m.

peremptory [pə'remptəri] a. peremptori, terminant. 2 autoritari, imperiós.

perennial [pə'renjəl] a. perenne.

perfect ['pəːfikt] a. perfecte. 2 absolut, consumat. ■ 3 -ly adv. perfectament; absolutament.

perfect (to) [pə'fekt] t. perfeccionar.

perfection [pə'fekʃən] s. perfecció f.

perfidious [pəː'fidiəs] a. pèrfid.

perfidy ['pəːfidi] s. perfídia f.

perforate (to) ['pəːfəreit] *t.* perforar, foradar.

perforce [pəˈfɔːs] *adv.* per força.

perform (to) [pəˈfɔːm] *t.* fer, dur a terme, executar, realitzar. 2 representar [una obra]; tocar [un instrument]; cantar [una cançó]. ■ 3 *i.* actuar. 4 tocar, cantar.

performance [pəˈfɔːməns] *s.* execució *f.*, compliment *m.*, acompliment *m.*, realització *f.* 3 acció *f.*, gesta *f.* 4 funció *f.*, representació *f.*, concert *m.*; actuació *f.*; sessió *f.*

perfume ['pəːfjuːm] *s.* perfum *m.*

perfume (to) [pəˈfjuːm] *t.* perfumar.

perfunctory [pəˈfʌŋktəri] *a.* perfuntori, rutinari.

perhaps [pəˈhæps, præps] *adv.* potser, tal vegada, (BAL.) per ventura.

peril ['peril] *s.* perill *m.* 2 risc *m.*

perilous ['periləs] *a.* perillós, arriscat.

period ['piəriəd] *s.* període *m.* 2 època *f.* 3 punt *m.* 4 MED. menstruació *f.*

periodic [ˌpiəriˈɔdik] *a.* periòdic.

periodical [ˌpiəriˈɔdikəl] *a.* periòdic. ■ 2 *s.* periòdic *m.*, publicació *f.* periòdica, revista *f.*

periscope ['periskoup] *s.* periscopi *m.*

perish (to) ['periʃ] *t.* fer malbé, deteriorar. 2 *to be perished with hunger*, estar mort de gana. ■ 3 *i.* fer-se *p.* malbé, deteriorar-se *p.* 4 morir, perir.

perishable ['periʃəbl] *a.* perible, alterable, que no es conserva.

perjure (to) ['pəːdʒə] *t. to ~ oneself,* perjurar.

perjury ['pəːdʒəri] *s.* perjuri *m.*

perk (to) [pəːk] *t. to ~ up,* aixecar [el cap]. 2 animar, encoratjar. ■ 3 *i. to ~ up,* reanimar-se *p.*, revifar-se *p.*

perky ['pəːki] *a.* espavilat, eixerit. 2 descarat, fresc, barrut.

permanence ['pəːmənəns] *s.* permanència *f.*

permanent ['pəːmənənt] *a.* permanent, estable, fix. ‖ *~ wave,* permanent [dels cabells]. ■ 2 *-ly adv.* permanentment.

permeate (to) ['pəːmieit] *t.* penetrar, amarar, impregnar. ■ 2 *i.* penetrar.

permission [pəˈmiʃən] *s.* permís *m.*, llicència *f.*, vènia *f.* 2 MIL. permís *m.*

permissive [pəˈmisiv] *a.* permissiu, tolerant.

permit ['pəːmit] *s.* permís *m.*, llicència *f.*, passi *m.*

permit (to) [pəˈmit] *t.* permetre. ■ 2 *i. to ~ of,* admetre *t.*, permetre *t.*

pernicious [pəːˈniʃəs] *a.* perniciós, perjudicial.

perorate (to) ['perəreit] *i.* perorar.

perpendicular [ˌpəːpənˈdikjulə] *a.* perpendicular. ■ 2 *s.* perpendicular *f.*

perpetrate (to) ['pəːpitreit] *t.* perpetrar.

perpetual [pəˈpetjuəl, -tʃuəl] *a.* perpetu. 2 continu, constant. ■ 3 *-ly adv.* perpètuament.

perpetuate (to) [pəˈpetjueit] *t.* perpetuar.

perplex (to) [pəˈpleks] *t.* deixar perplex, confondre. 2 atabalar. 3 complicar, enredar.

perplexity [pəˈpleksiti] *s.* perplexitat *f.*, confusió *f.* 2 atabalament *m.* 3 complicació *f.*

perquisite ['pəːkwizit] *s.* percaç *m.* 2 sobresou *m.*, propina *f.* 3 privilegi *m.*

persecute (to) ['pəːsikjuːt] *t.* perseguir. 2 assetjar, importunar.

persecution [ˌpəːsiˈkjuːʃən] *s.* persecució *f.*

perseverance [ˌpəːsiˈviərəns] *s.* perseverància *f.*

persevere (to) [ˌpəːsiˈviə] *i.* perseverar.

persist (to) [pəˈsist] *i.* persistir [in, a].

persistence [pəˈsistənt] *s.* persistència *f.*, insistència *f.* 2 constància *f.*

persistent [pəˈsistənt] *a.* persistent. 2 constant, tenaç. 3 insistent. ■ 4 *-ly adv.* persistentment, constantment, insistentment.

person ['pəːsn] *s.* persona *f.*

personable ['pəːsənəbl] *a.* atractiu, ben plantat, agradable.

personal ['pəːsnəl] *a.* personal, particular, privat. ‖ *~ estate* o *property,* béns *m. pl.* mobles. ■ 2 *s. pl.* nota *f.* de societat. ■ 3 *-ly adv.* personalment.

personage ['pəːsənidʒ] *s.* personatge *m.* 2 personalitat *f.*

personality [ˌpəːsəˈnæliti] *s.* personalitat *f.* 2 individualitat *f.* 3 personalisme *m.* 4 personatge *m.*, personalitat *f.* [famós]. 5 *pl.* al·lusions *f. pl.* personals.

personate (to) ['pəːsəneit] *t.* TEAT. fer el paper de, fer de. 2 fingir, fer-se *p.* passar per. 3 personificar.

personify (to) [pəˈsɔnifai] *t.* personificar.

personnel [ˌpəːsəˈnel] *s.* personal *m.*, plantilla *f.* ‖ *~ manager,* cap de personal.

perspective [pəˈspektiv] *s.* perspectiva *f.* [també fig.].

perspicacious [,pəːspiˈkeiʃəs] *a.* perspicaç.

perspicuous [pəˈspikjuəs] *a.* perspicu.

perspiration [,pəːspiˈreiʃən] *s.* transpiració *f.*, suor *f.*

perspire (to) [pəsˈpaiəʳ] *i.* transpirar, suar.

persuade (to) [pəˈsweid] *t.* persuadir, convèncer. 2 exhortar, intentar convèncer.

persuasion [pəˈsweiʒən] *s.* persuasió *f.* 2 creença *f.* 3 convicció *f.*

pert [pəːt] *a.* petulant, impertinent, descarat. 2 (EUA) viu, alegre, espavilat. ■ 3 -ly *adv.* descaradament.

pertain (to) [pəˈtein] *i.* pertànyer; pertocar. 2 tenir a veure amb, correspondre.

pertinacious [,pəːtiˈneiʃəs] *a.* pertinaç.

pertinent [ˈpəːtinənt] *a.* pertinent, oportú, apropiat.

pertness [ˈpəːtnis] *s.* petulància *f.*, insolència *f.*, arrogància *f.* 2 vivacitat *f.*

perturb (to) [pəˈtəːb] *t.* pertorbar, torbar, trasbalsar.

perturbation [,pəːtəˈbeiʃən] *s.* pertorbació *f.*, torbament *m.*, transtorn *m.*

Peru [pəˈruː] *n. pr.* GEOGR. Perú.

perusal [pəˈruːzəl] *s.* form. lectura *f.*

peruse (to) [pəˈruːz] *t.* form. llegir.

Peruvian [pəˈruːvjən] *a.-s.* peruà.

pervade (to) [pəˈveid] *t.* penetrar, omplir, escampar-se *p.* per.

perverse [pəˈvəːs] *a.* pervers. 2 tossut, obstinat. 3 díscol. ■ 4 -ly *adv.* perversament.

perversion [pəˈvəːʃən] *s.* perversió *f.* 2 corrupció *f.*, alteració *f.*

perverseness [pəˈvəːsnis], **perversity** [pəˈvəːsiti] *s.* perversitat *f.*, malícia *f.* 2 tossuderia *f.*, obstinació *f.* 3 indocilitat *f.*

pervert [ˈpəːvəːt] *s.* pervertit.

pervert (to) [pəˈvəːt] *t.* pervertir. 2 corrompre, fer malbé. 3 tergiversar, falsejar.

pervious [ˈpəːvjəs] *a.* penetrable, permeable.

pessimist [ˈpesimist] *s.* pessimista.

pest [pest] *s.* pesta *f.*, plaga *f.* 2 insecte *m.* nociu. 3 col·loq. fig. pesat, plom *m.*

pester (to) [ˈpestəʳ] *t.* molestar, importunar.

pestiferous [pesˈtifərəs] *a.* pestífer, pestilent. 2 danyós, nociu. 3 fig. perniciós.

pestilence [ˈpestiləns] *s.* MED. pesta *f.*, pestilència *f.*

pestle [ˈpesl] *s.* mà *f.* de morter.

pet [pet] *a.* favorit, predilecte; consentit. ‖ ~ *name,* apel·latiu *m.* afectuós. ‖ ~ *aversion,* enrabiada *f.* 2 domèstic ■ 3 *s.* animal *m.* domèstic. 4 persona *f.* consentida; favorit.

pet (to) [pet] *t.* acariciar, amanyagar. 2 malcriar, consentir. ■ 3 *i.* acariciar-se *p.*, amanyagar-se *p.*

petal [ˈpetl] *s.* BOT. pètal *m.*

Peter [ˈpiːtəʳ] *n. pr. m.* Pere.

petition [piˈtiʃən] *s.* petició *f.*, sol·licitud *f.* 2 prec *m.*, súplica *f.* 3 DRET demanda *f.*, petició *f.*, recurs *m.*

petition (to) [piˈtiʃən] *t.* sol·licitar. 2 adreçar una petició a. 3 DRET presentar una demanda. ■ 4 *i.* fer una sol·licitud.

petrel [ˈpetrəl] *s.* ORN. petrell *m.*

petrify (to) [ˈpetrifai] *t.* petrificar. 2 fig. deixar de pedra. ■ 3 *i.* petrificar-se *p.* 4 fig. quedar-se *p.* de pedra.

petrol [ˈpetrəl] *s.* (G.B.) gasolina *f.*, benzina *f.*, (ROSS.) essència *f.*

petroleum [piˈtrouljəm] *s.* petroli *m.* ‖ ~ *jelly,* vaselina *f.*

petticoat [ˈpetikout] *s.* combinació *f.*, enagos *m. pl.*

pettifoger [ˈpetifɔgəʳ] *s.* picaplets.

pettiness [ˈpetinis] *s.* insignificança *f.*, fotesa *f.*, nimietat *f.* 2 mesquinesa *f.*

pettish [ˈpetiʃ] *a.* geniüt, malcarat, sorrut.

petty [ˈpeti] *a.* petit, insignificant. ‖ ~ *cash,* diners *m. pl.* per a o procedents de, despeses menors. ‖ ~ *thief,* lladregot. 2 mesquí. 3 inferior, subaltern. ‖ MAR. ~ *officer,* sots-oficial [de la marina], contramestre.

petulance [ˈpetjuləns] *s.* impaciència *f.*, mal geni *m.*, mal humor *m.*

petulant [ˈpetjulənt] *a.* irritable, geniüt, malcarat.

pewter [ˈpjuːtəʳ] *s.* peltre *m.*

phalanx [ˈfælæŋks] *s.* ANAT., HIST. falange *f.* ▲ *pl.* **phalanges** [fəˈlændʒiːz].

phantasm [ˈfæntæzəm] *s.* fantasma *m.*

phantom [ˈfæntəm] *s.* fantasma *f.*, aparició *f.* 2 miratge *m.*, il·lusió *f.* òptica. ■ 3 *a.* fantasmal.

pharmacy [ˈfɑːməsi] *s.* farmàcia *f.*

phase [feiz] *s.* fase *f.* ‖ *out of* ~, desfasat.

phase (to) [feiz] *t.* escalonar; programar per fases. 2 *to* ~ *into,* introduir de mica en mica. 3 *to* ~ *out,* desfer; reduir progressivament.

pheasant [ˈfeznt] *s.* ORN. faisà *m.*

phenomenon [fiˈnɔminən] *s.* fenomen *m.*

philander (to) [fi'lændə'] *i.* flirtejar, festejar.

philanthropy [fi'lænθrəpi] *s.* filantropia *f.*

philharmonic [ˌfilɑ:'mɔnik] *a.* filarmònic.

philologist [fi'lɔlədʒist] *s.* filòleg.

philosopher [fi'lɔsəfə'] *s.* filòsof.

philosophy [fi'lɔsəfi] *s.* filosofia *f.*

philtre, (EUA) **philter** ['filtə] *s.* filtre *m.,* beuratge *m.* [amorós].

phlegm [flem] *s.* MED. flegma *f.* [també fig.].

phlegmatic(al) [fleg'mætik(əl)] *a.* flegmàtic.

phoenix ['fi:niks] *s.* MIT. fènix.

phone [foun] *s.* col·loq. telèfon *m.* ‖ ~ *boot,* cabina *f.* telefònica. ‖ ~ *call,* trucada *f.* telefònica. 2 GRAM. fonema *m.*

phone (to) [foun] *t.-i.* col·loq. telefonar *t.,* trucar *t.* per telèfon.

phone-in ['founin] *s.* RADIO., TELEV. programa *m.* amb participació telefònica.

phonetics [fə'netiks] *s.* fonètica *f.*

phoney, phony ['founi] *a.* col·loq. fals, enganyós. ■ 2 *s.* farsant.

photo ['foutou] *s.* col·loq. foto *f.*

photocopy ['foutoukɔpi] *s.* fotocòpia *f.*

photocopy (to) ['foutoukɔpi] *t.* fotocopiar.

photograph ['foutəgrɑ:f] *s.* fotografia *f.* ‖ ~ *library,* fototeca *f.*

photograph (to) ['foutəgrɑ:f] *t.* fotografiar, fer una fotografia. ■ 2 *i. to* ~ *well* o *badly,* ser o no ser fotogènic.

photogravure [ˌfoutəgrə'vjuə'] *s.* GRÀF. fotogravat *m.*

phrase [freiz] *s.* frase *f.* 2 locució *f.,* expressió *f.* 3 GRAM. locució *f.* 4 MÚS. frase *f.*

phrase (to) [freiz] *t.* expressar, redactar.

physical ['fizikəl] *a.* físic. ‖ ~ *fitness,* bon estat físic. ‖ ~ *training,* educació *f.* física. ■ 2 *-ly adv.* físicament.

physician [fi'ziʃən] *s.* metge, doctor.

physicist ['fizisist] *s.* físic.

physics ['fiziks] *s.* física *f.*

physiognomy [ˌfizi'ɔnəmi] *s.* fisonomia *f.,* fesomia *f.*

physiologist [ˌfizi'ɔlədʒist] *s.* fisiòleg.

physique [fi'zi:k] *s.* físic *m.* [figura, constitució].

pianist ['piənist] *s.* MÚS. pianista.

piano [pi'ænou] *s.* piano *m.* ‖ *grand* ~, piano *m.* de cua. ‖ *upright* ~, piano *m.* vertical.

picaresque [ˌpikə'resk] *a.* picaresc.

pick [pik] *s.* pic *m.* 2 collita *f.* 3 selecció *f.* ‖ fig. *the* ~ *of,* la flor i nata, el bó i millor. 4 MÚS. plectre *m.*

pick (to) [pik] *t.* foradar. 2 picar. 3 collir, plegar [flors, fruita, etc.]. 4 escollir, triar. 5 pelar, netejar, escurar. 6 rebentar [un pany]. 7 picar, espicossar. 8 *to* ~ *a quarrel,* cercar o buscar raons. 9 MÚS. puntejar [les cordes]. ■ *10 i.* picar *t.,* menjotejar. ■ *to* ~ *off,* arrencar, arrancar; *to* ~ *on,* escollir; criticar, censurar; *to* ~ *out,* distingir; escollir; *to* ~ *up,* collir, recollir; agafar; captar; copsar; despenjar [el telèfon]; comprar; millorar, refer-se; agafar velocitat; recuperar-se.

picket ['pikit] *s.* estaca *f.,* pal *m.* 2 piquet *m.* [de vaga; de soldats].

pickle ['pikl] *s.* salmorra *f.,* adob *m.,* escabetx *m.* 2 col·loq. embolic *m.,* tràngol *m.* 3 *pl.* confitats *m. pl.*

pickle (to) ['pikl] *t.* adobar, marinar, escabetxar.

pickpocket ['pikˌpɔkit] *s.* carterista, pispa.

pickup ['pikʌp] *s.* ELECT. càpsula *f.* fonocaptora. 2 furgoneta *f.* de repartiment. 3 cosa *f.* trobada. 4 col·loq. aventura *f.,* embolic *m.* [amorós]. 5 AUTO. acceleració *f.*

picnic ['piknik] *s.* excursió *f.,* sortida *f.* al camp; menjar *m.* al camp. 2 col·loq. plaer *m.,* cosa *f.* senzilla.

picnic (to) ['piknik] *i.* menjar al camp.

picture ['piktʃə'] *s.* pintura *f.,* quadre *m.* 2 imatge *f.,* retrat *m.* 3 làmina *f.,* gravat *m.* 4 escena *f.;* quadre *m.* 5 descripció *f.* 6 visió *f.* 7 CINEM. pel·lícula *f.* ‖ *the pictures,* el cine. 8 FOT. fotografia *f.* 9 TELEV. imatge *m.*

picture (to) ['piktʃə'] *t.* pintar, retratar. 2 descriure. 3 imaginar-se *p.,* representar-se *p.*

picturesque [ˌpiktʃə'resk] *a.* pintoresc. 2 típic. 3 original [persona].

pie [pai] *s.* pastís *m.,* (ROSS.) gató *m.;* empanada *f.* ‖ fig. *as easy as* ~, facilíssim. ‖ *to have a finger in every* ~, estar ficat en tot.

piece [pi:s] *s.* tros *m.,* bocí *m.* ‖ fig. *to give someone a* ~ *of one's mind,* cantar les veritats a algú. ‖ fig. *to go to pieces,* esfondrar-se [una persona]. 2 peça *f.,* component *m.* [d'un mecanisme]. 3 ~ *of advice,* consell *m.;* ~ *of furniture,* moble *m.;* ~ *of news,* notícia *f.* 4 moneda *f.* 5 MÚS., LIT., TEAT. peça *f.,* obra *f.*

piece (to) [pi:s] *t.* *to ~ together,* muntar, armar; fig. lligar caps. 2 *to ~ something out,* completar.

piecemeal ['pi:smi:l] *a.* fet a poc a poc, de mica en mica. 2 poc sistemàtic. ■ 3 *adv.* a poc a poc, per parts.

piecework ['pi:swɜːk] *s.* treball *m.* a preu.

pied [paid] *a.* clapat, clapejat.

pier [piə`] *s.* dic *m.,* espigó *m.,* escullera *f.* 2 moll *m.,* embarcador *m.* 3 ARQ. pilar *m.,* pilastra *f.;* pany *m.*

pierce (to) [piəs] *t.* travessar, traspassar; penetrar. 2 perforar, foradar, fer un forat. 3 fig. commoure.

piercing ['piəsiŋ] *a.* agut, penetrant. 2 esgarrifós. 3 tallant, que talla [vent].

piety ['paiəti] *s.* pietat *f.,* devoció *f.*

pig [pig] *s.* ZOOL. porc *m.,* marrà *m.* 2 fig. porc, bacó [persona]. 3 CUI. *suckling ~,* garrí *m.,* porcell *m.*

pigeon ['pidʒin] *s.* colom *m.* ‖ *carrier/homing ~,* colom missatger. 2 CUI. colomí *m.* 3 ESPORT colom *m.*

pigeonhole ['pidʒinhoul] *s.* covador *m.* [de colomar]. 2 casella *f.* [de caseller].

piggy bank ['pigibæŋk] *s.* guardiola *f.,* (BAL.) (VAL.) vidriola *f.,* (ROSS.) denieirola *f.*

pig-headed [ˌpig'hedid] *a.* tossut, obstinat.

pigskin ['pigskin] *s.* pell *f.* de porc.

pigsty ['pigstai] *s.* cort *f.,* baconera *f.* 2 fig. cort *f.*

pigtail ['pigteil] *s.* cua *f.* [de cabells].

pike [paik] *s.* MIL. pica *f.* [arma]. 2 ICT. lluç *m.* de riu. 3 barrera *f.* de peatge.

pilaster [piˈlæstə`] *s.* ARQ. pilastra *f.*

pile [pail] *s.* ARQ. estaca *f.,* puntal *m.* 2 pila *f.,* munt *m.* ‖ *funeral ~,* pira *f.* funerària. ‖ col·loq. *make a ~,* fer molts diners, fer una pila de diners. 3 borrissol *m.,* pèl *m.* [de roba]. 4 ELECT. pila *f.,* bateria *f.* 5 MED. hemorroides *f.*

pile (to) [pail] *t.* amuntegar, apilar, apilonar. 2 assegurar amb puntals. ■ 3 *i.* amuntegar-se *p.,* apilonar-se *p.;* acumular-se *p.* 4 *to ~ up,* amuntegar(se), apilonar(se), acumular(se).

pileup ['pailʌp] *s.* col·loq. xoc *m.* múltiple o en cadena [de cotxes].

pilfer (to) ['pilfə`] *t.-i.* rampinyar *t.,* pispar *t.,* cisar *t.*

pilfering ['pilfəriŋ] *s.* rampinya *f.,* cisa *f.*

pilgrim ['pilgrim] *s.* pelegrí, romeu.

pilgrimage ['pilgrimidʒ] *s.* peregrinació *f.,* romeria *f.,* romiatge *m.*

pill [pil] *s.* píndola *f.,* pastilla *f.* ‖ *the ~,* la píndola [anticonceptiva]. ‖ *to be on the ~,* prendre la píndola *f.* [anticonceptiva]. 2 fig. *a bitter ~ to swallow,* un mal tràngol.

pillage ['pilidz] *s.* pillatge *m.,* saqueig *m.*

pillage (to) ['pilidz] *t.* pillar, saquejar.

pillar ['pilə`] *s.* pilar *m.,* columna *f.,* suport *m.,* puntal *m.* [també fig.]. 2 fig. *from ~ to post,* anar d'Herodes a Pilat.

pillar box ['piləbɔks] *s.* (G.B.) bústia *f.*

pillion ['piljən] *s.* seient *m.* de darrera.

pillory ['piləri] *s.* picota *f.*

pillow [pilou] *s.* coixí *m.*

pillowcase ['piloukeis], **pillowslip** ['pilouslip] *s.* coixinera *f.*

pilot ['pailət] *m.* AVIA. pilot, aviador. 2 MAR. pilot, pràctic. 3 fig. guia, conseller. ■ 4 *a.* pilot, experimental.

pilot (to) ['pailət] *t.* pilotar. 2 dirigir, guiar.

pimp [pimp] *s.* alcavot, macarró, proxeneta.

pimple ['pimpl] *s.* gra *m.,* barb *m.* [a la pell].

pin [pin] *s.* agulla *f.* de cap. ‖ *drawing ~,* xinxeta *f.* ‖ fig. *pins and needles,* formigueig *m.* 2 agulla *f.* [joia]. 3 ESPORT bitlla *f.* 4 *pl.* ESPORT pals *m. pl.* [de billar]. 5 MEC. pern *m.* 6 TECNOL. xaveta *f.*

pin (to) [pin] *t.* clavar, posar [agulles]. 2 subjectar [amb agulles]. 2 *to ~ down,* subjectar; trobar, localitzar; precisar. ‖ fig. *to ~ somebody down,* obligar algú a comprometre's *p.* 3 *to ~ something on somebody,* culpar, acusar, responsabilitzar algú d'alguna cosa; *to ~ one's hopes on,* posar les esperances en.

pinafore ['pinəfɔː`] *s.* bata *f.,* davantal *m.* [de criatura]. ‖ *~ dress,* faldilla *f.* amb pitet.

pincers ['pinsəz] *s. pl.* tenalles *f. pl.,* estenalles *f. pl.,* alicates *f. pl.* 2 ZOOL. pinces *f. pl.*

pinch [pintʃ] *s.* pessic *m.* 2 punxada *f.,* fiblada *f.* [de dolor]. 3 pessic *m.,* mica *f.,* polsim *m.* 4 fig. tràngol *m.,* destret *m.* ‖ *at a ~,* en cas de necessitat.

pinch (to) [pintʃ] *t.* pessigar. 2 estrènyer [la sabata]. 3 pispar, cisar. 4 reduir, cisar. 5 agafar(se), enganxar(se). ■ 6 *i.* economitzar *t.,* estalviar *t.*

pine [pain] *s.* BOT. pi *m.*

pine (to) [pain] *i.* defallir, consumir-se *p.,* llanguir [gralnt. amb *away*]. 2 afligir-se *p. 3 to* ~ *for* o *after,* delir-se *p.* per, anhelar.

pineapple ['painæpl] *s.* BOT. ananàs *m.,* pinya *f.*

pinecone ['painkoun] *s.* BOT. pinya *f.*

pine kernel ['pain,kəːnl], **pine nut** ['painnʌt] *s.* BOT. pinyó *m.*

ping-pong ['piŋpɔŋ] *s.* ESPORT, col·loq. ping-pong *m.*

pinion ['pinjən] *s.* ORN., poèt. ala *f.* 2 MEC. pinyó *m.*

pinion (to) ['pinjən] *t.* tallar les ales. 2 lligar de mans.

pink [piŋk] *s.* BOT. clavell *m.,* clavellina *f.* || col·loq. *in the* ~ *of health,* bona salut *f.* 2 rosa *m.* [color]. ■ 3 *a.* rosa. 4 POL rogenc.

pinnacle ['pinəkl] *s.* ARQ. pinacle *m.* [també fig.]. 2 cim *m.*

pint [paint] *s.* pinta *f.* [mesura].

pioneer [,paiə'niə] *s.* pioner. 2 explorador. 3 iniciador. 3 MIL. sapador.

pious ['paiəs] *a.* pietós, devot. ■ 2 -ly *adv.* pietosament.

pip [pip] *s.* VET. pepida *f.* 2 JOC punt [daus, dòmino, etc.]. 3 (G.B.) MIL., col·loq. galó *m.* 4 BOT. llavor *f.,* pinyol *m.* 5 RÀDIO., TELEV. *senyal m.*

pipe [paip] *s.* tub *m.,* canonada *f.,* conducte *m.* 2 tub *m.* [d'un orgue]. 3 xiulet *m.,* xiulada *f.* 4 pipa *f.* [per fumar]. 5 hóta *f.* 6 *pl.* canonada *f.* 7 MÚS. flauta *f.,* caramella *f.,* flautí *m.; pl.* gaita *f.,* sac *m.* de gemecs.

pipe (to) [paip] *t.* canalitzar, acanonar, aconduir [per una canonada, etc.]. 2 MAR. cridar [amb una sirena]. ■ 3 *i.* MÚS. tocar la flauta, la caramella, etc. 4 cridar; cantar. 5 col·loq. *to* ~ *down,* callar.

pipe dream ['paipdriːm] *s.* castell *m.* en l'aire, il·lusió *f.*

pipeline ['paiplain] *s.* canonada *f.,* tub *m.* || *gas* ~, gasoducte *m.* || *oil* ~, oleoducte *m.* || *to be in the* ~, estar a punt d'arribar.

piper ['paipə] *s.* gaiter. 2 flautista

piping ['paipiŋ] *a.* agut, aflautat. ■ 2 *adv.* ~ *hot,* molt calent, calentíssim. ■ 3 *s.* canonada *f.,* tub *m.* 4 xiulet *m.* 5 adorn *m.* 6 COST. ribet *m.* 7 MÚS. so *m.* de la flauta, la caramella, la gaita, etc.

piquancy ['piːkənsi] *s.* picantor *f.* [també fig.].

piquant ['piːkənt] *a.* picant [també fig.].

pique (to) [piːk] *t.* picar, ferir, ofendre. 2 picar, excitar [la curiositat].

piracy ['pairəsi] *s.* pirateria *f.* [també fig.].

pirate ['paiərit] *s.* pirata. || ~ *edition,* edició *f.* pirata. || ~ *radio,* emissora *f.* pirata.

pirate (to) ['paiərit] *t.* publicar una edició pirata de. ■ 2 *i.* piratejar.

piss [pis] *s.* vulg. pipí *m.,* pixum *m.*

piss (to) [pis] *t.* vulg. pixar. ■ 2 *i.* vulg. pixar(se). 3 vulg. ~ *off!,* ves a fer punyetes!

pissed [pist] *a.* vulg. trompa, borratxo. 2 vulg. *to be* ~ *off,* estar empipat, emprenyat.

pistil ['pistl] *s.* BOT. pistil *m.*

pistol ['pistl] *s.* pistola *f.*

pistol case ['pistlkeis] *s.* pistolera *f.*

pistol shot ['pistlʃɔt] *s.* tret *m.* de pistola.

piston ['pistən] *s.* MEC. pistó *m.,* èmbol *m.* || ~ *ring,* anella *f.* del pistó. || ~ *rod,* tija *f.* || ~ *stroke,* moviment *m.* de l'èmbol.

pit [pit] *s.* forat *m.,* clot *m.,* sot *m.,* pou *m.* 2 senyal *m.,* marca *f.* [de la verola]. 3 mina *f.* 4 (EUA) pinyol *m.* [de fruita]. 5 (EUA) mercat *m.* [de Borsa]. 6 fig. trampa *f.* 7 fig. abisme *m.* 8 ANAT. boca *f.* [de l'estómac]. 9 MEC. pou *m.* de reparació [d'un garatge]. 10 TEAT. platea *f.*

pit (to) [pit] *t.* marcar, senyalar [la verola]. 2 omplir de forats, de clots. 3 (EUA) espinyolar, treure el pinyol [de la fruita]. 4 *to* ~ *one thing against another,* oposar. 5 *to* ~ *against,* enfrontar-se *p.,* lluitar contra.

pit-a-pat [,pitə'pæt] *s.* batec *m.,* palpitació *f.*

pitch [pitʃ] *s.* pega *f.,* brea *f.,* quitrà *f.* 2 llançament *m.* 3 inclinació *f.,* pendent *m.* 4 parada *f.* [de mercat]. 5 pas *m.* [de rosca]. 6 fig. grau *m.,* nivell *m.* 7 ARQ. pendent *m.* 8 ESPORT camp *m.,* terreny *m.* 9 MAR. capficall *m.* 10 MÚS. to *m.*

pitch (to) [pitʃ] *t.* embrear, enquitranar. 2 clavar, plantar. 3 posar, col·locar. 4 armar, muntar. 5 fer caure. 6 ESPORT llançar, tirar. 7 MÚS. entonar. ■ 8 *i.* acampar. 9 caure. 10 MAR. capficar, fer capficalls.

pitcher ['pitʃə] *s.* gerro *m.,* (BAL.) (VAL.) pitxer *m.,* gerra *f.* 2 ESPORT llançador [beisbol].

pitchfork ['pitʃfɔːk] *s.* AGR. forca *f.*

piteous ['pitiəs] *a.* llastimós, lamentable.

pitfall ['pitfɔːl] *s.* trampa *f.* [també fig.].

pith [piθ] *s.* medul·la *f.,* moll *m.* 2 vigor *m.,* força *f.* 3 fig. essència *f.,* cor *m.*

pithy ['piθi] *a.* fig. concís, substancial; expressiu.

pitiable ['pitiəbl] *a.* llastimós, lamentable. 2 menyspreable.

pitiful ['pitiful] *a.* llastimós. 2 compassiu. 3 menyspreable. ■ 4 **-ly** *adv.* llastimosament; compassivament.

pitiless ['pitilis] *a.* despietat, cruel, inhumà. ■ 2 **-ly** *adv.* depietadament.

pity ['piti] *s.* pietat *f.*, compassió *f.* 2 llàstima *f.*, pena *f.* ‖ *what a* ~*!*, quina pena!, quina llàstima!

pity (to) ['piti] *t.* compadir(se), apiadar-se *p.*

pivot ['pivət] *s.* TECNOL. eix *m.*, pivot *m.*, piu *m.* 2 fig. eix *m.*, base *f.* 3 ESPORT pivot [bàsquet].

placard ['plækɑːd] *s.* cartell *m.*, anunci *m.*, placard *m.*

placate (to) [plə'keit] *t.* apaivagar, aplacar.

place [pleis] *s.* lloc *m.*, indret *m.* ‖ *out of* ~, fora de lloc. ‖ col·loq. *to go places*, arribar lluny; viatjar; tenir èxit. 2 part *f.*, banda *f.* 3 local *m.*, casa *f.*, oficina *f.* 4 lloc *m.*, col·locació *f.*, càrrec *m.*, feina *f.* 5 pàgina *f.* 6 seient *m.*, plaça *f.* 7 plaça *f.* 8 *to take* ~, tenir lloc, ocórrer, celebrar-se. 9 ESPORT posició *f.*, lloc *m.*

place (to) [pleis] *t.* col·locar, posar, emplaçar, acomodar. 2 identificar. 3 COM. invertir, col·locar. 4 ESPORT classificar-se *p.*

placement ['pleismənt] *s.* col·locació *f.*, situació *f.*, emplaçament *m.*

placid ['plæsid] *a.* plàcid, tranquil.

plague [pleig] *s.* plaga *f.* 2 desastre *m.* 3 fig. molèstia *f.* 4 MED. pesta *f.*

plague (to) [pleig] *t.* infestar, empestar. 2 molestar, importunar.

plaid [plæd] *s.* manta *f.* escocesa. 2 tartà *m.* 3 roba *f.* de quadres.

plain [plein] *a.* pla, llis. 2 planer, clar, evident. 3 franc, sincer. 4 simple, corrent. 5 lleig, sense atractiu. 6 pur, natural, sense mescla. ■ 7 *adv.* clarament. ■ 8 *s.* pla *m.*, plana *f.*, planura *f.* ■ 9 **-ly** *adv.* clarament, senzillament.

plain clothes [plein'klouðz] *s.* roba *f.* de paisà. ‖ ~ *policeman*, policia *m.* de paisà.

plain sailing [plein'seiliŋ] *s.* fig. *to be* ~, ésser bufar i fer ampolles.

plainsong ['pleinsɔŋ] *s.* MÚS. cant *m.* pla.

plaint [pleint] *s.* queixa *f.* 2 poèt. plany *m.*, lament *m.* 3 DRET demanda *f.*, querella *f.*

plaintiff ['pleintif] *s.* DRET demandant, querellant.

plaintive ['pleintiv] *a.* planyívol, lamentós.

plait [plæt] *s.* trena *f.*

plait (to) [plæt] *t.* trenar.

plan [plæn] *s.* pla *m.*, disseny *m.*, esquema *f.* 2 pla *m.*, projecte *m.* 3 plànol *m.*

plan (to) [plæn] *t.* planejar, projectar, planificar. 2 fer el plànol de. ■ 3 *i.* fer projectes.

plane [plein] *a.* pla. ■ 2 *s.* avió *m.* 3 fig. pla *m.*, nivell *m.* 4 MAT. pla *m.* 5 TECNOL. garlopa *f.*, ribot *m.*

plane (to) [plein] *t.* TECNOL. ribotar. ■ 2 *i.* AVIA. volar, planar.

planet ['plænit] *s.* ASTR. planeta *m.*

plank [plæŋk] *s.* tauló *m.*, biga *f.* 2 postam *m.*

plant [plɑːnt], (EUA) [plænt] *s.* BOT. planta *f.* 2 equip *m.*, instal·lació *f.*, maquinària *f.* 3 planta *f.*, fàbrica *f.* 4 col·loq. trampa *f.*, estratagema *f.*

plant (to) [plɑːnt], (EUA) [plænt] *t.* plantar, sembrar, conrear. 2 plantar-se *p.* [una persona]. 3 col·locar, posar. 4 col·loq. amagar; comprometre. 5 fig. inculcar, imbuir.

plantation [plæn'teiʃən] *s.* plantació *f.* ‖ *banana* ~, platanar *m.*, plataneda *f.* ‖ *coffee* ~, cafetar *m.*

plaster ['plɑːstə'] *s.* guix *m.* 2 ~, *sticking* ~, espadadrap *m.* 3 enguixat *m.*, estucat *m.*

plaster (to) ['plɑːstə'] *t.* enguixar. 2 emplastrar. 3 enguixar, estucar. 4 posar, enganxar [un cartell, etc.].

plastic ['plæstik] *a.* plàstic. ‖ ~ *arts*, arts *f. pl.* plàstiques. ‖ ~ *explosive*, explosiu *m.* plàstic. ‖ ~ *surgery*, cirurgia *f.* plàstica. 2 fig. influenciable, mal·leable. ■ 3 *s.* plàstic *m.*

plate [pleit] *s.* planxa *f.*, làmina *f.* 2 gravat *m.*, làmina *f.* 3 plat *m.*, plata *f.* 4 vaixella *f.* [de plata, etc.]. 5 placa *f.*

plate (to) [pleit] *t.* blindar. 2 xapar, argentar, niquelar, daurar. 3 IMPR. imprimir amb clixés.

plateau ['plætou] *s.* altiplà *m.*

platform ['plætfɔːm] *s.* plataforma *f.* 2 cadafal *m.*, estrada *f.* 3 entaulat *m.*, tarima *f.* 4 FERROC. andana *f.*

platinum ['plætinəm] *s.* platí *m.*

platitude ['plætitjuːd] *s.* tòpic *m.*, lloc *m.* comú.

platoon [plə'tuːn] *s.* MIL. escamot *m.*

plausible ['plɔːzibl] *a.* plausible, versemblant. 2 convincent [persona].

play [plei] *s.* joc *m.* [diversió, esport]. ‖ *fair* ~, joc net; *foul* ~, joc brut; ~ *on words*, joc de paraules. 2 joc *m.*, funcionament *m.*, acció *f.*, activitat *f.* 3 joc *m.* [de llums, de colors, etc.]. 4 MEC. joc *m*. 5 TEAT. representació *f*. 6 TEAT. comèdia *f*., obra *f*., drama *m*., peça *f*.

play (to) [plei] *t*. jugar [una partida, etc.]; moure [una peça]. 2 posar en moviment. 3 fer, causar: *to ~ a trick on*, fer una mala passada a. 4 fingir. ‖ *to ~ the fool*, fer-se el ximplet. 5 col·loq. *to ~ truant*, fer campana. 6 CINEM. treballar. 7 ESPORT jugar 8 MÚS. tocar, interpretar. 9 TEAT. representar, interpretar [una obra]; fer [un paper]. ■ 10 *i*. divertir-se *p*., jugar; fer broma. 11 *to ~ fair*, jugar net. ■ *to ~ about/around*, fer el ximple; joguinejar; jugar amb, burlar-se *p*.; *to ~ at*, jugar a, fer [poc seriosament]; *to ~ back*, posar; tornar a posar; tornar a sentir [un disc, etc.]; *to ~ down*, treure importància, minimitzar; *to ~ on*, aprofitar-se de; continuar jugant o tocant. ‖ *to ~ on someone's nerves*, fer la guitza, fer el corcó; *to ~ out*, acabar; *to ~ up*, exagerar [un fet].

playacting ['pleiæktiŋ] *s*. fig. comèdia *f*.

player ['pleiəʳ] *s*. ESPORT jugador. 2 MÚS. músic, executant, intèrpret. 3 TEAT. actor *m*., actriu *f*.

player piano ['pleiəpiænou] *s*. MÚS. pianola *f*.

playful ['pleiful] *a*. juganer, enjogassat. 2 alegre.

playgoer ['pleigouəʳ] *s*. afeccionat al teatre.

playground ['pleigraund] *s*. pati *m*. [de col·legi]. 2 camp *m*. de joc. 3 parc *m*. infantil.

playhouse ['pleihaus] *s*. teatre *m*.

play-off ['pleiɔf] *s*. ESPORT desempat *m*., play off *m*.

playwright ['pleirait] *s*. autor dramàtic, dramaturg.

PLC, plc [pi:el'si:] *s*. COM. *(public limited company)* mena de societat anònima.

plea [pli:] *s*. petició *f*. 2 disculpa *f*., excusa *f*., pretext *m*. 3 súplica *f*. 4 DRET al·legant *m*., defensa *f*.

plead (to) [pli:d] *i*. DRET pledejar. 2 advocar, intervenir. 3 implorar, suplicar. ■ 4 *t*. defensar, al·legar [en defensa]. 5 DRET *to ~ guilty*, declarar-se *p*. culpable. ▲ Pret. i p. p.: *pleaded* o *plead*.

pleading ['pli:diŋ] *s*. (gralnt. *pl*.) DRET al·legats *m*. *pl*. 2 precs *m*. *pl*., súpliques *f*. *pl*.

pleasant ['pleznt] *a*. agradable, grat, plaent. 2 simpàtic, amable, afable. ■

3 -ly *adv*. agradablement, amablement, gratament.

pleasantry ['plezntri] *s*. broma *f*., facècia *f*.

please (to) [pli:z] *t*. agradar *i*. 2 complaure, acontentar. 3 caure bé. 4 *to be pleased (to)*, estar content; voler; alegrar-se *p*. ■ 5 *i*. agradar. 6 dignar-se *p*. 7 voler *t*. ‖ *~ yourself!*, com vulguis!

pleased ['pli:zd] *a*. content, satisfet. ‖ *~ to meet you*, encantat de conèixe'l.

pleasing ['pli:ziŋ] *a*. agradable, grat, plaent. 2 afable, cortès. ■ 3 -ly *adv*. agradablement, gratament, etc.

pleasurable ['pleʒərəbl] *a*. agradable, delitós, grat.

pleasure ['pleʒəʳ] *s*. plaer *m*., delit *m*., goig *m*., gust *m*. ‖ *~ trip*, viatge *m*. de plaer. 2 distracció *f*., divertiment *m*. 3 voluntat *f*., desig *m*.

pleasure boat ['pleʒəbout] *s*. vaixell *m*. de plaer.

pleasure ground ['pleʒəgraund] *s*. parc *m*. d'atraccions.

pleat [pli:t] *s*. plec *m*., doblec *m*.

plebeian [pli'bi:ən] *a*.-*s*. plebeu.

pledge [pledʒ] *s*. penyora *f*., garantia *f*. 2 empenyorament *m*. 3 promesa *f*. 4 compromís *m*. 5 brindis *m*.

pledge (to) [pledʒ] *t*. empenyorar, deixar de penyora. 2 comprometre's *p*. 3 prometre, jurar. 4 brindar *i*. per.

plentiful ['plentiful] *a*. abundant, copiós.

plenty ['plenti] *s*. abundància *f*. ‖ *~ of*, molt; de sobres; bastant, prou. ■ 2 *adv*. col·loq. prou, bastant.

pliable ['plaiəbl] *a*. dúctil, manejable. 2 fig. flexible, dòcil.

pliant ['plaiənt] *a*. flexible, vincladís. 2 fig. tou, dòcil, complaent.

pliers ['plaiəz] *s*. *pl*. alicates *f*. *pl*., tenalles *f*. *pl*., estenalles *f*. *pl*.

plight [plait] *s*. tràngol *m*., destret *m*. 2 situació *f*., estat *m*., condició *f*.

plod (to) [plɔd] *t*. recórrer [penosament]. ■ 2 *i*. caminar, arrossegar-se *p*. [pesadament]. 3 treballar laboriosament, afanyar-se *p*.

plot [plɔt] *s*. terreny *m*., tros *m*., parcel·la *f*., solar *m*. 2 conspiració *f*., complot *m*., maquinació *f*. 3 LIT. trama *f*., argument *m*.

plot (to) [plɔt] *t*. tramar, maquinar, ordir. 2 fer el plànol de, traçar. ■ 3 *i*. conspirar, intrigar.

plotter ['plɔtəʳ] *s*. conspirador, intrigant.

plough, (EUA) **plow** [plau] s. AGR. arada f.

plough, (EUA) **plow (to)** [plau] t. llaurar. 2 solcar. ■ 3 i. llaurar t. ■ to ~ back, reinvertir; to ~ through a crowd, obrir-se camí entre la gentada; to ~ through a book, llegir un llibre amb dificultat.

ploughman, (EUA) **plowman** [plauman] s. llaurador m., menador m.

pluck [plʌk] s. valor m., empenta f. 2 estrebada f., estirada f. 3 corada f., freixura f., menuts m. pl.

pluck (to) [plʌk] t. plomar. 2 agafar, collir. 3 estirar, arrencar. 4 to ~ up courage, armar-se p. de valor, animar-se p. 5 col·loq. robar, estafar. 6 MÚS. puntejar.

plug [plʌg] s. tap m., tac m. 2 col·loq. publicitat f. [ràdio, televisió]. 3 AUTO. bugia f. 4 ELECT. clavilla f., endoll m.

plug (to) [plʌg] t. tapar, obturar. 2 col·loq. fer publicitat de; repetir, insistir en. 3 (EUA) col·loq. tirar un tret a, matar. 4 ELECT. to ~ in, endollar, connectar. ■ 5 i. col·loq. to ~ away at, continuar treballant en.

plum [plʌm] s. BOT. pruna f. 2 col·loq. ganga f., ocasió f.

plumage [plu:midʒ] s. plomatge m.

plumb [plʌm] s. plumb-line, plom m., plomada f. ■ 2 a. vertical. 3 complet. ■ 4 adv. a plom. 5 (EUA) col·loq. completament; directament.

plumb (to) [plʌm] t. sondar, sondejar [també fig.]. 2 CONSTR. aplomar.

plumber [plʌmə'] s. lampista m.

plumbing [plʌmiŋ] s. lampisteria f. 2 instal·lació f. de canonades; instal·lació f. sanitària.

plume [plu:m] s. ploma f. [d'au]. 2 plomatge m. 3 plomall m.

plump [plʌmp] a. rodanxó, grassonet. 2 categòric, terminant.

plum tree [plʌmtri:] s. BOT. prunera f.

plunder [plʌndə'] s. pillatge m., saqueig m. 2 botí m.

plunder (to) [plʌndə'] s. pillar, saquejar, robar.

plundering [plʌndəriŋ] s. pillatge m., rapinya f. 2 espoliació f.

plunge [plʌndʒ] s. cabussó m., cabussada f. 2 immersió f. 3 salt m., caiguda f. 4 fig. to take the ~, fer un pas decisiu.

plunge (to) [plʌndʒ] t. enfonsar, submergir. 2 clavar. 3 sumir. ■ 4 i. saltar, capbussar-se p. 5 enfonsar-se p., submergir-se p. 6 llançar-se p., precipitar-se p. [també fig.].

plunger [plʌndʒə'] s. TECNOL. èmbol m. 2 desembussador m.

pluperfect [plu:'pə:fikt] a.-s. GRAM. plusquamperfet m.

plural [pluərəl] a. plural. ■ 2 s. plural m.

plus [plʌs] prep. més. ■ 2 a. ELECT., MAT. positiu. ■ 3 s. MAT. més m. 4 col·loq. fig. qualitat f. positiva.

plush [plʌʃ] s. TÈXT. pelfa f.; peluix m. ■ 2 a. de pelfa, pelfat. 3 col·loq. fig. luxós.

ply [plai] s. cap m., gruix m. ‖ three-ply wool, llana de tres caps.

ply (to) [plai] t. usar, utilitzar, manejar. 2 practicar. 3 treballar durament en. 4 to ~ with, atabalar amb preguntes; fer menjar o beure. ■ 5 i. to ~ between, fer el servei entre.

plywood [plaiwud] s. fusta f. contraxapada.

p.m. [pi:'em] (post meridiem) a la tarda, al vespre: at 8 p.m., a les 8 del vespre.

poach (to) [poutʃ] i. caçar t. o pescar t. en vedat o il·legalment. ■ 2 t. caçar o pescar en vedat o il·legalment. 3 fig. robar, pispar. 4 CUI. escumar [ous].

poacher [poutʃə'] s. caçador o pescador furtiu.

pock [pɔk] s. MED. senyal m., marca f. [deixats per la verola].

pocket [pɔkit] s. butxaca f. 2 ANAT. bossa f., sac m. 3 AVIA. bossa f. d'aire. 4 JOC tronera f. [billar]. 5 MIL. sac m.

pocket (to) [pɔkit] t. ficar(-se), guardar(-se) a la butxaca. 2 embutxacar-se p., apropiar-se p. 3 fig. robar, pispar. 4 fig. empassar-se p.: he pocketed his pride, es va empassar el seu orgull. 5 JOC ficar la bola a la tronera [billar].

pocketbook [pɔkitbuk] s. llibreta f. 2 (EUA) bitlletera f.; bossa f. de mà.

pocket knife [pɔkitnaif] s. navalla f.

pocket money [pɔkitmʌni] s. setmanada f. [esp. dels nens].

pock-marked [pɔkmɑːkt] a. marcat de verola.

pod [pɔd] s. BOT. beina f., tavella f.

poem [pouim] s. poema m., poesia f.

poet [pouit] s. poeta m.

poetess [pouites] s. poetessa f.

poetry [pouitri] s. poesia f. [art]. 2 poètica f.

poignant [pɔinjənt] a. acerb, cruel. 2 agut, punyent. 3 mordaç. 4 commovedor. ■ 5-ly adv. punyentment, cruelment, agudament, etc.

257

point [pɔint] *s.* punta *f.*, punxa *f.* 2 punxó *m.*, buril *m.* 3 punt *m.* ‖ *on the ~ of,* a punt de. ‖ *~ of view,* punt de vista. 4 qüestió *m.*, tema *m.*, intenció *f.* ‖ *beside the ~,* no venir al cas. ‖ *to come to the ~,* anar al gra; venir al cas. 5 sentit *m.*, significat *m.* 6 peculiaritat *f.*, tret *m.*, característica *f.* 7 l'important, el quid *m.* 8 moment *m.* 9 finalitat *f.*, propòsit *m.*, intenció *f.* ‖ *to carry one's ~,* sortir-se amb la seva *f.* ‖ *what's the ~?,* per què?, que se'n treu? 10 grau *m.* [en una escala]. 11 ESPORT, JOC punt *m.* 12 FERROC. agulla *f.* 13 GEOGR. punta *f.* 14 GRAM. punt *m.* 15 MAT. punt *m.*, coma *f.* [dels decimals].

point (to) [pɔint] *t.* afilar, esmolar, fer punta a. 2 apuntar, enfocar, encarar. 3 assenyalar, indicar, fer notar. ■ 4 *i.* assenyalar la caça [un gos]. 5 *to ~ at, to* o *toward,* assenyalar, apuntar cap a. 6 *to ~ out,* mostrar, indicar, assenyalar.

point-blank [ˌpɔint'blæŋk] *a.* directe, clar. 2 fet a boca de canó [també fig.]. ■ 3 *adv.* a boca de canó [també fig.]. 4 directament, clarament; categòricament.

pointed [ˈpɔintid] *a.* punxegut. 2 afilat, esmolat. 3 fig. mordaç, intencionat. 4 ARQ. ogival. ■ 5 **-ly** *adv.* intencionadament, agudament, mordaçment.

pointer [ˈpɔintəʳ] *s.* indicador *m.*, agulla *f.* 2 gos *m.* de mostra. 3 apuntador *m.* 4 fig. indicació *f.*

pointless [ˈpɔintlis] *a.* sense punta. 2 fig. sense sentit, inútil.

poise [pɔiz] *s.* equilibri *m.* 2 serenitat *f.* 3 aire *m.*, aspecte *m.* 4 elegància *f.*, aplom *m.*

poise (to) [pɔiz] *t.* equilibrar. 2 balancejar. ■ 3 *i.* estar en equilibri, estar suspès. 4 planar.

poison [ˈpɔizn] *s.* verí *m.*, metzina *f.*

poison (to) [ˈpɔizn] *t.* enverinar, emmetzinar [també fig.].

poisonous [ˈpɔiznəs] *a.* verinós. 2 tòxic. 3 fig. odiós; perniciós.

poke [pouk] *s.* empenta *f.*, cop *m.* de colze. 2 burxada *f.*

poke (to) [pouk] *t.* clavar, burxar. 2 empènyer. 3 atiar, avivar. 4 ficar. 5 *to ~ fun at,* riure's *p.* de, burlar-se *p.* de. 6 fig. *to ~ one's nose into,* ficar el nas. ■ 7 *i.* burxar *t.*, remenar *t.* 8 *to ~ about/ around,* ficar el nas pertot, xafardejar.

poker [ˈpoukəʳ] *s.* furga *f.*, atiador *m.* 2 JOC pòquer *m.* ‖ fig. col·loq. *poker-face,* cara *f.* d'esfinx, cara inescrutable.

Poland [ˈpoulənd] *n. pr.* GEOGR. Polònia.

polar [ˈpouləʳ] *a.* polar. 2 fig. oposat.

pole [poul] *s.* pol *m.* 2 pal *m.* 3 llança *f.* [de carruatge]. 4 *Pole,* polonès. 5 *flag ~,* asta *f.* de bandera. 6 fig. col·loq. *to be up the ~,* estar com un llum. 7 ESPORT perxa *f.*

polemic [pəˈlemik] *a.* polèmic. ■ 2 *s.* polèmica *f.* 3 polemista.

pole-star [ˈpoulstɑːʳ] *s.* estrella *f.* polar.

pole vault [ˈpoulvɔːlt] *s.* ESPORT salt *m.* de perxa.

police [pəˈliːs] *s.* policia *f.*

police (to) [pəˈliːs] *t.* mantenir l'ordre, vigilar, controlar.

police force [pəˈliːsfɔːs] *s.* cos *m.* de policia, força *f.* pública, policia *f.*

policeman [pəˈliːsmən] *s.* policia *m.*, guàrdia *m.*

police record [pəˈliːsˌrekɔːd] *s.* antecedents *m. pl.* penals.

police station [pəˈliːsˌsteiʃn] *s.* comissaria *f.* de policia.

policewoman [pəˈliːsˌwumən] *s.* dona *f.* policia.

policy [ˈpɔlisi] *s.* política *f.* 2 principis *m. pl.*, norma *f.* 3 sistema *m.*, tàctica *f.* 4 pòlissa *f.* [d'assegurances].

Polish [ˈpouliʃ] *a.* polonès. ■ 2 *s.* polonès [persona]. 3 polonès *m.* [llengua].

polish [ˈpɔliʃ] *s.* poliment *m.* 2 lluentor *f.*, brillantor *f.* 3 betum *m.*, llustre *m.* 4 cera *f.* 5 esmalt *m.*, laca *f.* 6 fig. refinament *m.*, elegància *f.*

polish (to) [ˈpɔliʃ] *t.* polir, brunyir, enllustrar, abrillantar, encerar. 2 fregar, netejar. 3 fig. polir, refinar. 4 *to ~ off,* polir-se *p.* [menjar, beure]; despatxar, acabar. 5 *to ~ up,* polir, abrillantar, enllustrar; fig. polir, perfeccionar.

polite [pəˈlait] *a.* cortès, atent, ben educat. 2 culte, refinat.

politeness [pəˈlaitnis] *s.* cortesia *f.*, bona educació *f.*, urbanitat *f.*

politic [ˈpɔlitik] *a.* polític, diplomàtic, prudent. 2 astut, sagaç.

political [pəˈlitikəl] *a.* POL. polític.

politician [ˌpɔliˈtiʃən] *s.* polític.

politics [ˈpɔlitiks] *s. pl.* política *f. sing.*

poll [poul] *s.* votació *f.*, elecció *f.* escrutini *m.*, resultat *m.* 2 llista *f.* electoral. 3 *pl.* eleccions *f. pl.* 4 *to go to the polls,* anar a votar. 5 sondeig *m.* [d'opinió].

poll (to) [poul] *t.* obtenir, aconseguir [vots]. 2 registrar. 3 sondejar [opinions]. 4 escornar. 5 podar. ■ 6 *i.* votar.

pollen [ˈpɔlin] *s.* BOT. pol·len *m.*

polling [ˈpouliŋ] *s.* votació *f.*

polling booth [ˈpouliŋˌbuːð] s. cabina f. per a votar.

polling station [ˈpouliŋˌsteʃn] s. col·legi m. electoral.

poll tax [ˈpoultæks] s. capitació f.

pollute (to) [pɔˈluːt] t. pol·luir, contaminar, embrutar. 2 fig. corrompre.

pollution [pɔˈluːʃən] s. contaminació f., pol·lució f.

polo [ˈpoulou] s. ESPORT polo m.

polo-neck [ˈpoulouˌnek] s. COST. coll m. alt.

polygamous [pɔˈligəməs] a. polígam.

polytechnic [ˌpɔliˈteknik] s. escola f. politècnica, politècnic m. ■ 2 a. politècnic.

polytheism [ˈpɔliθiːizəm] s. politeisme m.

pomegranate [ˈpɔmigrænit] s. BOT. magrana f. 2 BOT. magraner m.

pommel [ˈpɔml] s. pom m. [de l'espasa, de l'arçó, etc.].

pommel (to) [ˈpʌml] t. bastonejar, donar cops de puny.

pomp [pɔmp] s. pompa f., fastuositat f.

pompous [ˈpɔmpəs] a. pompós, fastuós. 2 presumit, vanitós. ■ 3 -ly adv. pomposament.

pond [pɔnd] s. bassa f., toll m. (ROSS.) gassot m.

ponder (to) [ˈpɔndə] t. ponderar, sospesar. 2 to ~ on o over, rumiar, reflexionar sobre. ■ 3 i. meditar, reflexionar t.

ponderous [ˈpɔndərəs] a. pesat, feixuc. 2 pesat, avorrit. ■ 3 -ly adv. pesadament.

pony [ˈpouni] s. ZOOL. poni m.

ponytail [ˈpouniteil] s. cua f. de cavall [cabells].

poodle [ˈpuːdl] s. gos caniche.

pool [puːl] s. bassa f., toll m., (ROSS.) gassot m. 2 estany m. 3 piscina f. 4 posta f. [en el joc]. 5 pl. travessa f. 6 (EUA) billar m. americà. 7 fig. font f., reserva f. 8 COM. capital m., fons m. comú; consorci m.

pool (to) [puːl] t. unir, ajuntar. 2 fer un fons comú.

poop [puːp] s. MAR. popa f.

poor [puə] a. pobre. ‖ ~ thing, pobret. 2 dolent, de mala qualitat. 3 humil. 4 mediocre. 5 dèbil; malalt. 6 the ~, els pobres. 7 to be ~ at, no servir per a. ■ 8 -ly adv. pobrement, insuficientment.

poor-spirited [ˌpuəˈspiritid] a. apocat, pobre d'esperit.

pop [pɔp] s. esclat m., crec m., pet m. 2 col·loq. beguda f. gasosa. 3 col·loq. pop

m. [música]. 4 (EUA) col·loq. papà m. ■ 5 a. pop: ~ art, art pop; ~ concert, concert pop.

pop (to) [pɔp] t. rebentar, punxar, fer esclatar. 2 treure el cap. 3 deixar anar, disparar. 4 ficar. 5 col·loq. to ~ the question, declarar-se p. ■ 6 i. esclatar, petar, rebentar. 7 col·loq. disparar. ■ to ~ across/by/over/round, apropar-se p., passar per; to ~ in, entrar de cop; to ~ off, marxar; col·loq. dinyar-la; to ~ up, aparèixer inesperadament, sorgir.

pop-corn [ˈpɔpˌkɔːn] s. crispetes f. pl., rosetes f. pl. [de blat de moro].

Pope [poup] s. Papa m., pontífex m. 2 pope m.

pop-eyed [ˈpɔpaid] a. d'ulls sortints.

poplar [ˈpɔplə] s. BOT. àlber m., àlba f.; pollancre m., pollanc m.

poppy [ˈpɔpi] s. BOT. rosella f., gallaret m.

popular [ˈpɔpjulə] a. popular. 2 corrent, general. 3 estimat. 4 de moda.

popularity [ˌpɔpjuˈlæriti] s. popularitat f.

populate (to) [ˈpɔpjuleit] t. poblar.

population [ˌpɔpjuˈleiʃən] s. població f., habitants m. pl. ‖ the ~ explosion, l'explosió f. demogràfica.

porcelain [ˈpɔːsəlin] s. porcellana f.

porch [pɔːtʃ] s. pòrtic m., porxo m.

porcupine [ˈpɔːkjupain] s. ZOOL. porc m. espí m.

pore [pɔː] s. porus m.

pore (to) [pɔː] i. to ~ over, mirar de prop; llegir amb atenció.

pork [pɔːk] s. porc m., carn f. de porc. ‖ ~ chop, costella f. de porc. ‖ ~ sausage, botifarra f.

porkpie [ˌpɔːkˈpai] s. empanada f. de porc.

porn [pɔːn] s. (abrev. col·loq. pornography) porno m.

pornography [pɔːˈnɔgrəfi] s. pornografia f.

porpoise [ˈpɔːpəs] s. ZOOL. marsopa f.

porridge [ˈpɔridʒ] s. farinetes f. pl. [de civada].

port [pɔːt] s. port m. [de mar o riu]. ‖ free ~, port franc. 2 fig. refugi m. 3 ENOL. porto m. 4 MAR. portell m., portalera f. 5 MAR. babord m. ■ 6 a. portuari.

portable [ˈpɔːtəbl] a. portàtil.

portcullis [pɔːtˈkʌlis] s. FORT. rastell m.

portend (to) [pɔːˈtend] t. form. anunciar, presagiar.

portent [ˈpɔːtent] s. portent m. 2 presagi m.

portentous [pɔːˈtentəs] *a.* portentós. 2 presagiós. 3 greu, solemne.

porter [ˈpɔːtə'] *s.* porter, conserge. 2 mosso *m.* [d'estació, d'hotel, etc.].

portfolio [pɔːtˈfouliou] *s.* carpeta *f.*, cartera *f.* 2 cartera *f.*, ministeri *m.* 3 COM. cartera *f.* [d'un banc].

portion [ˈpɔːʃən] *s.* porció *f.*, part *f.*, tros *m.* 2 ració *f.* 3 fig. sort *f.*, destí *m.* 4 ant. dot *f.*

portion (to) [ˈpɔːʃən] *t.* dividir; repartir, distribuir. 2 ant. dotar.

portly [ˈpɔːtli] *a.* gros, corpulent.

portmanteau [pɔːtˈmæntou] *s.* maleta *f.*, bagul *m.* 2 GRAM. paraula *f.* nova formada a partir de dues paraules ja existents.

portrait [ˈpɔːtrit] *s.* retrat *m.*

portray (to) [pɔːˈtrei] *t.* pintar un retrat, retratar. 2 fig. retratar. 3 TEAT. representar.

portrayal [pɔˈtreiəl] *s.* retrat *m.* [també fig.]. 2 representació *f.*

Portugal [ˈpɔːtjəgl] *n. pr.* GEOGR. Portugal.

Portuguese [pɔːtjuˈgiːz] *a.* portuguès. ■ 2 *s.* portuguès [persona]. 3 portuguès *m.* [llengua].

pose [pouz] *s.* actitud *f.*, postura *f.* 2 fig. posa *f.*, afectació *f.*

pose (to) [pouz] *t.* ART col·locar, posar. 2 plantejar [un problema, etc.]. 3 fer [una pregunta]. ■ 4 *i.* ART posar. *5 to ~ as,* donar-se *p.* aires; fer-se *p.* passar per.

posh [pɔʃ] *a.* col·loq. elegant, distingit. 2 luxós. 3 afectat, cursi.

position [pəˈziʃən] *s.* posició *f.* 2 postura *f.* 3 condició *f.*, situació *f.* ‖ *in a ~ to,* en condicions de. ‖ *put yourself in my ~,* posa't al meu lloc. 4 lloc *m.*, categoria *f.*

position (to) [pəˈziʃən] *t.* col·locar, posar, situar.

positive [ˈpɔzitiv] *a.* positiu. 2 categòric, definitiu. 3 indubtable, real, veritable. 4 segur, convençut. ‖ COM. *~ order,* comanda *f.* en ferm. 5 enèrgic. ■ *6 s.* allò positiu. 7 ELECT. pol *m.* positiu. 8 FOT. positiu *m.* ■ *9* -**ly** *adv.* positivament, definitivament, veritablement.

possess (to) [pəˈzes] *t.* posseir, tenir. 2 induir, empènyer: *what possessed him to do it?,* què el va induir a fer-ho? 3 *to be possessed,* estar posseït, estar boig. 4 *to be possessed with,* estar obsessionat amb.

possession [pəˈzeʃn] *s.* possessió *f.* ‖ *she's in full ~ of her senses,* en plena possessió de les seves facultats mentals.

‖ *to be in ~ of,* tenir, posseir. 2 *pl.* possessions *f.*, béns *m.* 3 DRET tinença *f.*, possessió *f.* 4 REL. possessió *f.* diabòlica, possessió *f.*

possibility [pɔsiˈbiliti] *s.* possibilitat *f.* ‖ *to have possibilities,* tenir possibilitats, prometre.

possible [ˈpɔsibl] *a.* possible. ‖ *as far as ~,* tant com sigui possible. ‖ *as soon as ~,* com més aviat millor. 2 acceptable, satisfactori. ■ 3 *s.* persona *f.* o cosa *f.* possibles o amb possibilitats.

possibly [ˈpɔsibli] *adv.* possiblement, potser.

post [poust] *s.* pal *m.*, puntal *m.* 2 lloc *m.*, feina *f.*, càrrec *m.* 3 (G.B.) *trading ~,* factoria *f.* comercial. 4 correu *m.*, cartes *f. pl.;* correus *m. pl.* 5 HIST. posta *f.* [per viatjar]. 6 MIL. post *m.*

post (to) [poust] *t.* anunciar [amb cartells]; enganxar, posar [cartells]: *~ no bills,* prohibit enganxar cartells. 2 situar, apostar. 3 enviar [per correu], tirar a la bústia. 4 declarar: *the ship was posted missing,* van declarar desaparegut el vaixell. *5 to keep someone posted,* tenir algú al corrent. 6 MIL. destinar, enviar. ■ *7 i.* viatjar en posta.

postage [ˈpoustidʒ] *s.* franqueig *m.*

postage stamp [ˈpoustidʒstæmp] *s.* segell *m.* de correus.

postal [ˈpoustəl] *a.* postal.

postal order [ˈpoustəlˌɔːdə'] *s.* gir *m.* postal.

postbox [ˈpoustbɔks] *s.* bústia *f.*

postcard [ˈpoustkaːd] *s.* postal *f.*

postcode [ˈpoustkoud] *s.* codi *m.* postal.

postdate (to) [poustˈdeit] *t.* postdatar.

poster [ˈpoustə'] *s.* cartell *m.*, pòster *m.* ‖ *bill ~,* persona *f.* que enganxa cartells. 2 anunci *m.* ‖ *~ designer,* cartellista.

posterity [pɔsˈteriti] *s.* posteritat *f.*

postman [ˈpoustmən] *s.* carter *m.*

postmark [ˈpoustmaːk] *s.* mata-segells *m.*

post office [ˈpoustɔfis] *s.* oficina *f.* de correus, correus *m.*

postpone (to) [pəˈspoun] *t.* ajornar, diferir.

postponement [pəˈspounmənt] *s.* ajornament *m.*

postscript [ˈpousskript] *s.* postdata *f.*

posture [ˈpɔstʃə'] *s.* postura *f.*, actitud *f.* 2 estat *m.*, situació *f.*

pot [pɔt] *s.* olla *f.*, pot *m.* 2 terrina *f.* 3 test *m.* 4 col·loq. copa *f.;* premi *m.* 5 col·loq. marihuana *f.* 6 col·loq. *big ~,* peix *m.*

gros. 7 *pl.* col·loq. *pots of money,* molts diners, una pila de diners.

potato [pə'teitou] *s.* BOT. patata *f.,* (VAL.) creïlla *f.* ‖ *sweet* ~, moniato *m.,* batata *f.*

potency ['poutənsi] *s.* potència *f.* 2 poder *m.,* autoritat *f.,* força *f.*

potent ['poutənt] *a.* potent. 2 eficaç. 3 poderós, fort.

potentate ['poutənteit] *s.* potentat.

potential [pə'tenʃəl] *a.* potencial. 2 possible. ■ 3 *s.* potencial *m.* 4 potència *f.,* potencialitat *f.* 5 ELECT. potència *f.* ■ 6 -ly *adv.* potencialment.

pothole ['pɔthoul] *s.* GEOL. olla *f.* de gegants, avenc *m.*

potluck [pɔt'lʌk] *s.* *to take* ~, agafar o menjar el que hi hagi.

potshot ['pɔtʃɔt] *s.* tret *m.* a l'atzar.

potter ['pɔtə'] *s.* terrissaire, ceramista. ‖ *potter's wheel,* torn *m.* de terrissaire.

pottery ['pɔtəri] *s.* terrisseria *f.* 2 terrissa *f.* 3 ceràmica *f.*

pouch [pautʃ] *s.* bossa *f.,* sac *m.* 2 petaca *f.* 3 cartutxera *f.* 4 ANAT., ZOOL. bossa *f.*

poultice ['poultis] *s.* MED. cataplasma *f.,* emplastre *m.*

poultry ['poultri] *s.* aviram *m.,* volateria *f.*

poultry farm ['poultrifɑ:m] *s.* granja *f.* avícola.

poultry keeper ['poultri‚ki:pə'], **poultryfarmer** ['poultri‚f:mə] *s.* avicultor.

poultry keeping ['poultri‚ki:piŋ], **poultry farming** ['poultri‚f:miŋ] *s.* avicultura *f.*

pounce [pauns] *s.* escomesa *f.* 2 envestida *f.* 3 atac *m.*

pounce (to) [pauns] *i.* atacar *t.,* escometre *t.,* envestir *t.* 2 to ~ *on/at,* saltar sobre, llançar-se *p.* sobre. 3 fig. to ~ *at,* precipitar-se *p.* sobre; no perdre l'oportunitat.

pound [paund] *s.* lliura *f.* [pes; moneda]. 2 dipòsit *m.* [per a animals, cotxes, etc.].

pound (to) [paund] *t.* bastonejar, atonyinar, apallissar. 2 picar, batre. 3 matxucar, trinxar. 4 MIL. batre.

pour (to) [pɔ:'] *t.* avocar, vessar. 2 tirar. 3 servir. 4 to ~ *away/off,* buidar. 5 to ~ *out one's heart,* desfogar-se *p.* ■ 6 *i.* fluir, córrer, brollar. 7 ploure [molt]. ‖ *it's pouring down,* plou a bots i barrals. ‖ fig. *it never rains but it pours,* una desgràcia no ve mai sola. 8 to ~ *out,* sortir a munts, sortir a empentes.

pout [paut] *s.* mala cara *f.,* morros *m. pl.* 2 *pl.* morros *m. pl.*

pout (to) [paut] *i.* fer morros, posar mala cara.

poverty ['pɔvəti] *s.* pobresa *f.,* indigència *f.* 2 manca *f.,* mancança *f.*

poverty-stricken ['pɔvəti‚strikn] *a.* pobre, indigent.

powder ['paudə'] *s.* pólvores *f. pl.* 2 ARM. pólvora *f.*

powder (to) ['paudə'] *t.* polveritzar. 2 empolsegar, empolsinar. 3 empolvorar-se *p.* ■ 4 *i.* polveritzar-se *p.* 5 empolsegar-se *p.,* empolsinar-se *p.* 6 empolvar-se *p.*

powder box ['paudəbɔks], **powder compact** ['paudə‚kɔmpækt] *s.* polvorera *f.*

powder magazine ['paudəmægəzi:n] *s.* polvorí *m.*

powdered ['paudəd] *a.* en pols.

powdery ['paudəri] *a.* en pols, polvoritzat: ~ *snow,* neu en pols.

power ['pauə'] *s.* poder *m.* 2 facultat *f.* 3 força *f.,* energia *f.* 4 potestat *f.,* autoritat *f.,* influència *f.* 5 potència *f.* [país]. 6 capacitat *f.,* possibilitat *f.* 7 COM. *purchasing* ~, poder *m.* adquisitiu. 8 DRET poder *m.*: ~ *of attorney,* poders *m. pl.* 9 ELECT., FÍS. energia *f.,* força *f.,* potència *f.* ‖ ~ *cut,* tallada *f.* de corrent; apagament *m.* ‖ ~ *plant,* central *f.* elèctrica.

powered ['pauəd] *a.* ~ *by,* impulsat per, accionat per. 2 fig. *a high-powered executive,* executiu amb un gran poder de convicció.

powerful ['pauəful] *a.* poderós. 2 fort. 3 intens, potent. 4 convincent. ■ 5 -ly *adv.* poderosament.

power-house ['pauəhaus] *s.* central *f.* elèctrica.

powerless ['pauəlis] *a.* impotent, ineficaç.

practicable ['præktikəbl] *a.* practicable. 2 factible, realitzable. 3 transitable.

practical ['præktikəl] *a.* pràctic. 2 virtual, de fet. 3 ~ *joke,* broma pesada. ■ 4 -ly *adv.* de manera pràctica, eficaçment. 5 pràcticament, quasi, gairebé.

practice ['præktis] *s.* pràctica *f.* ‖ *in* ~, en la pràctica. 2 costum *m.* ‖ *to make a* ~ *of,* tenir el costum de. 3 clientela *f.* 4 exercici *m.* [de la professió]. 5 estratagema *f.* 6 DRET pràctica *f.,* procediment *m.* 7 ESPORT entrenament *m.*

practise, (EUA) **practice (to)** ['præktis] *t.* practicar. 2 exercir [una professió]. 3 ESPORT practicar, entrenar-se *p.* ■ 4 *i.* fer

261   **prefect**

pràctiques, fer exercicis. 5 exercitar-se
p. 6 ESPORT entrenar-se p.

practised, (EUA) **practiced** ['præktist]
a. expert.

practitioner [præk'tiʃənə] s. profes-
sional, persona que exerceix la seva
professió. 2 metge. ‖ *general* ~, metge
de capçalera.

Prague ['prɑːg] n. pr. GEOGR. Praga.

pragmatic [præg'mætik] a. pragmàtic.

prairie ['preəri] s. prada f., prat m., pla-
na f.

prairie wolf ['preəri,wulf] s. ZOOL. co-
iot m.

praise [preiz] s. lloança f., elogi m.

praise (to) [preiz] t. lloar, elogiar.

praiseworthy ['preiz,wəːði] a. lloable,
digne d'elogi.

pram [præm] s. (abrev. *perambulator*)
cotxet m. de criatura.

prance [prɑːns] s. cabriola f., piafada f.
[d'un cavall].

prance (to) [prɑːns] i. fer cabrioles, pia-
far [un cavall]. 2 fig. gallejar, fer-se p.
veure.

prank [præŋk] s. entremaliadura f., do-
lenteria f. 2 broma f.

prattle ['prætl] s. xerrameca f., garla f. 2
balbuceig m.

prattle (to) ['prætl] i. xerrar, garlar. 2
balbucejar.

prawn [prɔːn] s. ZOOL. gamba f.

pray (to) [prei] t. pregar, suplicar. ■ 2 i.
resar, pregar.

prayer [preə] s. prec m., súplica f. 2 REL.
oració f., pregària f. ‖ *the Lord's Prayer*,
el Parenostre m. 3 pl. REL. pregàries f. pl.

prayer book ['preəbuk] s. missal m.

preach (to) [priːtʃ] t.-i. predicar, sermo-
nar i.

preacher ['priːtʃə] s. predicador.

preamble [priː'æmbl] s. preàmbul m.

prebend ['prebənd] s. prebenda f.

precarious [pri'keəriəs] a. precari. 2 in-
cert, insegur. 3 infondat.

precaution [pri'kɔːʃən] s. precaució f.

precede (to) [priː'siːd] t.-i. precedir t.

precedence ['presidəns] s. precedència f.
2 prioritat f., preferència f.

precedent ['presidənt] a. precedent. ■ 2
s. precedent m. ‖ *to set a* ~, establir un
precedent.

precept ['priːsept] s. precepte m.

precinct ['priːsiŋkt] s. recinte m. 2 zona
f., illa f. ‖ *pedestrian* ~, illa f. de via-

nants. 3 límit m., frontera f. 4 pl. vol-
tants m. pl. 5 (EUA) districte m. electoral.
6 (EUA) barri m.

precious ['preʃəs] a. preciós, preat. 2 es-
timat. 3 preciosista. ■ 4 adv. molt. 5 -ly
adv. extremadament.

precipice ['precipis] s. precipici m. 2 es-
timball m.

precipitate [pri'sipitit] a. precipitat. 2
sobtat. ■ 3 s. [pri'sipiteit] QUÍM. precipitat
m.

precipitate (to) [pri'sipiteit] t. precipi-
tar(se).

precipitous [pri'sipitəs] a. abrupte, rost,
escarpat.

precise [pri'sais] a. precís, clar. 2 exacte,
just, concret. ‖ ~!, exacte! 3 meticulós,
primmirat. ■ 4 -ly adv. precisament, jus-
tament, exactament.

preciseness [pri'saisnis] s. precisió f.,
exactitud f. 2 claredat f.

precision [pri'siʒən] s. precisió f., exac-
titud f.

preclude (to) [pri'kluːd] t. impedir, evi-
tar, impossibilitar. 2 excloure.

precocious [pri'kouʃəs] a. precoç.

precursor [priː'kəːsə] s. precursor.

predecessor ['priːdisəsə] s. predeces-
sor, antecessor.

predestinate (to) [priː'destineit] t. pre-
destinar.

predestination [priːˌdesti'neiʃən] s. pre-
destinació f.

predestine (to) [priː'destin] t. predesti-
nar.

predicament [pri'dikəmənt] s. tràngol
m., destret m.

predict (to) [pri'dikt] t. predir, pronosti-
car.

prediction [pri'dikʃən] s. predicció f.,
pronòstic m.

predilection [priːdi'lekʃən] s. predilec-
ció f.

predispose (to) [ˌpriːdis'pouz] t. predis-
posar.

predominance [pri'dominəns] s. predo-
mini m.

predominate (to) [pri'dɔmineit] t. pre-
dominar, prevaler.

pre-eminent [priː'eminənt] a. preemi-
nent.

prefabricated [ˌpriː'fæbrikeitid] a. pre-
fabricat.

preface ['prefis] s. prefaci m., pròleg m.

prefect ['priːfekt] s. perfecte m.

prefer (to) [priˈfəːr] *t.* preferir. 2 ascendir. 3 DRET presentar [càrrecs].

preferable [ˈprefrəbl] *a.* preferible.

preference [ˈprefrəns] *s.* preferència *f.* 2 predilecció *f.*

preferential [ˌprefəˈrenʃəl] *a.* preferent.

preferment [priˈfəːmənt] *s.* ascens *m.*, promoció *f.* 2 preferència *f.*, suport *m.*

prefix [ˈpriːfiks] *s.* GRAM. prefix *m.*

pregnancy [ˈpregnənsi] *s.* embaràs *m.*

pregnant [ˈpregnənt] *a.* prenyada, embarassada. 2 fig. important, significatiu.

prehensile [priːˈhensail] *a.* prènsil.

prehistory [ˈpriːhistri] *s.* prehistòria *f.*

prejudge (to) [priːˈdʒʌdʒ] *t.* prejutjar.

prejudice [ˈpredʒudis] *s.* prejudici *m.*, parcialitat *f.* 2 perjudici *m.*, dany *m.*

prejudice (to) [ˈpredʒudis] *t.* prevenir, predisposar. 2 perjudicar, fer mal.

prejudicial [ˌpredʒuˈdiʃəl] *a.* perjudicial, nociu.

prelate [ˈprelit] *s.* ECLES. prelat *m.*

preliminary [priˈliminəri] *a.* preliminar. ■ 2 *s.* preliminar *m.* 3 *pl.* preliminars *m. pl.*

prelude [ˈpreljuːd] *s.* preludi *m.*

prelude (to) [ˈpreljuːd] *t.-i.* preludiar.

premature [ˈpremətjuəʳ] *a.* prematur. ■ 2 -ly *adv.* prematurament.

premeditate (to) [priːˈmediteit] *t.* premeditar.

premier [ˈpremjəʳ] *a.* primer, principal. ■ 2 *s.* primer ministre, cap *m.* del govern.

première [ˈpremiɛəʳ] *s.* CINEM., TEAT., estrena *f.*

premise, premiss [ˈpremis] *s.* premissa *f.* 2 *pl.* locals *m. pl.*, casa *f.*, edifici *m.*

premium [ˈpriːmjəm] *s.* premi *m.* 2 COM. prima *f.*, interès *m.* ‖ at a ~, per damunt de la par; fig. altament valorat.

premonition [ˌpriːməˈniʃən] *s.* premonició *f.*, pressentiment *m.*

preoccupation [ˌpriːɔkjuˈpeiʃn] *s.* preocupació *f.*

preoccupy (to) [priːˈɔkjupai] *t.* preocupar(se).

preparation [ˌprepəˈreiʃən] *s.* preparació *f.* 2 gralnt. *pl.* preparatiu *m.* 3 preparat *m.*

preparatory [priˈpærətəri] *a.* preparatori. ‖ ~ school escola *f.* preparatòria. 2 ~ to, abans de, amb vistes a.

prepare (to) [priˈpɛəʳ] *t.* preparar. ■ 2 *i.* preparar-se *p.*

prepayment [ˌpriːˈpeimənt] *s.* bestreta *f.*

preponderance [priˈpɔndərəns] *s.* preponderància *f.*

preposition [ˌprepəˈziʃən] *s.* GRAM. preposició *f.*

prepossess (to) [ˌpriːpəˈzes] *t.* imbuir [una idea, etc.]. 2 predisposar.

prepossessing [ˌpriːpəˈzesiŋ] *a.* simpàtic, atractiu.

preposterous [priˈpɔstərəs] *a.* absurd, ridícul. ■ 2 -ly *adv.* absurdament.

prerequisite [ˌpriːˈrekwizit] *s.* requisit *m.* previ, condició *f.* prèvia. ■ 2 *a.* prèviament necessari.

prerogative [priˈrɔgətiv] *s.* prerrogativa *f.*

presage [ˈpresidʒ] *s.* presagi *m.* 2 pronòstic *m.*, auguri *m.*

presage (to) [priˈseidʒ] *t.* presagiar. 2 predir.

Presbyterian [ˌprezbiˈtiəriən] *a.-s.* presbirià.

presbytery [ˈprezbitri] *s.* ARQ. presbiteri *m.*, santuari *m.*

prescribe (to) [prisˈkraib] *t.* prescriure. 2 ordenar, manar. 3 MED. receptar. ■ 4 *i.* establir per llei o per norma. 5 MED. fer una recepta.

prescription [prisˈkripʃən] *s.* prescripció *f.* 2 precepte *m.*, norma *f.* 3 MED. recepta *f.*

presence [ˈprezns] *s.* presència *f.* ‖ ~ of mind, presència d'esperit. 2 assistència *f.* 3 aire *m.*, personalitat *f.*

present [ˈpreznt] *a.* present. ‖ to be ~, assistir, ser present. 2 actual. 3 GRAM. present [temps]. ■ 4 *s.* present *m.*, actualitat *f.* ‖ at ~, actualment, ara, avui. ‖ for the ~, de moment, per ara. 5 regal *m.*, obsequi *m.* 6 GRAM. present *m.*

present (to) [priˈzent] *t.* presentar. ‖ to ~ oneself, presentar-se [a un lloc]. 2 exposar, plantejar. 3 oferir. 4 plantejar. 5 apuntar [una arma]. 6 to ~ with, regalar, obsequiar amb. 7 TEAT., CINEM. representar; presentar.

presentation [ˌprezenˈteiʃən] *s.* presentació *f.* 2 plantejament *m.* 3 lliurament *m.* 4 obsequi *m.*, regal *m.* 5 TEAT. representació *f.* ■ 6 *a.* ~ copy, exemplar d'obsequi.

presentiment [priˈzentimənt] *s.* pressentiment *m.*

presently [ˈprezntli] *adv.* aviat. 2 d'aquí a poca estona. 3 (EUA) ara, actualment.

preservation [ˌprezəˈveiʃən] *s.* conservació *f.* 2 preservació *f.*

preserve [priˈzəːv] *s.* conserva *f.*, confitura *f.* 2 vedat *m.*, reserva *f.* 3 fig. terreny *m.*, domini *m.*: *to poach on someone's* ~, ficar-se en el terreny d'un altre.

preserve (to) [pri'zɜːv] *t.* protegir, preservar. 2 conservar, mantenir. 3 CUI. conservar, confitar.

preside (to) [pri'zaid] *i.* presidir; dirigir. ‖ *to* ~ *at* o *over*, presidir.

president ['prezidənt] *s.* president. 2 director.

press [pres] *s.* pressió *f.* [també fig.]. 2 multitud *f.*, gentada *f.* 3 pressa *f.*, urgència *f.* 4 ESPORT *press-up*, flexió *f.* 7 PERIOD. premsa *f.*

press (to) [pres] *t.* prémer, pitjar. 2 premsar, esprémer. 3 allisar, planxar. 4 atacar, hostilitzar. 5 estrènyer. 6 fig. instar, constrènyer. 7 fig. obligar. 8 *to* ~ *for*, demanar amb insistència. ■ 9 *i.* fer pressió, prémer *t.* 10 amuntegar-se *p.*, apilotar-se *p.* 11 avançar. 12 urgir, apressar.

press box ['presbɔks] *s.* tribuna *f.* de premsa.

press clipping ['pres,klipiŋ], **press cutting** ['pres,kʌtiŋ] *s.* retall *m.* de diari.

press conference ['pres,kɔnfrəns] *s.* roda *f.* de premsa.

pressing ['presiŋ] *a.* urgent, imperiós. 2 insistent, persistent. ■ 3 *s.* premsatge *m.*

press release ['pres,riliːs] *s.* comunicat *m.* de premsa.

pressure ['preʃə'] *s.* pressió *f.* 2 força *f.*, potència *f.* 3 pes *m.*, pesantor *f.* 4 fig. urgència *f.*, pressa *f.* 5 ELECT. tensió *f.* 6 MED. pressió *f.*, tensió *f.*

pressure cooker ['preʃə,kukə'] *s.* CUI. olla *f.* a pressió.

prestidigitation [,presti'didʒitei∫ən] *s.* prestidigitació *f.*

prestige [pres'tiːʒ] *s.* prestigi *m.*

presume (to) [pri'zjuːm] *t.* presumir, suposar. 2 atrevir-se *p.*, permetre's *p.*

presumption [pri'zʌmp∫ən] *s.* presumpció *f.*, suposició *f.* 2 atreviment *m.*, gosadia *f.* 3 DRET presumpció *f.*

presumptive [pri'zʌmptiv] *a.* presumpte, suposat. 2 DRET presumptiu.

presumptuous [pri'zʌmptjuəs] *a.* presumptuós, presumit. 2 atrevit. ■ 2 -ly *adv.* presumptuosament.

presuppose (to) [,priːsə'pouz] *t.* pressuposar.

pretence, (EUA) **pretense** [pri'tens] *s.* pretensió *f.* 2 fingiment *m.*, apariència *f.* 3 pretext *m.* ‖ *under* ~ *of*, amb el pretext de. ‖ *under falses pretences*, amb engany, amb frau. 4 ostentació *f.*

pretend (to) [pri'tend] *t.* aparentar, fingir, simular. 2 pretendre, aspirar a. ■ 3 *i.* dissimular, fingir. 4 pretendre, aspirar a.

pretender [pri'tendə'] *s.* pretendent.

pretentious [pri'ten∫əs] *a.* pretensiós. 2 presumptuós, presumit. ■ 3 -ly *adv.* pretensiosament, amb presumpció.

preterit(e) ['pretərit] *a.* GRAM. pretèrit, passat. ■ 2 *s.* GRAM. pretèrit *m.*

pretext ['priːtekst] *s.* pretext *m.*

prettily ['pritili] *adv.* amb gràcia, amb elegància.

pretty ['priti] *a.* bonic, preciós. 2 graciós. 3 considerable: *a* ~ *penny*, una quantitat considerable [de diners]. ■ 4 *adv.* bastant, força: ~ *well*, força bé. ■ 5 *s.* *my* ~, rei meu.

prevail (to) [pri'veil] *i.* prevaler. 2 predominar, imperar, regnar. 3 *to* ~ *upon* o *with*, convèncer, persuadir.

prevalent ['prevələnt] *a.* predominant. 2 corrent, comú. 3 general.

prevaricate (to) [pri'værikeit] *i.* deformar la veritat, falsejar, mentir. 2 DRET prevaricar.

prevent (to) [pri'vent] *t.* prevenir, evitar, impedir.

prevention [pri'ven∫n] *s.* prevenció *f.* ‖ ~ *is better than cure*, més val curar-se en salut. 2 impediment *m.* 3 protecció *f.* ‖ *society for the* ~ *of cruelty to animals*, societat *f.* protectora d'animals.

preventive [pri'ventiv] *a.* preventiu. 2 impeditiu. ■ 2 *s.* preventiu, *m.* profilàctic *m.* [medicament].

preview ['priːvjuː] *s.* CINEM., TEAT. preestrena *f.*

previous ['priːvjəs] *a.* previ. 2 anterior, precedent. ‖ ~ *to*, abans de. ■ 3 -ly *adv.* prèviament. 2 anteriorment, abans.

prevision [pri'viʒən] *s.* previsió *f.*

prey [prei] *s.* presa *f.*, rapinya *f.* 2 fig. presa *f.*, víctima *f.*, botí *m.*

prey (to) [prei] *i.* *to* ~ *on* o *upon*, atacar, devorar [una presa]; robar, pillar; preocupar, amoïnar.

price [prais] *s.* preu *m.*, cost *m.*, valor *m.* [també fig.]. ‖ fig. *at any* ~, a qualsevol preu. ‖ *fixed* ~, preu fix. 2 COM. cotització *f.* ‖ *closing* ~, cotització final. ‖ *opening* ~, cotització d'obertura o inicial.

price (to) [prais] *t.* valorar, taxar, avaluar, posar preu a. 2 fig. valorar.

priceless ['praislis] *a.* inapreciable, inestimable, que no té preu. 2 col·loq. divertidíssim, graciosíssim.

prick [prik] *s.* punxada *f.*, picada *f.*, fiblada *f.* 2 vulg. pixa *f.*, verga *f.*, cigala *f.*

prick (to) [prik] *t.* punxar(se), picar. 2 burxar. 3 foradar, perforar. 4 *to ~ up one's ears,* parar orella. 5 fig. remordir *i.* ■ 6 *i.* picar, formiguejar.

prickle ['prikl] *s.* BOT. espina *f.*, punxa *f.* 2 ZOOL. pua *f.*, punxa *f.* 3 picor *f.*, coïssor *f.*

prickle (to) ['prikl] *t.-i.* picar [també fig.].

prickly ['prikli] *a.* espinós [també fig.]. 2 ple d'espines; que pica.

prickly pear [prikli'pɛə'] *s.* BOT. figuera *f.* de moro [arbre]. 2 figa *f.* de moro [fruit].

pride [praid] *s.* orgull *m.* ‖ *to take ~ in,* enorgullir-se. 2 altivesa *f.*, supèrbia *f.* 3 *false ~,* vanitat *f.* 4 fig. pompa *f.*, esplendor *f.*

pride (to) [praid] *p. to ~ oneself on* o *upon,* enorgullir-se de o per.

priest [priːst] *s.* sacerdot *m.* ‖ *high ~,* summe sacerdot.

priestess ['priːstis] *s.* sacerdotessa *f.* ‖ *high ~,* summa sacerdotessa.

priesthood ['priːsthud] *s.* sacerdoci *m.* 2 clergat *m.*

prig [prig] *s.* beat, pretensiós. 2 presumptuós, pedant.

prim [prim] *a.* primmirat, repolit, melindrós. 2 rigorós, exacte. ■ 3 *-ly adv.* melindrosament, amb afectació, etc.

primacy ['praiməsi] *s.* primacia *f.*

primary ['praiməri] *a.* primari. 2 primer. 3 fonamental, essencial, bàsic. 4 ENSENY. primari: *~ education,* ensenyament primari; *~ school,* escola primària. ■ 5 *s. pl.* (EUA) eleccions *f. pl.* primàries. ■ 6 *primarily adv.* en primer lloc, abans de tot, principalment.

primate ['praimeit] *s.* ECLES. primat *m.* 2 ZOOL. primats *m. pl.*

prime [praim] *a.* primer, principal. ‖ *~ mover,* força *f.* motriu; fig. instigador, promotor. 2 fonamental, bàsic. 3 original, primitiu. 4 superior, excel·lent, selecte. 5 MAT. primer. ■ 6 *s.* prima *f.* [hora]. 7 flor *f.*; perfecció *f.* ‖ *the ~ of life,* la flor de la vida. 9 poèt. alba *f.*, albada *f.*

prime (to) [praim] *t.* encebar [una arma, etc.]. 2 preparar [una superfície, etc.]. 3 instruir, informar.

prime minister [,praim'ministə'] *s.* primer ministre.

primer ['praimə'] *s.* llibre *m.* elemental [de text]. 2 carbasseta *f.* 3 fulminant *m.*

primeval [prai'miːvəl] *a.* primitiu, prehistòric.

primitive ['primitiv] *a.* primitiu. 2 rudimentari. ■ 3 *s.* ART primitiu.

primordial [prai'mɔːdjəl] *a.* primordial.

primrose ['primrouz] *s.* BOT. primavera *f.*, prímula *f.*

prince [prins] *s.* príncep *m.*

princely ['prinsli] *a.* principesc, digne d'un príncep. 2 fig. noble, regi.

princess [prin'ses] *s.* princesa *f.*

principal ['prinsipl] *a.* principal. ■ 2 *s.* cap. 3 director [d'un col·legi]; rector [de la universitat]. 4 COM. capital *m.* principal. 5 DRET poderdant. ■ 6 *-ly adv.* principalment.

principality [prinsi'pæliti] *s.* principat *m.*

principle ['prinsəpl] *s.* principi *m.* [origen, veritat fonamental; norma; llei]. ‖ *in ~,* en principi. ‖ *on ~,* per principi. 2 QUÍM. principi *m.*

print [print] *s.* empremta *f.*, marca *f.* ‖ *finger prints,* empremtes digitals. ‖ *foot prints,* petjades *f. pl.* 2 estampa *f.*, gravat *m.*, imprès *m.* ‖ *in ~,* imprès; a la venda; disponible; *large ~,* caràcters *m. pl.* grans; *out of ~,* exhaurit; *small ~,* caràcters *m. pl.* petits; *to get into ~,* publicar-se. 3 FOT. còpia *f.* 4 TÈXT. estampat *m.*

print (to) [print] *t.* imprimir, gravar [també fig.]. 2 publicar, tirar, fer una tirada. 3 escriure amb lletres d'impremta. 4 TÈXT. *estampar.* ■ 5 *i.* imprimir-se *p.*

printable ['printəbl] *a.* imprimible.

printed ['printid] *a.* imprès. ‖ *~ circuit,* circuit *m.* imprès. ‖ *~ matter/papers,* impresos *m. pl.* 2 estampat, gravat. 3 d'impremta.

printing ['printiŋ] *s.* impressió *f.* 2 estampat *m.* 3 impremta *f.*, tipografia *f.* 4 imprès *m.*, estampa *f.* 5 tiratge *m.*

printing house ['printiŋ,haus] *s.* impremta *f.*

printing office ['printiŋ,ɔfis] *s.* impremta *f.*, taller *m.* gràfic.

printing press ['printiŋ,pres] *s.* premsa *f.*

prior ['praiə'] *a.* anterior, previ. ■ 2 *adv.* ~ *to,* abans de. ■ 3 *s.* ECLES. prior *m.*

priority [prai'ɔriti] *s.* prioritat *f.* 2 antelació *f.*

prism [prizəm] *s.* FÍS., MAT. prisma *m.*

prismatic [priz'mætik] *a.* prismàtic. 2 brillant, variat [colors].

prison ['prizn] *s.* presó *f.* ■ *2 a.* de la presó, penitenciari. ‖ ~ *population,* població *f.* reclusa. ‖ ~ *system,* règim *m.* penitenciari.

prisoner ['priznəʳ] *s.* pres, presoner. 2 detingut, arrestat. 3 DRET acusat.

pristine ['pristi:n] *a.* pristi, primitiu, original.

privacy ['praivəsi] *s.* retir *m.,* aïllament *m.* 2 secret *m.,* reserva *f.* 3 intimitat *f.,* vida *f.* privada.

private ['praivit] *a.* privat, personal, particular. ‖ ~ *hospital,* clínica *f.* privada; ~ *means,* mitjans o béns personals; ~ *parts,* parts pudendes. 2 reservat, confidencial. 3 secret. 4 íntim. 5 sol: *they wish to be ~,* volen estar sols. ■ *6 s.* soldat *m.* ras. 7 *in ~,* en privat; en secret; a porta tancada. ■ *8* -**ly** *adv.* en la intimitat; en secret; confidencialment, personalment; a porta tancada.

private enterprise [,praivit'entəpraiz] *s.* iniciativa *f.* privada.

privateer [,praivə'tiəʳ] *s.* MAR. corsari *m.*

privation [prai'veiʃən] *s.* privació *f.,* estretor *f.,* misèria *f.,* penúria *f.*

privilege ['privilidʒ] *s.* privilegi *m.* 2 prerrogativa *f.,* honor *m.* 3 exempció *f.* 4 immunitat *f.: parliamentary ~,* immunitat parlamentària.

privy ['privi] *a.* privat, ocult, secret. ‖ ~ *council,* consell *m.* privat; ~ *parts,* parts *f. pl.* pudendes; ~ *seal,* segell *m.* real. 2 ~ *to,* assabentat; còmplice de. ■ *3 s.* ant col·loq. wàter.

prize [praiz] *s.* premi *m.,* recompensa *f.* [també fig.]. 2 grossa *f.* [de loteria]. 3 MAR. presa *f.,* captura *f.* ■ *4 a.* de primera. 5 digne de premi.

prize (to) [praiz] *t.* apreuar, estimar, valorar, avaluar. 2 alçapremar, palanquejar.

prize giving ['praizgiviŋ] *s.* repartiment *m.* de premis.

prizewinning ['praizwiniŋ] *a.* premiat, guardonat.

probability [,prɔbə'biliti] *s.* probabilitat *f.* ‖ *in all ~,* probablement, amb tota probabilitat. 2 versemblança *f.*

probable ['prɔbəbl] *a.* versemblant.

probation [prə'beiʃən] *s.* període *m.* de prova. 2 DRET llibertat *f.* vigilada. ‖ *on ~,* a prova; en llibertat provisional. ‖ ~ *officer,* oficial *m.* encarregat de la vigilància de les persones en llibertat condicional.

probe [proub] *s.* MED. sonda *f.* 2 enquesta *f.,* sondeig *m.,* investigació *f.* 3 TECNOL. *space ~,* sonda *f.* còsmica.

probe (to) [proub] *t.* MED. sondar. 2 explorar, sondejar, investigar. ■ *3 i. to ~ into,* examinar *t.,* investigar *t.,* esbrinar *t.*

probity ['proubiti] *s.* form. probitat *f.*

problem ['prɔbləm] *s.* problema *m.* ■ *2 a.* problemàtic, difícil: *a ~ child,* un nen problemàtic, un nen difícil.

problematic(al) [,prɔbli'mætik(əl)] *a.* problemàtic. 2 enigmàtic, dubtós.

procedure [prə'si:dʒəʳ] *s.* procediment *m.* ‖ *legal ~,* procediment legal. 2 tràmits *m. pl.,* diligències *f. pl.*

proceed (to) [prə'si:d] *i.* procedir. 2 prosseguir, continuar.

proceeding [prə'si:diŋ] *s.* procediment *m.* 2 marxa *f.,* procés *m.* 3 sistema *m.* 4 *pl.* actes *f. pl.* 4 DRET procés *m.,* actuacions *f. pl.*

proceeds ['prousi:dz] *s. pl.* producte *m.,* beneficis *m. pl.,* guanys *m. pl.*

process ['prouses] *s.* procés *m.,* curs *m.,* progrés *m.* ‖ *in ~,* en curs; *in ~ of,* en via de, en curs de. ‖ *in ~ of time,* amb el temps. 2 procediment *m.,* sistema *m.* 3 ANAT., BOT. apòfisi *f.,* apèndix *m.* 4 DRET procés *m.,* causa *f.* 5 TECNOL. fotomecànica *f.*

process (to) ['prouses] *t.* tractar. 2 transformar, elaborar. 3 processar. 4 FOT. revelar. 5 IMPR. reproduir per fotomecànica.

process [prə'ses] *i.* anar en processó; desfilar.

processing ['prousesiŋ] *s.* tractament *m.* 2 procediment *m.* 3 transformació *f.* 4 INFORM. processament *m.* ‖ *central ~ unit,* unitat *f.* central; *data ~,* processament de dades.

procession [prə'seʃən] *s.* processó *f.* 2 desfilada *f.,* seguici *m.,* cavalcada *f.* 3 curs *m.,* progrés *m.* 4 fig. sèrie *f.*

proclaim (to) [prə'kleim] *t.* proclamar. 2 declarar, anunciar. 3 revelar, descobrir.

proclamation [,prɔklə'meiʃən] *s.* proclamació *f.* 2 declaració *f.* 3 proclama *f.,* ban *m.,* edicte *m.*

proclivity [prə'kliviti] *s.* form. proclivitat *f.,* tendència *f.,* inclinació *f.*

procrastinate (to) [prou'kræstineit] *t.-i.* diferir *t.,* ajornar *t.*

procreation [,proukri'eiʃən] *s.* procreació *f.*

procure (to) [prə'kjuə°] *t.* procurar aconseguir, obtenir. 2 procurar, proporcionar.

prod [prɔd] *s.* cop *m.* 2 punxada *f.*, fiblada *f.* 3 fig. estímul *m.*

prod (to) [prɔd] *t.* donar un cop [amb un objecte punxagut]. 2 donar un cop de colze. 3 picar, punxar. 3 fig. estimular.

prodigal ['prɔdigəl] *a.* pròdig. ‖ BIB. *the Prodigal Son*, el fill pròdig. ■ 2 **-ly** *adv.* pròdigament.

prodigious [prə'didʒəs] *a.* prodigiós, portentós. 2 enorme, immens. ■ 3 **-ly** *adv.* prodigiosament.

prodigy ['prɔdidʒi] *s.* prodigi *m.*, portent *m.* ‖ *child/infant* ~, nen prodigi.

produce ['prɔdjuːs] *s.* producte *m.*, producció *f.* ‖ AGR. *farm* ~, productes *m. pl.* agrícoles.

produce (to) [prə'djuːs] *t.* presentar, mostrar, exhibir. 2 produir, fabricar. 3 criar. 4 causar, ocasionar. 5 CINEM. produir. 6 DRET presentar. 7 TEAT. dirigir, posar en escena. 8 TELEV. realitzar. ■ 9 *i.* produir *t.*

producer [prə'djuːsə°] *s.* productor. 2 fabricant. 3 CINEM. productor. 4 TEAT. director d'escena, escenògraf. 5 TELEV. realitzador.

product ['prɔdʌkt] *s.* producte *m.*, producció *f.* ‖ *gross national* ~, producte nacional brut. ‖ *manufactured products*, productes manufacturats. 2 resultat *m.*, efecte *m.* 3 MAT., QUÍM. producte *m.*

production [prə'dʌkʃən] *s.* producció *f.* ‖ *mass* ~, producció en sèrie. 2 fabricació *f.* 3 rendiment *m.* 4 ART, LIT. obra *f.* 5 CINEM., TELEV. realització *f.* 6 TEAT. direcció *f.* escènica, representació *f.* ■ 7 *a.* de sèrie. ‖ ~ *motorcycle*, motocicleta *f. pl.* de sèrie.

production line [prə'dʌkʃn,lain] *s.* cadena *f.* de muntatge.

productive [prə'dʌktiv] *a.* productiu. 2 AGR. fèrtil, fecund [també fig.].

profane [prə'fein] *a.* profà. 2 irreverent, blasfem. 3 malparlat, groller.

profane (to) [prə'fein] *t.* profanar.

profanity [prə'fæniti] *s.* profanitat *f.* 2 irreverència *f.*, renec *m.* 3 blasfèmia *f.* 4 *pl.* renecs *m. pl.*

profess (to) [prə'fes] *t.* professar. 2 declarar, manifestar, confessar. 3 exercir. ■ 4 *i.* exercir.

professed [prə'fest] *a.* declarat. 2 ostensible. 3 suposat, pretès. 4 profés.

profession [prə'feʃən] *s.* professió *f.*, ofici *m.* ‖ *by* ~, de professió. 2 professió *f.*, manifestació *f.* ‖ ~ *of faith*, professió de fe. 3 professió *f.*, religió *f.*

professor [prə'fesə°] *s.* catedràtic. 2 professor.

professorship [prə'fesəʃip] *s.* càtedra *f.* 2 professorat *m.*

proffer ['prɔfə°] *s.* oferta *f.*, proposició *f.*

proffer (to) ['prɔfə°] *t.* oferir, proposar, presentar [una oferta].

proficiency [prə'fiʃənsi] *s.* perícia *f.*, habilitat *f.*, capacitat *f.*

proficient [prə'fiʃənt] *a.* pèrit, expert. 2 competent, capaç. 3 destre, hàbil.

profile ['proufail] *s.* perfil *m.* ‖ *in* ~, de perfil. 2 silueta *f.*, contorn *m.* 3 descripció *f.* 4 fig. retrat *m.*; ressenya *f.* biogràfica. 5 ARQ. secció *f.*

profile (to) ['proufail] *t.* perfilar(se).

profit ['prɔfit] *s.* profit *m.*, avantatge *m.*, utilitat *f.* 2 COM. guany *m.*, benefici *m.* ‖ ~ *and loss*, guanys i pèrdues. ‖ ~ *sharing*, participació en els beneficis.

profit (to) ['prɔfit] *i.* guanyar, treure profit, beneficiar-se *p.* 2 *to* ~ *by*, treure profit, aprofitar(se). ■ 3 *t.* aprofitar. 4 ser útil a, servir.

profitability [,prɔfitə'biliti] *s.* rendibilitat *f.*

profitable ['prɔfitəbl] *a.* profitós, beneficiós, rendible, lucratiu.

profiteer [,prɔfi'tiə°] *s.* aprofitat, acaparador, explotador.

profligate ['prɔfligit] *a.-s.* llibertí, llicenciós. 2 pròdig, malgastador.

profound [prə'faund] *a.* profund. ■ 2 **-ly** *adv.* profundament.

profuse [prə'fjuːs] *a.* profús. 2 pròdig, generós. ■ 3 **-ly** *adv.* profusament; pròdigament.

profusion [prə'fjuːʒən] *s.* profusió *f.*, abundància *f.* 2 prodigalitat *f.*

progeny ['prɔdʒini] *s.* prole *f.*, descendència *f.*

prognosticate (to) [prɔg'nɔstikeit] *t.* pronosticar.

programme, (EUA) **program** ['prougræm] *s.* programa *m.*

programme, (to) (EUA) **program (to)** ['prougræm] *t.* INFORM. programar. 2 projectar, programar.

progress ['prougres] *s.* progrés *m.* 2 marxa *f.*, curs *m.*, desenvolupament *m.*

progress (to) [prə'gres] *i.* progressar, fer progressos. 2 avançar. 3 desenvolupar-se *p.*

progressive [prə'gresiv] *a.* progressiu. 2 POL. progressista. ■ 3 *s.* POL. progressista.

prohibit (to) [prə'hibit] *t.* prohibir. 2 impedir.

prohibition [proui'biʃən] *s.* prohibició *f.* ‖ (EUA) ~ *law,* llei *f.* seca, prohibicionisme *m.*

project ['prɔdʒekt] *s.* projecte *m.,* pla *m.*

project (to) [prə'dʒekt] *t.* projectar, idear. 2 projectar, llançar. 3 GEOM. projectar. ■ 4 *i.* sobresortir, destacar.

projection [prə'dʒekʃn] *s.* projecció *f.* 2 sortint *m.* 3 fig. concepció *f.*

projection room [prə'dʒekʃn,ru:m] *s.* CINEM. cabina *f.* de projecció.

proletariat [,proule'tɛəriət] *s.* proletariat *m.*

proliferation [prə,lifə'reiʃn] *s.* proliferació *f.,* multiplicació *f.* ‖ *non- proliferation treaty,* tractat *m.* per a la no proliferació d'armament nuclear.

prolix ['prouliks] *a.* form. prolix, difús.

prologue ['proulɔg] *s.* pròleg.

prolong (to) [prə'lɔŋ] *t.* prolongar, perllongar. 2 allargar.

promenade [,prɔmi'nɑːd] *s.* passeig *m.* 2 avinguda *f.,* passeig *m.* 3 passeig *m.* marítim.

promenade concert ['prɔmənɑːd,kɔnsət] *s.* concert *m.* en el qual una part del públic està dret.

prominence ['prɔminəns] *s.* prominència *f.* 2 fig. eminència *f.* importància *f.* ‖ *to come into* ~, adquirir importància.

prominent ['prɔminənt] *a.* prominent, sortint. 2 fig. notable, distingit, eminent. ■ 3 -**ly** *adv.* prominentment, eminentment.

promiscuous [prə'miskjuəs] *a.* promiscu. 2 llicenciós, llibertí.

promise ['prɔmis] *s.* promesa *f.* 2 avenir *m.* 3 esperança *f.*

promise (to) ['prɔmis] *t.-i.* prometre 2 augurar, prometre, pronosticar, anunciar. ‖ *the Promised Land,* la terra promesa.

promising ['prɔmisiŋ] *a.* prometedor, falaguer, que promet.

promissory ['prɔmisəri] *a.* promissori. ‖ COM. ~ *note,* pagaré *m.*

promontory ['prɔməntri] *s.* promontori *m.*

promote (to) [prə'mout] *t.* promoure, ascendir. 2 promoure, fomentar. 3 estimular, afavorir. 4 fundar, organitzar [una empresa]. 5 finançar.

promotion [prə'mouʃən] *s.* promoció *f.* 2 ascens *m.* ‖ ~ *list,* escalafó *m.* 3 foment *m.* 4 creació *f.,* fundació *f.* 5 presentació *f.*

prompt [prɔmpt] *a.* prompte, prest. 2 llest, preparat. 3 ràpid, puntual, immediat. ‖ ~ *payment,* pagament *m.* immediat. ■ 4 *s.* TEAT. apuntament *m.* ■ 5 -**ly** *adv.* amb promptitud; ràpidament; immediatament, puntualment.

prompt (to) [prɔmpt] *t.* incitar, induir, moure. 2 suggerir, inspirar. ■ 3 TEAT. apuntar.

prompt box ['prɔmptbɔks] *s.* TEAT. coverol *m.*

prompter ['prɔmptə'] *s.* TEAT. apuntador.

promulgate (to) ['prɔmʌlgeit] *t.* promulgar, publicar. 2 fig. divulgar, difondre.

prone [proun] *a.* pron, bocaterrós. 2 inclinat, propens.

prong [prɔŋ] *s.* pua *f.,* punxa *f.,* punta *f.,* pollegó *m.* [de forca, de forquilla, etc.]. 2 forca *f.*

pronoun ['prounaun] *s.* GRAM. pronom *m.*

pronounce (to) [prə'nauns] *t.* pronunciar [sons; sentències]. 2 declarar. ■ 3 *i.* pronunciar-se *p.*

pronounced [prə'naunst] *a.* pronunciat, marcat, decidit, fort.

pronunciation [prə,nʌnsi'eiʃən] *s.* pronunciació *f.*

proof [pru:f] *s.* prova *f.* 2 comprovació *f.* 3 assaig *m.* 4 DRET, FOT., IMPR., MAT. prova *f.* ‖ IMPR. ~ *reader,* corrector de proves. ■ 5 *a.* resistent. ‖ ~ *against,* a prova de. 6 de graduació normal [alcohol].

prop [prɔp] *s.* suport *m.,* puntal *m.,* pilar *m.* [també fig.]. 2 AVIA. (abrev. *propeller*) hèlice *f.* 3 CINEM., TEAT. (abrev. *properties*) accesoris *m. pl.*

prop (to) [prɔp] *t.* apuntalar, suportar, sostenir [també fig.]. 2 mantenir. 3 *to* ~ *oneself against,* repenjar-se a sobre.

propaganda [,prɔpə'gændə] *s.* pej. propaganda *f.*

propagate (to) ['prɔpəgeit] *t.* propagar. 2 difondre. ■ 3 *i.* propagar-se *p.*

propel (to) [prə'pel] *t.* propulsar, impel·lir.

propeller [prə'pelə'] *s.* propulsor *m.* 2 hèlix *f.,* hèlice *f.* [de vaixell o avió].

propensity [prə'pensiti] s. propensió f., tendència f.

proper ['prɔpəʳ] a. propi, característic. 2 propi, apropiat. 3 correcte [en el seu ús, etc.]. 4 pròpiament dit. 5 convenient, adient. 6 decent. 7 GRAM. propi [nom]. ■ 8 **-ly** adv. pròpiament, correctament, convenientment, degudament.

property ['prɔpəti] s. propietat f. 2 TEAT. accesoris m. pl.

prophecy ['prɔfisi] s. profecia f.

prophesy (to) ['prɔfisai] t.-i. profetitzar t.

prophet ['prɔfit] s. profeta.

prophetic(al [prə'fetik, -əl] a. profètic.

propitiate (to) [prə'piʃieit] i. propiciar.

propitious [prə'piʃəs] a. propici. 2 favorable. ■ 3 **-ly** adv. propíciament.

proportion [prə'pɔːʃən] s. proporció f., correlació f. ‖ *in ~ to*, en proporció amb. 2 pl. proporcions f. pl., tamany m. sing. 3 MAT. proporció f.

proportion (to) [prə'pɔːʃən] t. proporcionar, equiparar.

proportional [prə'pɔːʃənl] a. proporcional. ■ 2 **-ly** adv. proporcionalment.

proportionate [prə'pɔːʃənit] a. Vegeu PROPORTIONAL.

proposal [prə'pouzəl] s. proposició f., proposta f. 2 oferiment m., oferta f. 3 declaració f., proposta f. de matrimoni.

propose (to) [prə'pouz] t. proposar. 2 proposar-se p. de, tenir la intenció de. ■ 3 i. proposar t. 4 demanar t. la mà, declarar-se p.

proposition [prɔpə'ziʃən] s. proposició f., afirmació f. 2 proposició f. 3 tasca f., empresa f. 4 col.loq. problema m.

propound (to) [prə'paund] t. form. proposar. 2 presentar, plantejar.

proprietor [prə'praiətəʳ] s. propietari m., amo m.

proprietress [prə'praiətris] s. propietària f., mestressa f.

propriety [prə'praiəti] s. propietat f. [qualitat d'apropiat]. 2 correcció f., decència f. 3 pl. urbanitat f. sing., normes f. pl. socials.

prorogue (to) [prə'roug] t. prorrogar.

proscribe (to) [prəs'kraib] t. proscriure.

proscription [prəs'kripʃn] s. proscripció f.

prose [prouz] s. prosa f.

prosecute (to) ['prɔsikjuːt] t. form. prosseguir, continuar. 2 DRET processar, demandar.

prosecution [prɔsi'kjuːʃən] s. form. prossecució f., continuació f. 2 DRET procés m., processament m. 3 DRET ministeri m. fiscal.

prosecutor ['prɔsikjuːtəʳ] s. DRET demandant; acusador privat. 2 DRET *public ~*, fiscal.

prosody ['prɔsedi] s. mètrica f. 2 prosòdia f.

prospect ['prɔspekt] s. perspectiva f. 2 vista f., panorama f. 3 pl. expectatives f. pl. 4 esperança f. 5 possible client.

prospect (to) [prəs'pekt] t. explorar [per buscar or, petroli, etc.]. ■ 2 i. fer prospeccions.

prospective [prəs'pektiv] a. possible, probable, en perspectiva.

prospectus [prəs'pektəs] s. prospecte m.

prosper (to) ['prɔspəʳ] i. prosperar. ■ 2 t. liter. fer prosperar, afavorir.

prosperity [prɔs'periti] s. prosperitat f.

prosperous ['prɔspərəs] a. pròsper.

prostitute ['prɔstitjuːt] s. prostituta.

prostrate ['prɔstreit] a. prostrat, prosternat. 2 fig. abatut, aclaparat. 3 BOT. prostrat.

prostrate (to) [prɔs'treit] t. prostrar, abatre. 2 *to ~ oneself*, prostrar-se, prosternar-se.

prostration [prɔs'treiʃən] s. prostració f.

prosy ['prouzi] a. prosaic [estil]. 2 llauna, avorrit.

protect (to) [prə'tekt] t. protegir.

protection [prə'tekʃən] s. protecció f.

protective [prə'tektiv] a. protector. 2 proteccionista.

protector [prə'tektəʳ] s. protector.

protein ['proutiːn] s. QUÍM. proteïna f.

protest ['proutest] s. protesta f.

protest (to) [prə'test] t.-i. protestar.

Protestant ['prɔtistənt] a.-s. REL. protestant.

Protestantism ['prɔtistəntizəm] s. REL. protestantisme m.

protocol ['proutəkɔl] s. protocol m.

protract (to) [prə'trækt] t. allargar, prolongar.

protrude (to) [prə'truːd] t. fer sortir. ■ 2 i. sortir, sobresortir.

protuberance [prə'tjuːbərəns] s. protuberància f.

proud [praud] a. orgullós. ‖ *to be ~ of*, enorgullir-se de. 2 superb, arrogant. 3 esplèndid, magnífic, noble. ■ 4 **-ly** adv. orgullosament, amb orgull; arrogantment; esplèndidament.

prove (to) [pruːv] *t.* provar. 2 demostrar, comprovar. 3 confirmar. 4 posar a prova; fer la prova de. ■ *5 i.* sortir, resultar. 6 demostrar *t.* que s'és [apte, etc.]. ▲ p. p.: *proved* [pruːvd] o *proven* [pruːvn].

provender ['prɔvindəʳ] *s.* pinso *m.*, farratge *m.* 2 col·loq. menjar *m.*, teca *f.*

proverb ['prɔvəːb] *s.* proverbi *m.*, refrany *m.*, dita *f.*

provide (to) [prəˈvaid] *t.* proveir, proporcionar. 2 subministrar. 3 estipular. ■ *4 i. to ~ for*, mantenir *t.*, proveir *t.* de, proporcionar mitjans de vida. *5 to ~ against*, prevenir-se *p.* contra, prendre precaucions contra.

provided [prəˈvaidid] *conj. ~ (that)*, a condició que, sempre que.

providence ['prɔvidəns] *s.* providència *f.*, previsió *f.* 2 REL. providència *f.*

provident ['prɔvidənt] *a.* provident, previsor.

province ['prɔvins] *s.* província *f.* 2 regió *f.*, districte *m.*, comarca *f.* 3 esfera *f.*, àmbit *m.* [d'activitat, etc.]. 4 competència *f.*, incumbència *f.*

provision [prəˈviʒən] *s.* provisió *f.*, previsió *f.* 2 mesura *f.*, providència *f.* 3 *pl.* provisions *m. pl.* 4. DRET clàusula *f.*, disposició *f.*

provisional [prəˈviʒənl] *a.* provisional. ■ 2 *-ly adv.* provisionalment.

proviso [prəˈvaizou] *s.* estipulació *f.*, condició *f.*, clàusula *f.*

provocative [prəˈvɔkətiv] *a.* provocatiu, provocador.

provoke (to) [prəˈvouk] *t.* provocar, causar. 2 provocar, irritar.

provoking [prəˈvoukiŋ] *a.* provocador, provocatiu. 2 irritant, exasperant.

prow [prau] *s.* MAR. proa *f.*

prowess ['prauis] *s.* valor *m.*, coratge *m.* 2 habilitat *f.*, traça *f.*

prowl (to) [praul] *t.-i.* rondar [a l'aguait].

proximate ['prɔksimit] *a.* form. pròxim; immediat.

proxy ['prɔksi] *s.* procuració *f.*, delegació *f.* ‖ *by ~*, per poders. 2 apoderat, delegat.

prude [pruːd] *s.* melindrós, amanerat.

prudence ['pruːdəns] *s.* prudència *f.*

prudent ['pruːdənt] *a.* prudent; previsor. ■ 2 *-ly adv.* prudentment.

prudery ['pruːdəri] *s.* amanerament *m.*, afectació *f.*

prudish ['pruːdiʃ] *a.* melindrós, primmirat.

prune (to) [pruːn] *t.* podar. 2 fig. treure, retallar.

pruning-hook ['pruːniŋhuk], **pruning-knife** ['pruːniŋnaif] *s.* podadora *f.*, podall *m.*

prurience ['pruəriəns] *s.* lascívia *f.*

pry (to) [prai] *i.* espiar, tafanejar. ■ 2 *t.* alçapremar, palanquejar.

ps [piːˈes] *s.* (abrev. *postscript*) postdata *f.*

psalm [sɑːm] *s.* psalm *m.*, salm *m.*

pseudonym ['sjuːdənim] *s.* pseudònim *m.*

psychiatrist [saiˈkaiətrist] *s.* psiquiatra.

psychiatry [saiˈkaiətri] *s.* psiquiatria *f.*

psychologic(al) [ˌsaikəˈlɔdʒik(əl)] *a.* psicològic.

psychologist [saiˈkɔlədʒist] *s.* psicòleg.

psychology [saiˈkɔlədʒi] *s.* psicologia *f.*

psychosis [saiˈkousis] *s.* MED. psicosi *f.*

pub [pʌb] *s.* bar *m.*, pub *m.*

puberty ['pjuːbəti] *s.* pubertat *f.*

public ['pʌblik] *a.* públic. ■ 2 *s.* públic *m.* ■ 3 *-ly adv.* públicament.

publication [ˌpʌbliˈkeiʃən] *s.* publicació *f.* 2 edició *f.*

public-house [ˌpʌblikˈhaus] *s.* bar *m.*, pub *m.*

publicity [pʌˈblisiti] *s.* publicitat *f.*

publish (to) ['pʌbliʃ] *t.* publicar. 2 editar. 3 difondre, escampar.

publisher ['pʌbliʃəʳ] *s.* editor.

pucker ['pʌkəʳ] *s.* arruga *f.*, plec *m.*

pucker (to) ['pʌkəʳ] *t.* arrugar, plegar. ■ 2 *i. to ~ (up)*, arrugar-se *p.*

pudding ['pudiŋ] *s.* púding *m.*

puddle ['pʌdl] *s.* bassal *m.*, toll *m.*

pudgy ['pʌdʒi] *a.* rodanxó, rabassut.

puerility [pjuəˈriliti] *s.* puerilitat *f.*

puff [pʌf] *s.* bufada *f.* 2 alenada *f.*, bafarada *f.* 3 CUI. bunyol *m.* 4 COST. bollat *m.*

puff (to) [pʌf] *i.* bufar; esbufegar. 2 fumar, fumejar. ■ 3 *t.* bufar. 4 treure, deixar anar [fum, etc.]. *5 to ~ out*, inflar. 6 *to ~ up*, inflar-se *p.*, estarrufar-se *p.*

puff pastry ['pʌf,peistri] *s.* pasta *f.* de full.

pugilist ['pjuːdʒilist] *s.* púgil, boxador.

pugnacious [pʌgˈneiʃəs] *a.* form. pugnaç, belicós.

pull [pul] *s.* estirada *f.*, estrebada *f.* 2 glop *m.* 3 atracció *f.* 4 esforç *m.* 5 pipada *f.* 6 agafador *m.*, cordó *m.* 7 col·loq. influències *f. pl.*, padrins *m. pl.*

pull (to) [pul] *t.* estirar. 2 arrossegar. 3 atreure. 4 arrencar, treure, (VAL.) traure. 5 estripar, esquinçar, destrossar. 6 prémer, pitjar. 7 córrer, descórrer [cortines]. *8* moure [rems]. *9* distendre [un lligament, una articulació]. *10* impulsar. *11* treure [una arma]. *12* fig. *to ~ one's leg,* prendre el pèl. ■ *13 i.* estirar *t.,* donar una estrebada. *14* xuclar, fer un traguet. *15* girar, desviar-se *p. 16* remar. ■ *to ~ apart,* separar; esquinçar; *to ~ away,* arrencar; separar-se; *to ~ back,* fer-se enrere; *to ~ down,* enderrocar; abaixar; desanimar; *to ~ in,* aturar-se arribar [un tren]; *to ~ off,* arrencar [vehicle]; sortir-se'n; *to ~ on;* posar-se [mitges, mitjons, etc.]; *to ~ out,* arrencar, treure; sortir, marxar; *to ~ through,* recuperar-se; dur a terme; treure d'un mal pas; *to ~ up,* acostar, apropar-se; arrencar; aturar; renyar.

pulley ['puli] *s.* corriola *f.,* politja *f.*

pullover ['pul₁ouvə'] *s.* pullòver *m.,* jersei *m.*

pulp [pʌlp] *s.* polpa *f. 2* pasta *f.* [de paper, de fusta].

pulpit ['pulpit] *s.* púlpit *m.,* trona *f. 2 pl. the pulpits,* el clergat.

pulsate (to) [pʌl'seit] *i.* bategar, polsar. ■ *2 t.* fer bategar.

pulse [pʌls] *s.* pols *m. 2* pulsació *f.,* batec *m.*

pulse (to) [pʌls] *i.* polsar, bategar.

pulverize (to) ['pʌlvəraiz] *t.* polvoritzar. *2* fig. destruir [arguments contraris, etc.]. ■ *3 i.* esmicolar-se *p.*

puma ['pjuːmə] *s.* ZOOL. puma *m.*

pumice, pumice stone ['pʌmisstoun] *s.* pedra *f.* tosca.

pump [pʌmp] *s.* MEC. bomba *f.: water ~,* bomba d'aigua. *2* bambes *f. pl.*

pump (to) [pʌmp] *t.* bombar, treure, extreure. *2* inflar [amb una bomba]. *3* fig. estirar la llengua. ■ *4 i.* fer anar una bomba.

pumpkin ['pʌmpkin] *s.* BOT. carbassa *f.,* carabassa *f.*

pun [pʌn] *s.* joc *m.* de paraules.

punch [pʌntʃ] *s.* ponx *m. 2* cop *m.* (VAL.) colp *m.,* cop *m.* de puny. *3* punxó *m.,* picador *m. 4* fig. energia *f.*

Punch [pʌntʃ] *n. pr.* putxinel·li *m.* ‖ *Punch-and-Judy show,* teatre *m.* de putxinel·lis.

punch (to) [pʌntʃ] *t.* picar. *2* foradar, perforar. *3* pegar, donar un cop.

punctilious [pʌŋk'tiliəs] *a.* puntós, meticulós.

punctual ['pʌŋktjuəl] *a.* puntual. ■ *2 -ly adv.* puntualment.

punctuality [₁pʌŋktju'æliti] *s.* puntualitat *f.*

punctuate (to) ['pʌŋktjueit] *t.* GRAM. puntuar. *2* interrompre.

punctuation [₁pʌŋktju'eiʃən] *s.* GRAM. puntuació *f.*

puncture ['pʌŋktʃə'] *s.* punxada *f.* MED. punció *f.*

puncture (to) ['pʌŋktʃə'] *t.* punxar, foradar. *2* rebentar. *3* fig. desinflar-se *p.* ■ *4 i.* punxar-se *p.*

pungent ['pʌndʒənt] *a.* picant, fort. *2* mordaç. *3* agut, viu, penetrant.

punish (to) ['pʌniʃ] *t.* castigar, penar. *2* maltractar. *3* col·loq. devorar [menjar].

punishment ['pʌniʃmənt] *s.* càstig *m.,* pena *f.*

punt [pʌnt] *s.* barca *f.* de perxa.

punt (to) [pʌnt] *t.* portar en una barca de perxa. ■ *2 i.* anar en una barca de perxa. *3* apostar, fer apostes [en cavalls].

puny ['pjuːni] *a.* escarransit, escanyolit. *2* petit, insignificant.

pup [pʌp] *s.* cadell.

pupil ['pjuːpl, -pil] *s.* alumne, deixeble. *2* ANAT. pupil·la *f. 3* DRET pupil.

puppet ['pʌpit] *s.* titella *m.,* putxinel·li *m.,* ninot *m.*

purchase ['pəːtʃəs] *s.* compra *f.,* adquisició *f. 2* MAR. aparell *m. 3* MEC. palanca *f.;* suport *m.;* agafador *m.*

purchase (to) ['pəːtʃəs] *t.* comprar, adquirir: *purchasing power,* poder adquisitiu.

purchaser ['pəːtʃəsə'] *s.* comprador.

pure ['pjuə'] *a.* pur. ■ *2 -ly adv.* purament, simplement.

purgative ['pəːgətiv] *a.* purgatiu, purgant. ■ *2 s.* purgant *m.*

purgatory ['pəːgətəri] *s.* purgatori *m.*

purge [pəːdʒ] *s.* purga *f. 2* purgant *m.*

purge (to) [pəːdʒ] *t.* purgar. *2* depurar.

purification [₁pjuərifi'keiʃən] *s.* purificació *f. 2* depuració *f.*

purifier [₁pjuərifaiə'] *s.* purificador. *2* depurador.

purify ['pjuərifai] *t.* purificar. *2* depurar.

puritan ['pjuəritən] *a.-s.* purità.

purity ['pjuəriti] *s.* puresa *f.*

purl [pəːl] *s.* poèt. remor *f.* de l'aigua. *2* punt *m.* del revés. *3* COST. punta *f.*

purl (to) [pəːl] *t.* fer punt del revés. *2* posar puntes. ■ *3 i.* poèt. remorejar [l'aigua]. *4* fer punt del revés.

purloin (to) [pɜːˈlɔin] *t.* form. robar, furtar.

purple [ˈpɜːl] *a.* porprat, purpuri. ■ 2 *s.* porpra, púrpura [color].

purport [ˈpɜːpət] *s.* significat *m.*, sentit *m.*

purport (to) [pəˈpɔːt] *t.* significar, voler dir; donar a entendre. 2 pretendre.

purpose [ˈpɜːpəs] *s.* propòsit *m.*, intenció *f.*, objectiu *m.* ‖ *on* ~, a posta. 2 resolució *f.*, determinació *f.* 3 efecte *m.*, resultat *m.*, ús *m.*, utilitat *m.* ■ 4 **-ly** *adv.* a posta, expressament.

purpose (to) [ˈpɜːpəs] *t.* liter. proposar-se *p.*

purposeful [ˈpɜːpəsful] *a.* decidit.

purr [pɜːˈ] *s.* ronc *m.*

purr (to) [pɜːˈ] *i.* roncar [un gat]. ■ 2 *t.* dir suaument.

purse [pɜːs] *s.* moneder *m.*, portamonedes *m.* 2 butxaca *f.*, bossa *f.* [diners]. 3 col·lecta *f.* 4 (EUA) bossa *f.* [de mà].

purse (to) [pɜːs] *t.* arrugar, arrufar [les celles], arronsar [els llavis].

pursue (to) [pəˈsjuː] *t.* perseguir, empaitar, (BAL.) encalçar, (VAL.) acaçar. 2 perseguir [un objectiu]. 3 prosseguir, continuar.

pursuit [pəˈsjuːt] *s.* persecució *f.*, caça *f.*, recerca *f.* 2 pretensió *f.*, afany *m.* 3 prossecució *f.* 4 ocupació *f.*, feina *f.*, activitat *f.*

purvey (to) [pəˈvei] *t.-i.* proveir *t.*, subministrar *t.*

purveyor [pəˈveiə] *s.* proveïdor, subministrador.

purview [ˈpɜːvjuː] *s.* esfera *f.*, límits *m. pl.*, abast *m.*

pus [pʌs] *s.* MED. pus *m.*

push [puʃ] *s.* empenta *f.* 2 empenta *f.*, determinació *f.*, energia *f.* 3 embranzida *f.* 4 moment *m.* crític.

push (to) [puʃ] *t.* empènyer. 2 empentar, (ROSS.) pussar, pussar. 3 trepitjar; prémer. 4 impulsar. 5 insistir, instar, apressar. ■ *6 i.* empènyer; fer pressió. ■ *to* ~ *aside*, apartar; deixar de banda; *to* ~ *forward*, avançar, obrir-se pas; *to* ~ *in*, passar davant [en una cua]; col·loq. *to* ~ *off*, tocar el dos; MAR. desatracar; *to* ~ *over*, fer caure, empentar, donar empentes; *to* ~ *through*, fer avançar; dur a terme; *to* ~ *up*, pujar, aixecar.

push-button [ˈpuʃˌbʌtn] *s.* botó *m.*, botó *m.* elèctric.

pushchair [ˈpuʃtʃeə] *s.* cotxet *m.*

pusher [ˈpuʃə] *s.* col·loq. camell *m.* [drogues].

push-up [ˈpuʃʌp] *s.* flexió *f.* de braços.

pushy [ˈpuʃi] *a.* col·loq. agressiu.

pusillanimous [ˌpjuːsiˈlæniməs] *a.* pusil·lànime.

puss [pus] *s.* mix *m.*, mixeta *f.* 2 col·loq. noia *f.*

put [put] *s.* llançament *m.* ■ 2 *a. to stay* ~, estar quiet.

put (to) [put] *t.* posar, col·locar, ficar. 2 fer [una pregunta]. 3 expressar, exposar. 4 instar, apressar. ■ 5 *i.* MAR. posar el rumb. ■ *to* ~ *aside*, deixar de banda, deixar de, renunciar a; *to* ~ *away*, guardar; estalviar; rebutjar; *to* ~ *back*, posposar, ajornar; *to* ~ *down*, posar [a terra]; reprimir; ridiculitzar, deixar en ridícul; humiliar; apuntar, anotar; atribuir; *to* ~ *forth*, exposar; mostrar; proposar; *to* ~ *forward*, plantejar, proposar; *to* ~ *in*, dedicar; interrompre; posar; *to* ~ *off*, ajornar; fer esperar; dissuadir, fer perdre les ganes; treure's [un vestit]; *to* ~ *on*, posar-se [un vestit]; oferir [un servei]; encendre [el llum, el foc, etc.]; enganyar; fer posat de; TEAT. posar en escena. ‖ *to* ~ *on weight*, engreixar-se; *to* ~ *out*, treure, (VAL.) traure; apagar [la llum, el foc, etc.]; molestar; desconcertar; dislocar; *to* ~ *over*, expressar, explicar; *to* ~ *through*, posar amb [per telèfon]; fer aprovar; fer passar; *to* ~ *together*, muntar; *to* ~ *up*, aixecar, erigir, armar, muntar; allotjar; enganxar, penjar; oferir [resistència]; proporcionar [diners]; apujar; embolicar. ‖ *to* ~ *up with*, aguantar, sofrir. ▲ Pret. i p. p.: *put* [put]; ger.: *putting* [ˈputiŋ].

putrefaction [ˌpjuːtriˈfækʃən] *s.* putrefacció *f.*

putrefy (to) [ˈpjuːtrifai] *t.* podrir. ■ 2 *i.* podrir-se *p.*

putrid [ˈpjuːtrid] *a.* pútrid, podrit. 2 pudent. 3 corromput. 4 col·loq. horrible.

putsch [putʃ] *s.* cop *m.* d'estat.

putty [ˈpʌti] *s.* massilla *f.*

puzzle [ˈpʌzl] *s.* perplexitat *f.*, estranyesa *f.* 2 problema *m.*, enigma *m.* 3 trencaclosques *m.*; endevinalla *f.* ‖ *crossword* ~, mots *m. pl.* encreuats.

puzzle (to) [ˈpʌzl] *t.* deixar parat, confondre. 2 *to* ~ *out*, desxifrar, solucionar [un problema, etc.]. ■ 3 *i. to* ~ *over*, meditar sobre, reflexionar sobre.

puzzling [ˈpʌzliŋ] *a.* enigmàtic, intrigant.

pygmy [ˈpigmi] *a.-s.* pigmeu.

pyjamas [pəˈdʒɑːməz] *s. pl.* pijama *m. sing.*

pyramid ['pirəmid] *s.* piràmide *f.*
pyre ['paiə'] *s.* pira *f.*, foguera *f.*
Pyrenean [piri'niən] *a.* pirinenc.

Pyrenees [ˌpirə'ni:z] *n. pr.* GEOGR. Pirineus.
python ['paiθən] *s.* ZOOL. pitó *m.*

Q

Q, q [kjuː] s. q f. [lletra].

quack [kwæk] s. claca f. [de l'ànec]. 2 xarlatà, curandero. ■ 3 a. fals; de xarlatà.

quack (to) [kwæk] i. clacar.

quadrangle ['kwɔˌdræŋgl] s. quadrangle m. 2 pati m. [esp. d'un col·legi].

quag [kwæg] s. Vegeu QUAGMIRE 1.

quagmire ['kwægmaiə'] s. fanguissar m., fangar m. 2 fig. empantanegament m., entrebanc m.

quail [kweil] s. ORN. guatlla f.

quail (to) [kweil] i. acovardir-se p., arronsar-se p.

quaint [kweint] a. curiós, singular, original.

quake (to) [kweik] i. tremolar, estremir-se p.

qualification [ˌkwɔlifiˈkeiʃən] s. qualificació f. 2 condició f., requisit m. 3 capacitat f., aptitud f.

qualified ['kwɔlifaid] a. qualificat, apte, competent.

qualify (to) ['kwɔlifai] t. qualificar. 2 capacitar. 3 limitar, concretar. 4 GRAM. modificar. ■ 5 i. capacitar-se p. 6 ESPORT qualificar-se p.

quality ['kwɔliti] s. qualitat f.

qualm [kwaːm] s. dubte m., escrúpol m., remordiment m. 2 basques f. pl., nàusea f., mareig m.

quandary ['kwɔndəri] s. incertesa f., perplexitat f. 2 dilema m.; situació f. difícil.

quantity ['kwɔntiti] s. quantitat f. 2 pl. gran quantitat f. sing. 3 MAT. **unknown** ~, incògnita f.

quantity surveyor ['kwɔntitisəˌveiə'] s. CONSTR. aparellador m.

quarantine ['kwɔrəntiːn] s. quarantena f. [aïllament].

quarrel ['kwɔrəl] s. disputa f., discussió f. 2 baralla f., batussa f.

quarrel (to) ['kwɔrəl] i. renyir, barallar-se p., discutir. 2 to ~ with, dissentir de; queixar-se p. de; protestar contra.

quarrelsome ['kwɔrəlsəm] a. buscabregues; buscaraons.

quarry ['kwɔri] s. MIN. pedrissa f., pedrera f. 2 presa f., caça f.

quart [kwɔːt] s. quart m. de galó.

quarter ['kwɔːtə'] s. quart m., quarter, m., quarta part f. 2 trimestre m. 3 regió f., part f., direcció f. ‖ from all quarters, d'arreu. 4 font f. [d'informació, etc.]. 5 barri m. 6 pl. allotjament m. sing., habitatge m. sing. 7 (EUA) moneda f. de 25 cèntims. 8 pl. MIL. quarter m. sing. ‖ to give no ~, no donar quarter.

quarter (to) ['kwɔːtə'] t. esquerterar, dividir en quarters. 2 MIL. aquarterar; allotjar.

quarterly ['kwɔːtəli] a. trimestral. ■ 2 adv. trimestralment. ■ 3 s. publicació f. trimestral.

quartet [kwɔːˈtet] s. MÚS. quartet m.

quartz [kwɔːts] s. MINER. quars m.

quash (to) [kwɔʃ] t. DRET anul·lar. 2 reprimir.

quatrain ['kwɔtrein] s. LIT. quarteta f.

quaver (to) ['kweivə'] i. tremolar, vibrar. 2 MÚS. refilar, trinar. 3 dir amb veu tremolosa.

quay [kiː] s. moll m., desembarcador m.

queen [kwiːn] s. reina f. 2 JOC reina f. [d'escacs]; dama f. [de cartes].

queen bee ['kwiːnˈbiː] s. ZOOL. abella f. reina.

queer [kwiə'] a. rar, estrany, estrafalari. 2 excèntric, tocat de l'ala. 3 misteriós. 4 malalt. ‖ I feel ~, em trobo malament. ■ 5 s. vulg. marieta m. [homosexual].

quell (to) [kwel] t. poèt. reprimir, sofocar. 2 apaivagar. 3 calmar.

quench (to) [kwentʃ] t. apagar [també fig.].

querulous ['kweruləs] a. gemegaire, queixós.

query ['kwiəri] s. pregunta f. 2 dubte m. 3 interrogant m.

query (to) [ˈkwiəri] *t.* posar en dubte, dubtar. 2 preguntar, interrogar. 3 *to ~ whether/if,* preguntar-se *p.* si.

quest [kwest] *s.* busca *f.,* recerca *f.* ‖ *in ~ of,* a la recerca de.

quest (to) [kwest] *t.-i.* buscar *t.,* cercar *t.*

question [ˈkwestʃən] *s.* pregunta *f.* ‖ *~ mark,* interrogant *m.* 2 objecció *f.,* dubte *m.* ‖ *beyond all ~,* fora de dubtes; *out of the ~,* impossible; *to call in ~,* posar en dubte; *without ~,* sens dubte. 3 qüestió *f.,* problema *m.* ‖ *beside the ~,* que no ve al cas.

question (to) [ˈkwestʃən] *t.* preguntar; interrogar. 2 posar en dubte, dubtar de. 3 discutir.

questionable [ˈkwestʃənəbl] *a.* qüestionable, disutible. 2 dubtós, sospitós.

questionnaire [ˌkwestʃəˈnɛə] *s.* qüestionari *m.;* enquesta *f.*

queue [kju:] *s.* cua *f.* [filera].

queue (to) [kju:] *i.* fer cua.

quibble [ˈkwibl] *s.* evasiva *f.,* subterfugi *m.*

quibble (to) [ˈkwibl] *i. to ~ (over),* parlar amb evasives.

quick [kwik] *a.* ràpid, veloç. 2 viu [geni]. 3 intel·ligent, llest. 4 àgil. ■ *5 s.* carn *f.* viva. ‖ fig. *to cut the ~,* tocar el punt sensible. ■ *6* **-ly** *adv.* ràpidament, veloçment.

quicken (to) [ˈkwikən] *t.* avivar, animar. 2 accelerar, apressar. ■ *3 i.* avivar-se *p.,* animar-se *p.* 4 accelerar-se *p.,* apressar-se *p.*

quicklime [ˈkwiklaim] *s.* calç *f.* viva.

quickness [ˈkwiknis] *s.* rapidesa *f.* 2 promptitud *f.* 3 intel·ligència.

quicksand [ˈkwiksænd] *s.* arenes *f. pl.* movedisses.

quick-tempered [ˌkwikˈtempəd] *a.* geniüt.

quick-witted [ˌkwikˈwitid] *a.* astut, perspicaç.

quid [kwid] *s.* tabac *m.* de mastegar. 2 (G.B.) col·loq. lliura *f.* [diners].

quiet [ˈkwaiət] *a.* silenciós, callat. 2 tranquil, calmat, reposat. 3 senzill, discret, amable. 4 suau, apagat. ■ *5 s.* tran-

quil·litat *f.,* silenci *m.,* calma *f.,* pau *f.* 6 *on the ~,* d'amagat, per sota mà.

quiet (to) [kwaiət] *t.* calmar, tranquil·litzar, assossegar. 2 fer callar. ■ *3 i. to ~ down,* calmar-se *p.,* tranquil·litzar-se *p.,* assossegar-se *p.;* callar.

quill [kwil] *s.* ploma *f.* [d'au]. 2 canó *m.* [d'una ploma].

quilt [kwilt] *s.* edredó *m.*

quilt (to) [kwilt] *t.* embuatar, enconxar.

quince [kwins] *s.* BOT. codony *m.* 2 codonyer *m.*

quintal [ˈkwintl] *s.* quintar *m.*

quintessence [kwinˈtesns] *s.* quinta essència *f.*

quintet [kwinˈtet] *s.* MÚS. quintet *m.*

quip [kwip] *s.* comentari *m.* sarcàstic, acudit *m.*

quit [kwit] *a.* deslliurat, lliure, exent.

quit (to) [kwit] *t.* deixar, abandonar. 2 deixar de, renunciar a. ■ *3 i.* marxar, anar-se'n *p.* 4 dimitir; parar. ▲ pret. i p. p.: *quitted* o *quit.*

quite [kwait] *adv.* completament, totalment. ‖ *you're ~ right,* tens tota la raó. 2 força, bastant. 3 col·loq. *a ~ man,* tot un home. 4 col·loq. *~ so,* és clar, efectivament.

quits [kwits] *a. to be ~ with,* estar en paus amb.

quittance [ˈkwitəns] *s.* quitament *m.,* quitança *f.* 2 pagament *m.*

quiver [ˈkwivə] *s.* carcaix *m.,* aljava *f.* 2 tremolor *m.,* estremiment *m.,* vibració *f.*

quiver (to) [ˈkwivə] *i.* tremolar, estremir-se *p.,* vibrar, moure.

quixotic [kwikˈsɔtik] *a.* quixotesc.

quiz [kwiz] *s.* RADIO., TELEV. concurs *m.*

quoit [kɔit], (EUA) [kwɔit] *s.* tella *f.,* joc *m.* de la tella.

quotation [kwouˈteiʃən] *s.* citació *f.* 2 COM. cotització *f.* ■ *3 a. ~ marks,* cometes *f.*

quote (to) [kwout] *t.* citar, esmentar [un text, un autor]. 2 COM. cotitzar; fixar el preu de.

quotidian [kwɔˈtidiən] *a.* recurrent [febre].

quotient [ˈkwouʃənt] *s.* MAT. quocient *m.*

R

R, r [aː] *s.* r *f.* [lletra].
Rabat [rəˈbæt] *n. pr.* GEOGR. Rabat.
rabbi [ˈræbai] *s.* rabí *m.*
rabbit [ˈræbit] *s.* ZOOL. conill *m.* 2 col·loq. ESPORT jugador dolent.
rabbit-hole [ˈræbithoul] *s.* llodriguera *f.*, cau *m.* de conills.
rabbit-hutch [ˈræbithʌtʃ] *s.* conillera *f.*
rabble [ˈræbl] *s.* xusma *f.*, canalla *f.* 2 multitud *f.* turbulenta.
rabid [ˈræbid] *a.* MED. rabiós. 2 furiós, violent, fanàtic.
rabies [ˈreibiːz] *s.* MED. ràbia *f.*
rac(c)oon [rəˈkuːn] *s.* ZOOL. ós *m.* rentador.
race [reis] *s.* raça *f.* 2 casta *f.*, llinatge *m.* 3 poble *m.* 4 ESPORT cursa *f.*, regata *f.*
race (to) [reis] *i.* córrer [en una cursa]. ■ 2 *t.* fer córrer. 3 competir amb [en una cursa].
racial [ˈreiʃəl] *a.* racial.
racism [ˈreisizəm] *s.* racisme *m.*
rack [ræk] *s.* prestatge *m.*, lleixa *f.* 2 penjador *m.* 3 cavall *m.* de tortura. 4 FERROC. reixa *f.* [per l'equipatge]. 5 MEC. cremallera *f.*
rack (to) [ræk] *t.* torturar. 2 turmentar. 3 fig. to ~ one's brains, escalfar-se *p.* el cap.
racket [ˈrækit] *s.* ESPORT raqueta *f.* 2 xivarri *m.*, soroll *m.*, gresca *f.* 3 col·loq. estafa *f.*, engany *m.*
rack-railway [ˈrækˌreilwei] *s.* FERROC. ferrocarril *m.* de cremallera.
racy [ˈreisi] *a.* viu, animat [estil]. 2 salat, picant, fort.
radar [ˈreidɑː] *s.* TECNOL. radar *m.*
radial [ˈreidjəl] *a.* radial.
radiance [ˈreidjəns] *s.* brillantor *f.*, resplendor *f.*, esplendor *f.*
radiant [ˈreidjənt] *a.* radiant, resplendent, brillant.

radiate (to) [ˈreidieit] *t.* radiar, irradiar. ■ 2 *i.* partir de, sortir de.
radiation [ˌreidiˈeiʃən] *s.* radiació *f.*
radiator [ˈreidieitə] *s.* radiador *m.*
radical [ˈrædikəl] *a.* radical. ■ 2 *s.* POL. radical. 3 MAT. radical *m.* ■ 3 *-ly adv.* radicalment.
radio [ˈreidiou] *s.* ELECT. ràdio *f.* ■ 2 *a.* de ràdio, radiofònic.
radioactive [ˌreidiouˈæktiv] *a.* radioactiu.
radio set [ˈreidiouˌset] *s.* ràdio *f.*, aparell *m.* de ràdio.
radish [ˈrædiʃ] *s.* BOT. rave *m.*
radium [ˈreidjəm] *s.* QUÍM. radi *m.*
radius [ˈreidjəs] *s.* GEOM., ANAT. radi *m.* 2 radi *m.* [d'acció]. ▲ *pl.* **radii** [ˈreidiai].
raffle [ˈræfl] *s.* rifa *f.*
raffle (to) [ˈræfl] *t.* rifar, sortejar.
raft [rɑːft] *s.* rai *m.* 2 bot *m.*
rafter [ˈrɑːftə] *s.* ARQ. biga *f.*
rag [ræg] *s.* drap *m.* 2 parrac *m.* ‖ in rays, desparracat. 3 col·loq. diari *m.* de mala mort.
ragamuffin [ˈrægəmʌfin] *s.* trinxeraire, perdulari.
rage [reidʒ] *s.* ràbia *f.*, ira *f.* 2 fúria *f.*, violència *f.* 3 passió *f.*, fervor *m.* 4 to be all the ~, estar de moda *f.*, ser el darrer crit.
rage (to) [reidʒ] *i.* enrabiar-se *p.*, posar-se *p.* furiós. 2 fer estralls, enfurismar-se *p.*, bramar [el vent, la pluja, etc.].
ragged [ˈrægid] *a.* esparracat, pollós. 2 estripat; escantellat. 3 fig. irregular, desigual. ■ 4 *-ly adv.* amb esparracs, amb estrips.
ragman [ˈrægmæn] *s.* drapaire *m.*
raid [reid] *s.* incursió *f.*, ràtzia *f.*, atac *m.* 2 agafada *f.* [de la policia].
raid (to) [reid] *t.-i.* fer una incursió, atacar per sorpresa.
rail [reil] *s.* barana *f.*, passamà *m.* 2 tanca *f.*, closa *f.* 3 FERROC. carril *m.*, rail *m.*, via *f.* ‖ by ~, per ferrocarril.

rail (to) [reil] *t.* encerclar amb una tanca. 2 posar una barana. ■ 3 *i. to ~ at,* protestar contra, queixar-se *p.* de.

railing ['reiliŋ] *s.* barana *f.,* passamà *m.;* barrera *f.*

raillery ['reiləri] *s.* liter. facècia *f.,* broma *f.*

railway ['reilwei], (EUA) **railroad** ['reilroud] *s.* ferrocarril *m.,* via *f.* fèrria.

rain [rein] *s.* pluja *f.* [també fig.].

rain (to) [rein] *i.-impers.-t.* ploure. ‖ *to ~ cats and dogs,* ploure a bots i barrals.

rainbow ['reinbou] *s.* arc *m.* de sant Martí, arc *m.* iris.

raincoat ['reinkout] *s.* impermeable *m.*

raindrop ['reindrɔp] *s.* gota *f.* de pluja.

rainfall ['reinfɔːl] *s.* xàfec *m.,* ruixat *m.* 2 pluviositat *f.*

rainstorm ['reinstɔːm] *s.* aiguat *m.,* tempesta *f.*

rainy ['reini] *a.* plujós, de pluja.

raise [reiz] *s.* augment *m.,* puja *f.* [de preus, de salaris, etc.].

raise (to) [reiz] *t.* aixecar, alçar. 2 elevar, apujar, augmentar. 3 erigir, alçar [un monument, una estàtua, etc.]. 4 provocar, produir, suscitar. 5 promoure, presentar, plantejar [una objecció, protesta, etc.]. 6 conrear, cultivar [plantes]; fer cria, criar [animals]. 7 criar, pujar [una família]. 8 aconseguir, obtenir, reunir. 9 aixecar [un setge, una pena, etc.].

raisin ['reizn] *s.* pansa *f.*

raja(h ['rɑːdʒə] *s.* rajà *m.*

rake [reik] *s.* AGR. rasclet *m.,* rascle *m.* 2 llibertí *m.* 3 NÀUT. inclinació *f.*

rake (to) [reik] *t.* rasclar, rastellar. 2 ramassar, aplegar. 3 furgar, burxar [el foc]. 4 fig. *to ~ in,* fer molts diners. 5 NÀUT. inclinar. ■ 6 *i.* NÀUT. inclinar-se *p.*

rally ['ræli] *s.* reunió *f.,* concentració *f.,* replegament *m.* 2 recuperació *f.* millorament *m.* [salut, economia, etc.]. 3 ESPORT rally *m.*

rally (to) ['ræli] *t.* reunir, concentrar. 2 refer, reorganitzar. 3 animar. ■ 4 *i.* reunir-se *p.,* concentrar-se *p.* 5 refer-se *p.* 6 reorganitzar-se *p.* 7 animar-se *p.*

ram [ræm] *s.* ZOOL. marrà *m.* 2 MIL. ariet *m.* 3 MEC. maçó *m.,* picó *m.*

ram (to) [ræm] *t.* piconar, maçonar. 2 clavar. 3 entaforar, ficar [per força]. 4 xocar *i.,* topar *i.*

ramble ['ræmbl] *s.* passeig *m.,* excursió *f.* 2 fig. divagació *f.*

ramble (to) ['ræmbl] *i.* passejar, fer una excursió. 2 fig. divagar.

rambler ['ræmblə'] *s.* excursionista.

rambling ['ræmbliŋ] *a.* tortuós, laberíntic, de distribució irregular [carrers, cases]. 2 inconnex, confús, incoherent [discurs; pensaments]. 3 BOT. enfiladís.

ramp [ræmp] *s.* rampa *f.*

rampant ['ræmpənt] *a.* exuberant [planta]. 2 violent, agressiu. 3 *to be ~,* estendre's, escampar-se [una malaltia, un vici, etc.]. 4 HERÀLD. rampant.

rampart ['ræmpɑːt] *s.* muralla *f.,* terraplè *m.* 2 fig. defensa *f.,* protecció *f.*

ramshackle ['ræmʃækl] *a.* atrotinat, ruïnós.

ran [ræn] Vegeu RUN (TO).

ranch [rɑːntʃ] *s.* (EUA) ranxo *m.,* hisenda *f.*

rancher ['rɑːntʃə'] *s.* (EUA) ranxer.

rancid ['rænsid] *a.* ranci.

rancour, (EUA) **rancor** ['ræŋkə] *s.* rancor *m.,* rancúnia *f.*

random ['rændəm] *s. at ~,* a l'atzar *m.* ■ 2 *a.* fortuït, casual.

rang [ræŋ] Vegeu RING (TO) 2.

range [reindʒ] *s.* fila *f.,* filera *f.* ‖ *~ of mountains,* serra *f.,* carena *f.* 2 esfera *f.* [d'activitat, de coneixement]. 3 camp *m.* de tir. 4 abast *m.,* distància *f.* [d'una arma]. 5 abast *m.,* extensió *f.* [de la veu, l'oïda, etc.]. 6 escala *f.,* sèrie *f.,* gamma *f.* 7 cuina *f.* econòmica. 8 (EUA) devesa *f.*

range (to) [reindʒ] *t.* alinear, afilerar, arrenglerar. 2 arreglar, ordenar, classificar. 3 recórrer [també fig.]. 4 collocar. 5 *to ~ oneself,* col·locar-se. ■ 6 *i.* estendre's *p.* 7 vagar. 8 oscil·lar, variar. 9 abastar, arribar [una arma].

rank [ræŋk] *a.* pej. rematat, absolut. ‖ *a ~ injustice,* una gran injustícia. 2 pudent, ranci. 3 exuberant [vegetació]. ■ 4 *s.* fila *f.,* filera *f.,* renglera *f.* 5 MIL. rang *m.,* graduació *f.;* grau *m.*

rank (to) [ræŋk] *t.* classificar, col·locar, posar. 2 alinear, arrenglerar. ■ 3 *i.* figurar entre, formar part de. 4 ocupar *t.* un lloc [en una escala]. ‖ *to ~ high,* ocupar una alta posició.

rankle (to) ['ræŋkl] *i.* amargar *t.* ‖ *his failure still rankles,* el seu fracàs encara li dol.

ransack (to) ['rænsæk] *t.* escorcollar; examinar. 2 saquejar, pillar.

ransom ['rænsəm] *s.* rescat *m.* 2 REL. redempció *f.*

ransom (to) ['rænsəm] *t.* rescatar. 2 REL. redimir.

rant (to) [rænt] *t.* dir amb ampul·lositat. ■ 2 *i.* parlar amb grandiloqüència. 3 desvariar.

rap [ræp] *s.* cop *m.* sec. 2 col·loq. culpa *f.:* *to take the ~ for,* carregar amb les culpes per. 3 (EUA) col·loq. xerrada *f.,* conversa *f.*

rap (to) [ræp] *t.-i.* trucar, donar un cop. 2 (EUA) col·loq. xerrar.

rapacious [rə'peiʃəs] *a.* rapaç; àvid.

rape (to) [reip] *t.* violar, forçar.

rapid ['ræpid] *a.* ràpid. ■ 2 *s.* ràpid *m.* [d'un riu]. ■ 3 *-ly adv.* ràpidament.

rapidity [rə'piditi] *s.* rapidesa *f.*

rapier ['reipiə'] *s.* estoc *m.,* espasa *f.*

rapport [ræ'pɔ:'] *s.* relació *f.,* harmonia *f.,* conformitat *f.* ‖ *to be in ~ with,* estar d'acord amb.

rapt [ræpt] *a.* absort, pensarós. 2 ravatat, captivat.

rapture ['ræptʃə'] *s.* rapte *m.,* embaladiment *m.,* èxtasi *m.*

rapturous ['ræptʃərəs] *a.* extàtic, embadalit.

rare [reə'] *a.* rar, poc freqüent, poc comú. 2 enrarit [aire]. 3 col·loq. excel·lent, molt bo. 4 CUI. poc fet [carn]. ■ *5 -ly adv.* rarament, rares vegades.

rarefy ['reərifai] *t.* enrarir. ■ 2 *i.* enrarir-se *p.*

rarity ['reəriti] *s.* raresa *f.*

rascal ['ra:skəl] *s.* bergant, murri.

rase (to) [reiz] *t.* Vegeu RAZE (TO).

rash [ræʃ] *a.* irreflexiu, precipitat, imprudent, temerari. ■ 2 *s.* MED. granissada *f.,* erupció *f.* ■ 3 *-ly adv.* imprudentment; precipitadament.

rasp (to) [ra:sp] *t.* llimar. 2 crispar [els nervis]. 3 *to ~ out,* dir amb veu *f.* aspra. ■ 4 *i.* fer un soroll aspre.

raspberry ['ra:zbəri] *s.* BOT. gerd *m.*

rasping ['ra:spiŋ] *a.* aspre. 2 irritant.

rat [ræt] *s.* ZOOL. rata *f.* 2 fig. traidor; esquirol.

ratchet ['rætʃit] *s.* MEC. cadell *m.*

rate [reit] *s.* raó *f.,* proporció *f.* 2 tant *m.* per cent. 3 tipus *m.,* [d'interés, canvi, etc.]. 4 preu *m.,* valor *m.* 5 velocitat *f.,* ritme *m.* 6 classe *f.,* categoria *f.* 7 taxa *f.,* impost *m.* 8 *at any ~,* de tota manera, en qualsevol cas.

rate (to) [reit] *t.* valorar, avaluar, estimar. 2 considerar. ■ 3 *i.* considerar *t.,* tenir *t.* per.

rather ['ra:ðə'] *adv.* bastant, força, una mica. 2 més, millor: *I would ~,* m'esti-

maria més, preferiria. 3 més aviat, al contrari. 4 més ben dit. ■ *5 interj.* ja ho crec!

ratify (to) ['rætifai] *t.* ratificar.

ratio ['reiʃiou] *s.* relació *f.,* proporció *f.* 2 MAT. raó *f.*

ration ['ræʃən] *s.* ració *f.;* ranxo *m.*

ration (to) ['ræʃən] *t.* *to ~ (out),* racionar.

rational ['ræʃənl] *a.* racional. 2 raonable, assenyat. ■ 3 *-ly adv.* racionalment.

rationalize (to) ['ræʃənəlaiz] *t.* racionalitzar.

rationing ['ræʃəniŋ] *s.* racionament *m.*

rattle ['rætl] *s.* tust *m.,* colpejament *m.* 2 petarrelleig *m.* 3 sotragueig *m.* 4 cascavell *m.* [de serp]. 5 sonall *m.* 6 xerric-xerrac *m.*

rattle (to) ['rætl] *t.* fer sonar, fer vibrar, fer cruixir. 2 dir ràpidament; garlar *i.* ■ 3 *i.* ressonar, vibrar, cruixir. 4 fer sotracs, sotraguejar [un cotxe, un tren, etc.].

rattlesnake ['rætlsneik] *s.* ZOOL. serpent *f.* de cascavell.

rattling ['rætliŋ] *a.* lleuger, viu: *~ pace,* pas lleuger. 2 fantàstic. ■ 3 *adv.* col·loq. molt.

raucous ['rɔ:kəs] *a.* ronc, estrident.

ravage ['rævidʒ] *s.* destrossa *f.,* estrall *m.* 2 *pl.* estralls *m. pl.*

ravage (to) ['rævidʒ] *t.* devastar, destruir. 2 saquejar.

rave (to) [reiv] *i.* desvariejar. 2 bramar, enfurismar-se *p.* 3 parlar amb entusiasme.

raven ['reivn] *s.* ORN. corb *m.*

ravenous ['rævinəs] *a.* voraç. 2 famèlic, afamat.

ravine [rə'vi:n] *s.* congost *m.,* gorja *f.*

raving ['reiviŋ] *s.* delirant. 2 furiós. ■ 3 *s. pl.* deliri *m. sing.,* desvariejament *m. sing.* ■ 4 *adv.* molt.

ravish (to) ['ræviʃ] *t.* extasiar, embadalir, encisar. 2 ant. violar.

raw [rɔ:] *a.* cru. 2 en brut, sense refinar; en floca [cotó]. ‖ *~ flesh,* carn *f.* viva. ‖ *~ material,* materia *f.* prima. 3 cru, fred, viu [fred, vent, etc.]. 4 inexpert, principiant. 5 groller, brusc.

raw-boned ['rɔ:'bound] *a.* ossut.

ray [rei] *s.* raig *m.* [de llum, energia, etc.]. 2 GEOM. radi *m.* 3 ICT. rajada *f.*

raze (to) [reiz] *t.* arrasar, assolar, devastar.

razor ['reizə'] *s.* navalla *f.* d'afaitar. 2 màquina *f.* d'afaitar elèctrica.

razor blade ['reizəbleid] s. fulla f. d'afaitar.

reach [ri:tʃ] s. abast m., extensió f. ‖ in ∼ of, a l'abast de. ‖ to have long ∼, tenir els braços llargs.

reach (to) [ri:tʃ] t. arribar i. [a un lloc; a tocar; a un acord; etc.]. 2 allargar, donar [un objecte]. 3 estendre, estirar. 4 localitzar, trobar. ■ 5 i. estendre's p., arribar a.

react (to) [ri(:)'ækt] i. reaccionar.

reactor [ri(:)'æktə] s. reactor m.

read (to) [ri:d] t. llegir. 2 desxifrar. 3 estudiar [a la universitat]. 4 interpretar, entendre. ■ 5 i. llegir. 6 dir t. [un text, un escrit, etc.]. 7 indicar t. [un termòmetre, un indicador, etc.]. ▲ Pret. i p. p.: read [red].

reader ['ri:də] s. lector. 2 IMPR. corrector.

readily ['redili] adv. de seguida. 2 de bon grat. 3 fàcilment.

readiness ['redinis] s. promptitud f., facilitat f. 2 disposició f., bona voluntat f. 3 disponibilitat f.

reading ['ri:diŋ] s. lectura f. 2 coneixements m. pl. 3 interpretació f. 4 indicació f., lectura f. [d'un termòmetre, aparell, etc.].

readjust (to) ['ri:ə'dʒʌst] t. reajustar. 2 readaptar. ■ 3 i. reajustar-se p. 4 readaptar-se p.

ready ['redi] s. preparat, prompte, llest, amatent, a punt. 2 disposat. 3 viu, àgil, destre. 4 fàcil [mètode]; a mà, disponible. 5 comptant, efectiu [diners].

ready-made [redi'meid] a. fet, de confecció: ∼ clothes, roba feta.

real [riəl] a. real, vertader. 2 sincer. 3 DRET immoble, seent [béns].

realism ['riəlizəm] s. realisme m.

realistic [riə'listik] a. realista. 2 pràctic.

reality [ri(:)'æliti] s. realitat f.

realization [riəlai'zeiʃən] s. realització f. 2 comprensió f.

realize (to) ['riəlaiz] t. adonar-se p., (ROSS.) s'envisar p., comprendre. 2 realitzar, acomplir, dur a terme.

really ['riəli] adv. realment, de debò, (BAL.) (VAL.) de veres, (ROSS.) sensat.

realm [relm] s. regne m. 2 fig. camp m., domini m., món m.

reap (to) [ri:p] t. segar. 2 collir, recollir.

reaper ['ri:pə] s. segador. 2 segadora f. [màquina].

reaping ['ri:piŋ] s. sega f.

reappear (to) [ri:ə'piə] i. reaparèixer.

rear [riə] a. del darrera, posterior, de cua. ■ 2 s. part f. del darrera, cua f., fons m. [d'una habitació], cua [d'una fila].

rear (to) [riə] t. aixecar, alçar, erigir. 2 criar, educar, pujar. ■ 3 i. arborar-se p. [un cavall].

rear-admiral [riər'admirəl] s. MIL. contraalmirall.

rearguard ['riəga:d] s. MIL. reraguarda f.

reason ['ri:zn] s. raó f. ‖ by ∼ of, a causa de. ‖ it stands to ∼, és raonable, és evident.

reason (to) ['ri:zn] i. raonar. 2 discutir amb, raonar amb. ■ 3 t. convèncer amb raons. 4 raonar.

reasonable ['ri:zənəbl] a. raonable. 2 racional.

reasoning ['ri:z(ə)niŋ] s. raonament m.

reassurance [ri:ə'ʃuərəns] s. confiança f., seguretat f.

reassure (to) [ri:ə'ʃuə] t. tranquil·litzar.

rebel ['rebl] a.-s. rebel.

rebel (to) [ri'bel] i. rebel·lar-se p. (against, contra).

rebelion [ri'beljən] s. rebel·lió f., sublevació f.

rebound [ri'baund] s. rebot m., retop m. [també fig.]. ‖ on the ∼, de rebot, de retop.

rebound (to) [ri'baund] i. rebotar, rebotre. 2 fig. repercutir, afectar.

rebuff [ri'bʌf] s. rebuf m., miquel m., menyspreu m.

rebuff (to) [ri'bʌf] t. donar un rebuf o un miquel, menysprear.

rebuild (to) [ri:'bild] t. reconstruir.

rebuke [ri'bju:k] s. reprensió f., censura f.

rebuke (to) [ri'bju:k] t. reprendre, renyar, censurar.

recalcitrant [ri'kælsitrənt] a. recalcitrant, obstinat, tossut.

recall [ri'kɔ:l] s. crida f. [per fer tornar algú]. 2 anul·lació f., revocació f. 3 record m.

recall (to) [ri'kɔ:l] t. cridar, fer tornar. 2 recordar(se). 3 anul·lar, revocar.

recant (to) [ri'kænt] t. retractar. ■ 2 i. retractar-se p.

recapitulate (to) [ri:kə'pitjuleit] t.-i. recapitular t., resumir t.

recede (to) [ri'si:d] i. retrocedir. 2 retirar-se p., allunyar-se p.

receipt [ri'si:t] s. recepció f., rebuda f. 2 rebut m. 3 pl. COM. entrada f. sing., ingressos m. pl.

receive (to) [risiːv] t. rebre. 2 acceptar, admetre. 3 cobrar. 4 encobrir [objectes robats].

receiver [ri'siːvə'] s. receptor. 2 destinatari. 3 síndic. 4 encobridor [d'objectes robats]. 5 TECNOL. receptor m.; auricular m.

recent ['riːsnt] a. recent, nou. ■ 2 -ly adv. recentment.

receptacle [ri'septəkl] s. receptacle m., recipient m.

reception [ri'sepʃən] s. recepció f., rebuda f. 2 acolliment m.; acceptació f.

receptionist [ri'sepʃənist] s. recepcionista.

recess [ri'ses] s. descans m., pausa f.; suspensió f. 2 buit m.; alcova f., nínxol m. 3 recer m. 4 fig. racó m.

recipe ['resipi] s. recepta f.

recipient [ri'sipiənt] s. receptor m.

reciprocal [ri'siprəkəl] a. recíproc, mutu. ■ 2 -ly adv. recíprocament, mútuament.

reciprocate (to) [ri'siprəkeit] t. reciprocar. 2 tornar, correspondre a [un favor, etc.]. ■ 3 i. ser recíproc. 4 MEC. oscil·lar, tenir un moviment alternatiu.

recital [ri'saitl] s. relació f., narració f. 2 MÚS. recital m.

recite (to) [ri'sait] t.-i. recitar t. 2 fer una relació.

reckless ['reklis] a. temerari, imprudent; inconscient, irreflexiu.

reckon (to) ['rekən] t. calcular, comptar. 2 considerar. 3 suposar, pensar. ■ 4 i. to ~ on o upon, comptar amb. 5 fer càlculs, fer comptes.

reckoning ['rekəniŋ] s. compte m., còmput m., càlcul m. 2 compte m., nota f., factura f.

reclaim (to) [ri'kleim] t. fer cultivable o utilitzable [un terreny], guanyar terreny [al mar]. 2 reformar, regenerar. 3 reclamar.

recline (to) [ri'klain] t. reclinar, recolzar, jeure. ■ 2 i. recolzar-se p., jeure's p.

recluse [ri'kluːs] a. solitari, retirat. ■ 2 s. anacoreta, eremita, persona f. retirada del món.

recognize (to) ['rekəgnaiz] t. reconèixer [no té el sentit d'examinar].

recoil [ri'kɔil] s. retrocés m., reculada f. 2 ARM. retrocés m.

recoil (to) [ri'kɔil] i. retrocedir, recular. 2 ARM. tenir retrocés.

recollect (to) [ˌrekə'lekt] t. recordar. ■ 2 i. recordar-se p.

recollection [ˌrekə'lekʃən] s. record m., memòria f.

recommend (to) [ˌrekə'mend] t. recomanar.

recommendation [ˌrekəmen'deiʃən] s. recomanació f. 2 consell m.

recompense ['rekəmpens] s. recompensa f. 2 compensació f.

recompense (to) ['rekəmpens] t. recompensar. 2 compensar.

reconcile (to) ['rekənsail] t. reconciliar. 2 conciliar, fer compatible. 3 to ~ oneself to, resignar-se a, conformar-se a.

reconciliation [ˌrekənsili'eiʃən] s. reconciliació f. 2 conciliació f.

reconnaissance [ri'kɔnisəns] s. MIL. reconeixement m.

reconnoitre (to) [ˌrekə'nɔitə'] t. MIL. reconèixer. ■ 2 i. MIL. fer un reconeixement.

reconsider (to) [ˌriːkən'sidə'] t. repensar, tornar a estudiar, a examinar.

reconstruct (to) [ˌriːkəns'trʌkt] t. reconstruir.

record ['rekɔːd] s. registre m., relació f., document m. 2 acta f., escriptura f. 3 full m. de serveis, historial m., currículum m. 4 antecedents m. pl. 5 disc m. [enregistrat]. 6 pl. arxius m. pl. 7 ESPORT rècord m., marca f.

record (to) [ri'kɔːd] t. registrar, inscriure. 2 gravar, enregistrar. 3 indicar, marcar [un indicador, un termòmetre, etc.].

recorder [ri'kɔːdə'] s. registrador. 2 arxiver. 3 MEC. indicador m., comptador m. 4 MÚS. flauta f. dolça.

recount (to) [ri'kaunt] t. contar, explicar. 2 tornar a comptar, recomptar.

recourse [ri'kɔːs] s. recurs m. ‖ to have ~ to, recórrer a.

recover (to) [ri'kʌvə'] t. recobrar, recuperar. 2 refer-se p. 3 rescatar. 4 to ~ oneself, refer-se, recobrar-se, recuperar l'equilibri. ■ 5 i. refer-se p., recuperar-se p.

recovery [ri'kʌvəri] s. recuperació f., recobrament m. 2 restabliment m., convalescència f.

re-create (to) [ˌriːkri'eit] t. recrear, tornar a crear.

recreate (to) ['rekrieit] t. recrear, divertir. ■ 2 i. recrear-se p.

recreation [ˌrekri'eiʃən] s. recreació f., esbarjo m.

recriminate (to) [ri'krimineit] i. recriminar t.

recruit [ri'kru:t] *s.* recluta *m.*

recruit (to) [ri'kru:t] *t.* reclutar.

rectangle ['rek,tæŋgl] *s.* GEOM. rectangle *m.*

rectify (to) ['rektifai] *t.* rectificar, corregir, esmenar. 2 QUÍM. rectificar.

rectitude ['rektitju:d] *s.* rectitud *f.*

rector ['rektə'] *s.* rector.

rectory ['rektəri] *s.* rectoria *f.*

recumbent [ri'kʌmbənt] *a.* estirat, ajagut; jacent.

recuperate (to) [rik'ju:pəreit] *t.* recuperar, recobrar. ■ 2 *i.* refer-se *p.*, recobrar-se *p.*

recur (to) [ri'kə:'] *i.* repetir-se *p.* 2 tornar [a la memòria, al cap, etc.]. 3 repetir *t.*, recordar *t.*

recurrence [ri'kʌrəns] *s.* recurrència *f.*, repetició *f.*

recurrent [ri'kʌrənt] *a.* recurrent; periòdic.

red [red] *a.* vermell, (OCC.) (VAL.) roig. ‖ ~ *corpuscle,* glòbul *m.* roig; ~ *wine,* vi *m.* negre. 2 enrojolat, encès. ‖ *to turn* ~, posar-se vermell, encendre's. 3 POL. roig. ■ 4 *s.* vermell *m.*, roig *m.* [colors]. 5 POL. roig.

redcurrant [,red'kʌrənt] *s.* riba *f.* vermella, grosella *f.*

redden (to) ['redn] *t.* envermellir, enrogir. ■ 2 *i.* enrogir-se *p.* 2 posar-se *p.* vermell, enrojolar-se *p.*, encendre's *p.*

redeem (to) [ri'di:m] *t.* redimir. 2 complir [una promesa, una obligació, etc.]. 3 compensar. 4 rescatar.

Redeemer [ri'di:mə'] *s.* REL. *the* ~, el Redemptor *m.*

redemption [ri'dempʃən] *s.* redempció *f.*

red-hot [,red'hɔt] *a.* roent, candent. 2 aferrissat, entusiasta. 3 fresc, recent [notícies].

red-light [,red'lait] *a.* ~ *district,* barri *m.* xinès.

redness [rednis] *s.* vermellor *f.*, rojor *f.*

redolent ['redoulənt] *a.* fragant, olorós; que fa olor a. 2 que recorda a, que fa pensar en.

redouble (to) [ri'dʌbl] *t.* redoblar. ■ 2 *i.* redoblar-se *p.*

redoubtable [ri'dautəbl] *a.* liter. terrible, formidable.

redress [ri'dres] *s.* reparació *f.*, compensació *f.*, satisfacció *f.* 2 correcció *f.*

redress (to) [ri'dres] *t.* rectificar, reparar. 2 compensar, desgreujar.

Red Sea [red'si:] *s.* GEOGR. Mar Roig.

redskin ['redskin] *s.* pell-roja.

red tape [,red'teip] *s.* paperassa *f.*, burocràcia *f.*

reduce (to) [ri'dju:s] *t.* reduir. 2 rebaixar. 3 diluir. 4 MIL. degradar. ■ 5 *i.* disminuir. 6 col·loq. aprimar-se *p.*

reduction [ri'dʌkʃən] *s.* reducció *f.*

redundancy [ri'dʌndənsi] *s.* redundància *f.*

reduplicate (to) [ri'dju:plikeit] *t.* reduplicar.

reed [ri:d] *s.* BOT. canya *f.*, canyís *m.*, jonc *m.* 2 canya *f.* [material]. 3 MÚS. llengüeta *f.* 4 *pl.* MÚS. instruments *m. pl.* de vent.

reef [ri:f] *s.* escull *m.*, baix *m.* 2 NÀUT. ris *m.*

reek [ri:k] *s.* pudor *f.*, mala olor *f.*

reek (to) [ri:k] *i.* fumejar. 2 *to* ~ *of,* fer pudor a, pudir.

reel [ri:l] *s.* rodet *m.*, debanador *m.*, bobina *f.* 2 tentina *f.*, vacil·lació *f.* 3 CINEM. rotlle *m.* [de pel·lícula].

reel (to) [ri:l] *t.* debanar, bobinar, enrotllar. ■ 2 *i.* fer tentines, vacil·lar. 3 tremolar.

refer (to) [ri'fə:'] *t.* remetre. 2 fer referència a. ■ 3 *i.* referir-se *p.* 4 remetre's *p.* 5 aludir a. 6 recórrer a.

referee [,refə'ri:] *s.* àrbitre; jutge.

reference ['refrəns] *s.* referència *f.*, al·lusió *f.*, esment *m.* 2 relació *f.* 3 *pl.* referències *f. pl.* ■ 4 *a.* de consulta: ~ *book,* llibre de consulta.

refine (to) [ri'fain] *t.* refinar. 2 polir, perfeccionar. ■ 3 *i.* refinar-se *p.*, polir-se *p.* perfeccionar-se *p.* 4 subtilitzar.

refined [ri'faind] *a.* refinat. 2 polit. 3 fi, culte.

refinement [ri'fainmənt] *s.* refinament *m.* 2 finesa *f.*, urbanitat *f.* 3 refinació *f.*, purificació *f.* 4 subtilesa *f.*

reflect (to) [ri'flekt] *t.* reflectir(se). 2 considerar. ■ 3 *i.* reflectir-se *p.* 4 reflexionar.

reflection [ri'flekʃən] *s.* reflexió *f.*, reflex *m.* 2 imatge *m.* 3 reflexió *f.*, consideració *f.* 4 crítica *f.*, retret *m.*

reflex ['ri:fleks] *a.* reflex. ■ 2 *s.* reflex *m.*

reform [ri'fɔ:m] *s.* reforma *f.*

reform (to) [ri'fɔ:m] *t.* reformar, millorar, esmenar. ■ 2 *i.* reformar-se *p.*, corregir-se *p.*

reformation [,refə'meiʃən] *s.* reforma *f.*

reformer [ri'fɔ:mə'] *s.* reformador.

refraction [ri'frækʃən] *s.* refracció *f.*

refractory [ri'fræktəri] *a.* refractari. 2 tossut, obstinat.

refrain [ri'frein] s. tornada f. [d'una cançó].

refrain (to) [ri'frein] i. to ~ (from), estar-se p. de, abstenir-se p. de.

refresh (to) [ri'freʃ] t. refrescar. 2 recuperar [forces]; descansar. 3 to ~ oneself, refer-se, recobrar-se.

refreshment [ri'freʃmənt] s. refresc m., refrigeri m.

refrigerate (to) [ri'fridʒəreit] t. refrigerar.

refrigerator [ri'fridʒəreitə'] s. refrigerador m., nevera f., frigorífic m.

refuge ['refjuːdʒ] s. refugi m., protecció f., recer m., aixopluc m. [també fig.].

refugee [ˌrefju(ː)'dʒiː] s. refugiat.

refund (to) [riː'fʌnd] t. reemborsar, reingressar, tornar.

refusal [ri'fjuːzəl] s. refús m., rebuig m., negativa f. 2 opció f.

refuse ['refjuːs] s. escombraries f. pl., (BAL.) (VAL.) fems m. pl., deixalles f. pl.

refuse (to) [ri'fjuːz] t. refusar, rebutjar, denegar, negar. 2 negar-se p. a.

refute (to) [ri'fjuːt] t. refutar, impugnar, rebatre.

regain (to) [ri'gein] t. recobrar, recuperar.

regal ['riːgəl] a. reial, regi.

regale [ri'geil] t. regalar, obsequiar, afalagar, delectar. 2 to ~ oneself, regalar-se, obsequiar-se, delectar-se.

regard [ri'gɑːd] s. consideració f., contemplació f., cas m. ‖ without ~ to, sense fer cas de. 2 afecció f., respecte m., consideració f. 3 with ~ to, pel que fa a, respecte a, quant a. 4 ant. esguard m., mirada f. 5 pl. records m. pl.

regard (to) [ri'gɑːd] t. considerar, creure. 2 as regards, pel que fa a, quant a. 3 fer cas. 4 ant. mirar, esguardar.

regarding [ri'gɑːdiŋ] prep. pel que fa a, quant a.

regenerate (to) [ri'dʒenəreit] t. regenerar. ■ 2 i. regenerar-se p.

regent ['riːdʒənt] a.-s. regent.

regicide ['redʒisaid] s. regicidi m. 2 regicida.

regime [rei'ʒiːm] s. règim m.

regiment ['redʒimənt] s. MIL. regiment m.

region ['riːdʒən] s. regió f.

register ['redʒistə'] s. registre m. 2 MEC. indicador m.

register (to) ['redʒistə'] t. registrar, enregistrar. 2 inscriure, matricular. 3 indicar, marcar. 4 mostrar, palesar. 5 certificar [una carta]. 6 facturar [l'equipatge]. ■ 7 i. inscriure's p., matricular-se p.

registrar [ˌredʒis'trɑː'] s. registrador, arxiver, secretari.

registration [ˌredʒis'treiʃən] s. registre m.; inscripció f., matrícula f. 2 facturació f. [d'equipatges].

registry ['redʒistri] s. registre m. [inscripció; oficina]. 2 matrícula f.

regnant ['regnənt] a. regnant.

regression [ri'greʃən] s. regressió f.

regret [ri'gret] s. pesar m., sentiment m., recança f. 2 pendiment m. 3 pl. excuses f. pl.

regret (to) [ri'gret] t. sentir, lamentar, saber greu. 2 penedir-se p. de.

regretful [ri'gretful] a. pesarós; penedit. ■ 2 -ly adv. amb pena.

regrettable [ri'gretəbl] a. sensible, lamentable.

regular ['regjulə'] a. regular. 2 sistemàtic, metòdic. 3 habitual. 4 normal, corrent.

regulate (to) ['regjuleit] t. regular. 2 reglamentar. 3 ajustar, arreglar.

regulation [ˌregju'leiʃən] s. regulació f. 2 reglament m., reglamentació f., regla f. ■ 2 a. reglamentari, de reglament.

rehash (to) [riː'hæʃ] t. refondre.

rehearsal [ri'hɑːsəl] s. repetició f., enumeració f. 2 TEAT., MÚS. assaig m.

rehearse (to) [ri'hɑːs] t. TEAT., MÚS. assajar. 2 repetir, repassar.

reign [rein] s. regnat m. [també fig.].

reign (to) [rein] i. regnar [també fig.].

reimburse (to) [ˌriːim'bəːs] t. reemborsar. 2 indemnitzar.

rein [rein] s. regna f., brida f. [també fig.].

reindeer ['reindiə'] s. ZOOL. ren m. ▲ pl. reindeer.

reinforce (to) [ˌriːin'fɔːs] t. reforçar.

reinforced concrete [ˌriːin'fɔːst'kɔŋkriːt] s. ciment m. armat.

reinforcement [ˌriːin'fɔːsmənt] s. reforçament m. 2 pl. reforços m. pl.

reinsate (to) [ˌriːin'steit] t. reposar [en un càrrec]. 2 restablir. 3 reintegrar. 4 rehabilitar.

reiterate (to) [riː'itəreit] t. reiterar, repetir.

reject ['riːdʒekt] s. rebuig m., deixalla f., article m. defectuós.

reject (to) [ri'dʒekt] t. rebutjar. 2 denegar. 3 descartar, desestimar. 4 repel·lir.

rejection [ri'dʒekʃən] s. rebuig m. 2 denegació f.

rejoice (to) [ri'dʒɔis] *t.* alegrar, complaure. ■ 2 *i.* alegrar-se *p.*, complaure's *p.*

rejoicing [ri'dʒɔisiŋ] *s.* alegria *f.*, satisfacció *f.* 2 *pl.* festes *f. pl.*, celebracions *f. pl.*

rejoin (to) [ri'dʒɔin] *t.* reunir-se *p.* amb, tornar a, ajuntar-se *p.* amb.

rejoinder [ri'dʒɔində'] *s.* resposta *f.*, rèplica *f.*

rejuvenate (to) [ri'dʒu:vineit] *t.-i.* rejovenir.

relaid Vegeu RELAY (TO).

relapse [ri'læps] *s.* recaiguda *f.* 2 reincidència *f.*

relapse (to) [ri'læps] *i.* recaure. 2 reincidir.

relate (to) [ri'leit] *t.* form. relatar, referir, contar. 2 *to* ~ *with/to*, relacionar amb. ■ 3 *i. to* ~ *to*, relacionar-se *p.* amb, fer referència a.

related [ri'leitid] *a.* relacionat, connex. 2 afí. 3 emparentat.

relation [ri'leiʃən] *s.* relació *f.*, narració *f.* 2 relació *f.*, connexió *f.* ‖ *in* ~ *to*, respecte a, en relació amb. 3 parentiu *m.* 4 parent.

relationship [ri'leiʃənʃip] *s.* relació *f.* [entre coses o persones]. 2 parentiu *m.*

relative ['relətiv] *a.* relatiu. ■ 2 *s.* parent, familiar *m.* ■ 3 *-ly adv.* relativament.

relax (to) [ri'læks] *t.* relaxar, afluixar. 2 suavitzar, moderar. ■ 3 *i.* relaxar-se *p.*, afluixar-se *p.* 4 suavitzar-se *p.* 5 descansar.

relaxation [ri:læk'seiʃən] *s.* relaxació *f.*, afluixament *m.* 2 descans *m.*, solaç *m.*, esbargiment *m.*

relay ['ri:lei] *s.* relleu *m.* 2 TECNOL. repetidor *m.*

1) relay (to) [ri'lei] *t.* retransmetre. ▲ Pret. i p. p.: *relayed* [ri'leid].

2) relay (to) [ri:'lei] *t.* tornar a, posar, tornar a col·locar. ▲ Pret. i p. p.: *relaid* [ri:'leid].

release [ri'li:s] *s.* alliberament *m.*, escarceració *f.* 2 llibertat *f.* 3 emissió *f.*, llançament *m.* 4 descàrrec *m.*, absolució *f.*

release (to) [ri'li:s] *t.* alliberar, deixar anar. 2 descarregar, afluixar. 3 emetre, llançar. 4 DRET cedir.

relegate (to) ['religeit] *t.* relegar (*to*, a).

relent (to) [ri'lent] *i.* cedir, entendrir-se *p.*

relentless [ri'lentlis] *a.* implacable, inexorable.

relevant ['relivənt] *a.* pertinent, aplicable, que fa al cas.

reliable [ri'laiəbl] *a.* de confiança, seriós, segur. 2 fidedigne.

reliance [ri'laiəns] *s.* confiança *f.*

relic ['relik] *s.* relíquia *f.* 2 *pl.* rastres *m. pl.*, vestigis *m. pl.*

relief [ri'li:f] *s.* ajuda *f.*, auxili *m.*, socors *m.*; almoina *f.* 2 alleujament *m.* 3 consol *m.* 4 descans *m.*, solaç *m.* 5 ART relleu *m.*, realçament *m.* 6 MIL. relleu *m.*

relieve (to) [ri'li:v] *t.* alleujar, alleugerir. 2 reconfortar, consolar. 3 esbravar. 4 auxiliar, socórrer. 5 realçar, fer realçar. 6 MIL. rellevar.

religion [ri'lidʒən] *s.* religió *f.*

religious [ri'lidʒəs] *a.* religiós. 2 devot. 3 escrupulós. ■ 4 *s.* religiós.

relinquish (to) [ri'liŋkwiʃ] *t.* abandonar, deixar. 2 renunciar a, desistir de. 3 cedir.

relish ['reliʃ] *s.* gust *m.*, sabor *m.* 2 gust *m.*, afecció *f.* 3 apetència *f.* 4 condiment *m.*

relish (to) ['reliʃ] *t.* assaborir, paladejar. 2 agradar.

reluctance [ri'lʌktəns] *s.* desgana *f.*, repugnància *f.* ‖ *with* ~, a contracor, de mala gana.

reluctant [ri'lʌktənt] *a.* refractari, remitent, poc disposat.

rely (to) [ri'lai] *i. to* ~ *on* o *upon*, confiar en, comptar amb, fiar-se *p.* de, refiar-se *p.* de.

remain (to) [ri'mein] *i.* quedar, sobrar, restar. 2 quedar-se *p.*, romandre, continuar.

remainder [ri'meində'] *s.* resta *f.*, romanent *m.* 2 MAT. resta *f.*, residu *m.*

remains [ri'meinz] *s. pl.* restes *f. pl.*, ruïnes *f. pl.* 2 restes *f. pl.* mortals, despulles *f. pl.*

remark [ri'mɑːk] *s.* observació *f.*, comentari *m.*

remark (to) [ri'mɑːk] *t.* observar, comentar. 2 ant. observar, notar. ■ 3 *i.* fer una observació, fer un comentari, comentar *t.*

remarkable [ri'mɑːkəbl] *a.* notable, extraordinari.

remedy ['remidi] *s.* remei *m.*

remedy (to) ['remidi] *t.* remeiar.

remember (to) [ri'membə'] *t.* recordar, recordar-se *p.* de. 2 donar records. ■ 3 *i.* recordar *t.*, recordar-se *p.* de.

remind (to) [ri'maind] *t. to* ~ *of*, recordar, fer pensar.

reminder [ri'maində'] *s.* recordatori *m.*

reminiscent [remi'nisnt] *a.* evocador. 2 suggeridor. 3 ple de records.

replacement

remiss [ri'mis] *a.* negligent, descurat.

remission [ri'miʃən] *s.* remissió *f.*

remit (to) [ri'mit] *t.* remetre.

remittance [ri'mitəns] *s.* gir *m.* [de diners].

remnant ['remnənt] *s.* romanent *m.*, resta *f.*, residu *m.* 2 vestigi *m.* 3 retall *m.* [de roba].

remonstrate (to) [ri'mɔnstreit] *i.* protestar. 2 fer retrets, renyar *t.*

remorse [ri'mɔːs] *s.* remordiment *m.* 2 pietat *f.*: *without ~*, sense pietat.

remorseful [ri'mɔːsful] *a.* penedit, compungit.

remorseless [ri'mɔːslis] *a.* implacable, cruel.

remote [ri'mout] *a.* remot, distant, llunyà. 2 estrany, aliè. ■ 3 **-ly** *adv.* remotament.

removal [ri'muːvəl] *s.* acció de treure o emportar-se. 2 trasllat *m.* 3 mudança *f.* 4 eliminació *f.*, supressió *f.* 5 allunyament *m.* 6 destitució *f.*

remove (to) [ri'muːv] *t.* treure, (VAL.) traure. 2 eliminar, suprimir. 3 traslladar. 4 destituir, acomiadar. 5 *removed from*, allunyat de. ■ 6 *i.* mudar-se *p.*, traslladar-se *p.*

remunerate (to) [ri'mjuːnəreit] *t.* remunerar.

remunerative [ri'mjuːnərətiv], (EUA) [ri'mjuːnəreitəv] *a.* remunerador.

Renaissance [ri'neisəns], (EUA) ['renəsɑːns] *s.* Renaixement *m.* 2 Renaixença *f.*

rend (to) [rend] *t.* liter. tallar, esquinçar, trencar. 2 dividir, desunir, separar. 3 arrencar. ▲ Pret. i p. p.: *rent* [rent].

render (to) ['rendə'] *t.* donar, lliurar. 2 retre. 3 tornar. 4 prestar, donar [ajuda, assistència, etc.]. 5 fer: *to ~ useless*, fer inútil. 6 traduir. 7 MÚS., TEAT. interpretar.

rendezvous ['rɔndivuː] *s.* cita *f.* 2 lloc *m.* de reunió, lloc *m.* de cita.

renegade ['renigeid] *a.-s.* renegat.

renew (to) [ri'njuː] *t.* renovar. 2 reprendre. ■ 2 *i.* renovar-se *p.*

renewal [ri'nju(ː)əl] *s.* renovació *f.* 2 represa *f.*

renounce (to) [ri'nauns] *t.* renunciar. 2 renegar. 3 repudiar, rebutjar.

renovate (to) ['renouveit] *t.* renovar, restaurar.

renown [ri'naun] *s.* renom *m.*, anomenada *f.*

renowned [ri'naund] *a.* conegut, famós.

rent [rent] Vegeu REND (TO). ■ 2 *s.* lloguer *m.*, arrendament *m.* 3 estrip *m.*, (BAL.) esqueix *m.*, (VAL.) trencat *m.*; esquerda *f.* 4 fig. cisma *f.*, escissió *f.*

rent (to) [rent] *t.* llogar. ■ 2 *i.* llogar-se *p.*

renunciation [ri,nʌnsi'eiʃən] *s.* renúncia *f.*

reorganize (to) [riː'ɔːgənaiz] *t.* reorganitzar. ■ 2 *i.* reorganitzar-se *p.* **repaid** [ri'peid] Vegeu REPAY (TO).

repair [ri'pɛə'] *s.* reparació *f.*, restauració *f.*, pedaç *m.*, reforma *f.* 2 estat *m.*: *in good ~*, en bon estat.

repair (to) [ri'pɛə'] *t.* reparar, adobar. 2 reformar. 3 remeiar, reparar. ■ 4 *i.* form. *to ~ to*, acudir a, anar a [esp. molta gent].

reparation [,repə'reiʃən] *s.* reparació *f.*, compensació *f.*, satisfacció *f.* 2 *pl.* indemnitzacions *f. pl.*

repartee [,repɑː'tiː] *s.* rèplica *f.* [ràpida].

repast [ri'pɑːst] *s.* form. àpat *m.*

repay (to) [riː'pei] *t.* tornar, reembossar. 2 pagar, correspondre a. 3 compensar. ▲ Pret. i p. p.: *repaid* [ri'peid].

repayment [riː'peimənt] *s.* pagament *m.*, reemborsament *m.* 2 devolució *f.*

repeal [ri'piːl] *s.* abrogació *f.*, revocació *f.*

repeal (to) [ri'piːl] *t.* abrogar, revocar.

repeat (to) [ri'piːt] *t.* repetir. 2 reiterar. 3 recitar. 4 *to ~ oneself*, tornar a dir o fer. ■ 5 *i.* repetir-se *p.* 6 tornar a la boca [el menjar].

repeatedly [ri'piːtidli] *adv.* repetidament.

repel (to) [ri'pel] *t.* repel·lir, rebutjar. 2 repugnar.

repellent [ri'pelənt] *a.* repel·lent, repulsiu.

repent (to) [ri'pent] *i.* penedir-se *p.* ■ 2 *t.* penedir-se *p.* de.

repentance [ri'pentəns] *s.* penediment *m.*

repentant [ri'pentənt] *a.* penedit.

repercussion [,riːpəː'kʌʃən] *s.* repercussió *f.* [també fig.].

repetition [,repi'tiʃən] *s.* repetició *f.* 2 recitació *f.* 3 reproducció *f.*

replace (to) [ri'pleis] *t.* reposar, tornar. 2 reemplaçar, substituir. 2 canviar [una peça].

replacement [ri'pleismənt] *s.* reposició *f.*, devolució *f.* 2 reemplaçament *m.*, substitució *f.* 3 devolució *f.* 4 recanvi *m.* [peça].

replenish (to) [ri'pleniʃ] *t.* omplir; reomplir. 2 renovar.

reply [ri'plai] *s.* resposta *f.*, contestació *f.*

reply (to) [ri'plai] *t.-i.* repondre, contestar. 2 DRET replicar.

report [ri'pɔ:t] *s.* informe *m.*, memòria *f.* 2 crònica *f.*, informació *f.*, notícia *f.* 3 narració *f.*, relat *m.*, relació *f.* 4 nota *f.*, comunicació *f.* 5 rumor *m.*; xafarderia *f.* 6 detonació *f.*, tret *m.* 7 form. reputació *f.*, fama *f.*

report (to) [ri'pɔ:t] *t.* relatar, contar. 2 donar part; comunicar, informar de. 3 denunciar. 4 prendre nota de; fer una ressenya de. ■ 5 *i.* presentar-se *p.* [en un lloc]. 6 fer un informe.

reporter [ri'pɔ:tə'] *s.* repòrter.

repose [ri'pouz] *s.* repòs *m.*

repose (to) [ri'pouz] *t.* descansar, reposar. 2 recolzar. 3 donar, posar [confiança, etc.]. ■ 4 *i.* recolzar-se *p.* 5 descansar, reposar. 6 basar-se *p.* en.

reposeful [ri'pouzful] *a.* assossegat, tranquil.

reprehend (to) [ˌrepri'hend] *t.* reprendre, renyar, censurar.

represent (to) [ˌrepri'zent] *t.* representar. 2 explicar. 3 presentar(se).

representation [ˌreprizen'teiʃən] *s.* representació *f.* 2 súplica *f.*, protesta *f.*, petició *f.*

representative [ˌrepri'zentətiv] *a.* representatiu. 2 típic. ■ 3 *s.* representant; delegat. 4 DRET apoderat.

repress (to) [ri'pres] *t.* reprimir, contenir, dominar, ofegar.

repression [ri'preʃən] *s.* repressió *f.*

reprieve [ri'pri:v] *s.* suspensió *f.*, ajornament *m.* [d'una execució]; indult *m.* 2 fig. respir *m.*, treva *f.*, descans *m.*

reprieve (to) [ri'pri:v] *t.* suspendre una execució, indultar.

reprimand ['reprimɑ:nd] *s.* reprensió *f.*, reprimenda *f.*

reprimand (to) ['reprimɑ:nd] *t.* reprendre, renyar.

reprint [ˌri:'print] *s.* reimpressió *f.* 2 tirada *f.* a part.

reprisal [ri'praizəl] *s.* represàlia *f.*

reproach [ri'proutʃ] *s.* reprotxe *m.*, censura *f.* 2 tatxa *f.*, oprobi *m.*

reproach (to) [ri'proutʃ] *t.* reprotxar, retreure. 2 reprendre, renyar.

reprobate ['reproubeit] *a.-s.* depravat, viciós.

reproduce (to) [ˌri:prə'dju:s] *t.* reproduir. ■ 2 *i.* reproduir-se *p.*

reproduction [ˌri:prə'dʌkʃən] *s.* reproducció *f.*

reproof [ri'pru:f], **reproval** [ri'pru:vəl] *s.* reprovació *f.* 2 reprensió *f.*

reprove (to) [ri'pru:v] *t.* reprovar. 2 reprendre, renyar.

reptile ['reptail] *m.* ZOOL. rèptil.

republic [ri'pʌblik] *s.* república *f.*

repudiate (to) [ri'pju:dieit] *t.* repudiar. 2 rebutjar, negar(se).

repugnance [ri'pʌgnəns] *s.* repugnància *f.*

repugnant [ri'pʌgnənt] *a.* repugnant. 2 incompatible.

repulse [ri'pʌls] *s.* FIS. repulsió *f.* [també fig.].

repulse (to) [ri'pʌls] *t.* repel·lir. 2 rebutjar, refusar. 3 desatendre, desdenyar, desanimar.

repulsive [ri'pʌlsiv] *a.* repulsiu.

reputable ['repjutəbl] *a.* respectat, acreditat. 2 honrat.

reputation [ˌrepju(:)'teiʃən] *s.* reputació *f.*, fama *f.* 2 bona fama *f.*, bon nom *m.*

repute [ri'pju:t] *s.* fama *f.*, reputació *f.* ‖ *of ill* ~, de mala fama. 2 bona fama *f.*, bona reputació *f.*

repute (to) [ri'pju:t] *t.* tenir fama de, reputar.

reputedly [ri'pju:tidli] *adv.* segons que diuen, diuen que.

request [ri'kwest] *s.* petició *f.*, sol·licitud *f.*, prec *m.*, demanda *f.* ‖ *at the* ~ *of*, a instàncies de. ‖ *in* ~, sol·licitat.

request (to) [ri'kwest] *t.* demanar, sol·licitar, pregar.

require (to) [ri'kwaiə'] *t.* requerir, demanar. 2 necessitar, exigir. 3 demanar, voler.

requirement [ri'kwaiəment] *s.* requisit *m.*, condició *f.* 2 exigència *f.*, necessitat *f.*

requisite ['rekwizit] *a.* precís, necessari, imprescindible. ■ 2 *s.* requisit *m.*

rescind (to) [ri'sind] *t.* rescindir, anul·lar.

rescue ['reskju:] *s.* rescat *m.*, salvament *m.* 2 alliberament *m.*

rescue (to) ['reskju:] *t.* rescatar, salvar. 2 alliberar.

rescuer ['reskjuə'] *s.* salvador.

research [ri'sə:tʃ] *s.* recerca *f.*, investigació *f.*, indagació *f.*

research (to) [ri'sə:tʃ] t. investigar, indagar.

resemblance [ri'zembləns] s. semblança f., retirada f.

resemble (to) [ri'zembl] t. semblar-se p. a.

resent (to) [ri'zent] t. ressentir-se p., ofendre's p. per, molestar-se p. per.

resentful [ri'zentful] a. ressentit, ofès.

resentment [ri'zentmənt] s. ressentiment m., irritació f., enuig m.

reservation [rezə'veiʃən] s. reserva f. [condició; terreny; per a un viatge].

reserve [ri'zə:v] s. reserva f.

reserve (to) [ri'zə:v] t. reservar.

reserved [ri'zə:vd] a. reservat. ■ 2 -ly adv. reservadament.

reservoir ['rezəvwɑ:'] s. dipòsit m. [d'aigua]. 2 bassa f. 3 cisterna f. 4 embassament m. 5 fig. font f.

reside (to) [ri'zaid] i. residir [també fig.].

residence ['reizidəns] s. residència f. [estada, edifici]. 2 casa f., mansió f.

resident ['rezidənt] a.-s. resident.

residue ['rezidju:] s. residu m., resta f. 2 COM. romanent m.

resign (to) [ri'zain] t. dimitir, renunciar a. 2 lliurar. 3 to ~ oneself to, resignar-se a, conformar-se a. ■ 4 i. dimitir.

resignation [rezig'neiʃən] s. dimissió f., renúncia f. 2 resignació f., conformitat f.

resilience [ri'ziliəns] s. elasticitat f. 2 fig. capacitat f. de recuperació, resistència f.

resilient [ri'ziliənt] a. elàstic. 2 fig. resistent, amb capacitat de recuperació.

resin ['rezin] s. resina f.

resist (to) [ri'zist] t. resistir. ■ 2 i. resistir-se p., oposar-se p.

resistance [ri'zistəns] s. resistència f.

resistant [ri'zistənt] a. resistent.

resolute ['rezəlu:t] a. resolut, resolt, decidit.

resolution [rezə'lu:ʃən] s. resolució f.

resolve [ri'zɔlv] s. resolució f., determinació f.

resolve (to) [ri'zɔlv] t. resoldre. ■ 2 i. resoldre's p.

resonance ['rezənəns] s. ressonància f.

resort [ri'zɔ:t] s. recurs m., solució f. 2 lloc m. per anar de vacances. ‖ winter-sports ~, estació f. d'hivern.

resort (to) [ri'zɔ:t] i. to ~ to, recórrer a. 2 freqüentar t.

resound (to) [ri'zaund] i. ressonar, retrunyir, fer eco.

resource [ri'sɔ:s] s. recurs m., mitjà m., expedient m. 2 pl. recursos m. pl.

resourceful [ri'sɔ:sful] a. enginyós, llest.

respect [ris'pekt] s. respecte m., atenció f., consideració f. 2 respecte m., relació f. ‖ with ~ to, respecte a. 3 aspecte m. ‖ in this ~, en aquest aspecte. 4 pl. records m. pl., salutacions m. pl.

respect (to) [ris'pekt] t. respectar. 2 to ~ oneself, respectar-se.

respectable [ris'pektəbl] a. respectable. 2 decent, presentable. 3 honrós.

respectful [ris'pektful] a. respectuós. ■ 2-ly adv. respectuosament.

respecting [ris'pektiŋ] prep. respecte a, quant a, pel que fa.

respective [ris'pektiv] a. respectiu.

respiration [respi'reiʃən] s. respiració f., respir m.

respite ['respait] s. respir m., treva f., descans m. 2 suspensió f., pròrroga f.

resplendent [ris'plendənt] a. resplendent.

respond (to) [ris'pɔnd] i. respondre, contestar. 2 respondre, correspondre [a una acció, situació, etc.].

response [ris'pɔns] s. resposta f., contestació f., rèplica f.

responsibility [rispɔnsi'biliti] s. responsabilitat f. 2 seriositat f., formalitat f.

responsible [ris'pɔnsəbl] a. responsable. 2 seriós, formal.

responsive [ris'pɔnsiv] a. que respon, que correspon [a una acció, un efecte, etc.]. 2 sensible, obedient; que mostra interès.

rest [rest] s. descans m., repòs m. ‖ at ~, en pau. [mort]. 2 pau f., tranquil·litat f. 3 peu m., suport m. 4 resta f. ‖ the ~, la resta, els altres.

rest (to) [rest] i. descansar, reposar. 2 estar quiet. 3 parar, deturar-se p. 4 descansar sobre, recolzar(se) en o sobre. 5 basar-se p. en. 6 romandre, seguir sent. 7 to ~ with, dependre de. ■ 8 t. descansar, deixar descansar. 9 recolzar, posar; basar.

restaurant ['restərənt] s. restaurant m.

restful ['restful] a. quiet, tranquil, assossegat. 2 reparador, relaxant, tranquil·litzador.

restive ['restiv] a. ingovernable, rebel [un animal]. 2 inquiet, impacient.

restless ['restlis] a. inquiet, intranquil, agitat. 2 bulliciós. 3 desvetllat, insomne.

restoration [ˌrestəˈreiʃən] s. restauració f. 2 restitució f.

restore (to) [risˈtɔː] t. restaurar. 2 restablir. 3 reposar. 4 tornar.

restrain (to) [risˈtrein] t. refrenar, contenir, reprimir. 2 impedir. 3 limitar.

restraint [risˈtreint] s. fre m., control m., restricció f. 2 reserva f., circumspecció f. 3 contenció f., moderació f.

restrict (to) [risˈtrikt] t. restringir, limitar.

restriction [risˈtrikʃən] s. restricció f., limitació f.

restrictive [risˈtriktiv] a. restrictiu.

result [riˈzʌlt] s. resultat m. 2 conseqüència f.

result (to) [riˈzʌlt] i. to ~ from, resultar de, originar-se p. 2 to ~ in, tenir com a resultat, produir, resultar.

resume (to) [riˈzjuːm] t. reassumir, reprendre. 2 tornar a ocupar. 3 continuar.

résumé [ˈrezjuːmei], (EUA) [ˌrezuˈmei] s. resum m. 2 (EUA) curriculum m.

resumption [riˈzʌmpʃən] s. reassumpció f. 2 represa f., continuació f.

resurgence [riˈsəːdʒəns] s. ressorgiment m.

resurrection [ˌrezəˈrekʃən] s. resurrecció f. [també fig.].

resuscitate (to) [riˈsʌsiteit] t.-i. ressuscitar.

retail [ˈriːteil] s. venda f. al detall o a la menuda. ■ 2 adv. al detall, a la menuda.

retail (to) [riːˈteil] t. detallar, vendre al detall o a la menuda. 2 repetir [un rumor, una història, etc.]. ■ 3 i. vendre's al detall o a la menuda.

retain (to) [riˈtein] t. retenir, conservar. 2 contenir; frenar. 3 contractar, aconductar [esp. un advocat].

retainer [riˈteinə] s. minuta f. 2 ant. criat.

retaliate (to) [riˈtælieit] i. venjar-se p., revenjar-se p.; tornar-s'hi p.

retaliation [riˌtæliˈeiʃən] s. venjança f., revenja f.

retard [riˈtɑːd] s. retard m.

retard (to) [riˈtɑːd] t. retardar, endarrerir.

reticent [ˈretisənt] a. reservat, reticent.

retina [ˈretinə] s. ANAT. retina f. ▲ pl. retinas [ˈretinəz], retinae [ˈretiniː].

retinue [ˈretinjuː] s. seguici m., comitiva f., acompanyament m.

retire (to) [riˈtaiə] i. retirar-se p. 2 jubilar-se p. 3 anar-se'n p. al llit. ■ 4 i. retirar, treure [de la circulació]. 5 jubilar.

retired [riˈtaiəd] a. retirat, apartat, solitari [lloc]. 2 retirat, jubilat.

retirement [riˈtaiəmənt] s. retir m., jubilació f. 2 retirada f.

retiring [riˈtaiəriŋ] a. reservat, retret, tímid.

retort [riˈtɔːt] s. rèplica f. mordaç. 2 QUÍM. retorta f.

retort (to) [riˈtɔːt] t.-i. replicar, respondre.

retrace (to) [riˈtreis] i. refer [camí]. ∥ to ~ one's steps, tornar algú sobre els seus passos, refer camí. 2 recordar, rememorar.

retract (to) [riˈtrækt] t. retractar. ■ 2 i. retractar-se p.

retreat [riˈtriːt] s. retirada f. 2 retir m., aïllament m. 3 refugi m., recer m. 4 MIL. retreta f.

retreat (to) [riˈtriːt] i. retirar-se p., retrocedir. 2 baixar, minvar. ■ 3 t. retirar, fer retrocedir.

retrench (to) [riˈtrentʃ] t. reduir [despeses]. 2 tallar, escurçar. ■ 3 i. estalviar, economitzar.

retribution [ˌretriˈbjuːʃən] s. càstig m. merescut, càstig m. just.

retrieve (to) [riˈtriːv] t. recuperar, recobrar. 2 reparar, esmenar [errors, culpes, etc.]. 3 cobrar, agafar [la caça un gos]. ■ 4 i. cobrar t., agafar t. [la caça un gos].

retrograde [ˈretrougreid] a. retrògrad.

retrospect [ˈretrouspekt] s. mirada f. retrospectiva. ∥ in ~, retrospectivament.

return [riˈtəːn] s. tornada f., retorn m. ∥ by ~, a correu seguit; many happy returns, per molts anys; ~ ticket, bitllet m. d'anada i tornada. 2 devolució f., restitució f. 3 pagament m., canvi m. ∥ in ~, a canvi. 4 pl. guanys m. pl., ingressos m. pl. 5 pl. ~ of income, declaració f. sing. de renda. 6 election returns, resultat m. o dades f. pl. d'un escrutini.

return (to) [riˈtəːn] i. tornar, restituir; pagar; tornar. 2 escollir, votar [un candidat]. 3 declarar [ingressos; culpable]. 4 pronunciar [una sentència]. ■ 5 i. tornar.

reunion [ˌriːˈjuːnjən] s. reunió f.; retrobament m.

reunite (to) [ˌriːjuːˈnait] t. reunir, reconciliar. ■ 2 i. reunir-se p., reconciliar-se p.

reveal (to) [riˈviːl] t. revelar, descobrir.

revel [ˈrevl] s. gresca f., tabola f.

revel (to) [ˈrevl] i. fer gresca, fer tabola. 2 delectar-se p. en, complaure's p. a.

revelation [reviˈleiʃən] s. revelació f. 2 BIB. *Revelation,* Apocalipsi f.

revenge [riˈvendʒ] s. venjança f., revenja f.

revenge (to) [riˈvendʒ] t. venjar(se).

revengeful [riˈvendʒful] a. venjatiu.

revenue [ˈrevinjuː] s. guanys m. pl., renda f., beneficis m. pl. 2 renda f. pública, tresor m. públic.

reverberate (to) [riˈvəːbəreit] t.-i. reverberar.

revere (to) [riˈviəʳ] t. reverenciar, venerar.

reverence [ˈrevərəns] s. reverència f., veneració f.

reverence (to) [ˈrevərəns] t. reverenciar, venerar.

reverend [ˈrevərənd] a. reverend ■ 2 s. reverend m.

reverent [ˈrevərənt] a. reverent.

reverie [ˈrevəri] s. somni m., fantasia f., il·lusió f.

reversal [riˈvəːsəl] s. reversió f.; inversió f.

reverse [riˈvəːs] a. contrari, oposat. 2 invers; invertit. ■ 3 s. *the* ~, el contrari. 2 revers m., revés m., dors m. 3 contratemps m., revés m. 4 MEC. marxa f. enrera.

reverse (to) [riˈvəːs] t. invertir, capgirar, canviar. 2 anul·lar, revocar. 3 MEC. fer anar marxa enrera.

review [riˈvjuː] s. revista f. [inspecció; publicació]. 2 revisió f. 4 ressenya f.; crítica f. [d'un llibre].

review (to) [riˈvjuː] t. repassar, tornar a examinar. 2 revisar. 3 ressenyar, fer una ressenya.

revile (to) [riˈvail] t. ultratjar, denigrar, injuriar, insultar.

revise (to) [riˈvaiz] t. revisar, repassar; corregir.

revision [riˈviʒən] s. revisió f., repàs m.; correcció f.

revival [riˈvaivəl] s. renaixement m. 2 restabliment m., restauració f. 3 ressorgiment m. 4 TEAT. CINEM. reposició f.

revive (to) [riˈvaiv] t. reanimar, despertar. 2 restablir, ressuscitar. ■ 3 i. despertar-se p., revifar-se p.; ressuscitar.

revoke (to) [riˈvouk] t. revocar, derogar.

revolt [riˈvoult] s. revolta f., rebel·lió f.

revolt (to) [riˈvoult] i. revoltar-se p., sublevar-se p. [també fig.]. ■ 2 t. fer fàstic.

revolting [riˈvoultiŋ] a. indignant, odiós. 2 fastigós, repugnant.

revolution [revəˈluːʃən] s. revolució f.

revolve (to) [riˈvɔlv] t. girar, fer girar. 2 donar voltes [a una idea]. ■ 3 i. girar, giravoltar, donar voltes.

revolver [riˈvɔlvəʳ] s. revòlver m.

revulsion [riˈvʌlʃən] s. canvi m. sobtat, reacció f.

reward [riˈwɔːd] s. premi m., recompensa f., guardó m. 2 pagament m.

reward (to) [riˈwɔːd] t. premiar, recompensar, pagar.

rhapsody [ˈræpsədi] s. LIT., MÚS. rapsòdia f.

rhetoric [ˈretərik] s. retòrica f.

rheumatism [ˈruːmətizəm] s. MED. reumatisme m., reuma m.

rhinoceros [raiˈnɔsərəs] s. ZOOL. rinoceront m.

rhomboid [ˈrɔmbɔid] a. romboïdal. ■ 2 s. romboide m.

rhubarb [ˈruːbɑːb] s. BOT. ruibarbre m.

rhyme [raim] s. LIT. rima f. || *without* ~ *or reason,* sense solta ni volta.

rhyme (to) [raim] t.-i. rimar.

rhythm [ˈriðəm] s. ritme m.

rib [rib] s. ANAT. costella f. 2 barnilla f. [de paraigua; de ventall]. 3 ARQ. nervadura f. 4 BOT., ENT. nervi m. [d'ala; de fulla]. 5 NÀUT. quaderna f. 6 TÈXT. cordó m.

ribald [ˈribəld] a. groller, obscè.

ribbon [ˈribən] s. cinta f., banda f., galó m. 2 tira f.: *to tear to ribbons,* estripar una cosa, fer-la a tires.

rice [rais] s. arròs m.

rich [ritʃ] a. ric. 2 car, luxós. 3 suculent. 4 dolç, embafador. 5 fèrtil. 6 abundant [beneficis]. 7 melodiós, sonor [veu, so]. 8 col·loq. divertit. ■ 9 *-ly* adv. ricament; luxosament; abundantment.

riches [ˈritʃiz] s. pl. riquesa f. sing.

rickets [ˈrikits] s. MED. raquitisme m.

rickety [ˈrikiti] a. raquític. 2 desmanegat; ruïnós.

rid (to) [rid] t. alliberar, desembarassar. || *to be* ~ *of,* estar lliure de. || *to get* ~ *of,* desembarassar-se p. de, desempallegar-se p. de, eliminar. 2 *to* ~ *oneself of,* alliberar-se, desembarassar-se de. ▲ pret. i p. p.: *rid.*

ridden [ˈridn] Vegeu RIDE (TO).

riddle [ˈridl] s. endevinalla f. 2 enigma m., misteri m. 3 sedàs m., garbell m.

riddle (to) [ˈridl] t. ~ *me this,* endevinaho. 2 garbellar, passar pel sedàs. 3 cosir a trets.

ride [raid] *s.* passeig o viatge a cavall, amb cotxe o amb bicicleta.

ride (to) [raid] *i.* anar a cavall, amb cotxe, amb bicicleta. 2 cavalcar, muntar. 3 anar, marxar, funcionar. 4 fig. *to* ~ *for a fall,* buscar-se-la *p.* 5 NÀUT. *to* ~ *at anchor,* ancorar, fondejar. ■ *6 t.* muntar [cavall, bicicleta, etc.]; anar *i.* a cavall, amb bicicleta, etc. 7 fendir [les onades]. 8 obsessionar, oprimir. ■ *to* ~ *down,* atropellar, trepitjar; *to* ~ *on,* muntar, anar muntat; *to* ~ *out,* capejar [un temporal]; *to* ~ *up,* rebregar-se ▲ Pret.: *rode* [roud]; p. p.: *ridden* ['ridn].

rider ['raidə] *s.* genet [de cavall]. 2 ciclista; motorista, motociclista. 3 DRET clàusula *f.* addicional.

ridge [ridʒ] *s.* carener *m.,* cavalló *m.* [d'una teulada]. 2 carena *f.,* cresta *f.* 3 AGR. cavalló *m.*

ridicule ['ridikju:l] *s.* ridícul *m.*

ridicule (to) ['ridikju:l] *t.* ridiculitzar, posar en ridícul.

ridiculous [ri'dikjuləs] *a.* ridícul.

riding ['raidiŋ] *s.* equitació *f.* ■ *2 a.* d'equitació, de muntar.

riding breeches ['raidiŋ,bri:tʃiz] *s. pl.* pantalons *m. pl.* de muntar.

rife [raif] *a.* corrent, general, freqüent. 2 ~ *with,* ple de.

riff-raff ['rifræf] *s. the* ~, la púrria, la xusma.

rifle ['raifl] *s.* rifle *m.,* fusell *m.* 2 *pl.* MIL. fusellers *m. pl.*

rifle (to) ['raifl] *t.* escorcollar; saquejar, robar.

rift [rift] *s.* escletxa *f.,* esquerda *f.;* clariana *f.* 2 fig. dissensió *f.,* desavinença *f.*

rig (to) [rig] *t.* MAR. aparellar, ormejar. 2 *to* ~ *out,* equipar; col·loq. vestir, portar. 3 *to* ~ *up,* muntar, construir.

rigging ['rigiŋ] *s.* MAR. aparell *m.,* eixàrcia *f.*

right [rait] *a.* just, honrat. 2 bo, correcte, exacte. 3 convenient, adequat, apropiat. 4 recte. 5 dret, de la dreta. 6 autèntic, veritable. 7 que té raó. 8 assenyat. ■ *9 adv.* directament, de dret. ‖ ~ *away,* de seguida. ‖ ~ *now,* ara mateix. 10 exactament. 11 correctament. 12 bé. 13 a la dreta. ■ *14 interj. all* ~*!,* d'acord! ■ *15 s.* dret *m.,* justícia *f.,* raó *f.,* bé *m.* 16 dret *m.,* privilegi *m.* 17 dret *m.* [d'una roba]. 18 dreta *f.* ■ *19* **-ly** *adv.* com cal, correctament.

right (to) [rait] *t.* adreçar, redreçar. 2 corregir, rectificar.

righteous ['raitʃəs] *a.* just. 2 honest, virtuós. ■ *3* **-ly** *adv.* honestament.

rightful ['raitful] *a.* legítim. 2 just, justificable.

rigid ['ridʒid] *a.* rígid. 2 sever, rigorós.

rigour, (EUA) **rigor** ['rigə] *s.* rigor *m.,* rigidesa *f.*

rill [ril] *s.* poèt. rierol *m.,* rieró *m.*

rim [rim] *s.* vora *f.,* caire *m.,* vorell *m.,* marge *m.* 2 llanda *f.* [de roda].

rind [raind] *s.* clofolla *f.;* pell *f.,* pela *f.* 2 crosta *f.* [del formatge]. 3 cotna *f.* [de porc]. 4 escorça *f.* [d'un arbre].

ring [riŋ] *s.* anell *m.* 2 anella *f.,* cèrcol *m.,* rutlla *f.* 3 camarilla *f.,* cercle *m.,* banda *f.* 4 ring *m.* [boxa]; pista *f.,* arena *f.* 5 clos *m.,* tancat *m.* 6 aposta *f.* [cavalls]. 7 so *m.* vibrant o metàl·lic. 8 dring *m.,* dringadissa *f.* 9 so *m.,* to *m.* 10 toc *m.* [de timbre], truc *m.* 11 trucada *f.,* telefonada *f.*

1) ring (to) [riŋ] *t.* encerclar, envoltar. 2 anellar. ▲ Pret. i p. p.: *ringed* [riŋd].

2) ring (to) [riŋ] *t.* fer sonar, tocar [una campana, un timbre, etc.]. 2 *to* ~ *up,* trucar, telefonar. ■ *3 i.* sonar, ressonar, dringar, repicar. 4 xiular [les orelles]. ▲ Pret.: *rang* [ræŋ]; p. p.: *rung* [rʌŋ].

ringing ['riŋiŋ] *a.* sonor, vibrant. 2 enèrgic. ■ *2 s.* repic *m.* 3 dringadissa *f.* 4 xiulet *m.* [a les orelles].

ringlet ['riŋlit] *s.* rínxol *m.,* tirabuixó *m.*

rink [riŋk] *s.* pista *f.* de gel.

rinse (to) [rins] *t.* esbandir.

riot ['raiət] *s.* disturbi *m.,* aldarull *m.,* avalot *m.* 2 bullícia *f.,* gatzara *f.* 3 abundància *f.,* excés *m.*

riot (to) ['raiət] *i.* provocar disturbis o aldarulls. 2 excedir-se *p.*

rioter ['raiətə] *s.* avalotador, amotinat.

riotous ['raiətəs] *a.* avalotador, agitador. 2 amotinat, insurrecte. 3 disbauxat.

rip [rip] *s.* estrip *m.* 2 descosit *m.*

rip (to) [rip] *t.* estripar, esquinçar; descosir; arrencar. ■ *2 i.* estripar-se *p.,* esquinçar-se *p.;* descosir-se *p.* 3 córrer molt de pressa, anar o passar molt de pressa.

ripe [raip] *a.* madur. 2 llest, a punt.

ripen (to) ['raipən] *t.* fer madurar. ■ *2 i.* madurar.

ripple ['ripl] *s.* ona *f.,* ondulació *f.* 2 murmuri *m.* [de l'aigua]. 3 xiuxiueig *m.*

ripple (to) ['ripl] *t.* arrissar, cargolar. ■ *2 i.* arrissar-se *p.,* cargolar-se *p.,* onejar.

rise [raiz] *s.* ascensió *f.,* pujada *f.* 2 elevació *f.* [de terreny]. 3 sortida *f.* [del sol, etc.]. 4 pujada f., costa f. 5 augment m., pujada f. [de preus; temperatures, etc.]. 6 origen m., causa f. || *to give* ~ *to,* donar lloc a. 7 ascens m.

rise (to) [raiz] i. pujar, ascendir. 2 alçar-se p., aixecar-se p. 3 aixecar-se p., llevar-se p. 4 sortir [un astre]. 5 alçar-se p., revoltar-se p. 6 pujar, augmentar; créixer. 7 néixer, sortir. 8 sorgir, aparèixer, ocórrer. 9 fer carrera, ascendir. ▲ Pret.: *rose* [rouz]; p. p.: *risen* ['rizn].

rising ['raiziŋ] s. pujada f. 2 aixecament m., alçament m., insurrecció f.

risk [risk] s. risc m., perill m. || *to take risks,* arriscar-se.

risk (to) [risk] t. arriscar(se). 2 exposar-se p. a.

risky ['riski] a. arriscat, exposat. 2 verd, escabrós.

rite [rait] s. ritu m.

ritual ['ritjuəl] a. ritual. ■ 2 s. ritual m.

rival ['raivəl] a.-s. rival.

rival (to) ['raivəl] t. rivalitzar amb, competir amb.

rivalry ['raivəlri] s. rivalitat f., competència f.

river ['rivə'] s. riu m. || *down* ~, riu avall. || *up* ~, riu amunt.

river-basin ['rivə,beisn] s. conca f. [d'un riu].

riverside ['rivəsaid] s. riba f., vora f., marge m. [d'un riu].

rivet (to) ['rivit] t. reblar. 2 fixar, concentrar [la mirada, l'atenció, etc.].

rivulet ['rivjulit] s. rierol m.

road [roud] s. carretera f., camí m. 2 carrer m. 3 MAR. rada f.

road-house ['roudhaus] s. parador m.

roadway ['roudwei] s. calçada f., carretera f.

roam (to) [roum] t.-i. vagar, errar per.

roar [rɔː', rɔə'] s. bram m.; rugit m. 2 crit m. 3 soroll m., terrabastall m.

roar (to) [rɔː'] t. to ~ out, cridar, dir cridant. 2 to ~ oneself hoarse, esgargamellar-se. ■ 3 i. bramar, rugir. 4 cridar. 5 gemegar. 6 fer molt soroll.

roaring ['rɔːriŋ] s. sorollós. 2 pròsper, bo [negoci, tracte, etc.].

roast [roust] s. rostit m. ■ 2 a. rostit, torrat.

roast (to) [roust] t. rostir, torrar. ■ 2 i. rostir-se p., torrar-se p.

rob (to) [rɔb] t. robar.

robber ['rɔbə'] s. lladre.

robbery ['rɔbəri] s. robatori m.

robe [roub] s. vestidura f., vestimenta f. 2 túnica f. 3 toga f. [de jutge, catedràtic, etc.]. 4 hàbit m. 5 bata f.

robe (to) [roub] t. vestir. ■ 2 i. vestir-se p.

robin ['rɔbin] s. ORN. pit-roig m.

robot ['roubɔt] s. robot m.

robust [rə'bʌst] a. robust; fort, sa.

rock [rɔk] s. roca f. 2 penya f., penyal m. || (EUA) *on the rocks,* amb gel [whisky]; fig. arruïnat; NÀUT. encallat.

rock (to) [rɔk] t. bressar. 2 gronxar. 3 saquejar. ■ 4 i. gronxar-se p. 5 fer sotracs.

rocket ['rɔkit] s. coet m.

rocking-chair ['rɔkiŋtʃeə'] s. balancí m.

rock-salt ['rɔksɔːlt] s. sal f. gemma.

rocky ['rɔki] a. rocallós, pedregós. 2 colloq. vacil·lant, inestable.

rod [rɔd] s. vara f., vareta f., barra f. 2 bastó m. de comandament. 3 canya f. [de pescar].

rode [roud] Vegeu RIDE (TO).

rodent ['roudənt] s. ZOOL. rosegador m.

roe [rou] s. fresa f., ous m. pl. de peix.

rogue [roug] s. bergant, brivall m.

role, rôle [roul] s. CINEM., TEAT. paper m. [també fig.].

roll [roul] s. rotlle m., rotllo m. [de paper; pel·lícula, etc.]. 2 llista f., nòmina f., registre m. 3 panet m. 4 retró m., retruny m. 5 balanceig m., balandreig m. || ~ *of the waves,* onatge m.

roll (to) [roul] t. rodar, fer rodar. 2 moure, portar, empènyer [sobre rodes]. 3 enrotllar. 4 arromangar. 5 fer, cargolar [una cigarreta]. 6 embolicar. 7 aplanar [amb un corró]. 8 fer retrunyir. ■ 9 i. rodar, rodolar. 10 anar sobre rodes. 11 rebolcar-se p. 12 ondular [un terreny]. 13 onejar. 14 cargolar-se p., enrotllar-se p. 15 retrúnyer, retrunyir. 16 redoblar [els tambors]. ■ *to ~ down,* baixar, escolar-se, baixar rodant; fig. *to ~ in,* inundar; *to ~ on,* passar [el temps]; *to ~ up,* arribar.

roller ['roulə'] s. MEC. corró m., cilindre m., roleu m. 2 roda f. [de patí, d'un moble, etc.]. 3 MAR. onada f.

rolling ['rouliŋ] a. ondulant.

rolling-pin ['rouliŋpin] s. corró m. de cuina.

rolling-stock ['rouliŋstɔk] s. FERROC. material m. mòbil.

Roman ['roumən] a.-s. romà.

romance [rə'mæns] s. novel·la f. d'amor; història f. d'amor. 2 amor m., idil·li m., aventura f. amorosa. 3 aspecte m. romàntic, màgia *f.*, atractiu *m.* 4 LIT. *Romance,* novel·la *f.* de cavalleria.

Romanesque [roumə'nesk] *a.* ARQ. romànic. ■ 2 *s.* ARQ. romànic *m.*

Romania [ru'meiniə] *n. pr.* GEOGR. Romania.

Romanian [ru'meiniən] *a.* romanès. ■ 2 *s.* romanès [persona]. 3 romanès *m.* [llengua].

romantic [rou'mæntik, rə-] *a.* romàntic.

Rome [roum] *n. pr.* GEOGR. Roma.

romp (to) [rɔmp] *i.* jugar, córrer, guimbar. 2 tenir èxit; vèncer; aprovar [un examen].

roof [ru:f] *s.* sostre *m.*, terrat *m.*, teulada *f.* ‖ *flat ~,* terrat. 2 esfera *f.* celeste. 3 fig. sostre *m.*, llar *f.*

roof (to) [ru:f] *t.* cobrir, ensostrar, sostrar.

rook [ruk] *s.* ORN. gralla *f.* 2 JOC torre *f.* [escacs].

room [ru:m] *s.* habitació *f.*, cambra *f.*, sala *f.*, saló *m.* 2 espai *m.*, lloc *m.*, cabuda *f.* ‖ *to make ~,* fer lloc; deixar passar. 3 raó *f.*, motiu *m.* ‖ *there is no ~ for doubt,* no hi ha dubte.

roomy ['rumi] *a.* espaiós, balder, ampli.

roost [ru:st] *s.* perxa *f.* 2 galliner *m.*

roost (to) [ru:st] *i.* ajocar-se *p.*, dormir [una au a la perxa].

rooster ['ru:stə'] *s.* gall *m.*

root [ru:t] *s.* arrel *f.* ‖ *to take ~,* arrelar.

root (to) [ru:t] *t.* fer arrelar. 2 clavar [una persona]. 3 arrelar *i.* 4 *to ~ out,* arrencar de soca-arrel, desarrelar. ■ 5 *i.* arrelar, fer arrels.

rope [roup] *s.* corda *f.*, soga *f.*, maroma *f.* ‖ fig. *to know the ropes,* conèixer fil per randa. 2 rest *m.*, rast *m.*, enfilall *m.*

rosary ['rouzəri] *s.* REL. rosari *m.*

rose [rouz] *s.* BOT. roser *m.* 2 BOT. rosa *f.* 3 rosa *m.* [color]. 4 bec *m.* [d'una regadora]. 5 rosassa *f.*, roseta *f.* ■ 6 Vegeu RISE (TO).

rosebud ['rouzbʌd] *s.* capoll *m.*, poncella *f.*

rosemary ['rouzməri] *s.* BOT. romaní *m.*

rosewood ['rouzwud] *s.* BOT. palissandre *m.*

rosy ['rouzi] *a.* rosat, de color rosa. 2 enrojolat. 3 fig. falaguer, esperançador.

rot [rɔt] *s.* putrefacció *f.*, descomposició *f.* 2 decadència *f.* 3 col·loq. bestieses *f. pl.*, bajanades *f. pl.*

rot (to) [rɔt] *t.* podrir, corrompre [també fig.]. ■ 2 *i.* podrir-se *p.*, corrompre's *p.* [també fig.].

rotary ['routəri] *a.* rotatori, de rotació.

rotate (to) [rou'teit] *t.* fer girar. 2 alternar. 3 AGR. conrear en rotació. ■ 4 *i.* girar, giravoltar. 5 alternar(se), fer torns.

rote [rout] *s. by ~,* per rutina *f.*; de memòria *f.*

rotten ['rɔtn] *a.* podrit, putrefacte, corromput. 2 fètid. 3 dolent, ofensiu, brut. 4 poc segur, de joguina.

rotund [rou'tʌnd] *a.* rotund. 2 gras.

rouble ['ru:bl] *s.* ruble *m.*

rouge [ru:ʒ] *s.* coloret *m.*

rough [rʌf] *a.* aspre, tosc, bast. 2 accidental, abrupte [terreny]. 3 agitat [mar]. 4 tempestuós [temps]. 5 rústic, inculte. 6 brusc, groller. 7 brut. ‖ *~ copy,* esborrany *m.* 8 aproximat. 9 dur, brut, violent. ■ 10 *-ly adv.* bruscament; toscament; violentament; aproximadament. ■ 11 *s.* terreny *m.* accidental. 12 aspresa *f.* 13 *in the ~,* en brut. 14 pinxo *m.*, bergant *m.*

rough (to) [rʌf] *t.* esborrifar [els cabells]. 2 *to ~ in,* esbossar, fer un esbós. 3 col·loq. *to ~ up,* apallissar. 4 *to ~ it,* passar-les magres.

roulette [ru(:)'let] *s.* JOC ruleta *f.*

round [raund] *a.* rodó, (BAL.) (VAL.) redó, circular. 2 clar, categòric, rotund. 3 fort, sonor. 4 complet. 5 d'anada i tornada [viatge]. ■ 6 *s.* cercle *m.*, esfera *f.* 7 rotllana *f.* 8 recorregut *m.*, ronda *f.* 9 ronda *f.* [de begudes]. 10 successió *f.* [de fets]; rutina *f.* 11 salva *f.* [d'aplaudiments]. 12 salva *f.*, descàrrega *f.*, tret *m.* 13 volta *f.* [d'un circuit; electoral]. 14 ART relleu *m.* 15 ESPORT assalt *m.* [boxa]; *preliminary ~,* eliminatòria *f.* ■ 16 *adv.* al voltant, entorn. ‖ *all ~,* per tot arreu. ‖ *to hand ~ the cigars,* fer circular els cigars, fer córrer els cigars. ‖ *to turn ~,* girar-se, tombar-se. ‖ *we were ~ at the pub,* erem al pub. ■ 17 *prep.* al voltant; pels volts de. ‖ *~ (about),* aproximadament. ‖ *~ the world,* al voltant del món, pertot el món. ‖ *~ the corner,* a la cantonada.

round (to) [raund] *t.* arrodonir. 2 tombar [una cantonada, revolt, etc.]. 3 envoltar, rodejar. 4 *to ~ off,* completar, arrodonir. 5 *to ~ up,* reunir, aplegar. ■ 6 *i.* arrodonir-se *p.* 7 *to ~ off,* culminar.

roundabout ['raundəbaut] *a.* indirecte. ‖ *in a ~ way,* fer volta; amb embuts. ■ 2 *s.* cavallets *m. pl.* [de fira]. 3 plaça *f.* [en un cruïlla].

roundly ['raundli] *adv.* francament. 2 rotundament, categòricament.

round-up ['raundʌp] *s.* acorralament *m.,* aplegament *m.* [del bestiar]. 2 agafada *f.,* batuda *f.* [de la policia].

rouse (to) [rauz] *t.* despertar. 2 animar, excitar. ■ 3 despertar-se *p.* 4 animar-se *p.,* revifar-se *p.*

rout [raut] *s.* desfeta *f.,* derrota *f.*

rout (to) [raut] *t.* derrotar, desfer. 2 *to ~ out,* treure, fer sortir, fer fora.

route [ruːt] *s.* ruta *f.,* camí *m.* 2 itinerari *m.,* trajecte *m.*

routine [ruːˈtiːn] *s.* rutina *f.* ■ 2 *a.* rutinari, de rutina.

rove (to) [rouv] *t.* recórrer. 2 piratejar. ■ 3 *i.* vagar, errar. 4 recórrer *t.* [alguna cosa amb la mirada].

rover ['rouvəʳ] *s.* vagabund, rodamón. 2 pirata.

1) row [rau] *s.* terrabastall *m.,* estrèpit *m.* 2 baralla *f.,* batussa *f.* 3 embolic *m.,* problema *m.*

2) row [rou] *s.* fila *f.,* filera *f.,* rengle *m.,* renglera *f.*

3) row (to) [rau] *t.* renyar. ■ 2 *i.* barallar-se *p.* (*with,* amb).

4) row (to) [rou] *t.* portar a rem. ■ 2 *i.* remar, vogar.

rowdy [raudi] *a.* avalotador, sorollós. ■ 2 *s.* cerca-bregues, cerca-raons.

rower ['rouəʳ] *s.* remer.

royal ['rɔiəl] *a.* reial, regi.

royalty ['rɔiəlti] *s.* reialesa *f.* 2 família *f.* real. 3 drets *m. pl.* [d'autor].

rub [rʌb] *s.* frega *f.,* fricció *f.;* frec *m.* 2 dificultat *f.,* problema *m.*

rub (to) [rʌb] *t.* fregar, refregar, friccionar. 2 rascar, gratar. 3 enllustrar, polir. ■ 4 *i.* fregar. ■ col·loq. *to ~ along,* anar fent; *to ~ in,* fer penetrar fregant; retreure, tirar per la cara; *to ~ off,* rascar, gratar; *to ~ out,* esborrar.

rubber ['rʌbəʳ] *s.* cautxú *m.,* goma *f.* 2 goma *f.* d'esborrar. 3 *pl.* xancles *f. pl.*

rubbish ['rʌbiʃ] *s.* escombraries *f. pl.,* (BAL.) (VAL.) fems *m. pl.,* (VAL.) brossa *f.* 2 bestieses *f. pl.,* bajanades *f. pl.*

rubble ['rʌbl] *s.* enderroc *m.,* runa *f.* 2 CONSTR. reble *m.*

rubblework ['rʌblwəːk] *s.* CONSTR. maçoneria *f.*

rubicund ['ruːbikənd] *a.* rubicund.

ruby ['ruːbi] *s.* MINER. robí *m.* 2 vermell *m.* fosc [color]. ■ 3 *a.* de robí. 4 de color vermell fosc.

rucksack ['rʌksæk] *s.* motxilla *f.*

ruction ['rʌkʃən] *s.* col·loq. raons *f. pl.* 2 sarau *m.,* gresca *f.*

rudder ['rʌdəʳ] *s.* NÀUT. timó *m.,* governall *m.*

ruddy ['rʌdi] *a.* rubicund; encès; vermell.

rude [ruːd] *a.* rude, grosser, maleducat. 2 tosc, rústec. 3 inculte. 4 verd, obscè.

rudeness ['ruːdnis] *s.* rudesa *f.* 2 grosseria *f.,* descortesia *f.* 3 obscenitat *f.*

rudiment ['ruːdimənt] *s.* BIOL. rudiment *m.* 2 *pl.* rudiments *m. pl.*

rue [ruː] *s.* BOT. ruda *f.*

rue (to) [ruː] *t.* liter. plorar, penedir-se *p.* de, lamentar.

rueful ['ruːful] *a.* lamentable. 2 trist, afligit, penedit.

ruff [rʌf] *s.* ZOOL., ORN. collar *m.* 2 HIST. gorjera *f.*

ruffian ['rʌfjən] *a.* cruel, violent. ■ 2 *s.* rufià, pinxo.

ruffle ['rʌfl] *s.* COST. volant *m.* escarolat. 2 agitació *f.*

ruffle (to) ['rʌfl] *t.* COST. crespar, frunzir, prisar. 2 estarrufar, esborrifar. 3 ondular, arrugar. 4 agitar, torbar. ■ 5 *i.* estarrufar-se *p.* 6 ondular-se *p.,* arrugar-se *p.* 7 torbar-se *p.*

rug [rʌg] *s.* catifa *f.,* estora *f.,* pelut *m.* [petit]. 2 manta *f.* de viatge.

rugby (football) ['rʌgbi] *s.* ESPORT rugbi *m.*

rugged ['rʌgid] *a.* accidentat, abrupte, rocós. 2 dur [faccions]. 3 tosc. 4 desigual.

ruin [ruin] *s.* ruïna *f.* 2 destrucció *f.* 3 perdició *f.* 4 *pl.* ruïnes *f. pl.*

ruin (to) [ruin] *t.* arruïnar. 2 destruir. 3 perdre.

ruinous ['ruinəs] *a.* ruïnós.

rule [ruːl] *s.* regla *f.,* norma *f.,* precepte *m.* ‖ *as a ~,* com a regla general. 2 codi *m.,* reglament *m.* 3 domini *m.,* autoritat *f.,* govern *m.* 4 regle *m.*

rule (to) [ruːl] *t.* governar, regir, dirigir. 2 dominar, contenir [passions, instints, etc.]. 3 dominar, influir, guiar. 4 traçar [una ratlla], reglar. 5 *to ~ out,* rebutjar, refusar, excloure. 6 DRET decidir. ■ 7 *i.* governar *t.;* regnar. 8 DRET prendre una decisió.

ruler ['ruːləʳ] *s.* governant; sobirà; autoritat *f.* 2 regle *m.*

rum [rʌm] *s.* rom *m.* 2 (EUA) aiguardent *m.* ■ 3 *a.* estrany, curiós.

rumble ['rʌmbl] *s.* retró *m.,* retruny *m.,* retrunyiment *m.* 2 estrèpit *m.*

rumble (to) ['rʌmbl] *i.* retrunyir, retronar. 2 fer soroll [els budells]. ■ *3 t. to ~ out*, murmurar.

ruminant ['ruːminənt] *a.* remugant, ruminant. ■ 2 *s.* ZOOL. remugant *m.*, ruminant *m.*

ruminate (to) ['ruːmineit] *i.* rumiar *t.* 2 ZOOL. remugar *t.*, ruminar *t.*

rummage (to) ['rʌmidʒ] *i.* furgar *t.*, remenar *t.*, escorcollar *t.* ■ 2 *t.* escorcollar.

rumour, (EUA) **rumor** ['ruːmə] *s.* rumor *m.*

rumour, (EUA) **rumor (to)** ['ruːmə] *t.* córrer el rumor, dir(se): *it is rumoured that*, corre el rumor que, es diu que, diuen que.

rump [rʌmp] *s.* anques *f. pl.*, gropa *f.* [de cavall]. 2 carpó *m.* [de les aus]. 3 col·loq. cul *m.*

rumple (to) ['rʌmpl] *t.* arrugar, rebregar. 2 esborrifar, despentinar. ■ 3 *i.* arrugarse *p.*, rebregar-se *p.* 4 esborrifar-se *p.*, despentinar-se *p.*

rumpus ['rʌmpəs] *s.* col·loq. xivarri *m.*, gresca *f.*

run [rʌn] *s.* carrera *f.*, correguda *f.*, corredissa *f.* 2 curs *m.*, marxa *f.*, direcció *f.* 3 sèrie *f.*, ratxa *f.* 4 viatge *m.*, excursió *f.* 5 distància *f.*; trajecte *m.*, recorregut *m.* 6 classe *f.*, tipus *m.* corrent. 7 *in the long ~*, a la llarga. 8 col·loq. llibertat *f.* de moviments, lliure accés *m.* ■ 9 Vegeu RUN (TO).

run (to) [rʌn] *i.* córrer. 2 estendre's *p.*, arribar a, assolir. 3 passar [a un estat]. *to ~ dry*, assecar-se *p.* [un pou]. 4 fluir, rajar. 5 fondre's *p.* 6 supurar. 7 durar, mantenir-se *p.* 8 TEAT. representar-se *p.* ininterrompudament. 9 seguir, ser vigent. 10 POL. presentar-se *p.* (per a). ■ *to ~ about*, anar amunt i avall; *to ~ across*, trobar inesperadament; *to ~ after*, perseguir; *to ~ away*, fugir; *to ~ down*, criticar; atropellar; aturar-se, quedar-se sense corda; *to ~ into*, tenir [problemes]; trobar per casualitat; xocar; *to ~ off*, marxar, tocar el dos; *to ~ on*, allargassar-se [temps]; *to ~ out (of)*, acabar-se, exhaurir-se; caducar; *to ~ over*, atropellar; vessar; *to ~ through*, travessar [amb una espasa, llança, etc.]; assajar [un paper]; *to ~ up*, acumular [factures]; *to ~ up against*, tenir [problemes]. ▲ Pret.: *ran* [ræn]; p. p.: *run* [rʌn]; ger.: *running*.

runabout ['rʌnəbaut] *s.* avió *m.*, barca *f.* o cotxe *m.* lleuger. 2 (EUA) vagabund.

runaway ['rʌnəwei] *a.* fugitiu. 2 desbocat [cavall]. 3 sense fre. 4 fàcil [victòria]. ■ 5 *s.* fugitiu. 6 desertor. 7 cavall *m.* desbocat.

rung [rʌn] *s.* esglaó *m.*, graó *m.* ■ 2 Vegeu RING (TO) 2.

runner ['rʌnə] *s.* corredor [atleta]. 2 missatger. 3 contrabandista. 4 patí *m.* [de trineu]. 5 catifa *f.* o estora *f.* llarga. 6 BOT. estoló *m.* 7 MEC. corredora *f.*, cèrcol *m.* mòbil, roda *f.*

running ['rʌniŋ] *s.* carrera *f.*, correguda *f.*, corredissa *f.* 2 funcionament *m.* 3 direcció *f.*, govern *m.* ■ 4 *a.* corrent: *~ water*, aigua corrent. 5 continu. 6 cursiva [lletra]. ■ 7 *adv.* seguit.

running-knot ['rʌniŋ'nɔt] *s.* nus *m.* escorredor.

runway ['rʌnwei] *s.* AVIA. pista *f.* d'aterratge.

rupee [ruːˈpiː] *s.* rupia *f.*

rupture ['rʌptʃə] *s.* ruptura *f.*, trencament *m.* 2 MED. hèrnia *f.*

rupture (to) ['rʌptʃə] *t.* trencar, esvinçar. 2 MED. herniar-se *p.* ■ 3 *i.* MED. herniarse *p.*

rural ['ruərəl] *a.* rural.

ruse [ruːz] *s.* ardit *m.*, estratagema *f.*

rush [rʌʃ] *s.* precipitació *f.*, pressa *f.* 2 ímpetu *m.* 3 afluència *f.*, aglomeració *f.* [de gent]. 4 confusió *f.*, batibull *m.* 5 corrent *m.*, torrent *m.* 6 escomesa *f.*, atac *m.* 7 BOT. jonc *m.*

rush (to) [rʌʃ] *i.* precipitar-se *p.*, abalançar-se *p.*, tirar-se *p.* 2 córrer. 3 anar de pressa, afanyar-se *p.* 4 *to ~ out*, sortir precipitadament. ■ 5 *t.* empènyer. 6 apressar. 7 fer de pressa. 8 portar ràpidament. 9 assaltar, atacar.

rush hour ['rʌʃauə] *s.* hora *f.* punta.

rusk [rʌsk] *s.* galeta *f.*

Russia ['rʌʃə] *n. pr.* GEOGR. Rússia.

Russian ['rʌʃən] *a.* rus. ■ 2 *s.* rus [persona]. 3 rus *m.* [llengua].

rust [rʌst] *t.* rovellar, oxidar [també fig.]. ■ 2 *i.* rovellar-se *p.*, oxidar-se *p.*

rustic ['rʌstik] *a.* rústic. 2 rústec. ■ 3 *s.* pagès, aixafaterrossos.

rustle ['rʌsl] *s.* remor *f.*, murmuri *m.* 2 cruixit *m.*

rustle (to) ['rʌsl] *i.* remorejar, murmurar. 2 cruixir. 3 (EUA) col·loq. robar [bestiar]. ■ 4 *t.* xiuxiuejar *i.*, dir en veu baixa; moure fent remor.

rusty ['rʌsti] *a.* oxidat, rovellat [també fig.]. 2 de color de rovell. 3 descolorit, vell [un vestit negre].

rut [rʌt] *s.* rodera *f.,* carrilada *f.* 2 fig. rutina *f.* 3 ZOOL. zel *m.*

ruthless [ˈruːθlis] *s.* cruel, despietat, inhumà. ■ 2 **-ly** *adv.* cruelment, despietadament.

rye [rai] *s.* BOT. sègol *m.*

S

S, s [es] *s.* s *f.* [lletra].

Sabbath ['sæbəθ] *s.* dia *m.* de descans; diumenge *m.* [cristians]; dissabte *m.* [jueus].

sabotage ['sæbətɑːʒ] *s.* sabotatge *m.*

sabre, (EUA) **saber** ['seibə] *s.* sabre *m.*

sack [sæk] *s.* sac *m.*, costal *m.* 2 saqueig *m.* 3 col·loq. acomiadament *m.*

sack (to) [sæk] *t.* saquejar. 2 ensacar, ficar dins d'un sac. 3 col·loq. acomiadar, fer fora.

sacrament ['sækrəmənt] *s.* REL. sagrament *m.* ‖ *Holy Sacrament,* sant sagrament.

sacred ['seikrid] *a.* sagrat.

sacrifice ['sækrifais] *s.* sacrifici *m.*

sacrifice (to) ['sækrifais] *t.* sacrificar(se).

sacrilege ['sækrilidʒ] *s.* REL. sacrilegi *m.*

sacrilegious [ˌsækri'lidʒəs] *a.* sacríleg.

sad [sæd] *a.* trist. 2 infaust. 3 lamentable, deplorable. ■ 4 **-ly** *adv.* tristament; lamentablement.

sadden (to) ['sædn] *t.* entristir. ■ 2 *i.* entristir-se *p.*

saddle ['sædl] *s.* sella *f.* [de muntar]. 2 selló *m.* [d'una bicicleta, d'una motocicleta].

saddle (to) ['sædl] *t.* ensellar. 2 *to ~ with,* endossar, encolomar.

sadism ['sædizəm] *s.* sadisme *m.*

sadness ['sædnis] *s.* tristesa *f.*

safe [seif] *a.* segur. 2 il·lès, incòlume. ‖ *~ and sound,* sa i estalvi. 3 prudent, assenyat. 4 protegit, resguardat. ■ 5 *s.* caixa *f.* forta, caixa *f.* de cabals. 6 armari *m.* del rebost. ‖ *meat-safe,* carner *m.* ■ 7 **-ly** *adv.* sense perill. 8 amb seguretat. 9 sense novetat, sense cap incident.

safe-conduct [seif'kɔndəkt] *s.* salconduit *m.*

safeguard ['seifgɑːd] *s.* salvaguarda *f.*

safety ['seifti] *s.* seguretat *f.* 2 prudència.

safety-belt ['seiftibelt] *s.* cinturó *m.* de seguretat.

safety-pin ['seiftipin] *s.* agulla *f.* imperdible, imperdible *f.*

safety-razor ['seiftiˌreizə] *s.* maquineta *f.* d'afaitar.

saffron ['sæfrən] *s.* safrà *m.*

sag (to) [sæg] *i.* enfonsar-se *p.*, esfondrar-se *p.* 2 cedir, afluixar-se *p.* 3 baixar [els preus].

sagacious [sə'geiʃəs] *a.* sagaç.

sage [seidʒ] *s.* BOT. sàlvia *f.* 2 savi *m.* ■ 3 *a.* savi.

said [sed] Vegeu SAY (TO).

sail [seil] *s.* MAR. vela *f.* 2 aspa *f.*, antena *f.* [de molí].

sail (to) [seil] *i.* navegar. 2 sortir [un vaixell, persones en un vaixell], fer-se *p.* a la mar. 3 lliscar, flotar, volar. ■ 4 *t.* tripular, navegar [un vaixell].

sailing ['seiliŋ] *s.* navegació *f.*, nàutica *f.* 2 ESPORT vela *f.*

sailor ['seilə] *s.* mariner, marí.

saint [seint, snt] *s.* sant.

saintly ['seintli] *a.* sant.

sake [seik] *s.* causa *f.*, motiu *m.*, amor *m.*, consideració *f.*: *for God's ~,* per l'amor de Déu; *for my ~,* per mi; *for the ~ of,* per, amb motiu de, en consideració a.

salad ['sæləd] *s.* amanida *f.*, (BAL.) trempó *m.*, (VAL.) ensalada *f.*

salad-bowl ['sælədboul] *s.* enciamera *f.*

salamander ['sæləˌmændə] *s.* ZOOL. MIT. salamandra *f.*

salary ['sæləri] *s.* sou *m.*, salari *m.*, paga *f.*

sale [seil] *s.* venda *f.* ‖ *for ~, on ~,* en venda, es ven. 2 liquidació *f.*, rebaixes *f. pl.* 3 subhasta *f.*

salesman ['seilzmən] *s.* venedor *m.* 2 viatjant *m.* [de comerç].

saleswoman ['seilzwumən] *s.* venedora *f.* 2 viatjant *f.* [de comerç].

saliva [sə'laivə] *s.* saliva *f.*

sallow ['sælou] *a.* pàl·lid, citrí, groguenc [cara].

salmon ['sæmən] *s.* ICT. salmó *m.* 2 salmó *m.* [color]. ▲ *pl.* **salmon.**

salon ['sælɔn] *s.* saló *m.*

saloon [sə'luːn] *s.* sala *f.*, saló *m.* [d'un hotel, un vaixell, etc.]. 2 (EUA) bar *m.*, taverna *f.*

salt [sɔːlt] *s.* CUI., QUÍM. sal *f.* [també fig.]. ■ 2 *a.* salat; salí.

salt (to) [sɔːlt] *t.* posar sal. 2 salar.

saltpetre, (EUA) saltpeter [sɔːlt'piːtə] *s.* salnitre *m.*, salpetre *m.*, nitre *m.*

salutary ['sæljutəri] *a.* saludable, salutífer.

salutation [,sælju'teiʃən] *s.* salutació *f.*, salut *m.*

salute [sə'luːt] *s.* salutació *f.*

salute (to) [sə'luːt] *t.-i.* saludar *t.*

Salvador, El ['sælvədɔːʳ, 'el] *n. pr.* GEOGR. El Salvador.

Salvadorean [sælvə'dɔːriən] *a.-s.* salvadorenc.

salvage ['sælvidʒ] *s.* salvament *m.* 2 objectes *m. pl.* salvats.

salvation [sæl'veiʃən] *s.* salvació *f.*

same [seim] *a.* mateix; igual: *at the ~ time,* al mateix temps; *the two dresses are the ~,* els dos vestits són iguals. ■ 2 *pron.* mateix: *I'm the ~ as always,* sóc el mateix de sempre; *I did the ~,* jo vaig fer el mateix. ■ 3 *adv.* de la mateixa manera. 4 igual: *It's all the ~ to me,* m'és igual. 5 *all the ~,* tanmateix.

sameness ['seimnis] *s.* igualtat *f.* 2 monotonia *f.*

sample ['saːmpl] *s.* COM. mostra *f.*

sample (to) ['saːmpl] *t.* treure una mostra de. 2 provar, tastar.

sanatorium [,sænə'tɔːriəm] *s.* sanatori *m.* ▲ *pl.* **sanatoriums** o **sanatoria** [sænə'tɔːriə].

sanctimonious [,sæŋkti'mounjəs] *a.* rosegaaltars, beguí.

sanction ['sæŋkʃən] *s.* sanció *f.*

sanction (to) ['sæŋkʃən] *t.* sancionar.

sanctuary ['sæŋktjuəri] *s.* santuari *m.* [també fig.]. 2 sagrari *m.* 3 refugi *m.*

sand [sænd] *s.* sorra *f.*, (BAL.) (VAL.) arena *f.* 2 platja *f.*

sandal ['sændl] *s.* sandàlia *f.* 2 BOT. sàndal *m.*

sand-bar ['sændbaːʳ] *s.* banc *m.* de sorra.

sandwich ['sænwidʒ] *s.* sandvitx *m.*, entrepà *m.*

sane [sein] *a.* sa, en el seu seny. 2 assenyat, sensat, enraonat. ■ 3 **-ly** *adv.* assenyadament, sensatament.

sang [sæŋ] Vegeu SING (TO).

sanguinary ['sæŋgwinəri] *a.* sanguinari. 2 sangonent, sangonós.

sanguine ['sæŋgwin] *a.* optimista; esperançat. 2 rubicund.

sanitary ['sænitəri] *a.* sanitari, de sanitat. 2 higiènic.

sanity ['sæniti] *s.* seny *m.*, salut *f.* mental. 2 seny *m.*, sensatesa *f.*

sank Vegeu SINK (TO).

sap [sæp] *s.* BOT. saba *f.* [també fig.]. 2 col·loq. enze, babau. 3 MIL. sapa *f.*

sap (to) [sæp] *i.* fer sapes. ■ 2 *t.* soscavar. 3 fig. minar.

sapphire ['sæfaiə] *s.* MINER. safir *m.*

sarcasm ['saːkæzəm] *s.* sarcasme *m.*

sarcastic [saː'kæstik] *a.* sarcàstic.

sardine [saː'diːn] *s.* ICT. sardina *f.*

Sardinia [saː'diniə] *n. pr.* GEOGR. Sardenya.

sardonic [saː'dɔnik] *a.* sardònic.

sash [sæʃ] *s.* faixa *f.*, banda *f.*, faixí *m.*

sash window ['sæʃwindou] *s.* finestra *f.* de guillotina.

sat [sæt] Vegeu SIT (TO).

satanic [sə'tænik] *a.* satànic.

satchel ['sætʃəl] *s.* cartera *f.* [de col·legi].

satellite ['sætəlait] *s.* satèl·lit *m.*

satiate (to) ['seiʃieit] *t.* form. saciar, sadollar(se), atipar-se *p.*

satiety [sə'taieti] *s.* form. sacietat *f.*

satin ['sætin] *s.* TÈXT. setí *m.*, ras *m.*

satire ['sætaiə] *s.* sàtira *f.*

satiric [sə'tirik] *a.* satíric.

satirize (to) ['sætəraiz] *t.* satiritzar.

satisfaction [,sætis'fækʃən] *s.* satisfacció *f.*

satisfactory [,sætis'fæktəri] *a.* satisfactori. 2 suficient.

satisfy (to) ['sætisfai] *t.* satisfer. 2 convèncer: *I am satisfied that,* estic convençut que, estic segur que. ■ 3 *i.* estar content, estar satisfet.

saturate (to) ['sætʃəreit] *t.* saturar. 2 impregnar, amarar [també fig.].

Saturday ['sætədi, -dei] *s.* dissabte *m.*

sauce [sɔːs] *s.* salsa *f.*

sauce-boat ['sɔːsbout] *s.* salsera *f.*

saucepan ['sɔːspən] *s.* cassola *f.*

saucer ['sɔːsə] *s.* sotacopa *f.*, platet *m.*

saucy ['sɔːsi] *a.* descarat, impertinent. 2 col·loq. bufó, elegant.

saunter (to) ['sɔːntə'] *i.* passejar-se *p.;* caminar a poc a poc [sense direcció].

sausage ['sɔsidʒ] *s.* botifarra *f.,* salsitxa *f.,* embotit *m.*

savage ['sævidʒ] *a.* salvatge, primitiu. 2 ferotge, furiós. ■ 3 *s.* salvatge. ■ 4 **-ly** *adv.* salvatgement; ferotgement.

savagery ['sævidʒəri] *s.* salvatgeria *f.,* salvatjada *f.* 2 salvatgia *f.,* salvatgisme *m.*

savant ['sævənt] *s.* savi, erudit.

save [seiv] *prep.* llevat de. ■ 2 *conj.* llevat que.

save (to) [seiv] *t.* salvar. 2 conservar, preservar. 3 guardar; estalviar. 4 evitar, impedir.

1) saving ['seiviŋ] *s.* economia *f.,* estalvi *m.* 2 *pl.* estalvis *m. pl.*

2) saving ['seiviŋ] *prep.* llevat de, excepte.

savings bank ['seiviŋzbæŋk] *s.* caixa *f.* d'estalvis.

saviour, (EUA) **savior** ['seivjə] *s.* salvador.

savour, (EUA) **savor** ['seivə] *s.* sabor *m.,* gust *m.;* olor *f.* 2 regust *m.*

savour, (EUA) **savor** ['seivə] *t.* assaborir. ■ 2 *i.* tenir gust de.

savoury, (EUA) **savory** ['seivəri] *a.* saborós, gustós. 2 salat. ■ 3 *s.* tapa *f.* [menjar].

saw [sɔː] *s.* serra *f.* [eina]. 2 dita *f.,* refrany *m.* ■ 3 Vegeu SEE (TO).

saw (to) [sɔː] *t.-i.* serrar. ▲ Pret.: *sawed* [sɔːd]; p. p.: *sawn* [sɔːn].

sawdust ['sɔːdʌst] *s.* serradures *f. pl.*

sawed [sɔːd] Vegeu SAW (TO).

sawn [sɔːn] Vegeu SAW (TO).

Saxon ['sæksn] *a.* saxó. ■ 2 *s.* saxó [persona]. 3 saxó *m.* [llengua].

say [sei] *s. to have one's* ~, dir la seva, tenir alguna cosa a dir.

say (to) [sei] *t.* dir. ‖ *it is said,* es diu que, diuen que; *that is to* ~, és a dir; *to* ~ *mass,* dir missa. 2 recitar; resar. ▲ Pres. 3.ª pers.: *says* [səz], pret. i p. p.: *said* [sed].

saying ['seiiŋ] *s.* dita *f.,* refrany *m.*

scab [skæb] *s.* MED. crosta *f.* 2 col·loq. esquirol.

scabbard ['skæbəd] *s.* beina *f.* [d'espasa].

scaffold ['skæfəld] *s.* CONSTR. bastida *f.* 2 cadafal *m.,* patíbul *m.*

scaffolding ['skæfəldiŋ] *s.* bastida *f.,* bastimentada *f.*

scale [skeil] *s.* escama *f.,* escata *f.* 2 escala *f.* [graduació; proporció; música]. 3 balançó *m.,* platet *m.* [d'una balança]. 4 balança *f.,* bàscula *f.*

scale (to) [skeil] *t.* escatar. 2 fer a escala. 3 escalar. ■ 4 *i.* saltar o caure a escates. 5 pesar.

scalp [skælp] *s.* cuir *m.* cabellut; cabellera *f.*

scalp (to) [skælp] *t.* arrencar la cabellera.

scalpel ['skælpəl] *s.* MED. escalpel *m.*

scaly ['skeili] *a.* escamós.

scamp [skæmp] *s.* bergant, brivall.

scamper ['skæmpə'] *s.* fugida *f.* o fuga *f.* precipitada.

scamper (to) ['skæmpə'] *i.* fugir, córrer [els animals].

scan (to) [skæn] *t.* observar; escodrinyar, escrutar [amb la vista]. 2 fer una ullada o un cop d'ull. 3 escandir.

scandal ['skændl] *s.* escàndol *m.,* vergonya *f.* 2 xafarderies *f. pl.,* murmuracions *f. pl.* 3 difamació *f.*

scandalize (to) ['skændəlaiz] *t.* escandalitzar.

scandalous ['skændələs] *a.* escandalós, vergonyós. 2 difamatori.

Scandinavia [,skændi'neiviə] *n. pr.* GEOGR. Escandinàvia.

Scandinavian [,skændi'neiviən] *a.-s.* escandinau.

scant [skænt] *a.* escàs, poc.

scanty ['skænti] *a.* escàs, insuficient, magre.

scapegoat ['skeipgout] *s. fig.* cap *m.* de turc.

scar [skɑː'] *s.* cicatriu *f.* 2 *fig.* senyal *m.* 3 roca *f.* pelada.

scarce [skeəs] *a.* escàs, insuficient. 2 rar, poc freqüent.

scarcely ['skeəsli] *adv.* a penes, difícilment, amb prou feines. ‖ ~ *ever,* gairebé mai.

scarcity ['skeəsiti] *s.* escassesa *f.,* escassetat *f.* 2 raresa *f.,* poca freqüència *f.*

scare [skeə'] *s.* esglai *m.,* ensurt *m.,* alarma *f.* 2 por *f.,* pànic *m.*

scare (to) [skeə'] *t.* espantar, fer por; alarmar. 2 *to* ~ *away,* espantar, fer fugir. ■ 3 *i.* espantar-se *p.* 4 *to be scared,* tenir por, estar espantat.

scarecrow ['skeəkrou] *s.* espantaocells *m.*

scarf [skɑːf] *s.* bufanda *f.* 2 mocador *m.* de coll o de cap. 3 xal *m.* ▲ *pl.* *scarfs* o *scarves* [skɑːvz].

scarlet ['skɑːlit] *a.* escarlata. ■ *2 s.* escarlata *m.* [color].

scathing ['skeiðiŋ] *a.* acerb, mordaç, dur.

scatter (to) ['skætə'] *t.* dispersar, esparpallar, escampar, (ROSS.) escampillar. ■ *2 i.* dispersar-se *p.*, esparpallar-se *p.*, escampar-se *p.*

scenario [si'nɑːriou] *s.* TEAT., CINEM. guió *m.*, argument *m.*

scene [siːn] *s.* escena *f.* ‖ *behind the scenes*, entre bastidors. [també fig.]. *2* escenari *m.* *3* vista *f.*, panorama *f.* *4* TEAT. decorat *m.*

scenery ['siːnəri] *s.* paisatge *m.*, panorama *f.*, vista *f.* *2* TEAT. decoració *f.*

scent [sent] *s.* olor *f.*; aroma *m.*, fragància *f.* *2* perfum *m.* *3* rastre *m.*, pista *f.*

scent (to) [sent] *t.* olorar, sentir olor de, flairar. *2* sospitar. *3* perfumar.

sceptic ['skeptik] *s.* FIL. escèptic.

sceptical ['skeptikl] *a.* escèptic.

scepticism ['skeptisizəm] *s.* escepticisme *m.*

sceptre, (EUA) **scepter** ['septə] *s.* ceptre [reial].

schedule ['ʃedjuːl], (EUA) ['skedʒuːl] *s.* llista *f.*, inventari *m.* *2* horari *m.* [de trens, autobús, etc.]. *3* programa *m.*, pla *m.*, previsió *f.*

scheme [skiːm] *s.* combinació *f.*, arranjament *m.* *2* projecte *m.*, disseny *m.*, pla *m.* *3* intriga *f.*, maquinació *f.*

scheme (to) [skiːm] *t.* projectar, idear, planejar. *2* ordir, tramar, maquinar. ■ *3 i.* fer projectes. *4* ordir *t.*, tramar *t.*, maquinar *t.*

schism ['sizəm] *s.* cisma *m.*

scholar ['skɔlə'] *s.* becari. *2* savi, erudit.

scholarship ['skɔləʃip] *s.* saber *m.*, erudició *f.* *2* beca *f.*

school [skuːl] *s.* escola *f.* *2* col·legi m. *3* institut *m.* *4* facultat *f.* [de la universitat]. ■ *5 a.* escolar, d'escola. ‖ ~ *year*, any escolar.

school (to) [skuːl] *t.* ensenyar, instruir, educar.

schooling ['skuːliŋ] *s.* instrucció *f.*, ensenyament *m.*

schoolmaster ['skuːl,mɑːstə'] *s.* mestre *m.* d'escola; professor *m.* d'institut.

schoolmistress ['skuːl,mistris] *s.* mestra *f.* d'escola; professora *f.* d'institut.

science ['saiens] *s.* ciència *f.*

scientist ['saiəntist] *s.* científic.

scintillate (to) ['sintileit] *i.* centellejar, espurnejar.

scion ['saiən] *s.* BOT. brot *m.*, lluc *m.*, tany *m.* *2* descendent.

scissors ['sizəz] *s. pl.* tisores *f. pl.*, estisores *f. pl.*

scoff [skɔf] *s.* burla *f.*, mofa *f.* *2* riota *f.*

scoff (to) [skɔf] *i.* mofar-se *p.*, burlar-se *p.* (*at*, de).

scold (to) [skould] *t.-i.* renyar *t.*, escridassar *t.*

scoop [skuːp] *s.* pala *f.* *2* cullerot *m.*, culler *m.* *3* MAR. sàssola *f.* *4* TECNOL. cullera *f.* *4 at one* ~, de cop *m.*, d'una revolada *f.*

scope [skoup] *s.* possibilitat *f.*, oportunitat *f.* *2* abast *m.*, àmbit *m.*, camp *m.* d'acció, camp *m.* d'observació.

scorch (to) [skɔːtʃ] *t.* socarrimar, socarrar. *2* abrasar, cremar. ■ *3 i.* socarrimarse *p.*, socarrar-se *p.* *4* abrasar-se *p.*, cremar-se *p.*

scorching ['skɔːtʃiŋ] *a.* abrasador, molt calent. *2* molt calorós.

score [skɔː'] *s.* osca *f.*, mòssa *f.*, senyal *m.* *2* compte *m.* *3* motiu *m.*, raó *m.* *4* vintena *f.*, vint *m.* *5* ESPORT resultat *m.*, punts *m. pl.*, gols *m. pl.* *6* MÚS. partitura *f.*

score (to) [skɔː'] *t.* oscar, fer osques a, ratllar. *2* ESPORT marcar, fer [punts]. *3* MÚS. instrumentar, orquestrar. ■ *4 i.* marcar gols, fer punts. *5* obtenir un resultat o una puntuació. *6* tenir èxit, guanyar.

scorn [skɔːn] *s.* desdeny *m.*, menyspreu *m.* *2* escarniment *m.*, escarn *m.*

scorn (to) [skɔːn] *t.* desdenyar, menysprear. *2* escarnir.

scorpion ['skɔːpjən] *s.* ZOOL. escorpí *m.*

Scot [skɔt] *s.* escocès.

Scotch [skɔtʃ] *a.* escocès. ■ *2 s.* whisky *m.* escocès.

Scotland ['skɔtlənd] *n. pr.* GEOGR. Escòcia.

Scottish ['skɔtiʃ] *a.-s.* escocès.

scoundrel ['skaundrəl] *s.* canalla, facinerós, bergant.

scour (to) ['skauə'] *t.* fregar, refregar, netejar. *2* netejar; emportar-se *p.* amb un raig d'aigua. *3* escorcollar, recórrer.

scourge [skəːdʒ] *s.* fuet *m.*, flagell *m.* *2* fig. flagell *m.*, fuet *m.*

scourge (to) [skəːdʒ] *t.* assotar, flagellar.

scout [skaut] *s.* MIL. explorador, escolta. ‖ ~, *boy* ~, noi *m.* escolta.

scout (to) [skaut] *t.* explorar; reconèixer [el terreny]. 2 rebutjar amb menyspreu. ■ 3 *i.* fer un reconeixement [del terreny], explorar *t.*

scowl [skaul] *s.* mala cara *f.,* nas *m.* arrufat, celles *f. pl.* arrufades.

scowl (to) [skaul] *i.* mirar amb les celles arrufades o amb cara de pomes agres.

scrag [skræg] *s.* persona *f.* o animal *m.* molt prim. 2 clatell *m.,* bescoll *m.*

scramble ['skræmbl] *s.* baralla *f.,* estiracabells *m.,* lluita *f.*

scramble (to) ['skræmbl] *i.* grimpar, enfilar-se *p.* 2 barallar-se *p.* per, anar a l'estiracabells. ■ 3 *t.* remenar. ‖ *scrambled eggs,* ous remenats.

scrap [skræp] *s.* tros. 2 *pl.* deixalles *f. pl.,* sobres *f. pl.* 3 retall *m.*

scrap-book ['skræpbuk] *s.* àlbum *m.* de retalls [de revistes o diaris].

scrap-iron ['skræp'aiən] *s.* ferralla *f.,* ferros *m. pl.* vells.

scrape [skreip] *s.* esgarrapada *f.,* raspadura *f.* 2 embolic *m.,* trencacolls *m.*

scrape (to) [skreip] *t.* rascar; llimar. 2 fregar. 3 fig. ~ *along,* anar tirant.

scratch [skrætʃ] *s.* esgarrapada *f.,* esgarrinxada *f.* 2 ratlla *f.,* marca *f.;* tall *m.* 3 ESPORT línia *f.* de sortida.

scratch (to) [skrætʃ] *t.-i.* esgarrapar, esgarrinxar(-se). 2 ratllar, rascar(-se). 3 retirar-se *p.* d'una competició.

scream [skriːm] *s.* crit *m.,* xiscle *m.*

scream (to) [skriːm] *t.-i.* cridar, xisclar.

screech [skriːtʃ] *s.* xiscle *m.,* esgarip *m.* 2 xerric *m.*

screech (to) [skriːtʃ] *i.* xisclar, fer esgarips. 2 xerricar.

screen [skriːn] *s.* pantalla *f.* 2 fig. cortina *f.,* protecció *f.,* mur *m.* 3 biomb *m.,* paravent *m.* 4 mosquitera *f.* 5 sedàs *m.,* garbell *m.* 6 *the big* ~, el cinema; *the small* ~, la petita pantalla , la televisió.

screen (to) [skriːn] *t.* ocultar, amagar. 2 protegir. 3 garbellar. 4 CINEM. projectar.

screw [skruː] *s.* cargol *m.,* femella *f.* 2 volta *f.* [de cargol]. 3 hèlice *f.*

screw (to) [skruː] *t.* cargolar, collar. [també fig.]. 2 *t.-i.* vulg. cardar *i.*

screwdriver ['skruːdraivə'] *s.* tornavís *m.,* (BAL.) desengramponador *m.*

scribble [skribl] *s.* gargot *m.*

scribble (to) [skribl] *t.* escriure amb mala lletra. ■ 2 *i.* gargotejar.

script [skript] *s.* lletra *f.,* escriptura *f.* manual. 2 CINEM. guió *m.*

scroll [skroul] *s.* rotlle *m.* [de paper, pergamí, etc.].

scrounge (to) [skraundʒ] *i.* anar de gorra, fer el viu. ■ 2 *t.* gorrejar.

scrounger ['skraundʒə'] *s.* gorrer.

scrub [skrʌb] *s.* sotabosc *m.* 2 fregada *f.* ■ 3 *a.* petit, esquifit.

scrub (to) [skrʌb] *t.-i.* fregar.

scruff [skrʌf] *s. the* ~ *of the neck,* clatell *m.*

scruple ['skruːpl] *s.* escrúpol *m.*

scruple (to) ['skruːpl] *i.* tenir escrúpols; dubtar.

scrutinize (to) ['skruːtinaiz] *t.* escrutar, comptar amb detall.

scullery ['skʌləri] *s.* recuina *f.,* repartidor *m.*

sculptor ['skʌlptə'] *s.* escultor.

sculptress ['skʌlptris] *s.* escultora *f.*

sculpture ['skʌlptʃə'] *s.* escultura *m.*

scum [skʌm] *s.* escuma *f.* 2 fig. púrria *f.,* escòria *f.*

scurry (to) ['skʌri] *i.* córrer, apressar-se *p.*

scuttle ['skʌtl] *s.* fugida *f.* precipitada, retirada *f.* [amb covardia]. 2 escotilla *f.*

scuttle (to) ['skʌtl] *t.* MAR. fer anar a pic, enfonsar.

scythe [saið] *s.* dalla *f.*

sea [siː] *s.* mar *m.* (i *f.*) ‖ *on the high* ~, en alta mar; *seamanship,* destresa *f.* per a navegar. 2 fig. *a* ~ *of blood,* un riu de sang.

sea bream ['siː'briːm] *s.* ICT. besuc *m.*

seagull ['siːgʌl] *s.* gavina *f.,* gavià *m.*

sea horse ['siːhɔːs] *s.* ZOOL. cavall *m.* de mar.

seal [siːl] *s.* ZOOL. foca *f.* 2 segell *m.*

seal (to) [siːl] *t.* segellar, precintar.

sea level ['siːlevl] *s.* nivell *m.* del mar.

sealing-wax ['siːliŋwæks] *s.* lacre *m.*

seam [siːm] *s.* costura *f.,* repunt *m.*

seam (to) [siːm] *t.* cosir. 2 fer repunts.

seaman ['siːmən] *s.* mariner *m.*

seamstress ['siːmstris] *s.* cosidora *f.,* modista *m.*

sear (to) [siə'] *t.* marcir, assecar. 2 abrasar, cremar. 3 marcar amb ferro roent.

search [səːtʃ] *s.* recerca *f.,* escorcoll *m.,* registre *m.* 2 investigació *f.,* examen *m.*

search (to) [səːtʃ] *t.-i.* examinar *t.,* investigar *t.* 2 registrar *t.,* escorcollar *t.*

searchlight ['səːtʃlait] *s.* ELECT. reflector *m.,* focus *m.*

seasick ['siːsik] *a.* marejat [navegant].

seasickness ['si:siknis] s. mareig m. [navegant].

seaside ['si:said] s. platja f., costa f., zona f. costanera. ■ 2 a. costaner, de la costa.

season ['si:zn] s. estació f., període m., temporada f., temps m. ‖ **on due ~,** al seu temps.

season (to) ['si:zn] t. assaonar, amanir. 2 alleugerir. 3 aclimatar, habituar.

seasonable ['si:zənəbl] a. oportú; adequat, apropiat.

season ticket ['si:zntikit] s. abonament m.

seat [si:t] s. seient m. ‖ **to take a ~,** seure, asseure's. 2 CINEM., TEAT. localitat f. 3 seu f. [d'un govern, etc.]. 4 localització f. [d'una malaltia].

seat (to) [si:t] t. asseure. 2 tenir capacitat per [seients]. 3 encaixar; instal·lar. ■ 4 i. fer bossa [pantalons, etc.].

seat belt ['si:tbelt] s. cinturó m. de seguretat.

sea wall ['si:wɔ:l] s. dic m., escullera f.

secede (to) [si'si:d] i. escindir-se p., separar-se p.

secession [si'seʃən] s. secessió f., escissió f.

seclude (to) [si'klu:d] t. aïllar, separar, bandejar.

seclussion [si'klu:ʒən] s. aïllament m., reclusió f., bandejament m.

second ['sekənd] a. segon. 2 secundari, subordinat. ■ 3 s. segon. ‖ ~ **hand,** busca f. dels segons [rellotge]. ■ 4 **-ly** adv. en segon lloc.

second (to) ['sekənd] t. recolzar, secundar.

secondary ['sekəndəri] a. secundari.

secondhand [,seknd'hænd] a. de segona mà.

secret ['si:krit] a.-s. secret. ■ 2 **-ly** adv. secretament.

secretary ['sekrətri] s. secretari. 2 ministre.

secrete (to) [si'kri:t] t. amagar, ocultar. ■ 2 i. secretar.

sect [sekt] s. secta f. 2 grup m., partit m.

section ['sekʃən] s. secció f.

secular ['sekjulə'] a. secular. ■ 2 s. seglar, laic.

secure [si'kjuə'] a. segur; confiat. 2 segur, ferm; assegurat. ■ 3 **-ly** adv. de manera segura.

secure (to) [si'kjuə'] t. assegurar, fixar. 2 garantir. 3 aconseguir.

security [si'kjuəriti] s. seguretat f. 2 fiança f.

sedative ['sedətiv] a. MED. sedant ■ 2 MED. s. sedant m.

sedentary ['sedntəri] a. sedentari.

sediment ['sedimənt] s. sediment m.

sedition [si'diʃən] s. sedició f.

seduce (to) [si'dju:s] t. induir, temptar. 2 seduir.

sedulous ['sedjuləs] a. diligent, aplicat.

see [si:] s. ECLES. seu f.: **Holy See,** Santa Seu.

see (to) [si:] t. veure. 2 entendre, veure. 3 mirar, observar. 4 rebre. ■ 5 i. veure. ‖ **let's ~!,** vejam!, a veure! 6 entendre t., veure t. ‖ **I ~!,** ja ho veig!; **you ~?** ho entens?; **as far as I can ~,** al meu entendre. ■ **to ~ after,** tenir cura de, encarregar-se de; **to ~ into,** investigar, examinar; **to ~ off,** acomiadar, dir adéu; **to ~ through,** veure a través; calar; penetrar; **to ~ to,** tenir cura de, atendre. ▲ Pret.: **saw** [sɔ:]; p. p.: **seen** [si:n].

seed [si:d] s. llavor f., sement f., gra m.

seed (to) [si:d] t. sembrar. 2 espinyolar. ■ 3 i. granar.

seek (to) [si:k] t. buscar, (BAL.) cercar. 2 demanar. 3 perseguir, ambicionar. ■ 4 i. **to ~ after, for** o **out,** buscar; sol·licitar. ▲ Pret. i p. p.: **sought** [sɔ:t].

seem (to) [si:m] t. semblar. ‖ **it seems to me that...,** em sembla que...; **it seems so,** això sembla.

seeming ['si:miŋ] a. aparent. ■ 2 s. aparença f. ■ 3 **-ly** adv. aparentment.

seemly ['si:mli] a. form. correcte. 2 decent.

seen [si:n] Vegeu SEE (TO).

seep (to) [si:p] i. filtrar-se p.

seer ['si:(:)ə'] s. vident; profeta.

seethe (to) [si:ð] i. bullir [també fig.].

segment ['segmənt] s. segment m.

segregation [,segri'geiʃən] s. segregació f., separació f.

seismic ['saizmik] a. sísmic.

seize (to) [si:z] t. agafar, engrapar. 2 DRET confiscar, embargar. 3 apoderar-se p. de. ■ 4 i. **to ~ (up),** encallar-se p.

seizure ['si:ʒə'] s. DRET embargament m., embarg m. 2 captura f.

seldom ['seldəm] adv. rarament, quasi gens.

select [si'lekt] a. selecte.

select (to) [si'lekt] t. seleccionar, escollir.

selection [si'lekʃən] s. selecció f. 2 elecció f. 3 COM. assortiment m.

self [self] *a.* mateix, idèntic. ▲ *pl.* **selves** [selvz].

self-adhesive [ˌselfəd'hiːsiv] *a.* autoadhesiu.

self-appointed [ˌselfə'pɔintid] *a.* nomenat per si mateix.

self-centred, (EUA) **self-centered** [ˌselfˈsentəd] *a.* egocèntric.

self-confidence [selfˈkɔnfidəns] *s.* seguretat *f.* en un mateix.

self-confident [selfˈkɔnfidənt] *a.* segur d'un mateix.

self-conscious [selfˈkɔnʃəs] *a.* conscient. 2 col·loq. tímid, vergonyós.

self-consciousness [selfˈkɔnʃəsnis] *s.* consciència *f.* 2 col·loq. timidesa *f.*, vergonya *f.*

self-control [ˌselfkɔnˈtroul] *s.* autocontrol *m.*

self-denial [selfdiˈnaiəl] *s.* abnegació *f.*

self-denying [selfdiˈnaiŋ] *a.* abnegat.

self-discipline [selfˈdisiplin] *s.* autodisciplina *f.*

self-employed [ˌselfemˈplɔid] *a.* que treballa per compte propi.

self-governing [selfˈgʌvniŋ] *a.* autònom.

selfish [selfiʃ] *a.* egoista, interessat. ■ 2 -ly *adv.* egoistament, de manera interessada.

selfishness [ˈselfiʃnis] *s.* egoisme *m.*

self-portrait [selfˈpɔːtreit] *s.* autoretrat *m.*

self-respect [selfrisˈpekt] *s.* dignitat *f.*, amor *m.* propi.

self-respecting [selfrisˈpektiŋ] *a.* que té amor propi.

self-righteous [selfˈraitʃəs] *a.* arrogant, desdenyós.

self-sacrifice [selfˈsækrifais] *s.* abnegació *f.*

self-sacrificing [selfˈsækrifaisiŋ] *a.* sacrificat, abnegat.

self-satisfied [selfˈsætisfaid] *a.* satisfet de si mateix.

self-service [selfˈsəːvis] *a.* d'autoservei.

self-starter [selfˈstɑːtəʳ] *s.* MEC. motor *m.* d'arrencada automàtica.

self-sufficient [selfsəˈfiʃnt] *a.* autosuficient.

sell [sel] *s.* col·loq. engany *m.*, estafa *f.*

sell (to) [sel] *t.* vendre. 2 trair, vendre. 3 enganyar. 4 **to ~ off,** liquidar. ■ 5 *i.* vendre's *p.* ▲ Pret. i p. p.: **sold** [sould].

seller [ˈseləʳ] *s.* venedor. 2 article *m.* venut: *it's a slow ~,* és un producte que no es ven bé.

semaphore [ˈseməfɔːʳ] *s.* FERROC., MAR. semàfor *m.*

semblance [ˈsembləns] *s.* semblança *f.* 2 aparença *f.*

semicolon [ˌsemiˈkoulən] *s.* punt i coma [ortografia].

seminar [ˈseminɑːʳ] *s.* seminari *m.* [universitat].

senate [ˈsenit] *s.* senat *m.* 2 claustre *m.* [universitat].

send (to) [send] *t.* enviar, trametre. 2 llançar. 3 tornar. 4 pop. tornar boig, entusiasmar. ■ *to ~ away,* acomiadar; *to ~ back,* tornar; *to ~ down,* fer baixar; expulsar [un estudiant]; *to ~ forth,* treure, produir; *to ~ on,* tornar a enviar; *to ~ up,* fer apujar; satiritzar, parodiar. ▲ Pret. i p. p.: **sent** [sent].

sender [ˈsendəʳ] *s.* remitent. 2 RADIO. transmissor *m.*

senile [ˈsiːnail] *a.* senil.

senior [ˈsiːnjəʳ] *a.* més gran, de més edat. 2 més antic, degà. ■ 3 *s.* gran. 4 superior. 5 (EUA) estudiant de l'últim curs [universitat].

sensation [senˈseiʃən] *s.* sensació *f.* 2 sensacionalisme *m.*

sensational [senˈseiʃənl] *a.* sensacional. 2 sensacionalista.

sense [sens] *s.* sentit *m.* [corporal; de l'humor, etc.]. 2 seny *m.* ‖ *common ~,* sentit comú. 3 significat *m.*, sentit *m.* ‖ *to make ~,* tenir sentit. 4 sensació *f.*, impressió *f.* 5 teny *m.*, raó *f.* ‖ *to be out one's senses,* estar boig.

sense (to) [sens] *t.* sentir; percebre; adonar-se *p.*

senseless [ˈsenslis] *a.* absurd, sense sentit. 2 insensat. 3 MED. sense coneixement. ■ 4 -ly *adv.* absurdament. 5 sense coneixement.

sensible [ˈsensibl] *a.* sensat. 2 perceptible. ‖ *to be ~ of,* adonar-se'n de.

sensitive [ˈsensitiv] *a.* sensible. 2 susceptible.

sensual [ˈsensjuel] *a.* sensual.

sent [sent] Vegeu SEND (TO).

sentence [ˈsentəns] *s.* DRET sentència; condemna *f.* 2 GRAM. oració *f.*, frase *f.*

sententious [senˈtenʃəs] *a.* sentenciós. 2 concís.

sentiment [ˈsentimənt] *s.* sentiment *m.* 2 parer *m.*, opinió *f.*

sentimental [ˌsentiˈmentl] *a.* sentimental.

sentry [ˈsentri] *s.* MIL. sentinella *m.*

Seoul [soul, se'u:l] *n. pr.* GEOGR. Seül.

separate ['seprit] *a.* separat.

separate (to) ['sepəreit] *t.* separar. ■ *2 i.* separar-se *p.*

separation [sepə'reiʃən] *s.* separació *f.*

September [səp'tembə'] *s.* setembre *m.*

sepulchre ['sepəlkə'] *s.* sepulcre *m.*, sepultura *f.*

sequel ['si:kwəl] *s.* seqüela *f.* 2 conclusió *f.* 3 continuació *f.*

sequence ['si:kwəns] *s.* seqüència *f.*, successió *f.*; sèrie *f.* 2 conseqüència *f.*

sequential [si'kwenʃəl] *a.* successiu, consecutiu. 2 conseqüent.

Serbia ['sə:biə] *n. pr.* GEOGR. Sèrbia.

serenade [seri'neid] *s.* MÚS. serenata *f.*

serene [si'ri:n] *a.* serè.

serenity [si'reniti] *s.* serenitat *f.*

serf [sə:f] *s.* serf *m.*, serva *f.* 2 esclau.

sergeant ['sɑ:dʒənt] *s.* MIL. sargent *m.*

serial ['siəriəl] *a.* en sèrie, consecutiu. 2 serial. ■ 3 *s.* serial *m.*

series ['siəri:z] *s.* sèrie *f.*: *in ~*, en sèrie.

serious ['siəriəs] *a.* seriós. ■ *2 -ly adv.* seriosament, de debò.

seriousness ['siəriəsnis] *s.* seriositat *f.*; gravetat *f.*

sermon ['sə:mən] *s.* sermó *m.*

serpent ['sə:pənt] *s.* serp *f.*

serried ['serid] *a.* atapeït, estret.

serum ['siərəm] *s.* sèrum *m.*

servant ['sə:vənt] *s.* servent, criat. 2 servidor. 3 *civil ~*, funcionari.

serve (to) [sə:v] *t.* servir. 2 assortir, proveir. 3 executar, notificar: *to ~ a summons*, entregar una citació. 4 complir [una condemna]. *5 it serves me right*, m'ho mereixo. ■ 6 *i.* servir.

service ['sə:vis] *s.* servei *m.* ‖ *at your ~*, a la seva disposició; *bus ~*, servei d'autobusos; *military ~*, servei militar. 2 ESPORT servei *m.*, sacada *f.* 3 REL. servei *m.* [església protestant]. 4 MEC. posada *f.* a punt. 5 utilitat *f.*, ajuda *f.* 6 *pl.* forces *f. pl.* armades.

serviceable ['sə:visəbl] *a.* servible. 2 útil. 3 durable. 4 servicial.

service station ['sə:vis,steiʃn] *s.* estació *f.* de servei.

servile ['sə:vail] *a.* servil.

servitude ['sə:vitju:d] *s.* servitud. ‖ *penal ~*, treballs forçats.

session ['seʃən] *s.* sessió *f.*

set [set] *s.* joc *m.*, col·lecció *f.*; grup *m.*; bateria *f.* [de cuina]. 2 actitud *f.*, postura *f.*

3 direcció *f.*; tendència *f.*; desviació *f.* 4 aparell *m.* [ràdio, televisió, etc.]. 5 esqueix *m.* 6 set *m.* [tenis]. 7 TEAT., CINEM. decorats *m. pl.*, plató *m.* ■ 8 *a.* determinat, resolt. 9 ferm, fix; immòbil. ‖ *~ price*, preu *m.* fix. 10 preparat, estudiat.

set (to) [set] *t.* posar, col·locar, instal·lar. 2 fixar; destinar. 3 adobar, regular. 4 plantar; erigir. 5 preparar. 6 encastar [joies, etc.]. 7 adornar. 8 musicar. 9 atribuir, donar [feina, missió; valor]. 10 comparar, confrontar. 11 *to ~* calar foc. 12 *to ~ going*, posar en marxa. ■ 13 *i.* pondre's *p.* [el sol]. 14 atacar. 15 dirigir-se *p.* 16 posar-se *p.* [a fer una feina]. ■ *to ~ about*, començar, posar-s'hi; atacar, contrarestar; *to ~ aside*, deixar de banda; *to ~ back*, endarrerir-se [un rellotge]; *to ~ forth*, emprendre el camí; *to ~ free*, alliberar; *to ~ off*, comparar; fer explotar; sortir; *to ~ out*, estendre, projectar; *to ~ out for*, partir, marxar [cap a un lloc]; *to ~ up*, alçar; fundar; *to ~ up for*, fer-se passar per. ▲ Pret. i p. p.: *set* [set]; ger.: *setting* ['setiŋ].

set-back ['setbæk] *s.* contrarietat *f.*, revés *m.*

settee [se'ti:] *s.* sofà *m.*

setting ['setiŋ] *s.* col·locació *f.*, distribució *f.* 2 encast *m.* [d'una joia]. 3 decoració *f.*; fons *m.*; ambient *m.* 4 CINEM., TEAT. decorats *m. pl.* 5 posta *f.* [del sol].

setting-up ['setiŋʌp] *s.* establiment *m.*; fundació *f.*

settle ['setl] *s.* caixabanc *m.*

settle (to) ['setl] *t.* col·locar, establir. 2 colonitzar, poblar. 3 ordenar; arreglar. 4 temperar [nervis], alleugerir [dolor]. ■ 5 *i.* instal·lar-se *p.*, posar-se *p.*; establir-se *p.* 6 dipositar-se *p.* ‖ *to ~ down*, instal·lar-se *p.*; acostumar-se *p.*; normalitzar-se *p.* [situació, etc.].

settlement ['setlmənt] *s.* establiment *m.*; instal·lació *f.* 2 colonització *f.*; poblament *m.* 3 poblat *m.* 4 acord *m.*, conveni *m.*

settler ['setlə'] *s.* poblador, colon.

seven ['sevn] *a.-s.* set.

seventeen [sevn'ti:n] *a.-s.* disset, (BAL.) desset, (VAL.) dèsset, (ROSS.) desasset.

seventeenth [sevn'ti:nθ] *a.* dissetè.

seventh ['sevnθ] *a.* setè.

seventieth ['sevntiəθ, -tiiθ] *a.-s.* setantè.

seventy ['sevnti] *a.-s.* setanta.

sever (to) ['sevə'] *t.-i.* separar(-se); trencar(-se). 2 *t.* tallar, retallar.

several ['sevrəl] *a.* uns quants, alguns. 2 diversos.

severe [si'viə'] *a.* sever. 2 auster [decoració, etc.]. 3 seriós, greu, important. ■ 4 -ly, *adv.* severament.

Seville [sə'vil] *n. pr.* GEOGR. Sevilla.

sew (to) [sou] *t.-i.* cosir. ▲ Pret.: *sewed* [soud]; p. p.: *sewn* [soun] o *sewed*.

sewage ['sju:idʒ] *s.* aigües *f. pl.* residuals.

sewed [soud] Vegeu SEW (TO).

sewer [sjuə'] *s.* claveguera *f.*

sewing [souiŋ] *s.* costura *f.*

sewing machine ['souiŋməʃi:n] *s.* màquina *f.* de cosir.

sewn [soun] Vegeu SEW (TO).

sex [seks] *s.* sexe *m.* ‖ col·loq. to have ~, tenir relacions sexuals.

sexual ['seksjuəl] *a.* sexual.

shabby ['ʃæbi] *a.* usat, gastat. 2 vell, tronat. 3 espellifat. 4 mesquí, vil.

shack [ʃæk] *s.* barraca *f.,* barracot *m.*

shackle ['ʃækl] *s.* grilló *m.;* manilles *f. pl.* 2 destorb *m.;* obstacle *m.*

shade [ʃeid] *s.* ombra *f.* 2 obaga *f.* 3 pantalla *f.;* visera *f.;* cortina *f.* 4 matís *m.;* to *m.;* tonalitat *f.* [d'un color].

shade (to) [ʃeid] *t.* fer ombra. 2 ombrejar.

shadow ['ʃædou] *s.* ombra *f.* [també fig.]. 2 visió *f.;* intuïció *f.* 3 fantasma *m.* 4 foscor *f.*

shadow (to) ['ʃædou] *t.* fer ombra. 2 espiar, seguir, perseguir.

shaft [ʃɑ:ft] *s.* asta *f.,* pal *m.* [de bandera]. 2 fletxa *f.,* sageta *f.* 3 escletxa *f.* lluminosa. 4 tronc *m.* [d'arbre]. 5 MEC. eix *m.*

shake [ʃeik] *s.* sacseig *m.;* sotrac *m.;* batzegada *f.* 2 tremolor *m.* 3 encaixada *f.* de mans.

shake (to) [ʃeik] *i.* trontollar, tremolar: *to ~ with cold,* tremolar de fred. 2 estremir-se *p.* ■ 3 *i.* sacsar, sacsejar, sotragar, batzegar. 4 fer trontollar. 5 fer tremolar. 5 fer vacil·lar. 6 *to ~ hands,* fer una encaixada [de mans]. ▲ Pret.: *shook* [ʃuk]; p. p.: *shaken* ['ʃeikən].

shaky ['ʃeiki] *a.* vacil·lant, tremolós. 2 precari, poc estable. 3 malaltís.

shall [ʃæl, -əl] *v. aux.* fut. [només 1.ª pers.]: *I ~ go,* hi aniré. 2 haver de, tenir la intenció de [només 2.ª i 3.ª pers.]: *he ~ go,* hi ha d'anar.

shallow ['ʃælou] *a.* poc profund. 2 superficial, frívol. ■ 3 *s.* aigües *f. pl.* baixes.

sham [ʃæm] *s.* hipocresia *f.* 2 imitació *f.,* cosa *f.* falsa. 3 imitador, falsificador.

sham (to) [ʃæm] *t.-i.* fingir, simular, imitar.

shame [ʃeim] *s.* vergonya *f.* ‖ *it's a ~,* és una llàstima.

shame (to) [ʃeim] *t.* avergonyir.

shameful ['ʃeimful] *a.* ignominiós, infamant, vergonyós. 2 -ly *adv.* ignominiosament.

shampoo [ʃæm'pu:] *s.* xampú *m.*

shank [ʃæŋk] *s.* canyella *f.* 2 tija *m.*

shape [ʃeip] *s.* forma *f.* [també fig.], figura *f.* 2 contorn *m.*

shape (to) [ʃeip] *t.* formar, donar forma. 2 emmotllar. 3 disposar. 4 modelar.

shapeless ['ʃeiplis] *a.* sense forma definida. 2 deforme.

share [ʃeə'] *s.* part, porció *f.* 2 COMM. acció.

share (to) [ʃeə'] *t.* distribuir, repartir, compartir. ■ 2 *i.* prendre part, participar. ‖ *to do one's ~,* complir, fer el que toca.

shareholder ['ʃeə,houldə'] *s.* COM. accionista.

shark [ʃɑ:k] *s.* ICT. tauró *m.* 2 estafador. 3 (EUA) entès, eminència *f.*

sharp [ʃɑ:p] *a.* esmolat; punxegut; agut. 2 llest; astut; viu. 3 irritable; impetuós. 4 dur, sever. 5 contundent. 6 MÚS. agut. 7 sobtat. 8 precís, exacte.

sharpen (to) ['ʃɑ:pən] *t.* esmolar, fer punta.

sharpener ['ʃɑ:pnə'] *s.* esmolador *m.* 2 maquineta *f.* de fer punta.

sharpness ['ʃɑ:pnis] *s.* agudesa *f.;* perspicàcia *f.;* astúcia *f.* 2 mordacitat *f.* 3 rigor *m.;* exactitud *m.*

shatter (to) ['ʃætə'] *t.* trencar, esmicolar, destrossar. 2 cansar, fatigar molt.

shave (to) [ʃeiv] *t.-i.* afaitar(se). 2 *t.* fregar, passar arran.

shaving ['ʃeiviŋ] *s.* afaitat *m.;* afaitada *f.*

shaving brush ['ʃeiviŋbrʌʃ] *s.* brotxa *f.* d'afaitar.

shaving foam ['ʃeiviŋfoum] *s.* escuma *f.* d'afaitar.

shawl [ʃɔ:l] *s.* xal *m.,* mantó *m.*

she [ʃi:, ʃi] *pron. pers.* ella. ■ 2 *s.* femella *f.* ‖ *she-cat,* gata *f.*

sheaf [ʃi:f] *s.* feix *m.* ▲ *pl. sheaves* [ʃi:vz].

shear (to) [ʃiə'] *t.* esquilar, tondre. ▲ Pret: *sheared;* p. p.: *shorn* [ʃɔ:n] o *sheared.*

sheath [ʃi:θ] *s.* beina *f.,* funda *f.* 2 condó *m.* ▲ *pl. sheaths* [ʃi:ðz].

sheathe (to) [ʃi:ð] *t.* embeinar, enfundar.

shoelace

shed [ʃed] s. cobert m.; barraca f. 2 nau f.
shed (to) [ʃed] t. vessar. 2 ser impermeable [a alguna cosa]. ■ 3 i. ZOOL. mudar. ▲ Pret. i p. p.: **shed**.

sheen [ʃiːn] s. lluentor f., lluïssor f.

sheep [ʃiːp] s. ovella f., be m.; xai m.; (BAL.) xot m.; (OCC.) corder m.; (ROSS.) feda f. ▲ pl. **sheep**.

sheepdog [ʃiːpdɔg] s. gos m. d'atura.

sheer [ʃiəʳ] a. pur, mer. 2 complet, absolut. 3 pur, no adulterat. 4 costerut; escarpat; pendent. ■ 5 adv. completament. 6 verticalment.

sheer (to) [ʃiəʳ] t.-i. desviar(se).

sheet [ʃiːt] s. làmina f., planxa f. 2 full m. 3 llençol m.

shelf [ʃelf] s. prestatge m.; lleixa f. 2 pl. prestatgeria f. sing. 3 sortint m. [roca]. 4 fig. plataforma f. 5 MAR. banc m. de sorra. ▲ pl. **shelves** [ʃelvz].

shell [ʃel] s. ZOOL. closca f.; clofolla f.; beina f.; petxina f., conquilla f. 2 carcassa f., armadura f. 3 MAR. buc m. 4 MIL. projectil m.

shell (to) [ʃel] t. treure la closca, pelar. 2 esgranar. 3 llençar projectils, bombardejar. ■ 4 i. pelar-se p.

shellfish [ʃelfiʃ] s. crustaci m.; marisc m.

shelter [ʃeltəʳ] s. refugi m.; aixopluc m. ‖ to take ~, aixoplugar-se.

shelter (to) [ʃeltəʳ] t.-i. protegir(se), aixoplugar(se). 2 t. amagar.

shelve (to) [ʃelv] t. posar prestatges. 2 posar en un prestatge. 3 fer fora, acomiadar; arraconar; arxivar. ■ 4 i. fer pendent, baixar.

shelves [ʃelvz] s. pl. de **shelf**.

shepherd [ʃepəd] s. pastor m.

sheriff [ʃerif] s. xèrif m.

sherry [ʃeri] s. xerès m.

shield [ʃiːld] s. escut m. 2 defensa f. protector m.; protecció f.

shield (to) [ʃiːld] t. protegir. 2 amagar, encobrir.

shift [ʃift] s. truc m.; subterfugi m. 2 canvi m.; trasllat m. 3 tarda f., torn m. [de treball].

shift (to) [ʃift] t. canviar [per una altra cosa]. 2 alterar, modificar, canviar. 3 moure, canviar de lloc. 4 fam. treure's del damunt, llençar. ■ 5 i. canviar. 6 moure's p.

shiftless [ʃiftlis] a. inútil. 2 mandrós, amb poca empenta.

shilling [ʃiliŋ] s. xelí m.

shimmer [ʃiməʳ] s. reflex m., tornassol m.

shimmer (to) [ʃiməʳ] i. reflectir lleument.

shin [ʃin] s. canya f. [de la cama]; sofraja m.

shin (to) [ʃin] i.-t. enfilar-se p.; pujar de quatre grapes.

shine [ʃain] s. lluor, lluïssor, resplendor, brillantor.

shine (to) [ʃain] i. brillar, resplendir, lluir. ■ 2 t. enllustrar [sabates]. ▲ Pret. i p. p.: **shone** [ʃɔn].

shingle [ʃiŋgl] s. palets m. pl., pedres f. pl. 2 platja f. amb pedres.

shining [ʃainiŋ] a. brillant, lluent.

ship [ʃip] s. vaixell m.

ship (to) [ʃip] t.-i. embarcar(se). 2 t. transportar, expedir.

shipbuilder [ʃipbildəʳ] s. constructor naval.

shipment [ʃipmənt] s. carregament m., remesa f.

shipping [ʃipiŋ] s. embarc m.; expedició f.

shipwreck [ʃiprek] s. naufragi m.

shipwrecked [ʃiprekt] a. to be ~, naufragar.

shipyard [ʃipjɑːd] s. drassana f.

shire [ʃaiəʳ] s. (G.B.) districte m.; comtat m., zona f.

shirk (to) [ʃəːk] t. eludir, evitar. ■ 2 i. fugir d'estudi.

shirt [ʃəːt] s. camisa f. ‖ in one's ~ sleeves, en mànigues de camisa.

shiver [ʃivəʳ] s. tremolor m., estremiment m.

shiver (to) [ʃivəʳ] i. tremolar, estremir-se p. ■ 3 t. esmicolar.

shoal [ʃoul] s. GEOL., ZOOL. banc m. 2 fig. multitud f.

shock [ʃɔk] s. xoc m. 2 sacsejada m. 3 cop m. violent. 3 xoc m. [emocional]. 4 ensurt m. 5 MED. xoc m. [tractament].

shock [ʃuk] Vegeu SHAKE (TO).

shock (to) [ʃɔk] t. xocar, impressionar. 2 sacsejar; commoure. ‖ to be shocked, escandalitzar-se; estranyar-se; sorprendre's.

shocking [ʃɔkiŋ] a. xocant, estrany.

shod [ʃɔd] Vegeu SHOE (TO).

shoe [ʃuː] s. sabata f.

shoe (to) [ʃuː] t. ferrar [cavalls]. ▲ Pret. i p. p.: **shod** [ʃɔd].

shoeblack [ʃuːblæk] s. enllustrador.

shoehorn [ʃuːhɔːn] s. calçador m.

shoelace [ʃuːleis] s. cordó m. de sabata.

shoemaker [ˈʃuːˌmeikəʳ] s. sabater.

shoe polish [ˈʃuːpɔliʃ] s. betum m.

shoeshop [ˈʃuːʃɔp] s. sabateria f.

shoe tree [ˈʃuːtriː] s. forma f. [de sabater].

shone [ʃɔn] Vegeu SHINE (TO).

shoot [ʃuːt] s. BOT. lluc m.; brot m. 2 rampa f. 3 cacera f. 4 concurs m. de tir al blanc. 5 vedat m. de caça.

shoot (to) [ʃuːt] t. disparar, tirar [trets, sagetes, fotografies]. 2 matar o ferir amb arma de foc. 3 CINEM. rodar, filmar. 4 llençar [escombraries, deixalles]. 5 ESPORT xutar. ■ 6 i. anar a caçar. 7 llençar-se p., precipitar-se p. ▲ Pret. i p. p.: shot.

shooting [ˈʃuːtiŋ] s. caça f. 2 tiroteig m.; afusellament m. 3 CINEM. rodatge m.

shop [ʃɔp] s. botiga m.

shop (to) [ʃɔp] i. comprar [en una botiga].

shop assistant [ˈʃɔpəsistənt] s. dependent.

shopkeeper [ˈʃɔpkiːpəʳ] s. botiguer.

shopping [ˈʃɔpiŋ] s. compra f. 2 coses f. pl. comprades, mercaderia f.

shopping bag [ˈʃɔpiŋbæg] s. bossa f. d'anar a la plaça.

shop window [ʃɔpˈwindou] s. aparador m., (BAL.) mostrador m.

shore [ʃɔːʳ] s. costa f., platja f. 2 vora f. [del mar]; riba f.; ribera f.

shorn [ʃɔːn] Vegeu SHEAR (TO).

short [ʃɔːt] a. curt, breu, escàs. 2 baix [persona]. 3 sec, brusc. ‖ to be ~ of, anar curt de; to cut ~, interrompre bruscament; to fall ~ of, no arribar; to run ~ of, fer curt. ■ 4 adv. breument. 5 ~ of, si no. ■ 6 s. allò curt. ‖ for ~, per fer-ho més curt; in ~, en resum; ~ for, forma abreujada per. 7 CINEM. curt-metratge m. 8 pl. pantalons m. pl. curts.

shortage [ˈʃɔːtidʒ] s. manca f.; insuficiència f., escassetat f.

short cut [ˈʃɔːtkʌt] s. drecera f.

shorten (to) [ˈʃɔːtn] t. escurçar, reduir.

shorthand [ˈʃɔːthænd] s. taquigrafia f.

shortly [ˈʃɔːtli] adv. en poques paraules. 2 aviat. ‖ ~ before, poc abans.

short-sighted [ˈʃɔːtsaitid] a. curt de vista.

shot [ʃɔt] a. matisat, tornassolat. 2 destrossat [nervis, etc.]. ■ 3 s. tret m.; disparament m. 4 ESPORT xut m. 5 bala f.; projectil m. 6 intent m. 7 conjectura f. 8 dosi f. 9 tirada f.

shot-gun [ˈʃɔtgʌn] s. escopeta f.

should [ʃud, ʃəd] v. aux. Cond. pret. de shall: I ~ come, vindria; you ~ come, hauries de venir.

shoulder [ˈʃouldəʳ] s. espatlla f., (VAL.) muscle m.

shoulder (to) [ˈʃouldəʳ] t. posar-se o portar a l'esquena. 2 empènyer amb l'espatlla. 3 assumir una responsabilitat.

shoulder blade [ˈʃouldəbleid] s. ANAT. omòplat m.

shout [ʃaut] s. crit m.

shout (to) [ʃaut] t. cridar. ■ 2 i. cridar, fer crits.

shove [ʃʌv] s. empenta f. 2 impuls m.

shove (to) [ʃʌv] t. empènyer, empentar. ■ 2 i. avançar a empentes.

shovel [ˈʃʌvl] s. pala f. 2 palada f.

show [ʃou] s. demostració f.; exhibició f.; mostra f., exposició f. 2 show m., espectacle m., funció m. 3 ostentació f.

show (to) [ʃou] t. mostrar, ensenyar, exhibir. 2 fer veure, demostrar. 3 revelar, descobrir. 4 palesar, indicar. 5 acompanyar: ~ him in, fes-lo passar. 6 to ~ up, destacar. ■ 7 i. semblar, mostrar-se p. 8 TEAT. actuar. 9 to ~ off, fatxendejar. ▲ Pret.: showed [ʃoud]; p. p.: shown [ʃoun] o showed.

shower [ʃauəʳ] s. xàfec m. [també fig.]. 2 dutxa f.

shown [ʃoun] Vegeu SHOW (TO).

showroom [ˈʃourum] s. exposició f., sala f. de demostracions.

showy [ˈʃoui] a. espectacular; cridaner. 2 ostentós, fatxenda.

shrank [ʃræŋk] Vegeu SHRINK (TO).

shred [ʃred] s. retall m., tira f. 2 tros m., fragment m.

shred (to) [ʃred] t. estripar, esquinçar. 2 fer a trossos.

shrew [ʃruː] s. ZOOL. musaranya f. 2 donota f., mala pècora f.

shrewd [ʃruːd] a. perspicaç, llest, astut. ■ 2 -ly adv. subtilment, astutament.

shriek [ʃriːk] s. xiscle m.; xerric m.

shriek (to) [ʃriːk] i. xisclar; xerricar.

shrill [ʃril] a. agut, penetrant [so].

shrill (to) [ʃril] t.-i. cridar, xisclar.

shrimp [ʃrimp] s. ZOOL. gambeta f. 2 napbuf m., tap m. de bassa.

shrine [ʃrain] s. urna f. 2 santuari m. [també fig.].

shrink (to) [ʃriŋk] t.-i. encongir(se); contraure's p. 2 fig. acovardir-se p. ▲ Pret.: shrank [ʃræŋk] o shrunk [ʃrʌŋk]; p. p.: shrunk o shrunken [ˈʃrʌŋkən].

signpost

shrinkage [ˈʃriŋkidʒ] s. encongiment m.; contracció f.

shrivel (to) [ˈʃrivl] t.-i. arrugar(se), encongir(se), ressecar(se).

shroud [ʃraud] s. mortalla f.

shroud (to) [ʃraud] t. amortallar, ocultar.

shrub [ʃrʌb] s. arbust m.

shrug (to) [ʃrʌg] t.-i. arronsar les espatlles.

shrunk [ʃrʌŋk] Vegeu SHRINK (TO).

shrunken [ʃrʌŋkən] Vegeu SHRINK (TO).

shuck (to) [ʃʌk] t. (EUA) pelar, llevar la closca.

shudder [ˈʃʌdəʳ] s. tremolor m.; estremiment m.

shudder (to) [ˈʃʌdəʳ] i. estremir-se p. 2 tremolar.

shuffle (to) [ˈʃʌfl] t. barrejar. 2 arrossegar [els peus]. ■ 2 i. caminar arrossegant els peus. 3 actuar amb evasives. 4 barrejar [cartes].

shun (to) [ʃʌn] t. evitar, esquivar, defugir.

shut (to) [ʃʌt] t. tancar. ■ 2 i. tancar-se p. ■ to ~ down, tancar [un negoci, etc.]; to ~ off, tallar [aigua, gas, etc.]; to ~ out, excloure. ▲ Pret. i p. p.: shut [ʃʌt]; ger. shutting.

shutter [ˈʃʌtəʳ] s. persiana f.; finestró m.; portió m. 2 FOT. obturador m.

shy [ʃai] a. tímid; retret. 2 espantadís. ■ 3 -ly adv. tímidament.

shy (to) [ʃai] i. esquivar; espantar-se p. 2 reguitnar [un cavall].

shyness [ˈʃainis] s. timidesa f.; vergonya f.

Sicily [ˈsisili] n. pr. GEOGR. Sicília.

sick [sik] a.-s. malalt: he is ~, està malalt. 2 marejat. ∥ fig. to be ~ of, estar fart de.

sicken (to) [ˈsikn] t. fer emmalaltir, fer posar malalt. 2 fer fàstic. 3 embafar. 4 fig. enfastijar; afartar. ■ 5 i. posar-se p. malalt. 6 marejar-se p.

sickening [ˈsikniŋ] a. nauseabund, repugnant.

sickle [ˈsikl] s. falç f.

sickly [ˈsikli] a. malaltís. 2 malsà, insalubre.

sickness [ˈsiknis] s. malaltia m. 2 nàusea f.; mareig m.

side [said] s. banda f., costat m., (ROSS.) ban m. ∥ by the ~ of, al costat de. 2 vora f., marge m. 3 falda f. [d'una muntanya]. 4 partit m., bàndol m.: to take sides with, prendre partit per. ■ 5 a. lateral: ~ door, porta lateral.

side (to) [said] i. to ~ with, prendre partit per; posar-se p. al costat de.

sideboard [ˈsaidbɔːd] s. bufet m.

sidelong [ˈsaidlɔŋ] a. de reüll. 2 lateral; oblic. ■ 3 adv. de reüll. 4 lateralment, obliquament.

sidewalk [ˈsaidwɔːk] s. (EUA) vorera f., voravia f.

sideward(s) [ˈsaidwəd(z)] a. lateral, de costat. 2 de reüll. ■ 3 adv. lateralment, de costat, cap un costat. 4 de reüll.

sideways [ˈsaidweiz], **sidewise** [ˈsaidwaiz] a.-adv. Vegeu SIDEWARD.

siege [siːdʒ] s. setge m.

sieve [siv] s. sedàs, garbell.

sift (to) [sift] t. garbellar.

sigh [sai] s. sospir m.

sigh (to) [sai] i. sospirar: to ~ for, anhelar.

sight [sait] s. vista f., visió f. [sentit; òrgan; acció de veure]. ∥ at first ~, on first ~, a primera vista; by ~, de vista. 2 pl. llocs m. pl. d'interès: to see the sights, veure els llocs interessants. 3 mira f. [d'arma].

sight (to) [sait] t. veure, mirar. 2 albirar.

sightly [ˈsaitli] a. atractiu, privilegiat [lloc, zona].

sightseeing [ˈsaitsiːiŋ] s. turisme m. ∥ to go ~, visitar llocs interessants.

sign [sain] s. senyal m.; signe m. ∥ electric ~, anunci m. lluminós. 2 senyal m.; vestigi m.; indici m. 3 cartell m., rètol m.

sign (to) [sain] t. signar, firmar. 2 indicar. ■ 3 i. fer senyals. 4 signar. ∥ to ~ up, signar per [un equip de futbol, una companyia, etc.], fitxar.

signal [ˈsignəl] s. senyal m.

signalize (to) [ˈsignəlaiz] t. assenyalar; distingir.

signatory [ˈsignətəri] a.-s. signant, signatari.

signature [ˈsignətʃəʳ] s. signatura f., firma f.

signboard [ˈsainbɔːd] s. tauler m. d'anuncis; anunci m.

significance, -cy [sigˈnifikəns, -si] s. significació f. 2 significat m.

significant [sigˈnifikənt] a. significatiu, important.

signify (to) [ˈsignifai] t. significar. ■ 2 i. importar.

signing-up [ˈsainiŋʌp] s. ESPORT fitxatge m.

signpost [ˈsainpoust] s. indicador m. de pal.

silence ['sailəns] *s.* silenci *m.*

silence (to) ['sailəns] *t.* fer callar.

silent ['sailənt] *a.* silenciós.

silhouette [ˌsiluˈet] *s.* silueta *f.*

silk [silk] *s.* seda *f.* 2 *pl.* peces *f. pl.* de roba de seda.

silken ['silkən] *a.* de seda. 2 sedós.

silkworm ['silkwə:m] *s.* ZOOL. cuc *m.* de seda.

sill [sil] *s.* llindar *m.* 2 ampit *m.*

silliness ['silinis] *s.* ximpleria *f.;* bestiesa *f.*

silly ['sili] *a.* ximple, ruc, totxo, talòs. 2 absurd, forassenyat.

silver ['silvə'] *s.* plata *f.,* argent *m.* ■ 2 *a.* de plata, d'argent.

silversmith ['silvəsmiθ] *s.* argenter.

silverware ['silvəwɛə'] *s.* objectes *m. pl.* de plata.

silver wedding [ˌsilvəˈwediŋ] *s.* noces *f. pl.* d'argent.

similar ['similə'] *a.* similar, semblant.

similarity [ˌsimiˈlæriti] *s.* similaritat *f.,* semblança *f.*

simmer (to) ['simə'] *t.-i.* coure, bullir a foc lent.

simper ['simpə'] *s.* somriure *m.* estúpid.

simple ['simpl] *a.* simple.

simple-minded [ˌsimplˈmaindid] *a.* ingenu. 2 ruc, talòs.

simplicity [simˈplisiti] *s.* simplicitat *f.* 2 senzillesa *f.* 3 ingenuïtat *f.*

simplify (to) ['simplifai] *t.* simplificar.

simply ['simpli] *adv.* simplement.

simulate (to) ['simjuleit] *t.* simular; imitar.

simultaneous [ˌsiməlˈteinjəs] *a.* simultani.

sin [sin] *s.* pecat *m.*

sin (to) [sin] *i.* pecar, fer pecats.

since [sins] *adv.* des de llavors, des d'aleshores. ‖ *how long* ~*?,* quant de temps fa? ■ 2 *prep.* des de, després de: ~ *last year,* des de l'any passat. ■ 3 *conj.* des que: ~ *she was born,* des que va néixer. 4 perquè, ja què, atès que, com que.

sincere [sinˈsiə'] *a.* sincer.

sincerity [sinˈseriti] *s.* sinceritat *f.,* franquesa *f.*

sinew ['sinju:] *s.* ANAT. tendó *m.* 2 fig. nervi *m.;* vigor *m.;* energia *f.* 3 *pl.* fig. recursos *m. pl.,* mitjans *m. pl.*

sinewy ['sinju(:)i] *a.* musculós, ple de nervis. 2 fig. fort, vigorós.

sinful ['sinful] *a.* pecador. 2 pecaminós.

sing (to) [siŋ] *t.-i.* cantar: *to* ~ *out of tune,* desafinar. ▲ Pret.: *sang* [sæŋ]; p. p.: *sung* [sʌŋ].

singe (to) [sindʒ] *t.* socarrimar, socarrar.

singer ['siŋə'] *s.* cantant.

singing ['siŋiŋ] *s.* cant *m.*

single ['siŋgl] *a.* sol; únic. 2 individual. 3 solter. 4 senzill, simple.

single (to) ['siŋgl] *t. to* ~ *out,* singularitzar, distingir; escollir.

singsong ['siŋsɔŋ] *a.* monòton. ■ 2 *s.* cantada *f.* ‖ *to have a* ~, cantar.

singular ['siŋgjulə'] *a.* liter. singular. 2 form. rar. ■ 3 *s.* GRAM. singular *m.*

sinister ['sinistə'] *a.* sinistre. 2 HERÀLD. sinistrat.

sink [siŋk] *s.* lavabo *m.,* rentamans *m.* 2 aigüera *f.*

sink (to) [siŋk] *t.-i.* enfonsar(se), (VAL.) afonar(se). 2 *t.* naufragar. 3 cavar, fer [un pou, forat, etc.]. 4 clavar [un pal]. 5 *to* ~ *down,* esfondrar-se *p.,* enfonsar-se *p.* ■ 6 *i.* pondre's *p.* [el sol]. ▲ Pret.: *sank* [sæŋk] o *sunk* [sʌŋk]; p. p.: *sunk* o *sunken* ['sʌŋkən].

sinner ['sinə'] *s.* pecador.

sinuosity [ˌsinjuˈɔsiti] *s.* sinuositat *f.*

sinuous ['sinjuəs] *a.* sinuós.

sip [sip] *s.* glop *m.,* xarrup *m.*

sip (to) [sip] *t.-i.* beure a glops, xarrupar.

sir [sə:', sə'] *s.* senyor *m.* 2 sir *m.* [títol].

sire ['saiə'] *s.* animal *m.* pare; semental *m.* 2 ant. senyor *m.* [tractament del sobirà].

siren ['saiərin, -rən] *s.* MIT. sirena *f.* 2 sirena *f.* [xiulet].

sirloin ['sə:lɔin] *s.* filet *m.,* rellom *m.*

sister ['sistə'] *s.* germana *f.* 2 REL. germana *f.,* monja *f.* 3 infermera *f.*

sister-in-law ['sistərin,lɔ:] *s.* cunyada *f.* ▲ *pl.* **sisters-in-law.**

sit (to) [sit] *i.* seure, asseure's *p.,* estar assegut. 2 posar-se *p.* [un ocell]. 3 ser membre [d'un comitè, etc.]. 4 celebrar sessió. 5 covar [una au]. 6 posar [per a una fotografia]. 7 estar situat. 8 estar-se *p.,* quedar-se *p.* 9 fer un examen. ■ 10 *t.* asseure *p.;* fer seure. 11 covar [ous]. 12 presentar-se *p.* a un examen. ■ *to* ~ *down,* asseure's; *to* ~ *for,* representar, *to* ~ *on,* reprimir, esclafar. ▲ Pret. i p. p.: *sat* [sæt].

site [sait] *s.* lloc *m.,* escenari *m.* [d'alguna cosa]. 2 situació *f.,* plaça *f.,* seient *m.* [d'una població, etc.].

slant

sitting ['sitin] *s.* sessió *f.* 2 sentada *f.*, tirada *f.* 3 llocada *f.*, covada *f.* ■ 4 *a.* assegut.

sitting room ['sitiŋrum] *s.* sala *f.*, saló *m.*

situation [,sitju'eiʃən] *s.* situació *f.* 2 condició *f.*, estat *m.* 3 feina *f.*, lloc *m.* de treball.

six [siks] *a.* sis. ■ 2 *s.* sis *m.*

sixteen ['siks'ti:n] *a.* setze. ■ 2 *s.* setze *m.*

sixteenth ['siks'ti:nθ] *a.-s.* setzè.

sixth [siksθ] *a.-s.* sisè.

sixtieth ['sikstiəθ] *a.-s.* seixantè.

sixty ['siksti] *a.* seixanta. ■ 2 *s.* seixanta *m.*

size [saiz] *s.* mida *f.*, dimensió *f.* 2 talla *f.*, estatura *f.* [de persones]. 3 talla *f.*, mida *f.* [roba, calçat].

size (to) [saiz] *t.* classificar per dimensions. 2 fig. *to ~ up,* mesurar, apamar. 3 encolar, aprestar.

sizeable ['saizəbl] *a.* de considerables dimensions, força gran.

sizzle ['sizl] *s.* espetec *m.*, crepitació *f.*

sizzle (to) ['sizl] *i.* espetegar, crepitar.

skate [skeit] *s.* ZOOL. rajada *f.* 2 ESPORT patí *m.*

skate (to) [skeit] *i.* ESPORT patinar. 2 fig. tractar superficialment [una qüestió, un tema, etc.].

skein [skein] *s.* troca *f.* 2 fig. embolic *m.*

skeleton ['skelitn] *s.* esquelet *m.* 2 carcassa *f.* 3 esquema *m.*

skeleton key ['skelitn,ki:] *s.* clau *f.* mestra.

sketch [sketʃ] *s.* apunt *m.*, esborrany *m.*; esquema *m.* 2 TEAT. sainet *m.*

sketch (to) [sketʃ] *t.* esbossar, descriure amb trets generals. 2 DIB. esbossar, fer un croquis.

ski [ski:] *s.* ESPORT esquí *m.*

ski (to) [ski:] *i.* ESPORT esquiar.

skid [skid] *i.* relliscar, patinar, (BAL.) llenegar, (VAL.) esvarar.

skier ['ski:ə'] *s.* esquiador.

skiing [ski:ŋ] *s.* ESPORT esquí *m.*

skilful ['skilful] *a.* hàbil, expert, destre. ■ 2 -ly *adv.* hàbilment, destrament.

skill [skil] *s.* habilitat *f.*, destresa *f.*, traça *f.*; tècnica *f.*

skilled [skild] *a.* expert. 2 qualificat, especialitzat [obrer].

skim (to) [skim] *t.* escumar; desnatar. 2 llegir, mirar pel damunt. ■ 3 *i.* passar a frec.

skin [skin] *s.* pell *f.*, cutis *m.* ‖ *by the ~ of one's teeth,* d'un pèl. 2 ZOOL. pell *f.*, despulla *f.* 3 BOT. pell *f.*, escorça *f.*

skin (to) [skin] *t.* espellar. 2 col·loq. fig. plomar, escurar. 3 pelar. 4 pelar-se *p.*, fer-se *p.* mal. ■ 5 *i. to ~ over,* cicatritzar.

skin-deep [,skin'di:p] *a.* superficial.

skip [skip] *s.* bot *m.*, saltet *m.* 2 salt *m.*, omissió *f.* 3 MIN. vagoneta *f.*

skip (to) [skip] *i.* saltar, saltironar. ■ 2 *t.* ometre, passar per alt.

skirmish ['skə:miʃ] *s.* batussa *f.*

skirt [skə:t] *s.* faldilla *f.*, (BAL.), (VAL.) faldeta *f.*, (ROSS.) jupa *f.* 2 contorn *m.*, extrem *m.*, vora *f.*

skirt (to) [skə:t] *t.-i.* vorejar *t.*, circumdar *t.* 2 evitar *t.*, defugir *t.*

skit [skit] *s.* burla *f.*, paròdia *f.*

skulk (to) [skʌlk] *i.* moure's *p.* furtivament, amagar-se *p.*

skull [skʌl] *s.* crani *m.*

sky [skai] *s.* cel *m.* ‖ *to praise somebody to the skies,* lloar algú. ▲ *pl.* skies.

sky-blue [,skai'blu:] *a.* blau cel. ■ 2 *s.* blau *m.* cel.

skylark ['skaila:k] *s.* ORN. alosa *f.*

skylight ['skailait] *s.* claraboia *f.*

skyscraper ['skaiskreipə'] *s.* gratacels *m.*

slab [slæb] *s.* bloc *m.*, tros *m.*

slack [slæk] *a.* negligent, deixat. 2 inactiu, passiu, fluix, destensat. ■ 3 *s.* part *f.* fluixa [d'una corda]. 5 inactivitat *f.*, calma *f.* 6 *pl.* pantalons *m. pl.* 7 MIN. carbonissa *f.*

slacken (to) ['slækən] *t.* afluixar; moderar. ■ 2 *i.* afluixar-se *p.*; minvar; relaxar-se *p.*

slag [slæg] *s.* escòria *f.*, cagaferro *m.*

slain [slein] Vegeu SLAY (TO).

slake (to) [sleik] *t.* calmar [desig, set]. 2 apagar [calç].

slam [slæm] *s.* cop *m.* violent; cop *m.* de porta.

slam (to) [slæm] *t.-i.* tancar(-se) amb violència.

slander ['sla:ndə'] *s.* calúmnia *f.*, difamació *f.*

slander (to) ['sla:ndə'] *t.* calumniar, difamar.

slanderous ['sla:dərəs] *a.* calumniós, difamatori.

slang [slæŋ] *s.* argot *m.*

slant [sla:nt] *s.* inclinació *f.*, pendent *m.* 2 punt *m.* de vista.

slant (to) [slɑːnt] *t.-i.* inclinar(-se), decantar(-se).

slap [slæp] *s.* manotada *f.*, mastegot *m.* 2 fig. ofensa *f.*, desaire *m.*

slap (to) [slæp] *t.* donar una bufetada, colpejar, pegar.

slash [slæʃ] *s.* ganivetada *f.*; tall *m.* 2 vulg. pixarada *f.*

slash (to) [slæʃ] *t.* apunyalar, clavar el ganivet. 2 criticar durament. 3 vulg. tallar, reduir, rebaixar [preus, salaris, etc.].

slate [sleit] *s.* pissarra *f.*

slate (to) [sleit] *t.* empissarrar. 2 fig. col·loq. criticar, deixar malament.

slaughter ['slɔːtə'] *s.* degollament *m.* [d'animals]. 2 degolladissa *f.*, matança *f.*, carnisseria *f.*

slaughter (to) ['slɔːtə'] *t.* matar, degollar; fer una matança.

slaughterhouse ['slɔːtəhaus] *s.* escorxador *m.*

slave [sleiv] *s.* esclau.

slavery ['sleivəri] *s.* esclavatge *m.*, esclavitud *f.*

slave trade ['sleivtreid] *s.* comerç *m.* d'esclaus.

slay (to) [slei] *t.* matar, assassinar. ▲ Pret.: *slew* [sluː]; p. p.: *slain* [slein].

sled [sled], **sledge** [sledʒ] *s.* trineu *m.*

sleek [sliːk] *a.* llis, brillant, brunyit. 2 endreçat, polit, net [persona]. 3 afectat [persona].

sleek (to) [sliːk] *t.* allisar, polir, enllustrar.

sleep [sliːp] *s.* son *m.* 2 dormida *f.* 3 fig. mort *f.*

sleep (to) [sliːp] *i.* dormir. ‖ *to ~ like a log,* dormir com un tronc. ‖ *to ~ away,* dormir hores i hores. ■ 2 *t.* tenir llits: *this hotel sleeps sixty guests,* en aquest hotel hi poden dormir seixanta hostes. ▲ Prep. i p. p.: *slept* [slept].

sleepiness ['sliːpinis] *s.* somnolència *f.*

sleeping ['sliːpiŋ] *a.* adormit.

sleeping bag ['sliːpiŋbæg] *s.* sac *m.* de dormir.

sleeping car ['sliːpiŋkɑːʳ] *s.* vagó *m.* llit.

sleeping pill ['sliːpiŋpil] *s.* MED. somnífer *m.*, pastilles *f. pl.* per dormir.

sleeping tablet ['sliːpiŋˌtæblit] *s.* Vegeu SLEEPING PILL.

sleeplessness ['sliːplisnis] *s.* insomni *m.*

sleepwalker ['sliːpˌwɔːkəʳ] *s.* somnàmbul.

sleepy ['sliːpi] *a.* endormiscat, somnolent. 2 quiet, inactiu [lloc]. 3 massa madur [fruita].

sleeve [sliːv] *s.* màniga *f.* ‖ *to laugh up one's ~,* riure per sota el nas.

sleigh [slei] *s.* trineu *m.*

sleight [slait] *s.* *~ of hand,* prestidigitació *f.*; destresa *f.* manual.

slender ['slendəʳ] *a.* prim. 2 tènue. 3 esvelt. 4 minso.

slept [slept] Vegeu SLEEP (TO).

sleuth [sluːθ] *s.* ant. col·loq. detectiu.

slew [sluː] Vegeu SLAY (TO).

slice [slais] *s.* llesca *f.*, tallada *f.*, tall *m.*, rodanxa *f.*

slice (to) [slais] *t.* llescar, tallar. ■ 2 *i.* fer rodanxes, fer talls.

slick [slik] *a.* relliscós; llis, sedós. 2 hàbil, astut. ■ 3 *s.* *oil ~,* marea *f.* negra.

slid [slid] Vegeu SLIDE (TO).

slide [slaid] *s.* relliscada *f.*; lliscada *f.* 2 relliscall *m.*, rossola *f.* 3 tobogan *m.* 4 diapositiva *f.* 5 placa *f.* [d'un microscopi]. 6 cursor *m.* 7 despreniment *m.*

slide (to) [slaid] *i.* lliscar, relliscar, patinar. ■ 2 *t.* fer córrer, fer lliscar. 3 esmunyir-se *p.* ▲ Pret. i p. p.: *slid* [slid].

slight [slait] *a.* lleuger, lleu. 2 prim. 3 petit, insignificant. ■ 4 *-ly adv.* lleugerament, una mica. ■ 5 *s.* desaire *m.*, ofensa *f.*

slight (to) [slait] *t.* ofendre, insultar, desairar, menysprear.

slim [slim] *a.* prim, esvelt. 2 col·loq. petit, trivial, escàs.

slime [slaim] *s.* llot *m.*, llim *m.* 2 bava *f.* [de serps, llimacs, etc.].

slimy ['slaimi] *a.* ple de llot. 2 llefiscós, viscós. 3 col·loq. fig. adulador, servil.

sling [sliŋ] *s.* fona *f.* 2 MED. cabestrell *m.* 3 baga *m.*

sling (to) [sliŋ] *t.* llançar, tirar amb força. 2 suspendre, aguantar, penjar. ▲ Pret. i p. p.: *slung* [slʌŋ].

slink (to) [sliŋk] *i.* moure's *p.* furtivament. ‖ *to ~ away,* escapolir-se *p.*, marxar d'amagat. ▲ Pret. i p. p.: *slunk* [slʌŋk].

slip [slip] *s.* relliscada *f.* [també fig.]. 2 oblit *m.* 3 combinació *f.*, enagos *m. pl.* 4 tira *f.* 5 BOT. plançó *m.*, esqueix *m.* 6 passera *f.* de fusta.

slip (to) [slip] *i.* relliscar, patinar, (BAL.) llenegar, (VAL.) esvarar. 2 moure's *p.* sigilosament, esmunyir-se *p.* ■ 3 *t.* relliscar, fugir de les mans. 4 deixar escapar,

smell

deixar anar [un objecte, un secret]. *5* engiponar, posar. *6* eludir, esquivar. ■ *to ~ off,* escapar-se, fugir; *to ~ up,* equivocar-se.

slip-knot ['slipnɔt] *s.* nus *m.* escorredor.

slipper ['slipə'] *s.* sabatilla *f.,* babutxa *f.*

slippery ['slipəri] *a.* relliscós; llefiscós, viscós. *2* astut, arterós, sense escrúpols.

slip-up ['slipʌp] *s.* errada *f.,* equivocació *f.*

slit [slit] *s.* obertura *f.,* ranura *f.,* tall *m.*

slit (to) [slit] *t.* tallar, fer un tall. ▲ Pret. i p. p.: *slit* [slit].

slogan ['slougən] *s.* eslògan *m.,* lema *m.*

slop [slɔ] *s.* deixalles *f. pl.* líquides; excrements *m. pl.* *2* aliments *m. pl.* líquids.

slop (to) [slɔp] *t.-i.* vessar(se).

slope [sloup] *s.* pendent *m.,* desnivell *m.,* inclinació *f.* *2* GEOGR. vessant *m.*

slope (to) [sloup] *t.-i.* inclinar(-se); fer baixada.

sloping ['sloupiŋ] *a.* inclinat, esbiaixat, que fa pendent.

sloppy ['slɔpi] *a.* moll; enfangat, ple de tolls. *2* barroer, mal fet, descurat. *3* sensibler, cursi.

slot [slɔt] *s.* obertura *f.,* ranura *f.*

sloth [slouθ] *s.* mandra *f.,* (BAL.), (VAL.) peresa *f.* *2* ZOOL. peresós *m.*

slot machine ['slɔtməʃiːn] *s.* màquina *f.* venedora.

slouch (to) [slautʃ] *t.-i.* fer el dropo. *2* rondar, vagarejar. *3* *t.-i.* treure, dester-se *p.* de.

Slovakia [slou'vækiə] *n. pr.* GEOGR. Eslovàquia.

Slovenia [slou'viːniə] *n. pr.* GEOGR. Eslovènia.

sloven ['slʌvn] *s.* desmanegat, deixat [persona].

slovenly ['slʌvnli] *a.* desmanegat, deixat, desendreçat [persona].

slow [slou] *a.* lent. *2* curt, espès, aturat [persona]. *3* d'efectes retardats. *4* endarrerit [rellotge]. *5* avorrit, poc interessant. ■ *6* **-ly** *adv.* lentament, a poc a poc.

slow (to) [slou] *t.* fer anar a poc a poc, alentir. ■ *2* *i.* anar a poc a poc, alentir-se *p.*

slowness ['slounis] *s.* lentitud. *2* calma, poca activitat.

slow-witted ['slou'witid] *a.* curt de gambals, totxo.

slug [slʌg] *s.* ZOOL. llimac *m.* *2* ARTILL. bala *f.* irregular.

slug (to) [slʌg] *t.* pegar, atonyinar. ■ *2* *i.* caminar amb pas segur.

sluggish ['slʌgiʃ] *a.* lent; inactiu; encalmat. ■ *2* **-ly,** *adv.* lentament, amb calma.

slum [slʌm] *s.* barri *m.* pobre, suburbi *m.*

slumber ['slʌmbə'] *s.* liter. son *m.*

slumber (to) ['slʌmbə'] *i.* liter. dormir tranquil·lament.

slump [slʌmp] *s.* davallada *f.* econòmica.

slump (to) [slʌmp] *i.* ensorrar-se *p.;* deixar-se *p.* caure; desplomar-se *p.*

slung [slʌŋ] Vegeu SLING (TO).

slunk [slʌŋk] Vegeu SLINK (TO).

slur [sləː'] *s.* reprotxe *m.* *2* fig. taca *f.,* màcula *f.* *3* MÚS. lligat *m.*

slur (to) [sləː'] *t.* barrejar. *2* *to ~ over,* passar per alt, deixar de banda.

slush ['slʌʃ] *s.* fangueig *m.* *2* sentimentalisme *m.* barat.

slushy ['slʌʃi] *a.* enfangat. *2* sentimentaloide, cursi.

sly [slai] *a.* arterós; sagaç; murri. *2* furtiu, dissimulat. *3* maliciós, entremaliat.

slyness ['slainis] *s.* astúcia *f.;* sagacitat *f.;* murrieria *f.* *2* dissimulació *f.* *3* malícia *f.*

smack [smæk] *s.* plantofada *f.,* cop *m.* de mà. *2* petó *m.* sorollós. *3* MAR. balandre *m.* de pesca.

smack (to) [smæk] *i.* bofetejar. *2* *to ~ of,* tenir regust de [també fig.], suggerir.

small [smɔːl] *a.* petit, (VAL.) xicotet. *2* baix [persona]. *3* poc important [detall].

smallness ['smɔːlnis] *s.* petitesa *f.*

smallpox ['smɔːlpɔks] *s.* MED. verola *f.*

smart [smaːt] *a.* elegant, selecte, refinat. *2* llest, brillant, eixerit. *3* lleuger, ràpid. || *a ~ pace,* pas lleuger, bon pas. *4* dur, sever. ■ *5* *s.* coïssor *f.,* picor *f.* *6* fig. mal *m.,* dolor *m.*

smart (to) [smaːt] *i.* coure, picar. *2* fig. fer mal.

smash [smæʃ] *s.* trencadissa *f.* *2* cop *m.,* topada *f.* *3* hecatombe *f.* *4* bancarrota *f.* *5* *a ~ hit,* èxit *m.* fulminant [en música, etc.].

smash (to) [smæʃ] *t.-i.* trencar(-se), destrossar(se); fer(se) miques. *2* *t.* copejar amb força. *3* fer fallida.

smashing ['smæʃiŋ] *a.* col·loq. formidable, fabulós.

smattering ['smætəriŋ] *s.* *a ~ of,* coneixement *m.* superficial, nocions *f. pl.*

smear [smiə'] *s.* llàntia *f.,* taca *f.*

smear (to) [smiə'] *t.* enllardar, tacar, empastifar. *2* fig. calumniar.

smell [smel] *s.* olfacte *m.* *2* olor *f.*

smell (to) [smel] *t.* sentir olor de, flairar. 2 ensumar, olorar. ■ 3 *i.* fer olor de. 4 fer pudor. ▲ Pret. i p. p.: **smelt** [smelt].

smelt (to) [smelt] *t.* fondre, extreure per fusió [metalls]. 2 Pret. i p. p. de SMELL (TO).

smile [smail] *s.* somriure *m.*, mitja rialla *f.*, rialleta *f.*

smile (to) [smail] *i.* somriure, fer mitja rialla.

smirk (to) [smə:k] *i.* somriure afectadament.

smite (to) [smait] *t.* liter. colpejar. 2 fig. vèncer, esclafar. ■ 3 *i.* donar cops. ▲ Pret.: **smote** [smout]; p. p.: **smitten** ['smitn].

smith [smiθ] *s.* forjador; ferrer.

smithy ['smiði] *s.* forja *f.*, ferreria *f.*

smitten [smitn] Vegeu SMITE (TO).

smog [smɔg] *s.* boira *f.* amb fum *m.*

smoke [smouk] *s.* fum *m.* 2 xemeneia *f.* alta. ∥ **to have a ~**, fumar, fer una cigarreta.

smoke (to) [smouk] *t.* fumar. 2 fumigar. ■ 3 *i.* fumar. 4 fer fum; fumejar.

smokescreen ['smoukskri:n] *s.* cortina *f.* de fum. 2 fig. excusa *f.*

smokestack ['smoukstæk] *s.* xemeneia *f.*

smoking ['smoukiŋ] *a.* fumejant. ■ 2 *s.* el fumar. ∥ **no ~**, no fumeu.

smoky ['smouki] *a.* ple de fum. 2 fumejant. 3 fumat.

smooth [smu:ð] *a.* llis, fi, suau. 2 fi, sense grumolls [líquid]. 3 agradable, afable. ■ 4 **-ly** *adv.* suaument.

smooth (to) [smu:ð] *t.* allisar. 2 assuaujar, facilitar [situacions]. ■ 3 *i.* calmar-se *p.*

smote [smout] Vegeu SMITE (TO).

smother ['smʌðə'] *s.* polseguera *f.*, núvol *m.* de pols.

smother (to) ['smʌðə'] *t.* ofegar; asfixiar, sufocar.

smug [smʌg] *a.* presumit; pretensiós. ■ 2 **-ly** *adv.* pretensiosament.

smuggle (to) ['smʌgl] *t.* passar de contraban, fer contraban de.

smut [smʌt] *s.* taca *f.*; màscara *f.* 2 col·loq. obscenitat *f.*

smut (to) [smʌt] *t.* tacar, emmascarar, embrutar.

snack [snæk] *s.* mos *m.*; queixalada *f.*; menjar *m.* lleuger.

snag [snæg] *s.* entrebanc *m.*; obstacle *m.* 2 col·loq. dificultat *f.*

snake [sneik] *s.* serp *f.* ∥ **to see snakes,** veure visions.

snake (to) [sneik] *i.* serpentejar, zigzaguejar.

snail [sneil] *s.* ZOOL. cargol *m.*

snap [snæp] *s.* petament *m.*, clec *m.* 2 mossegada *f.*, dentellada *f.* 3 **cold ~**, onada *f.* de fred curta. 4 col·loq. energia *f.*, vigor *m.* ■ 5 *a.* improvisat, sobtat.

snap (to) [snæp] *t.* mossegar, clavar queixalada. 2 trencar, petar. 3 obrir de cop, tancar de cop. 4 escridassar. 5 fer petar [els dits, etc.]. ■ 6 *i.* trencar-se *p.*, petar-se *p.* 7 fer clec, petar.

snapshot ['snæpʃɔt] *s.* FOT. instantània *f.*

snare [snɛə'] *s.* parany *m.*, llaç *m.* 2 fig. parany *m.*; temptació *f.*

snare (to) [snɛə'] *t.* fer caure a la trampa [també fig.].

snarl [snɑ:l] *s.* embolic *m.*, confusió *f.* 2 grunyit *m.*, gruny *m.*

snarl (to) [snɑ:l] *i.* ensenyar les dents, grunyir [animals]. 2 grunyir [persones]. 3 *t.-i.* embolicar(-se), complicar(-se).

snatch [snætʃ] *s.* engrapada *f.*, arpada *f.* 2 fragment *m.* 3 estona *f.*

snatch (to) [snætʃ] *t.* engrapar, arrabassar; prendre. 2 aprofitar (l'ocasió).

sneak [sni:k] *s.* traïdor, covard. 2 delator, espieta.

sneak (to) [sni:k] *i.* actuar furtivament. ■ 2 *t.* robar.

sneer [sniə'] *s.* somriure *m.* burleta.

sneer (to) [sniə'] *i.* burlar-se *p.* de, fer escarni de; fer un somriure burleta.

sneeze [sni:z] *s.* esternut *m.*

sneeze (to) [sni:z] *i.* esternudar.

sniff [snif] *s.* ensumada *f.*; inhalació *f.*

sniff (to) [snif] *t.* inhalar, ensumar. 2 **to ~ at**, menystenir, no tenir en consideració [una oferta, etc.]. 3 empassar-se *p.* pel nas. ■ 4 *i.* ensumar els mocs.

snip [snip] *s.* estisorada *f.*, tall *m.* 2 retall *m.* 3 ganga *f.*

snip (to) [snip] *t.* tallar, retallar. ■ 2 *i.* fer retalls.

snivel (to) ['snivl] *i.* ploriquejar, queixar-se *p.*, fer el ploricó.

snob [snɔb] *s.* esnob.

snobbery ['snɔbəri] *s.* esnobisme *m.*

snooze [snu:z] *s.* becaina *f.*, dormideta *f.*

snooze (to) [snu:z] *i.* fer una dormideta.

snore (to) [snɔ:'] *i.* roncar.

snort (to) [snɔ:t] *i.* esbufegar, brufolar. ■ 2 *t.* dir esbufegant.

solicitous

snout [snaut] s. musell m., morro m. [d'un animal]. 2 col·loq. nàpia f. [d'una persona].

snow [snou] s. neu f.

snow (to) [snou] i. nevar.

snowdrift ['snoudrift] s. congesta f., pila f. de neu.

snowfall ['snoufɔːl] s. nevada f.

snowflake ['snoufleik] s. floc m. de neu.

snowplough ['snouplau] s. llevaneu f.

snowstorm ['snoustɔːm] s. tempesta f. de neu.

snub [snʌb] s. repulsa f., desaire m.

snub (to) [snʌb] t. reprendre, renyar.

snub-nosed ['snʌb'nouzd] a. xato, camús.

snuff [snʌf] s. rapè m.

snuffle (to) ['snʌfl] i. respirar amb el nas tapat. 2 parlar amb el nas.

snug [snʌg] a. còmode, abrigat. 2 ajustat, cenyit.

snuggle (to) ['snʌgl] i. arraulir-se p., acostar-se p.; arrupir-se p. ■ 2 t. acostar, estrènyer [algú].

so [sou] adv. així: I hope ~, així ho espero. 2 tan, tant: ~ big, tan gran; it's ~ hot!, fa tanta calor! 3 doncs, per tant. ■ 4 conj. ~ that, per tal de, perquè, a fi que. 5 and ~ forth, etcètera; ~ far, fins ara, fins aquí; ~ many, tants; ~ much, tan; ~ to speak, per dir-ho d'alguna manera. 6 ~ do I, ~ can I, jo també.

soak [souk] s. remull m., remullada f.: in ~, en remull. 2 bebedor empedreït.

soak (to) [souk] t. remullar. 2 amarar. 3 to ~ up, absorbir. ■ 4 i. remullar-se p. 5 amarar-se p. 6 to ~ through, penetrar, calar. 7 col·loq. entrompar-se p.

so-and-so ['souənsou] s. tal: Mr. ~, Sr. Tal.

soap [soup] s. sabó m.

soap (to) [soup] t. ensabonar [també fig.].

soapdish ['soupdiʃ] s. sabonera f.

soar (to) [sɔːʳ, sɔəʳ] i. elevar-se p., enlairar-se p. 2 apujar-se p. [preus].

sob [sɔb] s. sanglot m.; sospir m.

sob (to) [sɔb] t.-i. sanglotar t. ‖ to ~ one's heart out, plorar a llàgrima viva.

sober ['soubəʳ] a. sobri. 2 serè, calmat. 3 seriós. 4 discret [colors]. ■ 5 -ly adv. sòbriament; serenament.

sobriety [sou'braiəti] s. sobrietat f., serenitat f.

so-called ['sou'kɔːld] a. anomenat, suposat.

sociable ['souʃəbl] a. sociable.

social ['souʃəl] a. social. ‖ ~ security, seguretat f. social. 2 sociable. ■ 3 s. reunió f., trobada f.

socialism ['souʃəlizəm] s. socialisme m.

society [sə'saiəti] s. societat f. 2 associació f. 2 companyia f.

sock [sɔk] s. mitjó m., (BAL.), (VAL.) calcetí m. 2 cop m.; cop m. de puny.

socket ['sɔkit] s. forat m.; cavitat f. 2 conca f. [de l'ull]. 3 alvèol m. [de les dents]. 4 ELECT. endoll m.

sod [sɔd] s. gespa f. 2 pa m. d'herba [tros d'herba]. 3 pop. cabró m.

sodden ['sɔdn] a. amarat, xop.

sofa ['soufə] s. sofà m.

soft [sɔft] a. tou: a ~ mattress, un matalàs tou. 2 suau, fi: ~ skin, pell fina. 3 dolç, grat. 4 dèbil, tou [de caràcter]. 4 col·loq. fàcil [treball, tasca, etc.]. ■ 5 -ly adv. suaument, blanament.

soften (to) ['sɔfn] t. ablanir, estovar, suavitzar. ■ 2 i. ablanir-se p., estovar-se p., suavitzar-se p.

softness ['sɔftnis] s. suavitat f. 2 blanesa f., mollesa f. 3 dolçor f., dolcesa f.

soil [sɔil] s. terra f., sòl m.

soil (to) [sɔil] t. embrutar, tacar. ■ 2 i. embrutar-se p., tacar-se p.

sojourn ['sɔdʒəːn] s. liter. sojorn m., estada f.

sojourn (to) ['sɔdʒəːn] i. liter. sojornar.

solace ['sɔləs] s. consol m., confort m., reconfort m.

solace (to) ['sɔləs] t. consolar, confortar, reconfortar.

sold [sould] Vegeu SELL (TO).

solder (to) ['sɔldəʳ] t. soldar.

soldier ['souldʒəʳ] s. soldat m.

sole [soul] s. planta f. [del peu]. 2 sola f. [d'una sabata]. 3 ICT. llenguado m. ■ 4 a. únic. 5 exclusiu.

solemn ['sɔləm] a. solemne.

solemnity [sə'lemniti] s. solemnitat f.

solemnize (to) ['sɔləmnaiz] t. solemnitzar.

snuff (to) [snʌf] t. inhalar. 2 olorar, ensumar. 3 esmocar, mocar [una espelma]. ■ 4 i. pop. to ~ out, dinyar-la.

solicit (to) [sə'lisit] t. solicitar. 2 induir, incitar.

solicitor [sə'lisitəʳ] s. DRET (G.B.) advocat. 2 (EUA) representant, agent.

solicitous [sə'lisitəs] a. sol·lícit, ansiós.

solicitude [sə'lisitju:d] *s.* sol·licitud *f.* 2 preocupació *f.*

solid ['sɔlid] *a.* sòlid. 2 massís. 3 dur, ferm.

solidarity [sɔli'dæriti] *s.* solidaritat *f.*

solidify (to) [sə'lidifai] *t.* solidificar. ■ 2 *i.* solidificar-se *p.*

solidity [sə'liditi] *s.* solidesa *f.*

soliloquy [sə'liləkwi] *s.* soliloqui *m.*

solitary ['sɔlitəri] *a.* solitari. 2 sol, únic.

solitude ['sɔlitju:d] *s.* solitud *f.*

soluble ['sɔljubl] *a.* soluble.

solution [sə'lu:ʃən] *s.* solució *f.*

solve (to) [sɔlv] *t.* solucionar.

sombre, (EUA) **somber** ['sɔmbə'] *a.* obscur, ombrívol, fosc.

some [sʌm, səm] *a.* algun, alguns, (BAL.) qualque, qualques. 2 un, uns: ~ *years ago,* fa uns anys. 3 una mica de, un xic de: *I'll have ~ tea,* prendré te; *pass me ~ butter,* passa'm una mica de mantega. ■ 4 *pron.* alguns, uns: ~ *came to the party,* alguns van venir a la festa. 5 en: *do you want ~?,* que en vols? ■ 6 *adv.* més o menys, aproximadament. 7 col·loq. (EUA) una mica, un xic.

somebody ['sʌmbədi] *pron.* algú, (BAL.) qualcú: ~ *else,* algú altre.

somehow ['sʌmhau] *adv.* d'alguna manera, d'una manera o altra. 2 per algun motiu: *I like that place ~,* no sé per què però m'agrada aquell lloc.

someone ['sʌmwʌn] *pron.* Vegeu SOMEBODY.

somersault ['sʌməsɔ:lt] *s.* tombarella *f.,* giravolt *m.,* (ROSS.) retorn *m.*

something ['sʌmθiŋ] *s.-pron.* alguna cosa, quelcom, (BAL.) qualque cosa; *I need ~ to eat,* haig de menjar alguna cosa; *I think he's an engineer or ~,* crec que és enginyer o alguna cosa així. ■ 2 *adv.* ~ *like,* com; més o menys, alguna cosa com.

sometime ['sʌmtaim] *adv.* algún dia, alguna vegada.

sometimes ['sʌmtaimz] *adv.* a vegades, algunes vegades.

somewhat ['sʌmwɔt] *adv.* una mica, un xic. 2 ~ *of,* alguna cosa, una mica.

somewhere ['sʌmwɛə'] *adv.* en algún lloc.

son [sʌn] *s.* fill *m.*

song [sɔŋ] *s.* cant *m.* [acció de cantar]. 2 MÚS., LIT. cançó *f.,* cant *m.*

songbook ['sɔŋ'buk] *s.* cançoner *m.*

son-in-law ['sʌninlɔ:] *s.* gendre *m.,* fill *m.* polític. ▲ *pl.* **sons-in-law.**

sonnet ['sɔnit] *s.* LIT. sonet *m.*

sonorous [sə'nɔ:rəs] *a.* sonor.

soon [su:n] *adv.* aviat, (BAL.) prest, (VAL.) prompte. ‖ *as ~ as,* tan aviat com. ‖ ~ *after,* poc després.

sooner [su:nə'] *adv. compar.* de SOON: més aviat: ~ *or later,* tard o d'hora.

soot [sut] *s.* sutge *m.,* sutja *f.,* estalzí *m.*

soothe (to) [su:ð] *t.* alleujar, calmar, apaivagar.

soothsayer ['su:θseiə'] *s.* endeví.

sophism ['sɔfizəm] *s.* sofisma *m.*

sophisticated [sə'fistikeitid] *a.* sofisticat, refinat, selecte.

soporific [sɔpə'rifik] *a.* soporífer, soporific. ■ 2 *s.* soporífer *m.,* soporífic *m.*

soprano [sə'prɑ:nou] *s.* MÚS. soprano.

sorcerer ['sɔ:sərə'] *s.* bruixot *m.*

sorcery ['sɔ:səri] *s.* bruixeria *f.*

sordid ['sɔ:did] *a.* sòrdid.

sore [sɔ:', sɔə'] *a.* adolorit, inflamat; *to have a ~ throat,* tenir mal de coll. 2 afligit, entristit. 3 fig. dolorós. 4 ofès. ■ 5 *s.* úlcera *f.,* nafra *f.* 6 fig. pena *f.* ■ 7 *-ly adv.* molt; profundament.

sorrow ['sɔrou] *s.* pena *f.,* dolor *m.,* pesar *m.*

sorrow (to) ['sɔrou] *i.* afligir-se *p.,* passar pena.

sorry ['sɔri] *a.* afligit, trist. ‖ *I'm ~,* ho sento. ‖ ~!, perdoni! 2 penedit: *aren't you ~ about what you said!,* no et sap greu el que has dit! 3 *to be o feel ~ for somebody,* sentir llàstima o pena per algú, compadir-se d'algú. 4 llastimós, penós.

sort [sɔ:t] *s.* mena *f.,* espècie *f.* ‖ *a ~ of,* una mena de. 2 manera. 3 *out of sorts,* empiocat.

sort (to) [sɔ:t] *t.* col·loq. *to ~ (out),* ordenar, classificar; triar. 2 col·loq. *to ~ (out)* solucionar, aclarir.

so-so ['sousou] *a.-adv.* regular. 2 *adv.* així així.

sough (to) [sau] *i.* murmurar, remorejar [el vent].

sought [sɔ:t] Vegeu SEEK (TO).

soul [soul] *s.* ànima *f.*

sound [saund] *a.* sa, bo. ‖ *of ~ mind,* en el seu seny. 2 sensat, enraonat. 3 sòlid, segur. 4 fort, bo. 5 profund, intens [son]. 6 sonor: ~ *film,* pel·lícula sonora; ~ *wave,* onda sonora. ■ 7 *s.* so *m.* 8 GEOGR. braç *m.* de mar; ria *f.*

sound (to) [saund] *i.* sonar [també fig.]
■ 2 *t.* tocar: *to ~ the trompet,* tocar la
trompeta. 3 pronunciar, dir. 4 MAR. son-
dar.

sounding ['saundiŋ] *a.* sonor. ■ 2 *s.* MAR.
sondeig *m.* 3 fig. sondeig *m.* [d'opinió].

soundness ['saundnis] *s.* solidesa *f.* ‖
~ *of body,* bona salut. 2 seny *m.,* recti-
tud *f.*

soup [su:p] *s.* sopa *f.*

sour ['sauə'] *a.* àcid, agre. 2 ranci. 3 es-
querp, adust. ‖ fig. *to turn* ~, fer-se agre,
agrir-se.

sour (to) ['sauə'] *t.* agrir. ■ 2 *i.* agrir-se *p.*

source [sɔ:s] *s.* font *f.,* deu *f.* 2 fig. font *f.,*
origen *m.*

sourness ['sauənis] *s.* acidesa *f.* 2 agror *f.*
[també fig.].

south [sauθ] *s.* sud *m.,* migdia *m.,* mig-
jorn *m.* ■ 2 *a.* del sud, meridional.

South Africa [,sauθ'æfrikə] *n. pr.* GEOGR.
Sud-Àfrica.

South African [,sauθ'æfrikən] *a.-s.* sud-
africà.

South America [,sauθə'merikə] *s.* GEO-
GR. Sud-Amèrica.

southern ['sʌðən] *a.* del sud, meridional.

souvenir ['su:vəniə'] *s.* record *m.* [objec-
te].

sovereign ['sɔvrin] *a.* sobirà. 2 suprem,
summe. ■ 3 *s.* sobirà [monarca].

Soviet ['souviet] *a.-s.* soviètic.

Soviet Union ['souviət'ju:niən] *n. pr.*
GEOGR. Unió Soviètica.

sow [sau] *s.* truja *f.*

sow (to) [sou] *t.-i.* sembrar *t.* ▲ Pret.:
sowed [soud]; p. p.: *sown* [soun] o
sowed.

spa [spɑ:] *s.* balneari *m.*

space [speis] *s.* espai *m.*

space (to) [speis] *t.* espaiar.

spacious ['speiʃəs] *a.* espaiós.

spade [speid] *s.* AGR. fanga *f.,* pala *f.* ‖ fig.
call a ~ a ~, dir les coses pel seu nom.

Spain [spein] *n. pr.* GEOGR. Espanya.

span [spæn] *s.* pam *m.* 2 espai *m.,* lapse
m. [temps]. 3 ARQ. arcada *f.;* ulleral *m.,*
ull *m.* de pont. 4 AVIA. envergadura *f.* ■
5 Vegeu SPIN (TO).

spangle ['spæŋgl] *s.* lluentó *m.*

Spaniard ['spænjəd] *s.* espanyol.

Spanish ['spæniʃ] *a.* espanyol. ■ 2 *s.*
espanyol *m.,* castellà *m.* [llengua].

spank (to) [spæŋk] *t.* natjar, pegar a les
natges. ■ 2 *i.* to ~ *(along),* córrer, galo-
par.

spanner ['spænə'] *s.* MEC. clau *f.* ‖ *shifting*
~, clau anglesa.

spar [spɑ:'] *s.* perxa *f.,* pal *m.* 2 combat *m.*
de demostració [boxa]. 3 fig. baralla *f.* 4
MINER. espat *m.*

spar (to) [spɑ:'] *i.* fintar *t.,* fer fintes. 2 fig.
barallar-se *p.*

spare [spɛə'] *a.* sobrant, sobrer; disponi-
ble; de recanvi. 2 flac, sec [persones]. 3
frugal, sobri.

spare (to) [spɛə'] *t.* estalviar, economit-
zar. 2 prescindir, estar-se *p.* de. 3 per-
donar, fer gràcia de.

sparing ['spɛəriŋ] *a.* econòmic, parc, so-
bri. 2 escàs. ■ 3 *-ly adv.* sòbriament,
amb moderació.

spark [spɑ:k] *s.* espurna *f.,* guspira *f.* 2 fig.
engruna *f.,* pèl *m.*

spark (to) [spɑ:k] *i.* espurnejar, guspi-
rejar. 2 fig. fer esclatar.

sparking plug ['spɑ:kiŋplʌg], **spark
plug** ['spɑ:kplʌg] *s.* AUTO. bugia *f.*

sparkle [spɑ:kl] *s.* espurneig *m.,* cente-
lleig *m.* 2 fig. vivesa *f.,* animació *f.*

sparkling ['spɑ:kliŋ] *a.* espurnejant; bri-
llant. ‖ ~ *wine,* vi *m.* escumós.

sparrow ['spærou] *s.* pardal *m.*

sparse [spɑ:s] *a.* escàs; dispers. 2
esclarissat [pèls].

spasm ['spæzəm] *s.* espasme *m.*

spat [spæt] Vegeu SPIT (TO).

spat (to) [spæt] *t.-i.* (EUA) barallar(-se). 2
donar un cop.

spatter (to) ['spætə'] *t.-i.* esquitxar.

speak (to) [spi:k] *i.* parlar. ‖ *to ~ out,*
parlar clar, sense embuts; *to ~ to some-
one,* parlar amb algú. ■ 2 *t.* parlar, dir,
expressar: *to ~ one's mind,* dir el que
un pensa. ▲ Pret.: *spoke* [spouk]; p. p.:
spoken ['spoukən].

speaker ['spi:kə'] *s.* persona *f.* que parla.
2 orador. 3 president [d'una assemblea].
4 ELECT. col·loq. altaveu *m.*

spear [spiə'] *s.* llança *f.* 2 arpó *m.* [per pes-
car].

spear (to) [spiə'] *t.* allancejar. 2 travessar
amb arpó.

special ['speʃəl] *a.* especial. ■ 2 *-ly adv.*
especialment, en especial.

specialist ['speʃəlist] *a.-s.* especialista *s.*

specialize (to) ['speʃəlaiz] *t.-i.* especialit-
zar(-se).

species ['spi:ʃi:z] *s.* BIOL. espècie *f.* 2 classe *f.,* mena *f.* ▲ *pl.* **species.**

specific [spi'sifik] *a.* específic. ■ 2 *s.* específic *m.* 3 *pl.* detalls *m. pl.* [fàrmac].

specify (to) ['spesifai] *t.* especificar.

specimen ['spesimin] *s.* espècimen *m.;* mostra *f.;* exemplar *m.*

specious ['spi:ʃəs] *a.* especiós, enganyós.

speck [spek] *s.* taca *f.,* partícula *f.* 2 fig. punt *m.*

speckle ['spekl] *s.* taqueta *f.*

spectacle ['spektəkl] *s.* espectacle *m.* 2 *pl. form.* ulleres *m. pl.*

spectacular [spek'tækjulə] *a.* espectacular.

spectator [spek'teitə] *s.* espectador.

spectre, (EUA) **specter** ['spektə] *s.* espectre *m.*

speculate (to) ['spekjuleit] *i.* especular, teoritzar (*about,* sobre). 2 COM. especular.

sped [sped] Vegeu SPEED (TO).

speech [spi:tʃ] *s.* parla *f.,* paraula *f.,* llenguatge *m.* 2 discurs *m.* 3 pronúncia *f.,* manera *f.* de parlar. 4 TEAT. parlament *m.*

speed [spi:d] *s.* velocitat *f.* 2 rapidesa *f.;* pressa *f.*

speed (to) [spi:d] *t.* accelerar, donar pressa a. 2 disparar [una fletxa]. ■ 3 *i.* afanyar-se *p.* 4 anar de pressa. ▲ Pret. i p. p.: **sped** [sped] o **speeded** ['spi:did].

speedy ['spi:di] *a.* ràpid, veloç.

spelaeologist [spi:li'ɔlədʒist] *s.* espeleòleg.

spelaeology [spi:li'ɔlədʒi] *s.* espeleologia *f.*

spell [spel] *s.* encís *m.,* encant *m.* 2 fascinació *f.* 3 torn *m.,* tanda *f.* 4 període *m.,* temporada *f.*

spell (to) [spel] *t.* lletrejar, escriure's *p.: how do you ~ your name?* com s'escriu el teu nom? 2 *to ~ out,* escriure correctament; explicar en detall. 3 significar, voler dir. 4 *t.-i.* escriure bé. ▲ Pret. i p. p.:*spelled* [speld] o *spelt* [spelt].

spelling ['spelin] *s.* lectura *f.* lletrejada. 2 ortografia *f.*

spelt [spelt] Vegeu SPELL (TO).

spend (to) [spend] *t.* gastar, despendre. 2 consumir, esgotar. 3 gastar, passar [el temps]. ▲ Pret. i p. p.: *spent* [spent].

spendthrift ['spendθrift] *s.* malgastador.

spent [spent] Vegeu SPEND (TO).

spermatazoon [,spə:mətə'zəuən] *s.* espermatozoide *m.*

sphere [sfiə] *s.* esfera *f.* 2 globus *m.,* orbe *m.*

sphinx [sfinks] *s.* esfinx.

spice [spais] *s.* espècia *f.*

spice (to) [spais] *t.* assaonar.

spicy ['spaisi] *a.* assaonat amb espècies, picant [també fig.].

spider ['spaidə] *s.* aranya *f.: spider's web,* teranyina *f.*

spike [spaik] *s.* punxa *f.,* pua *f.,* punta *f.* 2 clau *m.* [sabates]. 3 BOT. espiga *f.*

spike (to) [spaik] *t.* clavar. 2 fig. espatllar.

spill [spil] *s.* vessament *m.* 2 caiguda *f.* 3 teia *f.*

spill (to) [spil] *t.* vessar. 2 llençar, fer caure [del cavall]. ■ 3 *i.* vessar-se *p.* ▲ Pret. i p. p.: *spilled* [spild] o *spilt* [spilt].

spilt [spilt] Vegeu SPILL (TO).

spin [spin] *s.* gir *m.,* tomb *m.,* volta *f.* 2 tomb *m.* [en vehicle].

spin (to) [spin] *t.* fer girar. 2 filar. 3 teixir [també fig.]. ‖ fig. *to ~ a yarn,* explicar una història. ■ 4 *i.* girar, donar voltes. 5 filar. ▲ Pret.: *spun* [spʌn] o *span* [spæn]; p. p.: *spun* [spʌn].

spinach ['spinidʒ] *s.* espinac *m.*

spinal ['spainl] *a.* espinal: *~ column,* espina dorsal.

spindle ['spindl] *s.* fus *m.* [per filar]. 2 MEC. eix *m.*

spine [spain] *s.* ANAT. espinada *f.* 2 llom *m.* [d'un llibre]. 3 espina *f.*

spineless ['spainlis] *a.* invertebrat, sense espina. 2 fig. tou, dèbil [persona].

spinet [spi'net] *s.* MÚS. clavecí *m.*

spinner ['spinə] *s.* filador. 2 *f.* filadora [màquina].

spinning ['spinin] *s.* filatura *f.,* acció *f.* de filar.

spinning mill ['spininmil] *s.* filatura *f.* [fàbrica].

spinning top ['spinintɔp] *s.* baldufa *f.*

spinning wheel ['spininwi:l] *s.* filosa *f.*

spinster ['spinstə(rp] *s.* soltera *f.*

spiral ['spaiərəl] *a.* espiral: *~ staircase,* escala de cargol.

spire ['spaiə] *s.* ARQ. agulla *f.*

spirit ['spirit] *s.* esperit *m.* 2 ànim *m.,* valor *m.,* vivacitat *f.,* energia *f.* ‖ *to be in high spirits,* estar molt animat; *out of spirits,* trist, abatut. 3 *pl.* esperit *m. sing.,* alcohol *m. sing.,* beguda *f. sing.* alcohòlica.

spirit (to) ['spirit] *t. to ~ (up),* animar, encoratjar. 2 *to ~ away* o *off,* desaparèixer.

spirited ['spiritid] *a.* viu, coratjós, vigorós.

spiritless ['spiritlis] *a.* exànime. 2 abatut, desanimat. 3 covard.

spiritual ['spiritjuəl] *a.* espiritual. ■ 2 *s.* espiritual *m.* negre [cant].

spit [spit] *s.* saliva *f.* 2 ast *m.*, rostidor *m.*

spit (to) [spit] *i.* escopir. 2 plovisquejar. ■ 3 *t.* escopir. ▲ Pret. i p. p.: *spat* [spæt].

spite [spait] *s.* despit *m.*, rancor *m.*, ressentiment *m.* ‖ *in ~ of,* a despit de, malgrat.

spite (to) [spait] *t.* molestar, irritar.

spiteful ['spaitful] *a.* rancorós; malèvol. ■ 2 **-ly** *adv.* rancorosament; malèvolament.

splash [splæʃ] *s.* esquitxada *f.*, esquitx *m.*, ruixada *f.* ‖ fig. *to make a ~,* causar sensació. 2 xipolleig *m.* 3 taca *f.* [de color].

splash (to) [splæʃ] *t.* esquitxar; ruixar. ■ 2 *i.* xipollejar.

spleen [spliːn] *s.* ANAT. melsa *f.* 2 bilis *f.*, mal humor *m.* 3 esplín *m.*

splendid ['splendid] *a.* esplèndid. ■ 2 **-ly** *adv.* esplèndidament.

splendour, (EUA) **splendor** ['splendə] *s.* esplendor *f.* 2 magnificència *f.*

splint [splint] *s.* canya *f.* [per mantenir rígid un membre trencat].

splinter ['splintə] *s.* estella *f.* [de fusta]. 2 resquill *m.* [d'ós].

splinter (to) ['splintə] *t.* estellar, esberlar. ■ 2 *i.* estellar-se *p.*, esberlar-se *p.*

split [split] *s.* esquerda *f.* 2 divisió *f.*, cisma *m.* 3 POL. escissió *f.* 4 ruptura *f.*, separació *f.*

split (to) [split] *t.* separar; partir; esquerdar. 2 POL. escindir. ■ 3 *i.* separar-se *p.*; partir-se *p.*; esquerdar-se *p.* ▲ Pret. i p. p.: *split* [split].

spoil [spɔil] *s.* botí *m.*, despulles *f. pl.*

spoil (to) [spɔil] *t.* espatllar, malmetre, fer malbé. 2 aviciar, malacostumar. 3 saquejar. ■ 4 *i.* fer-se *p.* malbé. ▲ Pret. i p. p.: *spoiled* [spɔild] o *spoilt* [spɔilt].

spoilt [spɔilt] Vegeu SPOIL (TO).

spoke [spouk] Vegeu SPEAK (TO). ■ 2 *s.* raig *m.* [de roda].

spoken ['spoukən] Vegeu SPEAK (TO).

spokesman ['spouksmən] *s.* portaveu *m.*

sponge [spʌndʒ] *s.* esponja *f.*

sponge (to) [spʌndʒ] *t.* rentar amb esponja. 2 esborrar. 3 absorbir, xuclar. ■ 4 *i.* col·loq. gorrejar.

sponger ['spʌndʒə] *s.* col·loq. gorrer, paràsit.

sponsor ['spɔnsə] *s.* patrocinador. 2 fiador, garant. 3 padrí *m.*, padrina *f.*

sponsor (to) ['spɔnsə] *t.* patrocinar. 2 fiar, garantir. 3 apadrinar.

spontaneous [spɔn'teinjəs] *a.* espontani. ■ 2 **-ly** *adv.* espontàniament.

spool [spuːl] *s.* rodet *m.*, bobina *f.*

spoon [spuːn] *s.* cullera *f.*

spoonful ['spuːnful] *s.* cullerada *f.* ▲ *pl.* *spoonfuls* o *spoonsful.*

sport (to) [spɔːt] *t.* ostentar, lluir. ■ 2 *i.* jugar, enjogassar-se *p.*

sport [spɔːt] *s.* esport *m.* 2 diversió *f.*; joc *m.*; broma *f.*

sporting ['spɔːtiŋ] *a.* esportiu. 2 honrat, lleial.

sportive ['spɔːtiv] *a.* alegre, festiu, divertit.

sportsman ['spɔːtsmən] *s.* esportista *m.*

sportswoman ['spɔːtswumən] *s.* esportista *f.*

spot [spɔt] *s.* ANAT. gra *m.* 2 taca *f.*, clapa *f.* 3 pic *m.*, rodoneta *f.* [en la roba]. 4 lloc *m.* ‖ fig. *in a ~,* en un mal pas.

spot (to) [spɔt] *t.* tacar, clapejar. 2 localitzar, descobrir. ■ 3 *i.* tacar-se *p.* 4 col·loq. caure gotes.

spotless ['spɔtlis] *a.* net, immaculat.

spotlight ['spɔtlait] *s.* TEAT. focus *m.*, reflector *m.* ‖ fig. *to be in the ~,* ésser el centre d'atenció.

spouse [spauz] *s.* espòs.

spout [spaut] *s.* broc *m.*, galet *m.* [atuell]. 2 canaló *m.*, canal *f.* [per l'aigua]. 3 brollador *m.*, sortidor *m.*

spout (to) [spaut] *t.* llançar, treure [a raig]. 2 col·loq. declamar. ■ 3 *i.* rajar, brollar.

sprain [sprein] *s.* MED. torçada *f.*

sprain (to) [sprein] *t.* MED. torçar: *to ~ one's ankle,* torçar-se *p.* el turmell.

sprang [spræŋ] Vegeu SPRING (TO).

sprawl (to) [sprɔːl] *i.* estirar-se *p.*, ajeure's *p.* [persona]. 2 estendre's *p.*, escampar-se *p.* [coses].

spray [sprei] *s.* esprai *m.* 2 ramet *m.* [flors].

spray (to) [sprei] *t.* polvoritzar [un líquid]. 2 ruixar.

spread [spred] *s.* desplegament *m.*, desenvolupament *m.* 2 extensió *f.* 3 difusió *f.*, propaganda *f.* 4 AVIA. envergadura *f.* 5 tiberi *m.* [menjar]. ■ 6 Vegeu SPREAD (TO).

spread (to) [spred] *t.* estendre, desplegar. 2 untar, posar. 3 difondre, divulgar.

■ *4 i.* estendre's *p.*, desplegar-se *p. 5* difondre's *p.*, divulgar-se *p.* ▲ Pret. i p. p.: *spread* [spred].

spree [spri:] *s.* gresca *f.*, diversió *f.* ‖ *a spending ~*, gastar molts diners de cop.

sprig [sprig] *s.* branquilló *m.*, ramet *m.*

sprightly ['spraitli] *a.* viu, alegre. *2* enèrgic, àgil.

spring [spriŋ] *s.* primavera *f. 2* font *f.: ~ water*, aigua de font. *3* origen *m.*, començament *m. 4* salt *m.*, bot *m. 5* molla *f.*, ressort *m. 6* elasticitat *f. 7* vigor *m.*, energia *f. 8* ARQ. arrencada *f.* [d'un arc].

spring (to) [spriŋ] *i.* saltar, botar. *2 to ~ (up)*, brollar, néixer. *3* provenir, sortir *(from,* de). ■ *4 t.* saltar, fer saltar. *5* deixar anar de cop *(on,* a) [sorpresa, notícia, etc.]. ▲ Pret.: *sprang* [spræŋ]; p. p.: *sprung* [sprʌŋ].

springboard ['spriŋbɔːd] *s.* trampolí *m.*, palanca *f.*

spring mattress [,spriŋ'mætrəs] *s.* matalàs *m.* de molles.

spring tide [spriŋ'taid] *s.* marea *f.* viva.

springtime ['spriŋtaim] *s.* primavera *f.*

sprinkle (to) ['spriŋkl] *t.* esquitxar. *2* escampar, *3* ensalgar.

sprinkling ['spriŋkliŋ] *s.* esquitxada *f.* ‖ fig. *there was a ~ of young people,* hi havia uns quants joves.

sprint [sprint] *s.* sprint *m.*, carrera *f.* ràpida i curta.

sprint (to) [sprint] *i.* córrer molt de pressa.

sprite [sprait] *s.* follet *m.*

sprout [spraut] *s.* brot *m.*, lluc *m. 2 pl. Brussels sprouts,* cols *f. pl.* de Brussel·les.

sprout (to) [spraut] *i.* brotar, llucar.

spruce [spruːs] *a.* pulcre, polit, endreçat. ■ *2 s.* BOT. avet *m.* roig.

spruce (to) [spruːs] *t.-i.* empolainar(se); mudar(se).

sprung [sprʌŋ] Vegeu SPRING (TO).

spun [spʌn] Vegeu SPIN (TO).

spur [spəːˈ] *s.* esperó *m. 2* fig. estímul *m. 3* GEOGR. esperó *m.*, morrot *m.*

spur (to) [spəːˈ] *t.* esperonar. *2* fig. estimular.

spurious ['spjuəriəs] *a.* espuri, fals.

spurn (to) [spəːn] *t.* rebutjar; menysprear.

spurt [spəːt] *s.* arravatament *m.*, rampell *m. 2* raig *m.*, doll *m.*

spurt (to) [spəːt] *i.* brollar. *2* fig. esclatar.

sputter ['spʌtəˈ] *s.* fig. capellà *m.*, saliva *f. 2* espeternec *m.*, espetec *m. 3* barboteig *m.*, balbuteig *m.*

sputter (to) ['spʌtəˈ] *i.* fig. tirar capellans, tirar saliva. *2* espeternegar. *3 t.-i.* balbucejar, balbotejar.

sputum ['spjuːtəm] *s.* MED. esput *m.* ▲ *pl. sputa* ['spjːtə].

spy [spai] *s.* espia.

spy (to) [spai] *t.* espiar. *2* intentar, mirar de. ■ *3 i.* espiar.

spyglass ['spaiglɑːs] *s.* ullera *m.* llarga vista.

spyhole ['spaihoul] *s.* espiell *m.*

squabble ['skwɔbl] *s.* batussa *f.*, brega *f.*

squabble (to) ['skwɔbl] *i.* esbatussar-se *p.*, buscar raons.

squad [skwɔd] *s.* brigada *f.*, escamot *m.*

squadron ['skwɔdrən] *s.* MAR. esquadra *f. 2* MIL. esquadró *m.*

squalid ['skwɔlid] *a.* sòrdid; miserable; brut.

squall [skwɔːl] *s.* ràfega *f.*; gropada *f. 2* xiscle *m.*

squall (to) [skwɔːl] *i.* cridar, xisclar.

squalor ['skɔlə] *s.* misèria *f.*; brutícia *f.*; sordidesa *f.*

squander (to) ['skwɔndəˈ] *t.* malgastar, malbaratar.

square [skweəˈ] *s.* GEOM. quadrat *m. 2* MAT. quadrat *m. 3* JOC casa *f.*, casella *f. 4* DIB. escaire *m. 5* plaça *f.* [urbanisme]. *6* carca, reaccionari. ■ *7 a.* quadrat. *8* robust, fort. *9* exacte, ordenat, ben posat. *10* just, honrat, recte. *11* saldat; empatat.

square (to) [skweəˈ] *t.* quadrar; fer quadrar. *2* quadricular. *3* ESPORT empatar. *4* COM. quadrar. ■ *5 i.* quadrar, ajustar-se *p.*, adir-se *p. 2* posar-se *p.* a la defensiva.

squash [skɔʃ] *s.* suc *m.* [de fruita]. *2* aixafamenta *f. 3* munió *f. 4* BOT. carabassa *f. 5* ESPORT squash *m.*

squash (to) [skɔʃ] *t.-i.* aixafar(se), esclafar(se).

squat [skwɔ] *a.* ajupit. ■ *2 s.* edifici *m.* ocupat.

squat (to) [skwɔt] *i.* ajupir-se *p.*, arraulir-se *p. 2* instal·lar-se *p.* en una propietat buida.

squawk [skwɔːk] *s.* xiscle *m.*; queixa *f.*

squawk (to) [skwɔːk] *i.* xisclar, queixar-se *p.*

squeak [skiːk] *s.* xiscle *m.*, xisclet *m.*, xerric *m.*

squeak (to) [skiːk] *i.* xisclar; xerricar.

squeal [skiːl] s. xiscle m., esgarip m.

squeal (to) [skiːl] i. xisclar, fer esgarips.

squeamish ['skwiːmiʃ] a. propens a la nàusea. 2 recelós, aprensiu.

squeeze [skwiːz] s. espremuda f. 2 encaixada f. [de mans]. 3 pressió f., compressió f. 4 atapeïment m.

squeeze (to) [skwiːz] t. pressionar, comprimir. 2 prémer, premsar; exprémer [també fig.].

squelch [skwelʧ] s. xipolleig m. 2 aixafamenta f.

squelch (to) [skwelʧ] t. esclafar. ■ 2 i. xipollejar.

squid [skwit] s. calamars m.

squint [skwint] s. MED. estrabisme m. 2 cop m. d'ull, llambregada f.; mirada f. de cua d'ull.

squint (to) [skwint] i. ser estràbic, mirar guenyo. 2 mirar de reüll. 3 llambregar, donar un cop d'ull.

squint-eyed ['skwint'aid] a. guenyo, estràbic.

squire ['skwaiəˀ] s. escuder m. 2 (G.B.) terratinent m.; amo m.

squirm (to) [skwəːm] i. caragolar-se p., torçar-se p. recaragolar-se p.

squirrel ['skwirəl] s. esquirol m.

squirt [skwəːt] s. raig m., doll m., ruixada f. 2 milhomes m.

squirt (to) [skwəːt] t. llançar a raig, rajar. 2 xeringar. 3 ruixar.

stab [stæb] s. punyalada f., ganivetada f. 2 col·loq. intent m.

stab (to) [stæb] t. apunyalar. ■ 2 i. clavar una ganivetada. 3 intentar apunyalar.

stability [stə'biliti] s. estabilitat f.

stable ['steibl] a. estable. ■ 2 s. estable m., cort f.

stable (to) ['steibl] t. posar en un estable. ■ 2 i. ser en un estable.

stack [stæk] s. AGR. garbera f. 2 pila f.; munt m. 3 *chimney ~*, canó m. de xemeneia. 4 pavelló m. de fusells. 5 col·loq. pila f.; munt m., gran quantitat f. || *stacks of money*, pela f. llarga. 6 conjunt m. d'altaveus.

stack (to) [stæk] t. apilar, amuntegar. 2 JOC trucar.

stadium ['steidjəm] s. ESPORT estadi m.

staff [stɑːf] s. bastó m., palm m.; vara f., gaiato m. 2 asta f., pal m. 3 fig. suport m.; sustentació f. 4 MÚS. pentagrama m. 5 personal m., plantilla f. 6 MIL. estat m. major.

staff (to) [stɑːf] t. proveir de personal. 2 treballar per.

stag [stæg] s. cérvol m. 2 fig. *~ party*, comiat m. de solter [només per a homes].

stage [steidʒ] s. estrada f., empostissat m., plataforma f. 2 bastida f. 3 escenari m.; escena f. 4 professió m. teatral. 5 platina f. [d'un microscopi]. 6 parada f.; etapa f. [en una ruta]. 7 grau m.; nivell m., període m.

stage (to) [steidʒ] t. posar en escena.

stagecoach ['steidʒkouʧ] s. diligència f. [carruatge].

stagger (to) ['stægəˀ] i. fer tentines, tentinejar. 2 dubtar, vacil·lar. ■ 3 t. confondre, sorprendre, fer vacil·lar.

staging ['steidʒiŋ] s. bastida f. 2 posada f. en escena.

stagnant ['stægnənt] a. estancat, aturat. 2 inactiu.

stagnate (to) ['stægneit] i. estancar(se), paralitzar(se) [també fig.].

staid [steid] a. assenyat, formal, seriós.

stain [stein] s. taca f. 2 descoloriment m. 3 tint m. 4 fig. màcula f.

stain (to) [stein] t.-i. tacar(-se), descolorir(-se), tenyir(-se).

stained glass ['steind'glɑːs] s. vidre m. de color. || *~ window*, vitrall m., vidriera f. de colors.

stainless ['steinlis] a. net, sense taca. || *~ steel*, acer m. inoxidable.

stair [stɛəˀ] s. esglaó m., (BAL.), (VAL.) escaló m. 2 escala f. 3 *stairs*, escala. || *downstairs*, el pis de sota; *upstairs*, el pis de sobre.

staircase ['stɛəkeis] s. escala f.

stake [steik] s. estaca f., pal m.; puntal m. 2 JOC aposta f., posta f. 3 foguera f.; martiri m. 4 premi m. [en una cursa]. 5 COM. interès m.

stake (to) [steik] t. tancar amb estaques. 2 apuntalar. 3 JOC apostar, jugar. 4 COM. invertir. 5 COM recolzar econòmicament.

stalactite ['stæləktait] s. estalactita f.

stalagmite ['stæləgmait] s. estalagmita f.

stale [steil] a. ranci, passat, sec, dur [menjar]. 2 fig. gastat, vell, suat [un argument, etc.]. || *~ smell*, pudor f. de resclosit.

stalk [stɔːk] s. BOT. tija f., cama f., tronxo m. 2 caminar m. majestuós.

stalk (to) [stɔːk] i. caminar majestuosament. 2 espiar, sotjar. ■ 3 t. espiar, sotjar, perseguir.

stall [stɔːl] s. estable m. 2 cadira f. del cor [en una església]. 3 parada f. [de mercat o fira]. 4 TEAT. butaca f. de platea.

stall (to) [stɔːl] t. tancar a l'estable. 2 aturar, embussar, ofegar [un motor]. 3 embolicar, entretenir [un afer] p. ■ 4 i. aturar-se p. embussar-se p.; ofegar-se p. [un motor]. 5 fig. no anar al gra, entretenir-se p.

stallion ['stæljən] s. cavall m. semental.

stalwart ['stɔːlwət] a. fornit, robust. 2 valent. 3 lleial. ■ 4 s. persona f. fornida, robusta. 5 persona f. valenta. 6 persona f. lleial.

stammer ['stæmə'] s. quequeig m. 2 balbuceig m.

stammer (to) ['stæmə'] i. quequejar. 2 balbucejar.

stamp [stæmp] s. segell m. 2 marca f., empremta f. 3 tampó m. 4 cop m. de peu.

stamp (to) [stæmp] t. estampar, imprimir. 2 segellar. 3 marcar, timbrar. 4 posar segells. ■ 5 t.-i. picar de peus, donar cops amb el peu.

stampede [stæm'piːd] s. fugida f., desbandada f.

stanch [stɑːntʃ] a. Vegeu STAUNCH (TO).

stand [stænd] s. posició f., lloc m. 2 plataforma f.; tribuna f. 3 resistència f., oposició f. 4 parada f., estació f. 5 TEAT. funció f., representació f. 6 peu m., suport m. 7 MÚS. faristol m. 8 penjador m. 9 parada f. [de mercat o fira].

stand (to) [stænd] i. estar dret, estar dempeus, aixecar-se p.: ~ up!, aixeca't! 2 mesurar d'alçada. 3 mantenir una posició o punt de vista. 4 ser, estar situat. 5 quedar-se p., romandre. 6 durar; ser vàlid; estar en vigor. 7 ser [situacions temporals]. ■ 8 t. suportar, tolerar, resistir, aguantar: I can't ~ him!, no l'aguanto! 9 posar, col·locar. 10 pagar, sufragar, fer-se p. càrrec de [despeses]. 11 aixecar, posar dret. 12 complir [un deure]. 13 to ~ a chance, tenir una oportunitat. ■ to ~ by, ser lleial, romandre fidel; to ~ for, simbolitzar, representar; to ~ on, descansar damunt de; dependre de; insistir. ‖ to ~ on ceremonies, fer compliments; to ~ out, destacar, sobresortir; it stands to reason, és raonable. ▲ Pret. i p. p. stood [stud].

standard ['stændəd] s. bandera f., estendard m. 2 norma f., nivell m.; ~ of living, nivell de vida. 3 patró m., model m.; criteri m. 4 suport m. vertical, peu m. ■ 5

a. model; estàndard; establert; oficial. 6 corrent, normal.

standard bearer ['stændəd,bɛərə'] s. banderer. 2 líder, capdavanter.

standardize (to) ['stændədaiz] t. estandarditzar, normalitzar.

standing ['stændiŋ] a. dempeus, dret. 2 AGR. encara no segat. 3 estancat. 4 permanent; constant. ■ 5 s. categoria f. 6 situació f., posició f.; reputació f. 7 durada f.; existència.

standpoint ['stændpɔint] s. punt m. de vista.

standstill ['stændstil] s. aturada f., cul m. de sac.

stank [stæŋk] Vegeu STINK (TO).

staple ['steipl] s. grapa f.; pinça f. 2 producte m. principal [d'un país]. 3 matèria f. primera. 4 tema m. principal.

staple (to) ['steipl] t. grapar, posar grapes.

star [stɑː'] s. ASTR. estrella f., (VAL.) estrela f. 2 asterisc m. 3 placa f., insígnia f. 4 CINEM. estrella f.

star (to) [stɑː'] t. adornar amb estrelles. 2 marcar amb un asterisc. 3 TEAT., CINEM., fer sortir com a estrella, presentar com a estrella. ■ 4 i. protagonitzar.

starboard ['stɑːbəd] s. MAR. estribord m.

starch [stɑːtʃ] s. midó m., fècula f.

starch (to) [stɑːtʃ] t. emmidonar.

stare [stɛə'] s. mirada f. fixa.

stare (to) [stɛə'] t.-i. mirar fixament; clavar la vista.

starfish ['stɑːfiʃ] s. estrella f. de mar.

stark [stɑːk] a. rígid. 2 decidit, determinat. 3 pur, complet. 4 despullat [d'adorns]. ■ 5 adv. completament. ‖ ~ raving mad, boig com una cabra.

starry ['stɑːri] a. estrellat, estelat.

start [stɑːt] s. ensurt m., espant m. 2 començament m.; principi m. 3 arrencada f., sortida f. ‖ for a ~, per començar. 4 avantatge m.

start (to) [stɑːt] i. començar. ‖ to ~ with, per començar. 2 fer un bot [de sorpresa, etc.], sobresaltar-se p. 3 sortir amb força. ■ 4 t. començar, emprendre. 5 engegar, posar en marxa. 6 fer sortir de l'amagatall.

starter ['stɑːtə'] s. ESPORT jutge de sortida. 2 ESPORT participant [en una cursa]. 3 iniciador, promotor. 4 primer plat m. 5 AUTO. starter m.

starting point ['stɑːtiŋpɔint] s. lloc m. de sortida, punt m. de partida.

startle (to) [stɑːtl] *t.-i.* esglaiar(-se), espantar(-se); sorprendre('s).

starvation [stɑːˈveiʃən] *s.* fam *f.*, inanició *f.*

starve (to) [stɑːv] *i.* passar gana. 2 morir de fam. ■ 3 *t.* fer passar gana. 4 fer morir de fam.

state [steit] *s.* estat. ‖ ~ *policy,* policia *f.* estatal. 2 pompa *f.*, ostentació *f.*

state (to) [steit] *t.* expressar. 2 exposar, plantejar.

stateliness ['steitlinis] *s.* majestuositat *f.*

stately ['steitli] *a.* majestuós; impressionant.

statement ['steitmənt] *s.* afirmació *f.*, declaració *f.* 2 exposició *f.*, relació *f.* 3 COM. estat *m.* de comptes.

statesman ['steitsmən] *s.* home *m.* d'estat, estadista.

static ['stætik] *a.* estàtic.

station ['steiʃən] *s.* estació *f.* [de tren, autobús, etc.]. ‖ *broadcasting* ~, emissora *f.* de ràdio; *police* ~, comissaria *f.* de policia. 2 posició *f.*, situació *f.* 3 base *f.* militar.

station (to) ['steiʃən] *t.* estacionar, situar.

stationary ['steiʃnəri] *a.* estacionari, fix.

stationery ['steiʃnəri] *s.* papereria *f.* 2 material *m.* d'oficina.

statistics [stəˈtistiks] *s.* estadística *f.*

statuary ['stætjuəri] *a.* estatuari *m.* ■ 2 *s.* estatuària *f.*, estàtues *f. pl.*

statue ['stætjuː] *s.* estàtua *f.*

stature ['stætʃəʳ] *s.* estatura *f.*, talla *f.*

status ['steitəs] *s.* estatus *m.*, estat *m.* [legal, social, professional].

statute ['stætjuːt] *s.* estatut *m.*

staunch [stɔːntʃ] *a.* lleial, constant, ferm.

staunch (to) [stɔːntʃ] *t.* estroncar, aturar.

stave [steiv] *s.* doga *f.* [d'una bóta]. 2 MÚS. pentagrama *m.* 3 LIT. estrofa *f.*

stave (to) [steiv] *t.-i. to* ~ *in,* foradar(se), trencar(se). 2 *t.* ajornar, diferir. ▲ Pret.: i p. p.: *staved* [steivd] o *stove* [stouv].

stay [stei] *s.* estada *f.*, visita *f.* 3 sosteniment *m.*, suport *m.* 3 estai *m.* 4 DRET ajornament *m.* 5 *pl.* cotilla *f sing.*

stay (to) [stei] *i.* romandre, quedar-se *p.* ‖ ~ *a little,* espera't una mica; *to* ~ *in,* quedar-se *p.* a casa. 2 viure, allotjar-se *p.*, estar-se *p.* 3 resistir, aguantar. ■ 4 *t.* diferir, ajornar. 5 resistir, aguantar. 6 detenir, aturar. 7 soportar, sostenir.

stead [sted] *s. in her* ~, al seu lloc; en el lloc d'ella.

steadfast ['stedfəst] *a.* ferm, tenaç.

steadiness ['stedinis] *s.* fermesa *f.*, estabilitat *f.*

steady ['stedi] *a.* ferm, estable, fix. 2 regular, constant. 3 col·loq. xicot *m.*, xicota *f.*

steady (to) ['stedi] *t.-i.* agafar(se), aguantar(se), afermar(se). 2 regularitzar(se).

steak [steik] *s.* bistec *m.*

steal (to) [stiːl] *t.-i.* robar *t.*, furtar *t.*, prendre *t.* 2 *i.* moure's *p.* sigilosament, fer d'amagat. ‖ *to* ~ *away,* esmunyir-se *p.*, escapolir-se *p.* ▲ Pret.: *stole* [stoul]; p. p.: *stolen* ['stoulən].

stealth [stelθ] *s. by* ~, furtivament, d'amagat, secretament.

stealthy ['stelθi] *a.* furtiu, secret.

steam [stiːm] *s.* vapor *m.* 2 baf *m.* 3 col·loq. força *f.*, energia *f.*

steam (to) [stiːm] *i.* fumejar [menjar calent, etc.]. 2 evaporar-se *p.* 3 funcionar a vapor. ■ 4 *t.* coure al vapor. 5 entelar.

steamboat ['stiːmbout] *s.*, **steamer** ['stiːməʳ], **steamship** ['stiːmʃip] *s.* NÀUT. vapor *m.*, vaixell *m.* de vapor.

steam engine ['stiːmˌendʒin] *s.* màquina *f.* de vapor.

steed [stiːd] *s.* liter. corser *m.*

steel [stiːl] *s.* acer *m.* ‖ *stainless* ~, acer inoxidable.

steel (to) [stiːl] *t.* endurir.

steep [stiːp] *a.* costerut, pendent, espadat. 2 col·loq. excessiu, desmesurat.

steep (to) [stiːp] *t.-i.* mullar(-se), xopar(-se), remullar(-se).

steeple ['stiːpl] *s.* campanar *m.*

steepness ['stiːpnis] *s.* escarpament *m.*; declivi *m.*

steer [stiəʳ] *s.* jònec *m.*

steer (to) [stiəʳ] *t.* conduir, guiar [un vehicle]. ■ 2 *i.* conduir.

steering gear ['stiəriŋgiəʳ] *s.* mecanisme *m.* de direcció.

steering wheel ['stiəriŋwiːl] *s.* AUTO. volant *m.*

stem [stem] *s.* BOT. tija *f.*; tronc *m.* 2 peu *m.*; canya *f.* 3 LING. arrel *f.* 4 NÀUT. tallamar *m.*

stem (to) [stem] *t.* contenir, aturar [un líquid, un corrent]. 2 obrir-se *p.* pas.

stench [stentʃ] *s.* pudor *f.*, tuf *m.*

stenography [steˈnɔgrəfi] *s.* taquigrafia *f.*

step [step] *s.* passa *f.*, pas *m.* [també fig.]: ~ *by* ~, pas per pas, gradualment. 2 *(foot)* ~, petja *f.*, petjada *f.* 3 esglaó *m.*:

~ *ladder,* escala *f.* plegable. 4 grau *m.,* nivell *m.*

step (to) [step] *i.* caminar, anar. 2 fer un pas. 3 col·loq. apressar-se *p.* ■ 4 *t.* trepitjar, caminar [per damunt de]. ■ *to* ~ *aside,* fer-se a un costat [també fig.]; fig. *to* ~ *down,* plegar, retirar-se; *to* ~ *in,* intervenir, prendre part; *to* ~ *out,* apressar el pas, anar de pressa.

stepfather ['step,fɑːðə'] *s.* padrastre *m.*

stepmother ['step,mʌðə'] *s.* madrastra *f.*

sterile ['sterail] *a.* estèril.

sterling ['stəːliŋ] *a.* pur, veritable [metall]. ‖ ~ *silver,* plata *f.* de llei. 2 esterlí: ~ *pound,* lliura esterlina.

stern [stəːn] *a.* dur, rigorós, sever, estricte. ■ 2 *s.* NÀUT. popa *f.*

sternness ['stəːnnis] *s.* severitat *f.,* rigor *m.,* austeritat *f.*

sternum ['stəːnnəm] *s.* ANAT. estèrnum *m.*

stevedore ['stiːvidɔː'] *s.* estibador *m.*

stew [stjuː] *s.* estofat *m.,* guisat *m.* ‖ *to be in a* ~, estar en un embolic.

stew (to) [stjuː] *t.* estofar, guisar. ■ 2 *i.* guisar-se *p.,* coure's *p.*

steward [stjuəd] *s.* majordom *m.* 2 administrador *m.* [d'una finca]. 3 cambrer *m.*

stewardess ['stjuədis] *s.* hostessa *f.* [d'avió]; cambrera *f.*

stewed [stjuːd] *a.* estofat, cuit.

stew-pan ['stjuːpæn], **stew-pot** [-pɔt] *s.* cassola *f.,* olla *f.*

stick [stik] *s.* branquilló *m.* 2 pal *m.;* bastó *m.* 3 barreta *f.* [de guix, de pintallavis, de carbó]. 4 talòs, estaquirot.

stick (to) [stik] *t.-i.* clavar(-se). 2 enganxar(-se), (BAL.) aferrar(-se), (VAL.) apegar(-se), adherir(-se). 3 *t.* engiponar, ficar. 4 quedar-se *p.* enganxat, clavat [en el fang, etc.]. 5 aguantar, resistir [algú]. ▲ Pret. i p. p.: *stuck* [stʌk].

sticky ['stiki] *a.* enganxós, enganxifós.

stiff [stif] *a.* rígid, dur, enravenat. ‖ ~ *neck,* torticoli *f.* 2 espès, consistent [pasta]. 3 enravenat, tibat [persona]. 4 fort [vent, alcohol].

stiffen (to) ['stifn] *t.-i.* endurir(-se), encarcarar(-se), enravenar(-se), espesseir(-se).

stiff-necked [,stif'nekt] *a.* fig. tossut, obstinat.

stiffness ['stifnis] *s.* rigidesa *f.,* duresa *f.,* enravenament *m.,* tibantor *f.*

stifle (to) ['staifl] *t.-i.* ofegar(se), sufocar(se). 2 *t.* sufocar, reprimir [revolta, sentiment].

stigma ['stigmə] *s.* estigma *f.* ▲ *pl.* *stigmas* ['stigməs] o *sitgmata* ['stigmətə].

still [stil] *a.* quiet, tranquil. 2 immòbil. 3 sense gas [beguda]. ■ 4 *s.* poèt. calma *f.,* quietud *f.* 5 CINEM. fotografia *f.* de rodatge. ■ 6 *adv.* encara. ■ 7 *conj.* tot i això, malgrat tot.

still (to) [stil] *t.* calmar, tranquilitzar, assossegar.

still life [,stil'laif] *s.* B. ART. natura *f.* morta.

stillness ['stilnis] *s.* calma *f.,* silenci *m.*

stilted ['stiltid] *a.* tibat, enravenat [persona].

stimulant ['stimjulənt] *a.* estimulant. ■ 2 *s.* estimulant *m.*

stimulate (to) ['stimjuleit] *t.-i.* estimular.

stimulus ['stimjuləs] *s.* estímul *m.* ▲ *pl.* *stimuli* ['stimjulai].

sting [stiŋ] *s.* ZOOL. fibló *m.* 2 BOT. punxa *f.* 3 picada *f.,* fiblada *f.* 4 coïssor *f.,* picor *f.*

sting (to) [stiŋ] *t.* picar. ■ 2 *i.* picar, coure. 3 picar-se *p.,* enfadar-se *p.* ▲ Pret. i p. p.: *stung* [stʌŋk].

stinginess ['stindʒinis] *s.* gasiveria *f.*

stingy ['stindʒi] *a.* avar, gasiu.

stink [stiŋk] *s.* pudor *f.,* ferum *f.,* mala olor *f.* 2 persona *f.* non grata.

stink (to) [stiŋk] *i.* fer pudor, fer mala olor, pudir. ■ 2 *t.* empestar. ▲ Pret.: *stank* [stæŋk] o *stunk* [stʌŋk]; p. p.: *stunk.*

stint [stint] *s.* tasca *f.* assignada. 2 *without* ~, sense límits.

stint (to) [stint] *t.-i.* limitar(se), reduir(se).

stipulate (to) ['stipjuleit] *t.* estipular.

stir [stəː'] *s.* activitat *f.;* commoció *f.,* excitament *m.*

stir (to) [stəː'] *t.-i.* moure('s), remenar(se). 2 *t.* agitar, promoure, inspirar.

stirrup ['stirəp] *s.* estrep *m.*

stitch [stitʃ] *s.* punt *m.* [costura]; embasta *f.* 2 MED. punxada *f.,* dolor *m.* agut.

stitch (to) [stitʃ] *t.* cosir, embastar.

stock [stɔk] *s.* COM. estoc *m.,* provisió *f.,* existències *f. pl.* ‖ ~ *room,* magatzem *m.;* ~ *taking,* inventari *m.; to take* ~ *of,* avaluar, considerar. 2 quantitat *f.* 3 *live* ~, ramaderia *f.,* bestiar *m.* 4 COM. acció *f.,* valor *m.* ‖ ~ *exchange,* borsa *f.* 5 llinatge *m.* 6 matèria *f.* prima. 7 brou *m.* 8 suport *m.,* mànec *m.,* empunyadura *f.* 9 BOT. portaempelt *m.*

stock (to) [stɔk] *t. to ~ (with),* proveir, assortir. 2 tenir en existència.

stockade [stɔ'keid] *s.* estacada *f.,* tancat *m.*

stockbreeder ['stɔkbri:də'] *s.* ramader.

stockholder ['stɔkhouldə'] *s.* accionista.

stocking ['stɔkiŋ] *s.* mitja *f.,* (BAL.), (VAL.) calça *f.*

stocky ['stɔki] *a.* rodanxó, rabassut.

stoic (al) ['stouik, -əl] *a.* estoic.

stoicism ['stəuisizəm] *s.* estoïcisme *m.*

stoke (to) [stouk] *t.-i.* atiar *t.,* mantenir *t.* [el foc, un forn, etc.].

stole [stoul], **stolen** ['stoulən] Vegeu STEAL (TO).

stolid ['stɔlid] *a.* impassible.

stomach ['stʌmək] *s.* estómac *m.* [també fig.].

stomach ache ['stʌməkeik] *s.* mal *m.* d'estómac.

stone [stoun] *s.* pedra *f.* [també fig.]. ‖ *hail ~,* calamarsa *f.* 2 closca *f.,* llavor *f.* 3 (G.B.) unitat de pes. ‖ *within a stone's throw,* aquí mateix, molt a prop.

stone (to) [stoun] *t.* apedregar. 2 espinyolar.

stony ['stouni] *a.* pedregós. 2 dur, insensible [persona].

stood [stud] Vegeu STAND (TO).

stool [stu:l] *s.* tamboret *m.,* banqueta *f.* 2 MED. excrement *m.* sòlid.

stoop [stu:p] *s.* inclinació *f.* del cos; carregament *m.* d'espatlles. 2 (EUA) porxo *m.*

stoop (to) [stu:p] *i.* abaixar el cap; doblegar l'esquena. 2 rebaixar(se) moralment. ■ 3 *i.* caminar encorbat.

stop [stɔp] *s.* parada *f.* 2 pausa *f.,* interrupció *f.* 3 GRAM. *full ~,* punt *m.* 4 parada *f.,* escala *f.* 5 estada *f.* 6 LING. so *m.* oclusiu. 7 aturall *m.* 8 MÚS. clau *f.* [d'instrument]. *9* FOT. diafragma *m.* 10 aturada *f.* [laboral].

stop (to) *t.-i.* aturar(-se), parar(-se). 2 interrompre's, estroncar(-se); tallar(-se). 3 acabar(-se). 4 *t.* impedir, evitar. 5 deixar de. 6 col·loq. parar, fer estada.

stoppage ['stɔpidʒ] *s.* aturada *f.;* interrupció *f.* 2 obstrucció *f.*

stopper ['stɔpə'] *s.* tap *m.*

storage ['stɔ:ridʒ] *s.* emmagatzemament *m.* 2 acumulació *f.* 3 magatzem *m.,* dipòsit *m.,* recipient *m.*

store [stɔ:', stɔə'] *s.* provisió *f.,* provisions *f. pl.;* reserva *f.* 2 dipòsit *m.,* magatzem *m.* 3 grans magatzems *m. pl.* ‖ *to have in ~,* tenir emmagatzemat; (fig.) deparar.

store (to) [stɔ:', stɔə'] *t.* emmagatzemar; proveir. 2 dipositar; guardar. ‖ *to ~ up,* fer provisions, acumular.

storehouse ['stɔ:haus] *s.* grans magatzems *m. pl.*

storey ['stɔ:ri] *s.* ARQ. pis *m.,* planta *f.*

stork [stɔ:k] *s.* ORN. cigonya *f.*

storm [stɔ:m] *s.* tempesta *f.;* temporal *m.* 2 fig. tempesta *f.* [de queixes, protestes, etc.]. ‖ *to take by ~,* prendre per assalt.

storm (to) [stɔ:m] *t.* assaltar, prendre per assalt. ■ 2 *i.* fig. enfadar-se *p.;* cridar.

stormy ['stɔ:mi] *a.* tempestuós [també fig.].

story ['stɔ:ri] *s.* història *f.,* llegenda *f.,* conte *m.* 2 col·loq. bola *f.,* història *f.* ‖ *the same old ~,* la mateixa cançó. 3 argument *m.,* trama *f.*

stout [staut] *a.* fort, resistent. 2 ferm, valent. 3 grassó, rodanxó.

stove [stouv] *s.* estufa *f.* 2 cuina *f.,* fogó *m.* ■ 3 Vegeu STAVE (TO).

stow (to) [stou] *t.* estibar, emmagatzemar. 2 empaquetar, guardar. ■ *to ~ away,* guardar; anar de polissó.

straddle (to) ['strædl] *t.-i.* eixarrancar(-se).

straggle (to) ['strægl] *i.* escampar-se *p.,* estendre's *p.* 2 ressagar-se *p.,* quedar-se *p.* enrera.

straight [streit] *a.* dret, recte. 2 directe. 3 en ordre. 4 honest, clar, franc. ■ *5 adv.* directament. ‖ *~ ahead,* tot recte, tot seguit; *~ away* o *~ off,* immediatament; *~ out,* clarament, sense embuts.

straighten (to) ['streitn] *t.* adreçar, redreçar. ■ 2 *i.* adreçar-se *p.,* redreçar-se *p.*

straightforward [streit'fɔ:wəd] *a.* honrat. 2 franc, sincer.

straightness ['streitnis] *s.* rectitud *f.* 2 honradesa *f.*

strain [strein] *s.* tensió *f.* 2 esforç *m.* 3 fatiga *f.* 4 MED. torçada *f.,* revinclada *f.* 5 to *m.;* accent *m.,* manera *f.* 6 tendència *f.,* inclinació *f.* 7 ZOOL. família *f.,* classe *f.*

strain (to) [strein] *t.* estirar; tibar. 2 forçar. 3 esgotar; cansar. 4 escórrer, colar. 5 MED. torçar(se). ■ 6 *i.* esforçar-se *p.,* donar el màxim. 7 filtrar-se *p.*

strainer ['streinə'] *s.* colador *m.* 2 filtre *m.*

strait [streit] *a.* ant. estret. ‖ *~ jacket,* camisa *f.* de força. ■ 2 *s.* GEOGR. estret *m.* 3 fig. estretor *f.,* dificultat *f.,* mal pas *m.*

strand [strænd] *s.* cap *m.* [d'una corda], fil *m.*, tira *f.* 2 fig. fil *m.* [d'un argument]. 3 liter. platja *f.*, riba *f.*

strand (to) [strænd] *t.-i.* embarrancar. 2 *t.* deixar desemparat.

strange [streindʒ] *a.* estrany. ■ 2 **-ly** *adv.* estranyament, de manera estranya.

stranger ['streindʒəʳ] *s.* foraster. 2 estrany.

strangle (to) ['stræŋgl] *t.* estrangular. 2 reprimir, sofocar.

strap [stræp] *s.* corretja *f.* 2 tira *f.*

strap (to) [stræp] *t.* lligar amb una corretja. 2 pegar amb una corretja.

strapping ['stræpiŋ] *a.* robust, cepat.

stratagem ['strætidʒəm] *s.* estratagema *f.*

strategic(al) [strə'ti:dʒik(əl)] *a.* estratègic.

stratosphere ['strætousfiəʳ] *s.* estratosfera *f.*

stratum ['streitəm, stra:təm] *s.* estrat *m.*, capa *f.* ▲ *pl.* **strata** ['streitə].

straw [strɔː] *s.* palla *f.* ‖ *that's the last* ~, això ja passa de mida.

strawberry ['strɔːbəri] *s.* maduixa *f.*, maduixot *m.*

straw hat ['strɔː'hæt] *s.* barret *m.* de palla.

stray [strei] *a.* esgarriat; perdut; extraviat. ■ 2 *s.* animal *m.* extraviat. 3 nen abandonat.

stray (to) [strei] *i.* desviar-se *p.*; esgarriar-se *p.*, perdre's *p.*

streak [striːk] *s.* ratlla *f.*; línia *f.*, franja *f.* 2 fig. vena *f.* 3 ratxa *f.*, període *m.* curt.

streak (to) [striːk] *t.* ratllar. ■ 2 *i.* fer ratlles. 3 col·loq. moure's *p.* molt ràpidament.

streaky ['striːki] *a.* ratllat, amb ratlles.

stream [striːm] *s.* riu *m.*; rierol *m.* 2 corrent *m.:* fig. *to go with the* ~, seguir el corrent. 3 doll *m.*, fluix *m.*

stream (to) [striːm] *i.* fluir. 2 rajar. 3 voleiar. ■ 4 *t.* classificar, agrupar [els alumnes].

streamline (to) ['striːmlain] *t.* fig. agilitar, racionalitzar [sistemes, mètodes, etc.].

streamlined ['striːmlaind] *a.* aerodinàmic. 2 fig. àgil, dinàmic [sistemes, mètodes, etc.].

street [striːt] *s.* carrer *m.* 2 fig. *that's right up his* ~, això cau dintre del seu camp d'interessos.

streetcar ['striːtkɑːʳ] *s.* (EUA) tramvia *m.*

strength [streŋθ] *s.* força *f.*, energia *f.* 2 fermesa *f.* 3 poder *m.* 4 intensitat *f.*

strengthen (to) ['streŋθən] *t.* enfortir, reforçar. ■ 2 *i.* enfortir-se *p.*, reforçar-se *p.*

strenuous ['strenjuəs] *a.* esgotador.

stress [stres] *s.* pressió *f.*, força *f.*, coacció *f.* 2 LING., MÚS. accent *m.* 3 èmfasi *m.* 4 tensió *f.* 5 MED. estrès *m.*, sobrecàrrega *f.* nerviosa.

stress (to) [stres] *t.* emfasitzar; accentuar; recalcar.

stretch [stretʃ] *s.* extensió *f.* 2 estirada *f.* 3 esforç *m.*, tensió *f.* 4 rendiment *m.*

stretch (to) [stretʃ] *t.* estirar; allargar. 2 eixamplar, estendre. 3 tibar. ■ 4 *i.* estirar-se *p.*; allargar-se. 5 eixamplar-se *p.*, estendre's *p.* 6 tibar-se *p.* ■ 7 *p. to* ~ *oneself*, estirar-se, fer mandres.

stretcher ['stretʃəʳ] *s.* MED. llitera *f.* 2 eixamplador *m.*

strew (to) [struː] *t.* escampar, sembrar. ▲ Pret.: **strewed** [struːd], p. p.: **strewed** o **strewn** [struːn].

stricken ['strikən] *a.* ferit, afectat [per una malaltia]. 2 trist, afligit. 3 espantat, esporuguit. ■ 4 Vegeu STRIKE (TO).

strict [strikt] *a.* estricte; rigorós. ■ 2 **-ly** *adv.* estrictament; rigorosament.

stridden ['stridn] Vegeu STRIDE (TO).

stride [straid] *s.* gambada *f.*, passa *f.*

stride (to) [straid] *i.* fer passes llargues. ■ 2 *t.* muntar o estar amb les cames eixarrancades. ▲ Pret.: **strode** [stroud]; p. p.: **stridden** ['stridn].

strident [straidənt] *a.* estrident.

strife [straif] *s.* disputa *f.*, pugna *f.*

strike [straik] *s.* vaga *f.: to be on* ~, fer vaga. 2 MIL., ESPORT cop *m.*; atac *m.* 3 descobriment *m.*, troballa *f.*

strike (to) [straik] *t.* colpejar, ferir. 2 trobar [or, petroli, etc.]. 3 tallar d'un cop, segar. 4 encendre [un llumí]. 5 xocar, sobtar, sorprendre. ‖ *to* ~ *dumb*, deixar mut. 6 ocórrer, venir al cap [una idea]. 7 encunyar [moneda]. 8 MÚS. tocar. 9 tocar [les hores]. 10 tancar [un tracte]. 11 semblar, opinar: *how does she* ~ *you?*, què et sembla?, què en penses d'ella? 12 hissar. ■ 13 *i.* marxar, partir. 14 declarar-se *p.* en vaga. ■ *to* ~ *down*, enderrocar; *to* ~ *out*, esborrar. ▲ Pret.: **struck** [strʌk]; p. p.: **struck** o **stricken** ['strikən].

strikebreaker ['straikbreikəʳ] *s.* esquirol *m.*

striker ['straikəʳ] *s.* vaguista.

striking ['straikiŋ] *a.* sorprenent, colpidor.

string [striŋ] *s.* cordill *m.*, cordó *m.* 2 MÚS. corda *f.* 3 enfilall *m.*

string (to) [striŋ] *t.* MÚS. encordar. 2 enfilar [collaret]. 3 empipar, excitar. 4 penjar d'una corda. 5 lligar amb una corda. ▲ Pret. i. p. p.: **strung** [strʌŋ].

stringent ['strindʒənt] *a.* estricte, sever [norma]. 2 COM. fluix [mercat].

strip [strip] *s.* tira *f.*, llenca *f.*

strip (to) [strip] *t.* despullar. 2 desmantellar, desmuntar. 3 desposseir. ■ 4 *i.* despullar-se. 5 desmantellar-se *p.*, desmuntar-se *p.* ▲ Pret. i p. p.: **stripped** [stript].

stripe [straip] *s.* ratlla *f.*, franja *f.*

stripe (to) [straip] *t.* ratllar, fer ratlles.

striped [straipt] *a.* ratllat, amb ratlles.

striptease ['striptiːz] *s.* striptease *m.*

strive (to) [straiv] *i.* lluitar, combatre. 2 esforçar-se *p.*, escarrassar-se *p.* ▲ Pret.: **strove** [strouv]; p. p.: **striven** ['strivn].

strode [stroud] Vegeu STRIDE (TO).

stroke [strouk] *s.* cop *m.* [també fig.] 2 braçada *f.* [en natació]. 3 cop *m.* de rem. 4 ESPORT jugada *f.* 5 campanada *f.* 6 MED. atac *m.* 7 traç *m.*, pinzellada *f.* 8 raspallada *f.* 9 carícia *f.*

stroke (to) [strouk] *t.* acaronar, acariciar.

stroll [stroul] *s.* passejada *f.*: *to take a ~,* anar a fer una volta.

stroll (to) [stroul] *i.* passejar.

strong [strɔŋ] *a.* fort, dur, resistent.

stronghold ['strɔŋhould] *s.* fortalesa *f.*, plaça *f.* forta.

strong-minded [strɔŋ'maindid] *a.* decidit, resolt.

strong-willed ['strɔŋ'wild] *a.* obstinat; ferm.

strove [strouv] Vegeu STRIVE (TO).

struck [strʌk] Vegeu STRIKE (TO).

structure ['strʌktʃəʳ] *s.* estructura *f.*

struggle ['strʌgl] *s.* esforç *m.* 2 lluita *f.*, baralla *f.*

struggle (to) ['strʌgl] *i.* lluitar. 2 esforçar-se *p.*

strung [strʌŋ] Vegeu STRING (TO).

strut (to) [strʌt] *i.* fatxendejar. 2 caminar amb posat arrogant.

stub [stʌb] *s.* punta *f.* [de cigarret]. 2 extrem *m.* [d'un llapis gastat]. 3 matriu *f.* [de talonari].

stubble ['stʌbl] *s.* AGR. rostoll *m.* 2 barba *f.* de quatre dies.

stubborn ['stʌbən] *a.* tossut, obstinat.

stuck [stʌk] Vegeu STICK (TO).

stud [stʌd] *s.* tatxot *m.*; tatxó *m.*; galó *m.* 2 botó *m.* de puny. 3 quadra *f.*, cavallerissa *f.* 4 semental *m.*

stud (to) [stʌd] *t.* tatxonar, ribetejar amb tatxons.

student ['stjuːdənt] *s.* estudiant.

studio ['stjuːdiou] *s.* estudi *m.*; taller *m.* 2 CINEM. estudi *m.*

studious ['stjuːdjəs] *a.* estudiós. 2 delerós.

study ['stʌdi] *s.* estudi *m.*

study (to) ['stʌdi] *t.-i.* estudiar *t.*

stuff [stʌf] *s.* material *m.*; matèria *f.*; substància *f.* ‖ *good ~,* cosa bona; *silly ~,* animalada *f.*

stuff (to) [stʌf] *t.* omplir, embotir, atapeir. 2 col·loq. enredar, dir boles [a algú]. 3 farcir. 4 dissecar. 5 atiborrar-se *p.*

stuffy ['stʌfi] *a.* mal ventilat. 2 tibat, orgullós. 3 antiquat; avorrit.

stumble ['stʌmbl] *s.* ensopegada *f.*

stumble (to) ['stʌmbl] *i.* ensopegar; entrebancar-se *p.*

stump [stʌmp] *s.* soca *f.* 2 monyó *m.* 3 punta *f.* [de cigarret].

stump (to) [stʌmp] *i.* carrenquejar, anar amb la pota ranca. 2 caminar enravenat. ■ 3 *t. I was stumped by the last question,* la darrera pregunta va ser massa difícil. 4 POL. fer mítings.

stumpy ['stʌmpi] *a.* rodanxó.

stun (to) [stʌn] *t.* estabornir, deixar inconscient. 2 atabalar, confondre, desconcertar.

stung [stʌŋ] Vegeu STING (TO).

stunk [stʌŋk] Vegeu STINK (TO).

stunt [stʌnt] *s.* truc *m.* publicitari. 2 proesa *f.* 3 acrobàcia *f.*

stunt (to) [stʌnt] *t.* atrofiar; impedir el creixement.

stunt man ['stʌnt mæn] *s.* CINEM. doble *m.*

stupefaction [stjuːpi'fækʃən] *s.* estupefacció *f.*

stupefy (to) ['stjuːpifai] *t.* deixar estupefacte; atabalar; atordir.

stupendous [stjuː'pendəs] *a.* estupend, fabulós, magnífic.

stupid ['stjuːpid] *a.* estúpid. 2 atordit. ■ 3 *s.* estúpid.

stupidity [stjuː(ː)'piditi] *s.* estupidesa *f.*

stupor ['stjuːpəʳ] *s.* estupor *m.*

sturdiness ['stəːdinis] s. robustesa f.; fermesa f.; vigor m.

sturdy ['stəːdi] a. robust; ferm; vigorós.

stutter (to) ['stʌtə'] i. quequejar, tardamudejar. ■ 2 t. dir quequejant.

stutterer ['stʌtərə'] s. quec, tartamut.

sty, stye [stai] s. cort m. de porcs, porcellera f. 2 MED. mussol m.

style [stail] s. estil m.

suave [swɑːv] a. cortès, ben educat.

subconscious [sʌb'kɔnʃəs] a. subconscient. ■ 2 s. subconscient m.

subdivision ['sʌbdi,viʒən] s. subdivisió f.

subdue (to) [səb'djuː] t. subjugar, sotmetre. 2 atenuar, fer minvar.

subdued [səbdjuːd] a. suau, atenuat, fluix.

subject ['sʌbdʒikt] a. subjecte; sotmès. ‖ ~ to, amb tendència a: are you ~ to headache?, tens sovint mal de cap? ■ 2 s. súbdit. 3 subjecte m., tema m. 4 contingut m. [d'un text]. 5 subjecte m. 6 EN-SENY. assignatura f.

subject (to) [səb'dʒekt] t. sotmetre, subjectar. 2 exposar(-se) (to, a) [ridícul, crítiques, etc.].

subjection [səb'dʒekʃən] s. subjugació f.; submissió f.

subjugate (to) ['sʌbdʒugeit] t. subjugar, conquerir.

sublime [sə'blaim] a. sublim.

submarine [sʌbmə'riːn] a. submarí. ■ 2 s. submarí m.

submerge (to) [səb'məːdʒ] t. submergir. ■ 2 i. submergir-se p.

submission [sə'miʃən] s. submissió f.

submissive [səb'misiv] a. submís.

submit (to) [səb'mit] t. sotmetre('s). 2 presentar, suggerir. ■ 2 i. sotmetre's p. (to, a).

subordinate [sə'bɔːdinit] a. subordinat.

subordinate (to) [sə'bɔːdineit] t. subordinar.

subscribe (to) [səb'skraib] t. subscriure('s). ■ 2 i. subscriure's [a una revista, etc.]. 3 to ~ to, estar d'acord, aprovar.

subscription [səb'skripʃən] s. subscripció f.

subsequent ['sʌbsikwənt] a. subsegüent. ■ 2 -ly adv. posteriorment.

subside (to) [səb'said] i. baixar, minvar [líquid]. 2 enfonsar-se p., abaixar-se p. 3 afluixar, calmar-se p., minvar, disminuir.

subsidiary [səb'sidjəri] a. subsidiari, auxiliar. 2 COM. filial f. ■ 3 s. COM. filial f.

subsidize (to) ['sʌbsidaiz] t. subvencionar.

subsidy ['sʌbsidi] s. subvenció f., subsidi m.

subsist (to) [səb'sist] i. subsistir.

subsistence [səb'sistəns] s. subsistència f.

substance ['sʌbstəns] s. substància f.

substantial [səb'stænʃəl] a. sòlid, resistent, fort. 2 substancial, considerable. 3 ric, benestant. 4 substancial, essencial. 5 real, existent.

substantiate (to) [səb'stænʃieit] t. provar, justificar.

substantive ['sʌbstəntiv] m. real; existent; essencial. ■ 2 s. GRAM. substantiu m.

substitute ['sʌbstitjuːt] s. substitut.

substitute (to) ['sʌbstitjuːt] t. substituir.

substitution [sʌbsti'tjuːʃən] s. substitució f.

subterfuge ['sʌbtəfjuːdʒ] s. subterfugi m.

subterranean [sʌbtə'reinjən], **subterraneous** [-njəs] a. subterrani.

subtle ['sʌtl] a. subtil.

subtlety ['sʌtlti] s. subtilitat f., subtilesa f. 2 astúcia f.

subtract (to) [səb'trækt] t. sostreure. 2 MAT. restar.

subtraction [səb'trækʃən] s. sostracció f. 2 MAT. resta f.

suburb ['sʌbəːb] s. zona f. residencial.

subvention [səb'venʃən] s. subvenció f.

subversive [sʌb'vəːsiv] a. subversiu.

subway ['sʌbwei] s. pas m. subterrani. 2 (EUA) metro m.

succeed (to) [sək'siːd] i. assolir, sortir-se'n p.; tenir èxit. ■ 2 t. succeir [algú]. 3 heretar.

success [sək'ses] s. èxit m.

succesful [sək'sesful] a. afortunat; amb èxit. ■ 2 -ly adv. feliçment, amb èxit.

succession [sək'seʃən] s. successió f.

successive [sək'sesiv] a. successiu.

successor [sək'səsə'] s. successor.

succour, (EUA) **succor** ['sʌkə'] s. socors m. pl., auxili m.

succour, (EUA) **succor (to)** ['skə'] t. socórrer, auxiliar.

succulent ['sʌkjulənt] a. suculent; bo. 2 BOT. carnós.

succumb (to) [sə'kʌm] i. sucumbir.

such [sʌtʃ] a.-pron. tal, com aquest, així. ‖ Did you ever see ~ a thing? Havies vist mai una cosa semblant? 2 ~ as, tal, tal com. ‖ ~ *people as those,* gent com aquella. ■ 3 *adv.* tan: *it was* ~ *a lovely night,* va ser una nit tan meravellosa!

suchlike ['sʌtʃlaik] *s.* semblant, així, d'aquesta mena.

suck (to) [sʌk] *t.-i.* xuclar *t.* 2 xarrupar.

sucker ['sʌkə] *s.* xuclador *m.* 2 ventosa *f.* 3 babau, beneit. 4 BOT. xuclador *m.,* pollanc *m.*

suckle (to) ['sʌkl] *t.* donar de mamar, alletar.

sudden ['sʌdn] *a.* sobtat; brusc. ‖ *all of a* ~, de sobte. ■ 2 *-ly adv.* de sobte, sobtadament.

suddenness ['sʌdnnis] *s.* brusquedat *f.;* precipitació *f.*

suds [sʌdz] *s. pl.* sabonera *f. sing.* [escuma], aigua *f. sing.* sabonosa.

sue (to) [sjuː, suː] *t.* DRET demandar. ■ 2 *i.* demanar (*for,* –).

suffer (to) ['sʌfə] *t.* sofrir, patir. ‖ *he suffers from headaches,* té mal de cap molt sovint. 2 sofrir, experimentar. 3 permetre. 4 tolerar, aguantar. ■ 5 *i.* patir, sofrir.

suffering ['sʌfəriŋ] *s.* sofriment *m.,* patiment *m.,* dolor *m.*

suffice (to) [sə'fais] *t.-i.* bastar, ser suficient, haver-n'hi prou.

sufficient [sə'fiʃənt] *a.* suficient, prou. ■ 2 *-ly adv.* suficientment, prou.

suffocate (to) ['sʌfəkeit] *t.* asfixiar. 2 sufocar. ■ 3 *i.* sufocar-se *p.*

suffrage ['sʌfridʒ] *s.* sufragi *m.*

suffuse (to) [sə'fjuːz] *t.* fig. cobrir; inundar; amarar.

sugar ['ʃugə] *s.* sucre *m.* ‖ *lump of* ~, terrós *m.* de sucre.

sugar (to) ['ʃugə] *t.* ensucrar, confitar.

sugar bowl ['ʃugəboul] *s.* sucrera *f.*

sugar cane ['ʃugəkein] *s.* canya *f.* de sucre.

suggest (to) [sə'dʒest] *t.* suggerir. ■ 2 *i.* ocórrer [idea].

suggestion [sə'dʒestʃən] *s.* suggeriment *m.* 2 indici *m.;* indjcació *f.*

suggestive [sə'dʒestiv] *a.* suggestiu, suggeridor.

suicide ['sjuisaid] *s.* suicidi *m.* ‖ *to commit* ~, suicidar-se *p.*

suit [sjuːt] *s.* vestit *m.* ‖ *trouser-suit,* vestit *m.* jaqueta. 2 DRET plet *m.,* procés *m.* 3 prec *m.,* demanda *f.* 4 coll *m.* [de cartes].

suit (to) [sjuːt] *t.-i.* convenir, anar bé. 2 *t.* caure bé, venir bé [esp. roba]. 3 ajustar-se *p.,* ser adequat.

suitable ['sjuːtəbl] *a.* apropiat, satisfactori, convenient, adequat.

suitcase ['sjuːtkeis] *s.* maleta *f.*

suite [swiːt] *s.* seguici *m.,* comitiva *f.* 2 joc *m.,* col·lecció *f.,* sèrie *f.* 3 suite [en un hotel]. 4 MÚS. suite *f.*

suitor ['sjuːtə] *s.* DRET demandant, pledejador. 2 pretendent *m.*

sulk (to) [sʌlk] *i.* fer morros, estar empipat.

sulky ['sʌlki] *a.* malcarat; malhumorat.

sullen ['sʌlən] *a.* taciturn, sorrut. 2 gris, sinistre [cel, paisatge].

sully ['sʌli] *s.* màcula *f.,* taca *f.*

sully (to) ['sʌli] *t.* desacreditar, tacar la reputació.

sulphate ['sʌlfeit] *s.* sulfat *m.*

sulphur ['sʌlfə] *s.* sofre *m.*

sultriness ['sʌltrinis] *s.* xafogor *f.* 2 apassionament *m.*

sultry ['sʌltri] *a.* xafogós. 2 apassionat.

sum [sʌm] *s.* suma *f.* 2 total *m.*

sum (to) [sʌm] *t.-i.* sumar *t.* 2 *to* ~ *up,* sumar *t.;* resumir *t.*

summarize (to) ['sʌməraiz] *t.* resumir, compendiar.

summary ['sʌməri] *a.* breu, sumari. ■ 2 *s.* resum *m.;* compendi *m.*

summer ['sʌmə] *s.* estiu *m.*

summer (to) ['sʌmə] *i.* estiuejar.

summit ['sʌmit] *s.* cim *m.;* súmmum *m.*

summon (to) ['sʌmən] *t.* convocar. 2 demanar, requerir. 3 DRET citar.

summons ['sʌmənz] *s.* citació *f.* 2 crida *f.*

sumptuous ['sʌmptjuəs] *a.* sumptuós.

sun [sʌn] *s.* sol *m.*

sun (to) [sʌn] *t.* posar al sol, exposar al sol, assolellar. ‖ *to* ~ *oneself,* prendre el sol.

sunbathe (to) ['sʌnbeið] *i.* prendre el sol.

sunbeam ['sʌnbiːm] *s.* raig *m.* de sol.

sunburn ['sʌnbəːn] *s.* morenor *f.* 2 cremada *f.*

sunburnt ['sʌnbəːnt] *a.* emmorenit, colrat, bru. 2 cremat pel sol.

Sunday ['sʌndi, -dei] *s.* diumenge *m.*

sunder (to) ['sʌndə] *t.* ant. liter. separar, dividir.

sundial ['sʌndaiəl] *s.* rellotge *m.* de sol.

sundown ['sʌndaun] *s.* posta *f.* de sol.

sundry ['sʌndri] *a.* diversos. ‖ col·loq. *all and* ~, tots, tothom.

sunflower ['sʌnˌflauə] *s.* BOT. girasol *m.*

sung [sʌŋ] Vegeu SING (TO).

sunk [sʌŋk] Vegeu SINK (TO).

sunken ['sʌŋkən] Vegeu SINK (TO).

sunlight ['sʌnlait] s. sol m., llum f. del sol.

sunny ['sʌni] a. assolellat. 2 radiant, alegre, content.

sunrise ['sʌnraiz] s. sortida f. del sol, sol m. ixent.

sunset ['sʌnset] s. posta f. de sol, sol m. ponent.

sunshade ['sʌnʃeid] s. parasol m. 2 tendal m., vela f.

sunshine ['sʌnʃain] s. llum f. del sol, claror f. del sol.

sunstroke ['sʌnstrouk] s. MED. insolació f.

sup (to) [sʌp] t.-i. xarrupar; fer glops. 2 i. sopar.

super [sju:'pəˈ] a. col·loq. excel·lent, sensacional, fabulós.

superb [sju(:)'pəːb] a. magnífic, fabulós, superb.

supercilious [ˌsju:pəˈsiliəs] a. arrogant, altiu.

superficial [ˌsju:pəˈfiʃəl] a. superficial. ■ 2 -ly adv. superficialment, de manera superficial.

superfluous [sju:ˈpəːfluəs] a. superflu.

superhuman [ˌsju:pəːˈhju:mən] a. sobrehumà.

superintendent [ˌsju:pərinˈtendənt] s. superintendent. 2 supervisor. 3 administrador.

superior [sju(:)'piəriəˈ] a.-s. superior.

superiority [sju(:)piəriˈɔriti] s. superioritat f.

superlative [sju(:)'pəːlətiv] a. superlatiu. 2 suprem, superior. ■ 3 s. GRAM. superlatiu m.

supernatural [ˌsju(:)pəˈnætʃrəl] a. sobrenatural.

supersede (to) [ˌsju:pəˈsiːd] t. reemplaçar, substituir.

superstition [ˌsju:pəˈstiʃən] s. superstició f.

superstitious [ˌsju:pəˈstiʃəs] a. supersticiós.

supervise (to) ['sju:pəvaiz] t. inspeccionar, revisar, supervisar.

supervision [ˌsju:pəˈviʒən] s. inspecció f., vigilància f., supervisió f.

supervisor ['sju:pəvaizəˈ] s. inspector, director, supervisor.

supper ['sʌpəˈ] s. sopar m. ‖ to have ~, sopar.

supplant (to) [səˈplɑ:nt] t. suplantar.

supple ['sʌpl] a. flexible. 2 dòcil.

supplement ['sʌplimənt] s. suplement m.

supplement (to) ['sʌpliment] t. complementar, completar.

suppliant ['sʌpliənt], **supplicant** [-kənt] a.-s. suplicant.

supplication [ˌsʌpliˈkeiʃən] s. súplica f., prec m.

supplier [səˈplaiəˈ] s. subministrador, proveïdor.

supply [səˈplai] s. subministrament m., abastament m. 2 pl. assortiment m. sing., existències f. pl.; provisions f. pl.

supply (to) [səˈplai] t. subministrar, proporcionar, assortir. 2 proveir, facilitar.

support [səˈpɔ:t] s. suport m., aguant m. 2 suport m., recolzament m.

support (to) [səˈpɔ:t] t. suportar, aguantar. 2 donar suport, recolzar. 3 mantenir [una família, etc.].

supporter [səˈpɔ:təˈ] s. suport m., aguant m. 2 partidari, seguidor, fan [persona].

suppose (to) [səˈpouz] t. suposar.

supposed [səˈpouzd] a. suposat, pretès. ■ 2 -ly adv. suposadament.

suppress (to) [səˈpres] t. suprimir. 2 reprimir.

suppression [səˈpreʃən] s. supressió f. 2 opressió f., repressió f.

supremacy [sjuˈpreməsi] s. supremacia f.

supreme [sju(:)'pri:m] a. suprem. ■ 2 -ly adv. summament, supremament.

sure [ʃuəˈ] a. segur: I'm not quite ~, no n'estic segur. ‖ to make ~, assegurar-se'n, comprovar. 2 segur, fort, resistent. ■ 3 -ly adv. certament.

sureness ['ʃuənis] s. seguretat f.

surety ['ʃuəti] s. garantia f. 2 garant [persona].

surf [sə:f] s. MAR. rompent m.; escuma f. [de les onades]. 2 ESPORT surf m.

surface ['sə:fis] s. superfície f. ■ 2 a. MIL. ~ to air, terra aire [míssil, projectil, etc.]. 3 superficial.

surface (to) ['sə:fis] t. allisar, polir. 2 revestir. 3 t.-i. (fer) sortir a la superfície.

surfeit ['sə:fit] s. form. excés m., empatx m.

surfeit (to) ['sə:fit] t. empatxar(-se), afartar(-se).

surge [sə:dʒ] s. anar i venir m., anada f. [de gent, etc.].

surge (to) [sə:dʒ] i. moure's p. endavant, desplaçar-se p. [onades, masses de gent, etc.].

surgeon ['sə:dʒən] s. cirurgià. || *dental* ~, odontòleg, dentista. 2 MIL. metge.

surgery ['sə:dʒəri] s. cirurgia f. 2 (G.B.) consulta f. [metge, dentista].

surliness ['sə:linis] s. brusquedat f.; mal geni m.

surly ['sə:li] a. brusc; geniüt, malhumorat.

surmise ['sə:maiz] s. conjectura f., suposició f.

surmise (to) [sə'maiz] t. conjecturar, suposar.

surmount (to) [sə:'maunt] t. vèncer, superar [obstacles, dificultats].

surmountable [sə:'mauntəbl] a. superable; conquerible.

surname ['sə:neim] s. cognom m.

surpass (to) [sə:'pɑːs] t. sobrepassar; avantatjar; superar.

surpassing [sə:'pɑːsin] a. incomparable.

surplus ['sə:pləs] s. superàvit m., excedent m. ■ 2 a. excedent, sobrant.

surprise [sə'praiz] s. sorpresa f. ■ 2 a. inesperat; de sorpresa.

surprise (to) [sə'praiz] t. sorprendre. 2 *to be* ~, sorprendre's p.

surprising [sə'praizin] a. sorprenent, astorador.

surrender [sə'rendə'] s. rendició f. 2 renúncia f.

surrender (to) [sə'rendə'] t. rendir, donar. 2 renunciar. 3 p. *to* ~ *oneself*, abandonar-se [a emocions, hàbits, etc.]. || *she surrendered herself to despair*, es va deixar portar per la desesperació. ■ 4 i. rendir-se p., donar-se p.

surround (to) [sə'raund] t. envoltar, encerclar.

surrounding [sə'raundin] a. circumdant, del voltant. ■ 2 s. pl. voltants m. pl., rodalies f. pl. 3 BOT., ZOOL. ambient m.

surveillance [sə:'veiləns] s. vigilància f.

survey ['sə:vei] s. inspecció f., examen m. 2 medició f., fitació [de terra]. 3 informe m.

survey (to) [sə:'vei] t. inspeccionar, examinar. 2 mirar, fer una ullada. 3 mesurar, anidar, posar fites, alçar plànols.

surveyor [sə(:)'veiə'] s. agrimensor m. 2 inspector [d'habitatges, etc.]. 3 topògraf.

survival [sə'vaivəl] s. supervivència f. 2 romanalla f., relíquia f., resta f.

survive (to) [sə'vaiv] t. sobreviure.

survivor [sə'vaivə'] s. sobrevivent.

susceptible [sə'septibl] a. susceptible, fàcilment afectable. 2 susceptible, capaç.

suspect ['sʌspekt] a.-s. sospitós.

suspect (to) [sə'pekt] t. sospitar; imaginar-se p. || *to be suspected of*, ser sospitós de.

suspend (to) [sə'pend] t. suspendre.

suspenders [sə'pendəz] s. pl. lligacames m. sing. 2 (EUA) tirants m. pl., elàstics m. pl.

suspense [sə'pens] s. suspens m., interrupció f. 2 suspens m., inquietud f.

suspension [sə'penʃən] s. suspensió f. || ~ *bridge*, pont m. penjat; ~ *points*, punts m. pl. suspensius.

suspicion [sə'piʃən] s. sospita f.

suspicious [sə'piʃəs] a. sospitós. ■ 2 -**ly** adv. d'una manera sospitosa, sospitosament.

suspiciousness [sə'piʃəsnis] s. suspicàcia f., recel m.

sustain (to) [sə'tein] t. sostenir, aguantar, resistir. 2 sofrir, aguantar, patir. 3 mantenir, continuar.

sustenance ['sʌstinəns] s. sustentació f., aliment m.

swaddle (to) ['swɔdl] t. posar bolquers.

swagger ['swægə'] s. fatxenderia f., arrogància f.

swagger (to) ['swægə'] i. fatxendejar; caminar amb arrogància.

swain [swein] s. ant., liter. jovencell m.; festejador m.

swallow ['swɔlou] s. glop m. 2 empassada f., engoliment m. 3 ORN. oreneta f.

swallow (to) ['swɔlou] t.-i. empassar (-se), engolir(-se). 2 fig. *to* ~ *up*, engolir (-se), desaparèixer.

swallow dive ['swɔloudaiv] s. salt m. de l'àngel.

swam [swæm] Vegeu SWIM (TO).

swamp ['swɔmp] s. aiguamoll m., zona f. pantanosa.

swamp (to) ['swɔmp] t. inundar, negar, amarar. 2 fig. *to* ~ *with*, aclaparar.

swampy ['swɔmpi] a. pantanós.

swan [swɔn] s. ORN. cigne m.

swan dive ['swɔndaiv] s. (EUA) Vegeu SWALLOW DIVE.

swap (to) [swɔp] t. baratar, bescanviar. ■ 2 i. fer barates, fer canvis.

sward [swɔːd] s. liter. gespa f.

swarm [swɔːn] s. eixam m., estol m. [també fig.].

swarm (to) [swɔːm] *i.* pul·lular, formiguejar.

swarthy ['swɔːði] *a.* bru, bronzejat.

swat [swɔt] *s.* plantofada *f.* 2 matamosques *m.*

swat (to) *t.* colpejar, esclafar. ‖ *to ~ a fly*, matar una mosca.

swathe [to] [sweið] *t.* embenar, embolcallar.

sway [swei] *s.* oscil·lació *f.*, balanceig *m.* 2 poder *m.*, domini *m.*: *under the ~*, sota el poder.

sway (to) [swei] *i.* oscil·lar, bressar-se *p.*, balancejar-se *p.* ■ 2 *t.* fer oscil·lar, balancejar. 3 controlar; influenciar.

swear (to) [sweəʳ] *t.* dir solemnement, dir emfàticament. 2 jurar. ■ 3 *i.* jurar. 4 renegar. 5 col·loq. *to ~ by*, tenir plena confiança. ▲ Pret.: *swore* [swɔːʳ]; p. p.: *sworn* [swɔːn].

sweat [swet] *s.* suor *f.* ‖ *to be in a ~*, estar cobert de suor, estar suat. 2 suada *f.* 4 fig. feinada *f.*

sweat (to) [swet] *t.-i.* suar; transpirar. 2 (fer) suar [també fig.]. 3 supurar.

sweater ['swetəʳ] *s.* suèter *m.;* jersei *m.*

Sweden ['swiːdn] *n. pr.* GEOGR. Suècia.

Swedish ['swiːdiʃ] *a.-s.* GEOGR. suec. 2 *s.* suec *m.* [llengua].

sweep [swiːp] *s.* escombrada *f.* 2 moviment *m.* circular [del braç]. 3 extensió *f.;* estesa *f.* [de terreny]. 4 doll *m.,* corrent *m.* ininterromput. 5 corriola *f.* [de pou]. 6 *(chimney) ~*, escuraxemeneies.

sweep (to) [swiːp] *t.* escombrar, (BAL.), (VAL.) agranar [també fig.]. 2 abastar. ■ 3 *i.* moure's *p.* majestuosament. ▲ Pret. i p. p.: *swept* [swept].

sweeper ['swiːpəʳ] *s.* escombriaire. 2 màquina *f.* d'escombrar.

sweet [swiːt] *a.* dolç, ensucrat. ‖ *to have a ~ tooth*, ser llaminer. 2 atractiu, agradable. 3 amable; benigne. 4 olorós. ■ 5 *s.* dolçor *f.* 6 *pl.* llaminadures *f. pl.,* dolços *m. pl.*

sweeten (to) ['swiːtn] *t.* endolcir, ensucrar. ■ 2 *i.* endolcir-se *p.,* ensucrar-se *p.*

sweetheart ['swiːthɑːt] *s.* xicot, enamorat, estimat.

sweet-toothed ['swiːtˈtuːθt] *a.* llaminer.

swell [swel] *s.* inflament *m.* 2 MAR. marejada *f.* 3 (EUA) elegant *a.,* distingit *a.* ■ 4 *a.* elegant, refinat. 5 excel·lent, de primera classe.

swell (to) [swel] *t.* inflar; engrandir; enfortir. ■ 2 *i.* inflar-se *p.;* engrandir-se *p.;*

enfortir-se *p.* ▲ Pret.: *swelled* [sweld]; p. p.: *swollen* ['swəʊlən], *swelled*.

swelling ['swelɪŋ] *s.* inflor *f.* 2 augment *m.,* crescuda *f.*

swelter (to) ['sweltəʳ] *i.* ofegar-se *p.* de calor.

swept [swept] Vegeu SWEEP (TO).

swerve [swəːv] *s.* desviació *f.* sobtada, gir *m.* brusc. 2 efecte *m.* [d'una pilota].

swerve (to) [swəːv] *i.* desviar bruscament. ■ 2 *i.* desviar-se *p.* bruscament. 3 girar de sobte.

swift [swift] *a.* ràpid, lleuger, rabent.

swiftness ['swiftnis] *s.* rapidesa *f.*, velocitat *f.*

swim [swim] *s.* nedada *f.* ‖ *to go for a ~*, anar a nedar. 2 fig. *to be out of the ~*, no estar al cas, no saber de què va.

swim (to) [swim] *i.* nedar. ■ 2 *t.* travessar nedant. ▲ Pret.: *swam* [swæm]; p. p.: *swum* [swʌm].

swimmer ['swiməʳ] *s.* nedador.

swimming ['swimɪŋ] *s.* ESPORT natació *f.*

swimming costume ['swimɪŋˌkɔstjuːm] *s.* vestit *m.* de bany.

swimming pool ['swimɪŋpuːl] *s.* piscina *f.*

swimsuit ['swimsuːt] *s.* Vegeu SWIMMING COSTUME.

swindle ['swindl] *s.* estafa *f.*, frau *m.*

swindle (to) ['swindl] *t.* estafar. ■ 2 *i.* fer una estafa.

swindler ['swindləʳ] *s.* estafador, timador.

swine [swain] *s.* ant., liter. porc *m.,* marrà *m.* 2 fig. porc, bandarra. ▲ *pl.* **swine.**

swing [swiŋ] *s.* oscil·lació *f.*, balanceig *m.* 2 ritme *f.* fort. ‖ *in full ~*, en plena acció. 3 gronxador *m.* 4 MÚS. swing *m.*

swing (to) [swiŋ] *t.* gronxar, fer balancejar. 2 tombar, girar de sobte. 3 fer oscil·lar. ■ 4 *i.* gronxar-se *p.;* balancejar(se). 5 oscil·lar; ballar [música swing]. 6 tombar-se *p.,* girar-se *p.* de sobte. ▲ Pret. i p. p.: *swung* [swʌŋ].

swipe [swaip] *s.* cop *m.* fort.

swipe (to) [swaip] *t.* colpejar amb força. 2 col·loq. pispar, furtar.

swirl [swəːl] *s.* remolí *m.*

swirl (to) [swəːl] *i.* giravoltar, arremolinar-se *p.* ■ 2 *t.* fer giravoltar, fer voltar.

Swiss [swis] *a.-s.* suís.

switch [switʃ] *s.* ELECT. interruptor *m.* 2 FERROC. agulla *f.* 3 verga *f.*, vara *f.*, fuet *m.* 4 canvi *m.,* desviació *f.* 5 cabells *m. pl.* postissos.

switch (to) [switʃ] *t.* ELECT. *to ~ off,* tancar, apagar, desconnectar; *to ~ on,* encendre, connectar, obrir. 2 fer canviar de via [un tren]. 3 fer canviar, fer donar un tomb [a la conversa, etc.]. 4 fuetejar.

switch-board ['switʃbɔːd] *s.* ELECT. taula *f.* de control.

Switzerland ['switsələnd] *n. pr.* GEOGR. Suïssa.

swollen ['swoulən] Vegeu SWELL (TO).

swoon [swuːn] *s.* desmai *m.*

swoon (to) [swuːn] *i.* desmaiar-se *p.,* caure en basca.

swoop (to) [swuːp] *i.* llançar-se *p.* al damunt, escometre, abatre's *p.* sobre.

swop (to) [swɔp] Vegeu SWAP (TO).

sword [sɔːd] *s.* espasa *f.* ‖ fig. *to cross swords with,* barallar-se *p.* amb.

swore [swɔːr] Vegeu SWEAR (TO).

sworn [swɔːn] Vegeu SWEAR (TO).

swum [swʌm] Vegeu SWIM (TO).

swung [swʌŋ] Vegeu SWING (TO).

sycamore ['sikəmɔːr] *s.* BOT. sicòmor *m.*

syllable ['siləbl] *s.* síl·laba *f.*

syllabus ['siləbəs] *s.* programa *m.* [d'un curs].

symbol ['simbl] *s.* símbol *m.*

symbolic(al) [sim'bɔlik(əl)] *a.* simbòlic.

symmetric(al) [si'metrik(əl)] *a.* simètric.

symmetry ['simitri] *s.* simetria *f.*

sympathetic [simpə'θetik] *a.* comprensiu. 2 compassiu. 3 amable. 4 ANAT., FÍS. simpàtic.

sympathize (to) ['simpəθaiz] *i.* tenir compassió, compadir-se *p.* 2 simpatitzar, estar d'acord, comprendre.

sympathy ['simpəθi] *s.* compassió *f.,* condolència *f.* 2 comprensió *f.,* afinitat *f.*

symphony ['simfəni] *s.* simfonia *f.*

symptom ['simptəm] *s.* símptoma *m.*

syndicate ['sindikit] *s.* distribuïdora *f.* de material periodístic. 2 sindicat *m.*

synonym ['sinənim] *s.* sinònim *m.*

synonymous [si'nɔniməs] *a.* sinònim.

syntax ['sintæks] *s.* GRAM. sintaxi *f.*

synthetic [sin'θetik] *a.* sintètic.

synthetize (to) ['sinθitaiz] *t.* sintetitzar.

Syria ['siriə] *n. pr.* GEOGR. Síria.

Syrian ['siriən] *a.-s.* GEOGR. Sirià.

syringe ['sirindʒ] *s.* xeringa *f.*

syrup ['sirəp] *s.* almívar *m.* 2 xarop *m.*

system ['sistəm] *s.* sistema *f.*

systematic(al) [sisti'mætik(əl)] *a.* sistemàtic.

systematize (to) ['sistimətaiz] *t.* sistematitzar.

T

T, t [ti] *s.* t *f.* [lletra].

tabernacle ['tæbəːnækl] *s.* tabernacle *m.*

table ['teibl] *s.* taula *f.* 2 taula *f.,* quadre *m.* [estadística, etc.]. 3 llista *f.: ~ of contents,* índex *m.* de matèries. 4 GEOGR. altiplà *m.*

table (to) ['teibl] *t.* posar sobre la taula. ‖ *to ~ a motion,* presentar una moció. 2 fer un índex, ordenar.

tablecloth ['teibəlklɔθ] *s.* estovalles *f. pl.*

tablet ['tæblit] *s.* làpida *f.* 2 tauleta *f.,* pastilla *f.* 3 bloc *m.* de paper.

tableware ['teibəlwɛəʳ] *s.* vaixella *f.,* servei *m.* de taula.

taboo [tə'buː] *a.* tabú, prohibit. ■ 2 *s.* tabú *m.*

tabulate (to) ['tæbjuleit] *t.* disposar en forma de taula. 2 classificar.

tacit ['tæsit] *a.* tàcit.

tack [tæk] *s.* tatxa *f.* 2 basta *f.* 3 fig. *to get down to brass tacks,* anar al gra. 4 NÀUT. amura *f.,* fig. rumb *m.*

tack (to) [tæk] *t.* tatxonar. 2 embastar. ■ 3 *i.* NÀUT. virar.

tackle ['tækl] *s.* estris *m. pl.,* ormeig *m.* 2 ESPORT càrrega *f.* 3 NÀUT. eixàrcia *f.*

tackle (to) ['tækl] *t.* abordar, emprendre [un problema, etc.]. 2 ESPORT blocar.

tacky ['tæki] *a.* enganxós.

tact [tækt] *s.* tacte *m.,* discreció *f.*

tactful ['tæktful] *a.* prudent, discret.

tactless ['tæktlis] *a.* indiscret, mancat de tacte.

tactics ['tæktiks] *s. pl.* tàctica *f. sing.*

tadpole ['tædpoul] *s.* ZOOL. cap-gros *m.*

tag [tæg] *s.* capçat *m.* 2 etiqueta *f.,* titllet *m.* 3 cap *m.;* parrac *m.* 4 *to play ~,* jugar a tocar i parar.

tag (to) [tæg] *t.* posar una etiqueta a. 2 seguir de prop. 3 *to ~ on,* afegir. ■ 4 *i. to ~ along,* seguir, anar al darrera. 5 *to ~ on to someone,* unir-se *p.* a algú.

tail [teil] *s.* cua *f.,* (BAL.) coa *f.* 2 faldó *m.* [d'un abric, camisa, etc.]. 3 *pl.* creu *f. sing.* [d'una moneda].

tail (to) [teil] *t.* seguir de prop; vigilar. ■ 2 *i. to ~ off,* anar minvant, disminuir.

tail-coat ['teilkout] *s.* frac *m.*

tail-light ['teillait] *s.* llum *m.* posterior [d'un cotxe, etc.].

tailor ['teiləʳ] *s.* sastre *m.*

tailor (to) ['teiləʳ] *t.* confeccionar, fer. 2 fig. adaptar.

tailoring ['teiləriŋ] *s.* sastreria *f.* [ofici]. 2 tall *m.*

tailor-made ['teiləˈmeid] *a.* fet a mida [també fig.].

taint [teint] *s.* corrupció *f.,* infecció *f.* 2 taca *f.*

taint (to) [teint] *t.* corrompre. ■ 2 *i.* corrompre's *p.;* infectar-se *p.*

take [teik] *s.* CINEM. presa *f.* 2 (EUA) ingressos *m. pl.,* recaptació *f.*

take (to) [teik] *t.* prendre, agafar. 2 portar, conduir. 3 guanyar. 4 demanar. 5 reservar, ocupar. 6 admetre. 7 acceptar, agafar. 8 assumir. 9 aguantar, suportar. 10 tardar, trigar. 11 *to ~ a chance,* córrer el risc, provar; *to ~ care of,* tenir cura de; *to ~ charge of,* encarregar-se *p.* de; *to ~ place,* ocórrer, tenir lloc. ■ 12 *i.* agafar, prendre. 13 arrelar. 14 agradar, tenir èxit. ■ *to ~ away,* emportar-se; *to ~ back,* tornar, retornar; *to ~ down,* treure; abaixar; aterrar; enderrocar; *to ~ from,* reduir, disminuir; *to ~ in,* recollir, agafar; allotjar; entendre; fam. donar gat per llebre; *to ~ off,* treure, despenjar [telèfon]; suprimir; descomptar, fer descompte; enlairar-se; prendre el vol; arrencar [vehicle]; minvar [vent]; *to ~ on,* prendre [forma, qualitat]; assumir; encarregar-se de; acompanyar; agafar [passatgers]; acceptar [repte]; col·loq. perdre els estreps; *to ~ out,* treure; fer sortir [taca]; fer-se [assegurança, certificat]; *to ~ over,* fer-se càrrec de; assolir el poder; substituir; *to ~ to,* afeccionar-se a, tirar-se a [beguda, vici]; *to ~ up,* agafar; pujar; aixecar; absorbir; prendre possessió de; dedicar-se a; criticar, censurar; seguir, acceptar. ▲ Pret.: *took* [tuk]; p. p.: *taken* ['teikən].

take-down ['teik,daun] *a.* desmuntable. ■ 2 *s.* humiliació *f.*

taken ['teikən] Vegeu TAKE (TO). *2 to be ~ ill,* posar-se malalt.

takeoff ['teikɔf] *s.* AVIA. envol *m.* 2 imitació *f.,* paròdia *f.,* sàtira *f.*

take-over ['teikouvə'] *s.* presa *f.* de possessió; presa *f.* de poder. 2 adquisició *f.,* compra *f.* [d'una empresa].

taking ['teikiŋ] *a.* atractiu, seductor. 2 contagiós. ■ 3 *s. pl.* ingressos *m. pl.;* recaptació *f. sing.*

talcum powder ['tælkəm,paudə'] *s.* pólvores *f.* de talc.

tale [teil] *s.* conte *m.: fairy tales,* contes de fades. 2 relat *m.,* narració *f.* 3 xafarderia *f.* ‖ fam. *to tell tales,* xafardejar.

talebearer ['teilbɛərə'] *s.* espieta, delator. 2 xafarder.

talent ['tælənt] *s.* talent *m.,* aptitud *f.,* do *m.*

tale-teller ['teil,telə'] *s.* narrador. 2 espieta. 3 xafarder.

talk [tɔ:k] *s.* conversa *f.* 2 conferència *f.;* xerrada *f.,* discurs *m.* 3 rumor *m.,* parleria *f.* 4 tema *m.* de conversa.

talk (to) [tɔ:k] *i.* parlar, conversar. ‖ *to ~ for talking's sake,* parlar per parlar; *to ~ nineteen to the dozen,* parlar pels descosits. ■ 2 *t.* parlar [una llengua]. 3 dir. ‖ *to ~ nonsense,* dir disbarats. ■ *to ~ about,* parlar de; *to ~ away,* parlar sense parar; *to ~ into,* persuadir; *to ~ out of,* dissuadir; *to ~ over,* examinar; *to ~ round,* convèncer, persuadir; *to ~ up,* parlar clar.

talkative ['tɔ:kətiv] *a.* parlador, xerraire.

tall [tɔ:l] *a.* alt. ‖ *how ~ are you?,* quant fas d'alçada? 2 fam. excessiu, increïble, exagerat. ‖ *a ~ talk,* una fanfarronada.

tallness ['tɔ:lnis] *s.* alçada *f.* 2 estatura *f.,* talla *f.* [persona].

tallow ['tælou] *s.* sèu *m.*

tally ['tæli] *s.* HIST. tarja *f.* [bastó]. 2 compte *m.* 3 etiqueta *f.* 4 resguard *m.* 5 total *m.*

tally (to) ['tæli] *t.* portar el compte. 2 etiquetar. ■ 3 *i. to ~ (with),* concordar, correspondre.

talon ['tælən] *s.* urpa *f.,* xarpa *f.* 2 JOC munt *m.,* pila *f.* [de cartes].

tamable ['teiməbl] *a.* domable, domesticable.

tambourine [,tæmbə'ri:n] *s.* MÚS. pandereta *f.*

tame [teim] *a.* domesticat, domat. 2 mans, dòcil. 3 domèstic. 4 insuls; avorrit. ■ 5 **-ly,** *adv.* mansament.

tame (to) [teim] *t.* domar, amansir.

tameness ['teimnis] *s.* mansuetud *f.* 2 submissió *f.* 3 insipidesa *f.*

tamer ['teimə'] *s.* domador.

tamp (to) [tæmp] *t.* maçonar.

tamper (to) ['tæmpə'] *i. to ~ with,* entremetre's *p.* 2 espatllar *t.* 3 graponejar *t.,* grapejar *t.*

tan [tæn] *a.* broncejat; torrat [color]. ■ 2 *s.* broncejat *m.,* morenor *f.*

tan (to) [tæn] *t.* broncejar, colrar, emmorenir. 2 adobar, assaonar. 3 fam. apallissar. ■ 4 *i.* broncejar-se *p.,* colrar-se *p.*

tang [tæŋ] *s.* olor *f.* forta, sentor *f.;* sabor *m.* fort. 2 toc *m.* [campana].

tangent ['tændʒənt] *a.* tangent. ■ 2 *s.* tangent *f.* ‖ fig. *to go off at a ~,* anar-se'n per la tangent.

tangerine [,tændʒə'ri:n] *s.* mandarina *f.*

tangible ['tændʒəbl] *a.* tangible, palpable.

Tangier [tæn'dʒiə'] *n. pr.* GEOGR. Tànger.

tangle ['tæŋgl] *s.* nus *m.,* embull *m.* 2 confusió *f.,* embolic *m.*

tangle (to) ['tæŋgl] *t.* enredar, embolicar, confondre. ■ 2 *i.* enredar-se *p.,* embolicar-se *p.,* confondre's *p.*

tank [tæŋk] *s.* dipòsit *m.,* tanc *m.* 2 cisterna *f.* 3 MIL. tanc *m.*

tank (to) [tæŋk] *t. to ~ up,* omplir el dipòsit. ‖ fig. col·loq. *to get tanked up,* emborratxar-se *p.*

tannery ['tænəri] *s.* adoberia *f.*

tantalize (to) ['tæntəlaiz] *t.* turmentar o exasperar amb impossibles; fer patir el suplici de Tàntal. 2 temptar.

tantalizing ['tæntəlaiziŋ] *a.* turmentador, empipador. 2 temptador, seductor.

tantamount ['tæntəmaunt] *a.* equivalent.

tantrum ['tæntrəm] *s.* enrabiada *f.,* rebequeria *f.*

tap [tæp] *s.* aixeta *f.* 2 copet *m.*

tap (to) [tæp] *t.* obrir [un barril]. 2 intervenir, interceptar [un telèfon, etc.]. 3 *t.-i.* donar copets, copejar: *to ~ at the door,* trucar a la porta.

tap dance ['tæpdɑ:ns] *s.* claqué *m.*

tap dancer ['tæp,dɑːnsə] s. ballarí de claqué.

tape [teip] s. cinta f. 2 cinta f. magnetofònica. 3 MED. esparadrap m.

tape (to) [teip] t. lligar amb cinta. 2 gravar, enregistrar [en un magnetòfon].

tape measure ['teip,meʒə] s. cinta f. mètrica.

taper ['teipə] s. espelma f.; ciri m.

taper (to) ['teipə] t. afuar. ■ 2 i. afuar-se p. 3 to ~ off, disminuir.

tape-recorder ['teip,rikɔːdə] s. magnetòfon m.

tapestry ['tæpistri] s. tapís m. 2 tapisseria f.

tapestry maker ['tæpəstri,meikə] s. tapisser.

tapeworm ['teipwəːm] s. tènia f., solitària f.

tar [tɑːʳ] s. quitrà m., brea f. 2 col·loq. mariner m.

tar (to) [tɑːʳ] t. enquitranar, embrear.

tardiness ['tɑːdinis] s. liter. lentitud f., tardança f.

tardy ['tɑːdi] a. liter. lent, tardà. 2 retardat.

target ['tɑːgit] s. objectiu m., fita f.

target practice ['tɑːgit,præktis] s. tir m. al blanc.

tariff ['tærif] s. tarifa f.; aranzel m.

tariff barrier ['tærif,bæriə] s. ECON. barrera f. aranzelària.

tarmac ['tɑːmæk] s. superfície f. enquitranada.

tarnish (to) ['tɑːniʃ] t. desenllustrar, entelar. 2 fig. tacar [fama, reputació]. ■ 3 i. desenllustrar-se p., entelar-se p.

tarpaulin [tɑːpɔːlin] s. lona f. enquitranada, encerada.

tarry ['tɑːri] a. enquitranat.

tarry (to) ['tæri] i. liter. romandre, restar. 2 trigar, demorar-se p.

tart [tɑːt] a. acre, agre [també fig.]. ■ 2 s. pastís m. de fruita. 3 prostituta f., meuca f.

tartan ['tɑːtən] s. TÈXT. tartà m.; quadre m. escocès.

task [tɑːsk] s. tasca f., treball m. 2 missió f., encàrrec m., comesa f. 3 to take to ~, renyar, reprendre.

task force ['tɑːskfɔːs] s. MIL. exèrcit m. expedicionari.

tassel ['tæsəl] s. TÈXT. borla f.

taste [teist] s. gust m., sabor m. ‖ there is no accounting for tastes, sobre gustos no hi ha res escrit. 2 the ~, gust m. [sentit]. 3 traguet m.; mos m. 4 afecció f., gust m.: to have a ~ for, ser afeccionat a. 5 mostra f., prova f., experiència f.

taste (to) [teist] t. tastar; degustar. 2 notar gust de, sentir gust de. ■ 3 i. to ~ of, tenir gust de.

taste bud ['teistbʌd] s. ANAT. papil·la f. gustativa.

tasteful ['teistful] a. de bon gust, elegant.

tasteless ['teistlis] a. insuls, insípid. 2 de mal gust.

tasty ['teisti] a. saborós, apetitós. 2 de bon gust.

tatter ['tætə] s. parrac m., pellingot m.

tattle ['tætl] s. xerrameca f., xerrada f. 2 xafarderia f.

tattler ['tætlə] s. xerraire m.

tattle (to) ['tætl] i. xerrar. 2 xafardejar.

tattoo [tə'tuː] s. tatuatge m. 2 MIL. retreta f. 2 parada f. militar. 3 repicament.

tattoo (to) [tə'tuː] t. tatuar.

taught [tɔːt] Vegeu TEACH (TO).

taunt [tɔːnt] s. retret m., reprotxe m., provocació f.; sarcasme m.

taunt (to) [tɔːnt] t. reprotxar, provocar, fer burla de, mofar-se p. de.

taut [tɔːt] a. tens, tes, tibat.

tavern ['tævən] s. liter. taverna f.

tawdry ['tɔːdri] a. cridaner, cursi [objecte].

tawny ['tɔːni] a. morè, bru. 2 lleonat; falb.

tax [tæks] s. ECON. impost m., contribució f. 2 fig. càrrega f., esforç m.

tax (to) [tæks] t. gravar, imposar un impost a. 2 esgotar, acabar [la paciència]. 3 acusar (with, de). 4 DRET taxar.

taxable ['tæksəbl] a. subjecte a impost: ~ income, renda subjecta a impost.

taxation [tæk'seiʃən] s. imposició f., imposts m., sistema m. tributari.

tax-free [,tæks'friː] a. exempt d'impostos.

taxi [tæksi], **taxicab** ['tæksikæb] s. taxi m.

taxi driver ['tæksi,draivə] s. taxista.

taxi rank ['tæksiræŋk] s. parada f. de taxis.

taxpayer ['tækspeiə] s. contribuent.

tea [tiː] s. te m. 2 infusió f. 3 fam. berenarsopar m., sopar m. 4 LOC. it's not my cup of ~, no és el meu estil, no és el meu tarannà.

tea break ['tiːbreik] s. pausa f. per al te.

teach (to) [tiːtʃ] t. ensenyar, instruir. ■ 2 i. ensenyar, ser professor de, donar classes de. ▲ Pret. i p. p.: taught [tɔːt].

teacher ['tiːtʃəʳ] s. professor, mestre. ‖ ~ *training*, formació f. pedagògica.

teach-in ['tiːtʃin] s. seminari m.

teaching ['tiːtʃiŋ] s. ensenyament. ■ 2 a. docent: ~ *staff*, personal m. docent.

team [tiːm] s. grup m., equip m. 3 ESPORT equip m.: *home* ~, equip local; *away* ~, equip visitant.

team (to) [tiːm] i. col·loq. *to* ~ *up*, associar-se p., agrupar-se p. (*with*, amb).

teamwork ['tiːmwəːk] s. treball m. en equip.

tear [tɛəʳ] s. estrip m., estripada f.

tear [tiəʳ] s. llàgrima f., (ROSS.) llàgrama f. ‖ *in tears*, plorant. ‖ *to burst into tears*, esclatar en plors, desfer-se en plors.

tear (to) [tɛəʳ] t. estripar, esqueixar, trencar. 2 arrencar, separar amb violència. 3 MED. ferir, lacerar; distendre [múscul]. ■ 4 i. estripar-se p., esqueixar-se p. 5 moure's p. de pressa. ■ *to* ~ *along*, anar a tota pastilla; *to* ~ *down*, demolir; desarmar; *to* ~ *off*, arrencar; anar corrent; sortir de pressa; *to* ~ *up*, arrencar; trencar a trossos. ▲ Pret.: *tore* [tɔːʳ, tɔəʳ]; p. p.: *torn* [tɔːn].

tearful ['tiəful] a. plorós.

tear gas ['tiəgæs] s. gas m. lacrimògen.

teapot ['tiːpɔt] s. tetera f.

tease (to) [tiːz] t. empipar, fer la guitza; prendre el pèl.

tea set ['tiːset] s. joc m. de te.

teasing ['tiːziŋ] a. bromista, burleta. 2 turmentador. ■ 3 s. broma f., burla f. ■ 4 **-ly** adv. en broma.

teaspoon ['tiːspuːn] s. cullereta f.

teaspoonful ['tiːspuːnful] s. culleradeta f.

teat [tiːt] s. ANAT. mugró m. 2 tetina f. [de biberó].

technical ['teknikəl] a. tècnic. ■ 2 **-ly** adv. tècnicament.

technicality [,tekni'kæliti] s. tecnicitat f.; consideració f. tècnica. 2 tecnicisme m. [paraula].

technician [tek'niʃən] s. tècnic, especialista.

technique [tek'niːk] s. tècnica f.

technology [,tek'nɔlədʒi] s. tecnologia f.

teddy bear ['tedi,bɛəʳ] s. osset m. de peluix.

tedious ['tiːdjəs] a. avorrit, tediós. ■ 2 **-ly** adv. avorridament, fastidiosament.

tediousness ['tiːdjəsnis] s. avorriment m., tedi m.

tee [tiː] s. te [lletra]. 2 ESPORT punt m. de partida; suport m. de la pilota [golf]. 3 fig. *to a* ~, com anell al dit.

teem (to) [tiːm] i. abundar. ‖ *to* ~ *with*, abundar en, estar ple de.

teenage ['tiːn,eidʒ] a. adolescent.

teenager ['tiːn,eidʒəʳ] s. adolescent, jove de 13 a 19 anys.

teens [tiːnz] s. adolescència f., edat f. entre els 13 i 19 anys.

tee-shirt ['tiːʃəːt] s. Vegeu T-SHIRT.

teeth [tiːθ] s. pl. de TOOTH.

teethe (to) [tiːð] i. sortir les dents.

teething [tiːðiŋ] s. dentició f. ‖ fig. ~ *troubles*, problemes m. pl. inicials [projecte, empresa, etc.].

teetotal [tiː'toutl] a. abstemi.

teetotaller, (EUA) **teetotaler** [tiː'toutlə] s. abstemi.

Teheran ['tehərɑːn] n. pr. GEOGR. Teheran.

telecast ['telikɑːst] s. teledifusió f., emissió f. televisada.

telecast (to) ['telikɑːst] t. televisar.

telegram ['teligræm] s. telegrama m.

telegraph ['teligrɑːf, -græf] s. telègraf m.

telephone ['telifoun] s. telèfon m.

telephone (to) ['telifoun] t.-i. telefonar, trucar per telèfon.

telephone booth ['telifounbuːð], **telephone box** ['telifounbɔks] s. cabina f. telefònica.

telephone call ['telifounɔːl] s. trucada f. telefònica.

telephone directory ['telifoundai,rektri] s. guia f. telefònica.

telephone exchange ['telifounik'stʃeindʒ] central f. telefònica.

telephoto ['telifoutou] a. telefotogràfic. ■ 2 s. telefoto f. 3 ~ *lens*, teleobjectiu m.

teleprinter ['teliprintəʳ] s. teletip m.

telescope ['teliskoup] s. telescopi m.

telescopic [,teli'skɔpik] a. telescòpic.

televiewer ['telivjuːəʳ] s. telespectador, televident.

television ['teli,viʒən] s. televisió f.

television set ['teli,viʒənset] s. aparell m. de televisió, televisor m.

televise ['telivaiz] t. televisar.

tell (to) [tel] t. narrar, dir, explicar. 2 dir, manar, ordenar. 3 distingir, conèixer; endevinar. ‖ *to* ~ *on someone*, bescantar algú; ~ *me another!*, sí, home!, I què més!; *there is no telling,* no es pot preveure. ▲ Pret. i p. p.: *told* [tould].

telling ['teliŋ] *a.* eficaç, contundent. 2 expressiu, revelador.

temerity [ti'meriti] *s.* temeritat *f.*

temper ['tempə'] *s.* geni *m.,* humor *m.: in a good* ~, de bon humor. 2 còlera, geni. ‖ LOC. *to keep one's* ~, dominar-se, contenir-se; *to lose one's* ~, perdre els estreps, enfurismar-se. 2 TECNOL. tremp, punt de duresa [del metall, etc.].

temper (to) ['tempə'] *t.* TECNOL. trempar. 2 fig. temperar, moderar. ■ 3 *i.* temperar-se *p.*

temperament ['tempərəmənt] *s.* temperament *m.* [persona].

temperance ['tempərəns] *s.* temperància *f.,* moderació *f.* 2 sobrietat *f.;* abstinència *f.* [alcohol].

temperate ['tempərit] *a.* temperat, moderat.

temperature ['tempritʃə'] *s.* temperatura *f.* 2 MED. febre *f.: to have a* ~, tenir febre.

tempest ['tempist] *s.* tempesta *f.* 2 fig. agitació *f.,* convulsió *f.*

tempestuous [tem'pestʃuəs] *a.* tempestuós, agitat [també fig.]. ■ 2 **-ly** *adv.* tempestuosament.

temple ['templ] *s.* temple *m.* 2 ANAT. templa *f.*

temporal ['tempərəl] *a.* temporal. 2 transitori, terrenal.

temporary ['tempərəri] *a.* temporal, provisional, interí. ‖ ~ *work,* treball *m.* eventual.

temporize (to) ['tempəraiz] *i.* contemporitzar; guanyar temps.

tempt (to) [tempt] *t.* temptar, induir, seduir.

temptation [temp'teiʃən] *s.* temptació *f.*

tempter ['temptə'] *s.* temptador.

tempting ['temtiŋ] *a.* temptador, atractiu, seductor.

ten [ten] *a.* deu. ■ 2 *s.* deu *m.;* desena *f.* ‖ LOC. ~ *to one,* molt probablement.

tenable ['tenəbl] *a.* defensable, sostenible.

tenacious [ti'neiʃəs] *a.* tenaç; ferm. ■ 2 **-ly** *adv.* tenaçment, amb tenacitat.

tenacity [ti'næsiti] *s.* tenacitat *f.*

tenant ['tenənt] *s.* llogater, inquilí, arrendatari.

tend (to) [tend] *t.* atendre, vigilar, custodiar. ■ 2 *i.* tendir a, inclinar-se *p.* a, tirar a.

tendency ['tendənsi] *s.* tendència *f.;* propensió *f.*

tender ['tendə'] *a.* tendre, tou. 2 delicat, sensible. 3 adolorit, sensible. 4 escrupolós. ■ 5 *s.* COM. oferta *f.,* proposta *f.* ‖ *by* ~, per adjudicació.

tender (to) ['tendə'] *t.* oferir, presentar, donar. ■ 2 *i.* fer una oferta.

tenderness ['tendənis] *s.* tendresa *f.,* suavitat *f.* 2 sensibilitat *f.*

tendon ['tendən] *s.* ANAT. tendó *m.*

tendril ['tendril] *s.* BOT. circell *m.*

tenement ['tenimənt] *s.* habitatge *m.,* pis *m.: tenement-house,* bloc *m.* de pisos.

tenet ['tenit] *s.* principi *m.;* creença *f.;* dogma *m.*

tennis ['tenis] *s.* ESPORT tennis *m.*

tennis elbow [,tenis'elbou] *s.* MED. colze *m.* de tenis.

tennis court ['teniskɔːt] *s.* pista *f.* de tennis.

tenor ['tenə'] *s.* MÚS. tenor *m.* 2 contingut *m.,* significat *m.* 3 curs *m.,* tendència *f.*

tense [tens] *a.* tens, tibant [també fig.]. ■ 2 *s.* GRAM. temps *m.* [verb].

tense (to) [tens] *t.* tensar, tibar.

tension ['tenʃən] *s.* tensió *f.,* tibantor *f.* [també fig.]. 2 ELECT. voltatge *m.*

tent [tent] *s.* tenda *f.* de campanya.

tentacle ['tentəkl] *s.* tentacle *m.*

tentative ['tentətiv] *a.* provisional; de tempteig. ■ 2 **-ly** *adv.* provisionalment; sense gran confiança.

tenth [tenθ] *a.-s.* desè.

tenuous ['tenjuəs] *a.* tènue; subtil. 2 prim.

tenure ['tenjuə'] *s.* possessió *f.* 2 ocupació *f.,* exercici *m.* [d'un càrrec].

tepid ['tepid] *a.* tebi, temperat [també fig.].

Terence ['terəns] *n. pr. m.* Terenci.

term [təːm] *s.* termini *m.;* període *m.* 2 trimestre *m.* [universitat, escola, etc.]. 3 MAT., LÒG., LING. terme *m.* 4 *pl.* condicions *f. pl.: to come to terms,* arribar a un acord, acceptar, adaptar-se a. 5 *pl.* relacions *f. pl.: to be on good terms,* estar en bones relacions.

term (to) [təːm] *t.* anomenar, denominar.

terminal ['təːminl] *a.* terminal, final. ■ 2 *s.* AERON., NÀUT., FERROC. terminal *f.* 3 ELECT. born *m.,* polo *m.*

terminate (to) ['təːmineit] *t.* acabar, concloure, finalitzar. ■ 2 *i.* acabar-se *p.,* concloure's *p.*

termination [ˌtɜːmiˈneiʃən] s. acabament m., fi f. 2 GRAM. terminació f.

terminus [ˈtɜːminəs] s. estació f. terminal, terminal f. [autobús, tren, etc.]. ▲ pl. **termini** [ˈtɜːminai], **terminuses** [ˈtɜːminəsiz].

terrace [ˈterəs] s. AGR. terrassa f. 2 ESPORT graderia f. 3 filera f. || ~ houses, filera de cases contigües [normalment idèntiques]. 4 (EUA) terrassa f.

terrestrial [tiˈrestriəl] a. terrestre.

terrible [ˈteribl] a. terrible, horrible, fatal.

terribly [ˈteribli] adv. terriblement. 2 fam. espantosament.

terrier [ˈteriə] s. ZOOL. terrier m.

terrific [teˈrifik] a. terrorífic. 2 fam. fantàstic, fabulós, bàrbar.

terrify (to) [ˈterifai] t. terroritzar, aterrir.

territory [ˈteritəri] s. territori m.

terror [ˈterə] s. terror m., espant m.

terrorism [ˈterərizəm] s. terrorisme m.

terrorist [ˈterərist] a.-s. terrorista.

Terry [ˈteri] n. pr. (dim. de Terence, Theresa) Terenci m., Tere f.

terse [tɜːs] a. concís, breu. ■ 2 -ly adv. concisament.

test [test] s. examen m. 2 prova f., assaig m. 3 PSICOL. test m. 4 MED. anàlisi f.

test tube [ˈtest,tjuːb] s. tub m. d'assaig, proveta f. || ~ baby, nen proveta.

test (to) [test] t. examinar, provar, experimentar, posar a prova. 2 analitzar.

testament [ˈtestəmənt] s. testament m.: New Testament, Nou Testament.

testify (to) [ˈtestifai] t. testimoniar, donar fe de. ■ 2 i. DRET declarar.

testimonial [ˌtestiˈmounjiəl] s. certificat m., testimonial m. 2 recomanació f., carta f. de recomanació. 3 testimoni m. de gratitud.

testimony [ˈtestiməni] s. testimoni m., declaració f.

testy [ˈtesti] a. irritable, susceptible.

tête-a-tête [ˌteitɑːˈteit] s. conversa f. confidencial. ■ 2 adv. a soles.

tether [ˈteðə] s. ronsal m. || LOC. fig. at the end of one's ~, fart, tip; esgotat; a les últimes.

tether (to) [ˈteðə] t. lligar [amb un ronsal].

text [tekst] s. text m. 2 tema m. [d'un discurs, etc.].

textbook [ˈtekstbuk] s. llibre m. de text.

textile [ˈtekstail] a. tèxtil m.: ~ mill, fàbrica f. de teixits.

Thames [temz] n. pr. GEOGR. Tàmesis.

than [ðæn, ðən] conj. que [en comparatius]: he is taller ~ you, és més alt que tu. 2 de [amb nombres]: not more ~ five, no més de cinc.

thank (to) [θæŋk] t. agrair, donar les gràcies: ~ you, gràcies; ~ you very much, moltes gràcies.

thankful [ˈθæŋkful] a. agraït. ■ 2 -ly adv. amb agraïment, amb gratitud.

thankfulness [ˈθæŋkfulnis] s. agraïment m., gratitud f.

thankless [ˈθæŋklis] a. ingrat, desagraït.

thanksgiving [ˈθæŋksgivin] s. acció f. de gràcies. || (EUA) Thanksgiving Day, Dia m. d'Acció de Gràcies.

that [ðæt] a. aquell, aquella, (VAL.) eixe, eixa. ■ 2 pron. pers. aquest, (VAL.) este, aquesta (VAL.) esta, aquell, aquella: who's ~?, qui és aquest? 3 això (VAL.) açò, allò. 4 pron. rel. que: the girl ~ you saw, la noia que vas veure. 5 so ~, per tal que. ■ 6 adv. tan: ~ far, tan lluny; ~ big, així de gros.

thatch [θætʃ] s. palla f. seca; sostre m. de palla seca.

thatched [θætʃt] a. de palla. || ~ cottage, caseta f. amb sostre de palla.

thaw [θɔː] s. desglaç m., fosa f.

thaw (to) [θɔː] t. desglaçar, fondre. ■ 2 i. desglaçar-se p., fondre's p.

the [ðə; davant vocal ði:] art. el, la, els, les, (BAL.) es, sa, ses. ■ 2 adv. ~ more he has, ~ more he wants, com més té més vol.

theatre, (EUA) **theater** [ˈθiətə] s. teatre m. || variety ~, teatre de varietats.

theatregoer, (EUA) **theatergoer** [ˈθiətəgouə] s. afeccionat al teatre.

theatrical [θiˈætrikəl] a. teatral. 2 exagerat. 3 pl. amateur theatricals, teatre m. sing. d'afeccionats.

theft [θeft] s. robatori m., furt m.

them [ðem, ðəm] pron. pers. els, 'ls, les, los. 2 (amb preposició) ell, ella: to ~, a ells, a elles.

theme [θiːm] s. tema m.

theme song [ˈθiːmsɔŋ] s. CINEM., tema f. musical.

themselves [ðəmˈselvz] pron. pers. ells mateixos, elles mateixes. 2 se, s'.

then [ðen] adv. llavors. || what are we doing ~?, què fem, doncs?; ~ it started raining, llavors va començar a ploure. 2 després: we'll have soup and ~ fish, menjarem sopa i després peix. || now and ~, de tant en tant; ~ and there, allà mateix.

thence [ðens] *adv.* form. des d'allà. 2 per tant.

thenceforth [ˈðensˈfɔːθ] *adv.* des d'aleshores.

theology [θiˈɔlədʒi] *s.* teologia *f.*

theoretic(al) [θiəˈretik, -əl] *a.* teòric. ■ 2 *theoretically,* adv. teòricament, en teoria.

theory [ˈθiəri] *s.* teoria *f.*

there [ðeəʳ, ðəʳ] *adv.* allà, allí. 2 ~ *is,* hi ha (*sing.*); ~ *are,* hi ha (*pl.*); ~ *was,* hi havia (*sing.*); ~ *were,* hi havia (*pl.*). 3 ~ *he is,* ja és aquí.

thereabouts [ˈðeərəbauts] *adv.* aproximadament; més o menys; si fa no fa.

thereafter [ðeərˈɑːftəʳ] *adv.* després (d'això).

thereby [ˈðeəˈbai] *adv.* d'aquesta manera, així.

therefore [ˈðeəfɔːʳ] *adv.* per tant, per això mateix.

therein [ðeərˈin] *adv.* allà; pel que fa a això.

thereof [ðeərˈɔv] *adv.* d'això, d'allò.

Theresa [təˈriːzə] *n. pr. f.* Teresa.

thereupon [ðeərəˈpɔn] *adv.* llavors; com a conseqüència.

thermometer [θeˈmɔmitəʳ] *s.* termòmetre *m.*

thermos flask [ˈθeəməs flɑːsk] *s.* termos *m.*

these [ðiːz] *a.-pron. pl.* de THIS.

thesis [ˈθiːsis] *s.* tesi *f.* ▲ *pl.* **theses** [ˈθiːsiːz].

their [ðeəʳ] *a. poss.* els seus, les seves.

theirs [ðeəz] *pron. poss.* (el) seu, (la) seva, (els) seus, (les) seves [d'elles, d'elles].

they [ðei] *pron. pers.* ells, elles.

thick [θik] *a.* gruixut, (BAL.) gruixat, (VAL.) gros. ‖ *two inches* ~, de dues polzades de gruix. 2 espès, poblat [barba]. ‖ ~ *with,* ple de. 3 seguit, continuat. 4 tèrbol, nebulós. 5 curt, talòs [persona]. 6 ronc [veu]. 7 dur d'orella. 8 íntim [amic]. ■ 9 *s.* gruix *m.,* gruixària *f.* ‖ *through* ~ *and thin,* incondicionalment.

thicken (to) [ˈθikən] *t.* espessir. 2 complicar. ■ 3 *i.* espessir-se *p.* 4 complicar-se *p.*

thicket [ˈθikit] *s.* garriga *f.*

thickness [ˈθiknis] *s.* espessor *f.,* densitat *f.,* gruix *m.* 2 copa *f.,* pis *m.*

thief [θiːf] *s.* lladre.

thieve (to) [θiːv] *i.* robar, (VAL.) furtar.

thigh [θai] *s.* ANAT. cuixa *f.*

thimble [ˈθimbl] *s.* didal *m.*

thin [θin] *a.* prim. ‖ *thin-skinned,* hipersensible [persona]. 2 tènue, lleuger. 3 poc dens; buit; esclarissat. 4 pobre, escàs. 5 dèbil, agut, fluix [veu].

thin (to) [θin] *t.* aprimar, fer aprimar. 2 desatapeir. 3 desespessir. 4 disminuir, afluixar. ■ 5 *i.* aprimar-se *p.* 6 esllanguir-se *p.* 7 desatapeir-se *p.* 8 desespessir-se *p.*

thing [θiŋ] *s.* cosa *f.* ‖ *for one* ~, en primer lloc; *poor* ~!, pobret!; *to have a* ~ *about,* tenir obsessió per.

think (to) [θiŋk] *t.-i.* pensar. 2 *t.* considerar, creure. ‖ *I don't* ~ *so,* em sembla que no. 3 imaginar-se *p.: I can't* ~ *why she didn't come,* no em puc imaginar perquè no va venir. 4 tenir la intenció de. ‖ *I* ~ *I'll stay in,* em sembla que em quedaré a casa. 5 *to* ~ *about,* pensar en; reflexionar, considerar. ‖ ~ *about it,* pensa-t'ho; pensa-hi; *to* ~ *of,* pensar en. ▲ Pret. i p. p.: *thought* [θɔːt].

thinker [ˈθiŋkəʳ] *s.* pensador.

third [θeːd] *a.* tercer. ■ 2 *s.* terç *m.,* tercera part *f.*

thirst [θeːst] *s.* set *f.* [també fig.].

thirst (to) [θeːst] *i. to* ~ *(for),* tenir set. 2 fig. anhelar, desitjar.

thirsty [ˈθeːsti] *a.* assedegat. ‖ *to be* ~, tenir set.

thirteen [θeːˈtiːn] *a.* tretze. ■ 2 *s.* tretze *m.*

thirteenth [θeːˈtiːnθ] *a.* tretzè.

thirtieth [ˈθeːtiiθ] *a.* trentè.

thirty [ˈθeːti] *a.* trenta. ■ 2 *s.* trenta *m.*

this [ðis] *a.-pron.* aquest, (VAL.) este, aquesta, (VAL.) esta.

thistle [ˈθisl] *s.* BOT. card *m.*

thither [ˈðiðəʳ] *adv.* ant. allà, cap allà.

thong [θɔŋ] *s.* corretja *f.*

thorn [θɔːn] *s.* BOT. espina *f.,* punxa *f.* 2 fig. problema *m.,* dificultat *f.,* embolic *m.*

thorny [ˈθɔːni] *a.* ple de punxes, espinós. 2 fig. espinós, difícil.

thorough [ˈθʌrə] *a.* complet, total. 2 minuciós.

thoroughbred [ˈθʌrəbred] *a.-s.* pura sang, raça.

thoroughfare [ˈθʌrəfeəʳ] *s.* carrer *m.,* via *f.* pública.

those [ðouz] *a.-pron. pl.* de THAT.

thou [ðau] *pron. pers.* ant., liter. tu.

though [ðou] *conj.* tot i que, encara que. 2 *as* ~, com si. ■ 3 *adv.* tanmateix.

thought [θɔːt] Vegeu THINK (TO). ■ 2 s.
pensament m., idea f. ‖ *on second
thoughts,* pensant-ho millor.

thoughtful ['θɔːtful] a. pensarós, medi-
tabund. 2 considerat, atent, sol·lícit. ■ 3
-ly adv. pensativament. 4 atentament.

thoughtfulness ['θɔːtfulnis] s. seriosi-
tat f. 2 atenció f., consideració f.

thoughtless ['θɔːtlis] a. irreflexiu. 2
egoista, desconsiderat.

thoughtlessness ['θɔːtlisnis] s. ir-
reflexió f.; lleugeresa f. 2 egoisme m.;
desconsideració f.

thousand ['θauzənd] a. mil. ■ 2 s. a ~,
one ~, mil m., un miler.

thousandth ['θauzənθ] a. mil·lèsim,
milè. ■ 2 s. mil·lèsim m., milè m.

thrash (to) [θræʃ] t. colpejar, pegar,
apallissar. 2 debatre, moure. 3 *to ~ out,*
esclarir; esbrinar, aclarir. ■ 4 i. debatre's
p., moure's p.

thrashing ['θræʃiŋ] s. pallissa f., esto-
macada f., allisada f.

thread [θred] s. fil m. 2 femella f. [de ca-
ragol].

thread (to) [θred] t. enfilar. 2 cargolar
[un cargol]. ■ 3 i. lliscar, passar.

threat [θret] s. amenaça f.

threaten (to) ['θretn] t.-i. amenaçar t.

threatening ['θretniŋ] a. amenaçador.

three [θriː] a. tres. ■ 2 s. tres m.

thresh (to) [θreʃ] t.-i. AGR. batre, trillar.

threshing ['θreʃiŋ] s. AGR. batuda f.

threshing floor ['θreʃiŋflɔːʳ] s. AGR. era f.

threshing machine ['θreʃiŋməʃiːn] s.
AGR. màquina f. de batre, trilladora f.

threshold ['θreʃ(h)ould] s. llindar m.

threw [θruː] Vegeu THROW (TO).

thrift [θrift] s. economia f., frugalitat f.

thriftless ['θriftlis] a. malgastador, mal-
baratador.

thrifty ['θrifti] a. econòmic, frugal. 2
(EUA) pròsper.

thrill [θril] s. calfred m., estremiment m.
2 emoció f. forta, excitació f. 3 esgar-
rifança f.

thrill (to) [θril] t. estremir; esgarrifar. 2
emocionar, excitar. 3 commoure, colpir.
■ 4 i. estremir-se p., esgarrifar-se p. 5
emocionar-se p., excitar-se p. 6 com-
moure's p. 7 tenir calfreds.

thriller ['θrilə] s. novel·la f., film m.
esborronador.

thrive (to) [θraiv] i. créixer, prosperar. ▲
Pret.: *throve* [θrouv] o *thrived* [θraivd]; p.
p.: *thrived* o *thrived* ['θrivn].

throat [θrout] s. gola f., gorja f., coll m.:
sore ~, mal m. de coll.

throb [θrɔb] s. batec m., palpitació f.

throb (to) [θrɔb] i. bategar, palpitar.

throe [θrou] s. angoixa f., patiment m.,
dolor m.

throne [θroun] s. tron m.

throng [θrɔŋ] s. gentada f., munió f.

throng (to) [θrɔŋ] i. apinyar-se p., api-
lotar-se p. ■ 2 t. omplir de gom a gom.

throttle ['θrɔtl] s. vàlvula f. reguladora.

throttle (to) ['θrɔtl] t. escanyar, estran-
gular. 2 *to ~ down,* afluixar, reduir la
marxa.

through [θruː] prep. per, a través de. 2
per mitjà de, a causa de. ■ 3 adv. de ban-
da a banda; completament. ‖ *to be wet
~,* estar totalment xop; *to carry the plan
~,* dur a terme el pla. ■ 4 a. directe [tren,
etc.].

throughout [θruːˈaut] prep. per tot. ‖ ~
the country, arreu del país. 2 durant tot:
~ *the year,* durant tot l'any. ■ 3 adv. per
tot arreu. ‖ *the chair was rotten ~,* la ca-
dira era tota ben podrida.

throve [θrouv] Vegeu THRIVE (TO).

throw [θrou] s. llançament m. 2 tirada f.

throw (to) [θrou] t. tirar, llençar, llançar.
2 estendre, desplegar. 3 donar [la culpa].
4 col·loq. fer [una festa]. 5 posar. ■ *to ~
away,* llençar [a les escombraries]; mal-
baratar, desaprofitar; *to ~ back,* reflec-
tir; tornar, retornar; refusar; fer cnrera,
retardar; *to ~ down,* llençar [de dalt a
baix]; tirar a terra, abatre; *to ~ in,* tirar-
hi; afegir; intercalar; *to ~ off,* treure's
del damunt; renunciar [a un costum];
abandonar; despistar, fer perdre; *to ~
open,* obrir de bat a bat; *to ~ out,* treure,
proferir; expulsar, fer [llum, pudor, so-
roll], arrelar; fer ressaltar; *to ~ over,*
abandonar, deixar; posar-se [roba al da-
munt]; *to ~ up,* llençar enlaire; aixecar;
vomitar. ▲ Pret.: *threw* [θru]; p. p.:
thrown [θroun].

thrown [θroun] Vegeu THROW (TO).

thrush [θrʌʃ] s. ORN. tord m.

thrust [θrʌst] s. atac m., escomesa f. 2
empenta f. 3 MEC. empenyiment m.

thrust (to) [θrʌst] t. empènyer, empen-
tar. 2 ficar, introduir. ‖ *to ~ one's way,*
obrir-se p. camí. ■ 2 i. fer-se p. enda-
vant; escometre. ▲ Pret. i p. p.: *thrust*
[θrʌst].

thud [θʌd] s. patacada f.; cop m. sord.

thumb [θʌm] s. polze m., dit m. gros.

thumbtack ['θʌmtæk] s. (EUA) xinxeta f.

thump [θʌmp] s. patacada f., trompada f.

thump (to) [θʌmp] t.-i. donar cops de puny, donar patacades, estorar.

thunder [ˈθʌndəˈ] s. tro m. 2 fig. fragor m., terrabastall m.

thunder (to) [ˈθʌndəˈ] i. tronar. 2 fig. retrunyir.

thunderbolt [ˈθʌndəboult] s. llamp m. 2 fig. daltabaix m., catàstrofe m., desgràcia f.

thunderclap [ˈθʌndəklæp] s. tro m.; tronada f. 2 fig. males notícies f. pl. [sobtades].

thunderstorm [ˈθʌndəstɔːm] s. tronada f., tempestat f. amb trons.

thunderstruck [ˈθʌndəstrʌk] a. liter. atordit, atabalat, sorprès.

Thursday [ˈθəːzdi, -dei] s. dijous m.

thus [ðʌs] adv. d'aquesta manera, així. ‖ ~ far, fins ara.

thwart (to) [θwɔːt] t. obstruir, frustrar, impedir.

thyme [taim] s. BOT. farigola f.

tick [tik] s. tic-tac m. 2 col·loq. moment m., minut m. ‖ I'll be here in two ticks, arribaré en un no res. 3 marca f.; senyal m. 4 ZOOL. paparra f.

tick (to) [tik] i. fer tic-tac [rellotge, taxímetre, etc.]. 2 col·loq. comportar-se p., actuar. ■ 3 t. to ~ off, marcar, senyalar.

ticket [ˈtikit] s. bitllet m., entrada f.; tiquet m. ‖ return ~, bitllet d'anada i tornada. 2 etiqueta f. [en roba, electrodomèstics, etc.]. 3 (EUA) POL. llista f. de candidats, candidatura f. 4 multa f. de trànsit.

ticket office [ˈtikitɔfis] s. taquilla f.; despatx m. de bitllets.

tickle [ˈtikl] s. pessigolles f. pl., pessigolleig m.

tickle (to) [ˈtikl] t. fer pessigolles. 2 divertir. 3 fer venir pessigolles. ■ 4 i. tenir pessigolles. 5 sentir pessigolleig.

ticklish [ˈtikliʃ] a. pessigoller. 2 delicat [afer].

tide [taid] s. marea f. 2 opinió f., corrent m.; tendència f.

tidily [ˈtaidili] adv. en ordre, pulcrament.

tidiness [ˈtaidinis] s. polidesa f., netedat f.; ordre m.

tidings [ˈtaidiŋz] s. pl. ant. notícies f. pl.

tidy [ˈtaidi] a. net; endreçat; polit; ordenat. 2 considerable. ‖ a ~ amount, una bona quantitat. 3 pl. calaix m. sing. dels mals endreços.

tidy (to) [ˈtaidi] t. netejar; endreçar; ordenar.

tie [tai] s. cinta f., cordó m., lligall m. 2 llaç m., nus m. 3 corbata f. 4 lligam m. 5 ESPORT empat m. 6 MÚS. lligat m. 7 fig. lligam m., destorb m.

tie (to) [tai] t. lligar. 2 cordar. 3 fer un nus. ■ 4 i. lligar-se p. 5 ESPORT empatar. 6 anar lligat. ‖ where does that ~, on va lligat això?

tier [tiəˈ] s. renglera f., filera f.; grada f.

tie-up [ˈtaiʌp] s. lligam m., enllaç m. 2 fig. bloqueig m., paralització f.

tiger [ˈtaigəˈ] s. tigre m.

tight [tait] a. fort: hold me ~, agafa'm fort. 2 ben lligat, fort. 3 hermètic. 4 estret, ajustat [roba, sabates]. 5 tibant, estirat [corda]. 6 col·loq. borratxo. ‖ to be in a ~ spot, ajustar, trobar-se en un mal pas.

tighten (to) [ˈtaitn] t. ajustar, estrènyer. 2 tibar. ■ 3 i. ajustar-se p., estrènyer-se p. 4 tibar-se p.

tightness [ˈtaitnis] s. tibantor f., tensió f. 2 estretor f.

tights [taits] n. pl. mitges f. pl., pantis m. pl.

tile [tail] s. rajola f. 2 teula f.

tile (to) [tail] t. enrajolar, posar teules.

till [til] prep. Vegeu UNTIL.

till (to) [til] t. AGR. cultivar, conrear.

tillage [ˈtilidʒ] s. AGR. conreu m., cultiu m.

tiller [ˈtiləˈ] s. AGR. llaurador, conreador. 2 NÀUT. canya f. del timó.

tilt [tilt] s. inclinació f., pendent m. 2 escomesa f., cop m. de llança. ‖ at full ~, a tota marxa.

tilt (to) [tilt] t. inclinar, decantar. 2 escometre. ■ 3 i. inclinar-se p., decantar-se p. 4 HIST. justar.

timber [ˈtimbəˈ] s. fusta f. tallada, tauló m. 2 biga f. 3 arbres m. pl. per a fusta.

time [taim] s. temps m.; hora f. ‖ at a ~, de cop, en un sol cop; at any ~, a qualsevol hora; at no ~, mai; at the same ~, alhora; for the ~ being, ara com ara, de moment; from ~ to ~, de tant en tant; in ~, a temps; on ~, puntual; to have a good ~, passar-ho bé; what ~ is it?, what's the ~?, quina hora és? 2 MÚS. compàs m.

time (to) [taim] t. triar el moment. 2 cronometrar. 3 regular, adaptar, fer coincidir.

timekeeper [ˈtaimkiːpəˈ] s. cronòmetre m. 2 cronometrador [persona].

timeless [ˈtaimlis] a. etern. 2 sense durada.

toilsome

timely ['taimli] *adv.* oportú.

time-table ['taim,teibl] *s.* horari *m.*

timidity [ti'miditi] *s.* timidesa *f.*

timid ['timid] *a.* tímid; espantadís.

timorous ['timərəs] *a.* poruc, espantadís; tímid.

tin [tin] *s.* estany *m.* 2 llauna *f.,* (BAL.), (VAL.) llanda *f.*

tin (to) [tin] *t.* estanyar. 2 enllaunar. ‖ *tinned goods,* conserves *f. pl.*

tincture ['tiŋktʃə] *s.* MED. tintura *f.*

tincture (to) ['tiŋktʃə] *t.* tintar; tenyir.

tinder ['tində] *s.* esca *f.*

tinge [tindʒ] *s.* matís *m.* [també fig.].

tinge (to) [tindʒ] *t.* matisar. 2 fig. tenir regust de.

tingle ['tiŋgl] *s.* formigueig *m.;* coissor *f.*

tingle (to) ['tiŋgl] *i.* coure; sentir formigueig.

tinkle ['tiŋkl] *s.* dringadissa *f.,* dring *m.*

tinkle (to) ['tiŋkl] *i.* dringar. ■ 2 *t.* fer dringar.

tinsel ['tinsəl] *s.* oripell *m.* [també fig.].

tint [tint] *s.* matís *m.,* ombra *f.* [de color]. 2 tint *m.* [cabell].

tint (to) [tint] *t.* tintar, tenyir. 2 matisar.

tiny ['taini] *a.* petitet, petitó, minúscul.

tip [tip] *s.* extrem *m.,* punta *f.* 2 (G.B.) abocador *m.* [d'escombraries]. 3 pronòstic *m.,* indicacions *f. pl.* 4 propina *f.*

tip (to) [tip] *t.* posar punta, cobrir l'extrem. 2 moure; aixecar; inclinar. 3 buidar, abocar. 4 ser el factor decisiu. 5 tocar lleugerament. 6 donar propina a. 7 avisar, aconsellar. ■ 8 *i.* moure's *p.;* aixecar-se *p.;* inclinar-se *p.* 9 buidar-se *p.*

tipsy ['tipsi] *a.* alegre, una mica begut.

tiptoe ['tiptou] *s. adv.* on ~, de puntetes.

tiptoe (to) ['tiptou] *i.* anar de puntetes.

tirade [tai'reid] *s.* diatriba *f.,* invectiva *f.*

tire (to) ['taiə] *t.* cansar. ■ 2 *i.* cansarse *p.*

tired ['taiəd] *a.* cansat. ‖ ~ *out,* exhaust.

tiredness ['taiədnis] *s.* cansament *m.*

tireless ['taiəlis] *a.* incansable.

tiresome ['taiəsəm] *a.* enutjós; pesat.

tiring ['taiəriŋ] *a.* cansat, pesat, esgotador.

tissue ['tisju:, tiʃju:] *s.* teixit *m.* 2 BIOL. teixit *m.* 3 fig. xarxa, sèrie, conjunt.

tissue paper ['tisju:,peipə] *s.* paper *m.* de seda, paper *m.* fi.

tit [tit] *s.* ORN. mallerenga *f.* 2 pop. mamella *f.* 3 col·loq. talòs, totxo. 4 LOC. ~

for tat, qui la fa, la paga; tal faràs, tal trobaràs.

titbit ['titbit] fig. llaminadura *f.,* temptació *f.*

tithe [taið] *s.* HIST., REL. delme *m.*

title ['taitl] *s.* títol *m.*

title deed ['taitl,di:d] *s.* DRET títol *m.* de propietat.

title page ['taitl'peidʒ] *s.* portada *f.* [Llibre].

titter ['titə] *s.* rialleta *f.*

titter (to) ['titə] *i.* riure per sota el nas.

titular ['titjulə] *a.-s.* titular.

to [tu:, tu, tə] *prep. a:* ~ *the left,* a l'esquerra, cap a l'esquerra. 2 fins a. 3 per, per a. 4 *a quarter* ~ *three,* tres quarts de tres. 5 *I have* ~ *go,* hi he d'anar. ▲ TO davant de verb és marca d'infinitiu.

toad [toud] *s.* ZOOL. gripau *m.*

toast (to) [toust] *t.* torrar. 2 brindar. ■ 3 *i.* torrar-se *p.*

toast [toust] *s.* torrada *f.,* pa *m.* torrat. 2 brindis *m.*

toaster ['toustə] *s.* torradora *f.*

tobacco [tə'bækou] *s.* tabac *m.*

tobacconist [tə'bækənist] *s.* estanquer. ‖ *tobacconist's,* estanc *m.*

today, to-day [tə'dei] *adv.-s.* avui, (VAL.) hui.

toe [tou] *s.* dit *m.* del peu. 2 punta *f.* [de sabata, mitjó, mitja, etc.].

toe-nail ['touneil] *s.* ungla *f.* [del dit del peu].

together [tə'geðə] *adv.* junts. 2 alhora, al mateix temps. 3 d'acord. 4 ininterrompudament. ‖ *to come* ~, reunir-se, ajuntar-se; *to go* ~, sortir, festejar; harmonitzar, fer joc; *to hang* ~, tenir lògica, tenir cap i peus.

toil [tɔil] *s.* treball *m.,* esforç *m.*

toil (to) [tɔil] *i.* esforçar-se *p.,* afanyar-se *p.* 2 moure's *p.,* amb dificultat.

toilet ['tɔilit] *s.* lavabo *m.;* cambra *f.* de bany, wàter *m.* 2 neteja *f.* personal.

toilet bag ['tɔilitbæg] *s.* necesser *m.*

toilet paper ['tɔilit,peipə] *s.* paper *m.* higiènic.

toiletries ['tɔilitriz] *s. pl.* articles *m. pl.* de tocador.

toilet roll ['tɔilit,roul] *s.* rotlle *m.* de paper higiènic.

toilet soap ['tɔilit,soup] *s.* sabó *m.* de rentar-se les mans.

toilsome ['tɔilsəm] *a.* cansat, pesat, feixuc.

token ['toukən] s. senyal m., marca f., indici f. ■ 2 a. simbòlic.

Tokyo ['toukjou] n. pr. GEOGR. Tòquio.

told [tould] Vegeu TELL (TO).

tolerance ['tɔlərəns] s. tolerància f.

tolerant ['tɔlərənt] a. tolerant.

tolerate (to) ['tɔləreit] t. tolerar.

toll [toul] s. peatge m. 2 danys m. pl., pèrdues f. pl. 3 repic m. [de campana].

toll (to) [toul] t.-i. (fer) tocar [campana].

tomato [tə'mɑːtou] (EUA [tə'meitou] s. BOT. tomàquet m., tomate f., (BAL.), (VAL.) tomàtiga f.

tomb [tuːm] s. tomba f., sepulcre m.

tombstone ['tuːmstoun] s. pedra f. de tomba, làpida f.

tomcat ['tɔm‚kæt] s. ZOOL. gat m. [mascle].

tome [toum] s. llibrot m.

tomorrow [tə'mɔrou] adv.-s. demà m. ‖ the day after ~, demà passat, (BAL.) passat demà, (VAL.) després demà.

ton [tʌn] s. tona f.

tone [toun] s. to m. [també fig.].

tone (to) [toun] t. donar to. 2 MÚS. entonar. ■ to ~ down, abaixar el to; assuaujar; to ~ in, fer joc, harmonitzar [colors]; to ~ up, acolorir [també fig.].

tongs [tɔŋz] s. pl. pinces f. pl., molls m. pl.

tongue [tʌŋ] s. ANAT. llengua f. ‖ fig. to hold one's ~, mossegar-se la llengua. 2 LING. llengua f. ‖ mother ~, llengua materna.

tongue twister ['tʌŋtwistə'] s. embarbussament m. [joc de paraules].

tonic ['tɔnik] a.-s. tònic.

tonight [tə'nait, tu-] adv.-s. aquesta nit, avui a la nit.

tonnage ['tʌnidʒ] s. tonatge m.

tonsil ['tɔnsl] s. amígdala f.

tonsure ['tɔnʃə'] s. tonsura f.

too [tuː] adv. massa. ~ big, massa gran. 2 ~ much, massa: ~ much noise, massa soroll. 3 ~ many, massa: ~ many people, massa gent. 4 també; a més (a més).

took [tuk] Vegeu TAKE (TO).

tool [tuːl] s. eina f., (VAL.) ferramenta f., estri m., utensili m.

tooth [tuːθ] s. dent f., queixal m. ‖ to have a sweet ~, ser llaminer. ▲ pl. teeth [tiːθ].

toothache ['tuːθeik] s. mal m. de queixal.

toothbrush ['tuːθbrʌʃ] s. raspall m. de dents.

toothless ['tuːθlis] a. esdentegat.

toothpaste ['tuːθpeist] s. pasta f. de dents, pasta f. dentrifícia.

toothpick ['tuːθpik] s. escuradents m.

top [tɔp] s. part m. superior, dalt m. ‖ at the ~, dalt de tot; from ~ to bottom, de dalt a baix, de cap a peus; on (the) ~, al (cap)-damunt; fig. on the ~ of the world, feliç, content, pels núvols; ~ speed, màxima velocitat.

top (to) [tɔp] t. coronar [cim, edifici], rematar. 2 acabar, posar fi. 3 sobrepassar, excedir. 4 escapçar, llevar la punta.

topaz ['toupæz] s. MINER. topaci m.

top hat ['tɔp'hæt] s. barret m. de copa.

topic ['tɔpik] s. tema m., qüestió f. ■ 2 a. d'actualitat, d'interès [tema].

topmost ['tɔmpmoust] a. més alt.

topple (to) ['tɔpl] t. fer caure; fer trontollar. 2 bolcar. ■ 3 i. caure; trontollar. 4 bolcar-se p.

torch [tɔːtʃ] s. torxa f., atxa f. 2 fig. aclariment m., solució f. 3 (G.B.) llanterna f., lot f.

tore [tɔː'] Vegeu TEAR (TO).

torment ['tɔːmənt] s. turment m., suplici m.

torment (to) [tɔː'ment] t. turmentar.

torn [tɔːn] Vegeu TEAR (TO). 2 a. estripat, trencat.

tornado [tɔː'neidou] s. tornado m.

torpedo [tɔː'piːdou] s. MIL., ICT. torpede m.

torpedo (to) [tɔː'piːdou] t. torpedinar, disparar torpedes.

torpedo boat [tɔː'piːdoubout] s. MIL. llanxa f. llançatorpedes.

torpor ['tɔːpə'] s. apatia f.; torpor m.

torrent ['tɔrənt] s. torrent m. [també fig.].

torrid ['tɔrid] a. tòrrid.

torsion ['tɔːʃən] s. torsió f.

tortoise ['tɔːtəs] s. ZOOL. tortuga f.

torture ['tɔːtʃə] s. tortura f., turment m.

torture (to) ['tɔːtʃə'] t. torturar, turmentar.

toss (to) [tɔs] t. llençar, tirar (enlaire). 2 jugar-se p. a cara o creu. 3 fig. discutir, pensar. 4 brandar, balancejar. ■ 5 i. balancejar-se p., agitar-se p., moure's p.

toss-up ['tɔsʌp] s. cara o creu m. 2 dubte m., probabilitat f. incerta.

tot [tɔt] s. petarrell, marrec m. 2 col·loq. vas m. licorer.

tot (to) [tɔt] *t.-i. to ~ (up),* sumar, ascendir a.

total ['toutl] *a.* total. ■ 2 *s.* total *m.* ■ 3 **-ly** *adv.* totalment, completament.

totalitarian [,toutæli'tɛəriən] *a.* totalitari.

totter (to) ['tɔtəʳ] *i.* fer tentines, vacil·lar. 2 amenaçar ruïna.

touch [tʌtʃ] *s.* toc *m.* 2 frec *m.* 3 tacte *m.* [sentit]. 4 mica *f.,* petita quantitat *f.,* pessic *m.* 5 contacte *m.: to be in ~,* estar en contacte.

touch (to) [tʌtʃ] *t.* tocar. 2 pegar [per contacte]. 3 assolir, arribar a. 4 tocar, afectar, commoure. 5 ocupar-se *p.* de. ‖ *to ~ off,* provocar, desencadenar; *to ~ up,* retocar. ■ 6 *i.* tocar-se *p.,* estar de costat.

touchiness ['tʌtʃinis] *s.* susceptibilitat *f.*

touching ['tʌtʃiŋ] *a.* colpidor, commovedor. ■ 2 *prep.* tocant a, pel que fa a.

touchstone ['tʌtʃstoun] *s.* pedra *f.* de foc.

touchy ['tʌtʃi] *a.* susceptible, irritable.

tough [tʌf] *a.* dur, corretjut [carn]. 2 dur, fort, resistent. 3 fort, ferm, valent. 4 violent, rude, malcarat. 5 tossut; tenaç. 6 difícil, complicat [problema].

toughen (to) ['tʌfn] *t.* endurir, enfortir [també fig.]. ■ 2 *i.* endurir-se *p.,* enfortir-se *p.* [també fig.].

toughness ['tʌfnis] *s.* duresa *f.;* resistència *f.* 2 tenacitat *f.*

tour [tuəʳ] *s.* viatge *m.,* excursió *f.* 2 volta *f.;* visita *f.* [monument, etc.]. 3 gira *f.* ‖ *on ~,* de tournée.

tour (to) [tuəʳ] *i.* anar de viatge, fer turisme. 2 anar de gira, fer una gira.

tourist ['tuərist] *s.* turista. ■ 2 *a.* turista, turístic, de turisme.

tournament ['tuənəmənt] *s.* torneig *m.,* competició *f.* 2 HIST. torneig *m.*

tow [tou] *s.* remolc *m.* ‖ *can you give me a ~?,* pots remolcar-me?

toward [tə'wɔːd], **towards** [tə'wɔːdz] *prep.* cap a, vers: *he is running ~ the hill,* corre cap el pujol; *~ ten o'clock,* cap a les deu. 2 cap a, envers. ‖ *what are your feelings ~ her?,* què sents per ella?

towboat ['toubout] *s.* (EUA) remolcador *m.*

towel ['tauəl] *s.* tovallola *f.,* (VAL.) tovalla *f.*

towel rail ['tauelreil] *s.* tovaller *m.*

tower ['tauəʳ] *s.* torre *f.*

tower (to) ['tauəʳ] *i.* sobresortir, dominar [en alçada].

towering ['tauəriŋ] *a. ~ rage,* gran violència.

town [taun] *s.* ciutat *f.,* vila *f.,* població *f.* ‖ *~ gas,* gas *m.* ciutat. 2 municipi *m.*

town council [,taun'kaunsil] *s.* ajuntament *m.,* consistori *m.*

town hall [,taun'hɔːl] *s.* ajuntament *m.* [edifici].

town planning [,taun'planiŋ] *s.* urbanisme *m.*

toxic ['tɔksik] *a.* tòxic. ■ 2 *s.* tòxic *m.*

toy [tɔi] *s.* joguina *f.* ■ 2 *a.* de joguina; petit.

toy (to) [tɔi] *i.* jugar, joguinejar. 2 acariciar [idea, projecte].

trace [treis] *s.* rastre *m.,* petja *f.,* marca *f.,* pista *f.* 2 indici *m.,* petita quantitat *f.*

trace (to) [treis] *t.* traçar; esbossar. 2 calcar, resseguir. 3 escriure laboriosament, traçar. 4 rastrejar, seguir la pista. 5 localitzar.

track [træk] *s.* rastre *m.,* pista *f.,* vestigi *m.* 2 rodera *f.* [de cotxe], solc *m.* [de vaixell]. 3 rumb *m.,* trajectòria *f.* ‖ *to make tracks,* tocar el dos. 4 via *f.* 5 ESPORT carril *m.*

track (to) [træk] *t.* seguir el rastre, rastrejar, seguir la pista.

tract [trækt] *s.* àrea *f.,* franja *f.* de terreny. 2 ANAT. aparell *m.,* sistema *m.*

tractable ['træktəbl] *a.* dòcil; tractable; manejable.

traction ['trækʃən] *s.* tracció *f.*

tractor ['træktəʳ] *s.* tractor *m.*

trade [treid] *s.* comerç *m.;* negoci *m.* 2 ocupació *f.,* ofici *m.*

trade (to) [treid] *i.* comerciar, negociar, tractar. ■ 2 *t.* comerciar en, vendre, fer negoci amb.

trade gap ['treidgæp] *s.* COM. dèficit *m.*

trademark ['treidmɑːk] *s.* marca *f.* registrada.

trader ['treidəʳ] *s.* comerciant.

tradesman ['treidzmən] *s.* botiguer.

trade union [,treid'juːnjən] *s.* sindicat *m.*

trade unionist [,treid'juːnjənist] *s.* sindicalista.

trading ['treidiŋ] *a.* comercial, mercantil.

tradition [trə'diʃən] *s.* tradició *f.*

traditional [trə'diʃənl] *a.* tradicional.

traduce (to) [trə'djuːs] *t.* form. difamar, calumniar.

traffic ['træfik] *s.* trànsit *m.,* circulació *f.* 2 tràfic *m.* [transport]. 3 tràfic *m.,* comerç *m.* il·lícit.

traffic light ['træfiklait] s. semàfor m. ▲ sovint pl.

tragedian [trə'dʒiːdjən] s. autor tràgic; actor tràgic.

tragedy ['trædʒidi] s. tragèdia f. [també fig.].

tragic(al) ['trædʒik(-əl)] a. tràgic. ■ 2 -ly adv. tràgicament, d'una manera tràgica.

trail [treil] s. solc m., cua f., deixant m. 2 rastre m., pista f. 3 camí m. de bosc.

trail (to) [treil] t. arrossegar. 2 seguir el rastre. ■ 3 i. arrossegar-se p. 4 enfilar-se p., estendre's [planta]. 5 caminar arrossegant-se p., amb dificultat.

trailer ['treilə'] s. AUTO. remolc m., caravana f., roulotte f. 2 BOT. enfiladissa f. 3 CINEM. trailer m.

train [trein] s. tren m.: goods ~, tren de mercaderies. 2 filera f.; corrua f. 3 sèrie f., seguit m.; fil m. [de pensaments, etc.]. 4 cua f. [de vestit]. 5 reguerot m. de pólvora.

train (to) [trein] t. entrenar, formar, instruir. 2 BOT. enasprar. 3 to ~ on/upon, apuntar [arma]. ■ 4 i. entrenar-se p., formar-se p., instruir-se p.

trainee [trei'niː] s. aprenent.

trainer ['treinə'] s. entrenador, ensinistrador.

training ['treinin] s. entrenament m., formació f., instrucció f. ‖ ~ college, escola f. de formació professional.

trait [treit], (EUA) [treit] s. tret m., peculiaritat f., caràcter m.

traitor ['treitə'] s. traïdor.

tram [træm], **tramcar** ['træmkaː'] s. tramvia m.

trammel (to) ['træməl] t. form. obstaculitzar, fer nosa.

tramp [træmp] s. vagabund, rodamón m. [persona]. 2 caminada f., excursió f.

tramp (to) [træmp] i. caminar feixugament. 2 viatjar a peu, rodar.

trample (to) ['træmpl] t. petjar, trepitjar [també fig.].

trance [trɑːns] s. èxtasi m., alienació f. 2 estat m. hipnòtic.

tranquil ['trænkwil] a. tranquil, reposat.

tranquility [træn'kwiliti] a. tranquil·litat f., pau f., repòs m.

transact (to) [træn'zækt] t. fer [negocis, tractes]; tramitar.

transaction [træn'zækʃən] s. negoci m., negociació f. 2 transacció f. 3 pl. actes f. pl.

transatlantic [ˌtrænzə'tlæntik] a. transatlàntic.

transcend (to) [træn'send] t. transcendir, ultrapassar.

transcendence [træn'sendəns], **transcendency** [træn'sendənsi] s. transcendència f.

transcontinental [ˌtrænzˌkɔnti'nentl] a. transcontinental.

transcribe (to) [træns'kraib] t. transcriure.

transcript ['trænskript] s. transcripció f., còpia f.

transfer ['trænsfə'] s. transferència f., trasllat m., traspàs m. 2 bitllet m. combinat [autobús, tren, etc.].

transfer (to) [træns'fəː'] t. transferir, traslladar, traspassar. 2 cedir, traspassar. ■ 3 i. transbordar, fer transbord.

transferable [træns'fəːrəbl] a. transferible.

transfix (to) [træns'fiks] t. travessar. 2 to be transfixed, quedar-se mut, petrificat, glaçat.

transform (to) [træns'fɔːm] t.-i. transformar(se).

transformation [ˌtrænsfə'meiʃən] s. transformació f.

transgress (to) [træns'gres] t. transgredir, anar més enllà. 2 trencar, violar, infringir [la llei, un pacte].

transgression [træns'greʃən] s. transgressió f. 2 delicte m., falta f.

transient ['trænziənt] a. transitori, passatger. ■ 2 s. hoste de pas.

transistor [træn'sistə'] s. ELECT. transistor m.

transit ['trænsit] s. trànsit m., transport m. ‖ ~ visa, visat m. de pas.

transition [træn'siʒən] s. transició f.

transitive ['trænsitiv] a. GRAM. transitiu.

transitory ['trænsitəri] a. Vegeu TRANSIENT.

translate (to) [træns'leit] t. traduir.

translation [træns'leiʃən] s. traducció f.

translator [træns'leitə'] s. traductor.

translucent [trænz'luːsnt] a. translúcid.

transmission [trænz'miʃən] s. transmissió f.; retransmissió f. 2 AUTO. transmissió f.

transmit (to) [trænz'mit] t. transmetre, retransmetre.

transmitter [trænz'mitə'] s. transmissor m., emissor m.

transom ['trænsəm] s. ARQ. travesser m.

transparence [træns'pærəns] s. transparència f.

transparency [træns'pærensi] s. transparència f. 2 diapositiva f.

transparent [træns'pærənt] a. transparent [també fig.].

transpiration [ˌtrænspi'reiʃən] s. transpiració f.

transpire (to) [træns'paiə'] t. transpirar. ■ 2 i. transpirar. 3 divulgar-se p., fer-se p. públic.

transplant (to) [træns'plɑːnt] t. trasplantar.

transplantation [ˌtrænsplɑːn'teiʃən] s. trasplantament m.

transport ['trænspɔːt] s. transport m.

transport (to) [træns'pɔːt] t. transportar. 2 ant. deportar.

transportation [ˌtrænspɔː'teiʃən] s. transport m., transports m. pl. 2 ant. deportació f.

transpose (to) [træns'pouz] t. transposar. 2 MÚS. transportar.

transshipment [træn'ʃipmənt] s. transbord m. [en vaixells].

transversal [trænz'vəːsəl] a. transversal.

trap [træp] s. trampa f., parany m.: **to lay a ~**, posar una trampa. 2 sifó m. [en fontaneria]. 3 col·loq. boca f. 4 cabriolé m.

trap (to) [træp] t. atrapar, capturar amb una trampa.

trapeze [trə'piːz] s. trapezi m.

trapper ['træpə'] s. tramper, caçador.

trappings ['træpiŋz] s. pl. ornaments m. pl., adornaments m. pl., guarniments m. pl.

trash [træʃ] s. fig. palla f., fullaraca f. 2 deixalles f. pl., escombraries f. pl., brossa f.: **trash-can**, galleda f. de les escombraries.

trashy ['træʃi] a. inútil. 2 dolent [literatura]. 3 sense valor.

travel ['trævl] s. viatge m., viatjar m. 2 MEC. recorregut m.

travel (to) ['trævl] i. viatjar. ■ 2 t. viatjar i. per, recórrer.

traveller, (EUA) **traveler** ['trævlə] s. viatger.

traverse (to) ['trævə(ː)s] t. recórrer, travessar.

travesty ['trævisti] s. paròdia f., imitació f., falsejament m.

travesty (to) ['trævisti] t. parodiar, imitar; falsejar.

tray [trei] s. safata f.

treacherous ['tretʃərəs] a. traïdor, deslleial. 2 incert, perillós, de poc fiar [temps, etc.]. ■ 3 **-ly** adv. traïdorament.

treachery ['tretʃəri] s. traïció f., deslleialtat f.

tread [tred] s. pas m., petjada f., trepig m. 2 graó m., esglaó m. 3 banda f. de rodament [d'un pneumàtic].

tread (to) [tred] t. trepitjar, (ROSS.) pelsigar, petjar. 2 caminar i., anar per [un camí, etc.]. ▲ Pret.: **trod** [trɔd]; p. p.: **trodden** ['trɔdn] o **trod**.

treason ['triːzn] s. traïció f.

treasure ['treʒə'] s. tresor m.

treasure (to) ['treʒə'] t. atresorar, acumular. 2 valorar, apreciar.

treasurer ['treʒərə'] s. tresorer.

treasury ['treʒəri] s. (G.B.) **the Treasury**, el tresor públic. 2 tresoreria f. 3 erari m.

treat [triːt] s. plaer m. poc freqüent, plaer m. inesperat. 2 torn m., ronda f. [de pagar].

treat (to) [triːt] t. tractar. 2 **to ~ as**, considerar. 3 tractar, discutir. 4 convidar, pagar una ronda. ■ 5 i. **to ~ with**, fer tractes, negociar.

treatise ['triːtiz] s. tractat m. [llibre].

treatment ['triːtmənt] s. tracte m., tractament m.

treaty ['triːti] s. tractat m., conveni m.

treble ['trebl] a. triple. ■ 2 s. MÚS. tiple.

treble (to) ['trebl] t.-i. triplicar(se).

tree [triː] s. BOT. arbre m. ‖ **family ~**, arbre genealògic.

treeless ['triːlis] a. pelat, sense arbres.

trellis ['trelis], **trellis-work** ['treliswəːk] s. gelosia f., filat m.

tremble ['trembl] s. tremolor m.

tremble (to) ['trembl] i. tremolar.

tremendous [tri'mendəs] a. tremend, enorme. 2 col·loq. extraordinari; esplèndid.

tremor ['tremə'] s. tremolor m. 2 estremiment m., calfred m.

tremulous ['tremjuləs] a. tremolós. 2 tímid. 3 nerviós.

trench [trentʃ] s. rasa f., fossa f. 2 MIL. trinxera f.

trench (to) [trentʃ] t. obrir rases, fer fosses. 2 MIL. cavar trinxeres.

trenchant ['trentʃənt] a. incisiu, mordaç [llenguatge].

trend [trend] s. direcció f.; tendència f., inclinació f.

trend (to) [trend] i. tendir, inclinar-se p.

trepidation [ˌtrepiˈdeiʃən] s. inquietud f., excitació f.

trespass [ˈtrespəs] s. violació f. de propietat. 2 abús m. [de confiança, etc.]. 3 ant. pecat m., falta f.

trespass (to) [ˈtrespəs] i. violar la propietat. ‖ *no trespassing!*, no passeu! 2 *to ~*, abusar de [hospitalitat, confiança, etc.]. 3 ant. pecar, faltar.

trial [ˈtraiəl] s. prova f., assaig m., provatura f. 2 judici m., procés m. 3 contratemps m., obstacle m.

triangle [ˈtraiæŋgl] s. triangle m.

tribe [traib] s. tribu f.

tribulation [ˌtribjuˈleiʃən] s. tribulació f.

tribunal [traiˈbjuːnl] s. tribunal m.

tributary [ˈtribjutəri] a.-s. tributari. 2 afluent.

tribute [ˈtribjuːt] s. tribut m., homenatge m. 2 tribut m., impost m.

trice [trais] s. *in a ~*, en un tres i no res; en un obrir i tancar d'ulls.

trick [trik] s. truc m., enganyifa f., ensarronada f. 2 hàbit m. peculiar, vici m.

trick (to) [trik] t. enganyar, enredar, estafar. 2 *to ~ out* o *up*, engalanar, adornar.

trickery [ˈtrikəri] s. engany m., enredada f.

trickle (to) [ˈtrikl] i. degotar; rajar. ■ 2 t. fer degotar, fer rajar.

tricky [ˈtriki] a. enredaire, ensarronador. 2 difícil, complicat.

tried [traid] Vegeu TRY (TO).

trifle [ˈtraifl] s. fotesa f., bagatel·la f. 2 misèria f., petita quantitat f. [de diners]. ■ 3 adv. una mica, un pèl.

trifle (to) [ˈtraifl] i. *to ~ with*, jugar amb, rifar-se p. [algú]. 2 *to ~ away*, malgastar, malbaratar.

trifler [ˈtraiflə] s. persona f. frívola.

trifling [ˈtraifliŋ] a. de poca importància, trivial.

trigger [ˈtrigə] s. gallet m., disparador m.

trill [tril] s. refilet m., trinat m. 2 MÚS. trinat m. 3 vibració f. [so].

trill (to) [tril] t.-i. refilar i., trinar i. 2 pronunciar amb vibració.

trim [trim] a. endreçat, polit, ordenat. ■ 2 s. ordre m., polidesa f., disposició f. ■ 3-ly adv. en ordre.

trim (to) [trim] t. allisar, polir, podar, esporgar, netejar. 2 guarnir, engalanar, adornar. 3 AERON., NÀUT. equilibrar. ■ 4 i. POL. canviar de camisa; fer falses promeses; ser oportunista.

trimming [ˈtrimiŋ] s. arranjament m.; allisament m. 2 poda f., esporgada f. 3 guarniment m., adorn m. 4 AERON., NÀUT. equilibri m. 5 col·loq. oportunisme m.

trinket [ˈtriŋkit] s. quincalla f.

trip [trip] s. viatge m.; excursió f. 2 ensopegada f., entrebancada f. [també fig.]. 3 viatge m. [amb al·lucinògens].

trip (to) [trip] i. brincar, saltironejar. 2 *to ~ (out)*, viatjar [amb al·lucinògens]. 3 t.-i. entrebancar(se).

triple [ˈtripl] a. triple.

tripper [ˈtripə] s. excursionista.

trite [trait] a. comú, vist, repetit [argument].

triumph [ˈtraiəmf] s. triomf m.

triumph (to) [ˈtraiəmf] i. triomfar, vèncer.

triumphal [traiˈʌmfəl] a. triomfal.

triumphant [traiˈʌmfənt] a. triomfant. ■ 2 -ly adv. triomfalment.

trivial [ˈtriviəl] a. trivial, banal. 2 superficial, frívol [persona].

triviality [triviˈæliti] s. futilesa f., banalitat f., trivialitat f.

trod [trɔd] Vegeu TREAD (TO).

trodden [ˈtrɔdn] Vegeu TREAD (TO).

trolley [ˈtrɔli] s. carretó m. 2 *(tea) ~*, tauleta f. amb rodes [per a servir menjar]. 3 tròlei m. [de tramvia, etc.].

trolley bus [ˈtrɔlibʌs] s. tramvia m.

trombone [trɔmˈboun] s. MÚS. trombó m.

troop [truːp] s. estol m., colla f. 2 MIL. tropa f. 3 estol m. [d'escoltes].

trophy [ˈtroufi] s. trofeu m.

tropic [ˈtrɔpik] s. tròpic m., tròpics m. pl.

tropical [ˈtrɔpikəl] a. tropical.

trot [trɔt] s. trot m.: *at a ~*, al trot.

trot (to) [trɔt] i. trotar. 2 col·loq. caminar, anar: *~ along!*, ves-te'n! ■ 3 t. col·loq. *to ~ out*, treure, fer sortir. 4 fer caminar, fer causar.

trouble [ˈtrʌbl] s. pertorbació f., desordre m., trastorn m. 2 pena f., problema m. ‖ *to be in ~*, estar en un mal pas, tenir problemes. 3 inconvenient m., molèstia f. 4 avaria f. 5 MED. malaltia f., trastorn m.: *heart ~*, malaltia f. del cor.

trouble (to) [ˈtrʌbl] t. torbar, pertorbar; trasbalsar. 2 preocupar; molestar. ■ 3 i. preocupar-se p. 4 torbar-se p.

troublemaker [ˈtrʌblmeikə] s. agitador, busca-raons.

troublesome [ˈtrʌblsəm] a. pesat, molest, enutjós.

trough [trɔf] s. menjadora f., abeurador m. 2 pastera f. 2 METEOR. depressió f.

trousers ['trauzəz] s. pl. pantalons m. pl.

trousseau ['tru:sou] s. aixovar m. ▲ pl. *trousseaus* o *trousseaux*.

trout [traut] s. ICT. truita f.

truant ['tru(:)ənt] s. nen que fa campana: *to play* ~, fer campana, saltar-se les classes. ■ 2 a. ociós, gandul.

truce [tru:s] s. treva f.

truck [trʌk] s. (G.B.) FERROC. vagó m. de plataforma. 2 (EUA) camió m. 3 carretó m. 4 canvi m., barata f.

truculence ['trʌkjuləns] s. truculència f., agressivitat f.

truculent ['trʌkjulənt] a. truculent, agressiu, ferotge.

trudge [trʌdʒ] s. caminada f., esgotadora.

trudge (to) [trʌdʒ] i. caminar pesadament, caminar fatigosament.

true [tru:] a. veritable, cert, real. ‖ *it's* ~, és veritat. ‖ ~ *love*, amor m. de debò. 2 ~ *(to)*, fidel, lleial.

truism ['tru(:)izm] s. veritat f. manifesta; bajanada f.

truly ['tru:li] adv. de debò, (BAL.), (VAL.) de veres; veritablement. 2 sincerament. 3 veritable, de debò.

trump [trʌmp] s. JOC trumfo m. 2 liter. (soroll de) trompeta f.

trump (to) [trʌmp] t. JOC matar amb un trumfo. 2 *to* ~ *up*, inventar [excusa, història, etc.].

trumpery ['trʌmpəri] s. oripell m.; engany m.

trumpet [trʌmpit] s. trompeta f. 2 trompetada f. [so].

truncheon ['trʌntʃən] s. porra f.

trunk [trʌŋk] s. tronc m. [d'arbre, del cos, etc.]. 2 bagul m. 3 trompa f. [d'elefant]. 4 pl. pantalons m. pl. curts. 5 (EUA) portaequipatges m., maleta f. [de l'automòbil].

trunk call ['trʌnkkɔ:l] s. TELEF. conferència f. interurbana.

trust [trʌst] s. confiança f., fe f. ‖ *on* ~, a ulls clucs, sense dubtar-ne; a crèdit. 2 COM. trust m. 3 responsabilitat f. 4 COM. *custòdia* f. ‖ *national* ~, patrimoni m. nacional.

trust (to) [trʌst] i. tenir confiança en. ■ 2 t. confiar. 3 fiar-se p. de.

trustee [trʌs'ti:] s. fideïcomís, dipositari. ‖ *board of trustees*, patronat m.

trustful ['trʌstful] a. confiat. ■ 2 **-ly** adv. confiadament.

trustworthy ['trʌst،wə:ði] a. digne de confiança, fidedigne.

trusty ['trʌsti] a. ant. Vegeu TRUSTWORTHY.

truth [tru:θ] s. veritat f.: *to tell the* ~, dir la veritat; per ser-te franc.

truthful ['tru:θful] a. veraç [persona].

truthfulness ['tru:θfulnis] s. veracitat f.

try [trai] s. intent m., prova f., temptativa f.

try (to) [trai] t. intentar. 2 *to* ~ *(for)*, voler assolir, procurar. 3 provar. 4 posar a prova. 5 DRET jutjar. 6 *to* ~ *on*, emprovar-se p.

trying ['traiiŋ] a. irritant, molest, insuportable.

T-shirt ['ti:ʃə:t] s. samarreta f. de màniga curta.

tub [tʌb] s. cubell m., cossi m. 2 col·loq. (G.B.) banyera f. 3 NÀUT. col·loq. pot m., carraca f.

tube [tju:b] s. tub m. 2 (EUA), ELECT. làmpada f., vàlvula f. 3 (G.B.) metro m., ferrocarril m. metropolità.

tuberculosis [tju،bə:kju'lousis] s. tuberculosi f.

tuberculous [tju'bə:kjuləs] a. tuberculós.

tuck (to) [tʌk] t. ficar, entaforar.

Tuesday ['tju:zdi, -dei] s. dimarts m.

tuft [tʌft] s. tupè m., floc m., cresta f.

tug [tʌg] s. estirada f., estrebada f. 2 ~ *(boat)*, remolcador m.

tug (to) [tʌg] t.-i. estirar t., estrebar t.

tuition [tju'iʃən] s. ensenyament m. ‖ *private* ~, classes f. pl. particulars.

tulip ['tju:lip] s. tulipa f.

tumble ['tʌmbl] s. caiguda f. 2 desordre m., confusió f.

tumble (to) ['tʌmbl] i. caure a terra. 2 agitar-se p., rebolcar-se p., regirar-se p. 3 estar a punt de caure; amenaçar ruïna. ■ 4 t. fer caure. 5 preocupar, amoïnar. 6 desordenar; enredar. 7 *to* ~ *to*, adonar-se p. de, comprendre, veure.

tumbledown ['tʌmbldaun] a. que amenaça ruïna, a punt de caure.

tumbler ['tʌmblə'] s. got m., vas m., (BAL.) tassó m. 2 fiador m. [de pany]. 3 acròbata.

tumour, (EUA) **tumor** ['tju:mə] s. MED. tumor m.

tumult ['tju:mʌlt] s. tumult m.

tumultuous [tju(:)'mʌltjuəs] a. tumultuós.

tuna ['tju:nə], **tuna fish** ['tju:nəfiʃ] s. tonyina f.

tune [tjuːn] s. melodia f.; tonada f. 2 melodia f.; melodiositat f. ‖ *in* ~, a to, afinat; *out of* ~, fora de to, desafinat. 3 fig. harmonia f., harmoniositat f.

tune (to) [tjuːn] t. afinar [un instrument]. 2 RADIO. *to* ~ *in (to)*, sintonitzar, fig. sintonitzar, estar al cas. ■ 3 t. trucar [un motor].

tuneful [tjuːnful] a. harmoniós, melodiós.

tunic [tjuːnik] s. jaqueta f. [d'uniforme]. 2 túnica f.

tuning fork [tjuːninˌfɔːk] s. MÚS. diapasó m.

Tunis [tjuːnis] n. pr. GEOGR. Tunis.

tunnel [tʌnl] s. túnel m.

tunny [tʌni] s. ICT. tonyina f., bonítol m.

turbid [tɜːbid] a. tèrbol [també fig.].

turbine [tɜːbin, -bain] s. MEC. turbina f.

turbojet [tɜːbouˈdʒet] s. turboreactor m.

turbulent [tɜːbjulənt] a. turbulent, agitat, tumultuós.

turf [tɜːf] s. gespa f., herbei m. 2 JOC *the* ~, els cavalls, les curses de cavalls. 2 torba f.

turgid [tɜːdʒid] a. turgent. 2 ampul·lós, pompós.

Turin [tjuˈrin] n. pr. GEOGR. Torí.

Turk [tɜːk], **Turkish** [tɜːkiʃ] s. turc.

Turkey [tɜːki] n. pr. GEOGR. Turquia.

turkey [tɜːki] s. gall m. dindi.

turmoil [tɜːmɔil] s. confusió f., aldarull m., desordre m., tumult m.

turn [tɜːn] s. volta f., gir m. 2 canvi m. de direcció; giravolt m. 3 torn m., ocasió f., oportunitat f. ‖ *by turns*, per torns, per rotació. 4 tendència f. natural, inclinació f. 5 propòsit m., necessitat f., requeriment m. 6 TEAT. número m. 7 col·loq. xoc m., impacte m. [sentiments].

turn (to) [tɜːn] t. girar, fer girar, fer donar voltes. 2 tombar. 3 fer tornar, tornar, fer esdevenir. 4 desviar; evitar, eludir. 5 trastornar, trasbalsar. ■ *6 i.* girar; donar voltes. 7 tornar, donar la volta. 8 tornar-se p. ‖ *she turned red*, es va posar vermella. 9 canviar, variar. 10 dedicar-se p. ■ *to* ~ *against*, enemistar; posar-se en contra; *to* ~ *around*, donar la volta; desvirtuar, falsejar; *to* ~ *aside*, desviar, fer-se a un costat; *to* ~ *back*, tornar, tornar enrera, fer tornar enrera; girar-se; *to* ~ *down*, abaixar, afluixar, mitigar; rebutjar; posar de cap per avall; *to* ~ *in*, fer a mans, lliurar; fer, executar; anar-se'n al llit; *to* ~ *into*, transformar, convertir, transformar-se, convertir-se, esdevenir;

to ~ *off*, apagar, tancar, desconnectar; sortir [de la carretera], desviar-se; col·loq. destrempar; *to* ~ *on*, encendre, obrir, connectar; col·loq. excitar; dependre de; tornar-se contra; *to* ~ *out*, pasturar; girar de dintre a fora, tombar; vestir, equipar-se; apagar [llum]; col·loq. alçar-se, aixecar-se del llit; manufacturar, produir en cadena; resultar, ser; sortir; *to* ~ *over*, meditar, pensar; cedir; lliurar; girar full; *to* ~ *up*, aparèixer de sobte; apujar [volum, etc.]; escurçar [roba].

turning [tɜːniŋ] s. cantonada f., encreuament m.

turning point [tɜːniŋpɔint] s. punt m. crucial, moment m. decisiu.

turnip [tɜːnip] s. nap m.

turnout [tɜːnˌaut] s. concurrència f., públic m. 2 presència f., aspecte m. [persona]. 3 neteja f., netejada f.

turnover [tɜːnˌouvə] CUI. cresteta f. 2 COM. volum m. de vendes. 3 moviment m. [gent, material, etc.].

turpentine [tɜːpəntain] s. trementina f.

turpitude [tɜːpitjuːd] s. depravació f., dolenteria f., vilesa f.

turret [tʌrit] s. torratxa f.; torreta f. 2 MIL. torreta f.

turtle [tɜːtl] s. ZOOL. tortuga f. de mar.

turtledove [tɜːtldʌv] s. ORN. tórtora f.

tusk [tʌsk] s. ullal m. [d'animal].

tussle [tʌsl] s. baralla f., brega f., batussa f.

tutor [tjuːtə] s. preceptor, professor particular. 2 (G.B.) tutor [universitat].

tutor (to) [tjuːtə] t. ensenyar, instruir. 2 reprimir, educar, moderar [sentiments, passions].

tuxedo [tʌkˈsiːdou] s. (EUA) smoking m.

twang [twæŋ] s. so m. vibrant [d'una corda]. 2 to m. nasal, veu f. de nas.

tweed [twiːd] s. xeviot m.

tweezers [twiːzəz] s. pl. pinces f. pl.

twelfth [twelfθ] a. duodècim. ■ 2 s. duodècim m.

twelfth night [twelfθˌnait] s. nit f. de reis.

twelve [twelv] a. dotze. ■ 2 s. dotze m.

twentieth [twentiiθ] a. vintè, vigèsim. ■ 2 s. vintè m., vigèsim m.

twenty [twenti] a. vint. ■ 2 s. vint m.

twice [twais] adv. dos cops, dues vegades. ‖ ~ *as much*, el doble.

twig [twig] s. BOT. branquilló m.

twilight ['twailait] s. crepuscle m. [també fig.].

twin [twin] s. bessó. || ~ **bed room**, habitació f. amb dos llits, habitació doble.

twine [twain] s. gansalla f., ficel·la f.

twine (to) [twain] t. trenar, teixir [cordills, fils]. ■ 2 i. entortolligar-se p., enroscar-se p.

twinge [twindʒ] s. punxada f., dolor m. agut. 2 remordiment m.

twinkle ['twiŋkl] s. titil·lació f., espurneig m.; centelleig m.; lluïssor f.

twinkle (to) ['twiŋkl] i. centellejar, espurnejar, titil·lar, lluir. 2 batre, fer anar amunt i avall.

twinkling ['twiŋkliŋ] s. in a ~, en un tres i no res; in the ~ of an eye, en un obrir i tancar d'ulls.

twirl [twəːl] s. giravolt m., tomb m.

twirl (to) [twəːl] t. fer girar, fer rodar, fer giravoltar. ■ 2 i. girar, rodar, giravoltar.

twist [twist] s. torsió f. 2 torçal m., trena f. 3 paperina f. 4 twist m. [ball]. 5 torçada f. [de peu, etc.]. 6 angle m. de torsió. 7 canvi m. inesperat.

twist (to) [twist] t. trenar. 2 cargolar, enroscar. 3 torçar-se p. [el peu, etc.]. 4 distorsionar. 5 fer girar. ■ 6 i. serpentejar. 7 distorsionar-se p. 8 ballar el twist.

twitch [twitʃ] s. tremolor m., contracció f. nerviosa, crispació f. 2 estirada f., estrebada f.

twitch (to) [twitʃ] t. endur-se p., estirar, arrabassar. ■ 2 i. crispar-se p., contraure's p. espasmòdicament.

twitter ['twitə'] s. piuladissa f., refiladissa f. 2 agitació f. [en el parlar].

twitter (to) ['twitə'] i. piular, refilar. 2 parlar agitadament.

two [tuː] a. dos m., dues f. ■ 2 s. dos m.

tycoon [tai'kuːn] s. magnat m.

type [taip] s. tipus m., model m. 2 tipus m., mena f. 3 TIPOGR. tipus m.

type (to) [taip] t.-i. escriure a màquina. 2 t. determinar, fixar, esbrinar.

typewriter ['taipraitə'] s. màquina f. d'escriure.

typhoon [tai'fuːn] s. METEOR. tifó m.

typical ['tipikl] a. típic, característic. ■ 2 -ly adv. típicament.

typist ['taipist] s. mecanògraf.

tyrannic(al) [ti'rænik(-əl)] a. tirànic.

tyrannize (to) ['tirənaiz] t. tiranitzar. ■ 2 i. obrar amb tirania.

tyranny ['tirəni] s. tirania f.

tyrant ['taiərənt] s. tirà.

tyre ['taiə'] s. pneumàtic m.

tyro ['taiərou] s. principiant, neòfit.

U

U, u [ju:] s. u f. [lletra].

ubiquity [ju:'bikwiti] s. ubiqüitat f., omnipresència f.

udder ['ʌdə'] s. ZOOL. mamella f.

ugliness ['ʌglinis] s. lletjor f.

Ukraine [ju:'krein] n. pr. GEOGR. Ucraïna.

ugly ['ʌgli] a. lleig. 2 horrible, terrible. 3 amenaçador.

ulcer ['ʌlsə'] s. úlcera f., nafra f.

ulcerate (to) ['ʌlsəreit] t.-i. ulcerar(se).

ulcerous ['ʌlsərəs] a. ulcerós.

ultimate ['ʌltimit] a. bàsic, fonamental, essencial, darrer. ■ 2 -ly adv. finalment.

umbrage ['ʌmbridʒ] s. ressentiment m.

umbrella [ʌm'brelə] s. paraigüa m., ombrel·la f. 2 fig. protecció f.

umbrella stand [ʌm'breləstænd] s. paraigüer m.

umpire ['ʌmpaiə'] s. àrbitre, jutge.

umpteen [ʌmp'ti:n] a. col·loq. molts, moltíssims.

unabashed [ʌnə'bæʃt] a. desvergonyit, descarat.

unable [ʌn'eibl] a. incapaç, impossibilitat. || **to be ~ to**, no poder [fer quelcom].

unaccountable [ʌnə'kauntəbl] a. inexplicable, estrany.

unaccustomed [ʌnə'kʌstəmd] a. form. no acostumat, no habituat. 2 poc freqüentat, rar, desacostumat.

unadvised [ʌnəd'vaizd] a. sense consell. 2 imprudent, precipitat. ■ 3 -ly adv. precipitadament, irreflexivament.

unaffected [ʌnə'fektid] a. senzill, natural, sense afectació [persona].

unalterable [ʌn'ɔ:ltərəbl] a. inalterable, immutable.

unanimity [ju:nə'nimiti] s. unanimitat f.

unanimous [ju(:)'næniməs] a. unànime.

unanswerable [ʌn'ɑ:nsərəbl] a. incontestable; irrebatible.

unarmed [ʌn'ɑ:md] a. desarmat, indefens.

unassuming [ʌnə'sju:miŋ] a. modest, sense pretensions.

unattached [ʌnə'tætʃt] a. independent; deslligat; lliure. 2 solter, sense compromís.

unavailing [ʌnə'veiliŋ] a. inútil, infructuós, va.

unavoidable [ʌnə'vɔidəbl] a. inevitable, ineludible.

unaware [ʌnə'wɛə'] a. desprevingut; ignorant. || **to be ~ of**, no saber, no adonar-se de. ■ 2 adv. **unawares**, per sorpresa, inesperadament. || **to take unawares**, agafar desprevingut. 3 per descuit, sense adonar-se'n.

unbalanced [ʌn'bælənst] a. desequilibrat [esp. mentalment].

unbearable [ʌn'bɛərəbl] a. intolerable, insuportable, insostenible, inaguantable.

unbecoming [ʌnbi'kʌmiŋ] a. que no lliga, que cau malament [vestit]. 2 ~ **to** o **for**, impropi, inadequat. ■ 3 -ly adv. de manera inadequada.

unbelief [ʌnbi'li:f] s. incredulitat f.

unbelievable [ʌnbi'li:vəbl] a. increïble.

unbend (to) [ʌn'bend] i. relaxar-se p., calmar-se p. ■ 2 t. relaxar, alliberar de tensions. ▲ Pret. i p. p.: **unbent** [ʌn'bent].

unbending [ʌn'bendiŋ] a. inflexible [esp. persona].

unbias(s)ed [ʌn'baiəst] a. imparcial.

unborn [ʌn'bɔ:n] a. per néixer, futur.

unbosom (to) [ʌn'buzəm] t.-p. **to ~ oneself**, desfogar-se, confessar-se.

unbounded [ʌn'baundid] a. il·limitat, sense fronteres.

unbridled [ʌn'braidld] a. fig. desenfrenat, sense control.

unbroken [ʌn'broukən] a. indòmit. 2 ininterromput, seguit. 3 imbatut [rècord, etc.].

unburden (to) [ʌn'bə:dn] *t.-p. to ~ one-self,* desfogar-se, buidar el pap, confessar-se.

unbutton (to) [ʌn'bʌtn] *t.* descordar [botons].

uncanny [ʌn'kæni] *a.* misteriós, estrany.

unceasing [ʌn'si:siŋ] *a.* incessant, continu. ■ 2 *-ly adv.* contínuament, sense parar.

unceremonious [ʌn,seri'mounjəs] *a.* informal, familiar. 2 rude, descortès.

uncertain [ʌn'sə:tn] *a.* variable. 2 indecís; dubtós, incert. ■ 3 *-ly adv.* incertament.

uncertainty [ʌn'sə:tnti] *s.* incertesa *f.,* dubte *m.*

unchanged ['ʌn'tʃeind3d] *a.* inalterat.

uncharitable [ʌn'tʃæritəbl] *a.* dur, estricte [jutjant els altres].

unchecked ['ʌn'tʃekt] *a.* desenfrenat, no reprimit.

uncivil [ʌn'sivl] *a.* mal educat, groller.

uncle ['ʌŋkl] *s.* oncle *m.,* (BAL.) conco *m.*

unclouded [ʌn'klaudid] *a.* fig. clar, serè.

uncomfortable [ʌn'kʌmfətəbl] *a.* incòmode.

uncommon [ʌn'kɔmən] *a.* insòlit, poc usual. 2 extraordinari, insòlit. ■ 3 *-ly adv.* rarament. 4 extraordinàriament.

uncompromising [ʌn'kɔmprəmaiziŋ] *a.* inflexible, intransigent.

unconcern [ʌnkən'sə:n] *s.* desinterès *m.,* indiferència *f.*

unconcerned [ʌnkən'se:nd] *a.* desinteressat, indiferent.

unconditional [ʌnkən'diʃənl] *a.* incondicional.

unconscious [ʌn'kɔnʃəs] *a.* inconscient [acte]. ■ 2 *s.* inconscient *m.* ■ 3 *-ly adv.* inconscientment, sense adonar-se'n.

unconsciousness [ʌn'kɔnʃəsnis] *s.* inconsciència *f.*

unconventional [ʌnkən'venʃənl] *a.* anticonvencional, original, despreocupat.

uncouth [ʌn'ku:θ] *a.* inculte, rude.

uncover (to) [ʌn'kʌvə'] *t.* destapar, descobrir. ■ 2 *i.* destapar-se *p.* descobrir-se *p.*

unctuous ['ʌŋktjuəs] *a.* hipòcrita, llagoter.

undaunted [ʌn'dɔ:ntid] *a.* sense por; impàvid, impertèrrit.

undecided [ʌndi'saidid] *a.* indecís.

undefended [ʌndi'fendid] *a.* DRET sense defensa.

undeniable [ʌndi'naiəbl] *a.* innegable, indiscutible.

under ['ʌndə'] *prep.* sota, a sota. 2 per sota. ‖ ~ *repair,* en reparació; ~ *an hour,* menys d'una hora. ■ 3 *adv.* a sota, a baix. ■ *4 a.* inferior, de sota, de baix.

under age ['ʌndər'eid3] *a.* menor d'edat.

underbrush ['ʌndəbrʌʃ] *s.* sotabosc *m.,* brossa *f.,* matolls *m. pl.*

underclothes ['ʌndəklouðz] *s.* roba *f.* interior, (ROSS.) llinge *f.*

undercover [ʌndə'kʌvə'] *a.* clandestí, secret. ‖ ~ *agent,* espia.

underdeveloped [ʌndədi'veləpt] *a.* subdesenvolupat.

underdone ['ʌndədʌn, -'dʌn] *a.* CUI. poc fet.

underestimate (to) [ʌndər'estimeit] *t.* menystenir, no considerar.

underfed [ʌndə'fed] *a.* mal alimentat.

undergo (to) [ʌndə'gou] *t.* sofrir, aguantar, passar. ▲ Pret.: *underwent* [ʌndə'went]; p. p.: *undergone* [ʌndə'gɔn].

undergraduate [ʌndə'grædjuit] *s.* estudiant universitari. ■ 2 *a.* universitari.

underground ['ʌndəgraund] *a.* subterrani. 2 secret, clandestí, clandestina. ■ 3 *adv.* sota terra. ■ *4 s. (the)* ~, metro *m.,* ferrocarril *m.* subterrani. 5 resistència *f.,* moviment *m.* clandestí.

undergrowth ['ʌndəgrouθ] *s.* sotabosc *m.,* brossa *f.,* matolls *m. pl.*

underhand ['ʌndəhænd] *adv.* de sota mà, secretament. ■ 2 *a.* secret, clandestí.

underlie (to) [ʌndə'lai] *t.* estar a sota de; servir de base a.

underline (to) [ʌndə'lain] *t.* subratllar.

undermine (to) [ʌndə'main] *t.* minar, soscavar [també fig.].

underneath [ʌndə'ni:θ] *adv.* sota. ■ 2 *prep.* sota de.

underpants ['ʌndəpænts] *s. pl.* calçotets *m. pl.*

underpay (to) [ʌndə'pei] *t.* pagar poc, pagar malament.

underrate (to) [ʌndə'reit] *t.* rebaixar, menystenir.

undersign (to) [ʌndə'sain] *t.* sotasignar, signar.

undershirt [ʌndə'ʃə:t] *s.* (EUA) samarreta *f.,* (BAL.), (VAL.) camiseta *f.*

understand (to) [ʌndə'stænd] *t.* entendre, comprendre. ‖ *to make oneself understood,* fer-se entendre. 2 sobreentendre. ▲ Pret. i p. p.: *understood* [ʌndə'stud].

understandable [ˌʌndəˈstændəbl] *a.* comprensible.

understanding [ˌʌndəˈstændiŋ] *s.* intel·ligència *f.* 2 comprensió *f.* 3 acord *m.*, entesa *f.* ‖ *on the ~ that*, amb el benentès que. ■ 4 *a.* comprensiu.

understatement [ˈʌndəsteitmənt] *s.* descripció *f.* insuficient, declaració *f.* incompleta.

understood [ˌʌndəˈstud] Vegeu UNDERSTAND (TO).

undertake (to) [ˌʌndəˈteik] *t.* comprometre's *p.* a. 2 emprendre. ▲ Pret.: *undertook* [ˌʌndəˈtuk]; p. p.: *undertaken* [ˌʌndəˈteikən].

undertaker [ˈʌndəˌteikəʳ] *s.* enterramorts *m.*

undertaking [ˌʌndəˈteikiŋ] *s.* tasca *f.*, empresa *f.* 2 promesa *f.*, compromís *m.*

undertone [ˈʌndətoun] *s.* veu *f.* baixa, to *m.* baix. 2 qualitat *f.* subjacent. 3 color *m.* apagat, fluix.

undertook [ˌʌndəˈtuk] Vegeu UNDERTAKE (TO).

undertow [ˈʌndətou] *s.* MAR. ressaca *f.*

undervalue (to) [ˈʌndəˈvælju:] *t.* menystenir, menysvalorar, infravalorar.

underwear [ˈʌndəwɛəʳ] *s.* roba *f.* interior, (ROSS.) llinge *f.*

underwent [ˌʌndəˈwent] Vegeu UNDERGO (TO).

underworld [ˈʌndəwəːld] *s.* MIT. més *m.* enllà. 2 baixos fons *m. pl.;* barris *m. pl.* baixos.

underwrite (to) [ˈʌndərait] *t.* assegurar, reassegurar. 2 garantir, subscriure. ▲ Pret.: *underwrote* [ˈʌndərout]; p. p.: *underwritten* [ˈʌndəˌritn].

undeserved [ˌʌndiˈzəːvd] *a.* immerescut.

undeserving [ˌʌndiˈzəːviŋ] *a.* indigne.

undesirable [ˈʌndiˈzaiərəbl] *a.-s.* indesitjable.

undeveloped [ˈʌndiˈveləpt] *a.* per desenvolupar, sense desenvolupar.

undid [ʌnˈdid] Vegeu UNDO (TO).

undignified [ʌnˈdignifaid] *a.* poc digne, indecorós.

undo (to) [ʌnˈdu:] *t.* descordar, desfer [també fig.]. ‖ *to come undone*, descordar-se *p.* ▲ Pret.: *undid* [ʌnˈdid]; p. p.: *undone* [ʌnˈdʌn].

undone [ʌnˈdʌn] Vegeu UNDO (TO): *to leave ~*, deixar inacabat, deixar per fer.

undoubted [ʌnˈdautid] *a.* cert, indubtable, veritable. ■ 2 *-ly adv.* indubtablement, certament.

undress (to) [ʌnˈdres] *t.* despullar. ■ 2 *i.* despullar-se *p.*

undue [ʌnˈdju:] *a.* indegut; excessiu.

undulate (to) [ˈʌndjuleit] *i.* onejar, ondular.

unduly [ʌnˈdju:li] *adv.* indegudament; excessivament.

undying [ʌnˈdaiiŋ] *a.* immortal, etern.

unearth (to) [ʌnˈəːθ] *t.* desenterrar [també fig.].

uneasiness [ʌnˈiːʒinis] *s.* intranquil·litat *f.*, inquietud *f.*, agitació *f.*, malestar *m.*

uneasy [ʌnˈiːzi] *a.* intranquil, inquiet, agitat.

uneducated [ʌnˈedjukeitid] *a.* inculte, poc instruït.

unemployed [ˌʌnimˈplɔid] *a.* aturat, sense feina, en atur [persona]. 2 no utilitzat.

unemployment [ˌʌnimˈplɔimənt] *s.* atur *m.* [laboral].

unending [ʌnˈendiŋ] *a.* inacabable, interminable.

unequal [ʌnˈiːkwəl] *s.* desigual. 2 insuficient, ineficaç.

unequalled [ʌnˈiːkwəld] *a.* sense igual, inigualat.

unerring [ʌnˈəːriŋ] *a.* infal·lible.

unexpected [ˌʌniksˈpektid] *a.* inesperat, sobtat. ■ 2 *-ly adv.* inesperadament, sobtadament.

unevenness [ʌnˈiːvənnis] *s.* desnivell *m.*, desigualtat *f.*, rugositat *f.*

unfailing [ʌnˈfeiliŋ] *a.* constant, inexhaurible.

unfair [ʌnˈfɛəʳ] *a.* injust. 2 deslleial.

unfaithful [ʌnˈfeiθful] *a.* infidel, deslleial.

unfaithfulness [ʌnˈfeiθfulnis] *s.* infidelitat *f.*, deslleialtat *f.*

unfamiliar [ˌʌnfəˈmiljəʳ] *a.* poc familiar, desconegut.

unfasten (to) [ʌnˈfɑːsn] *t.* descordar, deslligar.

unfathomable [ʌnˈfæðəməbl] *a.* insondable, sense fons [també fig.].

unfeeling [ʌnˈfiːliŋ] *a.* dur, insensible, sense sentiments. 2 MED. insensible. ■ 3 *-ly adv.* insensiblement.

unfinished [ˈʌnˈfiniʃt] *a.* inacabat, incomplet.

unfit [ʌnˈfit] *a.* incapaç, inepte; incompetent.

unfold (to) [ʌnˈfould] *t.* obrir. 2 revelar, fer saber. ■ 2 *i.* obrir-se *p.* 3 revelar-se *p.*

unforeseen [ˌʌnfɔːˈsiːn] *a.* imprevist.

unforgettable [ˌʌnfəˈgetəbl] a. inoblidable.

unfortunate [ʌnˈfɔːtʃənit] a.-s. dissortat, desgraciat. ■ 2 **-ly** adv. dissortadament, desgraciadament.

unfounded [ʌnˈfaundid] a. infundat, sense fonament.

unfrequented [ˌʌnfriˈkwentid] a. poc freqüentat, solitari.

unfriendly [ʌnˈfrendli] a. poc amistós, hostil.

unfurl (to) [ʌnˈfəːl] t. desplegar, estendre [veles, etc.].

unfurnished [ʌnˈfəːniʃt] a. sense mobles, desamoblat.

ungainly [ʌnˈgeinli] a. desmanegat; maldestre, graponer.

ungodly [ʌnˈgɔdli] a. impietós. 2 col·loq. sorprenent, molest. 3 col·loq. poc raonable, exagerat.

ungrateful [ʌnˈgreitful] a. ingrat, desagraït. 2 poc grat, ingrat [tasca, feina].

unguent [ˈʌŋgwənt] s. ungüent m.

unhappy [ʌnˈhæpi] a. desgraciat, infeliç. ‖ an ~ remark, un comentari poc afortunat.

unhealthy [ʌnˈhelθi] a. poc saludable, malsà. 2 col·loq. perillós.

unheard [ʌnˈhəːd] a. imperceptible.

unheard-of [ʌnˈhəːdəv] a. inaudit, sense precedents.

unhinge (to) [ʌnˈhindʒ] t. treure de polleguera [també fig.]. 2 pertorbar [la ment].

unhook (to) [ʌnˈhuk] t. descordar; desenganxar, despenjar.

unification [ˌjuːnifiˈkeiʃən] s. unificació f.

uniform [ˈjuːnifɔːm] a. uniforme. ■ 2 s. uniforme m.

unify (to) [ˈjuːnifai] t. unificar, unir. 2 uniformitzar, uniformar.

unimportant [ˌʌnimˈpɔːtənt] a. insignificant, gens important.

uninterested [ʌnˈintristid] a. apàtic, indiferent, distret.

union [ˈjuːnjən] s. unió f. 2 sindicat m. 3 associació f.

unique [juːˈniːk] a. únic, rar, singular.

unison [ˈjuːnizn] a. uníson m.

unit [ˈjuːnit] s. unitat f., peça f., element m.

unite (to) [juːˈnait] t. unir; ajuntar. ■ 2 i. unir-se p., ajuntar-se p.

United States [juːˌnaitidˈsteits] n. pr. pl. GEOGR. Estats Units.

unity [ˈjuːniti] s. unitat f., unió f., harmonia f.

universal [ˌjuːniˈvəːsəl] a. universal.

universe [ˈjuːnivəːs] s. univers m.

university [ˌjuːniˈvəːsiti] s. universitat f. ■ 2 a. de la universitat, universitari.

unjust [ʌnˈdʒʌst] a. injust, immerescut.

unkempt [ʌnˈkempt] a. desendreçat, malforjat. 2 despentinat, escabellat.

unkind [ʌnˈkaind] a. poc amable, mal educat, despietat. ■ 2 **-ly** adv. sense educació, despietadament.

unknown [ʌnˈnoun] a. desconegut, ignorat.

unlearned [ʌnˈləːnid] a. ignorant. 2 no après, instintiu.

unless [ənˈles] conj. tret que, a no ser que. 2 tret de, excepte.

unlike [ʌnˈlaik] a. diferent, dissemblant. ■ 2 prep. diferent de.

unlikely [ʌnˈlaikli] a. improbable.

unload (to) [ʌnˈloud] t. descarregar, buidar. 2 col·loq. to ~ (on to), desfer-se p. de, treure's del damunt. ■ 3 i. descarregar.

unlock (to) [ʌnˈlɔk] t. obrir [un pany].

unlooked-for [ʌnˈluktfɔː] a. imprevist, inesperat.

unloose (to) [ʌnˈluːs] t. deslligar, alliberar.

unmatched [ʌnˈmætʃt] a. únic, sense igual, incomparable. 2 desaparellat.

unmindful [ʌnˈmaindful] a. ~ (of), oblidadís, despistat.

unmistakable [ˌʌnmisˈteikəbl] a. inequívoc, clar, evident.

unmoved [ʌnˈmuːvd] a. indiferent, fred, impertorbable.

unnatural [ʌnˈnætʃrəl] a. antinatural, no natural. 2 anormal.

unnecessary [ʌnˈnesisəri] a. innecessari, no necessari, superflu.

unnoticed [ʌnˈnoutist] a. inadvertit, desapercebut.

unpack (to) [ʌnˈpæk] t. desempaquetar; treure [de la maleta]. ■ 2 i. desfer [la maleta].

unparalleled [ʌnˈpærəleld] a. únic, incomparable.

unpleasant [ʌnˈpleznt] a. desagradable, molest. ■ 2 **-ly** adv. desagradablement.

unprecedented [ʌnˈpresidentid] a. sense precedents.

unprejudiced [ʌnˈpredʒudist] a. sense prejudicis, imparcial.

unpretending [ˌʌnpriˈtendiŋ], **unpretentious** [ˌʌnpriˈtenʃəs] a. modest, sense pretensions.

unprincipled [ʌn'prinsipld] *a.* immoral, sense principis.

unqualified [ʌn'kwɔlifaid] *a.* no qualificat, incompetent, incapaç. 2 il·limitat, absolut.

unquestionable [ʌn'kwestʃənəbl] *a.* inqüestionable, indubtable.

unquiet [ʌn'kwaiət] *a.* liter. inquiet, agitat.

unravel (to) [ʌn'rævl] *t.* desfer, desenredar, desembullar. 2 aclarir, descobrir. ■ 3 *i.* desfer-se *p.*, desenredar-se *p.*, desembullar-se *p.* 4 aclarir-se *p.*, descobrir-se *p.*

unreal [ʌn'riəl] *a.* irreal, il·lusori, imaginari.

unreasonable [ʌn'ri:znəbl] *a.* irraonable, poc raonable. 2 excessiu.

unrelenting [ʌnri'lentiŋ] *a.* inexorable, inflexible.

unreliable [ʌnri'laiəbl] *a.* informal, de poca confiança.

unreserved [ʌnri'zə:vd] *a.* sense reserva, lliure [taula, seient, etc.]. 2 total, complet.

unrest [ʌn'rest] *s.* inquietud *f.*, malestar *m.* [social, polític].

unrestrained [ʌnris'treind] *a.* lliure; desenfrenat.

unrivalled [ʌn'raivəld] *a.* únic, sense rival, incomparable.

unroll (to) [ʌn'roul] *t.-i.* descargolar(-se), desfer(-se).

unruly [ʌn'ru:li] *a.* ingovernable, rebel, desobedient.

unsavoury, (EUA) **unsavory** [ʌn'seivəri] *a.* desagradable; groller; repugnant.

unscathed [ʌn'skeiðd] *a.* il·lès.

unscrupulous [ʌn'skru:pjuləs] *a.* sense escrúpols.

unseemly [ʌn'si:mli] *a.* inadequat, impropi [comportament, etc.].

unseen [ʌn'si:n] *a.* no vist, inadvertit; invisible.

unsettle (to) [ʌn'setl] *t.* alterar, pertorbar, excitar.

unsettled [ʌn'setld] *a.* inquiet, variable, inestable.

unsightly [ʌn'saitli] *a.* que fa mal a la vista, lleig.

unskilful, (EUA) **unskillful** [ʌn'skilful] *a.* poc hàbil, inexpert, maldestre.

unskilled [ʌn'skild] sense qualificar [feina, obrer].

unsound [ʌn'saund] *a.* en males condicions. 2 poc satisfactori. 3 DRET *of ~ mind,* pertorbat mental.

unspeakable [ʌn'spi:kəbl] *a.* indescriptible, inexpressable. 2 col·loq. molt desagradable.

unstable [ʌn'steibl] *a.* inestable. 2 inestable, pertorbat [persones].

unsure [ʌn'ʃuə'] *a.* insegur [persona]. 2 no del tot segur, dubtós.

unsuspected [ʌnsəs'pektid] *a.* insospitat, desconegut.

untidy [ʌn'taidi] *a.* desendreçat, desordenat [lloc]. 2 poc polit, malfardat [persona].

until [ən'til] *prep.* fins a. ‖ *I'll be here ~ nine o'clock,* seré aquí fins les nou. ■ 2 *conj.* fins que: *she'll be at home ~ you get there,* serà a casa fins que hi arribis.

untimely [ʌn'taimli] *a.* inoportú, fora de lloc.

untiring [ʌn'taiəriŋ] *a.* incansable, infatigable.

unto ['ʌntu] *prep.* ant. Vegeu TO.

untold [ʌn'tould] *a.* incalculable.

untouchable [ʌn'tʌtʃəbl] *a.* intocable. ■ 2 *s.* intocable [membre de la casta més baixa, a l'Índia].

untoward [ʌn'tɔ:d] *a.* indòcil, ingovernable, rebel. 2 infeliç, dissortat. 3 advers, poc favorable.

untruth [ʌn'tru:θ] *s.* falsetat *f.*

unused [ʌn'ju:zd] *a.* no usat, no fet servir. 2 [ʌn'ju:st] no acostumat (*to,* a).

unusual [ʌn'ju:ʒuəl] *a.* poc usual, poc freqüent, excepcional, insòlit. ■ 2 **-ly,** *adv.* excepcionalment, rarament.

unveil (to) [ʌn'veil] *t.-i.* treure('s) el vel. 2 *t.* mostrar, donar a conèixer, ensenyar.

unwieldy [ʌn'wi:ldi] *a.* difícil de manejar [per pes, volum, etc.].

unwilling [ʌn'wiliŋ] *a.* reaci, poc disposat. ■ 2 **-ly** *adv.* de mala gana, a contracor.

unwitting [ʌn'witiŋ] *a.* inconscient [acte]. ■ 2 **-ly** *adv.* sense voler, sense adonar-se'n, inconscientment.

up [ʌp] *adv.* dalt. 2 cap amunt; enlaire. 3 llevat, fora del llit. 4 del tot, completament: *to burn ~,* cremar-se del tot. 5 en contacte, en proximitat. ‖ *to lay ~,* acumular. 6 *it's ~ to you,* depèn de tu; *~ to date,* fins ara; *what's ~?,* què passa?, què hi ha? ■ 7 *a.* que puja, ascendent. ■ 8 *prep.* a dalt de, al damunt de. ■ 10 *s.* dalt *m.*, part *f.* superior. ‖ *pl.* **ups and downs,** alts i baixos.

upbraid (to) [ʌpˈbreid] *t.* renyar, reprendre, blasmar.

upbringing [ˈʌpˌbriŋiŋ] *s.* educació *f.*, formació *f.*

upheaval [ʌpˈhi:vəl] *s.* daltabaix *m.*, commoció *f.*, cataclisme *m.*

upheld [ʌpˈheld] Vegeu UPHOLD (TO).

uphill [ʌpˈhil] *a.* ascendent. 2 fig. difícil, dur. ■ 3 *adv.* muntanya amunt, amunt.

uphold (to) [ʌpˈhould] *t.* donar soport, recolzar. 2 confirmar, reafirmar. ▲ Pret. i p. p.: *upheld* [ʌpˈheld].

upholster (to) [upˈhoulstəʳ] *t.* entapissar, tapissar.

upholstery [ʌpˈhoulstəri] *s.* tapisseria *f.*, tapissat *m.*

upkeep [ˈʌpki:p] *s.* manteniment *m.*, conservació *f.* 2 despeses *f. pl.* de manteniment.

upland [ˈʌplənd] *s.* terra *f.* alta, altiplà *m.*

uplift [ˈʌplift] *s.* inspiració *f.*, elevació *f.*

uplift (to) [ʌpˈlift] *t.* inspirar; elevar.

upon [əˈpɔn] *prep.* form. Vegeu ON.

upper [ˈʌpəʳ] *a.* superior, elevat. ‖ *the ~ part of the body,* la part superior del cos. 2 ~ *class,* classe alta. ■ 2 *s.* empenya *f.* [de sabata].

uppermost [ˈʌpəmoust, -məst] *a.* predominant, (el) més alt. ■ 2 *adv.* dalt de tot; en primer lloc.

upright [ˈʌprait] *a.* erecte, dret, vertical. 2 recte, honrat [persona]. ■ 3 -ly *adv.* verticalment, rectament, honradament.

uprightness [ˈʌpˌraitnis] *s.* rectitud *f.* 2 fig. rectitud *f.*, honradesa *f.*

uprising [ʌpˈraiziŋ] *s.* alçament *m.*; revolta *f.*

uproar [ˈʌprɔ:] *s.* enrenou *m.*; avalot *m.*; rebombori *m.*

uproarious [ʌpˈrɔ:riəs] *a.* sorollós, escandalós [persona].

uproot (to) [ʌpˈru:t] *t.* arrencar de socarel. 2 desarrelar.

upset [ʌpˈset] *a.* capgirat. 2 trastornat, trasbalsat. 3 molest; preocupat. ■ 4 *s.* trastorn *m.*, trasbals *m.*

upset (to) [ʌpˈset] *t.* bolcar, tombar, capgirar. 2 trastornar, alterar, trasbalsar. ■ 3 *i.* bolcar-se *p.*, tombar-se *p.* ▲ Pret. i p. p.: *upset* [ʌpˈset].

upside-down [ʌpsaidˈdaun] *adv.* de cap per avall [també fig.].

upstairs [ʌpˈstɛəz] *adv.* al pis de dalt, dalt. ■ 2 *a.* del pis de dalt, de dalt. ‖ *the man ~,* el veí de dalt.

upstart [ˈʌpˌstait] *a.-s.* arribista; nou ric. 2 pressumptuós, insolent.

up-to-date [ˈʌptəˌdeit] *a.* modern, actual.

upward [ˈʌpwəd] *a.* ascendent, que puja. ■ 2 *adv. upward(s),* cap amunt, enlaire.

urban [ˈə:bən] *a.* urbà.

urbanity [əːˈbæniti] *s.* urbanitat *f.*, refinament *m.*, cortesia *f.*

urchin [ˈəːtʃin] *s.* pillet, murri.

urge [əːdʒ] *s.* desig *m.*, necessitat *f.*, impuls *m.*

urge (to) [əːdʒ] *t.* instar, apressar. 2 incitar; persuadir; convèncer.

urgency [ˈəːdʒənsi] *s.* urgència *f.*, necessitat *f.* 2 insistència *f.*

urgent [ˈəːdʒənt] *a.* urgent. 2 insistent, persistent.

urinate (to) [ˈjuərineit] *i.* orinar.

urn [ə:n] *s.* gerra *f.*, urna *f.* [per decoració]. 2 mena de recipient *m.* gros per fer cafè o te.

Uruguay [ˈjuːrəgwai] *n. pr.* GEOGR. Uruguai.

Uruguayan [juːrəˈgwaiən] *a.-s.* uruguaià.

us [ʌs, əs, s] *pron. pers.* ens: *to ~,* a nosaltres. 2 ~ *Catalans,* nosaltres els catalans.

usage [ˈjuːzidʒ] *s.* ús *m.*, maneig *m.* 2 ús *m.*, costum *m.*

use [juːs] *s.* ús *m.*, utilització *f.* ‖ *out of ~,* fora d'ús, que ja no es fa servir. 2 utilitat *f.*, servei *m.*, profit *m.* ‖ *that's of no ~ to me,* això no em serveix per a res. 3 ús *m.*, pràctica *f.*, costum *m.*

use (to) [juːz] *t.* usar, utilitzar, emprar. 2 tractar. 3 *to ~ (up),* acabar; gastar; consumir.

used [juːst] *v. aux.* (*pret.* de *to use*), solia, acostumava. ‖ *I ~ to smoke a lot,* jo fumava molt. ■ 2 *a.* acostumat, habituat. 3 usat, fet servir.

useful [ˈjuːsful] *a.* útil; de profit.

useless [ˈjuːslis] *a.* inútil; inservible.

usher [ˈʌʃəʳ] *s.* TEAT., CINEM. acomodador *m.* 2 uixer *m.*, porter *m.*

usher (to) [ˈʌʃəʳ] *t.* guiar, portar, acompanyar. 2 *to ~ in,* anunciar, fer saber.

usherette [ʌʃəˈret] *s.* TEAT., CINEM. acomodadora *f.*

usual [ˈjuːʒuəl] *a.* usual, habitual: *as ~,* com de costum, com sempre. ■ 2 -ly *adv.* generalment, normalment, usualment.

usurer [ˈjuːʒərəʳ] *s.* usurer.

usurp (to) [juːˈzəːp] *t.* usurpar.

usury [ˈjuːʒuri] *s.* usura *f.*

utensil [juːˈtensl̩, -sil] s. utensili m., eina f., estri m. ‖ *household utensils*, estris m. pl. de casa.

utility [juːˈtiliti] s. utilitat f., profit m. 2 *(public)* ~, servei m. públic [subministrament d'aigua, gas, etc.].

utilize (to) [ˈjuːtilaiz] t. utilitzar. 2 trobar utilitat.

utmost [ˈʌtmoust, -məst] a. extrem, suprem. ‖ *of the* ~ *importance*, de summa importància. ■ 2 s. *one's* ~, el màxim. ‖ *to do one's* ~, fer tot el possible.

utter [ˈʌtəʳ] a. total, complet, absolut. ■ 2 -ly adv. completament, absolutament.

utter (to) [ˈʌtəʳ] t. articular, pronunciar. 2 dir, expressar. 3 posar en circulació [moneda, documents falsos, etc.].

utterance [ˈʌtərəns] s. manera f. de parlar; pronúncia f. 2 cosa f. dita, expressió f. 3 declaració f., discurs m.

V

V, v [viː] s. v f. [lletra].

vacancy ['veikǝnsi] s. vacant f. 2 habitació f. lliure [hotel]. 3 buit m., buidor f.

vacant ['veikǝnt] a. buit. 2 buit, desocupat, lliure.

vacate (to) [vǝ'keit] t. deixar vacant; desocupar; deixar lliure.

vacation [vǝ'keiʃǝn] s. vacances f. pl. [escolars], descans m. [dels tribunals]. 2 (EUA) vacances f. pl.

vaccinate (to) ['væksineit] t. vacunar, (ROSS.) vaccinar.

vaccine ['væksiːn] s. vacuna f.

vacillate (to) ['væsileit] t. fluctuar; vacil·lar.

vacuum ['vækjuǝm] s. buit m. 2 ~ o ~ *cleaner*, aspirador.

vacuum flask ['vækjuːmflɑːsk] s. termos m.

vagabond ['vægǝbɔnd] a.-s. vagabund.

vagary ['veigǝri] s. caprici m.; estirabot m.

vagrant ['veigrǝnt] a.-s. vagabund; rodamón.

vague [veig] a. vague, incert. 2 confús, indefinit, incert [persona].

vain [vein] a. va, inútil. ‖ *in* ~, debades; en va. 2 vanitós.

vainglory [vein'glɔːri] s. vanaglòria f.

vale [veil] s. liter. vall f.

valence ['veilǝns], **valency** ['veilǝnsi] s. QUÍM. valència f.

valentine ['vælǝntain] s. tarjeta f. postal del dia de Sant Valentí. 2 xicot m., promès m. 3 xicota f., promesa f.

valet ['vælit, -lei, -li] s. valet m., ajuda f. de cambra.

valiant ['væljǝnt] a. valent, coratjós.

valid ['vælid] a. vàlid.

validity [vǝ'liditi] s. validesa f.

valise [vǝ'liːz] s. ant. valisa f., maleta f. 2 MIL. sac m.

valley ['væli] s. vall f.

valour, (EUA) **valor** ['vælǝ] s. valor m. coratge m.

valuable ['væljuǝbl] a. valuós, de (gran) valor. ■ 2 s. pl. objectes m. pl. de valor.

valuation [,vælju'eiʃǝn] s. valoració f., estimació f.; avaluació f.

value ['væljuː] s. valor m., mèrit m., importància f., vàlua f.

value (to) ['væljuː] t. valorar, avaluar, taxar. 2 valorar, apreciar, tenir una alta opinió de.

valve [vælv] s. vàlvula f. 2 ZOOL. valva f.

vampire bat ['væmpaiǝ' bæt] s. ZOOL. vampir m.

van [væn] s. camioneta f., furgoneta f. 2 FERROC. (G.B.) cotxe m. d'equipatges.

vandalism ['vændǝlizǝm] s. vandalisme m.

vane [vein] s. gallet m., penell m. 2 pala f., aspa f.

vanguard ['vængɑːd] s. avantguarda f.

vanilla [vǝ'nilǝ] s. BOT. vainilla f.

vanish (to) ['væniʃ] i. desaparèixer; esfumar-se p., dissipar-se p. ‖ *to* ~ *into the air*, fer-se p. fonedís.

vanity ['væniti] s. vanitat f.; orgull m. 2 vanitat f., futilitat f., buidesa f.

vanity case ['vænitikeis] s. estoig m. per als cosmètics, necesser m.

vanquish (to) ['væŋkwiʃ] t. liter. conquerir, conquistar.

vapid ['væpid] a. insípid, sense interès.

vaporize (to) ['veipǝraiz] t. vaporitzar, evaporar. ■ 2 i. vaporitzar-se p., evaporar-se p.

vaporous ['veipǝrǝs] a. vaporós. 2 fig. insubstancial.

vapour, (EUA) **vapor** ['veipǝ] s. vapor m.; baf m. 2 boira f.

variable ['vɛǝriǝbl] a. variable, variant. ■ 2 s. variable f.

variance ['vɛǝriǝns] s. form. *at* ~ *(with)*, en desacord, en discrepància.

variation [ˌvɛəriˈeiʃən] s. variació f.

varied [ˈvɛərid] a. divers, variat.

variegated [ˈvɛərigeitid] a. bigarrat, jaspiat, matisat.

variety [vəˈraiəti] s. varietat f., diversificació f. 2 varietat f., classe f., mena f. 3 TEAT. varietats f. pl.

various [ˈvɛəriəs] a. diversos, diferents. ‖ for ~ purposes, per propòsits varis.

varnish [ˈvɑːniʃ] s. vernís m. 2 esmalt m. de les ungles. 3 fig. vernís m., aparença f. falsa.

varnish (to) [ˈvɑːniʃ] t. vernissar. 2 pintar-se p. les ungles.

vary (to) [ˈvɛəri] i. variar, ser variable. ■ 2 t. variar, fer variar.

vase [vɑːz] s. gerro m.

vast [vɑːst] a. vast. ■ 2 -ly adv. vastament.

vastness [ˈvɑːstnis] s. immensitat f.

vat [væt] s. tina f., dipòsit m., tanc m.

vaudeville [ˈvoudəvil] s. vodevil m., varietats f. pl.

vault [vɔːlt] s. ARQ. volta f. 2 celler m.; cripta f. 3 ESPORT salt m. [amb perxa].

vault (to) [vɔːlt] t.-i. ESPORT saltar [amb perxa].

vaunt (to) [vɔːnt] t. alabar; vanar-se p. de. ■ 2 i. vanar-se p., vanagloriar-se p.

veal [viːl] s. carn f. de vedella.

veer (to) [viəʳ] i. virar, fer un tomb.

vegetable [ˈvedʒitəbl] a. vegetal. ■ 2 s. verdura f., hortalissa f.

vegetate (to) [ˈvedʒiteit] i. vegetar.

vegetation [ˌvedʒiˈteiʃən] s. vegetació f.

vehemence [ˈviːimens] s. vehemència f.

vehement [ˈviːimənt] a. vehement. ■ 2 -ly adv. amb vehemència.

vehicle [ˈviːikl] s. vehicle m. 2 fig. vehicle m., medi m.

veil [veil] s. vel m. [també fig.].

veil (to) [veil] t. cobrir amb un vel. 2 fig. dissimular, ocultar.

vein [vein] s. ANAT. vena f. 2 BOT. nervi m. 3 fig. rastre m., foc m. lleuger. 4 MINER. veta f., filó m. 5 vena f., humor m., estat m. d'ànim.

vellum [ˈveləm] s. pergamí m.

velocity [viˈlɔsiti] s. velocitat f.

velvet [ˈvelvit] s. vellut m. ■ 2 a. de vellut. 3 suau.

velvety [ˈvelviti] a. vellutat.

veneer [viˈniəʳ] s. fullola f.

veneer (to) [viˈniəʳ] t. cobrir amb fullola.

venerable [ˈvenərəbl] a. venerable.

venerate (to) [ˈvenəreit] t. venerar, reverenciar.

veneration [ˌvenəˈreiʃən] s. veneració f.

vengeance [ˈven(d)ʒens] s. venjança f., revenja f. ‖ col·loq. with a ~, amb fúria; en gran quantitat.

vengeful [ˈven(d)ʒful] a. venjatiu.

Venice [ˈvenis] n. pr. GEOGR. Venècia.

venison [ˈvenizn] s. carn m. de cérvol m.

venom [ˈvenəm] s. verí m. [de serp]. 2 fig. odi m., rencor m.

vent [vent] s. respirador m., respirall m., orifici m. 2 sortida f. ‖ to give ~ to anger, deixar sortir l'ira. 3 estrip m., descosit m.

vent (to) [vent] t. donar sortida; descarregar [ira, mal humor, etc.].

ventilate (to) [ˈventileit] t. ventilar. 2 exposar públicament.

ventilator [ˈventileitəʳ] s. ventilador m.

ventriloquist [venˈtriləkwist] s. ventríloc.

venture [ˈventʃəʳ] s. risc m., aventura f., empresa f. arriscada.

venture (to) [ˈventʃəʳ] t. aventurar, arriscar. ■ 2 i. aventurar-se p., arriscar-se p. (on, en).

venturesome [ˈventʃəsəm] a. temerari, arriscat [persona].

veracious [vəˈreiʃəs] a. verídic, veritable. 2 veraç.

veranda(h) [vəˈrændə] s. terrassa f., porxo m.; balconada f.

verb [vəːb] s. verb m.

verbal [ˈvəːbl] a. verbal, oral. 2 verbal, del verb. 3 literal: a ~ copy, una còpia literal.

verbatim [vəːˈbeitim] adv. al peu de la lletra, literalment.

verbena [vəˈ(ː)biːnə] s. BOT. berbena f.

verbose [vəːˈbous] a. verbós.

verbosity [vəːˈbɔsiti] s. verbositat f.

verdant [ˈvəːdənt] a. liter. verd.

verdict [ˈvəːdikt] s. veredicte m. 2 dictamen m.

verge [vəːdʒ] s. marge m.; vora f. ‖ on the ~ of, a punt de.

verge (to) [vəːdʒ] i. to ~ on, o upon, estar a punt de; acostar-se p. a.

verification [ˌverifiˈkeiʃən] s. verificació f. 2 prova f. evidència f.

verify (to) [ˈverifai] t. verificar.

verily [ˈverili] adv. ant. veritablement, de debò.

veritable [ˈveritəbl] a. veritable.

vermicelli [ˌvəːmiˈseli] s. fideus m. pl.

vermilion [vəˈmiljən] *a.* vermell. ■ *2 s.* vermell *m.*

vermin [ˈvəːmin] *s.* animals *m. pl.* nocius.

vernacular [vəˈnækjulə] *a.* vernacle. ■ *2 s.* llengua *f.* vernacle.

versatile [ˈvəːsətail] *a.* d'usos múltiples. *2* amb interessos diversos [persona].

verse [vəːs] *s.* vers *m.*

versed [vəːst] *a.* versat, instruït.

versify (to) [ˈvəːsifai] *t.-i.* versificar.

version [ˈvəːʃən] *s.* versió *f.*

vertebrate [ˈvəːtibrit] *a.* vertebrat. ■ *2 s.* vertebrat *m.*

vertical [ˈvəːtikəl] *a.* vertical. ■ *2 -ly adv.* verticalment.

vertiginous [vəːˈtidʒinəs] *a.* vertiginós.

vertigo [ˈvəːtigou] *s.* vertigen *m.*

verve [vɛəv, vəːv] *s.* entusiasme *m.,* vigor *m.*

very [ˈveri] *a.* genuí, real. ‖ *at that ~ moment,* en aquell precís moment; *the ~ truth,* la pura veritat. *2* pur, simple. ‖ *the ~ thought frightened me,* només de pensar-hi ja m'agafava por. ■ *3 adv.* molt. ‖ *~ much,* moltíssim.

vessel [ˈvesl] *s.* vas *m.,* receptacle *m.* ‖ *blood ~,* vas *m.* sanguini. *2* vaixell *m.*

vest [vest] *s.* (G.B.) samarreta *f.* *2* armilla *f.*

vested [ˈvestid] *a.* ~ *interest,* interès *m.* creat.

vestibule [ˈvestibjuːl] *s.* vestíbul *m.,* rebedor *m.*

vestige [ˈvestidʒ] *s.* vestigi *m.*

vestment [ˈvestmənt] *s.* vestidura *f.*

vestry [ˈvestri] *s.* sagristia *f.* *2* junta *f.* parroquial.

vet [vet] *s.* col·loq. (abrev. *veterinary*) veterinari.

veteran [ˈvetərən] *a.-s.* veterà [esp. de guerra].

veterinary [ˈvetərinəri] *a.* veterinari. ‖ *~ surgeon,* veterinari *m.*

veto [ˈviːtou] *s.* veto *m.*

veto (to) [ˈviːtou] *t.* vetar, prohibir.

vex (to) [veks] *t.* molestar; irritar. ‖ *vexed point,* punt *m.* conflictiu.

vexation [vekˈseiʃən] *s.* enuig *m.,* disgust *m.,* molèstia *f.*

via [ˈvaiə] *prep.* via: *we travelled ~ Brussels,* vam viatjar via Brussel·les.

viaduct [ˈvaiədʌkt] *s.* viaducte *m.*

vial [ˈvaiəl] *s.* flascó *m.,* ampolla *f.*

vibrant [ˈvaibrənt] *a.* vibrant.

vibrate (to) [vaiˈbreit] *t.* fer vibrar. ■ *2 i.* vibrar.

vicar [ˈvikəʳ] *s.* mossèn *m.* anglicà. *2* vicari *m.*

vicarage [ˈvikəridʒ] *s.* vicaria *f.,* rectoria *f.*

vicarious [vaiˈkɛəriəs] *a.* vicari.

vice [vais] *s.* vici *m.* *2* MEC. cargol *m.* de banc.

viceroy [ˈvaisrɔi] *s.* virrei *m.*

vice versa [vaisiˈvəːsə] *adv.* viceversa.

vicinity [viˈsiniti] *s.* proximitat *f.* *2* encontorns *m. pl.,* veïnat *m.*

vicious [ˈviʃəs] *a.* viciós. *2* rancorós, rancuniós. *3* aviciat [animal]. *4* defectuós.

vicissitude [viˈsisitjuːd] *s.* vicissitud *m.*

victim [ˈviktim] *s.* víctima *f.*

victor [ˈviktəʳ] *s.* vencedor, conqueridor *m.*

victorious [vikˈtɔːriəs] *a.* victoriós, triomfant.

victory [ˈviktəri] *s.* victòria *f.,* triomf *m.*

victual (to) [ˈvitl] *t.* proveir, avituallar. ■ *2 i.* proveir-se *p.,* avituallar-se *p.,* fer provisions.

victuals [ˈvitlz] *s. pl.* provisions *f. sing.*

video [ˈvidiəu] *s.* vídeo *m.*

vie (to) [vai] *t.* competir, rivalitzar.

Vienna [viˈenə] *n. pr.* GEOGR. Viena.

Vietnam [vietˈnæm] *n. pr.* GEOGR. Vietnam.

Vietnamese [vietnəˈmiːz] *a.-s.* vietnamita.

view [vjuː] *s.* vista *f.;* visió *f.* ‖ *in ~ of,* considerant. *2* vista *f.,* panorama *m.,* escena *f.* *3* visió *f.,* opinió *f.* ‖ *point of ~,* punt *m.* de vista. *4* ànim *m.,* intenció *f.,* propòsit *m.*

view (to) [vjuː] *t.* examinar; considerar; inspeccionar.

viewer [ˈvjuːəʳ] *s.* telespectador. *2* projector *m.* de transparències.

viewpoint [ˈvjuːpɔint] *s.* punt *m.* de vista *f.*

vigil [ˈvidʒil] *s.* vigília *f.,* vetlla *f.* [estat]. ‖ *to keep ~,* vetllar. *2* vigília *f.,* vetlla *f.* [la nit abans].

vigilance [ˈvidʒiləns] *s.* vigilància *f.*

vigilant [ˈvidʒilənt] *a.* amatent, a l'aguait, alerta.

vigorous [ˈvigərəs] *a.* vigorós, fort, enèrgic. ■ *2 -ly adv.* vigorosament, enèrgicament.

vigour, (EUA) **vigor** [ˈvigə] *s.* vigor *m.,* força *f.,* energia *f.*

vile [vail] *a.* vil, roí. *2* col·loq. dolent, desastrós. ■ *3 -ly adv.* vilment, roïnament.

vileness [ˈvailnis] s. vilesa f., baixesa f., vergonya f., infàmia f.

vilify (to) [ˈvilifai] t. insultar, vilipendiar.

villa [ˈvilə] s. (G.B.) torre f., casa f., xalet m. 2 torre f. d'estiueig.

village [ˈvilidʒ] s. poble m., vila f.

villager [ˈvilidʒəʳ] s. habitant [de poble], vilatà.

villain [ˈvilən] s. canalla, poca-vergonya.

vindicate (to) [ˈvindikeit] t. vindicar, justificar. 2 reivindicar.

vindication [ˌvindiˈkeiʃən] s. vindicació f., justificació f. 2 reivindicació f.

vindictive [vinˈdiktiv] a. rancorós, vindicatiu.

vine [vain] s. BOT. parra f. 2 enfiladissa f.

vinegar [ˈvinigəʳ] s. vinagre m.

vineyard [ˈvinjəd] s. vinya f.

vintage [ˈvintidʒ] s. verema f. 2 collita f. [de vi].

violate (to) [ˈvaiəleit] t. violar, trencar [un pacte, la llei]. 2 violar, profanar. 3 violar [una persona].

violence [ˈvaiələns] s. violència f.

violent [ˈvaiələnt] a. violent [atac; temperament, etc.]. 2 virulent, sever [dolor].

violet [ˈvaiəlit] s. BOT. violeta f. 2 color m. violeta.

violin [ˌvaiəˈlin] s. violí m.

violinist [ˈvaiəlinist] s. violinista.

violoncello [ˌvaiələnˈtʃelou] s. violoncel m.

viper [ˈvaipəʳ] s. escurçó m. [també fig.].

virago [viˈrɑːgou] s. donota f., harpia f.

virgin [ˈvəːdʒin] s. verge f. ‖ *the Virgin*, la Verge. ■ 2 a. verge [també fig.].

virginity [vəːˈdʒiniti] s. virginitat f.

virile [ˈvirail] a. viril.

virility [viˈriliti] s. virilitat f.

virtual [ˈvəːtjuəl] a. virtual. ■ 2 -ly adv. virtualment.

virtue [ˈvəːtjuː] s. virtut f.: *by* o *in ~ of*, en virtut de.

virtuosity [ˌvəːtjuˈɔsiti] s. virtuosisme m.

virtuous [ˈvəːtʃuəs, -tjuəs] a. virtuós; molt dotat.

virulence [ˈviruləns] s. virulència f.

virulent [ˈvirulənt] a. virulent.

virus [ˈvaiərəs] s. virus m. 2 col·loq. malaltia f. vírica.

visa [ˈviːzə] s. visat m.

visage [ˈvizidʒ] s. liter. rostre m., cara f.

viscount [ˈvaikaunt] s. vescomte m.

viscountess [ˈvaikauntis] s. vescomtessa f.

vise [vais] s. Vegeu VICE 2.

visible [ˈvizibl] a. visible.

vision [ˈviʒən] s. visió f.

visionary [ˈviʒənəri] a. imaginari, fantàstic. 2 somiador, somiatruites [persona].

visit [ˈvizit] s. visita f.

visit (to) [ˈvizit] t. visitar. 2 (EUA) inspeccionar. ■ 3 i. anar a visitar, fer visita.

visitor [ˈvizitəʳ] s. visita f., visitant. ‖ *summer ~*, estiuejant; turista.

visor [ˈvaizəʳ] s. visera f.

vista [ˈvistə] s. perspectiva f., vista f., panorama m. [també fig.].

visual [ˈvizjuəl] a. visual.

visualize (to) [ˈvizjuəlaiz] t. tenir present, imaginar-se p., recordar.

vital [ˈvaitl] a. vital. 2 col·loq. mesures f. pl. [d'una dona]. 3 vital, indispensable. ■ 4 s. pl. **vitals**, òrgans m. pl. vitals.

vitality [vaiˈtæliti] s. vitalitat f., força f. vital.

vitalize (to) [ˈvaitəlaiz] t. vivificar.

vitamin [ˈvitəmin] (EUA [ˈvaitəmin]) s. vitamina f.

vitiate (to) [ˈviʃieit] t. corrompre, degradar, viciar, fer malbé. ‖ *~ air*, aire m. viciat.

vitriol [ˈvitriəl] s. vitriol m. 2 sarcasme m.

vituperate (to) [viˈtjuːpəreit] t. vituperar.

vivacious [viˈveiʃəs] a. vivaç, viu, alegre, animat.

vivacity [viˈvæsiti] s. vivacitat f., vivesa f.

vivid [ˈvivid] a. vívid. 2 vivaç, viu. 3 clar, viu, distingible. ■ 4 -ly adv. vivament.

vixen [ˈviksn] s. ZOOL. guineu f. 2 donota f., mala pècora f.

vocabulary [vəˈkæbjuləri] s. vocabulari m.

vocal [ˈvoukəl] a. vocal; oral; verbal. ■ 2 -ly adv. vocalment, oralment.

vocalist [ˈvoukəlist] s. vocalista.

vocation [vouˈkeiʃən] s. vocació f. 2 aptitud f., talent m. 3 ofici m., professió f.

vociferate (to) [vouˈsifəreit] t. vociferar, dir a crits. ■ 2 i. vociferar, cridar, parlar a crits.

vociferous [vouˈsifərəs] a. vociferant, cridaner, sorollós.

vogue [voug] s. moda f., voga f.

voice [vɔis] s. veu f. [també fig.]. 2 parla f., paraula f. ‖ *with one ~*, unànimement.

voice (to) [vɔis] *t.* posar en paraules; expressar.

voiced [voist] *a.* GRAM. sonor.

voiceless [ˈvɔislis] *a.* sense veu. 2 GRAM. sord.

void [vɔid] *a.* buit, vacant. 2 ~ *of,* sense *prep.* 3 DRET *null and* ~, no vàlid, sense força. ■ *4 s.* buit *m.* [també fig.].

volatile [ˈvɔlətail] *a.* volàtil. 2 inconstant, voluble [persona].

volcanic [vɔlˈkænik] *a.* volcànic.

volcano [vɔlˈkeinou] *s.* volcà *m.*

volition [vouˈliʃən] *s.* volició *f.*, voluntat *f.*

volley [ˈvɔli] *s.* descàrrega *f.* [artilleria]. 2 reguitzell *m.*, devessall *m.*, seguit *m.* [d'improperis; preguntes].

volley (to) [ˈvɔli] *i.* llençar una descàrrega. ■ 2 *t.* descarregar [artilleria].

volleyball [ˈvɔlibɔ:l] *s.* ESPORT boleivol *m.*

voltage [ˈvoultidʒ] *s.* ELECT. voltatge *m.*, tensió *f.*

volt [voult] *s.* ELECT. volt *m.*

voluble [ˈvɔljubl] *a.* loquaç; que parla amb fluïdesa.

volume [ˈvoljum] *s.* volum *m.*

voluminous [vəˈljuːminəs] *a.* voluminós. 2 productiu, fèrtil [autor].

voluntary [ˈvɔləntəri] *a.* voluntari.

volunteer [vɔlənˈtiə] *s.* voluntari.

volunteer (to) [vɔlənˈtiə] *t.-i.* oferir(se) voluntàriament.

voluptuous [vəˈlʌptjuəs] *a.* voluptuós, sensual.

voluptuousness [vəˈlʌptjuəsnis] *s.* voluptuositat *f.*, sensualitat *f.*

volute [vəˈljuːt] *s.* voluta *f.*, espiral *f.*

vomit (to) [ˈvɔmit] *t.-i.* vomitar [també fig.].

voracious [vəˈreiʃəs] *a.* voraç, àvid.

voracity [vɔˈræsiti] *s.* voracitat *f.,* avidesa *f.*

vortex [ˈvɔːteks] *s.* vòrtex *m.;* remolí *m.* [també fig.]. ▲ *vortexes* [ˈvɔːteksiz], *vortices* [ˈvɔːtisiːz].

vote [vout] *s.* vot *m.;* sufragi *m.;* votació *f.* 2 pressupost *m.*

vote (to) [vout] *i.* votar, donar el vot. ■ 2 *t.* votar. 3 aprovar [pressupost]. *4* col·loq. declarar; anomenar. *5* suggerir, proposar.

voter [ˈvoutə] *s.* votant.

vouch (to) [vautʃ] *i. to* ~ *for,* respondre per.

voucher [ˈvautʃə] *s.* rebut *m.,* comprovant *m.,* resguard *m.*

vouchsafe (to) [vautʃˈseif] *t.* concedir, permetre.

vow [vau] *s.* vot *m.,* promesa *f.*

vow (to) [vau] *t.* fer vots, prometre; jurar.

vowel [ˈvauəl] *a.* GRAM. vocal. 2 vocal *f.*

voyage [ˈvɔiidʒ] *s.* viatge *m.* [per mar, per l'espai].

voyage (to) [ˈvɔiidʒ] *i.* ant. viatjar.

voyager [ˈvɔiədʒə] *s.* navegant; descobridor.

vulgar [ˈvʌlgə] *a.* vulgar, de mal gust. 2 vulgar, comú, usual. 3 GRAM. vulgar.

vulgarize (to) [ˈvʌlgəraiz] *t.* vulgaritzar.

vulgarity [vʌlˈgæriti] *s.* vulgaritat *f.*

vulnerable [ˈvʌlnərəbl] *a.* vulnerable.

vulture [ˈvʌltʃə] *s.* voltor *m.*

vying [ˈvaiiŋ] *ger.* de VIE (TO).

W

W, w ['dʌbljuː] s. w f. [lletra].

wad [wɔd] s. buata f., farciment m., tou m. 2 feix m. [documents, bitllets].

waddle (to) [wɔdl] i. caminar com un ànec.

wade (to) [weid] i. caminar amb dificultat [pel fang, l'aigua, etc.]. ■ 2 t. travessar un terreny mullat, fangós, etc.

waft (to) [wɑːft, wɔːft, wɔft] t. transportar, portar [per l'aire, per l'aigua].

wag [wæg] s. remenament m.; bellugueig m.

wag (to) [wæg] t. remenar, bellugar, moure. ■ 2 i. remenar, moure's p.

wage [weidʒ] s. paga f., jornal m., salari m., setmanada f. ▲ esp. pl.

wage (to) [weidʒ] t. emprendre, endegar.

wager [weidʒəʳ] s. aposta f. ‖ to lay a ~, fer una aposta.

wager (to) [weidʒəʳ] t.-i. apostar.

waggle (to) [wægl] Vegeu WAG (TO).

waggon, (EUA) **wagon** [wægən] s. carro m. ‖ fig. col·loq. on the ~, sense beure alcohol. 2 (EUA) FERROC. vagó m. de mercaderies.

waif [weif] s. nen sense llar.

wail [weil] s. lament m., gemec m. [també fig.].

wail (to) [weil] t.-i. lamentar-se p., gemegar i. [també fig.].

wainscot [weinskət] s. sòcol m. de fusta.

waist [weist] s. cintura f.

waistcoat [weiskout] s. armilla f.

wait [weit] s. espera f.

wait (to) [weit] i. esperar-se p. 2 to ~ for, esperar t.: ~ for me, espera'm. 3 to ~ on o upon, servir t., atendre t. [algú]. ■ 4 t. esperar.

waiter [weitəʳ] s. cambrer m.

waiting [weitiŋ] s. espera f.; esperar m.

waiting room [weitiŋrum] s. sala f. d'espera.

waitress [weitris] s. cambrera f.

waive (to) [weiv] t. renunciar; desistir.

wake [weik] s. (G.B.) festa f. anual al Nord d'Anglaterra. 2 vetlla f. [d'un mort]. 3 solc m., deixant m.

wake (to) [weik] t. to ~ (up), despertar [també fig.]. ■ 2 i. to ~ (up), despertar-se p. ▲ Pret. waked [weikt] o woke [wouk]; p. p.: waked o woken [woukən].

wakeful [weikful] a. desvetllat. ‖ a ~ night, una nit en blanc.

waken (to) [weikən] t.-i. despertar(se).

Wales [weilz] n. pr. GEOGR. Gal·les.

walk [wɔːk] s. passejada f.; volta f. ‖ to go for a ~, anar a fer un tomb. 2 passeig m.; camí m. ‖ fig. ~ of life, condició f. social, professió f. 3 caminar m.

walk (to) [wɔːk] i. caminar. ■ 2 t. fer caminar, treure a passejar. 3 petjar, fer [un camí]. ■ to ~ away with, derrotar, vèncer fàcilment; to ~ out, sortir; fer vaga; to ~ up to, importunar, abordar [algú].

walkie-talkie [wɔːkiˈtɔːki] s. walkie-talkie m.

walking stick [wɔːkiŋstik] s. bastó m. [per a caminar].

wall [wɔːl] s. paret f., mur m.; muralla f. [també fig.]. 2 vora f., costat m. [en un carrer]. ‖ to drive o to push to the ~, vèncer, derrotar.

wallet [wɔlit] s. cartera f., portamonedes m.

wallow (to) [wɔlou] i. rebolcar-se p. [també fig.].

walnut [wɔːlnət] s. BOT. noguera f. 2 nou f.

walnut tree [wɔːlnʌttriː] s. BOT. noguera f.

wan [wɔn] a. pàl·lid, malaltís [persona].

wand [wɔnd] s. vara f.; vareta f.

wander (to) [wɔndəʳ] t.-i. voltar, rodar. 2 i. desviar-se p., perdre's p. 3 divagar; volar [pensaments, etc.].

wanderer [wɔndərəʳ] s. rodamón, nòmada. 2 animal m. nòmada.

wane (to) [wein] i. minvar [la lluna]. 2 minvar, disminuir.

want [wɔnt] s. manca f.; escassetat f. 2 necessitat f. 3 pl. desigs m. pl.; aspiracions f. pl., necessitats f. pl.

want (to) [wɔnt] t. voler, desitjar. 2 requerir, necessitar. ‖ his hair wants cutting, s'hauria de tallar els cabells.

wanting [wɔntiŋ] a. mancat. ‖ he's ~ in politeness, no té educació.

wanton [wɔntən] a. liter. juganer, capriciós. 2 sense aturador; exagerat. 3 intencionat. 4 irreflexiu. 5 ant. immoral.

war [wɔːʳ] s. guerra f.

war (to) [wɔːʳ] i. lluitar, fer la guerra, combatre.

warble [wɔːbl] s. refilet m., refiladissa f.

warble (to) [wɔːbl] t.-i. refilar.

war cry [wɔːcrai] s. crit m. de guerra [també fig.].

ward [wɔːd] s. custòdia f., vigilància f., tutela f. 2 divisió f. administrativa. 3 sala f. [hospital, presó, etc.]. 4 guarda f. [de pany].

ward (to) [wɔːd] t. to ~ off, evitar.

war dance [wɔːdɑːns] s. dansa f. de guerra.

warden [wɔːdn] s. director; encarregat.

warder [wɔːdəʳ] s. (G.B.) centinella m. [d'una presó].

wardrobe [wɔːdroub] s. armari m. de la roba. 2 vestuari m., roba f. [d'una persona].

wares [wɛəʳs] s. pl. gènere m. sing., mercaderia f. sing., articles m. pl.

warehouse [wɛəhaus] s. magatzem m.

warfare [wɔːfɛəʳ] s. guerra f.

warhorse [wɔːhɔːs] s. cavall m. de batalla. 2 fig. polític o soldat veterà.

wariness [wɛərinis] s. cautela f., precaució f.

warm [wɔːm] a. calent, càlid, tebi. ‖ it's ~ in here, hi fa calor aquí. 2 calent, gruixut, d'abric [roba]. 3 que escalfa; que fa suar [activitat]. 4 esgotador, cansador. 5 cordial, afable.

warm (to) [wɔːm] t. to ~ (up), escalfar. 2 animar. ■ 3 i. to ~ (up), escalfar-se p. 4 animar-se p.

warm-hearted [ˌwɔːmˈhɑːtid] a. bona persona, bondadós.

warmth [wɔːmθ] s. escalfor f. 2 afecte m., cordialitat f.

warn (to) [wɔːn] t. avisar, advertir.

warning [wɔːniŋ] s. avís m., advertiment m. ■ 2 a. d'avís, d'advertiment.

warp [wɔːp] s. ordit m. [d'un teixit]. 2 guerxesa f. [de la fusta].

warp (to) [wɔːp] t. tornar guerxo, deformar. ■ 2 i. tornar-se p. guerxo, deformar-se p. [també fig.].

warrant [wɔrənt] s. DRET ordre f. judicial, autorització f.

warrant (to) [wɔrənt] t. justificar.

warranty [wɔrənti] s. garantia f.

warrior [wɔriəʳ] s. liter. guerrer m., soldat m.

Warsaw [wɔːsɔː] n. pr. GEOGR. Varsòvia.

warship [wɔːʃip] s. vaixell m. de guerra.

wary [wɛəri] a. caut, prudent.

was [wɔz, wəz] Vegeu BE (TO).

wash [wɔʃ] s. rentada f.: to give a ~, fer una rentada. 2 roba f. per a rentar, bugada f. 3 bugaderia f. 4 menjar m. per als porcs.

wash (to) [wɔʃ] t. rentar, (VAL.) llavar. ■ 2 i. rentar-se p. 3 rentar-se p. bé, poder-se p. rentar. 4 batre, picar [onades]. ‖ fig. he was washed away by the waves, les ones se'l van endur.

washable [wɔʃəbl] a. rentable, que es pot rentar.

washbasin [wɔʃbeisn] s. rentamans m.

washer [wɔʃəʳ] s. MEC. volandera f. 2 rentadora f., màquina f. de rentar.

washerwoman [wɔʃəˌwumən] s. bugadera f., rentadora f. [persona].

washing machine [wɔʃiŋməʃiːn] s. màquina f. de rentar.

washing powder [wɔʃiŋˌpaudəʳ] s. detergent m., sabó m. [en pols].

washing-up [ˌwɔʃiŋˈʌp] s. rentada f. 2 plats m. pl. per a rentar. ‖ to do the ~, rentar els plats.

wash leather [wɔʃleðəʳ] s. baieta f., camussa f.

washroom [wɔʃrum] s. lavabo m., cambra f. de bany.

washstand [wɔʃstænd] s. ant. rentamans m.

wasn't [wɔznt] contr. de WAS NOT.

wasp [wɔsp] s. vespa f.

wasp's nest [wɔspsnest] s. vesper m., niu m. de vespes.

wastage [weistidʒ] s. desaprofitament m.

waste [weist] a. erm, incultivat, eixorc [terra]. 2 inútil, superflu. 3 inútil, sobrant, innecessari. ‖ ~ products, productes m. pl. residuals. ■ 4 s.

malbaratament *m.,* desaprofitament *m.;* pèrdua *f.* [temps, energia, etc.]. 5 residus *m. pl.,* deixalles *f. pl.*

waste (to) [weist] *t.* malgastar, malbaratar; desaprofitar. ‖ *to ~ one's time,* perdre el temps. 2 devastar, arrasar. 3 desgastar; afeblir. ■ 4 *i.* malgastar-se *p.,* malbaratar-se *p.;* desaprofitar-se *p.* 5 desgastar-se *p.,* afeblir-se *p.*

wastepaper basket [weist'peipə ,ba:skit] *s.* paperera *f.*

waste pipe [weistpaip] *s.* desguàs *m.*

wastrel [weistrəl] *s.* poca-pena, malgastador.

watch [wɔtʃ] *s.* vigilància *f.,* supervisió *f.* 2 torn *m.* de guàrdia, guàrdia *f.* 3 ant. vetlla *f.* 4 rellotge *m.* [de polsera, de butxaca].

watch (to) [wɔtʃ] *t.-i.* mirar, contemplar *t.,* esguardar: *to ~ television,* mirar la televisió. 2 *to ~ out,* vigilar, estar alerta. 3 ant. vetllar. 4 anar amb compte.

watchful [wɔtʃful] *a.* desvetllat; despert. 2 vigilant.

watch-maker [wɔtʃ,meikəʳ] *s.* rellotger.

watchman [wɔtʃmən] *s.* vigilant *m.,* nocturn. 2 sereno *m.*

watchword [wɔtʃwɔːd] *s.* MIL. sant i senya *m.,* contrasenya *f.* 2 consigna *f.,* lema *m.,* eslògan *m.*

water [wɔːtəʳ] *s.* aigua *f.* ‖ *drinking ~,* aigua potable; *in deep ~,* en un trencacoll, en un mal pas, *spring ~,* aigua mineral, aigua de font. ■ 2 *a.* d'aigua, aquàtic.

water (to) [wɔːtəʳ] *t.* regar, mullar. 2 donar aigua, fer beure. 3 *to ~ down,* aigualir [també fig.]. ■ 4 *i.* humitejar-se. ‖ *to make the mouth ~,* fer-se la boca aigua.

water closet [wɔːtəklɔzit] *s.* lavabo *m.,* wàter *m.*

watercolour, (EUA) **watercolor** [wɔːtəkʌləʳ] *s.* aquarel·la *f.*

waterfall [wɔːtəfɔːl] *s.* salt *m.* d'aigua, cascada *f.*

waterfront [wɔːtəfrʌnt] *s.* ribera *f.,* riba *f.;* zona *f.* litoral.

water ice [wɔːtərais] *s.* ALIM. sorbet *m.*

watering [wɔːtəriŋ] *s.* regatge *m.;* irrigació *f.*

watering can [wɔːtəriŋkæn] *s.* regadora *f.*

watering place [wɔːtəriŋpleis] *s.* abeurador *m.* 2 balneari *m.* 3 poble *m.* costaner d'estiueig.

water lily [wɔːtəlili] *s.* BOT. nenúfar *m.*

waterline [wɔːtəlain] *s.* MAR. línia *f.* de flotació.

waterlogged [wɔːtəlɔgd] *a.* xopat, amarat, anegat [terreny]. 2 ple d'aigua, inundat [embarcació].

watermark [wɔːtəmaːk] *s.* TIPOGR. filigrana *f.*

watermelon [wɔːtəˈmelən] *s.* síndria *f.*

water power [wɔːtəpauəʳ] *s.* energia *f.* hidràulica.

waterproof [wɔːtəpruːf] *a.* a prova d'aigua; impermeable; submergible.

watershed [wɔːtəʃed] *s.* fet *m.* trascendental, moment *m.* decisiu. 2 GEOGR. divisòria *f.* d'aigües.

water-skiing [wɔːtəskiːiŋ] *s.* ESPORT esquí *m.* aquàtic.

waterspout [wɔːtəspaut] *s.* mànega *f.,* tromba *f.* marina.

watertight [wɔːtətait] *a.* hermètic [respecte a l'aigua]. 2 clar; molt ben fet, perfecte [pla, acord, etc.].

water wings [wɔːtəwiŋz] *s. pl.* salvavides *m. sing.* de braç.

watery [wɔːtəri] *a.* aigualit. 2 humit, mullat. ‖ *a ~ sky,* cel *m.* plujós.

wave [weiv] *s.* ona *f.,* onada *f.* [també fig.]. 2 RADIO. ona *f.* 3 onda *f.,* ondulació *f.*

wave (to) [weiv] *i.* onejar, agitar-se *p.,* moure's *p.,* oscil·lar. ‖ *she waved at me,* em va fer un signe amb la mà; *she waved to me,* em va saludar amb la mà. ■ 2 *t.* agitar; fer anar amunt i avall. ‖ *she waved goodbye to me,* em va fer adéu (amb la mà). 3 ondular.

wavelength [weivleŋθ] *s.* RADIO. longitud *f.* d'ona.

waver (to) [weivəʳ] *i.* oscil·lar, trontollar, tremolar. 2 vacil·lar. 3 trontollar [ideals, conviccions].

wavy [weivi] *a.* ondulat. 2 onejant.

wax [wæks] *s.* cera *f.* ‖ *~ candle,* espelma *f., ~ work,* figura *f.* de cera.

wax (to) [wæks] *t.* encerar. ■ 2 *i.* créixer [la lluna].

way [wei] *s.* camí *m.;* carrer *m.,* via *f.* 2 camí *m.,* ruta *f.* ‖ *on the ~,* pel camí. 3 rumb *m.,* direcció *f.* ‖ *~ down the road,* carrer avall; *this ~,* per aquí, cap aquí; *which ~ shall we go?,* cap on anem? 4 manera *f.,* forma *f.* ‖ *do it this ~,* fes-ho així; *no ~,* de cap manera; *the other ~ round,* al revés. 5 costum *m.,* hàbit *m.,* comportament *m.* ‖ *the Chinese ~ of life,* la manera de viure xinesa.

wayfarer [weiˌfɛərəʳ] *s.* liter. caminant.

waylay (to) [wei'lei] *t.* ant. abordar, escometre [una persona].

wayside [weisaid] *s.* vora *f.* del camí.

wayward [weiwed] *a.* rebec; entremaliat, rebel.

we [wi:, wi] *pron. pers.* nosaltres.

weak [wi:k] *a.* dèbil, fluix, feble. 2 fluix, aigualit [alcohol, sopa, etc.].

weaken (to) [wi:kən] *t.* debilitar. ■ *2 i.* debilitar-se *p.* 3 flaquejar, fluixejar.

weakness [wi:knis] *s.* debilitat *f.*, flaquesa *f.*

weal [wi:l] *s.* blau *m.*; morat *m.* [a la pell]. 2 ant. bé *m.*, prosperitat *f.*

wealth [welθ] *s.* riquesa *f.* 2 fortuna *f.*

wealthy [welθi] *a.* ric.

weapon [wepən] *s.* arma *f.*

wear [weəʳ] *s.* ús *m.* [roba, calçat, etc.]: *for everyday* ~, per a l'ús diari, per a tot portar. 2 ús *m.*, desgast *m.* ‖ *these trousers are showing* ~, aquests pantalons es veuen molt portats. 3 *men's* ~, roba *f.* d'home.

wear (to) [weəʳ] *t.* portar posat, vestir. 2 portar [ulleres, watch, etc.]. 3 gastar, desgastar, deteriorar. ■ *4 i.* gastar-se *p.*, deteriorar-se *p.* ‖ ~ *thin*, gastar-se *p.* ■ *to* ~ *away*, desgastar(se); esborrar(se); *to* ~ *down*, gastar(se): *her shoe heels were worn down*, tenia els talons de les sabates gastats; fig. esgotar(se), cansar(se); fig. *to* ~ *off*, dissipar-se; liter. *to* ~ *on*, perllongar-se, passar lentament [temps]; *to* ~ *out*, gastar(se), fer(se) malbé. ▲ Pret.: *wore* [wɔː] i p. p.: *worn* [wɔːn].

weariness [wiərinis] *s.* cansament *m.*; desànim *m.*

wearisome [wiərisəm] *a.* avorrit; cansador.

weary [wiəri] *a.* cansat. 2 abatut, desanimat; preocupat. 3 cansador, esgotador. ■ *4 adv.* **wearily**, amb cansament, penosament.

weasel [wi:zl] *s.* mostela *f.*

weather [weðəʳ] *s.* temps *m.* [atmosfèric]. ‖ *the weather's fine today*, avui fa bon dia; *to feel under the* ~, estar pioc, trobar-se malament; *what's the* ~ *like?*, quin temps fa?

weather (to) [weðəʳ] *i.* exposar-se *p.* a la intempèrie. ■ *2 t.* superar, trampejar [problemes].

weather forecast [weðəfɔːkɑːst] *s.* informació *f.* meteorològica.

weather vane [weðəvein] *s.* gallet *m.*, penell *m.*

weave [wi:v] *s.* teixit *m.*, textura *f.*

weave (to) [wi:v] *t.* teixir. 2 ordir, tramar [també fig.]. ▲ Pret.: *wove* [wouv]; p. p.: *woven* [wouvən] o *wove*.

weaver [wi:vəʳ] *s.* teixidor.

web [web] *s.* teixit *m.*; tela *f.* ‖ *(spider's)* ~, teranyina *f.*

webfooted [web'futid] *a.* ZOOL. palmípede.

we'd [wi:d] *contr.* de WE HAD, WE SHOULD, WE WOULD.

wed (to) [wed] *t.* casar-se *p.* amb. 2 liter. unir-se *p.* ■ *3 i.* casar-se *p.* ▲ Pret. i p. p.: *wedded* [wedid] o *wed* [wed].

wedding [wedin] *s.* casament *m.*, noces *f. pl.*, núpcies *f. pl.*: *silver* ~, noces d'argent.

wedge [wedʒ] *s.* falca *f.*; cuny *m.* [també fig.].

wedge (to) [wedʒ] *t.* falcar.

wedlock [wedlɔk] *s.* DRET lligam *m.* matrimonial, matrimoni *m.*

Wednesday [wenzdi, -dei] *s.* dimecres *m.*

weed [wi:d] *s.* herba *f.*, mala herba *f.* 2 fig. persona *f.* prima, secall *m.* 3 col·loq. herba *f.*, marihuana *f.*

weed (to) [wi:d] *t.-i.* desherbar *t.*, arrencar *t.* les males herbes. 2 *t. to* ~ *out*, triar, destriar.

week [wi:k] *s.* setmana *f.*

weekend [wi:kend] *s.* cap *m.* de setmana.

weekly [wi:kli] *a.* setmanal. ■ *2 adv.* setmanalment. ■ *3 s.* setmanari *m.*, publicació *f.* setmanal.

weep (to) [wi:p] *i.* liter. plorar. ■ *2 t.* vessar [llàgrima]. ▲ Pret. i p. p.: *wept* [wept].

weeping [wi:piŋ] *a.* ploraner.

weight [weit] *s.* pes *m.* ‖ *to put on* ~, engreixar-se *p.* 2 sistema *m.* de mesures.

weigh (to) [wei] *t.-i.* pesar. ■ *to* ~ *down*, deprimir, fer anar cap avall [pel pes]; *to* ~ *up*, considerar, sospesar.

weight (to) [weit] *t.* posar pes, carregar.

weighty [weiti] *a.* pesat. 2 important, de pes.

weir [wiəʳ] *s.* resclosa *f.*

weird [wiəd] *a.* fantàstic, rar, sobrenatural, misteriós.

welcome [welkəm] *a.* benvingut, ben rebut. ‖ *you are* ~ *to borrow my car*, si vols, et deixo el cotxe. 2 *you are* ~, de res, no es mereixen [les gràcies]. ■ *3 s.* benvinguda *f.*

welcome (to) [welkəm] *t.* donar la benvinguda.

welcoming ['welkəmiŋ] a. acollidor.

welfare ['welfɛə'] s. benestar m.

we'll [wiːl] contr. de WE SHALL i WE WILL.

1) well [wel] s. pou m.

2) well (to) [wel] i. to ~ (up), brollar.

3) well [wel] adv. bé. ‖ very ~, molt bé; ~ done, ben fet; he's ~ over fifty, té cinquanta anys ben bons. 2 as ~, també. ■ 3 adj. bé [salut].

well-being ['wel,biːiŋ] s. benestar m., felicitat f., prosperitat f.

well-built [,wel'bilt] a. cepat, ben fet, quadrat.

wellington ['weliŋtən], **wellington boot** [,weliŋtən'buːt] s. botes f. pl. d'aigua, catiusques f. pl.

well-known [,wel'noun] a. conegut, de renom, famós.

well-meaning [,wel'miːniŋ] a. ben intencionat.

well-off [wel'ɔf] a. benestant, acomodat.

well-to-do [weltə'duː] a. benestant, acomodat.

Welsh [welʃ] a. gal·lès. ■ 2 s. gal·lès [persona]. 3 gal·lès m. [llengua].

went [went] Vegeu GO (TO).

wept [wept] Vegeu WEEP (TO).

we're [wiə'] contr. de WE ARE.

were [wəː', wə'] Vegeu BE (TO).

west [west] s. oest m., occident m. ■ 2 a. de l'oest, occidental.

westerly ['westəli] a. de l'oest. ■ 2 adv. cap a l'oest.

West Indies [,west'indiːz] s. GEOGR. Antilles.

wet [wet] a. mullat; humit. ‖ to be ~ through, estar xop; to set ~, mullar-se p. 2 plujós. 3 amb poca empenta, apagat [persona].

wet (to) [wet] t. mullar, (VAL.) banyar; humitejar. ▲ Pret. i p. p.: wet o wetted.

wetness ['wetnis] s. mullena f., humitat f.

whale [weil, hweil] s. ZOOL. balena f.

wharf [wɔːf, hwɔːf] s. moll m. ▲ pl. wharfs o wharves.

what [wɔt, hwɔt] a. interrog. quin: ~ time is it?, quina hora és?; ~ a man!, quin home! ■ 2 pron. interrog. què: ~ happened?, què ha passat? ‖ ~ for, per a què. ‖ what's the weather like?, quin temps fa? 3 pron. rel. què, allò que: I don't know ~ he wants, no sé què vol; ~ you said is rubbish, allò que has dit són bestieses.

whatever [wɔt'evə'] a. qualsevol. ■ 2 pron. qualsevol cosa, qualsevol.

whatsoever [,wɔtsou'evə'] a.-pron. liter. Vegeu WHATEVER.

wheat [wiːt, hwiːt] s. blat m.

wheat field ['wiːtfiːld] s. camp m. de blat.

wheedle (to) ['wiːdl, 'hwiːdl] t. afalagar. 2 entabanar, afalagant.

wheel [wiːl, hwiːl] s. roda f. 2 MEC. torn m. 3 AUTO. volant m.

wheelbarrow ['wiːl,bærou] s. carretó m.

wheeze [wiːz, hwiːz] s. panteix m.; bleix m.; esbufec m.

wheeze (to) [wiːz, hwiːz] i. bleixar; panteixar, esbufegar.

when [wen, hwen] adv.-conj. quan.

whence [wens, hwens] adv. form. d'on, d'allà on.

whenever [wen'evə', hwen'evə'] adv. sempre que; quan.

where [wɛə', hwɛə'] adv. on.

whereabouts [wɛərəbauts] s. parador m., situació f., localització f.

whereas [wɛər'æz] conj. considerant que. 2 mentre que.

whereby [wɛə'bai] adv. amb la qual cosa, per la qual cosa.

whereupon [,wɛərə'pɔn] adv. després de la qual cosa, llavors.

wherever [wɛər'evə'] adv. arreu on, a qualsevol lloc on. ‖ ~ you are, siguis on siguis.

whet (to) [wet, hwet] t. esmolar. 2 fig. excitar, estimular.

whether [weððə'] conj. si: I wonder ~ it's enough, no sé si n'hi deu haver prou; ~ you come or not, tant si vens com si no.

which [witʃ, hwitʃ] a. interrog.-pron. interrog. quin: ~ book do you prefer?, quin llibre t'estimes més? 2 a. rel. form. el qual. ‖ the first thing ~ I saw, la primera cosa que vaig veure.

whichever [witʃ'evə', hwitʃ'evə'] a.-pron. qualsevol.

whiff [wif, hwif] s. buf m., bufada f. 2 alè m., bafarada f.

while [wail, hwail] s. estona f. ‖ for a ~, durant (un) temps; once in a ~, de tant en tant. ■ 2 conj. mentre, mentrestant.

while (to) [wail, hwail] t. to ~ away, passar [el temps, l'estona, etc.].

whilst [wailst, hwailst] conj. mentre, mentrestant.

whim [wim, hwim] s. antull m., caprici m.

whimper ['wimpə', 'hwimpə'] s. gemec m., queixa f., ploriqueig m.

whimper (to) ['wimpə', hwimpə'] i. gemegar, ploriquejar.

whimsical ['wimzikəl, 'hwimzikəl] a. capriciós, extravagant.

whimsy ['wimzi, 'hwimzi] s. Vegeu WHIM.

whine [wain, hwain] s. gemec m., plany m., queixa f.

whine (to) [wain, hwain] i. gemegar f., queixar-se f.

whip [wip, hwip] s. fuet m., xurriaca f. ‖ to have the ~ hand, dominar la situació, tenir la paella pel mànec. 2 ALIM. batut m.

whip (to) [wip, hwip] t. fuetejar. 2 CUI. batre. 3 col·loq. batre, derrotar, vèncer. 4 treure de cop; moure ràpidament. ■ 5 i. treure's p. de cop; moure's p. ràpidament.

whipping ['wipiŋ, 'hwipiŋ] s. pallissa f.

whir [wə:', hwə:'] s. zumzeig m., fregadís m.

whir (to) [wə:', hwə:'] i. brunzir, zumzejar.

whirl [wə:l, hwə:l] s. remolí m. 2 fig. confusió f., embolic m.

whirl (to) [wə:l, hwə:l] i. donar voltes, giravoltar. ■ 2 t. fer donar voltes, fer giravoltar.

whirlpool ['wə:lpu:l, 'hwə:lpu:l] s. remolí m.

whirlwind ['wə:lwind, 'hwə:lwind] s. remolí m. de vent.

whisker ['wiskə', 'hwiskə'] s. patilla f. 2 pl. ZOOL. bigotis m. pl.

whiskey, whisky ['wiski] s. whisky m.

whisper ['wispə', 'hwispə'] s. murmuri m., xiuxiueig m.

whisper (to) ['wispə', 'hwispə'] i.-t. xiuxiuejar, murmurejar. 2 t. dir en secret; rumorejar.

whistle [wisl, 'hwisl] s. xiulet m.

whistle (to) [wisl, 'hwisl] i.-t. xiular.

whit [wit, hwit] s. not a ~, gens, gens ni mica.

white [wait, hwait] a. blanc. 2 pàl·lid, malaltís. ■ 3 s. persona f. de raça blanca. 4 blanc m. de l'ull. 5 clara f. [d'ou].

white-hot [,wait'hɔt] a. candent, ardent, roent [també fig.].

whiten (to) ['waitn, 'hwaitn] t. emblanquinar. ■ 2 i. tornar-se p. blanc.

whiteness ['waitnis, 'hwaitnis] s. blancor f.

white paper [,wait'peipə'] s. (G.B.) llibre m. blanc [del govern].

whitewash (to) ['waitwɔʃ, 'hwaitwɔʃ] t. emblanquinar. 2 fig. encobrir, tapar.

Whitsunday [,wit'sʌndi] s. diumenge m. de Pentecosta.

Whitsuntide ['witsntaid] s. Pentecosta f., Segona Pasqua f.

whiz o **whizz** [wiz, hwiz] s. zumzeig m., batre m., brunzit m.

whiz o **whizz** [to] [wiz, hwiz] i. zumzejar, brunzir.

who [hu:, hu] pron. qui.

whoever [hu(:)'evə] pron. rel. qualsevol. ‖ ~ you are, siguis qui siguis.

whole [houl] a. tot, sencer: the ~ day, tot el dia. 2 íntegre, intacte. ■ 3 s. total m., conjunt m.: as a ~, com un tot, en conjunt, on the ~, en general.

whole-hearted [,houl'ha:tid] a. cordial, incondicional, sincer.

wholesale ['houlseil] adv. a l'engròs. ■ 2 a. a l'engròs. 3 fig. total, general. ■ 4 s. venda f. a l'engròs. 5 wholesaler, majorista.

wholesome ['houlsəm] a. sa, saludable.

wholly ['houli] adv. completament, totalment.

whom [hu:m, hum] pron. a qui, qui.

whoop [hu:p] s. crit m., udol m. 2 estossec m., tos f.

whoop (to) [hu:p] t.-i. cridar, udolar.

whooping-cough ['hu:piŋkɔf] s. MED. tos ferina f.

whose [hu:z] pron. pos. de qui. ~ is that?, de qui és això? 2 pron. rel. del qual, de qui: the man ~ sister is a typist, l'home la germana del qual és mecanògrafa; the writer ~ books were published recently, l'escriptor a qui li han publicat llibres fa poc.

why [wai, hwai] adv. interrog. per què: ~ didn't you come?, per què no vas venir? ■ 2 interj. caram, òndia, ostres. ■ 3 s. perquè m., causa f.

wick [wik] s. ble m.

wicked ['wikid] a. dolent, pervers. 2 rancorós. 3 malèvol, feridor.

wicker ['wikə'] s. vímet m. ■ 2 a. de vímet.

wide [waid] a. ample: two feet ~, de dos peus d'ample. 2 ampli, vast, extens. 3 sense escrúpols: pop. ~ boy, brètol, bandarra. ■ 4 adv. del tot, completament. ‖ ~ open, ben obert; de bat a bat [porta]; fig. ~ *awake,* alerta, despert, espavilat. 5 lluny, a distància.

widen (to) ['waidn] *t.* eixamplar, estendre. ■ 2 *i.* eixamplar-se *p.;* estendre's *p.*

wide-spread ['waidspred] *a.* estès, molt difós: *a ~ belief,* una creença general.

widow ['widou] *s.* vídua *f.,* viuda *f.*

widower ['widouə'] *s.* vidu *m.,* viudo *m.*

widowhood ['widouhud] *s.* viduïtat *f.*

width [widθ] *s.* amplada *f.,* amplària *f.*

wield (to) ['wi:ld] *t.* utilitzar, manejar. ‖ *to ~ authority,* tenir autoritat.

wife [waif] *s.* muller *f.,* esposa *f.,* dona *f.* ▲ *pl.* **wives** [waivz].

wig [wig] *s.* perruca *f.,* postís *m.*

wild [waild] *a.* salvatge: *~ duck,* ànec *m.* salvatge. 2 silvestre; sense conrear. 3 agrest, desolat. 4 violent, incontrolat. 5 excitat, apassionat, descontrolat.

wild boar ['waild'bɔ:'] *s.* ZOOL. porc *m.* senglar, senglar *m.*

wildcat ['waildkæt] *s.* ZOOL. gat *m.* salvatge. ■ 2 *a.* arriscat, temerari, perillós.

wilderness ['wildənis] *s.* terra *f.* erma, ermot *m.*

wildness ['waildnis] *s.* estat *m.* salvatge. 2 brutalitat *f.*

wile [wail] *s.* ardit *m.,* estratagema *f.*

wilfulness ['wilfulnis] *s.* obstinació *f.,* determinació *f.* 2 premeditació *f.,* intencionalitat *f.,* intenció *f.*

1) will [wil] *s.* voluntat *f.* 2 desig *m.* 3 DRET testament *m.*

2) will [wil] *aux. futur.: I ~ go,* hi aniré; *~ you come?,* vindràs?

3) will (to) [wil] *t.* desitjar, voler. 2 DRET llegar.

willing ['wiliŋ] *a.* amatent; servicial, disposat. 2 voluntari; entusiasta. ■ 3 *-ly adv.* de bon grat, de gust.

willingness ['wiliŋnis] *s.* ganes *f. pl.,* disposició *f.*

willow ['wilou] *s.* BOT. salze *m.* ‖ BOT. *weeping ~* desmai *m.*

willowy ['wiloui] *a.* lleuger, àgil, esvelt.

willy-nilly ['wili'nili] *adv.* vulguis o no, a la força.

wilt (to) [wilt] *t.* marcir. ■ 2 *i.* marcir-se *p.* [plantes, flors]. 3 neulir-se *p.* [persones].

wily ['waili] *a.* astut, arterós.

win (to) [win] *t.* guanyar. ■ 3 *i.* guanyar-se *p.* 4 vèncer, triomfar. ▲ Pret. i p. p.: **won** [wʌn].

wince (to) [wins] *s.* ganyota *f.* [de por, de dolor].

wince (to) [wins] *i.* fer una ganyota [de por, de dolor].

wind [wind] *s.* vent *m.* 2 pl. *winds,* vents *m. pl.,* punts *m. pl.* cardinals. 3 respiració *f.,* alè *m.* 4 olor *f.* ‖ *to get the ~ of,* ensumar-se. 5 ventositat *f.,* flat *m.*

1) wind (to) [waind] *i.* serpentejar, zigzaguejar. ■ 2 *t.* cargolar. 3 donar corda. ▲ Pret. i p. p.: **wound** [waund].

2) wind (to) [wind] *t.* ensumar, detectar amb l'olfacte. 2 panteixar *i.,* bufar *i.* ▲ Pret. i p. p.: **winded** [windid].

windbag ['windbæg] *s.* col·loq. xerraire, parauler.

windfall ['windfɔ:l] *s.* fruita *f.* caiguda de l'arbre [pel vent]. 2 sort *f.* inesperada.

winding ['waindiŋ] *s.* cargolament *m.,* bobinat *m.* 2 corba *f.,* volta *f.,* giragonsa *f.* ■ 3 *a.* tortuós, sinuós. ‖ *~ stairs,* escala *f.* de cargol.

windmill ['winmil] *s.* molí *m.* de vent.

window ['windou] *s.* finestra *f.* 2 *shop-window,* aparador *m.*

window frame ['windoufreim] *s.* marc *m.* [de finestra].

window pane ['windoupein] *s.* vidre *m.* [de finestra].

windpipe ['windpaip] *s.* tràquea *f.*

wind sock ['windsɔk] *s.* col·loq. anemoscopi *m.,* mànega *f.* aeroscòpica.

windscreen ['windskri:n], (EUA) **windshield** ['windʃi:ld] *s.* AUTO. parabrisa *m.*

windy ['windi] *a.* ventós. ‖ *it's ~,* fa vent.

wine [wain] *s.* vi *m.: red ~,* vi *m.* negre.

wine cellar ['wainselə] *s.* celler *m.*

wineglass ['wainglɑ:s] *s.* got *m.* per al vi.

wineskin ['wainskin] *s.* bot *m.* [per contenir líquids].

wing [wiŋ] *s.* ala *f.* ‖ *on the ~,* en ple vol; *to take ~,* alçar el vol. 2 TEAT. bastidors *m. pl.*

wink [wiŋk] *s.* parpelleig *m.,* pestanyeig *m.* 2 picada *f.* [d'ull]. ‖ *I didn't sleep a ~,* no vaig poder aclucar l'ull.

wink (to) [wiŋk] *i.-t.* fer l'ullet *i.,* picar l'ull *i.* ‖ *he winked at his sister,* va picar l'ullet a la seva germana. 2 pestanyejar *i.,* parpellejar *i.* 3 *i.* centellejar, guspirejar.

winner ['winə'] *s.* guanyador, vencedor.

winning ['winiŋ] *a.* guanyador, vencedor. 2 persuasiu. 3 atractiu, encantador. 4 JOC *winnings,* guanys *m. pl.,* beneficis *m. pl.*

winsome ['winsəm] *a.* agradable, atractiu [persona].

winter [wintə'] s. hivern. ■ 2 a. d'hivern, hivernal: ~ *month*, mes d'hivern.

wintry [wintri] a. hivernal. || a ~ *day*, un dia fred.

wipe (to) [waip] t. eixugar, (VAL.) torcar; fregar. || *to* ~ *one's nose*, mocar-se p. 2 *to* ~ *away*, eixugar [llàgrimes, etc.]. 3 *to* ~ *off*, fregar, netejar; esborrar; eixugar [dentes].

wire [waiə'] s. fil m., cable m. [elèctric, telefònic, etc.]; filferro m. || fig. *to pull the* ~, moure fils, buscar influències. 2 col·loq. (EUA) telegrama m.

wireless [waiəlis] s. telegrafia f. sense fils; ràdio f.

wiry [waiəri] a. prim, sec, nerviüt [persona].

wisdom [wizdəm] s. seny m. || ~ *tooth*, queixal m. del seny. 2 saviesa f.

wise [waiz] a. savi, assenyat; prudent. ■ 2 **-ly** adv. sàviament; de manera assenyada.

wish [wiʃ] s. desig m., anhel m.

wish (to) [wiʃ] desitjar, tenir ganes. || *he wishes to be alone*, vol estar sol; *I* ~ *you were here*, m'agradaria que fossis aquí. ■ 2 i. *to* ~ *for*, anhelar t. 3 expressar un desig.

wishful [wiʃful] a. delerós, desitjós. || ~ *thinking*, il·lusió f., fantasia f., desig m.

wistful [wistful] a. trist, enyorat, malenconiós, capficat.

wit [wit] s. agudesa f., enginy m., intel·ligència f. || *to be at one's wit's end*, no saber com sortir-se'n; *to be out of one's wits*, perdre el seny, atabalar-se. 2 agudesa f., comicitat f., humor m. 3 persona f. aguda.

witch [witʃ] s. bruixa f.

witchcraft [witʃkra:ft], **witchery** [witʃəri] s. bruixeria f.

with [wið] prep. amb. || ~ *all speed*, a tota velocitat; *filled* ~, ple de; *have you got any money* ~ *you?*, portes diners?

withdraw (to) [wið'drɔ:] t. retirar. 2 fer enrera; enretirar. ■ 3 i. retirar-se p. 4 fer-se p. enrera. || *to* ~ *a statement*, retractar-se p. ▲ Pret.: *withdrew* [wið'dru:], p. p.: *withdrawn* [wið'drɔ:n].

withdrawal [wið'drɔ:əl] s. retirada f. 2 retractació f.

withdrawn [wið'drɔ:n] Vegeu WITHDRAW (TO).

withdrew [wið'dru:] Vegeu WITHDRAW (TO).

wither (to) [wiðə'] t. marcir. 2 fig. fulminar [amb la mirada, etc.]. ■ 3 i. marcir-se p.

withheld [wið'held] Vegeu WITHHOLD (TO).

withhold (to) [wið'houl] t. retenir; no revelar. ▲ Pret. i p. p.: *withheld* [wið'held].

within [wi'ðin] prep. en, dins de, a l'abast de. || ~ *an hour*, en menys d'una hora. ■ 2 adv. liter. dintre.

without [wi'ðaut] prep. sense. 2 ant. fora de. ■ 3 adv. ant. liter. fora.

withstand (to) [wið'stænd] t. resistir, aguantar. ▲ Pret. i p. p.: *withstood* [wið'stud].

withstood [wið'sud] Vegeu WITHSTAND (TO).

witness [witnis] s. testimoni m.: *eye-witness*, testimoni ocular. 2 prova f., evidència f.

witness (to) [witnis] t. ser testimoni de, presenciar. 2 mostrar, evidenciar. ■ 3 i. testificar.

witticism [witisizəm] s. frase f. aguda, comentari m. encertat.

witty [witi] a. enginyós, agut, còmic.

wives [waivz] s. pl. de WIFE.

wizard [wizəd] s. bruixot m.

woe [wou] s. liter. pena f., aflicció f.

woebegone [woubigɔn] a. trist, compungit, abatut.

woeful [wouful] a. afligit. 2 trist, entristidor.

woke [wouk] Vegeu WAKE (TO).

woken [woukən] Vegeu WAKE (TO).

wolf [wulf] llop m. ▲ pl. *wolves* [wulvz].

wolf cub [wulfkʌb] s. ZOOL. llobató m. 2 llobató m. [escoltisme].

woman [wumən] dona f. ▲ pl. *women* [wimin].

womanish [wuməniʃ] a. de dona, femení, femenívol. 2 efeminat.

womankind [wumən'kaind] s. el sexe femení, les dones.

womanly [wumənli] a. femení, de dona.

womb [wu:m] s. úter m., matriu f.

won [wʌn] Vegeu WIN (TO).

wonder [wʌndə'] s. sorpresa f., perplexitat f. astorament m. 2 meravella f., prodigi m. || *no* ~, no té res d'estrany.

wonder (to) [wʌndə'] t. demanar-se p., preguntar-se p. || *I* ~ *what he wants*, no sé pas què vol; *I* ~ *why*, em demano per què. ■ 2 i. *to* ~ *at*, meravellar-se p. de, sorprendre's *p.* de. *3 to ~ (about),* demanar-se *p.*

wonderful [ˈwʌndəful] *a.* sorprenent; meravellós. ■ *2* -**ly** *adv.* meravellosament; sorprenentment.

wondrous [ˈwʌndrəs] *a.* aut. liter. sorprenent, meravellós.

wont [wount] *s.* ant. liter. costum *m.,* hàbit *m.*

won't [wount] *contr.* de WILL NOT.

woo (to) [wuː] *t.* ant. cortejar. *2* perseguir, buscar [fama, suport, èxit].

wood [wud] *s.* bosc *m.;* selva *f.* *2* fusta *f.* ‖ *small ~,* fustetes *f. pl.*

woodbine [ˈwudbain] *s.* mareselva *f.,* lligabosc *m.*

wood-cutter [ˈwudˌkʌtəʳ] *s.* llenyataire *m.*

wooded [ˈwudid] *a.* ple de boscos, boscós.

woodlouse [ˈwudlaus] *s.* panerola *f.* ▲ *pl.* **woodlice.**

woodpecker [ˈwudˌpekəʳ] *s.* ORN. picot *m.*

wool [wul] *s.* llana *f.; all ~,* pura llana *f.*

woolly [ˈwuli] *a.* de llana, llanut; com de llana.

word [wəːd] *s.* paraula *f.* ‖ *by ~ of mouth,* oralment. ‖ *to have a ~ with,* parlar (un moment) amb. *2* avís *m.,* informació *f.* ‖ *to leave ~,* deixar un encàrrec. *3* paraula *f.,* promesa *f.* *4* ordre *f.*

word (to) [wəːd] *t.* formular, expressar [amb paraules].

wordiness [ˈwəːdinis] *s.* vèrbola *f.,* verbositat *f.*

wordy [ˈwəːdi] *a.* verbós.

wore [wɔːʳ, wɔəʳ] Vegeu WEAR (TO).

work [wəːk] *s.* treball *m.* *2* feina *f.;* ocupació *f.,* treball *m.* *3* obra *f.;* producció *f.* *4 pl.* mecanisme *m. sing.*

work (to) [wəːk] *i.* treballar; fer feina. *2* funcionar, operar. *2* donar resultat, fer efecte. ■ *3 t.* fer treballar. *4* controlar. *5* treballar [metall, fusta, etc.]. *6* cosir, brodar. ■ *to ~ in,* penetrar, endinsar-se; *to ~ out,* resultar: *did it ~ out?* ha funcionat?; *to ~ up,* fer pujar, augmentar, pujar, inflamar, excitar.

workable [ˈwəːkəbl] *a.* factible, viable.

workday [ˈwəːkdei] *s.* dia *m.* feiner.

worker [ˈwəːkəʳ] *s.* obrer, treballador.

working [ˈwəːkiŋ] *a.* que treballa. ‖ *~ class,* la classe obrera. *2* que funciona. ‖ *in ~ order,* en bon estat, a punt. *3* de treball. ‖ *~ lunch,* dinar *m.* de treball. *4* suficient; funcional. ‖ *~ knowledge,* nocions *f. pl.* bàsiques.

working day [ˈwəːkiŋˌdei] *s.* dia *f.* laborable. *2* jornada *f.* laboral.

working party [ˈwəːkiŋˌpaːti] *s.* equip *m.* de treball; comissió *f.* de seguiment.

workman [ˈwəːkmən] *s.* obrer *m.* *2* artesà *m.,* operari *m.*

workmanlike [ˈwəːkmənlaik], **workmanly** [ˈwəːkmənli] *a.* d'artesà, ben fet.

workmanship [ˈwəːkmənʃip] *s.* factura *f.;* qualitat *f.*

workroom [ˈwəːkrum] *s.* taller *m.,* obrador *m.,* estudi *m.*

workshop [ˈwəːkʃɔp] *s.* taller *m.* *2* seminari *m.;* grup *m.* de treball; taller *m.: a theatre ~,* un taller de teatre.

world [wəːld] *s.* món *m.* *2* fig. món *m.,* ambient *m.,* univers *m.* ■ *3 a.* mundial, de nivell mundial.

worldly [ˈwəːldli] *a.* material. *2* temporal. *3* terrenal.

worm [wəːm] *s.* cuc *m.* *2* fig. mitja cerilla *m.,* cuc *m.,* no-res *m.* [persona].

worm (to) [wəːm] *t.* medicar [per a extirpar cucs intestinals]. ■ *2 i. to ~ one's way,* esmunyir-se *p.*

worn [wɔːn] Vegeu WEAR (TO). *2 ~ out,* usat, gastat; cansat, esgotat.

worried [ˈwʌrid] *a.* preocupat, angoixat, inquiet.

worry [ˈwʌri] *s.* preocupació *f.;* angoixa *f.;* molèstia *f.* *2 pl.* **worries,** preocupacions *f. pl.,* problemes *m. pl.,* mals *m. pl.* de cap.

worry (to) [ˈwʌri] *t.* preocupar, angoixar, inquietar, molestar. ■ *2 i.* preocupar-se *p.,* angoixar-se *p.,* inquietar-se *p.*

worse [wəːs] *a.-adv. (compar.* de *bad)* pitjor, més malament. ‖ *to get ~,* empitjorar. ■ *2 s.* empitjorament. ‖ *the ~,* el pitjor.

worsen (to) [ˈwəːsn] *t.* empitjorar(se).

worship [ˈwəːʃip] *s.* culte *m.,* adoració *f.,* veneració *f.*

worship (to) [ˈwəːʃip] *t.* adorar, venerar. ■ *2 i.* rendir culte a.

worst [wəːst] *a. superl.* pitjor. ‖ *the ~,* el pitjor. ■ *2 adv.* pitjor, més malament. ■ *3 s.* el pitjor, la pitjor part, allò pitjor *m.*

worst (to) [wəːst] *t.* derrotar, vèncer.

worsted [ˈwustid, -təd] *s.* TÈXT. estam *m.*

worth [wəːθ] *a.* tenir valor, estar valorat, valdre. ‖ *it's not ~ the effort,* no val la pena esforçar-s'hi. ■ *2 s.* valor *m.,* preu *m.;* vàlua *f.*

worthless [ˈwəːθlis] *a.* inútil, sense valor.

worthy [ˈwəːði] *a.* digne, mereixedor. ■ 2 *s.* personatge *m.,* personalitat *f.* 3 col·loq. iròn. personatge *m.*

would [wud, wəd] *aux. cond.: I ~ like to go,* m'agradaria anar-hi. || *~ you please pass me the salt?,* em pot passar la sal, si li plau? 2 Pret. *he ~ come every day,* venia cada dia.

would-be [ˈwuldbiː] *a.* aspirant. 2 suposat.

wouldn't [ˈwudənt] *contr.* de WOULD NOT.

1) wound [wuːnd] *s.* ferida *f.* 2 ofensa *f.*

2) wound [waund] Vegeu WIND (TO) 1.

wound (to) [wuːnd] *t.* ferir, fer mal. 2 ofendre, ferir.

wounded [ˈwuːndid] *a.* ferit. 2 ofès. ■ 3 *s.* ferit *m.*

wove [wouv] Vegeu WEAVE (TO).

woven [ˈwouvən] Vegeu WAVE (TO).

wrangle [ˈræŋgl] *s.* baralla *f.,* brega *f.,* batussa *f.*

wrangle (to) [ˈræŋgl] *i.* barallar-se *p.,* esbatussar-se *p.*

wrap [ræp] *s.* embolcall *m.* 2 abrigall *m.,* abric *m.*

wrap (to) [ræp] *t.-i. to ~ (up),* cobrir(-se), embolcar(-se), embolcallar(-se). || *~ yourself up!,* tapa't!, abriga't! 2 *to be wrapped (up) in,* estar absort en.

wrapping [ˈræpiŋ] *s.* embolcall *m.,* coberta *f.,* recobriment *m.*

wrapping paper [ˈræpiŋˌpeipəʳ] *s.* paper *m.* d'embolicar.

wrath [rɔːθ] *s.* liter. còlera *f.,* ira *f.*

wrathful [ˈrɔːθful] *a.* colèric, irat, furiós. ■ 2 *-ly adv.* colèricament, iradament.

wreak (to) [riːk] *t.* liter. infligir, aplicar; descarregar.

wreath [riːθ] *s.* garlanda *f.,* corona *f.* 2 anell *m.,* virolla *f.* [de fum, boira, etc.].

wreathe (to) [riːð] *t.* cobrir, envoltar, encerclar. 2 entortolligar, entrellaçar. ■ 3 *i.* entortolligar-se *p.,* entrellaçar-se *p.*

wreck [rek] *s.* ruïna *f.,* restes *f. pl.* 2 restes *f. pl.,* carcassa *f.* [de vaixell]. 3 naufragi *m.*

wreck (to) [rek] *t.* fer naufragar; fer col·lisionar, destruir.

wreckage [ˈrekidʒ] *s.* ruïna *f.,* restes *f. pl.*

wrench [rentʃ] *s.* estirada *f.* 2 torçada *f.,* torçament *m.* 3 dolor *m.,* pena *f.* [per separació]. 4 ~ o *monkey ~,* clau *f.* anglesa.

wrench (to) [rentʃ] *t.* torçar; fer girar. 2 torçar-se *p.* [el peu, etc.]. 3 distorsionar, falsejar.

wrest (to) [rest] *t.* prendre, arrencar, arrabassar. 2 deformar, distorsionar.

wrestle (to) [ˈresl] *i.* lluitar [cos a cos]. 2 fig. lluitar, batallar.

wretch [retʃ] *s.* miserable, desafortunat. 2 miserable, desgraciat, bandarra.

wretched [ˈretʃid] *a.* miserable, pobre. 2 de baixa qualitat, dolent. || *your ~ stupidity,* la teva immensa estupidesa.

wriggle (to) [ˈrigl] *i.* recargolar-se *p.,* moure's *p.* zigzaguejar. ■ 2 *t.* moure, remenar.

wring (to) [riŋ] *t.* torçar, retorçar. 2 *to ~ out,* fer sortir, esprémer. || *to ~ out the water,* escórrer l'aigua. ▲ Pret. i p. p.: *wrung* [ruŋ].

wrinkle [ˈriŋkl] *s.* arruga *f.,* séc *m.;* solc *m.*

wrist [rist] *s.* ANAT. canell *m.*

wrist watch [ˈristwɔtʃ] *s.* rellotge *m.* de polsera.

writ [rit] *s.* DRET ordre *f.,* decret *m.*

write (to) [rait] *t.-i.* escriure. || *to ~ back,* contestar per escrit, contestar una carta; *to ~ down,* escriure, anotar; *to ~ up,* completar, posar al dia; descriure. ▲ Pret.: *wrote* [rout]; p. p.: *written* [ˈritn].

writer [ˈraitəʳ] *s.* escriptor.

writhe (to) [raið] *i.* cargolar-se *p.,* recargolar-se *p.* [de dolor].

writing [ˈraitiŋ] *s.* escrit *m.,* text *m.* 2 lletra *f.,* escriptura *f.*

writing desk [ˈraitiŋdesk] *s.* escriptori *m.*

writing pad [ˈraitiŋpæd] *s.* bloc *m.* [de notes].

writing paper [ˈraitiŋˌpeipəʳ] *s.* paper *m.* d'escriure.

written [ˈritn] Vegeu WRITE (TO).

wrong [rɔŋ] *a.* dolent, mal fet. || *It was ~ of you,* vas fer mal fet. 2 erroni, equivocat. || *the ~ side,* el costat dolent, el costat de sota [d'una roba]; *to be ~,* anar equivocat, no tenir raó. ■ 3 *adv.* malament. || *what's ~ with you?,* què caram et passa? ■ 4 *s.* mal *m.;* injustícia *f.*

wrong (to) [rɔŋ] *t.* ofendre, tractar injustament.

wrongdoer [ˈrɔŋduəʳ] *s.* malfactor.

wrongful [ˈrɔŋful] *a.* injust.

wrote [rout] Vegeu WRITE (TO).

wrought [rɔːt] pret. i p. p. irreg. ant. de WORK (TO). ■ 2 *a.* treballat, forjat.

wrung [rʌŋ] Vegeu WRING (TO).

wry [rai] *a.* torçat, tort. || *~ face,* ganyota *f.*

X

X, x [eks] *s.* x *f.* [lletra].

xenophobia [zenəˈfoubjə] *s.* xenofòbia *f.*

Xmas [ˈkrisməs] *s.* abrev. de CHRISTMAS.

X-ray [ˈeksrei] *s.* raigs X *m. pl.*

Y

Y, y [wai] s. y f. [lletra].

yacht [jɔt] s. MAR. iot m.

Yankee ['jænki] a.-s. ianqui.

yard [jɑːd] s. iarda f. [0,914 m]. 2 pati m., eixida f. ‖ *back ~*, pati anterior, pati de darrera.

yarn [jɑːn] s. fil m. 2 narració f. fantàstica, història f. ‖ *to spin a ~*, explicar històries [com a excusa, etc.].

yawn [jɔːn] s. badall m.

yawn (to) [jɔːn] i. badallar.

year [jəːʳ] s. any m. ‖ *once a ~*, un cop a l'any.

yearly ['jeːli] a. anual, anyal. ■ 2 adv. anualment, anyalment.

yearn (to) [jeːn] i. anhelar, desitjar *(for, ~)*.

yearning ['jəːniŋ] s. anhel m., sospir m.

yeast [jiːst] s. llevat m.

yell [jell] s. xiscle m., crit m.; udol m.

yell (to) [jel] i. cridar, xisclar, udolar. ■ 2 t. *to ~ (out)*, cridar, xisclar, udolar.

yellow ['jelou] a. groc. 2 col·loq. covard.

yelp [jelp] s. esgarip m., udol m.

yelp (to) [jelp] i. fer esgarips, udolar.

yeoman ['joumən] s. HIST. petit propietari m. rural. 2 *~ of the guard*, guarda m. de la Torre de Londres.

yes [jes] adv. sí. ■ 2 s. sí m.

yesterday ['jestədi, -dei] adv. ahir. ‖ *the day before ~*, abans d'ahir. ■ 2 s. ahir m.

yet [jet] adv. encara; ja: *haven't you finished reading that book yet?*, encara no has acabat de llegir aquell llibre? ■ 2 conj. no obstant això, tanmateix.

yew [juː] s. BOT. teix m.

yield [jiːld] s. producció f., rendiment m. 2 collita f.

yield (to) [jiːld] t. produir, donar. ■ 2 i. rendir-se p., cedir, abandonar.

yoga ['jougə] s. ioga f.

yogi ['jougi] s. iogui.

yoke [youk] s. jou m. [també fig.].

yoke (to) [jouk] t. junyir [també fig.].

yokel ['joukəl] s. pagerol m., rústic m.

yolk [jouk] s. rovell m. [d'ou].

yore [jɔːʳ] s. ant. *of ~*, fa temps.

you [juː, ju] pron. pers. tu, nosaltres. 2 et, te, us. ‖ *I gave it to ~*, t'ho vaig donar; us ho vaig donar; *that's for ~*, és per a tu; és per a vosaltres.

young [jʌŋ] a. jove. ‖ *~ lady*, senyoreta f. 2 jovença, novell. 3 *the ~*, els joves, la gent jove. ■ 4 s. els petits, les cries.

youngster ['jʌŋstəʳ] s. noi m., jove m., jovenet m.

your [juəʳ, jɔːʳ] a. poss. el teu, els teus, el vostre, els vostres: *is that ~ chair?*, aquesta és la teva cadira?; aquesta és la vostra cadira?

yours [juəʳ, jɔːʳ] pron. poss. teu, teus, vostre, vostres: *is that coat ~?*, aquesta jaqueta és teva?; aquesta jaqueta és vostra?; *where is ~?*, on és el teu?; on és el vostre?

yourself [juəˈself, jɔːˈ] pron. pers. tu, tu mateix: *buy it ~*, compra-ho tu mateix; *wrap ~ up in that coat*, embolica't amb aquesta jaqueta. ▲ pl. *yourselves* [juəˈselvz, jɔːˈselvz].

youth [juːθ] s. joventut f., adolescència f. 2 jove m.; noi m. 3 gent f. jove, joventut f., jovenalla f.

youthful ['juːθful] a. jove, juvenil; jovenívol. ■ 2 *-ly* adv. jovenívolament, de manera juvenil.

Yugoslavia ['juːgouˈslɑːvjə] n. pr. GEOGR. Iugoslàvia.

Yugoslavian ['juːgouˈslɑːvjən] a.-s. iugoslau.

yule [juːl] s. ant. Nadal m.

Z

Z, z [zed] *s.* z *f.* [lletra].

zeal [ziːl] *s.* zel *m.*, entusiasme *m.*

zealot [ˈzelət] *s.* fanàtic.

zealous [ˈzeləs] *a.* zelós, entusiasta. ■ 2 **-ly** *adv.* zelosament; amb entusiasme.

zebra [ˈziːbrə] *s.* ZOOL. zebra *f.*

zenith [ˈzeniθ] *s.* zènit *m.* [també fig.].

zephyr [ˈzefəʳ] *s.* METEOR. zèfir.

zero [ˈziərou] *s.* zero *m.* ‖ *below* ~, sota zero.

zest [zest] *s.* entusiasme *m.*, gran interès *m.* 2 al·licient *m.*

zigzag [ˈzigzæg] *s.* ziga-zaga *f.* ■ 2 *a.-adv.* en ziga-zaga, fent ziga-zaga.

zigzag (to) [ˈzigzæg] *i.* fer ziga-zaga.

zinc [ziŋk] *s.* zenc *m.*, zinc *m.*

zip [zip] *s.* cremallera *f.* 2 xiulet *m.* [d'un projectil].

zip (to) [zip] *t.* tancar amb cremallera. 2 *to* ~ *up,* tancar la cremallera.

zip fastener [zipˈfɑːsnəʳ], **zipper** [ˈzipəʳ] *s.* cremallera *f.*

zone [zoun] *s.* zona *f.;* àrea *f.*

zoo [zuː] *s.* zoo *m.*, parc *m.* zoològic.

zoological [zouəˈlɔdʒikl] *a.* zoològic.

zoology [zouˈɔlədʒi] *s.* zoologia *f.*

zoom [zuːm] *s.* brunzit *m.* [de l'avió que s'enlaira]. 2 FOT. ~ *o* ~ *lens,* zoom *m.*

zoom (to) [zuːm] *i.* enlairar-se *p.* ràpidament [avió]. 2 col·loq. pujar, apujarse *p.* 3 FOT. usar el zoom.

CATALAN-ENGLISH

Abbreviations used in this dictionary

a.: adjective
abbr., *abbr.*: abbreviation
adv.: adverb
adv. phr.: adverbial phrase
AER.: aeronautics
AGR.: agriculture
ANAT.: anatomy
ant.: antiquated
ARCH.: architecture
ARITH.: arithmetic
art.: article
ARTILL.: artillery
ASTR.: astronomy
ASTROL.: astrology
AUTO.: automobile
AVIAT.: aviation

(BAL.): Balearic Islands
BIOL.: biology
BOT.: botany

cast.: Spanishism
CHEM.: chemistry
CIN.: cinema
coll.: colloquial
COMM.: commerce
COMP.: computers
COND.: conditional
conj.: conjunction
CONJUG.: conjugation
CONSTR.: building industry
contr.: contraction
COOK.: cookery
cop.: copulative
COSM.: cosmetics

dem.: demonstrative
dim.: diminutive
DRAW.: drawing

ECCL.: ecclesiastic
ECON.: economy
EDUC.: education
ELECTR.: electricity
ENT.: entomology
esp.: especially

f.: feminine
fig.: figurative
Fut.: future

GARD.: gardening
(GB): Great Britain
GEMM.: gemmology
GEOGR.: geography
GEOL.: geology
GEOM.: geometry
GER.: gerund
GRAMM.: grammar

HERALD.: heraldry
HIST.: history

i.: intransitive verb
ICHTHY.: ichthyology
imper.: impersonal
IMPERAT.: imperative
Imperf.: imperfect
IND.: industry
indef.: indefinite
INDIC.: indicative
interj.: interjection
interr.: interrogative
iron.: ironic

JOURN.: journalism

LING.: linguistics
lit.: literary
LIT.: literature
LITURG.: liturgy

m.: masculine
MAR.: maritime
MATH.: mathematics
MECH.: mechanics
MED.: medicine
METALL.: metallurgy
METEOR.: meteorology
MIL.: military
MIN.: mining
MINER.: mineralogy
MUS.: music
MYTH.: mythology

NAUT.: nautical
(N-O): North-Western Catalan
num.: numeral
NUMIS.: numismatics

(OCC.): Western Catalan

OPT.: optics
ORNIT., ORNITH.: ornithology

p.: pronominal
P.A.: performing arts
pej.: pejorative
Perf.: perfect
pers.: personal
PHIL.: philosophy
phr.: phrase
PHYS.: physics
PHYSIOL: physiology
PHON.: phonology
PHOT.: photography
pl.: plural
poet.: poetical
POL.: politics
poss.: possessive
P. P.: past participle
pr. n.: proper noun
pr. p.: present participle
prep.: preposition
prep. phr.: prepositional phrase
Pres.: present
PRINT.: printing
pron.: pronoun
PSYCH.: psychology

RADIO: radio
RAIL.: railway

REL.: religion
RHET.: rhetoric
(ROSS.): Rousillon

SEW.: sewing
sing.: singular
sl.: slang
SP.: sport
SUBJ.: subjunctive

t.: transitive verb
TECH.: technology
TEXT.: textiles
THEATR.: theatre
TRANS.: transport
T.V.: television
TYPOGR.: typography
(USA): United States of America
usu.: usually

(VAL): Valencia
VIT.: viticulture
vulg.: vulgarism

ZOOL.: zoology

■ change of grammatical categoryy
▲ grammatical explanations
‖ introduces phraseology
~ substitutes headword

Catalan grammar

Phonetics

Here is a brief description of the pronunciation of Catalan.

Vowels

PHONETIC SYMBOL	DESCRIPTION	EXAMPLES
[i]	as in pit	*nit* [nit], *llit* [ʎit]
[e]	nonexistent; similar to get but closer	*nét* [net], *carrer* [kərrè]
[ɛ]	as in get	*nen* [nɛn], *plego* [plɛ̀ɣu]
[a]	as in barn but shorter	*vas* [bas], *mare* [màrə]
[ɔ]	as in pot	*pot* [pɔt], *allò* [əʎɔ́]
[o]	as in order	*onze* [ónzə], *cançó* [kənsò]
[u]	as in room	*únic* [únik], *donar* [dunà]
[ə]	as in annoy	*porta* [pɔ̀rtə], *mare* [màrə]

Semivowels

[ĭ]	as in joy	*drapaire* [drəpàĭrə], *boira* [bɔ̈ĭrə]
[ŭ]	as in cow	*ciutat* [siŭtát], *babau* [bəβàŭ]

Semiconsonants

[j]	as in university	*noia* [nɔ̈jə], *boia* [bəβàŭ]
[w]	like in well	*guant* [gwàn], *quatre* [kwàtrə]

Consonants

[p]	as in pocket	*porta* [pɔ̀rtə], *empipar* [əmpipà]
[b]	as in bet	*balcó* [bəlkò], *bo* [bɔ]
[t]	as in foot	*taula* [tàŭlə], *entre* [èntrə]
[d]	as in dark	*dona* [dɔ̀nə], *dit* [dit]
[k]	as in king	*casa* [kàzə], *quatre* [kwàtrə]
[g]	as in cigarette	*gat* [gat], *goma* [gómə]
[β]	nonexistent. Voiced fricative bilabial	*àvia* [βiə], *rebut* [rrəβút]
[ð]	as in mother	*adéu* [əðèŭ], *cada* [kàðə]
[ɣ]	nonexistent. Voiced fricative velar	*aigua* [àĭɣwə], *negar* [nəɣà]
[f]	as in feather	*font* [fɔn], *agafar* [əɣəfà]

[s]	as in *sail*	*cera* [sɛ́rə], *caçador* [kəsəðó], *rossa* [rrósə]
[z]	as in *rose*	*colze* [kólzə], *pisos* [pizus]
[ʃ]	as in *shark*	*xic* [ʃik], *creix* [kreʃ]
[ʒ]	as in *measure*	*jove* [ʒóβə], *ajagut* [əʒəɣút]
[ts]	as in *tsetse* fly	*potser* [putsɛ́]
[dz]	as in *goods*	*dotze* [dódzə], *magatzem* [məɣədzɛ́m]
[tʃ]	as in *chocolate*	*despatx* [dəspátʃ], *desig* [dəzitʃ]
[dʒ]	as in *jam*	*metge* [mɛ́dʒə], *corretja* [kurrɛ́dʒə]
[m]	as in *map*	*mes* [mes], *meu* [meŭ]
[n]	as in *net*	*noi* [nɔ́i], *anar* [əná]
[ŋ]	as in *ring*	*sang* [saŋ], *ungla* [úŋglə]
[ɲ]	nonexistent. Voiced nasal palatal. Similar to *onion*	*menys* [mɛ́ɲs], *canya* [káɲə]
[ʎ]	nonexistent. Voiced lateral palatal. Similar to *million*	*allà* [əʎá], *llibre* [ʎíbrə]
[l]	as in *lost*	*línia* [líniə], *alè* [əlɛ́]
[r]	nonexistent. Simple voiced vibrant alveolar. Similar to *red*, ba*rr*ow	*però* [pərɔ́], *fora* [fɔ́rə]
[rr]	nonexistent. Multiple voiced vibrant alveolar	*rosa* [rrɔ́zə], *arròs* [ərrós]

Other signs

[']	main stress
[ˌ]	secondary stress

Syllables

a) **Inseparable**: *uu (duu), güe (aigües), güi (am-bi-güi-tat), qüe (qües-ti-ó), qüi (o-bli-qüi-tat), ny (es-tany).*

b) **Separable**:
   1) those syllables where *i* and *u* are semiconsonants (neither following on strong vowels, nor at the start of a word, nor between vowels): *grà-ci-a, pie-tat, cu-a, fu-et*, but note: *io-de, iu-ca, no-ia, to-ia.*
   2) the digraphs *rr, ss* and *l·l (bar-ra, pas-si-ó, al-lu-si-ó).*
   3) those vowels which do not form a diphthong, this being indicated by the relevant accent or diaeresis ('): *pa-ís, pa-ï-sos, be-ne-ït, lla-üt, pe-ü-lla, ru-ï-na*, etc. The diaeresis is omitted in the endings of the future and conditional tenses and of gerunds: *tra-i-ré, tra-i-ri-en, tra-int*, and in compound words such as: *co-in-ci-dir, re-in-te-grar, re-u-nir*, etc.

Accentuation

Accents are written on:

1) all words with stress on the final syllable ending in:
   à, é, è, í, ó, ò, ú (demà, puré, setè, robí, peó, això, oportú); às, és, ès, én, èn, ís, ín, ós, òs,

ús (cabàs, accés, espès, amén, ofèn, vernís, esplín, amorós, espòs, abús); but NOT on those words ending in *i, is, in, u,* or *us,* if these form part of a diminishing diphthong *(espai, serveis, gripau, guineus, dinou).*

2) all words with stress on the penultimate syllable but without any of the above endings:
   àcid, anàveu, antídot, cànem, diàfan, diguéssiu, húmer, inèdit, tròlei.

3) all words with stress on the antepenultimate syllable:
   ànima, àrdu-a, Àsi-a, brúixola, cúpula, dèri-a, època, perpètu-a, rèmora, sèri-e, vàlvula, zitzàni-a; but note: *aigua, aigües, llengua, llengües,* because these form diphthongs.

The diacritic accent
This is used to distinguish identical-looking words having different meanings, for example:
bé(ns) and *be(ns), bóta* and *bota, Déu - déu* and *deu, dóna (-es)* and *dona (-es), és* and *es, fóra* and *fora, nét(s)* and *net(s), ós* and *os, sé* and *se, séc* and *sec, sí* and *si, sóc* and *soc, són* and *son, té* and *te, ús* and *us, véns* and *vens, vós* and *vos, mà* and *ma, mòlt* and *molt, pèl(s)* and *pel(s), sòl* and *sol,* etc.

The article

		Singular	Plural
Definite	masculine:	*(lo)*, el, l'	*(los)*, els
	feminine:	*la*, l'	les
Indefinite	masculine:	un	uns
	feminine:	una	unes

The bracketed forms are the traditional ones or ones which still persist in dialects; *el* adopts the apostrophised form *l'* before a **vowel** or *h* provided the vowel is not the beginning of a diphthong: *el pare, l'ase, l'home, l'oncle,* but *el* ion; *la* is shortened to *l'* in the same instances, except for the vowels *i* or *u* where these are unstressed: *l'àvia, l'herba, l'oda, l'ungla;* but: *la idea, la hidròlisi, la unió, la humitat. El, els* are contracted in combination with *a, de* and *per,* forming *al, als, del, dels,* and *pel, pels: al pare, als pobres, del riu, dels vius, pel camí, pels homes;* but note: *a l'avi, de l'home, per l'esquena,* etc.

Changes of meaning according to gender
El còlera (disease) - *la* còlera (anger), *el* fi (purpose) - *la* fi (end), *el* llum (lamp) - *la* llum (light), *el* salut (greeting) - *la* salut (health).

The definite article is also used before **personal names**: *La* Maria, *l'*Enric, even before well-known **surnames**: *l'*Adenauer, *la* Callas. Note, however, that it changes to *en (En)* before masculine names beginning with a consonant: *en* Lluís, *en* Narcís, *en* Ramon.

Noun forms

Nouns and adjectives
Formation of the feminine (fem.) from the masculine (masc.) form, and of the plural (pl.) from the singular (sing.) form.

Feminine forms
– Where masc. ends in an unstressed *e* fem. ends in *a*: *alumn(e)/(-a), sogr(e)/(-a).*
– Where masc. ends in a stressed vowel, fem. = masc. + **na**: *cosí(na), bo(na), fi(na).*
– In a few cases, fem. = masc. + **essa**: *poet-(essa), abad(essa).*
– With spelling changes:
   a) *nebot - neboda, llop - lloba, jueu - jueva, boig - boja, mig - mitja.*
   b) *actor - actriu, emperador - emperadriu.*

c) *raça - races, figa - figues, pluja - pluges, taca - taques, llengua - llengües.*
- Fem. totally different from masc.: *ase - somera, boc - cabra, cavall - euga, gendre - nora, marit - muller, oncle - tia, pare - mare*, etc.
- Fem. = masc. + femella: *un pinsà femella*, or, conversely, *una cadernera mascle.*

Plural forms

In general, pl. = sing. + *s*: *cap(s), fill(s), gat(s), noi(s), brut(s).*
- Where ending is an unstressed *e* or *a*, pl. ends in *es*: *alumn(es), sogr(es), cas(es), mar(es).*
- Where ending is a stressed vowel, pl. = sing. + *ns*: *cosí (ins), lleó (ons), bo (bons).*
  Exceptions: *bisturí(s), cafè(s), clixé(s), esquí(s), mamà(s), menú(s), mercè(s), papà(s), sofà(s),* etc.
- With monosyllables, or words with final syllable stress, ending in *ç* or *s*:
  a) pl. = sing. + *os*: *braç(os), llaç(os), avis(os), gas(os), matís(issos).*
  b) pl. = sing. + *sos*: *arròs(ossos), cabàs(assos), ingrés(essos), nas(sos), os(sos), pas(sos), revés(essos), rus(sos).*
  c) pl. (fem. nouns) = sing. + *s* (or *invariable*): *calç(s), falç(s), pols.*
  d) but note that some masc. polysyllabic nouns without final syllable stress are *invariable: cactus, òmnibus*, etc.
- Where ending is *g* or *ig*, pl. = sing. + *s* (mute): *desig(s), faig(s), raig(s)* (or *fajos, rajos*).
- With masc. nouns having final syllable stress and ending in *sc, st, tx, x*, or *xt*, pl. = sing. + *os* (or *s*): *bosc(os), gest(os), despatx(os), boix(os), peix(os), text(os).*
- Words without final syllable stress, or instances of fem., pl. = sing. + *s*: *apèndix(s), còdex(s), hèlix(s), índex(s).*

Demonstrative adjectives

	Singular		Plural
masc.	fem.	masc.	fem.
aquest	*aquesta*	*aquests (-os)*	*aquestes*
(aqueix)	*(aqueixa)*	*(aqueixos)*	*(aqueixes)*
aquell	*aquella*	*aquells*	*aquelles*

Examples: *Aquest* home i *aquelles* dones pertanyen a una sola família. (This man, and those women over there belong to one single family). The forms in brackets are traditional or poetical.

Possessive adjectives

One possessor

	Singular		Plural	
	masc.	fem.	masc.	fem.
1st person	*el meu*	*la meva*	*els meus*	*les meves*
	(mon)	*(ma)*	*(mos)*	*(mes)*
2nd person	*el teu*	*la teva*	*els teus*	*les teves*
	(ton)	*(ta)*	*(tos)*	*(tes)*
3rd person	*el seu*	*la seva*	*els seus*	*les seves*
	(son)	*(sa)*	*(sos)*	*(ses)*

Several possessors

	Singular		Plural
1st person	*el nostre*	*la nostra*	*els/les nostres*
	(nostre)	*(nostra)*	
2nd person	*el vostre*	*la vostra*	*els/les vostres*
	(vostre)	*(vostra)*	
3rd person	*el seu*	*la seva*	*els seus/les seves*
	(llur)	*(llur)*	*(llurs)*

Standard Catalan is tending to disregard, or reserve for poetical use, the traditional forms in brackets above used without articles.

Personal pronouns

Strong forms

	Singular		Plural	
	masc.	fem.	masc.	fem.
1st person	*jo, mi*		*nosaltres(nós)*	
2nd person	*tu*		*vosaltres(vós)*	
3rd person	*ell*	*ella*	*ells*	*elles*
3rd reflexive	*si*		*si/ells*	*si/elles*

Formal (polite) versions of the 2nd person are: *vostè* (and *vos*). *Mi* replaces *jo* after the prepositions *a*, *amb*, *de*, *en*, *per*, *contra*, *entre*, *sense*, and *envers*, but not when these govern two or more related terms, e.g.: *contra mi*, but: *contra jo, tu i ell*. *Si* is used only after a preposition, although in pl. the forms *ells - elles* are often preferred, e.g.: parlava *de* si; deien *entre ells (elles)*.

Demonstrative pronouns

These have the same forms as the corresponding demonstrative adjectives along with the neuter forms (*aço, ço*) —which are obsolete or rare— and *això, allò*. For example: No vull *això*, porta'm *allò*.

Possessive pronouns

These have the same forms as the corresponding adjectives.

Other adjectival and pronominal forms

Indefinite.
a) *es, un, una, hom, un hom, algú, ningú, cadascú, alguna cosa* or *quelcom, qualsevol, tot, tothom, res*, and *altri*.
b) *un, una, uns, unes, algun (-a, -s, -es), cert (-a, -s, -es), mateix (-a, -os, -es), altre (-a, -es), qualsevol (qualssevol* or *qualsevols), cada, cadascun (-a), cap, ambdós, ambdues, sengles*.

Examples: *Es* va dient, i *un* (*hom, un hom*) acaba creient-ho. (A thing gets spread around and in the end people come to believe it's true). *Algú* deia que *ningú* no ho sabia. (Someone said that no-one knew). Digué *alguna cosa (quelcom)*. (He said something). *Qualsevol* pensaria...! (Whoever would think). *Tot* s'ho creu! (He believes anything!). *Tothom* treballava de valent. (Everybody was working away with a will). No veig *res*. (I can't see a thing). No facis mal a *altri*. (Don't do harm to others). *Cert* dia, jo *mateix* i *uns altres* companys, en *tal* i en *tal altre*... (One day, myself and a few mates, so-and-so and so-and-so...). Per *qualsevol* cosa, es posa nerviós. (He gets upset over anything). *Cada* home, *cadascun* de vosaltres, vindrà armat. (Every man, every single one of you, will come armed). No n'he vist *cap*. (I haven't seen any). *Ambdues* germanes eren fora. (Both of the sisters were away).

Quantifying
molt, molta, molts, moltes, poc, poca, pocs, poques, tant (-a, -s, -es), quant (-a, -s, -es), bastant (-s), gaire, (-s), cap, diferent (-s), divers (-a, -os, -es); més, menys, que, prou, massa, força, una mica de, un xic de, gota de, gens de, etc.

Weak forms

		Singular Before the verb Complete	Singular Before the verb Elided	Singular After the verb Complete	Singular After the verb Elided	Plural Before the verb Complete	Plural Before the verb Elided	Plural After the verb Complete	Plural After the verb Elided
1st person	Direct and Indirect Object	em	m'	-me	'm	ens		-nos	'ns
2nd person	Indirect Object	et	t'	-te	't	us		-vos	'us
3rd person	Direct Object masc.	el	l'	-lo	'l	els / les		-los / -les	'ls
	fem.	la	l'	-la / -ho					
	neuter	ho							
	Indirect Object masc.	li		-li		els			
	fem.								
	neuter								
	Reflexive	es	s'	-se	's	es		-se	's
Adverbial or prepositional pronouns		en / hi	n'	-ne / -hi	'n				

Invariable forms: hi, -hi, 'n

Hi stands for adverbs or adverbial phrases of place and manner with the prepositions *a, amb, en*. It is used with *haver* and other verbs such as: *fer, sentir, tocar* and *veure*. Finally, it replaces *li, els, (als)* beside the accusative forms *el, la, els, les, em, et, ens, us* (and the dative form *li*).

En stands for adverbial phrases of place and for prepositional phrases beginning with the preposition *de*. It is used with reflexive verbs of motion.

Examples: *Molts* joves van venir. (Many young men [or young people] came). *Poca* gent l'escoltava. (Few listened to him). *Quant* val? *Tant* (How much does it cost? So much). Hi ha *bastant* de boira. (There's quite a bit of fog). No n'han vingut *gaires*. (Very few of them have come). No hi he trobat *cap* home.(I didn't find a single man there). *Diferents* persones l'ajudaven. (Various people helped him). *Diversos* homes bevien. (Several men were drinking). *Més* vi, *menys* aigua! (More wine, less water!). *Que* car! (How expensive!). *Prou* d'això! (That's enough of that!). *Massa* fressa. (Too much noise). *Força* dansaires. (A whole lot of dancers). *Una mica* de blat. (A little corn). *Una pila* de llenya. (A heap of firewood). *Un xic* d'aigua. (A drop of water).

Numbers

Cardinal	Ordinal
un, una	*primer, u, primera*
dos, dues	*segon, segona*
tres	*tercer*
quatre	*quart*
cinc	*cinquè (quint)*
sis	*sisè*
...	...
nou	*novè*
deu	*desè (dècim)*
onze	*onzè*
...	...
vint	*vintè*
vint-i-un (-i-una)	*vint-i-unè, vint-i-u*
...	...
cent	*centèsim, centè*
dos-cents quaranta-quatre	*(dos-cents quaranta-quatrè)*
...	...
mil	*mil·lèsim, milè*

Vint-i-dos milions, quatre-cents vint-i-sis mil, nou cents, trenta-tres.

Partitive
These have the same form as the ordinals, except for: *en octau, en dotzau* for books, and *quinta, sexta, sèptima, octava* in music, all these being latinisms.

Interrogative
Variable forms: *quin, quina, quins, quines* (which, what)
quant, quanta, quants, quantes (how much, how many)
Invariable forms: *com* (how), *on* (where), *quan* (where).

Examples: *Qui* era? (Who was it?). De *qui* parlàveu? (Who were you talking about?). De *què* es tracta? (What's it about?). No sé pas *què* vol. (I don't know what he wants). No m'afiguro *qui* podia ser. (I have no idea who it might be). *Quin* germà era? (Which brother was it?). M'agradaria saber *quina* d'elles ha estat. (I'd like to know which one of them [fem.] it was). *Quins* homes! (What men!). *Com* et dius? (What's your name?). *On* és ara? (Where is he now?). *Quan* arribaran? (When do they arrive?). *Quant* val? (How much does it cost?). *Quantes* cols portes? (How many cabbages have you brought?). No sé pas descriure-us *com* és de meravellós aquell paisatge! (I just don't know how to describe to you how beatiful that countryside is!).

Relative
Que, qui, què; el (la) qual, els (les) quals; on (adverbial); *qui, el (la) qui, els (les) qui; el que* (neuter) *[ço que]* (noun uses).

Examples: L'home *que* ve és el forner. (The man coming is the baker). La noia *que* vas veure és mestra. (The girl you saw is a teacher). Els oficials mataven els soldats *que* fugien. (The officers killed the soldiers who fled). L'home *amb qui* anava era el meu germà.

(The man I was with was my brother). La cosa *de què* parlàveu ja està resolta. (The matter you were discussing has already been resolved). Problemes molt importants, *els quals* cal estudiar. (Very serious problems which must be gone into). El tribunal davant *el qual* compareix. (The court before which he is appearing). La llei *de la qual* tothom parla. (The law everybody's talking about). Un mas *al voltant del qual*. (A farmstead around which). Un sant les virtuts *del qual*. (A saint whose virtues). La via *on* s'ha esdevingut l'accident. (The road where the accident occurred). El país *d'on* ve l'oli. (The country where oil comes from). La finestra *per on* es fica el vent. (The window which lets the wind in). *Qui* gosi que ho digui. (Whoever dares let him speak up). Ho dono *a qui* vull. (I'll give it to whoever I like). *El qui* fa això és un porc. (Whoever does that is a swine). *Els qui* enganyen s'enganyen. (Those who seek to deceive, deceive but themselves). *El que* has de fer és dormir. (What you must do is sleep). Pensa *en el que* jurares. (Think about what you swore). *Del que* em contes no en crec res. (I don't believe a thing of what you're telling me).

Sometimes *què* is a good substitute for this neuter: No sé pas *el que* vol (=*què* vol). (I don't know what he wants). Pensa *en què* jurares, etc.

Instead of *ço que* (obsolete) are used the compounds *allò que*, *això que*, *la cosa que*, all of which are neuters, but which are accompanied by a *que* similar to that in: *aquell que*, *tothom que*, i.e. really a weak form pronoun with its own antecedent: *Això que* dius és fals. (What you're saying is false). *La cosa que* em contes se la creurà la teva àvia! (Look for someone more gullible to believe what you're telling me!). *Allò que* objectes no val! (Your objection isn't valid).

Verb conjugations

AUXILIARY VERBS

HAVER

INDICATIVE

Present	*Past*
he (o haig)	haguí (o vaig haver) hagut
has	hagueres (o vas haver) hagut
ha	hagué (o va haver) hagut
havem (o hem)	haguérem (o vam haver) hagut
haveu (o heu)	haguéreu (o vau haver) hagut
han	hagueren (o van haver) hagut

Imperfect	*Pluperfect*
havia	havia hagut
havies	havies hagut
havia	havia hagut
havíem	havíem hagut
havíeu	havíeu hagut
havien	havien hagut

Past simple	*Perfect*
haguí (o vaig haver)	he hagut
hagueres (o vas haver)	has hagut
hagué (o va haver)	ha hagut
haguérem (o vam haver)	havem (o hem) hagut
haguéreu (o vau haver)	haveu (o heu) hagut
hagueren (o van haver)	han hagut

Future	*Future perfect*
hauré	hauré hagut
hauràs	hauràs hagut
haurà	haurà hagut
haurem	haurem hagut
haureu	haureu hagut
hauran	hauran hagut

CONDITIONAL

Simple	*Perfect*
hauria (o haguera)	hauria (o haguera) hagut
hauries (o hagueres)	hauries (o hagueres) hagut
hauria (o haguera)	hauria (o haguera) hagut
hauríem (o haguérem)	hauríem (o haguérem) hagut
hauríeu (o haguéreu)	hauríeu (o haguéreu) hagut
haurien (o hagueren)	haurien (o hagueren) hagut

SUBJUNCTIVE

Present	*Perfect*
hagi	hagi hagut
hagis	hagis hagut
hagi	hagi hagut
hàgim (o haguem)	hàgim hagut
hàgiu (o hagueu)	hàgiu hagut
hagin	hagin hagut

Imperfect	Pluperfect
hagués	hagués hagut
haguessis	haguessis hagut
hagués	hagués hagut
haguéssim	haguéssim hagut
haguéssiu	haguéssiu hagut
haguessin	haguessin hagut

GERUND	INFINITIVE
Present: havent	*Present:* haver
Past: havent hagut	*Past:* haver hagut

PARTICIPLE

hagut, haguda
haguts, hagudes

ÉSSER O SER

INDICATIVE

Present	Past
sóc	haguí (o vaig haver) estat
ets	hagueres (o vas haver) estat
és	hagué (o va haver) estat
som	haguérem (o vam haver) estat
sou	haguéreu (o vau haver) estat
són	hagueren (o van haver) estat

Imperfect	Pluperfect
era	havia estat
eres	havies estat
era	havia estat
érem	havíem estat
éreu	havíeu estat
eren	havien estat

Past simple	Perfect
fui (o vaig ésser)	he estat
fores (o vas ésser)	has estat
fou (o va ésser)	ha estat
fórem (o vam ésser)	havem (o hem) estat
fóreu (o vau ésser)	haveu (o heu) estat
foren (o van ésser)	han estat

Future	Future perfect
seré	hauré estat
seràs	hauràs estat
serà	haurà estat
serem	haurem estat
sereu	haureu estat
seran	hauran estat

CONDITIONAL

Simple	*Perfect*
seria (o fóra)	hauria (o haguera) estat
series (o fores)	hauries (o hagueres) estat
seria (o fóra)	hauria (o haguera) estat
seríem (o fórem)	hauríem (o haguérem) estat
seríeu (o fóreu)	hauríeu (o haguéreu) estat
serien (o foren)	haurien (o hagueren) estat

SUBJUNCTIVE

Present	*Perfect*
sigui	hagi estat
siguis	hagis estat
sigui	hagi estat
siguem	hàgim estat
sigueu	hàgiu estat
siguin	hagin estat

Imperfect	*Pluperfect*
fos	hagués estat
fossis	haguessis estat
fos	hagués estat
fóssim	haguéssim estat
fóssiu	haguéssiu estat
fossin	haguessin estat

IMPERATIVE	GERUND
sigues	*Present:* essent (o sent)
sigui	*Past:* havent estat
siguem	
sigueu	
siguin	

INFINITIVE	PARTICIPLE
Present: ésser (o ser)	estat, estada
Past: haver estat	estats, estades

ESTAR

INDICATIVE

Present	*Past*
estic	haguí (o vaig haver) estat
estàs	hagueres (o vas haver) estat
està	hagué (o va haver) estat
estem	haguérem (o vam haver) estat
esteu	haguéreu (o vau haver) estat
estan	hagueren (o van haver) estat

Imperfect	*Pluperfect*
estava	havia estat
estaves	havies estat
estava	havia estat
estàvem	havíem estat
estàveu	havíeu estat
estaven	havien estat

Past simple	Perfect
estiguí (o vaig estar)	he estat
estigueres (o vas estar)	has estat
estigué (o va estar)	ha estat
estiguérem (o vam estar)	havem (o hem) estat
estiguéreu (o vau estar)	haveu (o hem) estat
estigueren (o van estar)	han estat

Future	Future perfect
estaré	hauré estat
estaràs	hauràs estat
estarà	haurà estat
estarem	haurem estat
estareu	haureu estat
estaran	hauran estat

CONDITIONAL

Simple	Perfect
estaria	hauria (o haguera) estat
estaries	hauries (o hagueres) estat
estaria	hauria (o haguera) estat
estaríem	hauríem (o haguérem) estat
estaríeu	hauríeu (o haguéreu) estat
estarien	haurien (o hagueren) estat

SUBJUNCTIVE

Present	Perfect
estigui	hagi estat
estiguis	hagis estat
estigui	hagi estat
estiguem	hàgim estat
estigueu	hàgiu estat
estiguin	hagin estat

Imperfect	Pluperfect
estigués	hagués estat
estiguessis	haguessis estat
estigués	hagués estat
estiguéssim	haguéssim estat
estiguéssiu	haguéssiu estat
estiguessin	haguessin estat

IMPERATIVE	GERUND
estigues	*Present:* estant
estigui	*Past:* havent estat
estiguem	
estigueu	
estiguin	

INFINITIVE	PARTICIPLE
Present: estar	estat, estada
Past: haver estat	estats, estades

MODEL VERBS

I) CANTAR

INDICATIVE

Present	*Past*
canto	haguí (o vaig haver) cantat
cantes	hagueres (o vas haver) cantat
canta	hagué (o va haver) cantat
cantem	haguérem (o vam haver) cantat
canteu	haguéreu (o vau haver) cantat
canten	hagueren (o van haver) cantat

Imperfect	*Pluperfect*
cantava	havia cantat
cantaves	havies cantat
cantava	havia cantat
cantàvem	havíem cantat
cantàveu	havíeu cantat
cantaven	havien cantat

Past simple	*Perfect*
cantí (o vaig cantar)	he cantat
cantares (o vas cantar)	has cantat
cantà (o va cantar)	ha cantat
cantàrem (o vam cantar)	havem (o hem) cantat
cantàreu (o vau cantar)	haveu (o heu) cantat
cantaren (o van cantar)	han cantat

Future	*Future perfect*
cantaré	hauré cantat
cantaràs	hauràs cantat
cantarà	haurà cantat
cantarem	haurem cantat
cantareu	haureu cantat
cantaran	hauran cantat

CONDITIONAL

Simple	*Perfect*
cantaria	hauria (o haguera) cantat
cantaries	hauries (o hagueres) cantat
cantaria	hauria (o haguera) cantat
cantaríem	hauríem (o haguérem) cantat
cantaríeu	hauríeu (o haguéreu) cantat
cantarien	haurien (o hagueren) cantat

SUBJUNCTIVE

Present	*Perfect*
canti	hagi cantat
cantis	hagis cantat
canti	hagi cantat
cantem	hàgim cantat
canteu	hàgiu cantat
cantin	hagin cantat

Imperfect	Pluperfect
cantés	hagués cantat
cantessis	haguessis cantat
cantés	hagués cantat
cantéssim	haguéssim cantat
cantéssiu	haguéssiu cantat
cantessin	haguessin cantat

IMPERATIVE	GERUND
canta	*Present:* cantant
canti	*Past:* havent cantat
cantem	
canteu	
cantin	

INFINITIVE	PARTICIPLE
Present: cantar	cantat, cantada
Past: haver cantat	cantats, cantades

IIa) PERDRE

INDICATIVE

Present	Past
perdo	haguí (o vaig haver) perdut
perds	hagueres (o vas haver) perdut
perd	hagué (o va haver) perdut
perdem	haguérem (o vam haver) perdut
perdeu	haguéreu (o vau haver) perdut
perden	hagueren (o van haver) perdut

Imperfect	Pluperfect
perdia	havia perdut
perdies	havies perdut
perdia	havia perdut
perdíem	havíem perdut
perdíeu	havíeu perdut
perdien	havien perdut

Past simple	Perfect
perdí (o vaig perdre)	he perdut
perderes (o vas perdre)	has perdut
perdé (o va perdre)	ha perdut
perdérem (o vam perdre)	havem (o hem) perdut
perdéreu (o vau perdre)	haveu (o heu) perdut
perderen (o van perdre)	han perdut

Future	Future perfect
perdré	hauré perdut
perdràs	hauràs perdut
perdrà	haurà perdut
perdrem	haurem perdut
perdreu	haureu perdut
perdran	hauran perdut

CONDITIONAL

Simple	*Perfect*
perdria	hauria (o haguera) perdut
perdries	hauries (o hagueres) perdut
perdria	hauria (o haguera) perdut
perdríem	hauríem (o haguérem) perdut
perdríeu	hauríeu (o haguéreu) perdut
perdrien	haurien (o hagueren) perdut

SUBJUNCTIVE

Present	*Perfect*
perdi	hagi perdut
perdis	hagis perdut
perdi	hagi perdut
perdem	hàgim perdut
perdeu	hàgiu perdut
perdin	hagin perdut

Imperfect	*Pluperfect*
perdés	hagués perdut
perdessis	haguessis perdut
perdés	hagués perdut
perdéssim	haguéssim perdut
perdéssiu	haguéssiu perdut
perdessin	haguessin perdut

IMPERATIVE	GERUND
perd	*Present:* perdent
perdi	*Past:* havent perdut
perdem	
perdeu	
perdin	

INFINITIVE	PARTICIPLE
Present: perdre	perdut, perduda
Past: haver perdut	perduts, perdudes

IIb) TÉMER

INDICATIVE

Present	*Past*
temo	haguí (o vaig haver) temut
tems	hagueres (o vas haver) temut
tem	hagué (o va haver) temut
temem	haguérem (o vam haver) temut
temeu	haguéreu (o vau haver) temut
temen	hagueren (o van haver) temut

Imperfect	*Pluperfect*
temia	havia temut
temies	havies temut
temia	havia temut
temíem	havíem temut
temíeu	havíeu temut
temien	havien temut

Past simple	*Perfect*
temí (o vaig témer)	he temut
temeres (o vas témer)	has temut
temé (o va témer)	ha temut
temérem (o vam témer)	havem (o hem) temut
teméreu (o vau témer)	haveu (o heu) temut
temeren (o van témer)	han temut

Future	*Future perfect*
temeré	hauré temut
temeràs	hauràs temut
temerà	haurà temut
temerem	haurem temut
temereu	haureu temut
temeran	hauran temut

CONDITIONAL

Simple	*Perfect*
temeria	hauria (o haguera) temut
temeries	hauries (o hagueres) temut
temeria	hauria (o haguera) temut
temeríem	hauríem (o haguérem) temut
temeríeu	hauríeu (o haguéreu) temut
temerien	haurien (o hagueren) temut

SUBJUNCTIVE

Present	*Perfect*
temi	hagi temut
temis	hagis temut
temi	hagi temut
memem	hàgim temut
temeu	hàgiu temut
temin	hagin temut

Imperfect	*Pluperfect*
temés	hagués temut
temessis	haguessis temut
temés	hagués temut
teméssim	haguéssim temut
teméssiu	haguéssiu temut
temessin	haguessin temut

IMPERATIVE	GERUND
tem	*Present:* tement
temi	*Past:* havent temut
temem	
temeu	
temin	

INFINITIVE	PARTICIPLE
Present: témer	temut, temuda
Past: haver temut	temuts, temudes

IIIa) SENTIR

INDICATIVE

Present	Past
sento	haguí (o vaig haver) sentit
sents	hagueres (o vas haver) sentit
sent	hagué (o va haver) sentit
sentim	haguérem (o vam haver) sentit
sentiu	haguéreu (o vau haver) sentit
senten	hagueren (o van haver) sentit

Imperfect	Pluperfect
sentia	havia sentit
senties	havies sentit
sentia	havia sentit
sentíem	havíem sentit
sentíeu	havíeu sentit
sentien	havien sentit

Past simple	Perfect
sentí (o vaig sentir)	he sentit
sentires (o vas sentir)	has sentit
sentí (o va sentir)	ha sentit
sentírem (o vam sentir)	havem (o hem) sentit
sentíreu (o vau sentir)	haveu (o heu) sentit
sentiren (o van sentir)	han sentit

Future	Future perfect
sentiré	hauré sentit
sentiràs	hauràs sentit
sentirà	haurà sentit
sentirem	haurem sentit
sentireu	haureu sentit
sentiran	hauran sentit

CONDITIONAL

Simple	Perfect
sentiria	hauria (o haguera) sentit
sentiries	hauries (o hagueres) sentit
sentiria	hauria (o haguera) sentit
sentiríem	hauríem (o haguérem) sentit
sentiríeu	hauríeu (o haguéreu) sentit
sentirien	haurien (o hagueren) sentit

SUBJUNCTIVE

Present	Perfect
senti	hagi sentit
sentis	hagis sentit
senti	hagi sentit
sentim	hàgim sentit
sentiu	hàgiu sentit
sentin	hagin sentit

Imperfect	Pluperfect
sentís	hagués sentit
sentissis	haguessis sentit
sentís	hagués sentit
sentíssim	haguéssim sentit
sentíssiu	haguéssiu sentit
sentissin	haguessin sentit

IMPERATIVE	GERUND
sent	*Present:* sentit
senti	*Past:* havent sentit
sentim	
sentiu	
sentin	

INFINITIVE	PARTICIPLE
Present: sentir	sentit, sentida
Past: haver sentit	sentits, sentides

IIIb) SERVIR

INDICATIVE

Present	Past
serveixo	haguí (o vaig haver) servit
serveixes	hagueres (o vas haver) servit
serveix	hagué (o va haver) servit
servim	haguérem (o vam haver) servit
serviu	haguéreu (o vau haver) servit
serveixen	hagueren (o van haver) servit

Imperfect	Pluperfect
servia	havia servit
servies	havies servit
servia	havia servit
servíem	havíem servit
servíeu	havíeu servit
servien	havien servit

Past simple	Perfect
serví (o vaig servir)	he servit
servires (o vas servir)	has servit
serví (o va servir)	ha servit
servírem (o vam servir)	havem (o hem) servit
servíreu (o vau servir)	haveu (o heu) servit
serviren (o van servir)	han servit

Future	Future perfect
serviré	hauré servit
serviràs	hauràs servit
servirà	haurà servit
servirem	haurem servit
servireu	haureu servit
serviran	hauran servit

CONDITIONAL

Simple	*Perfect*
serviria	hauria (o haguera) servit
serviries	hauries (o hagueres) servit
serviria	hauria (o haguera) servit
serviríem	hauríem (o haguérem) servit
serviríeu	hauríeu (o haguéreu) servit
servirien	haurien (o hagueren) servit

SUBJUNCTIVE

Present	*Perfect*
serveixi	hagi servit
serveixis	hagis servit
serveixi	hagi servit
servim	hàgim servit
serviu	hàgiu servit
serveixin	hagin servit

Imperfect	*Pluperfect*
servis	hagués servit
servissis	haguessis servit
servís	hagués servit
servíssim	haguéssim servit
servíssiu	haguéssiu servit
servissin	haguessin servit

IMPERATIVE	GERUND
serveix	*Present:* servint
serveixi	*Past:* havent servit
servim	
serviu	
serveixin	

INFINITIVE	PARTICIPLE
Present: servir	servit, servida
Past: haver servit	servits, servides

Comments

All verbs with the infinitive ending in *ar* —except *anar* and *estar*— follow model verb I above. Those with infinitive endings *gar, car, jar, çar, guar* and *quar* suffer —where conjugation endings beginning with *e* or *i* occur— the usual spelling changes to *gu, qu, g, c, gü* and *qü*. For example, *pagar: paguem, paguin; tocar: toqueu, toquin; començar: comenceu, comencin; obliquar: obliqüem, obliqüin*. As to diaeresis, something similar occurs in the case of the conjugation endings *i, is, in*: 1) when the verb stem ends in a vowel (*creïn, estudiïn*), but NOT where *i* is a semivowel (*esglaiar*); 2) where *u* is a semivowel (intervocalic or preceded by a *g* or *q*: *creuar, enaiguar, obliquar*) these endings have no diaeresis. For example: *creï, estudiïs, lloïn, suï, suïs, esglaï, esglaïn*; but note: *creui, creuis, creuin, enaigüi, obliqüin*.

Verbs with infinitives ending in *re* or in *er* stressed (*haver, poder, saber, valer, voler, soler*) follow the pattern of model verb IIa.

Verbs with infinitive ending in unstressed *er* (*témer*) follow model IIb.

Few follow the pattern of IIIa: (*acudir*), (*acullir*), *ajupir, bullir, collir, cosir, cruixir, dormir, eixir, (escollir), escopir, fugir, (mentir), morir, munyir, obrir, omplir, pudir, recollir, retrunyir, sentir, sortir, tenir, tossir, obtenir,* etc.

The verbs bracketed are also conjugated like model verb IIIb, just as the majority of verbs whose infinitives end in *ir*. If the verb stem ends in a vowel (*trair, obeir, oir, traduir*) a diaeresis is written over the *i* in some of the conjugation endings, except in the future and conditional tenses and not in the gerund: *traïm, traïa, traíem, traíeu, traïen, traís, traïssis, traïssiu, traïssin, traí, traïres, traírem, traíreu, traïren, traït, traïda, traint, trairé, trairia,* etc.

Examples: Quan *vaig haver cantat* i m'*haguéreu sentit*, tots us en *vau meravellar.* (When I sang and you listened to me, you were amazed). *Vas témer (temeres)* que no t'*haguéssim sentit.* (You were afraid that we hadn't heard you). Que *vàgiu servir* d'esquer! (That you acted as bait!). Ja ens ho *havíem* mig *temut.* (We had already more or less feared as much). Que *hagin perdut (vagin perdre)* el camí era cosa previsible. (That they should have lost their way was something foreseeable). Que es *perdin* i no els *hàgim* de *veure* mai més! (May they get lost and may we never have to see them again!).

Moods of verbs

The Indicative Mood: Verb action is thought of as something really happening and, for this reason, existing objectively: *volia marxar* (he wanted to leave); *ara vinc* (I'll be back in a minute; I'm just coming); *vindré demà* (I'll come tomorrow); *he arribat tard* (I arrived late). The verb tense can be *present*, *past* or *future*.

The Subjunctive Mood: Verb action is thought of as something only existing in our mind and without objective existence outside the mind. This mood covers possibility/probability, doubt, volition: *vull que vinguis* (I want you to come); *es probable que plogui* (it'll probably rain); *si m'ho haguessis dit* (if you had told me...). The tenses can be *present* or *past*.

The Imperative Mood: This is used to give orders: *menja!* (eat!); *calla!* (be quiet!); *entreu* (come in!). However, negative commands are put in the subjunctive: *no caiguis!* (don't fall off!); *no vinguis tard* (don't be late!).

Adverbs

Time
abans: Vindré *abans* de sopar. (I'll come before dinner).
abans d'ahir: Vam arribar *abans d'ahir.* (We arrived the day before yesterday).
ahir: *Ahir* va ploure. (Yesterday it rained).
anit: *Anit* anirem al cinema. (Tonight we're going to the cinema).
ara: *Ara* fa sol. (Now the sun is shining).
aviat: Sortirem *aviat.* (We'll be leaving soon).
avui: *Avui* hi ha vaga d'autobusos. (Today there is a bus strike).
demà: *Demà* comença el curs. (The course begins tomorrow).
demà passat: *Demà passat* és el meu aniversari. (The day after tomorrow is my birthday).
encara: *Encara* no he acabat. (I still haven't finished, I haven't finished yet).
ja: *Ja* ho he fet. (I've already done it).
llavors: *Llavors* es va posar a plorar. (Then he began to cry).
sempre: *Sempre* dius el mateix. (You always say the same).
tard: Si no ens apressem farem *tard.* (If we don't hurry up, we'll be late).

Place
allà: Posa-ho *allà.* (Put it over there).
amunt: Estira cap *amunt.* (Pull up [wards]).
aquí: *Aquí* no hi ha ningú. (There's no-one here).
avall: Tirarem carrer *avall.* (We'll go down the street).
baix: El pis de *baix* és buit. (The flat downstairs is empty).
dalt: És *dalt* de l'armari. (It's on top on the cupboard).
damunt: Deixa-ho *damunt* la taula. (Leave it on the table).
darrera: És *darrera* la porta. (It's behind the door).

davant: Posa't aquí *davant.* (Stand here in front).
endarrera: El cotxe anava cap *endarrera.* (The car was going backwards).
endavant: Mira *endavant.* (Look ahead).
endins: La llança ha entrat molt *endins.* (The lance has gone in very deep).
enfora: Aquesta biga surt massa *enfora.* (This beam sticks out too much).
on: No sé *on* és. (I don't know where he is).
sobre: M'ha caigut a *sobre.* (It fell on top of me).
sota: El gat és *sota* la taula. (The cat is under the table).

Quantity
bastant: Ho fas *bastant* bé. (You're doing it quite well).
força: La pel·lícula és *força* interessant. (The film is rather interesting).
gaire: En vols *gaire?* (Do you want much?) / Que plou *gaire?* (Is it raining a lot?).
no gaire: No fa *gaire* calor. (It's not very hot).
gairebé: El dipòsit és *gairebé* buit. (The tank is almost empty).
massa: Corres *massa.* (You're in too much of a hurry).
més: És *més* interessant que l'altre. (It's more interesting than the other).
menys: Has de menjar *menys.* (You must eat less).
molt: Xerres *molt.* (You talk a lot).
prou: Ja n'hi ha *prou.* (That's enough).
quant: *Quant* val? (How much is it?).
tan: No era *tan* complicat com semblava. (It wasn't as complicated as it seemed).
tant: No treballis *tant.* (Don't work so hard).

Manner
així: Fes-ho *així.* (Do it like this).
a poc a poc: Has de parlar més *a poc a poc.* (You must speak more slowly).
bé: No hi sento *bé.* (I don't hear very well).
com: *Com* ho podem solucionar? (How can we sort this out?).
de pressa: No mengis tan *de pressa.* (Don't eat so quickly).
malament: Cantes molt *malament.* (You sing very badly).
millor: Ara ja em trobo *millor.* (I feel better now).
pitjor: Cada dia ho fas *pitjor.* (You're getting worse every day).

Adjective + ment
ràpidament: quickly (or fast).
lentament: slowly.
astutament: cunningly.

Other adverbs
no: Negative: *No* ho sap ningú. Ningú *no* ho sap. (Nobody knows it).
    Expletive: Tinc por que *no* el trenqui. (I'm afraid he'll break it). Promet més que *no* dóna. (He promises more than he gives).

pas: No ens veurem *pas*, demà. (But we won't see each other tomorrow) / Aquest vas vessa, no estarà *pas* trencat? (This glass leaks. Could it be cracked?). No sé *pas* què t'empatolles. (I have no idea what you are talking about) / Fa més fred dintre la casa que no *pas* fora. (It's colder inside the house than outside) / No *pas* jo! (Not me!).
sí: Affirmative: Va dir: «*sí*». (She said, «Yes»).
també: Affirmative: Que tinguis unes bones vacances! Tu *també.* (Have a nice holiday! You, too). La Teresa *també* va venir a la festa. (Teresa also came to the party). *També* hi vam anar, al parc. (We went to the park as well).

Prepositions

Unstressed prepositions
a:
– indirect object: Vaig portar un llibre *a* la meva mare. (I took a book to my mother).
– place, direction, time, etc.: Sóc *a* casa. (I'm at home). Viu *a* Lleida. (She lives in Lleida).

Anem *a* l'escola. (We go to school). *A* les vuit. (At eight o'clock).
- in excepcional cases, direct object: Et mirava *a* tu. (She was looking at you).
- prepositional verbs: accedir *a* (to accede to), contribuir *a* (to contribute to), dedicar-
se *a* (to devote oneself to), etc.

de:
- locative use: Vinc *del* despatx. (I've just come from the office).
- genitive: La botiga *de* la teva mare. (Your mother's shop).
- partitive: Una mica *de* llenya. (A little firewood). De tisores ja en tinc. (I have already got some scissors).
- prepositional verbs: adonar-se *de* (to realize), oblidar-se *de* (to forget), recordar-se *de* (to remember).

en:
- locative use, with demonstrative adjectives, *un* and *algun*: Vivia *en* aquella casa. (He used to live in that house). Ha de ser *en* algun lloc. (It must be somewhere).
- before an infinitive: *En* fer-se de dia vam marxar. (We left when dawn broke). *En* ve-ure'l em vaig decidir a marxar. (On seeing him I decided to leave).
- prepositional verbs: pensar *en* (to think of or about).

amb:
- means, company, contact: Mullar *amb* aigua. (To wet with water). Amb la seva cosina. (With his cousin). He vingut *amb* autobús (I came by bus).

per:
- reason, cause, means, agent: Ho ha fet *per* enveja. (He did it out of envy). Ha estat pintat *per* un pintor de renom. (It was painted by a famous artist). Hem rebut les dues notícies *per* télex. (We got the news by telex). He vingut *per* saludar-te. (I came to say hello to you).

per a:
- Tinc notícies *per a* tu: (I got some news for you). Cursos *per a* adults. (Adult courses).

Stressed prepositions
contra: Ho han fet *contra* la meva voluntat. (They did it against my will).
entre: La casa és *entre* dos turons. (The house stands between two hills) / *Entre* els convidats hi havia la reina. (Among the guests was the queen).
malgrat: *Malgrat* la pluja he trobat taxi. (I found a taxi despite the rain).
segons: *Segons* ell, aquí no ha vingut ningú. (According to him, no-one's been here).
sense: No puc viure *sense* tu. (I can't live without you).
cap (a): Caminava a poc a poc *cap a* mi. (He was walking slowly towards me).
des de: Et vaig veure *des de* la porta. (I saw you from the door).
fins (a): Han anat *fins a* Badalona. (They went as far as Badalona). Es va quedar a casa nostra *fins* l'endemà. (He stayed at our house until the next day).
sobre: Un tractat *sobre* genètica. (A treatise on genetics). Quatre graus *sobre* zero. (Four degrees above zero).
sota: Han actuat *sota* la seva direcció. (They acted under his direction). Deu graus *sota* zero. (Ten degrees below zero).
durant: Ho va dir *durant* el sopar. (He said that during dinner). Ha plogut *durant* tres dies. (It's been raining for three days).

Other prepositions
arran de: La polèmica esclatà *arran d'*unes declaracions del president. (The controversy arose out of some statements made by the chairman).
entorn de: Feien voltes *entorn de* l'arbre. (They were circling around the tree).
quant a: *Quant a* això que dius, ja ho discutirem més endavant. (As for what you're saying, we'll talk about later).
mitjançant: Ho hem aconseguit *mitjançant* un préstec. (We got it through a bank loan).
en lloc de: *En lloc d'*anar a París aniré a Varsòvia. (I'll go to Warsaw instead of Paris).

Conjunctions

Coordinating conjunctions

Copulative

i, ni: La mare canta *i* el fillet dorm. (The mother sings and her little son sleeps). Tu no ho saps *ni* ell tampoc. (You don't know nor does he).

Distributive

Adés... adés, ara ...ara (adés), mig ...mig, ni... ni, o... o, sia... sia, ja... ja, entre... i, l'una... l'altra, qui... qui, que... que, no solament... sinó (que), etc.

Examples: *Adés* riu, *adés* plora. (Now he laughs, now he cries). *Ara* guanyen, *ara (adés)* perden. (One moment they're winning, the next they're losing). *Mig* ho fa de bon grat, *mig* per força. (He does it half willingly, half of necessity). *Ni* tu ho saps, *ni* ell tampoc. (Neither you nor he knows). *O* és boig, *o* el fa. (He's either mad or pretending to be so). *Ja* rigui, *ja* plori, mai no endevines per què. (Whether he laughs or cries, you can never tell the reason). *Entre* morts *i* ferits eren més de mil. (There were more than a thousand of them, counting dead and wounded). *No solament* és ruc, *sinó que* ho sembla. (He's not only stupid, but he looks it, too).

Disjunctive

O (o bé): Hi aniré jo *o* hi aniràs tu. (Either I'll go or you). És bo, *o bé* és dolent? (Is it good, or is it bad?).

Adversative

Ara, però, sinó, tanmateix, ans (=sinó que), together with the phrases *això no obstant, amb tot, així i tot, tot i (amb) això, malgrat (tot) això, més aviat*, etc.

Examples: Pot ser que tinguis raó; *ara*, no t'ho prenguis tan a la valenta! (Maybe you're right; but don't take it so much to heart!). Volíem votar *però* no ens fou possible. (We wanted to vote, but we couldn't). No és culpa d'ell, *sinó* del seu amic. (It's not his fault, but his friend's). No hi crec; *tanmateix* ho provaré. (I've got no faith in it; nevertheless, I'll give it a try). N'està fins el tip; *això no obstant*, aguanta. (He's fed up with the whole business, nevertheless he's putting up with it). Estic malalt; *amb tot*, no ho sembla. (I'm ill; yet I don't look it). Estava prou cansat; *així i tot [(tot i (amb) això) (malgrat això)]* no ha dubtat a emprendre el camí. (He was pretty tired but in spite of this he didn't hesitate to set out). No és pas blau, *més aviat* tira a verd. (It isn't blue; rather, it's greenish). No ho rebutjo, *sinó que (ans)* al contrari ho accepto agraït. (I don't reject it; on the contrary, I accept it gratefully).

Causal

Car (obsolete), *que* and *perquè*.

Examples: No voldré mai el seu ajut; *car*, si l'acceptava, esdevindria el seu esclau. (I'll never want his help; because, were I to accept it, I'd become a slave to him). Riu, *que* ara, núbil, et somriu la vida! (Laugh away, because now, winsome as you are, life is all smiles!). No em diguis que no, *perquè* em faràs posar trist. (Don't say no to me, because you'll make me sad).

Conditional

Altrament (=d'altra manera), si no.

Examples: Clava-ho; *altrament* caurà. (Nail it up; otherwise it'll fall down). Estudia; *si no*, restaràs sempre un ignorant. (Study hard; otherwise you'll always be ignorant).

Consecutive

Doncs.

Examples: No deies que vingués? *Doncs* ja ha arribat. (Weren't you saying that he should come? Well, he has come!).

Continuative
Encara, així mateix, a més, (a) més a més, i tot, etc.

Examples: Hi ha guanyat diners, i la dona, i, *encara*, la sogra. (He's made money out of it, and so has his wife and even his mother-in-law). Recorda-li el que et dic i recomana-li, *així mateix*, que no faci tard. (Remind him of what I'm telling you and, furthermore, ask him not to be late). Li atorgà el seu ajut i, *a més* (*[a] més a més*), la seva amistat. (He gave him his assistance and, moreover, his friendship). Tan forta com era, i es va trencar *i tot*! (For all its strength, it still broke!).

Subordinating conjunctions

Substantive-completive
Que: M'interessa *que* vinguis. (It's important for me that you come). S'entesta *que* es faci. (He stubbornly insists that it be done). This *que* precedes phrases functioning as a) subject or b) complement: a) No m'agrada *que* fumis. (I don't like you smoking); b) Voldria *que* vinguessis. (He would like you to come).

Causal
Perquè, com que, ja que, puix, puix que, vist que, per tal com (obsolete and literary, like *puix, puix que*).

Examples: Li ho pago *perquè* s'ho mereix. (I'm paying him because he deserves it); *Com que* és tard, té son. (Since it's late, he is sleepy). *Ja que* ets peresós, et despatxo. (Seeing that you're lazy, I'm giving you the sack). *Vist que* no pots fer-hi res, deixa-ho estar. (Seeing that you can't do a thing about it, let it be).

Final
Perquè (with the subjunctive. NOT *per a que*), *a fi que, per tal que*.

Examples: Te'l deixo *perquè* estudiïs (I'll let you have it, so that you'll study). On the other hand: *Per què* vols el bastó? (What do you want the walking-stick for?). Dóna-li pipa, *a fi que* calli! (Give him the dummy in order to keep him quiet!). El van apallissar, *per tal que* parlés. (They beat him up to make him talk).

Temporal
Quan, mentre, abans que, així que, tan aviat com, cada vegada que, d'ençà que (= des que), després que, fins que.

Examples: *Mentre* podia treballar, menjaven. (They had food to eat for as long as he was able to work). *Abans que* te'n vagis, avisa'm. (Let me know before you go). *Així que* arribis, truca'm. (Give me a ring as soon as you arrive). *Cada vegada que* hi penso, ploro. (Whenever I think about it, I cry). *D'ençà que* viuen junts, tot són renyines. (Since they've been living together, they've never stopped fighting). *Des [de] que* ha vingut no fa sinó xerrar. (He has done nothing but talk from the moment he arrived). *Després que* haurem sopat, anirem al cinema. (We'll go to the cinema after we've had dinner). Va treballar *fins que* estigué mort de son. (He worked until he was falling asleep on his feet).

Some people nowadays use colloquially *sempre que* —originally with a slight conditional sense— as a synonym of *cada vegada que*.

Example: *Sempre que* baixa em visita. (Whenever he comes down he visits me).

Conditional
Si, mentre (que), amb que, en cas que, només que, posat que, sempre que.

Examples: *Si* el veies, fes-m'ho saber. (If you see him, let me know). *Amb que* l'ajudés una mica, n'hi hauria prou. (It would be enough if you only helped him a little). *En cas que* sigui així com dius, potser té raó. (If it is as you say, he could possibly be right). *Només que* m'esperis un moment, podré acompanyar-te. (If you will only wait a moment,

I'll be able to come with you). *Posat que* se'n penedeixi, la perdono. (If she is sorry for it, I'll forgive her). Hi anirem demà, *sempre que* no plogui. (We'll go there tomorrow, provided it doesn't rain). *Si no* ho saps de cert, no ho contis. (If you're not sure of it, don't talk about it).

Concessive
Si, si bé, amb tot (i) que, bé que, baldament, encara que, malgrat que, ni que, per bé que, per més que, tot i (+ infinitive or gerund), *tot i que.*

Examples: *Si* té diners, els seus maldecaps li costen! (Money he has, but it certainly gives him a headache or two!). *Si bé* no ho sé de cert, almenys ho endevino. (Even though I don't know it for sure, at least I can guess it). *Amb tot i que* li ho vaig advertir, no me'n feu cas. (Despite my having warned him, he didn't pay any attention to me). *Bé que* no menja gaire, està prou sa. (Although he doesn't eat much, he's quite healthy). *Baldament* no ho vulguis admetre, és ell qui té raó. (Even though you won't admit it, he's the one who's right). *Encara que* no et plagui, has de venir. (Though you dislike it, you've got to come). *Malgrat que* et sàpiga greu, l'has vessada. (Although it grieves you, you've made a mistake). *Ni que* em donessin tot l'or del món, hi consentiria. (I wouldn't agree to it, were they to give me all the tea in China). *Per bé que* voldria fer el sant, sóc com els altres. (Though I'd like to pretend I'm a saint, I'm in fact no better than the rest). *Per més que* m'afalaguin els teus elogis, no me'ls crec. (However much I like to hear your praises, I don't believe in them). *Tot i volent-ho*, no podia moure's. (Even though he wanted to, he couldn't move). *Tot i que* no em plau, vindré (Even though I don't like it, I'll come).

Consecutive
Així que, de manera que, que.

Examples: Estem mancats de verdura, *així que* n'haurem d'anar a comprar. (We're short of greens, so we'll have to go and buy some). Em trobo privat de feina i de salut, *de manera que* no tindré cap altre remei sinó anar a captar. (Here I am, sick and out of work with the result that I have no choice but to go and beg). Trobo l'espai tan curt *que* m'hi hauré de negar. (I find the space such a squeeze that I'll have to reject it).

Comparative
Tal... com (tal), tan (tant)... com, com (quant) més (menys)... més (menys), més (menys)... que, etc.

Examples: *Tal (talment)* obra, com parla. (He is as good as his word). *Tal* faràs, *tal* trobaràs. (Do as you would be done by). *Tan* aviat diu que sí, *com* que no. (One moment he is saying yes, the next, no). *Com (quant) més* ho assegura, *menys* ho crec. (The more he assures me of it, the less I believe it). Parla *més que* no obra. (He talks a lot more than he acts). Fa *menys que* no diu. (He does less than he says).

Modal

Com, així com, com si, segons com (que), etc.

Examples: *(Així) com* vesteix ella, ho fa la seva germana. (Her sister dresses just as she does). *Com si* fos veritat el que diu, es fa l'important. (He makes out he's important, as if what he says were true). *Segons com* tractis els altres, *(així)* els altres faran amb tu. (Just as you treat others, so they will treat you).

Common Catalan suffixes

-able, -ible:	are equivalent to the English suffixes **-able**, **-ible**: *respectable* (respect*able*); *possible* (possi*ble*)
-ació, -ada, -ança/-ença, -atge, -ment, -ció:	are equivalent to **-ment**, **-tion**, **-sion**, **-ing**, in words denotating action or effect: *solució* (solu*tion*); *partença* (lea*ving*)
-ada, -alla, -am, -atge, -eria:	group or collection of: *cadiram* (set of chairs); *cristalleria* (glassware); *gentada* (crowd)
-all, -ar, -eda, -ori:	place: *dormitori* (bedroom), *amagatall* (hiding place)
-all, -et, -dor/-dora:	instrument, tool, machine: *raspall* (brush); *ganivet* (knife); *aspirador* (vacuum cleaner)
-at, -ia:	are equivalent to **-dom**, **-ship**, **-cy** for state, office, place: *capitania* (captain*cy*); *ciutadania* (citizen*ship*)
-aire, -er/-era, -ista, -or/-ora, -òleg/-òloga:	are equivalent to **-ist**, **-er** for occupation or profession: *periodista* (journal*ist*); *biòloga* (biolog*ist*), *forner* (bak*er*)
-at/-ada, -ible, -ós/-osa, -ut/-uda:	are equivalent to **-ed**, **-ing**, **-ous**, **-able** for quality: *comprensible* (understand*able*); *barbut* (beard*ed*); *famós* (fam*ous*)
-às/assa, -arro/-arra, -ot/-ota:	are augmentative endings
-et/-eta, -í/-ina, -ó/-ona:	are diminutive endings
-esa, -itat/-etat, -etud/-itud, -ió, -ia, -ència/-ància:	are equivalent to **-ence**, **-ness**, **-ity**, **-hood** for qualities: *paciència* (patien*ce*); *ambigüitat* (ambigu*ity*)
-ment:	are equivalent to **-ly**: *seriosament* (serious*ly*); *ràpidament* (rapid*ly*)
-íssim/-íssima:	is the superlative ending

A

A, a [a] *f.* a [letter].

a [ə] *prep.* in: *en Jaume viu ~ Girona,* James lives in Girona; *tornaré ~ la tarda,* I'll be back in the afternoon. 2 to: *demà vaig ~ València,* tomorrow I'm going to Valencia; *ho he donat ~ la teva germana,* I gave it to your sister. 3 at: *sóc ~ casa,* I'm at home.

AAVV *f. pl. (Associació de Veïns)* residents' association.

àbac [áβək] *m.* abacus.

abadessa [əβəðɛ́sə] *f.* abbess.

abadia [əβəðíə] *f.* abbey.

abaixar [əβəʃá] *t.* to lower.

abalançar-se [əβələnsársə] *p.* to lean over. 2 to rush at.

abaltir-se [əβəltírsə] *p.* to fall asleep, to become drowsy.

abandó [əβəndó] *m.* neglect. 2 abandon. 3 giving up, desertion.

abandonament [əβəndunəmɛ́n] *m.* See ABANDÓ.

abandonar [əβənduná] *t.* to abandon. 2 to desert. ■ 3 *p.* to give way to.

abandonat, -ada [əβəndunát, -áðə] *a.* negligent. 2 abandoned, deserted.

abans [əβáns] *adv.* before.

abans-d'ahir [əβənzðəi] *adv.* the day before yesterday.

abaratir [əβərətí] *t.* to make cheaper; to cheapen.

abarrotar [əβərrutá] *t.* to fill to bursting.

abassegar [əβəsəɣá] *t.* to corner [a market]. 2 to monopolize.

abast [əβást] *m.* reach. ‖ *a l'~ de la mà,* within reach; *a l'~ de tothom,* within everyone's reach; *no dono l'~,* I can't cope.

abastar [əβəstá] *i.* to be able to. ‖ *no abasto a comprendre-ho,* I can't understand it. 2 to reach. ■ 3 *t.* to reach; to pick. 4 to supply.

abat [əβát] *m.* abbot.

abatre [əβátrə] *t.* to knock down. 2 fig. to dishearten. ■ 3 *p.* to swoop down [a bird]. 4 fig. to weaken, to lose heart. ▲ CONJUG. like *batre.*

abdicar [əbdiká] *t.* to abdicate.

abdomen [əbdɔ́mən] *m.* ANAT. abdomen.

abecedari [əβəsəðári] *m.* alphabet.

abella [əβéʎə] *f.* ENT. bee. ‖ *~ obrera,* worker bee; *~ reina,* queen bee.

abellir [əβəʎí] *i.* to appeal, to be tempting. ■ 2 *p.* to agree.

abellot [əβəʎɔ́t] *m.* ENT. drone. 2 bumble bee.

aberració [əβərrəsió] *f.* aberration.

abeurador [əβəŭrəðó] *m.* drinking trough.

abeurar [əβəŭrá] *t.* to water [animal].

abillar [əβiʎá] *t.* to set up. 2 to array. 3 fig. *abillar-la,* to be flush with money.

abisme [əβízmə] *m.* abyss.

abissal [əβisál] *a.* abyssal.

abjecció [əbʒəksió] *f.* abjection.

abjurar [əbʒurá] *t.* to abjure.

ablanir [əbləni] *t.* to soften.

ablució [əblusió] *f.* ablution.

abnegació [əbnəɣəsió] *f.* abnegation.

abnegat, -ada [əbnəɣát, -áðə] *a.* unselfish; self-sacrificing.

abocador [əβukəðó] *m.* tip, dump [for rubbish].

abocar [əβuká] *t.* to pour (*en,* into) [also fig.]. ■ 2 *p.* to lean out [of a window, etc.]. 3 to throng (*a,* to) [people]. 4 to dedicate oneself (*a,* to) [hobby, work, sport, etc.].

abolició [əβulisió] *f.* abolition.

abolir [əβulí] *t.* to abolish.

abominar [əβuminá] *t.* to abominate.

abonament [əβunəmɛ́n] *m.* season ticket. 2 COMM. payment to the credit, credit payment.

abonar [əβuná] *t.* to pay [bill, price]; to pay for [article]. 2 COMM. to credit (*a,* to). 3 to return [deposit on]. 4 to subscribe (*a*, for).

abonat, -ada [əβunát, -áðə] *a., m.-f.* subscriber.

abonyegar [əβuɲəɣá] *t.-p.* to dent.

abordar [əβurðá] *t.* MAR. to sail close to. 2 to board. 3 fig. to undertake [a matter]. ■ 4 *i.* MAR. to tie up [a boat].

abordatge [əβurðádʒə] *m.* boarding.

aborigen [əβurixən] *a.* aboriginal. ■ 2 *m. pl.* **els aborígens**, the aborigines.

abraçada [əβrəsáðə] *f.* embrace.

abraçar [əβrəsá] *t.* to embrace; to surround. 2 to take in [view, motion, etc.]. ■ 3 *p.* to embrace [people].

abrandar [əβrəndá] *t.* to set fire. 2 fig. to inflame [passions, tempers, etc.].

abraonar [əβrəuná] *t.-p.* to embrace or hug tightly. 2 *p.* to hurl oneself (*contra, against*).

abrasar [əβrəzá] *t.* to burn.

abrasió [əβrəzió] *f.* abrasion.

abreujament [əβrəŭʒəmén] *m.* See ABREVIACIÓ.

abreujar [əβrəŭʒá] *t.* See ABREVIAR.

abreviació [əβrəβiəsió] *f.* abbreviation.

abreviar [əβrəβiá] *t.* to abbreviate; to abridge.

abreviatura [əβrəβiatúrə] *f.* abbreviation.

abric [əβrik] *m.* coat. 2 shelter.

abrigall [əβriɣáʎ] *m.* coat. 2 bedclothes *pl.*

abrigar [əβriɣá] *t.-p.* to wrap up [in clothes].

abril [əβril] *m.* April.

abrillantar [əβriʎəntá] *t.* to polish.

abrupte, -ta [əβrúptə, -tə] *a.* abrupt; precipitous.

abrusar [əβruzá] *t.* to scorch. ■ 2 *p.* to get scorched [by sun].

abscés [əpsès] *s.* MED. abscess. ▲ *pl.* **abscessos**.

abscsissa [əpsisə] *f.* GEOM. absciss.

absència [əpsènsiə] *f.* absence. ‖ *en ~ de*, in absence of.

absent [əpsèn] *a.* absent. 2 inattentive.

absenta [əpsèntə] *f.* absinth [drink].

absentar-se [əpsəntársə] *p.* to absent oneself.

absoldre [əpsóldrə] *t.* REL. to absolve. 2 LAW. to acquit. ▲ CONJUG. GER.: *absolent*. ‖ P. P.: *absolt*. ‖ INDIC. Pres.: *absolc, absols, absol*, etc. ‖ SUBJ. Pres.: *absolgui*,

absolguis, etc. | Imperf.: *absolgués, absolguessis, absolgués*, etc.

absis [ápsis] *m.* ARCH. apse.

absolució [əpsulusió] *f.* REL. absolution. 2 LAW acquittal.

absolut, -ta [əpsulút, -ta] *a.* absolute. 2 utter. 3 *en ~*, not at all.

absolutisme [əpsulutizmə] *m.* absolutism.

absorbent [əpsurβèn] *a.-m.* CHEM. absorbent. 2 *a.* absorbing.

absorbir [əpsurβi] *t.* to absorb. 2 to engross [attention].

absorció [əpsursió] *f.* absorption.

absort, -ta [əpsòr(t), -tə] *a.* absorbed. 2 engrossed.

abstemi, -èmia [əpstέmi, -έmiə] *a.* abstemious. ■ 2 *m.-f.* teetotaller.

abstenció [əpstənsió] *f.* abstention.

abstenir-se [əpstənirsə] *p.* to abstain. ▲ CONJUG. P. P.: *abstingut*. ‖ INDIC. Pres.: *m'abstinc, t'abstens, s'absté*, etc. | Fut.: *m'abstindré, t'abstindràs, s'abstindrà*, etc. ‖ SUBJ. Pres.: *m'abstingui, t'abstinguis, s'abstingui*, etc. | Imperf.: *m'abstingués, t'abstinguessis*, etc. ‖ IMPERAT.: *abstén-te*.

abstinència [əpstinὲnsiə] *f.* abstinence.

abstracció [əpstrəksió] *f.* abstraction.

abstracte, -ta [əpstràktə, -tə] *a.* abstract.

abstreure [əpstrèurə] *t.* to abstract; to remove. ■ 2 *p.* to be lost in thought. ▲ CONJUG. like *treure*.

abstrús, -usa [əpstrús, -úzə] *a.* abstruse.

absurd, -da [əpsúr(t) -ðə] *a.* absurd. ■ 2 *m.* absurdity.

abúlia [əβúliə] *f.* lack of willpower.

abundància [əβundànsiə] *f.* abundance.

abundar [əβundá] *i.* to abound.

abundor [əβundó] *f.* See ABUNDÀNCIA.

abús [əβús] *m.* abuse.

abusar [əβuzá] *i.* to abuse (*de*, -). 2 to take advantage of. 3 to assault [indecently].

abusiu, -iva [əβuziŭ, -íβə] *a.* abusive.

aC *abbr.* (*abans de Crist*) BC (Before Christ).

acabalat, -ada [əkəβəlàt, -áðə] *a.* wealthy, well-off.

acaballes [əkəβ'aʎəs] *f. pl.* end *sing.* 2 final stages *pl.*

acabament [əkəβəmèn] *m.* finishing; finishing touches *pl.*

acabar [əkəβá] *t.-i.* to finish, to end. *2 i.*
to end up. ■ *3 p.* to finish. *4* fig. to pass
away, to die.

acabat, -ada [əkəβát, -áðə] *a.* complete,
utter. *2* perfect: *és un mentider* ~, he's
a perfect liar. ■ *3 m.* finish. ■ *4 adv. en*
~, afterwards.

acaçar [əkəsá] (VAL.) *t.* See EMPAITAR.

acàcia [əkásiə] *f.* BOT. acacia.

acadèmia [əkəðèmiə] *f.* school [usually
private]. *2* academy.

acadèmic, -ca [əkəðèmik, -kə] *a.* aca-
demic. ■ *2 m.-f.* academician.

acalorar [əkəlurá] *t.* to warm, to heat. *2*
to excite, to work up [emotions]. ■ *3 p.*
to get heated [with excitement].

acampar [əkəmpá] *t.-i.* to camp.

acanalar [əkənəlá] *t.* to groove. *2* to
channel.

acaparar [əkəpərá] *t.* to monopolize. *2* to
hoard.

àcar [ákər] *m.* ENT. acarus.

acaramullar [əkərəmuʎá] *t.* to fill up. *2*
to heap; to amass.

acarar [əkərá] *t.* to confront [face-to-
face]. *2* to compare [two texts].

acariciar [əkərisiá] *t.* to caress. *2* fig. to
cherish [hope, wish, etc.].

acarnissar-se [əkərnisársə] *p.* to vent
one's anger on; to fight with fury.

acarnissat, -ada [əkənisát, -ðə] *a.* fierce,
without quarter.

acaronar [əkəruná] *t.* to fondle, to ca-
ress; to pamper.

acatar [əkətá] *t.* to respect; to obey.

accedir [əksəði] *i.* to accede, to agree (*a,*
to).

acceleració [əksələrəsió] *f.* acceleration.

accelerador, -ra [əksələrəðó, -rə] *a.* ac-
celerating, quickening. ■ *2 m.* accelera-
tor.

accelerar [əksələrá] *t.-p.* to accelerate.

accent [əksèn] *m.* accent; stress.

accentuació [əksəntuəsió] *f.* accentua-
tion; stress.

accentuar [əksəntuá] *t.* to accentuate; to
stress. *2* fig. to point out.

accepció [əksəpsió] *f.* acceptation;
meaning.

acceptació [əksəptəsió] *f.* acceptance.

acceptar [əksəptá] *t.* to accept.

accés [əksès] *m.* access. ▲ *pl. accessos.*

accessible [əksəsibblə] *a.* accessible, ap-
proachable.

accèssit [əksèsit] *m.* accessit.

accessori, -òria [əksəsòri, -òriə] *a.-m.*
accessory. *2 a.* secondary.

accident [əksiðèn] *m.* accident. ‖ *per* ~,
by accident. *2* GRAMM. inflection.

accidental [əksiðəntál] *a.* accidental;
fortuitous. *2* secondary.

accidentar-se [əksiðəntársə] *p.* to have
an accident.

accidentat, -ada [əksiðəntát, -áðə] *a.*
rough, uneven; hilly. ■ *2 m.-f.* injured
person.

acció [əksió] *f.* act; action. ‖ *fer* ~ *de,* to
make as if to; to make a move to. ‖ *bona*
~, good deed. *2* CIN. interj. ~!, action! *2*
pl. behaviour *sing.*

accionar [əksiuná] *i.* to make gestures;
to gesticulate. ■ *t.* *2* MECH. to activate; to
drive.

accionista [əksiunistə] *m.-f.* share-
holder.

acer [əsèr] *m.* steel: ~ *inoxidable,* stain-
less steel.

acetona [əsətònə] *f.* acetone.

ací [əsi] (VAL.) *adv.* See AQUÍ.

àcid, -da [ásit, -ðə] *a.* acid; bitter, sour. ■
2 m. CHEM. acid.

aclamació [əkləməsió] *f.* acclamation.

aclamar [əkləmá] *t.* to acclaim, to hail as.

aclaparador, -ra [əkləpərəðò, -rə] *a.* op-
pressive; overwhelming.

aclaparar [əkləpərá] *t.* to oppress; over-
whelm.

aclaridor [əkləriðò] *a.* explanatory.

aclariment [əklərimèn] *m.* explanation.

aclarir [əkləri] *t.-p.* to clear. *2 t.* fig. to
clarify, to explain. *3* to find out.

aclimatar [əklimətá] *t.* to acclimatise. ■
2 p. to become acclimatised.

aclofar-se [əklufársə] *p.* to lounge; to sit
back.

aclucar [əkluká] *t.* to close [one's eyes]. ‖
no poder ~ *l'ull,* not to get a wink of
sleep.

acne [áŋnə] *f.* MED. acne.

açò [əsò] (VAL.) *dem. pron.* See AIXÒ.

acoblar [əkubblá] *t.-p.* to link up, to con-
nect.

acollidor, -ra [əkuʎiðò, -rə] *a.* welcom-
ing; cosy.

acollir [əkuʎí] *t.* to welcome. *2* to re-
ceive. ▲ CONJUG. like *collir.*

acollonir [əkuʎuni] *t.* coll. to intimidate.
■ *2 p.* to get scared.

acolorir [əkuluri] *t.* to colour; to dye.

acomboiar [əkumbuiá] *t.* to convoy; to transport in a convoy. 2 MAR. to escort.

acomiadar [əkumiəðá] *t.* to dismiss, to sack (*de,* from). 2 to say goodbye to. ■ *3 p.* to say goodbye to; to take one's leave (*de,* of).

acomodació [əkumuðəsió] *f.* adaptation.

acomodador, -ra [əkumuðəðó, -rə] *m.* usher. 2 *f.* usherette.

acomodar [əkumuðá] *t.* to adapt. 2 to accommodate. ■ *2 p.* to adapt oneself.

acomodat, -ada [əkumuðát, -áðə] *a.* wealthy, well-off.

acompanyament [əkumpəɲəmèn] *m.* accompaniment.

acompanyant (-ta) [əkumpəɲàn (-tə)] *a.* accompanying. ■ *2 m.-f.* companion.

acompanyar [əkumpəɲá] *t.* to accompany.

acomplir [əkumplí] *t.* to perform; to fulfil. ■ *2 p.* to be accomplished.

acompte [əkòmtə] *m.* COMM. down-payment. 2 COMM. advance.

aconseguir [əkunsəɣí] *t.* to get, to obtain. 2 fig. to achieve. 3 to manage [to do]. 4 to catch up with; to reach [also fig.].

aconsellar [əkunsəʎá] *t.* to advise.

acontentar [əkuntəntá] *t.* to satisfy; to make happy. ■ *2 p.* to become satisfied.

acoquinar [əkukiná] *t.* to intimidate. ■ *2 p.* to be intimidated; to get scared.

acord [əkòr(t)] *m.* agreement. ‖ *d'~!,* all right. 2 MUS. chord.

acordar [əkurðá] *t.* to agree. 2 to decide. 3 MUS. to tune.

acordió [əkurðió] *m.* MUS. accordion.

acordonar [əkurðuná] *t.* to cordon off.

Açores [əsòrəs] *pr. n. f. pl.* GEOGR. Azores.

acorralar [əkurrəlá] *t.* to pen, to corral. 2 to corner.

acostar [əkustá] *t.* to move closer. ■ *2 p.* to move closer; to approach; to come closer.

acostumar [əkustumá] *t.* to accustom, to get into the habit of. ■ *2 i.* to be in the habit of. ■ *3 p.* to get used to.

acotació [əkutəsió] *f.* marginal note.

acotar [əkutá] *t.* to incline, to lower: ~ *el cap,* to lower one's head. 2 to survey; to mark out. ■ *3 p.* to bend down.

acotxar [əkutʃá] *t.* to tuck up [in bed], to wrap up [in clothes]. ■ *2 p.* to wrap (oneself) up, to tuck oneself up. 3 to crouch.

acovardir [əkuβərði] *t.* to intimidate; to frighten. ■ *2 p.* to become intimidated; to become frightened.

acràcia [əkrásiə] *f.* anarchy.

àcrata [ákrətə] *a.* anarchic, anarchical. ■ *2 m.-f.* anarchist.

acre [ákrə] *a.* pungent, bitter, sour. 2 fig. biting [humour]. ■ *3 m.* acre [land measure].

acreditar [əkrəðitá] *t.* to vouch for. 2 fig. to do credit to. 3 ECON. to credit. 4 to accredit.

acrílic, -ca [əkrilik, -kə] *a.-m.* acrylic.

acritud [əkritút] *f.* pungency. 2 bitterness, sourness. 3 fig. acrimony.

acrobàcia [əkruβásiə] *f.* acrobatics.

acròstic, -ca [əkròstik, -kə] *a.* acrostic, acrostical. ■ *2 m.* acrostic.

acròpoli [əkròpuli] *f.* acropolis.

acta [áktə] *f.* document, minutes *pl.*

acte [áktə] *m.* act. 2 deed; action: ~ *heroic,* heroic deed. 3 public ceremony; public function. ‖ ~ *d'inauguració,* official opening. 4 *a l'~,* instantly, immediately. 5 *fer* ~ *de presència,* to be present, to attend. 6 THEATR. act.

actini [əktini] *m.* CHEM. actinium.

actitud [əktitút] *f.* attitude.

actiu, -iva [əktiŭ, -iβə] *a.* active; lively. ■ *2 m.* COMM. assets *pl.*

activar [əktiβá] *t.* to activate. 2 to speed up.

activitat [əktiβitát] *f.* activity. ‖ *en* ~, active.

actor [əktó] *m.* actor.

actor, -ra [əktó, -rə] *m.-f.* LAW plaintiff.

actriu [əktriu] *f.* actress.

actuació [əktuəsió] *f.* THEATR., MUS. performance. 2 *l'~ de la policia fou criticada,* the way the police acted was criticised.

actual [əktuál] *a.* present day; up-to-date.

actualitat [əktuəlitát] *f.* news, current events *pl.* ‖ *d'~,* recent [events]. ‖ *en l'~,* nowadays.

actuar [əktuá] *t.* to actuate. ■ *2 i.* to act.

acudir [əkuðí] *i.* to come; to turn up. ■ *2 p.* to think of, to have [an idea]: *se t'acut cada cosa!,* you have the strangest ideas sometimes!

acudit [əkuðít] *m.* witty saying; joke; funny story.

acular [əkulá] *t.* to back (up to or against). 2 to corner. ■ *3 p.* to dig one's heels in.

acumulació [əkumuləsió] f. accumulation.

acumular [əkumulá] t.-p. to accumulate, to build up.

acupuntura [əkupuntúrə] f. acupuncture.

acuradament [əkurəðəmèn] adv. carefully.

acurat, -ada [əkurát, -áðə] a. careful; neat. 2 accurate [descriptions, definitions].

acusació [əkuzəsió] f. accusation. 2 LAW charge.

acusador, -ra [əkuzəðó, -rə] a. accusing. ■ 2 m.-f. accuser.

acusar [əkuzá] t. to accuse (de, of), to charge (de, with). 2 to show, to reveal. 3 ~ recepció, to acknowledge receipt.

acusat, -ada [əkuzát, -áðə] m.-f. LAW accused, defendant.

acústic, -ca [əkústik, -kə] a. acoustic. ■ 2 f. acoustics.

adagi [əðáʒi] m. adage, saying.

adàgio [əðáʒio] m. MUS. adagio s.-a. ■ 2 adv. MUS. adagio.

adaptable [əðəptábblə] a. adaptable.

adaptació [əðəptəsió] f. adaptation. 2 MUS. arrangement.

adaptar [əðəptá] t.-p. to adapt. 2 MUS. to arrange.

addicció [əddiksió] f. addiction.

addició [əddisió] f. addition. 2 bill [in a restaurant].

addicionar [əddisiuná] t. to add.

addicte, -ta [əðiktə, -tə] a. addicted. ■ 2 m.-f. addict; supporter; fan.

adduir [əddui] t. to adduce, to bring forward [proof, evidence].

adelerat, -ada [əðələrát, -áðə] a. eager; anxious.

adepte, -ta [əðèptə, -tə] a., m.-f. adept.

adequar [əðəkwá] t.-p. to adapt.

adequat, -ada [əðəkwát, -áðə] a. adequat, suitable. ‖ aquesta és la paraula adequada, that's exactly the right word for it.

adés [əðès] adv. just now.

adéu [əðèů] interj. goodbye, bye, see you. ■ 2 m. farewell. ‖ fer ~, to wave goodbye.

adéu-siau [əðəůsiàů] interj. goodbye.

adherència [əðərènsiə] f. adhesion; adherence.

adherent [əðərèn] a. adherent, adhesive. ■ 2 m. follower, adherent.

adherir [əðəri] i. to adhere. ■ 2 t. to stick. ■ 3 p. to support firmly.

adhesió [əðəzió] f. adhesion. 2 support.

adhesiu, -iva [əðəziů, -iβə] a. adhesive. ■ 2 m. PRINT. sticker.

àdhuc [áðuk] adv. even.

adient [əðièn] a. suitable, appropriate, apt.

adinerat, -ada [əðinərát, -áðə] a. wealthy, rich.

adipós, -osa [əðipós, -ózə] a. adipose, fatty.

adir-se [əðirsə] p. to match, to suit.

adiu [əðiů] (ROSS.) interj.-m. See ADÉU.

adjacent [ədʒəsèn] a. adjacent, adjoining.

adjectiu, -iva [ədʒəktiů, -iβə] a. adjectival. ■ 2 m. GRAMM. adjective.

adjudicació [ədʒuðikəsió] f. award.

adjudicar [ədʒuðiká] t. to award. ■ 2 p. to appropriate.

adjunt, -ta [ədʒún, -tə] a. joined, attached. 2 a., m.-f. assistant. 3 m.-f. associate.

adjuntar [ədʒuntá] t. to attach. 2 to enclose [in a letter, parcel, etc.].

admetre [əmmètrə] t. to accept, to admit, to allow. ▲ CONJUG. P. p.: admès.

administració [əmministrəsió] f. administration; management.

administrador, -ra [əmministrəðó, -ra] a. administrative. ■ 2 m.-f. administrator, manager; steward [estates].

administrar [əmministrá] t. to administer, to administrate; to manage.

administratiu, -iva [əmministratiů, -iβə] a. administrative, managerial. ■ 2 m.-f. clerk, office worker.

admirable [əmmirábblə] a. admirable.

admiració [əmmirəsió] f. admiration, wonder. 2 GRAMM. signe d'~, exclamation mark.

admirador, -ra [əmmiraðó, -ra] a. admiring. ■ 2 m.-f. admirer.

admirar [əmmirá] t. to admire; to wonder at. 2 to surprise, to amaze. ■ 3 p. to be amazed (de, at), to be surprised.

admissió [əmmisió] f. admission, admittance.

admonició [əmmunisió] f. admonition, reproof.

adob [əðóp] m. repair, mend. 2 COOK. dressing, seasoning. 3 fertilizer.

adobar [əðuβá] t. to repair, to mend. 2 to season, to pickle, to dress. 3 to tan [leather]. 4 to fertilize.

adober [əðuβé] *m.* tanner.
adolescència [əðuləsɛ́nsiə] *f.* adolescence.
adolescent [əðuləsɛ́n] *a., m.-f.* adolescent.
Adolf [əðɔ́lf] *pr. n. m.* Adolf, Adolph.
adolorir [əðuluri] *t.* to hurt; to cause pain.
adonar-se [əðunársə] *p.* to notice (*de, —*); to realize (*de,* that).
adopció [əðupsió] *f.* adoption.
adoptar [əðuptá] *t.* to adopt.
adoptiu, -iva [əðuptiŭ, -iβə] *a.* adoptive: *fill ~,* adoptive or adopted son.
adoració [əðurəsió] *f.* adoration, worship.
adorar [əðurá] *t.* to adore, to worship.
adormir [əðurmí] *t.* to send to sleep; to make drowsy. ‖ *estar adormit,* to be asleep. ■ 2 *p.* to fall asleep. ‖ fig. *se m'ha adormit el peu,* my foot's fallen asleep.
adorn [əðɔ́r(n)] *m.* ornament.
adornar [əðurná] *t.* to adorn, to ornament, to decorate.
adossar [əðusá] *t.* to lean on or against.
adotzenat, -ada [əðudzənát, -áðə] *a.* vulgar; common.
adquirir [əkkirí] *t.* to acquire, to obtain. 2 to purchase.
adquisició [əkkizisió] *f.* acquisition.
adreç [əðrɛ́s] *m.* preparation. 2 COOK. seasoning.
adreça [əðrɛ́sə] *f.* address.
adreçar [əðrəsá] *t.* to straighten (out). ■ 2 *p.* to address oneself (*a,* to).
Adrià [əðrià] *pr. n. m.* Adrian.
Adriana [əðriànə] *pr. n. f.* Adrienne.
adroguer [əðruɣɛ́] *m.* grocer.
adrogueria [əðruɣəriə] *f.* grocery, grocer's.
adscriure [ətskriŭrə] *t.* to appoint; to assign. ▲ CONJUG. like *escriure.*
adulació [əðuləsió] *f.* adulation.
adular [əðulá] *t.* to adulate; to flatter.
adult, -ta [əðul(t), -tə] *a., m.-f.* adult.
adúlter, -ra [əðúltər, -rə] *a.* adulterous. ■ 2 *m.* adulterer. 3 *f.* adulteress.
adulterar [əðultərá] *t.* to adulterate. 2 fig. to corrupt, to vitiate. ■ 3 *i.* to commit adultery.
adulteri [əðultɛ́ri] *m.* adultery.
adust, -ta [əðús(t), -tə] *a.* scorched. 2 fig. sullen, humourless.
adveniment [əbbənimɛ́n] *m.* advent.

advenir [əbbəni] *i.* to come about, to happen.
advent [əbbɛ́n] *m.* ECCL. Advent.
adventici, -ícia [əbbəntisi, -isiə] *a.* adventitious; fortuitous.
adverbi [əbbɛ́rβi] *m.* adverb.
advers, -sa [əbbɛ́rs, -sə] *a.* adverse; hostile.
adversari, -ària [əbbərsári, -áriə] *a.* contrary; hostile. ■ 2 *m.-f.* adversary.
adversitat [əbbərsitát] *f.* adversity.
advertència [əbbərtɛ́nsiə] *f.* warning; piece of advice. 2 awareness.
advertiment [əbbərtimɛ́n] *m.* See ADVERTÈNCIA.
advertir [əbbərti] *t.* to warn. 2 to point out: *l'hem advertit del seu error,* we have pointed out his mistake to him. 3 to notice.
advocacia [əbbukasiə] *f.* the law, the legal profession.
advocació [əbbukəsió] *f.* advocation.
advocadessa [əbbukəðɛ́sə] *f.* woman lawyer.
advocat, -ada [əbbukát, -áðə] *m.-f.* LAW lawyer; solicitor, barrister. ‖ *~ defensor,* defence counsel. 2 (USA) attorney. 3 advocate.
advocar [əbbuká] *i. ~ per,* to advocate *t.*
aerobi, -òbia [əerɔ́βi, -ɔ́βiə] *a.* aerobic. ■ 2. *m.* aerobe.
aerodinàmic, -ca [əeruðinámik, -kə] *a.* aerodynamic. ■ 2 *f.* aerodynamics.
aeròdrom [əerɔ́ðrum] *m.* aerodrome.
aeròlit [əerɔ́lit] *m.* meteorite.
aeronau [əerunáŭ] *f.* airship.
aeronauta [əerunáŭtə] *m.-f.* aeronaut.
aeronàutic, -ca [əerunáŭtik, -kə] *a.* aeronautic. ■ 2 *f.* aeronautics.
aeroplà [əeruplá] *m.* aeroplane, airplane.
aeroport [əerupɔ́r(t)] *m.* airport.
aerosol [əerusɔ́l] *m.* aerosol [the container].
aeròstat [əerɔ́stət] *m.* aerostat.
afabilitat [əfəβilitát] *f.* affability.
afable [əfábblə] *a.* affable.
afaiçonar [əfəisuná] *t.* to fashion; to create. 2 to embellish or to distort [description].
afaitar [əfəĭtá] *t.* to shave. ‖ *fulla d'~,* razor blade; *màquina d'~,* shaver, razor [electric].

aeri, aèria [əɛ́ri, əɛ́riə] *a.* air. ‖ *línia aèria,* airline. 2 airy [also fig.], insubstantial.
advocar [əbbuká] *i. ~ per,* to advocate *t.*

afalac [əfəlák] *m.* flattery. 2 flattering compliment.

afalagar [əfələɣá] *t.* to gratify; to please. 2 to flatter.

afamat, -ada [əfəmát, -áðə] *a.* hungry; starving.

afanada [əfənáðə] *f.* petty thieving.

afanar [əfəná] *t.* to nick, to pinch.

afany [əfáɲ] *m.* effort, industry; exertion. 2 desire (*de,* for).

afanyar-se [əfəɲársə] *p.* to get a move on, to hurry.

afartar [əfərtá] *t.* to overfeed. ■ 2 *p.* coll. to stuff oneself.

afavorir [əfəβuri] *t.* to favour.

afeblir [əfəbbli] *t.-p.* to weaken.

afecció [əfəksió] *f.* affection. 2 MED. ailment, trouble.

afeccionar-se [əfəksiunársə] *p.* to become fond (*de,* of).

afeccionat, -ada [əfəksiunát, -áðə] *a., m.-f.* amateur. 2 *m.-f.* SP. supporter.

afectació [əfəktəsió] *f.* affectation.

afectar [əfəktá] *t.* to affect.

afecte, -ta [əfέktə, -tə] *a.* fond; inclined. ■ 2 *m.* fondness, affection, attachment.

afectiu, -iva [əfəktiŭ, -iβə] *a.* affective.

afectuós, -osa [əfəktuós, -ózə] *a.* affectionate.

afegidura [əfəʒiðúrə] *f.* See AFEGIMENT.

afegiment [əfəʒimέn] *m.* addition.

afegir [əfəʒi] *t.* to fix. 2 to add.

afegit [əfəʒit] *m.* addition; extra.

afer [əfέr] *m.* matter; affair: *afers estrangers,* foreign affairs.

afermar [əfərmá] *t.* to strengthen, to secure. 2 to confirm. ■ 3 *p.* fig. to be unmoved, to remain by what one has said.

aferrar [əfərrá] *t.* to seize, to take hold of. 2 (BAL.) See ENGANXAR. ■ 3 *p.* to cling, to stick.

aferrissar-se [əfərrisársə] *p.* to fight ruthlessly or savagely. 2 fig. to work furiously.

aferrissat, -ada [əfərrisát, -áðə] *a.* fierce, without quarter.

afganès, -esa [əfɡənès, -ézə] *a., m.-f.* Afghan.

Afganistan [əfɡənistán] *pr. n. m.* GEOGR. Afghanistan.

afí [əfí] *a.* related.

aficionat, -ada [əfisiunát, -áðə] *a.* See AFECCIONAT.

afidàvit [əfiðáβit] *m.* LAW affidavit.

afigurar-se [əfiɣurársə] *p.* to suppose; to fancy.

afilar [əfilá] *t.* See ESMOLAR.

afilerar [əfilərá] *t.-p.* to line, to line up.

afiliar [əfiliá] *t.* to affiliate. ■ 2 *p.* to join [society, club, etc.].

afiliat, -ada [əfiliát, -áðə] *a.* affiliated. ■ 2 *m.-f.* member [of a club, society, etc.].

afillar [əfiʎá] *t.* to adopt [as one's son].

afinador, -ra [əfinəðó, -rə] *m.-f.* MUS. tuner.

afinar [əfiná] *t.* to refine [minerals; taste; customs]. 2 to polish [slight imperfections]. 3 MUS. to tune. ■ 4 *i.* to play or sing in tune. ■ 5 *p.* to get close (*a,* to).

afinitat [əfinitát] *f.* affinity.

afirmació [əfirməsió] *f.* statement; assertion.

afirmar [əfirmá] *t.* to state; to assert.

afixar [əfiksá] *t.* to stick up, to put up [posters, etc.]. 2 GRAMM. to affix.

aflaquir [əfləki] *t.-p.* to weaken.

aflautat, -ada [əfləŭtát, -áðə] *a.* fluty [voice, sound, etc.].

aflicció [əfliksió] *f.* affliction.

afligir [əfliʒi] *t.* to distress. ■ 2 *p.* to distress oneself.

aflorar [əflurá] *i.* to crop out; to sprout up. 2 fig. to crop up.

afluència [əfluέnsiə] *f.* influx. 2 fluency; cloquence.

afluent [əfluέn] *a.* flowing. ■ 2 *m.* GEOGR. tributary.

afluir [əflui] *i.* to flow. 2 fig. to throng, to rush.

afluixar [əflufá] *t.* to loosen. 2 to slacken. 3 to reduce. ■ 4 *i.* to weaken; to relent; to abate. || *el vent afluixa,* the wind is dying down. 5 to let up: *no afluixis davant les dificultats,* don't let up in the face of difficulty. ■ 6 *p.* to come or to work loose.

afonar [əfuná] (VAL.) *t.-p.* See ENFONSAR.

afonia [əfuniə] *f.* MED. loss of voice.

afònic [əfɔnik] *a.* hoarse; voiceless.

afores [əfɔrəs] *m. pl.* outskirts.

aforisme [əfurizmə] *m.* aphorism.

afortunat, -ada [əfurtunát, -áðə] *a.* lucky; fortunate.

Àfrica [áfrikə] *pr. n. f.* GEOGR. Africa.

africà, -ana [əfrikà, -ánə] *a., m.-f.* GEOGR. African.

afrodisíac, -ca [əfruðiziək, -kə] *a.* aphrodisiacal. ■ 2 *m.* aphrodisiac.

afront [əfrɔ́n] *m.* public affront. 2 insult, indignity.

afrontar [əfruntá] *t.* to face; to face up [also fig.]. 2 to insult publicly. ■ 3 *i.* to border on each other [countries, estates, etc.].

afta [áftə] *f.* MED. aphta.

afusellament [əfuzəʎəmèn] *m.* execution, shooting [by firing squad].

afusellar [əfuzəʎá] *t.* to execute, to shoot [by firing squad]. 2 to plagiarize.

agafada [əɣəfàðə] *f.* seizing, seizure. 2 people caught [in a police raid or similar].

agarrada [əɣərràðə] gripping. 2 fig. altercation, fight.

agarrar [əɣərrá] *t.* to seize, to grip, to grasp. 2 (VAL.) See AGAFAR.

àgata [áɣətə] *f.* MINER. agate.

agençar [əʒənsá] *t.* to embellish; to arrange neathy or decoratively.

agència [əʒɛ́nsiə] *f.* agency ‖ ~ *de publicitat,* advertising agency; ~ *de viatges,* travel agency; ~ *matrimonial,* marriage bureau.

agenciar [əʒənsiá] *t.* to effect; to procure.

agenda [əʒɛ́ndə] *f.* diary; notebook. 2 agenda.

agafar [əɣəfá] *t.* to grasp, to take hold of; to pick up. ‖ fig. *agafar-se les coses malament,* to take things badly. 2 to catch [illnesses, diseases]. 3 to take [taxi]; to catch [public transport]. 4 to take [street, road, etc.]. 5 to cover; to take up, to occupy. 6 to catch: *l'he agafat dient una mentida,* I caught him lying. ■ 7 *i.-p.* BOT. to take root. 8 to stick. 9 *p.* to hold on (*a,* to). 10 to use [as an excuse].

agenollar-se [əʒənuʎársə] *p.* to kneel (down).

agent [əʒɛ́n] *a.* active; functioning. ■ 2 *m.* agent, acting power. 3 *m.-f.* agent [person]. 4 COMM. *agent.* ‖ ~ *de canvi,* stockbroker. 5 CHEM. agent.

agermanar [əʒərmənà] *t.* to twin.

àgil [áʒil] *a.* agile. 2 fig. lively, alert.

agilitat [əʒilitát] *f.* agility.

agitació [əʒitəsió] *f.* shaking. 2 restlessness. 3 unrest.

agitador, -ora [əʒitəðó, -rə] *a.* agitating. ■ 2 *m.-f.* POL. agitator. 3 CHEM. agitator, shaker.

agitar [əʒitá] *t.* to shake. 2 fig. to move, to unsettle. ■ 3 *p.* to shake. 4 to get upset; to get worried.

aglà [əɣlá] *m.* See GLA.

aglomeració [əɣlumərəsió] *f.* agglomeration; massing.

aglomerar [əɣlumərá] *t.-p.* to agglomerate; to crowd together.

aglutinació [əɣlutinəsió] *f.* agglutination.

aglutinar [əɣlutiná] *t.* to agglutinate.

Agnès [əŋnɛ́s] *pr. n. f.* Agnes.

agnòstic, -ca [əŋnɔ́stik, -kə] *a., m.-f.* agnostic.

agnosticisme [əŋnustisizmə] *m.* agnosticism.

agombolar [əɣumbulá] *t.* to care solicitously. 2 to wrap up [person].

agonia [əɣuniə] *f.* dying moments; death agony.

agonitzar [əɣunidzá] *i.* to be dying.

agosarat, -ada [əɣuzərát, -àðə] *a.* daring; adventurous. 2 forward, cheeky.

agost [əɣós(t)] *m.* August. ‖ *fer l'*~, to make a pile [of money].

agraciat, -ada [əɣrəsiát, -àðə] *a.* good-looking.

agradable [əɣrəðábblə] *a.* pleasant; nice.

agradar [əɣrəðá] *i.* to like *t.:* *m'agrada la xocolata,* I like chocolate; *t'agrado?,* do you like me? 2 to please: *és una pel·lícula que agrada,* it's a film which pleases.

agranar [əɣrəná] (BAL.), (VAL.) *t.* See ESCOMBRAR.

agraïment [əɣrəimèn] *m.* gratitude.

agrair [əɣrəi] *t.* to thank for. 2 to be grateful for.

agraït, -ïda [əɣrəit, -iðə] *a.* thankful, grateful.

agrari, -ària [əɣrári, -àriə] *a.* agrarian.

agre, -a [áɣrə, -ə] *a.* bitter. 2 fig. acrimonious.

agredir [əɣrəði] *t.* to attack; to assault.

agredolç, -ça [əɣrəðóls, -sə] *a.* bittersweet.

agregar [əɣrəɣá] *t.* to collect; to accumulate.

agregació [əɣrəɣəsió] *f.* collection; accumulation.

agregat [əɣrəɣàt] *m.* attaché. ‖ *professor* ~, senior lecturer.

agressió [əɣrəsió] *f.* aggression, attack.

agressiu, -iva [əɣrəsiŭ, -iβə] *a.* aggressive.

agressor, -ra [əɣrəsó, -rə] *m.-f.* aggressor, attacker.

agrest, -ta [əɣrès(t), -tə] *a.* rural, country. 2 rough.

agreujament [əɣrəŭʒəmèn] *m.* aggravation.

agreujar [əɣrəŭʒà] *t.* to aggravate. ■ 2 *p.* to become aggravated.

agrícola [əɣrikulə] *a.* agricultural. 2 farming.

agricultor, -ra [əɣrikultò, -rə] *m.-f.* farmer.

agricultura [əɣrikultúrə] *f.* agriculture.

agrimensor [əɣrimensò] *m.* surveyor.

agrònom, -ma [əɣrɔ̀num, -mə] *a.* agricultural. ■ 2 *m.-f.* agronomist, farming, expert.

agror [əɣrò] *f.* sourness; bitterness. 2 pungency.

agrumollar-se [əɣrumuʎàrsə] *p.* to go lumpy.

agrupació [əɣrupəsiò] *f.* grouping. 2 association, society.

agrupament [əɣrupəmèn] *m.* grouping. 2 association.

agrupar [əɣrupà] *t.* to group together; to assemble.

aguait [əɣwàit] *m.* watching. ‖ *estar a l'~*, to be on the alert.

aguant [əɣwàn] *m.* resistance. 2 fig. staying-power.

aguantar [əɣwəntà] *t.* to hold. 2 fig. to put up with; to stand, to bear. ■ 3 *p.* fig. to carry on, to continue. ‖ *no m'aguanto dret*, I can scarcely stay on my feet. 4 fig. to stand up, to hold water [arguments, alibis, etc.].

aguditzar [əɣuðidzà] *t.* to sharpen. ■ 2 *p.* fig. to become more intense.

agudesa [əɣuðèzə] *f.* sharpness; acuteness; keenness. 2 wittiness.

àguila [àɣilə] *f.* ORNIT. eagle.

agulla [əɣúʎə] *f.* needle. ‖ ~ *de fer mitja*, knitting needle. 2 pin. ‖ ~ *de cap*, pin. ‖ ~ *imperdible*, safety pin. 3 hairpin. 4 hand [of a clock]. 5 ~ *d'estendre*, clothes peg.

agulló [əɣuʎò] *m.* goad. 2 fig. spur, incentive.

agullonar [əɣuʎunà] *t.* to goad; to spur [also fig.].

agut, -uda [əɣút, -úðə] *a.* acute; sharp; keen. 2 witty, smart. 3 MUS. high, sharp.

agutzil [əɣudzil] *m.* See ALGUTZIR.

ah! [a] *interj.* Ah!

ahir [əi] *adv.* yesterday.

ai! [àĭ] *interj.* ouch! [pain]. 2 oh dear!

aigua [àĭɣwə] *f.* water. ‖ *a flor d'~*, afloat; ~ *dolça*, fresh water.

aiguader, -ra [àĭɣwəðè, -rə] *a.* abstemious, teetotalling. ■ 2 *m.-f.* teetotaller. 3 water seller.

aiguafort [àĭɣwəfɔ̀r(t)] *m.* etching.

aigualir [àĭɣwəli] *t.* to water down; to dilute. ■ 2 *p.* to become watery. 3 fig. to bespoilt, to be ruined [party, meeting, etc.].

aiguamoll [àĭɣwəmɔ̀ʎ] *m.* marsh.

aiguaneu [àĭɣwənèŭ] *f.* sleet.

aiguardent [àĭɣwərðèn] *m.* brandy.

aiguarràs [àĭɣwərràs] *m.* turpentine.

aiguat [àĭɣwàt] *m.* heavy shower, cloudburst.

aiguavés [àĭɣwəβès] *m.* slope. ▲ *pl.* aiguavessos.

aigüera [àĭɣwèrə] *f.* sink.

aïllament [əiʎəmèn] *m.* isolation.

aïllant [əiʎàn] *a.* ELECT. insulating. 2 isolating. ■ 3 *m.* insulator.

aïllar [əiʎà] *t.* to insulate. 2 to isolate.

aïrat, -ada [əiràt, -àðə] *a.* irate; very angry.

aire [àĭrə] *m.* air. ‖ ~ *condicionat*, air conditioning; *a l'~ lliure*, (in the) open-air. 2 wind; breeze. ‖ *cop d'~*, gust [of wind]; fig. cold. 3 fig. air, appearance.

airejar [əĭrəʒà] *t.-p.* to air.

airós, -osa [əĭrós, -ózə] *a.* airy. 2 elegant.

aixa [àʃə] *f.* adze.

aixada [əʃàðə] *f.* hoe.

aixafar [əʃəfà] *t.* to squash; to squeeze; to crush. 2 fig. to crush [person]. 3 fig. to ruin, to spoil [plans].

aixecar [əʃəkà] *t.* to lift (up); to raise, to raise up. 2 to stand up. 3 fig. ~ *la camisa*, to pull someone's leg. ■ 4 *p.* to get up; to stand up. 5 to rise up.

aixella [əʃèʎə] *f.* ANAT. armpit.

aixer [əʃè] (ROSS.) *m.* See FEMS.

aixeta [əʃètə] *f.* tap.

així [əʃí] *adv.* so; thus. ‖ ~ *i tot*, nevertheless, however.

això [əʃɔ̀] *dem. pron.* this; that.

aixopluc [əʃuplúk] *m.* refuge; cover; shelter [also fig.].

aixoplugar [əʃupluɣà] *t.-p.* to shelter.

ajaçar [əʒəsà] *t.* to put to bed.

ajaure [əʒàŭrə] *t.-p.* See AJEURE.

ajeure [əʒèŭrə] *t.-p.* to lay. ▲ CONJUG. like *jeure*.

ajornar [əʒurnà] *t.* to postpone.

ajuda [əʒúðə] *f.* help; aid; assistance.

ajudant, -ta [əʒuðán, -tə] *a., m.-f.* assistant; helper.

ajudar [əʒuðá] *t.* to help, to aid, to assist. ■ *2 i.* to contribute to.

ajuntament [əʒuntəmèn] *m.* town hall, city hall. *2* town council, city council.

ajuntar [əʒuntá] *t.-p.* to assemble; to meet; to gather together.

ajupir [əʒupí] *t.-p.* to bend down. ▲ CONJUG. INDIC. Pres.: *ajupo, ajups, ajup.*

ajust [əʒús(t)] *m.* adjustment. *2* agreement.

ajustar [əʒustá] *t.* to adjust. *2* to agree [conditions, terms, etc.]. *3* to half-close; to leave ajar [door, window]. ■ *4 i.* to fit.

ajusticiar [əʒustisià] *t.* to execute.

ajut [əʒút] *m.* See AJUDA.

al [əl] (*contr. a + el*).

ala [álə] *f.* wing.

alabança [ələßánsə] *f.* See LLOANÇA.

alabar [ələßá] *t.* See LLOAR.

alabastre [ələßástrə] *m.* MINER. alabaster.

alacaigut, -uda [ələkəïγút, -úðə] *a.* fig. crestfallen.

alambí [ələmbí] *m.* CHEM. still.

alarit [ələrit] *m.* warcry.

alarma [əlármə] *f.* alarm.

alarmar [ələrmà] *t.* to alarm. ■ *2 p.* to become alarmed.

alarmista [ələrmistə] *m.-f.* alarmist.

alat, -ada [əlát, -áðə] *a.* winged.

alba [álßə] *f.* dawn.

albada [əlßáðə] *f.* dawn twilight.

albanès, -esa [əlßənès, -èzə] *a., m.-f.* Albanian.

Albània [əlßániə] *pr. n. f.* GEOGR. Albania.

albarà [əlßərá] *m.* COMM. delivery note; slip.

albatros [əlßátrus] *m.* ORN. albatross.

àlber [álßər] *m.* BOT. poplar.

albercoc [əlßərkɔ́k] *m.* BOT. apricot.

albercoquer [əlßərkukè] *m.* BOT. apricot tree.

alberg [əlßèrk] *m.* shelter, refuge. *2* hostel. ‖ *~ de joventut,* youth hostel.

albergar [əlßəryà] *t.-i.* to accommodate, to house.

albergínia [əlßərʒíniə] *f.* BOT. aubergine; (USA) eggplant.

Albert [əlßèrt] *pr. n. m.* Albert.

albí, -ina [əlßi, -inə] *a., m.-f.* albino.

albinisme [əlßinizmə] *m.* MED. albinism.

albirar [əlßirà] *t.* to make out. *2* to conjecture; to imagine.

albor [əlßó] *f.* whiteness. *2* dawn light.

albufera [əlßufèrə] *f.* a kind of lagoon.

àlbum [álßum] *m.* album.

albumen [əlßúmən] *m.* albumen; white of egg.

albúmina [əlßúminə] *f.* CHEM. albumen.

alça [álsə] *f.* block. [to raise in height]. *2* rise [prices, temperature, etc.].

alçada [əlsáðə] *f.* height.

alcalde [əlkáldə] *m.* mayor.

alcaldessa [əlkəldèsə] *f.* mayoress.

alcaldia [əlkəldiə] *f.* office of mayor [rank]. *2* mayor's office [room].

alcalí, -ina [əlkəli, -inə] *a.* alkaline.

alçament [əlsəmèn] *m.* lifting; raising. *2* rise [price]. *3* MIL. revolt.

alçaprem [əlsəprèm] *m.* lever [for lifting].

alçar [əlsà] *t.* to lift (up), to raise. *2* to make higher. *3* to build. *4* to stand up. *5* fig. to raise. ■ *6 p.* to get up; to stand up. *7* to rise up. *8* (VAL.) See LLEVAR 3.

alcavot, -ta [əlkəßɔ́t, -tə] *m.-f.* go-between.

alcista [əlsistə] *m.-f.* ECON. speculator.

alcohol [əlkuɔ̌l] *m.* alcohol.

alcohòlic, -ca [əlkuɔ̌lik, -kə] *a.* alcoholic: *beguda no alcohòlica,* soft drink. ■ *2 m.-f.* alcoholic.

alcoholisme [əlkuulizmə] *m.* alcoholism.

alcova [əlkóßə] *f.* bedroom.

aldarull [əldərúʎ] *m.* disturbance. *2* racket, row.

alè [əlè] *m.* breath: *sense ~,* breathless.

aleatori, -òria [əleətóri, -óriə] *a.* uncertain. *2* fortuitous.

alegrar [ələyrà] *t.* to make happy; to gladden. ■ *2 p.* to become happy. *3* to be happy; to rejoice.

alegre [ələ̀yrə] *a.* happy, glad. *2* merry, slightly drunk.

alegria [ələyriə] *f.* happiness; rejoicing.

alejar [ələʒà] *i.* to flap its wings.

alemany, -nya [ələmáɲ, -ɲə] *a., m.-f.* GEOGR. German.

Alemanya [ələmáɲə] *pr. n. f.* GEOGR. Germany.

alena [əlènə] *f.* awl.

alenada [ələnáðə] *f.* puff [of air].

alenar [ələná] *i.* to breathe.

alentir [ələnti] *t.-p.* to slow down.

aleró [ələró] *m.* ORNIT. wing. *2* AVIAT. aileron.

alerta [əlɛ́rtə] *interj.* look out. ■ *2 adv. anar ~,* to step with care. ■ *3 f. ~ aèria,* air alarm; bomber alarm.

alertar [əlǝrtá] *t.* to alert.

aleshores [ələzɔ́rəs] *adv.* then.

aleta [əlɛ́tə] *f.* small wing. 2 fin. *3 fer l'~ a algú,* to curry favour with someone.

aletejar [ələtəʒá] *i.* See ALEJAR.

Alexandre [ələgzándrə] *pr. n. m.* Alexander.

Alexandria [ələgzəndriə] *pr. n.* GEOGR. Alexandria.

alfabet [əlfəβέt] *m.* alphabet.

alfabètic, -ca [əlfəβέtik, -kə] *a.* alphabetical.

alfàbrega [əlfáβrəɣə] *f.* BOT. basil.

alfals [əlfáls] *m.* BOT. alfalfa, lucerne.

alferes [əlfέres] *m.* MIL. second lieutenant.

alfil [əlfíl] *m.* bishop [chess].

Alfred [əlfrέt] *pr. n. m.* Alfred.

alga [álɣə] *f.* BOT. alga. ▲ *pl. algues.*

àlgebra [álʒəβrə] *f.* algebra.

alforja [əlfɔ́rʒə] *f.* saddle-bag.

algerí, -ina [əlʒəri, -inə] *a., m.-f.* Algerian.

Algèria [əlʒέriə] *pr. n. f.* GEOGR. Algeria.

àlgid, -da [álʒit, -ðə] *a.* icy. 2 culminating; critical.

algú [əlɣú] *indef. pron.* someone, anyone; somebody, anybody.

algun, -una [əlɣún, -únə] *a.* some, any. ‖ *alguna cosa,* something, anything.

algutzir [əlɣutzí] *m.* bailiff.

alhora [əlɔ́rə] *adv.* simultaneously, at the same time.

aliança [əliánsə] *f.* alliance. 2 wedding ring.

aliar [əliá] *t.* to ally. ■ *2 p.* to form an alliance, to become allies.

àlias [áliəs] *adv.* alias. ■ *2 m.* alias.

aliat, -ada [əliát, -áðə] *a.* allied. ■ *2 m.-f.* ally.

aliatge [əlia'dʒə] *m.* CHEM. alloy.

alicates [əlikátəs] *f. pl.* MECH. pliers.

aliè, -ena [əliέ, -έnə] *a.* belonging to others. 2 alien.

alienar [əliəná] *t.* to alienate. 2 to estrange. 3 to drive mad or insane.

alienat, -ada [əliənát, -áðə] *a.* insane. ■ *2 m.-f.* lunatic.

àliga [áliɣə] *f.* eagle.

alimara [əlimárə] *f.* (fire) beacon.

aliment [əlimέn] *m.* food.

alimentació [əliməntəsió] *f.* feeding. 2 nourishment; food.

alimentar [əliməntá] *t.-p.* to feed.

alimentari, -ària [əliməntári, -áriə] *a.* alimentary; food.

alineació [əlineəsió] *f.* alignment.

alinear [əlineá] *t.* to align, to line up. ■ *2 p.* to line up.

all [áʎ] *m.* BOT. garlic. ‖ *un gra d'~,* a clove of garlic.

Al·là [əllá] *pr. n. m.* REL. Allah.

allà [əʎá] *adv.* there, over there.

allargament [əʎərɣəmέn] *m.* prolonging; extension.

allargar [əʎərɣá] *t.* to lengthen. 2 to prolong, to extend. 3 to hand, to pass. ■ *4 p.* to lenghten, to get longer. 5 to drag out.

allargassar [əʎərɣəsá] *t.-p.* to drag out or on.

allau [əʎáu] *f.* avalanche. 2 fig. rush, torrent: *una ~ de mots,* a torrent of words.

al·legació [əlləɣəsió] *f.* allegation.

al·legar [əlləɣá] *t.* to give as a reason. 2 LAW to plead.

al·legat [əlləɣát] *m.* reasons *pl.* 2 LAW plea.

al·legoria [əlləɣuriə] *f.* allegory.

al·legòric, -ca [əlləɣɔ́rik, -kə] *a.* allegorical.

al·legro [əllέɣro] *adv.-m.* MUS. allegro.

al·leluia [əlləlújə] *interj.-m.* hallelujah.

al·lèrgia [əllέrʒiə] *f.* MED. allergy.

alletar [əʎetá] *t.* to suckle.

alleugerir [əʎəuʒərí] *t.* to alleviate. 2 to lighten.

alleujament [əʎəuʒəmέn] *m.* lightening [weight]. 2 alleviation.

alleujar [əʎəuʒá] *t.* to lighten [weight]. 2 to alleviate.

allí [əʎí] *adv.* there.

alliberació [əʎiβərəsió] *f.* See ALLIBERAMENT.

alliberament [əʎiβərəmέn] *m.* freeing; liberation.

alliberar [əʎiβərá] *t.* to set free. 2 to free *(de,* from). ■ *3 p.* to free oneself.

al·licient [əllisiέn] *m.* stimulus, incentive.

alliçonar [əʎisuná] *t.* to instruct.

allioli [əʎiɔ́li] *m.* COOK. garlic mayonnaise.

allisada [əʎizáðə] *f.* smoothing; flattening. 2 fig. scolding. 3 fig. hiding [beating].

allisar [əʎizá] *t.* to smooth, to smooth down.

allistar [əʎistá] *t.-p.* to enrol. 2 MIL. to enlist; to sign up. 3 to list.

allitar-se [əʎitársə] *p.* to take to one's bed [through illness].

allò [əʎɔ́] *dem. pron.* that.

al·locució [əllukusió] *f.* allocution.

al·lot, -ta [əllɔ́t, -tə] *m.* (BAL.) boy. 2 *f.* (BAL.) girl.

allotjament [əʎudʒəmèn] *m.* lodgings *pl.*; accommodation.

allotjar [əʎudʒá] *t.-p.* to lodge. 2 *t.* to accommodate.

al·lucinació [əllusinəsió] *f.* hallucination.

al·lucinar [əllusiná] *t.* to hallucinate. 2 fig. to be fascinated.

al·ludir [əlludí] *i.* to allude (*a*, to).

allumar [əʎumá] (ROSS.) *t.-p.* See EN-CENDRE.

allunyament [əʎuɲəmèn] *m.* distancing.

allunyar [əʎuɲá] *t.* to move away; to drive away. ■ 2 *p.* to move away, to go away.

al·lusió [əlluzió] *f.* allusion.

al·lusiu, -iva [əlluziǔ, -íβə] *a.* allusive.

al·luvió [əlluβió] *m.* overflowing; flood. 2 GEOL. alluvium.

almanac [əlmənák] *m.* almanack.

almàssera [əlmàsərə] *f.* oil press.

almenys [əlmɛ́ɲs] *adv.* at least.

almirall [əlmiráʎ] *m.* admiral.

almirallat [əlmirəʎát] *m.* admiralty.

almívar [əlmíβər] *m.* syrup.

almogàver [əlmuɣáβər] *m.* HIST. Catalan soldier of Middle Ages.

almoina [əlmɔ̌inə] *f.* alms *pl.*

àloe [áloe] *m.* BOT. aloe.

alopècia [əlupɛ̀siə] *f.* MED. alopecia, baldness.

alosa [əlɔ́zə] *f.* ORNIT. lark. 2 ICTHY shad.

alpaca [əlpákə] *f.* ZOOL. alpaca. 2 nickel silver [metal].

alpí, -ina [əlpi, -inə] *a.* alpine.

alpinisme [əlpinizmə] *m.* climbing, mountaineering.

alpinista [əlpinistə] *m.-f.* climber, mountaineer.

Alps [álps] *pr. n. m. pl.* GEOGR. Alps.

alquímia [əlkimiə] *f.* alchemy.

alquimista [əlkimistə] *m.-f.* alchemist.

alt. [ál] *f.* (abbr. of *altitud*) alt. (altitude).

alt, -ta [ál, -tə] *a.* high. 2 tall. 3 loud [sound]. 4 upper. 5 noble; excellent. ■ *6 adv.* high, on high. 7 loudly [sound]. *8 passar per ~,* to overlook, to ignore. ■ *9 f. donar l'alta,* to discharge from hospital. *10 donar-se d'alta,* to inscribe, to join.

altament [áltəmèn] *adv.* highly, exceedingly.

altar [əltá] *m.* altar.

altaveu [əltəβěu] *m.* loudspeaker.

altell [əltèʎ] *m.* hillock.

alteració [əltərəsió] *f.* alteration.

alterar [əltərá] *t.* to change; to alter; to distort. 2 to upset, to disturb. ■ *3 p.* to get upset.

altercat [əltərkát] *m.* altercation, quarrel.

altiplà [əltiplá] *m.* GEOGR. plateau.

altre, -tra *a.-pron.* other, another.

alumini [əlumini] *m.* aluminium.

alvocat [əlβukát] *m.* BOT. avocado pear.

alzina [əlzinə] *f.* BOT. evergreen oak, holm oak. ‖ ~ *surera,* cork-oak.

alzinar [əlziná] *m.* evergreen oak grove.

amabilitat [əməβilitát] *f.* kindness, friendliness.

amable [əmábblə] *a.* kind, nice, friendly.

amagar [əməɣá] *t.-p.* to hide [also fig.].

amagat [əməɣát] *adv. phr. d'~,* behind one's back.

amagatall [əməɣətáʎ] *m.* hiding place.

amagatotis [əməɣətɔ̌tis] *adv. phr. d'~* See AMAGAT.

amagrir [əməɣri] *t.* to make thin. ■ *2 p.* to lose weight.

amainar [əməǐná] *t.* NAUT. to lower, to take in [a sail]. ■ *2 i.* to slacken, to lessen.

amalgama [əməlɣámə] *f.* amalgam.

amanerat, -ada [əmənərát, -áðə] *s.* affected [person].

amanida [əməníðə] *f.* salad.

amaniment [əmənimèn] *m.* dressing, seasoning.

amanir [əməni] *t.* to dress, to season.

amansir [əmənsi] *t.* to tame, to calm down. ■ *2 p.* to become tame, to calm down.

amant [əmán] *a., m.-f.* lover.

amanyagar [əməɲəɣá] *t.* to caress.

amar [əmá] *t.* lit. to love.

amarar [əmərá] *t.* to soak. ‖ *amarat de suor,* soaked in sweat. 2 fig. to brim with [emotion]. 3 AER. to land on water; to splash down.

amarg, -ga [əmár(k), -γə] a. bitter.

amargar [əmərγá] t. to make bitter. 2 to embitter; to ruin. ■ 3 i. to taste bitter.

amarra [əmárrə] f. NAUT. mooring rope or line.

amarrador [əmərrəðó] m. mooring, berth.

amarrar [əmərrá] t.-i. to berth.

amassar [əməsá] t. to build up.

amatent [əmətèn] a. willing, ready.

amazona [əməzònə] f. MYTH. Amazon. ■ 2 horsewoman.

Amazones [əməzònəs] pr. n. m. GEOGR. Amazon.

amb [əm] prep. with. 2 in: *escriure ~ bol·lígraf*, to write in pen. 3 by: *anar ~ cotxe*, to go by car. 4 ~ *això*, just then. ‖ ~ *tot*, nevertheless.

ambaixada [əmbəʃáðə] f. embassy. 2 mission.

ambaixador, -ra [əmbəʃəðó, -rə] m.-f. ambassador. 2 envoy.

ambaixadriu [əmbəʃəðriu] f. ambassadress. 2 ambassador's wife.

ambdós, -dues [əmdós, -dúəs] a.-pron. indef. both.

ambició [əmbisió] f. ambition.

ambiciós, -osa [əmbisiós, -ózə] a. ambitious.

ambient [əmbièn] m. atmosphere [also fig.]; environment. ‖ *medi ~*, environment.

ambientar [əmbiəntá] t. to give an atmosphere to. ■ 2 p. to get used to, to adapt oneself to.

ambigu, -gua [əmbiγu, -γwə] a. ambiguous.

ambigüitat [əmbiγwitát] f. ambiguity.

àmbit [ámbit] m. field, area.

ambre [ámbrə] m. amber.

ambulància [əmbulánsiə] f. ambulance.

ambulant [əmbulán] a. walking, itinerant. ‖ *venedor ~*, travelling salesman.

ambulatori [əmbulətóri] m. out patients clinic.

amè, -ena [əmè, -ènə] a. pleasant; entertaining.

ameba [əméβə] f. BOT. amoeba.

amén [əmèn] interj. Amen. ‖ *dir ~ a tot*, to agree to everything.

amenaça [əmənásə] f. threat, menace.

amenaçar [əmənəsá] t. to threaten, to menace.

amenitat [əmənitát] f. amenity.

Amèrica [əmèrikə] pr. n. f. GEOGR. America.

americà, -ana [əmərikà, -ánə] a., m.-f. GEOGR. American. 2 f. jacket.

americanisme [əmərikənizmə] m. Americanism.

ametista [əmətistə] f. MINER. amethyst.

ametlla [əmèʎʎə] f. almond.

ametllat [əməʎʎát] a. almond-shaped. ■ 2 m. almond-covered ice-cream.

ametller [əməʎʎé] m. BOT. almond tree.

amfibi, -íbia [əmfiβi, -iβiə] a. amphibious. ■ 2 m. ZOOL. amphibian.

amfiteatre [əmfiteàtrə] m. amphitheatre, USA amphitheater. 2 gallery [of a theatre].

amfitrió, -ona [əmfitrió, -ónə] m. host. 2 f. hostess.

àmfora [ámfurə] f. amphora.

amiant [əmiàn] m. asbestos.

amic, -iga [əmik, -iγə] a. friendly; fond of. ■ 2 m.-f. friend. 3 m. boyfriend. 4 f. girlfriend.

amidar [əmiðá] t. to measure.

amigable [əmiγábblə] a. amicable, friendly.

amígdala [əmiγðələ] f. ANAT. tonsil.

amistançat, -ada [əmistənsàt, -áðə] m.-f. lover. 2 f. mistress.

amistat [əmistát] f. friendship. 2 pl. friends pl., acquaintances pl.

amistós, -osa [əmistós, -ózə] a. friendly, amicable. 2 SP. friendly [match].

amnèsia [əmnèziə] f. MED. amnesia.

amnistia [əmnistiə] f. amnesty.

amnistiar [əmnistiá] t. to grant amnesty to.

amo [ámu] m. master, owner; landlord. ‖ *fer-se l'~*, to take over (*de, —*).

amoïnar [əmuiná] t. to worry, to disquiet, to make uneasy. 2 to upset, to annoy; to pester, to harass. ■ 3 p. to worry, to get upset.

amoïnat, -ada [əmuinàt, -áðə] a. worried, uneasy.

amoixar [əmuʃá] t. to caress, to fondle; to cuddle.

amollar [əmuʎá] t. to loosen, to slacken. 2 to let out; to let go [also fig.]. ■ 3 i. to slacken, to ease (off).

amonestació [əmunəstəsió] f. admonition, reproof. 2 pl. marriage banns pl..

amonestar [əmunəstá] t. to admonish, to warn.

amoníac [əmuniək] m. CHEM. ammonia.

amor [əmòr] *m.* (i *f.*) love, affection. ‖ ~ *propi,* self-respect; *fer l'~,* to make love; *per ~ a l'art,* unselfishly, not for money; *per l'~ de Déu,* for God's sake. 2 *pl.* love affairs *pl.*

amoral [əmurál] *a.* amoral.

amoretes [əmurɛ̀təs] *f. pl.* compliment, pass; flattery.

amorf, -fa [əmòrf, -fə] *a.* amorphous.

amorosir [əmuruzí] *t.* to soften; to appease, to mitigate.

amorrar [əmurrá] *t.* to push someone's mouth or face to. ‖ *la policia la va ~ a la paret,* the policewoman pushed her up against the wall. ‖ *li va ~ l'ampolla perquè begués,* she pushed the bottle to his lips for him to drink. ■ 2 *p.* to push one's mouth or face to.

amortallar [əmurtəʎá] *t.* to shroud.

amortidor [əmurtiðó] *m.* damper. 2 MECH., AUTO. shock absorber.

amortir [əmurtí] *t.* to deaden, to muffle, to absorb [shock].

amortitzar [əmurtidzá] *t.* LAW to amortize. 2 ECON. to redeem, to pay off [mortgage, bonds, etc.]. 3 to get one's money's worth out of.

amper [əmpɛ̀r] *m.* ELECTR. amp, ampere.

amperímetre [əmpərímətrə] *m.* PHYS. ammeter.

ampit [əmpit] *m.* parapet, fence.

amplada [əmplàðə] *f.* See AMPLÀRIA.

amplària [əmplàriə] *f.* width, breadth.

ample, -a [àmplə, -plə] *a.* wide, broad. ‖ *de ca l'~,* terrific. ■ 2 *m.* width, breadth.

ampli, àmplia [àmpli, àmpliə] *a.* extensive, spacious.

ampliació [əmpliəsió] *f.* amplification. 2 PHOT. enlargement.

ampliar [əmpliá] *t.* to amplify. 2 PHOT. to enlarge.

amplificació [əmplifikəsió] *f.* amplification; enlargement.

amplificar [əmplifiká] *t.* to amplify; to enlarge.

amplitud [əmplitút] *f.* amplitude.

ampolla [əmpóʎə] *f.* bottle. ‖ *bufar i fer ampolles,* nothing to it, piece of cake.

ampul·lós, -osa [əmpullòs, -ózə] *a.* pompous.

amputació [əmputəsió] *f.* MED. amputation.

amputar [əmputá] *t.* MED. to amputate.

Amsterdam [əmstərðàm] *pr. n.* GEOGR. Amsterdam.

amulet [əmulɛ̀t] *m.* amulet.

amunt [əmún] *adv.* up, above. ‖ ~ *i avall,* up and down.

amuntegar [əmuntəyá] *t.* to heap, to pile (up). 2 fig. to hoard, to accumulate.

anacoreta [ənəkurɛ̀tə] *m.-f.* REL. anchorite.

anacronisme [ənəkrunizmə] *m.* anachronism.

anada [ənàðə] *f.* the way there, going. 2 outing, excursion.

anaerobi, -òbia [ənəəròβi, -óβiə] *a.* anaerobic. ■ 2 *m.* BIOL. anaerobe.

anagrama [ənəɣràmə] *m.* anagram.

anàleg, -oga [ənàlək, -uɣə] *a.* analogous, akin.

analfabet, -ta [ənəlfəβɛ̀t, -tə] *a., m.-f.* illiterate.

analgèsia [ənəlʒɛ́ziə] *f.* MED. analgesia.

analgèsic, -ca [ənəlʒɛ́zic, -cə] *a.-m.* MED. analgesic.

anàlisi [ənàlizi] *f.* analysis.

analista [ənəlistə] *m.-f.* CHEM. analyst.

analitzar [ənəlidzá] *t.* to analyse, (USA) to analyze.

analogia [ənəluʒiə] *f.* analogy: *per ~ amb,* on the analogy of.

ananàs [ənənàs] *m.* BOT. pineapple.

anar [ənà] *i.* to go, to move. ‖ ~ *a la seva,* to go one's own way; ~ *amb compte,* to be careful; ~ *fent,* to get by; *deixar ~,* to let go, to release; *fer ~,* to make work, to start; fig. *no ~ enlloc,* to lead to nothing. 2 to run, to work [a mechanism]. 3 to suit: *et va bé demà a les nou?,* would nine o'clock tomorrow suit you?. ‖ *aquest vestit no li va bé,* this dress doesn't suit her. 4 to discharge, to evacuate [excrement, etc.]. ▲ CONJUG. INDIC. Pres.: *vaig, vas, va, van.* | Fut.: *aniré* o *iré,* etc. ‖ SUBJ. Pres.: *vagi, vagis, vagi, vagin.* ‖ IMPERAT.: *vés.*

ànima [ànimə] *f.* soul. ‖ *caure l'~ al peus,* to be disappointed; *en cos i ~,* entirely, completely; *sortir de l'~,* to come out spontaneously. 2 inner structure or area [of a building, etc.].

anarquia [ənərkiə] *f.* anarchy.

anàrquic, -ca [ənárkik, -kə] *a.* anarchic, anarchical.

anarquisme [ənərkizmə] *m.* anarchism.

anarquista [ənərkistə] *a., m.-f.* anarchist.

anar-se'n [ənàrsən] *p.* to leave, to go away. 2 fig. to die.

anatema [ənətɛ̀mə] *m.* anathema.

anatomia [ənətumiə] *f.* anatomy.

anca [ánkə] *f.* haunch, rump; buttock.

ancestral [ənsəstrál] *a.* ancestral.

ancià, -ana [ənsià, -ánə] *a.* ancient; old; elderly. ■ 2 *m.-f.* old man or woman.

ancianitat [ənsiənitát] *f.* old age.

àncora [áŋkurə] *f.* NAUT. anchor.

ancorar [əŋkurá] *t.-i.* NAUT. to anchor.

ancoratge [əŋkurádʒə] *m.* NAUT. anchorage.

andana [əndánə] *f.* platform [docks, train station]. 2 quay.

andante [əndántə] *adv.-m.* MUS. andante.

Andes [ándəs] *pr. n. m. pl.* GEOGR. Andes.

andí, -ina [əndí, -inə] *a., m.-f.* Andean.

Andorra [əndòrrə] *pr. n. f.* GEOGR. Andorra.

andorrà, -ana [əndurrà, -ánə] *a., m.-f.* Andorran.

ànec [ánək] *m.* ORNIT. duck; drake.

anècdota [ənègdutə] *f.* anecdote.

anell [ənéʎ] *m.* ring; hoop. ‖ *com l'~ al dit,* timely; just right.

anella [ənéʎə] *f.* ring, hoop. 2 link. 3 knocker [door]. 4 *pl.* SP. rings *pl.*

anèmia [ənémiə] *f.* MED. anaemia, anemia.

anèmic, -ca [ənèmik, -kə] *a.* anaemic.

anemòmetre [ənəmòmətrə] *m.* anemometer.

anemone [ənəmɔnə] *f.* BOT. anemone.

anestèsia [ənəstèziə] *f.* MED. anaesthesia, anesthesia.

anestesiar [ənəstəziá] *t.* MED. to anaesthetize, to anesthetize.

àngel [ánʒəl] *m.* angel.

angelical [ənʒəlikál] *a.* angelic, angelical.

angina [ənʒínə] *m.* MED. sore throat. 2 ~ *de pit,* angina pectoris.

Anglaterra [əŋglətèrrə] *pr. n. f.* GEOGR. England.

angle [áŋglə] *m.* angle; corner. ‖ ~ *recte,* right angle. ‖ *fer* ~ *amb,* to be at an angle to.

anglès, -esa [əŋglès, -ézə] *a.* English. ■ 2 *m.* Englishman. 3 *f.* Englishwoman.

anglicà, -ana [əŋglikà, -ánə] *a., m.-f.* Anglican.

anglicisme [əŋglisizmə] *m.* anglicism.

anglòfil, -la [əŋglɔ̀fil, -lə] *a., m.-f.* anglophile.

anglofòbia [əŋglufɔ̀βiə] *f.* anglophobia.

anglo-saxó, -ona [əŋglusəksò, -ónə] *a., m.-f.* Anglo-Saxon.

angoixa [əŋgòʃə] *f.* anguish; distress, anxiety.

angoixar [əŋguʃá] *t.* to afflict, to distress, to worry. ■ 2 *p.* to worry.

angoixós, -osa [əŋguʃós, -ózə] *a.* distressed, anxious; distressing, heartbreaking.

Angola [əŋgólə] *pr. n. f.* GEOGR. Angola.

angolès, -esa [əŋgulès, -ézə] *a., m.-f.* Angolan.

angost, -ta [əŋgós(t), -tə] *a.* narrow.

anguila [əŋgílə] *f.* ICHTHY. eel. 2 fig. *esmunyir-se com una* ~, to slip away.

angula [əŋgúlə] *f.* ICHTHY. elver, young eel.

angular [əŋgulá] *a.* angular. ‖ *pedra* ~, cornerstone.

angulós, -osa [əŋgulòs, -ózə] *a.* angular.

angúnia [əŋgúniə] *f.* anguish, grief. 2 aversion. ‖ *fer* ~, to sicken; to disgust.

anguniejar [əŋguniəʒá] *t.* to anguish, to grieve. ■ 2 *p.* to feel anguish; to grieve.

anguniós, -osa [əŋguniós, -ózə] *a.* distressing. 2 sickening, disgusting.

anhel [ənέl] *m.* longing, yearning, desire. 2 aspiration.

anhelar [ənəlá] *t.* to desire, to long for. ■ 2 *i.* to part, to gasp.

anhídrid [əniðrit] *m.* CHEM. anhydride.

anihilació [əniiləsió] *f.* annihilation.

anihilament [əniiləmèn] *m.* See ANIHILACIÓ.

anihilar [əniilá] *t.* to annihilate.

ànim [ánim] *m.* intention, purpose. 2 courage, spirit.

animació [əniməsió] *f.* animation, liveliness. 2 bustle, crowd. 3 CIN. animation.

animador, -ra [əniməðò, -rə] *a.* cheering, encouraging. ■ 2 *m.-f.* leader, organizer [of activities].

animadversió [ənimədbərsió] *f.* animadversion.

animal [ənimál] *m.* animal, beast. ‖ *fer l'~,* to behave rudely. ■ 2 *a.* animal.

animalada [əniməláðə] *f.* coll. foolish, coarse action.

animalitat [əniməlitát] *f.* animality.

animaló [əniməló] *m. dim.* sweet little animal.

animar [ənimá] *t.* to encourage; to cheer up. 2 to enliven, to stimulate. ■ 3 *p.* to cheer up.

aniquilació [ənikiləsió] *f.* See ANIHILACIÓ.

aniquilament [ənikiləmèn] *m.* See ANIHILACIÓ.

aniquilar [ənikilá] *t.* See ANIHILAR.

anís [ənis] *m.* anise. 2 anisette. 3 small, round, white sweet.

anit [ənit] *adv.* tonight. 2 last night.

anivellar [əniβəʎá] *t.* to level (out). 2 fig. to even out, to level up [differences]. 3 fig. to balance.

aniversari [əniβərsàri] *m.* anniversary. 2 birthday.

Anna [ánnə] *pr. n. f.* Ann, Anne.

annals [ənáls] *m. pl.* HIST. annals *pl.*

annex, -xa [ənéks, ənéksə] *a.* attached, annexed; joined. ■ 2 *m.* annex.

annexió [ənəksió] *f.* annexation.

annexionar [ənəksiuná] *t.* to annex [territory].

ànode [ánuðə] *m.* ELECTR. anode.

anodí, -ina [ənuði, -inə] *a.* anodyne. 2 harmless, inoffensive. 3 fig. insubstantial, uninteresting.

anòmal, -ala [ənɔ́məl, -ələ] *a.* anomalous.

anomalia [ənuməliə] *f.* anomaly, irregularity.

anomenada [ənumənàðə] *f.* fame, renown. 2 reputation.

anomenar [ənuməná] *t.* to name, to call. 2 to designate; to mention. ■ 3 *p.* to be called.

anomenat, -ada [ənumənàt, -àðə] *a.* renowned, famous; well-known.

anònim, -ma [ənɔ́nim, -mə] *a.* anonymous. ■ 2 *m.* anonymous letter. 3 unsigned literary work.

anonimat [ənunimàt] *m.* anonymity. ‖ *mantenir l'~*, to remain anonymous.

anorac [ənurák] *m.* anorak.

anormal [ənurmál] *a.* abnormal, unusual. ■ 2 *m. f.* a mentally handicapped person.

anorrear [ənurreà] *t.* See ANIHILAR.

anotació [ənutəsió] *f.* annotation. 2 note, entry.

anotar [ənutá] *t.* to annotate. 2 to note, to write down.

anquilosar [əŋkiluzá] *t.* MED. to ankylose.

ans [ans] *adv.* before. ■ 2 *conj.* but.

ansa [ánsə] *f.* See NANSA.

ànsia [ánsiə] *f.* fervour, eagerness; longing. 2 anguish. ‖ *passar ~*, to worry.

ansietat [ənsiətát] *f.* anxiety, worry.

ant [án] *m.* ZOOL. elk, moose. 2 suède [leather].

antagonisme [əntəɣunizmə] *m.* antagonism.

antagonista [əntəɣunistə] *a., m.-f.* antagonist, opponent.

antany [əntáɲ] *adv.* last year. 2 long ago. ■ 3 *m.* the ancient world.

antàrtic, -ca [əntártik, -kə] *a.* GEOGR. Antarctic.

Antàrtida [əntártiðə] *pr. n. f.* GEOGR. the Antarctic, Antarctica.

antecedent [əntəsəðèn] *a.* previous, antecedent. ■ 2 *m.* antecedent. 3 *pl.* background. 4 LAW *antecedents penals*, criminal record.

antecessor, -ra [əntəsəsò, -rə] *m.-f.* ancestor.

antediluvià, -ana [əntəðiluβià, -ánə] *a.* antediluvian.

antelació [əntələsió] *f.* priority. ‖ *amb ~*, in advance.

antena [ənténə] *f.* RADIO aerial, antenna. 2 ZOOL. antenna, feeler.

antepenúltim, -ma [əntəpənúltim, -mə] *a.* antepenultimate, second from last.

anteposar [əntəpuzá] *t.* to place in front. 2 fig. to give preference to.

anteposició [əntəpuzisió] *f.* placement in front. 2 fig. preference.

anterior [əntəriònrœ] *a.* anterior. 2 previous, former.

anterioritat [əntəriuritát] *f.* priority. ‖ *amb ~*, previously, beforehand.

avantsala [əβənsálə] *f.* ante-room; hall.

antiaeri, -èria [antiəέri, -έriə] *a.* anti-aircraft.

antiadherent [antiəðəren] *a.-m.* nonstick *a.*

antial-lèrgic, -ca [antiəllέrʒik, -kə] *a. m.* MED. anti-allergenic.

antibiòtic [antiβiɔ̀tik] *a.-m.* MED. antibiotic.

antic, -iga [əntik, -iɣə] *a.* ancient, antique, old. 2 former. ‖ *~ alumne*, ex-student. 3 *adv. phr. a l'antiga*, in an old-fashioned way.

anticaspa [antikáspə] *a.* anti-dandruff.

anticicló [antisikló] *m.* anticyclone.

anticipació [antisipəsió] *f.* anticipation. ‖ *amb ~*, in advance.

anticipar [antisipá] *t.* to advance, to bring forward [event]. 2 to anticipate, to foresee. ■ 3 *p.* to forestall. 4 to come early.

anticonceptiu, -iva [antikunsəptiŭ, -iβə] *a.-m.* contraceptive.

anticongelant [antikunʒəlán] *a.-m.* antifreeze *s.*

anticonstitucional [ǝntikunstitusiunál] *a.* unconstitutional.

anticòs [ǝntikɔ́s] *m.* MED. antibody. ▲ *pl.* *anticossos.*

anticrist [ǝntikrist] *m.* Antichrist.

antidepressiu [ǝntiðǝprǝsiu] *a.-m.* MED. antidepressant *s.*

antídot [ǝntíðut] *m.* antidote.

antiestètic, -ca [ǝntiǝstɛ̀tik, -kǝ] *a.* unaesthetic.

antifaç [ǝntifás] *m.* mask, veil.

antigalla [ǝntiɣáʎǝ] *f.* antique. 2 old custom or story.

antiguitat [ǝntiɣitát] *f.* antiquity, the ancient world. 2 *pl.* antiques *pl.*, antiquities *pl.*

antiheroi [ǝntiǝrɔ́i] *m.* anti-hero.

antihigiènic, -ca [ǝntiiȝiɛ̀nik, -kǝ] *a.* unhygienic, unsanitary.

Antilles [ǝntíʎǝs] *pr. n. f. pl.* GEOGR. Antilles, West Indies.

antílop [ǝntílup] *m.* ZOOL. antelope.

antinòmia [ǝntinɔ́miǝ] *f.* antinomy.

antipapa [ǝntipápǝ] *m.* antipope.

antipatia [ǝntipǝtíǝ] *f.* antipathy, aversion.

antipàtic, -ca [ǝntipátik, -kǝ] *a.* disagreeable, unpleasant; uncongenial; unfriendly.

antípoda [ǝntípuðǝ] *m.-f.* antipodal person; fig. exact opposite. 2 antipode [place].

antiquari, -ària [ǝntikwári, -áriǝ] *m.-f.* antiquarian, antiquary.

antiquat, -ada [ǝntikwát, -áðǝ] *a.* antiquated, old-fashioned; obsolete.

antisemita [ǝntisǝmitǝ] *a.* anti-Semitic. ■ 2 *m.-f.* anti-Semite.

antisèpsia [ǝntisɛ̀psiǝ] *f.* MED. antisepsis.

antítesi [ǝntítǝzi] *f.* antithesis.

antitètic, -ca [ǝntitɛ̀tik, -kǝ] *a.* antithetic, antithetical.

antitoxina [ǝntituksinǝ] *f.* BIOL. antitoxin.

antologia [ǝntuluȝíǝ] *f.* anthology.

Antoni [ǝntɔ́ni] *pr. n. m.* Anthony.

antònim [ǝntɔ́nim] *m.* antonym.

antonomàsia [ǝntunumáziǝ] *f.* antonomasia.

antracita [ǝntrǝsítǝ] *f.* MINER. anthracite.

àntrax [ántrǝks] *m.* MED. anthrax.

antre [ántrǝ] *m.* cavern; den.

antropòfag, -ga [ǝntrupɔ́fǝk, -ɣǝ] *a.* man-eating, cannibalistic. ■ 2 *m.-f.* cannibal.

antropofàgia [ǝntrupufáȝiǝ] *f.* cannibalism.

antropòleg, -oga [ǝntrupɔ́lǝk, -uɣǝ] *m.-f.* anthropologist.

antropologia [ǝntrupuluȝíǝ] *f.* anthropology.

antropomorfisme [ǝntrupumurfízmǝ] *m.* anthropomorphism.

antull [ǝntúʎ] *m.* whim, notion, fancy.

antuvi [ǝntúβi] *adv. phr. d'~,* beforehand, first of all.

anual [ǝnuál] *a.* annual.

anuari [ǝnuári] *m.* annual, yearbook.

anular [ǝnulá] *a.* annular, ring-like. ‖ *dit* ~, ring finger.

anul·lació [ǝnullǝsió] *f.* annulment, cancellation. 2 LAW annulment, avoidance.

anul·lar [ǝnullá] *t.* to annul, to cancel.

anunci [ǝnúnsi] *m.* announcement. 2 notice. 3 advertisement, commercial.

anunciant [ǝnunsián] *m. f.* advertiser, (USA) advertizer.

anunciar [ǝnunsiá] *t.* to announce, to publicize. 2 to advertise.

anus [ánus] *m.* ANAT. anus.

anvers [ǝmbɛ̀rs] *m.* face, front. 2 obverse [of a coin or medal].

anxova [ǝnʃɔ́βǝ] *f.* ICHTHY. anchovy.

any [aɲ] *m.* year. ‖ *anys i panys,* many years; *l'~ de la picor,* ages ago. 2 *pl.* years, age. ‖ *fer anys,* to have a birthday; *per molts anys,* happy birthday; many happy returns; *tinc trenta anys,* I'm thirty years old.

anyada [ǝɲáðǝ] *f.* harvest, year's crop. 2 annuity, annual payment.

anyal [ǝɲál] *a.* annual.

anyell [ǝɲɛ́ʎ] *m.* ZOOL. lamb.

aorta [ǝɔ́rtǝ] *f.* ANAT. aorta.

apa! [ápǝ] *interj.* come on!, let's go!; hurry up! 2 well!; really!

apadrinar [ǝpǝðriná] *t.* to sponsor, to back. 2 fig. to support, to favour.

apagar [ǝpǝɣá] *t.* to put out, to extinguish [fire]. 2 to turn off, to switch off [light, radio, etc.]. 3 to quench [thirst]. 4 to silence, to muffle [sound]. 5 to soothe [pain]. ■ 6 *p.* to go out [fire]. 7 to go out, to be put out [light, etc.]. 8 to die away [sound].

apagat, -ada [ǝpǝɣát, -áðǝ] *a.* dull [colours]. 2 off [radio, lights, heating, etc.]. ■ 3 *f.* ELECTR. black out; power cut.

apaïsat, -ada [ǝpǝizát, -áðǝ] *a.* oblong.

apaivagar [əpəĭβəɣá] *t.* to appease, to calm down. ■ *2 p.* to calm down, to quieten down.

apallissar [əpəʎisá] *t.* to beat, to thrash; to batter.

apanyar [əpəɲá] *t.* to mend, to repair. ■ *2 p.* to manage. ‖ *ja t'apanyaràs!,* that's your problem!

aparador [əpəɾəðó] *m.* shop window.

aparatós, -osa [əpəɾətós, -ózə] *a.* spectacular ostentatious, showy.

aparcament [əpəɾkəmén] *m.* car park, parking place, (USA) parking lot.

aparcar [əpəɾká] *t.* to park.

aparèixer [əpəɾéʃə] *i.* to appear. ▲ CONJUG. P. P.: *aparegut.* ‖ INDIC. Pres.: *aparec.* ‖ SUBJ. Pres.: *aparegui,* etc. ‖ IMPERAT.: *apareix.*

aparell [əpəɾéʎ] *m.* MECH. device, piece of equipment. ‖ ~ *de televisió,* television set. *2* instrument. ‖ *a l'~,* on the phone. *3* appliance. *4* ANAT. system: ~ *respiratori,* respiratory system.

aparellador, -ra [əpəɾəʎəðó, -rə] *m.-f.* ARCH. surveyor; architect's assistant.

aparellar [əpəɾəʎá] *t.-p.* to pair, to mate [animals]. *2 t.* to match, to level up.

aparença [əpəɾénsə] *f.* appearance, look, aspect. *2 pl.* (outward) appearance: *salvar les aparences,* to keep up appearances, to save face.

aparent [əpəɾén] *a.* apparent. *2* visible.

aparentar [əpəɾəntá] *t.* to look; to seem to be. ‖ *aparenta vint anys,* she looks twenty years old. *2* to feign, to affect.

aparentment [əpəɾénmèn] *adv.* apparently. *2* visibly.

apariar [əpəɾiá] *t.* to pair, to match. *2* to mate, to pair [animals]. *3* to prepare, to get ready.

aparició [əpəɾisió] *f.* appearance; publication. *2* apparition, spectre.

apart [əpár(t)] *m.* THEAT. aside.

apartament [əpəɾtəmén] *m.* apartment, flat.

apartar [əpəɾtá] *t.* to separate, to take away (*de,* from), to set apart. *2* to push aside, to move away. *3* to stray.

apartat [əpəɾtát] *m.* spare room. *2* box: ~ *de correus,* post-office box. *3* paragraph, section.

apassionament [əpəsiunəmén] *m.* passion, vehemence.

apassionar [əpəsiuná] *t.* to appeal strongly to, to stir deeply: *la lectura l'apassiona,* he adores reading. ■ *2 p.* to become impassioned; to fall madly in love (*per,* with) [person]; to become enthusiastic (*per,* about) [thing].

àpat [ápət] *m.* meal.

apatia [əpətiə] *f.* apathy.

apàtic, -ca [əpátik, -kə] *a.* apathetic.

apatrida [əpətɾiðə] *a.* stateless. ■ *2 m.-f.* person with no nationality.

apedaçar [əpəðəsá] *t.* to mend, to patch. *2* to patch up; to partially repair or restore: ~ *el cotxe,* to patch up the car.

apedregar [əpəðɾəɣá] *t.* to stone; to throw stones at.

apegalós, -osa [əpəɣəlós, -ózə] *a.* sticky, adhesive. *2* fig. sloppy, cloying, sickeningly sweet [person].

apegar [əpəɣá] (OCC.) *t.-p.* See ENGANXAR.

apelfat, -ada [əpelft, -áðə] *a.* plush, velvety.

apel·lació [əpəlləsió] *f.* LAW appeal.

apel·lar [əpəllá] *i.* LAW to appeal.

apendicitis [əpəndisitis] *f.* MED. appendicitis.

apèndix [əpèndiks] *m.* ANAT. appendix.

apercebre [əpəɾsèβɾə] *t.* to notice, to become aware of; to detect. *2* to recognize, to identify. ▲ CONJUG. INDIC. Pres.: *aperceps, apercep.*

apergaminat, -ada [əpəɾɣəminət, -áðə] *a.* parchment-like, dried-up; wrinkled [skin].

aperitiu, -iva [əpəɾitiŭ, -iβə] *a.* appetizing. ■ *2 m.* appetizer, aperitif.

apetència [əpətènsiə] *f.* appetite; craving, desire.

apetible [əpətibblə] *a.* appetizing; desirable, attractive.

apetit [əpətit] *m.* appetite; hunger.

apetitós, -osa [əpətitós, -ózə] *a.* appetizing; tasty.

àpex [ápəks] *m.* apex; summit. ▲ *pl.* *àpexs.*

api [ápi] *m.* BOT. celery.

apiadar-se [əpiəðáɾsə] *p.* to take pity (*de,* on), to feel sorry (*de,* for).

apicultura [əpikultúɾə] *f.* apiculture, beekeeping.

apilar [əpilá] *t.* to amass, to accumulate; to pile up.

apilonar [əpiluná] *t.* See APILAR.

apilotar [əpilutá] *t.* to pile up, to heap up.

apinyar [əpiɲá] *t.* to pack, to press together. ■ *2 p.* to crowd together, to be packed tight.

apinyat, -ada [əpiɲát, -áðə] *a.* crowded, packed.

aplacar [əpləká] *t.* to soothe, to placate, to calm down.

aplanadora [əplənəðòrə] *f.* steam-roller.

aplanar [əpləná] *t.* to level, to flatten, to make even. 2 fig. to iron out [difficulty]. 3 to knock down.

aplaudiment [əpləŭðimèn] *m.* applause.

aplaudir [əpləŭði] *i.-t.* to applaud.

aplec [əplέk] *m.* meeting, gathering; get-together.

aplegar [əpləɣá] *t.* to gather, to collect, to assemble; to put together, to join.

aplicació [əplikəsió] *f.* application. 2 adornment, appliqué [sewing].

aplicar [əpliká] *t.* to apply. || ~ *una llei,* to implement a law; ~ *una pena,* to sentence; ~ *la teoria a la pràctica,* to put a theory into practice. ■ 2 *p.* to apply oneself, to devote oneself.

aplicat, -ada [əplikát, -áðə] *a.* applied. 2 studious, industrious.

aplom [əplòm] *m.* conviction; self-assurance.

apocalipsi [əpukəlipsi] *m.* apocalypse.

apocat, -ada [əpukát, -áðə] *a.* diffident; spiritless, faint-hearted.

apòcrif, -fa [əpɔ́krif, -fə] *a.* apocryphal. ■ 2 *m. pl.* Apocrypha.

apoderar-se [əpuðərársə] *p.* to seize (*de, —*), to take hold or possession (*de,* of).

apoderat, -ada [əpuðərát, -áðə] *m.-f.* LAW attorney. 2 representative, agent.

apogeu [əpuʒéu] *m.* ASTROL. apogee [also fig.].

apologia [əpuluʒíə] *f.* apology.

apoplexia [əpuplèksiə] *f.* MED. apoplexy.

aportació [əpurtəsió] *f.* contribution.

aportar [əpurtá] *t.* to contribute, to bring [as one's share]. 2 to bring forward, to adduce [proof, reasons, etc.]. 3 (ROSS.) See PORTAR.

aposentar [əpuzəntá] *t.* to lodge, to put up. ■ 2 *p.* to take lodging.

aposta [əpɔ́stə] *f.* bet, wager; bid [cards].

apostar [əpustá] *t.* to station, to post. 2 to bet; to bid [cards]. ■ 3 *p.* to be posted or stationed. 4 to bet.

apostasia [əpustəsíə] *f.* apostasy.

a posteriori [əpustəriɔ́ri] *phr.* a posteriori.

apostolat [əpustulát] *m.* apostleship, apostolate.

apòstol [əpɔ́stul] *m.* apostle [also fig.].

apòstrof [əpɔ́struf] *m.* GRAMM. apostrophe.

apotecari [əputəkári] *m.* apothecary; chemist.

apotecaria [əputəkəriə] *f.* ant. chemist's [shop]; (USA) pharmacy, drugstore.

apoteosi [əputəɔ́zi] *f.* apotheosis.

apreciació [əprəsiəsió] *f.* appraisal. 2 appreciation; esteem, regard.

apreciar [əprəsiá] *t.* to appraise. 2 to appreciate; to esteem, to like.

aprendre [əpréndrə] *t.* to learn. ▲ CONJUG. GER.: *aprenent.* || P. P.: *après.* || INDIC. Pres.: *aprenc, aprens, aprèn,* etc. || SUBJ. Pres.: *aprengui, aprenguis,* etc. | Imperf.: *aprengués, apreguessis,* etc.

aprenent, -ta [əprənèn, -tə] *m.-f.* learner, apprentice. 2 beginner.

aprenentatge [əprənəntádʒə] *m.* learning. 2 apprenticeship, training period.

aprensió [əprənsió] *f.* apprehension, fear.

aprensiu, -iva [əprənsiu, -iβə] *a.* apprehensive.

apressar [əprəsá] *t.* to hurry, to hasten; to urge. ■ 2 *p.* to hurry, to make haste. ■ 3 *i.* to be urgent or pressing.

apressat, -ada [əprəsát, -áðə] *a.* hasty, hurried.

aprest [əprés(t)] *m.* finish [of leather]. 2 preparation.

apreuar [əprəwá] *t.* to estimate, to evaluate.

aprimar [əprimá] *t.* to make thin, to reduce. ■ 2 *p.* to lose weight; to become slim.

a priori [əpriɔ́ri] *phr.* a priori; deductive.

aprofitador, -ra [əprufitəðò, -rə] *a.* resourceful, diligent, saving.

aprofitar [əprufitá] *t.* to make (good) use of, to take advantage of, not to waste. ■ 2 *i.* to be of use, to be useful. ■ 3 *p.* to take (unfair) advantage of.

aprofundir [əprufundí] *t.* to deepen, to go deeply into [also fig.].

apropar [əprupá] *t.* to bring near or nearer, to bring over. ■ 2 *p.* to come near or nearer, to approach.

apropiació [əprupiəsió] *f.* appropriation.

apropiar [əprupiá] *t.* to apply, to adapt. ■ 2 *p.* to make one's own; to take over.

apropiat, -ada [əprupiát, -áðə] *a.* appropriate, suitable.

aprovació [əpruβəsió] *f.* approval, approbation.

aprovar [əpruβá] *t.* to approve, to approve of; to agree with. 2 to pass [an examination]. 3 to pass, to adopt [a law, a resolution].

aprovat [əpruβát] *m.* pass, pass mark [on an examination].

aprovisionar [əpruβiziuná] *t.* to provision, to supply. ■ 2 *p.* to supply or furnish oneself (*de*, with).

aproximació [əpruksimasió] *f.* approximation; approach.

aproximar [əpruksimá] *t.* to bring near or nearer. ■ 2 *p.* to approach; to approximate (*a*, to).

aproximat, -ada [əpruksimát, -áðə] *a.* approximate; rough.

apte, -a [áptə, -ə] *a.* apt; suitable, fit. ‖ *una pel·lícula apta,* a film suitable for all audiences, (USA) a film rated «G».

aptitud [ətitút] *f.* aptitude, ability; skill.

apujar [əpuʒá] *t.* to raise, to increase [prices, taxes, etc.]; to turn up [heating, music, etc.].

apunt [əpún] *m.* note, memorandum. 2 ARTS sketch. 3 *pl.* notes: *agafar apunts,* to take notes.

apuntador, -ra [əpuntəðó, -rə] *m.-f.* THEATR. prompter.

apuntar [əpuntá] *t.* to take down, to jot down [notes]. 2 to register, to enter [on a list]. 3 to point at, to hint at. 4 THEATR. to prompt. 5 to aim [a gun] at, to take an aim at. ■ *6 i.* to begin to appear: *apunta el dia,* dawn is breaking. 7 to aim.

apuntalar [əpuntəlá] *t.* ARCH. to prop (up), to shore up; to underpin. ■ 2 *p.* to lean (on); to get a good foothold.

apunyalar [əpuɲəlá] *t.* to stab.

apurar [əpurá] *t.* to purify, to cleanse. 2 to clarify, to clear up; to verify.

aquarel·la [əkwərέllə] *f.* ARTS water color, aquarelle.

Aquari [əkwári] *m.* ASTROL. Aquarius.

aquàrium [əkwáriũm] *m.* aquarium.

aquarterar [əkwərtərá] *t.* MIL. to billet, to quarter [soldiers].

aquàtic, -ca [əkwátik, -kə] *a.* aquatic.

aqüeducte [əkwəðúktə] *m.* aqueduct.

aqueix, -xa [əkέʃ, -ʃə] *dem. a., pron.* ant. that.

aquell, -lla [əkέʎ, -ʎə] *dem. a., pron.* that.

aquest, -ta [əkέt, -stə] *dem. a., pron.* this.

aquí [əkí] *adv.* here. ‖ *per ~,* this way. 2 now: *d'~ a vint dies,* twenty days from now, in twenty days' time.

aquiescència [əkiəsέnsiə] *f.* acquiescence.

aquietar [əkiətá] *t.* to calm down, to quiet; to lull, to soothe.

aquífer, -ra [əkwifər, -rə] *a.* GEOL. aquiferous, water-bearing.

aquilí, -ina [əkili, -inə] *a.* aquiline.

Aquisgrà [əkisgrá] *pr. n.* GEOGR. Aachen.

aquós, -osa [əkwòs, -ózə] *a.* aqueous.

ara [árə] *f.* altar; altar stone.

ara [árə] *adv.* now. ‖ *~ com ~,* at the moment; *d'~ endavant,* from now on. 2 *fins ~,* see you soon. ■ 3 *conj.* however, but. ‖ *~ bé,* however; *i ~!,* really!, the thought of it!

àrab [árəp] *a.* Arab, Arabian. ■ 2 *m.-f.* Arab. 3 *m.* Arabic [language].

aràbic, -iga [əráβik, -iɣə] *a.* Arab, Arabian, Arabic.

aràcnids [əráŋnits] *m. pl.* ZOOL. arachnids *pl.*

arada [əráðə] *f.* AGR. plough.

aram [ərám] *m.* METALL. copper.

aranja [əránʒə] *f.* BOT. grapefruit.

aranya [əráɲə] *f.* ZOOL. spider.

aranyó [ərəɲó] *m.* BOT. sloe [fruit].

aranzel [ərənzέl] *m.* ECON. tariff.

arbitrar [ərβitrá] *t.* to arbitrate [dispute]. 2 SP. to referee.

arbitrarietat [ərβitrəriətát] *f.* arbitrariness; outrage.

arbitratge [ərβitràdʒe] *m.* arbitration.

àrbitre, -tra [árβitrə, -trə] *m.-f.* arbiter; arbitrator. 2 SP. referee.

arbitri [ərβitri] *m.* free will. 2 LAW adjudication, decision.

arboç [ərβós] *m.* BOT. arbutus.

arborar [ərβurá] *t.* to hoist [a flag], to raise. 2 fig. to stir up. 3 fig. to inflame, to exasperate. ■ 4 *p.* to become exasperated.

arbori, -òria [ərβòri, -òriə] *a.* arboreal.

arbre [áβrə] *m.* BOT. tree. ‖ *~ genealògic,* family tree. 2 MECH. axle, shaft.

arbreda [ərβrέðə] *f.* grove; wooded land.

arbust [ərβús(t)] *m.* BOT. shrub, bush.

arc [ark] *m.* bow. ‖ *~ de Sant Martí,* rainbow. 2 ARCH. arch.

arç [ars] *m.* BOT. thornbush, briar.

arca [árkə] *f.* ark.

arcà, -ana [ərká, -ánə] *a.* arcane. ■ 2 *m.* secret, mystery.

arcada [ərkáðə] *f.* ARCH. arcade; arch, span [of bridge]. 2 MED. retching.

arcaic, -ca [ərkáĭk, -kə] *a.* archaic.

arcaisme [ərkəizmə] *m.* archaism.

arcàngel [ərkánʒəl] *m.* archangel.

ardent [ərðèn] *a.* burning. 2 fig. ardent.

ardiaca [ərðiàkə] *m.* archdeacon.

ardit, -ida [ərðit, -iðə] *a.* bold, intrepid, fearless. ■ 2 *m.* ruse, stratagem; trick.

ardor [ərðó] *m.-f.* heat, warmth. 2 fig. ardour.

ardu, àrdua [árðu, árðuə] *a.* arduous, tough.

àrea [áreə] *f.* area; field. ‖ ~ *de servei,* service area.

arena [ərènə] *f.* sand. 2 arena.

areng [ərèn] *m.* See ARENGADA.

arenga [ərèŋgə] *f.* harangue, lecture.

arengada [ərəŋgàðə] *f.* ICHTHY. herring.

areny [ərèɲ] *m.* sandy ground. 2 sand pit.

aresta [ərèstə] *f.* edge. 2 ARCH. arris.

argamassa [ərɣəmàsə] *f.* mortar.

argelaga [ərʒəláɣə] *f.* BOT. gorse.

argent [ərʒèn] *m.* silver. 2 ~ *viu,* mercury. ‖ *semblar o ser un* ~ *viu,* to be [like] a live wire.

argentí, -ina [ərʒəntí, -inə] *a., m.-f.* GEOGR. Argentinian.

Argentina [ərʒəntínə] *pr. n. f.* GEOGR. Argentina.

argenter, -ra [ərʒəntè, -rə] *m.-f.* silversmith. 2 jeweller.

argenteria [ərʒəntəriə] *f.* silversmith's. 2 jeweller's.

argila [ərʒilə] *f.* clay.

argó [ərɣó] *m.* CHEM. argon.

argolla [ərɣóʎə] *f.* ring, hitching ring.

argot [ərɣɔt] *m.* jargon; slang.

argúcia [ərɣúsiə] *f.* subtlety, sophistry.

argüir [ərɣui] *i.* to argue, to contend. ■ 2 *t.* to infer, to deduce.

argument [ərɣumèn] *m.* argument. 2 plot [of a story, play, etc.].

argumentació [ərɣuməntəsió] *f.* argumentation.

argumentar [ərɣuməntá] *i.* to argue.

ari, ària [ári, áriə] *a., m.-f.* Aryan.

ària [áriə] *f.* MUS. aria.

àrid, àrida [árit, áriðə] *a.* arid, dry.

Àries [áriəs] *m.* ASTROL. Aries.

aristocràcia [əristukràsiə] *f.* aristocracy.

aristòcrata [əristɔkrətə] *m.-f.* aristocrat.

aritmètic, -ca [ərimmètik, -kə] *a.* arithmetical. ■ 2 *f.* arithmetic.

arma [ármə] *f.* weapon, arm. ‖ ~ *blanca,* knife, sword blade; *alçar-se en armes,* to rise in armed rebellion; *passar per les*

armes, to shoot, to execute [by firing squad].

armada [ərmàðə] *f.* navy.

armador [ərməðó] *m.* shipowner.

armadura [ərməðúrə] *f.* MIL., HIST. armour; suit of armour, (USA) armor. 2 frame, framework. ‖ ~ *de llit,* bedstead.

armament [ərməmèn] *m.* MIL. armament.

armar [ərmá] *t.* to arm. 2 to put together, to prepare. 3 fig. to cause: ~ *un aldarull,* to cause a disturbance.

armari [ərmári] *m.* cupboard; wardrobe [for clothes].

Armènia [ərmèniə] *pr. n. f.* GEOGR. Armenia

armeria [ərməriə] *f.* armoury, (USA) armory.

armilla [ərmiʎə] *f.* waistcoat.

armistici [ərmistisi] *m.* armistice.

arna [árnə] *f.* ENT. moth.

arnar-se [ərnàrsə] *p.* to get or be motheaten.

Arnau [ərnàu] *pr. n. m.* Arnold.

arnès [ərnès] *m.* armour, (USA) armor.

aroma [ərómə] *f.* aroma, flavour.

arpa [árpə] *f.* MUS. harp. 2 claw; paw [animals].

arpegi [ərpèʒi] *m.* MUS. arpeggio.

arpillera [ərpiʎèrə] *f.* sackcloth, sacking.

arpó [ərpó] *m.* harpoon.

arponer [ərpunè] *m.* harpooner.

arquebisbe [ərkəβizβə] *m.* archbishop.

arqueig [ərkètʃ] *m.* MAR. tonnage. 2 COMM. cashing up.

arqueòleg, -òloga [ərkəòlək, -òluɣə] *m.-f.* archaeologist.

arqueologia [ərkəuluʒiə] *f.* archaeology.

arquer, -ra [ərkè, -rə] *m.-f.* archer; bowman.

arquet [ərkèt] *m.* MUS. bow.

arquetipus [ərkətipus] *m.* archetype; prototype.

arquitecte [ərkitèktə] *m.-f.* architect.

arquitectura [ərkitəktúrə] *f.* architecture.

arquivolta [ərkiβɔltə] *f.* ARCH. archivolt.

arrabassar [ərrəβəsá] *t.* to clear [land for cultivation]. 2 to pull up, to uproot [plants]. 3 to snatch, to grab.

arracada [ərrəkàðə] *f.* earring.

arracar [ərrəká] (ROSS.) *i.* See RECAR.

arraconar [ərrəkuná] *t.* to put in a corner. 2 to discard. 3 to ignore. 4 to save [money].

arrambar [ərrəmbá] *t.* to move something up to, to put something against or near: *arramba el cotxe a la paret,* move the car (close) up to the wall. 2 to steal.

arran [ərrán] *adv.* almost touching. ‖ *tallar ~,* to cut very short. ■ 2 *prep. phr.* ~ *de,* very close to. ‖ ~ *de terra,* at ground level. 3 as a result of.

arranjament [ərrənʒəmèn] *m.* putting in order, ordering. 2 MUS. arrangement.

arranjar [ərrənʒá] *t.* to put in order, to arrange. 2 MUS. to arrange. ■ 3 *p.* to manage: *ens ho vam ~ per no treballar el dilluns,* we managed to get Monday off.

arrapar-se [ərrəpársə] *p.* to cling to.

arrasar [ərrəzá] *t.* to raze to the ground; to destroy completely.

arraulir-se [ərrəŭlirsə] *p.* to huddle, to curl up.

arrauxat, -ada [ərrəŭʃát, -áðə] *a.* capricious; impulsive.

arrebossar [ərrəβusá] *t.* CONSTR. to cement render. 2 COOK. to batter.

arrebossat [ərrəβusát] *m.* CONSTR. coat of cement. 2 COOK. batter.

arrecerar [ərrəsərá] *t.* to shelter, to protect.

arreglar [ərrəglá] *t.* to regulate, to organize. 2 to arrange, to put in order. ■ 3 *p.* to sort things out: *pot arreglar-se sol,* he can sort things out for himself.

arrel [ərrέl] *f.* root. 2 MATH. ~ *quadrada,* square root.

arrelar [ərrəlá] *i.* to root. ■ 2 *p.* to settle, to put down roots.

arremangar [ərrəməŋgá] *t.-p.* to roll up *t.* [sleeves, trousers, etc.].

arremetre [ərrəmέtrə] *t.-i.* to attack. ▲ CONJUG. P. P.: *arremès.*

arremolinar [ərrəmuliná] *t.-p.* to swirl.

arrencada [ərrəŋkáðə] *f.* pulling up. 2 start [of a race]. 3 AUTO. starting.

arrencaqueixals [ərrɛ̀ŋkəkəʃáls] *m. coll.* dentist.

arrencar [ərrəŋká] *t.* to pull up; to pull out *◊* pull off. 2 to drag something out of somebody [confessions, etc.]. 3 to start suddenly. ‖ ~ *a córrer,* to break into a run. 4 to start [a car]. ■ 5 *i.* to begin, to start.

arrendament [ərrəndəmèn] *m.* renting, hiring.

arrendar [ərrəndá] *t.* to rent; to hire.

arrendatari, -ària [ərrəndətári, -áriə] *a., m.-f.* tenant *s.*

arrenglerar [ərrəŋglərá] *t.-p.* to line up.

arrepapar-se [ərrəpəpársə] *p.* to sit back, to make oneself comfortable.

arreplegar [ərrəpləγá] *t.* to gather, to collect, to pick up. 2 to catch, to come down with [illnesses]. 3 to catch, to get.

arrere [ərrὲrə] (VAL.) *adv.* See ENDARRERA.

arres [árrəs] *f. pl.* security, deposit.

arrest [ərrὲs(t)] *m.* arrest.

arrestar [ərrəstá] *t.* to arrest, to apprehend.

arreu [ərrέu] *adv.* all over: ~ *del món,* all over the world.

arreveure [ərrəβέŭrə] *m.* goodbye, farewell. 2 *interj.* goodbye.

arri! [árri] *interj.* gee up!

arriar [ərriá] *t.* MAR. to slacken; to let go [ropes, cables]. 2 to strike [sails, flags]. 3 to drive, to urge on [animals].

arribada [ərriβáðə] *f.* arrival. 2 SP. finish.

arribar [ərriβá] *i.* to arrive (*a,* in, at), to reach *t.* 2 fig. to reach, to attain: *va ~ a ser el president del seu país,* he became president of his country. 3 to come up to: *l'aigua ens arribava als genolls,* the water came up to our knees. 4 *si ho arribo a saber,* if only I'd known.

arrimar [ərrimá] *t.-p.* to move up to, to put close to.

arriscar [ərriská] *t.* to risk. ■ 2 *p.* to take a risk.

arriscat, -ada [ərriskát, -áðə] *a.* risky, hazardous. 2 daring [person].

arrissar [ərrisá] *t.* to curl, to frizz. ■ 2 *p.* to curl, to go frizzy.

arrodonir [ərruðuní] *t.* to make round. 2 fig. to finish off, to round off. ■ 3 *p.* to become round.

arrogància [ərruγánsiə] *f.* arrogance.

arronsar [ərrunsá] *t.* to hunch up, to huddle.‖ ~ *les espatlles,* to shrug one's shoulders. ■ 2 *p.* to shrink. 3 fig. to lose heart, to become frightened.

arrop [ərrɔ́p] *m.* grape syrup.

arròs [ərrɔ́s] *m.* rice.

arrossaire [ərrusáĭrə] *m.-f.* rice grower. 2 rice dealer. 3 rice lover.

arrossar [ərrusá] *m.* paddy field, rice field.

arrossegar [ərrusəγá] *t.* to drag [also fig.]. ■ 2 *i.* to hang catching the ground. ■ 3 *p.* to crawl. 4 fig. to be humiliated. 5 to hang around.

arrossinat, -ada [ərrusinát, -áðə] *a.* wretched, miserable.

arrufar [ərrufá] *t.* to wrinkle. ‖ ~ *les celles,* to frown; ~ *el nas,* to turn one's nose up.

arruga [ərrúɣə] *f.* wrinkle; crease.

arrugar [ərruɣá] *t.* to wrinkle. 2 to crease. ■ 3 *p.* to get wrinkled. 4 to get creased.

arruinar [ərruiná] *t.* to ruin, to bankrupt. ■ 2 *p.* to go bankrupt; to be ruined.

arrupir-se [ərrupirsə] *p.* to huddle, to curl up. 2 to crouch.

arsenal [ərsənál] *m.* arsenal.

arsènic [ərsɛnik] *m.* arsenic.

art [àr(t)] *m.-f.* art. ‖ *arts i oficis,* arts and crafts; *obra d'~,* work of art; *belles arts,* fine arts. 2 skill, artistry. 3 *males arts,* trickery.

artefacte [ərtəfáktə] *m.* device, appliance.

artell [ərtèʎ] *m.* ANAT. knuckle.

artèria [ərtɛriə] *f.* ANAT. artery [also fig.].

arteriosclerosi [ərtɛriusklərɔzi] *f.* MED. arteriosclerosis.

artesà, -ana [ərtəzá, ánə] *m.-f.* craftsman *m.,* artisan.

artesià, -ana [ərtəziá, -ánə] *a.* artesian.

àrtic, -ca [ɪ́tik, -kə] *a.* GEOGR. Arctic.

article [ərtiklə] *m.* article. 2 GRAMM. article. 3 item. ‖ *articles de luxe,* luxury goods.

articulació [ərtikuləsió] *f.* ANAT. joint, articulation. 2 PHON. articulation. 3 TECH. joint.

articular [ərtikulá] *t.* to articulate, to join together. 2 PHON. to articulate, to enunciate.

articulat, -ada [ərtikulát, -áðə] *a.* jointed, articulated. 2 expressed in articles. ■ 3 *m.* LAW *articles pl.*

articulista [ərtikulistə] *m.-f.* columnist.

artífex [ərtifəks] *m.-f.* craftsman *m.* 2 fig. author, maker.

artifici [ərtifisi] *m.* skill, ingenuity. 2 (cunning) trick, artifice. 3 *focs d'~,* fireworks.

artificial [ərtifisiál] *a.* artificial. ‖ *focs artificials,* fireworks.

artigar [ərtiɣá] *t.* to clear and prepare land for cultivation.

artilleria [ərtiʎəriə] *f.* artillery.

artista [ərtistə] *m.-f.* artist.

artístic, -ica [ərtistik, -kə] *a.* artistic.

artròpode [ərtrɔpuðə] *m.* ZOOL. arthropod.

Artur [ərtúr] *pr. n. m.* Arthur.

arxiduc, -quessa [ərʃiðúk, -kɛsə] *m.* archduke. 2 *f.* archduchess.

arxipèlag [ərʃipɛlək] *m.* archipelago.

arxiu [ərʃiu] *m.* archives *pl.* 2 files *pl.*

arxivador [ərʃiβəðó] *m.* filing cabinet.

arxivar [ərʃiβá] *t.* to file. 2 to archive.

arxiver, -ra [ərʃiβè, -rə] *m.-f.* archivist.

as [as] *m.* ace [also fig.].

ascendència [əsəndɛnsiə] *f.* ancestry.

ascendent [əsəndèn] *a.* ascending, ascendant. ■ 2 *m.* ancestor, forbear. 3 fig. ascendancy, ascendance.

ascendir [əsəndi] *i.* to rise, to go up. 2 to be promoted. ■ 3 *t.* to promote.

ascens [əsɛns] *m.* promotion.

ascensió [əsənsió] *f.* ascent. 2 REL. ascension.

ascensor [əsənsónroe] *m.* lift, (USA) elevator.

asceta [əsɛtə] *m.-f.* ascetic.

ascetisme [əsətizmə] *m.* asceticism.

ase [ázə] *m.* ZOOL. ass [also fig.]. ‖ *no dir ni ~ ni bèstia,* not to say a word.

asèptic, -ca [əsɛptik, -kə] *a.* aseptic.

asfalt [əsfál(t)] *m.* asphalt.

asfaltar [əsfəltá] *t.* to asphalt.

asfíxia [əsfiksiə] *f.* MED. asphyxia.

asfixiar [əsfiksiβ] *t.* to asphyxiate.

Asia [ásiə] *pr. n. f.* GEOGR. Asia.

asiàtic, -ca [əziàtik, -kə] *a., m.-f.* Asian. 2 *a.* Asiatic.

asil [əzil] *m.* asylum, sanctuary. ‖ ~ *polític,* political asylum; *dret d'~,* right of sanctuary. 2 fig. shelter, refuge. 3 home: ~ *d'infants,* children's home.

asimetria [əsimətriə] *f.* asymmetry.

asma [ázmə] *f.* MED. asthma.

aspa [áspə] *f.* cross. 2 sails *pl.* of a windmill.

aspecte [əspɛ̀ctə] *m.* appearance; aspect; look. 2 GRAMM. aspect.

aspergir [əspərʒi] *t.* to sprinkle.

aspersió [əspərsió] *f.* sprinkling.

àspid [áspit] *m.* ZOOL. asp.

aspiració [əspirəsió] *f.* breathing in, inhalation. 2 aspiration.

aspirador, -ra [əspirəðó, -rə] *m.* suction pump; extractor. 2 *f.* vacuum cleaner.

aspirant [əspirán] *a., m.-f.* aspirant *s.;* applicant *s.;* contender *s.*

aspirar [əspirá] *i.* to aspire (*a,* to), to aim (*a,* at). 2 PHON. to aspirate. ■ 3 *t.* to inhale, to breathe in. 4 to suck in.

aspirina [əspirinə] *f.* aspirin.

aspre, -pra [àsprə, -prə] *a.* rough. 2 sour; tart [tastes]. 3 fig. harsh, gruff.

aspror [əsprò] *f.* roughness. 2 sourness; tartness [tastes]. 3 fig. harshness.

assabentar [əsəβəntà] *t.* to inform (*de*, of, about), to tell (*de*, of, about); to acquaint (*de*, with). ■ *2 p.* to discover, to find out (*de*, about), to learn.

assaborir [əsəβuri] *t.* to savour.

assagista [əsəʒistə] *m.-f.* essayist.

assaig [əsàt∫] *m.* LIT. essay. 2 THEATR., MUS. rehearsal. 3 TECH. test.

assajar [əsəʒà] *t.* THEATR., MUS. to rehearse. 2 to try. 3 TECH. to test.

assalt [əsàl(t)] *m.* attack, assault. 2 SP. round [boxing].

assaltar [əsəltà] *t.* to attack; to assail; to assault.

assaonar [əsəunà] *t.-p.* to mature, to ripen. 2 *t.* COOK. to season.

assassí, -ina [əsəsi, -inə] *m.-f.* assassin; murderer.

assassinar [əsəsinà] *t.* to assassinate; to murder.

assassinat [əsəsinàt] *m.* assassination; murder.

assecar [əsəkà] *t.-p.* to dry.

assedegat, -ada [əsəðəɣàt, -àðə] *a.* thirsty [also fig.].

assegurança [əsəɣurànsə] *f.* assurance. 2 insurance.

assegurar [əsəɣurà] *t.* to secure, to fix, to fasten. 2 to assure: *et puc ~ que...,* I can assure you that... 3 COMM. to insure, to assure. ■ *4 p.* to make sure (*de*, of).

assegut, -uda [əsəɣút, -úðə] *a.* seated, sitting.

assemblada [əsəmblàðə] (ROSS.) *f.* See ASSEMBLEA.

assemblar-se [əsəmblàrsə] *p.* to look like, to be like.

assemblea [əsəmblèə] *f.* assembly; meeting.

assentada [əsəntàðə] *f.* sit-in. 2 sit down strike.

assentar [əsəntà] *t.* to place, to position, to fix. 2 fig. to settle, to establish. 3 to register. ■ *p.* 4 to come to rest; to settle.

assentir [əsənti] *i.* to agree (—, to).

assenyalar [əsəɲəlà] *t.* to indicate. 2 to point to. 3 to fix.

assenyat, -ada [əsəɲàt, -àðə] *a.* sensible, wise, judicious.

assequible [əsəkibblə] *a.* accessible, within reach, obtainable.

asserció [əsərsiò] *f.* assertion, affirmation.

asserenar [əsərənà] *t.* to calm. ■ *2 p.* to calm down.

assessor, -ra [əsəsò, -rə] *a.* advisory. ■ *2 m.-f.* consultant, advisor, adviser.

assessorar [əsəsurà] *t.* to advise. ■ *2 p.* to take advice.

assestar [əsəstà] *t.* to deal, to strike [a blow].

assetjar [əsədʒà] *t.* to besiege. 2 fig. to beset.

asseure [əsèúrə] *t.* to sit, to seat [a person in a place]. ■ *2 p.* to sit down. ▲ CONJUG. like *seure.*

asseverar [əsəβərà] *t.* to assert.

assidu, -ídua [əsiðu, -iðuə] *a.* assiduous.

assiduïtat [əsiduitàt] *f.* assiduity.

assignació [əsiɲnəsiò] *f.* assignation. 2 allocation. 3 wage.

assignar [əsiɲnà] *t.* to assign; to allocate; to allot.

assignatura [əsiɲnətúrə] *f.* subject [of one's studies].

assimilació [əsimiləsiò] *f.* assimilation.

assimilar [əsimilà] *t.* to make similar (*a*, to). 2 to compare. 3 to assimilate, to digest. ■ *4 p.* to be alike, to become alike; to be similar to.

assistència [əsistènsiə] *f.* attendance. 2 those in attendance. 3 help, aid, assistance.

assistent, -ta [əsistèn, -tə] *a.* assisting, helping. 2 present. ■ *3 m.-f.* person present. 4 helper. ‖ *~ social,* social worker. 5 assistant.

assistir [əsisti] *i.* to attend, to be present. ■ *2 t.* to help, to aid, to assist. 3 to treat, to attend.

associació [əsusiəsiò] *f.* association.

associar [əsusià] *t.* to associate; to connect. 2 COMM. to take into partnership. ■ *3 p.* to team up, to join together.

associat, -ada [əsusiàt, -àðə] *m.-f.* member, associate.

assolar [əsulà] *t.* to raze; to destroy, to devastate.

assolellat [əsuləʎàt] *a.* sunny.

assolir [əsuli] *t.* to reach, to attain, to achieve.

assonància [əsunànsiə] *f.* assonance.

assortiment [əsurtimèn] *m.* selection, assortment.

assortir [əsurti] *t.* to supply (*de*, with).

assortit, -ida [əsurtit, -iðə] *a.* assorted.

assossec [əsusɛ́k] *f.* peace, quiet, tranquillity.

assossegar [əsusəɣá] *t.* to calm, to tranquillize, to quieten. ■ *2 p.* to calm down.

assot [əsɔ́t] *m.* scourge; whip. *2* lash.

assotar [əsutá] *t.* to scourge, to flog.

assuaujar [əsuəũʒá] *t.* to soften.

assumir [əsumí] *t.* to assume.

assumpció [əsumsió] *f.* assumption.

assumpte [əsúmtə] *m.* subject, topic. *2* affair.

assutzena [əsudzɛ́nə] *f.* BOT. white lily.

ast [ás(t)] *m.* spit. ‖ *pollastre a l'~*, spit roast chicken.

asta [ástə] *f.* shaft. *2* lance, spear [weapon]. *3* pole, flagpole.

astènia [əstɛ́niə] *f.* MED. asthenia, debility.

asterisc [əstərísk] *m.* asterisk.

asteroide [əstərɔ́iðə] *m.* ASTR. asteroid.

astigmatisme [əstigmətízmə] *m.* MED. astigmatism.

astor [əstó] *m.* ORNIT. goshawk.

astorament [əsturəmɛ́n] *m.* shock, fright.

astorar [əsturá] *t.* to shock, to astound. ■ *2 p.* to be shocked.

astracan [əstrəkán] *m.* astrakhan.

astral [əstrál] *a.* astral.

astre [ástrə] *m.* star; heavenly body.

astringent [əstrinʒɛ́n] *a.-m.* astringent.

astròleg, -òloga [əstrɔ́lək, -ɔ́luɣə] *m.-f.* astrologer.

astronauta [əstrunáutə] *m.-f.* astronaut.

astrònom, -ma [əstrɔ́num, -mə] *m.-f.* astronomer.

astronomia [əstrunumíə] *f.* astronomy.

astruc, -ca [əstrúk, -kə] *a.* fortunate, lucky.

astrugància [əstruɣánsiə] *f.* fortune, luck.

astúcia [əstúsiə] *f.* astuteness, cleverness. *2* cunning.

astut, -ta [əstút, -tə] *a.* astute, clever. *2* artful, crafty.

atabalar [ətəβəlá] *t.* to dizzy, to fluster. ■ *2 p.* to get flustered.

atac [əták] *m.* attack.

atacant [ətəkán] *a.* attacking. ■ *2 m.-f.* attacker.

atacar [ətəká] *t.* to attack. *2* to attach, to fix.

ataconador [ətəkunəðó] *m.* cobbler.

ataconar [ətəkuná] *t.* to heel, to repair [shoes]. *2* to beat up. *3* to press down. ■ *4 p.* to stuff oneself.

atalair [ətələ́já] *t.* to watch, to observe. ■ *2 p.* to realize.

atansar [ətənsá] *t.* to reach. ■ *2 p.* to approach.

atapeir [ətəpəí] *t.* to compress. ■ *2 p.* to cram together, to squeeze together.

atapeït, -ïda [ətəpəít, -íðə] *a.* squeezed together. *2* compact. *3* thick.

ataüllar [ətəuʎá] *t.* to see in the distance [not clearly].

atavisme [ətəβízmə] *m.* atavism.

ateisme [ətəízmə] *m.* atheism.

atemorir [ətəmurí] *t.* to frighten, to scare.

atemptar [ətəmtá] *i.* to attack (*contra,* -).

atemptat [ətəmtát] *m.* attack, outrage, assault. ‖ *un ~ terrorista,* a terrorist attack.

atenció [ətənsió] *f.* attention. ‖ *tothom esperava amb ~,* everyone was waiting attentively. *2* courtesy, kindness. ‖ *tingué l'~ de convidar-me a dinar,* he was kind enough to invite me to lunch. ■ *3 interj.* look out!, be careful!

atendre [ətɛ́ndrə] *i.* to pay attention to. ■ *2 t.* to take into account. *3* to attend to; to serve [shops]. ▲ CONJUG. GER.: *atenent.* ‖ P. P.: *atès.* ‖ SUBJ. Pres.: *atengui, atenguis,* etc. ‖ Imperf.: *atengués, atenguessis,* etc.

Atenes [ətɛ́nəs] *pr. n.* GEOGR. Athens.

atenès, -esa [ətənɛ́s, -ɛ́zə] *a., m.-f.* Athenian.

ateneu [ətənɛ́u] *m.* society, association [scientific or cultural], atheneum.

atenir-se [ətənírsə] *p.* *~ a,* to abide by; to stick to. ‖ *vull saber a què atenir-me,* I want to know where I stand. ▲ CONJUG. like *abstenir-se.*

atent, -ta [ətɛ́n, -tə] *a.* attentive. *2* thoughtful, considerate.

atenuant [ətənuán] *a.* attenuating. *2* LAW extenuating. ■ *3 m.* LAW extenuating circumstance.

atenuar [ətənuá] *t.* to attenuate.

atènyer [ətɛ́ɲə] *t.* to reach, to get to. *2* fig. to achieve. ■ *3 i.* to reach. ▲ CONJUG. P. P.: *atès.*

aterrar [ətərrá] *t.* to knock down, to bring down [also fig.]. ■ *2 i.* to land (*sobre,* on; *a,* at).

aterratge [ətərrádʒə] *m.* landing. ‖ *pista d'~,* runway, landing strip.

aterridor, -ra [ətərriðò, -rə] a. frightening, terrifying.

aterrir [ətərri] t. to terrify, to frighten.

atestar [ətəstá] t. to attest, to testify.

atestat [ətəstát] m. LAW certificate, certification.

ateu, atea [ətèŭ, ətèə] a. atheistic. ■ 2 m.-f. atheist.

atiar [ətià] t. to poke [a fire]. 2 fig. to stir up, to excite [passions]. 3 fig. to goad.

àtic [átik] m. top floor, penthouse.

atipar [ətipá] t. to satiate, to satisfy. 2 fig. to tire; to annoy. ■ 3 p. to gorge oneself on, to stuff oneself with.

atlàntic, -ca [əllántik, -kə] a. GEOGR. Atlantic. ■ 2 pr. n. m. Oceà Atlàntic, the Atlantic Ocean.

atles [álləs] m. atlas.

atleta [əllέtə] m.-f. athlete.

atletisme [əllətizmə] m. athletics.

atmosfera [əmmusfèrə] f. atmosphere.

atmosfèric, -ca [əmmusfèrik, -kə] a. atmospheric.

atol·ló [ətullò] m. GEOGR. atoll.

àtom [átum] m. atom.

atòmic, -ca [ətòmik, -kə] a. atomic.

àton, -na [átun, -nə] a. GRAMM. unstressed, atonic.

atonia [ətuniə] f. lassitude. 2 MED. atony.

atònit, -ta [ətònit, -tə] a. amazed, astounded.

atordir [əturði] t. to stun, to daze. 2 to deafen. 3 fig. to confuse, to bewilder.

atorgar [əturyá] t. to award.

atorrollar [əturruʎá] t. to confuse, to bewilder. ■ 2 p. to get confused, to lose one's head.

atracador, -ra [ətrəkəðò, -rə] m.-f. robber. 2 m. MAR. quay.

atracament [ətrəkəmèn] m. robbery.

atracar [ətrəká] t. to rob, to attack ■ 2 p. to stuff oneself.

atracció [ətrəksiò] f. attraction. ‖ parc d'atraccions, funfair.

atractiu, -iva [ətrəktiŭ, -iβə] a. attractive, appealing. ■ 2 m. attraction, appeal.

atrafegar-se [ətrəfəɣàrsə] p. to throw oneself into [work], to work away at.

atrafegat, -ada [ətrəfəɣàt, -áðə] a. extremely busy. ‖ anar ~, to be up to one's eyes in work, to be rushed off one's feet.

atraient [ətrəïèn] a. attractive.

atrapar [ətrəpá] t. to catch.

atresorar [ətrəzurá] t. to hoard, to amass. 2 fig. to possess [qualities].

atreure [ətrèŭrə] t. to attract. ▲ CONJUG. like treure.

atrevir-se [ətrəβirsə] p. to dare.

atrevit, -ida [ətrəβit, -iðə] a. daring, bold, audacious.

atri [átri] m. atrium.

atribolar [ətriβulá] t. to bewilder, to perplex. ■ 2 p. to get confused, to lose one's head.

atribució [ətriβusiò] f. attribution.

atribuir [ətriβui] t. to ascribe, to put down to. 2 to attribute: aquesta obra s'atribueix a Borrassà, this work is attributed to Borrassà. 3 to allocate.

atribut [ətriβút] m. attribute.

atrinxerar [ətrinʃərà] t. MIL. to entrench. ■ 2 p. MIL. to dig in.

atroç [ətrɔs] a. cruel, atrocious. 2 terrible.

atrocitat [ətrusitát] f. atrocity.

atròfia [ətrɔfiə] f. ANAT. atrophy.

atrofiar [ətrufià] t.-p. to atrophy.

astronomia [əstrunumiə] f. astronomy.

atropelladament [ətrupəʎəðəmèn] adv. hurriedly, in a rush. 2 helter-skelter.

atropellament [ətrupəʎəmèn] m. knocking down or over. 2 hurry, rush; jostling.

atropellar [ətrupəʎá] t. to knock down, to run over. 2 to rush. 3 to tire out, to exhaust. ■ 4 p. to push, to jostle. 5 to gabble.

atrotinar [ətrutinà] t. to wear out t.-i., to break t.-i.

atrotinat, -ada [ətrutinàt, -áðə] a. worn out; broken; spoilt. ‖ anar ~, to wear tatty, old clothes.

ATS [ateèsə] (Assistent Tècnic Sanitari) f. nurse. 2 m. male nurse.

atudar [ətuðá] (ROSS.) t. See APAGAR.

atuell [ətuèʎ] m. bowl.

atuir [ətui] t. to strike down; to fulminate. 2 fig. to depress, to dishearten.

atur [ətúrrœ] m. unemployment. ‖ carnet d'~, card showing entitlement to unemployment benefit.

aturar [əturà] t.-p. to stop.

aturat, -ada [əturàt, -áðə] a. unemployed. 2 slow, thick [person]. ■ 3 m.-f. unemployed person.

atxa [átʃə] f. large candle. ‖ endavant les atxes, let's get on with it!

atzabeja [ədzəβὲʒə] f. GEOL. jet.

atzagaiada [ədzəɣəjáɲə] f. hasty or reckless action.

atzar [ədzá(r)] m. chance. ‖ *jocs d'~*, games of chance.

atzarós, -osa [ədzərós, -ózə] a. risky.

atzavara [ədzəβárə] f. BOT. agave.

atzur [ədzúr] m. azure.

1) au [áŭ] f. bird.

2) au! [áŭ] *interj.* come on! off we go!

auca [áŭkə] f. printed sheet with pictures and rhyming couplets which tells a story. ‖ *fer tots els papers de l'~*, to be the general dog's body.

aücs [əúks] m. pl. shouting, din; hue and cry.

audaç [əŭðáps] a. daring, bold, audacious.

audàcia [əŭðásiə] f. daring, boldness, audacity.

audible [əŭðíbblə] a. audible.

audició [əŭðisió] f. hearing. 2 audition.

audiència [əŭðiénsiə] f. audience.

àudio-visual [áŭðioβizuál] a. audio-visual. ■ 2 m. audio-visual material.

auditiu, -iva [əŭðitíŭ, -íβə] a. auditory.

auditor [əŭðitó] m. auditor.

auditori [əŭðitɔ́ri] m. audience. 2 auditorium.

auge [áŭʒə] m. ASTR. apogee. 2 fig. peak, climax.

augment [əŭmén] m. increase.

augmentar [əŭməntá] t.-i. to increase, to augment.

augurar [əŭɣurá] t. to augur, to pressage.

auguri [əŭɣúri] m. augury.

aula [áŭlə] f. lecture hall; lecture room. 2 classroom.

aura [áŭrə] f. soft breeze. 2 fig. approval, acceptance: ~ *popular*, general approval.

aurèola [əŭrέulə] f. halo. 2 aureole.

auri, àuria [áŭri, áŭriə] a. golden.

aurícula [əŭríkulə] f. ANAT. auricle.

auricular [əŭrikulá] a. auricular. ■ 2 m. headphone.

aurifer, -ra [əŭrífər, -rə] a. gold-bearing, auriferous.

auriga [əŭríɣə] m. charioteer. 2 ASTR. Auriga.

aurora [əŭrɔ́rə] f. dawn. ‖ ~ *boreal*, aurora borealis, northern lights pl.

aürt [əúr(t)] m. bump, knock.

auscultar [əŭskultá] t. MED. to auscultate.

auspici [əŭspisi] m. auspice. ‖ *sota els auspicis de,* under the auspices of.

auster, -ra [əŭstὲ(r), -rə] a. austere.

austeritat [əŭstəritát] f. austerity.

austral [əŭstrál] a. southern.

Austràlia [əŭstráliə] pr. n. f. GEOGR. Australia.

australià, -ana [əŭstrálià, -ánə] a., m.-f. Australian.

Àustria [áŭstriə] pr. n. f. GEOGR. Austria.

austríac, -ca [əŭstriək, -kə] a., m.-f. Austrian.

autarquia [əŭtərkiə] f. autarchy.

autèntic, -ca [əŭtέtik, -kə] a. authentic.

autenticitat [əŭtəntisitát] f. authenticity.

auto [áŭtu] m. car, automobile. ‖ *autos de xoc,* bumper cars.

autobiografia [əŭtuβiuɣrəfiə] f. autobiography.

autobús [əŭtuβús] m. bus.

autocar [əŭtukár] m. coach.

autoclau [əŭtuklàŭ] f. autoclave. 2 sterilizer.

autocràcia [əŭtukràsiə] f. autocracy.

autòcrata [əŭtɔ́krətə] m.-f. autocrat.

autòcton, -na [əŭtɔ́ktun, -nə] a. native, indigenous.

autodidacte, -ta [əŭtuðiðáktə, -tə] m.-f. self-taught person.

autofinançament [əŭtufinənsəmέn] m. self-financing.

autogen, -ògena [əŭtɔ́ʒən, -ɔ́ʒənə] a. autogenous.

autogir [əŭtuʒír] m. autogiro or autogyro.

autògraf, -fa [əŭtɔ́ɣrəf, -fə] a. autographic. ■ 2 m. autograph.

autòmat [əŭtɔ́mət] m. automaton, robot.

automàtic, -ca [əŭtumàtik, -kə] a. automatic.

automatisme [əŭtumətizmə] m. automatism.

automòbil [əŭtumɔ́βil] a. automotive, self-propelled. ■ 2 m. automobile, car.

automobilisme [əŭtumuβilizmə] m. SP. motor racing.

automobilista [əŭtumuβilistə] m.-f. driver, motorist.

automotor, -ra [əŭtumutó, -rə] a. automotive, self-propelled.

autònom, -ma [əŭtɔ́num, -mə] a. autonomous.

autonomia [əŭtunumiə] f. autonomy.

autopista [əŭtupistə] f. motorway.

autòpsia [əŭtɔ́psiə] f. autopsy, post mortem.

autor, -ra [əutó, -rə] *m.-f.* author.

autoretrat [əǔturrətrát] *m.* self-portrait.

autoritari, -ària [əǔturitári, -áriə] *a.* authoritarian.

autoritat [əǔturitát] *f.* authority.

autorització [əǔturidzəsió] *f.* authorization.

autoritzar [əǔturidzá] *t.* to authorize.

autoritzat, -ada [əǔturitzàt, -áðə] *a.* authorized.

autoscola [əǔtuskɔ́lə] *f.* driving school.

autoservei [əǔtusərβéĭ] *m.* supermarket.

autostop [əǔtustɔ̀p] *m.* hitchhiking.

autosuggestió [əǔtusuʒəstió] *f.* auto-suggestion.

autovia [əǔtuβíə] *m.* main road; dual-carriageway; motorway.

auxili [əǔksíli] *m.* assistance, aid. 2 interj. help.

auxiliar [əǔksiliá] *a.* auxilliary. ■ 2 *m.-f.* assistant.

auxiliar [əǔksiliá] *t.* to help, to give help, to aid.

aval [əβál] *m.* guarantee. 2 guarantor's signature.

avalador, -ra [əβəlaðó, -rə] *a.* which guarantees. ■ 2 *m.-f.* guarantor.

avalar [əβəlá] *t.* to guarantee; to act as guarantor for. 2 fig. to answer for.

avall [əβáʎ] *adv.* down, downwards.

avalot [əβəlɔ̀t] *m.* tumult; disturbance, riot. 2 uproar, din.

avalotar [əβəlutá] *t.* to disturb. ■ 2 *p.* to riot. 3 to become agitated, to get rowdy.

avaluació [əβəluəsió] *f.* estimate, valuation; assessment.

avaluar [əβəluá] *t.* to estimate, to value; to assess.

avanç [əβáns] *m.* See AVANÇAMENT.

avançada [əbənsàðə] *f.* See AVANÇAMENT.

avançament [əβənsəmèn] *m.* advance. 2 advancement, promotion. 3 progress. 4 overtaking.

avançar [əβənsá] *t.* to advance; to move forward. 2 to overtake. ■ 3 *i.* to advance, to progress.

avant [əβán] (VAL.) *adv.* See ENDAVANT.

avantatge [əβəntádʒə] *m.* advantage.

avantatjar [əβəntədʒá] *t.* to be ahead of *i.;* to surpass, to be better than *i.,* to beat.

avantatjós, -osa [əβəntədʒós, -ózə] *a.* advantageous.

avantbraç [əβəmbràs] *m.* ANAT. forearm.

avantguarda [əβəŋgwàrðə] *f.* advance guard. 2 fig. ART. avant-garde.

avantpassat, -ada [əβəmpəsàt, -áðə] *m.* ancestor.

avantprojecte [əβəmpruʒèktə] *m.* preliminary draft. ‖ ~ *de llei,* white paper.

avar, -ra [əβár, -rə] *a.* miserly, avaricious, greedy. ■ 2 *m.-f.* miser.

avarar [əβərá] *t.* to launch.

avarca [əβárkə] *f.* kind of sandal.

avaria [əβəriə] *f.* TECH. breakdown. 2 damage.

avariar [əβəriá] *t.* to damage. ■ 2 *p.* TECH. to break down *i.*

avarícia [əβərisiə] *f.* avarice, greed. 2 miserliness.

avellana [əβəʎánə] *f.* BOT. hazelnut.

avellaner [əβəʎənè] *m.* BOT. hazel, hazel tree.

avenc [əβɛ́ŋ] *m.* pothole, chasm.

avenç [əβɛ́ns] *m.* advance; advancement; progress.

avenir [əβəni] *m.* future.

avenir-se [əβənirsə] *p.* to get on (*amb,* with); to agree (*a,* to). ▲ CONJUG. like *abstenir-se.*

aventura [əβəntúrə] *f.* adventure. ‖ ~ *amorosa,* love affair. 2 *adv. phr.* a l'~, randomly, at random.

aventurar [əβənturá] *t.* to risk. ■ 2 *p.* to take a risk.

aventurer, -ra [əβənturè, -rə] *a.* adventurous. ■ 2 *m.* adventurer. 3 *f.* adventuress.

averany [əβəràɲ] *m.* omen; prediction.

avergonyir [əβərɣuɲi] *t.* to shame. 2 to embarrass. ■ 3 *p.* to be ashamed (*de,* of).

avern [əβɛ́rn] *m.* hell.

aversió [əβərsió] *f.* aversion, revulsion.

avés [əβɛ́s] *m.* habit, custom.

avesar [əβəzá] *t.* to accustom, to get someone used to. ‖ *estar avesat a,* to be used to. ■ 2 *p.* to get used to.

avet [əβɛ́t] *m.* BOT. fir, fir tree.

avi, àvia [áβi, áβiə] *m.* grandfather, grandad. 2 *f.* grandmother, grandma.

aviació [əβiəsió] *f.* aviation. 2 air force.

aviador, -ra [əβiəðó, -rə] *m.-f.* aviator.

aviat [əβiát] *adv.* soon. ‖ *fins* ~, see you soon. 2 *adv. phr. més* ~, rather. ‖ *s'assembla més* ~ *a la mare que al pare,* he looks more like his mother than like his father. ‖ *és més* ~ *alt,* he's on the tall side.

aviciar [əβisiá] *t.* to spoil [a child]. ■ 2 *p.* to pick up bad habits, to be corrupted.

avicultura [əβikultúrə] *f.* poultry keeping; aviculture.

àvid, -da [áβit, -ðə] *a.* avid, greedy.

avidesa [əβiðézə] *f.* avidity, greed.

avinença [əβinénsə] *f.* agreement; compromise; deal.

avinent [əβinén] *a.* easy to get on with. 2 easily, accessible, convenient. 3 *fer ~*, to remind.

avinentesa [əβinəntézə] *f.* opportunity, chance.

avinguda [əβiŋgúðə] *f.* avenue.

avió [əβió] *m.* aeroplane, aircraft.

avioneta [əβiunétə] *f.* biplane.

aviram [əβiróm] *f.* poultry.

avís [əβis] *m.* announcement. 2 warning.

avisar [əβizá] *t.* to warn, to alert. 2 to inform.

avisat, -ada [əβizát, -áðə] *a.* wise, clever, prudent.

avituallar [əβituəʎá] *t.* to supply with food, to provision.

avivar [əβiβá] *t.* to enliven, to revive, to liven up, to brighten up. ■ 2 *p.* to burn more brightly [fires].

avorriment [əβurrimèn] *m.* boredom. 2 abhorrence.

avorrir [əβurri] *t.* to abhor. 2 to bore. ■ 3 *p.* to be bored.

avortament [əβurtəmèn] *m.* abortion.

avortar [əβurtá] *i.* to miscarry, to have a miscarriage [involuntary]. 2 to abort [voluntary]. 3 fig. to fail, to abort.

avui [əβúi] *adv.* today. ‖ *~ (en) dia*, nowadays. ‖ *d'~ endavant*, from now on.

axial [əksiál] *a.* axial.

axil·la [əksillə] *f.* armpit, axilla.

axioma [əksiòmə] *m.* axiom.

axiomàtic, -ca [əksiumátik, -kə] *a.* axiomatic.

axis [áksis] *m.* ANAT. axis.

azalea [əzəléə] *f.* BOT. azalea.

azimut [əzimùt] *m.* azimuth.

B

B, b [be] *f.* b [letter].

babalà [bəβəlá] *adv. phr.* a la ~, wildly, carelessly.

babarota [bəβərɔ́tə] *f.* scarecrow. ‖ *fer babarotes,* to make someone green with envy; to make faces at someone.

babau [bəβáŭ] *m.-f.* fool, idiot, simpleton, sucker.

babord [bəβɔ̀r(t)] *m.* MAR. port [of a ship].

babuí [bəβui] *m.* ZOOL. baboon.

bac [bak] *m.* north facing slope; shady place.

baca [bákə] *f.* roofrack. ‖ *fer la* ~, to toss [in a blanket].

bacallà [bəkəʎá] *m.* ICHTHY. cod. ‖ *sec com un* ~, as thin as a rake. ‖ fig. *tallar el* ~, to be the boss.

bacanal [bəkənál] *f.* orgy.

bacant [bəkán] *f.* bacchante; nymphomaniac.

bacil [bəsil] *m.* bacillus.

bacó, -ona [bəcó, -ónə] *m.* bacon. 2 pig. 3 *m.-f.* fig. dirty person.

bacteri [bəktɛ́ri] *m.,* **bactèria** [bəktɛ́riə] *f.* bacterium.

badada [bəðáðə] *f.* distraction; missed opportunity; oversight.

badall [bəðáʎ] *m.* yawn. ‖ *fer el darrer* ~, to breathe one's last. 2 VAL. See ESCLETXA.

badallar [bəðəʎá] *i.* to yawn.

badar [bəðá] *t.* to split open, to open. ‖ *no* ~ *boca,* to say nothing. 2 to watch. ■ 3 *i.* to be (half) open [doors, windows]. 4 to be lost in wonder. 5 to be distracted, to miss an opportunity. ■ 6 *p.* to open.

badia [bəðiə] *f.* bay.

badiu [bəðiŭ] *m.* ANAT. nostril.

bàdminton [bádminton] *m.* SP. badminton.

badoc, -ca [bəðɔ́k, -kə] *a.* distracted; easily distracted. ■ 2 *m.-f.* onlooker. 3 easily distracted person.

baf [báf] *m.* vapour, steam. 2 bad air, smoky or sweaty atmosphere. 3 (bad) breath.

bafarada [bəfəráðə] *f.* strong smelling atmosphere or breath. 2 speech balloon [cartoons].

baga [báɣə] *f.* bow. 2 MECH. eyebolt. 3 MECH. screw eye.

bagassa [bəɣásə] *f.* prostitute, whore.

bagatel·la [bəɣətɛ́llə] *f.* bagatelle, trifle.

bagatge [bəɣádʒə] *m.* baggage, luggage. ‖ fig. ~ *cultural,* cultural background.

bagul [bəɣúl] *m.* trunk. 2 coffin.

bah! [ba] *interj.* bah!

baia [bájə] *f.* BOT. berry.

baiard [bəjár(t)] *m.* stretcher.

baieta [bəjɛ́tə] *f.* cloth; floorcloth. ‖ *passar la* ~, to wash the floor.

baioneta [bəjunɛ́tə] *f.* bayonet.

1) baix, -xa [baʃ, -ʃə] *a.* low. 2 short, small. 3 deep. 4 fig. base, common. 5 MUS. flat [out of tune].

2) baix [baʃ] *m.* the bottom part. ‖ *els baixos d'una casa,* the ground floor or basement of a house. ‖ *alts i baixos,* ups and downs. 2 MUS. bass.

3) baixa [báʃə] *f.* MIL. casualty, loss. 2 fig. *anar de* ~, to be on the way down (or out). ‖ *donar de* ~, to discharge, to dismiss, to expell.

4) baix [baʃ] *adv.* below. ‖ *a* ~ *el dictador!,* down with the dictator!; *de dalt a* ~, from top to bottom; *és a* ~, she's downstairs; *parlar* ~, to talk quietly, *volar* ~, to fly low.

baixà [bəʃá] *m.* pasha.

baixada [bəʃáðə] *f.* descent. ‖ *la* ~ *a la cova,* the way down to the cave. 2 downward slope.

baixador [bəʃəðó] *m.* RAIL. halt. 2 mounting block.

baixamar [bəʃəmár] *f.* low tide.

baixar [bəʃá] *t.* to descend, to go down; to take down; to bring down. ■ 2 *i.* to get off [trains, buses] (*de*, of); to get out (*de*, —) [cars]. 3 to descend. ‖ *el dòlar ha baixat*, the dollar has fallen; *la febre ha baixat*, his fever has come down; *no ~ del burro*, to be stubborn.

baixesa [bəʃɛ́zə] *f*. lowness, baseness. 2 vile action.

baixista [bəʃístə] *m.-f*. COMM. bear.

bajanada [bəʒənáðə] *f*. foolish thing, stupid thing.

bajoca [bəʒɔ́kə] *f*. pod, shell [peas, beans]. 2 (OCC.) See MONGETA.

bala [bálə] *f*. bale. 2 MIL. bullet. 3 GAME marble.

balada [bəláðə] *f*. LIT., MUS. ballad.

baladre [bəláðrə] *m*. BOT. oleander.

baladrejar [bələðrəʒá] *i*. to shout, to yell.

balanç [bəláns] *m*. rocking movement. 2 COMM. balance. ‖ *fer el ~*, to balance the books [also fig.].

balança [bəlánsə] *f*. balance, scales *pl*. 2 fig. equilibrium, indecision. 3 *~ de pagaments*, balance of payments. 4 ASTROL. *Balança*, Libra.

balanceig [bələnsɛ́ʧ] *m*. swinging; rocking; roll [ships].

balancejar [bələnsəʒá] *i.-t*. to move from side to side, to rock.

balancí [bələnsí] *m*. rocking chair.

balançó [bələnsó] *m*. dish [on scales].

balandra [bəlándrə] *f*. MAR. sloop, yacht.

balandrejar [bələndrəʒá] *i*. to move from side to side, to rock. ■ 2 *p*. to swing.

balast [bəlàs(t)] *m*. ballast.

balb, -ba [bálp, -βə] *a*. numb, stiff.

balbotejar [bəlβutəʒá] *i.-t*. to babble.

balbucejar [bəlβusəʒá] *i.-t*. to stammer, to stutter.

balcànic, -ca [bəlkànik, -kə] *a., m.-f*. Balkan.

Balcans [bəlkàns] *pr. n. m. pl*. GEOGR. the Balkans.

balcó [bəlkó] *m*. balcony.

balconada [bəlkunáðə] *f*. large balcony.

balda [báldə] *f*. latch, fastener. 2 doorknocker.

baldament [báldəmèn] *conj*. although; even though.

baldar [bəldá] *t*. to cripple, to paralyze. ‖ *estic baldat*, I'm shattered, I'm exhausted.

balder, -ra [bəldè, -rə] *a*. loose.

baldó [bəldó] *m*. See BALDA.

baldufa [bəldúfə] *f*. top [toy]. 2 fig. dumpy person.

balear [bəleá] *a*. GEOGR. Balearic. ■ 2 *m.-f*. native of the Balearic Islands. 3 *f. pl. Illes Balears*, Balearic Islands.

balena [bəlɛ́nə] *f*. ZOOL. whale.

balener, -ra [bələnè, -rə] *a*. whaling. ■ 2 *m*. whaling vessel, whaling ship. 3 *m.-f*. whaler.

balí [bəli] *m*. pellet, small bullet.

baliga-balaga [bəliɣəβəláɣə] *a*. unreliable person.

balisa [bəlizə] *f*. MAR. buoy, beacon. 2 AER. beacon.

balístic, -ca [bəlistik, -kə] *a*. ballistic. ■ *f*. ballistics.

ball [baʎ] *m*. ball, dance. 2 dancing.

ballar [bəʎá] *i*. to dance. 2 to be loose; to wobble. ■ 3 *t*. to dance. ‖ fig. *ballar-la*, to be in a fix; *~ pel cap*, to have a vague recollection of; *fer ~ el cap*, to pester someone.

ballarí, -ina [bəʎəri, -inə] *m.-f*. dancer; ballet dancer; ballerina *f*.

ballaruga [bəʎərúɣə] *f*. short, dumpy, active person. 2 coll. *pl*. dance.

ballesta [bəʎɛ́stə] *f*. crossbow. 2 AUT. spring.

ballet [bəʎɛ́t] *m*. ballet.

balma [bálmə] *f*. cave.

balneari, -ària [bəlnəàri, -àriə] *a.-m*. spa.

baló [bəló] *m*. ball [football, rugby, etc.].

bàlsam [bálsəm] *m*. balsam, balm. 2 fig. balm.

bàltic, -ca [báltik, -kə] *a*. GEOGR. Baltic. ■ 2 *pr. n. f. Mar Bàltica*, the Baltic Sea.

baluard [bəluàr(t)] *m*. bastion; bulwark [also fig.].

baluerna [bəluɛ́rnə] *f*. great big thing; monstrosity.

balustrada [bəlustráðə] *f*. ARCH. balustrade.

bamba [bámbə] *f*. pump [shoes].

bambolina [bəmbulinə] *f*. THEAT. flies.

bambolla [bəmbóʎə] (VAL.) See BUTLLOFA.

bambú [bəmbú] *m*. BOT. bamboo.

ban [bən] *m*. proclamation; edict. 2 fine. 3 (ROSS.) See BANDA 2.

banal [bənál] *a*. banal.

banalitat [bənəlitát] *f*. banality.

banana [bənánə] *f*. BOT. banana.

bananer [bənənè] *m*. BOT. banana tree.

banc [baŋ] *m*. bench; pew [church]. 2 COMM. bank. 3 GEOL. layer. ‖ *~ de sorra*, sandbank; ~ *de proves*, test bench; ~ *de sang*, blood bank.

banca [báŋkə] *f.* bench. 2 stool. 3 COMM. banking; the banking system. 4 COMM. bank. 5 GAME *bank*.

bancal [bəŋkál] *m.* AGR. patch; terrace.

bancarrota [bəŋkərrɔ́tə] *f.* ECON. bankruptcy.

banda [bándə] *f.* strip, band. || ~ *sonora,* soundtrack. 2 side: *a* ~ *i* ~, on both sides. || *adv. phr. d'altra* ~, apart from that, furthermore. || *conj. d'una* ~,*... d'altra* ~,..., on the one hand..., on the other hand... || *deixar de* ~, to leave aside. 3 place. 4 band, gang [thieves, etc.]. 5 RAD. band. 6 MUS. band: *la* ~ *municipal,* the town band.

bandarra [bəndárrə] *f.* prostitute, whore. 2 *m.-f.* scoundrel, rascal.

bandejar [bəndəʒá] *t.* to exile, to banish; to expel. 2 fig. to banish.

bandera [bəndérə] *f.* flag, banner. || *abaixar* ~, to give in, to surrender. || *abaixar la* ~ *costa setanta pessetes,* the minimum fare is seventy pesetas [taxi]. 2 MIL. company.

banderí [bəndəri] *m.* pennant.

banderola [bəndərɔ́lə] *f.* pennant. 2 signalling flag.

bandit [bəndit] *m.* bandit; outlaw.

bàndol [bándul] *m.* faction, party.

bandoler [bəndulè] *m.* bandit; highwayman.

bandolera [bəndulérə] *f.* bandoleer.

banjo [bánʒu] *m.* MUS. banjo.

banquer, -ra [bəŋkè, -rə] *m.-f.* banker.

banquet [bəŋkèt] *m.* banquet. 2 small bench.

banqueta [bəŋkètə] *f.* MAR. bench, seat [in the bow].

banús [bənús] *m.* bath, bathe. || *cambra de* ~, bathroom; *prendre un* ~ *de sol,* to sunbathe; *vestit de* ~, swimsuit, swimming costume. 2 bathroom.

bany [baɲ] *m.* bath, bathe. || *cambra de* ~, bathroom; *prendre un* ~ *de sol,* to sunbathe; *vestit de* ~, swimsuit, swimming costume. 2 bathroom.

banya [báɲə] *f.* horn; antler. 2 bump, lump [on forehead]. || *ficar la* ~ *en un forat,* to dig one's heels in.

banyada [bəɲáðə] *f.* bath; bathe, dip. 2 thrust of a horn; wound caused by a horn.

banyar [bəɲá] *t.* to bathe. ■ 2 *p.* to have a bath [to get clean]. 3 to have a dip, to go for a swim [sea, swimming pool]. 4 (VAL.) See MULLAR.

banyera [bəɲèrə] *f.* bath, bath tub. 2 MAR. cockpit.

banyeta [bəɲètə] *f.* small horn. 2 *m. en* ~, Old Nick.

banyista [bəɲistə] *m.-f.* bather.

banyut, -uda [bəɲút, -úðə] *a.* horned. 2 fig. cuckolded.

baobab [bəuβáp] *m.* BOT. baobab.

baptisme [bəptizmə] *m.* baptism, christening.

baqueta [bəkétə] *f.* MUS. drumstick. || *tractar a* ~, to treat harshly.

bar [bar] *m.* bar.

baralla [bəráʎə] *f.* quarrel, fight, brawl. 2 pack, deck [cards].

barallar [bərəʎá] *t.* to cause to quarrel. ■ 2 *p.* to quarrel, to fight, to argue.

barana [bəránə] *f.* banister, rail.

barat, -ta [bərát, -tə] *a.* cheap. ■ 2 *f.* exchange.

barb [barp] *m.* spot, blackhead. 2 ICHTHY. barbel.

barba [bárβə] *f.* beard. || *per* ~, per head. 2 chin.

barbacana [bərβəkánə] *f.* barbican. 2 eaves *pl.*

barbacoa [bərβəkɔ́ə] *f.* barbecue.

barballera [bərβəʎérə] *f.* jowl; dewlap [animals]; double chin [man]; wattle [birds]. 2 chin strap.

barbamec [bərβəmέk] *a.* smooth faced [man]. ■ 2 *m.* fig. pretentious youth, whipper-snapper.

bàrbar, -ra [bárβər, -rə] *a., m.-f.* barbarian. 2 *a.* barbarous.

barbàrie [bərβáriə] *f.* barbarism. 2 barbarity, extreme cruelty.

barbarisme [bərβərizmə] *m.* GRAMM. barbarism.

barbaritat [bərβəritát] *f.* barbarity, outrage. 2 fig. enormous amount, awful lot.

barber [bərβè] *m.* barber.

barberia [bərβəriə] *f.* barber's.

barbeta [bərβètə] *f.* chin. || *tocar la* ~, to suck up to someone.

barbitúric, -ca [bərβitúrik, -kə] *a.* barbituric. ■ 2 *m.* barbiturate.

barbotejar [bərβutəʒá] *i.* to babble.

barbull [bərβúʎ] *m.* noise, babble.

barbut, -uda [bərβút, -úðə] *a.* bearded.

barca [bárkə] *f.* small boat.

barcassa [bərkásə] *f.* barge.

Barcelona [bərsəlónə] *pr. n. f.* GEOGR. Barcelona.

bard [bar] *m.* bard.

bardissa [bərðisə] f. BOT. undergrowth, brush. 2 thorn hedge.

barem [bərɛ̀m] m. scale.

bari [bári] m. MINER. barium.

baríton [bəritun] m. MUS. baritone.

barjaula [bərʒǎŭlə] f. prostitute, whore.

Barna [bárnə] pr. n. f. dim. (Barcelona) Barcelona.

barnilla [bərniʎə] f. rib [umbrella].

barnús [bərnús] m. bathrobe.

baró [bəró] m. baron. 2 respectable, upstanding man.

baròmetre [bərɔ̀mətrə] m. barometer.

baronessa [bərunɛ́sə] f. baroness.

baronia [bəruniə] f. barony.

baronívol, -la [bəruniβul, -lə] a. virile, manly. 2 courageous, brave.

barquer, -ra [bərkɛ̀, -rə] m.-f. boatman, boatwoman.

barra [bárrə] f. bar. 2 loaf [bread]. 3 jaw. ‖ fig. quina ~!, what a nerve! 4 stripe.

barrabassada [bərrəβəsáðə] f. something really stupid, extremely foolish thing to do.

barraca [bərrákə] f. cabin, hut. 2 stall, stand [fairs]. 3 (VAL.) thatched cottage.

barracot [bərrəkɔ̀t] m. shack, shanty.

barral [bərrál] m. barrel.

barranc [bərráŋ] m. gully, ravine.

barraquisme [bərrəkizmə] m. slums pl. ‖ l'ajuntament encara no ha pogut erradicar el ~ a la ciutat, the council has not yet been able to eliminate slums from the town.

barrar [bərrá] t. to bar [also fig.]. ‖ ~ el pas, to block the path, to bar the way. 2 COMM. to cross [cheques].

barreja [bərrɛ́ʒə] f. mixture, blend. 2 confusion.

barrejar [bərrəʒá] t. to mix, to blend. 2 GAME to shuffle [cards]. ■ 3 p. to mingle with. 4 to intervene.

barrera [bərrɛ́rə] f. barrier [also fig.]. ‖ ~ de so, sound barrier. 2 fig. obstacle.

barret [bərrɛ̀t] m. hat: ~ de copa, top hat.

barretina [bərrətínə] f. Catalan cap.

barri [bárri] m. area, district [of a town]. ‖ fig. anar-se'n a l'altre ~, to go to meet one's maker.

barriada [bərriáðə] f. large or independent barri.

barricada [bərrikáðə] f. barricade: aixecar barricades, to put up barricades.

barrija-barreja [bərriʒəβərrɛ́ʒə] f. jumble, mess, hotchpotch.

barril [bərril] m. barrel.

barrila [bərrilə] f. spree, wild time. ‖ fer ~, to make a racket.

barrim-barram [bərrimbərrám] adv. helter-skelter, without rhyme or reason.

barrina [bərrinə] f. MECH. bit.

barrinada [bərrináðə] f. drill hole. 2 blast [of a charge].

barrinar [bərriná] t. to drill, to bore. 2 to mine. 3 fig. to meditate, to think deeply.

barroc, -ca [bərrɔ́k, -kə] a. baroque. ■ 2 m. baroque style. 3 baroque period.

barroer [bərruɛ̀, -rə] a. bad or clumsy. 2 botched [job]. ■ 3 m.-f. botcher.

barrot [bərrɔ̀t] m. bar.

barrut, -uda [bərrút, -úðə] a. which eats a lot [esp. animals]. 2 fig. cheeky.

basalt [bəzál(t)] m. GEOL. basalt.

basar [bəzár] m. bazaar.

basar [bəzá] t. to base (en, on). ■ 2 p. to base oneself on, to be based on.

basarda [bəzárðə] f. terror, fear, dread.

basc, -ca [básk, -kə] a., m.-f. GEOGR. Basque. 2 m. el País Basc, the Basque Country.

basca [báskə] f. anxiety. 2 loss of consciousness. ‖ caure en ~, to faint. 3 pl. nausea sing.

bàscula [báskulə] f. scales pl.

base [bázə] f. base. 2 fig. basis, grounds.

bàsic, -ca [bázik, -kə] a. basic.

basílica [bəzilikə] f. basilica.

basilisc [bəzilisk] m. basilisk.

basqueig [bəskɛ̀tʃ] m. nausea.

bàsquet [báskət] m. SP. basketball.

basquetbol [bəskɛbbɔ̀l] m. SP. basketball.

bassa [básə] f. pond, pool. 2 reservoir. 3 latrine.

bassal [bəsál] m. puddle; pool.

bast, -ta [bás(t), -tə] a. coarse, crude. ■ 2 m. animal de ~, beast of burden. 3 f. SEW. tacking stitch.

bastaix [bəstáʃ] m. bearer, porter.

bastant [bəstán] a. enough, sufficient; quite a lot of. ■ 2 adv. quite, rather, fairly, pretty.

bastar [bəstá] i. to suffice, to be enough, to be sufficient.

bastard, -da [bəstárnd, -ðə] a., m.-f. bastard. 2 a. adulterated.

bastida [bəstíðə] f. scaffolding.

bastidor [bəstiðó] m. frame. 2 AUT. chassis. 3 THEATR. pl. flats. ‖ fig. entre bastidors, in private, behind the scenes.

bastiment [bəstimèn] *a.* frame. 2 AUT. chassis.

bastió [bəstió] *m.* bastion, fortress.

bastir [bəsti] *t.* to construct, to build.

bastó [bəstó] *m.* stick; walking stick.

bata [bátə] *f.* dressing gown, housecoat, smock.

batall [bətáʎ] *m.* clapper.

batalla [bətáʎə] *f.* battle [also fig.]. ‖ battlefield. ‖ *cavall de ~,* hobbyhorse.

batallar [bətəʎá] *i.* to battle, to fight. 2 fig. to quarrel, to fight.

batalló [bətəʎó] *m.* MIL. battalion. 2 team [of workers].

batata [bətátə] *f.* BOT. sweet potato.

batec [bətὲk] *m.* beating [heart, bird's wings].

batedor, -ra [bətəðó, -rə] *m.-f.* scout. 2 *m.* egg beater, whisk. 3 *f.* AGR. threshing machine. 4 *f.* electric beater or mixer; liquidizer.

bategar [bətəɣá] *i.* to beat, to palpitate.

bateig [bətὲtʃ] *m.* baptism, christening. 2 naming [ship, plane, etc.].

batejar [bətəʒà] *t.* to baptize, to christen [also fig.]. 2 to name [ship, plane, etc.]. 3 to water down.

batent [bətὲn] *a.* banging. ■ 2 *m.* door jamb. 3 leaf [of a door].

bateria [bətəriə] *f.* MIL., ELECT. battery. 2 MUS. drums. 3 THEAT. footlights *pl.* 4 *~ de cuina,* kitchen equipment or utensils.

batí [bəti] *m.* dressing gown.

batibull [bətiβúʎ] *m.* mix-up, mess, confusion, tangle.

batista [bətistə] *f.* TEXT. cambric, batiste.

batle [bállə] (BAL.) See BATLLE.

batlle [báʎʎə] *m.* mayor.

batraci [bətrási] *m. pl.* ZOOL. batrachian.

batre [bátrə] *t.* to beat. 2 AGR. to thresh. 3 to beat up. ■ 4 *i.* to beat. ■ 5 *p. batre's en retirada,* to beat retreat.

batussa [bətúsə] *f.* fight, scuffle. 2 fig. quarrel.

batut, -uda [bətút, -úðə] *a.* threshed. 2 beaten. ■ 3 *m.* bang, crack [heavy blow]. 4 shake [drink]. 5 *f.* beating, thrashing. 6 threshing. 7 *fer una batuda,* to raid.

batuta [bətútə] *f.* baton. ‖ fig. *portar la ~,* to be in control.

batxillerat [bətʃiʎəràt] *m.* three year period of secondary education immediately after primary education.

batzac [bədzák] *m.* crash, bump, thump.

batzegada [bədzəɣàðə] *f.* See BATZAC.

batzegar [bədzəɣá] *t.* to shake [violently].

bau [báu] *m.* MAR. beam.

bauxita [báuksitə] *f.* MINER. bauxite.

bava [báβə] *f.* saliva, dribble. ‖ *caure-li la ~ a algú,* to be thrilled, to be delighted. ‖ *tenir mala ~,* to be nasty or malicious.

bavejar [bəβəʒá] *i.* to dribble; to slobber.

bazooka [bəzɔ́kə] *m.* MIL. bazooka.

BCN *f. (Barcelona)* Barcelona.

be [bɛ] *m.* lamb. ‖ fig. *un ~ negre!,* come off it!

1) bé [be] *adv.* well: *et trobes ~?,* are you all right?. ‖ *més ben dit,* or rather; *ben ~,* exactly. 2 very: *ets ben ximple,* you're really stupid. 3 *anar ~,* to be all right; to go the right way: *anem ~ per Terrassa?,* are we going the right way for Terrassa?. 4 *venir ~,* to be right: *aquesta faldilla no em va ~,* this skirt doesn't fit me. ■ 5 *conj.* well. ‖ *ara ~,* however. ‖ *doncs ~,* well then. ‖ *per ~ que* or *si ~,* although. ‖ *per ~ que,* O.K., good, all right. 7 well: *~, on érem?,* well, where were we? ▲ *ben* when followed by an adjective, adverb or verbal form.

2) bé [be] *m.* good. ‖ *gent de ~,* good people, honest people. 2 *pl.* goods, wealth *sing.* 3 LAW *pl.* assets. 4 *~ de Déu,* abundance: *quin ~ de Déu de taronges!,* what glorious oranges! ▲ *pl. béns.*

beat, -ta [beàt, -tə] *a.* blessed. 2 devout. ■ 3 *m.-f.* church goer.

beatificar [beətifiká] *t.* REL. to beatify.

bebè [bəβὲ] *m.* baby.

bec [bek] *m.* beak. 2 fig. mouth. 3 spout. 4 MUS. mouthpiece.

beç [bɛs] *m.* BOT. birch.

beca [bɛ́kə] *f.* grant, scholarship.

becada [bəkáðə] *f.* beakful. 2 ORNIT. woodcock. 3 nod.

becaina [bəkáĩnə] *f.* nap. 2 nod.

becaire [bəkáĩrə] *m.* MUS. natural sign.

becari, -ària [bəkári, -áriə] *a.* grant holding, scholarship holding. ■ 2 *m.-f.* grant holder, scholarship holder.

beceroles [bəsərɔ̀ləs] *f. pl.* primer *sing.,* spelling book *sing.* 2 rudiments *pl.*

bedoll [bəðóʎ] *m.* BOT. birch.

befa [bέfə] *f.* scorn, mockery, jeering. ‖ *fer ~,* to mock, to scoff.

begònia [bəɣɔ̀niə] *f.* BOT. begonia.

begut, -uda [bəɣút, -úðə] *a.* drunk. ■ 2 *f.* drink.

beina [bɛ̃inə] *f.* sheath [sword]. 2 pod.

Beirut [bəîrút] *pr. n. m.* GEOGR. Beirut.

beisbol [beîzbɔl] *m.* SP. baseball.

beix [beʃ] *a.-m.* beige a.

beixamel [bəʃəmɛl] *f.* béchamel sauce.

bel, -la [bèl, -lə] *a.* (ROSS.) See BELL. ■ 2 *m.* baa.

belar [bəlá] *i.* to bleat, to baa.

Belfast [bèlfəs(t)] *pr. n. m.* GEOGR. Belfast.

belga [bèlɣə] *a., m.-f.* GEOGR. Belgian.

Bèlgica [bèlʒikə] *pr. n. f.* GEOGR. Belgium.

Belgrad [bəlɣrát] *pr. n. m.* GEOGR. Belgrade.

belitre [belítrə] *m.* scoundrel, knave.

bell, -lla [bèʎ, -ʎə] *a.* beautiful [woman], handsome [man]. 2 large; strong. ‖ *fa una bella estona,* a long while ago. 3 right. ‖ *adv. phr. al ~ mig,* right in the middle. *de ~ antuvi,* from the very start. ‖ *de ~ nou* over again.

belladona [bəʎəðónə] *f.* BOT. belladonna, deadly nightshade.

bellesa [bəʎézə] *f.* beauty.

bèl·lic, -ca [bèllik, -kə] *a.* war, of war. ‖ *conflicte ~,* war.

bel·licós, -osa [bəllikòs, -ózə] *a.* warlike, bellicose.

bel·ligerància [bəlliʒəránsiə] *f.* belligerency.

bel·ligerant [bəlliʒəràn] *a., m.-f.* belligerent.

bellugadissa [bəʎuɣəðísə] *f.* rustling [of leaves in wind]; seething, swarming, milling [of people].

bellugar [bəʎuɣá] *i.-t.* to move, to shake.

bemoll [bəmɔʎ] *m.* MUS. flat.

ben [ben] See BE 1).

bena [bènə] *f.* bandage. ‖ fig. *tenir una ~ davant dels ulls,* to be blind to the truth.

benastruc, -uga [bənəstrúk, -úɣə] *a.* fortunate, lucky.

benaurança [bənəǔránsə] *f.* REL. beatitude.

benaventurança [bənəβənturánsə] See BENAURANÇA.

benedicció [bənəðiksió] *f.* benediction.

benedictí, -ina [bənəðiktí, -ínə] *a., m.-f.* Benedictine.

benefactor, -ra [bənəfəktó, -rə] *a., m.-f.* benefactor s.

benèfic, -ca [bənɛfik, -kə] *a.* charitable, beneficent.

beneficència [bənəfisènsiə] *f.* charity, beneficence.

benefici [bənəfisi] *m.* benefit, advantage, gain. 2 COMM. profit: *~ net,* clear profit. 3 THEAT. benefit (performance).

beneficiar [bənəfisià] *t.* to benefit. ■ 2 *p.* to benefit (*de,* from, by).

beneficiari, -ària [bənəfisiàri, -àriə] *a., m.-f.* beneficiary s.

beneir [bənəí] *t.* to bless. ‖ *~ la taula,* to say grace.

beneit, -ta [bənèit, -tə] *a.* simple, stupid. 2 ant. blessed. ‖ *vendre's com pa ~,* to sell like hot cakes.

beneitó, -ona [bənəîtó, -ónə] *a.* stupid, foolish, simple.

benemèrit, -ta [bənəmèrit, -tə] *a.* meritorious, worthy.

beneplàcit [bənəplásit] *m.* approval, blessing.

benestant [benəstán] *a.* comfortable, comfortably off; well off.

benestar [benəstá] *m.* well-being. 2 ECON. *estat de ~,* welfare state.

benèvol, -la [bənèβul, -lə] *a.* benevolent, kind.

benevolència [bənəβulènsiə] *f.* benevolence, kindness.

benevolent [bənəβulèn] See BENÈVOL.

benigne, -na [bəníɲnə, -nə] *a.* benign.

benjamí [bənʒəmí] *m.* youngest son.

benparlat, -ada [bɛmpərlàt, -áðə] *a.* well-spoken.

benvingut, -uda [bɛmbiŋgút, -úðə] *a.* welcome. ■ 2 *f.* welcome.

benvist, -ta [bɛmbis(t), -tə] *a.* well-liked, well-thought-of.

benvolgut, -uda [bɛmbulɣút, -úðə] *a.* dear; well-beloved.

benzina [bənzínə] *f.* benzine. 2 petrol, (USA) gasoline.

benzol [bənzɔl] *m.* CHEM. benzol.

berenar [bərəná] *i.* to have an afternoon snack or tea. 2 (BAL.) See ESMORZAR.

berenar [bərəná] *m.* afternoon snack, tea. 2 (BAL.) See ESMORZAR.

bergant, -ta [bərɣàn, -tə] *m.-f.* rascal, scoundrel.

bergantí [bərɣəntí] *m.* MAR. brigantine, brig.

Berna [bèrnə] *pr. n. f.* GEOGR. Bern.

bernat [bərnàt] *m.* bar. 2 ORNITH. *~ pescaire,* heron. 3 ZOOL. *~ ermità,* hermit crab.

Bernat [bərnàt] *pr. n. m.* Bernard.

berruga [bərrúɣə] *f.* wart.

Berta [bèrtə] *pr. n. f.* Bertha.

Bertran [bərtrán] *pr. n. m.* Bertrand.

bes [bɛs] *m.* lit. kiss. 2 (OCC) See PETÓ.

besada [bəzáðə] *f.* kissing. 2 lit. kiss. 3 (BAL.) See PETÓ.

besar [bəzá] *t.* lit., (BAL.), (OCC.) to kiss.

besavi, -àvia [bəzáβi, -áβiə] *m.* great grandfather. 2 *f.* great grandmother.

bescantar [bəskəntá] *t.* to slander, to denigrate, to insult.

bescanviar [bəskəmbiá] *t.* to exchange.

bescoll [bəskóʎ] (VAL.) See CLATELL.

bescuit [bəskúït] *m.* plain sponge cake. 2 rusk. 3 type of ice-cream.

besllum [bəsʎúm] *m.* diffused light. ‖ *de ~*, against the light. 2 fig. vague knowledge.

besnét, -éta [bəsnɛt, -ɛtə] *m.* great grandson. 2 *f.* great granddaughter.

bessó, -ona [bəsó, -ónə] *a., m.-f.* twin.

bessonada [bəsunáðə] *f.* multiple childbirth. ‖ *tenir ~*, to give birth to twins, triplets, etc.

bèstia [bɛstiə] *f.* beast, animal; *~ de càrrega*, beast of burden. 2 beast, brute.

bestial [bəstiál] *a.* bestial, beasty. 2 brutal. 3 fig. terrible, awful, extreme. 4 fig. fantastic, terrific.

bestiar [bəstiá] *m.* livestock. ‖ *~ boví*, cattle.

bestiesa [bəstiɛzə] *f.* silly thing, stupid thing.

bestiola [bəstiɔlə] *f.* little animal. 2 insect.

bestreta [bəstrɛtə] *f.* advance [money]. ‖ *a la ~*, in advance.

bestreure [bəstrɛúrə] *i.* to pay in advance, to make a payment before it is due. ▲ CONJUG. like *treure*.

besuc [bəzúk] *m.* ICHTHY. bronze bream, Spanish bream.

betum [bətúm] *m.* bitumen, pitch, tar. 2 shoe polish.

beuratge [bəŭrádʒə] *m.* potion. 2 nasty drink.

1) beure [bɛŭrə] *t.* to drink. ‖ *~ a morro*, to drink straight from the bottle. ‖ fig. *haver begut oli*, to have had it. 2 to drink alcohol. ■ 3 *p.* to soak up, to absorb. ‖ *beure's l'enteniment*, to act like a fool, to be mad. ▲ CONJUG. GER.: *bevent*. ‖ P. P.: *begut*. ‖ INDIC. PRES.: *bec, beus*, etc. ‖ SUBJ. PRES.: *begui, beguis*, etc. ‖ Imperf.: *begués, beguéssis*, etc.

2) beure [bɛŭrə] *m.* drink.

beutat [bəŭtát] *f.* belle, beauty.

bevedor, -ra [bəβəðó, -rə] *a., m.-f.* drinker. 2 *m.* (i *f.*) drinking trough.

beverri [bəβɛrri] *m.* heavy drinker.

biaix [biáʃ] *m.* bias, slant. ‖ *adv. phr. al o de ~*, askew, obliquely, on a slant.

biberó [biβəró] *m.* (feeding) bottle [for babies].

Bíblia [bíβliə] *f.* REL. Bible.

bibliòfil, -la [biβliɔfil, -lə] *m.-f.* bibliophile, book lover.

bibliografia [biβliuɣrəfíə] *f.* bibliography.

biblioteca [biβliutɛkə] *f.* library. ‖ *rata de ~*, bookworm.

bibliotecari, -ària [biβliutəkàri, -áriə] *m.-f.* librarian.

bicarbonat [bikərβunát] *m.* CHEM. bicarbonate. 2 bicarbonate of soda.

bíceps [bisəps] *m.* ANAT. biceps.

bicicleta [bisiklɛtə] *f.* bicycle.

bicolor [bikuló] *a.* two-tone, two-colour.

bidell [biðɛʎ] *m.* beadle.

bidet [biðɛt] *m.* bidet.

bidó [biðó] *m.* can, drum.

biela [biɛlə] *f.* MECH. connecting rod.

Bielorrússia [bielurrɛusiə] *pr. n. f.* Byelorussia.

biennal [biənál] *a.* biennial.

bifi, bífia [bifi, bifiə] *a.* thick-lipped.

bífid, -da [bifit, -íðə] *a.* ANAT. bifid.

bifocal [bifukál] *a.* bifocal.

bifurcació [bifurkəsió] *f.* fork [roads]; junction [railways].

bifurcar-se [bifurkársə] *p.* to fork.

biga [biɣə] *f.* beam.

bigàmia [biɣámiə] *f.* bigamy.

bigarrat, -ada [biɣərrát, -áðə] *a.* multicoloured [clashing colours].

bigoti [biɣɔti] *m.* moustache.

bijuteria [biʒutəriə] *f.* (imitation) jewellery.

bilateral [bilətərál] *a.* bilateral.

biliar [biliá] *a.* biliary.

bilingüe [bilingüə] *a.* bilingual.

bilingüisme [bilingwizmə] *m.* bilingualism.

bilió [bilió] *m.* billion.

bilis [bilis] *f.* bile [also fig.].

billar [biʎár] *m.* billiards.

bimensual [bimənsuál] *a.* twice a month.

binari, -ària [binári, -áriə] *a.* binary.

binocles [binɔkləs] *m. pl.* binoculars.

binomi [binɔmi] *m.* binomial.

boca

biografia [biuɣrəfiə] *f.* biography.

biòleg, -òloga [biɔ́lək, -ɔ́luɣa] *m.-f.* biologist.

biologia [biuluʒiə] *f.* biology.

biòpsia [biɔ́psiə] *f.* MED. biopsy.

bioquímica [biukimikə] *f.* biochemistry.

bípede, -da [bipəðə, -ðə] *a.* biped, bipedal, two-footed.

biplà [biplá] *m.* biplane.

birmà, -ana [birmà, -ánə] *a., m.-f.* GEOGR. Burmese.

Birmània [birmàniə] *pr. n. f.* GEOGR. Burma.

bis [bis] *adv.* twice. ■ 2 *interj.* encore. ■ 3 *m.* encore.

bisbe [bizβə] *m.* bishop. 2 short thick type of sausage.

bisectriu [bizəktriŭ] *f.* bisector.

bisell [bizéʎ] *m.* bevel.

bisó [bizó] *m.* ZOOL. bison.

bistec [bistɛ́k] *m.* steak. || ~ *rus,* hamburger.

bisturí [bisturi] *m.* scalpel.

bit [bit] *m.* COMP. bit.

bitàcola [bitákulə] *f.* MAR. binnacle.

bitlla [biʎʎə] *f.* skittle. || *joc de bitlles,* skitlles; bowling.

bitllet [biʎʎɛ́t] *m.* ticket. 2 banknote, note.

bitllo-bitllo [biʎʎuβiʎʎu] *adv. phr.* cash down.

bitxo [bitʃu] *m.* BOT. chili pepper.

bivac [biβák] *m.* bivouac.

bivalència [biβəlɛ́nsiə] *f.* bivalence.

bixest [biʃɛ̀s(t)] *a.* leap: *any ~,* leap year.

bizantí, -ina [bizənti, -inə] *a.* Byzantine.

bla, blana [bla, blánə] *a.* soft.

Blai [blái] *pr. n. m.* Blase.

blanc, -ca [blaŋ, -kə] white *a.* 2 blank. || *passar la nit en ~,* not to sleep a wink all night. ■ 3 *m.* white. 4 blank space. 5 target.

Blanca [bláŋkə] *pr. n. f.* Blanche.

blanquejar [bləŋkəʒá] *t.* to whiten; to bleach. 2 to tan [leather]. 3 to blanch [vegetables etc.]. ■ 4 *i.* to be white; to be whitish.

blanqueria [bləŋkəriə] *f.* tanning. 2 tannery.

blasfem, -ma [bləsfɛ̀m, -mə] *a.* blasphemous. ■ 2 *m.-f.* blasphemer.

blasfemar [bləsfəmá] *i.-t.* to blaspheme.

blasfèmia [bləsfɛ̀miə] *f.* blasphemy.

blasmable [bləsmábblə] *a.* censurable, reprehensible.

blasmar [bləzmá] *t.* to censure, to disapprove of, to condemn.

blasme [blázmə] *m.* condemnation, disapproval.

blasó [bləzó] *m.* heraldry. 2 coat of arms. 3 arms *pl.*

blat [blat] *m.* BOT. wheat. || ~ *de moro,* maize, sweetcorn.

blau, blava [bláŭ, bláβə] *a.-m.* blue. || ~ *cel,* sky blue. || ~ *marí,* navy blue. ■ 2 *m.* bruise.

blauet [bləwɛ́t] *m.* BOT. cornflower. 2 ORNITH. kingfisher.

ble [ble] *m.* wick. 2 lock; tuft [hair].

bleda [blɛ̀ðə] *f.* chard, Swiss chard. 2 fig. slow, stupid woman.

bleix [bléʃ] *m.* pant.

bleixar [bləʃá] *i.* to pant.

blenda [blɛ̀ndə] *f.* MINER. blende; sphalerite.

blindar [blindá] *t.* to armour-plate.

bloc [blɔk] *m.* block [stone, flats]. 2 pad: ~ *de notes,* note pad. 3 series, group: *un* ~ *de propostes,* a series of proposals. 4 coalition; ideological grouping. || ~ *comunista,* communist bloc. 5 *adv. phr. en* ~, en bloc.

blonda [blɔ̀ndə] *f.* blonde lace.

bloqueig [blukɛ̀tʃ] *m.* MIL. blockade, siege. 2 COMM. freezing, blocking. 3 MED. blockage.

bloquejar [blukəʒá] *t.* MIL. to blockade. 2 COMM. to freeze, to block. 3 to block.

bluf [bluf] *m.* bluff.

bo, bona [bɔ, bɔ̀nə] *a.* good. || *bon dia,* good morning. || *fa ~ avui,* it's a nice day today. || *bon home,* gullible man. 2 *més ~,* better. 3 *adv. phr. a la bona de Déu,* any old way. 4 *adv. phr. a les bones,* amicably, without resorting to threats or force. ■ 5 *interj.* good! 6 well!: ~, *ara l'he perdut!,* well, now I've lost it! ▲ *bon* in front of *inf.* or *m. sing.*

boa [bɔ̀ə] *f.* ZOOL. boa, boa-constrictor.

bon [bɔn] See BO.

bòbila [bɔ̀βilə] *f.* brickyard; brickkiln.

bobina [buβinə] *f.* bobbin, reel [thread]. 2 reel [film]. 3 ELECT. coil.

boc [bɔ́k] *m.* ZOOL. goat, billy goat.

boca [bɔ́kə] *f.* mouth. || *anar de ~ en ~,* to go round, to be common knowledge; ~ *de pinyó,* small mouth; *no badar ~,* to say nothing. 2 MUS. mouthpiece. 3 mouth [rivers, tunnels]. 4 appetite. || *fer* ~, to be appetizing.

bocabadat, -ada [bokəβəðàt, -àðə] *a.* open-mouthed, agape.

bocada [bukàðə] *f.* mouthful.

bocamàniga [bokəmàniɣə] *f.* cuff.

bocamoll, -lla [bokəmɔ́ʎ, -ʎə] *a.* big mouth *s.*

bocassa [bukàsə] *f.* bad taste [esp. as a result of indigestion].

bocaterrós, -osa [bokətərrós, -ózə] *a.* lying face downwards. ‖ *de bocaterrosa,* face downwards.

bocí [busí] *m.* bit, small piece [of food]. 2 bit. ‖ *fer bocins,* to smash to pieces.

bocoi [bukɔ́i̯] *m.* hogshead, cask.

boda [bòðə] *f.* wedding.

bodega [buðèɣə] *f.* MAR. hold.

bòfega [bɔ́fəɣə] (BAL.) See BUTLLOFA.

bòfia [bɔ́fiə] *f.* blister. 2 fig. lie. 3 coll. the fuzz *pl.,* the cops *pl.* 4 *m.-f.* a cop.

bogeria [buʒəriə] *f.* madness, lunacy. ‖ *té una ~ pel tennis,* she's mad about tennis. 2 mad thing to do or say. 3 mental asylum.

bohemi, -èmia [buèmi, -èmiə] *a.* bohemian. 2 GEOGR. Bohemian. ■ 3 *m.-f.* bohemian. 4 GEOGR. Bohemian. 5 *f.* GEOGR. *Bohèmia* Bohemia.

boia [bɔ́jə] *f.* buoy.

boicot [bui̯kɔ́t] *m.* boycott.

boicotejar [bui̯kutəʒà] *t.* to boycott.

boig, boja [bɔ́tʃ, bɔ́ʒə] *a.* mad. 2 wild, excessive. ■ 3 *m.-f.* lunatic.

boina [bɔ́i̯nə] *f.* beret.

boira [bɔ́i̯rə] *f.* fog. ‖ *vés a escampar la ~!,* why don't you go for a walk? 2 ~ *pixanera,* drizzle.

boirina [bui̯rinə] *f.* mist.

boirós, -osa [bui̯rós, -ózə] *a.* foggy [also fig.].

boix [bɔ́ʃ] *m.* BOT. box. 2 ~ *grèvol,* holly.

boixac [buʃàk] *m.* BOT. marigold.

boixet [buʃèt] *m.* bobbin.

bol [bɔ́l] *m.* bowl.

bola [bɔ́lə] *f.* ball. ‖ *formatge de ~,* Edam. 2 fig. lie. 3 *tenir ~ a algú,* not to be able to stand someone.

bolcada [bulkàðə] *f.* capsizing [boats]; erturning.

bolcar [bulkà] *t.* to overturn, to knock over. ■ 2 *i.* to capsize [boats]; to fall over.

boleivol [bulei̯βɔ́l] *m.* SP. volleyball.

bolet [bulèt] *m.* mushroom [edible]; toadstool [not edible]. 2 bowler hat. ‖ coll.

estar tocat del ~, to be not all there. 3 slap, smack.

bòlid [bɔ́lit] *m.* ASTR. meteorite. 2 SP. racing car.

bolígraf [buliɣrəf] *m.* ball pen, ball-point pen, biro.

bòlit [bɔ́lit] *adv. phr. anar de ~,* not to know whether one is coming or going.

bollabessa [buʎəβèsə] *f.* bouillabaisse.

bolquer [bulkè] *m.* nappy, (USA) diaper. ‖ *un nen de bolquers,* a tiny baby.

bolquet [bulkèt] *m.* wheelbarrow, barrow. 2 tip-lorry.

bolxevic [bulʃəβik] *a., m.-f.* Bolshevik.

bolxevisme [bulʃəβizmə] *m.* Bolshevism.

bomba [bómbə] *f.* bomb: *a prova de ~,* bomb-proof; col·loq. *caure com una ~,* to come as a bombshell; col·loq. *passar-ho ~,* to have a wonderful time. 2 pump.

bombar [bumbà] *t.-p.* to bulge (out). 2 to pump.

bombarda [bumbàrðə] *f.* mortar.

bombardeig [bumbərðètʃ] *m.* bombardment.

bombardejar [bumbərðəʒà] *t.* to bombard; to bomb.

bombarder [bumbərðè] *m.* bomber.

bombatxo [bumbàtʃu] *m.* knee breeches; knickerbockers, plus fours.

bombejar [bumbəʒà] See BOMBARDEJAR.

bomber [bumbè] *m.* fireman.

bombeta [bumbètə] *f.* lightbulb, bulb.

bombo [bómbu] *m.* MUS. big drum.

bombó [bumbó] *m.* chocolate, (USA) chocolate candy.

bombolla [bumbóʎə] *f.* bubble.

bombollejar [bumbuʎəʒà] *i.* to bubble.

bombona [bumbónə] *f.* large gas bottle. 2 carboy.

bon [bɔn] See BO.

bonament [bɔnəmèn] *adv.* easily, without making too much effort. ‖ *fes el que ~ puguis,* just do what you can.

bonança [bunànsə] *f.* good weather. 2 MAR. calm sea.

bonàs, -assa [bunàs, -àsə] *a.* good-natured, easy-going.

bonaventura [bɔnəβəntúrə] *f.* fortune.

bondadós, -osa [bundəðós, -ózə] *a.* kind, kind-hearted.

bondat [bundàt] *f.* kindness.

bonhomia [bunumiə] *f.* bonhomie, geniality.

bonic, -ca [bunik, -kə] *a.* beautiful, pretty.

bonificar [bunifikà] *t.* to improve. 2 COMM. to pay into an account.

bonior [buniò] *f.* buzz, buzzing.

boniquesa [bunikέzə] *f.* prettiness.

bonítol [bunitul] *m.* ICHTHY. bonito.

bony [bóɲ] *m.* bump, swelling, lump.

bonyegut, -uda [buɲəɣút, -úðə] *a.* swollen; covered in bumps.

boquejar [bukəʒà] *i.* to gasp; to gape. 2 to be baggy [clothes].

borboll [burβóʎ] *m.* bubble, bubbling. 2 fig. confusion, tumult.

borbollar [burβuʎà] *i.* to bubble up. ■ 2 *t.* to blurt out.

borbollons [burβuʎóns] *adv. phr. a ~*, in a rush.

1) bord, -da [bor(t), -ðə] *m.* MAR. side, board. ‖ *a ~*, on board. 2 *f.* gunwale.

2) bord, -da [bor(t), -ðə] *a., m.-f.* bastard.

borda [bòrðə] *f.* hut, outhouse.

bordada [burðàðə] *f.* barking.

bordar [burðà] *i.* to bark.

bordegàs, -assa [burðəɣás, -ásə] *m.* lad, boy. 2 *f.* lass, girl.

bordell [burðéʎ] *m.* brothel.

bordó [burðó] *m.* staff [stick]. 2 MUS. bass string. 3 bourdon.

boreal [bureàl] *a.* northern.

bòric, -ca [bɔ̀rik, -kə] *a.* boric.

borinot [burinɔ̀t] *m.* ZOOL. bumblebee. 2 fig. pest, nuisance.

borla [bɔ̀rlə] *f.* tassel.

born [born] *m.* ELECT. terminal. 2 HIST. lists.

borni, bòrnia [bɔ̀rni, bɔ̀rniə] *a.* one-eyed.

bornoi [burnɔ̀i] *m.* MAR. buoy. 2 float.

borra [bórrə] *f.* TEXT. flock.

borrall [burráʎ] *m.* tiny piece, bit. ‖ fig. *no entendre ni un ~*, to understand absolutely nothing. 2 flake.

borralló [burrəʎó] *m.* small ball of fibres. 2 *~ de neu*, snowflake.

borràs [burrás] *m.* TEXT. burlap. ‖ *anar de mal ~*, to be in a bad way, to have come down in the world.

borrasca [burráskə] *f.* storm; squall. 2 fig. storm.

borrascós, -osa [burrəskós, -ózə] *a.* stormy [also fig.].

borratxera [burrətʃέrə] *f.* drunkenness.

borratxo, -txa [burrátʃu, -tʃə] *a., m.-f.* drunk.

borrego [burrέɣu] *m.* COOK. type of toasted biscuit.

borrissol [burrisɔ̀l] *m.* fluff, down.

borró [burró] *m.* fluff, fuzz. 2 BOT. bud. 3 ORNIT. down.

borrós, -osa [burrós, -ózə] *a.* blurred, confused, vague.

borrufada [burrufàðə] *f.* METEOR. blizzard.

borsa [bɔ̀rsə] *f.* stock exchange.

borsari, -ària [bursári, -áriə] *a.* stock exchange.

borsista [bursistə] *m.* stockbroker.

bosc [bɔsk] *m.* wood, forest.

boscà, -ana [buskà, -ánə] *a.* wood; wild.

boscatge [buskàdʒə] *m.* small wood, copse.

Bòsnia-Hercegovina [bɔ̀zniə ərsəɣuβinə] *pr. n. m.* Bosnia-Herzegovina.

bosquerol, -la [buskərɔ̀l, -lə] *a.* wood. ■ 2 *m.-f.* wood dweller.

bossa [bòsə] *f.* bag. ‖ *~ d'aire*, air-pocket. ‖ *fer ~*, to go baggy. 2 handbag [bossa de mà]. 3 fig. money.

bot [bɔt] *m.* wineskin. ‖ *ploure a bots i barrals*, to pour down. 2 jump, leap [person]; bounce [ball]. 3 MAR. boat.

bota [bɔ̀tə] *f.* boot [shoe].

bóta [bótə] *f.* barrel. 2 wineskin.

botànic, -ca [butànik, -kə] *a.* botanical. ■ 2 *f.* botany [science]. 3 *m.-f.* botanist.

botavara [butəβárə] *f.* MAR. boom.

botella [butέʎə] *f.* bottle.

boter [butέ] *m.* cooper, barrel maker.

boterut, -uda [butərút, -úðə] *a.* barrel-shaped, short and fat. 2 misshapen.

botet [butέt] *m.* birdcall, lure.

botí [buti] *m.* booty, loot. 2 spat.

botifarra [butifàrrə] *f.* type of pork sausage.

botiga [butiɣə] *f.* shop.

botiguer, -ra [butiɣέ, -rə] *m.-f.* shopkeeper. 2 *m.* ORNIT. kingfisher.

botir [buti] *t.* to stuff, to cram. ■ 2 *p.* to stuff oneself.

botó [butó] *m.* button. ‖ *botons de puny*, cufflinks. ‖ *anar de vint-i-un ~*, to be dressed up to the nines.

botxa [bótʃə] *f.* bowl: *joc de botxes*, bowls. 2 bag [of an ill-fitting garment].

botxí [butʃi] *m.* executioner, hangman.

botzina [budzinə] *f.* AUTO., MUS. horn. 2 megaphone.

bou [bɔ̆ŭ] *m.* ox, bullock. 2 seine fishing.

bouer, -ra [buè, -rə] See BOVER.

bover, -ra [buβè, -rə] *m.-f.* cowherd, drover. 2 *cargol* ~, edible snail.

boví, -ina [buβí, -inə] *a.* bovine.

bòvids [bɔ́βits] *m. pl.* bovines.

boxa [bɔ́ksə] *f.* SP. boxing.

boxador [buksəðó] *m.* SP. boxer.

boxar [buksà] *i.* SP. to box.

braç [bras] *m.* arm. ‖ fig. *ésser el ~ dret d'algú,* to be someone's right hand man. 2 COOK. ~ *de gitano,* Swiss roll.

braça [bràsə] *f.* SP. breaststroke. 2 MAR. fathom [measure].

braçal [brəsál] *m.* armband.

braçalet [brəsəlέt] *m.* bracelet, bangle.

bracejar [brəsəʒà] *i.* to wave one's arms about.

bracer [brəsè] *m.* farmhand, farm labourer.

bracet [brəsέt] *adv. phr. de* ~, arm-in-arm.

bràctea [bràkteə] *f.* BOT. bract.

braguer [brəɣè] *m.* truss [orthopaedic]. 2 ZOOL. udder.

bragues [bràɣəs] See CALCES.

bragueta [brəɣέtə] *f.* flies *pl.,* fly [of trousers].

bram [bram] *m.* braying [donkey]. 2 lowing [cow]. 3 bellow [bull].

bramadissa [brəməðisə] *f.* loud, persistent braying or lowing or bellowing.

bramar [brəmà] *i.* to bray [donkey]. 2 to low [cow]. 3 to bellow [bull] [also fig.].

bramul [brəmúl] *m.* bellow, bellowing. 2 roaring, roar [storm].

bramular [brəmulà] *i.* to bellow, to roar.

branca [bràŋkə] *f.* branch.

brancatge [brəŋkàdʒə] *m.* branches *pl.*

brandar [brəndà] *t.* to brandish.

brandó [brəndó] *m.* torch.

brànquia [bràŋkjə] *f.* gill [of a fish].

branquilló [brəŋkiʎó] *m.* twig.

braó [brəó] *m.* upper part of an animal's foreleg. 2 fig. courage, bravery.

braol [brəɔ́l] See BRAMUL.

braolar [brəulà] See BRAMULAR.

brasa [bràzə] *f.* ember. ‖ *a la* ~, barbequed.

braser [brəzè] *m.* brazier.

Brasil [brəzíl] *pr. n. m.* GEOGR. Brazil.

brasiler, -ra [brəzilè, -rə] GEOGR. *a., m.-f.* Brazilian.

brau, -ava [bràŭ, -áβə] *a.* brave. 2 MAR. rough [sea]. 3 wild. ■ 4 *m.* bull.

bravada [brəβáðə] *f.* bad smell, stink.

bravata [brəβátə] *f.* bravado; boasting.

bravesa [brəβέzə] *f.* bravery.

bravo! [bràβo] *interj.* bravo!

brea [brέə] *f.* tar, pitch.

brega [brέɣə] *f.* argument, quarrel, row, fight.

bregar [brəɣà] *i.* to struggle, to fight [to achieve something].

bresca [brέskə] *f.* honeycomb.

bresquilla [brəskiʎə] *f.* (OCC.) See PRÉSSEC.

bressar [brəsà] *t.* to rock.

bressol [brəsɔ́l] *m.* cradle.

bressolar [brəsulà] *t.* to rock [in a cradle].

bressoleig [brəsulέtʃ] *m.* rocking.

brètol [brέtul] *m.* rogue, rascal, scoundrel.

bretxa [brέtʃə] *f.* breach.

breu [brέŭ] *a.* brief, short.

breument [breŭmèn] *adv.* briefly.

brevetat [brəβətàt] *f.* briefness.

breviari [brəβiári] *m.* REL. breviary.

bri [bri] *m.* thread, fibre, filament. 2 fig. tiny bit.

bricbarca [brigbàrkə] *m.-f.* MAR. bark, barque.

bricolatge [brikulàdʒə] *m.* do-it-yourself.

brida [briðə] *f.* bridle; reins.

bridge [britʃ] *m.* GAME. Bridge.

brigada [briɣàðə] *f.* brigade, squad.

brillant [briʎán] *a.* brilliant, bright. ■ 2 *m.* diamond.

brillantina [briʎəntinə] *f.* brilliantine.

brillantor [briʎəntó] *f.* brilliance, brightness.

brillar [briʎá] *i.* to shine [also fig.]. ‖ ~ *algú per la seva absència,* to be conspicuous by one's absence.

brindar [brindà] *i.* to toast [to drink someone's health]. ■ 2 *t.* to offer [something to someone].

brioix [briʃ] *m.* brioche.

brisa [brizə] *f.* breeze; seabreeze.

brisca [briskə] *f.* cold air. 2 card game.

britànic, -ca [británik, -kə] *a.* GEOGR. British. ■ 2 *m.-f.* Briton.

briva [briβə] *f.* rabble, riff-raff.

brivall [briβáʎ] *m.* ruffian, rascal, loafer, vagabond. 2 lad, boy.

broc [brɔk] *m.* spout. ‖ *abocar (alguna cosa) pel ~ gros,* not to mince words. 2 *pl.* excuses.

broca [brɔ́kə] *f.* bit [drill].

brocal [brukál] *m.* small wall [round a well]; rim.

brocat [brukát] *m.* brocade.

brodar [bruðá] *t.* to embroider [also fig.].

brodat [bruðát] *m.* embroidery.

bròfec, -ega [brɔ́fək, -əɣə] *a.* severe, harsh, gruff, crude, rude.

brogit [bruʒít] *m.* confused noises; rustling [leaves]; murmur [crowds, water].

broll [brɔʎ] *m.* jet [liquids]. 2 undergrowth.

brollador [bruʎəðó] *m.* spring. 2 fountain.

brollar [bruʎá] *i.* to gush, to spout.

broma [brɔ́mə] *f.* joking; joke; trick. ‖ *~ pesada,* practical joke; *de ~,* jokingly; *fer ~,* to joke. 2 mist, fog. 3 foam.

bromejar [bruməʒá] *i.* to joke.

bromera [brumɛ́rə] *f.* foam.

bromista [brumístə] *a.* joking; fond of a joke. ■ 2 *m.-f.* joker; funny person.

bromós, -osa [brumós, -ózə] *a.* misty.

broncopneumònia [bruŋkunəŭmɔ́niə] *f.* MED. bronchopneumonia.

bronqui [brɔ́ŋki] *m.* ANAT. bronchus.

bronquitis [bruŋkítis] *f.* MED. bronchitis.

bronze [brɔ́nzə] *m.* bronze.

bronzejar [brunzəʒá] *t.* to bronze. 2 to tan, to suntan.

bronzejat, -ada [brunzəʒát, -áðə] *a.* bronzed. 2 suntanned, tanned.

bròquil [brɔ́kil] *m.* BOT. broccoli.

brossa [brɔ́sə] *f.* dead leaves; undergrowth. 2 particle; speck, grain. 3 rubbish.

brostar [brustá] *i.* to sprout, to bud.

brot [brɔt] *m.* shoot, bud.

brotar [brutá] *i.* to bud.

brotxa [brɔ́t∫ə] *f.* paintbrush. 2 shaving brush.

brou [bɔ́ŭ] *m.* broth; stock.

bru, -na [brú, -nə] *a.* brown; dark-skinned.

bruc [bruk] *m.* BOT. heather.

Bruges [brúʒəs] *pr. n. f.* GEOGR. Bruges.

bruguera [bruɣɛ́rə] *f.* See BRUC.

bruixa [brú∫ə] *f.* witch. 2 coll. pej. bitch.

bruixeria [bru∫əríə] *f.* witchcraft, sorcery. ‖ *per art de ~,* as if by magic.

brúixola [brú∫ulə] *f.* compass.

bruixot [bru∫ɔ́t] *m.* wizard, sorcerer.

brunyir [bruɲí] *t.* to burnish, to polish.

brunzir [brunzí] *i.* to hum, to buzz.

brunzit [brunzit] *m.* buzzing, buzz, humming, hum.

brusa [brúzə] *f.* blouse.

brusc, -ca [brusk, -kə] *a.* abrupt, brusque.

brusquedat [bruskəðát] *f.* abruptness, brusqueness.

Brussel·les [brusɛ́lləs] *pr. n. f.* GEOGR. Brussels.

brut, -ta [brut, -tə] *a.* dirty. 2 raw, crude, unrefined. ‖ *en ~,* in rough. ‖ *pes ~,* gross weight. ‖ *producte ~,* gross product. ‖ *jugar ~,* to play dirty.

brutal [brutál] *a.* brutal; animal.

brutalitat [brutəlitát] *f.* brutality.

brutícia [brutísiə] *f.* dirt, filth, dirtiness, filthiness.

buc [buk] *m.* cavity. 2 body [ship, plane], shell [house]. 3 stairwell.

bucal [bukál] *a.* buccal, of the mouth.

Bucarest [bukərɛ́s(t)] *pr. n. f.* GEOGR. Bucharest.

bucle [búklə] *m.* ringlet, curl.

bucòlic, -ca [bukɔ́lik, -kə] *a.* bucolic; rural.

Buda [búðə] *m.* Buddha.

Budapest [buðəpɛ́s(t)] *pr. n. f.* GEOGR. Budapest.

budell [buðéʎ] *m.* intestine, gut.

budellam [buðəʎám] *m.* intestines *pl.,* guts *pl.*

budisme [buðízmə] *m.* Buddhism.

buf [buf] *m.* blow, puff. 2 MED. murmur.

bufa [búfə] *f.* slap. 2 bladder. 3 wind, flatulence. ■ 4 *interj.* My Goodness! Good Lord!

bufada [bufáðə] *f.* blow, puff.

bufador, -ra [bufəðó, -rə] *m.-f.* blower, person who blows. 2 *m.* blowlamp; welding torch. 3 *m.* a windy place.

búfal [búfəl] *m.* ZOOL. buffalo.

bufanda [bufándə] *f.* scarf.

bufar [bufá] *i.-t.* to blow. ‖ *és ~ i fer ampolles,* it's dead easy, it's a piece of cake.

bufat, -ada [bufát, -áðə] *a.* blown up, inflated, swollen. 2 fig. vain.

bufec [bufɛ́k] *m.* snort; whistling.

bufera [bufɛ́rə] *f.* GEOGR. saltwater lagoon. 2 puff.

bufet [bufɛ́t] *m.* sideboard. 2 buffet [food]. 3 lawyer's office.

bufeta [bufɛ́tə] *f.* bladder.

bufetada [bufətàðə] f. slap, blow to the face.

bufetejar [bufətəʒà] t. to slap, to smack [the face].

bufó, -ona [bufò, -ónə] a. pretty, cute, lovely. ■ 2 m. fool, jester, buffoon.

bugada [buɣàðə] f. laundry [clothes]. 2 the washing operation. 3 fig. cleaning, clearing.

bugaderia [buɣəðəriə] f. laundry [shop].

bugia [buʒiə] f. sparkplug. 2 candle. 3 MED. bougie.

buidar [buïðà] t.-p. to empty.

buidatge [buïðàtʒə] m. emptying.

buidor [buïðó] f. emptiness.

buina [buïnə] f. cow dung.

buit, buida [buït, buïðə] a. empty. ∥ adv. phr. de ~, with no passengers or load, empty. ■ 2 m. empty space; vacuum. ∥ fer el ~, to ignore.

bulb [bùlp] m. bulb.

buldog [buldɔ̀k] m. bulldog.

búlgar, -ra [búlɣər, -rə] a., m.-f. GEOGR. Bulgarian.

Bulgària [bulɣàriə] pr. n. f. GEOGR. Bulgaria.

bull [buʎ] m. boil, boiling. ∥ faltar-li a algú un ~, to be not all there.

bullent [buʎèn] a. boiling.

bullícia [buʎisiə] f. agitation, bustle. 2 din, uproar, noise.

bulliciós, -osa [buʎisiós, -ózə] a. bustling, restless; noisy.

bullida [buʎiðə] f. See BULL.

bullir [buʎi] i.-t. to boil.

bullit [buʎit] m. stew. 2 fig. jumble, mess, muddle.

bum! [bum] interj. boom!, bang!

bunyol [buɲɔ̀l] m. COOK. fritter. 2 fig. mess, botch, botched job.

BUP [bup] m. EDUC. (Batxillerat Unificat Polivalent) three year period of secondary education.

burg [burk] m. HIST. borough, small town formed round a castle.

burgés, -esa [burʒès, -èzə] a. middle-class. 2 bourgeois. ■ 3 m.-f. member of the middle-class.

burgesia [burʒəsiə] f. middle-class. 2 HIST. pej. bourgeoisie.

burí [buri] m. burin.

burilla [buriʎə] f. cigarette end, butt. 2 bogey. ∥ fer burilles, to pick one's nose.

burla [búrlə] f. jeer, gibe. ∥ fer ~ d'algú, to make fun of someone.

burlar-se [burlàrsə] p. to make fun of, to mock: ~ dels reglaments, to flout the rules.

burlesc, -ca [burlɛ̀sk, -kə] a. burlesque.

burleta [burlɛ̀tə] m.-f. one who pokes fun at everything; joker.

burocràcia [burukràsiə] f. bureaucracy. 2 pej. red tape.

buròcrata [burɔ̀krətə] m.-f. bureaucrat.

burro, -a [búrru, -ə] m.-f. ZOOL. donkey. 2 stupid person.

burxa [búrʃə] f. pointed metal rod. 2 poker.

burxar [burʃà] t. to prod, to poke. 2 to poke [a fire]. 3 fig. to pester [someone].

burxeta [burʃɛ̀tə] f. nuisance; person who pesters.

bus [bus] m. diver.

busca [búskə] f. small piece, bit. 2 gnomon [sundial]; hand [watches, clocks]. 3 pointer.

buscagatoses [buskəɣətòzəs] m. loafer, lazybones.

buscall [buskàʎ] m. log, piece of firewood.

buscar [buskà] t. to look for, to seek.

busca-raons [buskərraòns] m.-f. argumentative or quarrelsome person.

bust [bus(t)] m. bust.

bústia [bústiə] f. letterbox.

butà [butà] m. butane.

butaca [butàkə] f. armchair. 2 seat.

butlla [búʎʎə] f. bull [papal].

butlleta [buʎʎɛ̀tə] f. ticket; voucher; warrant.

butlletí [buʎʎəti] m. bulletin; report.

butllofa [buʎʎɔ̀fə] f. blister.

butxaca [butʃàkə] f. pocket.

C

C, c [se] *f.* c [letter].

1) ca [ka] (BAL.) See GOS.

2) ca [ka] *f. dim.* house; *a ~ l'Andreu,* at Andrew's.

3) ca! [ka] *interj.* nonsense!, rubbish!

cabal [kəβál] *m.* flow, amount of water which flows down a river. *2 pl.* possessions, goods.

càbala [káβələ] *f.* cabala, cabbala [Jewish mysticism]. *2 fig.* cabal, intrigue.

cabalístic, -ca [kəβəlistik, -kə] *a.* cabalistic. *2* hidden, secret.

cabana [kəβánə] See CABANYA.

cabanya [kəβáɲə] *f.* cabin, hut, shack.

cabaret [kəβərét] *m.* cabaret, night-club.

cabàs [kəβás] *m.* basket.

cabdal [kəbdál] *a.* capital, principal.

cabdell [kəbdèʎ] *m.* ball [of wool]. *2* heart [lettuce, cabbage].

cabdellar [kəbdəʎá] *t.* to wind, to form a ball.

cabdill [kəbdíʎ] *m.* chief, leader; commander.

cabeça [kəβésə] *f.* bulb; head [of garlic].

cabell [kəβèʎ] *m.* a hair [of the head].

cabellera [kəβəʎérə] *f.* the hair, head of hair.

cabellut, -uda [kəβəʎút, -úðə] *a.* hairy.

cabina [kəβínə] *f.* MAR. cabin. *2* TRANS. cab. *3* booth. ‖ *~ telefònica,* telephone box.

cabirol [kəβiról] *m.* ZOOL. roe deer.

cable [kábblə] *m.* cable.

cabòria [kəβɔ́riə] *f.* trouble, worry [especially unfounded].

cabota [kəβɔ́tə] *f.* head [of a nail].

cabotage [kəβutádʒə] *m.* MAR. cabotage, coastal trade.

cabotejar [kəβutəʒá] *i.* to nod, to shake; to move the head backwards, forwards orsideways.

cabra [káβrə] *f.* goat. ‖ *estar com una ~,* to be daft, to be loony. *2 ~ de mar,* crab.

cabre [káβrə] *i.* to fit. ‖ *no hi cap de content,* he's over the moon. ▲ CONJUG. GER.: *cabent.* ‖ P. P.: *cabut, cabuda.* ‖ INDIC. Pres.: *cabo, caps, cap.* ‖ SUBJ. Pres.: *càpiga,* etc. ‖ Imperf.: *cabés,* etc.

cabrejar-se [kəβrəʒàrsə] *p.* to get really pissed off.

cabriola [kəβriɔ́lə] *f.* pirouette; leap.

cabrit [kəβrit] *m.* ZOOL. kid. *2* bugger [insult].

cabró [kəβró] *m.* billy-goat. *2* cuckold. *3* vulg. bastard [insult].

cabrum [kəβrúm] *a.* goat. ■ *2 m.* goats *pl.*

cabuda [kəβúðə] *f.* capacity.

caca [kákə] *f.* excrement, dirt. ‖ *deixa això, és ~,* don't touch that, it's dirty.

caça [kásə] *f.* hunting, shooting. *2* game. *3 m.* fighter plane.

caçador, -ra [kəsəðó, -rə] *a.* hunting. ■ *2 m.* hunter. *3 f.* huntress. *4 f.* windcheater.

caçaire [kəsáirə] *m.-f.* (ROSS.) See CAÇADOR *2, 3.*

caçar [kəsá] *t.* to hunt, to shoot. *2 fig.* to bag, to get.

cacatua [kəkətúə] *f.* ORNIT. cockatoo.

cacau [kəkáu̯] *m.* cocoa tree. *2* cocoa. *3 coll. quin ~!,* what a mess!

cacauet [kəkəwét] *m.* BOT. peanut, groundnut.

cacera [kəsérə] *f.* hunting, shooting. *2* hunting party.

cacic [kəsik] *m.* cacique, political boss.

caciquisme [kəsikizmə] *m.* caciquism, despotism.

cacofonia [kəkufuniə] *f.* cacophony.

cactus [káktus] *m.* BOT. cactus.

cada [káðə] *a.* each, every: *~ dia,* every day; *~ un,* each. ■ *2 pron. ~ un,* each one, every one.

cadafal [kəðəfál] *m.* platform, stage [in a public place]. *2* scaffold [for execution].

cadascú [kəðəskú] *pron.* each one, everyone: ~ *és lliure de fer el que vol,* each man is free to do as he wants.

cadascun, -una [kəðəskún, -únə] *a.* each.

cadastre [kəðàstrə] *m.* official property or land register, cadastre.

cadàver [kəðáβər] *m.* corpse, cadaver.

cadell,-lla [kəðèʎ, -ʎə] *a.* ZOOL. young. ■ *2 m.-f.* puppy, pup; cub [bear or wolf].

cadena [kəðénə] *f.* chain. ‖ *en ~,* one after another, in succession.

cadenat [kəðənàt] *m.* padlock.

cadència [kəðènsiə] *f.* cadence, rhythm.

cadeneta [kəðənétə] *f.* light chain [especially on military decorations]. ‖ *punt de ~,* chain stitch.

cadernera [kəðərnèrə] *f.* ORNIT. goldfinch.

cadet [kəðèt] *m.* cadet.

cadira [kəðirə] *f.* chair. ‖ *n'hi havia per llogar-hi cadires!,* you should have seen it!, what a performance!

cadireta [kəðirètə] *f.* small chair. 2 type of chair formed by two people's hands.

caduc, -ca [kəðúk, -kə] *a.* on the point of disappearing. 2 BOT. deciduous [leaves]. 3 decrepit, senile.

caducar [kəðukà] *i.* to be about to disappear. 2 to expire, to become invalid, to lapse.

caducitat [kəðusitàt] *f.* expiry: *data de ~,* sell by date.

cafè [kəfè] *m.* coffee. 2 café, coffee bar.

cafeïna [kəfəinə] *f.* caffeine.

cafetera [kəfətèrə] *f.* coffeepot.

cafre [káfrə] *a., m.-f.* Kaffir. 2 *a.* fig. brutal, savage. 3 *m.-f.* brute, savage.

cagacalces [kəɣəkálsəs] *m.* coll. coward, chicken.

cagada [kəɣàðə] *f.* defecation. 2 vulg. blunder.

cagadubtes [kəɣəðúptəs] *m.-f.* ditherer, waverer.

cagalló [kəɣəʎó] *m.* pellet, dropping [excrement]. 2 vulg. coward. 3 vulg. cowardice.

caganer, -ra [kəɣənè, -rə] *a.* who shits, shitting. 2 cowardly. ■ 3 shitter. 4 little child. 5 coward.

caganiu [kəɣəniu] *m.* youngest child.

cagar [kəɣà] *i.-t.* to shit. 2 *cagar-la,* to make a mess (of), to make a balls of. 3 *p. coll. me cago en l'ou,* shit!, damn!

cagarada [kəɣəràðə] *f.* stool; shit.

cagarro [kəɣàrru] *m.* turd.

caiguda [kəïɣúðə] *f.* fall. ‖ *a la ~ del sol,* when the sun sets, at sunset.

caiman [kəĭmàn] *m.* ZOOL. alligator, caiman.

caire [káĭrə] *m.* edge. 2 aspect.

Caire, el [káĭrə, əl] *pr. n. m.* GEOGR. Cairo.

caixa [káʃə] *f.* box; chest. ‖ *~ forta,* safe; AERON. *~ negra,* black box, flight recorder. 2 *~ d'estalvis,* savings bank.

caixer [kəʃè, -rə] *m.-f.* cashier. ‖ *~ automàtic,* cash dispenser.

caixó [kəʃó] *m.* small box.

cal [kəl] (*contr. ca* + *al*): *vinc de ~ metge,* I've just come from the doctor's.

cala [kálə] *f.* GEOGR. cove, inlet.

calabós [kələβòs] *m.* cell. 2 MIL. coll. glasshouse. ▲ *pl. calabossos.*

calafatar [kələfətà] *t.* to caulk.

calaix [kəláʃ] *m.* drawer. 2 *anar-se'n al ~,* to die.

calaixera [kələʃèrə] *f.* chest of drawers.

calamars [kələmàrs] *m.* ICHTHY. squid.

calamarsa [kələmàrsə] *f.* METEOR. hail, hailstones.

calamitat [kələmitàt] *f.* calamity.

calandra [kəlàndrə] *f.* MEC. radiator grille. 2 ORNIT. calandra lark. 3 TECH. calender.

calàndria [kəlàndriə] *f.* ORNIT. calandra lark.

calar [kəlà] *t.* MAR. to strike a sail. 2 to penetrate [liquids into porous things]. 3 fig. to see through. 4 ~ *foc,* to set on fire.■ 5 *p. calar-se foc,* to catch fire. 6 AUTO. to stall.

calat [kəlàt] *m.* openwork.

calavera [kələβérə] *f.* skull. 2 skeleton. 3 fig. sensualist, libertine.

calb, -ba [kálp, -βə] *a., m.-f.* bald *a.* 2 *f.* bald head.

calc [kalk] *m.* tracing. 2 fig. copy, plagiarism.

calç [kals] *f.* CHEM. lime.

calçada [kəlsàðə] *f.* made road, paved road. 2 roadway [where cars may pass].

calçador [kəlsəðó] *m.* shoehorn. ‖ *entrar amb ~,* to be a tight fit.

calcar [kəlkà] *t.* to trace. 2 fig. to copy, to plagiarise. 3 to put pressure on [with the foot].

calçar [kəlsà] *t.* to shoe; to make shoes for someone. 2 to take a certain size of shoe: *quin número calces?,* what size (shoe) do you take? ■ 3 *p.* to put one's shoes on. 4 to buy one's shoes at a certain place.

calcari, -ària [kəlkári, -áriə] *a.* calcareous. || *pedra calcària,* limestone.

calçasses [kəlsásəs] *m.* henpecked husband.

calçat [kəlsát] *a.* wearing shoes. ■ 2 *m.* footwear, shoes *pl.*

calces [kálsəs] *f. pl.* knickers, panties. 2 (BAL.), (VAL.) stockings.

calcetins [kəlsətíns] (BAL.), (VAL.) *See* MITJONS.

calci [kálsi] *m.* MINER. calcium.

calcificar [kəlsifiká] *t.* to calcify.

calcinar [kəlsiná] *t.* to calcine. || *el cotxe va quedar calcinat,* the car was completely burnt out.

calcomania [kəlkuməniə] *f.* PRINT. transfer.

calçot [kəlsɔ́t] *m.* type of spring onion usually cooked in embers.

calçotada [kəlsutáðə] *f.* a [usually] open air meal of *calçots.*

calçotets [kəlsutɛ́ts] *m. pl.* underpants.

càlcul [kálkul] *m.* calculation. 2 calculus. 3 MED. calculus, stone.

calculador, -ra [kəlkuləðó, -rə] *a.* calculating. ■ 2 *m.-f.* calculator.

calcular [kəlkulá] *t.* to calculate.

calda [káldə] *f.* heat. 2 stoking [furnace].

caldejar [kəldəʒá] *t.* to heat [sun].

caldera [kəldɛ́rə] *f.* boiler; cauldron.

calderada [kəldəráðə] *f.* boilerful, the contents of a boiler; cauldronful.

caldre [káldrə] *i.* to be necessary, to need. || *com cal,* proper, as it should be. || *no cal dir,* of course. ▲ CONJUG. like *valer.*

calé [kəlé] *m.* dough, bread, money. ▲ usu. *pl.*

calefacció [kələfəksió] *f.* heating.

calendari [kələndári] *m.* calendar.

calent [kəlɛ́n] *a.* hot. || *el més ~ és a l'aigüera,* there's nothing ready to eat [at mealtime]. || *cap ~,* hothead.

caler [kəlé] *See* CALDRE.

calfred [kəlfrɛ́t] *m.* shiver.

calibrar [kəliβrá] *t.* to gauge, to calibrate.

calibre [kəliβrə] *m.* calibre.

càlid, -da [kálit, -ðə] *a.* warm, hot.

calidoscopi [kəliðuskɔ́pi] *m.* kaleidoscope.

califa [kəlifə] *m.* caliph.

calitja [kəliʤə] *f.* METEOR. haze.

caliu [kəliŭ] *m.* embers, hot ashes. 2 fig. warmth, affection; well-being.

call [kaʎ] *m.* MED. corn; callous. 2 HIST. Jewish quarter.

callar [kəʎá] *t.* to silence, to shut up. ■ 2 *i.* to shut up, to be silent. || *fer ~,* to silence.

callat, -ada [kəʎát, -áðə] *a.* silent, quiet.

cal·ligrafia [kəlliɣrəfiə] *f.* calligraphy.

callista [kəʎistə] *m.-f.* chiropodist.

calm, -ma [kálm, -mə] *a.* calm, tranquil. ■ 2 *f.* calm, calmness.

calmant [kəlmán] *a.* calming, soothing. ■ 2 *m.* pain-killer, sedative, tranquillizer.

calmar [kəlmá] *t.* to calm, to calm down: *això et calmarà el dolor,* this will ease your pain. ■ 2 *i.* to become calm: *el vent ha calmat,* the wind has dropped. ■ 3 *p.* *calma't!,* take it easy!

calmós, -osa [kəlmós, -ózə] *a.* calm. 2 calm, unhurried.

calor [kəló] *f.* heat: *fa ~,* it's hot.

calorada [kəluráðə] *f.* great heat, oppressive heat. 2 heat [after physical effort].

caloria [kəluriə] *f.* calorie.

calorífic, -ca [kəlurífik, -kə] *a.* calorific.

calorós, -osa [kəlurós, -ózə] *a.* warm [also fig.].

calúmnia [kəlúmniə] *f.* calumny; slander [spoken]; libel [written].

calumniar [kəlumniá] *t.* to slander [spoken]; to libel [written]; to calumny.

calvari [kəlβári] *m.* Calvary. 2 fig. trials and tribulations, suffering.

calvície [kəlβísiə] *f.* baldness.

calze [kálzə] *m.* chalice. 2 BOT. calyx.

cama [kámə] *f.* leg. || *cames ajudeu-me,* hell for leather. || *~ ací, ~ allà,* astride.

camafeu [kəməfɛ́ŭ] *m.* cameo.

camal [kəmál] *m.* leg [of trousers].

camaleó [kəmələó] *m.* ZOOL. chameleon.

camàlic [kəmálik] *m.* porter, carrier.

camamilla [kəməmiʎə] *f.* BOT. camomile.

camarada [kəməráðə] *m.* comrade; mate.

camarilla [kəməriʎə] *f. cast.* clique; pressure group; lobby [Parliament].

camarot [kəmərɔ́t] *m.* MAR. cabin.

cama-sec [kaməsɛ́k] *m.* BOT. fairy ring mushroom. 2 honey mushroom.

cama-segat, -ada [kaməsəɣát, áðə] *a.* exhausted, worn out.

Cambotja [kəmbɔ́ʤə] *pr. n. f.* GEOGR. Cambodia.

cambotjà, -ana [kəmbudʒá, -ánə] *a., m.-f.* Cambodian.

cambra [kámbrə] *f.* chamber; bedroom: ~ *de bany*, bathroom. 2 COMM. ~ *de compensació*, clearing house. 3 AUT. ~ *d'aire*, inner tube.

cambrer, -ra [kəmbrè, -rə] *m.* waiter, barman. 2 *f.* waitress, barmaid.

camèlia [kəmèliə] *f.* BOT. camellia.

camell, -lla [kəméʎ, -ʎə] *m.-f.* ZOOL. camel. 2 coll. pusher.

camerino [kəmərinu] *m.* THEATR. dressing room.

camí [kəmí] *m.* way, route. 2 path, track; lame; road. ‖ ~ *de cabres*, narrow, difficult track. ‖ HIST. ~ *ral*, highway. 3 fig. *a mig* ~, halfway. 4 fig. *obrir-se* ~, to overcome difficulties to reach a goal. 5 fig. *tots els camins duen a Roma*, all roads lead to Rome. 6 fig. *anar pel mal* ~, to go astray.

caminada [kəmináðə] *f.* long walk.

caminador, -ra [kəminəðò, -rə] *a., m.-f.* good walker s. ■ 2 *m. pl.* reins [children].

caminar [kəminá] *i.* to walk. ‖ ~ *de puntetes*, to tiptoe.

camió [kəmió] *m.* lorry, truck.

camió-cisterna [kəmió sistèrnə] *m.* tanker.

camioneta [kəmiunètə] *f.* van.

camisa [kəmizə] *f.* shirt. ‖ ~ *de dormir*, nightshirt; fig. *aixecar la* ~, to take [someone] in, to fool; *anar en mànegues de* ~, to be in shirt-sleeves.

campar [kəmpá] *i.* to get by, to manage. ‖ *campi qui pugui!*, every man for himself!

camiseria [kəmizəriə] *f.* shirt shop.

camp [kam] *m.* country, countryside [as opposed to town]. 2 field, open land: ~ *d'aviació*, airfield: ~ *d'esports*, sportsfield. 3 fig. field: *el* ~ *de la televisió*, the field of television: ~ *magnètic*, magnetic field. ‖ *fotre el* ~, to go, to leave. ‖ *deixar el* ~ *lliure*, to leave the field open. ‖ *haver-hi* ~ *per córrer*, to have plenty of room to manoeuvre. ‖ ~ *de concentració*, concentration camp. ‖ ~ *de treball*, work camp. ‖ ~ *de visió*, field of vision.

campament [kəmpəmèn] *m.* encampment; camp. 2 camping.

campana [kəmpánə] *f.* bell. ‖ coll. *fer* ~, to play truant. ‖ *sentir tocar campanes (i no saber on)*, to have a vague idea or recollection of something.

campanada [kəmpənáðə] *f.* ringing; peal.

campanar [kəmpəná] *m.* bell tower, belfry.

campaner [kəmpənè] *m.* bellmaker. 2 bellringer.

campaneta [kəmpənètə] *f.* small bell; handbell. 2 BOT. bellflower.

campanya [kəmpáɲə] *f.* country. 2 campaign: ~ *electoral*, election campaign: ~ *publicitària*, advertising campaign: *fer* ~ *per*, to campaign for.

camperol, -la [kəmpərɔl, -lə] *a.* country, rural: *flors camperoles*, wild flowers. ■ 2 *m.-f.* country person.

càmping [kámpiŋ] *m.* camping. 2 camping site, camp site.

campió, -ona [kəmpió, -ónə] *m.-f.* champion.

campionat [kəmpiunát] *m.* championship.

camús, -usa [kəmús, -úzə] *a.* snubnosed.

camussa [kəmúsə] *f.* ZOOL. chamois, izard.

can [kən] (*contr. ca + en*): *a* ~ *Miquel*, at Michael's (house). ‖ ~ *seixanta*, bedlam.

cana [kánə] *f.* measure of length equivalent to eight *pams*.

Canadà [kənəðá] *pr. n. m.* GEOGR. Canada.

canadenc, -ca [kənəðèŋ, -kə] *a., m.-f.* Canadian.

canal [kənál] *m.* canal. 2 channel: *el* ~ *de la Mànega*, the English Channel. 3 waveband 4 *f.* defile, very narrow valley.

canalització [kənəlidzəsió] *f.* canalization.

canalitzar [kənəlidzá] *t.* to channel.

canalla [kənáʎə] *f.* children; kids. 2 *m.* blackguard, scoundrel, swine.

canallada [kənəʎáðə] *f.* dirty trick. 2 large group of children. 3 childishness, childish act.

canapè [kənəpè] *m.* COOK. canapé. 2 sofa, settee.

canari, ària [kənàri, -àriə] *a.* GEOGR. Canary Islands. ■ 2 *m.-f.* Canary Islander. 3 *m.* ORNITH. canary.

Canàries (Illes) [kənàriəs, iʎəs] *pr. n. f. pl.* GEOGR. Canary Islands.

canastra [kənástrə] *f.* basket. 2 GAME canasta [cards].

cancel·lar [kənsellá] *t.* to cancel.

canceller [kənsəʎé] m. chancellor.

cancelleria [kənsəʎəriə] f. chancellory, chancellery.

càncer [kánsər] m. cancer. 2 ASTROL. *Càncer*, Cancer.

cancerós, -osa [kənsəròs, -ózə] a. cancerous.

cançó [kənsó] f. song. ‖ ~ *de bressol*, lullaby.

cançoner [kənsuné] m. collection of poems. 2 collection of songs. 3 songbook. ■ 4 a. dawdling.

candela [kəndélə] f. candle. 2 icicle. 3 *et cau la* ~, your nose is running.

candent [kəndén] a. white-hot, red-hot. 2 fig. burning: *un problema* ~, a burning problem.

càndid, -da [kándit, -ðə] a. candid, frank, sincere. 2 naïve, innocent.

candidat, -ta [kəndiðát, -tə] m.-f. candidate; applicant.

candidatura [kəndiðətúrə] f. candidature. 2 list of candidates. 3 candidates, applicants pl.

candidesa [kəndiðézə] f. candour.

candor [kəndó] m. candour, innocence.

candorós, -osa [kəndurós, -ózə] a. innocent, guileless.

canell [kənéʎ] m. ANAT. wrist.

canelobre [kənəlɔ́βrə] m. candelabrum, candelabra.

cànem [kánəm] m. BOT. hemp. ‖ ~ *indi*, cannabis.

canemàs [kənəmás] m. canvas.

cangueli [kəŋɡéli] m. coll. fear.

cangur [kəŋɡúr] m. ZOOL. kangaroo. 2 babysitter. ‖ *fer de* ~, to babysit.

caní, -ina [kəni, -inə] a. canine.

caníbal [kəniβəl] m. cannibal.

canibalisme [kəniβəlizmə] m. cannibalism.

canícula [kənikulə] f. METEOR. dog days pl., high summer.

canó [kənó] m. tube; pipe. 2 barrel [guns]. ‖ *a boca de* ~, point blank. 3 cannon. ‖ *carn de* ~, cannon fodder.

canoa [kənɔ́ə] f. canoe.

cànon [kánon] m. canon. 2 MUS. canon. 3 LAW rent; levy.

canonada [kənunáðə] f. gunshot [artillery]. 2 pipe.

canoner, -ra [kənuner, -rə] m.-f. cannoneer. 2 m. gunboat.

canonge [kənɔ́nʒə] m. canon.

canònic, -ca [kənɔ́nik, kə] a. canon; canonical.

canonització [kənunidzəsió] t. canonization.

canós, -osa [kənós, -ózə] a. grey-haired; white-haired.

canot [kənɔ́t] m. canoe.

cansalada [kənsəláðə] f. salted fat bacon. 2 coll. *suar la* ~, to sweat like a pig.

cansament [kənsəmén] m. tiredness.

cansar [kənsá] t.-p. to tire t.-i.

cansat, -ada [kənsát, -áðə] a. tired. 2 tiring.

cant [kan] m. song; singing.

cantaire [kəntáirə] a. singing. ■ 2 m.-f. singer.

cantant [kəntán] m.-f. singer.

cantar [kəntá] i.-t. to sing. ‖ ~ *les veritats a algú*, to speak frankly. 2 i. to look wrong, to be wrong. 3 t. fig. to squeal i., to let out [a secret].

cantarella [kəntəréʎə] f. singsong quality; accent.

cantata [kəntátə] f. MUS. cantata.

cantautor, -ra [kəntəʊtó, -rə] m.-f. singer.

cantell [kəntéʎ] m. edge.

cantellut, -uda [kəntəʎút, -úðə] a. corner. 2 many-edged.

canterano [kəntəránu] m. bureau; desk.

càntic [kántik] m. canticle; song.

cantimplora [kəntimplɔ́rə] f. waterbottle.

cantina [kəntinə] f. buffet [station]; bar.

càntir [kánti] m. pitcher.

cantó [kəntó] m. corner. ‖ *quatre cantons*, crossroads. 2 side.

cantonada [kəntunáðə] f. corner [street].

cantonera [kəntunérə] f. corner piece. 2 corner cabinet. 3 corner stone.

cantussejar [kəntusəʒá] i. to hum; to sing [softly, to oneself].

cànula [kánulə] f. MED. cannula.

canvi [kámbi] m. change, alteration. 2 exchange. ‖ *taxa de* ~, exchange rate. 3 change [money]: *tens* ~ *de mil pessetes?*, have you got change of a thousand pesetas?, can you change a thousand pesetas? 4 *lliure* ~, free trade. 5 *en* ~, on the other hand.

canviar [kəmbiá] i.-t. to change; to alter.

canvista [kəmbistə] m.-f. moneychanger.

canya [káɲə] *f.* cane. ‖ ~ *de sucre,* sugar cane ‖ fig. *no deixar ~ dreta,* to destroy completely. 2 ~ *de pescar,* fishing rod.

canyada [kəɲáðə] *f.* gorge with reeds. 2 FISH. cast.

canyamel [kəɲəmέl] *f.* BOT. sugar cane.

canyar [kəɲá] *m.* cane plantation; reedbed.

canyella [kəɲέʎə] *f.* BOT. cinnamon. 2 shin.

canyís [kəɲís] *m.* cane or wicker lattice. 2 BOT. thin type of cane.

caoba [kəɔ́βə] *f.* BOT. mahogany.

caolí [kəulí] *m.* kaolin.

caos [káos] *m.* chaos.

caòtic, -ca [kəɔ́tik, -kə] *a.* chaotic.

1) cap [kap] *m.* head. ‖ ~ *de turc,* scapegoat; *anar amb el ~ alt,* to hold one's head high; *anar amb el ~ sota l'ala,* to be crestfallen; *ballar pel ~,* to have vague recollections of something; *de ~ a peus,* from head to toe; *escalfar-se el ~,* to rack one's brains; *fer un cop de ~,* to come to a decision; *no tenir ni ~ ni peus,* to be a real mess; *passar pel ~,* to occur; *per ~,* each. 2 judgement, wisdom, common sense. 3 head, chief, leader. ‖ ~ *de vendes,* sales manager. 4 end. ‖ ~ *d'any,* New Year; ~ *de setmana,* weekend; *al ~ i a la fi,* when all's said and done; *lligar caps,* to tie up loose ends; fig. to put two and two together. 5 GEOGR. cape.

2) cap [kap] *a.* no; none: *no té ~ fill,* she has no children; *si ~ d'ells ve, t'ho diré,* if none of them comes, I'll let you know; *en tens ~?,* haven't you got one? ■ 2 *prep.* towards. ‖ *vine ~ aquí,* come here. ‖ *anava ~ a casa,* she was going home. 3 not far from. ‖ *viu ~ a Tàrrega,* he lives near Tàrrega. 4 approximately. ‖ ~ *a tres quarts de cinc,* at about a quarter to five.

Cap, Ciutat del [kap, siŭtáddəl] *pr. n. f.* GEOGR. Cape Town.

capa [kápə] *f.* cape, cloak. 2 pretext; façade. 3 coat [paint]. 4 GEOL. stratum.

capaç [kəpás] *a.* able, capable. ‖ *és ~ de no venir!,* he's liable not to come! 2 competent.

capacitar [kəpəsitá] *t.* to train, to qualify.

capacitat [kəpəsitát] *f.* capacity. 2 ability, aptitude.

capar [kəpá] *t.* to castrate, to geld.

caparrada [kəpərráðə] *f.* butt [push]. 2 rash or reckless act.

caparrut, -da [kəpərrút, -úðə] *a.* stubborn, pig-headed.

capatàs [kəpətàs] *m.* overseer; foreman.

capbaix [kəbbáʃ, -ʃə] *a.* crestfallen.

capbussada [kəbbusàðə] *f.* dive.

capbussar [kəbbusá] *t.-p.* to dive.

capbussó [kəbbusó] *m.* See CAPBUSSADA.

capçada [kəpsáðə] *f.* crown, branches [of a tree]. 2 AGR. patch.

capçal [kəpsál] *m.* bedhead. 2 pillow. 3 ELECTR. head, tapehead.

capçalera [kəpsəlèrə] *f.* headboard. ‖ *metge de ~,* family doctor. 2 frontispiece. 3 heading, header.

capciós, -osa [kəpsiòs, -zə] *a.* captious, artful. ‖ *una pregunta capciosa,* a catch question.

capdamunt [kəbdəmún] *adv. phr. al ~,* at the top, on top. ‖ *fins al ~,* to the top. ‖ *estar-ne fins al ~ de,* to be sick of.

capdavall [kəbdəβáʎ] *adv. phr. al ~,* at the bottom, in the bottom; at the end.

capdavant [kəbdəβán] *adv. phr. al ~ de,* at the head of.

capdavanter, -ra [kəbdəβəntè, -rə] *m.-f.* leader. 2 fig. pioneer.

capell [kəpèʎ] *m.* hat. 2 cocoon.

capella [kəpèʎə] *f.* chapel.

capellà [kəpəʎá] *m.* priest, chaplain.

capelleta [kəpəʎέtə] *f.* coterie, clique.

capficar-se [kəpfikársə] *p.* to worry.

capgirar [kəbʒirá] *t.* to overturn, to turn upside down. 2 fig. to upset, to throw into disorder. 3 to confuse, to misunderstand.

capgirell [kəbʒirèʎ] *m.* fall, tumble. 2 fig. sudden change [in fortune].

cap-gros [kəbgrɔ̀s] *m.* bighead. 2 ZOOL. tadpole.

cap-i-cua [kəpikúə] *m.* palindromic number.

capil·lar [kəpillá] *a.* hair. 2 capillary. ■ 3 *m.* capillary.

capil·laritat [kəpilləritát] *f.* capillarity.

capir [kəpi] *t.* to understand.

capità [kəpitá] *m.-f.* captain.

capital [kəpitál] *a.* capital, main, chief, principal. ‖ *enemic ~,* principal enemy. ‖ *pena ~,* death penalty. ■ 2 *m.* ECON. capital. ‖ ~ *social,* share capital. 3 *f.* capital.

capitalisme [kəpitəlizmə] *m.* capitalism.

capitalista [kəpitəlistə] *a., m.-f.* capitalist.

capitalitzar [kəpitəlidzá] *t.-i.* to capitalize. 2 to accumulate capital.

capitanejar [kəpitənəʒá] *t.* to captain, to lead.

capitania [kəpitəniə] *f.* captaincy, captainship.

capitell [kəpitéʎ] *m.* ARCH. capital.

capítol [kəpitul] *m.* chapter. 2 BOT. capitulum.

capitost [kəpitòs(t)] *m.* chief, commander.

capitular [kəpitulá] *t.* to divide into chapters. ■ 2 *i.* to capitulate, to sign a truce.

capó [kəpó] *m.* capon; castrated animal.

capolar [kəpulá] *t.* to chop up, to cut up. 2 fig. to wear out [people].

capoll [kəpóʎ] *m.* BOT. bud. 2 ZOOL. cocoon.

caponar [kəpuná] *t.* to castrate, to geld.

caporal [kəpurál] *m.* MIL. corporal.

capote [kəpótə] *f.* AUT. folding top or hood.

caprici [kəprisi] See CAPRITX.

capriciós, -osa [kəprisiòs, -òzə] See CAPRITXÓS.

Capricorn [kəprikòrn] *m.* ASTROL. Capricorn.

capritx [kəpritʃ] *m.* caprice, whim.

capritxós, -osa [kəpritʃós, -ózə] *a.* capricious; moody.

capsa [kápsə] *f.* box. ‖ ~ *de llumins,* matchbox.

capsigrany [kəpsiɣràŋ] *m.* ORNIT. shrike. 2 blockhead.

càpsula [kápsulə] *f.* capsule.

capta [káptə] *f.* begging. 2 collection.

captació [kəptəsió] *f.* harnessing [energy]. 2 begging. 3 reception [radio].

captaire [kəptáirə] *m.-f.* beggar.

captar [kəptá] *i.* to beg; to make a collection. ■ 2 *t.* to harness [water, energy]. 3 *t.* to receive, to pick up [radio signals].

capteniment [kəptənimèn] *m.* behaviour.

captenir-se [kəptənirsə] *p.* to behave. ▲ CONJUG. like *abstenir-se.*

captiu, -iva [kəptiŭ, -iβə] *a., m.-f.* captive.

captivador, -ra [kəptiβəðó, -rə] *a.* captivating.

captivar [kəptiβá] *t.* to capture, to take captive. 2 to captivate, to charm.

captivitat [kəptiβitát] *f.* captivity.

captura [kəptúrə] *f.* capture, seizure.

capturar [kəpturá] *t.* to capture, to apprehend, to seize.

caputxa [kəpútʃə] *f.* hood.

caputxó [kəputʃó] *m.* little hood. 2 MECH. cap.

capvespre [kəbbèsprə] *m.* dusk.

caqui [káki] *a.* khaki. ■ 2 *m.* BOT. persimmon.

car [kár] *conj.* ant. for, because.

car, -ra [kár, -rə] *a.* expensive, dear. 2 dear, darling.

cara [kárə] *f.* face. ‖ *donar la* ~, to own up, to accept responsibility; *em va caure la* ~ *de vergonya,* I nearly died of shame; *fer mala* ~, not to look well; *fer una* ~ *nova,* to beat up; *plantar* ~, to stand up to; *tenir* ~, to be cheeky. 2 obverse [coin]. ‖ ~ *o creu,* heads or tails.

caràcter [kəráktər] *m.* character. 2 character, characteristic. 3 *prep. phr. amb* ~ *de,* as. 4 fig. (strong) personality, backbone.

característic, -ca [kərəktəristik, -kə] *a.* characteristic, typical. ■ 2 *f.* characteristic.

caracteritzar [kərəktəridzá] *t.* to characterize. ■ 2 *p.* to be characterized. 3 *p.* to make up and dress up [actors for a part].

caragirat, -ada [kərəʒirát, -áðə] *a.* traitorous. 2 false, hypocritical.

caram [kəràm] *interj.* good heavens!, gosh!, really!

carambola [kərəmbòlə] *f.* cannon [billiards]. ‖ fig. *per* ~, indirectly.

caramel [kərəmél] *m.* caramel; sweet.

caramell [kərəmèʎ] *m.* icicle. 2 stalactite.

carantoines [kərəntòĭnəs] *f. pl.* caresses, fondling *sing.*; flattery *sing.*

carassa [kərásə] *f.* broad face. 2 wry face. 3 grimace.

carat! [kərát] *interj.* (good) heavens!, you don't say!, really!

caràtula [kərátulə] *f.* mask.

caravana [kərəβànə] *f.* crowd, throng [of people on an outing]. 2 caravan, (USA) trailer. 3 AUTO. tailback, hold-up.

caravel·la [kərəβèllə] *f.* NAUT. caravel, caravelle.

carbassa [kərβásə] *f.* BOT. pumpkin, gourd. 2 coll. *donar* ~, to refuse, to turn down [a lover]. ‖ *treure* ~, to fail [an examination]; (USA) to flunk.

carbassó [kərβəsó] *m.* BOT. marrow, (USA) squash.

carbó [kərβó] *m.* coal. ‖ ~ *de coc,* coke; ~ *de pedra,* coal; ~ *vegetal,* charcoal.

carboner, -ra [kərβunè, -rə] *m.-f.* coal-dealer. 2 coal-cellar.

carboni [kərβóni] *m.* CHEM. carbon. ‖ *dióxid de* ~, carbon dioxide.

carbònic, -ca [kərβónik, -kə] *a.* CHEM. carbonic.

carbonífer, -ra [kərβunifər, -rə] *a.* carboniferous.

carbonissa [kərβunisə] *f.* coal-dust, slack.

carbonitzar [kərβunidzà] *t.* CHEM. to carbonize. 2 to make charcoal of.

carbur [kərβúr] *m.* CHEM. carbide.

carburador [kərβurəðó] *m.* carburettor.

carburant [kərβurán] *a.* carburetting. ■ 2 *m.* liquid fuel, combustible liquid.

carburar [kərβurà] *t.* to carburet. ■ 2 *i.* fig. to run, to work.

carcanada [kərkənàðə] *f.* carcass. 2 coll. skeleton.

carcassa [kərkàsə] *f.* skeleton, carcass. 2 shell. 3 framework.

card [kar(t)] *m.* BOT. thistle.

carda [kàrdə] *f.* BOT., TECH. teasel, card.

cardar [kərðà] *t.* to card. ■ 2 *i.* sl. to fuck.

cardenal [kərðənàl] *m.* cardinal.

cardíac, -ca [kərðíak, -kə] *a.* cardiac, heart. ■ 2 *m.-f.* a person suffering from heart disease.

cardina [kərðinə] *f.* ORNIT. goldfinch.

cardinal [kərðinàl] *a.* cardinal. ‖ *nombres cardinals,* cardinal numbers. ‖ *punts cardinals,* cardinal points.

carei [kəréï] *m.* ZOOL. tortoise.

carena [kərénə] *f.* NAUT. keel, careening. 2 ridge, hilltop.

carenejar [kərənəʒà] *i.* to follow or walk along the ridge of a mountain.

carestia [kərəstíə] *f.* shortage, scarcity. 2 high cost, high price.

careta [kərétə] *f.* mask. ‖ ~ *antigàs,* gas mask. 2 fig. *llevar-se la* ~, to unmask oneself.

carga [kàrɣə] *f.* load [unit of measure or weight].

cargol [kərɣól] *m.* snail. ‖ ~ *de mar,* conch. 2 screw, bolt. 3 *escala de* ~, spiral staircase.

cargolar [kərɣulà] *t.* to roll [paper, cigarette, etc.]. 2 to curl [hair]. 3 MECH. to screw.

cariar-se [kəriàrsə] *p.* to decay, to rot.

cariàtide [kəriàtiðə] *f.* caryatid.

Carib [kərip] *pr. n. m.* GEOGR. Caribbean.

caricatura [kərikətúrə] *f.* caricature. 2 fig. parody, travesty.

carícia [kərisiə] *f.* caress. 2 fig. soft touch.

càries [kàriəs] *f.* bone decay, caries. 2 tooth decay; cavity.

carilló [kəriʎó] *m.* MUS. carillon. 2 chimes.

caritat [kəritàt] *f.* charity. 2 alms *pl.*: *fer* ~, to give alms.

Carles [kàrləs] *pr. n. m.* Charles.

carlina [kərlinə] *f.* BOT. carline [thistle].

carmanyola [kərmənʲólə] *f.* lunch box.

Carme [kàrmə] *pr. n. f.* Carmen.

carmesí, -ina [kərməzi, -inə] *a.-m.* crimson.

carmí [kərmi] *a.-m.* carmine.

carn [karn] *f.* flesh. ‖ fig. ~ *de canó,* cannon-fodder; *ésser* ~ *i ungla,* to be thumb and nail; *no ésser ni* ~ *ni peix,* to be neither here nor there. 2 meat. ‖ ~ *d'olla,* stewed meat; ~ *de porc,* pork; ~ *de vedella,* veal; ~ *picada,* mince, (USA) ground beef.

carnada [kərnàðə] *f.* bait.

carnal [kərnàl] *a.* carnal, of the flesh. 2 sexual: *unió* ~, sexual intercourse. 3 related by blood: *cosí* ~, first cousin.

carnaval [kərnəβàl] *m.* carnival [period preceding lent], shrovetide.

carnestoltes [kərnəstóltəs] *m.* carnival [as celebrated in Catalonia]. 2 fig. scarecrow.

carnet [kərnèt] *m.* notebook. 2 card, licence: ~ *de conduir,* driving licence, (USA) driver's license; ~ *d'identitat,* identity card.

carnisser, -ra [kərnisè, -rə] *a.* carnivorous [animal]. 2 fig. cruel, bloodthirsty. ■ 3 *m.-f.* butcher [also fig.].

carnisseria [kərnisəriə] *f.* butcher's [shop], meat market. 2 slaughter, massacre.

carnívor, -ra [kərniβur, -rə] *a.* carnivorous. ■ 2 *m.-f.* carnivore.

carnós, -osa [kərnòs, -òzə] *a.* fleshy [lips], flabby [body]. 2 BOT. fleshy [fruit, leaf, etc.].

carota [kəròtə] *f.* mask. 2 grotesque face.

caròtida [kəròtiðə] *f.* ANAT. carotid.

carp [karp] *m.* ANAT. carpus.

carpa [kàrpə] *f.* ICHTHY. carp.

carpel [kərpèl] *m.* BOT. carpel.

carpeta [kərpètə] *f.* folder, (USA) binder.

carquinyoli [kərkiɲɔ́li] *m.* rock-hard biscuit made with flour, eggs, sugar and sliced almonds.

carrabina [kərrəβínə] *f.* carbine, short rifle.

carrabiner [kərrəβiné] *m.* carabineer.

carraca [kərrákə] *f.* NAUT. carrack. 2 old tub. 3 fig. hulk, sluggard. 4 crate.

carrat, -ada [kərrát, -áðə] *a.* square, truncated.

càrrec [kárrək] *m.* post, office. 2 load, burden. 3 fig. duty, job; charge. ‖ *fer-se ~ de,* to take charge of; to see to: *me'n faig ~,* I realize that, I understand that.

càrrega [kárrəɣə] *f.* load [also fig.]. 2 burden, weight. 3 COMM. cargo. 4 fig. duty, obligation. 5 MIL. charge. 6 loading [act]. 7 ~ *elèctrica,* charge, load. 8 *tren de ~,* freight train.

carregament [kərrəɣəmén] *m.* load, cargo; loading. 2 fig. heaviness [of stomach, etc.]. 3 increase [in price].

carregar [kərrəɣá] *t.* to load; to burden. 2 ELECTR. to charge. 3 fig. to burden, to encumber. ‖ *estar carregat de deutes,* to be burdened with debts. ‖ ~ *les culpes,* to pass on the blame. ■ 4 *i.* to charge.

carregós, -osa [kərrəɣós, -ózə] *a.* tiresome, burdensome; boring, annoying.

carrer [kərré] *m.* street, road. ‖ fig. *deixar al mig del ~,* to leave in the lurch; *treure al ~,* to kick out.

carrera [kərrérə] *f.* career: *una brillant ~ política,* a brilliant political career. 2 (university) studies. 3 fig. *fer ~,* to get on, to make headway. 4 SP. race. 5 TEXT. ladder, (USA) run.

carrerada [kərrəráðə] *f.* cattle track.

carreró [kərrəró] *m.* alley. 2 SP. lane.

carreta [kərrétə] *f.* small wagon, low cart.

carretejar [kərrətəʒá] *t.* to cart, to haul.

carreter, -ra [kərrəté, -rə] *a.* cart. ■ 2 *m.-f.* carter. ‖ *parlar com un ~,* to be foulmouthed. 3 *f.* road, highway.

carretó [kərrətó] *m.* small cart.

carreu [kərréŭ] *m.* ARCH. ashlar.

carril [kərríl] *m.* lane [motorway]. 2 rail [train].

carrincló, -ona [kərriŋkló, -ónə] *a.* mediocre, run of the mill.

carrisquejar [kərriskəʒá] *i.* to chirp [bird, cricket]; to screech; to creak [wheel]; to grate [teeth, unoiled parts, etc.].

carro [kárrɪ] *m.* cart, wagon. ‖ *~ de combat,* tank. ‖ fig. *para el ~!,* hang on a moment! 2 float {in procession}. 3 carriage [of typewriter]. 4 trolley [for shopping].

carronya [kərróɲə] *f.* carrion. 2 fig. (old) good-for-nothing.

carrossa [kərrósə] *f.* coach, carriage; float [in procession].

carrosseria [kərrusəríə] *f.* AUTO. body [of a car]; bodywork.

carruatge [kərruádʒə] *m.* carriage.

carta [kártə] *f.* letter. 2 document, deed. ‖ *donar ~ blanca,* to give someone carte blanche. 3 chart, map: ~ *nàutica,* chart. 4 card. ‖ fig. *jugar-se l'última ~,* to play one's last card. ‖ *tirar les cartes,* to tell someone's fortune.

cartabò [kərtəβɔ́] *m.* TECH. set square; triangle.

cartejar-se [kərtəʒársə] *p.* to correspond, to write to one another.

cartell [kərtéʎ] *m.* poster; bill [theatre]; wall chart.

carter [kərté] *m.* postman, (USA) mailman.

cartera [kərtérə] *f.* wallet. 2 briefcase, portfolio. 3 ECON. holdings. 4 POL. portfolio, (ministerial) post. ‖ *tenir en ~,* to plan, to have in mind.

carterista [kərtərístə] *m.-f.* pickpocket.

carteró [kərtəró] (ROSS.) See RÈTOL.

cartílag [kərtílək] *m.* ANAT. cartilage.

cartilla [kərtíʎə] *f.* card, record: ~ *militar,* military record. 2 ~ *escolar,* study record.

cartipàs [kərtipás] *m.* (lined) notebook, exercise book. 2 portfolio.

cartó [kərtó] *m.* cardboard.

cartògraf, -fa [kərtɔ́ɣraf, -fə] *m.-f.* cartographer, mapmaker.

cartografia [kərtuɣrəfíə] *f.* cartography, mapmaking.

cartolina [kərtulínə] *f.* thin card.

cartomància [kərtumánsiə] *f.* fortunetelling [with cards].

cartró [kərtró] See CARTÓ.

cartutx [kərtútʃ] *m.* cartridge. 2 roll [of coins].

cartutxera [kərtutʃérə] *f.* cartridge belt.

carxofa [kərʃɔ́fə] *f.* BOT. artichoke.

cas [kas] *m.* case, circumstance: *en cap ~,* under no circumstances. ‖ *no fer al ~,* to be beside the point; *si de ~,* if. 2 GRAMM. case. 3 MED. case. 4 *ets un ~!,* you're a case!

casa [kázə] f. house; home, household. 2 building. ‖ ~ *de la vila*, town or city hall; ~ *de barrets*, brothel; ~ *de pagès*, farmhouse; ~ *de pisos*, block of flats. 3 *d'estar per* ~, casual [clothes], makeshift; *tirar la* ~ *per la finestra*, to go all out.

casaca [kəzákə] f. long coat, tunic.

casal [kəzál] m. family home, family seat. 2 dynasty. 3 cultural or recreational centre: ~ *d'avis*, old age pensioner's club.

casalot [kəzəlɔ́t] m. large (ramshackle) house.

casament [kəzəmèn] m. wedding [ceremony]; marriage. 2 fig. match, matching.

casar [kəzá] t. to marry. 2 fig. to match, to couple. ■ 3 i. to match, to harmonize. ■ 4 p. to get married (*amb*, to).

casat, -ada [kəzát, -áðə] a. married. ■ 2 m.-f. married man or woman.

casc [kask] m. helmet. 2 NAUT. hull: ~ *de la nau*, hull [of a ship]. 3 district: ~ *antic*, old quarter [of a city].

cascada [kəskáðə] f. waterfall, cascade.

cascall [kəskáʎ] m. BOT. opium poppy.

cascar [kəská] t. to batter, to beat. 2 to bruise. 3 to harm, to damage. 4 *tenir la veu cascada*, to have a cracked voice.

cascavell [kəskaβèʎ] m. (little) bell. 2 ZOOL. *serp de* ~, rattlesnake.

casella [kəzéʎə] f. compartment. 2 GAME square [crossword puzzle, chess, etc.].

caseriu [kəzəriŭ] m. hamlet, group of houses.

caserna [kəzèrnə] f. MIL. barracks.

caseta [kəzétə] f. stall, booth: ~ *de banys*, bathing hut. 2 compartment.

casimir [kəzimir] m. cashmere.

casino [kəzinu] m. club. ‖ ~ *de joc*, casino.

casolà, -ana [kəzulá, -ánə] a. household, home-made; home-loving [person].

casori [kəzɔ́ri] m. wedding, marriage.

casot [kəzɔ́t] m. hut, hovel.

caspa [káspə] f. dandruff.

casquet [kəskét] m. skull-cap. ‖ ~ *glacial*, ice-cap.

cassació [kəsəsió] f. LAW annulment.

casserola [kəsərɔ́lə] See CASSOLA.

cassó [kəsó] m. saucepan, pan.

cassola [kəsɔ́lə] f. casserole; earthenware casserole.

cast, -ta [kás(t), -tə] a. chaste. ■ 2 f. caste. 3 class, quality.

castany, -nya [kəstáɲ, -ɲə] a. chestnut-coloured. ■ 2 f. BOT. chestnut.

castanyada [kəstəɲáðə] f. chestnut-roasting party.

castanyer [kəstəɲè, -rə] m. BOT. chestnut-tree.

castanyoles [kəstəɲɔ́ləs] f. pl. castanets.

castedat [kəstəðát] f. chastity.

castell [kəstéʎ] m. castle. ‖ ~ *de focs*, fireworks. ‖ ~ *de sorra*, sand-castle.

castellanisme [kəstəʎənizmə] m. Castilianism.

càstig [kástik] m. punishment.

castigar [kəstiɣá] t. to punish. 2 fig. to make suffer.

castís, -issa [kəstis, -isə] a. pure, authentic, genuine; purebred, pedigree, pureblooded.

castor [kəstó] m. ZOOL. beaver.

castrar [kəstrá] t. to castrate, to geld.

castrense [kəstrènsə] a. military.

casual [kəzuál] a. accidental, chance.

casualitat [kəzuəlitát] f. chance, coincidence. ‖ *per* ~, by chance.

casuística [kəzuistikə] f. casuistry.

casulla [kəzúʎə] f. chasuble.

cataclisme [kətəklizmə] m. cataclysm. 2 fig. disaster.

catacumbes [kətəkúmbəs] f. pl. catacombs.

català, -ana [kətəlá, -ánə] a. Catalonian, Catalan. ■ 2 m.-f. Catalonian [person]. 3 m. Catalan [language].

catalanisme [kətələnizmə] m. Catalanism; catalanism [linguistics].

catàleg [kətálək] m. catalogue.

catàlisi [kətálizi] f. catalysis.

Catalunya [kətəlúɲə] pr. n. f. GEOGR. Catalonia.

cataplasma [kətəplázmə] m. MED. poultice. 2 fig. sickly person.

catapulta [kətəpúltə] f. catapult.

cataracta [kətəráktə] f. MED. cataract.

catarro [kətárru] m. cold, head cold. 2 catarrh.

catàstrofe [kətástrufə] f. catastrophe.

catau [kətáŭ] m. den, lair; hideout, hiding place.

catecisme [kətəsizmə] m. catechism.

catecumen, -úmena [kətəkúmən, -úmənə] m.-f. catechumen.

càtedra [kátəðrə] f. chair, professorship [university]. ‖ *exercir una* ~, to hold a chair.

catedral [kətəðrál] f. cathedral.

catedràtic, -ca [kətəðràtik, -kə] *m.* professor, lecturer: ~ *d'institut,* head of department; ~ *d'universitat,* university professor.

categoria [kətəɣuriə] *f.* category; quality, standing.

categòric, -ca [kətəɣɔ̀rik, -kə] *a.* categorical.

catequesi [kətəkɛ̀zi] *f.* catechesis.

caterva [kətɛ́rβə] *f.* throng, crowd; flock.

catet [kətɛ́t] *m.* GEOM. cathetus.

catifa [kətifə] *f.* rug, carpet.

càtode [kàtuðə] *m.* ELECTR. cathode.

catòlic, -ca [kətɔ̀lik, -kə] *a., m.-f.* catholic. ‖ fig. *no estar ~,* to be under the weather.

catolicisme [kətulisizmə] *m.* Catholicism.

catorze [kətɔ̀rzə] *a.-m.* fourteen.

catorzè, -ena [kəturzɛ̀, -ɛ́nə] *a.-m.* fourteenth.

catre [kàtrə] *m.* cot.

catric-catrac [kətrikkətràk] *m.* clickety-clack.

catúfol [kətúful] *m.* bucket, scoop [in a well]. ‖ *fer catúfols,* to dodder, to be in one's dotage.

catxalot [kətʃəlɔ̀t] *m.* ZOOL. sperm whale.

cau [kàǔ] *m.* den, lair; burrow. ‖ *a ~ d'orella,* whispering in someone's ear. 2 card game.

caució [kəǔsió] *f.* caution. 2 guarantee, pledge.

caure [kàǔrə] *i.* to fall, to drop. ‖ ~ *a terra,* to fall to the ground or on the floor. ‖ *deixar ~,* to drop. 2 fig. *caure-hi,* to realize. 3 to lie, to be located. 4 fig. ~ *a les mans,* to come across. 5 fig. ~ *bé,* to impress favourably. ‖ *em cauen malament,* I don't take to them.

causa [kàǔzə] *f.* cause, reason; grounds. ‖ *prep. phr. a ~ de,* on account of, because of. 2 LAW lawsuit; case, trial.

causal [kəǔzál] *a.* causal.

causant [kəǔzán] *a.* causing. ■ 2 *m.-f.* cause.

causar [kəǔzà] *t.* to cause; to create, to provoke.

càustic, -ca [kàǔstik, -kə] *a.* caustic. 2 fig. sarcastic.

cauteritzar [kəǔtəridzá] *t.* to cauterize.

cautxú [kəǔtʃú] *m.* rubber.

cavalcada [kəβəlkàðə] *f.* cavalcade. 2 cavalry raid.

cavalcadura [kəβəlkəðúrə] *f.* mount.

cavalcar [kəβəlká] *t.* to ride [a horse]. ■ 2 *i.* to ride (horseback), to go riding.

cavall [kəβáʎ] *m.* horse. 2 knight [chess]. 3 fig. ~ *de batalla,* main point or theme. 4 ~ *de vapor,*horsepower.

cavalla [kəβáʎə] *f.* ICHTHY. mackerel.

cavaller [kəβəʎé] *m.* rider, horseman. 2 gentleman. 3 knight.

cavalleresc, -ca [kəβəʎərɛ̀sk, -kə] *a.* knightly, chivalric; of chivalry [literature].

cavalleria [kəβəʎəriə] *f.* chivalry. 2 cavalry.

cavallerissa [kəβəʎərisə] *f.* stable [for horses].

cavallerós, -osa [kəβəʎərós, -ózə] *a.* chivalrous; gentlemanly.

cavallet [kəβəʎɛ́t] *m.* CONSTR. trestle, sawhorse. 2 easel. 3 *pl.* roundabout *sing.,* merry-go-round *sing.*

cavallot [kəβəʎɔ̀t] *m.* large, clumsy horse. 2 fig. tomboy.

cavar [kəβá] *t.* to dig; to excavate.

càvec [kàβək] *m.* mattock.

caverna [kəβɛ̀rnə] *f.* cavern, cave.

caviar [kəβiár] *m.* caviar.

cavil·lació [kəβilləsió] *f.* deep thought, rumination.

cavil·lar [kəβillá] *t.* to brood over, to ponder.

cavitat [kəβitàt] *f.* cavity. 2 ANAT. ~ *toràcica,* thoracic cavity.

ceba [sɛ́βə] *f.* BOT. onion. 2 fig. obsession.

ceballot [səβəʎɔ̀t] *m.* onion bud. 2 fig. half-wit.

ceballut, -uda [səβəʎút, -úðə] *a.* obstinate, stubborn.

cec, cega [sɛ̀k, -sɛ̀ɣə] *a.* blind. ■ 2 *m.* blind man. 3 caecum, blind gut. 4 *f.* blind woman.

Cecília [səsiliə] *pr. n. f.* Cecily.

cedir [səði] *t.* to yield, to hand over; to transfer [property]. ■ 2 *i.* to yield, to give in (*a,* to). 3 to diminish, to ease off.

cedre [sɛ̀ðrə] *m.* BOT. cedar.

cèdula [sɛ́ðulə] *f.* certificate, document; permit.

CE *f.* (Comunitat Europea) EC (European Community).

cefàlic, -ca [səfálik, -kə] *a.* cephalic.

ceguesa [səɣézə] *f.* blindness.

cel [sɛl] *m.* sky; heaven. ‖ *remoure ~ i terra,* fig. to move heaven and earth. 2 REL. heaven: fig. *baixar del ~,* to come as a godsend. 3 ~ *ras,* ceiling.

celar [səlá] *t.* to conceal, to hide; to cover.

celebèrrim, -ma [sələβέrrim, -mə] *a.* very famous, (extremely) well-known.

celebració [sələβrəsió] *f.* celebration; holding [of a meeting].

celebrar [sələβrá] *t.* to celebrate; to hold [a meeting]. 2 to be glad of. ■ 3 *p.* to take place, to be held.

cèlebre [sέləβrə] *a.* famous, well-known.

celebritat [sələβritát] *f.* celebrity, fame. 2 celebrity [famous person].

celeritat [sələritát] *f.* speed; promptness, swiftness.

celestial [sələstiál] *a.* celestial, heavenly. 2 fig. perfect, ideal; delightful.

celibat [səliβát] *m.* celibacy.

celístia [səlistiə] *f.* starlight.

cella [sέʎə] *f.* ANAT. eyebrow. ‖ *ficar-se una cosa entre* ~ *i* ~, to get something into one's head. 2 METEOR. cloud-cap. 3 flange, projection; rim.

cel·la [sέllə] *f.* cell [in prison, convent, etc.].

cellajunt, -ta [sέʎəʒún, -tə] *a.* bushy-eyebrowed, with knitted eyebrows. 2 fig. worried, scowling.

celler [səʎέ] *m.* cellar, wine-cellar.

cel·lofana [səllufánə] *f.* cellophane.

cèl·lula [sέllulə] *f.* cell. ‖ ~ *fotoelèctrica*, photoelectric cell.

cel·lular [səllulár] *a.* cellular, cell. ‖ *cotxe* ~, prison van, (GB) Black Maria.

cel·lulitis [səllulítis] *f.* cellulitis.

cel·luloide [səllulɔ̀iðə] *m.* celluloid.

cel·lulosa [səllulózə] *f.* cellulose.

celobert [s[sp[fyu,ɒ]n[rpluβέr(t)] *m.* interior patio, light shaft.

celta [sέltə] *m.-f.* GEOGR. Celt.

cèltic, -ca [sέltik, -kə] *a.* Celtic [language]. ■ 2 *m.-f.* Celt.

cement [səmέn] *m.* cement [of teeth].

cementiri [səməntíri] *m.* cemetery, graveyard. ‖ ~ *d'automòbils*, breaker's yard.

cenacle [sənáklə] *m.* circle [literary, political, artistic, etc.].

cendra [sέndrə] *f.* ash.

cendrer [səndrέ] *m.* ashtray.

cens [sέns] *m.* census. ‖ ~ *electoral*, electoral roll.

censor [sənsó] *m.* censor.

censura [sənsúrə] *f.* censorship, censoring. 2 censure, blame. 3 POL. *moció de* ~, censure motion.

censurar [sənsurá] *t.* to censor. 2 to censure, to condemn; to blame.

cent [sen] *a.-m.* one hundred, a hundred.

centaure [səntáŭrə] *m.* MYTH. centaur.

centè, -ena [səntέ, -έnə] *a.-m.* hundredth. 2 *f.* hundred.

centella [səntέʎə] *f.* spark; flash. ‖ *ésser viu com una* ~, fig. to be a live wire.

centenar [səntəná] *m.* hundred.

centenari, -ària [səntənári, -áriə] *a.* centennial. ■ 2 *m.* centenary [period]; centenary, (USA) centennial [anniversary].

centèsim, -ma [səntέzim, -mə] *a., m.-f.* hundredth.

centesimal [səntəzimál] *a.* centesimal.

centígrad, -da [səntiɣrət, -ðə] *a.* Celsius, centigrade. ‖ *grau* ~, degree Celsius.

centígram [səntiɣrəm] *m.* centigram.

centilitre [səntilitrə] *m.* centilitre, (USA) centiliter.

cèntim [sέntim] *m.* hundredth part of a peseta; cent, penny. ‖ *fer-ne cinc cèntims,* give a brief explanation (of something). 2 *pl.* money *sing.*

centímetre [səntimətrə] *m.* centimetre, (USA) centimeter. 2 measuring tape.

centpeus [sémpέus] *m.* ZOOL. centipede.

central [səntrál] *a.* central, middle. ■ 2 *f.* head office; plant, station. ‖ ~ *elèctrica*, power station. ‖ ~ *nuclear*, nuclear power station.

centralisme [səntrəlizmə] *m.* centralism.

centralitzar [səntrəlidzá] *t.* to centre. 2 POL. to centralize.

centrar [səntrá] *t.* to centre. 2 SP. to centre.

centre [sέntrə] *m.* centre. ‖ ~ *de gravetat*, centre of gravity. 2 fig. main topic [of conversation].

cèntric, -ca [sέntrik, -kə] *a.* central, middle; convenient. 2 downtown.

centrífug, -ga [səntrifuk, -ɣə] *a.* centrifugal.

centrípet, -ta [səntripət, -tə] *a.* centripetal.

centúria [səntúriə] *f.* lit. century.

centurió [sənturió] *m.* centurion.

cenyidor [səɲiðó] *m.* sash, belt.

cenyir [səɲí] *t.* to girdle; to encircle. 2 to gird on [sword], to put on [belt]. 3 to fit tightly. ■ 4 *p.* to tighten [up]; to restrict. 5 fig. to limit oneself.

cep [sέp] *m.* BOT. grapevine, vine stem. 2 clamp [on a wheel].

cepat, -ada [səpát, -áðə] *a.* hefty, well-built.

ceptre [sèptrə] *m.* sceptre.

cera [sèrə] *f.* wax.

ceràmic, -ca [sərámik, -kə] *a.* ceramic. ■ 2 *f.* ceramics, pottery.

ceramista [sərəmistə] *m.* potter, ceramicist, ceramist.

cerç [sɛrs] *m.* cold north wind.

cerca [sɛrkə] *f.* search, hunt; quest.

cercabregues [sɛrkəβrềɣəs] *m.-f.* trouble maker

cercar [sərkà] *t.* lit. so seek. 2 (BAL.) See BUSCAR.

cerca-raons [sɛrkərraòns] *m.-f.* quarrelsome *a.,* trouble-maker.

cerciorar [sərsiurá] *t.* to assure, to affirm. ■ 2 *p.* to ascertain, to make sure (*de,* of).

cercle [sèrklə] *m.* circle. ‖ fig. ~ *d'amistats,* circle of friends. ‖ fig. ~ *viciós,* vicious circle.

cèrcol [sèrkul] *m.* rim; hoop.

cereal [sərəál] *a.* cereal; grain. ■ 2 *m.* cereal.

cerebel [sərəβél] *m.* ANAT. cerebellum.

cerebral [sərəβrál] *a.* cerebral, brain. 2 fig. cerebral, intellectual.

ceri, -cèria [sèri, -sèriə] *a.* waxen, wax.

cerilla [səriʎə] *f.* match. 2 taper, candle.

cerimònia [sərimòniə] *f.* ceremony.

cerimonial [sərimuniál] *a.-m.* ceremonial.

cerimoniós, -osa [sərimuniòs, -òzə] *a.* ceremonious, elaborate. 2 slow, deliberate.

cerra [sɛrrə] *f.* (boar) bristle.

cert, -ta [sɛrt, -tə] *a.* true. 2 certain. ‖ *és* ~, that's true. ‖ *de ciència certa,* for certain. ‖ *d'una* ~ *edat,* of mature years.

certamen [sərtámən] *m.* contest, competition.

certament [sərtəmèn] *adv.* definitely, certainly.

certesa [sərtèzə] *f.* certainty, sureness.

certificar [sərtifikà] *t.* to certify; to vouch for. 2 to register [letter, package].

certificat, -ada [sərtifikàt, -áðə] *a.* certified. ‖ *correu* ~, registered post, (USA) registered mail. ■ 2 *m.* certificate. ‖ ~ *d'aptitud,* diploma.

certitud [sərtitút] See CERTESA.

cerumen [sərúmən] *m.* MED. earwax.

cervatell [sərβətéʎ] *m.* ZOOL. fawn.

cervell [sərβèʎ] *m.* brain. 2 fig. whizz-kid, genius [person].

cervesa [sərβèzə] *f.* beer.

cervical [sərβikál] *a.* cervical.

cérvol, -la [sèrβul, -lə] *m.* ZOOL. deer, stag. 2 *f.* hind.

cessació [səsəsiò] *f.* cessation, ceasing; suspension. 2 dismissal, firing [of worker].

cessar [səsà] *t.* to cease, to suspend [payment]. 2 to dismiss, to fire. ■ 3 *i.* to stop, to cease; to leave off [activity], to let up [rain].

cessió [səsiò] *f.* LAW, POL. cession, surrender.

cetaci [sətàsi] *m.* ZOOL. cetacean.

cianur [siənúr] *m.* cyanide.

ciàtic, -ca [siàtik, -kə] *a.* sciatic. ■ 2 *f.* MED. sciatica.

cicatritzar [sikətridzá] *t.-p.* to heal, to cicatrize.

cicatriu [sikətriŭ] *f.* scar.

cicerone [sisərònə] *m.* guide [person].

cicle [siklə] *m.* cycle.

cíclic, -ca [siklik, -kə] *a.* cyclic, cyclical.

ciclisme [siklizmə] *m.* cycling. 2 SP. cycle racing.

ciclista [siklistə] *a.* cycle. ■ 2 *m.-f.* cyclist.

cicló [siklò] *m.* METEOR. cyclone.

cicuta [sikútə] *f.* BOT. hemlock.

CIEMEN [sièmən] *m.* (Centre Internacional d'Estudis de les Minories Ètniques i Nacionals) (International Centre of Ethnic and National Minority Studies).

ciència [siénsiə] *f.* science; knowledge. ‖ *tenir la* ~ *infusa,* to divine.

científic, -ca [siəntifik, -kə] *a.* scientific. ■ 2 *m.-f.* scientist.

cigala [siɣálə] *f.* ENT. cicada. 2 ZOOL. flat lobster. 3 vulg. cock.

cigar [siɣàr] *m.* cigar.

cigarrera [siɣərrèrə] *f.* cigar or cigarette case.

cigarret [siɣərrèt] *m.* cigarette.

cigarreta [siɣərrètə] *f.* See CIGARRET.

cigne [siŋnə] *m.* ORNIT. swan.

cigonya [siɣòɲə] *m.* ORNIT. stork.

cigonyal [siɣuɲál] *m.* MECH. crankshaft.

cigró [siɣró] *m.* chickpea.

cili [sili] *m.* cilium.

cilici [silisi] *m.* cilice, hair shirt.

cilindre [silindrə] *m.* cylinder. 2 MECH. barrel; roller.

cilíndric, -ca [silindrik, -kə] *a.* cylindrical.

cim [sim] *m.* top [of tree]; top, peak, summit [of mountain]. ‖ *al* ~ *de,* on top of.

cimal [simál] *m.* peak, summit [of mountain]. 2 top. branch, main branch [of tree].

cimbals [símbəls] *m. pl.* cymbals.

cimbori [simbóri] *m.* ARCH. base [of a dome].

ciment [simèn] *m.* cement. ‖ ~ *armat,* reinforced concrete.

cimera [simèrə] *f.* summit meeting, summit conference. 2 crest [of helmet].

cinabri [sináβri] *m.* MINER. cinnabar.

cinc [siŋ] *a.-m.* five.

cinc-cents, -tes [siŋsèns,-təs] *a.-m.* five hundred.

cine [sinə] *m.* See CINEMA. ‖ *cine-club,* cinema club, film club, arts cinema.

cinegètic, -ca [sinəʒὲtik, -kə] *a.-f.* hunting.

cinema [sinέmə] *m.* cinema [art], films: ~ *d'art i assaig,* non-commercial films; ~ *mut,* silent films. 2 cinema [place], (USA) movie theatre, movies.

cinemàtic, -ca [sinəmátik, -kə] *a.* cinematic. ■ 2 *f.* cinematics.

cinematògraf [sinəmətóɣrəf] *m.* cine projector, (USA) movie projector. 2 cinema, (USA) movie theatre.

cinematografia [sinəmətuɣrəfíə] *f.* cinema, film-making. 2 films.

cinerari, -ària [sinərári, -áriə] *a.* cinerary.

cinètic, -ca [sinὲtik, -kə] *a.* kinetic. ■ 2 *f.* kinetics.

cingla [siŋglə] *f.* girth.

cingle [siŋglə] *m.* cliff, crag.

cínic, -ca [sínik, -kə] *a.* cynical. 2 shameless.

cinisme [sinízmə] *m.* cynicism. 2 impudence, shamelessness.

cinquanta [siŋkwántə] *a.-m.* fifty.

cinquè, -ena [siŋkὲ, -énə] *a.-m.* fifth.

cinta [síntə] *f.* band, strip. 2 ribbon: ~ *per a màquina d'escriure,* typewriter ribbon. 3 tape: ~ *aïllant,* insulating tape; ~ *mètrica,* tape measure. 4 ~ *transportadora,* conveyor belt.

cintura [sintúrə] *f.* waist; waistline.

cinturó [sinturó] *m.* belt. ‖ ~ *de seguretat,* safety belt. 2 fig. belt, area. ‖ ~ *industrial,* industrial belt. 3 ~ *de ronda,* ring road.

cinyell [siɲéʎ] *m.* belt, waistband; sash.

circ [sirk] *m.* circus. 2 GEOL. cirque.

circuit [sirkúït] *m.* circuit, route [around a place]. 2 ELECTR. circuit: ~ *integrat,* integrated circuit; ~ *tancat,* closed-circuit [TV]. 3 SP. circuit, track.

circulació [sirkuləsió] *f.* circulation. 2 traffic.

circular [sirkulá] *a.-f.* circular.

circular [sirkulá] *i.* to circulate. 2 to run [transport]; to drive [cars]. 3 to pass round. 4 fig. to get round [news].

circumcidar [sirkumsiðá] *t.* to circumcise.

circumcisió [sirkumsizió] *f.* circumcision.

circumdar [sirkumdá] *t.* to encircle, to surround.

circumferència [sirkumfərèsiə] *f.* circumference.

circumloqui [sirkumlóki] *m.* circumlocution.

circumscripció [sirkumskripsió] *f.* division [of territory]. ‖ ~ *electoral,* constituency.

circumspecció [sirkumspəksió] *f.* caution, prudence.

circumspecte, -ta [sirkumspὲktə, -tə] *a.* cautious, wary.

circumstància [sirkumstánsiə] *f.* circumstance.

circumval·lació [sirkumbəlləsió] *f.* encircling, walling in. 2 bypass, ring road.

cirera [sirέrə] *f.* cherry. 2 fig., coll. *remenar les cireres,* to be in charge, to hold the reins.

cirerer [sirəré] *m.* BOT. cherry tree.

ciri [síri] *m.* (wax) candle.

CIRIT [sirit] *f.* (*Comissió Interdepartamental de Recerca i Innovació Tecnològica*) (Interdepartamental Comission for Technological Research and Innovation).

cirrosi [sirrózi] *f.* MED. cirrhosis.

cirrus [sirrus] *m.* METEOR. cirrus.

cirurgia [sirurʒíə] *f.* surgery.

cirurgià, -ana [sirurʒiá, -ánə] *m.-f.* surgeon.

cisalla [sizáʎə] *f.* metal shears. 2 guillotine.

cisar [sizá] *t.* to trim; to shear. 2 to embezzle.

cisell [sizéʎ] *m.* chisel.

cisma [sízmə] *m.* schism, division.

cistell [sistéʎ] *m.* basket.

cistella [sistéʎə] *f.* basket. 2 SP. basket.

cisterna [sistὲrnə] *f.* cistern, storage tank.

cita [sítə] *f.* appointment [with doctor, dentist, etc.]; date [with friends].

citació [sitəsió] f. summons. ‖ ~ *judicial,* subpoena. 2 LITER. quotation.

citar [sità] t. to make an appointment with. 2 to quote, to cite (*de,* from). 2 LAW to summon, to subpoena.

cítara [sitərə] f. MUS. zither.

cítric, -ca [sitrik, -kə] a. citric. ‖ *àcid* ~, citric acid. ■ 2 m. citrus fruit.

ciutadà, -ana [siŭtəðá, -ánə] a. civic, city. ■ 2 m.-f. citizen; inhabitant.

ciutadella [siŭtəðéʎə] f. citadel, look-out tower.

ciutat [siŭtát] f. city; town. ‖ ~ *dormitori,* dormitory town. ‖ ~ *universitària,* (university) campus.

civada [siβáðə] f. oat(s) (*pl.*).

civeta [siβétə] f. ZOOL. civet, civet-cat.

cívic, -ca [siβik, -kə] a. civic; civil. ‖ *centre* ~, civic centre.

civil [siβil] a. civil. 2 polite, obliging. ■ 3 m.-f. *guàrdia* ~, civil guard.

civilització [siβilidzəsió] f. civilization.

civilitzar [siβilidzá] t. to civilize.

civisme [siβizmə] m. public spirit; patriotism.

clac [klak] m. clack [noise].

claca [klákə] f. claque.

clam [klam] m. claim, complaint. 2 outcry, clamour.

clamar [kləmá] t. to cry out for, to shout for; to demand. ■ 2 i. to cry out, to clamour; to shout.

clamor [kləmó] m. (i f.) cry, shout; noise. 2 outcry, clamour [of protest].

clan [klan] m. clan. 2 faction, clique.

clandestí, -ina [kləndəstí, -ínə] a. clandestine, hidden; underground [activity].

clap [klap] m. patch: *un* ~ *de gespa,* a patch of grass.

clapa [klápə] f. spot, mark [of colour]. 2 opening, gap; clearing.

clapir [kləpí] i. to yelp, to whine [a dog].

clapotejar [kləputəʒá] i. to splash, to be splashed [liquid].

clar, -ra [kla, -rə] a. clear, bright: *un matí molt* ~, a clear morning. 2 light [colour]. 3 thin. ‖ *una sopa clara,* clear soup. 4 fig. clear, easy to understand. ‖ *és* ~, of course, sure. ‖ *més* ~ *que l'aigua,* obvious. ■ 5 adv. clearly. ‖ *parlar* ~, to be frank.

claraboia [klərəβɔ́iə] f. skylight.

clarament [klərəmèn] adv. clearly; obviously.

claredat [klərəðát] f. brightness, light. 2 clearness, clarity.

clarejar [klərəʒá] i. to dawn, to grow light. 2 to be light or thin [liquid].

clarí [kləri] m. MUS. bugle.

clariana [kləriánə] f. break in the clouds; sunny period. 2 clearing.

clarificar [klərifiká] t. to clarify.

clarinet [klərinèt] m. MUS. clarinet.

clarividència [kləriβiðènsiə] f. clairvoyance.

claror [kləró] f. brightness [of light].

classe [klásə] f. class. ‖ *fer* ~, to give lessons [teacher]; to have lessons [pupil]. ‖ ~ *social,* social class. 2 classroom.

clàssic, -ca [klásik, -kə] a. classic. 2 typical, traditional. 3 classical.

classificació [kləsifikəsió] f. classification.

classificar [kləsifiká] t. to classify, to rate; to sort.

clatell [klətéʎ] m. back or nape of the neck.

clatellada [klətəʎáðə] f. slap on the neck.

clau [kláu] m. nail. ‖ fig. *arribar com un* ~, to be punctual, on time. ‖ *ésser sec com un* ~, to be skinny as a twig. 2 BOT. ~ *d'espècia,* clove. 3 f. key. ‖ ~ *mestra,* master key. 4 tap, switch. ‖ ~ *de pas,* stopcock. ‖ ~ *d'una aixeta,* tap, (USA) faucet. 5 key [answer]. 6 MUS. key.

claudàtor [kləŭdátor] m. square bracket.

Claudi [kláŭði] pr. n. m. Claudius, Claude.

Clàudia [kláŭðiə] pr. n. f. Claudia.

claudicar [kləŭðiká] i. to give way, to back down. 2 to be untrue to one's principles.

clauer [kləwè] m. key-ring.

claustre [kláŭstrə] m. cloister. 2 staff, (USA) faculty [of university].

clàusula [kláŭzulə] f. clause.

clausurar [kləŭzurá] t. to close (down); to adjourn.

clavar [kləβá] t. to nail; to hammer in. 2 to embed, to set. 3 to thrust, to drive [with violence]: ~ *una bufetada,* to hit, to punch [someone]. ■ 4 p. *m'he clavat una estella al dit,* I've got a splinter in my finger. 5 *m'he clavat una sorpresa,* I was absolutely amazed.

clavat, -ada [kləβát, -áðə] a. identical, just like. 2 just right.

clavecí [kləβəsí] m. MUS. harpsichord.

claveguera [kləβəɣèrə] f. sewer, drain.

clavell [kləβéʎ] m. BOT. carnation.

clavellina [kləβəʎínə] f. BOT. pink.

clavicèmbal [kləβisɛ̀mbəl] MUS. See CLA-
VECÍ.

clavícula [kləβíkulə] *f.* ANAT. collarbone,
clavicle.

clavilla [kləβíʎə] *f.* pin, peg.

clàxon [klákson] *m.* horn [of a car].

cleda [klɛ́ðə] *f.* pen, sheepfold.

clemència [kləmɛ̀nsiə] *f.* mercy, clemen-
cy.

clement [kləmèn] *a.* merciful, clement.

clenxa [klɛ̀nʃə] *f.* parting [of hair].

clepsa [klɛ̀psə] *f.* crown of the head;
skull. 2 fig. brains.

cleptomania [kləptuməniə] *f.* klepto-
mania.

clergue [klɛ̀rɣə] *m.* clergyman, priest;
minister.

clerical [klərikàl] *a.* clerical.

client, -ta [klièn, -tə] *m.-f.* client, cus-
tomer; patient [of a doctor].

clientela [kliəntɛ̀lə] *f.* clients, customers;
clientele.

clima [klimə] *m.* climate. 2 fig. atmos-
phere.

climatologia [klimətuluʒiə] *f.* climatol-
ogy.

clin [klin] See CRIN.

clínic, -ca [klinik, -kə] *a.* clinical. ■ 2 *f.*
clinic; clinical training.

clip [klip] *m.* paper clip. 2 hairclip (USA)
bobby pin.

clissar [klisà] *t.* to see, to notice. ■ 2 *i.* to
see.

clivella [kliβèʎə] *f.* crack, cleft; crevice.

clixé [kliʃè] *m.* PRINT. stencil. 2 fig. cliché.

clofolla [klufóʎə] *f.* shell, nutshell.

cloïssa [kluisə] *f.* ZOOL. clam.

cloquejar [klukəʒà] *i.* to cluck.

clor [klɔr] *m.* chlorine.

clorat [kluràt] CHEM. *a.* chlorinated. ■ 2
m. chlorate.

clorhídric [kluriðrik] *a.* CHEM. hydro-
chloric.

clorofil·la [kllurufilə] *f.* chlorophyll.

cloroform [klurufòrm] *m.* chloroform.

clorur [klurúr] *m.* CHEM. chloride.

clos, -sa [klɔs, -ózə] *a.* enclosed; fenced
in, walled in. ■ 2 *m.* enclosed area, en-
closure. 3 *f.* fence, wall.

closca [klɔ́skə] *f.* shell; eggshell. 2 skull;
head. ‖ fig. *dur de ~*, thick-skulled.

clot [klɔt] *m.* hole, pit; hollow. 2 hole;
grave. ‖ *anar al ~*, to die [a person].

clotell [klutèʎ] (BAL.) See CLATELL.

cloure [klɔ́ürə] *t.* to close, to shut. 2 to
clinch. ▲ CONJUG. P. P.: *clos.*

club [klup] *m.* club.

ço [sɔ] *dem. pron.* ant. this; that.

coa [kɔ́ə] (BAL.) See CUA.

coacció [kuəksió] *f.* coercion, duress.

coaccionar [kuəksiunà] *t.* to coerce; to
compel.

coadjutor, -ra [kuadʒutó, -rə] *a., m.-f.*
assistant, helper s.

coadjuvar [kuədʒuβà] *i.* to help one an-
other, to co-operate.

coagular [kuəɣulà] *t.* to coagulate, to
clot; to curdle. ■ 2 *p.* to coagulate, to
curdle; to set, to thicken.

coalició [kuəlisió] *f.* coalition.

coartada [kuərtàðə] *f.* alibi.

cobalt [kuβàl] *m.* MINER. cobalt.

cobdícia [kubdisiə] See COBEJANÇA.

cobejança [kuβəʒànsə] *f.* greed, cove-
tousness.

cobejar [kuβəʒà] *t.* to covet, to desire; to
long for.

cobert, -ta [kuβèr(t), -tə] *a.* covered. 2
overcast [sky]. ■ 3 *m.* shelter. 4 place
setting [at a table]. 5 meal [at a fixed
charge]. 6 fig. *estar a ~*, to be in the
black.

cobertor [kuβərtór] (VAL.) See COBRELLIT.

cobla [kóbblə] *f.* MUS. popular Catalonian
instrumental group.

cobra [kóβrə] *f.* ZOOL. cobra.

cobrador, -ra [kuβrəðó, -rə] *m.-f.* collec-
tor; conductor; conductress [of bus].

cobrar [kuβrà] *t.* to collect, to receive
[esp. money]. 2 to charge [price]. 3 to re-
cover.

cobrellit [kmββrəʎit] *m.* coverlet.

cobrir [kuβri] *t.* to cover, to protect. 2 to
spread or extend over. 3 to meet, to
cover [expenses]. 4 to cover up for. ■
5 *p.* to cover up, to cover oneself. ▲
CONJUG. P. P.: *cobert.*

coc [kɔk] *m.* cook; chef.

coca [kókə] *f.* flat, oven-baked dough
with topping. 2 fig. *estar fet una ~*, to
feel low or depressed. 3 BOT. coca
[plant]. 4 coll. coke, cocaine.

cocaïna [kukainə] *f.* cocaine.

cocció [kuksió] *f.* cooking, baking.

còccix [kòksiks] *m.* ANAT. coccyx.

coco [kóku] *m.* coconut.

cocodril [kukuðril] *m.* ZOOL. crocodile.

cocoter [kukutè] *m.* BOT. coconut palm.

còctel [kɔ́ktəl] *m.* cocktail [drink]. 2 cocktail party.

coctelera [kuktəlɛ́rə] *f.* cocktail shaker.

coda [kɔ́ðə] *f.* MUS. coda.

còdex [kɔ́ðəks] *m.* codex.

codi [kɔ́ði] *m.* code. ‖ ~ *de circulació*, highway code; ~ *genètic*, genetic code; ~ *penal*, penal code.

codificar [kuðifikà] *t.* to codify. 2 to rationalize, to order.

còdol [kɔ́ðul] *m.* boulder.

codolell [kuðulɛ́ʎ] *m.* pebble.

codony [kuðóɲ] *m.* BOT. quince [fruit].

codonyat [kuðuɲàt] *m.* quince jelly.

codonyer [kuðuɲɛ́] *m.* BOT. quince tree.

coeficient [kuəfisièn] *m.* MATH. coefficient. 2 quotient.

coerció [kuərsió] *f.* coercion; compulsion.

coercir [kuərsi] *t.* to coerce; to compel.

coet [kuɛ́t] *m.* rocket.

coetani, -ània [kuətàni, -àniə] *a.* contemporary [of the same period].

coexistir [kuəgzisti] *i.* to coexist.

còfia [kɔ́fiə] *f.* cap [of nurse, maid, etc.].

cofre [kɔ́frə] *m.* chest, trunk, coffer.

cofurna [kufúrnə] *f.* hovel, dump; dingy room.

cognició [kuɲnisió] *f.* cognition.

cognom [kuɲnɔ́m] *m.* surname, (USA) last name; family name.

cognoscible [kuɲnusibblə] *a.* knowable; recognizable.

cogombre [kuɣómbrə] *m.* BOT. cucumber.

cohabitar [kuəβità] *i.* to live together; to cohabit.

coherència [kuərɛ́nsiə] *f.* coherence.

coherent [kuərɛ́n] *a.* coherent.

cohesió [kuəzió] *f.* cohesion.

cohibició [kuiβisió] *f.* restraint, inhibition.

cohibir [kuiβi] *t.* to restrain, to inhibit.

coincidència [kuinsiðɛ́nsiə] *f.* coincidence.

coincidir [kuinsiði] *i.* to coincide. ‖ *vam ~ al cinema,* we ran into each other at thecinema. 2 to agree.

coïssor [kuisó] *f.* smart, burning or stinging pain.

coit [kɔ́it] *m.* intercourse, coition.

coix, -xa [koʃ, -ʃə] *a.* lame, limping; crippled. ■ 2 *m.-f.* lame person; crippled.

coixejar [kuʃəʒà] *i.* to limp, to hobble (along); to be lame or crippled.

coixesa [kuʃɛ́zə] *f.* lameness; limp.

coixí [kuʃí] *m.* cushion; pillow.

coixinera [kuʃinɛ̀rə] *f.* cushion-slip; pillow-case.

coixinet [kuʃinɛ́t] *m.* small cushion or pillow; pad. 2 MECH. bearing.

col [kɔl] *f.* BOT. cabbage. ‖ ~ *de Brusel·les,* (Brussels) sprout.

cola [kɔ́lə] *f.* glue; gum.

colador [kuləðó] *m.* strainer.

colar [kulà] *t.* to strain, to filter [a liquid].

coleòpters [kuləɔ́ptərs] *m. pl.* ENT. beetles.

còlera [kɔ́lərə] *m.* MED. cholera. 2 *f.* rage, anger.

colgar [kulɣà] *t.* to bury, to cover up. ■ 2 *p.* to cover oneself up [in bed]. 3 to go to bed.

colibrí [kuliβrí] *m.* ORNIT. hummingbird.

còlic, -ca [kɔ́lik, -kə] *a.* MED. colic [of the colon]. ■ 2 *m.* colic. 3 diarrhea.

col-i-flor [kɔliflɔ́] *f.* BOT. cauliflower.

colitis [kulitis] *f.* MED. colitis.

coll [kɔʎ] *m.* neck. ‖ *a* ~, on one's back or in one's arms. 2 throat. 3 collar [of a shirt, a coat, etc.]. 4 mountain pass. 5 suit [cards].

colla [kɔ́ʎə] *f.* gathering, crowd; assembly. 2 series, group, collection.

col·laboració [kulːəβurəsió] *f.* collaboration.

col·laborador, -ra [kulːəβurəðó, -rə] *m.-f.* collaborator.

col·laborar [kulːəβurà] *i.* to collaborate.

col·lació [kulːəsió] *f.* conferment. 2 light meal, snack. 3 *portar a* ~, to bring up, to mention.

collada [kuʎàðə] *f.* mountain pass.

col·lapse [kulːàpsə] *m.* collapse, breakdown. 2 fig. collapse, ruin, stoppage.

collar [kuʎà] *m.* necklace. 2 collar [of dog].

collar [kuʎà] *t.* to screw together; to join. 2 fig. to subject.

collaret [kuʎərɛ́t] *m.* necklace.

col·lateral [kulːətəràl] *a.* collateral.

col·lecció [kulːəksió] *f.* collection.

col·leccionar [kulːəksiunà] *t.* to collect.

col·leccionista [kulːəksiunistə] *m.-f.* collector.

col·lectar [kulːəktà] *t.* to collect [taxes]; to take a collection [for charity].

col·lectiu, -iva [kulːəktiŭ, -iβə] *a.* collective; joint, group. ■ 2 *m.* council, committee; group.

col·lectivitat [kulləktiβitát] *f.* whole; group, community.

col·lector [kulləktó] *a.* collecting. ■ *2 m.* drain; sewer.

col·lega [kullέγə] *m.-f.* colleague, partner; mate.

col·legi [kullέʒi] *m.* school; school building. *2* association; body, college. ‖ ~ *electoral,* electoral college.

col·legial [kulləʒiál] *a.* school, college. ■ *2 m.* schoolboy. *3 f.* schoolgirl.

col·legiar-se [kulləʒiàrsə] *p.* to become a school, college or association. *2* to enter a school, college or association.

col·legiata [kulləʒiàtə] *f.* collegiate church.

collir [kuʎí] *t.* to pick, to pick up; to pluck. *2* to harvest, to reap; to gather, to collect. ▲ CONJUG. INDIC. Pres.: *cullo, culls, cull, cullen.* ‖ SUBJ. Pres.: *culli, cullis, culli, cullin.* ‖ IMPERAT.: *cull, culli, cullin.*

col·liri [kulliri] *m.* MED. eyewash, collyrium.

col·lisió [kullizió] *f.* collision. *2* fig. clash.

collita [kuʎítə] *f.* crop, harvest; picking, gathering. ‖ fig. *de ~ pròpia,* of one's own invention.

colló [kuʎó] *m.* ball, testicle. ‖ *interj.* vulg. *collons!,* fucking hell!

col·locació [kullukəsió] *f.* placing. *2* job, position.

col·locar [kullukà] *t.* to place; to position, to put. *2* to invest.

col·loide [kullɔ̀idə] *m.* colloid.

col·loqui [kullɔ̀ki] *m.* conversation. *2* discussion [after conference]; conference.

colobra [kulɔ́brə] *f.* ZOOL. snake.

colofó [kulufó] *m.* colophon. *2* fig. end, ending.

colom [kulòm] *m.* pigeon.

colomí [kulumí] *m.* young pigeon. *2* greenhorn; naïve person.

còlon [kɔ́lun] *m.* ANAT. colon.

colònia *f.* colony. *2* cologne.

Colònia [kulɔ̀niə] *pr. n. f.* GEOGR. Cologne.

colonitzar [kulunidzà] *t.* to colonize; to settle.

color [kuló] *m.* colour, (USA) color. ‖ *perdre el ~,* to turn pale. *2* fig. shade, tone; aspect. *3 de ~,* coloured, black [person].

coloració [kulurəsió] *f.* colouring, (USA) coloring. *2* coloration, markings.

colorant [kulurán] *a.* colouring, (USA) coloring. ■ *2 m.* CHEM. dye, colouring, (USA), coloring.

colorar [kulurà] *t.* to colour, (USA) to color; to dye, to stain.

coloret [kulurέt] *m.* COSM. rouge.

colorit [kulurit] *m.* colouring, (USA) coloring.

colós [kulós] *m.* colossus; giant.

colossal [kulusál] *a.* colossal, giant.

colp [kɔ̀lp] (VAL.) See COP.

colpejar [kulpəʒà] *t.* to hit; to strike, to punch, to beat; to bang.

colpidor, -ra [kulpiðó, -rə] *a.* shocking, startling.

colpir [kulpi] *t.* to hit, to strike, to beat; to injure. *2* fig. to move, to affect [emotionally]; to shock.

colrar [kulrrá] *t.* to tan [skin]. ■ *2 p.* to get tanned.

coltell [kultéʎ] *m.* ant. knife.

columna [kulúmnə] *f.* ARCH. column; pillar. *2* ANAT. spine. ‖ ~ *vertebral,* spinal column, spine. *3* fig. pillar, support.

columnata [kulumnàtə] *f.* colonnade.

colze [kólzə] *m.* elbow. *2* elbow's length [measurement]. *3* elbow [joint].

com [kɔm] *adv.* how; like; as. ‖ ~ *a,* as. ‖ ~ *ara,* such as. *2* as, while. ■ *3 conj.* as, since; because.

coma [kòmə] *f.* MED. coma. *2* GEOGR. (wide) mountain pass. *3* PRINT. comma.

comanar [kumənà] *t.* to entrust, to commission; to delegate. *2* to pay tribute to [an absent party].

comanda [kumándə] *f.* order. *2* care, custody.

comandament [kumandəmèn] *m.* command; rule, authority. *2* commanding officers [army]. *3* control [of aircraft]; driving [of car].

comandant [kumandàn] *m.* commander; commandant.

comandar [kumandá] *t.* to command, to lead; to be in charge of.

comarca [kumárkə] *f.* region; area, district.

comare [kumárə] *f.* godmother. *2* midwife. *3* neighbour [woman]; gossip.

combat [kumbát] *m.* battle, combat; fight. ‖ *posar o deixar fora de ~,* to put out of action, to knock out.

combatent [kumbətèn] *m.* combatant.

combatre [kumbàtrə] *t.* to attack, to fight. *2* to counter, to oppose. ■ *3 i.* to fight, to battle.

combinació [kumbinəsió] f. combination. 2 (women's) slip [undergarment].

combinar [kumbiná] t. to combine; to join, to put together. 2 to blend, to mix. ■ 3 p. to combine; to mix, to match.

combinat [kumbinát] m. cocktail.

comboi [kumbɔ́i] m. convoy. 2 train.

combregar [kumbrəɣá] t. ECCL. to administer communion to. ■ 2 i. to receive communion. 3 fig. to be of the same opinion or feeling. ‖ *fer ~ amb rodes de molí,* to bamboozle.

combustible [kumbustibblə] a. combustible. ■ 2 m. fuel, combustible.

combustió [kumbustió] f. combustion.

comèdia [kumέðiə] f. comedy. 2 fig. farce, comedy. ‖ fig. *fer ~,* to play the fool.

comediant, -ta [kuməðiàn, -tə] a. comic, comical. ■ 2 m. comedian. 3 f. comedienne. 4 m.-f. fake.

començ [kumέns] See COMENÇAMENT.

començament [kumənsəmén] m. beginning, start. ‖ *des del ~,* all along, from the start. 2 birth.

començar [kumənsá] t. to begin, to start. 2 to undertake, to take on. ■ 3 i. to begin, to start. ‖ *~ per,* to begin with. ‖ *per ~,* to begin with, in first place.

comensal [kumənsá] m.-f. table companion, dinner guest.

comentar [kuməntá] t. to comment on; to discuss, to give one's opinion of.

comentari [kuməntári] m. commentary. 2 comment; remark.

comentarista [kuməntəristə] m.-f. commentator [literary, historical, etc.].

comerç [kumέrs] m. commerce, trade; business. 2 dealers, merchants [as a whole].

comercial [kumərsiál] a. commercial; business, trade. ‖ *centre ~,* shopping centre.

comerciant, -ta [kumərsiàn, -tə] m.-f. dealer, merchant; trader.

comerciar [kumərsiá] i. to do business; to trade.

comesa [kumέzə] f. duty, custody. 2 commission, assignment; task, job.

comestible [kuməstibblə] a. edible. ■ 2 m. pl. food, provisions; groceries.

cometa [kumέtə] m. ASTR. comet.

cometes [kumέtəs] f. pl. PRINT. inverted commas, quotation marks.

cometre [kumέtrə] t. to commit; to make [error]. ‖ *~ un assassinat,* to commit murder. ▲ CONJUG. like *admetre.*

comí [kumí] m. BOT. cumin.

comiat [kumiát] m. farewell. 2 dismissal; firing, sacking.

còmic, -ca [kɔ́mik, -kə] a. comic, comical. ■ 2 m. comedian. 3 comic (strip), cartoon. 4 f. comedienne.

comicis [kumísis] m. pl. elections.

comissari [kumisári] m. commissary, deputy. 2 (police) inspector.

comissaria [kumisáriə] f. commissioner's office. 2 police station.

comissura [kumisúrə] f. commissure. ‖ *la ~ dels llavis,* the corner of the mouth.

comitè [kumitέ] m. committee.

comitiva [kumitíßə] f. retinue, procession.

commemoració [kumməmurəsió] f. commemoration.

commemorar [kumməmurá] t. to commemorate.

commemoratiu, -iva [kumməmurətiŭ, -íßə] a. commemorative.

commensurable [kummənsurábblə] a. commensurable.

comminació [kumminəsió] f. threat.

comminar [kumminá] t. to threaten [with a penalty].

comminatori, -òria [kumminətɔ́ri, -ɔ́riə] a. threatening.

commoció [kummusió] f. commotion, shock, upheaval. ‖ *~ cerebral,* concussion.

commoure [kummɔ́urə] t. to shake; *una enorme explosió va ~ la ciutat,* an enormous explosion shook the city. 2 to awake, [emotions]. 3 to move, to affect: *les seves paraules ens van ~ a tots,* her words moved all of us.

comissió [kumisió] f. commission.

commovedor, -ra [kummußəðó, -rə] a. moving, touching.

commutador [kummutəðó] m. ELECTR. commutator.

commutar [kummutá] t. to exchange, to commute. 2 ELECTR. to commutate. 3 LAW to commute.

còmode, -da [kɔ́muðə, -ðə] a. comfortable. 2 convenient, handy.

comoditat [kumuðitát] f. comfort. 2 convenience. 3 pl. comforts, amenities, conveniences.

compacte, -ta [kumpáktə, -tə] *a.* compact.

compadir [kumpəðí] *t.* to sympathize with. ■ 2 *p.* to take pity (*de,* on).

compaginar [kumpəʒiná] *t.* to combine, to put together. 2 PRINT. to make up. ■ 3 *p.* to go together, to fit in with.

company, -nya [kumpáɲ, -ɲə] *m.-f.* companion, mate, colleague.

companyia [kumpəɲíə] *f.* company. ‖ *fer ~ a algú,* to keep someone company.

companyó, -ona [kumpəɲó, -ónə] See COMPANY.

companyonia [kumpəɲuníə] *f.* companionship.

comparable [kumpərábblə] *a.* comparable.

comparació [kumpərəsió] *f.* comparison. ‖ *en ~ a,* in comparison with, compared to.

comparar [kumpərá] *t.* to compare.

comparatiu, -iva [kumpərətíŭ, -íβə] *a.* comparative.

compareixença [kumpərəʃénsə] *f.* LAW appearance.

comparèixer [kumpərέʃə] *i.* to appear. ▲ CONJUG. P. P.: *comparegut.* ‖ INDIC. Pres.: *comparec.* ‖ SUBJ. Pres.: *comparegui,* etc. ‖ Imperf.: *comparegués,* etc.

comparsa [kumpársə] *m.-f.* THEATR. extra. 2 *f.* group of people in fancy dress in carnival.

compartiment [kumpərtimèn] *m.* sharing. 2 compartment [train, ship, etc.].

compartir [kumpərtí] *t.* to share (out).

compàs [kumpás] *m.* compass. 2 MUS. rhythm; bar; time. ▲ *pl. compassos.*

compassat, -ada [kumpəsát, -áðə] *a.* measured; steady.

compassió [kumpəsió] *f.* compassion.

compassiu, -iva [kumpəsíŭ, -íβə] *a.* understanding, sympathetic.

compatibilitat [kumpətiβilitát] *f.* compatibility.

compatible [kumpətíbblə] *a.* compatible.

compatriota [kumpətriɔ́tə] *m.-f.* compatriot. 2 *m.* fellow countryman. 3 *f.* fellow countrywoman.

compel·lir [kumpəllí] *t.* to compel, to force.

compendi [kumpèndi] *m.* summary, résumé; compendium.

compendiar [kumpəndiá] *t.* to summarize, to abridge.

compenetració [kumpənətrəsió] *f.* mutual understanding.

compenetrar-se [kumpənətrársə] *p.* to understand each other.

compensació [kumpənsəsió] *f.* compensation. 2 ECON. *cambra de ~,* clearing house.

compensar [kumpənsá] *t.* to compensate, to compensate for.

competència [kumpətènsiə] *f.* scope, province: *això és ~ del director,* that's the headmaster's province. 2 competence, ability. 3 competition: *fer la ~,* to compete.

competent [kumpətèn] *a.* competent. 2 appropiate: *ens posarem en contacte amb les autoritats competents,* we shall get in touch with the appropiate authorities.

competició [kumpətisió] *f.* competition.

competidor, -ra [kumpətiðó, -rə] *m.-f.* competitor.

competir [kumpəti] *i.* to correspond; to concern. 2 to compete.

compilació [kumpiləsió] *f.* compilation.

compilar [kumpilá] *t.* to compile.

complaença [kumplaénsə] *f.* desire to please. 2 pleasure. 3 satisfaction.

complaent [kumplaèn] *a.* helpful, obliging. 2 satisfied, pleased.

complaure [kumpláŭrə] *t.* to please. ■ 2 *p.* to be pleased about. ▲ CONJUG. like *plaure.*

complement [kumpləmèn] *m.* complement. 2 GRAMM. object, complement.

complementar [kumpləməntá] *t.* to complement, to complete.

complementari, -ària [kumpləməntári, -áriə] *a.* complementary.

complert, -ta [kumplèr(t), -tə] *a.* full, replete. 2 complete, whole.

complet [kumplèt] *a.* complete. 2 full: *l'hotel està ~,* the hotel has no vacancies.

completar [kumplətá] *t.* to complete.

complex, -xa [kumplέks, -ksə] *a.* complex, complicated. ■ 2 *m.* complex.

complexió [kumpləksió] *f.* constitution, nature.

complicació [kumplikəsió] *f.* complication.

complicar [kumpliká] *t.* to complicate, to make complicated. ■ 2 *p.* to get complicated. 3 to get involved (*en,* in). 4 *complicar-se la vida,* to make life difficult for oneself.

complicat, -ada [kumplikàt, -àðə] *a.* complicated.

còmplice [kòmplisə] *m.-f.* accomplice.

complicitat [kumplisitàt] *f.* complicity.

complidor, -ra [kumpliðò, -rə] *a.* reliable; obliging. ■ 2 *m.-f.* reliable person; obliging person.

compliment [kumplimèn] *m.* carrying out; fulfilment. 2 compliment. || *no fer compliments,* not to stand on ceremony.

complimentar [kumpliməntà] *t.* to compliment.

complir [kumpli] *t.* to fulfil [a promise]; to carry out [an order]. 2 to reach [an age]; to meet [a deadline]. || *demà compleix vint-i-sis anys,* she's twenty six tomorrow. ■ 3 *i.* to do one's duty, to do what is required. ■ 4 *p.* to come true [predictions, desires]. ▲ CONJUG. P. P.: *complert* or *complit.*

complit, -ida [kumplit, -iðə] See COMPLERT.

complot [kumplòt] *m.* plot, conspiracy.

compondre [kumpòndrə] *t.* to make up; to put together. 2 to compose, to write. ■ 3 *p.* to tidy oneself up, to make oneself look smart. 4 *compondre-s'ho,* to sort things out, to manage. ▲ CONJUG. like *respondre.*

component [kumpunèn] *a.-m.-f.* component.

comporta [kumpòrtə] *f.* sluice, floodgate.

comportament [kumpurtəmèn] *m.* behaviour.

comportar [kumpurtà] *t.* to suffer, to put up with. 2 to imply, to involve. ■ 3 *p.* to behave, to behave oneself.

composició [kumpuzisiò] *f.* composition.

compositor, -ra [kumpuzitò, -rə] *m.-f.* MUS. composer.

compost, -ta [kumpòs(t), -tə] *a.-m.* compound. 2 *m.* compost.

compota [kumpòtə] *f.* compote.

compra [kòmprə] *f.* buying, purchase. 2 shopping.

comprador, -ra [kumprəðò, -rə] *m.-f.* buyer, purchaser.

comprar [kumprà] *t.* to buy, to purchase.

comprendre [kumprèndrə] *t.* to understand, to comprehend. 2 to comprehend, to include. ■ 3 *p.* to be understandable. ▲ CONJUG. like *aprendre.*

comprensible [kumprənsibblə] *a.* understandable, comprehensible.

comprensió [kumprənsiò] *f.* comprehension, understanding.

comprensiu, -iva [kumprənsiŭ, -iβə] *a.* understanding [person]. 2 comprehensive: *un estudi ~,* a comprehensive study.

compresa [kumprèzə] *f.* compress. 2 sanitary towel [for women].

compressió [kumprəsiò] *f.* compression.

compressor, -ra [kumprəsò, -rə] *a.* compressive. ■ 2 *m.* compressor.

comprimir [kumprimi] *t.* to compress. 2 fig. to contain, to control. ■ 2 *p.* to control oneself.

comprimit, -ida [kumprimit, -iðə] *a.* compressed. ■ 2 *m.* tablet, pill.

comprometedor, -ra [kumprumətəðò, -rə] *a.* compromising.

comprometre [kumprumètrə] *t.* to compromise. 2 to jeopardise, to endanger. 3 to implicate, to involve. 4 to promise. ■ 5 *p.* to commit oneself, to promise. || *m'he compromès a escriure el llibre,* I have undertaken to write the book. ▲ CONJUG. like *admetre.*

compromís [kumprumis] *m.* obligation, commitment. 2 appointment, engagement. 3 fix. || *no et vull posar en un ~,* I don't want to put you in a difficult situation.

comprovació [kumpruβəsiò] *f.* check, checking, verification. 2 proof.

comprovant [kumpruβàn] *m.* proof; voucher; receipt.

comprovar [kumpruβá] *t.* to check, to verify; to prove.

comptabilitat [kumtəβilitàt] *f.* accountancy, accounting, bookkeeping.

comptable [kumtábblə] *a.* countable. ■ 2 *m.* accountant.

comptador, -ra [kumtəðò, -rə] *m.-f.* accountant. 2 meter.

comptagotes [kòmtəɣòtəs] *m.* dropper.

comptant [kumtàn] *a. diners comptants,* cash.

comptar [kumtà] *t.* to count. 2 to be a certain age: *quan comptava només dotze anys,* when he was only twelve. || *té els dies comptats,* his days are numbered. 3 to ascribe: *compteu-li aquest èxit,* put this success down to her. ■ 4 *i.* to count: *sap ~ fins a 100,* he can count up to 100. 5 fig. to imagine: *ja pots ~ el que degueren pensar!,* you can imagine what they must have thought! 6 to sort out money matters: *ja ho comptarem quan arribem a casa,* we'll sort out who owes who what when we get home. 7 to be sure. ‖ *És molt fàcil. Pots ~!,* It's very easy. I'm sure it is! [said sarcastically].

comptat, -ada [kumtát, -áðə] *a. al ~,* cash. 2 *count.* 3 *care, attention.* ‖ *~!, look out!* ‖ *~ amb el ganivet,* be careful with that knife. 4 *bill.* ‖ *passar comptes,* to sort out money. 5 account. ‖ *donar ~ de,* to inform of. ‖ *tenir en ~,* to take into account. 6 bank account. 7 *en comptes de,* instead of.

comptat, -ada [kumtát, -áðə] *a. al ~,* cash. 2 *count.* 3 *pl.* rare, scarce: *hi he anat comptades vegades,* I've seldom been there.

compte [kómtə] *m.* calculation, counting. 2 count. 3 care, attention. ‖ *~!, look out!* ‖ *~ amb el ganivet,* be careful with that knife. 4 bill. ‖ *passar comptes,* to sort out money. 5 account. ‖ *donar ~ de,* to inform of. ‖ *tenir en ~,* to take into account. 6 bank account. 7 *en comptes de,* instead of.

compulsa [kumpúlsə] *f.* certified true copy.

compulsar [kumpulsá] *t.* to make a certified true copy. 2 to look through; to consult.

compulsió [kumpulsió] *f.* compulsion.

compunció [kumpunsió] *f.* remorse, compunction.

compungiment [kumpunʒimèn] *m.* See COMPUNCIÓ.

compungir-se [kumpunʒírsə] *p.* to feel remorseful, to be sad.

compungit, -ida [kumpunʒít, -íðə] *a.* remorseful; sad.

còmput [kóput] *m.* computation, calculation.

computador, -ra [kumputəðó] *a.* calculating, computing. ■ *2 m.-f.* computer.

computar [kumputá] *t.* to compute, to calculate.

comtal [kumtál] *a.* count's.

comtat [kumtát] *m.* county, shire. 2 countship, earldom.

comte [kómtə] *m.* count, earl.

comtessa [kumtèsə] *f.* countess.

comú, -una [kumú, -únə] *a.* common: *sentit ~,* common sense. ■ *2 f.* ant. toilet. 3 commune.

comunament [kumunəmèn] *adv.* commonly; often.

comunicació [kumunikəsió] *f.* communication.

comunicant [kumunikán] *a.* communicating. ■ *2 m.-f.* communicant.

comunicar [kumuniká] *t.* to tell, to communicate: *m'han comunicat la notícia,* I've been told the news. 2 to transmit, to spread. ■ *3 i.* to be engaged [telephone]. ■ *4 p.* to be or get in touch. 5 to communicate.

comunicat [kumunikát] *m.* report; despatch; communiqué.

comunicatiu, -iva [kumunikətiŭ, -íßə] *a.* communicative.

comunió [kumunió] *f.* communion.

comunisme [kumunizmə] *m.* communism.

comunista [kumunistə] *a., m.-f.* communist.

comunitat [kumunitát] *f.* community. ‖ *~ de propietaris,* owner's association.

con [kɔn] *m.* GEOM. cone.

conat [kunát] *m.* beginnings *pl.* 2 attempt.

conca [kòŋkə] *f.* bowl. 2 socket [of the eyes]. 3 basin [of a river].

còncau, -ava [kòŋkəŭ, -əßə] *a.* concave.

concavitat [kuŋkəßitát] *f.* concavity, hollow; hollowness.

concebible [kunsəßíbblə] *a.* conceivable.

concebre [kunséßrə] *t.* to conceive. 2 fig. to conceive, to imagine, to have [an idea]. 3 *~ esperances,* to have hopes. ▲ CONJUG. like *rebre.*

concedir [kunsəðí] *t.* to award. 2 to concede, to allow.

concentració [kunsəntrəsió] *f.* concentration.

concentrar [kunsəntrá] *t.-p.* to concentrate.

concèntric, -ca [kunsèntrik, -kə] *a.* concentric.

concepció [kunsəpsió] *f.* conception.

concepte [kunsèptə] *m.* concept. 2 conception, idea. 3 opinion.

conceptuar [kunsəptuá] *t.* to consider, to think, to judge.

concernent [kunsərnèn] *a.* concerning, regarding.

concernir [kunsərní] *t.* to concern, to affect, to apply to.

concert [kunsèr(t)] *m.* MUS. concert. 2 agreement.

concertar [kunsərtá] *t.* to arrange, to agree on. ‖ *~ la pau,* to come to a peace agreement. ■ *2 i.* MUS. to harmonize.

concertista [kunsərtistə] *m.-f.* MUS. concert performer, concert artist.

concessió [kunsəsió] *f.* concession. 2 awarding, granting, grant.

concessionari, -ària [kunsəsiunàri, -àriə] *a.* concessionary. ■ 2 *m.-f.* concessionaire.

concili [kunsíli] *m.* council.

conciliàbul [kunsiliàβul] *m.* unlawful meeting, unlawful assembly.

conciliació [kunsiliəsió] *f.* conciliation.

conciliador, -ra [kunsiliəðò, -rə] *a.* conciliatory. ■ 2 *m.-f.* conciliator, peacemaker.

conciliar [kunsilià] *t.* to reconcile; to conciliate. 2 to win, to gain [respect, favour, etc.].

conciliatori, -òria [kunsiliətòri, -òriə] *a.* conciliatory.

concís, -isa [kunsís, -izə] *a.* concise.

concisió [kunsizió] *f.* conciseness.

conciutadà, -ana [kunsiütəðà, -ànə] *m.-f.* fellow citizen.

conclave [kuŋklàβə] *m.* conclave.

concloent [kuŋkluèn] *a.* decisive, conclusive.

concloure [kuŋklòūrə] *t.* to finish, to end, to conclude. 2 to conclude, to deduce. ▲ CONJUG. like *cloure*.

conclusió [kuŋkluzió] *f.* conclusion.

conco, -a [kóŋku, -a] *m.* pej. bachelor. 2 *f.* pej. spinster. 3 *m.* BAL. See ONCLE.

concomitància [kuŋkumitànsiə] *f.* concomitance, accompaniment.

concomitant [kuŋkumitàn] *a.* concomitant.

concordança [kuŋkurðànsə] *f.* harmony, concordance. 2 GRAMM. agreement.

concordant [kuŋkurðàn] *a.* concordant.

concordar [kuŋkurðà] *t.* to make agree. 2 to agree on. ■ 3 *i.* to agree.

concordat [kuŋkurðàt] *m.* concordat.

concòrdia [kuŋkòrðiə] *f.* harmony, concord. 2 accord, agreement.

concórrer [kuŋkòrrə] *i.* to concur, to coincide. 2 to concur, to happen together. 3 to converge, to meet. 4 to compete for. ▲ CONJUG. like *córrer*.

concreció [kuŋkrəsió] *f.* concretion.

concret, -ta [kuŋkrèt, -tə] *a.* concrete [not abstract]; definite, actual, specific. ‖ *en aquest cas ~,* in this particular case.

concretament [kuŋkrətəmèn] *adv.* in particular, specifically, to be exact.

concretar [kuŋkrətà] *t.* to specify, to say definitely. ‖ *encara no hem concretat cap hora per l'entrevista,* we still haven't fixed an exact time for the interview. ■ 2 *p.* to limit. ‖ *sempre divaga, no es con-*

creta mai a la qüestió, he always digresses, he never confines himself to the matter in hand.

concubina [kuŋkuβinə] *f.* concubine.

conculcar [kuŋkulkà] *t.* to infringe [laws]; to violate [rights]; not to respect [authority].

concupiscència [kuŋkupistènsiə] *f.* concupiscence, lustfulness. 2 greed.

concupiscent [kuŋkupisèn] *a.* concupiscent, lustful. 2 greedy.

concurrència [kuŋkurrènsiə] *f.* crowd, gathering; audience. 2 convergence; concurrence. 3 competition, rivalry.

concurrent [kuŋkurrèn] *a.* convergent. 2 concurrent. ■ 3 *m.-f.* contender; candidate. 4 member of the audience; spectator.

concurs [kuŋkúrs] *m.* competition, contest. 2 concourse. 3 gathering, crowd.

concursant [kuŋkursàn] *m.-f.* competitor, candidate.

condecoració [kundəkurəsió] *f.* medal, decoration.

condecorar [kundəkurà] *t.* to decorate [with badge, medal].

condeixeble, -a [kundəʃèbblə, -bblə] *m.-f.* schoolmate, classmate.

condemna [kundèmnə] *f.* LAW sentence. 2 fig. condemnation.

condemnar [kundəmnà] *t.* LAW to sentence, to condemn. 2 to condemn. 3 MED. to declare incurable.

condemnat, -ada [kundəmnàt, -àðə] *a.* condemned; convicted; damned. ■ 2 *m.-f.* convicted person.

condensació [kundənsəsió] *f.* condensation.

condensador, -ra [kundənsəðò, -rə] *a.* condensational. ■ 2 *m.* condenser, capacitor.

condensar [kundənsà] *t.* to condense. ■ 2 *p.* to come together, to conglomerate.

condescendència [kundəsəndènsiə] *f.* acquiescence; condescension.

condescendent [kundəsəndèn] *a.* acquiescent; willing to help, kind.

condescendir [kundəsəndi] *i.* to acquiesce, to agree.

condició [kundisió] *f.* condition. 2 condition, state: *la ~ natural,* the natural state. ‖ *en la seva ~ de ministre,* in his capacity as a minister. 3 status; social rank. 4 *a ~ de,* provided.

condicional [kundisiunàl] *a.* conditional. ‖ *llibertat ~,* probation.

condicionar [kundisiuná] *t.* to condition. 2 to prepare, to make suitable.

condiment [kundimèn] *m.* condiment.

condimentar [kundiməntá] *t.* to condiment, to season.

condó [kundò] *m.* condom.

condol [kundòl] *m.* condolence, sympathy. ‖ *donar el ~,* to express one's sympathy.

condoldre's [kundòldrəs] *p.* to sympathize, to express one's sympathy. ▲ CONJUG. like *valer.*

condolença [kundulènsə] *f.* condolence, sympathy.

condonar [kunduná] *t.* to condone, to pardon.

còndor [kòndur] *m.* ORNIT. condor.

conducta [kundúktə] *f.* conduct, behaviour, (USA) behavior.

conducte [kundúktə] *m.* conduit, pipe. 2 ANAT. duct, canal.

conductibilitat [kunduktiβilitát] *f.* conductivity.

conductor, -ra [kunduktò, -rə] *a.* conductive. ■ 2 *m.-f.* driver. 3 *m.* ELECTR. conductor.

conduir [kundui] *t.* to lead, to guide. 2 to conduct, to transmit. 3 to drive. ■ 4 *p.* to behave.

conegut, -uda [kunəɣút, -úðə] *a.* known. 2 well-known, famous. ■ 3 *m.-f.* acquaintance.

coneixedor, -ra [kunəʃəðò, -rə] *m.-f.* expert.

coneixement [kunəʃəmèn] *m.* knowledge. 2 consciousness: *perdre el ~,* to lose consciousness.

coneixença [kunəʃènsə] *f.* knowledge: *tenir ~ de,* to know about, to be informed about. 2 acquaintanceship: *fer la ~ d'algú,* to make someone's acquaintance. 3 acquaintance.

conèixer [kunéʃə] *t.* to know. ‖ *~ món,* to be widely travelled. ‖ *~ el món,* to be a man of the world. 2 to meet: *ahir vaig ~ una noia meravellosa,* I met a wonderful girl yesterday. 3 to recognize: *no em coneixes?,* don't you recognise me?

confabulació [kumfəβuləsiò] *f.* plot, intrigue.

confabular-se [kumfəβulársə] *p.* to plot, to intrigue.

confecció [kumfəksiò] *f.* making-up, tailoring. 2 ready-made clothes; the production of ready-made clothes.

confeccionar [kumfəksiuná] *t.* to make up.

confederació [kumfəðərəsiò] *f.* confederation.

confederar [kumfəðərá] *t.* to confederate.

confegir [kumfəʒí] *t.* to put back together [something broken]. 2 to spell out.

conferència [kumfərènsiə] *f.* lecture. 2 meeting, conference. .

conferenciant [kumfərənsián] *m.-f.* speaker, lecturer.

conferir [kumfərí] *t.* to award. ■ 2 *i.* to confer, to converse, to discuss.

confessar [kumfəsá] *t.* to confess. 2 to hear confession.

confessió [kumfəsiò] *f.* confession.

confessional [kumfəsiunál] *a.* confessional.

confessionari [kumfəsiunári] *m.* ECCL. confessional.

confessor [kumfəsò] *m.* ECCL. confessor.

confetti [kumfèti] *m.* confetti.

confí [kumfí] *m.* border. 2 *pl.* limits, confines.

confiança [kumfiànsə] *f.* confidence; faith. ‖ *de ~,* reliable, dependable, trustworthy. ‖ *en ~,* confidentially. ‖ *inspirar ~,* to inspire confidence.

confiar [kumfiá] *t.* to entrust. 2 to confide in. ■ 3 *i.* to trust. ‖ *confio en tu,* I trust you.

confiat, -ada [kumfiát, -áðə] *a.* confident, sure. 2 credulous.

confidència [kumfiðènsiə] *f.* confidence, revelation of a secret.

confidencial [kumfiðənsiàl] *a.* confidential.

confident [kumfiðèn] *m.* confidant. 2 *f.* confidante. 3 *m.-f.* spy, informer.

configuració [kumfiɣurəsiò] *f.* configuration, form.

configurar [kumfiɣurá] *t.* to shape, to configure.

confinar [kumfiná] *i.* to border with; to adjoin. ■ 2 *t.* to confine. ■ 3 *p.* to shut oneself up.

confirmació [kumfirmasiò] *f.* confirmation.

confirmar [kumfirmá] *t.* to confirm.

confiscació [kumfiskəsiò] *f.* LAW confiscation.

confiscar [kumfiská] *t.* LAW to confiscate.

confit [kumfit] *m.* sweet [sugar coated].

confitar [kumfitá] *t.* to sugar, to preserve in sugar. ‖ *cireres confitades,* glacé cherries. 2 to pickle.

confiter, -ra [kumfitè, -rə] *m.-f.* confectioner.

confiteria [kumfitəriə] *f.* sweet industry, confectionery. 2 sweetshop, confectioner's.

confitura [kumfitúrə] *f.* jam, preserve. 2 crystallized fruit.

conflicte [kumfliktə] *m.* conflict.

confluència [kumfluénsiə] *f.* confluence.

confluir [kumflui] *i.* to meet, to come together, to join.

confondre [kumfòndrə] *t.* to mistake. ‖ *la vaig ~ amb la seva germana,* I mistook her sister for her. 2 to confound, to baffle. 3 to embarrass. ■ 4 *p.* to run together, to be indistinguishable from, to blend in with. ▲ CONJUG. GER.: *confonent.* ‖ P. P.: *confós.* ‖ INDIC. Pres.: *confonc.* ‖ SUBJ. Pres.: *confongui,* etc. Imperf.: *confongués.*

conformar [kumfurmá] *t.* to shape, to adapt, to adjust. ■ 2 *p.* to comply with, to conform to, to resign oneself to.

conforme [kumfòrmə] *a.* in accordance with, in keeping with. 2 in agreement. ‖ *hi estàs ~?,* do you agree? ‖ 3 proper, suitable, appropriate.

conformista [kumfurmistə] *m.-f.* conformist.

conformitat [kumfurmitát] *f.* conformity, similarity. 2 agreement, approval. 3 resignation.

confort [kumfòr(t)] *m.* comfort.

confortable [kumfurtábblə] *a.* comfortable.

confortar [kumfurtá] *t.* to comfort, to console; to strengthen; to encourage.

confraria [kumfrəriə] *f.* brotherhood, society, association.

confraternitat [kumfrətərnitát] *f.* brotherhood.

confrontació [kumfruntəsió] *f.* confrontation.

confrontar [kumfruntá] *t.* to confront, to face. 2 to compare [two texts]. 3 to border.

confús, -usa [kumfús, -úzə] *a.* blurred, unclear, indistinct. 2 confused.

confusió [kumfuzió] *f.* confusion, chaos. 2 mistake.

congelar [kunʒəlá] *t.-p.* to freeze [also fig.].

congènere [kunʒἐnərə] *a.* of the same species. 2 similar.

congeniar [kunʒəniá] *i.* to get on (well) with.

congènit, -ta [kunʒἐnit, -tə] *a.* congenital.

congesta [kunʒἐstə] *f.* patch of unmelted snow.

congestió [kunʒəstió] *f.* congestion.

congestionar [kunʒəstiuná] *t.* to congest. ■ 2 *p.* to become congested.

conglomerar [kuŋglumərá] *t.* to conglomerate.

conglomerat [kuŋglumərát] *m.* conglomeration. 2 GEOL. conglomerate.

congost [kuŋgòs(t)] *m.* narrow pass, narrow valley, defile.

congraciar-se [kuŋgrəsiàrsə] *p.* to ingratiate oneself.

congre [kòŋgrə] *m.* ICHTHY. conger eel.

congregació [kuŋgrəɣəsió] *f.* congregation.

congregar [kuŋgrəɣá] *t.-p.* to congregate, to gather.

congrés [kuŋgrès] *m.* congress.

congressista [kuŋgrəsistə] *m.-f.* congress-goer; congress member, delegate.

congriar [kuŋgriá] *t.* to create, to give rise to *i.* ■ 2 *p.* to form, to build up.

congruència [kuŋgruénsiə] *f.* congruence.

congruent [kuŋgruén] *a.* appropriate, suitable.

conhortar [kunurtá] *t.-p.* to console, to comfort.

cònic, -ca [kònik, -kə] *a.* conical.

coníferes [kunifərəs] *f. pl.* BOT. conifers.

conill [kuniʎ] *m.* ZOOL. rabbit. ■ 2 *a.* coll. naked, bare.

coniller, -ra [kuniʎè, -rə] *a.* rabbit. ■ 2 *m.* (rabbit) hound. 3 *f.* rabbit warren. 4 rabbit hutch.

conillets [kuniʎéts] *m. pl.* BOT. snapdragon.

conjectura [kunʒəktúrə] *f.* conjecture.

conjecturar [kunʒəkturá] *t.* to conjecture.

conjugació [kunʒuɣəsió] *f.* conjugation.

conjugal [kunʒuɣál] *a.* conjugal: *vida ~,* married life.

conjugar [kunʒuɣá] *t.-p.* to conjugate.

cònjuge [kònʒuʒə] *m.-f.* spouse. 2 *m.* husband. 3 *f.* wife.

conjuminar [kunʒuminá] *t.* to arrange, to manage [so that things come out well].

conjunció [kunʒunsió] *f.* conjunction.

conjunt, -ta [kunʒún, -tə] *a.* together; joint. ■ 2 *m.* ensemble; whole, set. 3 outfit [clothes]. 4 MUS. ensemble; group.

conjuntiu, -iva [kunʒuntiǔ, -iβə] *a.* conjunctive. ■ 2 *f.* ANAT. conjunctiva.

conjuntura [kunʒuntúrə] *f.* situation; circumstance: *aprofitem la ~*, let's take advantage of the situation. 2 ECON., POL. political and social situation.

conjuntivitis [kunʒuntiβítis] *f.* MED. conjunctivitis.

conjur [kunʒúr] *m.* exorcism; incantation.

conjurar [kunʒurá] *t.* to exorcise. 2 to ward off. ■ 3 *p.* to conspire.

connectar [kunnəktá] *t.* to connect.

connex, -xa [kunnέks, -ksə] *a.* closely connected.

connexió [kunnəksió] *f.* connection, connexion.

connotació [kunnutəsió] *f.* connotation.

connotar [kunnutá] *t.* to connote.

conqueridor, -ra [kuŋkəriðó, -rə] *a.* conquering. ■ 2 *m.-f.* conqueror.

conquerir [kuŋkəri] *t.* to conquer. 2 fig. to win over.

conquesta [kuŋkέstə] *f.* conquest.

conquilla [kuŋkíʎə] *f.* shell.

conquista [kuŋkístə] See CONQUESTA.

conquistador, -ra [kuŋkistəðó, -rə] *m.-f.* conqueror. 2 ladykiller.

conquistar [kuŋkistá] See CONQUERIR.

conreador, -ra [kunrreəðó, -rə] *m.-f.* AGR. cultivator, farmer. 2 *f.* harrow.

conrear [kunrreá] *t.* to cultivate; to farm, to till. 2 fig. to improve. 3 fig. to dedicate oneself to.

conreu [kunrréu] *m.* AGR. cultivation. 2 fig. dedication.

consagració [kunsəɣrəsió] *f.* consecration.

consagrar [kunsəɣrá] *t.-p.* to dedicate, to devote. 2 *t.* to consecrate.

consanguini, -ínia [kunsəŋgini, -iniə] *a.* consanguineous.

consciència [kunsiénsiə] *f.* conscience: *tenir la ~ neta*, to have a clear conscience. 2 consciousness: *perdre la ~*, to lose consciousness.

conscient [kunsién] *a.* conscious. ‖ *sóc ~ d'això*, I am aware of that.

consecució [kunsəkusió] *f.* achievement, attainment.

consecutiu, -iva [kunsəkutiǔ, -iβə] *a.* consecutive. ‖ *ha nevat cinc dies consecutius*, it has snowed five days running. 2 subsequent, resulting.

consegüent [kunsəɣwèn] *a.* resulting. ‖ *despeses consegüents al divorci*, expenses arising from divorce. ■ 2 *m.* consequence, conclusion.

consell [kunsέʎ] *m.* piece of advice. 2 council. ‖ COMM. *~ d'administració*, board of directors; MIL. *~ de guerra*, court martial; POL. *~ de ministres*, cabinet.

conseller, -ra [kunsəʎέ, -rə] *m.-f.* adviser, counsellor. 2 adviser, consultant [professional]. 3 COMM. member of the board. 4 POL. councillor. 5 minister in the *Generalitat de Catalunya*.

consentiment [kunsəntimèn] *m.* consent, approval.

consentir [kunsənti] *t.* to tolerate, to permit, to allow. ■ 2 *i.* to agree. ▲ CONJUG. like *sentir*.

consentit, -ida [kunsəntit, -iðə] *a.* spoilt: *un nen ~*, a spoilt child.

conseqüència [kunsəkwέnsiə] *f.* consequence. ‖ *a ~ de*, on account of. ‖ *en ~*, as a result, therefore.

conseqüent [kunsəkwèn] *a.* consequent. 2 consistent.

conserge [kunsέrʒə] *m.-f.* caretaker, (USA) janitor.

consergeria [kunsərʒəriə] *f.* porter's office.

conserva [kunsέrβə] *f.* preserve(s) (*pl.*); canned food, tinned food.

conservació [kunsərβəsió] *f.* conservation.

conservador, -ra [kunsərβəðó, -rə] *a.* POL. conservative. ■ 2 *m.-f.* curator [museums].

conservar [kunsərβá] *t.-p.* to keep *t.-p.-i.*, to maintain. 2 *t.* to conserve.

conservatori, -òria [kunsərβətɔ́ri, -ɔ́riə] *a.* which conserves. ■ 2 MUS. *m.* conservatoire, conservatory.

considerable [kunsiðərábblə] *a.* considerable.

consideració [kunsiðərəsió] *f.* consideration. ‖ *tenir en ~*, to take into account.

considerar [kunsiðərá] *t.* to consider. 2 to respect: *cal ~ els drets dels altres*, we must respect others' rights.

consigna [kunsiɲnə] *f.* password. 2 left luggage locker, left luggage office.

consignar [kunsiŋná] *t.* to allocate. 2 to send. 3 COMM. to consign. 4 to write down, to record.

consignatari, -ària [kunsiŋnətàri, -àriə] *m.-f.* COMM. consignee. 2 trustee.

consirós, -sa [kunsiròs, -ózə] *a.* pensive, thoughtful, lost in thought.

consistència [kunsistènsiə] *f.* consistency, substance, body.

consistent [kunsistèn] *a.* solid, firm, thick. 2 ~ *en,* consisting of.

consistir [kunsisti] *i.* to consist (*en,* of). 2 to lie in. || *tots els seus problemes consisteixen a no tenir calers,* all his problems reside in his lack of money.

consistori [kunsistòri] *m.* town council.

consol [kunsòl] *m.* consolation.

cònsol [kònsul] *m.* consul.

consola [kúnsólə] *f.* console table. 2 console.

consolar [kunsulá] *t.* to console, to comfort. ■ 2 *p. consolar-se amb,* to make do with.

consolat [kunsulàt] *m.* consulate.

consolidar [kunsuliðá] *t.-p.* to strengthen. 2 fig. to consolidate.

consonància [kunsunànsiə] *f.* consonance. 2 fig. harmony.

consonant [kunsunán] *a.* consonant. ■ 2 *f.* consonant.

consorci [kunsòrsi] *m.* ECON. consortium.

consort [kunsòr(t)] *m.-f.* LAW consort. || *el príncep* ~, the Prince Consort.

conspicu, -ícua [kunspiku, -ikuə] *a.* eminent, prominent.

conspiració [kunspirəsió] *f.* conspiracy.

conspirar [kunspirá] *i.* to conspire.

constància [kunstànsiə] *f.* constancy; steadfastness; perseverance.

Constantinoble [kunstəntinòbblə] *pr. n. f.* GEOGR. Constantinople.

constant [kunstán] *a.* constant; persevering; steadfast. ■ 2 *f.* MATH. constant.

constar [kunstá] *i.* to consist. 2 to be certain, to be known. || *em consta que has treballat molt,* I know that you have worked very hard.

constatar [kunstətá] *t.* to establish, to verify. 2 to record.

constel·lació [kunstəlləsió] *f.* ASTR. constellation.

consternació [kunstərnəsió] *f.* consternation.

consternar [kunstərná] *t.* to appal, to dismay, to consternate.

constipar-se [kunstipá] *p.* to catch a cold.

constipat, -ada [kunstipàt, -àðə] *a. estic* ~, I've got a cold. ■ 2 *m.* MED. cold.

constitució [kunstitusió] *f.* constitution.

constitucional [kunstitusiuná] *a.* constitutional.

constituent [kunstituèn] *a.* constituent. ■ 2 *m.* CHEM. constituent.

constituir [kúnstitui] *t.-p.* to form, to set up, to create. 2 to constitute, to make up.

constitutiu, -iva [kunstitutiú, -iβə] *a.* constituent, component.

constrènyer [kunstrèɲə] *t.* to constrain, to force. 2 to contain, to hold back, to repress. ▲ CONJUG. P. P.: *constret.*

construcció [kunstruksió] *f.* construction.

constructiu, -iva [kunstruktiú, -iβə] *a.* constructive.

constructor, -ra [kunstruktò, -rə] *m.-f.* builder.

construir [kunstrui] *t.* to build, to construct.

consubstancial [kunsupstənsiàl] *a.* consubstantial.

consuetud [kunsuətút] *f.* custom, habit.

consular [kunsulá] *a.* consular.

consulta [kunsúltə] *f.* consultation. 2 advice, opinion. 3 visit [to a doctor or lawyer]. || *fer una* ~, to ask for advice or information. 5 ~ *electoral,* election.

consultar [kunsultá] *t.* to consult.

consultiu, -iva [kunsultiú, -iβə] *a.* consultative, advisory.

consultori [kunsultòri] *m.* surgery [doctor, dentist]; office [lawyer].

consum [kunsúm] *m.* consumption. || *béns de* ~, consumer goods. || *societat de* ~, consumer society.

consumació [kunsuməsió] *f.* consummation.

consumar [kunsumá] *t.* to consummate.

consumidor, -ra [kunsumiðò, -rə] *a., m.-f.* consumer.

consumir [kunsumi] *t.* to consume, to use (up). ■ 2 *p.* to be used up. || *l'oli s'ha consumit tot,* all the oil has been used up.

consumpció [kunsumsió] *f.* consumption.

contacte [kuntáktə] *m.* contact. || *posar en* ~, to put in touch.

contagi [kuntáʒi] *m.* contagion, transmission.

contagiar [kuntəʒiá] *t.* to transmit, to give [diseases]. ■ 2 *p.* to become infected. 3 to be transmitted.

contagiós, -osa [kuntəʒiòs, -ózə] *a.* contagious.

contaminació [kuntəminəsió] *f.* contamination. 2 pollution.

contaminar [kuntəminá] *t.* to contaminate. 2 to pollute.

contar [kuntá] *t.* to tell, to relate.

conte [kóntə] *m.* tale, story.

contemplació [kuntəmpləsió] *f.* contemplation. 2 *pl.* due respect, ceremony. ‖ *tractar algú sense* ~, to treat someone unceremoniously, not to stand on ceremony.

contemplar [kuntəmplá] *t.* to contemplate, to stare at. 2 to treat with respect, consideration or indulgence.

contemplatiu, -iva [kuntəmplətiŭ, -iβə] *a.* contemplative.

contemporani, -ània [kuntəmpuráni, -ániə] *a.* contemporary.

contenció [kuntənsió] *f.* containment. ‖ *mur de* ~, retaining wall.

contenciós, -osa [kuntənsiòs, -ózə] *a.* contentious.

contendre [kuntèndrə] *i.* to contend, to dispute. ▲ CONJUG. like *atendre*.

contenir [kuntəní] *t.* to contain. ■ 2 *p.* to contain oneself. ▲ CONJUG. like *obtenir*.

content, -ta [kuntèn, -tə] *a.* content, pleased, happy; satisfied.

contesa [kuntèzə] *f.* dispute. 2 struggle, fight.

contesta [kuntèstə] *f.* answer, reply.

contestar [kuntəstá] *t.* to answer. ■ 2 *i.* to object.

context [kuntèks(t)] *m.* context.

contigu, -gua [kuntiγu, -γwə] *a.* adjacent, contiguous.

continència [kuntinénsiə] *f.* continence.

continent [kuntinèn] *a.* continent. ■ 2 *m.* container. 3 GEOGR. continent.

continental [kuntinəntál] *a.* continental.

contingència [kuntinʒénsiə] *f.* contingency.

contingent [kuntinʒèn] *a.* contingent, possible. ■ 2 *m.* contingent.

contingut [kuntiŋgút] *m.* content [subject matter of book or film]. 2 contents *pl.* [of bottle, tin, etc.; of book].

continu, -ínua [kuntinu, -ínuə] *a.* continuous. ‖ ELECTR. *corrent* ~, continuous current.

continuació [kuntinuəsió] *f.* continuation. ‖ *a* ~, next.

continuar [kuntinuá] *i.-t.* to continue.

continuïtat [kuntinuität] *f.* continuity.

contorn [kuntòrn] *m.* outline; edge, periphery.

contorsió [kuntursió] *f.* contortion.

contra [kóntrə] *prep.* against: *va xocar* ~ *un cotxe,* she crashed into a car. ‖ *en* ~, against; *el pro i el* ~, the pros and the cons; *fer o portar la* ~ *a algú,* to go against someone.

contraatac [kòntrəták] *m.* counterattack.

contrabaix [kòntrəβáʃ] *m.* MUS. double bass.

contraban [kòntrəβàn] *m.* smuggling. ‖ *passar de* ~, to smuggle.

contrabandista [kùntrəβəndistə] *m.-f.* smuggler.

contracció [kuntrəksió] *f.* contraction.

contracepció [kòntrəsəpsió] *f.* MED. contraception.

contracor [kòntrəkòr] *adv. phr. a* ~, reluctantly.

contractació [kuntrəktəsió] *f.* taking on, hiring; engagement.

contractar [kuntrəktá] *t.* to contract, to hire, to take on.

contracte, -ta [kuntráktə, -tə] *a.* contracted. ■ 2 *m.* contract.

contràctil [kuntráktil] *a.* contractile.

contractista [kuntrəktistə] *m.* contractor.

contrada [kuntráðə] *f.* surrounding area; surroundings. 2 region, area.

contradicció [kuntrədiksió] *f.* contradiction.

contradictori, -òria [kuntrəðiktòri, -òriə] *a.* contradictory.

contradir [kuntrəði] *t.-p.* to contradict. ▲ CONJUG. like *dir*.

contrafer [kòntrəfé] *t.* to contravene. 2 to forge, to counterfeit [money]. 3 to plagiarize, to copy. ▲ CONJUG. like *desfer*.

contrafort [kòntrəfòr(t)] *m.* ARCH. buttress. 2 GEOL. spur.

contraindicació [kòntraïndikəsió] *f.* MED. contraindication.

contrallum [kòntrəʎúm] *m.* against the light: *una fotografia feta a* ~, a photograph taken against the light.

contralt [kuntrál] *m.-f.* MUS. contralto.

contramestre [kòntrəmèstrə] *m.* MAR. boatswain. 2 foreman.

contrametzina [kɔntrəmədzinə] f. antidote.

contraordre [kɔntròròrə] f. countermand.

contrapartida [kóntrəpərtiðə] f. compensation.

contrapèl [kóntrəpèl] adv. phr. a ~, the wrong way.

contrapès [kòntrəpès] m. counterbalance, counterweight.

contraposar [kuntrəpuzá] t. to oppose.

contraproduent [kóntrəpruðuèn] a. counterproductive.

contrapunt [kóntrəpún] m. MUS. counterpoint.

contrarestar [kuntrərrəstá] t. to counteract, to cancel out.

contrari, -ària [kuntrári, -áriə] a. contrary (a, to), opposed (a, to). 2 opposite. ∥ **en sentit ~**, the other way. 3 adverse, unfavourable. ■ 4 m. the opposite, the contrary, the reverse. ∥ **al ~**, on the contrary. ∥ **al ~ de**, unlike. 5 opponent, adversary.

contrariar [kuntrəriá] t. to oppose, to go against. 2 to annoy.

contrarietat [kuntrəriətàt] f. opposition, conflict: **~ d'interessos**, conflict of interests. 2 setback; obstacle.

contrasenya [kòntrəsèɲə] f. password.

contrast [kuntrás(t)] m. opposition, resistance. 2 contrast. 3 hallmark.

contrastar [kuntrəstá] t. to resist, to attempt to stop. 2 to assay, to check against a standard. ■ 3 i. to contrast (amb, with).

contratemps [kóntrətèms] m. setback. 2 MUS. syncopation.

contraure [kuntráurə] See CONTREURE.

contravenir [kuntrəβəni] i. to contravene. ▲ CONJUG. like **obtenir**.

contreure [kuntrèurə] t. to contract. ∥ ~ **amistat amb algú**, to become the friend of someone; ~ **deutes**, to incur debts; ~ **matrimoni**, to contract marriage. 2 to contract, to catch [diseases]. ■ 3 p. to contract. ▲ CONJUG. like **treure**.

contribució [kuntriβusió] f. contribution. 2 LAW tax.

contribuent [kuntriβuèn] m.-f. contributor. 2 LAW tax-payer.

contribuir [kuntriβui] i. to contribute. 2 LAW to pay taxes.

contrincant [kuntriŋkán] m. opponent.

control [kuntról] m. control.

controlar [kuntrulá] t. to control. 2 to check, to verify, to examine.

controvèrsia [kuntruβèrsiə] f. controversy.

contuberni [kuntuβèrni] m. collusion.

contumaç [kuntumás] a. contumacious, stubborn, disobedient.

contundent [kuntundèn] a. blunt: **un instrument ~**, a blunt instrument. 2 fig. forceful, impressive [arguments].

contusió [kuntuzió] f. contusion, bruise.

convalescència [kumbələsènsiə] f. convalescence.

convalescent [kumbələsèn] a., m.-f. convalescent.

convèncer [kumbénsə] t. to convince. ▲ CONJUG. like **vèncer**.

convenció [kumbənsió] f. convention.

convencional [kumbənsiunál] a. conventional.

conveni [kumbèni] m. agreement, accord, pact.

conveniència [kumbəniènsiə] f. advisability, what is good for you, utility. ∥ **no veig la ~ d'anar-hi**, I don't see the point of going there.

convenient [kumbənièn] a. convenient, advisable, suitable.

convenir [kumbəni] t. to agree, to arrange: **què han convingut?**, what have they arranged? ■ 2 i. to be good, to be advisable. ∥ **et convé prendre el sol**, you should sunbathe. 3 to agree. ▲ CONJUG. like **obtenir**.

convent [kumbèn] m. convent.

convergir [kumbərʒi] i. to converge.

convers, -sa [kumbèrs, -sə] a. REL. converted. ■ 2 m.-f. REL. convert.

conversa [kumbèrsə] f. conversation.

conversar [kumbərsá] i. to converse, to talk, to chat.

conversió [kumbərsió] f. conversion.

convertir [kumbərti] t. to transform (en, into), to turn into. 2 to convert. 3 to persuade, to bring round. ■ 4 p. to become, to change into.

convex, -xa [kumbèks, -ksə] a. convex.

convexitat [kumbəksitát] f. convexity.

convicció [kumbiksió] f. conviction.

convicte, -ta [kumbiktə, -tə] a. convicted.

convidar [kumbiðá] t. to invite. ∥ **la pluja no convida a sortir**, the rain doesn't really make you feel like going out.

convidat, -ada [kumbiðát, -áðə] m.-f. guest.

convincent [kumbinsɛn] *a.* convincing.

convinença [kumbinɛnsə] *f.* agreement; pact.

convit [kumbit] *m.* invitation. 2 meal, party [to which people are invited].

conviure [kumbiŭrə] *i.* to live together, to coexist. ▲ CONJUG. like *viure*.

convivència [kumbiβɛnsiə] *f.* living together; coexistence.

convocar [kumbuká] *t.* to call together. 2 to call, to convene, to convoke.

convocatòria [kumbukətɔriə] *f.* convocation, convening. 2 document of convocation.

convuls, -sa [kumbúls, -sə] *a.* convulsed.

convulsió [kumbulsió] *f.* convulsion.

conxorxa [kunʃɔrʃə] *f.* conspiracy, collusion.

cony [kɔɲ] *m.* vulg. cunt. 2 *interj.* bloody hell!, fucking hell!

conya [kɔɲə] *f.* coll. joke, joking.

conyac [kuɲák] *m.* cognac, brandy.

cooperació [kuupərəsió] *f.* cooperation.

cooperar [kuupərá] *i.* to cooperate.

cooperatiu, -iva [kuupərətiŭ, -iβə] *a.-f.* cooperative.

coordenada [kuurðənáðə] *f.* coordinate.

coordinació [kuurðinəsió] *f.* coordination.

coordinador, -ra [kuurðinəðó, -rə] *a.* coordinating. ■ 2 *m.-f.* coordinator.

coordinar [kuurðiná] *t.* to coordinate.

cop [kɔp] *m.* blow, knock [also fig.]. || *de ~ (i volta),* suddenly; *fer un ~ de cap,* to make one's mind up, to decide; *tancar de ~,* to pull or push a door shut; *un ~ baix,* a blow below the belt; *un ~ d'aire,* a cold, a chill; *un ~ de mà,* a hand [help]; *un ~ d'ull,* a look, a glance. 2 time: *un ~,* once; *un altre ~,* again. 3 coup: ~ *d'estat,* coup d'état.

copa [kɔpə] *f.* glass: *una ~ de vi,* a glass of wine. || *fer una ~,* to have a drink [alcoholic]. 2 cup, trophy.

copejar [kupəʒá] *t.* to bang, to knock.

Copenhaguen [kupənáɣən] *pr. n. f.* GEOGR. Copenhagen.

còpia [kɔpiə] *f.* copy. 2 copying. 3 PHOT. print.

copiós, -osa [kupiós, -ózə] *a.* copious, plentiful.

copista [kupistə] *m.-f.* copyist.

copropietari, -ària [kuprupiətàri, -áriə] *m.-f.* joint owner.

copsar [kupsá] *t.* to catch [also fig.]. 2 fig. to understand, to grasp.

còpula [kɔpulə] *f.* GRAMM. copula. 2 ZOOL. copulation.

copulatiu, -iva [kupulətiŭ, -iβə] *a.* copulative.

coqueta [kukɛtə] *f.* flirt.

coquetejar [kukətəʒá] *i.* to flirt.

cor [kɔr] *m.* ANAT. heart. || *de tot ~,* wholeheartedly; *fer el ~ fort,* to pluck up courage; *tenir bon ~,* to be good hearted. 2 choir.

coral [kurál] *a.* MUS. choral. ■ 2 *f.* choir. 3 *m.* chorale. 4 ZOOL. See CORALL.

corall [kuráʎ] *m.* ZOOL. coral.

coral·lí, -ina [kurəlli, -inə] *a.* coralline.

coratge [kurádʒə] *m.* courage, bravery.

coratjós, -osa [kurədʒós, -ózə] *a.* courageous, brave.

corb [kɔrp] *m.* ORNIT. crow. || ~ *de mar,* cormorant.

corb, -ba [kɔrp, -βə] *a.* curved, bent. ■ 2 *f.* curve. 3 bend [in road].

corbar [kurβá] *t.-p.* to bend.

corbata [kurβátə] *f.* tie.

corbatí [kurβəti] *m.* bow tie.

corbeta [kurβɛtə] *f.* MAR. corvette.

corc [kɔrk] *m.* ENT. woodworm.

corcar [kurká] *t.* to eat into. *i.* ■ 2 *p.* to decay, to become eaten away. || *se m'ha corcat un queixal,* I've got a bad tooth.

corcó [kurkó] *m.* ENT. woodworm. 2 fig. pest.

corcoll [kurkɔʎ] *m.* back of the neck. || *anar de ~,* not to know whether one is coming or going.

corda [kɔrðə] *f.* cord, rope. || ~ *vocal,* vocal chord; *donar ~,* to wind up [watch, clock]; *saltar a ~,* to skip. 2 MUS. chord.

cordada [kurðáðə] *f.* lash. 2 climbers roped together.

cordar [kurðá] *t.* to button up, to do up, to fasten. 2 to string [rackets; musical instruments].

corder [kurðé] *m.* rope-maker, rope dealer. 2 ZOOL. (OCC.) See BE.

cordial [kurðiál] *a.-m.* cordial.

cordialitat [kurðiəlitát] *f.* cordiality.

cordill [kurðiʎ] *m.* cord, string.

cordó [kurðó] *m.* lace [shoes]. 2 cordon.

Corea [kurɛə] *pr. n. f.* GEOGR. Korea.

coreà, -ana [kureá, -ánə] *a., m.-f.* GEOGR. Korean.

coreògraf, -fa [kurəɔɣrəf, -fə] *m.-f.* choreographer.

coreografia [kurəuɣrəfiə] *f.* choreography.

corfa [kɔ́rfə] *f.* bark [trees]. 2 skin, peel [fruit]. 3 rind [cheese]. 4 crust [bread]. 5 scab [wound].

corglaçar-se [kɔ́rɣləsársə] *p.* to become frightened.

corista [kurístə] *f.* chorus girl.

cormorà [kurmurá] *m.* ORNIT. cormorant.

corn [korn] *m.* horn. 2 MUS. horn.

cornada [kurnáðə] *f.* thrust with a horn.

cornamenta [kurnəméntə] *f.* horns *pl.* [bull]; antlers *pl.* [deer].

cornamusa [kurnəmúzə] *f.* MUS. bagpipe.

còrner [kɔ́rnər] *m.* SP. corner.

cornet [kurnέt] *m.* cup [for dice]. 2 cornet, cone [ice-cream].

corneta [kurnέtə] *f.* MUS. cornet. 2 MUS. bugle.

cornetí [kurnətí] *m.* MUS. bugle.

corni, còrnia [kɔ́rni, kɔ́rniə] *a.* horny; hornlike. ■ 2 *f.* ANAT. cornea.

cornisa [kurnízə] *f.* GEOL. corniche.

Cornualla [kurnwáʎə] *pr. n. f.* GEOGR. Cornwall.

cornut, -uda [kurnút, -úðə] *a.* horned. 2 cuckolded. ■ 3 *m.* cuckold.

corol·la [kurɔ́llə] *f.* BOT. corolla.

corona [kurónə] *f.* crown.

coronació [kurunəsió] *f.* coronation.

coronar [kuruná] *t.* to crown [also fig.].

coronel [kurunέl] *m.* colonel.

coroneta [kurunέtə] *f.* ANAT. crown of the head. 2 REL. tonsure.

còrpora [kɔ́rpurə] *f.* body, torso, trunk.

corporació [kurpurəsió] *f.* corporation.

corporal [kurpurál] *a.* corporal; bodily.

corpori, -òria [kurpɔ́ri, -ɔ́riə] *a.* corporeal.

corprenedor, -ra [kurprənəðó, -rə] *a.* captivating, enthralling, enchanting.

corpulència [kurpulέnsiə] *f.* corpulence.

corpulent, -ta [kurpulέn, -tə] *a.* corpulent.

corpuscle [kurpúsklə] *m.* corpuscle.

corral [kurrál] *m.* farmyard, barnyard.

corranda [kurrándə] *f.* folk song. 2 folk dance.

còrrec [kɔ́rrək] *m.* rill, channel cut by rainwater.

correcames [kɔrrəkáməs] *m.* jumping jack, jumping cracker, squib.

correcció [kurrəksió] *f.* correction. 2 correctness.

correccional [kurrəksiunál] *a.* correctional. ■ 2 *m.* reformatory.

correcte, -ta [kurrέktə, -tə] *a.* correct.

corrector, -ra [kurrəktó, -rə] *m.-f.* corrector. 2 PRINT. proofreader.

corre-cuita [kɔrrəkúitə] *adv. phr. a* ~, hurriedly, hastily.

corredís, -issa [kurrəðís, -ísə] *a.* sliding. ■ 2 *f.* short run, dash.

corredor, -ra [kurrəðó, -rə] *a.* who runs a lot. ■ 2 *m.-f.* runner. 3 COMM. representative. ∥ ~ *de borsa*, stockbroker. 4 *m.* corridor.

corregir [kurrəʒi] *t.* to correct.

correguda [kurrəɣúðə] *f.* run.

correlació [kurrələsió] *f.* correlation.

correlatiu, -iva [kurrələtiŭ, -íβə] *a.* correlative.

correligionari, -ària [kurrəliʒiunári, -áriə] *m.-f.* coreligionist. 2 fig. colleague; like-thinker.

corrent [kurrέn] *a.* running; flowing. 2 normal; common. ∥ *normal i* ~, ordinary, normal. ■ 3 *m.* current [water, electricity]. ∥ *contra* ~, against the flow [also fig.]. 4 draught, current [air]. 5 trend [fashion]. ∥ *estar al* ~, to be up to date; *posar al* ~, to bring up to date.

corrents [kurrέns] *adv.* very quickly: *vés-hi* ~, go there as fast as you can.

córrer [kɔ́rrə] *i.* to run. 2 to go fast. ∥ *aquest cotxe corre molt,* this is a very fast car. ∥ *no corris tant!,* don't drive so fast. 3 to hurry: *corre, que fem tard,* hurry up, we're late. 4 to circulate [rumours, news]. 5 *t.* to run [race]. 6 to move: *correu les cadires cap a la paret,* move the chairs up to the wall. 7 to run [risk]. ■ 8 *deixa-ho* ~!, forget about it!, it's not important. 9 ~ *món,* to travel widely. 10 *ara hi corro!,* oh, I'll do it right away! [used sarcastically when one is not prepared to do what one is told or asked]. ▲ CONJUG. P. P.: *corregut.* ∥ SUBJ. Pres.: *correguem* or *correm, corregueu* or *correu.* ∥ Imperf.: *corregués,* etc.

correspondència [kurrəspundέsiə] *f.* correspondence.

correspondre [kurrəspɔ́ndrə] *i.* to correspond, to match, to tally. ∥ *les notícies que he sentit jo no corresponen amb les que has sentit tu,* the news I've heard is different from the news you've heard. 2 to belong, to pertain. ∥ *la casa correspon al fill gran,* the house is the eldest son's. 3 to return [love, affection]. ■ 4 *p.* to love one another. 5 to correspond. ▲ CONJUG. like *respondre.*

corresponent [kurrəspunèn] a. corresponding.

corresponsal [kurrəspunsàl] m.-f. correspondent: ~ *de guerra,* war correspondent. 2 representative.

corretja [kurrɛ́dʒə] f. belt; strap. ‖ *tenir* ~, to be patient.

corretjola [kurrədʒɔ́lə] f. BOT. bindweed.

correu [kurrɛ́w] m. HIST. messenger, courier. 2 mail, post. 3 *pl.* post office; the postal service.

corriment [kurrimèn] m. GEOL. landslide. 2 MED. discharge.

corriol [kurriɔ́l] m. narrow path. 2 ORNIT. plover.

corriola [kurriɔ́lə] f. pulley.

corró [kurrò] m. TECH. roller.

cor-robat, -ada [kɔ́rrußát, -áðə] a. captivated, enthralled.

corroboració [kurrußurəsiò] f. corroboration.

corroborar [kurrußurà] t. to corroborate, to bear out. 2 to strengthen.

corroir [kurrui] t. to eat away, to erode. 2 to corrode.

corrompre [kurrómprə] t.-p. to turn bad: *la calor corromp el peix,* heat turns fish bad. 2 to pollute. 3 fig. to corrupt, to pervert.

corrosió [kurruziò] f. corrosion.

corrosiu, -iva [kurruziu, -ißə] a. corrosive. 2 fig. biting.

corrua [kurrúə] f. line, file.

corrupció [kurrupsiò] f. corruption: ~ *de menors,* corruption of minors.

corruptela [kurruptɛ́lə] f. corruption, corruptness.

corruptor, -ra [kurruptò, -rə] a. corrupting. ■ 2 m.-f. corrupter.

corsari, -ària [kursàri, -àriə] a., m.-f. privateer.

corsecar [kɔ́rsəkà] t.-p. to wither, to shrivel, to dry out t.-i. [also fig.].

corser [kursè] m. charger, steed.

cort [kor(t)] f. court [of kings]. 2 pl. Spanish parliament. *sing.* 3 pigsty; cowshed. 4 fig. pigsty.

cortès, -esa [kurtɛ́s, -ɛ́zə] a. courteous, polite.

cortesà, -ana [kurtəzà, -ánə] a. court. ■ 2 m.-f. courtier. 3 f. courtesan.

cortesia [kurtəziə] f. courtesy, politeness, respect.

cortina [kurtinə] f. curtain.

cortinatge [kurtinàdʒə] m. curtains pl.

cos [kɔs] m. body. ‖ *anar de* ~, to defecate. 2 dead body. 3 group, body. ‖ ~ *de bombers,* fire brigade. 4 bodice.

cosa [kɔ́zə] f. thing. 2 affair, business. 3 *com qui no vol la* ~, as if one is not interested. 4 *com una mala* ~, terribly, very badly. 5 *és poca* ~, there's not much of it, it's quite small. 6 *va marxar fa* ~ *de vint minuts,* he left about twenty minutes ago.

cosí, -ina [kuzi, -inə] m.-f. cousin. ‖ ~ *germà,* first cousin.

cosidor, -ra [kusiðò, -rə] a. sewing. ■ 2 f. seamstress. 3 m. sewing room.

cosinus [kuzinus] m. GEOM. cosine.

cosir [kuzi] t. to sew, to stitch. 2 fig. to unite. 3 fig. ~ *a punyalades,* to riddle with stab wounds. ▲ CONJUG. INDIC. Pres.: *cuso, cuses, cus, cusen.* ‖ SUBJ. Pres.: *cusi, cusis, cusi, cusin.*

cosit [kusit] m. sewing.

cosmètic, -ca [kuzmɛ́tik, -kə] a.-m. cosmetic.

còsmic, -ca [kɔ́zmik, -kə] a. cosmic.

cosmopolita [kuzmupulitə] a., m.-f. cosmopolitan.

cosmos [kɔ́zmus] m. cosmos.

cosset [kusɛ́t] m. small body. 2 bodice.

cossi [kɔ́si] m. washtub.

cost [kɔs(t)] m. cost.

costa [kɔ́stə] f. coast. 2 slope. ‖ fig. *venir o fer-se* ~ *amunt,* to be an uphill struggle, to be difficult. 3 cost.

costaner, -ra [kustənè, -rə] a. coastal.

costar [kustà] i. to cost [also fig.]. ‖ ~ *un ull de la cara o un ronyó,* to cost a fortune. ‖ *costi el que costi,* whatever the cost.

costat [kustát] m. side. 2 ANAT. side; hip. 3 fig. side, aspect. 4 *al* ~ *de,* next to; *de* ~, side by side; *del* ~, adjoining, next door; *fer* ~, to support, to back.

costejar [kustəʒà] t. to pay for. 2 2MAR. to coast.

costella [kustɛ́ʎə] f. ANAT. rib. 2 chop. 3 AERON. frame. 4 fig. wife.

costellada [kustəʎáðə] f. ANAT. ribs pl., ribcage. 2 barbecue of chops.

coster, -ra [kustè, -rə] a. steep; sloping. 2 lateral; side. ■ 3 f. coast.

costerut, -uda [kustərút, -úðə] a. steep.

costós, -osa [kustòs, -ózə] a. expensive; costly.

costum [kustúm] m. custom, habit. ‖ *de* ~, normally, usually.

costura [kustúrə] f. sewing. 2 stitching, seam.

cot, -ta [kot, -tə] a. bowed, facing downwards.

cota [kɔ́tə] f. height above sea level.

cotilla [kutíʎə] f. corset.

cotització [kutidzəsió] f. price, quotation.

cotitzar [kutidzá] t. to quote, to fix a price. 2 fig. to value. ■ 3 i. to pay one's dues [taxes, subscriptions]. 4. to be quoted [shares].

cotna [kɔ́dnə] f. thick skin, [esp. of a pig].

cotó [kutó] m. cotton. || ~ fluix, cotton wool.

cotorra [kutórrə] f. ORNIT. parrot. 2 chatterbox.

cotxe [kɔ́tʃə] m. car. 2 RAIL. carriage.

cotxinilla [kutʃiníʎə] f. ENT. woodlouse.

COU [kɔ́u] m. (Curs d'Orientació Universitària) the last year of secondary education.

coure [kɔ́urə] m. MINER. copper.

coure [kɔ́urə] t. to cook. 2 to bake. ■ 3 i. to sting: em couen els ulls, my eyes sting. 4 to be hot [spicy]. 5 fig. to hurt. ■ 6 p. to cook. ▲ CONJUG. GER.: coent. || P. P.: cuit. || INDIC. Pres.: coc. || SUBJ. Pres.: cogui, etc. || Imperf.: cogués, etc.

cova [kɔ́βə] f. cave. || fig. ~ de lladres, den of thieves.

covar [kuβá] t. to sit on [eggs], to hatch. 2 fig. to hatch [plot]; to prepare in secret. 3 to carry [disease]. ■ 4 i. fig. to smoulder. ■ 5 p. to be overcooked [rice].

covard, -da [kuβár(t), -ðə] a. craven, cowardly. ■ 2 m.-f. coward.

covardia [kuβərðíə] f. cowardice.

cove [kɔ́βə] m. basket. || fer-ne una com un ~, to make a really stupid mistake. || voler agafar la lluna en un ~, to want the impossible.

coxal [kuksál] a. ANAT. (of the) hip.

crac [krak] interj. crack!, snap! ■ 2 m. crack, snap. 3 fig. bankruptcy.

cranc [kraŋ] m. ZOOL. crab.

crani [kráni] m. ANAT. cranium, skull.

cràpula [krápulə] f. drunkenness. 2 m. dissolute man; debauched man.

cras, -assa [kras, -ásə] a. crass.

cràter [krátə] m. crater.

creació [kreasió] f. creation.

creador, -ra [kreəðó, -rə] a. which creates. ■ 2 m.-f. creator.

crear [kreá] t. to create.

crec [krɛk] interj. crack!, snap! ■ 2 m. crack.

credencial [krəðənsiál] a. credential. ■ 2 f. credentials pl.

credibilitat [krəðiβilitát] f. credibility.

crèdit [krɛ́ðit] m. credence. 2 credit. 3 COMM. credit; loan.

creditor, -ra [krəðitó, -rə] m.-f. creditor.

credo [krɛ́ðu] m. REL. creed. || al temps de dir un ~, in a couple of shakes.

crèdul, -la [krɛ́ðul, -lə] a. credulous, gullible.

credulitat [krəðulitát] f. credulity, gullibility.

creença [krəénsə] f. belief.

cregut, -uda [krəɣút, -úðə] a. conceited, vain. ■ 2 m.-f. conceited person.

creïble [kreibblə] a. credible, believable.

creient [krəjén] a. who believes. 2 obedient [esp. children]. ■ 3 m.-f. believer.

creïlla [kreíʎə] (VAL.) See PATATA.

creixement [krəʃəmén] m. growth; increase.

creixença [krəʃénsə] f. growth; increase.

créixens [krɛ́ʃəns] m. pl. BOT. watercress.

créixer [krɛ́ʃə] i. to grow; to increase. 2 to grow. ▲ CONJUG. P. P.: crescut.

crema [krɛ́mə] f. cream [also fig.]. || ~ catalana, type of crème brûlée. 2 burning.

cremada [krəmáðə] f. burning. 2 burn.

cremallera [krəmaʎérə] f. zip fastener. 2 rack railway. 3 TECH. rack.

cremar [krəmá] t.-i. to burn. 2 i. to be very hot. ■ 3 p. to burn oneself, to get burnt. || fig. cremar -se les celles, to flog oneself, to work really hard.

cremat [krəmát] m. drink made of coffee, rum and cinnamon. ■ 2 interj. (ROSS.) See OSTRA 2.

cremor [krəmó] f. burning sensation, burning.

crepè [krəpɛ́] m. crêpe.

crepitar [krəpitá] i. to crackle.

crepuscle [krəpúsklə] m. twilight [also fig.].

crescuda [krəskúðə] f. growth. 2 swelling [of a river or stream].

cresp, -pa [kresp, -pə] a. frizzy.

cresta [krɛ́stə] f. crest. || fig. alçar or abaixar la ~, to take or lose heart. || fig. picar-se les crestes, to have a slanging match.

Creta [krɛ́tə] pr. n. f. GEOGR. Crete.

cretí, -ína [krətí, -inə] a. cretinous. ■ 2 m.-f. cretin.

cretona [krətónə] *f.* TEXT. cretonne.

creu [krèu] *f.* cross [also fig.]. ‖ *ajudar a portar la* ~, to lighten someone's load; *fer-se creus*, to marvel (*de*, at); *fer* ~ *i ratlla*, to want to forget completely.

creuar [krəwà] *t.* to cross, to go across, to come across.

creuer [krəwè] *m.* cruise.

creure [krèu̯rə] *t.-i.-p.* to believe; to think. ‖ *fer* ~, to make out, to lead to believe. ‖ *creure's qui sap què*, to be full of one's own importance. ▲ CONJUG. GER.: *creient*. ‖ P. P.: *cregut*. ‖ INDIC. Pres.: *crec*. | Imperf.: *creia*, etc. ‖ SUBJ. Pres.: *cregui*, etc. | Imperf.: *cregués*, etc.

cria [kriə] *f.* breeding. 2 litter [mammals]; brood [birds].

criar [krià] *t.* to bring up [children]. 2 to breed [animals]. 3 to produce. ■ 4 *i.* to give birth [animals].

criat, -ada [kriàt, -àðə] *m.* servant, manservant. 2 *f.* maid, maidservant.

criatura [kriətùrə] *f.* REL. creature, living being [created by God]. 2 baby; child. ‖ *ésser una* ~, to act like a baby.

cric [krik] *m.* jack [for cars].

crida [kriðə] *f.* call, calling. 2 proclamatio n.

cridaner, -ra [kriðənè, -rə] *a.* who shouts a lot. 2 garish. ■ 3 *m.-f.* person who shouts a lot.

cridar [kriðà] *t.* to call. 2 to call out someone's name. 3 fig. to attract: ~ *l'atenció*, to attract one's attention. 4 fig. to need, to require, to call for. ‖ *aquest formatge crida un bon vi negre*, a good red wine would go well with this cheese. ■ 5 *i.* to shout. 6 to scream. 7 to cry out.

cridòria [kriðòriə] *f.* shouting, bawling.

crim [krim] *m.* serious crime [esp. murder].

criminal [kriminàl] *a., m.-f.* criminal [esp. murderer].

crinera [krinèrə] *f.* mane.

crioll, -lla [kriòʎ, -ʎə] *a., m.-f.* creole.

cripta [kriptə] *f.* crypt.

críptic, -ca [kríptik, -kə] *a.* cryptic.

crisàlide [krizàliðə] *f.* chrysalis.

crisantem [krizəntèm] *m.* BOT. chrysanthemum.

crisi [krizi] *f.* crisis.

crisma [krizmə] *m.-f.* chrism, holy oil. ‖ *rompre la* ~ *a algú*, to smash someone's head in.

crispació [krispəsió] *f.* contraction of muscles. 2 fig. tension.

crispar [krispà] *t.* to tense, to cause to contract [muscles]. 2 fig. to make tense [situations].

crispeta [krispètə] *f.* pop corn.

cristall [kristàʎ] *m.* crystal. 2 glass.

cristalleria [kristəʎəriə] *f.* crystal, glassware. 2 glass making. 3 glass shop.

cristal·lí, -ina [kristəlli, -inə] *a.* crystalline. ■ 2 *m.* ANAT. lens.

cristal·lització [kristəllidzəsió] *f.* crystallization.

cristal·lografia [kristəlluyrəfiə] *f.* crystallography.

cristià, -ana [kristià, -ànə] *a., m.-f.* Christian.

cristianisme [kristiənizmə] *m.* Christianity.

crit [krit] *m.* scream. 2 shout. ‖ *a crits*, in a loud voice, shouting. ‖ *fer un* ~ *a algú*, to call someone; to shout at someone.

criteri [kritèri] *m.* criterion.

crític, -ca [kritik, -kə] *a.* critical. ■ 2 *m.-f.* critic. 3 *f.* criticism, (USA) animadversion.

criticaire [kritikài̯rə] *a.* critical, hypercritical, carping. ■ 2 *m.-f.* critic, carper, caviller.

criticar [kritikà] *t.* to criticize.

Croàcia [kruàsiə] *pr. n. f.* Croatia.

croada [kruàðə] *f.* HIST. crusade.

crocant [krukàn] *m.* praline.

croissant [kruzàn] *m.* croissant.

crom [krom] *m.* MINER. chromium.

cromàtic, -ca [krumàtik, -kə] *a.* chromatic.

cromo [kròmu] *m.* picture card, chromo.

cromosoma [krumuzòmə] *m.* BIOL. chromosome.

crònic, -ca [krònik, -kə] *a.* chronic. ■ 2 *f.* HIST. chronicle. 3 JOURN. news report. ‖ *crònica esportiva*, sports section, sports page.

cronista [krunistə] *m.-f.* JOURN. columnist.

cronologia [krunuluʒiə] *f.* chronology.

cronòmetre [krunòmətrə] *m.* chronometer.

croquet [krukèt] *m.* SP. croquet.

croqueta [krukètə] *f.* croquette.

croquis [kròkis] *m.* sketch, outline.

cross [krɔs] *m.* SP. cross-country race.

crossa [krɔsə] *f.* crutch. 2 walking stick.

crosta [krɔ́stə] *f.* crust [bread]. 2 rind [cheese]. 3 scab [wound].

crostó [krustó] *m.* crust, (USA) heel [of bread loaf]. ‖ *tocar el* ~ *a algú,* to thump someone.

cru, crua [kru, krúə] *a.* COOK. raw; half-cooked; not cooked. 2 fig. *la veritat crua,* the harsh truth. 3 *color* ~, cream, off-white. 4 untreated; crude [oil].

cruament [kruəmèn] *adv.* harshly, straight. ‖ *t'ho diré* ~, I'll tell you plainly.·

crucial [krusiál] *a.* crucial.

crucificar [krusifikà] *t.* to crucify.

crucifix [krusifiks] *m.* crucifix.

cruel [kruέl] *a.* cruel.

crueltat [kruəltát] *f.* cruelty.

cruent, -ta [kruèn, -tə] *a.* bloody.

cruïlla [kruíʎə] *f.* crossroads.

cruiximent [kruʃimèn] *m.* stiffness [of muscles]. 2 exhaustion.

cruixir [kruʃi] *i.* to rustle [cloth, leaves]; to creak [doors]; to grind [teeth]. 2 to tire out, to exhaust. ▲ CONJUG. INDIC. Pres.: *cruix.*

cruixit, -ida [kruʃit, -iðə] *a.* worn out, exhausted. ■ 2 *m.* rustling [leaves, cloth]; creaking [doors]; grinding [teeth].

cruspir-se [kruspirsə] *p.* to gobble up, to devour.

crustaci [krustàsi] *m.* ZOOL. crustacean.

cua [kúə] *f.* tail. ‖ fig. *amb la* ~ *entre cames,* with one's tail between one's legs, dejected; *deixar* ~, to have consequences; *girar* ~, to turn tail; *mirar de* ~ *d'ull,* to look askance (-,at). 2 ponytail. 3 queue.

cub [kub] *m.* cube.

Cuba [kúβə] *pr. n. f.* GEOGR. Cuba.

cubà, -ana [kuβá, -ánə] *a., m.-f.* GEOGR. Cuban.

cubell [kuβέʎ] *m.* bin. ‖ ~ *de les escombraries,* dustbin, rubbish bin.

cúbic, -ca [kúβik, -kə] *a.* cubic.

cubicar [kuβikà] *t.* to cube. ‖ *aquest model cubica 1.500 c.c.,* this model has a 1,500 c.c. engine.

cubisme [kuβizmə] *m.* ARTS cubism.

cúbit [kúβit] *m.* ANAT. ulna.

cuc [kuk] *m.* worm. ‖ ~ *de terra,* earthworm; *matar el* ~, to have a bite between meals. ‖ fig. *tenir cucs,* to be scared.

cuca [kúkə] *f.* worm; beetle; bug. ‖ ~ *de llum,* glow-worm. ‖ *morta la* ~, *mort el verí,* dead dogs don't bite.

cucanya [kukáɲə] *f.* greasy pole.

cucurutxo [kukurútʃu] *m.* cornet, cone.

cucut [kukút] *m.* ORNIT. cuckoo.

cuejar [kuəʒá] *i.* to wag the tail.

cuidar [kuiðá] *t.* to look after. 2 to be on the point of. 3 ant. to think.

cuina [kúinə] *f.* kitchen. 2 cooker, stove. 3 cookery, cooking.

cuinar [kuinà] *t.* to cook.

cuiner, -ra [kuinè, -rə] *m.-f.* cook; chef *m.*

cuir [kuir] *m.* leather. 2 ~ *cabellut,* scalp.

cuirassa [kuiràsə] *f.* armour.

cuirassat, -ada [kuirəsàt, -àðə] *a.* armoured, armour-plated. ■ 2 *m.* MAR. battleship.

cuiro [kúiru] See CUIR.

cuit, -ta [kúit, -tə] *a.* cooked, done. 2 fig. fed up, tired. ■ 3 *m.* hide-and-seek [game]. 4 *f.* cooking, baking. 5 haste, speed. ‖ *a cuita-corrents,* hastily.

cuitar [kuità] *i.* to hurry (up). ‖ *cuita!,* hurry up! ‖ ~ *el pas,* to speed up, to quicken one's pace.

cuixa [kúʃə] *f.* thigh. 2 leg [chicken, pork, etc.]. 3 HIST. *dret de* ~, droit du seigneur.

cul [kul] *m.* bottom, backside, arse, (USA) ass. ‖ coll. *anar de* ~, to have one's work cut out; ~ *de món,* godforsaken place; *ésser* ~ *i merda,* to be inseparable, *ser el* ~ *d'en Jaumet,* to be always on the go; *tenir-ne el* ~ *pelat,* to have a lot of practice.

culata [kulàtə] *f.* butt [of a rifle]. 2 breech. 3 AUT. cylinder head.

cul-de-sac [kuldəsàk] *m.* cul-de-sac.

culinari, -ària [kulinàri, -àriə] *a.* culinary.

cullera [kuʎèrə] *f.* spoon.

cullerada [kuʎəràðə] *f.* spoonful. ‖ *ficar-hi* ~, to stick one's oar in.

cullereta [kuʎərὲtə] *f.* teaspoon; coffee-spoon. 2 ZOOL. tadpole.

cullerot [kuʎərɔ̀t] *m.* tablespoon; serving spoon.

culminació [kulminəsiò] *f.* culmination, climax.

culminar [kulminá] *i.* to culminate.

culpa [kúlpə] *f.* fault, misdemeanour. ‖ *donar la* ~, to blame *t.,* to lay the blame on.‖ *la* ~ *és de ton pare,* it's your father's fault, your father's to blame.

culpabilitat [kulpəβilitát] *f.* guilt.

culpable [kulpábblə] *a.* guilty.

culpar [kulpà] *t.* to blame, to lay the blame on *i.*

culte, -ta [kúltə, -tə] *a.* cultured, educated. ■ 2 *m.* worship. 3 cult.

cultiu [kultiŭ] *m.* cultivation.

cultivar [kultiβá] *t.* to cultivate.

cultura [kultúrə] *f.* culture. ‖ *és una persona de poca ~,* he's not very well educated, not widely read.

cultural [kulturàl] *a.* cultural.

culturisme [kulturizmə] *m.* body-building.

culturista [kulturistə] *m.* body-builder.

cúmul [kúmul] *m.* heap, pile.

cuneïforme [kunəifòrmə] *a.* cuneiform.

cuneta [kunɛ́tə] *f.* ditch.

cuny [kuɲ] *m.* wedge.

cunyat, -ada [kuɲát, -áðə] *m.* brother-in-law. 2 *f.* sister-in-law.

cup [kup] *m.* wine press. 2 press house.

cupè [kupɛ́] *m.* coupé.

cupó [kupó] *m.* coupon.

cúpula [kúpulə] *f.* ARCH. dome, cupola.

cura [kúrə] *f.* care. 2 treatment; cure. ‖ *tenir ~,* to be curable; to be careful.

curaçao [kurəsàu] *m.* curaçao.

curandero, -ra [kurəndéru, -rə] *m.-f.* quack, charlatan.

curar [kurá] *t.* to be careful with. 3 to intend, to propose. ■ 4 *i.-p.* ~ *de,* to look after.

curatiu, -iva [kurətiŭ, -íβə] *a.* curative.

cúria [kúriə] *f.* HIST., REL. curia. 2 the legal profession.

curiós, -osa [kuriós, -òzə] *a.* curious. 2 clean, tidy. 3 rare.

curiositat [kuriuzitàt] *f.* curiosity. 2 neatness.

curós, -osa [kurós, -òzə] *a.* careful.

curs [kurs] *m.* course; route. 2 EDUC. course; year.

cursa [kúrsə] *f.* race.

cursar [kursá] *t.* to deal with, to process [applications]. 2 to study; to attend classes.

cursi [kúrsi] *a.* affected, pretentious [people, behaviour]; flashy, showy [dresses]. ■ 2 *m.-f.* affected, pretentious or showy person.

cursiu, -iva [kursiŭ, -íβə] *a.* PRINT. cursive. ■ 2 *f.* PRINT. italics *pl.*

curt, -ta [kur(t), -ə] *a.* short. ‖ ~ *de gambals,* slow, thick; *anar ~ de diners,* to be short of cash; *fer ~,* to run short (*de, of*).

curull, -lla [kurúʎ, -ʎə] *a.* full, overflowing.

curvatura [kurβətúrə] *f.* curvature.

cúspide [kúspidə] *f.* peak. 2 cusp.

custòdia [kustɔ̀ðiə] *f.* custody.

custodiar [kustuðià] *t.* to guard; to defend.

cutani, -ània [kutáni, -àniə] *a.* cutaneous, of the skin.

cutícula [kutikulə] *f.* cuticle.

cutis [kútis] *m.* skin, complexion.

D

D, d [de] *f.* d [letter].

d' *prep.* See DE.

dactilografia [dəktiluɣrəfiə] *f.* typewriting.

dactiloscòpia [dəktiluskɔ́piə] *f.* identification by fingerprints.

dada [dáðə] *f.* datum, piece of information. ‖ COMP. *tractament de dades,* data processing.

daga [dáɣə] *f.* dagger.

daina [dáĭnə] *f.* ZOOL. fallow deer.

daixonses [dəʃɔ́nsəs] *pron.* thingumajig, thingummy, thingummybob.

dàlia [dáliə] *f.* BOT. dahlia.

dalla [dáʎə] *f.* scythe.

dallar [dəʎá] *t.* to scythe, to cut with a scythe.

dalt [dal] *adv.* above, at the top. ‖ ~ *de tot,* at the very top; fig. *de ~ a baix,* completely, thoroughly. ■ 2 *prep. phr.* ~ *de,* on top of; ‖ ~ *del tren,* on the train. ■ 3 *m.* the top part; the top floor.

daltabaix [dáltəβáʃ] *adv.* down, right down. ■ 2 *m.* disaster, calamity.

daltonisme [dəltunízmə] *m.* MED. colour blindness.

dama [dámə] *f.* lady. 2 GAME draughts *pl.,* (USA) checkers *pl.*

Damasc [dəmás(k)] *pr. n. m.* GEOGR. Damascus.

damisel·la [dəmizéllə] *f.* young lady; damsel.

damnació [dəmnəsió] *f.* REL. damnation.

damnar [dəmná] *t.* REL. to damn.

damnificar [dəmnifiká] *t.* to damage; to harm.

damnificat, -ada [dəmnifikát, -áðə] *a., m.-f.* victim.

damunt [dəmún] *adv.* above. 2 on top. ‖ *per ~,* superficially. ■ 3 *prep.* on, on top of. 4 above.

dandi [dándi] *m.* dandy.

danès, -esa [dənɛ́s, -ɛ́zə] *a.* Danish. ■ 2 *m.-f.* Dane.

dansa [dánsə] *f.* dance. 2 dancing.

dansaire [dənsáĭrə] *m.-f.* dancer.

dansar [dənsá] *i.* to dance.

dantesc, -ca [dəntɛ́sk, -kə] *a.* Dantesque; Dantean.

dany [dáɲ] *m.* damage; harm. 2 injury. 3 LAW *danys i perjudicis,* damages.

danyar [dəɲá] *t.* to damage; to harm. 2 to injure; to hurt.

danyós, -osa [dəɲós, -ózə] *a.* harmful. 2 fig. damaging.

dar [dá] See DONAR.

dard [dar(t)] *m.* dart. 2 poet. arrow.

darrer, -ra [dərrɛ́, -rá] *a.* last. 2 latest.

darrera [dərrɛ́rə] *adv.* behind, at the back. ■ 2 *prep.* behind, at the back of. 3 after: *he sofert fracàs ~ fracàs,* I've had failure after failure. ■ 4 *m.* back. 5 bottom, backside.

darrerament [dərrərəmɛ́n] *adv.* lately.

darrere [dərrɛ́rə] DARRERA.

darreria [dərrəriə] *f.* end. 2 *pl.* afters [of a meal].

dàrsena [dársənə] *f.* dock.

data [dátə] *f.* date.

datar [dətá] *t.* to date. ■ 2 ~ *de i.* to date from.

dàtil [dátil] *m.* BOT. date.

dau [dáŭ] *m.* die.

daurar [dəŭrá] *t.* to gild. 2 fig. ~ *la píndola,* to sugar the pill.

daurat, -ada [dəŭrát, -áðə] *a.* golden. ■ 2 *m.* gilt.

davall [dəβáʎ] *adv.-prep.* See SOTA.

davallada [dəβəʎáðə] *f.* descent; way down. 2 fig. decrease, fall.

davallar [dəβəʎá] *t.* to come down *i.,* to go down. *i.* 2 to bring down, to take down. ■ 3 *i.* to come down. 4 to fall, to decrease.

davant [dəβán] *adv.* in front; ahead. 2 opposite. 3 ~ *per* ~, face to face. ■ 4 *prep.* in front of; ahead of. 5 opposite. ■ 6 *m.* front part, front.

davantal [dəβəntál] *m.* apron.

davanter, -ra [dəβəntè, -rə] *a.* leading. ■ 2 *m.-f.* leader. 3 *m.* SP. forward.

David [dəβít] *pr. n. m.* David.

d.C. abbr. *(després de Crist)* A.D. (anno domini).

de [də] *prep.* of: *fet ~ coure,* made of copper. ‖ *una classe d'anglès,* an English class; *el pis ~ l'Andreu,* Andrew's flat; *vermell ~ cara,* red-faced. 2 in: *l'edifici més alt del poble,* the tallest building in the village. 3 from: *sóc ~ Terrassa,* I'm from Terrassa. 4 by. ‖ *una pel·lícula ~ Passolini,* a Passolini film, a film by Passolini. 5 ~ *debò,* real, really. ‖ ~ *cop,* at once, at one go; ~ *dia,* by day, during the daytime; ~ *petit,* as a child.

deambular [deəmbulá] *i.* to stroll about.

debades [dəβáðəs] *adv.* in vain.

debanar [dəβəná] *t.* to wind.

debat [dəβát] *m.* debate; discussion.

debatre [dəβátrə] *t.* to debate; to discuss. ■ 2 *p.* to struggle; to fight.

dèbil [déβil] *a.* weak, feeble.

debilitar [dəβilitá] *t.* to debilitate, to weaken.

debilitat [dəβilitát] *f.* feebleness, weakness, debility. 2 weakness: *les debilitats humanes,* human weaknesses.

dèbit [dʒéβit] *m.* COMM. debt.

debò [dəβɔ́] *adv. phr. de* ~, actually, truly, really. 2 real, true.

debut [dəβút] *m.* debut.

dècada [dɛ́kəðə] *f.* decade.

decadència [dəkəðɛ́nsiə] *f.* decadence, decay, decline.

decadent [dəkəðèn] *a.* decadent, decaying.

decagram [dəkəɣrám] *m.* decagramme, decagram.

decaigut, -uda [dəkəɣ́yut, -úðə] *a.* depressed; discouraged. 2 weak.

decàleg [dəkálək] *m.* decalogue.

decalitre [dəkəlitrə] *m.* decalitre.

decàmetre [dəkámətrə] *m.* decametre.

decandiment [dəkəndimèn] *m.* weakness; weakening; loss of strength.

decandir-se [dəkəndirsə] *p.* to lose strength, to grow weak.

decantació [dəkəntəsiò] *f.* CHEM. decantation.

decantament [dəkəntəmèn] *m.* inclination, lean, leaning. 2 decantation.

decantar [dəkəntá] *t.* to tip [to one side]. 2 CHEM. to decant. ■ 3 *p.* fig. to incline towards, to lean towards. ‖ *cap a quina alternativa et decantes?,* which alternative do you prefer?

decapitació [dəkəpitəsiò] *f.* decapitation, beheading.

decapitar [dəkəpitá] *t.* to decapitate, to behead.

decasíl·lab, -ba [dəkəsilləp, -βə] *a.* decasyllabic, ten-syllable. ■ 2 *m.* decasyllable.

decaure [dəkáṷrə] *i.* to decline; to go downhill; to decay, to deteriorate. 2 to lose strength, to weaken, to flag. ▲ CONJUG. like *caure.*

decebre [dəsèβrə] *t.* to disappoint. ▲ CONJUG. like *rebre.*

decelar [dəsəlá] (ROSS.) See DELATAR.

decència [dəsɛ́nsiə] *f.* decency.

decenni [dəsɛ́ni] *m.* decennium.

decent [dəsɛ́n] *a.* decent.

decepció [dəsəpsiò] *f.* disappointment.

decidir [dəsiði] *t.* to decide. ■ 2 *p.* to make up one's mind.

decidit, -da [dəsiðit, -íðə] *a.* decided, resolute.

decigram [dəsiɣrám] *m.* decigramme, decigram.

decilitre [dəsilitrə] *m.* decilitre, (USA) deciliter.

dècim, -ma [dɛ́sim, -mə] *a., m.-f.* tenth. 2 *m.* tenth part of a lottery ticket. 3 *f.* tenth of a degree.

decimal [dəsimál] *a.-m.* MATH. decimal.

decímetre [dəsimətrə] *m.* decimetre, (USA) decimeter.

decisió [dəsiziò] *f.* decision. 2 determination, resolution.

decisiu, -iva [dəsiziṷ, -íβə] *a.* decisive.

declamació [dəkləməsiò] *f.* declamation; recitation.

declamar [dəkləmá] *t.-i.* to recite; to declaim.

declaració [dəklərəsiò] *f.* declaration, statement. ‖ ~ *de renda,* income tax declaration. 2 LAW statement, evidence. ‖ ~ *de culpabilitat,* verdict of guilty.

declaradament [dəklərəðəmèn] *adv.* openly, declaredly.

declarant [dəklərán] *m.-f.* LAW witness, testifier.

declarar [dəklərá] *t.* to declare; to state. 2 to tell. 3 LAW to find: ~ *culpable,* to find guilty. 4 LAW to testify. ■ 5 *p.* to declare oneself. || *declarar-se en vaga,* to go on strike.

declinar [dəklinə́] *t.* to decline, to refuse. 2 GRAMM. to decline. ■ 3 *i.* to decline.

declivi [dəkliβi] *m.* slope, incline.

decoració [dəkurəsió] *f.* decoration; décor. 2 CIN., THEATR. set, scenery.

decorador, -ra [dəkurəðó, -rə] *m.-f.* decorator.

decorar [dəkurá] *t.* to decorate.

decorat [dəkurát] *m.* See DECORACIÓ 2.

decoratiu, -iva [dəkurətiŭ, -iβə] *a.* decorative.

decorós, -osa [dəkurós, -ózə] *a.* decorous, proper, decent.

decòrum [dəkɔ́rum] *m.* decorum.

decreixent [dəkrəʃɛ̀n] *a.* decreasing, diminishing.

decréixer [dəkréʃə] *i.* to decrease, to diminish. || CONJUG. like *créixer.*

decrèpit, -ta [dəkrɛ́pit, -tə] *a.* decrepit.

decrepitud [dəkrəpitút] *f.* decrepitude.

decret [dəkrɛ̀t] *m.* decree, order.

decretar [dəkrətá] *t.* to decree; to order.

decurs [dəkúrs] *m.* course.

dedicació [dəðikəsió] *f.* dedication.

dedicar [dəðiká] *t.* to dedicate. 2 to set aside. ■ 3 *p.* to devote oneself (*a,* to).

dedicatòria [dəðikətɔ̀riə] *f.* dedication; inscription.

dedins [dəðíns] *adv.* inside. ■ 2 *prep. al ~ de,* inside.

deducció [dəðuksió] *f.* deduction.

deduir [dəðuí] *t.* to deduce. 2 to deduct [money]. 3 LAW to present [evidence]; to claim [rights].

deessa [dəɛ́sə] *f.* goddess.

defallir [dəfəʎí] *i.* to lose heart; to falter.

defecació [dəfəkəsió] *f.* defecation.

defecar [dəfəká] *i.* to defecate.

defecció [dəfəksió] *f.* defection, desertion.

defecte [dəfɛ́ktə] *m.* defect, fault, flaw. 2 lack; absence.

defectuós, -osa [dəfəktuós, -ózə] *a.* defective, faulty.

defendre [dəfɛ́ndrə] See DEFENSAR.

defensa [dəfɛ́nsə] *f.* defence. || *~ personal,* self-defence. || LAW *legítima ~,* self-defence. || PSYCH. *mecanisme de ~,* defence mechanism. 2 guard [on machines]. 3 *m.-f.* SP. back, defender.

defensar [dəfənsá] *t.* to defend (*contra,* against; *de,* from). 2 to protect. 3 to defend, to uphold [ideas, arguments].

defensiu, -iva [dəfənsiŭ, -iβə] *a.* defensive. || *a la defensiva,* on the defensive.

defensor, -ra [dəfənsó, -rə] *a.* defending. ■ 2 *m.-f.* defender. 3 LAW counsel for the defence.

deferència [dəfərɛ̀nsiə] *f.* deference.

deficiència [dəfisiɛ̀nsiə] *f.* deficiency, shortcoming.

deficient [dəfisiɛ̀n] *a.* deficient, inadequate. ■ 2 *m.-f.* MED. *~ mental,* mental deficient.

dèficit [dɛ́fisit] *m.* deficit.

definició [dəfinisió] *f.* definition.

definir [dəfiní] *t.* to define. 2 to determine, to establish. ■ 3 *p.* to make one's position or posture clear.

definit, -ida [dəfinit, -iðə] *a.* definite. || *ben ~,* well-defined.

definitiu, -iva [dəfinitiŭ, -iβə] *a.* definitive, final. || *en definitiva,* in short; finally, eventually; in the end.

deflació [dəfləsió] *f.* ECON. deflation.

defora [dəfɔ́rə] *adv.* outside. ■ 2 *prep.* out of. || *al ~ de,* out of, outside. ■ 3 *m.* outside.

deformació [dəfurməsió] *f.* deformation.

deformar [dəfurmá] *t.-p.* to deform [also fig.]. 2 fig. to distort. 3 *p.* to lose shape, to go out of shape.

deforme [dəfɔ́rmə] *a.* deformed, misshapen.

deformitat [dəfurmitát] *f.* deformity, disfigurement. 2 deformed person or thing.

defraudar [dəfrəŭðá] *t.* to defraud. 2 to evade [taxes]. 3 to disappoint.

defugir [dəfuʒí] *t.* to evade, to avoid. ▲ CONJUG. like *fugir.*

defunció [dəfunsió] *f.* decease, death.

degà [dəɣá] *m.* senior member. 2 dean.

deganat [dəɣənát] *m.* deanship. 2 deanery.

degeneració [dəʒənərəsió] *f.* degeneracy; degeneration.

degenerar [dəʒənərá] *i.* to degenerate (*en,* into).

degenerat, -ada [dəʒənərát, -áðə] *a., m.-f.* degenerate.

deglució [dəɣlusió] *f.* swallowing, deglutition.

deglutir [dəɣlutí] *t.* to swallow.

degolladissa [dəɣuʎəðisə] *f.* See DEGO-LLAMENT.

degollament [dəɣuʎəmèn] *m.* throat cutting; slaughter.

degollar [dəɣuʎà] *t.* to cut the throat of, to slaughter.

degotar [dəɣutà] *i.* to drip. 2 to leak [in drips].

degradació [dəɣrəðəsiò] *f.* degradation, humiliation. 2 MIL. demotion.

degradant [dəɣrəðàn] *a.* degrading.

degradar [dəɣrəðà] *t.* to degrade, to humiliate. 2 MIL. to demote. ■ 3 *p.* to demean oneself.

degudament [dəɣuðəmèn] *adv.* duly, properly.

degustació [dəɣustəsiò] *f.* tasting, sampling.

degustar [dəɣustà] *t.* to taste, to sample.

deïficar [dəifikà] *f.* to deify.

deisme [dəizmə] *m.* deism.

deïtat [dəitàt] *f.* deity, divinity.

deix [deʃ] *m.* slight accent. 2 after-effect.

deixa [dèʃə] *f.* legacy. 2 remains. 3 left-overs.

deixadesa [dəʃəðtzə] *f.* slovenliness; carelessness; untidiness.

deixalla [dəʃàʎə] *f.* waste. 2 *pl.* left-overs.

deixament [dəʃəmèn] *m.* slovenliness; untidiness. 2 languor, listlessness; discouragement.

deixar [dəʃà] *t.* to release, to let go. ‖ *deixa't anar,* let go. 2 to leave. ‖ *deixa'm estar!,* leave me alone! 3 to lend. 4 to abandon, to give up. ‖ *deixa-ho córrer!,* forget about it! ‖ ~ *plantat,* to stand someone up. ■ *5 i.* to run [dye]. ■ *6 p.* to forget, to leave behind.

deixat, -ada [dəʃàt, -àðə] *a.* untidy; careless; slovenly.

deixatar [dəʃətà] *t.* to dissolve.

deixeble, -bla [dəʃèbblə, -blə] *m.-f.* disciple, pupil, student, follower.

deixondir [dəʃundi] *t.-p.* to waken up, to liven up.

dejecció [dəʒəksiò] *f.* dejection. 2 GEOL. débris.

dejú, -una [dəʒù, -únə] *a.* fasting, not having eaten. ‖ *en* ~, without eating breakfast.

dejunar [dəʒunà] *i.* to fast.

dejuni [dəʒúni] *m.* fast.

del [dəl] (*contr. de* + *el*).

delació [dələsiò] *f.* denunciation; information.

delatar [dələtà] *t.* to report [to the police]; to inform on. *i.* 2 to betray, to give away.

delator, -ra [dələtò, -rə] *a.,* which gives away. ■ *2 m.-f.* informer, betrayer.

deleble [dələbblə] *a.* delible.

delectació [dələktəsiò] *f.* delight, delectation.

delectança [dələktànsə] See DELECTACIÓ.

delectar [dələktà] *t.* to delight. ■ *2 p.* to take great pleasure, to take delight.

delegació [dələɣəsiò] *f.* delegation. 2 local office; branch office: ~ *d'Hisenda,* local tax office.

delegar [dələɣà] *t.* to delegate.

delegat, -ada [dələɣàt, -àðə] *a.* delegated. ■ *2 m.-f.* delegate; representative.

delejar [dələʒà] *t.* to long for *i.,* to yearn for. *i.* ■ *2 i.* to be impatient.

deler [dəlè] *m.* enthusiasm, zeal, eagerness. 2 desire, longing, yearning.

delerós, -osa [dələròs, -òzə] *a.* eager, enthusiastic.

deliberació [dəliβərəsiò] *f.* deliberation.

deliberar [dəliβərà] *t.* to deliberate.

delicadesa [dəlikəðtzə] *f.* delicacy. 2 refinement. 3 tact.

delicat, -ada [dəlikàt, -àðə] *a.* delicate; exquisite [food]. 2 discerning, refined. 2 fussy, difficult to please. 3 polite, refined.

delícia [dəlisiə] *f.* delight.

deliciós, -osa [dəlisiòs, -òzə] *a.* delightful.

delicte [dəliktə] *m.* offence, crime.

delictuós, -osa [dəliktuòs, -òzə] *a.* criminal, unlawful.

delimitació [dəlimitəsiò] *f.* delimitation.

delimitar [dəlimità] *t.* to delimit.

delineant [dəlineàn] *m.-f.* draughtsman.

delinear [dəlineà] *t.* to delineate, to outline [also fig.].

delinqüència [dəliŋkwènsiə] *f.* crime, delinquency. ‖ ~ *juvenil,* juvenile delinquency.

delinqüent [dəliŋkwèn] *m.-f.* criminal, delinquent, offender.

delinquir [dəliŋki] *i.* to commit an offence.

delir-se [dəlirsə] *p.* to long, to yearn.

delirar [dəlirà] *i.* to be delirious.

deliri [dəliri] *m.* delirium. 2 wild passion.

delit [dəlit] *m.* joy, delight, pleasure. 2 energy, spirit, go.

delitós, -osa [dəlitós, -ózə] a. delightful, delectable. 2 lively, spirited.

delmar [dəlmá] t. to decimate.

delme [dɛ́lmə] m. HIST. tithe.

delta [dɛ́ltə] m. delta [of a river]. 2 f. delta [Greek letter].

demà [dəmá] adv. tomorrow. ‖ ~ *al matí,* tomorrow morning; ~ *m'afaitaràs!,* pull the other one!; ~ *passat,* (BAL.) *passat* ~, (VAL.) *despús* ~, the day after tomorrow. ■ 2 m. future.

demacrat, -ada [dəməkrát, -áðə] a. emaciated.

demagog [dəməγók] m.-f. demagogue.

demagògia [dəməγɔ́ʒiə] f. demagogy.

demanar [dəmaná] t. to ask for, to request. ‖ ~ *la mà d'una noia,* to ask for a girl's hand in marriage. ‖ ~ *la paraula,* to ask to speak. 2 to order [meal, drink]. 3 to need, to demand. ‖ *la gespa* ~ *pluja,* the lawn needs rain.

demanda [dəmándə] f. petition, request. 2 COMM. order. 3 LAW (legal) action.

demandar [dəmandá] t. LAW to sue, to take legal action against.

demarcació [dəmərkəsió] f. demarcation. 2 district.

demarcar [dəmərká] t. to demarcate.

demència [dəmɛ́nsiə] f. madness, insanity.

dement [dəmɛ́n] a. mad, insane, demented. ■ 2 m.-f. mad, insane or demented person.

demèrit [dəmɛ́rit] m. demerit, fault, defect.

democràcia [dəmukrásiə] f. democracy.

demòcrata [dəmɛ́krətə] m.-f. democrat.

democràtic, -ca [dəmukrátik, -kə] a. democratic.

democratitzar [dəmukrətidzá] t. to democratize.

demografia [dəmuγrəfiə] f. demography.

demolició [dəmulisió] f. demolition.

demolir [dəmuli] t. to demolish [also fig.].

demoníac, -ca [dəmuniək, -kə] a. demoniacal, demoniac.

demora [dəmɔ́rə] f. delay, hold-up.

demorar [dəmurá] t. to delay, to hold up.

demostració [dəmustrəsió] f. demonstration. 2 show, display.

demostrar [dəmustrá] t. to demonstrate, to prove. 2 to show, to display.

demostratiu, -iva [dəmustrətiŭ, -iβə] a. demonstrative.

dempeus [dəmpɛ́ŭs] adv. standing, on one's feet.

denari, -ària [dənári, -áriə] a. decimal. ■ 2 m. denarius.

denegació [dənəγəsió] f. refusal, denial.

dèneu [dɛ́nəŭ], **denou** [dɛ́nɔ́ŭ] (VAL.) See DINOU.

denegar [dənəγá] t. to refuse, to deny.

denieirola [dəniəirɔ́lə] (ROSS.) See GUARDIOLA.

denigrar [dəniγrá] t. to denigrate, to defame.

denominació [dənuminəsió] f. denomination, naming.

denominador, -ra [dənuminəðó, -rə] a. which denominates. ■ 2 m. MATH. denominator.

denominar [dənuminá] t. to denominate, to call, to designate.

denotar [dənutá] t. to denote, to signify, to indicate.

dens, -sa [dɛns, -sə] a. dense, thick.

densitat [dənsitát] f. density.

dent [den] f. tooth; front tooth. ‖ *parlar entre dents,* to mumble. 2 MECH. tooth, cog.

dentadura [dəntəðúrə] f. teeth, set of teeth. ‖ ~ *postissa,* false teeth, dentures pl.

dental [dəntál] a. dental.

dentar [dəntá] t. MECH. to provide with teeth. ■ 2 i. to teethe [babies].

dentat, -ada [dəntát, -áðə] a. toothed. ■ 2 m. set of teeth.

dentetes [dəntɛ́təs] phr. fer ~, to make someone jealous.

dentició [dəntisió] f. teething, dentition.

dentifrici, -ícia [dəntifrisi, -isiə] a.-m. tooth paste s.

dentista [dəntistə] m.-f. dentist.

denúncia [dənúnsiə] f. LAW complaint. 2 denunciation, reporting; report.

denunciar [dənunsiá] t. to report [to the police]. 2 to announce, to proclaim. 3 to denounce.

departament [dəpərtəmɛ́n] m. department, section. 2 RAIL. compartment. 3 department, province, district.

departir [dəpərti] i. to converse, to talk.

depauperat, -ada [dəpəŭpərát, -áðə] a. impoverished.

dependència [dəpəndɛ́nsiə] f. dependence; reliance. 2 dependency. 3 outhouse, outbuilding. 4 staff.

dependent, -ta [dəpəndɛ́n, -tə] a. dependent. ■ 2 m.-f. shop assistant.

dependre [dəpɛ́ndrə] *i.* to depend (*de*, on), to rely (*de*, on). ‖ *depèn* or *això de-pèn*, it depends. ▲ CONJUG. like *ofendre*.

depilació [dəpiləsió] *f.* COSM. depilation, hair removal.

depilar [dəpilá] *t.* COSM. to depilate, to re-move hair.

depilatori, -òria [dəpilətɔ́ri, -ɔ́riə] *a.-m.* COSM. depilatory.

deplorar [dəlurá] *t.* to deplore; to la-ment.

deport [dəpɔ́r(t)] *m.* recreation.

deportar [dəpurtá] *t.* to deport.

deposar [dəpuzá] *t.* to abandon [atti-tudes]. 2 to depose [rulers]. 3 LAW to state in evidence, to depose. ■ 4 *i.* to de-fecate.

depravació [dəprəßəsió] *f.* vice, deprav-ity; corruption.

depravar [dəprəßá] *t.-p.* to deprave, to corrupt. ■ 2 *p.* to become depraved or corrupted.

depreciació [dəprəsiəsió] *f.* deprecia-tion.

depreciar [dəprəsiá] *t.* to depreciate *t.-i.*

depredador, -ra [dəprədəðó, -rə] *m.-f.* pillager, plunderer. 2 predator.

depredar [dəprəðá] *t.* to pillage, to plun-der.

depressió [dəprəsió] *f.* depression.

depressiu, -iva [dəprəsiŭ, -íßə] *a., m.-f.* depressive.

depriment [dəprimɛ̀n] *a.* depressing.

deprimir [dəprimí] *t.* to depress. ■ 2 *p.* to get depressed.

depuració [dəpurəsió] *f.* purification, purge.

depurar [dəpurá] *t.* to purify, to purge.

dèria [dɛ́riə] *f.* obsession.

deriva [dəríßə] *f.* drifting. ‖ *anar a la ~*, to drift, to be off course [also fig.].

derivació [dərißəsió] *f.* derivation.

derivar [dəríßá] *t.* to derive (*de*, from). 2 to divert. ■ 3 *i.* to derive, to be derived. 4 MAR. to drift.

dermatologia [dərmətuluʒíə] *f.* MED. dermatology.

dermis [dɛ̀rmis] *f.* derm, dermis.

derogació [dəruɣəsió] *f.* repeal, deroga-tion, abolition.

derogar [dəruɣá] *t.* to repeal, to abolish; to annul.

derrapar [dərrəpá] *i.* to skid.

derrota [dərró̞tə] *f.* defeat.

derrotar [dərrutá] *t.* to defeat; to beat.

derruir [dərruí] *t.* to demolish.

des [dɛ̀s] *prep. phr.* ~ *de* or ~ *que*, since. 2 ~ *de*, from. ■ 3 *conj.* since.

desabrigat, -ada [dəzəßriɣát, -áðə] *a.* not wrapped up well enough. 2 ex-posed, unsheltered.

desaconsellar [dəzəkunsəʎá] *t.* to ad-vise against *i.*

desacord [dəzəkɔ́r(t)] *m.* disagreement; discord.

desacreditar [dəzəkrəðitá] *t.* to dispar-age, to discredit, to denigrate. 2 to bring into discredit. ■ 3 *p.* to disgrace oneself.

desactivar [dəzəktißá] *t.* to defuse, to make safe.

desafecte, -ta [dəzəfɛ̀ktə, -tə] *a.* disaf-fected. ■ 2 *m.* disaffection. 3 *m.-f.* dis-affected person.

desafiador, -ra [dəzəfiəðó, -rə] *a.* de-fiant. 2 challenging.

desafiament [dəzəfiəmɛ̀n] *m.* defiance. 2 challenge.

desafiar [dəzəfiá] *t.* to challenge [to a fight or duel]. 2 to defy; to challenge.

desafinar [dəzəfiná] *t.* to sing or play out of tune, to be out of tune. 2 to put out of tune. ■ 3 *p.* to go out of tune.

desafortunat, -ada [dəzəfurtunát, -áðə] *a.* unfortunate.

desagradable [dəzəɣrəðàßblə] *a.* un-pleasant, disagreeable.

desagradar [dəzəɣrəðá] *t.* to displease. ‖ *no em desagrada*, I don't dislike it.

desagraïment [dəzəɣrəimɛ̀n] *m.* un-gratefulness, ingratitude.

desagraït, -ïda [dəzəɣrəit, -íðə] *a.* un-grateful.

desajust [dəzəúst] *m.* discrepancy. 2 TECH. maladjustment.

desallotjar [dəzəʎudʒá] *t.* to eject, to evict. 2 to evacuate.

desamor [dəzəmɔ̀r] *m.-(í f.)* lack of love, coldness, dislike.

desamortització [dəzəmurtidzəsió] *f.* disentailment.

desamortizar [dəzəmurtidzá] *t.* to dis-entail.

desànim [dəzánim] *m.* discouragement, downheartedness.

desanimar [dəzənimá] *t.* to discourage. ■ 2 *p.* to get discouraged, to lose heart.

desanou [dəzənŭ] (ROSS.) See DINOU.

desaparèixer [dəzəpərɛ́ʃə] *i.* to vanish, to disappear. ■ CONJUG. like *conèixer*.

desaparellar [dəzəpərəʎá] *t.* to split up a pair. ‖ *aquests mitjons són desapare-*

llats, these socks aren't a pair, these socks are odd.

desaparició [dəzəpərisió] *f.* disappearance.

desapercebut, -uda [dəzəpərsəβút, -úðə] *a.* unnoticed.

desaprensiu, -iva [dəzəprənsiú, -íβə] *a.* unscrupulous.

desaprofitar [dəzəprufitá] *t.* to waste, not to take advantage of.

desaprovar [dəzəpruβá] *t.* to disapprove of.

desar [dəzá] *t.* to put away, to keep [in a safe place].

desarmament [dəzərməmén] *m.* disarmament.

desarmar [dəzərmá] *t.* to disarm [people]. 2 to take to pieces, to take apart, to dismantle [thing]. 3 fig. to calm, to appease.

desarrelar [dəzərrəlá] *t.* to uproot. 2 fig. to wipe out, to get rid of. ■ *3 p.* fig. to uproot oneself.

desarrelat, -ada [dəzərrəlát, -áðə] *a.* rootless [person], uprooted.

desassenyat, -ada [dəzəsəɲát, -áðə] *a.* unwise, foolish, silly.

desasset [dəzəsɛ́t] (ROSS.) See DISSET.

desassossec [dəzəsusɛ́k] *m.* uneasiness; anxiety; restlessness.

desastre [dəzástrə] *m.* disaster, calamity.

desastrós, -osa [dəzəstrós, -ózə] *a.* disastrous, awful, terrible; calamitous.

desatendre [dəzətɛ́ndrə] *t.* to ignore, to pay no attention to. 2 to neglect [work]. 3 to slight, to offend, to snub [person]. ▲ CONJUG. like *atendre.*

desatent, -ta [dəzətɛ́n, -tə] *a.* inattentive, inconsiderate; discourteous.

desautoritzar [dəzəwturidzá] *t.* to deprive of authority; to declare to be without authority.

desavantatge [dəzəβəntádʒə] *m.* disadvantage. 2 handicap; drawback.

desavinença [dəzəβinɛ́sə] *f.* disagreement; discrepancy.

desavinent [dəzəβinɛ́n] *a.* inaccessible.

desavuit [dəzəβúʲt] (ROSS.) See DIVUIT.

desballestar [dəzβəʎəstá] *t.* to take apart, to dismantle. 2 to break up [cars, ships].

desbancar [dəzβəŋká] *t.* GAME to break the bank. 2 to supplant, to oust.

desbandada [dəzβəndáðə] *f.* flight in disarray, scattering. ‖ *fugir a la ~,* to scatter.

desbandar-se [dəzβəndársə] *p.* to scatter, to flee in disarray.

desbaratar [dəzβərətá] *t.* to spoil, to ruin; to frustrate. 2 to throw into confusion. 3 TECH. to dismantle, to take to pieces. ■ *4 p.* to deteriorate. ‖ *s'ha desbaratat el temps,* the weather's got worse.

desbarrar [dəzβərrá] *t.* to unbar. ■ *2 i.* to talk absolute rubbish; to say too much.

desbocar-se [dəzβukársə] *p.* to bolt [horses]. 2 to give vent to a stream of abuse.

desbordament [dəzβurðəmén] *m.* overflowing, flooding. 2 outburst. 3 MIL. outflanking.

desbordar [dəzβurðá] *t.* to cause to overflow, to cause to flood [rivers]. 2 fig. to arouse [passions]. 3 MIL. to outflank. ■ *4 i.-p.* to overflow, to flood [rivers]. 5 *p.* to burst out, to be aroused [passions].

desbrossar [dəzβrusá] *t.* to clear of weeds, undergrowth or rubbish.

descabdellar [dəskəbdəʎá] *t.* to unwind, to unravel. 2 fig. to expound in detail. ■ *3 p.* to unravel.

descafeïnat, -ada [dəskəfəinát, -áðə] *a.* decaffeinated. 2 fig. wishy-washy.

descalç, -ça [dəskáls, -sə] *a.* barefoot; unshod.

descamisat, -ada [dəskəmizát, -áðə] *a.* shirtless. 2 fig. extremely poor.

descans [dəskáns] *m.* rest, repose. 2 relief. 3 break. 4 rest, support, bracket.

descansar [dəskənsá] *i.* to rest, to have a rest, to take a break. 2 to sleep. 3 *~ en* to rely on, to lean on. 4 *~ sobre,* to rest on, to be supported by. ■ *5 t.* to rest. 6 to help out.

descanviar [dəskəmbiá] *t.* to exchange, to change.

descarat, -ada [dəzkərát, -áðə] *a.* impudent, insolent, cheeky. ■ *2 m.-f.* impudent, insolent or cheeky person.

descargolar [dəskərɣulá] *t.* to unscrew. ■ *2 p.* to come unscrewed.

descarnat, -ada [dəskərnát, -áðə] *a.* without flesh, clean, bare [bones]. 2 thin. 3 bare, uncovered. 4 fig. plain, straightforward, without commentaries.

descàrrega [dəskárrəɣə] *f.* unloading; emptying. 2 ELECT. discharge.

descarregar [dəskərrəɣá] *t.* to unload; to empty. 2 to fire, to shoot. 3 fig. to relieve, to release, to free.

descarrilament [dəskərriləmèn] *m.* derailment.

descarrilar [dəskərrilá] *i.* RAIL. to derail *t.-i.*

descartar [dəskərtá] *t.* to rule out, to reject. ■ 2 *p.* GAME to discard.

descendència [dəsəndènsiə] *f.* offspring, descendents *pl.,* family.

descendent [dəsəndèn] *a.* descending, descendent. ■ 2 *m.-f.* descendent.

descendir [dəsəndi] *t.* to go or come down; to descend. 2 to fall, to drop. 3 ~ *a* to stoop to, to lower oneself to. 4 ~ *de,* to descend from; to be derived from.

descens [dəsèns] *m.* descent. 2 fall, drop. 3 SP. downhill event [skiing]. 3 SP. relegation.

descentralitzar [dəsəntrəlidzá] *t.* to decentralize.

descentrar [dəsəntrá] *t.* to put off or out of centre. ■ 2 *p.* to get out of centre.

descloure [dəsklɔ̆ŭrə] *t.-p.* lit. to open. ▲ CONJUG. like *cloure.*

descobert, -ta [dəskuβèrt, -tə] *a.* open, uncovered. ‖ *al* ~, uncovered, unprotected. ‖ MIL. *en* ~, exposed to enemy fire. ■ 2 *m.* ECON. overdraft. ■ 3 *f.* discovery, finding.

descobriment [dəskuβrimèn] *m.* discovery.

descobrir [dəskuβri] *t.* to discover, to find. 2 to uncover. 3 to show, to reveal. ■ 4 *p.* to take off one's hat. ▲ CONJUG. P. P.: *descobert.*

descodificar [dəskuðifiká] *t.* to decode.

descollar [dəskuʎá] *t.* to unscrew. ■ 2 *p.* to come unscrewed.

descolonització [dəskulunitzəsiò] *f.* decolonization.

descolorir [dəskuluri] *t.* to discolour. ■ 2 *p.* to fade.

descompondre [dəskumpɔ̀ndrə] *t.* to break down, to decompose. 2 to perturb, to upset. ■ 3 *p.* to rot, to decompose. 4 to get upset; to get angry. ▲ CONJUG. like *respondre.*

descomposició [dəskumpuzisiò] *f.* decomposition, rotting. 2 discomposure. 3 MED. diarrhoea.

descomptar [dəskumtá] *t.* to leave aside, not to take into account. 2 to discount. ■ 3 *p.* to make a mistake [in calculations].

descompte [dəskómtə] *m.* COMM. discount, reduction.

desconcert [dəskunsèr(t)] *m.* discomposure, embarrassment.

desconcertar [dəskunsərtá] *t.* to disconcert, to bewilder; to embarrass. ■ 2 *p.* to get embarrassed, to be disconcerted.

desconeixement [dəskunəʃəmèn] *m.* ignorance, lack of knowledge.

desconèixer [dəskunèʃə] *t.* not to know, to be ignorant of, to be unaware of. ▲ CONJUG. like *conèixer.*

desconfiança [dəskumfiànsə] *f.* distrust, mistrust.

desconfiar [dəskumfiá] *i.* to be distrustful. ‖ ~ *de,* to distrust *t.,* to mistrust *t.*

descongestionar [dəskunʒəstiuná] *t.* to unblock, to decongest.

desconnectar [dəskunəktá] *t.* to disconnect; to turn off.

desconsol [dəskunsɔ̀l] *m.* distress, grief; sorrow, sadness.

descontent, -ta [dəskuntèn, -tə] *a.* discontent, discontented, dissatisfied, unhappy.

descoratjar [dəskurədʒá] *t.* to discourage, to dishearten. ■ 2 *p.* to get discouraged, to lose heart.

descordar [dəskurðá] *t.* to unbutton, to undo. ■ 2 *p.* to come undone, to come unbuttoned.

descórrer [dəskórrə] *t.* to draw back, to open [curtains]. ▲ CONJUG. like *córrer.*

descortès, -esa [dəskurtès, -èzə] *a.* rude, impolite, discourteous.

descosir [dəskuzi] *t.* to unstitch, to unpick. ■ 2 *p.* to come unstitched. ▲ CONJUG. like *cosir.*

descosit, -ida [dəskuzit, -iðə] *a.* unstitched. ■ 2 *m.* seam which has come unstitched. ‖ *parla pels descosits,* she never stops talking.

descrèdit [dəskrèðit] *m.* discredit; disrepute.

descregut, -uda [dəskrəyùt, -ùðə] *m.-f.* unbeliever.

descripció [dəskripsiò] *f.* description.

descriure [dəskriŭrə] *t.* to describe.

descuidar-se [dəskuĭðàrsə] *p.* to forget. ‖ *m'he descuidat les claus a casa,* I've left my keys at home.

descuit [dəskŭ̆ĭt] *m.* slip, oversight.

descurar [dəskurá] *t.* to be careless about, to neglect.

desdejunar [dəzðəʒuná] (VAL.) See ESMORZAR.

desdentat, -ada [dəzðəntàt, -àðə] *a.* toothless.

desdeny [dəzðɛ́ɲ] *m.* scorn; disdain; contempt.

desdenyar [dəzðəɲá] *t.* to scorn, to disdain.

desdibuixar [dəzðiβuʃá] *t.* to blur. ■ *2 p.* to become blurred.

desdir [dəzðí] *i.* to be inappropiate; to be unworthy. ■ *2 p.* **desdir-se de**, to go back on [promises]; to retract *t.* [what one has said]. ▲ CONJUG. like *dir*.

deseixir-se [dəzəʃírsə] *p.* to get rid of. 2 to get out of [difficult situations]. 3 to come out well.

desè, -ena [dəzɛ̀, -ɛ́nə] *a.-m.* tenth. 2 *f. una desena*, ten.

desembalar [dəzəmbəlá] *t.* to unpack.

desembarassar [dəzəmbərəsá] *t.* to get rid of *i*.

desembarcador [dəzəmbərkəðó] *m.* pier, landing stage, quay.

desembarcar [dəzəmbərká] *t.* to unload [things], to disembark [people]. ■ *2 i.* to come ashore, to go ashore, to disembark.

desembastar [dəzəmbəstá] *t.* to untack.

desembeinar [dəzəmbəɪ̆ná] *t.* to draw, to unsheathe [swords].

desembocadura [dəzəmbukəðúrə] *f.* GEOGR. mouth.

desembocar [dəzəmbuká] *t.* ~ *a o en*, to lead to, to come out into; to flow into.

desembolicar [dəzəmbuliká] *t.* to unwrap.

desemborsar [dəzəmbursá] *t.* to pay out.

desembragar [dəzəmbrəɣá] *t.* MECH. to disengage, to disconnect.

desembre [dəzɛ̀mbrə] *m.* December.

desembussar [dəzəmbusá] *t.* to unblock [pipe]. ■ *2 p.* to become unblocked, to unblock itself.

desembutxacar [dəzəmbutʃəká] *t.* coll. to lay out [money].

desemmascarar [dəzəmməskərá] *t.* to unmask.

desempallegar-se [dəzəmpəʎəɣársə] *p.* to get rid of.

desempaquetar [dəzəmpəkətá] *t.* to unpack.

desemparar [dəzəmpərá] *t.* to desert, to abandon.

desemparat, -ada [dəzəmpəràt, -áðə] *a.* abandoned. 2 helpless, defenceless.

desena [dəzɛ́nə] *f.* ten: *una ~ d'alumnes*, (about) ten students.

desencadenar [dəzəɲkəðəná] *t.* to unleash [also fig.]. ■ *2 p.* to break out.

desencaixar [dəzəɲkəʃá] *t.-p.* to disconnect. 2 to dislocate [bones]. 3 *p.* fig. to become distorted or disfigured [face].

desencaminar [dəzəɲkəminá] *t.* ~ *algú*, to make somebody lose his way. 2 fig. to lead astray.

desencant [dəzəɲkán] *m.* disillusioning, disillusionment.

desencert [dəzənsɛ̀r(t)] *m.* error, mistake.

desencís [dəzənsis] *m.* disillusion.

desencisar [dəzənsizá] *t.* to disillusion. ■ *2 p.* to become disillusioned.

desencusa [dəzəɲkúzə] (ROSS.) See EX-CUSA.

desendreçar [dezəndrəsá] *t.* to disarrange; to mess up; to make untidy.

desendreçat, -ada [dəzəndrəsát, -áðə] *a.* untidy; in a mess.

desenfeinat, -ada [dəzəmfəɪ̆nát, -áðə] *a.* at ease, at leisure.

desenfocar [dəzəmfuká] *t.* to unfocus.

desenfrenament [dəzəmfrənəmɛ̀n] *m.* lack of self-control; wildness.

desenfrenat, -ada [dəzəmfrənát, -áðə] *a.* fig. wild, uncontrolled [person].

desenganxar [dəzə̀ŋgənʃá] *t.* to unhook; to unstick; to undo.

desengany [dəzə̀ŋgáɲ] *m.* disillusionment, disappointment.

desenganyar [dəzə̀ŋgəɲá] *t.* to disappoint. ■ *2 p.* to be disappointed.

desengramponador [dəzə̀ŋgrəmpunəðó] (BAL.) See TORNAVÍS.

desenllaç [dəzənʎás] *m.* outcome.

desenllaçar [dəzənʎəsá] *t.* to untie; to undo.

desenredar [dəzənrrəðá] *t.* to untangle, to disentangle, to unravel.

desenrotllament [dəzənrruʎʎəmɛ̀n] *m.* development.

desenrotllar [dəzəruʎʎá] *t.-p.* to unroll. 2 to develop.

desentelar [dəzəntəlá] *t.* to de-mist [car window, etc.]. ■ *2 p.* to clear [glass].

desentendre's [dəzəntɛ̀ndrəs] *p.* fig. to wash one's hands. 2 to affect ignorance. ▲ CONJUG. like *atendre*.

desenterrar [dəzəntərrá] *t.-p.* to unearth *t.*, to dig up *t.* [also fig.].

desentès, -esa [dəzəntɛ̀s, -ɛ́zə] *phr. fer-se el ~*, to affect ignorance.

desentonar [dəzəntuná] *i.* MUS. to be out of tune. 2 fig. not to match; to clash.

desentortolligar [dəzənturtuʎíyà] *t.* to unwind. ■ *2 p.* to unwind itself.

desenvolupament [dəzəmbulupəmèn] *m.* development.

desenvolupar [dəzəmbulupá] *t.-p.* to develop.

desequilibrat, -ada [dəzəkilíβràt, -βáðə] *a.* unbalanced. ■ *2 m.-f.* mentally unbalanced person.

desequilibri [dəzəkilíβri] *m.* imbalance. 2 unbalanced mental condition.

deserció [dəzərsió] *f.* desertion.

desert, -ta [dəzɛ́r(t), -tə] *a.* deserted. ■ *2 m.* desert.

desertar [dəzərtá] *t.* to desert.

desertor, -ra [dəzərtó, -rə] *m.-f.* deserter.

desesper [dəzəspɛ́r] *m.* See DESESPERACIÓ.

desesperació [dəzəspərəsió] *f.* despair; desperation.

desesperant [dəzəspəràn] *a.* despairing. 2 infuriating.

desesperar [dəzəspərá] *i.-p.* to despair. ■ *2 t.* to drive to despair. 3 to infuriate.

desesperat, -ada [dəzəspəràt, -áðə] *a.* desperate. 2 hopeless.

desestimar [dəzəstimá] *t.* to rebuff. 2 LAW to reject.

desfalc [dəsfálk] *m.* embezzlement.

desfalcar [dəsfəlká] *t.* to embezzle. 2 to remove the wedge from.

desfavorable [dəsfəβuràbblə] *a.* unfavourable.

desfavorir [dəsfəβuri] *t.* to withdraw one's favour from. 2 not to suit [dress], not to look well on *i.* [dress].

desfer [dəsfɛ́] *t.* to undo. 2 to untie; to unleash [also fig.]. 3 to melt. ■ *4 p.* to come undone. 5 to unleash oneself. 6 fig. *desfer-se en llàgrimes*, to break down in tears. 7 to melt. 8 to come off. 9 *desfer-se de*, to get rid of. ▲ CONJUG. P. P.: *desfet*. ‖ INDIC. Pres.: *desfaig, desfàs, desfà*, etc. | Imperf.: *desfeia*, etc. | Perf.: *vaig desfer*, etc. | Fut.: *desfaré*, etc. ‖ SUBJ. Pres.: *desfés*, etc.

desfermar [dəsfərmá] *t.* to let out; to set loose; to unleash [also fig.]. ■ *2 p.* fig. to unleash itself; to break; to burst.

desfermat, -ada [dəsfərmát, -áðə] *a.* set loose; unleashed. 2 fig. beside oneself [emotions, mental state].

desferra [dəsfɛ́rrə] *f.* remains; ruins; waste.

desfeta [dəsfɛ́tə] *f.* defeat.

desfici [dəsfísi] *m.* anxiety; uneasiness.

desficiós, -osa [dəsfisiòs, -ózə] *a.* anxious; uneasy; upset.

desfigurar [dəsfiyurá] *t.* to disfigure; to alter. 2 to change, to alter [facts].

desfilada [dəsfiláðə] *f.* march-past; parade.

desfilar [dəsfilá] *i.* to march; to parade. 2 coll. to leave (one after the other).

desflorar [dəsflurá] *t.* to pull off the flowers from [tree, plant]. 2 to deflower [woman].

desfogar-se [dəsfuyársə] *p.* to let off steam, to vent one's anger.

desfullar [dəsfuʎá] *t.* to remove the leaves from, to strip the leaves off.

desgana [dəzyánə] *f.* lack of appetite. 2 lack of interest.

desganat, -ada [dəzyənàt, -áðə] *a.* lacking in appetite. 2 lacklustre; unenthusiastic.

desgast [dəzyàs(t)] *m.* wear and tear.

desgastar [dəzyəstá] *t.* to wear out. 2 to wear down.

desgavell [dəzyəβɛ́ʎ] *m.* chaos, total confusion.

desgavellar [dəzyəβəʎá] *t.* to throw into confusion.

desgel [dəʒɛ́l] *m.* See DESGLAÇ.

desgelar [dəʒəlá] *i.-t.-p.* See DESGLAÇAR.

desglaç [dəzylás] *m.* melting, thawing.

desglaçar [dəzyləsá] *i.-t.-p.* to melt, to thaw (out).

desglossar [dəzylusá] *t.* to separate out. 2 to break down [figures].

desgovern [dəzyuβɛ́rn] *m.* misgovernment; misrule. 2 lack of government; lack of rule.

desgovernar [dəzyuβərná] *t.* to misgovern; to misrule.

desgràcia [dəzyràsiə] *f.* misfortune. ‖ *interj. quina ~!*, what bad luck! 2 disgrace. ‖ *caure en ~*, to fall into disgrace.

desgraciar [dəzyrəsià] *t.* to ruin, to spoil. 2 to injure [person]; to damage [thing].

desgraciat, -ada [dəzyrəsiàt, -áðə] *a.* unlucky, unfortunate. 2 wretched. 3 graceless, ugly.

desgranar [dəzyrəná] *t.* to shell.

desgrat [dəzyrát] *m.* displeasure. ‖ prep. phr. *a ~ de*, in spite of.

desgravar [dəzyrəβá] *t.* to reduce the tax on.

desgreuge [dəzyrɛ̆ǔʒə] *m.* amends. 2 satisfaction.

desguàs [dəzywàs] *m.* drainage, draining. 2 drain [pipe]. ▲ *pl.* **desguassos**.

desguassar [dəzɣwəsá] t. to drain [water]. ■ 2 i. to flow into [sea, river, etc.].

desguitarrar [dəzɣitərrá] t. to disarrange; to mess. 2 to spoil, to frustrate [projects, plans].

deshabitat, -ada [dəzəβitát, -áðə] a. uninhabited.

desheretar [dəzərətá] t. to disinherit.

deshidratar [dəziðrətá] t.-p. to dehydrate.

deshonest, -ta [dəzunès(t), -tə] a. dishonest.

deshonestedat [dəzunəstəðát] f. dishonesty.

deshonor [dəzunór] m. (i f.) dishonour, shame.

deshonra [dəzónrra] f. dishonour, disgrace.

deshonrós, -osa [dəzunrrós, -ózə] a. dishonourable; ignominious.

deshora [dəzɔ́rə] adv. phr. a ~, at the wrong time; at a bad time, inopportunely.

desideràtum [dəziðəràtum] m. desideratum.

desídia [dezíðiə] f. apathy; idleness.

desidiós, -osa [dəziðiòs, -ózə] a. apathetic; idle.

desig [dəzitʃ] m. desire, wish.

designació [dəziŋnəsiò] f. appointment, designation.

designar [dəziŋná] t. to appoint, to designate.

designi [dəziŋní] m. scheme, plan.

desigual [dəziɣwál] a. unequal; uneven.

desigualtat [dəziɣwəltát] f. unequality, unevenness.

desil·lusió [dəzilluziò] f. disillusion, disappointment.

desil·lusionar [dəzilluziuná] t. to disillusion; to disappoint. ■ 2 p. to become disillusioned, to be disappointed.

desimbolt, -ta [dəzimbɔ́l, -tə] a. open; confident [manner].

desimboltura [dəzimbultúrə] f. openness; confidence [manner].

desinfecció [dəzimfəksiò] f. disinfection.

desinfectant [dəzimfəktán] a.-m. disinfectant.

desinfectar [dəzimfəktá] t. to disinfect.

desinflar [dəzimflá] t. to deflate. ■ 2 p. to lose air, to go flat; to go down.

desintegració [dəzintəɣrəsiò] f. disintegration.

desintegrar [dəzintəɣrá] t.-p. to disintegrate.

desinterès [dəzintərès] m. lack of interest. 2 impartiality.

desinteressat, -ada [dəzintərəsát, -áðə] a. uninterested. 2 disinterested, impartial.

desistir [dəzisti] i. to desist.

desitjable [dəzidʒábblə] a. desirable.

desitjar [dəzidʒá] t. to desire, to wish.

desitjós, -osa [dəzidʒòs, -ózə] a. eager, keen.

deslleial [dəzʎəjál] a. disloyal. 2 COMM. unfair [competition].

deslleialtat [dəzʎəjəltát] f. unfairness. 2 disloyalty.

deslletar [dəzʎətá] t. to wean.

deslligar [dəzʎiɣá] t. to untie; to unleash; to set loose.

deslliurament [dəzʎiúrəmèn] m. liberation. 2 giving birth, delivery [of child].

deslliurar [dəzʎiúrá] t. to free, to set free. 2 to give birth, to deliver [child].

desllogar [dəzʎuɣá] t. to vacate. ■ 2 p. to become vacant.

desllorigador [dəzʎuriɣəðò] m. ANAT. joint. 2 fig. solution, way out.

desllorigar [dəzʎuriɣá] t.-p. MED. to sprain; to dislocate.

deslluir [dəzʎui] t. to tarnish. ■ 2 p. to get tarnished.

desmai [dəzmái] m. faint. 2 BOT. weeping willow.

desmaiar [dəzməjá] i.-p. to faint.

desmamar [dəzməmá] t. See DESLLETAR.

desmanegar [dəzmənəɣá] t. to disrupt, to mess up. 2 to remove the handle of.

desmanegat, -ada [dəzmənəɣát, -áðə] a. disordered; untidy. 2 handleless.

desmantellar [dəzməntəʎá] t. to dismantle.

desmantellat, -ada [dəzməntəʎát, -áðə] a. dismantled.

desmarcar [dəzmərká] t. to remove the label from. ■ 2 p. SP. to lose one's marker.

desmarxat, -ada [dəzmərʃát, -áðə] a. untidy, slovenly [person].

desmembrar [dəzməmbrá] t.-p. to break up [also fig.]. 2 t. to dismember.

desmemoriar-se [dəzməmuriàrsə] p. to become forgetful.

desmemoriat, -ada [dəzməmuriàt, -áðə] a. forgetful, absent-minded.

desmenjament [dəzmənʒəmèn] *m.* lack or loss of appetite. 2 fig. lack of enthusiasm; disinclination.

desmenjat, -ada [dəzmənʒàt, -àðə] *a.* lacking in appetite. 2 fig. unenthusiastic. 3 fig. scornful.

desmentiment [dəzməntimèn] *m.* rebuttal, denial.

desmentir [dəzmənti] *t.* to rebut, to deny. ▲ CONJUG. INDIC. Pres.: *desment* o *desmenteix*.

desmerèixer [dəzmərέʃə] *i.* to lose in value. 2 to compare unfavourably. ▲ CONJUG. like *merèixer*.

desmèrit [dəzmèrit] *m.* unworthiness.

desmesura [dəzməzúrə] *f.* excess [also fig.]. 2 lack of moderation.

desmesurat, -ada [dəzməzuràt, -àðə] *a.* excessive. 2 immoderate.

desmillorar [dəzmiʎurà] *t.* to spoil. 2 to impair, to weaken. ■ 3 *p.* to get spoilt. 4 to become impaired, to weaken.

desmoralitzar [dəzmurəlidzà] *t.* to demoralize. 2 to corrupt. ■ 3 *p.* to become demoralised.

desmuntar [dəzmuntà] *t.* MECH. to dismantle; to strip down. ■ 2 *i.* to dismount [from horse].

desnaturalitzar [dəznəturəlidzà] *t.* to adulterate.

desnerit, -ida [dəznərit, -iðə] *a.* weak, puny [person].

desnivell [dəzniβèʎ] *m.* unevenness; slope. 2 fig. gap, inequality.

desnivellar [dəzniβəʎà] *t.* to make uneven. ■ 2 *p.* to become uneven.

desnonar [dəznunà] *t.* to evict. 2 to deem incurable [illness].

desnucar [dəznukà] *t.* to break the neck of.

desnutrició [dəznutrisió] *f.* malnutrition; undernourishment.

desobediència [dəzuβəðiènsiə] *f.* disobedience.

desobedient [dəzuβəðièn] *a.* disobedient.

desobeir [dəzuβəi] *t.* to disobey.

desocupació [dəzukupəsió] *f.* leisure. 2 unemployment.

desocupat, -ada [dəzukupàt, -àðə] *a.* at leisure. 2 unoccupied [seat, room]. ■ 3 *m.-f.* unemployed person.

desodorant [dəzuðuràn] *a.-m.* deodorant.

desolació [dəzuləsió] *t.* desolation. 2 fig. grief.

desolador, -ra [dəzuləðò, -rə] *a.* distressing.

desolar [dəzulà] *t.* to desolate [also fig.]. 2 to lay waste, to devastate.

desolat, -ada [dəzulàt, -àðə] *a.* desolate. 2 fig. distressed.

desorbitar [dəzurβità] *t.* to carry to extremes; to exaggerate vastly. ■ 2 *p.* to go to extremes; to get out of hand.

desorbitat, -ada [dəzurβitàt, -àðə] *a.* disproportionate; greatly exaggerated.

desordenar [dəzurðənà] *t.* to disarrange; to make untidy.

desordenat, -ada [dəzurðənàt, -àðə] *a.* disorderly; untidy. ■ 2 *m.-f.* disorganised person; untidy person.

desordre [dəzòrðrə] *m.* disorder; untidiness.

desorganització [dəsuryənidzəsió] *f.* lack of organisation; disorganisation.

desorganitzar [dəzuryənidzà] *t.* to disorganise.

desori [dəzòri] *m.* confusion, disorder.

desorientació [dəzuriəntəsió] *f.* disorientation, loss of one's bearings; confusion.

desorientar [dəzuriəntà] *t.* to disorientate. ■ 2 *p.* to lose one's bearings; to become disorientated.

desoxidar [dəzuksiðà] *t.* CHEM. to deoxidize.

desparar [dəspərà] *t.* ~ *la taula,* to clear the table.

despatx [dəspàtʃ] *m.* office. 2 dispatch.

despatxar [dəspətʃà] *t.* to dispatch, to finish. 2 COMM. to sell. 3 to sack, to dismiss.

despectiu, -iva [dəspəktiǔ, -iβə] *a.* derogatory, scornful. 2 pejorative.

despectivament [dəspəktiβəmèn] *adv.* scornfully. 2. pejoratively.

despendre [dəspèndrə] *t.* to spend. 2 fig. to dedicate. ▲ CONJUG. like *ofendre*.

despenjar [dəspənʒà] *t.* to unhook, to take down. ‖ ~ *el telèfon,* to pick up the telephone. ■ 2 *p.* to come down. 3 fig. coll. to pop in, to drop in [person].

despentinar [dəspəntinà] *t.* to ruffle, to tousle [hair].

despenyar [dəspəɲà] *t.* to hurl from a height.

desperfecte [dəspərfèktə] *m.* slight damage.

despert, -ta [dəspèr(t), -tə] *a.* awake. 2 fig. alert. 3 sharp.

despertador [dəspərtəðó] m. alarm clock.

despertar [dəspərtá] t.-p. to wake up t.-i.

despesa [dəspέzə] f. expenditure: ~ pública, public expenditure. 2 pl. expenses.

despietat, -ada [dəspiətàt,-àðə] a. merciless, heartless. ■ 2 f. cruelty, heartlessness.

despintar [dəspintá] t. to strip [paint]. ■ 2 p. to fade, to lose colour.

despistar [dəspistá] t. to lead astray, to make lose one's way. 2 fig. to mislead. ■ 3 p. to lose one's way.

despit [dəspit] m. spite. ‖ a ~ de, despite, in spite of.

desplaçament [dəspləsəmèn] m. displacement. 2 journey, trip.

desplaçar [dəspləsá] t. to move, to displace. ■ 2 p. to go; to drive; to fly.

desplaent [dəspláèn] a. disagreeable, unpleasant.

desplaure [dəspláŭrə] i. to displease. ▲ CONJUG. like **plaure**.

desplegar [dəspləɣá] t. to unfold. 2 MIL. to deploy.

desplomar [dəsplumá] t. to knock over; to pull down. ■ 2 p. to collapse, to fall down.

despoblació [dəspubbləsió] f. depopulation.

despoblat, -ada [dəspubblàt, -àðə] a. unpopulated. ■ 2 m. deserted spot.

desposseir [dəspusəí] t. to dispossess (de, of).

dèspota [dέsputə] m.-f. despot.

despotisme [dəsputizmə] m. despotism.

desprendre [dəsprέndrə] t. to detach, to remove. ■ 2 p. to come off, to come away. 3 fig. to follow (de, from) [of deductions]. 4 to get rid of. ▲ CONJUG. like **aprendre**.

despreniment [dəsprənimèn] m. loosening. 2 release, emission. 3 generosity.

despreocupat, -ada [dəspraukupàt, -àðə] a. carefree. 2 free and easy.

després [dəsprès] adv. afterwards. 2 then. 3 later. 4 next, after. ‖ LOC. ~ de, after.

desprestigi [dəsprəstiʒi] m. loss of prestige; discredit.

desprestigiar [dəsprəstiʒiá] t. to discredit. ■ 2 p. to fall into discredit, to lose prestige.

desproporcionat, -ada [dəsprupursiunàt, -àðə] a. disproportionate.

despropòsit [dəsprupɔ̀zit] m. absurdity,piece of nonsense.

despulla [dəspúʎə] f. plunder, spoils. 2 pl. remains [corpse].

despullar [dəspuʎá] t.-p. to undress. 2 t. to divest (de of), to denude (de, of).

despullat, -ada [dəspuʎàt, -àðə] a. bare; naked.

desqualificar [dəskwəlifikà] t. to disqualify.

dessagnar [dəsəŋnà] t. to bleed. ■ 2 p. to bleed [to death].

dessecar [dəsəká] t. to dry [fruit]. ■ 2 p. to dry up.

desset [dəsέt] (BAL.) See DISSET.

dèsset [dὲsət] (VAL.) See DISSET.

dessobre [dəsɔ̀βrə] adv. on top ‖ al ~, on top.

dessota [dəsɔ̀tə] adv. underneath ‖ al ~, underneath.

destacament [dəstəkəmèn] m. MIL. detachment.

destacar [dəstəká] t. to point out; to highlight. ■ 2 p. to stand out [also fig.].

destapar [dəstəpá] t. to uncover. 2 to open. 3 to uncork [bottle]. ■ 4 p. to throw off one's bedclothes. 5 fig. to reveal oneself.

destarotar [dəstərutá] t. to perplex.

desterrar [dəstərrá] t. to exile, to banish.

destí [dəsti] m. destiny, fate.

destil·lar [dəstillá] t. to distil. 2 to drip; to ooze; to exude.

destil·leria [dəstilləriə] f. distillery.

destinació [dəstinəsió] f. destination.

destinar [dəstiná] t. to destine. 2 to appoint; to assign.

destinatari, -ària [dəstinətàri, -àriə] m.-f. addressee.

destitució [dəstitusió] f. dismissal [from post].

destituir [dəstitui] t. to dismiss [from post].

destorb [dəstɔ̀rp] m. hindrance, impediment.

destorbar [dəsturβá] t. to hinder, to impede. 2 to bother, to disturb.

destral [dəstrál] f. axe, ax.

destraler, -ra [dəstrələˌrə] a. fig. clumsy. ■ 2 m. woodcutter.

destre, -tra [dὲstrə, -trə] a. skilful.

destrellat [dəstrəʎát] (VAL.) See DISBARAT.

destresa · 92

destresa [dəstrέzə] *f.* skill.
destret [dəstrὲt] *m.* difficulty, jam, fix.
destriar [dəstrià] *t.* to separate (out).
destronar [dəstruná] *t.* to dethrone. 2 fig. to overthrow.
destrossar [dəstrusá] *t.* to destroy; to break up into pieces.
destrucció [dəstruksió] *f.* destruction.
destructor, -ra [dəstruktó, -rə] *a.* destructive. ■ 2 *m.* destroyer.
destruir [dəstrui] *t.* to destroy.
desunió [dəzunió] *f.* lack of unity.
desús [dəzús] *m.* disuse.
desvagat, -ada [dəzβəyát, -áðə] *a.* at ease, at leisure; unoccupied.
desvalgut, -uda [dəzβəlyút, -úðə] *a.* helpless; destitute.
desvariar [dəzβəriá] See DESVARIEJAR.
desvariejar [dəzβəriəʒá] *i.* to rave, to talk nonsense.
desvergonyiment [dəzβərɣuɲimὲn] *m.* shamelessness. 2 cheek, impudence.
desvestir [dəzβəsti] *t.-p.* to undress.
desvetllar [dəzβətʎá] *t.* to wake up: *el cafè m'ha desvetllat,* the coffee's woken me up. 2 to excite: ~ *la curiositat,* to excite curiosity.
desviació [dəzβiəsió] *f.* deviation; departure. 2 error.
desviar [dəzβiá] *t.* to divert, to deflect. ■ 2 *p.* to deflect, to turn away [line]. 3 to turn off; to swerve [car]. 4 to deviate (*de,* from). || *desviar-se dels bons costums,* to go astray.
desvirgar [dəzβirɣá] *t.* to deflower [woman].
desvirtuar [dəzβirtuá] *t.* to impair; to detract from *i.*
desviure's [dəzβiúrəs] *p.* ~ *per,* to be mad on; to do one's utmost for; to yearn for.
desxifrar [dəʃifrá] *t.* to decipher.
detall [dətáʎ] *m.* detail; particular. 2 *al* ~, retail (sale). 3 *quin* ~*!,* what a nice thought!; how sweet of you!
detallar [dətəʎá] *t.* to list; to detail.
detectiu [dətəktiŭ] *m.* detective.
detector [dətəktó] *m.* detector.
detenció [dətənsió] *f.* LAW arrest; detention.
deteniment [dətənimὲn] *m.* care, attention.
detenir [dətəni] *t.* to stop. 2 *t.* LAW to arrest. ▲ CONJUG. like *obtenir.*
detergent [dətərʒὲn] *a.-m.* detergent.

deterioració [dətəriurəsió] *f.* deterioration.
deteriorar [dətəriurá] *t.-p.* to deteriorate.
determinació [dətərminəsió] *f.* determination. 2 determination, decision, resolution.
determinant [dətərminán] *a.* determining. ■ 2 *m.* determining factor.
determinar [dətərminá] *t.* to fix, to settle; to decide. 2 to cause, to bring about.
determini [dətərmini] *m.* See DETERMINACIÓ.
determinisme [dətərminizmə] *m.* determinism.
detestar [dətəstá] *t.* to detest, to loathe.
detonació [dətunəsió] *f.* detonation.
detonant [dətunán] *a.* detonating.
detonar [dətuná] *i.* to detonate.
detractar [dətrəktá] *t.* to detract from *i.,* to slander.
detractor, -ra [dətrəktó, -rə] *m.-f.* detractor.
detriment [dətrimὲn] *m.* detriment. || *en* ~ *de,* to the detriment of.
detritus [dətritus] *m.* debris; detritus.
deturar [dəturá] *t.-p.* to stop.
deu [déŭ] *a.-m.* ten. 2 *f.* spring [water].
Déu [déŭ] *m.* REL. God. || *Déu n'hi do!,* goodness me!; quite a lot!; *com* ~ *mana,* properly; vulg. *tot* ~, everybody.
deure [dέŭrə] *m.* duty. 2 *pl.* homework *sing.* 3 ECON. debit column.
deure [dέŭrə] *t.* to owe. 2 to have to; must. || CONJUG. GER.: *devent.* || P. P.: *degut.* || INDIC. Pres.: *dec.* || SUBJ. Pres.: *degui,* etc. | Imperf.: *degués,* etc.
deute [dέŭtə] *m.* ECON. debt.
deutor, -ra [dəutó, -rə] *m.-f.* debtor.
devastació [dəβəstəsió] *f.* devastation.
devastador, -ra [dəβəstəðó, -rə] *a.* devastating. ■ 2 *m.-f.* ravager.
devastar [dəβəstá] *t.* to devastate.
devers [dəβέrs] *prep.* towards.
devesa [dəβέzə] *f.* meadow, pasture.
devessall [dəβəsáʎ] *m.* shower [also fig.]. 2 fig. torrent, stream. 3 mass, abundance.
devoció [dəβusió] *f.* devotion.
devolució [dəβulusió] *f.* return. 2 ECON. refund, repayment.
devorar [dəβurá] *t.* to devour; to eat up. 2 fig. to read avidly.
devot, -ta [dəβɔ́t, -tə] *a.* pious, devout.
devuit [dəβuĭt] (BAL.) See DIVUIT.
dèvuit [dέβuit] (VAL.) See DIVUIT.

dia [díə] *m.* day. ‖ *bon ~l*, good morning!, hello!; *de ~*, by day, in daytime, during the day; *~ de cada ~*, working day. 2 weather, day: *fa bon ~ avui*, it's a nice day today.

diabetis [diəβέtis] *f.* MED. diabetes.

diable [diábblə] *m.* devil.

diabòlic, -ca [diəβɔ́lik, -kə] *a.* diabolic.

diaca [diákə] *m.* deacon.

diada [diáðə] *f.* feast day; holiday.

diadema [diəðέmə] *f.* diadem.

diàfan, -na [diàfən, -nə] *a.* diaphanous, translucent; clear.

diafragma [diəfráŋmə] *m.* ANAT., PHOT. diaphragm.

diagnòstic [diəŋnɔ́stik] *m.* diagnosis.

diagnosticar [diəŋnustiká] *t.* to diagnose.

diagonal [diəɣunál] *a.-f.* diagonal.

diagrama [diəɣrámə] *m.* diagram.

dialecte [diəlέktə] *m.* dialect.

dialèctic, -ca [diəlέktik, -kə] *a.* dialectic, dialectical. ▪ 2 *m.-f.* dialectician. 3 *f.* dialectics.

diàleg [diálək] *m.* dialogue.

diàlisi [diálizi] *f.* CHEM. dialysis.

diamant [diəmán] *m.* diamond.

diàmetre [diámətrə] *m.* GEOM. diameter.

dialogar [diəluɣá] *i.* to dialogue, to converse. ▪ 2 *t.* to set down in dialogue form.

diana [diánə] *f.* target. 2 MIL. reveille.

diantre [diántrə] *interj.* coll. gosh!

diapasó [diəpəzó] *m.* MUS. diapason. 2 tuning fork.

diapositiva [diəpuzitíβə] *f.* PHOT. slide.

diari, -ària [diári, -àriə] *a.* daily. ▪ 2 *m.* (daily) newspaper. 3 diary.

diarrea [diərrέə] *f.* diarrhoea.

diatriba [diətríβə] *f.* diatribe.

dibuix [diβúʃ] *m.* drawing. ‖ *~ animat*, cartoon. 2 pattern.

dibuixant [diβuʃán] *m.-f.* draughtsman; designer.

dibuixar [diβuʃá] *t.* to draw; to sketch. 2 to describe, to depict.

dic [dik] *m.* MAR. dike, sea-wall. 2 MAR. breakwater.

dicció [diksió] *f.* diction.

diccionari [diksiunári] *m.* dictionary.

dicotomia [dikutumiə] *f.* dichotomy.

dictador [diktəðó] *m.* dictator.

dictadura [diktəðúrə] *f.* dictatorship.

dictamen [diktámən] *m.* opinion, judgement. 2 expert's report. 3 dictum. 4 *pl.* dictates.

dictaminar [diktəminá] *i.* to give an opinion, to report.

dictar [diktá] *t.* to dictate. 2 fig. to suggest. 3 to issue [decree, law]: *~ sentència*, to pronounce sentence.

dictat [diktát] *m.* dictation.

dida [díðə] *f.* wet-nurse. ‖ coll. *engegar algú a ~*, to tell someone to go to hell.

didàctic, -ca [diðáktik, -kə] *a.* didactic, didactical. ▪ 2 *f.* didactics.

didal [diðál] *m.* SEW. thimble.

dieta [diέtə] *f.* diet. 2 expense allowance.

dietari [diətári] *m.* agenda. 2 diary.

dietètic, -ca [diətέtik, -kə] *a.* dietetic. ▪ 2 *f.* MED. dietetics *pl.*

difamació [difəməsió] *f.* defamation, slander, libel.

difamar [difəmá] *t.* to defame; to slander; to libel.

diferència [difərένsiə] *f.* difference.

diferencial [difərənsiál] *m.* AUTO. differential. 2 *f.* MATH. differential.

diferenciar [difərənsiá] *t.* to differentiate between *i.*

diferent [difərέn] *a.* different, unlike.

diferir [difərí] *i.* to be different, to differ. ▪ 2 *t.* to postpone.

difícil [difísil] *a.* difficult.

dificultar [difikultá] *t.* to make difficult; to hinder; to obstruct.

dificultat [difikultát] *f.* difficulty; problem; trouble. 2 obstacle.

difondre [difóndrə] *t.-p.* to spread: *~ notícies*, to spread news. ▲ CONJUG. like *confondre.*

diftèria [diftέriə] *f.* diptheria.

difuminar [difuminá] *t.* to fade. ▪ 2 *p.* to fade (away).

difunt, -ta [difún, -tə] *a., m.-f.* deceased.

difús, -usa [difús, -úzə] *a.* diffuse.

difusió [difuzió] *f.* diffusion; spreading; broadcasting.

digerir [diʒərí] *t.* to digest.

digestió [diʒəstió] *f.* digestion.

digestiu, -iva [diʒəstiu, -íβə] *a.* digestive. ‖ *tub ~*, alimentary canal.

dígit [díʒit] *m.* MATH. digit.

digital [diʒitál] *a.* finger. ‖ *empremta ~*, fingerprint. 2 digital: *rellotge ~*, digital clock or watch.

dignar-se [diŋnársə] *p.* to deign, to condescend.

dignatari [diŋnətàri] *m.* dignitary.

digne, -na [diŋnə, -nə] *a.* worthy. ~ *d'elogi,* worthy of praise. 2 honourable, upright.

dignificar [diŋnifikà] *t.* to dignify.

dignitat [diŋnitàt] *f.* dignity.

dijous [diʒŭs] *m.* Thursday.

dilació [diləsiò] *f.* delay. 2 postponement.

dilapidar [diləpiðà] *t.* to squander [fortune].

dilatar [dilatà] *t.-p.* to dilate, to widen; to expand, to enlarge. 2 *t.* to put off, to postpone.

dilatori, -òria [dilətòri, -òriə] *a.* dilatory.

dilema [dilèmə] *m.* dilemma.

diletant [dilətàn] *m.-f.* dilettante.

diligència [diliʒènsiə] *f.* assiduity, diligence. 2 errand. 3 LAW execution [of court decision]; steps, measures. 4 stagecoach.

diligent [diliʒèn] *a.* assiduous, diligent.

dilluns [diʎúns] *m.* Monday.

dilucidar [dilusiðà] *t.* to elucidate; to clear up, to solve.

diluir [dilui] *t.* to dilute.

diluvi [dilúβi] *m.* deluge, flood.

dimanar [dimənà] *i.* to arise or stem (*de,* from).

dimarts [dimàrs] *m.* Tuesday.

dimecres [dimèkrəs] *m.* Wednesday.

dimensió [dimənsiò] *f.* dimension.

diminut, -uta [diminút, -útə] *a.* tiny, diminutive.

diminutiu, -iva [diminutiu, -iβə] *a.* diminutive.

dimissió [dimisiò] *f.* resignation: *presentar la ~,* to hand in one's resignation.

dimitir [dimiti] *i.* to resign.

dimoni [dimòni] *m.* demon.

Dinamarca [dinəmàrkə] *pr. n. f.* GEOGR. Denmark.

dinàmic, -ca [dinàmik, -kə] *a.* dynamic. ■ 2 *f.* dynamics f. *pl.*

dinamisme [dinəmizmə] *m.* dynamism.

dinamita [dinəmitə] *f.* dynamite.

dínamo [dinàmu] *f.* AUTO. dynamo.

dinamòmetre [dinəmòmətrə] *m.* MECH. dynamometer.

dinar [dinà] *m.* lunch; luncheon.

dinar [dinà] *i.* to have lunch.

dinastia [dinəstiə] *f.* dynasty.

diner [dinè] *m.* HIST. diner [ancient Catalan coin]. 2 *pl.* money, cash.

dineral [dinərál] *m.* a lot of money, a fortune: *això ens costarà un ~,* that'll cost us a fortune!

dinou [dinòŭ] *a.-m.* nineteen.

dinovè, -ena [dinuβè, -èə] *a.-m.* nineteenth.

dins [dins] *prep., adv.* in, inside. ■ 2 *m.* interior, inside.

diòcesi [diòsəzi] *f.* ECCL. diocese.

diòptria [diòptriə, colld diuptriə] *f.* OPT. diopter, dioptre.

diorama [diuràmə] *m.* diorama.

diploma [diplòmə] *m.* diploma.

diplomàcia [diplumàsiə] *f.* diplomacy.

diplomàtic, -ca [diplumàtik, -kə] *a.* diplomatic. ■ 2 *m.-f.* diplomat. 3 *f.* diplomacy [career].

dipòsit [dipòzit] *m.* deposit. 2 warehouse, store. 3 tank.

dipositar [dipuzità] *t.* to deposit. 2 to store. ■ 3 *p.* to settle, to deposit itself.

dipositari, -ària [dipuzitàri, -ariə] *a.,* m.-f. ECON. depository. 2 LAW trustee. 3 fig. repository.

díptic [diptik] *m.* diptych.

diputació [diputəsiò] *f.* deputation, delegation. ‖ ~ *provincial,* administrative body similar to a county council.

diputat, -ada [diputat, -aðə] *m.-f.* POL. member of parliament; representative.

1) dir [di] *t.* to say, to tell. ‖ *digui!,* hallo?, hello? [on the phone]; *és a ~,* that is to say; *no cal ~,* needless to say; *tu diràs,* of course. ■ 2 *p.* to be called. ‖ *com et dius?,* what's your name? ▲ CONJUG. GER.: *dient.* ‖ P. P.: *dit.* ‖ INDIC. Pres.: *dic, dius, diu, diuen.* ‖ Imperf.: *deia, deies,* etc. ‖ SUBJ. Pres.: *digui,* etc. ‖ Imperf.: *digués,* etc. ‖ IMPERAT. *digues.*

2) dir [di] *m.* saying. ‖ *és un ~,* it isn't meant seriously.

direcció [dirəksiò] *f.* direction, guidance. 2 AUTO. steering. 3 COMM. management.

directe, -ta [dirèktə, -tə] *a.* direct. ‖ GRAMM. *complement ~,* direct object. 2 RADIO. *emissió en ~,* live broadcast.

directiu, -iva [dirəktiŭ, -iβə] *a.* managing, governing. ■ 2 *m.-f.* manager; executive.

director, -ra [dirəktò, -rə] *m.-f.* manager; director.

directori [dirəktòri] *m.* directory.

directriu [dirəktriŭ] *f.* standard, norm; guide-lines.

dirigent [diriʒèn] *a.* leading, at the head or top. ■ *2 m.-f.* manager, person in charge. *3* leader.

dirigir [diriʒi] *t.* AUTO. to steer; to direct. *2* COMM. to manage. *3* POL. to govern; to lead. *4* MUS. to conduct [orchestra]. ■ *5 p.* to head for, to make one's way to. *6* to address *t.* (*a,* —) [persons].

disbarat [dizβərát] *m.* piece of nonsense, idiocy. *2* blunder.

disbauxa [dizβáǔʃə] *f.* debauchery; lack of self-control or moderation.

disc [disk] *m.* MUS. record. *2* disc.

discernir [disərni] *t.* to discern.

disciplina [disiplínə] *f.* discipline.

discòbol [diskɔ́βul] *m.* discus-thrower.

díscol, -la [dískul, -lə] *a.* uncontrollable [esp. child or young person].

disconformitat [diskumfurmitát] *f.* disagreement.

discordant [diskurðán] *a.* discordant.

discòrdia [diskɔ́rðiə] *f.* discord.

discórrer [diskórrə] *i.* to speak, to talk, to discourse. ▲ CONJUG. like *córrer.*

discreció [diskrəsió] *f.* tact, discretion; prudence.

discrecional [diskrəsiunál] *a.* discretional, optional.

discrepància [diskrəpànsiə] *f.* discrepancy. *2* disagreement.

discrepar [diskrəpá] *i.* to differ, to disagree.

discret, -ta [diskrèt, -tə] *a.* discreet, tactful. *2* sober.

discriminació [diskriminəsió] *f.* discrimination: ~ *racial,* racial discrimination.

discriminar [diskriminá] *t.* to discriminate.

disculpa [diskúlpə] *f.* apology.

disculpar [diskulpá] *t.* to excuse, to pardon. *2* to exonerate. ■ *3 p.* to apologize.

discurs [diskúrs] *m.* speech, discourse.

discussió [diskusió] *f.* argument. *2* discussion.

discutir [diskuti] *t.* to discuss. *2* to argue about. *i.*

disenteria [dizəntəriə] *f.* MED. dysentery.

disfressa [disfrèsə] *f.* disguise. *2* fancy dress.

disfressar [disfrəsá] *t.* to disguise [also fig.]. *2* to dress up in fancy dress. ■ *3 p.* to disguise oneself. *4* to dress up in fancy dress.

disgregació [dizɣrəɣasió] *f.* disintegration.

disgregar [dizɣrəɣá] *t.-p.* to disintegrate.

disgust [dizɣús(t)] *m.* unpleasant shock or surprise. *2* displeasure.

disgustar [dizɣustá] *t.* to give an unpleasant shock or surprise to. *2* to cause displeasure or annoyance to, to displease. ■ *3 p.* to become annoyed.

disjunció [diʒunsió] *f.* disjunction.

dislèxia [dislĕksiə] *f.* dyslexia.

dislocar [dizluká] *t.* to dislocate. *2* to sprain.

disminució [dizminusió] *f.* decrease, diminution.

disminuir [dizminui] *t.-i.* to decrease, to diminish. *2* fig. to shrink.

disparador [dispərəðó] *m.* trigger, trigger mechanism. ‖ ~ *automàtic,* automatic triggering device.

disparar [dispərá] *t.-i.* to shoot. *2 t.* to set in motion. *3* coll. to set going.

dispendi [dispèndi] *m.* waste, extravagance.

dispensa [dispènsə] *f.* dispensation.

dispensar [dispənsá] *t.* to exempt, to excuse. *2* to distribute, to dispense.

dispensari [dispənsári] *m.* clinic.

dispers, -sa [dispèrs, -sə] *a.* scattered, spread out, dispersed. ‖ fig. *una persona dispersa,* scatterbrained person.

dispersar [dispərsá] *t.-p.* to scatter, to spread out, to disperse.

dispesa [dispèzə] *f.* inn, guest-house.

displicent [displisèn] *a.* apathetic, indifferent.

disponibilitat [dispuniβilitát] *f.* availability.

disponible [dispunibblə] *a.* available.

disposar [dispuzá] *t.* to arrange, to set out. *2* to make or get ready; to prepare. ‖ ~ *de,* to have (available). ■ *3 p.* dis*posar-se a,* to prepare to, to get ready to.

disposició [dispuzisió] *f.* order, arrangement. *2* nature, disposition.

dispositiu [dispuzitiǔ] *m.* device, mechanism, appliance.

dispost, -ta [dispɔ́s(t), -tə] *a.* ready, prepared.

disputa [dispútə] *f.* argument. *2* dispute.

disputar [dispútá] *t.-i.-p.* to argue. *2 t.* to dispute. *3 i.-p.* to have an argument.

disquisició [diskizisió] *f.* disquisition.

dissabte [disáptə] *m.* Saturday.

dissecar [disəká] *t.* ZOOL. to stuff. *2* MED. to dissect.

disseminar [disəminá] t. to spread.

dissemblança [disəmblánsə] f. lack of similarity, dissimilarity.

dissensió [disənsió] f. dissent.

dissentir [disəntí] i. to dissent.

disseny [disέɲ] m. design.

dissenyador, -ra [disəɲəðó, -rə] m.-f. designer.

dissenyar [disəɲá] t. to design.

dissertar [disərtá] i. to discourse.

disset [disέt] a.-m. seventeen.

dissetè, -ena [disətέ, -έnə] a.-m. seventeenth.

dissidència [disiðénsiə] f. dissidence.

dissident [disiðén] a. dissident.

dissimilitud [disimilitút] f. dissimilarity, lack of resemblance.

dissimulació [disimuləsió] f. dissimulation, pretence.

dissimular [disimulá] t. to dissimulate. 2 to hide, to conceal. ■ 3 i. to dissemble, to pretend.

dissipació [disipəsió] f. dissipation.

dissipar [disipá] t. to dissipate [also fig.].

dissociació [disusiəsió] f. dissociation.

dissociar [disusiá] t. to dissociate, to separate.

dissoldre [disóldrə] t.-p. to dissolve. ▲ CONJUG. like *absoldre*.

dissolució [disulusió] f. dissolution. 2 CHEM. solution.

dissolvent [disulßén] a.-m. solvent.

dissonància [disunánsiə] f. MUS. dissonance.

dissort [disór(t)] f. bad luck, misfortune.

dissortat, -ada [disurtát, -áðə] a. unlucky, unfortunate.

dissuadir [disuəðí] t. to dissuade.

distància [distánsiə] f. distance, gap, gulf.

distanciar [distənsiá] t. to space out. 2 to separate. ■ 3 p. to move off; to move further away. 4 to become estranged.

distant [distán] a. distant.

distar [distá] i. to be distant, to be far (*de*, from).

distendre [distέndrə] t.-p. to stretch. ▲ CONJUG. like *atendre*.

distensió [distənsió] f. stretching. 2 easing (of tension).

distinció [distinsió] f. distinction, difference. 2 badge or mark of honour, distinction.

distingir [distinʒí] t. to distinguish; to make out; to tell. ■ 2 p. to be distinguished. 3 to stand out.

distingit, -ida [distinʒít, -íðə] c. distinguished.

distint, -ta [distín, -tə] a. different, distinct.

distintiu, -ive [distintiu, -íßə] a. distinctive; distinguishing. ■ 2 m. badge, distinguishing mark.

distracció [distrəksió] f. distraction. 2 amusement, entertainment.

distret, -ta [distrέt, -tə] a. absent-minded. 2 enjoyable, entertaining.

distreure [distrέŭrə] t. to distract [attention, etc.]. ■ 2 p. to enjoy oneself. 3 to be or get absent-minded; to cease to pay attention: *perdona'm, em vaig ~ un moment,* sorry, I wasn't paying attention for a moment. ▲ CONJUG. like *treure*.

distribució [distrißusió] f. distribution. 2 arrangement.

distribuir [distrißuí] t. to distribute; to share out, to give out.

distributiu, -iva [distrißutiŭ, -íßə] a. distributive.

districte [distríktə] m. district: ~ *postal,* postal district.

disturbi [distúrßi] m. disturbance; riot.

dit [dit] m. ANAT. toe: ~ *gros,* big toe. 2 ANAT. finger: ~ *petit,* little finger; *llepar-se els dits,* to lick one's fingers. 3 coll. a dash, a few drops [measure]: *un ~ de vi,* a drop of wine.

dita [dítə] f. saying, proverb.

ditada [dítáðə] f. fingerprint.

diumenge [diŭmέnʒə] m. Sunday.

diurètic, -ca [diurέtik, -kə] a.-m. MED. diuretic.

diürn, -na [diúrn, -nə] a. by day (-time), day.

diva [díßə] f. prima donna.

divagar [dißəɣá] i. to wander about; to stroll around. 2 fig. to ramble; to wander from the point.

divan [dißán] m. divan, couch.

divendres [dißέdrəs] m. Friday.

divergir [dißərʒí] i. to diverge. 2 fig. to differ; to clash.

divers, -sa [dißέrs, -sə] a. various. 2 varied; of many aspects.

diversió [dißərsió] f. entertainment; amusement.

diversitat [dißərsitát] f. variety; diversity.

divertiment [diβərtimén] *m.* enjoyment.

divertir [diβərti] *t.* to amuse, to entertain. ■ 2 *p.* to enjoy oneself.

divertit, -ida [diβərtit, -iðə] *a.* enjoyable; amusing.

diví, -ina [diβi, -inə] *a.* divine.

dividend [diβiðén] *m.* MATH., COMM. dividend.

dividir [diβiði] *t.* to split up, to divide.

divinitat [diβinitát] *f.* divinity, god or goddess. 2 fig. beauty, goddess.

divisa [diβizə] *f.* HERALD. coat-of-arms, blazon; emblem. 2 motto. 3 *pl.* foreign currency *sing.*, foreign exchange *sing.*

divisió [diβizió] *f.* division; dividing. 2 SP. division, league: *un equip de primera ~*, a first division team. 3 MIL. division.

divisor [diβizó] *m.* MATH. divisor, dividing number.

divorci [diβórsi] *m.* divorce.

divorciar [diβursiá] *t.* to divorce. ■ 2 *p.* to get divorced.

divuit [diβúit] *a.-m.* eighteen.

divuitè, -ena [diβúité, -énə] *a.-m.* eighteenth.

divulgació [diβulɣəsió] *f.* spreading, broadcasting.

divulgar [diβulɣá] *t.* to spread, to broadcast, to make known. ■ 2 *p.* to become known; to leak out [secret].

DNI [deénai] *m. (Document Nacional d'Identitat)* identity card.

do [dɔ] *m.* MUS. do, C. 2 gift, present.

D.O. [deó] *(Denominació d'Origen)* country or region of origin [food, wine].

doblar [dubblá] *t.-p.* to double. 2 *t.* to fold. 3 CIN. to dub.

doblatge [dubblàdʒə] *m.* CIN. dubbing.

doble [dóbblə] *a.* double [amount, size]. 2 thick [cloth, book, finger]. ■ 3 *m.* double or twice the amount or size. ‖ *aquesta taula és el ~ de gran que aquella*, this table is twice as big as that one. 4 *m.-f.* CIN. stand-in, stunt-man.

doblec [dubblék] *m.* fold; crease.

doblegadís, -issa [dubbləɣəðis, -isə] *a.* easy to fold.

doblegar [dubbləɣá] *t.* to fold; to bend. 2 fig. to cow, to break the resistance of. ■ 3 *p.* to submit.

dobler [dubblé] NUMIS. doubloon. 2 (BAL.) See DINERS.

DOC [dɔk] *m. (Diari Oficial de la Generalitat)* official publication of the Generalitat of Catalonia.

doc [dɔk] *m.* MAR. wharf warehouse.

docent [dusén] *a.* teaching; educational.

dòcil [dɔ́sil] *a.* obedient, docile.

docilitat [dusilitát] *f.* obedience, docility.

docte, ta [dɔ́ktə, -tə] *a.* learned, erudite.

doctor, -ra [duktó, -rə] *m.-f.* doctor [academic title]. 2 MED. coll. doctor.

doctorat [dukturát] *m.* doctorate.

doctrina [duktrínə] *f.* doctrine, teaching.

document [dukumén] *m.* document; paper.

documentació [dukuməntəsió] *f.* documents *pl.*, papers *pl.*; documentation.

documental [dukuməntál] *a.-m.* CIN. documentary.

documentar [dukuməntá] *t.* to document. ■ 2 *p.* to document oneself.

dofí [dufí] *m.* ZOOL. dolphin.

dogal [duɣál] *m.* AGR. halter; rope. 2 noose [for hanging].

dogma [dɔ́gmə] *m.* dogma.

dogmàtic, -ca [dugmàtik, -kə] *a., m.-f.* dogmatic *a.*

dogmatisme [dugmàtiʒmə] *m.* dogmatism.

doi [dɔ́i] (BAL.) See DISBARAT.

dojo [dɔ́ʒu] *adv. phr.* a ~, in plenty, in abundance.

dol [dɔl] *m.* grief; mourning.

dòlar [dɔ́lər] *m.* dollar.

dolç, -ça [dóls, -sə] *a.* sweet. ‖ *aigua dolça*, fresh water. ■ 2 *m.* (sweet) cake, cakelet.

dolcesa [dulsézə] See dolçor.

dolçor [dulsó] *f.* sweetness [taste or character]; gentleness. 2 softness [to touch].

doldre [dɔ́ldrə] *i.* to hurt, to distress, to cause sorrow. ‖ *em dol sentir-ho*, I'm sorry to hear that. ■ 2 *p.* to be in pain. 3 to complain. ▲ CONJUG. like *valer*.

dolença [dulénsə] *f.* grief, distress.

dolent, -ta [dulén, -tə] *a.* bad. 2 evil. 3 useless, not much good.

dolenteria [duləntəriə] *f.* badness, evil. 2 piece of mischief, prank [esp. child].

doll [dóʎ] *m.* jet, spurt; stream. ‖ *un ~ de paraules*, a stream or burst of words. ‖ *a ~*, in plenty or abundance.

dolmen [dɔ́lmən] *m.* dolmen.

dolor [duló] *m.* (i *f.*) pain. 2 grief, distress.

dolorit, -ida [dulurit, -iðə] *a.* grief-stricken, distressed.

dolorós, -osa [duluròs, -ózə] *a.* painful.

domesticar [duməstiká] *t.* to tame; to domesticate.

dominació [duminəsió] f. domination; sway, rule.

domador, -ra [duməðó, -rə] m.-f. (animal) tamer; (animal) trainer.

domar [dumá] t. to tame, to train [animals]; to break in [horse].

domàs [dumàs] m. damask. 2 pl. hangings.

domèstic, -ca [dumèstik, -kə] a. home, house, domestic. ‖ *animals domèstics,* pets. ■ 2 m.-f. servant; home-help. 3 f. cleaning lady.

domicili [dumisíli] m. home address, residence; domicile. 2 *servei a ~,* home delivery.

domiciliar [dumisiliá] t. ECON. to arrange payment of (a bill) by direct debit.

dominant [duminán] a. dominant. 2 domineering [person].

dominar [duminá] t. to dominate, to overlook. 2 to be in control of, to master. ■ 3 i. to be in a dominant or prominent position.

domini [dumíni] m. control, authority; rule, sway; power. ‖ 2 fig. grip: *està sota el ~ dels sentiments,* he's in the grip of his emotions. 3 dominion [land ruled]. 4 *ser del ~ públic,* to be common knowledge.

dominical [duminikál] a. Sunday.

dòmino [dòminu] m. GAME. domino.

dona [dònə] f. woman. 2 wife.

donació [dunəsió] f. donation, gift. 2 LAW gift; legacy, bequest.

donant [dunán] m.-f. donor: ~ *de sang,* blood donor.

donar [duná] t. to give. 2 to produce, to yield; to cause. 3 to provide. 4 to grant, to donate. 5 ~ *corda,* to wind up; *donar-se les mans,* to shake hands; to hold hands; *tant se me'n dóna,* it's all the same to me. ■ 6 p. to face (towards). ■ 7 p. to surrender. 8 to happen. 9 to abandon oneself (a, to).

donatiu [dunətiú] m. donation.

doncs [dòns] conj. well. ‖ *no tens gana? ~ no mengis,* so you're not hungry then? well, don't eat. 2 then, therefore: *penso, ~ sóc,* I think, therefore I am; *què fem, doncs?,* what're we going to do then?

doner [dunè] a. pej. womanizing, skirt-chasing: *un home ~,* a womanizer.

donzell [dunzèʎ] m. LIT. youth. 2 HIST. squire. 3 BOT. wormwood.

donzella [dunzèʎə] f. LIT. maiden.

dòric, -ca [dòrik, -kə] a. ARCH. Doric.

dormida [durmíðə] f. sleep. ‖ *fer una bona ~,* to have a good nap.

dormidor, -ra [durmiðó, -rə] a. sleepy, drowsy. ■ 2 m.-f. sleepy person.

dormilega [durmilèɣə] m.-f. sleepyhead.

dormir [durmí] i. to sleep, to be asleep. ‖ ~ *com un tronc,* to sleep like a log. ▲ CONJUG. INDIC. Pres.: *dorm.*

dormitori [durmitòri] m. bedroom.

dors [dòrs] m. back, behind; reverse.

dorsal [dursál] a. dorsal. ■ 2 m. SP. number [on back of player].

dos, dues [dos, dúəs] a., m.-f. two.

dos-cents, dues-centes [dosèns, duəsèntəs] a.-m. two hundred.

dosi [dòzi] f. dose. 2 MED. dosis.

dot [dòt] m. dowry. 2 gift, talent; ability.

dotació [dutəsió] f. endowment [act or money bestowed]. 2 staff [personnel]; equipment.

dotar [dutá] t. LAW to endow, to bestow. 2 to provide (de, with), to fit out (de, with).

dotze [dòdzə] a.-m. twelve.

dotzè, -ena [dudzè, -énə] a. twelfth. ■ 2 m. twelfth part.

dotzena [dudzènə] f. dozen. ‖ ~ *de frare,* baker's dozen.

dovella [duβʎə] f. ARCH. voussoir.

Dr. m. abbr. *(Doctor)* Dr. (Doctor).

Dra. f. abbr. *(Doctora)* Dr. (Doctor).

drac [drak] m. MYTH. dragon.

dracma [drágmə] f. NUMIS. drachma. 2 HIST. dram [weight measure].

draga [dráɣə] f. dredger [ship or apparatus].

dragar [drəɣá] t. MAR. to dredge. 2 to swallow.

dragó [drəɣó] m. ZOOL. lizard; salamander. 2 dragoon [soldier].

drama [drámə] m. drama.

dramàtic, -ca [drəmátik, -kə] a. dramatic. ‖ *un esdeveniment ~,* a dramatic event. ■ 2 m. THEATR. *playwright.* 3 f. drama, dramaturgy.

dramaturg, -ga [drəmətúrk, -ɣə] m. playwright, dramatist. 2 f. (woman) playwright.

drap [drap] m. cloth, piece of cloth. ‖ ~ *de pols,* duster. ‖ ~ *de cuina,* kitchen cloth. 2 fig. *deixar com un ~ brut,* to heap over with insults. ‖ fig. *treure els draps bruts,* to hang out one's dirty washing in public.

drapaire [drəpáïrə] m.-f. rag-and-bone man.

drassana [drəsánə] f. shipyard.

dràstic, -ca [drástik, -kə] a. drastic.

dreçar [drəsá] i. to lead (straight) to. 2 to drive. ■ 3 t. to put straight, to straighten. 4 to erect. 5 to prepare.

drecera [drəsérə] f. shortcut [path]. ‖ *fer* ~, to take a short-cut.

drenar [drəná] t. to drain.

dret, -ta [drɛt, -tə] a. straight: *posa't* ~!, sit up straight!, stand up straight! 2 steep [path, road, etc.]. 3 *estar* ~, to be standing, to be upright. ■ 4 m. law: *estudiant de* ~, law student. 5 right: *drets humans,* human rights. 6 obverse, front side. 7 f. right-hand, right. 8 POL. rightwing. 9 *phr. a tort i a* ~, right and left.

dril [dril] m. TEXT. drill.

dringar [driŋgá] i. to tinkle.

droga [drɔ́yə] f. drug. 2 drugs [collectively].

drogueria [druyəríə] f. hardware store.

dromedari [druməðári] m. ZOOL. dromedary.

dropo, -pa [drɔ́pu, -pə] a. idle, lazy. 2 coll. pej. good for nothing. ■ 3 m.-f. pej. layabout, idler.

dròpol [drɔ́pul] See DROPO.

druida [druíðə] m. HIST. druid.

dual [duál] a. dual.

dualitat [duəlitát] f. duality.

duana [duánə] f. customs. ‖ *passar la* ~, to go through customs.

duaner, -ra [duəné, -rə] a. customs, of the customs. ■ 2 m.-f. customs officer.

dubitatiu, -iva [duβitətiu, -íβə] a. doubtful, dubious.

Dublín [dubblín] pr. n. m. GEOGR. Dublin.

dubtar [duptá] t.-i. to doubt. 2 i. to be in doubt.

dubte [dúptə] m. doubt. ‖ *posar en* ~, to raise doubts about. ‖ *sens* ~, without doubt, doubtless.

duc [duk] m. duke. 2 ORNIT. eagle owl.

ducat [dukát] m. dukedom [title or territory]. 2 duchy [territory]. 3 HIST. ducat [coin].

dúctil [dúktil] a. ductile [metal]. 2 fig. ductile [person].

duel [duɛ́l] m. duel.

duna [dúnə] f. dune, sand dune.

duo [dúo] m. MUS. duet, duo. ‖ *tocar a* ~, to play in duet.

duodè [duuðɛ́] m. ANAT. duodenum.

dúplex [dúpləks] m. duplex.

duplicar [dupliká] t. to duplicate. 2 to double [quantity, size]. ■ 3 p. to double.

duplicitat [duplisitát] f. duplicity, deceitfulness.

duquessa [dukésə] f. duchess.

dur [du] t. to bring. 3 to carry. 4 to wear, to have on [clothes]. ▲ CONJUG. GER.: *duent.* ‖ P. P.: *dut.* ‖ INDIC. Pres.: *duc, duus o dus, duu o du.* ‖ Imperf.: *dúia,* etc. ‖ SUBJ. Pres.: *dugui,* etc. ‖ Imperf.: *dugués,* etc.

dur, -ra [du, -rə] a. hard. ‖ *un hivern* ~, a hard winter; *una feina* ~, a hard or difficult job; *és molt dura,* she's a hard person. 2 fig. *té el cap* ~, she's not very bright; she's very obstinate.

duració [durəsió] f. duration, length [time].

durada [duráðə] f. See DURACIÓ.

durant [duráŋ] prep. during: ~ *les vacances d'estiu jugàvem molt,* we played a lot during the summer holidays. 2 for: *varen parlar* ~ *una hora,* they spoke for an hour.

durar [durá] i. to last.

duresa [durɛ́zə] f. hardness; toughness. 2 fig. difficulty. 3 fig. harshness, callousness.

durícia [durísiə] f. MED. hard patch, callosity.

duro [dúru] m. five-peseta coin.

dutxa [dútʃə] f. shower.

dutxar [dutʃá] t. to give a shower to. ■ 2 p. to have a shower, to shower.

E

E, e [ɛ] *f.* e [letter].

eben [ˈeβən] *m.* BOT. ebony.

ebenista [əβənistə] *m.* cabinetmaker; carpenter.

ebonita [eβunitə] *f.* MINER. ebonite.

Ebre [ˈeβrə] *pr. n. m.* GEOGR. Ebro.

ebri, èbria [ˈeβri, ˈeβriə] *a.* drunk, drunken.

ebullició [əβuʎisió] *f.* boiling. 2 fig. activity; ferment.

eclipsar [əklipsá] *t.* to eclipse. 2 fig. to outshine; to put in a shadow. ■ 3 *p.* to disappear all of a sudden.

eclèctic, -ca [əklɛ́ktik, -kə] *a.* eclectic.

eclesiàstic, -ca [əkləziàstik, -kə] *a.* ecclesiastic(al). ■ 2 *m.-f.* ecclesiastic, cleric.

eclipsi [əklipsi] *m.* eclipse.

eco [ˈɛku] *m.* echo.

ecografia [əkuɣrəfiə] *f.* ultrasound test.

ecologia [əkuluʒiə] *f.* ecology.

ecològic [əkulɔ́ʒik] *a.* ecological.

ecologista [əkuluʒistə] *m.-f.* ecologist.

economat [əkunumát] *m.* cut-price store, cooperative store.

economia [əkunumiə] *f.* economy. 2 economy, saving. 3 economics [science].

econòmic, -ca [əkunɔ́mik, -kə] *a.* ECON. economic: *crisi econòmica,* economic crisis; *problemes econòmics,* economic problems. 2 economical, money-saving. 3 economical, thrifty [person].

economista [əkunumistə] *m.-f.* economist.

economitzar [əkunumidzá] *t.* to economize, to save.

ecs! [ɛks] *interj.* ugh!

ecumènic, -ca [əkumɛ́nik, -kə] *a.* ECCL. ecumenic(al.

èczema [ˈɛkzəmə] *m.* eczema.

edat [əðát] *f.* age. || *~ escolar,* school age. 2 fig. old age: *un home d'~,* an old man.

3 LAW age: *ser major d'~* , to be of age. 4 age, time, epoch. || *és de l'~ de pedra,* it's ancient.

edelweiss [əðəlβɛ́is] *m.* BOT. edelweiss.

edema [əðɛ́mə] *m.* oedema.

edèn [əðɛ́n] *m.* HIST. Eden, Paradise. 2 fig. paradise.

edició [əðisió] *f.* edition. 2 issue, publication.

edicte [əðiktə] *m.* edict, proclamation, decree.

edificació [əðifikəsió] *f.* building, construction. 2 fig. edification.

edificant [əðifikán] *a.* edifying.

edificar [əðifiká] *t.* to build, to construct. 2 fig. to edify. 3 fig. to build up, to construct [theories].

edifici [əðifisi] *m.* building.

Edimburg [əðimbúrk] *pr. n. m.* GEOGR. Edinburgh.

editar [əðitá] *t.* to edit. 2 to publish.

editor, -ra [əðitò, -rə] *a.* publishing. ■ 2 *m.-f.* publisher. 3 editor.

editorial [əðituriál] *a.* publishing. ■ 2 *f.* publishing house, publishers. 3 *m.* leading article; editorial.

edredó [əðrəðó] *m.* eiderdown. 2 quilt.

educació [əðukəsió] *f.* education; studies. 2 teaching. 3 upbringing; manners.

educar [əðuká] *t.* to educate. 2 to teach. 3 to bring up.

educat, -ada [əðukát, -áðə] *a.* well-mannered, polite.

educatiu, -iva [əðukətiu, -iβə] *a.* educative; educational, instructive, edifying.

efecte [əfɛ́ktə] *m.* effect. || *fer ~,* to have effect; *tenir ~,* to take place. 2 impression: *mal ~,* bad impression. || *em fa l'~,* I think. ■ 3 MED. *efectes secundaris,* side-effects.

efectista [əfəktistə] *a.* sensational. ■ 2 *m.-f.* sensationalist.

efectiu, -iva [əfəktiu, -íβə] *a.* effective. ■ 2 *m.* cash: *en ~,* in cash. 3 *pl.* MIL. forces.

efectivament [əfəktiβə̀mèn] *adv.* indeed, precisely [in answer].

efectivitat [əfəktiβitàt] *f.* effectiveness.

efectuar [əfəktuá] *t.* to effect; to make, to perform. ■ 2 *p.* to take place [function, performance].

efemèrides [əfəmɛ̀riðəs] *f. pl.* ASTR. ephemerides.

efeminat, -ada [əfəminàt, -àðə] *a.* womanish; effeminate.

efervescència [əfərβəsɛ̀nsiə] *f.* effervescence; fizziness [drink]. 2 fig. ferment, unrest [of crowd].

eficàcia [əfikàsiə] *f.* efficacy.

efígie [əfiʒiə] *f.* effigy.

efímer, -ra [əfimər, -rə] *a.* short-lived, ephemeral.

efluvi [əflùβi] *m.* emanation, effluvium.

efusió [əfuzió] *f.* leaking, pouring out [of liquid, gas]; shedding [of blood]: *sense ~ de sang,* without bloodshed. 2 fig. effusiveness.

EGB [ɛʒèbè] *f. (Educació General Bàsica)* primary school education.

egipci, -ípcia [əʒipsi, -ipsiə] *a., m.-f.* GEOGR. Egyptian.

Egipte [əʒiptə] *pr. n. m.* GEOGR. Egypt.

ègloga [ɛ̀ɣluɣə] *f.* LIT. eclogue.

egoisme [əɣuizmə] *m.* egoism; selfishness.

egolatria [əɣulətriə] *f.* narcissism, self-worship.

egregi, -ègia [əɣrɛ̀ʒi, -ɛ̀ʒiə] *a.* eminent, distinguished.

egua [ɛ̀ɣwə] See EUGA.

ei! [ɛi] *interj.* hey! [to draw attention]. 2 hi! [to greet].

eina [ɛ̀inə] *f.* tool; instrument [also fig.]. 2 *pl.* tools of trade; equipment. 3 coll. gear.

Eivissa [əiβisə] *pr. n. f.* GEOGR. Ibiza.

eix [eʃ] *m.* MECH. axle. 2 fig. axis, main point.

eix, eixa [eʃ, èʃə] (VAL.) *a.-pron.* that [near person addressed].

eixalar [əʃəlá] *t.* to clip the wings of [also fig.].

eixam [əʃàm] *m.* swarm [bees].

eixampla, eixample [əʃàmplə] *f.* extension; enlargement. 2 new quarter [of town].

eixamplar [əʃəmplá] *t.-p.* to widen, to extend.

eixancarrar-se [əʃəŋkərràrsə] *p.* to separate or open out one's legs.

eixarreït, -ida [əʃərrɔit, iðə] *a.* parched; dried out.

eixelebrat, -ada [əʃələβràt, -àðə] *a.* thoughtless.

eixerit, -ida [əʃərit, -iðə] *a.* lively; bright; alert; wide-awake: *on vas tan ~?,* where are you off to, looking so lively?

eixida [əʃiðə] *f.* courtyard. 2 exit, way-out.

eixir [əʃi] *i.* to come or go out (*de,* of), to leave *t.* 2 to get out (*de,* of) [vehicle]. 3 to start (out) [on journey]. ■ CONJUG. INDIC. Pres.: *ixo, ixes, ix, ixen.* ‖ SUBJ. Pres.: *ixi, ixis, ixi, ixin.*

eixir [əʃi] (VAL.) See SORTIR.

eixorbar [əʃurβà] *t.* to blind [by removing the eyes].

eixorc, -ca [əʃórⁿk, -ə] *a.* arid, waste: *terra eixorca,* wasteland.

eixordar [əʃurðà] *t.* to deafen.

eixorivir [əʃuriβi] *i.* to wake up [also fig.].

eixugador, -ra [əʃuɣəðò, -rə] *a.* drying. ■ 2 *m.* drying cloth; tea-towel.

eixugamà [əʃuɣəmà] *m.* hand-towel.

eixugar [əʃuɣà] *t.* to dry, to wipe: *~ els plats,* to wipe or dry the dishes. ■ 2 *p.* to dry. ‖ *eixugar-se les mans,* to dry or wipe one's hands.

eixut, -ta [əʃùt, -tə] *a.* dry. 2 dried out. 3 parched, arid [land].

ejacular [əʒəkulà] *i.* to ejaculate.

ejecció [əʒəksió] *f.* ejection. 2 ejaculation.

el [əl] *art. m. sing.* the. 2 *neut.* before adjective: *~ bell,* beauty, what is beautiful. ■ 3 *pers. pron.: no ~ conec,* I don't know him.

elaboració [ələβurəsió] *f.* production. 2 elaboration.

elaborar [ələβurà] *t.* to produce, to manufacture: *~ productes alimentaris,* to manufacture foodstuffs. 2 to elaborate [project; theory].

elàstic, -ca [əlàstik, -kə] *a.* elastic; flexible. ‖ fig. *és una qüestió molt elàstica,* it's a very flexible issue. ■ 2 *m. pl.* braces [for trousers].

elecció [ələksió] *f.* selection, choosing. 2 *pl.* POL. election *sing.*

electe, -ta [əlɛ̀ktə, -tə] *a.* elect.

elector, -ra [ələktò, -rə] *m.-f.* POL. elector.

electoral [ələkturàl] *a.* election, electoral: *campanya ~,* election campaign.

elèctric, -ca [əlɛ̀ktrik, -kə] *a.* electric, electrical.

electricista [ələktrisistə] *m.* electrician.

electricitat [ələktrisitát] f. electricity. 2 electricity [science].

electritzar [ələktridzà] t. to electrify [also fig.].

electró [ələktró] m. electron.

electrocutar [ələktrukutá] t. to electrocute.

elèctrode [əlέktruðə] m. electrode.

electrodomèstic, -ca [ələktrudumεstik, -kə] m. household electrical appliance.

electrogen, -ògena [ələktró3ən,-ó3ənə] a. generating, generator. ■ 2 m. electric generator.

electroimant [əlέktruimán] m. electromagnet.

electròlisi [ələktrólizi] f. electrolysis.

electrònic, -ca [ələktrónik, -kə] a. electronic. ■ 2 f. electronics.

electroscopi [ələktruskópi] m. electroscope.

electrostàtic, -ca [əlέktrustátik, -kə] a. electrostatic. ■ 2 f. electrostatics.

elefant, -ta [ələfàn, -tə] m.-f. ZOOL. elephant.

elefantiasi [ələfəntiàzi] f. MED. elephantiasis.

elegància [ələɣánsiə] f. elegance; smartness [clothes].

elegant [ələɣán] a. elegant; smart [clothes].

elegia [ələ3iə] f. LIT. elegy.

elegíac, -ca [ələ3iak, -kə] a. LIT. elegiac.

elegir [ələ3i] t. to choose, to select. 2 to elect.

element [ələmèn] m. element.

elemental [ələməntál] a. elementary. 2 basic.

elenc [əlέŋ] m. catalogue; list. 2 THEATR. cast.

elevació [ələβəsió] f. raising, lifting; elevation. 2 fig. loftiness [person].

elevar [ələβá] t. to raise. 2 fig. to elevate [to higher rank, etc.]. 3 MATH. to raise.

elidir [əliði] t. to elide.

eliminació [əliminəsió] f. elimination: *per ~*, by elimination.

eliminar [əliminá] t. to eliminate. 2 SP. to eliminate, to knock out [from competition]. 3 to get rid of. 4 coll. to eliminate, to kill [person]: *~ del mapa*, to snuff out.

eliminatori, -òria [əliminətɔ́ri, -ɔ́riə] a. eliminatory. ■ 2 f. SP. heat [athletics]; preliminary round.

Elisabet [əlizəβὲt] pr. n. f. Elizabeth.

elisió [əlizió] f. elision.

elixir [əliksi] m. elixir [also fig.].

ell, ella [eʎ, èʎə] pers. pron. he, she.

el·lipse [əllipsə] f. ellipse.

el·lipsi [əllipsi] f. GRAMM. ellipsis.

elogi [əlɔ́3i] m. praise, eulogy.

elogiar [əlu3iá] t. to praise. 2 fig. to pay tribute to.

elogiós, -osa [əlu3iós,-ósə] a. eulogistic; favourable.

eloqüència [əlukwὲnsiə] f. eloquence [also fig.].

eloqüent [əlukwὲn] a. eloquent [also fig.]. 2 significant; expressive.

elucidar [əlusiðá] t. to elucidate.

elucubració [əlukuβrəsió] f. lucubration.

eludir [əluði] t. to escape from *i.*, to elude. 2 to evade; to avoid.

em [əm] pers. pron. me: *~ pots ajudar?*, can you help me?

emanar [əməná] i. to emanate, to arise *(de,* from) [also fig.].

emancipació [əmənsipəsió] f. emancipation.

emancipar [əmənsipá] t. to emancipate; to free. ■ 2 p. to emancipate oneself; to free oneself *(de,* from).

embadalir [əmbəðəli] t. to charm; to entrance. ■ 2 p. to be filled with wonder, to be entranced.

embadocar [əmbəðuká] v. See EMBADALIR.

embafar [əmbəfá] t.-p. to cloy, to surfeit. 2 fig. to nauseate, to sicken.

embalar [əmbəlá] t. to pack (up); to wrap (up); to package.

embalar-se [əmbəlàrsə] p. to speed up [also fig.].

embalatge [əmbəlàd3ə] m. packing, packaging.

embalsamar [əmbəlsəmá] t. to embalm [corpses].

embalum [əmbəlúm] m. bulk. ‖ *fer ~*, to be bulky.

embaràs [əmbərás] m. trouble, inconvenience; annoyance. 2 pregnancy.

embarassar [əmbərəsá] t. to be in the way of. 2 to tie down [fig.]. 3 to make pregnant.

embarbussar-se [əmbərβusàrsə] p. to mutter; to stammer.

embarcació [əmbərkəsió] f. boat; vessel.

embarcador [əmbərkəðó] m. MAR. landing-stage. 2 MAR. small quay.

embarcar [əmbərká] *t.* to take on board. 2 to load or put on board. ■ 3 *p.* to embark, to go on board.

embarg [əmbár] *m.* See EMBARGAMENT.

embargament [əmbərɣəmén] *m.* LAW seizure. 2 MAR. embargo.

embargar [əmbərɣá] *t.* LAW to seize. 2 MAR. to impose an embargo on.

embarrancar [əmbərraŋká] *t.-p.* to run aground.

embassar [əmbəsá] *t.* to fill or cover with water [land, path, etc.]. ■ 2 *p.* to form pools of water.

embasta [əmbástə] *f.* SEW. basting, tacking.

embastar [əmbəstá] *t.* to baste, to tack.

embat [əmbát] *m.* breaking [waves]. 2 buffet, buffeting [wind].

embeinar [əmbəiná] *t.* to sheathe [sword, knife].

embellir [əmbəʎí] *t.* to improve, to beautify, to embellish.

embenar [əmbəná] *t.* to bind (up); to bandage (up).

embenat [əmbənát] *m.* binding; bandage. ‖ ~ *de guix,* plaster cast.

embenatge [əmbənádʒə] See EMBENAT.

embetumar [əmbətumá] *t.* to polish [shoes]. 2 to cover with pitch.

emblanquinar [əmbləŋkiná] *t.* to whitewash.

emblema [əmblémə] *m.* emblem, badge; sign.

embocadura [əmbukəðúrə] *f.* MUS. mouthpiece [of instrument]. 2 entrance [to street].

emboçar [əmbusá] *t.* to muzzle [dog]. 2 to muffle (up) [face]. ■ 3 *p.* to muffle oneself up.

embogir [əmbuʒí] *t.* to madden, to drive mad.

emboirar [əmbuirá] *t.* to cover with fog or mist. 2 fig. to make foggy [memory].

èmbol [ɛmbul] *m.* piston.

embolcallar [əmbulkəʎá] *t.* to wrap (up).

embòlia [əmbɔ́liə] *f.* embolism.

embòlic [əmbulik] *m.* mess; tangle. 2 fig. mess; chaos; confusion. 3 fig. jam, mess. 4 coll. affair, love-affair.

embolicaire [əmbulikáirə] *a.* troublemaking; meddling. ■ 2 *m.-f.* troublemaker.

embolicar [əmbuliká] *t.* to wrap (up). 2 to tangle up. 3 coll. to get in a mess. 4 fig. to complicate [matters]. ■ 5 *p.* to get

tangled up. 6 fig. to get or become complicated.

embolicat, -ada [əmbulikát, -áðə] *a.* complicated, tricky. 2 wrapped up.

emborratxar [əmburrətʃá] *t.-p.* to get drunk *t.-i.*

emboscada [əmbuskáðə] *f.* ambush. ‖ *caure en una* ~, to get caught in an ambush.

embossar [əmbusá] *t.* to pocket. 2 to put in a bag.

embotar [əmbutá] *t.* to barrel.

embotellar [əmbutəʎá] *t.* to bottle.

embotir [əmbutí] *t.* to cram or stuff.

embotit [əmbutít] *m.* cold meat [salted, cured, smoked, etc.].

embotornar [əmbuturná] *t.* to make swell, to swell [part of body]. ■ 2 *p.* to swell, to puff up [eyes].

embragar [əmbrəɣá] *t.* MECH., to couple, to connect.

embragatge [əmbrəɣádʒə] *m.* AUTO. clutch.

embrancar [əmbrəŋká] *i.* to join up (*amb,* with). ■ 2 *p.* fig. to get tangled up.

embranzida [əmbrənziðə] *f.* impetus; speed. ‖ *agafar* ~, to speed up.

embriac, -aga [əmbriák, -áɣə] *a.* drunk.

embriagar [əmbriəɣá] *t.* to intoxicate, to make drunk. 2 fig. to entrance, to enrapture. ■ 3 *p.* to get drunk. 4 to get or become entranced or enraptured.

embriagador, -ra [əmbriəɣəðó, -rə] *a.* intoxicating, heady. 2 fig. enrapturing, delightful.

embriaguesa [əmbriəɣɛ́zə] *f.* drunkenness.

embrió [əmbrió] *m.* BIOL. embryo.

embrionari, -ària [əmbriunári, -áriə] *a.* BIOL. embryonic.

embrollaire [əmbruʎáirə] See EMBOLICAIRE.

embrollar [əmbruʎá] *t.* to confuse, to complicate, to muddle.

embrollat, -ada [əmbruʎát, -áðə] *a.* confused, complicated, muddled (up).

embromar-se [əmbrumársə] *p.* to cloud over.

embruix [əmbrúʃ] *m.* enchantment; bewitching [action].

embruixar [əmbruʃá] *t.* to enchant, to bewitch.

embrunir [əmbruní] *t.* to tan, to make brown. ■ 2 *p.* to get tanned, to get brown, to get a suntan.

embrutidor, -ra [əmbrutiðó, -rə] *a.* dirty. 2 fig. degrading.

embrutir [əmbruti] *t.* to dirty. 2 fig. to degrade. ■ *3 p.* to get or become dirty. 4 to degrade oneself.

embuatar [əmbuətá] *t.* to cover or fill with cotton-wool.

embull [əmbúʎ] *m.* tangle, muddle, mess.

embullar [əmbuʎá] *t.* to entangle, to confuse, to muddle. ■ *2 p.* to get confused or muddled.

embús [əmbús] See EMBUSSAMENT.

embussament [əmbusəmèn] *m.* stopping-up; blocking [action]; blockage [effect]. 2 traffic jam.

embussar [əmbusá] *t.* to block (up). ‖ *s'ha embussat la canonada,* the pipe has got blocked (up).

embut [əmbút] *m.* funnel [for decanting liquids, etc.]. 2 *pl.* hints, allusions. ‖ *parlar sense embuts,* not to beat about the bush.

emergència [əmərʒɛnsiə] *f.* emergence. 2 emergency.

emergir [əmərʒi] *i.* to emerge.

emetre [əmɛtrə] *t.* to emit, to send out. 2 to issue. ▲ CONJUG. P. P.: *emès.*

èmfasi [ɛmfəzi] *m.-f.* emphasis, stress.

emfàtic, -ca [əmfátik, -kə] *a.* emphatic.

emfisema [əmfizɛmə] *m.* MED. emphysema.

emigració [əmiɣrəsió] *f.* emigration.

emigrant [əmiɣrán] *a.* emigrant; emigratory. ■ *2 m.-f.* emigrant.

emigrar [əmiɣrá] *i.* to emigrate [people]. 2 to migrate [animals].

eminència [əminɛnsiə] *f.* GEOGR. highpoint, summit. 2 protuberance, swelling. 3 fig. celebrity.

eminent [əminɛn] *a.* GEOGR. high, lofty. 2 fig. eminent: *un científic* ~, an eminent scientist.

emir [əmir] *m.* emir.

emissari, -ria [əmisàri, -riə] *m.-f.* emissary.

emissió [əmisió] *f.* RADIO. broadcast [programme]; broadcasting [action]. 2 issue: ~ *de moneda,* monetary issue. 3 POL. ~ *de vots,* voting.

emissor, -ra [əmisó, -rə] *a.,* RADIO. transmitting; broadcasting. ■ *2 m.* RADIO. transmitter. 3 *f.* radio or tv. station.

emmagatzemar [əmməɣədzəmá] *t.* to store.

emmalaltir [əmmələlti] *i.* to fall or become ill. ■ *2 t.* to make ill.

emmalignar [əmməliɲɲá] (ROSS.) See INFECTAR.

emmanillar [əmməniʎá] *t.* to manacle, to handcuff.

emmarcar [əmmərká] *t.* to frame. 2 fig. to border.

emmascarar [əmməskərá] *t.* to blacken. 2 *p.* to get dirty.

emmenar [əmməná] *t.* to take. 2 to lead [also fig.].

emmerdar [əmmərðá] *t.* to dirty, to soil, to foul. 2 fig. to upset; to mess up.

emmetzinar [əmmədziná] *t.* to poison.

emmidonar [əmmiðuná] *t.* to starch.

emmirallar [əmmiraʎá] *t.* to mirror, to reflect. ■ *2 p.* to be reflected. 3 to look at oneself in the mirror.

emmordassar [əmmurðəsá] *t.* to gag.

emmorenir [əmmurəni] *t.* to tan, to get brown.

emmotllar [əmmuʎʎá] *t.* to mould; to fashion. ■ *2 p. emmotllar-se a,* to adjust oneself to.

emmudir [əmmuði] *t.* to silence. ■ *2 i.* to fall silent. ■ *3 p.* to be elided [phoneme].

emmurallar [əmmuraʎá] *t.* to wall.

emmurriar-se [əmmurriársə] *i.* to sulk.

emmusteir [əmmustəi] *t.* to wither, to shrivel (up) [plant].

emoció [əmusió] *f.* excitement. 2 emotion; feeling, pathos.

emocionant [əmusiunàn] *a.* exciting. 2 moving.

emocionar [əmusiuná] *t.* to excite. 2 to move. ■ *3 p.* to get excited or worked up. 4 to become emotional.

emol·lient [əmulliɛn] *a.-m.* CHEM. emollient.

emotiu, -iva [əmutiu, -iβə] *a.* emotive; stirring: *un parlament molt* ~, a really stirring speech.

emotivitat [əmutiβitàt] *f.* emotiveness.

empadronar [əmpəðruná] *t.* to register, to enter on the register. ■ *2 p.* to register [as a resident in the district].

empaitar [əmpəĭtá] *t.* to chase; to pursue. 2 fig. to badger.

empalar [əmpəlá] *t.* to impale.

empal·lidir [əmpəlliði] *t.-i.-p.* to turn pale, to turn white.

empalmar [əmpəlmá] *t.* to join up [also fig.].

empanada [əmpənàðə] *f.* pie [usu. savoury].

empantanegar [əmpəntənəyá] t. fig. to obstruct, to block.

empaperar [əmpəpərá] t. to paper, to wallpaper. 2 coll. to have up.

empaquetar [əmpəkətá] t. to package, to parcel; to wrap up [parcel].

empara [əmpárə] f. protection, shelter. 2 defence [also fig.]. 3 LAW seizure.

emparar [əmpərá] t. to protect; to shelter. 2 to defend. ■ 3 p. to seek protection or refuge. 4 LAW to be seized or embargoed; to be confiscated.

emparaular [əmpərəulá] t. to promise i., to give one's word.

emparedar [əmpərəðá] t. to wall up, to immure [person].

emparentar [əmpərəntá] i.-p. to become related [by marriage].

empassar-se [əmpəsársə] to swallow. 2 fig. to face up to. 3 fig. to believe, to swallow.

empastar [əmpəstá] t. to paste.

empastifar [əmpəstifá] t. to smear, to daub.

empat [əmpát] m. SP. draw.

empatar [əmpətá] i. SP. to draw.

empatollar-se [əmpətuʎársə] p. to get confused; to talk nonsense. || *què t'empatolles?*, what on earth are you talking about?

empatx [əmpátʃ] m. feeling of being overfull, feeling of surfeit [also fig.].

empatxar [əmpətʃá] t. to obstruct, to impede. 2 to give or cause indigestion. ■ 3 p. to get indigestion; to have or suffer indigestion.

empedrar [əmpəðrá] t. to pave; to cobble.

empedrat [əmpəðrát] m. stone pavement or paving; cobbled surface. 2 COOK. kind of vegetable salad.

empedreir [əmpəðrəi] t.-p. to harden [also fig.]. 2 to turn to stone. 3 t. to make hard or insensitive. 4 p. to go stale [bread].

empegar [əmpəyá] t. to paste, to glue.

empegueir-se [əmpəyəirsə] p. to become embarrassed.

empèl [əmpέl] adv. phr. a l'~, bare-back [horse-riding].

empelt [əmpέlt] m. MED., AGR. graft.

empeltar [əmpəltá] t. MED., AGR. to graft.

empenta [əmpέntə] f. push, shove. 2 fig. drive; impetus.

empentar [əmpəntá] v. See EMPENTEJAR.

empentejar [əmpəntəʒá] t. to push, to shove.

empenya [əmpέɲə] f. ANAT. instep.

empènyer [əmpέɲə] t. to push, to shove. 2 fig. to drive, to impel.

empenyorar [əmpəɲurá] t. to pawn, to pledge.

emperador [əmpərəðó] m. emperor. 2 ICHTHY. sword-fish.

emperadriu [əmpərəðriŭ] f. empress.

empescar-se [əmpəskársə] p. to invent, to think up.

empestar [əmpəstá] t. to stink out [of smell].

empetitir [əmpətití] t. to make smaller. 2 fig. to dwarf. 3 fig. pej. to trivialize.

empiocar-se [əmpiukársə] p. to fall or become ill.

empipament [əmpipəmèn] m. annoyance; anger, wrath.

empipar [əmpipá] t. to annoy. 2 to bother; to pester. ■ 3 p. to get annoyed.

empíric, -ca [əmpirik, -kə] a. empiric(al).

empirisme [əmpirizmə] m. empiricism.

empitjorament [əmpidʒurəmèn] m. worsening, deterioration.

empitjorar [əmpidʒurá] t.-i. to worsen.

emplaçament [əmpləsəmèn] m. site, location.

emplaçar [əmpləsá] t. to site, to situate, to locate.

emplastre [əmplástrə] m. poultice; plaster. 2 fig. pej. layabout, good-for-nothing.

empleat, -ada [əmpleàt, -áðə] m.-f. employee, worker.

emplenar [əmpləná] t. to fill (up) [container]; to occupy [time].

emplujat, -ada [əmpluʒàt, -áðə] a. rainy, wet.

empobridor, -ra [əmpuβriðó, -rə] a. impoverishing, pauperizing.

empobriment [əmpuβrimèn] m. impoverishment; pauperization.

empobrir [əmpuβri] t. to impoverish. ■ 2 p. to become poor or impoverished.

empolainar [əmpuləiná] t. to adorn; to dress up. ■ 2 p. to dress up.

empolsar [əmpulsá] t. to cover in or with dust.

empolsegar [əmpulsəyá] v. See EMPOLSAR.

emporcar [əmpurká] v. See EMBRUTAR.

empori [əmpóri] m. trading centre, market. 2 market town.

emportar-se [əmpurtársə] *p.* to take (away); to remove. 2 to carry or bear away [of wind, water, etc.].

empostar [əmpustá] *t.* See EMPOSTISSAR.

empostissar [əmpustisá] *t.* to plank, to board (over).

emprar [əmprá] *t.* to use, to employ.

empremta [əmprèmtə] *f.* print, trace, sign [also fig.]: ~ *digital,* finger print. 2 printing, stamp [on document].

emprendre [əmprèndrə] *t.* to undertake, to set about; to begin. ▲ CONJUG. like *aprendre.*

emprenedor, -ra [əmprənəðô, -rə] *a.* enterprising. 2 adventurous.

emprenyar [əmprəɲá] *t.* coll. to annoy, to anger.

empresa [əmprézə] *f.* enterprise, undertaking; task. 2 company; firm; business.

empresari, -ària [əmprəzàri, -àriə] *m.* businessman. 2 *f.* businesswoman.

empresonament [əmprəzunəmèn] *m.* imprisonment.

empresonar [əmprəzuná] *t.* to imprison, to put into prison.

emprèstit [əmprèstit] *m.* ECON. (public) loan.

emprova [əmpróbə] *f.* trial fitting, trying-on [of item of clothing].

emprovador [əmpruβəðô] *m.* changing room [in clothes shop].

emprovar [əmpruβá] *t.-p.* to try on [clothing].

empudegar [əmpuðəɣá] *t.* coll. to stink out.

empunyar [əmpuɲá] *t.* to grip, to hold firmly; to grasp.

èmul, -la [èmul, -lə] *m.-f.* rival, competitor [esp. in merits].

emulació [əmuləsió] *f.* emulation.

emular [əmulá] *t.* to emulate.

emulsió [əmulsió] *f.* emulsion.

1) en [ən] *pron.-adv.* from there, from that place, thence: *ara ~ vinc,* I've just come from there. 2 of or about [person, thing, this or that]: *sempre ~ parles!,* you're always talking about her! 3 of [quantities]: *no ~ tinc cap ni una,* I haven't got a single one of them. ▲ 'n, n', ne.

2) en [ən] *art. m.* [before first names]: ~ *Joan ha vingut,* John's come. ‖ ~ *Pau,* ~ *Pere i ~ Berenguera,* (every) Tom, Dick and Harry.

3) en [ən] *prep.* in: *visc ~ un pis petit,* I live in a small flat. 2 in, inside: *el tro-*

baràs ~ aquella caixa, you'll find it in that box. 3 on: *no seguis ~ aquesta cadira,* don't sit on that chair. 4 in [time]: *ho he fet ~ mitja hora,* I dit it in half an hour. 5 into: *entraren ~ una casa vella,* they went into an old house. 6 ~ *sortir,* on coming or going out.

enagos [ənáɣus] *m. pl.* petticoat *sing.*

enaltir [ənəlti] *t.* to praise, to extol, to exalt.

enamoradís, -issa [ənəmuràðis, -isə] *a.* always falling in love.

enamorament [ənəmurəmèn] *m.* falling in love. 2 love-affair.

enamorar [ənəmurá] *t.* to make fall in love (*de,* with), to captivate, to enamour (*de,* with). ■ 2 *p.* **enamorar-se de,** to fall in love with, to be captivated by.

enamorat, -ada [ənəmuràt, -àðə] *a.* in love, captivated, enamoured; love-sick. ■ 2 *m.-f.* person in love; love-sick person.

enamoriscar-se [ənəmuriskàrsə] *p.* See ENAMORAR-SE.

enarborar [ənərβurá] *t.* to hoist, to raise [flag]. 2 to brandish [sword]. 3 to flourish.

enardir [ənərði] *t.* to fire; to inspire.

ençà [ənsá] *adv.* up to here. ‖ *d'~,* since; from. ‖ ~ *i enllà,* here and there, hither and thither. ‖ *de llavors ~,* from that time on.

encabir [əŋkəβi] *t.-p.* to fit into, to insert. 2 *t.* to put, to place.

encaboriar-se [əŋkəβuriàrsə] *p.* to worry.

encabritar-se [əŋkəβritàrsə] *p.* to rear up [horse].

encadellar [əŋkəðəʎá] *t.* to dovetail; to join together [wood joints].

encadenament [əŋkəðənəmèn] *m.* chaining or joining together. 2 series [of events]. 3 linking [together].

encadenar [əŋkəðəná] *t.* to chain up or together. 2 fig. to chain (*a,* to); to be a slave (*a,* to). ■ 3 *p.* to follow (one another) in series.

encaix [əŋkáʃ] *m.* SEW. lace. 2 fitting, insertion. 3 joint; socket.

encaixada [əŋkəʃàðə] *f.* hand-shake.

encaixar [əŋkəʃá] *i.* to fit [also fig.]. 2 fig. to match. 3 to shake hands. ■ 4 *t.* ~ *en,* to fit into; to insert into.

encaixonar [əŋkəʃuná] *t.* to box (up). 2 to squeeze (*en,* into).

encalçar [əŋkəlsá] *t.* to pursue, to follow. 2 fig. to dog.

encalcinar [əŋkəlsinä] *t.* to whitewash.

encalitjar [əŋkəlidʒà] *t.* to fog up, to mist up or over. 2 to cover with a haze. ■ 3 *p.* to be covered in a fog or mist or haze.

encallar [əŋkəʎá] *i.-p.* MAR. to run aground *i.* (*a, en,* on).

encalmar-se [əŋkəlmársə] *p.* MAR. to be becalmed.

encaminar [əŋkəminä] *t.* to direct (*a,* to), to point out or show the way. ■ 2 *p.* to head for; to set out for.

encanonar [əŋkənuná] *t.* CONSTR. to pipe. 2 to point or level at [firearm].

encant [əŋkàn] *m.* charm; appeal. 2 *pl.* flea-market *sing.*

encantador, -ra [əŋkəntəðò, -rə] *a.* charming, delightful. ■ 2 *m.* magician, sorcerer. 3 *f.* magician, sorceress.

encantar [əŋkəntá] *t.* to charm; to delight. 2 to bewitch, to cast a spell on [also fig.]. ■ 3 *p.* to be spellbound; to be fascinated (*davant,* by).

encanyissada [əŋkəɲisàðə] *m.* cane fence; cane ceiling; cane lattice.

encanyissat [əŋkəɲisàt] *m.* See ENCA-NYISSADA.

encaparrar [əŋkəpərrá] *t.-p.* to worry.

encapçalar [əŋkəpsəlá] *t.* to head.

encapotar-se [əŋkəputársə] *p.* to cloud over [sky].

encapritxar-se [əŋkəpritʃàrsə] *p.* to take a fancy (*amb,* to).

encara [əŋkàrə] *adv.* still; yet. 2 even. ■ 3 *conj.* ~ *que,* although, though.

encaramelat, -ada [əŋkərəməlàt, -àðə] *a.* toffee-flavoured or covered. 2 fig. in a world of their own [of lovers].

encarar [əŋkərá] *t.* to point or level at.

encarcarar [əŋkərkərá] *t.* to stiffen, to make stiff or rigid. ■ 2 *p.* to become stiff or rigid.

encarir [əŋkəri] *i.-p.* to rise in price *i.* ■ 2 *t.* to raise the price of.

encarnació [əŋkərnəsió] *f.* incarnation, embodiment.

encarnar [əŋkərná] *t.* to embody, to incarnate. ■ 2 *i.* REL. to become flesh or incarnate. ■ 3 *p.* to be embodied.

encàrrec [əŋkàrrək] *m.* task, job; assignment. 2 COMM. order. 3 message.

encarregar [əŋkərrəyàt] *t.* to order; to entrust. ■ 2 *p.* **encarregar-se de,** to take charge of; to see about; to undertake to.

encarregat, -ada [əŋkərrəyàt,-àðə] *m.-f.* person in charge. 2 foreman.

encarrilar [əŋkərrilá] *t.* to put or set or head in the right direction [also fig.].

encartonar [əŋkərtuná] *t.* to box (up), to put in cardboard boxes. ■ 2 *p.* to become as stiff as cardboard.

encasellar [əŋkəzəʎá] *t.* to pigeon-hole.

encastar [əŋkəstà] *t.* to put or fix in; to embed.

encaterinar-se [əŋkətərinàrsə] *p.* to form a fancy (*amb,* for).

encatifar [əŋkətifá] *t.* to carpet.

encauar [əŋkəwá] *t.* to hide or conceal in a secret place.

encausar [əŋkəwzá] *t.* to take legal action against. 2 LAW to sue; to prosecute.

encavalcar [əŋkəβəlká] *t.* to put astride, to mount on.

encebar [ənsəβá] *t.* to feed; to fatten [animal]. 2 to load [firearm].

encèfal [ənsɛfal] *m.* ANAT. encephalon.

encegador, -ra [ənsəyəðò, -rə] *a.* dazzling, blinding.

encegar [ənsəyá] *t.* to blind, to dazzle [also fig.].

encenall [ənsənàʎ] *m.* wood shaving, shaving.

encendre [ənsèndrə] *t.* to light [fire; lamp, etc.]. 2 fig. to fire, to inflame, to excite. ▲ CONJUG. like **atendre**.

encenedor [ənsənəðò] *m.* cigarette lighter, lighter.

encens [ənsɛns] *m.* incense.

encerar [ənsərá] *t.* to wax.

encerclar [ənsərklá] *t.* to encircle; to surround.

encert [ənsɛrt] *t.* correct guess. 2 success. 3 right answer. 4 hit [on target].

encertar [ənsərtá] *t.* coll. to get right; to choose or guess correctly. 2 to hit [target].

encetar [ənsətá] *t.* to start. 2 fig. to christen [new things]. 3 to rub, to make sore.

enciam [ənsiàm] *m.* lettuce.

enciamera [ənsiəmèrə] *f.* salad bowl.

encíclica [ənsiklikə] *f.* ECCL. encyclical.

enciclopèdia [ənsiklupèðiə] *f.* encyclopedia.

encimbellar [əmsimbəʎá] *t.* to set on top. 2 to raise, to lift [to top].

encinta [ənsintə] *a.* **una dona ~,** a pregnant woman.

encís [ənsis] *m.* charm; attraction.

encisador, -ra [ənsizəðò, -rə] *a.* charming, delightful; enchanting, bewitching.

encisam [ənsizàm] (VAL.) See ENCIAM.

encisar [ənsizà] t. to charm, to delight; to bewitch, to enchant. 2 to fascinate.

enclaustrar [əŋklaŭstrà] t. to shut in a convent; to cloister [also fig.].

enclavar [əŋkləβà] t. to fix in, to embed; to insert.

encloure [əŋklóŭrə] t. to shut in; to enclose. ▲ CONJUG. like *cloure*.

enclusa [əŋklúzə] f. anvil. 2 ANAT. anvil, incus.

encobrir [əŋkuβri] t. to conceal. 2 coll. to cover up.

encoixinar [əŋkuʃinà] t. to upholster, to pad, to cushion.

encolar [əŋkulà] t. to paste or cover with glue.

encolerir-se [əŋkulərirsə] p. to get very angry.

encolomar [əŋkulumà] t. to put on [coat]. 2 fig. coll. to palm off (*a*, on).

encomanadís, -issa [əŋkumənəðis, -isə] a. infectious, contagious.

encomanar [əŋkumənà] t. to assign, to give [job, task, etc.]. 2 to pass on [illness]; to infect. ■ 3 p. to seek the protection (*a*, of).

encomi [əŋkómi] m. praise, eulogy.

encongir [əŋkunʒi] t.-p. to shrink.

encongit, -ida [əŋkunʒit, -iðə] a. shrunk. 2 shrunken, wizened [person].

encontorns [əŋkuntórns] m. pl. See VOLTANTS.

encontrar [əŋkuntrà] t. to meet. 2 to find; to encounter.

encontre [əŋkóntrə] m. mishap. 2 SP. game.

encoratjador, -ra [əŋkurədʒəðò, -rə] a. encouraging; reassuring.

encoratjar [əŋkurədʒà] t. to encourage.

encorbar [əŋkurβà] t.-p. See CORBAR.

encortinar [əŋkurtinà] t. to curtain; to curtain off.

encreuament [əŋkrəwəmèn] m. crossing; intersection. 2 crossroads, junction.

encreuar [əŋkrəwà] t. to cross, to intersect. 2 ZOOL. to cross, to interbreed.

encruelir [əŋkruəli] t. to make worse. 2 to accentuate. ■ 3 p. to delight in one's cruelty, to take delight in cruelty.

encuny [əŋkúɲ] m. NUMIS. die.

encunyar [əŋkuɲà] t. to mint, to strike.

endarrera [əndərrèrə] adv. back, backwards [space]. 2 back [time].

endarreriment [əndərrərimèn] m. falling behind. 2 pl. backlog sing. [work]; arrears [in payments]. 3 PSYCH. backwardness.

endarrerir [əndərrəri] t. to delay; to postpone. ■ 2 p. to fall behind or into arrears [with payments].

endavant [əndəβàn] adv. forward; ahead, on(ward). 2 ~l, go ahead! 3 per ~, in advance.

endebades [əndəβàðəs] adv. in vain, to no avail.

endegar [əndəγà] t. to tidy up, to arrange. 2 fig. to channel; to carry out.

endemà [əndəmà] m. l'~, the next day.

endemés [əndəmès] adv. besides, moreover.

endèmia [əndèmiə] f. endemic (disease).

endèmic, -ca [əndèmik, -kə] a. endemic. 2 fig. rife.

enderroc [əndərrɔk] m. demolition, pulling down [house]. 2 pl. debris sing.

enderrocar [əndərrukà] t. to demolish, to pull down [house]. 2 to destroy; to ruin. 3 POL. to overthrow.

endeutar [əndəŭtà] t. to plunge into debt. ■ 2 p. to fall into debt. 3 to pledge oneself.

endeví, -ina [əndəβi, -inə] m.-f. diviner.

endevinaire [əndəβinàĭrə] m.-f. See ENDEVÍ.

endevinalla [əndəβinàʎə] f. riddle; guessing game.

endevinar [əndəβinà] t. to guess. 2 to solve [riddle]. 3 to divine, to forsee [future].

endiablat, -ada [əndiəbblàt, -àðə] a. diabolical, fiendish, devilish.

endins [əndins] adv. inside, within.

endinsar [əndinzà] t. to insert, to push in. ■ 2 p. to penetrate t., to penetrate into i.

endintre [əndintrə] See ENDINS.

endívia [əndiβiə] f. endive.

endocardi [əndukàrði] m. ANAT. endocardium.

endocarp [əndukàrp] m. BOT. endocarp.

endolar [əndulà] t. to put into mourning. 2 to dress in mourning.

endolat, -ada [əndulàt, -àðə] a. in mourning, in black [clothes].

endolcir [əndulsi] t. to sweeten.

endoll [əndóʎ] m. ELECTR. power point, socket [on wall]. 2 plug [on flex].

endollar [ənduʎà] t. ELECTR. to plug in. 2 to plug or stop up.

endormiscar-se [əndurmiskàrsə] p. to doze. 2 coll. to nod off, to doze off.

endós [əndós] *m.* endorsing [act]. 2 endorsement.

endossar [əndusá] *t.* to endorse; to sign over. 2 fig. to palm off [unpleasant task].

endrapar [əndrəpá] *t.* fig. coll. to gobble (up), to wolf (down) [food].

endreç [əndrɛ́s] *m.* tidying-up; putting in order. 2 arrangement. 3 adornment.

endreçar [əndrəsá] *t.* to tidy (up); to put in order; to clean (up). 2 LIT. to dedicate [work].

endreçat, -ada [əndrəsát, -áðə] *a.* clean and tidy.

endret [əndrɛ́t], **indret** [indrɛ́t] *m.* side; face. 2 place, spot.

enduriment [əndurimɛ́n] *m.* hardening.

endurir [ənduri] *t.-p.* to harden; to stiffen.

endur-se [əndúrsə] *p.* to take away *t.* to carry away *t.* 2 fig. **em vaig endur un disgust,** I was so disappointed.

enemic, -iga [ənəmik, -iɣə] *a.* hostile; unfriendly. ■ 2 *m.-f.* enemy.

enemistar [ənəmistá] *t.* to make an enemy of. ■ 2 *p.* to become enemies. 3 to fall out (*amb,* with).

enemistat [ənəmistát] *f.* enmity; unfriendliness.

energètic, -ca [ənərʒɛ̀tik, -kə] *a.* energetic. ■ 2 *f.* energetics.

energia [ənəriə] *f.* energy. 2 vitality; spirit. 3 persistence; firmness.

enèrgic, -ca [ənɛ̀rʒik, -kə] *a.* energetic; spirited; full of life, active.

energumen [ənərɣúmən] *m.* madman.

enervar [ənərβá] *t.* to weaken, to enervate.

enèsim, -ma [ənɛ́zim, -mə] *a.* umpteenth.

enfadar [əmfəðá] *t.* (*fer*) ~, to make angry. ■ 2 *p.* to get angry.

enfadeir [əmfəðəi] *t.* COOK. to make tasteless or insipid.

enfadós, -osa [əmfəðós, -ózə] *a.* annoying, irksome.

enfaixar [əmfəʃá] *t.* to bind or wind round [rope, cloth, etc.].

enfangar [əmfəŋgá] *t.* to make muddy.

enfarfec [əmfərfɛ́k] *m.* nuisance. 2 coll. bother. 3 coll. hotch-potch; mess.

enfarfegar [əmfərfəɣá] *t.* to overload; to weigh down.

enfavar-se [əmfəβársə] *p.* coll. to become silly; to get dopey (*amb,* over).

enfebrar-se [əmfəβrársə] *p.* to become feverish; to run a temperature.

enfeinat, -ada [əmfəinát, -áðə] *a.* busy; occupied.

enfellonir [əmfəʎuni] *t.* to make furious, to infuriate; to make angry.

enfervorir [əmfərβuri] *t.* to excite, to animate; to fire [enthusiasm].

enfilall [əmfiláʎ] *m.* string. 2 fig. series.

enfilar [əmfilá] *t.* SEW. to thread. ‖ *cadascú per on l'enfila,* one man's meat is another man's poison. 2 to take, to set out on [path]. ■ 3 *p.* **enfilar-se en,** to climb up.

enfit [əmfit] *m.* indigestion.

enfocar [əmfuká] *t.* to focus.

enfollir [əmfuʎí] *t.* to make mad, to madden. 2 coll. to make crazy.

enfondir [əmfundi] *t.* See APROFUNDIR.

enfonsament [əmfunzəmɛ́n] *m.* sinking. 2 collapse.

enfonsar [əmfunzá] *t.-p.* to sink. 2 *t.* to embed. 3 to make collapse; to smash. 4 *p.* to collapse.

enfora [əmfɔ́rə] *adv.* outside; out.

enformador [əmfurməðó] *m.* chisel.

enformar [əmfurmá] *t.* to form, to fashion, to shape. 2 to mould.

enfornar [əmfurná] *t.* to put in the oven; to bake.

enfortir [əmfurti] *t.* to strengthen, to build up. ■ 2 *p.* to become stronger.

enfosquir [əmfuski] *t.* to darken.

enfredorir [əmfrəðuri] *t.* to make catch cold.

enfront [əmfrón] *m.* façade, front. 2 *prep. phr.* ~ *de,* opposite.

enfrontar [əmfruntá] *t.* to face; to confront. ■ 2 *p.* to face each other or one another [in duel, fight, etc.].

enfundar [əmfundá] *t.* to sheathe [sword]. 2 to encase, to put in a case.

enfurir [əmfuri] *t.* to infuriate; to make angry, to anger.

enfurismar [əmfurizmá] *t.* to infuriate; to make angry. 2 to annoy, to irritate.

engabiar [əŋgəβiá] *t.* to put in a cage. 2 to imprison.

engalanar [əŋgələná] *t.* to embellish; to adorn; to decorate.

engalipar [əŋgəlipá] *t.* to trick, to fool, to deceive; to hoodwink.

engallar-se [əŋgəʎársə] *p.* to make oneself smart. 2 coll. to swagger.

engaltar [əŋgəltá] *t.* to aim [firearm]. 2 fig. to talk straight *i.;* to go straight to the point *i.*

engalzar [əŋgəlzá] t. to join (up), to assemble. 2 fig. to trap, to catch.

enganar [əŋgəná] (BAL.) See ENGANYAR.

enganxar [əŋgənʃá] t. to hook. 2 to stick, to glue. ■ 3 p. to get caught on. 4 coll. to catch t. 5 coll. to be hooked [on drugs].

enganxós [əŋgənʃós, -ózə] a. sticky.

engany [əŋgáɲ] m. trick, deception; swindle.

enganyar [əŋgəɲá] t. to trick, to deceive, to swindle.

enganyifa [əŋgəɲifə] f. trick, deception. 2 coll. con; swindle.

enganyós, -osa [əŋgəɲós, -ózə] a. deceptive. 2 deceitful.

engargussar-se [əŋgəɾyusársə] p. to get caught in one's throat. 2 to get blocked [drain].

engatar-se [əŋgətársə] p. to get drunk.

engavanyar [əŋgəβəɲá] t. to get in the way of [clothes].

engegada [ənʒəɣáðə] f. AUTO. starting. 2 letting-fly [exclamations]. 3 firing [projectiles].

engegar [ənʒəɣá] t. AUTO. to start. 2 to let fly [exclamations]. 3 to fire [projectiles]. 4 ~ a passeig, to send somebody packing.

engelosir [ənʒəluzí] t. to make jealous. ■ 2 p. to become jealous.

engendrar [ənʒəndrá] t. to procreate, to engender. 2 fig. to produce.

enginy [ənʒíɲ] m. ingeniousness, inventiveness. 2 skill. 3 cleverness, intelligence, wit.

enginyar [ənʒiɲá] t. to invent; to think up, to devise. ■ 2 p. to manage to.

enginyer [ənʒiɲé] m.-f. engineer.

enginyeria [ənʒiɲəríə] f. engineering.

engiponar [ənʒipuná] t. to throw together, to fix up [in a hurry].

englobar [əŋgluβá] t. to encompass; to include.

englotir [əŋglutí] t. See ENGOLIR.

engolir [əŋgulí] t. to swallow.

engomar [əŋgumá] t. to gum; to glue.

engonal [əŋgunál] m. ANAT. groin.

engraellat [əŋgrəʎát] m. grille; lattice-work; trellis.

engranatge [əŋgrənádʒə] m. MECH. engaging [of gears].

engrandir [əŋgrəndí] t. to enlarge, to make bigger. ■ 2 p.-i. to grow; to get or become bigger or larger, to increase in size.

engrapar [əŋgrəpá] t. to grip; to hold tight. 2 MECH. to staple.

engreixar [əŋgrəʃá] t. to fatten (up). 2 to grease, to lubricate. ■ 3 p. to get or become fat; to put on weight.

engreixinar [əŋgrəʃiná] t. to grease, to lubricate.

engrescar [əŋgrəská] t. to encourage; to inspire; to incite. 2 to excite; to delight. ■ 3 p. to get or become excited; to be filled with excitement or delight.

engroguir [əŋgruɣí] t.-p. to turn yellow. 2 t. to make or colour yellow.

engròs [əŋgrós] COMM. a l'~, wholesale.

engruna [əŋgrúnə] f. breadcrumb. 2 a bit; a touch, a dash. 3 pl. left-overs [of meal].

engrut [əŋgrút] m. grime, filth. 2 paste [for gluing].

enguany [əŋgáɲ] adv. this year.

enguixar [əŋgiʃá] t. CONSTR. to plaster. 2 MED. to put in plaster.

enhorabona [ənɾəβónə] f. congratulations: donar l'~, to congratulate (per, on).

enigma [əníɲmə] m. enigma.

enjogassat, -ada [ənʒuɣəsát, -áðə] a. playful.

enjoiar [ənʒuʝá] t. to deck or adorn with jewels or jewellery.

enjorn [ənʒòrnnœ] adv. (VAL.) early.

enjudiciar [ənʒudisiá] t. LAW to prosecute.

enlairar [ənləiɾá] t. to lift (up), to raise. ■ 2 p. to rise. 3 AER. to take off.

enlaire [ənlaiɾə] adv. above, in the air. 2 upwards, up into the air. ‖ mans ~!, hands up! 3 fig. pending; in suspense, unresolved: deixar una qüestió ~, to leave an issue unresolved. 4 fig. engegar ~, to spoil, to ruin, to upset [plan].

enllà [ənʎá] adv. to or over there. 2 further back [time, space]. 3 further on [time, space]. 4 cap ~, that way. 5 el més ~, the beyond.

enllaç [ənʎás] m. junction; connection. 2 link-up [between 2 points]. 3 go-between; link-man. ‖ ~ sindical, trade union representative. 4 wedding; union.

enllaçar [ənʎəsá] t. to link up; to connect, to join.

enllefiscar [ənʎəfiská] t. to make sticky.

enllestir [ənʎəstí] t. to finish. 2 to put the finishing touches to. 3 to get ready. ■ 4 p. to hurry, to rush.

enllestit, -ida [ənʎəstit, -iðə] *a.* finished. 2 ready.

enlloc [ənʎɔ̀k] *adv.* nowhere. ‖ ***no l'he trobat ~,*** I haven't found him anywhere.

enllotar [ənʎutà] *t.* to make muddy. ■ 2 *p.* to tarnish one's reputation.

enlluentir [ənʎuənti] *t.* to polish; to put a shine on.

enlluernador, -ra [ənʎuərnəðò, -rə] *a.* dazzling, blinding [also fig.]: ***una dona enlluernadora,*** a woman of dazzling beauty.

enlluernament [ənʎuərnəmèn] *m.* dazzling or blinding effect. 2 brilliance [light].

enlluernar [ənʎuərnà] *t.* to dazzle, to blind [also fig.]. 2 to fascinate, to entrance. ■ 3 *p.* to be dazzled or blinded [also fig.]. 4 to be fascinated or entranced.

enllumenar [ənʎumənà] *t.* to illuminate, to light up: ~ ***un carrer,*** to light a street.

enllumenat [ənʎumənàt] *m.* AUTO. lights *pl.* 2 CONSTR. lighting.

enllustrador, -ra [ənʎustrəðò, -rə] *m.-f.* bootblack.

enllustrar [ənʎustrà] *t.* to polish; to put a shine on. 2 to polish [shoes].

enmig [əmmitʃ] *prep. phr.* ~ ***de,*** in the middle of, amid, amidst, among.

ennegrir [ənnəɣri] *t.-p.-i.* to blacken, to turn black. 2 *t.* to black. 3 *p.-i.* to go black.

ennoblir [ənnubli] *t.* to ennoble. 2 fig. to exalt, to honour. ■ 3 *p.* fig. to exalt oneself.

ennuegar-se [ənnuəɣàrsə] *p.* to choke, to go down the wrong way [food, drink].

ennuvolar-se [ənnuβulàrsə] *p.* to cloud over [sky].

enologia [ənuluʒiə] *f.* oenology, enology.

enorgullir [ənurɣuʎi] *t.* to make proud. ■ 2 *p.* ***enorgullir-se de,*** to be proud of; to pride oneself on.

enorme [ənòrmə] *a.* enormous, huge.

enormitat [ənurmitàt] *f.* enormousness. 2 fig. enormity.

enquadernació [əŋkwəðərnəsiò] *f.* binding: ***taller d'~,*** bookbinder's.

enquadernar [əŋkwəðərnà] *t.* to bind [book].

enquadrar [əŋkwəðrà] *t.* to frame [picture]. 2 to fit into [team]. 3 PHOT. to centre [picture on screen].

enquesta [əŋkèstə] *f.* survey; opinion-poll.

enquitranar [əŋkitrənà] *t.* to tar over.

enrabiar [ənrrəβià] *t.* to annoy; to upset. 2 to make angry, to enrage. ■ 3 *p.* to get annoyed. 4 to get angry.

enrajolar [ənrrəʒulà] *t.* CONSTR. to tile.

enramada [ənrrəmàðə] *f.* tangle or network of branches. 2 bower [in garden].

enrampar [ənrrəmpà] *t.* to cause cramp. 2 ELECTR. to give a shock to. ■ 3 *p.* to get cramp: ***se m'ha enrampat el peu,*** I've got cramp in my foot. 4 ELECTR. to get a shock.

enraonar [ənrrəunà] *i.* to talk, to chat. ■ 2 *t.* to discuss, to talk about *i.*

enraonat, -ada [ənrrəunàt, -àðə] *a.* reasonable.

enraonia [ənrrəuniə] *f.* talk, chatter; gossip.

enrarir [ənrrəri] *t.* to rarify, to get thinner [air].

enravenar [ənrrəβənà] *t.-p.* to stiffen. 2 *p.* to become stiff or rigid.

enredada [ənrrəðàðə] *f.* decepcion, trick.

enredar [ənrrəðà] *t.* to catch in a net, to net. 2 fig. to get in a mess or a jam. 3 to deceive, to trick.

enregistrar [ənrrəʒistrà] *t.* to register; to sign in. 2 to record [sound].

enreixar [ənrrəʃà] *t.* to put bars or a grille on. 2 to put a railing round.

enrenou [ənrrənɔ̀u] *m.* bustle. 2 hubbub.

enrera [ənrrèrə] *adv.* See ENDARRERA.

enretirar [ənrrətirà] *t.-p.* to withdraw, to move away. 2 *t.* to pull back.

enrevessat, -ada [ənrrəβəsàt, -àðə] *a.* complex, complicated.

enribetar [ənrriβətà] *t.* SEW. to border.

Enric [ənrrik] *pr. n. m.* Henry.

enriolar-se [ənrriulàrsə] *p.* to burst into laughter.

enriquir [ənrriki] *t.* to make rich. ■ 2 *p.* to get or grow rich; to enrich oneself, to make oneself rich.

enrobustir [ənrruβusti] *t.* to make strong or robust. ■ 2 *p.* to grow strong or robust.

enrocar [ənrrukà] *i.* to castle [chess]. ■ 2 *t.* to snag [angling]. ■ 3 *p.* to pick one's way between the rocks.

enrogallar-se [ənrruɣəʎàrsə] *p.* to grow or become hoarse.

enrogir [ənrruʒí] *t.* to make blush. ■ *2 p.* to blush, to turn red [face].

enrojolament [ənrruʒuləmèn] *m.* blushing. 2 blush.

enrojolar-se [ənrruʒulàrsə] *p.* to blush.

enrolar [ənrrulá] *t.* to sign on, to enrol; to enlist.

enronquir [ənrruŋkí] *t.* to make hoarse. ■ *2 p.* to grow or become hoarse.

enroscar [ənrruskà] *t.* MECH. to screw.

enrotllar [ənrruʎʎá] *t.* to roll up. 2 to tie round.

enrunar [ənrrunà] *t.* to pull down, to demolish. ■ *2 p.* to fall down; to fall apart or to pieces [house, wall, etc.].

1) ens [əns] *pers. pron.* ~ *heu vist?*, did you see us?

2) ens [ɛns] *m.* being; entity.

ensabonar [ənsəβunà] *t.* to soap (up). 2 fig. coll. to flannel.

ensacar [ənsəkà] *t.* to put in a sack or bag.

ensaïmada [ənsəimàðə] *f.* ensaimada [a filled sweet pastry, typical of the Balearics].

ensalada [ənsəlàðə] (VAL.) See AMANIDA.

ensarronar [ənsərrunà] *t.* fig. to swindle, to trick, to deceive.

ensellar [ənsəʎá] *t.* to saddle.

ensems [ənsèms] *adv.* together. 2 at the same time, simultaneously.

ensenya [ənsèɲə] *f.* standard, ensign.

ensenyament [ənsəɲəmèn] *m.* teaching; instruction. 2 education. ‖ ~ *mitjà*, secondary school education.

ensenyança [ənsəɲánsə] *f.* teaching. 2 education.

ensenyar [ənsəɲá] *t.* to point out, to indicate. 2 to reveal, to show. 3 to teach; to instruct.

ensibornar [ənsiβurnà] *t.* to trick, to fool.

ensinistrar [ənsinistrà] *t.* to train [esp. animals].

ensonyat, -ada [ənsuɲàt, -àðə] *a.* sleepy, drowsy.

ensopegada [ənsupəγàðə] *f.* slip, trip, stumble. 2 fig. slip, oversight, error.

ensopegar [ənsupəγà] *i.* to trip, to stumble. ■ *2 t.* to come across *i.*, fig. to stumble on *i.*

ensopiment [ənsupimèn] *m.* sleepiness, drowsiness. 2 boredom, tedium.

ensopir [ənsupí] *t.* to make sleepy or drowsy; to send to sleep. ■ *2 p.* to become sleepy or drowsy.

ensordir [ənsurðí] *t.* to deafen, to make deaf. ■ 2 to become deaf; to be deafened.

ensorrar [ənsurrà] *t.* to pull down. 2 to bury [in sand]. 3 fig. to shatter, to leave shattered [person]. *4 p.* to collapse. *5* to sink [in sand]. *6* fig. to go to pieces.

ensotat, -ada [ənsutàt, -àðə] *a.* sunk; sunken [also fig.].

ensucrar [ənsukrà] *t.* to sweeten with sugar. 2 to cover with sugar.

ensulsiar-se [ənsulsiàrse] *p.* to fall down; to fall to pieces; to collapse [buildings].

ensumar [ənsumà] *t.-i.* to sniff. 2 *t.* to smell.

ensurt [ənsúr(t)] *m.* start, shock; fright.

entabanar [əntəβənà] *t.* to trick, to hoodwink. 2 coll. to con.

entaforar [əntəfurà] *t.* to hide, to conceal.

entapissar [əntəpisà] *t.* to hang with tapestries. 2 to upholster.

entatxonar [əntətʃunà] *t.* to cram, to stuff. 2 to pack, to crowd (together). ■ *3 p.* to crowd.

entaular [əntəulà] *t.* to start or begin [conversation]. 2 LAW to file, to put in [application, claim, etc.]. ■ *3 p.* to sit down at the table.

entelar [əntəlà] *t.* to cover [sky]; to mist up or over [window].

entelèquia [əntəlέkiə] *f.* PHIL. entelechy. 2 pipe dream.

1) entendre [əntèndrə] *t.* to understand, to comprehend; to grasp. ■ *2 i.* to understand. *3* ~ *de*, to know about. ■ *4 p.* to come to an agreement or an understanding. *5* coll. to have an affair: *s'entén amb la filla del batlle*, he's having an affair with the mayor's daughter. *6* coll. *jo ja m'hi entenc*, I can manage (on my own). ▲ CONJUG. like *atendre*.

2) entendre [əntèndrə] *m.* understanding. ‖ *al meu* ~, to my way of thinking, the way I see it.

entendrir [əntəndrí] *t.* fig. to soften [feelings]; to touch, to move. ■ *2 p.* fig. to soften.

entenedor, -ra [əntənəðò, -rə] *m.-f.* expert, knowledgeable person. ■ *2 a.* intelligible, understandable.

enteniment [əntənimèn] *m.* understanding, comprehension. 2 intellect; mind. ‖ *que t'has begut l'~?*, have you gone off your head?

entenimentat, -ada [əntəniməntàt, -àðə] *a.* sensible, prudent; wise.

enter, -ra [əntèr, -rə] *a.* complete, whole, entire. ■ 2 *m.* MATH. whole number, integer.

enterbolir [əntərβulí] *t.* to make muddy; to make cloudy. 2 fig. to confuse [mind]. ■ 3 *p.* to get muddy or cloudy. 4 fig. to get confused.

enterc, -ca [əntèrk, -kə] *a.* stiff, rigid. 2 fig. stubborn; unbending, uncompromising.

enteresa [əntərèzə] *f.* self-possession. 2 integrity; honesty, decency.

enterrament [əntərrəmèn] *m.* burial.

enterramorts [əntèrrəmɔrs] *m.* gravedigger.

enterrar [əntərrá] *t.* to bury.

entès, -sa [əntès, -zə] *a.* expert; knowledgeable. ■ 2 *f.* understanding, agreement; collaboration.

entestar [əntəstá] *t.* to tie or knot together. ■ 2 *p.* to stick to [opinion].

entitat [əntitàt] *f.* entity. 2 body, organization.

entollar [əntuʎá] *t.* to form pools or puddles [water].

entomologia [əntumuluʒiə] *f.* entomology.

entonació [əntunəsió] *f.* intonation.

entonar [əntuná] *t.* MUS. to intone; to give [note]. 2 MED. to tone up; to build up.

entorn [əntórn] *m.* surroundings. ‖ *a l'~,* around. ■ 2 *prep. phr.* ~ *de,* around, round.

entortolligar [ənturtuʎiγá] *t.* to wind. 2 to tangle (up) [string]. ■ 3 *p.* to wind. 4 to get tangled (up).

entossudir-se [əntusuðirsə] *p.* to insist (*a,* on) or to persist (*a,* in) stubbornly or obstinately. 2 to refuse stubbornly or obstinately [in negative phrases]: *s'entossudeix a no fer-ho,* he stubbornly refuses to do it.

entrada [əntràðə] *f.* entry. 2 entrance; access. 3 fig. admittance; admission. 4 ticket [for function]. 5 COMM. downpayment; first instalment [in series of payments]. 6 headword, entry [in dictionary]. 7 *d'~,* from the start or beginning.

entrant [əntràn] *a.* next, following, coming: *la setmana ~,* the following week. ■ 3 *m.* COOK. first course. 4 GEOGR. inlet.

entranya [əntráɲə] *f. pl.* ANAT. insides *pl.* 2 fig. feelings *pl.* ‖ *un home sense entranyes,* a heartless man.

entrar [əntrá] *i.* to come or go in; to enter *t.* 2 to fit into; to get into: *l'anell no m'entra al dit,* the ring won't fit onto my finger. ‖ *aquests pantalons no m'entren,* I can't get into these trousers. 3 coll. to understand. ■ 4 *t.* to bring or take in. 5 to smuggle in [contraband].

entre [èntrə] *prep.* between. 2 among; amid(st.

entreacte [əntreàktə] *m.* THEATR. interval; pause [between acts].

entrebanc [əntrəβáŋ] *m.* obstacle, hindrance [also fig.]. 2 fig. stumbling-block; difficulty, problem. ‖ *posar entrebancs a,* to place obstacles in the way of, to hinder.

entrebancar [əntrəβəŋká] *t.* to hinder [also fig.]; to get in the way of [also fig.]. ■ 2 *p.* to stumble (*amb,* over, against), to trip (*amb,* over).

entrecella [əntrəsèʎə] *f.* the space between the eyebrows.

entrecot [əntrəkɔt] *m.* entrecôte; steak.

entrecreuar-se [əntrəkrəwársə] *p.* to cross (each other), to intersect. 2 ZOOL. to interbreed.

entrecuix [əntrəkúʃ] *m.* ANAT. crotch. 2 SEW. gusset in the crotch.

entregirar-se [əntrəʒirársə] *p.* to half-turn. 2 fig. to get twisted: *se m'han entregirat les mitges,* my stockings have got twisted.

entrellaçar [əntrəʎəsá] *t.* to interlace. 2 to link together.

entrellat [əntrəʎát] *m.* fig. puzzle, complex mystery. ‖ *treure'n l'~,* to get to the bottom of.

entrelligar [əntrəʎiγá] *t.* to tie or knot together.

entrellucar [əntrəʎuká] *t.* See ENTREVEURE.

entremaliat, -ada [əntrəməliàt, -àðə] *a.* mischievous. 2 coll. naughty.

entremès [əntrəmès] *m.* COOK. hors d'oeuvre. 2 THEATR. short one-act play.

entremesclar [əntrəməsklá] *t.* to mix (together); to mingle.

entremetre's [əntrəmètrəs] *p.* to interfere; to meddle.

entremig [əntrəmitʃ] *adv.* in the middle. 2 in the way [hindrance]. ■ 3 *m.* interval [time]; distance between [space].

entrenador, -ra [əntrənəðð, -rə] *m.-f.* SP. trainer, coach.

entrenar [əntrənå] *t.-p.* SP. to train.

entreobrir [əntrəuβri] *t.* to half-open; to open slightly.

entrepà [əntrəpå] *m.* sandwich.

entreparent, -ta [ɛntrəpərèn, -tə] *m.-f.* distant relative.

entresol [əntrəsɔ́l] *m.* mezzanine floor.

entresuar [əntrəsuå] *i.* to sweat or perspire slightly.

entretant [əntrətån] *adv.* meanwhile, in the meantime.

entretela [əntrətɛ̀lə] *f.* lining [of clothes].

entretemps [əntrətɛ̀ms] *m.* period between summer and winter, period between two seasons.

entretenir [əntrətəni] *t.* to delay, to hold up. 2 to entertain, to amuse. ■ 3 *p.* to spend or waste time. 4 to amuse oneself. ▲ CONJUG. like *abstenir-se.*

entreveure [əntrəβɛ̀ürə] *t.* to discern, to make out, to distinguish. 2 to glimpse; to spot. 3 fig. to discern, to spot: ~ *les intencions d'algú,* to discern or spot someone's intentions. ▲ CONJUG. like *veure.*

entrevista [əntrəβistə] *f.* interview.

entrevistar [əntrəβistå] *t.* to interview. ■ 2 *p.* to have a talk or talks; to interview.

entristir [əntristi] *t.-p.* to sadden, to grieve. 2 *p.* to become sad.

entroncar [əntruŋkå] *t.-i.* to connect, to join (together).

entronitzar [əntrunidzå] *t.* to enthrone.

entropessar [əntrupəså] *i.* See ENSOPEGAR.

entumir [əntumi] *t.* to numb. ■ 2 *p.* to go numb.

entusiasmar [əntuziəzmå] *t.* to excite, to fire, to inspire; to make enthusiastic. ■ 2 *p.* to get excited; to get enthusiastic.

entusiasme [əntuziàzmə] *m.* enthusiasm, excitement.

entusiasta [əntuziàstə] *a.* enthusiastic; excited. ■ 2 *m.-f.* follower; admirer. 3 coll. fan.

enuig [ənùtʃ] *m.* anger. 2 annoyance.

enumeració [ənumərəsiò] *f.* listing; enumeration.

enumerar [ənumərå] *t.* to list; to enumerate.

enunciar [ənunsià] *t.* to express, to state; to declare.

enunciat [ənunsiàt] *m.* MATH. terms.

enutjar [ənudʒå] *t.* to anger. 2 to annoy. ■ 3 *p.* to get angry. 4 to get annoyed.

envà [əmbå] *m.* partition wall.

envair [əmbəi] *t.* to invade.

envanir [əmbəni] *t.* to make vain or conceited. ■ 2 *p.* to become haughty or lofty.

envàs [əmbås] *m.* packaging. 2 container; tin, can; bottle; jar.

envasar [əmbəzå] *t.* to package; to bottle; to tin, to can.

enveja [əmbɛ̀ʒə] *f.* envy. ‖ *tenir* ~ *de,* to envy *t.*

envejar [əmbəʒå] *t.* to envy.

envellir [əmbəʎi] *t.* to make old, to age. ■ 2 *i.-p.* to grow old; to put on years.

envergadura [əmbəryəðùrə] *f.* wingspan [of bird, plane]. 2 extent; scale [also fig.]. 3 fig. scope; magnitude.

enverinament [əmbərinəmèn] *m.* poisoning.

enverinar [əmbərinå] *t.* to poison. 2 fig. to embitter.

envermellir [əmbərməʎi] *t.* to redden. ■ 2 *p.* to blush.

envernissar [əmbərniså] *t.* to varnish.

envers [əmbɛ̀rs] *prep.* towards; for.

envestir [əmbəsti] *t.* to attack, to assault. 2 to charge [esp. animals]. 3 to undertake, to set about.

enviar [əmbià] *t.* to send; to dispatch. ■ 2 *p.* to swallow (down).

enviduar [əmbiðuà] *i.* to become a widow or widower.

envigorir [əmbiyuri] *t.* to strengthen, to make strong or robust; to build up [someone's strength].

enviliment [əmbilimèn] *m.* degradation, debasement.

envilir [əmbili] *t.* to degrade, to debase. ■ 2 *p.* to degrade oneself; to lower oneself.

envisar-se [əmbizårsə] (ROSS.) See ADONAR-SE.

envistes [embistəs] *prep. phr. a les* ~ *de,* in sight of.

envit [əmbit] *m.* call for bids, invitation to bid. 2 stake; bid.

envolar-se [əmbulårsə] *p.* AER. to take off.

envoltant [əmbultån] *a.* surrounding.

envoltar [əmbultå] *t.-p.* to surround.

enxampar [ənʃəmpå] *t.* to trap, to catch. 2 fig. to catch out.

enxampurrat, -ada [ənʃəmpurråt, -åðə] *a. parlar* ~, to speak badly or imperfectly.

enxarxar [ənʃərʃå] *t.* to net, to catch in the net. ■ 2 fig. to catch, to trap.

enxiquir [ənʃiki] *t.* See EMPETITIR.

enxubat, -ada [ənʃuβàt, -àðə] *a.* stuffy; airless [room].

enyorança [əɲuránsə] *f.* longing, yearning; nostalgia.

enyorar [əɲurà] *t.* to long or yearn for; to miss. ■ *2 p.* to be filled with nostalgia. 3 to feel or be homesick.

enze [ɛ́nzə] *m.* decoy, lure [animal in hunting]. 2 fig. coll. thickhead.

ep! [ep] *interj.* hey!

èpic, -ca [ɛ́pik, -kə] *a.-f.* epic.

epicuri, -úria [əpikúri, -úriə] *a.* Epicurean. ■ *2 m.-f.* epicure.

epidèmia [əpiðɛ̀miə] *f.* epidemic.

epidermis [əpiðɛ̀rmis] *f.* ANAT. epidermis.

epifania [əpifàniə] *f.* Epiphany.

epiglotis [əpiɣlɔ̀tis] *f.* ANAT. epiglottis.

epígraf [əpíɣrəf] *m.* caption; heading.

epigrama [əpiɣràmə] *m.* LIT. epigram.

epíleg [əpílək] *m.* epilogue.

epilèpsia [əpilɛ̀psiə] *f.* MED. epilepsy.

epilèptic, -ca [əpilɛ̀ptik, -kə] *a., m.-f.* epileptic.

episcopal [əpiskupàl] *a.* episcopal.

episodi [əpizɔ̀ði] *m.* episode.

epístola [əpístulə] *f.* epistle; letter.

epistolari [əpistulàri] *m.* collected letters.

epitafi [əpitàfi] *m.* epitaph.

epiteli [əpitɛ̀li] *m.* BOT. epithelium.

epítet [əpitet] *m.* epithet.

epítom [əpitum] *m.* LIT. summary; abridgement; abstract.

època [ɛ́pukə] *f.* age; time; epoch. 2 time, period. 3 fig. *fer ~,* to be a landmark [in history].

epopeia [əpupɛ̀jə] *f.* epic [also fig.].

equació [əkwəsió] *f.* MATH. equation.

equador [əkwəðó] *m.* equator.

equànime [əkwànimə] *a.* equanimous; unruffled, calm, serene.

equatorial [əkwəturiàl] *a.* equatorial.

eqüestre [əkwɛ̀strə] *a.* equestrian.

equí, -ina [əki, -inə] *a.* ZOOL. equine.

equidistar [əkiðistà] *i.* to be equidistant, to be equal in distance from each other.

equilàter, -ra [əkilàtər, -rə] *a.* equilateral.

equilibrar [əkiliβrà] *t.* to balance; to equilibrate [also fig.].

equilibri [əkiliβri] *m.* equilibrium; balance. ‖ *fer equilibris,* to totter. ‖ *perdre l'~,* to lose one's balance.

equilibrista [əkiliβristə] *m.-f.* tightrope walker. 2 acrobat.

equinocci [əkinɔ̀ksi] *m.* equinox.

equip [əkip] *m.* equipment; tools *pl.* 2 SP. team: *~ visitant,* visiting team, visitors *pl.*

equipament [əkipəmèn] *m.* equipping [act]. 2 equipment. 3 facilities *pl;* amenities *pl.*

equipar [əkipà] *t.* to equip.

equiparar [əkipərà] *t.* to compare; to put on the same level.

equipatge [əkipàdʒə] *m.* luggage, baggage.

equitació [əkitəsió] *f.* SP. horse-riding.

equitat [əkitàt] *f.* justice, equity; fairness, impartiality.

equitatiu, -iva [əkitətiu, -iβə] *a.* equitable; fair; just.

equivalència [əkiβəlɛ̀nsiə] *m.* equivalence.

equivalent [əkiβəlèn] *a.-m.* equivalent.

equivaler [əkiβəlɛ́] *i.* to be equal; to be equivalent [also fig.]. ▲ CONJUG. like *valer.*

equívoc, -ca [əkiβuk, -kə] *a.* wrong, mistaken, erroneous. ■ *2 m.* mistake, error.

equivocació [əkiβukəsió] *f.* mistake, error: *per ~,* by mistake or error.

equivocar [əkiβukà] *t.* to mistake. ■ *2 p.* to make a mistake.

era [ɛ̀rə] *f.* era, age. 2 AGR. threshing-floor.

erari [əràri] *m.* Treasury; Exchequer.

erecció [ərəksió] *f.* PHYSIOL. erection. 2 erection, building.

eremita [ərəmitə] *m.* hermit.

eriçar [ərisà] *t.-p.* to bristle (up).

eriçó [ərisó] *m.* ZOOL. hedgehog. ‖ *~ de mar,* sea-urchin.

erigir [əriʒi] *t.* to erect; to build. ■ *2 p.* to be erected; to be built.

erisipela [ərizipɛ̀lə] *f.* MED. erysipelas.

erm, -ma [ɛ̀rm, -mə] *a.* deserted, empty; desolate. ■ *2 m.* waste-land.

ermàs [ərmàs] *m.* waste-land; desolate patch; moorland.

ermini [ərmini] *m.* ZOOL. stoat.

ermita [ərmitə] *f.* hermitage.

ermità, -ana [ərmità, -ànə] *a., m.-f.* hermit. 2 *a.* of a hermit, hermit's.

Ernest [ərnɛ̀s] *pr. n. m.* Ernest.

erosió [əruzió] f. erosion, eroding.

erosionar [əruziuná] t.-p. to erode (away).

eròtic, -ca [əròtik, -kə] a. erotic.

erra [ɛ̀rrə] f. ant. error, mistake. 2 (the letter) R.

errada [ərráðə] f. error, mistake.

errant [ərrán] m. wandering; roving. 2 HIST. errant.

errar [ərrá] i. to wander; to rove. ■ 2 t. to miss [target]. 3 to mistake; to get wrong.

errata [ərrátə] f. PRINT. misprint, erratum.

erràtic, -ca [ərràtik, -kə] a. erratic.

erroni, -ònia [ərròni, -ɔ̀niə] a. mistaken, erroneous; wrong.

error [ərròr] m. mistake, error.

eructar [əruktá] i. to belch.

erudició [əruðisió] f. learning, erudition.

erudit, -ta [əruðit, -tə] a. learned, erudite. ■ 2 m.-f. scholar.

eruga [ərúɣə] f. ENT. caterpillar.

erupció [ərupsió] f. GEOL. eruption. 2 MED. rash.

eruptiu, -iva [əruptiů, -iβə] a. eruptive.

es [əs] art. (BAL.) See EL.

es [əs] refl. pron. ~ *fa un cafè,* she's making herself a coffee; *mai no ~ dutxa,* he never has a shower. ■ 2 impers. pron.: *no se sent res,* it's absolutely silent; *es parla català,* Catalan spoken. ▲ es, 's, s', se.

esbadellar-se [əzβəðəʎàrsə] to flower, to open [flower].

esbalair [əsβəlai] t. to amaze, to astonish, to astound. ■ 2 p. to be amazed; to be astonished, to be astounded.

esbaldida [əzβəldiðə] f. See ESBANDIDA.

esbaldir [əzβəldi] t. See ESBANDIR.

esbandida [əzβəndiðə] f. rinse, rinsing.

esbandir [əzβəndi] t. to rinse.

esbargir [əzβərʒi] t. to spread; to scatter. ■ 2 p. to have fun; to amuse oneself.

esbarjo [əzβárʒu] m. recreation; play. 2 play-time [schools].

esbart [əzβár(t)] m. group; pack [animals]; flight [birds]. 2 THEATR. troop, company, group: ~ *dansaire,* folk dance company or group.

esbarzer [əzβərzè] m. BOT. bramble. 2 blackberry bush.

esbatussar-se [əzβətusársə] p. to fight.

esberlar [əzβərlá] t. to split, to cleave. 2 to crack (open). ■ 3 p. to split. 4 to crack (open).

esbirro [əzβirru] m. HIST. constable; bailiff. 2 paid assassin. 3 ruffian; henchman.

esblaimar-se [əzβlaimársə] p. to go pale; to go white [face].

esblanqueir-se [əzβlaŋkəirsə] p. to lose colour; to become discoloured. 2 to go pale.

esbocinar [əzβusiná] t. to tear to pieces or shreds; to break into pieces.

esbojarrat, -ada [əzβuʒərrát, -áðə] a. crazy, mad, wild.

esbombar [əzβumbá] t. to spread, to broadcast; to publicize. ■ 2 p. to be spread, to be broadcasted; to be publicized.

esborrador [əzβurrəðò] m. blackboard duster.

esborrany [əzβurràɲ] m. rough draft or copy; first or preliminary draft.

esborrar [əzβurrá] t. to erase, to rub out. ■ 2 p. to become erased.

esborronar [əzβurruná] t. to horrify, to make one's hair stand on end.

esbós [əzβós] m. sketch. 2 outline.

esbossar [əzβusá] t. to sketch.

esbotifarrar [əzβutifərrá] t. to burst; to split open.

esbotzar [əzβudzá] t. to burst, to smash; to break open.

esbrancar [əzβrəŋká] t. to strip or break off the branches of.

esbravar-se [əzβrəβàrsə] to go flat [drink]. 2 fig. to let oneself go, to relieve one's feelings.

esbrinar [əzβriná] t. fig. to find out, to discover, to ascertain, to establish.

esbronc [əzβròŋ] m. telling-off, ticking-off, reprimand; warning.

esbroncar [əzβruŋká] t. to tell off, to tick off, to reprimand.

esbrossar [əzβrusá] t. to clear [undergrowth].

esbudellar [əzβuðəʎá] t. to disembowel.

esbufegar [əzβufəɣá] i. to gasp. 2 to wheeze; to puff; to pant.

esbufec [əzβufɛ̀k] m. gasp. 2 wheeze, puff; panting.

esbullar [əzβuʎʎá] t. to dishevel, to tousle [hair].

esca [ɛ́skə] f. tinder. 2 fig. incentive, spur; cause.

escabellar [əskəβəʎá] t. to rumple, to dishevel [hair].

escabetx [əskəβɛ̀tʃ] m. COOK. pickle, marinade.

escabetxar [əskəβətʃá] *t.* to picke, to marinade. 2 coll. to do in, to kill.

escabrós, -osa [əskəβrós, -ózə] *a.* rough, broken [terrain]. 2 fig. risky, dangerous. 3 fig. indecent; dirty, blue [film].

escacs [əskáks] *m. pl.* chess *sing.* ‖ *escac i mat,* check-mate.

escadusser, -ra [əskəðusè, -rə] *a.* odd; left-over.

escafandre [əskəfándrə] *m.* diving-suit and equipment.

escagarrinar-se [əskəɣərrinársə] *p.* vulg, to shit oneself [with fright]. 2 fig. coll. to be scared stiff.

escaient [əskəjén] *a.* suitable, becoming.

escaig [əskátʃ] *m.* bit: *quatre quilòmetres i ~,* four kilometers and a bit.

escaiola [əskəjɔlə] *f.* BOT. canary grass. 2 MED. plaster cast.

escaire [əskáirə] *m.* (carpenters) square. 2 bracket.

escala [əskálə] *f.* stairs *pl.*; staircase. 2 ladder. ‖ *~ de mà,* steps *pl.*; *~ mecànica,* elevator, moving staircase; *~ d'incendis,* fire escape. 3 scale; *a gran ~,* on a large scale.

escalada [əskəláðə] *f.* SP. climbing. 2 escalation, increase.

escalador, -ra [əskəlaðò, -rə] *m. f.* climber.

escalafó [əskəlafó] *m.* scale; table; salary list.

escalar [əskálà] *t.* to climb; to scale [also fig.].

escaldar [əskəldá] *t.* to burn, to scald. 2 to rub, to chafe. ■ *3 p.* to get burnt or scalded.

escalf [əskálf] *m.* heat; warmth [also fig.].

escalfabraguetes [əskəlfəβrəɣètəs] *f.* coll. prickteaser.

escalfador [əskəlfəðò] *a.* heating. ■ *2 m.* heater. 3 *pl.* leg warmers.

escalfament [əskəlfəmèn] *m.* SP. warming up; loosening up.

escalfapanxes [əskəlfəpànʃəs] *m.* fireplace.

escalfar [əskəlfá] *t.-p.* to warm (up), to heat (up). 2 *t.* fig. to fire; to excite. 3 fig. to thrash, to give a hiding or thrashing to: *ja t'escalfaré,* I'll give you a right hiding. ■ *4 p.* fig. to get heated [discussion].

escalfor [əskəlfó] *f.* warmth; heat [also fig.].

escalinata [əskəlinátə] *f.* flight of steps.

escaló [əskəló] See ESGLAÓ.

escalpel [əskəlpɛ̀l] *m.* scalpel.

escama [əskámə] *f.* scale.

escamarlà [əskəmərlà] *m.* ZOOL. Norway lobster, Dublin Bay prawn.

escamot [əskəmɔ̀t] *m.* group, band. 2 MIL. squad; unit. 3 flock; herd [animals].

escamotejar [əskəmutəʒá] *t.* to make disappear or vanish. 2 to whisk (away) [out of sight].

escampadissa [əskəmpəðisə] *f.* scattering, spreading; dispersal.

escampall [əskəmpáʎ] *m.* See ESCAMPADISSA.

escampar [əskəmpá] *t.-p.* to scatter, to spread; to disperse.

escampillar [əskəmpiʎá] (ROSS.) See ESCAMPAR.

escandalitzar [əeskəndəlidzá] *t.* to shock, to scandalize. ■ *2 p.* to be shocked or scandalized.

escandall [əskəndáʎ] *m.* COMM. pricing [by sample]: *fer ~,* to sample. 2 MAR. lead.

escandalós, -osa [əskəndəlòs, -ózə] *a.* shocking, scandalous.

escandinau, -va [əskəndinàu, -ßə] *a., m.-f.* Scandinavian.

Escandinàvia [əskəndináßiə] *pr. n. f.* GEOGR. Scandinavia.

escàndol [əskándul] *m.* scandal: *l'~ de la venda d'armes a l'Iran,* the arms sales to Iran scandal. 2 hubbub, hullabaloo.

escantellar [əskəntəʎá] *t.* to chip, to break (off) the edge or corner of.

escantonar [əskəntuná] See ESCANTELLAR.

escanyapobres [əskəɲəpɔ́βrəs] *m.-f.* coll. usurer.

escanyar [əskəɲá] *t.* to strangle, to throttle. 2 to make narrow. 3 to squeeze.

escanyolit, -ida [əskəɲulit, -iðə] *a.* weak, sickly, emaciated.

escapada [əskəpáðə] *f.* escape, flight. 2 brief or flying visit: *fer una ~,* to make a flying visit. 3 SP. break.

escapar [əskəpá] *i.-p.* to escape; to flee; to run away.

escapatòria [əskəpətɔ̀riə] *f.* subterfuge. 2 excuse.

escapçar [əskəpsá] *t.* to behead. 2 to cut off or remove the head or top or tip of. 3 GAME to cut [cards].

escapolir-se [əskəpulirsə] *p.* coll. to get away. 2 to escape, to flee.

escàpula [əskápulə] *f.* ANAT. scapula, shoulder blade.

escaquista [əskəkistə] *m.-f.* chess player.

escarabat [əskərəβàt] *m.* ENT. beetle.

escarafalls [əskərəfàʎs] *m. pl.* coll. fuss *sing.*

escaramussa [əskərəmùsə] *f.* skirmish.

escarapel·la [əskərəpέllə] *f.* rosette; badge; cockade.

escarceller [əskərsəʎé] *m. See* CARCELLER.

escardalenc, -ca [əskərðəlέŋ, -kə] *a.* skin and bones; withered, dried up [person].

escarlata [əskərlàtə] *a.-f.* scarlet.

escarlatina [əskərlətinə] *f.* scarlet fever.

escarment [əskərmèn] *m.* learning of lesson; warning.

escarmentar [əskərməntà] *t.* to teach a lesson. ■ *2 i.* to take to heart; to learn one's lesson.

escarmussar [əskərmusà] *t.* (ROSS.) See ESCARMENTAR.

escarni [əskàrni] *m.* taunt; jibe, ridicule.

escarnir [əskərni] *t.* to ridicule, to mock. *2* to ape.

escarola [əskəròlə] *f.* BOT. curly endive.

escarpat, -ada [əskərpàt, -àðə] *a.* steep; sheer.

escarpra [əskàrprə] *f.* cold chisel.

escarransit, -ida [əskərrənsit, -iðə] *a.* mean. *2* weak, sickly. *3* puny; undersized.

escarrassar-se [əskərrəsàrsə] *p.* to strive; to do one's utmost, to make every effort.

escartejar [əskərtəʒà] *t.* to turn over [pages]. *2* to shuffle [cards].

escarxofa [əskərʃɔfə] *f. See* CARXOFA.

escàs, -assa [əskás, -ásə] *a.* scarce, rare; short: *anar ~ de diners,* to be short of money.

escassejar [əskəsəʒà] *i.* to be scarce or rare. ■ *2 t.* to be sparing with, to skimp.

escata [əskàtə] *f.* ICHTHY. scale. *2* flake.

escatar [əskətà] *t.* to scale [fish]. *2* to strip; to scrape.

escatimar [əskətimà] *t.* to skimp, to scrimp, to stint.

escatiment [əskətimèn] *m.* ascertaining, finding out; discovery. *2* BOT. pruning.

escatir [əskəti] *t.* BOT. to prune. *2* to ascertain, to find out, to discover.

escatologia [əskətuluʒiə] *f.* eschatology.

escaure [əskàŭrə] *i.* to suit *t.* to befit. *t. 2* to suit *t.* to look well on [clothes]. ■ *3 p.*

to happen to. *4* to happen, to occur. ▲ CONJUG. like *caure.*

escena [əsènə] *f.* scene [also fig.]. *2* THEATR. stage. ‖ *posar en ~,* to put on stage. *3* THEATR. *scene; scenery.*

escenari [əsənàri] *m.* THEAT. stage; scenery. *2* fig. scene: *~ dels fets,* scene of the action.

escenografia [əsənuɣrəfiə] *f.* scenography.

escèptic, -ca [əsέptik, -kə] *a.* sceptical. ■ *2 m.-f.* sceptic.

escepticisme [əsəptisizmə] *m.* scepticism.

escissió [əsisiò] *f.* split, division [also fig.]. *2* MED. excision, extirpation.

esclafar [əsklàfà] *t.* to flatten, to squash. *2* to break (open) [eggs, nuts, etc.]. *3* coll. to flatten [enemy]. ■ *4 p.* to break, to get broken. *5* to get flattened or squashed.

esclafir [əsklàfi] *t.-i.* to snap; to crack; to crunch. *2 i.* to crash. ‖ fig. *~ a riure,* to burst into laughter, to burst out laughing.

esclafit [əsklàfit] *m.* snap; crack; report [gun-shot]; crash or clap.

esclarir [əsklàri] *t.* to comb straight; to smooth [hair]. *2* fig. to unravel, to get to the bottom of.

esclarissat, -ada [əsklàrisàt, -àðə] *a.* thin [hair]. *2* sparse [undergrowth].

esclat [əsklàt] *m.* explosion, crash; clap. ‖ *~ sònic,* sonic boom. *2* fig. outbreak [hostilities].

esclatar [əsklàtà] *i.* to explode, to burst. *2* fig. to break out. *3 ~ a,* to burst into. *4* to open (up) [flowers].

esclau, -ava [əsklàŭ, -àβə] *m.-f.* slave.

esclavatge [əskləβàdʒə] *m. See* ESCLAVITUD.

esclavitud [əskləβitùt] *f.* slavery.

esclavitzar [əskləβidzà] *t.* to enslave.

esclerosi [əskləròzi] *f.* MED. sclerosis.

escleròtica [əsklərɔtikə] *f.* ANAT. sclera.

escletxa [əsklètʃə] *f.* crack, opening. *2* GEOGR. fissure.

esclop [əsklòp] *m.* wooden clog or shoe.

escó [əskò] *m.* bench. *2* seat [in parliament].

escocès, -esa [əskusès, -έzə] *a.* Scottish. ■ *2 m.-f.* Scot. *3 m.* Scotsman. *4 f.* Scotswoman.

Escòcia [əskɔsiə] *pr. n. f.* GEOGR. Scotland.

escodrinyar [əskuðriɲá] *t.* to scrutinize, to examine carefully.

escofir [əskufi] *t.* (ROSS.) coll. *estar escofit,* to be broke.

escola [əskɔ́lə] *f.* school. 2 PHIL. school. ‖ *fer ~,* to have followers or imitators.

escolar [əskulá] *a., m.-f.* school: *edat ~,* school age. ■ 2 *m.* school-boy. 3 *f.* school-girl. 4 *pl.* school-children.

escolarització [əskuləridʒəsió] *f.* schooling, school education.

escolar-se [əskulársə] *p.* to leak [container]. 2 to bleed to death; to lose a lot of blood. 3 fig. to slip away [time; person].

escolàstic, -ca [əskulástik, -kə] *a., m.-f.* scholastic.

escollir [əskuʎí] *t.* to choose, to pick (out), to select. ▲ CONJUG. INDIC. Pres.: *escull* o *esculleix.*

escolopendra [əskulupɛ́ndrə] *f.* ZOOL. centipede, scolopendrid.

escolta [əskɔ́ltə] *f.* listening. ‖ *escoltes telefòniques,* phone-tapping. 2 eavesdropping. ■ 3 *m.* scout. 4 *f.* girl-guide.

escoltar [əskultá] *t.* to listen to *i.*

escoltisme [əskultismə] *m.* scouting [boys]. 2 girl guides [girls].

escombra [əskómbrə] *f.* broom.

escombrar [əskumbrá] *t.* to sweep [also fig.].

escombraries [əskumbrəriəs] *f. pl.* rubbish, refuse, (USA) garbage.

escombriaire [əskumbriáïrə] *m.* dustman.

escomesa [əskumɛ́zə] *f.* taking-on. 2 attack, assault; charge.

escometre [əskumɛ́trə] *t.* to take on. 2 to attack; to charge. ▲ CONJUG. P. P.: *escomès.*

escon [əskón] See ESCÓ.

escopeta [əskupɛ́tə] *f.* shotgun. ‖ *~ d'aire comprimit,* air-gun.

escopidora [əskupiðòrə] *f.* spittoon.

escopinada [əskupináðə] *f.* spit.

escopinya [əskupiɲə] *f.* ZOOL. clam; cockle.

escopir [əskupí] *i.* to spit. ‖ fig. *~ a la cara d'algú,* to despise, to treat with utter contempt. ■ 2 *t.* to spit at *t.*

escorbut [əskurβút] *m.* MED. scurvy.

escorç [əskórs] *m.* foreshortening [sculpture, art].

escorça [əskórsə] *f.* BOT. bark [of tree]; rind [of fruit]. 2 fig. surface [outward appearance]. 3 GEOL. *~ terrestre,* outer crust.

escorcoll [əskurkòʎ] *m.* search; frisking.

escorcollar [əskurkuʎá] *t.* to search; to frisk. 2 to scrutinize.

escòria [əskɔ̀riə] *f.* slag; rubbish. 2 fig. scum, dregs.

escorpí [əskurpi] *m.* ZOOL. scorpion. 2 ASTROL. Scorpio.

escorredor, -ra [əskurrəðó, -rə] *a.* slip: *nus ~,* slipknot. ■ 2 *m.* draining board. 3 *f.* colander.

escorredís, -issa [əskurrəðis, -isə] *a.* slippery; difficult to hold.

escorreplats [əskorrəplàts] *m.* platerack.

escórrer [əskórrə] *t.* to drain, to let drain or dry. 2 to wring [clothes]. 3 to undo [woollen garment]. ▲ CONJUG. like *córrer.*

escorrialles [əskurriáʎəs] *f. pl.* dregs, last drops; remnants [also fig.].

escorta [əskɔ̀rtə] *f.* escort.

escortar [əskurtá] *t.* to escort; to accompany. 2 MIL. to escort.

escorxador, -ra [əskurʃəðó, -rə] *m.-f.* skinner [animals]. 2 bark-stripper. 3 abattoir, (USA) slaughter house.

escorxar [əskurʃá] *t.* to skin [animals]. 2 to strip [bark].

escot [əskɔ́t] *m.* low neck [clothes].

escota [əskɔ́tə] *f.* MAR. sheet.

escotat [əskutát] *a.* low neck [clothes].

escotilla [əskutiʎə] *f.* MAR. hatch.

escotilló [əskutiʎó] *m.* MAR. poop hatch. 2 THEATR. trap door.

escreix [əskrɛ́ʃ] *m.* ampleness, abundance. 2 excess. 3 *amb ~,* amply.

escriba [əskriβə] *m.* scribe, clerk.

escridassar [əskriðəsá] *t.* to boo. 2 to shout or scream at.

escriptor, -ra [əskriptó, -rə] *m.-f.* writer, author.

escriptori [əskriptòri] *m.* desk, writing desk. 2 office; clerks' room.

escriptura [əskriptúrə] *f.* writing, handwriting, script. 2 LAW deed.

escripturar [əskripturá] *t.* LAW to draw up in legal form, to formalize legally.

escrit [əskrit] *m.* writing. 2 missive, formal letter; letter.

escriure [əskriúrə] *t.* to write. ‖ *~ a màquina,* to type. ‖ *~ a mà,* to write (out) (in long hand). ■ 2 *p.* to spell: *com s'escriu?,* how do you spell it? ▲ CONJUG. GER.: *escrivint.* ‖ P. P.: *escrit.* ‖ INDIC. Pres.: *escric.* ‖ SUBJ. Pres.: *escrigui,* etc. ‖ Imperf.: *escrivís,* etc.

escrivà [əskriβá] *m.* LAW clerk of the court.

escrivania [əskriβəniə] *f.* LAW office of notary. 2 LAW notary's office or room. 3 inkstand.

escrivent [əskriβèn] *m.* copyist; clerk.

escròfula [əskrɔ́fulə] *f.* MED. scrofula.

escrostonar [əskrustuná] *t.* to chip. ■ 2 *p.* to get chipped. 3 to flake off.

escruixir [əskruʃí] *t.* to affect adversely; to weaken; to damage. 2 to tremble, to quake. ■ 3 *p.* to be weakened, to be damaged. 4 fig. to suffer, to be grieved: *m'escruixeixo de veure com llencen el menjar,* it grieves me to see how they waste food.

escrúpol [əskrúpul] *m.* scruple. 2 fig. scruple, hesitation.

escrutar [əskrutá] *t.* to scrutinize; to check or go into thoroughly. 2 ~ *vots,* to count (up) votes.

escrutini [əskrutini] *m.* scrutiny; thorough check or investigation. 2 counting (up) [of votes].

escuar [əskuá] *t.* to dock.

escudella [əskuðèʎə] *f.* broth, thick soup. 2 bowl, basin.

escuder [əskuðè] *m.* HIST. esquire. 2 page.

escull [əskúʎ] *m.* reef. 2 fig. pitfall.

escullera [əskuʎèrə] *f.* MAR. breakwater.

esculpir [əskulpí] *t.* to sculpt, to sculpture, to carve. 2 to cut, to engrave.

escultor, -ra [əskultò, -rə] *m.* sculptor. 2 *f.* sculptress.

escultura [əskultúrə] *f.* sculpture, carving [in stone].

escuma [əskúmə] *f.* foam; froth. 2 scum [also fig.].

escumadora [əskuməðòrə] *f.* COOK. skimmer.

escumejar [əskuməʒá] *i.* to froth; to foam.

escumós, -osa [əskumòs, -òzə] *a.* frothy; foamy. ■ 2 *m.* sparkling wine.

escurabutxaques [əskurəβutʃákəs] *m.* pickpocket. 2 *f.* coll. *màquina ~,* one-armed bandit, fruit machine.

escuradents [əskurəðèns] *m.* toothpick.

escurapeus [əskurəpèus] *m. pl.* shoe scraper.

escurar [əskurá] *t.* to scrape clean [plate]; to clean. 2 fig. coll. to clean (out); *estar escurat,* to be cleaned out, to be broke.

escuraungles [əskuraúŋgləs] *m.* nailcleaner.

escura-xemeneies [əskurəʃəmənèjəs] *m.* chimney-sweep.

escurçar [əskursá] *t.* to shorten. 2 to cut short. ■ 3 to shrink.

escurçó [əskursó] *m.* ZOOL. viper, adder. 2 fig. viper. ‖ *llengua d'~,* poison tongue.

escut [əskút] *m.* shield. ‖ ~ *d'armes,* coat-of-arms. 2 fig. protection; shelter.

esdentegat, -ada [əzðəntəɣàt, -àðə] *a.* toothless.

esdevenidor, -ra [əzðəβəniðò, -rə] *a.* coming, future. ■ 2 *m.* the future.

esdeveniment [əsðəβənimèn] *m.* happening, event, occurrence.

esdevenir [əzðəβəni] *i.* to become. ■ 2 *p.* to happen, to occur, to take place. ▲ CONJUG. like *abstenir-se.*

esfera [əsfèrə] *f.* sphere [also fig.]. 2 scope.

esfereir [əsfərəí] *t.* to terrify, to horrify, to fill with terror or horror. ■ 2 *p.* to become horrified.

esfèric, -ca [əsfèrik, -kə] *a.* GEOM. spherical.

esfilagarsar [əsfiləɣarsá] *t.* to pull threads from. ■ 2 *p.* to fray, to get frayed.

esfínter [əsfintər] *m.* ANAT. sphincter.

esfinx [əsfiŋʃ] *m.-f.* MYTH. sphinx.

esfondrar [əsfundrá] *t.* to sink. 2 to demolish, to pull down. ■ 3 *p.* to collapse.

esforç [əsfɔ̀rs] *m.* effort; attempt; striving.

esforçar-se [əsfursàrsə] *p.* to try (hard) to; to strive to; to make an effort to. 2 to apply oneself to.

esfullar [əsfuʎá] *t.* to remove the leaves of; to defoliate. ■ 2 *p.* to lose its leaves, to become bare [tree].

esfumar [əsfumá] *t.* to tone down, to soften. ■ 2 *p.* to vanish, to disappear.

esgargamellar-se [əzɣərɣəməʎàrsə] *p.* to shout oneself hoarse.

esgarip [əzɣərip] *m.* scream; yell; howl.

esgarrapada [əzɣərrəpáðə] *f.* scratch (ing), scrape, scraping. 2 fig. coll. *he sopat amb una ~,* I rushed my dinner.

esgarrapar [əzɣərrəpá] *t.* to scratch; to scrape. 2 fig. to get together [money illegally].

esgarriacries [əzɣərriəkriəs] *m.-f.* wet-blanket.

esgarriar [əzɣərriá] *t.* to mislead. ■ 2 *p.* to lose one's way.

esgarrifança [əzɣərrifánsə] *f.* shiver; shudder.

esgarrifar [əzɣərrifá] *t.* to frighten, to scare; to make shiver. 2 to tremble; to thrill. ■ 3 *p.* to get frightened or scared; to shiver, to shudder.

esgarrinxada [əzɣərrinʃáðə] *f.* scratch.

esgarrinxar [əzɣərrinʃá] *t.* to scratch. ■ 2 *p.* to get scratched.

esglai [əzɣlái] *m.* fright; start; fear; terror.

esglaiar [əzɣləjá] *t.* to fighten, to horrify. ■ 2 *p.* to get fightened; to be shocked.

esglaó [əzɣləó] *m.* step, stair.

església [əzɣléziə] *f.* church.

esgotament [əzɣutəmén] *m.* exhaustion. 2 using up; depletion.

esgotar [əzɣutá] *t.* to exhaust. 2 to empty, to drain. 3 to use up, to exhaust. ■ 4 *p.* to be used up. 5 to wear oneself out.

esgranar [əzɣrənə] *t.* to thresh [cereal crops]; to pick off [grapes]; to shell [peas, beans, etc.].

esgrima [əzɣrimə] *f.* SP. fencing.

esgrimir [əzɣrimi] *t.* to brandish [also fig.]; to wield.

esguard [əzɣwár(t)] *m.* look. 2 consideration, respect; regard.

esguardar [əzɣwərðá] *t.* to look at. 2 to consider, to bear in mind, to take into account.

esguerrar [əzɣərrá] *t.* to cripple, to maim. 2 to waste, to spoil, to ruin.

esguerrat, -ada [əzɣərrát, -áðə] *a.* ruined, spoiled. 2 maimed; crippled, disabled. ■ 3 *m.-f.* cripple, disabled person.

esguerro [əzɣérru] *m.* waste, failure.

eslip [əzlip] *m.* briefs *pl.*, underpants *pl.*

esllanguir-se [əzʎəŋgirsə] *p.* to slim, to get slim.

esllanguit, -ida [əzʎəŋgit, -iðə] *a.* thin; slim.

esllavissar-se [əzʎəβisársə] *p.* to fall away, to subside; to slip or fall down [earth, rocks, etc.].

eslògan [əzlɔ́ɣən] *m.* slogan.

eslora [əzlòrə] *f.* MAR. length.

Eslovàquia [əzluβákiə] *pr. n. f.* Slovakia.

Eslovènia [əzluβnniə] *pr. n. f.* Slovenia

esma [ɛ́zmə] *f.* instinct, intuition. 2 feel, knack. 3 strength of mind, determination.

esmalt [əzmál] *m.* enamel.

esmaltar [əzməltá] *t.* to enamel. 2 fig. to decorate colourfully.

esmaperdut [ɛ̀zməpərðút, -úðə] *a.* disorientated.

esmena [əzmɛ́nə] *f.* correction, rectification. 2 repair, remedy. 3 LAW amendment.

esmenar [əzməná] *t.* to rectify, to correct; to amend.

esment [əzmèn] *m.* knowledge, realization, awareness. 2 care; attention. 3 mention. ‖ *fer ~ de,* to mention *t.;* to allude to.

esmentar [əzméntá] *t.* to mention; to allude to *i.*

esmerçar [əzmərsá] *t.* to invest; to spend.

esmicolar [əzmikulá] *t.* to break into pieces, to smash, to shatter.

esmolar [əzmulá] *t.* to grind, to sharpen. 2 to sharpen, to whet [also fig.].

esmolet [əzmulɛ̀t] *m.* knife-grinder or sharpener. 2 sharp or alert person.

esmorteir [əzmurtəi] *t.* to deaden; to soften; to cushion; to muffle.

1) esmorzar [əzmurzá] *i.* to have breakfast, to breakfast.

2) esmorzar [əzmurzá] *m.* breakfast.

esmunyir [əzmuɲi] *t.* to slip (through). ■ 2 *p.* to slip (through), to squeeze (through).

esmussar [əzmusà] *t.* to blunt, to make blunt; to take the edge off. 2 fig. to blunt, to deaden [senses, sensitivity].

esnifar [əznifá] *t.* to sniff.

esnob [əznɔ́p] *m.-f.* snob.

esòfag [əzɔ́fək] *m.* ANAT. oesophagus.

esotèric, -ca [əzutèrik, -kə] *a.* esoteric.

espacial [əspəsià̀l] *a.* space. ‖ *viatge ~,* space journey, journey through space.

espadat, -ada [əspəðàt, -áðə] *a.* precipitous; steep. ■ 2 *m.* precipice; steep slope.

espai [əspä̀i] *m.* space, room. 2 distance. 3 space, period. 4 ASTR. space.

espaiar [əspəjá] *t.* to space out [also fig.].

espaiós, -osa [əspəjós, -ózə] *a.* spacious, roomy.

espalmador [əspəlməðò] (BAL.) See RASPALL.

espant [əspán] *m.* fright; start, shock.

espantall [əspəntáʎ] *m.* scarecrow.

espantaocells [əspəntáusèʎs] *m.* scarecrow.

espantar [əspəntá] *t.* to frighten. 2 coll. to scare. 3 to frighten away. 4 coll. to scare away.

espantós, -osa [əzpəntòs, -ózə] *a.* frightening, dreadful. 2 astonishing. 3 exagerated.

Espanya [əspáɲə] *pr. n. f.* GEOGR. Spain.

espanyar [əspəɲá] *t.* to force [lock].

espanyol, -la [əspəɲɔ́l, -lə] *a.* Spanish. ■ 2 *m.* Spaniard.

espaordir [əspəurðí] *t.* to frighten, to scare; to terrify. ■ 2 *p.* to be frightened or afraid; to be terrified.

esparadrap [əspərəðráp] *m.* MED. sticking plaster.

espardenya [əspərðéɲə] *f.* rope sandal, espadrille.

espargir [əspərʒí] *t.* to scatter, to spread (out).

esparracar [əspərrəká] *t.* to tear (up) [paper, clothes].

esparracat, -ada [əspərrəkát, -áðə] *a.* ragged, in rags.

espàrrec [əspárrək] *m.* COOK. asparagus.

espart [əspár(t)] *m.* BOT. esparto (grass).

espartà, -ana [əspərtà, -ánə] *a.* Spartan [also fig.]. ■ 2 *m.-f.* Spartan.

esparver [əspərβé] *m.* ORNIT. sparrow-hawk.

esparverar [əspərβərá] *t.* to frighten, to strike fear into, to scare; to terrify.

espasa [əspázə] *f.* sword.

espasme [əspázmə] *m.* spasm.

espaterrar [əspətərrá] *t.* to cause an impression on, to impress; to astonish; to startle.

espatlla [əspàʎʎə] *f.* shoulder. ‖ *arronsar les espatlles,* to shrug one's shoulders, fig. to be indifferent or resigned; *guardar les espatlles,* to protect or cover someone.

espatllar [əspəʎʎá] *t.* to break; to spoil, to ruin; to damage. 2 to injure.

espatllera [əspəʎʎérə] *f.* back [chair]. 2 wall bars *pl.* [gym].

espàtula [əspátulə] *f.* spatula.

espavilar [əspəβilá] *t.* to get going again [fire]. 2 fig. to wake up. ■ 3 *p.* coll. to smarten up, to get a move on.

espècia [əspɛ́siə] *f.* spice; seasoning.

especial [əspəsiál] *a.* special. 2 extraordinary. 3 specific.

especialista [əspəsiəlistə] *m.-f.* specialist.

especialitat [əspəsiəlitát] *f.* speciality. 2 specialism.

especialitzar [əspəsiəlidzá] *t.-p.* to specialize.

espècie [əspɛ́siə] *f.* kind, sort, type, class. 2 BIOL. species.

específic, -ca [əspəsifik, -kə] *a.* special; characteristic. 2 specific. ■ 3 *m.* MED. specific.

especificar [əspəsifiká] *t.* to specify; to list.

espècimen [əspɛ́simən] *m.* specimen; sample.

espectacle [əspəktáklə] *m.* spectacle. 2 THEATR. show. ‖ fig. *fer un ~,* to make a scene.

espectacular [əspəktəkulá] *a.* spectacular.

espectador, -ra [əspəktəðò, -rə] *m.-f.* spectator; onlooker.

espectre [əspɛ́trə] *m.* spectre, phantom. 2 PHYS. spectrum.

especulació [əspəkuləsió] *f.* speculation, musing. 2 *pl.* dreaming, reverie *sing.* 3 ECON. speculation.

especular [əspəkulá] *t.-i.* to speculate.

espeleòleg, -òloga [əspələòlək, -òluγə] *m.-f.* potholer, speleologist.

espeleologia [əspələulujiə] *f.* SP. potholing, speleology.

espelma [əspɛ́lmə] *f.* candle. ‖ fig. *aguantar l'~,* to chaperone.

espenta [əspɛ́ntə] See EMPENTA.

espenyar [əspəɲá] *t.* to throw down a precipice.

espera [əspɛ́rə] *f.* wait, waiting. ‖ *sala d'~,* waiting-room. ‖ *tenir ~,* to be patient.

esperança [əspəránsə] *f.* hope; expectation; prospect.

esperanto [əspəràntu] *m.* Esperanto.

esperar [əspərá] *t.* to hope for; to expect. 2 to wait.

esperit [əspərit] *m.* spirit. 2 spirit, ghost. 3 mind. ‖ *presència d'~,* presence of mind. 4 soul, spirit.

esperma [əspɛ́rmə] *f.* BIOL. sperm.

espermatozoide [əspərmatuzɔ̀iðə] *m.* BIOL. spermatozoid.

esperó [əspərò] *m.* spur. 2 fig. stimulus. 3 ZOOL. spur.

esperonar [əspəruná] *t.* to spur. 2 fig. to stimulate.

espès, -essa [əspɛ̀s, -ɛ́sə] *a.* thick, dense.

espesseir [əspəsəí] *t.-p.* See ESPESSIR.

espessir [əspəsí] *t.-p.* to thicken. 2 *p.* to become dense or denser.

espessor [əspəsò] *f.* thickness; density.

espetec [əspətɛ́k] *m.* crackle, crackling; snap(ping).

espetegar [əspətəɣá] *i.* to crackle; to snap.

espeternec [əspətərnɛ́k] *m.* crackle, crackling [of wood-fire].

espeternegar [əspətərnəɣá] *i.* to kick out [angry child, etc.]. 2 fig. to crackle [fire].

espí [əspi] *m.* BOT. hawthorn. 2 ZOOL. *porc* ~, porcupine.

espia [əspiə] *m.-f.* spy.

espiadimonis [əspiəðimɔ́nis] *m.* ENT. dragonfly.

espiar [əspiá] *t.* to spy on.

espieta [əspiɛ́tə] *m.-f.* spy; watcher. 2 informer.

espifiar [əspifiá] *t.* to miss. 2 fig. to botch, to bungle.

espiga [əspiɣə] *f.* ear [corn]. 2 spike [flowers]. 3 peg. 4 TEXT. herring-bone.

espigar [əspiɣá] *i.* to form ears [corn]. 2 to form spikes [flowers]. 3 *p.* to shoot up [plants] [also fig.].

espigó [əspiɣó] *m.* ear [corn, etc.]. 2 spike [flowers, etc.]. 3 MAR. jetty, breakwater. 4 pole.

espígol [əspiɣul] *m.* BOT. lavender.

espigolar [əspiɣulá] *t.* to glean [corn]. 2 fig. to collect up [someone's leavings].

espill [əspiʎ] (OCC.) See MIRALL.

espina [əspinə] *f.* BOT. thorn [also fig.]. ‖ *fer mala* ~, to cause mistrust; to raise suspicion. 2 ANAT. ~ *dorsal,* spine, back-bone. 3 BOT. stalk, stem.

espinac [əspinàk] *m.* BOT. spinach.

espinada [əspinàðə] *f.* ANAT. spine, backbone.

espitllera [əspiʎʎɛ́rə] *f.* slit; arrow-slit.

espinguet [əspiŋɡɛ́t] *m.* screech. 2 loud-mouth [person].

espionatge [əspiunàdʒə] *m.* spying, espionage.

espira [əspirə] *f.* spiral; whorl.

espiració [əspirəsió] *f.* exhalation; breathing or blowing (out).

espiral [əspirál] *a.-f.* spiral. 2 *f.* whorl; loop.

espirar [əspirá] *i.* to blow; to breathe out.

espiritisme [əspiritizmə] *m.* spiritualism.

espiritista [əspiritistə] *a.* spiritualistic. ■ 2 *m.-f.* spiritualist.

espiritual [əspirituál] *a.* spiritual. 2 immaterial.

esplai [əsplái] *m.* recreation.

esplaiar [əspləjá] *t.* to let go, to release [esp. feelings]. ■ 2 *p.* to let oneself go; to relax.

esplanada [əsplənàðə] *f.* esplanade.

esplèndid, -da [əsplɛ́ndit, -íðə] *a.* splendid; magnificent, glorious. 2 generous; open-handed, liberal.

esplendor [əspləndó] *f.* brightness; brilliance. 2 splendour, magnificence.

esplet [əsplɛ́t] *m.* harvest, crop, yield. 2 plenty, abundance.

espluga [əsplúɣə] *f.* cave.

espoleta [əspulɛ́tə] *f.* fuse [of bomb].

espoliació [əspuliəsió] *f.* deprivation; dispossession. 2 pillage.

espoliar [əspuliá] *t.* to deprive; to dispossess. 2 to pillage.

espolsador, -ra [əspulsəðó, -rə] *a.* dusting; cleaning. ■ 2 *m.-f.* duster; cleaner.

espolsar [əspulsá] *t.* to dust; to clean. 2 to shake. ■ 3 *p.* fig. to shake off, to get rid of.

espona [əspónə] *f.* side [of bed]. 2 edge, margin.

esponerós, -osa [əspunərós, -ózə] *a.* thick, abundant; luxuriant [growth].

esponja [əspɔ́nʒə] *f.* sponge. ‖ ~ *de bany,* bath sponge.

espontani, -ània [əspuntáni, -ániə] *a.* spontaneous.

espora [əspórə] *f.* BOT. spore.

esporàdic, -ca [əspurádik, -kə] *a.* sporadic.

esporgar [əspurɣá] *t.* BOT. to prune.

esport [əspɔ̀r(t)] *m.* sport(s).

esportiu, -iva [əspurtiú, -íβə] *a.* sports; sporting.

esporuguir [əspuruɣí] *t.* to frighten, to make afraid. ■ 2 *p.* to get or become frightened or afraid.

espòs, -osa [əspɔ̀s, -ózə] *m.-f.* spouse. 2 *m.* husband. 3 *f.* wife.

esposar [əspuzá] *t.* to marry, to get married to *t.*

espremedora [əsprəməðórə] *f.* squeezer.

esprémer [əsprɛ́mə] *t.* to squeeze (out). 2 fig. to exploit.

esprimatxat, -ada [əsprimətʃát, -áðə] *a.* thin, skinny, slim.

espuma [əspúmə] See ESCUMA.

espurna [əspúrnə] *f.* spark. 2 pinch; touch; bit.

espurneig [əspurnɛ́tʃ] *m.* sparking; flying of sparks.

espurnejar [əspurnəʒá] *i.* to spark. 2 to sparkle.

esput [əspút] *m.* spit, sputum.

esquadra [əskwàðrə] *f.* squad. 2 MIL. unit.

esquadró [əskwəðró] *m.* squadron.

esquarterar [əskwərtərá] *t.* to cut up, to butcher.

esqueix [əskéʃ] *m.* BOT. cutting, slip. 2 twisting [of ankle]; pulling [of muscle]. 3 tearing [of cloth, etc.].

esqueixar [əskəʃá] *t.* to tear (up), to rip (up). 2 to sprain, to twist.

esqueixat, -ada [əskəʃàt, -àðə] *a.* torn (up), ripped (up). 2 sprained, twisted. ■ 3 *f.* salt cod salad.

esquela [əskέlə] *f.* notice, announcement [in newspaper]. 2 death notice.

esquelet [əskəlέt] *m.* skeleton.

esquella [əskέʎə] *f.* bell [for cattle].

esquema [əskέmə] *m.* diagram; sketch.

esquena [əskέnə] *f.* ANAT. back. 2 back, rear. ‖ fig. *caure d'~,* to be flabbergasted or astounded; to be startled ‖ *donar o girar l'~ a,* to turn one's back on; to give the cold shoulder to. ‖ coll. *tirar-s'ho tot a l'~,* not to give a damn about anything.

esquenadret, -ta [əskᵊnəðrέt, -tə] *a.* lazy; good-for-nothing [of person].

esquer [əskέ] *m.* bait [also fig.].

esquerda [əskέrðə] *f.* crack; crevice; chink.

esquerdar [əskərðá] *t.-p.* to crack, to split.

esquerp, -pa [əskέrp, -pə] *a.* unfriendly, stand-offish, unsociable. 2 shy, timid.

esquerrà, -ana [əskərrá, -ánə] *a.* left-handed. 2 POL. left-wing. ■ 3 *m.-f.* POL. left-winger.

esquerre, -rra [əskέrrə, -rrə] *a.* left; on the left. ■ 2 *f.* the left.

esquí [əskí] *m.* ski [equipment]. 2 skiing [sport]. ‖ *~ aquàtic,* waterskiing.

esquiar [əskiá] *i.* to ski.

esquiador, -ra [əskiəðò, -rə] *a.* skier.

esquif [əskíf] *m.* MAR. skiff; rowing boat.

esquifit, -ida [əskifít, -íðə] *a.* undersized; short; small; shrunken.

esquilar [əskilá] *t.* to shear.

esquimal [əskimál] *a., m.-f.* Eskimo.

esquinç [əskins] *m.* pulling; tearing [of ligament, muscle, etc.]. ‖ *~ muscular,* pulled muscle.

esquinçar [əskinsá] *t.-p.* to tear, to rip. 2 to sprain, to twist.

esquirol [əskiròl] *m.* ZOOL. squirrel. 2 blackleg; strikebreaker.

esquitllar-se [əskiʎʎàrsə] *p.* to slip off or away.

esquitx [əskítʃ] *m.* splash; drop; spatter.

esquitxar [əskitʃá] *t.* to splash, to splatter; to sprinkle; to scatter; to fleck with.

esquiu, -iva [əskiŭ, -íβə] *a.* shy, timid. 2 anti-social.

esquivar [əskiβá] *t.* to avoid, to get out of the way of. *i.* 2 to set to flight; to frighten away.

esquizofrenia [əskizufrèniə] *f.* PSYCH. schizophrenia.

essència [əsέnsiə] *f.* essence. 2 fig. core, heart. 3 (ROSS.) See BENZINA.

essencial [əsənsiál] *a.* essential; fundamental, basic.

1) ésser [əʒá] *i.* to be. ‖ *és metge,* he's a doctor; *d'on ets?,* where are you from?; *sigui com sigui,* whatever happens; *són les set,* it's seven o'clock; *tant és,* it makes no difference. ▲ CONJUG. P. P.: *estat.* ‖ INDIC. Pres.: *sóc, ets, és, som, sou, són.* | Perf.: *fui (vaig ser), fores (vas ser), fou (va ser),* etc. | Imperf.: *era, eres,* etc. | Fut.: *seré,* etc. ‖ COND.: *seria,* etc. ‖ SUBJ. Pres.: *sigui,* etc. | Imperf.: *fos, fossis,* etc. ‖ IMPERAT.: *sigues,* etc.

2) ésser [έsə] *m.* being; existence.

est [es(t)] *m.* east.

este, -ta [VAL.) See AQUEST.

estabilitat [əstəβilitát] *f.* stability; firmness; steadiness.

estabilitzar [əstəβilidzá] *t.* to stabilize; to steady.

estable [əstàbblə] *a.* stable, steady; settled; firm. ■ 2 *m.* stall, cowshed.

establia [əstəbbliə] *f.* See ESTABLE.

establiment [əstəbblimèn] *m.* establishment. 2 institution.

establir [əstəbblí] *t.* to establish; to found; to begin. 2 to decree; to order. ■ 3 *p.* to establish oneself.

estabornir [əstəβurní] *t.* to stun, to daze.

estaca [əstàkə] *f.* stake, post; stick.

estació [əstəsió] *f.* station. ‖ *~ de servei,* service station. 2 season.

estacionament [əstəsiunəmèn] *m.* parking. 2 siting; location.

estacionar [əstəsiuná] *t.* to situate, to place. 2 to park. ■ 3 *p.* to become stationary or immobile.

estacionari, -ària [əstəsiunàri, -áriə] *a.* stationary; immobile.

estada [əstàðə] *f.* stay.

estadi [əstàði] *m.* SP. stadium. 2 state; period; stage.

estadista [əstaðistə] *m.* statesman.

estafa [əstàfə] *f.* swindle.

estafar [əstəfà] *t.* to swindle; to cheat.

estafeta [əstəfɛ́tə] *f.* sub-post-office.

estalactita [əstələktitə] *f.* stalactite.

estalagmita [əstələŋmitə] *f.* stalagmite.

estalonar [əstələnà] *t.* to prop; to under-pin. 2 to be on the heels of.

estalvi, -àlvia [əstàlβi, -àlβiə] *a.* safe. ‖ *sa i ~,* safe and sound. ■ 2 *m. pl.* saving, thrift. 3 *pl.* tablemat *sing.*

estalviar [əstəlβià] *t.* to save. 2 *t.-p.* to save, to avoid.

estam [əstàm] *m.* stamen.

estamordir [əstəmurði] *t.* to daze, to stun. 2 to frighten.

estampa [əstàmpə] *f.* print; engraving.

estampació [əstəmpəsió] *f.* printing; engraving.

estampat, -ada [əstəmpàt, -àðə] *a.* printed. ■ 2 *m.* TEXT. print. 3 printing.

estampar [əstəmpà] *t.* to print; to engrave.

estanc [əstàŋ] *m.* tobacconist's [also sells stamps, government forms].

estança [əstànsə] *f.* room.

estancar [əstəŋkà] *t.* to stem; to hold up [liquids]. 2 to dam.

estàndard [əstàndar] *a.-m.* standard.

estant [əstàn] *m.* shelf.

estany [əstàɲ] *m.* pool; lake. 2 MINER. tin.

estaquirot [əstəkiròt] *m.* dumb; idiot. 2 scarecrow.

estar [əstà] *i.* to be. 2 to stay, to remain: *estan tancats a l'ascensor,* they are trapped in the lift; *estigues quiet!,* stay still! 3 to feel [health, mood]. 4 to spend, to take [time]: *estaré dues hores a acabar-ho,* it'll take me two hours to finish it. ■ 5 *p.* to stay: *m'estic a casa d'uns amics,* I'm staying at a friend's house. ‖ *estar-se de,* to refrain from. ▲ CONJUG. INDIC. Pres.: *estic, està, estan.* ‖ SUBJ. Pres.: *estigui,* etc. ‖ Imperf.: *estigues,* etc.

estarrufar [əstərrufà] *t.* to bristle [hair, feathers]. ■ 2 *p.* to swell up with pride.

estat [əstàt] *m.* state, condition. 2 status; class. 3 POL. state.

estatal [əstətàl] *a.* state: *defensa ~,* state defence.

estatge [əstàdʒə] *m.* room. 2 home.

estàtic, -ca [əstàtik, -kə] *a.* static. ■ 2 *f.* statics *pl.*

estàtua [əstàtuə] *f.* statue.

estatura [əstətúrə] *f.* height [person].

estatut [əstətút] *m.* statute. 2 rules *pl.* [club, sport].

estavellar [əstəβəʎà] *t.* to shatter; to smash. ■ 2 *p.* to crash.

estel [əstɛl] *m.* star. 2 kite.

estela [əstɛ̀lə] *f.* stele.

estel·lar [əstəllà] *a.* stellar.

estella [əstèʎə] *f.* chip, splinter.

estellar [əstəʎà] *t.* to splinter; to chop up.

estenalles [əstənàʎəs] See TENALLES.

estendard [əstəndàr(t)] *m.* standard, banner.

estendre [əstɛ̀ndrə] *t.* to spread or hang out. 2 to widen; to lengthen; to extend. ■ 3 *p.* to extend, to stretch. ▲ CONJUG. like *atendre.*

estenedor [əstənəðò] *m.* washing line, clothes line; clothes horse.

estenografia [əstənuɣrəfiə] *f.* shorthand.

estepa [əstɛ́pə] *f.* steppe.

estereotip [əstɛ̀r(ə)utip] *m.* stereotype.

estèril [əstɛ́ril] *a.* sterile, barren.

esterilitat [əstərilitàt] *f.* sterility, barrenness.

esterilitzar [əstərilidzà] *t.* to sterilize.

esterlina [əstərlinə] *a. lliura ~,* pound sterling.

esternudar [əstərnuðà] *i.* to sneeze.

estèrnum [əstɛ̀rnum] *m.* ANAT. sternum.

esternut [əstərnút] *m.* sneeze.

estès, -esa [əstɛ̀s, -ɛ́zə] *a.* spread out, stretched out; outstreched. 2 widespread. ■ 3 *f.* spreading.

esteta [əstɛ̀tə] *m.-f.* aesthete.

estètic, -ca [əstɛ̀tik, -kə] *a.* aesthetic: *cirurgia estètica,* cosmetic surgery. ■ 2 *f.* aesthetics.

Esteve [əstɛ̀βə] *pr. n. m.* Stephen.

estiba [əstiβə] *f.* NÁUT. stowage. 2 pile, mound.

estibador [əstiβəðò] *m.* docker.

estibar [əstiβà] *t.* to store, to stow (away). 2 to pack.

estigma [əstiŋmə] *m.* stigma, mark.

estil [əstil] *m.* style, manner. ‖ *per l'~,* like that.

estilar-se [əstilàrsə] *p.* to be fashionable.

estilet [əstilɛ̀t] *m.* stiletto.

estilista [əstilistə] *m.-f.* stylist; designer.

estilitzar [əstilidzà] *t.* to stylize.

estilogràfica [əstiluɣráfikə] f. fountain pen.

estima [əstimə] f. value, worth. 2 fig. esteem, consideration, regard.

estimable [əstimábblə] a. esteemed.

estimar [əstimá] t. to love; to appreciate. 2 to estimate; to calculate. 3 fig. to consider, to deem. 4 *estimar-se més,* to prefer: *m'estimo més quedar-me a casa,* I prefer to stay at home.

estimació [əstiməsió] f. evaluation; valuation. 2 fig. regard, esteem.

estimball [əstimbáʎ] m. precipice.

estimbar [əstimbá] t. to throw or fling down a precipice. ■ 2 p. to hurl oneself off.

estímul [əstimul] m. stimulus; incentive.

estimular [əstimulá] t. to stimulate.

estipendi [əstipέndi] m. stipend; salary.

estipular [əstipulá] t. to stipulate.

estirabot [əstiɾəβɔ́t] m. piece of nonsense.

estirar [əstiɾá] t. to stretch (out). ∥ *a tot* ∼, at the most. 2 to pull. ■ 3 p. to stretch out.

estireganyar [əstiɾəɣəɲá] t. to stretch out of shape.

estiregassar [əstiɾəɣəsá] t. to tug.

estirp [əstirp] f. stock, lineage.

estisora [əstizɔ́ɾə] See TISORES.

estiu [əstiú] m. summer. ∥ *estiuet de Sant Martí,* Indian Summer.

estiueig [əstiwέtʃ] m. summer holiday.

estiuejar [əstiwəʒá] i. to spend the summer holiday.

estival [əstiβál] a. summer.

estoc [əstɔ́k] m. rapier. 2 COMM. stock.

Estocolm [əstukɔ́lm] pr. n. m. GEOGR. Stockholm.

estofa [əstɔ́fə] f. quality, class. 2 (ROSS.) See TELA.

estofar [əstufá] t. to stew [meat].

estofat [əstufát] m. stew.

estoic, -ca [əstɔ̃ik, -kə] a. stoic, stoical. ■ 2 m.-f. stoic.

estoïcisme [əstuisizmə] m. stoicism.

estoig [əstɔ́tʃ] m. case.

estol [əstɔ́l] m. MAR. squadron. 2 group.

estòlid, -da [əstɔ́lit, -ðə] a. stupid.

estómac [əstɔ́mək] m. ANAT. stomach.

estomacal [əstuməkál] a. stomach.

estomacar [əstuməká] t. to beat up.

estona [əstɔ́nə] f. time, while; period. ∥ *a estones,* now and again. ∥ *passar l'*∼, to pass the time.

Estònia [əstɔ́niə] pr. n. f. Estonia.

estopa [əstɔ́pə] f. tow.

estora [əstɔ́ɾə] f. carpet; mat.

estornell [əsturnέʎ] m. ORNIT. starling.

estossec [əstusέk] m. cough.

estossegar [əstusəɣá] i. to cough.

estossinar [əstusiná] t. to beat to death.

estovalles [əstuβáʎəs] See TOVALLES.

estovar [əstuβá] t.-p. to soften; to soften up. 2 t. to beat up.

estrabisme [əstɾəβizmə] m. MED. strabismus, squint.

estrada [əstɾáðə] f. platform, dais.

estrafer [əstɾəfέ] t. to mimic; to imitate. 2 to alter, to disguise [voice, looks].

estrafolari, -ària [əstɾəfulári, -áriə] a. odd, bizarre.

estrall [əstɾáʎ] m. havoc, ruin.

estrambòtic, -ca [əstɾəmbɔ́tik, -kə] a. extravagant; eccentric.

estranger, -ra [əstɾənʒέ, -ɾə] a. foreign. ■ 2 m.-f. foreigner.

estrangular [əstɾəŋgulá] t. to strangle, to throttle.

estrany, -nya [əstɾáɲ, -ɲə] a. strange, unfamiliar; foreign. 2 peculiar.

estranyar [əstɾəɲá] t. to banish. 2 to surprise. ■ 3 p. to be surprised.

estranyesa [əstɾəɲέzə] f. surprise; astonishment.

estraperlo [əstɾəpέrlu] m. black market.

estrassa [əstɾásə] f. rag. ∥ *paper d'*∼, brown paper.

estrat [əstɾát] m. stratum, layer. 2 class, level.

estratagema [əstɾətəʒέmə] m. stratagem.

estrateg [əstɾətέk] m. strategist.

estratègia [əstɾətέʒiə] f. strategy.

estratègic, -ca [əstɾətέʒik, -kə] a. strategic, strategical.

estratosfera [əstɾətusfέɾə] f. stratosphere.

estratus [əstɾátus] m. METEOR. stratus.

estrebada [əstɾəβáðə] f. tug, tugging.

estrella [əstɾéʎə] f. star. 2 ZOOL. ∼ *de mar,* starfish.

estremiment [əstɾəmimέn] m. shudder; start; fit of trembling.

estremir-se [əstɾəmirsə] t. to start; to shudder. 2 to tremble, to shiver.

estrena [əstɾέnə] f. christening [first use]. 2 première; first performance.

estrenar [əstrəná] t. to christen [first use]. 2 to show or perform for the first time. ■ 3 p. to make one's début.

estrènyer [əstrέɲə] t. to take in [clothing]. 2 to tighten [belt, binding, etc.]. 3 to be tight, to pinch t.-i. [shoes]. 4 to shift closer. ■ 5 p. to squeeze up. ▲ CONJUG. P. P.: *estret*.

estrep [əstrέp] m. stirrup. ‖ *perdre els estreps*, to go berserk. 2 step [on vehicle]. 3 fig. support.

estrèpit [əstrέpit] m. din, noise.

estrès [əstrέs] m. stress [mental tension].

estret, -ta [əstrέt, -tə] a. narrow. 2 tight [esp. clothing]. 3 fig. close [relationship]. ■ 4 m. strait, channel. 5 f. handshake.

estri [έstri] m. tool; instrument; utensil.

estria [əstriə] m. groove; flute; striation; stria.

estriar [əstriá] t. to flute, to groove, to striate.

estribord [əstriβɔ́r(t)] m. starboard.

estricnina [əstriɲninə] f. strychnine.

estricte, -ta [əstriktə, -tə] a. strict, disciplinarian; severe.

estridència [əstriðέnsiə] f. stridency; shrillness.

estrident [əstriðέn] a. strident.

estrip [əstrip] m. tear, rip.

estripar [əstripá] t. to tear; to tear up.

estrofa [əstrɔ́fə] f. strophe, stanza.

estroncar [əstruŋká] t.-p. to dry up [also fig.]. 2 t. to staunch [blood from wound].

estronci [əstrɔ́nsi] m. MINER. strontium.

estruç [əstrús] m. ORNIT. ostrich.

estructura [əstruktúrə] f. structure.

estructurar [əstrukturá] t. to structure; to organize.

estuari [əstuári] m. GEOGR. estuary.

estuc [əstúk] m. stucco, plaster.

estudi [əstúði] m. study; research. 2 study [room]; studio. 3 pl. schooling, education. ‖ fig. *fugir d'~*, to skirt [conversation topic].

estudiant, -ta [əstuðiàn, -tə] m.-f. student.

estudiar [əstuðiá] t. to study.

estudiós, -osa [əstuðiòs, -ózə] a. studious; bookish. ■ 2 m.-f. studious or bookish person; scholar.

estufa [əstúfə] f. stove; heater.

estufar [əstufá] t. to fluff up. ■ 2 p. to swell up; to become spongy. 3 to swell up with pride.

estultícia [əstultisiə] f. stupidity, idiocy.

estupefacció [əstupəfəksió] f. amazement, astonishment; stupefaction.

estupefaent [əstupəfəèn] a. stupefying. ■ 2 m. narcotic, drug.

estupend, -da [əstupέn, -ðə] a. wonderful, splendid.

estúpid, -da [əstúpit, -ðə] a. stupid, idiotic.

estupor [əstupó] m. stupor, daze.

esturió [əsturió] m. ICHTHY. sturgeon.

esvair [əzβái] t. to dispel, to get rid of. i. 2 fig. to clarify, to clear up [a doubt]. ■ 3 p. to disappear, to vanish. 4 to feel very weak.

esvalot [əzβəlɔ́t] m. din, racket, hullaballoo.

esvalotar [əzβəlutá] t. to disturb. 2 to set in a turmoil. ■ 3 i. to make a din or a racket. ■ 4 p. to get excited. 5 to riot.

esvanir-se [əzβənirsə] p. to vanish. 2 to weaken; to faint.

esvarar [əzβərá] (VAL.) See RELLISCAR.

esvelt, -ta [əzβέl(t), -tə] a. slim, slender; graceful.

esveltesa [əzβəltézə] f. slimness; gracefulness.

esventrar [əzβəntrá] t. to disembowel [animals]. 2 to gut [fish]. 3 to smash.

esverar [əzβərá] t. to frighten; to alarm. 2 to excite. ■ 3 p. to get frightened or alarmed. 4 to get excited.

esvoranc [əzβuráŋ] m. opening, gap; hole.

et [ət] pers. pron. you: ~ *criden*, you're wanted. ‖ *demà ~ portaré el llibre*, I'll bring you the book tomorrow. ▲ t', 't, te.

etapa [ətápə] f. stage.

etcètera [ətsέtərə] phr. etcetera, and so on.

èter [έter] m. ether.

etern, -na [ətέrn, -nə] a. eternal; unending; infinite. 2 ageless.

eternitat [ətərnitát] f. eternity.

eternitzar [ətərnidzá] t. to perpetuate. ■ 2 p. pej. to drag out, to be interminable.

ètic, -ca [έtik, -kə] a. ethical. ■ 2 f. ethic. 3 ethics pl. [study].

etimologia [ətimuluʒiə] f. etymology.

etíop [ətiup] a., m.-f. Ethiopian.

Etiòpia [ətiɔ́piə] pr. n. f. GEOGR. Ethiopia.

etiqueta [ǝtikέtǝ] *f.* label. 2 tag; ticket.

etnografia [ǝdnuɣrǝfiǝ] *f.* ethnography.

etnologia [ǝdnuluʒiǝ] *f.* ethnology.

etzibar [ǝdziβá] *t.* to deal (out) [blows]. 2 to let fly [words].

EUA *pr. n. m. pl.* GEOGR. *(Estats Units d'Amèrica)* USA (United States of America).

eucaliptus [ǝŭkǝliptus] *m.* BOT. eucalyptus.

eufemisme [ǝŭfǝmizmǝ] *m.* euphemism.

eufonia [ǝŭfuniǝ] *f.* euphony.

eufòria [ǝŭfɔriǝ] *f.* euphoria; exuberance.

eufòric, -ca [ǝŭfɔrik, -kǝ] *a.* euphoric.

euga [ὲŭɣǝ] *f.* ZOOL. mare.

eunuc [ǝŭnúk] *m.* eunuch.

Europa [ǝŭrópǝ] *pr. n. f.* GEOGR. Europe.

europeu, -ea [ǝŭrupὲŭ, -έǝ] *a., m.-f.* European.

evacuar [ǝβǝkuá] *t.* to evacuate, to empty, to clear.

evadir [ǝβǝði] *t.* to evade, to elude; to escape from. ■ 2 *p.* to escape, to flee [esp. from prison].

evangeli [ǝβǝnʒέli] *m.* gospel.

evangelitzar [ǝβǝnʒǝlidzá] *t.* to evangelize.

evaporació [ǝβǝpurǝsió] *f.* evaporation.

evaporar [ǝβǝpurá] *t.-p.* to evaporate.

evasió [ǝβǝzió] *f.* escape, flight.

eventual [ǝβǝntuál] *a.* fortuitous; possible. 2 seasonal; temporary [worker].

evidència [ǝβiðὲnsiǝ] *f.* evidence; proof.

evidenciar [ǝβiðǝnsiá] *t.* to demonstrate, to prove.

evident [ǝβiðёn] *a.* evident, clear, obvious.

evitar [ǝβitá] *t.* to avoid. 2 to prevent.

evocació [ǝβukǝsió] *f.* evocation; summoning up.

evocar [ǝβuká] *t.* to evoke.

evolució [ǝβulusió] *f.* evolution.

evolucionar [ǝβulusiuná] *i.* to evolve, to develop.

ex *m.* (abbr. d'*exemple*) eg. (example).

exabrupte [ǝgzǝβrúptǝ] *m.* sudden broadside [words].

exacció [ǝgzǝksió] *f.* demand; extortion.

exacerbar [ǝgzǝsǝrβá] *t.* to exacerbate. 2 to aggravate.

exacte, -ta [ǝgzáktǝ, -tǝ] *a.* exact, accurate; precise.

exactitud [ǝgzǝktitút] *f.* exactness, accuracy; precision.

exageració [ǝgzǝʒǝrǝsió] *f.* exaggeration.

exagerar [ǝgzǝʒǝrá] *t.* to exaggerate.

exagerat, -ada [ǝgzǝʒǝrát, -áð] *a.* exaggerated; tall [story].

exalçar [ǝgzǝlsá] *t.* to extol, to praise highly.

exaltació [ǝgzǝltǝsió] *f.* exaltation; extolling. 2 overexcitement.

exaltar [ǝgzǝltá] *t.* to exalt, to extol. 2 to increase [feelings]. ■ 3 *p.* to become excited or hot headed.

examen [ǝgzámǝn] *m.* examination; test.

examinar [ǝgzǝminá] *t.* to examine, to inspect. 2 to test, to examine.

exànime [ǝgzánimǝ] *a.* lifeless.

exasperació [ǝgzǝspǝrǝsió] *f.* exasperation.

exasperar [ǝgzǝspǝrá] *t.* to exasperate. ■ 2 to become exasperated.

excavació [ǝkskǝβǝsió] *f.* excavation.

excavar [ǝkskǝβá] *t.* to excavate; to dig out.

excedent [ǝksǝðёn] *a.* excess; surplus. 2 on leave; sabbatical. ■ 3 *m.* excess; surplus.

excedir [ǝksǝði] *t.* to exceed; to surpass, to outdo. ■ 2 *p.* to go too far.

excel·lència [ǝksǝllὲnsiǝ] *f.* excellence: *per ~*, par excellence. 2 Excellency: *Sa ~*, His or Her Excellency.

excel·lent [ǝksǝllёn] *a.* excellent; superior.

excel·lir [ǝksǝplli] *i.* to excel, to be outstanding; to stand out.

excels, -sa [ǝksὲls, -sǝ] *a.* exalted, sublime.

excèntric [ǝksёntrik, -kǝ] *a.-m.* eccentric.

excepció [ǝksǝpsió] *f.* exception; exclusion. ‖ *sense ~*, without exception. ‖ *prep. phr. a ~ de*, with the exception of, excepting. 2 *estat d'~*, state of emergency.

excepcional [ǝksǝpsiunál] *a.* exceptional.

excepte [ǝksёptǝ] *prep.* except (for), save.

exceptuar [ǝksǝptuá] *t.* to except; to exempt.

excés [ǝksὲs] *m.* excess, surplus. 2 fig. excess.

excessiu, -iva [ǝksǝsiu, -íβǝ] *a.* excessive.

excitació [ǝksitǝsió] *f.* excitement; agitation.

excitar [əksitá] *t.* to excite. 2 to stimulate; to incite. ■ 3 *p.* to get worked up or excited.

exclamació [əkskləməsió] *f.* exclamation.

exclamar [əkskləmá] *t.* to exclaim; to shout out. ■ 2 *p.* to protest loudly.

excloure [əksklóurə] *t.* to exclude; to bar. 2 fig. to be incompatible with. ▲ CONJUG. like *cloure.*

exclusió [əkskluzió] *f.* exclusion.

exclusiu, -iva [əkskluziů, -iβə] *a.* exclusive; sole. ■ 2 *f.* sole right. 3 JOURN. exclusive.

excomunicar [əkskumuniká] *t.* to excommunicate.

excrement [əkskrəmèn] *m.* excrement.

²**excretar** [əkskrətá] *t.* to excrete.

exculpar [əkskulpá] *t.* to exonerate, to free. 2 LAW to absolve.

excursió [əkskursió] *f.* excursion.

excursionisme [əkskursiunizmə] *m.* walking, hiking, rambling.

excursionista [əkskursiunistə] *a.* hiking, ramblers': *club* ~, ramblers' club. ■ 2 *m.-f.* rambler, hiker. 3 tripper.

excusa [əkskúzə] *f.* excuse; pretext.

excusar [əkskuzá] *t.* to excuse. ■ 2 *p.* to excuse oneself; to apologize.

execrar [əgzəkrá] *t.* to execrate; to loathe.

execució [əgzəkusió] *f.* performance, carrying out, execution. 2 LAW execution.

executar [əgzəkutá] *t.* to perform, to carry out, to execute. 2 LAW to execute.

executiu, -iva [əgzəkutiů, -íβə] *a.* executive. ■ 2 *m.-f.* executive.

exemplar [əgzəmplár] *a.* exemplary. ■ 2 *m.* specimen. 3 PRINT. copy.

exemple [əgzèmplə] *m.* example. || *per* ~, for example. || *donar* ~, to set an example.

exemplificar [əgzəmplifiká] *t.* to exemplify.

exempt, -ta [əgzèm, -tə] *a.* exempt, free.

exèquies [əgzékiəs] *f. pl.* funeral *sing.,* funeral service *sing.*

exercici [əgzərsisi] *m.* performance; practice. 2 financial or tax year. 3 exercise.

exercir [əgzərsi] *t.* to exercise. 2 to practise.

exèrcit [əgzèrsit] *m.* army.

exercitar [əgzərsitá] *t.* to exercise. 2 to practise [profession]. ■ 3 *p.* to exercise; to practise.

exhalar [əgzəlá] *t.* to breathe out. 2 to heave [sigh].

exhaurir [əgzəůri] *t.* to finish, to exhaust, to use up.

exhaust, -ta [əgzáůs(t), -tə] *a.* exhausted, completely finished.

exhibició [əgziβisió] *f.* exhibition. 2 display.

exhibir [əgziβí] *t.* to show, to expose, to exhibit. ■ 2 *p.* to show or exhibit oneself. 3 to show off.

exhortar [əgzurtá] *t.* to exhort.

exhumar [əgzumá] *t.* to exhume; to dig up. 2 fig. to dig up; to dig out.

exigència [əgizènsiə] *f.* demand, requirement; exigency.

exigent [əgziʒèn] *a.* demanding, exacting.

exigir [əgziʒí] *t.* to demand. 2 to require.

exigu, -gua [əgzíγu, -γwə] *a.* minute; scanty, meagre.

exili [əgzíli] *m.* exile.

exiliar [əgziliá] *t.* to exile; to banish.

eximi, -ímia [əgzími, -imiə] *a.* eminent; select, distinguished.

eximir [əgzimí] *t.* to exempt, to free.

existència [əgzistènsiə] *f.* existence; being.

existencialisme [əgzistənsiəlizmə] *m.* existentialism.

existencialista [əgzistənsiəlistə] *a., m.-f.* existentialist.

existir [əgzisti] *i.* to exist.

èxit [ègzit] *m.* success; successful outcome.

ex-libris [ɛgzliβris] *m.* book-plate, ex-libris.

èxode [ègzuðə] *m.* exodus.

exonerar [əgzunərá] *t.* to exonerate, to absolve (*de,* from).

exorbitant [əgzurβitàn] *a.* exorbitant; excessive; unreasonable; disproportionate.

exorcisme [əgzursizmə] *m.* exorcism.

exorcitzar [əgzursidzá] *t.* to exorcize.

exòtic, -ca [əgzɔtik, -kə] *a.* exotic.

expansió [əkspənsió] *f.* expansion; growth; extension.

expatriar [əkspətriá] *t.* to exile; to banish. ■ 2 *p.* to emigrate.

expectació [əkspəktəsió] *f.* expectation; eager awaiting.

expectar [əkspəktá] *t.* to wait for *i.,* to await. 2 to expect.

expectativa [əkspəktətiβə] *f.* expectation; prospect.

expectorar [əkspəkturà] *t.* to spit, to expectorate.

expedició [əkspəðisió] *f.* expedition. 2 COMM. shipment.

expedient [əkspəðièn] *a.* expedient; suitable, fitting. ■ 2 *m.* expedient; device. 3 file, dossier. ‖ ~ *acadèmic,* academic record.

expedir [əkspəði] *t.* to ship; to forward [goods]. 2 to draw up; to issue [official documents].

expeditiu, -iva [əkspəðitiŭ, -iβə] *a.* expeditious.

expel·lir [əkspəlli] *t.* to expel; to eject.

expendre [əkspéndrə] *t.* to sell as an agent. 2 to sell retail. 3 to pass [counterfeit money]. ▲ CONJUG. like *ofendre.*

expenses [əkspènsəs] *f. pl.* expenses; costs.

experiència [əkspəriènsiə] *f.* experience.

experiment [əkspərimèn] *m.* experiment, test; trial.

experimentar [əkspəriməntà] *t.* to try out; to experiment with *i.* 2 to experience, to undergo. 3 to suffer; to feel [emotion]. ■ 4 *i.* to make tests or trials; to experiment.

expert, -ta [əkspέr(t), -tə] *a.* expert; skilled. ■ 2 *m.-f.* expert.

expirar [əkspirà] *t.* to expire, to breathe out. ■ 2 *i.* to expire, to run out. 3 fig. to come to an end.

explicació [əksplikəsió] *f.* explanation.

explicar [əksplikà] *t.* to explain; to tell about. ■ 2 *p.* to understand, to make out.

explícit, -ta [əksplisit, -tə] *a.* explicit.

exploració [əksplurəsió] *f.* GEOGR., MED. exploration. 2 MIL. scouting, reconnaissance.

explorar [əksplurà] *t.* GEOGR. to explore. 2 MED. to explore; to probe, to scan. 3 MIL. to scout, to reconnoitre.

explosió [əkspluzió] *f.* explosion; blast, bang. 2 fig. outburst.

explosiu, -iva [əkspluziŭ, -iβə] *a.-m.* explosive.

explotació [əksplutəsió] *f.* exploitation; development. ‖ ~ *agrícola,* farming, cultivation. ‖ ~ *forestal,* forestry.

explotar [əksplutà] *t.* to exploit; to develop. 2 to exploit [person]. ■ 3 *i.* to explode, to go off.

exponent [əkspunèn] *m.* exponent. 2 example.

exportació [əkspurtəsió] *f.* export, exportation. 2 exports *pl.*

exportar [əkspurtà] *t.* to export.

exposar [əkspuzà] *t.* to expose. 2 to show, to exhibit [art]. 3 to state, to explain, to set forth [one's views or ideas]. ■ 4 *p.* to risk oneself, to put oneself in jeopardy.

exposició [əkspuzisió] *f.* exposing, exposure. 2 exhibition. 3 exposition; statement.

exprés, -essa [əksprès, -èsə] *a.* express. ‖ *cafè* ~, expresso coffee. 2 clear, specific. ■ 3 *m.* express (train). ■ 4 *adv.* expressly; on purpose, deliberately.

expressament [əksprəsəmèn] *adv.* on purpose.

expressar [əksprəsà] *t.* to express, to put forward, to voice; to state. ■ 2 *p.* to express oneself.

expressió [əksprəsió] *f.* expressing, expression. 2 idiom. 3 expressiveness.

expressionisme [əksprəsiunismə] *m.* ART expressionism.

expropiació [əksprupiəsió] *f.* expropriation, dispossession.

expropiar [əksprupià] *t.* to expropriate; to dispossess, to deprive.

expulsar [əkspulsà] *t.* to expel; to turn out, to kick out.

expulsió [əkspulsió] *f.* expulsion, expelling.

exquisit, -ida [əkskizit, -iðə] *a.* exquisite; delightful.

èxtasi [ὲkstəzi] *m.* ecstasy, rapture.

extens, -sa [əkstὲns, -sə] *a.* wide, extensive; spacious.

extensió [əkstənsió] *f.* extension. 2 extent, size. 3 expanse, stretch [of land or sea]. 4 length [of time], duration. 5 range, scope.

extenuar [əkstənuà] *t.* to exhaust; to weaken.

exterior [əkstəriò] *a.* external; exterior. ‖ *comerç* ~, foreign or overseas trade. ‖ *política* ~, foreign policy. ■ 2 *m.* exterior; outside. 3 abroad, overseas.

exterioritzar [əkstəriuridzà] *t.* to show [outwardly], to express; to reveal.

exterminar [əkstərminà] *t.* to exterminate.

extermini [əkstərmini] *m.* extermination.

extern, -na [əkstɛ́rn, -nə] *a.* external; outside, outward. ■ 2 *m.-f.* day student or pupil.

extinció [əkstinsió] *f.* extinction, extinguishing.

extingir [əkstinʒí] *t.* to extinguish, to put out [fire, flame, light]. ■ 2 *p.* to go out [fire]. 3 BIOL. *to become extinct.*

extintor, -ra [əkstintó, -rə] *a.* extinguishing. ■ 2 *m.* (fire) extinguisher.

extirpar [əkstirpá] *t.* MED. to remove [surgically]. 2 to eradicate, to extirpate [also fig.].

extorsió [əkstursió] *f.* extortion.

extra [ékstrə] *a.* high-quality; Grade A. 2 extra, special: *número ~,* special issue [magazine, newspaper, etc.]. ■ 3 *m.* extra. ‖ *fer un ~,* to give oneself a treat. 4 extra [acting].

extracció [əkstrəksió] *f.* extraction; draw [lottery]. 2 MED. extraction.

extracte [əkstráktə] *m.* extract, excerpt. 2 abstract, summary. ‖ *~ de comptes,* statement of account.

extradició [əkstrəðisió] *f.* extradition.

extralimitar-se [əkstrəlimitársə] *p.* to exceed or abuse one's authority, to overstep (oneself).

extraordinari, -ària [əkstrəurðinàri, -àriə] *a.* extraordinary, unusual, outstanding; special. 2 extra. ‖ *hores extraordinàries,* overtime.

extravagància [əkstrəβəyànsiə] *f.* extravagance; oddness, outlandishness.

extraviar [əkstrəβiá] *t.* to lose, to misplace. ■ 2 *p.* to go astray, to err.

extrem, -ma [əkstrɛ́m, -mə] *a.* extreme, ultimate, utmost; last, furthest. ■ 2 *m.* extreme, end. ‖ fig. *passar d'un ~ a l'altre,* to go from one extreme to the other. 3 highest point or degree; utmost.

extremar [əkstrəmá] *t.* to carry to the extreme; to insist on. ‖ *s'han d'~ les precaucions,* we must take the utmost precautions. ■ 2 *p.* to do one's utmost.

extremisme [əkstrəmízmə] *m.* extremism.

extremitat [əkstrəmitát] *f.* end, tip, edge; extremity. 2 *pl.* ANAT. extremities.

extremunció [əkstrəmunsió] *f.* extreme unction.

extreure [əkstrɛ́ŭrə] *t.* to extract, to pull out. 2 to abstract, to remove, to take out. 3 to draw. ▲ CONJUG. like *treure.*

extrínsec, -ca [əkstrínsək, -kə] *a.* extrinsic.

exuberant [əgzuβəràn] *a.* exuberant. 2 full-figured, buxom: *una dona ~,* a buxom woman.

exultar [əgzultá] *i.* to exult, to rejoice.

F

F, f [ɛ́fə] f. f [letter].

fa [fa] m. MUS. fa, F.

fàbrica [fáβrikə] f. factory; plant. 2 manufacture, manufacturing. 3 ARCH. structure, walls.

fabricació [fəβrikəsió] f. manufacture, manufacturing; making, production.

fabricant [fəβrikán] m. manufacturer; maker.

fabricar [fəβriká] t. to manufacture, to make; to produce. ‖ ~ *en sèrie*, to mass-produce. 2 to build; to put together.

fabril [fəβríl] a. manufacturing, production.

fabulós, -osa [fəβulós, -ózə] a. fabulous, mythical; fictitious. 2 tremendous; extraordinary.

façana [fəsánə] f. façade, front. ‖ *una casa amb ~ al mar*, a house overlooking the sea.

facció [fəksió] f. faction, splinter group, esp. hostile group. 2 pl. features [of face].

facècia [fəsέsiə] f. joke, wisecrack; witticism.

faceta [fəsέtə] f. facet [also fig.], quality [characteristic].

facial [fəsiál] a. facial, face.

facilitar [fəsilitá] t. to facilitate, to make easy. 2 to provide (with), to supply (with), to give.

fàcil [fásil] a. easy, simple; effortless. 2 possible, probable. ‖ *és ~ que plogui*, it's likely to rain. 3 fluent: *un estil ~*, a fluent style.

facilitat [fəsilitát] f. ease, facility. ‖ ~ *de paraula*, fluency. ‖ *s'enfada amb ~*, he gets angry easily. 2 aptitude, ability. ‖ *tenir ~ pels idiomes*, to be good at languages. 3 pl. facilities, terms. ‖ *facilitats de pagament*, easy terms. ‖ *donar facilitats*, to offer facilities.

facinerós, -osa [fəsinərós, -ózə] a. criminal, villainous; evil. ■ 2 m.-f. criminal, villain; wrongdoer.

facsímil [fəksímil] a.-m. facsimile.

factible [fəktíbblə] a. feasible, possible, workable.

factor [fəktó] m. factor, element. 2 fig. agent.

factoria [fəktúriə] f. agency, trading post.

factòtum [fəktɔ́tum] m. factotum, jack of all trades.

factura [fəktúrə] f. bill, invoice. ‖ *passar ~*, to send an invoice, to bill t. [also fig.].

facturació [fəkturəsió] f. billing, invoicing. 2 RAIL. registration [of luggage]. 3 checking-in [of luggage]. 4 ECON. turnover.

facturar [fəkturá] t. to bill, to invoice. 2 RAIL. to register [luggage]. 3 to check in [luggage at an airport].

facultar [fəkultá] t. to authorize, to empower.

facultat [fəkultát] f. faculty, right; ability. ‖ *amb plenes facultats mentals*, with full mental capacity. 2 EDUC. faculty.

facultatiu, -iva [fəkultətiu, -iβə] a. optional, facultative. ‖ *prescripció facultativa*, (medical) prescription. ■ 2 m. doctor, practitioner.

facúndia [fəkúndiə] f. eloquence, fluency.

fada [fáðə] f. fairy.

fadrí, -ina [fəðrí, -inə] m. young man, youth. 2 bachelor. 3 clerk, assistant. 4 f. (unmarried) young woman.

fagot [fəɣɔ́t] m. MUS. bassoon.

faiçó [fəisó] f. creation, making. 2 shape, form.

faig [fátʃ] m. BOT. beech.

faisà [fəizá] m. ORNIT. pheasant.

faixa [fáʃə] f. strip, band [of cloth]; sash. 2 girdle, corset.

falaguer, -ra [fələɣέ, -rə] a. flattering. 2 hopeful, promising. ‖ *perspectives falagueres*, good outlook sing.; good prospects.

faramalla

falange [fəlánʒə] *f.* phalanx.

falç [fals] *f.* sickle.

falca [fálkə] *f.* wedge.

falcó [fəlkó] *m.* ORNIT. hawk, falcon.

falda [fáldə] *f.* lap. 2 slope, hillside. 3 skirt.

faldeta [fəldέtə] (BAL.), (VAL.) See FALDILLA.

faldilla [fəldíʎə] *f.* skirt.

falguera [fəlɣέrə] *f.* BOT. fern.

falla [fáʎə] *f.* GEOL. fault. 2 lack, shortage.

fal·làcia [fəlːásiə] *f.* deceit, fraud; falseness.

fallada [fəʎáðə] *f.* error, mistake; fault; failure.

fallar [fəʎá] *t.* to miss [a shot, etc.]. ■ 2 *i.* to fail; to miss, to go wrong.

fal·lera [fəlːérə] *f.* mania, obsession, craze.

fallida [fəʎíðə] *f.* bankruptcy. ‖ *fer* ~, to go bankrupt.

fal·lus [fálːus] *m.* phallus.

falòrnia [fəlɔ́rniə] *f.* hoax, imposture, fraud; (false) rumour, (USA) rumor.

fals, -sa [fals, -sə] *a.* false, fake, wrong. ‖ ~ *testimoni,* false testimony. ‖ *moneda falsa,* fake coin. 2 *agafar algú en* ~, to catch someone in a lie. ‖ *fer una passa en* ~, to make a false move.

falsedat [fəlsəðát] *f.* falseness, dishonesty, deceit. 2 falsehood, lie.

falsejar [fəlsəʒá] *t.* to falsify, to forge. ‖ ~ *els resultats,* to falsify the results. 2 to fake, to feign.

falset [fəlsέt] *m.* MUS. falsetto.

falsia [fəlsíə] *f.* falseness, duplicity.

falsificació [fəlsifikəsiò] *f.* falsification, forgery.

falsificar [fəlsifiká] *t.* to falsify, to counterfeit, to fake, to forge.

falta [fáltə] *f.* lack, shortage. ‖ *fer* ~, to be needed: *en fa* ~ *un bolígraf,* I need a pen. 2 fault, mistake. ‖ ~ *d'ortografia,* spelling mistake. ‖ *sens* ~, without fail. 3 default, absence. ‖ ~ *d'assistència,* absence.

faltar [fəltá] *i.* to be needed: *en falten dos,* two are needed. 2 to be missing; to be absent; to be lacking. ‖ *a taula falta gent!,* table's ready!; *falten cinc minuts per acabar,* we've got five minutes left: *trobar a* ~, to miss: ~ *a una cita,* to miss or break an appointment; ~ *a una promesa,* to break a promise. 3 to be rude, to insult, to slight.

fam [fam] *f.* (extreme) hunger, starvation. 2 famine. 3 fig. craving, longing. 4 (VAL.) See GANA.

fama [fámə] *f.* fame; reputation, renown. ‖ *mala* ~, bad reputation. ‖ *tenir* ~ *de,* to be said to be.

famèlic, -ca [fəmέlik, -kə] *a.* starving, famished.

família [fəmíliə] *f.* family. ‖ *ser com de la* ~, to be (like) one of the family. ‖ *ser de bona* ~, to be of a good family.

familiar [fəmiliár] *a.* family. 2 familiar. 3 informal. ■ 4 *m.-f.* relative.

familiaritat [fəmiliəritát] *f.* informality, familiarity. ‖ *tractar algú amb massa* ~, to be too familiar with someone.

famolenc, -ca [fəmulέŋ, -kə] *a.* hungry. 2 starving, famished.

famós, -osa [fəmós, -ózə] *a.* famous; well-known.

fan [fan] *m.-f.* fan.

fanal [fənál] *m.* lantern; street lamp.

fanàtic, -ca [fənàtik, -kə] *a.* fanatical. ■ 2 *m.-f.* fanatic; bigot.

fanatisme [fənətizmə] *m.* fanaticism; bigotry.

fandango [fəndáŋgu] *m.* fandango [Spanish popular dance].

fanfàrria [fəmfárriə] *f.* bravado, bluster; bragging.

fanfarró, -ona [fəmfərró, -ónə] *a.* boastful, pretentious, vain. ■ 2 *m.-f.* braggart, boaster, bully; loudmouth.

fang [faŋ] *m.* mud, mire.

fanga [fáŋgə] *f.* AGR. spade; (garden) fork.

fangar [fəŋgá] *m.* bog, marsh; quagmire.

fangueig [fəŋgétʃ] See FANGAR.

fantasia [fəntəziə] *f.* fantasy, imagination, fancy. ‖ *de* ~, fancy.

fantasma [fəntázmə] *m.* ghost, phantom, apparition.

fantasmagoria [fəntəzməɣuriə] *f.* phantasmagoria.

fantàstic, -ca [fəntàstik, -kə] *a.* fanciful, fantastic, unreal. 2 wonderful, extraordinary, superb.

fantotxe [fəntɔ́tʃə] *m.* puppet, marionette. 2 coll. nobody, nonentity.

faquir [fəkir] *m.* fakir.

far [far] *m.* lighthouse. 2 AUTO. headlight, headlamp; ~ *antiboira,* foglamp.

farad [fərát] *m.* ELECTR. faraday.

faramalla [fərəmáʎə] *f.* junk; rubbish. 2 show, display.

faràndula [fəràndulə] *f.* THEATR. troupe of strolling players, (USA) road company.

faraó [fərəó] *m.* Pharaoh.

farbalà [fərβəlà] *m.* frill, furbelows *pl.*

farcell [fərsèʎ] *m.* bundle, parcel, swag (Australia). 2 possessions *pl.*, (personal) belongings *pl.*

farcir [fərsí] *t.* COOK. to stuff. 2 fig. to stuff, to cram.

fardell [fərðèʎ] See FARCELL.

farfallós, -osa [fərfəʎòs, -òzə] *a.* unintelligible [speech].

farga [fàryə] *f.* forge.

farigola [fəriyólə] *f.* BOT. thyme.

farina [fərinə] *f.* flour. 2 meal.

farinetes [fərinɛ̀təs] *f. pl.* COOK. gruel. 2 pap.

faringe [fərinʒə] *f.* ANAT. pharynx.

faringitis [fərinʒítis] *f.* MED. pharyngitis.

fariseu [fərizèǔ] *m.* HIST. pharisee. 2 fig. hypocrite.

faristol [fəristɔ̀l] *m.* lectern; music stand.

farmacèutic, -ca [fərməsɛ̀ǔtik, -kə] *a.* pharmaceutical. ■ 2 *m.-f.* chemist, pharmacist.

fàrmac [fàrmək] *m.* MED. drug.

farmàcia [fərmàsiə] *f.* pharmacy [study]. 2 chemist's, (USA) drugstore, pharmacy. 3 dispensary.

farmaciola [fərməsiɔ̀lə] *f.* medicine chest; first-aid kit.

faroner, -ra [fərunè, -rə] *m.-f.* lighthouse keeper.

farratge [fərràdʒə] *m.* fodder, forage.

farsa [fàrsə] *f.* THEATR. farce. 2 pretence, make-believe.

farsant [fərsán] *a.* fake, phoney. ■ 2 *m.-f.* fake, impostor.

fart [far(t), -tə] *a.* full, satiated. 2 fig. fed up (*de,* with). ■ 3 *m.-f.* glutton. 4 excess. ‖ *fer-se un ~ de riure,* to laugh fit to burst, to split one's sides (with laughter).

fartaner, -ra [fərtənè, -rə] *m.-f.* glutton, pig. 2 *f.* spread, feast.

fascicle [fəsíklə] *m.* fascicle; instalment.

fascinació [fəsinəsió] *f.* fascination, bewitchment.

fascinar [fəsiná] *t.* to fascinate, to bewitch, to captivate.

fase [fàzə] *f.* phase, stage; period.

fast [fast] *m.* pomp; splendour, (USA) splendor, magnificience.

fàstic [fàstik] *m.* disgust, revulsion; loathing.

fastig [fəstík] *m.* dullness, tediousness.

fastigós, -osa [fəstiyòs, -òzə] *a.* disgusting, revolting, loathsome; repulsive.

fastiguejar [fəstiyəʒà] *t.* to disgust, to revolt; to sicken. 2 to annoy, to bother, to upset.

fat, fada [fat, fàðə] *a.* tasteless, insipid. ■ 2 *m.* fate, destiny.

fatal [fətàl] *a.* fatal, ill-fated. 2 fig. terrible, awful.

fatalitat [fətəlitát] *f.* fatality. 2 misfortune, ill-luck.

fatic [fətík] *m.* panting, gasping. 2 *pl.* hardships, toils.

fatiga [fətíyə] *f.* fatigue, weariness, exhaustion.

fatigar [fətiyá] *t.* to fatigue, to exhaust, to tire out. ■ 2 *p.* to tire, to wear oneself out.

fatu, fàtua [fátu, fàtuə] *a.* fatuous; vain.

fatxa [fàtʃə] *f.* coll. face; look, appearance.

fatxada [fətʃàðə] See FAÇANA.

fatxenda [fətʃɛ̀ndə] *f.* swank, show-off.

faula [fàǔlə] *f.* fable, tale; story.

fauna [fàǔnə] *f.* fauna.

faune [fàǔnə] *m.* MYTH. faun.

faust, -ta [fàǔst, -tə] *a.* lucky, fortunate. 2 happy, content.

fautor, -ra [fəǔtò, -rə] *m.-f.* abettor; accomplice.

fava [fàβə] *f.* BOT. (broad) bean. ‖ *ésser faves comptades,* to be definite, to be sure as fate. ‖ *no poder dir ~,* to be speechless (with exhaustion). 2 good-for-nothing. ■ 3 *a.* fig. wishy-washy.

favor [fəβòr] *m.* favour, (USA) favor. ‖ *a ~ de,* in favour of, all for. ‖ *fes el ~ de callar,* will you shut up?, do me a favour and shut up! 2 kindness, good turn.

favorable [fəβurábblə] *a.* favourable, (USA) favorable; auspicious. 2 benign, mild.

favorit, -ta [fəβurit, -tə] *a., m.-f.* favourite, (USA) favorite.

favoritisme [fəβuritízmə] *m.* favouritism, (USA) favoritism.

fe [fɛ] *f.* faith; belief. ‖ *anar amb bona ~,* to act in good faith. ‖ *tenir ~ en,* to have faith in. 2 testimony. ‖ *donar ~ de,* to bear witness to. 3 certificate. 4 PRINT. *~ d'errates,* (list of) errata.

feble [fèbblə] *a.* feeble, weak, frail.

feblesa [fəbblɛzə] *f.* feebleness, weakness. 2 fig. moral weakness, lack of moral fibre, frailty.

febre [féβrə] *f.* fever.

febrer [fəβrɛ́] *m.* February.

febril [fəβril] *a.* feverish; restless, agitated.

fecal [fəkál] *a.* faecal.

fècula [fέkulə] *f.* starch.

fecund, -da [fəkún, -də] *a.* prolific, productive. ‖ *un escriptor ~,* a prolific writer. 2 fecund, fertile.

fecundació [fəkundəsió] *f.* fertilization.

fecundar [fəkundá] *t.* to impregnate, to fertilize; to inseminate.

fecunditat [fəkunditát] *f.* productivity. 2 fecundity, fertility.

feda [fέðə] (ROSS.) See OVELLA.

federació [fəðərəsió] *f.* federation; club.

federal [fəðərál] *a.* federal.

federar [fəðərá] *t.* to federate, to band together.

fefaent [fɛ́fəén] *a.* authentic, reliable.

feina [féĩnə] *f.* work; job, task. ‖ *amb prou feines,* hardly, scarcely.

feinada [fəĩnáðə] *f.* excessive or heavy work.

feinejar [fəĩnəʒá] *i.* to do light work, to potter (around).

feiner, -ra [fəĩnɛ́, -rə] *a.* hard-working, industrious, applied. 2 *dia ~,* work day.

feix [féʃ] *m.* bundle, bunch.

feixa [féʃə] *f.* AGR. plot, bed; patch.

feixisme [fəʃizmə] *m.* fascism.

feixista [fəʃistə] *a., m.-f.* fascist.

feixuc, -uga [fəʃúk, -úɣə] *a.* heavy, cumbersome; clumsy, awkward.

fel [fɛ́l] *m.* gall, bile.

feldspat [fəldspát] *m.* MINER. feldspar.

felí, -ina [fəli, -inə] *a.* feline, cat-like.

feliç [fəlis] *a.* happy. 2 opportune, well-timed; lucky.

felicitació [fəlisitəsió] *f.* congratulation, felicitation.

felicitar [fəlisitá] *t.* to congratulate. ■ 2 *p.* to feel proud or satisfied.

felicitat [fəlisitát] *f.* happiness. 2 luck, good fortune; success. 3 *pl.* congratulations.

feligrès, -esa [fəliɣrɛ̀s, -ɛ́zə] *m.-f.* parishioner.

Felip [fəlip] *pr. n. m.* Philip.

fel·lació [fəlləsió] *f.* fellatio.

feltre [fέltrə] *m.* felt (cloth).

fem [fém] *m.* manure. 2 *pl.* (BAL.), (VAL.) See ESCOMBRARIES.

femar [fəmá] *t.* to manure, to fertilize.

femella [fəmɛ́ʎə] *f.* female. 2 nut [of screw].

femení, -ina [fəmǝni, -inə] *a.* feminine; womanish, womanlike.

femer [fəmé] *m.* manure heap, dunghill.

feminisme [fəminizmə] *m.* feminism.

feminitat [fəminitát] *f.* feminity, womanliness.

fems [féms] *pl.* See FEM.

femta [fémtə] *f.* excrement, faeces.

fèmur [fémur] *m.* ANAT. femur, thighbone.

fenc [féŋ] *m.* BOT. hay.

fendre [fέndrə] *t.* ant. to cleave, to split, to cut. ▲ CONJUG. like *prendre.*

fenici, -ícia [fənisi, -isiə] *a., m.-f.* Phoenician.

fènix [féniks] *m.* MYTH. phoenix.

fenomen [fənɔ́mən] *m.* phenomenon. 2 fig. wonder; event.

fenomenal [fənumənál] *a.* phenomenal, remarkable. 2 tremendous.

fer [fé] *t.* to make, to create, to do. 2 to prepare. ‖ ~ *el llit,* to make the bed. ‖ ~ *el sopar,* to make dinner. 3 to do; to perform, to execute. ‖ ~ *salts,* to jump up and down. ‖ ~ *una pregunta,* to ask a question. 4 to cause, to produce. ‖ ~ *fàstic,* to disgust. ‖ ~ *pudor,* to smell bad, to stink. ‖ ~ *soroll,* to make noise. 5 ~ *bondat,* to behave oneself. ‖ ~ *règim,* to be on a diet. 6 to be [weather]. ‖ *fa calor,* it's hot. ‖ *fa sol,* it's sunny. 7 *fa tres dies,* three days ago. 8 to measure, to be: *feia dos metres d'ample,* it was two metres wide. ■ 9 *i.* to have enough. ‖ *amb dos ja farem,* we'll make do with two. ■ 10 *p.* to be friends (*amb,* with). 11 to become. ‖ *fer-se gran,* to grow old. ‖ *fer-se petit,* to shrink [clothes, etc.]. ▲ CONJUG. P. P.: *fet.* ‖ INDIC. Pres.: *faig, fas, fa, fan.* ‖ Imperf.: *feia.* ‖ Perf.: *fiu, feres, féu, férem,* etc. ‖ Fut.: *faré,* etc. ‖ SUBJ. Pres.: *faci,* etc. ‖ Imperf.: *fes, fessis.* ‖ IMPERAT.: *fes.*

fer, -ra [fé, -rə] *a.* fierce, ferocious. ■ 2 *f.* wild beast or animal. 3 fig. monster; fiend.

feraç [fəràs] *a.* very fertile.

feredat [fərəðát] *f.* terror, dread.

feréstec, -ega [fərɛ̀stək, -əɣə] *a.* fierce, wild [animal or person].

fèretre [fέrətrə] *m.* coffin.

ferida [fəriðə] f. wound [also fig.]; injury.

feridura [fəriðúrə] f. MED. apoplexy.

ferir [fəri] t. to injure, to wound, to hurt [also fig.]. ■ 2 p. to have an apoplectic fit.

ferit, -ida [fərit, -iðə] a. injured, hurt, wounded. 2 apoplectic. ■ 3 m.-f. injured or wounded person; casualty.

ferm, -ma [fɛrm, -mə] a. firm, resolute, steadfast; steady. ■ 2 adv. firmly, steadily; hard.

fermall [fərmáʎ] m. brooch, pin.

fermar [fərmá] t. ant. to tie (up); to chain (up); to attach.

fermentació [fərməntəsió] f. fermentation.

fermentar [fərməntá] i. to ferment.

fermesa [fərmɛzə] f. fig. firmness, resolve; determination.

feroç [fərós] See FEROTGE.

ferotge [fərɔdʒə] a. ferocious, fierce, savage.

ferradura [fərrəðúrə] f. horseshoe.

ferralla [fərráʎə] f. scrap (iron). 2 wreckage.

ferramenta [fərrəmɛntə] f. ironwork [of building, etc.]. 2 (VAL.) See EINA.

Ferran [fərrán] pr. n. m. Ferdinand.

ferrar [fərrá] t. to bind with iron. 2 to shoe [horse]. 3 ou ferrat, fried egg.

ferreny, -nya [fərrɛɲ, -ɲə] a. iron [also fig.]; strong, powerful. 2 stern; austere.

ferrer [fərrɛ] m. blacksmith.

ferreteria [fərrətəriə] f. ironmonger's (shop), hardware store.

ferri, fèrria [fɛrri, fɛrriə] a. iron. 2 fig. strong, hard, firm.

ferro [fɛrru] m. iron. ‖ fig. tenir voluntat de ~, to have a will of iron. 2 iron tool; piece of iron.

ferrocarril [fərrukərril] m. railway, (USA) railroad.

ferroviari, -ària [fərruβiàri, -àriə] a. rail; railway, (USA) railroad. ■ 2 m.-f. railwayman, (USA) railroad worker.

fèrtil [fɛrtil] a. fertile; fruitful; rich.

fertilitzar [fərtilidzá] t. to fertilize.

ferum [fərúm] f. scent [of animal], smell; stench.

fervent [fərβɛn] a. fervent, passionate.

fervor [fərβór] m. fervour, (USA) fervor; zeal.

fesol [fəzɔl] m. BOT. (kidney) bean.

fesomia [fəzumíə] f. physiognomy, features pl.

festa [fɛstə] f. party, get-together. 2 celebration, festivity. ‖ ~ major, celebration of a town's patron saint. 3 holiday(s) (pl.) (USA) vacation; time off. 4 caress, stroke.

festejar [fəstəʒá] t. to court, to woo. 2 to celebrate.

festí [fəsti] m. feast, banquet.

festiu, -iva [fəstiŭ, -iβə] a. festive, merry. ‖ ambient ~, festive atmosphere. ‖ dia ~, holiday.

festival [fəstiβál] m. festival.

festivitat [fəstiβitát] f. festivity; (religious) feast, holiday.

fet [fet] m. act. 2 fact. ‖ de ~, in fact, actually. ‖ ~ i ~, all in all. 3 matter [question]. 4 event.

feta [fɛtə] f. feat, deed; achievement.

fetge [fɛdʒə] m. liver.

fetitxe [fətitʃə] m. fetish.

fètid, -da [fɛtit, -ðə] a. stinking, fetid. ‖ bomba fètida, stink bomb.

fetor [fətó] f. stink, stench; smell.

fetus [fɛtus] m. foetus.

feudal [fəŭdál] a. feudal.

feudalisme [fəŭdəlizmə] m. feudalism.

FFCC m. pl. (Ferrocarrils Catalans) (Catalan Railways).

fi [fi] m. aim, purpose. ‖ phr. a ~ que, so (that). 2 f. end, conclusion. ‖ a la ~, in the end, finally. ‖ al cap i a la ~, after all. ‖ per ~!, at last!

fi, fina [fi, finə] a. thin, fine. 2 delicate, subtle. 3 sharp, acute [hearing]. 4 smooth. 5 refined, well-bred; polite.

fiador, -ra [fiəðó, -rə] m. surety, guarantor, backer. 2 catch, latch, bolt.

fiança [fiánsə] f. LAW security, bond; bail. ‖ sota ~, on bail.

fiar [fiá] t. to sell on credit. ■ 2 p. to trust (de, —), to rely (de, on).

fiasco [fiásko] m. fiasco; flop.

fiblar [fibblá] f. to prick, to sting.

fibló [fibbló] m. sting [of insect]. 2 fig. spur, incentive.

fibra [fiβrə] f. fibre, (USA) fiber.

ficar [fiká] t. to introduce, to put (in), to insert. 2 to misplace. ‖ ~ els peus a la galleda, to put one's foot in it. ■ 3 p. to interfere, to get involved. 4 to start. ‖ ficar-se a córrer, to take off.

ficció [fiksió] f. fiction; invention.

fictici, -ícia [fiktisi, -isiə] a. fictious, imaginary.

fidedigne, -na [fiðəðiɲɲə, -nə] a. reliable, trustworthy.

fideïcomís [fiðəikumís] *m.* trust.

fidel [fiðél] *a.* faithful; reliable, trustworthy. ■ *2 m.* faithful.

fidelitat [fiðəlitát] *f.* fidelity, loyalty, faithfulness; allegiance. 2 accuracy, precision.

fideu [fiðéŭ] *m.* noodle.

figa [fíɣə] *f.* fig. || ~ *de moro,* prickly pear. || fig. *figues d'un altre paner,* another kettle of fish. || *fer* ~, to falter, to give way.

figuera [fiɣérə] *f.* fig tree.

figura [fiɣúrə] *f.* figure. 2 image; shape, form.

figuració [fiɣurəsió] *f.* figuration.

figurant, -ta [fiɣuràn, -tə] *m.-f.* THEATR. walk-on.

figurar [fiɣurá] *t.* to portray, to represent. 2 to simulate, to affect. ■ *3 i.* to appear [on list]. 4 to figure. ■ *5 p.* to imagine.

figuratiu, -iva [fiɣurətiŭ, -íβə] *a.* figurative.

figurí [fiɣurí] *m.* fashion plate. 2 fashion magazine. 3 well-dressed person.

fil [fíl] *m.* thread, yarn; filament, fibre. || *perdre el* ~, to lose the thread [of an argument]. 2 edge; blade.

fila [fílə] *f.* row, line; queue, (USA) line. 2 fig. face, look; mug.

filaberquí [filəβərkí] *m.* (carpenter's) brace.

filada [filáðə] *f.* line, row [of bricks, etc.].

Filadèlfia [filəðélfiə] *pr. n. f.* GEOGR. Philadelphia.

filador, -ra [filəðó, -rə] *a.* spinning. ■ *2 m.-f.* spinner. 3 *f.* spinning wheel.

filagarsa [filəɣàrsə] *f.* loose threads.

filament [filəmèn] *m.* filament; thread.

filantrop [filəntrɔ́p] *m.* philanthropist.

filantropia [filəntrupíə] *f.* philanthropy.

filar [filá] *t.* TEXT. to spin. 2 fig. to see through, to discern. 3 ~ *prim,* to be subtle, to draw it fine.

filat [filát] *m.* wire netting or fence. 2 network.

filatèlia [filətéliə] *f.* stamp-collecting.

filatura [filətúrə] *f.* spinning [action]. 2 spinning mill.

filera [filérə] *f.* row, string, line; (fine) thread.

filet [filèt] *m.* COOK. fillet, steak.

filferro [filférru] *m.* wire, steel wire.

filharmònic, -ca [filərmɔ́nik, -kə] *a.* philharmonic.

filiació [filiəsió] *f.* parent-child relationship. 2 affiliation; connection.

filial [filiál] *a.* filial. ■ *2 f.* branch office.

filibuster [filiβustè] *m.* freebooter, pirate.

filiforme [filifɔ́rmə] *a.* thread-like; stringy.

filigrana [filiɣránə] *f.* filigree [gold]. 2 fig. delicate work of art; masterpiece. 3 TYPOGR. watermark.

filipí, -ina [filipí, -inə] *a.* GEOGR. Philippine. ■ *2 m.-f.* Philippine, Filipino.

Filipines [filipínəs] *pr. n. f. pl.* GEOGR. Philippines.

filípica [filipíkə] *f.* harangue, tirade.

fill, -lla [fíʎ, -ʎə] *m.* son. 2 *f.* daughter. 3 *m.-f.* child.

fillada [fiʎáðə] *f.* offspring; brood.

fillastre, -tra [fiʎàstrə, -trə] *m.* stepbrother. 2 *f.* step-daughter.

fillol, -la [fiʎɔ́l, -lə] *m.* godson. 2 *f.* goddaughter. 3 *m.-f.* godchild.

film [fílm] *m.* film.

filmar [filmá] *t.* to film, to shoot.

fil·loxera [filluksèrə] *f.* ENT. phylloxera.

filó [filó] *m.* MIN. seam, vein.

filòleg, -òloga [filɔ́lək, -ɔ́luɣə] *m.-f.* philologist.

filologia [filuluʒíə] *f.* philology.

filosa [filózə] *f.* distaff.

filòsof [filɔ́zuf] *m.* philosopher.

filosofia [filuzufíə] *f.* philosophy.

filtració [filtrəsió] *f.* filtration. 2 fig. leakage, leak [of news, etc.].

filtrar [filtrá] *t.-i.-p.* to filter.

filtre [filtrə] *m.* filter, screen.

fimosi [fimɔ́zi] *f.* MED. phimosis.

final [finál] *a.* final, last. ■ *2 m.* end, conclusion.

finalista [finəlistə] *m.-f.* finalist.

finalitat [finəlitát] *f.* purpose, aim; object.

finalitzar [finəlidzá] *t.-i.* to finish, to end, to finalize.

financer, -ra [finənsè, -rə] *a.* financial. ■ *2 m.-f.* financier.

finat, -ada [finát, -áðə] *a., m.-f.* deceased.

finca [fíŋkə] *f.* property, land; estate. 2 farm, plantation.

finès, -esa [finès, -ézə] *a.* Finnish. ■ *2 m.-f.* Finn. 3 *m.* Finnish [language].

finesa [finézə] *f.* fineness, excellence; refinement. 2 courtesy, kindness.

finestra [finɛ̀strə] *f.* window, bay window. ‖ fig. *tirar la casa per la ~,* to go all out.

finestral [finəstrál] *m.* (large) window.

finestrella [finəstrɛ̀ʎə] See FINESTRETA.

finestreta [finəstrɛ̀tə] *f.* window [of booking office], ticket window.

finestró [finəstró] *m.* shutter.

fingiment [finʒimèn] *m.* pretence, (USA) pretense, simulation; make-believe.

fingir [finʒi] *t.* to pretend, to simulate, to feign.

finir [fini] *t.-i.* to finish. 2 *i.* to die.

finit, -ida [finit, -iðə] *a.* finite.

finlandès, -esa [finləndɛ̀s, -ɛ̀zə] See FINÈS.

Finlàndia [finlándiə] *pr. n. f.* GEOGR. Finland.

finor [finó] See FINESA.

fins [fins] *prep.* as far as, up to, down to, to [place]. 2 until, till, up to [time]. ‖ ~ *aquí,* so far; up to here; ~ *després,* see you later; ~ *i tot,* even; ~ *que,* until.

fiord [fiɔ̀r(t)] *m.* fiord, fjord.

fira [firə] *f.* (open-air) market; fair.

firaire [firáirə] *m.-f.* stallholder, seller [at open-air market].

firal [firál] *m.* fairground, market-place.

firar [firá] *t.* to buy or sell at a market. ■ 2 *p.* to buy.

firma [firmə] *f.* signature. 2 firm, enterprise, company.

firmament [firməmèn] *m.* firmament.

firmar [firmá] *t.* to sign.

fisc [fisk] *m.* (national) treasury, exchequer.

fiscal [fiskál] *a.* fiscal, tax; financial. ■ 2 *m.-f.* prosecutor; attorney, (USA) district attorney.

fiscalitzar [fiskəlidzá] *t.* to control, to inspect [officially].

físic, -ca [fízik, -kə] *a.* physical. ■ 2 *m.* physicist. 3 physique, appearance. 4 *f.* physics.

fisiòleg, -òloga [fiziɔ̀lək, -ɔ̀luɣə] *m.-f.* physiologist.

fisiologia [fiziuluʒiə] *f.* physiology.

fisonomia [fizunumiə] See FESOMIA.

fisonomista [fizunumistə] *a.* good at remembering faces.

fissió [fisió] *f.* fission.

fissura [fisúrə] *f.* fissure.

fístula [fístulə] *f.* MED. fistula.

fit, -ta [fit, -tə] *a.* sharp, penetrating [look, glance]. ■ 2 *f.* boundary post or mark. 3 aim, goal. 4 milestone.

fitar [fitá] *t.* to stare at *i.* to glare at *i.* 2 to mark off, to mark the boundary of.

fitó [fitó] *m.* target.

fitxa [fitʃə] *f.* (index) card. 2 GAME token, chip.

fitxar [fitʃá] *t.* to file, to index [a card]. 2 fig. to put someone on record. ■ 3 *i.* to clock in or out. 4 SP. to sign (*per,* with).

fitxatge [fitʃádʒə] *m.* SP. signing up.

fitxer [fitʃè] *m.* file. 2 filing-cabinet.

fix, -xa [fiks, -ksə] *a.* firm; steady, stable. ‖ *no tenir una feina fixa,* not to have a steady job. 2 fixed [price, date]. 3 permanent [staff, etc.].

fixació [fiksəsió] *f.* fixing, fastening; establishing. 2 MED. fixation.

fixador, -ra [fiksəðó, -rə] *a.* fixing, fastening. ■ 2 *m.* fixer [photography]. 3 fixative. 4 hair cream or lotion.

fixar [fiksá] *t.* to fix, to fasten, to secure; to stick (up); to set [hair]. 2 to establish, to settle or decide on, to appoint [date, time]. ■ 3 *p.* to notice (*en,* —), to pay attention (*en,* to); to stare (*en,* at).

flabiol [fləβiɔ̀l] *m.* MUS. flageolet.

flac, -ca [flak, -kə] *a.* skinny, lean. 2 weak, feeble.

flàccid, -da [fláksit, -ðə] *a.* flabby, soft. 2 flaccid.

flagel [fləʒèl] *m.* flagellum.

flagell [fləʒèʎ] *m.* whip, scourge. 2 fig. scourge, affliction.

flagel·lar [fləʒəlá] *t.* to whip, to scourge, to flog; to flagellate.

flagrant [fləɣràn] *a.* flagrant; obvious, undeniable. ‖ *en ~ delicte,* in the act, red-handed.

flairar [fləirá] *t.* to smell, to scent [also fig.].

flaire [fláirə] *f.* smell, scent.

flama [flámə] *f.* flame [also fig.]: *la ~ de l'amor,* the flame of passion.

flamant [fləmán] *a.* flaming. 2 fig. brand-new, shiny new.

flamarada [fləməráðə] *f.* flare.

flam [flam] *m.* caramel custard.

flamejar [fləməʒá] *t.* to flame, to blaze. 2 to flutter [flag, sail, etc.].

flamenc, -ca [fləmèŋ, -kə] *a.* GEOGR. Flemish. 2 flamenco, Andalusian gypsy. ■ 3 *m.-f.* Fleming. 4 *m.* Flemish [language]. 5 flamenco. 6 ORNIT. flamingo.

flanc [flaŋ] *m.* flank, side.

flanquejar [fləŋkəʒà] t. to flank.

flaquejar [fləkəʒà] i. to become skinny or lean. 2 to slacken, to ebb; to flag.

flaquesa [fləkɛzə] f. thinness, leanness. 2 frailty, feebleness, weakness.

flascó [fləskó] m. flask, bottle.

flash [flàʃ] m. flash; flashgun; flashcube.

flassada [fləsàðə] f. blanket.

flatulència [flətulɛnsiə] f. flatulence.

flauta [flàŭtə] f. MUS. flute. 2 m.-f. flute-player, flautist.

flautista [fləŭtistə] m.-f. flute-player, flautist.

fleca [flɛkə] f. baker's, bakery.

flegma [flɛɣmə] f. phlegm [also fig.].

flegmó [fləɣmó] m. MED. gumboil.

flequer, -ra [fləkɛ, -rə] m.-f. baker.

fletxa [flɛtʃə] f. arrow, dart.

fleuma [flɛ̀ŭmə] a. wishy-washy, limp [person]. ■ 2 m.-f. drip.

flexibilitat [fleksiβilitàt] f. flexibility.

flexible [fləksibblə] a. flexible.

flexió [fləksió] f. flexion, bending.

flirtejar [flirtəʒà] t. to flirt.

floc [flɔk] m. lock [of hair]. 2 bunch. 3 flake.

flonjo, -ja [flɔ̀nʒu, -ʒə] a. soft, spongy; springy; flabby.

flor [flɔ] f. flower [also fig.]; blossom, bloom. ‖ *no tot són flors i violes,* it's not all beer and skittles. 2 a ~ *de,* on the surface of. ‖ *a ~ d'aigua,* at water level.

flora [flɔrə] f. flora.

floració [flurəsió] f. bloom, flowering.

Florència [flurɛnsiə] pr. n. f. GEOGR. Florence.

floret [flurɛt] m. foil [sword].

floreta [flurɛtə] f. compliment, flattery. ‖ *tirar floretes,* to make a pass [at someone].

florí [fluri] m. NUMIS. florin.

floricultura [flurikultúrə] f. flower-growing, floriculture.

floridura [fluriðúrə] f. mould, mildew.

florir [fluri] i. to bloom, to flourish. 2 fig. to flourish. ■ 3 p. to get mouldy.

florista [fluristə] m.-f. florist.

florit, -ida [flurit, -iðə] a. flowery, covered in flowers. 2 mouldy. ■ 3 m. See FLORIDURA. 4 f. blooming, flowering.

flota [flɔ̀tə] f. MAR. fleet. 2 fig. multitude; crowd.

flotació [flutəsió] f. floating, flotation.

flotador [flutəðó] m. float; ball cock. 2 life-preserver, life-buoy, (USA) life saver.

flotant [flutàn] a. floating; afloat.

flotar [flutà] i. to float.

fluctuar [fluktuà] i. to fluctuate; to waver.

fluid, -da [fluit, -ðə] a.-m. fluid. 2 m. ELECTR. power.

fluïdesa [fluiðɛzə] f. fluidity. 2 fluency.

fluir [flui] i. to flow.

fluix, -xa [fluʃ, -ʃə] a. loose, slack. 2 soft, limp. 3 weak; poor [student]. ■ 4 m. flow, stream.

fluor [fluò, coll. flúor] m. CHEM. fluorine.

fluorescència [flurəsɛnsiə] f. fluorescence.

fluvial [fluβiàl] a. fluvial, river.

flux [fluks] m. flow, stream, flux. 2 rising or incoming tide.

FM [ɛfəèmə] f. *(Freqüència Modulada)* FM (Frequency Modulation).

fòbia [fɔ̀βiə] f. phobia.

foc [fɔk] m. fire. ‖ *calar ~,* to set fire to; *castell de focs,* fireworks; ~ *de camp,* camp fire; *treure ~ pels queixals,* to be mad with rage, to foam at the mouth.

foca [fɔ̀kə] f. ZOOL. seal.

focus [fɔ̀kus] m. focus. 2 fig. centre. 3 THEATR. spotlight.

fofo, -fa [fɔ̀fu, -fə] a. soft, spongy; puffy, fluffy.

fogó [fuɣó] m. cooker, stove.

fogonada [fuɣunàðə] f. fireball, flash.

fogós, -sa [fuɣós, -ózə] a. fiery, ardent; vigorous.

fogot [fuɣɔt] m. sudden blush, flush.

foguejar [fuɣəʒà] t. to set fire to, to set on fire. 2 MED. to cauterize. 3 MIL. to fire on, to shoot (at).

foguera [fuɣɛrə] f. bonfire, blaze.

foguerada [fuɣəràðə] See FLAMARADA.

folgar [fulɣà] i. to take time off [work], to be idle. 2 to mess about; to enjoy oneself, to have a good time.

folgat, -da [fulɣàt, -àðə] a. loose, ample, baggy [clothes]. 2 fig. well-off, comfortable.

foli [fɔ̀li] m. folio. 2 sheet [paper].

folklore [fulklòr] m. folklore.

foll, -lla [foʎ, fòʎə] a. crazy, mad.

follet [fuʎɛt] m. goblin, elf.

follia [fuʎiə] f. madness, lunacy; folly.

folrar [fulrrà] t. to line; to pad; to cover [book, etc.]. ■ 2 p. to make a fortune.

folre [fɔ̀lrrə] m. lining, padding; cover.

foment [fumèn] m. incentive, promotion, encouragement.

fomentar [fuməntá] *t.* to foster, to promote, to encourage.

fona [fónə] *f.* sling [for propelling stones, etc.].

fonació [funəsió] *f.* phonation.

fonament [funəmén] *m.* foundation [also fig.]. 2 fig. source; basis, grounds. ‖ *sense* ~, groundless, baseless.

fonamental [funəməntál] *a.* fundamental; basic, essential. ■ 2 *f.* MUS. fundamental.

fonamentar [funəməntá] *t.* ARCH. to lay the foundations of. 2 fig. to found, to base.

fonda [fóndə] *f.* inn; lodging house.

fondalada [fundəláðə] *f.* lowland, lowlands; hollow.

fondària [fundáriə] *f.* depth.

fondejar [fundəʒá] *i.-t.* NAUT. to anchor.

fondo, -da [fóndu, -də] *a.* deep.

fondre [fóndrə] *t.* to melt; to blend, to fuse. ■ 2 *p.* to melt, to dissolve; to fuse. 3 fig. to vanish, to disappear. ▲ CONJUG. GER.: *fonent.* ‖ P. P.: *fos.* ‖ INDIC. Pres.: *fonc.* ‖ SUBJ. Pres.: *fongui,* etc. | Imperf.: *fongués,* etc.

fonedís, -issa [funəðís, -isə] *a.* slippery, shifty. ‖ *fer-se* ~, to slip off or away, to vanish.

fonema [funémə] *m.* phoneme.

fonètic, -ca [funέtik, -kə] *a.* phonetic. ■ 2 *f.* phonetics.

fònic, -ca [fónik, -kə] *a.* phonic.

fonògraf [funóɣrəf] *m.* gramophone, (USA) phonograph.

fonoll [funóʎ] *m.* BOT. fennel.

fons [fons] *m.* bottom. ‖ *a* ~, thoroughly. ‖ *en el* ~, at heart; actually. 2 sea bed, river bed. 3 back, far end [of room, etc.]. 4 ARTS, PHOTO. background. 5 ECON. fund; funds *pl.*, resources *pl.* ‖ *xec sense* ~, bad cheque.

font [fɔn] *f.* fountain, spring. 2 fig. source, origin.

footing [fútiŋ] *m.* SP. jogging.

fora [fɔrə] *adv.* out, outside. ‖ *ser* ~, to be out or away. ‖ *tenir una casa a* ~, to have a house in the country. 2 fig. ~ *de sí,* beside oneself.

forassenyat, -ada [fɔrəsəɲát, -áðə] *a.* outrageous, absurd, nonsensical.

foraster, -ra [furastέ, -rə] *a.* alien; foreign. ■ 2 *m.-f.* stranger, outsider; foreigner, alien.

forat [furát] *m.* hole; hollow, pit. 2 fig. hide-out, retreat [place].

forca [fɔrkə] *f.* gallows. 2 pitchfork.

força [fɔrsə] *f.* strength, force. 2 power. ‖ ~ *pública,* public pressure. ‖ *per* ~, *a la* ~, against one's will. ■ 3 *a.* much, a lot of. ‖ ~ *gent,* quite a crowd. ‖ ~ *soroll,* a lot of noise. ■ 4 *adv.* very; rather. ‖ ~ *de pressa,* very fast.

forçar [fursá] *t.* to force, to compel. 2 to force; to break down, to break into; to rape. 3 to strain [voice, ears, etc.].

forçat, -ada [fursát, -áðə] *a.* forced, compulsory. ‖ *treballs forçats,* hard labour, (USA) hard labor.

forcejar [fursəʒá] *i.* to struggle, to fight; to strive.

fòrceps [fórsəps] *m. pl.* MED. forceps.

forçós, -osa [fursós, -ózə] *a.* compulsory, unavoidable; necessary.

forçut, -uda [fursút, -úðə] *a.* strong, tough, robust.

forense [furénsə] *a.* forensic. ■ 2 *m.-f.* forensic surgeon.

forestal [furəstál] *a.* forest. ‖ *guarda* ~, gamekeeper, game warden. ‖ *incendi* ~, forest fire.

forja [fɔrʒə] *f.* forge, foundry. 2 forging.

forjar [furʒá] *t. t.* to forge, to shape [also fig.].

forma [fórmə] *f.* form, shape. 2 way, means.

formació [furməsió] *f.* formation. 2 education, training. 3 MIL. formation; assembly.

formal [furmál] *a.* formal. 2 serious, well-behaved [person]. 3 reliable.

formalitat [furməlitát] *f.* formality. 2 reliability.

formalitzar [furməlidzá] *t.* to formalize.

formar [furmá] *t.* to form, to shape; to make, to draw up. 2 to constitute, to make up. 3 to train, to educate. ■ 4 *i.* MIL. to fall in line.

format [furmát] *m.* format, size.

formatge [furmádʒə] *m.* cheese.

formatgeria [furmədʒəriə] *f.* cheese factory, dairy. 2 cheese shop. 3 cheese restaurant.

forment [furmén] *m.* BOT. wheat.

formidable [furmiðábblə] *a.* formidable, fearsome. 2 fig. extraordinary, magnificent.

formiga [furmiɣə] *f.* ENT. ant.

1) formigó [furmiɣó] *m.* concrete.

2) formigó [furmiɣó] *m.* creepy feeling, itchiness.

formigueig [furmiɣétʃ] See FORMIGÓ 2).

formiguer [furmiɣè] *m.* anthill. *2* colony of ants. *3* fig. swarm [people].

formol [furmɔ́ɫ] *m.* CHEM. formol.

formós, -osa [furmós, -ózə] *a.* beautiful.

fórmula [fɔ́rmulə] *f.* formula.

formular [furmulá] *t.* to formulate.

formulari, -ària [furmulári, -áriə] *a.* perfunctory. ■ *2 m.* formulary, form.

forn [fórn] *m.* oven [for food]; kiln [for pottery]; furnace [for glass, metals]. *2* bakery, bread shop.

fornada [furnáðə] *f.* batch [also fig.].

fornal [furnáɫ] *f.* forge.

forner, -ra [furnè, -rə] *m.-f.* baker.

fornicació [furnikəsió] *f.* fornication.

fornicar [furnikà] *i.* to fornicate.

fornir [furní] *t.* to supply, to provide.

fornit, -ida [furnit, -iðə] *a.* well-built, strong, muscular.

forqueta [furkɛ̀tə] (BAL.), (VAL.) See FORQUILLA.

forquilla [furkíʎə] *f.* fork.

forrellat [furrəʎát] *m.* bolt.

fort, -ta [fɔ́rt, -tə] *a.* strong. *2* healthy. *3* loud. ■ *4 m.* MIL. fort. || *al ~ de l'estiu,* in the height of summer. || *el seu ~ és la física,* physics is his strong point. ■ *5 adv.* strongly. *6* loudly.

fortalesa [furtəlɛ̀zə] *f.* strength. *2* MIL. fortress.

fortí [furtí] *m.* small fort.

fortificar [furtifikà] *t.* to fortify. *2* fig. to strengthen, to fortify.

fortor [furtó] *f.* stench, stink.

fortuït, -ta [furtuít] *a.* accidental; fortuitous.

fortuna [furtúnə] *f.* fortune.

fòrum [fɔ́rum] *m.* HIST. forum. *2* LAW legal profession. *3* THEATR. back.

fosa [fózə] *f.* melting [snow, butter, etc.]; smelting [metals]. *2* ART casting.

fosc, -ca [fosk, -kə] *a.* dark. || *fer-se ~,* to get dark. *2* fig. obscure. ■ *3 f.* darkness. || *a les fosques,* in the dark.

foscor [fuskó] *f.* See FOSCA 3.

fosfat [fusfát] *m.* CHEM. phosphate.

fosforescent [fusfurəsèn] *a.* phosphorescent.

fossa [fòsə] *f.* grave. *2* ~ *nasal,* nostril.

fossar [fusá] *m.* cemetery, graveyard.

fossat [fusát] *m.* moat.

fòssil [fɔ́sil] *a.-m.* fossil.

fossilitzar [fusilidzà] *t.-p.* to fossilize.

fotesa [futɛ̀zə] *f.* trifle, insignificant thing.

fòtil [fɔ́til] *m.* coll. useless object.

fotimer [futimè] *m.* coll. lot (*de,* of).

foto [fótu] *f.* coll. photo.

fotocòpia [futukɔ́piə] *f.* photocopy.

fotogènic, -ca [futuʒɛ̀nik, -kə] *a.* photogenic.

fotògraf, -fa [futɔ́ɣrəf, -fə] *m.-f.* photographer.

fotografia [futuɣrəfíə] *f.* photography [activity]. *2* photograph.

fotografiar [futuɣrəfià] *t.* to photograph, to take pictures of.

fotogravat [futuɣrəβát] *m.* photogravure.

fotòmetre [futɔ́mətrə] *m.* exposure meter, light meter.

fotonovel·la [fɔtunuβɛ̀llə] *f.* romantic story with photographs.

fotosfera [fɔtusfɛ̀rə] *f.* photosphere.

fotosíntesi [fɔtusintɛzi] *f.* photosynthesis.

fotre [fótrə] *t.* vulg. to fuck. *2* coll. to make, to do. || *què hi fots aquí?,* what are you doing here? || *el cotxe fot un soroll estrany,* the car's making a funny noise. *3* to throw: *li van ~ una galleda d'aigua per sobre,* they threw a bucket of water over him. *4* to annoy, to bother: *ho fan només per ~'ns,* they do it only to annoy us. *5* to put: *el van ~ a la presó,* they put him in prison. *6 fot el camp!,* bugger off! *7* to nick. ■ *8 p.* to get depressed, to get bored, to become sick. *9* to eat; to drink. *10* to start. || *tot just es fotia a clapar, van trucar a la porta,* he was just off to sleep when there was a knock at the door. *11* to laugh (*de,* at).

FP [efəpè] *f.* EDUC. (*Formació Professional*) (technical training).

fra. *f.* COMM. (abbr. of *factura*) inv. (invoice).

frac [frak] *m.* dress coat, tails *pl.*

fracàs [frəkás] *m.* failure, disaster.

fracció [frəksió] *f.* part, fragment. *2* MATH. fraction.

fraccionari, -ària [frəksiunári, -áriə] *a.* fractional.

fractura [frəktúrə] *f.* fracture, break.

fracturar [frəkturá] *t.* to fracture, to break.

fragància [frəɣánsiə] *f.* fragrance, perfume.

fragata [frəɣátə] *f.* NAUT. frigate.

fràgil [frázil] *a.* fragile, delicate. *2* fig. frail.

fragilitat [frəʒilitát] *a.* fragility. 2 fig. frailty.

fragment [frəɡmèn] *m.* fragment.

fragmentar [frəɡməntá] *t.* to fragment, to fragmentize, to break up.

fragor [frəɣó] *m.* din.

franc, -ca [fraŋ, -kə] *a.* free: *port-franc,* freeport. ‖ *de ~,* free. 2 frank. ■ *m.* 3 franc.

França [fránsə] *pr. n. f.* GEOGR. France.

francès, -esa [frənsès, -èzə] *a.* GEOGR. French. ■ 2 *m.* Frenchman. 3 French [language]. 4 *f.* Frenchwoman.

Francesc [frənsèsk] *pr. n. m.* Francis.

francmaçoneria [frəŋməsunəriə] *f.* freemasonry.

francòfil, -la [frəŋkòfil, -lə] *a.* francophile.

franel·la [frənèllə] *f.* flannel.

franja [fránʒə] *f.* trimming, fringe.

franqueig [frəŋkètʃ] *m.* postage. 2 franking.

franquejar [frəŋkəʒá] *t.* to stamp, to frank. 2 to cross [rivers].

franquesa [frəŋkèzə] *f.* frankness, sincerity.

frare [frárə] *m.* friar, monk. ‖ *dotzena de ~,* baker's dozen.

frase [frázə] *f.* sentence; phrase. ‖ *~ feta,* set phrase, set expression.

fraseologia [frəzɛuluʒiə] *f.* phraseology.

fraternitat [frətərnitát] *f.* fraternity, brotherhood.

fraternitzar [frətərnidzá] *i.* to fraternize.

fratricidi [frətrisiði] *m.* fratricide.

frau [fráŭ] *m.* fraud.

fraudulent, -ta [frəŭðulèn, -tə] *a.* fraudulent.

fre [frɛ] *m.* bit. 2 MECH. brake. 3 fig. curb, check.

frec [frɛk] *m.* scraping, rubbing; brushing.

fred, -da [frɛt, -ðə] *a.* cold: *fa molt ~,* its very cold. ‖ *mantenir la sang freda,* to stay cool. 2 fig. cold, indifferent, unaffectionate. ■ 3 *m.* cold.

fredeluc, -uga [frəðəlúk, -úɣə] *a.* See FREDOLIC.

Frederic [frəðərik] *pr. n. m.* Frederic.

fredolic, -ca [frəðulik, -kə] *a.* who feels the cold. ■ 2 *m.* BOT. edible type of agaric mushroom.

fredor [frəðó] *f.* coldness [also fig.].

frega [frɛ́ɣə] *f.* rubbing, rub-down, massage.

fregadís [frəɣəðis] *m.* rubbing.

fregall [frəɣáʎ] *m.* pan-scrub, scourer.

fregar [frəɣá] *t.* to scrub [the floor]; to clean. 2 to rub, to catch: *frega el sostre amb els cabells,* her hair catches the ceiling. ■ 3 *i.* to rub, to scrape.

fregidora [frəʒiðòrə] *f.* deep-fryer.

fregir [frəʒi] *t.* to fry *t.-i.* ■ 2 *p.* fig. to be roasting [people].

freixe [frèʃə] *m.* BOT. ash.

freixura [frəʃúrə] *f.* COOK. lungs.

frenar [frəná] *t.* to brake. 2 fig. to check, to curb, to restrain.

frenesí [frənəzi] *m.* frenzy.

frenètic, -ca [frənètik, -kə] *a.* frenetic, frantic.

freqüència [frəkwènsiə] *f.* frequency. ‖ *amb ~,* often, frequently.

freqüent [frəkwèn] *a.* frequent, common, usual.

freqüentar [frəkwəntá] *t.* to frequent. 2 to do (something) often.

fresa [frɛ́zə] *f.* MECH. milling machine.

fresc, -ca [frèsk, -kə] *a.* fresh, new. 2 cool. 3 coll. cheeky. ■ 4 *m.* ART fresco. 5 *f.* cool *fa ~,* it's cool [weather]. ‖ *prendre la ~,* to get some fresh air.

frescor [frəskó] *f.* freshness. 2 fig. coolness, phlegm. 3 coll. cheek, cheekiness.

fressa [frèsə] *f.* noise.

fressat, -ada [frəsàt, -áðə] *a.* beaten [paths].

fretura [frətúrə] *f.* lack; scarcity, shortage.

fricandó [frikəndó] *m.* COOK. fricandeau.

fricció [friksió] *m.* rubbing. 2 MECH. friction. 3 fig. friction, trouble. 4 MED. massage.

frigidesa [friʒiðèsə] *f.* frigidity.

frigorific, -ca [friɣurifik, -kə] *a.* refrigerating. ■ 2 *m.* refrigerator, fridge.

fris [fris] *m.* ARCH. frieze.

frisar [frizá] *i.* to get extremely impatient.

frívol, -la [friβul, -lə] *a.* frivolous.

fronda [fròndə] *f.* BOT. frond.

frondós, -osa [frundòs, -ózə] *a.* leafy.

front [fron] *m.* forehead. 2 front. ‖ *fer ~ a,* to face (up to).

frontal [fruntál] *a.* frontal.

frontera [fruntèrə] *f.* frontier, border [also fig.].

fronterer, -ra [fruntərè, -rə] *a.* border, frontier.

frontispici [fruntispisi] *m.* frontispiece.

frontissa [fruntisə] *f.* hinge.

frontó [fruntó] *m.* ARCH. pediment. 2 SP. pelota court. 3 SP. front wall of a pelota court.

fructificar [fruktifiká] *t.* to bear fruit, to fructify.

frugal [fruɣál] *a.* frugal.

fruir [fruí] *i.* to enjoy *t.*

fruit [frúĭt] *f.* BOT. fruit. 2 BOT. fruit, result, benefit. ‖ *donar* ~, to bear fruit, to give results.

fruita [frúĭtə] *f.* fruit [apples, oranges, etc.].

fruiter, -ra [fruĭté, -rə] *a.* fruit. ■ 2 *m.* fruit tree. 3 *m.-f.* greengrocer.

frunzir [frunzí] *t.* to gather [in cloth].

frustració [frustrəsió] *f.* frustration.

frustrar [frustrá] *t.* to frustrate, to thwart.

fúcsia [fúksiə] *f.* fuchsia.

fuet [fuɛ́t] *m.* whip. 2 long, thin, dried, cured sausage.

fuetejar [fuətəʒá] *t.* to whip, to flog.

fuga [fúɣə] *f.* escape, flight. 2 MUS. fugue.

fugaç [fuɣás] *a.* fleeting.

fugida [fuʒíðə] *f.* escape, flight.

fugir [fuʒí] *i.* to escape, to flee; to run away. ‖ *per* ~, to put to flight, to frighten away. 2 to come off; to come out of. ‖ *la raqueta em va* ~ *de la mà,* the racket flew out of my hand. 3 ~ *d'estudi,* to evade the question. ▲ CONJUG. INDIC. Pres.: *fujo, fuigs, fuig, fuig,* etc.

fugisser, -ra [fuʒisé, -rə] *a.* fleeting.

fugitiu, -iva [fuʒitíŭ, -iβə] *a., m.-f.* fugitive.

fulard [fulár] *m.* foulard.

fulgència [fulʒɛ́nsiə] *f.* brilliance, dazzling brightness.

fulgor [fulɣó] *m.* See FULGÈNCIA.

fulgurar [fulɣurá] *i.* to flash, to emit flashes of light.

full [fuʎ] *m.* sheet of paper. 2 page. 3 COOK. *pasta de* ~, puff pastry.

fulla [fúʎə] *f.* leaf [trees, plants]. 2 blade. ‖ *posa-t'hi fulles,* it's not my problem.

fullaraca [fuʎərákə] *f.* dead leaves. 2 fig. worthless book.

fullatge [fuʎádʒə] *m.* foliage, leaves.

fullejar [fuʎəʒá] *t.* to leaf through [a book].

fulletó [fuʎətó] *m.* installment, part [of a novel published in parts].

fullola [fuʎɔ́lə] *f.* veneer.

fulminant [fulminán] *a.* fulminating.

fulminar [fulminá] *t.* to strike by lightning. ‖ ~ *amb la mirada,* to cast a withering look at. 2 to explode. ■ 3 *i.* to flash with lightning. 4 to explode.

fum [fum] *m.* smoke; fumes. 2 vapour, steam. 3 *pl.* airs *pl.*

fumador, -ra [fuməðó, -rə] *m.-f.* smoker. 2 *m.* smoking room.

fumar [fumá] *t.-i.* to smoke. 2 *i.* to steam: *aquest cafe és massa calent; mira com fuma,* this coffee's too hot; look how it's steaming.

fumarada [fuməráðə] *f.* (thick) cloud of smoke.

fumarola [fumərɔ́lə] *f.* fumarole.

fumejar [fuməʒá] *i.* to give off smoke or steam; to smoke; to steam.

fúmer [fúmə] coll. See FOTRE.

fumera [fumɛ́rə] *f.* cloud of smoke.

fumerol [fumərɔ́l] *m.* light cloud of smoke or mist.

fumigar [fumiɣá] *t.* to fumigate.

funàmbul, -la [funámbul, -lə] *m.-f.* tightrope walker.

funció [funsió] *f.* function. 2 duty. 3 performance; show. 4 MATH. function. 5 *en* ~ *de,* in terms of. ‖ *president en funcions,* acting president.

funcional [funsiunál] *a.* functional.

funcionament [funsiunəmɛ́n] *m.* functioning, working.

funcionar [funsiunár] *i.* to function, to work. ‖ *fer* ~, to make work. ‖ *no funciona,* out of order.

funcionari [funsiunári] *m.* civil servant; functionary.

funda [fúndə] *f.* cover [flexible]; case [rigid].

fundació [fundəsió] *f.* foundation.

fundar [fundá] *t.* to found [city]; to establish [business]. 2 to base (*en,* on): *en què fundes aquesta deducció,* on what do you base this deduction? ■ 3 *p.* to base oneself (*en,* on).

fúnebre [fúnəβrə] *a.* funeral. 2 funereal, gloomy.

funeral [funərál] *m.* funeral.

funerari, -ària [funərári, -áriə] *a.* funerary. ■ 2 *f.* undertaker's; (USA) funeral parlor.

funest, -ta [funɛ́s(t), -tə] *a.* fatal, deadly. 2 baneful, baleful.

funicular [funikulár] *m.* cable car.

fur [fur] *m.* law or privilege [special to a certain region].

fura [fúrə] f. ZOOL. ferret. 2 fig. busybody, nosey parker, meddler.

furgar [furɣá] t. to poke, to stir, to prod. 2 to rummage about. i. 3 fig. to meddle, to pry.

furgó [furɣó] m. wagon, truck. 2 RAIL. luggage van.

furgoneta [furɣunɛ́tə] f. van [small].

fúria [fúriə] f. fury.

furiós, -osa [furiós, -ózə] a. furious.

furóncol [furóŋkul] m. MED. boil, furuncle.

furor [furó] m. furore.

furt [fur(t)] m. theft. 2 thing stolen.

furtiu, -iva [furtiŭ, -íβə] a. furtive. ‖ caçador ~, poacher.

fus [fus] m. spindle. 2 GEOM. lune. 3 ~ horari, time zone.

fusell [fuzɛ́ʎ] m. rifle, gun.

fusible [fuzíbblə] a. fusible. ■ 2 m. ELECTR. fuse.

fusió [fuzió] f. fusion. 2 COMM. merger.

fusta [fústə] f. wood, timber. ‖ té ~ de santa, she's like a saint. 2 piece of wood.

fuster [fustɛ́] m. carpenter; joiner.

fusteria [fustəríə] f. carpentry; joinery. 2 carpenter's or joiner's shop.

fustigar [fustiɣá] t. to flog, to whip.

futbol [fubbɔ́l] m. football.

futbolí [fubbulí] m. GAME table football.

futbolista [fubbulístə] m.-f. football player.

fútil [fútil] a. futile.

futur, -ra [futúr, -rə] a.-m. future.

futurisme [futurízmə] m. futurism.

futurista [futurístə] a., m.-f. futurist.

G

G, g [ʒe] *f.* g [letter].

gàbia [gáβiə] *f.* cage. ‖ *muts i a la ~!*, shut up!

gabial [gəβiàl] *m.* large cage; aviary.

gabinet [gəβinὲt] *m.* study. 2 POL. cabinet. 3 office [lawyer's].

Gabriel [gəβriὲl] *pr. n. m.* Gabriel.

gafarró [gəfərró] *m.* ORNIT. greenfinch.

gafet [gəfὲt] *m.* clasp; hook [of hook and eye].

gai, gaia [gàĭ, -gáĭə] *a.* gay, festive. 2 homosexual. ■ 3 *m.-f.* homosexual, gay.

gaiato [gəĭàtu] *m.* crook [shepherd's].

gaig [gatʃ] *m.* ORNIT. jay.

gaire [gàĭrə] *a.* much: *en vols ~?*, do you want much?; *no n'hi ha ~*, there isn't much; *parles sense ~ convenciment*, you don't sound very convinced. ■ 2 *adv.* very: *no és ~ gran*, it's not very big; *vindràs ~ tard?*, will you come very late?

gairebé [gəĭrəβέ] *adv.* almost, nearly. 2 *~ no*, hardly, scarcely.

gairell [gəĭrὲʎ] *adv. phr. de ~*, aslant, sideways.

gaita [gàĭtə] *f.* MUS. bagpipe. ‖ *estar de mala ~*, to be in a bad mood.

gala [gàlə] *f.* pomp, show. ‖ *sopar de ~*, gala dinner.

galant [gəlán] *a.* gallant. ■ 2 *m.* beau; lover; suitor. 3 THEATR. (juvenile) lead.

galantejar [gələntəʒá] *t.* to be courteous to; to court, to woo.

galàpet [gəlápət] See GRIPAU.

galàxia [gəláksiə] *f.* ASTR. galaxy.

galdós, -osa [gəldós, -ózə] *a.* rotten, awful, terrible, shocking.

galena [gəlέnə] *f.* MINER. lead sulphide, galena.

galera [gəlέrə] *f.* NAUT., print. galley. 2 ant. women's prison. 3 *pl.* galleys.

galerada [gələràðə] *f.* PRINT. galley proof.

galeria [gələríə] *f.* gallery. 2 corridor. 3 fig. public opinion.

galerna [gəlὲrnə] *f.* METEOR. strong north west wind.

galet [gəlὲt] *m.* spout.

galeta [gəlὲtə] *f.* biscuit, (USA) cookie. 2 coll. slap.

Galícia [gəlísiə] *pr. n. f.* GEOGR. Galicia.

galifardeu [gəlifərðὲŭ] *m.* coll. lad, youth.

galimaties [gəlimətiəs] *m.* coll. mess; nonsense.

galindaina [gəlindàĭnə] *f.* bauble. 2 *pl.* trifles.

galindó [gəlindó] *m.* ANAT. bunion.

galiot [gəliὀt] *m.* NAUT. galley slave.

gall [gaʎ] *m.* cock. ‖ *~ dindi*, turkey 2 MUS. wrong note. 3 fig. bossy person.

gallard, -da [gəʎár(t), -ðə] *a.* charming, elegant. 2 fig. gallant, brave.

gallardet [gəʎərðὲt] *m.* pennant.

gallardia [gəʎərðiə] *f.* elegance, grace. 2 fig. courage.

gallaret [gəʎərὲt] *m.* See ROSELLA.

galleda [gəʎέðə] *f.* bucket. ‖ fig. *ficar els peus a la ~*, to put one's foot in it.

gallejar [gəʎəʒá] *i.* to strut about; to be arrogant. 2 to brag; to bluster.

gal·lès, -esa [gəʎὲs, -zə] *a.* Welsh. ■ 2 *m.* Welshman. 3 *f.* Welshwoman.

Gal·les [gáʎəs] *pr. n. m.* GEOGR. Wales.

gallet [gəʎὲt] *m.* young cock. 2 trigger. 3 weather vane, weather cock.

galleta [gəʎέtə] (BAL.), (VAL.) See GALETA.

gàl·lic, -ca [gállik, -kə] *a.* Gallic.

gal·licisme [gəllisizmə] *m.* Gallicism.

gallimarsot [gəʎimərsɔ́t] *m.* cock without a crest. 2 masculine looking woman.

gallina [gəʎínə] *f.* hen. ‖ *pell de ~*, goose-pimples, gooseflesh. 2 fig. chicken, coward.

gallinaire [gəʎináirə] *m.-f.* poultry dealer or seller.

galliner [gəʎinè] *m.* hen run. 2 henhouse. 3 fig. bedlam, madhouse.

galló [gəʎó] *m.* segment, slice [fruit].

galó [gəló] *m.* MIL. stripe. 2 gallon.

galop [gəlɔ́p] *m.* gallop. 2 MAR. breakwater. 3 MUS. galop.

galopant [gəlupán] *a.* galloping.

galotxa [gəlɔ́tʃə] *f.* See ESCLOP.

galta [gáltə] *f.* cheek. 2 *pl.* fig. cheek *sing.*

galtaplè, -ena [gəltəplè, -ɛ́nə] *a.* chubby cheeked.

galtera [gəltèrə] *f.* chinstrap. 2 *pl.* MED. mumps.

galvana [gəlβánə] *f.* laziness.

galvànic, -ca [gəlβánik, -kə] *a.* ELECTR. galvanic.

galvanitzar [gəlβənidzá] *t.* to galvanize [also fig.].

galze [gálzə] *m.* groove.

galzeran [gəlzərán] *m.* BOT. butcher's broom.

gamarús [gəmərús] *m.* ORNIT. tawny owl. 2 type of mushroom.

gamba [gámbə] *f.* ZOOL. shrimp, prawn. 2 leg.

gambada [gəmbáðə] *f.* stride.

gambal [gəmbál] *m.* stirrup leather. ‖ *curt de gambals,* slow, thick.

gamma [gámmə] *f.* gamma. 2 MUS. scale. 3 range.

gana [gánə] *f.* hunger. ‖ *tinc ~,* I'm hungry. 2 *pl.* wish *sing.* desire *sing.* ‖ *tinc ganes d'anar-me'n al llit,* I want to go to bed. ‖ *no em dóna la ~,* I don't feel like it.

ganàpia [gənápiə] *m.-f.* big baby.

gandul, -la [gəndúl, -lə] *a.* lazy, idle. ■ 2 *m.-f.* lazybones, idler, loafer.

gandulejar [gənduləʒá] *i.* to be lazy, to be idle, to laze about.

ganduleria [gənduləriə] *f.* laziness, idleness.

ganga [gáŋgə] *f.* bargain. 2 ORNIT. sandgrouse. 3 MINER. gangue.

gangli [gáŋgli] *m.* ANAT. ganglion.

gangrena [gəŋgrènə] *f.* gangrene.

gangrenar-se [gəŋgrənársə] *p.* to go gangrenous.

gànguil [gáŋgil] *m.* coll. lanky person, beanpole.

ganivet [gəniβɛ́t] *m.* knife.

ganiveta [gəniβɛ́tə] *f.* large knife; bread knife.

ganso, -sa [gánsu, -sə] *a.* dawdling.

gansola [gənsɔ́lə] (ROSS.) See GANDUL.

gansoner, -ra [gənsunè, -rə] See GANSO.

gansoneria [gənsunəriə] *f.* slowness, time wasting.

ganut, -uda [gənút, -úðə] *a.* starving, ravenous. 2 always hungry.

ganxet [gənʃɛ́t] *m.* crochet hook. ‖ *fer ~,* to crochet.

ganxo [gánʃu] *m.* hook.

ganya [gáɲə] *f.* gill.

ganyota [gəɲɔ́tə] *f.* grimace, face.

gara-gara [gárəγárə] *f. fer la ~ a,* to suck up to.

garant [gərán] *a.* responsible. ■ 2 *m.-f.* guarantor.

garantia [gərəntiə] *f.* guarantee, warranty.

garantir [gərənti] *t.* to guarantee. 2 to assure. 3 to vouch for.

garatge [gəráɡ̃ʒə] *m.* garage.

garba [gárβə] *f.* AGR. sheaf.

garbell [gərβèʎ] *m.* riddle; sieve.

garbí [gərβí] *m.* METEOR. south-west wind.

garbuix [gərβúʃ] *m.* tangle, mix-up, mess. ‖ *fer-se un ~,* to get all mixed up.

gardènia [gərðèniə] *f.* BOT. gardenia.

garfi [gárfi] *m.* sharp pointed hook; gaff.

gargall [gərγáʎ] *m.* spit.

gargamella [gərγəmèʎə] *f.* throat.

gàrgara [gárγərə] *f.* gargle. ‖ *ves a fer gàrgares!,* get lost!, push off!

gàrgola [gárγulə] *f.* gargoyle.

gargot [gərγɔ́t] *m.* scribble, scrawl.

gargotejar [gərγutəʒá] *t.* to scribble, to scrawl.

garita [gəritə] *f.* sentry box; lookout turret.

garjola [gərʒɔ́lə] *f.* clink, prison, jail.

garlaire [gərláirə] *m.-f.* chatterbox, prattler.

garlanda [gərlándə] *f.* garland.

garlar [gərlá] *i.* to prattle, to rabbit on.

garnatxa [gərnátʃə] *f.* variety of black grape. 2 *m.* wine of this grape.

garneu, -ua [gərnèu, -wə] *a.* cunning, sly. ■ 2 *m.* ICHTHY. piper.

garra [gárrə] *f.* leg [animals].

garrafa [gərráfə] *f.* demijohn, large bottle.

garranyic [gərrəɲik] *m.* squeal; squeak.

garratibat, -ada [ɡàrrətiβát, -áðə] *a.* stiff-legged. 2 *fig.* dumbfounded, astounded.

garrell, -lla [ɡarrèʎ, -ʎə] *a.* bow-legged.

garrepa [ɡərrépə] *a.* mean, miserly. ■ 2 *m.-f.* miser; penny-pincher.

garreta [ɡərrétə] *f.* ANAT. back of the knee.

garrí, -ina [ɡərri, -inə] *m.-f.* piglet.

garriga [ɡərriɣə] *f.* BOT. scrubland, scrub.

garrit, -ida [ɡərrit, -iðə] *a.* charming; gallant.

garró [ɡərró] *m.* ankle.

garrofa [ɡərrɔ́fə] *f.* BOT. carob bean or pod. ‖ *guanyar-se les garrofes*, to earn one's living.

garrofer [ɡərrufè] *m.* BOT. carob tree.

garrot [ɡərrɔ́t] *m.* stick, stave, staff. 2 LAW garrotte or garotte.

garrotada [ɡərrutáðə] *f.* a blow with a stick or club.

garrotxa [ɡərrɔ́tʃə] *f.* difficult terrain, rugged land.

garsa [ɡársə] *f.* ORNIT. magpie.

gas [ɡas] *m.* gas. 2 *pl.* wind *sing.*, gas *sing.* [in the stomach].

gasa [ɡázə] *f.* gauze.

gasela [ɡəzέlə] *f.* ZOOL. gazelle.

gaseta [ɡəzέtə] *f.* gazette.

gasetilla [ɡəzətiʎə] *f.* news-in-brief section. 2 short news item.

gasetiller [ɡəzətiʎέ] *m.* writer of short news items.

gasificar [ɡəzifikà] *t.* to gasify.

gasiu, -iva [ɡəziŭ, -iβə] *a.* mean, tight-fisted.

gasiveria [ɡəziβəriə] *f.* meanness, tight-fistedness; miserliness.

gasògen [ɡəzɔ́ʒən] *m.* gasogene.

gas-oil [ɡəzɔ́ĭl] *m.* gas oil. 2 diesel [vehicles].

gasolina [ɡəzulinə] *f.* petrol, (USA) gasolene, gas.

gasolinera [ɡəzulinèrə] *f.* garage, petrol station, (USA) gas station.

gasòmetre [ɡəzɔ́mətrə] *m.* gasometer.

gasós, -osa [ɡəzós, -ózə] *a.* gaseous. 2 fizzy. 3 *f.* lemonade.

gaspatxo [ɡəspátʃu] *m.* gazpacho [a cold soup].

gassot [ɡəsɔ́t] (ROSS.) See TOLL.

gastar [ɡəstà] *t.-p.* to spend [money]. 2 *t.* to use up. 3 to use [gas, electricity, etc.]. 4 *p.* to be used up. 5 to wear out.

gastat, -ada [ɡəstát, -áðə] *a.* worn out.

gàstric, -ca [ɡástrik, -kə] *a.* gastric.

gastritis [ɡəstritis] *f.* gastritis.

gastronomia [ɡəstrunumiə] *f.* gastronomy.

gat, gata [ɡàt, ɡàtə] *m.* cat. 2 MECH. jack. 3 ~ *vell*, wise old bird; *donar* ~ *per llebre*, to sell someone a pig in a poke. 4 *f.* she-cat.

gatejar [ɡətəʒà] *i.* to crawl on all fours.

gató [ɡətó] (ROSS.) See PASTÍS.

gatosa [ɡətózə] *f.* BOT. gorse, furze.

gatzara [ɡədzárə] *f.* shouting, uproar, din.

gatzoneta [ɡədzunέtə] *adv. phr.* a la ~, squatting.

gaudi [ɡáŭði] *m.* enjoyment, pleasure.

gaudir [ɡáŭði] *i.* to enjoy *t.*

gautxo, -txa [ɡáŭtʃu, -tʃə] *m.-f.* gaucho.

gavadal [ɡəβəðál] *m.* trough. ‖ *fig. un* ~ *de*, loads of.

gavardina [ɡəβərðinə] *f.* raincoat.

gavarra [ɡəβárrə] *f.* MAR. barge.

gavarrot [ɡəβərrɔ́t] *m.* tack.

gavatx, -txa [ɡəβátʃ, -tʃə] *a., m.-f.* pej. French. 2 *m.-f.* pej. Frog.

gavella [ɡəβέʎə] *f.* AGR. sheaf.

gavet, -ta [ɡəβέt, -tə] *m.* BOT. rhododendron. 2 *f.* mortar trough.

gavià [ɡəβià] *m.* ORNIT. seagull.

gavina [ɡəβinə] *f.* ORNIT. seagull.

gebrada [ʒəβràðə] See GEBRE.

gebrar [ʒəβrà] *i.* to freeze. ■ 2 *t.* COOK. to frost with sugar.

gebre [ʒéβrə] *m.* frost, hoar frost.

gec [ʒέk] *m.* jacket.

gegant, -ta [ɡəɣán, -tə] *a., m.-f.* giant. 2 *f.* giantess.

gegantesc, -ca [ʒəɣəntèsk, -kə] *a.* gigantic.

gel [ʒέl] *m.* ice. ‖ *fig. trencar el* ~, to break the ice.

gelar [ʒəlà] *t.-i.-p.* to freeze.

gelat, -ada [ʒəlát, -áðə] *a.* frozen. ■ 2 *m.* ice cream. 3 *f.* freeze-up.

gelatina [ʒəlàtinə] *f.* gelatine.

gelea [ʒəlέə] *f.* jelly.

gelera [ʒəlèrə] *f.* glacier.

gèlid, -da [ʒέlit, -ðə] *a.* freezing, icy.

gelosia [ʒəluziə] *f.* jealousy.

gemec [ʒəmèk] *m.* groan; moan.

gemegaire [ʒəməɣàirə] *m.-f.* moaner; groaner; wailer.

gemegar [ʒəməɣà] *i.* to moan, to groan [with pain].

geminat

geminat, -ada [ʒəminát, -áðə] *a.* geminate, arranged in pairs.

Gèmini [ʒɛ́mini] *m.* ASTROL. Gemini.

gemir [ʒəmi] See GEMEGAR.

gemma [ʒɛ́mə] *f.* BOT. bud. 2 MINER. gem.

gen [ʒɛn] *m.* BIOL. gene.

genciana [ʒənsiánə] *f.* BOT. gentian.

gendarme [ʒəndármə] *m.* gendarme.

gendre [ʒɛ́ndrə] *m.* son-in-law.

genealogia [ʒənəəluʒiə] *f.* genealogy.

gener [ʒənɛ́] *m.* January.

generació [ʒənərəsió] *f.* generation.

generador, -ra [ʒənərəðó, -rə] *a.* generating. ■ 2 *m.* TECH. generator.

general [ʒənəràl] *a.* general. ■ 2 *m.* MIL. general.

generalitat [ʒənərəlitát] *f.* generality. 2 majority. 3 POL., HIST. the autonomous government of Catalonia and Valencia.

generalitzar [ʒənərəlidzá] *t.* to generalise. ■ 2 *p.* to become more common.

generar [ʒənərá] *t.* to generate.

gènere [ʒɛ́nərə] *m.* class, type, sort. 2 GRAMM. gender. 3 COMM. material, goods. *pl.*

generós, -osa [ʒənərós, -ózə] *a.* generous.

generositat [ʒənəruzitát] *a.* generosity.

gènesi [ʒɛ́nəzi] *f.* genesis, beginning.

genet [ʒənɛ́t] *m.* jockey; horseman.

genètica [ʒənɛ́tikə] *f.* genetics.

geni [ʒɛ́ni] *m.* MYTH. genie. 2 genius. 3 temper: *té mal ~,* he's bad-tempered.

genial [ʒəniál] *a.* inspired, brilliant.

genialitat [ʒəniəlitát] *f.* genius. 2 brilliant idea, stroke of genius.

genital [ʒənitál] *a.* genital. ■ 2 *m. pl.* genitals.

geniüt, -üda [ʒəniút, -úðə] *a.* bad-tempered, irascible.

geniva [ʒəniβə] *f.* ANAT. gum.

genoll [ʒənóʎ] *m.* ANAT. knee.

genollera [ʒənuʎɛ́rə] *f.* knee guard. 2 knee bandage.

Gènova [ʒɛ́nuβə] *pr. n. f.* GEOGR. Genoa.

gens [ʒens] *adv.* not at all. || *no m'agrada ~,* I don't like it at all. || *gairebé ~,* hardly at all. 2 any: *en vols ~?,* do you want a bit?

gent [ʒen] *f.* people *pl.*

gentada [ʒəntáðə] *f.* crowd.

gentalla [ʒəntáʎə] *f.* riffraff.

gentil [ʒəntil] *a.* elegant, graceful. 2 REL. gentile; pagan, heathen.

gentilhome [ʒəntilɔ́mə] *m.* ant. gentleman.

gentilici, -cia [ʒəntilisi, -siə] *a.* national; tribal; family.

genuflexió [ʒənufləksió] *f.* genuflexion.

genuí, -ïna [ʒənui, -inə] *a.* genuine, real.

geògraf, -fa [ʒəɔ́yrəf, -fə] *m.-f.* geographer.

geografia [ʒəuyrəfiə] *f.* geography.

geòleg, -òloga [ʒəɔ́lək, -ɔ́luyə] *m.-f.* geologist.

geologia [ʒəuluʒiə] *f.* geology.

geometria [ʒəumətriə] *f.* geometry.

Geòrgia [ʒəɔ́rʒiə] *pr. n. m.* Georgia.

gep [ʒep] *m.* hump.

gepa [ʒɛ́pə] *f.* See GEP.

geperut, -uda [ʒəpərút, -úðə] *a.* humpbacked.

gerani [ʒəráni] *m.* BOT. geranium; pelargonium.

gerd [ʒɛ́r(t)] *m.* BOT. raspberry.

gerent [ʒərɛ́n] *m.* director, manager.

geriatria [ʒəriətriə] *f.* MED. geriatrics.

germà, -ana [ʒərmá, -ánə] *m.* brother. 2 *f.* sister.

germanastre, -tra [ʒərmənàstrə, -trə] *m.* step-brother. 2 *f.* step-sister.

germandat [ʒərməndàt] *f.* brotherhood.

germani [ʒərmáni] *m.* MINER. germanium.

germanor [ʒərmənó] *f.* companionship.

germen [ʒɛ́rmən] *m.* BIOL. germ.

germinar [ʒərminá] *i.* to germinate.

gernació [ʒərnəsió] *f.* crowd.

gerontologia [ʒəruntuluʒiə] *f.* MED. gerontology.

gerra [ʒɛ́rrə] *f.* jug.

gerro [ʒɛ́rru] *m.* vase, flower vase.

gespa [ʒɛ́spə] *f.* lawn.

gessamí [ʒəsəmi] *m.* BOT. jasmine.

gest [ʒes(t)] *m.* gesture. 2 *mal ~,* awkward movement [which causes injury].

gesta [ʒɛ́stə] *f.* deed, exploit.

gestació [ʒəstəsió] *f.* gestation.

gesticular [ʒəstikulá] *i.* to gesticulate.

gestió [ʒəstió] *f.* management; handling. 2 step, measure.

gestionar [ʒəstiuná] *t.* to take steps to achieve; to negotiate.

gestor, -ra [ʒəstó, -rə] *a.* administrating, managing. ■ 2 *m.-f.* administrator, manager.

gibrell [ʒiβrèʎ] *m.* basin; bowl.

gibrelleta [ʒiβrəʎétə] *f.* chamber pot.

gimnàs [ʒimnàs] *m.* gymnasium.

gimnasta [ʒimnàstə] *m.-f.* gymnast.

gimnàstica [ʒimnàstikə] *f.* gymnastics.

ginebra [ʒinὲβrə] *f.* gin.

Ginebra [ʒinὲβrə] *pr. n. f.* GEOGR. Geneva.

ginebró [ʒinəβró] *m.* BOT. juniper.

ginecologia [ʒinəkuluʒíə] *f.* MED. gynaecology, (USA) gynecology.

ginesta [ʒinὲstə] *f.* BOT. broom.

gingiva [ʒinʒíβə] (ROSS.) See GENIVA.

gínjol [ʒinʒul] *m.* BOT. jujube. ‖ *més content que un* ~, as happy as a sandboy.

giny [ʒiɲ] *m.* device; contrivance; engine. 2 strategem.

gir [ʒir] *m.* turn, rotation. 2 ~ *postal,* postal or money order. 3 turn of phrase.

gira [ʒirə] *f.* the underside; the inside.

girada [ʒiràðə] *f.* turn. 2 twist. 3 turning place.

giragonsa [ʒirəɣònsə] *f.* bend, turn.

girafa [ʒiràfə] *f.* giraffe.

girar [ʒirà] *t.* to turn, to turn over; to turn round. ‖ fig. ~ *cua,* to turn tail. ■ 2 *i.* to turn; to spin; to go round. ■ 3 *p.* to turn round. 5 to twist. ‖ fig. *s'ha girat la truita,* the tables have turned.

gira-sol [ʒirəsɔ̀l] *m.* BOT. sunflower.

giratori, -òria [ʒirətɔ̀ri, -ɔ̀riə] *a.* gyratory.

giravoltar [ʒirəβultà] *i.* to go round, to spin, to spin round.

Girona [ʒironə] *pr. n. f.* GEOGR. Gerona.

gitano, -na [ʒitànu, -nə] *m.-f.* gipsy.

gitar [ʒità] *t.* to throw; to throw out; to throw up. ■ 2 *p.* (VAL.) to go to bed.

gla [gla] *f.* BOT. acorn.

glaç [glas] *m.* ice.

glaçar [gləsà] *t.-i.* to freeze.

glacera [gləsὲrə] See GELERA.

glacial [gləsiàl] *a.* icy; glacial. ‖ *era* ~, ice age.

gladiador [gləðiəðó] *m.* gladiator.

gland [glan] *m.* ANAT. glans.

glàndula [glàndulə] *f.* gland.

glatir [gləti] *i.-t.* to long for *i.,* to yearn for *i.;* to covet *t.*

glauc, -ca [glàuk, -kə] *a.* glaucous.

gleva [glέβə] *f.* clod. 2 lump. 3 clot. 4 HIST. glebe. 5 fam. slap.

glicerina [glisərinə] *f.* glycerine.

global [gluβàl] *a.* global, total.

glòbul [glɔ̀βul] *m.* globule. 2 corpuscle.

globus [glɔ̀βus] *m.* balloon. 2 ~ *terraqüi,* the Earth.

gloc-gloc [glɔɡɡlɔ̀k] *m.* glug-glug.

glop [glop] *m.* sip, gulp, swallow.

glopada [glupàðə] *f.* mouthful. 2 puff [smoke].

glopejar [glupəʒà] *t.* to swill round one's mouth.

glòria [glɔ̀riə] *f.* glory.

Glòria [glɔ̀riə] *pr. n. f.* Gloria.

glorieta [gluriὲtə] *f.* arbour; bower.

glorificar [glurifikà] *t.* to glorify.

glosa [glɔ̀zə] See GLOSSA.

glossa [glɔ̀sə] *f.* footnote, annotation. 2 commentary. 3 gloss [poetry].

glossari [glusàri] *m.* glossary.

glotis [glɔ̀tis] *f.* ANAT. glottis.

glucosa [glukózə] *f.* CHEM. glucose.

gluten [glútən] *m.* gluten.

gnom [(g)nom] *m.* gnome.

gnòstic, -ca [(g)nɔ̀stik, -kə] *a., m.-f.* gnostic.

gobelet [gußəlὲt] *m.* dice cup.

godall [guðàʎ] *m.* piglet.

godallar [guðəʎà] *t.* to farrow.

goig [gɔtʃ] *m.* joy, enjoyment. ‖ *fer* ~, to look pretty or lovely.

gol [gol] *m.* goal.

gola [gólə] *f.* throat. 2 mouth [caves, harbours, etc.]. 3 MIL. gorget. 4 ruff. 5 gluttony, greed.

golafre [guláfrə] *a.* greedy, gluttonous. ■ 2 *m.-f.* glutton.

golafreria [guləfrəriə] *f.* greed, gluttony.

goleta [gulὲtə] *f.* MAR. schooner.

golf [golf] *m.* GEOGR. gulf; bay. 2 SP. golf.

golfa [gòlfə] *f.* attic, loft.

goll [goʎ] *m.* MED. goitre.

gom a gom [gɔmaɣóm] *adv. phr. de* ~, chockfull, jam packed.

goma [gómə] *f.* gum. 2 rubber.

gònada [gɔ̀nəðə] *f.* ANAT., BIOL. gonad.

gòndola [gɔ̀ndulə] *f.* NAUT. gondola.

gonfanó [gumfənó] *m.* standard, banner.

gong [gon] *m.* MUS. gong.

goril·la [gurillə] *m.* ZOOL. gorilla.

gorja [gɔ̀rʒə] *f.* throat. 2 gorge. 3 groove. 4 lever [in lock]. 5 pool [in river].

gormand, -da [gurmàn, -də] *a.* greedy. 2 sybaritic.

gorra [gòrrə] *f.* cap. ‖ *de* ~, on the scrounge; without paying.

gorrejar [gurrəʒà] *i.* to scrounge, to sponge.

gorrer, -ra [gurrὲr, -rə] *m.-f.* scrounger.

gos, gossa [gos, gósə] *m.* ZOOL. dog. 2 (VAL.) See MANDRA. 3 *f.* bitch.

gosadia 150

gosadia [guzəðiə] f. daring.

gosar [guzá] i. to dare.

got [gɔt] m. glass.

gota [gɔ́tə] f. drop, bead [of liquid]. ‖ *assemblar-se com dues gotes d'aigua*, to be as alike as two peas in a pod; *caure quatre gotes*, to spit with rain; *la ~ que fa vessar el vas*, the straw that breaks the camel's back; *ni ~*, (none) at all; *suar la ~*, to sweat blood. 2 MED. gout.

gotejar [gutəʒá] i. to drip. 2 to drizzle.

gotera [gutèrə] f. leak.

gòtic, -ca [gɔ́tik, -kə] a. Gothic.

gotim [gutim] m. bunch of grapes.

govern [guβɛ́rn] m. government.

governador, -ra [guβərnəðó, -rə] m.-f. governor.

governall [guβərnáʎ] m. MAR. rudder.

governant [guβərnán] a. governing, ruling. ■ 2 m.-f. governor, ruler.

governar [guβərná] t. to govern, to rule. 2 MAR. to steer.

gra [gra] m. grain [cereals, sand, etc.]. ‖ *~ de raïm*, grape. 2 spot. 3 bead [necklaces]. 4 fig. *anar al ~*, to get to the point. ‖ fig. *fer-ne un ~ massa*, to go a bit too far.

gràcia [grásiə] f. charm; style; attractiveness; wit. 2 grace, favour; pardon. 3 pl. thanks. 4 *fer ~ a*, to please *t.-i.*, to attract t. ‖ *em va fer molta ~*, it was really funny. 5 *gràcies!*, thank you!, thanks!

gràcil [grásil] a. slim, slender; delicate.

grada [gráðə] f. step. 2 tier of seats.

gradació [grəðəsió] f. gradation.

graderia [grəðəriə] f. series of steps. 2 tier of seats.

graduació [grəðuəsió] f. graduation. 2 MIL. rank. 3 VIT. alcoholic content.

graduar [grəðuá] t. to graduate. 2 VIT. to determine the strength of. 3 to regulate, to set. 4 MIL. to confer a rank. ■ 5 p. EDUC. to graduate.

graella [grəéʎə] f. grill.

grafia [grəfiə] f. spelling. 2 graphic representation of a sound.

gràfic, -ca [gráfik, -kə] a. graphic. 2 vivid, lifelike. ■ 3 m. graph, diagram.

grafisme [grəfizmə] m. design.

grafista [grəfistə] m.-f. design artist.

grafit [grəfit] m. graphite.

grafologia [grəfuluʒiə] f. graphology.

gralla [gráʎə] f. ORNIT. jackdaw.

grallar [grəʎá] i. to caw.

gram [gram] m. gram, gramme. 2 BOT. Bermuda grass.

gramàtic, -ca [grəmàtik, -kə] m.-f. grammarian. 2 f. grammar. 3 grammar book.

gramòfon [grəmɔ́fun] m. gramophone, (USA) phonograph.

gran [gran] a. big, large. 2 old, elderly. 3 great, famous. ■ 4 m. pl. adults, grownups.

grana [gránə] f. seed.

granada [grənáðə] f. ARTILL. grenade.

granar [grəná] i. to seed [cereals].

granat, -ada [grənát, -áðə] a. AGR. with the grain formed [cereals]. 2 fig. grownup, mature, adult.

Gran Bretanya [grán brətáɲə] pr. n. f. GEOGR. Great Britain.

grandària [grəndáriə] f. size.

grandesa [grəndèsə] f. size. 2 greatness. 3 grandeur.

grandiloqüència [grəndilukwɛnsiə] f. grandiloquence.

grandiós, -osa [grəndiós, -ózə] a. grandiose.

granellada [grənəʎáðə] f. MED. rash.

granellut, -uda [grənəʎút, -úðə] a. spotty, pimply.

graner [grənè] m. barn, granery. 2 m.-f. grain dealer.

granera [grənèrə] (BAL.), (VAL.) See ESCOMBRA.

granger, -ra [grənʒè, -rə] m.-f. farmer.

granís [grənis] m. METEOR. hail.

granissar [grənisá] i. to hail.

granissat, -ada [grənisát, -áðə] a. iced drink. 2 f. rash. 3 m. METEOR. hailstorm.

granit [grənit] m. granite.

granívor, -ra [grəniβur, -rə] a. grain-eating.

granja [gránʒə] f. farm.

granota [grənɔ́tə] f. ZOOL. frog. 2 overall, overalls pl.

grànul [gránul] m. granule.

graó [grəó] m. step.

grapa [grápə] f. paw. ‖ *de quatre grapes*, on all fours. 2 coll. (bid) hand. 3 staple.

grapat [grəpát] m. handful.

grapejar [grəpəʒá] t. to paw, to handle, to finger.

gras, -assa [gras, -ásə] a. fatty. 2 fat.

grat, -ta [grat, -tə] a. pleasing, agreeable, pleasant. ■ 2 m. liking: *és del meu ~*, it is to my liking.

gratacel [grətəsɛ́l] m. skyscraper.

gratar [grətá] t. to scrape, to scratch.

gratificació [grətifikəsió] f. reward, recompense. 2 gratification.

gratificar [grətifiká] t. to reward, to recompense. 2 to gratify.

gratis [grátis] adv. free (of charge).

gratitud [grətitút] f. gratitude, gratefulness.

gratuït, -ta [grətuít, -tə] a. free (of charge). 2 gratuitous, uncalled for; unfounded, unjustified.

grau [gráŭ] m. degree, stage. 2 step. 3 measure, rate. 4 degree.

grava [gráβə] f. gravel.

gravador, -ra [grəβədó, -rə] m.-f. engraver.

gravamen [grəβámən] m. tax, obligation. 2 fig. obligation, burden.

gravar [grəβá] t. to engrave, to etch; to carve. 2 to tax; to levy. 3 fig. to engrave, to etch, to carve.

gravat, -ada [grəβát, -áðə] a. engraved, etched [also fig.]. ■ 2 m. etching; engraving; print; illustration.

gravetat [grəβətát] f. gravity. 2 fig. gravity, seriousness.

gravitar [grəβitá] i. to gravitate.

grec, -ega [grɛ̀k, -éɣə] a., m.-f. Greek.

Grècia [grɛ̀siə] pr. n. f. GEOGR. Greece.

gregal [grəɣál] m. METEOR. north-east wind.

gregari, -ària [grəɣári, -áriə] a. gregarious.

gregorià, -ana [grəɣuriá, -ánə] a. Gregorian.

greix [grɛ̀ʃ] m. fat; lard. 2 grease.

greixatge [grəʃádʒə] m. greasing, lubrification; oiling.

greixós, -osa [grəʃós, -ózə] a. fatty; greasy, oily.

gremi [grɛ̀mi] m. guild; union, association.

grenya [grɛ̀ɲə] f. shock or mat of hair.

gres [grɛs] m. MINER. potter's clay. 2 stoneware, earthenware.

gresca [grɛ́skə] f. hubbub, hullabaloo, commotion; uproar. 2 row, revolt; riot.

greu [grɛ̀ŭ] a. heavy, weighty. 2 grave, serious; extreme. 3 MUS. deep, low. 4 *accent* ~, grave accent. 5 *saber* ~, to be sorry.

greuge [grɛ̀ŭʒə] m. offence, (USA) offense; injustice; wrong. 2 grievance, complaint.

grèvol [grɛ́βul] m. BOT. holly.

grill [griʎ] m. ENT. cricket. 2 piece, segment [of fruit].

grinyol [griɲɔ́l] m. howl, cry; shriek, screech. 2 screech [of tires, etc.], creak, squeak.

grinyolar [griɲulá] i. to howl; to shriek, to screech. 2 to creak, to screech [tires], to squeak.

grip [grip] f. MED. flu, influenza.

gripau [gripáŭ] m. ZOOL. toad.

gris, -sa [gris, -zə] a., m. grey, (USA) gray.

groc, -oga [grɔ̀k, -ɔ́ɣə] a., m. yellow.

groller, -ra [gruʎé, -rə] a. coarse, rough [texture]. 2 rude, coarse; impertinent.

grolleria [gruʎəriə] f. rudeness, coarseness; discourtesy. 2 rude or coarse thing; vulgar remark.

gronxador [grunʃəðó] m. swing.

gronxar [grunʃá] t. to swing, to push (on swing). ■ 2 p. to swing.

gropa [grópə] f. rump, hindquarters; croup [animals].

gros, -ossa [grɔ́s, -ósə] a. big; thick; fat. ‖ *dit* ~, thumb. ■ 2 m. mass, main, body. ‖ *el* ~ *de la manifestació*, the bulk of the demonstration. 3 f. *la grossa de Nadal*, the (Christmas) jackpot. 4 (VAL.) See GRUIXUT.

grosser, -era [grusé, -érə] a. coarse, rude; crass, gross.

grosseria [grusəriə] f. crassness, rudeness; tactlessness.

grotesc, -ca [grutɛ̀sk, -kə] a. grotesque, hideous.

grua [grúə] f. ORNIT. crane. 2 MECH. crane. 3 tow truck.

gruix [gruʃ] m. thickness; width.

gruixària [gruʃáriə] f. thickness; width.

gruixat, -ada [gruʃát, -áðə] (BAL.) See GRUIXUT.

gruixut, -uda [gruʃút, -úðə] a. thick; bulky, fat; heavy; large.

grum [grum] m. bellboy, (USA) bellhop.

grumet [grumɛ̀t] m. MAR. cabin boy, ship's boy.

grumoll [grumɔ́ʎ] m. lump. 2 clot.

grunyir [gruɲí] i. to grunt; to growl. 2 to grumble. ▲ CONJUG. INDIC. Pres.: *gruny*.

grunyit [gruɲít] m. grunt; growl, snarl. 2 grumble, grouse.

grup [grup] m. group; cluster; batch. 2 unit, set.

gruta [grútə] f. grotto, cave.

guaita [gwáĭtə] f. vigilance, watch. 2 m. guard, watchman.

guaitar [gwáĭtá] t. to watch, to keep an eye on. 2 to look at. 3 fig. *guaita!*, look!, listen!

gual [gwál] *m.* ford. 2 AUTO. entrance or exit across with parking is forbidden.

guant [gwán] *m.* glove.

guany [gwáɲ] *m.* gain, profit; benefit. 2 earnings.

guanyar [gwəɲá] *t.* to obtain, to earn, to win. 2 SP. to win, to beat. 3 to gain. ■ 4 *p. guanyar-se el pa,* to earn one's living. 5 fig. to win [affection, support], to win over. ■ 6 *i.* to look better.

guarda [gwárðə] *m.-f.* guard, keeper; watchman.

guardaagulles [gwàrðəɣúʎəs] *m.* RAIL. switchman.

guardabarrera [gwàrðəβərrérə] *m.-f.* crossing keeper.

guardabosc [gwàrðəβɔ́sk] *m.* forester, gamekeeper, (USA) forest ranger, game warden.

guardacostes [gwàrðəkɔ́stəs] *m.* MAR. coastguard ship or vessel.

guardaespatlles [gwàrðəspáʎʎəs] *m.* bodyguard. 2 shawl.

guardapols [gwárðəpóls] *m.* dustsheet. 2 dust coat.

guardar [gwərðá] *t.* to protect, to look after, to guard; to preserve. ‖ *Déu nos en guard!,* Heaven forbid! 2 to keep , to hold on to. 3 to put away. 4 *Déu vos guard!,* God be with you! [greeting]. ■ 5 *p.* to refrain (*de,* from), to avoid (*de,* —). 6 to be careful, to look out (for oneself).

guarda-roba [gwàrðərrɔ́βə] *m.* cloakroom, (USA) checkroom.

guàrdia [gwárðiə] *f.* guard. 2 policewoman. 3 police *pl: la ~ urbana va haver d'intervenir,* the local police had to step in. 4 watch, guard, custody. ‖ *fer ~,* to be on guard or on duty. ■ 5 *m.* policeman: *em va aturar un ~,* a policeman stopped me.

guardià, -ana [gwərðiá, -ánə] *m.-f.* guardian, custodian; keeper. 2 watchman, caretaker.

guardiola [gwərðiɔ́lə] *f.* money-box; piggy bank. ‖ *fer ~,* to save up, to put one's pennies away.

guardó [gwərðó] *m.* reward, recompense.

guarició [gwərisió] *f.* cure, healing; treatment.

guarir [gwəri] *t.* to cure; to treat. ■ 2 *i.-p.* to recover, to get well; to get better.

guarnició [gwərnisió] *f.* MIL. garrison. 2 adornment, embellishment; lining [of

brake]; setting [of jewel]. 3 COOK. side dish, garnish.

guarnir [gwərni] *t.* MIL. to garrison. 2 to adorn; to trim, to set [jewels]. 3 COOK. to garnish.

Guatemala [gwətəmálə] *pr. n. f.* GEOGR. Guatemala.

guatemaltenc, -ca [gwətəməltèŋ, -kə] *a., m.-f.* Guatemalan.

guatlla [gwàʎʎə] *f.* ORNIT. quail.

guenyo, -ya [gɛ́ɲu, -ɲə] *a.* cross-eyed.

guerra [gɛ́rrə] *f.* war, warfare.

guerrer, -ra [gərrè, -rə] *a.* war, warlike. ■ 2 *m.-f.* warrior, soldier. 3 *f.* combat jacket.

guerrilla [gərriʎə] *f.* guerrilla warfare. 2 guerrilla [group].

guerriller [gərriʎè] *m.* guerrilla [person].

guerxo, -xa [gɛ́rʃu, -ʃə] *a.* cross-eyed. 2 twisted, bent.

guia [giə] *m.-f.* guide, leader. 2 *f.* slide; runner. 3 guide, guidebook. ‖ *~ telefònica,* telephone directory.

guiar [giá] *t.* to guide, to show the way. 2 to direct, to lead.

guilla [giʎə] See GUINEU.

guillar [giʎá] *i.* to flee, to run away. ■ 2 *p.* to go mad, to lose one's marbles.

guillat, -ada [giʎát, -áðə] *a.* mad; crackers, barmy.

Guillem [giʎɛ́m] *pr. n. m.* William.

guillotina [giʎutínə] *f.* guillotine. 2 guillotine, paper cutter.

guillotinar [giʎutiná] *t.* to guillotine.

guineu [ginɛ́u] *f.* ZOOL. fox [male]; vixen [female].

guió [gió] *m.* dash, hyphen. 2 sketch, outline. 3 (film) script.

guionista [giunistə] *m.-f.* scriptwriter.

guionet [giunèt] *m.* hyphen.

guirigall [giriɣáʎ] *m.* hubbub, din, roar.

guisar [gizá] *t.* to cook; to stew.

guisat [gizát] *m.* stew.

guitarra [gitárrə] *f.* MUS. guitar.

guitarrista [gitərristə] *m.-f.* guitarist, guitar player.

guitza [gidzə] *f.* kick [animal]. ‖ *tirar guitzes,* to kick.

guix [giʃ] *m.* plaster. 2 chalk. 3 plaster, (USA) cast.

guixar [giʃá] *i.* to make a mark, to write: *aquest bolígraf no guixa,* this biro won't write. 2 fig. to work. ■ 3 *t.* to scribble on or in.

guspira [guspirə] *f.* spark; flash.

gust [gus(t)] *m.* taste [sense]. 2 flavour, (USA) flavor. 3 pleasure. ‖ *si et ve de ~,* if you like. 4 style. ‖ *mal ~,* bad taste.

gustós, -osa [gustós, -óza] *a.* tasty, savoury, (USA) savory.
gutural [guturál] *a.* guttural.

H

H, h [ak] *f.* h [letter].

hàbil [áβil] *a.* skilful, clever; adept. 2 *dia* ~, working day.

habilitar [əβilitá] *t.* to enable; to entitle. 2 to convert (*com a,* into).

habilitat [əβilitát] *f.* skill, ability.

hàbit [áβit] *m.* habit, custom. 2 ECCL. habit. ‖ fig. *penjar els hàbits,* to quit, to throw in the towel.

habitació [əβitəsió] *f.* room. 2 bedroom.

habitant [əβitán] *m.-f.* inhabitant. 2 resident, occupant.

habitar [əβitá] *t.* to inhabit, to live in. ■ 2 *i.* to live.

hàbitat [áβitət] *m.* habitat.

habitual [əβituál] *a.* habitual, regular.

habituar [əβituá] *t.* to accustom (*a,* to). ■ 2 *p.* to get accustomed or used (*a,* to).

Haia, la [áiə, lə] *pr. n. f.* GEOGR. The Hague.

haixix [əʃíʃ] *m.* hashish.

hajar [əʒá] (ROSS.) See AGAFAR.

ham [am] *m.* (fish) hook. 2 fig. bait.

hamaca [əmákə] *f.* hammock.

handbol [əmbɔ́l] *m.* SP. handball.

hangar [əŋgár] *m.* hangar.

harem [ərέm] *m.* harem.

harmonia [ərmuníə] *f.* MUS. harmony. 2 fig. agreement, accord.

harmònic, -ca [ərmɔ́nik, -kə] *a.* MUS. harmonic. ■ 2 *f.* harmonica, mouth-organ.

harmoniós, -osa [ərmuniós, -ózə] *a.* harmonious.

harmonitzar [ərmunidzá] *t.* to harmonize. ■ 2 *i.* to harmonize, to adapt; to come to terms.

harmònium [ərmɔ́niŭm] *m.* MUS. harmonium.

harpia [ərpíə] *f.* MYTH. harpy.

havà, -ana [əβá, -ánə] *a.* GEOGR. of Havana. ■ 2 *m.-f.* GEOGR. native of Havana. 3 *m.* (Havana) cigar.

havanera [əβanέrə] *f.* MUS. habanera.

haver [əβέ] *m.* COMM. assets *pl.*

haver [əβέ] *aux.* to have. ‖ ~ *de,* to have to. ■ 2 ~*-hi, impers.* to be [with *there* as a subject]. ‖ *hi ha dos llibres al prestatge,* there are two books on the shelf. ■ 3 *t.* to have; to own, to possess.

hebdomadari, -ària [əbduməðári, -áriə] *a.* weekly.

hebreu, -ea [əβrέŭ, -έə] *a., m.-f.* GEOGR., LING. Hebrew.

hecatombe [əkətɔ́mbə] *f.* hecatomb. 2 fig. slaughter.

hectàrea [əktárea] *f.* hectare.

hectogram [əktuɣrám] *m.* hectogram.

hectolitre [əktulítrə] *m.* hectolitre, (USA) hectoliter.

hectòmetre [əktɔ́mətrə] *m.* hectometre, (USA) hectometer.

hedonisme [əðunízmə] *m.* hedonism.

hegemonia [əʒəmuníə] *f.* hegemony.

Helena [əlénə] *pr. n. f.* Helen.

heli [έli] *m.* helium.

hèlice [έlisə] *f.* helix, spiral. 2 AER., NAUT. propeller.

helicòpter [əlikɔ́ptər] *m.* helicopter, chopper.

hèlix [έliks] See HÈLICE.

hel·lènic, -ca [əllέnik, -kə] *a.* Hellenic.

hel·lenisme [əllənízmə] *m.* Hellenism.

helvètic, -ca [əlβέtik, -kə] *a.* Helvetic, Swiss.

hematoma [əmətɔ́mə] *m.* MED. haematoma; bruise.

hemicicle [əmisíklə] *m.* semi-circular theatre. 2 chamber, floor [of Parliament].

hemisferi [əmisfέri] *m.* hemisphere.

hemofília [əmufíliə] *f.* MED. haemophilia, hemophilia.

hemorràgia [əmurráʒiə] *f.* MED. haemorrhage, hemorrhage.

hemorroides[əmurrɔ́ɪðə] *f. pl.* MED. haemorrhoids.

hendecasíl·lab, -ba [əndəkəsil·ləp, -ßə] *a.* hendecasyllabic. ■ *2 m.* hendecasyllable.

hepàtic, -ca [əpàtik, -kə] *a.* hepatic, liver.

hepatitis [əpətitis] *f.* MED. hepatitis.

heptàgon [əptáyun] *m.* heptagon.

herald [əràl] *m.* herald [also fig.].

heràldic, -ca [əràldik, -kə] *a.* heraldic. ■ *2 f.* heraldry.

herba [ɛ́rßə] *f.* grass; herb. 2 grass [lawn].

herbari [ərßári] *m.* herbarium, plant collection.

herbei [ərßèǐ] *m.* lawn.

herbicida [ərßisiðə] *m.* CHEM. herbicide.

herbívor, -ra [ərßíßur, -rə] *a.* herbivorous.

herbolari [ərßulàri] *m.* herbalist.

hereditari, -ària [ərəðitàri, -àriə] *a.* hereditary, inherited.

herència [ərɛ́nsiə] *f.* inheritance, estate. 2 BIOL. heredity. 3 fig. heritage.

heretar [ərətá] *t.* to inherit; to be heir to. 2 to name as one's heir.

heretge [ərɛ̀dʒə] *m.-f.* heretic.

heretgia [ərədʒiə] *f.* heresy.

hereu, -eva [ərɛ̀ǔ, -éßə] *m.-f.* heir, inheritor. ‖ ~ *escampa,* spendthrift, squanderer.

hermafrodita [ərməfruðitə] *a.-m.* hermaphrodite.

hermètic, -ca [ərmɛ́tik, -kə] *a.* airtight, hermetic.

hèrnia [ɛ̀rniə] *f.* MED. hernia.

heroi [ərɔ̀ǐ] *m.* hero.

heroïcitat [əruisitàt] *f.* heroism. 2 heroic deed.

heroïna [əruinə] *f.* heroine. 2 heroin [drug].

herpes [ɛ́rpəs] *m.* MED. herpes; shingles.

hesitar [əzitá] (ROSS.) See DUBTAR.

heterodox, -xa [ətəruðɔ̀ks, -ksə] *a.* heterodox, unorthodox.

heterogeni, -ènia [ətəruʒɛ̀ni, -ɛ́niə] *a.* heterogeneous.

heura [ɛ̀ǔrə] *f.* BOT. ivy.

heure [ɛ̀ǔrə] *t.* to get (hold of), to take over; to obtain. ‖ *heure-se-les,* to have to contend, to be up (*amb,* against). ‖ *heus aquí,* this is, these are.

hexàgon [əgzáyun] *m.* hexagon.

hexàmetre [əgzámətrə] *m.* hexameter.

hi [i] *pron.* there, here. ‖ *ja ~ som,* here we are, there we are. ‖ *no ~ ha ningú,* there's nobody here or there. ‖ *per on ~ has entrat?,* how did you get in (there). 2 *t' ~ ajudaré; confia-~,* I'll help you; trust me. ‖ *no t'~ amoïnis!,* don't worry about it! ‖ *pensa-~,* think about it. 3 *no ~ sento,* I can't hear. ‖ *no ~ veig,* I can't see.

híbrid, -da [ißrit, -ðə] *a.* hybrid.

hidra [iðrə] *f.* MYTH. Hydra.

hidrat [iðrát] *m.* CHEM. hydrate.

hidratar [iðrətá] *t.* to hydrate; to moisturize.

hidràulic, -ca [iðràulik, -kə] *a.* hydraulic, water. ■ *2 f.* hydraulics.

hidroavió [iðruəßió] *m.* seaplane.

hidrocarbur [iðrukərßúr] *m.* CHEM. hydrocarbon.

hidroelèctric, -ca [iðruəlɛ́ktrik, -kə] *a.* hydroelectric.

hidròfil, -la [iðrɔ́fil, -lə] *a.* absorbent. 2 hydrophilic.

hidrofòbia [iðrufɔ̀ßiə] *f.* hydrophobia.

hidrogen [iðrɔ́ʒən] *m.* hydrogen.

hidrografia [iðruɣrəfiə] *f.* hydrography.

hidrosfera [iðrusfɛ̀rə] *f.* hydrosphere.

hiena [jɛ̀nə] *f.* ZOOL. hyena.

higiene [iʒiɛ̀nə] *f.* hygiene; cleanliness.

higròmetre [iɣrɔ̀mətrə] *m.* hygrometer.

higroscopi [iɣruskɔ̀pi] *m.* hygroscope.

hilaritat [iləritàt] *f.* hilarity; roar of laughter.

himen [imen] *m.* ANAT. hymen.

himne [imnə] *m.* hymn.

hindú [indú] REL. *a.-m.* Hindu.

hipèrbaton [ipɛ̀rßətun] *m.* hyperbaton.

hipèrbole [ipɛ̀rßulə] *f.* MATH. hyperbola. 2 LIT. hyperbole.

hipertròfia [ipərtrɔ̀fiə] *f.* hypertrophy.

hípic, -ca [ipik, -kə] *a.* horse. 2 horseback riding.

hipnosi [ibnɔ́zi] *f.* hypnosis.

hipnotitzar [ibnutidzá] *t.* to hypnotize, to mesmerize.

hipocondria [ipukundriə] *f.* hypochondria.

hipocondríac, -ca [ipukundriək, -kə] *a., m.-f.* hypochondriac.

hipocresia [ipukrəziə] *f.* hypocrisy, insincerity.

hipòcrita [ipɔ̀kritə] *a., m.-f.* hypocritical, false. ■ *2 m.-f.* hypocrite, double-talker.

hipodèrmic, -ca [ipuðɛ̀rmik, -kə] *a.* hypodermic.

hipòdrom [ipɔ́ðrum] *m.* race-track [horses].

hipòfisi [ipɔ́fizi] *f.* ANAT. hypophisis.

hipopòtam [ipupɔ́təm] *m.* ZOOL. hippopotamus.

hipoteca [iputέkə] *f.* mortgage; pledge.

hipotecar [iputəká] *t.* to mortgage; to bond, to pledge.

hipòtesi [ipɔ́təzi] *f.* hypothesis, conjecture.

hipotétic, -ca [iputέtik, -kə] *a.* hypothetical, supposed.

hirsut, -ta [irsút, -tə] *a.* bristly, hairy.

hisenda [izέndə] *f.* (country) estate; hacienda. 2 finance. ‖ *inspector d'~,* tax inspector. ‖ *Ministeri d'~,* Treasury, Ministry of Finance.

hisendat, -ada [izəndát, -áðə] *m.-f.* landowner, property owner.

hispànic, -ca [ispánik, -kə] *a.* Hispanic, Spanish.

hissar [isá] *t.* to hoist.

histèria [istέriə] *f.* hysteria.

histèric, -ca [istέrik, -kə] *a.* hysterical.

historiador, -ra [isturiəðó, -rə] *m.-f.* historian.

història [istɔ́riə] *f.* history. 2 story; tale. 3 fig. mess.

historial [isturiál] *a.* record. ‖ *~ mèdic,* case history.

històric, -ca [istɔ́rik, -kə] *a.* historical. 2 historic.

historieta [isturiέtə] *f.* short story; anecdote. 2 ~ *il·lustrada,* (strip) cartoon.

histrió [istrió] *m.* ham [actor].

hivern [iβέrn] *m.* winter.

hivernacle [iβərnáklə] *m.* greenhouse, hothouse.

hivernar [iβərná] *i.* to hibernate.

ho [u] *pron.* it. ‖ *~ has sentit?,* did you hear it? ‖ *no ~ sé,* I don't know. ‖ *qui s'~ creu?,* who believes such a thing?

hola [ɔ́lə] *interj.* hullo; (USA) hello, hi.

Holanda [ulándə] *pr. n. f.* GEOGR. Holland.

holandès, -esa [uləndὲs, -έzə] *a.* Dutch. ■ 2 *m.* Dutchman. 3 Dutch [language]. 4 *f.* Dutchwoman.

holocaust [ulukáus(t)] *m.* holocaust. 2 fig. sacrifice.

hom [ɔm] *indef. pron.* ~ *creu que,* it is believed that. 2 one. ‖ *en aquests casos ~ no sap què dir,* in such cases one is at a loss for words.

home [ɔ́mə] *m.* man. ‖ ~ *de negocis,* businessman. ‖ ~ *de palla,* sidekick, henchman. 2 mankind. 3 husband.

homenatge [umənádʒə] *m.* homage; tribute, honour.

homeopatia [uməupətiə] *f.* homeopathy, homoeopathy.

homicida [umisiðə] *a.* homicidal. ‖ *acte ~,* act of murder.

homicidi [umisiði] *m.* murder, homicide.

homogeni, -ènia [umuʒέni, -έniə] *a.* homogeneous.

homòleg, -òloga [umɔ́lək, -ɔ́luγə] *a.* matching, corresponding; homologous.

homònim, -ma [umɔ́nim, -mə] *a.* homonym.

homosexualitat [umusəksuəlitát] *f.* homosexuality.

homosexual [umusəksuál] *a., m.-f.* homosexual; gay.

honest, -ta [unὲs(t), -tə] *a.* decent, proper. 2 modest.

honestedat [unəstəðát] *f.* decency. 2 modesty; purity.

hongarès, -esa [uŋgərὲs, -έzə] *a., m.-f.* Hungarian.

Hongria [uŋgriə] *pr. n. f.* GEOGR. Hungary.

honor [unór] *m.* honour, (USA) honor. 2 prestige.

honorable [unurábblə] *a.* honourable, (USA) honorable.

honorar [unurá] See HONRAR.

honorari, -ària [unurári, -áriə] *a.* honorary. ■ 2 *m. pl.* fees, charges.

honra [ónrrə] *f.* dignity; honour, (USA) honor. 2 good name, reputation.

honradesa [unrrəðέzə] *f.* honesty; integrity.

honrar [unrrá] *t.* to honour, (USA) to honor.

honrat, -ada [unrrát, -áðə] *a.* honest, decent; truthful.

hoquei [ukέi] *m.* SP. hockey.

hora [ɔ́rə] *f.* hour. 2 time. ‖ *d'~,* early; *és ~ de plegar,* it's time to stop [work]; *quina ~ és?,* what time is it?

horabaixa [ɔrəβáʃə] (BAL.) See TARDA.

horari, -ària [urári, -áriə] *a.* hourly; time, hour. ■ 2 *m.* timetable, schedule. ‖ *quin ~ fas?,* what's your timetable like?

horda [órðə] *f.* horde. 2 swarm, mob.

horitzó [uridzó] *m.* horizon [also fig.].

horitzontal [uridzuntál] *a.* horizontal.

hormona [urmónə] *f.* hormone.

horòscop [urɔ́skup] *m.* horoscope.

horrible [urribblə] *a.* horrifying, horrid; horrible; ghastly, dreadful.

horror [urrór] *m.* horror; dread.

horroritzar [urruridzá] *t.* to horrify; to terrify.

horrorós, -osa [urrurós, -ózə] *a.* horrible, terrible; horrifying. 2 *fig.* awful; hideous. ‖ *una calor horrorosa,* dreadful heat.

hort [ɔr(t)] *m.* kitchen garden, back garden.

horta [ɔ́rtə] *f.* (large) vegetable garden, market garden.

hortalissa [urtəlisə] *f.* vegetable.

hortènsia [urtɛ́nsiə] *f.* BOT. hydrangea.

hortolà, -ana [urtulá, -ánə] *m.-f.* (market) gardener.

hospici [uspísi] *m.* hospice [for the destitute], poorhouse.

hospital [uspitál] *m.* hospital.

hospitalari, -ària [uspitəlári, -áriə] *a.* hospital. 2 hospitable.

hospitalitat [uspitəlitát] *f.* hospitality.

hospitalitzar [uspitəlidzá] *t.* to hospitalize, to send to hospital.

hostal [ustál] *m.* inn, small hotel; hostel.

hostaler, -ra [ustəlé, -rə] *m.-f.* innkeeper, hosteler.

hoste [ɔ́stə] *m.* guest. 2 host.

hostessa [ustɛ́sə] *f.* guest. 2 hostess. 3 air hostess, stewardess.

hòstia [ɔ́stiə] *f.* REL. host. 2 *fig.* punch, clout, whack.

hostil [ustíl] *a.* hostile.

hostilitat [ustilitát] *f.* hostility, enmity. 2 hostile act.

hostilitzar [ustilidzá] *t.* to harass [enemy]. 2 *fig.* to antagonize.

hotel [utɛ́l] *m.* hotel.

hui [wi] (VAL.) See AVUI.

huit [wit] (VAL.) See VUIT.

hule [úlə] *m.* oilskin, oilcloth.

hulla [úʎə] *f.* MINER. (soft) coal.

humà, -ana [umá, -ánə] *a.* human. 2 humane. ■ 3 *m. pl.* mankind *sing.*, humanity *sing.*

humanisme [umənízmə] *m.* humanism.

humanitari, -ària [umənitári, -áriə] *a.* humanitarian.

humanitat [umənitát] *f.* humanity.

humanitzar [umənidzá] *t.* to humanize, to make humane.

húmer [úmər] *m.* ANAT. humerus.

humil [umíl] *a.* humble, meek. 2 lowly, poor. ‖ *una família ~,* a humble family.

humiliació [umiliəsió] *f.* humiliation, disgrace.

humiliar [umiliá] *t.* to humiliate; to disgrace, to shame. 2 to humble, to lower. ■ 3 *p.* to humble or lower oneself.

humilitat [umilitát] *f.* humility, humbleness.

humit, -ida [umit, -íðə] *a.* damp, humid; moist, wet.

humitat [umitát] *f.* humidity, dampness; moisture.

humitejar [umitəʒá] *t.* to dampen, to wet, to moisten; to humidify.

humor [umór] *m.* humour, (USA) humor [fluid]. 2 mood, temper. 3 humor, (USA) humor.

humorisme [umurízmə] *m.* humour, (USA) humor; humorousness.

humorístic, -ca [umurístik, -kə] *a.* funny, humorous.

humus [úmus] *m.* humus.

huracà [urəká] *m.* hurricane.

hurra! [úrrə] *interj.* hurray!, hurrah!

hússar [úsər] *m.* MIL. hussar.

I

I, i [i] *f.* i [letter].

i [i] *conj.* and.

iaia [jájə] *f.* coll. granny, grandma.

ianqui [jáŋki] *a., m.-f.* Yankee, American.

iarda [járðə] *f.* yard [measurement].

iber, -ra [iβər, -rə] *a., m.-f.* HIST. Iberian.

ibèric, -ca [iβɛ́rik, -kə] *a.* Iberian.

iceberg [isəβɛ́rk] *m.* iceberg.

icona [ikónə] *f.* icon, ikon.

ICONA [ikónə] *m. (Instituto Nacional para la Conservación de la Naturaleza)* (National Institute for the Conservation of Nature).

iconoclasta [ikunuklástə] *m.-f.* iconoclast.

icterícia [iktərísiə] *f.* MED. jaundice.

ictiologia [iktiuluʒiə] *f.* ichthyology.

idea [iðɛ́ə] *f.* idea. 2 plan, intention.

ideal [iðeál] *a.* ideal, perfect. ■ 2 *m.* ideal, paragon. 3 ideal.

idealisme [iðeəlizmə] *m.* idealism.

idealista [iðeəlistə] *a.* idealistic. ■ 2 *m.-f.* idealist.

idealitzar [iðeəlidzá] *t.* to idealize.

idear [iðeá] *t.* to think up; to devise, to plan.

ídem [iðem] *adv.* ditto, the same, idem.

idèntic, -ca [iðɛ́ntik, -kə] *a.* identical, (exactly) the same.

identificació [iðəntifikəsió] *f.* identification.

identificar [iðəntifiká] *t.* to identify. ■ 2 *p.* to identify [with something, someone]. 3 to identify oneself.

identitat [iðəntitát] *f.* identity.

ideologia [iðəuluʒiə] *f.* ideology.

idil·li [iðíl·li] *m.* idyll, idyl. 2 love affair.

idioma [iðiómə] *m.* language.

idiosincràsia [iðiusiŋkráziə] *f.* idiosyncrasy.

idiota [iðiɔ́tə] *a.* MED. idiotic, imbecile. ■ 2 *m.-f.* idiot, imbecile. 3 fig. half-wit, dim-wit, (USA) dummy.

idiotesa [iðiutɛ́zə] *f.* MED. idiocy, imbecility. 2 fig. stupid or foolish thing.

idiotisme [iðiutízmə] *m.* idiom, (idiomatic) expression.

idò [iðɔ́] (BAL.) See DONCS.

ídol [iðul] *m.* idol [also fig.].

idolatria [iðulətriə] *f.* idolatry, idolism. 2 fig. idolatry, (hero) worship.

idoni, -ònia [iðɔ́ni, -ɔ́niə] *a.* suitable, fit, appropriate; apt, capable.

Ignasi [iŋnàzi] *pr. n. m.* Ignatius.

ignomínia [iŋnuminiə] *f.* ignominy, disgrace.

ignorància [iŋnuránsiə] *f.* ignorance.

ignorar [iŋnurá] *t.* not to know, to be unaware (—, of). 2 to ignore.

ignot, -ta [iŋnɔ́t, -tə] *a.* unknown, undiscovered.

igual [iɣwál] *a.* the same, equal. ‖ *m'és* ~, it's all the same to me, I don't mind. 2 alike, similar. 3 even, level; constant. ■ 4 *adv.* like. ‖ ~ *que*, the same as. ■ 5 *m.* equal. 6 equals sign, (USA) equal mark or sign.

igualar [iɣwəlá] *t.* to make equal, to equalize. 2 MATH. to equate (*a,* to). 3 to consider equal. 4 to become equal. 5 to level; to even out, to smooth.

igualtat [iɣwəltát] *f.* equality; similarity, alikeness. 2 evenness, levelness; uniformity.

illa [iʎə] *f.* island, isle. 2 block [of houses, buildings].

il·legal [illəɣál] *a.* illegal.

il·legalitat [illəɣəlitát] *f.* illegality.

il·legible [illəʒíbblə] *a.* illegible.

il·legítim, -ma [illəʒitim, -mə] *a.* illegitimate; unlawful.

illenc, -ca [iʎɛ́ŋ, -kə] *a.* island. ■ 2 *m.-f.* islander.

il·lès, -esa [illɛ́s, -ɛ́zə] *a.* unhurt, unharmed.

il·lícit, -ta [illísit, -tə] *a.* illicit, unlawful.

il·limitat, -ada [il·limitát, -áðə] a. unlimited; limitless.

il·lògic, -ca [il·lɔ́ʒik, -kə] a. illogical.

illot [iʎɔ́t] m. small island.

il·luminació [il·luminəsió] f. lighting; illumination.

il·luminar [il·luminá] t. to illuminate, to light up. 2 to install lighting in [hall, building, etc.]. 3 fig. to enlighten.

il·lús, -usa [il·lús, -úzə] a. easily led or deceived.

il·lusió [il·luzió] f. illusion, delusion. 2 false hope, wishful thinking. ‖ *fer-se il·lusions,* to build up false hopes. 3 thrill, excitement: *em fa molta ~ que hagis pensat en mi,* I'm thrilled that you thought of me.

il·lusionar [il·luziuná] t. to deceive, to delude. ■ *2 p.* to be thrilled, to get excited.

il·lusionista [il·luziunistə] m.-f. conjuror, illusionist.

il·lusori, -òria [il·luzɔ́ri, -ɔ́riə] a. illusory, unreal.

il·lustració [il·lustrəsió] f. learning; enlightenment. 2 illustration [in book, etc.].

il·lustrador, -ra [il·lustrəðó, -órə] a. enlightening, instructive. ■ *2 m.-f.* illustrator.

il·lustrar [il·lustrá] t. to enlighten, to instruct. 2 to illustrate [book, etc.]. ■ *3 p.* to learn, to acquire knowledge.

il·lustre [il·lústrə] a. illustrious, famous.

imaginació [iməʒinəsió] f. imagination.

imaginar [iməʒiná] t. to imagine. 2 to think up, to conceive. ■ *3 p.* to imagine, to fancy; to picture. ‖ *imagina't!,* (just) imagine!

imaginari, -ària [iməʒinári, -áriə] a. imaginary, fanciful, make-believe.

imaginatiu, -iva [iməʒinətiu, -íβə] a. imaginative, fanciful. ‖ *és un nen molt ~,* he's a boy with a lot of imagination.

imant [imán] m. magnet.

imatge [imádʒə] f. image; picture. 2 TV picture.

imbatible [imbətibblə] a. unbeatable; invincible.

imbecil [imbésil] a. MED. imbecile. 2 fig. silly. ■ *3 m.-f.* imbecile; idiot.

imberbe [imbɛ́rβə] a. beardless.

imbuir [imbui] t. to imbue, to instill.

imitació [imitəsió] f. imitating, imitation. 2 imitation, fake.

imitar [imitá] t. to imitate. 2 to mimic, to ape. 3 to counterfeit, to fake.

immaculat, -ada [imməkulát, -áðə] a. immaculate, spotlessly clean; unblemished.

immaterial [immətəriál] a. immaterial.

immediat, -ta [imməðiát, -tə] a. immediate.

immemorial [imməmuriál] a. immemorial.

immens, -sa [immɛ́ns, -sə] a. immense, huge.

immensitat [immənsitát] f. immensity, hugeness.

immersió [immərsió] f. immersion, immersing; plunge.

immigració [immiɣrəsió] f. immigration.

immigrant [immiɣrán] a., m.-f. immigrant.

immigrar [immiɣrá] i. to immigrate.

imminent [imminɛ́n] a. imminent, impending.

immòbil [immɔ́βil] a. immobile, immovable. 2 motionless.

immobiliari, -ària [immuβiliári, -áriə] a. real estate. ■ *2 f.* estate agent's, (USA) real estate agency.

immobilitzar [immuβilidzá] t. to immobilize; to bring to a standstill.

immoble [immɔ́bblə] a. *béns immobles,* real estate. ■ *2 m.* building.

immolar [immulá] t. to immolate.

immoral [immurál] a. immoral; unethical.

immoralitat [immurəlitát] f. immorality. 2 immoral act.

immortal [immurtál] a. immortal.

immortalitat [immurtəlitát] f. immortality.

immund, -da [immún, -də] a. filthy, dirty.

immune [immúnə] a. immune. 2 fig. free (*de,* from).

immunitat [immunitát] f. immunity.

immunitzar [immunidzá] t. to immunize.

immutable [immutábblə] a. immutable, unchangeable.

immutar [immutá] t. to alter, to cause a change in; to disturb. ■ *2 p.* to lose one's self-possession; to change countenance.

impaciència [impəsiénsiə] f. impatience.

impacientar [impəsiəntá] t. to make impatient, to exasperate. ■ *2 p.* to lose one's patience; to get worked up, to fret.

impacte [impáktə] *m.* impact [also fig.]; blow, hit.

imparcial [impərsiál] *a.* impartial, unbiased.

imparcialitat [impərsiəlitát] *f.* impartiality, fairness.

imparell [impərèʎ] *a.* MATH. odd.

impartir [impərti] *t.* to impart; to distribute, to give out.

impassible [impəsibblə] *a.* impassive, cold.

impàvid, -da [impáβit, -ðə] *a.* fearless, intrepid.

impecable [impəkábblə] *a.* impeccable, faultless; spotless.

impediment [impəðimèn] *m.* impeding, hindering. 2 impediment, hindrance.

impedir [impəði] *t.* to impede, to hinder; to obstruct. 2 to keep from doing something, to thwart.

impel·lir [impəlli] *t.* to impel, to drive [also fig.].

impenetrable [impənətrábblə] *a.* impenetrable [also fig.]. 2 fig. obscure.

impenitent [impənitèn] *a.* impenitent.

imperar [impərá] *t.* to rule, to be in command; to prevail [also fig.].

imperatiu, -iva [impərətiŭ, -iβə] *a.-m.* imperative.

imperceptible [impərsəptibblə] *a.* imperceptible, unnoticeable; slight.

imperdible [impərðibblə] See AGULLA 2.

imperdonable [impərðunábblə] *a.* unforgivable, inexcusable.

imperfecció [impərfəksió] *f.* imperfection; defect, fault.

imperfecte, -ta [impərfèktə, -tə] *a.* imperfect.

imperi [impèri] *m.* empire.

imperial [impəriál] *a.* imperial.

imperialisme [impəriəlizmə] *m.* imperialism.

imperialista [impəriəliztə] *a.* imperialistic, imperialist. ■ 2 *m.-f.* imperialist.

imperiós, -osa [impəriòs, -òzə] *a.* imperative, urgent. ‖ *una necessitat imperiosa,* a pressing need.

impermeabilitzar [impermeəβilidzá] *t.* to waterproof.

impermeable [impərmeábblə] *a.* impermeable, waterproof. ■ 2 *m.* raincoat, mackintosh.

impersonal [impərsunál] *a.* impersonal.

impertèrrit, -ta [impərtèrrit, -tə] *a.* fearless; undaunted.

impertinència [impertinènsiə] *f.* irrelevance. 2 impertinence, insolence.

impertinent [impərtinèn] *a.* irrelevant, uncalled for. 2 impertinent, rude.

impertorbable [impərturβábblə] *a.* imperturbable; unruffled.

ímpetu [impətu] *m.* impetus, driving force; momentum.

impetuós, -osa [impətuòs, -òzə] *a.* impetuous; impulsive.

implacable [impləkábblə] *a.* implacable, relentless.

implantació [impləntəsió] *f.* implantation, insertion; introduction.

implantar [impləntá] *t.* to implant [also fig.]; to establish; to introduce.

implicació [implikəsió] *f.* implication, involvement.

implicar [implikà] *t.* to implicate. 2 to imply. 3 to involve.

implícit, -ta [implisit, -tə] *a.* implicit, implied.

implorar [implurá] *t.* to implore, to beseech; to urge, to adjure.

imponderable [impundərábblə] *a.-m.* imponderable.

imponent [impunèn] *a.* impressive, imposing.

impopular [impupulár] *a.* unpopular.

import [impɔr(t)] *m.* amount, cost.

importació [impurtəsió] *f.* import, imports *pl.* 2 importation. ‖ *d'~,* imported.

importància [impurtànsiə] *f.* importance; significance. ‖ *sense ~,* unimportant.

important [impurtàn] *a.* important; significant. 2 large; sizeable, considerable. 3 serious.

importar [impurtá] *t.* to imply, to import. 2 to cost. 3 to import. ■ 4 *i.* to matter. ‖ *això a tu no t'importa,* this doesn't concern you.

importunar [impurtuná] *t.* to bother; to importune.

imposar [impuzá] *t.* to impose; to force. 2 fig. to impose [tax, etc.], to set [task]; to command [respect]. ■ 3 *p.* to prevail. 4 to impose one's authority.

imposició [impuzisió] *f.* imposition; duty, tax. 2 ECON. deposit.

impossibilitat [impusiβilitàt] *f.* impossibility.

impossible [impusibblə] *a.-m.* impossible. ‖ *fer els impossibles,* to do one's utmost.

impost [impòs(t)] *m.* tax, duty.

impostor, -ra [impustó, -rə] *m.-f.* impostor.

impotència [imputènsiə] *f.* impotence; powerlessness.

impotent [imputèn] *a.* impotent; powerless, helpless.

impracticable [imprəktikábblə] *a.* impassable [road, etc.].

imprecís, -isa [imprəsis, -izə] *a.* imprecise.

imprecisió [imprəsizió] *f.* imprecision.

impregnar [imprəɲná] *t.* to impregnate, to saturate.

impremeditat, -ada [imprəməðitàt, -àðə] *a.* unpremeditated.

impremta [imprèmtə] *f.* printing. 2 press, printing house or office. 3 print. ‖ *lletra d'~,* block letters *pl.*

imprès [imprès] *m.* printed paper; form. 2 *impresos,* printed matter.

imprescindible [imprəsindíbblə] *a.* essential, absolutely necessary.

impressió [imprəsió] *f.* impression, impress, imprint. 2 printing; edition. 3 fig. impression. 4 PHOTO. *print, exposure.*

impressionable [imprəsiunábblə] *a.* impressionable.

impressionar [imprəsiuná] *t.* to impress; to move, to affect. 2 PHOTO. to expose. ▪ 3 *p.* to be impressed or moved.

impressionisme [imprəsiunizmə] *m.* ARTS Impressionism.

impressionista [imprəsiunistə] *a., m.-f.* ARTS Impressionist.

impressor, -ra [imprəsó, -rə] *a.* printing. ▪ 2 *m.-f.* printer. 3 *f.* printing machine; COMP.. printer.

imprevisible [imprəβizíbblə] *a.* unforeseeable, unpredictable.

imprevist, -ta [imprəβís(t), -tə] *a.* unexpected, unforeseen. ▪ 2 *m.* something unexpected.

imprimir [imprimí] *t.* to stamp, to print; to imprint. 2 to influence. 3 fig. to impress. ▲ CONJUG. P. P.: *imprès.*

improbable [impruβábblə] *a.* unlikely, improbable.

improcedent [imprusəðèn] *a.* inappropriate, inconvenient; untimely.

improductiu, -iva [impruðuktiŭ, -iβə] *a.* unproductive.

improperi [imprupèri] *m.* insult; offence, (USA) offense.

impropi, -òpia [imprɔ́pi, -ɔ́piə] *a.* improper; amiss, wrong.

improvís, -isa [impruβís, -izə] *a.* sudden, unexpected. ‖ *d'~,* unexpectedly.

improvisació [impruβizəsió] *f.* improvisation. 2 MUS. impromptu.

improvisar [impruβizá] *t.* to improvise.

imprudència [impruðènsiə] *f.* imprudence, rashness. 2 unwise act.

imprudent [impruðèn] *a.* imprudent, rash; unwise.

impúdic, -ca [impúðik, -kə] *a.* shameless, indecent.

impugnar [impuɲná] *t.* to oppose, to contest. 2 to impugn.

impuls [impúls] *m.* impulse, thrust, impetus. 2 fig. impulse, urge.

impulsar [impulsá] *t.* to propel, to drive. 2 to impel, to urge.

impulsiu, -iva [impulsiŭ, -iβə] *a.* impulsive.

impune [impúnə] *a.* unpunished.

impur, -ra [impúr, -rə] *a.* impure.

impuresa [impurèzə] *f.* impurity.

imputar [imputá] *t.* to impute, to ascribe.

inacabable [inəkəβábblə] *a.* interminable; endless.

inacceptable [inəksəptábblə] *a.* unacceptable.

inaccessible [inəksəsíbblə] *a.* inaccessible.

inactiu, -iva [inəktiŭ, -iβə] *a.* inactive; idle.

inactivitat [inəktiβitàt] *f.* inactivity; idleness.

inadaptat, -ada [inəðəptàt, -àðə] *a.* maladjusted.

inadequat, -ada [inəðəkuàt, -àðə] *a.* inadequate; unsuitable.

inadmissible [inəmmisíbblə] *a.* inadmissible.

inadvertència [inəbbərtènsiə] *f.* inadvertence, negligence. 2 oversight, slip.

inaguantable [inəɣwəntábblə] *a.* unbearable, intolerable. ‖ *fa una calor ~,* it's unbearably hot.

inalterable [inəltərábblə] *a.* inalterable, immutable; fast [colour], permanent.

inanició [inənisió] *f.* starvation.

inanimat, -ada [inənimàt, -àðə] *a.* lifeless, inanimate [also fig.].

inapetència [inəpətènsiə] *f.* lack of appetite, loss of appetite.

inapreciable [inəprəsiàbblə] *a.* insignificant, inappreciable. 2 invaluable, inestimable.

inassequible [inəsəkibblə] *a.* unattainable, out of reach.

inaudit, -ta [inəŭðit, -tə] *a.* unprecedented, unheard-of.

inauguració [inəuyurəsió] *f.* inauguration, opening.

inaugurar [inəŭyurá] *t.* to inaugurate, to open.

inca [iŋkə] *a., m.-f.* Inca.

incalculable [iŋkəlkulábblə] *a.* incalculable.

incandescent [iŋkəndəsèn] *a.* incandescent; glowing.

incansable [iŋkənsábblə] *a.* tireless, unflagging.

incapaç [iŋkəpàs] *a.* incapable; incompetent; unable (*de*, to).

incapacitat, -ada [inkəpəsität, -áðə] *a.* incapacitated. ■ 2 *f.* incapacity, inability.

incaut, -ta [iŋkáŭt, -tə] *a.* incautious.

incendi [insèndi] *m.* fire. || ~ *provocat,* arson attack. || *perill d'~,* fire risk.

incendiar [insəndiá] *t.* to set fire to, to set on fire. ■ 2 *p.* to catch fire.

incendiari, -ària [insəndiári, -áriə] *a.* incendiary. || *bomba incendiària,* incendiary (device). ■ 2 *m.-f.* arsonist.

incentiu [insəntiŭ] *m.* incentive, inducement.

incert, -ta [insèr(t), -tə] *a.* uncertain, in the air; doubtful; vague.

incertesa [insərtɛ́zə] *f.* uncertainty; doubt.

incertitud [insərtitút] See INCERTESA.

incessant [insəsàn] *a.* incessant, unceasing.

incest [insès(t)] *m.* incest.

incidència [insiðénsiə] *f.* incidence. 2 event.

incident [insiðèn] *a.* incident.

incidir [insiði] *i.* to fall (*sobre*, upon).

incineració [insinərəsió] *f.* incineration. 2 cremation.

incinerar [insinərá] *t.* to incinerate. 2 to cremate.

incipient [insipièn] *a.* incipient.

incís [insis] *m.* GRAMM. clause, sentence.

incisió [insizió] *f.* incision, cut.

incisiu, -iva [insiziŭ, -iβə] *a.* sharp. 2 fig. incisive; cutting [remark, etc.]. ■ 2 *f.* ANAT. incisor.

incitació [insitəsió] *f.* incitement.

incitar [insitá] *t.* to incite, to rouse.

incivilitzat, -ada [insiβilidzàt, -áðə] *a.* uncivilized.

inclemència [iŋkləménsiə] *f.* harshness, inclemency.

inclinació [iŋklinəsió] *f.* inclination; incline, slope; stoop. 2 liking, inclination.

inclinar [iŋkliná] *t.* to incline; to slope, to tilt; to bend; to bow [head]. 2 fig. incline, lead. ■ 3 *p.* to bend forward, to bow. 4 to be inclined.

incloure [iŋklóŭrə] *t.* to include, to comprise. || COMM. *tot inclòs,* all-in. 2 to enclose, to attach [correspondence]. ▲ CONJUG. like *cloure.* || P. P.: *inclòs.*

inclusió [iŋkluzió] *f.* inclusion.

incoar [iŋkuá] *t.* LAW to start, to initiate.

incògnit, -ta [iŋkɔ́ŋnit, -tə] *a.* unknown. ■ 2 *m.-f.* incognito [person]. 3 *f.* unknown quantity or factor. || *d'incògnita,* incognito.

incoherència [iŋkuərénsiə] *f.* incoherence.

incoherent [iŋkuərèn] *a.* incoherent; disconnected.

incolor, -ra [iŋkulór, -rə] *a.* colourless, (USA) colorless.

incòlume [iŋkɔ́lumə] *a.* unhurt, unharmed.

incommensurable [iŋkummənsurábblə] *a.* unmeasurable, incommensurable.

incòmode, -da [iŋkɔ́muðə, -ðə] *a.* uncomfortable. 2 uneasy; awkward. 3 embarrassing.

incomoditat [iŋkumuðitát] *f.* discomfort. 2 uneasiness; awkwardness.

incomparable [iŋkumpərábblə] *a.* incomparable.

incompatibilitat [iŋkumpətiβilität] *f.* incompatibility.

incompatible [iŋkumpətibblə] *a.* incompatible.

incompetent [iŋkumpətèn] *a.* incompetent.

incomplet [iŋkumplèt] *a.* incomplete.

incomprensible [iŋkumprənsibblə] *a.* incomprehensible.

incomptable [iŋkumtábblə] *a.* innumerable, countless.

incomunicació [iŋkumunikəsió] *f.* isolation. 2 solitary confinement.

incomunicar [iŋkumuniká] *t.* to cut off, to isolate. 2 to hold incommunicado.

inconcebible [iŋkunsəβibblə] *a.* inconceivable.

incondicional [iŋkundisiunàl] *a.* unconditional; whole-hearted.

inconfusible [iŋkumfusibblə] *a.* unmistakable.

incongruència [iŋkuŋgruèsiə] *f.* incongruity.

incongruent [iŋkuŋgruèn] *a.* incongruous.

inconsciència [iŋkunsiènsiə] *f.* unconsciousness. 2 fig. unawareness; thoughtlessness.

inconscient [iŋkunsièn] *a.* unconscious. 2 fig. unaware; thoughtless. ■ *3 m.* unconscious.

inconstància [iŋkunstànsiə] *f.* inconstancy; fickleness.

inconvenient [iŋkumbənièn] *a.* unsuitable, inappropriate. ■ *2 m.* problem, difficulty; drawback.

incorporació [iŋkurpurəsió] *f.* embodiment, incorporation.

incorporar [iŋkurpurà] *t.* to incorporate. 2 to embody. 3 to sit up. ■ *4 p.* to sit up. 5 to join (*a, —*) [society, club, etc.].

incorrecció [iŋkurrəksió] *f.* inaccuracy, imprecision; error; slip.

incórrer [iŋkòrrə] *i.* to commit, to perform (*en, —*) [crime; error]. 2 to incur; to bring upon oneself [punishment]. ▲ CONJUG. like *córrer.*

incorruptible [iŋkurruptibblə] *a.* incorruptible.

incrèdul, -la [iŋkrèðul, -lə] *a.* incredulous; sceptical.

increïble [iŋkrəibblə] *a.* incredible, unbelievable.

increment [iŋkrəmèn] *m.* increase, increment.

increpar [iŋkrəpà] *t.* to rebuke; to scold.

incriminar [iŋkriminà] *t.* to condemn, to find guilty. 2 to accuse; to incriminate.

incrustació [iŋkrustəsió] *f.* incrustation. 2 inlaying.

incrustar [iŋkrustà] *t.* to incrust. 2 to inlay. ■ *3 p.* to be incrusted. 4 to be inlaid.

incubar [iŋkuβà] *t.* to incubate; to hatch.

inculcar [iŋkulkà] *t.* to inculcate; to instil.

inculpar [iŋkulpà] *t.* to accuse (*de,* of); to blame (*de,* for).

inculte, -ta [iŋkúltə, -tə] *a.* uncultured, boorish. 2 AGR. unworked, uncultivated.

incultura [iŋkultúrə] *f.* lack of culture, boorishness, uncouthness.

incumbir [iŋkumbi] *i.* to be fitting. 2 to be the duty of.

incunable [iŋkunàbblə] *m.* incunabulum, incunable.

incursió [iŋkursió] *f.* incursion; raid.

indagar [indəγà] *t.* to investigate, to inquire into.

indecència [indəsènsiə] *f.* indecency; filth. 2 obscenity [state, remark]; indecent act.

indecís, -isa [indəsis, -izə] *a.* undecided. 2 indecisive; vacillating.

indecisió [indəsizió] *f.* indecision; lack of decision.

indefens, -sa [indəfèns, -sə] *a.* defenceless, unprotected.

indefinit, -ida [indəfinit, -iðə] *a.* indefinite; undefined. 2 GRAMM. indcfinite.

indeleble [indəlèbblə] *a.* indelible.

indemne [indèmnə] *a.* undamaged [thing]; unhurt, unharmed [person].

indemnització [indəmnidzəsió] *f.* damages *pl.;* compensation.

indemnitzar [indəmnidzà] *t.* to compensate (*per,* for).

independència [indəpəndènsiə] *f.* independence.

independent [indəpəndèn] *a.* independent; self-sufficient.

indescriptible [indəskriptibblə] *a.* indescribable.

indesxifrable [indəʃifràbblə] *a.* undecipherable.

indeterminat, -ada [indətərminàt, -àðə] *a.* undetermined; not fixed or settled. 2 irresolute [person]. 3 GRAMM. indefinite.

índex [indəks] *m.* forefinger, index finger. 2 ratio. 3 list; index [book]. 4 MATH. index.

indi, índia [indi, indiə] *a., m.-f.* Indian.

Índia [indiə] *pr. n. f.* GEOGR. India.

Índic, oceà [indik, useà] *pr. n. m.* GEOGR. Indian Ocean.

indicació [indikəsió] *f.* indication; suggestion. 2 sign. 3 instruction.

indicador, -ra [indikəðó, -rə] *m.* indicator; gauge, meter.

indicar [indikà] *t.* to point out, to indicate, to show. 2 to suggest, to hint.

indici [indisi] *m.* indication, mark, sign.

indiferència [indifərènsiə] *f.* indifference; lack of interest.

indiferent [indifərèn] *a.* uninterested; indifferent. ‖ *m'és ~,* it makes no difference to me.

indígena [indiʒənə] *a., m.-f.* native.

indigència [indiʒɛnsiə] *f.* poverty; destitution.

indigest, -ta [indiʒès(t), -tə] *a.* indigestible; hard to digest.

indigestió [indiʒəstió] *f.* indigestion.

indignació [indiŋnəsió] *f.* indignation, anger.

indignar [indiŋná] *t.* to infuriate; to anger. ■ *2 p.* to get angry.

indigne, -na [indiŋnə, -nə] *a.* unworthy (*de,* of). 2 fig. beneath (*de,* —).

indiot [indiòt] *m.* turkey.

indirecte, -ta [indirèktə, -tə] *a.* indirect. ■ *2 f.* hint, suggestion. ‖ *deixar anar una ~,* to drop a hint.

indisciplina [indisiplinə] *f.* lack of discipline, indiscipline.

indiscreció [indiskrəsió] *f.* tactlessness, lack of tact. 2 indiscreet or tactless act or remark.

indiscret, -ta [indiskrèt, -tə] *a.* tactless, indiscreet.

indiscutible [indiskutibblə] *a.* unquestionable, indisputable.

indispensable [indispənsàbblə] *a.* essential, indispensable.

indisposar [indispuzá] *t.* ~ *amb,* to make unpopular with; to set against. 2 to indispose; to make ill. ■ *3 p.* to fall ill.

indisposició [indispuzisió] *f.* MED. indisposition.

individu, -ídua [indiβiðu, -íðuə] *a., m.-f.* individual. 2 *m.-f.* coll. person; bloke, chap [man]; bird [woman].

individual [indiβiðuál] *a.* individual.

individualisme [indiβiðuəlizmə] *m.* individualism.

indocumentat, -ada [indukuməntàt, -áðə] *a.* not carrying identity papers.

indoeuropeu, -ea [induəŭrupèŭ, -éə] *a.* Indo-European.

índole [indulə] *f.* nature; character.

indolència [indulɛnsiə] *f.* apathy; indolence.

indòmit, -ta [indòmit, -tə] *a.* untamed. 2 untameable [animal]; indomitable [person].

indret [indrèt] *m.* spot; place. 2 LIT. passage.

indubtable [induptàbblə] *a.* unquestionable; indubitable.

inducció [induksió] *f.* inducement. 2 induction; inference. 3 ELECTR. induction.

induir [indui] *t.* to induce. 2 to infer. 3 ELECTR. to induce.

indulgència [indulʒɛnsiə] *f.* indulgence; clemency. 2 ECCL. indulgence.

indult [indúl(t)] *m.* LAW pardon; reprieve.

indultar [indultá] *t.* LAW to pardon; to reprieve.

indumentària [induməntàriə] *f.* study of period dress. 2 clothing, dress, clothes *pl.*

indústria [indústriə] *f.* industry.

industrialitzar [industrialidzá] *t.* to industrialize.

inèdit, -ta [inὲðit, -tə] *a.* unpublished.

inefable [inəfábblə] *a.* ineffable; indescribable, inexpressible.

ineficàcia [inəfikásiə] *f.* inefficiency; ineffectiveness: incompetence.

inepte, -ta [inὲptə, -tə] *a.* inept, incompetent.

inèrcia [inèrsiə] *f.* inertia. 2 apathy.

inerme [inèrmə] *a.* unarmed; defenceless. 2 BOT. thornless.

inert, -ta [inèr(t), -tə] *a.* CHEM. inert. 2 inactive, immobile.

inesperat, -ada [inəspəràt, -áðə] *a.* unexpected.

inestable [inəstábblə] *a.* unstable; unsettled.

inestimable [inəstimábblə] *a.* invaluable.

inevitable [inəβitàbblə] *a.* . inevitable; unavoidable.

inexactitud [inəgzəktitút] *f.* inaccuracy; imprecision.

inexistent [inəgzistèn] *a.* non-existent.

inexorable [inəgzurábblə] *a.* inexorable.

inexpert, -ta [inəkspèr(t), -tə] *a.* inexpert; unexperienced.

inexplicable [inəksplikábblə] *a.* inexplicable; unaccountable.

inexplorat, -ada [inəkspluràt, -áðə] *a.* unexplored.

inexpressiu, -iva [inəksprəsiŭ, -iβə] *a.* inexpressive; dull.

inexpugnable [inəkspuŋnábblə] *a.* MIL. impregnable: unstormable. 2 indomitable.

infal·libilitat [imfəlliβilitát] *f.* infallibility.

infame [imfámə] *a.* infamous; vile.

infàmia [imfámiə] *f.* disgrace; disgracefulness.

infància [imfànsiə] *f.* infancy; childhood.

infant [imfàn] *m.* infant; child.

infanteria [imfəntəriə] *f.* infantry.

infantesa [imfəntέzə] *f.* infancy; child-hood.

infanticidi [imfəntisiði] *m.* infanticide.

infantil [imfəntíl] *a.* infant; child's, children's: *jocs infantils,* children's games. 2 child-like. 3 pej. childish, infantile.

infart [imfár(t)] *m.* heart-attack.

infatuar [imfətuá] *t.* to make vain or conceited. ■ *2 p.* to become vain or conceited.

infecció [imfəksió] *f.* infection.

infectar [imfəktá] *t.* to infect. to contaminate. 2 fig. to corrupt.

infecte, -ta [imféktə, -tə] *a.* infected. 2 fig. corrupt.

infeliç [imfəlís] *a.* unhappy; wretched.

inferior [imfəriónrœ] *a.* lower. 2 fig. pej. inferior. ■ *3 m.* inferior; subordinate.

inferioritat [imfəriuritát] *f.* inferiority. || *complex d'~,* inferiority complex.

inferir [imfəri] *t.* to infer, to deduce. 2 to inflict [wound, damage]; to cause [offence].

infermer, -ra [imfərmé, -rə] *m.* male nurse. 2 *f.* nurse.

infermeria [imfərməriə] *f.* infirmary.

infern [imfέrn] *m.* hell.

infestar [imfəstá] *t.* to overrun; to infest. 2 to infect. ■ *3 p.* to be overrun, to be infested. 4 to be infected.

infidel [imfiðέl] *a.* unfaithful. 2 REL. unbelieving. ■ *3* REL. unbeliever, infidel.

infidelitat [imfiðəlitát] *f.* infidelity, unfaithfulness.

infiltrar [imfiltrá] *t.* to infiltrate (*en,* into). ■ *2 p.* to filter (*en,* into), to infiltrate.

ínfim, -ma [imfim, -mə] *a.* lowest. 2 fig. meanest.

infinit, -ta [imfinit, -tə] *a.* infinite, endless. 2 fig. boundless. ■ *3 m.* infinity. 4 MATH. infinity. ■ *5 adv.* infinitely.

inflació [imfləsió] *f.* inflation. 2 MED. swelling.

inflamació [imfləməsió] *f.* ignition [catching fire]. 2 MED. inflammation.

inflamar [imfləmá] *t.* to ignite; to set fire to, to set light to. 2 to inflame [also fig.]. ■ *3 p.* to catch fire. 4 MED. to become inflamed. 5 fig. to get excited. 6 fig. coll. to get het-up.

inflar [imflá] *t.* to inflate; to blow up. 2 fig. to exaggerate. 3 fig. coll. ~ *el cap,* to fill somebody's head (*amb,* with). ■ *4 p.* to swell up. 5 fig. to get vain or conceited.

inflexible [imfləksibblə] *a.* rigid, inflexible; stiff.

inflexió [imfləksió] *f.* inflexion.

infligir [imflíʒi] *t.* to inflict (*a,* on).

inflor [imfló] *f.* fig. conceit; conceitedness, vanity. 2 MED. swelling.

influència [imfluέnsiə] *f.* influence (*sobre,* on, over).

influir [imflui] *i.* to have or exercise influence (*sobre,* on, over). ■ *2 t.* to influence; to sway.

infondre [imfóndrə] *t.* fig. to instil (*a,* into); to fill with. || ~ *por al contrari,* to fill the opponent with fear, to frighten the opponent. ▲ CONJUG. like *fondre.* || P. P.: *infós.*

informació [imfurməsió] *f.* information. 2 news; item or piece of news.

informal [imfurmál] *a.* informal; casual. 2 unreliable [person].

informar [imfurmá] *t.* to shape, to form. 2 to inform. ■ *3 p.* to inform oneself.

informàtic, -ca [imfurmátik, -kə] *a.* computer. ■ *2 m.-f.* computer scientist. 3 computer science.

informatiu, -iva [imfurmətiŭ, -iβə] *a.* informative; enlightening.

informe [imfórmə] *a.* shapeless, formless; unshapely. ■ *2 m.* report. 3 *pl.* personal particulars.

infortunat, -ada [imfurtunát, -áðə] *a.* unfortunate, unlucky.

infortuni [imfurtúni] *m.* misfortune.

infracció [imfrəksió] *f.* infringement. 2 LAW offence: ~ *de tràfic,* road traffic offence, driving offence. 3 LAW breach [contract].

infrastructura [imfrəstruktúrə] *f.* infrastructure.

infringir [imfrinʒi] *t.* to violate [terms]; to infringe [law]. 2 LAW to be in breach of [contract].

ínfula [imfulə] *f.* infula. 2 *pl.* fig. conceit, vanity.

infusió [imfuzió] *f.* infusion. 2 herbal tea.

ingent [inʒέn] *a.* huge, enormous.

ingenu, -ènua [inʒénu, -έnuə] *a.* naïve, innocent; artless, ingenuous.

ingenuïtat [inʒənuitát] *f.* naïveté, innocence; artlessness, ingenuousness.

ingerència [inʒərένsiə] *f.* interference; meddling.

ingerir [inʒəri] *t.* to swallow. ■ *2 p.* to meddle (*en,* in, with).

ingrat, -ta [ingrát, -tə] *a.* unpleasant. 2 thankless, unrewarding [task]. 3 ungrateful.

ingratitud [ingrətitút] *f.* ingratitude.

ingredient [iŋgrəðièn] *m.* ingredient.

ingrés [iŋgrès] *m.* entry, entrance. 2 admission [to club, school, etc.]. 3 COMM. sum deposited or received, deposit. 4 *pl.* income *sing.*, earnings; revenue *sing.* [company].

ingressar [iŋgrəsá] *t.* to deposit [money]. ■ 2 *i.* ~ *a l'hospital*, to be admitted to hospital. 3 to be admitted [to society, club, etc.].

inhàbil [inàβil] *a.* unskilful. 2 LAW unfit (*per a*, for). ■ 3 *m.-f.* LAW unfit person [for a post].

inhabitable [inəβitábblə] *a.* uninhabitable.

inhalació [inələsió] *f.* inhalation.

inhalar [inəlá] *t.* to breathe in, to inhale.

inherent [inərèn] *a.* inherent.

inhibició [iniβisió] *f.* inhibition.

inhibir [iniβí] *t.* to inhibit; to restrain. ■ 2 *p.* to keep out (*de*, of).

inhumà, -ana [inumá, -ánə] *a.* inhuman.

inhumar [inumá] *t.* to bury [esp. corpse].

inici [inisi] *m.* start, beginning.

inicial [inisiál] *a.* initial. ■ 2 *f. pl.* initials.

iniciar [inisiá] *t.-p.* to start, to begin. 2 *t.* to initiate (*en*, in, into).

iniciativa [inisiətiβə] *f.* initiative, lead. 2 initiative, enterprise.

inimaginable [inimaʒinábblə] *a.* unimaginable.

inimitable [inimitábblə] *a.* inimitable.

inintel·ligible [inintəlliʒibblə] *a.* unintelligible.

iniquitat [inikitát] *f.* wickedness, iniquity. 2 injustice.

injecció [inʒəksió] *f.* injection.

injectar [inʒəktá] *t.* to inject. ■ 2 *p.* to inject oneself.

injúria [inʒúriə] *f.* insult, offence; outrage, wrong [act only].

injuriar [inʒuriá] *t.* to insult, to abuse, to revile.

injust, -ta [inʒus(t), -tə] *a.* unfair, unjust.

injustícia [inʒustəsiə] *f.* unfairness, injustice. 2 injustice [act].

injustificat, -ada [inʒustifikàt, -áðə] *a.* unjustified.

innat, -ta [innàt, -tə] *a.* innate, inborn; inherent.

innocència [innusènsiə] *f.* innocence.

innocent [innusèn] *a.* harmless. 2 LAW innocent. 3 artless, ingenuous. ■ 3 *m.-f.* LAW innocent person.

innocentada [innusəntàðə] *f.* coll. practical joke; hoax.

innocu, -òcua [innóku, -ókuə] *a.* harmless; innocuous.

innombrable [innumbràbblə] *a.* countless, innumerable.

innovació [innuβəsió] *f.* innovation; novelty.

innumerable [innumərábblə] See IN-NOMBRABLE.

inoblidable [inuβliðábblə] *a.* unforgettable.

inocular [inukulá] *t.* to inoculate.

inodor, -ra [inuðòr, -rə] *a.* odourless.

inofensiu, -iva [inufənsiù, -iβə] *a.* harmless; innocuous, inoffensive.

inòpia [inópiə] *f.* poverty, indigence.

inoportú, -una [inupurtú, -únə] *a.* untimely, inopportune; inconvenient.

inoportunitat [inupurtunitát] *f.* untimeliness, inopportuness; inconvenience.

inorgànic, -ca [inuryànik, -kə] *a.* inorganic.

inqualificable [iŋkwəlifikábblə] *a.* indescribable. 2 pej. unspeakable.

inqüestionable [iŋkwəstiunábblə] *a.* unquestionable; indisputable.

inquiet, -ta [iŋkièt, -tə] *a.* restless. 2 coll. fidgety. 3 anxious.

inquietar [iŋkiətá] *t.* to unsettle. 2 to worry; to disturb. ■ 3 *p.* to worry.

inquietud [iŋkiətút] *f.* restlessness. 2 anxiety. 3 *pl.* concern *sing.*

inquilí, -ina [iŋkili, -inə] *m.-f.* tenant; lodger. 2 LAW lessee, tenant.

inquirir [iŋkiri] *t.* to investigate; to look into.

inquisició [iŋkizisió] *f.* investigation; enquiry. 2 ECCL. Inquisition.

inquisidor, -ra [iŋkiziðò, -rə] *a.* investigating. ■ 2 *m.* ECCL. Inquisitor. 3 *m.-f.* fig. coll. busybody; carper.

inrevés [inrrəβès] *adv. phr. a l'~*, the other way round.

insà, -ana [insá, -ánə] *a.* mad. 2 MED. insane.

insaciable [insəsiábblə] *a.* insatiable.

insalubre [insəlúβrə] *a.* unhealthy, insalubrious [esp. place].

inscripció [inskripsió] *f.* registration, enrolment. 2 register.

inscriure [inskriúrə] *t.* to inscribe. 2 to register, to record, to enrol. ▲ CONJUG. like *escriure*.

insecte [insèktə] *m.* insect.

insecticida [insəktisiðə] *a.* insecticidal.
■ *2 m.* insecticide.

insectívor, -ra [insəktiβur, -rə] *a.* insectivorous, insect-eating.

inseguretat [insəɣurətàt] *f.* uncertainty. 2 insecurity. 3 lack of safety

inseminació [insəminəsiò] *f.* insemination. ‖ ~ *artificial,* artificial insemination.

insensatesa [insənsətɛ̀zə] *f.* stupidity; senselessness. 2 idiotic or senseless remark.

insensibilitat [insənsiβilitàt] *f.* lack of sensitivity or delicacy; lack of feeling, callousness. 2 MED. numbness, lack of feeling.

insensible [insənsibblə] *a.* insensitive; callous. 2 MED. numb.

inseparable [insəpərábblə] *a.* inseparable.

inserció [insərsiò] *f.* insertion.

inserir [insəri] *t.* to insert; to put into.

inservible [insərβibblə] *a.* useless.

insídia [insiðiə] *f.* trap; trick [act or words].

insigne [insiŋnə] *a.* famous, celebrated.

insígnia [insiŋniə] *f.* badge; decoration.

insignificant [insiŋnifikàn] *a.* trivial, unimportant, insignificant.

insinuar [insinuá] *t.* to insinuate. 2 to hint at, to allude to. ■ *3 p.* to make a pass (*a,* at).

insípid, -da [insipit, -ðə] *a.* tasteless, insipid; flat.

insistència [insistɛ̀nsiə] *f.* insistence; persistence.

insistir [insisti] *i.* to persist; to insist (*a,* in).

insociable [insusiábblə] *a.* unsociable; anti-social.

insolació [insuləsiò] *f.* exposure to the sun. 2 MED. sunstroke.

insolència [insulɛ̀nsiə] *f.* insolence; rudeness.

insòlit, -a [insòlit, -tə] *a.* unusual; extraordinary.

insolvència [insulβɛ̀nsiə] *f.* insolvency; bankruptcy [person only].

insomni [insòmni] *m.* insomnia, sleeplessness.

insondable [insundábblə] *a.* unfathomable [also fig.].

insonoritzar [insunuridzà] *t.* to soundproof.

inspecció [inspəksiò] *f.* inspection; examination. 2 survey. 3 inspectorate. 4 inspector's office [room].

inspeccionar [inspəksiuná] *t.* to inspect, to examine. 2 to survey.

inspector, -ra [inspəktò, -rə] *m.-f.* inspector. 2 surveyor.

inspiració [inspirəsiò] *f.* inspiration.

inspirar [inspirà] *t.* to breathe in, to inhale. 2 to inspire. ■ *3 p.* to get or be inspired; to find inspiration.

instal·lació [instəlləsiò] *f.* installation.

instal·lar [instəllà] *t.* to instal; to establish. ■ *2 p.* to instal oneself; to establish oneself.

instància [instànsiə] *f.* urging. 2 application; written request. 3 challenge [allegation, reason]. 4 instance: *tribunal de primera ~,* court of first instance.

instant [instàn] *m.* moment, instant.

instantani, -ània [instəntàni, -àniə] *a.* instantaneous, immediate.

instar [instà] *t.* to urge; to press. 2 to challenge; to question [allegation, reason, etc.].

instaurar [instəu̯rà] *t.* to constitute, to set up.

instigar [instiɣà] *t.* to instigate; to encourage. 2 LAW to incite.

instint [instin] *m.* instinct.

instintiu, -iva [instintiŭ, -iβə] *a.* instinctive.

institució [institusiò] *f.* institution, establishment.

instituir [institui̯] *t.* to institute, to establish.

institut [institút] *m.* state secondary school.

instrucció [instruksiò] *f.* teaching; education. 2 MIL. training, instruction; training drill. 3 *pl.* instructions.

instructiu, -iva [instruktiŭ, -iβə] *a.* instructive; educational.

instruir [instrui̯] *t.* to teach; to instruct. 2 MIL. to train, to drill. 3 LAW to prepare [case].

instrument [instrumèn] *m.* instrument; tool. 2 MUS. instrument.

insubordinar [insuβurðinà] *t.* to incite to rebellion or mutiny. ■ *2 p.* to rebel; to mutiny.

insubstituïble [insupstituibblə] *a.* irreplaceable.

insuficiència [insufisiɛ̀nsiə] *f.* insufficiency, lack; inadequacy.

insular [insulàr] *a.* insular.

insuls, -sa [insúls, -sə] *a.* tasteless; insipid [also person].

insult [insúl(t)] *m.* insult; offence; outrage [act only].

insultar [insultá] *t.* to insult, to offend; to abuse [words only].

insuperable [insupərábblə] *a.* insurmountable.

insuportable [insupurtábblə] *a.* unbearable; intolerable.

insurrecció [insurrəksió] *f.* rebellion; revolt.

intacte, -ta [intáktə, -tə] *a.* untouched; intact, undamaged.

intangible [intənʒibblə] *a.* intangible.

integral [intəɣrál] *a.-f.* integral. ‖ *pa ~,* wholemeal bread.

integrar [intəɣrá] *t.* to compose, to constitute. 2 to integrate (*en,* in).

íntegre, -gra [intəɣrə, -ɣrə] *a.* whole, integral. 2 fig. honourable; honest.

integritat [intəɣritát] *f.* integrity; honesty.

intel·lecte [intəlléktə] *m.* intellect.

intel·lectual [intəlləktuál] *a., m.-f.* intellectual.

intel·ligència [intəlliʒénsiə] *f.* intelligence; understanding.

intel·ligent [intəlliʒèn] *a.* intelligent; clever.

intel·ligible [intəlliʒibblə] *a.* intelligible.

intempèrie [intəmpèriə] *f.* inclemency; bad weather. ‖ *a la ~,* in the open; exposed.

intempestiu, -iva [intəmpəstiú, -iβə] *a.* untimely, inopportune.

intenció [intənsió] *f.* aim, intention, purpose.

intencionat, -ada [intənsiunát, -áðə] *a. ben ~,* well-meaning. ■ 2 *m.-f.* malicious person; wicked person.

intens, -sa [inténs, -sə] *a.* intense; deep [feeling].

intensitat [intənsitát] *f.* intensity; power; magnitude.

intensiu, -iva [intənsiú, -iβə] *a.* intensive.

intent [intén] *m.* purpose, aim, intention. 2 attempt.

intentar [intəntá] *t.* to attempt, to try. 2 to mean; to want.

intercalar [intərkəlá] *t.* to intercalate.

intercanvi [intərkámbi] *m.* exchange; interchange.

intercanviar [intərkəmbiá] *t.* to exchange; to interchange.

intercedir [intərsəði] *i.* to intercede. 2 to plead (*per,* for).

interceptar [intərsəptá] *t.* to intercept; to cut off. 2 MATH. to intercept, to comprehend between.

interès [intərɛ́s] *m.* interest.

interessant [intərəsán] *a.* interesting.

interessar [intərəsá] *t.* to interest; to concern. 2 to involve, to interest. ■ 3 *p.* to get involved. 4 to take an interest.

interessat, -ada [intərəsát, -áðə] *a.* interested, involved, concerned.

interferència [intərfərénsiə] *f.* interference.

interferir [intərfəri] *i.* to interfere.

intèrfon [intèrfun] *m.* doorphone. 2 intercom.

interí, -ina [intəri, -inə] *a.* interim; provisional, temporary. 2 acting [person, in office]. 3 *m.-f.* substitute; stand-in.

interior [intəriónrcə] *a.-m.* interior, inside. 2 *a.* inner [thoughts]. 3 *m.* fig. inside or personal feelings; heart, soul. 4 inside-forward [football].

interjecció [intərʒəksió] *f.* exclamation; interjection.

interlocutor, -ra [intərlukutó, -rə] *m.-f.* speaker [in conversations].

interludi [intərlúði] *m.* MUS. pause, interlude. 2 THEATR. sketch [usually comic].

intermedi, -èdia [intərmèði, -èðiə] *a.* intermediate; intervening. ■ 2 *m.* interval.

intermediari, -ària [intərməðiàri, -àriə] *a.* intermediate. ■ 2 *m.-f.* mediator. 3 *m.* COMM. middle-man.

intermitent [intərmitèn] *a.* sporadic; intermittent. ■ 2 *m.* AUTO. indicator, trafficator.

intern, -na [intèrn, -nə] *a.* internal, inside; interior. 2 fig. inner. 3 boarding [school, pupils]. ■ 4 *m.-f.* boarder [pupil].

internacional [intərnəsiunál] *a.* international.

internar [intərná] *t.* to insert. 2 to intern, to commit. 3 to admit. ■ 4 *p.* to penetrate. 5 to become a boarder [pupil].

internat [intərnát] *m.* boarding-school.

interpel·lar [intərpəllá] *t.* to appeal. 2 to interpellate.

interposar [intərpuzá] *t.* to put between; to interpose. 2 LAW to lodge [appeal]. ■ 3 *p.* to intervene, to mediate.

intèrpret [intèrprət] *m.-f.* interpreter. 2 translator, interpreter.

interpretar [intərprətá] *t.* to interpret. 2 to translate, to interpret. 3 THEATR. to portray; to perform, to play [role, part].

interregne [intərrɛ̀ŋnə] *m.* interregnum. 2 interval.

interrogació [intərruɣəsió] *f.* interrogation; questioning. 2 question mark.

interrogant [intərruɣán] *a.* questioning. ■ 2 *m.* question mark.

interrogar [intərruɣá] *t.* to interrogate; to question. 2 fig. to check, to investigate.

interrogatori [intərruɣətɔ̀ri] *m.* questioning. 2 LAW examination [of witnesses].

interrompre [intərrɔ̀mprə] *t.* to interrupt. 2 to impede; to obstruct.

interrupció [intərrupsió] *f.* interruption. 2 obstruction; impeding.

interruptor, -ra [intərruptó, -rə] *a.* interrupting. ■ 2 *m.* ELECTR. switch.

interurbà, -ana [intərurbà, -ánə] *a.* inter-city.

interval [intərβál] *m.* interval, distance between. 2 interval [time]. 3 MUS. interval.

intervenir [intərβəni] *i.* to participate; to intervene (*en,* in). ■ 2 *t.* MED. to operate on. 3 COMM. to audit; to investigate. ▲ CONJUG. like *abstenir-se.*

intervenció [intərβənsió] *f.* participation; intervention (*en,* in). 2 COMM. audit. 3 MED. operation.

interviu [intərβíŭ] *m.* interview.

intestí, -ina [intəsti, -inə] *a.* internal, domestic; interior. ■ 2 *m.* ANAT. intestine.

íntim, -ma [íntim, -mə] *a.* intimate, inmost [thoughts, feelings]. 2 intimate, close [of couple]. 3 intimate [relationship].

intimar [intimá] *i.* to become very friendly or familiar; to become close friends.

intimidar [intimiðá] *t.* to intimidate; to frighten.

intimitat [intimitát] *f.* closeness, intimacy [relationship]. 2 familiarity, close or intimate terms. 3 fig. privacy, intimacy. 4 *pl.* personal affairs, private life *sing.* 5 intimate gesture.

intitular [intitulá] *t.* to entitle, to head; to call.

intolerable [intulərábblə] *a.* unbearable; intolerable.

intoxicació [intuksikəsió] *f.* poisoning.

intoxicar [intuksiká] *t.* to poison. ■ 2 *p.* to get or be poisoned.

intransferible [intrənsfəribblə] *a.* not transferable [ticket, title].

intransigència [intrənziʒɛ́nsiə] *f.* intransigence; rigidity, inflexibility [person].

intrèpid, -da [intrɛ̀pit, -ðə] *a.* fearless, intrepid; daring.

intricat, -ada [intrikát, -áðə] *a.* intricate; involved; complicated.

intriga [intríɣə] *f.* intrigue, plot. 2 THEATR. plot.

intrigar [intriɣá] *i.* to plot, to intrigue. ■ 2 *t.* to intrigue, to perplex [person].

intrínsec, -ca [intrínsək, -kə] *a.* intrinsic; inherent.

introducció [intruðuksió] *f.* introduction.

introduir [intruðuí] *t.* to show in [person]. 2 to admit; to introduce. 3 to introduce [innovation]. ■ 4 *p.* to enter. 5 to get in; to slip in.

intromissió [intrumisió] *f.* meddling, interference.

introspecció [intruspəksió] *f.* introspection.

introversió [intruβərsió] *f.* introspection; introversion.

intrús, -usa [intrús, -úzə] *a.* intruding, intrusive.

intuïció [intuisió] *f.* intuition.

intuir [intui] *t.* to guess; to feel; to know by intuition.

inundar [inundá] *t.* to flood. 2 fig. coll. to swamp. ■ 3 *p.* to get or be flooded. 4 fig. coll. to be swamped.

inútil [inútil] *a.* useless; pointless.

inutilitzar [inutilidzá] *t.* to ruin, to spoil. 2 to render useless.

invàlid, -da [imbálit, -ðə] *a.* disabled, unfit; invalid. ■ 2 *m.-f.* invalid, disabled person.

invalidar [imbəliðá] *t.* to invalidate; to nullify, to cancel.

invariable [imbəriábblə] *a.* unchanging, invariable.

invasió [imbəzió] *f.* invasion.

invasor, -ra [imbəzó, -rə] *a.* invading. ■ 2 *m.-f.* invader.

invectiva [imbəktíβə] *f.* invective; diatribe, philippic.

invencible [imbənsibblə] *a.* unconquerable; unbearable.

invenció [imbənsió] *m.* invention, discovery.

invent [imbɛ̀n] *m.* invention [device].

inventar [imbəntá] t. to discover, to find out; to invent [also fig.]. 2 fig. to make up; to fabricate.

inventari [imbəntári] m. inventory. 2 stock-taking [act]. ‖ fer ~, to stock-take.

inventiu, -iva [imbəntiŭ, -iβə] a. inventive; imaginative. ■ 2 f. inventiveness; imaginativeness.

inventor, -ra [imbəntó, -rə] m.-f. inventor.

invers, -sa [imbɛ̀rs, -sə] a. inverse; converse; reverse. 2 opposite.

inversemblant [imbərsəmblàn] a. improbable, unlikely.

inversió [imbərsió] f. ECON. investment. 2 inversion.

invertebrat, -ada [imbərtəβràt, -àðə] a., m.-f. invertebrate.

invertir [imbərtí] t. to invert; to turn upside down. 2 to reverse; to turn round. 3 ECON. to invest.

investigació [imbəstiɣəsió] f. research. 2 investigation, enquiry.

investigar [imbəstiɣá] t. to investigate, to enquire into. 2 to do research in.

investir [imbəstí] t. to invest (amb, with).

invicte, -ta [imbíktə, -tə] a. undefeated, unbeaten; unconquered.

invisible [imbizibblə] a. invisible.

invitació [imbitəsió] f. invitation.

invitar [imbitá] t. to invite.

invocar [imbuká] t. to invoke; to call up; to call on.

involucrar [imbulukrá] t. to involve; to include.

involuntari, -ària [imbuluntári, -áriə] a. involuntary; unintentional.

ió [ió] m. ion.

iode [Jóðə] m. iodine.

ioga [ióɣə] f. yoga.

iogui [ióɣi] a. yoga. ■ 2 m.-f. yogi.

iogurt [Juɣúr(t)] m. yoghurt.

iot [iòt] m. yacht.

ira [irə] f. anger; ire.

Iran [irán] pr. n. m. GEOGR. Iran.

iranià, -ana [irənià, -ánə] a., m.-f. Iranian.

Iraq [irák] pr. n. m. GEOGR. Iraq.

iraquià, -ana [irəkià, -ánə] a., m.-f. Iraqi.

irascible [irəsibblə] a. irascible; irritable.

Irene [irɛ̀nə] pr. n. f. Irene.

iris [iris] m. ANAT. iris.

Irlanda [irlándə] pr. n. f. GEOGR. Ireland.

irlandès, -esa [irləndɛ̀s, -ɛ̀zə] a. Irish. ■ 2 m. Irishman. 3 f. Irishwoman.

ironia [iruniə] f. irony.

irònic, -ca [irɔ̀nik, -kə] a. ironical.

IRPF [iɛ̀rrəpeéfə] m. (Impost sobre la Renda de les Persones Físiques) (form of income tax).

irracionalitat [irrəsiunəlitát] f. irrationality; unreasonableness.

irradiar [irrəðiá] t. to irradiate; to radiate.

irreal [irreál] a. unreal; fantastic.

irreflexiu, -iva [irrəfləksiŭ, -iβə] a. thoughtless; impetuous; unreflected.

irrefutable [irrəfutábblə] a. unanswerable; irrefutable.

irregularitat [irrəɣuləritát] f. irregularity; abnormality.

irreparable [irrəpərábblə] a. irreparable.

irreprotxable [irrəprutʃábblə] a. irreproachable.

irresistible [irrəzistíbblə] a. irresistible.

irrespectuós, -osa [irrəspəktuòs, -ózə] a. disrespectful.

irrespirable [irrəspirábblə] a. unbreathable.

irresponsable [irrəspunsábblə] a. irresponsible.

irrevocable [irrəβukábblə] a. irrevocable; irreversible.

irrigar [irriɣá] t. to water; to irrigate.

irrisió [irrizió] f. ridicule; derision.

irrisori, -òria [irrizɔ̀ri, -ɔ̀riə] a. ridiculous; derisory.

irritar [irritá] t. to irritate. ■ 2 p. to get angry (amb, with), (per, about).

irrogar [irruɣá] t. to damage; to injure.

irrompible [irrumpibblə] a. unbreakable.

irrompre [irrómprə] i. to burst (en, in or into).

irrupció [irrupsió] f. bursting (en, into); invasion; rush (en, into).

Isabel [izəβɛ́l] pr. n. f. Elisabeth.

islam [izlám] m. Islam.

islamisme [izləmizmə] m. Islamism.

islandès, -esa [islǝndɛ̀s, -ɛ̀zə] a. Icelandic. ■ 2 m.-f. Icelander.

Islàndia [islándiə] pr. n. f. GEOGR. Iceland.

isolar [izulá] See AILLAR.

isòsceles [isɔ̀sələs] a. GEOM. isosceles.

Israel [izrrəɛ̀l] pr. n. m. GEOGR. Israel.

israelià, -ana [izrrəeliá, -ánə] a., m.-f. Israeli.

israelita [izrrəelitə] a., m.-f. Israelite.

Istanbul [istəmbúl] pr. n. m. GEOGR. Istanbul.

istme [izmə] m. isthmus; neck [of land].

Itàlia [itàliə] *pr. n. f.* GEOGR. Italy.

italià, -ana [italià, -ánə] *a., m.-f.* Italian.

itinerari, -ària [itinəràri, -àriə] *a.* itinerant. ■ *2 m.* itinerary; trip, journey.

iugoslau, -ava [ʃuɣuzláŭ, -áβə] *a.* Yugoslavian. ■ *2 m.-f.* Yugoslav.

Iugoslàvia [ʃuɣuzláβiə] *pr. n. f.* GEOGR. Yugoslavia.

IVA [iβə] *m. (Impost sobre el Valor Afegit)* VAT (Value Added Tax).

ivori [iβóri] *m.* ivory.

ixent [iʃén] *a.* lit. arising; rising [esp. sun].

J

ja [ʒa] *adv.* already. 2 now, at once [emphasis]. 3 in due course; given time [future event]. ■ 4 *interj.* I see!, well, well! 5 ~ *vinc!,* coming! ■ 6 *conj.* ~ *que,* since, seeing that, as.

jaç [ʒas] *m.* sleeping-place [esp. animals]. 2 coll. bed; shakedown.

jaciment [ʒəsimèn] *m.* bed; layer.

jacobí, -ina [ʒəkuβi, -inə] *a., m.-f.* Jacobin.

jactar·se [ʒəktàrsə] *p.* to brag, to boast.

jade [ʒáðə] *m.* jade.

jaguar [ʒɣwàr] *m.* ZOOL. jaguar.

Jamaica [ʒəmàĭkə] *pr. n. f.* GEOGR. Jamaica.

jamaicà, -ana [ʒəməĭkà, -ánə] *a., m.-f.* Jamaican.

Japó [ʒəpó] *pr. n. m.* GEOGR. Japan.

japonès, -esa [ʒəpunὲs, -ὲzə] *a., m.-f.* Japanese.

jaqué [ʒəkὲ] *m.* morning coat.

jaqueta [ʒəkὲtə] *f.* jacket.

jardí [ʒərðí] *m.* garden. 2 ~ *d'infants,* nursery school, kindergarten, crèche.

jardiner [ʒərðinὲ] *a.* garden. ■ 2 *m.-f.* gardener. 3 *f.* window box.

jardineria [ʒərðinəriə] *f.* gardening.

jaspi [ʒáspi] *m.* jasper.

Jaume [ʒàŭmə] *pr. n. m.* James.

jaure [ʒàŭrə] See JEURE.

javelina [ʒəβəlinə] *f.* javelin.

jazz [ʒas] *m.* jazz.

jeia [ʒέϳə] *f.* fig. temperament, nature, disposition. ‖ *tenir bona* ~, to be good tempered.

jerarquia [ʒərərkiə] *f.* hierarchy. 2 high rank.

jeroglífic, -ca [ʒəruɣlifik, -kə] *a.-m.* hieroglyphic. 2 *m.* hieroglyph.

jersei [ʒərsέĭ] *m.* jumper, pullover, jersey; sweater.

Jerusalem [ʒəruzəlέm] *pr. n. f.* GEOGR. Jerusalem.

jesuïta [ʒəsuitə] *m.* Jesuit.

jet [ʒɛt] *m.* jet.

jeure [ʒέŭrə] *i.* to lie; to recline, to be recumbent. 2 to be confined to bed; to be bedridden [through illness]. 3 fig. to be inactive; to be out of action. 4 ~ *amb,* to sleep with. ▲ CONJUG. GER. *jaient.* ‖ P. P.: *jagut.* ‖ INDIC. Pres.: *jec* (o *jac*), *jeus,* etc. ‖ Imperf.; *jeia, jeies,* etc. ‖ SUBJ. Pres.: *jegui, jeguis, jegui, jaguen, jagueu, jeguin* (o *jagui, jaguis,* etc.). ‖ Imperf.: *jagués,* etc.

JJOO *m. pl.* *(Jocs Olímpics)* Olympic Games.

jo [ʒɔ] *pers. pron.* I. ■ 2 *m.* ego.

Joan [ʒuàn] *pr. n. m.* John.

joc [ʒɔk] *m.* game. ‖ ~ *brut,* foul play. ‖ *fora de* ~, off-side [player]; out of play [ball]. ‖ ~ *de penyores,* game of forfeits. 2 set. ‖ ~ *de cartes,* set of playing cards; card game. ‖ ~ *de taula,* set of table linen. 3 ~ *de paraules,* pun, play on words. 4 fig. *fer el doble* ~, to be double-faced.

jocós, -osa [ʒukòs, -ózə] *a.* comic, funny; humorous.

joglar [ʒugglà] *m.* HIST. minstrel; entertainer.

joguina [ʒuɣinə] *f.* toy; plaything. 2 fig. puppet [person], plaything.

Johannesburg [ʒuanəsbúrk] *pr. n. m.* GEOGR. Johannesburg.

joia [ʒɔ́ϳə] *f.* rejoicing, merriment; elation. 2 jewel; piece of jewellery.

joier, -ra [ʒuϳέ, -rə] *m.-f.* jeweller.

joieria [ʒuϳəriə] *f.* jewellery.

joiós, -osa [ʒuϳós, -ózə] *a.* full of joy; joyful; elated.

joquei [ʒɔ́kəĭ] *m.* jockey.

jòquer [ʒɔ́kər] *m.* joker.

jordà, -ana [ʒurdà, -ánə] *a., m.-f.* Jordanian.

Jordània [ʒurðàniə] *pr. n. f.* GEOGR. Jordan.

Jordi [ʒɔ́rdi] *pr. n. m.* GEOGR. George.

jorn [ʒorn] *m.* day; daylight.

jornada [ʒurnáðə] *f.* day, length of day. ‖ *tota la ~,* all day long. 2 journey, day's journey. 3 working day; working time; shift. ‖ *~ intensiva,* continuous or intensive working day or shift.

jornal [ʒurnál] *m.* day's wage, daily pay. ‖ *a ~,* on a daily wage, paid daily.

jornaler, -ra [ʒurnəlè, -rə] *m.-f.* day labourer.

Josep [ʒusèp] *pr. n. m.* Joseph.

jota [ʒɔ́tə] *f.* letter J. 2 kind of dance [esp. in Aragon].

jou [ʒɔ́u] *m.* yoke [also fig.]. 2 fig. bond, tie.

jove [ʒɔ́βə] *a.* young. ■ 2 *m.-f.* young person. 3 *f.* daughter-in-law.

jovenalla [ʒuβənáʎə] *f.* youth, young [collective], young people.

jovent [ʒuβèn] *m.* See JOVENALLA.

joventut [ʒuβəntút] *f.* youth [age]. 2 young people.

jovenívol, -la [ʒuβəníβul, -lə] *a.* young; youthful. 2 juvenile.

jovial [ʒuβiál] *a.* cheerful, jovial.

jubilació [ʒuβiləsió] *f.* retirement. 2 retirement pension.

jubilar [ʒuβilá] *t.-i.-p.* to retire. 2 *i.* to rejoice.

jubileu [ʒuβilèu] *m.* jubilee.

judaic, -ca [ʒuðáik, -kə] *a.* Jewish, Judaean, Judaic.

judaisme [ʒuðáizmə] *m.* Judaism.

judicar [ʒudiká] *t.* to judge; to deem. 2 LAW to find.

judici [ʒuðísi] *m.* judgment. 2 LAW trial; hearing. 3 LAW ruling, decision; sentence. 4 opinion, view.

judicial [ʒuðisiál] *a.* judicial.

Judit [ʒuðít] *pr. n. f.* Judith.

judo [ʒúðo] *m.* SP. judo.

jueu, -eva [ʒuèu, -éβə] *m.-f.* Jew.

jugada [ʒuɣáðə] *f.* piece of play; move [board games]. 2 fig. trick, mean trick.

jugador, -ra [ʒuɣəðó, -rə] *a., m.-f.* player. 2 *m.-f.* gambler.

juganer, -ra [ʒuɣənè, -rə] *a.* playful.

jugar [ʒuɣá] *i.-t.* to play; to gamble. ‖ *~ una mala passada,* to play a dirty trick [*a,* on]. ■ 2 *p.* to risk; to gamble.

juguesca [ʒuɣèskə] *f.* bet.

jugular [ʒuɣulár] *a.* jugular.

juliol [ʒuliɔ́l] *m.* July.

julivert [ʒuliβèr(t)] *m.* parsley.

jungla [ʒúŋglə] *f.* jungle.

Júlia [ʒúliə] *pr. n. f.* Julia.

junt, -ta [ʒun, -tə] *a.* next to; beside. 2 together. ■ 3 *f.* joint. 4 AUTO. gasket; washer. 5 meeting; conference; assembly. 6 board [of directors]; committee. ■ 7 *adv.* together.

juntura [ʒuntúrə] *f.* joint.

juny [ʒuɲ] *m.* June.

junyir [ʒuɲí] *t.* to unite; to bring together. 2 to yoke. 3 fig. to subdue. ■ 4 *p.* to flow together, to join [two rivers].

jupa [ʒúpə] (ROSS.) See FALDILLA.

jura [ʒúrə] *f.* pledge, oath. ‖ MIL. *~ de bandera,* pledge of loyalty to the flag.

jurar [ʒurá] *t.* to swear; to pledge.

jurat [ʒurát] *m.* LAW jury. 2 board or panel of judges [competition].

jurídic, -ca [ʒuridik, -kə] *a.* legal; juridical.

jurisconsult [ʒuriskunsúl(t)] *m.* legal expert; jurist.

jurisdicció [ʒurizðiksió] *f.* jurisdiction [esp. of court of law].

jurisprudència [ʒurispruðènsiə] *f.* jurisprudence.

jurista [ʒuristə] *m.-f.* jurist; lawyer.

just, -ta [ʒus(t), -tə] *a.* fair; just; right; legitimate. 2 correct, right; exact, precise. 3 scant; low [income]. ‖ *tenir un sou molt ~,* to have a very low salary. ■ 4 *adv.* precisely, exactly. ‖ *tot ~,* scarcely, hardly. ‖ *anar ~,* to be hard up. ■ 6 *phr. justa la fusta!,* absolutely!, I agree entirely!

justícia [ʒustisiə] *f.* justice; rectitude; equity. 2 fairness. 3 law; justice.

justicier, -ra [ʒustisiè, -rə] *a.* upright, righteous, law-abiding; just.

justificació [ʒustifikəsió] *f.* justification; pretext.

justificant [ʒustifikàn] *a.* justifying. ■ 2 *m.* voucher; certificate.

justificar [ʒustifiká] *t.* to substantiate; to justify. 2 to clear [suspect].

jutge [ʒúdʒə] *m.* LAW judge; magistrate. 2 judge [competition].

jutjar [ʒudʒá] *t.* to judge, to consider; to deem. 2 LAW to find; to rule.

jutjat [ʒudʒàt] *m.* court of law; court.

juvenil [ʒuβənil] *a.* youthful; juvenile.

juxtaposar [ʒukstəpuzá] *t.* to juxtapose; to compare.

K

K, k [ka] *f.* k [letter].
kàiser [káizər] *m.* HIST. Kaiser.
karate [kəràtə] *m.* karate.

kenià, -ana [kənià, -ánə] *a., m.-f.* Kenyan.
Kenya [kèniə] *pr. n. f.* GEOGR. Kenya.

L

L, l [ềlə] f. l [letter].

l' art. m.-f.: *l'home,* the man; *l'orella,* the ear. ■ 2 *pers. pron.* See EL.

'l *pers. pron.* See EL.

la [lə] *art. f.* the. ■ 2 *pers. pron. f. porteu-la,* bring it, bring her. ▲ l'. [before vowels and h]. ■ 3 *f.* MUS. A.

laberint [ləβərin] *m.* labyrinth, maze.

labor [ləβòr] *f.* work, task, labour. 2 sewing; crochet work; embroidery; knitting.

laborable [ləβuràbblə] *a.* arable. 2 *dia ~,* weekday; working day.

laborar [ləβurà] *i.* to labour, to toil. ■ 2 *t.* to work, to till.

laboratori [ləβurətɔ̀ri] *m.* laboratory.

laboriós, -osa [ləβuriòs, -òzə] *a.* hardworking. 2 laborious.

laboriositat [ləβuriuzitàt] *f.* industry.

laca [làkə] *f.* lacquer. 2 lac; shellac. 3 hairspray.

lacai [ləkàĭ] *m.* lackey.

lacerar [ləsərà] *t.* to lacerate. 2 fig. to damage, to hurt, to harm.

lacònic, -ca [ləkɔ̀nik, -kə] *a.* laconic.

lacrar [ləkrà] *t.* to seal [with sealing wax].

lacre [làkrə] *m.* sealing wax.

lacrimal [ləkrimàl] *a.* lachrymal, tear. ■ 2 *m. pl.* lachrymal glands.

lactant [ləktàn] *a.* nursing. ■ 2 *m.* unweaned baby.

lacti, làctia [làkti, làktiə] *a.* milk, lactic. ‖ *productes lactis,* milk products. ‖ *Via Làctia,* Milky Way.

lacustre [ləkústrə] *a.* lake.

laic, -ca [làĭk, -kə] *a.* lay.

lama [làmə] *m.* lama.

lament [ləmèn] *m.* lament; wail, moan.

lamentació [ləməntəsió] *f.* lamentation.

lamentar [ləməntà] *t.* to lament, to mourn. 2 to be sorry (—, about), to regret. ■ 3 *p.* to complain.

làmina [làminə] *f.* sheet. 2 PRINT. plate.

laminar [ləminà] *t.* to roll, to roll out.

làmpada [làmpəðə] *f.* light, lamp.

lampista [ləmpistə] *m.-f.* electrician; plumber.

landa [làndə] *f.* moor; moorland.

lànguid, -da [làngit, -ðə] *a.* languid; listless.

làpida [làpiðə] *f.* inscribed stone; gravestone, tombstone.

lapidar [ləpiðà] *t.* to stone.

lapse [làpsə] *m.* space [of time], lapse.

laringe [lərinʒə] *f.* ANAT. larynx.

larinx [ləriŋs] anat. See LARINGE.

larva [làrβə] *f.* ENT. larva.

lasciu, -iva [ləsiŭ, -iβə] *a.* lascivious, lecherous.

làser [làsər] *m.* laser.

lassar [ləsà] *t.* ant. to tire.

lat, -ta [làt, -tə] *a.* extensive; wide. ■ 2 *f.* pest, nuisance.

latent [lətèn] *a.* latent.

lateral [lətəràl] *a.* lateral, side.

latifundi [lətifúndi] *m.* very large country estate.

latitud [lətitút] *f.* latitude.

latria [lətriə] *f.* worship.

latrina [lətrinə] *f.* latrine.

laudable [ləŭðàbblə] *a.* praiseworthy, laudable.

Laura [làŭrə] *pr. n. f.* Laura.

lava [làβə] *f.* lava.

lavabo [ləβàβu] *m.* wash-basin. 2 washroom. 3 toilet.

lavanda [ləβàndə] *f.* lavander. 2 lavander water.

lavativa [ləβətiβə] *f.* enema.

lax, -xa [làks, -ksə] *a.* slack; lax.

laxar [ləksà] *t.* to slacken; to loosen. 2 to act as a laxative, to loosen the bowels.

lector, -ra [ləktò, -rə] *a., m.-f.* reader. 2 *m.-f.* assistant lecturer.

lectura [ləktúrə] *f.* reading. 2 reading matter.

legació [ləɣəsió] *f.* legation.

legal [ləɣál] *a.* legal.

legalitat [ləɣəlitát] *f.* legality, lawfulness.

legalitzar [ləɣəlidʒá] *t.* to legalise.

legat [ləɣát] *m.* legate.

legió [ləʒió] *f.* MIL. legion. 2 multitude, great number.

legionari, -ària [ləʒiunári, -áriə] *a.-m.* legionary. 2 *m.* legionnaire.

legislació [ləʒizləsió] *f.* legislation.

legislar [ləʒizlá] *i.* to legislate.

legislatura [ləʒizlətúrə] *f.* legislature.

legítim, -ma [ləʒítim, -mə] *a.* legitimate. 2 genuine, authentic, real.

legitimitat [ləʒitimitát] *f.* legitimacy.

lema [lèmə] *m.* motto; slogan. 2 theme, subject. 3 MAT. lemma. 4 lemma [in logic].

lenitat [lənitát] *f.* leniency.

lenitiu, -iva [lənitiŭ, -íβə] *a.* soothing. ■ 2 *m.* soothing medicine.

lent, -ta [len, -tə] *a.* slow. ■ 2 *f.* lens.

lentitud [ləntitút] *f.* slowness.

lepra [lèprə] *f.* MED. leprosy.

leprós, -osa [ləpròs, -ózə] *a.* MED. leprous. ■ 2 *m.-f.* leper.

les [ləs] *art. f. pl.* the. ■ 2 *pers. pron. f. pl.* them: *te ~ dono,* I'll give them to you.

lesió [ləzió] *f.* injury.

lesionar [ləziuná] *t.* to injure; to wound.

letal [lətál] *a.* lethal, deadly.

letàrgia [lətárʒiə] *f.* lethargy.

letàrgic, -ca [lətárʒik, -kə] *a.* lethargic.

Letònia [lətòniə] *pr. n. f.* Latvia.

leucèmia [ləŭsèmiə] *f.* MED. leukaemia, leucaemia, (USA) leukemia, leucemia.

leucòcit [ləŭkɔ̀sit, cold ləŭkusit] *m.* BIOL. leucocyte, (USA) leukocyte.

levita [ləβitə] *m.* frock coat. 2 Levite [bible].

lèxic [lèksik] *m.* lexis, vocabulary.

lexicografia [ləksikuɣrəfiə] *f.* lexicography.

li [li] *pers. pron.* him, her, it: *dóna-li les claus,* give him or her the keys.

liana [liánə] *f.* liana, liane.

libació [liβəsió] *f.* libation.

Líban [liβən] *pr. n. m.* GEOGR. Lebanon.

libanès, -esa [liβənès, -ézə] *a., m.-f.* Lebanese.

libèl·lula [liβèl·lulə] *f.* ENT. dragonfly.

liberal [liβərál] *a.* liberal, generous. 2 *a., m.-f.* POL. liberal.

liberalisme [liβərəlizmə] *m.* POL. Liberalism.

libi, líbia [liβi, liβiə] *a., m.-f.* Lybian.

Líbia [liβiə] *pr. n. f.* GEOGR. Libya.

libidinós, -osa [liβiðinòs, -ózə] *a.* libidinous, lascivious.

libido [liβiðo] *f.* libido; sexual drive.

liceu [lisèŭ] *m.* lyceum: *Teatre del Liceu,* Barcelona Opera House. 2 secondary school. 3 literary society.

lícit, -ta [lisit, -tə] *a.* lawful, licit, permissible.

licitar [lisitá] *t.* to bid.

licor [likòr] *m.* liqueur.

líder [liðə[r]] *m.-f.* leader.

lignit [liɲnit] *m.* lignite.

lila [lilə] *a.-m.* lilac [colour].

lilà [lilá] *m.* BOT. lilac.

lil·liputenc, -ca [lilliputèŋ, -kə] *a.* Lilliputian.

limbe [limbə] *m.* BOT. limb. 2 edge.

limfa [limfə] *f.* BIOL. lymph.

limfàtic, -ca [limfátik, -kə] *a.* lymphatic.

liminar [liminàr] *a.* introductory.

límit [limit] *m.* limit.

limitació [limitəsió] *f.* limitation.

limitar [limitá] *t.* to limit. ■ 2 *i.* to border [amb, on].

limítrof [limitruf] *a.* bordering.

límpid, -da [limpit, -ðə] *a.* limpid, pellucid.

lineal [lineál] *a.* linear, lineal. 2 line: *dibuix ~,* line drawing. || *sentit ~,* in a straight line.

lingot [liŋgɔt] *m.* ingot.

lingüista [liŋgwistə] *m.-f.* linguist, linguistician.

lingüístic, -ca [liŋgwistik, -kə] *a.* linguistic. ■ 2 *f.* linguistics.

línia [liniə] *f.* line.

liniment [linimèn] *m.* MED. liniment.

linòleum [linɔ̀leŭm] *m.* linoleum, lino.

linx [liŋs] *m.* ZOOL. lynx.

linxar [liɲʃá] *t.* to lynch.

liquar [likwá] *t.* to liquefy. 2 to melt. 3 METALL. to liquate.

liquen [likən] *m.* BOT. lichen.

líquid, -da [likit, -ðə] *a.-m.* liquid.

liquidació [likiðəsió] *f.* ECON. liquidation. 2 clearance sale [shops]. 3 settlement [of debt]. 4 CHEM. PHYS. liquefaction.

liquidar [likidá] *t.* to liquidate. 2 to sell off. 3 to settle [a debt]. 4 CHEM. PHYS. to liquefy. 5 fig. to eliminate, to get rid of, to kill.

lira [lírə] *f.* MUS. lyre.

líric, -ca [lírik, -kə] *a.* lyrical. ■ 2 *f.* lyrical poetry.

liró [liró] *m.* ZOOL. dormouse. 2 *m.-f.* fool. ■ 3 *a.* stupid, silly. ‖ *fer tornar* ~, to drive mad or round the bend.

lis [lis] *f.* BOT. lily. 2 HERALD. fleur-de-lis.

Lisboa [lisbóa] *pr. n. f.* GEOGR. Lisbon.

literal [literál] *a.* literal.

literari, -ària [literári, -áriə] *a.* literary.

literat, -ata [literát, -átə] *m.-f.* man or woman of letters.

literatura [literatúrə] *f.* literature.

liti [líti] *m.* CHEM. lithium.

litigar [litiɣá] *t.* to litigate.

litigi [litíʒi] *m.* LAW litigation, lawsuit, suit. 2 fig. dispute, disagreement.

litografia [lituɣrəfíə] *f.* lithography [art]. 2 lithograph [example of the art].

litoral [liturál] *a.* coastal. ■ 2 *m.* coast.

litre [lítrə] *m.* litre, (USA) liter.

Lituània [lituániə] *pr. n. f.* Lithuania.

litúrgia [litúrʒiə] *f.* liturgy.

lívid, -da [líβit, -ðə] *a.* black and blue, livid. 2 ashen, pallid.

lividesa [liβiðézə] *f.* lividness, lividity.

llac [ʎák] *m.* lake.

llaç [ʎás] *m.* bow. 2 fig. trap, snare. 3 noose. 4 fig. link, connection.

llaçada [ʎəsáðə] *f.* decorative bow.

llacuna [ʎəkúnə] *f.* small lake, tarn. 2 fig. gap, lacuna.

lladella [ʎəðéʎə] *f.* ENT. crab louse.

lladrar [ʎəðrá] *i.* to bark.

lladre [ʎáðrə] *m.* thief; robber. 2 ELECTR. adaptor.

lladruc [ʎəðrúk] *m.* bark [of dog].

llagasta [ʎəɣástə] *f.* tick [parasite].

llagosta [ʎəɣóstə] *f.* spiny lobster, crawfish. 2 ENT. locust; grasshopper.

llagostí [ʎəɣustí] *m.* type of large prawn.

llagotejar [ʎəɣutəʒá] *t.* to flatter.

llagoter, -ra [ʎəɣutè, -rə] *a.* flattering. ■ 2 *m.-f.* flatterer.

llàgrama [ʎáɣrəmə] (ROSS.) See LLÀGRIMA.

llàgrima [ʎáɣrimə] *f.* tear.

llagrimejar [ʎəɣriməʒá] *i.* to weep, to cry.

llagrimós, -osa [ʎəɣrimós, -ózə] *a.* weepy, tearful. 2 tear-jerking, tearful.

llagut [ʎəɣút] *m.* NAUT. catboat.

llama [ʎámə] *m.* ZOOL. llama.

llamàntol [ʎəmántul] *m.* lobster.

llamborda [ʎəmbórðə] *f.* flag, flagstone. 2 cobble, cobblestone.

llambregada [ʎəmbrəɣáðə] *f.* glimpse; peep; quick look.

llambregar [ʎəmbrəɣá] *t.* to glimpse; to catch sight of.

llaminadura [ʎəminəðúrə] *f.* titbit, delicacy [esp. sweet ones].

llaminer, -ra [ʎəminè, -rə] *a.* sweet-toothed.

llamp [ʎám] *m.* bolt of lightening. ‖ *mal* ~, damn! ‖ *com un* ~, like lightening.

llampada [ʎəmpáðə] *f.* flash.

llampant [ʎəmpán] *a.* brand new, brand spanking new. 2 garish, loud [colours].

llampec [ʎəmpέk] *m.* flash of lightening. ‖ *com un* ~, like lightening. 2 flash [also fig.]: *una visita* ~, a lightening visit.

llampegar [ʎəmpəɣá] *i.* to lighten.

llana [ʎánə] *f.* wool. ‖ *tenir* ~ *al clatell,* to be dozy or dopey.

llança [ʎánsə] *f.* lance. ■ 2 *m.* lancer.

llançada [ʎənsáðə] *f.* thrust of the lance. 2 lance wound.

llançador, -ora [ʎənsəðó, -órə] *a., m.-f.* thrower. 2 *f.* TEXT. shuttle.

llançaflames [ʎənsəfláməs] *m.* MIL. flamethrower .

llançament [ʎənsəmèn] *m.* launch, launching.

llançar [ʎənsá] *t.* to throw. 2 to launch [rockets, new products, etc.]. 3 fig. to let out. ‖ *va* ~ *una exclamació de sorpresa,* she cried out in surprise. ■ 4 *p.* to throw oneself.

llanceta [ʎənsétə] *f.* MED. lancet.

llanda [ʎándə] *f.* MECH. rim; wheel. 2 (BAL.), (VAL.) See LLAUNA.

llaner, -era [ʎənè, -èrə] *a.* woollen.

llangardaix [ʎəngərðáʃ] *m.* ZOOL. lizard.

llangor [ʎəngó] *f.* languidness, listlessness.

llanguiment [ʎəngimèn] See LLANGOR.

llanguir [ʎəngí] *i.* to languish.

llanta [ʎántə] *f.* MECH. rim; wheel.

llanterna [ʎəntèrnə] *f.* lantern. 2 torch, flashlight.

llàntia [ʎántiə] *f.* oil lamp. 2 oil or grease stain.

llantió [ʎəntió] *m.* small lamp.

llanut, -uda [ʎənút, -úðə] *a.* woolly. 2 stupid, dozy.

llanxa [ʎánʃə] f. NAUT. launch.

llaor [ʎəó] f. praise.

llapis [ʎápis] m. pencil. 2 ~ *de color*, crayon.

llar [ʎár] f. ~ *de foc*, fireplace. 2 home.

llard [ʎár(t)] m. lard.

llardó [ʎərðó] m. piece of crackling.

llardós, -osa [ʎərðós, -ózə] a. greasy.

llarg, -ga [ʎárk, -γə] a. long. ‖ *a la llarga*, in the long run. ‖ *saber-la llarga*, to be clever. ‖ *passar de* ~, to go past, to miss. ■ 2 m. length.

llargada [ʎəryáðə] f. length.

llargària [ʎəryáriə] See LLARGADA.

llargarut, -uda [ʎəryərút, -úðə] a. very long, very tall.

llarg-metratge [ʎarmətràdʒə] m. CIN. full-length film, feature film.

llarguesa [ʎəryézə] f. largesse, generosity.

llast [ʎas(t)] m. ballast [also fig.].

llàstima [ʎástimə] f. pity, grief.

llastimós, -osa [ʎəstimós, -ózə] a. pitiful; lamentable.

llatí, -ina [ʎəti, -inə] a., m.-f. Latin.

llatinista [ʎətinistə] m.-f. latinist.

llatzeret [ʎədzərὲt] m. lazaretto, lazaret.

llauna [ʎáŭnə] f. tin sheet. 2 tin, can.

llauner, -era [ʎəŭnὲ, -ὲrə] m.-f. plumber.

llaurada [ʎəŭráðə] f. ploughing. 2 ploughed land.

llaurador, -ra [ʎəŭráðó, -rə] m. ploughman. 2 f. ploughwoman. 3 (VAL.) farmer.

llaurar [ʎəŭrá] t. to plough.

llaüt [ʎəút] m. MUS. lute. 2 NAUT. catboat.

llautó [ʎəŭtó] m. brass. ‖ *veure-se-li el* ~, to see through someone.

llavar [ʎəβá] (VAL.) See RENTAR.

llavi [ʎáβi] m. lip.

llavor [ʎəβó] f. seed [also fig.].

llavorer, -ra [ʎəβurὲ, -rə] a. stud.

llavors [ʎəβórs] adv. then.

llebeig [ʎəβὲtʃ] m. METEOR. warm southwest wind.

llebre [ʎέβrə] f. ZOOL. hare. ‖ *aixecar la* ~, to let the cat out of the bag.

llebrer [ʎəβrὲ] a., m. ZOOL. greyhound.

llebrós, -osa [ʎəβrós, -ózə] a. leprous. ■ 2 m.-f. leper.

lledó [ʎəðó] m. BOT. hackberry.

llefiscós, -osa [ʎəfiskós, -ózə] a. slimy; sticky.

lleganya [ʎəγáɲə] f. sleep [in the eyes].

lleganyós, -osa [ʎəγəɲós, -ózə] a. bleary.

llegar [ʎəγá] t. to will; to bequeath, to leave.

llegat [ʎəγát] m. legacy; bequest.

llegenda [ʎəʒέndə] f. legend. 2 inscription.

llegendari, -ària [ʎəʒəndári, -áriə] a. legendary.

llegible [ʎəʒibblə] a. legible. 2 readable.

llegir [ʎəʒi] t. to read.

llegítima [ʎəʒitimə] f. that part in a will which must be left to close relatives.

llegua [ʎέγwə] f. league [distance].

llegum [ʎəγúm] m. legume. 2 pl. vegetables.

llei [ʎέĭ] f. law, rule. 2 kind, sort.

lleial [ʎəjál] a. loyal, faithful.

lleialtat [ʎəjəltát] f. loyalty, faithfulness, allegiance.

Lleida [ʎέĭðə] pr. n. f. GEOGR. Lleida.

lleig, lletja [ʎέtʃ, ʎέdʒə] a. ugly; nasty [also fig.].

lleixa [ʎέʃə] f. shelf.

lleixiu [ʎəʃiŭ] m. bleach.

llenç [ʎέns] m. canvas.

llenca [ʎέŋkə] f. strip.

llençar [ʎənsá] t. to throw. 2 to throw away.

llenceria [ʎənsəriə] f. draper's (shop). 2 lingerie, underwear.

llençol [ʎənsɔ́l] m. sheet [linen, etc.].

llenegar [ʎənəγá] (BAL.) See RELLISCAR.

llengota [ʎəŋgɔ́tə] f. *m'ha fet una* ~*!*, she put her tongue out at me!

llengua [ʎέŋgwə] f. tongue. ‖ *no tenir pèls a la* ~, to call a spade a spade. ‖ *tenir la* ~ *llarga*, to be all talk; not to know when to shut up. 2 language.

llenguado [ʎəŋgwáðu] m. ICHTHY. sole.

llenguallarg, -ga [ʎəŋgwəʎárk, -γə] a. talkative, who never stops talking.

llenguatge [ʎəŋgwàdʒə] m. language.

llengüeta [ʎəŋgwὲtə] f. tongue, flap.

llengut, -uda [ʎəŋgút, -úðə] a. talkative.

llentia [ʎəntiə] f. BOT. lentil.

llenya [ʎέɲə] f. wood, firewood. 2 fam. beating.

llenyataire [ʎəɲətáĭrə] m. woodcutter.

lleó, -ona [ʎəó, -nə] m. lion. 2 ASTROL. Leo. 3 f. lioness.

lleopard [ʎəupár(t)] m. ZOOL. leopard.

llepa [ʎέpə] m.-f. coll. crawler; vulg. arselicker.

llepada [ʎəpáðə] f. lick.

llepaire [ʎəpáîrə] See LLEPA.

llepar [ʎəpá] t. to lick. 2 to suck up to; to crawl i.

llepissós, -osa [ʎəpisòs, -ózə] See LLEFISCÓS.

llèpol, -la [ʎɛ́pul, -lə] See LLAMINER.

llepolia [ʎəpuliə] See LLAMINADURA.

llera [ʎérə] f. GEOGR. bed.

llesamí [ʎəsəmí] m. BOT. jasmine.

llesca [ʎéskə] f. slice.

llest, -ta [ʎes(t), -tə] a. clever, quick. 2 ready. 3 finished.

llet [ʎet] f. milk. 2 *mala ~,* bad temper. ‖ *està de mala ~,* he's in a bad mood, he's angry.

lletania [ʎətəniə] f. LITURG. litany. 2 coll. long list.

lleter, -ra [ʎətè, -rə] a. milk. ■ 2 m.-f. milkman, milk seller. 3 f. milk jug.

lleteria [ʎətəriə] f. dairy.

lletgesa [ʎədʒɛ́zə] f. ugliness.

lletjor [ʎədʒó] f. ugliness.

lletra [ʎétrə] f. letter [of the alphabet]. 2 writing. ‖ *fer bona ~,* to write neatly. 3 letter [written communication]. 4 COMM. *~ de canvi,* bill of exchange. 5 words pl. [of song]. 6 pl. arts [subjects].

lletraferit, -ida [ʎɛ́trəfərit, -iðə] a. coll. fond of literature.

lletrat, -ada [ʎətràt, -áðə] a. lettered, learned. ■ 2 m.-f. lawyer.

lletrejar [ʎətrəʒá] t. to spell.

lleu [ʎèu̯] a. light. 2 slight; not serious.

lleuger, -ra [ʎəu̯ʒè, -rə] a. light. 2 slight, not serious. ‖ *a la lleugera,* without thinking, lightly. 3 agile, quick.

lleugeresa [ʎəu̯ʒərɛ́zə] f. lightness. 2 agility, quickness. 3 hastiness.

lleure [ʎéu̯rə] m. leisure, spare time.

lleva [ʎéβə] f. MECH. cam. 2 MIL. levy, conscription.

llevadís, -issa [ʎəβəðis, -isə] a. which can be raised and lowered: *pont ~,* drawbridge.

llevadora [ʎəβəðórə] f. midwife.

llevaneu [ʎəβnaèu̯] f. snowplough, (USA) snowplow.

llevant [ʎəβán] m. the east, the orient.

llevar [ʎəβá] t. to remove, to take out, to take off. 2 to get someone out of bed. ■ 3 p. to get up.

llevat [ʎəβàt] m. yeast. ■ 2 prep. except, but. ‖ *~ de,* except, but.

llevataps [ʎéβətàps] m. corkscrew.

lli [ʎi] m. BOT. flax. 2 linen.

liberal [ʎiβərál] See LIBERAL.

llibertar [ʎiβərtà] t. to liberate, to free, to set free.

llibertat [ʎiβərtát] f. liberty, freedom.

llibertí, -ina [ʎiβərti, -inə] a. libertine, licentious.

llibertinatge [ʎiβərtinádʒə] m. licentiousness, libertinism.

llibre [ʎiβrə] m. book.

llibrer, -ra [ʎiβrè, -rə] See LLIBRETER.

llibreria [ʎiβrəriə] f. bookshop. 2 bookcase.

llibreta [ʎiβrétə] f. notebook, exercise book. ‖ *~ d'estalvis,* savings book.

llibreter [ʎiβrətè, -rə] m.-f. bookseller.

llibreteria [ʎiβrətəriə] f. bookshop.

lliça [ʎisə] f. HIST. lists.

llicència [ʎisɛ́nsiə] f. licence, permit.

llicenciar [ʎisənsià] t. to release from duty. 2 MIL. to discharge. 3 EDUC. to confer a bachelor's degree on. ■ 4 p. MIL. to finish one's national service. 5 to obtain or receive a bachelor's degree, to graduate.

llicenciat, -ada [ʎisənsiàt, -áðə] m.-f. graduate. ‖ *títol de ~,* bachelor's degree.

llicenciatura [ʎisənsiətúrə] f. bachelor's degree. 2 degree course.

llicenciós, -osa [ʎisənsiòs, -ózə] a. licentious.

lliçó [ʎisó] f. lesson.

lliga [ʎiɣə] f. league, alliance. 2 SP. league. 3 alloy.

lligabosc [ʎiɣəβɔ́sk] m. BOT. honeysuckle.

lligacama [ʎiɣəkàmə] f. garter.

lligadura [ʎiɣəðúrə] f. MED., MUS. ligature.

lligall [ʎiɣáʎ] m. sheaf [papers], bundle.

lligam [ʎiɣám] m. bond, tie [also fig.].

lligament [ʎiɣəmèn] m. tie, bond [fig.]. 2 tying. 3 ANAT. ligament.

lligar [ʎiɣá] t. to tie, to bind. ‖ fig. *estar lligat de mans i peus,* to have one's hands tied. 2 fig. to join, to connect, to link, to unite. ■ 3 i. to fit in (*amb,* with), to go well together. 4 to agree with; to get on with. 5 i.-p. to chat up.

llim [ʎim] m. mud.

llima [ʎimə] f. file. 2 (VAL.) lemon.

llimac [ʎimák] m. ZOOL. slug.

llimadures [ʎiməðúrəs] f. pl. filings.

llimar [ʎimá] t. to file, to file off or down. 2 fig. to smooth, to polish.

llimbs [ʎíms] *m. pl.* limbo *sing.* ‖ *viure als* ~, to live in the clouds.

llimó [ʎimó] *m.* (OCC.) See LLIMONA.

llimona [ʎimónə] *f.* lemon.

llimonada [ʎimunáðə] *f.* lemonade.

llimoner [ʎimuné] *m.* BOT. lemon tree.

llinatge [ʎináʤə] *m.* lineage, family.

llinda [ʎíndə] *f.* lintel.

llindar [ʎindá] *m.* threshold [also fig.].

llinge [ʎínʒə] *f.* (ROSS.) lingerie.

lliri [ʎíri] *m.* BOT. lily.

llis, -sa [ʎís, -zə] *a.* smooth; even. 2 straight [hair]. 3 plain, unpatterned.

lliscar [ʎiská] *i.* to slide, to slip.

llista [ʎístə] *f.* list, register. ‖ *passar* ~, to call the register, to call the roll.

llistat [ʎistát] *a.* striped. ■ 2 *m.* COMP. print out.

llistó [ʎistó] *m.* batten, lath, piece of wood.

llit [ʎít] *m.* bed. ‖ *fer* ~, to be ill in bed. 2 GEOGR. river bed.

llitera [ʎitérə] *f.* stretcher. 2 bunk [on ships]; sleeper, couchette [on trains]. 3 *pl.* bunks.

lliura [ʎiúrə] *f.* pound.

lliurament [ʎiúrəmèn] *m.* delivery.

lliurar [ʎiúrá] *t.* to deliver, to hand over. 2 ~ *batalla*, to put up a fight. ■ 3 *p.* to hand oneself over, to give oneself up. 4 to devote oneself (*a*, to).

lliure [ʎiúrə] *a.* free: ~ *d'impostos*, tax-free, duty free. ‖ *entrada* ~, free entry. ‖ *dia* ~, day off.

lloable [ʎuábblə] *a.* praiseworthy, laudable.

lloança [ʎuánsə] *f.* praise.

lloar [ʎuá] *t.* to praise.

lloba [ʎóβə] *f.* ZOOL. she-wolf.

llobarro [ʎuβárru] *m.* ICHTHY. bass.

llobató [ʎuβətó] *m.* ZOOL. wolf cub. 2 boy scout.

llobina [ʎuβínə] *f.* ICHTHY. See LLOBARRO.

llòbrec, -ega [ʎóβrək, -əɣə] *a.* dark, gloomy.

lloc [ʎɔk] *m.* place; scene. ‖ *m'ha pres el* ~, he's taken my seat. 2 room, space: *no hi ha* ~, there's no room.

lloca [ʎókə] *f.* broody hen.

lloctinent [ʎɔktinèn] *m.* deputy, lieutenant.

llogar [ʎuɣá] *t.* to hire [cars, sports equipment, etc.]; to rent [houses, flats, cars, etc.]. 2 to contract, to take on [workers]. ■ 3 *p.* to be for rent; to be for hire.

llogarret [ʎuɣərrɛt] *m.* hamlet, tiny village.

llogater, -ra [ʎuɣətè, -rə] *m.-f.* tenant.

lloguer [ʎuɣè] *m.* rent. ‖ *un pis de* ~, a rented flat.

llom [ʎom] *m.* back, loin. 2 GEOGR. loin. 3 spine [book]. 4 COOK. loin of pork.

llombrígol [ʎumbriɣul] *m.* navel.

llonguet [ʎuŋɡèt] *m.* small elongated bread roll.

llonza [ʎónzə] *f.* COOK. chop.

llop [ʎop] *m.* ZOOL. wolf. ‖ fig. ~ *de mar,* old sea dog.

llopada [ʎupáðə] *f.* pack of wolves.

llorer [ʎuré] *m.* BOT. laurel. ‖ fig. *adormir-se sobre els llorers,* to rest on one's laurels.

llorigó [ʎuriɣó] *m.* ZOOL. bunny, young rabbit.

lloriguera [ʎuriɣérə] *f.* warren, rabbit warren. 2 fig. den of thieves.

llorma [ʎórmə] (ROSS.) See BARJAULA.

lloro [ʎóru] *m.* ORNIT. parrot.

llosa [ʎózə] *f.* tile.

llosc, -ca [ʎosk, -kə] *a.* short-sighted, myopic.

llot [ʎot] *m.* mud, mire.

llotja [ʎóʤə] *f.* THEATR. box. 2 COMM. (commodity) exchange.

lluc [ʎuk] *m.* BOT. shoot. 2 good judgement.

lluç [ʎus] *m.* ICHTHY. hake. ‖ ~ *de riu,* pike.

llucar [ʎukà] *i.* to produce shoots. ■ 2 *t.* to see, to spot. 3 to look at. 4 fig. to see through, to suss, to weigh up.

llúcera [ʎúsərə] *m.* ICHTHY. blue whiting.

llúdria [ʎúðriə] *f.* ZOOL. otter.

llúdriga [ʎúðriɣə] ZOOL. See LLÚDRIA.

lluent [ʎuèn] *a.* shining; bright; sparkling.

lluentó [ʎuəntó] *m.* sequin.

lluentor [ʎuəntó] *f.* brilliance; shine; sparkle; glow.

lluerna [ʎuérnə] *f.* skylight. 2 ENT. glow-worm. 3 ICHTHY. streaked gurnard.

llufa [ʎúfə] *f.* silent fart. ‖ fig. *fer* ~, to flop, to fail.

llufar-se [ʎufàrsə] *p.* to fart silently.

lluïment [ʎuimèn] *m.* brilliance; sparkling; shining; sparkle; shine.

lluir [ʎui] *i.* to sparkle; to twinkle; to shine. 2 fig. to shine, to look good; to stand out. ■ 3 *t.* to show off. ■ 4 *p.* to shine; to succeed, to be a success, to excel oneself. 5 to make a fool of oneself, to make a mess of something.

Lluís [ʎuís] pr. n. m. Louis, Lewis.

lluïssor [ʎuisó] f. shine; sparkle; glitter; glow.

lluït, -ïda [ʎuit, -iðə] a. successful.

lluita [ʎúïtə] f. fight, struggle.

lluitador, -ra [ʎuitəðó, -rə] a. fighting. ■ 2 m.-f. fighter. 3 SP. wrestler.

lluitar [ʎúïtə] i. to fight; to struggle.

llum [ʎum] f. light. 2 m. lamp, light [apparatus].

llumenera [ʎumənèrə] f. oil lamp. 2 fig. very intelligent person.

llumí [ʎumí] m. match.

lluminària [ʎumínàriə] f. illuminations pl.

lluminós, -osa [ʎuminós, -ózə] a. luminous. 2 fig. ingenious, clever.

lluna [ʎúnə] f. moon. ‖ de mala ~, in a bad mood. ‖ demanar la ~ en un cove, to ask for the impossible. ‖ ~ de mel, honeymoon.

llunàtic, -ca [ʎunàtik, -kə] a. moody.

lluny [ʎuɲ] adv. far away. ‖ de ~, by far.

llunyà, -ana [ʎuɲà, -ánə] a. far, distant, remote.

llunyania [ʎuɲəniə] f. distance.

lluquet [ʎukèt] m. sulphur match.

llur [ʎur, ʎurs] poss. a. their. ▲ pl. **llurs**.

llustre [ʎústrə] m. shine; polish; sparkle; lustre.

llustrós, -osa [ʎustrós, -ózə] a. polished/ining; sparkling; lustrous.

lo [lu] pers. pron. doneu-lo al pare, give it to your father. ■ 2 (OCC.) (lo) art. m. sing. the.

lòbul [lɔ́βul] m. lobe.

local [lukál] a. local. 2 SP. home. ■ 3 m. premises.

localitat [lukəlitát] f. locality, place. 2 seat; ticket [cinema, theatre, etc.].

localitzar [lukəlidzá] t. to localize. 2 to find, to locate.

loció [lusió] f. lotion.

locomoció [lukumusió] f. locomotion. ‖ mitjà de ~, means of transport.

locomotor, -ra [lukumutó, -rə] a. locomotive; driving. ■ 2 f. engine, locomotive.

locució [lukusió] f. idiom. 2 phrase.

locutor, -ra [lukutó, -rə] m.-f. radio or television presenter.

logaritme [luɣərídmə] f. logarithm.

lògia [lɔ́ʒiə] f. lodge.

lògic, -ca [lɔ́ʒik, -kə] a. logical. ■ 2 f. logic.

lona [lɔ́nə] f. canvas; sailcloth.

londinenc, -ca [lundinèŋ, -kə] a. London, from London. ■ 2 m.-f. Londoner.

Londres [lóndrəs] pr. n. m. GEOGR. London.

longevitat [lunʒəβitát] f. longevity.

longitud [lunʒitút] f. length. 2 GEOGR. longitude.

longitudinal [lunʒituðinàl] a. longitudinal.

loquaç [lukwàs] a. loquacious, talkative.

loquacitat [lukwəsitát] f. loquacity.

lord [lɔr(t)] m. lord.

los [lus] pers. pron. m. them: doneu-los a qui els vulgui, give them to whoever wants them. ■ 2 m.-f. them: doneu-los dinar, give them lunch ▲ els, 'ls. ■ 3 (OCC.) (los) art. m. pl. the.

lot [lɔt] m. share, portion. 2 lot [auctions]. 3 batch.

loteria [lutəriə] f. lottery.

lotus [lɔ́tus] m. BOT. lotus.

'ls pers. pron. See LOS.

lubricar [luβriká] See LUBRIFICAR.

lubrificant [luβrifikàn] a. lubricating. ■ 2 m. lubricant.

lubrificar [luβrifiká] t. to lubricate.

lúcid, -da [lúsit, -ðə] a. lucid, clear.

lucidesa [lusiðézə] f. lucidity.

lucratiu, -iva [lukrətiŭ, -íβə] a. lucrative.

lucre [lúkrə] m. gain, profit; benefit.

luctuós, -osa [luktuós, -ózə] a. sad, sorrowful.

lúgubre [lúɣuβrə] a. lugubrious.

lumbago [lumbàɣu] m. MED. lumbago.

lumbar [lumbàr] a. MED. lumbar.

lunar [lunàr] a. lunar, moon.

lupa [lúpə] f. magnifying glass.

lustre [lústrə] m. lustrum (5 year period).

luteranisme [lutərənizmə] m. Lutheranism.

luxació [luksəsió] f. MED. dislocation.

luxe [lúksə] m. luxury. ‖ de ~, luxury.

Luxemburg [luksəmbúrk] pr. n. m. GEOGR. Luxembourg.

luxós, -osa [luksós, -ózə] a. luxurious.

luxúria [luksúriə] f. lust, lechery.

luxuriós, -osa [luksuriós, -ózə] a. lustful, lecherous.

M

M, m [èmə] *f.* m [letter].

m' *pers. pron. 1ˢᵗ pers. accus. and dat. sing.* before vowel or h: *m'entens?,* do you understand me? ▲ *'m,* after vowel: *dona'm això!,* give me that!

ma [mə] *poss. a. f.* my.

mà [ma] *f.* ANAT. hand. ‖ fig. *a ~,* handy, within easy reach. ‖ *a ~ armada,* armed. ‖ fig. *allargar la ~,* to put one's hand out. ‖ fig. *arribar a les mans,* to come to blows. ‖ fig. *demanar la ~,* to ask for someone's hand [in marriage]. ‖ *de segona ~,* second-hand. ‖ fig. *en bones mans,* in good hands. ‖ *fer mans i mànigues,* to do one's utmost, to do one's best. ‖ *lligar les mans,* to tie someone's hands. ‖ *tenir manetes,* to be handy. 2 ZOOL. paw; foot.

maça [másə] *f.* mace. 2 mallet. 3 pestle.

macabre, -bra [məkáβrə, -βrə] *a.* macabre.

macadura [məkəðúrə] *f.* bruise.

macar [məká] *t.* to bruise. ■ 2 *p.* to get bruised.

macarró [məkərró] *m.* piece of macaroni: *macarrons gratinats,* macaroni with tomato and cheese. 2 pimp.

macarrònic, -ca [məkərrɔ́nik, -kə] *a.* macaronic.

macedònia [məsəðɔ́niə] *f.* COOK. fresh fruit salad. 2 *Macedonia,* GEOGR. Macedonia.

macer [məsé] *m.* REL. mace-bearer.

maceració [məsərəsió] *f.* maceration.

macerar [məsərá] *t.* to macerate.

maco, -ca [máku, -kə] *a.* cast. pretty, beautiful, nice.

maçó [məsó] *m.* freemason.

macrobiotic, -ca [məkruβiɔ́tik, -kə] *a.* macrobiotic. ■ 2 *f.* macrobiotics.

màcula [mákulə] *f.* esp. fig. stain.

macular [məkulá] *t.* esp. fig. to stain.

madeixa [məðéʃə] *f.* skein, hank.

madona [məðɔ́nə] *f.* Madonna. 2 (BAL.) landlady; mistress.

madrastra [məðrástrə] *f.* stepmother.

madrigal [məðriɣál] *m.* madrigal.

maduixa [məðúʃə] *f.* BOT. strawberry.

maduixera [məðuʃérə] *f.* BOT. strawberry plant.

maduixot [məðuʃɔ́t] *m.* strawberry.

madur, -ra [məðú, -rə] *a.* ripe [fruit]. 2 mature.

madurar [məðurá] *i.-t.* to ripen. 2 to mature [also fig.].

maduresa [məðurɛ́zə] *f.* ripeness [fruit]. 2 maturity.

mag [mak] *m.* magician.

magarrufa [məɣərrúfə] *f.* flattery.

magatzem [məɣədzɛ́m] *m.* warehouse; store. ‖ *grans magatzems,* department store.

magí [məʒí] *m.* coll. mind, head.

màgia [máʒiə] *f.* magic. ‖ fig. *per art de ~,* by magic.

màgic, -ca [máʒik, -kə] *a.* magic; magical. ■ 2 *m.-f.* magician. 3 *f.* magic.

magisteri [məʒistéri] *m.* teaching. ‖ *estudio ~,* I'm doing teacher training.

magistral [məʒistrál] *a.* masterly. 2 magisterial.

magistrat [məʒistrát] *m.* judge.

magistratura [məʒistrətúrə] *f.* magistrature, magistracy.

magma [máɣmə] *m.* GEOL. magma.

magnànim, -ma [məŋnánim, -mə] *a.* magnanimous.

magnat [məŋnát] *m.* magnate, baron.

magne, -na [máŋnə, -nə] *a.* great.

magnesi [məŋnɛ́zi] *m.* magnesium.

magnèsia [məŋnɛ́ziə] *f.* magnesia.

magnètic, -ca [məŋnɛ́tik, -kə] *a.* magnetic.

magnetisme [məŋnətízmə] *m.* magnetism.

magnetòfon [məŋnətɔ́fun] *m.* tape-recorder.

magnífic, -ca [məŋnífik, -kə] *a.* magnificent; splendid.

magnificar [məŋnifiká] *t.* to magnify, to extol.

magnificència [məŋnifisɛ́nsiə] *f.* magnificence.

magnitud [məŋnitút] *f.* size; magnitude. 2 ASTR. magnitude.

magnòlia [məŋnɔ́liə] *f.* BOT. magnolia.

magrana [məɣránə] *f.* BOT. pomegranate.

magre, -gra [máɣrə, -ɣrə] *a.* lean. 2 fig. thin, lean.

mahometà, -ana [məumətá, ánə] *a., m.-f.* Mohammedan, Muslim.

mahometisme [məumətízmə] *m.* Mohammedanism, Islam.

mai [máĭ] *adv.* never. 2 ever: *si ~ véns*, if you ever come.

maig [matʃ] *m.* May.

mainada [məĭnáðə] *f.* children *pl.*

mainadera [məĭnəðérə] *f.* nurse, nanny.

maionesa [məĭunɛ́zə] *f.* COOK. mayonnaise.

majestat [məʒəstát] *f.* majesty: *Sa Majestat,* Your or His or Her Majesty.

majestuós, -osa [məʒəstuós, -ózə] *a.* majestic.

majestuositat [məʒəstuuzitát] *f.* majesty.

major [məʒó] *a.* greatest, most important. || *la ~ part,* the greater part, the majority. || *carrer ~,* high street, main street. 2 MUS. major.

majoral [məʒurál] *m.* head shepherd. 2 IND. foreman.

majordom, -oma [məʒurðɔ́m, -ɔ́mə] *m.* butler; steward. 2 *f.* housekeeper; stewardess.

majordona [məʒurðɔ́nə] *f.* priest's housekeeper.

majoria [məʒuriə] *f.* majority.

majorista [məʒuristə] *m.-f.* wholesaler.

majorment [məʒormɛ̀n] *adv.* mainly, chiefly.

majúscul, -la [məʒúskul, -lə] *a.* enormous. ■ 2 *f.* capital, capital letter.

mal, mala [mal, málə] *a.* bad. ▲ usu. before noun. ■ 2 *m.* ache, pain. || *~ de cap,* headache. 3 damage. || *m'he fet ~,* I've hurt myself. 4 bad, badness; evil. ■ 5 *adv.* badly. || *~ que bé,* somehow.

malabarisme [mələβərizmə] *m.* juggling.

malabarista [mələβəristə] *m.-f.* juggler.

malaconsellar [mələkunsəʎá] *t.* to mislead, to give bad advice to.

malagradós, -osa [mələɣrəðós, -ózə] *a.* unpleasant, unsociable, surly.

malagraït, -ïda [mələɣrəit, -iðə] *a., m.-f.* unthankful *a.,* ungrateful *a.*

malaguanyat, -ada [mələɣwəɲát, -áðə] *a.* wasted. 2 ill-fated. 3 prematurely dead. ■ 4 *interj.* what a shame!

malai, -aia [məláĭ, -áĭə] *a., m.-f.* Malay, Malayan.

malalt, -ta [məlál, -tə] *a.* ill; sick.

malaltia [məlaltiə] *f.* illness; disease.

malaltís, -issa [məlaltis, -isə] *a.* unhealthy; sickly.

malament [mələmɛ̀n] *m. adv.* badly, wrong, wrongly. || *t'he entès ~,* I misunderstood you. || *ho fas ~,* you're doing it wrong. || *funciona ~,* it doesn't work properly.

malapte, -ta [məlápte, -tə] *a.* clumsy, hamfisted.

malaquita [mələkitə] *f.* MINER. malachite.

malària [məláriə] *f.* MED. malaria.

malastrugança [mələstruɣànsə] *f.* misfortune.

malaurat, -ada [mələŭrát, -áðə] *a.* unfortunate, unlucky; wretched.

malaventura [mələβəntúrə] *f.* misfortune.

malaventurat, -ada [mələβənturát, -áðə] *a.* unfortunate, unlucky.

malavesar [mələβəzá] *t.* to allow or encourage someone to acquire bad habits.

malavingut, -uda [mələβiŋgút, -úðə] *a.* incompatible.

malbaratador, -ora [məlβərətəðó, -órə] *a., m.-f.* squanderer *s.*

malbaratar [məlβərətá] *t.* to squander, to waste.

malbé (fer) [məlβè] *phr.* to spoil; to ruin, to destroy.

malcarat, -ada [məlkəràt, -áðə] *a.* sullen.

malcontent, -ta [məlkuntèn, -tə] *a.* discontent, unhappy.

malcreient [məlkrəĭèn] *a.* coll. disobedient.

malcriar [məlkrià] *t.* to spoil, to bring up badly [child].

maldar [məldá] *i.* to strive (*per,* to),to try hard (*per,* to).

maldat [məldát] *f.* badness, evilness. 2 bad or evil action.

maldecap [məldəkáp] *m.* problem, trouble, worry, headache. ▲ usu *pl.*

maldestre, -a [məlðèstrə] *a.* clumsy; awkward.

maldir [məldi] *i.* to malign, to defame, to speak ill of.

maledicció [mələðiksiò] *f.* curse.

malèfic, -ca [məlèfik, -kə] *a.* evil, malefic.

malefici [mələfisi] *m.* curse.

maleir [mələi] *t.* to curse. ‖ *maleït siga,* damn it!, curse it!

malejar [mələʒà] *t.* to spoil.

malenconia [mələŋkuniə] *f.* melancholy.

malenconiós, -sa [mələŋkuniòs, -òzə] *a.* melancholy, melancholic.

malendreç [mələndrès] *m.* untidiness; disorder.

malentès [mələntès] *m.* misunderstanding.

malesa [mələzə] *f.* badness; evil. 2 bad or evil action.

malestar [mələstà] *m.* unease, uneasiness; unrest. 2 MED. malaise.

maleta [mələtə] *f.* suitcase, case.

maleter [mələtè] *m.* suitcase maker or seller. 2 porter. 3 AUTO. boot, (USA) trunk.

maletí [mələti] *m.* briefcase, attaché case.

malèvol, -la [məlèβul, -lə] *a.* malevolent.

malfactor, -ra [məlfəktò, -rə] *a., m.-f.* malefactor, wrongdoer.

malferir [məlfəri] *t.* to wound badly.

malfiar-se [məlfiàrsə] *p.* to mistrust *t.* (*de,* —), to distrust *t.* (*de,* —). 2 to suspect.

malforjat, -ada [məlfurʒàt, -àðə] *a.* scruffy, untidily dressed.

malgastar [məlɣəstà] *t.* to waste.

malgirbat, -ada [məlʒirβàt, -àðə] *a.* scruffy.

malgrat [məlɣràt] *prep.* despite, in spite of: ~ *tot,* after all.

malhumorat, -ada [məlumuràt,-àðə] *a.* bad-tempered.

malícia [məlisiə] *f.* malice.

maliciós, -osa [məlisiòs, -òzə] *a.* malicious.

malifeta [məlifètə] *f.* misdeed.

maligne, -na [məliɲɲə, -nə] *a.* malignant.

malintencionat, -ada [məlintənsiunàt, -àðə] *a.* ill-intentioned.

mall [maʎ] *m.* sledgehammer.

malla [màʎə] *f.* mesh. 2 network. 3 mail, chain mail.

mal·leabilitat [məlleəβilitàt] *f.* malleability.

mal·leable [məlleàbblə] *a.* malleable.

mallerenga [məʎərèŋgə] *f.* ORNIT. tit: ~ *cuallarga,* long-tailed tit; ~ *blava,* blue tit; ~ *carbonera,* great tit.

Mallorca [məʎòrkə] *pr. n. f.* GEOGR. Majorca.

Mallorca (Ciutat de) [məʎòrkə, siutàt ðə] *pr. n. f.* GEOGR. Palma de Majorca.

mallorquí, -ina [məʎurki, -inə] *a., m.-f.* Majorcan.

mallot [məʎòt] *m.* leotard. 2 bathing suit, bathing costume.

malmès, -esa [məlmès, -èzə] *a.* spoiled; ruined.

malmetre [məlmètrə] *t.* to spoil; to ruin. ▲ CONJUG. P. P.: *malmès.*

malnom [məlnòm] *m.* nickname.

malparat, -ada [məlpəràt, -àðə] *a.* damaged, in bad condition.

malparlar [məlpərlà] *i.* to run down, to speak ill of.

malparlat, -ada [məlpərlàt, -àðə] *a.* foulmouthed.

malpensar [məlpənsà] *i.* to think ill of. 2 to suspect.

malpensat, -ada [məlpənsàt, -àðə] *a.* evil-minded.

malsà, -ana [məlsà, -ánə] *a.* unhealthy. 2 fig. unwholesome.

malson [məlsòn] *m.* nightmare.

malsonant [məlsunàn] *a.* ill-sounding. 2 rude, offensive. ‖ *paraula ~,* swearword.

maltractament [màltrəktəmèn] *m.* abuse, ill-treatment.

maltractar [məltrəktà] *t.* to abuse, to illtreat, to treat badly. 2 to damage; to knock about.

maluc [məlùk] *m.* ANAT. hip.

malva [màlβə] *f.* BOT. mallow.

malvasia [məlβəziə] *f.* malmsey [wine].

malvat, -ada [məlβàt, -àðə] *a.* evil, wicked.

malvendre [məlβèdrə] *t.* to sell at a loss. ▲ CONJUG. like *vendre.* ‖ INDIC. Pres.: *malvèn.*

malversació [məlβərsəsiò] *f.* embezzlement, misappropriation.

malversar [məlβərsà] *t.* to embezzle, to misappropriate.

malvestat [məlβəstàt] *f.* bad or evil action.

malvist, -ta [məlβis(t), -tə] *a.* considered wrong, not done.

malviure [məlβiǔrə] *m.* to subsist, to live badly.

malvolença [mlβulènsə] *f.* malevolence.

mam [məm] *m.* coll. drink.

mama [màmə] *f.* mum, mummy. 2 breast.

mamà [məmà] *f.* mum, mummy.

mamar [məmà] *t.* to suck. 2 fig. to drink straight from a bottle. 3 to drink [alcohol].

mamarratxo [məmərràtʃu] *m.* fig. nincompoop [person].

mamella [məmèʎə] *f.* breast [woman]; udder [animal].

mamífer, -ra [məmifər, -rə] *a.* mammalian. ■ 2 *m.* mammal.

mampara [məmpàrə] *f.* screen.

mamut [məmút] *m.* ZOOL. mammoth.

manaire [mənàïrə] *a.* bossy.

manament [mənəmèn] *m.* order. 2 REL. commandment.

manar [mənà] *t.* to order, to command. 2 to rule.

manat [mənát] *m.* bunch; handful.

manc, -ca [maŋ, -kə] *a.* one-handed; one-armed.

manca [màŋkə] *f.* lack.

mancament [məŋkəmèn] *m.* offence; insult; wrong. 2 nonfulfilment [of one's duty]; failure to keep [one's promise or word]; non-payment [of a debt].

mancança [məŋkànsə] See MANCA.

mancar [məŋkà] *i.* to lack *t.,* not to have *t.* ǁ *li manca un braç,* he has an arm missing.

mancomunitat [məŋkumunitàt] *f.* union, association [of towns, provinces, etc.].

mandarí [məndəri] *m.* mandarin.

mandarina [məndərinə] *f.* BOT. mandarin, tangerine, satsuma.

mandat [məndát] *m.* mandate.

mandatari [məndətàri] *m.* mandatory.

mandíbula [məndiβulə] *f.* ANAT. mandible, jawbone.

mandolina [məndulinə] *f.* MUS. mandolin, mandoline.

mandonguilla [mənduŋgiʎə] *f.* COOK. meat ball.

mandra [màndrə] *f.* laziness.

mandràgora [məndràɣurə] *f.* BOT. mandrake, mandragora.

mandril [məndril] *m.* ZOOL. mandrill.

manduca [məndúkə] *f.* coll. grub, nosh.

mànec [mànək] *m.* handle. ǁ *tenir la paella pel ~,* to give the orders.

manefla [mənéflə] *a.* meddlesome, interfering. ■ 2 *m.-f.* meddler, busybody.

mànega [mànəɣə] *f.* sleeve. 2 hose. 3 MAR. beam.

manegar [mənəɣà] *t.* fig. to sort out. ■ 2 *p.* to cope, to manage.

maneig [mənétʃ] *m.* handling. 2 running; management.

manejable [mənəʒàbblə] *a.* manageable. 2 handy.

manejar [mənəʒà] *t.* to handle, to control; to use. 2 to move (from side to side).

Manel [mənél] *pr. n. m.* Emmanuel.

manera [mənèrə] *f.* way, manner. ǁ *d'aquesta ~,* in this way. ǁ *de cap ~,* in no way. ǁ *de mala ~,* far too much. ǁ *de ~ que,* so that. ǁ *de tota ~,* o *de totes les maneres,* anyhow, anyway. ǁ *no hi ha ~,* it's impossible.

manescal [mənəskàl] *m.* ant. veterinary surgeon, vet.

maneta [mənètə] *f.* small hand. ǁ *fer manetes,* to hold hands. ǁ *tenir manetes,* to be skilful with one's hands. 2 handle. 3 pestle.

manganès [məŋgənès] *m.* manganese.

mangosta [məŋgòstə] *f.* ZOOL. mangoose.

mania [məniə] *f.* mania, fad; obsession. ǁ *té la ~ de l'hoquei,* he's obsessed with hockey. ǁ *ha agafat la ~ que s'està tornant cec.* ǁ he's got it into his head that he's going blind. ǁ *em té ~,* he hates me. 2 bad habit.

maníac, -ca [məniak, -kə] *a.* maniacal, maniac.

maniàtic, -ca [məniàtik, -kə] *a.* fussy, finicky; faddy.

manicomi [mənikòmi] *m.* lunatic asylum, mental hospital.

manicur, -ra [mənikúr, -rə] *m.-f.* manicurist. 2 *f.* manicure.

manifest, -ta [mənifès(t), -tə] *a.* manifest, patent. ■ 2 *m.* manifesto.

manifestació [mənifəstəsiò] *f.* sign, show. 2 demonstration.

manifestar [mənifəstà] *t.* to show, to demonstrate. ■ 2 *p.* to demonstrate [in the street].

manifestant [mənifəstàn] *m.-f.* demonstrator.

màniga [mànəɣə] *f.* sleeve. ǁ *estirar més el braç que la ~,* to overspend.

manillar [mǝniʎár] *m.* handlebar, handlebars *pl.*

manilles [mǝniʎǝs] *f. pl.* handcuffs.

maniobra [mǝniɔβrǝ] *t.* handling, operation, manipulation; action. *2* manoeuvre, (USA) maneuver.

maniobrar [mǝniuβrá] *t.* to handle, to manipulate, to operate. ■ *2 i.* to manoeuvre, (USA), to maneuver.

manipulació [mǝnipulǝsiò] *f.* manipulation.

manipular [mǝnipulá] *t.* to manipulate, to handle. *2* pej. to manipulate.

maniquí [mǝniki] *m.* (tailor's) dummy. *2* fig. puppet. *3 m.-f.* professional model.

manllevar [mǝnʎǝβá] *t.* to borrow.

mannà [mǝnná] *m.* manna.

manobre [mǝnɔ́βrǝ] *m.* labourer.

manoll [mǝnɔ́ʎ] *m.* bunch; handful.

manòmetre [mǝnɔ́mǝtrǝ] *m.* pressure gauge.

manotada [mǝnutáðǝ] *f.* slap, blow with the hand.

mans, -sa [mans, -sǝ] *a.* tame; gentle.

mansalva [mǝnsálβǝ] *a ~ adv. phr.* without running any risk, without exposing oneself to danger.

mansió [mǝnsiò] *f.* mansion.

mansoi, -ia [mǝnsɔ̈́i, -jǝ] *a.* gentle; docile; tame.

mansuetud [mǝnsuǝtút] *f.* gentleness, tameness.

manta [mántǝ] *f.* blanket.

mantega [mǝntɛ́yǝ] *f.* butter.

manteleta [mǝntǝlɛ́tǝ] *f.* shawl.

mantell [mǝntɛ́ʎ] *m.* cloak, cape.

mantellina [mǝntǝʎínǝ] *f.* mantilla.

manteniment [mǝntǝnimɛ́n] *m.* maintenance; upkeep.

mantenir [mǝntǝni] *t.* to keep, to maintain. ‖ *~ en un lloc fresc,* to keep in a cool place. *2* to maintain, to carry on: *~ una conversació,* to carry on a conversation. *3* to maintain, to support: *amb un sou no podem ~ tota la família,* we can't support the whole family on one wage. *4* to maintain: *jo mantinc que...,* I maintain that... ■ *5 p.* to sustain oneself, to keep oneself. *6* to stay, to keep: *com et mantens en forma?,* how do you stay fit?

mantó [mǝntó] *m.* shawl.

manual [mǝnuál] *a.* manual. ■ *2 m.* manual, handbook, guide.

manubri [mǝnúβri] *m.* handle; crank.

manufactura [mǝnufǝktúrǝ] *f.* manufacture.

manuscrit, -ta [mǝnuskrit, -tǝ] *a.* handwritten. ■ *2 m.* manuscript.

manutenció [mǝnutǝnsiò] *f.* maintenance.

manxa [mánʃǝ] *f.* bellows *pl.* *2* pump.

manxar [mǝnʃá] *t.* to produce a draught or to make air with a pair of bellows. ■ *2 t.* to fan.

manya [mápǝ] *f.* skill. *2* fig. ingenuity.

manyà [mǝpá] *m.* locksmith.

manyac, -aga [mǝpák, -áyǝ] *a.* gentle; docile, tame.

manyagueria [mǝpǝyǝriǝ] *f.* gentleness; tameness, docility. *2* caress.

manyoc [mǝpɔ́k] *m.* handful.

manyopla [mǝpɔ́plǝ] *f.* mitten.

manyós, -osa [mǝpós, -ózǝ] *a.* handy.

maó [mǝó] *m.* brick.

mapa [mápǝ] *m.* map.

mapamundi [mǝpǝmúndi] *m.* world map, map of the world.

maqueta [mǝkɛ́tǝ] *f.* scale model.

maquiavèl·lic, -ca [mǝkiǝβɛ́llik, -kǝ] *a.* Machiavellian.

maquillar [mǝkiʎá] *t.-p.* to make up.

maquillatge [mǝkiʎádʒǝ] *m.* make-up.

màquina [mákinǝ] *f.* machine. ‖ *~ d'afaitar,* electric-shaver. ‖ *~ d'escriure,* typewriter. ‖ *~ de fotografiar,* camera.

maquinal [mǝkinál] *a.* fig. mechanical.

maquinar [mǝkiná] *t.* to plot, to machinate.

maquinària [mǝkináriǝ] *f.* machinery.

maquinista [mǝkinistǝ] *m.-f.* RAIL. engine driver. *2* TECHNOL. operator, machinist.

mar [mar] *m.* (i *f.*) sea. ‖ *en alta ~,* on the high seas. *2 f.* fig. *la ~ de,* a lot (of). ‖ *hi havia la ~ de gent,* it was packed with people. ‖ *és un noi la ~ de simpàtic,* he's ever such a nice boy.

marabú [mǝrǝβú] *m.* ORNIT. marabou.

maragda [mǝráɡdǝ] *f.* MINER. emerald.

marasme [mǝrázmǝ] *m.* MED. emaciation, wasting. *2* fig. paralysis, stagmation.

marassa [mǝrásǝ] *f.* (excessively) doting mother.

marató [mǝrǝtó] *f.* SP. marathon.

marbre [márβrǝ] *m.* marble.

marbrista [mǝrβristǝ] *m.* marble cutter, worker in marble.

Marc [mark] *pr. n. m.* Mark.

març [mars] *m.* March.

marca [màrkə] *f.* mark; spot; stain. 2 brand; make. 3 SP. record.

marcar [mərkà] *t.* to mark; to brand [animals]. 2 to show. ‖ *el meu rellotge marca les cinc,* according to my watch it's five o'clock. 3 SP. to score [goal]. 4 SP. to mark [man]. 5 to dial. 6 COMM. *to price, to put a price on.*

marcià, -ana [mərsià, -ánə] *a., m.-f.* Martian.

marcial [mərsiàl] *a.* martial.

marcir [mərsi] *t.* to wilt. ■ 2 *p.* to will, to droop.

marcit, -ida [mərsit, -iðə] *a.* wilting, drooping; withered.

marduix [mərðúʃ] *m.* BOT. marjoram.

mare [màrə] *f.* mother. 2 GEOL. bed. ‖ fig. *sortir de ~,* to lose one's temper. 3 fig. origin.

marea [mərèə] *f.* tide.

mareig [mərètʃ] *m.* dizziness; sick feeling; nausea; seasickness. 2 fig. confusion.

marejada [mərəʒàðə] *f.* METEOR. swell, surge.

marejar [mərəʒà] *t.* to make dizzy; to make feel sick. 2 fig. to confuse; to bother; to pester. ■ 3 *p.* to feel dizzy; to feel sick. ‖ *sempre em marejo en aquest cotxe,* I always get sick in this car.

maremàgnum [mạremàɲnum] *m.* coll. mess, tangle.

mareperla [mạrəpèrlə] *f.* ZOOL. mother-of-pearl.

mareselva [mạrəsèlβə] *f.* BOT. honeysuckle.

màrfega [màrfəɣə] *f.* straw mattress.

marfil [mərfil] *m.* ivory.

margalló [mərɣəʎò] *m.* BOT. palmetto. 2 CULIN. palm heart.

Margarida [mərɣəriðə] *pr. n. f.* Margaret.

margarida [mərɣəriðə] *f.* BOT. daisy [wild]. 2 BOT. marguerite [garden].

margarina [mərɣərinə] *f.* margarine.

marge [màrʒə] *m.* edge, border; side. ‖ fig. *on the sidelines.* 2 margin [of page]. 3 COMM. margin. 4 opportunity.

marginal [mərʒinàl] *a.* marginal.

marginar [mərʒinà] *t.* to leave out; to omit. 2 to discriminate against; to reject.

marí, -ina [məri, -inə] *a.* marine. ■ 2 *m.* sailor, seaman. 3 *f.* MIL. navy. 4 coast. 5 ART seascape.

Maria [məria] *pr. n. f.* Mary.

maridar [məriðà] *t.-p.* to marry [also fig.].

marieta [məriètə] *f.* ENT. ladybird. 2 *m.* coll. puff, pansy.

marihuana [məriuànə] *f.* marijuana, cannabis, hashish.

marinada [mərinàðə] *f.* METEOR. sea breeze.

mariner, -ra [mərinè, -rə] *a.* of the sea. ‖ *un poble ~,* a coastal or seaboard town. ■ 2 *m.* sailor, seaman.

marisc [mərisk] *m.* shellfish.

mariscal [məriskàl] *m.* marshal.

marit [mərit] *m.* husband.

marítim, -ma [məritim, -mə] *a.* maritime.

marmessor [mərməsò] *m.* LAW. executor.

marmita [mərmitə] *f.* (large) cooking pot.

marmitó [mərmitò] *m.* scullion, kitchen boy.

marmota [mərmòtə] *f.* ZOOL. marmot.

maroma [məròmə] *f.* hawser, thick rope.

maror [mərò] *f.* swell, heavy sea. 2 fig. disagreement, discontent.

marquès, -esa [mərkès, -èzə] *m.* marquis, marquess. 2 *f.* marchioness; marquise.

marquesat [mərkəzàt] *m.* marquisate.

marquesina [mərkəzinə] *f.* ARCH. canopy; porch.

marqueteria [mərkətəriə] *f.* marquetry.

marrà ,-ana [mạrrà ,-ánə] *m.* ZOOL. ram. 2 *m.-f.* pig-headed person. 3 filthy person. ■ 4 *a.* pig-headed, stubborn. 5 filthy, dirty.

marrada [mərràðə] *f.* indirect route. ‖ *per aquest camí farem ~,* this is the long way round.

marrameu [mərrəmèu] *m.* howl; howling, caterwauling. 2 fig. grouse, complaint.

marranada [mərrənàðə] *f.* herd of pigs. 2 dirty or rotten trick. 3 (temper) tantrum.

marraneria [mərrənəriə] *f.* (temper) tantrum.

Marràqueix [mərràkəʃ] *pr. n. m.* GEOGR. Marrakech.

marrar [mərrà] *i.* to go the long way round. 2 to go the wrong way. ■ 3 *t.* to wind, to be windy [a path, etc.].

marrasquí [mərrəski] *m.* maraschino.

marrec [mərrèk] *m.* ZOOL. lamb. 2 small boy.

marro [màrru] *m.* sediment; dregs *pl.;* grounds *pl.* [coffee].

marró [mərrò] *a.-m.* brown.

Marroc [mərrɔ́k] *pr. n. m.* GEOGR. Morocco.

marroquí, -ina [mərrukí, -ánə] *a., m.-f.* Moroccan.

marroquineria [mərrukinəriə] *f.* Morocco leather dressing.

marsupial [mərsupiál] *a.-m.* marsupial.

Mart [mart] *pr. n. m.* ASTR. Mars.

marta [mártə] *f.* ZOOL. (pine) marten.

Marta [mártə] *pr. n. f.* Martha.

martell [mərtéʎ] *m.* hammer. 2 ANAT. hammer, malleus.

Martí [mərtí] *pr. n. m.* Martin.

martinet [mərtinét] *m.* ORNIT. heron,; egret. 2 MECH. drop-hammer. 3 CONSTR. pile-driver.

martingala [mərtiŋgálə] *f.* breeches *pl.* [worn under armour]. 2 martingale. 3 fig. trick.

màrtir [mártir] *m.-f.* martyr.

martiri [mərtíri] *m.* martyrdom. 2 fig. torment.

martiritzar [mərtiridzá] *t.* to martyr. 2 fig. to torment.

marxa [márʃə] *f.* march. 2 SP. walk: ‖ ~ *atlètica,* walking race. 3 AUTO. gear. 4 operation, running, working. ‖ *posar en ~,* to start. 5 departure.

marxamo [mərʃámu] *m.* seal [placed by customs on goods].

marxant, -ta [mərʃán, -tə] *m.-f.* travelling salesman. 2 art dealer.

marxar [mərʃá] *i.* to leave, to depart. 2 to march. 3 to go, to work, to operate [machines, etc.].

marxisme [mərʃízmə] *m.* Marxism.

marxista [mərʃístə] *a., m.-f.* Marxist.

mas [mas] *m.* farmhouse; country house.

màscara [máskərə] *f.* mask. 2 masked person.

mascara [məskárə] *f.* mark [of soot, etc.].

mascaró [məskəró] *m.* figurehead [on ship].

mascle [másklə] *m.* male.

masclisme [məsklízmə] *m.* machismo, male chauvinism.

mascliste [məsklístə] *a., m.-f.* male chauvinist

mascota [məskɔ́tə] *f.* mascot.

masculí, -ina [məskulí, -inə] *a.* ANAT. male. 2 GRAMM. masculine. 3 manly, masculine.

masegar [məzəɣá] *t.* to batter, to bruise.

masia [məziə] *f.* (large) country house.

masmorra [məzmɔ̀rrə] *f.* dungeon.

masover, -ra [məzuβé, -rə] *m.* (tenant) farmer. 2 *f.* (tenant) farmer's wife.

massa [másə] *f.* mass; volume. 2 COOK. dough; pastry. ■ 3 *a.* too much; too many. ■ 4 *adv.* too.

massapà [məsəpá] *m.* marzipan.

massatge [məsádʒə] *m.* massage.

massatgista [məsədʒístə] *m.* masseur. 2 *f.* masseuse.

massís, -issa [məsís, -isə] *a.* solid. 2 robust, strong. ■ 3 *m.* GEOG. massif.

mastegar [məstəɣá] *t.* to chew. 2 to mumble.

mastegot [məstəɣɔ́t] *m.* slap.

mastí [məstí] *m.* ZOOL. mastiff.

màstic [mástik] *m.* putty.

masticació [məstikəsió] *f.* chewing, mastication.

mastodont [məstuðón] *m.* mastodon.

masturbació [məsturβəsió] *f.* masturbation.

mat [mat] *m.* mate [chess]. ■ 2 *a.* matt.

mata [mátə] *f.* BOT. small bush.

mata-degolla (a) [mátəðəɣóʎə] *phr. estar a ~,* to be at daggers drawn.

matalaf [mətaláf] (VAL.) See MATALÀS.

matalàs [mətəlàs] *m.* mattress.

matamosques [mátəmóskəs] *m.* fly-killer.

matança [mətánsə] *f.* slaughter.

matar [mətá] *t.* to kill. 2 fig. to annoy, to get on one's nerves. ‖ *els casaments em maten,* I can't stand weddings. 3 fig. to get rid of. ■ 4 *p.* to commit suicide, to kill oneself. 5 to die [accidentally]. 6 fig. to go out of one's way, to bend over backwards [to help someone, etc.].

mateix, -xa [mətéʃ, -ʃə] *a.* the same. 2 ‖ *ara ~,* right now; *jo ~ ho faré,* I'll do it myself; *en aquest ~ pis,* in this very flat. ■ 3 *pron.* the same: *sempre passa el ~,* it's always the same.

matemàtic, -ca [mətəmátik, -kə] *a.* mathematical. 2 fig. exact, precise. ■ 3 *m.-f.* mathematician. 4 *f.* mathematics.

matèria [mətériə] *f.* matter. 2 material: ~ *primera,* raw material. 3 subject.

material [mətəriál] *a.-m.* material.

materialisme [mətəriəlizmə] *m.* materialism.

matern, -na [mətérn, -nə] *a.* maternal. ‖ *llengua materna,* mother tongue.

maternal [mətərnál] *a.* maternal. 2 fig. protective.

maternitat [mətərnitát] *f.* maternity, motherhood.

matí [məti] *m.* morning: *de bon ~*, early in the morning.

matinada [mətináðə] *f.* early morning.

matinador, -ra [mətinəðó, -rə] *a.* who rises very early.

matinal [mətinál] *a.* early morning.

matinar [mətiná] *i.* to get up very early.

matinejar [mətinəʒá] See MATINAR.

matiner, -ra [mətiné, -rə] See MATINADOR.

matís [mətis] *m.* shade, hue [colours]. 2 fig. nuance [of meaning]; slight variation.

matisar [mətizá] *t.* to tinge. 2 to be more precise about.

mató [mətó] *m.* COOK. cottage cheese.

matoll [mətóʎ] *m.* thicket.

matràs [mətrás] *m.* CHEM. flask.

matrícula [mətrikulə] *f.* register, list. 2 enrolment, registration. 3 enrolment fee, registration fee. 4 AUTO. number plate, (USA) license plate. 5 AUTO. registration number, (USA) license number.

matricular [mətrikulá] *t.* to register; to licence. ■ 2 *p.* to enrol; to register.

matrimoni [mətrimɔ́ni] *m.* matrimony. 2 married couple. ‖ *llit de ~*, double bed.

matriu [mətriŭ] *f.* ANAT. womb. 2 mould, (USA) mold. 3 matrix. 4 stub [of a chequebook].

matusser, -ra [mətusé, -rə] *a.* clumsy, cack-handed, ham-fisted [person]; botched [job].

matuta [mətútə] *f.* contraband.

matutí, -ina [mətuti, -inə] See MATINAL.

matxet [mətʃét] *m.* machete.

matxucar [mətʃuká] *t.* to crumple, to crease. 2 to knock about; to bruise. 3 TECH. *to crush; to pound.* ■ 4 *p.* to bruise, to get damaged. 5 to get crumpled; to crease.

maula [máŭlə] *f.* trick, ruse. 2 *m.-f.* trickster, cheat.

maurar [məŭrá] *t.* to knead. 2 to pound.

màuser [máŭzər] *m.* ARTILL. Mauser.

mausoleu [məŭzuléŭ] *m.* mausoleum.

maxil·lar [məksillár] *a.* ANAT. maxillary. ■ 2 *m.* jawbone.

màxim, -ma [máksim, -mə] *a.* maximum; highest. ■ 2 *m.* maximum. 3 *f.* maximum temperature.

me [mə] *pers. pron.* See EM.

mè [mɛ] (ROSS.) See PERÒ.

meandre [meándrə] *m.* meander.

mecànic, -ca [məkánik, -kə] *a.* mechanical. ■ 2 *m.* mechanic. 3 *f.* mechanics.

mecanisme [məkənizmə] *m.* mechanism.

mecanització [məkənidzəsió] *f.* mechanization.

mecanitzar [məkənidzá] *t.* to mechanize.

mecanògraf, -fa [məkənɔ́yrəf, -fə] *m.-f.* typist.

mecanografia [məkənuyrəfiə] *f.* typing, typewriting.

mecenes [məsɛ́nəs] *m.* patron.

medalla [məðáʎə] *f.* medal. 2 medallion. 3 fig. stain.

medi [mɛ́ði] *m.* medium. 2 historical or social context. 3 surroundings; environment.

mediació [məðiəsió] *f.* mediation. 2 agency; intercession.

mediador [məðiəðó] *a.* mediating. ■ 2 *m.-f.* mediator, intermediary.

mèdic, -ca [mɛ́ðik, -kə] *a.* medical.

medicament [məðikəmɛ́n] *m.* medicine; medication.

medicació [məðikəsió] *f.* medication; medical treatment.

medicina [məðisinə] *f.* medicine.

medieval [məðiəβál] *a.* medieval, mediaeval.

mediocre [məðiɔ́krə] *a.* mediocre.

mediocritat [məðiukritát] *f.* mediocrity.

meditabund, -da [məðitəβún, -ðə] *a.* meditative, pensive, thoughtful.

meditació [məðitəsió] *f.* meditation.

meditar [məðitá] *t.* to consider carefully, to ponder. ■ 2 *i.* to meditate.

mediterrani, -ània [məðitərráni, -ániə] *a.* Mediterranean. ■ 2 *f.* the Mediterranean.

mèdium [mɛ́ðium] *m.* medium [spiritual].

medul·la [məðúllə] *f.* marrow, medulla.

medusa [məðúzə] *f.* ZOOL. jellyfish.

mefistofèlic, -ca [məfistufɛ́lik, -kə] *a.* Mephistophelian.

megàfon [məɣáfun] *m.* megaphone.

megalit [məɣálit] *m.* HIST. megalith.

megalític, -ca [məɣəlitik, -kə] *a.* HIST. megalithic.

meitat [məĭtát] *f.* half: *trencar per la ~*, to break in half.

mel [mɛl] *f.* honey.

melangia [mələnʒiə] *f.* melancholy.

melangiós, -osa [mələnʒiòs, -òzə] *a.* melancholic.

melassa [mələ̀sə] *f.* molasses.

melic [mə̀lik] *m.* navel, belly button. ‖ *se m'arrugà el ~,* I got the wind up.

melicotó [məlikutò] (BAL.) See PRÉSSEC.

melindro [məlindru] *m.* sweet cake or bun. 2 *pl.* affectation *sing.,* affected ways.

melmelada [mɛlmələ̀ðə] *f.* jam; marmalade [citrus].

meló [məlò] *m.* BOT. melon.

melodia [məluðiə] *f.* MUS. melody.

melòdic, -ca [məlɔ̀ðik, -kə] *a.* melodic.

melodrama [məluðrà̀mə] *m.* melodrama.

melòman, -ana [məlɔ̀mən, -ənə] *m.-f.* music lover.

melós, -osa [məlòs, -òzə] *a.* honeyed. 2 fig. sugary.

melsa [mɛ̀lsə] *f.* ANAT. spleen.

membrana [məmbrànə] *f.* membrane.

membre [mɛ̀mbrə] *m.* member. 2 fig. part, component. 3 ANAT. penis. 4 ANAT. member, limb.

memorable [məmuràbblə] *a.* memorable.

memoràndum [məmuràndum] *m.* memorandum.

memòria [məmɔ̀riə] *f.* memory. ‖ *de ~,* by heart. 2 *pl.* memoirs. 3 report.

mena [mɛ̀nə] *f.* kind, sort, type. ‖ *de ~,* by nature. 2 MINER. ore. 3 MAR. thickness [of rope].

menar [mənà] *t.* to lead, to direct; to drive.

menció [mənsiò] *f.* mention. ‖ *fer ~,* to mention.

mencionar [mənsiunà] *t.* to mention.

mendicar [məndikà] *i.-t.* to beg.

mendicitat [məndisitàt] *f.* begging.

menester [mənəstɛ̀] *m.* need, necessity. ‖ *hem de ~ més temps,* we need more time.

menestral, -la [mənəstràl, -lə] *m.-f.* craftsman, artisan.

mengívol, -la [mənʒiβul, -lə] *a.* appetizing.

menhir [mənir] *m.* menhir.

meninge [məninʒə] *f.* ANAT. meninx.

meningitis [məninʒitis] *f.* MED. meningitis.

menisc [mənisk] *m.* ANAT. meniscus.

menja [mɛ̀nʒə] *f.* delicacy, special dish.

menjador, -ra [mənʒəðò, -rə] *a.* big eater. ■ 2 *m.* dining room. 3 *f.* manger.

menjar [mənʒà] *t.-p.* to eat. 2 fig. to eat up: *el lloguer es menja tot el sou,* the rent eats up all my wages.

menjar [mənʒà] *m.* food.

menor [mənòr] *a.* smaller; the smallest; less; the least; lower; the lowest. ‖ *un mal ~,* the lesser of two evils. ■ 2 *m.-f.* minor.

Menorca [mənɔ̀rkə] *pr. n. f.* GEOGR. Minorca.

menorquí, -ina [mənurki, -inə] *a., m.-f.* Minorcan.

menovell [mənuβɛ̀ʎ] *m.* little finger.

menstruació [mənstruəsiò] *f.* menstruation.

mensual [mənsuàl] *a.* monthly.

mensualitat [mənsuəlitàt] *f.* monthy payment or instalment.

mènsula [mɛ̀nsulə] *f.* ARQ. console.

ment [men] *f.* mind; intellect.

menta [mɛ̀ntə] *f.* BOT. mint. 2 crème de menthe.

mental [məntàl] *a.* mental.

mentalitat [məntəlitàt] *f.* mentality.

mentida [məntiðə] *f.* lie.

mentider, -ra [məntiðɛ̀, -rə] *a.* lying. ■ 2 *m.-f.* liar.

mentir [mənti] *i.* to lie, to tell a lie. ▲ CONJUG. INDIC. Pres.: *ment* o *menteix.*

mentó [məntò] *m.* ANAT. chin.

mentor [məntò] *m.* mentor; guide.

mentre [mɛ̀ntrə] *conj.* while, as long as.

mentrestant [mɛ̀ntrəstàn] *adv.* meanwhile, in the meantime.

menú [mənù] *m.* menu.

menudesa [mənuðɛ̀zə] *f.* smallness.

menut, -uda [mənùt, -ùðə] *a.* small, little. ■ 2 *m.-f.* child, little one. 3 COMM. *a la menuda,* retail.

menys [mɛɲs] *a.* less; fewer. ■ 2 *adv.* less. ‖ *anar a ~,* to come down in the world. ■ 3 *prep.* except (for), but (for). ■ 4 *m.* minus sign.

menyscabar [mɛɲskəβà] *t.* to diminish, to reduce. 2 to impair, to damage.

menyspreable [mɛɲsprɛàbblə] *a.* contemptible. 2 insignificant.

menysprear [mɛɲsprɛà] *t.* to despise, to scorn. 2 to underrate, to underestimate. 3 to belittle.

menyspreu [mɛɲsprɛ̀u] *m.* scorn. contempt.

mer, -ra [mer, -rə] a. mere. ▲ always before the noun.

meravella [mərəβèʎə] f. wonder, marvel.

meravellar [mərəβəʎá] t. to amaze, to astonish. 2 to fill with admiration. ■ 3 p. to be amazed or astounded; to marvel (de, at); to wonder (de, at).

meravellós, -osa [mərəβəʎós, -ozə] a. marvellous, wonderful.

mercader, -ra [mərkəðè, -rə] m.-f. merchant.

mercaderia [mərkəðəriə] f. merchandise, goods pl.

mercantil [mərkəntil] a. mercantile, commercial.

mercat [mərkát] m. market.

mercè [mərsɛ̀] f. mercy; benevolence. 2 pl. thanks.

mercenari, -ària [mərsənári, -áriə] a., m.-f. mercenary.

merceria [mərsəriə] f. haberdasher's [shop]. 2 haberdashery.

mercuri [mərkúri] m. CHEM. mercury. 2 pr. n. m. ASTR. *Mercuri,* Mercury.

merda [mɛ̀rðə] f. vulg. shit. ‖ *ves-te'n a la* ~, fuck off. 2 dirt, filth, muck. 3 fig. crap; rubbish.

merder [mərðè] m. pigsty. 2 fig. chaos.

merèixer [mərɛ́ʃə] to deserve, to merit; to be worth. ▲ CONJUG. P. P.: *merescut.*

merenga [mərɛ̀ŋgə] f. meringue.

meretriu [mərətriú] f. prostitute, whore.

meridià, -ana [məriðià, -ánə] a. midday. ■ 2 m. meridian.

meridional [məriðiunál] a. southern.

mèrit [mɛ́rit] m. merit.

merla [mɛ́rlə] f. ORNIT. blackbird.

merlet [mərlɛ̀t] m. ARCH. merlon.

1) mes [mes] m. month.

2) mes [mes] conj. but.

més [mes] a.-adv. more. ‖ *és molt ~ gran que jo,* he's much older than I am. ‖ *feia ~ aviat calor,* it was on the hot side. ‖ *a ~ (a ~),* besides. ‖ *si ~ no,* at least. ■ 2 pron. else: *alguna cosa ~, senyora?,* anything else, madam?

mesa [mɛ̀zə] f. altar. 2 board. ‖ ~ *electoral,* electoral college.

mesada [məzáðə] f. month. 2 month's wage.

mesc [mɛsk] m. musk.

mescla [mɛ́sklə] f. mixture; blend.

mesclar [məsklá] t. to mix; to blend.

mesquí, -ina [məski, -inə] a. mean, stingy. 2 fig. contemptible, despicable. 3 poor, wretched.

mesquinesa [məskinɛ̀zə] f. meanness, stinginess. 2 fig. contempt, scorn. 3 poverty, wretchedness. 4 mean thing. 5 contemptible thing.

mesquita [məskitə] f. mosque.

messiànic, -ca [məsiànik, -kə] a. messianic.

messies [məsiəs] m. Messiah. 2 fig. saviour; leader.

mestís, -issa [məstis, -isə] a., m.-f. half-breed, half-caste.

mestral [məstrál] m. METEOR. Mistral. 2 the north west.

mestratge [məstrádʒə] m. rank of master. 2 guidance, teaching.

mestre, -tra [mɛ́strə, -trə] a. masterly; skilled; skilful. 2 main, principal. ■ 3 m.-f. teacher; expert. 4 m. master. 5 f. mistress.

mestressa [məstrɛ̀sə] f. landlady; owner. 2 mistress. ‖ ~ *de casa,* housewife.

mestretites [mɛstrətitəs] m.-f. know-all.

mesura [məzúrə] f. measure. 2 moderation.

mesurar [məzurá] t. to measure. ‖ ~ *les paraules,* to weigh one's words.

meta [mɛ́tə] f. finish, finishing line. 2 fig. goal, aim, objective. 3 coll. tit, breast.

metà [mətá] m. methane.

metabolisme [mətəβulizmə] m. metabolism.

metafísic, -ca [mətəfizik, -kə] a. metaphysical. ■ 2 m.-f. metaphysician. 3 f. metaphysics.

metàfora [mətáfurə] f. metaphore.

metall [mətáʎ] m. metal.

metàl·lic, -ca [mətállik, -kə] a. metallic. ■ 2 m. cash.

metal·lúrgic, -ca [mətəllúrʒik, -kə] a. metallurgical. ■ 2 m.-f. metallurgist.

metamorfosi [mətəmurfɔ̀zi] f. metamorphosis.

meteor [mətəòr] m. meteor [atmospheric phenomenon]. 2 meteor, shooting star.

meteorit [mətəurit] m. meteorite.

meteoròleg, -òloga [mətəurɔ̀lək, -ɔ́luɣə] m.-f. meteorologist.

meteorologia [mətəuruluʒiə] f. meteorology.

metge [mɛ̀dʒə] m.-f. doctor.

metgessa [mədʒɛ̀sə] f. lady doctor, woman doctor.

meticulós, -osa [mətikulós, -ózə] *a.* meticulous.

mètode [mέtuðə] *m.* method.

metòdic, -ca [mətɔ́ðik, -kə] *a.* methodical.

metodisme [mətuðízmə] *m.* REL. methodism.

metodologia [mətuðuluʒíə] *f.* methodology.

metralla [mətráʎə] *f.* shrapnel.

metrallar [mətrəʎá] *t.* to machine-gun.

metre [mέtrə] *m.* metre, (USA) meter.

metro [mέtru] *m.* underground, tube, (USA) subway.

metrònom [mətrɔ́num] *m.* MUS. metronome.

metròpoli [mətrɔ́puli] *f.* metropolis. 2 mother-country.

metropolità, -ana [mətrupulitá, -ánə] *a.* metropolitan. ■ 2 *m.* See METRO.

metxa [mέtʃə] *f.* fuse.

metzina [mədzínə] *f.* poison.

mèu, meva [mέu̯, -mέβə] *poss. a.* my: *la meva mare,* my mother. ■ 2 *poss. pron.* mine: *són meves aquestes sabates!,* these shoes are mine.

meuca [mέu̯kə] *f.* prostitute, whore.

Mèxic [mέʒik] *pr. n. m.* GEOGR. Mexico.

mexicà, -ana [məʒiká, -ánə] *a., m.-f.* Mexican.

1) mi [mi] *m.* MUS. E.

2) mi [mi] *pers. pron.* me: *vine amb ~,* come with me. ▲ after preposition.

miasma [miázmə] *m.* miasma.

mica [míkə] *f.* bit. ‖ *una miqueta,* a little bit. ‖ *de ~ en ~,* bit by bit. ‖ *fer miques,* to smash to bits. ‖ *gens ni ~,* not a bit. ‖ not at all. 2 MINER. mica.

micció [miksió] *f.* miction.

mico [míku] *m.* ZOOL. long-tailed monkey.

micro [míkru] *m.* (abbr. de *micròfon*) mike.

microbi [mikrɔ́βi] *m.* microbe.

microbús [mikruβús] *m.* minibus.

microcosmos [mikrukɔ́zmus] *m.* microcosm.

microfilm [mikrufílm] *m.* microfilm.

micròfon [mikrɔ́fun] *m.* microphone.

microorganisme [mikruryənízmə] *m.* microorganism.

microscopi [mikruskɔ́pi] *m.* microscope.

microscòpic, -ca [mikruskɔ́pik, -kə] *a.* microscopic.

mida [míðə] *f.* measure; size. ‖ *fet a ~,* made to measure.

midó [miðó] *m.* starch.

mielitis [mielítis] *f.* myelitis.

mig, mitja [mitʃ, midʒə] *a.* half. ‖ *a ~ camí,* halfway. ■ 2 *m.* half. ‖ *al ~ de,* in the middle of. 3 *f.* See MITJA.

migdia [midʒdíə] *m.* noon. 2 south.

migdiada [midʒdiáðə] *f.* noon, afternoon. 2 siesta.

migjorn [midʒórn] *m.* noon. 2 south. 3 southern wind.

migració [miɣrəsió] *f.* migration.

migranya [miɣráɲə] *f.* MED. migraine.

migrar-se [miɣrársə] *prnl.* to languish.

migratori, -òria [miɣrətɔ́ri, -ɔ́riə] *a.* migratory.

migtemps [mitʃtέmps] *m.* period of time between summer and winter.

mil [mil] *a.-m.* thousand.

milà [milá] *m.* ORNIT. kite.

Milà [milá] *pr. n. m.* GEOGR. Milan.

miler [milέ] *m.* thousand.

milhomes [milɔ́məs] *m.* braggart, cocky youth.

milícia [milísiə] *f.* soldiering. 2 militia.

milicià [milisiá] *m.* militiaman.

milió [milió] *m.* million.

milionari, -ària [miliunári, -áriə] *a., m.-f.* millionaire.

militant [militán] *a., m.-f.* militant, activist.

militar [militár] *a.* military. ■ 2 *m.* military man, soldier.

militar [militá] *i.* to soldier, to serve in the army. 2 POL. to belong to a party.

militarisme [militərízmə] *m.* militarism.

mill [miʎ] *m.* BOT. millet.

milla [míʎə] *f.* mile.

mil·lenari, -ària [miʎənári, -áriə] *a.* millennial. ■ 2 *m.* millennium.

mil·lèsim, -ma [miʎέzim, -mə] *a.-m.* thousandth.

mil·ligram [miʎiɣrám] *m.* milligramme, (USA) milligram.

mil·lilitre [miʎilítrə] *m.* millilitre, (USA) milliliter.

mil·límetre [miʎímətrə] *m.* millimetre, (USA) millimeter.

millor [miʎó] *a.* better; the best. ■ 2 *adv.* better.

millora [miʎórə] *f.* improvement.

millorar [miʎurá] *t.* to improve, to make better. ■ 2 *i.* to improve, to get better.

milotxa [milótʃə] *f.* (VAL.) See ESTEL 2.

mim [mim] *m.* mime.

mimetisme [mimətizmə] *m.* ZOOL. mimicry.

mímic, -ca [mimik, -kə] *a.* mímic. ■ 2 *f.* mimicry, mime.

mimosa [mimózə] *f.* BOT. mimosa.

mina [minə] *f.* MINER. mine. 2 refill, lead [of pencil]. 3 MIL. mine. 4 fig. mine.

minar [minà] *t.* MIL., MINER. to mine. 2 fig. to undermine.

minaret [minərɛt] *m.* ARCH. minaret.

miner, -ra [minè, -rə] *a.* mining. ■ 2 *m.-f.* miner.

mineral [minərál] *a.-m.* mineral.

mineralogia [minərəluʒiə] *f.* mineralogy.

mineria [minəriə] *f.* mining.

minestra [minéstrə] *f.* vegetable soup; vegetable stew.

miniatura [miniətúrə] *f.* miniature.

minifaldilla [minifəldiʎə] *f.* mini-skirt.

mínim, -ma [minim, -mə] *a.-m.* minimum. ‖ *com a ~,* at least.

minimitzar [minimidzá] *t.* to minimize.

ministeri [ministɛ́ri] *m.* ministry.

ministre [ministrə] *m.* minister.

minorar [minurá] *t.* to diminish.

minoria [minuriə] *f.* minority.

minso, -sa [minsu, -sə] *a.* weak, feeble. 2 scanty; thin; slender.

minúcia [minúsiə] *f.* unimportant detail, trifle.

minuciositat [minusiuzitát] *f.* meticulousness, thoroughness.

minúscul, -la [minúskul, -lə] *a.* tiny, minute. 2 *a.-f.* PRINT. small (letter).

minut [minút] *m.* minute.

minuta [minútə] *f.* first draft. 2 lawyer's bill. 3 menu.

minutera [minutèrə] *f.* minute hand.

minva [mimbə] *f.* decrease; lessening.

minvant [mimbán] *a.* decreasing. ‖ *quart ~,* waning (moon).

minvar [mimbá] *t.-i.* to decrease, to diminish, to reduce.

minyó, -na [miɲó, -nə] *m.* boy-lad. 2 *f.* girl. 3 maid.

miol [miɔ̀l] *m.* mew.

miolar [miulá] *i.* to mew.

miop [miɔ́p] *a.* short-sighted. ■ 2 *m.-f.* short-sighted person.

miopia [miupiə] *f.* myopia, short-sightedness.

miquel [mikɛ́l] *m.* rebuff.

mira [mirə] *f.* fig. aim, purpose. 2 MIL., TECHNOL. sights.

miracle [miráklə] *m.* miracle.

mirada [miráðə] *f.* look, glance. ‖ *fixar la ~,* to stare.

mirador, -ra [miráðò, -rə] *m.* bay window. 2 belvedere. 3 peep hole.

mirall [miráʎ] *m.* mirror, looking-glass.

mirament [mirəmèn] *m.* consideration, respect, regard. ▲ usu. *pl.*

mirar [mirá] *t.* to look at. ‖ fig. *mira què m'ha dit,* do you know what he said to me? 2 to try: *miraré de ser-hi a les nou,* I'll try to be there at nine. 3 to consider, to take into account. ■ 4 *i.* to point. 5 fig. ~ *contra el govern,* to be cross-eyed. ■ 6 *p. mirar-s'hi,* to take great pains over.

mirat, -ada [mirát, -áðə] *a.* painstaking, meticulous. ‖ *ben mirat,* on second thoughts; thinking about it.

miratge [miráʤə] *m.* mirage [also fig.].

miríade [miriəðə] *f.* myriad.

mirra [mírrə] *f.* myrrh.

misantropia [mizəntrupiə] *f.* misanthropy.

miscel·lània [misəllàniə] *f.* miscellany.

míser, -ra [mizər, -rə] *a.* wretched.

miserable [mizəráblə] *a.* wretched, pitiable. 2 contemptible. 3 destitute, poverty-stricken. 4 miserly, stingy. ■ 5 *m.-f.* pitiable person, wretch. 6 contemptible person, wretch. 7 pauper, poor person. 8 miser.

misèria [mizɛ́riə] *f.* poverty. 2 misery, deprivation. 3 paltry sum, miserable quantity.

misericòrdia [mizərikɔ̀rðiə] *f.* compassion; pity.

missa [misə] *f.* mass. ‖ *arribar a misses dites,* to arrive late.

missal [misál] *m.* missal, mass-book.

missatge [misáʤə] *m.* message.

missatger, -ra [misəʤè, -rə] *m.-f.* messenger.

missil [misil] *m.* missile.

missió [misió] *f.* charge, duty, assignment. 2 REL. mission.

missioner, -ra [misiunè, -rə] *m.-f.* REL. missionary.

missiva [misiβə] *f.* missive.

mistela [mistɛ́lə] *f.* drink made with brandy, water, sugar and cinnamon.

misteri [mistɛ́ri] *m.* mystery.

misteriós, -osa [mistəriós, -ózə] *a.* mysterious.

místic, -ca [místik, -kə] *a*. mystic, mystical. ■ 2 *m.-f.* mystic. 3 *f.* mystic.

misticisme [mistisizmə] *m*. mysticism.

mistificar [mistifiká] *t*. to falsify; to forge.

mite [mítə] *m*. myth.

mític, -ca [mítik, -kə] *a*. mythical.

mitigar [mitiɣá] *t*. to mitigate, to alleviate; to assuage; to quench.

míting [mítiŋ] *m*. meeting [esp. political].

mitja [mídʒə] *f*. stocking. 2 *pl*. tights. 3 *fer* ~, to knit.

mitjà, -ana [midʒá, -ánə] *a*. average. ■ 2 *m*. means. 3 *f*. average. 4 bottle of beer.

mitjan [midʒán] *adv. phr. a* ~, in the middle of, halfway through.

mitjançant [midʒənsán] *prep*. by, by means of, through.

mitjançar [midʒənsá] *i*. to mediate, to intercede.

mitjancer, -ra [midʒənsé, -rə] *m.-f.* mediator, intermediary.

mitjania [midʒəníə] *f*. mediocrity. 2 average.

mitjanit [midʒənít] *f*. midnight.

mitjó [midʒó] *m*. sock.

mitologia [mituluʒíə] *f*. mythology.

mix, mixa [miʃ, miʃə] *m.-f.* coll. pussy, pussycat.

mixt, -ta [miks(t), -tə] *a*. mixed. ‖ *col·legi* ~, co-educational school.

mixtura [mikstúrə] *f*. mixture.

mnemotècnia [(m)nəmutɛkniə] *f*. mnemonics.

mòbil [mɔ́βil] *a*. mobile. 2 variable. ■ 3 *m*. motive [of a crime]. 4 mobile.

mobiliari [muβiliári] *m*. furniture.

mobilitat [muβilitát] *f*. mobility.

mobilització [muβilidzəsió] *f*. mobilization.

mobilitzar [muβilidzá] *t*. to mobilize.

moblar [mubblá] *t*. to furnish.

moble [mɔ́bblə] *m*. piece of furniture. 2 *pl*. furniture *sing*.

moc [mok] *m*. mucus; coll. snot. 2 rebuff.

moca [mɔ́kə] *m*. mocha.

mocada [mukáðə] *f*. blow [nose].

mocador [mukəðó] *m*. handkerchief. 2 scarf.

mocar [muká] *t*. to blow someone's nose. ■ 2 *p*. to blow one's nose.

moció [musió] *f*. motion. ‖ ~ *de censura*, censure motion.

mocós, -sa [mukós, -ózə] *a*. coll. snotty. ■ 2 *m.-f.* brat.

moda [mɔ́ðə] *f*. fashion. ‖ *estar de* ~, to be in fashion.

mode [mɔ́ðə] *m*. way. 2 GRAMM. mood.

model [muðɛ́l] *m*. pattern, standard. 2 *m.-f.* ARTS., PHOT. model.

modelar [muðəlá] *t*. to model; to shape, to form.

modèlic, -ca [muðɛ́lik, -kə] *a*. modelic.

moderació [muðərəsió] *f*. moderation.

moderar [muðərá] *t*. to moderate, to restrain.

modern, -na [muðɛ́rn, -nə] *a*. modern.

modernisme [muðərnizmə] *m*. modernism.

modernització [muðərnidzəsió] *f*. modernization.

modernitzar [muðərnidzá] *t*. to modernize.

modest, -ta [muðɛ́s(t), -ə] *a*. modest.

modèstia [muðɛ́stiə] *f*. modesty.

mòdic, -ca [mɔ́ðik, -kə] *a*. reasonable, moderate.

modificació [muðifikəsió] *f*. modification.

modificar [muðifiká] *t*. to modify.

modista [muðístə] *m.-f.* dressmaker.

mòdul [mɔ́ðul] *m*. module. 2 modulus.

modulació [muðuləsió] *f*. modulation.

modular [muðulá] *t.-i.* to modulate.

mofa [mɔ́fə] *f*. mockery.

mofar-se [mufársə] *p*. to mock, to make fun of.

mofeta [mufɛ́tə] *a*. insolent. ■ 2 ZOOL. *f*. skunk.

moix, -xa [moʃ, -ʃə] *a*. sad, depressed. ■ 2 *m.-f.* cat.

moixaina [muʃáĭnə] *f*. caress.

moixernó [muʃərnó] *m*. BOT. St. George's agaric.

moixó [muʃó] (OCC.) See OCELL.

mola [mɔ́lə] *f*. bulk, mass. 2 millstone, grindstone.

molar [mulár] *f*. molar.

moldre [mɔ́ldrə] *t*. to grind. ‖ fig. *he anat a cal metge i ha estat arribar i* ~, I went to the doctor's and I was straight in, no waiting. ▲ CONJUG. GER.: *molent*. ‖ P. P.: *mòlt*. ‖ INDIC. Pres.: *molc*. ‖ SUBJ. Pres.: *molgui*, etc. ‖ Imperf.: *molgués*, etc.

molècula [mulɛ́kulə] *f*. molecule.

molest, -ta [mulɛ́s(t), -tə] *a*. annoying.

molestar [muləstá] *t*. to annoy, to bother.

molèstia [mulɛ́stiə] *f*. nuisance.

molí [mulí] *m*. mill.

molinet [mulinèt] *m.* hand mill. ‖ ~ *de cafè,* coffee mill, coffee grinder.

moll [mɔʎ] *m.* ANAT. marrow. 2 flesh [of fruit]. 3 MAR. dock. 4 ICHTHY. red mullet. 5 *pl.* tongs, curling tongs.

moll, -lla [mɔʎ, -ʎa] *a.* wet, damp. 2 soft, delicate.

molla [mɔʎa] *f.* string. 2 crumb.

mol·lusc [mullúsk] *m.* ZOOL. mollusc.

molsa [mólsa] *f.* BOT. moss.

molt, -ta [mol, -ta] *a. sing.* much, a lot of; *pl.* many; a lot of. ■ 2 *pron. sing.* much, a lot; *pl.* many; a lot. ■ 3 *adv.* very.

moltó [multó] *m.* ZOOL. sheep, ram; mutton.

moment [mumèn] *m.* moment. ‖ *d'un ~ a l'altre,* at any moment. 2 the right time.

momentani, -ània [mumantàni, ània] *a.* momentary.

mòmia [mɔ̀mia] *f.* mummy.

momificar [mumifikà] *t.* to mummify.

mon, ma [mon, ma] *poss. a.* my.

món [mon] *m.* world. 2 fig. world, circle. ‖ *no és res de l'altre ~,* it's nothing special.

mona [mɔ́na] *f.* monkey. ‖ *agafar una ~,* to get pissed. 2 Easter cake.

Mònaco [mɔ́nako] *pr. n. m.* GEOGR. Monaco.

monada [munàðə] *f.* stupid smile. 2 cute thing.

monarca [munàrkə] *m.* monarch.

monarquia [munərkiə] *f.* monarchy.

monàrquic, -ca [munàrkik, -kə] *a.* monarchic, monarchical, monarchist.

moneda [munèðə] *f.* currency, money. 2 coin, piece.

monegasc, -ca [munəɣàs, -kə] *a., m.-f.* Monegasque.

monestir [munəstí] *m.* monastery.

mongeta [munʒɛ́tə] *f.* BOT. bean: ~ *tendra,* green or runner bean.

mongetera [munʒətɛ́rə] *f.* BOT. bean plant.

mongòlic, -ca [muŋɡɔ́lik, -kə] *a.* MED. mongol, mongolian.

mongolisme [muŋɡulizmə] *f.* MED. mongolism.

moniato [muniàtu] *m.* BOT. sweet potato.

monitor [munitó] *m.* group leader. 2 COMP. T.V. monitor.

monja [mɔ́nʒə] *f.* REL. nun, sister.

monjo [mɔ́nʒu] *m.* REL. monk.

monocle [munɔ́klə] *m.* monocle.

monògam, -ma [munɔ́ɣəm, -mə] *a.* monogamous.

monogàmia [munuɣàmiə] *f.* monogamia.

monografia [munuɣrəfiə] *f.* monograph.

monòleg [munɔ́lək] *m.* monologue.

monòlit [munɔ́lit] *m.* monolith.

monologar [munuluɣà] *i.* to soliloquize.

monomania [mɔnuməniə] *f.* monomania.

monoplà [munuplà] *m.* AER. monoplane.

monopoli [munupɔ́li] *m.* ECON. monopoly.

monopolitzar [munupulidzà] *t.* to monopolize.

monoteisme [munutəizmə] *m.* monotheism.

monòton, -na [munɔ́tun, -nə] *a.* monotonous.

monsó [munsó] *m.* METEOR. monsoon.

monstre [mónstrə] *m.* monster.

monstruós, -osa [munstruós, -ózə] *a.* monstruous.

mont [mon] *m.* mount, mountain.

monument [munumèn] *m.* monument.

monumental [munuməntàl] *a.* monumental. 2 fig. huge; terrific.

monyó [muɲó] *m.* stump.

moqueta [mukɛ́tə] *f.* moquette.

móra [mɔ́rə] *f.* BOT. blackberry.

moral [murál] *a.* moral. ■ 2 *f.* morals *pl.* 3 morale.

moralitat [murəlitàt] *f.* moral [of story]. 2 morals *pl.*

morat, -ada [murát, -àðə] *a.* purple, violet. ■ 2 *m.* bruise.

moratòria [murətɔ́riə] *f.* moratorium.

mòrbid, -da [mɔ́rβit, -ðə] *a.* soft [esp. flesh].

morbós, -osa [murβós, -ózə] *a.* morbid, unhealthy [also fig.].

mordaç [murðàs] *a.* biting, cutting, sarcastic.

mordassa [murðàsə] *f.* gag.

mordent [murðèn] *m.* mordant.

morè, -ena [murɛ̀, -ɛ́nə] *a.* brown; tanned; black [hair].

morenes [murɛ́nəs] *f. pl.* MED. piles.

morera [murɛ́rə] *f.* BOT. mulberry tree.

moresc, -ca [murɛ̀sk, -kə] *a.* Moorish. ■ 2 *m.* maize, (USA) corn.

morfina [murfinə] *f.* morphine.

morfologia [murfuluʒiə] *f.* morphology.

moribund 196

moribund, -da [muriβún, -də] *a.* dying.

morigerar [muriʒərá] *t.* to moderate.

morir [muri] *t.-p.* to die. ▲ CONJUG. P. P.: *mort.*

morisc, -ca [murisk, -kə] *a.* Moorish.

moro, -ra [móru, -rə] *a.* Moorish. ■ 2 *m.-f.* Moor.

morós, -osa [murós, -ózə] *a.* slow to pay up.

morral [murrál] *m.* nosebag.

morrió [murrió] *m.* muzzle.

morro [mòrru] *m.* snout. 2 coll. lips *pl.* ‖ *ésser del ~ fort,* to be stubborn. 3 *pl.* (BAL.) See LLAVIS.

morsa [mórsə] *f.* ZOOL. walrus.

mort [mɔr(t)] *a.* dead. ■ 2 *f.* death. 3 *m.-f.* corpse.

mortadel·la [murtəðèllə] *f.* mortadella.

mortal [murtál] *a.* mortal. 2 deadly, lethal. 3 fatal. ■ 4 *m.-f.* person, human being.

mortaldat [murtəldát] *f.* mortality.

mortalitat [murtəlitát] *f.* death rate.

mortalla [murtáʎə] *f.* shroud.

morter [murtè] *m.* mortar.

mortífer, -ra [murtifər, -rə] *a.* deadly, lethal.

mortificar [murtifiká] *t.* to mortify [also fig.].

mortuori, -òria [murtuòri, -òriə] *a.* mortuary.

morú, -una [murú, -únə] See MORESC.

mos [mos] *m.* bite. 2 morsel.

mosaic [muzáïk] *m.* mosaic.

mosca [móskə] *f.* ENT. fly.

moscatell [muskətèʎ] *m.* muscatel.

Moscou [muskɔ́u] *pr. n. m.* GEOGR. Moscow.

mosqueter [muskətè] *m.* musketeer.

mosquetó [muskətó] *m.* musketoon.

mosquit [muskit] *m.* ENT. mosquito.

mossa [mósə] *f.* girl.

mossec [musèk] *m.* See MOS.

mossegada [musəɣàðə] *f.* bite.

mossegar [musəɣà] *t.* to bite. 2 MECH. to catch.

mossèn [musèn] *m.* priest, father.

mosso [mósu] *m.* lad. 2 servant. 3 porter.

most [mos(t)] *m.* must.

mostassa [mustásə] *f.* mustard.

mostatxo [mustátʃu] *m.* moustache.

mostela [mustélə] *f.* ZOOL. weasel.

mostra [mɔ́strə] *f.* sample. 2 model, pattern. 3 sign, indication.

mostrar [mustrá] *t.* to show. 2 to exhibit. 3 to demonstrate.

mostrari [mustrári] *m.* collection of samples.

mot [mot] *m.* word. ‖ *mots encreuats,* crossword puzzle.

motejar [mutəʒá] *t.* to nickname.

motí [muti] *m.* mutiny, revolt.

motiu [mutíu] *m.* motive. 2 nickname.

motivar [mutiβá] *t.* to motivate, to cause.

motlle [mɔ́ʎʎə] *m.* mould. 2 fig. model.

motllura [muʎʎúrə] *f.* moulding.

moto [mòtu] *f.* (abbr. of *motocicleta*) motorbike.

motocicleta [mutusiklètə] *f.* motorcycle.

motor, -ra [mutòr, -rə] *a.* motive. ■ 2 *m.* engine; motor.

motorisme [muturizmə] *m.* motor racing.

motorista [muturistə] *m.-f.* motorcyclist.

motriu [mutríu] *a.* motive, driving.

motxilla [mutʃíʎə] *f.* rucksack.

moure [mɔ́urə] *t.* to move. 2 to cause, to provoke. 3 to make, to produce [sounds, etc.]. ▲ CONJUG. GER.: *movent.* ‖ P. P.: *mogut.* ‖ INDIC. Pres.: *moc.* ‖ SUBJ. Pres.: *mogui,* etc. | Imperf.: *mogués,* etc.

moviment [muβimèn] *m.* movement. 2 motion. ‖ *en aquest despatx hi ha molt de ~,* this office is very busy.

moviola [muβiòlə] *f.* hand-viewer.

mucosa [mukósə] *f.* mucus.

mucositat [mukuzitát] *f.* mucosity.

mucus [múkus] *m.* mucus.

muda [mùðə] *f.* change [of clothes]. 2 ZOOL. moult.

mudar [muðá] *t.* to change. 2 ZOOL., ORNIT. to shed, to moult. ■ 3 *i.* to change. ■ 4 *p.* to put on one's Sunday best.

mudat, -ada [muðát, -áðə] *a.* well-dressed.

mudèjar [muðèzər] *a., m.-f.* HIST. Mudejar.

mudesa [muðèzə] *f.* dumbness.

mufla [múflə] *f.* muffle.

mugir [muʒí] *i.* to moo, to bellow.

mugit [muʒít] *m.* moo; bellow.

mugró [muɣró] *m.* nipple.

mul, -a [mul, -ə] *m.-f.* mule.

mulat, -ta [mulát, -tə] *a., m.-f.* mulatto.

mullader [muʎəðè] *m.* pool, puddle. 2 rumpus.

mullar [muʎá] t. to wet; to soak; to damp, to dampen.

muller [muʎé] f. wife.

mullerar-se [muʎərársə] p. to marry.

multa [múltə] f. fine, penalty.

multar [multá] t. to fine.

multicolor [multikul̇ó] a. multicoloured.

múltiple [múltiplə] a. multiple.

multiplicació [multiplikəsió] f. multiplication.

multiplicar [multiplikà] t. to multiply.

multiplicitat [multiplisitàt] f. multiplicity.

multitud [multitút] f. multitude; crowd; great number.

mundà, -ana [mundá, ánə] a. worldly.

mundial [mundiál] a. world; worldwide.

Múnic [múnik] pr. n. m. GEOGR. Munich.

munició [munisió] f. MIL. ammunition.

municipal [munisipál] a. municipal, town, city. ■ 2 m. policeman. 3 f. policewoman.

municipi [munisipi] m. municipality, town. 2 town council.

munió [munió] f. multitude; great number.

munt [mun] m. mountain. 2 heap. || un ~, a lot.

muntacàrregues [muntəkárrəɣəs] m. service lift.

muntador [muntəð̇ó] m. fitter, assembler.

muntanya [muntáɲə] f. mountain. 2 mountains pl., countryside.

muntanyenc, -ca [muntəɲèŋ, -kə] a. mountain.

muntanyós, -osa [muntəɲòs, -ózə] a. mountainous; hilly.

muntar [muntá] i. to go up, to rise. ■ 2 t. to ride [horse, bicycle, etc.]. 3 to put together, to assemble.

muntatge [muntádʒə] m. MECH. assembly; fitting. 2 THEATR. production.

munteria [muntəriə] f. hunting.

muntura [muntúrə] f. mount [of animals]. 2 frame [of glasses]. 3 setting [of jewels].

munyir [muɲi] t. to milk. ▲ CONJUG. INDIC. Pres.: munyo.

mur [mur] m.

mural [murál] a. wall. ■ 2 m. mural.

muralla [muráʎə] f. (city) wall, rampart.

murga [múrɣə] f. bind, drag; bore nuisance.

murmurar [murmurá] i. to mutter; to rustle. 2 to gossip. 3 i.-t. to murmur, to whisper.

murmurejar [murmurəʒà] See MURMURAR 3.

murmuri [murmúri] m. murmur.

murri, múrria [murri, múrriə] a. sly, cunning, crafty. ■ 2 m.-f. villain, sly person.

murtra [múrtrə] f. BOT. myrtle.

musa [múzə] f. MIT. Muse.

musaranya [muzəráɲə] f. ZOOL. shrew. || mirar les musaranyes, to be miles away.

muscle [músklə] m. shoulder. 2 (VAL.) See ESPATLLA.

musclo [músklu] m. mussel.

múscul [múskul] m. muscle.

musculatura [muskulətúrə] f. muscles pl.

musell [muzèʎ] m. snout.

museu [muzèŭ] m. museum.

músic, -ca [múzik, -kə] a. musical, music. ■ 2 m.-f. musician. 3 f. music.

musicar [muzikà] t. to set [music for a text].

mussitar [musitá] i. to mutter.

mussol [musɔ́l] m. ORNIT. owl. 2 MED. stye. 3 simpleton.

mussolina [musulinə] f. TEXT. muslin.

musti, mústia [músti, mústiə] a. BOT. withered, faded, dry. 2 depressed.

mústig, -iga [mústik, -iɣə] See MUSTI.

musulmà, -ana [muzulmá, -ánə] a., m.-f. Moslem, Muslim.

mut, muda [mut, múð̇ə] a., m.-f. dumb. 2 silent, mute. || muts i a la gàbia!, shut up!

mutació [mutəsió] f. mutation.

mutilació [mutiləsió] f. mutilation.

mutilar [mutilá] t. to mutilate.

mutis [mútis] m. THEATR. exit. || fig. fer ~, to keep quiet, to say nothing.

mutisme [mutizmə] m. mutism, silence.

mutu, mútua [mútu, mútuə] a. mutual.

mutualitat [mutuəlitàt] f. mutuality. 2 mutual benefit society.

N

N, n [ènə] f. n [letter].

n' pron. See EN 1.

na [nə] lit. art. f. [before first names]: Na Marta, Marta.

nació [nəsió] f. nation.

nacional [nəsiunál] a. national; home; domestic.

nacionalisme [nəsiunəlizmə] m. nationalism.

nacionalitat [nəsiunəlitàt] f. nationality.

nacionalitzar [nəsiunəlidzá] t. to nationalize.

nacre [nákrə] m. mother-of-pearl.

Nadal [nəðál] m. Christmas, Xmas. ‖ nit de ~, Christmas Eve.

nadala [nəðálə] f. Christmas carol. 2 Christmas card.

nadalenc, -ca2 [nəðəlèŋ, -kə] a. Christmas.

nadiu [nəðiŭ] a. native, home. ■ 2 m.-f. native.

nadó [nəðó] m. newborn baby.

nafra [náfrə] f. wound, ulcer.

nafta [náftə] f. naphtha.

naftalina [nəftəlinə] f. naphthalene.

naixement [nəʃəmèn] m. birth. 2 fig. birth, origin, source.

naixença [nəʃènsə] f. See NAIXEMENT.

nàixer [náʃə] (VAL.) See NÉIXER.

nan, nana [nan, nánə] a., m.-f. dwarf.

nansa [nánsə] f. handle, grip.

nap [nap] m. BOT. turnip.

napalm [nəpálm] m. napalm.

nap-buf [nabbúf] m. child. 2 small person, shrimp.

Nàpols [nápuls] pr. n. m. GEOGR. Naples.

narcís [nərsis] m. BOT. daffodil.

narcòtic, -ca [nərkɔ́tik, -kə] a.-m. narcotic.

nard [nar(t)] m. BOT. nard.

narguil [nəɾɣil] m. hookah.

nariu [nəɾiŭ] m. nostril.

narració [nərrəsió] f. narration, story.

narrador, -ra [nərrəðó, -rə] m.-f. narrator.

narrar [nərrá] t. to narrate, to tell.

narrativa [nərrətiβə] f. prose.

nas [nas] m. nose. ‖ treure el ~, to have a look; no veure-hi més enllà del ~, to see no further than the end of one's nose; pujar-li a algú la mosca al ~, to get angry. 2 sense of smell.

nasal [nəzál] a. nasal, nose.

nat, nada [nat, náðə] a. born. ‖ nou ~, newborn.

nata [nátə] f. cream. ‖ fig. la flor i ~, the cream. 2 slap.

natació [nətəsió] f. swimming.

natal [nətál] a. natal, native; home.

natalitat [nətəlitàt] f. birth rate.

natiu, -iva [nətiŭ, -iβə] See NADIU.

natja [nádʒə] f. buttock.

natura [nətúrə] f. nature.

natural [nəturál] a. natural. 2 artless. 3 native.

naturalesa [nəturəlèzə] See NATURA.

naturalisme [nəturəlizmə] m. ARTS naturalism.

naturalista [nəturəlistə] a. ARTS naturalistic. ■ 2 m.-f. ARTS naturalistic a. 3 BOT., ZOOL. naturalist.

naturalitat [nəturəlitàt] f. naturalness.

naturalitzar [nəturəlidzá] t. to naturalize.

naturisme [nəturizmə] m. naturism.

nau [náŭ] f. ship. ‖ ~ espacial, spaceship, spacecraft. 2 ARCH. nave [church]. 3 IND. large building, shop.

nàufrag, -ga [náŭfrək, -ɣə] a. shipwrecked. ■ 2 m.-f. shipwrecked person.

naufragar [nəŭfrəɣá] i. to be wrecked, to sink [ship]; to be shipwrecked [person].

naufragi [nəŭfràʒi] m. shipwreck.

nàusea [náŭzeə] f. nausea.

nàutic, -ca [nǎŭtik, -kə] *a.* nautical. ■ *2 f.* navigation, sailing.

naval [nəβál] *a.* naval; ship; sea. ‖ *indústria ~,* shipbuilding industry.

navalla [nəβáʎə] *f.* razor. 2 knife, pocket knife. 3 ZOOL. razor shell.

navegable [nəβəyábblə] *a.* navigable.

navegació [nəβəyəsió] *f.* navigation, shipping.

navegant [nəβəyán] *a.* navigating. ■ *2 m.-f.* navigator.

navegar [nəβəyá] *i.* to navigate; to sail. 2 fig. to lose one's way.

naveta [nəβέtə] *f.* incense box. 2 prehistoric monument in the Balearic Islands.

navili [nəβílí] *m.* poet. ship, vessel.

ne [nə] *pron.* See EN 1.

nebot, -oda [nəβót, -óðə] *m.* nephew. 2 *f.* niece.

nebulós, -osa [nəβulós, -ózə] *a.* nebulous, cloudy. 2 fig. nebulous; obscure. ■ 3 *f.* nebula.

necessari, -ària [nəsəsári, -àriə] *a.* necessary; needed.

necesser [nəsəsèr] *m.* toilet bag, sponge bag.

necessitar [nəsəsità] *t.* to need.

necessitat, -ada [nəsəsitàt, -áðə] *a.* needy. ■ *2 m.-f.* needy person. 3 *f.* need, necessity. ‖ *fer les necessitats,* to relieve oneself.

neci, nècia [nέsi, nέsiə] *a.* stupid, silly.

necròfag, -ga [nəkɾɔ́fək, -yə] *a.* necrophagous.

negació [nəyəsió] *f.* refusal. 2 denial. 3 negation. 4 exact opposite.

necròpolis [nəkɾɔ́pulis] *f.* necropolis.

nèctar [nέktər] *m.* nectar.

nedador, -ra [nəðəðó, -rə] *m.-f.* swimmer.

nedar [nəðá] *i.* to swim.

nefand, -da [nəfán, -də] *a.* execrable.

nefast, -ta [nəfás(t), -tə] *a.* ill-fated, fateful.

nefritis [nəfritis] *f.* MED. nephritis.

negar [nəyá] *t.* to deny. ■ *2 t.-p.* to refuse. 3 *p.* to drawn.

negat, -ada [nəyát, -áðə] *a.* hopeless.

negatiu, -iva [nəyətiŭ, -iβə] *a.-m.* negative. 2 *f.* denial; refusal.

negligència [nəyliʒέnsiə] *f.* negligence.

negligir [nəyliʒí] *t.* to neglect. 2 to omit.

negoci [nəyɔ́si] *m.* business.

negociació [nəyusiəsió] *f.* negotiation, negotiating.

negociant [nəyusián] *m.* dealer, trader. 2 businessman.

negociar [nəyusiá] *i.* to trade. ■ *2 t.* to negotiate.

negociat [nəyusiàt] *m.* department.

negre, -gra [nέyrə, -yrə] *a.* black. ‖ *em veig ~ per acabar aquest informe,* I've got my work cut out to finish this report. 2 red [wine]. ■ *3 m.-f.* black, negro.

negrer, -ra [nəyrè, -rə] *a., m.-f.* slave trader.

negror [nəyró] *f.* blackness.

neguit [nəyit] *m.* anxiety, restlessness. 2 uneasiness.

neguitejar [nəyitəʒá] *t.* to annoy, to upset. ■ *2 p.* to get annoyed. 3 to be anxious.

neguitós, -osa [nəyitós, -ózə] *a.* anxious. 2 annoyed. 3 uneasy.

néixer [nέʃə] *i.* to be born. ▲ CONJUG. GER.: *naixent.* ‖ P. P.: *nascut.*

nen, nena [nɛn, nɛnə] *m.* boy; baby, child. 2 *f.* girl.

nenúfar [nənúfər] *m.* BOT. water-lily.

neó [nəó] *m.* neon.

neoclàssic, -ca [nəuklàsik, -kə] *a.* neoclassical, neoclassic.

neoclassicisme [nəukləsisizmə] *m.* neoclassicism.

neòfit, -ta [neɔ́fit, -tə] *m.-f.* neophyte.

neolític, -ca [nəulitik, -kə] *a., m.* neolithic.

neologisme [nəuluʒizmə] *m.* neologism.

neozelandès, -esa [nɛuzələndès, -έzə] *a., m.-f.* New Zealander.

nepotisme [nəputizmə] *m.* nepotism.

Neptú [nəptú] *pr. n. m.* ASTR. Neptune.

nervi [nέrβi] *m.* nerve. 2 sinew. 3 fig. strength, vigour.

nerviós, -osa [nərβiós, -ózə] *a.* nerve: *centre ~,* nerve centre. 2 highly-strung, nervous; upset; overwrought [person].

nespra [nèsprə] *f.* BOT. medlar.

net, -ta [nɛt, -tə] *a.* clean, tidy; neat. ‖ *joc ~,* fair play. 2 COMM. net: *preu ~,* net price.

nét, -néta [net, -tə] *m.* grandson. 2 *f.* granddaughter.

netedat [nətəðàt] *f.* cleanness; tidiness; neatness. 2 cleanliness.

neteja [nətέʒə] *f.* cleaning; cleansing. 2 clearing [act].

netejar [nətəʒá] *t.* to clean; to cleanse. 2 to clear.

neu [neŭ] *f.* snow.

neula [nèŭlə] f. rolled wafer. 2 fog; mist. 3 BOT. rust.

neulir-se [nəŭlirsə] p. to weaken, to fade away [person]; to languish.

neulit, -ida [nəŭlit, -iðə] a. sickly, weak.

neurastènia [nəŭrəstèniə] f. neurasthenia.

neuròleg, -òloga [nəŭrɔ́lək, -ɔ́luɣə] m.-f. neurologist.

neurologia [nəŭruluʒiə] f. neurology.

neurona [nəŭrònə] f. BIOL. neuron; nerve cell.

neurosi [nəŭrɔ́zi] f. MED. neurosis.

neutral [nəŭtrál] a. neutral.

neutralitat [nəŭtrəlitát] f. neutrality.

neutralitzar [nəŭtrəlidzá] t. to neutralize.

neutre, -tra [nɛ́ŭtrə, -trə] a. neutral. 2 neuter, sexless. 3 GRAMM. neuter.

neutró [nəŭtrò] m. neutron.

nevada [nəβáðə] f. snowfall.

nevar [nəβá] i. to snow. ■ 2 t. to cover with snow; to snow up.

nevera [nəβèrə] f. fridge, refrigerator.

nexe [nɛ́ksə] m. nexus; link.

ni [ni] conj. nor, neither: ~ estudia ~ treballa, he neither works nor studies, he doesn't work or study. 2 not.....even: no hi aniria ~ que em paguessin, I wouldn't go (even) if they paid me.

niar [niá] i. to nest.

Nicaragua [nikəráɣwə] pr. n. f. GEOGR. Nicaragua.

nicaragüenc, -ca [nikərəɣwèŋ -kə] a., m.-f. Nicaraguan.

nicotina [nikutinə] f. nicotine.

nigromància [niɣrumànsiə] f. necromancy.

nígul [niɣul] (BAL.) See NÚVOL.

nihilisme [niilizmə] m. nihilism.

Nil [nil] pr. n. m. GEOGR. Nile.

niló [niló] m. nylon.

nimbus [nimbus] m. METEOR. nimbus.

nimfa [nimfə] f. nymph.

nimietat [nimiətát] f. long-windedness, prolixity. 2 minute detail. 3 trivial detail.

nin, nina [nin, ninə] m. (BAL.) little boy. 2 f. (BAL.) little girl. 3 doll. 4 ANAT. pupil.

ningú [niŋgú] indef. pron. neg. no-one, nobody; not anyone, anybody: aquí no hi ha ~, there isn't anybody here; there's nobody here. 2 pej. no-one, nobody, nonentity.

ninot [ninɔ́t] m. doll; puppet.

nínxol [ninʃul] m. niche; recess.

níquel [nikəl] m. METALL. nickel.

nit [nit] f. night. ‖ bona ~, good night. ‖ de la ~ al dia, overnight [also fig.]. ‖ ~ del lloro, sleepless night. ‖ ~ de Nadal, Christmas Eve. 2 s'ha fet de ~, night has fallen; it's got dark.

nítid, -da [nitit, -ðə] a. bright; clean. 2 sharp, clear [outline].

nitrogen [nitrɔ́ʒən] m. nitrogen.

niu [niŭ] m. nest. 2 coll. saber-ne un ~, to know a heap of things.

nivell [niβέʎ] m. level. ‖ ~ de vida, standard of living.

no [no] adv. no: ~, gràcies, no, thanks. 2 not: ~ t'estima, she doesn't love you.

nobiliari, -ària [núβiliàri, -àriə] a. noble, aristocratic [title, law].

noble [nɔ́bblə] a. noble, aristocratic. 2 honest, upright. ■ 3 m.-f. noble. 4 m. nobleman. 5 f. noblewoman.

noblesa [nubblézə] f. nobility, aristocracy. 2 honesty, uprightness.

noces [nɔ́səs] f. pl. wedding sing., marriage sing.

noció [nusió] f. notion, idea. 2 rudiments pl.; smattering.

nociu, -iva [nusiŭ, -iβə] a. harmful.

noctàmbul, -la [nuktàmbul, -lə] a. sleep-walking. ■ 2 m.-f. sleep-walker.

nocturn, -na [nuktúrn, -nə] a. night; evening: curs ~, evening course. ■ 2 m. MUS. nocturne.

nodrir [nuðri] t. to nourish; to feed [also fig.].

noguera [nuɣèrə] f. BOT. walnut tree.

noi, noia [nɔi, nɔ́jə] m. boy; son. 2 f. girl; daughter. ■ 3 interj. gosh!

nom [nɔm] m. name: posar ~, to name, to call. 2 first name, Christian name. 3 fig. reputation. 4 GRAMM. noun.

nòmada [nɔ́məðə] a. nomadic. ■ 2 m.-f. nomad.

nombre [nómbrə] m. number.

nombrós, -osa [numbrós, -ózə] a. numerous.

nomenament [numənəmèn] m. appointment [to a post].

nomenar [numəná] t. to appoint. 2 to nominate.

nomenclatura [numəŋklətúrə] f. nomenclature.

només [numès] adv. only; merely. 2 just; hardly, scarcely. ‖ ~ entrar, ja em varen cridar, scarcely had I gone in, when they summoned me.

nòmina [nɔ́minə] *f.* list, roll. 2 payroll. 3 pay, salary.

nominal [numinál] *a.* nominal, titular. 2 GRAMM. noun.

nominatiu, -iva [numinətiu, -iβə] *a.* GRAMM. nominative. 2 COMM. *acció* ~, nominee share.

nona [nɔ́nə] *f.* sleep. || *fer* ~, to sleep.

non-non [nɔ́nnɔ́n] *m.* sleep. || *fer* ~, to sleep.

nora [nɔ́rə] *f.* daughter-in-law.

noranta [nurántə] *a.* ninety.

norantè, -ena [nurəntɛ̀, -ɛ́nə] *a.-m.* ninetieth.

nord [nɔr(t)] *m.* north. 2 fig. goal, aim; ideal.

nord-americà, -ana [nɔ́rtəmərikà, -ánə] *a., m.-f.* North-American; American.

nord-est [nɔ́rɛ̀s(t)] *m.* north-east.

nòrdic, -ca [nɔ́rðik, -kə] *a.* Nordic.

nord-oest [nɔ́ruɛ̀s(t)] *m.* north-west.

no-res [nɔrrɛ́s] *m.* nothing, nonentity. 2 nothingness.

norma [nɔ́rmə] *f.* norm, standard. 2 rule. 3 pattern.

normal [nurmál] *a.* normal; usual; standard.

normalitat [nurməlitàt] *f.* normality; usualness.

normalització [nurməlidzəsió] *f.* normalization. 2 standardisation.

normalitzar [nurməlidzá] *t.* to normalize. 2 to standardize.

normand, -da [nurmán, -ðə] *a., m.-f.* Norman.

normatiu, -iva [nurmətiŭ, -iβə] *a.* standard. ■ 2 *f.* norm; regulation.

noruec, -ega [nuruɛk, -ɛ́γə] *a., m.-f.* Norwegian. 2 *m.* Norwegian.

Noruega [nuruɛ̀γə] *pr. n. f.* GEOGR. Norway.

nos [nus] *pers. pron.* See ENS.

nosa [nɔ́zə] *f.* hindrance; impediment. || *fer* ~, to be in the way; to be a hindrance. 2 mess.

nosaltres [nuzáltrəs] *pers. pron.* we. 2 us.

nostàlgia [nustálʒiə] *f.* nostalgia; yearning; longing. 2 homesickness.

nostàlgic, -ca [nustálʒik, -kə] *a.* nostalgic. 2 homesick.

nostre, -tra [nɔ́strə, -trə] *poss. a.* our. ■ 2 *poss. pron.* ours.

nota [nɔ́tə] *f.* MUS. note. 2 note. 3 PRINT. footnote.

notable [nutàbblə] *a.* noteworthy. 2 remarkable; outstanding. ■ 3 *m.* good mark.

notar [nutá] *t.* to notice, to note. 2 to note (down). 3 to mark.

notari [nutári] *m.* notary.

notícia [nutisiə] *f.* news; piece or item of news.

noticiari [nutisiàri] *m.* news column [in newspaper]. 2 CIN. newsreel. 3 RADIO news bulletin.

notificació [nutifikəsió] *f.* notification.

notificar [nutifiká] *t.* to notify, to inform.

notori, -òria [nutɔ́ri, -ɔ̀riə] *a.* pej. notorious. 2 well-known. 3 obvious; blatant.

1) nou [nɔ́ŭ] *f.* BOT. walnut [nut]. || ~ *moscada,* nutmeg. 2 ANAT. ~ *del coll,* Adam's apple.

2) nou [nɔ́ŭ] *a.-m.* nine.

nou, -va [nɔ́ŭ, nɔ́βə] *a.* new. || *què hi ha de* ~?, what've you got to tell me?; what's the latest? 2 *de* ~, recently, lately. 3 *de (bell)* ~, again, once more. ■ 4 *f.* news; piece or item of news.

nou-cents, -tes [nɔ́ŭsɛ̀ns, -təs] *a.-m.* ninehundred.

nou-ric, -ca [nɔ́urrik, -kə] *m.-f.* pej. nouveau-riche.

Nova Delhi [nɔ́βəðɛ̀li] *pr. n. f.* GEOGR. New Delhi.

Nova York [nɔ́βəjɔ̀r(k)] *pr. n. m.* GEOGR. New York.

Nova Zelanda [nɔ́βəzəlánðə] *pr. n. f.* GEOGR. New Zealand.

novè, -ena [nuβɛ̀, -ɛ́nə] *a.-m.* ninth.

novell, -lla [nuβéʎ, -ʎə] *a.* green, inexperienced, raw.

novel·la [nuβéllə] *f.* novel.

novel·lesc, -ca [nuβəllɛ̀sk, -kə] *a.* fictional, novel. 2 romantic; far-fetched.

novel·lista [nuβəllístə] *m.-f.* novelist.

novembre [nuβɛ̀mbrə] *m.* November.

novetat [nuβətàt] *f.* newness, novelty. 2 new item or development.

novici, -ícia [nuβisi, -isiə] *m.-f.* ECCL. novice. 2 beginner, learner; novice.

nu, nua [nu, núə] *a.* nude, naked; bare. ■ 2 *m.-f.* nude [painting].

nuca [núkə] *f.* nape [of neck].

nuclear [nukləàr] *a.* nuclear; atomic. || *central* ~, atomic power station.

nucli [núkli] *m.* nucleus. 2 fig. core. 3 ELECTR. core. 4 BOT. kernel.

nul, nul·la [nul, núllə] *a.* void, null and void [esp. in law]; invalid.

nul·litat [nullitát] *f.* LAW nullity. *2* non-entity, good-for-nothing [person].

numerador, -ra [numərəðó, -rə] *a.* numbering. ■ *2 m.* numbering machine. *3* MATH. numerator.

numeral [numərál] *a.* numeral; number.

numerar [numərá] *t.* to number.

número [núməru] *m.* number. *2* size [clothing]. *3 prendre el ~,* to pull someone's leg.

numismàtic, -ca [numizmátik, -kə] *a.* numismatic. ■ *2 f.* numismatics.

nunci [núnsi] *m.* herald. *2* ECCL. nuncio.

nupcial [nupsiál] *a.* wedding, marriage, nuptial. *2* bridal.

nus [nus] *m.* knot. *2* fig. bond, link. *3* fig.

core [of problem]. *4 tenir un ~ a la gola,* to have a lump in one's throat.

nutrició [nutrisió] *f.* nutrition.

nutritiu, -iva [nutritiŭ, -íβə] *a.* nourishing, nutritious.

nuvi, núvia [núβi, -núβiə] *m.* bridegroom. *2 f.* bride.

núvol [núβul] *m.* cloud. ■ *2 a.* cloudy.

nyanyo [ɲáɲu] *m.* MED. bump, lump; swelling.

nyap [ɲap] *m.* fig. piece of rubbish; trash.

nyaufar [ɲəŭfá] (ROSS.) See ESCLAFAR.

nyigo-nyigo [ɲiɣuɲiɣu] *m.* screech.

nyigui-nyogui [ɲiɣiɲɔ́ɣi] *phr. pej. de ~,* cheap.

nyonya [ɲɔ́ɲə] *f.* drowsiness.

O

O, o [ɔ] *f.* O [letter].

o *conj.* or.

oasi [uàzi] *m.* oasis.

obac, -aga [uβák, -áɣə] *a.* shady. ■ *2 f.* north-facing slope.

obcecació [upsəkəsió] *f.* blindness [of mind]; disturbance [of mind].

obediència [uβəðiɛ́nsiə] *f.* obedience.

obedient [uβəðiɛ́n] *a.* obedient; well-behaved.

obeir [uβəi] *t.-i.* to obey. *2 i.* to respond [treatment]. *3* to be due.

obelisc [uβəlisk] *m.* obelisk.

obert, -ta [uβɛ́r(t), -tə] *a.* open [also fig.]; opened; clear.

obertura [uβərtúrə] *f.* opening; gap; aperture; crack. *2* MUS. overture.

obès, -esa [uβɛ́s, -ɛ́zə] *a.* obese; fat.

obesitat [uβəzitát] *f.* obesity.

objecció [ubʒəksió] *f.* objection; criticism.

objectar [ubʒəktá] *t.* to object.

objecte [ubʒɛ́ktə] *m.* object. *2* subject, theme [of talk, writing, etc.]. *3* fig. objective, aim.

objectiu, -iva [ubʒəktiŭ, -iβə] *a.-m.* objective. *2 m.* PHOTO. lens.

objectivitat [ubʒəktiβitát] *f.* objectivity.

objector, -ora [ubʒəktó, -órə] *a.* objecting. ■ *2 m.-f.* objector: ~ *de consciència,* conscientious objector.

oblic, -iqua [uβlik, -ikwə] *a.* oblique; slanting.

oblidar [uβliðá] *t.-p.* to forget. *2* to leave behind. *3* to leave out, to omit.

obligació [uβliɣəsió] *f.* obligation; duty; responsibility. *2* ECON. liability. *3* ECON. bond.

obligar [uβliɣá] *t.* to force, to compel, to oblige.

obligatori, -òria [uβliɣətɔ̀ri, -ɔ̀riə] *a.* compulsory, obligatory.

oblit [uβlit] *m.* oblivion. *2* omission, oversight.

oboè [uβuɛ̀] *m.* MUS. oboe.

obra [ɔ́βrə] *f.* work; piece of work. *2* deed. *3* THEATR. play. *4* building site. *5 pl.* CONSTR. repairs; alterations. ‖ *a casa fem obres,* we've got the workmen in at home.

obrar [uβrá] *t.* to work [material]. *2* to make; to perform. ■ *3 i.* to act, to behave.

obrellaunes [ɔβrəʎáŭnəs] *m.* tin-opener.

obrer, -ra [uβrɛ́, -rə] *a.* working: *la classe obrera,* the working class. ■ *2 m.-f.* worker; labourer. *3* (VAL.) See PALETA.

obridor [uβriðó] *m.* opener.

obrir [uβri] *t.-p.* to open; to open up. *2* to open out, to spread out. *3 t.* to sink; to bore [well]. *4* to head [procession]. *5* to turn on, to switch on [light, television, etc.]. *6* MED. to cut open. ▲ CONJUG. P. P.: *obert.* ‖ INDIC. Pres.: *obre.*

obscè, -ena [upsɛ̀, -ɛ́nə] *a.* obscene, filthy, lewd.

obscenitat [upsənitát] *f.* obscenity.

obscur, -ra [upskúr, -rə] *a.* dark; dim; gloomy. *2* fig. obscure.

obscuritat [upskuritát] *f.* darkness; gloominess. *2* fig. obscurity.

obsequi [upsɛ́ki] *m.* present.

obsequiar [upsəkiá] *t.* to give as a present, to present. *2* to regale.

observació [upsərβəsió] *f.* observation. *2* remark; comment. *3* objection.

observador, -ra [upsərβəðó, -rə] *a.* observant. ■ *2 m.-f.* observer.

observar [upsərβá] *t.* to observe; to respect [law, rule, etc.]. *2* to watch, to observe; to notice.

observatori [upsərβətɔ́ri] *m.* observatory.

obsés, -essa [upsɛ́s, -ɛ́sə] *a.* obsessed.

obsessió [upsəsió] *f.* obsession.

obsessionar [upsəsiuná] *t.* to obsess.

obstacle [upstàkle] *m.* obstacle. 2 fig. stumbling-block, obstacle.

obstaculitzar [upstəkulidzá] *t.* to hinder. 2 to block [also fig.].

obstant [upstàn] *adv. phr.* nevertheless, however, notwithstanding. ‖ *no ~,* nevertheless.

obstar [upstà] *i.* to be a hindrance or obstacle; to hinder [also fig.].

obstetrícia [upstətrisiə] *f.* MED. obstetrics.

obstinació [upstinəsió] *f.* stubbornness, obstinacy.

obstinar-se [upstinàrsə] *p. ~ a* o *en,* to persist in.

obstinat, -ada [upstinàt, -àðə] *a.* stubborn, obstinate.

obstrucció [upstruksió] *f.* obstruction.

obstruir [upstrui] *t.* to obstruct, to block [also fig.].

obtenció [uptənsió] *f.* securing, attainment.

obtenir [uptəni] *t.* to obtain, to acquire, to get. ▲ CONJUG. P. P.: *obtingut.* ‖ INDIC. Pres.: *obtinc, obtens, obté,* etc. ‖ Fut.: *obtindré, obtindràs,* etc. ‖ SUBJ. Pres.: *obtingui,* etc. ‖ Imperf.: *obtingués,* etc. ‖ IMPERAT.: *obtén.*

obtús, -usa [uptús, -úzə] *a.* obtuse; dull [person]. 2 blunt. 3 MATH. obtuse.

obús [ußús] *m.* ARTILL. shell.

obvi, òbvia [ɔ́bbi, ɔ́bbiə] *a.* obvious, evident.

oca [ɔ́kə] *f.* goose.

ocàs [ukàs] *m.* sunset. 2 fig. fall, decline.

ocasió [ukəzió] *f.* occasion. ‖ *en ~ de,* on the occasion of. 2 opportunity, chance. ‖ *aprofitar l'~,* to take the opportunity. 3 *d'~,* second-hand.

ocasionar [ukəziunà] *t.* to cause, to occasion.

occident [uksiðèn] *m.* west, occident.

occidental [uksiðəntàl] *a.* western, west.

occità, -ana [uksità, -ánə] *a., m.-f.* Provençal.

oceà [useà] *m.* ocean.

Oceania [useəniə] *pr. n. f.* GEOGR. Oceania.

oceànic, -ca [useànik, -kə] *a.* oceanic. 2 *a., m.-f.* Oceanian.

ocell [usèʎ] *m.* bird.

oci [ɔ́si] *m.* leisure; spare time.

ociós, -osa [usiòs, -ózə] *a.* at leisure: *una dona ociosa,* a woman at leisure. 2 pej. idle, inactive.

ocórrer [ukórrə] *i.* to occur, to happen. 2 to occur. ‖ *se'm va ~ una bona idea,* I had a good idea. ▲ CONJUG. like *córrer.*

octàgon [uktáɣun] *m.* octagon.

octubre [uktúßrə] *m.* October.

ocular [ukulàr] *a.* ocular; eye.

oculista [ukulistə] *m.-f.* oculist.

ocult, -ta [ukul(t), tə] *a.* secret, hidden. 2 occult [science].

ocultar [ukultà] *t.* to hide, to conceal.

ocupació [ukupəsió] *f.* job; occupation.

ocupar [ukupà] *t.* to occupy. 2 to employ. ■ 3 *p.* to look after, to take care of. 4 to be in charge of.

ocupat, -ada [ukupàt, -àðə] *a.* busy. 2 engaged [toilet]. 3 taken [seat].

ocurrència [ukurrènsiə] *f.* event; incident.

odi [ɔ́ði] *m.* hate.

odiar [uðià] *t.* to hate, to detest.

odiós, -osa [uðiòs, -ózə] *a.* hateful, odious.

odissea [uðisèə] *f.* Odyssey.

odontòleg, -òloga [uðuntɔ́lək, -ɔ́luɣə] *m.-f.* MED. odontologist.

odontologia [uðuntuluʒiə] *f.* MED. odontology, dentistry.

oest [uès(t)] *m.* west.

ofec [ufèk] *m.* choking; shortness of breath.

ofegar [ufəɣà] *t.-p.* to choke; to suffocate. 2 to drown. 3 *t.* to stifle [cry, exclamation].

ofendre [ufèndrə] *t.* to offend; to upset. ■ 2 *p.* to take offence (*per,* at). ▲ CONJUG. GER.: *ofenent.* ‖ P. P.: *ofès.* ‖ INDIC. Pres.: *ofenc, ofens, ofèn,* etc. ‖ SUBJ. Pres.: *ofengui,* etc. ‖ Imperf.: *ofengués,* etc.

ofensa [ufènsə] *f.* insult; offence.

ofensiu, -iva [ufənsiŭ, -íβə] *a.* insulting, offensive. ■ 2 *f.* MIL. offensive.

oferiment [ufərimèn] *m.* offer; offering.

oferir [ufəri] *t.* to offer; to present. ■ 2 *p.* to offer oneself; to volunteer. ▲ CONJUG. P. P.: *ofert.*

oferta [ufèrtə] *f.* offer; bid. 2 proposal; proposition. 3 COMM. *~ de la setmana,* bargain of the week.

ofici [ufisi] *m.* profession; trade. 2 ECCL. service.

oficial [ufisiàl] *a., m.-f.* official. 2 *m.-f.* craftsman. 3 MIL. officer.

oficiar [ufisià] *i.* REL. to officiate.

oficina [ufisinə] *f.* office [room, place].

oficinista [ufisinistə] *m.-f.* office clerk.

oficiós, -osa [ufisiòs, -òsə] *a.* unofficial; informal.

ofrena [ufrɛ́nə] *f.* offering, gift.

oftalmòleg, -òloga [uftəlmɔ́lək, -ɔ́luyə] *m.-f.* MED. ophthalmologist.

oftalmologia [uftəlmuluʒiə] *f.* MED. ophthalmology.

ogre [ɔ́yrə] *m.* ogre.

oh! [ɔ] *interj.* oh!

oi [ɔ́i] *interj.* really?, isn't that so?

oïda [uiðə] *f.* hearing. ‖ **ser dur d'~,** to be hard of hearing. 2 sense of hearing.

oleoducte [oleoðúktə] *m.* oil pipeline.

olfacte [ulfáktə] *m.* smell, sense of smell.

oli [ɔ́li] *m.* oil.

òliba [ɔ́liβə] *f.* ORNIT. owl; barn-owl.

oligarquia [uliγərkiə] *f.* oligarchy.

olimpíada [ulimpiáðə] *f.* Olympiad. 2 *pl.* Olympics.

olímpic, -ca [ulimpik, -kə] *a.* Olympic.

oliós, -osa [uliós, -ózə] *a.* oily; greasy.

oliva [uliβə] *f.* olive.

olivera [uliβérə] *f.* BOT. olive-tree.

olla [ɔ́ʎə] *f.* pot, cooking pot. ‖ **~ de pressió,** pressure cooker. 2 stew.

olor [ulɔ́] *f.* smell, scent, odour. ‖ **fer bona ~,** to smell nice.

olorar [ulurá] *t.* to smell; to sniff. 2 fig. to sense.

olorós, -osa [ulurós, -ózə] *a.* fragrant, scented.

om [om] *m.* BOT. elm, elm-tree.

ombra [ómbrə] *f.* shadow; shade. ‖ **fer ~,** to provide shade.

ombrel·la [umbrɛ́ʎə] *f.* umbrella.

ombrívol, -la [umbriβul, -lə] *a.* shady; dark, shadowy.

ometre [umétrə] *t.* to omit, to leave out. ▲ CONJUG. P. P.: **omès.**

omissió [umisió] *f.* omission; oversight.

omnipotència [umniputɛ́nsiə] *f.* omnipotence.

omnipotent [umniputɛ́n] *a.* all-powerful, almighty, omnipotent. ‖ **Déu ~,** Almighty God.

omnívor, -ra [umniβur, -rə] *a.* omnivorous.

omòplat [umɔ́plət] *m.* ANAT. shoulder, shoulder-blade.

omplir [umpli] *t.-p.* to fill (up). 2 *t.* to fill in, to complete [form]. 3 coll. to stuff. 4 *p.* coll. to stuff oneself.

OMS [ɔms] *f.* (*Organització Mundial de la Salut*) WHO (World Health Organization).

on [on] *adv.* where; where (to).

ona [ónə] *f.* wave. 2 RADIO wave. 3 wave [light, sound].

onada [unàðə] wave; surge; swell [sea]. 2 fig. wave: **~ de calor,** heat wave.

ONCE *f.* (*«Organización Nacional de Ciegos Españoles»*) (national organization for the blind).

oncle [óŋklə] *m.* uncle.

onda [óndə] *f.* roll [in land]. 2 curl [hair].

ondulació [unduləsió] *f.* undulation. 2 ripple [water]. 3 wave [hair].

ondular [undulá] *i.* to undulate. ■ 2 *t.* to wave.

onejar [unəʒá] *i.* to undulate [land]. 2 to wave, to flap [flag].

onomatopeia [unumətupɛ́jə] *f.* onomatopoeia.

onsevulga [ɔnsəβúlγə] *adv.* wherever.

ONU [ɔ́nu] *f.* (*Organització de les Nacions Unides*) UN (United Nations).

onze [ónzə] *a.-m.* eleven.

onzè, -ena [unzɛ̀, -ɛ́nə] *a.-m.* eleventh.

opac, -ca [upák, -kə] *a.* opaque; dull. 2 dark [glass].

opció [upsió] *f.* option; choice.

OPEP [ɔpɛ́p] *f.* (*Organització dels Països Exportadors de Petroli*) OPEC (Organization of Petroleum Exporting Countries).

òpera [ɔ́pərə] *f.* opera.

operació [upərəsió] *f.* operation. 2 MED. operation. 3 COMM. transaction; deal.

operador, -ra [upərəðó, -rə] *a.* operating. ■ 2 *m.-f.* operator [of machinery]. 3 surgeon.

operar [upərá] *i.* to operate. 2 MED. to operate. ■ 3 *t.* to perform, to accomplish.

operari, -ària [upəràri, -àriə] *m.-f.* labourer, worker.

opi [ɔ́pi] *m.* opium.

opinar [upiná] *i.* to be of the opinion, to consider. 2 to give one's opinion.

opinió [upinió] *f.* opinion, view; belief.

oportú, -una [upurtú, -únə] *a.* timely, opportune. 2 suitable, appropriate.

oportunisme [upurtunizmə] *m.* opportunism.

oportunitat [upurtunitát] *f.* opportunity, chance. 2 timeliness.

oposar [upuzá] *t.* to oppose. ■ 2 *p.* to oppose. 3 to object (*a,* to).

oposat, -ada [upuzát, -áðə] *a.* opposite. 2 contrary, opposing [esp. opinion].

oposició [upuzisió] *f.* opposition. 2 *pl.* public examination *sing.*

opositor, -ra [upuzitò, -rə] *m.-f.* opponent; competitor. 2 candidate [state or public examination].

opressió [uprəsió] *f.* oppression.

opressiu, -iva [uprəsiŭ, -íβə] *a.* oppressive.

opressor, -ra [uprəsò, -rə] *a.* oppressing. ■ 2 *m.-f.* oppressor.

oprimir [uprimí] *t.* fig. to oppress; to crush.

optar [uptá] *i.* to choose (*per, —*); to opt (*per, for*).

òptic, -ca [ɔ́ptik, -kə] *a.* optic(al. ■ 2 *m.-f.* optician. 3 *f.* optics.

òptim, -ma [ɔ́ptim, -mə] *a.* very best; optimum.

optimisme [uptimízmə] *m.* optimism.

optimista [uptimístə] *a.* optimistic. ■ 2 *m.-f.* optimist.

opulència [upulɛ́nsiə] *f.* opulence; luxury.

opulent, -ta [upulɛ́n, -tə] *a.* opulent; wealthy.

opuscle [upúsklə] *m.* booklet; short work.

or [ɔr] *m.* gold.

oració [urəsió] *f.* prayer. 2 speech; oration. 3 GRAMM. sentence.

oracle [uráklə] *m.* oracle.

orador, -ra [uraðò, -rə] *m.-f.* speaker; orator.

oral [urál] *a.* oral.

orangutan [urəŋgután] *m.* ZOOL. orangoutang.

orar [urá] *i.* to pray.

oratge [urádʒə] *m.* breeze.

orb [ɔ́rnpœ] *a.* blind.

òrbita [ɔ́rβitə] *f.* orbit. 2 ANAT. eye-socket.

orca [ɔ́rkə] *f.* ZOOL. killer whale.

ordenació [urðənəsió] *f.* arrangement; ordering. 2 plan; planning. 3 ECCL. ordination.

ordenança [urðənánsə] *f.* rule; decree. ‖ *ordenances municipals,* by-laws. 2 *m.* office boy. 3 MIL. orderly; batman.

ordenar [urðəná] *t.* to arrange; to order, to put in order. 2 to order. 3 ECCL. to ordain.

ordi [ɔ́rði] *m.* BOT. barley.

ordidor, -ra [urðidò, -rə] *a.* warping. ■ 2 *m.-f.* warper. 3 *f.* warping machine.

ordinador [urðinəðò] *m.* computer.

ordinal [urðinál] *a.* ordinal.

ordinari, -ària [urðinári, -áriə] *a.* ordinary; standard; usual; current. 2 coarse, vulgar.

ordir [urði] *t.* to warp. 2 to weave. 3 fig. to plot, to scheme.

ordre [ɔ́rðrə] *m.* order. ‖ ~ *del dia,* agenda; MIL. order of the day. ‖ ~ *públic,* law and order. ‖ *sense* ~, in disarray; in disorder. 2 *f.* order. 3 COMM. order.

orella [urɛ́ʎə] *f.* ear. 2 hearing. ‖ *parlar a cau d'*~, to whisper.

oreneta [urənɛ́tə] *f.* ORNIT. swallow.

orenga [urɛ́ŋgə] *f.* oregano.

orfe, òrfena [ɔ́rfə, -ɔ́rfənə] *a.* orphaned. ■ 2 *m.-f.* orphan.

orfebre [urfɛ́brə] *m.* goldsmith.

orfeó [urfəó] *m.* MUS. choral society.

òrgan [ɔ́rɣən] *m.* organ.

orgànic, -ca [urɣánik, -kə] *a.* organic.

organisme [urɣənízmə] *m.* organism. 2 COMM. organization, body.

organització [urɣənidzəsió] *f.* organization [act]. 2 institution, organization.

organitzador, -ra [urɣənidzəðò, -rə] *a.* organizing. ■ 2 *m.-f.* organizer.

organitzar [urɣənidʒá] *t.* to organize.

orgasme [urɣázmə] *m.* orgasm.

orgia [urʒiə] *f.* orgy.

orgue [ɔ́rɣə] *m.* MUS. organ. 2 fig. *no estar per orgues,* I just want peace and quiet. ‖ ~ *de gats,* hullabaloo; confusion.

orgull [urɣúʎ] *m.* pride.

orgullós, -osa [urɣuʎòs, -òzə] *a.* proud. 2 haughty.

orient [uriɛ́n] *m.* east; orient.

orientació [uriəntəsió] *f.* orientation; direction. 2 information; guidance. 3 training; education.

oriental [uriəntál] *a.* eastern, oriental.

orientar [uriəntá] *t.* to orientate; to direct. 2 fig. to inform.

orifici [urifisi] *m.* orifice; opening.

origen [uriʒən] *m.* origin; source. 2 cause.

original [uriʒinál] *a.* original. ■ 2 *m.* PRINT. original.

originar [uriʒiná] *t.* to give rise to, to originate; to cause.

originari, -ària [uriʒinári, -áriə] *a.* originating. ‖ *ser* ~ *de,* to originate from; to be a native of.

orina [urinə] *f.* urine.

orinal [urinál] *m.* bedpot, chamberpot.

orinar [urinà] *i.-t.* to urinate.

orins [urins] *m. pl.* urine *sing.*

oripell [ɔripéʎ] *m.* tinsel. 2 expensive looking trash.

oriünd [uriún] *a.* originating (*de,* from), native (*de,* of).

ornament [urnəmèn] *m.* adornment, ornament.

ornamentació [urnəməntəsió] *f.* ornamentation, adornment.

ornamentar [urnəməntá] *t.* to adorn, to embellish.

orni [ɔ́rni] *phr. fer l'~,* to pretend not to hear or not to understand.

ornitologia [urnitulu3íə] *f.* ornithology.

orografia [uruɣrəfíə] *f.* orography.

orquestra [urkèstrə] *f.* orchestra; band.

orquídia [urkíðiə] *f.* orchid.

ortiga [urtíɣə] *f.* stinging-nettle, nettle.

ortodox, -xa [urtuðóks, -ksə] *a.* orthodox.

ortografia [urtuɣrəfíə] *f.* spelling. ‖ *falta d'~,* spelling mistake. 2 orthography.

ortopèdia [urtupèðiə] *f.* orthopaedics.

ortopèdic, -ca [urtupéðik, -kə] *a.* orthopaedic. ■ 2 *m.-f.* orthopaedist.

orxata [urʃátə] *f.* sweet drink made from earth almonds.

os [ɔs] *m.* bone. ‖ *ser un sac d'ossos,* to be nothing but skin and bones.

ós, ossa [ós, ósə] *m.* bear. 2 *f.* she-bear.

osca [ɔ́skə] *f.* nick, notch.

oscil·lació [usilləsió] *f.* oscillation. 2 fluctuation.

oscil·lar [usillá] *i.* to oscillate; to sway, to waver.

Oslo [óslo] *pr. n. m.* GEOGR. Oslo.

ossada [usáðə] *f.* skeleton; bones.

ossi, òssia [ɔ́si, -ɔ́siə] *a.* bony; osseous.

ostensible [ustənsíbblə] *a.* ostensible; evident.

ostentació [ustəntəsió] *f.* show, display; pomp; ostentation.

ostentar [ustəntá] *t.* to show, to display. 2 to show off; to parade.

ostra [ɔ́strə] *f.* oyster. 2 *pl. interj.* coll. bloody hell!

ostracisme [ustrəsizmə] *m.* ostracism.

OTAN [ɔ́tən] *f.* (*Organització del Tractat de l'Atlàntic Nord*) NATO (North Atlantic Treaty Organization).

oto-rino-laringòleg, -òloga [uturrinuləriŋɔ́lək, -ɔ́luɣə] *m.-f.* MED. otorhinolaryngologist.

oto-rino-laringologia [uturrinuləriŋgulu3íə] *f.* MED. otorhinolaryngology.

ou [ɔ́u] *m.* egg. ‖ ~ *dur,* hard-boiled egg. ‖ ~ *ferrat,* fried egg. ‖ ~ *passat per aigua,* boiled egg. 2 fig. coll. *ser la mare dels ous,* to be the cause or source of everything. 3 fig. *ple com un ~,* full up, absolutely full. 4 *pl.* vulg. balls, bollocks.

OUA [ɔ́uə] *f.* (*Organització de la Unitat Africana*) OAU (Organization of African Unity).

ovació [uβəsió] *f.* applause, ovation.

ovalat, -ada [uβəlát, -áðə] *a.* oval.

ovari [uβári] *m.* ovary.

ovella [uβéʎə] *f.* sheep.

ovípar, -ra [uβipər, -rə] *a.* oviparous.

òvul [ɔ́βul] *m.* ovule; ovum.

ovulació [uβuləsió] *f.* ovulation.

òxid [ɔ́ksit] *m.* oxide.

oxidar [uksiðá] *t.* to oxidize.

oxigen [uksi3ən] *m.* oxygen.

oxigenada [uksi3ənáðə] *f. aigua ~,* hydrogen peroxide.

oxigenar [uksi3əná] *t.* to oxygenate.

ozó [uzó] *m.* ozone.

P

P, p [pe] *f.* p. [letter].

pa [pa] *m.* bread. ‖ ~ *integral,* wholemeal bread. 2 fig. daily bread. 3 fig. *ser un tros de ~,* to have a heart of gold.

paciència [pəsiènsiə] *f.* patience.

pacient [pəsièn] *a.* patient. ■ 2 *m.-f.* patient [in hospital].

pacífic, -ca [pəsifik, -kə] *a.* pacific. 2 tranquil; calm [person]. 3 GEOGR. Pacific. ■ 4 *pr. n. m. Oceà Pacífic,* Pacific Ocean.

pacificar [pəsifikà] *t.* to pacify; to calm.

pacifisme [pəsifizmə] *m.* pacifism.

pactar [pəktà] *t.* to agree to or on. ■ 2 *i.* to come to an agreement.

pacte [páktə] *m.* agreement; covenant, pact.

padrastre [pəðràstrə] *m.* step-father.

padrí [pəðri] *m.* godfather. 2 best man [in wedding]. 3 fig. patron.

padrina [pəðrinə] *f.* godmother. 2 fig. *veure la ~,* to be doubled up with pain.

padró [pəðrò] *m.* census, roll, register [of inhabitants].

paella [pəèʎə] *f.* frying pan. 2 paella pan. 3 paella.

pàg. *f.* abbr. *(pàgina)* page.

paga [páɣə] *f.* payment. 2 pay, wages.

pagà, -ana [pəɣà, -ánə] *a.* pagan.

pagament [pəɣəmèn] *m.* payment; repayment. 2 *suspensió de pagaments,* COMM. suspension of payments [decision not to meet outstanding bills].

pagar [pəɣà] *t.* to pay; to repay. 2 to pay for [service, article]. ‖ fig. ~ *els plats trencats,* to carry the can.

pagaré [pəɣərè] *m.* ECON. IOU; promissory note.

pagès, -esa [pəʒès, -ézə] *m.* countryman. 2 *f.* countrywoman. 3 *m.-f.* farm-hand. 4 pej. peasant.

pàgina [pàʒinə] *f.* page.

pagoda [pəɣòðə] *f.* pagoda.

pair [pəi] *t.* to digest. 2 fig. *no la puc pair,* I can't stand her, I can't bear her.

pairal [pəirál] *a.* ancestral; parental.

país [pəis] *m.* POL. country. 2 country, terrain.

País Basc [pəis básk] *pr. n. m.* GEOGR. Basque Country.

paisà, -ana [paizà, -ánə] *m.-f.* person from same city, town or village. 2 *m.* fellow-countryman. 3 *f.* fellow-country-woman. 4 civilian. ‖ *un policia vestit de ~,* a plain clothes policeman.

paisatge [pəizàdʒə] *m.* countryside; landscape; scenery.

Països Baixos [pəizus báʃus] *pr. n. m.* GEOGR. Netherlands, Holland.

pal [pal] *m.* stick; post, pole. 2 NAUT. mast. 3 SP. bat; stick.

pala [pálə] *f.* shovel; spade.

palada [pəláðə] *f.* shovelful, spadeful. ‖ *a palades,* in heaps.

paladar [pələðá] *m.* palate [also fig.]. 2 sense of taste.

paladejar [pələðəʒá] *t.* to taste; to relish.

palanca [pəlàŋkə] *f.* lever; crowbar. 2 SP. springboard.

palangana [pələŋgànə] *f.* washbowl, basin.

palangre [pəlàŋgrə] *m.* MAR. fishing line with multiple hooks. ‖ *lluç de ~,* line caught hake.

palau [pəlàŭ] *m.* palace.

paleografia [pələuɣrəfiə] *f.* paleography.

paleolític, -ca [pələulitik, -kə] *a.* paleolithic.

paleontologia [pələuntuluʒiə] *f.* paleontology.

palès, -esa [pəlès, -ézə] *a.* evident, obvious, clear.

palet [pəlèt] *m.* pebble.

paleta [pəlètə] *m.* bricklayer. 2 *f.* trowel. 3 palette.

palla [páʎə] *f.* straw. *2 fig.* waffle, padding; rubbish. *3 fig.* *tenir una ~ a l'ull,* to be blind to the goings-on all around one.

pallasso [pəʎásu] *m.* clown.

paller [pəʎé] *m.* haystack. *2* hayloft; barn.

pal·liar [pəʎiá] *t.* to mitigate, to alleviate; to relieve.

pàl·lid, -ida [páɫit, -iðə] *a.* pale, white; ghastly.

pal·lidesa [pəɫliðézə] *f.* paleness, pallor.

pallissa [pəʎisə] *f.* barn. *2* thrashing, beating.

pallús [pəʎús] *m.* thickhead; dumbo.

palma [pálmə] *f.* palm-tree. *2* palm-leaf. *3* ANAT. palm.

palmell [pəlméʎ] *m.* ANAT. palm.

palmera [pəlmèrə] *f.* palm tree.

palmípede [pəlmipəðə] *a.* palmiped, web-footed.

palmó [pəlmó] *m.* whitened palm leaf displayed on Palm Sunday.

palpable [pəlpábblə] *a.* palpable, tangible [also fig.].

palpar [pəlpá] *t.* to feel. *2* to frisk. *3 fig.* to perceive, to appreciate.

palpentes (a les) [pəlpéntəs] *adv. phr.* groping one's way; by groping.

palpís [pəlpis] *m.* boneless steak.

palpitació [pəlpitəsió] *f.* throbbing, beating, palpitation.

palpitar [pəlpitá] *i.* to throb, to beat.

paludisme [pəluðizmə] *m.* malaria.

pam [pam] *m.* span, hand-span; inches. ‖ *fig. ~ a ~,* inch by inch, gradually. ‖ *fig. no ve d'un ~,* it doesn't have to be so exact. ‖ fig *quedar amb un ~ de nas,* to be disappointed.

pàmfil, -la [pámfil, -lə] *a.* slow; simple.

pamflet [pəmflèt] *m.* pamphlet.

pàmpol [pámpul] *m.* vine leaf. *2* lampshade.

pana [pánə] *f.* TEXT. corduroy. *2* AUTO. breakdown.

panacea [pənəsèə] *f.* panacea, cure-for-all.

Panamà [pənəmá] *pr. n. m.* GEOGR. Panama.

panameny, -nya [pənəmèɲ, -ɲə] *a., m.-f.* Panamanian.

pancarta [pəŋkártə] *f.* placard; banner.

pàncreas [páŋkreəs] *m.* pancreas.

pandereta [pəndərètə] *f.* tambourine.

panegíric [pənəʒirik] *m.* panegyric.

paner [pəné] *m.* basket. *2* coll. backside, bottom.

panera [pənèrə] *f.* basket.

panet [pənét] *m.* bun, roll.

pànic [pánik] *m.* panic.

panificar [pənifiká] *t.* to turn into bread.

panís [pənis] *m.* millet. *2* maize. *3* coll. dough, bread [money].

panòplia [pənòpliə] *f.* panoply.

panorama [pənurámə] *m.* panorama; vista, view. *2 fig.* panorama, outlook.

panotxa [pənɔ́tʃə] *f.* corncob. ‖ *color ~,* orange.

pansa [pánsə] *f.* raisin. *2* cold sore.

pansir [pənsi] *t.-p.* to shrivel up; to wither.

pansit, -ida [pənsit, -iðə] *a.* withered. *2 fig.* apathetic, lifeless.

pantà [pəntà] *m.* reservoir; artificial lake.

pantalla [pəntáʎə] *f.* screen.

pantalons [pəntəlòns] *m. pl.* trousers. ‖ *portar els ~,* to wear the trousers.

pantanós, -osa [pəntənós, -ózə] *a.* marshy, swampy.

panteisme [pəntəizmə] *m.* pantheism.

panteix [pəntéʃ] *m.* gasping, panting; heavy breathing.

panteixar [pəntəʃá] *i.* to gasp, to pant; to breathe heavily.

panteó [pənteó] *m.* pantheon; royal tomb; family vault.

pantera [pəntèrə] *f.* panther.

pantomima [pəntumimə] *f.* pantomime.

panxa [pánʃə] *f.* coll. belly; paunch. ‖ *estar de ~ enlaire,* to be or lie on one's back. *2* bulge.

panxacontent, -ta [pənʃəkuntèn, -tə] *a.* comfort-loving.

panxada [pənʃáðə] *f.* bellyful.

panxell [pənʃéʎ] *m.* ANAT. calf.

panxó [pənʃó] *m.* bellyful. *2 fer-se un ~ de riure,* to laugh one's head off, to split one's sides laughing.

panxut, -uda [pənʃút, -úðə] *a.* pot-bellied.

pany [páɲ] *m.* lock. *2* bolt. *3 ~ de paret,* area of bare wall.

paó [pəó] *m.* ORNIT. peacock.

pap [pap] *m.* ORNIT. crop. *2* coll. belly, guts [person]. ‖ *buidar el ~,* to spill the beans; to get something off one's chest.

papa [pápə] *m.* pope.

papà [pəpá] *m.* dad, daddy.

papada [pəpáðə] *f.* double chin.

papadiners [pəpəðinès] *m.* racket [way of making money]. 2 cheat [person].

papagai [pəpəɣáĭ] *m.* parrot.

papaia [pəpáјə] *f.* BOT. papaya, pawpaw.

papallona [pəpəʎónə] *f.* butterfly.

papallonejar [pəpəʎunəʒá] *i.* to flit about; to flutter about. 2 fig. to be inconstant or changeable.

papar [pəpá] *t.* to swallow, to gulp down.

paparra [pəpárrə] *f.* ENTOM. tick.

paper [pəpé] *m.* paper. ‖ ~ *de plata,* aluminium foil. ‖ ~ *de vidre,* sand paper. ‖ fig *és ~ mullat,* it's worthless. 2 role. 3 *pl.* documents.

paperer, -ra [pəpərè, -rə] *a.* paper. ■ 2 *f.* waste paper basket or bin.

papereria [pəpərəriə] *f.* stationer's. 2 stationery. 3 paper factory.

papereta [pəpərɛ́tə] *f.* slip [of paper]. ‖ ~ *de vot,* ballot paper.

paperina [pəpərinə] *f.* paper cone; paper bag. 2 fig. coll. drunkenness.

papió [pəpió] *m.* baboon.

papir [pəpir] *m.* papyrus.

papissot [pəpissɔ́t] *a.* lisping. ■ 2 *m.-f.* lisper.

papista [pəpistə] *m.-f.* pej. papist. 2 fig. *ser més ~ que el papa,* to out-Herod Herod.

papu [pápu] *m.* bogeyman.

papú [pəpú] *a., m.-f.* GEOGR. Papuan.

paquebot [pəkəβɔ́t] *m.* NAUT. packet boat; liner.

paquet [pəkɛ́t] *m.* parcel, packet; package [also fig.]. ‖ ~ *de cigarretes,* packet of cigarettes. 2 fig. ~ *de mesures econòmiques,* package of economic measures. 3 fig. pillion rider or passenger [on motor-bike].

paquiderm [pəkiðɛ̀rm] *m.* ZOOL. pachyderm.

paràbola [pəráβulə] *f.* MATH. parabola. 2 LIT. parable.

parabrisa [pərəβrizə] *m.* windscreen.

paracaiguda [pərəkəĭɣúðəs] *m.* parachute.

parada [pəráðə] *f.* stop; stopping. ‖ ~ *d'autobús,* bus-stop. 2 SP. save: *quina ~ ha fet!,* what a save! [of goalkeeper]. 3 COMM. stand. 4 MIL. parade; procession.

paradigma [pərəðiɲmə] *m.* paradigm.

paradís [pərəðis] *m.* paradise.

parador [pərəðó] *m.* resting-place. 2 whereabouts. 3 inn. ‖ ~ *nacional,* state-run hotel. 3 RAIL. halt.

paradoxa [pərəðɔ́ksə] *f.* paradox.

paradoxal [pərəðuksál] *a.* paradoxical.

parafang [pərəfáŋ] *m.* mudguard.

parafina [pərəfínə] *f.* paraffin.

paràfrasi [pəráfrəzi] *f.* paraphrase.

paràgraf [pəráɣrəf] *m.* paragraph.

Paraguai [pərəɣwáĭ] *pr. n. m.* GEOGR. Paraguay.

paraguaià, -ana [pərəɣwəĭá, -ánə] *a., m.-f.* Paraguayan.

paraigua [pəráĭɣwə] *m.* umbrella.

paràlisi [pərálizi] *f.* paralysis.

paralític, -ca [pərəlitik, -kə] *a.* paralytic.

paralitzar [pərəlidzá] *t.* to paralyse [also fig.]. 2 fig. to bring to a standstill.

parallamps [pərəʎáms] *m.* lightning conductor.

paral·lel, -la [pərəllèl, -lə] *a.* parallel.

paral·lelepípede [pərəlləlapipəðə] *m.* parallelipiped.

paral·lelisme [pərəlləlizmə] *m.* parallelism.

paral·lelogram [pərəlləluɣràm] *m.* parallelogram.

parament [pərəmèn] *m.* ornamentation; decoration. 2 household equipment. ‖ *paraments de la cuina,* kitchen utensils. 3 face [of wall].

paraninf [pərənimf] *m.* auditorium.

parany [pəráɲ] *m.* trap; snare. 2 fig. trap; trick.

parapet [pərəpèt] *m.* parapet; barricade.

parapetar [pərəpətá] *t.* to barricade. 2 fig. to shelter; to protect. ■ 3 *p.* to barricade oneself. 4 fig. to shelter (*darrera,* behind).

parar [pərá] *t.* to stop. 2 to check [progress]; to stop, to halt [machine, car, etc.]. 3 to ward off, to parry [blow]. 4 to get ready. ‖ ~ *la taula,* to lay the table. 5 SP. to stop [ball]; to save [shot]. 6 ~ *la mà,* to hold out one's hand. 7 ~ *la pluja,* to stand in the rain. ■ 8 *i.* to stop. ‖ ~ *de riure,* to stop laughing. ‖ *sense ~,* continuously; incessantly. 9 *anar a ~,* to end up.

paràsit, -ta [pərázit, -tə] *a.* parasitic. ■ 2 *m.-f.* parasite.

para-sol [pərəsɔ́l] *m.* parasol; sun-shade.

parat, -ada [pərət, -əðə] *a.* stopped; motionless. 2 slow; dull [person]. 3 unemployed, out of work. 4 *quedar ~,* to be struck dumb; to be taken aback.

paratge [pərádʒə] *m.* spot, place.

paraula [pəráŭlə] *f.* word. 2 speech; speaking. ‖ *deixar algú amb la ~ a la boca,* to cut someone off, not to let someone finish. ‖ *demanar la ~*, to ask to speak, to request leave to address [meeting, audience].

paravent [pərəββèn] *m.* screen; folding screen.

para-xocs [pərəʃɔks] *m.* AUTO. bumper.

parc [park] *m.* park. ‖ *~ d'atraccions*, funfair. ‖ *~ infantil*, children's playground. 2 *~ de bombers*, fire station.

parc, -ca [park, -kə] *a.* sparing; frugal; moderate.

parca [parkə] *f.* LIT. Parca.

parcel·la [pərséllə] *f.* plot [of land].

parcial [pərsiàl] *a.* partial. 2 biassed; partisan.

parcialitat [pərsiəlitàt] *f.* bias; prejudice.

pardal [pərdál] *m.* sparrow. 2 (VAL.) See OCELL.

pare [párə] *m.* father.

parèixer [pəréʃə] (VAL.) See SEMBLAR.

parell, -lla [pərέʎ, -ʎə] *a.* similar; same; equal. 2 even [number]. ■ 3 *m.* pair. ‖ *un ~ de sabates*, a pair of shoes. 4 a few, two or three. ‖ *un ~ de noies*, two or three girls. 5 *f.* couple.

parenostre [pərənɔstrə] *m.* Lord's Prayer.

parent, -ta [pərèn, -tə] *m.-f.* relative.

parentela [pərəntέlə] *f.* relatives, relations.

parèntesi [pərέntəzi] *m.* parenthesis; aside. 2 PRINT. bracket. 3 fig. pause, interval.

parentiu [pərəntiŭ] *m.* relationship. 2 fig. tie, bond.

parer [pərέ] *m.* opinion, view; mind.

paret [pərέt] *f.* wall. ‖ fig. coll. *em fa enfilar per les parets*, she drives me up the wall.

pària [páriə] *m.* pariah [also fig.]. 2 fig. outcast.

parida [pəriðə] *f.* birth, childbirth; delivery. 2 fig. idiocy; piece of nonsense.

parietal [pəriətál] *a.* parietal.

parió [pəriò] *a.* twin; equivalent. ‖ *sense ~*, peerless; unparalleled.

parir [pəri] *t.* to give birth to [child, animal offspring]. 2 to bear [child].

París [pəris] *pr. n. m.* GEOGR. Paris.

paritat [pəritàt] *f.* equality; similarity. 2 COMM. parity.

parla [párlə] *f.* speech [faculty]. 2 language [local, regional].

parlament [pərləmèn] *m.* speech; talk. 2 POL. parliament.

parlamentar [pərləməntà] *i.* to have talks. 2 to parley.

parlamentari, -ària [pərləməntàri, -àriə] *a.* parliamentary. ■ 2 *m.-f.* member of parliament.

parlant [pərlàn] *m.-f.* speaker [of a language].

parlar [pərlà] *i.* to speak; to talk. ‖ *~ clar*, to speak one's mind. ‖ *~ pels descosits*, to talk one's head off. ■ 2 *t.* to speak [a language]. ■ 4 *m.* way of talking; speech; language.

parler, -ra [pərlè, -rə] *a.* talkative, chatty. ■ 2 *f.* talkativeness.

parleria [pərləriə] *f.* wordiness; long-windedness. 2 gossip.

parlotejar [pərlutəʒà] *i.* to chatter, to prattle.

parnàs [pərnàs] *m.* Parnassus.

paròdia [pərɔðiə] *f.* parody; travesty.

parodiar [pəruðià] *t.* to parody, to travesty.

paroxisme [pəruksizmə] *m.* paroxysm.

parpella [pərpέʎə] *f.* ANAT. eyelid.

parpellejar [pərpəʎəʒà] *i.* to blink; to wink. 2 fig. to blink; to flicker [light].

parquedat [pərkəðàt] *f.* sparingness, frugality; moderation.

parquet [pərkèt] *m.* parquet.

parquímetre [pərkimətrə] *m.* parking meter.

parra [párrə] *f.* BOT. vine.

parrac [pərràk] *m.* rag; strip [cloth].

parraguera [pərrəɣέrə] *f.* (ROSS.) See CORRAL.

parral [pərràl] *m.* vine arbour.

parricida [pərrisiðə] *m.-f.* parricide.

parricidi [pərrisiði] *m.* parricide.

parròquia [pərrɔkiə] *f.* parish. 2 parish church. 3 COMM. clients *pl.*, customers *pl.*, clientèle.

parroquià, -ana [pərrukià, -ànə] *m.-f.* parishioner. 2 regular [customer].

parrup [pərrúp] *m.* ORNIT. cooing.

parrupar [pərrupá] *i.* ORNIT. to coo.

parsimònia [pərsimɔniə] *f.* thrift; parsimony.

1) part [par(t)] *f.* part; section. ‖ *a ~*, aside. ‖ *en ~*, in part; partly. ‖ *prendre ~*, to take part. 2 share, portion. 3 LAW party.

2) part [par(t)] *m.* birth, childbirth; delivery. 2 labour.

partença [pərtένsə] *f.* departure; setting-off, setting-out.

partera [pərtèrə] f. woman in labour.

parterre [pərtɛrrə] m. GARD. flower-bed(s).

partició [pərtisiò] f. division; distribution, share-out; sharing-out.

partícip [pərtisip] m. participant.

participació [pərtisipəsiò] f. participation. 2 announcement, notice [of engagement, marriage].

participant [pərtisipàn] a. participating. 2 SP. competing. ■ 3 m.-f. participant. 4 SP. competitor.

participar [pərtisipà] t. to inform. 2 to announce. ■ 3 i. to take part (en, in). 4 SP. to compete (en, in).

participi [pərtisipi] m. participle.

partícula [pərtikulə] f. particle.

particular [pərtikulà(r)] a. private. 2 particular; especial. 3 unusual, peculiar; extraordinary.

particularitat [pərtikuləritàt] f. peculiarity; special feature.

partida [pərtiðə] f. departure. 2 COMM. remittance. 3 GAME match, game; hand [cards].

partidari, -ària [pərtiðàri, -àriə] a. in favour (de, off); partisan. ■ 2 m.-f. supporter; follower; adherent.

partió [pərtiò] f. border, boundary.

partir [pərti] t. to divide. 2 to share (out), to apportion. 3 to split (up). ■ 4 i. to depart, to leave, to set off or out. 5 ~ de, to set up from, to start from.

partit [pərtit] m. POL. party. 2 decision. 3 SP. game; match. 4 és un bon ~, he is a good catch.

partitiu, -iva [pərtitiŭ, -iβə] a. partitive.

partitura [pərtitùrə] f. MUS. score.

parvitat [pərβitàt] f. smallness, littleness; shortness [person]. 2 small or tiny amount.

parxís [pərʃis] m. GAME pachisi. 2 ludo.

1) pas [pas] m. pace; step [also fig.]. 2 walk, way of walking. 3 footprint; trail. ‖ fig. seguir els passos d'algú, to follow in someone's footsteps. 4 passage; stay. 5 crossing. ‖ ~ zebra, zebra crossing. ‖ ~ a nivell, level crossing.

2) pas [pas] adv. not [emphatic]. ‖ no ho sé ~, I really don't know.

pasqua [pàskwə] f. Easter.

pasquí [pəski] m. lampoon, pasquinade.

passa [pàsə] f. pace, step. 2 epidemic.

passable [pəsàbblə] a. bearable, tolerable; acceptable.

passada [pəsàðə] f. passing, passage. ‖ fig. coll. fes-hi una ~ més amb la planxa, give it one more going-over with the iron. 2 series or row of stitches. 3 serenade. 4 serenaders [persons]. 5 trick; dirty trick. 6 de totes passades, whatever happens.

passadís [pəsàðis] m. corridor; passage, passage-way. 2 NAUT. gang-way.

passador, -ra [pəsàðò, -rə] a. tolerable, bearable; acceptable. ■ 2 m. hairpin. 3 MECH. bolt; fastener.

passamà [pəsəmà] m. banister. 2 TEXT. frill, fringe; trimming.

passamuntanyes [pəsəmuntáɲəs] m. pl. balaclava helmet sing.

passant [pəsàn] m.-f. passer-by. 2 assistant.

passaport [pəsəpòr(t)] m. passport.

passar [pəsà] i. to pass [basic sense]; to go through. ‖ ~ de llarg, not to stop. ‖ fig. ~ pel cap, to go through one's mind. 2 to happen, to occur: què t'ha passat?, what's happened to you? 3 to pass (by) [time; circumstances]. 4 to come or go in; to enter. ‖ passi!, come in! 5 ~ a ser, to go on to be or become [profession, trade]. ‖ ~ de, to exceed. ‖ ~ per, to have the reputation of; to pass for. ■ 6 t. cross [river, mountains]. ‖ fig. ~ pel damunt, to overlook. 7 to spend [period of time, holiday]. 8 to pass [exam]. 9 to exceed. 10 to go through; to be or to feel [feelings]. ‖ hem passat molta por, we were really afraid. 11 ~ apunts d'una llibreta a una altra, to copy or to transfer notes from one exercise-book to another. ■ 12 p. to go off [milk, fish]. 13 t'has passat!, you've gone too far! ■ 14 passi-ho bé! good-bye [formal].

passarel·la [pəsərɛllə] f. footbridge.

passat [pəsàt] m. past. 2 pl. ancestors, forebears. ■ 3 a. last, previous; past. 4 off-colour; ill [person]; off [milk, fish]; over-ripe [fruit].

passatemps [pəsətèms] m. hobby, past-time; spare-time activity.

passatge [pəsàdʒə] m. passage, passage-way. 2 fare [price of journey]. 3 fare [taxi client]; passengers pl., fare-payers [bus, coach, etc.]. 4 LIT. passage, excerpt.

passatger, -ra [pəsədʒè, -rə] a. ephemeral, short-lived. ■ 2 m.-f. passenger.

passeig [pəsɛtʃ] m. walk, stroll [on foot]; drive, ride [using transport]. 2 walk, promenade [place].

passavolant [pàsəβulán] *m.-f.* person passing through. 2 coll. pej. fly-by-night.

passejada [pəsəʒàðə] *f.* walk, stroll [on foot]; drive, ride [using transport]. ‖ *fer una ~,* to go for a walk.

passejar [pəsəʒà] *i.* to go for a walk [on foot]. ■ *2 t.* to take for a walk. ■ *3 p.* to go for a walk or stroll. *4* fig. coll. to take for a ride; to take the mickey out of.

passera [pəsèrə] *f.* footbridge.

passerell [pəsərèʎ] *m.* ORNIT. linnet. 2 greenhorn.

passió [pəsió] *f.* passion [most senses]. 2 suffering. 3 REL. Passion.

passiu, -iva [pəsíu, -íβə] *a.* passive. ■ *2 m.* ECON. liabilities.

passivitat [pəsiβitàt] *f.* passivity, passiveness; apathy.

pasta [pàstə] *f.* paste. ‖ *~ de paper,* pulp; papier mâché. 2 COOK. pasta. 3 COOK pastry: *~ de full,* flaky pastry. *4* cake; biscuit. *5* fig. coll. dough [money]. *6* coll. *ser de bona ~,* to be of the right sort, to be a good person.

pastanaga [pəstənàɣə] *f.* BOT. carrot.

pastar [pəstà] *t.* to turn into a paste or into pulp. 2 to knead [dough]. 3 fig. coll. pej. *ves a ~ fang!,* shove off!, get lost!

pastat, -ada [pəstàt, -àðə] *a. és el seu pare ~!,* he's the living image of his father!

pastel [pəstèl] *m.* pastel [painting].

pastell [pəstèʎ] *m.* PRINT. blot. 2 fig. mess. 3 fig. imbroglio, plot.

pastera [pəstèrə] *f.* kneading-trough [for dough]. 2 trough [for working pastes, cement, etc.].

pasterada [pəstəràðə] *f.* pasting. 2 kneading. 3 botched job; mess.

pasteuritzar [pəstəridzà] *t.* to pasteurize.

pastilla [pəstíʎə] *f.* tablet. 2 bar: *~ de sabó,* bar of soap. ‖ *~ de xocolata,* bar of chocolate.

pastís [pəstís] *m.* cake; tart.

pastisser, -era [pəstisè, -èrə] *m.-f.* pastry cook.

pastisseria [pəstisəríə] *f.* cake shop, pastry shop.

pastor, -ra [pəstó, -rə] *m.* shepherd. 2 *f.* shepherdess.

pastoral [pəsturàl] *a.* pastoral. 2 REL. pastoral.

pastós, -osa [pəstós, -ózə] *a.* pasty; doughy; sticky.

pastura [pəstúrə] *f.* pasture. 2 fodder; food [for animals].

pasturar [pəsturà] *i.* to graze, to pasture; to feed [cows, sheep, etc.]. ■ *2 t.* to put out to graze or pasture.

patac [pətàk] *m.* blow; knock.

patacada [pətəkàðə] *f.* blow; knock. 2 coll. swipe, whack; thump. 3 collision.

patafi [pətáfi] *m.* botch-up; botched job; mess.

patata [pətàtə] *f.* potato. ‖ *patates rosses o fregides,* chips. ‖ *patates de bossa,* crisps.

patatera [pətətèrə] *f.* BOT. potato-plant.

patena [pətènə] *f.* REL. paten, communion-plate.

patent [pətèn] *a.* evident; obvious, clear. ■ *2 f.* COMM. patent.

patentar [pətəntà] *t.* COMM. to patent, to register as a patent.

patern, -na [pətèrn, -nə] *a.* paternal [blood relationship].

paternal [pətərnàl] *a.* paternal, fatherly.

paternitat [pətərnitàt] *f.* fatherhood, paternity; parenthood.

patètic, -ca [pətètik, -kə] *a.* pathetic, moving.

patge [pàdʒə] *m.* HIST. page, page-boy.

pati [pàti] *m.* inner court; patio. 2 playground [at school]. ‖ *hora de ~,* playtime, break.

patí [pətí] *m.* roller-skate. 2 NAUT. catamaran.

patíbul [pətíβul] *m.* scaffold.

patilla [pətíʎə] *f.* sideboard, sideburn.

patiment [pətimèn] *m.* suffering.

pàtina [pàtinə] *f.* patina.

patinada [pətinàðə] *f.* skate [action]. 2 slip.

patinar [pətinà] *i.* to skate [on ice]. 2 to slip; to slide. 3 to skid [vehicle].

patinatge [pətinàdʒə] *m.* SP. skating.

patinet [pətinèt] *m.* scooter [for child].

patologia [pətuluʒíə] *f.* pathology.

patir [pətí] *t.-i.* to suffer. ‖ *~ de nervis,* to suffer from nerves. 2 *t.* to endure.

patracol [pətrəkòl] *m.* bundle of papers; papers. 2 paperwork.

pàtria [pàtriə] *f.* fatherland, mother country, native or home country.

patriarca [pətriárkə] *m.* patriarch.

patrimoni [pətrimòni] *m.* inheritance. 2 fig. heritage: *el ~ artístic de Catalunya,* the art heritage of Catalonia.

patriota [pətriɔ̀tə] *m.-f.* patriot.

patrioter, -ra [pətriutέ, -rə] *a.* fanatically patriotic. 2 pej. chauvinistic.

patriòtic, -ca [pətriɔ̀tik, -kə] *a.* patriotic.

patriotisme [pətriutízmə] *m.* patriotism.

patuleia [pətulɛ́jə] *f.* tiny tots, toddlers; little children. 2 pej. rabble.

patró, -ona [pətrɔ́, -ónə] *m.-f.* boss, employer. 2 company-owner, boss. 3 REL. patron, patron saint.

patrocinar [pətrusinà] *t.* to back, to sponsor [initiative, enterprise].

patrocini [pətrusíni] *m.* backing; sponsorship; patronage.

patronal [pətrunàl] *a.* REL. of the patron saint. 2 employer's. ■ 3 *f.* employer's association.

patronat [pətrunàt] *m.* trustees, board of trustees; patrons.

patronímic, -ca [pətrunímik, -kə] *a.* patronymic.

patrulla [pətrúʎə] *f.* patrol.

patrullar [pətruʎá] *i.* to go on patrol; to patrol.

patuès [pətuὲs] *m.* vernacular.

patufet [pətufὲt] *m.* tiny tot, toddler; little child.

patum [pətúm] *f.* fabulous animal [carried in processions]. 2 fig. big name [person].

patxoca [pətʃɔ́kə] *f.* impressiveness, presence [of person].

pau, -la [páŭ, páŭlə] *m.* simpleton, idiot.

pau [páŭ] *f.* peace. ‖ fig. GAME coll. *estar en ~,* to be even. ‖ *fer les paus,* to make peace.

Pau [páŭ] *pr. n. m.* Paul.

pauperisme [pəupərízmə] *m.* pauperism.

paüra [pəúrə] *f.* fear, fright, dread.

pausa [páŭzə] *f.* pause. 2 slowness.

pausat, -ada [pəŭzàt, -àðə] *a.* slow, calm; deliberate.

pauta [páŭtə] *f.* rule, guide, standard. 2 line, guide lines. 3 fig. model, example. 4 MUS. staff.

pavelló [pəβəʎó] *m.* pavillon. 2 flag, banner.

paviment [pəβimèn] *m.* pavement, paving. 2 tiling, flooring.

peatge [peáʤə] *m.* toll.

pebre [pέβrə] *m.* pepper.

pebrot [pəβrɔ̀t] *m.* pimento, pepper [green or red]. 2 *pl.* vulg. balls.

peça [pὲsə] *f.* piece, fragment. 2 THEATR. piece, short play. 3 SEW. article, garment. 4 GAME piece. 5 room [of a house]. 6 ~ *de recanvi,* spare part. 7 *d'una ~,* all in one piece [also fig.]. 8 *ets una mala ~,* you're a nasty piece of work. ▲ *pl. peces.*

pecat [pəkàt] *m.* sin: ~ *mortal,* deadly or moral sin.

pècora [pέkurə] *f.* ewe, sheep. ‖ *mala ~,* wicked woman.

pectoral [pəkturàl] *a.* pectoral.

peculi [pəkúli] *m.* peculium; private money or property.

peculiar [pəkuliànrœ] *a.* peculiar, particular, characteristic, special.

peculiaritat [pəkuliəritàt] *f.* peculiarity. 2 characteristic or special feature.

pecuniari, -ària [pəkuniàri, -áriə] *a.* pecuniary, money, financial.

pedaç [pəðàs] *m.* patch. ‖ *posar un ~,* to patch something up; to fix something temporarily.

pedagog, -ga [pəðəɣɔ̀k, -ɣə] *m.-f.* pedagogue. 2 teacher, educator.

pedagogia [pəðəɣuʒíə] *f.* pedagogy.

pedal [pəðál] *m.* pedal.

pedalar [pəðəlà] *i.* to pedal *i.-t.*

pedalejar [pəðələʒà] See PEDALAR.

pedant [pəðán] *a.* pedantic. ■ 2 *m.-f.* pedant.

pedanteria [pəðəntəriə] *f.* pedantry.

pedestal [pəðəstàl] *m.* pedestal, stand, base.

pedestre [pəðέstrə] *a.* pedestrian, on foot. 2 fig. pedestrian, dull, prosaic.

pediatre [pəðiàtrə] *m.* paediatrician.

pediatria [pəðiətriə] *f.* paediatrics.

pedicur, -ra [pəðikúr, -rə] *m.-f.* chiropodist. 2 *f.* chiropody, pedicure [science].

pedra [pèðrə] *f.* stone, rock. 2 pebble. 3 MED. stone. 4 ~ *foguera,* flint. 5 METEOR. hail, hailstone. 6 *posar-se pedres al fetge,* to worry; *quedar-se de ~,* to be thunderstruck; *tirar la primera ~,* to cast the first stone.

pedrada [pəðràðə] *f.* blow from or with a stone: *va rebre una ~ al cap,* he was hit on the head by a stone.

pedregada [pəðrəɣàðə] *f.* METEOR. hailstorm.

pedregar [pəðrəɣà] *m.* stony or rocky ground. ‖ fig. *anar el carro pel ~,* to go badly.

pedregar [pəðrəɣà] *i.* to hail.

pedregós, -osa [pəðrəɣós, -ózə] *a.* stony, rocky, pebbly.

pedrer [pəðré] *m.* gizzard.

pedrera [pəðrέrə] *f.* quarry.

pedreria [pəðrəriə] *f.* precious stones.

pedrís [pəðris] *m.* stone bench.

pega [pέɣə] *f.* pitch, tar. 2 fig. bad luck. ‖ *estar de ~,* to have hard luck. 3 ~ *dolça,* liquorice.

pegar [pəɣá] *t.* to hit, to thump; to slap, to smack. ‖ *m'ha pegat una cleca,* he slapped me. 2 ~ *un salt,* to jump, to leap. ■ 3 *i.* to beat, to knock (against).

pegat [pəɣát] *m.* patch.

pegellida [pəʒəʎiðə] *f.* ZOOL. limpet.

pegot [pəɣɔt] *m.* cobbler. 2 fig. botch-up, patch.

peix [peʃ] *m.* fish. 2 coll. ~ *gros,* bigwig, big shot; *donar peixet,* to give someone a head start; *estar com ~ a l'aigua,* to be in one's element.

peixater, -ra [pəʃətέ, -rə] *m.-f.* fishmonger.

peixateria [pəʃətəriə] *f.* fish shop, fishmonger's.

péixer [péʃə] *t.* to feed. ■ 2 *i.* to graze. ▲ CONJUG. like *néixer.*

peixera [pəʃέrə] *f.* fish bowl or tank.

Peixos [péʃus] *m. pl.* ASTROL. Pisces.

pejoratiu, -iva [pəʒurətiŭ,-iβə] *a.* pejorative, deprecatory, disparaging.

pel [pəl] (*contr. per + el*).

pèl [pel] *m.* hair. 2 hair, coat, fur [of animals]. 3 down [of birds]. 4 fig. a bit. 5 fig. *amb pèls i senyals,* in great detail; *en ~,* naked, nude; *no tenir pèls a la llengua,* not to mince one's words; *prendre el ~ a algú,* to pull someone's leg.

pela [pέlə] *f.* skinning, peeling. 2 peelings *pl.,* skins *pl.,* husk. 3 coll. peseta.

pelacanyes [pɛləkáɲəs] *m.* penniless fellow, down-and-out, wretch.

pèlag [pέlək] *m.* sea, high sea.

pelar [pəlá] *t.* to peel. 2 to cut: *ahir em van ~,* I had my hair cut yesterday. 3 fig. to fleece. 4 fig. to kill, to murder. 5 *fa un fred que pela,* it's bitterly cold. ■ 6 *p.* to peel. 7 to scrape. 8 vulg. *pelar-se-la,* to wank.

pelat, -ada [pəlát, -áðə] *a.* cut [hair]; shorn [sheep]; flayed, skinned [dead animal]; peeled [fruit]. 2 bald, bare; hairless. 3 barren; treeless. 4 fig. broke, penniless.

pelatge [pəláʤə] *m.* fur, coat, hair [ofanimal].

pelegrí, -ina [pələɣri, -inə] *m.-f.* pilgrim.

pelegrinar [pələɣriná] *i.* to go on a pilgrimage.

pelfa [pέlfə] *f.* plush.

pelicà [pəliká] *m.* ORNIT. pelican.

pell [peʎ] *f.* skin [person]; skin, peel [fruit]; skin, fur, leather [animal]. ‖ fig. ~ *de gallina,* goose flesh.

pelleringa [pəʎəriŋɡə] *f.* flap; scrap, rag, shred.

pel·lícula [pəllikulə] *f.* film, (USA) movie.

pellingot [pəʎiŋɡɔt] See PARRAC.

pellofa [pəʎɔfə] *f.* skin [grape]; pod [bean]; husk.

pell-roja [péʎ rɔʒə] *m.-f.* redskin.

pèl roig, roja [pɛl rrɔʧ, -rrɔʒə] *a.* red-haired.

pelsigar [pəlsiɣá] (ROSS.) See TREPITJAR.

pelussa [pəlúsə] *f.* fluff, fuzz [clothes]. 2 down [fruit].

pelussera [pəlusérə] *f.* coll. mop; long hair; unkempt hair.

pelut, -uda [pəlút, -úðə] *a.* hairy, shaggy. 2 fig. tricky, difficult.

pelvis [pέlβis] *f.* ANAT. pelvis.

pena [pénə] *f.* penalty, punishment. ‖ ~ *de mort,* capital punishment. 2 grief, sorrow, sadness. ‖ *semblar una ànima en ~,* look like a soul in torment. 3 pity, trouble, distress. ‖ *és una ~,* it's a pity. 4 *val la ~,* it's worth it. ■ 5 *adv. phr. a penes,* hardly; the moment that, as soon as.

penal [pənál] *a.* LAW penal, criminal. ‖ *dret ~,* criminal law. ■ 2 *m.* prison, gaol, jail.

penalitat [pənəlitát] *f.* punishment, penalty. 2 fig. suffering, hardship.

penar [pəná] *t.* to penalize, to punish. ■ 2 *i.* to suffer, to grieve.

penca [péŋkə] *f.* cut, piece, slice. 2 *m.-f. pl.* coll. cheeky devil *sing.*

pencar [pəŋká] *i.* coll. to work.

pendent [pəndén] *a.* pending, outstanding. 2 sloping. ■ 3 *m.* slope, gradient.

pendís [pəndis] *m.* slope, gradient, incline.

pendó [pəndó] *m.* banner, standard. ■ 2 coll. libertine.

pèndol [péndul] *m.* pendulum.

penediment [pənəðimén] *m.* repentance; regret.

penedir-se [pənəðirsə] *p.* to repent. 2 to regret, to be sorry.

penell [pənéʎ] *m.* weathercock, weathervane.

penelló [pənəʎó] *m.* chilblain.

penetració [pənətrəsió] *f.* penetration.

penetrar [pənətrá] *t.-i.* to penetrate.

pengim-penjam [pənʒim, pənʒám] *adv.* lazily; in an ungainly manner.

penic [pənik] *m.* penny.

penicil·lina [pənisillinə] *f.* MED. penicillin.

península [pəninsulə] *f.* GEOGR. peninsula.

penis [pènis] *m.* ANAT. penis.

penitència [pənitènsiə] *f.* penitence, penance.

penitenciari, -ària [pənitənsiári, -áriə] *a.* penitentiary. ‖ *centre* ~, prison, (USA) penitentiary.

penitent [pənitèn] *a., m.-f.* penitent.

penjador [pənʒəðó] *m.* hanger.

penjament [pənʒəmèn] *m.* insult, slander. ‖ *dir penjaments,* to slander, to speak badly of.

penjar [pənʒá] *t.-i.* to hang, to hang up. 2 to hang [criminal]. 3 to lay at the door of.

penjarella [pənʒərèʎə] *f.* rag, tatter, shred.

penja-robes [pənʒərròβəs] *m.* hanger, clothes-hanger.

penjat, -ada [pənʒát, -áðə] *a.* hanging, hung; hanged. ■ 2 *m.-f.* hanged person.

penjoll [pənʒóʎ] *m.* bunch. 2 charm.

penó [pənó] See PENDÓ 1.

penombra [pənómbrə] *f.* ASTR. penumbra [also fig.]. 2 half-light, semi-darkness.

pensa [pènsə] *f.* thought.

pensada [pənsáðə] *f.* thought, idea.

pensador, -ra [pənsəðó, -rə] *m.-f.* thinker.

pensament [pənsəmèn] *m.* thought. ‖ *fer un* ~, to decide. 2 BOT. pansy.

pensar [pənsá] *t.* to think over or out; imagine; to intend: *penso anar al Liceu,* I intend to go to the Liceu. ■ 2 *i.* to think. ‖ ~ *a,* to remember, not to forget; ~ *en,* to think of or about. ■ 3 *p.* to think, to believe: *no em pensava pas que vinguessis,* I never thought you would come; *pensar-s'hi,* to think something over.

pensarós, -osa [pənsərós, -ózə] *a.* pensive, thoughtful.

pensió [pənsió] *f.* pension. 2 allowance, grant. 3 boarding or guest house.

pensionat [pənsiunát] *m.* boarding-school.

pensionista [pənsiunistə] *m.-f.* pensioner.

pentàgon [pəntáɣun] *m.* MATH. pentagon.

pentagrama [pəntəɣrámə] *m.* MUS. staff.

pentecosta [pəntəkóstə] *f.* REL. Whitsun, Whitsuntide, Pentecost.

pentinador, -ra [pəntinəðó, -rə] *m.-f.* hairdresser.

pentinar [pəntiná] *t.* to comb. 2 fig. to scold, to tell off.

pentinat [pəntinát] *m.* hairstyle.

penúltim, -ma [pənúltim, -mə] *a.* penultimate, last but one.

penya-segat [péɲəsəɣát] *m.* cliff.

penyora [pəɲórə] *f.* pawn, pledge, token. 2 security [guarantee].

penúria [pənúriə] *f.* penury, shortage, scarcity. 2 poverty.

penya [péɲə] *f.* rock. 2 circle, group. 3 SP. fan club.

penyal [pəɲál] *m.* large rock, boulder.

peó [pəó] *m.* pedestrian. 2 foot-soldier. 3 unskilled worker. 4 GAME pawn.

Pequín [pəkin] *pr. n. m.* GEOGR. Peking.

per [pər] *prep.* through: ~ *la porta,* through the door. 2 by: ~ *carretera,* by road. 3 because of. ‖ *ho ha fet* ~ *enveja,* he did it out of envy. 4 to, in order to: *he vingut* ~*veure't,* I've come to see you. 5 in: *contesta* ~ *escrit,* answer in writing. 6 for: *l'he comprat* ~ *mil cinc-centes,* I bought it for fifteen hundred. 7 as: *tenim un inepte* ~ *director,* we have a useless boss. 8 near: *visc* ~ *aquí,* I live near here. 9 *pel que fa a...,* as far as... is concerned. 10 ~ *mitjà de,* by means of. ‖ ~ *què,* why? 12 ~ *tal que,* so that. ▲ *pel* (pəl) *contr. per + el.*

pera [pérə] *f.* BOT. pear. 2 bulb. 3 fig. *partir peres,* to break up, to split up.

peralt [pərál] *m.* camber.

perbocar [pərβuká] *t.* to vomit, to throw up.

percaçar [pərkəsá] *t.* to pursue, to search or to seek after. ■ 2 *p.* to get or procure for oneself. 3 to bring upon oneself.

percala [pərkálə] *f.* calico, cambric.

percebe [pərsèβə] *m.* ZOOL. barnacle.

percebre [pərsèβrə] *t.* to perceive, to notice, to see, to sense. 2 COMM. to receive, to earn. ▲ CONJUG. INDIC. Pres.: *perceps, percep.*

percentatge [pərsəntádʒə] *m.* percentage. 2 rate.

percepció [pərsəpsió] *f.* perception.

percudir [pərkuði] *t.* to strike, to hit. 2 MED. to percuss. ▲ CONJUG. INDIC. Pres.: *percuts, percut.*

percussió [pərkusió] *f.* percussion. 2 MUS. *instruments de ~*, percussion instruments. 3 MED. percussion.

perdedor, -ra [pərðəðó, -rə] *a.* losing. ‖ *l'equip ~*, the losing team. ■ 2 *m.-f.* loser. ‖ *mal ~*, bad loser.

perdonavides [pərðonəβiðəs] *m.* fig., coll. bully, thug, tough.

perdició [pərðisió] *f.* bane, ruin, downfall, undoing. 2 loss.

perdigó [pərðiɣó] *m.* ORNIT. young partridge. 2 pellet.

perdigonada [pərðiɣunàðə] *f.* shot or wound with bird shot.

perdigot [pərðiɣɔt] *m.* ORNIT. male partridge.

perdiguer, -ra [pərðiɣè, -rə] *a.* partridge-hunting. ■ 2 *m. gos ~*, setter.

perdiu [pərðiu] *f.* ORNIT. partridge.

perdó [pərðó] *m.* pardon, forgiveness. ‖ *demanar ~*, to apologize. ‖ *perdó!*, sorry!, I beg your pardon!

perdonar [pərðunà] *t.* to forgive *t.-i.* 2 to excuse, to overlook. 3 to pardon. 4 to spare [someone's life].

perdre [pérðrə] *t.* to lose. ‖ *~ les claus*, to lose one's keys. 2 to waste. ‖ *~ el temps*, to waste time. 3 SP. to lose *i.* 4 to ruin, to spoil, to be the ruin of. ‖ *el joc l'ha perdut*, gambling has been his ruin. 5 to miss [train, bus]. 6 to leak *i.* ‖ *aquest dipòsit perd*, this tank leaks. 7 ~ *el camí*, to lose one's way [also fig.]; fig. ~ *el cap*, to lose one's head, to go mad: ~ *de vista*, to lose sight of. ■ 8 *p.* to get lost. 9 to disappear, to vanish.

pèrdua [pérðuə] *f.* loss. 2 waste [of time, etc.].

perdulari, -ària [pərðulàri, -àriə] *m.-f.* dissolute person; careless or sloppy person.

perdurar [pərðurà] *i.* to endure, to last. 2 still to survive, to stand.

Pere [pèrə] *pr. n. m.* Peter.

peregrí, -ina [pərəɣrí, -inə] *a.* unusual, uncommon, rare. 2 fig. strange, odd, peculiar.

peregrinar [pərəɣrinà] *i.* to travel, to journey, to wander. 2 fig. to go to and fro.

peremptori, -òria [pərəmtɔ̀ri, -ɔ̀riə] *a.* peremptory, imperious. 2 pressing, urgent.

perenne [pərɛ̀nnə] *a.* BOT. perennial. 2 fig. everlasting, perennial.

perer [pərè] *m.* BOT. pear tree.

perera [pərèrə] *f.* See PERER.

peresa [pərɛ̀zə] (OCC.), (BAL.) See MANDRA.

perfecció [pərfəksió] *f.* perfection.

perfeccionar [pərfəksiunà] *t.* to perfect. 2 to improve.

perfecte, -a [pərfɛ̀ktə, -ə] *a.* perfect; complete.

pèrfid, -da [pɛ̀rfit, -tə] *a.* lit. perfidious. 2 treacherous.

perfídia [pərfiðiə] *f.* lit. perfidy. 2 treachery, betrayal.

perfil [pərfil] *m.* profile. 2 contour, outline, silhouette. 3 ARCH. section, cross section.

perfilar [pərfilà] *t.* to profile, to outline. 2 fig. to shape, to put the finishing touches to.

perforació [pərfurəsió] *f.* perforation, boring, drilling.

perforar [pərfurà] *t.* to perforate. 2 to drill, to bore.

perfum [pərfúm] *m.* perfume. 2 fragrance, scent.

perfumar [pərfumà] *t.* to perfume, to scent.

perfumeria [pərfuməriə] *f.* perfume industry. 2 perfumery. 3 perfume shop.

pergamí [pərɣəmi] *m.* parchment.

pèrgola [pérɣulə] *f.* pergola.

pericardi [pərikàrði] *m.* ANAT. pericardium.

pericarp [pərikàrp] *m.* BOT. pericarp.

perícia [pərisiə] *f.* expertise. 2 skill, skilfulness.

perifèria [pərifɛ̀riə] *f.* periphery, outskirts.

perífrasi [pərifrəzi] *f.* periphrasis.

perill [pəriʎ] *m.* danger, peril. 2 risk, hazard.

perillar [pəriʎà] *i.* to be in danger, to run a risk.

perillós, -osa [pəriʎòs, -òzə] *a.* dangerous, perilous, risky.

perímetre [pərimətrə] *m.* perimeter.

període [pəriuðə] *m.* period. 2 GRAMM. sentence; period. 3 PHYSIOL. period [menstruation].

periòdic, -ca [pəriɔ̀ðik, -kə] *a.* periodic, periodical. 2 recurrent, recurring. ■ 3 *m.* periodical, journal, magazine, newspaper.

periodisme [pəriuðizmə] *m.* journalism.

periodista [pəriuðistə] *m.-f.* journalist, reporter.

peripècia [pəripɛsiə] *f.* vicissitude, incident. 2 *pl.* ups and downs.

periple [pəriplə] *m.* circumnavigation. 2 account of a coastal journey. 3 journey, voyage.

periquito [pərikitu] *m.* ORNIT. parakeet, budgerigar.

periscopi [pəriskɔpi] *m.* periscope.

peristil [pəristil] *m.* ARQ. peristyle.

perit, -ta [pərit, -tə, cold pɛrit] *a.* skilled, skilful, expert. ■ 2 *m.-f.* expert, professional and qualified person.

peritoneu [pəritunɛú] *m.* ANAT. peritoneum.

peritonitis [pəritunitis] *f.* MED. peritonitis.

perjudicar [pərʒuðikå] *t.* to hurt, to damage, to injure, to impair, to harm.

perjudici [pərʒuðisi] *m.* damage, harm, prejudice. ‖ *en ~ de,* to the detriment of. 2 COMM. *financial loss.*

perjur, -ra [pərʒúr, -rə] *a.* perjured. ■ 2 *m.-f.* perjurer.

perjurar [pərʒurá] *i.* to commit perjury, to perjure oneself. 2 *t.* to swear, to curse.

perjuri [pərʒúri] *m.* perjury.

perla [pɛrlə] *f.* pearl. 2 fig. pearl, gem.

perllongar [pərʎuŋgá] *t.* to lengthen, to extend, to protract. 2 to delay, to defer, to postpone, to put off.

permanència [pərmənɛnsiə] *f.* permanence. 2 stay.

permanent [pərmənɛn] *a.* permanent, lasting, constant. ■ 2 *f.* perm [hair].

permeable [pərmeábblə] *a.* permeable, pervious.

permetre [pərmɛtrə] *t.* to allow, to permit. ■ 2 *p.* to take the liberty of, to allow oneself. ‖ *l'amo es permet de fer el què vol,* the owner takes the liberty of doing what he wants. ‖ *no em compro el cotxe, no m'ho puc permetre,* I'm not buying the car, I can't afford it. ▲ CONJUG. P. P.: *permès.*

permís [pərmis] *m.* permission; permit, licence [document]. ‖ *~ de conduir,* driving licence; *~ de treball,* work permit; *demanar ~,* to ask permission. 2 MIL. leave.

permissió [pərmisió] *f.* permission, consent.

permuta [pərmútə] *f.* barter, exchange.

permutar [pərmutá] *t.* to permute. 2 to exchange, to interchange. 3 to barter.

pern [pɛrn] *m.* bolt, pin. 2 fig. axis; foundation.

perniciós, -osa [pərnisiós, -ózə] *a.* pernicious, harmful, destructive; wicked [person].

pernil [pərnil] *m.* pig's ham or thigh. 2 COOK ham. ‖ *~ dolç,* boiled ham. 3 leg of ham [cured or smoked]. 4 coll. and fig. thigh [of person].

pernoctar [pərnuktá] *i.* to stay for the night.

però [pərɔ] *conj.* but, yet. ‖ *és una feina interessant, ~ mal pagada,* it's an interesting job, but badly paid. ■ 2 *adv.* however, nevertheless. ‖ *hi aniré, ~ amb la condició que m'acompanyis,* I'll go, on condition, however, that you come with me. ■ 3 *m.* objection.

perol [pərɔl] *m.* pot, saucepan, cauldron.

peroné [pərunɛ] *m.* ANAT. fibula.

perorar [pərurá] *i.* to make a speech. 2 coll. to spout.

perpal [pərpál] *m.* lever, crowbar.

perpendicular [pərpəndikulá(r)] *a.* perpendicular, at right angles. ■ 2 *m.* perpendicular, vertical.

perpetrar [pərpətrá] *t.* to perpetrate, to commit.

perpetu, -ètua [pərpɛtu, -ɛtuə] *a.* perpetual, ceaseless, everlasting. ‖ *cadena perpètua,* life imprisonment.

perpetuar [pərpətuá] *t.* to perpetuate.

Perpinyà [pərpiɲá] *pr. n. m.* GEOGR. Perpignan.

perplex, -xa [pərplɛks, -ksə] *a.* perplexed, puzzled, bewildered.

perplexitat [pərpləksitát] *f.* perplexity, bewilderment.

perquè [pərkɛ] *conj.* because. ‖ *no vinc perquè estic marejada,* I'm not coming because I'm ill. 2 so that, in order that. ‖ *t'ho explico perquè ho entenguis,* I'm explaining it to you so that you will understand it. ■ 2 *m.* reason. ‖ *vull saber el perquè,* I want to know the reason.

perruca [pərrúkə] *f.* wig.

perruquer, -ra [pərrukɛ, -rə] *m.-f.* hairdresser.

perruqueria [pərrukəriə] *f.* hairdresser's, barber's. 2 hairdressing.

perruquí [pərruki] *m.* toupee.

persa [pɛrsə] *a., m.-f.* Persian.

persecució [pərsəkusió] *f.* pursuit, chase. 2 persecution.

perseguir [pərsəγi] *t.* to pursue, to chase; to persecute. 2 fig. to go after.

perseverança [pərsəβəránsə] *f.* perseverance; constancy.

perseverar [pərsəβərá] *i.* to persevere, to persist.

persiana [pərsiànə] *f.* blind. ‖ ~ *veneciana,* venetian blind.

persignar [pərsiŋná] *t.* to make the sign of the cross. ■ 2 *p.* to cross oneself.

persistència [pərsistɛnsiə] *f.* persistence.

persistir [pərsisti] *i.* to persist, to persevere.

persona [pərsònə] *f.* person. ‖ *hi caben quatre persones,* there is room for four people. 3 GRAMM. *person.* 4 *pl.* persons, people.

personal [pərsunàl] *a.* personal: *defensa ~,* self-defence; *objectes personals,* personal belongings. 2 GRAMM. personal. ■ 3 *m.* personnel, staff.

personalitat [pərsunəlitát] *f.* personality.

personatge [pərsunádʒə] *m.* personage, celebrity. 2 THEATR., LIT. character. 3 fig. person.

personificar [pərsunifiká] *t.* to personify.

perspectiva [pərspəktiβə] *f.* perspective. 2 fig. prospect, outlook. 3 scope.

perspicaç [pərspikás] *a.* perspicacious, discerning, shrewd.

perspicàcia [pərspikàsiə] *f.* perspicacity, clear-sightedness. 2 keen insight, acumen.

persuadir [pərsuəði] *t.* to persuade, to convince. ■ 2 *p.* to be persuaded, to convince oneself.

persuasió [pərsuəzió] *f.* persuasion. 2 conviction; belief.

pertànyer [pərtàɲə] *i.* to belong. 2 fig. to concern, to apply, to pertain. ▲ CONJUG. P. P.: *pertangut.*

pertinaç [pərtinás] *a.* obstinate, stubborn, determined.

pertinàcia [pərtinàsiə] *f.* obstinacy, doggedness, stubbornness.

pertinença [pərtinɛnsə] *f.* possession, ownership. 2 *pl.* belongings, possessions, property *sing.*

pertinència [pərtinɛnsiə] *f.* relevance, appropriateness.

pertinent [pərtinɛn] *a.* pertinent, relevant. 2 appropriate.

pertocar [pərtuká] *i.* to concern. 2 to correspond, to answer (to); to belong. 3 to be one's turn.

pertorbar [pərturβá] *t.* to disturb. 2 to perturb, to upset, to unsettle. 3 to confuse, to agitate.

pertrets [pərtrɛts] *m. pl.* supplies. 2 equipment *sing.*; tools, implements.

Perú [pərú] *pr. n. m.* GEOGR. Peru.

peruà, -ana [pəruà, -ànə] *a., m.-f.* Peruvian.

pervenir [pərβəni] *i.* to arrive at, to reach, to attain.

pervers, -sa [pərβɛrs, -sə] *a.* perverse, depraved. 2 wicked, evil.

perversió [pərβərsió] *f.* perversion, depravity. 2 wickedness.

perversitat [pərβərsitát] *f.* perversity, depravity. 2 wickedness, evil.

pervertir [pərβərti] *t.* to pervert, to lead astray, to corrupt. 2 *p.* to become perverted or corrupt.

perxa [pɛrʃə] *f.* coat stand, coat hanger. 2 pole. 3 SP. *salt amb ~,* pole-vault.

pes [pɛs] *m.* weight. 2 fig. weight, burden: *el ~ de la responsabilitat,* the burden of responsibility. 3 fig. weight, load, importance: *el ~ de l'opinió pública,* the weight of public opinion. ‖ *treure's un ~ de sobre,* to take a load off one's mind. 4 PHYS. weight. 5 SP. *llençament de ~,* shot put.

pesadesa [pəzəðɛzə] *f.* heaviness, weight. 2 tiresomeness. 3 clumsiness.

pesant [pəzàn] *a.* heavy, weighty.

pesantor [pəzəntò] *f.* weight. 2 PHYS. gravity.

pesar [pəzà] *m.* sorrow, grief, regret. 2 repentance.

pesar [pəzà] *t.* to weigh [also fig.], to consider. ■ 2 *i.* to weigh, to be heavy. 3 to be sorry, to regret. 4 fig. to carry a lot of weight, to play an important part. ‖ *el seu argument ha pesat molt en la decisió,* his argument carried a lot of weight in the decision. ■ 5 *adv. phr. a ~ de,* inspite of, despite, although.

pesat, -ada [pəzàt, -àðə] *a.* heavy, weighty. 2 hard, tedious [job, etc.]. 3 tiresome, boring. 4 clumsy, sluggish. 5 *m.-f.* bore, coll. drag.

pesca [pɛskə] *f.* fishing, angling. ‖ ~ *fluvial,* river fishing. 2 catch.

pescador, -ra [pəskəðò, -rə] *a.* fishing, angling. ■ 2 *m.-f.* angler. 3 *m.* fisherman.

pescaire [pəskàɯrə] (ROSS.) See PESCADOR.

pescant [pəskán] *m.* coach driver's seat. 2 NAUT. davit.

pescar [pəská] *t.* to fish, to go fishing. 2 fig. to catch, to get hold of: *he pescat un bon refredat,* I've caught a bad cold. || *el van ~ buidant la joieria,* he was caught robbing the jeweller's. 3 *~ amb canya,* to angle.

pèsol [pèzul] *m.* BOT. pea.

pesquer, -era [pəskè, -èrə] *a.* fishing. || *flota ~,* fishing fleet; *zona ~,* fishing ground, fishery. ■ 2 *f.* fishing. 3 *m.* fishing boat, trawler.

pessebre [pəsèβrə] *m.* crib, manger. 2 nativity scene.

pesseta [pəsétə] *f.* peseta. 2 fig. *canviar la ~,* to throw up, to be sick.

pesseter, -ra [pəsətè, -rə] *a.* money-grubbing. ■ 2 *m.-f.* money grubber.

pessic [pəsík] *m.* pinch, nip. 2 pinch, bit. 3 *pa de ~,* spongecake.

pessigada [pəsiɣáðə] *f.* pinch, nip. 2 bite, sting [of an animal].

pessigar [pəsiɣá] *t.* to pinch. 2 to bite, to sting.

pessigolleig [pəsiɣuʎètʃ] *m.* tickling.

pessigollejar [pəsiɣuʎəʒá] *t.* to tickle.

pessigolles [pəsiɣóʎəs] *f. pl.* tickling *sing.,* ticklishness *sing.:* *tenir ~,* to be ticklish.

pèssim, -ma [pèsim, -mə] *a.* very bad, abominable, terrible.

pessimisme [pəsimízmə] *m.* pessimism.

pessimista [pəsimístə] *a.* pessimistic. ■ 2 *m.-f.* pessimist.

pesta [péstə] *f.* plague, epidemic. 2 fig. coll. stink, stench. 3 pestilence, evil. 4 fig. plague, pest, nuisance [person].

pestanya [pəstáɲə] *f.* ANAT. eyelash. 2 fringe, edge, rim. 3 TECH. flange.

pestanyejar [pəstəɲəʒá] *i.* to blink, to wink.

pestell [pəstéʎ] *m.* bolt, latch, catch.

pestilència [pəstilènsiə] *f.* pestilence. 2 stink, stench.

pet [pet] *m.* bang, crack, crash. 2 vulg. fart. 3 *anar ~,* to be pissed, to be sloshed.

petaca [pətákə] *f.* cigar case. 2 pocket flask.

petadissa [pətəðisə] *f.* (ROSS.) See MUNT fig.

pètal [pètəl] *m.* BOT. petal.

petaner, -ra [pətənè, -rə] *a.* vulg. farting. ■ 2 *m.* lapdog.

petar [pətá] *i.* to crack, to crackle, to bang. 2 to die, to kick the bucket. || *fer ~ la xerrada,* to have a chat. || *peti qui peti,* no matter what. ■ 3 *p.* to snap, to burst, to split. || *petar-se de riure,* to split one's sides laughing.

petard [pətàr(t)] *m.* firecracker.

petarrell [pətərrèʎ] *m.* pout. 2 fig. kid, nipper, tiny tot. || *fer el ~,* to pout, to sulk.

petició [pətisió] *f.* request, demand, appeal. 2 petition. 3 LAW petition, plea, claim.

petimetre [pətimétrə] *m.* dandy, fop, dude.

petit, -ta [pətit, -tə] *a.* small, little. 2 short, brief. 3 young [child]. ■ 4 *m.-f. pl.* children; little ones, young ones [animals].

petitesa [pətitézə] *f.* smallness, littleness, small size. 2 fig. meanness. 3 slightest thing, trifle.

petja [pèdʒə] *f.* step, tread. 2 foot print, trace, track, footstep. || *no deixar de ~,* to chase after.

petjada [pədʒáðə] *f.* footprint; trace, trail. || fig. *seguir les petjades d'algú,* to follow in someone's footsteps.

petjapapers [pədʒəpapès] *m.* paperweight.

petjar [pədʒá] *t.* to step on, to tread on, to walk on.

petó [pətó] *m.* kiss. || *fer un ~,* to kiss.

petoneig [pətunètʃ] *m.* kissing.

petonejar [pətunəʒá] *t.* to cover with kisses. 2 coll. to snog.

petri, pètria [pètri, pétriə] *a.* stone, of stone. 2 rocky, stony.

petricó [pətrikó] *m.* liquid measure (0.235 l).

petrificar [pətrifiká] *t.* to petrify, to turn into stone. 2 fig. *ens vam quedar petrificats,* we were petrified, we stood rooted to the ground.

petroler, -ra [pətrulè, -rə] *a.* oil, petroleum. ■ 2 *m.-f.* petroleum retailer. 3 *m.* oil tanker.

petroli [pətròli] *m.* petroleum, oil, mineral oil.

petrolier [pətruliè] See PETROLER.

petulància [pətulánsiə] *f.* arrogance, insolence.

petulant [pətulán] *a.* arrogant, insolent, vain.

petúnia [pətúniə] *f.* BOT. petunia.

petxina [pətʃinə] *f.* shell.

peu [pɛǔ] *m.* ANAT. foot. 2 base, foot [of objects]. 3 ~ *de cabra*, crowbar; ~ *de rei*, vernier calliper. 4 foot, bottom. ‖ ~ *de pàgina*, foot of the page. 5 foot [measurement]. ■ *6 al ~ de la lletra*, literally, exactly; *amb peus de plom*, carefully, warily; *a ~ pla*, on a level, on the same floor; *ficar-se de peus a la galleda*, to put one's foot in it; *tenir fred de peus*, to be green with envy.

peüc [pǝúk] *m.* bootee [for babies]. 2 bed sock.

peülla [pǝúʎǝ] *f.* hoof.

peungla [pǝúŋglǝ] *f.* hoof.

pi [pi] *m.* BOT. pine, pine tree. 2 MATH. pi.

piadós, -osa [piǝðós, -ózǝ] *a.* pious, devout.

piafar [piǝfá] *i.* to paw the ground, to prance [horse].

pianista [piǝnístǝ] *m.-f.* pianist.

piano [piánu] *m.* MUS. piano. ‖ ~ *de cua*, grand piano. ■ 2 *adv.* piano.

piastra [piástrǝ] *f.* NUMIS. piastre.

pic [pik] *m.* pick, pickaxe [tool]. 2 peak [mountain]. 3 knock [on door]. 4 time. 5 peak: *al ~ de l'estiu*, at the height of summer. 6 dot, point.

pica [píkǝ] *f.* sink [kitchen, etc.]. 2 peak [mountain]. 3 ARTILL. pike.

picada [pikáðǝ] *f.* bite, sting [mosquito, etc.]. 2 COOK. sauce made in a mortar.

picadura [pikǝðúrǝ] *f.* bite, sting. 2 cut tobacco.

picant [pikán] *a.* hot, spicy [also fig.].

picantor [pikǝntó] *f.* itch, smart, tingling.

picapedrer [pikǝpǝðrè] *m.* stonecutter, stonemason; quarryman. 2 (BAL.) See PALETA.

picaplets [pikǝplèts] *m.-f.* coll. lawyer.

picaporta [pikǝpɔ̀rtǝ] *m.* doorknocker.

picar [piká] *t.* to bite, to sting, to peck [reptile, insect, bird]. 2 to peck (at) [birds]. 3 to pick at, to nibble at. ‖ *vols ~ quatre olives?* do you want some olives to eat? 4 to hit, to knock, to bang. ‖ fig ~ *els dits*, to teach a lesson. ■ 5 *i.* to itch: *aquest jersei pica*, this jersey itches; to burn, to scorch: *avui el sol pica*, the sun is scorching today. 6 ~ *de mans*, to clap. ■ 7 *p.* to become moth-eaten [cloth]; to get wormeaten [wood]; to go bad, to decay, to go rotten [teeth, fruit, etc.]; to rust [metal]. 8 fig. to get narked, to get nettled; to get angry, to get cross.

picardia [pikǝrðíǝ] *f.* craftiness, slyness. 2 dirty trick, vile deed. 3 trick, prank.

picaresc, -ca [pikǝrèsk, -kǝ] *a.* mischievous, roguish. 2 LIT. picaresque.

picarol [pikǝrɔ̀l] *m.* small bell.

pica-soques [pikǝsɔ̀kǝs] *m.* ORNIT. woodpecker.

picó, -ona [pikò, -nǝ] *a.* with protruding upper teeth.

piconadora [pikunǝðòrǝ] *f.* steam-roller, road roller.

piconar [pikuná] *t.* to roll.

picor [pikɔ̀] *f.* itch, stinging, tingling.

picossada [pikusáðǝ] *f.* large sum, amount [of money].

picota [pikɔ̀tǝ] *f.* HIST. pillory.

picotejar [pikutǝʒá] *t.-i.* to peck.

pictòric, -ca [piktɔ̀rik, -kǝ] *a.* pictorial.

pidolaire [piðulái̯rǝ] *m.-f.* beggar.

pidolar [piðulá] *t.* to beg.

pietat [piǝtát] *f.* piety. 2 pity, mercy.

pietós, -osa [piǝtós, -ózǝ] *a.* pious, devout. 2 compassionate, merciful.

pífia [pífiǝ] *f.* blunder, gaffe.

piga [píɣǝ] *f.* freckle. 2 beauty spot.

pigall [piɣáʎ] *m.* blind person's guide.

pigallós, -osa [piɣǝlós, -ózǝ] See PIGAT.

pigat, -ada [piɣát, -áðǝ] *a.* freckled, freckly.

pigment [pigmèn] *m.* pigment.

pigmeu, -ea [pigmèǔ, -ɛǝ] *a., m.-f.* pygmy.

pijama [piʒámǝ] *m.* pyjamas, (USA) pajamas.

pila [pílǝ] *f.* pile, heap. 2 loads *pl.*, lots *pl.*, heaps *pl.* ‖ *fa una ~ d'anys*, lots of years ago. ‖ *hi havia una ~ de gent*, there were loads of people there. 3 font [baptismal]. 4 ELECTR. battery, cell. 5 *nom de ~*, first name, Christian name.

pilar [pilá] *m.* pillar [also fig.].

pilastra [pilástrǝ] *f.* ARCH. pilaster.

pillar [piʎá] *t.* to pillage, to plunder, to loot. 2 to grab, to catch.

pillatge [piʎádʒǝ] *m.* plunder, pillage, looting.

pillet, -ta [piʎɛ́t, -tǝ] See MURRI.

piló [pilò] *m.* block. 2 chopping block. 3 heap.

pílor [pilur] *m.* ANAT. pylorus.

pilós, -osa [pilòs, -ózǝ] *a.* hairy, shaggy.

pilot [pilɔ̀t] *m.* NAUT. pilot; mate. 2 AUTO. driver. 3 AVIAT. pilot. 4 heap; amount; bundle. ■ 5 *a.* pilot. ‖ *un projecte ~*, a pilot scheme.

pilota [pilòtǝ] *f.* SP. ball. 2 COOK. meatball. 3 fig. *fer el ~*, to play up to. ‖ *tornar la*

~, to give someone a taste of his own medicine; tit for tat.

pilotada [pilutåðə] f. blow with a ball.

pilotar [pilutå] t. ANAT. to pilot, to steer. 2 AVIAT. to pilot, to fly. 3 AUTO. to drive.

pilotatge [pilutådʒə] m. NAUT. piloting. 2 AVIAT. piloting, flying. 3 AUTO. driving.

pilotejar [pilutəʒå] See PILOTAR.

pinacle [pinåklə] m. pinnacle. 2 fig. pinnacle, acme, peak.

pinacoteca [pinəkutɛkə] f. art gallery, picture gallery.

pinar [pinå] m. BOT. See PINEDA.

pinassa [pinåsə] f. BOT. pine needles.

pinça [pinsə] f. peg. 2 SEW. dart. 3 pl. tongs, tweezers, pincers. 4 pl. claws [of crabs, etc.].

pinçar [pinså] t. to fasten, to secure, to hold, to grip. 2 to pinch.

píndola [pindulə] f. pill. ‖ daurar la ~, to sugar or to sweeten the pill.

pineda [pinɛðə] f. pine grove, pine wood.

ping-pong [piŋpòŋ] m. ping-pong, table tennis.

pingüí [piŋgwi] m. ORNIT. penguin.

pinsà [pinså] m. ORNIT. chaffinch.

pinso [pinsu] m. feed, fodder.

pinta [pintə] f. comb. 2 fig. appearance, look. ‖ fer bona ~, to look good. 3 m. rogue, scoundrel.

pintada [pintåðə] f. graffity.

pintar [pintå] t. to paint. 2 ARTS to paint, to draw, to sketch. 3 fig. to describe, to depict, to paint. ■ 4 p. to put make-up on, to make oneself up.

pintor, -ra [pintò, -rə] m.-f. painter. 2 house painter.

pintoresc, -ca [pinturɛsk, -kə] a. picturesque. 2 colourful.

pintura [pintùrə] f. paint. 2 painting, picture.

pinxo [pinʃu] m. show-off, boaster, swaggerer.

pinya [piɲə] f. BOT. pine-cone. 2 pineapple. 3 fig. punch, blow. 4 crash [cars, etc.]. 5 cluster, bunch.

pinyac [piɲåk] m. blow, punch.

pinyó [piɲò] m. BOT. pine seed, pine nut. 2 MECH. pinion.

pinyol [piɲɔ́l] m. BOT. stone; pip, seed, (USA) pit.

pinzell [pinzɛʎ] m. paintbrush, brush.

pinzellada [pinzəʎåðə] f. brushstroke, stroke. 2 fig. short description.

pioc, -ca [piɔ́k, -kə] a. weak, poorly, unhealthy.

piolet [piulɛt] m. ice-axe.

pipa [pipə] f. pipe. 2 fer la ~, to suck one's thumb.

pipada [pipåðə] f. puff [of smoke].

pipar [pipå] i. to smoke. ■ 2 t. to puff at.

pipeta [pipɛtə] f. pipette.

pipí [pipi] m. wee-wee. ‖ fer ~, do a wee-wee.

piqué [pikɛ] m. piqué [type of cloth].

piquet [pikɛt] m. picket.

pira [pirə] f. pyre.

piragua [piråɣwə] f. canoe.

piràmide [piråmiðə] f. pyramid.

pirandó [pirandò] m. tocar el ~, to beat it, to hop it.

pirata [piråtə] m. pirate. ■ 2 a. pirate, bootleg: edició ~, pirate edition.

pirateria [pirətəriə] f. piracy.

pirinenc, -ca [pirinɛ̀ŋ, -kə] a. Pyrenean.

Pirineus [pirinɛ̌us] pr. n. m. pl. GEOGR. Pyrenees.

pirita [piritə] f. MINER. pyrites.

pirotècnia [pirutɛkniə] f. pyrotechnics.

pis [pis] m. flat, apartment. 2 floor, storey. 3 layer; deck. ‖ casa (o bloc) de pisos, block of flats, high-rise building. 4 ~ franc, flat used as a hideout by delinquents.

pisa [pizə] f. china, earthenware, pottery. 2 crockery.

piscicultura [pisikultùrə] f. fish farming.

piscina [pisinə] f. swimming pool.

piscolabis [piskulåβis] m. snack.

pispa [pispə] m. pickpocket, thief.

pispar [pispå] t. coll. to pinch, to nick, to lift.

pissarra [pisårrə] f. MINER. slate. 2 blackboard, board.

pista [pistə] f. trail, track. 2 trace, scent. 3 fig. clue. 4 SP. track; court. ‖ ~ de gel, ice rink; ~ d'esquí, ski run or slope; ~ de tennis, tennis court. 5 ~ d'aterratge, runway. ‖ ~ de ball, dance floor.

pistil [pistil] m. BOT. pistil.

pistó [pistò] m. MECH. piston. 2 MUS. piston, valve. 3 cartridge or percussion cap [of guns].

pistola [pistɔ́lə] f. pistol, gun. 2 spray gun, paint gun.

pistoler, -ra [pistulɛ̀, -rə] m. gangster, gunman. 2 f. holster.

pistrincs [pistriŋks] m. pl. coll. money sing., dough sing.

pit [pit] *m.* ANAT. chest. 2 breast, bust, bosom [of woman]. 3 breast [of animal]. *4 prendre's una cosa a* ~, to take something to heart.

pita [pitə] *f.* BOT. agave.

pitafi [pitáfi] *m.* botch-up, cock-up, mess-up.

pitam [pitám] *m.* big bust, large breasts.

pitança [pitánsə] *f.* daily ration or food allowance. 2 coll. daily bread; food.

pitet [pitɛ́t] *m.* bib.

pítima [pítimə] *f.* coll. drunkenness.

pitjar [pidʒá] *t.* to press, to squeeze; to trample [down].

pitjor [pidʒó] *a.-adv.* worse, worst.

pitó [pitó] *m.* ZOOL. python.

pitonisa [pitunísə] *f.* pythoness.

pitrera [pitrɛ́rə] *f.* front, shirt-front. 2 coll. breast, bust, bosom, chest.

pit-roig [pitrɔ̀tʃ] *m.* ORNIT. robin.

piu [piŭ] *m.* chirping, cheeping [birds]. || *sense dir ni* ~, without saying a word. 2 TECH. pin, peg; pivot, plug; catch. 3 vulg. cock.

piula [piúlə] *f.* banger, cracker, firework.

piular [piulá] *i.* to chirp, to cheep. 2 fig. to speak.

piulet [piŭlɛ́t] *m.* chirping, cheeping [birds]. 2 screeching, screaming, squealing.

pixaner, -ra [piʃɘnɛ̀, -rə] *a.* vulg. weak-bladdered. ■ 2 *m.-f.* vulg. weak-bladdered person.

pixar [piʃá] *t.-i.* vulg. to piss, to pee.

pixatinters [piʃətintɛ̀s] *m.* pej. penpusher; clerk.

pixats [piʃáts] *m. pl.* vulg. piss *sing.* || fig. *amb els* ~ *al ventre,* in the act, red-handed.

pla, -ana [pla, -ánə] *a.* even, flat, level, smooth. ■ 2 *m.* flat surface. 3 ARCH. draft, ground plan. 4 GEOGR. map; street plan. 5 project, plan. 6 MATH., GEOM. plane; straight. 7 plain. 8 *f.* page.

placa [plákə] *f.* plate. || ~ *solar,* solar panel.

plaça [plásə] *f.* square. 2 job, post [work]; seat, place [cinema, bus, etc.]. 3 market, market place.

placenta [pləsɛ̀ntə] *f.* ANAT. placenta.

plàcid, -da [plásit, -ðə] *a.* calm, peaceful, placid, still.

placidesa [pləsiðɛ́zə] *f.* calmness, peacefulness, stillness, placidness.

plaent [pləɛ̀n] *a.* agreeable, nice, pleasant, pleasing.

plaer [pləɛ̀] *m.* pleasure, enjoyment, delight. || *per* ~, for pleasure, for fun.

plafó [pləfó] *m.* panel.

plaga [pláɣə] *f.* plague, curse, calamity, scourge. 2 MED. ulcer, sore. ■ 3 *m.* practical joker, leg-puller, mocker.

plagi [plàʒi] *m.* plagiarism.

plagiar [pləʒiá] *t.* to plagiarise.

planador [plənəðó] *m.* AER. glider.

planar [pləná] *i.* AER. to glide. 2 to soar [birds].

plançó [plənsó] *m.* BOT. seedling; sapling. 2 shoot, sprout. 3 fig. offspring.

planejar [plənəʒá] *t.* to plan. ■ 2 *i.* to be flat.

planell [plənɛ̀ʎ] *m.* GEOGR. plateau, tableland.

planer, -ra [plənɛ̀, -rə] *a.* flat, level, even. 2 fig. simple, easy.

planeta [plənɛ̀tə] *m.* planet.

plànol [plánul] *m.* map, plan. 2 drawing, draft.

planta [plántə] *f.* BOT. plant. 2 ANAT. sole. 3 appearance, bearing. 4 ARCH. ground plan. 5 floor, storey.

plantació [pləntəsió] *f.* plantation; planting.

plantar [pləntá] *t.* AGR. to plant. 2 to put in, to stick. 3 coll. to place, to put, to set. || ~ *cara,* to face, to stand up to someone. 4 coll. to abandon, to give up, to leave. 5 coll. to land [blow], to slap, to hit. ■ *6 p.* to get to.

plantat, -ada [pləntát, -áðə] *a.* planted; standing. || *ben* ~, good-looking, well-built.

plantejament [pləntəʒəmɛ̀n] *m.* exposition; planning. 2 approach. 3 statement [of problem]. 4 posing, raising [of question].

plantejar [pləntəʒá] *t.* to state, to set forth [problem]. 2 to raise, to pose [a question]. 3 to plan, to think out; to outline. 4 to carry out, to introduce [reform, etc.].

planter [pləntɛ̀] *m.* nursery, seedbed [for plants]. 2 seedling. 3 fig. training establishment, nursery.

plantificar [pləntifiká] *t.* coll. to put, to stick, to place.

plantilla [pləntíʎə] *f.* insole [of shoe]. 2 TECH. template, pattern; stencil. 3 personnel, employees *pl.*; staff.

plantofa [pləntɔ̀fə] *f.* slipper.

plantofada [pləntufáðə] *f.* blow, slap.

planura [plənúrə] *f.* GEOGR. plain.

planxa [plánʃə] f. plate, sheet. 2 iron [for ironing]. 3 PRINT. plate. 4 coll. bloomer, blunder. ‖ *fer una ~*, to drop a clanger.

planxar [plənʃá] t. to iron, to press [clothes].

plany [plaɲ] m. lament, complaint, moaning.

plànyer [plåɲə] t. to pity, to feel sorry for, to sympathize with. 2 to save, to use sparingly, to economize. ■ 3 p. to complain or to moan about.

plasma [plázmə] m. plasma.

plasmar [pləzmá] t. to shape, to mould; to create, to represent; to capture.

plàstic, -ca [plástik, -kə] a. plastic. ■ 2 m. plastic. 3 f. plastic art, modelling.

plastificar [pləstifiká] t. to plasticize, to plastify.

plat [plat] m. plate, dish. 2 dish, plateful. 3 course.

plata [plátə] f. silver [metal]. 2 dish, serving dish, (USA) platter.

plataforma [plətəfórmə] f. platform. 2 platform car. (USA) flat-car. 3 footplate [trains, buses]. 4 ~ *de llançament*, launching pad. 5 ~ *de perforació*, drilling rig. 6 fig. stepping-stone.

plàtan [plátən] m. BOT. plane tree. 2 banana tree. 3 banana [fruit].

platanar [plətəná] m. banana plantation.

platea [plátèə] f. THEATR. stalls pl.

platejat, -ada [plətəʒát, -áðə] a. silver-plated. 2 silvery [colour].

plateresc, -ca [plətərèsk, -kə] a. ART plateresque [style].

platerets [plətərèts] m. pl. MUS. cymbals.

platí [pləti] m. platinum.

platina [plətinə] f. MECH. plate. 2 TECH. slide [of microscope]. 3 worktable [machine tool]. 4 cassette deck. 5 record deck. 6 PRINT. platen.

platja [plådʒə] f. beach. 2 seaside.

platònic, -ca [plətònik, -kə] a. Platonic. 2 platonic.

plats-i-olles [plàdziʎʎəs] m. pottery seller.

plaure [plåurə] i. to please; to like. ‖ *si et plau*, please. ▲ CONJUG. GER. *plaent*. ‖ P. P.: *plagut*. ‖ INDIC. Pres.: *plac*. ‖ SUBJ. Pres.: *plagui*, etc. ‖ Imperf.: *plagués*, etc.

plausible [pləůzibblə] a. plausible.

ple, -ena [plɛ, -ɛnə] a. full. 2 absolute, total. 3 chubby, plump, fat. ■ 4 m. THEATR. full house; sellout. 5 plenary session. 6 *de ~*, totally, completely.

plebeu, -ea [pləβéŭ, -ɛə] a. plebeian, vulgar, common.

plebiscit [pləβisit] m. plebiscite

plebs [plɛps] f. common people masses pl., rabble. 2 coll. plebs.

plec [plɛk] m. pleat [of clothes]; crease, fold [of paper etc.]. 2 GEOL. fold. 3 sealed letter.

pledejar [pləðəʒà] t. LAW to plead. ■ 2 i. LAW to plead (for or against).

plegar [pləɣá] t. to fold; to bend; to pleat [clothes]. 2 to stop; to close down. ■ 3 i. to stop working, to knock off. ‖ *pleguem!*, that's enough, let's finish. 4 to pack up.

plegat, -ada [pləɣát, -áðə] a. pl. together. ■ 2 m. folding, bending. ‖ *tot ~*, the whole thing; when all's said and done. ‖ *tot d'un ~*, all of a sudden, all at once.

plèiade [plɛ́jəðə] f. group, number [of famous people]. 2 ASTR. pl. Pleiades.

plenamar [plɛnəmàr] f. high tide, high water.

plenari, -ària [plənàri, -àriə] a. plenary; full, complete. ■ 2 m. plenary session.

pleniluni [plənilúni] m. full moon.

plenipotenciari, -ària [plɛniputənsiàri, -àriə] a., m.-f. plenipotentiary.

plenitud [plənitút] f. plenitude, fullness; completeness. ‖ *en la ~ de*, in the fullness of. 2 fig. prime [persons].

pleonasme [pləunázmə] m. pleonasm.

plet [plet] m. debate, dispute, controversy. 2 LAW lawsuit, case.

pleta [plɛ́tə] f. sheepfold, fold.

pleura [plɛ́ůrə] f. ANAT. pleura.

pleuresia [pləŭrəziə] f. MED. pleurisy.

plom [plom] m. CHEM. lead [metal]. 2 ELECTR. fuse. 3 drag, bore [person].

ploma [plómə] f. feather. 2 quill; pen [writing instruments].

plomada [plumáðə] f. CONSTR. plumb-line.

plomall [plumáʎ] m. plumage; crest, plume. 2 feather duster.

plomar [plumá] t. to pluck.

plomatge [plumádʒə] m. plumage, feathers.

plomer [plumé] m. feather duster.

plomissol [plumisɔ̀l] m. down.

plor [plɔ] m. crying, weeping. ‖ *arrencar el ~*, to start crying.

ploramiques [plɔrəmikəs] m. f. crybaby.

ploraner, -ra [plurənè, -rə] a. tearful, weeping. ■ 2 m.-f. crybaby, whimperer. 3 f. hired mourner.

plorar [plurá] *i.* to cry, to weep. ■ *2 t.* to shed tears, to weep. 3 to mourn (for). 4 to regret. 5 to bemoan, to bewail.

ploricó [plurikò] *m.* whimpering, whining.

plorós, -osa [pluròs, -ózə] *a.* tearful, weeping.

ploure [plóŭrə] *i.* to rain [also fig.]. ‖ *~ a bots i barrals,* to rain cats and dogs.

plovisquejar [pluβiskəʒá] *i.* to drizzle.

plugim [pluʒim] *m.* drizzle.

pluja [plúʒə] *f.* rain, shower [also fig.]. ‖ *una ~ d'aplaudiments,* a hail of applause.

plujós, -osa [pluʒòs, -ózə] *a.* rainy, wet.

plural [plurál] *a.* plural.

pluralitat [plurəlitát] *f.* plurality. 2 majority. 3 a great number of, a great variety of.

plus [plus] *m.* bonus, extra pay. ‖ *~ de nocturnitat,* bonus for working nights.

plusquamperfet [pluskwəmpərfèt] *m.* GRAMM. *pluperfect.*

plus-vàlua [pluzβáluə] *f.* appreciation, increased value; unearned increment.

Plutó [plutó] *m.* ASTR. Pluto.

plutocràcia [plutukrásiə] *f.* plutocracy.

pluvial [pluβiál] *a.* pluvial, rain.

pluviòmetre [pluβiòmətrə] *m.* pluviometer, rain gauge.

pneumàtic, -ca [nəŭmàtik,-kə] *a.* pneumatic. ■ *2 m.* tyre, (USA) tire.

pneumònia [nəŭmòniə] *f.* MED. pneumonia.

poagre [puáɣrə] *m.* MED. podagra, gout.

poal [puál] *m.* (BAL), (VAL.) See GALLEDA.

població [pubbləsió] *f.* population. 2 city, town; village.

poblament [pubbləmèn] *m.* populating, peopling.

poblar [pubblá] *t.* to people, to populate [people]. 2 to populate [animals]. 3 to inhabit. 4 to settle, to colonize; to plant [trees]; to stock [fish].

poble [pòbblə] *m.* people [nation]. 2 village. 3 common people.

pobre, -bra [pòβrə, -βrə] *a.* poor [also fig.]. 2 little, no. ■ *3 m.-f.* poor person; poor man or woman, beggar. 4 *pl.* the poor.

pobresa [puβrèzə] *f.* poverty; need. 2 lack, scarcity, want.

pobrissó, -ona [puβrisó, -ónə] *a.* poor little thing.

poc, -ca [pɔk, -kə] *a.* little, not much; slight, scanty; not very. ‖ *~ útil,* not

very useful. 2 *pl.* not many, few; a few, some. ‖ *poques vegades,* not very often. ■ *3 adv.* not very much, little. ‖ *entre ~ i massa,* neither one thing nor the other. ‖ *a ~ a ~,* bit by bit, slowly. ‖ *al cap de ~,* after a short while. ‖ *~ més o menys,* more or less.

poca-solta [pókəsòltə] *m.-f.* coll. thoughtless person. 2 cheeky person.

poca-traça [pókətràsə] *m.-f.* awkward or clumsy person, bungler.

poca-vergonya [pókəβərɣóɲə] *m.-f.* cheeky or shameless person, rotter.

poció [pusió] *f.* potion. 2 fig. brew, concoction.

podar [puðá] *t.* to prune; to trim.

poder [puðè] *m.* power, force, means; capacity; strength. 2 authority, control. ‖ *en ~ de,* in the hands of.

poder [puðè] *t.* to be able to, can. 2 may, might [granting or asking for permission]. 3 to be allowed to. 4 may, might, can [possibility]. ▲ CONJUG. P. P.: *pogut.* ‖ INDIC. Pres.: *puc, pots, pot,* etc. ‖ SUBJ. Pres.: *pugui,* etc. ‖ Imperf.: *pogués,* etc.

poderós, -osa [puðərós, -ózə] *a.* powerful; strong.

podridura [puðriðúrə] *f.* putrefaction, rot, decay. 2 fig. corruption, rottenness.

podrir [puðri] *t.* to rot. ■ *2 p.* to rot, to decompose.

podrit [puðrit] *m.* rotten part [of something].

poema [puɛ̀mə] *m.* poem.

poesia [puəziə] *f.* LIT. *poetry.* 2 poem.

poeta [puɛ̀tə] *m.* poet.

poetastre [puətàstrə] *m.* poetaster, petty poet.

poetessa [puətɛ̀sə] *f.* poetess.

poètic, -ca [puɛ̀tik, -kə] *a.* poetic, poetical. 2 poetry.

pol [pɔl] *m.* pole.

polaina [pulăĭnə] *f.* gaiter, legging.

polar [pulár] *a.* polar.

polaritzar [puləridzá] *t.* to polarize.

polca [pólkə] *f.* MUS. polka.

polèmic, -ca [pulɛ̀mik, -kə] *a.* polemical. ■ *2 f.* polemic, controversy. 3 polemics.

polemista [puləmistə] *m.-f.* polemicist; debater.

policia [pulisiə] *f.* police, police force. 2 *m.* policeman. 3 *f.* policewoman.

policíac, -ca [pulisiək, -kə] *a.* police. ‖ *novel·la policíaca,* detective novel; coll. whodunit.

polidesa [puliðɛzə] f. neatness, tidiness. 2 cleanliness. 3 refinement, polish, elegance.

poliedre [puliəðrə, cold puliɛðrə] m. GEOM. polyhedron.

poliester [puliɛstər] m. polyester.

polifonia [pulifuniə] f. MUS. polyphony.

polifònic, -ca [pulifɔnik, -kə] a. MUS. polyphonic.

poligàmia [puliɣàmiə] f. polygamy.

poliglot, -ta [puliɣlɔt, -tə] a., m.-f. polyglot.

polígon [puliɣun] m. GEOM. polygon. 2 ~ *industrial,* industrial estate.

polinomi [pulinɔmi] m. polynomial.

poliomelitis [puliuməlitis] f. MED. poliomyelitis.

pòlip [pɔlip] m. ZOOL. MED. polyp.

polir [puli] t. to polish, to smooth. 2 fig. to put the finishing touches to. 3 fig. to polish, to refine [person]. 4 fig. to steal, to pinch. ■ *5 p.* to squander, to waste [money, etc.]. 6 coll. to polish off.

polisíl·lab, -ba [pulisilləp, -βə] a. GRAMM. *polysyllabic.* ■ 2 m. polysyllable.

polisportiu [pɔlispurtiŭ] m. sports hall.

pòlissa [pɔlisə] f. policy [insurance]. 2 tax stamp, fiscal stamp. 3 contract.

polissó [pulisò] m. stowaway.

polit, -ida [pulit, -iðə] a. neat, trim; lovely, pretty.

politècnic, -ca [pulitɛknik, -kə] a. polytechnic, polytechnical. ■ 2 m.-f. polytechnic.

politeisme [pulitəizmə] m. polytheism.

polític, -ca [pulitik, -kə] a. political. ‖ *fill* ~, son-in-law. ■ 2 f. politics. 3 policy. 4 m. politician, statesman.

politja [pulidʒə] f. pulley.

poll [poʎ] m. chick, chicken. 2 ENT. louse.

polla [pòʎə] f. ORNIT. pullet, young hen.

pollancre [puʎáŋkrə] m. BOT. poplar.

pollastre [puʎástrə] m. chicken.

polleguera [puʎəɣèrə] f. TECH. strap hinge, pivot, pin. ‖ fig. *fer sortir de* ~, to get on one's nerves.

pol·len [pɔllən] m. BOT. pollen.

pollet [puʎét] m. ORNIT. chick, chicken.

pollí, -ina [puʎí, -inə] m.-f. young donkey or ass.

pollós, -osa [puʎòs, -ózə] a. lousy. 2 fig. dirty, wretched.

pol·lució [pullusiò] f. pollution.

polo [pɔlu] m. SP. *polo.*

polonès, -esa [pulunɛs, -ɛzə] a. Polish. ■ 2 m.-f. Pole.

Polònia [pulɔniə] pr. n. f. GEOGR. Poland.

polpa [pɔlpə] f. pulp.

pols [pols] m. ANAT. *pulse.* 2 ANAT. temple. 3 dust.

polsada [pulsàðə] f. pinch.

polsar [pulsà] t. to take or to feel the pulse of. 2 to play, to strum, to pluck [guitar, violin, etc.]. 3 fig. to sound out, to probe.

polsegós, -osa [pulsəɣòs, -ósə] a. dusty.

polseguera [pulsəɣèrə] f. dust cloud, cloud of dust.

polsera [pulsèrə] f. bracelet.

polsim [pulsim] f. very fine dust.

polsós, -osa [pulsòs, -ózə] a. dusty.

poltre [pòltrə] m. ZOOL. colt, foal. 2 SP. vaulting horse.

poltró, -ona [pultrò, -ónə] a. idle, lazy. ■ 2 f. easy chair.

pólvora [pòlβurə] f. gunpowder.

polvorera [pulβurèrə] f. COSM. compact.

pólvores [pòlβurəs] f. pl. COSM. powder *sing.*

polvorí [pulβuri] m. powder magazine, gunpowder arsenal.

polvoritzador [pulβuridzəðò] m. pulverizer. 2 atomizer, spray.

polvoritzar [pulβuridzà] t. to pulverize, to crush, to grind [solids]. 2 to atomize, to spray [liquids].

polzada [pulzàðə] f. inch.

polze [pólzə] m. thumb.

pom [pom] m. knob. 2 bunch [of flowers].

poma [pómə] f. BOT. apple.

pomada [pumàðə] f. MED. ointment.

pomell [pumèʎ] m. bunch [of flowers].

pomer [pumè] m. BOT. apple tree.

pompa [pómpə] f. pomp; ceremony, display. 2 *pompes fúnebres,* funeral [ceremony], undertaker's [establishment].

pompill [pumpiʎ] (ROSS.) See CUL.

pompós, -osa [pumpòs, -ózə] a. pompous, showy, self-important [person]. 2 splendid, sumptuous. 2 pompous, inflated [style].

pòmul [pòmul] m. ANAT. cheekbone.

poncell, -a [punsèʎ, -èʎə] a. virgin. ■ 2 f. virgin, maid. 3 BOT. *bud.*

ponderar [pundərà] t. to ponder over, to consider, to think over. 2 to balance, to weigh up. 3 to exaggerate. 4 to praise highly.

ponderat, -ada [pundərát, -áðə] *a.* measured [thing]. 2 prudent, tactful [person]. 3 well-balanced, steady.

pondre [póndrə] *t.* to lay [eggs]. ■ *2 p.* to set, to go down [sun, etc.]. ▲ CONJUG. like *respondre.*

ponedor [punəðó] *a.* egg-laying, laying. ■ *2 m.* laying place, nest box.

ponència [punénsiə] *f.* report. 2 position of reporter. 3 reporter.

ponent [punèn] *m.* GEOG. *west.* 2 *m.-f.* rapporteur.

pont [pɔn] *m.* CONSTR. bridge. 2 NAUT. upper deck. 3 ~ *aeri,* airlift, air shuttle. 4 *fer* ~, to have a long weekend.

pontífex [puntífəks] *m.* REL. pontiff; pope.

pontificat [puntifikát] *m.* pontificate.

pontifici, -ícia [puntifísi, -ísiə] *a.* pontifical.

pontó [puntó] *m.* NAUT. pontoon.

ponx [pɔnʃ] *m.* COOK. punch.

pop [pop] *m.* ZOOL. octopus.

popa [pópə] *f.* NAUT. poop, stern.

pope [pópe] *m.* pope.

popular [pupulá(r)] *a.* popular. || *un cantant* ~, a popular singer. 2 of the people, folk; *cançó* ~, folk song; *república* ~, people's republic. 3 colloquial [language].

popularitat [pupulərität] *f.* popularity.

popularitzar [pupuləridzà] *t.* to popularize. ■ *2 p.* to become popular.

populatxo [pupulátʃu] *m.* populace, masses; mob, rabble.

populós, -osa [pupulós, -ózə] *a.* populous.

pòquer [pɔ́kər] *m.* GAME. poker.

por [po] *f.* fear, fright, dread. || *tinc* ~, I'm afraid *(de,* of). || *em fa* ~, it frightens or scares me. 2 *tenir* ~, to be afraid that. || *tinc* ~ *de fer tard,* I'm afraid I will be late.

porc, -ca [pɔrk, -kə] *m.-f.* pig, hog, swine; sow [female]. || ~ *espí,* porcupine. || ~ *senglar,* wild boar. 2 fig. pig, swine, bitch. ■ *3 a.* dirty, filthy; disgusting; bawdy, smutty.

porcada [purkáðə] *f.* herd of pigs. 2 fig. dirty trick.

porcell [pursèʎ] *m.* piglet; sucking pig.

porcellana [pursəʎánə] *f.* porcelain, china.

porcí, -ina [pursí, -inə] *a.* porcine, pig.

porció [pursió] *f.* portion; share. 2 COOK. part, amount; piece [of chocolate].

porfídia [purfíðiə] *f.* persistence; stubbornness.

porfidiejar [purfidiəʒà] *i.* to persist, to insist; to argue stubbornly.

porgar [puryá] *t.* to sieve, to sift.

pornografia [purnuyrəfiə] *f.* pornography.

porós, -osa [purós, -ózə] *a.* porous.

porpra [pórprə] *f.* purple.

porqueria [purkəriə] *f.* filth, muck. 2 dirty trick. 3 rubbish, junk.

porra [pórrə] *f.* truncheon, club. || *ves a la* ~, get lost, go to hell!

porro [pɔ́rru] *m.* BOT. *leek.* 2 coll. joint [drug].

porró [purró] *m.* glass wine jug with a long spout.

port [pɔr(t)] *m.* port, harbour, (USA) harbor. 2 GEOGR. *pass.* 3 bearing, air. 4 *pl.* porterage *sing.*; delivery charge *sing.*

porta [pɔ́rtə] *f.* door; gate; doorway, entrance [also fig.]. || *a* ~ *tancada,* behind closed doors. || *estar a les portes de,* to be on the threshold of. || *tancar la* ~ *als nassos,* to slam the door in one's face. || *trucar a la* ~, to knock at someone's door [also fig.].

portaavions [pɔ̀rtəβiòns] *m.* aircraft carrier.

portabombeta [pɔ̀rtəβumbètə] *m.* ELECTR. bulb-holder.

portacigarretes [pɔ̀axrtəsiɣərrètəs] *m.* cigarette case.

portada [purtáðə] *f.* main door or entrance. 2 cover, title page [of book].

portador, -ra [purtəðó, -rə] *a.* carrying. ■ *2 m.-f.* carrier. 3 *m.* COMM. bearer, payee.

portaequipatges [pɔ̀rtəkipádʒəs] *m.* boot [of a car], (USA) trunk.

portal [purtál] *m.* main door or entrance; doorway.

portalada [purtəláðə] *f.* large doorway or entrance.

portalàmpades [pɔ̀rtəlámpəðəs] *m.* socket [of light bulb].

portamonedes [pɔ̀rtəmunéðəs] *m.* purse, (USA) change purse.

portar [purtá] *t.* to bring (along), to carry on one, to have; to carry. || *portes diners?,* have you any money (on you)? || *quina en portes de cap?,* what have you got in mind? 2 to direct, to manage; to run [also fig.]. || ~ *un taxi,* to drive a taxi. || ~ *una botiga,* to run a shop. 3 to wear. 4 to take; to lead. 5 to cause. || fig. *els gats negres porten mala sort,* black cats bring you bad luck. ■ *6 p.* to behave (oneself).

portàtil [purtátil] *a.* portable.

portaveu [pɔrtəβέŭ] *m.-f.* spokesman.

portaviandes [pɔrtəβiàndəs] *m.* lunch box. 2 picnic basket; ice-box.

portella [purtèʎə] *f.* little door. 2 door [of car].

portent [purtèn] *m.* prodigy, phenomenon; marvel; sensation [person].

portentós, -osa [purtəntós, -ózə] *a.* marvellous, extraordinary; sensational.

porter, -ra [purtè, -rə] *m.-f.* doorman, doorkeeper; porter. 2 SP. goalkeeper, goalie.

porteria [purtəriə] *f.* porter's lodge or lodgings. 2 hall, entrance [of a building]. 3 SP. goal.

pòrtic [pɔ́rtik] *m.* portico; porch.

porticó [purtikó] *m.* shutter [of window]. 2 small window.

porto-riqueny, -nya [purturrikέɲ, -ɲə] *a., m.-f.* Puerto Rican.

portuari, -ària [purtuári, -áriə] *a.* port, dock: *treballador ~,* docker.

Portugal [purtuɣál] *pr. n. m.* GEOGR. Portugal.

portugués, -esa [purtuɣés, -ézə] *a., m.-f.* Portuguese.

poruc, -uga [purúk, -úɣə] *a.* fearful, faint-hearted; timid.

porus [pɔ́rus] *m.* pore.

porxada [purʃáðə] *f.* arcade.

porxo [pɔ́rʃu] *m.* porch, portico.

posada [puzáðə] *f.* inn, lodging house. 2 *~ en comú,* meeting, get-together. ‖ *~ en escena,* staging. ‖ *~ en funcionament,* implementation. ‖ *~ en marxa,* starting-up.

posar [puzá] *t.* to put; to place; to set. 2 fig. *~ atenció,* to pay attention. ‖ *al gos li posarem «Pelut»,* we'll call the dog «Pelut». 3 to suppose. ■ *4 p.* to get, to become: *posar-se trist,* to get sad. *5* to start. ‖ *posar-se a córrer,* to run off. ‖ *posar-se a plorar,* to start crying. *6* to put on [clothing, jewellery, etc.]. ■ *7 i.* to stop over, to spend the night. *8* to pose [for an artist].

posat [puzát] *m.* attitude, air.

posició [puzisió] *f.* location; position. 2 situation. ‖ fig. *~ econòmica,* financial position. 3 position [also fig.].

pòsit [pɔ́zit] *m.* sediment, deposit. 2 fig. bed.

positiu, -iva [puzitíŭ, -íβə] *a.* positive.

positivisme [puzitiβízmə] *m.* PHIL. positivism.

positivista [puzitiβístə] *a., m.-f.* positivist.

positura [pusitúrə] *f.* posture; pose.

posposar [puspuzá] *t.* to put after or behind. 2 to postpone; to put off.

posseïdor, -ra [pusəiðó, -rə] *a.* owning, possessing. ■ *2 m.-f.* owner, possessor; holder.

posseir [pusəí] *t.* to possess, to own, to have; to hold.

possessió [pusəsió] *f.* possession, ownership. 2 tenure. 3 possession, property; estate.

possessiu, -iva [pusəsiŭ, -íβə] *a.* possessive.

possibilitar [pusiβilitár] *t.* to make possible or feasible; to permit.

possibilitat [pusiβilitát] *f.* possibility; chance.

possible [pusíbblə] *a.* possible. ■ *2 m. pl.* assets, funds; means.

post [pɔs(t)] *f.* board, plank. ‖ *~ de planxar,* ironing-board. 2 *m.* MIL. post.

posta [pɔ́stə] *f.* placing, putting. 2 relay [of horses]. ‖ *a ~,* on purpose. 3 setting [of star]. 4 egg-laying; egg-laying season. *6* bet [money].

postal [pustál] *a.* postal, (USA) mail: *gir ~,* postal order, (USA) mail order. ■ *2 f.* postcard.

postdata [puzdàtə] *f.* postscript.

postergar [pustərɣá] *t.* to postpone; to delay. 2 to disregard, to ignore.

posterior [pustəriònrœ] *a.* rear, back, posterior. 2 later, subsequent.

posteritat [pustəritát] *f.* posterity.

postís, -issa [pustis, -isə] *a.* false, artificial.

postor [pustó] *m.* LAW bidder.

postrar [pustrá] See PROSTRAR.

postrem, -ma [pustrèm, -mə] *a.* last.

postres [pɔ́strəs] *f. pl.* dessert *sing.*

postular [pustulá] *t.* to postulate. 2 to request; to demand. 3 to collect [money].

postulat [pustulát] *m.* postulate.

pòstum, -ma [pɔ́stum, -mə] *a.* posthumous.

postura [pustúrə] *f.* See POSITURA. 2 bid. 3 *pl.* affectation *sing.*

posturer, -ra [pusturè, -rə] *a.* affected; suave.

pot [pɔt] *m.* jar; pot.

pota [pɔ́tə] *f.* leg [of furniture]; foot, leg; paw [of animal].

potable [putábblə] *a.* drinkable. ‖ *aigua* ~, drinking water. 2 fig. modest; passable.

potassa [putásə] *f.* CHEM. potash.

potassi [putási] *m.* CHEM. potassium.

potatge [putádʒə] *m.* stew; stewed vegetables. 2 mixture; mishmash.

potència [putɛ́nsiə] *f.* power; capacity [mechanical].

potencial [putənsiál] *a.-m.* potential.

potent [putɛ́n] *a.* powerful; potent.

potentat [putəntát] *m.* potentate; magnate, tycoon.

potestat [putəstát] *f.* power, authority.

potinejar [putinəʒá] *t.* to dirty. 2 to mess up, to botch. ■ 3 *i.* to make a mess.

potiner, -ra [putiné, -rə] *a.* fithy, dirty; slovenly.

potinga [putíŋgə] *f.* coll. concoction. 2 MED. potion.

poti-poti [pɔtipɔ́ti] *m.* jumble, mix-up, muddle.

pòtol [pɔ́tul] *m.* tramp, vagrant, (USA) bum.

potser [putsé] *adv.* maybe, perhaps; possibly.

pou [póṹ] *m.* well. 2 pit, shaft.

PPCC *pr. n. m. pl. (Països Catalans)* (Catalan Countries)

pràctic, -ca [práktik, -kə] *a.* practical; useful, handy; convenient. ■ 2 *f.* practice. 3 *pl.* training *sing.*

practicant [prəktikán] *a.* practising. ■ 2 *m.-f.* medical assistant.

practicar [prəktiká] *t.* to practise, (USA) to practice. 2 to perform. 3 SP. *to play, to go in for.* 4 REL. *to practise,* (USA) *to practice.*

prada [prádə] *f.* meadow; grasslands *pl.*

Praga [práɣə] *pr. n. f.* GEOGR. *Prague.*

pragmàtic, -ca [prəɣmátik, -kə] *a.-f.* pragmàtic.

pragmatisme [prəɣmətízmə] *m.* pragmatism.

prat [prat] *m.* field, meadow; pasture.

preàmbul [prəámbul] *m.* preamble, introduction.

prec [prek] *m.* request.

precari, -ària [prəkári, -áriə] *a.* precarious.

precaució [prəkə̃usió] *f.* precaution.

precedent [prəsəðɛ́n] *a.* preceding, foregoing. ■ 2 *m.* precedent.

precedir [prəsəðí] *t.* to precede.

precepte [prəsɛ́ptə] *m.* precept; rule.

preceptor, -ra [prəsəptó, -rə] *m.-f.* preceptor, instructor.

precinte [prəsíntə] *m.* seal, band [of package, furniture, etc.].

preciosisme [prəsiuzízmə] *m.* over-refinement, preciosity.

precipici [prəsipísi] *m.* precipice; cliff.

precipitació [prəsipitəsió] *f.* precipitation; (great) haste. 2 CHEM. precipitation.

precipitar [prəsipitá] *t.* to precipitate, to hurl; to hasten. ■ 2 *p.* to rush; to be rash.

precipitat, -ada [prəsipitát, -áðə] *a.* precipitate, rash, sudden. ■ 2 *m.* CHEM. precipitate.

precisar [prəsizá] *t.* to specify, to state precisely.

precisió [prəsizió] *f.* precision, accuracy.

precoç [prəkɔ́s] *a.* precocious.

preconitzar [prəkunidzá] *t.* to advocate. 2 to propose, to put forward; to defend.

precursor, -ra [prekursó, -órə] *a.* precursory, preceding. ■ 2 *m.-f.* forerunner, precursor.

predecessor, -ra [prəðəsəsó, -rə] *m.-f.* predecessor.

predestinar [prəðəstiná] *t.* to predestine. 2 to predestinate.

predeterminar [prəðətərminá] *t.* predetermine.

predi [prɛ́ði] *m.* property, estate.

prèdica [prɛ́ðikə] *f.* sermon; preaching. 2 fig. harangue.

predicar [prəðiká] *t.* to preach. 2 fig. to sermonize, to lecture.

predicció [prəðiksió] *f.* prediction, forecast.

predilecció [prəðiləksió] *f.* predilection; fondness.

predilecte, -ta [prəðilɛ́ktə] *a.* favourite, (USA) favorite, preferred.

predir [prəðí] *t.* to predict, to foretell; to forecast.

predisposar [prəðispuzá] *t.* to predispose. 2 to prejudice.

predisposició [prəðispuzisió] *f.* predisposition; tendency, inclination.

predominar [prəðuminá] *i.* to prevail; to predominate.

predomini [prəðumíni] *m.* predominance.

preeminent [prəəminɛ́n] *a.* pre-eminent.

preestablir [prəəstəbblí] *t.* to pre-establish.

preexistent [prəəgzistèn] *a.* pre-existent, pre-existing.

prefaci [prəfàsi] *m.* preface.

prefecte [prəfèktə] *m.* prefect [administrative official].

preferència [prəfərènsiə] *f.* preference.

preferir [prəfəri] *t.* to prefer.

prefix [prəfiks] *m.* prefix. 2 area code [telephone].

pregar [prəyà] *t.* ECCL. to pray. 2 to ask, to beg.

pregària [prəyàriə] *f.* prayer.

pregó [prəyó] *m.* announcement; proclalmation. 2 speech [during special occasion].

pregon, -na [prəyón, -nə] *a.* deep; profound.

pregunta [prəyúntə] *f.* question.

preguntar [prəyuntà] *t.* to ask.

prehistòria [prəistɔ̀riə] *f.* prehistory.

prejudici [prəʒudisi] *m.* prejudgement. 2 prejudice, bias.

prejutjar [prəʒudʒà] *t.* to prejudge.

preliminar [prəliminà]) *a., m.* preliminary.

preludi [prəlùði] *m.* prelude.

preludiar [prəluðià] *i.-t.* to prelude.

prematur, -ra [prəmətúr, -rə] *a.* premature.

premeditació [prəməðitəsiò] *f.* premeditation; deliberation.

premeditar [prəməðità] *t.* to plan, to premeditate.

prémer [prèmə] *t.* to squeeze; to crush; to press.

premi [prèmi] *m.* reward. 2 award, prize.

premiar [prəmià] *t.* to reward, to recompense. 2 to give an award or a prize to.

premissa [prəmisə] *f.* premise, premiss.

premsa [prèmsə] *f.* press.

premsar [prəmsà] *t.* to press; to squeeze.

prenatal [prənətàl[rp] *a.* antenatal.

prendre [prèndrə] *t.* to take; to pick up, to lift. 2 to grab, to grasp. 3 to take out, to take away. 4 to have [to eat or drink]. 5 to adopt, to take [precautions, measures]. 6 ~ *algú per un altre,* to mistake someone for someone else. || ~ *el pèl,* to pullsomeone's leg; ~ *el sol,* to sunbathe; ~ *la paraula,* to speak [in a meeting]; ~ *mal,* to hurt or injure oneself; ~ *part,* to take part. ■ 7 *i.* BOT. to take (root), to catch [fire]. ■ *8 p.* to congeal, to set, to thicken. ▲ CONJUG. GER.: *prenent.* || P. P.: *pres.* || INDIC. Pres.: *prenc.*

|| SUBJ. Pres.: *prengui,* etc. | Imperf.: *prenguéS,* etc.

prènsil [prènsil] *a.* prehensile.

prenyar [prəɲà] *t.* to make pregnant; to impregnate.

preocupació [prəukupəsiò] *f.* worry, concern, anxiety.

preocupar [prəukupà] *t.* to worry, to concern; to bother. ■ *2 p.* to worry, to be concerned.

preparació [prəpərəsiò] *f.* preparation. 2 training, knowledge.

preparar [prəpərà] *t.* to prepare, to get ready. 2 to teach, to train. ■ *3 p.* to get ready, to prepare oneself; to be on the way [event].

preparat [prəpəràt] *m.* ready, prepared, set.

preponderància [prəpundərànsiə] *f.* preponderance; superiority.

preponderar [prəpundərà] *i.* to preponderate. 2 to prevail.

preposició [prəpuzisiò] *f.* preposition.

prepotent [prəputèn] *a.* prepotent, all-powerful; overwhelming.

prepuci [prəpúsi] *m.* ANAT. prepuce, foreskin.

prerrogativa [prərruɣətiβə] *f.* prerogative, privilege.

pres, -sa [pres, -zə] *a.* imprisoned. ■ *2 m.-f.* prisoner.

presa [prèzə] *f.* catch; loot; prey. || *ocell de* ~, bird of prey. 2 taking; capture. || ~ *de possessió,* taking over, inauguration [president]. 3 dam. 4 ~ *de xocolata,* bar or square of chocolate.

presagi [prəzàʒi] *m.* omen.

presagiar [prəzəʒià] *t.* to foreshadow, to forebode, to presage.

presbiteri [prəzβitèri] *m.* presbytery, chancel.

prescindir [prəsindi] *i.* to do without, to go without; to omit. || *no podem* ~ *dels seus serveis,* we can't do without his help.

prescripció [prəskripsiò] *f.* prescription.

prescriure [prəskriùrə] *t.-i.* to prescribe. ▲ CONJUG. like *escriure.*

presència [prəzènsiə] *f.* presence; bearing.

presenciar [prəzənsià] *t.* to be present at; to witness.

present [prəzèn] *a.* present [in time or place]. || *estar de cos* ~, to lie in state; *fer* ~, to remind; *tenir* ~, to bear in mind, to remember. ■ 2 *m.-f.pl.* those present. 3 *m.* present.

presentació [prəzəntəsió] *f.* presentation, introduction.

presentar [prəzəntá] *t.* to present, to show; to put forward. 2 to introduce [person]. ■ 3 *p.* to present oneself, to turn up, to appear. ‖ *presentar-se a algú,* to introduce oneself. ‖ *presentar-se a un examen,* to take or to sit (for) an examination. 4 to appear.

preservar [prəzərβá] *t.* to preserve, to protect (*de,* from).

preservatiu, -iva [prəzərβətiŭ, -iβə] *a.* preservative. ■ 2 *m.* condom, sheath.

presidència [prəziðɛnsiə] *f.* presidency; chairmanship.

president, -ta [prəziðɛn, -tə] *m.-f.* president; chairman.

presidi [prəziði] *m.* prison; penitentiary.

presidiari [prəziðiàri] *m.* convict, prisoner.

presidir [prəziði] *t.* to preside.

presó [prəzó] *f.* prison, jail.

presoner, -ra [prəzunɛ, -rə] *m.-f.* prisoner.

pressa [prɛsə] *f.* hurry, haste. ‖ *córrer ~,* to be urgent. ‖ *de ~,* quickly. ‖ *tenir ~,* to be in a hurry.

préssec [prɛsək] *m.* peach.

presseguer [prəsəyé] *m.* BOT. peach tree.

pressentir [prəsənti] *t.* to have a premonition or presentiment of. ▲ CONJUG. INDIC. Pres.: *present.*

pressió [prəsió] *f.* pressure. ‖ *~ arterial,* blood pressure. ‖ *~ atmosfèrica,* air pressure. 2 fig. pressure, stress.

pressionar [prəsiuná] *t.* to pressure, to pressurize [a person]; to put pressure on.

pressuposar [prəsupuzá] *t.* to presuppose.

pressupost [prəsupós(t)] *m.* budget. 2 estimate.

prest, -ta [prɛs(t), -tə] *a.* ready. 2 prompt; quick. 3 (BAL.) See D'HORA.

prestar [prəstá] *t.* to lend, to loan. 2 fig. to lend, to give. ‖ *~ atenció,* to pay attention. ‖ *~ declaració,* to make a statement. ■ 3 *p.* to lend oneself to.

prestatge [prəstádʒə] *m.* shelf; ledge.

préstec [prɛstək] *m.* loan. 2 LING. loanword.

prestigi [prəstiʒi] *m.* prestige.

presumir [prəzumi] *t.* to presume, to surmise. ■ 2 *i.* to take pride in one's ap-

pearance. 3 to be conceited; to show off, to swank. 4 to boast (*de,* of).

presumpció [prəzumsió] *f.* presumption. 2 conceit, pretentiousness.

presumpte, -ta [prəzúmtə, -tə] *a.* alleged, supposed; so-called.

pretendent, -ta [prətəndèn, -tə] *m.-f.* pretender. 2 suitor.

pretendre [prətɛndrə] *t.* to seek, to try (to achieve); to be after. 2 to claim. ▲ CONJUG. like *atendre.*

pretensió [prətənsió] *f.* aspiration; ambition. 2 pretension, claim. 3 pretentiousness.

preterir [prətəri] *t.* to omit, to leave out; to overlook.

pretèrit, -ta [prətɛrit, -tə] *a.* past, former. 2 GRAMM. past.

pretext [prətɛks(t)] *m.* pretext; excuse.

preu [prɛŭ] *m.* price, cost; fare. ‖ *a ~ fet,* by the job; fig. quickly; in one go. ‖ *a tot ~,* at all costs.

prevaler [prəβalɛ] *i.-p.* to prevail, to predominate. ▲ CONJUG. like *valer.*

prevaricació [prəβərikasió] *f.* prevarication. 2 LAW breach of official duty, prevarication.

prevenció [prəβənsió] *f.* prevention; foresight. 2 prejudice.

prevenir [prəβəni] *t.* to foresee, to anticipate. 2 to prevent. 3 to warn; to admonish. ■ 4 *p.* to get ready; to provide oneself (*de,* with). ▲ CONJUG. like *abstenir-se.*

preveure [prəβɛ́ŭrə] *t.* to foresee, to anticipate; to expect. ▲ CONJUG. like *veure.*

previ, -èvia [prɛ́βi, -ɛ́βiə] *a.* previous, prior.

previsió [prəβizió] *f.* anticipation, foresight.

prim, -ma [prim, -mə] *a.* thin; fine; subtle. ‖ *filar ~,* to split hairs. ‖ *mirar ~,* to be choosy. ■ 2 *f.* premium. 3 bonus.

primacia [priməsiə] *f.* primacy.

primari, -ària [primári, -áriə] *a.* primary.

primat [primát] *m.* primate, archbishop. 2 *pl.* primates.

primavera [priməβɛ́rə] *f.* spring.

primer, -ra [primɛ́, -rə] *a.* first. 2 prime. ‖ *de primera,* first-rate, excellent. ‖ *nombre ~,* prime number. ■ 3 *adv.* first (of all).

primícia [primisiə] *f.* first fruit; first attempt.

primitiu, -iva [primitiŭ, iβə] *a.* primitive; original. 2 *colors primitius,* primary colours, (USA) primary colors.

primogènit, -ta [primuʒɛ́nit, -tə] *a., m.-f.* first-born.

primordial [primurðiàl] *a.* primordial, primary. 2 fundamental, basic.

príncep [prinsəp] *m.* prince.

princesa [prinsɛ́zə] *f.* princess.

principal [prinsipàl] *a.* principal, chief; foremost. ■ 2 *m.* first floor, (USA) second floor.

principat [prinsipàt] *m.* princedom. 2 principality [territory].

principi [prinsipi] *m.* beginning, start. 2 origin. 3 principle. ‖ *en ~,* in principle. ‖ *per ~,* on principle. 4 *pl.* first notions; introduction *sing.*

prior, -ra [priò, -rə] *m.* prior. 2 *f.* prioress.

prioritat [priuritàt] *f.* priority; seniority.

prisar [prizà] *t.* to pleat.

prisma [prizmə] *m.* prism.

privar [priβà] *t.* to deprive (*de,* off); to bereave (*de,* of). 2 to forbid (*de,* to). ■ 3 *p. privar-se de,* to go without; to do without.

privilegi [priβilɛ́ʒi] *m.* privilege; concession.

pro [prɔ] *m. prep.* on behalf of, in favour of. ■ 2 *m.* advantage. ‖ *el ~ i el contra,* the pros and cons.

proa [prɔ́ə] *f.* NAUT. prow; bow.

probabilitat [pruβəβilitàt] *f.* probability. 2 chance.

probable [pruβàbblə] *a.* probable, likely.

problema [pruβlɛ́mə] *m.* problem; question.

procaç [prukás] *a.* insolent, brazen; cheeky.

procedència [prusəðɛ́nsiə] *f.* source, origin. 2 point of departure [train, plane], port of origin [ship]. 3 propriety.

procedir [prusəðí] *i.* to derive from, to originate in. 2 to come from. 3 to proceed. 4 to act, to behave. 5 LAW to proceed; to take proceedings.

procés [prusès] *m.* process. 2 course [of time]. 3 LAW proceedings *pl.,* lawsuit, action.

processar [prusəsà] *t.* to prosecute, to try; to sue, to proceed against.

processó [prusəsó] *f.* procession. 2 fig. train. 3 *la ~ li va per dins,* he keeps it to himself.

proclamar [pruklamà] *t.* to proclaim, to declare. 2 to acclaim, to praise.

procrear [prukreà] *t.* to procreate.

procurar [prukurà] *t.* to procure; to acquire, to obtain. 2 to try, to take care; to be sure. 3 to get, to find.

pròdig, -ga [prɔ́ðik, -ɣə] *a.* prodigal; wasteful.

prodigar [pruðiɣà] *t.* to be lavish in; to squander. ■ 2 *p.* to be very active. 3 to make oneself (highly) visible.

prodigi [pruðiʒi] *m.* prodigy, wonder.

producció [pruðuksió] *f.* production; output, produce.

producte [pruðúktə] *m.* product; produce.

produir [pruðuí] *t.* to produce, to bear. 2 to make; to manufacture. 3 to cause, to bring about; to give. ■ 4 *p.* to act, to behave.

proemi [pruɛ́mi] *m.* preface; prologue.

proesa [pruɛ́zə] *f.* feat, brave deed.

profà, -ana [prufà, -ánə] *a.* profane. 2 ignorant. ■ 3 *m.-f.* lay person. 4 ignorant *a.*

profanar [prufanà] *t.* to profane. 2 to slander, to defile.

profecia [prufəsiə] *f.* prophecy.

proferir [prufəri] *t.* to utter, to hurl [insult].

professar [prufəsà] *t.* to practise, (USA) to practice [profession]. 2 to teach. 3 to profess. 4 to harbour, (USA) to harbor, to bear [feeling]. 5 to take vows.

professió [prufəsió] *f.* profession, avowal. 2 profession; calling.

professional [prufəsiunál] *a.* professional.

professor, -ra [prufəsò, -rə] *m.-f.* teacher. 2 lecturer [university].

profeta [prufɛ́tə] *m.* prophet.

profilaxi [prufilàksi] *f.* prophylaxis.

profit [prufit] *m.* profit; benefit, advantage. ‖ *bon ~!,* enjoy your meal! ‖ *fer ~,* to do good.

pròfug, -ga [prɔ́fuk, -ɣə] *a., m.-f.* fugitive; deserter *s.*

profund, -da [prufún, -də] *a.* deep; profound; low [note]. 2 fig. intense.

profunditzar [prufundidzà] *t.* to deepen. 2 fig. to go deeply into; to study in depth.

profusió [prufuzió] *f.* profusion. 2 extravagance.

progènie [pruʒɛ́niə] *f.* progeny, offspring.

progenitor [pruʒənitò] *m.-f.* ancestor. 2 parent.

programa [pruɣrȧmə] *m.* programme, (USA) program; schedule.

progrés [pruɣrès] *m.* progress; advance, development.

progressar [pruɣrəsà] *i.* to progress, to advance; to make progress.

progressió [pruɣrəsiò] *f.* progression.

progressista [pruɣrəsistə] *m.-f.* progressive.

prohibició [pruißisiò] *f.* prohibition, ban.

prohibir [pruißi] *t.* to ban, to forbid; to prohibit, to bar.

prohom [pruɔm] *m.* man of mark, paragon, notability.

proïsme [pruizmə] *m.* fellow man; neighbour, (USA) neighbor.

projecció [pruʒəksiò] *f.* projection. 2 showing [film].

projectar [pruʒəktȧ] *t.* to project. 2 to screen, to show [film]. 3 to plan. 4 to design [machine, building, etc.].

projecte [pruʒèktə] *m.* project, design. 2 plan; scheme.

projectil [pruʒəktil] *m.* projectile, missile.

projector [pruʒəktò] *m.* projector. 2 spotlight; searchlight.

prole [prɔlə] *f.* offspring; brood.

pròleg [prɔlək] *m.* prologue; preface.

proletari, -ària [prulətàri, -àriə] *m.-f.* proletarian.

prolix, -xa [pruliks, -iksə] *a.* long-winded, verbose; tedious.

prologar [pruluɣȧ] *t.* to preface; to introduce.

prolongar [pruluŋɡȧ] *t.* to prolong.

promès, -esa [prumès, -ɛzə] *m.* fiancé. 2 *f.* fiancée.

promesa [prumɛzə] *f.* promise; assurance.

prometatge [prumətȧdʒə] *m.* engagement [to be married].

prometença [prumətɛnsə] *f.* promise. 2 word (of honour), pledge. 3 pledge. 4 betrothal, engagement.

prometre [prumɛtrə] *t.* to promise; to swear. 2 to pledge. 3 to assure; to warrant. ■ 4 *p.* to get engaged. ▲ CONJUG. P. P.: *promès*.

promiscu, -íscua [prumisku, -iskuə] *a.* promiscuous. 2 ambiguous.

promoció [prumusiò] *f.* promotion. 2 class [of students or graduates].

promontori [prumuntɔri] *m.* promontory.

promotor, -ra [prumutò, -rə] *a.* promotive; sponsoring. ■ 2 *m.-f.* promoter; instigator. 3 sponsor.

promoure [prumɔ̈urə] *t.* to promote; to pioneer [plan], to cause [scandal]. 2 to sponsor. ▲ CONJUG. like *moure*.

prompte [prɔmtə] (VAL.) See AVIAT.

promulgar [prumulɣȧ] *t.* to promulgate, to proclaim. 2 to announce; to publicize.

pronòstic [prunɔstik] *m.* prediction, forecast. ‖ ~ *del temps,* weather forecast. 2 MED. prognosis.

pronosticar [prunustikȧ] *t.* to predict, to forecast. 2 MED. to give a prognosis.

pronunciació [prununsiəsiò] *f.* pronunciation.

pronunciar [prununsiȧ] *t.* to pronounce, to utter. 2 to pass [sentence]. ■ 3 *p.* to pronounce oneself; to make a pronouncement.

prop [prɔp] *adv. (a)* ~, near, nearly; close. 2 *(a)* ~ *de,* near; beside; about, approximately.

propà [prupȧ] *m.* CHEM.

propaganda [prupəɣȧndə] *f.* propaganda. 2 advertising.

propagar [prupəɣȧ] *t.-p.* to propagate. 2 to spread.

propens, -sa [prupèns, sə] *a.* inclined, prone; apt, likely.

propensió [prupənsiò] *f.* propensity; tendency.

proper, -ra [prupè, -rə] *a.* near, close; nearby. 2 next; forthcoming.

propi, -òpia [prɔpi, -ɔpiə] *a.* own, of one's own. 2 *nom* ~, proper name or noun. 3 *amor* ~, self-love. 4 *sentit* ~, proper meaning. ■ 5 *m.* messenger.

propici, -ícia [prupisi, -isiə] *a.* propitious, auspicious; favourable, (USA) favorable [moment].

propietat [prupiətȧt] *f.* property, quality. 2 accuracy, faithfulness. 3 property.

propina [prupinə] *f.* tip [money]. 2 *de* ~, on top of (all) that.

proporció [prupursiò] *f.* proportion; ratio; rate. 2 size; extent.

proporcionar [prupursiunȧ] *t.* to adjust; to bring into proportion. 2 to give, to supply, to provide: *li vaig* ~ *els documents,* I provided him with the documents.

proposar [prupuzȧ] *t.* to propose. ■ 2 *p.* to propose, to intend; to set out.

proposició [prupuzisió] *f.* proposal; motion. 2 proposition. 3 GRAMM. clause.

propòsit [prupòzit] *m.* intention, aim; purpose. 2 *a* ~, appropriate, suitable; relevant. 3 *a* ~ *de,* regarding, on the subject of.

proposta [prupòstə] *f.* proposal; offer.

propugnar [prupuŋnà] *t.* to advocate; to defend.

propulsar [prupulsà] *t.* to propel, to drive (forward). 2 fig. to promote.

prorratejar [prurrətəʒà] *t.* to allot, to apportion, (USA) to prorate.

pròrroga [pròrruγə] *f.* prorogation, deferring. 2 extension; deferment [military service].

prorrogar [prurruγà] *t.* to adjourn; to defer [military service]. 2 to extend, to lengthen.

prorrompre [prurròmprə] *i.* to break out, to burst [into tears, applause, etc.].

prosa [pròzə] *f.* prose. 2 fig. tedium; ordinariness.

prosaic, -ca [pruzàik, -kə] *a.* prosaic; prose.

prosceni [prusèni] *m.* proscenium.

proscripció [pruskripsió] *f.* ban, prohibition; outlawing.

proscriure [pruskriùrə] *t.* to ban; to proscribe; to outlaw [criminal]. 2 fig. to banish. ▲ CONJUG. like *escriure.*

proselitisme [pruzəlitizmə] *m.* proselytism.

prosòdia [pruzòðiə] *f.* study or rules of pronunciation.

prospecte [pruspèktə] *m.* prospectus; leaflet.

pròsper, -ra [pròspər, -rə] *a.* successful; favourable, (USA) favorable. 2 prosperous, flourishing: *un negoci* ~, a thriving business.

prosperar [pruspərà] *t.* to make prosperous or successful. ■ 2 *i.* to prosper, to thrive.

prosperitat [pruspəritàt] *f.* prosperity; success.

prosseguir [prusəγì] *t.* to continue, to carry on; to proceed; to pursue [study].

pròstata [pròstətə] *f.* ANAT. prostate.

prosternar-se [prustərnàrsə] *p.* to prostrate oneself.

prostíbul [prustíbul] *m.* brothel.

prostitució [prustitusió] *f.* prostitution.

prostituir [prustituì] *t.* to prostitute [also fig.]. ■ 2 *p.* to prostitute oneself; to become a prostitute.

prostituta [prustitútə] *f.* prostitute; streetwalker.

prostrar [prustrà] *t.* to overcome; to exhaust, to weaken. ■ 2 *p.* to prostrate oneself.

protagonista [prutəγunistə] *m.-f.* protagonist; main character.

protecció [prutəksió] *f.* protection.

proteccionisme [prutəksiunizmə] *m.* protectionism.

protegir [prutəʒì] *t.* to protect; to defend. 2 to sponsor, to back.

proteïna [prutəinə] *f.* protein.

pròtesi [pròtəzi] *f.* MED. prosthesis.

protesta [prutèstə] *f.* protest.

protestantisme [prutəstəntizmə] *m.* protestantism.

protestar [prutəstà] *t.* to protest. ■ 2 *i.* to protest; to object.

protó [prutó] *m.* PHYS. proton.

protocol [prutukòl] *m.* protocol.

protoplasma [prutuplàzmə] *m.* protoplasm.

prototipus [prututípus] *m.* prototype.

protozou [prutuzòw] *m.* protozoan.

prou [pròw] *adv.* enough, sufficiently. 2 quite, rather. 3 certainly; yes. ■ 4 *a.* enough, sufficient. ■ 5 *interj.* (that's) enough!, stop!

prova [pròβə] *f.* attempt; try. 2 test; trial. ‖ *a* ~, on trial. ‖ *a* ~ *d'aigua,* waterproof. ‖ *a* ~ *de vent,* wind-proof. 3 test, examination; audition [performers]. 4 proof.

provar [pruβà] *t.* to test, to try (out). 2 to sample, to taste [food]. 3 to prove. 4 to try, to attempt. ■ 5 *i.* to suit. ‖ ~ *bé,* to do good.

proveir [pruβəì] *t.-i.* to provide, to supply; to furnish. ■ 2 *p.* to provide oneself with.

Provença [pruβènsə] *pr. n. f.* GEOGR. Provence.

provenir [pruβənì] *i.* to come from, to stem from.

proverbi [pruβèrβi] *m.* proverb.

proveta [pruβètə] *f.* test-tube.

providència [pruβiðènsiə] *f.* measure, step. 2 Providence.

província [pruβínsiə] *f.* province; region.

provisió [pruβizió] *f.* provision: *fer* ~ *de queviures,* to lay in provisions.

provisional [pruβiziunàl] *a.* provisional; temporary.

provocar [pruβukà] *t.* to provoke; to rouse. 2 to cause, to bring about.

pròxim, -ma [prɔ́ksim, -mə] *a.* close, nearby; approaching. 2 next. ■ 3 *m.-f.* neighbour, (USA) neighbor. 4 *m.* fellow man. 5 *f.* fellow woman.

prudència [pruðɛ́nsiə] *f.* prudence, caution. 2 apprehension.

prudent [pruðɛ́n] *a.* prudent, cautious. 2 apprehensive. 3 advisable, wise.

pruïja [pruíʒə] *f.* (terrible) itch. 2 fig. itch, urge.

pruna [prúnə] *f.* BOT. plum. ‖ ~ *seca,* prune.

prunera [prunɛ́rə] *f.* BOT. plum tree.

pseudònim [seuðɔ́nim] *m.* pseudonym; pen-name.

psicoanàlisi [sikuənálizi] *f.* psychoanalysis.

psicodrama [sikuðrámə] *m.* psychodrama.

psicòleg, -òloga [sikɔ́lək] *m.-f.* psychologist.

psicologia [sikuluʒíə] *f.* psychology.

psicosi [sikɔ́zi] *f.* psychosis.

psico-somàtic [sikusumàtik] *a.* psychosomatic.

psicoteràpia [sikutərápiə] *f.* psychotherapy.

psiquiatre [sikiátrə] *m.-f.* psychiatrist.

psiquiatria [sikiətríə] *f.* psychiatry.

psíquic, -ca [síkik, -kə] *a.* psychic; psychical.

pta *f.* abbr. *(pesseta)* peseta. ▲ *pl. ptes.*

pua [púə] *f.* prickle, spike [of plants, animals]; tooth [of comb]; prong [of fork]; pick, plectrum [for instrument]. 2 fig. rogue.

púber [púβər] *a.* adolescent, teenager.

pubertat [puβərtát] *f.* puberty.

pubilla [puβíʎə] *f.* heiress.

pubis [púβis] *m.* ANAT. pubis.

públic, -ca [púβlik, -kə] *a.* public. 2 well-known. 3 ECON. *sector* ~, public sector. ■ 4 *m.* audience. ‖ *el gran* ~, the general public.

publicació [puβblikəsió] *f.* publication.

publicar [puβblikà] *t.* to publicize; to make public, to disclose. 2 PRINT. to publish; to issue.

publicista [puβblisístə] *m.-f.* publicist; publicity agent.

publicitat [puβblisitát] *f.* publicity. 2 advertising.

puça [púsə] *f.* ENT. flea. 2 fig. midget.

pudent [puðɛ́n] *a.* stinking, foul-smelling; smelly.

pudir [puðí] *i.* to stink; to reek. ▲ CONJUG. INDIC. Pres.: *puts, put.*

pudor [puðó] *m.* modesty; decency. 2 shyness, timidity; reserve. 3 stench, stink. ‖ *fer* ~, to smell bad, to stink.

puericultura [puərikultúrə] *f.* paediatrics, pediatrics. 2 child-care.

pueril [puəríl] *a.* childish; child.

puf [puf] *m.* poof! [sound]. 2 pouffe.

púgil [púʒil] *m.* pugilist. 2 boxer.

pugna [púŋnə] *f.* battle, struggle; conflict.

pugnar [puŋnà] *i.* to fight. 2 to struggle, to strive.

puig [putʃ] *m.* hill, small mountain.

puix [puʃ] *conj.* as, since; because.

puixança [puʃánsə] *f.* strength; vigour, (USA) vigor; drive.

puja [púʒə] *f.* climb. 2 rise, increase.

pujada [puʒáðə] *f.* climb, ascent; hillclimb. 2 (mountain) trail.

pujar [puʒà] *i.* to climb, to ascend; to go up, to come up; to rise. 2 to get into, to get onto [means of transport]. 3 to be promoted. 4 to rise, to increase; to go up [price]. 5 to amount (—, to). 6 ~ *al cap,* to go to one's head. ■ 7 *t.* to go up, to come up; to climb. 8 to raise; to carry up, to bring up. 9 fig. to raise, to bring up: *ha hagut de treballar molt per* ~ *els seus fills,* she's had to work hard to bring up her children.

pujol [puʒɔ́l] *m.* hillock, mound.

pulcre, -cra [púlkrə, -krə] *a.* neat, tidy, smart.

pulcritud [pulkritút] *f.* neatness; tidiness; cleanliness.

pul·lular [pullulà] *i.* to proliferate, to multiply. 2 to swarm.

pulmó [pulmó] *m.* ANAT. lung.

pulmonar [pulmunànrœ] *a.* pulmonary, lung.

pulmonia [pulmuníə] *f.* MED. pneumonia.

pulsació [pulsəsió] *f.* pulsation, throbbing. 2 beat [of heart]; stroke [on typewriter].

pulverulent, -ta [pulβərulèn, -tə] *a.* powdery. 2 dusty.

puma [púmə] *m.* ZOOL. puma.

punció [punsió] *f.* MED. puncture.

punir [puní] *t.* to penalize. 2 to punish.

punt [pun] *m.* point; dot, speck. 2 PRINT. full stop, (USA) period. ‖ ~ *i coma,* semicolon. 3 stitch. 4 knitwork, knitting. ‖

gèneres de ~, knitwear; hosiery. *5* spot,place; point. *6* moment. *7 a* ~, ready. ‖ *en* ~, sharp, exactly [time].

punta [púntə] *f.* point, (sharp) end, edge; tip [of tongue]; corner [sewing]. ‖ *a* ~ *de dia,* at daybreak. 2 ~ *de cigarreta,* (cigarette) butt. 3 fig. *estar de* ~, to be at odds. 4 fine lace.

puntal [puntál] *m.* prop, support; backbone [also fig.].

puntejar [puntəʒá] *t.* to dot, to cover with dots; to speckle. 2 to pluck [strings of an instrument].

punteria [puntəríə] *f.* aim, aiming. ‖ *tenir bona* ~, to have a good aim.

puntetes [puntέtəs] *adv. phr. de* ~, on tiptoe.

puntuació [puntuəsió] *f.* punctuation: *signes de* ~, punctuation marks. 2 mark, (USA) grade; score.

puntual [puntuál] *a.* reliable, prompt; punctilious. 2 punctual, on time. 3 accurate, precise.

puntualitat [puntuəlitát] *f.* punctuality: *la seva* ~ *es admirable,* he is remarkably punctual.

puntualitzar [puntuəlidzá] *t.* to specify; to fix; to state (in detail); to settle.

puntuar [puntuá] *t.* to punctuate. 2 to mark, (USA) to grade [exam], to give a score [sports]. ■ *3 i.* to count, to score [sports], to get a mark or grade [exam].

punxa [púnʃə] *f.* spike, point; thorn, prickle. 2 fig. thorn.

punxada [punʃáðə] *f.* prick, puncture; jab. 2 twinge, shooting pain; pang.

punxar [punʃá] *t.* to prick, to puncture; to punch. 2 fig. to prod; to provoke.

punxegut, -uda [punʃəɣút, -úðə] *a.* sharp, pointed.

punxó [punʃó] *m.* punch.

puny [puɲ] *m.* fist. ‖ *cop de* ~, punch. 2 wrist. 3 hilt; handle.

punyal [puɲál] *m.* dagger.

punyalada [puɲəláðə] *f.* stab.

punyent [puɲέn] *a.* bitter, pungent, biting; caustic. 2 sharp, penetrating.

punyida [puɲíðə] See PUNXADA.

punyir [puɲí] See PUNXAR.

pupil, -il·la [pupíl, -íllə] *m.-f.* boarder; orphan. 2 LAW ward. 3 *f.* ANAT. pupil.

pupil-latge [pupilládʒə] *m.* pupillage. 2 garaging. 3 garaging fee.

pupitre [pupítrə] *m.* desk.

pur, -ra [pur, -rə] *a.* pure, clean: *aire* ~, pure air. 2 sheer, simple. 3 innocent.

puré [puré] *m.* COOK. purée. ‖ ~ *de patates,* mashed potatoes.

puresa [purέzə] *f.* purity, pureness.

purga [púrɣə] *f.* purge.

purgar [purɣá] *t.* to purge.

purgatori [purɣətɔ́ri] *m.* purgatory.

purificar [purifiká] *t.* to purify, to cleanse.

purista [puristə] *m.-f.* purist.

purità, -ana [puritá, -ánə] *a.* puritanical, Puritan. ■ *2 m.-f.* Puritan.

púrpura [púrpurə] *f.* purple.

purpuri, -úria [purpúri, -úriə] *a.* purple, purplish.

purpurina [purpurínə] *f.* metallic paint. 2 glitter.

púrria [púrriə] *f.* rabble, riff-raff.

purulent, -ta [purulέn, -tə] *a.* purulent, pus.

pus [pus] *m.* pus.

pusil·lànime [puzillánimə] *a.* fainthearted, pusillanimous.

pussar [pusá] *t.* (ROSS.) to push.

pústula [pústulə] *f.* pustule; pimple, spot.

puta [pútə] *f.* whore, prostitute. ‖ *fill de* ~, son of a bitch. ■ *2 a.* bitch *s.*

putrefacció [putrəfəksió] *f.* putrefaction; rotting, decay.

putrefacte, -ta [putrəfáktə, -tə] *a.* rotten, putrid.

pútrid, -da [pútrit, -ðə] *a.* putrid, rotten.

putxinel·li [putʃinέlli] *m.* puppet, marionette.

Q, q [ku] *f.* q [letter].

quadern [kwəðέrn] *m.* notebook; exercise book.

quadra [kwáðrə] *f.* bay [factory]. 2 stable.

quadrant [kwəðrán] *m.* quadrant. 2 sundial.

quadrar [kwəðrá] *t.* to make square, to square (off). 2 MATH. to square. ■ 3 *p.* not to take it any longer. ■ 4 *i.* to square, to tally; to match. 5 to come together.

quadrat, -ada [kwəðrát, -áðə] *a.* square. 2 stocky, broad-shouldered [person]. ■ 3 *m.* square [shape].

quadratura [kwəðrətúrə] *f.* quadrature.

quadre [kwáðrə] *m.* square. 2 picture, painting [framed]. 3 officer corps. 4 chart, table. 5 scene.

quadricular [kwəðrikulá] *t.* to divide into squares, to rule squares on.

quadriga [kwəðríɣə] *f.* quadriga.

quadrilàter, -ra [kwəðrilátər, -rə] *a.-m.* quadrilateral.

quadrilla [kwəðríʎə] *f.* team; squad, gang. 2 gang of thieves.

quadrúpede, -da [kwəðrúpəðə, -ðə] *a.* quadrupedal, four-footed. ■ 2 *m.* quadruped.

quàdruple, -pla [kwáðruplə, -plə] *a.-m.* quadruple.

qual (el, la) [kwal] *a.* such as. ■ 2 *pron.* which; who; whom. ‖ *el nom del ~,* whose name. ‖ *la ~ cosa,* which, a fact which.

qualcú [kwalkú] (BAL.) See ALGÚ.

qualificació [kwəlifikəsió] *f.* qualification, qualifying; rating. 2 mark, (USA) grade; rating.

qualificar [kwəlifiká] *t.* to qualify, to describe. 2 to mark, to grade [exam]; to assess. 3 to qualify.

quall [kwaʎ] *m.* rennet-bag. 2 rennet. 3 curd; clot.

quallar [kwəʎá] *t.* to curdle.

qualque [kwálkə] (BAL.) See ALGUN.

qualsevol [kwalsəβ̞ɔ̀l] *a.* any; whatever; whichever. 2 ordinary, run-of-the-mill. ■ 3 *pron.* anyone; whatever; whichever; whoever. ■ 4 *m.-f.* nobody; (just) anyone.

quan [kwan] *adv.* when, whenever. ■ 2 *conj.* when; whenever. 3 if.

quant, -ta [kwàn, -tə] *a.-pron.* how many; how much. 2 a few, several. ■ 3 *adv.* how. ‖ *~ a,* as to, as for.

quantia [kwəntíə] *f.* amount, quantity; extent, importance.

quantitat [kwəntitát] *f.* quantity, amount. 2 number. 3 quantity [mathematics].

quaranta [kwərántə] *a.* forty. ‖ *cantar les ~,* to tell a few home truths.

quarantè, -ena [kwərəntέ, -έnə] *a.-m.* fortieth.

quarantena [kwərəntέnə] *f.* two score, forty. 2 the age of forty. 3 quarantine. 4 fig. *posar en ~,* to have one's doubts.

quaresma [kwərέzmə] *f.* Lent.

quars [kwars] *m.* MINER. quartz.

quart, -ta [kwàr(t), -tə] *a.* fourth. ■ 2 *a., m.-f.* quarter. ■ 3 *m.* quarter (of an hour): *un ~ de dotze,* a quarter past eleven.

quarter [kwərtέ] *m.* quarter [division], district. 2 MIL. barracks. ‖ *~ general,* headquarters.

quartet [kwərtέt] *m.* MUS. quartet. 2 LIT. quatrain.

quarteta [kwərtέtə] *f.* LIT. quatrain.

quartilla [kwərtíʎə] *f.* (small) sheet of paper. 2 manuscript page.

quasi [kwázi] *adv.* almost. ‖ *~ mai,* seldom, hardly ever. ‖ *~ res,* next to nothing.

quatre [kwátrə] *a.-m.* four. 2 *a.* a few: *a ~ passes,* a stone's throw. ‖ *~ gats,* hardly a soul. 4 *de ~ grapes,* on all fours.

que [kə] *rel. pron.* that; who; whom; which. 2 *el ~,* what, whatever; that which. ■ *3 conj.* that: *no crec ~ plogui demà*, I don't think (that) it'll rain tomorrow. *4* because. || *tanca, ~ tinc fred*, close the window; I'm cold. *5* than. *6* that. ■ *7 adv.* how: *~ maco!*, how lovely (it is)!

què [kɛ] *interr. pron.* what. *2 rel. pron.* which. || *el llibre de ~ et parlava*, the book I was telling you about.

quec, -ca [kɛk, -kə] *a.* stuttering, stammering. ■ *2 m.-f.* stutterer.

quedar [kəðá] *i.* to be left, to remain. *2* to be (situated). *3* to agree. *4* to arrange to meet (each other). ■ *5 p.* to stay; to stay on or behind. *6* to keep; to take.

queixa [kéʃə] *f.* complaint; grouse. *2* groan; moan.

queixal [kəʃál] *m.* molar. || *~ del seny*, wisdom tooth.

queixalada [kəʃəláðə] *f.* bite. *2* snack, bite.

queixar-se [kəʃársə] *p.* to groan, to moan. *2* to complain; to grumble.

quelcom [kɛlkɔ́m] *indef. pron.* anything; something. ■ *adv.* a bit; somewhat, rather.

quequejar [kəkəʒá] *i.* to stutter, to stammer.

quequesa [kəkɛ́zə] *f.* stutter, stammer.

querella [kərɛ́ʎə] *f.* dispute, controversy. *2* LAW charge, accusation.

querellar-se [kərəʎársə] *p.* LAW to file a complaint or charges.

qüestió [kwəstió] *f.* question. *2 posar en ~*, to cast doubt on.

qüestionar [kwəstiuná] *i.* to argue. *2 t.* to question.

qüestionari [kwəstiunári] *m.* questionnaire.

queviures [kəβiúrəs] *m. pl.* provisions; food *sing.*

qui [ki] *interr. pron.* who: *no sé ~ és*, I don't know who he (or she) is. *2 rel. pron.* who; whom. *3 ~ sap*, who knows, God knows.

quid [kit] *m.* main point. || *el ~ de la qüestió*, the crux of the matter.

quiet, -ta [kiɛ́t, -tə] *a.* still; motionless. *2* calm; quiet, peaceful.

quietud [kiətút] *f.* peacefulness, quietude. *2* stillness.

quilla [kíʎə] *f.* MAR. keel.

quilo [kílu] *m.* kilo.

quilogram [kiluɣrám] *m.* kilogram, kilogramme.

quilòmetre [kilɔ́mətrə] *m.* kilometre, (USA) kilometer.

quilovat [kiluβát] *m.* kilowatt.

quimera [kimɛ̀rə] *f.* chimera. *2* figment of one's imagination. *3* dislike. *4* anxiety, worry.

quimèric, -ca [kimɛ́rik, -kə] *a.* fanciful, imaginary; impossible [plan].

químic, -ca [kímik, -kə] *a.* chemical. ■ *2 m.-f.* chemist.

química [kímikə] *f.* chemistry.

quimono [kimónu] *m.* kimono.

quin, -na [kin, -nə] *interr. a.* which; what. || *quina hora és?*, what time is it? *2* what (a): *~ vestit més modern!*, what a stylish dress!

quina [kínə] *f.* Peruvian bark; cinchona bark.

quincalla [kiŋkáʎə] *f.* cheap metal trinket; junk (jewellery).

quinina [kininə] *f.* MED. quinine.

quinqué [kiŋkɛ́] *m.* oil lamp.

quint, -ta [kin, -tə] *a.* fifth. ■ *2 f.* MUS. fifth. *3* MIL. class, call-up.

quintar [kintá] *m.* measure of weight [41.6 kg]. || *~ mètric*, 100 kg.

quintet [kintɛ́t] *m.* MUS. quintet.

quinze [kínzə] *a.-m.* fifteen. || *a tres quarts de ~*, at the wrong time; very late.

quiosc [kiɔ́sk] *m.* kiosk, (USA) newsstand; stand.

quiquiriquic [kikirikik] *m.* cock-a-doodle-doo.

quirat [kirát] *m.* carat.

quiròfan [kirɔ́fən] *m.* MED. operating theatre.

quiromància [kirumánsiə] *f.* palmistry.

qui-sap-lo [kisáplu] *a.* hoards of. ■ *2 adv.* immensely.

quisca [kiskə] *f.* dirt, filth; grime; shit.

quist [kis(t)] *m.* cyst.

quitrà [kitrá] *m.* tar.

quitxalla [kitʃáʎə] *f.* crowd of children.

quixot [kiʃɔt] *m.* quixotic person.

quocient [kusiɛ́n] *m.* MATH. quotient.

quòrum [kwɔ́rum] *m.* quorum.

quota [kwɔ́tə] *f.* fee; dues.

quotidià, -ana [kutiðià, -ánə] *a.* everyday, daily.

R

R, r [èrrə] *f.* r [letter].

rabadà [rrəβəðá] *m.* shepherd boy.

rabassut, -uda [rrəβəsút, -úðə] *a.* stocky, stout; bulky.

Rabat [rrəβát] *pr. n. m.* GEOGR. Rabat.

rabejar [rrəβəʒá] *t.* to soak; to dip [into water]. ■ 2 *p.* to gloat.

rabent [rrəβèn] *a.* swift; speeding.

rabí [rrəβí] *m.* rabbi.

ràbia [rráβiə] *f.* rabies. 2 rage, fury. ‖ *fer ~,* to infuriate, to make angry.

rabiola [rrəβiɔ́lə] *f.* tantrum; crying spell.

rabior [rrəβió] *f.* itch; throb [of pain].

raça [rrásə] *f.* race; breed [animals]. 2 fig. race. 3 stock.

ració [rrəsió] *f.* ration, portion; serving, helping.

raciocinar [rrəsiusiná] *i.* to reason.

racional [rrəsiunál] *a.* rational; reasonable, sensible.

racionalisme [rrəsiunəlízmə] *m.* rationalism.

racionar [rrəsiuná] *t.* to ration out, to dole out. 2 to ration.

racó [rrəkó] *m.* corner; nook. 2 blockage. 3 savings *pl.*

raconer, -ra [rrəkuné, -rə] *a.* corner [piece of furniture]. ■ 2 *f.* corner dresser; corner cupboard.

radar [rrəðár] *m.* radar.

radi [rráði] *m.* GEOM., ANAT. radius. 2 CHEM. radium. 3 spoke [of wheel]. 4 range. 5 *~ d'acció,* field of action, scope.

radiació [rrəðiəsió] *f.* radiation. 2 RADIO broadcasting.

radiar [rrəðiá] *i.* to radiate; to irradiate. ■ 2 *t.* to broadcast.

radical [rrəðikál] *a.* radical. 2 GRAMM., MATH. root.

radicar [rrəðiká] *t.* to lie [difficulty, problem, etc.]. 2 to be (located).

ràdio [rráðiu] *f.* radio, wireless. 2 radio (set). 3 wireless message.

radioactivitat [rrəðiuəktiβitát] *f.* radioactivity.

radiodifusió [rrəðiuðifuzió] *f.* broadcasting.

radiografia [rrəðiuɣrəfiə] *f.* radiography. 2 radiograph, X-ray.

radiograma [rrəðiuɣrámə] *m.* radiograph, X-ray. 2 wireless message.

radionovela [rrəðiunuβɛ́lə] *f.* radio serial.

radiooient [rrəðiuujén] *a., m.-f.* listener.

radioscòpia [rrəðiuskɔ̀piə] *f.* radioscopy.

radioteràpia [rrəðiutərápiə] *f.* radiotherapy.

ràfec [rráfək] *m.* ARCH. eaves; gable-end.

ràfega [rráfəɣə] *f.* gust [of wind]. 2 flash. 3 burst [of shots].

1) rai [rraï] *m.* NAUT. raft.

2) rai [rrai] *això ~,* no problem, (that's) easily done.

raig [rratʃ] *m.* ray [also fig.]; beam. ‖ *~ de sol,* sunbeam, ray of sunlight. 2 jet; squirt [of liquid]. ‖ *beure a ~,* to drink a jet [wine, water, etc]. 3 *a ~ fet,* in abundance, in plenty. ‖ *un ~ de,* a stream of; tons of.

rail [rrail] *m.* rail.

raïm [rrəim] *m.* grapes *pl.* 2 bunch, cluster.

raió [rraió] *m.* TEXT. rayon.

rajà [rrəʒá] *m.* rajah.

rajar [rrəʒá] *i.* to spout, to gush (out). 2 fig. to pour out, to flow. 3 *la font no raja,* the fountain is dry.

rajol [rrəʒɔ̀l] *m.* See RAJOLA.

rajola [rrəʒɔ̀lə] *f.* (floor) tile. ‖ *~ de València,* painted tile. ‖ *~ de xocolata,* block or piece of chocolate.

rajolí [rrəʒulí] *m.* trickle, thin stream [of liquid].

ral [rral] *m.* ant. 25 cent coin [one quarter of a peseta]. ‖ *no tenir un ~,* not to have a penny.

ralinga [rrəliŋgə] f. NAUT. bolt rope [of a sail].

rall [rraʎ] m. (BAL.), (ROSS.) See XERRAMECA.

ram [rram] m. branch [also fig.]. 2 bunch [of flowers, herbs]. 3 *ésser del ~ de l'aigua,* to be a homosexual.

rama [rámə] f. twig. 2 pl. branches, twigs.

ramader, -ra [rraməðé, -rə] a. cattle, stock. ■ 2 m.-f. stockbreeder, (USA) rancher.

ramaderia [rrəməðəriə] f. cattle raising, stockbreeding.

ramat [rramát] m. herd, flock.

rambla [rrámblə] f. stream bed, watercourse. 2 silt. 3 avenue; promenade.

ramificació [rrəmifikəsió] f. ramification.

ramificar-se [rrəmifikársə] to branch out, to ramify.

Ramon [rrəmón] pr. n. m. Raymond.

rampa [rrámpə] f. ramp; incline, slope. 2 cramp.

rampell [rrəmpéʎ] m. whim, (sudden) urge.

rampinyar [rrəmpiɲá] t. to steal.

rampoina [rrəmpɔ̌inə] f. (piece of) junk, rubbish. 2 fig. rabble.

ran [rran] See ARRAN.

ranci, -ància [rránsi, -ánsiə] a. rancid, stale. 2 old, mellow [wine]. 3 mean, stingy.

rancor [rraŋkó] m. bitterness, rancour; resentment.

rancorós, -osa [rraŋkurós, -ózə] a. resentful. 2 spiteful, nasty.

rancúnia [rraŋkúniə] f. spite; rancour.

randa [rrándə] f. lace (trinning). || *contar fil per ~,* to give a run-down, to tell in detail.

ranera [rrənέrə] f. rasp, rattle [in breathing].

rang [rraŋ] m. rank; standing.

ranura [rrənúrə] f. groove; slot.

ranxo [rránʃu] m. ranch, farm. 2 mess, communal meal.

raó [rrəó] f. reason; sense. || *perdre la ~,* to lose one's reason. 2 reason, motive. || *demanar ~,* to ask for an explanation or information. 3 right. || *donar la ~ (a algú),* to say (someone) is right. || *tenir ~,* to be right. 4 pl. reasons, arguments. 5 *~ social,* trade name, firm's name.

raonar [rrəuná] i. to reason. ■ 2 t. to reason out; to give reasons for.

rapaç [rrəpás] a. predatory; of prey [bird]. 2 rapacious, greedy.

rapar [rrəpá] t. to crop; to shave.

rapè [rrəpέ] m. snuff.

ràpid, -da [rrápit, -ðə] a. fast, quick, rapid; swift. ■ 2 m. rapids pl. 3 RAIL. express (train).

rapidesa [rrəpiðέzə] f. rapidity, speed; swiftness.

rapinyar [rrəpiɲá] t. to steal; to snipe; to snatch.

rapsòdia [rrəpsɔ̌diə] f. rhapsody.

raptar [rrəptá] t. to kidnap, to abduct. 2 to seize, to snatch.

rapte [rráptə] m. kidnapping, abduction.

raptor, -ra [rrəptó, -rə] m. kidnapper, abductor.

raqueta [rrəkέtə] f. racket.

raquis [rrákis] m. ANAT., BOT. rachis.

raquitisme [rrəkitizmə] m. MED. rickets.

rar, -ra [rrár, -rə] a. rare, uncommon. 2 strange, odd, peculiar, bizarre; remarkable. 3 eccentric; extravagant.

raresa [rrarέzə] f. rarity. 2 oddity, peculiarity.

ras, -sa [rras, -zə] a. cropped. 2 smooth; flat, level. || *a ~ de,* level with, flush with. 3 level [measurement]. 4 *cel ~,* clear sky. 5 *soldat ~,* private. ■ 6 m. plateau.

rasa [rrázə] f. ditch. 2 trench, drainage channel.

rasar [rrəzá] i.-t. to skin, to graze.

rascada [rrəskáðə] f. scratch.

rascar [rrəská] t. to scratch; to scrape.

rascle [rrásklə] m. AGR. rake; harrow.

raspa [rráspə] f. rasp, file.

raspall [rrəspáʎ] m. brush: *~ de dents,* toothbrush.

raspallar [rrəspəʎá] t. to brush. 2 fig. to butter up.

raspament [rrəspəmέn] m. MED. scrape, scraping.

raspar [rrəspá] t. to rasp, to file; to scratch. 2 to scrape.

rasqueta [rrəskέtə] f. scraper.

rastre [rrástrə] m. track, trail. 2 trace.

rastrejar [rrəstrəʒá] t. to track, to trail. 2 to dredge, to drag; to trawl.

rasurar [rrəzurá] t. to shave (off).

rata [rrátə] f. ZOOL. rat; mouse. 2 m. fig. tightwad, skinflint.

ratadura [rrətəðúrə] f. rat-hole.

ratafia [rrətəfiə] f. ratafia.

rata-pinyada [rrátəpiɲáðə] f. bat.

ratar [rrətá] t. to go rat-hunting. 2 to gnaw (at), to nibble (on).

ratera [rrətɛ̀rə] f. mousetrap.

ratificació [rrətifikəsió] f. ratification.

ratificar [rrətifiká] t. to ratify.

ratlla [rráʎʎə] f. line; scratch. 2 stripe. 3 crease, fold. 4 line (of writing). 5 *llegir entre ratlles,* to read between the lines. 6 line, limit. 7 parting [in hair], (USA) part.

ratllar [rrəʎʎá] t. to line, to rule lines on. 2 to scratch (out). 3 to grate. 4 (BAL.), (ROSS.) See XERRAR.

ratolí [rrətuli] m. mouse.

rat-penat, rata-penada [rrátpənàt, rràtəpənàðə] ZOOL. See RATA-PINYADA.

ratxa [rràtʃə] f. gust [of wind]. 2 streak, spell.

ràtzia [rràdziə] f. raid, incursion; border-raid.

rauc, -ca [rraúk, kə] a. hoarse, harsh.

raure [ráurə] i. to treat with. 2 to end up. 3 to be staying. 4 to lie. ▲ CONJUG. like *plaure.*

raval [rrəβál] m. suburb.

rave [rràβə] m. BOT. radish.

re [rrɛ] m. MUS. re [musical note]; D.

reabsorbir [rreəpsurβi] t. to reabsorb.

reacció [rreəksió] f. reaction.

reaccionar [rreəksiuná] i. to react; to respond.

reaccionari, -ària [rreəksiunàri, -àriə] a., m.-f. reactionary.

reactor [rreəktó] m. reactor. 2 jet, jet plane.

real [rreàl] a. real, actual; true.

realçar [rreəlsá] t. to raise [value]. 2 to add to; to enhance.

realisme [rreəlizmə] m. realism.

realista [rreəlistə] a. realistic. ■ 2 m.-f. realist.

realitat [rreəlitàt] f. reality; truth. ■ 2 *en ~,* in fact, actually.

realització [rreəlidzəsió] f. fulfilment; achievement, accomplishment. 2 T.V., CIN. production.

realitzar [rreəlidzá] t. to fulfil; to accomplish, to achieve; to carry out. 2 to do; to make. 3 to produce [film, programme, etc.]. 4 p. to come true; to be carried out; to occur.

reanimar [rreənimá] t. to revive, to resuscitate [also fig.]; to encourage, to lift one's spirits.

reaparèixer [rreəpərɛ̀ʃə] i. to reappear; to recur. ▲ CONJUG. like *aparèixer.*

rearmar [rreərmá] t. to rearm.

rebaixa [rrəβáʃə] f. discount, rebate; reduction.

rebaixar [rrəβəʃá] t. to lower; to reduce, to cut [price]; to lose [weight]; to lessen [intensity]. 2 to cut down, to humble.

rebatre [rrəβátrə] t. to repel; to ward off. 2 fig. to refute, to reject.

rebec, -ca [rrəβɛ́k, -kə] a. rebellious, insubordinate; stubborn, difficult.

rebedor [rrəβəðó] m. hall [house].

rebel [rrəβɛ́l] a. rebellious, insubordinate; rebel. 2 defiant; stubborn. ■ 3 m.-f. rebel.

rebel·lar-se [rrəβəllàrsə] t. to revolt, to rebel, to rise. 2 to feel or show indignance.

rebel·lió [rrəβəllió] f. revolt, rebellion; uprising.

rebentar [rrəβəntá] i. to burst [also fig.], to explode, to die [of laughing]. ■ 2 t. to burst, to explode. 3 to exhaust; to flog. 4 to annoy; to rile. 5 to criticize; to tell off.

rebequeria [rrəβəkəriə] f. stubbornness; disobedience. 2 tantrum, fit of temper.

rebesavi, -àvia [rrəβəzàβi, -àβiə] m. great-great-grandfather. 2 f. great-great-grandmother.

reblanir [rrəβləni] t. to soften [also fig.]; to soften up.

reble [rrɛ̀bblə] m. gravel; rubble. 2 LIT. padding.

rebobinar [rrəβuβiná] t. to rewind.

rebolcar [rrəβulká] t. to overturn; to knock down. ■ 2 p. to turn over and over; to roll about.

rebombori [rrəβumβɔ̀ri] m. bedlam, uproar, hullabaloo. 2 riot, uprising.

rebost [rrəβɔ̀s(t)] m. larder, (USA) pantry. 2 food supply.

rebot [rrəβɔ́t] m. rebound, bounce. ‖ *de ~,* on the rebound.

rebotar [rrəβutá] i. to rebound, to bounce (back). ■ 2 t. to bounce off, to throw at.

rebotiga [rrəβutiɣə] f. back room.

rebotre [rrəβɔ́trə] See REBOTAR.

rebre [rrɛ̀βrə] t. to take (on); to catch. 2 to receive; to welcome, to entertain. 3 to greet; to await. 4 to receive, to get: ~ *un cop de puny,* to receive a punch. ▲ CONJUG. INDIC. Pres.: *reps, rep.*

rebregar [rrəβrəɣá] t. to squeeze; to crush; to crumple.

rebrot [rrəβrɔ́t] m. shoot, sprout; new growth.

rebrotar [rrəβrutá] *i.* to sprout, to shoot.
rebuda [rrəβúðə] *f.* reception, welcome. 2 receipt.
rebuf [rrəβúf] *m.* rebuff; retort.
rebufar [rrəβufá] *i.* to blow [strong wind]. 2 to recoil; to peel off [paint].
rebuig [rrəβútʃ] *m.* refusal, rejection. 2 refuse. 3 waste; left-overs. 4 scraps *pl.*, left-overs *pl.*, junk.
rebut [rrəβút] *m.* receipt.
rebutjar [rrəβudʒá] *t.* to refuse; to reject, to turn down.
rec [rrek] *m.* irrigation ditch or channel.
recalar [rrəkəlá] *i.* MAR. to sight land. 2 to reach port.
recalcar [rrəkəlká] *t.* to emphasize, to stress. ■ 2 *i.* to lean; to list [ship].
recambra [rrəkámbrə] *f.* side room; dressing room. 2 breech, chamber [of gun].
recança [rrəkánsə] *f.* regret.
recanvi [rrəkámbi] *m.* changing over, refilling. 2 spare: *peça de ~,* spare part.
recapitular [rrəkəpitulá] *t.* to recapitulate; to sum up.
recaptació [rrəkəptəsió] *f.* collection. 2 collection; takings *pl.*, income.
recaptar [rrəkəptá] *t.* to collect, to take in. 2 to obtain by entreaty.
recapte [rrəkáptə] *m.* provisions *pl.* 2 food.
recar [rrəká] *i.* to grieve, to distress. ‖ *ara li reca de no haver vingut,* now he regrets not having come.
recàrrec [rrəkárrək] *m.* extra charge, surcharge. 2 increase [in taxes, fees, etc.].
recarregar [rrəkərrəɣá] *t.* to recharge [battery]; to reload. 2 to put an additional charge on, to increase.
recaure [rrəkáu̯rə] *i.* to suffer a relapse. 2 to backslide, to fall back. 3 to fall upon, to fall to. 4 to weigh on or upon, to bear on. ▲ CONJUG. like *caure.*
recel [rrəsέl] *m.* suspicion; apprehension, fear.
recelar [rrəsəlá] *i.* to suspect; to fear, to be apprehensive.
recensió [rrəsənsió] *f.* recension.
recent [rrəsέn] *a.* recent; new.
recepció [rrəsəpsió] *f.* reception.
recepta [rrəsέptə] *f.* MED. prescription. 2 COOK. recipe.
receptacle [rrəsəptáklə] *m.* receptacle, container; holder.
receptar [rrəsəptá] *t.* MED. to prescribe.

receptor [rrəsəptó] *a.* receiving. ■ 2 *m.* receiver.
recer [rrəsέ] *m.* shelter, refuge. ‖ *a ~ de,* sheltered from, protected from.
recercar [rrəsərká] *t.* to look for again. 2 to research; to look into.
recés [rrəsέs] *m.* retreat. 2 backwater. ▲ *pl. recessos.*
reciclar [rrəsiklá] *t.* to recycle.
recinte [rrəsintə] *m.* precinct, enclosure.
recipient [rrəsipiέn] *m.* container, receptacle. ‖ *~ amb tapadora,* bin.
recíproc, -ca [rrəsipruk, -kə] *a.* reciprocal, mutual.
recital [rrəsitál] *m.* recital.
recitar [rrəsitá] *t.* to recite.
recitat [rrəsitát] *m.* recitation [of poetry].
reclam [rrəklám] *m.* call. 2 COMM. advertisement. 3 fig. inducement; lure.
reclamació [rrəkləməsió] *f.* claim; demand. 2 complaint. ‖ *llibre de reclamacions,* complaints book.
reclamar [rrəkləmá] *t.* to claim; to demand. ■ 2 *i.* to make a claim. 3 to complain, to make a complaint; to protest.
reclinar [rrəkliná] *t.* to lean; to recline (*sobre,* on).
recloure [rrəklóu̯rə] *t.* to confine, to shut up. ▲ CONJUG. like *cloure.*
reclús, -usa [rrəklús, -úzə] *a.* in prison, imprisoned. ■ 2 *m.-f.* prisoner, convict.
reclusió [rrəkluzió] *f.* confinement, reclusion. 2 imprisonment.
recluta [rrəklútə] *m.* recruit [esp. army].
reclutar [rrəklutá] *t.* to recruit; to sign up. 2 MIL. to recruit; to enlist.
recobrar [rrəkuβrá] *t.* to recover, to regain; to get back.
recobrir [rrəkuβrí] *t.* to cover, to coat (*amb,* with) [esp. paint]. ▲ CONJUG. P. P.: *recobert.*
recol·lectar [rrəkulləktá] *t.* to harvest, to gather in [crops].
recol·lecció [rrəkulləksió] *f.* gathering [of fruit, mushrooms, etc.]. 2 harvesting [cereal crops]; picking [fruit] [act].
recollir [rrəkuʎí] *t.* to collect, to gather. 2 to pick up, to collect: *et recolliré demà a les 10,* I'll pick you up at 10 tomorrow. 3 to take in [needy person]. ■ 4 *p.* to withdraw, to retire [to meditate].
recolzament [rrəkolzəmέn] *m.* support [also fig.]. 2 fig. backing.
recolzar [rrəkolzá] *t.* to lean, to rest (*a/sobre,* on/against); to support [also fig.]. 2 fig. to back. ■ 3 *i. ~ sobre,* to lean on;

to rest on [also fig.]. ■ *4 p.* to lean back. *5* fig. to base oneself, to be based (*en,* on).

recomanació [rrəkumənəsió] *f.* recommendation. ‖ *carta de ~,* letter of introduction.

recomanar [rrəkuməná] *t.* to recommend. *2* to suggest; to advise.

recompensa [rrəkumpénsə] *f.* reward.

recompensar [rrəkumpənsá] *t.* to reward (*per,* for).

recomptar [rrəkumtá] *t.* to count (up) again. *2* to count carefully.

recompte [rrəkómtə] *m.* recount. *2* inventory.

reconciliació [rrəkunsiliəsió] *f.* reconciliation.

reconciliar [rrəkunsiliá] *t.* to reconcile. ■ *2 p.* to become or be reconciled.

recòndit, -ta [rrəkóndit, -tə] *a.* recondite, hidden.

reconeixement [rrəkunəʃəmèn] *m.* recognition. *2* acknowledgement; gratitude. *3* examination. ‖ *~ mèdic,* check-up.

reconèixer [rrəkunéʃə] *t.* to recognise. *2* to acknowledge; to be grateful for. *3* to examine, to inspect.

reconfortar [rrəkumfurtá] *t.* to comfort, to cheer.

reconquerir [rrəkuŋkəri] *t.* to reconquer; to recapture, to retake.

reconquesta [rrəkuŋkéstə] *f.* reconquest.

reconquista [rrəkuŋkistə] See RECONQUESTA.

reconquistar [rrəkuŋkistá] See RECONQUERIR.

reconsiderar [rrəkunsiðərá] *t.* to reconsider, to think over again.

reconstitució [rrəkunstitusió] *f.* reconstitution.

reconstituent [rrəkunstituèn] *a.-m.* restorative. *2 m.* tonic.

reconstituir [rrəkunstitui] *t.* to reconstitute.

reconstrucció [rrəkunstruksió] *f.* reconstruction, rebuilding.

reconstruir [rrəkunstrui] *t.* to reconstruct, to rebuild.

reconvenir [rrəkumbəni] *t.* LAW to counterclaim. ▲ CONJUG. like *abstenir-se.*

recopilar [rrəkupilá] *t.* to collect (up, together); to compile.

recopilació [rrəkupiləsió] *f.* collection; compilation.

record [rrəkɔ̀rt] *m.* memory, recollection. *2* souvenir; memento; keepsake. *3 pl.* regards: *dóna-li records de part meva,* give him my regards, remember me to him. ‖ *molts records,* best wishes, regards [at end of letter].

rècord [rrékor] *m.* record [esp. in sport].

recordança [rrəkurðànsə] *f.* commemoration; memory.

recordar [rrəkurðá] *t.* to remember, to recall. *2* to remind. ■ *3 p. recordar-se de,* to recall, to remember.

recordatori [rrəkurðətɔ́ri] *m.* reminder, memento.

recorregut [rrəkurrəɣút] *m.* journey; run.

recórrer [rrəkórrə] *i. ~ a,* to have recourse to, to turn to [person]. *2* LAW to appeal, to lodge an appeal. ■ *3 t.* to travel or journey over [area, region, etc.]; to travel [distance].

recrear [rrəkreá] *t.* to please; to delight. ■ *2 p.* to enjoy oneself.

recreatiu, -iva [rrəkreətiú, -iβə] *a.* entertaining; amusing. ‖ *sala recreativa,* amusement arcade.

recriminació [rrəkriminəsió] *f.* reproach, recrimination.

recriminar [rrəkriminá] *t.* to countercharge. *2* to reproach, to recriminate.

rectangle [rrəktàŋglə] *m.* rectangle.

rectangular [rrəktəŋgulànrœ] *a.* rectangular.

recte, -ta [rrɛ́ktə, -tə] *a.* straight, direct, unswerving. ‖ *tot ~,* straight on, straight ahead. *2* fig. honourable, honest. ■ *3 m.* ANAT. rectum. *4 f.* straight line.

rectificació [rrəktifikəsió] *f.* rectification, correction.

rectificar [rrəktifiká] *t.* to rectify, to correct. *2* to change, to mend [one's ways, behaviour].

rectilini, -ínia [rrəktilini, -iniə] *a.* rectilinear.

rectitud [rrəktitút] *f.* straightness. *2* fig. honesty, uprightness.

rector, -ra [rrəktó, -rə] *a.* governing; guiding. ■ *2 m.* ECCL. rector, parish priest. *3* rector; vice-chancellor [of university].

rectorat [rrəkturát] *m.* rector's office [in university].

rectoria [rrəkturiə] *f.* ECCL. rectory.

recuit [rrəkúĭt] *m.* COOK. kind of cottage cheese.

recular [rrəkulá] *i.* to back (away); to go back; to fall back.

recull [rrəkúʎ] *m.* compilation, collection.

reculons (a) [rrəkulóns] *adv. phr.* backwards.

rècula [rrɛkulə] *f.* line [of persons], train [of animals].

recuperació [rrəkupərəsió] *f.* recovery.

recuperar [rrəkupərá] *t.* to recover; to retrieve. 2 to make up [lost time]. 3 to reclaim; to re-cycle [waste]. ■ 4 *p.* to recover (*de,* from) [illness, set-back].

recurs [rrəkúrs] *m.* recourse, resort. 2 LAW appeal. 3 *pl.* means; resources.

recusar [rrəkuzá] *t.* to reject. 2 LAW to challenge [jury person; allegation].

redacció [rrəðəksió] *f.* writing; essay, composition. 2 editorial staff. 3 editor's office.

redactar [rrəðəktá] *t.* to write down; to draw up; to compose [letter].

redactor, -ra [rrəðəktó, -rə] *m.-f.* writer. 2 *m.* editor. 3 *f.* woman editor.

redempció [rrəðəmsió] *f.* redemption.

redemptor, -ra [rrəðəmtó, -rə] *a.* redeeming. ■ 2 *m.-f.* redeemer.

redimir [rrəðimí] *t.* to redeem [also fig.]. 2 to ransom.

rèdit [rrɛðit] *m.* ECON. yield, return [on capital].

redó, -ona [rrəðó, -ónə] (BAL.), (VAL.) See RODÓ.

redoblar [rrəðubblá] *t.-i.* to redouble; to intensify. 2 *i.* to beat a roll [on drum].

redolta [rrəðɔ́ltə] *f.* BOT. vine shoot.

redós [rrəðós] *m.* shelter; refuge.

redreçar [rrəðrəsá] *t.* to straighten (out, up); to stand up.

reducció [rrəðuksió] *f.* reduction, lessening, decrease; slackening (off). 2 setting [of bones].

reducte [rrəðúktə] *m.* redoubt, stronghold.

reduir [rrəðuí] *t.* to reduce, to lessen. 2 to put down [revolt]. ■ 3 *p. reduir-se a,* to be reduced to, to come down to.

reduït, -ïda [rrəðuít, -íðə] *a.* diminished, reduced. 2 small, limited [quantity].

redundància [rrəðunðánsiə] *f.* superfluity, excess; redundance.

reeixir [rrəəʃí] *i.* to succeed, to be successful. ▲ CONJUG. like *eixir.*

reelecció [rrəələksió] *f.* re-election.

reemborsar [rrəəmbursá] See REEMBOSSAR.

reembossar [rrəəmbusá] *t.* to refund [expenses, deposit]; to return, to pay back [deposit]; to reimburse.

reemplaçar [rrəəmpləsá] *t.* to replace; to substitute.

refectori [rrəfəktɔ́ri] *m.* refectory [esp. in monastery].

refer [rrəfɛ́] *t.* to redo, to do again. ‖ ~ *camí,* to retrace one's steps. 2 to mend, to repair; to do up. ■ 3 *p.* to regain, to recover [one's health, strength]. ▲ CONJUG. like *desfer.*

referència [rrəfərɛ́nsiə] *f.* reference. ‖ *punt de ~,* point of reference.

referèndum [rrəfərɛ́ndum] *m.* referendum.

refermar [rrəfərmá] *t.* to strengthen, to consolidate. ■ 2 *p.* to reaffirm [viewpoint].

refet, -ta [rrəfɛ́t, -tə] *a.* robust, well-built [person]. 2 restored to health, recovered.

refiar-se [rrəfiársə] *p.* ~ *de,* to rely on.

refiat, -ada [rrəfiát, -áðə] *a.* confident; trusting.

refilar [rrəfilá] *i.* to chirp, to twitter; to trill; to warble [birds].

refilet [rrəfilɛ́t] *m.* chirping, twittering; trilling; warbling [birds].

refinament [rrəfinəmɛ́n] *m.* refinement.

refinar [rrəfiná] *t.* to refine [also fig.]. 2 fig. to make more cultured [person].

refineria [rrəfinəriə] *f.* refinery.

reflectir [rrəfləktí] *t.-p.* to reflect [also fig.]. 2 fig. to mirror.

reflector, -ra [rrəfləktó, -rə] *a.* reflecting, reflective. ■ 2 *m.* spotlight. 3 MIL. searchlight. 4 NAUT. rear reflector.

reflex, -xa [rrəflɛ́ks, -ksə] *a.* reflex [action]. ■ 2 *m.* reflection, mirroring [also fig.].

reflexió [rrəfləksió] *f.* reflection, thinking over. 2 conclusion [on reflection].

reflexionar [rrəfləksiuná] *t.* to reflect, to think over; to meditate on.

reflexiu, -iva [rrəfləksiú, -íβə] *a.* thoughtful. 2 GRAMM. reflexive.

reflux [rrəflúks] *m.* ebb.

refondre [rrəfóndrə] *t.* to re-melt; to re-smelt [metals]; to recast [things]. 2 to re-write [piece of work]. ▲ CONJUG. like *confondre.*

reforç [rrəfɔ́rs] *m.* reinforcement. 2 fig. assistance, aid.

reforçant [rrəfursàn] *a.-m.* MED. restorative. 2 *a.* strengthening, invigorating; pep-up [pills].

reforçar [rrəfursà] *t.* to strengthen. 2 to reinforce.

reforma [rrəfòrmə] *f.* reform. 2 *pl.* repairs; alterations.

reformar [rrəfurmà] *t.* to reform; to modify, to alter. 2 to mend; to improve.

reformatori [rrəfurmətòri] *m.* reformatory.

refractar [rrəfrəktà] *t.-p.* to refract.

refractari, -ària [rrəfrəktàri, -àriə] *a.* refractory [also fig.]. 2 fig. awkward; obstinate, stubborn.

refrany [rrəfráɲ] *m.* proverb, saying.

refredar [rrəfrəðà] *t.* to chill; to cool. 2 to give a cold to [person]. ■ 3 *p.* to catch a cold.

refredat [rrəfrəðàt] *m.* cold.

refrenar [rrəfrənà] *t.* to restrain, to check. 2 to rein back [horse].

refresc [rrəfrèsk] *m.* refreshment [drink].

refrescar [rrəfrəskà] *t.-i.* to cool (down).

refrigeració [rrəfriʒərəsió] *f.* refrigeration; cooling. 2 cooling system or plant.

refrigerar [rrəfriʒərà] *t.* to cool; to refrigerate.

refrigeri [rrəfriʒèri] *m.* snack.

refugi [rrəfúʒi] *m.* shelter; refuge.

refugiar [rrəfuʒià] *t.* to shelter. 2 to give shelter to. ■ 3 *p.* to take refuge.

refulgir [rrəfulʒi] *i.* to shine.

refusar [rrəfuzà] *t.* to refuse, to turn down; to despise.

refutar [rrəfutà] *t.* to refute.

reg [rrek] *m.* irrigation; watering.

regadiu [rrəɣəðiŭ] *m.* irrigatedland; irrigable land.

regadora [rrəɣəðòrə] *f.* watering can.

regal [rrəɣál] *m.* present.

regalar [rrəɣəlà] *t.* to give [as present]; to present. ■ 2 *i.* to run; to drip [liquids].

regalèssia [rrəɣəlèsiə] *f.* liquorice [plant].

regalim [rrəɣəlim] *m.* rivulet, drip [water, sweat, etc.].

regar [rrəɣá] *t.* to irrigate; to water.

regata [rrəɣàtə] *f.* groove; small furrow, furrow.

regatejar [rrəɣətəʒà] *t.* to haggle over. 2 fig. to skimp.

regència [rrəʒènsiə] *f.* regency.

regenerar [rrəʒənərà] *t.* to regenerate.

regeneració [rrəʒənərəsió] *f.* regeneration.

regent [rrəʒèn] *a., m.-f.* regent.

regi, ègia [rrèʒi, -èʒiə] *a.* royal [also fig.]. 2 fig. splendid.

regicidi [rrəʒisiði] *m.* regicide.

regidor, -ra [rrəʒiðò, -rə] *a.* POL. town councillor's. ■ 2 *m.-f.* POL. town councillor.

règim [rrèʒim] *m.* régime; rule. 2 MED. diet.

regiment [rrəʒimèn] *m.* MIL. regiment. 2 government, administration.

regió [rrəʒió] *f.* region; district.

regional [rrəʒiunàl] *a.* regional; district.

regir [rrəʒi] *t.* to rule; to govern. 2 to head, to run [company, business].

regirar [rrəʒirà] *t.* coll. to turn upside down, to mess up.

registrar [rrəʒistrà] *t.* to register; to record.

registre [rrəʒistrə] *m.* registration [act]. 2 register [book]; record.

regla [rrèɡlə] *f.* rule; standard, norm. 2 period, menstruation.

reglament [rrəɡɡləmèn] *m.* rules, regulations.

regle [rrèɡlə] *m.* ruler. 2 rule, regulation.

regna [rrèɲnə] *f.* rein.

regnar [rrəɲnà] *i.* to reign, to rule; to govern. 2 fig. to reign, to prevail.

regnat [rrəɲnàt] *m.* kingdom. 2 reign.

regne [rrèɲnə] *m.* kingdom, world [of animals, minerals, etc.].

Regne Unit [rrèɲnə unit] *pr. n. m.* GEOGR. United Kingdom.

regraciar [rrəɣrəsià] *t.* to thank (*per*, for).

regressió [rrəɣrəsió] *f.* regression. 2 fig. backward step.

reguerot [rrəɣərɔt] *m.* irrigation or drainage ditch.

reguitzell [rrəɣidzèʎ] *m.* series, line; stream.

regular [rrəɣulà] *a.* average, not outstanding.

regular [rrəɣulà] *t.* to regulate, to control.

regularitat [rrəɣuləritàt] *f.* regularity.

regularitzar [rrəɣuləridzà] *t.* to regularize; to put in order.

regust [rrəɣús(t)] *m.* after-taste.

rehabilitar [rrəaβilità] *t.* to rehabilitate. 2 to reinstate [in office].

rei [rreĭ] *m.* king.

reial [rrəjál] *a.* royal.

reialesa [rrəjəlèzə] *f.* royalty.

reialme [rrəjálmə] *m.* kingdom.

reimprimir [rrəimprimí] *t.* to reprint. ▲ CONJUG. P. P.: *reimprès*.

reina [rrềínə] *f.* queen.

reincidir [rrəinsiði] *i.* to relapse (*en,* into) [crime, vice, etc.]. 2 to repeat [offence].

reincorporar [rrəiŋkurpurá] *t.* to reincorporate.

reintegrar [rrəintəɣrá] *t.* to reintegrate. 2 to restore. ■ 3 *p.* to return to work.

reiterar [rrəítərá] *t.* to reiterate, to repeat.

reivindicació [rrəiβindikəsió] *f.* claim.

reivindicar [rrəíβindiká] *t.* to claim; to demand [esp. wage-claims].

reixa [rréʃə] *f.* grille, grating; bars *pl.* [on window].

reixat [rrəʃát] *m.* grille; railing. 2 iron gate [usu. wrought iron]. 3 SEW. openwork; open-stitch.

rejovenir [rrəʒuβəni] *t.* to rejuvenate, to make young again.

relació [rrələsió] *f.* report, account; narration. 2 relationship, connection. 3 bearing. 4 bond, tie. 5 relationship; acquaintance [between persons]. 6 sexual relations *pl.*

relacionar [rrələsiuná] *t.* to relate; to connect. ■ 2 *p.* to be connected (*a,* with).

relat [rrəlát] *m.* narration, account.

relatar [rrələtá] *t.* to relate, to narrate.

relatiu, -iva [rrələtiŭ, -íβə] *a.* relative [all senses].

relaxació [rrələksəsió] *f.* relaxation. 2 relaxing, slackening.

relaxar [rrələksá] *t.* to relax. 2 to slacken.

relegar [rrələɣá] *t.* to relegate. 2 to banish.

religió [rrəliʒió] *f.* religion.

relíquia [rrəlíkiə] *f.* REL. relic. 2 remains *pl.*

rella [rɛ́ʎə] *f.* blade [of plough].

relleu [rrəʎɛ́ŭ] *m.* ART relief, raised work; embossing [leather]. ‖ *baix ~,* bas-relief. 2 fig. emphasis, stress; importance.

rellevant [rrəʎəβán] *a.* eminent, excellent.

rellevar [rrəʎəβá] *t.* to take over from, to relieve [someone at work, in office, etc.].

relligar [rrəʎiɣá] *t.* to tie up again. 2 to frame.

relliscada [rrəʎiskáðə] *f.* slip [also fig.]; stumble. 2 fig. oversight; error.

relliscar [rrəʎiská] *i.* to slip; to skid.

rellogar [rrəʎuɣá] *t.* to sublet.

rellotge [rrəʎɔ́dʒə] *m.* clock; watch.

rellotgeria [rrəʎudʒəriə] *f.* watchmaker's.

rem [rrɛm] *m.* oar.

remar [rrəmá] *i.* to row.

remarca [rrəmárkə] *f.* remark; comment.

remarcar [rrəmárká] *t.* to mark again. 2 to notice; to remark or comment on.

rematar [rrəmətá] *t.* to finish off [kill]. 2 to complete [job], to conclude [deal, negotiations].

remei [rrəmέi] *m.* remedy.

rememorar [rrəməmurá] *t.* to recall, to evoke.

remenar [rrəməná] *t.* to move or shift around; to stir; to shake. ‖ fig. ~ *les cireres,* to be in charge, to have the last word.

remesa [rrəmέzə] *f.* remittance; shipment, consignment; batch.

remetre [rrəmέtrə] *t.* to remit, to send. 2 COMM. to ship, to consign. 3 to refer [book reference]. 4 to remit, to pardon. ■ 5 *i.* to remit, to abate, to slacken (off). ■ 6 *p.*~'*s a,* to keep or stick to [norms, rules]. ▲ CONJUG. P. P.: *remès*.

reminiscència [rrəminisénsiə] *f.* reminiscence.

remissió [rrəmisió] *f.* remission [of sins, sentence].

remitent [rrəmitèn] *m.-f.* sender.

remolatxa [rrəmulátʃə] *f.* BOT. beetroot.

remolc [rrəmɔ́lk] *m.* towing [act]. 2 trailer; caravan. 3 cable; tow-rope.

remolcar [rrəmulká] *t.* to tow.

remolí [rrəmulí] *m.* whirl [also fig.]. 2 whirlpool; eddy.

remor [rrəmó] *f.* murmur [people; waves]; rumble [waves; thunder].

remordiment [rrəmurðimèn] *m.* remorse.

remot, -ta [rrəmɔ́t, -tə] *a.* remote, distant, far-away.

remoure [rrəmɔ́ŭrə] *t.* to move or shift about or around. 2 to move (away), to shift, to remove. ▲ CONJUG. like *moure*.

remugant [rrəmuɣàn] *m.* ZOOL. ruminant.

remugar [rrəmuɣá] *t.* to ruminate [also fig.]. 2 to chew [cud].

remull [rrəmúʎ] *m.* soaking, drenching; steeping. ‖ *deixar en ~,* to leave to soak [clothes].

remullar [rrəmuʎá] *t.* to soak, to drench; to steep.

remuneració [rrəmunərəsió] f. remuneration, pay.

remunerar [rrəmunərá] t. to remunerate, to pay.

remuntar [rrəmuntá] t. to soar (up) i. 2 to go or journey or travel upstream. ■ 3 p. *remuntar-se a,* to go back to [history].

ren [rrɛn] m. ZOOL. reindeer.

renaixement [rrənəʃəmèn] m. rebirth. 2 ART Renaissance.

renaixença [rrənəʃɛ́nsə] f. rebirth. 2 LIT. Renaixença [19th century Catalan literary movement].

renàixer [rrənáʃə] See RENÉIXER.

renal [rrənál] a. renal, kidney.

renda [rrɛ́ndə] f. ECON. yield; income. ∥ *viure de ~,* to live on one's own income [interest from capital, investments, etc.].

rendibilitat [rrəndiβilitát] f. profitability.

rendible [rrəndíβlə] a. profitable [also fig.].

rendició [rrəndisió] f. surrender.

rendiment [rrəndimèn] m. exhaustion. 2 ECON. yield, income. 3 performance; capacity.

rendir [rrəndí] t. to exhaust. 2 ECON. to yield. ■ 3 p. to surrender.

rendista [rrəndístə] m.-f. pensioner. 2 person of independent means.

renec [rrənɛ́k] m. blasphemy. 2 curse, oath.

renegar [rrənəɣá] t. to deny; to renege; to abjure; to disown. ■ 2 i. to blaspheme; to curse; to swear.

renegat, -ada [rrənəɣát, -áðə] a. apostatic. ■ 2 m.-f. apostate.

renéixer [rrənɛ́ʃə] i. to be born again, to be reborn. 2 fig. to revive. ▲ CONJUG. like *néixer.*

RENFE (*«Red Nacional de Ferrocarriles Españoles»*) (Spanish national railways).

rengle [rrɛ́ŋglə] f. line, row [of persons, things].

renglera [rrəŋglɛ́rə] f. See RENGLE.

renill [rrəníʎ] m. neigh.

renillar [rrəniʎá] i. to neigh.

renom [rrənɔ́m] m. renown, fame. 2 nickname.

renou [rrənɔ́w] m. bustle; hubbub, din [of people].

renovar [rrənuβá] t. to renew; to renovate.

rentadora [rrəntəðórə] f. washing machine.

rentamans [rrɛ́ntəmàns] m. wash bowl, hand bowl, wash basin.

rentaplats [rrɛ́ntəplàts] f. dish-washer.

rentar [rrəntá] t.-p. to wash. 2 p. to have a wash.

renúncia [rrənúnsiə] f. renunciation. 2 abandoning, relinquishment [act].

renunciar [rrənunsiá] i. to renounce, to give up. ■ 2 i. to resign. 3 ~ *a fer-ho,* to decide not to do it; to stop doing it.

renyar [rrəɲá] t. to reproach, to rebuke, to upbraid. 2 coll. to tell off, to scold [esp. child].

renyina [rrəɲínə] f. quarrel.

renyir [rrəɲí] i. to quarrel. 2 to fall out with. 3 to fight.

reorganitzar [rrəuryənidzá] t. to reorganize.

reòstat [rreɔ́stət] m. ELECTR. rheostat.

repapar-se [rrəpəpársə] p. to lounge, to loll [in an armchair, on a sofa, etc.].

repapiejar [rrəpəpiəʒá] i. to be senile; to dodder.

reparació [rrəpərəsió] f. repair; repairing [act]. 2 compensation; redress, amends.

reparar [rrəpərá] t. to mend, to repair. 2 to spot, to notice, to observe. 3 to compensate, to make good. ■ 4 i. ~ *en,* to take heed of; to pay attention to.

repartició [rrəpərtisió] f. distribution, division, sharing out.

repartir [rrəpərtí] t. to share out, to divide up. 2 to distribute.

repàs [rrəpás] m. revision; review. 2 meal.

repassar [rrəpəsá] t. to revise, to go over again; to review.

repatriar [rrəpətriá] t. to repatriate.

repèl [rrəpɛ́l] m. ANAT. hangnail. 2 splinter. *a repèl,* against the grain [also fig.].

repel·lent [rrəpəllèn] a. repugnant; repulsive.

repel·lir [rrəpəllí] t. to repel. 2 fig. to disgust, to be repugnant to.

repeló [rrəpəló] See REPÈL.

repenjar-se [rrəpənʒársə] p. ~ *en,* to lean or rest on.

repensar [rrəpənsá] t. to think over again, to reconsider. ■ 2 p. to change one's mind.

repercussió [rrəpərkusió] f. repercussion.

repercutir [rrəpərkutí] i. ~ *en,* to echo against; to reverberate on. 2 to have repercussions on, to affect.

repertori [rrəpərtɔ́ri] m. repertory.

repetició [rrəpətisió] f. repetition.

repetir [rrəpəti] t. to repeat, to say again; to reiterate; to do again.

repetjó [rrəpədʒó] m. rise; slope, gradient.

repicar [rrəpiká] t. to ring or chime merrily [bells]. 2 poet. to tintinnabulate.

replà [rrəplá] m. landing [stairs]. 2 small plateau, small area of flat ground.

replec [rrəplέk] m. fold; crease [clothes]. 2 fold, undulation [land].

replicar [rrəpliká] i. to retort, to answer back.

repoblar [rrəpubblá] t. to repopulate, to resettle. 2 BOT. to reafforest; to replant.

report [rrəpór(t)] m. report, account.

reportatge [rrəpurtádʒə] m. JOURN. report; article [esp. news].

reportar [rrəpurtá] t. to bring [benefit, profit]. ■ 2 p. to control or restrain oneself.

repòrter [rrəpórtər] m. JOURN. reporter.

repòs [rrəpɔ́s] m. rest, repose.

reposar [rrəpuzá] t. to put back, to replace. ■ 2 i. to have a rest, to rest. 3 to settle [liquids].

reprendre [rrəprɛ́ndrə] t. to start up again, to restart [activity]. 2 to rebuke, to admonish. 3 to upset [stomach]. ▲ CONJUG. like *aprendre*.

reprensió [rrəprənsió] f. rebuke. 2 telling-off, scolding [esp. child].

represa [rrəprέzə] f. restart, recommencement, restarting [act].

represàlia [rrəprəzáliə] f. reprisal, retaliation.

representació [rrəprəzəntəsió] f. representation. 2 THEATR. performance [esp. of play], acting [of actors].

representant [rrəprəzəntán] a., m.-f. representative.

representar [rrəprəzəntá] t. to represent; to stand for. 2 THEATR. to perform [esp. play]; to play [part, role].

repressió [rrəprəsió] f. repression; suppression.

repressiu, -iva [rrəprəsiŭ, -iβə] a. repressive.

reprimenda [rrəprimέndə] f. rebuke, reprimand.

reprimir [rrəprimi] t. to repress, to restrain, to check; to smother [yawn].

reproducció [rrəpruðuksió] f. reproduction.

reproduir [rrəpruðui] t.-p. to reproduce.

reprotxar [rrəprutʃá] t. to reproach, to ubraid, to censure.

reprotxe [rrəprɔ́tʃə] m. reproach, upbraiding, censure.

reprovar [rrəpruβá] t. to censure, to reprove, to condemn.

reptar [rrəptá] i. to slither, to wriggle [snake]. ■ 2 t. to challenge. 3 to reproach.

repte [rrέptə] m. challenge.

rèptil [rrέptil] a. reptile.

república [rrəpúbblikə] f. republic.

republicà, -ana [rrəpubbliká, -ánə] a. republican.

repudiar [rrəpuðiá] t. to repudiate; to disown.

repugnància [rrəpuŋnánsiə] f. disgust, loathing (*per*, for), aversion (*per*, to).

repugnar [rrəpuŋná] i. to be hateful or loathsome. 2 to disgust, to revolt.

repulsa [rrəpúlsə] f. severe reprimand.

repulsió [rrəpulsió] f. repulsion [also fig.]. 2 fig. aversion (*per*, to).

repulsiu, -iva [rrəpulsiŭ, -iβə] a. disgusting, loathsome, repulsive.

repunt [rrəpunt] m. backstitch.

reputació [rrəputəsió] f. reputation.

reputar [rrəputá] t. to hold, to consider, to deem.

requerir [rrəkəri] t. to ask for; to require, to need; to demand.

rèquiem [rrέkiəm] m. requiem.

requisar [rrəkizá] t. to requisition.

requisit [rrəkizit] m. requisite. 2 mouth-watering dish, succulent dish.

rerafons [rrɛrəfóns] m. background.

reraguarda [rrɛrəɣwárðə] f. MIL. rearguard, rear.

res [rrɛs] *pron.* nothing, not... anything [in negative phrases]: *no hi ha ~ aquí*, there isn't anything here. 2 anything, something [in questions]: *vols ~?*, do you want something? ■ 3 *de ~*, not at all, you're welcome [replying to thanks]. ∥ *no hi fa ~*, it doesn't matter. ∥ *com aquell qui ~*, just like that.

resar [rrəzá] t. to say [prayer]. 2 to pray i.

rescabalar [rrəskəβəlá] t. to repay; to compensate [loss].

rescalfar [rrəskəlfá] t. to warm up (again), to reheat.

rescat [rrəskát] m. rescue; rescuing [act]. 2 ransom.

rescatar [rrəskətá] t. to rescue. 2 to ransom.

rescindir [rrəsindi] *t.* LAW to rescind. 2 to cancel.

rescissió [rrəsisió] *f.* LAW rescission. 2 cancellation.

resclosa [rrəsklózə] *f.* dam; barrage.

resclosir-se [rrəskluzirsə] *p.* to go musty, to smell musty.

reserva [rrəzèrβə] *f.* reservation, booking [hotel room, flight, etc.]. 2 secrecy, confidentiality. ‖ *sense reserves,* frankly, openly, without reserve. 3 GEOGR. reservation, reserve [tribes]; reserve [nature].

reservar [rrəzərβá] *t.* to reserve, to book [room, flight]. 2 to put by, to reserve.

reservat, -ada [rrəzərβát, -áðə] *a.* reserved, timid, withdrawn [person]. 2 confidential [matter]. ■ 3 *m.* private room [in restaurant].

resguard [rrəzɣwàr(t)] *m.* COMM. voucher; slip; receipt.

resguardar [rrəzɣwərðá] *t.* to protect, to shelter.

residència [rrəziðénsiə] *f.* residence.

residir [rrəziði] *i.* to reside, to dwell, to live.

residu [rrəzidu] *m.* residue, remainder.

resignació [rrəziɲnəsió] *f.* resignation.

resignar-se [rrəziɲnàrsə] *p.* to resign oneself (*a,* to).

resina [rrəzinə] *f.* resin.

resistència [rrəzistésiə] *f.* resistance [most senses]. 2 endurance, staying power.

resistent [rrəzistèn] *a.* resistant (*a,* to).

resistir [rrəzisti] *i.* to resist (*a,* against), to stand up (*a,* to). ■ 2 *t.* to withstand; to put up with, to endure. ■ 3 *p.* to resist, to refuse; to be reluctant: *em resisteixo a pensar que és un lladre,* I'm reluctant to believe he's a thief; I refuse to believe he's a thief.

resoldre [rrəzóldrə] *t.* to solve [problem]; to sort out [matters]. 2 to decide [issue]. ▲ CONJUG. like *absoldre.*

resolució [rrəzulusió] *f.* solution [of problem]. 2 decision.

respatler [rrəspaλλè] (VAL.) See RESPAT-LLER.

respatller [rrəspaλλè] *m.* chair back, seat back.

respectable [rrəspəktábblə] *a.* respectable. 2 sizeable, considerable.

respectar [rrəspəktá] *t.* to respect. ‖ *pel que respecta a,* as regards, as for.

respecte [rrəspéktə] *m.* respect, consideration, regard. ‖ ~ *a,* regarding, with regard to.

respectiu, -iva [rrəspəktiŭ, -iβə] *a.* respective.

respectuós, -osa [rrəspəktuòs, -òzə] *a.* respectful; courteous.

respir [rrəspir] *m.* breathing. 2 coll. breather [also fig.]. 3 respite.

respiració [rrəspirəsió] *f.* breathing; breath.

respirador [rrəspiráðó] *m.* ventilator; vent.

respirar [rrəspirá] *i.-t.* to breathe. 2 *i.* fig. coll. to have a breather.

resplendent [rrəspləndèn] *a.* gleaming; shining; resplendent [also fig.].

resplendir [rrəspləndi] *i.* to shine, to glow [also fig.].

resplendor [rrəspləndó] *f.* shining, glow, radiance, brilliance.

respondre [rrəspóndrə] *t.* to answer, to reply. ■ 2 *i.* to respond (*a,* to). 3 to correspond (*a,* to). ▲ CONJUG. GER.: *responent.* ‖ P. P.: *respost.* ‖ INDIC. Pres.: *responc.* ‖ SUBJ. Pres.: *respongui,* etc. ‖ Imperf.: *respongués,* etc.

responsabilitat [rrəspunsəβilitàt] *f.* responsibility. 2 LAW liability; responsibility; accountability.

responsable [rrəspunsàbblə] *a.* responsible (*de,* for); accountable (*de,* for). 2 accountable (*davant,* to).

resposta [rrəspóstə] *f.* answer, reply; retort.

ressaca [rrəsákə] *f.* flowing back, receding [of waves, after breaking].

ressagar-se [rrəsəɣàrsə] *p.* to fall behind; to be left behind.

ressaltar [rrəsəltá] *i.* to project, to jut out. 2 fig. to stand out.

ressec, -ca [rrəsèk, -kə] *a.* dried out, arid. 2 shrivelled (up); skin and bones [person].

ressecar [rrəsəká] *t.-p.* to dry up; to dry out, to dry off.

ressentiment [rrəsəntimèn] *m.* resentment, bitterness.

ressentir-se [rrəsəntirsə] *p.* to feel the effects of [blow, injury]; to show the effects of. 2 fig. to be offended, to get upset, to be upset.

ressenya [rrəsèɲə] *f.* brief account or description, outline account. 2 review [book].

ressenyar [rrəsəɲá] *t.* to describe in brief or in outline, to write a brief account. 2 to review [book].

ressò [rrəsɔ́] *m.* roll, thunder, boom; echo; resonance, reverberation.

ressonància [rrəsunánsiə] *f.* resonance, reverberation, echo(ing). 2 fig. *tenir ~,* to have widespread repercussions.

ressonar [rrəsuná] *i.* to resound, to reverberate, to echo.

ressopó [rrəsupó] *m.* late snack, supper.

ressorgir [rrəsurʒi] *i.* to revive, to reappear.

ressort [rrəsɔ́r(t)] *m.* MECH. spring. 2 means.

ressortir [rrəsurti] *t.* to project, to jut out, to be prominent. ▲ CONJUG. INDIC. Pres.: *ressurt.*

ressuscitar [rrəsusitá] *t.* to resuscitate, to revive. 2 fig. to revive, to reappear.

resta [rrɛ́stə] *f.* MATH. subtraction. 2 MATH. remainder. 3 rest, remainder. 4 *pl.* leftovers, remains.

restabliment [rrəstəbblimèn] *m.* re-establishment. 2 MED. recovery, convalescence.

restablir [rrəstəbbli] *t.* to re-establish, to restore. ■ 2 *p.* MED. to recover.

restant [rrəstán] *a.* remaining. ■ 2 *m.* remainder, rest.

restar [rrəstá] *i.* to stay. 2 to be left; to have left: *em resten només cent pessetes,* I've only got one hundred pesetas left. ■ 3 *t.* MATH. to subtract.

restauració [rrəstəŭrəsió] *f.* restoration; doing-up.

restaurador, -ra [rrəstəŭrəðó, -rə] *a.* restoring. ■ 2 *m.-f.* restorer.

restaurant [rrəstəŭrán] *m.* restaurant.

restaurar [rrəstəŭrá] *t.* to restore; to do up.

restitució [rrəstitusió] *f.* return, restitution.

restituir [rrəstitui] *t.* to return, to restore, to give back.

restrènyer [rrəstrɛ́ɲə] *t.* to restrict, to limit. 2 to constipate. ▲ CONJUG. P. p.: *restret.*

restrenyiment [rrəstrəɲimèn] *m.* constipation.

restricció [rrəstriksió] *f.* restriction, limit.

restringir [rrəstrinʒi] *t.* to restrict, to limit.

resultar [rrəzultá] *i.* to turn out, to prove, to be. 2 to be effective; to be a good idea: *treballar sense cobrar no resulta,* working for nothing isn't a good idea.

resultat [rrəzultát] *m.* result, effect, upshot, outcome. ‖ *donar ~,* to give good results. 2 SP. result.

resum [rrəzúm] *m.* summary, brief outline. ‖ *en ~,* in brief, in short. 2 abridgement [of book].

resumir [rrəzumi] *t.* to summarize. 2 to abridge [story, book, etc.].

resurrecció [rrəzurrəksió] *f.* resurrection.

ret [ret] *m.* hairnet.

retall [rrətáʎ] *m.* remnant, left-over, offcut.

retallar [rrətəʎá] *t.* to cut out [paper figure]; to trim [hair], to cut away, to cut off [excess]. 2 fig. to cut out; to trim, to prune [text].

retaló [rrətəló] *m.* ANAT. back of the heel. ‖ *a ~,* breaking down the back of the shoe.

retard [rrətár(t)] delay; lateness. ‖ *amb ~,* late [arrival]. 2 *~ mental,* backwardness, subnormality.

retardar [rrətərðá] *t.* to postpone, to put off. 2 to slow down, to hold up [movement]. ■ 3 *i.* to be or go slow [clock]. ■ 4 *p.* to be late.

retaule [rrətáŭlə] *m.* altarpiece, reredos.

retenció [rrətənsió] *f.* retention. 2 COMM. deduction, amount withheld.

retenir [rrətəni] *t.* to retain. 2 COMM. to deduct, to withhold, to hold back. ▲ CONJUG. like *abstenir-se.*

retentiva [rrətəntiβə] *f.* retentiveness, retention.

reticència [rrətisɛ́nsiə] *f.* reticence, reserve; taciturnity.

reticent [rrətisèn] *a.* reticent, withdrawn, uncommunicative, taciturn.

reticle [rrətiklə] *m.* OPT. reticle. 2 reticulum [of cow].

retina [rrətinə] *f.* ANAT. retina.

retir [rrətir] *m.* retirement. 2 pension. 3 retreat [place].

retirada [rrətiráðə] *f.* MIL. retreat. 2 resemblance.

retirar [rrətirá] *t.* to take away, to remove, to withdraw. ■ 2 *p.* to go away, to leave. 3 to retire (*de,* from) [job]. 4 to withdraw, to retire [into reclusion]. ■ 5 *i.* to be like (*a, —*), to resemble (*a, —*).

retocar [rrətuká] *t.* to amend; to correct. 2 to touch up [painting, decorations].

rètol [rrétul] *m.* sign; placard. 2 label; inscription.

retolar [rrətulá] *t.* to label [objects]; to put a sign (up) on [buildings]. 2 to inscribe; to head [document].

retop [rrətóp] *m.* rebound, bounce (back). ‖ *de ~,* on the rebound [also fig.].

retorçar [rrətursá] See RETÒRCER.

retòrcer [rrətɔ́rsə] *t.* to twist, to distort [also fig.]. 2 to wring (out) [wet clothes].

retòric, -ca [rrətɔ́rik, -kə] *a.* rhetorical. ■ 2 *f.* rhetoric.

retorn [rrətórn] *m.* return, coming back.

retornar [rrəturná] *t.* to return, to give back. 2 to bring back to life or consciousness. ■ 3 *i.* to come back, to return.

retracció [rrətrəksió] *f.* retraction.

retractor [rrətrəktá] *t.-p.* to withdraw. 2 *t.* to retract [claws; statement, words, etc.].

retràctil [rrətráktil] *a.* retractable.

retransmetre [rrətrənzmɛ́trə] *t.* to broadcast live; to retransmit.

retrat [rrətrát] *m.* portrait, likeness.

retratar [rrətrətá] *t.* to portray [also fig.]. 2 fig. to depict.

retre [rrɛ́trə] *t.* to return, to give back. 2 to render [homage]. 3 to yield, to produce [profits].

retret [rrətrɛ́t] *m.* reproach, censure. 2 coll. telling-off.

retreure [rrətrɛ́ŭrə] *t.* to reproach. 2 coll to tell off: *em va ~ el meu retard,* she told me off for being late. ▲ CONJUG. like *treure.*

retribució [rrətriβusió] *f.* pay, payment. 2 reward [for service done].

retribuir [rrətriβui] *t.* to pay for. 2 to reward [for service done].

retroactiu, -iva [rrətruəktiŭ, -iβə] *a.* retroactive. ‖ *donar efecte ~,* to backdate.

retrocedir [rrətrusəði] *i.* to go back, to retrace one's steps.

retrocés [rrətrusɛ́s] *m.* set-back. 2 withdrawal, backing away, retreat. 3 recoil [gun].

retrògrad, -da [rrətrɔ́yrət, -ðə] *a.* retrograde, retrogressive.

retrospectiu, -iva [rrətruspəktiŭ, -iβə] *a.* retrospective.

retrovisor [rrətruβizó] *m.* AUTO. driving mirror.

retruc [rrətrúk] *m.* tap, knock. ‖ *de ~,* on the rebound [also fig.].

retruny [rrətrúɲ] *m.* roll, boom, reverberation, rumble; echo.

retxa [rrétʃə] (BAL.) See RATLLA.

retxillera [rrətʃiʎɛ́rə] (BAL.) See ESCLETXA.

reu, rea [rrɛ́u, -rrɛ́ə] *a.* LAW of the accused. ■ 2 *m.-f.* LAW accused.

reüll (de) [rraúʎ] *adv. phr.* out of the corner of one's eye.

reuma [rrɛ́ŭmə] *m.* MED. rheumatism.

reumàtic, -ca [rrəumátik, -kə] *a.* rheumatic. ■ 2 *m.-f.* person suffering from rheumatism.

reumatisme [rrəŭmətizmə] *m.* rheumatism.

reunió [rrəŭnió] *f.* meeting; gathering.

reunir [rrəuni] *t.* to gather, to assemble, to collect. ■ 2 *p.* to meet, to gather.

revalidar [rrəβəliðá] *t.* to confirm, to ratify; to recognize [diploma; record].

revalorar [rrəβəlurá] *t.* to revalue.

revelació [rrəβələsió] *f.* revelation, disclosure.

revelar [rrəβəlá] *t.* to reveal; to disclose. 2 PHOTO. to develop [film].

revendre [rrəβɛ́ndrə] *t.* to retail, to resell. 2 to tout [tickets]. ▲ CONJUG. like *vendre.*

revenja [rrəβɛ́nʒə] *f.* revenge, vengeance.

revenjar-se [rrəβənʒársə] *p.* to get revenge, to revenge oneself. 2 coll. to get one's own back.

reverberar [rrəβərβərá] *i.* to reverberate, to reflect (off). ■ 2 *t.* to reflect.

reverència [rrəβərɛ́nsiə] *f.* reverence, respect, awe. 2 curtsy, bow.

reverend, -da [rrəβərɛ́n, -ðə] *a.* respected. 2 REL. reverend.

revers [rrəβɛ́rs] *m.* back, reverse, other side.

reversible [rrəβərsíbblə] *a.* reversible.

revés [rrəβɛ́s] *m.* back, reverse, other side. ‖ *al ~,* the wrong way round. 2 fig. setback, reverse. 3 cuff [blow]. ▲ *pl. revessos.*

revestiment [rrəβəstimɛ́n] *m.* CONSTR. facing; coating.

revestir [rrəβəsti] *t.* to face, to coat, to cover. 2 fig. to invest (*de,* with). 3 to assume [shape, appearance].

revetlla [rrəβéʎʎə] *f.* party, celebration.

reveure [rrəβɛ́ŭrə] *t.* to see again. ‖ *a ~!,* see you!

revifalla [rrəβifáʎə] *f.* revival; recovery.

revifar [rrəβifá] *t.* to revive, to give new life to. ■ 2 *p.* to recover, to revive [person; fire, etc.].

revinclada [rrəβiɲkláðə] *f.* sprain.

revingut, -uda [rrəβiŋgút, -úðə] *a.* robust, strong, well-built.

revisar [rrəβizá] *t.* to check, to go over. 2 AUTO. to service.

revisió [rrəβiziò] *f.* check, checking, going-over. 2 AUTO. service.

revisor, -ra [rrəβizò, -órə] *m.-f.* ticket collector [esp. railway]; ticket inspector [esp. railway].

revista [rrəβistə] *f.* inspection, check; review. 2 magazine. 3 review, variety show.

reviure [rrəβiúrə] *t.* to relive, to live again. ▲ CONJUG. like *viure*.

revocar [rrəβuká] *t.* to revoke, to cancel.

revolta [rrəβɔ́ltə] *f.* revolt, rebellion, uprising.

revoltar [rrəβultá] *t.* to make rebel or rise up. 2 to anger, to offend. ■ *3 p.* to revolt, to rebel, to rise up.

revolució [rrəβulusiò] *f.* revolution.

revolucionari, -ària [rrəβulusiunári,-áriə] *a., m.-f.* revolutionary.

revòlver [rrəβɔ́lβər] *m.* revolver.

revulsiu, -iva [rrəβulsiŭ, -íβə] *a.* MED. revulsive. ‖ *tractament* ~, shock treatment.

RFA *pr. n. f.* GEOGR. *(República Federal Alemanya)* FRG (Federal Republic of Germany).

ria [ríə] *f.* GEOGR. ria, estuary.

rialla [rriáʎə] *f.* laughter, laughing. 2 laughing-stock.

rialler, -ra [rriaʎè, -rə] *a.* laughing; smiling; cheerful.

riba [rríβə] *f.* GEOGR. bank.

ribera [rriβérə] *f.* bank [of river]; beach, edge [of sea, lake].

ribet [rriβèt] *m.* SEW. border, edging.

ribot [rriβɔ́t] *m.* MECH. plane.

ric, -ca [rrik, -kə] *a.* rich [also fig.], wealthy. 2 fig. abundant.

Ricard [rrikir(t)] *pr. n. m.* Richard.

ridícul, -la [rriðikul, -lə] *a.* ridiculous. ■ 2 *m.* ridicule. ‖ *fer el* ~, to make a fool of oneself.

ridiculitzar [rriðikulidzá] *t.* to ridicule, to mock, to deride. 2 to make a fool of.

riera [rriérə] *f.* stream [usu. seasonal].

rierol [rriərɔ́l] *m.* stream. 2 LIT. brook.

rifa [rrifə] *f.* raffle, lottery.

rifar [rrifá] *t.* to raffle. ■ 2 *p.* to take in, to make a fool of.

rifle [rríflə] *m.* rifle.

rígid, -da [rriʒit, -ðə] *a.* stiff [also fig.], rigid. 2 severe, hard.

rigidesa [rriʒiðèzə] *f.* stiffness [also fig.], rigidity. 2 severity, hardness, rigour.

rigor [rriɣór] *m.-f.* rigour, severity, strictness; harshness. 2 precision, exactitude. ‖ *en tot el seu* ~, to the letter [applying laws, rules, etc.].

rigorós, -osa [rriɣurós, -ózə] *a.* strict, severe; harsh.

rima [rrimə] *f.* rhyme.

rimar [rrimá] *t.-i.* to rhyme.

rímmel [rrimɛl] *m.* mascara.

Rin [rrin] *pr. n. m.* GEOGR. Rhine.

rinoceront [rrinusərón] *m.* rhinoceros.

rínxol [rrinʃul] *m.* ringlet, curl.

rioler, -ra [rriulè, -rə] *a.* laughing; smiling, cheerful.

riota [rriɔ́tə] *f.* laughing-stock. 2 mocking laugh.

riquesa [rrikézə] *f.* wealth; richness, wealthiness, affluence.

ris [rris] *m.* ringlet, curl; loop.

risc [rrisk] *m.* risk, danger.

ritme [rridmə] *m.* pace, rate; rhythm. 2 MUS. rhythm, beat.

rítmic, -ca [rridmik, -kə] *a.* rhythmic.

ritu [rritu] *m.* rite, ceremony, ritual.

ritual [rrituál] *a.* ritual.

riu [rriŭ] *m.* river.

riuada [rriwàðə] *f.* flood.

riure [rriúrə] *m.* laughter, laughing.

riure [rriúrə] *i.* to laugh. ‖ *de per* ~, for fun, for a laugh or joke. ‖ *cargolar-se de* ~, to split one's sides with laughter. ▲ CONJUG. GER.: *rient.* ‖ P. P.: *rigut.* ‖ INDIC. Pres.: *ric.* ‖ Imperf.: *reia*, etc. ‖ SUBJ. Pres.: *rigui*, etc. ‖ Imperf.: *rigués*, etc.

rival [rriβál] *a., m.-f.* rival. 2 *a.* competing. 3 *m.-f.* competitor.

rivalitat [rriβəlitát] *f.* rivalry; competition.

rivalitzar [rriβəlidzá] *i.* to rival, to compete.

roba [rrɔ́βə] *f.* clothes, clothing. ‖ ~ *de llit*, bed-clothes. ‖ *guaita! hi ha* ~ *estesa*, watch out! walls have ears; careful! somebody's listening. 2 ~ *interior*, underwear, underclothes *pl.*

robar [rruβá] *t.* to steal, to rob. ‖ *m'han robat la cartera*, someone's stolen my wallet. ‖ fig. *em té el cor robat*, he's stolen my heart.

robatori [rruβətɔ́ri] *m.* theft.

Robert [rruβɛ̀r(t)] *pr. n. m.* Robert.

robí [rruβí] *m.* MINER. ruhy.

robust, -ta [rruβús(t), -tə] *a.* strong, well-built, robust. 2 plump; chubby [child].

roc [rɔk] *m.* stone, pebble.

roca [rrɔ́kə] *f.* rock, boulder.

rococó [rrokokó] *m.* Rococo.

rocós, -osa [rrukós, -ózə] *a.* rocky, stony.

roda [rrɔ́ðə] *f.* wheel.

rodadits [rrɔ́ðəðits] *m.* MED. whitlow.

rodalia [rruðəliə] *f.* surroundings *pl.*, surrounds *pl.*, environs *pl.* 2 neighbourhood. ▲ usu. *pl.*

rodament [rruðəmén] *m.* rotation, going-round. ‖ ~ *de cap*, vertigo, dizziness, dizzy feeling.

rodamón [rɔ̀ðəmón] *m.* tramp, vagabond.

rodanxa [rruðáɲʃə] *f.* slice.

rodanxó, -ona [rruðəɲʃó, -ónə] *a.* plump, round; chubby [child].

rodar [rruðá] *i.* to go round, to run round. 2 to drift [person]. 3 to roll. ■ *4 t.* to roll; to wheel [vehicle]. 5 to travel (all) over, to cover [area]. 6 to film, to shoot [film].

rodatge [rruðáʤə] *m.* AUTO. running-in. 2 shooting [film].

rodejar [rruðəʒá] *t.* to surround, to encircle.

rodera [rruðérə] *f.* track, tyre-marks *pl.*

rodet [rruðét] *m.* spool [film]; reel [fishing]; bobbin [sewing].

rodó, -ona [rruðó, -ónə] *a.* round. 2 fig. perfect. ■ *3 f.* circumference.

rododèndron [rruðuðéndrun] *m.* BOT. rhododendron.

rodolar [rruðulá] *i.* to somersault, to turn somersaults.

rodolí [rruðulí] *m.* couplet.

roent [rruén] *a.* white-hot; red-hot, glowing.

rogent [rruʒén] *a.* reddish [esp. sky].

roger [rruʒé] *m.* red mullet.

Roger [rruʒé] *pr. n. m.* Roger.

roig, roja [rrɔtʃ, rrɔ́ʒə] (OCC.) See VERMELL.

roin, -ïna [rruin, -inə] See DOLENT.

roina [rrɔ́inə] *f.* drizzle.

rol [rrɔl] *m.* role, part.

rom [rrom] *m.* rum.

rom, -ma [rrom, -mə] *a.* blunt [blade].

Roma [rrɔ́mə] *pr. n. f.* GEOGR. Rome.

romà, -ana [rrumá, -ánə] *a., m.-f.* Roman. 2 *f.* steelyard.

romanç [rumáns] *a.* Romance. ■ *2 m.* LIT. romance.

romancejar [rrumənsəʒá] *i.* to slack [on the job]; to waste time.

romanços [rrumánsus] *m. pl.* excuses, stories. ‖ coll. *deixar-se de* ~, to cut out the flannel.

romandre [rrumándrə] *i.* to stay, so remain; to be. ▲ CONJUG. GER.: *romanent*. ‖ P. P.: *romàs*. ‖ INDIC. Pres.: *romanc*. ‖ SUBJ. Pres.: *romangui*, etc. ‖ Imperf.: *romangués*, etc.

romanent [rrumənén] *a.* remaining. ■ *2 m.* remainder, residue, remains.

romanès, -esa [rrumənés, -ézə] *a., m.-f.* Rumanian.

romaní [rruməní] *m.* BOT. rosemary.

Romania [rruməniə] *pr. n. f.* GEOGR. Rumania.

romànic, -ca [rrumánik, kə] *a.* Romanic. 2 ARCH. Romanesque.

romanista [rrumənistə] *m.-f.* follower of the School of Rome. 2 Romance linguist.

romàntic, -ca [rrumántik, -kə] *a.* ART Romantic. 2 fig. romantic, sentimental.

romanticisme [rruməntisizmə] *m.* ART Romanticism.

rombe [rrɔ́mbə] *m.* rhombus.

romeria [rruməriə] *f.* pilgrimage; religious outing.

romiatge [rrumiáʤə] *m.* See ROMERIA.

rompre [rrómprə] *t.* to break. 2 to destroy, to break (up), to shatter, to smash. 3 to break through, to breach [wall, barrier]. ▲ CONJUG. GER.: *rompent*. ‖ INDIC. Pres.: *rompo, romps, romp, rompem*, etc. ‖ Imperf.: *rompia*, etc. ‖ Perf.: *rompí, romperes*, etc. ‖ Fut.: *rompré*, etc. ‖ SUBJ. Pres.: *rompi*, etc. ‖ Imperf.: *rompés*, etc. ‖ IMPERAT.: *romp*.

ronc, -ca [rroŋ, -kə] *a.* hoarse; raucous. ■ *2 m.* snore, snoring.

roncar [rruŋká] *i.* to snore.

ronda [rróndə] *f.* round [drinks]. 2 nightpatrol, night-watch. 3 ring-road.

rondalla [rrundáʎə] *f.* fairy-tale; nursery story; tale.

rondar [rrundá] *i.-t.* to patrol. 2 *i.* to wander about, to walk the streets. 3 *t.* to run after; to hang about.

rondinaire [rrundináirə] *a.* grumbling; sullen. ■ *2 m.-f.* grumbler; sullen person.

rondinar [rrundiná] *i.* to grumble.

rònec, -ega [rrɔ́nək, -əɣə] *a.* desolate, abandoned [place].

ronquera [rruŋkèrə] f. hoarseness; huskiness.

ronsa [rrònsə] m.-f. shirker [of work]; laggard.

ronsejar [rrunsəʒà] i. to shirk work.

ronya [rròɲə] f. scabies [humans], mange [animals]. 2 coll. layer of filth or dirt [on skin].

ronyó [rruɲó] m. ANAT. kidney.

ros, rossa [rros, rròsə] a., m.-f. blonde; redhead. 2 a. fair [colour].

rosa [rròzə] f. rose. ‖ *més fresc que una ~*, as fresh as a daisy. 2 MED. German measles.

Rosa [rròzə] pr. n. f. Rose.

rosada [rruzàðə] f. dew.

rosari [rruzàri] m. rosary; beads pl. ‖ fig. coll. *acabar-se com el ~ de l'aurora*, to end badly.

rosat, -ada [rruzàt, -àðə] a. pink. ‖ *ví ~*, rosé.

rosbif [rrozβif] m. COOK. roast beef.

rosec [rruzèk] m. gnawing. 2 unease, nervousness; restlessness. 3 coll. fidgetiness. 4 remorse.

rosegador, -ra [rruzəɣəðò, -rə] m. ZOOL. rodent.

rosegar [rruzəɣà] t. to gnaw (at) [also fig.]. 2 fig. to eat up: *l'ambició el rosega*, he's eaten up with ambition. 3 fig. to nag; to torment.

rosegó [rruzəɣò] m. crust [of bread].

rosella [rruzèʎə] f. BOT. poppy.

roser [rruzè] m. rose-bush; rose tree.

ròssec [rròsək] m. after-effect, legacy [of illness]. 2 aftermath. 3 balance brought forward [accounting].

Rosselló [rrusəʎó] pr. n. m. GEOGR. Rousillon.

rossinyol [rrusiɲòl] m. ORNIT. nightingale. 2 picklock.

rost, -ta [rrɔs(t), -tə] a. steep. ■ 2 m. slope, sloping terrain; hillside.

rostir [rrusti] t. to roast; to grill. 2 to scorch; to burn.

rostit, -ida [rrustit, -iðə] a. COOK. roast; grilled.

rostoll [rrustòʎ] m. AGR. stubble.

rostre [rròstrə] m. face; countenance. 2 beak.

rot [rrot] m. coll. belch, burp.

rotació [rrutəsiò] f. rotation; turning; revolution.

rotar [rrutà] i. coll. to belch, to burp.

rotatiu, -iva [rrutətiǔ, -iβə] a. revolving, rotary. ■ 2 f. rotary press.

rotatori, -òria [rrutətòri, -òriə] a. rotatory.

rotllana [rruʎʎànə] f. circle, ring. 2 ring [of people].

rotlle [rròʎʎə] m. roll. 2 circle; knot, huddle, cluster [of people].

rotllo [rròʎʎu] See ROTLLE.

ròtula [rròtulə] f. ANAT. knee-cap.

rotund, -da [rrutùn, -də] a. emphatic [assent, denial, etc.]; flat [denial, refusal, etc.]. 2 forthright, straightforward.

roure [rróǔrə] m. BOT. oak, oak-tree.

rovell [rruβèʎ] m. rust. 2 yolk.

rovellar [rruβəʎà] t.-p. to rust.

rovelló [rruβəʎó] m. BOT. milk mushroom, saffron milk-cap.

rpm f. pl. abbr. *(revolucions per minut)* rpm (revolutions per minute).

rubèola [rruβèulə] f. MED. German measles.

ruble [rrùbblə] m. rouble.

rubor [rruβòr] m. blush, blushing.

ruboritzar-se [rruβuridzàrsə] p. to blush, to go red in the face.

rúbrica [rrùβrikə] f. flourish [to signature].

ruc, -ca [rruk, -kə] m.-f. ass [also fig.].

rucada [rrukàðə] f. idiocy, act of stupidity.

rude [rrùðə] a. vulgar, coarse, uncultured. 2 rough [esp. manner]. 3 stiff, tough [fight].

rudesa [rruðèzə] f. vulgarity, coarseness, lack of culture. 2 roughness [esp. manner].

rudiment [rruðimèn] m. rudiment.

rudimentari, -ària [rruðiməntàri, -àriə] a. rudimentary.

rúfol, -la [rrùful, -lə] a. cloudy; stormy [weather].

rugbi [rrùɣbi] m. SP. rugby.

rugir [rruʒi] i. to roar [esp. lion]. 2 fig. to roar [person, wind, sea]; to bellow [person, wind].

rugit [rruʒit] m. roar, roaring.

ruibarbre [rruiβàrβrə] m. BOT. rhubarb.

ruïna [ruinə] f. disintegration, falling apart, collapse, ruin [buildings, walls, etc.]. 2 pl. ruins. 3 downfall, ruin [of person].

ruïnós, -osa [rruinós, -òzə] a. ruinous [also fig.].

ruixar [rruʃá] *t.* to sprinkle, to spray; to spatter.

ruixat [rruʃát] *m.* shower, rain-shower. 2 downpour, cloudburst.

ruixim [rruʃím] *m.* drizzle; fine rain.

ruleta [rrulétə] *f.* roulette.

rull [rruʎ] *m.* curl [in hair].

rumb [rrumb] *m.* course [of ship]. 2 fig. line, path; way.

rumiar [rrumiá] *t.* to ruminate, to meditate (on), to ponder, to turn over in one's mind.

ruminant [rruminán] *a.-m.* ZOOL. ruminant.

rumor [rrumòr] *m.* rumour; gossip.

runa [rrúnə] *f.* rubble.

rupestre [rrupèstrə] *a.* rock. ‖ *pintura ~,* cave painting.

rúpia [rrúpiə] *f.* rupee.

ruptura [rruptúrə] *f.* rupture, split [also fig.]. 2 break-up [of relationship].

rural [rrurál] *a.* rural, country.

rus, russa [rrus, rrúsə] *a., m.-f.* Russian.

rusc [rrusk] *m.* beehive.

Rússia [rrúsiə] *pr. n. f.* GEOGR. Russia.

rústec, -ega [rrústək, -əɣə] *a.* rough, coarse [to touch]. 2 fig. unrefined, uncultured.

rústic, -ca [rrústik, -kə] *a.* rustic, country; rural. 2 *en rústica,* softback; paperback.

ruta [rrútə] *f.* route, course; journey.

rutina [rrutínə] *f.* routine.

rutinari, -ària [rrutinàri, -àriə] *a.* routine.

rutllar [rruʎʎá] *i.* to go round, to rotate. 2 to work, to function.

S

S, s [ɛ́ssə] *f.* s [letter].

s. *m.* abbr. (Segle) c. (Century).

s' *pers. pron.* See ES.

sa [sə] *ant.* (BAL.) See LA.

SA *f.* COMM. (Societat Anònima) Ltd. (limited liability company).

sa, sana [sa, sánə] *a.* healthy, fit. 2 safe, intact, sound. ‖ ~ *i estalvi,* safe and sound.

saba [sáβə] *f.* BOT. sap.

sabana [səβánə] *f.* savannah, savanna.

sabata [səβátə] *f.* shoe.

sabater, -ra [səβəté, -rə] *m.-f.* shoemaker, cobbler.

sabateria [səβətəríə] *f.* shoe-shop, shoemaker's.

sabatilla [səβətíʎə] *f.* slipper.

1) saber [səβé] *m.* knowledge, learning.

2) saber [səβé] *t.* to know [facts, answers, etc.]. 2 to be able to, to know how to: *sap nedar,* he can swim. 3 to speak [languages]. *4 fer* ~, to announce. ‖ *coll. saber-la llarga,* to be an old fox. ■ *5 i.* to taste. *6* ~ *greu,* to be sorry (—, about), to regret *t.* ▲ CONJUG. INDIC. Pres.: *sé, saps, sap,* etc. ‖ SUBJ. Pres.: *sàpiga,* etc. ‖ IMPERAT.: *sàpigues,* etc.

saberut, -uda [səβərút, -úðə] *a.* knowledgeable; learned. ■ *2 a., m.-f.* know-all.

sabó [səβó] *m.* soap.

sabonera [səβunèrə] *f.* froth, foam. 2 soap-dish.

sabor [səβónɾœ] *m.* taste, flavour, savour.

saborós, -osa [səβurós, -ózə] *a.* tasty; appetizing. 2 fig. spicy.

sabotatge [səβutádʒə] *m.* sabotage.

sabotejar [səβutəʒá] *t.* to sabotage.

sabre [sáβɾə] *m.* sabre.

sac [sak] *m.* bag; sack. ‖ ~ *de dormir,* sleeping-bag; fig. ~ *d'ossos,* bag of bones [person].

saca [sákə] *f.* big sack.

sacarí, -rina [səkəri, -inə] *a.* sugar; sugared, sweetened. ■ *2 f.* saccharin.

sacerdot [səsərðót] *m.* priest.

saciar [səsiá] *t.* to satiate, to satisfy [also fig.].

sacre, -cra [sákrə, -krə] *a.* sacred, holy. ■ *2 m.* ANAT. sacrum.

sacrificar [səkrifiká] *t.* to sacrifice [also fig.]. 2 to slaughter [animal for meat]. ■ *3 p.* fig. to make a sacrifice, to sacrifice oneself.

sacrifici [səkrifísi] *m.* sacrifice [also fig.]. 2 slaughter [animal for meat].

sacrilegi [səkriléʒi] *m.* sacrilege.

sacseig [səksétʃ] *m.* shake, shaking; jerk.

sacsejar [səksəʒá] *t.* to shake; to jerk, to jolt. 2 to beat [carpet]. 3 to shake off [dust].

sàdic, -ca [sáðik, -kə] *a.* sadistic.

sadisme [səðizmə] *m.* sadism.

sadollar [səðuʎá] *t.* to satiate, to satisfy [person, appetite]. 2 fig. to satisfy [wish].

safanòria [səfənòriə] *f.* carrot.

safareig [səfərétʃ] *m.* washing sink, washing place [for clothes]. 2 fig. coll. gossip.

safata [səfátə] *f.* tray.

safir [səfir] *m.* GEMM. sapphire.

safrà [səfrà] *m.* BOT. saffron.

sagaç [səɣás] *m.* wise, judicial, sagacious; shrewd.

sagacitat [səɣəsitát] *f.* sagacity, sound judgement; shrewdness.

sageta [səʒétə] *f.* arrow.

Sagitari [səʒitári] *m.* ASTROL. Sagittarius, the Archer.

sagnar [səŋná] *t.-i.* to bleed.

sagrament [səɣrəmèn] *m.* sacrament.

sagrat, -ada [səɣràt, -áðə] *a.* sacred, holy. 2 fig. sacred, inviolable.

sal [sal] *f.* salt.

sala [sàlə] f. room [house]. 2 hall: ~ *d'actes,* meeting hall, lecture hall.

salamandra [sələmándrə] f. ZOOL. salamander, lizard.

salaó [sələó] f. salted meat; salt fish.

salar [səlá] t. to salt.

salari [səlári] m. salary, wage.

salconduit [səlkundúit] m. safe-conduct.

saldar [səldá] t. COMM. to pay [bill]; to pay (off) [debt]. 2 to sell off cheap.

saldo [sáldu] m. COMM. balance. 2 COMM. clearance sale.

saler [sələ́] m. salt-cellar.

salfumant [səlfumàn] m. hydrochloric acid [for cleaning].

saliva [səlíβə] f. saliva, spit.

salivera [səlíβèrə] f. dribble of saliva or spit.

sàller [sáʎər] (ROSS.) See SORTIR.

salmó [səlmó] m. salmon.

saló [səló] m. lounge, sitting room, drawing room. 2 COMM. salon. ‖ ~ *de bellesa,* beauty parlour.

salpar [səlpá] i. NAUT. to upanchor, to weigh anchor, to set sail. ■ 2 t. NAUT. to draw up [anchor].

salsa [sálsə] f. sauce, dressing.

salsera [səlsèrə] f. gravy boat, sauce boat.

salsitxa [səlsítʃə] f. sausage.

salt [sal] m. jump, leap, bound; hop, skip. 2 coll. *fer el ~,* to be unfaithful; not to show up.

saltar [səltá] i. to jump, to leap, to spring; to hop, to skip. 2 to come off: *m'ha saltat un botó a la camisa,* a button's come off my shirt. 3 coll. ~ *a la vista,* to stick out a mile. ■ 4 t. to jump (over); to hop, to skip over. 5 to skip, to omit, to leave out.

saltejador [səltəʒəðó] m. highway robber, highwayman.

saltejar [səltəʒá] t. to hold up, to rob [on roads].

saltimbanqui [səltimbáŋki] m. travelling actor, juggler; travelling showman.

saltiró [səltiró] m. hop, skip.

salubre [səlúβrə] a. healthy, salubrious.

saludable [səluðábblə] a. healthy. 2 fig. salutary, beneficial, good.

saludar [səluðá] t. to greet.

salut [səlút] f. health. ‖ ~*!,* cheers!, your health!

salutació [səlutəsió] f. greeting.

salvació [səlβəsió] f. salvation.

salvador, -ra [səlβəðó, -rə] a. saving. ■ 2 m.-f. rescuer; deliverer, saviour.

salvadorenc, -ca [səlβəðurèŋ, -kə] a., m.-f. Salvadorean.

salvament [səlβəmèn] m. rescue; salvation.

salvar [səlβá] t. to rescue, to save. 2 to overcome [difficulty], to get round, to bypass [obstacle].

salvatge [səlβádʒə] a. wild; savage, fierce [animal]. ■ 2 m.-f. savage, barbarian.

salvatgina [səlβadʒínə] f. wild animal [of the forest].

salvavides [səlβəβíðəs] m. lifebelt, lifejacket; life-preserver.

salze [sálzə] m. BOT. willow [tree].

samarreta [səmərrètə] f. T-shirt; vest, (USA) undershirt.

samfaina [səmfáinə] f. COOK. fried vegetable sauce. 2 jumble, hotchpotch.

sanar [səná] i. to recover, to get over [an illness]. ■ 2 t. to castrate, to geld.

sanatori [sənətóri] m. sanatorium; nursing home.

sanció [sənsió] f. sanction, ratification.

sancionar [sənsiuná] t. to sanction.

sandàlia [səndáliə] f. sandal.

sandvitx [səmbitʃ] m. sandwich.

sanefa [sənéfə] f. trimming, border.

sanejament [sənəʒəmèn] m. sanitation; cleaning-up [also fig.].

sanejar [sənəʒá] t. to sanitate; to clean up [also fig.].

sang [saŋ] f. blood. 2 bloodshed. 3 parentage. 4 ~ *calenta,* hotbloodedness; ~ *freda,* cold blood.

sanglot [səŋglót] m. sob.

sanglotar [səŋglutá] i. to sob.

sangonera [səŋgunèrə] f. ZOOL. leech.

sangtraït [səŋtrait] m. bruise.

sanguinari, -ària [səŋginàri, -áriə] a. bloodthirsty, cruel.

sanitari, -ària [sənitàri, -áriə] a. sanitary; health.

sanitat [sənitát] f. health; healthiness. 2 public health (department).

sànscrit, -ta [sánskrit, -tə] a.-m. Sanskrit.

sant, -ta [san, -tə] a. holy, sacred, blessed; saintly. ■ 2 m.-f. saint. 3 name day. 4 statue or image of a saint. 5 ~ *i senya,* password.

santoral [sənturál] m. list of saints, hagiology. 2 hagiography.

santuari [səntuàri] *m.* sanctuary, shrine.

saó [səó] *f.* maturity, ripeness. 2 occasion, moment.

sapastre [səpástrə] *m.* bungler; fumbler.

sapiència [səpiènsiə] *f.* wisdom, knowledge.

saqueig [səkɛ́tʃ] *m.* sacking, plunder, looting.

saquejar [səkəʒá] *t.* to sack, to loot, to plunder.

Sara [sárə] *pr. n. f.* Sarah.

saragata [sərəɣátə] *f.* bustle, hullabaloo.

sarau [səráŭ] *m.* dinner dance. 2 brawl, riot.

sarbatana [sərβətánə] *f.* blowpipe; pea-shooter [toy].

sarcasme [sərkázmə] *m.* sarcasm.

sarcàstic, -ca [sərkàstik, -kə] *a.* sarcastic; backhanded.

sarcòfag [sərkɔ́fək] *m.* sarcophagus.

sardana [sərðánə] *f.* traditional folk-dance of Catalonia, danced in a circle.

Sardenya [sərðéɲə] *pr. n. f.* GEOGR. Sardinia.

sardina [sərðinə] *f.* sardine.

sargantana [sərɣəntánə] *f.* ZOOL. (small) lizard.

sargir [sərʒi] *t.* to mend, to sew (up).

sargit [sərʒit] *m.* mending. 2 mend, patch.

sarment [sərmèn] *m.* vine shoot.

sarna [sárnə] *f.* scabies [humans]; mange [animals].

sarraí, -ïna [sərrəi, -inə] *a., m.-f.* Saracen.

sarró [sərró] *m.* (leather) knapsack.

sarsuela [sərswɛ́lə] *f.* (Spanish) operetta. 2 fish served in sauce.

sastre [sàstrə] *m.* tailor.

sastreria [səstrəriə] *f.* tailor's (shop). 2 tailoring.

sastressa [səstrɛ́sə] *f.* seamstress, dressmaker.

satèl·lit [sətέl·lit] *m.* satellite. 2 hanger-on; henchman.

sàtira [sàtirə] *f.* satire.

satíric, -ca [sətirik, -kə] *a.* satirical, satiric.

satisfacció [sətisfəksió] *f.* satisfaction.

satisfactori, -òria [sətisfəktɔ́ri, -ɔ́riə] *a.* satisfactory, adequate, passable.

satisfer [sətisfè] *t.* to satisfy, to please; to meet [need]. 2 to compensate. ▲ CONJUG. like *desfer.*

satisfet, -ta [sətisfèt, -tə] *a.* satisfied, contented.

saturar [səturá] *t.* to saturate, to soak.

Saturn [sətúrn] *pr. n. m.* ASTR. Saturn.

saüc [səúk] *m.* BOT. elder.

sauna [sáŭnə] *f.* sauna.

savi, sàvia [sàβi, sáβiə] *a.* learned; wise, sensible.

saviesa [səβiɛ́zə] *f.* wisdom, knowledge; erudition.

saxó, -ona [səksò, -ónə] *a.* saxon.

saxofon [səksufón] *m.* MUS. saxophone.

se [sə] *pers. pron.* See ES.

Sebastià [səβəstià] *pr. n. m.* Sebastian.

séc [sek] *m.* fold, pleat; wrinkle; line, groove.

sec, -ca [sɛk, -kə] *a.* dry; dried (up). 2 skinny [person]. 3 blunt [manner, character]. ‖ *una salutació seca,* a brusque greeting.

secà [səká] *m.* dry land.

secada [səkáðə] *f.* drought, dry season.

secall [səkáʎ] *m.* twig. 2 skinny person.

secant [səkán] *a.* drying; blotting [paper]. ■ 2 *f.* GEOM. secant.

secció [səksió] *f.* section, cross-section. 2 section, division, department.

seccionar [səksiuná] *t.* to section, to divide into sections.

secessió [səsəsió] *f.* secession, seceding.

secreció [səkrəsió] *f.* secretion.

secret, -ta [səkrɛt, -tə] *a.* secret; confidential; undercover [agent, activity, etc.]. ■ 2 *m.* secret; secrecy. ‖ ~ *professional,* professional secrecy.

secretar [səkrətá] *t.-i.* to secrete, to exude.

secretari, -ària [səkrətári, -áriə] *m.-f.* secretary.

secretaria [səkrətəriə] *f.* (secretary's) office. 2 secretariat.

secta [sɛ́ktə] *f.* sect.

sector [səktó] *m.* section; area. 2 sector.

secular [səkulá(r)] *a.* age-old, centuries-old. 2 lay. 3 secular.

secundar [səkundá] *t.* to second, to support.

secundari, -ària [sekundàri, -áriə] *a.* secondary: *ensenyament ~,* secondary education. 2 ancillary; minor, lesser.

seda [sɛ́ðə] *f.* silk. ‖ *anar com una ~,* to go like a dream.

sedant [səðàn] *a.-m.* sedative.

sedàs [səðás] *m.* sieve.

sedentari, -ària [səðəntári, -áriə] *a.* sedentary.

sedició [səðisió] *f.* sedition.

sediment [səðimèn] *m.* sediment, deposit.

sedimentar [səðiməntá] *t.* to deposit [sediment]. ■ 2 *p.* to settle, to form [sediment].

seducció [səðuksió] *f.* seduction. 2 allure, charm.

seductor, -ra [səðuktó, -rə] *a.* alluring, seductive.

seduir [səðui] *t.* to seduce, to allure; to captivate.

sega [sὲɣə] *f.* AGR. reaping, harvesting; mowing. 2 harvest [season].

segador, -ra [səɣəðó, -rə] *m.-f.* harvester, reaper.

segar [səɣá] *t.* to mow, to cut [grass], to reap [corn]. 2 to chop.

segell [səʒèʎ] *m.* seal. 2 stamp.

segellar [səʒəʎá] *t.* to seal. 2 to stamp.

segle [sὲɡɡlə] *m.* century.

segment [səŋmèn] *m.* segment; piece.

sègol [sὲɣul] *m.* rye.

segon, -na [səɣón, -nə] *a.-m.* second.

segons [səɣóns] *prep.* according to; in accordance with. 2 depending on.

segregació [səɣrəɣəsió] *f.* segregation. 2 secretion.

segregar [səɣrəɣá] *t.* to segregate. 2 to secrete.

segrest [səɣrès(t)] *m.* kidnapping, abduction. 2 confiscation.

segrestar [səɣrəstá] *t.* to kidnap, to abduct. 2 to seize [publication]; to confiscate.

següent [səɣwèn] *a.* next, following.

seguida [səɣiðə] *adv. phr. de ~*, at once, straight away, (USA) right away.

seguidor, -ra [səɣiðó, -rə] *m.-f.* follower, back-up. 2 SP. fan, supporter.

seguir [səɣi] *t.* to follow, to come or go after; to pursue. 2 to continue, to go on.

segur, -ra [səɣú, -rə] *a.* sure, definite. 2 safe; secure.

seguretat [səɣurətát] *f.* certainty, sureness. 2 security. 3 safety. 4 confidence, self-confidence.

seient [səjèn] *m.* seat. 2 chair. 3 saddle [of bicycle, motorcycle, etc.].

seitó [səitó] *m.* ICHTHY. anchovy.

seixanta [səʃántə] *a.* sixty.

seixantè, -ena [səʃəntὲ, -ὲnə] *a.-m.* sixtieth.

selecció [sələksió] *f.* selection. 2 SP. team.

seleccionar [sələksiuná] *t.* to select, to pick (out), to choose.

selecte, -ta [sələktə, -tə] *a.* choice, select.

sella [sὲʎə] *f.* saddle [on horse].

selva [sὲlβə] *f.* jungle; forest.

semàfor [səmáfur] *m.* traffic light [roads]; signal [railways]. 2 NAUT. semaphore.

semblança [səmblánsə] *f.* likeness, similarity; resemblance. 2 biographical sketch.

semblant [səmblán] *a.* similar, alike; akin. 2 such: *no pot haver tramat semblants accions,* he can't have plotted such actions. ■ 3 *m.* look, appearance. 4 fellow man or creature.

semblar [səmblá] *i.* to look (like); to seem, to look as though. || *què et sembla?,* what do you think (of this, that)? || *sembla ser que,* apparently, it seems that.

sembra [sὲmbrə] *f.* sowing. 2 sowing season.

sembrar [səmbrá] *t.* to sow [also fig.].

semen [sέmən] *m.* semen.

sement [səmèn] *f.* seed.

semental [səməntál] *a.-m.* stud.

semestre [səmὲstrə] *m.* semester, half year.

semicercle [sεmisὲrklə] *m.* semicircle.

semicorxera [sεmikurʃèrə] *f.* MUS. sixteenth note, semiquaver.

semifusa [sεmifúzə] *f.* MUS. sixty-fourth note.

seminari [səminàri] *m.* seminary. 2 seminar.

semita [səmitə] *a.* Semitic. ■ 2 *m.-f.* Semite.

semitò [sεmitò] *m.* half tone, semitone.

semivocal [sεmiβukál] *f.* LING. semivowel.

sempre [sὲmprə] *adv.* always, for ever, (USA) forever. || *per ~,* for ever. 2 *~ que,* provided (that). ▲ with *subj.* or *indic.* || *~ que,* whenever, every time that with.

senador, -ra [sənəðó, -rə] *m.-f.* senator.

senar [səná] *a.* odd [number]. || *parells o senars,* odds or evens [guessing game].

senat [sənát] *m.* senate.

sencer, -ra [sənsέ, -rə] *a.* whole; entire.

senderi [səndέri] *m.* sense; gumption, brains *pl.*

senglar [səŋglá] *m.* ZOOL. boar.

sengles [sὲŋgləs] *pl. a.* each, both: *portaven ~ bastons,* each of them carried a cane.

senil [sənil] *a.* senile.

sens [sens] See SENSE.

sensació [sənsəsió] *f.* feeling, sensation; sense. 2 fig. sensation; rage.

sensacional [sənsəsiunál] *a.* sensational.

sensat, -ta [sənsát, -tə] *a.* sensible; wise, sound. ■ 2 *adv.* (ROSS.) See DE DEBÒ.

sensatesa [sənsətizə] *f.* (good) sense, judgement.

sense [sɛnsə] *prep.* without.

sensibilitat [sənsiβilitát] *f.* sensitivity; sensibility; feeling.

sensible [sənsibblə] *a.* sensitive. 2 perceptive, noticeable [change, improvement, etc.].

sensorial [sənsuriál] *a.* sensory.

sensual [sənsuál] *a.* sensual; sensuous.

sentència [səntɛnsiə] *f.* maxim. 2 LAW sentence.

sentenciar [səntənsiá] *t.* LAW to sentence.

sentiment [səntimén] *m.* feeling, emotion; sentiment. 2 regret; grief, sorrow.

sentimental [səntiməntál] *a.* sentimental. 2 love [affair, life].

sentinella [səntineʎə] *m.* sentry, guard.

sentir [sənti] *t.* to feel. 2 to hear. ‖ *ho sents?*, do you hear that? 3 to be sorry, to regret. ‖ *ho sento*, I'm sorry. ■ 4 *p.* to feel: ~ *trist*, to feel sad. ▲ CONJUG. INDIC. Pres.: *sent.*

sentit, -ida [səntit, -iðə] *a.* sensitive [easily hurt]. ■ 2 *m.* sense. ‖ *perdre els sentits*, to lose consciousness. 3 meaning, sense. 4 direction. ‖ ~ *únic*, one-way [street].

sentor [səntó] *f.* smell, odour, (USA) odor.

seny [sɛɲ] *m.* (good) sense, (good) judgement; prudence. ‖ *perdre el* ~, to take leave of one's senses, to go mad.

senya [sɛɲə] *f.* feature [of person], distinguishing mark [of thing].

senyal [səɲál] *m.* mark; trace. 2 signal; gesture [of warning, greeting, etc.]. 3 sign, token; indication: *donar* ~ *de vida*, to show signs of life.

senyalar [səɲálá] *t.* to mark. 2 to signpost [road], to put up signs on. 3 to point out, to point to; to indicate. 4 to mark (for life), to sear.

senyera [səɲɛrə] *f.* flag; banner, standard.

senyor, -ra [səɲó, -rə] *m.* man, gentleman. 2 lord; owner, master. 3 mister [before proper name]; sir [in direct address]. ‖ *sí* ~, yes indeed. 4 *f.* woman; lady. 5 mistress, owner. 6 wife. 7 Mrs [before proper name]; madam [in direct address].

senyorejar [səɲurəʒá] *t.* to control, to dominate; to rule. ■ 2 *i.* to act like a lord.

senyoreta [səɲurétə] *f.* young woman or lady. 2 miss [before proper name]. 3 teacher; miss.

senzill, -lla [sənziʎ, -ʎə] *a.* simple. 2 easy. 3 plain, natural.

senzillesa [sənziʎézə] *f.* simplicity. 2 plainness, naturalness.

separació [səpərəsió] *f.* separation, removal. 2 space, distance; gap.

separar [səpərá] *t.* to separate; to move or take away. 2 to pull apart, to keep apart. ■ 3 *p.* to separate; to split up.

separatisme [səpərətizmə] *m.* separatism.

sepeli [səpéli] *m.* burial; interment.

sèpia [sépiə] ZOOL. See SÍPIA.

septentrional [səptəntriunál] *a.* north, northern.

sepulcre [səpúlkrə] *m.* tomb, grave; sepulchre.

sepultar [səpultá] *t.* to bury [also fig.]; to inter.

sepultura [səpultúrə] *f.* burial. 2 tomb, grave.

sequaç [səkwàs] *m.-f.* follower, supporter; henchman.

sequedat [səkəðát] *f.* dryness. 2 fig. brusqueness, abruptness.

seqüela [səkwélə] *f.* sequel. 2 aftermath.

sèquia [sékiə] *f.* irrigation channel.

1) ser [se] *m.* being.

2) ser [se] See ÉSSER.

Sèrbia [sɛ́βiə] *pr. n. f.* Serbia.

serè, -ena [sərɛ́, -ɛnə] *a.* clear, cloudless [sky]. 2 calm, quiet, peaceful; serene [person].

serenata [sərənátə] *f.* serenade.

serenitat [sərənitát] *f.* peacefulness, quietness; serenity.

serenor [sərənó] See SERENITAT.

sergent [sərʒèn] *m.* sergeant.

serial [səriál] *a.-m.* serial.

sèrie [sériə] *f.* series; sequence, string. ‖ *producció en* ~, massproduction. ‖ *fora de* ~, exceptional, out of the ordinary.

serietat [səriətát] *f.* seriousness; gravity. 2 consciousness, responsibility; formality.

serigrafia [səriɣrəfiə] f. silk-screen (printing).

seriós, -osa [səriòs, -ózə] a. serious; conscientious, responsible. 2 solemn. 3 serious, important; critical.

sermó [sərmó] m. speech. 2 fig. sermon, harangue.

serp [serp] f. ZOOL. snake, serpent.

serpent [sərpèn] m.-f. ZOOL. See SERP.

serpentejar [sərpəntəʒà] i. to twist, to wind, to meander.

serra [sɛ́rrə] f. saw. 2 mountain range; mountains.

serradura [sərrəðúrə] f. sawing (off). 2 saw cut. 3 pl. sawdust sing.

serralada [sərrəláðə] f. mountain range.

serraller, -ra [sərrəʎè, -rə] m.-f. locksmith.

serrar [sərrá] t. to saw (off, up). 2 to press (together), to clench; ~ les dents, to clench one's teeth.

serrat [sərràt] a. sawn; sawn-up, sawn-off. 2 serrated, toothed; jagged. ■ 3 m. range of hills.

serrell [sərrɛ́ʎ] m. fringe. 2 fringe [of hair], (USA) bangs pl.

sèrum [sɛ́rum] m. serum.

servei [sərβέĭ] m. favour, (USA) favor. 2 service; use, usefulness. 3 service, duty. ∥ ~ militar, military service. 4 servants, help; employees [of hotel]. 5 pl. public utilities.

servent, -ta [sərβèn, -tə] (domestic) servant, home-help.

servicial [sərβisiál] a. obliging, accommodating; obsequious.

servil [sərβil] a. servile; obsequious.

servilisme [sərβilizmə] m. servility.

servir [sərβí] i. to be useful or of use, to be handy. 2 to serve. ■ 3 t. to serve; to wait on [in a restaurant]; to be of help. ∥ en què et puc ~?, can I help you (in any way)? ■ 4 p. to use, to make use of.

sèsam [sɛ́zəm] m. BOT. sesame.

sessió [səsió] f. session; meeting; sitting. 2 show, performance; showing [cinema].

set [sɛt] f. thirst. ∥ tenir ~, to be thirsty. ■ 2 a.-m. seven. 3 m. tear, rip [in material, paper], cut [in skin].

setanta [sətàntə] a.-m. seventy.

setantè, -ena [sətəntɛ́, -ɛ́nə] a.-m. seventieth.

set-cents, -tes [sɛ́tsɛns, -təs] a.-m. seven hundred.

set-ciències [sɛtsiɛ̀nsiəs] m.-f. know-all, (USA) know-it-all.

setè, -ena [sətɛ̀, -ɛ́nə] a.-m. seventh.

setembre [sətɛ́mbrə] m. September.

setge [sɛ́dʒə] m. siege.

setí [səti] m. TEXT. sateen; satin.

setmana [səmmànə] f. week. ∥ Semana Santa, Holy Week, Easter.

setmanada [səmmənáðə] f. (weekly) wages pl., wage.

setmanal [səmmənál] a. weekly. ■ 2 m. weekly pay-sheet [amount].

setmanari [səmmənári] m. weekly [publication].

setmesó, -ona [sɛ̀dməzó, -ónə] a. premature. ■ 2 m.-f. premature baby.

setrill [sətriʎ] m. cruet.

setrilleres [sətriʎèrəs] f. pl. cruet-set sing.

setze [sɛ́dzə] a.-m. sixteen.

setzè, -ena [sədzɛ̀, -ɛ́nə] a.-m. sixteenth.

seu [sɛ̆ŭ] f. seat [of government], headquarters, head office [of company]. 2 cathedral.

seu, seva [sɛŭ, sɛ̀βə] poss. a. his, her, its; one's; your [polite address]. ∥ ella i el ~ germà, she and her brother. ∥ vostès i els seus familiars, you and your relatives. 2 their: ells i el ~ equipatge, they and their baggage. ■ 3 poss. pron. his, hers. 4 theirs. ∥ aquest és (el) ~, this is theirs. ∥ el ~ no hi és, theirs isn't here.

sèu [sɛ̆ŭ] m. grease, animal grease or fat.

Seül [səúl] pr. n. m. GEOGR. Seoul.

seure [sɛ̆ŭrə] i. to sit (down). 2 to be seated or sitting. ▲ CONJUG. GER.: seient. ∥ P. P.: segut. ∥ Pres. INDIC.: sec, etc. ∥ Pres. SUBJ.: segui, etc. ∣ Imperf.: segués, etc.

sever, -ra [səβèni, -rə] a. strict; harsh, hard; severe.

severitat [səβəritàt] f. strictness; harshness, hardness; severity.

Sevilla [səβiʎə] pr. n. f. GEOGR. Seville.

sexe [sɛ́ksə] m. sex, gender. 2 sexual organs, genitalia.

sexual [səksuàl] a. sexual, sex.

sexualitat [səksuəlitàt] f. sexuality.

1) si [si] m. MUS. B.

2) si [si] conj. if, whether. ∥ ~ de cas, if, perchance. ∥ ~ més no, at the very least.

3) si [si] pers. refl. pron. himself, herself, itself; oneself; yourself [polite address]. ∥ tornar en ~, to recover consciousness, to come round.

sí [si] adv. yes.

sibarita [siβərità] *a.* sybaritic, luxury-loving. ■ 2 *m.-f.* sybarite, luxury-lover.

Sicília [sisìliə] *pr. n. f.* GEOGR. Sicily.

sicilià, -ana [sisilià, -ànə] *a., m.-f.* Sicilian.

SIDA [siðə] *f.* MED. *(Síndrome d'Immuno-deficiència Adquirida)* AIDS (Acquired Immune Deficiency Syndrome).

sideral [siðərál] *a.* astral, sidereal.

siderúrgia [siðərúrʒiə] *f.* iron and steel industry, steel industry.

sidra [siðrə] *f.* cider.

sífilis [sìfilis] *f.* MED. syphilis.

sifó [sifó] *m.* siphon. 2 soda siphon. 3 soda, soda water.

sigla [sigglə] *f.* acronym; abbreviation.

signar [sinˈná] *t.* to sign.

signatura [sinˈnətúrə] *f.* signature. 2 signing, signature [act]. 3 reference or catalogue number [on books].

signe [sinˈnə] *m.* sign, mark; token.

significació [sinˈnifikəsió] *f.* meaning; significance.

significar [sinˈnifiká] *t.* to mean; to signify.

significat [sinˈnifikát] *m.* meaning, sense.

silenci [silénsi] *m.* silence, quiet. 2 MUS. rest.

silenciós, -osa [silənsiós, -ózə] *a.* quiet, silent.

sílex [siləks] *m.* MINER. flint, silex.

silicona [silikònə] *f.* CHEM. silicone.

síl·laba [silˈlaβə] *f.* syllable.

sil·logisme [silluʒizmə] *m.* syllogism.

silueta [siluétə] *f.* silhouette, outline.

silvestre [silβèstrə] *a.* wild.

Sílvia [sìlβiə] *pr. n. f.* Silvia, Sylvia.

simbiosi [simbiòzi] *f.* BIOL. symbiosis.

símbol [simbul] *m.* symbol, sign.

simbòlic, -ca [simbòlik, -kə] *a.* symbolic.

simbolitzar [simbulidzá] *t.* to symbolize.

simetria [simətriə] *f.* symmetry.

simètric, -ca [simètrik, -kə] *a.* symmetric.

simfonia [simfuniə] *f.* MUS. symphony.

simi [simi] *m.* ZOOL. ape.

símil [simil] *m.* simile; comparison.

similar [similànrœ] *a.* similar.

similitud [similitút] *f.* similarity, resemblance, similitude.

simpatia [simpàtiə] *f.* friendliness, pleasantness. 2 attraction. ‖ *li tinc molta ~,* I like her a lot. 3 MED. sympathy.

simpàtic, -ica [simpàtik, -kə] *a.* friendly; likeable, pleasant.

simple [simplə] *a.* undivided, whole. 2 uncomplicated, simple, straightforward.

simplicitat [simplisitát] *f.* simplicity, uncomplicatedness.

simplificar [simplifiká] *t.* to simplify.

símptoma [simtumə] *m.* symptom.

simulació [simuləsió] *f.* simulation; pretence; make-believe.

simulacre [simulàkrə] *m.* simulacrum.

simular [simulá] *t.* to simulate; to pretend, to feign, to sham.

simultani, -ània [simultàni, -àniə] *a.* simultaneous.

sina [sinə] *f.* breast, chest. 2 bosom [woman].

sinagoga [sinəɣóɣə] *f.* synagogue.

sincer, -ra [sinsènr, -rə] *a.* frank; sincere.

sinceritat [sinsəritát] *f.* frankness; sincerity.

síncope [sinkupə] *f.* GRAM., MUS. syncope. 2 MED. faint, fainting, fit.

sincronitzar [sinkrunidzá] *t.* to synchronize.

sindical [sindikál] *a.* trade union, union.

sindicalisme [sindikəlizmə] *m.* tradeunionism.

sindicat [sindikát] *m.* syndicate. 2 union, trade union.

síndria [sindriə] *f.* BOT. water melon.

singladura [singləðúrə] *f.* NAUT. day's run, day's sailing.

singlot [singlòt] *m.* hiccup.

singlotar [singlutá] *i.* to hiccup.

singular [singulànrœ] *a.* singular. 2 unusual, strange, odd.

sínia [siniə] *f.* water wheel.

sinistre, -ra [sinistrə, -trə] *a.* left. 2 sinister; evil. ■ 3 *m.* disaster, calamity; accident.

sinó [sinó] *conj.* but [contrast]. ‖ *no es ell ~ el seu germà,* it's not him but his brother.

sinònim, -ma [sinònim, -mə] *a.* synonymous.

sinonímia [sinunimiə] *f.* synonymy.

sintaxi [sintáksi] *f.* syntax.

síntesi [sintəzi] *f.* synthesis.

sintètic, -ca [sintètik, -kə] *a.* synthetic; artificial.

sintetitzar [sintətidzá] *t.* to synthesize.

sintonitzar [sintunidzà] *t.* to tune in ■ *2 i.* to get on well.

sinuós, -osa [sinuós, -ózə] *a.* windy, winding. 2 fig. devious.

sinus [sínus] *m.* GEOM. sine.

sinusitis [sinuzítis] *f.* MED. sinusitis.

sípia [sípiə] *f.* cuttlefish.

sirena [sirènə] *f.* siren, mermaid. 2 siren.

sirgar [siryà] *i.* MAR. to tow; to pull. 2 fig. to work hard, to toil.

Síria [síriə] *pr. n. f.* GEOGR. Syria.

sirià, -ana [sirià, -ánə] *a., m.-f.* Syrian.

sis [sis] *a.-m.* six.

sis-cents [sisèns] *a.* six hundred.

sisè, -ena [sizè, -énə] *a.-m.* sixth.

sisme [sízmə] *m.* earthquake, tremor.

sísmic, -ca [sízmik, -kə] *a.* seismic.

sismògraf [sizmɔ́yrəf] *m.* seismograph.

sistema [sistèmə] *m.* system; method.

sistemàtic [sistəmàtik, -kə] *a.* systematic; methodical.

sístole [sístulə] *f.* MED. systole.

sitja [sidʒə] *f.* underground silo or storage pit.

situació [situəsió] *f.* situation; location; status, standing.

situar [situà] *t.* to situate; to locate, so site. ■ *2 p.* to establish oneself; to settle down [in life]. 3 coll. to make it [in life].

sivella [siβéʎə] *f.* buckle.

SL [èsə èlə] *f.* COMM. *(Societat Limitada)* (limited liability company) [with restrictions on size].

so [sɔ] *m.* sound.

sobirà, -ana [suβirà, -ánə] *a., m.-f.* sovereign.

sobirania [suβirəniə] *f.* sovereignty.

sobra [sóβrə] *f.* left-over, remainder; excess. ‖ *de ~,* more than enough, ample. 2 *pl.* remains, left-overs.

sobrar [suβrà] *i.* to be superfluous or in excess. ‖ *sobren tres cadires,* there are three chairs too many.

sobrassada [suβrəsàðə] *f.* kind of sausage, made of pork, red pepper and salt.

sobre [sóβrə] *adv.* on top. ■ *2 prep.* on, upon, on top of. 3 about, on [subject]. 4 besides, in addition to. ■ *5 m.* top-side, top. 6 envelope.

sobreabundància [soβrəβundànsiə] *f.* overabundance, superabundance.

sobrealimentar [soβrəliməntà] *t.* to overfeed.

sobrecàrrega [soβrəkàrrəyə] *f.* overload. 2 excess weight. 3 surcharge.

sobredosi [soβrəðɔ́zi] *f.* overdose.

sobreentendre [soβrəntèndrə] *t.* to infer.

sobrehumà, -ana [soβrəumà, -ánə] *a.* superhuman.

sobrenatural [soβrənəturàl] *a.* supernatural.

sobrenom [soβrənɔ́m] *m.* nickname.

sobrepassar [soβrəpəsà] *t.* to surpass; to exceed. 2 to be taller [height].

sobreposar [soβrəpuzà] *t.* to superimpose, to put on top of. 2 fig. to give preference to *(a,* over). ■ *3 p.* to pull oneself together, to regain one's self-control.

sobresalt [soβrəsàl] *m.* start; jump; shock; fright.

sobreseure [soβrəsèŭrə] *t.* LAW to discontinue [proceedings].

sobresortir [soβrəsurti] *i.* to stick out, to jut out, to project. 2 fig. to stand out, to be outstanding. ▲ CONJUG. like *sortir.*

sobresou [soβrəsɔ́ŭ] *m.* extra pay, bonus.

sobretaula [soβrətàŭlə] *f.* chat over coffee and cigars, after-dinner table-talk.

sobretot [soβrətɔ́t] *adv.* above all.

sobrevalorar [soβrəβəlurà] *t.* to overvalue; to overrate.

sobrevenir [soβrəβəni] *i.* to happen suddenly, to come about. ▲ CONJUG. like *abstenir-se.*

sobreviure [soβrəβiŭrə] *i.* to survive. ▲ CONJUG. like *viure.*

sobri, sòbria [sɔ́βri, sɔ́βriə] *a.* sober, restrained; unadorned.

sobrietat [suβriətàt] *f.* sobriety, restraint.

sobtadament [suptəðəmèn] *adv.* suddenly, all of a sudden, abruptly.

sobtar [suptà] *t.* to catch (out), to catch unawares. 2 COOK. to undercook. ■ *3 p.* to be caught (out) or unawares. 4 COOK. to be undercooked.

sobtat, -ada [suptàt, -àðə] *a.* sudden, abrupt.

sobte (de) [sɔ́ptə] *adv. phr.* suddenly, all of a sudden.

soca [sɔ́kə] *f.* stump, roots [of tree]. 2 *de ~ rel,* totally, one hundred percent, through and through.

socarrar [sukərrà] *t.* to singe; to scorch.

socarrim [sukərrim] *m.* singing; scorching.

socarrimar [sukərrimà] See SOCARRAR.

soci, sòcia [sɔ́si, -sɔ́siə] *m.-f.* COMM. partner, associate. 2 member [club, society]. 3 guy, chap.

sociable [susiàbblə] *a.* sociable, friendly, gregarious.

social [susiàl] *a.* social. 2 COMM. company, commercial.

socialisme [susiəlízmə] *m.* socialism.

socialista [susiəlístə] *a., m.-f.* socialist.

societat [susiətàt] *f.* society. ‖ ~ *de consum,* consumer society. 2 COMM. corporation, company. ‖ ~ *anònima,* limited liability company. 3 COMM. firm, company, association.

sociòleg, -òloga [susiɔ́lək, -ɔ́luɣə] *m.-f.* sociologist.

sociologia [susiuluʒíə] *f.* sociology.

sòcol [sɔ́kul] *m.* base, plinth. 2 skirting board [around wall].

socórrer [sukórrə] *t.* to aid, to assist, to help. 2 to meet, to relieve [needs].

socors [sukórs] *m.* aid, assistance, help: ~!, help!

soda [sɔ́ðə] *f.* soda water, soda.

sodi [sɔ́ði] *m.* MINER. sodium.

sofà [sufà] *m.* settee, sofa, couch.

sofert, -ta [sufɛ́r(t), -tə] *a.* long-suffering; patient [person]. 2 TEXT. hard-wearing, tough, long-lasting.

Sofia [sufíə] *pr. n. f.* GEOGR. Sofia.

sofisticació [sufistikəsió] *f.* sophistication, refinement, elegance. 2 pej. affectation.

sofre [sófrə] *m.* MINER. sulphur.

sofregir [sufrəʒí] *t.* to fry lightly.

sofriment [sufrimɛ̀n] *m.* suffering. 2 endurance; tolerance, patience.

sofrir [sufrí] *i.* to suffer. ■ 2 *t.* to endure [illness, misfortune]; to suffer from [illness]. ‖ ~ *un accident,* to have an accident. ‖ ~ *un canvi,* to undergo a change.

soga [sɔ́ɣə] *f.* rope. ‖ *veure's amb la* ~ *al coll,* to be up to one's neck in it, to be in a tight spot.

sogre, -gra [sɔ́ɣrə, -ɣrə] *m.* father-in-law. 2 *f.* mother-in-law.

soja [sɔ́ʒə] *f.* BOT. soya.

sojorn [suʒórn] *m.* stay, sojourn. 2 dwelling, dwelling-place, home, abode.

sojornar [suʒurnà] *i.* to stay, to spend some time [in a place].

sol [sɔl] *m.* ASTR. sun. ‖ ~ *ixent,* rising sun. 2 sunshine. ‖ *prendre el* ~, to sunbathe; to lie in the sun. 3 MUS. G.

sòl [sɔl] *m.* ground. 2 floor [house]. 3 AGR. land, ground.

sol, sola [sɔl, sɔ́lə] *a.* alone, unaccompanied; single. ‖ *una sola vegada,* one single time, once only. 2 lonely: *trobar-se* ~, to feel lonely.

sola [sɔ́lə] *f.* sole [of shoe].

solà, -ana [sulà, -ánə] *a.* sunny, sunlit. ■ 2 *f.* sunny spot, suntrap.

solament [sɔ́ləmɛ̀n] *adv.* only.

solapa [sulápə] *f.* lapel.

solar [sulà] *m.* building pot, plot, lot; site.

solar [sulànrɔɛ] *a.* solar, sun.

solatge [sulàdʒə] *m.* deposit, sediment [from liquid].

solcar [sulkà] *t.* AGR. to plough up; to furrow. 2 fig. to plough up [vehicles, of land]. 3 to ply [the seas]. 4 to cut through, to cleave [the waters, the airs]. 5 to score [hard surfaces].

soldador [suldəðó] *m.* soldering iron. 2 welder [person].

soldadura [suldəðúrə] *f.* welding [usu. act only]. 2 weld.

soldar [suldà] *t.* to weld.

soldat [suldàt] *m.* soldier.

soledat [suləðàt] *f.* solitude; loneliness.

solemne [sulɛ́mnə] *a.* solemn, serious, dignified.

solellada [suləʎàðə] *f.* sun-bathing. 2 MED. sunstroke.

soler [sulɛ́] *i.* to be in the habit or custom of, to be accustomed to. ‖ *sol anar al cine cada diumenge,* he usually goes to the cinema every Sunday.

solfa [sɔ́lfə] *f.* MUS. solfa. 2 musical notation.

solfeig [sulfɛ́tʃ] *m.* MUS. solfa.

solfejar [sulfəʒà] *t.* MUS. to solfa.

sòlid, -da [sɔ́lit, -ðə] *a.-m.* solid. 2 *a.* firm; hard.

solidari, -ària [suliðári, -áriə] *a.* joint, common [activities]. 2 shared in common; in solidarity. 3 LAW joint.

solidaritat [suliðəritàt] *f.* solidarity.

solidaritzar-se [suliðəridzàrsə] *p.* to declare one's support for or solidarity with.

solidesa [suliðɛ́zə] *f.* solidity; firmness; hardness.

solidificar [suliðifikà] *t.* to solidify; to become firm or hard.

soliloqui [sulilɔ́ki] *m.* soliloquy. 2 monologue.

solista [sulístə] *m.-f.* soloist, solo singer.

solitari, -ària [sulitári, -áriə] *a.* solitary; lonely; bleak, desolate. ■ 2 *m.-f.* loner. 3 *f.* ENT. tapeworm.

solitud [sulitút] *f.* solitude. 2 lonely place.

sol·lícit, -ta [sullisit, -tə] *a.* solicitous, obliging.

sol·licitar [sullisitá] *t.* to apply for [job]. 2 to request, to solicit; to ask for.

sol·licitud [sullisitút] *f.* solicitude, concern. 2 petition. 3 application (form).

solo [sólu] *m.* MUS. solo.

sols [sɔls] See SOLAMENT.

solstici [sulstísi] *m.* solstice.

solt, -ta [sɔlt, -tə] *a.* loose; untied; free, flowing. 2 detached, separate. ■ *2 f.* (common) sense, logic. ‖ *sense solta ni volta,* without rhyme or reason.

solter, -ra [sulté, -rə] *a.* single, unmarried. ■ *2 m.* bachelor. 3 *f.* spinster, unmarried woman.

soluble [sulúbblə] *a.* soluble. 2 solvable [problem].

solució [sulusió] *f.* solution.

solucionar [sulusioná] *t.* to solve. 2 to resolve, to settle.

solvència [sulβènsiə] *f.* solvency.

solvent [sulβèn] *a.* solvent; afloat.

somera [sumèrə] *f.* ZOOL. she-ass.

somiador, -ra [sumiəðó, -rə] *a.* idealistic; dreamy. ■ *2 m.-f.* dreamer.

somiar [sumiá] *i.* to dream (*amb,* of). ■ *2 t.* to dream about. ‖ ~ *truites,* to live in a dream, to build up (false) hopes.

somiatruites [sumiətrúitəs] *m.-f.* dreamer, escapist.

somicar [sumiká] *i.* to whimper, to whine.

somicó [sumikó] *m.* whimper, whine.

somier [sumiè] *m.* spring mattress.

sòmines [sóminəs] *m.* dolt, dimwit, dope.

somnàmbul, -la [sunámbul, -lə] *m.-f.* sleepwalker, somnambulist.

somni [sɔ́mni] *m.* dream. 2 pipe dream, fantasy.

somniar [sumiá]´See SOMIAR.

somnífer, -ra [sumnifer, -rə] *a.* sleep-inducing, soporific. ■ *2 m.* sleeping pill.

somnolència [sumnulènsiə] *f.* drowsiness, sleepiness.

somort, -ta [sumɔ́r(t), -tə] *a.* dying, weak; muffled [sound], dim [light].

somrient [sumrrièn] *a.* smiling, beaming.

somrís [sumrís] *m.* See SOMRIURE.

somriure [somrriúrə] *m.* smile; grin.

somriure [sumrriúrə] *i.* to smile, to grin; to beam. ▲ CONJUG. like *riure.*

son [sɔn] *m.* sleep. 2 *f.* sleepiness. ‖ *tinc ~,* I'm sleepy, I'm tired.

son, sa [son, sə] *poss. a.* his, her, its.

sonar [suná] *i.* to sound; to go off, to ring [bell]. 2 fig. to sound familiar. ‖ *et sona aquest nom?,* does this name ring a bell? ■ *3 t.* to play, to sound [instrument].

sonat, -ada [sunát, -áðə] *a.* well-known, talked-of. 2 crazy; bonkers.

sonata [sunátə] *f.* MUS. sonata.

sonda [sóndə] *f.* sounding. 2 TECH. bore, drill. 3 MED. probe; tube. 4 ~ *espacial,* space probe.

sondar [sundá] *t.* to sound, to probe. 2 TECH. to bore (into). 3 MED. to put a tube or probe into [patient]. 4 fig. to take polls, to do surveys.

sondeig [sundèt∫] *m.* sound, sounding; probe. 2 fig. poll, inquiry; survey.

sondejar [sundəʒá] *t.* to sound, to probe. 2 take polls, to do surveys.

sonet [sunèt] *m.* sonnet.

Sònia [sóniə] *pr. n. f.* Sonia.

sonor, -ra [sunór, -rə] *a.* sonorous; resonant; sound. ‖ *banda sonora,* soundtrack.

sonoritat [sunuritát] *f.* sonority, resonance.

sopa [sópə] *f.* soup; broth. ‖ *estar com una ~,* to have a bad cold.

sopar [supá] *m.* dinner, supper.

sopar [supá] *i.* to have dinner or supper; to dine.

sopera [supèrə] *f.* soup tureen.

sopluig [suplút∫] *m.* shelter.

sopor [supòɴɾœ] *m.* drowsiness; sluggishness.

soporífer, -ra [supurifer, -rə] *a.* sleep-inducing, soporific.

soprano [supráno] *m.-f.* MUS. soprano.

sord, -da [sor(t), -ðə] *a.* deaf. 2 muffled, dull; quiet. 2 *m.-f.* deaf person.

sordejar [surðəʒá] *i.* to be hard of hearing.

sordesa [surðízə] *f.* deafness.

sòrdid, -da [sɔ́rðit, -ðə] *a.* sordid, filthy, squalid.

sordina [surðinə] *f.* MUS. damper [on piano]; mute [for trumpet].

sord-mut, sorda-muda [sɔrmút, sɔrðəmúðə] *a.* deaf and dumb. 2 *m.-f.* deaf and dumb person.

sorgir [surʒí] *i.* to arise, to emerge; to appear (unexpectedly); to crop up.

sorna [sòrnə] *f.* sarcasm.

sorneguer, -ra [surnəɣè, -rə] *a.* underhand; sly, sneaky.

sornegueria [surnəɣəriə] *f.* slyness, cunning.

soroll [surόʎ] *m.* noise.

sorollós, -osa [suruʎòs, -όzə] *a.* noisy, loud.

sorprendre [surprèndrə] *t.* to surprise, to catch (unawares). 2 to surprise, to astonish, to amaze. ▲ Conjug. like *aprendre.*

sorprenent [surprənèn] *a.* surprising; astonishing, amazing.

sorpresa [surprèzə] *f.* surprise; astonishment, amazement.

sorra [sòrrə] *f.* sand.

sorral [surrál] *m.* sandy spot; sandpit. 2 bunker [golf].

sorrut, -uda [surrút, -úðə] *a.* sullen, sulky; unsociable.

sort [sɔr(t)] *f.* luck, (good) fortune. ‖ *tenir ~,* to be lucky.

sorteig [surtètʃ] *m.* draw, raffle.

sortejar [surtəʒà] *t.* to draw lots for; to raffle.

sortida [surtiðə] *f.* departure; leaving; rising [of sun]. 2 sp. start. 3 exit, way out; outlet; valve, vent. 4 outing, excursion. 5 quip, witty remark; joke.

sortidor [surtiðò] *m.* jet, spout.

sortilegi [surtilèʒi] *m.* sorcery. 2 spell.

sortir [surti] *i.* to go out, to come out; to get out of. 2 to depart, to leave. 3 to appear, to emerge; to come out [publication]. 4 to rise [sun]. 5 to turn out, to prove (to be); to go [well or badly]. ▲ Conjug. Indic. Pres.: *surto, surts, surt, surten.* ‖ Subj. Pres.: *surti, surtis, surti, surtin.*

sospir [suspir] *m.* sigh; breath.

sospirar [suspirà] *i.* to sigh [also fig.].

sospita [suspitə] *f.* suspicion; doubt.

sospitar [suspità] *t.* to suspect. ■ 2 *i.* ~ *de,* to be suspicious of, to have one's suspicious about.

sospitós, -osa [suspitòs, -òzə] *a.* suspicious, suspect.

sostenidors [sustəniðòs] *m. pl.* brassière *sing.*, bra *sing.*

sosteniment [sustənimèn] *m.* support; strengthening; upholding. 2 sustenance [of body].

sostenir [sustəni] *t.* to support, to hold' (up); to carry, to bear. 2 fig. to support,

to back, to defend; to sustain, to maintain. ▲ Conjug. like *abstenir-se.*

sostingut, -uda [sustiŋgút, -úðə] *a.* steady, sustained; prolonged. ■ 2 *a.-m.* mus. sharp.

sostre [sòstrə] *m.* ceiling. 2 layer.

sostreure [sustrèŭrə] *t.* to take out, to take away; to remove. 2 math. to subtract, to deduct. ▲ Conjug. like *treure.*

sot [sɔt] *m.* hole. 2 dip; hollow. 3 small valley. 4 grave.

sota [sòtə] *prep.* under, beneath, below. ■ *adv.* below, underneath.

sotabarba [sɔtəβàrβə] *m.* double chin; jowl.

sotamà [sotəmà] *adv. phr. de* ~, underhand, on the sly; stealthily.

soterrani, -ània [sutərràni, -ániə] *a.* underground, subterranean. ■ 2 *m.* basement.

sotjar [sudʒà] *t.* to spy on, to watch; to stalk [hunting].

sotmetre [summètrə] *t.* to subdue, to overcome. 2 to subject to; to put under [treatment]. 3 to submit, to present. ■ 4 *p.* to submit, to surrender. ▲ Conjug. like *admetre.*

sotrac [sutràk] *m.* jolt, bump [of car].

sotragada [sutrəɣàðə] *f.* See sotrac.

sots-director, -ra [sɔdzðiràktò, -rə] *m.-f.* sub-director, assistant director.

sotsobrar [sutsuβrà] *t.* to knock down [person]. ■ 2 *i.* mar. to capsize, to overturn.

sots-oficial [sɔdzufisià̀l] *m.* non-commissioned officer. 2 mil. sergeant-major.

sou [soŭ] *m.* salary, wage; pay. 2 *pl.* (ross.) money *sing.*

soviètic, -ca [suβiètik, -kə] *a.* Soviet.

sovint [suβin] *adv.* often.

sovintejar [suβintəʒà] *t.* to do repeatedly or frequently. ■ 2 *i.* to happen frequently, to be frequent.

SP *m.* (*Servei Públic*) Public Service.

Sr. *m. abbr.* (*Senyor*) Mr (Mister).

Sra. *f. abbr.* (*Senyora*) Mrs (Mistress).

Srta. *f. abbr.* (*Senyoreta*) Miss (Miss).

SS *f.* (*Seguretat Social*) Social Security.

St. *m. abbr.* (*Sant*) St. (Saint).

Sta. *f. abbr.* (*Santa*) St. (Saint).

suada [suàðə] *f.* sweat. 2 fig. toil, labour, (usa.) labor.

suar [suà] *i.* to sweat. 2 fig. to work hard. ■ 3 *t.* to sweat (off); to ooze. ‖ ~ *la can-*

salada, to bathe in sweat. ‖ ~ *sang,* to sweat blood. 4 to make or get sweaty.

suau [suáŭ] *a.* soft; gentle; mild; smooth.

suavitat [suəβitát] *f.* softness, mildness, gentleness, smoothness.

suavitzar [suəβidzá] *t.* to soften; to smooth (out); to soothe.

subaltern, -na [subbaltɛ̀rn, -nə] *a.* secondary; auxiliary, assistant.

subconscient [supkunsièn] *a.-m.* subconscious.

súbdit, -ta [súbdit, -tə] *a., m.-f.* subject; citizen.

subdividir [subdiβiði] *t.* to divide up, to subdivide.

subhasta [suβástə] *f.* auction.

subhastar [suβəstá] *t.* to put up for auction; to auction off.

subjacent [subʒəsèn] *a.* underlying.

subjecció [subʒəksió] *f.* seizure; fastening. 2 subjection.

subjectar [subʒəktá] *t.* to hold (tight); to clutch, to seize; to fasten (together). 2 to subdue; to hold down.

subjecte [subʒèktə] *m.* subject. 2 person; type, character.

subjectivisme [subʒəktiβízmə] *m.* PHIL. subjectivism.

subjectivista [subʒəktiβísta] *a.* subjectivistic. 2 subjective. ■ 3 *m.-f.* subjectivist.

subjugar [subʒuγá] *t.* to subjugate, to subdue; to overpower.

sublim [suβlím] *a.* lofty, towering; sublime.

submarí, -ina [summəri, -inə] *a.* submarine, underwater. ■ 2 *m.* NAUT. submarine.

submergible [summərʒíbblə] *a.* submersible.

submergir [summərʒí] *t.* to submerge; to immerse, to plunge [also fig.].

subministrar [sumministrá] *t.* to supply, to provide; to give.

submís, -issa [summís, -ísə] *a.* submissive, obedient.

submissió [summisió] *f.* submission; submissiveness.

subnormal [subnurmál] *a.* subnormal, retarded, mentally handicaped. ■ 2 *m.-f.* retarded *a.,* subnormal.

subordinació [suβurðinəsió] *f.* subordination.

subordinar [suβurðiná] *t.* to subordinate.

subordinat, -ada [suβurdinát, -áðə] *a., m.-f.* ancillary; subordinate.

suborn [suβórn] *m.* bribery. 2 bribe.

subornar [suβurná] *t.* to bribe, to pay or buy off.

subratllar [subrraʎʎá] *t.* to underline. 2 fig. to emphasize.

subscripció [suspkripsió] *f.* signature, subscription. 2 subscription [to a periodical].

subscriure [suspkriŭrə] *t.* to sign, to subscribe. ■ 2 *p.* to subscribe.

subsidi [supsiði] *m.* subsidy, grant; allowance; benefit. ‖ ~ *d'atur,* unemployment benefit.

subsistència [supsistɛ̀nsiə] *f.* subsistence; sustenance.

subsistir [supsisti] *i.* to subsist; to stay alive; to survive.

subsòl [supsɔ̀l] *m.* subsoil.

substància [supstánsiə] *f.* substance [also fig.]; essence, core.

substancial [supstənsiál] *a.* substantial. 2 vital, essential.

substanciós, -osa [supstənsiòs, -òzə] *a.* substantial. ‖ *un menjar* ~, a solid meal. 2 fig. meaty.

substitució [supstitusió] *f.* substitution, replacement.

substituir [supstituí] *t.* to substitute, to replace; to stand in for [temporarily].

substitut, -ta [supstitút, -tə] *m.-f.* substitute, replacement; deputy, stand-in.

substrat [supstrát] *m.* substratum.

subterfugi [suptərfúʒi] *m.* subterfuge.

subterrani, -ània [suptərráni, -ániə] *a.* underground, subterranean.

subtil [suptil] *a.* subtle; fine [line]; thin; keen, sharp [mind].

subtilesa [suptilɛ̀zə] *f.* subtlety; thinness.

subtítol [suptitul] *m.* subtitle; subheading.

subtracció [suptrəksió] *f.* MATH. subtraction; deduction.

suburbà, -ana [supurβá, -ánə] *a.* suburban.

suburbi [suβúrβi] *m.* (poor) suburb.

subvenció [subbənsió] *f.* subsidy, subvention.

subversió [subbərsió] *f.* subversion; overthrow [act].

subversiu, -iva [subbərsiŭ, -íβə] *a.* subversive.

suc [suk] *m.* juice. 2 gravy. 3 fig. essence, substance.

sucar [sukà] t. to dip, to dunk. 2 coll. to have a hand in.

succedani, -ània [suksəðàni, -àniə] a. substitute.

succeir [suksəi] i. to follow, to succeed. 2 to happen.

succés [suksès] m. event, incident. 2 success.

successió [suksəsió] f. succession. 2 issue, offspring; heirs.

successiu, -iva [suksəsiŭ, -íβə] a. successive, consecutive. ‖ *sis dies successius,* six days running, six days in a row.

successor, -ra [suksəsó, -rə] a. succeeding. ■ 2 m.-f. successor; heir.

succint, -ta [suksin, -tə] a. succint, brief; to the point.

sucós, -osa [sukós, -ózə] a. juicy, succulent. 2 fig. solid.

sucre [súkrə] m. sugar.

sucrera [sukrèrə] f. sugar-bowl, sugar-basin.

suculent, -ta [sukulèn, -tə] a. succulent. 2 nutritious.

succumbir [sukumbi] i. to succumb, to give way.

sucursal [sukursál] a.-f. branch, subsidiary.

sud [sut] m. south.

Sud-Àfrica [sutàfrikə] pr. n. f. GEOGR. South Africa.

sud-africà, -ana [sutəfrikà, -ànə] a., m.-f. South African.

Sud-Amèrica [sutəmèrikə] pr. n. f. GEOGR. South America.

sud-americà, -ana [sutəmərikà, -ànə] a., m.-f. South American.

suec, -ca [suèk, -kə] a. Swedish. ■ 2 m.-f. Swede.

Suècia [suésiə] pr. n. f. GEOGR. Sweden.

suèter [suétər] m. sweater.

suficiència [sufisiènsiə] f. sufficiency, adequacy. 2 smugness, complacency.

suficient [sufisièn] a. sufficient, enough; adequate. 2 smug, condescending.

sufocar [sufukà] t. to suffocate, to stifle. 2 to put out [fire]. 3 to crush [revolt]. 4 to make blush.

sufragar [sufrəγà] t. to cover, to meet [costs]; to aid, to help [economically].

sufragi [sufràʒi] m. suffrage. 2 vote.

suggeriment [sudʒərimèn] m. suggestion.

suggerir [sudʒəri] t. to suggest.

suggestió [sudʒəstió] f. suggestion. 2 PSYCH. inducement.

suggestionar [sudʒəstiunà] t. to influence; to induce; to hypnotize.

suggestiu, -iva [sudʒəstiŭ, -íβə] a. stimulating, thought-provoking.

suïcida [suisiðə] a. suicidal. ■ 2 m.-f. suicide, person who is going to commit suicide. 3 fig. suicidal person.

suïcidar-se [suisiðàrsə] p. to commit suicide, to kill oneself.

suïcidi [suisiði] m. suicide.

suís, suïssa [suis, suisə] a., m.-f. Swiss.

Suïssa [suisə] pr. n. f. GEOGR. Switzerland.

suma [súmə] f. addition. 2 sum; amount.

sumand [sumàn] m. addendum.

sumar [sumà] t. to add, to sum (up). 2 to total, to add up to.

sumari, -ària [sumàri, -àriə] a. brief. ■ 2 m. summary. 3 LAW indictment.

sumir [sumi] t. to bury; to sink [also fig.], to plunge.

súmmum [súmmum] m. summit, peak. ‖ *ser el ~,* to be the limit, to be the last straw.

sumptuós, -osa [sumtuòs, -ózə] a. sumptuous; lavish.

suor [suó] f. sweat, perspiration.

supeditar [supəðità] t. to subordinate.

superar [supərà] t. to surpass, to beat; to overcome, to get over.

superàvit [supəràβit] m. surplus.

superb, -ba [supèrp, -βə] a. magnificent, splendid. 2 arrogant; haughty.

supèrbia [supèrβiə] f. arrogance, haughtiness.

superficial [supərfisiàl] a. superficial, surface; shallow. ‖ *una ferida ~,* a superficial wound. 2 fig. superficial, shallow; airy.

superfície [supərfisiə] f. surface. 2 area.

superflu, -èrflua [supèrflu, -èrfluə] a. superfluous.

superior, -ra [supəriò(r), -rə] a. higher, greater; upper; top. 2 better, superior. ■ 3 m.-f. superior.

superioritat [supəriuritàt] t. superiority.

supermercat [supərmərkàt] m. supermarket.

superposar [supərpuzà] t. to superimpose, to put on top.

superstició [supərstisió] f. superstition.

supervivent [supərβiβèn] a. surviving. ■ 2 m.-f. survivor.

suplantar [suplǝntá] *t.* to supplant; to take over from.

suplement [suplǝmèn] *m.* supplement. 2 extra fee or charge.

suplementari, -ària [suplǝmǝntári, -áriǝ] *a.* supplementary; additional, extra.

suplent [suplèn] *a., m.-f.* substitute.

súplica [súplikǝ] *f.* request, appeal; supplication, entreaty.

suplicar [suplikà] *t.* to implore, to beg, to plead; to appeal to.

suplici [suplísi] *m.* torture, torment [also fig.].

suplir [suplí] *t.* to substitute, to replace. 2 to make up (for). ▲ Conjug. P. p.: *suplert*.

suport [supɔ̀rt] *m.* aid, help; support, backing. 2 support, base.

suportable [supurtábblǝ] *a.* bearable, endurable.

suportar [supurtá] *t.* to support, to back; to help. 2 to endure, to bear; to stand.

suposar [supuzá] *t.* to suppose, to assume. 2 to mean; to involve.

suposició [supuzisió] *f.* assumption; supposition.

supositori [supuzitɔ̀ri] *m.* MED. suppository.

suprarenal [suprǝrrǝnál] *f.* ANAT. suprarenal [gland].

suprem, -ma [suprèm, -mǝ] *a.* supreme.

supremacia [suprǝmǝsíǝ] *f.* supremacy.

supressió [suprǝsió] *f.* suppression, abolition; lifting; elimination.

suprimir [suprimí] *t.* to abolish; to suppress [rebellion, book, etc.]; to eliminate; to lift [restrictions].

supurar [supurá] *i.* to suppurate, to fester.

surar [surá] *i.* to float.

suro [súru] *m.* cork.

surra [súrrǝ] *f.* walloping, tanning.

surrealisme [surrǝlízmǝ] *m.* surrealism.

Susagna [suzáɲnǝ] *pr. n. f.* Susan, Suzanne.

susceptible [susǝptíbblǝ] *a.* susceptible; capable, liable. 2 touchy, sensitive.

suscitar [susitá] *t.* to cause, to provoke; to start; to arouse [interest, suspicion].

suspendre [suspèndrǝ] *t.* to adjourn; to suspend. 2 to hang. 3 to fail [exam]. ▲ Conjug. like *ofendre*.

suspens [suspèns] *m.* fail, failure [in exam].

suspensió [suspǝnsió] *f.* suspension. 2 adjournment.

suspicaç [suspikàs] *a.* distrustful, suspicious.

suspicàcia [suspikásiǝ] *f.* mistrust, suspicion.

sustentar [sustǝntá] *t.* to sustain, to nourish; to keep going. 2 to hold up.

sutge [súdʒǝ] *m.* soot.

sutura [sutúrǝ] *f.* MED. suture.

T

T, t [te] *f.* t [letter].

t', 't *pers. pron.* See ET.

ta [tə] *poss. a.* See TON.

tabac [təβák] *m.* tobacco. ‖ ~ *ros,* Virginia tobacco, blond tobacco. ‖ *tens* ~?, have you any cigarettes?

tabalot [təβəlɔ́t] *m.* scatter-brain.

tabola [təβɔ́lə] *f.* revelry, carousal, binge, spree. ‖ *fer* ~, to carouse; to make a racket.

tabú [təβú] *m.* taboo.

tac [tak] *m.* peg; plug.

taca [tákə] *f.* stain; spot, blotch. ‖ *això ja passa de* ~ *d'oli,* this has gone too far, this is beyond a joke.

tacar [təká] *t.* to stain; to mark.

tàcit, -ta [tásit, -tə] *a.* tacit; unspoken, unwritten.

taciturn, -na [təsitúrn, -nə] *a.* taciturn; sullen, moody.

tacte [táktə] *m.* touch [sense or act]; feel. 2 *fig.* tact.

tàctic, -ca [táktik, -kə] *a.* tactical. ■ 2 *f.* tactics.

tafanejar [təfənəʒá] *t.* to pry into; to spy on.

tafaner, -ra [təfəné, -rə] *a.* nosey. ■ 2 *m.,f.* nosy parker.

tal [tal] *a.* such (a). ‖ ~ *dia com avui,* years ago today. 2 a certain; that. ‖ *vindrem a* ~ *hora,* we'll come at a certain time. 3 *la senyora* ~, Mrs. So-and-so. ■ 4 *a.-adv.* such a way. ‖ *porta-ho* ~ *com t'han dit,* carry it just as they told you to. 5 *per* ~ *de,* in order to. ‖ *per* ~ *que,* so that.

tala [tálə] *f.* (tree) felling. 2 *fig.* destruction, devastation.

talaia [təláʒə] *f.* watchtower.

talar [təlá] *t.* to fell, to cut down [trees]. 2 to devastate, to destroy; to demolish.

talc [talk] *m.* talc. 2 talcum powder.

talent [təlèn] *m.* talent; ability.

TALGO [tálɣo] *m.* («*Tren Articulado Ligero Goicoechea-Oriol*») (special express train).

talismà [təlizmá] *m.* talisman; good-luck charm.

tall [taʎ] *m.* cutting. 2 cut, incision. 3 slice [of cheese, meat, etc.]. 4 meat or fish [in stew].

talla [táʎə] *f.* (wooden) sculpture; engraving. 2 height, stature. 3 size [of garment].

tallada [təʎáðə] *f.* cut, cutting. ‖ *fer-se una* ~ *de cabells,* to get one's hair cut. 2 slice [of food].

tallar [təʎá] *t.* to cut; to cut down [tree], to cut off [branch]; to chop; to slash. 2 to slit, to cut. 3 to cut off; to shut off. ■ 4 *p.* to curdle, to turn [milk, sauce, etc.].

tallat, -da [təʎát, -áðə] *a.* cut; cut down; cut off; chopped. ■ 2 *m.* (small) white coffee.

taller [təʎé] *m.* workshop, shop. 2 repair shop.

taló [təló] *m.* heel [of foot or shoe]. 2 cheque, (USA) check.

talonari [təlunári] *m.* cheque book, (USA) checkbook.

talòs, -ossa [təlɔ́s, -ɔ́sə] *a.* thick, dim, dopey.

talp [talp] *m.* ZOOL. mole.

també [təmbé] *adv.* also, too, as well: *jo* ~, me too.

tambor [təmbó] *m.* drum.

tamboret [təmburɛ́t] *m.* stool.

Tàmesi [táməzi] *pr. n. m.* GEOGR. Thames.

tampoc [təmpɔ́k] *adv.* neither; either [preceded by not]: *ell* ~ *no ho sap,* he doesn't know either.

tan [tan] *adv.* as: *és* ~ *alt com tu,* he's as tall as you (are). 2 so, such (a). ‖ *és simpàtica!,* she's so nice!

tanc [taŋ] *m.* tank.

tanca [táŋkə] *f.* fence; palisade, stockade; wall. 2 bolt, latch; lock [of door]. 3 fastener; clasp; catch; lock.

tancar [təŋká] *t.* tɒ close, to shut; to block (up); to close down; to turn off; to lock (up). ‖ ~ *amb clau,* to lock. ■ 2 *i.* to close, to shut; to lock: *aquesta porta no tanca,* this door doesn't shut properly.

tancat, -ada [təŋkát, -áðə] *a.* closed; blocked; tuned off; locked (up). ■ 2 *m.* enclosure, enclosed area.

tanda [tándə] *f.* shift. 2 turn. 3 series; course.

tàndem [tándəm] *m.* tandem. 2 duo; pair.

tanga [táŋgə] *m.* G-string.

tanmateix [təmmətéʃ] *adv.* naturally; as expected. 2 nevertheless; however.

tanoca [tənɔ́kə] *a., m.-f.* dumb, dopey, thick. 2 *m.-f.* dim-wit, half-wit, idiot.

tant, -ta [tan, -tə] *a.-pron.* so much, as much; so many, as many: *no n'hi ha tants com m'havies dit,* there aren't as many as you said. ■ 2 *adv.* so; so much, as much: *menja* ~ *com vulguis,* eat as much as you please. ‖ ~ *de bo,* if only. ‖ ~ *me fa,* I don't care. ‖ ~ *se val,* it doesn't matter, it makes no difference. ‖ *de* ~ *en* ~, now and again, from time to time. ‖ *per* ~, so, therefore.

tap [tap] *m.* stopper, cap, top; cork. 2 plug; blockage. 3 fig. dwarf.

tapa [tápə] *f.* lid; cap, cover. 2 heel; heel-plate. 3 tidbit, snack [in a bar].

tapadora [təpəðórə] *f.* lid, cover.

tapar [təpá] *t.* to cover; to put the cap or lid on; to plug; to block (up), to stop (up). 2 to block. ‖ *el núvol tapa el sol,* the cloud is screening the sun. 3 to cover, to wrap. 4 fig. to conceal, to cover up.

tapet [təpét] *m.* (small) table cover.

tàpia [tápiə] *f.* mud wall. 2 garden wall; boundary wall.

tapís [təpís] *m.* tapestry.

tapisser [təpisé] *m.* upholsterer.

tapisseria [təpisəríə] *f.* tapestry [hanging]. 2 upholstery [furniture].

taquigrafia [təkiɣɾəfíə] *f.* shorthand, stenography.

taquilla [təkíʎə] *f.* booking-office, ticket-window; box-office.

taquiller, -ra [təkiʎé, -rə] *m.-f.* (ticket) clerk.

tara [táɾə] *f.* tare. 2 defect.

taral·lejar [təɾəlləʒá] *t.* to hum.

tarannà [təɾənná] *m.* temperament; personality.

taràntula [təɾántulə] *f.* ENT. tarantula.

tard [taɾ(t)] *adv.* late. ‖ *fer* ~, to be late. 2 evening. ‖ *cap al* ~, at dusk.

tarda [táɾðə] *f.* afternoon; (early) evening.

tardà, -ana [təɾðá, -ánə] *a.* slow [person]. 2 late: *Renaixement* ~, late Renaissance.

tardar [təɾðá] *i.* to be late, to delay; to be delayed. 2 to take: *quan tardarem a arribar?,* how long will it take (us) to get there?

tardor [təɾðó] *f.* autumn, (USA) fall.

targeta [təɾʒétə] *f.* card.

tarifa [təɾifə] *f.* fare; rate.

tarima [təɾimə] *f.* platform.

tarja [táɾʒə] *f.* card.

taronger [təɾunʒé] *m.* BOT. orange tree.

taronja [təɾɔ́nʒə] *f.* orange.

taronjada [təɾunʒáðə] *f.* orangeade.

Tarragona [tərrəɣónə] *pr. n. f.* GEOGR. Tarragona.

tars [taɾs] *m.* ANAT. tarsus.

tartamut, -uda [təɾtəmút, -úðə] *a.* stuttering, stammering.

tartana [təɾtánə] *f.* cart [drawn by animals].

tarter, -ra [təɾtá, -rə] *m.-f.* scree.

tasca [táskə] *f.* job, assignment, task.

tascó [təskó] *m.* chisel.

tassa [tásə] *f.* cup. 2 (toilet) bowl.

tassó [təsó] (BAL.) See GOT.

tast [tas(t)] *m.* tasting, sampling; taste, sample. 2 taste [flavour].

tastaolletes [təstəuʎétəs] *m.-f.* fly-by-night; quitter.

tastar [təstá] *t.* to taste, to sample; to try.

tatuar [tətuá] *t.* to tattoo.

tatuatge [tətuádʒə] *m.* tattoo. 2 tattooing [act].

taujà, -ana [təuʒá, -ánə] *a.* slow, thick. ■ 2 *m.-f.* nitwit, clot.

taula [táulə] *f.* table. 2 board, plank; slab [of stone]. 3 fig. index; table of contents. 4 ~ *rodona,* round-table conference. ‖ *joc de* ~, table-linen. ‖ *parar* ~, to set the table.

taulell [təuʎéʎ] *m.* (shop) counter. 2 workbench.

tauler [təuʎé] *m.* board, plank. ‖ ~ *d'anuncis,* notice board, (USA) bulletin board. ‖ ~ *d'escacs,* chess-board. ‖ ~ *d'instruments,* panel.

tauleta [təuʎétə] *f.* small table, side table. ‖ ~ *de nit,* bedside table.

tauló [təuló] *m.* plank; beam.

Taure [táuɾə] *m.* ASTROL. Taurus.

taurí, -ina [təuɾi, -inə] *a.* bull, bullfighting.

tauró [təŭró] *m.* ICHTHY. shark.

taüt [təút] *m.* coffin.

tàvec [táβək] *m.* ENT. horsefly.

taverna [təβέrnə] *f.* tavern.

taxa [táksə] *f.* fixed or standard price.

taxar [təksá] *t.* to fix a price; to rate; to regulate.

taxi [táksi] *m.* taxi, (USA) cab.

taxímetre [təksimətrə] *m.* taxi-meter.

taxista [təksistə] *m.-f.* taxi driver, (USA) cab driver.

1) te [tɛ] *m.* tea.

2) te [tə] *pers. pron.* See ET.

teatral [teətrál] *a.* theatre, (USA) theater, theatrical. 2 theatrical, showy.

teatre [teátrə] *m.* theatre, (USA) theater. 2 fig. show, histrionics; bluster.

tebi, tèbia [tέβi, tέβiə] *a.* lukewarm, tepid. 2 fig. cool, lukewarm.

tec [tɛk] *m.* spread, feast.

teca [tέkə] *f.* food.

tecla [tέklə] *f.* key [of mechanism]. 2 fig. subject.

teclat [təklát] *m.* keyboard, keys.

tècnic, -ca [tέɛeik, -kə] *a.* technical. ■ 2 *m.-f.* technician; specialist. 3 *f.* technique, method; skill.

tecnicisme [təɲɲisizmə] *m.* technical term.

tecnologia [təɲɲuluʒiə] *f.* technology.

tedi [tέði] *m.* tedium, boredom.

Teheran [təərán] *pr. n. m.* GEOGR. Teheran.

teia [tέjə] *f.* fire-lighter, (small) fire-wood.

teixidor, -ra [təʃiðó, -rə] *m.-f.* weaver.

teixir [təʃí] *t.* to weave [also fig.]; to spin.

teixit, -ida [təʃit, -iðə] *a.* woven; spun. ■ 2 *m.* weave; woven material, fabric; textile. 2 tissue.

tel [tɛl] *m.* membrane, (thin) skin. 2 film, skin [over liquid].

tel. [tɛl] *m. abbr. (telèfon)* tel. (telephone number).

tela [tέlə] *f.* cloth, material; fabric. ‖ ~ *metàl·lica,* wire netting.

telecomunicació [tələkumunikəsió] *f.* telecommunications.

teledirigit, -ida [tələðiriʒit, -iðə] *a.* TECH. remote-controlled, radio-controlled.

telefèric, -ca [tələfέrik, -kə] *m.* lift, cable car.

telèfon [tələfun] *m.* telephone, phone.

telefonar [tələfuná] *t.* to telephone, to phone, to call.

telègraf [tələɣrəf] *m.* telegraph.

telegrafiar [tələɣrəfiá] *t.* to telegraph.

teleobjectiu [tələŭbʒəktiŭ] *m.* telephoto lens.

telepatia [tələpətiə] *f.* telepathy.

teler [tələ́] *m.* loom.

telescopi [tələskɔ́pi] *m.* telescope.

televident [tələβiðèn] *m.-f.* (TV) viewer.

televisar [tələβizá] *t.* to televise.

televisió [tələβizió] *f.* television, TV.

televisor [tələβizó] *m.* television set, TV set.

tell [teʎ] *m.* BOT. lime tree.

teló [təló] *m.* THEATR. curtain.

tema [tέmə] *m.* topic, subject; theme.

témer [tέmə] *t.-p.* to fear, to be afraid of. ‖ *em temo que suspendré,* I'm afraid I'm going to fail.

temerari, -ària [təmərári, -áriə] *a.* rash, reckless; hasty.

temeritat [təməritàt] *f.* recklessness, rashness.

temible [təmibblə] *a.* fearsome, frightful.

temor [təmónrœ] *m.* fear; alarm; apprehension.

temorenc, -ca [təmurèŋ, -kə] *a.* fearful, frightened.

temperament [təmpərəmèn] *m.* temperament, disposition.

temperar [təmpərá] *t.* to temper, to moderate. 2 MUS. to tune (up).

temperatura [təmpərətúrə] *f.* temperature.

tempesta [təmpέstə] See TEMPESTAT.

tempestat [təmpəstàt] *f.* storm; tempest.

tempestuós, -osa [təmpəstuós, -ózə] *a.* stormy, tempestuous [also fig.].

templa [tèmplə] *f.* ANAT temple.

temple [tèmplə] *m.* temple; chapel, church.

temporada [təmpuráðə] *f.* season; period, spell. ‖ *tinc una ~ de molta feina,* I'm having a very busy spell (at the moment).

temporal [təmpurál] *a.* temporary. 2 ANAT., ECCL. temporal. ■ 3 *m.* storm; rough weather.

temporer, -ra [təmpurè, -rə] *a.* temporary, casual. ■ 2 *m.-f.* temporary (worker).

temps [tems] *m.* time. ‖ *perdre el ~,* to waste time. 2 weather. ‖ *quin ~ fa?,* what's the weather like? 3 MUS. tempo; movement. 4 season: *fruita del ~,* fruit in season.

temptació [təmtəsió] *f.* temptation.

temptador, -ra [təmtəðó, -rə] *a.* tempt-ing.

temptar [təmtá] *t.* to try, to test. 2 to tempt, to attract.

temptativa [təmtətíβə] *f.* attempt, ef-fort.

tempteig [təmtɛ́tʃ] *m.* test, trial.

temptejar [təmtəʒá] *t.* to test, to try out; to sound out.

tenaç [tənás] *a.* tenacious, determined.

tenacitat [tənəsitát] *f.* tenacity, deter-mination.

tenalles [tənáʎəs] *f. pl.* pliers. 2 pincers. 3 MED. forceps.

tenda [téndə] *f.* tent. 2 shop, (USA) store.

tendència [təndɛ́nsiə] *f.* tendency, incli-nation; trend.

tendir [təndí] *i.* to tend; to be inclined.

tendó [təndó] *m.* tendon.

tendre, -dra [téndrə, -drə] *a.* tender, soft [also fig.]. ‖ *pa ~*, fresh bread.

tendresa [təndrɛ́zə] *f.* tenderness, soft-ness. 2 affection.

tendrum [təndrúm] *m.* cartilage.

tenebra [tənéβrə] *f.* darkness, dark, blackness; gloom.

tenebrós, -osa [tənəβrós, -ózə] *a.* dark; gloomy, black. 2 fig. dark, shady.

tenir [təní] *t.* to have. 2 to hold, to hold on to. 3 ~ *algú per beneit*, to take so-meone for a fool; ~ *deu anys*, to be ten (years old); ~ *lloc*, to take place, to be held; *què tens?*, what's wrong (with you)? ▲ CONJUG. P. P.: *tingut*. ‖ INDIC. Pres.: *tinc, tens, té, tenen.* | Fut.: *tindré*, etc. ‖ SUBJ. Pres.: *tingui*, etc. | Imperf.: *tingués*, etc. ‖ IMPERAT.: *té* o *ten* (o *tin-guis*), *teniu* (o *tingueu*).

tennis [tɛ́nis] *m.* tennis.

tenor [tənór] *m.-f.* tenor.

tens, -sa [tɛns, -sə] *a.* tense [also fig.]; taut.

tensió [tənsió] *f.* tension; pressure; stress. 2 fig. tension, tenseness.

tentacle [təntáklə] *m.* tentacle.

tentines [təntínəs] *f. pl.* short unsteady steps. ‖ *fer ~*, to toddle, to totter.

tènue [tɛ́nuə] *a.* thin, fine; faint; slight.

tenyir [təɲí] *t.* to dye; to tinge [also fig.].

teologia [təuluʒíə] *f.* theology.

teorema [təurɛ́mə] *m.* theorem.

teoria [təuriə] *f.* theory. ‖ *en ~*, theoreti-cally.

teòric, -ca [təɔ̀rik, -kə] *a.* theoretical, theoretic.

teranyina [tərəɲinə] *f.* spider's web, spi-der web, cobweb.

terapèutic, -ca [tərəpɛ́ŭtik, -kə] *a.* ther-apeutic. ■ 2 *f.* therapeutics.

teràpia [tərápiə] *f.* therapy.

tèrbol, -la [tɛ́rβul, -lə] *a.* cloudy, turbid, murky. 2 fig. unclear; shady, murky.

terç, -ça [tɛrs, -sə] *a.-m.* third.

tercer, -ra [tərsé, -rə] *a.* third. ■ 2 *m.-f.* third party; mediator. 3 *f.* MUS. third.

tercermundista [tərsəmundístə] *a.* third world.

tercet [tərsɛ́t] *m.* trio. 2 LIT. tercet.

terciari, -ària [tərsiàri, -àriə] *a.* tertiary. ■ 2 GEOL. *m.* Tertiary period.

Teresa [tərɛ́zə] *pr. n. f.* Teresa, Theresa.

tergal [tərɣál] *m.* TEXT. poly-cotton.

tergiversar [tərʒiβərsá] *t.* to twist, to distort.

terme [tɛ́rmə] *m.* end, conclusion. ‖ *dur a ~*, to carry out. 2 boundary stone. 3 term. ‖ ~ *mitjà*, middle term, average. 4 *pl.* terms, conditions.

tèrmic, -ca [tɛ́rmik, -kə] *a.* thermic, heat.

terminal [tərminál] *f.* terminal, terminus.

termini [tərmíni] *m.* term; time, period. 2 instalment.

termòmetre [tərmɔ̀mətrə] *m.* thermo-meter.

termos [tɛ́rmus] *m.* thermos flask.

termòstat [tərmɔ̀stət, colloq -mustát] *m.* thermostat.

terna [tɛ́rnə] *f.* threesome; trio.

terra [tɛ́rrə] *f.* Earth [planet]. 2 land [sur-face]. ‖ *la meva ~*, my homeland. ‖ *tenir terres*, to own lands or estate(s). 3 *m.* ground, floor. ‖ *caure a ~*, to fall down. ‖ *sota ~*, underground. ‖ *tirar a ~*, to knock down.

terrabastall [tərrəβəstáʎ] *m.* crash, clat-ter; din.

terraplè [tɛ́rrəplɛ́] *m.* embankment; bank, rampart; terrace.

terraqüi, -àqüia [tərrákwi, -ákwiə] *a. globus ~*, globe [of the earth].

terrassa [tərrásə] *f.* terrace; balcony.

terrat [tərrát] *m.* (flat) roof.

terratinent [tərrətinɛ̀n] *m.-f.* landowner.

terratrèmol [tɛrrətrɛ́mul] *m.* earthquake.

terrenal [tərrənál] *a.* earthly, worldly.

terreny [tərrɛ̀ɲ] *m.* terrain, land; earth, soil, ground. 2 plot, site; area, field [also fig.].

terrestre [tərrɛ́strə] *a.* terrestrial; earthly, land, ground.

terrible [tərribblə] *a.* frightening, awful. 2 atrocious, terrible.

terrícola [tərrikulə] *m.-f.* earthling.

terrina [tərrinə] *f.* terrine, earthenware dish or jar.

terrissa [tərrisə] *f.* pottery, earthenware.

terrissaire [tərrisáïrə] *m.-f.* potter.

territori [tərritɔ́ri] *m.* territory; domain.

terror [tərrɔ́(r)] *m.* terror.

terrorífic, -ca [tərrurífik, -kə] *a.* terrifying, frightening.

terrorisme [tərrurizmə] *m.* terrorism.

terrorista [tərruristə] *a., m.-f.* terrorist.

terròs [tərrɔ́s] *m.* clod; lump [of earth, sugar].

tertúlia [tərtúliə] *f.* gathering [social or literary]; get-together.

tes, -sa [tɛs, -zə] *a.* stiff, rigid [also fig.]; erect; taut.

tesi [tɛ́zi] *f.* thesis.

tesina [təsinə] *f.* Master's Degree.

test [test] *m.* flowerpot, pot. ‖ *els testos s'assemblen a les olles,* like father, like son. 2 test; quiz.

testa [tɛ́stə] *f.* head.

testament [təstəmɛ́n] *m.* will, testament. ‖ *fer ~,* to make one's will.

testar [təstá] *i.* to make one's will.

testarrut [təstərrút] *a.* headstrong; obstinate, stubborn.

testicle [təstiklə] *m.* ANAT. testicle.

testificar [təstifiká] *t.* to testify to, to attest.

testimoni [təstimɔ́ni] *m.* LAW testimony, evidence. 2 witness.

testimoniar [təstimuniá] *t.* to testify to. 2 fig. to show.

testimoniatge [təstimuniádʒə] *m.* testimony, evidence.

tètanus [tɛ́tənus] *m.* MED. tetanus.

tetera [tətɛ́rə] *f.* teapot.

tetina [tətinə] *f.* (rubber) teat, (USA) rubber nipple.

tètric, -ca [tɛ́trik, -kə] *a.* gloomy, dismal.

teu, teva [tɛ́ŭ, tɛ́βə] *poss. a.* your *sing. el ~ amic,* your friend; *la teva germana,* your sister. ■ *2 poss. pron.* yours *sing.*

teula [tɛ́ŭlə] *f.* tile.

teulada [təŭláðə] *f.* See TEULAT.

teulat [təŭlát] *m.* (tiled) roof. ‖ *sota ~,* indoors, inside.

text [teks(t)] *m.* text.

tèxtil [tɛ́kstil] *a.* textile.

textual [təkstuál] *a.* textual. 2 exact, literal.

textura [təkstúrə] *f.* texture.

tia [tiə] *f.* aunt.

tibant [tiβán] *a.* taut, tight, tensed.

tibantor [tiβəntó] *f.* tautness, tightness.

tibar [tiβá] *t.* to tighten (up), to tauten. ■ 2 *i.* to be tight. ‖ *aquesta camisa em tiba,* this shirt is tight on me.

tiberi [tiβɛ́ri] *m.* spread, feast; blow-out.

tíbia [tíβiə] *f.* ANAT. tibia, shin-bone.

tic [tik] *m.* tic.

tic-tac [tikták] *m.* tick-tock.

tifa [tifə] *f.* turd. 2 *m.-f.* spineless person.

tifó [tifó] *m.* typhoon.

tifus [tifus] *m.* MED. typhus.

tigre [tiɣrə] *m.* ZOOL. tiger.

tija [tiʒə] *f.* BOT. stem, stalk; blade [of grass].

til·la [tillə] *f.* BOT. (infusion of) lime flowers.

til·ler [tillé] *m.* BOT. lime tree, linden tree.

timba [timbə] *f.* cliff, precipice. 2 gambling house.

timbal [timbál] *f.* (small) drum; kettledrum.

timbaler, -ra [timbəlé, -rə] *m.-f.* drummer.

timbre [timbrə] *m.* bell, buzzer: *tocar el ~,* to ring the bell. 2 (fiscal) stamp. 3 timbre.

tímid, -da [timit, -ðə] *a.* shy, timid; bashful.

timidesa [timiðɛ́zə] *f.* shyness; bashfulness.

timó [timó] *m.* MAR. rudder; helm [also fig.]. 2 BOT. thyme.

timoner [timuné] *m.* steersman, helmsman; cox.

timpà [timpá] *m.* ANAT. tympanum, eardrum.

tina [tinə] *f.* vat, tub; washtub.

tinença [tinɛ́nsə] *f.* possession: *~ il·lícita d'armes,* possession of illegal weapons.

tinent [tinɛ́n] *m.-f.* MIL. lieutenant.

tint [tin] *m.* dyeing. 2 dye.

tinta [tintə] *f.* ink; dye. 2 *pl.* shades, hues.

tinter [tinté] *m.* inkwell, inkpot.

tintoreria [tinturəriə] *f.* dry cleaner's.

tinya [tiɲə] *f.* MED. ringworm.

tió [tió] *m.* log [for firewood]. 2 log filled with small presents [Christmas tradition].

tip, tipa [tip, tipə] *a.* full, satiated, stuffed. 2 fig. fed up, sick and tired. ■ 3 *m.* repletion; fill. 4 excess. ‖ *un ~ de riure,* a fit of laughing.

tombar

típic, -ca [típik, -kə] *a.* typical, traditional, picturesque.

tipografia [tipuɣrəfiə] *f.* typography; printing. 2 printing press.

tipus [tipus] *m.* type. 2 sort, kind.

tiquet [tikέt] *m.* ticket.

tir [tir] *m.* shooting, firing. 2 shot [sound]. 3 SP. target practice.

tira [tirə] *f.* strip, band.

tirà, -ana [tirá, -ánə] *m.-f.* tyrant.

tirabuixó [tirəβuʃó] *m.* corkscrew. 2 ringlet.

tirada [tiráðə] *f.* throw; pull, tug. 2 tendency. 3 distance; stretch. 4 circulation [of newspaper], edition [of a book]. 5 *d'una ~,* in one go, straight off.

tirallonga [tirəʎòŋɡə] *f.* string; stream.

tirania [tirəniə] *f.* tyranny.

tirànic, -ca [tiránik, -kə] *a.* tyrannical, domineering.

tirant [tirán] *m.* brace, (USA) suspender; (shoulder) strap [of dress].

tirar [tirá] *t.* to throw, to cast, to hurl; to put in. 2 to post [letter]. 3 fig. to attract. ‖ *li tira molt el cinema italià,* he's very fond of Italian films. 4 to shoot, to fire. 5 PRINT. to print, to run off. 6 to move. 7 ~ *a terra,* to knock down. ■ 8 *i.* to go; to turn: *hem de ~ a l'esquerra,* we have to turn left. 9 to draw [chimney].

tiratge [tiráʤə] *m.* printing. 2 circulation [newspaper], edition [book].

tiroteig [tirutέʧ] *m.* shooting, shoot-out.

tirotejar [tirutəʒá] *t.* to shoot at; to fire shots at.

tírria [tirriə] *f.* coll. grudge; aversion.

tisana [tizánə] *f.* medicinal tea, tisane.

tisi [tizi] *f.* MED. consumption, tuberculosis.

tísic, -ca [tizik, -kə] *a.* consumptive, tubercular. ■ 2 *m.-f.* consumptive.

tisores [tizòrəs] *f. pl.* scissors.

tisoreta [tizurέtə] *f.* ENT. earwig.

tita [titə] *f.* chick. 2 coll. willy.

tità [titá] *m.* MYTH. Titan.

titànic, -ca [titánik, -kə] *a.* titanic.

titella [titέʎə] *m.* puppet; marionette. 2 fig. fool, buffoon.

titllar [tiʎʎá] *t.* LING. to put a tilde over. 2 to brand [someone].

títol [titul] *m.* title. 2 heading, section. 3 qualification, degree [university].

titubeig [tituβέʧ] *m.* hesitation.

titubejar [tituβəʒá] *i.* to hesitate; to shilly-shally, to hum and haw.

titular [titulá] *m.* headline.

titular [titulá] *t.* to title, to entitle; to name.

to [tɔ] *m.* MUS. tone, key. 2 tone [of voice]. 3 shade, hue. 4 *posar-se a ~,* to catch up.

tobogan [tuβuɣán] *m.* toboggan. 2 slide.

toc [tɔk] *m.* touch. 2 sound; beat [of drum], blast [of trumpet]. 3 feel [sensation]. 4 touch, stroke. ‖ ~ *final,* finishing touch.

tocadiscos [tɔkəðiskus] *m.* record-player.

tocador [tukəðó] *m.* dressing-table.

tocant [tukán] *phr.* ~ *a,* concerning, with regard to; about.

tocar [tuká] *t.* to touch; to feel. 2 to hit [target]. 3 fig. to touch on [a subject]. 4 to play [instrument, piece], to ring [bell]. 5 to deal in, to handle. 6 to touch, to move. 7 to be one's turn: *em toca a mi,* it's my turn. 8 to win [lottery, contest]: *m'ha tocat un cotxe,* I won a car. 9 to strike [hour]. 10 ~ *el cor,* to touch [emotionally]; ~ *el dos,* to leave; *estar tocat del bolet,* to be touched or mad; *no ~ de peus a terra,* to live in a dream.

tocòleg, -òloga [tukɔ́lək, -ɔ́luɣə] *m.-f.* MED. obstetrician.

tocologia [tukuluɣiə] *f.* obstetrics.

toia [tɔ́jə] *f.* bouquet [of flowers].

toix, toixa [toʃ, tóʃə] *a.* dull [also fig.].

tolerable [tulərábblə] *a.* tolerable, bearable.

tolerància [tuləránsiə] *f.* tolerance; toleration.

tolerant [tulərán] *a.* tolerant.

tolerar [tulərá] *t.* to tolerate, to bear; to endure.

toll [toʎ] *m.* puddle.

tom [tom] *m.* volume, tome.

tomaca [tumákə] *f.* See TOMÀQUET.

tomaquera [tuməkèrə] *f.* tomato plant.

tomàquet [tumákət] *m.* tomato.

Tomàs [tumás] *pr. n. m.* Thomas.

tomata [tumátə] *f.* See TOMÀQUET.

tomàtiga [tumátiɣə] *f.* See TOMÀQUET.

tomb [tom] *m.* turn. ‖ *donar un ~,* to turn. 2 about-face, about-turn; reversal. 3 (short) walk, stroll. ‖ *fer un ~,* to go for a stroll. 4 *no venir a ~,* to be irrelevant, not to be the point.

tomba [tómbə] *f.* tomb.

tombar [tumbá] *t.* to turn (round). 2 to knock down or over. ■ 3 *i.* to turn, to change.

tombarella [tumβərè⋏ə] *f.* tumble; somersault.

tómbola [tómbulə] *f.* tombola.

ton, ta [tun, tə] *poss. a.* your.

tona [tónə] *f.* ton. 2 barrel, keg.

tonada [tunàðə] *f.* tune [melody].

tonalitat [tunəlitət] *f.* MUS. key; tonality. 2 colour scheme, (USA) color scheme.

tonell [tunè⋏] *m.* barrel, keg.

tongada [tuŋgàðə] *f.* string, series.

tònic, -ca [tònik, -kə] *a.* tonic. ■ 2 *f.* tonic (water). 3 MUS. tonic, keynote.

tonificar [tunifikà] *t.* to tone; to tone up.

tonyina [tuɲinə] *f.* tunny; tuna, (USA) tuna fish. 2 fig. beating.

topada [tupàðə] *f.* bump, bang, knock; collision. 2 clash, run-in.

topall [tupà⋏] *m.* bumper [of car], buffer [of train].

topants [tupàns] *m. pl.* places.

topar [tupà] *i.* to bump, to hit, to collide. ■ 2 *t.* to run into [a person].

topazi [tupàzi] *m.* GEMM. topaz.

tòpic, -ca [tòpik, -kə] *a.* local. ■ 2 *m.* commonplace; cliché.

topògraf, -fa [tupɔ́γrəf, -fə] *m.-f.* topographer, surveyor.

topografia [tupuγrəfiə] *f.* topography.

topònim [tupɔ́nim] *m.* toponym, placename.

toquejar [tukəʒà] *t.* to handle; to fiddle with.

Tòquio [tòkiu] *pr. n. m.* GEOGR. Tokyo.

tòrax [tòrəks] *m.* ANAT. thorax.

torb [torp] *m.* METEOR. snow-drift.

torbació [turβəsió] *f.* perturbation; anxiety, uneasiness.

torbar [turβà] *t.* to upset, to disturb; to distract. ■ 2 *p.* to get caught up. 3 to lose one's self-possession.

torçada [tursàðə] *f.* twist; sprain.

1) torcar [torkár] (VAL.) See EIXUGAR.

2) torcar [turkà] *t.* to wipe.

torçar [tursà] *t.* to twist; to sprain, to strain; to bend. ‖ *torçar-se el turmell,* to sprain one's ankle. 2 to turn [direction].

tòrcer [tòrsə] See TORÇAR.

torejar [turəʒà] *t.* to fight [bulls].

torero [turèru] *m.* bullfighter, matador.

Torí [turi] *pr. n. m.* GEOGR. Turin.

torn [torn] *m.* lathe. 2 turn; shift.

torna [tòrnə] *f.* makeweight.

tornada [turnàðə] *f.* return. ‖ *de ~,* on the way back. 2 LIT. refrain.

tornar [turnà] *i.* to return, to go or come back. 2 to do over, to do again: *torna a ploure,* it's raining again. ■ 3 *t.* to return, to put back. 4 to send or give back. ■ 5 *p.* to become, to turn. ‖ *tornar-se boig,* to go mad, (USA) to go crazy. 6 *tornar-se'n,* to return, to go back. ‖ *tornar-s'hi,* to counter-attack; to hit back.

tornassol [turnəsɔ́l] *m.* iridescence. 2 CHEM. litmus.

tornavís [turnəβis] *m.* screwdriver.

torneig [turnètʃ] *m.* tournament; competition.

torner, -ra [turnè, -rə] *m.-f.* machinist; turner, lathe operator.

torniquet [turnikèt] *m.* turnstile. 2 MED. tourniquet.

toro [tóru] *m.* bull.

torpede [turpèðə] *m.* torpedo.

torpedinar [turpəðinà] *t.* to torpedo.

torrada [turràðə] *f.* toasting. 2 (piece of) toast.

torrar [turrà] *t.* to toast. ■ 2 *p.* fig. to bake, to roast. 3 to get drunk.

torrat, -ada [turràt, -àðə] *a.* toasted, roasted. 2 fig. legless, (USA) loaded.

torre [tòrrə] *f.* tower. 2 villa, (country) house.

torrent [turrèn] *m.* torrent, (rushing) stream.

tòrrid, -da [tòrrit, -ðə] *a.* torrid.

torró [turró] *m.* nougat made of almonds, honey, and egg, typical of the Christmas season.

tors [tɔrs] *m.* torso.

tort, -ta [tɔr(t), -tə] *a.* bent; twisted, awry. ‖ *a ~ i a dret,* thoughtlessly.

tortell [turtè⋏] *m.* COOK. ring [filled with cream, jam, etc.].

torticoli [turtikɔ́li] *m.* MED. stiff neck, crick.

tórtora [tórturə] *f.* ORNIT. turtle-dove.

tortuga [turtúγə] *f.* ZOOL. tortoise; turtle.

tortuós, -osa [turtuós, -ózə] *a.* tortuous, winding. 2 fig. devious, underhand.

tortura [turtúrə] *f.* torture [also fig.].

torturar [turturà] *t.* to torture.

torxa [tɔ́rʃə] *f.* torch.

tos [tos] *f.* cough: *tenir ~,* to have a cough.

tosc, -ca [tosk, -kə] *a.* coarse, rough; unrefined.

tossal [tusàl] *m.* hill.

tossir [tusi] *i.* to cough. ▲ CONJUG. INDIC. Pres.: *tus.*

tossuderia [tusuðəriə] *f.* obstinacy, stubbornness.

tossut, -uda [tusút, -úðə] *a.* obstinate, stubborn, headstrong.

tot, -ta [tot, -tə] *a.* all; whole, entire. 2 every. ‖ coll. ~ *déu,* everybody and his brother. ■ 3 *adv.* all, completely. ‖ ~ *d'una,* all of a sudden, suddenly. ‖ ~ *se-guit,* then; next, immediately after-wards. 4 (BAL.) See DE SEGUIDA. ■ 5 *m.* whole. ‖ *del* ~, wholly, entirely. ■ 6 *in-def. pron.* everything, all. ‖ ~ *i això,* however, nevertheless.

total [tutál] *a.* total; complete. ■ 2 *m.* to-tal, whole. ■ 3 *adv. (en)* ~, all in all; in short.

totalment [tutəlmèn] *adv.* totally, com-pletely.

totalitari, -ària [tutəlitàri, -àriə] *a.* total-itarian.

totalitat [tutəlitát] *f.* whole, totality: *la* ~ *dels treballadors,* all the workers.

tothom [tutɔ́m] *indef. pron.* everybody, everyone.

tothora [totɔ́rə] *adv.* always.

tòtil, -la [tɔ́til, -lə] *m.-f.* nitwit, fool.

totxo, -xa [tɔ́tʃu, -ʃə] *a.* simple, thick. ■ 2 *m.* brick.

tou, tova [toṷ, tɔ́βə] *a.* soft; tender; gen-tle, mild; delicate. ■ 2 *m.* (soft) flesh, soft part or mass.

tovalla [tuβáʎə] *f.* (VAL.) See TOVALLOLA. 2 table-cloth.

tovalló [tuβəʎó] *m.* napkin, serviette.

tovallola [tuβəʎɔ́lə] *f.* towel.

tòxic, -ca [tɔ́ksik, -kə] *a.* toxic, poison-ous.

toxicitat [tuksisitát] *f.* toxicity.

toxicomania [tuksikuməniə] *f.* drug addiction.

toxina [tuksínə] *f.* toxin.

traç [tɾás] *m.* line, stroke.

traca [tɾákə] *f.* string of bangers [fire-crackers].

traça [tɾásə] *f.* skill, ability. 2 trace.

traçar [tɾəsá] *t.* to draw, to trace; to out-line, to sketch; to plan. 2 fig. to contrive, to devise [a plan of action].

tracció [tɾəksió] *f.* traction; draught. 2 drive.

tractament [tɾəktəmèn] *m.* treatment. 2 form of address.

tractant [tɾəktán] *m.* dealer, trader [in animals, cereals].

tractar [tɾəktá] *t.* to treat; to handle. 2 to deal with. 3 to address: ~ *de vostè,* to

address as «vostè» [polite form for the 2nd person]. ■ 4 *i.* to try, to attempt *(de, to).* 5 ~ *de,* to talk about, to be about. ‖ *de què tracta?,* what's it all about? ■ 6 *p.* to deal with, to have to do with: *amb persones com tu no m'hi tracto,* I have nothing to do with people like you.

tractat [tɾəktát] *m.* treaty, agreement. 2 treatise, study.

tracte [tɾáktə] *m.* treatment; handling. 2 behaviour, (USA) behavior; manner. 3 agreement, deal [also fig.]. 4 inter-course; relationship.

tractor [tɾəktó] *m.* tractor.

traçut, -uda [tɾəsút, -úðə] *a.* skilful, in-genious; clever.

tradició [tɾəðisió] *f.* tradition.

tradicional [tɾəðisiunál] *a.* traditional.

traducció [tɾəðuksió] *f.* translation.

traductor, -ra [tɾəðuktó, -ɾə] *m.-f.* tran-slator.

traduir [tɾəðuí] *t.* to translate.

tràfec [tɾáfək] *m.* hustle and bustle. 2 live wire.

tràfic [tɾáfik] *m.* trade, business. ‖ ~ *d'armes,* arms trade. 2 traffic.

traficant [tɾəfikán] *m.-f.* dealer, traffick-er.

traficar [tɾəfiká] *i.* to traffic, to deal.

tragèdia [tɾəʒɛ̀ðiə] *f.* tragedy [also fig.].

tràgic, -ca [tɾáʒik, -kə] *a.* tragic.

traginar [tɾəʒiná] *t.* to carry; to transport. 2 fig. to have.

traguet [tɾəɣɛ̀t] *m.* sip.

traïció [tɾəisió] *f.* betrayal; treachery, treason.

traïdor, -ra [tɾəiðó, -ɾə] *a.* treacherous, deceiving. ■ 2 *m.-f.* betrayer, traitor.

trair [tɾəí] *t.* to betray.

trajecte [tɾəʒɛ̀ktə] *m.* route [of vehicle], journey [of person], (USA) trip; stretch, section.

trajectòria [tɾəʒəktɔ̀ɾiə] *f.* trajectory, path. 2 course, development; line.

tram [tɾam] *m.* stretch, section; span [of bridge]. 2 flight [of stairs].

trama [tɾámə] *f.* weft. 2 fig. plot, scheme.

tramar [tɾəmá] *t.* to weave. 2 fig. to plot, to scheme; to be up to.

tramesa [tɾəmɛ̀zə] *f.* sending, remitt-ance. 2 shipment; consignment. 3 refer-ence [in books].

trametre [tɾəmɛ̀tɾə] *t.* to send. ▲ CONJUG. P. P.: *tramès.*

tràmit [tɾámit] *m.* step; procedure.

tramitar [trəmitá] *t.* to process, to negotiate; to transact.

tramoia [trəmɔ́jə] *f.* THEATR. piece of stage machinery. 2 fig. intrigue, scheme; to-do, fuss.

trampa [trámpə] *f.* trap; snare. 2 trick, fiddle. ‖ *fer* ~, to cheat.

trampejar [trəmpəʒá] *i.* to cheat. 2 *i.-t.* to get along, to manage; to get by.

trampolí [trəmpulí] *m.* trampoline; springboard, diving-board.

trampós, -osa [trəmpós, -ózə] *a.* tricky, crooked.

tramuntana [trəmuntánə] *f.* METEOR. (strong) north wind.

tramvia [trəmbíə] *m.* tramway, (USA) street railway. 2 tram, (USA) streetcar, cable car.

tràngol [tráŋgul] *m.* heavy sea; swell. 2 quandary; crisis, difficult situation.

tranquil, -il·la [trəŋkíl, -ílə] *a.* calm, still; tranquil, peaceful, quiet.

tranquil·litat [trəŋkillitát] *f.* calmness, peacefulness, tranquility; peace and quiet.

tranquil·litzar [trəŋkillidzá] *t.* to calm (down), to reassure; to soothe. ∎ *2 p.* to calm down, to relax.

transacció [trənzəksió] *f.* transaction, deal.

transatlàntic, -ca [trə(n)zəllántik, -kə] *a.* transatlantic. ∎ *2 m.* (transatlantic) liner.

transbord [trə(n)zβórt] *m.* change [of trains, ships, etc.]. ‖ *fer* ~, to change.

transbordador, -ra [trə(n)zβurðəðó, -rə] *a.* ferry. ∎ *2 m.* ferry.

transcendència [trəsəndènsiə] *f.* significance; importance, consequence.

transcendental [trəsəndəntál] *a.* transcendental.

transcendir [trəsəndí] *t.* to transcend, to surpass. ∎ *2 i.* to reach, to get across to; to extend to.

transcórrer [trənskòrrə] *i.* to pass, to go by [time]. ▲ CONJUG. like *córrer.*

transcripció [trənskripsió] *f.* transcription, transcript; transliteration.

transcriure [trənskriŭrə] *t.* to transcribe; to transliterate [alphabet]. ▲ CONJUG. like *escriure.*

transcurs [trənskúrs] *m.* passing, course [of time]: *el* ~ *dels anys,* the passing of the years.

transeünt [trənzəún] *a.* provisional, temporary. ∎ *2 m.-f.* passer-by.

transferència [trə(n)sfərènsiə] *f.* transference; transfer.

transferir [trə(n)sfərí] *t.* to transfer.

transformació [trənsfurməsió] *f.* transformation; conversion.

transformar [trənsfurmá] *t.* to transform; to convert, to change.

transfusió [trənsfuzió] *t.* transfusion.

transgredir [trənzɣrəðí] *t.* to transgress.

transgressió [trənzɣrəsió] *f.* transgression.

transhumància [trənzumánsiə] *f.* seasonal migration [of cattle].

transhumant [trənzumán] *a.* migrating [cattle].

transició [trənzisió] *f.* transition, chargeover.

transigir [trənziʒí] *i.* to make concessions; to compromise.

transistor [trənzistó] *m.* transistor.

trànsit [tránzit] *m.* transit, movement. 2 traffic. ‖ *prohibit el* ~, no thoroughfare.

transitar [trənzitá] *i.* to travel along, to go along; to drive along.

transitori, -òria [trənzitɔ̀ri, -ɔ́riə] *a.* temporary, transitional, transitory.

translúcid, -da [trə(n)zlúsit, -ðə] *a.* translucent.

transmetre [trə(n)zmètrə] *t.* to transmit; to transfer; to broadcast. ▲ CONJUG. P. P.: *transmès.*

transmissió [trə(n)zmisió] *f.* transmission; transfer; broadcast.

transmissor, -ra [trə(n)zmisó, -rə] *a.* transmitting; broadcasting. ∎ *2 m.-f.* transmitter.

transparència [trə(n)spərènsiə] *f.* transparency. 2 slide.

transparent [trə(n)spərèn] *a.* transparent; clear [air], filmy, see-through [cloth].

transpiració [trənspirəsió] *f.* perspiration; transpiration [of plants].

transport [trənspɔ́rt] *m.* transport; haulage; removal, (USA) moving.

transportar [trənspurtá] *t.* to transport; to haul, to carry. 2 MUS. to transpose.

trapelleria [trəpəʎəriə] *f.* swindle; trick.

trapezi [trəpɛ́zi] *m.* trapeze. 2 GEOM. trapezium.

tràquea [trákeə] *f.* ANAT. trachea.

trasbals [trəzβáls] *m.* fig. upheaval; upset.

trasbalsar [trəzβəlsá] *t.* fig. to upset; to disturb; to confuse.

trascantó [trəskəntó] *adv. phr. de ~,* unexpectedly; all of a sudden.

traslladar [trəzʎəðá] *t.* to move [house, business, goods]; to transfer [business, goods]. 2 to postpone, to adjourn.

trasllat [trəzʎát] *m.* move, transfer; removal [esp. of furniture].

traspàs [trəspás] *m.* crossing. 2 LAW sale; conveyance; transfer. 3 decease. 4 *any de ~,* leap year.

traspassar [trəspəsá] *t.-i.* to cross (over). 2 to come through, to go through; to pierce *t.,* to perforate *t.* 3 LAW to transfer [business]; to convey [property].

trasplantament [trəspləntəmèn] *m.* MED. transplant. 2 BOT. transplantation.

trasplantar [trəspləntá] *t.* MED., BOT. to transplant.

traspuar [trəspuá] *t.* to ooze, to exude. 2 to ooze through.

trastejar [trəstəʒá] *i.* to do the housework or household chores. ■ *2 t.* to move [furniture].

trasto [trástu] *m.* good-for-nothing [person], useless person or thing; nuisance [person, thing].

trastocar [trəstuká] *t.* to turn crazy, to unhinge. ■ *2 p.* to go mad or crazy, to become unhinged.

trastorn [trəstòrn] *m.* disorder, mix-up, confusion, upheaval. 2 upset.

trastornar [trəsturná] *t.* to disturb; to upset; to turn upside down. 2 to upset [person].

trau [traŭ] *m.* button-hole. 2 gash.

trauma [tráŭmə] *m.* trauma.

traumatòleg, -òloga [trəŭmətòlək, -òluɣə] *m.-f.* MED. traumatologist.

traumatologia [trəŭmətuluʒíə] *f.* MED. traumatology.

traure [tráŭrə] (VAL.) See TREURE.

trava [trábə] *f.* bond, tie. 2 hobble [horse]; shackle, fetter [captive, prisoner]. 3 fig. hindrance, obstacle, impediment. 4 fig. objection; difficulty.

travar [trəbá] *t.* to bind or tie together, to join, to link. 2 to tie up; to fasten. 3 to hobble [horse]; to shackle, to fetter [captive, prisoner]. 4 fig. to hinder, to impede. ■ *5 p.* fig. *travar-se la llengua,* to become or be tongue-tied; to stammer.

través [trəβés] *m.* width; breadth. ‖ *a ~ de,* across; through. ‖ *camps a ~,* across country. ‖ *de ~,* askew.

travessa [trəβésə] *f.* crossing. 2 ARCH. cross-beam; rafter. 3 RAIL. sleeper. 4 football pools.

travessar [trəβəsá] *t.* to cross (over), to go across or over; to go or pass through. 2 to pierce, to go through, to come through.

travesser, -ra [trəβəsè, -rə] *m.* cross-piece. 2 ARCH. cross-beam. 3 *f.* road through [village, town]. ■ *4 a.* transverse, cross.

travessia [trəβəsíə] *f.* side street. 2 through road [in town]. 3 MAR. crossing, passage.

traveta [trəβétə] *f.* trip: *fer-li la ~ a algú,* to trip someone up. 2 stumble, slip.

treball [trəβáʎ] *m.* work. 2 job; task, chore. 3 *pl.* hardship *sing.,* troubles, difficulties. 4 *treballs manuals,* handicraft, handiwork.

treballador, -ra [trəβəʎəðò, -rə] *a.* hardworking, assiduous, industrious. ■ *2 m.-f.* worker.

treballar [trəβəʎá] *i.-t.* to work. 2 *t.* to fashion, to shape; to carve [wood, stone]; to knead [dough]. 3 to work at [subject]; to work on [project].

tremend, -da [trəmèn, -də] *a.* dreadful, terrible, fearsome. 2 tremendous, huge, enormous.

tremolar [trəmulá] *i.* to shiver; to tremble, to shake; to shudder [with fright].

tremolor [trəmulò] *m.-f.* shiver, shivering; trembling; shaking; shudder [with fright].

tremp [trɛm] *m.* fig. mettle, spirit [of person].

trempat, -ada [trəmpát, -áðə] *a.* genial; cheerful.

trempó [trəmpò] *m.* (BAL.) See AMANIDA.

tren [trɛn] *m.* train.

trena [trénə] *f.* plait, tress.

trenc [trɛŋ] *m.* crack; fracture; breach. ‖ *a ~ d'alba,* at daybreak. 2 MED. fracture [of bone]; gash [in skin].

trencaclosques [trɛŋkəklóskəs] *m.* puzzle, enigma. 2 coll. poser, teaser. 3 GAME picture bricks.

trencacolls [trɛŋkəkóʎs] *m.* precipice, dangerous spot [with sheer drops]. 2 fig. coll. touchy or dangerous business or affair.

trencadís, -issa [trɛŋkəðís, -isə] *a.* fragile, delicate; brittle. ■ *2 f.* breakage, shattering. 3 coll. smash-up.

trencall [trɛŋkáʎ] *m.* detour; diversion.

trencanous [trɛŋkənóŭs] *m.* nutcracker.

trencar [trəŋká] *t.-p.* to break, to fracture; to smash, to shatter. || *m'he trencat el dit,* I've broken my finger. || fig. *trencar-se el cap,* to rack one's brains. || fig. *trencar-se de riure,* to laugh one's head off, to split one's sides laughing. 2 *t.* to interrupt; to cut off [supply, flow]; to break or cut in on [conversation, thoughts]. 3 to break [promise]; to infringe, to transgress [law]; to violate [treaty]. 4 ~ *(amb),* to break with [tradition, family, etc.]. 5 to break up *i.* [relationship]. ■ *6 i.* to turn: *trenca a l'esquerra,* turn left.

trencat, -da [trəŋkát, -áðə] *a.* broken, fractured; smashed, shattered. || fig. *pagar els plats trencats,* to take the blame. ■ 2 *m.* MATH. fraction.

trenta [tréntə] *a.-m.* thirty.

trentè, -ena [trəntέ, -έnə] *a.-m.* thirtieth.

trepanació [trəpənəsió] *f.* trepanning, trepanation.

trepitjada [trəpidʒáðə] *f.* treading or stepping on someone's foot. 2 footprint, track.

trepitjar [trəpidʒá] *t.* to tread or step on.

tres [trɛs] *a.-m.* three. || *en un ~ i no res,* in the twinkling of an eye, in a flash.

trescar [trəská] *i.* to toil or work hard and quickly. 2 to rush [walking].

tres-cents, -tes [trəsέns, -təs] *a.* three hundred.

tresor [trəzór] *m.* treasure [also fig.].

tresorer, -ra [trəzuré, -rə] *m.-f.* treasurer.

trespol [trəspɔ́l] *m.* (BAL.) floor. 2 (VAL.) ceiling; roof.

1) tret [tret] *m.* shot. 2 report [of firearm]. 2 feature; trait [of character]. || *a grans trets,* broadly, in outline.

2) tret [tret] *prep.* ~ *de,* except for.

tretze [trédzə] *a.-m.* thirteen.

tretzè, -ena [trədzέ, -έnə] *a.-m.* thirteenth.

treure [tréurə] *t.* to take out (*de,* from), to pull or draw out [from pocket], to bring out. 2 to eject; to dismiss. 3 to obtain, to get; to gain. || *què en treus de dir mentides?,* what do you gain by lying? 4 coll. to stick out [one's tongue, head, etc.]. 5 to except. ▲ CONJUG. GER.: *traient.* || P. P.: *tret.* || INDIC. Pres.: *trec* (o *trac*). | Imperf.: *treia, treies,* etc. || SUBJ. Pres.: *tregui, treguis, tregui, traguem, tragueu, treguin* (or *tragui,* etc.). | Imperf.: *tragués,* etc.

treva [trέβə] *f.* MIL. truce. 2 fig. let-up, respite.

trèvol [trέβul] *m.* BOT. clover. 2 HERALD. trefoil.[ol0]

tria [triə] *f.* selection, choosing. 2 sorting-out.

triangle [triàŋglə] *m.* triangle. 2 MUS. triangle.

triangular [triəŋgulánrœ] *a.* triangular.

triar [triá] *t.* to select, to choose. 2 to sort (out).

tribu [tríβu] *f.* tribe.

tribuna [triβúnə] *f.* rostrum, platform. 2 SP. grandstand. 3 ARCH. gallery.

tribunal [triβunál] *m.* LAW court. || *portar algú als tribunals,* to take someone to court. 2 EDUC. board of examiners. 3 panel [of judges in competition].

tribut [triβút] *m.* tax. 2 fig. tribute.

tributar [triβutá] *t.* to pay [taxes]. 2 fig. to pay [tribute, homage].

tríceps [trísəps] *m.* ANAT. triceps.

tricicle [trisiklə] *m.* tricycle.

trigar [triɣá] See TARDAR.

trilió [trilió] *m.* trillion.

trillar [triʎá] *t.* to thresh [corn, wheat].

trimestral [triməstrál] *a.* quarterly, three-monthly.

trimestre [triméstrə] *m.* ECON. quarter. 2 EDUC. term.

trineu [trinέu] *m.* sledge, sleigh.

trinxa [trínʃə] *f.* SEW. waist.

trinxar [trinʃá] *t.* to carve [food].

trinxera [trinʃérə] *f.* trench.

trinxeraire [trinʃəráĭrə] *m.-f.* lout, young layabout.

trio [tríu] *m.* MUS. trio. 2 coll. three-some, trio.

triomf [triómf] *m.* triumph.

triomfar [triumfá] *i.* to triumph, to win.

tripa [trípə] *f.* intestines *pl.*; gut.

tripijoc [tripiʒɔ́k] *m.* coll. mess, tangle.

triple [tríplə] *a.* triple.

triplicar [tripliká] *t.* to triplicate.

trípode [trípuðə] *m.* tripod.

tríptic [tríptik] *m.* triptych. 2 PRINT. three-page folded pamphlet.

tripulació [tripuləsió] *f.* crew.

tripulant [tripulán] *m.* crew-member, member of crew.

tripular [tripulá] *t.* to man [a ship, etc.].

trist, -ta [trist, -tə] *a.* gloomy, dull, dreary; sad, sad-looking.

tristesa [tristέzə] *f.* gloominess, misery, dreariness. 2 sadness [person].

tristor [tristó] See TRISTESA.

triturar [triturá] *t.* to chop up, to hack up; to crush, to pulverize.

trivial [triβiál] *a.* trivial, banal.

trivialitat [triβiəlitát] *f.* triviality, banality.

tro [trɔ] *m.* clap of thunder, thunder.

trobador [truβəðó] *m.* troubadour.

troballa [truβáʎə] *f.* find, discovery.

trobar [truβá] *t.-p.* to meet *t.-i.* [people]: *ens trobarem demà a les nou,* we'll meet at nine o'clock tomorrow. 2 *t.* to find, to discover. 3 *p.* to feel [state]. 4 to be (situated). ■ *5 i.* to feel, to reckon, to think.

troca [trɔ́kə] *f.* hank, skein. ‖ fig. coll. *enredar la ~,* to confuse things more.

trofeu [trufέu] *m.* trophy.

trombó [trumbó] *m.* MUS. trombone.

trombosi [trumbɔ́zi] *f.* MED. thrombosis.

trompa [trómpə] *f.* MUS. horn. 2 trunk [of elephant]. 3 fig. coll. *agafar una ~,* to get drunk; *estar ~,* to be drunk.

trompada [trumpáðə] *f.* blow. 2 coll. clout, whack [people]; crash [vehicles].

trompeta [trumpέtə] *f.* MUS. trumpet.

trompetista [trumpətistə] *m.-f.* MUS. trumpet-player, trumpeter.

tron [trɔn] *m.* throne.

trona [trɔ́nə] *f.* pulpit. 2 high chair [for babies].

tronar [truná] *i.* to thunder.

tronat, -ada [trunát, -áðə] *a.* threadbare [garment], worn; worn out, falling to pieces.

tronc [trɔŋ] *m.* trunk [tree]. 2 ANAT. trunk. 3 log. ‖ *dormir com un ~,* to sleep like a log.

trontollar [truntuʎá] *i.* to shake; to wobble. 2 to stagger [person].

tropa [trɔ́pə] *f.* troop.

tròpic [trɔ́pik] *m.* tropic. 2 tropics.

tropical [trupikál] *a.* tropical.

tros [trɔ̀s] *m.* piece, bit; fragment. ‖ *ser un ~ de pa,* to have a heart of gold.

trossejar [trusəʒá] *t.* to chop up; to cut or slice into pieces. 2 to break or smash up or into pieces. 3 to tear to pieces.

trot [trɔt] *m.* trot.

trotar [trutá] *i.* to trot. 2 fig. to rush (along), to race. 3 fig. coll. to beaver away.

truc [truk] *m.* knock; ring. 2 telephone-call, call, ring. 3 trick, ploy.

trucar [truká] *i.* to knock; to ring. 2 to ring, to call [on telephone].

truita [trúïtə] *f.* omelette. 2 ICHTHY. trout.

truja [truʒə] *f.* ZOOL. sow. 2 vulg. cow, bitch [insult].

trumfa [trúmfə] *f.* potato.

trust [trust] *m.* ECON. cartel; trust.

tsar [sər] *m.* czar, tsar.

tu [tu] *pers. pron. 2nd pers. sing.* you [familiar address].

tub [tup] *m.* tube; pipe.

tubèrcul [tuβέrkul] *m.* BOT. tuber, tubercle.

tuberculós, -osa [tuβərkulós, -ózə] *a.* MED. tuberculous. 2 BOT. tubercular.

tuberculosi [tuβərkulɔ́zi] *f.* MED. tuberculosis.

tubular [tuβulá(r)] *a.* tubular.

tuf [tuf] *m.* pej. smell, stink. 2 smell, odour.

tuguri [tuɣúri] *m.* hovel; shack [building]. 2 dingy little room.

tul [tul] *m.* tulle, net.

tulipa [tulipə] *f.* tulip.

tumor [tumó(r)] *m.* tumour, growth.

tumult [tumúlt] *m.* uproar, hullabaloo; disturbance, commotion. 2 POL. riot.

tumultuós, -osa [tumultuós, -ózə] *a.* uproarious, tumultuous. 2 POL. riotous.

tundra [túndrə] *f.* tundra.

túnel [túnəl] *m.* tunnel.

túnica [túnikə] *f.* tunic, gown.

Tunis [túnis] *pr. n. m.* GEOGR. Tunis.

Tunísia [tunisiə] *pr. n. f.* GEOGR. Tunisia.

tupí [tupi] *m.* small saucepan, small cooking pot.

turba [túrβə] *f.* crowd, throng. 2 pej. mob.

turbant [turβán] *m.* turban.

turbina [turβinə] *f.* turbine.

turbulència [turβulὲnsiə] *f.* turbulence; storminess [character].

turc, -ca [túr(k), -kə] *a.* Turkish. ■ 2 *m.-f.* Turk.

turgència [turʒὲnsiə] *f.* turgidity.

turisme [turizmə] *m.* tourism. 2 car.

turista [turistə] *m.-f.* tourist; sightseer.

turístic, -ca [turistik, -ka] *a.* tourist. ‖ *ruta turística,* scenic route.

turmell [turmέʎ] *m.* ANAT. ankle.

turment [turmὲn] *m.* torture; torment. 2 anguish; agony, torment. 3 torment [cause].

turmentar [turməntá] *t.-p.* to torture; to torment.

turó [turó] *m.* hill; hillock, mound.

Turquia [turkiə] *pr. n. f.* GEOGR. Turkey.

tustar [tustá] *t.* to beat, to knock, to hit, to strike.

tuteig [tutɛ́tʃ] *m.* familiar address, usage of *tu* in address.

tutejar [tutəʒá] *t.* to address familiarly, to address using *tu*.

tutela [tutɛ́lə] *f.* guardianship, tutelage. 2 fig. protection, shelter.

tutor, -ra [tutó, -ɾə] *m.-f.* guardian; tutor.

TV3 *f. (Televisió de Catalunya)* TV. Channel 3 (Catalan channel).

TVE *f. (Televisió Espanyola)* TV. Spanish television (state channel).

txec, -ca [tʃɛk, -kə] *a., m.-f.* Czech. ‖ *República Txeca,* Czech Republic. 2 *m.* Czech [language].

Txecoslovàquia [tʃəkuzluβákiə] *pr. n. f.* GEOGR. Czechoslovakia.

U

1) U, u [u] *f.* u [letter].

2) u [u] *a.-m.* one [number].

ubiqüitat [uβikwitàt] *f.* ubiquity.

Ucraïna [ukraínə] *pr. n. f.* Ukraine.

udol [uðòl] *m.* howl, howling [also fig.]. 2 shriek, scream [esp. of pain] [also fig.].

udolar [uðulá] *i.* to howl [also fig.].

ufana [ufánə] *f.* pomp, display, ostentation; ostentatiousness.

ufanós, -osa [ufənós, -ózə] *a.* pompous; ostentatious; extravagant.

ui! [uí] *interj.* wow!, gosh! [surprise]. 2 ouch! [pain].

uix! [uʃ] *interj.* ugh! [repugnance].

úlcera [úlsərə] *f.* MED. ulcer.

ull [uʎ] *m.* eye. ‖ *a ~*, roughly; by guesswork. ‖ *~ de poll*, corn; callus. ‖ *a ulls clucs*, blindly, without looking. ‖ *fer els ulls grossos*, to overlook; to ignore. ‖ *de cua d'~*, out of the corner of one's eye.

ullada [uʎáðə] *f.* glance, look.

ullal [uʎál] *m.* canine, canine tooth, eye tooth. 2 tusk [of elephant]. 3 ZOOL. fang.

ullera [uʎérə] *f.* eye-piece; eye glass. 2 spy-glass. 3 *pl.* glasses, spectacles. 4 *pl.* rings under one's eyes.

ullerós, -osa [uʎərós, -ózə] *a.* with rings under one's eyes; haggard.

ullet [uʎɛt] *m.* SEW. eyelet. 2 wink. ‖ *fer l'~*, to wink (*a*, at).

ulterior [ultəriòɾrœ] *a.* ulterior. 2 further, farther [place]. 3 later; subsequent [occasion].

últim, -ma [últim, -mə] *a.* last, ultimate.

ultimar [ultimá] *t.* to finish (off), to give the finishing touches to.

ultimàtum [ultimàtum] *m.* ultimatum.

ultra [últrə] *prep.* besides, in addition to. ■ 2 *a.* POL. extreme. ■ 3 *m.-f.* POL. extremist.

ultramar [ultrəmáɾ] *m.* overseas territory or territories; foreign parts.

ultrança [ultrànsə] *adv. phr. a ~*, to the utmost. ‖ *combatre a ~*, to fight to the end, to fight to death.

ultrapassar [ultrəpəsá] *t.* to exceed, to go beyond *i.*, to surpass.

ultratge [ultràd͡ʒə] *m.* outrage; insult.

ultratomba [ultrətòmbə] *f.* the beyond, the next world; life after death.

ultraviolat, -ada [ultrəβiulàt, -áðə] *a.-m.* ultraviolet.

ulular [ululá] See UDOLAR.

umbilical [umbilikál] *a.* ANAT. umbilical. ‖ *cordó ~*, umbilical cord.

un, una [un, únə] *a.* one. ‖ *ho hem fet en ~ sol dia*, we did it in one single day. ■ 2 *indef. art.* a, an. ■ 3 *f.* one [hour]. ■ 4 *imper. pron.* one [formal]. 5 *tot d'una*, all of a sudden, suddenly; (BAL.) at once.

unànime [unánimə] *a.* unanimous.

unanimitat [unənimitát] *f.* unanimity.

unça [unsə] *f.* ounce.

UNESCO [unèsko] *f.* (*Organització de les Nacions Unides per a l'Educació, la Ciència i la Cultura*) UNESCO (United Nations Educational, Scientific and Cultural Organization).

ungla [únglə] *f.* nail, fingernail; nail, toenail. ‖ fig. *ser carn i ~*, to be as thick as thieves. 2 claw [cat]. 3 hoof [cow, horse, etc.].

unglot [unglɔt] *m.* hoof [cow, horse, etc.].

ungüent [ungwɛn] *m.* ointment.

únic, -ca [únik, -kə] *a.* only, sole, solitary; unique; lone. 2 unique, extraordinary.

unifamiliar [unifəmiliàr] *a.* single family [house].

unificació [unifikəsiò] *f.* unification.

unificar [unifiká] *t.* to unite, to unify.

uniformar [unifurmá] *t.* to standardize, to make uniform or standard; to make the same. 2 MIL. to put into uniform, to dress in uniform [persons].

uniforme [unifòrmə] *a.* standard, uniform, regular; same. ■ 2 *m.* uniform.

uniformitat [unifurmitát] *f.* uniformity, regularity; sameness.

unilateral [unilətərál] *a.* unilateral; one-sided.

unió [unió] *f.* union; uniting [act]. 2 association, union. 3 unity. 4 ANAT. joint.

Unió Soviètica [uniɔsuβiɛ̀tikə] *pr. n. f.* GEOGR. Soviet Union.

unir [uni] *t.* to join; to bind or tie together; to couple. 2 to unite, to join [persons]. ■ 3 *p.* to unite *i.,* to join (together) *i.*

unitari, -ària [unitàri, -àriə] *a.* unitary. 2 REL. Unitarian.

unitat [unitát] *f.* unity. 2 unit.

univers [uniβɛ̀rs] *m.* universe.

universal [uniβərsál] *a.* universal. ‖ *història ~,* world history. 2 MECH. all-purpose.

universitari, -ària [uniβərsitàri, -àriə] *a.* university. ■ 2 *m.-f.* university student.

universitat [uniβərsitát] *f.* university.

untar [untá] *t.* to grease; to smear. 2 fig. to bribe, to grease. ■ 3 *p.* to get greasy.

uralita [urəlitə] *f.* uralite, asbestos.

urani [uráni] *m.* MINER. uranium.

urbà, -ana [urβá, -ánə] *a.* urban, city, town. ■ 2 *m.* city or town policeman.

urbanisme [urβənizmə] *m.* town planning.

urbanitat [urβənitát] *f.* good manners, urbanity, courtesy.

urbanització [urβənidzəsió] *f.* urban development. 2 housing estate.

urbanitzar [urβənidzá] *t.* to urbanize; to develop [open land].

urbs [urps] *f.* metropolis.

urèter [urɛ̀tər] *m.* ANAT. ureter.

uretra [urɛ̀trə] *f.* ANAT. urethra.

urgència [urʒɛ̀nsiə] *f.* urgency; pressure. 2 emergency.

urgent [urʒɛ̀n] *a.* urgent; pressing. ‖ *correu ~,* express post.

urgir [urʒi] *i.* to be urgent; to be pressing.

urinari, -ària [urinàri, -àriə] *a.* urinary. ■ 2 *m.* urinal [public use].

urna [úrnə] *f.* urn. 2 POL. ballot-box.

uròleg, -òloga [uròlək, -òluɣə] *m.-f.* MED. urologist.

urologia [uruluʒiə] *f.* MED. urology.

urpa [úrpə] *f.* talon, claw.

urs [úrs] (ROSS.) See ÓS.

URSS [urs] *pr. n. f.* GEOGR. *(Unió de les Repúbliques Socialistes Soviètiques)* USSR (Union of the Soviet Socialist Republics).

Úrsula [úrsulə] *pr. n. f.* Ursula.

urticària [urtikàriə] *f.* MED. urticaria, nettlerash.

Uruguai [uruɣwái] *pr. n. m.* GEOGR. Uruguay.

uruguaià, -ana [uruɣwəiá, -ánə] *a., m.-f.* Uruguaian.

us [us] *pers. pron. pl.* you: *~ necessito,* I need you. ‖ *~ donaré el millor,* I'll give the best one to you. ‖ *~ en deixaré una mica,* I'll leave a little for you.

ús [us] *m.* use, usage.

usar [uzá] *t.* to use, to employ, to make use of.

usat, -ada [uzát, -àðə] *a.* used. 2 worn; second-hand, used.

usdefruit [uzðəfrúĭt] *m.* LAW use, usufruct.

usdefruitar [uzðəfruĭtá] *t.* LAW to enjoy or have the use of.

usual [uzuál] *a.* usual, customary; normal.

usura [uzúrə] *f.* usury.

usurer, -ra [uzurɛ̀, -rə] *m.-f.* usurer, money-lender.

usurpador, -ra [uzurpəðó, -rə] *a.* usurping. ■ 2 *m.-f.* usurper.

usurpar [uzurpá] *t.* to usurp.

utensili [utənsili] *m.* utensil; tool, implement.

úter [útər] *m.* ANAT. uterus.

útil [útil] *a.* useful; handy.

utilitat [utilitát] *f.* usefulness, utility; benefit.

utilització [utilidʒəsió] *f.* utilization.

utilitzar [utilidzá] *t.* to use, to utilize, to employ, to make use of.

utillatge [utiʎádʒə] *m.* tools, tools of trade; instruments.

utopia [utupiə] *f.* Utopia.

utòpic, -ca [utòpik, -kə] *a.* Utopian.

V

V, v [be] *f.* v [letter].

va, vana [ba, bánə] *a.* vain, idle, useless; pointless, frivolous; illusory. ‖ *en* ~, in vain.

vaca [bákə] *f.* ZOOL. cow.

vacació [bəkəsió] *f.* vacancy [post].

vacances [bəkánsəs] *f. pl.* holidays. ‖ *fer* ~, to take a holiday, to go on holiday.

vacant [bəkán] *a.* vacant, empty, unoccupied. ■ 2 *f.* vacancy [post].

vaccinar [bəksiná] (ROSS.) See VACUNAR.

vacil·lar [bəsillá] *i.* to shake; to wobble. 2 fig. to waver, to hesitate, to vacillate.

vacu, vàcua [báku, bákuə] *a.* empty. 2 fig. empty-headed, vacuous.

vacuïtat [bəkuitát] *f.* emptiness. 2 fig. empty-headedness, vacuity.

vacuna [bəkúnə] *f.* MED. vaccine.

vacunar [bəkuná] *t.* to vaccinate.

vaga [báɣə] *f.* POL., ECON. strike. ‖ *declarar-se en* ~, to go (out) on strike. ‖ *fer* ~, to be on strike, to strike. ‖ ~ *de zel,* work-to-rule.

vagabund, -da [bəɣəβún, -də] *a.* wandering, roving. ■ 2 *m.-f.* pej. tramp, vagabund; drifter.

vagabundejar [bəɣəβundəʒá] *i.* to wander about. 2 pej. to drift (around).

vagància [bəɣánsiə] *f.* loafing (around), idleness.

vagar [bəɣá] *i.* to wander around, to roam, to rove. 2 pej. to drift. 3 to fancy, to feel like. ‖ *ja et vagarà!,* you'll have plenty of time!

vagina [bəʒinə] *f.* ANAT. vagina.

vagó [bəɣó] *m.* RAIL. carriage, coach, car [for passengers]; truck, waggon [for goods].

vagó-llit [bəɣoʎít] *m.* RAIL. sleeping-car, sleeper.

vagoneta [bəɣunɛ́tə] *f.* truck, waggon.

vague, -ga [báɣə, -ɣə] *a.* vague, undefined. 2 wandering.

vaguetat [bəɣətát] *f.* vagueness, indefiniteness.

vaguista [bəɣístə] *m.-f.* POL., ECON. striker.

vailet [bəɪlɛ́t] *m.* boy, lad, youngster; boy-helper.

vainilla [bəɪníʎə] *f.* vanilla.

vaivé [baɪβé] *m.* to-ing and fro-ing; movement to and fro. 2 fig. changes *pl.,* ups and downs *pl.* [of fortune].

vaixell [bəʃéʎ] *m.* ship; boat. 2 vessel.

vaixella [bəʃéʎə] *f.* crockery; china; dishes; service.

val [bal] *m.* voucher. 2 LAW promissory note; IOU.

València [bəlɛ́nsiə] *pr. n. f.* GEOGR. Valencia.

valent, -ta [bəlén, -tə] *a.* brave, courageous, valiant. ‖ *de* ~, a lot, very much.

valentia [bələntiə] *f.* bravery, courage. 2 brave or courageous deed.

valer [bəlɛ́] *i.* to be worth [also fig.]. ‖ *quant val això?* how much is this? ‖ fig. *val la pena,* it's worth-while. ‖ fig. *aquella noia val molt,* that girl's worth her weight in gold. 2 to be useful, to be of use. ‖ *aquest martell no val res,* this hammer's no good. 3 to count, to be valid. ‖ *no s'hi val de jugar amb les mans,* playing with one's hands doesn't count. 4 ~ *més,* to be better: *val més que callis!,* you'd do better to shut up! ■ 5 *conj. val a dir,* however. ■ 6 *p.* to avail oneself of, to use. ▲ CONJUG. P. P.: *valgut.* ‖ INDIC. Pres.: *valc.* ‖ Fut.: *valdré,* etc. ‖ SUBJ. Pres.: *valgui,* etc. ‖ Imperf.: *valgués,* etc.

valerós, -osa [bələrós, -ózə] *a.* bold, courageous, brave.

vàlid, -da [bálit, -ðə] *a.* valid.

validesa [bəliðɛ́zə] *f.* validity.

vall [baʎ] *f.* valley; vale. 2 *m.* MIL. ditch, fosse; moat [water-filled].

valor [bəlónrœ] *m.-f.* value, worth; price. || *objectes de* ~, valuables. || ~ *adquisitiu,* purchasing power. 2 valour, courage, bravery.

valorar [bəlurá] *t.* to evaluate; to appraise. 2 to appreciate, to value; to esteem.

vals [bals] *m.* MUS. waltz.

vàlua [bálua] *f.* worth, value.

valuós, -osa [bəluòs, -ózə] *a.* valuable.

vàlvula [bálβulə] *f.* valve.

vampir [bəmpir] *m.* vampire.

vanagloriar-se [bənəyluriársə] *p.* to boast, to brag.

vanar-se [bənársə] See VANAGLORIAR-SE.

vàndal, -la [bándəl, -lə] *m.-f.* HIST. Vandal. 2 fig. vandal.

vandàlic, -ca [bəndálik, -kə] Vandal(ic). 2 fig. destructive, vandal.

vanitat [bənitát] *f.* vanity. 2 idleness, futility, uselessness; emptiness.

vanitós, -osa [bənitòs, -ózə] *a.* vain, smug, conceited.

vànova [bánuβə] *f.* bedspread.

vantar-se [bəntársə] See VANAGLORIAR-SE.

vapor [bəpór] *m.* vapour; haze. 2 steam. 3 NAUT. *vaixell de* ~, steamer, steamship.

vaporós, -osa [bəpuròs, -ózə] *a.* vaporous; hazy. 2 steamy. 3 airy, diaphanous.

vaquer, -ra [bəkè, -rə] *m.-f.* cowherd. 2 *m.* cowboy. 3 *f.* cowgirl. 4 *m. pl.* jeans.

vaqueria [bəkəriə] *f.* dairy.

vaquí, -ina [bəki, -inə] *a.* bovine.

vara [bárə] *f.* stick; wand.

varar [bərá] *t.* to launch [boat].

vari, vària [bári, báriə] *a.* varied, diverse; variegated.

variable [bəriábblə] *a.* variable, changeable. ■ 2 *f.* MATH. variable.

variació [bəriəsió] *f.* variation, change, alteration.

variar [bəriá] *t.-i.* to change; to vary.

variat, -ada [bəriát, -áðə] *a.* varied, assorted; mixed. 2 variegated [colours].

variça [bárisə] *f.* MED. varicose veins.

varicel·la [bərisèllə] *f.* MED. chickenpox.

varietat [bəriətát] *f.* variety; diversity. 2 variation.

Varsòvia [bərsòβiə] *pr. n. f.* GEOGR. Warsaw.

vas [bas] *m.* glass; tumbler; beaker. 2 vase. 3 ANAT. vessel, vein.

vasectomia [bəzəktumiə] *f.* vasectomy.

vaselina [bəzəlinə] *f.* vaseline.

vassall, -lla [bəsáʎ, -ʎə] *m.-f.* vassal.

vast, -ta [bast, -tə] *a.* vast; extensive; huge.

vat [bat] *m.* watt.

vaticinar [bətisiná] *t.* to foretell, to prophecy, to predict.

vaticini [bətisini] *m.* prophecy, prediction.

vector [bəktó] *m.* vector.

veda [bèðə] *f.* prohibition; prevention. 2 close season [hunting].

vedar [bəðá] *t.* to prohibit; to prevent.

vedat [bəðát] *m.* game preserve [hunting].

vedell [bəðéʎ] *m.* ZOOL. calf, bull calf.

vedella [bəðéʎə] *f.* ZOOL. calf, heifer [animal]. 2 veal [meat].

vegada [bəyáðə] *f.* time; occasion. || *algunes vegades,* sometimes. || *cada* ~ *més,* increasingly more, more and more. || *cada* ~ *menys,* increasingly less, less and less. || *una altra* ~, once more, again. || *una* ~, once. || *dues vegades,* twice.

vegetació [bəʒətəsió] *f.* vegetation.

vegetal [bəʒətál] *a.-m.* vegetable; plant.

vegetar [bəʒətá] *i.* BOT. to grow. 2 fig. to vegetate.

vegetarià, -ana [bəʒətərià, -ánə] *a., m.-f.* vegetarian.

veguer [bəyé] *m.* HIST. chief-justice, chief magistrate.

vegueria [bəyəriə] *f.* jurisdiction of chief-justice or chief magistrate.

vehemència [bəəmènsiə] *f.* vehemence, passion. 2 impetuosity; eagerness.

vehement [bəəmèn] *a.* vehement; passionate. 2 impetuous, eager.

vehicle [bəiklə] *m.* vehicle.

veí, veïna [bei, bəinə] *a.* nearby, neighbouring. ■ 2 *m.-f.* neighbour, next-door neighbour. 3 local inhabitant; resident.

veïnat [bəinát] *m.* neighbourhood.

vel [bel] *m.* veil.

vela [bèlə] *f.* sail. || ~ *major,* mainsail. || *a tota* ~, full sail. 2 fig. *plegar veles,* to call it a day, to go away.

veler [bəlé] *m.* NAUT. sailing-ship.

vell, -lla [beʎ, -ʎə] *a.* old, aged; ancient. || *fer-se* ~, to get old, to age. ■ 2 *m.* old man. 3 *f.* old woman. 4 eldest person [in a family group, etc.].

vel·leïtat [bəlləitát] *f.* caprice, whim.

vellesa [bəʎézə] *f.* old age.

vellut [bəʎút] *m.* velvet. ‖ *ull de* ~, black eye.

veloç [bəlós] *a.* quick, fast, speedy, swift.

velocitat [bəlusitát] *f.* speed, velocity. *2* rate, pace.

velòdrom [bəlɔ́ðrum] *m.* velodrome.

vena [bénə] *f.* ANAT. vein. *2* GEOL. underground stream. *3* MINER. seam, lode, vein. *4* BOT. vein. *5* grain [wood]. *6* fig. vein, spirit, mood: *estar en* ~, to be in the mood, to be inspired.

vencedor, -ra [bənsəðó, -rə] *a.* winning, victorious. ■ *2 m.-f.* winner, victor.

vèncer [bénsə] *t.* to conquer, to overcome; to beat [rival]. ■ *2 i.* to become or fall due [repayment]; to mature [bond]; to expire [period, insurance, etc.]. ▲ CONJUG. P. P.: **vençut.** ‖ INDIC. Pres.: *venço, vences, venç, vencem,* etc. ‖ IMPERAT.: *venç, venci.*

venciment [bənsimén] *m.* expiry [period, insurance, etc.]; maturity [bond].

venda [béndə] *f.* sale; selling. ‖ *en* ~, for sale. ‖ *preu de* ~, sale price.

vendaval [bəndəβál] *m.* gale, strong wind.

vendre [béndrə] *t.* to sell; to market; to sell off [in shop sales]. ‖ ~ *a l'engròs,* to sell wholesale. ‖ ~ *a la menuda,* to retail. *2* pej. to sell. ■ *3 p.* pej. to sell oneself. ▲ CONJUG. GER.: *venent.* ‖ P. P.: *venut.* ‖ INDIC. Pres.: *venc.* ‖ SUBJ. Pres.: *vengui,* etc. | Imperf.: *vengués,* etc.

Venècia [bənɛ́siə] *pr. n. f.* GEOGR. Venice.

venedor, -ra [bənəðó, -rə] *a.* sale, selling. ■ *2 m.-f.* seller. *3 m.* salesman. *4 f.* saleswoman.

venenós, -osa [bənənós, -ózə] *a.* poisonous, venomous.

venerable [bənərábblə] *a.* venerable.

veneració [bənərəsió] *f.* veneration, worship.

venerar [bənərá] *t.* to venerate, to worship.

veneri, -èria [bənéri, -ériə] *a.* MED. venereal: *malaltia venèria,* venereal disease.

venir [bəní] *i.* to come; to arrive. ‖ *vinga!,* come on! ‖ *el mes que ve,* next month, the coming month. *2* to suit, to be convenient: *no'm ha vingut malament,* it didn't suit me. *3* to fit. ‖ *aquests pantalons em venen estrets,* these trousers are too tight for me. ▲ CONJUG. P. P.: *vingut.* ‖ INDIC. Pres.: *vinc, véns, ve, vénen.* | Fut.: *vindré,* etc. ‖ SUBJ. Pres.: *vingui,* etc. | Imperf.: *vingués.* ‖ IMPERAT.: *vine.*

venjança [bənʒánsə] *f.* revenge, vengeance.

venjar [bənʒá] *t.* to revenge, to avenge. ■ *2 p.* to take revenge, to revenge oneself (*en,* on) (*de,* for).

venjatiu, -iva [bənʒətiŭ, -íβə] *a.* vindictive, revengeful.

vent [ben] *m.* wind. *2* GEOGR. cardinal point. *3* air; slipstream. *4* wind, flatulence. *5* guy-rope, guy [tent]. *6* fig. *anar* ~ *en popa,* to go full-steam; to do extremely well. *7 bon* ~ *i barca nova!,* good riddance!

ventada [bəntáðə] *f.* gust of wind.

ventall [bəntáʎ] *m.* fan. *2* bellows, fan [in kitchen]. *3* fig. range, assortment.

ventar [bəntá] *t.* to fan; to blow on. *2* to move to and fro; to wag [tail]. *3* to deal, to strike [blow]. ■ *4 i.* to blow [wind].

ventijol [bənti ʒɔ́l] *m.* breeze.

ventilació [bəntiləsió] *f.* ventilation; airing.

ventilador [bəntiləðó] *m.* ventilator.

ventilar [bəntilá] *t.* to ventilate; to air [room]. *2* fig. to air [subject].

ventós, -osa [bəntós, -ózə] *a.* windy, airy.

ventosa [bəntózə] *f.* MED. cupping-glass. *2* sucker [animal organ].

ventositat [bəntuzitát] *f.* wind, flatulence.

ventre [bɛ́ntrə] *m.* ANAT. belly, abdomen. ‖ *anar o fer de* ~, to move one's bowels, to defecate. ‖ *mal de* ~, indigestion.

ventricle [bəntriklə] *m.* ventricle.

ventríloc, -oqua [bəntriluk, -ukwə] *a.* ventriloquous, ventriloquist. ■ *2 m.-f.* ventriloquist.

ventura [bəntúrə] *f.* fortune. *2* happiness. ‖ *a la* ~, with no fixed plan; happy-go-lucky. ‖ (BAL.) *per* ~, perhaps, maybe.

ver, -ra [ber, -rə] *a.* true, authentic, veritable, real. ■ *2 m.* truth. ‖ *de* ~ *o de veres,* really, truly.

veraç [bərás] *a.* truthful, veracious.

veracitat [bərəsitát] *f.* truthfulness, veracity.

verat [bərát] *m.* ICHTHY. mackerel.

verb [bɛrp] *m.* verb. *2* the Word [in the Bible].

verbal [bərβál] *a.* verbal, oral. ■ *2 m.* (ROSS.) See MULTA.

verd, -da [bert, -ðə] *a.* green. *2* unripe, green. *3* blue, dirty, indecent [film, joke]; randy [person]. ■ *4 m.* green [colour].

verdet [bərðèt] *m.* CHEM. verdigris. 2 BOT. duckweed.

verdulaire [bərðulàïrə] *m.-f.* greengrocer.

verdura [bərðùrə] *f.* greens, green vegetables.

veredicte [bərəðìctə] *m.* verdict.

verema [bərèmə] *f.* wine harvest; grape harvest.

veremar [bərəmà] *t.* to harvest, to pick [grapes].

veres [bèrəs] *adv. phr. de* ~, (BAL.), (VAL.) See DE DEBÒ.

verge [bèrʒə] *a.* virgin. ■ 2 *f.* virgin. 3 REL. the Virgin. 4 ASTROL. *Verge,* Virgo.

vergonya [bərɣòɲə] *f.* shame; disgrace. 2 sense or feeling of shame. 3 shyness, bashfulness, timidity; embarrassment. || *fer* ~, to embarrass *t.* 4 *pl. les vergonyes,* private parts.

vergonyós, -osa [bərɣuɲòs, -òzə] *a.* shameful, disgraceful. 2 shy, bashful, timid [person].

verí [bəri] *m.* poison, venom. 2 fig. poison.

verídic, -ca [bəriðik, -kə] *a.* truthful, true.

verificar [bərifikà] *t.* to check, to ascertain, to verify. 2 to inspect, to examine, to check.

verinós, -osa [bərinòs, -òzə] *a.* poisonous, venomous.

veritable [bəritàbblə] *a.* true, authentic, veritable, real.

veritat [bəritàt] *f.* truth. || *de* ~?, really? || *ho dius de* ~?, do you really mean it? || fig. *cantar-li a algú les veritats,* to speak plainly to someone.

vermell, -lla [bərmèʎ, -ʎə] *a., m.* red. || *tornar-se* ~, to blush, to go red.

vermut [bərmút] *m.* vermouth. 2 pre-lunch or pre-dinner drinks and snack.

vernís [bərnis] *m.* varnish [on wood], glaze [on pottery]. 2 fig. gloss, veneer.

verola [bəròlə] *f.* MED. smallpox.

vers [bers] *m.* verse; poem. ■ 2 *prep.* toward(s), to [direction]. 3 around [quantity; time].

versar [bərsà] *i.* ~ *sobre,* to deal with, to be about [book].

versat, -ada [bərsàt, -àðə] *a.* ~ *en,* versed or knowledgeable in.

versàtil [bərsàtil] *a.* versatile. 2 pej. changeable, fickle.

versemblança [bərsəmblànsə] *f.* likeliness, probability.

versemblant [bərsəmblàn] *a.* likely, probable.

versió [bərsió] *f.* version; translation.

vertader, -ra [bərtàðè, -rə] *a.* true, authentic, real.

vèrtebra [bèrtəβrə] *f.* ANAT. vertebra.

vertebrat, -ada [bərtəβràt, -àðə] *a.* vertebrate. ■ 2 *m. pl.* vertebrate animals.

vèrtex [bèrtəks] *m.* GEOM. apex, top, vertex.

vertical [bərtikàl] *a.-f.* vertical. 2 *a.* upright.

vertigen [bərtiʒən] *m.* vertigo, dizziness, giddiness.

vertiginós, -osa [bərtiʒinòs, -òzə] *a.* dizzy, giddy. 2 fig. breakneck, dizzy [speed].

vescomte [bəskòmtə] *m.* viscount.

vescomtessa [bəskumtèsə] *f.* viscountess.

vesícula [bəzikulə] *f.* ANAT. vesicle. 2 ANAT. bladder: ~ *biliar,* gall bladder.

vespa [bèspə] *f.* ENT. wasp.

vespertí, -ina [bəspərti, -inə] *a.* evening.

vesprada [bəspràðə] *f.* See VESPRE. 2 (VAL.) See TARDA.

vespre [bèsprə] *m.* evening, late afternoon.

vessament [bəsəmèn] *m.* spillage, spilling; overflow. 2 MED. internal haemorrhage; collection of fluid.

vessant [bəsàn] *a.* GEOGR. slope, hillside, mountainside.

vessar [bəsà] *i.-t.* to spill. 2 to leak. 3 *t.* to pour [drinks]. 4 fig. *vessar-la,* to make a mistake or gaffe.

vestíbul [bəstiβul] *m.* hall, lobby, vestibule.

vestidor [bəstiðò] *m.* SP. changing room. 2 THEATR. dressing room.

vestigi [bəstiʒi] *m.* trace, mark, sign; vestige. 2 *pl.* remains.

vestir [bəsti] *t.-p.* to dress *t.-i.*; to get dressed *t.-i.* 2 *t.* to put on. 3 to clothe [person] *(de,* in). 4 to wear [clothes].

vestit [bəstit] *m.* dress [woman]; suit [esp. man]. || ~ *de bany,* bathing costume.

vestuari [bəstuàri] *m.* THEATR. costumes. 2 wardrobe, set of clothes. 3 wardrobe [furniture]. 4 SP. changing room. 5 THEATR. dressing room.

veta [bétə] *f.* ribbon. 2 GEOL. vein, seam. 3 noodle. 4 *seguir-li la* ~ *a algú,* to humour someone. 5 *tirar de* ~, not to stint on expenses.

veterà, -ana [bətərà, -ánə] *a., m.-f.* veter-an.

veterinari, -ària [bətərinàri, -àriə] *a.* ve-terinary. ■ 2 *m.-f.* vet, veterinary sur-geon. 3 veterinary science.

vetlla [bèʎʎə] *f.* staying up; night work; sleepless night. 2 wake [funeral]. 3 eve, evening. 4 REL. vigil.

vetllada [bəʎʎáðə] *f.* staying up; wake-fulness; vigil. 2 evening party; soirée.

vetllar [bəʎʎá] *i.* to stay up; to stay awake. 2 to keep watch [at night]. ‖ ~ *per,* to watch over, to keep an eye on. ■ 3 *t.* to sit up with, to watch over [sick person].

veto [bétu] *m.* veto.

veu [bɛ̌ŭ] *f.* voice. ‖ *de viva* ~, viva voce, verbally. ‖ *en* ~ *alta,* aloud. ‖ *un fil de* ~, weak or faint voice. 2 GRAMM. word, term. 3 piece of gossip, rumour. ‖ *corre la* ~ *que...,* rumour has it that... ‖ *donar veus,* to broadcast a fact, to make a thing known. 4 say; turn to speak [in a meeting].

veure [bɛ́ŭrə] *t.* to see, to perceive, to spot. 2 fig. to see, to understand. 3 fig. to see, to ascertain, to check, to look into. ‖ *a veure,* let's see, let me see. ‖ *no tenir res a* ~, to have nothing to do (*amb,* with). ‖ *pel que es veu,* as far as can be seen. 4 *ve't aquí!,* look!, see! 5 *no poder* ~, not to bear the sight of. 6 *fer* ~, to pretend, to make out. 7 *fer-se* ~, to attract attention.

vexació [bəksəsió] *f.* annoyance, vexa-tion.

vexar [bəksá] *t.* to harass; to humiliate.

vi [bi] *m.* wine. ‖ ~ *blanc,* white wine. ‖ ~ *negre,* red wine. ‖ ~ *rosat,* rosé.

via [biə] *f.* way, path; route; road. 2 RAIL. track; line. 3 ANAT. tract; passage. 4 *fer* ~, to walk. 5 lane [motorway]. 6 fig. *fer* ~, to shift, to make headway [in work].

viable [biábblə] *a.* viable, feasible.

viaducte [biəðúktə] *m.* viaduct.

vianant [biənán] *m.* pedestrian.

vianda [biándə] *f.* foodstuff, food.

viarany [biəráɲ] *m.* narrow path, track.

viatge [biádʒə] *m.* trip, journey. 2 *pl.* trav-els.

viatger, -ra [biədʒè, -rə] *m.-f.* traveller.

viatjant [biədʒán] *m.* travelling sales-man.

viatjar [biədʒá] *i.* to travel, to journey.

vibració [biβrəsió] *f.* vibration, shaking, shuddering.

vibrar [biβrá] *i.* to vibrate, to shake, to shudder. 2 to rattle [sound]. 3 to shake, to throb [with emotion].

Vicenç [bisɛ́ns] *pr. n. m.* Vincent.

vice-president, -ta [bisəprəsiðèn(t), -tə] *m.-f.* vice-president.

viceversa [bisəβɛ́rsə] *adv.* vice versa.

vici [bisi] *m.* vice; bad habit. 2 defect, im-perfection.

viciar [bisiá] *t.* to vitiate; to pervert, to corrupt, to deprave [person].

viciós, -osa [bisiós, -ózə] *a.* perverted, depraved, corrupt; vicious.

vicissitud [bisisitút] *f.* vicissitude; mis-hap, accident. 2 *pl.* ups and downs.

víctima [biktimə] *f.* victim.

Víctor [biktur] *pr. n. m.* Victor.

victòria [biktɔ́riə] *f.* victory, triumph.

Victòria [biktɔ́riə] *pr. n. f.* Victoria.

victoriós, -osa [bikturiós, -ózə] *a.* vic-torious, triumphant.

vida [biðə] *f.* life, living. ‖ *amb molta* ~, lively. ‖ *guanyar-se la* ~, to earn one's livelihood. 2 lifetime. 3 way of life.

vídeo [biðèŭ] *m.* video.

vidre [biðrə] *m.* MINER. glass.

vidrier, -ra [biðrié, -rə] *a.* glass. ■ 2 *m.-f.* glazier. 3 *f.* large window. 4 stained glass window.

vidriola [biðriɔ̀lə] (BAL.), (VAL.) See GUAR-DIOLA.

vidu, vídua [bidu, biðuə] *a.* widowed. ■ 2 *m.* widower. 3 *f.* widow.

Viena [biènə] *pr. n. f.* GEOGR. Vienna.

Vietnam [biənnám] *pr. n. m.* Vietnam.

vietnamita [biənnəmitə] *a., m.-f.* Viet-namese.

vigent [biʒèn] *a.* valid, in force.

vigilància [biʒilánsiə] *f.* vigilance, watchfulness.

vigilant [biʒilán] *a.* vigilant, watchful, alert. ■ 2 *m.-f.* caretaker. 3 *m.* watch-man.

vigilar [biʒilá] *t.* to watch over; to super-vise; to look after.

vigília [biʒiliə] *f.* REL. eve [before festival]. 2 vigil; wakefulness; lucubration.

vigir [biʒi] *i.* to be in force, to prevail.

vigor [biɣó(r)] *m.* vigour, strength, stam-ina.

vigoritzar [biɣuridzá] *t.* to invigorate; to revitalize, to stimulate.

vil [bil] *a.* mean, low, vile [person]; base, shabby [act, treatment].

vila [bilə] *f.* HIST. town, villager.

vilatà, -na [bilətà, -ánə] *a.* HIST. town, village. ■ *2 m.-f.* villager.

vilesa [bilézə] *f.* meanness, lowness, despicability, baseness. *2* base act, vile deed.

vímet [bimət] *m.* BOT. osier, willow. *2* wicker [material].

vinagre [bináɣrə] *m.* vinegar.

vinagrera [binəɣrérə] *f.* vinegar bottle.

vinater, -ra [binətè, -rə] wine. ■ *2 m.-f.* vintner, wine merchant.

vincladís, -issa [biŋkləðis, -isə] *a.* pliable.

vincle [biŋklə] *m.* link, bond, tie [also fig.].

vinculació [biŋkuləsiò] *f.* linking, connection. *2* LAW entailing.

vincular [biŋkulà] *t.* to link, to bind, to tie. *2* LAW to entail.

vinent [binèn] *a.* coming, next. ‖ *l'any ~,* next year.

vinguda [biŋgúðə] *f.* coming; arrival.

vinícola [binikulə] *a.* winemaking, wine-producing.

vint [bin] *a.-m.* twenty.

vintè, -ena [bintè, -énə] *a., m.-f.* twentieth.

vinya [biɲə] *f.* BOT. vine. *2* vineyard.

viola [biɔ́lə] *f.* BOT. viola. *2* MUS. viola.

violació [biuləsiò] *f.* breach, infringement; violation [of treaty]. *2* rape.

violar [biulà] *t.* to break, to infringe [law]; to violate [treaty]. *2* to rape.

violència [biulènsiə] *f.* violence.

violent, -ta [biulèn, -tə] *a.* violent. *2* embarrassing.

violeta [biulétə] *a.* violet. ■ *2 m.* violet [colour]. *3 f.* BOT. violet.

violí [biuli] *m.* MUS. violin.

violinista [biulinistə] *m.-f.* violinist, violin player.

violoncel [biulunsèl] *m.* MUS. cello, violoncello.

violoncel·lista [biulunsəllistə] *m.-f.* MUS. cello player, cellist, violoncellist.

virar [birà] *i.-t.* to turn, to turn round [vehicles]. *2* NAUT. to veer; to put about. *3* NAUT. to tack. *4 t.* PHOTO. to tone.

viratge [biràdʒə] *m.* turning [vehicles]. *2* NAUT. veering; tacking. *3* bend, curve [road]. *4* PHOTO. *toning.*

Virginia [birʒiniə] *pr. n. f.* Virginia.

viril [biril] *a.* manly, virile.

virilitat [birilità] *f.* manliness; virility.

virrei [birrèi] *m.* viceroy.

virreina [birrèinə] *f.* vicereine.

virtuós, -osa [birtuòs, -ózə] *a.* virtuous. ■ *2 m.-f.* ARTS, MUS. virtuoso.

virtut [birtút] *f.* virtue. ‖ *en ~ de,* by virtue of, because of, by reason of.

virulència [birulènsiə] *f.* virulence.

virulent, -ta [birulèn, -tə] *a.* virulent [also fig.].

virus [birus] *m.* MED. virus.

vis [bis] *m.* MECH. vice.

visat [bizàt] *m.* visa.

visca! [biskə] *m.* long live...!

víscera [bisərə] *f.* ANAT. viscera, entrail.

viscós, -osa [biskòs, -ózə] *a.* viscous; thick [liquid].

visera [bizérə] *f.* peak [on cap]; eyeshade; visor [on helmet].

visibilitat [biziβilitàt] *f.* visibility.

visible [bizibblə] *a.* visible. *2* clear, evident.

visió [biziò] *f.* REL. vision. *2* sight, vision. *3* view, overview. *4* fantasy, illusion. ‖ *veure visions,* to see things.

visita [bizitə] *f.* visit; call. ‖ *fer una ~,* to visit, to call by or in (*a,* on), to make a call (*a,* on). *2* visitor.

visitar [bizità] *t.* to visit, to call (in) on.

visó [bizó] *m.* ZOOL. mink.

vista [bistə] *f.* sight. ‖ *conèixer de ~,* to know by sight. ‖ *perdre algú de ~,* to lose sight of someone. *2* view, sight. ‖ *tenir ~ sobre,* to look out on, to have a view of [room, building]. *3* LAW hearing; trial. *4 m.* customs inspector.

vistós, -osa [bistòs, -ózə] *a.* showy, spectacular. *2* pej. gaudy.

visual [bizuál] *a.* visual.

vital [bitàl] *a.* life. *2* fig. vital, essential.

vitalici, -ícia [bitəlisi, -isiə] *a.* life-long, life, for life.

vitalitat [bitəlitàt] *f.* vitality.

vitamina [bitəminə] *f.* vitamin.

vitrina [bitrinə] *f.* show case, glass case.

vitualla [bituáʎə] *f.* victuals, provisions, food supplies.

viu, viva [biu, biβə] *a.* alive, live, living. *2* lively; vivid, bright [colours]. *3* lively [person]. *4* sharp, acute [pain]. *5* keen, sharp [mind]. *6 adv. phr. de ~ en ~,* live, alive.

viudo, -a [biúðu, -a] *a.* widowed. ■ *2 m.* widower. *3 f.* widow.

1) viure [biúrə] *m.* life; living.

2) viure [biúrə] *i.* to live, to be alive. ‖ *~ de,* to live on. *2* to live, to reside. ▲ CON-

JUG. GER.: *vivint.* ‖ P. P.: *viscut.* ‖ INDIC. Pres.: *visc.* ‖ SUBJ. Pres.: *visqui,* etc. ‖ Imperf.: *visqués,* etc.

vivaç [biβás] *a.* vivacious. 2 long-lived; lasting. 3 BOT. perennial.

vivacitat [biβəsitát] *f.* vivacity, liveliness [person]. 2 brightness, vividness; liveliness [colours].

viver [biβé] *m.* BOT. nursery. 2 ICHTHY. hatchery; fishpond.

vividor, -ra [biβiðó, -rə] *a.* long-lived. ■ 2 *m.-f.* scrounger, cadger, sponger.

vocable [bukábblə] *m.* word; term.

vocabulari [bukəβulári] *m.* vocabulary.

vocació [bukəsió] *f.* vocation, calling.

vocal [bukál] *a.* vocal, voice. ■ 2 *m.-f.* board or committee member. 3 *f.* LING. vowel.

vocalitzar [bukəlidzá] *i.-t.* LING. to vocalize. 2 *i.* MUS. to hum; to sing scales.

vociferar [busifərá] *t.-i.* to shout, to yell; to scream.

vogar [buɣá] *i.* to row; to sail.

1) vol [bɔl] *m.* flight; flying. 2 flight [of birds].

2) vol. *m.* (abbr. of *volum*) vol. (volume).

volada [bulàðə] *f.* flight. ‖ fig. *de la primera* ~, fresh, inexperienced. 2 ARCH. projection.

volant [bulán] *a.* flying. ■ 2 *m.* AUTO. steering wheel. 3 SEW. frill, flounce. 4 pamphlet, leaflet.

volar [bulá] *i.* to fly [also fig.]; to fly away or off. 2 to be used up in no time, to disappear in a flash [money; food, etc.]. ■ 3 *t.* to blow up, to explode.

volàtil [bulátil] *a.* volatile, flying. 2 volatile, evaporable.

volatilitzar [bulətilidzá] *t.-p.* to vaporize *t.-i.,* to volatilize *t.-i.*

volcà [bulká] *m.* volcano.

1) voler [bulé] *m.* wish; will; desire; volition; intention.

2) voler [bulé] *t.* to want, to wish; to intend. 2 to be about to: *vol ploure,* it's about to rain. 3 to need, to require. 4 ~ *dir,* to mean, to signify. ▲ CONJUG. P. P.: *volgut.* ‖ INDIC. Pres.: *vull.* | Fut.: *voldré,* etc. ‖ SUBJ. Pres.: *vulgui,* etc. | Imperf.: *volgués,* etc. ‖ IMPERAT.: *vulgues.*

1) volt [bɔl] *m.* edge, surround; perimeter. 2 walk, round. ‖ *fer el* ~, to go around [place], to do the rounds 3 *pl.* surroundings; neighbourhood *sing.,* vicinity *sing.* ‖ fig. *pels volts de les nou,* around or about nine o'clock.

2) volt [bɔl] *m.* ELECTR. volt.

volta [bɔltə] *f.* turn; round; circuit; tour [cycling]; lap [racing]. 2 trip, journey; walk, stroll. 3 turn, time. 4 bend, curve, turn. 5 ARCH. vault. 6 ~ *de campana,* somersault; cartwheel. 7 *fer* ~, to go the long way round.

voltant [bultán] *m.* perimeter; edge, surround. 2 *pl.* surroundings; vicinity *sing,* neighbourhood *sing.* ‖ *al* ~, around. ‖ *al* ~ *de,* around, round.

voltar [bultá] *i.* to turn (round), to go round; to revolve. 2 to stroll or walk (about); to go or walk around or up and down; to travel (about). ‖ *hem anat a* ~, we went for a stroll. ‖ *he voltat per tot el món,* I've been around the whole world. ■ 3 *t.* to surround.

voltatge [bultádʒə] *m.* ELECTR. voltage.

voltímetre [bultímətrə] *m.* PHYS. voltmeter.

voltor [bultó] *m.* ORNIT. vulture.

voluble [bulúbblə] *a.* changeable, fickle [person].

volum [bulúm] *m.* volume [sound; space]. 2 volume, tome [book].

voluminós, -osa [buluminós, -ózə] *a.* sizeable; bulky, massive; voluminous.

voluntari, -ària [buluntári, -àriə] *a.* voluntary. ■ 2 *m.-f.* volunteer.

voluntat [buluntát] *f.* will, desire, wish; intention; volition.

voluptuós, -osa [buluptuòs, -ózə] *a.* voluptuous.

volva [bɔlβə] *f.* flake [snow]; speck [dust].

vòmit [bɔmit] *m.* vomit.

vomitar [bumitá] *t.-i.* to vomit, to throw up. 2 fig. to vomit, to belch forth.

vora [bɔrə] *f.* edge, edging; fringe; margin; perimeter. ‖ *la* ~ *d'un vestit,* the fringe of a dress. 2 bank, side [river]; edge, side [path]. ‖ *a la* ~, nearby, in the vicinity.

voraç [burás] *a.* voracious. 2 fig. all-consuming.

voracitat [burəsitát] *f.* voracity.

voravia [bɔrəβiə] See VORERA.

voraviu [bɔrəβiŭ] *m.* SEW. selvage. 2 fig. *tocar el* ~, to hurt, to offend; to annoy.

vorejar [burəʒá] *t.* SEW. to edge, to fringe; to border.

vorera [burèrə] *f.* pavement, path, (USA) sidewalk.

vori [bɔri] *m.* ivory.

vos [bus] *pers. pron. 2nd pers. pl.* you [familiar address]: *no puc donar-vos la carta,* I can't give you the letter.

vós [bos] *pers. pron. 2nd pers. sing.* you [polite address].

vosaltres [buzáltrəs] *pers. pron. 2nd pers. pl.* you [familiar address].

vostè [bustè] *pers. pron. 2nd pers. sing.* you [formal address].

vostre, -tra [bòstrə, -trə] *poss. a.* your [see *vosaltres*]: *el ~ cotxe,* your car. ■ 2 *poss. pron.* yours: *aquesta és la vostra,* this one's yours.

vot [bɔt] *m.* POL. vote. 2 REL. vow. 3 wish [usu. pl.].

votació [butəsiò] *f.* voting, ballot, vote.

votant [butàn] *a.* voting. ■ 2 *m.-f.* voter.

votar [butà] *t.* to vote (for). 2 REL. to vow, to promise, to undertake.

vuit [buĭt] *a.-m.* eight.

vuitanta [buitàntə] *a.-m.* eighty.

vuitantè, -ena [buitəntè, -ὲnə] *a.-m.* eightieth.

vuit-cents, -tes [buĭtsèns, -təs] *a.* eight hundred.

vuitè, -ena [buĭtè, -ὲnə] *a.-m.* eighth.

vulgar [bulγàr] *a.* vulgar, gross, crude; common.

vulgaritat [bulγəritàt] *f.* vulgarity, grossness, crudeness; commonness. 2 vulgarism.

vulnerabilitat [bulnərəβilitàt] *f.* vulnerability.

vulnerable [bulnəràbblə] *a.* vulnerable.

vulnerar [bulnərà] *t.* to hurt, to wound [also fig.]. 2 fig. to break, to infringe [law].

vulva [búlβə] *f.* ANAT. vulva.

W

W, w [bè báʃə] *f.* w [letter].
wàter [bàter] *m.* toilet, w.c., lavatory. 2 toilet or lavatory pot.
waterpolo [bətərpólu] *m.* SP. water polo.

watt [bat] See VAT.
WC *m.* water-closet WC.
whisky [wiski] *m.* whisky, scotch [Scotland]; whiskey [Ireland].

X

X, x [iks] *f.* x [letter].

xacal [ʃəkál] *m.* ZOOL. jackal.

xacra [ʃákrə] *f.* ailment, complaint; infirmity, disability.

xafar [ʃəfá] *t.* to flatten; to squash [also fig.]; to crush [also fig.]. 2 to mash [potatoes]. 3 fig. to leave dejected [person]. 4 fig. to deflate [person]; to make feel small.

xafardejar [ʃəfərðəʒá] *i.* to gossip. 2 to pry, to be nos(e)y.

xafarder, -ra [ʃəfərðè, -rə] *a.* gossiping. 2 nos(e)y, prying; inquisitive. ■ 3 *m.-f.* gossip [person]. 4 prier, pryer. 5 coll. Nosey Parker.

xafarderia [ʃəfərðəriə] *f.* gossip, gossiping; piece of gossip. 2 nosiness; inquisitiveness.

xàfec [ʃáfək] *m.* downpour, heavy shower; cloudburst.

xafogor [ʃəfuɣò] *f.* sultriness; stifling heat [weather].

xai, -ia [ʃáĭ, -ĭə] *m.-f.* lamb. 2 fig. easy-going person; docile person.

xal [ʃal] *m.* shawl.

xalar [ʃəlá] *i.* to enjoy oneself, to have a good time.

xalet [ʃəlèt] *m.* chalet; country house or villa.

xaloc [ʃəlɔ́k] *m.* south-easterly (wind).

xalupa [ʃəlúpə] *f.* NAUT. launch. 2 NAUT. brig; two-masted coaster.

xamfrà [ʃəmfrá] *m.* corner.

xamós, -osa [ʃəmòs, -ózə] *a.* charming. 2 witty, facetious.

xampany [ʃəmpáɲ] *m.* champagne, French champagne.

xampú [ʃəmpú] *m.* shampoo.

xampurrejar [ʃəmpurrəʒá] *i.-t.* to mumble, to speak badly [foreign language].

xancleta [ʃəŋklètə] *f.* sandal [esp. for beach]. 2 slipper.

xandall [ʃəndáʎ] *m.* tracksuit.

xanguet [ʃəŋgèt] *m.* ICHTHY. whitebait.

xantatge [ʃəntádʒə] *m.* blackmail. ‖ *fer-li ~ a algú,* to blackmail someone.

xapa [ʃápə] *f.* plaque, disc [metal]. 2 board, panel [wood]. 3 ply [wood].

xarampió [ʃərəmpió] *m.* MED. measles.

xarcuteria [ʃərkutəriə] *f.* delicatessen, cold meats and sausages [esp. pork]. 2 delicatessen shop.

xardor [ʃərðó] *f.* stifling heat, oppressive heat [weather].

xarlatà, -ana [ʃərlətá, -ánə] *m.-f.* pedlar. 2 *m.* smooth-tongued salesman. 3 *f.* smooth-tongued saleswoman. 4 *m.-f.* coll. big-mouth.

xaró, -ona [ʃərò, -ónə] *a.* coarse, crude, inelegant.

xarol [ʃərɔ́l] *m.* patent leather. 2 varnish [esp. on leather].

xarop [ʃərɔ́p] *m.* syrup; cordial.

xarrupada [ʃərrupáðə] *f.* sip; suck, pull [at drink through straw].

xarrupar [ʃərrupá] *t.* to suck [drink through straw]; to sip [drink].

xaruc, -uga [ʃərúk, -úɣə] *a.* doddering, doddery; senile.

xarxa [ʃárʃə] *f.* net.

xato, -ta [ʃátu, -tə] *a.* snub-nosed; flat-nosed.

xaval, -la [ʃəβál, -lə] *m.* coll. lad, boy. 2 coll. girl; lass.

xavalla [ʃəβáʎə] *f.* small change [coins].

xec [ʃek] *m.* cheque, check.

xeixa [ʃéʃə] *f.* BOT. wheat.

xemeneia [ʃəmənèjə] *f.* fireplace, hearth. 2 chimney.

xenofòbia [ʃənufɔ́biə] *f.* xenophobia.

xerès [ʃərɛ̀s] *m.* sherry.

xeringa [ʃəriŋgə] *f.* syringe.

xerinola [ʃərinɔ́lə] *f.* merry-making, festivity; carousal.

xerrac [ʃərràk] *m.* hand-saw, saw.

xerrada [ʃerráðə] f. chat, conversation. 2 talk, discussion.

xerraire [ʃərráïrə] a. gossipy; talkative, chatty. ■ 2 m.-f. gossip [person]; chatterbox [person].

xerrameca [ʃərrəmékə] f. prattling; patter [seller]. 2 garrulity.

xerrar [ʃərrá] i. to gossip; to chatter, to prattle. 2 to chat.

xerrera [ʃərrérə] f. talkativeness, chattiness.

xic, -ca [ʃik, -kə] a. little, small. ■ 2 m. (VAL.) boy, lad; youth. 3 f. girl, lass.

xicot, -ta [ʃikɔ́t, -tə] m. lad, guy; youth; young man. 2 f. girl, lass; young woman.

xicotet, -ta [ʃikutɛ́t, -tə] a. (VAL.) small, little.

xifra [ʃífrə] f. figure; number, numeral. 2 cipher, code. 3 monogram; initial(s).

Xile [ʃílə] pr. n. m. GEOGR. Chile.

xilè, -ena [ʃilɛ̀, -ɛ́nə] a., m.-f. GEOGR. Chilean.

xíling [ʃíliŋ] m. shilling.

xilòfon [ʃilɔ́fun] m. MUS. xylophone.

ximpanzé [ʃimpənzɛ̀] m. ZOOL. chimpanzee.

ximple [ʃímplə] a. simple; obtuse, stupid.

ximpleria [ʃimpləríə] f. act of stupidity, idiocy. 2 piece of nonsense [spoken words].

ximplet, -eta [ʃimplɛ́t, -ɛ́tə] a. slow, slow-witted; simple.

Xina [ʃínə] pr. n. f. GEOGR. China.

xindria [ʃíndriə] BOT. See SÍNDRIA.

xinès, -esa [ʃinɛ̀s, -ɛ́zə] a., m.-f. Chinese.

xino-xano [ʃinuʃánu] phr. slowly, gradually, little by little, bit by bit.

xinxa [ʃínʃə] f. ENT. bedbug; bug.

xinxeta [ʃinʃɛ́tə] f. drawing pin.

xipollejar [ʃipuʎəʒá] i. to splash (about) [in water].

Xipre [ʃíprə] pr. n. m. GEOGR. Cyprus.

xiprer [ʃiprɛ̀] m. BOT. cypress, cypress-tree.

xipriota [ʃipriɔ́tə] a. Cypriot. ■ 2 m.-f. Cypriot.

xiquet, -ta [ʃikɛ́t, -tə] (OCC.) See NEN.

xirivia [ʃiriβíə] f. parsnip.

xisclar [ʃisklá] i. to scream; to shriek; to cry out.

xiscle [ʃísklə] m. scream; shriek; cry.

xiular [ʃiŭlá] i.-t. to whistle.

xiulet [ʃiŭlɛ́t] m. whistle. 2 whistle [instrument].

xiuxiuejar [ʃiŭʃiwəʒá] i. to mutter, to murmur, to whisper.

xivarri [ʃiβárri] m. rumpus, hullabaloo, uproar [people].

xoc [ʃɔk] m. bump; jolt, jar; impact. 2 MED. shock.

xocant [ʃukán] a. startling, striking. 2 shocking, scandalous.

xocar [ʃuká] i. to collide; to crash [vehicles]. 2 to shock, to startle.

xocolata [ʃukulátə] f. chocolate.

xofer [ʃufɛ̀, cold ʃɔ́fər] m. chauffeur, driver.

xop, -pa [ʃóp, -pə] a. soaked, wet through, dripping wet.

xoriço [ʃurísu] m. chorizo [pork sausage seasoned with red pepper].

xot [ʃot] (BAL.) See BE.

xuclar [ʃuklá] t. to sip [drink]. 2 to suck. ‖ fig. ~ *la sang a algú,* to bleed someone dry [of their money].

xuclat, -ada [ʃuklát, -áðə] a. gaunt [esp. face]; skinny [body].

xufla [ʃúflə] f. BOT. earth almond, chufa.

xumar [ʃumá] t. to suck [at breast]. 2 to drink straight from [bottle, etc.].

xumet [ʃumɛ́t] m. dummy [rubber teat].

xurriaques [ʃurriákəs] f. pl. whip sing.; switch sing.

xusma [ʃúzmə] f. rabble, mob.

xut [ʃut] m. shot [football]. 2 ORNIT. owl.

xutar [ʃutá] i. to shoot [football].

Z

Z, z [zɛ́tə] *f.* z [letter].
zebra [zɛ́βrə] *f.* ZOOL. zebra.
zebú [zəβú] *m.* ZOOL. zebu.
zel [zɛl] *m.* keenness, zeal; ardour. 2 conscientiousness, zeal. 3 ZOOL. *heat, rut.* ‖ *en ~,* on heat, in season.
zenc [zɛŋ] *m.* MINER. zinc.
zenit [zɛ́nit] *m.* ASTR. zenith.
zero [zɛ́ru] *m.* zero. ‖ fig. coll. *un ~ a l'esquerra,* good-for-nothing, bum [person]; piece of trash, rubbish [thing].
ziga-zaga [ziɣəzáɣə] *f.* zigzag.
zinc [ziŋ] *m.* MINER. zinc.
zíngar, -ra [zíŋɡər, -rə] *a., m.-f.* Gypsy.

zitzània [zidzániə] *f.* BOT. darnel. 2 fig. *phr. sembrar ~,* to sow discord.
zodíac [zuðiək] *m.* zodiac.
zona [zɔ́nə] *f.* zone.
zoo [zo] *m.* zoo.
zoòleg, -òloga [zuɔ́lək, -ɔ́luɣə] *m.-f.* zoologist.
zoologia [zuuluʒiə] *f.* zoology.
zoològic, -ca [zuulɔ́ʒik, -kə] *a.* zoological. ■ 2 *m. (parc) ~,* zoo.
zumzejar [zumzəʒá] *i.* to go up and down.
zum-zum [zumzúm] *m.* hum, humming; buzz, buzzing.

Diccionaris en llengua catalana

- **Manual** Barcanova-Vox
- **Escolar** Català
- **Manual** de Sinònims i Antònims
- **Essencial**
- **Essencial** de Sinònims i Antònims
- **Manual** Castellà-Català / Català-Castellà
- **Essencial** Castellà-Català / Català-Castellà
- **Compact** English-Catalan / Català-Anglès
- **Pocket** English-Catalan / Català-Anglès

A més, Vox disposa d'una àmplia gamma de diccionaris en llengua espanyola, gallega, basca, anglesa, francesa, alemanya, italiana, portuguesa i en llengües clàssiques; així com diccionaris enciclopèdics, temàtics i una gran varietat de títols especialitzats en filologia espanyola.

Si desitja obtenir més informació sobre la gamma de diccionaris Vox o per a qualsevol consulta o suggeriment, pot ponsar-se en contacte amb nosaltres:

Biblograf, S.A.
Dept. de Màrketing
Calàbria, 108
08015 Barcelona

Tel. (93) 423 51 77
de dilluns a divendres,
de 08.00 a 13.30 h

o bé per Internet: **http://www.vox.es**
e-mail: **vox@vox.es**